Oerter/Montada (Hrsg.)

Entwicklungspsychologie

Rolf Oerter
Leo Montada
(Hrsg.)

ENTWICKLUNGSPSYCHOLOGIE

5., vollständig überarbeitete Auflage

BELTZ PVU

Anschrift der Herausgeber:
Prof. em. Dr. Rolf Oerter
Universität München
Fakultät für Psychologie und Pädagogik
Leopoldstr. 13
D-80802 München

Prof. Dr. Leo Montada
Universität Trier
FB Psychologie
Tarforst, Gebäude D
D-54286 Trier

5., vollständig überarbeitete Auflage 2002

1. Auflage 1982, Urban & Schwarzenberg, München
2., neubearbeitete Auflage 1987, Psychologie Verlags Union, München
3., vollständig überarbeitete Auflage 1995, Psychologie Verlags Union, Weinheim
4., korrigierte Auflage 1998, Psychologie Verlags Union, Weinheim

Programm PVU Psychologie Verlags Union
http://www.beltz.de
Lektorat: Franziska Lang, Christoph Müller, Sabine Obergfell, Karin Ohms
Herstellung: Uta Euler
Umschlaggestaltung: Federico Luci, Köln
Umschlagbild: Paul Klee: Dynamik eines Kopfes; 1934, 206 (U 6); 65 × 50 cm; Ölfarbe auf Ölgrundierung auf Baumwolle; Privatbesitz, Griechenland
Comics: Comicman, www.neuebildwelten.de
Satz, Druck und Bindung: Druckhaus „Thomas Müntzer", Bad Langensalza
Printed in Germany
ISBN 3-621-27479-0 ND-1-2-04

Vorwort

Als Ergebnis der gemeinsamen Anstrengung von Herausgebern, Autoren und Verlag liegt nun die fünfte Neuauflage der **Entwicklungspsychologie** vor. Sie hat ein anderes Aussehen: Der Satz ist zweispaltig, der Druck zweifarbig; vor allem aber wurde eine didaktisch anspruchsvolle Konzeption der Gliederung der Texte realisiert. Frau Dr. Berger, Beltz PVU, hat diese Konzeption entwickelt, die einem Lehrbuch gut ansteht. Gleichwohl wurde der wissenschaftliche Anspruch an die Texte aufrecht erhalten.

Alle Kapitel sind neu verfasst und beziehen den aktuellen Wissensstand ein. Bei der Gesamtkonzeption des Werkes wurden eine Reihe von Umakzentuierungen vorgenommen. Einige neue Themenfelder mussten aufgenommen werden, weshalb nicht mehr alle bisherigen Themen unterzubringen waren: Ein Kapitel über genetische Grundlagen der Entwicklung, Kapitel über die Entwicklung der Geschlechtsidentität, über Persönlichkeitsentwicklung und einige Anwendungsgebiete kamen hinzu. Auf Themen der klinischen Entwicklungspsychologie wurde weitgehend verzichtet, da dieses Gebiet inzwischen durch spezifische Lehrbücher hinreichend zugänglich ist und seine Aufnahme in unser Lehrbuch den Rahmen gesprengt hätte.

Die einzelnen Kapitel sind so abgefasst, dass sie geschlossene Einheiten bilden und unabhängig von den übrigen Kapiteln gelesen werden können. Das hat zur Folge, dass es zu Wiederholungen in der Darstellung von wichtigen Inhalten kommt. Wir haben solche Überschneidungen bewusst in Kauf genommen, weil uns ein bloßer Verweis auf andere Kapitel und das damit verbundene Herumsuchen unzumutbar erschien und die Geschlossenheit der Darstellung gelitten hätte.

Es ist den Autoren dieses Lehrbuches ein besonders wichtiges Anliegen, nicht nur Fakten zu vermitteln, sondern den Lesern entwicklungspsychologische Fragestellungen, Denkweisen und Modelle für eigene Beobachtungen und für die Rezeption auch künftiger Forschungsergebnisse nahe zu bringen.

Das vorliegende Buch ist eine Information über Entwicklungspsychologie auf verschiedenen Ebenen. Nach wie vor soll es Studierende verschiedener Fachrichtungen mit den Fragen, Problemen und Erkenntnissen der Disziplin bekannt machen Es spricht auch fortgeschrittene Studierende sowie Berufstätige in verschiedenen Praxisfeldern an. Schließlich wendet sich das Buch, insbesondere mit seinen vielen Quellenverweisen auch an Experten, die sich einen Überblick über den derzeitigen Forschungs- und Theorienstand in verschiedenen Feldern verschaffen wollen.

Ein Buch ist so gut wie seine Autoren. Wir danken allen Autoren, dass sie mit ihrer Expertise zu diesem Werk beigetragen haben, aber auch für ihr Verständnis und ihre Geduld bei notwendigen Kürzungen und Gliederungsvorschlägen.

Unser besonderer Dank gilt auch dem Verlag, vor allem Frau Dr. Berger und ihrem Mitarbeiterstab, für die neue didaktische Konzeption und deren aufwendige Implementation sowie für eine Reihe weiterer Arbeiten an diesem Buch: von einem sehr sorgfältigen Lektorat bis zur Prüfung des Literaturverzeichnisses, des Namenskatalogs und des Sachwortverzeichnisses. So hat diesmal der Verlag einen substanziellen Anteil an der Gestaltung des Werkes.

Wir hoffen, dass die neue Auflage der **Entwicklungspsychologie** weiterhin so freundliche Aufnahme wie die früheren Auflagen finden möge.

München/Trier, im Juni 2002

Rolf Oerter und Leo Montada

Inhalt

Kapitel 6
Kindheit

Rolf Oerter

Kapitel 23
Entwicklung schulischer Leistungen 756
Olaf Köller & Jürgen Baumert

Kapitel 24
Hochleistungen in Musik und Sport 787
Rolf Oerter

Teil I
Grundlagen der Entwicklungspsychologie

Kapitel 1
Fragen, Konzepte, Perspektiven

Leo Montada

1 Gegenstand und Aufgaben der Entwicklungspsychologie

Was ist und zu welchen Zwecken betreiben wir Entwicklungspsychologie? In der etwa hundertjährigen Geschichte der empirischen Entwicklungspsychologie wurden unterschiedliche Antworten gegeben. Verschiedene Forschungstraditionen gingen von unterschiedlichen Fragestellungen und Menschenbildern aus und bildeten unterschiedliche Konzepte und Theorien der Entwicklung (Langer, 1969; Trautner, 1991). Allen gemeinsam ist, dass sie sich mit Veränderungen und Stabilitäten im Lebenslauf befassen. Welche Veränderungen nennen wir Entwicklung?

1.1 Die traditionelle allgemeine Entwicklungspsychologie

Wir beginnen mit einer traditionellen Konzeption (vgl. Schmidt, 1970), nach der von Entwicklung gesprochen wird, wenn eine Veränderungsreihe mit mehreren Schritten vorliegt, die eine Richtung auf einen Endzustand aufweist, der gegenüber dem Ausgangszustand höherwertig ist, wenn die Abfolge der Schritte unumkehrbar (irreversibel) ist und die Veränderungen sich als qualitative, strukturelle Transformationen im Unterschied zu nur quantitativem Wachstum beschreiben lassen. Weiter wird in dieser Konzeption angenommen, dass die Glieder der Veränderungsreihe auseinander hervorgehen, d.h. dass die früheren Glieder Voraussetzung für die späteren sind (das Stufenmodell der Entwicklung entspricht dieser Annahme), dass die entwicklungsmäßigen Veränderungen mit dem Lebensalter korreliert sind und schließlich, dass sie universell sind, d.h. dass sie in allen für die Spezies „homo sapiens" normalen Entwicklungsumwelten beobachtbar, dass sie insofern natürlich und nicht kulturgebunden sind. Ein Beispiel ist die Entwicklung der Motorik bis zum Laufen im 1. Lebensjahr (Abb. 1.1).

Diese Konzeption enthält zwei Kernannahmen:

(1) Die als Entwicklung bezeichnete Veränderung ist keine temporäre Schwankung oder Variation, keine passagere oder akzidentelle Veränderung, sondern eine geordnete Transformation, die nachhaltig ist insofern, als sie weitere Transformationen ermöglicht oder zu einem Zustand der Stabilität führt.
(2) Entwicklung ist Entfaltung eines inneren Bauplanes hin zu einem Reifezustand.

In diesem Buch sind manche Veränderungsreihen beschrieben, die mehrere dieser Merkmale aufweisen, vor allem in der Kindheit und Jugend: Entwicklungen sensomotorischer (Kap. 5, 11), sprachlicher (Kap. 15), kognitiver Leistungen (Kap. 6, 11, 17) und moralischer Urteilsstrukturen (Kap. 18). Diese Entwicklungskonzeption ist aber viel zu eng, um alle Fragestellungen und Erkenntnisse der modernen Entwicklungspsychologie aufzunehmen.

Probleme des traditionellen Entwicklungskonzeptes. Viele Veränderungen sind nicht als Abfolge mehrerer auseinander hervorgehender Schritte beschreibbar. Dennoch sprechen wir von Entwicklung, wenn notwendige oder disponierende Voraussetzungen in der Person für eine spezifische Veränderung identifiziert werden können: Das Leistungsmotiv setzt voraus, dass das eigene

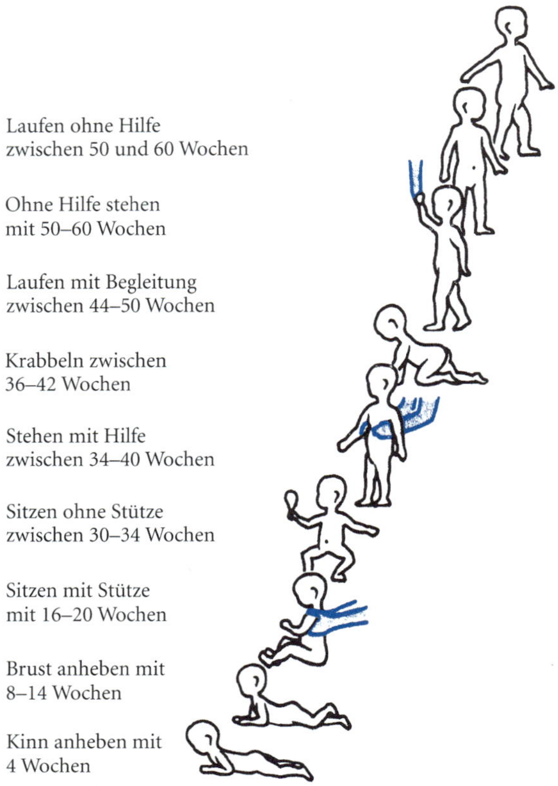

Abbildung 1.1. Entwicklung des motorischen Verhaltens in den ersten 60 Lebenswochen. Durchschnittswerte des Erwerbs der Fähigkeiten aus mehreren Untersuchungen

Tun an einem Bewertungsstandard gemessen und das Handlungsergebnis auf die eigene Tüchtigkeit zurückgeführt wird (vgl. Kap. 16). Eine unsichere Bindung des Kindes an die Mutter am Ende des 1. Lebensjahres lässt soziale Probleme im Kindergarten und später wahrscheinlicher werden (Grossmann & Grossmann, 1991).

Die Annahme einer Entwicklung zu einem höheren Niveau ist ebenfalls zu einschränkend. Es gibt viele Veränderungen, für die keine konsensuellen Kriterien für eine Bewertung vorliegen. Bei Fertigkeiten, Wissen und Kompetenzen ist es noch leichter, einen Konsens darüber zu finden, was ein höheres Niveau ist, als bei Persönlichkeitsmerkmalen, Wertorientierungen, Interessen oder Einstellungen. Während z.B. wissenschaftliches Prüfen zu gültigeren Erkenntnissen über die Realität führt als vorwissenschaftliches Denken, kann etwa die Entwicklung „zu mehr Autonomie" von unterschiedlichen Folgen her positiv oder negativ beurteilt werden. Sollten wir deshalb in diesem Fall nicht von Entwicklung reden? Fehlentwicklungen sowie Abbauprozesse im Alter blieben aus der Entwicklungspsychologie ganz ausgeschlossen.

Auch die Konzeption eines universellen Reifezustandes als Endpunkt der Entwicklung ist problematisch: Veränderungen in psychologischen Variablen sind während des ganzen Lebens möglich durch das Zusammenspiel von individuellen Dispositionen und Potentialen mit wechselnden Kontexten, Anforderungen, Informationsangeboten, Erfahrungen. Zum Beispiel mögen die Grundkompetenzen zu einfachen wissenschaftlichen Prüf- und Beweisverfahren in der späteren Kindheit und frühen Adoleszenz verbreitet erworben sein (Kap. 11, 12), aber damit ist die Entwicklung des wissenschaftlichen Denkens nicht abgeschlossen; durch Studium und durch historische Fortschritte der Wissenschaftstheorie und -methodologie werden diese Grundkompetenzen differenziert ausgebaut. Zur Verteidigung der traditionellen Entwicklungskonzeption könnte eingewandt werden, dass das, was über die Grundkompetenzen hinausgeht, lediglich quantitativer Zuwachs an Wissen sei, nicht aber qualitativ neue Fähigkeiten.

Die Beschränkung auf qualitative Veränderungen ist problematisch, denn viele Veränderungen beinhalten sowohl qualitative wie quantitative Aspekte. Die Intelligenzentwicklung kann man sowohl quantitativ als Zunahme lösbarer Aufgaben wie auch qualitativ als Veränderung der Strukturen des Denkens und Problemlösens erfassen.

Die Beschränkung der traditionellen Entwicklungspsychologie auf universelle Veränderungen schließt kulturspezifische, z.B. durch kulturelle Anforderungen, Normen, Ideen, Wissensbestände ausgelöste und mitgestaltete, sowie differentielle und individuelle Veränderungen aus, die theoretisch besonders interessant und praktisch besonders wichtig sind.

1.2 Die moderne differentielle und ökologische Entwicklungspsychologie

Der traditionelle Entwicklungsbegriff entspricht dem organismischen Modell einer allgemeinen Entwicklungspsychologie. Die kulturabhängigen Differenzen und die interindividuellen Differenzen in der Entwicklung bleiben ausgeblendet. Für eine differentielle und ökologische Entwicklungspsychologie ist dieser Entwicklungsbegriff zu eng: Er kann deren Forschungsfragen nicht aufnehmen.

Die umweltabhängigen und interindividuellen Unterschiede in der Entwicklung sind nicht nur offensichtlich, sie sind auch für die Forschung wie für die Praxis von besonderem Interesse: Nur sie geben z.B. Aufschluss über Bedingungen der Entwicklung. Die Unterschiede zwischen Kulturen, Epochen, Familien und Individuen geben Hinweise auf Einflussfaktoren, die in der genetischen Ausstattung, der Entwicklungsumwelt, in spezifischen Erfahrungen oder in bereits herausgebildeten Merkmalen der sich entwickelnden Person selbst liegen können.

Die allgemeine Entwicklungspsychologie ist weitgehend deskriptiv geblieben: Sie hat Veränderung als Funktion des Alters beschrieben. Die ökologische und die differentielle Entwicklungspsychologie haben Veränderungen zu erklären versucht und sie als Folge aller potentiellen Einflussfaktoren erforscht, inklusive der individuellen Merkmale und Potentiale und des jeweils erreichten Entwicklungsstandes.

Die moderne Entwicklungspsychologie geht noch einen Schritt weiter, nachdem sie erkannt hat, dass Individuen nicht nur durch ihre Entwicklungsumwelt beeinflusst werden, sondern ihrerseits Einfluss auf ihre Umwelt nehmen bzw. die passende Umwelt suchen und sich somit ihre Entwicklungsbedingungen partiell selbst schaffen oder selbst wählen. Diese Erkenntnis wird in aktionalen und transaktionalen Modellen der Entwicklung repräsentiert.

1.3 Neue Kernannahmen in Forschung und Theorienbildung

Die Geschichte der Entwicklungspsychologie ist auch ein Ringen um die angemessenen anthropologischen Grundannahmen: Was ist das Wesen des Menschen? Was ist das Wesen von Entwicklung? Diese Grundannahmen fließen ein in die Forschungsfragen, die Wahl von Beschreibungs- und Erklärungsmodellen, die Datenerhebungs- und Datenauswertungsstrategien, und sie leiten die Interpretation der Befunde.

Annahmen über Aktivität und Passivität des Subjektes

Je nachdem, ob dem Subjekt und/oder der Umwelt ein gestaltender Beitrag zur Entwicklung zugebilligt wird oder nicht, lassen sich vier prototypische Theoriefamilien unterscheiden (vgl. Abb. 1.2):

Subjekt \ Umwelt	aktiv	nicht aktiv
aktiv	interaktionistische Theorien	Selbstgestaltungs-theorien
nicht aktiv	exogenistische Theorien	endogenistische Theorien

Abbildung 1.2. Eine Typologie von Entwicklungstheorien

Eine erste Kernfrage lautet: Ist das Subjekt Gestalter seiner Entwicklung oder wird seine Entwicklung von inneren und äußeren Kräften gelenkt?

Exogenistische Theorien. Watsons berühmtes Angebot, man möge ihm ein Dutzend Kinder geben und eine Welt, in der er sie aufziehen könne, dann garantiere er, dass er jedes zu dem mache, was man wolle: Arzt, Rechtsanwalt, Künstler, Unternehmer, aber auch Bettler und Dieb (Watson, 1924/1968), ist prägnanter Ausdruck des behavioristischen Menschenbildes: Der Mensch und seine Entwicklung werden als durch externe Reize kontrollierbar angesehen (Gewirtz, 1969), deren Manipulation jedes gewünschte Ergebnis bringt. Durch auslösende, informierende und verstärkende Reize werden Verhalten und Verhaltensänderungen kontrolliert. Das ist ein radikal exogenistisches Entwicklungsmodell.

Endogenistische Theorien. Endogenistische Theorien führen Entwicklung auf die Entfaltung eines angelegten Plans des Werdens zurück. Anlagen und Reifung sind die Erklärungen für Veränderungen. Das genetische Entwicklungsprogramm wird nur in bestimmten sensiblen Perioden als offen für jeweils spezifische äußere Einflüsse angesehen.

Selbstgestaltungstheorien. Selbstgestaltungstheorien betrachten den Menschen als Mit-Gestalter seiner Entwicklung. Als handelndes Wesen verfolgt der Mensch Ziele und nimmt dabei Einfluss auf seine soziale und physische Umwelt, als erkennendes Wesen macht er sich ein Bild von sich und seiner Umwelt auf der Basis von Erfahrungen. Der Mensch reagiert nicht passiv auf Gegebenheiten und Einwirkungen von außen, sondern handelt ziel- und zukunftsorientiert und gestaltet damit seine eigene Entwicklung mit.

Interaktionistische Theorien. In interaktionistischen Konzeptionen wird sowohl dem Entwicklungssubjekt als auch dem Entwicklungskontext ein gestaltender Einfluss zugeschrieben. Der Mensch und seine Umwelt bilden ein Gesamtsystem, in dem die Aktivitäten und die Veränderungen beider Systemteile miteinander verschränkt sind. Die Veränderungen eines Teils führen zu Veränderungen auch anderer Teile und/oder des Gesamtsystems und wirken wieder zurück, was Transaktion genannt wird (Ford & Lerner, 1992).

Die komplexe Verschränkung der Veränderungen des Individuums und seiner Umwelt wird meist nur ausschnittweise erfasst. Oft geschieht das aus einer einseitigen Sicht, insofern als die Aktivitäten eines Teilsystems als antezedierende Bedingungen für die Veränderungen des anderen Teilsystems betrachtet werden. Zur Umsetzung des systemischen Denkens müsste die umgekehrte Perspektive hinzukommen und das Ganze müsste im Zeitverlauf erfasst werden.

Systemische Betrachtung äußerte sich deshalb zunächst in einer Korrektur tradierter einseitiger Sichtweisen. Hat man früher gefragt, wie das Kind durch seine familiäre Umwelt geformt wird, so fragt man heute auch umgekehrt, wie das Kind oder der Jugendliche auf die Familie ein- und rückwirken. Es wird z.B. nicht nur gefragt, wie sich Scheidung auf die Kinder auswirkt, sondern auch, was Kinder zur Ehezufriedenheit beitragen und welchen Einfluss sie auf die Scheidungsneigung und -entscheidung der Eltern haben.

BEISPIEL

Feindselige Mütter, aggressive Kinder

Kagan und Moss (1962) ermittelten einen Zusammenhang zwischen feindseliger Kritikbereitschaft und Strafneigung der Mütter und Aggressivität der Kinder gegen ihre Mütter im Alter von 6 bis 10 Jahren und fanden Korrelationen von $r = .70$ für Jungen und $r = .68$ für Mädchen zwischen beiden Variablen. Was bedeutet das? Verursacht die Feindseligkeit der Mutter diejenige der Kinder? Dies ist die traditionelle Interpretation. Oder ist es gerade umgekehrt, d.h. provozieren aggressive Kinder die Feindseligkeit ihrer Mütter? Oder bedingen sich beide gegenseitig? Oder ist beides bedingt durch eine dritte Ursache, z.B. durch eine Mutter und Kind gemeinsame Erbanlage zur Feindseligkeit, die sich bei Müttern als Straf- und Kritikbereitschaft, bei Kindern als Aggression gegen die Mutter manifestiert?

Präferenzen und Wahlen beeinflussen die Entwicklung. Menschen nehmen Einfluss auf ihre Entwicklung, und zwar auf verschiedenen Wegen (Lerner & Busch-Rossnagel, 1981). Von früher Kindheit an gibt es Wahlmöglichkeiten und Präferenzen. Man muss nicht nur an überlegte, bewusste Entscheidungen zwischen Optionen denken, sondern auch an spontane Vorlieben und Abneigungen, spontane Neugierde oder Ängste.

Optionen werden „gewählt" auf der Basis von Motiven, Emotionen und Wertorientierungen. Für ein erstes Kleinkind ist der fremde Mensch, der die Wohnung betritt, eine Bedrohung, für ein zweites eine interessante Abwechslung. Für gute Schüler sind die Lehrer anregende und unterstützende Partner, für schlechte eher gefürchtete Kritiker, denen man nach Möglichkeit aus dem Wege geht. Für den einen ist ein Museumsbesuch eine Belohnung, für den anderen eine Strafe, selbstverständlich mit unterschiedlichen Folgen.

Handlungs- und damit Selbstgestaltungsmöglichkeiten bedeuten Freiheit bzw. Kontrolle von Entwicklungsgesetzen, sie lassen eine grundsätzliche Offenheit der Entwicklung erwarten und erklären beobachtete Diskontinuitäten.

Jeder Mensch sucht sich passende Umwelten. Bevorzugungen von Kontakten zu einzelnen Familienmitgliedern, zu Spielgefährten und Freunden, die Wahl und die Trennung von Lebenspartnern, die Wahl von Vereinen, Settings und Fernsehprogrammen, die Wahl von Ausbildung und Beruf, alles dieses hat Folgen für die weitere Entwicklung.

Symbolischer Interaktionismus. Menschen modifizieren von Geburt an ihre Umwelt, und zwar nicht nur die materielle Umwelt (Zimmer, Wohnung, Arbeitsplatz), sondern auch das Selbstbild, die Einstellungen, die Werthaltungen und die Zielsetzungen und das Verhalten ihrer Sozialpartner. Der symbolische Interaktionismus (Mead, 1934) hat das thematisiert: Das Bild von sich selbst, das Bild von anderen, das Ausfüllen einer Rolle werden gestaltet in der sozialen Interaktion. Insofern ist diese nie einseitig, sondern hat Auswirkungen auf alle Beteiligten.

Der unleidliche, irritierbare Säugling verursacht Hilflosigkeit, Gefühle des Versagens, Ärger, Ängste oder Ablehnung bei der Mutter. Der anschmiegsame, freundliche, responsive Säugling vermittelt der Mutter Befriedigung, Sicherheit und Stolz. Und diese Gefühle der Mutter haben wiederum Auswirkungen auf ihr Verhalten gegenüber dem Säugling, das dessen Entwicklung mitgestaltet.

Systemisches Denken und der Begriff der Passung

Brandtstädter (1985b) charakterisiert Entwicklungsprobleme als Passungsprobleme. Er redet von Entwicklungsproblemen, wenn bestimmte Entwicklungsstandards nicht erreicht werden, bzw. wenn die „Entwicklungsaufgaben" einer Lebensperiode (Berufsfindung, Partnerschaft usw.) im Jugend- und frühen Erwachsenenalter (vgl. Kap. 7 und 8) nicht bewältigt werden. Die Entwicklungsprobleme sieht er als Diskrepanz bzw. fehlende Passung zwischen (a) den Entwicklungszielen des Individuums selbst, (b) seinen Entwicklungspotentialen (Dispositionen, Kompetenzen usw.), (c) den Entwicklungsanforderungen im familiären, schulischen, subkulturellen Umfeld des Individuums, d.h. den dort existierenden alters-, funktions- oder bereichsspezifischen Standards sowie (d) den Entwicklungsangeboten (Lern- und Hilfsangeboten, Ressourcen) in der Umwelt des Individuums. Entwicklungsprobleme manifestieren sich als Selbstwertprobleme, Schulschwierigkeiten, Statusprobleme, Eheprobleme, Eltern-Kind-Probleme, berufliche Probleme, u.a.m. Sie können phänotypisch ganz unterschiedlich erscheinen, z.B. als neurotische, psychopathologische Symptomatik, als deviantes Verhalten, als aversive Emotionen, auch wegen unterschiedlicher Bewältigungsversuche. (Delinquenz kann der Versuch sein, ein Status- oder Selbstwertproblem zu bewältigen, vgl. Kap. 3.) Die Passung zwischen Anlagen und Umwelt wird in Abschnitt 3 behandelt.

Kindesmisshandlung

Kindesmisshandlung kann als ein spezifisches Passungsproblem aufgefasst werden (vgl. Kap. 26). Ursprünglich hat man Kindesmisshandlung als Ausdruck einer pathologischen Persönlichkeitsstruktur der Eltern angesehen, die oft mit ungünstigen Sozialisationsbedingungen erklärt wurde, etwa mit der Erfahrung, als Kind selbst abgelehnt oder überhart bestraft worden zu sein. In soziologischen

Theorien wurden aktuelle Belastungen wie Armut, Arbeitslosigkeit, Scheidung, beengte Wohnverhältnisse oder Stress am Arbeitsplatz verantwortlich gemacht. Dann begann man, die Eigenarten der Kinder selbst in die Betrachtung einzubeziehen und stellte fest, dass es die so genannten „schwierigen" Kinder sind, die besonders häufig Opfer von Misshandlungen werden. Als Säuglinge sind diese Kinder leicht irritierbar, schreien viel, lassen sich nicht beruhigen. Später sind Ungehorsam und antisoziale Verhaltensweisen auffällig. Es sind nicht selten zu früh geborene Kinder, Kinder mit leichten zerebralen Schäden und anderen Anomalien, für die man als Außenstehender eher Rücksicht und Mitleid erwartet, die aber tatsächlich besondere Schwierigkeiten machen, mit denen nicht jede Mutter oder jeder Vater fertig wird.
Das transaktionale Modell legt es nahe, soziale Systeme unter dem Gesichtspunkt der Passung zu betrachten. Schwierige Kinder können geduldige, anpassungsbereite, einfallsreiche Eltern haben oder aber Eltern, die Machtansprüche und rigide Vorstellungen über das haben, was „normal" ist und wie ein Kind zu sein hat. Im letzten Falle sind autoritäre und gewaltsame Durchsetzungsversuche der eigenen Vorstellungen wahrscheinlicher (Schneewind et al., 1983).

1.4 Die Entwicklungspsychologie der Lebensspanne

Das Gedankengut der Entwicklungspsychologie der Lebensspanne (life-span developmental psychology) reicht bis ins 18. Jahrhundert zurück (vgl. Baltes, 1979). Erste empirisch fundierte Texte haben Pressey und Kuhlen (1939, 1957) und Charlotte Bühler (1933) vorgelegt. Aber erst seit den sechziger Jahren hat diese Forschungsrichtung einflussreiche Verbreitung gefunden (Goulet & Baltes, 1970; Baltes & Schaie, 1973; Nesselroade & Reese, 1973), vor allem durch Baltes und Brim (1978–1984). Der Aufschwung der psychologischen Gerontologie (Lehr & Thomae, 1979; Birren & Schaie, 1977), die Analyse kritischer Lebensereignisse (Datan & Ginsburg, 1975; Filipp, 1981, 1990) und die soziologische Lebenslaufforschung (Brim, 1966; Riley, 1979), etwa zu Übergängen in der beruflichen Karriere (Schüler, Lehrling, Geselle, Meister), im Familienzyklus (mit Etappen wie Heirat, Elternschaft, „empty nest-Situation", Großelternschaft) haben diese Entwicklung gefördert.

Die Entwicklungspsychologie der Lebensspanne greift diese Forschung auf. Einige Leitlinien werden im folgenden dargestellt.

1.4.1 Entwicklung endet nicht im frühen Erwachsenenalter

Menschen verändern sich von der Empfängnis bis zum Tod. Entwicklung hört nicht dort auf, wo fast alle älteren Lehrbücher aufhören, nämlich nach der Adoleszenz. Eine traditionelle Konzeption der Entwicklung unterscheidet grob zwischen einer Phase des Aufbaus oder Wachstums, einer Phase der Reife oder Stabilität und einer Phase des Alterns oder Abbaus. Die moderne Entwicklungspsychologie der Lebensspanne wendet sich insbesondere gegen diese Gleichsetzung von Altern und Abbau.

! Entwicklung enthält über die gesamte Lebensspanne gleichzeitig die Aspekte Wachstum oder Gewinn und Abbau oder Verlust.

Neue Funktionen ersetzen alte, der Abbau von Funktionen kann partiell kompensiert werden. Entwicklung ist immer auch Spezialisierung (oder selektive Optimierung) unter Vernachlässigung alternativer Optionen (Baltes & Baltes, 1989).

Verluste und Wachstum im höheren Lebensalter

Ohne Zweifel gibt es im höheren Lebensalter eine Häufung von Verlusten: auf neurobiologischem Niveau (bezüglich der Sinnesfunktionen, der Motorik, einiger kognitiver Funktionen, der Körperkraft, bei der Frau der Reproduktionsfähigkeit) und auf sozialer Ebene (Verluste von Sozialpartnern, von gesellschaftlichen Aufgaben und Positionen, damit von Ansehen, schließlich auch von Selbständigkeit). Dabei fallen aber einmal große individuelle Unterschiede ins Auge, zum anderen sind verschiedene Funktionen nicht gleichermaßen reduziert im Alter. Das gilt auch für verschiedene Funktionen der Intelligenz.

BEISPIEL

Schaie hat in Längsschnittuntersuchungen über die Entwicklung der Intelligenz belegt, dass es zwischen dem 60. und dem 80. Lebensjahr in Intelligenztests mit unterschiedlichen Leistungsskalen keinen universellen Leistungsabfall gibt: Viele können ihr Niveau halten bis in ihre 80er Jahre, und einige, wenn auch weniger als 10 Prozent, können ihr Gesamtniveau sogar noch in ihrem achten Lebensjahrzehnt verbessern (vgl. Abb. 1.3, vgl. auch Kap. 9).
Die fluide Intelligenz und die kristallisierte Intelligenz (Cattell, 1971; Horn, 1970) entwickeln sich unterschiedlich. Diese beiden Fähigkeitsbündel haben in Kindheit und Jugend eine parallele Entwicklung, im Erwachsenen- und insbesondere im höheren Alter aber verschiedene Entwicklungsverläufe. Die kristallisierte Intelligenz (das ist das Erfahrungswissen, die kulturellen Wissensbestände, allgemeines Wissen über Problemlösestrategien und Gedächtnisstrategien usw.) bleibt bis ins hohe Alter durchschnittlich erhalten und kann in Einzelfällen durchaus ansteigen, während die fluide Intelligenz (insbesondere die Geschwindigkeit der Aufnahme und Verarbeitung von Informationen) abfällt.

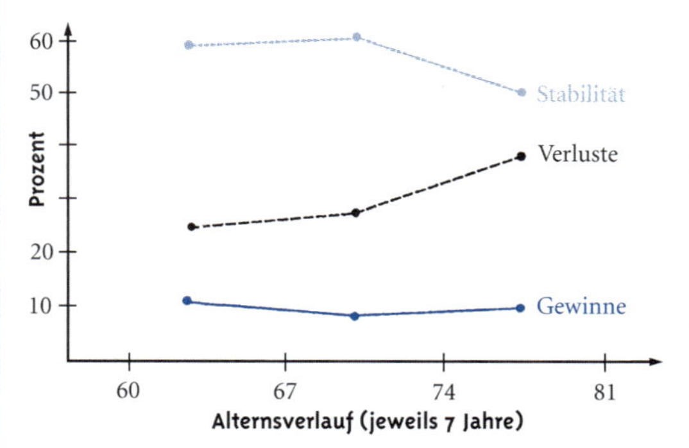

Abbildung 1.3. Ergebnisse einer Längsschnittstudie zum Altern der Intelligenz: Wieviel Prozent der untersuchten Personen aus mehreren Geburtsjahrgängen (Kohorten) zeigen Stabilität, Verluste oder Gewinne in ihren Intelligenzleistungen – jeweils über 7 Jahre gemittelte Werte? (Nach Schaie, 1988)

Von besonderem Interesse für die Entwicklungspsychologie der Lebensspanne bleibt natürlich die Frage, welche Wachstumsmöglichkeiten im Erwachsenenalter und höheren Alter verbleiben. Neben Expertenwissen (Ericsson, 1985; Weinert et al,, 1988) werden heute vor allem soziale Intelligenz, Lebenswissen und Lebensweisheit als mögliche Wachstumsdimensionen im mittleren und höheren Erwachsenenalter in Betracht gezogen.

UNTER DER LUPE

Weisheit

Am Berliner Max-Planck-Institut für Bildungsforschung wurde Weisheit in der Auseinandersetzung mit schwierigen und nur mit Unsicherheiten zu lösenden Lebensproblemen messbar gemacht und untersucht: Was sagt und rät man einem 14 Jahre alten Mädchen, das schwanger ist? Wie handelt man, wenn ein Freund anruft und ankündigt, dass er sich umbringen wird? Wie könnte eine ältere Frau, die gerade eine Berufstätigkeit beginnen will und erfährt, dass ihr Sohn und ihr Enkel vor einem schwierigen Familienproblem stehen und ihre Hilfe brauchen, die nächsten Jahre planen? Um weise Stellung nehmen zu können zu schwierigen und unsicheren Fragen, braucht man

- faktisches Wissen über grundlegende Fragen des Lebens,
- strategisches Wissen über den Umgang mit diesen,
- die Fähigkeit, Wertvorstellungen und Lebensziele zu relativieren,
- die Fähigkeit, in Kontexten und wandelnden Bedingungen des menschlichen Handelns und gesellschaftlicher Entwicklung zu denken, und schließlich
- das Akzeptieren von Ungewissheit, das Wissen um die Begrenztheit des eigenen Wissens und um die Unvorhersehbarkeit der Zukunft.

Indikatoren für eine weise Art der Auseinandersetzung mit solchen Problemen sind: Vermeiden vorschneller Entscheidungen, Sammeln relevanter Informationen, Sammeln verschiedener Deutungs-, Wertungs- und Handlungsoptionen, Abschätzen der Vor- und Nachteile verschiedener Handlungsalternativen, Bezugsbildung zu gegebenen Kontexten, Denken in längeren Zeiträumen u.a.m. (vgl. Baltes & Smith, 1990; vgl. Kap. 36).

Altersweisheit. Die Untersuchungen über die ontogenetische Entwicklung der Weisheit belegen, dass nicht alle alten Menschen weise sind, sie belegen aber auch, dass im Bevölkerungsdurchschnitt Weisheit im Alter auch nicht frühzeitig abnimmt. Im Gegenteil: Weisheit als spezifische Expertise wächst im Zuge der Auseinandersetzung mit Problemen des Lebens.

1.4.2 Spielräume und Grenzen für eine Entwicklungsförderung

Bei der Suche nach Gründen für den Abfall der fluiden Intelligenzleistungen, die grundlegende Operationen der Informationsverarbeitung erfassen, sind vor allem zwei Hypothesen zu prüfen gewesen: Handelt es sich bei diesem Abfall um fehlende Übung, fehlende Anforderung (das ist die Disuse-Hypothese) oder handelt es sich um neurobiologische Funktionsverluste? Die Suche nach unterschiedlichen Entwicklungsverläufen bei Menschen mit unterschiedlichen Berufen, die mehr oder weniger Anforderungen an kognitive Leistungen stellen, war ein erster Schritt. Versuche, die fluide Intelligenz zu trainieren, waren ein zweiter Schritt (Baltes & Willis, 1982; Baltes et al., 1984; Dixon & Baltes, 1986). Die fluide Intelligenz erwies sich auch im höheren Alter als trainierbar. Damit war eine meist ungenutzte Reservekapazität nachgewiesen, die der Grundüberzeugung von der Plastizität der Entwicklung in jedem Lebensalter entsprach. Allerdings bleiben die Trainingserfolge eng auf die trainierten Aufgaben beschränkt und generalisieren nicht in andere Bereiche (Kap. 9).

Testing the limits

Auf der einen Seite waren die positiven Entwicklungschancen, auf der anderen Seite auch Grenzen der Entwicklungsmöglichkeiten zu erkunden. Für letztere erwies sich im Leistungsbereich die Methode “testing the limits” als fruchtbar, in der die Schwierigkeiten von Aufgaben sukzessiv bis zur Leistungsgrenze gesteigert werden. Eine prototypische Untersuchung hierzu bietet ein Training von Gedächtnisleistungen für Wortlisten (Kliegl et al., 1989). Die Schwierigkeit der Aufgaben wurde durch Steigerung der Darbietungsgeschwindigkeit der einzuprägenden Wörter erhöht. Die Verarbeitungsgeschwindigkeit war bei älteren Probanden deutlich niedriger als bei jüngeren. Auch in dieser Funktion haben alle Probanden Reservekapazitäten, die durch Training ausgeschöpft werden konnten, aber jüngere

Erwachsene erzielen durch Training signifikant höhere Leistungsgewinne als ältere Erwachsene, was auf neurobiologische Funktionsverluste bei den Älteren schließen lässt (vgl. Kap. 9).

Ausgleich von Verlusten

Können solche Verluste ausgeglichen werden? Ein Beispiel hat Salthouse (1984) beschrieben. Er beobachtete, dass ältere Schreibkräfte genauso schnell schreiben wie jüngere, obwohl die psychomotorische Reaktionsgeschwindigkeit zum Anschlagen der Tasten nachweislich langsamer war. Diese Verlangsamung, so konnte er nachweisen, wird durch die erfahrungsbedingt optimierte Fähigkeit, den zu schreibenden Text vorauszulesen und zu verstehen, ausgeglichen. So könnten auch Einbußen in Bezug auf elementare Prozesse der Mechanik, der Intelligenz und des Gedächtnisses unter Umständen durch Wissen und prozedurale Strategien kompensiert werden. Das von Baltes und Baltes (1989) formulierte Entwicklungsmodell der selektiven Optimierung einzelner Funktionsbereiche mit einer Kompensation von Einbußen in anderen repräsentiert diesen Gedanken.

1.4.3 Historischer Wandel und ontogenetische Entwicklung

Die Soziologie und die Zeitgeschichte beschreiben den raschen gesellschaftlichen Wandel der Familienstrukturen, des Arbeitslebens, des Bildungs- und Gesundheitssystems, der Wertvorstellungen, der politischen Überzeugungen, der Bevölkerungsstruktur usw. Als Folge des raschen gesellschaftlichen Wandels unterscheiden sich auch nah aufeinander folgende Geburtsjahrgänge in ihrer Entwicklung. Konsequenterweise müsste die Entwicklungspsychologie für jede Generation partiell neu geschrieben werden.

Die hier beschriebene Problematik wurde erst allgemein bewusst, als Schaie (1965) die Frage nach der angemessenen Methodologie für die Gewinnung von Entwicklungsnormen aufwarf. Lange Zeit hat man z.B. die aus Querschnittsuntersuchungen ermittelte Altersverlaufskurve der Intelligenz (vgl. Abb. 1.4) als gültig angesehen und geglaubt, dass es einen Anstieg der Intelligenzleistung bis ins frühe Erwachsenenalter gebe, wonach ein kontinuierlicher und beträchtlicher Abfall bis ins höhere Alter folge.

Die Querschnittsmethode ist aber insofern problematisch, als die Stichproben verschiedenen Alters nicht nur verschieden alt sind, sondern auch verschiedenen Geburtsjahrgängen angehören. Der scheinbare Leistungsabfall könnte also in Wahrheit kein Abfall, sondern ein Leistungsunterschied zwischen verschiedenen Geburtsjahrgängen (Kohorten) sein. Die geringe Leistung der Älteren wäre demnach nicht als Intelligenzverlust, sondern als ein von Anfang an geringeres Niveau dieser Generation anzusehen, was z.B. mit der durchschnittlich kürzeren Schulbildung und dem insgesamt geringeren Informationsangebot der älteren Kohorten zu erklären wäre (vgl. Abb. 1.4).

Die Unterscheidung von Geburtskohorten mit unterschiedlichen Entwicklungsbedingungen ist sehr global und unspezifisch. Die Untersuchung von Entwicklungskontexten erfolgt häufig sehr viel präziser und spezifischer (vgl. ausführlich dazu Kap. 4). Hier sollte nur die kontextualistische Perspektive der life-span Perspektive exemplarisch illustriert werden.

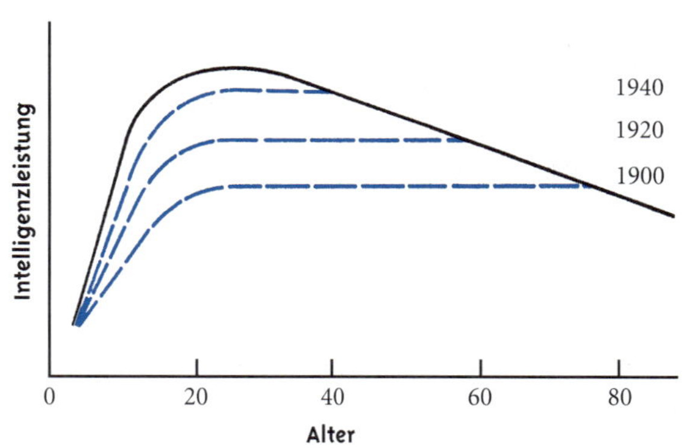

Abbildung 1.4. Hypothetische Altersverlaufskurve der Intelligenz in einer Querschnittuntersuchung (durchgezogene Kurve) und Längsschnittuntersuchungen (unterbrochene Linien) an Stichproben aus verschiedenen Generationen (nach Baltes, 1968)

1.5 Zwischenbilanz: eine Arbeitsdefinition von Entwicklung

Die verschiedenen Teildisziplinen der Psychologie haben vielfältige Veränderungskonzepte anzubieten: Lernen, Vergessen, Adaptieren, Sensibilisieren, Konditionieren, Verdrängen, Internalisieren, Verstehen, Konstruieren, Umbewerten und viele mehr. Welche Veränderungen untersucht die Entwicklungspsychologie? Betont werden muss, dass nicht nur Veränderungen Gegenstand der Entwicklungspsychologie sind: Nicht-Veränderungen – die Stabilität (von Merkmalen, Kompetenzen, Interessen, Selbstkonzepten usw.) und die Stagnation – sind komplementär zu Veränderungen. Ebenfalls betont werden soll, dass es nicht nur um allgemeine, sondern ebenso um differentielle Veränderungen geht.

Lebensalter als Zeitdimension für die Registrierung von Veränderungen und Nicht-Veränderungen

Gegenstand der Entwicklungspsychologie sind Veränderungen und Nicht-Veränderungen, die sinnvollerweise auf der Zeitdimension Lebensalter registriert werden. Altersangaben, Altersverlaufskurven, Altersnormen sind folglich spezifische Informationen in entwicklungspsychologischen Forschungsberichten.

BEISPIEL

Die Allgemeine Psychologie hat den zeitlichen Verlauf des Vergessens von auswendig gelerntem Stoff über mehr oder weniger kurze Zeitstrecken untersucht und Vergessenskurven und deren Bedingungen ermittelt. Die Entwicklungspsychologie untersucht Veränderungen und Stabilitäten solcher Vergessenskurven über das Leben, also nicht die Vergessenskurve als Funktion der Zeit, sondern Veränderungen der Vergessenskurve als Funktion der Lebenszeit, wie das in Abb. 1.5 hypothetisch dargestellt ist. Sollte sich bei nach Art und Umfang gleichen Stoffen die Vergessenskurve im Laufe des Lebens generell oder bei Einzelnen ändern, würde eine allgemeine oder individuelle Altersverlaufskurve des Vergessens zu erstellen sein.

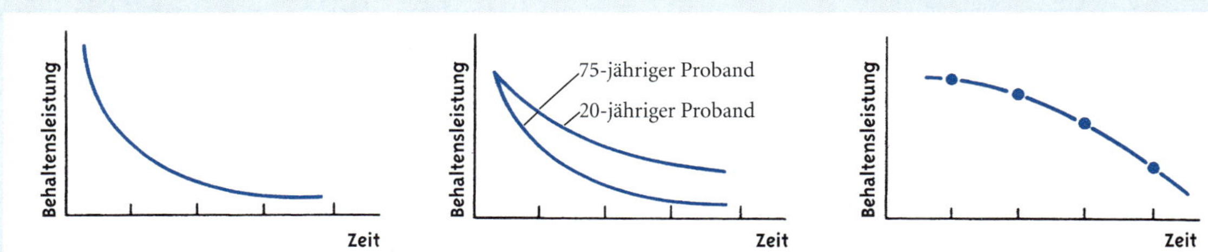

Abbildung 1.5. Von der Allgemeinen Psychologie zur Entwicklungspsychologie

Das Erlernen einer Fremdsprache ist Gegenstand der entsprechenden Fachdidaktiken. Ob es Altersunterschiede im Tempo des Spracherwerbs oder bezüglich der Wirksamkeit spezifischer Methoden oder hinsichtlich der Güte der Aussprache, der grammatischen und syntaktischen Strukturen gibt, auch die Dauerhaftigkeit der erworbenen Sprachkompetenzen, das sind entwicklungspsychologische Fragen.

Die Moralpsychologie untersucht die Vermittlung und den Erwerb moralischer Normen; die entwicklungspsychologische Frage wäre hier, ob es Altersunterschiede in den Prozessen und Methoden des Erwerbs, dem Verständnis und der Anwendung von Normen gibt.

Das Alter allein ist keine Erklärung. Dieser Bezug auf das Lebensalter kann fälschlicherweise suggerieren, dass das Älterwerden die Ursache der

Veränderung oder Altersunterschiede die Ursache unterschiedlicher Stabilitäten sei. Alter ist aber keine ausreichende Erklärung. Eine Veränderung oder eine Stabilisierung tritt nicht ein, weil jemand älter wird, sondern weil Prozesse oder Ereignisse eintreten, die das bewirken.

Fokussierung auf nachhaltige und nachhaltig wirkende Veränderungen

Es sind die nachhaltigen Veränderungen, für die sich die Entwicklungspsychologie interessiert (Ulich, 1986). Die Tatsache, dass Einflüsse in der Kindheit (Eltern-Kind-Interaktionen, Anregungen zur kognitiven Entwicklung, traumatische Erfahrungen usw.) aktuelle Wirkungen haben, ist erst dann entwicklungspsychologisch interessant, wenn diese Einflüsse (oder ihre aktuellen Wirkungen) sich auch auf die weitere Entwicklung auswirken und insofern nachhaltige Wirkungen haben.

Die Entwicklungspsychologie blickt im Prinzip immer auf die gesamte Lebensspanne: Kommt es z.B. zu Problemen und Störungen im Kindesalter, fragen Entwicklungspsychologen, ob das auch im späteren Leben noch Folgen hat (evtl. bei wem und unter welchen Umständen). Umgekehrt fragen sie, ob Störungen und Probleme im Erwachsenenalter schon in Kindheit und Jugend grundgelegt wurden. Analoge Fragen werden gestellt, wenn es um positive Leistungen und Kompetenzen, Interessen, Motivationen oder Persönlichkeitsmerkmale geht. Im Unterschied zu anderen Teildisziplinen der Psychologie ist die Perspektive nicht auf einen Zeitpunkt der Beobachtung beschränkt, sondern umfasst prospektiv und retrospektiv die gesamte Lebensspanne: Wie ist es geworden? Und was wird weiter? Die Suche ist nicht auf kurzfristige, momentane Veränderungen gerichtet, sondern auf nachhaltige, langfristige. Damit im Zusammenhang steht die dritte Besonderheit der Entwicklungspsychologie.

Entwicklung meint Kontinuität in der Veränderung

Mit Entwicklung ist die Transformation eines Ausgangszustandes in einen neuen Zustand gemeint, nicht die Ersetzung des Alten durch etwas Neues wie bei einem radikalen politischen Umbruch.

Beispiel: In einer Veränderungsreihe werden die jeweils vorausgehenden Schritte (bzw. die ihnen zugrunde liegenden Funktionen) als notwendige Voraussetzungen für die folgenden angesehen (Piaget, 1947). Bei Neurosen von Erwachsenen vermutete Freud (1920) durch traumatische Kindheitserfahrungen geschaffene Dispositionen als Voraussetzungen.

1.6 Gegenstandsbestimmung aus der Anwendung der Entwicklungspsychologie

Ein wichtiger Zugang, die Gegenstände der Entwicklungspsychologie zu bestimmen, geht von der Frage aus, welche Beiträge das Fach zur Lösung praktischer Probleme leistet (vgl. Teil IV dieses Buches). Die Gegenstände der Entwicklungspsychologie sind sinnvoll durch die Forschungsfragen zu bestimmen, die sich aus den zu beschreibenden Zwecken der Disziplin ergeben. Schulpsychologen, klinische Psychologen, psychologische Gutachter vor Gericht, Sozialpädagogen, Gerontologen, Arbeits- und Organisationspsychologen: Sie alle brauchen Entwicklungspsychologie, so wie auch Eltern, Lehrer oder Gesetzgeber ihre Entscheidungen auf entwicklungspsychologische Überzeugungen stützen. Entwicklungspsychologische Erkenntnisse und Überzeugungen fließen in das Bildungs-, Wirtschafts-, Sozial- und Rechtssystem der Gesellschaft ein. Im Folgenden werden einige typische Fragen aus der Praxis genannt (vgl. auch die Kapitel 21 bis 37).

1.6.1 Orientierung über den Lebenslauf

Was hat man von einem Säugling, einem Grundschulkind, einem Jugendlichen, einem Erwachsenen, einem Greis zu erwarten? Welche Kompetenzen, Einstellungen, Interessen darf man voraussetzen? Welche Anforderungen sind angemessen, in welcher Hinsicht ist Schutz oder Schonung geboten? Auf welches Alter sollen Geschäftsfähigkeit, Strafmündigkeit, Volljährigkeit, Wahlrecht oder Altersgrenzen für verschiedene Berufe festgelegt werden? In welchen Entwicklungsperioden hat man mit welchen typischen Risiken, Krisen oder Problemen zu rechnen? Was muss in welchen Altersperioden vermieden werden, damit kein bleibender Schaden entsteht? In vielen Lebensbereichen wird solches Wissen über das weithin Gültige der menschlichen Entwicklung benötigt.

Normatives Wissen bereitstellen. Die Entwicklungspsychologie hat die Aufgabe, solches Wissen bereitzustellen. Die Beschreibung von Lebensphasen (z.B. Remplein, 1957), Kataloge „altersspezifischer Entwicklungsaufgaben" (Havighurst, 1948) und -krisen (z.B. Erikson, 1973), die Zusammenstellung von Leistungsinventaren und Entwicklungsnormen für verschiedene Altersstufen (z.B. Gesell, 1940) sind Beispiele. Bis heute ist die allgemeine Orientierung über Leistungen, Erwerbungen und Probleme der verschiedenen Altersstufen eine wichtige Aufgabe der Entwicklungspsychologie geblieben.

Interindividuelle Unterschiede beachten. Interindividuelle Unterschiede werden dabei genauso wenig übersehen wie Unterschiede, die sich aus der Geschlechts- oder Kulturzugehörigkeit u.a.m. ergeben. Unterschiede werden durch Entwicklungstests objektiv messbar gemacht, die auch Standards – Durchschnittswerte – für die Beurteilung des Entwicklungsstandes bieten.

Welche Abweichungen vom Durchschnitt sind wie wahrscheinlich? Wie sind sie zu erklären? Was bedeuten sie aktuell? Was bedeuten sie für das weitere Leben? Sind sie stabil, sind sie veränderbar? Das sind die Fragen, die für weitere praktische Aufgaben relevant sind, für die Entwicklungsdiagnosen und -prognosen und für Entwicklungsinterventionen, die in den nächsten Abschnitten skizziert werden. Wie ist die künftige Entwicklung in günstiger Weise zu beeinflussen? Welche präventiven Maßnahmen gegen Fehlentwicklungen sind wann und in welcher Weise zu ergreifen? Wie kann man einen Menschen gegen schädigende Einflüsse immunisieren? Wie kann man die Wahrscheinlichkeit erhöhen, dass belastende Erfahrungen bewältigt werden? Wann und wie muss man mit den Vorbereitungen auf neue Aufgaben wie Schule, Beruf, Ehe oder Elternschaft beginnen? Wie kann man sich und andere auf den Verlust sozialer Rollen oder auf den Verlust wichtiger Partner vorbereiten?

Indem die Entwicklungspsychologie Antworten auf solche Fragen gibt, wird sie zu einem Führer durch den Lebenslauf für alle, die ihr eigenes Leben gestalten oder die andere bei der Gestaltung ihres Lebens beraten oder unterstützen wollen.

1.6.2 Entwicklungsprognosen erstellen

Lassen sich Schulerfolg, die Entwicklung von Persönlichkeitsmerkmalen und Leistungsfähigkeiten, die Bewältigung von Lebenskrisen oder das Auftreten pathologischer Störungen langfristig prognostizieren? Es bleibt in aller Regel ein hohes Irrtumsrisiko,

- weil nicht alle Einflussfaktoren bekannt sind,
- weil nicht alle individuell wirkenden Einflüsse vorhersehbar sind,
- weil grundsätzlich Freiheiten zur Selbstgestaltung der eigenen Entwicklung anzunehmen sind, also die Freiheit zu entwicklungsrelevanten Entscheidungen.

Entwicklung ist in vielen Bereichen „plastisch", d.h. nicht durch Anlagen und vorausgegangene Entwicklungsschritte völlig determiniert, sondern beeinflussbar und gestaltbar.

1.6.3 Entwicklungsbedingungen ermitteln

Charakteristisch für die entwicklungspsychologische Bedingungsanalyse im Unterschied etwa zu allgemein-, sozial- oder ökopsychologischer Forschung sind zwei Besonderheiten: Erstens werden die Auswirkungen von Einflussfaktoren (sofern möglich) nicht nur kurzfristig, sondern langfristig beobachtet. Vermutungen über die Spätfolgen von Kindheitserfahrungen, wie sie Sigmund Freud beispielsweise in der Erklärung von Psychoneurosen formuliert hat, mögen als Beispiel dienen (Freud, 1920). Die Entwicklungspsychologie warnt davor, nur die aktuellen Wirkungen einer Erfahrung zu beurteilen. Manche Situation mag eine aktuell unangenehme und stressreiche Belastung darstellen, wie z.B. die befristete Trennung des Kleinkindes von der Mutter. Sie muss aber langfristig keine negativen Wirkungen haben. Wird sie bewältigt, ist die Person für künftige Belastungen dieser Art sogar besser gerüstet.

Zweitens untersucht die Entwicklungspsychologie, inwieweit der aktuelle Entwicklungsstand als Bedingung für die weitere Veränderung eine Rolle spielt: Es wird geprüft, ob Effekte und Effizienz von externen Einflussfaktoren vom aktuellen Entwicklungsstand (z.B. Wissen, Weisheit, Kompetenzen, Interessen, Selbstbild usw.) abhängig sind. Eine Einflussbedingung mag förderlich sein, wenn sie zur rechten Zeit kommt, sie mag Fehlentwicklungen auslösen, wenn sie zu früh erfolgt, und sie mag unwirksam bleiben, wenn sie zu spät erfolgt.

1.6.4 Entwicklungsziele begründen

Die Behauptung ist weit verbreitet, dass Erfahrungswissenschaften nur wertneutrales Wissen liefern, selbst aber keine Wertentscheidungen begründen können. Ziele sind sicher nicht allein aus wissenschaftlichen Befunden ableitbar, sondern werden von handelnden Akteuren gesetzt. Wissen und Meinungen über die Entwicklung fließen in die Wertungen und die Zielentscheidungen der Akteure ein. Ist z.B. bekannt, dass die spezifischen Formen der Entwicklungsumwelt, der Eltern-Kind-Interaktionen, des schulischen Unterrichts, der beruflichen Arbeit usw. einen Einfluss auf die künftige Entwicklung haben, dann ist dies relevant für die Zielentscheidungen der Akteure. Wenn die Forschung zeigt, wovon die Entwicklung abhängt, wie man Fehlentwicklungen vermeiden und Ziele erreichen kann, werden Zielentscheidungen möglich und sie werden notwendig, wo zuvor nur Schicksalsergebenheit oder „fromme Wünsche" möglich waren.

1.6.5 Entwicklungsinterventionen planen und evaluieren

Die Interventionsplanung baut auf den Prognosen, den entwicklungspsychologischen Bedingungsanalysen und Zielentscheidungen auf. Welche Maßnahmen sind bei welchen Voraussetzungen geeignet, um ein Interventionsziel zu erreichen? Gibt es optimale Interventionsperioden? Gibt es für gegebene Entwicklungsvoraussetzungen optimale Interventionsformen? Das sind die typischen Fragen. Auch hier benötigen wir Informationen über die kurz- und langfristige Wirksamkeit von Maßnahmen sowie über kurz- oder langfristige Nebeneffekte, um entscheiden zu können, ob eine Maßnahme wirksam oder unwirksam, ob sie gefährlich oder förderlich ist. Ob es um Schulung oder Therapie, um Resozialisierung oder Rehabilitation, ob es um Adoption oder Bewährungshilfe geht, man muss versuchen, auch die längerfristigen Auswirkungen einzuschätzen. Langfristige, verzweigte „follow-up Studien" für die Wirkungsüberprüfung von Interventionen sind zwar immer aufwendig, aber wissenschaftlich und praktisch von großem Interesse.

2 Abriss der Geschichte der Entwicklungspsychologie

Kindheit und Jugend: Ideen der Neuzeit

Der Entwicklungsgedanke ist weder in der antiken noch in der mittelalterlichen Philosophie differenziert ausgearbeitet worden. Ob er im allgemeinen Bewusstsein eine große Rolle spielte, wird bezweifelt.

Kinder im Mittelalter: kleine Erwachsene. Ariès (1975) vermutete, dass für die Menschen des Mittelalters die „Metamorphosen" während Kindheit und Jugend nicht so „augenfällig" waren, wie sie es für uns heute sind. Ihm fiel auf, dass die Künstler des Mittelalters in Körperproportion und Kopfform oft keine Unterscheidung zwischen Kind und Erwachsenem machten. Häufig sind Kinder als kleine Erwachsene dargestellt: Der Kopf ist relativ zur Körpergröße zu klein, das Gesicht im Verhältnis zum Hirnschädel zu groß.

Ariès meint, dass es keine Idee der Kindheit und Jugend als besonderen Lebensperioden gegeben habe, die Zeit der biologischen Abhängigkeit einmal ausgenommen. Kinder und Erwachsene hatten nicht nur gleiche Kleider, sondern auch die gleichen Spiele, Märchen, Schulen usw. In unserem Verständnis schuldunfähige Kinder seien früher gehenkt, gefoltert und an den Pranger gestellt worden. Besonderheiten des kindlichen Erlebens und Begreifens der Welt, des anderen, des Selbst, der Moral seien unerkannt geblieben.

> „(...) das Kind wurde (...), kaum dass es sich physisch zurechtfinden konnte, übergangslos zu den Erwachsenen gezählt, es teilte ihre Arbeit, ihre Spiele (...), ohne die Etappe der Jugend zu durchlaufen (...)" (Ariès, 1975, S. 46).

Es scheint auch noch im 17. Jahrhundert keine Trivialität gewesen zu sein, wenn der böhmische Pädagoge Johann Amos Comenius (1592–1670) einen kindgemäßen Unterricht oder – allgemeiner – eine altersgemäße Schule forderte: „Wie für das ganze Menschengeschlecht die Welt eine Schule ist, von Anbeginn der Zeit bis zu ihrem Ende, so ist auch für jeden einzelnen Menschen sein ganzes Leben eine Schule, von der Wiege bis zur Bahre (...). Man muss nur jedem Alter das zu tun geben, wozu es geeignet ist, dann wird unser ganzes Leben bald von dem erfüllt sein, was wir lernen, tun und ins Werk setzen sollen. Wie nämlich jeder Tag, wie jedes Jahr seine Teile hat und diese wiederum ihre Abschnitte und ihre besonderen Aufgaben, so auch das ganze Leben." (Comenius, Pampaedia, entstanden zwischen 1650 und 1677).

Auch John Locke (1632–1704), der empirische Studien über Kinder und Jugendliche forderte, befand die Aussage für mitteilenswert, dass Kinder nicht kleine Erwachsene seien, weswegen die Erwachsenen in den Fehler verfielen, die Möglichkeiten und Bedürfnisse der Kinder falsch einzuschätzen.

Jean-Jacque Rousseaus Naturphilosophie der Entwicklung

Mitte des 18. Jahrhunderts erreichte der Entwicklungsgedanke einen ersten Höhepunkt. Jean-Jacques Rousseau (1712–1778) schrieb 1762 seinen Erziehungsroman „Emile", der außerordentlich einflussreich wurde und Pädagogen wie Johann Heinrich Pestalozzi (1746–1827), Friedrich Fröbel (1782–1852) (den Begründer der Kindergartenidee) und später Maria Montessori (1870–1952) deutlich beeinflusst hat. Rousseau formulierte wohl als Erster eindrucksvoll und prägnant den Entwicklungsgedanken, wenn auch unzutreffend aus heutiger Sicht.

Rousseau entwirft eine Naturphilosophie der Entwicklung, noch weit ab von jeder systematischen erfahrungswissenschaftlichen Beobachtung. Er sieht die menschliche Entwicklung als eine von innen programmierte Folge von vier Stufen, die er – weil in der Natur des Menschen begründet – als universell annimmt. Die Ausbildung des Körpers vom ersten bis zum dritten Lebensjahr, die Ausbildung der Sinnestätigkeit vom vierten bis zum zwölften Lebensjahr, die Ausbildung von Verstand und Urteil zwischen dem 13. und 15. Lebensjahr bereiten die Entwicklung des Gefühlslebens und der Sittlichkeit vom 16. Lebensjahr an vor. Bis zu diesem vierten Stadium besitze der Mensch noch keine sittlichen Gefühle, er sei also noch ein amoralisches – besser: vormoralisches – Wesen, auch unfähig zu echten Sozialbeziehungen und damit nicht reif für eine Beteiligung an der Gesellschaft. Auf jeder Stufe bilde der Heranwachsende eine charakteristische Erscheinung, mit jeweils spezifischen Interessen und Fähigkeiten.

Aus der Überzeugung, allein das neugeborene Kind sei frei von der Verderbtheit der Welt, gelangt Rousseau zu einer „negativen" Pädagogik:

Die Umwelt, die Kultur könne nur verbilden, wenn sie in den natürlichen Verlauf der Entwicklung eingreife. Er plädiert für Vertrauen in die natürliche Reifung des Menschen. Die Erziehung soll darauf beschränkt sein, gewisse Lernangebote zu machen, die dann aufgenommen werden, sobald der entsprechende Reifestand erreicht sei. Jede Verfrühung, jeder Versuch, autoritativ ein Erziehungsziel durchzusetzen, führe zu Verbiegungen und schade der natürlichen Entfaltung der guten Anlagen des Menschen.

Entwicklungspsychologie auf empirischer Grundlage

Ende des 18. Jahrhunderts fand der Entwicklungsgedanke rasch Verbreitung. Zur gleichen Zeit mehrten sich die Forderungen nach einer „Erfahrungsseelenkunde", also einer empirischen Psychologie. In Deutschland schrieb Johann Nikolas Tetens (1736–1807) „Philosophische Versuche über die menschliche Natur und ihre Entwicklung", Dietrich Tiedemann (1748–1803) veröffentlichte 1787 als erster „Beobachtungen über die Entwicklung der Seelenfähigkeit bei Kindern". In dieser Zeit erschienen mehrere „Psychologische Magazine", die zum Teil kinderpsychologische Fragestellungen behandelten, wie die von Joachim Heinrich Campe (1746–1818) herausgegebene „Allgemeine Revision des gesamten Schul- und Erziehungswesens". Vielfach waren in diesen Magazinen moralisierend-pädagogische Anliegen mit empirischer Beobachtung vermischt, typisch für ein noch vorwissenschaftliches Überzeugungswissen.

2.1 Anfänge einer wissenschaftlichen Entwicklungspsychologie

Die Entwicklungspsychologie als Erfahrungswissenschaft erhielt um die Mitte des 19. Jahrhunderts entscheidende Anstöße. Der Entwicklungsgedanke prägte den Zeitgeist nicht nur in der Biologie, sondern auch in den Geschichts- und Sozialwissenschaften.

Karl Marx und Herbert Spencer

Karl Marx (1818–1883) fasste die Geschichte als gesetzmäßige Entwicklung, die über den Klassenkampf zu einer Aufhebung der Klassen und der Entfremdung von Produktionsmitteln und Produkten führe. Der britische Philosoph Herbert Spencer (1820–1903) entwarf ein Bild der Welt, in dem überall die Gesetze der Entwicklung sichtbar werden, in der Evolution der Arten, in der Geschichte der Völker wie im psychischen Leben. Entwicklung wurde teils als Integration zu einem zusammenhängenden Ganzen, teils als Differenzierung innerhalb der Integration verstanden: Immer verschiedenartigere Teile werden immer abhängiger voneinander.

Charles Darwin

Die Hauptwerke von Charles Darwin (1809–1882) über den Ursprung der Arten (1859) und über die Abstammung des Menschen (1871) gaben der vergleichenden Entwicklungspsychologie, die sich später in Kinder-, Völker- und Tierpsychologie differenzierte, ebenfalls einen mächtigen Impuls. Darwin selbst hat 1877 biographische Aufzeichnungen über die Entwicklung seines ersten Kindes veröffentlicht. Er erhoffte sich Informationen über die Natur des Menschen, solange diese noch nicht durch Erziehungseinflüsse überdeckt, „denaturiert" sei. Parallelen zwischen Mensch und Tier sollten seine These von der Abstammung des Menschen erhärten.

Kindertagebücher

In der Folge entstanden mehrere Säuglings- und Kinderbiographien, als anekdotische Tagebücher geführt. „Die Seele des Kindes" (1882), publiziert von dem Jenaer Physiologen Wilhelm Preyer (1841–1897), wurde das bekannteste der frühen Werke. Die Methode lieferte später noch viele wichtige Erkenntnisse: Die Aufzeichnungen der Ehepaare Ernst und Gertrud Scupin (1907, 1910), Clara und William Stern (1907/1965) und diejenigen Jean Piagets (1936, 1937, 1947) über Beobachtungen der eigenen Kinder wurden zu Fundgruben der Entwicklungspsychologie der frühen

Kindheit. Selbstverständlich wurden die Theorien, die die Beobachtung und die Interpretation leiteten, mit dem Fortschritt einer eigenständigen Kinderpsychologie reichhaltiger und komplexer.

Vergleichende Kinderpsychologie

Eine vergleichende Orientierung der frühen Kinderpsychologie wird besonders deutlich bei dem Begründer der amerikanischen Entwicklungspsychologie, Stanley Hall (1846–1924). Ernst Haeckel (1834–1919) hatte 1886 das „biogenetische Grundgesetz" postuliert, wonach die Keimentwicklung eine Rekapitulation der Stammesgeschichte sei, also die Phylogenese in der embryonalen Ontogenese nachvollzogen werde. Hall (1904) entwarf analog eine „psychogenetische Rekapitulationstheorie", die beinhaltet, dass die menschliche Individualentwicklung eine Wiederholung der kulturellen und biologischen Geschichte der Menschheit sei. Im Spiel, sagte Hall, wiederhole das Kind die kulturelle Evolution des Menschen. Karl Bühler (1879–1963) und William Stern (1871–1938) spekulierten ebenfalls in diesem Sinne. Heinz Werner (1890–1964) zog einige Jahre später (1926) Parallelen zwischen der ontogenetischen Entwicklung des Kindes und der kulturellen Entwicklung: Er wies hin auf die Strukturähnlichkeiten zwischen kindlichen Formen der Darstellung, des Denkens und Schlussfolgerns sowie der Naturerklärungen in „Kulturvölkern" und denjenigen Erwachsener in „Naturvölkern".

2.2 Wachstum und Differenzierung der Entwicklungspsychologie im 20. Jahrhundert

Die Geschichte der Disziplin im 20. Jahrhundert zu schreiben, wäre ein enzyklopädisches Unternehmen. Es bleibt hier nur Raum für einige wenige Schlaglichter.

Etablierung an den Universitäten. In den ersten Jahrzehnten des 20. Jahrhunderts konnte sich die Entwicklungspsychologie mit bedeutenden Wissenschaftlern an den Universitäten etablieren. Stanley Hall (1846–1924) an der Clark University, Alfred Binet (1857–1962) in Paris, William Stern (1871–1938) in Hamburg, Karl Bühler (1879–1962), später Charlotte Bühler (1893–1974) in Wien, Edouard Claparède (1873–1940), dann Jean Piaget (1896–1980) in Genf gründeten einflussreiche Forschungsstätten und Schulen.

Zur gleichen Zeit konzipierte Sigmund Freud (1856–1939) außerhalb der akademischen Psychologie seine Theorie der Persönlichkeits- und Neurosenentwicklung, die später vor allem die Sozialisationsforschung sehr stark beeinflussen sollte.

Weitere Anstöße zur Beschäftigung mit der psychologischen Entwicklung kamen aus dem Bereich der Praxis. Insbesondere in den USA wurden sogenannte Child Guidance Clinics gegründet, die sich mit Verhaltensproblemen von Kindern und Jugendlichen befassten und Fragen an die Forschung stellten (Child, 1954).

Die Sammlung von Fakten mittels Beobachtung, Auswertung von Dokumenten (wie Tagebüchern), bald auch mittels Fragebogen, Test und Experiment wurde geleitet und ergänzt durch die Suche nach Gesetzmäßigkeiten und theoretischen Deutungen. Es bildeten sich Forschungstraditionen der Entwicklungspsychologie heraus, die sich in Fragestellungen, Methoden und Grundannahmen zum Teil recht deutlich unterscheiden. Im Folgenden werden einige dieser Richtungen kurz charakterisiert.

2.2.1 Deskriptiv-normative Entwicklungspsychologie

Die sorgfältige Beschreibung von altersspezifischen Entwicklungsniveaus und -veränderungen war viele Jahrzehnte ein wichtiges Anliegen der Forschung. Phasenbeschreibungen bilden eine erste Gruppe von Arbeiten: Dabei wurden die altersspezifischen Leistungen, Neigungen und Probleme zu typisierenden Porträts von Lebensabschnitten zusammengestellt, die das Anliegen einer allgemeinen Orientierung erfüllten (zum Überblick Remplein, 1957). Die Abfolge von Phasen wird gelegentlich beschrieben als Aufeinanderfolge von Perioden der Konsolidierung und Perioden oft krisenhafter Umbrüche, die in die nächsthöhere Stufe münden. Phasenbeschreibungen betonen die qualitativen Besonderheiten eines Lebensabschnitts. Das pädagogische Anliegen entsprach dabei einer alten Forderung Pestalozzis, den Bildungsgang dem „natürlichen Wachstum“ anzupassen (Kroh, 1935).

Altersnormen. Arnold Gesell (1880–1961) an der Yale Clinic of Child Development wurde zur Leitfigur einer sehr detaillierten objektiven Entwicklungsbeschreibung. In drei materialreichen Bänden trug er mit seinen Mitarbeitern Altersnormen von der Geburt bis zum 16. Lebensjahr für viele Funktionen (Motorik, Sprache, begriffliches Denken, Interessen usw.) zusammen (Gesell, 1940; Gesell & Ilg, 1946; Gesell et al., 1956). Dem stehen ganz andere, nämlich interpretierende, wertende, zum Teil literarisch ansprechende Porträts einzelner Lebensperioden gegenüber wie Eduard Sprangers (1892–1963) Psychologie des Jugendalters (1926).

Phasenbeschreibungen. Phasenlehren fassen die Entwicklung implizit oder explizit als biologisch determinierten Wachstums- oder Reifungsprozess auf, der sich – normale Umweltanregungen vorausgesetzt – regelhaft nach einem inneren Plan des Werdens vollziehe. Umwelteinflüsse wurden in dieser Tradition nicht systematisch erfasst, schon gar nicht experimentell variiert.

Vernachlässigt wurden auch interindividuelle Differenzen zugunsten der generellen (typischen) Veränderungen. Nach Entwicklungsbedingungen wurde nicht geforscht. Dies ist wohl vor allem der Grund der Beschränkung der Entwicklungspsychologie auf das Kindes- und Jugendalter, auf einen Lebensabschnitt also, in dem in der Tat allgemeine, sequentiell geordnete Veränderungen augenfällig sind.

Gegen die Mitte des Jahrhunderts bildeten Stadien- oder Stufenbeschreibungen einzelner Funktionen unter Ausblendung der interindividuellen Differenzen und unter Vernachlässigung der Entwicklungsbedingungen eine der Hauptströmungen der Entwicklungspsychologie. Jean Piagets Werk über die geistige Entwicklung ist ein herausragendes Beispiel (vgl. Kap. 11).

Sequenzregeln. Die Suche nach allgemeinen Gesetzmäßigkeiten führte nicht zu Ursache-Wirkungs-Theorien, sondern zur Konzeption von Sequenzregeln für Entwicklungsreihen. So wurde Entwicklung als Differenzierung diffus-ungegliederter Ausgangszustände verstanden (Heinz Werner, Jean Piaget), als Umstrukturierung (der Gestaltpsychologe Kurt Koffka), als Überschichtung (Oswald Kroh), als Aufbau innerer Kontrollinstanzen (Sigmund Freud). In den Stadien- oder Stufenmodellen der Entwicklung wurde angenommen, dass jedes einzelne Stadium durch ein mehr oder weniger durchgängiges Organisationsprinzip gekennzeichnet sei. Auf einige Stadienabfolgen wird in späteren Kapiteln Bezug genommen.

Entwicklungstests. Zur Erfassung von Entwicklungsveränderungen wurden seit den zwanziger Jahren des letzten Jahrhunderts Messskalen für verschiedene Funktionsbereiche (Motorik, Intelligenz, Wahrnehmungsleistungen, Sozialverhalten usw.) erstellt. Sie erlauben die Gewinnung objektiver Altersnormen und Altersverlaufskurven. Die Intelligenzskala von Binet und Simon, die Kleinkindertests von Charlotte Bühler und Hildegard Hetzer, die Entwicklungsskalen von Gesell sind frühe Beispiele.

Tests erfassen individuelle Leistungen und Merkmalsausprägungen. Damit werden sie zu einem wichtigen Instrument der Differentiellen Entwicklungspsychologie. Mit ihrer Hilfe kann man nicht nur die Frage beantworten, wie die Entwicklung im Allgemeinen verläuft, sondern – in Längsschnittstudien eingesetzt – wie unterschiedlich die Entwicklung verläuft. Damit ist es auch möglich, individuelle und differentielle Entwicklungsprognosen zu fundieren, die beobachteten Unterschiede zu erklären und z.B. auf Anlagen, Umweltbedingungen, Erfahrungen, Entwicklungsvoraussetzungen zurückzuführen. Es wurde mit Entwicklungstests möglich, das Risiko von Entwicklungsstörungen zu erkennen, die Risiken zu identifizieren und möglicherweise präventiv einzudämmen. Es wurde möglich, die Effektivität von Förderprogrammen zu evaluieren.

2.2.2 Suche nach Kontinuitäten und Diskontinuitäten in Längsschnittstudien

Die Verfügbarkeit von Entwicklungstests erleichterte in den zwanziger Jahren des letzten Jahrhunderts die Planung groß angelegter Längsschnittuntersuchungen, durch die Veränderungen, Kontinuitäten oder Diskontinuitäten der Entwicklung während weiter Strecken des Lebenslaufs aufgedeckt werden sollten.

Genetische Studien über den Genius. Lewis M. Terman (1877–1956) von der Stanford University begann 1921, die Entwicklung von 661 kalifornischen Kindern mit einem IQ von 135 und höher zu untersuchen. Er wollte auch dem Vorurteil entgegentreten, dass hohe Intelligenz die Anpassung an die Lebenswirklichkeit beeinträchtige. Tatsächlich fand man (Terman & Oden, 1959), dass die Mehrzahl der 1910 geborenen Hochbegabten in der Mitte des Lebens vergleichsweise wenig psychische, berufliche und familiäre Probleme aufwiesen, also gut mit der Lebenswirklichkeit zurechtkamen.

Ende der zwanziger Jahre wurden mehrere Institute gegründet, in denen größere Stichproben über Jahrzehnte in regelmäßigen Abständen untersucht wurden. Es ging in diesen Studien nicht um die Gewinnung von Altersnormen, was repräsentative Einzelstichproben erforderte, sondern primär um den Aufweis von Kontinuitäten und Diskontinuitäten, Stabilität und Instabilität interindividueller Differenzen und damit um die Erkundung der Möglichkeit individueller Vorhersagen der weiteren Entwicklung. Da auch verschiedene potentielle Entwicklungsbedingungen mit erfasst wurden, lieferten diese Studien Erkenntnisse über kurz- und langfristige Folgen von Erziehungseinflüssen und anderer Sozialisationserfahrungen in der Kindheit und Jugend.

2.2.3 Experimentelle Kinderpsychologie

Experimente haben in der Entwicklungspsychologie verschiedene Funktionen:

(1) Sie dienen der Entwicklungsdiagnostik unter kontrollierten, wiederholbaren Bedingungen, etwa um Wahrnehmungs- und Erkenntnisleistungen oder die Bindung an Bezugsnormen zu diagnostizieren (in den Teilen II und III in diesem Band sind viele Beispiele dargestellt). Die experimentelle Kinderpsychologie wird im eigentlichen Sinne entwicklungspsychologisch, wenn wenigstens zwei Altersgruppen vergleichend querschnittlich oder längsschnittlich untersucht werden.

(2) Experimentelle Bedingungen können als Entwicklungsbedingungen interpretiert werden, sei es, dass man die in natürlichen Lebensformen wirksamen Einflussfaktoren im Experiment nachzustellen (zu „simulieren“) versucht, sei es, dass man im Experiment ein Verfahren erproben will, das im Bewährungsfall dann auch im natürlichen Lebensraum (Familie, Schule, Medien usw.) als Entwicklungsintervention oder als Gestaltung des Entwicklungsumfeldes realisiert werden kann.

2.2.4 Erziehungs- und Sozialisationsforschung

Das Ziel der bewussten Erziehung ist Entwicklung, und auch die nicht intentionale Sozialisation führt zu Entwicklungsveränderungen. Deshalb sollten Erziehung und Sozialisation entwicklungsangemessen sein.

Die Sozialisationsforschung bildete historisch in Bezug auf die theoretische Grundhaltung einen Gegenpol zu den Phasen- und Stufenbeschreibungen und ihren reifungsanalogen Erklärungen. Methodisch ist sie in der Regel deskriptive Feldforschung, in der die Daten mittels Beobachtung und Befragung gesammelt werden.

Familiäre Sozialisation. Die Sozialisationsforschung erreichte in den vierziger Jahren des letzten Jahrhunderts eine erste Blüte. Dem psychologischen Zeitgeist entsprechend dominierten psychoanalytische Hypothesen, die nicht selten in lernpsychologische Konzepte übersetzt wurden (Hunt, 1946). Die Forschung war entweder interkulturell (Whiting & Child, 1953) oder intrakulturell vergleichend (z.B. Sears et al., 1957). Erziehungsstile und -ziele, Familienklimavariablen und das familiäre Anregungsniveau standen im Mittelpunkt.

Weitere Sozialisationseinflüsse. Inzwischen sind neben der Familie die Einflüsse weiterer sozialer und institutioneller Einheiten (z.B. Schule, Hochschule, Beruf, Nachbarschaften, Peergruppen, Medien) auf unterschiedliche Entwicklungsdimensionen (z.B. Moral, geistige, sprachliche, kommunikative Leistungen, Motive, Interessen, soziale Einstellungen, Werthaltungen) Gegenstand der Forschung geworden. Auch Fehlentwicklungen (wie z.B. Delinquenz, Drogenmissbrauch, psychopathologische Störungen) wurden auf Sozialisationserfahrungen zurückgeführt. Einen historisch und aktuell breiten Überblick über die Themen und Forschungsergebnisse gibt ein von Schneewind (1994) herausgegebener Enzyklopädieband (vgl. auch Kap. 3, 7, 18, 19, 30).

Kinder als Erzieher ihrer Eltern. Während lange Zeit selbstverständlich die Sozialisationseinflüsse einseitig angenommen wurden, also z.B. das Verhalten der Eltern als Bedingung, das Verhalten der Kinder als Folge interpretiert wurde, trifft man seit geraumer Zeit häufiger auch auf die umgekehrte Betrachtungsweise: z.B. das Kind als Erzieher der Eltern (Klewes, 1983). Insgesamt setzen sich systemische Perspektiven durch, die gegenseitige transaktionale Beeinflussung der Mitglieder eines Systems rückte in den Blickpunkt (z.B. Lerner & Busch-Rossnagel, 1981).

Ökologische Entwicklungspsychologie. Inzwischen hat sich aus der Sozialisationsforschung eine ökologische Entwicklungspsychologie herausgebildet, die sich nicht nur auf die Sozialwerdung und Sozialmachung konzentriert. Allgemeiner werden sozioökologische Umwelten, deren Auswirkungen auf und Transaktionen mit dem sich entwickelnden Menschen Gegenstand der Untersuchung (vgl. Kap. 4).

2.2.5 Auswirkungen von Interventionen und Ereignissen

Langfristige Auswirkungen von Interventionen und Ereignissen zu untersuchen, ist eine wichtige Aufgabe der Entwicklungspsychologie. Adoptionen, Therapieversuche in Entwicklungsberatungsstellen, Behandlungen in Kliniken, Trainingsprogramme für verschiedene Fertigkeiten oder kognitive Funktionen usw. können ebenso Eingriffe in die Entwicklung darstellen wie ungewollte gravierende Lebensereignisse als „Interventionen des Schicksals“ (Erkrankungen, längere Trennung von der Familie in jüngerem Alter, Verlust der Eltern, familiäre Konflikte usw.). Wie wirken sie sich aus, kurzfristig und langfristig? Wirken sie bei allen gleich? Wenn nicht, welche Merkmale der Person (Alter, Kompetenzen, Vorerfahrungen), welche Merkmale des Umfelds (Familie, Schule, Nachbarschaftsmilieu, Kultur) modifizieren die Wirkung solcher Einflussfaktoren?

Die Antwort auf diese Fragen muss in sogenannten „follow up“- oder Folgeuntersuchungen ermittelt werden. Die Beschreibung des Lebensschicksals adoptierter Kinder (Skeels, 1966), von Kindern, die wegen verschiedener Störungen in einer Child Guidance Clinic behandelt wurden (Robins, 1966), der Auswirkungen der großen Wirtschaftsdepression Anfang der dreißiger Jahre (Elder, 1974), der Spätfolgen früher Trennungserfahrungen (Graham & Rutter, 1977), der Auswirkungen „kompensatorischer“ Frühförderung (Lazar & Darlington, 1982) sind Beispiele für diese Forschungsrichtung.

2.2.6 Entwicklungsstörungen

Die Beschäftigung mit Entwicklungsstörungen hat wesentliche Erkenntnisse über Entwicklungsbedingungen sowie Kontinuitäten und Diskontinuitäten in der Entwicklung erbracht. Versuche, nachhaltige Wirkungen negativer Erfahrungen in der Kindheit nachzuweisen, stellen ein durchgängiges Thema dar. Sigmund Freuds (1933) Theorie über die Grundlegung der Neurosen und anderer pathologischer Phänomene durch traumatisierende Erfahrungen in der Kindheit sind weithin bekannt. Die Arbeiten von Spitz (1945) über Hospitalisierungsschäden, von Bowlby (1952) über pathogene Effekte früher Trennungen des Kindes von der Mutter wurden einflussreich. Entwicklungstheorien dissozialen Verhaltens (Glueck & Glueck, 1959) und der psychopathischen Persönlichkeit (McCord, 1979; Robins, 1966) leiteten die Delinquenzforschung ein. Eine Vielzahl von Leistungs- und Verhaltensstörungen wurden beschrieben und auf genetische, neurobiologische und soziale Bedingungen hin untersucht. Heute ist die Entwicklungspsychologie von Störungen ein virulentes Forschungsfeld geworden, das im Teil IV in mehreren Kapiteln ausschnittweise behandelt ist, sich aber als klinische Entwicklungspsychologie verselbständigt hat (Oerter et al. 1999; Petermann, 1995; Seiffge-Krenke, 1994).

3 Entwicklung durch Anlage- oder Umwelteinflüsse?

3.1 Erbanlagen und Entwicklungsumwelt

Es gibt keine Entwicklung ohne Erbanlagen, deren Gesamtheit als Genom bezeichnet wird. Erbanlagen brauchen für ihre Entwicklung eine geeignete Umwelt, von der Befruchtung an in allen Lebensperioden. Bis in unsere Tage entbrennen aber Kontroversen über die Frage, ob den individuellen Erbanlagen oder den individuell erfahrenen Umwelteinflüssen mehr Gewicht bei der Entwicklung des Erscheinungsbildes (des Phänotyps) der Menschen mit ihren Fähigkeiten, Motivationen, psychologischen Merkmalen und Störungen zukomme (vgl. Kap. 2). Die Beantwortung dieser Fragen hat erhebliche praktische Konsequenzen. Würde die Vererbung die Entwicklung determinieren, könnte man nur über eugenische Maßnahmen Einfluss nehmen; wäre die Umwelt ein wesentlicher Entwicklungsfaktor, wären Bildungs-, Familien-, Wirtschafts- oder sozialpolitische und andere Maßnahmen erfolgversprechend. Voreingenommene Meinungen sind ebenso verbreitet wie unsinnig: Empirische Forschung sollte Antworten auf die anstehenden Fragen geben.

Sinnvolle und unsinnige Fragen

Die Fragen, die empirisch beantwortbar sind, müssen allerdings mit Blick auf die Methodik richtig gestellt werden. Wenn Anlagen und Umwelt bei der Entwicklung psychologischer Merkmale immer zusammenwirken, ist es dann nicht unsinnig, nach dem Gewicht von Anlagen und Umwelt zu fragen? So kann die Frage in der Tat nicht sinnvoll beantwortet werden. Folgende Frage kann allerdings gestellt werden: Welche interindividuellen Unterschiede (1) im Genom (früher: Genotyp) und (2) in der Entwicklungsumwelt sind bei der Herausbildung phänotypischer Unterschiede bedeutsam? Die methodischen Vorfragen liegen auf der Hand: Wie erfasst man Unterschiede im Genom und wie erfasst man Unterschiede in der Entwicklungsumwelt, um herauszufinden, ob diese bei der Herausbildung von Merkmalen (z.B. Fähigkeiten, Motivationen, Eigenschaften, Störungen) eine Rolle spielen?

Bezogen auf genetische Unterschiede ist die Genetik und die Verhaltensgenetik gefragt, bezogen auf die Entwicklungsumwelt ein ganzes Spektrum von Wissenschaften, nämlich alle Verhaltens-, Sozial-, Kultur- und Ökowissenschaften.

Die Frage nach Anlage- und Umwelteinflüssen oder dem Zusammenwirken von beiden ist nicht global, sondern spezifisch für einzelne Merkmale zu beantworten. Man kann nicht von einem psychologischen Merkmal auf andere generalisieren. Es gibt z.B. Störungen und Erkrankungen, für die es genetische Dispositionen gibt, die sich in einem sehr weiten Spektrum von Entwicklungsumgebungen, wenn nicht gar universell auswirken. Es gibt andere, in denen die Risiken einer genetischen Disposition durch günstige Entwicklungskontexte ausgeglichen werden können. Und es gibt Merkmale, deren Ausprägungen in einem weiten Spektrum genotypischer Varianten durch die Entwicklungsumwelt bestimmt werden.

Objektive und subjektive Umwelt

Objektiv identische oder ähnliche Umwelten wirken unterschiedlich oder haben unterschiedliche Bedeutung je nach Genom und je nach bereits entwickeltem Phänotyp: Ein Technikmuseum ist faszinierend für die einen und tödlich langweilig für andere. Es ist eine Interaktion zwischen Individuen und ihrer Umwelt anzunehmen in dem Sinne, dass sie spezifische Ausschnitte ihrer jeweiligen Umwelt unterschiedlich wahrnehmen und bewerten und dass sie unterschiedlich auf ihre Umwelt wirken und einwirken. Diese Interaktionen zu erfassen, erfordert sehr aufwendige Forschung, zumal sie sich auch intraindividuell je nach Entwicklungsstand und Erfahrungen und jeweiligem breiteren Sozialkontext ändern können. Das Technikmuseum kann z.B. gestern noch langweilig gewesen sein, als der Vater seine Interessen verfolgte und seine Kenntnisse dozierte, und morgen zusammen mit einem Freund eine faszinierende Entdeckungsreise werden. Deshalb ist die Korrespondenz zwischen objektiven Beschreibungen von Entwicklungskontexten und den individuell perzipierten Umwelten zu klären. Umgekehrt können objektiv unterschiedliche Entwicklungskontexte funktional äquivalent sein für die Herausbildung eines Merkmals, einer Fähigkeit, auch einer Störung. Interesse an Technik kann z.B. entstehen durch reichliches Angebot entsprechender Informationen und Anschauungsgelegenheiten, aber auch durch eine Knappheit an Informationen, die die geweckte Neugierde nicht befriedigt, aber wach hält.

Das Konzept der spezies-normalen Umwelt

Die Spezies homo sapiens hat sich in der Evolution als soziales und kulturelles Wesen herausgebildet. Es gab und gibt viele unterschiedliche Kulturen und Formen des sozialen Lebens. Diese Kulturspezifika werden während der Sozialisation gelernt. Dass aber die Kultur überhaupt gelernt werden kann, hat sich als Fähigkeit in der Evolution herausgebildet.

> **!** Die Verhaltensgenetik unterscheidet Entwicklungsergebnisse, die normal sind für die Spezies, von solchen, die normal sind für eine Kultur. Alle genetisch normalen Kinder lernen eine Sprache, das Grundwissen, die Werte, die Normen, die Fertigkeiten einer Kultur, wenn sie in einer für die Spezies Mensch normalen kulturellen Umwelt aufwachsen.

Welche Sprache, welche Fertigkeiten, welche Werte und Normen und welches Grundwissen Kinder lernen, hängt davon ab, in welcher Kultur sie aufwachsen. Das, was sie lernen, ist phänotypisch unterschiedlich, aber funktional im jeweiligen materiellen, sozialen und kulturellen Kontext äquivalent. Ein Kernsatz der Verhaltensgenetiker lautet: Alle genetisch normalen Kinder erwerben das für die jeweilige Kultur normale Repertoire (Scarr, 1993). Das für die Spezies normale Repertoire wird zumindest nicht ohne spezifische Nachhilfen erworben von Kindern, die entweder nicht über die normale genetische Ausstattung verfügen, sondern sensorisch, motorisch oder gestig behindert sind, oder die nicht in einem für die Spezies normalen Milieu aufwachsen, sondern beispielsweise in einem extrem anregungsarmen Milieu.

Die hier gemeinten Normalitäten der Anlage und der Entwicklungskontexte sind keine punktuellen Mittelwerte, sondern bezeichnen breite Ausschnitte aus der Variation der Genome und der Entwicklungskontexte. Was also ein speziesnormales Genom und eine spezies-normale Umwelt ist, umfasst große Spannbreiten, von denen die Varianz individueller Ausprägungen des Phänotyps abhängt. Diese unterschiedlichen Ausprägungen des Phänotyps entscheiden über den Erfolg oder Misserfolg in einer Kultur. Also sind die Unterschiede in dem, was die Verhaltensgenetiker spezies-normal nennen, ein zentraler Forschungsgegenstand der Psychologie.

3.2 Nachweis der Bedeutung von Erbanlagen

Die erbliche Basis art- und rassetypischer Merkmale, der Geschlechtszugehörigkeit und einiger pathologischer Phänomene ist heute unbestritten. Die Träger der Erbanlagen heißen Allele, die beim Menschen in 23 Chromosomenpaaren aufgereiht sind. Die Orte auf den Chromosomen, an denen sich je ein Allel von Vater und Mutter befinden, heißen Gene. Mehrere Möglichkeiten des Nachweises von Vererbungseinflüssen sind zu unterscheiden.

3.2.1 Chromosomale Besonderheiten

Relativ unproblematisch ist der Nachweis der Vererbung in jenen Fällen, in denen ein enger Zusammenhang zwischen phänotypischem Merkmal und chromosomaler Auffälligkeit gegeben ist. So wird die Geschlechtszugehörigkeit durch das 23. Chromosomenpaar determiniert, das beim Mann unterschiedliche (XY), bei der Frau homologe Paarlinge (XX) aufweist.

Nicht nur das Geschlecht lässt sich auf chromosomale Merkmale zurückführen: Über 1.500 Chromosomenanomalien sind beschrieben. Die meisten führen zum Tode oder zu pathologischen Veränderungen. Die häufigste Chromosomenanomalie, die Trisomie 21 (das 21. Chromosom hat 3 statt 2 homologe Paarlinge) führt zum sog. Mongolismus (Down-Syndrom): Neben körperlichen Auffälligkeiten, wie einem mongoloiden Gesichtsschnitt, sind die Träger geistig behindert; ihre Lebenserwartung ist vermindert; sie sind nicht fortpflanzungsfähig.

3.2.2 Passung in ein Erbgangsmodell

Eine zweite Möglichkeit, Erbeinflüsse zweifelsfrei nachzuweisen, besteht dann, wenn ein Merkmal oder eine Krankheit in aufeinander folgenden Generationen bezüglich Aussehen und Auftreten einem bekannten Erbgangsmodell entspricht. Die Mendel'schen Gesetze beruhen auf einfachen Erbgangsmodellen, in denen jeweils ein Gen die Ausprägung bestimmt.

Bei klar abgrenzbaren (diskreten) Merkmalen kann der Erbgang in der Generationenfolge leicht verfolgt werden, wenn die phänotypische Ausprägung durch ein einzelnes Gen determiniert wird. So etwa bei einer Form der geistigen Behinderung, der Phenylketonurie, deren Ursache eine angeborene Eiweißstoffwechselstörung ist. Für eine normale Entwicklung ist die Produktion eines bestimmten Enzyms notwendig, welches ein Eiweiß (das Phenylalanin) umwandelt. Fehlt dieses Enzym, dessen Synthese durch ein Gen kontrolliert wird, wird die Konzentration des Phenylalanins im Körper zu hoch, was die Zellen des zentralen Nervensystems schädigt. Geistige Behinderung ist die Folge, wenn nicht durch eine spezifische Diät eine Phenylalaninkonzentration vermieden wird. Das Vorliegen dieses Enzymdefektes wird seit längerem routinemäßig nach der Geburt geprüft, so dass eine Entwicklungsstörung vermieden werden kann (vgl. auch Kap. 2).

Die meisten Merkmale werden nicht durch einzelne, sondern durch mehrere Gene determiniert: Gewicht, Größe, Haarfarbe, Intelligenz, Persönlichkeitsfaktoren und vieles andere mehr. Hier wie auch bei multigener Vererbung von Krankheiten kann das anlagemäßige (familiäre) Risiko aus der Auftretenshäufigkeit in der Verwandtschaft geschätzt werden.

Bei in kontinuierlichen Abstufungen vorkommenden psychologischen Variablen wie Intelligenz, Dominanz oder Aggressivität muss ein Zusammenwirken vieler unabhängig voneinander vererbter Gene oder Gengruppen angenommen werden (polygene Vererbung). Dabei kann sich das gleiche Gen unter dem Einfluss anderer Gene (Modifikatoren) verschieden auswirken. Durch eine Erbgangsanalyse können wir in diesen Fällen den Anlageeinfluss nicht nachweisen. In diesem Falle stehen uns zwei Wege offen. Der erste ist der

Versuch der Reinzüchtung, der zweite besteht in der Anwendung so genannter populationsgenetischer Analysemethoden.

3.2.3 Reinzüchtung und Wahl ähnlicher Partner

Eine Reinzüchtung einer kontinuierlich abgestuften Variablen in aufeinander folgenden Generationen wird es bei anlagebedingten Merkmalen geben, wenn Individuen mit extremen phänotypischen Ausprägungen jeweils ähnliche Partner wählen (so wie in der Tierzucht z.B. hochaggressive Hunde oder sehr friedliche miteinander gepaart werden). Wird die phänotypische Varianz der Nachkommen durch diese selektive Partnerwahl geringer, ist ein Erbeinfluss nachgewiesen, sofern eine Vermittlung der Merkmale durch „Sozialisation“ ausgeschlossen werden kann.

BEISPIEL

Die Wahl des Ehepartners in Bezug auf Intelligenz ist in unserer Kultur nicht zufällig. Häufig finden Partner ähnlicher Intelligenz zusammen (r = .50 nach Vandenberg, 1972). Falls dieses über mehrere Generationen der Fall war, wird die Intelligenz der Nachkommen eines Paares weniger unterschiedlich sein als im Falle, dass Intelligenz erstmalig in einer Generation ein Kriterium der Partnerwahl darstellt. Auch ist damit zu rechnen, dass extremere Ausprägungsgrade der Intelligenz in der Population häufiger werden, wenn über mehrere Generationen diesbezügliche Ähnlichkeiten Kriterium bei der Partnerwahl war.

3.2.4 Populationsgenetische Analysen

Die Beziehungen zwischen dem Genom und dem Phänotyp sind für die meisten Merkmale komplex. Ähnliche Phänotypen können verschiedene Genome haben, und ähnliche Genome können sich in unterschiedlichen Entwicklungsumwelten zu unterschiedlichen Phänotypen entwickeln: Eine Anlage zur Schizophrenie mag sich in einem optimalen Milieu nicht auswirken, und eine musikalische Begabung wird ohne Musikangebote und Förderung unentwickelt bleiben.

! Mit populationsgenetischen Methoden versucht man, die in einer Population gegebenen phänotypischen Unterschiede auf Anlage- und/oder Umweltunterschiede zurückzuführen.

Da der gleiche Phänotypus, z.B. ein gewisses Maß an Aggressivität oder ein bestimmter Intelligenzquotient (IQ), auf verschiedenen Wegen zustande kommen kann – ein mittlerer IQ beispielsweise durch die Kombination einer guten Begabung mit einer ungünstigen Umwelt oder einer schwachen Begabung mit einem optimalen Milieu – kann der Einzelfall keine Aufklärung über die Gewichte von Anlage- und Umweltunterschieden in der Population bringen.

In einer Population gibt es (1) phänotypische Unterschiede (und Ähnlichkeiten) zwischen den Individuen, (2) unterschiedliche Anlageähnlichkeit zwischen Personen, die aus ihrem Verwandtschaftsgrad zu erschließen ist, und (3) unterschiedliche Umweltähnlichkeit zwischen Personen, die aus geeigneten Umweltbeschreibungen zu erschließen ist. Um sagen zu können, welche Anteile an den phänotypischen Unterschieden auf Anlageunterschiede und welche auf Umweltunterschiede zurückzuführen sind, muss eine Konfundierung von Anlage- und Umweltunterschieden vermieden werden. Die Auflösung dieser Konfundierung von Anlage- und Umweltähnlichkeiten ist das methodische Problem der Populationsgenetik.

BEISPIEL

Sir Francis Galton (1822–1911), ein Vetter von Charles Darwin, hatte beobachtet, dass häufig berühmte Wissenschaftler aus denselben Familien stammten („English Men of Science", 1887). Er schloss daraus auf eine Vererbung wissenschaftlicher Begabung. Dies war voreilig, denn nicht nur die Erbanlagen, sondern auch Erziehung und Milieueinflüsse in diesen Familien (spezifizierbar als Anregung, Bildung, Anforderung und Vorbildwirkung usw., eventuell auch als Hilfe bei der Positionsfindung) könnten für Berufsorientierung und -erfolg von Belang gewesen sein. Anlage und Umwelt waren also konfundiert in Galtons Beobachtung.

Es gibt eine Unzahl von Forschungsarbeiten über die Auswirkungen familienspezifisch gestalteter Entwicklungsumwelten (z.B. unterschiedliche Erziehungsziele und -stile, variierendes Sozialklima, variierende Ressourcen und Anforderungen) auf die Entwicklung von Fähigkeiten, Merkmalen und Störungen: Untersuchungen in biologischen Familien sind aber bezüglich der Frage nach Anlage- vs. Umwelteinflüssen nicht aussagekräftig, da Fähigkeiten, Merkmale und Störungen von den Eltern auf die Kinder vererbt oder durch die Gestaltung der Entwicklungsumwelt vermittelt sein könnten: Man kann in diesen Fällen Anlage- und Umwelteinflüsse nicht unabhängig schätzen. Deshalb hat man die Zwillingsforschung und die Adoptivkinderforschung entwickelt.

Zwillingsuntersuchungen

Verschiedene Verwandtschaftsgrade stellen Abstufungen der Anlageähnlichkeit dar. Eineiige Zwillinge (EZ) entwickeln sich aus einem einzigen befruchteten Ei und sind anlagemäßig identisch. Phänotypische Unterschiede müssen auf andere als Anlagefaktoren zurückgeführt werden. Bei allen anderen Verwandtschaftsgraden können die phänotypischen Unterschiede sowohl auf Anlageunterschieden als auch auf Erfahrungs- oder Umweltunterschieden beruhen.

Zweieiige Zwillinge (ZZ) sind anlagemäßig nicht ähnlicher als normale Geschwister, teilen aber normalerweise, da sie gleich alt sind, mehr an Kontext und Erfahrungen als diese. Eventuell beobachtete phänotypische Ähnlichkeitsdifferenzen zwischen ZZ und altersungleichen Geschwistern sind also auf größere Umweltdifferenzen bei letzteren zurückzuführen. Tatsächlich wurden allerdings sogar geringere Ähnlichkeiten bei gemeinsam aufwachsenden ZZ-Paaren als bei altersungleichen Geschwistern und getrennt aufwachsenden ZZ-Paaren beobachtet (vgl. Tab. 1.1), was mit Bemühungen der ZZ um persönliche Identität durch Abgrenzung voneinander erklärt wurde.

Im Durchschnitt sind die phänotypischen Ähnlichkeiten umso größer, je enger die Verwandtschaft ist, also bei eineiigen Zwillingen größer als bei anderen Geschwistern oder Vettern; zwischen Eltern und Kindern sind sie größer als zwischen Großeltern und Enkeln. Bei gleichem Verwandtschaftsgrad sollten die Paarlinge umso ähnlicher sein, je länger sie zusammen gelebt haben, wenn Umweltähnlichkeit von Bedeutung ist. Allerdings bedeutet Leben in derselben Familie, am selben Ort usw. noch nicht, dass der Kontext für die Geschwister identisch ist. Ein Geschwister kann z.B. dominanter, beliebter oder schwieriger sein, was impliziert, dass die Kontexte für dieses Kind anders sind als für seine Geschwister.

EZ-Paare sind ähnlicher als ZZ-Paare. Allerdings ist auch die Umwelt für EZ ähnlicher als für ZZ. Schon von Bracken (1933) ermittelte durch Befragungen von Eltern, Lehrern und den Zwillingen selbst, dass EZ mehr Zeit zusammen verbringen als ZZ, häufiger dieselben Freunde haben, sich in der Schule häufiger helfen, häufiger gleiche Interessen haben; sie sind schwieriger zu unterscheiden und werden daher auch ähnlicher behandelt als ZZ. Loehlin und Nichols (1976) fanden allerdings keine Korrelation zwischen solchen Gemeinsamkeiten und gemessenen Ähnlichkeiten von Zwillingspaaren.

Getrennt aufwachsende Zwillinge. Aussagekräftiger sind Vergleiche zwischen EZ und ZZ, die in früher Kindheit getrennt wurden. Auch hier wurden regelmäßig größere Ähnlichkeiten bei EZ gefunden. Kritisch wurde gefragt, ob das Ausmaß der Umweltunterschiede bei den Paarlingen kontrolliert worden war. Tatsächlich sind viele Zwillinge in verwandten Familien aufgewachsen, nicht selten hatten die Paare Kontakt in der Schule und in der Freizeit. Allerdings ist die Korrelation getrennt aufgewachsener EZ-Paare, die keinerlei Kontakt untereinander hatten, nicht geringer als bei anderen (Lykken & Bouchard, 1984).

Das Ergebnismuster gilt für Intelligenz und die meisten Persönlichkeitsmerkmale (z.B. Aggressivität, Selbstkontrolle, Kontrollüberzeugungen, Ängstlichkeit, Impulsivität, Soziabilität): EZ sind sich deutlich ähnlicher als ZZ (Plomin & Thompson, 1988; Rushton, 1986).

UNTER DER LUPE

Ein Forschungsbeispiel zur Populationsgenetik: Intelligenz

Tab. 1.1 zeigt Korrelationen der Intelligenz erwachsener Paarlinge unterschiedlichen Verwandtschaftsgrades, die zusammen oder getrennt aufgewachsen sind. Anlageähnlichkeit (EZ, ZZ, Geschwister, nicht verwandte „Paare" mit nur zufälliger Anlageähnlichkeit) und Umweltähnlichkeit (gemeinsam/nicht gemeinsam aufgewachsene Paare) sind also unabhängig variiert. Die nicht gemeinsam aufwachsenden Geschwister wurden in früher Kindheit getrennt.

Man sieht, dass größere Anlageähnlichkeit auch dann mit höherer IQ-Ähnlichkeit einhergeht, wenn die Paarlinge in verschiedenen Umwelten aufgewachsen sind: Getrennt aufgewachsene EZ weisen eine höhere IQ-Ähnlichkeit auf als gemeinsam aufgewachsene Geschwister und ZZ. Auch getrennt aufwachsende Geschwister haben eine beträchtliche Ähnlichkeit, während nicht verwandte Paarlinge, die in der gleichen Umwelt aufgewachsen sind (z.B. in einer Adoptivfamilie), keine IQ-Ähnlichkeit aufweisen. Dies sind deutliche Indizien dafür, dass in der untersuchten Population ein größerer Anteil an der Varianz phänotypischer Unterschiede durch Unterschiede im Erbgut als durch Umweltunterschiede während der Entwicklung erklärt wird.

Tabelle 1.1. Phänotypische Ähnlichkeit im Erwachsenenalter als Korrelation zwischen Paarlingen bei unterschiedlichem Verwandtschaftsgrad und unterschiedlicher Umweltähnlichkeit (nach Bouchard et al., 1994)

Verwandtschaftsgrad	N	Intelligenz
Eineiige Zwillinge		
gemeinsam aufgewachsen	190	.86
getrennt aufgewachsen	158	.75
Zweieiige Zwillinge		
gemeinsam aufgewachsen	178	.39
getrennt aufgewachsen	112	.35
Geschwister		
gemeinsam aufgewachsen	271	.54
getrennt aufgewachsen	28	.47
Kinder, nicht verwandt		
gemeinsam aufgewachsen	108	–.02

Ein Maß für Erblichkeit

Populationsgenetische Analysen machen Aussagen über Erblichkeit eines phänotypischen Merkmals. Erblichkeit (E^2) ist definiert als der Anteil an der Gesamtvarianz eines phänotypischen Merkmals in einer Population, der auf Anlageunterschiede in dieser Population zurückzuführen ist. Einfache Schätzungen stützen sich auf Korrelationen zwischen EZ- und ZZ-Paaren, die jeweils in derselben Umwelt aufgewachsen sind: $E^2 = (r_{EZ} - r_{ZZ}) : (1 - r_{ZZ})$.

Setzt man die Werte aus Tab. 1.1 in diese Formel ein, ergibt sich z.B. für die Intelligenz ein $E^2 = .77$, was durch andere Studien bestätigt wird. Zum Vergleich: Die Erblichkeitswerte für Schulleistungen liegen deutlich darunter. Für die meisten Persönlichkeitsmerkmale werden ebenfalls substantielle Erblichkeitskoeffizienten zwischen .40 und .50 berichtet (Goldsmith, 1983; Plomin & Thompson, 1988).

Untersuchungen in Adoptivfamilien

Überzufällige Ähnlichkeiten zwischen Adoptiveltern und adoptierten Kindern können – sofern sie nicht verwandt sind – nur aus zwei Quellen stammen:

(1) einer differentiellen Auswahl oder selektiven Platzierung bei Adoptionen, z.B. derart, dass Kinder mit höher eingeschätzter Intelligenzanlage in gebildetere (intelligentere) Adoptivfamilien vermittelt werden,
(2) der Sozialisation der adoptierten Kinder durch die Adoptiveltern bzw. in den von diesen gestalteten Entwicklungskontexten.

Eine überzufällige Korrelation zwischen den biologischen Eltern und ihren frühzeitig adoptierten Kindern ist – falls selektive Platzierung ausgeschlossen werden kann – nur auf Anlageähnlichkeiten zurückzuführen (s. folgende Unter der Lupe).

3.2.5 Veränderung des Erblichkeitskoeffizienten mit dem Lebensalter

In den letzten Jahren sind interessante entwicklungspsychologische Studien hinzugekommen. Sie zeigen, dass die Erblichkeitskoeffizienten über Kindheit und Jugendalter nicht invariant sind, sondern mit zunehmendem Alter höher werden. Sie sprechen in der Summe für die These, dass sich genetische Ähnlichkeiten und Unterschiede nach der Vorschulperiode immer deutlicher manifestieren, oder umgekehrt, dass die Umwelteinflüsse in den ersten Lebensjahren zwar Effekte haben, aber keine bis zur Adoleszenz und dem Erwachsenenalter stabil bleibenden Unterschiede verursachen. Plomin und Thompson (1988) fas-

UNTER DER LUPE

Ein Untersuchungsbeispiel

Munsinger (1975) hat 17 Adoptivkinderuntersuchungen methodenkritisch analysiert. Berücksichtigt man nur die methodisch besten, ergibt sich folgendes Ergebnismuster: Der mittlere IQ der Adoptiveltern und der IQ der Adoptivkinder korrelieren mit $r = .19$ deutlich geringer als die entsprechenden Werte der biologischen Mütter und der Adoptivkinder ($r = .34$). Dieser Wert liegt allerdings auch deutlich unter der Korrelation des mittleren IQ biologischer Eltern mit dem IQ ihrer bei ihnen lebenden Kinder ($r = .58$) (vgl. Tab. 1.2). Munsinger moniert, dass häufig Informationen über den biologischen Vater fehlen oder von zweifelhafter Güte sind. Die Vergleichbarkeit der Intelligenzmerkmale bei biologischen und Adoptiveltern ist fraglich, da die untersuchten biologischen Mütter durchschnittlich zehn Jahre jünger sind und bezüglich ihres beruflichen Bildungsstandes – der häufig als Indikator für ihre Intelligenz verwendet wurde – weniger gefestigt sind. Festzuhalten ist, dass die Qualität der Information über die biologischen Eltern üblicherweise geringer ist als die Qualität der Information über die Adoptiveltern. Wenn sich trotzdem in den meisten Untersuchungen ein höherer Korrelationskoeffizient zwischen biologischen Eltern (meist nur der Mütter) und Kindern ergibt als zwischen Adoptiveltern und Adoptivkindern, dann ist dieser Unterschied sicherlich nicht eine Folge der genannten methodischen Schwächen. Er ergibt sich im Gegenteil trotz dieser Schwächen, d.h. man darf einen Anlageeinfluss wirklich annehmen.

Tabelle 1.2. Korrelationen der Intelligenz von Kindern und ihren biologischen bzw. Adoptiveltern (nach Munsinger, 1975)

	N	durchschnittliche Korrelation
Durchschnittswert der Adoptiveltern (Intelligenzalter) × IQ des Kindes	351	.19
Durchschnittswert der biologischen Eltern (Intelligenzalter) × IQ des Kindes (zusammen lebend)	378	.58
Durchschnittswert des sozialen Status der biologischen Eltern × IQ des Kindes (getrennt lebend)	41	.70
IQ der biologischen Mutter × IQ des Kindes (getrennt lebend)	255	.34

Die beiden Korrelationskoeffizienten zwischen dem IQ der Adoptivkinder und dem IQ ihrer biologischen Mütter (r = .34) und dem Mittelwert im Sozialstatus der biologischen Eltern, falls beide bekannt waren (r = .70), liegen deutlich auseinander: Zur Interpretation sollte berücksichtigt werden, dass viele nicht eheliche Kinder zur Adoption freigegeben wurden, und dass in diesen Fällen der Sozialstatus der Väter, der mit ihrem IQ korreliert ist, oft von dem der Mütter abgewichen ist. Generell verbessert die Bildung eines IQ-Mittelwertes zwischen den biologischen Eltern die Vorhersage des IQ ihrer Kinder, was wegen der genetischen Unterschiede zwischen den Eltern zu erwarten ist, während die Bildung eines Mittelwertes der Adoptiveltern die Vorhersage des IQ der Adoptivkinder nicht verbessert. Auch dieser Unterschied belegt einen Anlageeinfluss, der bei Adoptiveltern fehlt.

sen die vorliegenden Studien zur geistigen Entwicklung so zusammen, dass die Erblichkeitskoeffizienten von 20 Prozent in der frühen Kindheit über 40 Prozent in der Kindheit auf 60 Prozent in der Adoleszenz wachsen (s. folgende „Unter der Lupe").

Drei Arten der Passung zwischen Anlage und Umwelt

Die sich mit dem Alter ändernden Korrelationen zwischen Eltern-Kind-Paaren und Geschwisterpaaren verschiedenen Verwandtschaftsgrades lassen sich weder mit einer einfachen Anlage- noch mit einer einfachen Umwelttheorie deuten. Plomins Typologie der Anlage-Umwelt-Korrelation (oder -Passung) bietet eine Erklärungsmöglichkeit. Plomin unterschied drei Arten der Passung zwischen Anlage und Umwelt: die passive, die evokative und die aktive (Plomin et al., 1977).

Passive Genom-Umwelt-Passung. Eltern teilen mit ihren Kindern einen Teil des Genoms. Das Genom führt zu bestimmten Gestaltungen ihres Lebens (Interessen, Motive, Bildung, beruflicher Status, Gestaltung des Heims, Erziehungsziele und -praktiken), was einen Teil der Lebensumwelt ihrer Kinder (Angebote, Anforderungen, Ressourcen usw.) ausmacht. Diese Umweltgestaltung kann dem Genom der Kinder entsprechen oder nicht. Hat der Vater Interesse an Musik, spielt er vielleicht ein Instrument, hört viel Musik, kauft seinem Kind früh ein Musikinstrument, lehrt es spielen usw. Wenn dieses Angebot dem Genom des Kindes entspricht, liegt eine passive Genom-Umwelt-Passung vor. Passend oder nicht: Das

UNTER DER LUPE

Einige empirische Daten

Die Korrelation zwischen ZZ ist in den ersten Lebensjahren mit r = .60 bis .75 deutlich höher als eine Vererbungstheorie erwarten ließe (nämlich r = .50, denn ZZ sind sich genetisch im Durchschnitt nicht ähnlicher als „normale“ Geschwister, teilen aber, wie schon gesagt, wegen der Altersgleichheit mehr Umwelt und Erfahrungen). Diese Korrelationen sind nicht stabil. Nach Daten von Wilson (1983) ist die größte Ähnlichkeit bei ZZ, die gemeinsam aufwachsen, im Alter von drei Jahren erreicht, danach sinkt sie auf den von der Vererbungstheorie erwarteten Wert von r = .50 ab.

Umgekehrt ist der Verlauf bei altersungleichen Geschwistern. Legt man die Messwerte jeweils des gleichen Alters zugrunde, ist in den ersten Lebensjahren die Ähnlichkeit geringer als sie von der Vererbungstheorie erwartet würde, wohl weil die Geschwister unterschiedliche Entwicklungskontexte haben (die Eltern lernen dazu, es macht einen Unterschied, ob man ein älteres oder jüngeres Geschwister hat usw.). Sie steigt auf die Endhöhe von r = .50 in der Schulzeit an. Demgegenüber fallen die Intelligenzkorrelationen bei EZ, die gemeinsam aufwachsen, nicht mit dem Alter ab, sondern steigen von Werten im ersten Lebensjahr, die denen der ZZ entsprechen (r = .66), rasch an und bleiben hoch.

Die Ähnlichkeit der adoptierten Kinder mit ihren biologischen Müttern wird mit zunehmendem Alter größer, die Ähnlichkeit mit den Adoptiveltern wird geringer (Gourley, 1979; Honzik, 1957; Munsinger, 1975). Die Korrelation der Intelligenzwerte nicht verwandter Adoptivkinder derselben Familie ist in der frühen und mittleren Kindheit noch positiv (r = .25 bis .39), fällt aber im Jugendalter auf r = .00 zurück (Scarr & McCartney, 1983; Plomin & Thompson, 1988).

junge Kind kann sich nicht ganz entziehen, es wird durch diese Angebote bzw. Anforderungen des Vaters beeinflusst.

Evokative Genom-Umwelt-Passung. Evokative (oder reaktive) Passung liegt vor, wenn ein Kind Angebote und Anforderungen erhält, die ausgelöst sind durch sein eigenes Genom. Das lernbegierige Kind evoziert häufiger Lernangebote aus seiner Umgebung als das uninteressierte, das freundliche Kind evoziert mehr Zuwendung als das schwierige, das sportlich begabte mehr Gelegenheiten zu sportlicher Betätigung. Dies gilt im Durchschnitt. In Einzelfällen kann die Umwelt unresponsiv gegenüber dem Genom bleiben oder dieses konterkarieren.

Aktive Genom-Umwelt-Passung. Aktive Passung liegt dann vor, wenn das Kind selbst aus dem Umweltangebot das auswählt, was dem eigenen Genom entspricht, bzw. seine Umwelt aktiv selbst aufsucht oder (mit-)gestaltet. Das ist z.B. die aktive Wahl und Ausgestaltung von sozialen Kontakten, von Bildungsangeboten, von Berufen, von Interessengebieten usw. (vgl. Lerner & Busch-Rossnagel, 1981).

Für die pädagogische Förderung der Kinder hat diese Unterscheidung einige Bedeutung. Im günstigsten Falle entsprechen die Entwicklungsziele der Eltern sowie die entsprechenden Angebote und Ressourcen den Potentialen und Präferenzen eines Kindes und Heranwachsenden. Passive, evokative und aktive Genom-Umwelt-Korrelation fallen dann zusammen. Fehlende Passung liegt vor, wenn die Eltern die Entwicklungspotentiale ihrer Kinder verkennen und ein bezüglich dieser Potentiale deprivierendes familiäres Umfeld gestalten, während sie vielleicht weniger ausgeprägte Potentiale zu fördern versuchen oder die Entwicklungspotentiale und/oder ihre eigenen

Möglichkeiten (und Verantwortlichkeiten) zur Entwicklungsförderung unterschätzen und keine ausreichenden Entwicklungsgelegenheiten bieten.

Der vorherrschende Passungstypus ändert sich mit dem Lebensalter

Scarr und Weinberg (1983) nehmen an, dass sich die Bedeutung dieser drei Arten von Genom–Umwelt-Entsprechungen über das Lebensalter ändert: Die passive Entsprechung verliert mit steigendem Lebensalter an Bedeutung, weil die Kinder evokativ oder aktiv mehr Einfluss gewinnen bzw. nehmen, die aktive nimmt mit dem Lebensalter zu, die evokative mag in allen Lebensaltern etwa gleich häufig sein.

Mit dieser Theorie lassen sich die oben geschilderten Veränderungen des Erblichkeitskoeffizienten mit dem Alter interpretieren. Eine passive Kovariation ist in biologischen Familien wegen der genetischen Ähnlichkeit von Eltern und Kindern wahrscheinlicher als in Adoptivfamilien, sofern keine selektive Platzierung auf der Basis geschätzter Ähnlichkeit der Adoptiveltern mit den biologischen Eltern vorliegt. Wir können also z.B. in jedem Lebensalter höhere Umwelt-Intelligenz-Korrelationen in biologischen Familien erwarten. Nicht zum Genom passende Anforderungen und Angebote werden in einem Alter, in dem das Kind vornehmlich auf passive Entsprechung angewiesen ist, trotzdem ihre Wirkung zeigen. Dadurch können vorübergehend milieubedingt höhere Ähnlichkeiten zwischen Adoptiveltern und -kindern erzeugt werden, als auf der Basis der Genom-Ähnlichkeit zu erwarten wäre. Je mehr die evokativen und aktiven Arten an Bedeutung gewinnen, umso mehr setzt sich die Anlageähnlichkeit in der phänotypischen Ähnlichkeit durch.

Aktive Passung erfordert Wahlmöglichkeiten

Je eingeschränkter das Angebot, je restriktiver die Wahlmöglichkeiten, umso geringer die Möglichkeit, aktiv dem Genom entsprechend die Umwelt zu rezipieren oder zu gestalten. Im Durchschnitt werden EZ, auch wenn sie getrennt aufwachsen, einander sehr ähnlich, weil sie aus einem breiten Angebot das „Geno-typische“ aktiv auswählen. Das gilt selbstverständlich nicht, wenn sie in extrem unterschiedlichem Milieu aufwachsen und mindestens ein Zwilling in seinen „Wahlmöglichkeiten“ sehr eingeschränkt ist.

FAZIT

Die vorgestellten Daten deuten darauf hin, dass vor allem in den ersten Lebensjahren genetische Unterschiede durch Milieuunterschiede überlagert werden können. Mit wachsender Selbstbestimmung setzen sich die Anlageunterschiede stärker durch. Das Genom ist somit als ein Entwicklungsagens anzusehen, das ständig und selbsttätig wirksam ist.

3.2.6 Die Interpretation populationsgenetischer Analysen

Lässt sich aus den in Tab. 1.1 und 1.2 dargestellten Ergebnissen folgern, dass das Merkmal Intelligenz stärker durch Anlagen als durch Umwelt determiniert sei? Diese Interpretation drängt sich auf. Sie ist aber in dieser Formulierung unzulässig, wie das folgende Gedankenexperiment aufzeigen soll.

Gedankenexperiment

Nehmen wir einmal an, für alle Menschen sei dieselbe Entwicklungsumwelt optimal, und diese sei realisiert. In diesem Fall könnten Intelligenzunterschiede nicht mehr auf Umweltunterschiede zurückgeführt werden, weil ja unterschiedslos für alle die optimale Umwelt gegeben wäre. Alle phänotypischen Unterschiede – wenn es solche noch geben sollte – müssten also auf Anlageunterschiede zurückgeführt werden. Würde dies bedeuten, dass die Umwelt für die Entwicklung der Intelligenz ohne Bedeutung ist? Das könnten wir selbstverständlich nicht schließen. Wir können Umwelteinflüsse aber erst nachweisen, wenn unterschiedliche Umwelten reali-

siert sind. Nur wenn ausreichend Umweltvarianz besteht, aber nicht mit der phänotypischen Intelligenz korreliert ist, wäre nachgewiesen, dass die gegebenen Umweltunterschiede für die Entwicklung von Intelligenzunterschieden ohne Bedeutung sind.
Umgekehrt: Sollte die Reinzüchtung eines Merkmals gelingen, wären alle genetischen Unterschiede in diesem Merkmal in der reingezüchteten Population beseitigt. Die gesamte beobachtbare phänotypische Varianz müsste auf andere als auf genetische Unterschiede zurückgeführt werden. Dies hieße selbstverständlich nicht, dass die Anlagen ohne Bedeutung für die Ausprägung dieses Merkmals wären, denn gerade die Tatsache, dass die Reinzüchtung gelungen ist, belegte doch den genetischen Einfluss.

Dieses Gedankenexperiment weist uns auf eine Begrenzung der Generalisierbarkeit populationsgenetischer Analysen hin. Sie beschreiben nur die Verhältnisse in einer untersuchten Population. Sie können nichts dazu sagen, wie die Verhältnisse auch sein könnten. In jeder Population sind nur bestimmte Anlageunterschiede und bestimmte Umweltunterschiede mit bestimmten Häufigkeiten realisiert. Andere Populationen können bezogen auf die Genome heterogener sein: Das würde wohl bei gleicher Umweltvarianz den Anteil der Anlageunterschiede an der phänotypischen Varianz vergrößern. In Populationen mit größerer Umweltvarianz und gleicher oder gar geringerer genetischer Varianz als in den bisher untersuchten wäre ein größerer Anteil an der phänotypischen Varianz auf Umweltunterschiede zurückzuführen.

In der Summe zeigen die bisherigen populationsgenetischen Untersuchungen, dass bei der gegebenen Varianz der Anlagen und der Entwicklungsumwelten ein größerer Teil der Varianz der phänotypischen interindividuellen Unterschiede in der Population auf genetische Unterschiede zurückzuführen ist als auf identifizierte Umweltunterschiede. Demnach wurde die Erblichkeit der Intelligenz in den untersuchten Populationen auf mindestens .50 der phänotypischen Varianz geschätzt (z.B. Bouchard & Segal, 1985; Jencks et al., 1972; Jensen, 1973; Vandenberg & Vogler, 1985).

Vorsicht! Varianzanteile sind keine Merkmalsanteile!

Aus dem Varianzanteil der Intelligenz in einer untersuchten Population, der auf Anlageunterschiede zurückzuführen ist, darf keinesfalls auf den „Anteil“ von Erbeinflüssen bei der Ausbildung des Merkmals bei einzelnen Personen geschlossen werden. Erblichkeit ist eine Populationsstatistik, welche den relativen Einfluss der Anlagen in der Populationsvarianz des fraglichen Merkmals beschreibt. In Bezug auf eine Messung dieses Merkmals bei einem einzelnen Individuum hat sie keine sinnvolle Bedeutung. „Eine einzelne Messung hat per definitionem keine Varianz. Es gibt keine Möglichkeit, den IQ eines bestimmten Individuums in erbliche und Umweltkomponenten aufzuteilen, als ob dieses Individuum, sagen wir, 80 % des IQ ererbt und 20 % aus seiner Umwelt erworben hätte. Das ist natürlich Unsinn.“ (Jensen, 1973, S. 80).

Vorsicht! Ein hoher Erblichkeitskoeffizient bedeutet nicht Determination durch Anlagen!

Was bei einem einzelnen Individuum oder einer Population durch Fördermaßnahmen erreicht oder durch Anregungsdeprivation verhindert werden kann, ist allein aus dem Erblichkeitskoeffizienten der Population nicht abzuleiten. Der Erblichkeitskoeffizient sagt über die Möglichkeiten der Umweltwirkungen nichts aus, solange er nicht in Bezug gesetzt wird zum Ausmaß und zur Häufigkeit gegebener Umweltdifferenzen und realisierter Umweltveränderungen in der untersuchten Population. Erst wenn große interindividuelle Unterschiede in Entwicklungsumwelten häufig vorkommen und trotzdem nur wenig Varianz binden, und wenn trotz großer Umweltveränderungen (durch Experimente des Lebens oder durch gezielte Interventionen) mit unterschiedlicher Richtung in verschiedenen Teilpopulationen der Erblichkeitskoeffizient unverändert bliebe, könnte gesagt werden, dass ein bestimmtes Merkmal sich relativ unabhängig von diesen realisierten Umwelteinflüssen entwickelt.

Jensen (1973) interpretierte die seiner Meinung nach nur mäßigen und unstabilen Erfolge vorschulischer kompensatorischer Förderungsprogramme in den USA in diesem Sinne. Die spezifischen Förderprogramme waren allerdings auf den relativ kurzen Zeitraum von ein oder zwei Jahren begrenzt. Eine dauerhaftere Förderung könnte auch dauerhafte Resultate zeitigen. Die Adoption von Kindern aus sozial schwachem Milieu in Mittelschichtfamilien stellt eine solche dauerhaft angelegte Förderung dar und führt im Durchschnitt auch zu dauerhaftem Anstieg des durchschnittlichen IQ der adoptierten Kinder (Honzik, 1957; Scarr, 1993), auch wenn die interindividuellen Unterschiede zwischen den adoptierten Kindern dadurch nicht aufgehoben werden und enger mit den Unterschieden zwischen den biologischen Eltern als zwischen den Adoptiveltern kovariieren (vgl. Tab. 1.2).

Insgesamt zeigen populationsgenetische Studien, dass Anlageunterschiede bedeutsam für die differentielle Entwicklung von Merkmalen sind. Das ist wichtig zu bedenken, auch um die Erwartung zu dämpfen, dass man alle Menschen mit gleichem Aufwand zu gleichen Entwicklungsergebnissen führen könne. Ein unkritischer Milieuoptimismus kann grundsätzlich genauso gefährlich sein wie ein unberechtigter Milieupessimismus.

> ! Man muss Anlageunterschiede als Entwicklungsgegebenheiten ernst nehmen, ohne sie vorschnell als deterministisch anzusehen.

Dazu besteht aufgrund der vorliegenden Untersuchungen auch kein Anlass. Zwar ist das Genom bezogen auf viele Fähigkeiten und Merkmale offenbar über das ganze Leben ein wirksames Entwicklungsagens. Die Erblichkeit erklärt jedoch bezüglich keines Merkmals die gesamte Varianz. Die nicht durch Erblichkeit aufgeklärte Varianz hat also nichtgenetische Quellen. Allerdings sind diese Quellen noch weniger gut identifiziert. Wir denken zunächst an Umwelteinflüsse. Wir müssen sie allerdings identifizieren (vgl. Kap. 3) und für einzelne Fähigkeiten, Merkmale und Störungen gesondert nachweisen.

Die richtigen Fragen stellen

Anne Anastasi (1958) hat in einem damals viel beachteten Aufsatz davor gewarnt, in der Debatte über Anlage- und Umwelteinflüsse die falschen Fragen zu stellen. Sie betont, dass es viele Wege des Zusammenwirkens von Anlagen und Umwelten gibt und dass es sinnvoller sei, diese Wege zu erkunden als nach Einflussanteilen zu fragen. Die Umwelt kann fördernd, behindernd oder kompensierend auf genotypische Potentiale und Dispositionen wirken. Einige Auswirkungen von Anlagen werden erst durch die Bewertung, die die Umwelt vornimmt, produziert: Nicht nur das Schönheitsideal ist kulturell geprägt, sondern auch Idealvorstellungen von Eigenschaften, Fähigkeiten, Leistungen und Wertorientierungen. Diese kulturellen Bewertungen steuern nicht nur Angebote und Anforderungen, die zu den individuellen genetischen Potentialen und Dispositionen mehr oder weniger passen, denen also mehr oder weniger entsprochen werden kann. Dennoch beeinflussen sie Selbstwert, Sozialstatus und Lebenschancen der Individuen. Nicht selten wurden körperlichen Merkmalen Charakterzüge zugeordnet, was sich im Sinne von Etikettierungseffekten auf die zukünftige Entwicklung auswirken kann. Die Koaktionen zwischen Anlage und Umwelt sind sicher vielfältig (Dollase, 1985). Aufgabe entwicklungspsychologischer Forschung ist es, die Art des Zusammenwirkens zu erkunden.

4 Weitere Modellvorstellungen für die Erklärung von Entwicklung

Die Entwicklungspsychologie hat zu erklären, warum es zu Veränderungen kommt, warum es zu Stabilitäten kommt und warum es diesbezüglich inter- und intraindividuelle Unterschiede gibt. Die Bedingungen können intern sein (in der Natur der Spezies Mensch, in den individuellen Anlagen, in der Person liegen), sie können extern sein (in der physischen, sozialen oder sozial gestalteten Umwelt liegen). Interne und externe Bedingungen können additiv wirken oder interagieren. Folgende Modellvorstellungen werden kurz vorgestellt: Reifung, Reifestand, Sensible Periode, Konstruktion, Sozialisation, Entwicklungsaufgaben, -probleme und -krisen.

4.1 Reifung

In der Biologie wird unter Reifung die gengesteuerte Entfaltung der biologischen Strukturen und Funktionen verstanden. Diese Entfaltung setzt spezifische innere und äußere Entwicklungskontexte voraus. In der Entwicklungspsychologie werden beobachtete Veränderungen auf Reifung zurückführt, wenn sie universell in einer Altersperiode und ohne Lernen in einem weiteren Sinn auftreten. Säuglinge werden bereits mit einem umfangreichen Verhaltensrepertoire geboren, dessen Erwerb nicht auf Lernen zurückgeführt werden kann (vgl. Kap. 5). Alle gesunden Kinder können um den 12./13. Lebensmonat laufen, und sie bilden Zwei-Wort-Sätze um den 18. Lebensmonat. Wir kennen bis heute noch keinen Weg, den Erwerb dieser Kompetenzen deutlich vorzuverlegen, und jede für die Spezies homo sapiens normale, also nicht deprivierte, Umwelt reicht für ihre Entwicklung aus.

Reifung wurde in der Entwicklungspsychologie negativ definiert: nämlich als jener Prozess, der anzunehmen ist, wenn Erwerbungen nicht auf Erfahrung, Übung, Erziehung, Sozialisation oder gedankliche Erkenntnisgewinnung zurückgeführt werden können.

Aus dieser negativen Definition ergeben sich Methoden des „Nachweises" von Reifung. Wenn Erfahrungs-, Übungs- und Lernmöglichkeiten fehlen oder ausgeschaltet sind und trotzdem keine deutliche Verzögerung im Erwerb einer Funktion eintritt, greifen wir auf das Erklärungskonstrukt „Reifung" zurück, ohne dass damit schon geklärt wäre, was diese Reifungsprozesse im Einzelnen sind, wie sie gesteuert werden, ob und welche Entwicklungsbedingungen gegeben sein müssen.

Fehlende Erfahrungsmöglichkeiten

Eine experimentelle Ausschaltung von Erfahrungsmöglichkeiten ist im Tierversuch häufig realisiert worden, beim Menschen gibt es ethische Schranken. Erkenntnisse müssen aus Experimenten des Lebens gewonnen werden, in denen Erfahrungs- und Lernmöglichkeiten drastisch eingeschränkt waren. Dies gilt für so genannte Wolfskinder, die ohne menschliche Kontakte aufwuchsen. Dies gilt auch für andere Fälle extremer Deprivation und Isolation. Der Fall des Mädchens Genie hat Aufsehen erregt. Genie war 13 Jahre isoliert, bevor sie mit menschlicher Kultur und Sprache in Berührung kam. Sie hatte keine Sprache entwickelt, erwarb dann zwar rasch einen Wortschatz, aber nicht mehr differenzierte syntaktische und morphologische Strukturen.

Spezifische Erfahrungsdeprivationen gibt es häufig. Welche Auswirkungen auf die geistige Entwicklung haben Blindheit, motorische Beeinträchtigungen durch Lähmungen oder Gliedmaßenverkümmerung? Durch welche Maßnahmen sind sie zu kompensieren? Welche Effekte haben Ausfall der Schulbildung, soziale Isolation wie Haft oder Leben mit einer autistischen Mutter? Spielt die Dauer der Deprivation eine Rolle und die Lebensperiode, in der sie gegeben ist? Die Auswirkungen sind jeweils hinsichtlich ihres Ausmaßes und ihrer Reversibilität, ihrer aktuellen und langfristigen Effekte zu beurteilen.

BEISPIEL

Taub Geborene hören keine Sprache: Sind dadurch Retardierungen der Sprachentwicklung und der geistigen Entwicklung gegeben? Taub Geborene entwickeln eine private Zeichensprache mit strukturellen Entsprechungen zur Sprachentwicklung gesunder Kinder (Gleitman, 1986; vgl. Kap. 14), was für eine Reifungshypothese spricht.

4.2 Reifestand

DEFINITION

Das Konzept **Reifestand** (oder: „readiness for learning") beinhaltet, dass ein bestimmter Entwicklungsstand gegeben sein muss, damit Erfahrungen auf fruchtbaren Boden fallen oder damit effizient geübt werden kann.

Alle Eltern können beobachten, dass einem Kind – zur rechten Zeit begonnen – mit wenig Aufwand die Kontrolle über die Blasenentleerung oder das Fahrradfahren beigebracht werden kann. Versucht man das „zu früh", ist es mühsam, langwierig und scheitert oft. Ähnliches kennen wir aus der sprachlichen oder zeichnerischen Entwicklung oder der Genese grundlegender logischer Operationen. Die Voraussetzungen für den Erwerb scheinen erst mit einem bestimmten Entwicklungs- oder Reifestand gegeben.

Ist jedoch in einer Kultur die Meinung verbreitet, eine Leistung wie das Lesen sei nicht vor dem sechsten Lebensjahr möglich, so werden Anforderungen und Anregungen darauf abgestellt, und das geistig normale Kind dieser Kultur wird nicht früher und auch nicht später lesen lernen (dürfen). Erst Beobachtungen Fowlers und seiner Nachfolger zeigten, dass bereits drei- und vierjährige bei geeigneten Methoden durchaus in der Lage sind, lesen zu lernen (Fowler, 1962).

4.3 Sensible Perioden

Das Konzept der sensiblen Periode stammt ursprünglich aus der Embryologie und bezeichnet dort Entwicklungsabschnitte, in denen bestimmte Organe und Funktionen ausgebildet werden: Zellsysteme erlangen in sensiblen Perioden ihre Struktur. Treffen pathogene Einflüsse (Erkrankungen oder Unterernährung der Mutter, energiereiche Strahlen, Gifte usw.) auf den Organismus, sind Schädigungen insbesondere jener Organe zu erwarten, die gerade in der Entstehung begriffen sind.

Prägung. Konrad Lorenz (1935) definierte Prägung als ein verhaltensmäßiges Analogon. Sein klassisches Beispiel sind die Graugänse, die in einer bestimmten Entwicklungsphase auf die Muttergans oder in deren Abwesenheit auf ein anderes sich bewegendes Surrogat, etwa den Menschen, geprägt werden und diesem nachfolgen. Analog hierzu haben Klaus und Kennell (1987) die Bindung der Eltern an ihr Kind in den ersten Minuten und Stunden nach der Geburt beschrieben, was allerdings nicht unbestritten blieb (vgl. Kap. 5).

DEFINITION

In der Entwicklungspsychologie werden **sensible Perioden** als Entwicklungsabschnitte definiert, in denen – im Vergleich zu vorangehenden und nachfolgenden Perioden – spezifische Erfahrungen maximale positive oder negative Wirkungen haben.

Es handelt sich also um Perioden erhöhter Plastizität unter dem Einfluss von Bedingungen, die nach Art, Intensität, Dauer, weiteren interagierenden und moderierenden personalen und kontextuellen Bedingungen zu spezifizieren sind. Der empirische Nachweis der Existenz einer sensiblen Periode setzt voraus,

(1) dass potentielle Einflussfaktoren gemessen werden können,

(2) dass diese Faktoren an vergleichbaren Untersuchungsgruppen entweder vor, während oder nach Abschluss der mutmaßlichen sensiblen Periode in vergleichbaren Ausprägungsgraden realisiert sind,
(3) dass ihre Wirkungen objektiv erfasst werden,
(4) dass diese Wirkungen langfristig beobachtet werden und
(5) dass die Schwierigkeit oder Unwirksamkeit von Versuchen, die in der sensiblen Periode entstandenen Dispositionen zu ändern, nachgewiesen wird.

Experimentell wäre der Nachweis methodisch leicht zu führen, ist aber ethisch kaum zu rechtfertigen. Bei Daten aus deskriptiven Studien und Quasi-Experimenten ist der Nachweis schwierig und nur mit Unsicherheiten zu führen.

BEISPIEL

In der Theorie der Ätiologie psychopathologischer Störungen findet sich immer wieder die Annahme einer besonderen Verletzlichkeit während der frühen Kindheit und der dauerhaften Nachwirkungen von psychischen Verletzungen und Deprivation in dieser Periode. Die Thesen von Spitz (1945) und Bowlby (1952) über die Gefährdung der Sozial- und Persönlichkeitsentwicklung durch Hospitalisierung und Trennung von der Mutter seien stellvertretend für viele entsprechende Überzeugungen genannt. Nur in Fällen extremer Deprivation ist mit nachhaltigen Schädigungen zu rechnen. Dennoch ist das „rooming in“ von Angehörigen bei Krankenhausaufenthalten von Kindern sehr zu begrüßen (Saile & Schmidt, 1990).

Die empirische Basis für die Annahme sensibler Perioden ist in vielen Bereichen unsicher oder wenig überzeugend. Wenn es empirische Hinweise gibt, bedürfen diese einer Erklärung.

Beginn und Ende einer sensiblen Phase

Der Beginn einer sensiblen Periode ist wie bei Reifestandshypothesen durch den Erwerb von Erfahrungsvoraussetzungen zu erklären. Schwieriger ist die Frage zu beantworten, warum nach ihrem Ende die gleichen Erfahrungen weniger wirksam sind, warum also ein Lernen oder Umlernen weniger leicht möglich ist. Das muss von Fall zu Fall geklärt werden.

Wie bereits gesagt, wird die Kindheit als eine besonders sensible und verletzliche Phase angesehen, in der ungünstige Erfahrungen traumatisch wirken und nachwirken. Das ist nicht unplausibel: Etwa könnte die fehlende Unterscheidung von Realität und Irrealem (Träumen, Märchen mit mancherlei angsterzeugendem Inhalt) die Kindheit zu einer kritischen Phase für die Entstehung von Ängsten machen. Die Stabilität von Ängsten kann man lernpsychologisch damit erklären, dass sie die Vermeidungen der angstauslösenden Subjekte und Situationen motivieren: Wer wegen seiner Ängste auf Dauer die bedrohlich erscheinende Realität vermeidet, kann auch nicht erfahren, dass diese unbegründet sind, d.h. dass die angenommenen Gefahren nicht existieren oder wegen gewachsener Kompetenzen beherrscht werden (z.B. Eysenck & Rachman, 1967).

Diese selbststabilisierende Funktion kommt auch Interaktionsmustern zu. Wer in der Kindheit gelernt hat, seinen Mitmenschen misstrauisch und ablehnend zu begegnen und das Risiko einer engen emotionalen Bindung an andere zu vermeiden, wird mit dieser Haltung immer wieder abweisende Reaktionen seiner Mitmenschen provozieren. Das wird für ihn kein Anlass zum Umlernen sein, sondern eher eine Bestätigung seiner Grundhaltung bedeuten. Insofern ist es eine nicht unplausible Hypothese, dass Interaktionen mit den Bezugspersonen der frühen Kindheit zu sozialen Haltungen wie Vertrauen oder Misstrauen führen, die sich durch ihre Wirkungen auf andere Menschen selbst stabilisieren (z.B. Lytton, 1990) (s. folgende Unter der Lupe).

UNTER DER LUPE

Die ersten Lebensjahre: Eine sensible Periode der Intelligenzentwicklung?

Die Arbeiten Joseph M. Hunts über die nachhaltigen Wirkungen von Anregungen in früher Kindheit auf kognitive Leistungsfähigkeit (Hunt, 1961) und die These Benjamin Blooms (1964) über die Vorschuljahre als sensible Periode der Intelligenzentwicklung haben zunächst in den USA und dann in anderen Ländern eine Bewegung der kompensatorischen Vorschulerziehung angeregt, die das Ziel hatte, anregungsarme Entwicklungsumwelten in sozial schwachen Familien auszugleichen (vg. Kap. 23). Die Sesamstraße als Bildungsangebot im Fernsehen ist aus dieser Bewegung entstanden.

Blooms These beruht auf der Beobachtung, dass die Intelligenzunterschiede zwischen Kindern sich in der Vorschulperiode rasch stabilisieren, was sich am Anstieg der Korrelationen zwischen IQ in der Kindheit und IQ im Erwachsenenalter ausdrückt (vgl. Abb. 1.6). Für einen Beleg, dass es sich um eine sensible Periode handelt, wäre allerdings der Nachweis erforderlich, dass die individuellen Positionen in der Intelligenzverteilung sich in der Adoleszenz und im Erwachsenenalter auch bei deutlichen Veränderungen der Anregungen, Anforderungen und Schulungsangebote nicht mehr leicht ändern (lassen).

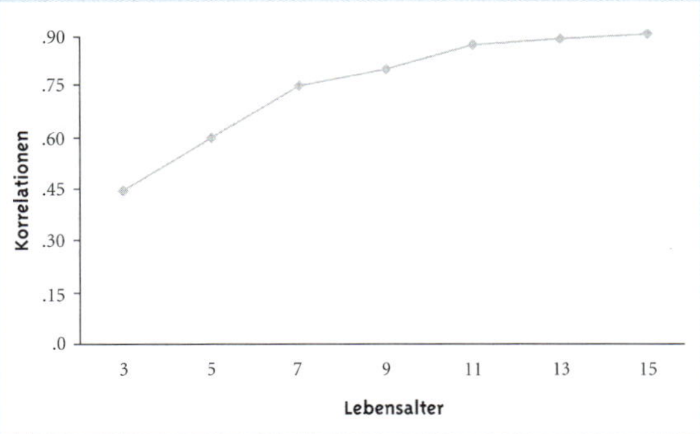

Abbildung 1.6. Korrelationen zwischen der Intelligenz in Kindheit und Adoleszenz und der Intelligenz im frühen Erwachsenenalter

Zur Prüfung der These Blooms muss man nach differentiellen Entwicklungen in der späteren Kindheit, der Jugend und danach forschen. Rees und Palmer (1970) werteten Daten aus fünf großen Längsschnittstudien in Bezug auf Veränderungen des IQ zwischen dem 6. und 17. Lebensjahr aus. Sie wiesen auf, dass sich Kinder mit einem unterdurchschnittlichen IQ vom 6. Lebensjahr an je nach Sozialschichtzugehörigkeit ihrer Familien verschieden entwickeln. Kinder aus höheren Schichten haben durchschnittlich einen Aufwärtstrend zu verzeichnen, während das Gegenteil für Kinder aus der Unterschicht zutrifft. Dies weckt Zweifel, ob die Veränderbarkeit des IQ nach der Vorschulzeit reduziert ist, was die These der sensiblen Periode impliziert. Auch Schüler mit einer ausgeprägten Leistungsorientierung weisen einen Anstieg des IQ während der Schulzeit auf (Sontag et al., 1958).

Wirken kompensatorische Vorschulprogramme nachhaltig? Die kompensatorischen Vorschulprogramme haben sich regelmäßig als kurzfristig erfolgreich erwiesen. Die teilnehmenden Kinder haben ihre Leistungen und damit ihre Position in der Altersgruppe gegenüber nicht geförderten Kontrollgruppen signifikant verbessert. Diese Leistungs- und Positionsgewinne haben sich jedoch nicht als stabil erwiesen. Nach dem ersten oder zweiten Schuljahr sind die Kinder auf ihre Ausgangspositionen zurückgefallen, wenn sie nicht weiter gefördert wurden (Jensen, 1973). Das spricht gegen Blooms These.

Die Stabilisierung der Förderungseffekte ist eine Herausforderung für Forschung und Praxis. Die Suche richtet sich verstärkt auf Äquivalente zum Genom, das ein langfristiges Agens für die Entwicklung darstellt. Diese Äquivalente wären personale Entwicklungsbedingungen, die – einmal aufgebaut – eine selbsttätige, aktive

Nutzung von Lernangeboten und eine selbsttätige Bewältigung von intellektuellen Herausforderungen ermöglichen. Solche Faktoren sind auch im Bereich von Motivationen, Interessen, Leistungsaspirationen, Begabungsselbstkonzepten zu suchen.
Auch wenn die These von einer kritischen Periode der geistigen Entwicklung in der Vorschulzeit nicht empirisch gestützt ist, ist daraus nicht die Folgerung zu ziehen, Bemühungen um eine angemessene Förderung auf spätere Lebensphasen zu verschieben. Erstens kann es kumulative Defizite bei langwährenden Deprivationen geben, die immer schwieriger durch entsprechende kumulative Anreicherungen rückgängig gemacht werden könnten. Zweitens ist die Entwicklung auch als eine Sequenz gesellschaftlicher Scheidewege zu beschreiben, an denen die Kontexte für jeweils folgende Lebensabschnitte individuell festgelegt werden. Chancengleichheit bedeutet die Sicherung der Chance für alle, an jedem Scheideweg im Ausbildungs- und Berufsweg die für die gegebenen Entwicklungspotentiale bestmögliche Entscheidung zu treffen. Wer als Kleinkind in einem Waisenhaus nicht gefördert, sondern vernachlässigt wird, hat eine geringere Chance, adoptiert zu werden, damit eine geringere Chance in eine förderliche familiäre Umgebung zu gelangen (Skeels, 1966). Wer in der Grundschule nicht gefördert wird, hat eine geringere Chance Schulabschlüsse zu erreichen, die anspruchsvollere Berufsausbildungen und Berufswege eröffnen.

4.4 Entwicklung als sukzessive Konstruktion

Stadienabfolgen müssen nicht auf Reifung zurückgeführt werden. Es gibt Alternativerklärungen. Die wichtigste ist die des sukzessiven Aufbaus. Die Kernannahme ist, dass jedes Stadium auf dem vorausgehenden aufbaut, dieses voraussetzt und selbst eine Voraussetzung für das nächsthöhere darstellt.

! Entwicklung ist nicht eine beliebige, sondern eine sachlich wie logisch geordnete Folge von Konstruktionsschritten (Aebli, 1981; Edelstein & Hoppe-Graff, 1993).

BEISPIEL

Gentner (1978) hat beobachtet, dass das richtige Verstehen der Begriffe geben – nehmen – zahlen – kaufen – verkaufen in dieser Reihenfolge erfolgt. Als Erklärung für diese Sequenz bietet sich eine Elementenanalyse an, aus der hervorgeht, dass die später verstandenen Begriffe die komplexeren sind. Verkaufen enthält die folgenden Elemente: (1) Akteur A (2) gibt (3) ein Gut (4) an Akteur B und (5) verlangt (6) von diesem (7) im Austausch (8) Geld. Kaufen hat eine entsprechende Komplexität, während geben und nehmen weniger komplex sind. Geben umfasst nur die ersten vier der in Verkaufen implizierten Elemente.

Strukturanalysen der empirisch beobachteten Entwicklungsabfolgen sollten die Notwendigkeit dieser Ordnung erhellen. Einleuchtend ist ein solcher Prozess beim Erwerb aufeinander aufbauender Begriffe, in denen die entwicklungsmäßig früheren in den späteren enthalten sind.

Auch schulischer Unterricht beginnt mit einer Elementen- und Strukturanalyse eines Stoffbereiches. Ein guter Lehrer prüft, welche Wissenselemente und -strukturen die Schüler bereits aufgebaut haben, an die er bei der Einführung des neuen Gegenstandes anknüpfen kann. Seine

Unterrichtssequenz enthält eine geordnete Folge von Lernschritten nach Maßgabe der Strukturanalyse.

Selbstkonstruktion

Piaget (vgl. Kap. 11) beschreibt den unsystematischen, nicht didaktisch angeleiteten Aufbauprozess als Selbstkonstruktion. Seine erste Grundannahme ist, dass der sich entwickelnde Mensch aktiv seine Umwelt erkundet und strukturiert, dass er nach Informationen sucht und diese verarbeitet, dass er Fragen stellt nach Maßgabe des jeweils erreichten Entwicklungsstandes. Der sich entwickelnde Mensch braucht nicht motiviert zu werden: Seine Erkenntnismöglichkeiten drängen nach Erprobung und Anwendung. Ein Kleinkind, das gerade werfen gelernt hat, wirft, was immer ihm in die Hände kommt. Ein vierjähriges Kind, das die Warum-Frage entdeckt hat, kann mit dem ständigen „Warum?" seine Umwelt strapazieren. Ein Zwölfjähriger, der sich Computerfertigkeiten angeeignet hat, denkt sich mit seinen Freunden Spiele aus, in denen die neue Kompetenz benötigt wird (z.B. „Hacken"). Piagets zweite Grundannahme war, dass der Erkenntnisfortschritt in Sequenzen von einfachen zu komplexen, leistungsfähigeren Strukturen erfolgt. Motor der Entwicklung sind Probleme und Widersprüche, die sich aus der Anwendung der einfacheren Strukturen ergeben. Ihre Lösung bedeutet Aufbau einer komplexeren Struktur.

4.5 Entwicklung durch Erziehung und Sozialisation

Um den Umfang dessen zu ermessen, was wir Sozialisation nennen, stelle man sich vor, was ein Mensch aus einer fremden Kultur oder einer vergangenen Epoche lernen müsste, um in unserer Kultur zu leben: Sprache und Regeln der Rede, den Sinn von Symbolen, Regeln des sozialen Umgangs und des Verhaltens in spezifischen Settings und bei spezifischen Anlässen, die Funktionen von Geräten und Werkzeugen, die Wertschätzungen von Kulturgütern, die Differenzierung sozialer Positionen mit ihren Rechten und Pflichten, die Institutionen und ihre Funktionen, die Kenntnisse und Fertigkeiten wenigstens eines Berufs, Ausschnitte aus mehreren Wissenschaftsbereichen, die Werte- und Glaubenssysteme und Ideologien, die Sitten, das Recht, die Bräuche und die Moden usw.

> **!** Sozialisation erfolgt durch Anleitung und Anforderung, Information und Belehrung, durch Beobachtung und Nachahmung von Vorbildern, durch Strafen und Belohnungen usw. Die Familie, die Schule, der Beruf, die Gruppe der Freunde, die Medien sind an diesem Prozess beteiligt.

Lebenslanges Lernen

Dieses Lernen ist nie zu Ende, nicht zuletzt, weil die Gesellschaften und ihre Kulturen ständig im Wandel begriffen sind. Unsere Gesellschaft ist nicht einheitlich, sondern pluralistisch bezüglich grundlegender Wertüberzeugungen. Sie ist nicht statisch, sondern dynamisch: Wissenschaft, Technik, Künste, Sprache, soziale Institutionen u.a. sind in ständigem Wandel. Sie ist nicht geschlossen, sondern offen gegenüber Einflüssen aus anderen Kulturen und Neuerungen aus dem Inneren: Auf die Moderne folgt die Postmoderne; die Wirtschaftsmärkte erfordern ständige Innovationen; die Arbeitsmärkte wandeln sich ebenfalls: traditionelle Berufe verschwinden, neue kommen hinzu usw. Sozialisation bedeutet folglich lebenslanges Lernen auf vielen Gebieten (vgl. Schneewind, 1994).

Entwicklungspsychologische Sozialisationsforschung

Die Perspektive wird entwicklungspsychologisch, wenn Auswirkungen von Sozialisationseinflüssen in verschiedenen Altersgruppen vergleichend untersucht werden. Dabei ist eine Wechselwirkung zwischen Sozialisationseinflüssen und dem Entwicklungsstand immer als Hypothese in Betracht zu ziehen. Wir wissen z.B. aus der Forschung zur Sozialisation der Moral, dass mit zunehmendem Alter argumentative Begründungen von Verboten und Geboten wichtiger werden und eine nur über Strafe und Strafdrohungen (also über Konditionierungen) angestrebte Kontrolle immer unwirksamer wird (LaVoie, 1974; Parke, 1974).

Differentielle Entwicklungen. Neben generellen altersgebundenen Entwicklungstrends sind differentielle und individuelle Entwicklungen zu beachten: Sozialisationseinflüsse interagieren mit den bereits herausgebildeten individuellen Eigenschaften, Motiven, Einstellungen, Kompetenzen, Zielen der einzelnen Sozialisanden und ihren individuellen Entwicklungskontexten. Ein Polizeiarrest ist für den behüteten Sohn aus einer Mittelschichtfamilie einer Kleinstadt ein ganz anderes Ereignis als für den bereits mehrfach vorbestraften Jugendlichen aus einer delinquenzbelasteten Familie.

Langfristige Sozialisationseffekte. Die Sozialisationsforschung gewinnt schließlich auch eine Entwicklungsperspektive, wenn die Folgen von Sozialisationseinflüssen langfristig untersucht werden. Typische Fragen betreffen die Stabilität oder Instabilität der Wirkungen von Sozialisationserfahrungen.

Entwicklung von Kritikfähigkeit

Erziehung und Sozialisation sind nicht beschränkt auf die Vermittlung dessen, was in einer Gesellschaft an Wissen, Kulturgütern, Wertvorstellungen, Normen, Schemata für das Verstehen und Handeln usw. gegeben ist. Erziehungs- und Sozialisationsziele können auch emanzipatorischer Art sein und auf die Förderung von Wertvorstellungen, Einstellungen, Persönlichkeitsmerkmalen und Entwicklungszielen abheben, die zu einer innovatorischen, kritischen oder nonkonformistischen Auseinandersetzung mit den gesellschaftlichen und kulturellen Gegebenheiten oder Vorgaben motivieren und befähigen (Brandtstädter & Schneewind, 1977). Die Entwicklung einer persönlichen Identität über vorgegebene Rollenmuster, Normorientierungen, Handlungs- und Deutungsschemata hinaus sollte Erziehungs- und Sozialisationsziel sein. In der soziologischen Sozialisationsforschung und -theorie ist die grundsätzliche Spannung zwischen gesellschaftlichen Vorgaben und der Herausbildung einer persönlichen Identität in der Auseinandersetzung mit den kontrastierenden Rollentheorien von George Herbert Mead (1934; vgl. auch Krappmann, 1973) und Talcott Parsons (1951) herausgearbeitet (vgl. Joas, 1980).

Interaktion und retroaktive Sozialisation

Eltern haben Einfluss auf ihre Kinder – aber Kinder haben auch Einfluss auf ihre Eltern. Konzepte wie retroaktive Sozialisation (Klewes, 1983), bilaterale Sozialisation (Bengtson & Troll, 1978), intergenerationale Sozialisation (Hagestad, 1984) oder umgekehrte (reversed) Sozialisation (Brim, 1968) bezeichnen diesen Perspektivenwechsel.

Es gibt mehrere Bahnen eines Einflusses von Kindern auf ihre Eltern und Erzieher. Von der Schwangerschaft bis ins hohe Alter „stellen" Kinder ihren Eltern eine Abfolge von Entwicklungsaufgaben, die augenfällige Veränderungen im Tagesablauf, im Beruf und der Partnerschaft mit sich bringen. Durch ihre Existenz und ihre Eigenarten, ihre Entwicklungsfortschritte und -probleme nehmen Kinder Einfluss auf ihre Eltern, auf deren Entwicklungsmöglichkeiten, auf deren Lebensziele, deren Selbstbild, deren Status, deren Interessen usw.

Child effect Forschung. In der „Child effect"-Forschung sind Anpassungen der Eltern untersucht worden. Rheingold (1969) beschrieb schon früh, wie bereits das Baby durch Weinen und Lächeln, durch Unmut und Behagen die Eltern steuert, ohne dass dieses bewusste Handlungen wären. Was Neugeborene zum Aufbau der Bindung der Eltern beitragen (Klaus & Kennell, 1987), dass irritable Neugeborene als schwierig erlebt und eine unsichere Bindung zur Mutter aufbauen (Van den Boom, 1990), wird in Kapitel 5 dargestellt. Später verlangen Freizeitinteressen, Moden, Freunde, Krankheiten, Schwächen und vielerlei Autonomieansprüche der Kinder Anpassungsleistungen der Eltern.

Kinder vermitteln Wissen und Einstellungen. Weiter vermitteln Kinder ihren Eltern häufig Fertigkeiten, schulisches und außerschulisches, auch berufliches Wissen. Von besonderem Interesse ist der Einfluss von Kindern und Heranwachsenden auf den Wandel von Ansichten, Einstellungen, Wertungen und Normen der Eltern. Ob es um die Höhe des Taschengeldes, um Haar- und Kleidermoden, Konsum von Medien, Ausgeherlaubnis, sexuelle Normen oder politische und gesellschaftliche Werte geht: Kinder konfrontieren ihre Eltern oft mit „abweichenden" Ansichten und Wertungen (Wurzbacher, 1977). Es geht häufig konkret um Privilegien, um die Aufhebung von Verboten und Forderungen, um die Durchsetzung von Freiheiten. Auch Einstellungen zu Personen und Gruppen, zu ökologischen und politischen Themen führen nicht selten zu Konfrontationen und Entwicklungsanstößen bei den Eltern.

Pauls und Johann (1984) haben Methoden zusammengetragen, die Kinder zur Beeinflussung ihrer Eltern verwenden:

- konstruktiv-aktive Steuerung (z.B. logisches Argumentieren, Kompromissaushandlung),
- Vorwürfe und oppositionelle Steuerung (z.B. Drohen, Trotzen, Fordern, Erpressen),
- Steuerung durch Bestrafung (Schreien, Nerven, für die Eltern unangenehmes Verhalten in der Öffentlichkeit),
- Steuerung durch Ignorieren elterlicher Normen, passiv-resignative Steuerung (z.B. demonstrative Hilf- und Machtlosigkeit),
- Steuerung durch Schmusen und Schmeicheln.
- Auch das Verlangen einer Begründung von Vorschriften und Verboten, von Einstellungen und Urteilen erzwingt eine Reflexion und führt nicht selten zu einer Revision.

BEISPIEL

Kinder erziehen ihre Eltern

Wie geschickt Kinder unter Umständen operieren, mag folgende Begebenheit belegen. Unser Sohn Martin war viereinhalb Jahre. Es war zur Adventszeit. Ich sitze lesend am Tisch, als plötzlich schwere Schritte im Flur Besuch ankündigen. Es klopft, herein kommt Martin „als Nikolaus" mit einem Säckchen voller Nüsse über der Schulter und einem großen Buch in der Hand. Er erklärt „Ich bin jetzt der Nikolaus.", kommt gemessenen Schrittes zu mir, schlägt das Buch auf (das goldene Buch!), macht eine bedenkliche Miene, schüttelt gewichtig den Kopf und „liest": „Sie schimpfen immer zu viel mit Ihrem Sohn!" Entsprechend spärlich fällt dann auch die Belohnung aus: eine einzige Erdnuss. Dann entfernt er sich, schon nicht mehr würdig, sondern wie üblich hampelnd, den Sack schlenkernd, und wirft dabei eine Vase mit Blumen um. Keine Scherben, aber Wasser auf Tisch, Wand und Boden. Gerade ermahnt, schimpfe ich nicht und beseitige die Spuren. Kaum sitze ich wieder am Tisch, als erneut gewichtige Schritte Besuch ankündigen. Klopfen. Herein kommt Martin: „Es wär' jetzt nächstes Jahr!", den Sack über der Schulter und das goldene Buch in der Hand. Er schlägt auf, mit freundlichem Gesicht, und „liest": „Es ist schon viel besser geworden mit dem Schimpfen!" Und entsprechend reichlicher ist dann auch die Bescherung.

4.6 Entwicklungsaufgaben und kritische Lebensereignisse

In der Literatur werden Entwicklungsaufgaben (Havighurst, 1948; vgl. Kap. 3) und normative Lebenskrisen (Filipp, 1990) unterschieden. Während die Sequenz von Entwicklungsaufgaben und typischen Entwicklungskrisen als mehr oder weniger altersnormiert verstanden wird (was bedeutet, dass eine Mehrheit in der Population mit derselben Klasse von Aufgaben in einer spezifischen Periode des Lebens konfrontiert ist), ereignen sich kritische Lebensereignisse unvorhersehbar und betreffen nur in Ausnahmefällen größere Teile einer Population (z.B. bei Krieg oder Naturkatastrophen). Diesen Kategorien gemeinsam ist, dass sie Probleme und nicht selten Krisen verursachen.

Krisen, Risiken und Chancen

Probleme, Krisen und belastende Ereignisse haben in der Entwicklungspsychologie immer eine Rolle gespielt, allerdings mehr in der Erklärung von Entwicklungsstörungen als in der Erklärung positiver Entwicklungsverläufe. Freud (1920) machte bekanntlich traumatische Erfahrungen in der Kindheit für die Entwicklung von Neurosen und anderen Formen der Psychopathologie verantwortlich. Kritische Lebensereignisse, z.B. Krankheiten, Unfälle, Berufswechsel, Arbeitslosigkeit, aber auch die Geburt eines Kindes, schaffen Probleme und bringen oft Verluste mit sich, machen eine Umstellung von Lebensplänen und Handlungsroutinen notwendig. Von einer Krise spricht man, wenn eine Person nicht fähig ist, ein Problem zu lösen, und gleichzeitig durch das bestehende Problem emotional belastet ist.

Dass Krisen und belastende Ereignisse auch positive Entwicklungsfolgen haben können, wenn die Betroffenen Lösungen finden und die Verluste bewältigen, liegt auf der Hand. Probleme und Krisen, auch Verluste und Niederlagen können als Herausforderungen wirken, deren Meisterung Gewinne an Kompetenz und Selbstvertrauen bedeutet und die zu neuen Einsichten und Wertorientierungen führen.

4.6.1 Altersnormierte Krisen und Aufgaben

In organismischen Modellen der Entwicklung wird angenommen, dass die Probleme aus universellen Reifungs- und Entwicklungsveränderungen innerhalb des Organismus resultieren, die neue Erfahrungsmöglichkeiten, neue Interaktionen und damit neue Probleme erzeugen. Freuds (1930) Sequenz der psychosexuellen Entwicklung und Konflikte in Kindheit und Adoleszenz ist ein klassisches Beispiel (vgl. Kap. 20).

UNTER DER LUPE

Eriksons Theorie der Persönlichkeitsentwicklung

Erikson (1973) baut auf Freuds Entwicklungsmodell auf. Er steht in der organismischen Tradition. Er unterschied acht Hauptstadien während des Lebenslaufs, die er alle als spezifische Konflikte oder Krisen charakterisierte. Er meinte, wenn es nicht gelänge, die stadientypischen Krisen zu bewältigen, ende das in bleibenden Persönlichkeitsstörungen. Erikson postulierte diese Stadien als universell, was allerdings empirisch nicht belegt ist. Als Beispiel seien nur zwei dieser krisenhaften Konflikte herausgegriffen.

Identität vs. Rollendiffusion (Adoleszenz). Sehr bekannt geworden ist Eriksons Beschreibung der Krise der Adoleszenz, in der es um die Findung der Identität geht (vgl. auch Kap. 7). Der Jugendliche hat Facetten eines Selbstkonzeptes aufzubauen in Hinblick auf sein Geschlecht, seine Familienherkunft, auf eine Religion, moralische Werte, Bildungs- und Berufsaspirationen und entsprechende eigene Fähigkeiten, politische Haltungen usw. Er muss diese verschiedenen Facetten in ein konsistentes persönliches Selbstbild integrieren, das seine persönliche Identität ausmacht. Versagt der jugendliche Mensch bei dieser Aufgabe, resultiert das in einer Rollendiffusion, die durch Unverträglichkeiten und Unausgewogenheiten zwischen Haltungen und Werten, zwischen Aspirationen und Möglichkeiten, durch Instabilität von Zielen gelegentlich zu ideologischer Einseitigkeit, häufiger zu oberflächlichen und unstabilen Engagements und nicht selten zu abweichendem Verhalten wie Drogengebrauch und Delinquenz führt.

Generativität vs. Stagnation (mittleres Erwachsenenalter). Generativität ist das Entwicklungsziel dieser Phase: die Förderung der Entwicklung der nächsten Generation, der eigenen Kinder und/oder anderer junger Menschen; darüber hinaus berufliches, soziales, politisches Engagement. Fehlt dieses, sind Stagnation, Selbstabsorption und/oder Langeweile zu erwarten.

4.6.2 Entwicklungsaufgaben

Im Unterschied hierzu stehen dialektische, interaktionale und transaktionale Modelle der Entwicklung. Ihre Grundannahme ist, dass sowohl die sich entwickelnden Subjekte als auch die jeweiligen Lebenskontexte zur Entstehung und Lösung von Problemen und Krisen beitragen. Da es sowohl zwischen Subjekten als auch zwischen Entwicklungskontexten große Unterschiede gibt, und da sowohl die Subjekte als auch die Kontexte in einem ständigen Prozess des Wandels begriffen sind, wird hier weder eine universelle Sequenz von Problemen noch eine universelle Sequenz von Problemlösungen erwartet.

Wie Erikson, hat auch Havighurst (1948) den Lebenslauf als eine Folge von Problemen strukturiert, die er Entwicklungsaufgaben nennt (vgl. Kap. 3, 5–9, 20). Er nimmt aber im Gegensatz zu Erikson keine organismische, sondern eine dialektische Position ein, und verbindet biologische, soziologische und psychologische Perspektiven. Zahlreiche Entwicklungsaufgaben sind für jede Lebensperiode spezifiziert worden, deren Bewältigung Entwicklung erfordert, von der Kontrolle der Ausscheidungsfunktionen, dem Ertragen einer Trennung von Betreuungspersonen, der Anpassung an schulische Anforderungen, der Berufsfindung, der Familiengründung bis zur Bewältigung des Verlustes sozialer Rollen im Alter ist das Leben als eine Abfolge z.T. geschlechtsspezifischer Entwicklungsaufgaben zu verstehen.

Die Gesellschaft artikuliert ihr entwicklungspsychologisches Wissen oder ihre entsprechenden Überzeugungen in solchen Entwicklungsaufgaben, die jeweils für mehr oder weniger enge Altersperioden gelten können. Entwicklungsaufgaben für die „jungen Alten“ sind z.B. die Bewältigung des Verlustes der Berufsrolle, die Meisterung von Gesundheitsproblemen, der Verlust von Partnern und Freunden, das Akzeptieren der eigenen Lebensgeschichte, das Akzeptieren einer Minderung physischer und geistiger Fähigkeiten wie auch die Akzeptanz der Endlichkeit des eigenen Lebens (vgl. Kap. 37 und 38).

Normative und deskriptive Aspekte. Entwicklungsaufgaben sind als Mischung normativer und deskriptiver Elemente beschrieben. Die gesellschaftliche Festlegung einer Aufgabe ist immer normativ. Die Bestimmung der Altersgrenzen für Entwicklungsaufgaben hat aber eine empirische Basis. Auch sind einige der Aufgaben nicht sozial vorgegeben, sondern resultieren aus biologischen Reifungs- und Abbauprozessen. Pubertät und Menopause sind biologisch determiniert, die Festlegung von unteren Altersgrenzen für die Ehe und die Elternschaft ist dagegen auch sozial bestimmt. Der Grad der normativen Verpflichtung variiert von Angeboten mit Empfehlungscharakter bis zur strikten, durch Sanktionsdrohungen gestützten Forderung: Die Ausscheidungsfunktionen zu kontrollieren und der Schulpflicht nachzukommen, ist ein Muss für jeden in unserer Kultur; Ehegründung und Berufseintritt sind weniger verpflichtende Normen.

Entwicklungsziele. Entwicklungsaufgaben gliedern den Lebenslauf. Sie geben Entwicklungsziele und Sozialisationsziele vor. Einige der Entwicklungsaufgaben sind langfristig voraussehbar und planbar, so dass eine angemessene Vorbereitung möglich ist. Auf den Schuleintritt, die Pubertät und Sexualität, den Berufsbeginn, die Elternschaft, den Auszug des letzten Kindes aus der Familie, die Pensionierung, kann man sich vorbereiten. Entwicklungsaufgaben sind allerdings nicht ausschließlich vorgegeben. Erstens werden vorgegebene Aufgaben individuell interpretiert und bewertet. Der sich entwickelnde Mensch und seine jeweiligen Partner haben zudem auch persönliche Ziele und Projekte.

Quellen für Entwicklungsaufgaben. Havighurst konzeptualisierte drei allgemeine Quellen für Entwicklungsaufgaben während des Lebenslaufes:

(1) biologische Veränderungen innerhalb des Organismus wie Pubertät und Menopause,
(2) Aufgaben, die durch die Gesellschaft, etwa in Bildung und Beruf gestellt werden,
(3) Werte, Aspirationen und Ziele des sich entwickelnden Individuums selbst.

Zur Erfüllung dieser Aufgaben sind individuelle Potentiale und individuelle und soziale Ressourcen und Gelegenheiten von Bedeutung. Zum Beispiel hängt sozialer Aufstieg von vielen Faktoren ab, z.B. (1) von biologischen Faktoren wie geistige und physische Gesundheit, (2) von sozialen Kontextfaktoren wie Berufsaspirationen in der Herkunftsfamilie und dem eigenen Partner, (3) von psychologischen Faktoren wie individuelle Aspirationen, Fähigkeiten und Bildungsvoraussetzungen, (4) von gesellschaftlichen Faktoren wie dem Stellenmarkt, dem Bildungswesen, den sozialen Diskriminierungen oder Privilegierungen von Teilpopulationen, (5) von kulturellen Faktoren wie der generellen Wertschätzung sozialen Aufstiegs. So können die Chancen für eine optimale Entwicklung zwischen Geburtskohorten, zwischen Familien und zwischen Individuen beträchtlich variieren.

Diese Sicht entspricht modernen Konzeptionen der menschlichen Entwicklung: Individuen, Mitglieder in sozialen Netzwerken, kulturelle und gesellschaftliche Angebote und Gelegenheiten, Anforderungen und Ressourcen beeinflussen sich wechselseitig, und der sich entwickelnde Mensch gestaltet seine eigene Entwicklung mit, indem er langfristige Engagements eingeht, Ziele auswählt und verfolgt, soziale Settings und soziale Kontexte auswählt usw. (vgl. Brandtstädter, 1990). Insofern erwartet man in dieser Konzeption, dass die Entwicklung differentielle und individuelle Verläufe nimmt.

BEISPIEL

Glenn Elder untersuchte die Auswirkungen der großen Wirtschaftsdepression um 1930 auf die Entwicklung. Diese Wirtschaftsdepression war die Ursache für Arbeitslosigkeit und Verarmung vieler Familien. Elder beschreibt eindrucksvoll, dass diese Depression außerordentlich unterschiedliche Effekte in Abhängigkeit vom Alter der Kinder hatte. Kleinkinder arbeitsloser Väter erfuhren häufig familiäre Konflikte und eine gewisse Vernachlässigung durch die Eltern wegen der bestehenden wirtschaftlichen Probleme, was langdauernde negative Effekte auf ihre Persönlichkeits- und Leistungsentwicklung hatte. Für die Söhne in der frühen Adoleszenz war diese Situation eine ganz andere. Es war eine Gelegenheit, Mitverantwortung für die Familie zu übernehmen und durch kleine Jobs oder anderweitig zum Familienunterhalt beizutragen. Ihr sozialer Status wurde aufgewertet, was langfristig positive Effekte auf ihre persönliche, soziale und berufliche Entwicklung hatte (Elder, 1974). Das zeigt, dass eine auf Makroebene beschriebene Situation individuell unterschiedlich erfahren wird.

4.6.3 Kritische Lebensereignisse

Kritische Lebensereignisse wie Geburt eines Geschwisters, Scheidung der Eltern, Orts- und Schulwechsel, Arbeitslosigkeit, schwerwiegende Erkrankungen oder Behinderungen, Viktimisierungen durch Verbrechen, Tod nahestehender

Personen usw. sind nicht-normative Einschnitte in den Lebenslauf. Ereignisse wie diese erzeugen multiple Probleme und Verluste, die entweder als Herausforderungen wahrgenommen werden und die Chance für positive Entwicklungen darstellen oder als Risiken für Fehlanpassungen und Störungen wirken. Übersichten sind zu finden in Filipp (1990), Montada et al. (1992). In Lebensretrospektiven werden altersnormierte Entwicklungsaufgaben weniger häufig als die wesentlichen Wendepunkte, Meilensteine oder Übergänge im eigenen Leben erwähnt als kritische Lebensereignisse.

Folgen kritischer Lebensereignisse. Um die Folgen kritischer Lebensereignisse zu erfassen, wurde eine Vielzahl von Kriterien entwickelt. In der klinisch-psychologischen Perspektive stand das Risiko psychopathologischer oder psychosomatischer Störungen im Vordergrund. Negative Emotionen (z.B. starke Ängste nach traumatischen Erfahrungen, Empörung und Hass gegenüber den Verantwortlichen für Verluste, Trauer nach dem Verlust von Personen), Hilflosigkeit, Verluste an Selbstwertgefühl, Vertrauen und Sicherheit sind zu beobachten. Andauernde Effekte dieser Art werden als Indikatoren beeinträchtigter seelischer Gesundheit oder als Indikatoren für Persönlichkeitsstörungen gewertet. Auf der anderen Seite sind positive Entwicklungen durch eine Problembewältigung zu erwarten, z.B. Anstieg von Selbstwirksamkeitsüberzeugungen, Erwerb neuer Fähigkeiten, mit Verlusten umzugehen, neuer Problemlösungsstrategien usw.

Langfristige pathogene Effekte kritischer Lebensereignisse sind weniger häufig als erwartet. Sie klären kaum 10 Prozent der Varianz der psychischen und psychosomatischen Störungen auf (Fisher & Reason, 1988). Das zeigt, dass die meisten Menschen die Probleme und Verluste durch kritische Lebensereignisse alleine oder mit sozialer Unterstützung bewältigen oder meistern. Dies wurde nachgewiesen für den Tod einer nahestehenden Person, für schwere Verletzungen durch Unfälle, für schwere Krankheiten, für Viktimisierungen durch Verbrechen u.a.m.

Die Rolle subjektiver Bewertungen. Entscheidend sind nicht die Ereignisse und ihre objektiven Folgen, sondern die subjektiven Bewertungen der erlittenen Verluste, der Probleme und der wahrgenommenen Gewinne. Die Geburt eines Kindes kann für die einen eine große Belastung sein, die mit der Berufskarriere nicht zu vereinbaren ist, für andere ein langersehntes Glück. Der Tod eines Ehegatten ist für die einen ein unersetzlicher Verlust, für andere eine Befreiung.

Die Bewertungen sind zum Teil auch davon abhängig, wie viele andere in ähnlicher Weise betroffen sind. Wenn viele durch ein Ereignis ähnlich betroffen sind, wie etwa durch eine große wirtschaftliche Rezession, durch einen Krieg, durch natürliche oder technische Katastrophen, ist die psychologische und soziale Erfahrung eine andere, als wenn nur Einzelne betroffen sind. Wenn viele andere auch betroffen sind, wird die belastende Frage, warum man selbst – unverdientermaßen – betroffen ist, nicht gestellt (Dalbert, 2001). Die Gesellschaft ist auch eher bereit, die Opfer zu unterstützen und wirft ihnen nicht Selbstverschuldung vor. Aus denselben Gründen ist es nicht belanglos, in welcher Altersperiode ein Ereignis eintritt. Eine altersgemäße Schwangerschaft, ein altersgemäßes Ausscheiden aus dem Beruf, altersgemäße Beeinträchtigungen der Leistungsfähigkeit sind normal, während es häufig zu Vorwürfen kommt, wenn sie „unzeitig“ sind.

Bei der Bewertung und Verarbeitung der Ereignisse spielen Ansichten über Verantwortlichkeiten eine große Rolle (Montada, 1994). Zum Beispiel ist es bei einem schweren Unfall von Bedeutung, wer verantwortlich gemacht wird: Gott, das Schicksal, eine andere Person, die vorsätzlich oder fahrlässig gehandelt hat, oder das Opfer selbst, zum Beispiel wegen riskantem Verhalten. Erleben die Betroffenen Schuld oder Ärger über sich selbst, Empörung über andere oder Bitterkeit über ein ungerechtes Schicksal, dann stellen diese Gefühle zusätzliche Belastungen dar. Eine fatalistische Grundhaltung (Schicksalsergebenheit) kann hilfreich sein, die belastenden Emotionen Empörung und Bitterkeit zu vermeiden.

Bewältigungs- und Meisterungsmöglichkeiten

Menschen, die das Bedürfnis haben, ihr Schicksal selbst zu kontrollieren sind sehr verunsichert, wenn sie das Schicksal oder den Zufall verantwortlich machen, denn Zufall ist unkontrollierbar. Sie neigen dann eher dazu, sich selbst eine Mitverantwortung zuzuschreiben, damit sie sich nicht als hilfloses Opfer von Zufall sehen müssen. Auch Empörung über andere kann dadurch gedämpft werden, dass die Opfer deren Verantwortlichkeit relativieren und selbst eine Mitverantwortung übernehmen (Montada, 1992).

Eine wichtige Bewältigungsstrategie besteht in der Suche nach Sinn in den erlittenen Verlusten. Die Verluste als Zufall oder Pech zu interpretieren, schafft keinen Sinn. Zufall ist sinnlos. Sinnlos Opfer geworden zu sein, ist schwieriger zu ertragen, als bei einer sinnvollen, wenn auch gefährlichen Aktivität verletzt worden zu sein, etwa in der Erfüllung einer Pflicht als Polizist oder Feuerwehrmann. Menschen suchen und finden oft Sinn, indem sie rechtfertigen, weshalb sie sich auf Risiken eingelassen haben. Und sie versöhnen sich mit Ihrem Schicksal, indem sie nicht auf die Verluste, sondern auf die Gewinne schauen, die aus einem kritischen Ereignis resultieren mögen. Und sie finden Sinn in der Erfahrung, die schwierigen Probleme gemeistert zu haben, in der Erfahrung von Unterstützung und Solidarität in ihrem sozialen Umfeld. Andere finden Sinn in neu gewonnenen Erkenntnissen darüber, was wirklich wichtig ist im Leben.

Eine erfolgreiche Suche nach Sinn hilft, belastende Gefühle zu bewältigen. Auch positive Illusionen über die Zukunft, positive Vergleiche mit anderen, denen es noch schlechter geht, dämpfen diese Gefühle, ebenso die Sicht, dass es noch hätte schlimmer kommen können. Damit sind die belastenden Gefühle vielleicht bewältigt, aber die entstandenen Probleme sind noch nicht gelöst (Montada et al. 1992, Teil 3). Wenn die Probleme konkret gelöst werden können (z.B. im Falle der Arbeitslosigkeit durch Weiterqualifikation), dann mögen palliative emotionsdämpfende Sichtweisen eher abträglich sein, weil sie die konkrete Meisterung der Probleme als nicht notwendig erscheinen lassen.

Konstruktive Problemlösung wird weithin als die ideale Strategie der Bewältigung angesehen. Das mag zutreffend sein in Fällen, in denen die Probleme gemeistert werden können, ohne dass zu viele Ressourcen verbraucht und viele andere wichtige Ziele hintangestellt werden müssen. In vielen Fällen ist es besser, Verluste und Einbußen hinzunehmen, die Lebensprioritäten so zu reorganisieren und dass sie zu den eigenen Kapazitäten, Ressourcen und Möglichkeiten passen.

BEISPIEL

Brandtstädter und Renner (1992) haben eine wichtige Unterscheidung zwischen zwei Strategien getroffen: Das zähe Festhalten an einmal gewählten Zielen und eine flexible Akkommodation der Ziele an die neuen Gegebenheiten. Sie fanden bei älteren Probanden, die diese flexible akkommodative Strategie benutzten, um mit altersbedingten Einbußen umzugehen, weniger depressive Symptome als bei anderen, die an ihren Zielen und Standards mit dem Risiko des Scheiterns festhielten. Das Entwicklungsmodell von der selektiven Optimierung (von Funktionen) mit Kompensation (verloren gegangener oder beeinträchtigter Funktionen) von Baltes und Baltes (1990) ist verwandt.

Eine weitere wichtige Anpassungsstrategie besteht in der Gestaltung des Selbstbildes. Das Selbstbild umfasst verschiedene Überzeugungssysteme, wer man ist, wer man sein möchte, wer man sein könnte, wer man nicht sein will. Markus und Nurius (1986) sprachen von multiplen möglichen Selbstbildern. Das eröffnet Optionen für die Wahl eines Selbst, wenn es darum geht, veränderte Lebensumstände (z.B. durch Arbeitslosigkeit, Krankheit, Scheidung, Tod eines Lebenspartners, Altern) zu bewältigen, die dem bisherigen Selbstbild nicht entsprechen.

Folgerungen für die Entwicklungsberatung

Unter einer Entwicklungsperspektive geht es nicht nur um eine rasche Behebung des anstehenden Problems etwa durch konsequente soziale Unterstützung oder Senkung der Anforderungen. Priorität ist immer solchen Ansätzen zu geben, durch die Gelegenheit geboten wird, neue Kompetenzen zu entwickeln oder neue Eigenschaften und Überzeugungen zu entwickeln, die helfen, künftige Probleme und Krisen besser zu bewältigen. Die Erfahrung, eine Krise selbst gemeistert zu haben, wird Selbstvertrauen in die eigenen Handlungsmöglichkeiten stärken. Der Aufbau eines Repertoires verschiedener Bewältigungsstrategien würde im Sinne einer Stressimmunisierung wirken. Weil der Lebenslauf auch als eine Sequenz von Problemen verstanden werden kann, sollte vermittelt werden, dass jedes Problem, von den kleinen alltäglichen bis zu großen, die das Leben ändern, eine Herausforderung ist und eine Gelegenheit, neue Einsichten und neue Kompetenzen zu entwickeln oder neue Wahlen zu treffen.

5 Kontinuität und Diskontinuität in der Entwicklung

Der Begriff Kontinuität wird in unterschiedlichen Bedeutungen gebraucht: (1) für die Stabilität interindividueller Unterschiede, (2) für den sequentiellen Aufbau aufeinander folgender Schritte, (3) für die Erklärung interindividueller Unterschiede aus vorausgehenden Unterschieden. Der Frage nach Kontinuität und Diskontinuität sind wir bereits mehrfach begegnet, z.B. im Zusammenhang mit nachhaltigen Wirkungen von Anlageeinflüssen, Prägungen in sensiblen Perioden, im Modell des genetischen Konstruktivismus (mit einen geordneten Aufbau von Strukturen des Denkens) sowie in individuellen Unterschieden in der Verarbeitung und Bewältigung von Problemen und Verlusten. Im Folgenden werden verschiedene Konzepte der Kontinuität und Probleme des Nachweises von Kontinuität behandelt.

5.1 Kontinuität als Stabilität

Wenn wir einen Menschen als Säugling, als Schulanfänger, als Jugendlichen und als Erwachsenen vergleichen, haben wir Schwierigkeiten, Ähnlichkeiten in unterschiedlichem Lebensalter zu entdecken. Die intraindividuellen Unterschiede in Aussehen, Leistungen oder Motiven sind derart groß, dass es sehr schwierig ist, die Identität der Person psychologisch objektiv festzustellen.

Die allgemeinen Veränderungen sind in manchen Lebensabschnitten, vor allem in den ersten Lebensjahren, so groß, dass es nicht möglich ist, dieselben Kategorien und Skalen zur Beschreibung verschiedener Altersstufen zu verwenden. Zur Beschreibung der allgemeinen Eigentümlichkeiten von Säuglingen sowie der Ähnlichkeiten und Unterschiede zwischen ihnen benutzen wir andere Kategorien und Skalen als für die Charakterisierung der Grundschüler oder der Jugendlichen. Auch wenn dieselben abstrakten Konzepte wie Intelligenz oder Temperamentsattribute verwendet werden, sind die konkreten Inhalte der Testverfahren so verschieden, dass deren Äquivalenz für die Messung derselben latenten Merkmale nachgewiesen werden muss.

Solch drastische Metamorphosen stehen auf den ersten Blick in einem Spannungsverhältnis zum Entwicklungsbegriff. Wenn nach der Okkupation eines Landes oder nach einer Revolution die alte gesellschaftliche Struktur zerschlagen und eine neue errichtet wird, sprechen wir nicht von gesellschaftlicher „Entwicklung", auch nicht, wenn eine völlig neue Mode die bisherige ersetzt. Dies

sind Beispiele für Diskontinuität. Hier werden alte Formen durch neue ersetzt. Auch bei einzelnen Individuen kann es ähnlich deutliche Veränderungen geben, z.B. der Leistungsfähigkeit, der Grundstimmung, der politischen Einstellungen, der Selbstsicherheit, der Dominanz oder der Interessen. Solche Veränderungen können durch Wechsel des sozialen Milieus, Wechsel der sozialen Rolle, durch kritische Lebensereignisse, Erkrankungen oder erfolgreiche Therapien bewirkt werden. Sie vermitteln den Eindruck der Diskontinuität.

Ob es sich wirklich um Fälle von Diskontinuität handelt oder ob doch Kontinuität entdeckbar ist, ist eine Frage, deren Beantwortung eine Differenzierung des Kontinuitätsbegriffs erfordert. Was ist mit Kontinuität gemeint: Stabilität des Phänotyps oder die Existenz von Dispositionen und Potentialen, die den phänotypischen Wandel in Interaktion mit der je gegebenen Entwicklungsumwelt beeinflussen?

Zunächst wird das Konzept Stabilität erörtert. Wir unterscheiden mit Kagan (1980) absolute und normative Stabilität.

5.1.1 Absolute Stabilität

> **!** Wir sprechen von absoluter Stabilität, wenn keine Veränderung festgestellt wird. Es kann sein, dass es tatsächlich keine Veränderung gibt, es kann auch sein, dass die gegebenen Veränderungen mit den verwendeten Erfassungsmethoden nicht registriert werden.

Die Feststellung absoluter Stabilität ist oft relativ zur Messmethode. Mit einer zweiwertigen „Skala" (vorhanden – nicht vorhanden; gekonnt – nicht gekonnt) sind weniger Veränderungen zu registrieren als mit kontinuierlichen Skalen. Ohne Erkrankungen, Verletzungen oder Altersdemenz werden z.B. viele einmal erworbene psychomotorische Fertigkeiten (Laufen, Hüpfen, Werfen, Fangen, Schwimmen, Radfahren, Stricken, Schreiben usw.) nicht wieder völlig verlernt, bleiben also vorhanden, aber die Leistungen können je nach Übung und körperlicher Kondition individuell sehr variieren. Intellektuelle Fähigkeiten wie logisches Schlussfolgern oder systematisches Suchen und Experimentieren werden – einmal erworben – nicht wieder verloren, es sei denn durch Hirnerkrankung, Gehirntrauma oder Demenz, aber die Leistungen variieren, z.B. mit dem Übungszustand. Misst man kategorial (vorhanden – nicht vorhanden), wird man absolute Stabilität auch in Fällen registrieren, in denen eine differenzierter abgestufte Messung große Veränderungen aufzeigt.

Absolute Stabilität kann für einzelne Individuen oder für den Durchschnitt einer Population erfasst werden. Das ist sorgfältig voneinander zu unterscheiden. Ein Beispiel für Letzteres ist die Entwicklung der Intelligenz: die durchschnittliche Intelligenzleistung erreicht ihren Höhepunkt im frühen Erwachsenenalter. Das bedeutet, dass keine Testaufgaben bekannt sind, die in den folgenden Lebensdekaden durchschnittlich besser gelöst werden. Aber nicht alle Individuen erreichen ihren Höhepunkt in dieser Altersperiode: Einzelne Personen können sich weiter entwickeln, andere bleiben auf ihrem Niveau, wieder andere verschlechtern sich.

5.1.2 Normative Stabilität oder Positionsstabilität

> **!** Mit normativer Stabilität ist gemeint, dass die Positionen der Individuen in der Verteilung eines Merkmals oder einer Leistung in der Alterskohorte als Bezugsgruppe erhalten bleiben.

Wir wissen aus Längsschnittuntersuchungen, dass der IQ vom Grundschulalter an bis ins Erwachsenenalter eine vergleichsweise hohe und wachsende Stabilität aufweist (vgl. Abb. 1.6). Aggressives Verhalten ist bei Knaben/Männern ebenfalls vom Grundschulalter an recht stabil (Olweus, 1979; Zumkley, 1993). Absolute und normative Stabilität dürfen nicht verwechselt werden. Hohe normative Stabilität der Intelligenz, z.B. zwischen dem 10. und dem 18. Lebensjahr, bedeutet nicht, dass sich die Intelligenzleistung in diesen Jahren nicht ändert. Positionsstabilität oder -veränderung wird über die Korrelation der Messungen zu zwei Zeitpunkten ermittelt. Da in der Korrelationsberechnung nur Abweichungswerte vom Mittelwert der Verteilung oder Rangpositionen berücksichtigt werden, zeigt ein hoher Koeffizient nichts anderes, als dass große Positionsverschiebungen nicht häufig sind. Absolut gesehen kann die Stichprobe insgesamt über den Beobachtungszeitraum große Veränderungen bezüglich eines Merkmals einer Leistung oder eines Verhaltens aufweisen, lediglich die interindividuellen Unterschiede bleiben erhalten (vgl. Abb. 1.7).

In diesem Zusammenhang ist es auch interessant festzuhalten, wie sich kultureller Wandel auf die durchschnittlichen Intelligenzleistungen auswirkt. Flynn (1987) weist beispielsweise für einige Industrieländer signifikante durchschnittliche Leistungssteigerungen in der Größenordnung einer Standardabweichung in den vergangenen 30 Jahren nach, die nicht nur mit der breiteren Bildungsbeteiligung erklärt werden können, sondern mit vielerlei Veränderungen in alltäglichen Problem- und Informationsangeboten. Trotz dieser durchschnittlichen Veränderungen ist die normative Stabilität weiterhin hoch, was heißt, dass die interindividuellen Differenzen bei allgemeinem

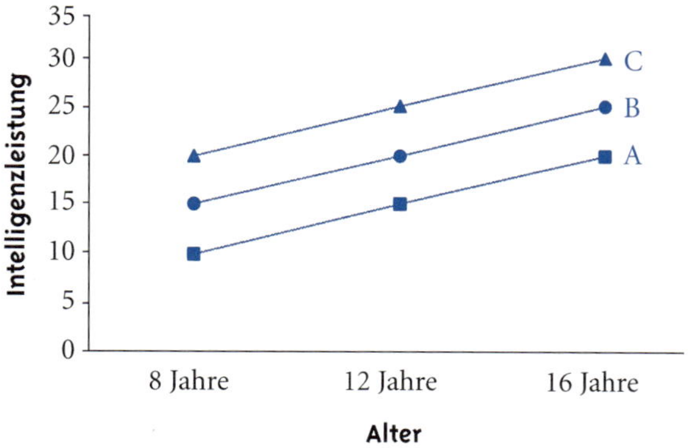

Abbildung 1.7. Die Intelligenzleistungen von A, B und C nehmen zwischen dem 8. und 16. Lebensjahr deutlich zu. Die Rangpositionen von A, B und C bleiben unverändert.

Wandel der Entwicklungsbedingungen stabil geblieben sind.

Entwicklung als Stabilisierung interindividueller Unterschiede

In der Alltagspsychologie finden sich die Überzeugungen, dass sich die Persönlichkeit der Erwachsenen nicht mehr wesentlich ändert, dass alte Menschen rigide an einmal aufgebauten Überzeugungen festhalten, dass Eigenschaften absolut stabil bleiben usw. Der wissenschaftliche Eigenschafts- oder Merkmalsbegriff enthält nur die Annahme, dass interindividuelle Unterschiede über größere Zeitspannen erhalten bleiben (normative Stabilität).

Entwicklung kann als Stabilisierung interindividueller Unterschiede aufgefasst werden und damit als Herausbildung von Merkmalen im wissenschaftlichen Sinn (vgl. Kap. 20). Ein Beispiel bietet Abb. 1.7, die die zunehmende Stabilisierung der Positionen in der Verteilung der Intelligenz (ausgedrückt durch Korrelationen zwischen den Messungen in verschiedenem Alter) darstellt (vgl. auch Kap. 9). Aus der Beobachtung solcher Stabilisierungen darf noch nicht geschlossen werden, dass definitive Verfestigungen eingetreten sind und somit eine Einschränkung von Veränderungsmöglichkeiten gegeben wäre.

Voraussetzungen für solche Schlussfolgerungen wäre, dass die Stabilisierungen erklärt werden. Wenn sie ausschließlich genetisch bedingt wären, wären sie wohl dauerhaft. Wenn sie aber darauf zurückzuführen sind, dass für die Mehrheit einer untersuchten Population grundsätzlich änderbare Entwicklungseinflüsse (z.B. Anforderungen, Erwartungen, Möglichkeiten und Ressourcen) gleich geblieben sind, dann könnten sich bei entsprechenden Veränderungen auch die interindividuellen Unterschiede „destabilisieren".

5.1.3 Probleme des Nachweises der Stabilität von Eigenschaften und Fähigkeiten

Phänomenal Verschiedenes kann auf denselben Dispositionen, phänomenal Ähnliches kann auf verschiedenen Dispositionen beruhen. Drastische Änderungen der politischen Überzeugungen können Ausdruck ein und derselben Disposition sein, z.B. von Opportunismus oder Konformismus. Auf der anderen Seite kann phänotypisch Ähnliches, z.B. rechtswidriges Verhalten im Jugendalter, Ausdruck verschiedener Dispositionen sein, z.B. fehlender Internalisation der Rechtsnormen, einer gesellschaftskritischen Haltung oder defizitärer Selbstkontrolle; es kann eine Mutprobe vor einer Peergruppe sein oder ein Versuch, der Langeweile zu entrinnen.

Latente Eigenschaften, manifestes Verhalten. Bevor über Kontinuität und Diskontinuität bei Entwicklungsveränderungen und Stabilitäten entschieden werden kann, muss die latente Bedeutung der beobachtbaren manifesten Verhaltensweisen und Äußerungen geklärt sein. Nur dann ist die Äquivalenz von Manifestationen zu beurteilen (Brandtstädter, 1985a). Das ist gerade in der Entwicklungspsychologie von großer Bedeutung, weil dieselben latenten Eigenschaften und Fähigkeiten sich auf unterschiedlichen Altersstufen unterschiedlich manifestieren.

> **!** Kontinuität oder Diskontinuität ist auf der Ebene der latenten Bedeutungen zu ermitteln, nicht auf der Ebene des manifesten beobachtbaren Verhaltens.

Es gibt mehrere Konzepte, die Äquivalenzen zwischen phänotypisch Unterschiedlichem erklären:

- kognitive Strukturen, die auf unterschiedliche Inhalte angewandt werden,
- Fähigkeiten, die sich in unterschiedlichen Leistungen zeigen,
- Eigenschaften, die sich in unterschiedlichen Handlungen ausdrücken.

> **BEISPIEL**
>
> Die Eigenschaft Ängstlichkeit kann sich in vielen Gefahrensituationen und auf verschiedene Art und Weise äußern: Flucht vor der Gefahr oder Vorwärtsverteidigung, sensible Beobachtung von Risiken oder Verdrängung der Risiken, angespannte Reaktionsbereitschaft oder Lähmung, objektive Absicherung oder magisches Denken.

Entwicklungspsychologisch interessant ist das insofern, als die Stabilität von latenten Eigenschaften (Aggressivität, Leistungsorientierung, Passivität usw.) und Fähigkeiten (Intelligenz, arithmetisches Verständnis, Kommunikationskompetenz) geprüft werden kann, auch wenn die Messverfahren zur Erfassung altersspezifischer Manifestationen ausgelegt sind. Die Aggressivität eines sechsjährigen Kindes wird sich vielleicht in physischem Angriff auf Personen und Sachen äußern, die Aggressivität des Erwachsenen auch in ironischem Lob, Schadenfreude und subtiler Demütigung.

Bevor die Stabilität von Aggressivität geprüft werden kann, wäre zunächst zu belegen, dass die altersspezifischen Verfahren zur Messung oder Erfassung wirklich Aggressivität erfassen. Hierzu sind Validitätsstudien auf den verschiedenen Altersstufen notwendig, in denen das Vorhandensein theoretisch erwarteter Zusammenhänge geprüft wird, z.B. die Übereinstimmung der gemessenen Variablen mit Einschätzungen aus dem sozialen Umfeld oder mit beobachtetem Verhalten der Untersuchungsteilnehmer. Häufig begnügt man sich allerdings mit einer Bewertung der Augenscheinvalidität der verwendeten Messverfahren.

Eigenschaften und Fähigkeiten können als stabil angesehen werden, wenn die interindividuellen Unterschiede erhalten bleiben.

Werden substantielle Korrelationen zwischen zeitlich auseinander liegenden und dem Augenschein nach unterschiedlichen Variablen beobachtet, wird man nach Erklärungen suchen. Eine der Erklärungen könnte sein, dass es sich um dieselbe latente Variable handelt, die über diese Zeitspanne stabil ist. Eine andere Erklärung könnte sein, dass z.B. die zeitlich früher gemessene Variable (z.B. Abiturnote) eine Voraussetzung (z.B. Zulassung zu einigen Studiengängen) für die zeitlich später gemessene Variable (z.B. Einkommen) darstellt.

5.2 Kontinuität als Auswirkung von Dispositionen, Kompetenzen und Selbstkonzept

Wie kommt es, dass verschiedene Personen dieselben Informationen unterschiedlich auffassen und auswerten, gleiche Verluste unterschiedlich bewältigen und sich unter äußerlich ähnlichen Bedingungen unterschiedlich entwickeln? Die zu einem Zeitpunkt des Lebens entwickelten personalen Merkmale (Motive, Interessen, Kompetenzen, Wissen, Einstellungen usw.), das Selbstbild und die Erfahrungen, die bisher gemacht wurden und die sich in Verhaltens-, Urteils- und Wertungsdispositionen niedergeschlagen haben, beeinflussen die weitere Entwicklung auf mindestens drei Weisen.

Moderation externaler Einflussfaktoren. Die jeweils gegebenen individuellen Merkmale (Kompetenzen und Dispositionen) und Selbstkonzepte moderieren die Einflüsse aus der Umwelt, die subjektiven Erfahrungen und die Aufnahme und Bewertung von Informationen. Zum Beispiel lernen die intelligenteren und besser informierten Schüler aus einem anspruchsvollen Fachbuch mehr als weniger begabte oder schlecht informierte. Die erfolgszuversichtlichen Schüler erklären eine schlechte Prüfung anders als misserfolgsängstliche, und sie bilden aus diesen Erklärungen andere Erwartungen für künftige Leistungssituationen.

Personspezifische Anforderungen und Angebote. Die Anforderungen und Angebote der Umwelt variieren je nach individuell gegebenen Merkmalen und Selbstkonzepten. Das schwierige Kind wird weniger Zuneigung und Freundlichkeit erfahren als das pflegeleichte. Der rebellische oder delinquente Jugendliche wird häufiger zurückgewiesen und weniger unterstützt als der angepasste. Vom intelligenten und guten Grundschüler erwartet man eher den Besuch einer höheren Schule als von schlechten Schülern.

Selbstgestaltung der Entwicklung. Die Dispositionen, Kompetenzen und Selbstkonzepte bestimmen, in welche Richtung die Menschen ihre eigene Entwicklung gestalten. Zum Beispiel hängt es vom Selbstkonzept der eigenen Fähigkeiten ab, was man anpackt und welche Ziele man sich setzt. Ausbildungs- und Berufsentscheidungen, Eingehen und Auflösen von Partnerschaften, Übernahme oder Ablehnung sozialer Pflichten sind auch Funktionen des Selbstkonzeptes.

Kontinuitätshypothesen

Kontinuität in der Entwicklung ist empirisch schwierig zu belegen. Sie wird häufig nur behauptet. Sigmund Freud sah Zusammenhänge zwischen den in der Kindheit angelegten Dispositionen und der Persönlichkeits- und Problementwicklung im späteren Leben, z.B. zwischen Problemen bei der Sauberkeitserziehung und Pedanterie, zwanghaften Zügen bzw. Zwangsneurosen im Erwachsenenalter. Auch ist die Überzeugung verbreitet, dass eine sichere Bindung des Kleinkindes an eine Pflegeperson, üblicherweise die Mutter, Voraussetzung für die spätere Fähigkeit zur Bildung von Vertrauen und zum Eingehen einer tieferen Liebesbeziehung darstellt.

Diese tiefenpsychologischen Theorien sind faszinierende entwicklungspsychologische Hypothesen. In retrospektiv analysierten Einzelfällen ermöglichen sie Deutungen mit Plausibilitätsanmutung. Erforderlich sind systematisch kontrollierte prospektive Längsschnittstudien (vgl. Kap. 5). Der spekulativen theoriebildenden Phantasie sind keine anderen Grenzen zu setzen als durch die Forderung nach einem methodisch überzeugenden empirischen Nachweis.

UNTER DER LUPE

Bindungsrepräsentationen und kognitive Entwicklung

Ein interessantes Beispiel für die entwicklungspsychologische Suche nach Kontinuität gibt eine Studie über den Zusammenhang zwischen Bindung an die Eltern und die Leistungsentwicklung in der Grund- und Sekundarstufe (Edelstein, 1996; Jacobsen & Hofman, 1997). Die Bindung an die Eltern wurde mittels Interviews zu Bilderszenen über eine längere Trennungsepisode im Alter von sieben Jahren erfasst. Es konnte nachgewiesen werden, dass sicher gebundene Kinder im Vergleich zu unsicher gebundenen im Alter von 9, 12 und 15 Jahren dem Unterricht mit mehr Aufmerksamkeit und Beteiligung folgten (erfasst durch Lehrerurteile), bessere Noten erzielten sowie in der kognitiven Entwicklung nach Piaget deutlich überlegen waren.

Wie sind diese Zusammenhänge zu erklären? Eine sichere Beziehung zu den Eltern (oder anderen primären Bezugspersonen) bedeutet Vertrauen und vermittelt Selbstbewusstsein, so dass von der Kindheit an „die Welt" exploriert und aktiv erforscht werden kann. Sicher gebundene Kinder wagen es, sich auf andere Menschen einzulassen und daraus zu lernen. Sie sehen die Schule als einen interessanten Ort an und trauen sich, Fragen zu stellen und Antworten zu geben und bekommen so entwicklungsangemessene Rückmeldungen. Unsicher gebundene Kinder sind ängstlicher, trauen sich weniger zu, ihr Selbst ist verletzbarer, weshalb sie viele Lernmöglichkeiten nicht nutzen.

Die Bedeutung von Kontinuität und Wandel für Entwicklungsprognosen

Individuelle Entwicklungsprognosen über längere Zeiträume sind mit großen Unsicherheiten behaftet.

> „Traditionelle Vorstellungen von Stabilität, geordnetem Wandel und invarianter Eigenschaftsausstattung erscheinen durch die Befundlage in hohem Maße diskreditiert. Ins Positive gewendet mag man aus den Misserfolgen einer langfristigen Entwicklungsprognostik aber auch einen Beleg dafür sehen, dass menschliche Entwicklungsprozesse sehr weite Änderungs- und Optimierungsspielräume aufweisen." (Brandtstädter, 1985a, S. 2).

Plastizität, Variabilität und Kontextspezifität von Dispositionen, Fähigkeiten und Selbstkonzepten machen präzise Entwicklungsprognosen freilich nicht unmöglich. Allerdings lassen sich Prognosen nicht alleine aus den jeweils gegebenen Entwicklungszuständen treffen: Das setzte hohe Stabilität der betreffenden Entwicklungsdimensionen voraus. Stattdessen muss man die Faktoren in die Prognose einbeziehen, die als entwicklungswirksam nachgewiesen sind, z.B. das Genom, die Entwicklungskontexte und entwicklungsrelevante Ereignisse. Dies erfordert allerdings eine ebenfalls mit Unsicherheiten behaftete Prognose über das Eintreten der externalen Entwicklungsfaktoren. Wenn beispielsweise kontextuelle Einflüsse wirksam sind, müsste prognostiziert werden, wie die Kontexte im Verlauf der Entwicklung eines Individuums sein werden bzw. welche Kontexte ein Individuum aufsuchen oder herstellen wird.

5.3 Aleatorische Entwicklungsmomente und aktionale Entwicklungsmodelle

In scharfem Kontrast zu den Kontinuitätsannahmen steht auf den ersten Blick die von Kenneth Gergen (1979) besonders pointiert vorgetragene These von der Zufälligkeit, vom „Aleatorischen" (lat.: alea: der Würfel) der Entwicklung. Beginnend mit der Zeugung spielen Zufälle in der eigenen Entwicklungsgeschichte eine Rolle. Mit welcher Kombination von Erbanlagen wir in welche Familie, welche Gesellschaft und welche historische Zeit hineingeboren werden, schon das ist ein Zufall. Welche glücklichen und unglücklichen Ereignisse wir erleben, welchen Menschen wir begegnen, mit welchen Ideen wir bekannt werden, welche Herausforderungen, welche Verluste wir erleben, all dieses hat ein Element des Zufalls. Vielleicht sind es die Zufälle und deren Auswirkungen, die den aus Längsschnittstudien bekannten Tatbestand erklären, dass mit zunehmendem Zeitintervall die Entwicklungsprognosen ungenauer werden.

Unterschätzung der Zufälle. In der theoretischen Rekonstruktion von Entwicklungsverläufen suchen wir jedoch oft nach Kausal- und Sinnzusammenhängen und übersehen die zufälligen Momente. Wir haben eine Tendenz, den Zufall von Ereignissen und Begegnungen zu bezweifeln und stattdessen Dispositionen und Wahlen anzunehmen. In der autobiographischen Rekonstruktion haben wir das Motiv, unsere Kontrolle über die Geschehnisse und ihre Bewältigung und die Kontinuität im Sinne einer Konsistenz und Stabilität persönlicher Identität zu überschätzen.

Kontinuität trotz Zufällen. Kontinuität und Zufallsmomente schließen sich jedoch durchaus nicht aus. Sie würden sich nur ausschließen, wenn die Zufälle immer Diskontinuität der Entwicklung bedingen würden. Wenn immer individuelle Dispositionen, Kompetenzen und das Selbstkonzept die Verarbeitung der Zufälle bestimmen und damit deren Auswirkungen auf die weitere Entwicklung beeinflussen, bedeutet das Kontinuität.

Auch die Annahme, dass der Mensch seine eigene Entwicklung (mit-)gestaltet, ist unverträglich mit der Sicht, dass Zufälle für die Entwicklung entscheidend sind. Auch angesichts von Zufällen bleiben Wahl- und Handlungsmöglichkeiten. Welche Wahlen getroffen werden, hängt ab von Dispositionen (Motiven, Wertorientierungen, Lebenszeichen, Kompetenzen, Selbstkonzepten u.a.m.), Überzeugungen und Ressourcen. Die Zufälle determinieren nicht das aktuelle Verhalten, sie bieten nur Möglichkeiten oder bedeuten Barrieren, schaffen Verluste oder Probleme usw. Wie die Menschen auf die durch Zufälle gegebenen Situationen antworten, hängt ab von ihren Dispositionen usw. und liegt insofern in Kontinuität zu ihrer bisherigen Entwicklung. Aktionale Entwicklungsmodelle postulieren Bewertungsoptionen sowie Wahl- und Handlungsmöglichkeiten in jeder Situation (Brandtstädter, 1985a).

Um dieses Einführungskapitel zu resümieren, sind viele Entwicklungsfaktoren in Erinnerung zu rufen:

- die genetische Ausstattung,
- die natürlichen und die vom Menschen gestalteten Kontexte,
- die biologischen und sozialen Entwicklungsaufgaben,
- die Aktivitäten des Entwicklungssubjektes selbst
- und Zufälle.

Die Zufälle allein determinieren die weitere Entwicklung genauso wenig wie irgendein anderer Einzelfaktor. Wie ein Zufall wirkt, hängt ab von dem, was eine Person bis dahin geworden ist und aus sich gemacht hat in den vorangehenden Interaktionen mit allen genannten Faktoren.

Kapitel 2
Biologische Grundlagen der Entwicklung

Jens B. Asendorpf

„Biologisch“ wird in der Entwicklungspsychologie in drei unterschiedlichen Zusammenhängen verwendet: Im Sinne der Evolutionsbiologie, im Sinne der Entwicklungsgenetik und im Sinne der Neuro- und Psychobiologie.

Evolutionsbiologie. Wie bei allen anderen Lebewesen kann auch die menschliche Entwicklung von der Zeugung bis zum Tod als Produkt der Evolution verstanden werden, die von den ersten Lebewesen auf der Erde bis zu den heute lebenden Arten mit ihren charakteristischen Entwicklungsprozessen führte. Aus dieser Sicht ist die Individualentwicklung selbst Gegenstand eines Jahrmillionen andauernden Entwicklungsprozesses, eben der Evolution. Im ersten Teil dieses Kapitels wird gezeigt, wie sich aus dieser evolutionsbiologischen Sicht einige Aspekte der menschlichen Entwicklung verstehen lassen als Anpassungen der Individualentwicklung an die Umweltbedingungen unserer evolutionären Vorfahren.

Entwicklungsgenetik. Zweitens wird „biologisch“ im Sinne der Entwicklungsgenetik verstanden: Das genetische Erbgut (das Genom) variiert innerhalb bestimmter menschlicher Populationen von Individuum zu Individuum (eineiige Zwillinge ausgenommen). Diese genetischen Unterschiede führen zu einem unterschiedlichen Verlauf der Individualentwicklung und sind deshalb eine von mehreren Ursachen für Persönlichkeitsunterschiede. Im zweiten Teil dieses Kapitels wird umrissen, was wir heute über den genetischen Einfluss auf die differentielle Entwicklung wissen.

Neurobiologie und Psychobiologie. Drittens wird „biologisch“ im Sinne der Neurobiologie und der Psychobiologie verstanden: Wie entwickelt sich das Nervensystem im Verlauf der Individualentwicklung und welche Beziehung besteht zwischen neuronalen und psychischen Entwicklungsprozessen? Dieser neurowissenschaftliche Zugang zur Entwicklung wird in diesem Kapitel nicht behandelt.

Genetisch beeinflusstes Lernen. Leider wird in der Entwicklungspsychologie „biologisch“ oft auch missverständlich verwendet. Verbreitet ist z.B. die Kontrastierung von „biologisch bedingt“ (im Sinne von „genetisch bedingt“) mit „erlernt“. Diese Gegenüberstellung suggeriert, dass genetische Einflüsse auf die Entwicklung nicht auch über Lernen vermittelt werden und dass Lernen genetisch unbeeinflusst ist. Beides ist falsch. Das sei hier am Beispiel der Schlangenangst von Rhesusaffen erläutert (vgl. „Unter der Lupe“).

Sinnvolle Schlangenangst

Rhesusaffen in der freien Wildbahn reagieren Schlangen gegenüber mit starker Angst, im Zoo aufgewachsene Rhesusaffen nicht. Sie erwerben aber Angst vor Schlangen sehr schnell und dauerhaft, wenn sie beobachten, dass Artgenossen ängstlich auf eine Schlange reagieren.

Im Verlauf der Evolution scheint sich also eine genetische Prädisposition zum Erlernen von Angst gegenüber solchen Reizen herausgebildet zu haben, die in der evolutionären Vergangenheit Gefahr signalisierten. Dies ist vermutlich auch der Grund, warum in Mitteleuropa Angst vor Schlangen viel verbreiteter ist als Angst vor Autos, obwohl dort Autos objektiv gesehen viel gefährlicher sind als Schlangen. Rhesusaffen (und vermutlich auch Menschen) müssen zwar Angst vor

UNTER DER LUPE

Cook und Mineka (1989) zeigten verschiedenen Gruppen von Rhesusaffen, die im Zoo aufgewachsen waren und nie zuvor eine Spielzeugschlange, ein Spielzeugkrokodil, einen Spielzeughasen oder eine Plastikblume gesehen hatten, mehrfach einen Videofilm, in dem ein Artgenosse unängstlich oder mit großer Angst auf einen dieser vier Reize reagierte. Durch Bildmanipulation wurde erreicht, dass die (nicht)ängstliche Reaktion des Artgenossen bei allen Reizen identisch war.

Vor und nach diesem Lernexperiment wurden die Versuchstiere mit den im Film gezeigten Reizen direkt konfrontiert. Filme, in denen der gezeigte Rhesusaffe nichtängstlich auf Schlange, Krokodil, Hase oder Blume reagiert hatte, hinterließen keine Wirkung: die Versuchstiere reagierten wie vor dem Experiment ohne Angst. Der Hase und die Blume ließen sie auch dann unbeeindruckt, wenn sie im Film mehrfach gesehen hatten, dass ein Artgenosse diesen Reizen gegenüber hochängstlich reagiert hatte. Rhesusaffen, die jedoch gesehen hatten, wie ihre Artgenossen ängstlich auf die Schlange oder das Krokodil reagierten, reagierten diesen gegenüber nun auch selbst mit Angst. Die Angst wurde also nur bestimmten Reizen gegenüber erworben. Dieses Ergebnis ist evolutionsbiologisch sehr sinnvoll, denn Schlangen und Krokodile sind hochgefährlich für Säugetiere, Hasen und Blumen jedoch nicht.

Schlangen erst lernen, aber dass sie es überhaupt lernen, ist genetisch bedingt.

Zusätzlich muss berücksichtigt werden, dass es genetische Unterschiede in der Lernbereitschaft gibt (vgl. Abschnitt 2.2). Was durch Reifung im Sinne einer genetisch determinierten Entwicklung erklärt wird, beruht oft auch auf Lernprozessen, und was im Verlauf der Entwicklung gelernt wird, kann genetisch vorbestimmt sein.

! Genetischer Einfluss und Lernen können nicht als unabhängig betrachtet werden.

1 Evolutionspsychologie der Entwicklung

Zunächst werden einige allgemeine Prinzipien der Evolutionspsychologie skizziert. Dann wird exemplarisch anhand von drei Entwicklungsphänomenen (Atavismen, Entwicklung der sexuellen Orientierung und Konsequenzen väterlicher Fürsorge) geschildert, wie Entwicklungsphänomene evolutionspsychologisch erklärt werden.

1.1 Allgemeine Prinzipien der Evolutionspsychologie

Die Evolutionsbiologie geht auf Darwin (1859) zurück. Darwin erklärte die Vielfalt der heutigen Arten durch einen Entwicklungsprozess, der im Kern auf Variation der Erbanlagen und natürlicher Selektion beruht. Dieses Erklärungsprinzip lässt sich nicht nur auf die Entstehung der Arten, sondern auch auf die Individualentwicklung innerhalb der Arten anwenden. Beim Menschen lassen sich so Entwicklungsgemeinsamkeiten, aber auch Entwicklungsunterschiede als Anpassungsleistungen an die Umwelt unserer evolutionären Vorfahren verstehen.

DEFINITION

Die Spezialisierung der Evolutionsbiologie auf menschliches Erleben und Verhalten wird auch **Evolutionspsychologie** genannt (Buss, 1995).

Zu Darwins Zeit war es noch nicht klar, was eigentlich variiert, von einer Generation zur nächsten vererbt und durch natürliche Selektion ausgelesen wird. Erst die Genetik füllte diese Lücke. Was innerhalb einer Art variiert, sind die *Allele*, d.h. die Varianten eines bestimmten Gens. Z.B. beruhen die Blutgruppen A, B, 0 auf Allelen eines Gens. Die Gene selbst sind funktionale Einheiten des Genoms und variieren mit wenigen Ausnahmen nur zwischen Arten; Mensch und Schimpanse z.B. teilen über 98 Prozent der Gene. Die Allele sind bis auf Mutationen das Leben hindurch konstant und in allen Zellen vorhanden; sie werden bei sexueller Fortpflanzung an die Kinder weitergegeben. Während der Meiose wird das Genom von Vater und Mutter in funktionale Einheiten zerlegt und durchmischt; diese sexuelle Rekombination stellt neben der Mutation die zweite Variationsquelle dar.

! Gene variieren zwischen Arten. Allele variieren zwischen Individuen einer Art.

Unterschiedliche Allele eines Gens können als in Konkurrenz zueinander betrachtet werden. Je nach Umweltbedingungen steigt oder sinkt ihre Häufigkeit relativ zu anderen Allelen: Sie weisen eine unterschiedliche Fitness auf. Dadurch nimmt die Umwelt Einfluss auf die Reproduktion von Genen; sie werden „natürlich ausgelesen". Diese natürliche Selektion ist der entscheidende Mechanismus, der Gene und damit auch Genome und Lebewesen so an die Umwelt anpasst, dass sie überlebens- und fortpflanzungsfähig sind.

Die Fitness hängt von der Umwelt ab. Das Konzept der natürlichen Selektion wird vielfach falsch verstanden. Erstens ist Fitness kein Merkmal eines Menschen oder eines Genoms, sondern eine Funktion eines Gens und seiner Umwelt. Ändert sich die Umwelt, kann sich seine Fitness ändern. Es gibt deshalb keine „guten" oder „schlechten" Gene, sondern nur Gene, die an eine bestimmte Umwelt „gut" oder „schlecht" angepasst sind. Zweitens bezieht sich die natürliche Selektion nur zum Teil auf die Lebenserwartung. Ein Gen, das Kindersterblichkeit begünstigt, ist zwar schlecht angepasst, aber Gene, die die Lebenserwartung erhöhen, aber die Zahl der Nachkommen senken, sind auch schlecht angepasst. Entscheidend ist der Reproduktionsvorteil eines Gens; statt „Survival of the fittest" (Darwin) sollte es besser heißen "Reproduction of the fittest". Deshalb ist es, drittens, falsch anzunehmen, dass die natürliche Selektion in westlichen Kulturen mit ihrer niedrigen Kindersterblichkeit und guten medizinischen Versorgung keine wesentliche Rolle mehr spiele. Gene beispielsweise, die Kinderwunsch oder Nachlässigkeit bei der Schwangerschaftsverhütung begünstigen, dürften heutzutage ausgesprochen fit sein.

! Die genetische Variation beruht auf Mutation und sexueller Rekombination, die natürliche Selektion auf dem Reproduktionserfolg von Genen.

Die natürliche Selektion wirkt sich deshalb am stärksten auf körperliche und Verhaltensmerkmale aus, die direkt die Reproduktion betreffen; alle anderen Merkmale sind nur indirekt betroffen. So gut wie gar nicht betroffen sind körperliche und Verhaltensmerkmale im hohen Alter, weil sie irrelevant für die Fortpflanzung der eigenen Gene und daher „selektiv neutral" sind (vgl. Baltes, 1997). Ob jemand Alzheimer bekommt (eine genetisch stark mitbedingte Hirnerkrankung, die typischerweise erst ab dem Alter von 70 Jahren auftritt) oder nicht, ist evolutionär gesehen irrelevant; deshalb sind „Alzheimer-Gene" relativ häufig.

Intra- und intersexuelle Selektion. Heutige evolutionsbiologische Erklärungen nutzen verschiedene Prinzipien, die sich aus den Kernprinzipien Variation und natürliche Selektion ableiten lassen. Darwin (1871) diskutierte bereits zwei von ihnen: intra- und intersexuelle Selektion. Intrasexuelle Selektion bezieht sich auf die Rivalität innerhalb der Geschlechter bei dem Versuch, Sexualpartner zu gewinnen und gegen Rivalen abzuschirmen. Gene, die diese Fähigkeiten fördern, haben einen Reproduktionsvorteil. Intersexuelle Selektion bezieht sich auf die sexuelle Attraktivität beim anderen Geschlecht. Gene, die körperliche oder Verhaltensmerkmale fördern, die vom anderen Geschlecht für attraktiv gehalten werden, haben einen Reproduktionsvorteil.

Soziobiologie. Wilson (1975) wandte evolutionsbiologische Erklärungsprinzipien auf das Sozialverhalten verschiedener Tierarten an und prägte den Begriff der Soziobiologie im Sinne einer Evolutionsbiologie des Sozialverhaltens. Dieser Ansatz löste starke Kontroversen mit Sozialwissenschaftlern aus, die bis dahin geglaubt hatten, biologische Zugänge zu sozialen Phänomenen ignorieren zu können. Mit gewissem Recht wurde den Soziobiologen vorgeworfen, dass ihre Überlegungen letztlich nur auf Spekulationen über optimal angepasstes Verhalten in einer hypothetischen Umwelt der Vergangenheit beruhten und der notwendigerweise angenommene genetische Einfluss auf das Verhalten nicht nachgewiesen sei.

Ultimate und proximate Erklärungen. Allerdings unterschieden zumindest einige Soziobiologen schon früh zwischen ultimaten und proximaten Erklärungen. Ultimate Erklärungen beruhen auf Überlegungen zum Selektionsdruck und beschreiben, wie sich Individuen unter den angenommenen Umweltbedingungen der evolutionären Vergangenheit hätten verhalten sollen. Aber damit sie sich tatsächlich so verhalten haben, bedarf es proximater Mechanismen, die sie dazu gebracht haben, sich tatsächlich so zu verhalten. Die evolutionsbiologische Erklärung ist im Grunde nur vollständig (und überzeugender), wenn zu jeder ultimaten Erklärung auch eine proximate Erklärung durch Angabe eines proximaten Mechanismus geliefert wird.

Evolvierte psychologische Mechanismen. Von daher greifen in ernst zu nehmenden evolutionären Erklärungen menschlichen Erlebens und Verhaltens immer biologische ultimate und psychologische proximate Erklärungen ineinander. Tatsächlich scheint sich der Schwerpunkt der evolutionspsychologischen Forschung in den letzten Jahren zunehmend in Richtung proximater Erklärungen verschoben zu haben. Hierbei wurde von Cosmides et al. (1992) der Begriff des evolvierten psychologischen Mechanismus (EPM) geprägt, der von Buss (1995) zur Abgrenzung der Evolutionspsychologie von einer nur ultimaten Erklärungen verpflichteten Soziobiologie benutzt wurde. Unter einem EPM wird ein bereichs- und kontextspezifischer proximater Mechanismus verstanden, der als Anpassungsleistung an die Umwelt unserer Vorfahren (also ultimat) verständlich ist und von dem angenommen wird, dass er genetisch fixiert ist und deshalb vererbt wird.

> **!** Ultimate Erklärungen durch natürliche Selektion müssen in evolutionspsychologischen Erklärungen durch Angabe proximater evolvierter psychologischer Mechanismen (EPMs) ergänzt werden.

Ein viel zitiertes Beispiel für einen EPM ist die Hornhautbildung an den Füßen bei häufigem Gehen über hartes Gelände. Hornhaut schützt in diesem Fall vor Verletzungen bis hin zu Blutvergiftung. Wer nur über weiches Gras geht, bekommt keine Hornhaut, was die Sensitivität der Füße gegenüber taktilen Reizen fördert. In beiden Fällen ist Hornhaut bzw. das Fehlen derselben ultimat verständlich. Die Fähigkeit zur Hornhautbildung ist genetisch bedingt, aber ausgelöst wird sie durch spezifische Umweltreize. Dies wird als paradigmatisch für EPMs angesehen: EPMs sichern eine gute Anpassung an Umweltbedingungen, die in der evolutionären Vergangenheit variierten. Die Aufgabe der Evolutionspsychologie ist es daher, bei Menschen vorhandende Mechanismen der Informationsverarbeitung, Verhaltenskontrolle und Individualentwicklung als EPMs zu identifizieren. Im Folgenden werden exemplarisch einige entwicklungsrelevante EPMs vorgestellt.

1.2 Verhaltensatavismen

Aus entwicklungsbiologischer Sicht schreitet die Evolution dadurch voran, dass sich die genetisch bedingte Individualentwicklung ändert. Die natürliche Selektion begünstigt bestimmte Allele und damit auch bestimmte genetisch bedingte Entwicklungsverläufe. Diese Änderungen fußen auf dem konservativen Prinzip, dass Vorhandenes abgewandelt wird; das meiste wird beibehalten. Deshalb lassen sich in frühen Stadien der Individualentwicklung Anlagen zu artfremden Merkmalen finden. So findet sich in allen Embryos von Wirbeltieren (Menschen eingeschlossen) die Rückensaite der 500 Millionen Jahre alten Chorda-Tiere. Obwohl sie sich später zu funktionslosen Überresten in den Bandscheiben zurückentwickelt, hat diese Rückensaite eine zentrale Funktion in der Entwicklung. Entfernt man sie nämlich bei einem Wirbeltier-Embryo, so wird es keine Muskulatur entwickeln. Störungen in der Embryonalentwicklung können dazu führen, dass bestimmte Merkmale sich nicht artgerecht entwickeln, sondern auf einem evolutionär niedrigeren Niveau verbleiben. Dann werden Kinder mit körperlichen Atavismen geboren, d.h. körperlichen Abnormitäten, die Normalitäten unserer Vorfahren waren: Kiemenspalten, zwei Reihen von Zitzen oder Pelzgesichter. Der Jenaer Zoologe Haeckel (1868) fasste dies in dem missverständlichen Diktum zusammen, dass die Ontogenese (die Individualentwicklung) die Phylogenese (die Entwicklung der Arten) wiederhole. Das ist streng genommen nicht richtig. Menschliche Embryonen ähneln nie ausgewachsenen Fischen; sie ähneln aber in einer bestimmten Phase ihrer Entwicklung Fisch-Embryos. Die Ontogenese baut also auf phylogenetisch älteren Formen der Ontogenese auf.

> **!** Die Ontogenese wiederholt die Phylogenese der frühen Ontogenese.

Der Klammerreflex. Dieses Prinzip ist auch gut geeignet, um heutzutage scheinbar überflüssige Verhaltensweisen in der menschlichen Entwicklung als Verhaltensatavismen zu verstehen. So zeigen Säuglinge einen Klammerreflex, der einst dazu gedient haben mag, dass sie sich am Fell der Mutter festhalten konnten – nur im Zeitalter der Kinderwagen und Tragetücher ein scheinbar überflüssiger Reflex. Der Klammerreflex kann als EPM verstanden werden: hochgradig bereichsspezifisch (betrifft nur Handbewegungen), kontextspezifisch (Berührungen der Handinnenfläche lösen ihn aus), genetisch fixiert (alle Säuglinge zeigen ihn bis auf pathologische Ausnahmen) und ultimat gut verständlich als Anpassungsleistung an Umweltbedingungen unserer Säuglings-Vorfahren (das Fell der Mutter).

Das Konzept des Verhaltensatavismus ist nicht nur geeignet, um scheinbar zwecklose menschliche Verhaltensweisen als EPMs verständlich zu machen. EPMs können nämlich auch eine entwicklungspsychologische Bedeutung haben. Wegen ihrer langen evolutionären Geschichte liegt es nahe anzunehmen, dass einmal etablierte EPMs stimulierende Funktion in der Individualentwicklung haben – ähnlich wie die Ausbildung der Rückensaite in Wirbeltieren die Bildung der Muskulatur stimuliert. Das gilt auch für den Klammerreflex (vgl. „Unter der Lupe").

UNTER DER LUPE

Akrobaten-Babys

Koch (1969) trainierte bei Säuglingen systematisch diejenigen Reflexe, die es unseren stammesgeschichtlichen Vorfahren ermöglichten, sich am Fell der Mutter festzuhalten, u.a. den Klammerreflex. Dieses Training führte dazu, dass die Säuglinge mit sechs Monaten frei hängend an einem Trapez schaukeln und mit sieben Monaten eine Leiter hochklettern konnten – in einem Alter, in dem ihre Altersgenossen meist noch nicht einmal krabbeln. Offenbar erfüllten die von Koch trainierten Reflexe wichtige Funktionen in der motorischen Entwicklung. Hätte Koch dagegen direkt das Trapezschaukeln oder Leiterklettern trainiert, hätte er wohl kaum Erfolg gehabt – alleiniges Training des Laufens z.B. beschleunigt das Laufenlernen kaum. Das Geheimnis von Kochs Erfolg scheint vielmehr darin zu liegen, dass er heutzutage verkümmerte Stadien der motorischen Entwicklung stimulierte und dadurch die motorische Entwicklung insgesamt beschleunigte. Wunder darf man sich von solchen „evolutionär korrekten" Trainings allerdings nicht erwarten: Im Alter von drei Jahren unterschieden sich die Koch'schen Akrobaten-Babys nicht mehr von normalen Altersgenossen.

1.3 Entwicklung der sexuellen Orientierung

DEFINITION

Unter **sexueller Orientierung** wird die Disposition verstanden, durch Menschen des anderen Geschlechts, des eigenen Geschlechts oder beider Geschlechter sexuell erregt zu werden.

Von daher können drei Persönlichkeitstypen unterschieden werden: Heterosexuelle, Homosexuelle und Bisexuelle. In Deutschland wird Homosexualität von Männern etwa doppelt so häufig angegeben (4 Prozent der über 15-jährigen) wie von Frauen (2 Prozent), während Bisexualität von ca. 3 Prozent der Männer und 4 Prozent der Frauen berichtet wird (vgl. Asendorpf, 1999).

Zwillingsstudien sprechen für einen substantiellen genetischen Einfluss auf Homosexualität (zur Methodik vgl. Abschnitt 2.3). So waren bei 115 männlichen Homosexuellen 52 Prozent der eineiigen, aber nur 22 Prozent der zweieiigen Zwillingsbrüder ebenfalls schwul. In einer vergleichbaren Studie mit 115 weiblichen Homosexuellen waren 48 Prozent der eineiigen, aber nur 16 Prozent der zweieiigen Zwillingsschwestern ebenfalls lesbisch (Bailey et al., 1991, 1993).

Retrospektive Studien fanden große Unterschiede im geschlechtstypischen Verhalten Homo- und Heterosexueller als Kinder. Homosexuelle erinnerten sich häufiger an Spielpartner des anderen Geschlechts und Aktivitäten, die typisch für das andere Geschlecht sind. Für Männer konnte dies durch prospektive Längsschnittstudien bestätigt werden (Bailey & Zucker, 1995), so dass es sich nicht um eine verzerrte Erinnerung aufgrund der späteren Homosexualität handelt. Für Frauen fehlen bisher entsprechende Längsschnittstudien.

FAZIT

Homosexualität ist bei Männern und Frauen genetisch mitbedingt, keineswegs aber rein genetisch erklärbar. Schwule Männer waren als Kinder stärker an weiblichen Aktivitäten und Spielpartnerinnen interessiert als heterosexuelle Männer; dass entsprechendes auf lesbische Frauen zutrifft, ist bisher nur durch retrospektive Daten gesichert.

Die Theorie der Homosexualität von Bem

Bem (1996) schlug eine evolutionspsychologische Theorie der Entwicklung von Homosexualität vor. Hierfür nutzte er evolutionspsychologische Erklärungen der in allen Kulturen beobachtbaren starken Geschlechtertrennung vor der Pubertät: Wenn sie die Wahl haben, spielen ältere Kinder weitaus häufiger mit gleichgeschlechtlichen Altersgenossen als mit gegengeschlechtlichen (Maccoby & Jacklin, 1987). Bems Theorie beginnt mit der Feststellung, dass Inzest, also Geschlechtsverkehr mit nahen Verwandten, in den meisten Kulturen tabu ist. Das ist ultimat gut verständlich, weil Inzest selektive Nachteile hat: Inzest führt zu einer erhöhten genetischen Ähnlichkeit der Eltern und ihrer Kinder, schränkt dadurch ihre genetische Variabilität ein und macht sie deshalb anfälliger gegenüber denselben Krankheitserregern. Gleichzeitig erhöht sich das Risiko für die Kinder, an einer rezessiven Erbkrankheit zu erkranken (d.h. an einer genetisch bedingten Erkrankung, die nur dann ausbricht, wenn das Kind das kritische Allel von beiden Eltern bekommt).

Was exotisch ist, wird erotisch. Nach Westermarck (1891) wird das Inzest-Tabu proximat durch einen EPM gesichert, der sexuelles Interesse an Unvertrautheit in der Kindheit bindet. Ab der Pubertät würden also Männer und Frauen ihr sexuelles Interesse vor allem auf unvertraute Personen richten: Was exotisch ist, wird erotisch. So werde das sexuelle Interesse an Geschwistern und anderen Verwandten schon im Keim erstickt. Als Beleg für diese Annahme wird u.a. angeführt, dass israelische Kibbutz-Kinder, die in ihrer Kindheit in einem Schlafraum zusammen mit den anderen Kindern des Kibbutz schlafen, fast nie untereinander heiraten (vgl. Durham, 1991).

Diese Tendenz, nur Exotisches erotisch zu finden, habe allerdings in den kleinen sozialen Gruppen unserer Vorfahren zu dem Problem geführt, dass sie auch das sexuelle Interesse an *nicht* verwandten Gleichaltrigen des anderen Geschlechts dämpfen und damit die Fortpflanzungsmöglichkeiten einschränken würde, wenn ein intensiver Kontakt mit diesen Gleichaltrigen bestanden hätte. Die Geschlechtertrennung bis zur Pubertät löse dieses Problem, denn sie mache ja die Gleichaltrigen des anderen Geschlechts unvertraut. Sie seien von daher exotisch genug, um das sexuelle Interesse mit Einsetzen der Pubertät zu reizen.

FAZIT

Nach evolutionspsychologischer Auffassung ist die Geschlechtertrennung bis zur Pubertät notwendig, um das Inzest-Tabu in kleinen sozialen Gruppen sichern zu können. Die Tendenz zur Geschlechtertrennung ist deshalb genetisch prädisponiert.

Auf der Grundlage dieser Theorie der Geschlechtertrennung schlug Bem (1996) folgende Erklärung für Homosexualität vor: Zu Homosexualität komme es dann, wenn Kinder aus genetischen oder anderen Gründen, z.B. umweltbedingten pränatalen hormonellen Wirkungen, Interessen entwickeln, die typisch für das andere Geschlecht sind (wenn z.B. Jungen feminine Interessen entwickeln). Dann nämlich würden sie bevorzugt mit dem anderen Geschlecht spielen, wodurch das eigene Geschlecht exotisch werde, und da Exotisches erotisch werde, würden ihre sexuellen Interessen auf das eigene Geschlecht gelenkt.

Bewertung der Theorie von Bem

Bems Theorie berücksichtigt genetische Einflüsse auf Homosexualität, ohne anzunehmen, dass homosexuelle Tendenzen direkt genetisch beeinflusst sind. Diese Annahme ist auch nicht plausibel, denn Gene, die Homosexualität fördern und sonst nichts, würden sehr schnell durch natürliche Selektion verschwinden, weil sie in der Regel nicht an Nachkommen weitergegeben werden. Nach Bems Theorie ist aber zu erwarten, dass die für Homosexualität verantwortlichen Gene bei Männern und Frauen unterschiedlich sind, denn sie betreffen ja unterschiedliches Verhalten. Deshalb können die selektiven Nachteile für die Gen-Träger durch Fortpflanzungsvorteile kompensiert werden, die die Gene dann entfalten, wenn sie beim anderen Geschlecht vorkommen.

Bems Theorie basiert auf der empirisch gut gesicherten abweichenden Geschlechtsrollenentwicklung späterer Homosexueller in der Kindheit. Außerdem ist die Theorie kompatibel mit den Befunden zur Partnerwahl von männlichen

Homosexuellen. Sie bevorzugen nämlich Partner, die sich selbst als besonders maskulin aussehend beschreiben (Bailey et al., 1997). Dies sollte nach Bems Theorie auch so sein, weil für männliche Homosexuelle besonders maskuline Männer besonders exotisch und damit erotisch sein sollten.

Die Theorie ist kompatibel mit dem Befund einer erhöhten Homosexualität und Bisexualität von Frauen mit kongenitaler adrenaler Hyperplasie, einer Erbkrankheit, die in frühen Stadien der Fetalentwicklung zu einer Überproduktion männlicher Geschlechtshormone und in der Kindheit zu maskulinem Verhalten führt (Collaer & Hines, 1995). Allerdings kann die Theorie nicht die Wirkung von hormonellen Wehenhemmern erklären, die früher oft verwendet wurden, bis bekannt wurde, dass sie gar nicht wehenhemmend wirken und krebserregend sind. Wurden weibliche Feten synthetischem Östrogen ausgesetzt, wurden sie später vermehrt homo- oder bisexuell, waren aber während der Kindheit unauffällig in ihrem Spielverhalten. Wurden sie androgen-basierten Wehenhemmern ausgesetzt, zeigten sie in der Kindheit ungewöhnlich maskuline Interessen, wurden später aber nicht vermehrt homo- oder bisexuell (vgl. Collaer & Hines, 1995).

Verschiedene Entwicklungspfade der Homosexualität. Es wäre auch höchst erstaunlich, wenn der von Bem (1996) beschriebene Entwicklungspfad zu Homo- oder Bisexualität der einzig mögliche Entwicklungspfad wäre und wenn alle Mädchen mit ausgeprägt maskulinem Interesse oder alle Jungen mit ausgeprägt femininem Interessen später homo- oder bisexuell würden. Bailey (1996) schätzte auf der Basis einer Metaanalyse des Zusammenhangs zwischen kindlichen Interessen und sexueller Orientierung, dass nur 6 Prozent der typisch maskulinen Mädchen später homosexuell werden, während dies immerhin bei 51 Prozent der typisch femininen Jungen der Fall sei. Möglicherweise trifft Bems Theorie bei weiblicher Homosexualität eher auf den Typ der körperlich und hormonell männlicheren „Butch" zu, während die weiblichere „Femme" sich sowohl körperlich wie auch von ihrer Geschlechtsrolle in der Kindheit nicht von anderen Frauen unterscheidet (Singh et al., 1999).

FAZIT

Bems Theorie ist mit den vorliegenden Ergebnissen zur Entwicklung männlicher Homosexualität gut verträglich, nicht jedoch mit manchen Ergebnissen zur Entwicklung weiblicher Homosexualität, z.B. den hormonellen Effekten von Wehenhemmern und der Existenz von lesbischen „Femmes".

1.4 Bedingungen und Konsequenzen väterlicher Fürsorge

Dass Väter sich intensiv um ihre Kinder kümmern, ist nur bei 3–5 Prozent der Säugetierarten der Fall; bei unseren genetisch nächsten Verwandten (Schimpansen und Bonobos) jedenfalls nicht (Geary, 2000). Kulturvergleichende Studien zeigen, dass in allen Kulturen Mütter mehr Zeit und Energie in ihre Kinder investieren als Väter. Gleichzeitig findet sich aber auch eine hohe Variabilität der väterlichen Fürsorge von Kultur zu Kultur und von Familie zu Familie innerhalb einer Kultur (Parke & Buriel, 1998). Sind diese starken Unterschiede in der väterlichen Fürsorge evolutionspsychologisch verständlich, und welche Konsequenzen haben sie auf die Entwicklung ihrer Kinder?

Elterlicher und Paarungsaufwand. Aus evolutionspsychologischer Sicht ist der elterliche Aufwand (engl.: parenting effort) die Zeit und Energie, die in leibliche Kinder gesteckt wird, nur eine von mehreren Möglichkeiten, die Reproduktion der eigenen Gene zu fördern. Alternativ kann die Reproduktion vor allem durch Paarungsaufwand begünstigt werden (engl.: mating effort), d.h. durch die Zeit und Energie, die in die Zeugung von Kindern investiert wird, Partnersuche und Werbungsverhalten eingeschlossen. Da Frauen viel weniger Kinder haben können als Männer und da sie während Schwangerschaft und Stillzeit viel mehr in ihr Kind investieren als der Vater, ist ihr elterlicher Aufwand im Vergleich zu Männern höher und weniger variabel. Diese einfache Überlegung alleine erklärt also bereits die geringere väterliche Fürsorge und deren größere Variabilität je nach Umweltbedingungen.

Wieviel Väter in ihre Kinder investieren, hängt aus evolutionspsychologischer Sicht vor allem von zwei Faktoren ab:

(1) Der Reproduktionsfähigkeit der Kinder ohne väterliche Fürsorge
(2) Der Erreichbarkeit potentieller Geschlechtspartnerinnen.

Je stärker die Gesundheit oder gar das Überleben ihrer Kinder bedroht ist, desto mehr sollten sich Väter um sie kümmern. In reichen Umwelten, in denen ihre Fürsorge keinen Effekt auf die Reproduktionsfähigkeit der Kinder hat, sollten Väter eher darauf bedacht sein, viele Kinder mit vielen Partnerinnen zu zeugen, ohne sich um diese Kinder zu kümmern.

Unabhängig davon sollten sie sich desto weniger um ihre Kinder kümmern, je leichter potentielle Geschlechtspartnerinnen für sie erreichbar sind. Die Erreichbarkeit hängt dabei von unterschiedlichen Faktoren ab, die sich u.a. auf die inter- und die intrasexuelle Selektion beziehen. Intersexuell betrachtet sollten z.B. physische Attraktivität als Indikator „guter Gene“ und sozialer Status und Ambitioniertheit als Indikatoren „guter Ressourcen für die Kinder“ die Erreichbarkeit fördern, da diese Merkmale vom weiblichen Geschlecht bei der Partnersuche hoch gewichtet werden (vgl. Buss & Schmitt, 1993). Intrasexuell betrachtet sollten z.B. hoher Status in männlichen Dominanzhierarchien, Kraft oder soziales Geschick im Ausstechen von Rivalen die Erreichbarkeit fördern. Zudem wird die Erreichbarkeit auch durch kulturelle Faktoren wie die Besiedlungsdichte oder ein durch Krieg reduzierter männlicher Anteil in der Population gefördert.

FAZIT

Die beobachtbare hohe Variabilität der väterlichen Fürsorge zwischen und innerhalb von Populationen beruht aus evolutionspsychologischer Sicht darauf, dass eine väterliche Investition in die Kinder nicht immer deren Reproduktion fördert. Ob und wie stark sich Väter um ihre Kinder kümmern, hängt danach von zahlreichen Faktoren ab, die vor allem die Reproduktionsfähigkeit der Kinder und die Erreichbarkeit potentieller Geschlechtspartnerinnen betreffen.

Zusammenspiel verschiedener Faktoren. Die väterliche Fürsorge beruht also auf dem Zusammenwirken vieler verschiedener Faktoren, die sich unter Umständen wechselseitig neutralisieren können und deshalb Vorhersagen erschweren. Wenn z.B. nach einem Krieg der männliche Anteil in der Population sinkt und zugleich das Überleben der Kinder wegen der Zerstörung von Ressourcen bedroht ist, kommt es zu gegensätzlichen Wirkungen dieser beiden Faktoren auf die väterliche Fürsorge (Senkung durch bessere Erreichbarkeit von Frauen und gleichzeitig Erhöhung durch die harten Umweltbedingungen).

Affektive Steuerung des Fürsorgeverhaltens. Nach evolutionspsychologischer Vorstellung erfolgt die Verrechnung der einzelnen Faktoren beim einzelnen Vater natürlich nicht im Sinne einer rationalen Kosten-Nutzen-Kalkulation. Vielmehr werden die einzelnen Bedingungsfaktoren durch genetisch fixierte proximate Mechanismen (EPMs) vermittelt, die das Fürsorgeverhalten affektiv steuern. So wird das Fürsorgeverhalten der jeweils aktuellen Situation so angepasst, dass es unter den Umweltbedingungen unserer evolutionären Vorfahren reproduktiv optimal gewesen wäre. Das heißt natürlich nicht, dass es deshalb auch unter den heutigen Umweltbedingungen optimal ist. Zum Beispiel können Männer heutzutage als Spender für Samenbanken sowohl ihren elterlichen als auch ihren Paarungsaufwand extrem minimieren und trotzdem viele Nachkommen haben. Hierfür kann sich aber kein begünstigender EPM entwickelt haben, so dass dieser Weg der Verbreitung der eigenen Gene affektiv nicht begünstigt wird.

Väterliche Fürsorge. Welche Konsequenzen hat väterliche Fürsorge auf die Entwicklung ihrer Kinder? Draper und Harpending (1982) formulierten auf der Grundlage kulturvergleichender Studien die Hypothese, dass im Verlauf der jüngeren Evolution väterliche Fürsorge ein relativ verlässlicher Indikator für die künftige reproduktionsrelevante Umwelt der Kinder sei, da sie von Generation zu Generation relativ stabil gewesen sei. Evolutionspsychologisch würde dies heute so formuliert, dass väterliche Fürsorge eine proximate Bedingung der Entwicklung des Reproduktionsverhaltens ihrer Kinder ist. Ein EPM sorgt dafür, dass sich Kinder bei starker väterlicher Fürsorge in Richtung starker elterlicher Investition, bei Vaterabwesenheit oder geringer väterlicher Fürsorge in Richtung starken Paarungsaufwandes hin entwickeln würden. Die Individualentwicklung wird hier also als genetisch prädisponierte bedingte Entwicklungsstrategie verstanden, die durch frühe Umweltbedingungen festgelegt wird (Cosmides et al., 1992). Nicht die Art des Reproduktionsverhaltens ist demnach genetisch bedingt, sondern die „Reaktion der Entwicklung auf die Umwelt".

FAZIT

Nach der Hypothese von Draper und Harpending entwickelt sich das Reproduktionsverhalten individuell in Form einer bedingten Entwicklungsstrategie; eine proximate Bedingung ist die väterliche Fürsorge.

Folgen der frühen Vater-Tochter-Beziehung

Unter anderem sagt diese Hypothese vorher, dass Töchter von Vätern, die sich in der Kindheit gar nicht oder wenig um sie kümmern, früher in die Pubertät kommen, eher den ersten Geschlechtsverkehr haben, weniger stabile Partnerschaften eingehen und selber weniger in ihre Kinder investieren als Töchter fürsorglicher Väter. Diese Vorhersagen lassen sich empirisch weitgehend bestätigen (Geary, 2000), insbesondere die Vorhersage für das Einsetzen der Regelblutung. So fanden Ellis et al. (1999) in einer Längsschnittstudie eine negative Korrelation von –.43 zwischen der beobachteten positiv-affektiven Qualität der Vater-Tochter-Beziehung im Alter von vier bis fünf Jahren und dem Alter der Tochter bei der ersten Regelblutung. Dieser Zusammenhang war deutlich stärker als der für die negativ-affektive Vater-Tochter-Beziehung und der für die positiv- und die negativ-affektive Mutter-Tochter-Beziehung. Dass die Qualität der Beziehung zum Vater mehr Vorhersagewert hat als die Qualität der Beziehung zur Mutter, ist evolutionspsychologisch zu erwarten, da die mütterliche Fürsorge weniger stark variiert und von daher nicht gut als Indikator für die künftig zu erwartende Umwelt genutzt werden kann.

Männliche Geruchsstoffe und weibliche Reifung. Ellis et al. (1999) diskutierten verschiedene proximate Mechanismen, die der vermuteten bedingten Entwicklungsstrategie zugrunde liegen könnten. Ein möglicher, bei verschiedenen Säugetierarten nachgewiesener Mechanismus ist die Beschleunigung der weiblichen biologischen Reifung durch Geruchsstoffe nicht verwandter männlicher Artgenossen. In Übereinstimmung damit fanden Ellis und Garber (2000), dass die Regelblutung besser durch die Dauer des Zusammenlebens mit nichtverwandten Partnern der Mutter (Stiefvätern und Freunden) vorhergesagt wurde als durch die Dauer der Abwesenheit des leiblichen Vaters. Ein zweiter, im Tierexperiment nicht so gut belegter möglicher Mechanismus ist die Hemmung der weiblichen biologischen Reifung durch Geruchsstoffe des eigenen Vaters. So fanden Ellis et al. (1999), dass bei Mädchen, die bis zur Pubertät mit ihrem leiblichen Vater zusammenlebten, diejenigen eher in die Pubertät kamen, um die sich ihr Vater bis zum Alter von fünf Jahren weniger gekümmert hatte.

FAZIT

Der Pubertätszeitpunkt bei Mädchen wird möglicherweise proximat durch Geruchsstoffe des Vaters und/oder nichtverwandter Männer in der Familie mitbestimmt.

Neben dieser Erklärung des Pubertätszeitpunkts durch eine bedingte Entwicklungsstrategie gibt es aber noch eine zweite, ganz andere biologische Erklärung, nämlich dass die beobachteten Unterschiede sowohl bei Vätern als auch bei ihren Töchtern durch dieselben Gene bedingt sind. Genetische Unterschiede zwischen Vätern (und nicht Unterschiede in ihrer kindlichen oder aktuellen Umwelt) wären nach dieser Hypothese verantwortlich für ihr unterschiedliches Fürsorgeverhalten, und dieselben Gene (die die Väter zumindest in der Hälfte der Fälle an ihre Töchter weitergeben) wären für die unterschiedliche Entwicklung der Töchter verantwortlich. Derartige entwicklungsgenetischen Erklärungen werden im folgenden Abschnitt diskutiert.

2 Entwicklungsgenetik

Zunächst werden einige allgemeine Prinzipien der Entwicklungsgenetik skizziert. Dann wird geschildert, wie sich der genetische Einfluss auf die Entstehung von Persönlichkeitsunterschieden abschätzen lässt. Anhand von Kovariationen und Interaktionen zwischen genetischen und Umweltunterschieden wird deutlich gemacht, dass diese Unterschiede nicht unabhängig voneinander sind.

2.1 Allgemeine Prinzipien der Entwicklungsgenetik

Gene wirken nicht direkt auf die Entwicklung. Gene sind Moleküle, deren Aktivität direkt auf die Proteinsynthese der Zellen wirkt. Diese Proteine sind z.B. für den Aufbau des Nervensystems erforderlich. Durch Einfluss auf diese Proteine können Gene auf die neuronale Entwicklung wirken. Dabei entfaltet sich die Wirkung eines einzelnen Gens immer nur im Konzert der anderen Gene. Nicht nur Gene stehen in Wechselwirkung miteinander, sondern auch Gene und ihre Produkte, z.B. Enzyme. Daher können umweltbedingte Wirkungen auf den Stoffwechsel genetische Wirkungen auf die Entwicklung verändern.

Phenylketonurie. Das klassische Beispiel hierfür ist die Stoffwechselstörung Phenylketonurie. Eine Variante davon beruht auf einem Allel des ersten Chromosoms. Wird dieses Allel sowohl vom Vater als auch von der Mutter vererbt, führt diese homozygote Form zu einem Phenylalanin-Überschuss, der die Entwicklung des Zentralnervensystems beeinträchtigt und eine massive Intelligenzminderung verursacht. Wird jedoch im Kindesalter eine Phenylalanin-arme Diät eingehalten (einschließlich Einnahme von Medikamenten, die den Phenylalanin-Haushalt regeln sollen), wird dieser intelligenzmindernde genetische Effekt fast vollständig beseitigt.

Es gibt also keine Einbahnstraße vom Genom zur Person, sondern ein viele Aktivitätsebenen umspannendes Wirkungsnetz (Gottlieb, 1991; vgl. Abb. 2.1). Die genetische Aktivität beeinflusst die neuronale Aktivität, die Grundlage des Erlebens und Verhaltens ist; durch Verhalten kann die Umwelt verändert werden. Aber auch umgekehrt können Umweltbedingungen das Verhalten beeinflussen, dadurch die neuronale Aktivität und genetische Wirkungen, vermutlich auch die genetische Aktivität selbst verändern.

Von daher ist die Vorstellung falsch, Gene „bewirkten“ Entwicklung oder das Genom „sei“ oder „enthalte“ ein Programm, das die Entwicklung eines Organismus steuere (vgl. Oyama, 1989). Adäquater ist der Vergleich des Genoms mit einem Text. Der Text begrenzt das, was gelesen werden kann, legt aber keineswegs von vornherein fest, was überhaupt oder gar zu einem bestimmten Zeitpunkt gelesen wird. Was zu einem bestimmten Zeitpunkt gelesen wird, hängt davon ab, was *vorher* gelesen wurde und welche

Wirkungen dies hatte, einschließlich Rückkopplungseffekten auf das Leseverhalten.

> **!** Entwicklung beruht nicht auf einem genetischen Programm, sondern auf der ständigen Wechselwirkung zwischen Genaktivität, neuronaler Aktivität, Verhalten und Umwelt.

Kumulativ-stabilisierende Genwirkung. Genetische Einflüsse aus früheren Entwicklungsphasen können sich physiologisch oder auch anatomisch auf neuronaler Ebene verfestigen und dadurch weiter wirken, auch wenn die betreffenden Gene inzwischen nicht mehr aktiv sind. Gene können damit in einer bestimmten kritischen Phase der Entwicklung einen Prozess in Gang setzen, der zum „Selbstläufer" wird. Bei Phenylketonurie beispielsweise muss die Phenylalanin-arme Diät von Anfang an erfolgen; ist die genetisch bedingte Hirnschädigung eingetreten, nützt die Diät nichts mehr. Umgekehrt ist diese Diät nicht das ganze Leben lang erforderlich, sondern nur während der Gehirnentwicklung im Verlauf der Kindheit. Danach spielt das kritische Gen keine Rolle mehr. Durch dieses kumulative Prinzip wirken Gene stabilisierend auf die Entwicklung.

Destabilisierende Genwirkung. Genetische Wirkungen können aber auch destabilisierend sein. Denn Gene können zu bestimmten Zeitpunkten „angeschaltet" oder „abgeschaltet" werden (vgl. genauer Plomin, 1986). Durch diese Änderungen in der Gen-Aktivität kann es jederzeit zu genetisch bedingten Entwicklungsveränderungen kommen. Das ist in der Pubertät offensichtlich, aber auch im Verlauf des Erwachsenenalters können Gene, die bis dahin vor sich hin geschlummert haben, plötzlich ihre Wirkung entfalten. Zum Beispiel beginnt die Chorea Huntington (Veitstanz), eine degenerative Hirnerkrankung, die auf einem Allel auf dem vierten Chromosom beruht, im Durchschnitt erst mit Mitte Vierzig; vorher führen die Allel-Träger ein völlig normales Leben.

> **!** Die Genaktivität variiert im Verlauf der Entwicklung; sie kann sich kumulativ-stabilisierend, aber auch destabilisierend auswirken.

2.2 Genetischer Einfluss auf Persönlichkeitsunterschiede

Aus der Unmöglichkeit, den Beitrag von Genom und Umwelt im Einzelfall zu bestimmen, wird manchmal geschlossen, die Anlage–Umwelt-Diskussion sei überhaupt überflüssig. Weil Genom und Umwelt in vollständiger Wechselwirkung stehen, ließen sich ihre anteiligen Wirkungen auch auf die Entwicklung individueller Besonderheiten, also auf die Persönlichkeitsentwicklung, nicht bestimmen.

Das ist ein Fehlschluss. Es ist zwar richtig, dass die Fähigkeit zu sprechen oder die Eigenschaft,

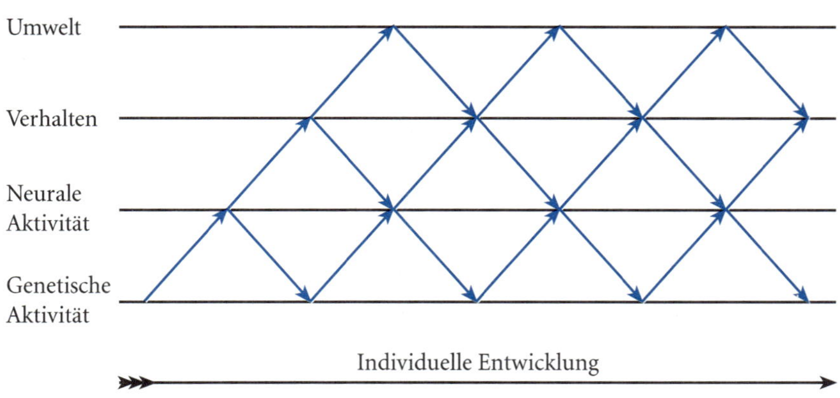

Abbildung 2.1. Ein Modell der Genom–Umwelt-Wechselwirkung (© nach Asendorpf, 1993)

überhaupt eine Blutgruppe zu haben, immer eine Funktion von Genom und Umwelt ist. Welchen Dialekt aber jemand spricht, ist rein umweltbedingt, und welche Blutgruppe er hat, ist rein genetisch bedingt. Betrachten wir Persönlichkeitsmerkmale, in denen sich Mitglieder einer bestimmten Population (z.B. „alle deutschen Erwachsenen“) in stabiler Weise unterscheiden, ist die Frage nach dem relativen Einfluss der genetischen *Unterschiede* in der Population und der Umwelt*unterschiede* der Populationsmitglieder auf die Merkmals*unterschiede* in der Population nicht trivial. Der relative genetische Einfluss kann zwischen 0 und 100 Prozent variieren. Wie stark er ist, ist ausschließlich eine empirische Frage. Die Antwort auf diese Frage ist nicht einfach zu geben, denn sie hängt von zahlreichen Faktoren ab (vgl. „Unter der Lupe“).

Relativität des genetischen Einflusses auf Persönlichkeitsunterschiede

Der genetische Einfluss auf Persönlichkeitsunterschiede in einer bestimmten Population variiert natürlich mit dem betrachteten Persönlichkeitsmerkmal. Er hängt aber auch von Merkmalen der Population ab:

Genetische Variabilität. Je homogener die Gene einer Population sind, umso weniger tragen sie zu den Merkmalsunterschieden bei. In einer Population aus genetisch identischen Klonen sind alle Persönlichkeitsunterschiede ausschließlich umweltbedingt.

Umweltvariabilität. Je homogener die Umwelten der Populationsmitglieder sind, umso stärker ist der genetische Einfluss auf die Persönlichkeitsunterschiede zwischen ihnen. Erhalten z.B. alle Kinder den exakt gleichen Unterricht, wären Leistungsunterschiede zwischen ihnen vor allem genetisch bedingt. Haben die einen gute und die anderen schlechte Lehrer, sinkt der genetische Einfluss. Jede kulturelle Änderung, z.B. im Bildungssystem, die die Variabilität der merkmalsrelevanten Umwelt verändert, ändert die Stärke des genetischen Einflusses. Daher kann der genetische Einfluss von Kultur zu Kultur oder innerhalb derselben Kultur von einer historischen Epoche zur nächsten variieren, selbst wenn es keine genetischen Unterschiede zwischen den Kulturen gibt.

Altersabhängigkeit. Der genetische Einfluss auf dasselbe Merkmal in derselben Population kann mit dem Alter variieren, u.a. weil merkmalsrelevante Gene an- oder abgeschaltet werden können (vgl. Abschnitt 2.4 für weitere Ursachen).

UNTER DER LUPE

Indirekte genetische Einflüsse. Wichtig ist auch sich klarzumachen, dass genetische Einflüsse höchst indirekt vermittelt sein können. Angenommen, der genetische Einfluss auf Intelligenz beruhe darauf, dass bestimmte Allele dafür sorgen, dass die Informationsverarbeitung im Zentralnervensystem schneller verläuft. Das wäre ein vergleichsweise direkter genetischer Effekt auf Persönlichkeitsunterschiede. Weiter angenommen, intelligente Menschen würden eher die Todesstrafe ablehnen als weniger intelligente. Dann wäre auch die Einstellung zur Todesstrafe genetisch beeinflusst. Das bedeutet aber nicht, dass es irgendein Gen gibt, das die Einstellung zur Todesstrafe (neuronal vermittelt) direkt beeinflusst.

FAZIT

Viele genetische Einflüsse auf Persönlichkeitsunterschiede sind höchst indirekt vermittelt, d.h. sie beruhen auf genetischen Einflüssen auf andere Persönlichkeitseigenschaften, die mit diesen Merkmalen korrelieren.

2.3 Schätzungen des genetischen Einflusses

Theoretisch könnte der genetische Einfluss einfach dadurch bestimmt werden, dass Persönlichkeitsunterschiede mit genetischen Unterschieden korreliert werden, die durch Genomanalyse bestimmt sind. Das ist derzeit aber mangels Kenntnissen relevanter Gene und Allele erst ansatzweise möglich. Deshalb muss der genetische Einfluss indirekt durch Kontrastierung der Persönlichkeitsähnlichkeit von Verwandten unterschiedlichen Verwandtschaftsgrades geschätzt werden. Drei Methoden sind heutzutage weit verbreitet: die Zwillingsmethode, die Adoptionsmethode und die Kombinationsmethode (vgl. hierzu genauer Asendorpf, 1999).

Die Zwillingsmethode. Bei der Zwillingsmethode wird die Ähnlichkeit von eineiigen Zwillingen, die genetisch identisch sind, mit der Ähnlichkeit von zweieiigen Zwillingen verglichen, die wie andere leibliche Geschwister 50 Prozent ihrer Gene teilen. Dies sei hier am Beispiel der Ähnlichkeit des Intelligenzquotienten (IQ) illustriert. Testet man den IQ bei vielen ein- und zweieiigen Zwillingspaaren, so korrelieren die IQ-Werte zwischen eineiigen Zwillingen um .80 (sie sind sich also sehr ähnlich) und zwischen zweieiigen Zwillingen um .60 (sie sind sich weniger ähnlich, keineswegs aber unähnlich). Die Ähnlichkeit des IQ bei zweieiigen Zwillingen geht auf die gemeinsamen Umwelteinflüsse (Schwangerschaft, Geburt, Elternhaus) zurück und auf die Tatsache, dass sie 50 Prozent der genetischen Einflüsse auf den IQ teilen (weil sie sich zu 50 Prozent genetisch ähneln). Die Ähnlichkeit des IQ bei eineiigen Zwillingen ist höher, weil sie nicht nur 50, sondern 100 Prozent der genetischen Einflüsse auf den IQ teilen. Also schätzt die Differenz .80 minus .60 den halben genetischen Einfluss auf den IQ und damit die doppelte Differenz .40 den ganzen genetischen Einfluss. Würden alle Einflüsse der einzelnen IQ-relevanten Gene messfehlerfrei zu einem genetischen Index kombiniert, so würde die Korrelation zwischen diesem rein genetischen Maß der Intelligenz und dem beobachteten IQ .40 betragen. Dies wird auch so ausgedrückt, dass 40 Prozent der IQ-Unterschiede auf genetischen Unterschieden beruhen. Die restlichen IQ-Unterschiede beruhen auf dem Messfehler, der im Falle des IQ etwa 10 Prozent ausmacht, und den Umweltunterschieden, die also etwa 50 Prozent der IQ-Unterschiede ausmachen.

FAZIT

Bei der Zwillingsmethode schätzt die doppelte Differenz der Korrelationen eines Persönlichkeitsmerkmals zwischen ein- bzw. zweieiigen Zwillingen den genetischen Einfluss auf dieses Merkmal.

Die Adoptionsmethode. Bei der Adoptionsmethode wird die Ähnlichkeit von leiblichen Geschwistern (die 50 Prozent ihrer Gene teilen) mit der Ähnlichkeit von Adoptivgeschwistern verglichen, die in derselben Familie aufwachsen, aber nicht genetisch verwandt sind (also 0 Prozent ihrer Gene teilen). Der IQ zwischen leiblichen Geschwistern unterschiedlichen Alters korreliert um .50 (etwas geringer als bei zweieiigen Zwillingen, weil sie u.a. die Schwangerschaftsumwelt nicht teilen), der IQ bei Adoptivgeschwistern um .25. Die Differenz .50 minus .25 muss wieder verdoppelt werden, was zu einer Schätzung von 50 Prozent für den genetischen Einfluss führt. Die Adoptionsmethode kommt im Falle des IQ also zu einem ähnlichen Ergebnis wie die Zwillingsmethode.

FAZIT

Bei der Adoptionsmethode schätzt die doppelte Differenz der Korrelationen eines Persönlichkeitsmerkmals zwischen leiblichen und Adoptivgeschwistern den genetischen Einfluss auf dieses Merkmal.

Die Kombinationsmethode. Bei der Kombinationsmethode werden Zwillings- und Adoptionsdaten, teilweise auch Daten über Eltern-Kind- oder Stiefeltern-Kind-Ähnlichkeiten in einer einzigen komplexen statistischen Analyse ausgewertet (vgl. Loehlin, 1992). Dies hat den Vorteil, dass spezielle Probleme der einzelnen Methoden vermieden werden. Die Umweltvariation ist z.B in Adoptivfamilien deutlich eingeschränkt, weil Adoptionsagenturen darauf achten, Kinder nicht in Problemfamilien zu vermitteln. Dies führt zu einer Überschätzung des genetischen Einflusses. Umgekehrt führt die Ähnlichkeit der Eltern im IQ (die Korrelation zwischen Vätern und Müttern beträgt etwa .40) dazu, dass Vater und Mutter etwa 15 Prozent der IQ-relevanten Gene teilen. Deshalb teilen zweieiige Zwillinge in Wirklichkeit nicht 50 Prozent, sondern mehr IQ-relevante Gene, so dass die Zwillingsmethode den genetischen Einfluss unterschätzt. Die Kombinationsmethode verrechnet diese und andere methodische Probleme miteinander und kommt deshalb zu solideren Schätzungen. Tabelle 2.1 zeigt die besten derzeit möglichen Schätzungen mittels Kombinationsmethode für den genetischen Einfluss auf Unterschiede im IQ und typischen Persönlichkeitsmerkmalen, wie sie in Persönlichkeitsfragebögen selbstbeurteilt werden.

Reaktionsnorm. Was diese Prozentangaben für den Einzelfall bedeuten, macht folgende Überlegung zur Reaktionsnorm der IQ-Werte klar. Unter der Reaktionsnorm versteht man in der Genetik die Schwankung der tatsächlich beobachteten individuellen Merkmale um den rein genetisch geschätzten Wert herum: Wie stark weichen sie mit einer vorgegebenen Irrtumswahrscheinlichkeit vom geschätzten Wert ab? Die Stärke der Abweichung lässt sich direkt aus dem genetischen Anteil ableiten (vgl. Asendorpf, 1999). Im Falle des IQ schwanken die tatsächlichen Werte mit einer Sicherheit von 95 Prozent plus/minus 21 IQ-Punkte um den rein genetisch geschätzten Wert herum. Dagegen schwanken sie aufgrund des Messfehlers der IQ-Tests mit 95-prozentiger Sicherheit nur um plus/minus 9 IQ-Punkte um den geschätzten wahren IQ-Wert der Person.

Dies bedeutet, dass selbst bei perfekter Genomanalyse, die den genetischen Einfluss auf den IQ vollständig und fehlerfrei erfasst, die „genetische Diagnose“ für den Einzelfall wertlos ist. Was nützt Eltern die Aussage, dass ihr Kind mit 95-prozentiger Sicherheit einen IQ von 80 bis 120 haben wird, also schlimmstenfalls sonderschulbedürftig und bestenfalls hochschulreif sein wird? Von daher werden heutzutage Nutzen und Gefahren der Genomanalyse in Bezug auf die Vorhersage von Persönlichkeitsmerkmalen stark übertrieben. Allerdings gelten die obigen Schätzungen nur für die durchschnittliche Reaktionsnorm eines Genoms. In einzelnen Fällen wird sie sehr viel kleiner oder noch größer sein.

Tabelle 2.1. Die genetischen Varianzschätzungen stammen aus Chipuer et al. (1990) und Loehlin (1992); die Fehleranteile sind geschätzt; die Umweltanteile ergeben sich als Differenz 100 % – genetische Varianz – Fehlervarianz

Merkmal	Genetischer Anteil	Umwelt-anteil	Fehler-anteil
IQ	51 %	39 %	10 %
Extraversion	49 %	31 %	20 %
Neurotizismus	35 %	45 %	20 %
Verträglichkeit	38 %	42 %	20 %
Gewissenhaftigkeit	41 %	39 %	20 %
Offenheit	45 %	35 %	20 %

Die Genomanalyse ist schlecht geeignet zur IQ-Diagnose, weil sie die Umwelteinflüsse auf den IQ völlig ignoriert, die ja fast so groß sind wie die genetischen Einflüsse (vgl. Tab. 2.1). Die Genomanalyse erfasst nur das Intelligenzpotential, der IQ-Test aber die tatsächliche Intelligenz. Deshalb ist er der Genomanalyse weit überlegen.

FAZIT

Genomanalysen sind zur Vorhersage von Persönlichkeitsunterschieden nur schlecht geeignet, weil sie Umwelteinflüsse nicht berücksichtigen.

2.4 Kovariation und Interaktion von genetischen und Umweltunterschieden

Bisher wurde so getan, als seien genetische Einflüsse und Umwelteinflüsse auf Persönlichkeitsunterschiede unabhängig voneinander. In Wirklichkeit können aber Abhängigkeiten zwischen ihnen bestehen.

Genom-Umwelt-Interaktion. Zum einen kann es Genom-Umwelt-Interaktionen geben derart, dass die genetischen Wirkungen von Umweltwirkungen abhängen und umgekehrt. Ein Beispiel hierfür ist die Entwicklung antisozialen Verhaltens bis zum Jugendalter (normverletzendes bis hin zu kriminellem Verhalten). Adoptionsstudien fanden, dass Adoptivkinder, deren biologischen Eltern selbst antisozial auffällig waren, oder Adoptivkinder, die in Problemfamilien aufwuchsen, nur ein geringfügig erhöhtes Risiko für antisoziales Verhalten aufwiesen. Kamen biologische und soziale Risiken jedoch zusammen, war ihr Risiko viermal höher, als wenn sie keinen der beiden Risikofaktoren aufwiesen (Cadoret et al., 1983). Sie erbten anscheinend von ihren leiblichen Eltern nur eine erhöhte Verletzbarkeit durch belastende Umweltbedingungen. Allerdings könnte diese Verletzbarkeit aber auch durch Umweltbedingungen vor der Adoption, z.B. Drogenkonsum der biologischen Mutter während der Schwangerschaft, verursacht worden sein.

FAZIT

Adoptionsstudien legen nahe, dass sich genetische und Umweltrisiken wechselseitig verstärken können (Genom-Umwelt-Interaktion).

Genom-Umwelt-Kovarianz. Zum zweiten können sich bestimmte Genome in bestimmten Umwelten häufen. So können sich intelligenzförderliche Genome in intelligenzanregenden Umwelten häufen, weil Eltern und Ausbildungssystem dies fördern und intelligente Menschen dazu tendieren, solche Umwelten aufzusuchen oder herzustellen. Dies wird als Genom-Umwelt-Kovarianz bezeichnet (Plomin et al., 1977; vgl. Kasten).

Drei Formen der Genom-Umwelt-Kovarianz

Aktive Genom-Umwelt-Kovarianz. Eine aktive Genom-Umwelt-Kovarianz kommt dadurch zustande, dass Menschen genetisch beeinflusste Tendenzen haben, bestimmte Umwelten aufzusuchen, passend zu verändern oder überhaupt erst herzustellen. So suchen sich Menschen beispielsweise intelligenzmäßig angemessene Freunde und Lektüre und stellen so eine Passung zwischen ihrer Intelligenz (damit ihrem Genom) und ihrer Umwelt her.

Reaktive Genom-Umwelt-Kovarianz. Eine reaktive Genom-Umwelt-Kovarianz kommt dadurch zustande, dass die soziale Umwelt auf genetisch beeinflusste Persönlichkeitseigenschaften von Menschen reagiert. So werden Kinder in Abhängigkeit von ihrer Intelligenz unterschiedlichen Schultypen oder Leistungskursen zugewiesen, wodurch auch ohne ihre direkte Einflussnahme eine Passung zwischen ihrer Intelligenz (damit ihrem Genom) und ihrer schulischen Umgebung zustande kommt.

Passive Genom-Umwelt-Kovarianz. Eine passive Genom-Umwelt-Kovarianz kommt ohne Zutun der Genomträger oder ihrer sozialen Umwelt dadurch zustande, dass genetisch Verwandte ihnen durch ihr Verhalten bestimmte Umweltbedingungen bieten. So wachsen intelligente Kinder schon deshalb in einer anregenderen Umwelt auf, weil ihre Eltern aufgrund ihrer eigenen Intelligenz, die teilweise auf den gleichen Genen wie die ihrer Kinder beruht, eine anregendere häusliche Umgebung schaffen.

Dass sich Genome ihre Umwelten zum Teil selbst durch aktive Genom-Umwelt-Kovarianz schaffen, ist natürlich metaphorisch zu verstehen. Den Einfluss auf die Umwelt üben Personen aus, aber sofern sie dies aufgrund ihrer genetischen Anlage tun, beeinflusst tatsächlich das Genom die Umwelt. Entsprechendes gilt für die reaktive Form der Kovarianz. Mitmenschen reagieren auf Schönheit, nicht auf die Gene, die die Schönheit mitbedingen, aber wegen dieses genetischen Einflusses auf die Schönheit reagieren sie letztlich auch auf das Genom der Schönen.

Die Genom-Umwelt-Kovarianz wird auch herangezogen, um zu erklären, warum der genetische Einfluss auf einige Persönlichkeitsunterschiede mit zunehmendem Alter wächst (im Falle des IQ sogar noch bis ins hohe Alter; vgl. McCartney et al., 1990; Plomin et al., 1994). Die aktive Genom-Umwelt-Kovarianz wird im Laufe des Lebens immer bedeutsamer, da die Handlungsspielräume des Erwachsenen zunehmen. Die passive Genom-Umwelt-Kovarianz nimmt hingegen ab, da der Einfluss genetisch Verwandter, insbesondere der Eltern, mit zunehmendem Alter schwächer wird. Man nimmt an, dass der Zuwachs an aktiver Genom-Umwelt-Kovarianz für viele Persönlichkeitsmerkmale stärker ist als die Abnahme an passiver Genom-Umwelt-Kovarianz; dies bedeutet bei gleichbleibender reaktiver Genom-Umwelt-Kovarianz, dass der genetische Einfluss auf diese Persönlichkeitsmerkmale steigt, da Umweltunterschiede durch das immer stärkere Dominieren der aktiven Genom-Umwelt-Kovarianz immer mehr von genetischen Unterschieden kontrolliert werden.

FAZIT

Dass der genetische Einfluss auf manche Persönlichkeitsmerkmale mit wachsendem Alter steigt, kann u.a. durch eine Zunahme der aktiven Genom-Umwelt-Kovarianz erklärt werden.

Genom-Umwelt-Interaktion und Genom-Umwelt-Kovarianz sind in Bezug auf die Frage nach dem relativen Einfluss von Genen und Umwelten neutral, werden also in den Schätzungen des genetischen Einflusses z.B. durch die Zwillingsstudie zur Hälfte dem genetischen und zur anderen Hälfte dem Umwelteinfluss zugeschlagen. Sie werden also nicht ignoriert, sind aber in den genetischen Einflussschätzungen nicht explizit ausgewiesen. Je größer die Genom-Umwelt-Interaktion oder -Kovarianz ist, desto weniger sinnvoll ist die Frage nach dem relativen Einfluss von Erbe und Umwelt auf Persönlichkeitsunterschiede.

Zusammenfassung

In diesem Kapitel wurden drei verschiedene entwicklungsrelevante Mechanismen geschildert: evolvierte psychologische Mechanismen (EPMs), konditionale Entwicklungsstrategien und genetische Unterschiede innerhalb von Populationen. EPMs sichern die Anpassung an die altersgemäße aktuelle Umwelt (Beispiel Klammerreflex, Geschlechtertrennung vor der Pubertät). Nach evolutionspsychologischer Auffassung haben sich EPMs durch natürliche Selektion herausgebildet und variieren deshalb nicht wesentlich von Person zu Person. Sie lassen sich daher verwenden, um universelle Entwicklungsveränderungen (solche, die für fast alle Populationsmitglieder gelten) zu erklären.

Konditionale Entwicklungsstrategien sind spezielle EPMs, die die individuelle Entwicklung an bestimmte immer wiederkehrende Umweltbedingungen anpassen (Beispiel Pubertätszeitpunkt). Auch diese EPMs haben sich durch natürliche Selektion herausgebildet und variieren deshalb nicht wesentlich von Person zu Person. Die durch diese EPMs gesteuerten Entwicklungsstrategien variieren aber stark zwischen unterschiedlichen Umwelten. Sofern diese Umwelten innerhalb einer Population variieren, ist der genetische Einfluss auf die Entwicklungsstrategien null. Der EPM ist zwar zu 100 Prozent genetisch fixiert, seine Wirkung ist aber zu 100 Prozent umweltbedingt.

Während EPMs als Anpassungsleistungen an die evolutionäre Vergangenheit verstanden werden können, gilt dies für genetische Unterschiede innerhalb von Populationen nur begrenzt. Denn wenn die natürliche Selektion ein Merkmal in eine bestimmte Richtung drängt, weil hohe oder niedrige Merkmalsausprägungen besonders reproduktionsförderlich sind, würde dies merkmalsrelevante genetische Unterschiede minimieren und damit den genetischen Einfluss auf das Merkmal senken. Ein starker genetischer Einfluss auf Merkmalsunterschiede ist deshalb eher ein Indikator dafür, dass diese Unterschiede selektiv neutral sind. Entweder handelt es sich um Unterschiede, die irrelevant für die Reproduktion sind (z.B. ob man mit 70 oder 90 Jahren stirbt), oder unterschiedliche Merkmalsausprägungen haben unterschiedliche, in der Summe aber gleiche Reproduktionsvorteile. So behindert z.B. hohe Ängstlichkeit die Erkundung neuer Nahrungsquellen und die Partnersuche, schützt aber gleichzeitig vor Gefahren; vielleicht sind Menschen daher so unterschiedlich ängstlich (vgl. Buss & Greiling, 1999, für diese und weitere Mechanismen der Erzeugung von Merkmalsunterschieden innerhalb von Populationen).

FAZIT

Evolutionspsychologisch sind sowohl universelle als auch differentielle Entwicklungsphänomene erklärbar. Umweltbedingte Entwicklungsunterschiede sind oft eher evolutionspsychologisch erklärbar als genetisch bedingte.

Weiterführende Literatur

Buss, D.M. (1999). Evolutionary psychology. Boston: Allyn & Bacon.

Umfassende Übersicht über das gesamte Gebiet der Evolutionspsychologie, verfasst von einem führenden Evolutionspsychologen.

Plomin, R., McClearn, G.E., DeFries, J.C. & Rutter, M. (1999). Gene, Umwelt und Verhalten. Bern: Huber.

Deutsche Übersetzung einer von führenden Verhaltensgenetikern verfassten Übersicht über das gesamte Gebiet der Verhaltensgenetik.

Kapitel 3
Kultur, Ökologie und Entwicklung

Rolf Oerter

Uri Bronfenbrenner (1978) stellte in den siebziger Jahren provokativ fest: „Entwicklungspsychologie ist die Wissenschaft fremdartigen Verhaltens von Kindern in fremden Situationen mit fremden Erwachsenen in kürzestmöglichen Zeitabschnitten" (S. 33). Es ist eben einfacher und griffiger, menschliche Entwicklung „für sich" zu untersuchen und zu beschreiben. Der Mensch wird dabei als selbstregulierendes System aufgefasst, das mit beliebigen äußeren Reizen fertig zu werden hat. Auch vom Augenschein her präsentiert sich uns der Mensch als wohlabgegrenztes, für sich existierendes Lebewesen. Nun zeigt aber schon die Biologie, dass Lebewesen mit ihrer Umwelt in Symbiose leben. Das Ökosystem eines Lebewesens ist keineswegs beliebig. Es enthält genau die Bedingungen, die für die Erhaltung des Individuums wie der Art erforderlich sind. Umgekehrt trägt das Lebewesen zur Erhaltung des Ökosystems bei, seine Ausrottung bedroht zugleich die Umwelt. Dass auch Menschen in einem solchen biologischen Ökosystem leben, zeigt sich heute angesichts der Bedrohung dieses Systems durch den Menschen selbst besonders deutlich.

Bestandteile des Ökosystems. Menschliche Ökosysteme umfassen aber mehr als biologische Lebensbedingungen. Zu ihnen gehören

- die in einer Kultur erzeugten materiellen Gegenstände wie Häuser, Möbel und Werkzeuge,
- die Regeln des Zusammenlebens,
- die impliziten oder expliziten Handlungsvorschriften,
- die in der Kultur für menschliche Entwicklung vorgesehenen Einrichtungen wie Familie und Schule,
- soziale Partner und soziale Gruppen und
- das ganze gesellschaftliche System, in das ein Individuum eingebettet ist.

Diese Komponenten der menschlichen Lebenswelt sind Bestandteile einer räumlich-materiellen Umwelt, die in der Sozialpsychologie und dem Interaktionismus einbezogen und zu einer ökologischen bzw. ökopsychologischen Betrachtungsweise weitergeführt wurden.

Wirkung und Wechsel des Ökosystems. Für die Entwicklungspsychologie erscheint die ökologische Perspektive unentbehrlich, wenn man sich zwei Sachverhalte vergegenwärtigt. Erstens ist die Beschreibung und das Verständnis früher Entwicklung ohne die Wirkung des Ökosystems nicht möglich, denn das Ökosystem gewährleistet erst die biologische und psychosoziale Entwicklung. Kapitel 4 wird darlegen, wie die beteiligten Partner, vor allem Mutter, Vater und Kind, in Wechselbeziehung zueinander stehen und welche Rolle der Gegenstands- und Umweltbezug mit zunehmendem Alter spielt.

Zweitens wechseln die Umwelten im Laufe der Entwicklung beträchtlich. Das Kind verlässt den Lebensraum Familie und gelangt in die neue Umwelt Schule. Später werden die Gruppe der Gleichaltrigen und die Lebensräume, in denen sie agiert, immer wichtiger (s. Kap. 6 u. 7). Der Eintritt ins Berufsleben bringt erneut einen Umweltwechsel großen Ausmaßes mit sich, und die Gründung einer Familie (mit oder ohne formelle Eheschließung) fügt ein weiteres Ökosystem hinzu. Der Lebensraum im höheren Alter ist demgegenüber oft eingeengt oder zu wenig an die Handlungsmöglichkeiten älterer Menschen angepasst.

Abbildung 3.1. Uri Bronfenbrenner (geb. 1914)

Daher spricht Bronfenbrenner (1979) bei der menschlichen Entwicklung vom sich verändernden Individuum in einer sich wandelnden Umwelt.

1 Lebensraum, Setting, ökologisches System

Wir beginnen mit zwei Begriffen, die auch historisch das ökologische Verständnis menschlicher Entwicklung eingeleitet haben, dem Begriff des Lebensraumes (Lewin, 1936) und dem des Settings (Barker, 1968). Lebensraum akzentuiert stärker die subjektive Bedeutung, die Umwelt im menschlichen Leben besitzt, während Setting stärker objektive Aspekte berücksichtigt, indem es alle Beteiligten eines Umweltausschnittes gleichberechtigt behandelt.

1.1 Lebensraum

Ein Kind sitzt bei der Hausaufgabe und blickt sehnsüchtig aus dem Fenster hinunter auf den Spielplatz, wo sich die Kameraden tummeln. Aber erst wenn es die Hausaufgaben fertig hat, darf es zum Spielen. Im Lebensraum des Kindes ist die physikalische Anordnung des Zimmers, Wohnhauses und Spielplatzes repräsentiert. Wesentlich ist dabei die subjektive Bedeutung physikalischer Räume. Der Spielplatz ist attraktiv und besitzt (in der Terminologie von Kurt Lewin) hohe positive Valenz. Die Hausaufgabe und mit ihr die materiellen Gegenstände Schulheft, Schulbuch und Arbeitszimmer besitzen negative Valenz. Sie sind eine „Barriere" zwischen der eigenen Person und dem Spielplatz. Um zum Spielplatz zu gelangen, muss die Barriere überwunden, also die Hausaufgabe erledigt werden. Der Lebensraum im Sinne von Lewin ist also keine rein subjektive Konstruktion, sondern basiert auf objektiven Gegebenheiten. Der physikalische und soziale Raum wird zum Lebensraum durch die subjektive Bedeutung, die seine Komponenten erhalten. Handeln ist für Lewin ein Sich-Umherbewegen (Lokomotion) im Lebensraum.

Wechsel des Lebensraums. Ebenso kann auch Entwicklung als Sich-Fortbewegen von einer Region in eine andere aufgefasst werden. Das Kind bewegt sich aus dem Lebensraum Familie in den Lebensraum Schule, der Jugendliche später in den Lebensraum Beruf und Arbeit. Gleichzeitig verlässt er den bisherigen Lebensraum der Familie gänzlich und gründet als Erwachsener eine eigene Familie, d.h. er baut einen neuen Lebensraum auf, was auch mit räumlich-materiellen Aspekten viel zu tun hat (Wohnungssuche, Wohnungseinrichtung, Umgestaltung der Wohnung bei der Ankunft des ersten Kindes; s. Kap. 4 und 7).

Ausdifferenzierung. Lewin (1946) beschreibt diese menschliche Entwicklung auch als Ausdifferenzierung des Lebensraums selbst. Besteht dieser anfangs nur aus wenigen Regionen, die überdies ineinander übergehen, so vermehren sich die Regionen mit zunehmendem Alter bzw. fort-

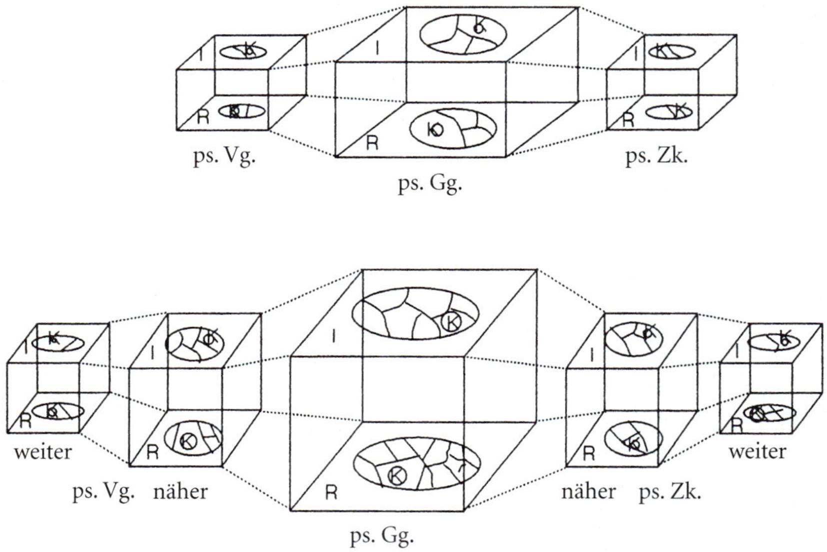

a

b

Abbildung 3.2. Die Differenzierung des Lebensraumes in verschiedenen Stadien der Individualentwicklung unter Berücksichtigung verschiedener Abschnitte der Zeitperspektive (Gegenwart, Vergangenheit, Zukunft) und zweier Realitätsebenen (Realität vs. Irrealität). Unter (a) ist der Lebensraum eines jüngeren Kindes dargestellt, unter (b) der Lebensraum eines älteren Kindes. Dieser weist in dreierlei Hinsicht einen größeren Differenziertheitsgrad auf: hinsichtlich (1) der Anzahl der Umweltbereiche, (2) der Spannweite der Zeitperspektive und (3) der Abgehobenheit von Realitäts- und Irrealitätsebene (nach Lewin, 1946, S. 798). K = Kind; R = Realitätsebene; I = Irrealitätsebene; ps. Vg. = psychologische Vergangenheit; ps. Gg. = psychologische Gegenwart; ps. Zk = psychologische Zukunft (Heckhausen, 1980, S. 183)

schreitender Entwicklung; manche werden scharf voneinander geschieden, andere sind weniger klar getrennt. Abbildung 3.2 zeigt den Lebensraum eines jüngeren und eines älteren Kindes.

Zwei Dimensionen sind zur wachsenden Differenzierung zusätzlich aufgenommen: die Zeitdimension und die Realitäts-Irrealitäts-Dimension. Letztere wird durch zwei übereinander liegende Ebenen dargestellt. Die Irrealitätsebene bezieht sich dabei auf Wünsche, Befürchtungen, Pläne, „Luftschlösser" und dergleichen. Der größere Abstand beider Ebenen beim älteren Kind soll zeigen, dass nun im Gegensatz zum kleineren Kind Phantasie und Wirklichkeit schärfer voneinander geschieden sind.

Als besonders wichtig erweist sich in dem Modell die Zeitdimension. Sie existiert keineswegs nur als physikalische Größe im menschlichen Lebenslauf, entlang welcher sich der Mensch fortbewegt, sondern auch als psychisch repräsentierte Komponente von Entwicklung, die aus dem Wissen und der Reflexion der Zeitlichkeit der eigenen Existenz besteht. Während das jüngere Kind in Abb. 3.2 noch eine wenig differenzierte Repräsentation von Vergangenheit und Zukunft besitzt, zeigt das ältere Kind eine stärkere Ausdifferenzierung sowohl hinsichtlich des zeitlichen Umfangs (entfernte und nähere Vergangenheit und Zukunft) als auch im Hinblick auf die in Vergangenheit und Zukunft vorhandenen Wissensstrukturen (Anzahl der Regionen).

Lewin hat den Lebensraum als echtes ökologisches Konzept verstanden. Es handelt sich dabei nicht nur um das geistig repräsentierte Wissen über die eigene Existenz in einer mehr oder minder differenzierten Umwelt, sondern um das Handeln in der realen Umwelt aufgrund der dieser Umwelt vom Subjekt zugewiesenen Bedeutungsstruktur. Damit wird das Konzept zum Vorläufer des heutigen ökologischen Denkens, das mit unterschiedlichsten Ansätzen die Verbindung zwischen Person und Umwelt durch Handeln analysiert.

Das Modell des Lebensraumes wird im Kapitel über Jugend (Kap. 7) genutzt. Es dient auch als eines der Modelle für die Entwicklung der Motivation (Kap. 16).

1.2 Setting

Barker und Wright, Schüler Lewins, interessierten sich für Umweltausschnitte, in denen Regelhaftigkeiten des Handelns aller Beteiligten besonders gut erfassbar sind. Solche Umweltausschnitte nennen sie „ökologische Umwelten“ (Barker, 1968; Barker & Wright, 1954). Die Autoren verstehen darunter das objektiv fassbare Umfeld (den „Kontext“) von individuellem Verhalten. Analyseeinheiten der ökologischen Umwelten sind so genannte Synomorphe, die sich zusammensetzen aus:

- kollektiven, normierten Verhaltensmustern, die an einem bestimmten Ort und zu einem festen Zeitpunkt auftreten und nicht an ein bestimmtes Individuum gebunden sind,
- einem physikalischen und sozialen Milieu, das die Verhaltensmuster umgibt und an sie angepasst ist. Die Passung von Milieu (Umwelt) und Verhalten ist also „synomorph“.

Synomorphe gibt es in unterschiedlich großen ökologischen Umwelten. Barker und Wright bevorzugten Verhaltenssettings.

DEFINITION

Ein **Setting** ist ein „Ort mit spezifischen physikalischen Eigenschaften, in dem die Teilnehmer in bestimmter Weise in bestimmten Rollen und in bestimmten Zeitabschnitten aktiv sind. Die Faktoren Ort, Zeit, physikalische Eigenschaften, Aktivität, Teilnehmer und Rolle konstituieren die Elemente eines Settings“ (Bronfenbrenner, 1977, S. 514, Übers. d. Verf.).

Settings solcher Art sind beispielsweise die elterliche Wohnung (samt der in ihr lebenden Familie), das Klassenzimmer (mit der dazugehörigen Klasse und dem Klassenlehrer), der Kindergarten, der Spielplatz, die Kneipe, die Kirche. In solchen Settings ist das Individuum unmittelbar in Kontakt mit sozialen Partnern und zwar gemäß der Annahme der Synomorphie, indem es festgelegte Verhaltensmuster, die den Umgang mit Partnern und mit physikalischen Objekten einschließen, erwirbt und ausführt.

Bedeutung von Setting. Das Entwicklungsniveau eines Individuums lässt sich nicht losgelöst von dem Leben in Settings beschreiben, da reales Verhalten und Handeln nur in ihnen vorkommt. Weiterhin kann der Wechsel von einem Setting zum anderen einen Wechsel der Verhaltensmuster beinhalten, so dass die Entwicklung nur schwer als fortschreitender Aufbau universeller Verhaltensweisen und Handlungen verstanden werden kann. Der Wechsel von der Schule zum Arbeitsplatz kann für viele Jugendliche ein Wechsel hin zu stereotypen Verhaltensweisen (Monotonie an der Maschine, am Fließband, im Büro usw.) bedeuten. Die neu zu erwerbenden Kompetenzen und Handlungsmuster stellen keinen qualitativen Entwicklungsfortschritt dar, sind aber dennoch wesentlich für die Persönlichkeitsentwicklung.

Die Vorgehensweise Barkers ist kritisiert worden. Insbesondere bereitet die Erhebungsmethode der „Specimen Records“, die soziale Interaktionen in Settings detailliert erfassen sollen, Schwierigkeiten (s. hierzu z.B. Caesar, 1979).

1.3 Ökologische Systeme

In Analogie zu biologischen Ökosystemen versucht Bronfenbrenner (1979) die Entwicklung des Menschen in ökologischen Systemen zu beschreiben, die ineinander verschachtelt sind. In einem System beeinflussen sich die Elemente wechselseitig. Die Veränderung eines Elements kann die Veränderung aller übrigen nach sich ziehen. In der Familie als System beispielsweise bedeutet die Geburt eines weiteren Kindes (als Hinzufügen eines Elements) eine Veränderung des Gesamtsystems ebenso wie das Verlassen der Familie durch das erwachsen gewordene Kind oder gar der Tod eines Elternteiles.

Bronfenbrenner (1979) unterscheidet vier verschiedene Arten von Systemen, wobei jedes folgende größer und umfassender als das vorausgegangene ist: Mikrosystem, Mesosystem, Exosystem und Makrosystem.

Mikrosystem. Das Mikrosystem ist das unmittelbare System, in welchem das sich entwickelnde Individuum lebt. Es ist also an konkrete Settings gebunden. Ein Mikrosystem bildet die Familie (Vater, Mutter, Kind), innerhalb der Familie aber auch die Dyade (Mutter-Kind, Vater-Kind, Geschwister-Dyaden) und die Triade (mehrere Geschwister, zwei Geschwister-eine Erwachsenenperson usw.) oder größere soziale Gebilde. Wichtig ist, dass zu einem Mikrosystem die physikalischen und materiellen Bedingungen dazugehören. Wohnverhältnisse, eingeschränkte Handlungsmöglichkeiten, materielle Armut sind stark beeinflussende Faktoren bei der Entwicklung des Kindes und Jugendlichen.

Mesosystem. Das Mesosystem besteht aus zwei oder mehr Settings, denen das sich entwickelnde Individuum angehört. Die Wechselbeziehungen zwischen solchen Settings (Widersprüche, wechselseitige Unterstützung) bilden ein eigenes, für die Entwicklung relevantes System. Das Mesosystem wird also durch das Wechselwirkungsgefüge definiert, das zwischen Mikrosystemen (bzw. Settings) besteht.

Exosystem. Das Exosystem umfasst eines oder mehrere Settings, in denen das Individuum nicht direkt handelt, die aber indirekt das Individuum beeinflussen und umgekehrt durch das Individuum beeinflusst werden. Ein Exosystem für das Kind im Vorschulalter ist beispielsweise die Schule (Schulklasse), da die älteren Geschwister die Schule besuchen, und die Mutter das Kind bereits jetzt auf den Schulbesuch vorbereitet. In ähnlicher Weise bildet der Arbeitsplatz für die Heranwachsenden ein Exosystem, das indirekt (Belastung der arbeitenden Eltern) einwirkt und seinerseits durch die Heranwachsenden über deren Wirkung auf ihre arbeitenden Eltern beeinflusst wird.

Makrosystem. Das Makrosystem bezieht sich auf Systeme niedrigerer Ordnung (Mikro-, Meso-, Exosysteme), die auf der Ebene der Gesamtkultur oder Subkultur übereinstimmen und denen Überzeugungssysteme oder Ideologien und Weltanschauungen zugrunde liegen. Das Makrosystem prägt allem und jedem seinen Stempel auf. Die moderne Arbeitsstruktur, die Ideologie der persönlichen Autonomie und Kontrolle und der Fortschrittsglaube sind beispielsweise Bestandteile des Makrosystems unserer Kultur. Das Makrosystem kann einerseits als die alle Individuen regulierende Gesamtkultur verstanden werden, andererseits bezieht Bronfenbrenner den Begriff auf Ausschnitte der Kultur, vor allem auf das Werte- und Normensystem.

Kritik. Bronfenbrenners Einteilung ökologischer Systeme ist einleuchtend und vielversprechend. Bei näherem Hinsehen erscheint sie allerdings „unsystematisch“. So fehlen vor allem größere Organisationsformen, wie Verwaltungsorganisationen von Gemeinde, Landkreis, Regierungsbezirk usw., es fehlt die Unterscheidung von Kleinbetrieb versus Großbetrieb als Systeme (beide sind Settings in obiger Terminologie), weiterhin die mehr oder minder strukturierten Zwischenformen wie Wohnquartier (Hübner-Funk & Müller, 1981) und Stadtstruktur (Rotter & Steinert, 1981). Ferner ist das Makrosystem mit den übrigen Systemen kaum vergleichbar, da es die durchgreifende universelle Wirkung der Kultur meint, wobei die Definitionsmerkmale von „System“ nur schwer auszumachen sind.

1.4 Vier elementare Formen der Vergesellschaftung

Fiske (1992) versucht, die Sozialbeziehungen menschlicher Gesellschaften in vier Hauptformen zu unterteilen: Beziehungen als Teilen des gemeinsamen Besitzes, autoritäre Rangordnungen,

Beziehung auf der Basis von Gleichheit und Beziehungen als Marktaustausch. Diese Einteilung ist für die Wirkung von Kultur auf individuelle Entwicklung bedeutsam, da es sich um sehr allgemeine Beziehungsstrukturen handelt, die eine Kultur gänzlich durchdringen.

Teilen des gemeinsamen Besitzes. Die nach Ansicht des Autors einfachste Beziehungsform ist die des Teilens des gemeinsamen Besitzes. Hier nehmen sich die Mitglieder der Gruppe, was sie brauchen und geben, was sie können. Ressourcen werden als Gemeingut angesehen, unabhängig davon, was der Einzelne dazu beigetragen hat. Die Mitglieder beeinflussen und imitieren sich wechselseitig und regulieren ihr Handeln nach dem Prinzip der Konformität. Moralische Normen legitimieren sich aus der Tradition der Gruppe. Das Selbst definiert sich durch Rasse, Verwandtschaft und gemeinsamen Ursprung. Urform dieser Beziehungsstruktur ist die traditionelle Familie. In manchen asiatischen Kulturen gibt es diese Beziehungsform auch in der Wirtschaft, z.B. in Japan, in der sich Mitglieder eines Betriebes oder Konzerns als Solidargemeinschaft und große Familie verstehen.

Autoritäre Rangordnung. In Beziehungsstrukturen mit autoritärer Rangordnung richtet sich Besitz und Zugriff zu Ressourcen nach dem Rangplatz in der Gesellschaft oder Gruppe. Höhergestellte erhalten mehr, Niedriggestellte oft nur, was übrig bleibt. Die Hochgestellten besitzen Macht und Entscheidungsbefugnis über niedriger Gestellte, haben aber auch die Verpflichtung, für sie zu sorgen. Man folgt einem charismatischen Führer. Das Selbst definiert sich als Führer oder loyaler Gefolgsmann. Moral legitimiert sich heteronom aus dem Gehorsam der Autorität gegenüber. Autoritäre Beziehungsformen finden sich in patriarchalischen Großfamilien, in der antiken Tyrannis, aber auch in der traditionellen javanischen Gesellschaft, in der genau definierte Rangplätze und damit verbundene Aufgaben und Pflichten festgelegt waren.

Gleichheit. Die Beziehungsstruktur auf der Basis von Gleichheit ist durch Reziprozität der Mitglieder in der Gruppe oder Gesellschaft charakterisiert. Jedem steht das Gleiche zu. Geben und Nehmen erfolgen als gerechter Austausch in zeitlicher Verzögerung. Jede Person ist gleichwertig, was sich in den Grundrechten einschließlich des Wahlrechtes zeigt. Das Selbst versteht sich als separates, gleichberechtigtes Gruppenmitglied. Identität hängt von der Beibehaltung der Gleichheit und der Aufrechterhaltung der Verbindung zur Bezugsgruppe ab. Moral legitimiert sich durch Fairness, Gleichbehandlung und Reziprozität.

Als Beispiel neben den bei uns geläufigen Formen von Gleichheit führt Fiske die rotierende Kreditgesellschaft an, wie sie in Afrika, in der Karibik und in Asien vorkommt. In bestimmten Intervallen geben die Mitglieder jeweils gleiche Beträge und erhalten sie von Zeit zu Zeit zurück, so dass sie am Ende genau das zurückbekommen, was sie gegeben haben. Das Prinzip der Gleichheit wirkt natürlich in allen demokratischen Gesellschaften in mehr oder weniger großem Umfang.

Marktaustausch. Die Beziehungsstruktur des Marktwertes wird bestimmt durch Bezahlung oder Tausch für Waren. Die Verteilung von Gütern erfolgt nach Anteilen, die jemand erworben hat (Aktien, Immobilien etc.). Die Mitglieder der Gruppe tragen anteilig zu ihrem Besitz oder Einkommen mit einem festgelegten Prozentsatz bei. Arbeit wird auf der Basis von Zeit und Leistung entlohnt. Das Selbst definiert sich durch Beruf und ökonomischen Status. Identität ist ein Produkt von beruflichem und wirtschaftlichem Erfolg. Die Moral schließlich leitet sich aus universellen Prinzipien her, die utilitaristisch begründet werden. Diese Struktur findet sich in allen westlichen Kulturen mehr oder minder stark ausgeprägt. Sie erlaubt die beste Kosten-Nutzen-Relation und wird von Fiske als höchste und wohl auch wünschenswerteste Form des Zusammenlebens angesehen. Wie sich daraus eine Prinzipienmoral ableitet, wird allerdings nicht deutlich.

2 Kultur und Entwicklung

2.1 Zum Kulturbegriff

Kultur ist inzwischen zu einem zentralen Begriff in der Sozialisationsforschung und Entwicklungspsychologie geworden (Cole, 1996; Eckensberger, 1990; Segall et al., 1998). Dennoch konnte man sich nicht auf eine einheitliche Definition von Kultur einigen.

DEFINITION

Camillieri (1985) kennzeichnet **Kultur**

- durch die Gesamtheit der erlernten Bedeutungen, die in einer Population weit verbreitet sind,
- durch die Wirkung, dass Werthaltungen und soziales Verständnis von allen (mehr oder minder) geteilt werden und
- durch die Verhaltensmuster, die diese gemeinsamen Wertüberzeugungen widerspiegeln.

Segall et al. (1990) meinen, **Kultur** ist das Insgesamt all dessen, was Personen von anderen Personen lernen. Diese Inhalte sind adaptiv und generationsüberdauernd.

Damit ist zumindest gesagt, dass Kultur nicht unabhängig vom Individuum existiert, denn sonst wäre ihre Weitergabe nicht gesichert, da sich innerhalb von relativ kurzer Zeit ein vollkommener Populationsaustausch ergibt.

Aber das bisher beschriebene Verständnis greift zu kurz, weil es Kultur rein mentalistisch als etwas definiert, was sich in den Köpfen der Mitglieder abspielt. Schon im Alltagsverständnis gehören Kunstwerke, Gebäude und technische Errungenschaften zur Kultur. Diese materiellen Objekte regulieren das Alltagsleben bis in alle Einzelheiten. Man denke an Autos, Straßen, Computer, Mode etc.

DEFINITION

Herskovits (1948) definiert **Kultur** als den vom Menschen gemachten Anteil der Umwelt.

Kultur ist eingebettet in Natur und bildet mit dieser zusammen ein Ökosystem. Biologisch gesehen bestehen Ökosysteme aus biotischen Gemeinschaften von aufeinander bezogenen Organismen, die in einem gemeinsamen Habitat leben. Ökosysteme haben die unterschiedlichste Größe (vom Wassertropfen bis zum Erdball) und können sich wechselseitig überschneiden. Menschliche Ökosysteme enthalten neben der Natur immer auch Kultur als Umwelt. Zum Habitat gehören daher nicht nur biologische Lebensräume (Biome), charakterisiert durch Klima, Bodenbeschaffenheit, Flora und Fauna, sondern auch materielle und geistige Güter und Einrichtungen der Kultur. Sie ist adaptiv in dem Sinne, dass sie die wechselseitige Anpassung des Ökosystems und des Menschen bewerkstelligt. Insbesondere zeigen dies die materiellen Produkte der Kultur, wie Wohnung, Kleidung, Nahrungszubereitung und Werkzeuge. Kulturelle Gegenstände und Einrichtungen passen also einerseits die Natur an den Menschen an, andererseits sorgen sie für die Anpassung des Menschen an vorhandene natürliche Lebensbedingungen. Im Sinne des Ökosystems, das gleichzeitig auch durch die Organismen, die in ihm leben, mitbestimmt ist, bewerkstelligt die Kultur vor allem das Zusammenleben der Individuen in einer Gesellschaft.

DEFINITION

Menschliche Entwicklung bedeutet die Aneignung der Handlungskompetenzen, die für das Leben im menschlichen Ökosystem nötig sind. Diesen Prozess nennt man **Enkulturation**.

Enkulturation und biologische Entwicklung sieht man nicht als Widerspruch, sondern als zusammengehörig. Kulturfähigkeit, also die Fähigkeit, die Inhalte einer Kultur zu lernen, ist selbst wieder ein biologisches Merkmal des Menschen, das sich im Laufe der Evolution herausgebildet hat (Lock, 2000). Kulturelle Vielfalt und genetische Vielfalt existieren gemeinsam in der menschlichen Art (species homo sapiens), aber die Kulturen definieren, was gelernt und was geglaubt werden soll und wie man sich dementsprechend zu verhalten hat.

2.2 Enkulturation und Akkulturation

Wie wird nun kulturelles Wissen auf die nachfolgende Generation übertragen? Für die genetische Information gibt es nur einen Weg: den von der Elterngeneration auf die Kindergeneration. Abbildung 3.3 zeigt, dass es bei der kulturellen Transmission (Übertragung) drei Formen der Weitergabe gibt (Berry et al., 1992).

Vertikale Transmission. Die vertikale Transmission von den Eltern auf die Kinder (in diesem Fall müssen es nicht die biologischen Eltern sein) bewerkstelligt die generelle Enkulturation, aber auch die spezifische Sozialisation. Letztere wird von den Autoren als intentionale und planvolle Einwirkung verstanden, während Enkulturation immer und überall stattfindet.

Diagonale Transmission. Die diagonale Transmission erfolgt durch andere Erwachsene, z.B. durch die Lehrer. Sofern diese anderen Erwachsenen der eigenen Kultur angehören, handelt es sich weiterhin um Enkulturation und Sozialisationsprozesse. Wenn aber diese Erwachsenen aus einer anderen Kultur stammen und deren Inhalte bzw. Verhaltensnormen vermitteln, spricht man von

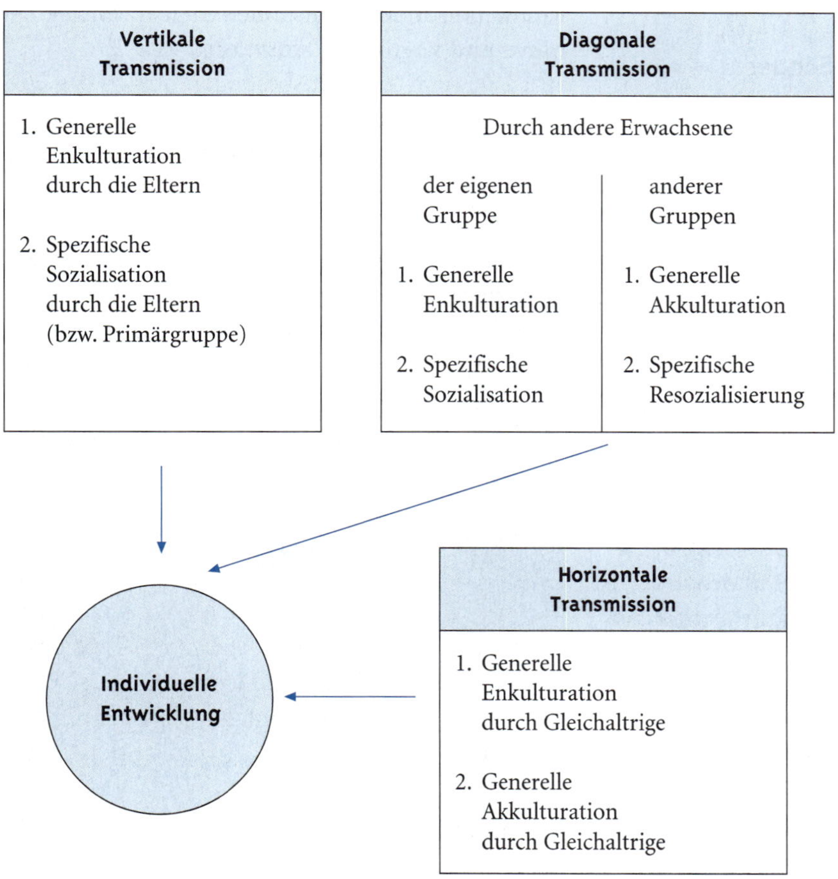

Abbildung 3.3. Vertikale, horizontale und diagonale kulturelle Transmissionen (leicht abgewandelt nach Berry & Cavalli-Sforza, 1986)

Akkulturation. Unter Akkulturation versteht man eine Art sekundäre Enkulturation, die erst dann einsetzt, wenn Kinder oder Jugendliche sich bereits eine kulturelle Identität erworben haben. Dies ist der Fall bei Migrantenkindern, Asylbewerbern, Flüchtlingen etc. Sind solche Beeinflussungs- bzw. Lehrprozesse planvoll und zielgerichtet, so werden sie zu Resozialisierungsvorgängen.

Horizontale Transmission. Schließlich gibt es auch eine horizontale Transmission bei der kulturellen Übertragung, nämlich die Enkulturation durch die Gleichaltrigen (Peers). Sie spielt spätestens ab Schuleintritt eine ganz zentrale Rolle, da eine Reihe von kulturellen Inhalten nur durch Gleichaltrige vermittelt wird (s. hierzu v.a. Kap. 7). Heute haben wir es in größerem Umfange auch mit Akkulturationsprozessen bei Gleichaltrigen zu tun, nämlich dann, wenn Migrantenkinder bzw. -jugendliche die neue Kultur von Gleichaltrigen erwerben.

2.3 Die kulturhistorische Schule

In der Sowjetunion entstand durch die Revolution die kulturhistorische Schule, deren einflussreichster Vertreter Wygotski (1896–1934) wurde. Das wichtigste Ziel dieser Schule war die Erklärung der Verbindung von Individuum und Gesellschaft. Der Terminus historisch beinhaltet im Gegensatz zum üblichen Begriff des Historischen die Verbindung von Vergangenheit, Gegenwart und Zukunft (s. Valsiner, 1989). Schon damals führte die kulturhistorische Schule das Verständnis vom Menschen als aktivem Gestalter seiner Entwicklung ein, allerdings eines Akteurs, der sich die kulturellen Inhalte seiner Gesellschaft aneignet und damit zum Mitglied der Kultur wird.

Eine weitere Leistung der kulturhistorischen Schule besteht in der Integration von individueller und gesellschaftlicher Entwicklung. So wie das Individuum seine Zukunft durch instrumentelles Handeln gestaltet, so formen die Mitglieder einer Gesellschaft ihre Zukunft durch kollektives Handeln. Die kulturhistorische Schule betrachtet Kulturen unter dem Aspekt des niedrigeren und höheren Entwicklungsniveaus und überträgt damit den Entwicklungsgedanken auf Kulturen.

Schließlich vereinigt die kulturhistorische Schule den sozialen und kognitiven Aspekt, indem sie alle höheren Bewusstseinsphänomene aus sozialer Interaktion ableitet. In der Entwicklung des Kindes tritt jede höhere Funktion zweimal in Szene – einmal als kollektive Tätigkeit, das heißt als interpsychische Funktion, das zweite Mal als individuelle Tätigkeit, als innere Denkweise des Kindes, als intrapsychische Funktion (Wygotski, 1987).

Metakognitive und kognitive Vermittlung. Bei Wygotski besteht die zentrale Erklärung für Lernen und Entwicklung in der Vermittlung durch mentale Werkzeuge. Solche Werkzeuge sind Sprache, Zeichen und Symbole. Sie werden von der Kultur bereitgestellt und sorgen für die Vermittlung (Mediation) kulturellen Wissens und Handelns. Mit Karpov und Haywood (1998) lassen sich dabei zwei Formen der Vermittlung zwischen Kultur und Individuum unterscheiden: Metakognitive und kognitive Vermittlung.

Abbildung 3.4. Lew Wygotski (1896–1934)

Die metakognitive Vermittlung bezieht sich auf den Erwerb semiotischer Werkzeuge zur Selbstregulation. Zunächst reguliert ein sozialer Partner das Verhalten des Kindes durch äußere Sprache (Verbote, Anregungen, Hinweise). Dann reguliert das Kind selbst das Verhalten anderer und das eigene Verhalten durch äußere (laut gesprochene) Sprache. Schließlich reguliert das Kind sein Denken und Verhalten durch inneres Sprechen.

Die zweite Form der Vermittlung durch mentale Werkzeuge bezieht sich auf den Erwerb wissenschaftlicher Begriffe (kognitive Mediation). Heute nennt man diese Werkzeuge prozedurales Wissen (Anderson, 1983). Sie sind notwendig, um sich die in wissenschaftlichen Begriffen neugeordnete Welt zu erobern. Auch hier ist die soziale Interaktion mit kompetenten Partnern wichtig. Diese mentalen Werkzeuge können nicht alle in eigener Regie nachkonstruiert oder gar erfunden werden. Die Ontogenese (individuelle Entwicklung) kann nicht die gesamte Geschichte der Menschheit replizieren, sondern muss in sehr kurzer Zeit die Ergebnisse jahrtausendelanger Entwicklung aufnehmen.

Diese Idee hat Rogoff (1990) weitergedacht. Er hat Lernen und Entwicklung als Prozess beschrieben, durch den Kinder als Novizen in die Kulturgemeinschaft der Experten hineinwachsen. Während dieser Prozess in einfachen Kulturen ohne Schule gelingt, dient ihm in komplexen Kulturen wie der unseren die Institution Schule. Dabei kann aber das interaktive Lernen zu kurz kommen und somit den Gesamtprozess der Enkulturation stören. Man bemüht sich daher heute stärker darum, kulturtheoretische Überlegungen in Schule und Unterricht einzuführen (Gruber et al., 1995; Lave, 1996).

2.4 Weitere Theorien zu Kultur und Entwicklung

Das Verhältnis von Kultur und Entwicklung wird auf verschiedene Weise theoretisch erklärt. Ein früher Erklärungsansatz stammt von Durkheim (1933), der Kultur und die Entwicklung des Einzelnen in der Kultur auf die kollektive Repräsentation gründet, die später als soziale Repräsentation reformuliert wurde (Moscovici, 1988). Er besagt, dass Wissensinhalte und Wertgeltungen als gemeinsamer Besitz vorhanden sind und permanent weiterentwickelt werden. Damit befinden sich die Individuen einer Kultur in stetem Konstruktionsprozess. Dieser Gedanke wird in der Psychologie ohne explizite Einbeziehung der Kultur von Piaget vertreten und führt bei Wygotski zur Ko-Konstruktion sowohl von Kultur als auch von individuellem Wissen und Handeln. Der Konstruktivismus in der Kulturpsychologie befasst sich heute vielfach damit, wie das Individuum kulturelles Wissen auswählt und rekonstruiert (Gergen, 1985; Harré, 1993). Die sozialen Repräsentationen werden primär als kognitive Strukturen oder Gerüste verstanden. Sie befähigen das Individuum, der Welt Sinn abzugewinnen. Kollektiv ist dieser Sinn, weil er gemeinsam konstruiert wurde und weil die Individuen einer Gruppe durch diese gemeinsamen Repräsentationen miteinander kommunizieren können und sich zugleich damit gegenüber anderen Gruppen bzw. Ethnien, Gesellschaften oder Nationen abgrenzen.

DEFINITION

Moscovici (1973, S. xiii) definiert **soziale Repräsentationen** als „Wertsysteme, Ideen und Praktiken mit doppelter Funktion: erstens um eine Ordnung zu etablieren, die die Individuen befähigt, sich in ihrer materiellen und sozialen Welt zu orientieren und sie zu meistern; und zweitens um Kommunikation zwischen den Mitgliedern einer Gemeinschaft zu ermöglichen, indem sie mit einem Kode für sozialen Austausch und einem Kode für eindeutige Benennung und Klassifzierung verschiedener Aspekte ihrer Welt und ihrer individuellen und Gruppengeschichte ausgestattet werden.“

Diskursive Psychologie. Wiederum haben Ansätze der sozialen Repräsentation mentalistisches

Übergewicht und beachten die kulturelle Praxis zu wenig. Dieser Kritik versuchen andere Ansätze zu begegnen. Die diskursive Psychologie (Edwards & Potter, 1992) betont ausdrücklich die Praxis von Menschen in einer Kultur und betrachtet mentale Prozesse des Denkens und Erkennens als Teil dieser Praxis. Ratner (1996) entwickelt die Tätigkeitstheorie der russischen Psychologen weiter und leitet individuelles Bewusstsein und Handeln aus der gesellschaftlichen Arbeitsteilung sowie aus den Institutionen und der Familienstruktur ab. Letztlich fußen diese Ideen auf Marx (1969–70), der die Hegelsche Ableitung individuellen Bewusstseins und materiellen Seins aus dem objektiven Geist umkehrt. Nicht das Bewusstsein bestimmt das Sein, sondern das Sein das Bewusstsein. Bei Marx handelt es sich bei diesem „Sein" um die ökonomische Struktur einer Kultur, die er am Kapitalismus analysiert und daraus menschliches Denken und Handeln ableitet.

Handlungstheoretische Ansätze. Handlungstheoretische Ansätze analysieren Kultur auf der Basis menschlichen Handelns, dessen Intentionalität und Objektbezugs. Hier sind vor allem die Arbeiten von Boesch zu nennen, der eine Ökopsychologie menschlichen Handelns und seiner Störungen entwickelt hat (Boesch, 1980), darüber hinaus aber die gesamte kulturelle und individuelle Entwicklung durch den Handlungsbegriff beschreibt. In seiner Nachfolge entwickelte Eckensberger (1990, s. auch Keller & Eckensberger, 1998) eine Kulturpsychologie, die auf einer Handlungstheorie aufgebaut ist. Da uns der handlungstheoretische Zugang besonders wichtig erscheint, wird auf ihn in einem späteren Abschnitt noch eingegangen.

In einem Punkt ist sich die Vielzahl der Autoren einig: individuelle Entwicklung lässt sich ohne das Verständnis der alles umgreifenden Wirkung der Kultur nicht adäquat beschreiben. Diese Meinung haben wir uns zu Eigen gemacht und weisen daher im vorliegenden Band immer wieder auf die Wechselwirkung zwischen individueller Entwicklung und Kultur hin. In den konkreten inhaltlichen Kapiteln geht es dabei vor allem um ökologische Aspekte unserer eigenen, d.h. der westlichen Kultur.

2.5 Zwei hilfreiche Konzepte zur Verbindung von Kultur und Entwicklung

2.5.1 Die Entwicklungsnische

Super und Harkness (1986) schlagen den Begriff der Entwicklungsnische vor, der Ansätze und Befunde von Ethnologen und Psychologen integrieren soll. Die Entwicklungsnische als Erklärungskonzept für soziokulturelle Entwicklung enthält drei Komponenten:

(1) physikalische und soziale Settings, in denen das Kind lebt,
(2) die kulturell bestimmten Erziehungspraktiken und
(3) die Psychologie der Betreuungspersonen.

Physikalische und soziale Settings. Von den physikalischen und sozialen Settings war bereits bei der Beschreibung des Ansatzes von Bronfenbrenner die Rede (vgl. Abschnitt 1.3). Entwicklung kann verstanden werden als das Durchlaufen verschiedener Settings und zwar in horizontaler wie in vertikaler Richtung. Horizontal gehört das Kind verschiedenen Settings an, weil es sich – zumindest von einem gewissen Entwicklungszeitpunkt an – nicht nur in der Familie, sondern auch in anderen Settings (Kindergarten, Spielplatz, Schule) befindet. Vertikal durchläuft es Settings, indem es im Laufe der Entwicklung in neue Umwelten eingeführt und in diesen heimisch werden muss (Schule, später Arbeitswelt). Solche Übergänge können relativ problemlos vollzogen werden, wenn die Struktur und der Inhalt der Settings nicht sehr voneinander abweichen; es kann aber auch zu „ökologischen Brüchen" kommen, wenn die neuen Settings andersartige Aufgaben oder gar den bisherigen Erfahrungen widersprechende Aufgaben stellen. Dies ist manchmal schon der Fall, wenn ein Kind von einer Schule in eine andere wechselt.

Erziehungspraktiken. Ein weiteres Merkmal der Entwicklungsnische sind die Erziehungspraktiken, die in Wechselbeziehung zu den physikalischen und sozialen Gegebenheiten der Umwelt stehen. So machen die Gefahren eines Settings wie offenes Feuer, tiefes Wasser, das Verkehrswesen sowie Geräte und Maschinen im Haushalt in unserer Kultur Kontrolle und Überwachung des Kindes nötig. Zu den Praktiken der Kinderbetreuung gehören auch Gewohnheiten des Tragens (z.B. im Tragetuch an der Brust oder auf dem Rücken), das Wiegen und Schaukeln des Kindes als Beruhigungsstrategie sowie Bewegungsspiele mit dem Kind. Eine detaillierte Analyse der Bewegungsanregung bei Bambara-Säuglingen stammt von Bril und Sabatier (1986). Sie konnten zeigen, dass aktive Lageveränderungen viel häufiger und systematischer als bei uns vorgenommen werden, so das Strecken der Arme und Beine nach dem Bad, das Stehen in den ersten drei Monaten, das Sitzen und Anregung der Greifreaktion.

In allen Kulturen gibt es Formen von Erziehung, d.h. von absichtsvoller, zielgerichteter Beeinflussung der Kinder durch die Erwachsenen. Meist sind informelle und formelle Erziehung miteinander gekoppelt. Chamoux (1986) untersuchte die Übertragung des Wissens bei den Nahuas in Mexiko. Er unterschied zwischen allgemeinem und speziellem Knowhow, wobei beide Formen entweder durch Beobachtung und Dabeisein (emergen) oder durch einen Lehrer (als Meister-Lehrlings-Verhältnis) vermittelt werden können. Die formelle Erziehung geschieht bei uns vorwiegend durch die Schule, die sich mehr oder minder stark von der informellen Erziehung in der Familie abhebt. Bei Mittelschichteltern ist der Unterschied nicht so groß wie bei Unterschichteltern oder gar bei Eltern aus anderen Kulturen, deren Kinder sich im Akkulturationsprozess befinden.

Erziehungstheorien. Die kulturell determinierten Erziehungspraktiken werden durch persönliche Überzeugungen über Entwicklung und Erziehung der Eltern (und Lehrer) geleitet. Solche Überzeugungen oder „Theorien" sind Wissensbestandteil der Kultur und werden daher auch Ethnotheorien genannt (Sigel, 1985). Die Überzeugungen über Erziehung, Entwicklung und Lernen sind aber in komplexeren Kulturen nicht nur die Wiedergabe kulturellen Wissens, sondern das Resultat eigener Konstruktionsbemühungen, beeinflusst durch Schulbildung und persönliche Erfahrung.

Entwicklungsnische als offenes System. Die Entwicklungsnische, in der die Kultur an das Individuum weitergegeben wird, ist nach Super und Harkness (1986) ein offenes System. Es steht in Wechselwirkung zu anderen externalen Systemen und besteht seinerseits wiederum aus Subsystemen. So haben Unterschiede in der Bekleidung und beim Tragen des Kleinkindes natürlich eine wichtige Ursache im jeweiligen Klima. Das Verständnis von ökologischen Nischen als Systeme führt zu der Annahme der wechselseitigen Anpassung im System. Nicht nur das Individuum passt sich im Laufe der Entwicklung an das umgebende System und damit an die Kultur an, sondern das System als Ganzes oder Teile des Systems passen sich dem heranwachsenden Individuum an. Wie schon erläutert, wandelt sich die Entwicklungsnische mit fortschreitender Entwicklung, doch sorgen zentrale Werte einer Kultur für Kontinuität über den ökologischen Wechsel hinweg. Solche zentralen Werte sind in traditionellen Kulturen Verantwortung und Gehorsam, so etwa in Schwarzafrika (Super & Harkness, 1982), Indonesien (Kartodirdjo, 1988; Oerter, 1993) und China (Forgas & Bond, 1985). In westlichen Kulturen bilden personale Autonomie, Leistung und Gleichheit der Menschen zentrale Werte, die frühzeitig sozialisiert werden.

2.5.2 Die Zone nächster Entwicklung

Wygotski (1987) hat den Begriff der Zone nächster Entwicklung (ZNE) in die psychologische Literatur eingeführt. In den achtziger Jahren wurde er erneut aufgegriffen und weitergeführt (Collins et al., 1989; Gallimore & Goldenberg, 1992; Oerter, 1992; Rogoff, 1986). „Die allererste Quelle für die Entwicklung der inneren individuellen Eigenschaften der Persönlichkeit des Kindes ist die Zusammenarbeit (wobei dieses Wort im weitesten Sinn zu verstehen ist) mit anderen Menschen" (Wygotski, 1987, S. 85). Die ZNE ist oberhalb des aktuellen Entwicklungsniveaus angesiedelt und bezeichnet den Bereich, den das Kind sich als nächstes aneignen wird. Der Weg führt dabei von der Bewältigung einer Aufgabe durch Instruktion zu ihrer selbständigen Meisterung. Drei Typen von ZNE werden unterschieden.

Intentionale Instruktion. Der erste Typus umfasst alle Formen intentionaler Instruktion, also sowohl informelle wie formelle Erziehung. Wenn die Mutter das Kind lehrt oder ihm bei einem Vorhaben hilft, findet Entwicklung auf der ZNE ebenso statt, wie in einem Unterricht, der der Entwicklung „vorauseilt", wie dies Wygotski fordert.

Stimulierende Umgebung. Der zweite Typus stellt eine Form der Entwicklungsförderung dar, die eine stimulierende Umgebung herstellt. In westlichen Kulturen sind stimulierende Objekte beispielsweise Bücher, Konstruktionsspielzeug, Malutensilien usw. In anderen Kulturen, z.B. in Afrika, stellen Kinder ihr Spielzeug oft selbst her. Lombard (1978) beschreibt detailliert solches Spielzeugbasteln bei den Baoulé in Sambia.

Spiel. Der dritte Typus der ZNE ist das Spiel selbst. Spiel erzeugt nach Meinung Wygotskis (1966, zit. nach Valsiner, 1987) die ZNE, in der das Kind sich auf das Niveau oberhalb des aktuellen Entwicklungsstandes begibt. Da aber Spiel oft auf niedrigerem Niveau als dem bereits erreichten stattfindet, muss diese Aussage spezifiziert werden. Vor allem bildet Spiel einen idealen Rahmen für Entwicklungsförderung auf der nächsthöheren Entwicklungsebene, wenn Kinder mit kompetenten Partnern interagieren.

2.6 Entwicklung als Aufbau von Gegenstandsbezügen

2.6.1 Entwicklung als Herstellung von Isomorphie zwischen Kultur und Individuum

Zur Beantwortung der Frage, wie die Vielfalt kultureller Produkte während der individuellen Entwicklung angeeignet wird, eignet sich ein handlungstheoretischer Ansatz in besonderem Maße. Unterstellt man, dass Handeln stets auf (physikalische, soziale oder mentale) Objekte gerichtet ist (Leontjew, 1977), so bildet die Handlung das Bindeglied zwischen Individuum und Umwelt. Nun sind aber Objekte kulturell geformte oder transformierte Gegenstände, die in jedem Falle für menschliches Handeln konstruiert worden sind. Die kulturökologische Perspektive beschreibt und versteht menschliches Handeln – samt handlungsregulierenden Fähigkeiten, Fertigkeiten, Wertsystemen und motivationalen Bedingungen – durch die Bezüge zu den Gegenständen der umgebenden Kultur. Der Gegenstand ist nicht beliebig und austauschbar, sondern er definiert menschliches Erleben und Handeln durch seine inhaltliche Bestimmtheit.

> **!** Nach dem kulturökologischen Ansatz wird Kultur zum Bindeglied zwischen Mensch und Umwelt, denn die menschliche Umwelt ist immer gesellschaftlich geformte Umwelt, gegliedert in kulturelle Gegenstände, auf die sich das Handeln bezieht. Menschliche Entwicklung und Sozialisation besteht darin, den „richtigen" Umgang mit den Gegenständen zu lernen und damit in mehr oder minder großem Umfang die Gegenstände, die eine Kultur bereithält, kennenzulernen.

Tabelle 3.1 bringt einige Beispiele des Erwerbs konkreter Gegenstandsbezüge in unserer Kultur. Sie wurden von Schmidt-Kolmer (1984) in den

Kinderkrippen der damaligen DDR gesammelt. Man erkennt, dass in einem relativ engen Zeitabschnitt nahezu alle Kinder einen bestimmten Gegenstandsbezug beherrschen.

Generell zeigt sich nun eine handlungstheoretische Entsprechung von Kultur und Individuum. Die Kultur lässt sich beschreiben als Universum von (gesellschaftlich erzeugten und definierten) Gegenständen (O), hinter denen unsichtbar oder sichtbar Akteure (S) stehen, nämlich die Konstrukteure und die Nutzer der Gegenstände. Damit präsentiert sich Kultur als

$$[S \longrightarrow] O$$

Das Individuum baut in seiner Entwicklung via Sozialisation die kulturell bereitgestellten Gegenstandsbezüge auf. Seine subjektive Struktur lässt sich damit als Ordnungsgefüge gespeicherter Gegenstandsbezüge darstellen, die in konkreten Situationen aktualisiert werden können:

$$S [\longrightarrow O]$$

Tabelle 3.1. Beispiele für die Entwicklung gegenständlichen Handelns in den ersten drei Lebensjahren (nach Schmidt-Kolmer, 1984, S. 387–411). Die Zahlen in der Tabelle geben das Alter der Kinder in Monaten an.

Prozentsatz der Kinder	25 %	50 %	75 %	95 %
Führt Löffel mit Unterstützung zum Mund	6	7	8	12
Hält ein Stück Brot und beißt ab	7	8	10	13
Hält in jeder Hand Schlegel und trommelt zielgerichtet	10	11	12	15
Hält Arme und Beine zielgerichtet entgegen beim An- und Ausziehen von Kleidung und Schuhen	9	10	12	15
Bückt sich ohne Festhalten und hebt einen Gegenstand vom Fußboden auf	12	13	15	18
Wirft kleinen Ball mit einer Hand	13	15	16	19
Steigt Treppenstufen im Nachstellschritt	15	16	17	20
Stellt Tasse nach dem Trinken ab	12	13	15	18
Baut Turm aus drei Würfeln	13	13	15	18
Zeichnet Striche mit Farbstift	13	13	15	18
Löffelt selbständig Nahrung	12	14	15	18
Wischt mit Tuch über Möbel	15	16	17	19
Wäscht sich Gesicht mit Waschlappen	15	16	18	22
Verwendet Seife beim Händewaschen	18	19	21	25
Verwendet Handfeger und Schippe zum Auffegen	19	21	23	26
Zieht sich Jacke und Hose (Rock) aus	21	22	24	28
Springt mit beiden Beinen von Stufe	23	25	26	30
Fängt den Ball mit aktiver Fangbewegung der Arme	28	30	31	35
Springt mit beiden Beinen gleichzeitig über einen 10 cm breiten Zwischenraum	30	30	32	36
Balanciert im Wechselschritt über Balancierbrett	31	33	34	37
Wirft mit Schlagwurf 2 m weit	33	34	35	38
Legt ausgezogene Oberbekleidung ordentlich hin	28	30	32	35
Knöpft zu	30	32	34	37
Behilft sich selbständig auf Toilette	31	33	34	39
Reiht Handlungen beim Puppenfüttern sinnvoll aneinander	24	25	27	31
Klebt Tupfer auf vorgezeichneten Kreis	27	27	29	32
Formt Kugeln aus Knetmasse	31	33	35	37
Baut Garage	33	35	37	40
Identifiziert sich im Rollenspiel mit Erwachsenen	34	36	38	42

Die Zahl der Kinder (100 %) schwankt zwischen N = 666 und N = 1511

> **!** Unter handlungstheoretischer Perspektive besteht Strukturgleichheit (Isomorphie) zwischen Kultur als objektiver Struktur und Individuum als subjektiver Struktur von Gegenstandsbezügen.

Isomorphie ist dynamisch zu verstehen und erklärt die wechselseitige Anpassung von Kultur und Individuum. In der individuellen Entwicklung (Ontogenese) stellt das Individuum sukzessive und auf immer komplexeren Ebenen Isomorphie her. Nur wenn ihm das gelingt, wird es in der Kultur überleben können. Die Kultur ihrerseits wird von Individuen „nach ihrem Bild und Gleichnis“ geschaffen, was bedeutet, dass Kultur an den Menschen angepasst ist. Die Kultur entwickelt sich langsamer als die Individuen. Die jüngste Entwicklung zeigt allerdings, dass schon innerhalb einer Generation enorme Veränderungen eintreten können. In Kulturen mit raschen Veränderungen muss die individuelle Entwicklung permanent „nachkorrigiert“ werden, was als lebenslanges Lernen bezeichnet wird.

2.6.2 Austauschprozesse zwischen kultureller Umwelt und Individuum

Zur Beschreibung der Austauschprozesse zwischen Umwelt und Individuum lassen sich zwei Begriffspaare verwenden: Aneignung – Vergegenständlichung und Subjektivierung – Objektivierung. Sie beschreiben die Dynamik von Handlung als quasi räumliche Bewegungen.

Vergegenständlichung. Vergegenständlichung bildet die nach außen gerichtete Komponente der Handlung und führt zu Ergebnissen, die längere oder kürzere Zeit fortbestehen. Vor allem erzeugt sie die Gegenstände selbst. Vergegenständlichungen im kindlichen Spiel sind Produkte des Bauens und Malens, ebenso der Umgang mit umgedeuteten Gegenständen im Symbolspiel oder das Musizieren (im letzteren Falle verschwindet der Gegenstand nach der Aktion wieder). In der Schule sind Vergegenständlichungen Schulleistungen, die in schriftlicher oder mündlicher Form vorliegen, und im Erwachsenenalter gehören zu Ergebnissen der Vergegenständlichung alle Produkte des Arbeitsprozesses, wobei neue Gegenstände als Erfindungen besonders bedeutsam für die Veränderung der Kultur sind. Erst durch die Vergegenständlichung kann das Subjekt sich als Akteur erfahren, seine Wirkung in der Umwelt erkennen und sich damit zugleich der Umwelt gegenüberstellen. So wird der Akteur zum Schöpfer und gewinnt Macht und Kontrolle über die Umwelt. Vergegenständlichung vermittelt also die emotionale Grunderfahrung von Macht und Kontrolle über die Umwelt und führt gleichzeitig zur Erfahrung der umweltzentrierten Selbsterweiterung (Selbstvergrößerung). Gegenstände, die man selbst hergestellt hat, bilden gewissermaßen entfernte Bestandteile des Selbst, man trägt ein Stück von sich in die Umwelt hinein. Diese Erfahrung und das Bedürfnis nach ihrer Wiederholung bilden eine allgemeine Grundlage für menschliches Handeln.

Aneignung. Aneignung ist von der Umwelt (vom Gegenstand) auf das Subjekt gerichtet und hinterlässt Spuren oder Eindrücke beim Individuum, die wir als Wissen, Repräsentationen, Begriffe oder auch als geistigen oder materiellen Besitz kennzeichnen. Auch die Aneignung ist ein aktiver Vorgang, der materiell als Heranholen eines Gegenstandes (Besitz ergreifen), mental als Konstruktion oder Einordnen aufgefasst werden kann. Während beim schulischen Lernen der Aneignungsvorgang augenscheinlich ist, bleibt er im Alltag oft verborgen. Beim Kleinkind beobachten wir ihn besonders beim Explorieren, d.h. der Erforschung von Gegenständen aller Art. Die durch Aneignung bewirkte Grundbefindlichkeit ist Sicherheit, die durch Orientierung in der Umwelt erreicht wird. Zugleich vermittelt Aneignung Selbsterweiterung in Form des Wissenserwerbs oder des Erwerbs materieller Güter. Die Grunderfahrung der Aneignung ist somit eine zweite Komponente des Individuum-Umwelt-Bezuges.

Aneignung und Vergegenständlichung sind ein dialektisches Begriffspaar. Sie sind gegenläufig, gehören aber zusammen und ergänzen sich wechselseitig. Mit einem zweiten Begriffspaar verhält es sich ähnlich: Objektivierung und Subjektivierung. Dieses Begriffspaar wurde von Boesch (1980) in Anlehnung an Piagets Begriffe der Assimilation und Akkommodation verwendet. Im Folgenden greifen wir diese Überlegungen mit auf, modifizieren sie aber etwas im Zusammenhang mit unseren Überlegungen über das Verhältnis von Kultur und Entwicklung. Die Prozesse der Objektivierung und Subjektivierung lassen sich vom Handlungsergebnis aus am leichtesten erkennen.

Objektivierung. Orientiert sich das Ergebnis der Handlung an der (vom Individuum unabhängig geltenden) Realität, so versucht der Akteur zu objektivieren. Alles Handeln, das sich an der Realität orientiert, ist Objektivieren. Dieser Prozess führt zu einer Verbesserung der Passung zwischen Wirklichkeit und Subjekt. Die Wirklichkeit ist immer die von der Kultur geschaffene Wirklichkeit, nicht eine Realität „an sich". Die Passung geht jedoch auf Kosten des Subjekts, es muss seine Strukturen verändern, um der Realität gerecht zu werden. Es handelt sich gewissermaßen um eine zentrifugale Passung (eine Passung „vom Subjekt weg"). Die durch diesen Prozess vermittelte Grundbefindlichkeit und Emotion ist die der Existenz von Welt, unabhängig von der eigenen Person und Handlung. Objektivierend erfährt das Individuum, dass es eine Welt mit Eigengesetzlichkeit gibt, die nicht den eigenen Wünschen gehorcht. Durch diese Handlungskomponente wird also eine solipsistische Erkenntnisposition durchbrochen.

Subjektivierung. Dieser Prozess gleicht das Handlungsergebnis an die subjektiven Bedürfnisse und Wissensstrukturen an. Im Vordergrund steht die subjektzentrierte oder zentripetale (zum Subjekt hin gerichtete) Passung von Wirklichkeit und Selbst. Die Umgestaltung der Realität nach „eigenem" Bild ist notwendig, damit das Individuum sein bisheriges Wissen und Können zu den neuen Eindrücken in Beziehung setzen kann. Ein prototypisches Beispiel für Subjektivierung haben wir im Symbolspiel vor uns, das die Wirklichkeit an das subjektive Wissen einseitig angleicht (assimiliert). Wenn also ein Kind einen Stuhl als Fahrzeug umdeutet und auf ihm sitzend Motorengeräusch imitiert, so passt es die Realität den eigenen Bedürfnissen und Zielen an. Die Grunderfahrung und -befindlichkeit der Subjektivierung ist das Heimischwerden in einer Welt, deren fremde Züge zugunsten der passenden Merkmale vernachlässigt werden.

Alle vier genannten Prozesse sind die Grundlage für die Konstruktion eines Modells von sich und der Welt, das das Kind schon zu Beginn des zweiten Lebensjahres entwickelt und das als "inner working model" (Bowlby, 1982) bezeichnet wird.

3 Kulturelle und ökologische Bedingungsfaktoren in der Entwicklung des Menschen

Die bisherige Darstellung macht deutlich, dass der Mensch weder als biologisches noch als kulturelles Wesen in beliebigen Umwelten aufwachsen kann, sondern nur in einem kulturell geprägten Ökosystem, das genau auf seine Möglichkeiten abgestimmt ist. Besonders wichtig ist in diesem Zusammenhang die Umwelt des Menschen in der frühen Kindheit.

3.1 Kulturelle Universalien in der frühkindlichen Entwicklung

Es gibt Interaktionsmuster und Etappen der frühkindlichen Entwicklung, die transkulturell sehr ähnlich sind. Wenn das Kind auf das Erscheinen eines Gesichtes zu lächeln beginnt und sich dieses Lächeln in den darauffolgenden Monaten immer häufiger zeigt, bewirkt dies sowohl quantitativ wie qualitativ eine verstärkte Zuwendung der Pflegepersonen. Für die Eltern in unserer Kultur wie in allen westlichen Kulturen scheint das Baby mit drei bis vier Monaten eine wirkliche Person zu werden. Bei den Kipsigis im ländlichen Kenia wird das Baby nicht mehr Affe oder Äffchen genannt, sondern „Kind“ (Super & Harkness, 1982). Die Interaktion zwischen Erwachsenem und Kind ist in den meisten Kulturen recht ähnlich: zum Halten und Herumtragen gesellt sich mehr und mehr die Gesicht-zu-Gesicht-Position. Die Mutter hält das Kind in einem Abstand von sich, der es dem Kind ermöglicht, das Gesicht und die Reaktion der Mutter scharf zu sehen (Papoušek, 1991). Diese Zuwendungsform mit Begrüßungszeremonie, Vokalisation und dem Sich-Zulächeln findet sich auch in Kulturen, die noch kaum mit westlicher Zivilisation in Berührung gekommen sind (Eibl-Eibesfeldt, 1984; Super & Harkness, 1982).

Vokalisation. Die Vokalisation, die von der Pflegeperson verwendet wird, weist ebenfalls transkulturell ähnliche Züge auf. Papoušek (1994), die die Eltern-Kind-Interaktionen im Längsschnitt bei Säuglingen im Alter von 3 bis 15 Monaten beobachtete, nennt folgende melodische Gesten (S. 142):

- „dem Kuckucksruf vergleichbare Rufkonturen bei der Herstellung des Blickkontaktes;
- steigende Melodie, wenn die Aufmerksamkeit des Kindes erregt oder ein Beitrag zum Dialog angeregt werden sollen;
- langsam fallende Melodien, um einen Säugling zu beruhigen und
- Erteilung einer Belohnung oder Vermittlung einer Bestätigung durch kontingent fallende oder steigend-fallende Melodien.“

Diese Sprechmelodik ist erstaunlicherweise universell, sie findet sich in so unterschiedlichen Sprachen wie dem Englischen und Chinesischen (Fernald et al., 1989; Papoušek, 1987). Für das Chinesische ist dieser Befund insofern bedeutsam, als in dieser Sprache die Melodik bei Vokalen zugleich semantische Bedeutung besitzt. Dennoch wird die Prosodie der frühen Interaktion regelwidrig zum Chinesischen wie im Englischen und Deutschen benutzt.

Fremdeln. Die so genannte Achtmonatsangst oder das Fremdeln, d.h. das Auftreten von Ängstlichkeit und Weinen bzw. Abwendung beim Erscheinen einer fremden Person, taucht auch in vielen Kulturen auf, wenngleich es in kollektiven Kulturen insofern abgemildert ist, als das Kind dort kaum Fremden begegnet, dafür aber einer Vielzahl von Erwachsenen, die im unmittelbaren Umkreis leben. Universell ist mit Sicherheit das Ausdrucksverhalten und -verständnis der Grundemotionen wie Freude, Trauer, Wut und Ekel (Grammer & Eibl-Eibesfeldt, 1993).

Bindungsverhalten. Am besten gesichert ist wohl die Universalität des Bindungsverhaltens (Attachment) bzw. der Trennungsangst. Das Bindungsverhalten kann als ein System angesehen werden, das Mutter (Pflegeperson) und Kind umschließt. Die Bindungsperson ist nicht auswechselbar, jedoch kann das Kind zu mehreren Personen, meist abgestuft in eine Rangreihe der Bevorzugung, ein Attachment aufbauen. Die genaue Darstellung des Bindungsverhaltens sowie seiner verschiedenen Typen erfolgt im Kapitel 5 über die frühe Kindheit.

Es hat den Anschein, als würden die ersten eineinhalb Jahre durch ein biologisches Programm mitbestimmt, auf das die soziale Umgebung in ganz bestimmter Weise reagieren muss, wenn sich das Kind entwickeln soll. In allen Kulturen scheint sich ein Erfahrungsschatz angesammelt zu haben, der auf die (weitgehend biologisch determinierten) neu auftretenden Signale des Kindes in adäquater Weise eingeht. Als Rahmen für die gedeihliche Entwicklung des Kleinstkindes kann das liebevolle, zärtliche und nährende Verhalten der pflegenden Personen, insbesondere der Mütter gelten.

Im Einzelnen stellen sich die Befunde zur kulturvergleichenden Bindungsforschung jedoch sehr komplex und differenziert dar. Auf sie kann hier nicht näher eingegangen werden (s. jedoch Main, 1990; Sagi, 1990; Takahashi, 1990; van Ijzendoorn & Sagi, 1999). Neuerdings wird aber die Universalität des Bindungskonzeptes in der jetzigen Fassung auch in Frage gestellt (Rothbaum et al., 2000).

Sensumotorische Entwicklung. Ein Bereich, über den heute weitgehend bezüglich seiner universellen Gültigkeit Einigkeit besteht, ist die sensumotorische und generelle intellektuelle Entwicklung, so wie sie Piaget beschrieben hat (s. Kap. 11). In einer Reihe von neueren Untersuchungen hat sich gezeigt, dass Kinder aus sehr unterschiedlichen Kulturen in den beiden ersten Lebensjahren den Stufen der sensumotorischen Entwicklung folgen (Dasen et al., 1978; Schöfthaler & Goldschmidt, 1984). Auch für die späteren Stufen, einschließlich der konkret-logischen Operationen (s. Kap. 11), liegen ähnliche Befunde vor (Dasen, 1974, 1977; Dasen & Heron, 1981). Es hängt jedoch stark von der kulturellen Entwicklungsnische des Kindes ab, ob manche Einzelleistungen einer Entwicklungsstufe früher oder später als bei uns auftreten.

3.2 Kulturelle Besonderheiten

3.2.1 Frühe Kindheit

Bereits bei Neugeborenen gibt es Unterschiede zwischen Kulturen, die das Zusammenwirken von Kultur und biologischen Bedingungen demonstrieren. In einem Überblick von Lester und Brazelton (1982) zeigt sich eine beträchtliche Variationsbreite hinsichtlich der Kompetenzen, die ein Neugeborenes in verschiedenen Kulturen hat.

UNTER DER LUPE

Brazelton et al. (1969) untersuchten fünf Neugeborene bei den Zinacanteco-Indianern, die im intrauterinen Zustand unter Fehlernährung (Proteinmangel), Infektionen und aufgrund der Hochlage unter Sauerstoffmangel litten. Alle Symptome waren nur leicht ausgeprägt und nicht klinisch auffällig. Die Säuglinge wogen nur 2,3 kg im Durchschnitt und waren deutlich kleiner als vergleichbare Säuglinge bei uns. Obwohl sie also nach westlichen Maßstäben äußerlich Frühgeburten glichen, war ihr Verhalten nicht beeinträchtigt. Der Apgarindex erbrachte normale Werte (bei drei Messungen 9–9–9). Ihre Bewegungen waren frei, sanft und langsam, und sie zeigten eine bemerkenswerte sensorische Wachheit. Die Tendenz dieser Säuglinge, ruhig und langsam in ihren Bewegungen zu bleiben, wird im Umgang mit dem Säugling verstärkt. Die Mutter sucht das Kind schon zufriedenzustellen, bevor es zu schreien beginnt, d.h. sie zeigt eine unmittelbare Responsivität gegenüber den Bedürfnissen des Säuglings, bevor dieser sie überhaupt äußert. Auf diese Weise, so meinen die Autoren, lernt der Säugling die Emotionen der Bedürfnisse gar nicht kennen.

Unterschiede in der Erregbarkeit. Freedman und Freedman (1969) verglichen 24 chinesisch-amerikanische und 24 europäisch-amerikanische zwei bis drei Tage alte Säuglinge. Signifikante Unterschiede ergaben sich bei Items, die Erregbarkeit oder Störbarkeit erfassten. Chinesisch-amerikanische Säuglinge bauten weniger rasch einen Erregungszustand auf, zeigten weniger ausgeprägt eine Errötung von Gesicht und Körper und wechselten ihren Erregungszustand weniger oft als euro-amerikanische Babys. Brachte man die Säuglinge in aufrechte Position, so blieben die chinesisch-amerikanischen Kinder eher inaktiv, während die euro-amerikanischen Kinder den Kopf hoben und auf eine Seite drehten.

Mutter-Kind-Interaktion. Als Beispiel für kulturelle Unterschiede im Mutter-Kind-Kontakt seien die Gusii in Kenia gewählt (LeVine, 1989). Infolge der relativ hohen Sterblichkeit der Säuglinge besteht die Hauptaufgabe der Gusii-Mutter darin, den Säugling am Leben zu erhalten. Sie widmet sich intensiv dem Wohl des Kindes, bis das nächste geboren wird, was im Durchschnitt nach 15 bis 17 Monaten geschieht (eine Gusii-Mutter gebiert durchschnittlich 8,7 Mal). Ein wichtiges Ziel für die Mutter besteht darin, das Kind ruhig und ausgeglichen zu halten. Erregung soll vermieden werden. Schreien führt zu sofortigen Beruhigungsversuchen. LeVine (1989) vermutet, dass durch die Bemühung, das Kind ruhig zu halten, das Fehlen eines bei uns wichtigen Interaktionsmerkmals erklärt werden kann, nämlich der Blickkontakt. Er ist bei Gusii-Müttern minimalisiert, sie vermeiden ihn sogar und wenden sich ab. Auf diese Weise verhindern sie Höhen und Tiefen der Erregung beim Kind. Ebenso reagiert die Gusii-Mutter auf Erkundungsverhalten des Kindes, das in den Augen der Mutter eine Gefährdung des Kindes darstellt. Obwohl die meisten Kinder mit 9–10 Monaten laufen konnten, wurden sie weiter getragen bis weit ins zweite Lebensjahr hinein. Gusii-Mütter loben ihre Kinder auch nicht, geben keine Verstärkung für eine vollbrachte Leistung und meinen, dass das Kind durch Lob „eingebildet“ würde.

Dieses in den Augen westlicher Mittelschichtmütter falsche Verhalten pathologisiert die Kinder nicht, sondern passt sie optimal an ihre Umwelt an und gewährleistet den Fortbestand der Gusii-Kultur. Die Interaktionsformen der Gusii-Mütter werden allerdings dysfunktional, wenn die Kinder Aufgaben gegenüberstehen, wie sie in unserer Kultur verlangt werden.

Richman et al. (1988) untersuchten Babys aus Afrika, Guatemala, Jugoslawien, von Navajo-Indianern und aus der amerikanischen Mittelschicht. Sie fanden beträchtliche Unterschiede im Interaktionsverhalten, vor allem bei der Kommunikation zwischen Mutter und Kind. Das Ausmaß, in dem die Mutter bei gleicher Zuwendungsgesamtzeit mit ihrem Kind „spricht“ (vokalisiert), variiert stark.

UNTER DER LUPE

Unterschiede im mütterlichen Interaktionsverhalten

In einer Reihe von Untersuchungen zeigen sich deutliche Unterschiede im mütterlichen Interaktionsverhalten (Befu, 1986; Chen & Miyake, 1986). Japanische Mütter richten ihre Interaktion so aus, dass die Mutter-Kind-Beziehung konsolidiert und gestärkt wird. Amerikanische Mütter organisieren ihre Interaktionen in Richtung Förderung körperlicher und verbaler Unabhängigkeit. In einer aufwändigen Untersuchung von Bornstein und Mitarbeitern (1990) wurden Interaktionsverläufe von japanischen und amerikanischen Mutter-Kind-Beziehungen verglichen. Wenn japanische Kinder ihre Mütter anschauten, tendierten diese dazu, deren Aufmerksamkeit auf die Umgebung zu lenken. Wenn die Kinder umgekehrt mit ihrer Umgebung beschäftigt waren, versuchten die Mütter, die Aufmerksamkeit der Kinder auf sich zu lenken. Im Gegensatz dazu verstärkten amerikanische Mütter das jeweilige Verhalten ihrer Kinder. Die Autoren folgern, dass amerikanische Mütter sensibel gegenüber den Interessen ihrer Kinder sind (und diese verstärken), während japanische Mütter durch das Desinteresse der Kinder an der Umwelt motiviert werden, diese zu wecken und von sich abzulenken. Mit diesen Beobachtungen deckt sich auch die Kritik von Rothbaum et al. (2000). Sie gehen zunächst von dem derzeitig postulierten Zusammenhang aus, dass die Sensitivität der Bezugsperson zur sicheren Bindung führt und diese das Fundament für die Exploration der Umwelt durch das Kind und dessen spätere soziale Kompetenz bildet. Sie zeigen, dass in Japan Sensitivität, Kompetenz und Bindungssicherheit anders interpretiert werden. Dort stehen Bindung und Abhängigkeit in engem Zusammenhang, was dem Konzept von ‚amae‘ entspricht, das diese beiden Verhaltensweisen verbindet. Im Westen dagegen dient Bindungssicherheit eher als Voraussetzung für Unabhängigkeit.

3.2.2 Spätere Entwicklung

Greenfield und Suzuki (1998) unterscheiden in ihrem Überblick zum Thema Kultur und Entwicklung zwischen kollektiven (z.B. Japan) und individualistischen (westlichen) Kulturen. Jeder der beiden Kulturkreise hat typische Interaktionsformen, Erziehungsziele und Wertvorstellungen. Demgemäß sind auch die Entwicklungsresultate unterschiedlich. Einige dieser Unterschiede seien im Folgenden zusammenfassend dargestellt.

Kollektive und individualistische Kulturen. Kollektive Kulturen betonen Bindung stärker als Unabhängigkeit, während in individualistischen Kulturen Unabhängigkeit als Ziel im Vordergrund steht. Verbunden mit diesen unterschiedlichen Tendenzen legen kollektive Kulturen Wert auf Gehorsam und Respekt, individualistische Kulturen fördern Unabhängigkeit und Durchsetzungsfähigkeit der eigenen Meinung. Selbst der Intelligenzbegriff ist betroffen: Kollektive Kulturen bevorzugen und fördern soziale Intelligenz (geschickte, einfühlsame Interaktion), individualistische Kulturen technische Intelligenz (Umgang mit Gegenständen, Begreifen funktioneller Zusammenhänge). Damit zusammenhängend hat in kollektiven Kulturen der Sozialbezug, in individualistischen Kulturen der Objektbezug Vorrang.

Die Gesamtentwicklung verläuft in individualistischen Kulturen von Abhängigkeit zu Unabhängigkeit, in kollektiven Kulturen bleibt die Abhängigkeit erhalten. Spätere Autonomie dient der Familie oder Gesellschaft, und die alten Menschen, von denen vormals die nachfolgende Generation abhängig war, werden ihrerseits von dieser abhängig.

UNTER DER LUPE

Unterschiede zwischen kollektiver und individueller Orientierung

Selbst in ein und derselben Gesellschaft zeigen sich noch Unterschiede zwischen kollektiver und individueller Orientierung, wenn in den Familien die ursprüngliche kulturelle Tradition weiterwirkt. Dies ist in breitem Umfang in den USA, in wachsendem Ausmaß aber auch in Deutschland und Europa der Fall. Folgendes Szenario mag diesen Sachverhalt illustrieren (Suzuki & Greenfield, 1997, zit. nach Greenfield & Suzuki, 1998).

Probanden im späten Jugendalter (Undergraduates) wurden gefragt, wie sie sich in folgender Situation verhalten würden: Vor einer Woche warst du mit deiner Mutter beim Einkaufen. An der Kasse bemerkte sie, dass ihr 10 USD zum Bezahlen fehlten. Du liehst ihr das Geld, und nach einer Woche zeigt die Mutter kein Anzeichen, dass sie sich an den Vorfall erinnert. Was würdest du tun?

Studenten aus Familien mit europäischer Herkunft äußerten, dass sie die Mutter in netter Weise an das geliehene Geld erinnern würden, denn sie habe es sicherlich vergessen.

Studenten aus Familien japanischer Herkunft sagten, dass sie nicht nach dem Geld fragen würden, denn die Mutter habe so viel für sie getan, das sei mehr, als sie je zurückzahlen könnten. Sie seien glücklich, der Mutter Geld leihen zu können.

Solange Erziehung und Entwicklung einem der beiden Muster in einer relativ homogenen Kultur folgen, ist dies funktional. Wenn aber Enkulturation und Akkulturation unterschiedliche kulturelle Orientierungen aufweisen, führt dies zu Konflikten. Widersprüchliche kulturelle Wertrepräsentationen prallen aufeinander. In Europa ist das vor allem der Fall bei ausländischen Kindern und Jugendlichen. Bekannt sind die Probleme türkischer Jugendlicher, vor allem die konfliktträchtige Akkulturation der Mädchen (siehe auch Kap. 32).

Aggressionsverhalten. Bemerkenswerte kulturelle Unterschiede gibt es im Aggressionsverhalten und dem zugrunde liegenden Aggressionsmotiv. Kornadt untersuchte das Aggressionsmotiv und prüfte den Zusammenhang mit dem Erziehungsverhalten und den Erziehungseinstellungen der Eltern (Kornadt, 1993). Der Autor geht dabei von zwei Komponenten des Aggressionsverhaltens aus, dem Aggressionsmotiv und der Aggressionshemmung. Die „Netto-Aggression“ resultiert aus der Differenz zwischen diesen beiden Komponenten. Die Untersuchung wurde in der Bundesrepublik, in der Schweiz, in Japan und in zwei Kulturen Indonesiens (Bali, Batak) durchgeführt. Wie aus Abb. 3.5 hervorgeht, sind Aggression und

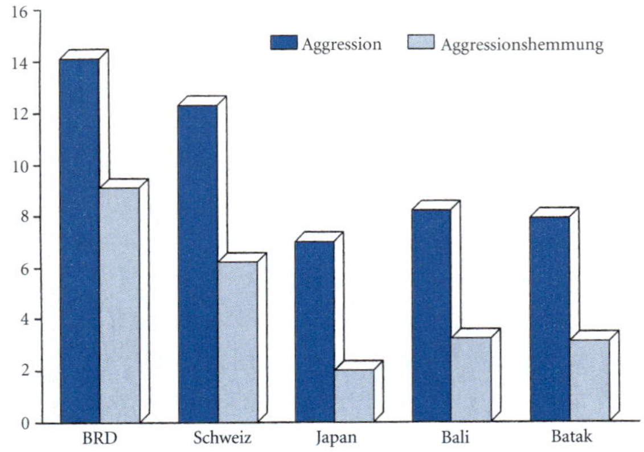

Abbildung 3.5. Mittlere Ausprägung von Aggression und Aggressionshemmung bei Jugendlichen in verschiedenen Kulturen (Kornadt, 1993, S. 203)

Aggressionshemmung bei Deutschen und Schweizern wesentlich höher als bei Angehörigen östlicher Kulturen. Dies gilt sowohl für das Aggressionsmotiv selbst als auch für die Aggressionshemmung. Kornadt führt die Unterschiede u.a. auf Erziehungsbedingungen in den verschiedenen Kulturen zurück. So besteht eine intensivere Bindung zwischen Mutter und Kind in östlichen Kulturen, so dass Beeinträchtigungen und Versagungen vom Kind eher als gemeinsames Schicksal empfunden und ertragen werden, um die Harmonie der Bindung nicht zu gefährden. In der weiteren Entwicklung erfährt das Kind auch wenig Aggressionen von anderen bzw. deutet Verhaltensweisen anderer nicht als Aggressionen. Japanische Mütter erleben beispielsweise das Fehlverhalten ihrer Kinder weniger belastend und konfliktträchtig als westliche Mütter, weil sie es nicht als böswillig deuten, sondern als „kindlich" entschuldigen. Auf diese Weise sind sie selbst weniger aggressiv und vermitteln eine wohlwollende Umwelt, deren Anforderungen sich die Kinder zu Eigen machen (Kornadt & Trommsdorff, 1990; Trommsdorff, 1993).

3.2.3 Ethnotheorien

Die zuletzt genannten Beispiele zeigen, wie wichtig Überzeugungen der Eltern (vor allen Dingen der Mütter) bezüglich der Entwicklung und der Erziehung ihrer Kinder sind. Diese Überzeugungen entstammen dem kulturellen Wissen über Erziehung und Entwicklung, das die Eltern übernehmen und aufgrund eigener Erfahrungen an die konkrete Situation anpassen. Zunächst einige Beispiele.

Nach der Überzeugung der Nahuas in Mexiko (Chamoux, 1986) ist die Seele noch nicht von Geburt an vorhanden, sondern entwickelt sich erst allmählich. Die Nahuas unterscheiden zwei „Seelenniveaus", eines ist bereits bei der Geburt (wenn auch noch nicht entwickelt) vorhanden, das andere wird durch persönliche Bemühungen und Anstrengungen erworben und kann auch wieder verloren gehen, eine Bedrohung, der man durch Rituale zu begegnen sucht. Krankheit und Entwicklungsverzögerung werden als Seelenverlust interpretiert, dessen Ursache äußeren Umständen zugeschrieben wird. Erziehung kann nur sicherstellen, dass der Prozess der Seelenentwicklung nicht behindert wird, und die Aufmerksamkeit der Jugendlichen auf den Vorgang der Reifung lenken (Chamoux, 1986).

Erziehungsauffassungen. Palacios (1990) erfasste die Ideen spanischer Eltern über die Entwicklung und Erziehung von Kindern. Er gruppierte die Äußerungen der Eltern in drei Auffassungen:

- traditionell (geringes Wissen über Schwangerschaft, Pflege und Erziehung; nativistische Ansichten; strenge und geschlechtsstereotype Erziehung),
- modern (Annahme einer Interaktion zwischen Umwelt und Anlage; tolerant bezüglich unbequemer Eigenarten des Kindes; Glaube an die positive Beeinflussung der Entwicklung durch richtiges Erziehungsverhalten) und
- paradox (Suche nach Information über Entwicklung und Erziehung bei relativ geringem Wissen; Milieutheoretiker; optimistische Erwartungen über die Entwicklung bei geringer Übereinstimmung mit dem berichteten Verhalten gegenüber Kindern; Furcht, das Kind zu verwöhnen u.a.m.).

Traditionelle Einstellungen fanden sich erwartungsgemäß vorwiegend bei Eltern mit niedrigem Bildungsniveau und solchen, die auf dem Land lebten. Moderne Erziehungsansichten hatten Eltern mit hohem Bildungsniveau und solche, die überwiegend in Städten lebten. Die sog. paradoxen Einstellungen fanden sich bei Eltern mit niedrigem und mittlerem Bildungsniveau, die häufig schon ein oder zwei Kinder hatten. Dieses Untersuchungsbeispiel zeigt die unterschiedlichen kulturellen Einflüsse, die in einem Land wirksam sind. Es demonstriert auch, dass Vorsicht bei der Übertragung auf andere Länder geboten ist, da wir im Detail unterschiedliche Auffassungen, vor allem unterschiedliche Mischungsverhältnisse von Ansichten erwarten müssen.

Kojima (1986) sammelte japanische Überzeugungen und Werthaltungen über Entwicklung und Erziehung von der Mitte des 17. Jahrhunderts bis zur Mitte des 19. Jahrhunderts, also eines Zeitabschnittes, in dem noch kein westlicher Einfluss existierte. Die japanischen Schriftsteller, die er zur Analyse heranzog, charakterisierten das Kind eher als von Natur aus gut und führten individuelle Unterschiede vorwiegend auf Umwelteinflüsse zurück. Die Kinder wurden weiterhin als aktiv Lernende und weniger als passive Wesen verstanden.

Einfluss auf Erziehungsverhalten. Nun erhebt sich die Frage, ob Überzeugungssysteme und Ethnotheorien das aktuelle Erziehungsverhalten beeinflussen und in welcher Weise. Tulkin (1977) und Tulkin und Covitz (1975) erhoben bei ihren Beobachtungen der Mutter-Kind-Interaktion sowohl Daten über Ethnotheorien (belief systems) als auch Beobachtungsdaten zu Hause und im Labor. Sie fanden deutliche Zusammenhänge zwischen Überzeugungen der Mütter, Interaktion und Entwicklungsstand der Kinder. Mittelschichtmütter hielten sich und ihre Kinder für kompetenter im Vergleich zu Unterschichteltern. Sie engagierten sich auch stärker in wechselseitige Interaktion mit den Kindern. Insgesamt waren die Korrelationen zwischen den mütterlichen Überzeugungen und dem aktuellen Verhalten gegenüber den Kindern höher als bei Unterschichtmüttern. Am höchsten fielen die Korrelationen aus beim Zusammenhang zwischen den Einstellungen zur Anregung der kindlichen Aufmerksamkeit und dem Eingehen auf das Kind einerseits sowie der Befindlichkeit und dem Verhalten des Kindes andererseits. Man kann aus den Befunden folgern, dass Ethnotheorien bzw. Überzeugungen allein noch keine Wirkung auf die Interaktion haben, sondern dass dieses Wissen in das Verhalten der Eltern übersetzt werden muss.

UNTER DER LUPE

LeVine (1991) befasste sich mit dem Zusammenhang zwischen Ethnotheorien, Schulbildung und Interaktionsverhalten der Mütter. Er prüfte drei Hypothesen:

(1) Kulturspezifische Ethnotheorien zur kindlichen Entwicklung variieren (unter anderem) darin, in welchem Umfang das Kind für fähig zur vokalen Kommunikation gehalten wird.
(2) Es existiert ein personspezifisches Modell der Mutter über ihr Kind und dessen kommunikativer Fähigkeit. Dieses Modell ist – unabhängig von der jeweiligen Ethnotheorie – von der schulischen Lernerfahrung beeinflusst.
(3) Dieses personspezifische Modell beeinflusst die mütterliche Responsivität während der ersten sechs Lebensmonate des Kindes.

LeVine fand seine Hypothesen bestätigt und sah den theoretischen Zusammenhang so: Kontingente vokale Interaktion zwischen Mutter und Kind wird durch das Bild der Mutter vom Kind bestimmt; dieses wiederum ist ein Ergebnis der kulturellen Ethnotheorie über die kindliche Entwicklung und der eigenen Lernerfahrung in der Schule.

3.3 Der Aufbau kultureller Identität

Das Ergebnis von Entwicklung in kulturell bestimmten Ökosystemen ist eine Persönlichkeit mit einer einmaligen, unverwechselbaren Identität. Diese Einmaligkeit besteht darin, dass sich jeder Mensch vom anderen unterscheidet, unabhängig davon, welcher Kultur er nun angehören mag. Weiter trägt diese Identität Züge, die kulturspezifisch sind und auf diese Weise Persönlichkeiten einer Kultur von solchen anderer Kulturen unterscheidet. Die bisher aufgeführten Beispiele sind Belege hierfür. In einer bereits klassischen Untersuchung, der so gannten Six-Culture-Study von Whiting und Whiting (1975) wurden Kinder zwischen drei und elf Jahren in Japan, den Philippinen, Indien, Kenia, Mexiko und den USA in ihrem natürlichen Lebensraum nach dem gleichen System beobachtet. Die Autoren fanden in diesen Kulturen Verhaltensweisen, die sich nach zwölf Kategorien ordnen ließen und in allen Kulturen vorgefunden werden konnten. Es gab jedoch typische kulturbedingte Unterschiede. In Kulturen mit einfacher sozioökonomischer Struktur (geringe berufliche Spezialisierung, kein ausgeprägtes Klassensystem, verwandtschaftsbezogene politische Ordnungen) zeigten Kinder ein stärker umsorgendes und verantwortungsvolles Verhalten und einen gering ausgeprägten Egoismus. In Kulturen mit hoher sozialer und technischer Komplexität waren Verhaltensweisen der Unabhängigkeitendominanz stärker vertreten. In Kulturen mit Kernfamilien konnten die Autoren eher sozial-intimes Verhalten beobachten, während in Großfamilien Kinder eher autoritatives Verhalten zeigten.

Namen und Persönlichkeit bei den Ashanti
Nach Jahoda (1954) wird bei den Ashanti dem Kind der Name des Tages gegeben, an welchem es geboren wurde. Der Name bezieht sich auf das „Kra", die Seele des Tages. Unter den Jungen (für Mädchen existiert diese Vorstellung nicht) beinhaltet das „Kra" eine Disposition zu einem bestimmten Verhalten. Wer beispielsweise am Montag geboren wurde, sollte erwartungsgemäß ruhig und friedlich sein. Jungen, die am Mittwoch geboren sind, hielt man für aggressiv und heißblütig. Eine Analyse Jahodas über jugendliche Delinquenz erbrachte eine signifikant niedrigere Anzahl von verurteilten Jugendlichen, die den Namen für „Montag" erhalten hatten. Es gab andererseits Hinweise, dass Jungen, die den Namen für „Mittwoch" trugen, häufig Delikte wie Beleidigung und Aggression zeigten. Obwohl der Zusammenhang nur schwach war, weist er darauf hin, dass die Erwartung der Umwelt und kulturelle Überzeugungen die Persönlichkeit mitprägen. Es gibt hier eine Parallele zu dem bei uns weit verbreiteten astrologischen Aberglauben.

Drei Selbst-Komponenten. Der Aufbau kultureller Identität wurde von Triandis (1989) untersucht. Er unterscheidet im Anschluss an Baumeister (1986) zwischen privatem, öffentlichem und kollektivem Selbst.

- Das private Selbst umfasst Kognitionen von Eigenschaften, Zuständen und Verhaltensweisen der eigenen Person (z.B. ich bin ehrlich).
- Das öffentliche Selbst beinhaltet generalisierte Sichtweisen der anderen von einem selbst (die Leute meinen, ich sei ehrlich).
- Das kollektive Selbst bezieht sich auf Kognitionen über die Überzeugungen einer Gruppe, eines Kollektivs über die eigene Person (meine Familie hält mich für ehrlich).

Während das private Selbst eine Einschätzung durch das Selbst ist und das öffentliche Selbst die Einschätzung der Person durch den generalisierten Anderen darstellt, korrespondiert das kollektive Selbst mit der Einschätzung durch die Bezugsgruppe (Triandis, 1989).

Eine Methode zur Erfassung der unterschiedlichen Selbst-Komponenten besteht in dem Satzergänzungsverfahren, bei dem die Probanden 20-

mal den Satz „Ich bin ...“ vervollständigen sollen (Kuhn & McPartland, 1954). Mit diesem Verfahren ergaben sich 20 bis 52 Prozent Aussagen über das kollektive Selbst bei Asiaten, während Europäer und Nordamerikaner nur 15–19 Prozent solcher Aussagen machten, dafür aber 81–85 Prozent Beschreibungen des privaten Selbst lieferten (Higgins & King, 1981).

Triandis unterscheidet Kulturen hinsichtlich dreier Dimensionen:

- Individualismus – Kollektivismus,
- lose – dichte Kulturen und
- kulturelle Komplexität.

Diese Dimensionen stehen seiner Ansicht nach in systematischer Beziehung zu den Formen des Selbst.

In individualistischen Kulturen legt die Erziehung Wert auf Selbstvertrauen, Unabhängigkeit, Selbstfindung und Selbstverwirklichung. Diese Zielrichtung begünstigt die Ausdifferenzierung des privaten Selbst. Individualistische Kulturen fördern Aspekte der Identität, die mit Besitz zu tun haben, sei es materieller Besitz, erfahrene Erlebnisse oder erreichte Leistungen.

In kollektivistischen Kulturen favorisiert die Erziehung Konformität, Gehorsam, Wohlverhalten und begünstigt das Verständnis des Selbst als Mitglied einer Gruppe. Kollektivistische Kulturen fördern eine Identitätsform, die sich mehr durch Beziehungen definiert, wie Mutter oder Großmutter, Mitglied der Familie X sein.

Unabhängiges Selbst. Markus und Kitayama (1991) unterscheiden im Gegensatz zu Triandis nur zwei Hauptformen des Selbstkonzeptes. Das unabhängige Selbst (independent self) resultiert aus den westlichen kulturellen Normen, von anderen unabhängig zu werden und seine Einzigartigkeit auszuformen. Das Verhalten wird durch den Bezug zu den eigenen Gedanken und Gefühlen organisiert und erhält seinen Sinn durch sie. Dahinter steht der Glaube an die Ganzheit und Einzigartigkeit der Person, die sowohl anderen Personen als auch der Welt als Ganzem gegenübersteht (Geertz, 1975; Sampson, 1989). Das unabhängige Selbst ist also mehr als das private Selbst, es ist eine erkenntnistheoretische Konstruktion, die isomorph zu dem Weltbild westlicher Kulturen aufgebaut wird.

Bezogenes Selbst. Das bezogene Selbst (interdependent self) fußt auf der in den meisten nichtwestlichen Kulturen geltenden Einsicht in die grundsätzliche Verbundenheit menschlicher Wesen und ihre wechselseitige Abhängigkeit. Die Person wird nicht als getrennt vom sozialen Kontext, sondern als verknüpft mit anderen Personen, und damit weniger abgehoben, konzipiert. Die persönlichen Meinungen, Fähigkeiten und Eigenarten sind sekundär, sie müssen kontrolliert und der Hauptaufgabe wechselseitiger Bezogenheit angepasst werden. Daher ist die willentliche Kontrolle innerer Zustände und Merkmale ein Kennzeichen der Reife (z.B. auf Java, Geertz, 1963; in China, Wu, 1985; Yang, 1986). Das bezogene Selbst verändert im Gegensatz zum unabhängigen Selbst seine Struktur mit dem sich wandelnden sozialen Kontext (empirischer Beleg s. Kitayama & Markus, 1990). Es entspringt aus der monistischen philosophischen Tradition nicht-westlicher Kulturen, nach der die Person dieselbe Substanz wie die restliche Welt besitzt. Daher ist die Beziehung zwischen Subjekt und Objekt, zwischen Selbst und Anderen viel enger als beim unabhängigen Selbst. Man erkennt wiederum, dass das bezogene Selbst mehr ist als das kollektive oder öffentliche Selbst: Es stellt eine erkenntnistheoretische Konstruktion dar, die von Angehörigen solcher Kulturen aufgebaut wird, in denen philosophisch-weltanschauliche Sicht und Lebenspraxis die Bezogenheit der Person und ihre Einbettung in die soziale und physikalische Welt beinhaltet.

Abbildung 3.6 veranschaulicht die beiden Konstruktionen des Selbst. Das bezogene Selbst sammelt mehr Wissen über andere, das unabhängige Selbst umgekehrt mehr Wissen über sich selbst (Kitayama et al., 1990). Die Unterschiede beider Identitätsformen zeigen sich bezüglich Emotionen und Motivation. Sie belegen beispielsweise die bedeutsame Rolle der auf andere bezogenen

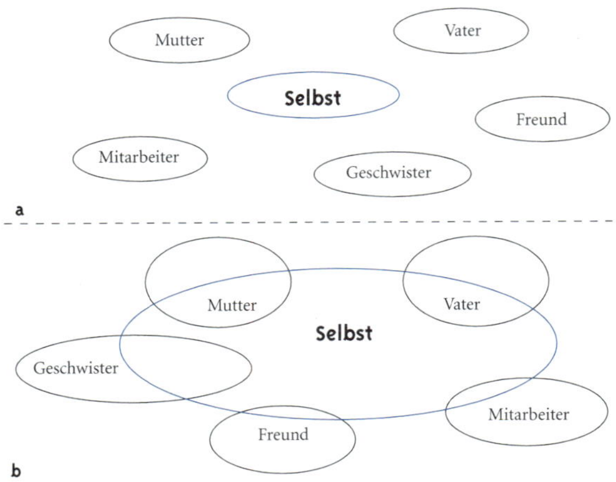

Abbildung 3.6. Veranschaulichung (a) des unabhängigen (independent) und (b) des bezogenen (interdependent) Selbst nach Markus und Kitayama (1991, S. 226)

Gefühle. Auf Java bildet das Gefühl der Scham ein wichtiges erzieherisches Kontrollmittel für die Sozialisation (Oerter, 1993), weil das bezogene Selbst Fehlhandlungen im Lichte der Reaktionen der sozialen Umgebung bewertet.

3.4 Entwicklungsfördernde und -gefährdende Faktoren in unserer Kultur

Die bisherigen Ausführungen machen deutlich, dass Entwicklung sehr stark verschränkt ist mit den jeweiligen kulturellen Bedingungen und dem Ökosystem, in dem sich das Kind befindet. Für unsere westliche Kultur haben sich Bedingungen herausgeschält, die relativ eindeutig entwicklungsfördernd und günstig für das Kind sind, sowie Bedingungen, die für die Entwicklung ein Risiko darstellen und entwicklungshemmend wirken. Wenn im Folgenden von solchen Bedingungen die Rede ist, so gilt dies im Großen und Ganzen nur für unseren Kulturkreis und vorwiegend für die Mittelschicht als dem wichtigsten kulturellen Repräsentanten.

3.4.1 Entwicklungsfördernder Kontext

In der frühen Kindheit bildet die Mutter(Pflegeperson)-Kind-Interaktion den wichtigsten und fast ausschließlich bedeutsamen Teil des Ökosystems. Mit Belsky et al. (1984) lassen sich für die kognitive Entwicklung des Kindes folgende unterstützende Bedingungen nennen:

Aufmerksame Zuwendung (Attentiveness). Allein die Zeit, die die Mutter verbringt, um das Kind anzuschauen, ist bereits ein Prädiktor für intellektuelle Leistungen ein Jahr später. Die Zeit der Beschäftigung mit dem Kind im Alter von fünf Monaten sagt das spätere Erkundungsverhalten voraus. Aufmerksamkeit und Zuwendung im ersten Lebensjahr ist generell positiv verbunden mit der späteren Sprachentwicklung und der intellektuellen Entwicklung. Hinter dieser aufmerksamen Zuwendung steckt eben mehr, vor allen Dingen das Verständnis für und Eingehen auf die kindlichen Äußerungen.

Körperkontakt. Er hat insofern eine positive Auswirkung auf die kognitive Entwicklung, als durch Körperkontakt Aktivität und Bewegung beim Kind ausgelöst werden. Das Kind wird durch die Bewegungen oft in einen optimalen Erregungszustand versetzt, der die notwendige Voraussetzung für eine Auseinandersetzung mit der Umwelt bildet.

Verbale Stimulierung. Lange bevor das Kind sprechen kann, redet die Mutter (Pflegeperson) mit dem Kind, achtet auf dessen Vokalisation und antwortet darauf. Diese inzwischen recht genaue Untersuchung der Zwiesprache zwischen Erwachsenem und Kind bedeutet eine weitere Anreicherung der Interaktion (s. z.B. Clarke-Stewart, 1977).

Materialanregung. Wenn das Kind Gelegenheit erhält, sich frühzeitig in Exploration und Spiel mit Materialien, vor allem mit Spielzeug auseinander zu setzen, so wirkt sich dies auf den späteren Schulerfolg aus. Eine Ursache für diesen positiven Zusammenhang kann man darin sehen, dass Kinder, die in den Gegenständen steckenden Informationen (Fahren, Läuten, Klappern, Bauen) selbst erforschen können, auch in Abwesenheit bzw. ohne aktives Eingreifen der Mutter Neues von der Welt kennen lernen. Materialien sind gewissermaßen ebenfalls Lehrmeister des Kindes.

Responsivität. Eltern antworten dem Säugling in unterschiedlich ausgeprägter Form auf sein Verhalten. Ein solches „Antworten" kann ein Lächeln, ein Vokalisieren, ein Aufnehmen des Kindes oder das Reichen eines Gegenstandes sein. Die Responsivität ist das Gegenstück zur Aufmerksamkeitszuwendung, denn diese ist die Voraussetzung für das Gewahrwerden kindlicher Signale, Wünsche und Handlungen. Sensible Bezugspersonen modifizieren ihr Antwortverhalten mit fortschreitender Entwicklung, so dass es immer differenzierter wird und höhere Ansprüche stellt.

Wärme. Als genereller Faktor, der die sozial-emotionale Entwicklung in unserer Kultur fördert, gilt Wärme. Die Dimension Wärme umfasst nicht nur die frühe Form der Interaktion zwischen Pflegeperson und Kind, sondern auch die spätere positive Beziehung zwischen Eltern und Jugendlichen. Sie wird von MacDonald (1992) als positives soziales Belohnungssystem verstanden. Die Anwesenheit von Wärme in den Beziehungen wirkt regelrecht als Puffer gegenüber ungünstigen Einflüssen und scheint bis ins Jugendalter hinein kontrollierende und disziplinierende Maßnahmen der Eltern akzeptabel zu machen. Die Dimension der Wärme ist nicht identisch mit dem Bindungsverhalten selbst, da Bindung als Sicherheitssystem zwar günstig beeinflusst wird, aber biologisch als eigenständiges System angesehen werden muss. Der Aufbau des Bindungsverhaltens im Laufe des ersten Lebensjahres und seine Ausprägung im zweiten Lebensjahr (s. Kap. 5) scheint einen entscheidenden Einfluss auf die spätere Entwicklung zu haben. Immer wieder konnte gefunden werden, dass sich ein sicheres Bindungsverhalten in der frühen Kindheit im späteren Leben günstig auswirkt, so z.B. auf die soziale Kompetenz im Vorschulalter (Waters & Sroufe, 1983) und auf die psychische Gesundheit im Schulalter (Sroufe et al., 1990).

3.4.2 Der Einfluss der Unterbringung in Institutionen

Während man zunächst davon ausging, dass Kinder, die in Institutionen aufwachsen, zwangsläufig in ihrer Entwicklung beeinträchtigt sein müssen, bietet die Forschungslage heute ein differenzierteres Bild.

Wechsel der Bezugsperson. Befassen wir uns zunächst mit Kindern, die ohne Kontakt mit den Eltern in Institutionen aufgezogen werden. Als gravierend wird dort der häufige Wechsel der Bezugsperson angesehen. Nach der Bindungstheorie müssten diese Kinder ein unsicheres, stark gestörtes Bindungsverhalten zeigen. Dies ist auch tatsächlich der Fall, wie Rutter und Garmezy (1983) anhand ihres Überblickes über einschlägige Studien zeigen. Der Mangel an Kontakt zu einer festen Bezugsperson in früher Kindheit führt in schweren Fällen zu pathologischen Persönlichkeiten, die unfähig zur Aufnahme warmer Gefühlsbeziehungen sind. In weniger gravierenden Fällen führt der Wechsel von Bezugspersonen häufig zu geringer sozialer Kompetenz, zu distanzloser Bindungssuche in der späteren Kindheit oder zu delinquentem Verhalten.

Heimaufenthalt. Eine der besten Studien über Heimaufenthalte kleiner Kinder stammt von Tizard und Hodges (1978), die ihre Stichprobe von Heimkindern bis ins Schulalter hinein beobachtet haben. Mit zwei Jahren klammerten sich Heimkinder mehr als Vergleichskinder aus Familien an die Bezugsperson und zeigten ein diffuses Bindungsverhalten. Mit vier Jahren zeigten sie immer noch kein adäquates Bindungsverhalten. Die sozialen Probleme der Kinder dauerten auch im Schulalter fort. Anders verhält es sich jedoch mit der kognitiven Entwicklung. Hier zeigte sich kein Rückstand im Vergleich zu Kindern in Familien. Die Autoren behaupten sogar, dass sich manche Kinder im Heim günstiger entwickelten als in der Familie, wobei es sich allerdings um ungünstige Familienverhältnisse bei den Vergleichskindern handelte. Dieser Befund steht in klarem Widerspruch zu den früheren Untersuchungen von

Spitz (1946). Den fördernden Einfluss der Heimerziehung auf die Intelligenzentwicklung wies auch Carew (1980) in einer sorgfältig angelegten Untersuchung nach.

Insgesamt muss man aber mit Rutter und Garmezy (1983) festhalten, dass Institutionalisierung in den ersten eineinhalb Jahren das Ausmaß sozialer Schwierigkeiten im späteren Alter erhöht.

Zeitweilige Unterbringung. Die völlige Institutionalisierung von Kindern ist allerdings ein Ausnahmefall. Viel häufiger geht es um die Unterbringung kleiner Kinder während der Arbeitszeit der Eltern, vor allem der Mutter. Bei alleinerziehenden Müttern wird sie nahezu unentbehrlich. Alle Untersuchungen zu dieser Situation weisen in die gleiche Richtung: Eine Unterbringung in Kinderkrippen und Tagesstätten wirkt sich nicht nachteilig aus, wenn die Eltern dem Kind Zeit und die Art der Interaktion gewähren, die wir bereits beschrieben haben. Drastisch zeigt sich dies im Kibbuz, wo bereits die Säuglinge tagsüber von der Metapelet betreut werden. Die Persönlichkeitsentwicklung dieser Kinder verläuft problemlos. Mehr noch, Erwachsene aus Kibbuzim zeigen größeres soziales Engagement und sind auch sozial kompetenter als Kinder aus normalen Familien (Liegle, 1971).

Der Kibbuz, ein integratives Ökosystem

Im Kibbuz sind alle menschlichen Aktivitäten und Lebensbereiche der Intention nach integriert: Familienleben, Erziehung und Unterricht, Arbeit und Freizeit. Der Kibbuz strebt bewusst eine kollektive Erziehung an. Sie kann im Großen und Ganzen als erfolgreich angesehen werden, sofern man Erfolg nicht am Verhalten und den Bewältigungsleistungen außerhalb des Kibbuz misst (Liegle, 1971). Bezogen auf die menschliche Entwicklung bietet das Modell eine Reihe interessanter Aspekte, von denen nur einige angeführt seien:

- Der Kibbuz verbindet institutionalisierte Erziehung (durch die Metapelet) mit den Vorteilen familiärer Sozialisation (regelmäßiger und intensiver Kontakt mit den Eltern, die sich zwar kürzer, aber intensiver mit ihrem Kind abgeben);
- er bezieht systematisch den Gleichaltrigen in die Erziehung mit ein;
- die Bezüge zu Arbeit, Familie und Freizeit sind nicht mehr voneinander isoliert, sondern bilden einen sinnstiftenden Zusammenhang;
- Familien sind in allen Lebensbereichen nicht mehr auf sich allein gestellt, sondern finden Unterstützung. Diese wirkt sich für die kindliche Entwicklung besonders vorteilhaft aus, da Einseitigkeiten und mögliche Fehlanpassungen so leichter vermieden werden können.

Kindertagesstätten. Die bereits zitierte Untersuchung von Carew (1980) wurde an Mittelschichtkindern aus intakten Familien durchgeführt. Die Kinder wurden ab einem Alter von 18 Monaten eineinhalb Jahre lang in Kindertagesstätten (day care) beobachtet. Das am Ende des Untersuchungszeitraumes erfasste kognitive Niveau zeigte Zusammenhänge mit dem anregenden Einfluss der Erzieherinnen. Insbesondere waren ihre sprachlichen Anregungen und Fördermaßnahmen ein guter Prädiktor für die intellektuelle Leistungsfähigkeit im Alter von drei Jahren.

3.4.3 Die Institution als kompensatorisches oder ergänzendes Ökosystem

In unserer gegenwärtigen Kultur wachsen Kinder in den ersten sechs Lebensjahren nicht mehr ausschließlich in der Familie als einzigem Ökosystem (auch im Sinne von Mikrosystem) auf. Dies muss kein Nachteil sein, denn das Zusammenspiel von institutioneller und familiärer Erziehung hat auch Vorteile. Familien sind niemals perfekt, jede Familie hat eigene Probleme und Einseitigkeiten.

Dies gilt umso stärker, je mehr Risikofaktoren sich häufen. Starke Arbeitsbelastung, ökonomische Unterversorgung, Problemkind in der Familie sind einige solcher Faktoren, die einer Kompensation bedürfen. Durch eine gut geführte Institution können Entwicklungsdefizite, die in der Familie verursacht werden, ausgeglichen werden.

Kindergarten. Spätestens im Vorschulalter (von drei bis sechs Jahren) ist dies in systematischer Weise der Fall. Durch Kindertagesstätten, Kindergärten und „Vorschulen" werden Kinder in der Gruppe Gleichaltriger oder auch in heterogenen Altersgruppen zusammengeführt. Sie erfahren auf diese Weise eine Vielfalt von Anregungen, besonders in Bezug auf den Aufbau sozialer Kompetenz, die das Kind zu Hause nicht mehr erhalten kann. Die positive Wirkung des Kindergartens bzw. anderer vorschulischer Einrichtungen ist in der internationalen Forschung gesichert (vor allen Dingen, wenn es sich um theoretisch fundierte Förderungsprogramme handelt). Eine positive Langzeitwirkung allerdings lässt sich in den meisten Fällen nicht nachweisen (Baumann et al., 1977; Gray et al., 1982; Winkelmann et al., 1977).

UNTER DER LUPE

Ein Beispiel für die positive Rolle einer ergänzenden Unterbringung in einer Einrichtung in früher Kindheit wird von Wasik et al. (1990) mitgeteilt. 65 Familien mit Risikokindern bezüglich der kognitiven Entwicklung wurden von Geburt an einer von drei Gruppen zugeteilt, zwei Interventionsgruppen und einer Kontrollgruppe. In der ersten Interventionsgruppe wurde das familiäre Programm mit einem Institutionsprogramm, bei dem Eltern und Kinder in eine zentrale Einrichtung kamen, gekoppelt. Die zweite Interventionsgruppe erhielt nur das Förderungsprogramm zu Hause, und die Kontrollgruppe erfuhr keine zusätzliche Förderung. Zur Erfassung der allgemeinen intellektuellen Leistungsfähigkeit wurden die Bayley-Skalen im Alter von 6, 12 und 18 Monaten erhoben, später mit 24, 36 und 48 Monaten wurde der Stanford-Binet-Intelligenztest durchgeführt. Schließlich wurde ein weiterer Test (McCarthy Scales of Children Abilities) mit 30, 42 und 54 Monaten angewandt. Es zeigte sich in dieser Längsschnittstudie über viereinhalb Jahre durchgängig, dass die Kinder, die sowohl ein häusliches, als auch zusätzlich ein Förderungsprogramm in einer Einrichtung durchliefen, größere Fortschritte machten. Die alleinige Intervention in der Familie (Familienprogramm) erbrachte keinen Erfolg, d.h. die Kinder entwickelten sich nicht besser als diejenigen der Kontrollgruppe. Diese Untersuchung belegt eindeutig den Vorteil einer zusätzlichen außerhäuslichen Förderung für Risikokinder und zwar vom frühestmöglichen Zeitpunkt an.

Der bislang wohl positivste Bericht über die fördernde Wirkung von Institutionen in der frühen Kindheit stammt von Andersson (1989). Er untersuchte 119 schwedische Kinder im Längsschnitt vom ersten Lebensjahr bis zu acht Jahren. Er prüfte die Art der Tagesbetreuung, die die Kinder während der ersten sieben Jahre ihres Lebens erfahren hatten sowie den Einfluss des Eintrittszeitpunkts in eine Kindertagesstätte. Die Ergebnisse der Untersuchung sind verblüffend und widersprechen den von Belsky (1990) im Überblick für amerikanische Verhältnisse zusammengestellten Befunden. Kinder mit frühem Eintritt in eine Tagesstätte waren mit acht Jahren sowohl in den schulischen Leistungen und generellen kognitiven Fähigkeiten als auch im sozio-emotionalen Bereich (z.B. soziale Kontakte, Ausgeglichenheit, Selbstbewusstsein und soziales Vertrauen) Kindern, die später in Einrichtungen kamen oder gar Kindern, die nur zu Hause betreut wurden, überlegen. In Belskys Bericht sowie in anderen Studien kommt jedoch deutlich heraus, dass die Betreuung von Kindern in Krippen oder anderen Einrichtungen in den ersten sechs bis sieben Monaten ungünstige Auswirkungen hat, selbst wenn die Mütter das Kind täglich früh und abends betreuen. Andersson, der auch soziale Schicht und Geschlecht kontrolliert hat, führt die positive Wirkung auf den hohen Professionalisierungsgrad des Personals und die sonstigen günstigen sozialen Bedingungen für Mütter und Kinder in Schweden zurück. Wieder einmal zeigt sich, dass ein Entwicklungskontext nicht eindeutig hinsichtlich seiner Wirkung bestimmbar ist, sondern von anderen Kontexten und Bedingungen mitbestimmt wird. Dies führt uns zum nächsten Abschnitt.

3.5 Das Zusammenspiel verschiedener Kontexte und Systeme in der Entwicklung

3.5.1 Abkehr von monokausalen Erklärungen

Aus der bisherigen Darstellung wurde immer wieder die Komplexität bei der Interaktion zwischen Individuum und Umwelt angesprochen. Dennoch ist man immer wieder versucht, dem unmittelbaren Augenschein und der unmittelbaren Wechselwirkung zwischen Mutter (Pflegeperson) und Kind sowie später zwischen anderen erwachsenen Sozialisatoren und den Heranwachsenden den größten Erklärungswert für Entwicklung zuzubilligen. Die anderen Bedingungen sind mehr oder minder unsichtbar, und wir wissen nicht, wie sie eigentlich wirken. Dennoch ist ihr Einfluss empirisch nachgewiesen und unumstritten. Beginnen wir mit Beispielen, von denen bereits die Rede war. Das gleiche Verhalten, so sahen wir, hat in unterschiedlichen kulturellen Umwelten verschiedene Wirkung. Wärme als Beziehungsdimension steht zum kulturellen Kontext in Beziehung (Rohner, 1986), so dass streng kontrollierendes und disziplinierendes Verhalten z.B. in asiatischen Kulturen eher als Sorge (und damit doch als warme Beziehung) interpretiert wird und nicht als Ablehnung.

Permissive Erziehung und außerfamiliäres Stützsystem. Den komplexen Zusammenhang zwischen Erziehungspraktiken, Erziehungseinstellungen und dem kulturhistorischen Kontext versuchte Bronfenbrenner anhand der Durchsicht von Untersuchungen über die Wirkung permissiver Erziehung (nachgiebig, viel Freiheit gewährend) in den USA herauszuarbeiten (Bronfenbrenner, 1985). In verschiedenen Jahrzehnten wirkte sich permissives Erziehungsverhalten der Eltern ganz unterschiedlich aus. In den dreißiger und vierziger Jahren zeigte sich ein eher positiver Einfluss auf die Entwicklung der Kinder und Jugendlichen, weil das außerfamiliäre Stützsystem intakt und stabil war. Die Kinder und Jugendlichen erfuhren außerhalb der Familie eine relativ strenge Kontrolle und Aufsicht und waren sich nicht selbst überlassen. Als sich dies änderte, und die Jugendlichen außerhalb der Familie außer Kontrolle gerieten, hatte der permissive Erziehungsstil eher negative Auswirkungen. Nun verstärkte die Permissivität die Instabilität angesichts eines eher chaotischen, wenig strukturierten und unwägbaren Umfeldes.

Monitoring. Da das außerfamiliäre Stützsystem in allen westlichen Kulturen weitgehend zusammengebrochen ist, gewinnt elterliche Überwachung und Kontrolle im Jugendalter einen neuen Stellenwert. Praktisch alle Untersuchungen über Risikofaktoren im Jugendalter zeigen, dass elterliches Kontrollverhalten (Monitoring) positive Auswirkungen hat. In Abb. 3.7 ist dies für die Schulleistung dargestellt. Weiterhin zeigt sich in Längsschnittstudien die Stützfunktion anderer gesellschaftlicher Einrichtungen wie Kirche und Militärdienst. Die positive Wirkung liegt an der Stützfunktion, die sie der Risikogruppe in einer Epoche der Desorientierung und Gefährdung gewährt (s. Werner, 1990).

3.5.2 Natürliche Experimente, die die Geschichte veranstaltete

Es ist ethisch nicht vertretbar, mit der menschlichen Entwicklung zu spielen und im großen Experimente mit ihr zu veranstalten, wie Friedrich II oder Ludwig XIV dies versucht haben sol-

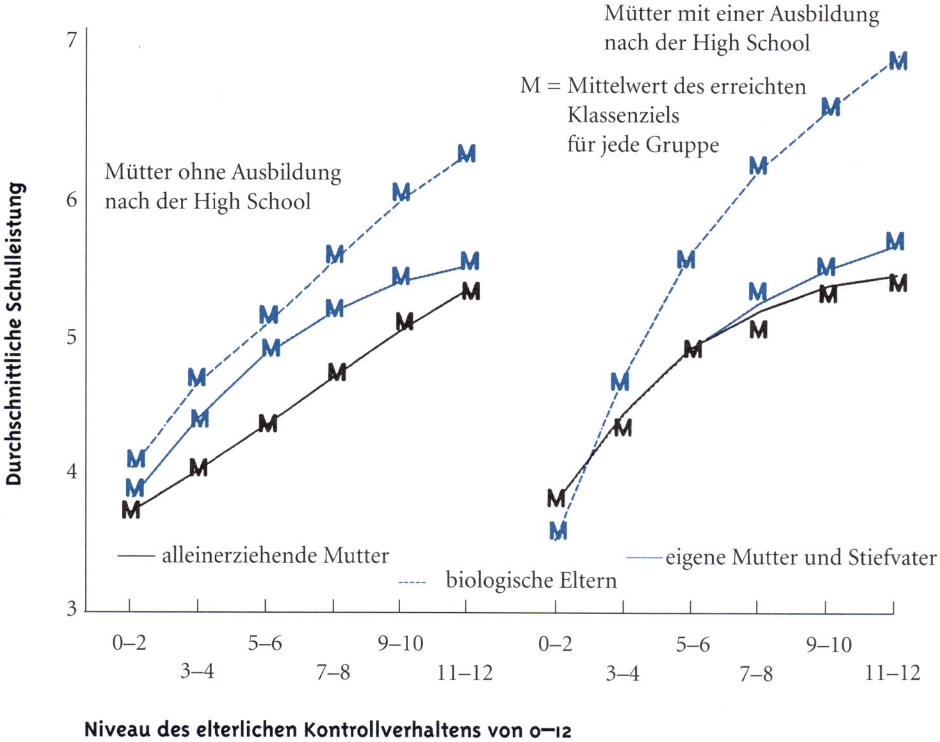

Abbildung 3.7. Auswirkungen des elterlichen Kontrollverhaltens auf die Leistung in der High School unter Einbeziehung der Familienstrukturen und der Schulbildung der Mutter. Leistungsabstufung (amerikanisches System): 2 = überwiegend D oder weniger; 3 = zur Hälfte C und D; 4 = überwiegend C; 5 = zur Hälfte B und C; 6 = überwiegend B; 7 = zur Hälfte A und B; 8 = überwiegend A (Small & Luster, 1990)

len, als sie Kinder ohne Sprachkontakt aufwachsen ließen. Aber die Geschichte veranstaltet hin und wieder Experimente mit Menschen, aus denen wir nachträglich etwas über das komplexe Zusammenwirken von Umweltbedingungen und ihrer Interaktion mit dem Individuum lernen können.

Große Depression. Anfang der zwanziger Jahre begann man Kinder (Jahrgang 1920–21) und ihre Eltern zu untersuchen (Jones & Stolz, zit. nach Elder, 1974) und startete eines der größten ökologischen Experimente. 1929 kam es zum wirtschaftlichen Zusammenbruch in den USA (Große Depression). Elder nahm die forschungsgeschichtlich einmalige Chance wahr und analysierte aus den Längsschnittdaten der frühen dreißiger Jahre die Auswirkungen dieses „natürlichen" Ereignisses auf die betroffenen Familien. Dabei standen ihm und seinen Mitarbeitern Interviewdaten der Eltern, Lehrer und Kinder sowie Beobachtungsdaten und psychiatrische Gutachten zur Verfügung. Elder trennte in zwei Gruppen, wobei die erste einen Einkommensverlust von 35 Prozent und mehr erlitten hatte gegenüber der zweiten mit geringerem oder keinem Einkommensverlust. Später bezog er noch eine andere Kohorte aus Berkeley ein, bei der die Kinder acht Jahre jünger waren (Jahrgang 1928–29).

Die dramatischen Veränderungen im Mikrosystem Familie, die vor allem durch den Prestigeverlust der Väter und die Übernahme der Rolle des Familienoberhauptes durch die Mütter gekennzeichnet war, gingen nicht spurlos an den Kindern vorüber. Es kam sehr darauf an, in welchem Alter sich die Kinder zum Zeitpunkt des kritischen Ereignisses befanden. Die Älteren (schon nahe am Jugendalter) wurden von den Eltern aufgefordert, nun selbst für die Familie mitzusorgen. Sie entwickelten Verantwortungsgefühl und Initiative und hatten 20 Jahre später beruflichen Erfolg und eine stabile Identität. Besonders die aus der Mittelschicht stammenden Jugendlichen zeigten positive Effekte. Sie wurden mit 30 Jahren in ihren Kompetenzen und in ihrer Gesundheit am besten eingeschätzt. Die jüngeren männlichen Kinder hingegen wurden in ihrer Entwicklung durch die Depression deutlich beeinträchtigt. Sie waren als Jugendliche weniger leistungsmotiviert und zeigten schlechtere Schulleistungen. Als Erwachsene waren sie verwundbar, passiv, weniger gesund und besaßen geringeres Selbstbewusstsein. Offenkundig hatten sie zum Zeitpunkt des kritischen Ereignisses noch keine Bewältigungsmöglichkeiten und waren zudem den negativen Familieneinflüssen länger ausgesetzt als die älteren Kinder. Bemerkenswerterweise trifft dies nicht für Mädchen zu. Denn auch die jüngeren Mädchen aus deprivierten Familien zeigten als Jugendliche und Erwachsene ein positives Entwicklungsbild. Elder (1979) führt dies auf die unterschiedlichen Beziehungen zu den Eltern zurück. Während die Söhne Verluste an affektiver Zuwendung des Vaters hinnehmen mussten und von der Mutter nichts an Zuwendung dazugewannen, verloren die Töchter nichts an väterlicher Zuwendung und gewannen eine stärkere Bindung an die Mutter. Darüber hinaus zeigt sich hier möglicherweise wieder die stärkere Verwundbarkeit oder Anfälligkeit des männlichen Geschlechts, wie dies im Zusammenhang mit Scheidungsfolgen der Fall ist.

Elders Untersuchungen wurden etwas ausführlicher dargelegt, weil sie ein hervorragendes Beispiel für ökologisch orientierte entwicklungspsychologische Forschung sind. Folgende Punkte sind dabei methodisch besonders zu beachten:

- Das ganze System wird untersucht (in neueren Arbeiten sogar die Wirkung der Großeltern auf die Kindheit der damaligen Eltern; vgl. Elder et al., 1984);
- verschiedene Kohorten werden verglichen, so wird die Wirkung eines kritischen Ereignisses (des Exosystems) zu unterschiedlichen Zeitpunkten im Lebenslauf kontrolliert;
- man prüft die Auswirkung von Einflüssen während der Kindheit auf spätere Lebensepochen (für die Berkeley-Kohorte im Jugendalter, mit 30 Jahren und mit 40 Jahren).

Oktoberrevolution. Ein zweites historisches Beispiel bildet die Oktoberrevolution 1917 in Russland und die sich daraufhin vollziehende gesellschaftlich-kulturelle Umwandlung in der neuen Sowjetunion. Innerhalb von zwei Jahrzehnten verwandelten sich in der neuen Sowjetunion Kulturen, die sich auf der Ebene von Nomaden, einfachen Ackerbauern oder feudalistischen Ordnungen befanden, in Kulturen mit allgemeiner Schulpflicht, moderner hierarchischer Verwaltungsorganisation und industrieller Produktionsweise.

Der russische Psychologe A.R. Luria nahm diese einmalige historische Gelegenheit wahr, um die Wirkung der drastischen Veränderung auf Kinder, Jugendliche und Erwachsene zu prüfen (Luria, engl. Übers. 1976). Mit seinen Mitarbeitern führte er Untersuchungen in Usbekistan und Kirgisien an Gruppen durch, die zu diesem Zeitpunkt (1931–32) in unterschiedlicher Weise von der Moderne erfasst worden waren. Endgültig ausgewertet wurden fünf Gruppen. Einen Pol bildete eine Gruppe, die noch völlig in der traditionellen Kultur (Islam, Analphabetentum) eines seit Jahrhunderten unveränderten ökonomischen Systems verhaftet war. Am anderen Pol befand sich eine Gruppe, die bereits in die neue Lebensform des Sowjetsozialismus eingeführt worden war (Organisation in Kolchosen) und eine schulische Grundausbildung erfahren hatte. Keine der Gruppen hatte jemals weiterführende Schulen besucht. Dennoch war der Unterschied zwischen den Gruppen erstaunlich. Luria, der seine Ergebnisse erst 40 Jahre später veröffentlichen durfte, beschreibt den Einfluss der modernen Industriegesellschaft auf kognitive Leistungen, soziales Verhalten und auf die Motivationsstruktur. Selbst so basale Prozesse wie die Wahrnehmung wurden nach Meinung des Autors verändert. Die Wahrnehmung bezog fortan komplexere und abstraktere Kategorien ein, d.h. die sinnliche Welt wurde neu in logische Ordnungen gruppiert. Mit dem Einfluss der modernen Industriegesellschaft wuchs die Fähigkeit zur Generalisation, zum schlussfolgernden Denken sowie zur Analyse und zum Verständnis des eigenen Innenlebens. Luria folgert aus seinen Ergebnissen, dass die historisch-kulturellen Veränderungen jener Zeit die Entwicklung der betroffenen Menschen fundamental verändert hätten. „Soziohistorischer Wandel führt nicht nur neue Inhalte in die geistige Welt des Menschen ein, er schafft auch neue Tätigkeitsformen und neue Strukturen bei kognitiven Funktionen. Er fördert menschliches Bewusstsein zu neuen Niveaus" (a.a.O., S. 163f.).

Die Wechselwirkung von kultureller und individueller Entwicklung wird von Bronfenbrenner unter Verwendung des bekannten Modells von Einstein zu seiner Relativitätstheorie so formuliert: „Entwicklung findet in einem fahrenden Zug statt, und dieser Zug ist es, was wir das sich verändernde Makrosystem nennen" (Bronfenbrenner, 1979, S. 265).

3.5.3 Minoritäten

In fast allen größeren Staatsgebilden existieren ethnische Minderheiten, die einerseits ihr kulturelles Erbe zu bewahren versuchen, andererseits sich an den Hauptstrom der Kultur anpassen müssen. Auch Deutschland ist seit dem zweiten Weltkrieg mehr und mehr zu einem Staat mit einer Reihe von Minderheiten geworden, wobei die Gastarbeiter das Hauptkontingent stellen.

Anpassung an die Hauptkultur. Die Kinder in Minderheiten erfahren zwei Formen von Enkulturation. Sie übernehmen Werte und Verhaltensmuster der Ursprungskultur in ihrer Familie und Werte und Verhaltensmuster der mehr oder minder davon abweichenden Kultur des Gastlandes. Wenn die zweite Enkulturation erst mit Schuleintritt erfolgt, so handelt es sich eigentlich bereits um eine Akkulturation, d.h. um eine Anpassung nach vollzogener primärer Herausbildung der kulturellen Identität. Wie sich im Einzelnen eine solche Entwicklung auch vollziehen mag, sie gestaltet sich umso schwieriger, je verschiedener Ursprungskultur und Hauptkultur sind. Die Verschiedenheit für sich genommen ist aber nicht allein ausschlaggebend, sondern die Art und Weise, wie die Familie sich bemüht, die Kinder in die Hauptkultur zu integrieren. Hierüber gibt es hauptsächlich in den Vereinigten Staaten genaue und zahlreiche Untersuchungen, da sie als typisches Einwanderungsland von Anfang an mit dem Problem von Minderheiten zu kämpfen hatten. Es ist dort zu beobachten, dass sich eine Reihe von Minoritäten sehr erfolgreich an die Hauptkultur anpassen, während andere Minoritäten große Schwierigkeiten haben. Am erfolgreichsten sind Angehörige asiatischer Kulturen, wie Japaner, Chinesen, Koreaner und Vietnamesen. Die größten Schwierigkeiten haben Afroamerikaner und Iberoamerikaner.

Bedingungen guter Anpassung. Für den Erfolg der asiatischen Gruppen macht man die hohe Leistungsorientiertheit der Familien bzw. der Kinder verantwortlich, während in anderen Bereichen, wie in der kollektiven Orientierung, beträchtliche Unterschiede bestehen bleiben. Obwohl heute die Debatte über genetische Ursachen von ethnischen und kulturellen Differenzen wieder in den Vordergrund gerückt ist, erklärt man die Leistungs- sowie die schulischen und beruflichen Erfolge der asiatischen Minoritäten gegenüber denen der Afroamerikaner nicht mehr durch genetische Unterschiede. Für den Erfolg der Asiaten werden unterschiedliche Erklärungen angeboten. Zum einen seien die Werte von Leistung und Selbstdisziplin Bestandteil asiatischer Kulturen (Lee, 1987; Mordkowitz & Ginsburg, 1987; Onoda, 1976), zum anderen werden weitere Bedingungen, wie der höhere sozioökonomische Status der betreffenden asioamerikanischen Familien, die positive Rückmeldung durch Lehrer und Gleichaltrige, also das Zusammenspiel verschiedener Kontexte verantwortlich gemacht.

Ueda (1974) schlägt als alternative Erklärung für die Amerikaner japanischer Herkunft das Modell von Schauspieler und Publikum vor. Die Japaner fühlen sich als Akteure in eine Rolle gedrängt, in der sie die amerikanischen Ideale, insbesondere den amerikanischen Patrioten vorbildlich vorzuspielen hätten. Der Hauptweg zu dieser Rolle ist derjenige über die schulische Leistung. Angesichts der Andersartigkeit besser sein zu wollen als die Hauptgruppe der Gesamtkultur, scheint für die Asiaten in Amerika in der Tat ein wichtiges Motiv zu sein, was sich auch in ihrer Überrepräsentation an amerikanischen Universitäten niederschlägt.

Bedingungen misslungener Anpassung. Für das Versagen der Afroamerikaner und deren Benachteiligung in der amerikanischen Kultur werden eine Reihe von Bedingungen verantwortlich gemacht. Zu ihnen gehören die Armut und die mit der ökonomischen Belastung verbundenen Einschränkungen (McLoyd, 1990). Ein anderer Faktor, der allerdings nicht isoliert gesehen werden darf, ist die häufig auftretende Abwesenheit des Vaters, so dass viele Kinder entweder mit alleinerziehenden Müttern oder in Familien ohne Väter aufwachsen, was besonders in Zusammenhang mit den schlechten Leistungen der Jungen gebracht wird (Miller-Jones, 1988; Moynihan, 1965). Fügt man noch andere Beeinträchtigungen hinzu, so kommt man zu einem Defizitmodell für die Erklärung der Benachteiligung der schwarzen Minorität in Amerika. Dies scheint jedoch nicht hinreichend zu sein, da andere benachteiligte Gruppen mit ähnlichen Konstellationen bessere Chancen in der Gesamtkultur haben. Wie Boykin (1986) feststellte, muss das Kind von afroamerikanischen Eltern drei verschiedene und teilweise widersprüchliche Wertorientierungen lernen:

(1) als Person, die schwarz ist,
(2) als Mitglied einer Minorität und
(3) als Amerikaner.

Ogbu (1983, 1988) führt eine umfassendere ökologische Erklärung für die Sonderrolle der Afroamerikaner an. Gruppen, so meint er, die sich wie eine Kaste von der übrigen Hauptkultur abschließen, sind von Integrationsproblemen und von schulischen und beruflichen Misserfolgen besonders betroffen. Aufgrund ihrer Geschichte misstrauen Afroamerikaner außerfamiliären Institutionen, insbesondere der Schule, weil diese nicht halten können, was sie versprechen, z.B. beruflichen Erfolg. Für Schwarze gibt es einen Deckeneffekt, d.h. bestimmte höhere Berufe können von ihnen kaum erreicht werden, selbst wenn sie ein hohes Bildungsniveau erlangt haben. In der Auseinandersetzung mit der Kultur der Weißen nehmen Afroamerikaner nach wie vor ihre Benachteiligung und Andersartigkeit wahr. Sie müssen nach Ogbu ihre kastenartige Identität aufgeben und wie Weiße handeln, wenn sie sich auf die Schule und Karriere einlassen. Andererseits nehmen sie wahr, dass Schwarze, die sich auf dieses Engagement eingelassen haben, nicht die Belohnung (z.B. durch sozialen Status und beruflichen Erfolg) erfahren wie weiße Konkurrenten. Aus dieser Orientierung rührt auch ein Befund her, den Fordman und Ogbu (1986) in der Subkultur der Gleichaltrigen bei afroamerikanischen Jugendlichen gefunden haben. Die Gruppe der Gleichaltrigen (Peergruppe) unterstützt negative Einstellungen zur Schule und zum schulischen Erfolg. Sie glaubt, dass Schulerfolg auf Kosten ihrer schwarzen Identität gehe. Überblicksreferate zu der Frage der Entwicklung von Kindern und Jugendlichen in Minoritäten s. Garcia Coll (1990), Spencer und Markstrom-Adams (1990) sowie Slaughter-Defoe et al. (1990).

Weiterführende Literatur

Cole, M. (1995). Culture and cognitive development: From cross-cultural research to creating systems of cultural mediating. Culture & Psychology, 1, 25–54.
Cole versucht, menschliche Entwicklung als Prozess zu beschreiben, bei dem Kultur als Medium zentrale Bedeutung besitzt.

Valsiner, J. (1989). Human development and culture. Lexington/Mass.: Lexington Books.
Valsiner beleuchtet den sozialen Charakter menschlicher Entwicklung an Beispielen aus unterschiedlichen Etappen der Kindheit und Jugend.

Kapitel 4
Familienentwicklung

Klaus A. Schneewind

Begriffsdimensionen und beteiligte Disziplinen
Von Familienentwicklung lässt sich in zumindest dreifacher Hinsicht sprechen. Dabei kommen jeweils unterschiedliche wissenschaftliche Disziplinen in den Blick.

Wandel der Institution „Familie". Zum Ersten kann mit Familienentwicklung der Wandel der gesellschaftlichen Institution „Familie" im historischen Kontext gemeint sein. Mit dieser Fragestellung beschäftigen sich vor allem wissenschaftliche Disziplinen wie die Sozialgeschichte der Familie oder die Familiensoziologie.

Entwicklung in der Familie. Zum Zweiten kann Familienentwicklung als Entwicklung in der Familie verstanden werden, d.h. als die in wechselseitiger Beeinflussung vonstatten gehende Persönlichkeitsentwicklung der einzelnen Familienmitglieder im Kontext ihres Familiensystems. Die Beschäftigung mit dieser Thematik fällt vornehmlich in den Bereich der Psychologie, insbesondere der Familienpsychologie als einer in den letzten Jahren auch im deutschsprachigen Raum zunehmend prominenter werdenden Teildisziplin der Psychologie (Petzold, 1999; Schneewind, 1999, 2000a; Werneck & Werneck-Rohrer, 2000).

„Entwicklungshilfe". Zum Dritten kann Familienentwicklung auch die Bedeutung einer „Entwicklungshilfe" für Familien und ihre Mitglieder annehmen, etwa im Sinne einer Stärkung familiärer Beziehungskompetenzen oder der Behandlung von individuellen und Beziehungsstörungen. Die in diesem Falle beteiligten wissenschaftlichen Disziplinen sind neben dem interventionsorientierten Zweig der Familienpsychologie vor allem die Familienpädagogik sowie die Familienberatung und -therapie.

In diesem Kapitel kann die historisch-soziologische Sichtweise von Familienentwicklung nur am Rande angesprochen werden. Stattdessen wird im Folgenden die familienpsychologische Perspektive mit ihren beiden zuletzt genannten Bedeutungen der familiären Entwicklung und Entwicklungshilfe im Vordergrund stehen (Hofer et al., 1992; Nichols et al., 2000; Walper & Pekrun, 2001).

1 Die familienpsychologische Perspektive von Familienentwicklung

DEFINITION

Familienpsychologie ist eine wissenschaftliche Disziplin, die sich mit der familiären Lebenspraxis, d.h. mit dem Verhalten, Erleben und der Entwicklung von Personen im Kontext des Beziehungssystems „Familie" beschäftigt, und zwar mit der Absicht der Beschreibung, Erklärung, Vorhersage und Veränderung der dabei auftretenden Phänomene und ihrer Bedingungen (Schneewind, 2001a).

Unklar bleibt beim Begriff Familienpsychologie, was mit „Familie" eigentlich gemeint ist. Ein pragmatischer Vorschlag stammt von Süßmuth (1981, S. 137), die unter Familie im engeren Sinne die „biologisch-soziale Gruppe von Eltern mir ihren ledigen, leiblichen und/oder adoptierten Kindern" versteht und damit auf den biologischen und rechtlichen Aspekt von Familie im Sinne einer zwei Generationen umfassenden Kernfamilie verweist. Eine mehrgenerationale Erweiterung dieses Familienbegriffs erfolgte im Fünften Familienbericht der Bundesrepublik Deutschland. Demnach versteht sich Familie im weiteren Sinne „unabhängig von räumlicher und zeitlicher Zusammengehörigkeit als Folge von Generationen, die biologisch, sozial und/oder rechtlich miteinander verbunden sind." (Bundesministerium für Familie und Senioren, 1994, S. 23 f).

Personenorientierte Sicht. Trotz einer gewissen Liberalisierung des gesellschaftlichen Verständnisses von Familie richtet sich vor allem im familienpolitischen Diskurs das Hauptaugenmerk der Definition von Familie auf die Festlegung ihrer personellen Zusammensetzung – dies nicht zuletzt wegen der damit für den Staat verbundenen rechtlichen und finanziellen Konsequenzen. Auch wenn die Familienpsychologie gesellschaftlich festgelegte Definitionen von „Familie" durchaus berücksichtigt, steht bei ihr weniger die normativ vorgegebene, sondern eher die faktisch vorfindbare Zusammensetzung von Personengruppen im Vordergrund. Dabei ist ein zentrales Kriterium, dass die Mitglieder dieser Personengruppen in engen persönlichen Beziehungen leben. Dieser beziehungsorientierte Aspekt gewinnt umso mehr an Bedeutung, als von soziologischer Seite ein Wandel von dem Leitbild der „bürgerlichen Familie" als einer stark gesellschaftlich normierten Lebensform hin zur sog. „postfamilialen Familie" diagnostiziert wird. Dabei wird unterstellt, dass die in der postfamilialen Familie lebenden Personen die Formen und Regeln ihres Zusammenlebens weitgehend nach ihren eigenen Vorstellungen gestalten (Beck-Gernsheim, 1994).

Beziehungsorientierte Sicht. In einer beziehungsorientierten Sicht qualifizieren sich Familien nach Cooley (1909) als Primärgruppen besonderer Art, die zum Zwecke einer Daseinssicherung und -erweiterung der Gruppe als Ganzes und ebenso ihrer einzelnen Mitglieder eine Reihe von Funktionen zu erfüllen haben, die von der Reproduktion bis zur Regeneration reichen (Neidhardt, 1970). Die Erfüllung dieser Funktionen bringt es mit sich, dass sich zwischen den Gruppenmitgliedern enge persönliche Beziehungen entwickeln. Diese beruhen einem Definitionsvorschlag von Kelley et al. (1983, S. 22) zufolge auf „starken, häufigen und sich in unterschiedlichen Aktivitäten äußernden Interdependenzen von beträchtlicher Dauer". Familien sind somit unabhängig von ihrer Personenzusammensetzung ein Prototyp für enge oder intime Beziehungssysteme, die sich durch die Kriterien einer mehr oder minder stark ausgeprägten Abgrenzung, Privatheit, Nähe und Dauerhaftigkeit kennzeichnen lassen (Schneewind, 1999) und darüber hinaus eine Reihe weiterer Merkmale aufweisen (Hinde, 1997).

Sieben Merkmale familiärer Beziehungssysteme

(1) Ausmaß an Geben und Nehmen im Sinne von Symmetrie und Komplementarität,
(2) Muster der Ähnlichkeit bzw. Unähnlichkeit beziehungsrelevanter Merkmale wie Persönlichkeit, Interessenlagen und Lebensstile der Beziehungspartner,
(3) unterschiedliche Formen von Machtausübung und Konfliktregulation,
(4) Ausprägung von Selbstöffnung und Privatheit,
(5) Besonderheiten der Selbst- und Fremdwahrnehmung im interpersonalen Geschehen,
(6) Ausmaß an Vertrauen,
(7) Intensität der erlebten Verpflichtung bezüglich der Aufrechterhaltung der Beziehung.

Entwicklung durch Interaktion. Die Entwicklung von familiären Beziehungssystemen erfolgt über Interaktion und Kommunikation. Dabei schaffen die Beziehungspartner durch wiederholte Interaktionen mehr und mehr eine gemeinsame Beziehungsgeschichte und werden damit zu gemeinsamen Konstrukteuren ihres Beziehungssystems, das sich ständig weiterentwickelt. Die dabei beobachtbaren Interaktionen sind jedoch nicht nur Manifestationen eines bloßen Verhaltensaustauschs, sondern zugleich auch Akte bedeutungshaltiger Kommunikation. Beziehungssysteme sind somit immer auch Bedeutungssysteme (D'Andrade, 1986), die von den unmittelbar Beteiligten, d.h. den Familienmitgliedern, aber auch von den mittelbar Beteiligten, wozu u.a. auch professionell mit Familien arbeitende Personen wie z.B. Familientherapeuten gehören, eine Deutung kommunikativ vermittelter Intentionen und Interpretationen erforderlich machen (Becvar, 2000).

2 Theoretische Aspekte einer Psychologie der Familienentwicklung

2.1 Familiensystemtheorie

Aufbauend auf den Grundgedanken der allgemeinen Systemtheorie (von Bertalanffy, 1968) hat sich ein systemisches Verständnis von Familienbeziehungen und Familienentwicklung ergeben.

> **!** Familien sind offene, sich entwickelnde, zielorientierte und sich selbst regulierende Systeme, deren Entwicklung im Kontext historisch gewachsener materieller und sozialer Gelegenheitsstrukturen stattfindet (Broderick, 1993).

Eine Präzisierung systemtheoretischer Konzepte in ihrer Anwendung auf familiäre Beziehungssysteme führt zu einer Reihe von Kernaspekten der allgemeinen Familiensystemtheorie (Schneewind, 1999).

Kernaspekte der allgemeinen Familiensystemtheorie

Ganzheitlichkeit. Betrachtung der Familie als interpersonales Beziehungsgefüge entsprechend dem gestaltpsychologischen Motto „Das Ganze ist mehr als die Summe seiner Teile“;
Zielorientierung. Die Ausrichtung familiärer Gemeinschaftlichkeit an individueller und gesellschaftlicher Bedürfnisbefriedigung;
Regelhaftigkeit. Aus den familiären Interaktionen erschließbare Beziehungsmuster, die u.a. das Ausmaß an Nähe und Distanz, die Festlegung von Hierarchie und Ausübung von Macht bzw. Kontrolle sowie die Handhabung von Problemen und Regelung von Konflikten beeinflussen;
Grenzen. Einerseits die Abgrenzung von Personen oder Personengruppen innerhalb der Familie, andererseits die Abgrenzung der Familie als Ganzes gegenüber ihrer Umwelt;
Zirkuläre Kausalität. Ein zwischen zwei oder mehreren Familienmitgliedern stattfindender Prozess der wechselseitigen Beeinflussung, der prinzipiell zu einer Zustandsänderung aller Beteiligten führt;
Positive und negative Rückkoppelung. Ein von einer relativ stabilen Ausgangslage ausgehender abweichungsverstärkender Interaktionsverlauf zwischen zwei oder mehr Familienmitgliedern (wie z.B. bei einem eskalierenden Streit) bzw. eine abweichungsdämpfende Abfolge von Interaktionen, die zu einer stabilen Lage zurückführt (wie z.B. beim Trösten eines weinenden Kindes);
Selbstorganisation. Die prinzipielle Fähigkeit von Familiensystemen, sich anzupassen und so ihren Fortbestand durch selbstinitiiertes Handeln zu sichern;
Homöo- vs. Heterostase. Herstellung bzw. Aufrechterhaltung eines etablierten stabilen Gleichgewichtszustandes im Gegensatz zu einer entwicklungsbedingten Anpassung an neue familiäre Beziehungsmuster;

Wandel erster und zweiter Ordnung. Quantitativ-strukturkonservierende Veränderungen (z.B. bezüglich der Sanktionierung bei Übertretung von Familienregeln nach dem Motto „Mehr desselben") im Gegensatz zu qualitativ-strukturverändernden Wandlungsprozessen (z.B. durch Einführung neuer Familienregeln und Beziehungsmuster);
Familienspezifische interne Erfahrungsmodelle. Bei jedem Einzelnen gibt es interne Repräsentationen von sich selbst und seinen Familienmitgliedern sowie von den Beziehungen, die zwischen dem Selbst und den anderen Familienmitgliedern bestehen.

2.2 Familienentwicklungstheorie

Da sich der Prozess der Familienentwicklung häufig über viele Jahrzehnte erstreckt, hat dies dazu geführt, den Familienlebenszyklus genauer unter die Lupe zu nehmen und in einzelne Stadien und Phasenübergänge zu unterteilen. Ansätze, die sich mit der längerfristigen Entwicklung von Familien beschäftigen, werden unter dem Etikett „Familienentwicklungstheorie" geführt, wobei es im Hinblick auf den theoretisch wenig elaborierten Zustand dieser Ansätze in Anlehnung an Aldous (1996) angemessener erscheint, von einem „begrifflichen Bezugsrahmen" (conceptual framework) zu sprechen, der auf einigen grundlegenden Annahmen aufbaut.

Grundannahmen der Familienentwicklungstheorie (Aldous, 1996)

(1) Familiäres Verhalten im „Hier und Jetzt" hängt von den vorangegangenen Erfahrungen der einzelnen Familienmitglieder ab und bestimmt auch deren Zukunftserwartungen mit.
(2) Trotz einer zunehmenden Pluralisierung familiärer Lebensformen zeigen diejenigen Familien, die sich in derselben Lebensphase befinden, vergleichbare Verhaltensmuster.
(3) Familien und ihre Mitglieder werden im Laufe ihres Zusammenlebens mit bestimmten Aufgaben konfrontiert, die sie sich entweder selbst stellen oder die von außen in Form gesellschaftlicher Erwartungen an sie herangetragen werden.

Carter und McGoldrick (1988) haben für verschiedene Familienformen und für unterschiedliche Stadien der normativen Familienentwicklung Kriterien für eine jeweils erforderliche Reorganisation der familiären Beziehungsgestaltung zusammengestellt. In Tabelle 4.1 (S. 109) sind zunächst die in sechs Abschnitte unterteilten normativen Phasen im Familienlebenszyklus und die zugehörigen Familienentwicklungsaufgaben dargestellt.

Ergänzend haben Carter und McGoldrick auch für nicht-normative Veränderungen im Familienlebenszyklus, d.h. für Alleinerziehende oder allein lebende Eltern in der Nachscheidungsphase sowie für den Fall der Wiederverheiratung bzw. Rekonstituierung der Familie, entsprechende Familienentwicklungsaufgaben zusammengestellt (s. Tab. 4.2, S. 110).

2.3 Familienstresstheorie

Bei der Familienstresstheorie steht die Bewältigung von Belastungen auf der Individual-, Paar- und Familiensystemebene im Vordergrund. Bei Bodenmann (2000a) und Perrez (2000) finden sich ausführlich behandelte Stress- und Copingansätze für Paare und Familien.

2.4 Integratives Systemmodell der Familienentwicklung

Im Modell von Schneewind (1999) werden grundlegende Aspekte der Familiensystem-, Familienentwicklungs- und Familienstresstheorie vereint (s. Abb. 4.1, S. 111).

Der Kerngedanke dieses theoretischen Modells besteht darin, den Familienentwicklungsprozess als eine Abfolge von entwicklungsbezogenen Stressoren und Ressourcen zu sehen.

Tabelle 4.1. Normative Veränderungen im Familienlebenszyklus und Familienentwicklungsaufgaben (nach Carter & McGoldrick, 1988, S. 13)

Normative Übergänge und Phasen im Familienlebenszyklus	**Für die weitere Entwicklung erforderliche Veränderungen im Familienstatus** (Wandel zweiter Ordnung)
Verlassen des Elternhauses: alleinstehende junge Erwachsene	▶ Selbstdifferenzierung in Beziehungen zur Herkunftsfamilie ▶ Entwicklung intimer Beziehungen zu Gleichaltrigen ▶ Eingehen eines Arbeitsverhältnisses und finanzielle Unabhängigkeit
Die Verbindung von Familien durch Heirat	▶ Bildung des Ehesystems ▶ Neuorientierung der Beziehungen mit den erweiterten Familien und Freunden, um den Partner einzubeziehen
Familien mit jungen Kindern	▶ Anpassung des Ehesystems, um Raum für ein Kind bzw. Kinder zu machen ▶ Koordinierung von Aufgaben der Kindererziehung, des Umgangs mit Geld und der Haushaltsführung ▶ Neuorientierung der Beziehungen mit der erweiterten Familie, um Eltern- und Großelternrolle mit einzubeziehen
Familien mit Jugendlichen	▶ Veränderungen der Eltern–Kind-Beziehungen, um Jugendlichen zu ermöglichen, sich innerhalb und außerhalb des Familiensystems zu bewegen ▶ Neue Fokussierung auf die ehelichen und beruflichen Themen der mittleren Lebensspanne ▶ Hinwendung auf die gemeinsame Pflege und Sorge für die ältere Generation
Entlassen der Kinder und nachelterliche Phase	▶ Neuaushandeln des Ehesystems als Zweierbeziehung ▶ Entwicklung von Beziehungen mit Erwachsenenqualität zwischen Kindern und Eltern ▶ Neuorientierung der Beziehungen, um Schwiegersöhne/-töchter und Enkelkinder einzubeziehen ▶ Auseinandersetzung mit Behinderungen und Tod von Eltern (Großeltern)
Familien im letzten Lebensabschnitt	▶ Aufrechterhalten des Funktionierens als Person und Paar angesichts körperlichen Verfalls ▶ Unterstützung einer zentraleren Rolle der mittleren Generation ▶ Im System Raum schaffen für die Weisheit und Erfahrung der Alten; Unterstützung der älteren Generation, ohne sich zu stark für sie zu engagieren ▶ Auseinandersetzung mit dem Tod des Partners, dem Tod von Geschwistern und anderen Gleichaltrigen sowie die Vorbereitung auf den eigenen Tod. Lebensrückschau und Integration

Systemebenen. Ausgehend von der Partnerfindung zweier bis zum Zeitpunkt ihrer Begegnung unabhängiger Personen, die auf dem Hintergrund ihrer jeweils individuellen Erfahrungs- und Beziehungsgeschichte eine Beziehung entwickeln, sind diese Personen nicht nur in ihr aktuelles Paar- und Familiensystem eingebunden, sondern darüber hinaus auch in das Mehrgenerationensystem

Tabelle 4.2. Nicht normative Veränderungen im Familienlebenszyklus und Familienentwicklungsaufgaben (nach Carter & McGoldrick, 1988, S.22)

Nicht normative Übergänge und Phasen im Familienlebenszyklus	Für die weitere Entwicklung erforderliche Veränderungen im Familienstatus (Wandel zweiter Ordnung)
Nachscheidungsphase A. Alleinerziehende Eltern B. Alleinlebende (nicht sorgeberechtigte Eltern)	▶ Einrichten flexibler Besuchsregelungen mit dem Expartner ▶ Umgestalten des eigenen Netzwerkes an Sozialbeziehungen ▶ Ausfindigmachen von Wegen, um eine effektive elterliche Beziehung zu den Kindern aufrechtzuerhalten ▶ Umgestalten des eigenen Netzwerkes an Sozialbeziehungen
Wiederverheiratung und Rekonstituierung der Familie	▶ Umstrukturierung der Familiengrenzen, um die Einbeziehung des neuen Partners – Stiefelternteils zu ermöglichen ▶ Neuordnen der Beziehungen zwischen den Subsystemen, damit eine Vernetzung der verschiedenen Systeme möglich wird ▶ Bereitstellen von Beziehungsmöglichkeiten für alle Kinder mit ihren biologischen (nicht-sorgeberechtigten) Eltern, Großeltern und anderen Mitgliedern der erweiterten Familie ▶ Austausch von Vergangenheit und Geschichte, um die Integration der Stieffamilie zu verbessern

ihrer jeweiligen Herkunftsfamilien sowie in eine Reihe weiterer extrafamiliärer Systeme (z.B. in die Kontexte von Beruf, Freizeit, Freundschaft sowie in die Gelegenheitsstrukturen ihrer politischen, sozio-kulturellen und ökonomischen Lage).

Vertikale Stressoren und Ressourcen. Des Weiteren wird davon ausgegangen, dass im Laufe der Zeit auf allen vier Systemebenen (Persönlichkeitssystem, Paar-/Familiensystem, Mehrgenerationensystem, extrafamiliäre soziale Systeme/Lebenslage) belastende, aber auch unterstützende Erfahrungen gemacht wurden, die sich zu einem Potential an vertikalen Stressoren und Ressourcen verdichtet haben.

Horizontale Stressoren und Ressourcen. Ausgestattet mit dem vertikalen Stressoren-Ressourcen-Potential trifft das Paar auf neue Lebensereignisse und -herausforderungen, die sich als horizontale Stressoren und Ressourcen bezeichnen lassen. Dabei können sich bei bestimmten Ereignissen bisweilen horizontale und vertikale Aspekte vermischen, weil die Bedeutung objektivierbarer horizontaler Stressoren und Ressourcen jeweils vor dem Hintergrund des lebensgeschichtlich angeeigneten vertikalen Stressoren-Ressourcen-Potentials einzuordnen ist.

Differenzierung horizontaler Stressoren und Ressourcen. Horizontale Stressoren lassen sich auf allen vier Systemebenen ausmachen (z.B. eine schwere Krankheit, eine Liebesaffäre des Partners, der Tod eines nahestehenden Verwandten, die Kündigung eines Arbeitsverhältnisses). Gleiches gilt für horizontale Ressourcen (z.B. ein neues Hobby, das partnerschaftliche Durchstehen einer Krise, die Beendigung eines lange währenden Streits mit einem Elternteil, neue Freunde). Darüber hinaus lassen sich horizontale Stressoren und Ressourcen aufgliedern in

- normative und nicht normative Ereignisse bzw. Übergänge im (Familien-)Lebenszyklus (z.B. die Geburt eines Kindes, der unzeitgemäß frühe Tod eines Kindes),
- dauerhafte oder chronische Lebensumstände (z.B. der Beginn einer chronischen Krankheit, die langfristig finanzielle Besserstellung durch eine größere Erbschaft) und

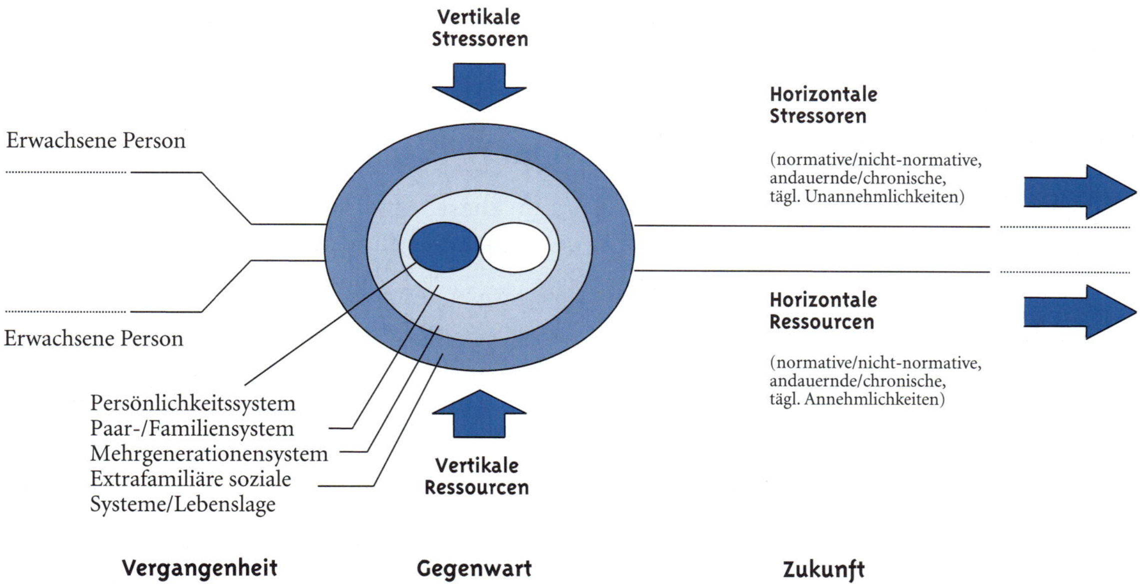

Abbildung 4.1. Systemmodell der Familienentwicklung unter Berücksichtigung entwicklungsbezogener Stressoren und Ressourcen (Schneewind, 1999, S. 116)

- alltägliche Widrigkeiten bzw. Annehmlichkeiten (z.B. eine Auseinandersetzung mit dem Chef, der unerwartete Blumenstrauß vom Partner).

Verlauf der Familienentwicklung. Das Zusammentreffen der vertikalen mit der horizontalen Dimension von Stressoren und Ressourcen ist eine wesentliche Bestimmungsgröße für die Art und Weise der Auseinandersetzung und die Qualität der Bewältigung von sich ändernden Lebensumständen, die den Verlauf der Familienentwicklung kennzeichnen.

Dabei hat sich in der letzten Zeit auf theoretischer wie empirischer Ebene zum einen eine stärkere Beachtung der Prozesse ergeben, die der Entwicklungsdynamik von Familiensystemen zu Grunde liegen (Sprey, 2000).

Zum anderen wird vermehrt ein Augenmerk auf differentielle Entwicklungsverläufe gelegt (Gottman, 1993), weil sich mit einer differentiell-prozessorientierten Vorgehensweise wertvolle Ansatzpunkte für entsprechend angepasste Interventionsmöglichkeiten ergeben.

3 Entwicklung von Familienbeziehungen

Beziehungskonstellationen. Innerhalb eines Familiensystems bestimmt vor allem die Anzahl der Familienmitglieder die Art und Komplexität der Beziehungskonstellationen. So gibt es in einer aus vier Personen, nämlich Vater, Mutter, Sohn und Tochter, bestehenden Kleinfamilie neben sechs Dyaden (Vater–Mutter, Vater–Sohn, Vater–Tochter, Mutter–Sohn, Mutter–Tochter, Sohn–Tochter) vier Triaden (Vater–Mutter–Sohn, Vater–Mutter–Tochter, Vater–Sohn–Tochter, Mutter–Sohn–Tochter) und eine Tetrade, d.h. die aus allen vier Familienmitgliedern bestehende Gesamtfamilie (von Eye & Kreppner, 1989). Dabei sind Beziehungen zwischen der Gesamtfamilie bzw. einzelnen Personen oder Subsystemen und anderen familiären Beziehungssystemen (z.B. den Herkunftsfamilien der Eltern) ebenso wenig berücksichtigt wie die „Beziehungen zwischen Beziehungen“, die sich innerhalb des Familiensystems ergeben können (z.B. Beziehungen zwischen den Eltern und dem Geschwistersubsystem oder spezifische Koalitionen bzw. Allianzen zwischen einzelnen Gruppierungen innerhalb der Gesamtfamilie).

Im Folgenden werden zwei herausgehobene innerfamiliäre Beziehungsformen, nämlich Paar- bzw. Elternbeziehungen und Eltern-Kind-Beziehungen in ihrer Entwicklung ausführlicher behandelt. Auf die für familiäre Entwicklungsprozesse besonders wichtigen „Beziehungen zwischen Beziehungen" wird in Abschnitt 4 ausführlicher eingegangen.

3.1 Entwicklung von Paarbeziehungen

Levinger und Snoeck (1972) haben ein Modell der Beziehungsentwicklung vorgeschlagen, in dem sie zwischen den Polen eines fehlenden Kontakts einerseits und maximaler Wechselseitigkeit andererseits vier Stadien unterscheiden. Es sind dies

(1) kein Kontakt,
(2) einseitige Wahrnehmung eines Partners, ohne dass sich der andere dessen bewusst ist,
(3) oberflächlicher Kontakt, der sich in einer wenig tiefgehenden und weitgehend unpersönlichen Interaktion äußert, und
(4) auf Gegenseitigkeit beruhender Kontakt, der in einem mehr oder weniger großen Ausmaß an körperlicher Attraktivität, Einstellungsähnlichkeit, Bedürfniskomplementarität und Selbstenthüllung zum Ausdruck kommt.

Erst in dem als Gegenseitigkeit (4) bezeichneten Beziehungsstadium (Wynne, 1985) kann man im eigentlichen Wortsinne von einer engen oder intimen persönlichen Beziehung sprechen.

3.1.1 Phasen und Aufgaben der Paarentwicklung

Betrachtet man Paarbeziehungen unter einer lebenslangen Perspektive, so lassen sich bei einem ungebrochenen normativen Entwicklungsverlauf prototypisch die in Tabelle 4.3 (S. 113) dargestellten fünf Entwicklungsphasen unterscheiden, denen jeweils spezifische Entwicklungsaufgaben zugeordnet werden können. Der Phasenabfolge liegt eine auf Dauer angelegte, in der Regel durch Heirat legitimierte und durch Kinder erweiterte Lebensgemeinschaft zugrunde.

Die Bewältigung der Entwicklungsaufgaben ist von großer Bedeutung für den Fortbestand des Paarsystems (Schneewind et al., 2000a).

Nicht-normative Entwicklungsverläufe. Im Gefolge einer in Deutschland während der letzten 30 bis 40 Jahre zunehmenden gesellschaftlichen Differenzierung, Liberalisierung und Individualisierung hat sich auch für Paar- und Familienbeziehungen eine Reihe von Wandlungsprozessen ergeben, die sich z.B. in einer geringeren Heiratsneigung, reduzierten Geburtenraten, erhöhten Scheidungszahlen oder einer stärkeren Egalisierung der Beziehung zwischen den Geschlechtern niederschlagen (Schneewind, 1999). Diese äußern sich wiederum als unterschiedliche Varianten nicht normativer Entwicklungsverläufe von Paarbeziehungen, die sich z.B. im Rahmen nicht ehelicher Lebensgemeinschaften, Lebensabschnittpartnerschaften, „living apart together"-Beziehungen, Wiederverheiratungen oder Stieffamilien vollziehen. Je nach dem biographischen Hintergrund der beiden Partner können sich spezifische Entwicklungsaufgaben wie z.B. die Integration von Kindern aus früheren Partnerschaften in das aktuelle Paar- und Familiensystem ergeben (vgl. die in Tab. 4.2, S. 110) wiedergegebenen Entwicklungsaufgaben nach Trennung und Scheidung).

Tabelle 4.3. Phasen der normativen Paarentwicklung und exemplarische Entwicklungsaufgaben (nach Schneewind et al., 2000a)

Phasen der Paarentwicklung	Entwicklungsaufgaben
Paare in der Frühphase ihrer Beziehung	▶ Lernen zusammenzuleben ▶ Klärung der Aufgabenteilung zwischen den Partnern ▶ Abgrenzung gegenüber konkurrierenden Beziehungen ▶ Sicherstellung des Lebensunterhalts als Paar ▶ Einigung zur Frage der Familienplanung
Paare mit kleinen Kindern	▶ Anpassung des Paarsystems an die Pflege und Betreuung eigener Kinder ▶ Differenzierung zwischen Partner- und Elternrolle ▶ Ausübung einer funktionsfähigen Elternallianz
Paare mit älteren Kindern und Jugendlichen	▶ Aufrechterhaltung einer stabilen und befriedigenden Paarbeziehung ▶ Anpassung an den Beziehungswandel im Umgang mit älter werdenden Kindern ▶ Entlassen der Kinder in die Eigenständigkeit
Paare in der nachelterlichen Phase	▶ Aushandeln eines neuen Verständnisses der Paarbeziehung ▶ Neuorientierung des Lebensstils als Person und Paar ▶ Integration neuer Aufgaben und Rollen im Kontakt mit den erwachsenen Kindern
Paare in der späten Lebensphase	▶ Anpassung an veränderte zeitliche Rahmenbedingungen von Gemeinsamkeit nach dem Ausscheiden aus dem Arbeitsleben ▶ Auseinandersetzung mit Gebrechlichkeit bzw. Tod des Partners ▶ Klärung testamentarischer Verfügungen gegenüber den Nachkommen

3.1.2 Gelingende und misslingende Paarbeziehungen

Um empirisch gesicherte Aussagen über das Gelingen bzw. Misslingen von Paarbeziehungen zu machen, ist es erforderlich, im Rahmen von prospektiven Längsschnittstudien den Entwicklungsverlauf von Paarbeziehungen nachzuzeichnen (Engl, 1997). Karney und Bradbury (1995) haben hierzu 115 Studien gesichtet und analysiert. Zur Einordnung der Fülle der Befunde, die in diesen Studien zutage gefördert wurden, haben sie das in Abbildung 4.2 (S. 114) dargestellte pfadanalytische Vulnerabilitäts-Stress-Adaptationsmodell entwickelt, das zur Erklärung und Vorhersage der Paarzufriedenheit und Paarstabilität dienen soll.

Paarzufriedenheit und Paarstabilität werden als konzeptionell und empirisch weitgehend unabhängige Dimensionen betrachtet, was sich u.a. auch darin äußert, dass es stabil-unglückliche Paarbeziehungen gibt (Heaton & Albrecht, 1991). Dennoch wird unterstellt, dass eine hohe Paarzufriedenheit zu einer hohen Paarstabilität beiträgt. Neben Paarzufriedenheit und Paarstabilität werden in dem Prozessmodell noch drei weitere Einflussgrößen, nämlich Anpassungsprozesse, belastende Ereignisse und überdauernde Eigenschaften, unterschieden. Diese drei Modellvariablen umfassen eine Fülle unterschiedlicher Merkmale. Einige davon sollen im Folgenden exemplarisch dargestellt werden.

Anpassungsprozesse. Anpassungsprozesse nehmen in dem von Karney und Bradbury (1995)

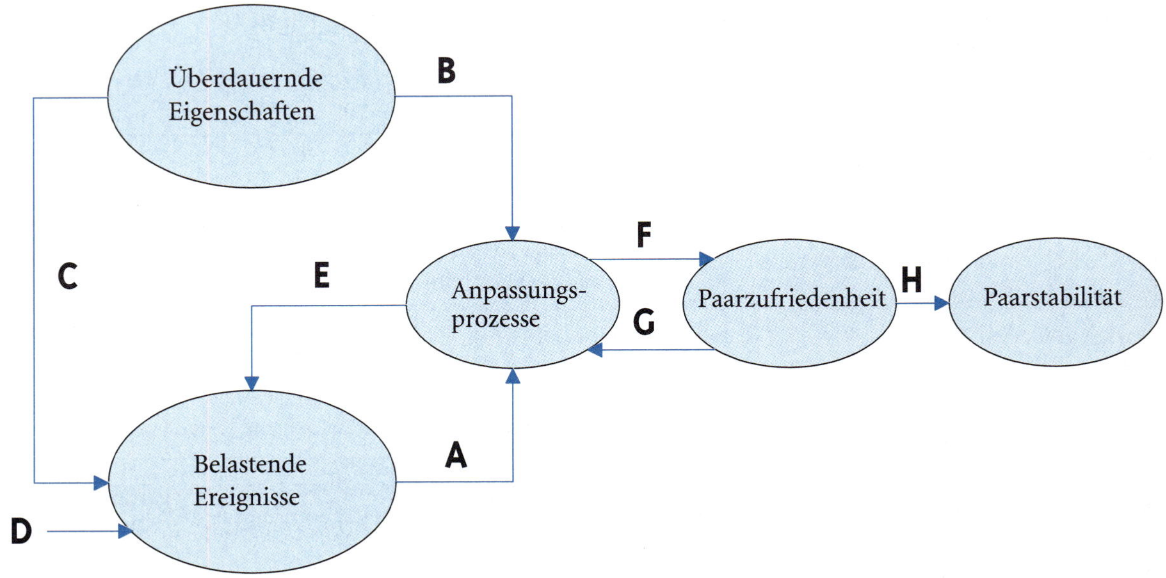

Abbildung 4.2. Die Beziehungen zwischen den einzelnen Variablengruppen werden als kausal angeordnete, z.T. auch nach dem Prinzip der zirkulären Kausalität wirkende Einflusspfade gesehen und sind mit den Buchstaben A bis H gekennzeichnet.

A: Belastende Ereignisse (z.B. Konflikte über Arbeitsteilung in der Partnerschaft) erzeugen Stress und erfordern spezifische Anpassungsprozesse (z.B. Neuaushandeln der Aufgabenverteilung).

B: Überdauernde Eigenschaften (z.B. emotionale Labilität) wirken sich auf die Qualität der Anpassungsprozesse (z.B. dysfunktionale Konfliktbewältigung) aus.

C: Überdauernde Eigenschaften (z.B. chronische Untreue eines Partners) führen zu belastenden Ereignissen in der Partnerschaft (z.B. Streit, Entfremdung).

D: Belastende Ereignisse ergeben sich nicht nur paarintern, sondern auch aufgrund externer Einflüsse (z.B. Arbeitslosigkeit).

E: Anpassungsprozesse (z.B. destruktive Konfliktbewältigung) wirken als belastende Ereignisse (z.B. angespanntes Beziehungsklima) auf die Partnerschaft zurück.

F: Anpassungsprozesse (z.B. Kompromissbildung) erhöhen die Paarzufriedenheit.

G: Hohe Paarzufriedenheit wirkt auf konstruktive Anpassungsprozesse (z.B. humorvolle Konfliktregulation) zurück.

H: Hohe Paarzufriedenheit immunisiert z.B. gegen die Attraktivität möglicher anderer Partner und verringert damit die Wahrscheinlichkeit von Trennungen.

vorgeschlagenen Modell eine zentrale Stellung ein. Diese beziehen sich auf die Strategien, die Partner als einzelne Personen und gemeinsam in ihrem täglichen Zusammenleben einsetzen, und zwar insbesondere in krisen- und konflikthaften Situationen, wie sie sich z.B. gehäuft bei Übergängen zwischen Entwicklungsphasen der Paarbeziehung ergeben (s. Tab. 4.3). Hierzu gehören vornehmlich individuelle und dyadische Formen der Emotionsregulation und Stressbewältigung bei paarinternen Unstimmigkeiten und paarexternen Stressoren (Bodenmann, 2000a). Eine wichtige Rolle spielen hierbei mehr oder minder funktionale bzw. dysfunktionale Kommunikationsfertigkeiten sowie Konflikt- und Problemlösungskompetenzen (vgl. Abschnitt 5).

Belastende Ereignisse. Damit sind sowohl auf der Makroebene kritische Lebensereignisse wie auf der Mikroebene tägliche Unannehmlichkeiten gemeint. Kritische Lebensereignisse sind z.B. chronische Krankheiten, Unfälle, Arbeitslosigkeit, Scheidung, Todesfälle im Umfeld des Paarsystems. Für die Qualität und Stabilität von Paarbeziehungen besonders relevant ist die Frage, ob Partner, die aus Scheidungsfamilien stammen, ein höheres Scheidungsrisiko aufweisen als Partner, die in „intakten" Familien groß geworden sind. Nationale und internationale Studien sprechen dafür, dass das Scheidungsrisiko für Partner aus geschiedenen Elternehen tatsächlich höher ist (Diekmann & Engelhardt, 1995; Glenn & Kramer, 1987).

Tägliche Unannehmlichkeiten sind mehr oder minder chronifizierte „Ministressoren" innerhalb und außerhalb der Paarbeziehung. Paarintern können sich z.B. Meinungsverschiedenheiten über Sexualität, Geld, Aufgabenteilung im Haushalt oder Standards bei der Bewältigung häuslicher Aufgaben ergeben. Paarextern manifestieren sich tägliche Widrigkeiten u.a. in Auseinandersetzungen mit Vorgesetzten, Kollegen oder Nachbarn, Zeit- und Termindruck, unzuverlässigen Verkehrsverbindungen etc. Wenn sich diese Misshelligkeiten zeitlich verdichten, können sie sich im Sinne der "Spill-over"-Hypothese belastend auf die Paarbeziehung auswirken, insbesondere wenn die Paare über keine hinreichenden individuellen und dyadischen Bewältigungsstrategien verfügen (Bodenmann, 2000a).

Überdauernde Eigenschaften. In dem Modell von Karney und Bradbury (1995) sind dies vor allem relativ stabile Persönlichkeitseigenschaften, die von den beiden Partnern in die Beziehung eingebracht werden. In Längsschnittstudien hat sich insbesondere die Persönlichkeitsvariable Neurotizismus (emotionale Labilität) wegen der negativen Affektivität, die mit ihr verbunden ist, langfristig als ein wichtiger Einflussfaktor für das Gebzw. Misslingen von Paarbeziehungen erwiesen.

Die Nützlichkeit des Modells von Karney und Bradbury (1995) besteht u.a. darin, dass Anpassungsprozesse auf dem Hintergrund überdauernder Eigenschaften und belastender Ereignisse als zentrale vermittelnde Variablen gesehen werden. Dass dies in der Tat so ist, soll anhand der im Kasten dargestellten prospektiven Längsschnittstudie zur Paarentwicklung exemplarisch verdeutlicht werden.

UNTER DER LUPE

Beziehungspersönlichkeit, Konfliktbewältigung und Ehezufriedenheit

Im Rahmen einer fünfjährigen Längsschnittstudie zur frühen Paar- und Familienentwicklung (Schneewind & Gerhard, 2002) wurden beide Partner von insgesamt 86 jung verheirateten Ehepaaren hinsichtlich ihrer Beziehungspersönlichkeit (gemessen mit Hilfe der Skalen „Beziehungskompetenz", „Einfühlungsvermögen" und „Verletzlichkeit" [Vierzigmann, 1995]) auf clusteranalytischem Wege drei Personentypen zugeordnet, die über sechs im Einjahresintervall durchgeführte Erhebungszeitpunkte zeitstabil blieben.

- Personen des Typs 1 fallen durch hohe Ausprägungen der Beziehungskompetenz und des Einfühlungsvermögens bei gleichzeitig gering ausgeprägter Verletzlichkeit auf.
- Für Typ 2 ergeben sich leicht überdurchschnittliche Werte bei der Beziehungskompetenz und beim Einfühlungsvermögen bei stark ausgeprägter Verletzlichkeit.
- Die dem Typ 3 zugeordneten Personen lassen sich durch eine wenig kompetente und einfühlungsfähige, zugleich aber in hohem Maße verletzliche Beziehungspersönlichkeit kennzeichnen.

Führt man nun diese auf der Individualebene gefundenen Typen der Beziehungspersönlichkeit auf der Paarebene zusammen, so ergibt sich erwartungsgemäß für die Paare, bei denen beide Partner dem Typ 1 angehören, eine bereits zu Beginn des fünfjährigen Untersuchungszeitraums deutlich höhere und über die Zeit hinweg auch weitgehend stabil bleibende Ehezufriedenheit (erfasst mit einer deutschen Version der "Relationship Assessment Scale" von Hendrick, 1988; Schneewind et al., 1989) als für alle anderen Paarkonstellationen. Hingegen starten Paare, bei denen beide Partner dem Typ 3 zugehören, ihre

Ehebeziehung auf einem erheblich niedrigeren Ehezufriedenheitsniveau, das im Laufe der Zeit ständig weiter absinkt. Für die Paare, bei denen beide Partner dem Typ 2 angehören, sowie für die Paare mit unterschiedlichen Beziehungspersönlichkeiten ergeben sich Entwicklungsverläufe ihrer Ehezufriedenheit, die zwischen den beiden „reinen" Typen 1 und 3 liegen.

Es zeigt sich jedoch, dass die Qualität der Konfliktbewältigung als Mediatorvariable in erheblichem Ausmaß die Variation der Ehezufriedenheit – und zwar bis zu einem Maximalwert von $R^2 = .62$ – aufzuklären vermag. Interventionsansätze sollten demnach in einer Paarbeziehung möglichst früh und unter Berücksichtigung differentieller Aspekte der Beziehungspersönlichkeit mit der Stärkung von Beziehungsfertigkeiten und der Vermittlung konstruktiver Strategien der Konfliktregulation beginnen (vgl. Abschnitt 5).

3.1.3 Paarbeziehungstypen

Es bietet sich an, den Verlauf der Beziehungsentwicklung von Paaren unter einer differentiell-typologischen Perspektive zu untersuchen. Dadurch werden unterschiedliche Entwicklungspfade von glücklichen und unglücklichen Paaren sichtbar. So fand z.B. Gottman (1993) ähnlich wie Fitzpatrick (1988) in den Analysen seiner prospektiven Längsschnittstudien drei Typen von funktionalen Paarbeziehungen, die sich hinsichtlich ihrer „Partnerschaftsphilosophie" und ihres Niveaus an positiven bzw. negativen Gefühlen sowie ihres Umgangs mit Konflikten deutlich unterscheiden. Während Gottman (1998) seine drei funktionalen Paartypen als die „Konstruktiven", „Impulsiven" und „Konfliktvermeidenden" bezeichnet, spricht Fitzpatrick (1988) von den „Traditionellen", „Unabhängigen" und „Separierten". Eine an Gottman (1993, S. 13f) angelehnte Synopse der von ihm und Fitzpatrick gefundenen Paarbeziehungstypen findet sich im folgenden Kasten.

Paarbeziehungstypen

Die Traditionellen (Konstruktiven). Sie neigen dazu, Auseinandersetzungen zu vermeiden, streiten sich aber dennoch über wichtige Konfliktpunkte in ihrer Ehe. Ihr Geschlechtsrollenverständnis entspricht eher den traditionellen Vorstellungen von Mann und Frau. Beide betonen das „Wir" in der Beziehung mehr als individuelle Ziele und Werte. Zu Hause sind sie viel zusammen und halten sich gemeinsam im gleichen Raum auf. Darüber hinaus tendieren sie zu einem geregelten Tagesablauf.

Die Unabhängigen (Impulsiven). Sie sind davon überzeugt, dass ihre Individualität in der Ehe betont und gestärkt werden soll. Beiden Partnern soll Privatheit und Unabhängigkeit zugestanden werden. Konflikte sind für das Wachstum ihrer Beziehung eher förderlich. Sie orientieren sich wenig an traditionellen Geschlechtsrollennormen, sondern betrachten sich selbst als androgyn und in ihrer Ehe als gleichberechtigt. Sie lassen sich auf Konflikt und das Aushandeln von Kompromissen ein. Auch tauschen sie sich miteinander über ihre Gefühle aus, und zwar gleichermaßen über positive wie negative. Zu Hause halten sie sich eher in getrennten Räumen auf und achten sorgsam auf die Zugangsregeln. Insgesamt neigen sie eher zu einem unregelmäßigen Tagesablauf.

Die Separierten (Konfliktvermeidenden). Sie sind vor allem durch ein hohes Maß an Getrenntheit und interpersonaler Distanz gekennzeichnet. Gleichzeitig ist wenig an Gemeinschaftlichkeit und wechselseitigem Austausch erkennbar. Ihre Wertvorstellungen ähneln denen der Traditionellen (Konstruktiven), nur dass für sie Unabhängigkeit und Autonomie bei der Nutzung der Wohnung von großer Bedeutung ist. Konflikten versuchen sie, so weit wie möglich aus dem Weg zu gehen.

Gottman-Konstante der Paarzufriedenheit. Trotz der unterschiedlichen Gestaltung partnerschaftlicher Gemeinsamkeit dieser drei Paarbeziehungstypen, besteht bei allen drei Typen eine in etwa gleich hohe Zufriedenheit mit der Paarbeziehung. Mehr noch: Betrachtet man den Interaktionsverlauf für die drei Paartypen, so erweist sich die inzwischen als „Gottman-Konstante" bekannt gewordene Relation zwischen positiven und negativen Interaktionen als besonders aussagekräftig. Nach Gottman (1994) liegt diese Konstante im Falle von glücklichen Paaren bei 5 : 1 oder darüber. Mit anderen Worten: ein negativer Verhaltensaustausch zwischen den Partnern muss durch mindestens fünf positive Interaktionen aufgewogen werden, um die Zufriedenheit mit der Paarbeziehung nicht zu gefährden. Bei unglücklichen Paaren sinkt dieser Quotient auf einen Wert von 1 oder darunter und dokumentiert damit das geringe Ausmaß an Positivität in diesen Paarbeziehungen. Dies ist erneut ein Befund, der wichtige Implikationen für die paarorientierte Interventionspraxis hat.

3.2 Entwicklung von Eltern-Kind-Beziehungen

Rollenumkehr. Gesellschaftlich ist allgemein anerkannt, dass Eltern für die Pflege, Betreuung und Erziehung ihrer Kinder verantwortlich sind. Dies betrifft zumindest die Zeit, bis die Kinder für sich selbst sorgen können. Später kann es jedoch zu einer Rollenumkehr kommen. Damit ist gemeint, dass die erwachsenen Kinder, wenn die Eltern gebrechlich werden, Verantwortung für deren Pflege und Betreuung übernehmen. Dies zeigt auch ein Überblick über die verschiedenen Phasen von Eltern-Kind-Beziehungen im Familienlebenszyklus, die Cusinato (1994) in Anlehnung an Tseng und Hsu (1991) zusammengestellt hat. In Tabelle 4.4 sind diese Phasen zusammen mit einigen wichtigen funktionalen Verhaltensmustern der Eltern und der Kinder wiedergegeben.

Im Folgenden soll das Hauptaugenmerk bezüglich der Entwicklung von Eltern-Kind-Beziehungen auf jenen Zeitraum gelegt werden, in dem die nachwachsende Generation sich im Kindes- und Jugendalter befindet (Parke & Buriel, 1997; Schneewind, 2000b).

3.2.1 Eltern als Interaktionspartner

In erster Linie sind die Eltern für ihre Kinder Interaktionspartner. Durch die Art, wie Eltern auf ihre Kinder eingehen und mit ihnen umgehen, nehmen sie schon früh Einfluss auf die Qualität kindlicher Bindungserfahrungen, in denen reziproke Beziehungsmuster zwischen Elternperson und Kind erkennbar werden.

Bindungsaufbau. In bindungstheoretischer Perspektive hat sich für die Etablierung einer sicheren Bindung des Kindes an seine primären Bezugspersonen – in den meisten Fällen sind dies die Eltern – eine Reihe von Charakteristika des elterlichen Interaktionsverhaltens ergeben. Nach De Wolff und van Ijzendoorn (1997) gehören hierzu u.a. Merkmale wie

- Sensitivität für kindliche Signale,
- positive Haltung gegenüber dem Kind,
- Synchronisation im Sinne einer sanften Abstimmung reziproker Interaktionen mit dem Kind,
- Unterstützung und Stimulation durch häufige Interaktionsaufnahme mit dem Kind.

Es sind dies Kennzeichen des elterlichen Interaktionsverhaltens, die in der frühen Entwicklung des Kindes zu engen affektiven Bindungen zwischen Elternperson und Kind führen und mit hoher Wahrscheinlichkeit dazu beitragen, dass die Kinder als „sicher" gebunden klassifiziert werden.

Bezogenheit und Autonomie. Dieses „affektive Band" soll dem menschlichen Säugling zum einen Schutz vor lebensbedrohlichen Beeinträchtigungen und sonstigen Widrigkeiten bieten, auf die er wegen seines noch nicht ausgebildeten Repertoires an Bewältigungsmöglichkeiten nicht angemessen reagieren kann. Zum anderen soll die affektive Bindung an eine oder mehrere Pflegepersonen eine möglichst sichere Basis für die Erkundung

Tabelle 4.4. Phasen von Eltern-Kind-Beziehungen und zugehörige funktionale Verhaltensmuster (nach Cusinato, 1994, S. 94)

Phasen	Funktionale Verhaltensmuster	
	Eltern	**Kind**
Eltern mit Säuglingen und Kleinstkindern	▶ Pflege, Schutz und Fürsorge für das Kind	▶ Totale Abhängigkeit von den Eltern
Eltern mit jüngeren Kindern	▶ Anpassung an eine triadische Beziehung mit dem Kind ▶ Verfügbarkeit als Verhaltensmodell für kindliche Imitation ▶ Einführung angemessener Beschränkungen und Grenzen	▶ Psychologische Trennung von den Eltern ▶ Streben nach Autonomie ▶ Spiegeln und Imitieren elterlichen Verhaltens ▶ Bewältigung von Allmachtsphantasien
Eltern mit älteren Kindern	▶ Sensibilität für die kindlichen Entwicklungsbedürfnisse ▶ Bereitstellung von Gelegenheiten für die Eigenaktivität des Kindes entsprechend seinen Fähigkeiten ▶ Kind gehen und wachsen lassen ▶ Lebensfreude vermittelt durch die Erfahrungen des Kindes	▶ Suche nach Individualität
Eltern mit Jugendlichen	▶ Unterstützung bei der Rollen- und Identitätsentwicklung ▶ Toleranz und Kompromissbildung bei generationsspezifischen Unterschieden	▶ Entwicklung eines Selbstbildes und einer eigenen Identität
Erwachsene Kinder mit Eltern	▶ Erwachsenes Kind gehen und unabhängig sein lassen ▶ Akzeptieren einer Erwachsenenbeziehung mit dem Kind ▶ mit Ermutigung, Bestätigung und Wertschätzung zur Seite stehen	▶ Relative Unabhängigkeit von den Eltern ▶ Entwicklung einer Erwachsenenbeziehung mit den Eltern ▶ Suche nach Orientierung und Unterstützung durch die Eltern, wenn erforderlich
Erwachsene Kinder mit älteren Eltern	▶ Rollenumkehr bezüglich der Betreuung durch das Kind	▶ Rollenumkehr, um die Betreuung von gealterten und gebrechlichen Eltern zu übernehmen

und schrittweise Eroberung der Welt darstellen. Es werden damit theoretisch zwei miteinander verschränkte Motivations- und Verhaltenssysteme unterstellt, die einerseits einem Bedürfnis nach Bezogenheit, andererseits ein Bedürfnis nach Autonomie im Sinne einer eigenständigen Weltaneignung entspringen (Schneewind, 1994).

Interne Arbeitsmodelle. Die Qualität der Bindungserfahrungen bestimmt entscheidend die Ausgestaltung des internen Arbeitsmodells beim heranwachsenden Kind. Interne Arbeitsmodelle sind gewissermaßen personintern repräsentierte Abbilder spezifischer Bindungserfahrungen. Sie schlagen sich nieder in affektiv getönten Vorstellungen über sich selbst und wichtige Bezugspersonen, die sich aufgrund der Interaktion mit diesen Personen ergeben. Je nachdem welche Bindungserfahrungen gemacht werden, entwickeln sich unterschiedliche mentale Repräsentationen vom Selbst und von der Bezugsperson. Diese mentalen Repräsentationen oder internen Arbeitsmodelle beeinflussen langfristig die Selbst- und Beziehungsentwicklung einer Person wahrscheinlich entscheidend mit (Grossmann & Grossmann, 1991). Dies konnte in einer Reihe von Längsschnittstudien nachgewiesen werden (Cassidy & Shaver, 1999). So zeigte sich u.a., dass die Qualität des Bindungsstils bis zu einem gewissen Grade auch die Art der Sozialbeziehungen (z.B. im Kindergarten und in der Schule) und die Entwicklung einer Reihe von Persönlichkeitsmerkmalen (z.B. Selbstvertrauen, soziale Kompetenz, emotionales Wohlbefinden) vorherzusagen vermag (Shulman et al, 1994).

Bindungsförderndes Elternverhalten. All diese Befunde haben dazu geführt, das Konzept des "attachment parenting" (bindungsförderndes Elternverhalten) zu propagieren (Kennedy & Sears, 1999). Vor allem in den ersten eineinhalb Jahren soll durch bindungsförderndes Elternverhalten eine positive emotionale Beziehungsgrundlage für die weitere kindliche Entwicklung gelegt werden. Zum einen ist dabei zu berücksichtigen, dass auf die Qualität des elterlichen Interaktionsverhaltens eine Fülle moderierender Einflüsse einwirkt, zu denen neben kindlichen Temperamentsmerkmalen auch Kontextfaktoren wie Armut, eine belastete Elternpersönlichkeit und dysfunktionale Paarbeziehungen gehören (NICHD Early Child Care Research Network, 1997). Zum anderen sind frühe Eltern-Kind-Beziehungen, die auf eine sichere Bindung hinweisen – auch wenn sie eine gute Basis für eine positiv verlaufende Selbstsozialisation und -entwicklung darstellen – kein Garant für eine lebenslang anhaltende sichere Bindungsorientierung und auch nicht für eine positiv verlaufende Persönlichkeitsentwicklung der Kinder. Im weiteren Verlauf der kindlichen Entwicklung bedarf es zusätzlicher elterlicher Kompetenzen, die weiter unten noch ausführlicher dargestellt werden.

3.2.2 Eltern als Erzieher

Neben ihrer Rolle als Interaktionspartner sind Eltern auch Erzieher, indem sie explizit auf ihre Kinder einwirken, um ihnen unter Berücksichtigung ihrer individuellen Besonderheiten dabei behilflich zu sein, dass sie sich zu eigenständigen, kompetenten und gemeinschaftsfähigen Personen entwickeln können. Eltern vermitteln damit ihren Kindern das Rüstzeug dafür, dass sie letztlich in Selbstverantwortung ein – wie der sich mit Fragen der Lebenskunst beschäftigende Philosoph Schmid (2000) sich ausdrückt – „bejahenswertes Leben“ führen können. Hierbei ergibt sich ein Spannungsverhältnis von Autonomie und Heteronomie, mit dem jegliche Form von Erziehung „belastet“ ist, da es in der Erziehung zunächst einmal um die aus Kultur und Gesellschaft übernommenen heteronomen Gewohnheiten der Lebensführung geht.

Erziehungsstile. Ob Erziehung im Sinne der Förderung einer bejahenswerten Lebensführung gelingt, hängt allerdings in starkem Maße von der Qualität des elterlichen Erziehungsstils ab. Erziehungsstile lassen sich einer Klassifikation von Maccoby und Martin (1983) zufolge beschreiben als

- autoritär (zurückweisend und stark Macht ausübend),
- vernachlässigend (zurückweisend und wenig Orientierung gebend),
- permissiv (akzeptierend und wenig fordernd) oder
- autoritativ (akzeptierend und klar strukturierend).

Dabei hat sich gezeigt, dass vor allem Eltern, die einen autoritativen Erziehungsstil praktizieren, dazu beitragen, dass ihre Kinder sich zu emotional angepassten, eigenständigen, leistungsfähigen und sozial kompetenten Personen entwickeln (Baumrind, 1991). Die Prozesse, die diese Erziehungseffekte begünstigen bzw. beeinträchtigen sind in einer Reihe von Publikationen zusammenfassend dargestellt (Ambert, 1997; Holden, 1997; Schneewind et al., 2000b).

Kontextabhängigkeit. Freilich ist dabei auch zu berücksichtigen, dass Erziehung stets in einem spezifischen Kontext stattfindet. Konkret heißt dies, dass ein im Mittelschichtmilieu praktizierter autoritativer Erziehungsstil mit seinen überwiegend positiv eingeschätzten Entwicklungseffekten im Falle bestimmter sozialer Umwelten (wie z.B. einem delinquenzbelasteten Milieu) ein stärker lenkendes und einschränkendes, d.h. mit Elemen-

Tabelle 4.5. Kindliche Entwicklungsziele, Erfolgsfertigkeiten und elterliche Unterstützungsmaßnahmen (nach Borba, 1999, S. 5)

Erfolgskriterien	Elterliche Unterstützungsmaßnahmen	Entwicklungsziele
Persönliche Fertigkeiten		
Positives Selbstwertgefühl	Dem Kind helfen, solide, positive Selbstüberzeugungen und eine Haltung des „Ich kann's schaffen" vermitteln, so dass es sich erfolgszuversichtlich fühlt	Selbstvertrauen
Kultivierung von Stärken	Sensibilisierung der Achtsamkeit des Kindes für seine speziellen Talente und Stärken, so dass es auf seine Individualität stolz sein und sein persönliches Potential erweitern kann	Selbstbewusstsein
Emotionale Fertigkeiten		
Kommunizieren	Das Kind unterstützen, aufmerksam zuzuhören, für sich selbst zu sprechen und das, was es sagen will mitzuteilen, um das eigene Wissen zu vergrößern und Missverständnisse zu reduzieren	Verstehen
Problemlösen	Dem Kind beibringen, wie es in Ruhe die besten Lösungen findet und verantwortliche Entscheidungen treffen kann	Selbstverantwortlichkeit
Soziale Fertigkeit		
Mit anderen auskommen	Unterstützung des Kindes bei der Entwicklung seiner Fähigkeiten, Freundschaften zu schließen und mit schwierigen Beziehungen zurechtzukommen	Kooperation
Motivationale Fertigkeiten		
Ziele setzen	Dem Kind helfen, wie es lernen kann, die Ziele zu bestimmen, die es erreichen möchte und die Schritte für eine erfolgreiche Zielerreichung festzulegen	Selbstmotivation
Nicht aufgeben	Dem Kind zeigen, wie es etwas, das es begonnen hat, zu Ende bringen kann, auch wenn sich Schwierigkeiten auftun	Beharrlichkeit
Moralische Fertigkeit		
Sich kümmern	Stärkung des kindlichen Mitgefühls und seiner Sensibilität für die Gefühle und Bedürfnisse anderer	Empathie

ten eines autoritären Erziehungsstils angereichertes Elternverhalten erfordert, um eine positive Entwicklung der Kinder zu unterstützen (Darling & Steinberg, 1993)

Erfolgsfertigkeiten. Eine Reihe von Persönlichkeitsmerkmalen, die – abgestimmt auf die unterschiedlichen Entwicklungsphasen und -aufgaben von Kindern – durch spezifische elterliche Erziehungsmaßnahmen beeinflusst werden können, hat u.a. Borba (1999) zusammengestellt. Tabelle 4.5 gibt einen Überblick über acht dieser von Borba als „Erfolgsfertigkeiten“ bezeichneten Persönlichkeitsmerkmale und ihre Zuordnung zu entsprechenden Erziehungszielen und elterlichen Unterstützungsmaßnahmen.

Für jede dieser acht Erfolgsfertigkeiten zeigt Borba ausführlich, welche Mittel Eltern zur Verfügung stehen, um die angestrebten Entwicklungsziele so zu erreichen, dass sie von den Kindern erfolgreich in ihr Persönlichkeitssystem integriert und die damit verbundenen Erfahrungs- und Verhaltensmuster im Sinne autonomer Gewohnheiten zu ihren eigenen gemacht werden können.

3.2.3 Eltern als Arrangeure von Entwicklungsgelegenheiten

Eine dritte zentrale Elternfunktion besteht darin, dass sie Arrangeure von Entwicklungsgelegenheiten für ihre Kinder sind. Idealerweise besagt dies, dass sie nicht nur im inner- sondern auch im außerfamiliären Kontext Umweltbedingungen schaffen, die ihre Kinder dazu anregen, ihren Lern- und Erfahrungshorizont etwa im Sinne der oben genannten Entwicklungsziele zu erweitern, und zwar zum Teil auch ohne die Präsenz bzw. das unmittelbare Eingreifen der Eltern. Eltern übernehmen dadurch die Rolle von „Türöffnern“ für die Erfahrungswelten ihrer Kinder. Im Sinne Bronfenbrenners (1979) haben diese die Funktion von sekundären Entwicklungskontexten, in denen Kinder selbständig neue Erfahrungen machen und sich erweiternde Handlungsspielräume erschließen können. Für Eltern besteht auf diesem Wege die Möglichkeit, viel zur Entschärfung der „Zudringlichkeit“ direkter Erziehungsbemühungen beizutragen (Domke, 1997). Dies soll im Folgenden an zwei Beispielen veranschaulicht werden.

Eltern als Arrangeure einer „Ökologie der Sicherheit“

Physische Sicherheit. Eine wesentliche Aufgabe von Eltern als Arrangeure kindlicher Entwicklungsgelegenheiten besteht zu allererst darin, für eine kindgerechte „Ökologie der Sicherheit“ zu sorgen. Besonders wichtig ist hierbei die physische Sicherheit von Kindern innerhalb und außerhalb der Wohnung – bei kleinen Kindern z.B. durch die Installation von Kindersicherungen für Steckdosen, die Auswahl sicherer und ungiftiger Spielzeuge, das Beiseiteschaffen gefährlicher Gegenstände im Haushalt, das Aufsuchen kindersicherer Spielplätze, die Verwendung von gesicherten Kindersitzen bei Autofahrten, die Durchsetzung von verkehrsberuhigten Zonen und Kinderspielstraßen auf kommunalpolitischer Ebene etc. (Leach, 1993). Es ist dies eine Art präventiver Strategie, die es Eltern erlaubt, gelassener und mit weniger häufigen Ermahnungen oder Eingriffen den Aktivitäten ihrer Kinder freien Lauf zu lassen.

Umgang mit anderen Personen. Ein weiterer Aspekt einer kindorientierten Ökologie der Sicherheit hat mit der physischen und psychischen Sicherheit von Kindern zu tun, wenn sie mit anderen Personen in Berührung kommen. Dies betrifft den Umgang mit anderen Familienmitgliedern (z.B. Geschwistern, Verwandten), Babysittern und sonstigen Betreuungspersonen (z.B. Tagesmütter, Krippen- und Kindergartenpersonal) im Hinblick auf physische Gewaltanwendung, psychische Misshandlung, Missbrauch oder Vernachlässigung (Egle et al., 1997), die – wie entsprechende Dunkelfeldstudien zeigen – in einem erheblichem Maße im familiären Kontext nachweisbar sind (Deegener, 2000; Schneewind, im Druck; Wetzels, 1997).

Elterliche Gewalt. Eine besondere Rolle spielen dabei die Eltern selbst, die aus der Sicht der Kinder zunächst ihre wichtigste „soziale Ökologie“ darstellen. Eltern können nicht nur dadurch, dass sie im direkten Kontakt mit ihren Kindern Gewalt ausüben, sondern indirekt auch dadurch, dass Kinder Zeugen heftiger und destruktiver Partnerkonflikte werden, die Entwicklung ihrer Kinder beeinträchtigen. Dies wurde inzwischen in einer Fülle von Studien nachgewiesen, in denen sich vor allem die „Spill-over“-Hypothese, d.h. das „Überschwappen“ von Elternkonflikten auf Eltern-Kind-Beziehungen und daraus resultierenden Verhaltensstörungen der Kinder weitgehend bestätigt hat (vgl. Abschnitt 4.2).

Eltern als Arrangeure einer „Ökologie der Entwicklungsförderung“

Anregende Umwelten. In den bisher genannten Aspekten einer kindorientierten Ökologie der Sicherheit geht es vor allem darum, negative Bedingungen des Aufwachsens zu entschärfen. Als Arrangeure kindlicher Entwicklungsgelegenheiten übernehmen Eltern aber auch die Aufgabe, entwicklungsförderliche Umwelten zu schaffen, an denen sie entweder überhaupt nicht, nur teilweise oder nur marginal beteiligt sind. Eine derartige kindorientierte „Ökologie der Entwicklungsförderung“ hat viele Facetten und trifft im Prinzip auf alle bereits genannten Punkte zu – allerdings mit einem positiven Vorzeichen. Mit anderen Worten: innerhalb des häuslichen und außerhäuslichen Umfelds können dem Entwicklungsstand des Kindes angemessene Anregungsbedingungen so gestaltet und ausgewählt werden, dass sie bei den Kindern zu entwicklungsförderlichen Effekten führen (z.B. durch die Auswahl entsprechenden Spielzeugs, das Aufsuchen anregungsreicher Orte oder das Eingehen auf kindliche Interessen).

Förderliche Kontakte. Gleiches gilt auch für den inner- und außerfamiliären Kontakt mit anderen Personen, was von den Eltern verlangt, dass sie sich mit diesen Personen (z.B. Kindergärtnerinnen, Freunde der Kinder) vertraut machen und sich vergewissern, dass sie für die Entwicklung ihrer Kinder nicht nur unschädlich, sondern darüber hinaus entwicklungsfördernd sind. Dies trifft insbesondere für das allmähliche Hineinwachsen in Sozialbeziehungen mit altersgleichen Kindern zu, die mit zunehmendem Lebensalter mehr Bedeutung gewinnen. Die Eltern können dabei erheblichen Einfluss auf die Herstellung außerfamiliärer Gleichaltrigenkontakte ihrer Kinder nehmen.

Institutionen. Auf formelle Weise geschieht dies im Falle von Klein- und Vorschulkindern dadurch, dass sie bei Tagesmüttern, Kinderkrippen und Kindergärten mit anderen Kindern in Berührung kommen, wobei die Qualität der institutionellen Betreuung allerdings erheblich variieren kann (Beller, 1995). Vor allem große Gruppen, ein ungünstiges Verhältnis von Betreuungspersonen zu anvertrauten Kindern und eine unzureichende Schulung des Betreuungspersonals führen zu weniger Anregung und Einfühlsamkeit sowie zu einem höheren Maß an einschränkendem Verhalten, was vor allem im ersten Lebensjahr eine Beeinträchtigung der kognitiven und sozio-emotionalen Entwicklung der Kinder nach sich zieht (Belsky, 1990; Howes, 1990; Lamb, 1997). Eltern sind daher gut beraten, auf diese Aspekte zu achten, wenn sie eine außerfamiliäre Betreuung ihrer Kinder in Erwägung ziehen.

Freundschaften. Neben dem Zugang zu Gleichaltrigen über formelle Betreuungsinstitutionen regeln Eltern den Kontakt mit Gleichaltrigen aber auch auf informellem Wege. Zunächst hat dies etwas mit dem Umfang und der Kontaktpflege des eigenen sozialen Netzwerks der Eltern zu tun. So konnte Uhlendorff (1996) nachweisen, dass Kinder, deren Eltern einen ausgedehnten Freundeskreis haben, mehr Beziehungen zu Gleichaltrigen und mehr Schulfreunde haben. Ein ähnlicher Befund hatte sich auch in der Studie von Schneewind et al. (1983) gezeigt, wobei vor allem Einflüsse eines anregungsreichen und wenig restriktiven Familienklimas sowie ein wertschätzender und unterstützender elterlicher Erziehungsstil für die Entwicklung außerfamiliärer Gleichaltrigenkontakte zur Geltung kommen. Mit anderen Worten: Eltern tragen sowohl auf direktem als auch auf indirektem Wege durch die Bereitstellung vielfältiger Möglichkeiten der sozialen Kontaktanbahnung zur Sozialentwicklung ihrer Kinder bei.

Kontrolle. Die Überwachung kindlicher Aktivitäten (im Sinne des englischen Begriffs „monitoring", d.h. das Wissen darüber, wo, wann und mit wem sich das Kind aufhält und was es dabei tut) ist im Allgemeinen ein Ausdruck elterlicher Fürsorge und geht auf Seiten der Kinder mit positiven Entwicklungseffekten einher. Eine zu starke elterliche Überwachungstendenz, insbesondere wenn die Kinder sich aktuell im Kontakt mit Gleichaltrigen befinden, kann eher abträglich für deren Sozialentwicklung sein. So konnten z.B. Ladd und Golter (1988) in einer Studie nachweisen, dass Kindergartenkinder, deren Mütter sich häufig in das Spielgeschehen einmischten, bei ihren Spielkameraden weniger beliebt waren als Kinder von Müttern, die sich in den Spielsituationen eher im Hintergrund hielten und wenig intervenierten.

4 Beziehungen zwischen Beziehungen

Ein markantes Merkmal einer familiensystemischen Perspektive besteht darin, dass vielfältige Familienbeziehungen betrachtet werden (Cox & Paley, 1997; Schneewind et al., 2000b). Beziehungen zwischen

- einzelnen Personen,
- Familiensystemen (z.B. in einer mehrgenerationalen Perspektive)
- einzelnen Subsystemen innerhalb eines Familiensystems (z.B. zwischen dem Eltern- und Geschwistersubsystem) und
- familiären (Sub-)Systemen und außerfamiliären Systemen (z.B. Freundschaftssystemen oder Beziehungssystemen im schulischen oder beruflichen Kontext).

Exemplarisch sollen im Folgenden zwei Formen von Beziehungen zwischen Beziehungen etwas näher beleuchtet werden.

4.1 Intergenerationale Transmission von Eltern-Kind-Beziehungen

Auf der Basis einer Reihe von Untersuchungen, denen ein bindungstheoretischer Ansatz zugrunde liegt, hat sich ein deutlicher Zusammenhang zwischen den Bindungsrepräsentationen von jungen Eltern mit ihren eigenen Eltern, dem Ausmaß an elterlicher Feinfühligkeit im Umgang mit ihren Kleinkindern und dem kindlichen Bindungsverhalten ergeben (van Jjzendoorn, 1995). Aufschlussreich sind in diesem Zusammenhang zwei Studien von Cohn et al. (1992a, 1992b), in denen für dieselbe Stichprobe von Eltern die Übertragung von Bindungserfahrungen aus der Herkunftsfamilie auf die Paarbeziehung und die Qualität der Beziehungsgestaltung mit den eigenen Kindern (intergenerationale Transmission) nachgewiesen werden konnte. Dabei zeigt sich, dass Mütter und Väter, die nach dem „Adult Attachment Interview" (George et al., 2001) beide als „sicher gebunden" eingestuft wurden, in ihrer Paarbeziehung deutlich weniger Konflikte und mehr Positivität zu erkennen gaben als „unsicher gebundene" Partner. Zugleich zeigen die unsicher gebundenen Eltern im Umgang mit ihren Kindern weniger Wärme und weniger strukturierende Orientierung als die sicher gebundenen Eltern.

Übertragung von Erziehungserfahrungen. In einer eher sozial-kognitiv und lerntheoretisch orientierten Perspektive konnten Schneewind und Ruppert (1995) im Rahmen einer 16-jährigen Längsschnittstudie nachweisen, dass die Erziehungsstile, die junge Erwachsene in ihrem Elternhaus erfahren hatten, auch ihre eigenen Erziehungspraktiken, -einstellungen und -ziele erheblich beeinflussen. So bedenkenswert diese Befunde auch sind, so sollten sie nicht dazu verführen, frühe Beziehungserfahrungen als schicksalhafte Prägungen des aktuellen Beziehungserlebens und -verhaltens zu verstehen. Dies belegen z.B. die Ergebnisse von Interventionsstudien, wonach die Feinfühligkeit und Selbstwirksamkeit von Müttern im Umgang mit ihren Kleinkindern erfolgreich und nachhaltig modifiziert werden konnte (Riksen-Walraven, 1978; van den Boom, 1994, 1995).

4.2 Beziehungen zwischen dem Paar- und dem Eltern-Kind-Subsystem

Dieses Thema ist nicht nur im Hinblick auf die Auswirkungen von Trennung und Scheidung für den weiteren Entwicklungsgang betroffener Kinder (aber auch der Eltern) von Belang, sondern insbesondere auch für die Frage, wie sich Konflikte zwischen Eltern, und zwar vor allem destruktive und ungelöste Konflikte, auf die Eltern-Kind-Beziehung auswirken.

„Spill-over"-Hypothese. Insbesondere für destruktive und offen ausgetragene Partnerkonflikte hat sich gezeigt, dass sie nicht nur für das physische und psychische Wohlbefinden der Partner sowie für die Qualität der Partnerschaft abträglich sind, sondern dass es im Sinne der bereits erwähnten „Spill-over"-Hypothese zu einem „Überschwappen" auf die Qualität der Eltern-Kind-Beziehungen kommt. Dabei können der „Spill-over"-Hypothese unterschiedliche Prozesse zugrunde liegen, von denen die im Kasten dargestellten Varianten besonders bedeutsam sind (Schneewind, 2001b)

Vier Prozesse zur Erklärung von "Spill-over"-Effekten

Umlenkung des Partnerkonflikts auf die Eltern-Kind-Beziehung. Familiensystemisch gesehen kommt dieser Prozess vor allem bei latenten Partnerkonflikten vor. Die Umlenkung besteht darin, dass das Kind zum „Problemkind" gestempelt wird, damit die Eltern sich nicht mit den eigenen Konflikten auseinander setzen müssen.

Konflikthafte Elternbeziehungen als Verhaltensmodelle für Kinder. Kinder übernehmen durch Modell-Lernen die von den Eltern vorgelebten Formen verbaler oder körperlicher Auseinandersetzungen in ihr eigenes Verhaltensrepertoire und werden damit zu „schwierigen" Kindern.

Partnerkonflikte als Auslöser inter- und intraparentaler Inkonsistenz. Einerseits kommt es zu Differenzen im Erziehungsverhalten zwischen den Eltern und im Gefolge davon nicht selten zu einer Koalitionsbildung eines Elternteils mit dem Kind. Andererseits können Partnerkonflikte bei jedem Elternteil das persönliche Stressniveau erhöhen, was zu einem widersprüchlichen Erziehungsverhalten beiträgt.

Familienstress und Rollenbelastungen durch externe und interne Stressoren. Externe Stressoren (z.B. Arbeitslosigkeit, -überlastung, Armut) oder interne Stressoren (z.B. Krankheit, unterentwickelte soziale Kompetenzen) wirken sich auf die Eltern-Kind-Beziehung aus.

Die verschiedenen Prozesse, die zu "Spill-over"-Effekten führen und sich bei den Eltern vor allem in einem erhöhten Maß an Feindseligkeit, geringer Kontrolle sowie geringer Akzeptanz und Unterstützung im Umgang mit ihren Kindern äußern, sind gut dokumentiert (Cummings & Davis, 1994; Erel & Burman, 1995; Krishnakumar & Buehler, 2000).

Geschwisterbeziehungen. Einige Studien belegen, dass sich destruktive Elternkonflikte nicht nur auf die Qualität der Eltern-Kind-Beziehung abträglich auswirken, sondern auch die Qualität der Geschwisterbeziehungen beeinträchtigen können (z.B. Hetherington, 1988). Andererseits können in stressreichen Zeiten (z.B. im Falle elterlicher Trennung und Scheidung) Geschwisterbeziehungen als Ressource dienen, die es den Geschwistern erleichtert, belastende Lebensumstände zu verarbeiten (Beelmann & Schmidt-Denter, 1991).

5 Entwicklung durch Intervention in Paar- und Familiensystemen

Phänomene, die als „Intervention“ bezeichnet werden können, sind in der familiären Lebenspraxis allgegenwärtig und kommen quasi naturwüchsig vor, z.B. indem ein Partner den anderen dazu bringen will, etwas Bestimmtes zu tun oder nicht zu tun, oder indem Eltern versuchen, ihre Kinder zu erziehen. Professionelles Handeln kommt erst dann ins Spiel, wenn auf der Basis wissenschaftlich fundierten Erklärungs- und Änderungswissens Angebotsformen entwickelt werden, die von Familien zur Veränderung oder Stabilisierung ihrer Beziehungen genutzt werden können.

Drei Präventionsansätze. Grundsätzlich lassen sich drei Ansatzpunkte präventiven Handelns unterscheiden.

(1) Bei der primären Prävention geht es um die Entwicklungsoptimierung von unauffälligen Paar- und Familienbeziehungen im Sinne einer Erhöhung der Beziehungsqualität – und zwar über ein bereits bestehendes hohes Niveau hinaus.

(2) Die sekundäre Prävention richtet sich an sog. Risikopaare oder -familien, bei denen die Wahrscheinlichkeit für das Auftreten von individuellen und Beziehungsstörungen erhöht ist.

(3) Bei der tertiären Prävention liegt das Augenmerk nach einer abgeschlossenen remedialen Intervention (z.B. Paar- oder Familientherapie) auf der Stabilisierung therapeutisch induzierter Veränderungen im Sinne einer Rückfallprophylaxe.

Bei den im Folgenden erwähnten Präventionsansätzen geht es im Wesentlichen um Aspekte der primären und sekundären Prävention.

5.1 Entwicklungsförderliche Stärkung von Paarbeziehungen

Angesichts zunehmender Scheidungszahlen und des abträglichen Einflusses konfliktbelasteter Paarbeziehungen auf das Eltern-Kind-Verhältnis liegt es nahe, insbesondere junge Paare als Adressaten von Präventionsansätzen anzusprechen.

PREP. Als herausgehobenes Beispiel soll hier das “Prevention and Relationship Enhancement Programm” (PREP) genannt werden, das von Markman und seinen Mitarbeitern entwickelt wurde (Renick et al., 1992) und langfristig positive Evaluationsergebnisse aufweist (Markman et al., 1993).

EPL. Das PREP stand Pate für ein auf deutschsprachige Verhältnisse zugeschnittenes Präventionsprogramm, das unter der Bezeichnung „Ein Partnerschaftliches Lernprogramm (EPL)“ firmiert und wie das PREP vor allem junge Paare, die am Anfang ihrer Partnerschaft stehen, erreichen soll (Thurmaier et al., 1995). Das Programm vermittelt spezifische Sprecher- und Zuhörerfertigkeiten, die vor allem als Kommunikationswerkzeuge für eine konstruktive Konfliktlösung herangezogen werden können. Darüber hinaus beinhaltet das EPL ein aus sechs Schritten bestehendes Problemlöseschema und Anregungen zur Steigerung der Positivität in der Paarbeziehung.

In einer fünfjährigen follow-up Untersuchung zur Effektivität des EPL (Thurmaier, 1997) stellte sich heraus, dass EPL-Paare im Gegensatz zu einer Kontrollgruppe

- deutlich seltener geschieden wurden,
- über eine höhere subjektive Ehequalität berichteten und
- in videographierten Paarkonfliktgesprächen ein positiveres verbales und nonverbales Kommunikationsverhalten zeigten.

KEK. Inzwischen wurde auch für länger verheiratete und mit ihrer Beziehung eher unzufriedene Paare ein spezielles Präventionsprogramm mit der Bezeichnung „Konstruktive Ehe und Kommunikation“ (KEK) entwickelt (Engl et al., 1998).

Erste Ergebnisse einer Evaluationsstudie zeigen, dass KEK-Paare im Vergleich zu einer Kontrollgruppe hinsichtlich einer Reihe von Beziehungsmerkmalen deutlich positiver abschneiden (Engl & Thurmaier, 2001).

FSPT. Ein weiteres paarorientiertes Präventionsprogramm ist das „Freiburger Stresspräventionstraining für Paare“ (FSPT), das von Bodenmann (2000b) entwickelt wurde und neben den Kommunikationsfertigkeiten, die dem EPL zugrunde liegen, ein besonderes Gewicht auf die Sensibilisierung für stressauslösende Situationen sowie deren partnerschaftliche Bewältigung legt. Auch für dieses Programm liegen mittlerweile ermutigende Evaluationsergebnisse vor (Bodenmann, 2000a)

5.2 Entwicklungsförderliche Stärkung von Elternkompetenzen

Aufbauend auf den Ergebnissen der grundlagenwissenschaftlichen Eltern-Kind-Beziehungsforschung existiert eine Reihe von Präventionsprogrammen zur Stärkung von elterlichen Beziehungs- und Erziehungskompetenzen (zusammenfassend Perrez, 1994; Schneewind & Graf, 2000).

STEEP. Das auf bindungstheoretischen Überlegungen aufbauende "Steps Toward Effective Enjoyable Parenting" (STEEP) Programm hat sich zur Aufgabe gemacht, jungen Müttern u.a. auf der Basis videographierter Interaktionen mit ihren Kleinkindern ein besseres Verständnis für die Signale des Babys und die Wechselseitigkeit der Beziehung zu verschaffen (Egeland & Erickson, 1993). Die Evaluationsbefunde bestätigen eine Verbesserung der Qualität der Mutter-Kind-Beziehung und eine Zunahme sicher gebundener Kinder nach Abschluss des Präventionsprogramms.

Familienkonferenz. Für Eltern mit älteren Kindern sei das im deutschsprachigen Raum unter der Bezeichnung „Familienkonferenz“ eingeführte Elterntraining von Thomas Gordon (1989) genannt, in dem – aufbauend auf den Prinzipien der humanistischen Psychologie – den Eltern vor allem die Anwendung von „Ichbotschaften“, die Fertigkeiten des „aktiven Zuhörens“ und die Technik der „niederlagelosen Methode“ vermittelt wird. Die Evaluationsbefunde zum Gordon-Familientraining bestätigen – wenn auch mit relativ niedrigen Effektstärken – die Wirksamkeit dieses Programms (Cedar & Levant, 1990).

"Triple P". Stärker verhaltenstheoretisch orientiert ist das in Australien entwickelte "Triple P" Progamm (Sanders, 1998), wobei "Triple P" für Positive Parenting Program steht. Unter der Bezeichnung „Positive Erziehung“ existiert inzwischen auch für den deutschsprachigen Raum eine Version des "Triple P" Programms mit schriftlichen „kleinen Helfern“ für vielfältige Erziehungssituationen und einer Videokassette mit den zentralen Konzepten von "Triple P" und illustrierenden kurzen Videosequenzen, die die Funktion einer „Überlebenshilfe für Eltern“ haben sollen (PAG Institut für Psychologie, 2000).

"Positive Parenting". Schließlich sei noch ein videogestütztes Elterntrainingsprogramm genannt, das weniger stark verhaltenstheoretisch orientiert ist. Das Programm wurde in den USA an der University of Minnesota entwickelt und vermittelt wichtige Elternkompetenzen wie aufnehmendes Zuhören, direkte Kommunikation, Förderung von Verantwortlichkeit, Grenzensetzen, Überwachung der Aktivitäten von Kindern und Jugendlichen. "Positive Parenting" ist ein Kursprogramm, das durch speziell ausgebildete Familientrainer in Minnesota flächendeckend angeboten wird. Die Evaluationsbefunde belegen eindrucksvoll die Effektivität dieses Ansatzes, u.a. auch im Hinblick auf die Reduzierung körperlicher Gewaltausübung durch die Eltern (Pitzer, 2001).

5.3 Familiäre Entwicklungsintervention als Public Health Aufgabe

Ein erhebliches Manko personaler Angebotsformen zur Stärkung von Paar- und Familienbeziehungen besteht darin, dass die Erreichbarkeitsschwelle – insbesondere für Risikopaare und -familien – nach wie vor sehr hoch ist (Sullivan &

Bradbury, 1997). Um hier Abhilfe zu schaffen, wäre es wünschenswert, dass u.a. über das Medium Fernsehen eine Sensibilisierung für familiäre Beziehungskompetenzen erfolgt, indem etwa – wie in Australien mit großem Erfolg praktiziert – in kurzen Fernsehspots Szenarien zu konkreten Erziehungsproblemen im „Infotainment"-Stil angeboten werden (Sanders, 1998).

Neue Medien. Darüber hinaus besteht mit der zunehmenden Verbreitung der neuen Medien die Möglichkeit, gut evaluierte und interessant gestaltete Präventionsprogramme etwa über das Internet oder über interaktive CD-ROMs einem möglichst großen Adressatenkreis zugänglich zu machen. Dies gilt gleichermaßen für präventive Konzepte zur Stärkung von Paarbeziehungen und von Elternkompetenzen. Erste Ansätze hierzu existieren bereits. So berichten Hahlweg et al. (2000) über eine in Entwicklung befindliche interaktive CD-ROM zur Erhöhung von Paarbeziehungskompetenzen, die aus zehn Modulen besteht und Themen wie „Kommunikation verbessern", „positives Klima erhöhen", „Konflikte lösen" oder „Intimität erhöhen" behandelt.

Für Eltern existiert bereits seit einiger Zeit das Programm "Parenting Wisely", das mit Hilfe interaktiver CD-ROMs eine Reihe typischer Erziehungsprobleme (z.B. Unordentlichkeit, oppositionelles Verhalten) in kurzen Videosequenzen vorstellt. Der Betrachter kann nun zwischen verschiedenen Handlungsalternativen wählen, die ebenfalls als Bildfolgen aufgezeichnet sind. Er bekommt dann über die mutmaßliche Effektivität der gewählten Alternative eine spezifische Rückmeldung. Unter den angebotenen Handlungsmöglichkeiten befindet sich auch eine „beste" Lösung, deren weitere Konsequenzen wiederum als Videoausschnitt dargestellt und kommentiert werden. Zur Effektivität dieses Ansatzes bei unterschiedlichen Adressatengruppen von Eltern lassen sich ermutigende Erfahrungen berichten (Gordon, 2000).

Ausblick. Es wäre wünschenswert, ein derartiges Angebot, das im Übrigen auch als eine zusätzliche Ressource im Rahmen personaler Formen der Paar- und Familienberatung bzw. -therapie genutzt werden kann, auch für den deutschsprachigen Raum zu entwickeln. Dies nicht zuletzt auch deswegen, weil die Befunde der familienpsychologischen Grundlagen- und Anwendungsforschung keinen Zweifel daran lassen, dass zufriedenstellende Beziehungen ein unerlässliches Ferment für individuelles Wohlergehen und für die weitere Beziehungsentwicklung sind.

Weiterführende Literatur

Asendorpf, J. & Banse, R. (2000). Psychologie der Beziehung. Bern: Huber.
Ein Lehrbuch, das sich nicht nur, aber auch mit Paar- und Familienbeziehungen beschäftigt. Neben einer ausführlichen Klärung des Beziehungsbegriffs werden u.a. unterschiedliche Beziehungstypen und theoretische Ansätze der Beziehungspsychologie dargestellt. Ein eigenes Kapitel ist dem Thema Beziehung und Entwicklung gewidmet.

Petzold, M. (1999). Entwicklung und Erziehung in der Familie. Baltmannsweiler: Schneider Verlag Hohengehren.
Das Buch informiert in 14 kurzen Kapiteln über die Familienentwicklungspsychologie im Überblick. Neben innerfamiliären Entwicklungsprozessen werden auch außerfamiliäre Einflüsse auf die Familienentwicklung (z.B. gesellschaftlicher Wandel, Schule, Beruf, Medien) behandelt.

Schneewind, K.A. (1999). Familienpsychologie (2. Auf.). Stuttgart: Kohlhammer.
Ein Lehrbuch zur Familienpsychologie, das u.a. über den Wandel familiärer Lebensformen, verschiedene familientheoretische Ansätze, Prozesse und Befunde familiärer Erziehung und Sozialisation, Themen und Vorgehensweisen der Familiendiagnostik sowie Ansatzpunkte familiärer Intervention zur Lösung familiärer Probleme informiert.

Walper, S. & Pekrun, R. (Hrsg.). (2001). Familie und Entwicklung. Göttingen: Hogrefe.
Der Sammelband enthält 20 Beiträge, in denen aktuelle Forschungsbefunde zur Familienentwicklungspsychologie dargestellt werden. Die Beiträge sind den vier Themengruppen Familienbeziehungen im Kontext, Herkunftsfamilie und Partnerschaftsentwicklung, Stress und Stressbewältigung in der Familie sowie Optimierung der Familien- und Individualentwicklung zugeordnet.

Teil II
Entwicklung in einzelnen Lebensabschnitten

Kapitel 5 Vorgeburtliche Entwicklung und Frühe Kindheit

Hellgard Rauh

1 Perspektiven auf die frühe Entwicklungszeit

Der hier betrachtete Lebensabschnitt umspannt den Zeitraum von der Zeugung bis zum Ende des zweiten oder dritten Lebensjahres, also die vorgeburtliche Zeit und die Altersabschnitte, die in der englischsprachigen Fachliteratur mit „infancy" und „toddlerhood" bezeichnet werden.

DEFINITION

Ein „**infant**" ist ein der Sprache noch nicht mächtiges Kind (etwa erste zwei Lebensjahre); ein „**toddler**" ist ein Kind, das sich erst unsicher eigenständig fortbewegen kann (zweites und drittes Lebensjahr).

In diesem Lebensabschnitt ist das Kind zum Überleben noch ganz auf die Hilfe Erwachsener angewiesen. An diesen Zeitraum der frühen Kindheit haben wir in der Regel keine persönlichen Erinnerungen.

Die frühe Kindheit ist Interessengebiet verschiedener Entwicklungswissenschaften: der biologischen Evolutions- und Verhaltensforschung, der Genetik, der Entwicklungsphysiologie und -neurologie, der Kulturanthropologie, der historischen und soziologischen Sozialisationsforschung, aber auch der Philosophie mit ihren Fragen nach den Ursprüngen unserer Erkenntnis und unserer Moral. Als ein junges Forschungsfeld der Psychologie, das erst seit kurzem mit neuen Methoden wissenschaftlich zugänglich wurde, bot und bietet die früheste Kindheit immer noch fruchtbaren Boden für vielfältige Theorien und Modelle. Zugleich ist sie aber auch noch ein Feld für ganz neue und unerwartete Entdeckungen.

Das primäre Ziel dieses Kapitels ist es, Zusammenhangsmuster zwischen den Funktionsbereichen, die an anderer Stelle jeweils getrennt dargestellt werden, aufzuzeigen und dabei Theorien und Erklärungsmodelle sowie empirische Befunde zu kontrastieren.

2 Soziokulturelle und familiäre Rahmenbedingungen

Kulturunterschiede. Jaan Valsiner (2000) hat in seinem Lehrbuch "Culture and Human Development" aufgezeigt, wie die sexuelle Reifung und Aktivität junger Erwachsener, die Planung und Erwartung eines Kindes, Schwangerschaft, Geburt und Pflege eines Säuglings sowie seine Eingliederung in die soziale Gemeinschaft in den verschiedenen Regionen der Welt jeweils unterschiedlich durch Normen und Kontrollen gestützt und geregelt werden. Es ist daher unmöglich, *die* optimale Art der Säuglingspflege und Säuglingserziehung auszumachen. Säuglinge wachsen nicht (nur) besser oder schlechter, sondern vor allem anders auf, je nachdem ob sie z.B. in eine traditionelle Gemeinschaft auf Papua-Neuguinea, in ein Maya-Dorf in Guatemala, in einen Familienklan einer südasiatischen Stadt oder eine Ein-Eltern-Familie in Mitteleuropa hineingeboren werden.

Historischer Wandel. Neben kulturellen Unterschieden gibt es auch historische Veränderungen, sowohl in unserem soziokulturellen Raum, aber oft noch dramatischer in den Ländern der zweiten und dritten Welt. In unseren Breiten haben neben medizinischen Fortschritten auch entwicklungspsychologische Erkenntnisse (z.B. über Wahrnehmung, Empfinden und Kompetenzen von Neugeborenen) kulturelle Veränderungen hervorgerufen. Gewandelt haben sich auch die Familienstruktur und der Familienalltag, die Rolle und Bedeutung von Kindern, deren Erziehung sowie soziale und pädagogische Einrichtungen für Kinder. Die Betreuung von Kindern erschöpft sich nicht in körperlicher Versorgung; manche Babys erfahren ein mehr als volles, gezielt auf sie abgestimmtes Anregungsprogramm.

Die Geburt als kritisches Lebensereignis für Eltern. Die Geburt eines Kindes stellt in der Biographie der Eltern ein kritisches Lebensereignis dar und löst vielfältige Entwicklungsveränderungen aus (vgl. Kap. 8), die vor allem Lebensplanung und Lebensziele, die Qualität der Paarbeziehung, Verantwortlichkeit, Wertmaßstäbe und Motive betreffen. Bislang konzentrierte sich die psychologische Forschung vor allem auf den Entwicklungswandel bei Müttern nach der Geburt des ersten Kindes (Gloger-Tippelt et al., 1995; Petzold, 1998; Werneck, 1997). Die Auswirkungen auf die Großeltern, ältere Geschwister und andere Verwandte wurden selten thematisiert (Kreppner, 1989, Leyendecker, 1993).

Bereits das neugeborene Kind erhält eine spezifische Rolle in der Familie und bewirkt seinerseits Rollenveränderungen, z.B. kann das ältere Geschwister nun stärker „Vaters Kind" werden. Parallel zum Entwurf eines Bildes vom Kind (Gloger-Tippelt, 1991) formt sich während der Schwangerschaft auch das emotionale Bindungsgefühl zu ihm (Gloger-Tippelt & Huerkamp, 1998). Kindesentwicklung, Entwicklung der Eltern und Familienentwicklung finden parallel statt und beeinflussen einander (engl.: co-development).

3 Vorgeburtliche Entwicklung

DEFINITION

Die Zeit von der Zeugung (Konzeption) bis zur Geburt heißt bei der Mutter Schwangerschaft, beim Kind Gestationszeit. Sie beträgt bei termingerechter Geburt 40 Wochen, gerechnet vom Zeitpunkt der letzten Menstruation der Mutter. Das **„Gestationsalter" (GA)** des Kindes ist seine intrauterine Zeit seit seiner Konzeption. Sein **„Lebensalter"** berechnet sich ab seiner Geburt.

War die Gestationszeit wegen Frühgeburt verkürzt, dann ist es für die Beurteilung der psychologischen Entwicklung des Säuglings sinnvoll, die an der vollen Gestationszeit von 40 Wochen fehlende Zeit vom Lebensalter abzuziehen (= „korrigiertes Lebensalter"). Ein um acht Wochen zu früh geborenes Kind ist dann im (Lebens-)Alter von drei Monaten, korrigiert, erst einen Monat alt. In der frühen Entwicklungsphase werden das Gestationsalter des Kindes und sein Lebensalter auch manchmal zum „Konzeptionsalter" aufaddiert.

DEFINITION

Der menschliche Keim heißt in den ersten acht bis zwölf Wochen der Gestationszeit **Embryo.** In dieser Zeit entwickeln sich die Körperstrukturen und inneren Organe. Ab dem dritten Monat der Schwangerschaft wird das werdende Kind als **Fötus** oder **Fetus** bezeichnet. In dieser Zeit macht das Gehirn große Wachstumsschübe durch; das zentrale Nervensystem differenziert sich; die Organe nehmen ihre Funktionen auf und das Kind entwickelt motorische Aktivität.

Neue biotechnische Verfahren erlauben es heute, schon beim Ungeborenen nichtinvasiv das Körperwachstum zu messen, seine Bewegungen zu beobachten und sogar neurophysiologische Prozesse zu erfassen. Die daraus hervorgegangenen Erkenntnisse haben innerhalb kurzer Zeit sowohl die wissenschaftlichen Modelle vom Fötus als auch die Laienvorstellungen verändert. Das Kind tritt nicht erst mit der Geburt „ins Leben“; auch seine Eltern nehmen schon vorher eine Beziehung zu ihm auf, meistens unterstützt durch Photos von Ultraschallaufnahmen (Gloger-Tippelt, 1991). Das Kind nimmt, zumindest in den letzten Wochen vor der Geburt, sogar bereits wahrnehmend und lernend an seiner unmittelbaren Umwelt teil.

Im Folgenden werden die Entwicklung des zentralen Nervensystems, der motorischen Verhaltensweisen sowie des intrauterinen Wahrnehmens und Lernens während der vorgeburtlichen Zeit wegen ihrer großen Bedeutung für die weitere psychische Entwicklung ausführlicher dargestellt.

3.1 Entwicklung des Zentralen Nervensystems

Die Entwicklung des Zentralen Nervensystems (ZNS) beginnt bereits in den ersten Wochen nach der Konzeption mit der Bildung von Nervenplatte und Chorda (Rückenmarkstrang) sowie ihrer räumlichen Orientierung. Dadurch werden die Orte oder Adressen für spätere Funktionen festgelegt. In Richtung auf diese Orte wandern dann die sich bildenden Nervenzellen, gestützt durch ein Gerüst von Gliazellen (weiße Hirnmasse), die die chemoelektrische Kommunikation zwischen den Nervenzellen regeln. Während Gliazellen das ganze Leben hindurch regenerierbar sind, vermehren sich echte Nervenzellen von einem bestimmten Zeitpunkt an nicht mehr (Trevarthen, 1980). Dieser Zeitpunkt ist für die verschiedenen Funktionen unterschiedlich. Als erstes (noch in der Embryonalzeit) werden das visuelle Zentrum und die Platzierung der Augen festgelegt, am längsten (bis zu sechs Monate nach der Geburt) vermehren sich die Nervenzellen im Kleinhirn, das besonders für die Koordination der Fortbewegung von Bedeutung ist.

Gehirnwachstum. Drei Wachstumsschübe charakterisieren das Gehirnwachstum.

(1) Zwischen dem dritten und fünften Gestationsmonat vermehren sich die Nervenzellen und ihre Verbindungen (Axone) rapide. In dieser Zeit ist das kindliche Gehirn am stärksten gefährdet.
(2) Wenige Wochen vor der Geburt beginnt ein zweiter Wachstumsschub mit einer Spitze im dritten bis vierten Monat nach der Geburt. In dieser Zeit differenzieren sich die Nervenzellen besonders stark und bilden viele Dendriten (Verästelungen) und Synapsen (Kontaktstellen zwischen Zellen); außerdem nehmen die Gliazellen erheblich zu.
(3) Im dritten Lebensjahr erreicht die Myelinisierung (Bildung von Isolierschichten für die Nervenbahnen) ihren Höhepunkt. Einige Hirnregionen benötigen jedoch fast 30 Jahre, um vollständig zu myelinisieren (Joseph, 2000).

Besonderheiten der Hirnentwicklung beim Menschen. Im Evolutionsvergleich nimmt das Gehirn beim Menschen schon vor der Geburt viel mehr Platz ein als bei den nächsten Primaten (sog. Enzephalisierung); dies hatte eine zeitliche Vorverlegung der Geburt um etwa zwei Monate zur Folge (Prechtl, 1987a, b). Die Gehirnreifung findet beim Menschen zudem vergleichsweise langsamer statt. Bei der Geburt sind erst 23 Prozent des Erwachsenenvolumens erreicht (bei Schimpansen und Gorillas 40,5 Prozent) und im Alter von drei Jahren erst 70 Prozent (bei den Primaten ist dieser Entwicklungsstand bereits mit einem Jahr erreicht) (Thelen, 1984). Ein weiterer Unterschied ist die weit in die postnatale Zeit reichende Plastizität des menschlichen Gehirns (Johnson, 1999).

> **!** Das Gehirnwachstum erstreckt sich weit in die postnatale Zeit.

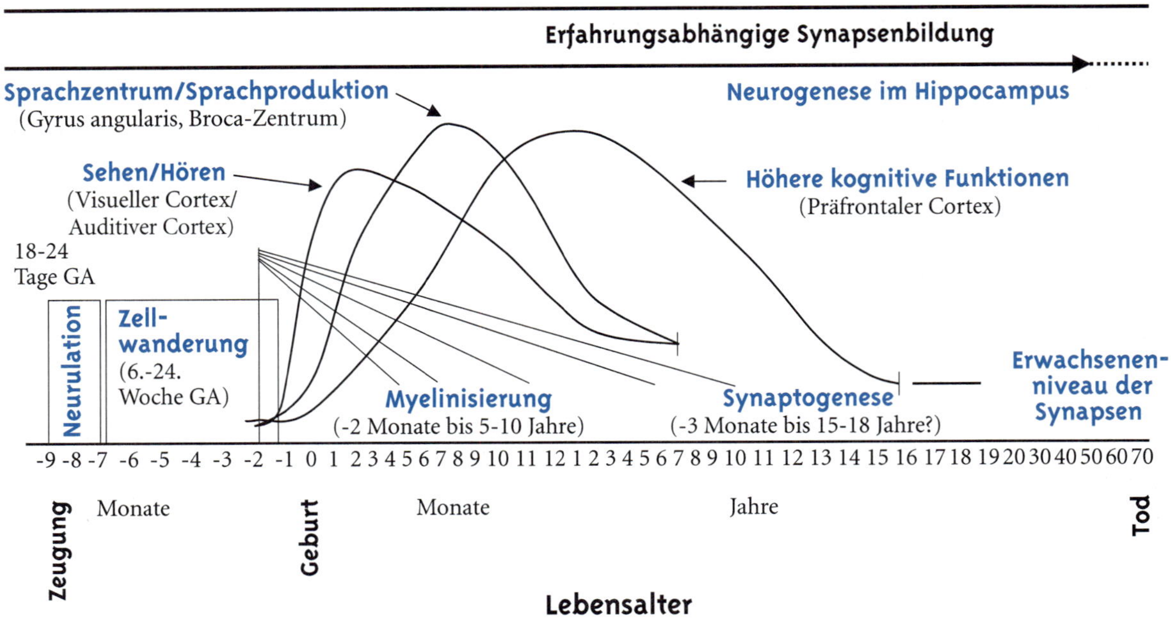

Abbildung 5.1. Verlauf der Gehirnentwicklung beim Menschen. Dieser Graph veranschaulicht die Ereignisse aus der vorgeburtlichen Zeit, wie die Bildung des Neuralrohres (Neurulation), und die Zellwanderung. Kritische Ereignisse der Synapsenbildung und der Myelinisation finden vor dem dritten Lebensjahr statt. Auf Erfahrung basierende Synapsenbildung und Neurogenese in einer Schlüsselregion des Hippocampus kann fast das gesamte Leben lang andauern (nach Thompson & Nelson, 2001, S. 8)

Hirnentwicklung im Lebenslauf

Abbildung 5.1 veranschaulicht die neurologische Entwicklung von der vorgeburtlichen Zeit bis weit in das Erwachsenenalter mit ihren verschiedenen Schwerpunkten und Phasen.

Drei wesentliche Entwicklungsprinzipien charakterisieren die Gehirnentwicklung.

Zunahme, Abnahme, Selektion. Die Entwicklung findet sowohl als Zunahme wie auch als Abnahme und als Selektion statt. Nervenzellen, Dendriten und Synapsen vermehren sich nicht nur, sie sterben auch in großer Zahl ab, auch schon in der vorgeburtlichen Zeit. Nach einer Phase der Überproduktion werden die funktionsnotwendigen Zellen (bzw. Dendriten und Synapsen) ausgelesen; die überzähligen werden eine Zeit lang „vorgehalten" und dienen der Feinabstimmung, Korrektur und Ausbesserung (Plastizität des Gehirns); werden sie nicht benötigt, sterben sie ab.

Heterochronie. Die verschiedenen Hirnbereiche, die Sinnesorgane und ihre Teilfunktionen entwickeln sich unterschiedlich schnell (heterochron). Strikte Synchronizität ist eher „unbiologisch".

Gehirn und Sinnesorgane entwickeln sich zunächst weitgehend unabhängig voneinander. Die Hirnentwicklung ist anfangs nicht auf Stimulation über die zugeordneten Sinnesorgane angewiesen. Die Hirnregionen sind vermutlich nicht einmal von vornherein auf bestimmte Arten der Repräsentation (Hören, Sehen, Motorik) festgelegt (Johnson, 1998). Die Verschaltung von Gehirn und Sinnesorganen findet zwischen der 23. und 37. Gestationswoche statt (Hepper, 1992; Joseph, 2000; Kisilevsky & Low, 1998). Aber selbst wenn die Sinnesorgane schon vor der Geburt prinzipiell funktionsfähig sind, heißt das nicht, dass sie auch schon über externe Stimuli aktiviert werden. So ist die visuelle Wahrnehmung zwar früh funktionsbereit, erhält aber noch keine visuellen Reize. Andere Sinnesorgane (z.B. Gehör und Geschmack, Tast- und Berührungssinne) werden, wenn auch eingeschränkt, in den letzten acht Wochen vor der Geburt bereits von außerhalb des Fötus stimuliert. Diese frühe Stimulation dient vorwiegend der Feinabstimmung der Synapsen, nicht dem Erlernen spezifischer Inhalte oder Grunderfahrungen (Hepper, 1992).

Vorgeburtliches Lernen. Dennoch gibt es Hinweise darauf, dass Kinder bereits vorgeburtlich lernen und dadurch auf einige wichtige Aspekte ihrer späteren Umwelt, insbesondere ihrer sozialen Umwelt, vorbereitet werden. Über die Nahrungsaufnahme der Mutter werden sie z.B. an Geschmacksrichtungen kulturtypischer Speisen „gewöhnt" und bringen ihnen daher später eine gewisse Präferenz entgegen (Marlier et al., 1998).

BEISPIEL

Bereits Neugeborene können im Sprachfluss rhythmische und klangliche Merkmale (Silbenstrukturen und Betonungsmuster) differenzieren und ziehen die Strukturmuster ihrer Muttersprache denen einer anderen Sprache vor. Offenbar verfügen sie über diese Fähigkeiten schon seit den letzten Wochen der Gestationszeit, in denen sie zunehmend „mithörend" an ihrer akustischen sozialen Umwelt teilnehmen. Die frühe Präferenz für die Muttersprache wie auch für das Klangbild der Sprache der eigenen Mutter wäre danach ein Ergebnis vorgeburtlichen Lernens (Mehler et al, 1988; Bertoncini, 1998).

3.2 Motorische Verhaltensentwicklung des Fötus

Spontane Aktivität und Aktivitätsmuster. Der Fötus ist weit früher aktiv, als dies von der werdenden Mutter wahrgenommen wird, nämlich bereits in der 8. bis 12. Gestationswoche. Er zeigt von früh an spontane Aktivität und strukturierte Aktivitätsmuster (Prechtl, 1993; Towen, 1993, 1998). Zunächst sind es generalisierte Zuckungen oder Massenbewegungen, bald aber auch isolierte Arm- und Beinbewegungen, sogar Schluckauf und Purzelbäume. Ab der 10. Gestationswoche wurden Atembewegungen und Berührungen des Gesichtes mit der Hand beobachtet, ab der 12. Woche Saugen und Schlucken. In der 12. bis 16. Woche tauchen das Räkeln, Strecken und Gähnen in genau der Art auf, wie wir sie unser ganzes Leben lang zeigen. Ab etwa der 28. Woche bis zum Geburtstermin nimmt der Muskeltonus, aufsteigend von den Beinen zum Schultergürtel, zu; das Gleiche gilt für die Stärke der Reflexe, allerdings in umgekehrter Richtung, vom Gesicht zu den Füßen (Dargassies, 1983). Noch in den ersten zwei Monaten nach der Geburt zeigt das Kind fast „nur" seine fötalen motorischen Verhaltensmuster, die es nun an das neue Medium Luft und die Wirkungen der Schwerkraft anpassen muss (Towen, 1998).

Zyklisierung der Aktivität. Ab der 14. Gestationswoche lässt sich eine Zyklisierung der Aktivität mit kurzzeitigen Schüben und Ruhepausen erkennen, die vermuten lässt, dass schon sehr früh sowohl aktivitätsfördernde wie -hemmende neuronale Mechanismen existieren. Ab der 22. Woche sind Ruhe- und Aktivitätsphasen im Tagesrhythmus erkennbar. Gegen Ende der Gestationszeit (38. bis 40. Woche) lassen sich bereits zwei Schlafzustände (ruhiger und aktiver Schlaf) und zwei Wachheitsgrade (ruhiges und aktives Wachsein) unterscheiden. Bei hoher Erregung kann das Kind plötzlich in Schlaf fallen (Joseph, 2000). Die Gesamtaktivität wird zunehmend von den Aktivitäten und dem Tagesrhythmus der Mutter beeinflusst. Erst zwei bis drei Monate nach der Geburt bildet das Kind seinen eigenen Schlaf-Wach-Rhythmus aus (Maier et al., 1994).

Vorgeburtliche Aktivitätsveränderungen. Die motorische Gesamtaktivität ist im zweiten Trimester der Gestationszeit am höchsten und nimmt dann zum Geburtstermin hin ab. Bereits intrauterin zeigt das Kind gelegentlich Atembewegungen, die allerdings kurz vor der Geburt gehemmt werden, um dann nach der Geburt ein

Leben lang ununterbrochen stattzufinden (Kisilevsky & Low, 1998). Das Atemtempo und die Herzrate werden gegen Ende der Gestationszeit mit der motorischen Aktivität koordiniert. Also auch in diesen Aktivitätsmustern finden zunächst eigenständige Entwicklungen und erst relativ spät Koordinationen statt.

Funktionen vorgeburtlicher Aktivität. Einige der frühen Aktivitäten und Bewegungsmuster lassen sich als Funktionsaufnahme des sich entwickelnden neuronalen Systems identifizieren, wie etwa die früh beobachtbaren Zuckungen. Andere könnten der intrauterinen Feinanpassung der Gehirnstrukturen und Synapsen sowie dem Abbau überschüssiger Neuronen und Verbindungen dienen. So strukturieren z.B. die parallelen Bewegungen der Augäpfel neuronal das spätere beidäugige Sehen vor und die Bewegung der Gliedmaßen die Feinregulierung der Gelenke. Eine Beeinträchtigung dieser Aktivität in der intrauterinen Zeit, etwa durch Medikamente oder Drogen, könnte daher zu Entwicklungsstörungen mit Spätfolgen in der postnatalen Zeit führen. Andere Verhaltensmuster stellen überlebenswichtige, vitale Funktionen für die Zeit unmittelbar nach der Geburt bereit. In diesem Sinne sind die Atembewegungen und das Schlucken präadaptiv. Schließlich könnten einige Verhaltensmuster notwendige Vorläufer späterer Verhaltensmuster sein (z.B. die Schwimmbewegungen; Hall & Oppenheim, 1987).

3.3 Geschlechtsdifferenzierung des Fötus

Chromosomale Festlegung. Das Geschlecht des Kindes wird durch das Spermium des Vaters chromosomal festgelegt. Ein weiblicher Embryo hat die Geschlechtschromosomenkombination XX, ein männlicher Embryo die Kombination XY. Die geschlechtsspezifische Ausbildung der Organe und des Gehirns werden in der Gestationszeit sowohl durch mütterliche als auch durch embryonale/fötale Hormone gesteuert (Dörner, 1995; Ellis & Ames, 1987).

Vorgeburtliche hormonale Steuerung der geschlechtstypischen Entwicklung. Das „Basismodell“ der menschlichen Entwicklung ist die weibliche Entwicklung. Männliche Föten produzieren zusätzlich Testosteron (besonders zwischen dem 3. und 6. Gestationsmonat) und steuern darüber die Maskulinisierung ihrer Entwicklung. Bei männlichen und weiblichen Föten bilden sich vom 2. bis 4. Monat GA zunächst die inneren, dann die äußeren genitalen Geschlechtsmerkmale. Bei männlichen Föten findet anschließend zusätzlich eine Maskulinisierung nichtgenitaler Organe statt. Die Geschlechtshormone beeinflussen auch die Ausbildung der Gehirnstrukturen, wobei bis zum 5. Monat GA die neuronalen Grundlagen für die Reproduktionsfunktion („Sexualzentrum“) und die sexuelle Orientierung („Erotisierungszentrum“) und bis zum 7. Monat GA die neuronalen Grundlagen für geschlechtstypisches Verhalten („Geschlechtsrollenzentrum“) gelegt werden. Im Unterschied zur eindeutigen Dichotomisierung des Geschlechts durch die Chromosomenkombination gibt es in der organischen und neuronalen Ausbildung Überlappungsbereiche zwischen den Geschlechtern (Collaer & Hines, 1995; Ellis & Ames, 1987). Kinder werden also nicht „geschlechtsneutral“ geboren.

3.4 Vorgeburtliche Risiken

Bis zur 16. Gestationswoche führen zwei Drittel der befruchteten Eizellen, meist wegen Entwicklungsfehlern des Embryos und in den ersten Wochen von der Frau sogar oft unbemerkt, zur Fehlgeburt (Degenhardt & Michaelis, 1977). In dieser frühen Zeit, in der sich die schwangere Frau in der Regel schon allein durch die körperliche Umstellung psychisch in einer kritischen Phase der Verunsicherung befindet, muss sie zudem über Fortsetzung oder Abbruch der Schwangerschaft entscheiden.

Genetische Risiken. Genetische Fehler können zum Teil bei einer Analyse fötaler Zellen aus der Amniozentese (Fruchtwasseruntersuchung, ab 15. Woche) bzw. der Chorionzottenbiopsie (Chorion = Fruchtblasenmembran, aus der sich später die Plazenta entwickelt; Analyse ab 11. Woche möglich) festgestellt werden. Diese Untersuchungen empfehlen Gynäkologen Müttern ab 35 Jahren generell und jüngeren Frauen bei Risikoindikation. Extrem junges und fortgeschrittenes Alter der Mutter stellen einen Risikofaktor sowohl für genetische Fehler als auch für die Versorgung des heranwachsenden Föten dar.

Gesundheitliche Risiken. Weitere Risiken und mögliche teratogene (schädigende) Einflüsse sind Infektions- und chronische Krankheiten sowie schwangerschaftsbedingte gesundheitliche Probleme der werdenden Mutter (z.B. Diabetes, Bluthochdruck, Nierenversagen), Medikamentengebrauch während der Schwangerschaft, aber auch Umwelteinflüsse (z.B. Strahlenexposition, Umweltgifte) sowie Merkmale des persönlichen Lebensstils (v.a. Alkoholgenuss, Nikotin, sonstiger Drogengebrauch, Fehlernährung; Dörner, 1998). Während des ersten Schwangerschaftsdrittels wirken sich schädigende Einflüsse vor allem auf die Organentwicklung des Kindes aus, spätere Einflüsse beeinträchtigen vorwiegend die Sauerstoff- und Nahrungsversorgung des Föten und wirken auf seine Gehirnentwicklung sowie seine Aktivität.

Psychische Belastungen. In der Regel entwickeln werdende Mütter in der zweiten Hälfte der Schwangerschaft eine deutlich positive Einstellung zum Kind. Sie erleben es zunehmend als eigenständiges Wesen (Gloger-Tippelt, 1988) und passen ihre Lebensgewohnheiten an die Bedürfnisse des werdenden Kindes an. Schwere psychische Belastungen können sich allerdings beeinträchtigend auf die Entwicklung des Föten auswirken, z.B. wenn die Schwangerschaft auf völlige Ablehnung aus der Umwelt trifft, wenn der Partner stirbt und wenn die Lebensumstände ausweglos erscheinen (Huttunen & Niskanen, 1999; Istvan, 1986).

Mangelversorgung. In den letzten Gestationsmonaten ist das häufigste Risiko für das werdende Kind eine plazentare Mangelversorgung. Sie führt häufig zu einer spontanen oder eingeleiteten Frühgeburt.

Je nach angelegten Kriterien werden 30 bis 80 Prozent aller Schwangerschaften als „Risikoschwangerschaften" eingestuft und besonders intensiv betreut. In den meisten Fällen verläuft die Geburt dennoch normal und die Kinder entwickeln sich unauffällig.

3.5 Frühgeburt

DEFINITION

Von einer **Frühgeburt** spricht man, wenn ein Kind vor der 37. Gestationswoche geboren wird oder weniger als 2.500 Gramm wiegt (etwa 7 Prozent aller lebendgeborenen Kinder).

Das Gestationsalter kann man intrauterin anhand der Körperproportionen des werdenden Kindes (Verhältnis von Kopf- und Rumpfgröße, dem Schädel- und dem Thoraxdurchmesser) und dem Bewegungsmuster des Föten bestimmen, nach der Geburt zusätzlich aus seinem motorischen und neuronalen Reifestatus, etwa anhand von Reflexprüfungen.

Überlebensrate bei Frühgeburt. Mit den heutigen medizinischen und technischen Möglichkeiten können Frühgeborene schon ab einem Alter von 24–25 Gestationswochen und einem Gewicht von knapp 500 Gramm (einem Sechstel des normalen Geburtsgewichtes) überleben. Die Überlebensrate von Kindern unter 1.000 Gramm Geburtsgewicht lag 1997 in Deutschland bei 50 bis 60 Prozent (Landesärztekammer Brandenburg, 1999). Kinder mit einem Gestationsalter von unter 32 Wochen bzw. einem Geburtsgewicht unter 1.500 Gramm gelten als „extrem frühgeboren" und als besonders gefährdet für neurologische Folgeschäden und Schäden an den Sinnesorganen (Lorenz et al., 1998; Taylor et al., 2000).

Der medizinischen Wissenschaft und Kunst geht es bei Frühgeborenen vor allem um das Überleben (z.B. durch medikamentös beschleunigte Lungenreifung), die Verringerung von Folgeschäden (etwa Hirnblutungen) durch die medizinische Behandlung (z.B. künstliche Beatmung) sowie um die Behebung bzw. Verringerung zusätzlicher Erkrankungen. Für Entwicklungspsychologen stellt sich die Frage, welche Bedeutung die extrauterine Existenz für das noch unreife Kind hat und wie sich dies langfristig auf seine weitere Entwicklung auswirkt.

Entwicklungsauswirkungen. Die Geburt stellt vor allem für Atmung, Kreislauf, Ernährung, Verdauung und Wärmeregulierung einen wichtigen Einschnitt in der Entwicklung des Kindes dar. Frühgeborene sind auf diese Umstellung viel schlechter vorbereitet als termingeborene Kinder. Die Intensivbetreuung Frühgeborener konzentriert sich daher auf die Unterstützung dieser Funktionen. Motorik und Sinnesorgane sowie deren Koordination (und damit auch die neurologische Reifung) entwickeln sich dagegen weitgehend entsprechend dem Konzeptionsalter weiter. Dies gilt auch für die Differenzierung der Schlaf-/Wachphasen, die Intensität und Tonqualität des Schreiens, das „soziale Wiederlächeln" und die Entwicklung des visuell gesteuerten Greifens (Friedman & Sigman, 1992; Rauh, 1984). In einzelnen Verhaltensbereichen konnten bei Frühgeborenen sogar leichte Entwicklungsvorteile beobachtet werden, etwa in der Fähigkeit zu visuellen Unterscheidungen und in ihrer visuellen und auditiven Orientierung und Aufmerksamkeit. Hier kommt ihnen zugute, dass diese Sinnesorgane schon einige Wochen vor dem regulären Geburtstermin funktionsbereit sind und daher von der Stimulation durch die Umwelt profitieren. In anderen Verhaltensweisen und Kompetenzen weisen Frühgeborene dagegen auch nach Alterskorrektur häufig längerfristige Probleme auf. Hierzu gehören

- die Erregungskontrolle (sie lassen sich schwieriger besänftigen),
- die Informationsverarbeitung und Integration (sie haben eine höhere Reizschwelle und benötigen länger, um einen Reiz als „vertraut" abzuspeichern),
- die komplexeren kognitiven Leistungen (etwa der Beginn des Sprechenlernens),
- ihre motorische Kraft und Koordination (sie sind häufig hypoton und beginnen später mit dem Laufen).

Einige dieser Probleme hat man darauf zurückgeführt, dass frühgeborene Kinder häufig zusätzlich weitere biologische Risiken zu verkraften haben und ihre Eltern mit einer auch emotional besonders schwierigen Aufgabe betraut sind. Aber auch unter optimierten medizinischen und psychologischen Bedingungen konnten Eckerman et al. (1999) noch im korrigierten Alter von vier Monaten Unterschiede zwischen Früh- und Termingeborenen in der Verarbeitung von anregenden (und erregenden) Erfahrungen (Guckguckspiel mit Untersucherin) nachweisen: Frühgeborene reagierten seltener und geringer oder sogar negativ auf solche Stimulation.

Veränderte Betreuungspraxis. Die Vermutung, dass viele der Entwicklungsrückstände nicht durch die Frühgeburtlichkeit allein, sondern auch durch zusätzliche Belastungen und Erkrankungen in den ersten Lebenswochen mitbedingt sind, hat zu einer Änderung der Intensivpflege und der Betreuungspraxis geführt. Seit Beginn der 1980er Jahre wurde die apparative Intervention deutlich vermindert. Man reduzierte die durch Lärm (im Inkubator) und Geschäftigkeit verursachte Überstimulation und simulierte mit der Beleuchtung einen Tag-/Nachtrhythmus (Rauh, 1984). Eltern werden zunehmend von den ersten Tagen an der Versorgung und Betreuung ihres Kindes beteiligt (Orth, 1999). Emotional positiv für Eltern und Kind ist dabei die „Känguru-Methode" (Anderson, 1991), bei der Mutter oder Vater das nur mit einer Windel bekleidete Kind täglich mehrere Stunden unmittelbar auf den Körper gelegt bekommen. Die Eltern teilen dem Kind dadurch ihre Körperwärme mit und lernen es zugleich in seinen feinsten Regungen kennen. Diese ursprünglich für schlecht ausgestattete Krankenhäuser in Südamerika entwickelte Methode hat sich inzwischen allgemein in der modernen Frühgeborenenpflege bewährt. Die Kinder zeigen eine bessere Sauerstoffversorgung, nehmen schneller zu und können früher entlassen werden. Die Eltern fühlen sich im Umgang mit ihnen sicherer und erleben, dass sie zum Gedeihen des Kindes beitragen können. Es ist zu vermuten, dass sie gelernt haben, sensibler auf die Bedürfnisse des Kindes einzugehen und dass sie durch die intensive Nähe eine besondere emotionale Beziehung zu ihm aufbauen konnten (Achenbach et al., 1990).

3.6 Modellvorstellungen über vorgeburtliche Entwicklungsfaktoren

Aus den Erkenntnissen über die normale vorgeburtliche Entwicklung und die Entwicklung frühgeborener Kinder wurden Modelle bzw. Theorien zu Entwicklungsfaktoren und zum Zusammenwirken von Reifungs- und Umweltfaktoren formuliert.

Kein reiner Reifungsvorgang. Selbst in der vorgeburtlichen Zeit findet Entwicklung nicht als Ablauf eines durchgängig genetisch gesteuerten Programms oder als reiner Reifungsvorgang statt, selbst wenn Teilentwicklungen oder das Auftauchen einer spezifischen Funktion genetisch gesteuert sein mögen.

Einschränkungen und Möglichkeiten durch Heterochronie. Die verschiedenen Teilbereiche entwickeln sich nach unterschiedlichen Zeitplänen. Wirken sie dann aber an einer Funktion zusammen, dann schränken diese unterschiedlichen Entwicklungszeitpläne Verhaltensmöglichkeiten ein ("constraints") oder eröffnen neue Erfahrungen und neues Verhalten ("opportunities"), z.B. vor und nach der Verschaltung einzelner Sinnesorgane und Gehirnregionen. Dieser zeitliche Entwicklungsfaktor wirkt auch noch in der Säuglingszeit als Steuerungselement und Informationsfilter (Johnson, 1999).

Erfahrungen aus eigener Aktivität und Erfahrungen externen Ursprungs. „Erfahrungen" aus eigener Aktivität ("internal experiences") können die Entwicklung der neuronalen Strukturen und Funktionen beeinflussen. In der späteren vorgeburtlichen Zeit kommen zunehmend Erfahrungen externen Ursprungs (Lernen) hinzu (z.B. Geschmack der Nahrung, taktile und vestibuläre Erfahrungen, Vibrationen, akustische Erfahrungen). Lernen stellt nach der Geburt die Haupterfahrungsquelle dar (Johnson, 1999).

Zusammenwirken von Reifungs- und Erfahrungsprozessen. Einige Forscher unterscheiden zwischen (1) erfahrungsabhängigen ("experience dependent") und (2) erfahrungserwartenden Entwicklungsprozessen ("experience expectant") (Greenough et al., 1987; Nelson & Bloom, 1997). Bei erfahrungsabhängigen Entwicklungsprozessen regen motorische, taktile, auditive bzw. visuelle Erfahrungen den Metabolismus der entsprechenden Hirnregionen und damit ihr Wachstum an (Parmelee & Sigman, 1983). Bei erfahrungserwartenden Entwicklungsprozessen werden neuronale Strukturen durch Überproduktion von Zellen bzw. Synapsen vorbereitet und anschließend aufgrund externer (besonders sozialer) Erfahrungen selegiert oder „abgeschliffen".

Probabilistische Epigenese

Reifungsprozesse und Erfahrung spielen also bereits in der frühen Entwicklungszeit zusammen. Johnson (1999) charakterisiert das hier beschriebene Entwicklungsmodell als „probabilistische Epigenese" mit bidirektionalen Beziehungen zwischen Genen, Gehirn und Verhalten.

3.7 Prognosen aufgrund der vorgeburtlichen Entwicklung

Aus dem Verhalten des Föten lässt sich bislang nur auf sein gegenwärtiges Wohlbefinden schließen; längerfristige Prognosen, etwa auf das spätere Entwicklungstempo oder auf künftige Persönlichkeitsunterschiede, erlaubt die pränatale psychologische Diagnostik (noch) nicht (Kisilevsky & Low, 1998).

Pränatale Schädigungen. Eine Ausnahme stellt das Vorliegen von eindeutigen genetischen Aberrationen oder neurologischen und anatomischen Schädigungen dar.

Ausmaß der Frühgeburtlichkeit. Es ist sinnvoll, bis mindestens zum Ende des zweiten Lebensjahres das Lebensalter des Kindes um die Wochen seiner Frühgeburtlichkeit zu korrigieren. Das Ausmaß der Frühgeburtlichkeit bzw. des Untergewichts erlaubt aber selbst mit dieser Korrektur eine Risikoprognose bis weit in das Schulalter hinein. Sie basiert auf einer Reihe von Längsschnittstudien (z.B. Kalmar, 1996; Kanazawa et al., 1997; Largo et al., 1993; Laucht et al., 1999). Für Kinder mit einem Gestationsalter ab 32 Wochen bzw. einem Geburtsgewicht über 1.000 Gramm sind die Prognosen für eine normale Entwicklung zunehmend gut, selbst bei perinatalen Komplikationen – sofern nicht deutliche Hirnschädigungen auftraten, was immer seltener vorkommt. Für extrem frühgeborene Kinder ist die Prognose weniger positiv, wenngleich es auch hier Kinder gibt, die ohne erkennbare Beeinträchtigungen aufwachsen. Welche Kinder welchen Verlauf nehmen, lässt sich aus den biologischen Daten allein nicht vorhersagen.

Erhöhte Vulnerabilität. Eine Einschränkung zu diesen generellen Befunden ergibt sich aus streng nach sozialer Herkunft und Bildungsgrad der Eltern sowie deren sozialen Belastungen parallelisierten Vergleichen zwischen früh- und termingerecht geborenen Kindern: Frühgeborene scheinen in vielen Bereichen doch etwas fragiler zu sein. Selbst wenn sie sich dank einfühlsamer elterlicher Fürsorge im Vorschulalter sehr gut entwickeln, werden unter den Belastungen in und durch die Schule leichte Leistungseinschränkungen oder gar Beeinträchtigungen erkennbar, selbst bei Kindern mit nur leichter Frühgeburtlichkeit (Kalmar, 1996; Laucht et al., 1999, 2000; Taylor et al., 2000). Die Probleme zeigen sich vor allem im perzeptuell-motorischen, kognitiven und sprachlichen Bereich und überwiegend in Situationen mit erhöhten Aufmerksamkeitsanforderungen (z.B. bei Prüfungsleistungen in der Schule).

Soziale Probleme. Kommen zu prä- und perinatalen biologischen Problemen soziale Probleme im Elternhaus hinzu, dann erweisen sich frühgeborene Kinder als besonders vulnerabel. Eine angemessene und anregungsreiche Umwelt, ein feinfühliger und achtungsvoller Umgang mit dem Kind, Sensitivität und angemessene Fürsorglichkeit der Eltern können jedoch helfen, manche durch die Frühgeburtlichkeit bedingte Fragilität (z.B. in der Erregungssteuerung) aufzufangen und auszugleichen (Bee et al., 1982; Kalmar, 1996; Orth, 1999). Dies gilt auch für Kinder aus ungünstigem sozialem Milieu, wenn sie an einem pädagogisch vorbildlichen kompensatorischen Krippen- und Vorschulprogramm teilnehmen können (Ramey & Ramey, 1999).

Funktionelle Anpassung

Zur Erklärung der mitunter geringen Spätwirkungen selbst erheblicher biologischer Risiken und zur Begründung für sehr früh einsetzende Therapieverfahren wird häufig auf die außerordentliche Plastizität des kindlichen Gehirns verwiesen. Der heutige Stand der Forschung dämpft einerseits den mit diesem Argument verbundenen Optimismus und verweist andererseits auf funktionelle neurologische Anpassungen auch noch jenseits der Kleinkindphase. Nach der Phase der Nervenzellbildung mit Überschuss findet nämlich bei einem anatomisch geschädigten Gehirn keine wirkliche Heilung mehr statt; auch die automatische Übernahme durch andere Hirnregionen ist umstritten. Es handelt sich bei den vermeintlichen Heilungen bestenfalls um ein zwar wiederum intaktes, aber doch „anderes" Gehirn (Als et al., 1989; Prechtl, 1983). Wie das vorn beschriebene Entwicklungsmodell nahe legt, können funktionell vergleichbare Leistungen jedoch über sehr unterschiedliche Entwicklungspfade und auf unterschiedlicher struktureller Grundlage erbracht werden (M.H. Johnson, 2000).

4 Die Neugeborenenzeit

Als termingerecht gilt eine Geburt zwischen der vollendeten 37. und der 42. Gestationswoche. Das reif geborene mitteleuropäische Kind ist durchschnittlich 50–53 cm groß und wiegt ca. 3,5 Kilogramm. Von nun an zählt sein amtliches Lebensalter (LA; engl.: CA, chronological age).

4.1 Veränderungen in der Geburtspraxis

Noch in den siebziger Jahren war es üblich, dass Mütter auch bei einer normalen Geburt zwei Wochen in der Klinik blieben. Sie sahen ihr Baby allerdings hauptsächlich zum Nähren. Unreife Neugeborene und Kinder mit vermuteten gesundheitlichen Risiken wurden in eine andere Klinik verlegt und waren mitunter mehrere Wochen von ihren Eltern getrennt. Dieses Vorgehen hat sich Ende des 20. Jahrhunderts grundlegend geändert.

Die Gefahren für die Mütter während der Schwangerschaft, der Geburt und unmittelbar danach konnten deutlich reduziert werden. In der Regel bleiben sie nur noch drei bis fünf Tage auf der Geburtsstation; auch Hausgeburten haben wieder zugenommen. Das soeben Geborene darf, wenn keine akuten Gefahren dagegen sprechen, zunächst bei der Mutter bleiben, bevor die Routineuntersuchung durchgeführt wird. Auf der Geburtsstation ist das Baby in der Regel tags und je nach Wunsch auch nachts im Zimmer der Mutter ("rooming-in"), so dass die Mütter mit ihrem Kind „vertraut" werden können.

4.2 Zwei psychologische Fragen zur Geburt

Empirische Befunde zu zwei psychologischen Fragen haben bei der Veränderung der Geburtspraxis wesentlich mitgewirkt. (1) Wie erlebt das Kind seine Geburt? (2) Wie entsteht unbedingte Mutterliebe?

4.2.1 Gibt es ein Trauma der Geburt?

Die Geburt ist für das Kind ein physiologisch einschneidendes Ereignis. Rank (1924) und Bernfeld (1925), Psychoanalytiker aus dem Umkreis von Freud, sahen in der Geburt aber auch die Ursituation aller späteren Ängste. Die sprachgeschichtliche Bedeutung von „Angst" (lat.: angusta) führten sie auf das Erlebnis der Enge des Geburtskanals zurück und deuteten den Geburtsschrei als Ausdruck der Angst vor dem Ersticken und vor der körperlichen Trennung von der Mutter. In späteren Angstsituationen sehne sich der Mensch in den „paradiesischen" fötalen Zustand zurück.

Aus heutiger Sicht ist es zumindest unwahrscheinlich, dass sich ein Mensch an seine Geburt erinnern kann. Außerdem scheint der Geburtsvorgang, wenn man überhaupt von Emotionserleben und Emotionsäußerungen sprechen will, beim Kind eher mit großer Anstrengung und anschließender Erleichterung verbunden zu sein als mit Angst.

> „Für mich, der ich Babys nach der Geburt sehr genau und aus der Nähe beobachtet habe, ist überraschend, wie untraumatisiert sie wirken. Oft beruhigt sich das Baby nach dem ersten lauten Schrei schnell und liegt dann still da, offenbar zufrieden damit beschäftigt, mit seiner neuen Umgebung zurande zu kommen." (MacFarlane, 1978, S. 61).

4.2.2 Wie entsteht die emotionale Bindung zwischen Mutter und Kind?

Klaus und Kennell beobachteten bei Müttern und Vätern Neugeborener mutmaßlich genetisch programmierte spontane Fürsorglichkeit, die die Versorgung des Babys sichert. Diese Fürsorge sei in einer tiefen und unbedingten emotionalen Bindung (engl.: bonding) der Mutter (und des Vaters) an das Kind verankert, welche hormonell vorbereitet und zeitbegrenzt in den ersten Minuten nach der Geburt ausgelöst oder geweckt werde (Klaus & Kennell, 1987, Orig. 1976). Die Geburt selbst und die ersten Minuten und Stunden danach stellen nach Klaus und Kennell also eine Art „sensible Phase" für einen Prägungsvorgang dar. Wichtige Stimuli für das Ausbilden der elterlichen Bindung seien

- enger körperlicher Kontakt mit dem Neugeborenen sowie
- Reaktionen des Neugeborenen auf das elterliche Verhalten, z.B. Körper- und Augenbewegungen.

DEFINITION

Bonding bezeichnet die emotionale Bindung der Eltern, besonders der Mutter, an das Kind, während **Attachment** (Bowlby, 1969) die emotionale Bindung und Anhänglichkeit des Kindes an seine Bezugsperson bezeichnet (s. Abschn. 6.2).

Befunde zum Bonding. Wenn die Bonding-These in ihrer starken biologischen Version zuträfe, müssten fast alle Menschen, die vor 1980 geboren wurden, unter den Folgen eines schweren Bindungsdefizits leiden. Dies ist offensichtlich nicht der Fall. Auch die wissenschaftlichen Befunde sprechen nicht für einen Prägungsvorgang im Sinne von Klaus und Kennell: Die Effekte zusätzlicher Frühkontakte nach der Geburt sind gering und halten nicht an (Fogel, 1984; Gomes-Pedro, 1989; Grossman et al., 1981b). Sie lassen sich jedoch problemlos als regulärer Lernprozess interpretieren: Früher Erstkontakt und häufige, intensive und ungestörte Beobachtungs- und Interaktionsmöglichkeiten in den ersten Lebenstagen erleichtern es sowohl den Eltern als auch dem Kind, einander kennen zu lernen und eine herzliche Beziehung zueinander aufzunehmen.

4.3 Psychologische Kompetenzen und Bedürfnisse des Neugeborenen

Die Geburt verlangt vom Kind eine enorme physiologische Umstellung und Anpassungsleistung. Es muss nun eigenständig atmen, Herz, Kreislauf und Blutdruck regulieren, seinen Wärmehaushalt stabilisieren, Nahrung aufnehmen und verdauen und seine Motorik im neuen Medium der Luft neu organisieren. Hinzu kommt die nun intensivere Sinnesaufnahme sowohl über die Nah- wie auch über die Fernsinne. Eine erste Prüfung der Lebenstüchtigkeit des Neugeborenen wird anhand des APGAR-Indexes vorgenommen.

Der APGAR-Index

Das physiologische Umstellungsverhalten des Neugeborenen wird eine, fünf und zehn Minuten nach der Geburt nach drei Bewertungsstufen (0 bis 2) beurteilt. Beobachtet werden:

(1) Hautfärbung,
(2) Gleichmaß und Art der Atmung,
(3) Muskeltonus,
(4) Reflexauslösbarkeit,
(5) Herzschlag/Pulsfrequenz (unter/über 100 bzw. fehlend).

Ein maximaler Wert von 10 Punkten bedeutet: gesundes Kind mit regelmäßigem Herzschlag, kräftigem Schrei, wohl entwickeltem Hustenreflex und rosa Hautfarbe. Ein Apgar-Wert von 7 bis 10 gilt als normal bzw. optimal, ein Apgar-Index von 4 bis 7 als nicht optimal und ein Wert von 3 und darunter als sehr bedenklich. Die Werte werden in den Geburtspass eingetragen, der das Kind auch durch die 9 Kontrolluntersuchungen bis zur Einschulung begleitet. Zusätzlich zur Apgar-Prüfung wird auch der Säuregrad im Nabelschnurblut gemessen.

Erweiterte Neugeborenenzeit. Das Neugeborene bringt bereits ein differenziertes, wenn auch noch unreifes Verhaltensrepertoire mit. Die ersten zwei bis drei Monate stabilisiert es dieses Repertoire und schafft die Voraussetzungen für seine enormen Lernleistungen. Deshalb ist es sinnvoll, nicht nur die ersten vier Wochen, sondern die ersten zwei bis drei Monate als „erweiterte Neugeborenenzeit" zu betrachten. Auch wenn das Neugeborene aus biologischer Sicht noch als „unreif" gilt, wird es aus psychologischer Sicht bereits als „Persönlichkeit" betrachtet (Brazelton & Nugent,

1995; Schaffer, 1984; Stern, 1992), die mit den notwendigen Kompetenzen für ihre Weiterentwicklung ausgestattet ist, z.B. der Fähigkeit, die komplementären Verhaltensweisen beim Erwachsenen zu wecken und zu nutzen.

4.3.1 Frühe Verhaltensorganisation und erste Regulationsleistungen

Das Entwicklungsmodell von T. Berry Brazelton und Heidelise Als

Brazelton und Als unterscheiden in der perinatalen Zeit (späte vorgeburtliche bis frühe nachgeburtliche Zeit) vier psychophysiologische Teilsysteme, die sich im Laufe der Entwicklung intern ausdifferenzieren, stabilisieren und hierarchisch integrieren.

Autonomes System der physiologischen Funktionen. Ausgetragene Neugeborene verfügen im Vergleich zu Frühgeborenen schon nach wenigen Tagen über ein erstaunlich stabiles autonomes System (Atmung, Kreislauf, Körpertemperatur, Verdauung). Dennoch können sie bereits auf kleine Überbelastungen mit deutlichen Hautverfärbungen, Spucken, kurzem Atemstillstand oder, vor allem gegen Ende des ersten Monats, mit Blähungen (Koliken) reagieren.

Motorisches System. Das motorische System (Energetisierung, Tonusbalance, Modulierung der Körperhaltung, Weichheit des Bewegungsflusses, Koordination) bedarf beim Neugeborenen optimierter Bedingungen; schon bei leichten Belastungen gerät es außer Balance. Dann rudert das Kind mit Armen und Beinen, bewegt sind ruckartig und wenig koordiniert oder verliert plötzlich an Muskelspannung und erschlafft.

System der Bewusstseins- und Erregungsniveaus. Dem Neugeborenen misslingen oft noch die sanften Übergänge vom Tiefschlaf zum leichtem Schlaf, zum halbwachen Dösen, zum ruhigen Wachsein, oder umgekehrt vom erregten Schreien oder unruhigen Wachsein zum ruhigen Wachsein oder zum Schlaf (engl.: state regulation). Manche Neugeborene brauchen einige Tage, bis sie das volle Schreien überhaupt ausbilden. Das ruhige Wachsein ist ein jeweils nur kurzzeitiger Zustand einer labilen Balance, der leicht in Unruhe, Dösen oder Schlafen kippt. Bei Überbelastung können Neugeborene plötzlich in Tiefschlaf fallen.

> **BEISPIEL**
>
> **REM-Schlaf.** Das Neugeborene verbringt etwa drei Viertel der Zeit mit Schlafen, davon einen erheblichen Teil im leichten oder sog. REM-Schlaf (Schlafphase mit raschen Augenbewegungen hinter den geschlossenen Lidern; Rapid Eye Movement). Nur 20 Prozent der Zeit ist es mehr oder weniger wach. Im Verlauf des ersten Lebensjahres nimmt die Schlafzeit, vor allem die Menge des REM-Schlafes, ab. REM-Schlaf ist beim kleinen Säugling offenbar eine Art Selbststimulation des Gehirns in einer Zeit intensiver Gehirndifferenzierung und gleichzeitig begrenzter Stimulation über die Sinne (vgl. Berk).
>
> **Tag-Nacht-Rhythmus.** Der Rhythmus zwischen Ruhe und Aktivität ist anfangs weder stabil noch eng an andere biologische Tagesrhythmen gekoppelt (Maier et al., 1994). Seine Schlafzeiten orientieren sich an denen der Mutter und an seinen eigenen Nahrungsbedürfnissen. Erst mit etwa 12 Wochen bildet das Baby seinen eigenen Tag-Nacht-Rhythmus aus. Um den vierten Monat verbessern sich die Qualität von Schlafen und Wachsein sowie die Dauer der Wachheitsperioden deutlich (Colombo, 2001).

System der kognitiven, interaktiven und sozialen Prozesse. Dieses System ist beim Neugeborenen noch sehr gering ausgebildet und setzt den anfangs ohnehin schwer zu erreichende Zustand des ruhigen Wachseins voraus. Dennoch gelingen – bei entsprechend sensibler Unterstützung durch den Erwachsenen – auch dem Neugeborenen schon kurze Phasen des aufmerksamen Schauens und Lauschens. Es kostet ihn aber sichtlich Mühe, sich ruhig und aufmerksam Stimuli von außen (visuellen, akustischen) zu öffnen.

NBAS und APIB

Brazelton (1973; Brazelton & Nugent, 1995) entwickelte ein umfassendes psychologisches Testverfahren für Neugeborene, die Neonatal Behavioral Assessment Scale (NBAS), und Heidelise Als (1982; Als et al., 1989) das Assessment of Preterm Infants' Behavior (APIB), eine adaptierte Version für Frühgeborene. Diese Tests haben in der psychologischen Säuglingsforschung große Bedeutung erlangt, gehören aber nicht zu Routineuntersuchungen bei Neugeborenen.

Ziel der Untersuchung mit der NBAS ist es, ein umfassendes Profil der Kompetenzen und Stärken, aber auch der Schwierigkeiten und Probleme des individuellen Neugeborenen zu erhalten, indem sein gegenwärtiger Status in den vier Verhaltenssystemen erfasst wird (Brazelton & Nugent, 1995). Die Abfolge der Untersuchungsschritte dient dazu, die Reife, Stabilität und Elastizität dieser Systeme beim Kind zu diagnostizieren. Es wird erprobt, wie es sich für Stimulation öffnet, welche Art von Hilfen und Unterstützung es vom Erwachsenen benötigt, um seine jeweils beste Verhaltensleistung hervorzubringen, und wie es über die Untersuchungszeit hinweg Übererregung und Überstimulation vermeidet. Aktive regulatorische Verhaltensweisen sind z.B. der Hand-Mund-Kontakt bzw. das Schnullernuckeln oder das Zusammenfalten der Hände. Regulatorische Kompetenzen zeigt das Kind auch in seiner Fähigkeit, Hilfe und Unterstützung von außen aufzugreifen, z.B. auf eine besänftigende Stimme zu lauschen, positiv aufs Gewiegtwerden zu reagieren oder sich anschmiegen zu können. Hier finden sich erste Analoga zu Bewältigungs- und Copingstrategien (Spangler & Scheubeck, 1993).

Empirische Befunde

Die Organisiertheit des Verhaltens des Neugeborenen, die charakteristische Art, wie es auf kleine Anforderungen reagiert, ob es leicht aus der Balance gerät und desorganisiert reagiert, mit welchen Hilfen und Stützen es wieder Balance gewinnt, all das sind für die Eltern wichtige Information für ihren individuell angepassten sensiblen Umgang mit dem Kinde (s. „Unter der Lupe", S. 145).

Interindividuelle Unterschiede. Das Verhalten von Säuglingen einschließlich ihrer Fähigkeit zur Habituation, zur Orientierung und zur Selbstregulierung erwies sich bereits in der Neugeborenenzeit als „organisiert". In den Verhaltenssystemen zeigen Neugeborene allerdings deutliche interindividuelle Unterschiede (Brazelton & Nugent, 1995; Sameroff, 1978). Geschlechtsunterschiede im Verhalten waren während des Tests gering, jedoch reagierten nur Jungen auf die NBAS-Untersuchung mit einem signifikanten Cortisolanstieg im Blut als physiologischer Belastungsantwort (Davis & Emory, 1995). Für Spangler und Scheubeck (1993) ist der Anstieg von Stresshormonen ein Signal dafür, dass dem Kind keine effektiven Strategien zur Belastungsreduktion zur Verfügung stehen.

Ethnische Unterschiede. Europäische und afrikanische Kinder erwiesen sich als irritabler als ostasiatische und indianische Kinder; letztere erhielten besonders früh schon hohe Werte im Orientierungsverhalten und in der Wachheitskontrolle. Afrikanische Kinder waren dagegen schon bei der Geburt motorisch kompetenter. Möglicherweise sind einige kulturspezifische Sozialisationstechniken zumindest teilweise auch als Reaktion der Erwachsenen auf spezifische Kompetenzen oder Schwierigkeiten ihrer Kinder interpretierbar (Brazelton, 1989).

Nachweis von Risiken. Mäßig frühgeborene und sehr früh geborene Kinder waren in ihren Subsystemen weniger stabil und in ihren Regulationsbemühungen weniger effektiv als reifgeborene Kinder im gleichem Konzeptionsalter (2 Wochen nach normalem Geburtstermin) (Als et al.,1989). An die Mutter während der Geburt dargereichte Narkotika wirkten beim Kind noch bis zu vier Wochen später nach. Frühgeborene von Alkohol und Drogen oder Methadon konsumierenden Müttern fiel es besonders schwer, in einen ruhigen Wachzustand zu gelangen; sie waren irritabler und zeigten nur geringe Habitu-

UNTER DER LUPE

Die Neonatal Behavioral Assessment Scale (NBAS)

Die NBAS kann von trainierten Untersuchern bei Neugeborenen bis zum Alter von vier Wochen nach erwartetem Geburtstermin durchgeführt werden. Sie dauert etwa 30 Minuten und ist in fünf „Pakete" untergliedert.

„Habituations-Paket". Die Untersuchung beginnt, wenn das Kind sich in leichtem Schlaf befindet. Als „Störreize" werden der Strahl einer Taschenlampe, der Klang einer sanften Rassel, der Klang einer hellen Glocke (jeweils maximal 10-mal) und ein sanfter Pieks mit einer stumpfen Nadel an der Fußsohle (maximal 5-mal) eingesetzt. Beobachtet wird, wie intensiv das Kind auf den ersten Reiz reagiert und wie rasch es bei den folgenden Reizen habituiert, also nicht mehr reagiert.

„Motorisches-orales Paket". Anhand von „Reflexprüfungen" an den Füßen und am Kopf in Rückenlage und im Wachzustand wird die Regulation des Neugeborenen auf diese Störreize hin beobachtet.

„Ganz-Körper-Paket". Das „Ganz-Körper-Paket" beginnt mit dem sanften Auswickeln und Auskleiden des Kindes und seiner Fähigkeit, dies zu verkraften. Im Allgemeinen wacht es dabei ganz auf. Der Handgreifreflex wird geprüft, das Kind vorsichtig zum Sitzen hochgezogen und schließlich aufgenommen. Auch der Schreit- und der Krabbelreflex, die motorische Regulationen des gesamten Körpers verlangen, werden geprüft. Der Untersucher dreht sich mit dem Kind um seine Körperachse und beobachtet die Bewegung des Kopfes und der Augen als Reaktion auf diese Stimulation. Schließlich nimmt er es in den Arm und über die Schulter, um die Anschmiegsamkeit oder „Schmusigkeit" des Kindes, seine Fähigkeit, in dieser Position zu entspannen, zu prüfen.

„Vestibuläres Paket". Das „vestibuläre Paket" stellt die intensivste „Störung" der Balance dar. Es umfasst die Auslösung des Moro-Schreckreflexes (plötzliches kurzes Absenken des kindlichen Körpers in Rückenlage auf den Händen des Untersuchers), die Überprüfung des tonischen Nackenreflexes (Strecken des gleichseitigen Armes und Beines, wenn der Kopf zur Seite gedreht wird) und die Abwehrreaktion auf ein über die Augen gelegtes Tuch.

„Sozial-interaktives Paket". Das „sozial-interaktive Paket" wird immer dann eingeschoben, wenn sich das Kind im oder nahe dem ruhigen Wachsein befindet: Es ist der wichtigste Teil der Untersuchung und überprüft die Aufnahmebereitschaft für informative soziale und nichtsoziale Stimulation. Der Untersucher überprüft, ob das Kind der horizontalen, vertikalen und Kreisbahn eines roten Bällchens bzw. dem Gesicht des Untersuchers folgen kann und ob es sich mit Blick und Kopf einer freundlichen und sanften Geräuschquelle an seiner Seite (z.B. einer Rassel oder der Stimme seiner Mutter) zuwendet.

Mindestens zweimal im Verlauf der Untersuchung werden die Neugeborenen im Allgemeinen so erregt, dass sie ins Schreien geraten (Erregungsgipfel). In dieser Situation wird beobachtet, ob sie sich selbst wieder fangen können bzw. wie viel Hilfe sie benötigen, um ihre Balance wiederzufinden.

ation an Störreize im leichten Schlaf (Brazelton et al., 1987; Fischer et al., 1989; Nugent et al., 1989). Das schwierige Verhalten eines Neugeborenen kann den Beginn der Interaktion seiner Eltern mit ihm erheblich erschweren und sie langfristig negativ prägen.

Prognosen. Sichere Prognosen aus dem frühen Regulationsverhalten der Kinder auf beispiels-

Tabelle 5.1. Einflüsse auf die Organisation der Verhaltenszustände des Neugeborenen

Individuelle Unterschiede	– in der Deutlichkeit der einzelnen Zustandsformen – im Regelmaß des Wechsels (Vorhersagbarkeit) – in Tempo und Intensität des Erregungsaufbaus – in der Effektivität der Selbstberuhigung – in der Reaktion auf Stabilisierungshilfen
Entwicklungsveränderungen	– Stabilisierung der Zustände (weniger Fluktuation) – Rhythmen werden relativ – das Kind nimmt zunehmend aktiver teil an der Steuerung der eigenen Zustände
Einflüsse auf Zustandssteuerung	– Gestationsalter (Frühgeburt) – Untergewicht, Erkrankungen – Drogen- (einschließlich Alkohol und Tabak) und Medikamenteneinnahme der Mutter während der Schwangerschaft – Medikamente/Betäubungsmittel (unter der Geburt) – ethnische und Geschlechtsunterschiede
Bedeutung der *States*	– diagnostisch (Gehirnreife, Gesundheitszustand) – aktuell (Aufgeschlossenheit für Lernen und soziale Interaktion) – prognostisch (Temperament, Eltern-Kind-Interaktion)

weise die geistigen und motorischen Leistungen mit 18 Monaten (Brazelton et al., 1987) oder auf eine sichere Bindung zur Mutter im Alter von einem Jahr (Grossmann et al., 1985) sind offenbar nicht möglich. Dies kann allerdings auch als Positivum angesehen werden: Erst aus dem dynamischen Zusammenspiel zwischen Kind *und* Betreuern bilden sich stabilere Verhaltenstendenzen beim Kind heraus. Werden junge Eltern anhand der Durchführung des NBAS für das Verhalten ihres Kindes sensibilisiert, steigt ihre Feinfühligkeit im Umgang mit dem Kind an, was wiederum positive Auswirkungen auf das Kind hat (Anderson & Sawin, 1983; Brazelton & Nugent, 1995; Ziegenhain et al., 1999).

4.3.2 Motorisches und sensorisches Verhaltensrepertoire in den ersten Lebenswochen

Neue Untersuchungsmethoden (s. Tab. 5.3 „Wie befrage ich einen Säugling", S. 170) haben unser Wissen über die frühen Kompetenzen von Säuglingen enorm erweitert. Sie können hier nur zusammenfassend und exemplarisch dargestellt werden.

Motorik und Aktivität

Motorische Verhaltensmuster. Die motorischen Verhaltensmuster des Neugeborenen bestehen zum einen aus allgemeinen Bewegungen, z.B. Winden des Körpers, Stoßbewegungen der Beine und Armbewegungen, denen jedoch die spätere Geschmeidigkeit und Zielgerichtetheit noch weitgehend fehlt. Daneben gibt es einige differenzierte und strukturierte motorische Verhaltensmuster (früher als „Reflexe" bezeichnet), von denen vor allem die im Kopfbereich sehr schnell an die neuen Stimulusbedingungen angepasst werden. Zu den besonders effektiven und lernempfänglichen Bewegungsmustern gehören die Augenbewegungen: die Augen des Kindes folgen z.B. einem langsam bewegten roten Ball oder dem Gesicht der Mutter in der horizontalen und vertikalen Ebene. Weiterhin zeigt es langsame, aber gerichtete Kopfbewegungen zu einer interessanten Hörquelle (z.B. Stimme der Mutter, Rassel) an seiner Seite. Auch lernt es früh, seine Saugbewegungen mit den Suchbewegungen des Kopfes zu kombinieren und erfolgreich die Nahrungsquelle zu finden.

Aktivitätszyklen. Größere Aktivitätszyklen in der Neugeborenenzeit sind vor allem vom Zeitabstand zwischen den Mahlzeiten abhängig. Auch der Anblick der Eltern und ihre Interaktion mit ihm können einen positiven Erregungs- und Aktivitätsschub auslösen.

Saugen. Aktivität in kleineren Zyklen (engl.: bursts) zeigt der Säugling in den ersten Lebensmonaten z.B. in seinem Saugverhalten, sowohl beim Trinken als auch beim Saugen ins Leere. Dabei verfügt das Kind über zwei Saugtechniken, das Pumpsaugen durch Herstellen eines Unterdruckes im Mund, und das Lecksaugen oder Ausstreichen der Brustwarze oder des Nuckels mit Zunge und Lippen. Saugen und Atmung sind in der frühen Säuglingsphase anatomisch und physiologisch so aufeinander abgestimmt, dass das Kind beim Saugen zugleich atmen kann. Da der Kehlkopf hoch liegt, sind Luft- und Speiseröhre gut voneinander getrennt. Bis zum vierten bis sechsten Monat senkt sich der Kehlkopf und ermöglicht dadurch die differenzierte Lautgabe und das Lallen (Papoušek, M., 1994). Das Kind kann sich nun aber auch „verschlucken". Beim aktiven Saugen beeinflusst das Saugen die Atemfrequenz und bildet mit ihm zusammen ein prägnantes Muster. Die Saug-Atem-Kopplung ist bei risikogeborenen Frühgeborenen labiler, weniger flexibel und kostet mehr Energie als bei reifen Neugeborenen oder risikofreien Frühgeborenen vergleichbaren Konzeptionsalters (Goldfield et al., 1999).

UNTER DER LUPE

Saugen als Verhaltensindikator

Das Saugen ist eine der kompetentesten Leistungen des Neugeborenen und schon früh durch Erfahrung und Lernen formbar. Saugintensität und Saugfrequenz (high amplitude sucking = HAS) in den ersten Lebensmonaten werden daher bevorzugt als Verhaltensindikatoren des Kindes bei Untersuchungen zum Sehen und zum Hören verwendet. Die Veränderung in den spontanen Saugschüben des Kindes als Reaktion auf einen (vertrauten oder neuen) Stimulus ist ein Indikator für Erregung oder Langeweile. Nach einem ersten aufmerksamen Zuwenden zum Stimulus (Orientierungsverhalten) ohne Saugen „verdaut" das Kind die neue Information durch heftige Saugstöße.

Noch beliebter ist die direkte Kopplung der Saugaktivität an einen Stimulus, so dass das Kind sich ein Bild oder eine Bilderfolge, einen Ton oder eine Tonfolge und Sprachlaute selbst „herbeisaugen" und so sein steigendes oder sinkendes Interesse an diesem Ereignis ausdrücken kann (Habituationsparadigma). Die Kinder „lernen" zunächst den Zusammenhang zwischen ihrer Saugaktivität und dem Erscheinen des Stimulus (Kontingenzlernen), wobei sie ihre Aktivität steigern, um danach, wenn er ihnen ganz „vertraut" ist, zu habituieren (d.h. der Stimulus erhält weniger Aufmerksamkeit); ein von ihnen als unterschiedlich wahrgenommener neuer Stimulus erhöht die Aktivität wieder. Wenn die Kinder auf das Erscheinen des Stimulus selbst Einfluss nehmen können, sind sie in der Regel auch ausdauernder und aufmerksamer dabei.

Besondere motorische Fähigkeiten des Neugeborenen?

Es gibt eine Gruppe von Verhaltensweisen, die man in den ersten Lebenswochen des Kindes gut beobachten kann, die dann aber offenbar aus seinem Repertoire verschwinden, um entweder gar nicht mehr oder erst Wochen und Monate später in gewandelter Form wieder aufzutauchen. Dies gilt zum Beispiel

- für das frühe Greifen,
- das Kriechen,
- das Schreiten,
- Schwimmbewegungen,
- das Wenden des Kopfes zur Berührungsquelle („rooting"),

- das Saugen und
- die Nachahmung.

In den ersten Lebenswochen zeigen die Kinder diese Verhaltensweisen zwar deutlich, aber nur in eingeschränkten Situationen, z.B. nur bei einem bestimmten Wachheits- und Erregungszustand (der „Greifreflex") oder bei Hunger (Hand in den bereits geöffneten Mund führen; Lew & Butterworth, 1995). Sie werden durch spezifische Stimuluskonstellationen ausgelöst, das Greifen z.B. durch die Berührung der Handinnenfläche (und analog der Fußsohle), während sich die Hand öffnet, wenn man die Handoberfläche streicht. Wenn die Babys mit ihren Füßen einen festen Untergrund berühren, zeigen sie Schreitbewegungen, oder bäuchlings auf einer Unterlage Kriechbewegungen. Entgegen früherer Ansicht handelt es sich hier nicht um „Reflexe", sondern um eingegrenzte, aber doch komplexe Verhaltensweisen (Prechtl, 1982; Thelen, 1995, 2000; Towen, 1998).

Ursachen für U-förmigen Verlauf der Entwicklung. Wenngleich jede dieser Verhaltensweisen ihr eigenes Entwicklungsverlaufsmuster hat, „verlieren sich" die meisten von ihnen zwischen zwei und vier Monaten, also nach Ablauf der „postfötalen" Zeit (Prechtl, 1993); zur gleichen Zeit steigt das visuelle Interesse rapide an, das Kind interessiert sich besonders intensiv für das menschlichen Gesicht und beginnt mit ersten Lallversuchen. Dieser Entwicklungsverlauf hat Stoff zu vielen Erklärungen gegeben.

- Manche Forscher sehen keine strukturelle Kontinuität zwischen den frühen und den späteren Verhaltensweisen (Prechtl, 1993);
- anderen zufolge brechen die Teilkomponenten auf und reorganisieren sich neu (von Hofsten, 1984, 1986);
- wieder anderen zufolge „verstummen" die Verhaltensweisen nur vorübergehend (Papoušek & Papoušek, 1984), weil andere Verhaltensweisen ins Zentrum rücken und teilweise ihre Funktion übernehmen.

BEISPIEL

Das Neugeborenen-Schreiten

Das Schreiten des Neugeborenen und das spätere Laufen gehen nach Esther Thelen (2000; Thelen & Ulrich, 1991) beide auf denselben Bewegungsgenerator und Rhythmusgeber zurück. Dieser verschwindet im Verlaufe der Entwicklung nicht, sondern bleibt in der Strampelbewegung erhalten; Strampeln ist sozusagen Schreiten in Rückenlage. Warum verschwindet das Schreiten? Die Gründe liegen nach Thelen im zunehmenden Körpergewicht bei aufrechter Haltung: Kopf und Beine werden für das Ausführen der Schreitbewegung zu schwer; denn zunächst nimmt das Fettgewebe zu (zur Thermoregulation) und erst später das Muskelgewebe. Wirkt man diesen Einschränkungen experimentell entgegen (Gehen auf einem Laufband oder in einer Art Tretmühle oder im Wasserbecken), zeigen die Kinder tatsächlich weiterhin das Schreitmuster (s. Abschn. 6.1).

Theoretische Erklärungsmodelle für die frühe motorische Entwicklung und ihr jeweiliger Fokus

Anpassung an die neue Umgebung. Nach Prechtl (1993) ist das Neugeborene ein um zwei bis drei Monate zu früh geborener Fötus mit einem besonders großen und schweren Kopf, aber motorisch schwach (Thelen, 1984). In den ersten ein bis zwei Monaten nach der Geburt lernt es keine wirklich neuen Bewegungsmuster hinzu, sondern passt sein fötales Repertoire der neuen Umgebung an. Erst ab dem zweiten bis dritten Monat entwickelt es neue motorische Funktionen, deren Anpassung an die Handlungsplanung es im zweiten Lebensjahr verfeinert (Towen, 1998).

Aktivität und Reaktion. In Weiterführung des Ansatzes von Prechtl unterscheidet Towen (1998) zwischen spontaner allgemeiner motorischer Aktivität, die bereits der Fötus zeigt, und der

Fähigkeit zur Reaktivität, d.h. auf Umweltbedingungen und Stimuli antworten zu können. Letzteres wird erst ab der Geburt und dem damit verbundenen Erfahrungsumschwung bedeutsam. Stereotype Bewegungsmuster (Reflexe oder Hyperaktivität) zeigt nach Towen selbst das Neugeborene nur bei Belastungen oder Erkrankungen, wenn in der Kombination von Reaktion und Aktivität der Part der Aktivität versagt. Im Normalfalle ist die motorische Aktivität des Babys auch in den ersten Lebenswochen spontan, variabel und reflex*unabhängig*; nur unter abnormen Bedingungen werde sie stereotyp, monoton, invariabel und reflex*abhängig*. Die Fähigkeit zu Variabilität ist dabei ein besonderes Merkmal gesunder Entwicklung.

Lösen von Bewegungsproblemen. Es kann allerdings auch bei sich gesund entwickelnden Kindern zu plötzlichen Rückschritten im Funktionsniveau, zu Einschränkungen der Variabilität sowie zu Desorganisation kommen. In der Regel handelt sich dabei um Übergangszeiten und Zeiten der Reorganisation, denen dann ein kräftiger Entwicklungsschub folgt. Eine solche Übergangszeit beobachtete Thelen bei mehreren motorischen Funktionen zwischen zwei und vier Monaten, der Zeit vor der Entwicklung des gezielten Greifens. In diesem Sinne beschreiben sowohl Towen als auch Thelen die Entwicklung motorischer Fertigkeiten (skills) als Abfolge von Problemlöseprozessen. „Das Kind ist ein aktiver Löser von Bewegungsproblemen“ (Thelen, 2000). Beispiele für solche Bewegungsprobleme sind: den Kopf zu einer Geräuschquelle zu wenden, der Bewegungsbahn eines Ringes zu folgen, die Hände zusammenzubringen oder die Beine beim Kriechen zu koordinieren. Neue Bewegungsstudien weisen nach, dass selbst einfache Bewegungsmuster nicht vollständig zentralnervös programmiert ablaufen, sondern nur teilgesteuert sind ("soft assembly"). Daher können sie sich den Rahmenbedingungen (z.B. der Unterlage, den jeweiligen Kraftreserven des Kindes und der Art der Aufgabe) anpassen.

Motorik als eine Form der Wahrnehmung. Nach Gibson (1988) bilden Wahrnehmung und Bewegung, Kognition und Handeln auch schon beim Neugeborenen eine Einheit. Das Kind nimmt seine Umgebung nämlich auch über seine eigenen Körperbewegungen (propriozeptiv und unbewusst) wahr, etwa über die Augen-, Kopf- und Rumpfbewegungen, über Hände, Füße und Finger. Durch diese wahrnehmende Ausrichtung seiner Motorik an der Umgebung verfeinert das Kind seine motorischen Handlungen. Andererseits lösen aber auch neue motorische Fertigkeiten (etwa das stabile Sitzen) eine Reihe neuer kognitiver Erfahrungen aus (Bertenthal & Campos, 1990).

4.3.3 Sinnesrepertoire des Neugeborenen

Die Sinnesfähigkeiten des neugeborenen Kindes sind wesentlich differenzierter, als man lange Zeit glaubte, aber über Wochen und Monate noch nicht auf dem Niveau der späteren Schulkinder oder gar der Erwachsenen. Dies zeigen moderne physiologische und psychologische Verfahren. Entwicklungsniveau und -verlauf sind dabei für jede Sinnesmodalität (Hören, Sehen, Tastsinn, Geschmack usf.) spezifisch und innerhalb einer Modalität für Teilaspekte unterschiedlich. Das Baby ist für Wahrnehmungen in einem für es bedeutsamen Umfeld ausreichend gerüstet. Einige vermeintliche Unzulänglichkeiten mögen dem Neugeborenen sogar als Erfahrungsfilter dienen, um seine begrenzte Aufmerksamkeitskapazität auf das Wesentliche auszurichten.

Die Nahsinne

Bereits intrauterin machte der Fötus Berührungserfahrungen. Frühgeborene scheinen an der Wand des Inkubators (Brutkastens) „Halt“ zu suchen; sie gedeihen besser, wenn sie in einem „Nestchen“ liegen, das ihnen Begrenzung gibt. Sie suchen mit den Füßen Halt und führen ihre Hände zusammen oder zum Mund, offenbar um über Berührung Ruhe zu finden. Sie reagieren auf Streicheln und selbstverständlich auch auf Schmerzreize (was man ihnen noch bis in die siebziger Jahre absprach). Auch der Gleichgewichtssinn ist früh ausgebildet; schon ab der

25. Gestationswoche reagieren Frühgeborene auf die Schwerkraft mit Gegenbewegungen (Hepper, 1992). Spätestens ab dem erwarteten Geburtstermin kompensieren sie Drehbewegungen im Raum mit entsprechenden Augenbewegungen (Nystagmus) (Prechtl, 1993).

Besonders gut ausgebildet sind der Geschmacks- und der Geruchssinn. Neugeborene unterscheiden zumindest die Grundgeschmacksrichtungen und präferieren Süßes vor Salzigem oder Saurem (Harris, G., 1997). Nach wenigen Tagen können Babys ihre Mütter am Geruch wiedererkennen (vgl. Berk, 2000).

Die Fernsinne 1: Auditive Wahrnehmung

Die auditive Wahrnehmung umfasst

- das passive Hören,
- das aktive Lauschen,
- das Unterscheiden von Lauten, Geräuschen, Melodien und Rhythmen.

Im leichten Schlaf reagieren Neugeborene mimisch und motorisch auf Töne und Laute, auf die sie wach nicht unbedingt ansprechen, weshalb man ihr Hörvermögen lange unterschätzte. Komplexe Laute im „natürlichen Kontext“ bewirken deutlichere Reaktionen als physikalisch reine Töne in hoch kontrollierten Experimenten. Bereits Föten ab etwa der 24. Gestationswoche reagieren auf Gehörtes, wenngleich sich ihr Gehör während der ersten Lebensmonate noch verbessert. Neugeborene beruhigt der Rhythmus des Herzschlages der Mutter (Lecanuet, 1998). Bereits unmittelbar nach der Geburt können sie die Stimme ihrer Mutter (nicht aber die des Vaters) von anderen Stimmen unterscheiden (de Casper & Fifer, 1980), insbesondere wenn sie so gefiltert wird, dass sie wie im Mutterleib klingt (Hepper, 1992).

Soziale und nichtsoziale Töne und Geräusche. Offensichtlich sind bereits Neugeborene auf zwei Hörwelten vor-eingestimmt: auf soziale Laute und auf nichtsoziale Geräusche und Töne. Sie reagieren auf sprachliche Laute anders als auf andere Töne. Ihr Gehirn ist für sprachliche Laute bereits links lateralisiert, während sie musikalische Töne besser über die rechte Hirnhälfte (linkes Ohr) differenzieren (Harris, M., 1997; Papoušek, 1994).

Bei sprachlichen Lauten zeigen sie besondere Fähigkeiten und „Interessen“. Während üblicherweise Neues die erhöhte oder verlängerte Aufmerksamkeit des Babys hervorruft, lässt sie bei der Unterscheidung von Sprachlauten eher das Vertraute länger am Schnuller saugen (Aldridge et al., 2001). Neugeborene können bereits ihre Muttersprache von anderen Sprachen unterscheiden, und zwar anhand einiger Grundmerkmale der Prosodie, insbesondere der Markierungen von Silben, der Pausen sowie der Akzent- und Betonungsmuster; offenbar findet hier vorgeburtliches sprachrelevantes Lernen statt (Harris, M., 1997; Mehler & Dupoux, 1994; Shi et al., 1999; Werker & Tees, 1999). In den ersten Monaten können sie auch sprachliche Laute und Phoneme unterscheiden, bei denen Erwachsene ihrer eigenen Sprachgruppe Schwierigkeiten haben (z.B. l und r, b und p). Die Einschränkung auf die in der Muttersprache bedeutsamen Lautkategorien beginnt erst mit etwa sechs Monaten (Harris, M., 1997). Neugeborene haben zudem die angeborene Fähigkeit, einen Vokal mit der entsprechenden Lippenformung, also auditive und visuelle Information, miteinander zu verknüpfen: Sie betrachteten und „besaugten“ in einer Untersuchung von Aldridge et al. (1999) die „richtige“ Kombination selbst bei solchen Lauten länger, die in ihrer Muttersprache gar nicht vorkamen (z.B: ü und spitzer Mund vs. i und breiter Mund in englisch-sprachigem Umfeld). Bereits in den ersten Lebenstagen lernten sie in kürzester Zeit, willkürliche optische Formen (rote senkrechte Linie oder grüne Diagonale) mit spezifischen Silben (mam vs. tiet) zu verbinden, wenn beide kontingent bzw. synchron auftraten (Slater et al., 1998). Der gleiche Erscheinungsrhythmus (Synchronizität) bildete demnach die amodale Brücke zwischen den beiden Modalitäten Sehen und Hören.

Vorhersage aus sprachlich-auditiven Fähigkeiten. Die Fähigkeit, Sprachlaute bereits in der Neugeborenenzeit fein unterscheiden zu können, z.B. nach der Laut-Ansatz-Zeit (b und p – stimmhaft/stimmlos), nach ihrem Bildungsort (mit den Lippen, mit dem Gaumen, also b vs. g) sowie nach ihrer Vertrautheit erwies sich als viel versprechender Prädiktor sprachlicher Kompetenzen im Vorschul- und Schulalter (Molfese & Molfese, 2000). Jede dieser Unterscheidungen ruft ein anderes Muster von Hirnreaktionen hervor und entwickelt sich während der ersten Lebensmonate unterschiedlich. Kinder, die auditive Merkmale zeitlich schlechter analysieren können, haben es beim Sprechenlernen schwerer, Sprachlauten Bedeutungen klar zuzuordnen.

Die Fernsinne 2: Visuelle Wahrnehmung

Die visuellen Fähigkeiten des Neugeborenen sind längst nicht so fein ausgebildet wie seine anderen Sinne. Es sieht nur auf ca. 20–25 cm Entfernung bei mittlerer Helligkeit einigermaßen scharf und bevorzugt Muster mit deutlichen Konturen. Das Neugeborene kann satte Farben nach ähnlichen Hauptklassen unterscheiden wie Erwachsene (Jones-Molfese, 1977), aber auch das Farbsehen verbessert sich noch. Seine Seherfahrungen sind noch auf einen engen Radius eingeschränkt, es kann seine Linse noch nicht auf nähere und weitere Entfernungen akkomodieren. Auch hat es noch Schwierigkeiten, mit beiden Augen zu fixieren. Die Sehleistung ist besser, wenn sich der Stimulus, z.B. Mund oder Augen im Gesicht der Eltern, bewegt. Neugeborene können einem Stimulus, der ihr Interesse gefunden hat, mit den Augen und dem Kopf folgen, wenn auch nur langsam und etwas unbeholfen. Manchmal scheint ihr Blick an einem Stimulus kleben zu bleiben; sie starren dann, ohne vermutlich richtig wahrzunehmen. Erst mit etwa drei Monaten können sie sich von einem Stimulus aktiv lösen, wenn ein neuer Stimulus an einem anderen Ort auftaucht. Dann ist auch ihr visuelles Erkunden flüssiger (Colombo, 2001).

Einfache Objektwahrnehmung. Bereits Neugeborene können verschiedene Formen (z.B. Kreuz, Dreieck, Kreis bzw. Viereck vs. Kreis) unterscheiden. Bei kleinen Veränderungen in der Drehung der Objekte oder ihrer Entfernung bleiben es für sie trotzdem dieselben Objekte (Form- und Größenkonstanz). Bewegtes hebt sich für sie von Unbewegtem ab (Raumwahrnehmung) (Hainline, 1998, Slater, 1998). Vieles spricht dafür, dass sie von vornherein die Welt als nach Objekten strukturiert, dinghaft und organisiert wahrnehmen bzw. die notwendigen Voraussetzungen mitbringen, dies sehr schnell zu lernen. Dabei orientieren sie sich in den ersten Lebensmonaten vor allem an den physikalischen Merkmalen eines Stimulus (Stärke der Kontraste, Kontur, Häufigkeit der Kontrastwechsel, Bewegtheit und Durchgängigkeit der Linien). Dies spricht nach S.P. Johnson (2000) für ein einfaches neurologisches Verarbeitungsniveau.

Vertrautheit, Neuheit und kognitive Kategorien bei der Objektwahrnehmung. Nach den ersten zwei bis drei Monaten werden Vertrautheit und Neuigkeit wichtigere Kriterien für die Aufmerksamkeit des Kindes. Bald danach folgen kognitive Kategorien wie Solidität, Sichtbarkeit oder Verdecken, Kausalität, Trägheit, Schwerkraft, die das Kind mit physikalischer Dinghaftigkeit in Zusammenhang bringt. Kellman und Spelke (1983) sprechen von einer angeborenen Fähigkeit des Säuglings, die Welt dinghaft wahrzunehmen. S.P. Johnson (2000) hingegen meint, dass beim Neugeborenen die Teilfertigkeiten noch unvollkommen sind, aber ausreichen, um die Welt zumindest rudimentär dinghaft zu erleben. Johnson folgert, dass Neugeborene für die dinghafte Wahrnehmung daher mehr konvergente Information und mehr Aufmerksamkeit benötigen als ältere Kinder. In der praktischen Wahrnehmung spielen stets mehrere Teilfähigkeiten zusammen, ergänzen und kompensieren sich. In den meisten Experimenten sind die angebotenen Informationen jedoch extrem eingeschränkt, daher werden in ihnen eher die Schwächen als die Kompetenzen der Kinder erkennbar.

Gesichterwahrnehmung

Von ganz besonderem Interesse für Neugeborene ist das menschliche Gesicht, das sie allerdings selbst bei optimaler Entfernung von 25 cm zunächst eher unscharf wahrnehmen (vgl. Kap.

10). Was macht das Gesicht für das Neugeborene so interessant? Was nimmt es eigentlich wahr? Zwei Faktoren werden in der neueren Forschung diskutiert: die Orientierung auf Gesichter und die Wahrnehmung von Gesichtern.

Orientierung auf Gesichter. Johnson und Morton (1991; Johnson, 1998) nehmen an, dass das Baby über die Evolutionsgeschichte mit einem Orientierungsmechanismus ausgestattet wurde, den sie CONSPEC (conspecifics = Orientierung auf Artgenossen) nennen. Dieser lässt das Kind einem gesichtsähnlichen Stimulus folgen (preferential tracking), der sich seitlich bewegt.

UNTER DER LUPE

Angeborene Orientierung auf Gesichter

Cassia, Simion und Umiltà (2001) untersuchten das Blickverhalten von Babys auf mehr oder weniger gesichtsähnliche Stimuli (vgl. Abb. 5.2).

Die Babys folgten eher dem linken als dem rechten Stimulus, wenn er sich seitlich bewegte, und zwar in sprunghaften Blickkorrekturen, sog. Sakkaden. Wurden beide Stimuli gleichzeitig präsentiert, schauten die wenige Stunden alten Neugeborenen länger und häufiger auf den gesichtsähnlichen Reiz; wurden ihnen aber jeweils zwei gleiche Stimuli präsentiert, dann aber pendelten sie, wenn es sich um die gesichtsähnlichen Stimuli handelte, in ihrer Fixation hin und her.

Abbildung 5.2. Stimuli zur Untersuchung des CONSPEC-Effekts bei Neugeborenen

Diese Ergebnisse bestätigen Johnsons Annahme, dass es sich bei CONSPEC um einen subkortikal gesteuerten Orientierungsmechanismus handelt, der dafür sorgt, dass sich das Baby bei seitlicher Sicht einem sich bewegenden und grob gesichtsähnlichen Stimulus zuwendet und ihn in seiner Bewegungsbahn immer wieder mit ruckartigen Blicksuchbewegungen einzufangen versucht. Nach Johnson ist für einen CONSPEC-wirksamen Stimulus das räumliche Arrangement von Hals, Kopf, Augen und Mund wichtig. Der Einfluss dieses Mechanismus vermindert sich deutlich im Alter von vier bis sechs Wochen. Das Pendeln spricht für eine große Wirksamkeit dieses Faktors auf beiden Seiten des Sehfeldes, bei der sogar die Schwierigkeit der Blickablösung überwunden wird.

Wahrnehmung von Gesichtern. Für die Wahrnehmung des Gesichtes in frontaler Ansicht kommt nach Johnson ein zweiter Mechanismus infrage, den er CONLERN nennt. Dieser ist überwiegend kortikal gesteuert und wird nach Johnson erst ab dem zweiten bis vierten Lebensmonat wirksam. In dieser Zeit erkunden Kinder das Gesicht eines vertrauten Erwachsenen am intensivsten. Während CONSPEC mit jedem Gesichtsschema funktioniert, ist CONLERN Johnson zufolge ein übergreifender Lernmechanismus, der es dem Kind erlaubt, in relativ kurzer Zeit zum „Experten für Gesichter" und ihre feinen überdauernden und situativen Unterschiede zu werden. Slater und Butterworth (1997) unterscheiden zwei Entwicklungsetappen:

(1) eine frühe, von physikalischen Merkmalen des Stimulus bestimmte, und
(2) eine spätere, in der die psychologischen Merkmale der Vertrautheit und der Neuheit wesentlich werden.

Präferenz für Gesichter. In den ersten zwei Monaten wird der Blick des Babys von den physikalischen Merkmalen des Stimulus, besonders der „Stimulusenergie" (Slater, 1989), regelrecht eingefangen; der Blick schweift also nicht über die gesamte Konfiguration. Aus Experimenten zur visuellen Unterscheidung ist bekannt, dass bereits Neugeborene runde oder ovale, dreidimensionale, gemusterte, kontrastreiche und bewegte Formen lieber mögen als eckige, zweidimensionale, ungemusterte, kontrastarme und statische (Slater & Butterworth, 1997). Diese Merkmale zeichnen auch das menschliche Gesicht aus.

Bei statischen Formen orientieren sich die Neugeborenen ausschließlich an der umschließenden Form; bewegen sich aber die inneren Teile, wie es Auge und Mund beim Menschen tun (und das noch gekoppelt mit Sprache), dann treten auch die inneren Strukturen hervor und ziehen das Interesse des Babys auf sich.

UNTER DER LUPE

Entwicklung der Gesichtswahrnehmung

In einem Experiment von Bartrip, Morton und de Schonen (2001) unterschieden Neugeborene bereits mit vier Tagen das Gesicht ihrer Mutter von dem einer Fremden, sofern die Frauen keine (gleichen) Kopftücher trugen. Mit sechs Wochen konnten sie die Frauen auch mit den Kopftüchern, also anhand der unterschiedlichen Gesichtskonfiguration, auseinander halten. Verdeckte man jedoch das Gesicht durch ein Maske, so dass nur noch Kinnlinie und Haaransatz erkennbar waren, konnten die Kinder erst ab einem Alter von 120 Tagen (4 Monaten) die Frauen unterscheiden. Entweder liegt hier eine U-förmige Entwicklung vor, oder die innere Struktur des Gesichts ist selbst für Neugeborene nicht ganz unbedeutend.

Angeborenes Gesichtsschema. Im Gegensatz zu Slater oder Johnson nehmen manche Forscher zumindest in Frontalansicht so etwas wie eine „angeborene Idee von einem Gesichtsschema“ an. Walton, Armstrong und Bower (1997) präsentierten den Neugeborenen Gesichter in drei Transformationen: als Größenveränderung, als Photonegativ oder etwas gedreht im Raum. Die Babys „erkannten“ das erst kürzlich gelernte mütterliche Gesicht in allen drei Transformationen.

Primäres und sekundäres visuelles System

Sekundäres visuelles System. Nach den ersten zwei bis drei Lebensmonaten beginnen Babys, eine einfache Konfiguration als Teile im Ganzen zu verarbeiten, also Teilstimuli aufeinander zu beziehen, was als charakteristisch für kortikale Aktivität gilt (Cohen & Younger, 1984; Rieth, 1993). Da ihre Sehschärfe noch begrenzt ist, sind sie vor allem für die Lokalisation und die typische Bewegungsbahn eines Stimulus im Sehfeld empfänglich, also für örtliche und zeitliche Parameter sowie ihre globale Konfiguration („Wo“-System). Das Baby erkennt und verarbeitet Konfigurationen vorwiegend über das linke visuelle Feld und die rechte kortikale Hemisphäre. Nach de Schonen und Deruelle (1994) hat die rechte kortikale Hemisphäre einen kleinen Entwicklungsvorlauf vor der linken. Dieses zeitliche Primat des sekundären visuellen Systems vor dem primären visuellen System erleichtert es dem Kind, zunächst etwas über Gesichter allgemein zu lernen und erst später das Individuelle und Spezifische zu beachten.

Primäres visuelles System. Das primäre visuelle System entwickelt sich ebenfalls ab dem zweiten Lebensmonat, aber mit leichtem Zeitverzug zum sekundären System. Das primäre visuelle Sehen ist kortikal linkshemisphärisch organisiert und wird mit zunehmendem fovealen scharfen Sehen wirksam (Banks & Salapatek, 1983). Mit drei bis vier Monaten kann das Baby seinen Blick aktiv von einem Stimulus lösen und ein Gesicht gezielt visuell abtasten. Das nun schärfere Sehen erlaubt die feine Analyse des Stimulusmusters nach Veränderungen in Größe, Form, Farbe und Ausrichtung und ermöglicht dem Kind, den Lippenbewegungen genau zu folgen, die mit den Sprachlauten verbunden sind („Was“-System). Vorübergehend ist sogar Schauen dominanter als Hören – das Kind lässt sich durch Geräusche kaum vom Schauen ablenken (später haben Geräusche durchaus wieder Alarmcharakter).

Visuelle Kategorisierung. Mit knapp fünf Monaten beginnen beide Hemisphären und somit beide Systeme zusammenzuarbeiten. Nun können Kinder erste Gruppierungen und Kategorisierungen vornehmen, bei Gesichtern etwa nach Alter, Geschlecht und Emotionsausdruck. Sie beginnen Gesichter zu unterscheiden und auf Farbfotos vertraute Personen wiederzuerkennen. Sie abstrahieren also aus dem allgemeinen Gesichtsschema die Besonderheiten einer bestimmten Person und können dieselbe Person aus verschiedenen Ansichten wiedererkennen. Über verschiedene Personen hinweg beginnen sie auch, mimischen Ausdruck als den gleichen zu erkennen und in individuellen Gesichtern den wechselnden mimischen Ausdruck zu beachten. Spätestens mit etwa sechs Monaten unterscheiden sie freundliche von ärgerlichen oder traurigen Gesichtern (Barrera & Maurer, 1981) und ziehen erstere letzteren vor.

Fagan und Shepherd (1987) sowie Rose (1989) haben aus der Abfolge, in der Babys Merkmale von Gesichtern unterscheiden können, „Intelligenztests" für Säuglinge entwickelt, die ihre Fähigkeit zur Informationsverarbeitung erfassen und ihre spätere Intelligenz besser vorhersagen sollen als gängige Kleinstkindertests.

4.3.4 Soziale Interaktion und Kommunikation in den ersten Lebensmonaten

Das Neugeborene bringt eine Reihe grundlegender Eigenheiten und Fähigkeiten für die soziale Interaktion mit. Hierzu gehören die Präferenz für die menschliche Stimme und seine spezifische Bereitschaft für die Wahrnehmung lautsprachlicher Merkmale, seine Vorliebe für das menschliche Gesicht und sein Interesse an dynamischen Stimuli sowie die frühe Verknüpfung von auditiven und visuellen Informationen.

Dingwelt und Personenwelt. Einige Forscher meinen, dass es für das neugeborene Kind von vornherein zwei Welten gibt, eine Dingwelt und eine Personenwelt, auf die es auch unterschiedlich reagiert (z.B. Brazelton, Trevarthen, vgl. Schaffer, 1984). Objekte „behandelt" es als Informationsquellen, betrachtet sie lange, konzentriert und angespannt und wendet sich dann plötzlich ab. In Personen scheint es dagegen Interaktionspartner zu sehen. Mit ihnen ist es entspannter, zeigt lebhaftere Mimik, Lippen- und Zungenbewegungen (auch ohne Vokalisation), positive Laute (Gurren) und Lächeln sowie ein rhythmisches Blick- und Vokalisationsverhalten, sogar Handbewegungen, die wie Vorformen von Gesten wirken. Es unterscheidet sogar zwischen seinem eigenen (Tonband) und dem Schreien anderer Babys; nur auf letzteres reagiert es mit „Kummer" und Ansteckungsweinen. Offensichtlich hat das Schreien anderer Babys die Qualität eines Alarmsignals, während das eigene Schreien zu selbstregulatorischem Verhalten, also zur Selbstberuhigung, Anlass gibt (Dondi et al., 1999). Wie aber können die Neugeborenen das unterscheiden?

Keine deutliche Trennung der Welten. Schaffer (1984), Prechtl und seine Schüler (z.B. van Wulfften-Palthe, 1986) und Rochat (1999) argumentieren vorsichtiger. Ihren Analysen zufolge zeigt das Kind in den ersten zwei Monaten kaum einen aktiven Beitrag zu einer sozialen Interaktion und keine deutliche Trennung der beiden „Welten". Es reagiert vorwiegend unmittelbar und mit einem begrenzten Verhaltensrepertoire auf eine begrenzte Anzahl und Art von Reizen. Dieses Verhalten ist zwar sozial sinnvoll, aber vermutlich nicht (sozial) intendiert.

Mit zwei bis drei Monaten tritt ein markanter Wechsel ein: Die Wachphasen werden deutlich länger, häufiger und stabiler; das Schreien erreicht sein Maximum und beginnt, gezielte kommunikative Funktion zu erlangen. Das Kind beginnt sein Schreien (wie auch sein Saugverhalten) zu modulieren und an soziale und Umweltbedingungen anzupassen. Das Kind kann nun in aufrechter Position einigermaßen seinen Kopf halten, es ist müheloser aufmerksam, sieht schärfer, betrachtet das Gesicht des Gegenübers intensiv, sucht (oder vermeidet) den Blick des Partners, lächelt und gurrt. Das Kind erkundet mit Schauen seine soziale Welt.

Gesprächsähnlicher Austausch. Die Interaktion mit dem zweimonatigen Kind zeigt bereits alle

Merkmale eines gesprächsähnlichen Austausches mit Blicken, Mimik, Lauten und Gesten („pre-speech“, „proto-conversation“) (Schaffer, 1984; Reddy et al., 1997). Diese „Gespräche“ werden sowohl vom Kind als auch vom Erwachsenen reguliert, wobei der Erwachsene zunächst die kindlichen Äußerungen nachahmend aufgreift und zurückspiegelt. Die Mütter beginnen mit den ersten selbst erfundenen oder konventionellen rhythmischen Spielchen (van Wulfften-Palthe, 1986), und die Kinder beginnen, erste Erwartungen aufzubauen.

UNTER DER LUPE

Soziale Interaktion

Nadel und Tremblay-Leveau (1999) haben bei neunwöchigen Babys überprüft, ob für sie die kontingente Interaktion oder vor allem ein anregungsreicher, spannender Interaktionspartner wichtig ist. Sie präsentierten dem Baby jeweils seine eigene Mutter als Partnerin, aber einmal auf dem Videoschirm live und kontingent reagierend, ein anderes Mal asynchron (aus einer kurz zuvor aufgenommenen Situation), aber ebenso lebhaft und babygerecht. – In der nichtkontingenten Situation reagierten die Babys deutlich negativ und „erholten“ sich erst wieder in der Live-Situation, in die sie ganz besonders viel Aufmerksamkeit investierten, wenn diese der asynchronen Situation folgte.
In weiteren Versuchen ließen sie drei- bis sechsmonatige Babys mit der Mutter, einer fremden Person oder mit Handpuppen (und synthetischer Stimme) interagieren, wobei die Puppen ihre Gesichter entsprechend den Lauten bewegen konnten oder aber starr waren. – Die Puppen zogen zwar gleichermaßen das Interesse der Kinder auf sich wie die Personen, aber nur bewegte Gesichter konnten bei den Babys Lächeln hervorlocken.

Aktive Interaktionen erwarten. Die sog. „still-face“-Situation, bei der der Erwachsene vorübergehend in seiner Mimik erstarrt und nicht auf das Kind reagiert, veranschaulicht, dass Kinder ab etwa zwei Monaten einen aktiven Interaktionspartner erwarten. Reagiert dieser nicht, werden sie selbst initiativ: Sie suchen Blickkontakt, vokalisieren, lächeln, werden motorisch aktiv – und weinen womöglich, wenn das Ganze zu lange dauert (Reddy et al., 1997). Wahrscheinlich hat das Kind nun Erwartungen an eine Interaktion aufgebaut und reagiert mit Enttäuschung oder Eigeninitiative, wenn sie nicht erfüllt werden (Muir & Hains, 1999; Schaffer, 1984).

Nachahmung bei Säuglingen

Nachahmung ist eine bedeutsame Form des Lernens beim Menschen. Sie erlaubt, sogar komplexe Verhaltensmuster in kurzer Zeit zu erlernen. Nach Piaget (1975a) und Uzgiris (1979) unterliegt die Nachahmungsfähigkeit einem Entwicklungsprozess und steht dem Kind erst im zweiten Lebensjahr als breites Lerninstrument zur Verfügung.

Entwicklungsverlauf der Nachahmung nach Piaget und Uzgiris

bis 4 Monate: Der Erwachsene ahmt das Kind nach, das Kind wiederholt seine nachgeahmte Verhaltensweise; ein kommunikativer Kreisprozess beginnt.
5 bis 8 Monate: Das Kind ahmt das Verhalten des Erwachsenen nach (meistens Lall-Laute), sofern dieses dem Verhaltensrepertoire des Kindes entspricht.
ab etwa 8 Monaten: Das Kind beginnt, Elemente, die es nur am Vorbild gesehen hat, in seine Nachahmungshandlung zu integrieren. Voraussetzung: Möglichkeit, die eigenen Nachahmungshandlungen mit denen des Vorbildes über denselben Sinneskanal zu vergleichen (Laute über das Gehör, Bewegungen der Händen über das Sehen).
Ende des 1. Lebensjahres: Nachahmen von Mimik oder Grimassen, die es nur beim Modell, aber nicht bei sich selbst sehen kann.

Nachahmung ist eine komplexe Leistung. Der Nachahmende muss zwischen dem Verhalten des Vorbildes und seinem eigenen Verhalten eine Korrespondenz herstellen. Dazu muss er das Verhalten des anderen mental repräsentieren, im Gedächtnis speichern und daran dann sein eigenes Verhalten organisieren und prüfen.

Nachahmungen bei Neugeborenen. Maratsos berichtete 1973 über Beobachtungen, dass Neugeborene Fingerbewegungen und Zunge-Herausstrecken nachahmten (vgl. Slater & Butterworth, 1997). Meltzoff und Moore unterzogen diese Beobachtungen einer Serie kontrollierter Experimente und konnten die Beobachtungen von Maratsos sogar erweitern. Neugeborene imitieren offenbar mimische Gesten wie O-Mund, E-Mund, A-Mund, Zunge-Herausstrecken, Augenblinzeln, Kopfbewegungen, Stirnrunzeln, Fingerbewegungen und sogar Töne.

Die Ergebnisse waren über verschiedene Forschungszentren stabil und konnten sogar bei Neugeborenen bestätigt werden, die gerade erst wenige Minuten alt waren (Reissland, 1988). Wie lässt sich das Phänomen erklären? Wieso können Neugeborene etwas, das ansonsten Babys erst gegen Ende des ersten Lebensjahres zeigen? In Tabelle 2 sind Argumente für und gegen die Hypothese, es handle sich um „echte" Nachahmung, gegenüber gestellt.

Die frühe Nachahmung der Neugeborenen basiert nach Meltzoff und Moore (1989) auf einer unmittelbaren Nachahmung des wahrgenommenen Bewegungsablaufes. Dieses dynamische Ablaufmuster übersetzen sie dann von der visuellen Wahrnehmung über eine amodale oder supramodale Entsprechung (oder Repräsentation) in das propriozeptive Ablaufmuster. In analoger Weise schauen Kinder in den ersten Lebenswochen, die an einem Schnuller mit Knubbeln nuckeln durften, länger auf ein Abbild eines Schnullers mit Noppen als auf einen glatten Schnuller (Meltzoff & Barton, 1979, nach Slater & Butterworth, 1997; Adolph et al., 1993b). Frühe Nachahmung ist eine Form des transmodalen Beziehungssetzens wie etwa zwischen Sprachlaut und Mundform (Aldridge et al., 1999; Kuhl &

Tabelle 5.2. Pro und Contra Nachahmungsverhalten von Neugeborenen

Contra (Anisfeld, 1991)	**Pro** (Meltzoff & Moore, 1988)
Zunge-Herausstrecken ist ein *reflexartiges* „matching" in der Art eines angeborenen Auslösemechanismus (AAM), das durch das Sehen des gleichen Verhaltensmusters ausgelöst wird.	Das Kind reagiert nicht automatisch, sondern meist mit Zeitverzögerung, es verbessert seine Nachahmungshandlung mühsam über mehrere Versuche.
Hervortretende Objekte werden vom Kind als „*saugbar*" erlebt, Zunge-Herausstrecken ist Teil des Saugverhaltens.	Dann müsste das Kind den Mund öffnen statt die Zunge herauszustrecken.
Zunge-Herausstrecken ist wie das Saugen spontanes Verhalten des Neugeborenen. In der Orientierungsphase unterdrückt das Kind dieses Verhalten, in der „*Verarbeitungsphase*" kommt das Verhalten dann wieder häufiger vor.	Je nach Vorbild (breiter oder runder Mund, Zunge-Herausstrecken) reagiert es unterschiedlich und spezifisch. Sie können beim Gegenüber die „passende" Geste „erkennen".
Gesichtsgesten sind unspezifische angeborene Verhaltensweisen, die die soziale Interaktion fördern. Sie treten in *Interaktionssituationen* spontan gehäuft auf.	Neugeborene schauen einen Erwachsenen, der sie genau nachahmt, intensiver an als einen, der zwar auf die Verhaltensweise des Kindes reagiert, aber mit einer anderen Gesichtsgeste antwortet.

Meltzoff, 1984) oder zwischen Klangfolge und Lichterfolge (Slater et al., 1998). Es werden also Zeitmuster, Rhythmen, Raumstrukturen gespeichert, die sich in verschiedene Modalitäten übersetzen lassen bzw. zunächst modalitätsunabhängig repräsentiert werden. Sie werden erst im Laufe der Zeit an spezifische Modalitäten gebunden, was dann das vorübergehende Verschwinden dieser Nachahmungsfähigkeit erklären könnte. Unklar ist, ob die Nachahmung beim Neugeborenen ein direkter Vorläufer für spätere Nachahmung ist (Poulsen et al., 1989).

Erstes soziales Wiederlächeln

Spätestens beim ein bis zwei Monate alten Kind sprechen einige Forscher von einem „sozialen Erwachen" des Säuglings (Muir & Nadel, 1998; Reddy et al., 1997; Rochat, 1999), markiert vom ersten Wiederlächeln (volles Lächeln mit offenem Mund und leuchtenden Augen, sog. Duchenne-Lächeln), das etwa fünf bis acht Wochen nach erwartetem Geburtstermin auftritt (Höhepunkt um drei bis vier Monate). Das Kind lächelt zunächst auf die menschliche Stimme, dann auf das menschliche Gesicht und bald nur noch auf das aktive, bewegte menschliche Gesicht. Verschiedene Theorien erklären das erste Auftreten des Lächelns unterschiedlich, zum Beispiel (Rauh, 1995)

- als instinktive Reaktion (z.B. Bühler, 1928; Stern, 1914);
- als konditionierte Reaktion (z.B. Gewirtz, 1965);
- als Ausdruck der Freude über eine verursachte Wirkung oder eine Problemlösung (z.B. Bower, 1979; Kagan, 1975).

Keine der Erklärungen berücksichtigt ausreichend das universell gleiche erste Auftretensalter. Bis zum ersten Lächelns verbessert sich die Sehschärfe so weit, dass für das Kind die Merkmale eines Gesichts deutlicher hervortreten. Es ist nun in der Lage, lange zu fixieren und feine Kontingenzen wahrzunehmen. Für Kontingenzen in anderen Verhaltensbereichen ist es aber schon vorher empfänglich. In gemeinsamer Interaktion aufgebaute und dann wieder gelöste Erregung ist wahrscheinlich eine zweite unverzichtbare Komponente für das Auftreten von Lächeln, zumal volles Lächeln nur Personen geschenkt wird (Muir & Nadel, 1998).

Warum Saugen beruhigt

Biologisch gesehen hat das Neugeborene zwei wichtige Aufgaben: Es muss wachsen, und es muss sein Gehirn weiterentwickeln. Erhebliche körperliche Wachstumsbeeinträchtigungen in den ersten Lebensmonaten können sich auch auf die geistige Entwicklung ungünstig auswirken. Dies zeigen Befunde zu Kindern mit Gedeihstörungen (Skuse et al., 1994).

> **Gedeihschwache Kinder**
> Manche Babys wollen nicht recht gedeihen und bleiben in Größe und Körpergewicht erheblich zurück. Sie sind „gedeihschwach". In einer Untersuchung an britischen Kindern aus schwierigem Milieu stellte Wolke (1991) fest, dass diese Kinder offenbar zu wenige Mahlzeiten und zu wenige Kalorien pro Mahlzeit erhielten oder zu sich nahmen. Häufig waren es besonders ruhige und „friedliche" Kinder, die selbst bei Hunger wenig schrien und sehr früh durchschliefen. Sie forderten das für sie notwendige Quantum an Nahrung und Zuwendung nicht eindringlich genug ein. Ihre Mütter kontrollierten selten die Nahrungsmenge und Gewichtszunahme der Kinder.

Regulation der Energiezufuhr durch das exzitatorische und besänftigende Motivsystem.

Zum Wachsen braucht das Neugeborene viele Kalorien bei möglichst wenig Energieverlust durch motorische und geistige Aktivität; hierfür ist kaloriensparender Schlaf nützlich. Zur Weiterentwicklung seines Gehirns bedarf es aber der wachen Aufmerksamkeit bis hin zur freudigen Erregung; das kostet Energie. Blass und Ciaramitaro (1994) sprechen daher beim Neugeborenen von zwei Motivsystemen, einem exzitatorischen mit Energieverausgabung und einem besänftigenden zur Energieschonung; beide wirken sich auf das motorische System aus und haben belohnenden Charakter, d.h. das Kind fühlt sich wohl bei freudiger Erregung und auch wenn es besänftigt wird. Für die Balance dieser beiden Systeme hat die Nahrungsaufnahme als Energiezufuhr eine wesentliche Bedeutung.

Aspekte der Nahrungsaufnahme. Im System der Nahrungsaufnahme verbinden sich in der frühen Neugeborenenphase das Schreien, die motorische (orotaktile) Aktivität des Saugens, die gustatorischen Reize des Geschmacks, die endokrin-digestive Funktion der Verdauung und das Schauen zur Mutter zu einem hervorragend abgestimmten Verhaltenssteuerungssystem. Das Zusammenwirken dieser Komponenten in der Neugeborenenphase haben Blass und Ciaramitaro (1994) experimentell überprüft (vgl. Abb. 5.3).

UNTER DER LUPE

Die Wirkung des Milchtrinkens

Blass und Mitarbeiter gaben Neugeborenen entweder über einen Nuckel oder über eine Pipette Wasser oder Sucrose (Zucker) direkt in den Mund und zwar entweder, wenn sie gerade ruhig waren, oder wenn sie gerade schrien.

Beobachtet wurden die Menge und Intensität des Schreiens der Kinder, ihre allgemeine motorische Aktivität oder Unruhe, ihre Herzschlagfrequenz, der Hand-Mund-Kontakt und das Schauen der Kinder zwei Minuten vor, fünf Minuten während und zwei Minuten nach der Intervention.

Waren die Kinder erregt (wenn sie also schrien), dann hatte bereits der Nuckel als taktiler Reiz einen unmittelbar beruhigenden Effekt: Die Kinder stellten ihr Schreien sofort ein, wurden motorisch ruhig und öffneten ihre Augen, aber nur so lange, bis ihnen der Nuckel wieder entzogen wurde. Die taktile oder motorische Stimulation hatte also eine direkte neurale Verbindung zum Verhaltenssystem der Erregungsregulation.

Der süße Geschmack der Sucrose wirkte ebenfalls beruhigend (auch ohne Saugtätigkeit), aber erst nach zwei Minuten. Der Effekt war letztlich jedoch intensiver und anhaltender als der des Nuckels allein. Er stoppte das Schreien, senkte die Herzschlagfrequenz, verminderte die motorische Unruhe und erhöhte die Hand-Mund-Kontakte. Aus gezielten Tierversuchen geht hervor, dass bereits ein bisschen süßer Geschmack selbstproduzierte Opioide im Gehirn auslöst, die eine schmerzlindernde und beruhigende Wirkung ausüben.

Zeitlich noch verzögerter wirkten die Verdauungsprodukte der Milch, und zwar morphinähnlich: Das Kind wurde schläfrig. Nach Blass und Ciaramitaro (1994) wirken diese verschiedenen Komponenten einer Fütterungssituation einander unterstützend, ergänzend oder gar ersetzend zusammen.

Der süße Geschmack war bei Neugeborenen in den ersten zwei Wochen am wirksamsten; bereits 0,1 ml pro Sekunde (12-prozentige Zuckerlösung) genügte. Nach der zweiten Lebenswoche setzte die Wirkung erst bei 0,5 ml ein und hielt dennoch nicht so lange vor wie bei den frisch Neugeborenen. Bei vierwöchigen Babys wurde bereits 1 ml benötigt und zusätzlich Blickkontakt zur Mutter; nach 12 Wochen war kein eigenständiger Sucrose-Effekt mehr zu beobachten. In diesem Alter müssen die chemosensorischen physiologischen Wirkungen durch Strategien der sozialen Interaktion ersetzt werden (Blass, 1997; Zeifman et al., 1996). Bei frühgeborenen Kindern und Kindern von Müttern, die während der Schwangerschaft Methadon oder Drogen genommen hatten, war die Beruhigungswirkung stark vermindert oder kaum vorhanden

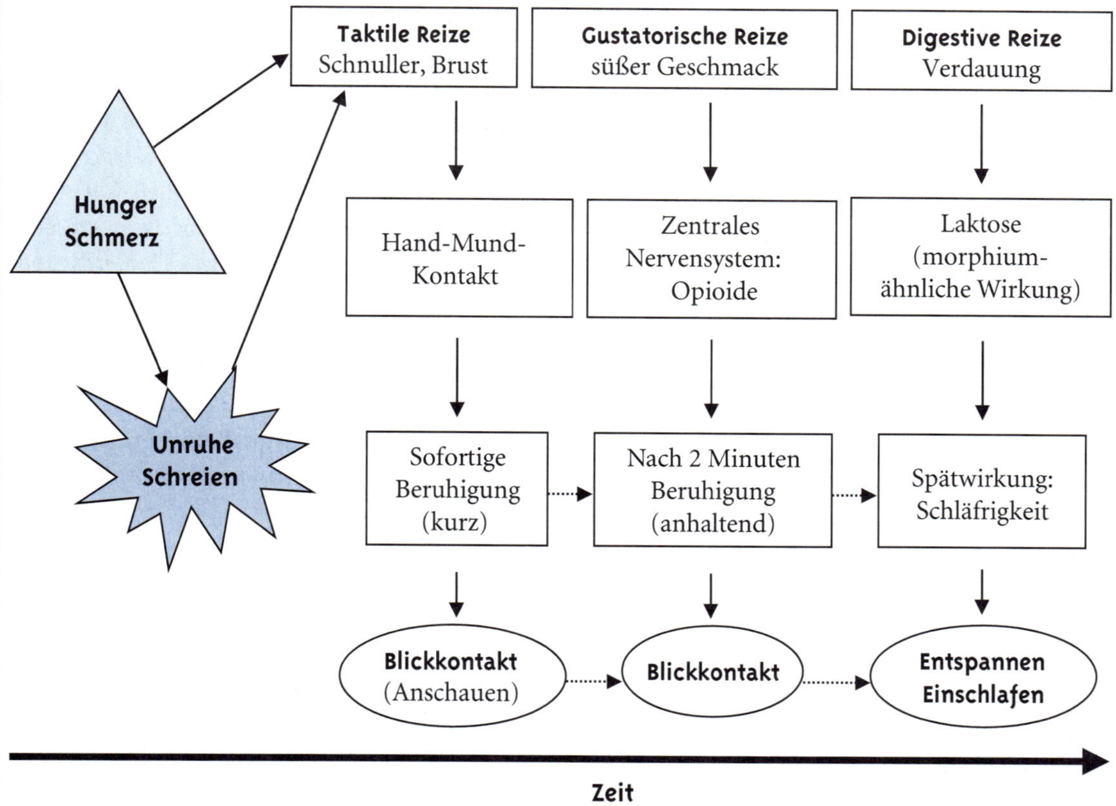

Abbildung 5.3. Zeitlicher Ablauf der Wirkung des Milchtrinkens beim Säugling im ersten Lebensmonat (nach Blass & Ciaramitaro, 1994)

4.3.5 Individuelle Unterschiede: Schreien und Irritabilität

Alle Babys schreien. Schreiintensität und Schreidauer nehmen in den ersten zwei Monaten deutlich zu und gehen mit etwa vier Monaten auf ein stabiles Niveau zurück. Einige Kinder schreien, weil sie Bauchkrämpfe (Koliken) haben. Diese Kinder schreien vor allem nachmittags und abends, ihr Gesicht drückt Schmerz aus, und sie sind nur schwer zu besänftigen. Warum einige Kinder bei der Umstellung auf die eigenständige Verdauung mehr leiden als andere, ist bislang ungeklärt. Nur in seltenen Fällen lassen sich organische Gründe oder Milchunverträglichkeit ausmachen.

Schreikinder

Von Hofacker et al. (1999) fanden bei Kindern mit unstillbarem Schreien gehäuft leichte bis mäßige neurologische Auffälligkeiten, insbesondere Unreife im Muskeltonus, in der kindlichen Schlaf-Wach-Regulation und in der Erregungssteuerung. Auch die Eltern der Schreikinder litten häufiger unter äußeren Belastungen. Sie zeigten im Umgang mit ihrem Kind vermehrt dysfunktionale Interaktionen und entwickelten dysfunktionale Beruhigungstechniken. Sie neigten z.B. zu Überstimulation oder gar zu einer rigiden Interaktion (Papoušek, 1999).

Bei den meisten Kindern pendelt sich die Schreiintensität nach gut drei Monaten wieder ein. Einige Kinder geraten weiterhin leicht aus der Balance, schreien viel und lassen sich nur schwer beruhigen. Erhebliche Irritabilität tritt gehäuft auch bei Risikokindern auf; sie stellt die ohnehin schon belasteten Eltern vor schwierige Aufgaben.

Entwicklung irritabler Kinder. Van den Boom und Hoeksma (1994) haben das „Entwicklungsschicksal" von niederländischen Kindern verfolgt, die bereits als Neugeborene in der Untersuchung mit der Neonatal Behavioral Assessment Scale als hoch irritabel aufgefallen waren (17 Prozent der Neugeborenen). Bereits in den ersten vier Monaten zeigten irritable Babys deutlich häufiger eine negative Stimmungslage bei ansonsten gleichem oder sogar erhöhtem Interesse an ihrer Umgebung (Vigilanz). Die Mütter hoch irritabler Kinder verbrachten viel Zeit mit dem Besänftigen des Babys, auf positive Signale ihres Kindes reagierten sie dagegen kaum. Irritable Babys entwickeln mit größerer Wahrscheinlichkeit eine unsichere emotionale Bindung an ihre Mütter und werden bis ins sechste Lebensjahr hinein von ihren Eltern als „schwierig" erlebt (van den Boom, 1988).

Elternberatung. Als Interventionsmaßnahme gegen exzessives Schreien hat sich videogestützte Elternberatung bewährt, die folgende Komponenten enthält:

(1) Hervorheben und Spiegeln, was gut läuft;
(2) Sensibilisierung für kindliche Signale und Bedürfnisse;
(3) Verstehen und Auflösen dysfunktionaler Kommunikationsweisen;
(4) Einsatz von Videofeedback zum Wiederbeleben des elterlichen impliziten Beziehungswissens (Papoušek, 2000).

UNTER DER LUPE

Langzeitwirkungen einer Intervention bei irritablen Babys und ihren Müttern

Van den Boom (1990, 1994) wählte 100 erstgeborene Kinder aus unteren sozialen Schichten aus der Umgebung von Leiden (NL) aus, die als Neugeborene konsistent als hoch irritabel aufgefallen waren. In zwei Experimentalgruppen erhielten die Mütter, als die Kinder sechs Monate alt waren, ein Training im sensiblen Beachten kindlicher Verhaltenszeichen und im sensiblen Verhalten. Im Abstand von je drei Wochen fanden drei Trainingssitzungen in den Wohnungen der Familien statt.

In den beiden Kontrollgruppen ohne Intervention bauten Mütter und Kinder nach drei Monaten weiterhin ein schwieriges Verhalten miteinander auf, und die Mehrzahl der Kinder hatte am Ende des ersten Lebensjahres eine unsichere Bindung zur Mutter. In den Interventionsgruppen verlief die Entwicklung bei Müttern und Kindern positiver: Die Mütter wurden feinfühliger, aufmerksamer, anregender und responsiver, und die Babys zeigten – im Vergleich zu den Kontrollgruppen – offenere soziale Ansprechbarkeit, mehr Explorationsverhalten, schrien weniger und konnten sich besser selbst beruhigen. Positive Auswirkungen der Intervention konnten bei den Kindern noch mit drei Jahren festgestellt werden (van den Boom, 1995).

Van den Boom schließt daraus, dass durch eine eingehende Interventionshilfe der positive Beitrag der Mutter viele der anfänglichen Schwierigkeiten des Kindes ausgleichen kann.

4.4 Modellvorstellungen über die Entwicklungswandel in den ersten Lebensmonaten und besondere Vulnerabilität

Wir haben das Neugeborene als ein mit erstaunlichen Kompetenzen ausgestattetes Wesen kennen gelernt. Seine Wahrnehmungsfähigkeiten und insbesondere seine motorischen Möglichkeiten sind zwar begrenzt und wenig flexibel, aber in eng umschriebenen Situationsausschnitten erstaunlich effektiv (Slater, 1998). Sie dienen dem physischen Überleben und der Verfeinerung der Hirnstrukturen; sie sind außerdem darauf ausgerichtet, fürsorgliche Erwachsene an das Kind zu binden. Im Alter zwischen zwei und vier Monaten finden aber in fast allen Verhaltensbereichen sehr deutliche Veränderungen statt. Ein Beispiel für solche Veränderungen ist die Atem- und Schlucktechnik des Kindes.

Veränderung der Atemtechnik. Die Veränderung der Atemtechnik im Alter zwischen zwei und vier Monaten ist ein gutes Beispiel für den Entwicklungswandel vom Neugeborenen zum jungen Säugling. Unter dem „Schutzschild" der eher starren Atemtechnik des Neugeborenen reift eine neue Technik heran, die mit drei bis vier Monaten die „alte" Technik allmählich ablöst (Lipsitt, 1979, 1998). Im Schlaf verringert sich die Atemfrequenz (Papoušek & Papoušek, 1984). In den Wachperioden verlängert sich die Ausatmungsphase und wird variabler. Das Kind kann diese flexiblere Ausatmung nun für die Lautgabe nutzen, das Lallen von Silben und Silbenfolgen. Auch für das Abhusten von Schleim und das Räuspern entwickelt sich ein flexibleres Verhaltensrepertoire. Allerdings kann das Kind beim Saugen jetzt nicht mehr gleichzeitig Atmen, ohne sich dabei zu verschlucken.

Erhöhte Vulnerabilität. Die Veränderungen finden in vielen Bereichen des Verhaltens statt (z.B. Schlafverhalten, Aufmerksamkeitsverhalten, emotionalen Reaktionen, Motorik), aber je nach eigenem Entwicklungsmuster, also nicht schlagartig über alle Bereiche hinweg. Dieser Übergang vom spätfötalen zum frühen Säuglingsmuster ist aber auch besonders störanfällig. Das krasseste Beispiel für diese Vulnerabilität ist das Phänomen des plötzlichen Kindstods. Dieser wird heute mit den raschen qualitativen Veränderungen in vitalen Funktionsweisen, insbesondere der Atemtechnik, in Zusammenhang gebracht.

Der plötzliche Kindstod

Mit plötzlichem Kindstod (engl.: sudden infant death syndrome, SIDS) ist der plötzliche und vielfach unerklärliche Tod einiger Kinder gemeint, die, ohne ernstlich krank gewesen zu sein, morgens tot im Bett gefunden werden. Lange Zeit hat man die Mütter verdächtigt, nachgeholfen zu haben. Inzwischen ist man anderer Meinung. Die Mehrzahl dieser Todesfälle (95 Prozent) tritt nämlich im Alter zwischen zwei und fünf Monaten auf, besonders im Winter während des Morgenschlafs (REM-Schlaf) gegen zwei bis fünf Uhr (Cornwell et al., 1998). Als Ursachen nimmt man heute an:

- neurologische Instabilität,
- besondere Vulnerabilität bei Risikokindern sowie
- kontextuelle Bedingungen (Bauchlage, leichten Schnupfen, zu warme Raumtemperatur).

Wenn das spätfötale Muster der Atemtechnik nicht lange genug anhält (z.B. bei einigen Frühgeborenen und anderen Risikokindern) oder das neue Muster nicht genügend „Übung" erhält, wie bei überbehüteten Kindern, bei Kindern in verrauchter Umgebung oder bei leichten Erkältungen, besteht eine erhöhte Gefahr, dass die Atmung bereits bei leichten zusätzlichen Störungen zusammenbricht und der „plötzliche Kindstod" eintritt. Bei Risikokindern kann außerdem eine relativ längere REM-Schlaf-Phase mit entsprechend erschlaffter Muskulatur hinzukommen. Sie sind zusätzlich gefährdet, wenn sie auf dem Bauch liegen und ihre Atemwege nicht durch Drehen des Kopfes freilegen können.

Qualitativer Umbruch. Vor allem verhaltensbiologisch orierntierte Forscher tendieren dazu, den Übergang vom Neugeborenen- zum frühen Säuglingsverhalten nicht nur als quantitative Entwicklung, sondern als qualitativen Umbruch anzusehen (z.B. Lipsitt, 1990; Prechtl, 1993; Papoušek & Papoušek, 1984; Towen, 1993; Trevarthen, 1982). Das Neugeborene ist aus ihrer Perspektive mit einem im Wesentlichen noch spätfötalen Verhaltensrepertoire ausgestattet. Dieses ist zwar geeignet, sein Überleben, seine erste Kontaktaufnahme mit Erwachsenen sowie die Grundstruktur für späteres Lernen zu sichern. Es ist aber neurologisch anders organisiert als das entsprechende, aber wesentlich flexiblere und Lernveränderungen zugängliche Verhalten des etwas älteren Säuglings. Je nach theoretischer Position wird angenommen, dass die frühen, eher subkortikal gesteuerten Verhaltensweisen im Verlaufe der nächsten Monate kortikal überformt werden. Nach Lipsitt (1990) und Prechtl (1993) existieren beide Systeme in der Übergangszeit eine Zeit lang parallel, bis das alte Muster durch die neuen, neurologisch ganz anders strukturierten Verhaltensweisen gänzlich ersetzt wird.

5 Der kompetente Säugling (ca. 4–12 Monate)

Das Alter zwischen drei bis vier Monaten und einem Jahr wird hier als der Lebensabschnitt zusammengefasst, in dem das Baby seine grundlegenden Kompetenzen ausbildet, aber in allen wichtigen Lebensfunktionen einschließlich Fortbewegung, Nahrungsaufnahme und Kommunikation weiterhin auf einen betreuenden Erwachsenen angewiesen ist. Für diese Säuglingszeit im engeren Sinne werden die wichtigsten Entwicklungsveränderungen und ihre möglichen Vernetzungen im Folgenden dargestellt. Entwicklungsmerkmale, an denen sich die theoretische und methodische Diskussion besonders entzündet hat, werden ausführlicher diskutiert.

5.1 Körperliche und motorische Veränderungen

5.1.1 Übersicht

Primäre Variabilität. Vom dritten oder vierten Lebensmonat bis zum Ende des ersten Lebensjahres entwickelt das Kind eine große Zahl neuer motorischer Funktionen (Sitzen und Aufsetzen, Drehen um die Körperachse, Kriechen und Krabbeln, Stehen und Aufstellen, blickkontrolliertes Greifen u.a.) und lernt, diese Bewegungen in verschiedenen Variationen auszuführen, ohne dass diese Variationen von bestimmten Zielen her geleitet sein müssten („primäre oder nicht unterscheidende Variabilität" nach Towen, 1998). Gesunde Kinder zeigen dabei mehr (intraindividuelle) Variabilität als Kinder mit leichten Hirnschädigungen.

Sekundäre Variabilität. Ab dem zweiten Lebensjahr finden nach Towen im Wesentlichen nur noch qualitative Verbesserungen der erworbenen Bewegungsmuster statt: Je nach Handlungsziel werden spezifische Variationen ausgewählt und mit der Zeit automatisiert („sekundäre oder adaptive Variabilität"). Dieser Periode folgt im späteren Vorschulalter (ab vier Jahren) die Zeit der Ausbildung spezifischer motorischer Fertigkeiten.

Grobmotorik, Greifen, Wahrnehmung und Erkunden

Grobmotorik und Greifen. Grobmotorik und Greifen haben weitgehend eigene Entwicklungsverlaufsmuster; es gibt aber auch bedeutsame Verbindungen. Im Verlaufe des zweiten bis vierten Lebensmonats gewinnt das Kind im Oberkörper an Kraft und kann nun seinen Kopf in verschiedenen Körperpositionen aufrecht halten. Es „konstruiert" die Mittelachse (Bullinger, 1994), was für seine weitere Orientierung im Raum wichtig wird. Reflexartige Bewegungsmuster fallen weitgehend weg. Wenn das Kind den Arm ausstreckt, kann es nun das Handgelenk unabhängig bewegen und die Hand zum Ergreifen öffnen (von

Hofsten, 1989). Die Bewegungen werden insgesamt weicher, flexibler und variabler (Towen, 1998). Viele Faktoren müssen zusammenkommen, damit das Kind mit etwa vier Monaten innerhalb einer sehr kurzen Zeitspanne (Lewis & Ash, 1992) das visuell gesteuerte Greifen entwickeln kann. Dieses Greifen ist sehr viel zielsicherer und verlässlicher, als es die Greifbewegungen des Neugeborenen sind.

Freies Sitzen und beidhändiges Greifen. Dank weiterer Kraftzunahme im Rumpfbereich kann der Säugling mit etwa sechs Monaten frei sitzen und dabei den Kopf drehen, ohne aus der Balance zu geraten, und den Oberkörper drehen, um ein neben ihm liegendes Spielzeug aufzunehmen (Adolph et al., 1993a, b). Die Reifung der motorischen Hirnregionen und die Verbindung zwischen den beiden Gehirnhälften (corpus callosum) (Cohen, 1994) ermöglichen jetzt das beidhändige Greifen mit aufeinander abgestimmten unterschiedlichen Ausführungsprogrammen für beide Hände: die eine Hand hält den Gegenstand, die andere erkundet ihn (Hopkins, 1994). Das Kind ist nun in der Lage, den Gegenstand von einer Hand in die andere zu wechseln und somit zwei Teilhandlungen in einer Sequenz zu kombinieren.

Tiefensehen und zielsicheres Greifen. Der gewachsene Kopfumfang und das Auseinandertreten der Augen erleichtern das beidäugige Tiefensehen und damit das zielsichere Greifen. Die Sehschärfe und das Entfernungssehen entsprechen nun schon fast der Sehfähigkeit Erwachsener. Das Kind versucht jetzt, vor dem eigentlichen Ergreifen eines Objektes seine Hand an Größe und Ausrichtung des Gegenstandes anzupassen. War bislang die dingliche Erfahrungsmöglichkeit des Kindes überwiegend zweidimensional (visuelles Erkunden), wird sie nun mit den Greiferkundungen dreidimensional. Das Ergreifen, Hantieren und Befingern verschiedener Gegenstände tritt vielfach an die Stelle des früheren Erkundens mit Mund und Zunge. Das sechsmonatige Kind hält im Greifakt häufiger inne, betrachtet und betastet den Gegenstand ausgiebig und führt ihn erst danach zum Mund (Adolph et al., 1993a).

Gedächtnis und Greifen. Dieses Innehalten ist auch ein Hinweis auf verbesserte kortikale Gedächtnisleistungen. Um die relativ lange Dauer einer Greifhandlung gedächtnismäßig zu überbrücken, scheint der jüngere Säugling auf einen motorischen Hilfsmechanismus zurückzugreifen: den vorgeschobenen und zugespitzten Mund (quasi wie ein Knoten im Taschentuch). Mit der beginnenden Greifbewegung spannt es den Mund an; es führt den Gegenstand möglichst rasch zum Mund, der sich dann, als Signal für den Abschluss der Handlung, wieder entspannt (Bruner, 1968). Sechs Monate alte Kinder können auf solche motorischen „Gedächtnisstützen" schon weitgehend verzichten.

Greifen, Fortbewegung und Motivation. Das acht- bis zehnmonatige Kind kann sich aus dem Liegen aufsetzen, stabil frei sitzen und sich dabei vorbeugen und drehen, was eine Reihe neuer räumlicher Erfahrungen ermöglicht. Die meisten Kinder erproben nun auch erste Formen der Fortbewegung (Lokomotion). Die Kinder „erfinden" vielfältige Methoden, um zu einem gewünschten Gegenstand zu gelangen, z.B. seitlich Rollen, Robben, in Sitzposition Rutschen, Kriechen und Krabbeln (Largo et al., 1985). Dabei spielen auch die jeweiligen Gegebenheiten des Untergrundes eine Rolle (Adolph et al., 1993a). Die großen interindividuellen Unterschiede in Zeitpunkt und Art der Fortbewegung hängen von der Kraft des Kindes, seinen bisherigen motorischen Erfahrungen, kulturellen Rahmenbedingungen und seiner Motivation zur Fortbewegung ab (Thelen, 1995; Zelazo, 1982).

Fortbewegung und Raumorientierung. Die aus eigenem Antrieb gemachten Raumbewegungserfahrungen fördern die Raumorientierung des Kindes sowie spezifische Bereiche seiner kognitiven Entwicklung. Innerhalb weniger Wochen eigenaktiver Fortbewegung (evtl. auch mit Gehhilfen und Bobbycars) verändert sich bei Kindern das räumliche Referenzsystem (Bremner, 1989); sie orientierten sich zunehmend an hervorstechenden Landmarken (z.B. Möbelstücken).

Fortbewegung und Veränderung des Wahrnehmens. Eigene Fortbewegungserfahrungen sind offensichtlich auch notwendig, um z.B. an den optischen Veränderungen eines Musters (optical flow) zu erkennen, dass es abwärts geht (Versuche zur visuellen Klippe; Adolph et al., 1993a), und daher an der Kante zu verharren. Nach Gibson (1988) sind viele der neuen kognitiven und sozialen Fähigkeiten des Kindes Folge seiner neuen motorischen Fähigkeiten; denn diese erlauben ihm, die Welt anders wahrzunehmen und Umweltgegebenheiten, die es zuvor kaum beachtet hat, als Handlungsanregungen (Affordanzen) aufzugreifen.

Fortbewegung und soziales Verhalten. Mit Lokomotionserfahrung ändert sich auch das soziale und emotionale Verhalten der Kinder. Sie versichern sich durch Blicke zur Mutter (social referencing), dass alles in Ordnung ist, und nutzen den Gesichtsausdruck der Mutter als Information darüber, ob sie sich einem Fremden freundlich nähern können oder ihn eher ängstlich meiden sollten (Bertenthal & Campos, 1990). Andererseits scheint bei Krabblern das Interesse an anderen Kindern vorübergehend abzusinken (beim Krabbeln, können sie nicht zugleich Personen anschauen), während das Erkunden des Raums nun ihre volle Aufmerksamkeit in Anspruch nimmt (Rauh, 1987).

Verschränkung von Greif- und kognitiver Entwicklung am Ende des ersten Lebensjahres. In der Greifentwicklung zeigt das Kind weitere Fortschritte: immer häufiger verwendet es binokulare (beidäugige) Informationen (Tiefenwahrnehmung; Atkinson, 1994); es kann einen Gegenstand mit einer Hand zielsicher ergreifen (Butterworth, 1994; Butterworth & Jarrett, 1991), um ihn anschließend beidhändig zu explorieren. Es kann die über beide Hände erhaltenen unterschiedlichen Informationen differenzieren und ab etwa neun Monaten z.B. zwischen zwei unterschiedlich schweren Gegenständen unterscheiden (Bushnell & Boudreau, 1993). Aber auch haptische (Tast-) und visuelle Informationen kann es nun aufeinander beziehen, d.h. einen zuvor ertasteten Gegenstand auf einer Abbildung visuell wiedererkennen (intermodale Erkundung) (Adolph et al., 1993b). Damit erweitern sich die Möglichkeiten zum explorativen Spiel erheblich.

Schließlich beginnt das Kind, aktiv nach Gegenständen zu suchen, die vor seinen Augen in oder unter einem anderen Gegenstand (Tuch, Tasse, Kissen u.Ä.) versteckt wurden. Es hat offensichtlich nun eine Vorstellung von dem Gegenstand, auch wenn dieser aus seinem aktuellen Blickfeld verschwunden ist (Objektpermanenz). Auch diese Fähigkeit scheint durch eigenaktive motorische Erkundungen zumindest erleichtert zu werden (Bertenthal & Campos, 1990; Kermonian & Campos, 1988).

5.1.2 Greifentwicklung als Modell für psychologische Entwicklung

Die Greifentwicklung steht für viele Forscher als Modellfall für psychologische Entwicklungsprozesse ganz allgemein. Es lassen sich daher an der Greifentwicklung einige der Modelle gut kontrastieren.

Greifentwicklung als Ausdruck und Folge neurologischer und motorischer Reifungsprozesse

Kausale und funktionale biologische Interpretationen. Die Greifentwicklung wird von einer Reihe von Forschern als motorischer Ausdruck eines genetisch gesteuerten biologischen Reifungsprozesses angesehen. In einer differenzierten Weise berücksichtigt von Hofsten (1986) kortikale Reifungsprozesse, Wahrnehmungsentwicklung, Entwicklung der Körperhaltung und Entwicklung der motorischen Kraft. Eine biologisch-funktionale Interpretation der Greifentwicklung bietet Gibson (1988). Sie geht von einer ursprünglich evolutionsbedingten Passung der Spezies an ihre Umwelt aus. Aber auch beim Kind verändern sich mit der anatomischen Entwicklung die „natürlichen Maßstäbe", mit denen es seine Handlungsmöglichkeiten (Affordanzen) in der Umwelt wahrnimmt. Das beidäugige Tiefensehen, beispielsweise, lässt die Objekte dreidimensional und greifbar erscheinen; die aufrechte Sitzposition erlaubt eine neue Wahrnehmung des Raumes. Dies gilt noch mehr für die beginnende Lokomotion. Die Zeittafel der motorischen Entwicklung setzt demnach die untere Altersgrenze, zu der bestimmte Umwelterfahrungen gemacht werden können. Die sich mit dem Greifen entwickelnden Fähigkeiten zu tasten, zu drücken, die Hand zu drehen, die Finger einzeln zu bewegen usf., ergeben die Entwicklungsabfolge in den Gegenstandsmerkmalen, deren das Kind gewahr wird: Größe (4 M.), Temperatur, Härte und Textur (6 M.), Gewicht (9 M.) sowie Gestalt und Form (12 M.) (Bushnell & Boudreau, 1993).

Greifentwicklung als Ausdruck und Modell kognitiver Entwicklung

Jean Piaget: Vom Greifen zum Begreifen. Für Piaget (1975a) ist die Entwicklung des Greifens ein augenfälliges Modell für das Entstehen von komplexen Handlungs- und mentalen Operationsstrukturen. Aus zunächst separaten einfachen (Handlungs-)Schemata bilden sich durch Differenzierung und Kombination Strukturen bzw. Systeme von Schemata. Diese erlauben es dem Kind, eine einheitliche Sinnes- und Handlungswelt zu „konstruieren". Die Vorstellungen von Gegenständen und Personen, von Abläufen und Gesetzmäßigkeiten entstehen also aus der handelnden Erfahrung des Kindes mit seiner Umwelt und sind eine aktive geistige Leistung des Kindes (Rauh, 1995; vgl. auch Kap. 18).

Tom Bower: Spezialisierung und Konkretisierung durch Erfahrungslernen. Auch für Bower (1979) stellt die Greifentwicklung einen Modellfall für kognitive Entwicklung dar. Dabei geht Bower von vorgegeben, sinnesunabhängigen (amodalen, supramodalen), sehr allgemeinen kognitiven Strukturen beim Neugeborenen aus, die von vornherein die Möglichkeit zu einer einheitlichen Erfahrungswelt sichern. Nach Bower lebt das Neugeborene zunächst in einer einheitlichen Welt: was hörbar ist, ist auch greifbar, was greifbar ist, ist auch sehbar; was sehbar ist, ist auch greifbar und so fort. Informationen über unterschiedliche Sineskanäle werden anfangs einheitlich repräsentiert und sind daher gegeneinander austauschbar. Für ihn ist dies auch die optimale Zeit, um einem blind geborenen Kind über einen "sonic guide" (ein elektronisches Gerät, das visuelle Informationen, z.B. Größe, Entfernung und Textur von Objekten, in Lautmuster übersetzt; Bower, 1989) eine Alternative zum Sehen anzugewöhnen.

Diese vorgegebenen sehr allgemeinen Strukturen brechen jedoch um den vierten Lebensmonat (reifungsbedingt) auf. Sie werden dann durch Lernen angereichert und differenziert, konkretisiert und sinnesspezifisch spezialisiert. Sehobjekte werden zunehmend Betrachtungsobjekte und erleichtern das Denken, das seinerseits dem Handeln vorausgeht.

Greifentwicklung als Modell für Problemlösen und intentionales Handeln

Claes von Hofsten und Esther Thelen: Greifentwicklung als Problemlösen. Für von Hofsten (1989) stellt die motorische Entwicklung einen Modellfall für das Lösen spezifischer Handlungsprobleme und den Erwerb von „skills" dar, die später zu allgemeinen Fähigkeiten generalisiert werden. Motorische „skills" beinhalten ihrerseits kognitive Systeme; die Kognition ist in den Handlungen aber nur implizit und unbewusst enthalten und gilt ganz spezifisch nur für diese Handlung. Wenn das Kind nach einem bewegten Gegenstand greift oder einen Ball fängt, hat es nicht zuvor die physikalischen Gesetze der Bewegungen studiert und dann automatisiert; dafür ist seine Reaktion viel zu rasch. Vielmehr handelt es unbewusst angemessen und angepasst.

Die einzelnen Wahrnehmungs-Handlungs-Systeme stellen nach von Hofsten Module dar, die sich nach ihren eigenen Regeln entwickeln. So müssen mit der sich verändernden Körpergröße und Kraft die Greifbewegungen immer wieder neu kalibriert werden. Wahrnehmungen und Handlungen des Kindes sind von vornherein miteinander verbunden. Entwicklungsveränderungen ergeben sich dadurch, dass das Kind spezifische Wahrnehmungs-Handlungs-Systeme auf ein neues Handlungsproblem hin koordinieren und integrieren muss. Steht das Kind vor einer neuen Aufgabe, will es z.B. nach einem interessanten Gegenstand greifen, dann kann es seine verschiedenen physiologischen, motorischen und sensorischen Fertigkeiten (skills) auf dieses Problem hin bündeln und so eine neue, problembezogene Fertigkeit „erfinden". Diese erstmalige Synchronisation und Integration verschiedener Entwicklungsstränge wird z.B. von den Eltern als qualitativer Entwicklungsschritt beobachtet.

Nach vielen differenzierten Untersuchungen und der intensiven Beobachtung von mehreren Kindern im intensiven Längsschnitt (Alter: 12 bis 22 Wochen) kommen Thelen und Mitarbeiter (1993) zu dem Schluss, dass es kein präexistierendes Programm der Greifentwicklung gibt (auch nicht des Laufenlernens). Für einen Problemlöse- und Lernprozess des Greifens spricht, dass gerade in den Anfangsphasen einer neuen Fertigkeit die Handlungsweisen der Kinder sehr unterschiedlich und variabel sind. Das Kind verfügt über verschiedene, lose koordinierte Verhaltenskomponenten, auf die es zum Lösen seiner „Probleme" zurückgreifen kann. Das einzig Gemeinsame bei den frühen Greifhandlungen der beobachteten Kinder war, dass sie deutlich eine Intention zeigten und schließlich das gewünschte Objekt mit der Hand berührten.

Jerome Bruner: Von diffusen zu artikulierten, differenzierten Willenshandlungen. Bruner (1968) verbindet kognitive mit motivationalen Komponenten zu einem allgemeinen Handlungsmodell. Die Entwicklungsrichtung für die intentionalen Handlungen verläuft nach Bruner von diffus-undifferenziert zu artikuliert und differenziert, d.h. Intention, Durchführung und Abschluss der Handlung werden zunehmend besser unterschieden und aufeinander bezogen. Die zweite Entwicklungsrichtung ist charakterisiert durch die Abfolge der verfügbaren Repräsentationsebenen: enaktiv, ikonisch, symbolisch.

Verhalten ist nach Bruner von Anfang an intendiert. Dies zeigt sich beim kleinen Säugling an seiner zunehmenden Erregung und Muskelspannung (Orientierungsreaktion), wenn etwas in sein Blickfeld gerät. Bereits mit 6 bis 8 Wochen spannt es dann seine Muskeln im Schultergürtel; die Hände gelangen in die Mittellinie, es beugt die Arme, und die Hände geraten in die Nähe des Mundes. Mit 10 bis 12 Wochen pumpt es sich förmlich auf, fixiert den Gegenstand, spannt den Mund zu einem O-Mund und schlägt mit den Armen, fast wie Windmühlenbewegungen. Mit 3,5 bis 4,5 Monaten nähert es die Arme vorsichtig dem Gegenstand an; dabei ist der Mund gespannt offen und Ziel der Greifhandlung. Noch mit 7 Monaten braucht das Kind beim Greifen ständige visuelle Kontrolle; aber es muss nicht mehr alles sofort zum Mund führen, sondern beschaut und betastet den Gegenstand. Mit 8 Monaten werden seine Bewegungen routinierter und ab 9 Monaten muss es die Greifhandlung nicht mehr ununterbrochen visuell kontrollieren und kann das Greifen für andere interessante Erfahrungen einsetzen.

Die bereits anfangs beobachtbare Erregungs- und Aktivitätszunahme ist nach Bruner Ausdruck für die zielgerichtete Intention des Kindes; nur hat es noch kein Programm zur Verfügung, mit dem es die vielen Freiheitsgrade in den Körper-, Kopf-, Arm- und Beinbewegungen einschränken und seine unkoordinierten Verhaltensmuster in eine seriale Ordnung bringen kann. Dies gelingt ihm in der Folgezeit, indem es z.B. die Augen schließt oder starr fixiert, den Mund öffnet und die Gelenke durchstreckt.

Die intendierten Handlungen werden nach Bruner im Gehirn als motorische oder enaktive Schemata repräsentiert. Sobald das Kind, statt direkt auf den Gegenstand zuzustoßen, seine Arme bis auf die Höhe des Gegenstandes ausbreitet und dann erst zum Greifen zusammenschließt (ab ca. 6 Monate), die Handlung also im Raum zerlegt, scheint es über eine weitere, eine ikonische (bildhafte) Repräsentationsebene zu verfügen. Sie erlaubt die Zusammenfassung mehrerer Handlungsräume und stellt die Grundlage für eine kartesische Raumauffassung, in der der Raum unabhängig von der Handlung existiert, wodurch im selben Raum mehrere Handlungsalternativen möglich werden (ca. Ende des zweiten Lebensjahres).

5.2 Neurologische und kognitive Veränderungen

Im ersten Lebensjahr findet ein erhebliches Gehirnwachstum statt, und zwar beim Großhirn im Wesentlichen von den hinteren zu den vorderen Regionen und zusätzlich in besonderer Weise beim Kleinhirn (Diamond, 2000).

Nach der Neugeborenenphase nimmt die kortikale Verhaltenssteuerung deutlich zu. Die Kinder sind länger aufmerksam und lauschen und schauen zielgerichtet. Mit den verbesserten Sehfähigkeiten beachten sie immer mehr die internen Stimulusmerkmale.

Spezialisierung der Hemisphären. Die Verarbeitung in der rechten Hirnhälfte scheint eher für visuelle und akustische Gestalten, Raumorientierung, Stimulusbeziehungen und die Unterscheidung von vertraut/unvertraut zuständig zu sein, die linke Hirnhälfte dagegen für das analytische Unterscheiden von Stimulusmerkmalen (Atkinson & Braddick, 1989; de Casper, 1994; de Schonen & Deruelle, 1994; Johnson, 1994).

Wachsende Bedeutung von Vertrautheit. Die Aufmerksamkeit des Kindes wird zunehmend von seinem vorangegangenen Wissen (Vertrautheit, engl.: familiarity) und immer weniger von den physikalischen Eigenschaften des Stimulus beeinflusst (Bremner, 1989). Das Kind vermag nun Vertrautes wiederzuerkennen. Seine Präferenz für Vertrautes zeigt es unter anderem durch sein Lächeln an.

Wiedererkennen. Dass das Kind nun einfache Konfigurationen und Muster erkennen und wiedererkennen kann (z.B. in Habituationsexperimenten, wobei die Dauer bis zur Habituation in den ersten drei Lebensmonaten erheblich abnimmt), weist nicht nur auf eine erste visuelle Unterscheidung von Teilen und Ganzem, also von gestalthaftem Sehen hin, sondern ermöglicht auch das raschere Erfassen und Erkennen einzelner Formen und Objekte (Cohen, 1994; Slater, 1989). Dabei werden Objekte eher an ihrem Bewegungsverlaufsmuster als an ihren Form- und Farbcharakteristika wiedererkannt (Kaufmann-Hayoz, 1991; Spelke, 1985). In diesem Alter hat das Baby aber noch Schwierigkeiten, sehr ähnliche Stimuli voneinander zu unterscheiden; seine Informationsverarbeitung ist offenbar eher auf das Allgemeine, das Prototypische ausgerichtet.

Lernen von Kontingenzen. Sein Lernverhalten ist durch unmittelbare Kontingenzen, d.h. zeitliche Berührung von eigenem Verhalten und nachfolgendem Ereignis bestimmt. So können dreimonatige Babys durchaus lernen, sich mit vermehrtem oder verstärktem Saugen (Faßbender, 1993; Siqueland & de Lucia, 1969) ein Dia in Fokus oder eine kleine Melodie herbeizusaugen, sofern der Effekt unverzüglich eintritt. Bereits eine Verzögerung des Effektes um eine Sekunde kann das Erlernen des Zusammenhanges verhindern (Stang, 1989). Im realen Leben begegnet das Kind derart hoch kontingenten Antworten auf sein eigenes Verhalten am ehesten in der Interaktion mit seinen vertrauten Erwachsenen: Diese reagieren auf das Verhalten des Babys hoch kontingent mit dem Augengruß (Vergrößerung der Augen), mit Nicken oder mit stimmlicher Antwort (Papoušek & Papoušek, 1987). Kein Wunder, dass Augen und Mund des Interaktionspartners die besondere Aufmerksamkeit des Kindes gewinnen (Papoušek & Papoušek, 1984).

Kooperation der Hemisphären. Wesentliche neurologische Veränderungen finden besonders mit etwa sechs Monaten statt. Von besonderer Bedeutung erscheint die nun beginnende Kooperation der beiden teilspezialisierten Gehirnhälften. Das hierdurch ermöglichte beidhändige Greifen haben wir bereits kennen gelernt. Auch die Silbenverdopplung beim Lallen wird hiermit in Beziehung gebracht. Die Verbindung von simultaner (rechte Hirnhälfte, Gestaltmerkmale) und sukzessiver (linke Hirnhälfte, analytische Wahrnehmung) Informationsverarbeitung ermöglicht dem Kind das Vergleichen, das Unterscheiden, das Gruppieren, das Ordnen nach prototypischen Gestalten und damit die Anfänge des Kategorisierens (Cohen, 1994; Olson & Sherman, 1983) bzw. den Aufbau von Wissen. Diese neuen Fähigkeiten zeigt das Kind in seinem gezielten Aufmerksamkeitsverhalten (Fixationsdauer im Habituationsexperiment) und seinen emotionalen Reaktionen.

Senkrechte Raumorientierung. Verbunden mit der aufrechten Körperhaltung wird für die Kinder die senkrechte Raumorientierung zu einem wichtigen Unterscheidungsmerkmal. Sie differenzieren im Wahrnehmungspräferenztest Gesichter in aufrechter Position von Gesichtern in anderen Orientierungen (Fagan & Shepherd, 1987). Sie scheinen zu verstehen, dass ein Gegenstand herunterfällt, wenn er keine Unterlage hat, und „wundern" sich, wenn er das nicht tut. In der aufrechten Körperhaltung sind sie auch insgesamt mehr an ihrer Umgebung interessiert und schauen am Gesicht der Mutter vorbei auf andere Gegenstände (Fogel et al., 1999).

Identität von Objekten. Sie beachten zunehmend die Textur und Form von Gegenständen, in geringerem Maße ihre Farbe (Adolph et al., 1993b). Haben sie im Alter von unter sechs Monaten einen Gegenstand nur dann als „denselben" behandelt, wenn er seine Bewegungsspur beibehielt (er konnte sich „unterwegs" durchaus von einem Klotz in einen Ball oder von einem Männchen in einen Löwen verwandeln), so werden jetzt seine Gestaltmerkmale, besonders Form und Textur, für seine Identität und seine Ortsbindung für seine Permanenz (Wiederfinden) wichtig (Bower, 1979; Spelke, 1985).

Das Kind berücksichtigt jetzt visuelle Gestaltmerkmale (Kontinuität, räumliche Nähe, gute Gestalt usf.) und kategorisiert Gegenstände danach als gleich oder ungleich. Ein Gegenstand, der sich vor einem Hintergrund bewegt, dabei aber durch einen stationären Gegenstand teilverdeckt ist, wird vom Kind im Sinne der Gestaltgesetze ergänzt und im Habituierungs-/Deshabituierungsexperiment als „derselbe" behandelt, wenn er anschließend nicht mehr verdeckt ist; dagegen reagiert das Kind mit Überraschung und erhöhter Fixationszeit, wenn er weiterhin unterteilt bleibt (Spelke, 1985).

Physikalisches „Wissen". Schließlich zeigt das Kind erste Ansätze des Verstehens von einfachen physikalischen kausalen Beziehungen, etwa dass eine Wand einen rollenden Gegenstand aufhält und er nicht durch sie hindurchrollen kann. Es scheint zu verstehen, dass ein Gegenstand einen anderen verdeckt; es versteht jedoch noch nicht, dass ein Gegenstand sich in einem anderen Gegenstand nicht einfach auflöst (Cohen, 1994; Oakes & Cohen, 1990; Spelke, 1991; Wishart & Bower, 1985). Seine einfache „Regel" scheint zu sein, dass an ein und demselben Ort jeweils nur ein einziges Objekt vorhanden sein kann. Dieses Objekt ist dann notwendig auch dasselbe Objekt, selbst wenn es sich plötzlich von einer Tasse in einen Blumenstrauß verwandelt hat. Nach Gibson (1988) entspricht dieses Verhalten der Kinder auch ihren tatsächlichen Erfahrungen: Auch ihre Eltern können ihr Aussehen verändern und doch die gleichen bleiben. Das Kind scheint nun aber auch zu begreifen, dass dasselbe Objekt nicht an verschiedenen Orten zugleich sein kann. Wurde Kindern unter sechs Monaten nämlich ihre Mutter mehrfach gespiegelt präsentiert, erhöhte das noch bestenfalls ihre Freude, während Kinder über sechs Monaten verwirrt reagierten oder gar zu weinen anfingen (Bower, 1979).

Diese erstaunlich hohen kognitiven Leistungen zeigten die Kinder aber nur in Experimenten, die sich im Rahmen einer Habituations/Deshabituations-Versuchsanordnung auf das Blickverhalten (Fixationszeiten) stützten. Verließ man sich bei Versuchen mit den Objekten dagegen auf das Greifverhalten der Kinder, erschienen sie weit weniger kompetent.

Handlungsregulation. Bedeutsame neurologische Veränderungen werden auch für das Alter um acht Monate berichtet, und zwar

- die Ausreifung der Assoziationszentren der Hirnrinde,

- die Reifung des präfrontalen Cortex (des seitlichen vorderen Hirnlappens) (Diamond, 1991; Goldmann-Rakic, 1985) und
- die Differenzierung des Kleinhirns (Diamond, 2000).

Diese Veränderungen erlauben es dem Kind, eine Handlung über eine kleine Zeitspanne aufzuschieben und zu planen.

Für Diamond (1991) hat dieser Reifungsschub Auswirkungen auf die Verknüpfung von „Wissen" und motorischer Handlungsausführung. Das Kind kann mit acht bis zwölf Monaten immer besser unmittelbare und dominante Reaktionstendenzen unterdrücken bzw. störende motorische Reaktionen hemmen. Das zeitliche Aufschieben einer Reaktion auf einen Stimulus eröffnet dem Kind zudem die Möglichkeit, zwischen verschiedenen Reaktionen zu wählen. Weiterhin gelingt es den Kindern nun, nicht nur zwei Handlungen in eine Sequenz zu ordnen, sondern Mittel-Zweck-Verbindungen zwischen ihnen herzustellen. Auch die Gedächtniskapazität vergrößert sich: Das Kind kann sich eine einmal erprobte Handlungssequenz eine Zeit lang merken und sie dann abrufen. Dies ist eine wesentliche Voraussetzung für komplexeres Erkundungs- bzw. Explorationsverhalten.

Die kognitiven Leistungen der Kinder machen im ersten Lebensjahr rasante Fortschritte. Es sollen beispielhaft daher die Lernprozesse und das Gedächtnis, die Objektpermanenz und der A/nicht-B-Fehler sowie frühe begriffliche Kategorisierungsleistungen („Weltbild") dargestellt werden (vgl. Goswami, 2001).

5.3 Lernen, Informationsverarbeitung und Gedächtnis im ersten Lebensjahr

Lernen bedeutet, sich Neuem zuzuwenden und es zu verarbeiten. Dazu muss das Kind Neues von Vertrautem unterscheiden. Vertraut kann ihm nur sein, woran es sich erinnern kann. Dass ein Gegenstand oder Ereignis vertraut wird, setzt also Gedächtnisleistungen voraus.

5.3.1 Indikatoren für Unterscheiden und Lernen (Übersicht s. Tabelle 5.3)

Blickpräferenz. Um feststellen zu können, ob Kinder verschiedene Stimuli unterscheiden können, machte sich Fantz (1961) das Blickverhalten der Säuglinge zunutze (preferential looking paradigm). Die Zeit, in der sich ein Gegenstand in oder nahe der Pupille des Kindes spiegelt, wird als Zuwendungszeit zu diesem Stimulus gewertet. Gemessen wird je nach Untersuchungsziel

- die Dauer der ersten Blickzuwendung (erste Fixationszeit),
- die Gesamtzeit der Zuwendungen innerhalb einer vorgegebenen Zeitspanne oder
- die Gesamtfixationszeit des Kindes bis zu seiner definierten Blickabwendung.

Reaktionen auf Neues. Babys haben in der Regel eine Präferenz für Neues (novelty preference); sie wenden sich nach entsprechender Habituationszeit bevorzugt dem neuen Reiz zu und betrachten neue Stimuli länger als vertraute. Allerdings ist noch umstritten, ob man sagen kann „je neuer desto interessanter" oder ob ein „gemäßigter, mittlerer Grad an Neuheit" optimal ist (Hunter & Ames, 1988).

Habituierungsparadigma. Vertrautheit kann man über Habituierung experimentell herbeiführen. Man überlässt einem Kind einen Stimulus so lange zur visuellen oder manipulativen Erkundung (Familiarisierung), bis sein Interesse auf ein definiertes Niveau absinkt (Habituierung). Danach erhält es entweder den gleichen Stimulus (Kontrollversion), einen mehr oder minder neuen Stimulus oder beide zugleich zur Auswahl. Der neu eingeführte Stimulus erfährt meist mehr Zuwendung (Deshabituierung). Im Laufe der Entwicklung wird die zur Habituierung benötigte Zeit kürzer (Hunter & Ames, 1988).

Einflussfaktoren. Lernen, Behalten und Reaktivieren des Gelernten unterliegen verschiedenen Einflussfaktoren. Ist ein neuer Reiz sehr anregend oder erregend, kann sich diese Erregung auch auf den vertrauten Reiz ausbreiten, wenn dieser zum

Tabelle 5.3. Wie befrage ich einen Säugling? Beispiele

Analoge Paradigmen beim sprachfähigen Menschen	**Untersuchungsparadigmen beim Säugling**	**Verhaltenskanäle beim Säugling**
Freie Befragung	Freie Verhaltensbeobachtung	Physiologisches Ausdrucksverhalten (Atmung, Hautfarbe, Wachheitszustand) allgemeine Motorik, Greifbewegungen, Blickverhalten, Mimik, Lautäußerungen, alles relativ zur Stimulusumwelt
Strukturierte Befragung	Beobachtung eines breiten Spektrums von Verhaltensweisen in strukturierten Situationen, z.B.: ▶ BNBAS (vgl. S. 145), ▶ Wickelsituation, Fütterungssituation, freie Mutter-Kind-Interaktion, Spielsituationen ▶ *still-face*-Paradigma, ▶ Fremde Situation (s. *attachment*)	Motorische Reaktionen: Saugaktivität motorische Aktivität, Tonus Objekterkundung Suchverhalten Zeigegeste Emotionale Reaktionen: Schreien Lächeln, Lachen Erstaunen, Verwundern Ängstlichkeit FACS / EMFACS (Mimikanalyse) Lautieren Interaktionsverhalten: Kontaktinitiative (Blick, Motorik, Laute) Kontingenz in Interaktionssituationen Rückversicherung (*social referencing*) Wechsel„gespräch“ (*turn taking*) physiologische Reaktionen: Atemfrequenz Herzfrequenz EEG-Ableitungen (allg.)
Hochstrukturierte Befragung (Fragebogen; Testaufgabe)	▶ *Preferential looking* Paradigma, ▶ Kontingenzlernen ▶ Habituationsparadigma ▶ Entwicklungstests (Problemlöse-aufgaben) ▶ Paradigma der aufgeschobenen Nachahmung	Entscheidungsreaktionen: Fixationsdauer Kopfwendereaktion Blickfolgeverhalten Objektexaminationsdauer Greifverhalten Sequentielles Berühren Kontingenzlernen: gezieltes Saugen (*HAS =High-Amplitude Sucking*) gezieltes Strampeln oder Armziehen physiologische Reaktionen: ERP (EEG-Ableitung relativ zu spezifischen Reizen)

Vergleich anschließend noch einmal angeboten wird (Sensitivierungseffekt; Kaplan et al., 1990). Sind die Babys dagegen physisch nicht in bester Verfassung (müde, hungrig, kränklich; Gardner et al., 1992) oder wurden sie kurz zuvor mit einem anderen Stimulus überfordert (Kaufmann-Hayoz, 1987), vermindert sich ihre Präferenz für Neues. Wird die Erkundungsphase vorzeitig unterbrochen, wenden sich die Kinder im Paarvergleich ebenfalls eher dem vertrauten Stimulus zu, als wollten sie ihre Erkundung erst zu Ende bringen (eine Art Zeigarnik-Effekt). Frühgeborene Kinder, Kinder mit Down-Syndrom, Kinder von drogenabhängigen Müttern und Kinder nach neurologischen Erkrankungen zeigen eine vergleichsweise längere Habituierungszeit und eine nicht so rasche und nicht so ausgeprägte Präferenz für Neues bzw. eine solche Präferenz nur bei weniger komplexen Stimuli. Dies kann bei den verschiedenen Gruppen von Kindern sehr unterschiedliche Ursachen haben, z.B. einen verlangsamten Aufbau von Erinnerungsspuren oder Schemata, eine zu starke oder zu geringe Erregung im Sinne des Sensitivierungsprozesses (Haith et al., 1993), ein zu schnelles Zerfallen der Erinnerungsspur, zu wenig aktives Auffrischen der Spur in der Zwischenzeit u.a.m.

Aufbau von Erwartungen. Selbst sehr kleine Babys erlernen im Habituierungsexperiment nicht nur einen inhaltlich spezifizierten Stimulus (ein Bild), sondern auch Abfolgen oder Regeln. Schon zweimonatige Kinder lernen z.B., dass ein Bild immer abwechselnd rechts und links erscheint; ab drei Monaten lernen sie, dass auf einer Seite immer zwei Bilder nacheinander folgen, auf der anderen aber nur eines, also zwei unterschiedliche Abfolgeregeln für jede Seite, oder auf einer Seite immer verschiedene Bilder, auf der anderen immer das gleiche.

Babys sind schon sehr früh für Rhythmen empfänglich, besonders wenn diese gleichzeitig visuell und akustisch dargeboten werden (Bahrick & Lickliter, 2000).

Gelerntes Auffrischen. Liegen bei etwa sechsmonatigen Kindern zwischen dem Abschluss der Familiarisierungsphase und dem Beginn der Präferenzprüfung mehr als fünf Minuten, brauchen sie mitunter eine „Auffrischung“ mit dem vertrauten Reiz (Hunter & Ames, 1988). Die Bedeutung einer Auffrischung oder einer Erinnerung untersuchte auch Carolyn Rovee-Collier (1995) und entdeckte dabei das Zeitfenster des langfristigen Behaltens.

UNTER DER LUPE

Zeitfenster für langfristiges Behalten

Rovee-Collier ließ Kinder den kausalen Zusammenhang zwischen ihrem Strampeln und den Bewegungen eines durch eine Schnur mit ihrem Bein verbundenen Mobiles lernen. Zuerst wurde drei Minuten lang die persönliche Strampelrate des Kindes ohne diese Verbindung erfasst, dann wurde neun Minuten lang die Verbindung zum Mobile hergestellt.

„Bemühten“ sich die Kinder in den folgenden drei Minuten ohne Verbindung zum Mobile, durch besonders viel Strampeln dieses zu aktivieren, wurde das als „Lernen“ gewertet. Selbst dreimonatige Babys erinnerten sich noch acht Tage später an diese Verknüpfung und strampelten beim Anblick des Mobiles vermehrt, aber nur, wenn sie am dritten Tag das gleiche Mobile und die Rahmenbedingungen noch einmal kurz erlebt hatten, auch ohne dass ihr Bein mit dem Mobile verbunden war.

Allein die Auffrischung der Erinnerung bewirkte das lange Behalten. Diese Auffrischung ist am wirksamsten kurz bevor das vollständige Vergessen eintreten würde. Diesen Zeitraum zwischen Lernen und völligem Vergessen bezeichnet Rovee-Collier als „Zeitfenster“. Das Zeitfenster dehnt sich mit zunehmendem Alter, aber auch mit der Lernerfahrung aus.

Je jünger die Kinder sind, desto länger benötigen sie zum Erlernen einer kausalen Beziehung zwischen ihrem Verhalten und seiner Wirkung und desto genauer muss der Erinnerungsstimulus mit der Ausgangslernsituation übereinstimmen. Hängt man als „Erinnerungshilfe“ beispielsweise ein etwas anderes Mobile auf, so nützt das jüngeren Babys wenig. Bewegt sich aber das neue Mobile in gleicher Weise, in gleichem Rhythmus wie das Lern-Mobile, dann kann es als Erinnerungshilfe dienen. Nach Rovee-Collier (1997) verbessert sich das Langzeitgedächtnis fast schlagartig im dritten Quartal des ersten Lebensjahres von maximal zwei (mit sechs Monaten) auf sechs Wochen (mit neun Monaten). Danach steigt es linear auf zwölf Wochen an (mit zwölf Monaten). Dies könnte für ein qualitativ anderes, deklaratives oder explizites Gedächtnissystem sprechen, das sich in dieser Zeit herausbildet.

5.3.2 Lernen und Emotionen

Lewis und seine Mitarbeiter (Alessandri et al., 1990; Lewis et al., 1985, Sullivan & Lewis, 1989) haben Kinder ab zwei Monaten lernen lassen, dass Armbewegungen für jeweils drei Sekunden eine Fernsehsequenz auslösen, in der Kinder das Sesamstraßen-Eingangslied singen. In den ersten zwei Minuten wurde die Grundrate des Armziehens erhoben; anschließend wurden Armzug und Sesamstraße so lange verknüpft, bis das Interesse des Kindes erlahmte. Eine Kontrollgruppe von Kindern sah dieselbe Videosequenz nach dem Armzugrhythmus eines Experimentalkindes, ohne aber selbst auf das Geschehen Einfluss nehmen zu können. Schon im Alter von zwei Monaten lernten die Kinder, die Armzüge gezielt einzusetzen.

Beobachtete Emotionen. Alle drei Sekunden wurde in dem obigen Experiment das mimische Ausdrucksverhalten nach dem „Discriminative Facial Movement Coding System MAX“ (Izard, 1979) kodiert. Als erste Emotion tauchte Interesse auf, gefolgt von ein wenig Furcht und dann Überraschung beim Erkennen der Kontingenz (Zunahme der Armzüge). Bei Erreichen des Lernplateaus zeigten die Kinder mimisch Freude und vermehrte Mundaktivität; doch mit der Habituierung flaute das Interesse ab, sie schauten häufiger weg und zeigten häufiger einen traurigen bis weinerlichen Gesichtsausdruck. Wurde während der Lernphase die Kontingenz unterbrochen, zogen die Kinder nicht nur deutlich häufiger an der Schnur, sondern zeigten eine ärgerliche Mimik, die sich in Häufigkeit und Intensität bis zum (untersuchten) Alter von acht Monaten steigerte. Dies spricht für „enttäuschte Erwartungen“ der Kinder.

Individuelle Unterschiede. Die Unterschiede zwischen den Kindern bei ihren positiven Emotionen (Interesse und Freude) waren ab dem Alter von vier Monaten und in der negativen Emotion des Ärgers (nicht aber der Traurigkeit) bereits ab zwei Monaten über eine Zeitspanne von zwei Monaten (Wiederholung desselben Versuches im Längsschnitt) stabil. Möglicherweise sind diese Emotionen nicht nur Begleiterscheinung, sondern helfen dem Kind im Laufe der Zeit auch, sich in einem länger dauernden Lernprozess zu orientieren.

Emotionen als Erinnerungshilfen. Emotionen scheinen nicht nur den Lernprozess zu begleiten und zu energetisieren, sondern können sich auch auf das Langzeitgedächtnis auswirken. In einer ähnlichen Versuchsanordnung wie Rovee-Collier verwendeten Fagan und Prigot (1993) bei Kindern im Alter um drei bzw. vier Monate den Beinzug (Strampeln) angesichts eines Mobiles. Zwei Tage lang erhielten die Kinder ein Mobile mit zehn, sechs oder zwei identischen Komponenten; am dritten Tag erhielten alle eines mit nur zwei Komponenten. Obgleich dieses Mobile für die meisten Kinder neu war (außer für die Kontrollkinder), reagierten die Kinder auf die Verminderung der Komponenten mit vorübergehender Intensivierung des Beinzugs und Ärgerlichkeit, einige sogar mit Weinen; schließlich verloren sie das Interesse an diesem Mobile.

Wenn die Kinder nach der „Enttäuschung“ mit den nur zwei Elementen im Mobile nach einer Pause von sieben Tagen eines der beiden Mobiles (2 oder 10 Elemente) wieder erhielten, dann schienen sich die Kinder nur an das Mobile zu erinnern, bei dem sie nicht geweint hatten. In weiteren Versuchen stellten die Forscher fest, dass dies nicht an der Qualität des ersten Erlernens lag. Entweder beschleunigte das Weinen das Vergessen, indem es die Gedächtnisspuren beeinträchtigte, oder die Kinder verknüpften ihre Emotion eng mit dem Ereignis und hatten Schwierigkeiten, sich in einem anderen Stimmungszustand daran zu erinnern. Weinen wäre damit ein Merkmal des Lernkontextes. Je länger die Zeitspanne zwischen dem Erlernen und der Erinnerungssituation ist, desto wichtiger wird für das Erinnern die Kongruenz zwischen den Emotionszuständen.

Verzögerte Nachahmung

Auch Nachahmen beinhaltet eine Erinnerungsleistung, vor allem wenn es zeitlich aufgeschoben ist. Meltzoff und Moore (1998) haben nicht nur Nachahmung bei Neugeborenen beobachtet (mimische Gesten), sondern bei sechs Wochen alten Kindern sogar aufgeschobene Nachahmung noch nach 24 Stunden. Die Kinder zeigten aber die mimische Nachahmungsgeste (O-Mund, Zunge-Herausstrecken u.Ä.) nur, wenn dieselbe Person, die vorher dieses Verhalten gezeigt hatte, nun ein neutrales Gesicht machte. Meltzoff und Moore interpretieren das Verhalten der Kinder als aktive „Frage" an die Person: „Bist du das, die mir dieses Verhalten gezeigt hat?" Sie können sogar zwei Personen und deren je persönliche mimische Geste unterscheiden, wenn diese Personen auch in je eigenem Tempo vor ihnen aufgetaucht und verschwunden sind. Dieses raumzeitliche Merkmal unterstützte die Unterscheidungsleistung.

UNTER DER LUPE

Spielhandlungen nachahmen

Barr und Hayne (2000) verwendeten aufgeschobene Nachahmung bei Kindern ab sechs Monaten. Diesen Kindern zeigten sie live oder auf Video spezifische Handlungen mit Puppen und Spielgegenständen, ließen sie aber erst nach Stunden, Tagen oder sogar Wochen wieder mit den Spielsachen umgehen.

Im Vergleich zu einer Kontrollgruppe ahmten Kinder spätestens mit 12 Monaten ein leibhaftiges Vorbild noch nach 24 Stunden nach; ein Vorbild auf Video immerhin ab 18 Monaten. Verwendeten die Untersucher für die Erinnerungsprüfung aber eine andere Puppe, verhinderte dies bei den zwölfmonatigen Kindern das Erinnern fast vollständig und machte erst im Alter von 21 Monaten kaum mehr einen Unterschied. Mit 18 Monaten konnten sich einige Kinder an ihnen vorgemachte Spielhandlungen noch nach sechs Wochen erinnern, wenn sie diese gleich nach dem Zeigen schon einmal ausführen durften. Bestand die Nachahmungshandlung aus mehreren Schritten, dann machte es für Kinder im zweiten Lebensjahr einen Unterschied, ob die Abfolge der Schritte einen sinnvollen Zusammenhang ergab oder nicht; ersteres wurde leichter und früher erlernt und länger behalten. Als Erinnerungsstützen wurden im zweiten Lebensjahr sprachliche Bezeichnungen zunehmend wirksam (Bauer et al., 2000).

5.3.3 Individuelle Unterschiede und langfristige Vorhersagen

Die Reaktionen auf Neues und Vertrautes und die Dauer des Erlernens im Rahmen des Habituierungsparadigmas sowie die Behaltensleistungen der Babys wurden in verschiedenen Untersuchungen zur Vorhersage späterer Intelligenz- und Sprachleistungen herangezogen (Bornstein et al., 1997). Das Habituierungsparadigma ist die Untersuchungsmethode der Wahl zwischen zwei und acht Monaten; danach zeigen die Kinder zu viele andere Aktivitäten; außerdem stehen dann andere Methoden zur Verfügung.

Längsschnittstudien. McCall und Carriger (1993) sowie Bornstein et al. (1997) haben eine Vielzahl von Längsschnittstudien zusammengestellt und systematisiert. Das häufigste Erhebungsalter der Habituierungs- und Behaltensleistungen war vier Monate; das Alter, auf das vorhergesagt wurde, erstreckte sich von 1 bis 8 Jahre. Die Intelligenzleistungen mit vier Jahren ließen sich aus Habituierungsmaßen mit vier Monaten mit ca. 35 Prozent Varianzaufklärung (Pfadmodell) erheblich besser vorhersagen als aus den üblichen Säuglingstests und späteren Entwicklungs- und Intelligenztests. Die Korrelationen lagen bei Risikopopulationen sogar noch höher. Diese Ergebnisse sind erstaunlich, zumal die Reliabilität der Habituierungsdaten nicht optimal ist und zudem sehr verschiedene Arten von Maßen in die Analyse eingegangen waren.

5.4 Objektpermanenz

5.4.1 Piagets Forschung und Theorie

Der Begriff Objektpermanenz geht auf Piaget zurück (Piaget, 1975a). Nach Piaget entwickelt das Kind erst in den ersten eineinhalb Lebensjahren eine differenzierte Vorstellung darüber, dass es eine Welt außerhalb seiner selbst gibt, eine Welt die von Objekten und Personen bevölkert ist, welche unabhängig von seinen Handlungen und Wahrnehmungen existieren. Objektpermanenz meint, dass Objekte für das Kind (ab etwa 8 Monaten) weiterexistieren, auch wenn es sie mit seinen Sinnen gerade nicht wahrnehmen kann. Das Kind zeigt dieses nach Piaget neue Verständnis durch sein deutliches Suchverhalten. Tabelle 5.4 charakterisiert die von Piaget beobachteten Entwicklungsschritte des Kindes bis zum vollen Verständnis der Objektpermanenz. Im linken Teil der Tabelle ist die sensumotorische Entwicklung nach Piaget allgemein dargestellt, im rechten Teil speziell die Entwicklung des Begriffes vom Objekt sowie ganz rechts die Interpretation nach Piaget. Die Objektpermanenz, wie sie mit etwa acht Monaten in einfacher Form vom Kind erlangt wird, zeigt nach Piaget den Beginn zeitlich überdauernder bewusster geistiger Vorstellungen an.

Vielfältige Wiederholungen von Piagets Versuchen in verschiedensten Ländern bestätigten seine Beobachtungen. Dabei scheinen die meisten Kinder zuerst ihre Mutter (und vertraute Personen) aktiv zu suchen, wenn sie verschwunden ist (Personpermanenz), bevor sie Objektpermanenz zeigen (Bell, 1970). Vor Erreichen dieser Personpermanenz lösen selbst akustische Hinweise kein Suchverhalten aus (Legerstee, 1994).

Aufgaben zur Objektpermanenz sind mittlerweile in fast alle Kleinkindertests eingegangen. In verschiedenen Längsschnittstudien bestätigte sich die von Piaget beschriebene invariante Abfolge der Entwicklungsschritte der Teilbereiche der sensumotorischen Intelligenz weitgehend. Auf jedem Entwicklungsniveau gibt es zwischen den Teilaspekten aber ganz unterschiedliche Verflechtungen (Uzgiris, 1983).

5.4.2 Neue Erkenntnisse und die Kritik an Piaget

In den letzten Jahren sind aber Piagets Theorieaussagen unter heftige Kritik geraten. Anders als Piaget vertreten einige Forscher die Ansicht, dass bereits für das Neugeborene, oder zumindest sehr kurz danach, Objekte auch dann weiterexistieren, wenn sie aus seinem Gesichtsfeld verschwunden oder durch andere Objekte verdeckt sind. Während nach Piaget (1975 a) Vorstellungen als geistige Konstruktionen des Kindes erst über einen längeren Entwicklungsprozess aus den Handlungen des Kindes und seiner handelnden Auseinandersetzung mit der Wirklichkeit entstehen, hat das Kind anderen Autoren zufolge von vornherein von der Wirklichkeit abstrahierende Vorstellungen (Baillargeon, 1999; Meltzoff & Moore, 1998) oder sogar bereits kognitive Konzepte (Spelke, 2000). Die Untersuchungen hierzu beziehen sich auf das von Piaget auf Stufe 2 und 3 beschriebene Blickverhalten des Kindes, auf Variationen der einfachen Objektpermanenz (4. Stufe) und auf den A-/nicht-B-Suchfehler (4. Stufe) (s. Kasten „Unter der Lupe", S. 176).

Aus dem Fixationsverhalten der Babys in der Serie von Experimenten schließt Baillargeon, dass Babys bereits im Alter von 3,5 Monaten über die Vorstellung verfügen, dass ein sich auf einer Bewegungsbahn befindliches Objekt weiterexis-

Tabelle 5.4. Entwicklung der sensumotorischen Intelligenz und der Objektpermanenz (nach Piaget)

Stufe	LA	Sensumotorische Intelligenz allgemein	Entwicklung der Objektpermanenz	Interpretation
1	0 bis 1 Monat[1)] 0 bis 6 Wochen[2)]	Üben der angeborenen quasi-reflektorischen Schemata	Kind verfolgt Objekt langsam bis zur Mittellinie; evtl. leichtes Kopfwenden; kein Suchen	Objekt und Handlung sind nicht getrennt; Objekt ist quasi Produkt der Handlung
2	1–4 Monate 6 Wochen bis 3 Monate	Primäre Kreisreaktionen: erste erworbene Gewohnheiten	Wenn Objekt aus Blickfeld verschwunden ist: a) Kind setzt begonnene Handlung fort b) sucht dort, wo Objekt zuletzt verschwand c) guckt dorthin, wo Objekt ursprünglich auftauchte und wiederholt dieselbe Handlung	Kind versucht, interessantes oder Vergnügen bereitendes „Bild" durch Fortsetzung oder Wiederholung der Handlung wieder einzufangen
3	4 bis 8 Monate 3 bis 9 Monate	Sekundäre Kreisreaktionen: Zielgerichtetes Verhalten	Grobe Ansätze von Suchbewegungen: Kind antizipiert ein sich bewegendes, aber kurz verschwundenes Objekt an der richtigen Stelle durch Verlängerung seiner Handlung: bei kurzer Pause sucht es das Objekt allerdings nicht mehr, wenn es das Objekt nicht gleich findet a) erkennt halb verdeckten Gegenstand nicht b) setzt eingeleitete Greifbewegung auch bei halb verdecktem Gegenstand fort	Objekt hat noch keine selbständige Existenz; es entsteht aus der Handlung. Das Kind sieht „Entstehen" des Objekts teilweise vorher
4	8 bis 12 Monate	Koordination der sekundären Verhaltensschemata und Anwendung auf neue Situationen; Differenzierung von Mittel und Zweck in intentionalen Handlungen	Deckt teilverdecktes Objekt auf. Bei ganz verdecktem Objekt: a) sucht weiter, wenn es Objekt bereits ergriffen hat b) aktive Suche, aber nur erfolgreich, wenn nur 1 Ort zur Wahl steht (***einfache Objektpermanenz***); c) bei Auswahl von zwei Verstecken: trotz offen sichtbarem Platzwechsel des Objekts Suche am 1. Fundort (***A-/not-B error***)	Objekt hat für das Kind nun eine eigene Existenz unabhängig von seiner Handlung. Die Unabhängigkeit des Objekts vom Ort und von den Raumbeziehungen erfasst das Kind jedoch noch nicht; der assoziierte Ort ist für es das *Signal* für das Objekt.
5	12 bis 18 Monate	Tertiäre Kreisreaktionen Entdecken neuer Mittel durch Ausprobieren; Anwendung vertrauter Mittel auf neue Ziele	Kind beobachtet Versteckveränderung von A nach B: a) Probesuchen bei A; dann bei B b) sucht gleich bei B	Das Kind erkennt das (Fort-)Bestehen des Objektes unabhängig von seiner Handlung und von der jeweiligen Raumposition des Objektes an, erfasst aber die Raumverlagerungen des Objektes nur in der gesehenen Reihenfolge
6	18 bis 24 Monate	Mentale Vorstellungen; Erfinden neuer Mittel durch geistige Kombination, Einsichtsvolles Entdecken durch aktives Experimentieren, hat sensumotorische Begriffe des Objektes, des Raumes, der Zeit und der Kausalität	Objekt wird verdeckt (z.B. in eine Dose getan), nacheinander unter 3 Gegenständen entlanggeführt und unter einem verborgen a) Kind sucht in der Dose b) wenn ohne Erfolg: sucht in der gesehenen Sequenz der Orte c) sucht in der umgekehrten Sequenz der Orte	Das Objekt hat, unabhängig davon, ob man es sieht, für das Kind andauernden substantiellen Dingcharakter. Das Objekt kann, wie das Kind selbst auch, aber unabhängig von ihm, unterschiedliche Raumpositionen einnehmen. Beim Suchen müssen beide Positionsveränderungen im Geiste koordiniert werden.

[1)] Altersangaben nach Piaget, 1975
[2)] Altersangaben nach Butterworth & Harris, 1994

UNTER DER LUPE

Der gespaltene Sichtschirm oder unmögliche Ereignisse

Renée Baillargeon und ihre Mitarbeiterinnen (Baillargeon & de Vos, 1991; Baillargeon, 1999) zeigten 3,5 bis 5,5 Monate alten Babys eine Abfolge von Ereignissen.

Habituierungsitems: Eine große und eine kleine Karotte ziehen abwechselnd, langsam und gleichmäßig hinter einem Schirm (verdeckt) vorbei und tauchen auf der anderen Seite wieder auf. Diese Items wurden so lange wiederholt, bis die Aufmerksamkeit des Kindes (Fixationsdauer) auf die Hälfte der Ausgangszeit bei den ersten drei Durchgängen gesunken war (mindestens 6-mal), oder wurden nach insgesamt 9 Durchgängen abgebrochen.

In den zwei folgenden Testitems hatte der Schirm ein Fenster, das so hoch lag, dass die kleine Karotte nicht dahinter herausragen konnte, aber so niedrig, dass die große Karotte beim Durchziehen hinter dem Schirm darin auftauchen musste – sie war aber dennoch nicht zu sehen (Trick); es wurde also ein physikalisch „unmögliches" Ereignis gezeigt. Die Babys sahen abwechselnd das mögliche Ereignis (kleine Karotte, die nicht im Fenster auftaucht) und das unmögliche Ereignis (große Karotte, die nicht im Fenster auftaucht). Sie schauten verlässlich länger auf das „unmögliche" Ereignis. Dieser Effekt verschwand, wenn den Kindern vor den Habituierungsdurchgängen gezeigt wurde, dass rechts und links des Fensters jeweils eine Karotte stand, dass also an dem „unmöglichen" Ereignis zwei Karotten beteiligt waren.

tiert, auch wenn es vorübergehend verdeckt wird, und dass die Kinder dementsprechend sein Wiederauftauchen erwarten bzw. sich „wundern" (Gesamt-Fixationszeit), wenn dies nicht geschieht. Nach ihrer Interpretation verfügen die Kinder sogar bereits über einen rudimentären Zahlbegriff, da sie in ihren Versuchen offensichtlich „verstanden", dass sich zwei Karotten physikalisch korrekt so bewegen können, dass sie nicht im Fenster erscheinen.

Exkurs: Was wissen Säuglinge?

Nach Baillargeon haben Babys sehr früh im Prinzip dieselben Konzepte und Vorstellungen über physikalische Zusammenhänge in der Objektwelt wie Erwachsene. Ihre „Irrtümer" beruhen weitgehend auf ungenauer, unscharfer Wahrnehmung oder fehlender Erfahrung. Letzteres kann man ihnen vermitteln (Baillargeon, 1999; Aguiar & Baillargeon, 1999).

Kernwissen. Spelke (2000) nimmt an, dass Babys bereits von Geburt an über ein Kernwissen (core knowledge) verfügen, das Objekte und ihre Bewegungen, Personen, den euklidischen Raum sowie Zahlhaftigkeit beinhaltet. Dieses Kernwissen sei bereichsspezifisch (gelte nur für eine Teilgruppe von Objekten und Ereignissen), aufgabenspezifisch (gelte nur für eine begrenzte Auswahl von Problemen) und eingekapselt (unabhängig von anderen kognitiven Systemen). Es könne sogar bei einigen Primaten gefunden werden und bleibe bis ins Erwachsenenalter als unbewusstes Wissen erhalten.

- Babys berücksichtigen z.B. bereits die Zu- und Abnahme von Objekten, aber nur bei deutlich getrennten und individuellen Objekten, nicht etwa bei Sandhaufen oder Punkten;
- Sie erfassen Anzahlveränderungen, aber nur bei bis zu drei Objekten.
- Innerhalb dieser drei Objekte erfassen sie auch deren Identität über die Zeit (Permanenz).
- Größere Mengen unterscheiden sie nur nach ungefähren Mengenverhältnissen; einzelne Exemplare und ihr Aussehen werden nicht weiter berücksichtigt.

Dieses Kernwissen stellt nach Spelke das Fundament dar, aus dem durch Erfahrungsanreicherung die späteren Konzepte entstehen.

5.4.3 Objektpermanenz und die Art des Versteckens

Piaget (1975a) hatte beobachtet, dass Babys unter acht Monaten einen Gegenstand nicht mehr suchen, wenn er mit einem Tuch zugedeckt wird. Eine Reihe weiterer Untersuchungen zeigte, dass es für die Kinder in einer Übergangsphase einen Unterschied macht, ob der Gegenstand sich bewegt und in ein Versteck wandert oder ob ein verhüllender Gegenstand über das ruhende Objekt gelegt oder gestülpt wird, ob ein Gegenstand unter, hinter oder in einem anderen Gegenstand verborgen wird, ob eine oder mehrere Versteckmöglichkeiten vorhanden sind und schließlich, ob diese Verstecke ihren Ort wechseln. Wishart und Bower (1984) haben bei insgesamt 228 Kindern (pro monatlicher Altersstufe 12 Kinder) zwischen 4 und 22 Monaten eine normative Studie zur Objektpermanenz mit insgesamt 72 Aufgaben durchgeführt. Bei allen Aufgaben war eine motorische Suchhandlung notwendig. Die empirischen Ergebnisse entsprachen weitgehend Piagets Beobachtungen, nur dass die Kinder beim Erfolg der ersten Aufgabe mit 6 Monaten deutlich jünger waren.

Objektidentität. Wishart und Bower (1984) beschreiben die Entwicklung der Objektpermanenz allerdings als Entwicklung der Objektidentität. Nach Bower erlebt das Kind ein Objekt von Anfang an als Realität außerhalb seiner selbst und mit einer rudimentären Dauer (Permanenz). Das Kind hat nur Schwierigkeiten zu begreifen, dass es sich bei einer Sequenz von Ereignissen auch jeweils um *dasselbe* Objekt handelt (Objektidentität). Hier wird also ähnlich argumentiert wie bei Meltzoff und Moore (1998). Der Entwicklungsfortschritt besteht – im deutlichen Unterschied zu Piaget – in der „Individuierung der Objekte". Bower erklärt die Entwicklungsabfolge über das Aufstellen und Kombinieren von fünf „Suchregeln" und drei begrifflichen Regeln, die es dem Kind erlauben, das aufgefundene Objekt selbst nach komplexen Wandlungssequenzen immer wieder als dasselbe zu erkennen. Diese (unbewussten) Regeln dienen dem Kinde dazu, die stets umfangreicher werdende zu verarbeitende Objektwelt kognitiv zu reduzieren und damit geistig begreifbar zu machen (vgl. Rauh, 1995).

Der A-/nicht-B-Suchfehler

Piaget beschrieb folgendes Verhalten etwa zehnmonatiger Kinder: Versteckt man vor den Augen des Kindes ein Spielzeug unter einer von zwei Decken oder einer von zwei Tassen, dann finden die Kinder den Gegenstand meist richtig unter dem Versteck A. Wird anschließend der Gegenstand sichtbar und vom Kind beobachtet unter B versteckt, dann suchen viele der Kinder ihn dennoch unter A. (Piaget, 1975b).

Konzeptuelles Problem. Piaget interpretierte diesen Fehler damit, dass für die acht- bis zwölfmonatigen Kinder Gegenstand, Handlung und Ort noch eine feste Verbindung eingehen: die Handlung mit dem Gegenstand und sein Ort sind sozusagen eine Eigenschaft des Objektes (Piaget, 1975b). Demnach unterliegen die Kinder diesem Suchfehler, weil sie ein konzeptuelles Problem haben, nicht ein Gedächtnisproblem oder motorische Schwierigkeiten (Haith & Benson, 1998).

Der „Fehler" erwies sich als unabhängig davon, wie oft die Kinder das Objekt bereits unter Versteck A gefunden hatten und wie weit die Verstecke auseinander standen: Zufall und Versehen konnten als Ursachen ausgeschaltet werden. Er trat deutlicher auf, wenn zwischen dem Beobachten des Versteckens unter B die Wartezeit für die Suchhandlung um 1–5 Sekunden verlängert wurde; je länger die Wartezeit, umso wahrscheinlicher suchten die Kinder unter dem ersten Versteck A – sie hatten also kein Gedächtnisproblem. Mangelnde Aufmerksamkeit oder Informationsverarbeitung beim zweiten Verstecken konnte auch nicht als Begründung dienen, da die Kinder nach dem ersten Fehlgriff keineswegs wahllos weitersuchten (wenn mehr als 2 Verstecke existierten), sondern dann meistens gleich unter die richtige Tasse schauten (Webb et al., 1972). Eine Reihe von alternativen Erklärungen wurde geprüft, nur eine sei hier dargestellt.

Motorisches Performanz- und Perseverationsproblem. Viel Aufmerksamkeit erhielt die Interpretation von Diamond (1991). Sie behauptet, dass die Kinder durchaus „wissen", dass sich das Objekt in Versteck B befindet, denn sie schauen manchmal nach Versteck B und greifen zugleich nach A. Diamond interpretiert den Suchfehler als ein motorisches Performanz- und Perseverationsproblem der Kinder. Bei ganz kurzer Wartezeit schauen die Kinder nur auf das jeweilige Versteck A oder B und ihre Hände reagieren automatisch richtig. Setzen sie aber bei weiterer geistiger Entwicklung die Verstecke A und B in eine Beziehung bzw. wird ihre unmittelbare Reaktion durch eine kleine Wartezeit verhindert, dann führen ihre Hände nicht das aus, was die Kinder „wissen", sondern wiederholen die zuvor erfolgreiche Reaktion. Dieses Perseverationsproblem haben sie nicht, wenn die gleiche Aufgabe rein visuell über das Paradigma des physikalisch unmöglichen Ereignisses präsentiert wird. Diese Aufgabe „lösen" sie sehr viel früher, zumal es hier nur auf die Fixationsdauer als Lösungskriterium ankommt (d.h. sie schauen länger auf das unmögliche Ereignis; Ahmed & Ruffman, 1998). Der Suchfehler verschwindet nach Diamond mit der Reifung der präfrontalen Cortex; den Kindern gelingt es dann besser, eine schon einmal durchgeführte und daher dominante Handlung zu hemmen, die Angemessenheit der dominanten Tendenz zu prüfen, Teilhandlungen in eine Abfolge zu bringen und eine Handlungssequenz zu planen. Sie können Wissen und motorische Ausführung zunehmend besser aufeinander abstimmen (Johnson, 1998).

Die endgültige Erklärung des Phänomens steht noch aus. Der A-/nicht-B-Fehler ist aber eine Art „Prüfstand" für Entwicklungstheorien, da es sich um ein stabil zu beobachtendes, zeitlich deutlich begrenztes Entwicklungsphänomen handelt.

5.5 Das Weltbild des Säuglings

Viele Untersuchungen haben gezeigt, dass Babys ihre visuelle und akustische Welt sehr früh strukturieren und differenzieren. Deutlich früher als bislang geglaubt heben sich auch für Säuglinge Gegenstände von der umgebenden Umwelt ab. Dabei orientieren sich die Kinder anfangs offenbar mehr am Bewegungsmuster der Objekte als an ihrer Form, Farbe oder Oberflächentextur. Diese Charakteristika kommen erst allmählich als wichtige Identifikationsmerkmale hinzu. Wie lernen aber Kinder, aus den vielfältigen beobachtbaren Veränderungen sinnvolle Geschehensabläufe und Handlungen herauszulösen?

Babys können schon sehr früh Sprachlaute von anderen Geräuschen unterscheiden. Eine besonders wichtige Funktion spielt dabei die Prosodie, also das musikalische Element der Sprache. Wie heben sich für die Kinder bezeichnende Wörter (Namen für Gegenstände und Personen) und andere Strukturelemente der Sprache heraus? Wie lernen sie, ganze Sätze und deren Bedeutungen zu verstehen? Lange Zeit waren visuelle Wahrnehmung und Kognition einerseits sowie Spracherwerb und Begriffsbildung andererseits völlig getrennte Forschungsbereiche. In letzter Zeit werden vermehrt Brücken geschlagen, ähnliche Untersuchungsparadigmen eingesetzt und ähnliche theoretische Erklärungsmodelle erprobt.

- Wie lernen die Kinder zwischen Menschen als handelnden Kommunikationspartnern und Gegenständen, die allein den physikalischen Gesetzen und der physikalischen Kausalität gehorchen, zu unterscheiden?
- Schließen Kinder vom Aussehen und Verhalten (Bewegungsmuster) der „Objekte" auf ihre Kategorienzugehörigkeit als „Personen" oder „Dinge"? Sind demnach Objekte, die sich nicht eigenständig gegen die Schwerkraft bewegen können und einer vorhersagbaren Bewegungsbahn folgen, „Gegenstände", und solche, die eine unregelmäßige, aus eigenem Antrieb erfolgende Bewegungsbahn zeigen,

„Lebewesen"? Haben Lebewesen bestimmte äußere Merkmale (Köpfe, Gesichter, Arme und Beine), die sie von Objekten unterscheidbar machen?

- Gelangen Kinder also von der Wahrnehmung zu den Kategorien? Oder konzentrieren sie sich zunächst auf die Interaktion mit Personen, erleben dabei gemeinsame Emotionen und Motivationen und abstrahieren daraus das Verhalten von unbelebten Gegenständen („Vergegenständlichung"), schreiben diesen möglicherweise am Anfang sogar Merkmale von menschlichem Erleben bzw. „Beseeltheit" zu (Animismus nach Piaget)?
- Erfolgt also die Entwicklungsrichtung in der Kategorisierung vom eigenen Erleben bzw. dem Erleben in der sozialen Interaktion zur objektivierten Wahrnehmung der Umwelt? Oder verfügen die Kinder bereits von vornherein über zwei unterschiedliche Auffassungs- und Verarbeitungsweisen, Module, Detektoren, durch die sie Informationen aus der Welt der Mitmenschen anders wahrnehmen und verarbeiten als Information aus der Welt der Gegenstände?

5.5.1 Verstehen von Kausalität

Der Philosoph Kant nahm an, dass Kausalität eine angeborene Denkkategorie des Menschen sei. Wenn ein Ereignis dem anderen zeitlich vorangeht (zeitliche Priorität) und sich beide beteiligten Objekte zeitlich und räumlich berühren (Kontiguität), etwa ein Ball den anderen „anstößt", dann vermittelt sich Erwachsenen der Eindruck eines kausalen Geschehens. Solche auf Michotte (1963) zurückgehenden Versuche wurden für Babys abgewandelt und entsprechend dem Habituations-Dishabituations-Design und dem Untersuchungsparadigma des „unmöglichen Ereignisses" angeboten (Bélanger & Desrochers, 2001).

Aus den vielen Variationen dieses Experiments (verzögerte Reaktion des zweiten Objekts, keine räumliche Berührung, statt einfacher Objekte komplexere Gegenstände usf.) fühlen sich Leslie und Fodor (nach Bélanger & Desrochers, 2001) in ihrer Theorie bestärkt, dass Kausalität auch von Babys unmittelbar wahrgenommen wird und somit eine angeborene Primitivkategorie oder Basisfähigkeit darstellt, die schnell, unbewusst und damit auch kognitiv unkontrollierbar zum Einsatz kommt und auf spezifische Ereignisse begrenzt (modular), aber weitgehend resistent ist. Hier finden sich Ähnlichkeiten zu den Basiskonzepten nach Spelke (2000).

Bélanger und Desrochers (2001) sowie Oakes und Cohen (1995) sehen die Wirksamkeit einer solchen Primitivkategorie aber bestenfalls auf einen engen Bereich von Ereignissen beschränkt, nämlich auf den direkten Anstoß eines Objektes durch ein anderes. Bei nur wenig komplizierteren Ereignissen war das Kausalitätsverständnis von Babys unter sechs Monaten noch sehr gering, während Kinder zwischen sieben und zehn Monaten Beziehungen zwischen den Objekten erkannten und zu Ereignissen integrierten. Aber noch mit zehn Monaten konnten sie eine einmal erkannte Kausalitätsbeziehung nicht unmittelbar auf andere Objekte übertragen. Nach Baillargeon (1991) erschließen die älteren Babys Kausalität aus Regelhaftigkeiten und Wahrscheinlichkeiten, wobei die anfängliche Primitivkategorie der Kausalität als Anziehungspunkt (bias) für die kindlichen Interpretationen dienen kann.

Nach Piaget (1975a) erfährt das Kind Kausalität in seinem eigenen Verhalten und konstruiert die kognitive Kategorie der Kausalität und sein Verständnis für kausale Ereignisse erst im Verlaufe der ersten beiden Lebensjahre aus seinen Handlungserfahrungen. Das Kind spürt sich selbst als Verursacher seiner Handlungen (primäre Kreisreaktionen), seiner Handlungswirkungen (sekundäre Kreisreaktionen) und seiner Wirkungen auf die Mittel-Ziel-Beziehungen (tertiäre Kreisreaktionen). Kausale Wirkung erkennt es daher früher bei Personen als bei Objekten (vgl. auch Corrigan & Denton, 1996). Für Piaget sind Kausalität und Intention für das Kind im ersten Lebensjahr noch keine klar getrennten Bereiche; sie differenzieren sich erst allmählich auseinander.

5.5.2 Intentionalität und Theory of Mind

Intentionalität, also Motiviertheit und Zielgerichtetheit im Verhalten anderer zu erkennen, sehen viele Forscher als den Beginn eines kindlichen Psychologieverständnisses, einer "Theory of Mind" (Meltzoff, 1995, Moses et al., 2001; Reddy et al., 1997; vgl. Kap. 12). Ein altmodisches Wort hierfür ist „Beseeltheit" (engl.: animate vs. inanimate). Einem Handelnden (Akteur) werden psychische Erlebnisse und Prozesse unterstellt, nämlich Aufmerksamkeit, die auf ein Ziel gerichtet ist, das ihn motiviert und für das er Wege und Mittel aussucht und einsetzt, um sich dann über Erfolg zu freuen oder über Misserfolg zu ärgern.

Eigenes zielgerichtetes Verhalten. Zielgerichtetes Verhalten der Babys im Umgang mit Objekten (einen Gegenstand heranholen, der auf einem Tuch steht; einen Stab als Mittel zum Heranholen benutzen) hat Willatts (1999) bei Babys im Alter von acht bis neuen Monaten beobachtet. Schon sehr viel früher erscheint ihr Verhalten im Umgang mit Personen zielgerichtet:

- Bereits mit sechs Wochen sucht das Baby Blickkontakt. Mit zwei bis drei Monaten versuchen Kinder in der "still-face"-Situation durch Lächeln und Lautieren die Aufmerksamkeit der Mutter zu reaktivieren (Moore et al., 2001).
- Sie lächeln und vokalisieren mehr in der Interaktion mit Personen als mit Gegenständen, und werden ungehalten, wenn die Personen nicht kontingent reagieren (z.B. Legerstee et al., 2000; Nadel & Tremblay-Leveau, 1999). Bereits Viermonatige vokalisieren, wenn eine Person (nicht aber ein Objekt) aus ihrem Blickfeld verschwindet. Sie gehen demnach davon aus, dass Personen auch auf Entfernung durch Vokalisation zu Interaktionsverhalten angeregt werden können.
- Zwischen drei und acht Monaten scheinen sich Babys eher reflektorisch auf die Blickrichtung des Erwachsenen einzustimmen, ab neun Monaten wird dies eine willentliche Reaktion (joint attention) (Moore & Corkum, 1998).
- Mit neun bis zwölf Monaten beginnt das Kind, die Zeigegeste des Erwachsenen zu verstehen, und lässt sich durch emotionale sprachliche Äußerungen des Partners auf ein Objekt hinlenken („Oh, schau mal hier!").
- Es fängt seinerseits an, den Erwachsenen auf ein interessantes Objekt oder Ereignis aufmerksam zu machen, und vergewissert sich (social referencing), ob er auch wirklich hinschaut.
- Mit acht bis zwölf Monaten erkennen Kinder die Beziehung zwischen Akteur und Handlung und schauen von der Handlung auf den Akteur zurück (Oakes & Cohen, 1995).

Verstehen intentionaler Handlungen. In Anlehnung an die Untersuchungsmethodik der Sprachentwicklungsforscher versuchten Baldwin und Mitarbeiter (2001) herauszufinden, ob Kinder intentionale Handlungen anderer Personen aus dem Gesamthandlungsfluss heraus als Einheiten erkennen können. Sie präsentierten Kindern zwischen zehn und elf Monaten Videos, in denen eine Person in einer Küche beschäftigt ist und z.B. ein Tuch vom Fußboden aufhebt und an den Haken hängt oder Eis in den Kühlschrank legt. In die Filme streuten sie an unterschiedlichen Stellen Standbilder ein, am Ende einer intentionalen Handlung oder an „unnatürlichen" Stellen (kurz vor dem Ergreifen des Tuches). Die Babys (13 von 14), die zunächst den jeweiligen Film ohne Standbilder gesehen hatten, betrachteten das Video mit den willkürlichen Unterbrechungen länger als das mit den Standbildern am jeweiligen Handlungsende. Die Autoren schließen daraus, dass Kinder am Ende des ersten Lebensjahres spontan, wenn vielleicht auch noch nicht perfekt, Verhalten nach intentionalen Handlungssequenzen strukturieren und darin durch die Eltern ebenso unterstützt werden wie beim Strukturieren eines Sprachflusses in sinnvolle Einheiten. Theoretisch geht es aber auch hier um die Frage, ob die Kinder Intentionen und Handlungen verstehen und daher

Handlungseinheiten im Verhaltensfluss entdecken (top-down-Mechanismus), oder ob sie intentional zusammenhängende Handlungen aus deren spezifischen Art von Bewegungsabläufen „erkennen", auch ohne zunächst ihre Intention zu begreifen, um aus solchen Handlungsstrukturen dann mit der Zeit Intentionen zu abstrahieren (bottom-up-Mechanismus).

Verstehen psychischer Situationen anderer. Es gibt zahlreiche Indizien für ein Verständnis der psychischen Situation anderer zumindest bei 18 Monate alten Kindern:

- Sie trösten einen Erwachsenen oder ein Kind, das traurig ist, weil ihm etwas zerbrochen ist (Bischof-Köhler, 1998).
- Sie ahmen, auch zeitverzögert, Handlungen von Personen (nicht aber gleiche Aktionen von Maschinen) nach und vervollständigen sie als zielgerichtet (Meltzoff, 1995).
- Sie folgen der Blickrichtung des Erwachsenen und erschließen, worauf er seine Aufmerksamkeit richtet (Moore & Corkum, 1998).
- Reagiert ein Erwachsener heftig (negativ) emotional, während das Kind eine Handlung ausführt, überprüfen sie, ob er ihre Handlung überhaupt gesehen hat; nur dann stellen sie einen Bezug her (Moses et al., 2001).
- Auch erste Ansätze von Foppen und Nein-Spielen sind zu beobachten (Bühler, 1967).

Diese und viele andere Beobachtungen lassen den Schluss zu, dass Kinder bereits im Alter von eineinhalb Jahren bei anderen Personen psychische Erlebenszustände erwarten und annehmen, dass diese Zustände deren Verhalten beeinflussen.

FAZIT

Etliche Forscher gehen davon aus, dass sich für Babys menschliche Handlungen und physikalische Ereignisse schon sehr früh und grundsätzlich unterscheiden, auch wenn sie die Feinheiten einer Handlung oder eines Ereignisses noch nicht genau differenzieren können (Reddy et al., 1997; Snow, 1999; Rochat, 1999). Selbst das Neugeborene sucht kommunikativen Kontakt mit anderen Personen (Reddy et al., 1997); dies spreche für ein rudimentäres, implizites Verstehen, dass ein Interaktionspartner Wahrnehmungen und Intentionen habe. Das Kind entdecke nicht erst mit einem Jahr, dass Personen etwas anderes als Sachen sind. Diese Unterscheidung sei auch evolutionstheoretisch zweckvoll (Geary & Bjorklund, 2000).

5.5.3 Kategorien und Dimensionen

Die Debatte über frühe Kategorisierungsleistungen von Kindern ist in vielerlei Hinsicht mit der Diskussion um Kausalität und Intention verwandt. Wiederum war es Piaget, der die Forschung zur vorsprachlichen Begriffs- und Bedeutungsentwicklung angeregt hatte. Schon in den ersten Monaten verhalten sich Kinder gegenüber Personen anders als gegenüber Gegenständen (Ellsworth et al., 1993). Dabei beziehen sie sich schon im Alter unter sechs Monaten auf Merkmale, die Menschen von Objekten unterscheiden: Gesicht, Augen, Stimme und natürliche Bewegungen (Caron et al., 1997). Mit sechs bis sieben Monaten unterscheiden sie das Gesicht eines Kindes von dem eines Erwachsenen (Fagan & Shepherd, 1987) und zeigen besonderes Interesse an anderen Babys und kleinen Kindern.

Untersuchungsmethoden. Mit raffinierten Methoden versucht man zu erfassen, ob Kinder im vorsprachlichen Alter bereits Kategorien bilden und wenn ja, auf welcher Ebene (z.B. Madole & Oakes, 1999; Mandler, 1997; Pauen, 2000).

- Präferenzen beim Schauen ("preferential looking"): Den Kindern werden mehrmals nacheinander je zwei verschiedene Abbildungen von Exemplaren derselben Kategorie (z.B. Tiere) gezeigt und dann (Testfall) ein Bildpaar mit ungleicher Kategorienzugehörigkeit (z.B. Tier und Möbelstück);

- Objektexaminierungsaufgabe ("object examination"): Die Kinder erhalten nacheinander je eine Plastiknachbildung eines Exemplars derselben Kategorie (Habituation: Tier oder Möbelstück) zum manuellen Erkunden und dann ein Exemplar einer neuen Kategorie (in der Kontrollgruppe: gleiche Kategorie).

In beiden Fällen wird erwartet, dass Kinder, die einen Kategorienwechsel wahrnehmen, das neue Exemplar länger betrachten bzw. länger erkunden.

- Die Kinder erhalten gleichzeitig Nachbildungen von Exemplaren zweier Kategorien; es wird erwartet, dass sie Exemplare, die für sie zur selben Kategorie gehören, nacheinander berühren ("sequential touching").
- Symbolhandlungsnachahmung (ab 14 Monaten): Es werden entweder spontane Symbolspielhandlungen (z.B. Füttern von Tieren) registriert, oder es wird eine Symbolspielhandlung vorgeführt und das Kind aufgefordert, sie mit einer Auswahl von Exemplaren ebenfalls durchzuführen.
- Ab etwa 19 Monaten kann man Kinder auffordern, ein neues Exemplar einer von zwei Gruppen zuzuordnen ("matching to sample").

Die Untersuchungen mit diesen Methoden haben gezeigt, dass Babys bereits im Alter von sieben bis zehn Monaten Nachbildungen aus Plastik und Holz als Stellvertreter für reale Gegenstände oder Lebewesen akzeptieren.

Globale Kategorien. Ab fünf bis sieben Monaten beginnen die Kinder, global zwischen Lebewesen (Menschen und Säugetieren) und Nicht-Lebewesen (Möbeln, Fahrzeugen, Pflanzen usw.) zu unterscheiden und entsprechend zu kategorisieren, ab sieben Monaten zwischen Menschen und Tieren, mit etwa neun bis elf Monaten zwischen Pflanzen und Artefakten (z.B. Fahrzeugen, Möbeln und Küchengeräten). Sie bilden also sehr breite Kategorien, die Exemplare von großer Unähnlichkeit umfassen können (z.B. Giraffe und Schildkröte) und differenzieren zwischen Kategorien, auch wenn Ähnlichkeiten bestehen (z.B. Flugzeug und Vogel).

Basiskategorien. Ab etwa elf Monaten bilden Kinder Basiskategorien heraus und differenzieren z.B. Stühle von Betten oder Hunde von Katzen oder Vögeln. Sie bilden also Gruppen mit höchstmöglicher Ähnlichkeit, und dies etwa gleichzeitig oder kurz vor der sprachlichen Bezeichnung dieser Objektklassen.

Unter Beachtung der verschiedenen Erfassungsmethoden schlug Mandler (1997) ein Verlaufsmodell vor, in dem perzeptuelle und konzeptuelle Kategorisierung sich zunächst gegenläufig entwickeln und mit Beginn der Sprachentwicklung verschmelzen (vgl. Abb. 5.4).

Unterscheidende Kategorisierungsmerkmale: Bewegung, Funktion, Vorhersagbarkeit. Da die Kinder erst sehr globale Klassen und dann erst Basisklassen bilden, kategorisieren sie die Exemplare offenbar nach grundlegenden Eigenschaften. Nach Pauen (2000) beachten Kinder vor allem Veränderungen in ihrer Umwelt. Dazu gehört in erster Linie die kausale Dimension der Bewegung (eigenbewegt – fremdbewegt) zur Unterscheidung von lebendig und nichtlebendig, weiterhin die Dimension der Funktionalität für den Menschen zur Unterscheidung von natürlichen Dingen und Artefakten und schließlich die Dimension der Vorhersagbarkeit zur Unterscheidung von Menschen und Tieren einerseits sowie von Pflanzen und Gegenständen andererseits (Causes of Effects of Change Model, CEC). Diese drei Dimensionen entwickeln sich parallel und reichern sich mit Erfahrungswissen an. Sie wirken je nach Entwicklungsstand des Kindes und mit jeweils unterschiedlichem Gewicht zusammen und ermöglichen in dynamischer Weise die Differenzierung der Wissensbereiche.

Aber auch bei diesem Erklärungsmodell bleibt unerklärlich, wie die Kinder dies an Plastik- und Holznachbildungen der wirklichen Lebewesen und Objekte festmachen, selbst bei Tieren und Gegenständen, die sie kaum jemals vorher gesehen haben dürften.

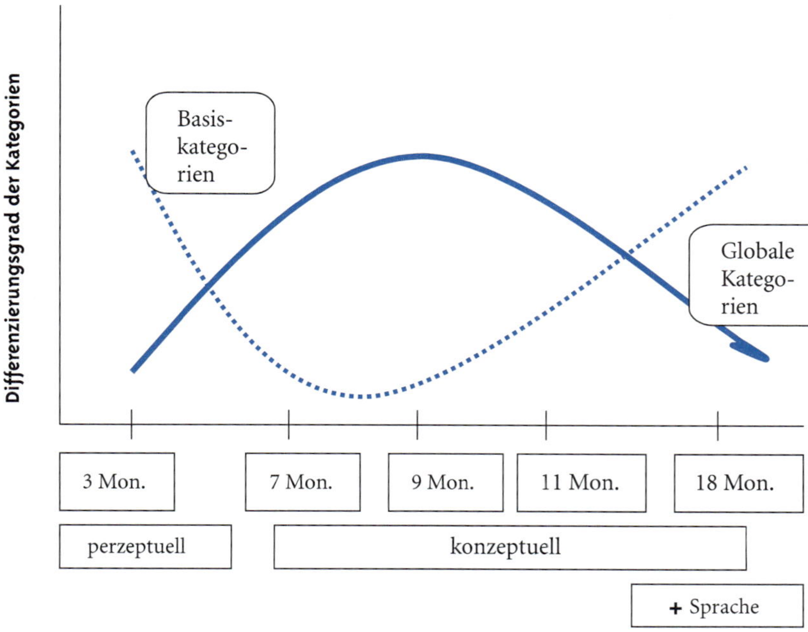

Abbildung 5.4. Entwicklung der Kategorisierung in den ersten Lebensmonaten (nach Mandler, 1997)

5.6 Sozialverhalten und Emotionen

In der zweiten Hälfte des ersten Lebensjahres wird das Kind zu einem zunehmend aktiven Kommunikationspartner. Mit den Anfängen seiner Kategorisierung und Begriffsbildung, dem Erkennen des Prototypischen bei Gegenständen, Gesichtern, aber auch bei einfachen Ereignissen (Cohen, 1994; de Schonen & Deruelle, 1994; Mandler, 1992a,b, 1997; Olson & Sherman, 1983), sowie aus seinen Interaktionserfahrungen mit Personen entwickelt es ein grundlegendes „soziales Wissen" und wachsende soziale Fertigkeiten. Das sechsmonatige Kind unterscheidet eindeutig zwischen Personen und Gegenständen und lächelt nur Personen an (Ellsworth et al., 1993). Es unterscheidet auch zwischen Kindern und Erwachsenen (Fagan & Detterman, 1992) und zeigt besonders an anderen Babys und kleinen Kindern großes Interesse. Es entdeckt zunehmend die Wirkungen seines Verhaltens auf Personen und auf Objekte (sekundäre Kreisreaktionen und Mittel-Zweck-Beziehungen bzw. Stufen 3 und 4 nach Piaget, vgl. Tab. 5.4) und somit sich selbst als Handlungsursprung (Rochat, 1999; Snow, 1999). Es entwickelt wachsendes Vergnügen an kleinen Wechselspielchen (turn-taking), etwa beim gemeinsamen Lallen, oder an Spielritualen wie kleinen Kitzelspielen, Guckguckspielen oder Liedern, also an Interaktionen mit klaren Formaten und einem erwartbaren emotionalen Verlauf.

5.6.1 Gegenseitige Aufmerksamkeitsregulation

Joint attention. Während etwa sechsmonatige Kinder sich entweder mit einem Gegenstand beschäftigen oder einer Person zuwenden, wird mit acht bis neun Monaten der Gegenstand zunehmend in die Interaktion einbezogen: Kind und Erwachsener richten ihre Aufmerksamkeit gemeinsam auf den Gegenstand (joint attention) und kommunizieren über ihn; Objekte werden in die gemeinsamen Wechselspiele einbezogen (joint activities), z.B. beim Hin- und Herrollen des Balles, Versteckspielen oder Bilderbuchanschauen. Auch setzen die Kinder den erwachsenen Interaktionspartner zunehmend als Mittel für ihre Ziele ein, z.B. um an ein für sie nicht erreichbares Ziel heranzukommen (Mosier & Rogoff, 1994).

Shared attention. Dabei ist es ein wichtiger neuer Schritt des Kindes, dass es seine Aufmerksamkeit der Aufmerksamkeitsrichtung des Erwachsenen anzupassen lernt bzw. lernt, die Aufmerksamkeit des Erwachsenen auf das zu lenken, was es selbst gerade interessiert. Schon mit drei bis acht Monaten stimmen sich Babys auf die Blickrichtung des Erwachsenen ein (shared attention) (Adolph et al., 1993b; Butterworth 1994; Butterworth & Jarrett, 1991; Tomasello, 1999). Ab sechs Monaten beginnen sie, ihre Aufmerksamkeit zwischen Objekt und Personen hin und her zu wechseln. Aber erst mit neun Monaten wird aus diesem zunächst noch unwillkürlichen ein deutlich willentliches Verhalten, wobei die Kinder sich vor allem an der Kopfrichtung des Erwachsenen orientieren (Moore & Corkum, 1998). Der Erwachsene nimmt nun zunehmend die Rolle eines „Lehrers“ ein, der die Aufmerksamkeit des Kindes auf gemeinsame Ziele lenkt und dem das Kind mit seiner Aufmerksamkeitsanpassung folgt.

Gegenseitige Aufmerksamkeitslenkung. Mit ebenfalls etwa neun Monaten beginnen die Kinder, die Zeigegeste des Erwachsenen zu verstehen. Sie schauen nun nicht mehr auf den Finger, sondern auf das in Zeigerichtung liegende Objekt, zunächst ein nahes, später auch ein entfernteres Objekt. Einige Kinder beginnen selbst mit der Zeigegeste und versuchen, den Erwachsenen auf das sie interessierende Objekt oder Ereignis hinzuweisen (protodeklaratives Verhalten); dabei versichern sie sich durch Rückblicke (social referencing), ob der Erwachsene auch wirklich hinschaut.

Einige Forscher (Rochat & Striano, 1999; Tomasello, 1999) sehen im Übergang von der dyadischen zur triadischen Kommunikation und der gegenseitigen Aufmerksamkeitslenkung nicht nur eine „sozial-kognitive Revolution“, sondern bereits hier auch den vorsprachlichen Ursprung der “Theory of Mind”. Sie glauben aus dem Verhalten des Kindes erschließen zu können, dass das Kind im Interaktionspartner einen Menschen vermutet, der wie es selbst wahrnehmen kann, Intentionen hat und aktiv handeln kann, und dabei dennoch von ihm selbst verschieden ist (Moore & Corkum, 1994, 1998). Andere bezweifeln jedoch, ob aus dem Verhalten des Kindes auf ein entsprechendes „Wissen“ zu schließen ist, das sie dem Kind erst jenseits des zweiten Lebensjahres zuschreiben (Bischof-Köhler, 1998).

5.6.2 Kommunikation

Unilateraler Austausch. Bei etwa viermonatigen Kindern beobachteten Hsu und Fogel (2000) eine Veränderung im mimischen und vokalen Kommunikationsstil zwischen Mutter und Kind. Während bis zu einem Alter von vier Monaten Mutter und Kind eher symmetrischen Austausch pflegen (etwa gleichzeitiges Anschauen und gleichzeitiges Vokalisieren), verändert sich dies in der folgenden Zeit in eine häufiger unilaterale Kommunikation: Die Mutter agiert, das Kind schaut und hört zu bzw. umgekehrt. Dem entspricht auch die Beobachtung anderer Forscher, wonach Kinder um die sechs Monate in der dyadischen Interaktion zunehmend einen neutralen Emotionsausdruck zeigen und damit hohe Aufmerksamkeit ausdrücken (Rose et al., 1999; Silven & Hsu, 2000).

Einbezug von Gegenständen. Nun gelingt auch eher das Kommunizieren über einen Gegenstand. Während Kinder mit vier Monaten oft noch Schwierigkeiten haben, ihren Blick aktiv von einem Stimulus (auch dem Gesicht der Mutter) zu lösen, um sich einem anderen Stimulus (Gegenstand) zuzuwenden bzw. zwischen beiden zu wechseln, stellt dies mit sechs Monaten kaum mehr ein Problem dar (D’Entremont, 2000; Frick et al., 1999). Der mimische Ausdruck der Mutter (z.B. Erstaunen) wird zunehmend zu einem Hinweisreiz auf einen Gegenstand. Unilaterale, im Unterschied zu symmetrischer, asymmetrischer, disruptiver oder nichtengagierter Kommunikation mit sechs Monaten prädizierte in der Studie von Silven (2000) das Wortverständnis der Kinder mit 12 Monaten.

Vokale Fähigkeiten. Die Lallspiele zwischen Eltern und Kind erhalten allmählich Dialogcharakter: Der Erwachsene lässt für die „Antwort“ des Kindes Pausen, und das Kind lernt bald, dass es mit seiner „Antwort“ die Reaktion des Erwachsenen wieder auslösen und das Ereignis wiederholen bzw. andauern lassen kann (sekundäre Kreisreaktionen). Entsprechend empfindlich reagiert das Kind, wenn der Erwachsene nicht reagiert. Während es mit drei bis vier Monaten dann in der Regel selbst die „Initiative“ übernimmt, zeigen viele sechsmonatige Kinder bereits eine Reihe von Wartestrategien, um die Zeit zu überbrücken, bis der Kommunikationspartner wieder „ansprechbar“ ist (Moore et al., 2001; Weinberg et al., 1999).

Elterliches Kommunikationsverhalten. Immer mehr überlassen die Eltern die Initiative zur Kommunikation und Interaktion dem Kind, folgen seinen Interessen und reichern sie an, und immer häufiger beziehen sie Dinge der Umwelt als „Themen“ ein. Dadurch bilden diese Interaktionen und „Gespräche“ auch den Übungsrahmen für vertraute Alltagshandlungen (“Scripts”) und die Grundlage für Struktur und Basisgrammatik der späteren Sprache (Bruner, 1987; Papoušek, M., 1994), aber auch generell für den Spracherwerb (z.B. Butterworth & Morissette, 1996; Carpenter et al., 1998; Saxon, 1997): Kinder, die mit elf Monaten häufiger und sicherer einen gemeinsamen Aufmerksamkeitsfokus initiierten, zeigten drei Monate später eine größere Wortkenntnis im Entwicklungstest (Newland et al., 2000). Kinder, die mit 14 Monaten im gemeinsamen Symbolspiel leichter auf den Aufmerksamkeitsfokus der Mutter einschwenkten sowie intentional und durch Gesten mit ihr kommunizierten, waren mit 18 und 24 Monaten (Laakso et al., 1999) im Spracherwerb fortgeschrittener.

Die vorsprachliche Kommunikation erfolgt aber nicht nur über die Koordination der Aufmerksamkeitsrichtung und über kommunikative Gesten, sondern sehr wesentlich auch über den emotionalen Ausdruck, z.B. der Mimik und des Sprachtons, und die gegenseitige Koordination bzw. Regulation des Erregungsablaufes.

Erkennen, Verstehen und Nutzen des Emotionsausdrucks. Das Kind kann zunehmend genauer den Gesichtsausdruck der Eltern lesen und ihn ab etwa neun Monaten als Information über seine eigenen Handlungen nutzen. Es informiert sich besonders in unsicheren Situationen durch Rückversicherungsblicke (social referencing). Mit der beginnenden Lokomotion des Kindes treten solche Situationen immer häufiger auf. Mimik oder der Tonfall der Eltern haben für das Kind zunächst vorwiegend Hinweischarakter für sein eigenes Verhalten; es ist unwahrscheinlich, dass das Kind dabei den Personen spezifische Gefühle zuschreibt. Dies dürfte noch einige Zeit dauern.

Entwicklungsabfolge des Emotionsverständnisses

0 bis 6 Wochen. Babys können verschiedene Gesichtsausdrücke nicht unterscheiden, erkennen aber bereits eine vertraute Stimme wieder.

6 Wochen bis 4 Monate. Kinder beginnen fröhliche, ärgerliche und neutrale Gesichtsausdrücke zu unterscheiden. Werden Stimme und Gesicht zugleich präsentiert, schauen sie bevorzugt zum fröhlichen Gesicht, egal welche Emotionsfärbung die Stimme hat. Sie verstehen aber den Emotionsausdruck noch nicht.

4 bis 9 Monate. Bei einer filmischen (bewegten) Darstellung des Gesichtsausdrucks schauen die Kinder auf das zum stimmlichen Ausdruck (fröhlich/ärgerlich) passende Gesicht, auch bei unvertrauten Personen, und reagieren mit der entsprechenden Emotion („emotionale Resonanz“). Bei einer statischer Bildpräsentation gelingt es den Kindern, eine fröhliche, traurige, ärgerliche oder neutrale Stimme dem entsprechenden Gesichtsausdruck zuzuordnen, allerdings nur bei Gesichtern in aufrechter Position (frontal oder Profil).

Ca. 9 Monate. Die Kinder erkennen, worauf eine Person fröhlich oder ärgerlich reagiert oder ängstlich-warnend hinweist und können vom Gesichtsausdruck des vertrauten Erwachsenen darauf schließen, ob ein Geschehen ungefährlich oder bedrohlich ist (nach Walker & Andrews, 1988).

Emotionsregulation. In seinen emotionalen Reaktionen unterscheidet das Kind deutlich zwischen vertrauten und unvertrauten Personen (Fremdeln). Die Regulation von Emotionen findet in der engen Interaktion mit den Eltern oder engen Bezugspersonen statt. Das Elternverhalten ist dabei in der Regel erstaunlich gut auf die sich entwickelnden Kompetenzen und Bedürfnisse des Kindes abgestimmt und wird daher als „intuitives Elternverhalten" bezeichnet. Die Entwicklung des emotionalen Verhaltens, die Fremdenangst und das intuitive Elternverhalten sollen im Folgenden ausführlicher dargestellt werden.

5.6.3 Entwicklung des emotionalen Ausdrucksverhaltens

Das Ausdrucksverhalten des Babys scheint unmittelbar erkennbar und verständlich zu sein, insbesondere seine Extreme des Lächelns, Lachens und Weinens. Empfindet das Kind aber auch jeweils die Emotion, die wir aus seiner Mimik und seinem Verhalten lesen?

Kognition und Emotion

Die Beziehung zwischen Kognition und Emotion stellt ein wesentliches Thema der frühkindlichen emotionalen Entwicklung dar. Für Bischof-Köhler (1994) sind Emotionen eine phylogenetisch alte Form von Kognition. Die Emotionskognition ist daher unmittelbar mit der Verhaltensantwort verbunden und folgt ihr nicht, wie bei Kagan (1994), nach. Das Kind bewertet also zunächst unmittelbar und unbewusst eine Situation als gefährlich oder interessant, als vertraut oder unheimlich und reagiert auf diese prärationale Bewertung mit seinem Verhalten und Emotionsausdruck. Aus der Sicht anderer Emotionstheorien sind Kognitionen die Voraussetzungen für spezifische Emotionen. Hiernach kann das Kind bestimmte Gefühle erst zeigen, wenn es die betreffende Situation auch kognitiv erfassen kann; es kann sich also z.B. erst ängstigen, wenn es die Situation bereits als bedrohlich erfasst und bewertet hat (Sroufe & Waters, 1976). Dies gilt vor allem für komplexere Emotionen.

Eindeutigkeit kindlichen Emotionsausdrucks

Bereits in den ersten Lebenswochen zeigt das Kind einige eindeutige emotionale Reaktionen, etwa Weinen und Schreien auf Schmerz oder Hunger. Aber es zeigt auch uneindeutige spontane mimische Ausdrucksmuster. Einige ähneln den Ausdrucksmustern komplexerer Basisemotionen, wie Überraschung, Ärger, Abscheu und Traurigkeit, und dem Lächeln. Sie huschen beim Neugeborenen, oft im Schlaf, über das Gesicht, dürften aber kaum mit den entsprechenden Gefühlen verbunden sein. Wahrscheinlich hängen sie mit oszillierenden Erregungszuständen des Gehirns zusammen. Erst in der Übergangsphase vom zweiten zum vierten Monat gelangen sie als weitgehend vorprogrammierte mimische Reaktionsmuster unter die Kontrolle kortikaler Programme (Bertini, 1994). Ein Weg, die Emotionen von Babys richtig zu deuten, ist der, ihre Passung zu spezifischen Auslösesituationen zu überprüfen. Im Alter von sechs Monaten lassen sie sich situationsvalide interpretieren.

UNTER DER LUPE

Passen Gesichtsausdruck und Verhalten zusammen?

Weinberg und Tronick (1994) haben sechsmonatige Kinder im Untersuchungslabor in Freude auslösenden (Mutter interagiert mit ihnen) und in Ärger bzw. Kummer auslösenden Situationen (Mutter reagiert zwei Minuten lang nicht) gefilmt. Der Gesichtsausdruck der Kinder, analysiert anhand ganz spezifischer mimischer Muskelpartien (Izard & Malatesta, 1987), und ihr gesamtes Verhalten zeigten ein jeweils in sich stimmiges Reaktionsmuster, so dass diese und weitere Forscher schlussfolgern, dass zumindest die Emotionen der Freude bzw. des Vergnügens, des Erstaunens, des Kummers und des Ärgers in diesem Alter bereits Ausdrucks- und Handlungseinheiten darstellen und vermutlich auch entsprechendes Erleben beinhalten.

Meilensteine der Emotionsentwicklung

Einige emotionale Reaktionsmuster scheinen in einem spezifischen Alter neu oder besonders hervorzutreten, weswegen sie auch als Entwicklungsmeilensteine gewertet werden (Lewis et al., 1989; Papoušek & Papoušek, 1984). Nur wenige können hier aufgeführt werden.

Das Lächeln. Mit etwa sechs Wochen ist das „soziale Wiederlächeln" (Bower, 1979) ein augenfälliges neues Verhalten des Babys, ein Lächeln meist beim Anblick von Personen, mit strahlenden Augen, hochgezogenen Wangen und leicht geöffnetem Mund (sog. Duchenne-Lächeln). Sogar „verschämtes Lächeln", ein Lächeln bei gleichzeitigem Wegschauen und Verbergen des Gesichts, gefolgt von erneuter Blickzuwendung, beobachtete Reddy (2000), wenn auch selten, bereits bei Kindern im Alter von zwei bis drei Monaten. Es trat nur in Situationen auf, in denen die Kinder soziale Aufmerksamkeit erhielten. Diese Art des Lächelns, das als Indiz für erlebte Selbstaufmerksamkeit gilt, wurde bisher erst im zweiten Lebensjahr erwartet und dort ebenfalls nur aus sozialen Situationen berichtet. Möglicherweise erlebt auch schon das kleine Baby eine ihm zugewandte intensive Aufmerksamkeit als erregend und die Blickabwendung dient der Erregungsregulation. Das frühe „verschämte" Lächeln könnte demnach tatsächlich morphologische und funktionelle Ähnlichkeit mit dem späteren scheuen Lächeln haben. Mit etwa vier Monaten kann das Kind seine freudige Erregung rasch steigern, so dass sie sich explosionsartig in herzhaftem Lachen und lustvollem Quietschen entlädt (Sroufe & Wunsch, 1972).

Überraschung, Trauer, Furcht, Wut und deren Regulation. Im weiteren Verlauf der Entwicklung (8–12 M.) wird die Mimik des Kindes ausdrucksvoller, insbesondere bei Überraschung, Traurigkeit, Furcht und Wut (Izard & Malatesta, 1987). Wenn die Kinder ab etwa sechs Monaten beginnen, sich selbst als Handlungsträger zu erleben, werden sie vermutlich auch die Emotionen als „bei sich selbst" erfahren. Am Ende des ersten Lebensjahres bzw. im Verlaufe des zweiten Lebensjahres sind sie aber bereits in der Lage, ihren Gefühlsausdruck zu intensivieren oder gar zu übertreiben und ihn zu vermindern. Spätestens mit 18 Monaten können sie Situationen gezielt so beeinflussen, dass diese positive Gefühle herbeiführen (z.B. verschmitztes Verhalten, Foppen, Clownerie), bzw. sorgen bei eigenem Kummer dafür, dass sie Hilfe bekommen. Erst mit zwei bis drei Jahren beginnen sie, über Gefühle zu sprechen. (Saarni et al., 1998). Kleine Kinder zeigen also durchaus „emotionale Kompetenz", noch bevor sie sprachlich-begrifflich über Emotionen kommunizieren können.

Sroufes Stufentheorie. Nach der Differenzierungstheorie von Sroufe (1979) bilden sich die meisten Emotionen aus drei Emotionsvorläufern heraus, die bereits beim Neugeborenen zu beobachten sind:

- Vergnügen/Freude,
- Ängstlichkeit/Furcht,
- Wut/Ärger.

Die Differenzierung der Emotionen ist eng an die kognitive und sozialkognitive Entwicklung des Kindes gebunden, wie sie insbesondere Piaget beschrieben hat. Sie charakterisieren und unterstützen die Art der sozialen Zuwendung des Kindes zur Umwelt. Sroufes acht Stufen der emotionalen Entwicklung sind:

(1) die Periode der absoluten Reizschranke (1. Monat);
(2) Zuwendung zur Umwelt (2.–3. Monat) und Differenzierung von Neugier/Interesse und Freude/Lächeln;
(3) Vergnügen an gelungener Assimilation (3.–5. Monat) mit Differenzierung von Freude/vollem Lachen und Wut/Enttäuschung;
(4) aktive Teilnahme am sozialen Geschehen (6.–9. Monat) mit Differenzierung von Vergnügen und Ärger;
(5) Phase der sozial-emotionalen Bindung (10.–12. Monat) mit Differenzierung von Fremdenfurcht und Bindung;

(6) Phase des Übens und Explorierens (13.–18. Monat) mit Differenzierung von Begeisterung, Vorsicht/Ängstlichkeit und Ärger;
(7) Bildung des Selbstkonzeptes (19.–36. Monat) mit Differenzierung von positivem Selbstwert, Scham, Trotz und Bockigkeit bis hin zu absichtlichem Wehtun;
(8) Phase des Spiels und der Phantasie (ab 36 Monaten) mit Differenzierung von Stolz und Liebe sowie Schuldgefühlen.

Demgegenüber behauptet Izard (1978), dass sich von früh an diskrete Emotionen unterscheiden lassen.

Emotion und Temperament

Interindividuelle Unterschiede in der Emotionalität werden oft als Temperament gefasst (Rothbart, 1989). In diesem Sinne unterscheidet Kagan (1997) Kinder mit hoher und mit niedriger Reaktionsempfindlichkeit. Kinder mit hoher Reaktionsempfindlichkeit reagieren auf neue oder diskrepante Reize wachsam oder sogar mit Furcht und Abwehr, Kinder mit geringerer Empfindlichkeit dagegen eher mit Neugier und Zuwendung. In seiner Studie an 462 Kindern (Kagan, 1997) erwiesen sich 20 Prozent der viermonatigen Babys als hoch reaktiv (Reaktionen auf visuelle, akustische und Geruchsstimuli) und 40 Prozent als niedrig reaktiv.

Prädiktion aus hoher und niedriger Reaktionsempfindlichkeit. Diese Unterscheidung prädizierte hochsignifikant das Ängstlichkeitsverhalten mit 14 und 21 Monaten in einer unvertrauten Situation sowie soziale Gehemmtheit (hoch reaktiv) bzw. soziale Offenheit (niedrig reaktiv) mit 4,5 Jahren. Fox et al. (2001) differenzierten hoch reaktive Babys zusätzlich danach, ob sie auf neue Reize nicht nur (motorisch) heftig reagierten, sondern ob ihre Emotionen emotional eher positiv oder negativ waren. Die Mehrzahl der Kinder, die als Viermonatige hoch reaktiv und negativ reagierten (10 Prozent aus N = 433), entwickelte sich zu gehemmten Zweijährigen und zurückhaltenden, schweigsamen Vierjährigen. Die Mehrzahl der mit vier Monaten hoch reaktiven Kinder mit positivem Affekt blieb auch über die nächsten vier Jahre emotional überschwänglich: Sie waren sehr an sozialen Kontakten interessiert, gingen auf andere Menschen zu, waren furchtlos und zudem leicht zu erziehen. Bei den wenig reaktiven viermonatigen Kindern ließen sich keine eindeutigen Vorhersagen treffen; aus ihnen wurden aber nur sehr selten sozial gehemmte Vierjährige.

Fremdeln (Fremdenangst)

Fremdeln (stranger anxiety) tritt oft ziemlich plötzlich um den achten/neunten Lebensmonat herum auf, weshalb es auch als Acht-Monats-Angst bezeichnet wird. Zwischen sechs und acht Monaten lassen sich mitunter schon erste Anzeichen von sozialer Scheu beobachten: Beim Auftauchen eines Fremden reißen die Kinder ihre Augen auf, starren ihn an und wenden ihren Blick immer wieder ab; sie klammern sich fest an Mutter oder Vater und beobachten stumm und wachsam die fremde Person. Die klassische Maximalform des Fremdelns ist eine heftige, panikartige Reaktion (Versteifen, Schreien) beim Anblick bzw. der Annäherung einer fremden Person. In milderer Form kann man Fremdeln bei nahezu allen Kindern beobachten. Fremdenangst hat ihren Höhepunkt kulturunabhängig zwischen acht und zwölf Monaten; danach nimmt sie langsam wieder ab (Kagan, 1980). Die Intensität der Reaktion hängt davon ab, wie bedrohlich das Kind die Situation erlebt. In unseren Regionen sind große Männer mit dunklem Bart und dunkler lauter Stimme besonders intensive Fremdelreize. Rasche Annäherung an das Kind oder gar Berühren kann die Reaktion auslösen (Bower, 1979; Schaffer, 1984).

Unterschiede beim Fremdeln. Dasselbe Kind kann je nach Befindlichkeit unterschiedlich stark fremdeln. In einer unvertrauten Situation oder wenn es bereits verunsichert ist, kann bereits der schiere Anblick eines Fremden aus einiger Distanz, statt der üblichen Neugier, Angst hervorrufen. Außerdem scheint es angeborene (Temperament) oder erfahrungsbedingte Unterschiede in der Art und Heftigkeit des Reagierens zu geben. Kinder mit sehr engem Eltern-Kind-Kontakt und wenig Besuchererfahrung scheinen Fremdelreaktionen früher und intensiver zu zeigen; Fremdeln tritt andererseits aber auch bei Kindern in Großfamilien oder bei Kibbuzkindern auf.

Theorien zur Erklärung des Fremdelns

Fremdeln als konditionierte Angst vor Verlassenwerden. Die klassische Psychoanalyse, aber auch die frühen Lerntheorien, erklärten das Fremdeln als die Angst des Kindes, von der Mutter verlassen und einer fremden Person überlassen zu werden und daher verhungern zu müssen. Bedenkt man, dass es bis zum Anfang des 20. Jahrhunderts keinen Ersatz für die Muttermilch gab und Babys, weil sie dann anfingen zu zahnen, um den achten Monat abgestillt wurden, dann ist eine solche kausale Verknüpfung beider Ereignisse historisch verständlich. Aber auch mit der Flasche aufgezogene Kinder fremdeln; von daher müssen andere Erklärungen gesucht werden.

Fremdeln als kognitives Diskrepanzerlebnis. Eine Reihe von Forschern sieht enge Beziehungen zwischen Fremdeln und der kognitiven Entwicklung des Kindes. (Emde, 1980, Kagan, 1980; Schaffer, 1984). Während das Kind im ersten halben Lebensjahr Umweltstimuli nur nacheinander erfassen und „bearbeiten“ konnte, ist es nun in der Lage, sich aktiv an ein Vorstellungsschema zu erinnern, es mit dem wahrgenommenen Stimulus zu vergleichen und es als gleich oder verschieden zu klassifizieren. Für Gesichter vertrauter Personen verfügt das Kind schon über recht ausdifferenzierte komplexere Vorstellungsschemata und weiß, wie es auf ihr Erscheinen reagieren soll. Gesichter, die hiervon abweichen, kann das Kind aber vorerst nicht einordnen; es hat kein Verhaltensrepertoire für sie bereit. Daher ist seine Angstreaktion als „kognitiver Systemzusammenbruch“ emotional so heftig. Fremdeln nimmt in dem Maße ab, wie das Kind in der Auswahl seiner Handlungsmöglichkeiten kompetenter wird.

Fremdeln als Versagen vorsprachlicher Kommunikation. Für einige ethologisch orientierte britische Forscher (Bower, 1979; Trevarthen, 1979) entsteht Fremdeln aus einem Zusammenbruch der Kommunikationsmöglichkeiten des Kindes. Das mit den vertrauten Personen aufgebaute feine vorsprachliche Kommunikationsgefüge ist noch sehr personenspezifisch. Ein Fremder weicht mit seinem Verhalten von diesem eingespielten Kommunikationsmuster ab. Das Kind merkt dies, kann das Problem aber noch nicht lösen. Wenn der fremde Erwachsene zunächst Abstand hält und die Initiative des Kindes abwartet oder den Kontakt erst einmal über einen Spielgegenstand, z.B. einen Ball, herstellt, kann die Fremdelreaktion vermieden oder zumindest abgeschwächt werden. Mit zunehmender Fähigkeit, sich sprachlich verständlich zu machen, nimmt dann die Angst oder Scheu vor Fremden ab. Nach dieser Interpretation fremdeln Kinder mit vielen und engen Kommunikationserfahrungen mit ihren Eltern mehr und früher als Kinder mit oberflächlicheren Kommunikationserfahrungen. Andererseits überwinden sie diese Zeit der Fremdelanfälligkeit umso eher, je früher sie sprechen lernen.

Fremdeln als misslingendes Wiedererkennen der gestischen Signatur. Meltzoff und Moore (1998) beobachteten, dass bereits sechs Wochen alte Kinder bei der Begegnung mit einer vertrauten Person, die sich ihnen gegenüber nicht in gewohnter Weise verhielt (z.B. nicht reagierte), mit aufgeschobener Imitation bzw. mit Verhalten reagierten, das sie zuvor mit dieser Person gezeigt hatten, als würden sie fragen: „Bist du die Person, mit der ich das gemacht habe“?

Sie erkannten also Personen an ihrem Verhalten oder deren „gestischer Signatur“. Mit sechs bis neun Monaten kann die Zeitspanne für „aufgeschobene Imitation“ bereits über 24 Stunden betragen, im zweiten Lebensjahr über vier Monate. Fremdeln, so würde man hier folgern, tritt dann auf, wenn die „gestische (und eventuell auch prosodische) Signatur“ ausbleibt oder von der Erwartung des Kindes abweicht. Dass dies im Alter von sechs bis neun Monaten seinen Höhepunkt erfährt, dürfte daran liegen, dass das Kind nun schon ein differenziertes Repertoire an Erwartungen aufbauen und selbst aktiv Interaktion initiieren kann, ihm bei Versagen dieses Systems die sprachlich-semantische Kommunikation aber noch nicht zur Verfügung steht.

5.7 Elternverhalten

Das Kind entwickelt sich, insbesondere im ersten Lebensjahr, in der dichten sozialen und emotionalen Interaktion mit seinen Eltern oder anderen betreuenden Personen – und diese entwickeln sich mit ihm. Welches elterliche Verhalten ist für Babys notwendig, wichtig, unterstützend und fördernd? Woher wissen die Eltern, was ihr Baby wann braucht? Drei Begriffe charakterisieren die derzeitigen Forschungsbemühungen:

- intuitives Elternverhalten,
- elterliche Sensibilität bzw. Sensitivität,
- kindgerichtete Sprechweise.

5.7.1 Intuitives Elternverhalten

Erwachsene und größere Kinder zeigen im Umgang mit Babys kulturübergreifend ein sehr charakteristisches Verhalten: Sie sprechen und gestikulieren langsamer, heben ihre Stimme, übertreiben ihre Mimik, sprechen in ausgeprägtem Singsang, vereinfachen ihre Sprache, wiederholen ihre Worte und vereinfachen, ritualisieren ihre Handlungen und zeigen in all dem eine oft erstaunliche Geduld. Überprüfungen einzelner dieser Elemente ergaben u.a. Folgendes: Eltern (oder Erwachsene in dieser Rolle) reagieren mit Augengruß, Blickkontakt und Stimme so rasch auf die Äußerungen des Kindes (Zeitfenster von 200–600 Millisekunden), dass diese Verhaltensweisen unmöglich bewusst geplant sein können. Auch halten Eltern ihr Neugeborenes im optimalen Augenabstand von ca. 25 cm selbst dann, wenn sie überzeugt sind, ihr Kind könne noch gar nicht sehen. Papoušek und Papoušek nennen dieses Verhalten daher „intuitiv“ (1987). Es sei eine Mitgift aus der Evolution und optimal an die Lernbedürfnisse und Kompetenzen des Kindes angepasst.

UNTER DER LUPE

Elemente des Intuitiven Elternverhaltens

Prüfen und Regulieren des Wachheits- und Erregungszustandes des Kindes. Die Eltern berühren kurz Kinn oder Hand des Säuglings und stellen so seinen Muskeltonus fest; sie kommentieren seinen Wachheitszustand; sie aktivieren seine Aufmerksamkeit und halten sie aufrecht; sie besänftigen das Kind z.B. durch rhythmische Bewegungen oder Streicheln und Singen, wenn seine Erregung zu hoch geworden ist.
Herstellen des visuellen Kontaktes. Die Eltern stellen unmittelbaren Blickkontakt her; sie rufen das Kind und machen rhythmische Geräusche; sie regulieren die Blickdistanz und reagieren auf den Blickkontakt mit Augengruß und Kopfnicken.
Herstellen der Kommunikationssituation. (a) Identifikation als Person: Die Eltern nehmen auf das Kind als Gesprächspartner Bezug. Sie nehmen dem Kind gegenüber eine stabile Rolle durch ähnliche Art der Stimm-

gabe und des Verhaltens ein. (b) Vergrößerung von Mimik und Gestik: Sie legen den Kopf schräg, übertreiben die Mimik, z.B. in der Fütterungssituation, indem sie mit dem Anreichen des Löffels ihren eigenen Mund öffnen und auf Geschmack und Geruch übertreibend reagieren. Auch die Stimme hat aufmunternde, warnende oder lobende Kontur. (c) Reziproke Dialogstruktur: Die Eltern reagieren auf die mimischen und gestischen Signale des Kindes. (d) Turn-Taking (Abwechseln): Sie spiegeln vokal die Äußerungen des Kindes oder Duettieren mit ihm. (e) Metakommunikation: Die Eltern signalisieren vorweg, dass sie sich dem Kind annähern; sie schlagen einen „Spielton" an, erhöhen die Stimmlage, Lachen.

Angemessene Stimulation. (a) nach Menge und Intensität: Die Eltern sprechen direkt zum Kind, meist bei unmittelbarem Blickkontakt, und passen sich mit Intensität und Prosodie ihres Sprechens dem integrativen Fassungsvermögen ihres Kindes an. (b) nach Struktur: Die Eltern vereinfachen und vergrößern den mimischen Ausdruck, vermindern die linguistische Komplexität ihrer sprachlichen Äußerungen, sprechen langsam und deutlich, segmentieren die Sprache und wiederholen häufig; dabei verwenden sie ein einfaches prosodisches Muster. (c) nach Bedeutungsgehalt: Sie beziehen sich in ihren sprachlichen Äußerungen auf konkrete Umweltgegebenheiten, den unmittelbaren Kontext (durch Hinweise „da" und einfache kategoriale Botschaften); sie reagieren differentiell auf die Signale des Kindes.

Unterstützung integrativer Prozesse. (a) multimodale Stimulation: Sie beziehen mehrere Modalitäten (visuell, akustisch, taktil etc) ein. (b) Sie ermöglichen Kontingenzerfahrungen durch ihr Verhalten, Vokalisieren und Bewerten. (c) Sie ermöglichen kategoriale und begriffliche Integration durch einfache Symbole und prototypische Muster. (d) Sie fördern die Nachahmung durch eigenes Imitieren, vokales "matching" und Ermunterung zur Nachahmung. (e) Sie beachten und kontrollieren die Emotionslage des Kindes durch Einstimmen, durch Aufgreifen der kindlichen Emotionslage ("emotional matching"), durch spielerischen Emotionsausdruck, durch Vermindern und Verstärken des vokalen Emotionsausdrucks. (f) Spielton und Kreativität: Sie variieren und wiederholen die eigenen prosodischen Muster; Variationen stellen Höhepunkte im Spiel dar; sie ermuntern zum Spiel. (g) Ritualisierte kulturtypische Spiele: Es gibt universelle stereotype Spielmuster, auch in Wiegen- und Kinderliedern. (h) Zeigen und Benennen: Sie vermitteln über Zeigen und Benennen die Umwelt an das Kind, aber auch durch symbolische Darstellungen der Umwelt in Bildern und Spielgegenständen; sie modellieren die Protowörter des Kindes.

Individuelle Unterschiede und ihre Bedingungen

Das intuitive Elternverhalten beinhaltet also eine elterliche Didaktik, die sensible Eltern im Umgang mit ihrem Kinde spontan „erfinden". Dennoch gibt es Unterschiede in dieser elterlichen Kompetenz.

Merkmale des Kindes. Einige Kinder machen es ihren Eltern leichter als andere, diese Elternfähigkeit auszubilden. Kinder, die meist guter Stimmung sind, sich interessiert der Umwelt zuwenden und selten überempfindlich-negativ reagieren (Kinder mit „leichtem" Temperament), können die intuitiven Elternkompetenzen leichter hervorlocken.

Frühgeborene Kinder, die ja erst viel später nach ihrer Geburt lächeln als termingeborene Kinder und meist reizempfindlicher reagieren (irritable Kinder), Kinder, die viel krank sind oder besonders langsam und matt reagieren (zum Beispiel Kinder mit Down-Syndrom), und Kinder, die autistische Züge entwickeln, machen es ihren Eltern sehr viel schwerer.

Merkmale der Eltern. Eine ambivalente Einstellung der Eltern zu ihrem Kind oder zu ihrer Kompetenz als Eltern beeinträchtigt das intuitive Verhaltensrepertoire. Eltern, die unter erheblichen Belastungen leben, und psychisch kranke Eltern (besonders bei Depressionen) sind oft zu verkrampft und gehemmt, um sich in das ungewohnte Abenteuer des intuitiven Elternverhaltens hinein zu begeben.

Mechthild Papoušek (1994) ist überzeugt, dass intuitives Elternverhalten nicht gelehrt werden kann, sondern sich in einer emotional offenen Interaktion mit dem Kind entfaltet. Die Schwierigkeit der wissenschaftlichen Analyse des intuitiven Elternverhaltens liegt u.a. darin, dass eine optimal gelingende Interaktion sowohl von der Mutter (dem Vater) als auch vom Kind abhängt und die jeweiligen Anteile nicht genau getrennt werden können. Dies zeigen die Studien zum Herstellen von Blickkontakt (Esser & Gerhold, 1998; Keller, 1997; Kogan und Carter, 1996). Offenkundige Schwierigkeiten mit dem Blickkontakt, wenn das Kind drei bis vier Monate alt ist, also der fokalen Entwicklungszeit des Schauens, sagten spätere Entwicklungs- bzw. Verhaltensprobleme des Kindes voraus.

5.7.2 Kindgerichtete Sprechweise

Teilkomponenten des intuitiven Elternverhaltens werden unter der Bezeichnung "infant-directed speech" (IDS = kindgerichtete Sprechweise) oder Ammensprache (engl.: motherese) untersucht (vgl. Bloom, 1998; Grimm 2002; Snow, 1999; Szagun, 2000). Bereits Neugeborene scheinen auf den stimmlich erhöhten, gedehnten „Singsang“ (Prosodik) mit gesteigerter Aufmerksamkeit zu reagieren, sogar auf sein gestisches Äquivalent in der Taubstummen-Zeichensprache (Masataka, 1999). Seinen Gipfel an Attraktivität erreicht dieser „Singsang“ bei viermonatigen Kindern, wird aber auch von 14-monatigen Babys noch dem Erwachsenen-Ton vorgezogen (McRoberts, 2000).

Funktionen der Prosodik. Die Prosodik hat zum einen verhaltensregulierende Funktionen; sie wirkt z.B. anregend (ansteigende Sprachkontur), bestätigend (weitgehend gleichbleibende Kontur) oder besänftigend (fallende Kontur) (M. Papoušek, 1994; Szagun, 2000). Mütter fünfmonatiger und auch noch knapp zweijähriger Kinder verwendeten in Spielsituationen häufig einen beruhigenden, Väter dagegen fast ausschließlich einen anregenden Ton; französische Mütter beruhigten häufiger, amerikanische regten ihre Kinder eher an (Feldman, 2000; Kornhaber & Macos, 2000). Prosodik erfüllt aber auch eine aufmerksamkeitslenkende Funktion (Szagun, 2000). Mütter von vorsprachlichen und sprachlernenden Kindern sprechen in handlungsbegleitender Rhythmik, während sie ein Spielzeug bewegen oder einen Gegenstand handhaben. Auch die Handlungen der Kinder kommentieren sie synchron, insbesondere beim Einführen von neuen Wörtern. Manchmal verstärken sie dies noch durch taktile Stimulation (Gogate et al., 2000). Nach Roberts (1997) hilft diese redundante Untermalung dem Kind, bei sprachlichen Inhalten und Bezeichnungen Regelmäßigkeiten oder Gesetzmäßigkeiten zu entdecken (semantische Lernprozesse) (Papoušek, H. & M, 1987; Papoušek, M. & H., 1997). Aus den Spielformaten abstrahiert es Geschehensmuster und bildet die Grundlagen für seine syntaktischen Fähigkeiten (Snow, 1999). Schließlich erwirbt das Kind auch allgemeine Aufmerksamkeits- und Lernroutinen (Roberts, 1997). Nach Snow (1999) sind die vorsprachlichen Interaktionen die Steigbügel für alle späteren Aspekte der Sprachentwicklung.

5.7.3 Sensitivität

DEFINITION

Unter **Sensitivität** wird die Fähigkeit der Eltern (in der Regel der Mutter) verstanden, prompt und angemessen (sensibel) auf das kindliche Verhalten zu reagieren (Ainsworth et al., 1978). Dabei geht es vor allem um die emotionale Qualität der Interaktion.

Dimensionen. De Wolff und IJzendoorn (1997) haben versucht, empirisch zu analysieren, welche begrifflichen Konzepte sich in den Sensitivitätsmaßen unterschiedlicher Autoren verbergen. Die folgenden Dimensionen bildeten sich heraus:

- positive emotionale Einstellung und Zuwendung (Integration),
- Gegenseitigkeit und Harmonie,
- emotionale Unterstützung (Erreichbarkeit, Geben von Strukturierungshilfen),
- emotionales Dabeisein (Engagement),
- Stimulation (Ermutigung, kognitive und emotionale Anregung).

Keller (1997) unterscheidet eine strukturelle (Promptheit der Reaktion) und eine emotionale Komponente. Promptheit dient dem Aufbau von Erwartungen und scheint vor allem in den ersten Lebensmonaten von Bedeutung zu sein; später wird die emotionale Komponente für verschiedene Aspekte der kindlichen Entwicklung besonders wichtig (Völker et al., 1999).

Prognostische Bedeutung. Eine fröhliche mütterliche Stimme weckte die Aufmerksamkeit von sechsmonatigen Babys mehr als eine noch so melodiöse, aber traurige Stimme (Kitamura & Burnham, 1998). Depressivität der Mutter erwies sich als ungünstiger Prädiktor für die spätere Sprachentwicklung (NICHD Early Child Care Research Network, 1999b). Verschiedene Forschergruppen (Koops et al., 1997; Simò et al., 2000) haben zudem in Längsschnittstudien festgestellt, dass sich die Mütter in Ausmaß und Art ihrer Sensibilität und in der Strukturierung des kindlichen Verhaltens dem jeweiligen Entwicklungsstand des Kindes anpassen, dass ihnen dies aber unterschiedlich leicht fällt. Vielen fällt es offensichtlich mit einem sechsmonatigen Kind, das sich entweder nur auf das Spielzeug oder nur auf den Partner bezieht, schwerer, eine für beide positive Interaktion zu gestalten als mit einem neunmonatigen Kind, mit dem man über das Spielzeug den Kontakt gestalten kann und das weitgehend über die elterlichen Handlungen gelenkt werden kann.

6 Das Kleinkind im zweiten Lebensjahr

Das zweite Lebensjahr ist durch eine Reihe von Entwicklungsmeilensteinen gekennzeichnet, die das Kind über die Mutter-Kind-Dyade hinaus in die soziale und kulturelle Gemeinschaft einführen. Ziemlich genau um den ersten Geburtstag, aber mit einer Spannbreite von mehreren Monaten, beginnen die Kinder mit ihren ersten freien Schritten und ersten bedeutungsspezifischen Wörtern.

Im Verlauf des ersten Halbjahres entdeckt das Kind in Wort und Tat das „Nein" und fordert damit häufig die ersten auf Verhaltensnormen gerichteten Erziehungshandlungen seiner Eltern heraus. Im Verlauf der zweiten Jahreshälfte entdeckt es sich selbst im Spiegel, besteht darauf, eine Handlung „alleine" auszuführen, zeigt Stolz auf sein Handlungsergebnis, entdeckt das „Mein" bei der Verteidigung von Spielzeug und schließlich auch das „Ich" in der Selbstbezeichnung.

Am Ende des zweiten Lebensjahres hat es einige dieser neuen, aufregenden Fähigkeiten so weit entwickelt, dass es zu seiner konkreten Welt des Hier und Jetzt neue Dimensionen zu erobern beginnt:

- die Welt der Vorstellungen und der Phantasie,
- die Möglichkeiten der Symbolisierung und Abstraktion mittels Sprache und der Ordnung mittels Begriffe,
- die innere psychische Welt bei sich selbst und zunehmend auch bei anderen (Theory of Mind) sowie
- die Regeln und Strukturen des sozialen Miteinander.

Es ist kein „infant" mehr, sondern ein „toddler" (motorisch noch ungeholfenes, aber schon der Lokomotion fähiges Kind).

Das zweite und dritte Lebensjahr lässt sich in zweierlei Weise durch eine neue Dualität charakterisieren: durch eine Verdopplung der bisherigen Welt und durch Spannungsbögen zwischen eigenständigem Erkunden und der Suche nach Sicherheit und Halt.

Verdopplungen

Eine Verdopplung findet in mehreren Bereichen statt (vgl. Bischof-Köhler, 1998; Case, 1992; Lewis, 1993):

Reale Gegenstände. Das Kind verdoppelt die realen Gegenstände durch symbolisierende Gesten, durch Worte, durch „Als-ob"-Gegenstände (Klotz als Auto) oder gar durch Kritzelzeichen. Diese Verdopplung ist anfangs noch sehr starr. Ein ganzes Objekt entspricht einem Wort (= Ganzheitsannahme), und jedes Objekt hat nur eine Bezeichnung (= Disjunktionsannahme) (vgl. Woodward & Markman, 1998).

Soziale Realität. Das Kind verdoppelt die soziale Realität im Rollenspiel und verdoppelt Ereignisse durch Nachahmung und im Symbolspiel. Zur Realität im Hier und Jetzt entsteht eine Vorstellungswelt (Repräsentationen). In seiner Vorstellung kann das Kind die Welt rekonstruieren und sie sich dadurch verständlich machen; es kann sich an Vergangenes aktiv erinnern, Handlungsziele vorwegnehmen und Handlungsausführungen planen. Als Phantasie- und Spielwelt kann das Kind seine Vorstellungen flexibel und eigenständig gestalten.

Ich als Subjekt und Objekt. Schließlich verdoppelt das Kind mit etwa 18 Monaten auch sein Ich, wenn es sich z.B. im Spiegel, auf Video oder auf Photos erkennen kann. Dabei ist die Entdeckung, gleichzeitig real und im Spiegelbild zu existieren, aber doch nur eines zu sein (synchrone Identität; Bischof-Köhler, 1998) ein markanter Entwicklungsschritt (Lewis, 1993): Das Kind erlebt sich nicht nur als Subjekt (engl.: "I"), sondern kann sich nun auch als Objekt begegnen (engl.: "me"), sich selbst bezeichnen, aber auch zu sich selbst Stellung nehmen.

Psychisches Erleben. Schließlich werden im dritten Lebensjahr mithilfe der Sprache und ihrer grammatischen Kategorien auch real weniger fassbare Eigenschaften von Objekten oder psychisches Erleben des Kindes verdoppelt („verdinglicht"; Bischof-Köhler, 1998) und dadurch seinem gestaltenden Einfluss – aber auch dem der sozialisierenden Umwelt – zugänglich.

Neue Welten und Sicherheitsbedürfnisse

Diese neuen verdoppelten Welten sind kaum mehr durch die Gesetze der physikalischen Realität oder die körperlichen Kräfte des Kindes begrenzt und können für das Kind auch Gefahren bergen. Seinem jeweiligen Erkundungsdrang sind daher Absicherungsbedürfnisse entgegengestellt, die offenbar dann aktiviert werden, wenn Gefahrenlinien überschritten werden.

Lokomotion in der realen Welt und Bindung. Am deutlichsten erkennbar ist dies bei der räumlichen und gegenständlichen Erkundung des Kindes durch Lokomotion (besonders das Gehen) und der Sicherung der physischen und emotionalen Nähe der Vertrauens- oder Bezugsperson (i.d.R. der Mutter), ausgelöst durch das Bindungssystem des Kindes. Das erkundende Kind entfernt sich von der Mutter nur bis zu einem bestimmten Punkt, an welchem es sich dann ihrer Nähe versichert bzw. Nähe wieder herstellt. Das drückt sich bei etwa zwölfmonatigen Kindern überwiegend in räumlicher Distanzregulation und emotionalen Verlassenheitssignalen aus. Im Körperkontakt mit der Mutter „tankt" das Kind dann wieder Unternehmungslust für weitere Erkundungen (Grossmann, 1987).

Symbolische Welt und sprachliche/logische Denkwerkzeuge. Auf der geistigen Ebene taucht das Kind in die neuen Welten der Vorstellung, der Phantasie und der Spielwelt ein. In seiner Phantasiewelt kann es unumschränkt walten und gestalten. Verliert es aber die Kontrolle über seine Kreationen oder ist ihnen, etwa beim Träumen, passiv und schutzlos ausgeliefert (Wolley, 1995), kann dies Angst auslösen. Außer der körperlichen und emotionalen Nähe der Bindungsperson bieten zunehmend die Begriffe und die Sprache sowie die sich entwickelnden logischen Denkwerkzeuge (Piaget, 1975b, c) strukturierenden Halt.

Soziale Welt: Individualisierung und Soziabilität

Bedürfnis nach Individualisierung. Auf der sozialen Ebene entdeckt das Kind sich selbst als

Handlungsträger und als Besitzer von Gegenständen, von Vorstellungen, von Handlungen, Gefühlen, Wünschen und Zielen, und es spürt seine Wirkung bei ihrer Durchsetzung. Die betonte Abgrenzung gegenüber anderen bezeichnet Mahler (1986) als Individualisierung. Die Individualisierung ist anfangs unbeholfen und unbeherrscht. Bei der Durchsetzung seiner Wünsche und Ziele ist das Kind häufig starr und unfähig, sich realen Gegebenheiten oder sozialen Wünschen anzupassen. Der unlösbare Konflikt zwischen Wollen und Nicht-Können führt dann zu Angst, Panik oder gar einem psychischen Zusammenbruch, der sich in heftigem Trotz ausdrückt. Gegen Ende des zweiten Lebensjahres und mit zunehmender Sprachkompetenz wird es dann „konzilianter".

Bedürfnis nach Gemeinschaft. Dem Bedürfnis nach Individualisierung steht das Bedürfnis nach Gemeinschaft (Soziabilität) gegenüber. Zwischen beiden muss das Kind eine Balance finden. Seine Soziabilität drückt sich zum einen in seinem ausgeprägten Interesse an anderen Kindern aus, die es als „wie es selbst" erlebt und denen es sich anfangs durch parallele Handlungsnachahmung, später durch gemeinsames Spiel nähert (Rauh, 1987). Zum anderen entwickelt das Kind eine offenkundige Sozialisationsbereitschaft (Kochanska & Murray, 2000; Kochanska et al., 2000), eine Bereitschaft, der Führung durch Erwachsene zu folgen bzw. sich in die Ziele und Handlungen der Erwachsenen einzufügen (compliance). Seine zunehmende Fähigkeit, sich und seine Handlungen aus der Perspektive anderer zu bewerten, dient der Ausbildung selbstbezogener Gefühle wie Stolz, Scham, Schuld (Lewis, 1993; Bischof-Köhler, 1998). Seine zunehmende Fähigkeit, andere, deren Verhalten und deren Erleben als „sich selbst ähnlich" zu erleben, ermöglicht die Ausbildung sozialer Gefühle wie Mitleid und Hilfsbereitschaft, Empörung und Ärger (Bischof-Köhler, 1998; von Salisch, 2000)

Von der Vielzahl möglicher Themen können im Folgenden nur einige ausführlicher behandelt werden. Weitere wichtige Themen, wie die Entwicklung des Symbolspiels, der Spracherwerb und generell die kognitive Entwicklung werden in anderen Kapiteln ausgeführt.

6.1 Laufenlernen als Problemlösen und Entwicklungsaufgabe

Das freie Laufen stellt einen von Eltern und Verwandten aufmerksam erwarteten Entwicklungsschritt dar. Motorische „Entwicklungsmeilensteine" galten lange als Messlatte für biologische Reifungsprozesse, die durch Erfahrung nur wenig beeinflussbar seien. In der Tat machen sich Geburtskomplikationen und Frühgeburtlichkeit selbst nach Alterskorrektur vor allem in einer verzögerten motorischen Entwicklung bemerkbar. Dagegen unterscheiden sich Kinder aus unterschiedlichen sozialen Milieus in ihrer frühen motorischen Entwicklung wenig. Dennoch bedarf die Sichtweise, dass die motorische Entwicklung nach einem inneren Programm ablaufe, nach neuen Erkenntnissen einer erheblichen Revision, wie schon bei der Greifentwicklung angemerkt wurde.

Warum laufen Kinder erst mit einem Jahr, obwohl sie schon als Neugeborene Schreitbewegungen zeigen? Die derzeit gründlichsten Analysen zur motorischen Entwicklung stammen von Esther Thelen (1984, 1995). Nach Thelen treffen mehrere Entwicklungslinien zusammen, die gemeinsam oder in individuellen Kombinationen freies Gehen ermöglichen.

Laufenlernen als Problemlösen

Multiple Voraussetzungen. Wie das Beispiel S. 148 (Abschn. 4.3.2) zeigt, bleibt der anfängliche Schreitreflex als motorischer Rhythmusgenerator im Strampeln erhalten. Er setzt sich im Abwechseln der späteren Gehbewegungen fort; die Körperproportionen ändern sich und der Körperschwerpunkt senkt sich ab; die Gelenke werden beweglicher; die Kinder können die Beine nicht nur aus der Hüfte heraus, sondern auch aus den Knien heraus bewegen; die Muskelkraft nimmt zu; die Kinder können die aufrechte Balance besser halten; sie können zunehmend visuelle, vestibuläre (Gleichgewichts-) und propriozeptive (aus den eigenen Bewegungen stammende) Informationen integrieren. Die kognitiven Voraussetzungen für das Laufenlernen hält Thelen dagegen für gering.

Reifen oder Problemlösen? Bedeutsam für den Zeitpunkt des ersten freien Laufens ist außer der Kraft in den Beinen die Motivation des Kindes, sich im Raum auf etwas hin bewegen zu wollen, also ein lokomotorisches Problem zu lösen. Dazu „erfindet" es, je nach Entwicklungsstand der Teilfertigkeiten und Rahmenbedingungen (z.B. Untergrund), eine Lösung, die es in der Folgezeit verfeinert und automatisiert. Daher sehen die ersten Lösungsversuche der Kinder sehr unterschiedlich aus, während sich die „reifen" Endformen sehr ähneln (bei einem Reifungsprozess wäre dies umgekehrt). Diese Sichtweise des Laufenlernens lässt den individuellen „Erfindungen" der Kinder einen beachtlichen Spielraum und engt sie nicht auf vermeintliche Reifungsschritte ein. Die möglichen Konsequenzen einer solchen Sichtweise für psychomotorische Therapien bei Babys und Kleinkindern, insbesondere bei Kindern mit Behinderungen, sind noch kaum ausgelotet.

Laufenlernen als Entwicklungsaufgabe

Das Laufenlernen stellt für das Kind eine sein Leben über Wochen bestimmende Aufgabe dar, bei der es weit mehr lernt als nur das freie Laufen. Es ist eine echte Entwicklungsaufgabe, denn die Art der Bewältigung dieser Aufgabe (die außer in selten Fällen von Behinderung auf jeden Fall gelingen wird) kann das weitere Leben des Kindes wesentlich beeinflussen. Kinder, die vergleichsweise früh mit Laufen beginnen, sind anscheinend unternehmungslustiger (Bischof-Köhler, 1998) und suchen eher herausfordernde Situationen. Ihre Eltern fordern diese Kinder (besonders Jungen) auch gern ein wenig heraus und begrüßen dann den Erfolg mit gemeinsamer Begeisterung (Biringen et al., 1995). Andererseits erproben solche Kinder auch eher und stärker ihren „Willen". Kinder, die erst relativ spät laufen, zeigten sich in der Untersuchung von Biringen et al. als etwas ängstlicher und wurden von ihren Eltern behütender umsorgt als die Früh-Läufer.

UNTER DER LUPE

Wie können Eltern angemessen unterstützen?

Kindermann (1986) beobachtete, wie Mütter ihr Verhalten dem jeweiligen Kompetenzniveau ihres Kindes anpassen. Bei den noch nicht laufenden Kindern reagierten die Mütter in der Regel positiv auf Signale der Unselbständigkeit und halfen ihnen. Sobald das Kind erste Ansätze selbständigen Gehens zeigte, belohnten sie vor allem seine selbständigen Gehversuche. Hatten die Kinder dann einige Routine im freien Laufen erworben, unterstützen die Mütter wiederum unselbständiges Verhalten.

Die Eltern unterschieden intuitiv zwei Phasen des Lernprozesses:

- die Phase des Erwerbs der Grundfertigkeit des Laufens, während der sie eigenständiges Verhalten förderten, und
- die Phase des bedachtsamen, verantwortungsvollen Umgangs mit dieser neuen Fertigkeit, während der sie das Kind wieder bremsten, etwa wenn es zu stolpern oder in die Straße zu laufen drohte.

In der zweiten Phase wurde also das Erlernen metakognitiver Komponenten eingeleitet und unterstützt. Möglicherweise lernt das Kind an dieser ersten komplexen, aber „sicheren" Entwicklungsaufgabe vor allem, wie gut und verlässlich seine Eltern in ihrer Rolle als Lehrer und Mentoren sind. Dies wird für künftige Entwicklungsaufgaben und den gesamten Sozialisationsprozess eine wichtige Grunderfahrung sein.

6.2 Bindung und Bindungsqualität

6.2.1 Der theoretische Ansatz von John Bowlby

Komplementär zum motorischen Erkundungssystem entwickelt das Kind das Bindungsverhaltenssystem (attachment system). Dieses sorgt dafür, dass das Kind nicht in Gefahr gerät oder verloren geht, indem es beim Erwachsenen komplementär Fürsorgeverhalten ("nurturing") auslöst. Nach Bowlby (1984) ist das Bindungs- und das Fürsorgesystem aus der Evolution hervorgegangen und sichert das Überleben der Spezies. Die Entwicklung von Bindung ist daher gegen widrige Umwelteinflüsse besonders stabil. Jedes Kind entwickelt im Verlaufe der ersten Lebensjahre eine personenspezifische Bindung, sofern es ein Minimum an Interaktionskontakt mit einer Person hat. Die Bindung erlangt i.d.R. ihren Höhepunkt im zweiten Lebensjahr.

Bindung als Konstrukt und Bindungsverhalten. Bindung ist nach Bowlby ein psychologisches Konstrukt, das Emotionen, Motivationen und Verhalten des Kindes je nach den Erfordernissen der Situation strukturiert. In sicheren Situationen wird kein Bindungsverhalten aktiviert. Das Kind wagt sich dann in den Raum und erkundet Gegenstände und Personen (Aktivierung des Erkundungssystems) – oft allerdings mit Rückversicherungsblicken. In unvertrauten Situationen, oder wenn sich das Kind unwohl fühlt, wird dagegen Bindungsverhalten aktiviert, z.B. Suchen der Bindungsperson, Hinkrabbeln, Festklammern, Anschmiegen, Schreien und Weinen oder auch Anlächeln. Bindung wird aus der Gesamtheit von Verhaltensweisen in einer Situation erschlossen, die dazu dienen, die Nähe zur Bindungsperson herzustellen und ihren Schutz zu erhalten.

6.2.2 Entwicklungsverlauf der sozial-emotionalen Bindung

Das Kind entwickelt personenspezifische Bindung in den ersten beiden Lebensjahren in drei Etappen (Bowlby, 1984; Ainsworth et al., 1978):

(1) In einer Vorphase ist das Kind noch nicht an eine spezifische Person gebunden, sondern ohne Unterschied auf Personen ansprechbar; es richtet auch seine Signale ohne Unterschied der Personen an die Umwelt.

(2) In der Interaktion lernt es bald, seine Partner zu unterscheiden, so dass es ab etwa drei Monaten seine Signale und Bindungsverhaltensweisen bevorzugt einer oder einigen spezifischen Personen zuwendet (personenunterscheidende Ansprechbarkeit).

(3) Die eigentliche Bindung wird mit dem motorischen Entwicklungsschritt der Lokomotion (ab etwa 7–8 Monaten) und dem kognitiven Entwicklungsschritt der Objekt- und Personenpermanenz eingeläutet. Nun kann das Kind eine spezifische Person (Mutter, Vater) bei deren Abwesenheit vermissen; andererseits kann es aktiv Nähe und Entfernung regulieren. Den Höhepunkt dieser Etappe erlangt das Kind zwischen 12 und 18 Monaten, vor Beginn des eigentlichen Sprechens.

Die vierte Etappe, die der zielkorrigierten Partnerschaft, erreicht das Kind erst nach etwa drei Jahren, wenn es das Verhalten des anderen je nach den situativen Gegebenheiten zu beeinflussen beginnt.

EXKURS

Harlows Affenversuche zum Wesen der Mutterliebe

Harry Harlow (1958) wollte „das Wesen der Mutterliebe" aufklären und verhaltenstheoretisch auf einige Reiz-Reaktions-Parameter reduzieren. Er ließ Affenkinder mit unterschiedlichen Mutterattrappen aufwachsen:

- mit einer unermüdlich Milch spendenden Drahtmutter oder
- einer weichen Plüschmutter, die aber keine Milch spendete.

Nach einigen Monaten überprüfte er die Angst- und Bindungsreaktionen der Affenkinder. Zu diesem Zwecke konstruierte er einen Testraum, in dem die Äffchen explorieren konnten (Erkundungssystem). Nach einigen Minuten wurde als furchtauslösender Stimulus ein lärmender Roboterbär in den Käfig gelassen. Die Affenkinder, die mit der Plüschmutter aufgewachsen waren, suchten in dieser Situation bei ihr Schutz und Trost, während die mit der milchspendenden Drahtmutter aufgewachsenen Affenkinder erstarrten oder sich in eine Ecke verkrochen und den Kopf einzogen. Sie hatten offenbar trotz regelmäßiger „Futterverstärkung" keine emotionale Bindung an ihre Mutterattrappe entwickelt. Das psychisch ungestörteste Verhalten zeigten Affenkinder mit einer milchspendenden Plüschmutter.

Harlow schlussfolgerte 1958, Mutterliebe sei die Kombination von Milchspenden jederzeit und Kuschelmöglichkeit jederzeit, und dies leisteten wegen ihrer ständigen Verfügbarkeit Mutterattrappen sogar noch besser als eine reale Mutter. Diese Schlussfolgerung musste Harlow allerdings 1962 revidieren. Seine solcherart mutterlos herangewachsenen Rhesusaffenkinder waren als nun junge Erwachsene nicht nur sozial inkompetent, sondern auch unfähig, sich sexuell mit einem Partner zu verbinden. Die Weibchen, die erfolgreich künstlich befruchtet werden konnten, erwiesen sich letztlich als rabiate Mütter. (Harlow et al., 1966). Auch Blickkontakt oder sogar Spielkontakt mit Gleichaltrigen während des Aufwachsens verminderte diese erschreckenden Phänomene wenig. Jedenfalls scheint – zumindest bei Rhesusaffen – selbst eine optimal konstruierte und völlig frustrationsfreie Mutterattrappe eine echte Mutter nicht ersetzen zu können.

6.2.3 Bindungsqualität

Mary Ainsworth hat ihr wissenschaftliches Lebenswerk individuellen Unterschieden in der Bindungsqualität gewidmet und ein standardisiertes Untersuchungsverfahren entwickelt, mit dem bei 12- bis 24-monatigen Kindern Bindungsverhalten beobachtbar wird. Der Fremde-Situations-Test (FST) nach Ainsworth und Wittig (1969) wurde durch Harlows Versuche angeregt, scheint allerdings eher einer Wartezimmersituation beim Kinderarzt nachempfunden zu sein. In acht Drei-Minuten-Episoden erfährt das Kind in zunehmender Intensität Unvertrautheit, Neuheit und Fremdheit sowie zwei kurze Trennungen von der Mutter. Es werden also zunächst das Erkundungs- und dann das Bindungssystem angesprochen.

Die Fremde Situation

In einem durch Einwegscheiben beobachtbaren Raum mit Spielzeug auf einer Matte im Zentrum und zwei Stühlen an der Seite finden nacheinander die folgenden acht dreiminütigen Episoden statt:

(1) Mutter und Kind werden vom Beobachter in den Raum geführt. Die Mutter setzt das Kind auf den Boden.
(2) Mutter und Kind sind allein. Die Mutter liest eine Zeitschrift. Das Kind kann die Umgebung und die Spielzeuge erkunden.
(3) Eine freundliche Fremde tritt ein, setzt sich, unterhält sich mit der Mutter eine Minute lang und beschäftigt sich dann auch mit dem Kind.
(4) Die Mutter verlässt unauffällig den Raum, hinterlässt aber ihre Tasche. Die Fremde bleibt mit dem Kind allein. Sie beschäftigt sich mit ihm und tröstet es, wenn notwendig.
(5) Die Mutter kommt zurück, während die Fremde geht. Mutter und Kind sind allein. Die Mutter beschäftigt sich mit dem Kind und versucht es wieder für das Spielzeug zu interessieren.

(6) Die Mutter verlässt mit deutlichem Abschiedsgruß den Raum und lässt das Kind allein.
(7) Die Fremde tritt ein. Sie versucht, wenn notwendig, das Kind zu trösten
(8) Die Mutter kommt wieder, die Fremde verlässt gleichzeitig den Raum.

Die Szenen (4), (6) und (7) können notfalls verkürzt werden. Die Mutter kann das Geschehen durch die Einwegscheibe beobachten und über die Dauer entscheiden.

Vier Strategien, drei Bindungsstile. Die validesten Informationen über die Qualität der Bindungsbeziehung ließen sich aus der Art ermitteln, wie das Kind die Mutter nach den kurzen Trennungen empfängt (Szenen (5) und (8)). Die Kinder zeigten dabei vier Strategien der Nähe-Distanz- und Emotionsregulation: Nähesuchen, Kontakthalten, Widerstand gegen Körperkontakt und Vermeidungsverhalten. Aus den Werten in diesen vier Strategien (siebenstufige Skalen) und dem Gesamteindruck des Kindes in der Testsituation unterschied Ainsworth drei Bindungsmuster oder Bindungsstile, die sie mit A, B, C bezeichnete. Die Erfahrungen mit den Reaktionsstilen der Kinder in der Fremden Situation und deren Beziehungen zur Sensitivität der Mütter (vgl. Abschnitt 5.7.7) bestimmten Ainsworths Konzept der sicheren bzw. unsicheren Qualität der Mutter-Kind-Bindung (Ainsworth et al., 1978).

Bindungsstil A: unsicher-vermeidend. Diese Kinder zeigen im FST bei der Rückkehr wenig Emotionen, suchen nicht die Nähe der Mutter, schmiegen sich nicht an, sondern beschäftigen sich statt dessen weiter mit ihrem Spielzeug. Ainsworth hielt dies Verhalten ursprünglich für sozial und emotional besonders reif und bezeichnete es daher mit A. Aus ihren Längsschnittdaten erkannte Ainsworth aber, dass diese Kinder nur wenig sensitive Fürsorge erfahren haben; ihre Mütter mochten keine starken Emotionsausbrüche, z.B. heftiges Weinen. Um ihre Mütter in der notwendigen und für beide Seiten erträglichen Nähe zu halten (nah, aber nicht zu nah), haben diese Kinder offenbar gelernt, ihren Gefühlsausdruck zu minimieren, notfalls, indem sie der Mutter nach der Rückkehr den Rücken zuwandten und sich an der sachlichen Beschäftigung mit Objekten emotional festhielten. In späteren Längsschnittprojekten konnte bestätigt werden, dass Mütter unsicher-vermeidend gebundener Kinder bereits mit ihrem drei Monate alten Baby wenig einfühlsam umgingen, mitunter sogar Einsprengsel von Feindseligkeit zeigten oder von ihrem Baby schon sehr früh eine eigenständige Regulation seiner Gefühle erwarteten (Crittenden & Claussen, 2000; Gloger-Tippelt et al., 2000; Grossmann et al., 1985).

In weiteren Forschungsprojekten erwies sich zudem, dass Kinder mit A-Bindungsmuster, die den FST-Ablauf anscheinend „cool" ertrugen, von allen Gruppen den höchsten Anstieg des Stresshormons Cortisol zeigten (Spangler & Grossmann, 1993). Sie waren also keineswegs weniger belastet als die Kinder, die ihren Kummer oder Ärger deutlich zeigten, ganz im Gegenteil. Sie scheinen ihre Belastung schon in diesem frühen Alter durch aktive Verringerung ihres Emotionsausdruckes zu bearbeiten, und dies mit entsprechenden physiologischen Kosten.

Bindungsstil B: sicher, balanciert. Sicher gebundene Kinder zeigen im FST, wenn sie allein gelassen werden, mehr oder minder intensiv und direkt ihren Kummer. Kaum tritt die Mutter ein, sind sie wie erlöst, suchen manchmal nur kurzen Kuschelkontakt und spielen dann fröhlich mit der Mutter weiter. Wenn der Kummer nicht gleich verfliegt, fühlen sie sich doch im engen Kontakt mit der Mutter geborgen. Diese Kinder waren einerseits oft schon von Geburt an emotional eher stabil und nicht schnell zu verunsichern (Waters, nach Mangelsdorf & Frosch, 2000), oder sie hatten sehr einfühlsame, sensitive Mütter (Simo et al., 2000; Wijnroks & Kalverboer, 1997). Sie haben ihre Mütter (vor allem in den ersten Monaten) als verlässlich, offen und freundlich erlebt (Keller, 1997, 2000). Sie können es sich daher auch noch als Einjährige leisten, ihre

Gefühle offen zu zeigen, und sich darauf verlassen, dass ihre Mutter ihnen sowohl bei der Beseitigung des Kummeranlasses als auch bei der Regulierung ihrer Gefühle hilft.

Bindungsstil C: ambivalent-unsicher. Diese Kinder reagieren oft schon auf den Eintritt oder die Annäherung der Fremden empfindlich und zeigen deutlich, lautstark und z.T. auch wütend ihren Kummer, wenn sie alleingelassen sind. Wenn die Mutter zurückkehrt, verhalten sie sich allerdings sehr ambivalent: Einerseits suchen sie den Kontakt, andererseits widersetzen sie sich ihren Kontakt- und Interaktionsversuchen, besonders bei ihrer zweiten Wiederkehr (Episode (8)). Nach Ainsworth erlebten sie in ihrer Sozialisationsgeschichte ihre Mutter mal als überschwänglich herzlich und zugeneigt, mal als unerreichbar, ohne dass sich daraus ein vorhersagbares Muster ergab. Daher haben sie die Strategie entwickelt, ihren Kummer eher zu übertreiben, damit ihre Not auch wirklich wahrgenommen wird. Zugleich mischt sich in ihre Gefühle häufig Ärger über die mangelnde Reaktion der Bindungspartnerin.

Befunde aus verschiedenen Ländern. Im Alter von 12–18 Monaten wurden in Studien in den USA und in Deutschland nur relativ wenige Kinder mit C-Muster identifiziert, in Israel und in Japan waren es dagegen deutlich mehr. Mit regional unterschiedlicher Temperamentsverteilung ließen sich diese kulturellen Unterschiede nicht erklären (Scher & Mayseless, 2000). In Israel waren die Mütter der C-Kinder weniger gebildet als die der anderen Gruppen und durch ihre Elternaufgaben sehr belastet, zumal sie lange Arbeitstage hatten und ihre Kinder entsprechend lang in der Krippe oder im Kinderhaus versorgen lassen mussten. In Japan hatten die C-Kinder zwar keinerlei Krippenerfahrung und waren ständig von ihren Müttern oder Großmüttern umsorgt; jede kleine Frustration wurde von ihnen fern gehalten (van IJzendoorn & Kroonenburg, 1988). Das Gemeinsame scheint zu sein, dass die Mütter von C-Kindern die emotionale Not ihres Kindes nicht erfolgreich zu lindern wissen. Entweder sind sie in den kritischen Momenten nicht erreichbar (Israel), oder sie reagieren nicht auf die Bemühungen ihres Kindes um Aufmerksamkeit, weil sie ohnehin die ganze Zeit anwesend sind und zu wissen glauben, wann ihr Kind welche Zuwendung braucht (evtl. bei einigen Müttern in Japan). Andere Forscher beobachteten in Ländern mit hoher C-Quote, wie Japan und Russland, dass die Mütter häufig intensiv mit ihrem Kind mitleiden, aber dennoch nicht in der Lage sind, ihm Hilfe anzubieten, um seine emotionale Situation zu lindern oder seine Gefühle zu regulieren (Crittenden, 2000; Hans et al., 2000).

Ursachen für sichere und unsichere Bindung

Ainsworths Begründung der sicheren Bindung (B) und der unsicheren Bindung (A und C) aus den Erfahrungen der Kinder mit mütterlicher Sensitivität konnte in Forschungsprojekten aus verschiedenen Ländern weitgehend bestätigt werden (z.B. Isabella, 1993; Rauh et al., 2000; Simó et al., 2000; Wijnroks & Kalverboer, 1997; van IJzendoorn et al., 1995). Andere Forscher (Mangelsdorf & Frosch, 2000) gruppieren die Bindungsqualitäten (und ihre Untergruppen) nach der Intensität der emotionalen Reaktion des Kindes und erkennen in den Reaktionen der Kinder im FST auch einen wesentlichen Einfluss des kindlichen Temperaments.

D-Komponente: desorganisierte, desorientierte Kinder. Als weitere Dimension quer zu den drei Bindungstypen beschreiben Main und Solomon (1990) kleinere und größere Verhaltensauffälligkeiten bei Kindern, die ihre eindeutige Einordnung in A, B oder C erschweren. Es handelt sich dabei um mitunter seltsames und bizarres Verhalten wie Grimassieren, Erstarren u.Ä., das die Kinder in Anwesenheit ihrer Mütter zeigen. Diese Kinder scheinen sich in einem Konflikt zwischen Annäherung und Angst zu befinden, zu dem sie kein Verhaltensprogramm haben, oder sie schwanken zwischen mehreren Reaktionsstilen. Main und Cassidy (1988) bezeichneten sie daher als desorientiert und desorganisiert. Sie beobachteten solches Verhalten besonders ausgeprägt bei

Kindern mit Missbrauchserfahrung. Es kann aber auch andere Ursprünge haben: So beobachtete Ahnert und Lamb (2001) einen Anstieg an D-Merkmalen bei Berliner Kindern aus dem Ostteil der Stadt, die in den Jahren der Wende (1989–1990) geboren wurden. Rauh et al. (2000) identifizierten einen erhöhten Anteil an D-Klassifikationen auch im Westteil von Berlin bei Krippenkindern derselben Geburtsjahrgänge aus eher unterer Mittelschicht, Spangler et al. (1992) bei Regensburger Kindern und Bischof-Köhler und Zulauf-Logoz bei Züricher Kindern der gehobenen Mittelschicht (vgl. Zulauf-Logoz, 1997; Gloger-Tippelt et al., 2000). Kinder mit D-Klassifikation im Alter von 12 Monaten, insbesondere solche mit einer zugrunde liegenden B-Strategie, hatten in der Untersuchung von Rauh et al. (2000) im ersten Lebensjahr besonders wenig sensibles Mütterverhalten erfahren. Andererseits hatten Kinder mit D-Klassifikation nach Spangler et al. (2000) bereits als Neugeborene Schwierigkeiten mit der ruhigen Orientierung und der Regulation ihrer Erregung.

D-Verhaltensweisen können also auf überdauernde Schwierigkeiten der Verhaltensregulation, auf vorübergehende Beunruhigungen und auf Übergänge in neue Strategien oder auf anhaltende ängstigende Erfahrungen hinweisen. Jedenfalls scheinen diese Kinder besonders gefährdet zu sein, Verhaltensprobleme zu entwickeln (Carlson, 1998).

Bindung ist nicht auf Mütter beschränkt

Das Bindungskonzept lässt sich ebenso gut auf die Beziehung zu den Vätern (oder Geschwistern, Erzieherinnen, Großeltern) anwenden. In den wenigen Untersuchungen mit Vätern (Grossmann et al., 1981a; Kotelchuck et al., 1975) ließen sich die gleichen Bindungsarten in Bezug auf die Väter unterscheiden. Allerdings kann das Kind zu Vater und Mutter Bindungen unterschiedlicher Qualität aufbauen. Der Bindungstyp ist also keine Persönlichkeitseigenschaft des Kindes, sondern das Charakteristikum einer spezifischen personbezogenen Bindung des Kindes.

6.2.4 Längsschnittliche Veränderungen und Vorhersagen aus der frühkindlichen Bindungsqualität

Das Bindungskonzept und die Fremde Situation haben Eingang in eine Vielzahl von Untersuchungen gefunden (van IJzendoorn, 1990). Das Verfahren lässt sich bei Kindern im zweiten Lebensjahr gut anwenden und reliabel auswerten. Bei jüngeren Kindern sind die Verhaltensweisen nicht so eindeutig (Kotelchuck, 1973). Nach dem zweiten Lebensjahr wird die Beachtung weiterer Verhaltensweisen wichtig (Crittenden, 1992). Für alle Altersstufen, vom Kleinstkindalter bis zum Erwachsenenalter, wurden altersangemessene Methoden zur Erfassung der Bindungsstile entwickelt, wodurch auch längsschnittliche Vergleiche möglich wurden.

Das von Bowlby, Ainsworth und Main hergeleitete Konzept besagt, dass die frühen sozial-emotionalen Interaktionserfahrungen eine Erwartungsfolie oder ein „Arbeitsmodell" für künftige Beziehungen zu möglichen Vertrauenspersonen bilden. Dieses anfängliche Arbeitsmodell reichert sich im Verlaufe der Entwicklung des Kindes an; bei bedeutsamen emotionalen Erfahrungen kann es sich auch verändern (Grossmann & Grossmann, 2001).

Vorschulalter. In einer Reihe von Längsschnittuntersuchungen hat sich die Bindungsqualität als vergleichsweise stabiles Merkmal herausgestellt. Dies gilt nicht nur für das zweite Lebensjahr (Rauh et al., 2000), sondern bis in das Vorschul- und Schulalter (Jacobsen et al., 1994; Main & Cassidy, 1988; Zach, 2000; Zimmermann et al., 2000). Fünfjährige Kinder unterschieden sich bindungsspezifisch in der Art der Konfliktregulierung, die sie in Puppenspielszenen anboten, aber auch in der Offenheit und der Art der Kontrolle ihrer Emotionen während des Puppenspiels (Zach, 2000). Kinder, die als Einjährige als sicher-gebunden klassifiziert wurden, fanden sich im Kindergarten und in der Grundschule besser zurecht, waren in konflikthaften Situationen mit Gleichaltrigen kompetenter, zeigten weniger Feindseligkeit und wiesen insgesamt weniger Verhaltensprobleme auf (Bohlin et al., 2000; Park & Waters, 1989; Sroufe; 1983) als Kinder mit unsicherem Bindungsmuster in der Kleinstkindzeit.

Schul- und Jugendalter. Inzwischen haben einige der Teilnehmer an den frühen Längsschnittuntersuchungen zur Bindung das Jugend- und Erwachsenenalter erreicht. In zwei deutschen Längsschnittstudien von Grossmann und Grossmann (2001) ergab die frühkindliche Bindung zur Mutter mit einem Jahr (nicht die zum Vater) eine hohe Stabilität zur Bindungsklassifikation mit sechs Jahren, und die mit sechs Jahren zu der mit 16 Jahren, vor allem, wenn das konkrete Verhalten der Kinder und Jugendlichen mit ihren Bezugspersonen beobachtet wurde (mit 6 Jahren nach einstündiger Trennung, mit 16 Jahren in einem Konfliktlösungsgespräch). Ebenfalls hohe Stabilität gab es zwischen der Repräsentation von Bindung in bildgestützten Verfahren mit acht Jahren und im Bindungsinterview mit 16 Jahren.

Bedingungen für Instabilität. Deutliche Wechsel von sicherer zu unsicherer Bindungsqualität konnten in mehreren Studien mit schwerwiegenden Lebensereignissen in Zusammenhang gebracht werden, an erster Stelle mit der Trennung der Eltern (Beckwith et al., 1999; Hamilton, 2000; Lewis et al., 2000; Waters et al., 2000; Weinfield et al., 2000; Zimmermann et al., 2000). Wechsel von unsicherer zu sicherer Bindung konnten weniger eindeutig auf äußere Einflüsse bezogen werden. Möglicherweise bietet die Identitätserarbeitung im Jugendalter eine wesentliche Chance, sich ein stabiles balanciertes Arbeitsmodell aufzubauen. Mütter mit einem sicheren und balancierten Arbeitsmodell enger menschlicher Beziehungen, ob erworben oder erarbeitet, vermitteln ihrerseits ihren Babys eine Entwicklungsatmosphäre, die eine sichere Bindung der Kinder wahrscheinlich macht (van IJzendoorn, 1995).

6.2.5 Krippenbesuch und Bindungsqualität

Krippenerfahrung und Bindungssicherheit. Krippenbesuch stand lange Zeit im Verdacht, den Aufbau einer sicheren Bindung zwischen Mutter und Kind zu unterminieren. Untersuchungen an großen Gruppen von Kindern und unter Kontrolle vorlaufender Bedingungen, familiärer Faktoren und pädagogischer Qualität der Krippen geben ein differenzierteres Bild. In einer repräsentativen Studie in den USA an über 1.100 Kindern und ihren Familien hatte Krippenerfahrung für sich genommen keinerlei Beziehung zur Bindungsqualität mit 15 Monaten im FST (NICHD Early Child Care Research Network, 1997; 2001). Unsichere Bindung des Kindes ließ sich am ehesten aus geringer Sensitivität der Mutter plus pädagogisch zweifelhafter Krippe bzw. wechselnden Betreuungsarrangements für das Kind vorhersagen. Hinzu kamen Geschlechtsunterschiede in der Toleranz des täglichen Krippenaufenthaltes. Jungen zeigten hier größere Schwierigkeiten.

Krippenbesuch des Kindes und mütterliche Sensitivität. Könnte umgekehrt die Möglichkeit der Krippenbetreuung das Verhalten der Mütter zu ihren Kindern beeinflussen? Dies wurde in einer weiteren Analyse bei 1.274 Mutter-Kind-Paaren überprüft NICHD (1999a). Sehr langer täglicher Krippenaufenthalt prädizierte eine etwas geringere Sensitivität der Mütter, die Wahl einer pädagogisch guten Krippe dagegen eine eher größere Sensitivität im Umgang mit dem 6, 15 und 36 Monate alten Kind. Krippenbesuch des Kindes hatte auf die Sensitivität der Mutter weniger Einfluss als ihre Schulbildung, aber einen ähnlich großen wie mütterliche Depressivität oder ein schwieriges Temperament des Kindes.

Eingewöhnung und Bindungsentwicklung. In einer viel kleineren West-Berliner Stichprobe (N = 76) waren die Befunde zu Krippenbesuch und Bindung ähnlich wie in der großen USA-Studie (Ziegenhain et al., 1998; Rauh et al., 2000): Die mütterliche Sensitivität im Umgang mit dem dreimonatigen Kind und vor jeglicher Krippenerfahrung sagte die Bindungsqualität mit 12 und mit 21 Monaten gut voraus, während weder Krippenbesuch als solcher noch der Zeitpunkt der „Einkrippung“ von Bedeutung war. Allerdings war die Art der Eingewöhnung der Kinder in die

Krippe nicht ohne Belang: Kinder, die erst gegen Ende des ersten Lebensjahres in die Krippe kamen, aber eine sehr abrupte Eingewöhnung erfuhren, schienen dies ihren Müttern anzulasten; die meisten Wechsel von sicherer zu unsicherer Bindung konnten hierdurch erklärt werden. Erst gegen Ende des ersten Lebensjahres scheinen Kinder in der Lage zu sein, zwei Settings und ihre Erlebnisse darin aufeinander beziehen zu können.

Bindungsqualität als Prädiktor für Verarbeitung der Eingewöhnung. Bei einjährigen Kindern erwies sich die Art, wie sie die ersten Krippenwochen emotional verkrafteten, als von ihrer bislang mit der Mutter aufgebauten Bindungsbeziehung abhängig (Ahnert & Lamb, 2001; Ahnert & Rickert, 2000; Ziegenhain & Wolff, 2000). Kinder mit sicherer Bindung zeigten ihre Emotionen offener als Kinder mit unsicherer Bindung, insbesondere als Kinder mit A-Muster; ihre physiologischen Belastungswerte waren aber die geringsten (Ahnert & Rickert, 2000). Längerfristig schienen sie sich in der Gruppe der anderen Kinder wohler zu fühlen und positivere soziale Kompetenzen auszubilden als die unsicheren Kinder.

6.3 Trotzverhalten

Trotz, Negativismus oder massive Bockigkeit tritt erstmalig in der Mitte des zweiten Lebensjahres auf (um 16 bis 18 Monate). Dieses Verhalten mildert sich mit zunehmender Sprach- und Handlungskompetenz, es sei denn, es wird durch ungünstige Erziehungserfahrungen chronifiziert. Nach Heckhausen (1987; Geppert & Heckhausen, 1990) erklärt sich Trotz zunächst aus einer neuen Kompetenz des Kindes: Es kann sich vor Beginn der Handlung sein Handlungsziel vorstellen und sieht sich selbst als deren Ursprung. Daher ist es an der Handlung emotional und motivational stark engagiert. Wird es in der Durchführung der Handlung gestoppt oder behindert, steht ihm zunächst kein alternativer Handlungsplan zur Verfügung, und es kommt zu einem Systemzusammenbruch.

Alle Kinder zeigen zumindest leichte Anzeichen von Bockigkeit und Trotz, aber die Häufigkeit von Trotzreaktionen, die Heftigkeit der Trotzanfälle und die Dauer des „Trotzalters" unterscheiden sich sehr.

UNTER DER LUPE

Trotz und Familiengeschehen

Belsky et al. (1996) beobachteten das Familiengeschehen in 69 Familien mit einem anfänglich 15-monatigen, später 21-monatigen Kind (nur erstgeborene Söhne) viermal 90 Minuten lang. 62 Prozent der Familien hatten zu einem oder beiden Terminen erhebliche Trotzprobleme mit ihrem Kind. Eltern, insbesondere Väter, die direkt und erzieherisch in das Verhalten des Kindes eingriffen und dabei auch ein emotional gespanntes Verhältnis aufbauten, schienen Trotzreaktionen besonders häufig zu provozieren.

Regulationsprobleme. Belsky et al. (2001) gingen anhand der NICHD-Stichprobe der Frage nach, ob Kinder deshalb heftig mit Trotz reagieren, weil sie ihre Aufmerksamkeit nicht auf ein anderes Ziel umlenken können, oder ob ihr Problem eher in verminderter Emotionskontrolle zu suchen ist (vgl. Eisenberg & Fabes, 1992). Beide Faktoren können im Alter von 15 bis 18 Monaten Trotzreaktionen verstärken. Zeigten die Kinder bereits mit 15 Monaten eine vergleichsweise hohe Aufmerksamkeitsregulation, dann waren sie mit drei Jahren sowohl kognitiv als auch sozial besonders kindergartenreif. Hatten sie mit 15 Monaten sowohl mit ihrer Aufmerksamkeitskontrolle als auch mit ihrer Emotionskontrolle mehr Schwierigkeiten als Gleichaltrige, dann waren sie im Alter von drei Jahren auch sozial weniger kompetent.

Geschlechtsunterschiede. Jungen zeigen in der Regel mehr und heftigeres Trotzverhalten als Mädchen. Schon im Alter von sechs Monaten konnten Weinberg et al. (1999) entsprechende Geschlechtsunterschiede feststellen. Jungen reagierten verletzlicher auf plötzlichen Entzug der mütterlichen Aufmerksamkeit (still-face), und

Mutter-Sohn-Dyaden mussten härter an der Emotionsregulation arbeiten als Mutter-Tochter-Dyaden. Frühe Geschlechtsunterschiede im Emotionsausdruck und in der Selbstregulation haben somit auch unterschiedliche Interaktionserfahrungen zur Folge. Hinzu kommt, dass Mädchen früher mit dem Sprechen beginnen als Jungen (Largo, 1999) und mit diesem Hilfsmittel ihr Trotzproblem rascher überwinden können.

Trotz im Längsschnitt. Caspi und Elder (1988) haben das Lebensschicksal von Kindern je nach der Heftigkeit ihrer frühkindlichen Trotzanfälle (temper tantrums) in den Berkeley Längsschnittstudien verfolgt. Auch hier trat Trotzen bei Jungen häufiger auf, mitunter noch mit über drei Jahren. Solche Jungen hatten später mehr Probleme in der Schule. Unabhängig von solchen Schulproblemen zeigten sie auch als Erwachsene signifikant häufiger ein ziemlich chaotisches Berufskarrieremuster und erreichten bis zum mittleren Erwachsenenalter einen weniger hohen Berufsstatus als die Vergleichs-Jungen. Jungen und Mädchen, die als Kinder lang und heftig trotzten, hatten später auch signifikant häufiger Eheprobleme und ließen sich häufiger scheiden. Das Thema der verminderten Emotionskontrolle, und möglicherweise auch der verminderten Zielkontrolle, kann sich also durch das ganze Leben ziehen.

6.4 Die Entdeckung des Ich im Spiegel und Anfänge der sozialen Kognition

Die Entdeckung des eigenen Selbst im Spiegel (Asendorpf & Baudonnière, 1993, Bischof-Köhler, 1994) und kurz darauf die Bezeichnung von sich selbst mit „Ich“ gelten als weitere wichtige Entwicklungsmeilensteine im zweiten Lebensjahr. Das Selbsterkennen tritt in einem engen Zeitfenster um die 18 Monate herum auf.

Diachrone und synchrone Identität. Während das Kind bislang gelernt hat, dass dasselbe Ding auch bei einem Wechsel der Orte über die Zeit hinweg mit sich identisch bleiben kann (diachrone Identität und Objektpermanenz), begreift es nun, dass etwas, was zur gleichen Zeit zweimal existiert (Gesicht und Spiegelbild), ebenfalls identisch sein kann (synchrone Identität). Eines kann dem anderen als „gleich“ zugeordnet werden. Erst jetzt gelingt es Kindern, aus Klötzen einen eigenen Turm nach dem Vorbild des Erwachsenen zu bauen und nicht am Turm des anderen weiterzubauen oder diesen erst umzuwerfen, um ihn wieder aufzubauen (Demetriou et al., 1999). Nicht nur Gegenstände und Handlungen, sondern auch Personen kann es nun ver*gleich*en: die andere Person ist eine wie ich. Kinder ahmen daher nun spontan ihre Geschwister, andere Kinder (Asendorpf & Baudonnière, 1993) oder auch Personen ihres Geschlechtes (Bischof-Köhler, 1998) nach. Sie entwickeln eine ausgeprägte Vorliebe für geschlechtsstereotypes Spielzeug (besonders Jungen) oder können es zumindest dem richtigen Geschlecht zuordnen (besonders Mädchen) (Bischof-Köhler, 1998; Serbin et al., 2001). Bischof-Köhler spricht von der Herstellung einer „sozialen Identität“, die wiederum die Voraussetzung für echtes Mitgefühl oder Empathie ist.

Empathie. Empathie ist die Erfahrung, der Gefühlslage oder Intention einer anderen Person unmittelbar teilhaftig zu werden und sie dadurch zu verstehen (Bischof-Köhler, 1998). Trotz dieser Teilhabe bleibt das Gefühl aber auf den anderen bezogen. Dadurch unterscheidet sich Empathie von Gefühlsansteckung (Bischof-Köhler, 1998; Saarni et al., 1998). Sich selbst von anderen unterscheiden zu können, ist eine der Voraussetzungen für Empathie. Hinzu kommt ein Mindestmaß an Kontrolle der eigenen Gefühle und das Wissen, dass man die Emotionen anderer beeinflussen kann (trösten, aufheitern). Ob das Kind spontan aus eigenem Antrieb hilft oder zumindest bereitwillig mithilft, sofern andere die Initiative ergreifen, kann vom Temperament, vom Geschlecht (Jungen helfen eher direkt, Mädchen sind besser im Trösten), aber auch vom Familienklima abhängen. Das Mitgefühl, das Kinder Ende des zweiten Lebensjahres zeigen können, ist Ausdruck einer frühen Form von Rollenübernahme. Die situativen Ursachen der Emotionen anderer begreifen sie in der Regel erst einige Jahre später, mit etwa fünf bis sechs Jahren (Bischof-Köhler, 1998; Eisenberg & Fabes, 1998).

Soziale Kognition. Das Komplement zum Selbsterkennen ist die sich fast gleichzeitig entwickelnde Fähigkeit, die Aufmerksamkeitsrichtung des Partners zu erkennen und ihr folgen zu können. Dies ist eine wichtige Voraussetzung dafür, den anderen als „Lehrer“ nutzen zu können. Mit 12 Monaten orientieren sich Kinder zwar schon an der Kopfrichtung des Erwachsenen, aber noch mit 14 Monaten scheinen sie nur zu erahnen, dass das Wahrnehmen etwas mit den Augen zu tun hat. Kurze Zeit danach, mit 18 Monaten, richten sie sich dann nach der Blickrichtung des Erwachsenen und berücksichtigen dabei, ob sein Blickfeld auch nicht verstellt ist (Butler et al., 2001; Moore & Corkum, 1998;). Diese Art der Aufmerksamkeitssteuerung und ihre Ähnlichkeit mit einer Lehrer-Schüler-Situation kann allerdings eine starke kulturelle Komponente enthalten, die sich in Gesellschaften mit einer langen Tradition eines formalen Schulsystems herausgebildet hat (s. „Unter der Lupe“, S. 206).

6.5 Sozialisationsbereitschaft

Im zweiten Lebensjahr verstärken sich die Erziehungs- und Sozialisationsbemühungen von Eltern.

Sauberkeitserziehung. Über viele Generationen galt Eltern der Zeitpunkt der erfolgreichen Sauberkeitserziehung als Maßstab für ihre Qualität als Erzieher. Largo (1999) veranschaulichte an zwei Züricher Längsschnittstudien (jeweils ca. 320 Kinder) den Wandel in Erziehungsstil und im Erziehungsaufwand. Bei den Kindern der Geburtskohorten 1954–1956 hatten bereits 50 Prozent der Eltern im Alter der Kinder von sieben Monaten mit der Sauberkeitserziehung begonnen; bei den Kindern der Geburtskohorten 1974–1982 begannen die Eltern erst, als die Kinder 20–22 Monate alt waren. In beiden Kohorten erreichten die Kinder die nächtliche Blasenkontrolle im gleichen Alter (70–90 Prozentmarke mit vier Jahren). Die Kinder der älteren Studie begannen ihr „Sauberkeitsprogramm“ nicht nur bedeutend früher; es nahm auch einen erheblichen Teil ihrer täglichen Aktivität ein1 und beschäftigte die Eltern viele Monate und mitunter Jahre. Die Kinder der zweiten Studie begannen mit dem Sauberkeitstraining bedeutend später, oft sogar auf Initiative des Kindes; es war viel weniger intensiv und führte in sehr viel kürzerer Zeit zum Erfolg. Nach Largo benötigen Eltern ein gewisses Maß an Vertrauen, dass die Kinder selbst sauber werden wollen und dies zu ihrer Zeit auch anzeigen.

Erziehung und Sozialisation wird vielfach als ein Prozess beschrieben, der der spontanen Entwicklung des Kindes Zügel anlegt, es eingrenzt, es fordert, ihm Begrenzungen und Frustrationen auferlegt, denen es sich fügen soll. Dies verlangt vom Kind kompetente Regulation seiner aus der Frustration entstehenden Ärgergefühle. (Stifter et al., 1999). Dass Kinder von ihren Eltern aufgestellte Verhaltensziele zu ihren eigenen machen und sie befolgen, wird in der neueren entwicklungspsychologischen Forschung – analog zum erwünschten Verhalten von Patienten – als “compliance” bezeichnet, zumal der Ausdruck „Gehorsam“ antiquiert klingt und an autoritäre Strukturen erinnert.

DEFINITION

Compliance ist die Bereitschaft, sich die von einem anderen gegebenen Verhaltensziele zu eigen zu machen.

Non-compliance und Temperament. Der sozialen Lerntheorie zufolge erleichtert ein freundliches, positives Sozialisationsklima dem Kind, die Ziele der Eltern zu verinnerlichen. Je nach Temperament wird dies einigen Kindern leichter oder schwerer fallen.

Stifter et al. (1999) fanden, dass Kinder, die mit 5, 10 und 18 Monaten eine geringe Fähigkeit zur emotionalen Selbstregulation zeigten, sich je nach ihrem Temperament in diesem frühen Alter in

UNTER DER LUPE

Kulturunterschiede bei der Informationsvermittlung

Rogoff et al. (1993) untersuchten in einem Mayadorf in Guatemala, einem Stammesdorf in Indien, einem städtischen Mittelschichtmilieu in der Türkei und bei Mittelschichtfamilien in einer amerikanischen Großstadt (Salt Lake City) durch teilnehmende Beobachtung, mittels Interviews und über kleine Testaufgaben das Erfahrungsumfeld von jeweils 14 Kindern (12–24 Monate) und ihre Art des Erfahrungserwerbs.

Erfahrungsmilieu Städtische Mittelschicht. In den beiden Mittelschichtgruppen (USA und Türkei) lebten die Kinder räumlich und sozial in einer von der Erwachsenenwelt klar getrennten Kinderwelt. Außerhalb von unmittelbaren Interaktionen mit den Eltern gab es durchaus Situationen, in denen weder das Kind mitbekam, was die Eltern taten, noch die Eltern genau wussten, was das Kind gerade tat. Es herrschten sprachliches Verhalten und sprachliches Belehren/Erklären vor. Die Eltern machten aus Spielepisoden richtige kleine Unterrichtseinheiten – eine gute Vorbereitung für die spätere Schüler-Lehrer-Rolle in der Schule. Auch strukturierten sie das Verhalten des Kindes, insbesondere seine Motivation und seinen Erregungsgrad. Die Aufmerksamkeit der Beteiligten war dabei auf jeweils nur eine Interaktion fokussiert, meist ohne konkurrierende Ereignisse zu beachten.

Erfahrungsmilieu dörfliche Gemeinschaft. Anders waren die kindlichen Interaktions- und Lernerfahrungen in den dörflichen Gemeinschaften. Hier gab es keine Trennung von Kinder- und Erwachsenenwelt. Die Kinder nahmen an allem Geschehen als aufmerksame Beobachter teil. Neue Tätigkeiten wurden den Kindern entweder nonverbal vorgemacht oder es wurde ihnen die Handlungsinitiative überlassen, einfühlsam unterstützt von den größeren Kindern und Erwachsenen. Schon im zweiten Lebensjahr übernahmen die Kinder verantwortlich Aufgaben, und niemand störte sich daran, dass sie sogar mit Messern hantierten. Allerdings bekamen die Erwachsenen alles stets aufmerksam mit. Sie konnten konkurrierende Ereignisse simultan beachten. Auch die Kinder entwickelten sich zu geübten Beobachtern, die oft erst nach langem intensivem Zuschauen, dann aber recht plötzlich, die neue Fertigkeit zeigten.

Eltern-Kind-Rollengefüge. Das kulturell unterschiedliche soziale Beziehungsgefüge wurde auch im Selbstverständnis der Rolle der Erwachsenen deutlich. Die Mittelschichteltern in den USA begaben sich auf die Ebene des Kindes und boten sich ihm als Spielkamerad an, spielten dann aber gleichzeitig die Rolle von Lehrern. Den Müttern im Maya-Dorf wäre es absurd vorgekommen, mit ihrem Kind zu spielen; dafür gab es genug andere Kinder. Sie bezogen schon das sehr kleine Kind in alle ihre Alltagsaktivitäten ein. Entsprechend konnten schon die 14- bis 20-monatigen Kinder in Guatemala sowohl bei erwachsenenzentrierten wie bei kindzentrierten Tätigkeiten spontan mehrere Ereignisse gleichzeitig beachten, während die gleichaltrigen Kinder in den USA sich jeweils nur einem Ereignis nach dem anderen zuwandten (Chavajay & Rogoff, 1999).

ihrem späteren Stil des Nicht-Mitmachens unterschieden:

- Kinder mit emotional eher ruhigem Temperament ignorierten im Alter von 30 Monaten einfach die mütterlichen Aufforderungen (passive non-compliance);
- Kinder mit eher heftigem Temperament reagierten auf mütterliche Aufforderungen häufig bockig (defiance), wenn sie sich auch früher schon gegen jegliche Einschränkung heftig zu wehren pflegten.

Stifter et al. sehen daher einen wesentlichen Ursprung für die Entwicklung von compliance in den im ersten Lebensjahr bereits erkennbaren Temperamentsunterschieden und in einem im ersten und zweiten Lebensjahr nicht ausreichenden „Training" im Umgang mit alltäglichen Frustrationen.

Entwicklung von compliance. Kochanska und ihre Mitarbeiter (Kochanska, 1997; Kochanska et al., 1998, 2000, 2001) haben die Ursprünge von compliance im zweiten Lebensjahr und ihre Vorläufer im ersten Lebensjahr sowie ihre Fortsetzung in eine moralische und Gewissensentwicklung im Vorschulalter untersucht. Aus ihren Beobachtungen und Analysen resultiert ein komplexes Entwicklungsmodell der compliance. Compliance gründet danach in der frühen Interaktionsgeschichte und Kooperation von Mutter und Kind, in die beide Seiten viel Gegenseitigkeit, Emotionen, Engagement, Empathie und Vertrauen gesteckt haben.

Ein Kind mit solchen Erfahrungen und den kognitiven Möglichkeiten, die ihm das zweite Lebensjahr eröffnet, entwickelt eine positive Bereitschaft, sozialisiert zu werden. Es wird empfänglich für den Sozialisationseinfluss der Mutter und übernimmt mit Eifer die Werte und Regeln der Eltern. Eine sichere Bindungsbeziehung wäre demnach eine besonders günstige Voraussetzung für positive Sozialisationsbereitschaft.

Formen von compliance: aktives Folgen und Sich-Fügen. Kochanska et al. (2001) unterscheiden zwei Formen von compliance. Bei "committed compliance" übernimmt das Kind gut gelaunt und vollen Herzens die Handlungsvorgaben der Mutter, als wären es seine eigenen; es folgt begeistert den mütterlichen Anweisungen und führt sie auch dann aus, wenn die Mutter nicht jeden Schritt überwacht. Auch bei "situational compliance" verhält sich das Kind generell kooperativ, scheint sich aber eher halbherzig zu fügen und führt die Aufgabe nur zu Ende, wenn die Mutter dahinter bleibt. Das Kind wirkt also eher extern motiviert. Diese beiden Arten von compliance lassen sich vielleicht als „aktives Folgen und Mitmachen" bzw. „Sich-Fügen" übersetzen. Aktives Folgen zeigen die Kinder eher in Situationen, in denen sie zu einer Handlung aufgefordert werden, während Sich-Fügen häufiger in Verbotssituationen auftritt. Sich-Fügen nimmt vom zweiten bis zum fünften Lebensjahr ab, es ist offensichtlich ein eher frühes und unreifes Verhalten. Aktives Folgen nimmt dagegen zu.

Prädiktoren der compliance. Mädchen zeigten in der Längsschnittstudie von Kochanska et al. (2000) bereits mit 13 bis 15 Monaten mehr compliance. Die Fähigkeit neun Monate alter Babys, ihre Aufmerksamkeit aktiv auf ein Bild zu richten (eine kleine Frucht in einer großen Frucht), ohne sich von dem umgreifenden größeren Bild ablenken zu lassen (bemühte Aufmerksamkeit = effortful attention), war gemeinsam mit der Sensitivität der Mutter im Umgang mit dem 22-monatigen Kind ein guter Prädiktor für das aktive Bemühen des Kindes mit 22 und 33 Monaten, sich bei den gestellten Aufgaben richtig anzustrengen, z.B. auf einer Linie ganz langsam zu gehen, ein Bonbon auf die Zunge zu legen, ohne gleich darauf zu kauen, einen Turm genau nachzubauen, ganz leise zu flüstern u.Ä. Im Alter von fünfeinhalb Jahren zeigten Kinder mit früh ausgeprägter compliance besonders große Gewissenhaftigkeit: auch unbewacht packten sie ihr Malzeug weiter ein, versuchten bei einer allzu schweren Spielregel auch unbewacht, nicht zu pfuschen, und beachteten beim Ringwerfen mit anderen Kindern die Regeln. Entsprechend positiv waren auch ihre Antworten in einer kleinen moralischen Dilemmageschichte. Aktives Folgeverhalten dürfte somit ein erster Schritt zur internalisierten Verhaltenskontrolle sein. Aktives Folgen erlaubt dem Kind, den Konflikt zwischen seinem Wunsch, sich zu fügen, und seinem Bestreben nach Autonomie kreativ zu lösen.

6.6 Wie wichtig ist die frühe Kindheit für die weitere Persönlichkeitsentwicklung?

Die Bedeutung der frühen Kindheit für die weitere Entwicklung des Menschen wird unterschiedlich gesehen. Während die Psychoanalyse frühen Erlebnissen tiefgreifende Bedeutung zumisst, auch und gerade weil sich niemand persönlich daran erinnern kann, warnen einige bedeutende Entwicklungspsychologen davor, der frühen Kindheit die alleinige „Schuld" für spätere Persönlichkeitsunterschiede anzulasten (Schaffer, 2000; Kagan, 1998). Andererseits besteht aus der Tradition eines differentiell-psychologischen Ansatzes die Tendenz, nur solche Merkmale in der frühkindlichen Entwicklung für bedeutsam und untersuchenswert zu halten, die einigermaßen stabile Vorhersagen individueller Unterschiede erlauben. Vieles spricht aber dafür, dass auch jenseits der frühkindlichen Jahre und vielleicht besonders in der Folgezeit die Plastizität der Persönlichkeit und des Verhaltens sehr groß ist. Je deutlicher sich das Selbstbild des Kindes oder Jugendlichen entwickelt, desto stabiler werden die psychologischen Merkmale. Dies spricht sehr dafür, dass die aktive Selbstformung, Selbstinterpretation und Selbststeuerung wesentlich und mit zunehmendem Alter immer mehr zur Persönlichkeitsentwicklung beiträgt. Daher braucht es nicht zu verwundern, dass nur dort ein gewisses Maß von Kontinuität der Persönlichkeitsunterschiede aus dem ersten Lebensjahr auftritt, wo die Merkmale entweder eng mit biologischen/neurologischen Einschränkungen korrespondieren (z.B. bei der Vorhersage späterer Intelligenz aus dem Habituationstempo) oder die sozialen Rahmenbedingungen Stabilität sichern. Dennoch legt die frühe Kindheit die Basis für alle späteren Entwicklungen; es ist eine spannende Entwicklungszeit und ein spannendes Forschungsfeld.

Weiterführende Literatur

H. Keller (Hrg.) (1997). Handbuch der Kleinkindforschung. 2. Aufl. Bern:Huber

Dieses Handbuch ist eines der wenigen deutschsprachigen Fachbücher, das sich ausdrücklich mit der frühen Kindheit befasst. Es beinhaltet sowohl fachlich anspruchsvolle Kapitel zu theoretischen Perspektiven (u.a. humanethologische, soziobiologische, psychoanalytische und Piaget'sche Perspektive), befasst sich ausführlich mit Beobachtungsverfahren im Kleinkindalter und mit der Analyse von Veränderungen des Verhaltens und von Kompetenzen im Längsschnitt.

G. Spangler & P. Zimmermann (Hrg.) (1995). Die Bindungstheorie. Grundlagen, Forschung und Anwendung. Stuttgart: Klett-Cotta.

Dieser Band enthält theoretische, empirische und angewandte Beiträge zur Bindungsforschung aus überwiegend dem Forschungskreis um Klaus und Karin Grossmann, einschließlich einem einführenden Beitrag von Bowlby selbst, von Inge Bretherton, einer engen Mitarbeiterin von Mary Ainsworth, und von Mary Main.

Largo, R.H. (1999). Kinderjahre. Die Individualität des Kindes als erzieherische Herausforderung. München: Piper.

Largo leitet das Kinderspital der Universität Zürich. Seine Bücher kann man jungen Eltern dringend empfehlen. Sie sind wissenschaftlich fundiert, enthalten eine Fülle von Praxiserfahrung in der Klinik und der Familie, beschreiben anschaulich und sensibel die kindliche Entwicklung und geben hilfreiche Hinweise für eine achtungsvolle Erziehung. Im zweiten Band werden auf den letzten Seiten auch die hervorragenden Videofilme aufgeführt, die Largo zur frühkindlichen Entwicklung produziert hat.

Rovee-Collier, C. & Lipsitt, L.P. (Eds) Advances in infancy research. Stanford, NJ: Ablex (Reihe).

In der von Rovee-Collier und Lipsitt herausgegebenen Reihe wird vor allem aktuelle experimentelle Forschung präsentiert, und zwar umfassender als in Zeitschriftenaufsätzen.

Kapitel 6
Kindheit

Rolf Oerter

1 Kindheit als Erzeugnis der Kultur und Geschichte

Der hier betrachtete Lebensabschnitt der Kindheit umfasst etwa das Alter vom vierten bis zum elften, zwölften Lebensjahr. Kindheit ist nicht universell durch bestimmte qualitative und quantitative psychische Veränderungen bestimmbar, sondern auch kulturell definiert. Während heute der Kindheit ein eigener Status eingeräumt und das Kind als grundsätzlich verschieden vom Erwachsenen gesehen wird, war dies im Altertum und Mittelalter durchaus nicht der Fall. Damals galt das Kind als kleiner Erwachsener, wie sich vor allen Dingen an bildlichen Darstellungen zeigen lässt, auf denen das Kind die Körperproportionen des Erwachsenen hat (siehe auch Ariès, 1975). Neil Postman (1994) behauptet in seiner weitverbreiteten Darstellung über das Verschwinden der Kindheit, die Hochphase der Kindheit sei vorüber, ja, die Kindheit sei aus der Gesellschaft verschwunden. Seine Argumentation für diese Behauptung ist empirisch nicht haltbar und wissenschaftlich unsolide. Wertvoll zur Analyse der Kindheit sind demgegenüber Dokumentationen über die Situation der Kinder, so z.B. über die Kindheit in Deutschland (Zinnecker & Silbereisen, 1996).

Kulturelle Einflüsse. In Kulturen, die von der unsrigen sehr verschieden sind, wie in schriftlosen Stammes- und Dorfkulturen, müssen Kinder oft selbst für ihren Lebensunterhalt sorgen oder sind in die gesellschaftliche Arbeit eingebunden. Kinder aus Entwicklungsländern, die unter starker Deprivation leiden, sind kaum entwicklungsfördernden Bedingungen ausgesetzt und lassen sich kaum nach Merkmalen beschreiben, die im Folgenden im Vordergrund stehen.

In industrialisierten Gesellschaften handelt es sich bei der Kindheit um einen klar umschriebenen Lebensabschnitt, in dem das Kind bestimmte Aufgaben zu bewältigen hat, aber von der Verantwortung der Erwachsenen frei bleibt. Die Entfernung zur Erwachsenenwelt ist noch so groß, dass wenig Konflikte zwischen Erwachsenenrolle und Kindesrolle entstehen. Das Kind kann höchstens im Spiel die Rolle des Erwachsenen übernehmen, im Ernstfall tritt es nur ausnahmsweise zum Erwachsenen in Konkurrenz, z.B. in Musik und Sport, wobei charakteristisch ist, dass die nicht zur Kindheit gehörigen Merkmale zur Bewunderung der Erwachsenen führen und dem Kind einen Sonderstatus einräumen (Wunderkind). Das Kind befindet sich noch in allen wesentlichen Lebensfragen und bezüglich seiner Entscheidungen in vollkommener Abhängigkeit vom Erwachsenen. Diese Regelung wird von beiden Seiten, den Erwachsenen wie den Kindern, als selbstverständlich angesehen. Dennoch kann es in diesem Verhältnis Wechselseitigkeit in Form des Vertrauens, der Kooperation und des Austausches von Argumenten geben.

Im Folgenden sollen einige Aspekte der Kindheit behandelt werden, die sich schwer in Form der Entwicklung einzelner Funktionsbereiche darstellen lassen, wie dies in Teil III dieses Buches geschieht. Dabei handelt es sich um Aspekte, die sich einerseits bevorzugt unter ökologisch-systemischer Perspektive behandeln lassen, andererseits eine Sichtweise verlangen, die verschiedene Einwirkungen und Bedingungen zusammen sieht. Wir haben dabei vier Bereiche ausgewählt: Die

Entwicklung von Temperament und Persönlichkeit, das Spiel als besonderes Phänomen der Kindheit, die Schule als Umwelt und ihre Wechselwirkung mit Intelligenz und Kognition und schließlich die Bedeutung der Gleichaltrigen für die Entwicklung in der Kindheit. Diese ausgewählten Bereiche lassen erkennen, warum es gerechtfertigt erscheint, von der Kindheit als einem gesonderten, vor allem auch kulturell definierten Entwicklungsabschnitt zu sprechen.

2 Persönlichkeitsentwicklung in der Kindheit

Die raschen, augenfälligen und oft dramatischen Entwicklungsveränderungen in der Kindheit legen nahe, dass man nach allgemeinen Gesetzen solcher Veränderungen sucht. Zugleich aber kennen wir alle Kinder, die frühzeitig bestimmte Eigenarten zeigen und diese auch über die Jahre hinweg beibehalten. Man sagt dann gerne, Kinder sind schon kleine Persönlichkeiten. In der Tat lassen sich auch durch wissenschaftliche Untersuchungen solche Persönlichkeitseigenarten ausmachen. Darüber hinaus entwickelt sich aber die kindliche Persönlichkeit weiter, sie wird gefestigter und „reifer“. Im Folgenden sollen diese Aspekte der kindlichen Entwicklung näher beschrieben werden.

2.1 Temperament und Persönlichkeit

2.1.1 Temperamentsdimensionen

Eine Basis der menschlichen Persönlichkeit wird als Temperament bezeichnet.

> **DEFINITION**
>
> Unter **Temperament** versteht man konstitutionell verankerte Wurzeln von emotionalen, motorischen und aufmerksamkeitsbezogenen Reaktionen und der Selbstregulierung (Rothbart & Bates, 1998).

Als Thomas und Chess (1977) den Temperamentsbegriff neu belebten, fanden sie neun Temperamentsdimensionen. Eine Vielzahl von Messungen an Kindern verschiedenen Alters (erfasst durch Eltern- und Lehrerurteile sowie häusliche und Laborbeobachtungen) zeigten, dass man sich über drei allgemeine Temperamentsfaktoren einigen kann:

- positiver Affekt und Annäherung,
- negativer Affekt und
- aktive Bemühung um Kontrolle (effortful control).

Möglicherweise können diese Faktoren um einen weiteren ergänzt werden (Rothbart & Bates, 1998): soziale Orientierung.

Positiver Affekt und Annäherung versus Scheu und Gehemmtheit treten bereits mit zwei bis drei Monaten auf. Die positiven Reaktionen zeigen sich als Lächeln, rasche Bewegungen, Vokalisierungen und Lidschlag. Später entwickelt sich im ersten Lebensjahr aber eine hemmende Kontrolle. Die Kinder, die zuvor sich allem offen zuwandten, zeigen sich zurückhaltend angesichts neuer Ereignisse oder Reize. Diese Hemmungsreaktion bezeichnet man auch als Antwortunsicherheit (McCall, 1979) oder Hemmungskontrolle (inhibitory control, Block & Block, 1980). Ab da gibt es relativ stabile Unterschiede in der (furchtgesteuerten) Hemmungskontrolle.

Die zweite globale Temperamentsdimension, der negative Affekt, auch Neigung zum Distress, zeichnet sich durch vorwiegend negative Emotionalität aus. Schon manche Neugeborene weinen viel, sind missgestimmt, irritiert und lassen sich schwer beruhigen. Dieser negative Affekt bleibt über Jahre relativ stabil. Man unterscheidet als Subdimensionen Furchtsamkeit und belastende Irritierbarkeit (irritable distress).

Die dritte Dimension, die Aufmerksamkeit und das Bemühen um Kontrolle, wird als System verstanden, das im Laufe der Entwicklung allmählich die oben genannte Hemmungskontrolle ergänzt und überlagert. Während bei der reaktiven Aufmerksamkeit und Hemmungskontrolle eine Steuerung durch fremde und intensive äußere Reize erfolgt, ist das Kind bei der selbstregulierenden Kontrolle (effortful control) in der Lage, seine dominante Reaktion zugunsten einer untergeordneten Handlung zu unterdrücken (Gerardi et al. 1996). Diese Dimension entwickelt sich zu dem, was man gewöhnlich als Selbstkontrolle bezeichnet (s. auch Kap. 16). Selbstkontrolle als System ist nicht mehr genuin ein Temperamentsfaktor, wird aber durch konstitutionelle Momente des Temperaments gestützt bzw. beeinträchtigt.

Die letzte oben genannte Dimension, soziale Orientierung, auch als Affiliation und Agreeableness bezeichnet (Rothbart & Bates, 1998), zeigt sich im freundlichen, vertrauensvollen und hilfreichen Verhalten. Wegen ihrer inzwischen auch neurologisch gesicherten Basis (Verletzungen im Hypothalamus steigern dramatisch aggressives Verhalten) schreibt man ihr auch eine konstitutionelle Basis zu (Panksepp, 1986).

2.1.2 Befunde zur Entwicklung des Temperaments

Drei Untersuchungsbeispiele sollen die Entwicklung der Temperamentsfaktoren in ihrer Wechselwirkung zu Sozialisationseinflüssen beleuchten. Die ersten beiden Untersuchungen betreffen die Reaktion auf Unvertrautes und die emotionale Regulation.

Reaktion auf Neues. Kagan (1997) untersuchte im Längsschnitt die Reaktion auf Unvertrautes an 462 gesunden Kindern im Alter von 16 Wochen, mit 14 bis 21 Monaten und mit viereinhalb Jahren. Anfangs, im Alter von 16 Wochen, wurden die Babys mit neuen Reizen konfrontiert: vorwärts und rückwärts bewegte leuchtende farbige Spielsachen, aufgezeichnete Stimmen und Gerüche. 20 Prozent der Kinder reagierten heftig (eingestuft als hoch reaktiv), 40 Prozent blieben motorisch entspannt und weinten nicht (eingestuft als niedrig reaktiv), während der Rest der Kinder zwischen beiden Werten lag. Mit 14 bis 21 Monaten war etwa ein Drittel der als hoch reaktiv Eingestuften auch hoch furchtsam, im Vergleich zu nur 3 Prozent niedriger Furchtsamkeit. Dagegen war ein Drittel der niedrig Reaktiven nur minimal furchtsam, im Vergleich zu 4 Prozent von Hochfurchtsamen in dieser Gruppe. Aber der Zusammenhang war eben nur für ein Drittel der Kontrastgruppen deutlich zu beobachten. Das Temperament als Anlagekomponente tritt hier bereits in Wechselwirkung zu Umwelteinflüssen. Auch mit vier bis fünf Jahren ließ sich der Temperamentsfaktor der Reaktivität bzw. furchtgesteuerter Hemmungskontrolle (s.o.) nachweisen. In diesem Alter zeigt sich die Hemmung aber nicht mehr direkt in einer Furchtreaktion, sondern in der sozialen Reaktion gegenüber Fremden. 62 Prozent der Hochreaktiven sprachen und lächelten gegenüber einer fremden Person signifikant weniger als Niedrigreaktive.

Kagan weist mit dieser Untersuchung einen Zusammenhang von nonsozialer und sozialer Hemmung nach. Meist erweist es sich aber als notwendig, beide Arten der Hemmung als relativ unabhängig anzusehen.

Soziale Gehemmtheit. Eisenberg et al. (1998) befassen sich mit sozialer Gehemmtheit und untersuchten in einer Längsschnittstudie den Zusammenhang von

- Schüchternheit,
- Emotionalität,
- Regulation und
- Bewältigung.

Sie begannen mit Kindern im Alter von etwa zwei bis vier Jahren und erfassten die genannten Aspekte bei den gleichen Kindern wieder im Alter von sechs bis acht, acht bis zehn und zehn bis zwölf Jahren. Außer der Schüchternheit wurden alle Merkmale schon bei der ersten Messung erhoben. Neben der Befragung der Kinder selbst (ab dem Alter von sechs Jahren) wurden auch die Eltern und die Lehrkräfte interviewt. Schüchternheit korrelierte mit negativen Emotionen (nervös, traurig, furchtsam, gespannt, bekümmert), mit der Bewältigungsform des Nichtstuns und bei der elterlichen Einschätzung von Schüchternheit auch mit Verhaltenshemmung und mangelnder Impulsivität. Schüchternheit war, wie zu erwarten, negativ bezogen zu positiver Emotionalität (s.o.), instrumenteller Bewältigung (aktives Handeln zur Beseitigung eines Problems), Hilfe suchen und Aufmerksamkeitskontrolle (im Sinne der oben erwähnten aktiven Kontrolle). Im Längsschnitt gab es deutliche Prädiktoren von Schüchternheit, d.h. dass sie sich aus früheren Merkmalen vorhersagen ließ. Allerdings bildete auch die soziale Schicht einen Prädiktor. Kinder mit niedrigem sozialen Status waren schüchterner als Kinder mit höherem Sozialstatus. Die Untersuchung bestätigte auch die theoretisch sinnvolle Unterscheidung von Schüchternheit als primäre soziale Ängstlichkeit und Schüchternheit als soziale Hemmung aufgrund sozialer Bewertungsprozesse (Asendorpf, 1990). Während die Eltern eher die erstere Form der Schüchternheit bei ihren Kindern beschrieben, fokussierten die Lehrer mehr auf die letztere Form der Schüchternheit. Soziale Zurückgezogenheit in der Klasse oder im Pausenhof wird vor allem durch die Ablehnung der Gleichaltrigen hervorgerufen. Für Lehrer ist es schwer, die primäre (eher temperamentsbedingte) soziale Ängstlichkeit von der Reaktion der Kinder auf soziale Abwertung zu unterscheiden.

Selbstregulierende Kontrolle. Eine dritte Untersuchung bezieht sich auf die selbstregulierende Kontrolle (auch Hemmungskontrolle oder effortful control, s.o.). Kochanska et al. (1997) untersuchten diesen Temperamentsfaktor bei Kindern bereits im Alter von ca. 32 Monaten und dann wieder mit 3;10 und 6;6 Jahren. Die Autoren entwickelten eine Testbatterie zur Erfassung der Hemmungskontrolle, die mehrere Teilleistungen misst:

- die Verlangsamung motorischer Aktivität,
- die Unterdrückung bzw. Initiierung von Aktivität auf Signale hin,
- den kognitiven Stil der Impulsivität – Reflexivität und
- die willentliche Aufmerksamkeit (effortful attention).

Die selbstregulierende Kontrolle stieg mit dem Alter generell an, aber die individuellen Unterschiede blieben erhalten. Die Mädchen zeigten diese Form der Kontrolle ausgeprägter als die Jungen.

Die Autorinnen waren aber des Weiteren daran interessiert, wie sich die Hemmungskontrolle auf Komponenten des Gewissens auswirkt und erfassten

- die Widerstandsfähigkeit gegenüber induzierter Gewaltanregung,
- das moralische Urteil,
- das moralische Selbst und
- die Ehrlichkeit in der Peergruppe (in einem Spiel, in dem Betrug leicht möglich war).

Es zeigte sich, dass die Fähigkeit zur Selbstregulation, erfasst durch die beschriebene Testbatterie und durch das Urteil der Mütter, mit Komponenten des Gewissens korrelierte. Kinder mit ausgeprägterer selbstregulierender Kontrolle verhielten sich der Tendenz nach moralischer und prosozialer und hatten höhere Werte beim moralischen Selbst. Die Längsschnittdaten belegen darüber hinaus, dass der Temperamentsfaktor der Hemmungskontrolle in der Entwicklung vor den Komponenten des „Gewissens" vorhanden ist. Somit stellt er eine entscheidende Bedingung für prosoziales und moralisches Urteilen und Verhalten dar. Aufgrund guter statistischer Kennwerte für die Verhaltensbeobachtungen und die Testbatterie, kann man den Ergebnissen hohe Gültigkeit zuschreiben.

2.1.3 Persönlichkeitsvariablen: Die großen Fünf

Die Persönlichkeitsforschung hat sich seit langem um die Messung von stabilen Persönlichkeitsmerkmalen bemüht. Am bekanntesten sind die beiden Merkmale Extraversion – Introversion geworden (Eysenck, 1947). Inzwischen haben sehr viele Untersuchungen immer wieder die Existenz von fünf Merkmalen nachgewiesen, die man auch als Big Five, die großen Fünf, bezeichnet. Sie lassen sich schon in der Kindheit nachweisen. In zwei großen Studien (John et al., 1994; van Lieshout & Haselager, 1993) eine in den USA, die andere in den Niederlanden, fanden sich die großen Fünf in folgender Form, wobei die jeweils stärkste Ausprägung auf einer Dimension genannt wird.

Big Five

- Extraversion: emotional expressiv; redselig-mitteilsam; stellt leicht soziale Kontakte her; nicht gehemmt oder eingeschränkt.
- Agreeableness (angenehmes Wesen, gefallend): warm und responsiv; helfend und kooperativ; entwickelt eigene und enge Beziehungen; Neigung zu geben, zu teilen und zu leihen.
- Gewissenhaftigkeit: ausdauernd bei Aktivitäten; gibt nicht leicht auf; aufmerksam und fähig zur Konzentration; planend und vorausdenkend; reflexiv (denkt und elaboriert, bevor er spricht oder handelt).
- Neurotizismus: furchtsam und ängstlich; gerät unter Stress außer Kontrolle, wird verwirrt und desorganisiert; hat kein Selbstvertrauen; fühlt sich wertlos und hält sich für schlecht.
- Offenheit/Intellektualität: neugierig und explorierend; hohe intellektuelle Fähigkeiten; kreativ im Wahrnehmen, Denken, in der Arbeit oder im Spiel; verfügt über eine lebhafte Phantasie.

Über acht unterschiedliche Untersuchungen an ganz verschiedenen Altersstufen ließen sich drei Persönlichkeitstypen finden, die auch für Kinder zutreffen (nach Caspi, 1998).

- Der Typus mit Resilienz (Widerstandsfähigkeit)
- Der durch Vulnerabilität (Verletzbarkeit) und Überkontrolliertheit gekennzeichnete Typus
- Der durch Unterkontrolliertheit gekennzeichnete Typus.

Erstaunlicherweise treten solche Merkmale und zu Typen vereinigte Merkmalskonstellationen schon relativ frühzeitig in der Kindheit auf und zeigen auch schon eine gewisse Stabilität. Allerdings ist diese noch lange nicht so hoch wie im Erwachsenenalter. Das bedeutet wiederum, dass Sozialisationsbedingungen, vor allem aber die Selbstgestaltung des Kindes mit am Werk sind. Es ist klar, dass zwischen Temperamentsmerkmalen und Persönlichkeitsmerkmalen ein enger Zusammenhang besteht. Leider gibt es bislang noch wenig Kontakt zwischen Temperamentsforschern und Persönlichkeitsforschern, so dass nicht klar ist, ob man vielleicht teilweise das Gleiche misst. Man kann sich diese Verbindung mit Caspi (1998) als Entwicklungsvorgang vorstellen, in welchem das Temperament auf die Ausformung der Persönlichkeitsmerkmale Einfluss nimmt. Der Zusammenhang ist in Abb.6.1 dargestellt. Da Temperamentsunterschiede schon im ersten Lebensjahr, zum Teil sogar in den ersten Lebenswochen sichtbar werden, sind sie entwicklungspsychologisch fundamentaler und dürften kausal auf die Genese der Persönlichkeitsmerkmale wirken. Die in Abb. 6.1 gezeigten Pfeile sind daher auch als kausale Verbindungen gedacht. Von den fünf aufgelisteten Temperamentseigenschaften wurden in Abschnitt 2.1.1 drei näher beschrieben.

2.2 Selbstkonzept und Selbstrepräsentation

2.2.1 Begriff und Entwicklungsüberblick

Neben den Forschungsansätzen zum Temperament und zu Persönlichkeitsmerkmalen gibt es noch ein weiteres Konzept, das des Selbst, des Selbstkonzeptes, der Identität. Frühzeitig entwickeln Kinder Vorstellungen und Wissen über sich selbst. Der Begriff des Selbst hat die Psychologie frühzeitig beschäftigt.

I und Me. William James (1890) hat die Unterscheidung zwischen I und Me eingeführt: das Selbst als Subjekt (I) und das Selbst als Objekt (Me). Das I konstruiert das Me und sorgt für die Kontinuität der persönlichen Biographie, es bildet gewissermaßen den roten Faden. Das Me kenn-

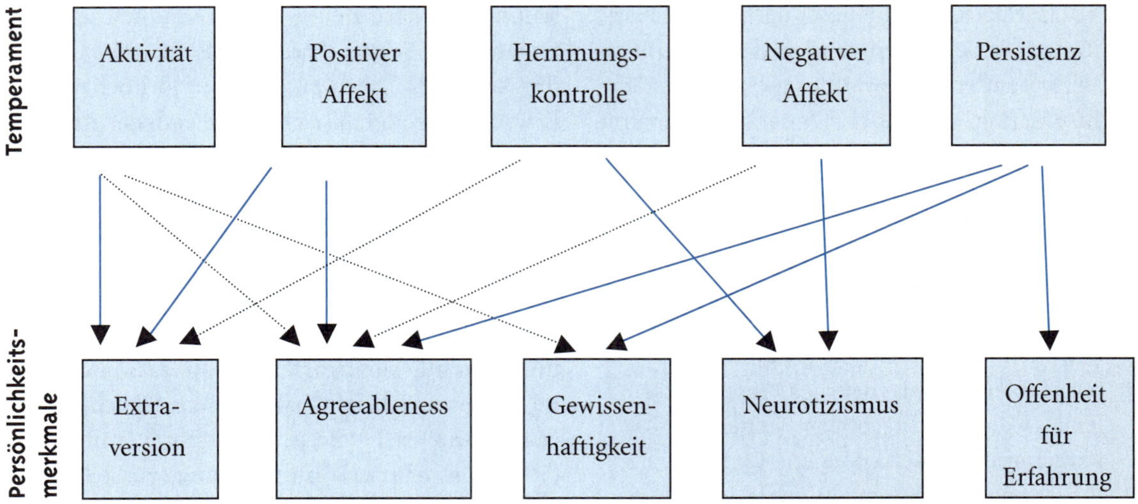

Abbildung 6.1. Hypothetische Zusammenhänge zwischen Temperament (oben) und Persönlichkeitsmerkmalen (unten). Durchgezogene Linien bedeuten positiven, gestrichelte Linien negativen Zusammenhang (nach Caspi, 1998, S. 336)

zeichnet das eigene Selbst, es tritt als Objekt dem I gegenüber. Bereits James unterteilt das Me in ein materielles (den eigenen Körper betreffendes), soziales und spirituelles Selbst. Diese Unterscheidung wirkt bis heute nach und gewinnt neuen Auftrieb (Harter, 1998).

George Herbert Mead (1934) übernahm diese Unterscheidung in seinem symbolischen Interaktionismus. Das Me wird zu einer „individuellen Spiegelung des gesellschaftlichen Gruppenverhaltens“ (a.a.O., S. 201). Denn die soziale Umwelt vermittelt dem Kind, was es ist und stellt dafür auch Kategorien zur Verfügung, vor allem Alter und Geschlecht (konkreter: „Kind“ und „Mädchen“/„Junge“). Das Kind übernimmt solche Kategorien und formt sie zu seinem Me. Das I ist bei Mead die Reaktion auf das gesellschaftlich vermittelte und übernommene Me. Beim I wird die Freiheit und Unvorhersehbarkeit des Akteurs angesiedelt. „Die Handlung des I ist etwas, dessen Natur wir im Vorhinein nicht bestimmen können“ (a.a.O., S. 220). Bereits in der frühen Kindheit lassen sich die beiden Komponenten des I und Me ausmachen.

Existentielles und kategoriales Selbst. Lewis und Brooks (1979) führten die Unterscheidung von existentiellem und kategorialem Selbst ein. Zunächst erfolgt beim Kind die Vergegenwärtigung, dass das Ich getrennt von anderen existiert (existentielles Selbst). Erst im zweiten Lebensjahr vermag das Kind, sich auch als Objekt zu sehen und sich Kategorien, wie Name, „Kind“ und „Mädchen“ zuzuschreiben (kategoriales Selbst). Sobald Kinder Vorstellungen und Wissen über sich besitzen, verfügen sie über Selbstrepräsentation. Ein anderer Aspekt der Selbstrepräsentation in der frühen Kindheit ist das internale Arbeitsmodell (s. Kap. 5), das die Repräsentation der Bindung beinhaltet. In dem hier zu behandelnden Altersabschnitt der Kindheit können Personen bereits Auskunft über sich geben und sich selbst einschätzen.

Zunächst sollen diese Selbstrepräsentationen für die verschiedenen Altersabschnitte der Kindheit dargestellt werden (Harter, 1998). Danach werden einige Untersuchungsbeispiele präsentiert, wobei auch das Konzept der Kontrollüberzeugung eingeführt wird. Schließlich wird versucht, dieses rein deskriptive Vorgehen theoretisch zu ergänzen und Erklärungen für die Entwicklung der Selbstrepräsentation zu finden.

Kleinkind und Vorschulkind (zweieinhalb bis fünf Jahre). In diesem Alter vermag das Kind sehr konkrete beobachtbare Züge des Selbst zu konstruieren. Es erzählt etwa:

„Ich kann schon zählen“, „ich kann Rad fahren ohne Stützräder“, „ich hab' ein schönes Kleid an“. Das Selbst wird durch Merkmale dargestellt, die entweder körperlich sind (ich habe blaue Augen), Aktivitäten kennzeichnen (ich fahre gern Rad), soziale Beziehungen beschreiben (ich habe zwei Schwestern) oder manchmal psychologische Merkmale beinhalten (ich bin lustig). Die Merkmale stehen noch unverbunden nebeneinander. Weiterhin beschreibt sich das Kind unrealistisch positiv. Es trennt nicht zwischen seinem Wunschbild (ideales Selbst) und dem Realbild (reales Selbst). Die Kinder sind aber in der Lage, sich schon frühzeitig einer Kategorie zuzuordnen, die sie mit anderen gemeinsam haben. So bilden sie eine Kategorie mit dem Elternteil des gleichen Geschlechts und bewerten ihre Aktivitäten nach denen des Partners der gleichen Kategorie. So äußert ein Junge etwa, dass er das Gleiche wie sein Vater tun möchte. Schon im zweiten Lebensjahr zeigen Kinder eine weitere Komponente des Selbst. Sie suchen nach positiven Reaktionen für ihre Leistungen. Auch wissen sie, dass ihr Verhalten sich auf das Verhalten anderer auswirkt (Higgins, 1991; Stipek et al., 1992).

Vorschul- und Grundschulkind (fünf bis acht Jahre). Allmählich werden Merkmale der Selbstbeschreibung miteinander verknüpft. Zum Beispiel ordnet ein Kind Laufen, Springen und Klettern als selbstbeschreibende Merkmale zusammen. Weiterhin kann es sich (und andere) mit Hilfe von Gegensatzpaaren beschreiben. Solche Paare sind etwa dick–dünn, groß–klein, gut–böse, klug–dumm. Dennoch handelt es sich hierbei nicht um das Verständnis innerer Dimensionen, die das Kind konkreten Verhaltensweisen zugrunde legen würde (Ruble & Dweck, 1995). Higgins (1991) beschreibt das Selbstkonzept dieser Altersstufe wiederum anhand von sozialen Beziehungen. Nun versteht das Kind, dass andere (die bei ihm als Sozialisationsagenten fungieren) nicht nur in bestimmter Weise reagieren, sondern auch einen bestimmten Standpunkt einnehmen. Kinder wissen, dass sie bewertet werden. Von da an, so behauptet Higgins, beginnt der Standpunkt anderer selbstleitend (als „self-guide“) wirksam zu werden. Dies geschieht bereits ansatzweise mit drei Jahren, baut sich etwa ab vier Jahren durch das Verständnis, dass andere eigene Überzeugungen besitzen (s. theory of mind in Kap. 12) weiter aus und wird im Grundschulalter hoch bedeutsam für die Konstruktion des Selbstkonzeptes.

Späte Kindheit (neun bis zwölf Jahre). Der Hauptfortschritt in dieser Altersperiode besteht in der wachsenden Fähigkeit, einzelne Selbstrepräsentationen zu koordinieren. Diese Stufe wird daher von Fischer (1980) als Stufe der Repräsentationssysteme bezeichnet. Nun formuliert das Kind innere Dimensionen, Eigenschaften, die hinter einzelnen Verhaltensweisen und Geschicklichkeiten stehen. So wird die mangelnde Leistung in Mathematik, Deutsch und Sachkunde als „dumm“ oder „schlecht“ kategorisiert und vom Kind als Persönlichkeitsmerkmal konzipiert. Des Weiteren kann das Kind gegensätzliche Eigenschaften koordinieren. So kann es sich selbst oder andere als gleichzeitig scheu und ängstlich in bestimmten Situationen (unter Fremden) und als offen und draufgängerisch in anderen Situationen (bei Freunden) beschreiben. Noch augenscheinlicher wird die Integration bei den Merkmalen „glücklich“ und „traurig“. Man kann mit Freunden oder beim Sport glücklich sein, aber beim Erledigen ungeliebter Aufgaben unglücklich. Diese Fähigkeit der Koordination wird von Case und Griffin (1990) als bidimensionales Denken bezeichnet. Neben den genannten Leistungen spielt dabei der soziale Vergleich eine wichtige Rolle. In der Schule kann das Kind aufgrund der Leistungsrückmeldung eine klare Selbsteinschätzung vornehmen. Der Umgang mit Gleichaltrigen vermittelt auch Rückmeldung über die Position in der Gruppe, über Beliebtheit und außerschulische Geschicklichkeiten. Damit führt die Fähigkeit, soziale Vergleichsinformationen für die Selbstbewertung zu nutzen, zu einem entscheidenden Fortschritt in der Konstruktion des Selbstbildes. Es wird differenzierter, realistischer und hierarchisch komplexer.

2.2.2 Komponenten und Stabilität des Selbstkonzeptes

Lange Zeit erwies es sich als schwierig, Auskünfte über das kindliche Selbstkonzept zu erhalten, weil die üblichen Fragebogen und Q-Sort-Verfahren unverständlich für Kinder waren. Inzwischen existieren aber mehrere Verfahren zur Erfassung von Aspekten des Selbstkonzeptes bei Vier- bis Achtjährigen.

Bildung des differenzierten Selbstkonzepts. Marsh et al. (1998) präsentieren eine umfangreiche Untersuchung an fünf- bis achtjährigen Kindern, die mit einem Verfahren getestet wurden, das zunächst für Jugendliche entwickelt worden war, nämlich dem Selbstbeschreibungsfragebogen von Marsh (Self-Description Questionnaire: SDQ-1). Er besteht aus Fragen über sich selbst, die man den Kindern einzeln stellt. Folgende Bereiche werden abgefragt:

- Körperliche Fähigkeiten: Selbstwahrnehmung der Geschicklichkeiten und Interessen für Sport, Spiel und körperliche Aktivitäten.
- Körperliche Erscheinung: Wahrnehmung der eigenen Attraktivität, Einschätzung der Bewertung der eigenen Attraktivität durch andere.
- Beziehung zu Gleichaltrigen: Einschätzung des Kindes, wie leicht es Freundschaften schließen kann, wie beliebt es bei anderen ist und ob andere es zum Freund haben möchten.
- Beziehung zu den Eltern: Einschätzung des Kindes, wie gut es mit den Eltern zurecht kommt, ob es seine Eltern liebt und ob es von seinen Eltern geliebt und anerkannt wird.
- Lesen: Selbsteinschätzung der Lesefähigkeit sowie der Freude und des Interesses am Lesen.
- Mathematik: Selbsteinschätzung der mathematischen Fähigkeiten sowie der Freude und des Interesses an der Mathematik.
- Schule: Selbsteinschätzung der Fähigkeit für Schulfächer generell sowie der Freude und des Interesses an Schulfächern.
- Selbstwert: Selbsteinschätzung der Effektivität, der Tüchtigkeit, des Selbstvertrauens und der Selbstachtung.

Dieses Verfahren wurde für Kinder adaptiert. Die Autoren untersuchten Kinder in drei Alterskohorten, nämlich im Kindergarten, in der ersten und in der zweiten Klasse. Alle drei Gruppen wurden nach einem Jahr erneut erfasst, um zu prüfen, ob die Alterstrends bei Querschnitt- und Längsschnittvergleich dieselben sind. Daneben schätzten die Lehrkräfte zum ersten Messzeitpunkt mit Hilfe einer gekürzten Version der gleichen Skala (SDQ-1) das Selbstkonzept ihrer Schülerinnen und Schüler ein.

Die Untersuchung förderte erstaunliche Ergebnisse zutage. Zunächst zeigte sich die bei Älteren gefundene Faktorenstruktur von acht Selbstkonzeptbereichen bereits bei den Kindergartenkindern. Die Zuverlässigkeitsschätzungen (Alpha-Koeffizient) bewegten sich zwischen .52 und .78. Bei der Bildung von Summenscores für die Bereiche: schulisch, nichtschulisch und total stieg die Zuverlässigkeit auf .90 an. Auch die Stabilität des Selbstkonzeptes zeigte sich früh. Erwartungsgemäß stiegen Zuverlässigkeit, Stabilität und Ausprägung der Faktorenstruktur mit dem Alter an, dies sowohl querschnittlich als auch im Längsschnitt. Die Ergebnisse belegen zweierlei:

- Die frühe Ausprägung eines differenzierten Selbstkonzeptes und
- die wachsende Festigung dieses Selbstkonzeptes im Laufe von drei Jahren.

Komponenten des Selbstkonzepts. Die Untersuchung von Marsh und Mitarbeitern steht nicht einzeln da. Measelle et al. (1998) haben bei etwa der gleichen Altersgruppe (Viereinhalb- bis Siebeneinhalbjährige) das Berkeley Puppet Interview (BPI) verwendet. Dieses Verfahren ist kindgemäßer als der SDQ, es verwendet Puppen, mit denen das Kind während der Befragung interagiert. Das Kind kann verbale und nonverbale Darstellung als Beantwortungsform wählen. Das Instrument erfasst die Bereiche:

- akademische Kompetenz (Schulleistung),
- Leistungsmotivation,
- soziale Kompetenz,

- Akzeptanz bei Gleichaltrigen,
- Depression/Angst und
- Aggression/Feindseligkeit.

Neben den Kindern wurden auch die Eltern und Lehrer mit Hilfe des Child Adaptive Behavior Interviews (CABI) befragt.

Auch in dieser Untersuchung unterschieden die Kinder zwischen den befragten Bereichen als distinkten Domänen des Selbstkonzeptes. Die Stabilität stieg ebenfalls mit dem Alter an, und es zeigte sich eine deutliche Übereinstimmung zwischen dem Urteil von Eltern und Lehrern und der Selbsteinschätzung der Kinder.

FAZIT

Kinder verfügen schon im ausgehenden Vorschulalter und im Grundschulalter über ein differenziertes relativ stabiles Selbstkonzept, das mit zunehmendem Alter immer realistischer wird.

2.2.3 Selbstrepräsentation und Schule

Wie geht nun die Entwicklung weiter? Zum einen bildet sich eine Hierarchisierung der Komponenten des Selbstkonzeptes heraus und man unterscheidet ein allgemeines von einem akademischen Fähigkeitsselbstkonzept sowie anderen Untereinheiten des Selbstkonzeptes. Zum anderen wirken sich andere Persönlichkeitsdimensionen, wie z.B. Depression und Ängstlichkeit zunehmend auf das Selbstkonzept aus. Dies sei wieder an einem Untersuchungsbeispiel demonstriert.

Depressivität und Selbstkonzept. Cole et al. (1999) erfassten bei 807 Kindern der dritten und sechsten Klasse im Abstand von sechs Monaten drei Jahre lang die Selbsteinschätzung der schulischen Kompetenz, der depressiven Gefühle und der Angst. In der vierten und fünften Klasse bildeten sich Geschlechtsunterschiede heraus. Die Mädchen unterschätzten ihre schulische Kompetenz, während die Jungen sie überschätzten. Diese Unterschiede waren aber auf das Ausmaß an Depressivität und Angst zurückzuführen. Nicht das Geschlecht per se war die Ursache für die Unter- bzw. Überschätzung der eigenen Kompetenz, sondern das Ausmaß an Depressivität und Angst. Da die Mädchen sich häufiger als depressiv und ängstlich beschrieben, führt dies bei ihnen zur Unterschätzung ihrer Leistungsfähigkeit, während die Jungen, die durchschnittlich weniger Angst und Depressivität äußerten, zur optimistischen Überschätzung gelangten. Da es sich um eine Längsschnittstudie handelt, konnten die Autoren auch den Kausalzusammenhang zwischen diesen Variablen prüfen. Dabei stellte sich heraus, dass die Depressivität und Ängstlichkeit schon beim ersten Messzeitpunkt die spätere Unterschätzung des eigenen Fähigkeitskonzeptes vorhersagte. Ein niedriges Fähigkeitsselbst hingegen führte nicht zum späteren Ausmaß an Depressivität und Angst.

2.2.4 Kontrollüberzeugungen

Ein wichtiger Aspekt des Selbstkonzeptes sind die Kontrollüberzeugungen. Im Lauf der Forschungsgeschichte haben sich eine Reihe von Konzepten zur Kontrollüberzeugung entwickelt, wie Ort der Kontrolle, Attributionstheorie und Selbstwirksamkeit (Näheres s. Kap. 20).

Schon bei kleinen Kindern zeigt sich ein starkes Bedürfnis, Wirkungen in der physikalischen und sozialen Umwelt zu erzielen. Dies beginnt mit der Freude am Effekt im ersten Lebensjahr (effectance motivation; White, 1959) und setzt sich im zweiten und dritten Jahr fort mit dem starken Bedürfnis, etwas selbst machen zu wollen. Sobald die Kinder die Schule besuchen, werden Kontrollüberzeugungen für die Leistungen wichtig. Sie gehören nämlich zu den besten Prädiktoren für schulische Leistungen. Kinder unterscheiden sich nun beträchtlich hinsichtlich solcher Kontrollüberzeugungen. Damit ist aber auch ausgesagt, dass sie unterschiedliche Chancen für Schulerfolg und Erfolg in Lebensbereichen außerhalb der Schule haben.

Auswirkung auf die Schulleistung. Die Rolle der Kontrollüberzeugung in der Kindheit mag eine umfangreiche Untersuchung von Skinner et al. (1998) beleuchten. Die Autoren untersuchten 1.600 Kinder in einem Kohorten-Sequenz-Design (s. Kap. 39), indem sie zunächst dritte, vierte und fünfte Klassen in halbjährlichem Abstand drei Jahre lang untersuchten. Ein Jahr nach Beginn des ersten Durchgangs erhoben sie eine zweite Welle von drei Kohorten, wieder bestehend aus den Klassen drei bis fünf.

Ihr Modell sah eine zyklische Kausalwirkung vor. Die Kontrollüberzeugung sollte positiv auf das schulische Engagement wirken und damit die Schulleistung erhöhen. Diese Erhöhung sollte zurückwirken auf die Kontrollüberzeugung, die sich positiv stabilisiert bzw. erhöht („Engelskreis"). Analoges gilt für den Zusammenhang von niedriger Kontrollüberzeugung und deren negative Auswirkung auf die Leistung, die wiederum das niedrige Kontrollbewusstsein verstärken sollte („Teufelskreis").

Daneben aber wird die Kontrollüberzeugung durch die Interaktion mit Lehrkräften beeinflusst. Wärme und Unterstützung müssten sich positiv auf die kindliche Kontrollüberzeugung auswirken, während wenig unterstützende und ablehnende Lehrer die Kontrollüberzeugung und damit letztlich die Leistung verringern müssten.

Die Ergebnisse, die immerhin einen Entwicklungszeitraum von fünf Jahren abdecken, bestätigen diese Annahmen. Es gab zyklische Anstiege und Abfälle in Kontrollüberzeugung und Leistung, die längerfristige Auswirkung des Engels- oder Teufelskreises sichtbar werden ließen.

Als recht massiv erwies sich auch der Einfluss der Lehrkräfte in dem zu erwartenden Sinne: Wenig unterstützende Lehrkräfte hatten mehr Kinder mit niedriger Kontrollüberzeugung und Schulleistung, während Lehrkräfte mit Wärme und Unterstützung Kinder mit signifikant höheren Werten in beiden Bereichen vorweisen konnten.

Ähnliche Befunde liegen auch für Deutschland vor, wobei man sich hier mehr auf Selbstwertgefühl und Fähigkeitsselbst konzentrierte.

Zwei Entwicklungen des Selbstbildes

Wie sehr die Art der Rückmeldung des Lehrers das Selbstbild der Kinder beeinflusst, zeigt die Untersuchung, die Jerusalem (1984) als Ergebnisse eines Längsschnittprojektes unter Leitung von Schwarzer berichtet.

Die Abbildungen 6.2 und 6.3 zeigen den Verlauf des mit Hilfe von Skalen erfassten Begabungsselbstkonzeptes und des generalisierten Selbstkonzeptes über einen Zeitraum von zwei Schuljahren (5. und 6. Klasse). In Klassen, in denen der Lehrer eine individuelle Bezugsnorm und damit individuelle Leistungsrückmeldung (zumindest in der Wahrnehmung der betroffenen Schüler) bevorzugte, bleibt die Bewertung des generalisierten Selbstkonzeptes (Abb. 6.3) im Durchschnitt auf der gleichen Höhe, die des Begabungskonzeptes (Abb. 6.2) wächst sogar an. Schüler, die ihre Lehrer als an sozialen Bezugsnormen orientiert, d.h. auf den Vergleich innerhalb der Klasse ausgerichtet, wahrnehmen, schätzen ihre Begabung und ihren Wert zunehmend niedriger ein. Leider wurde die Orientierung der Lehrer nicht zusätzlich unabhängig erfasst, so dass von den Angaben der Schüler nur sehr bedingt ein Schluss auf die tatsächliche Rückmeldung des Lehrers und somit auf das Selbstkonzept des Schülers gezogen werden kann.

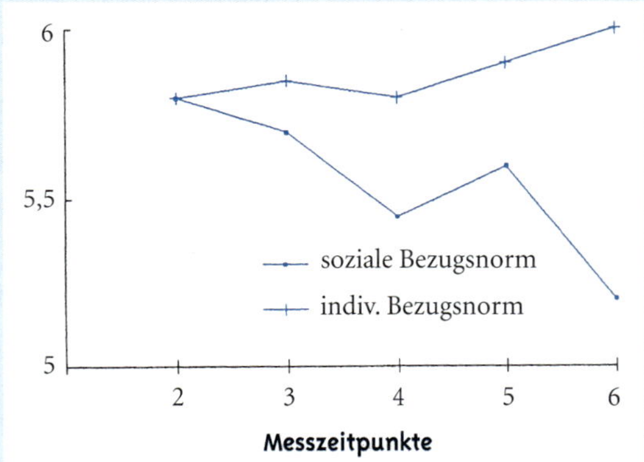

Abbildung 6.2. Die Entwicklung des Begabungsselbstkonzepts in Abhängigkeit von der wahrgenommenen Bezugsnormorientierung der Lehrer (aus Jerusalem, 1984, S. 307)

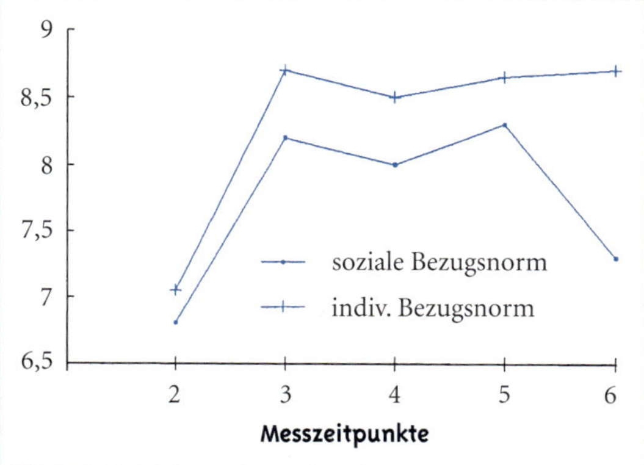

Abbildung 6.3. Die Entwicklung des generalisierten Selbstkonzeptes in Abhängigkeit von der wahrgenommenen Bezugsnormorientierung der Lehrer (aus Jerusalem, 1984, S. 309)

2.2.5 Versuch einer theoretischen Integration

Sowohl die deskriptive Darstellung als auch die Fülle empirischer Befunde lassen es zu, die Entwicklung des Selbstkonzeptes in der Kindheit theoretisch zusammenhängend zu erklären. Versucht man, bisher vorliegende Befunde über den Zusammenhang schulischer Sozialisation und Entwicklung des Selbstbildes zusammenzufassen, so macht das Selbstbild eine qualitative und strukturelle Veränderung durch. Es lassen sich vier Niveaus unterscheiden.

Niveau I: Das Tüchtigkeitsselbst. Vor allem im Vorschulalter trennt das Kind bereits zwischen Schwierigkeitsgraden und persönlicher Tüchtigkeit. Es kann sich Gütemaßstäbe setzen und seine Tüchtigkeit mehr oder minder realistisch einschätzen. Fend und Schröer (1985) sprechen von der Internalisierung (oder auch Konstruktion) von Leistungsnormen. Das Tüchtigkeitsselbst, das daraus resultiert, ist aber noch undifferenziert hinsichtlich der Bedingungen, die der Leistung zugrunde liegen.

Niveau II: Ipsatives Fähigkeitsselbst. Im Verlauf der Grundschule bildet sich ein Fähigkeitsselbst heraus, das sensibel gegenüber Vergleichen mit und Urteilen von anderen ist. Doch wird als Hauptinformationsquelle der Bezug zu den eigenen Leistungsstandards hergestellt, die früher und jetzt erreicht wurden. Trotz der oben berichteten Geschlechtsunterschiede gilt dies generell. Diese selbstbezogene Orientierung greift auf zwei Komponenten der Leistung zurück, die nun deutlich unterschieden werden,

- Anstrengung und
- Fähigkeit.

Die selbst zustandegebrachte Leistung wird aus der Kombination der beiden erklärt (Nicholls, 1978; s. auch Kap. 15). Fend und Schröer (1985) bezeichnen dieses Niveau als die Erkenntnis der eigenen Leistung (a.a.O. S. 425). Die bereits erwähnte Untersuchung von Jerusalem zeigt, dass es sich vermutlich um dieses Niveau des Selbstkonzeptes bei seinen längsschnittlichen Messungen handelt. Nicholls (1984) nimmt an, dass diese Form des Begabungsselbstkonzeptes bis ins Jugendalter hinein reift.

Niveau III: Das normative Selbstbild. Nach Nicholls (1984) wandelt sich das ipsative Fähigkeitsselbst im Zuge der generellen Orientierung an Partnern und an Gruppen zum normativen Selbstkonzept, d.h. das Selbstkonzept orientiert sich nun am Vergleich mit signifikanten Anderen und Gruppen. Die wichtigste Bezugsgruppe ist natürlich die Schulklasse. Wenn das Individuum in einer schulmotivierten Gruppe Gleichaltriger lebt, so orientiert es seine Selbsteinschätzung zwangsläufig an dem Niveau dieser Gruppe und somit auch an deren schulischen Leistungen. Das Begabungsselbstkonzept wird normativ, es orientiert sich an der sozialen Bezugsnorm. Nicholls begründet im Einzelnen, warum dieser Schritt im Jugendalter nötig wird. Er führt den Jugendlichen zur realistischen Einschätzung seiner Möglichkeiten und seiner Position innerhalb der Gruppe. Er befähigt ihn trotz möglicher Schwierigkeiten, in die er durch diese Orientierung geraten mag, sein Leben zu meistern. In der bereits zitierten Untersuchung von Skinner et al. (1998) konnten Nicholls Annahmen insofern bestätigt werden, als sich die Kontrollüberzeugungen in der späteren Kindheit von Anstrengungs- zu Fähigkeitszuweisungen entwickelten. Die eigene Fähigkeit, ob gering oder groß wird als wichtigster Bestandteil für Leistung und damit zugleich für das Selbst angesehen. Das Selbst definiert sich nun auch durch Beziehungen zur Normgruppe und zu einem Universum von potentiellen Leistungsgegenständen.

Niveau IV: Normativ-gesellschaftsbezogenes Selbstbild. Das Begabungs-Selbstkonzept, kann noch eine komplexere Form annehmen, nämlich dann, wenn sich das Individuum über die Schule hinaus an wesentlichen Merkmalen der Gesellschaft orientiert. Während das normative Selbstbild in der Schule (Niveau III) durch den konkreten Vergleich noch gut gestützt wird, ist dies für das normativ-gesellschaftliche Selbstbild nur schwer möglich. Hier geht es darum, die eigene Position bezüglich der Leistung und der Handlungsmöglichkeiten in der Gesellschaft zu bestimmen. Dieser Prozess spielt eine Rolle bei der Berufs- und Studienwahl, aber solche Bedingungen reichen nicht hin, um das Niveau IV aufzubauen. Schulbesuch und die Notwendigkeit, sich in der Gesellschaft orientieren zu müssen, sind notwendige aber nicht hinreichende Bedingungen für dieses Niveau des Begabungs-Selbstkonzeptes.

2.2.6 Selbstbild und Menschenbild

Das Verständnis des Selbstbildes bleibt einseitig, wenn man es als isoliertes Phänomen versteht, das nichts mit sonstigem sozialen Verstehen zu tun hat. Die bisherige Darstellung zeigt, dass die Selbstrepräsentation eng mit sozialem Verstehen und Handeln verknüpft ist. Wie schon Mead (1934) dargelegt hat, existiert die Vorstellung über das Selbst in Verbindung mit dem Wissen und Verständnis anderer. Die Beziehungen zwischen Ich und anderen auf der Ebene der Repräsentation sind zweiseitig. Einerseits kann das Kind folgern: die anderen sind so wie ich (sie freuen sich, leiden Schmerz), andererseits denkt es auch in umgekehrter Richtung: ich bin wie die anderen. Die letztere Perspektive ist vermutlich die primäre. Das kategoriale Selbst im zweiten Lebensjahr kann diese sozialen Kategorien wie Geschlecht, Kindsein und Name nur verstehen, wenn es erkennt, dass sie für viele Menschen gelten.

Die Geschlechtsrollenidentifikation beginnt nach Kohlberg (1974) als Zuordnung der eigenen Person zu einem Geschlecht (ich bin ein Junge/Mädchen). Erst nach dieser kategorialen Zuweisung wählt das Kind Verhaltensweisen aus, die zu seinem Geschlecht passen (Näheres s. Kap. 19). Das Selbst des Kindes steht also in Relation zu seinem allgemeinen Menschenbild. Es ordnet sich als Mensch, als zugehörig zu einem Geschlecht, als zugehörig zu einer Altersgruppe usw. ein. Daher findet man als Selbstbeschreibung ähnliche Charakteristika wie bei der Beschreibung von Freunden oder Erwachsenen. Züge des so verstandenen Menschenbildes erforschten schon Livesley und Bromley (1973) sowie Eder (1989).

Fünf Stufen des Menschenbildes. Oerter (1995) verallgemeinerte solche Konzeptionen zu fünf Stufen des Menschenbildes, von denen die ersten beiden die Kindheit betreffen.

Auf der ersten Stufe (empirisch gefunden bei Sechs- bis Achtjährigen) wird der Mensch als Akteur beschrieben, der intentional handelt. Er besitzt ein mehr oder minder großes Repertoire an solchen konkreten Handlungen. Die Merkmale des Menschen sind anschaulich und damit eher äußerlich: Körpergröße, Aussehen und Körperkraft stehen im Vordergrund (Persönlichkeitstheorie). Die Beziehungen zu anderen werden vor allem als Zugehörigkeit und Besitz beschrieben (Sozialtheorie). Das Handeln selbst wird noch nicht ausgegliedert in Ziel, Mittel und Ergebnis, sondern als auf Ziele gerichtete Aktivität verstanden (Handlungstheorie).

Auf der zweiten Stufe (Zehn- bis Zwölfjährige) dagegen benutzt das Kind psychische Merkmale zur Beschreibung und Erklärung von Handlungen. Die Persönlichkeitstheorie wird zu einem Zwei-Ebenen-Modell: äußere Handlungen werden durch interne Merkmale erklärt. Die Sozialtheorie wird zu einer ersten Wechselseitigkeit ausgeweitet, z.B. wechselseitige Hilfe, wechselseitige Aufgaben und Pflichten. Die Beziehungen werden vorwiegend durch Instrumentalität gekennzeichnet. Man braucht andere, und die anderen brauchen einen selbst. Die Handlungstheorie weitet sich ebenfalls aus. Nun trennt das Kind in seinen Beschreibungen zwischen Ziel, Mittel und Zweck. Es weiß z.B., dass eine lange Lernzeit nötig ist, um ein bestimmtes Ergebnis zu erzielen, etwa die Erlangung eines Berufes.

Das Menschenbild lässt sich als naive Theorie vom Menschen auffassen, die notgedrungen jeder entwickeln muss, um sich in der sozialen Welt zu orientieren und gleichzeitig den eigenen Stellenwert innerhalb des sozialen Systems zu finden. Solche Theorien enthalten aber noch mehr soziale Komponenten, nämlich die des sozialen Vergleichs und der Perspektivenübernahme sowie der Empathie. Diese Leistungen gehen in die Selbstrepräsentation ein. Beim generellen Menschenbild, das nur als explizites Wissen erfragt wurde, scheint dieses Verständnis erst viel später integriert zu werden. Erst im Jugendalter äußern die Probanden Verständnis dafür, dass verschiedene Menschen unterschiedliche Positionen, „Erkenntnisse" haben können. Dies wird im nächsten Kapitel näher erläutert werden.

3 Spiel und kindliche Entwicklung

3.1 Zur Geschichte der Spielforschung

Seit langem fesselt das Spiel der Kinder Autoren aus verschiedensten Disziplinen. Es konnte nicht ausbleiben, dass man nach Sinn und Bedeutung dieses offenbar zentralen Phänomens des menschlichen Verhaltens fragte. Eine Reihe von Antworten wurden angeboten.

Annahmen über Funktionen des Spiels. Spencer (1855) meint, dass im Spiel die überschüssigen Energien aufgefangen und abreagiert werden. Der gleichen Meinung ist auch Schiller, bei dem allerdings der Spieltrieb den ästhetischen Antrieb und dieser wiederum den moralischen Impuls weckt (Schiller, 1907).

Schaller (1861) und Lazarus (1883) schreiben dem Spiel eine Erholungsfunktion zu. Während des Spiels können sich ermüdete Systeme ausruhen und neue Kräfte sammeln.

Wohl am weitesten akzeptiert ist die Annahme von Groos (1899), das Spiel diene der Einübung wichtiger Leistungen und der Ausbildung von Funktionen.

Die Rekapitulationstheorie von Hall (1906) nimmt an, dass die Ontogenese (Entwicklung des Individuums) eine verkürzte Wiederholung der Phylogenese (stammesgeschichtliche Entwicklung) sei.

Buytendijk (1933) hält es nur dann für sinnvoll von Spiel zu sprechen, wenn ein Spielobjekt (Ding, sozialer Partner) vorhanden ist. Der Spielverlauf hat nach Buytendijk den Charakter eines Theaterstücks (Dramas) mit einer Einleitungsphase, einem Höhepunkt der Aktivität und einem allmählichen Abklingen bis zum deutlich abgegrenzten Ende.

Annahmen über den Sinn des Spiels. Eine Sinndeutung des Spieles gibt u.a. Haigis (1941), der als wichtigstes Prinzip des Spiels die „existentielle Erregung" ansieht und den Sinn des Spiels im Bewusstwerden der eigenen Existenz vermutet.

Binswanger versteht den Sinn des Spiels in ähnlicher Weise als die Verwirklichung der existentiellen Tendenz nach Befreiung von Verfallenheit an die Welt.

Blumenfeld meint, dass sich der Spielende vom praktischen Leben isoliere und in eine andere Welt entweiche (beide Autoren zitiert nach Buytendijk, 1958).

Man erkennt aus diesen Beispielen, dass Spielerklärungen auf zwei Ebenen gegeben werden, die eine fragt nach der Funktion und den Auswirkungen des Spiels, die andere nach dem tieferen Sinn des Spiels. Beide Arten von Antworten werden innerhalb der Psychologie auch zu geben versucht und sollen uns im Folgenden beschäftigen.

3.2 Drei Merkmale des Spiels und drei Spieltheorien

Scheuerl (1991) versucht, das Spiel phänomenologisch zu beschreiben und findet eine Vielzahl von Kriterien. Im Folgenden wollen wir uns aber mit drei Merkmalen begnügen, da sie ausreichen, die Vielfalt des Spielverhaltens zu beschreiben.

3.2.1 Drei Merkmale des Spiels

Selbstzweck des Spiels (Handlung um der Handlung willen). Das Aufgehen in der Tätigkeit des Spiels wird durch tätigkeitszentrierte Motivation (Rheinberg, 1989) oder als Handeln nach dem Paratelic Model (Apter, 1982) erklärt. Dabei spielt das so genannte Flusserleben (flow) nach Csikszentmihalyi (1985) eine wichtige Rolle. Es ist u.a. durch besondere Erfahrung bei der ausführenden Tätigkeit gekennzeichnet: Man fühlt sich optimal beansprucht, der Handlungsablauf geht glatt und flüssig vonstatten, die Konzentration erfolgt von selbst, das Zeiterleben wird weitgehend ausgeschaltet, und man selbst erlebt sich nicht mehr abgehoben von der Tätigkeit, sondern geht in ihr auf (Rheinberg, 1991, S. 2/3).

Wechsel des Realitätsbezuges. Im Spiel konstruiert das Kind eine andere Realität, die der „eingebildeten Situation" (Elkonin, 1980, S. 11). Spiel bildet also einen Handlungsrahmen, innerhalb dessen Gegenstände, Handlungen und Personen etwas anderes bedeuten können als in der Realität außerhalb des Spiels. Solche Rahmen sind im sozialen Spiel auch vereinbart und reichen bis in die Phylogenese des Menschen zurück, da sie bereits im tierischen Spielverhalten auftreten, so etwa bei den Spielkämpfen von Jungtieren. Wenn Kinder einen Spielrahmen vereinbaren und damit eine eigene Realität konstruieren, müssen sie sich sprachlich oder nonverbal auf den Spielrahmen, d.h. die eingebildete Situation einigen.

Wiederholung und Ritual. In allen Spielformen zeigen sich Wiederholungen von Handlungen, oft in exzessiver Form. Weiterhin haben solche Handlungswiederholungen häufig Ritualcharakter, d.h. die Handlungen haben einen festgelegten Ablauf und sind in ihrer Gestalt stärker profiliert als normale Handlungen.

3.2.2 Drei psychologische Theorien

Im Folgenden seien drei bedeutende Psychologen ausgewählt, die über das Spiel nachgedacht haben und zu einer Deutung des Spiels gekommen sind. Der theoretische Hintergrund dieser drei Autoren ist grundverschieden, und dennoch kommen sie bei ihrer Spieldeutung zu einem gemeinsamen Erklärungskern.

Freud: Wunscherfüllung und Katharsis. Sigmund Freud, der selbst keine eigene Theorie des Spiels entwickelt hat, legt in seinen frühen Werken den Schwerpunkt auf die wunscherfüllende Funktion des Spiels. Das Spiel erlaubt dem Kind, den Zwängen der Realität zu entfliehen und ermöglicht das Ausleben tabuisierter Impulse, vor allem aggressiver Bedürfnisse. Das Spiel gehorcht dem Lustprinzip, während außerhalb des Spiels das Realitätsprinzip regiert.

Im Zusammenhang mit der Wunscherfüllung spielt die Katharsis-Hypothese eine wichtige Rolle. Sie besagt, dass durch erneutes Ausleben früherer Probleme bzw. unerlaubter Triebwünsche eine „Reinigung" erfolgt, die das Kind (bzw. den Patienten) von seinen Ängsten befreit. Während die Katharsis-Hypothese bezüglich der Häufigkeit aggressiver Spiele als widerlegt gelten kann (siehe Schmidtchen und Erb, 1976), hat sie in ihrer allgemeinen Form der Bewältigung von Problemen durch Wiederholung im Spiel durchaus ihre Gültigkeit, wie noch zu zeigen sein wird. Der Mechanismus der Bewältigung von Problemen bzw. generell nicht verarbeiteter Alltagserfahrung ist die Wiederholung. Durch die Wiederholung macht sich das Kind zum „Herrscher der Situation" (Freud, 1920, S. 226) und fügt der passiven Erfahrung ein aktives Gegenstück hinzu (Freud, 1932). Dieser Gedanke wird von Erikson (1978) aufgegriffen und weiter elaboriert.

Wygotski: Realisation unrealisierbarer Wünsche. Wygotski (1933) befasste sich, wenn auch nur skizzenhaft, systematisch mit dem Spiel. Im

Spiel entwickelt das Kind „unrealistische" Wünsche, vor allem groß und stark sein zu wollen und wie die Erwachsenen attraktive Tätigkeiten ausführen zu können. Diese Wünsche können nicht in der Realität erfüllt werden, andererseits kann das Kind nicht warten, bis es erwachsen ist, um seine Ziele zu verwirklichen. Es ist im Gegensatz zum Erwachsenen noch kaum in der Lage, Bedürfnisse aufzuschieben. Hier bringt das Spiel die Lösung: Die Wünsche können in der Spielrealität illusionär verwirklicht werden. „Auf die Frage, weshalb das Kind spielt, kann es nur die Antwort geben, das Spiel ist als eingebildete, illusionäre Realisation unrealisierbarer Wünsche zu verstehen" (Wygotski, 1980; Org. 1933; S. 443). Die Wünsche im Spiel sind jedoch nicht konkrete Einzelwünsche, sondern eher verallgemeinerte Affekte bzw. Wünsche. Das Kind will groß und stark sein und lebt diesen Wunsch in mannigfaltiger Weise im Spiel aus: als Supermann, als Vater, als Lehrer, als Astronaut etc. Wygotski betont auch, dass dem Kind diese verallgemeinerten Wünsche nicht bewusst sind und dass es das Motiv seines Handelns nicht begreift. „Darin unterscheidet sich das Spiel wesentlich von der Arbeit und anderen Tätigkeitsarten" (a.a.O., S. 444).

Piaget: Assimilation als Gegenwehr. Piaget (1969) ist mit seinen Ansichten und Beschreibungen des kindlichen Spiels weit bekannter als die beiden anderen Autoren. Dennoch wird er meist verkürzt wiedergegeben und der Hintergrund seiner Auffassung über das Spiel vernachlässigt. Er kennzeichnet Spiel generell durch einen Überhang an Assimilation, d.h. an kognitiven Aktivitäten, die die Umwelt einseitig an die Schemata des Individuums (in diesem Fall des Kindes) anpassen (genaue Darstellung siehe Kapitel 11). Warum aber diese einseitige Assimilation im Spiel? Spätestens ab dem Symbolspiel, d.h. den Spielhandlungen, bei denen das Kind Gegenstände umdeutet und Fiktionen aufbaut, handelt es sich nach Piagets Ansicht um eine Gegenreaktion gegen den Sozialisationsdruck und dem Zwang der allgemeinen Wirklichkeit. Spielhandeln ist „die Abwehr dagegen, dass die Welt der Erwachsenen und die allgemeine Wirklichkeit das Spiel stören, um sich an einer Wirklichkeit, die man für sich selbst hat, zu erfreuen . . ." (a.a.O., S. 216). Es ist die Welt des Ich, und das Spiel hat die Funktion, „diese Welt gegen die erzwungenen Akkommodationen an eine allgemeine Wirklichkeit zu verteidigen" (a.a.O., S. 216).

Damit weisen die drei wohl bedeutendsten Entwicklungspsychologen dem Spiel einen tieferen Sinn zu: Es übernimmt Aufgaben der Lebensbewältigung zu einem Zeitpunkt, da andere Techniken und Möglichkeiten noch nicht zur Verfügung stehen.

3.3 Entwicklung des Spiels

Im Folgenden sollen zunächst die Formen des Spiels in ihrer Reihenfolge und Häufigkeit des Auftretens kurz beschrieben werden. Sodann wird auf das Symbolspiel als die wohl merkwürdigste und interessanteste Form des Spiels eingegangen, und schließlich folgt die Beschreibung der Entwicklung des Sozialspiels.

3.3.1 Formen des Spiels und ihre Reihenfolge in der Entwicklung

Sensumotorisches Spiel. Im ersten und zweiten Lebensjahr zeigt das Kind Aktivitäten, die als sensumotorisches Spiel bezeichnet werden, früher auch als Funktionsspiel (Bühler, 1922). Das Kind hat Freude an Körperbewegungen und wiederholt diese oft lange Zeit. Diese Bewegungen richten sich mehr und mehr auf Gegenstände, zunächst auf eigene Körperteile als „Gegenstände" und einige wenige Objekte aus der Umwelt (z.B. Klapper), später bevorzugt auf neue Gegenstände, mit denen manipuliert wird.

Informationsspiel, Explorationsverhalten. Der Umgang mit Gegenständen zeigt bei dieser Aktivitätsform Erkundungsfunktion. Das Kind will herausbekommen, was man mit den Gegenständen machen kann, wie sie beschaffen sind oder wie sie innen aussehen (z.B. Zerlegen von Spielgegenständen).

Konstruktionsspiele. Ebenfalls realitätsorientiert sind Spielformen, bei denen das Kind Gegenstände benutzt, um aus ihnen bzw. mit ihrer Hilfe einen Zielgegenstand herzustellen. Solche Zielobjekte können sein: ein Bauwerk, eine Zeichnung, eine geformte Figur, ein konstruiertes Gerät (Fahrzeug, Maschine). Beim Konstruktionsspiel müssen zwei Klassen von Gegenständen realitätskonform gehandhabt und aufeinander bezogen werden: Werkzeuge (Bleistift, Hammer usw.) und Rohmaterial (Sand, Knete usw.).

Als-ob-Spiel (Symbolspiel, Fiktionsspiel). Diese Form des Spiels ist bei engeren Spieldefinitionen die eigentliche kindliche Spielform. Das Kind deutet einen Spielgegenstand sowie das auf ihn bezogene Handeln nach eigenen Wunsch- und Zielvorstellungen um. Die Handlungen selbst werden aus dem sozialen Umfeld, d.h. aus den Erfahrungen, die das Kind bislang gemacht hat, übernommen. Zu dieser Form des Spiels zählen die Puppenspiele der Mädchen, die Auto-, Cowboy- und Supermanspiele der Jungen, aber auch soziale Spiele, die dann im Regelfall die Bezeichnung Rollenspiel erhalten.

Rollenspiel. Das Zusammenspiel mehrerer Personen, die fiktive Rollen bekleiden, auch soziodramatisches Spiel genannt, gewährleistet über kürzere oder längere Zeit die Aufrechterhaltung koordinierten gemeinsamen Handelns. Diese Spielform erfordert von den Teilnehmern höhere soziale und kognitive Kompetenzen.

Regelspiel. Hier handelt es sich um soziale Formen des Spiels, bei denen nach festgelegten Regeln agiert wird, deren Einhaltung unabdingbar ist und die zugleich den Reiz des Spiels ausmachen. Regelspiele sind fast immer Wettkampfspiele, wobei der Wettbewerb anfangs weniger bedeutsam ist (Hüpfspiele mit dem Seil, Dritten abschlagen), dann aber mehr und mehr eine zentrale Rolle erhält (Sportspiele wie Fußball, Handball, Tennis; Brettspiele und so genannte Gesellschaftsspiele, Kartenspiele). Im Gegensatz zu den bisherigen Spielformen erfordern Regelspiele meist eine spezifische Fähigkeit oder Kompetenz, die zuvor erlernt werden muss. Das Reizvolle an Regelspielen mit Wettbewerbscharakter ist der Leistungsvergleich von Partnern mit ähnlichem Fähigkeitsniveau. Damit werden Spiele dieser Art zum Paradigma der Leistungsmotivation (s. Kap.16).

Abfolge der Spielformen. Mit Ausnahme der „realitätsorientierten" Spiele zeigt das Spielverhalten eine bestimmte altersabhängige Reihenfolge, die auch über verschiedene Kulturen hinweg beobachtet wurde (Fein, 1981; Inhelder et al., 1972).

Das sensumotorische Spiel mit einem Einzelgegenstand (z.B. Rassel) nimmt zwischen 7 und 30 Monaten allmählich ab, kulturell adäquater Umgang mit Gegenständen (z.B. Benutzen einer Tasse) wächst zwischen neun und 13 Monaten an, während kompliziertere Handlungen mit Alltagsgegenständen (Einhalten einer Reihenfolge, Einbeziehung mehrerer Gegenstände) erst mit 18 bis 24 Monaten auftreten (Inhelder et al., 1972). Ziemlich abrupt tritt mit zwölf bis 13 Monaten erstmals das Symbolspiel auf, nimmt über die Jahre der Vorschulzeit zu und sinkt in seiner Häufigkeit dann wieder ab (umgekehrte U-förmige Beziehung: Fein, 1981). Bei sozial benachteiligten Kindern fand man den Höhepunkt des Symbol- und Rollenspiels in der ersten und zweiten Grundschulklasse und danach einen plötzlichen Abfall (Eifermann, 1971).

Das kooperative Rollenspiel ist bei Dreijährigen noch kaum zu finden, während bereits alle Vierjährigen bei „normaler" Entwicklung Rollenspiele machen. Die Dauer solcher Spiele wächst zwischen dem Alter von vier bis fünf Jahren deutlich an (Iwanaga, 1973). Das Regelspiel ist noch relativ selten im Vorschulalter, tritt aber im Übergang zum Grundschulalter immer häufiger auf (Rubin et al., 1978).

Exploration und Konstruktion fallen für viele Spielforscher nicht unter Spielverhalten; nach der obengenannten Interpretation sollten sie jedoch als Spiel gelten, sofern sie die Merkmale des selbstgesetzten intrinsisch motivierten und des stellvertretenden bzw. unmittelbar wunscherfüllenden Umweltbezuges aufweisen.

Exploration und Symbolspiel sind von Hutt (1966) aufgrund von Beobachtungen in einem

Experiment in einen systematischen Zusammenhang gebracht worden. Sie beobachtete, dass Kinder einen Spielapparat, der neu für sie war, zunächst auf seine Möglichkeiten hin untersuchten, ihn jedoch, nachdem sie ihn genauer kannten, in ein Symbolspiel einbezogen. Der Spielapparat besaß auf seiner Oberseite einen Hebel, den man in verschiedene Richtungen bewegen konnte. Je nach Versuchsbedingung folgte auf eine Hebelbewegung keinerlei Signal, nur visuelle oder nur akustische Signale und beide Arten von Signalen gemeinsam. Komplexere Bedingungen veranlassten die Kinder, länger beim Explorationsspiel zu verweilen. Alle wechselten jedoch nach einigen Sitzungen zum Symbolspiel über.

3.3.2 Das Symbolspiel

Tabelle 6.1 zeigt die Stufenfolgen der Entwicklung des Symbolspiels nach der Einteilung von McCune-Nicolich und Carroll (1981). Mit Bretherton (1984) muss man allerdings zwischen der Entwicklung von drei Handlungskomponenten im Spiel unterscheiden, die in der Tabelle 6.1 teilweise vermischt sind:

- Akteur, also das Kind,
- Spielhandlung und
- Spielgegenstand.

Beim Akteur beobachten wir die Veränderung vom Selbstbezug zum Bezug auf andere Personen oder als Personen gedeutete Objekte (Puppe). Auf der Seite der Spielhandlung werden zunächst einzelne Handlungen, dann Handlungsschemata auf verschiedene Objekte und schließlich die Kombination von Handlungen realisiert.

Der Spielgegenstand zeigt eine Entwicklung der Substitution, d.h. der Umdeutung des Gegenstandes bzw. des Ersetzens durch einen gedachten Gegenstand. Zunächst muss der reale Gegenstand noch äußere Ähnlichkeiten aufweisen, sodann begnügt sich das Kind mit einer funktionellen Ähnlichkeit (Wygotski, 1933). Schließlich kann der reale Gegenstand mehr und mehr beliebig werden (s. „Unter der Lupe", S. 226).

Einsiedler (1991) kontrollierte bei zwei Altersgruppen (3–4 Jahre und 5–6 Jahre) nicht nur den Realitätsgrad, sondern auch den Komplexitätsgrad (Anzahl der präsentierten Spielgegenstände) des Spielzeugs. Die Umdeutung von Spielgegenständen (Objekttransformationen) wurde durch deren Realitätsgrad bei beiden Altersstufen kaum beeinflusst. Die ältere Gruppe nahm aber wesentlich mehr Objekttransformationen im Spiel mit niedrig-realistischem Spielzeug vor. Der Komplexitätsgrad hatte keinen Einfluss auf das Spiel. Dieses Ergebnis ist plausibel, wenn man bedenkt, dass die Substitution eines Gegenstandes dann

Tabelle 6.1. Die Entwicklung des Symbolspiels aus dem sensumotorischen Spiel nach McCune-Nicolich und Carroll (1981)

McCune-Nicolich & Carroll (1981)
Stufe I Vorsymbolische Schemata: Übergang von der sensumotorischen Aktivität zum Als-ob-Spiel. Objekteigenschaften dienen als Anreiz für eine Handlung (z.B. Auto fahren).
Stufe II Selbstbezogene Schemata: Erste symbolische Aktivitäten, die auf das Selbst gerichtet sind (sich kämmen, fiktiv aus einer leeren Tasse trinken und schlucken).
Stufe III Dezentrierte Symbolspiele mit einzelnen Schemata: Andere Objekte und Personen werden als Rezipienten/Agenten mit in die Handlung einbezogen (die Puppe füttern).
Stufe IV Kombinatorische Symbolspiele: Kombination einzelner Schemata als Übertragung der Schemata auf Objekte/Personen (single-scheme combinations). Beispiel für single-scheme: mehrere Objekte/Personen kämmen; Beispiel für multi-scheme: für die Puppe kochen, sie füttern und sie zu Bett bringen.
Stufe V Intern kontrollierte (geplante) Symbolspiele: Planen, Substitution, aktive Rolle anderer Agenten. Die Hand lungen erhalten eine hierarchische Struktur, es werden mehr als ein Objekt substituiert, die Puppe oder andere Objekte bzw. Partner erhalten eine aktive Rolle.

UNTER DER LUPE

Bevorzugen Kinder realitätsgetreues Spielzeug?

McLoyd (1983) bildete Dreiergruppen von Kindern zweier Altersstufen (3;6 und 5 Jahre) und beobachtete ihr Spiel in vier halbstündigen Sitzungen. In jeweils zwei Sitzungen stand den Kindern untypisches, vieldeutiges Spielmaterial (Scheiben, Klötze, Schachteln, Stoffstücke, Styropor u.ä.) zur Verfügung, während sie in den beiden restlichen Sitzungen realistisches Spielzeug bekamen (Herd, Puppen, Telefon, Arztkoffer, Kleider usw.). Wie aus Tabelle 6.2 zu ersehen ist, bevorzugten die Kinder mit Ausnahme der fünfjährigen Mädchen (kooperatives Spiel) das realistische Spielmaterial.

Tabelle 6.2. Mittlere Häufigkeiten verschiedener Arten des Symbolspiels in Sitzungen mit untypischem und realistischem Spielmaterial (aus McLoyd, 1983, S. 631)

Dreiergruppen	Art des Symbolspiels				Gesamthäufigkeit
	Spielmaterial	Einzelspiel	Parallelspiel	kooperatives Spiel	
3 ½ Jahre					
Mädchen	untypisch	9.67	4.67	16.33	29.33
	realistisch	25.00	5.33	20.00	43.67
Jungen	untypisch	3.00	.33	2.66	5.67
	realistisch	20.00	1.67	4.67	24.33
5 Jahre					
Mädchen	untypisch	.67	.33	48.33	49.33
	realistisch	4.67	7.00	37.33	47.00
Jungen	untypisch	10.66	4.67	13.33	26.33
	realistisch	19.00	10.00	17.67	43.00

besonders Schwierigkeiten macht, wenn dieser einen anderen Gegenstand realistisch darstellt. Man kann zwar einen Stuhl als Auto benutzen, viel weniger jedoch ein Auto als Stuhl.

Kognitive Leistungen. Das Symbolspiel scheint vom Kind beträchtliche kognitive Leistungen zu fordern, allem voran die Fähigkeit, sich gegen den Augenschein etwas vorzustellen und gemäß dieser Vorstellung und nicht gemäß dem Augenschein zu handeln. Wenn das Kind beispielsweise einen gelben Baustein als Banane bezeichnet und ihn in einem Verkaufsspiel als Banane weiterverkauft, so handelt es gegen den Augenschein, dass es einen Baustein weitergibt. Da das Symbolspiel bereits im zweiten Lebensjahr auftaucht, stellt sich die Frage, welche Fähigkeiten das Kind bereits zu diesem frühen Zeitpunkt besitzt.

Zunächst muss man sich mit dem Problem des „Vorstellungsmissbrauchs" auseinandersetzen.

Das Kind sieht eine leere Tasse und tut so, als sei Flüssigkeit darin, indem es aus ihr trinkt. Je mehr Umdeutungen und je mehr Als-ob-Spiel stattfinden, desto mehr kommt es zum Missbrauch von Vorstellungen über Gegenstände. Wieso führt dieser Missbrauch das Kind nicht in Verwirrung? Harris und Kavenaugh (1993) erklären dies aufgrund einer Serie von Experimenten, die sie durchgeführt haben, folgendermaßen: Die fiktive Episode, also der vom Kind im Spiel geschaffene neue Realitätsrahmen, wird zu einem vorübergehenden neuen Handlungsrahmen. In ihm erfahren die Gegenstände eine andere Etikettierung. Beispielsweise „in diesem Handlungsrahmen (‚Spiel') ist der gelbe Baustein eine Banane". Sobald der Spielrahmen verlassen wird, erhält der Baustein wieder seine ursprüngliche Bedeutung zurück. Auf diese Weise kann das Kind im Spielverlauf den gleichen Gegenstand sogar mehrfach etikettieren. Wenn es den Bären „füttert", erhält der Baustein das Etikett ‚Banane'; wird der Bär gewaschen, so kann der Baustein das Etikett ‚Schwamm' erhalten. Solche Zuweisungen aus dem Handlungsrahmen können im Langzeitgedächtnis gespeichert und bei Wiederholung des Spiels abgerufen und erneut benutzt werden.

Die Autoren weisen auch das Verständnis kausaler Transformationen beim Spiel nach. Wenn ein Kind eine fiktive Flüssigkeit auf den Tisch gießt, so ist dieser nass und kann fiktiv getrocknet werden. Die Etikettierung ‚nasser Tisch' wird kausal aus dem fiktiven Verschütten abgeleitet. Zwei Wege führen vermutlich zu dieser Leistung. Der erste Weg verläuft über die bildhafte Vorstellung. Bei der Pantomime vermeinen wir bei der Handlung mit fiktiven Gegenständen diese förmlich zu sehen (Charlie Chaplins berühmtes Fangen eines Flohs). In unserem Beispiel „sieht" man die Nässe auf dem Tisch. Der zweite Weg besteht im Schlussfolgern, also dem propositionalen Wissen über den Zusammenhang von Ursache und Wirkung. Das Kind weiß, dass beim Verschütten Nässe entsteht. Beide Wege wirken wohl zusammen.

3.3.3 Die Entwicklung des Sozialspiels

Das Zusammenspiel zu zweien oder in einer größeren Gruppe erfordert die Fähigkeit der Beteiligten, sich auf einen gemeinsamen Gegenstand (ein Spielzeug, einen Spielrahmen, ein Spielthema) zu beziehen. Solange ein Gegenstand nur subjektive Valenz (Wertigkeit) besitzt, ist Sozialspiel nicht möglich. Erst wenn Gegenstände objektive Valenz erhalten, vermögen Kinder auch gemeinsam zu spielen. Gegenstände, die für den gemeinsamen Gebrauch hergestellt worden sind, eignen sich daher für das Sozialspiel einfachster Form am besten. Zu solchen Gegenständen gehört die Wippe, die nur funktioniert, wenn zwei Kinder darauf sitzen, das Kinderkarussell, das von mehreren schneller angetrieben werden kann als von einem Kind, und das Klettergerüst, das mehreren Kindern genügend Spielraum zum Klettern und zugleich Möglichkeit zur wechselseitigen Beobachtung bietet.

Metakommunikation. Später ist für das gemeinsame Spiel die so genannte Metakommunikation nötig, d.h. die Vereinbarung, was gespielt werden soll. Die Metakommunikation kann nonverbal erfolgen oder explizite sprachliche Vereinbarung sein („wir spielen jetzt Kochen"). Griffin (1984) fand bei ihrer Analyse metakommunikativer Äußerungen ein Kontinuum, angefangen von Mitteilungen, die ganz innerhalb des Spielrahmens blieben, bis zu solchen, die völlig außerhalb des Spielrahmens standen. Im Folgenden sollen die verschiedenen Formen in der Abfolge des Kontinuums kurz erläutert werden.

- Ausagieren: Während der Spielhandlung selbst wird mitgeteilt, was man gerade spielt.
- Versteckte Kommunikation: Sie wird absichtlich im Spiel hervorgehoben, ohne explizit auf eine Vereinbarung hinzuweisen. So versucht die Schwester den jüngeren Bruder in einem Friseurspiel zum Mitspielen zu veranlassen, indem sie ihn erinnert: „Sie sind zum Friseur gekommen oder nicht?"
- Unterstreichen: Eine Handlung wird verbal kommentiert oder beschrieben. Im Friseur-

Kapitel 6 Kindheit

spiel sagt das Mädchen, während es die Kundin kämmt: „Ich kämme Sie jetzt schön".

- Geschichten erzählen: Ein Handlungsvorgang wird mehr erzählt als ausagiert, wobei das Kind oft in eine Art Singsang verfällt. Ein Mädchen sagt zu seiner Mutter: „Ich reise jetzt nach Griechenland zu meinem Freund" und läuft dabei in die andere Ecke des Zimmers.
- Vorsagen: Ein Spieler bricht aus dem Spielrahmen aus und teilt dem Partner mit veränderter Stimme etwas mit. In einem Verkaufsspiel sagt die Verkäuferin zur Kundin: „Du musst jetzt zahlen!"
- Implizite Spielgestaltung: Durch Äußerungen wird der Spielrahmen näher bestimmt, ohne dass das Spiel explizit vereinbart wird. Im obigen Friseurspiel erklärt das Mädchen: „Ich bin der Friseur!", der kleine Bruder dagegen: „Ne, ich!"
- Explizite Spielgestaltung: Nun werden explizite Spielvorschläge gemacht mit Formulierungen wie: „Wir spielen jetzt . . ." oder „Jetzt tun wir so, als ob . . .".

Metakommunikation taucht gewöhnlich erst mit dreieinhalb Jahren auf (Fein, 1981).

Parallelspiel. Bevor es zum koordinierten Sozialspiel kommt, kann man als häufige Form eine Zwischenform zwischen Einzel- und Sozialspiel beobachten, das Parallelspiel. Kinder spielen nebeneinander her, häufig hat jedes ein ähnliches Spielzeug und häufig beobachten sie sich beim Spiel. Das Parallelspiel bleibt auch noch bestehen, wenn Kinder längst ein Sozialspiel aufrecht erhalten können.

UNTER DER LUPE

Kinder beobachten sich im Spiel

Morrison und Kuhn (1983) fanden bei kontrollierten Spielsituationen, dass bei Kindern im Alter von vier bis sechs Jahren die Beobachtung des Partners zunahm. Das Spiel bestand aus der Konstruktion einer Rollbahn, auf der man Murmeln hinabrollen konnte. Die Autoren unterschieden sieben Niveaus des Konstruktionsspieles. Die Beobachtungen richteten sich dabei auf Kinder, die jeweils ein Niveau höher lagen. Kinder, die Partner mit gleichem oder niedrigerem Spielniveau beobachteten, fielen selbst im Spielniveau häufiger ab, während die das höhere Spielverhalten beobachtenden Kinder sich selbst in ihrem Niveau verbesserten.

Entwicklungsstufen. Noch bevor Kinder sich im Parallelspiel beobachten, spielen sie nebeneinander her, und dennoch ist dies bereits mehr als ein Einzelspiel, da sie sich der anderen und deren Spielhandlungen bewusst sind. Howes und Matheson (1992) untersuchten in zwei umfangreichen Längsschnittstudien die Entwicklung des Sozialspiels, wobei die Kinder zu Beginn 13–15 Monate und am Ende der Untersuchung 42–47 Monate alt waren. Sie fanden folgende Reihenfolge des Sozialspiels:

- Parallelspiel ohne wechselseitige Beachtung,
- Parallelspiel mit wechselseitigem Augenkontakt,
- einfaches Sozialspiel (Kinder sprechen miteinander und bieten sich Gegenstände an),
- komplementäres und reziprokes Spiel (Kinder nehmen einfache handlungsdeterminierte wechselseitig abhängige Rollen ein, wie Jagen und Verfolgen, Suchen und Verstecken),
- kooperatives soziales Fiktionsspiel (Partner spielen Rollen in einem fiktiven Rollenspiel) und
- komplexes soziales Fiktionsspiel (Kinder spielen soziale Rollen unter Einsatz von Metakommunikation).

Höhere Formen des Sozialspiels, wie differenziertes Rollenspiel und Regelspiel sind in der Längsschnittstudie nicht aufgetreten, da die Kinder für diese Spielformen noch zu jung waren. Auch bei der ältesten untersuchten Gruppe war der Anteil des komplexen Rollenspiels relativ gering, während sich das Parallelspiel über die Jahre hinweg in fast gleicher Häufigkeit erhielt (s. Tabelle 6.3).

Tabelle 6.3. Mittlere Häufigkeit des Auftretens verschiedener Formen des Sozialspiels bei einer längsschnittlich beobachteten Gruppe (nach Howes & Matheson, 1992; ausgewählte Ergebnisse)

	Alter in Monaten					
	13–15	19–23	24–29	30–35	36–41	42–47
Parallelspiel ohne Blickkontakt	29.5	31.7	39.9	27.4	32.6	21.3
Parallelspiel mit Blickkontakt	25.7	41.9	42.3	48.0	39.1	31.5
einfaches Sozialspiel	11.7	17.7	10.6	20.5	33.2	37.5
komplementäres Sozialspiel	4.6	7.6	19.3	15.4	28.9	36.1
kooperatives Als-ob-Spiel	0	0.2	0.8	15.0	21.8	26.9
komplexes Rollenspiel	0	0	0	1.3	4.6	15.2

3.3.4 Das Regelspiel

Bedeutung. Im Englischen werden Regelspiele schon sprachlich von anderen Spielen abgegrenzt (game vs. play), was zum Ausdruck bringt, dass Regelspiele einer gesonderten Betrachtung bedürfen. Regelspiele scheinen in den Kulturen zunächst bei den Erwachsenen aufzutauchen und haben dort eine wichtige Funktion bei der Bewältigung gesellschaftlicher Konflikte. So meinen zumindest Roberts et al. (1959) sowie Sutton-Smith (1986). Nach ihrer Ansicht, für die sie auch empirische Belege anführen, gibt es eine Entsprechung zwischen der Art des Regelspiels und dem Aufgabentypus in der Kultur. Strategiespiele sind assoziiert mit strenger Primärsozialisation, psychologischer Disziplinierung, stärkerem Gehorsamkeitstraining und höherer kultureller Komplexität. Glücksspiele sind assoziiert mit Bestrafung persönlicher Initiative und Glaube an das Wohlwollen übernatürlicher Mächte. Wettspiele, die körperliche Geschicklichkeit zum Gegenstand haben, findet man in Kulturen, die Wert auf Leistung legen.

Entwicklung des Regelspiels

Regelverständnis. Piaget (1983, Orig. 1932) unterscheidet anhand der Analyse des Murmelspiels drei Stadien des Regelbewusstseins.

1. Stadium: Individuelle Riten. Das Kind entwirft sich selbst Schemata für seine Handlungen. Obwohl es den Sinn von Regeln noch nicht kennt, meint es, dass es Regeln im Spiel folgen müsse, ähnlich, wie bei Regeln im Alltagsleben (z.B. beim Essen, Begrüßen oder Verabschieden).

2. Stadium: Egozentrisches Regelverständnis. Hier gibt es bereits ein Regelverständnis, das aber von Piaget als egozentrisch bezeichnet wird. Das Kind unterwirft sich der Regel, sie ist unantastbar und von Autoritäten gesetzt. Piaget zieht hier eine Parallele zu den Normen in traditionellen Kulturen, die ebenfalls als unverrückbar gelten und von höheren Mächten bzw. den Ahnen festgelegt wurden.

3. Stadium: Abwandelbare Regeln. Regeln sind das Ergebnis von Vereinbarungen. Die Regeln können geändert werden, wenn die Teilnehmer sich darauf einigen. Sie sind im Laufe der Zeit entstanden und werden nach Bedarf auch abgewandelt. Regelverständnis ist durch die wechselseitige Kooperation gekennzeichnet und nicht mehr, wie zuvor, durch die einseitige Richtung autoritärer Festlegung.

Neben diesem veränderten Regelverständnis beobachten wir im Grundschulalter eine laufende Verbesserung hinsichtlich der Differenziertheit und Komplexität von Regeln. Komplexe Regelspiele, wie Schachspiel, oder schwierige Regeln, wie die Abseitsregel im Fußballspiel, werden allmählich verstanden.

Internalisierung von Regeln. Elkonin (1980) wählte einen anderen Zugang zur Untersuchung der Entwicklung des Regelverständnisses. Ihm geht es um den Prozess der Internalisierung von Regeln, die ihre Gültigkeit unabhängig von äußerer Kontrolle behalten. Er prüfte hierzu, wie Kinder den Konflikt zwischen unmittelbarer Handlungstendenz (Handlungsimpuls) und Regelvorschrift bewältigen. Die Kinder (Drei- bis Siebenjährige) dachten sich gemeinsam mit der Erzieherin eine Handlung aus, die von der abwesenden Versuchsleiterin erraten werden sollte, z.B. ein Eimerchen holen, eine Blume pflücken und daran riechen. Die Spielregel bestand darin, die ausgedachte Handlung nicht zu verraten. Der unmittelbare Impuls der Kinder war jedoch, der Versuchsleiterin sofort die Lösung mitzuteilen.

Die jüngsten Kinder (ca. drei bis vier Jahre) fanden den Sinn des Spiels in der Interaktion mit der Versuchsleiterin und teilten ihr auf Verlangen die Lösung mit, obwohl sie zuvor behauptet hatten, nichts zu verraten.

Auf einer zweiten Stufe (mit vier bis fünf Jahren) erkannten die Kinder den Sinn des Spiels, befanden sich aber in einem Konflikt zwischen Unterordnung unter die Regel (nichts verraten) und dem Wunsch nach Mitteilung. Die Kinder schauten den fraglichen Gegenstand an oder gaben andere helfende Hinweise.

Erst auf einer dritten Stufe (ca. sechs bis sieben Jahre) siegte die Regel über den Handlungsimpuls. Die Kinder hielten sich selbst dann an die Regel, wenn die Erzieherin den Raum verließ. Die Regel wird zu einer Verpflichtung, die unabhängig von äußerer Kontrolle gilt.

3.3.5 Die Zone nächster Entwicklung im Spiel

Spiel generell, besonders aber Sozialspiel, bietet die Möglichkeit der Förderung auf der Zone nächster Entwicklung (zu diesem Begriff siehe Kapitel 3). Die Zone nächster Entwicklung (ZNE) kann sowohl in der Interaktion des Kindes mit Erwachsenen, mit gleichaltrigen als auch etwas älteren Kindern entstehen.

Verschieben der ZNE. In einer Längsschnittuntersuchung an Kindern von 1;6 bis 2;9 Jahren konnten wir u.a. beim fiktiven Telefonieren (mit Spielzeugtelefonen) beobachten, wie sich die Zone nächster Entwicklung allmählich verschob.

Auf einer ersten Ebene führt die Bezugsperson Sprechformeln ein, also „hallo, hallo“ und „ada, ada“ oder „auf Wiedersehen“.

Auf einer nächsten Ebene geht es darum, die Fiktion des Telefongespräches auszubauen und dadurch ein Wechselgespräch „durchs Telefon“ in Gang zu bringen. Dieser Schritt ist für das Kind insofern schwierig, als es den Gesprächspartner unmittelbar vor Augen hat und gegen den Augenschein handeln muss.

Auf einer dritten Ebene kommt es zum Informationsaustausch in einer gemeinsam hergestellten Rahmensituation. Die Spielthematik wird beispielsweise so gestaltet, dass die Sprechpartner sich an verschiedenen Orten befinden. Man unterstützt dies oft dadurch, dass der Sichtkontakt zwischen den Gesprächspartnern unterbrochen wird.

Interaktion mit Erwachsenen. Die Zone nächster Entwicklung im Spiel zeigt sich aber fast in jeder Interaktion, an der Erwachsene beteiligt sind. Bei einer Spielszene, in der das Kind (K) der Puppe zu trinken gibt und sie auf den Topf setzt, konnten u.a. folgende unterstützende Handlungen der Erwachsenenperson (E) beobachtet werden (Oerter, 1999):

- Lautliche Untermalung der Handlung (E macht Trinkgeräusche);
- Erfragen der Handlung bzw. der Handlungsabsicht (E: „Trinken soll die Puppe?“);
- Sprachliche Ergänzung oder Richtigstellung (K: „Dinken!“ E: „Trinken soll die Puppe?“);
- Handlungsaufforderung (E: „Da gib’ ihr halt was zum Trinken!“);
- Sprachliche Beschreibung der Handlung (E zu K: „Ja, tun wir da mal Wasser rein!“);
- Kennzeichnung des Abschlusses einer Handlung (E: „Jetzt hat die Puppe aber schön getrunken, mhm?“);
- Benennung eines seelischen Zustandes oder eines psychischen Merkmals (E: „Mhm, das

schmeckt aber der Puppe fein – hast du die lieb, die Puppe?");
- Erklärung eines Vorgangs oder Sachverhalts (Als das Wasser nach Füttern der Puppe unten in den Topf herausfließt, sagt E: „Hast du das gesehen? Die Puppe tut trinken und danach macht sie Pipi auf dem Topf");
- Unterstützung der materiellen Handlung (Wasser im Bad holen);
- Aufmerksamkeit steuern (E: „Hast du gesehen?").

Alle diese Einzelmaßnahmen stehen aber nicht für sich, sondern erfolgen im Rahmen der Spielidee „Der Puppe zu trinken zu geben". Diese vom Kind stammende Idee ist der von den erwachsenen Personen gestützte Rahmen, innerhalb dessen einzelne Hilfen geboten werden. Hilfen, wie die eben aufgezählten, sind generell bei Spielinteraktionen zu finden, in denen erwachsene Personen oder andere kompetente ältere Kinder beteiligt sind. Ein Beispiel einer Spielinteraktion zwischen einem neun- und einem fünfjährigen Mädchen mag die Prozesse auf der Zone nächster Entwicklung beim Spiel verdeutlichen. Die Mädchen spielen abwechselnd Verkäuferin und Kundin, wobei das ältere Mädchen dem jüngeren Kind auf verschiedenste Weise das Skript des Kaufens und Verkaufens vermitteln will. Im vorliegenden Beispiel spielt das ältere Mädchen ein fünfjähriges Kind, das selbst noch nicht so genau das Skript kennt (Bezahlen von Waren) und Objekte verlangt, die einem kleinen Kind geläufig sind. Auf diese Weise kann sich die Jüngere besser im Spiel zurechtfinden und symmetrisch kommunizieren.

3.4 Warum spielen Kinder?

Seit Groos (1899) die These aufgestellt hat, dass im Spiel lebenswichtige Funktionen geübt werden, besteht die allgemeine Überzeugung, dass Spiel entwicklungsfördernd ist. Abgesehen davon, dass es auch hier gegenteilige Meinungen gibt (z.B. Smith, 1982; Vandenberg, 1986), bildet die Entwicklungs- bzw. Funktionsförderung des Spiels nicht die Antwort nach der Warum-Frage. Das spielende Kind ist nämlich keineswegs daran interessiert, seine Funktionen zu trainieren. Auch die einfache Antwort, das Kind habe Spaß am Spiel und versenke sich lustvoll in die Spielhandlung, reicht allein nicht aus, denn es gibt viele Spielhandlungen, in denen das Kind beängstigende Situationen und sehr stark durch Regeln eingeengte Handlungssequenzen immer wieder spielt. Generell lässt sich der Sinn des Spiels vielmehr in seiner existenzsichernden und existenzsteigernden Wirkung erblicken. Sie zeigt sich u.a. als

(1) Aktivierungszirkel im Spiel,
(2) intensiver Austauschprozess zwischen Person und Umwelt,
(3) Bewältigung spezifischer Probleme und
(4) Bewältigung entwicklungs- und beziehungstypischer Thematiken.

3.4.1 Aktivierungszirkel

Heckhausen (1963/64) rechnet Spiel zu den zweckfreien Tätigkeiten, die um ihres eigenen Anregungspotentials willen aufgesucht und ausgeführt werden. Bei bestimmten Spielformen kommt es zu einer sukzessiven Aktivierungs- und Erregungssteigerung bis hin zum Höhepunkt mit einem darauf folgenden Abfall. Die Wiederholung dieses Aktivierungszirkels wird vom Kind als ausgesprochen lustvoll erlebt. Solche Spiele sind in der frühen Kindheit das Hochwerfen und Auffangen des Kindes, das Hammele-Stutz-Spiel und Hoppehoppe-Reiter.

3.4.2 Intensiver Austausch mit der Umwelt: Aneignung und Vergegenständlichung

Bei vielen Spielen gibt es keine nennenswerte Steigerung, sondern eher eine permanente intensive Auseinandersetzung mit Gegenständen, die zu einer besonderen Form des Austausches mit der Umwelt führen. Dies zeigt sich vor allen Dingen im Spiel mit amorphen Gegenständen, wie Wasser, Sand und Plastilin.

UNTER DER LUPE

Spiel mit Wasser: ein intensiver Umweltbezug

In Tabelle 6.4 sind Tätigkeiten eines Mädchens im Alter von 1;6 Jahren im Umgang mit Wasser aufgelistet. Die Hauptaktivität des Kindes bestand im Füllen von Trink- bzw. Wassergefäßen, im Umgießen des Wassers (später auch des Saftes) und in symbolischen wie realen Trinkhandlungen. Allein das Eintauchen der Babyflasche in eine Schüssel mit Wasser erfolgt 37 Mal. Zusammen mit der Benutzung anderer Gefäße werden solche Handlungen 59 Mal unternommen. An zweiter Stelle der Häufigkeit steht das Gießen oder Schütten des Wassers (42 Mal), gefolgt von Versuchen, zwei Spielzeugflaschen und die Trinkflasche des Kindes zu öffnen oder zu schließen (36 Mal). Die genauere Analyse der Wasserszene zeigt, dass die Hauptrichtung der Aktivität des Kindes auf Aneignung des Wassers hinausläuft, wobei „Trinken" nicht eigentlich eine orale Befriedigung, sondern im viel umfassenderen Sinn das Sich-zu-eigen-machen des Wassers ist.

Tabelle 6.4. Häufigkeiten von Handlungen im Umgang mit Wasser bei einer 70-minütigen Handlungssequenz (10:55 bis 12:05) (Oerter, 1999, S. 188)

Handlung		Anzahl bei Unterklassen von Handlungen	Gesamtzahl
Gefäß eintauchen, hineinhalten, schöpfen:	Flasche in eine Schüssel mit Wasser halten	37	
	Benutzung anderer Gefäße	22	59
Trinken:	real	18	
	symbolisch	3	
	der Puppe zu trinken geben	8	29
Wasser holen (mit Vl oder allein)		11	
Wasser begehren			36
Flasche:	öffnen (mit und ohne Hilfe)	20	
	schließen (dito)	16	36
Flüssigkeit gießen:	kulturell adäquat	34	
	exzessiv (auf Puppe, Boden)	8	42
Gefäß schütteln (wenn keine Flüssigkeit vorhanden)		8	42
Gefäß werfen (als Kind kein Wasser bekommt)			4
Tasse auf Flasche stecken (bei fehlender Flüssigkeit)		4	

Analysiert man Szenen, in denen Kinder mit Plastilin hantieren, so steht die Vergegenständlichung begreiflicherweise im Vordergrund. Die Erfahrung der innigen Verbindung zwischen Händen und Knetmasse und den daraus resultierenden neu geschaffenen Objekten dürfte ein besonderes Erlebnis des Austausches von Individuum und Umwelt darstellen.

Wir finden solche Austauschprozesse aber auch im Umgang mit Computern, z.B. bei Abenteuerspielen oder später beim Programmieren des Computers. Der Computer wird in letzterem Falle zu einem Partner mit eigenen Merkmalen und eigener Gesetzlichkeit, den aber der Akteur genauer als irgend einen anderen Partner kennt (Turkle, 1984). Alex, der 15 Stunden täglich am Computer verbringt, beschreibt seine Hacker-Erfahrung so:

> „Ich fühle mich im telepathischen Kontakt mit dem Computer – ich stelle ihn mir auf keinen Fall wie eine Person vor, die da ist, aber das heißt nicht, dass ich ihn nicht als eine Person empfinde, die da ist. Besonders, seit ich die Schnittstelle zwischen mir und dem System personifiziert habe, weil das meinem Bedürfnis entsprach. Und jetzt ist er so, als wäre ich mit einem anderen Menschen zusammen, aber nicht mit einem fremden Menschen. Einfach jemand, der weiß, wie ich Dinge am liebsten erledige“ (Turkle, 1984, S. 260).

3.4.3 Bewältigung spezifischer Probleme

Jedes Kind hat frühzeitig Erfahrungen, die es nicht einordnen kann, die unangenehm sind und mit denen es nicht zurechtkommt. Solche Erfahrungen können im Spiel weiterverarbeitet und bewältigt werden.

So bringt ein Kind im fiktiven Telefongespräch zum Ausdruck, dass der Vater nicht da ist und verneint die Frage der Mutter, ob der Vater heute noch heimkommen würde. Auf die Äußerung der Mutter: „Dann sehe ich dich ja erst morgen wieder“, antwortet das Kind mit einem leisen „Ja“. Obwohl der Junge nur Zweiwort-Sätze spricht, vermag er die Thematik auszudrücken, die für ihn ein Problem darstellt, die Abwesenheit des Vaters (wie nach Rücksprache mit der Mutter geklärt werden konnte). Er selbst kontrolliert nun als „Vater“ die Beziehung und kündigt an, dass er erst am Morgen zurückkomme.

3.4.4 Entwicklungs- und Beziehungsthematiken

Eine Systematisierung der Bearbeitung von typischen Problemen zeigt, dass man grob zwischen Entwicklungsthematiken und Beziehungsthematiken unterscheiden kann.

Entwicklungsthematiken. Bei den Entwicklungsthematiken steht an erster Stelle das Ausspielen von Macht und Kontrolle. Kleinere Kinder drücken ihre Allmachtsphantasien im Spiel aus, indem sie Tiere fliegen lassen oder selbst vorgeben zu fliegen (Überwindung der Schwerkraft). Eine andere Möglichkeit von Kontrolle und Macht besteht darin, im Spiel Tiere und Menschen (z.B. Playmobil-Figuren) einzusperren und sie nicht mehr herauszulassen. Die extremste Form von Macht ist die Herrschaft über Leben und Tod. Kinder lassen Spielfiguren sterben und wieder lebendig werden und üben somit die äußerste Kontrolle über die Existenz von Leben aus.

Eine weitere Entwicklungsthematik, die wir beobachtet haben (Oerter, 1999), ist der Wunsch nach Herausbildung eines Selbst bzw. einer Identität. So stellen Kinder die Thematik der Ablösung und Abgrenzung im Spiel sehr anschaulich dar, indem sie beispielsweise sich unter einem Tisch verbarrikadieren und keinen Zugang zum „Haus“ gewähren.

Eine spezifische Entwicklungsthematik ist die Sauberkeitserziehung, die sich im Spiel häufig widerspiegelt. So setzen Kinder die Puppe aufs Töpfchen und lassen je nach aktuellem Stand der Kontrolle der Ausscheidungsorgane die Puppe adäquat oder inadäquat handeln.

Beziehungsthematiken. Eine zweite große Gruppe von Spielinhalten befasst sich mit Beziehungsthematiken. Damit sind Erfahrungen und Probleme gemeint, die das Kind in seinen Sozialbeziehungen mit Eltern, Geschwistern und Gleichaltrigen erlebt. Zentrale Thematik dabei ist die Gefährdung der Beziehung zur Mutter (Bezugsperson).

Ein fünfjähriges Mädchen spielt diese Beziehungsthematik in der folgenden Weise aus. Es sagt zu seiner Mutter, dass es nach Griechenland verreisen wolle und nimmt dabei nur ein Spielzeug und das Telefon mit. In Griechenland angelangt (am anderen Ende des Zimmers), telefoniert sie mit der Mutter. Als diese auflegen will, sagt sie: „Nein, erst ich, dann du".

Der Hintergrund dieser Spielszene ist die gegenwärtige familiäre Situation. Der Vater hat die Familie verlassen, die Mutter ist inzwischen geschieden und hat wechselnde Partner. Das Kind verändert die Realität im Spiel zum einen dahingehend, dass es selbst, und nicht die Mutter (wie so oft im Alltag), weggeht; zum anderen, indem es die Kontrolle über das Telefongespräch und damit die Verbindung zur Mutter besitzt, und nicht umgekehrt die Mutter die Beziehung kontrolliert. Damit erzeugt das Kind eine Realität, die der wirklichen entgegengesetzt ist und seinen Wunschvorstellungen eher entgegenkommt.

3.4.5 Formen und Etappen von Realitätsbewältigung

Die existenzsteigernde Wirkung des Spiels kann generell und etwas neutraler auch als Realitätsbewältigung verstanden werden. Im Sinne von Wygotski und Piaget muss das Kind zum Spiel als Mittel greifen, um mit den übermächtigen physikalischen und sozialen Anforderungen der Umwelt fertig zu werden. Sicherlich ist das Spiel nicht die einzige Form der Lebensbewältigung im Kindesalter, doch eignet es sich als Mittel gerade dann in besonderem Maße, wenn andere Möglichkeiten versagen. Es lassen sich drei Formen der Realitätsbewältigung im Spiel beobachten:

(1) Nachspielen bzw. Nachgestalten der Realität (z.B. Autofahren, Zug spielen),
(2) Transformation der Realität (obiges Beispiel: Reise nach Griechenland) und
(3) Realitätswechsel (das Kind begibt sich in eine andere Welt – Märchenwelt, Comic-Welt, Abenteuerspiele am Computer).

Drei Etappen der Bewältigung. In unseren längsschnittlichen Beobachtungen konnten drei Etappen der Bearbeitung einer Thematik festgestellt werden (Oerter, 1999).

Zunächst spielt die Thematik noch keine Rolle und taucht auch im Spiel nicht auf.

In einer zweiten Etappe finden wir dann die typischen Formen der Realitätsbewältigung, so wie sie eben beschrieben wurden und der Bearbeitung der jeweiligen Thematik.

In einer letzten Etappe stellt das Kind bereits die Bewältigung der Thematik dar. Es bringt zum Ausdruck, dass es mit dem betreffenden Problem bzw. mit der Entwicklungsaufgabe fertig geworden ist.

4 Schule als Umwelt

Es besteht kein Zweifel darüber, dass für die mittlere Kindheit die Schule die entscheidende Wirkung auf die Entwicklung des Kindes nimmt, unbeschadet der Tatsache, dass auch die Familie weiterhin das Fundament für eine günstige Entwicklung darstellt. Warum Schule für das Kind so bedeutsam wird, soll im Folgenden schrittweise herausgearbeitet werden.

4.1 Intelligenz und Schule

4.1.1 Was ist Intelligenz?

DEFINITION

Intelligenz wird als Fähigkeit verstanden, sich neuen Gegebenheiten der Umwelt anzupassen, zugleich aber auch als Fähigkeit, die Umwelt zu verändern (Sternberg, 1997).

Früher wurde das Konstrukt Intelligenz als Bündel konkreter Leistungen und als das, was ein Test misst, verstanden. Da jedoch die Umweltkontexte je nach Lebensalter, Kulturen und Epochen verschieden sind, gilt Intelligenz heute als Ergebnis basaler mentaler Prozesse, die sich in unterschiedlichen Kontexten auch verschieden manifestieren (Sternberg, 1996). Die Anpassung an die Umwelt und ihre Veränderung sah zu Beginn des vergangenen Jahrhunderts ganz anders aus als heute, aber hinter den Intelligenzleistungen nimmt man als Ursache gleiche oder ähnliche mentale Fähigkeiten an. Zu ihnen zählt man auch die Fähigkeit zu lernen. Rasches und effizientes Lernen signalisiert demnach auch höhere Intelligenz, vorausgesetzt die sonstigen Bedingungen, wie Motivation, Wille, Gewohnheiten werden konstant gehalten.

4.1.2 Wie wird Intelligenz gemessen?

Intelligenz misst man bekanntlich durch Tests, die eine Vielfalt von Bereichen mit Hilfe von Subtests abfragen. Die Subtests bestehen jeweils aus einer Anzahl von – nach Schwierigkeitsgraden gestaffelten – kurzen Aufgaben, die voneinander unabhängig sind. Obwohl es viele weiterführende Versuche zur Erfassung der Intelligenz gibt (Ceci, 1990; Gardner, 1993; Sternberg, 1997), herrscht seit fast hundert Jahren diese Testform vor. Zählt man die gelösten Aufgaben für jeden Subtest zusammen und bildet aus den gewichteten Werten eine Gesamtsumme, so gewinnt man für jedes Individuum einen Wert (Score) für seine Intelligenz.

Werteverteilung. Diese Werte verteilen sich in einer großen Population nach der Gaußschen Normalverteilung, d.h. die meisten Personen gruppieren sich um einen Mittelwert, während nach unten und oben in der Gesamtleistung die Häufigkeiten drastisch abnehmen. Die Glockenform der Gaußschen Kurve bzw. ihre mathematischen Merkmale erlauben mit Hilfe des Streuungsmaßes Sigma eine Standardisierung der Positionen, die die einzelnen Individuen einnehmen. Wählt man Sigma als Einheit des Abstandes vom Mittelwert, so entfällt auf einen Wert eine bestimmte Anzahl von Personen. So befinden sich zwischen dem Mittelwert und einer Sigma-Einheit über dem Mittelwert ca. 34 Prozent (beidseitig ca. 68 Prozent) der erfassten Population, zwischen einer und zwei Sigma-Einheiten nur noch ca. 14 Prozent und zwischen der zweiten und dritten Einheit nur noch ca. 2 Prozent.

Standardisierungskonventionen. Gewöhnlich wird als Mittelwert rein willkürlich der Wert 100 gewählt (= durchschnittliche Intelligenz). Eine Streuungseinheit erhält den Wert von 10 oder 15. Die durchschnittliche Intelligenz erstreckt sich zwischen minus und plus einer Sigma-Einheit. Wählt man ein Sigma von 10, so gilt ein Wert zwischen 90 und 110 als durchschnittliche Intelligenz, was darüber ist, als überdurchschnittlich, was darunter ist, als unterdurchschnittlich. Wählt man hingegen 15 als Sigma-Einheit, so reicht der „Durchschnitt" von 85 bis 115.

Intelligenzquotient: IQ. Diese Zahlen bezeichnet man zugleich als Intelligenzquotient, abgekürzt als IQ, eine Bezeichnung, die sich historisch erklärt. Zunächst erfasste man die Intelligenz bei Kindern als den Quotienten von Intelligenzalter zu Lebensalter. Dieser Quotient wird aber sinnlos, wenn man die Intelligenz bei Erwachsenen erfassen will, da trotz steigendem Lebensalter die Intelligenzleistung nicht mehr ansteigt.

Generalfaktor der Intelligenz. Bei den herkömmlichen Intelligenztests korrelieren die einzelnen Leistungen mehr oder minder hoch miteinander, d.h. die Guten sind mehr oder minder überall gut und die Schlechten mehr oder minder in allen Bereichen schlechter. Daher nimmt man seit Spearman (1927) an, dass allen Einzelleistungen gemeinsame Intelligenzbedingungen zugrunde liegen, die man auch als g-Faktor (Generalfaktor) bezeichnet. Herkömmliche Intelligenztests sind daher am ehesten eine Schätzung des g-Faktors der Intelligenz (Brody, 1997). Am meisten gilt dies für den gebräuchlichsten sprachfreien Test, den Raven-Test (Raven Progressive Matrices Test).

Fluide und kristalline Intelligenz. Der wohl verbreitetste Intelligenztest, der HAWIE (Hamburg-

Wechsler-Intelligenztest für Erwachsene) bzw. der HAWIK (Hamburg-Wechsler-Intelligenztest für Kinder) erfasst bis zu einem gewissen Grad zwei Hauptkomponenten der Intelligenz, die sich unterschiedlich entwickeln, die fluide und die kristalline Intelligenz.

Die fluide Intelligenz entspricht am ehesten dem g-Faktor und umfasst Leistungen des Denkens, der Wahrnehmung, des Gedächtnisses und der Motorik. Er wird auch als pragmatische Komponente bezeichnet.

Die kristalline Intelligenz wird durch Wissen und Sprache repräsentiert. Sie wächst über die Lebensspanne an und bleibt bis ins Alter erhalten, während die fluide Intelligenz im Alter deutlich absinkt (vgl. Kapitel 9).

Triarchische Theorie der Intelligenz. Obwohl der IQ eine Fülle von Informationen liefert, ist man seit langem mit dieser Form der Einschätzung von Intelligenz unzufrieden und versucht, theoretisch bessere Messmöglichkeiten zu finden. Ein Ansatz stammt von Sternberg, der mit Hilfe seines (allerdings noch nicht zugänglichen) „triarchischen Fähigkeitstests (Triarchic Abilities Test) drei Bereiche erfasst:

(1) analytische Fähigkeiten,
(2) kreative Fähigkeiten und
(3) praktische Fähigkeiten.

Leistungen in diesen Bereichen werden wiederum durch drei Komponenten (bei ihm Subtheorien genannt) erklärt:

(1) Komponenten-Subtheorie,
(2) Subtheorie von Erfahrung und Intelligenz und
(3) kontextuelle Subtheorie.

Zur Komponenten-Subtheorie zählen drei Funktionsbereiche:

(1) Metakomponenten,
(2) Performanz-Komponenten und
(3) Komponenten des Wissenserwerbs.

Die Metakomponenten bilden die „Exekutive" oder eine Art „Homunculus", d.h. sie sind oberhalb der unmittelbaren Informationsverarbeitung angesiedelt, bereiten diese vor, steuern sie, richten die Aufmerksamkeit auf wichtige Punkte und kontrollieren die Lösung.

Die Performanz-Komponenten gliedern sich in Komponenten des Kodierens, der Kombination und des Vergleichs sowie in Antwortkomponenten.

Die Komponenten des Wissenserwerbs, dem dritten Funktionsbereich, leisten die selektive Kodierung von Information (Trennung der relevanten von der irrelevanten Information), kombinieren selektiv die kodierte Information, so dass ein neues plausibles Ganzes entsteht, und stellen Vergleiche des Neuen mit bereits erworbenem Wissen her.

Die Komponenten-Subtheorie der Intelligenz wird aber von Sternberg auch aufgegliedert nach fluiden und kristallinen Fähigkeiten (s. Kap. 9).

Abbildung 6.4 veranschaulicht noch einmal die drei Subtheorien und ihre von Sternberg angenommenen Leistungen.

Die drei Bereiche des Tests (analytisch – kreativ – praktisch) korrelieren kaum miteinander, weshalb der Test nicht (nur) einen g-Faktor der Intelligenz zu erfassen scheint (Sternberg, 1997). Sternberg konnte zeigen, dass ein auf die erfassten

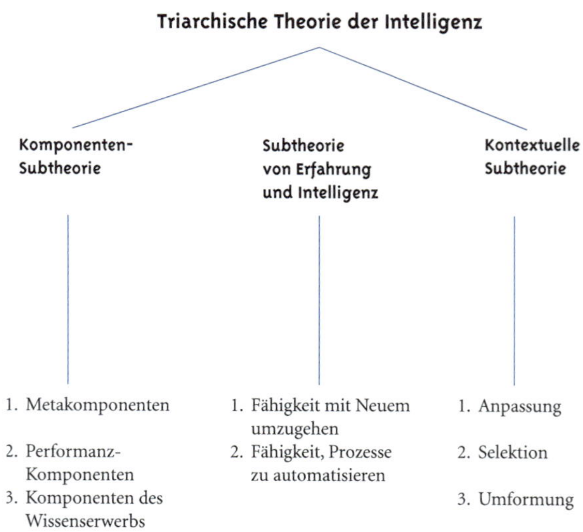

Abbildung 6.4. Das triarchische Modell der Intelligenz nach Sternberg (1985, S. 320)

Testbereiche bezogenes Curriculum bei den Schülern eine intelligenzfördernde Wirkung hat.

4.1.3 Zur Stabilität der Intelligenz

Intelligenz, gemessen durch Intelligenztests, wird gewöhnlich als etwas angesehen, das sich relativ schulunabhängig entwickelt. Zum einen scheint ein hoher genetischer Anteil für die Erreichung der Gesamthöhe der Intelligenz wirksam zu sein (s. Kap. 1), zum anderen stabilisiert sich das individuelle Intelligenzniveau bereits mit ca. elf Jahren. Abbildung 6.5 demonstriert, wie sich mit zunehmendem Alter der Zusammenhang zwischen den Korrelationen des Intelligenzscores mit dem Endniveau, erfasst mit 40 Jahren, stabilisiert. Schon ab dem Alter von neun bis elf Jahren gibt es keine nennenswerten Veränderungen dieser Korrelationen mehr. Damit drückt sich eine Stabilität der Intelligenz aus, die als Positionsstabilität (Kap. 1) bezeichnet werden kann: Das Individuum behält im Vergleich zu seiner Bezugsgruppe (Altersgruppe) die gleiche Position bei und ändert diese über die Jahrzehnte nicht mehr.

Einfluss der Schule. Die erstaunliche Stabilität kann verschiedene Ursachen haben. Neben der genetischen Komponente muss die Stabilität der Umwelt, vor allen Dingen der schulische Einfluss, mit in Rechnung gestellt werden. Da alle Kinder die Schule besuchen, stellt sich zunächst die Frage, ob die Schule einen maßgeblichen Einfluss auf die als relativ schulunabhängig gesehene Intelligenz hat. Dieser Einfluss wurde in einer Reihe von Untersuchungen geprüft und bestätigt. Wenn man Alter und Jahre des Schulbesuchs trennen kann, so müssten Kinder, die gleich alt sind, aber länger die Schule besuchen, intelligenter sein, als solche, die einige Monate oder ein Jahr später in die Schule eingetreten sind.

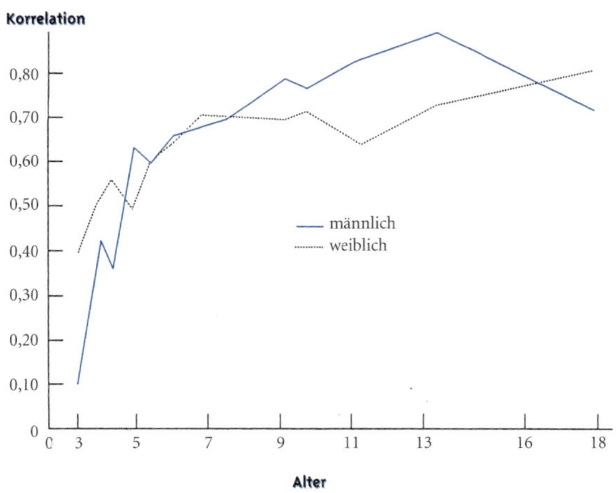

Abbildung 6.5. Zusammenhang zwischen früheren Intelligenzleistungen und dem Intelligenzniveau mit 40 Jahren (nach Wohlwill, 1980, S. 399)

Merz et al. (1984) führten bei zwei Kohorten Intelligenztests durch, wobei die erste als Sechsjährige und vier Jahre später als Zehnjährige, die zweite nur als Sechsjährige erfasst wurde. Kinder mit nahezu gleichem Geburtsalter unterschieden sich hinsichtlich der Dauer des Schulbesuchs, so dass sich innerhalb eines Schülerjahrgangs bis zu zehn Monaten Differenz ergab. Bei gleichem Lebensalter zeigte sich regelmäßig ein Anstieg in den Intelligenzleistungen mit der Dauer der Schulbesuchs. Friedrich (1985) fand bei großen Stichproben in Dresden ebenfalls die Abhängigkeit der Intelligenzhöhe vom Jahr des Schulbesuchs. Ein Elfjähriger beispielsweise, der die sechste Klasse besuchte, ist im Durchschnitt „intelligenter" als ein Elfjähriger der fünften Klasse.

> **!** Intelligenztests sind zumindest für die Zeit des Schulalters immer noch falsch geeicht.

Diese Befunde gelten auch für andere Länder. So fanden Cahan und Cohen (1989) bei Kindern der vierten, fünften und sechsten Klasse in Jerusalem ebenfalls einen eindeutigen Schuleffekt bezüglich der Entwicklung der Intelligenz. Kinder gleichen Alters, die bereits die nächste Klasse besuchten, hatten höhere Intelligenzscores.

Gleichwohl bleibt das Faktum der Stabilität der Intelligenz bestehen. Besagt es aber einfach, dass genetische Faktoren am Werk sind, die sich mehr und mehr durchsetzen (s. Kap. 1)? Stabilität kann auch zustandekommen, wenn Kinder fördernden Bedingungen ausgesetzt sind, die proportional zum Ausgangsniveau der Intelligenz die intellektuelle Fähigkeit steigern. Zweifellos ist die Schule ein Ort solcher Bedingungen.

Risikofaktoren. Neben fördernden Einflüssen in Schule und Familie gibt es aber auch Risikofaktoren, die sich nachteiliger auf die Intelligenzentwicklung auswirken, ohne dass die Stabilität maßgeblich davon betroffen ist. Wie dies möglich ist, soll eine Untersuchung von Sameroff et al. (1993) zeigen.

UNTER DER LUPE

Risikofaktoren der Intelligenzentwicklung: ein summativer Effekt

In einer Längsschnittuntersuchung erfassten die oben genannten Autoren 152 Kinder im Alter von vier Jahren und dann wieder mit dreizehn Jahren, wobei deren Intelligenz und eine Reihe von Risikofaktoren in der Familie gemessen wurden. Letztere bestanden aus zehn Bereichen:

- das Verhalten der Mutter,
- die Überzeugungen (Theorien) der Mütter über Entwicklung,
- ihre Ängstlichkeit,
- ihre psychische Gesundheit,
- ihr Bildungsniveau,
- die soziale Unterstützung der Familie,
- Familiengröße,
- stressreiche Lebensereignisse,
- Beruf des Haushaltsvorstandes und
- benachteiligter Minoritätsstatus.

Sowohl die Stabilität der Risikofaktoren (r = .77) als auch die Stabilität der Intelligenz (r = .72) war relativ hoch. Das Hauptergebnis aber bestand darin, dass das Zusammentreffen vieler Risikobedingungen ein Drittel bis zur Hälfte der Varianz des IQ sowohl im Alter von vier als auch mit dreizehn Jahren erklärte. Das bedeutet, dass bis zu 50 Prozent der Unterschiede zwischen den erfassten Kindern auf Risikofaktoren zurückgehen. Dieser Befund blieb auch erhalten, wenn man die Rasse (in der Studie waren Afroamerikaner und weiße Amerikaner involviert), die soziale Schicht und den IQ der Mutter kontrollierte. Nicht diese Faktoren also übten den Einfluss aus, sondern die genannten Risikobedingungen, sofern sie gehäuft auftraten. Es waren auch weniger spezielle Muster von Risikofaktoren als vielmehr einfach ihre Summe, die die intellektuelle Entwicklung beeinflusste. Abbildung 6.6 bringt für methodisch kundige Leser einen Überblick über die wichtigsten Zusammenhänge, ausgedrückt durch Korrelationen.

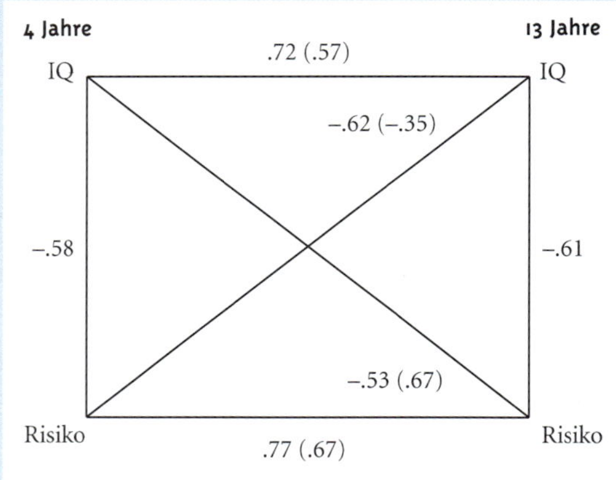

Abbildung 6.6. Zusammenstellung der Korrelationen zwischen multiplen Risikofaktoren und dem IQ der Kinder mit 4 und mit 13 Jahren. Partielle Korrelationen in Klammern (Sameroff et al., 1993)

Man erkennt, dass der Zusammenhang zwischen dem IQ mit vier Jahren und dem mit dreizehn Jahren ungefähr genauso hoch ist wie der der Risikofaktoren mit vier und mit dreizehn Jahren. Wer schon mit vier Jahren Risikobedingungen ausgesetzt und im IQ davon betroffen war, litt natürlich mit dreizehn Jahren auch oder erst recht unter diesen Bedingungen. Die Korrelation zwischen den Risikobedingungen mit vier Jahren und dem IQ mit dreizehn Jahren zeigen jedoch, dass dieser

Zusammenhang allein nicht den IQ festlegt, sondern dass die Risikofaktoren mit vier Jahren und natürlich die mit dreizehn Jahren einen bemerkenswerten Zusammenhang mit dem IQ mit dreizehn Jahren aufweisen. Über die Beeinträchtigung mit vier Jahren hinaus also (schlechtere Startchancen) wirken Risikofaktoren weiterhin und dies vor allen Dingen summativ. Wenn man die Intelligenzhöhe mit vier Jahren kontrolliert (auspartialisiert), so sinkt der Einfluss der Risikobedingungen mit vier Jahren auf das spätere Intelligenzniveau von $r = .62$ auf $r = .35$. Aber auch dies bedeutet einen substantiellen Beitrag zu der Intelligenzhöhe mit dreizehn Jahren.

Es kann also keine Rede davon sein, dass die zunehmende Stabilisierung der Intelligenz in der Kindheit ein Beleg für die genetische Festgelegtheit der Intelligenz ist. Vielmehr spiegelt die Stabilität ausgedrückt durch Korrelationskoeffizienten, drei Sachverhalte wider:

(1) Ein (genetisch mitdeterminiertes) Ausgangspotential wird durch aktive Auseinandersetzung mit der Umwelt und vor allen Dingen durch gezielte Umweltförderung (Schule) für mehr oder minder alle Kinder mit fortschreitendem Alter entfaltet. Der Zuwachs kann entweder als proportional zum Ausgangsniveau oder als interindividuell stabil angesehen werden.

(2) Ein (genetisch mitbedingtes) Ausgangspotential wird durch Risikofaktoren in seiner Entfaltung beeinträchtigt. Das Ausmaß der Beeinträchtigung geht in die Stabilität der Intelligenzunterschiede zwischen Personen ein: Je mehr Risikofaktoren, desto stärker die Beeinträchtigung, die den IQ stabilisiert, sofern sie selbst konstant bleibt.

(3) Stabilitätskoeffizienten sind niemals gleich eins, sondern lassen eine Restvarianz offen, die sich in der Veränderung des IQ und damit der Position im Vergleich zur gleichaltrigen Gruppe widerspiegelt. Diese „Unsicherheit" in der Stabilität der Intelligenz ist zugleich Chance und Gefahr. Chance, wenn günstige Umweltbedingungen bereitgestellt werden und das Intelligenzpotential des Kindes aktiviert werden kann; Gefahr, wenn sich die die Intelligenz beeinträchtigenden Bedingungen in der Entwicklung häufen.

4.1.4 Intelligenz, Schule und Gesellschaft

So problematisch IQ-Maße sein mögen, sie erweisen sich als recht robust hinsichtlich ihres Zusammenhanges mit Aspekten des praktischen Lebens. So korrespondiert die Höhe des IQ mit der sozialen Schicht, mit dem Bildungsgrad der Eltern, mit den Jahren des Schulbesuchs und damit auch mit der Schulart sowie schließlich mit dem Beruf. In jedem der Bereiche ist der Zusammenhang in der erwarteten Richtung (im Überblick s.z.B. Brody, 1997).

In einer umfassenden Analyse von Cronbach und Snow (1977), die eine Vielzahl von Einzeluntersuchungen auf den Zusammenhang zwischen IQ und Schulleistungen überprüften, ergaben sich nahezu ausschließlich ausgeprägt positive Korrelationen. Butler et al. (1985) erfassten IQ-Werte im Kindergarten, die mit der Leseleistung in der ersten Klasse mit .38, in der sechsten Klasse mit .46 korrelierten. Der unerwartete Anstieg des Zusammenhangs mag damit zusammenhängen, dass sich genetische Anteile der intellektuellen Leistung erst allmählich manifestieren (s. Kap. 1) oder dass die Leseanforderungen in der sechsten Klasse mehr IQ-Anteile erfordern. Ceci (1990) fand bei einer Analyse von 14 Untersuchungen einen sehr hohen Zusammenhang zwischen Grad der Schulbildung und IQ ($r = .90$).

Wechselwirkung Schule – Intelligenz. Der Zusammenhang zwischen IQ und schulischen Anforderungen ist aber reziprok. Ein höherer IQ erleichtert den Zugang zu weiterführenden Schulen. Die Schule fördert auch den IQ, sofern folgende Überlegung zutrifft. Wenn man Alter und Jahre des Schulbesuchs trennt, so haben gleichaltrige

Kinder, die die Schule ein Jahr länger besucht haben, einen höheren IQ (Friedrich, 1985; Merz et al., 1984). Zum gleichen Ergebnis kamen Cahan und Cohen (1989) bei Kindern der vierten bis sechsten Klasse in Jerusalem mit Hilfe eines Kohorten-Sequenzdesigns (s. Kap. 38). Ceci und Williams (1997) fassen die Belege der schulischen Förderung der durch psychometrische Tests erfassten Intelligenz in sieben Punkten zusammen. Allein schon der spätere Eintritt in die Schule wirkt sich nachteilig auf die Höhe des IQ aus. Dies geht nicht nur aus amerikanischen Untersuchungen hervor, sondern auch aus der Augsburger Längsschnittstudie (Mandl, 1975).

Die Wechselwirkung zwischen Intelligenz und schulischer Förderung macht es schwer, eine Eignung vorab zu bestimmen und damit die endgültige Zuweisung (in Deutschland z.B. nach der vierten Klasse) vorzunehmen. Dies bedeutet einerseits eine Benachteiligung für die ausgeschlossenen Kinder hinsichtlich ihrer potentiellen Intelligenzentwicklung, andererseits gesellschaftlich den Verlust eines Begabungspotentials. Die Frage der Zulassung zu höherer schulischer Bildung entschärft sich insofern, als auch die das Gymnasium besuchenden Schüler teilweise nur einen durchschnittlichen IQ haben. Dieser Tatbestand resultiert schlicht aus der Zahl der Schüler. Da je nach Bundesland 30 Prozent und mehr Personen eines Altersjahrganges das Gymnasium besuchen, reicht der IQ per definitionem in den Normalbereich, denn nur ca. 16 Prozent sind mehr als eine Streuungseinheit und nur 2 Prozent mehr als zwei Streuungseinheiten vom Mittelwert entfernt. Daher empfiehlt sich ein Umdenken dergestalt, dass alle durchschnittlich intelligenten Kinder sehr weit im Bildungsniveau (bei uns bis zum Abitur) geführt werden. Dies entspricht heute auch dem gesellschaftlichen Bedarf.

4.1.5 Der Flynn-Effekt: säkularer Intelligenzanstieg

Der IQ-Vergleich über die vergangenen Jahrzehnte hinweg belegt einen verblüffenden Effekt. Der IQ steigt alle 10 Jahre um 3 Punkte. Flynn (1984, 1987, 1999) untersuchte dieses Phänomen zunächst an amerikanischen Stichproben, später aber auch an IQ-Daten anderer Länder. Besonders augenfällig zeigte sich der nach ihm benannte Flynn-Effekt in Großbritannien, wo Raven seinen inzwischen weltweit verbreiteten Test (Progressiver Matrizen-Test oder Raven-Test) systematisch seit 1942 an großen repräsentativen Stichproben einsetzte. Dieser Trend des Intelligenzanstiegs, gemessen durch (vorwiegend sprachfreie) Tests, setzt sich bis heute fort. Bemerkenswerterweise steigen die Schulleistungen aber nicht im gleichen Maße an, sondern zeigen – zumindest in den USA – sogar zeitweise einen deutlichen Abfall. Immerhin gilt, dass die vor 50 Jahren überdurchschnittlich intelligenten Gymnasiasten heute einen IQ von knapp unter dem Durchschnitt erzielen würden.

Ursachen des Anstiegs. Die Gründe für die säkulare Intelligenzsteigerung sind unbekannt. Massenmedien, wie Fernsehen und Rundfunk dürften dabei eine nicht zu unterschätzende Rolle spielen. Der Anstieg kann nicht genetisch bedingt sein, weshalb die Befunde im krassen Gegensatz zur genetischen Hypothese der Intelligenz stehen. Um die genetische Erklärung für Intelligenzunterschiede zu retten, bleibt lediglich die Annahme, dass das immer schon (beim homo sapiens) vorhandene intellektuelle Genpotential bislang noch nicht ausgeschöpft worden ist und daher durch entsprechende Umweltanregungen weit stärker als bisher angenommen gefördert werden kann.

4.2 Die Wirkung der Schule auf die Entwicklung

4.2.1 Dekontextualisierung und semantisches Gedächtnis

Worin besteht aber nun die fördernde Wirkung von Schule auf intellektuelle Leistungen? Es kann sich dabei nicht allein um Wissensvermehrung handeln, da sich dies nur auf einen Teil von Intelligenzleistungen (kristalline Intelligenz) auswirkt. Es scheint vielmehr eine grundsätzliche kognitive Umstrukturierung durch den Einfluss der Schule stattzufinden. Die Schule ordnet Wissen und Umwelterfahrung neu. Das, was das Kind als Alltagserfahrung in seinem bisherigen Lebenslauf gesammelt hat, ist zunächst mit seiner persönlichen Biographie verbunden, wie etwa Zoobesuch, Reiseerlebnisse, Feste, Fernsehsendungen. Diese Form des Wissens gehört vorzugsweise zum episodischen Gedächtnis (Tulving, 1972). Die Schule ordnet dieses Wissen neu, führt Kategorien ein, die es aus dem bisherigen Erfahrungskontext herauslösen und ihm eine wissenslogische Ordnung geben, wie sie die einzelnen Fächer vorschreiben. Dieses Wissen wird als semantisches Gedächtnis gespeichert (Tulving, 1972; s. auch Kap. X). Das Alltagswissen, das in Erfahrungskontexte eingebettet ist, wird also dekontextualisiert und in einen neuen Zusammenhang gestellt.

4.2.2 Die Bedeutung des Schriftsprachenerwerbs

Die Leistung der Dekontextualisierung wird durch den Erwerb der Schriftsprache entscheidend gefördert. Alle sprachlichen Aussagen können durch ein Alphabet von 24 Schriftzeichen verschlüsselt werden. Schriftlich fixierte Aussagen sind also maximal dekontextualisiert. Nur Kinder, die überhaupt verstehen, dass man sprachliche Bedeutungen mit Hilfe von willkürlich gewählten Zeichen darstellen und wieder entschlüsseln kann, werden Lesen lernen.

Vorläufer des Lesens. Lesen beginnt auch nicht erst bei Schuleintritt, sondern hat seine Vorläufer in den vorausgegangenen sechs Jahren. Wichtige Vorläufer sind die phonologische und linguistische Bewusstheit, nämlich

- die Fähigkeit, Sprache in Silben und nach klangähnlichen Komponenten aufzugliedern (Lonigan et al., 1998; Wimmer et al., 1991),
- das Bilderbuchanschauen und Geschichtenerzählen (Charlton & Neumann, 1990; Ninio & Bruner, 1978; Oerter, 1999),
- die Verwendung problemorientierter Strategien der Eltern beim Umgang mit ihren Kindern (Sigel, 1994),
- der Einsatz und die Ausbildung metakommunikativer Fertigkeiten im Rollenspiel (Pellegrini et al., 1997) sowie
- der frühzeitige Erwerb von Metawissen über Lesen und Schreiben, wie er vorwiegend in der Mittelschicht vermittelt wird (Newman & Roskos, 1989; Rowe, 1989).

Die Bedeutung dieser vorbereitenden Lernaktivität kann man ermessen, wenn man sich vor Augen hält, wie lange es in der Menschheitsgeschichte gedauert hat, bis das Alphabet erfunden wurde. Havelock (1980) behauptet, dass die Einführung des Alphabets die Denkweise einer Gesellschaft radikal verändert, und Klix (1980) sieht durch diese Leistung einen qualitativen Sprung in der kulturhistorischen Entwicklung des Denkens erreicht. Man kann nicht erwarten, dass ein Kind die Leistung, zu deren Erreichung die Menschheit Jahrtausende gebraucht hat, innerhalb von einem Jahr aufbaut. Schulversagen beim Lesen wird als simples Leistungsversagen fehlgedeutet, ähnlich wie man Rad fahren oder Schwimmen mehr oder weniger gut lernen kann. Wenn aber ein Kind nicht jahrelang die entwicklungsfördernden anregenden Umweltbedingungen erfahren hat, so benötigt es eben in der Schule Jahre zum basalen Schriftsprachenerwerb. Damit ist die Leistung des Lesens als Konstruieren von Bedeutungen aus Texten natürlich nicht abgeschlossen. Dieser Prozess setzt sich ein ganzes Leben lang fort.

Deklaratives Wissen. Im schulischen Lernen wird die Handhabung der Sprache durch die Einführung der Schriftsprache bewusster und planvoller. Eine Aussage kann nochmals überprüft, und eine Folge von Aussagen rückwärts verfolgt werden (Erickson, 1984; Olson, 1986). Dadurch wird Sprache als „logische Gattung“ (Erickson, 1984; Hymes, 1974) wichtig, denn wesentlich klarer als bei der gesprochenen Sprache können logische Beziehungen herausgearbeitet werden. Olson (1995) geht noch einen Schritt weiter. Für ihn ist

Schrift nicht Übertragung von Sprache in Buchstaben, sondern ein Begriffsmodell für Sprache. Durch die Schrift lernen Kinder, dass Sprache aus Wörtern besteht und dass sich Wörter aus Silben und Phonemen zusammensetzen. Durch die Schrift wird sich das Kind der Sprache bewusst, es baut ein „deklaratives Wissen“ (s. Kap. 14) über die Struktur der Sprache auf (s. Kap. 15). Auf diese Weise erwirbt das Kind metalinguistische Fähigkeiten. Aber die Schrift repräsentiert nicht die Bedeutung von Sprache, diese muss durch einen aktiven Interpretationsakt oder eine Konstruktionsleistung erst vom Leser hergestellt werden.

Drei-Stufen-Modell. Dieses Verständnis deckt sich auch mit empirischen Studien (Frith, 1985; Scheerer-Neumann, 1995). Frith nimmt ein Drei-Stufen-Modell für das Verstehen des Zusammenhangs von Schrift und Sprache vor.

Auf der ersten Stufe gibt es noch kein Verständnis dafür, dass Buchstaben Laute bedeuten. Buchstabenfolgen sind Logogramme, wie etwa Cola oder McDonald (logographische Stufe).

Auf der zweiten Stufe erkennt das Kind den Zusammenhang zwischen Buchstabe und Laut und beginnt Wörter zu erlesen (alphabetische Stufe).

Schließlich können Wörter aufgrund gemeinsamer Komponenten identifiziert werden. Regelmäßig auftauchende orthographische Segmente, die zu bestimmten Morphemen korrespondieren, werden erfasst (orthographische Stufe).

4.2.3 Aussagenlogik

Die Fähigkeit zur Dekontextualisierung zusammen mit der Handhabung der Sprache als logische Gattung ermöglicht den Kindern mehr und mehr logische Schlüsse unabhängig von konkreten Inhalten zu ziehen. Eine Reihe von Untersuchungen befasst sich mit dieser Fähigkeit in verschiedenen Kulturen. Als typisches Denkproblem verwendet man den Syllogismus, der aus zwei Prämissen und einer Conclusio besteht.

Beispiel eines Syllogismus (Scribner, 1984)
Alle Menschen, die Häuser besitzen, bezahlen eine Haussteuer (Prämisse 1).
Boima bezahlt keine Haussteuer (Prämisse 2).
Besitzt Boima ein Haus? (Frage nach der Schlussfolgerung).

Es zeigt sich, dass solche Syllogismen um so besser beantwortet und verstanden werden, je länger der Schulbesuch der Befragten war. Während Probanden ohne Schulbildung Antworten auf dem Zufallsniveau geben (50 Prozent richtig), steigt die Zahl der richtigen Antworten mit den Jahren des Schulbesuchs an. Die Hauptursache für falsche Antworten liegt weniger in der Unfähigkeit logisch zu denken, als vielmehr in der Art der Erklärung. Bei Personen (Kindern wie Erwachsenen) ohne Schulbildung sind die Begründungen „empirisch“, sie stammen aus dem Erfahrungskontext der Befragten. Sie sagen etwa: „Wenn Boima kein Geld besitzt, kann er nicht zahlen“ oder: „Ich kenne Boima nicht, daher weiß ich nicht, ob er ein Haus besitzt.“ Personen mit syllogistisch richtigen Lösungen geben „theoretische“ Erklärungen, wie etwa: „Wenn du sagst, Boima bezahlt keine Haussteuer, kann er kein Haus besitzen.“

Zu ähnlichen Ergebnissen kommt Tulviste (1979), der bei den Nganassan in Taimin (im Norden von Russland) zeigen konnte, dass Syllogismen, die sich auf schulische Inhalte beziehen, besser gelöst werden als solche, die dem außerschulischen Alltag entnommen sind. Beispiel für einen schulstoffbezogenen Syllogismus: Alle Edelmetalle rosten nicht. Molybdän ist ein Edelmetall. Rostet Molybdän oder nicht? Beispiel für einen alltagsbezogenen Syllogismus: Saiba und Akupte trinken ihren Tee immer zusammen. Saiba trinkt um 3 Uhr Tee. Trinkt Nakupte um 3 Uhr Tee oder nicht?

Scribner (1984) fasst die Ergebnisse zum logischen Denken in drei Punkten zusammen:

(1) In traditionellen Kulturen ohne Schulbildung gibt es nur Zufallstreffer für richtige Schlussfolgerungen bei Syllogismen.

(2) Innerhalb einer Kultur gibt es große Unterschiede zwischen Personen mit und ohne Schulbildung.
(3) Schulbildung ist entscheidender für das Verständnis von Syllogismen als die Zugehörigkeit zu einer bestimmten Kultur.

Der Zusammenhang zwischen Schulbildung und aussagelogischem Denken bestätigt sich auch bei den formal-logischen Operationen sensu Piaget (s. Kapitel 11). Jugendliche in weiterführenden Schulen erreichen das Niveau der formal-logischen Operationen viel häufiger als Jugendliche mit niedriger Schulbildung (Phils & Kelly, 1974; Prince, 1968). Nach Kohlberg und Gilligan (1971) liegt der Prozentsatz der Personen, die dieses Niveau zeigen, in westlichen Kulturen zwischen 30 und 50 Prozent.

5 Die Gleichaltrigen: Zur Entwicklung sozialer Kompetenz

In der Kindheit wird der Gleichaltrige („Peer") zur wichtigen Bezugsperson. Die Interaktion mit Gleichaltrigen fördert die Entwicklung eines Sozialverhaltens, das im Gegensatz zur Interaktion mit Erwachsenen stärker symmetrisch ist, das Verständnis für Gleichheit und Gerechtigkeit aufbaut und wesentlich zum Selbstverständnis („Selbstkonzept") der Kinder beiträgt. Der Begriff Kompetenz umfasst eine Vielzahl von Einzelleistungen und -fertigkeiten, die sich im Laufe der Entwicklung zu jeweils einem bestimmten Niveau der Bewältigung von Lebens- bzw. Entwicklungsaufgaben organisieren. Insofern beinhaltet auch soziale Kompetenz eine Anzahl von Komponenten, die man – der traditionellen Einteilung in der Psychologie folgend – in kognitive, affektive und Handlungskomponenten einteilen kann. Die Forschung hat sich allerdings etwas anders orientiert und sich unter anderem für folgende Fragestellungen interessiert:

- Entwicklung sozialer Kognition,
- Entwicklung prosozialen Verhaltens,
- Entwicklung von Freundschaften und des Freundschaftsverständnisses,
- abgelehnte und begehrte Peers sowie
- Entwicklung von Wettbewerb und Kooperation.

Zu diesen Aspekten sollen im Folgenden einige Ergebnisse mitgeteilt werden, wobei allerdings die soziale Kognition ausgeklammert bleibt, da sie in Kap. 17 ausführlich behandelt wird. Zunächst wollen wir an zwei Untersuchungsbeispielen ein theoretisches Verständnis der Entwicklung sozialer Kompetenz gewinnen.

5.1 Soziale Kompetenz

5.1.1 Ein Modell sozialer Kompetenz und seine Überprüfung

Dodge et al. (1986) betonen die Bedeutung von Prozessen der Informationsverarbeitung, die für das Gelingen sozialer Interaktion notwendig sind. Sie unterscheiden fünf Komponenten bei der sozialen Interaktion, die in Wechselbeziehung zueinander stehen (s. Abb. 6.7):

(1) Soziale Reize,
(2) Informationsverarbeitung dieser Schlüsselreize,
(3) Sozialverhalten des Kindes als Folge dieses Verarbeitungsprozesses,
(4) Beurteilung des Verhaltens durch die Peers (Gleichaltrigen) und
(5) Sozialverhalten der Peers dem Kind gegenüber.

Die sozialen Reize sind Situationen, die zugleich eine soziale Aufgabe beinhalten. Nur in Bezug auf solche Aufgaben kann soziale Kompetenz beurteilt werden. Sie erfährt also ihre Definition durch die Bewältigung der jeweiligen sozialen Situation. Der zweite Schritt ist der entscheidende. Der soziale Stimulus (die soziale Situation) muss kodiert, d.h. benannt, kategorisiert, „erkannt" werden. Sodann erfährt sie eine Deutung, und das Kind

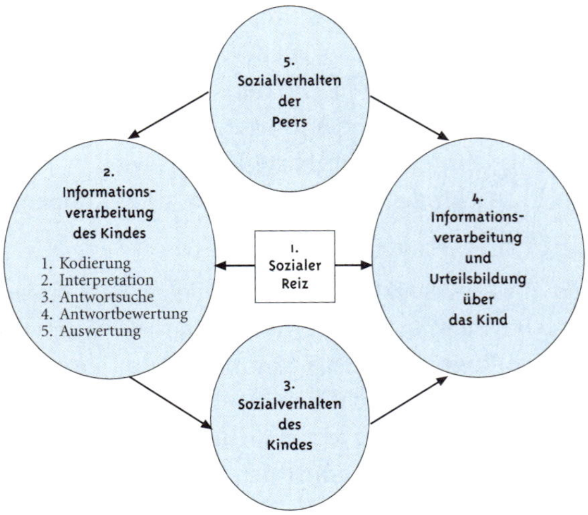

Abbildung 6.7. Ein Modell des sozialen Austausches bei Kindern (Dodge et al., 1986, S. 2)

sucht nach einem möglichen Antwortverhalten. Dieses wird vor Ausführung auf seine Folgen hin bewertet und erst dann aktiviert. Durch die Rückmeldung, die das Kind von den sozialen Partnern erhält, kann es die eigene soziale Kompetenz realistisch einschätzen und Prozesse der sozialen Informationsverarbeitung verbessern, wodurch sein Verhalten laufend korrigiert wird. Den Autoren geht es um die fünf Schritte der Informationsverarbeitung sozialer Stimuli. Wenn es bei kompetentem Sozialverhalten der Kinder solche Schritte der Informationsverarbeitung gibt, dann müssten sie sehr rasch ablaufen, da die soziale Reaktion ja sofort erwartet wird. Im realen Sozialverhalten lassen sie sich daher wohl kaum identifizieren.

Methode. Dogde et al. (1986) benutzten eine besondere Versuchsanordnung zum Nachweis der Gültigkeit ihres Modells. Sie prüften zunächst die genannten Schritte der Information anhand von vier videographierten Szenen. Als Bereich diente die Situation der Kontaktaufnahme. Die Kodierung der sozialen Situation wurde durch die Frage erfasst, wie sehr das kontaktaufnehmende Kind und das kontaktierte Kind den Wunsch hätten miteinander zu spielen. Zur Vergegenwärtigung (mentale Repräsentation) und Deutung (2. Schritt) wurden die Kinder nach Begründungen für ihre Einschätzung des Kontaktwunsches gefragt. Danach sollten die Kinder Möglichkeiten, wie man Anschluss an die Spielgruppe gewinnen könne, benennen (Schritt 3). Die letzten beiden Schritte wurden mit Hilfe fünf weiterer Videoszenen erfasst, in denen ein Kind fünf verschiedene Strategien anwandte, um Anschluss an zwei spielende Kinder zu erlangen. Die Versuchpersonen sollten bei jeder Szene angeben, ob das Kind in der Filmszene Erfolg haben würde oder nicht (Schritt 4). Schließlich sollte sich die Versuchsperson in die Rolle des Akteurs im Film versetzen und beim Versuchsleiter als Vertreter der Spielgruppe das Mitspielen zu erreichen versuchen.

Ein bis zwei Wochen nach dieser Untersuchung wurde das reale Verhalten der gleichen Kinder bei der Kontaktnahme mit anderen Kindern erfasst. Zwei Klassenkameraden der jeweiligen Versuchsperson wurden in ein „rollendes Laboratorium" gebeten, in dem sich Spielmaterial und eine kindgemäße räumliche Ausstattung befand. Auf diese Weise konnte das Sozialverhalten mit versteckten Kameras genau festgehalten werden. Sowohl die Kompetenz der Gastkinder als auch der Zielkinder wurde dabei kontrolliert. Der Versuchsleiter kannte dabei die erfassten Kompetenzniveaus nicht. Anschließend folgten Einzelinterviews mit den beteiligten Kindern und danach brachte man die Kinder direkt ins Klassenzimmer zurück. Auf diese Weise konnten die hypothetisch der sozialen Kompetenz zugrundeliegenden kognitiven Prozesse und das aktuelle Sozialverhalten unter kontrollierten Versuchsbedingungen erfasst werden. Erfasst wurden mit diesem sorgfältig kontrollierten Versuchsplan Kindergarten- und Grundschulkinder (Alter ca. fünf bis acht Jahre).

Ergebnisse. Die Ergebnisse bestätigen das Modell in gewisser Weise. Alle fünf Schritte der sozialen Informationsverarbeitung waren Prädiktoren des realen Geschicks bei der Kontaktaufnahme, d.h. gute Leistungen bei den Fragen zu den Videoszenen sagten kompetentes Sozialverhalten voraus. Da die Gastkinder ebenfalls interviewt wurden, erhielt man auch Informationen über die übrigen Komponenten des Modells. So bestimmte das Sozialverhalten des Zielkindes (der Versuchsperson) das Urteil der Gastkinder über dessen Kompetenz. War das Kind geschickt, so bewerteten die Gastkinder es auch entsprechend. Dieses Urteil bestimmte wiederum das aktuelle Verhalten der Kinder gegenüber dem Zielkind. Somit scheint das Modell der Autoren voll und ganz bestätigt.

Allerdings muss soziale Kompetenz bereichsspezifisch definiert werden: Wer in einem Bereich sozial kompetent ist, muss dies nicht in einem anderen Bereich sein.

Weiterhin erbrachten die Ergebnisse den zu erwartenden Entwicklungstrend mit fortschreitendem Alter. Trotz deutlicher Unterschiede innerhalb einer Altersstufe waren ältere Kinder generell sozial kompetenter als jüngere.

FAZIT

Die Schlussfolgerung der Autoren erscheint etwas voreilig, denn die fünf Schritte der sozialen Informationsverarbeitung müssen aufgrund der Befunde nicht in der postulierten Reihenfolge ablaufen. Was die Autoren lediglich nachweisen, ist das Faktum, dass im praktischen Umgang sozial geschickte Kinder auch soziale Situationen gut einschätzen und interpretieren können. Ob sie im Handeln einfach Routinen verwenden oder tatsächlich eine Reihe von gedanklichen Schritten vor der Handlung vollziehen, bleibt offen. Allerdings fragt man sich dann, woher das soziale Wissen und die kompetente Einschätzung sozialer Szenen kommen sollen. Sie wurden auf alle Fälle durch soziale Erfahrung gewonnen. So kann man annehmen, dass Kinder zumindest in schwierigeren sozialen Situationen, z.B. bei Konflikten, Problemlösungsaktivität im Sinne der fünf von den Autoren postulierten Schritte einsetzen.

5.1.2 Die Identifikation mit der Gruppe

Ein zweiter Aspekt sozialer Kompetenz ist eher emotionaler und motivationaler Natur. Er hat mit der Wirkung der Gruppe auf das Individuum zu tun. Wenn eine Gruppe Status und Ansehen besitzt, so fühlen sich auch seine Mitglieder in ihrem Selbstkonzept erhöht. Generell haben wir diese Form der Identität als kollektive Identität bezeichnet (s. Kap. 3). Eingeschränkt auf westliche Kulturen lässt sich dabei vorteilhaft die Theorie der sozialen Identität von Tajfel (1978) heranziehen.

DEFINITION

Soziale Identität ist Teil des Selbstkonzeptes, der aus dem Wissen des Individuums resultiert, sozialen Gruppen anzugehören, die für es emotionale Bedeutung und hervorgehobenen Wert besitzen (Tajfel, 1978).

Der Wert der Gruppe resultiert in westlichen Gesellschaften vorzugsweise aus dem sozialen Vergleich von Gruppen. Wenn die eigene Gruppe besser als andere ist, erhält sie hohen Wert, im anderen Falle wird ihr Wert beeinträchtigt, und es kann sein, dass sich das Individuum dann um die Mitgliedschaft in einer anderen Gruppe bemüht. Die Gruppenkohäsion entspricht nach Ansicht Tajfels dem Wunsch, der Gruppe anzugehören. Die Abschwächung dieses Wunsches oder gar der Wunsch, einer anderen Gruppe zuzugehören, verringert demgemäß die Gruppenkohäsion.

Yee und Brown (1992) gehören zu den wenigen, die versucht haben, die Entwicklung der sozialen Identität in dem hier verstandenen (westlichen) Sinne zu untersuchen.

Methode. 128 Kinder im Alter von 3 bis 9;8 Jahren nahmen an Wettkämpfen zweier Teams zum Eierlaufen teil. Sie wurden sorgfältig eingeführt, so dass auch die Jüngsten verstanden, um was es geht und erhielten in einem Vorversuch allesamt die Rückmeldung, dass sie durchschnittlich in ihren Leistungen seien. Der „Wettkampf" selbst wurde experimentell so manipuliert, dass die eine Hälfte der Kinder jeder Altersstufe zur „schnellen" und die andere Hälfte zur „langsamen" Gruppe gehörte. Die Autoren verwendeten zwei Maße für die Einschätzung der eigenen Person sowie der beiden Gruppen (In-Group: die Gruppe, der man angehörte; Out-Group: die rivalisierende Gruppe). Das erste Maß erfasste, wie wohl oder glücklich sich die Kinder fühlten (Benutzung einer Skala mit Hilfe von Gesichtern, die von lachend bis traurig reichten) und ob sie lieber dem anderen oder dem eigenen Team angehören wollten. Das zweite Maß bezog sich auf die Einschätzung der eigenen Leistung (erfasst durch eine Skala, die die Geschwindigkeit durch sechs Paare von laufenden Füßen veranschaulichte).

Ergebnisse. Die Ergebnisse sind in mehrfacher Hinsicht erstaunlich. Schon die Dreijährigen bewerteten sich gefühlsmäßig niedriger (weniger glücklich), wenn sie zur langsameren Gruppe gehörten. Diese Tendenz blieb bis hinauf zu den Neunjährigen erhalten.

Ebenso bewerteten die Kinder aller untersuchten Altersstufen den als gleich gut gekennzeichneten Partner der Gegengruppe als weniger zufrieden. Dies galt auch für die Siegergruppen.

Analog fiel das Ergebnis für die Bewertung der Gruppen aus. Die eigene Gruppe wurde immer als glücklicher oder zufriedener eingestuft als die Gegengruppe, ganz gleich ob sie zu den Gewinnern oder Verlierern zählte.

Während die Mädchen bereits mit drei Jahren die stärkste Favorisierung der eigenen Gruppe vornahmen, folgten die Jungen erst mit fünf und sieben Jahren dieser Bewertungsverzerrung. Da es sich dabei aber um den Vorgang der Identifikation mit der eigenen Gruppe handelt, dürften die Mädchen einen Entwicklungsvorsprung gegenüber den Jungen aufweisen.

Die Bewertung der eigenen Leistung zeigte der Tendenz nach, dass sich die Jungen aller Altersstufen besser einschätzten, wenn sie der schnellen Gruppe angehörten, während die Mädchen ihre Leistungen (inadäquat) durchschnittlich gleichhoch in beiden Gruppen, der guten wie der schlechten, einstuften.

Die Leistungseinschätzung der Gruppen wurde von allen Altersstufen mit einer Ausnahme korrekt vorgenommen: die schlechtere Gruppe erhielt niedrigere Leistungswerte. Die Ausnahme bildeten die Fünfjährigen. Sowohl Mädchen wie Jungen stuften, auch wenn sie der langsamen Gruppe angehörten, ihre eigene Gruppe als besser ein.

Das gleiche Ergebnis zeigte sich bei der Gruppenkohäsion. Nur bei den Fünfjährigen hatte die Mehrzahl der Kinder den Wunsch, weiter in der schwächeren Gruppe zu verbleiben, während alle anderen Altersstufen (auch die Dreijährigen!) mehrheitlich zur anderen Gruppe wechseln wollten, wenn die eigene Gruppe „verloren" hatte.

FAZIT

In der Entwicklung des Kindes gibt es einen Übergang zur sozialen Identität, bei dem die eigene Gruppe vorbehaltlos und unkritisch positiv bewertet wird. Dies muss so sein, so kann man argumentieren, weil Verständnis und Emotion zum Zeitpunkt der Entstehung sozialer Identität andere Aspekte, vor allem eine Abwertung der eigenen Gruppe, ausklammern.

5.1.3 Emotionale Regulierung und soziale Kompetenz

Ein dritter Aspekt sozialer Kompetenz besteht in ihrem Zusammenhang mit Emotionen und emotionaler Regulierung. Ein erfolgreicher sozialer Umgang setzt auch voraus, dass man seine eigenen Gefühle unter Kontrolle hat und über Strategien zur Bewältigung von Konflikten verfügt. Eine Untersuchung von Eisenberg et al. (1997) belegt diesen Zusammenhang.

Methode. Die Autoren untersuchten 77 Kinder beiderlei Geschlechts vier Jahre lang, beginnend im Kindergartenalter bis etwa neun bis zehn Jahren.

Als Maße der Regulation benutzten sie die Urteile der Lehrer und Eltern über folgende Bereiche:

- emotionale Intensität (die Skala erfasst die Intensität negativer Emotionen sowie die Intensität von Emotionen überhaupt),
- dispositionelle negative Affektivität und Reaktionen des autonomen Nervensystems (z.B. Schwitzen der Handfläche bei aufregenden Ereignissen),
- Aufmerksamkeitskontrolle (darunter Aufmerksamkeitswechsel und -fokussierung),
- Bewältigungsstile (insgesamt zehn Copingstile, die zu zwei Hauptdimensionen reduziert werden konnten: destruktives Coping und konstruktives Coping).

Die soziale Kompetenz der Kinder wurde ebenfalls von Eltern und Lehrern beurteilt, wobei Komponenten des social functioning (gutes Zurechtkommen) in der Schule im Vordergrund standen. Bereiche waren:

- Soziale Geschicklichkeit (z.B. gutes Verhalten),
- Beliebtheit unter den Kameraden,
- Sozialverhalten (prosoziales, aggressives und störendes Verhalten) und
- Problemverhalten der Kinder in der Familie.

Ergebnisse. Soziale Kompetenz (im Sinne des social functioning) ließ sich durch die Emotionalität und die Fähigkeit zur Regulation (Selbstkontrolle) vorhersagen. Kinder, die es fertig bringen, ihre Emotionen und ihr emotionsbezogenes Verhalten zu kontrollieren, verhalten sich im sozialen Kontext der Schule und der Familie angepasster und erscheinen sozial kompetenter. Umgekehrt wirkt sich negative Emotionalität und ein destruktives Coping ungünstig auf soziale Kompetenz aus.

Die Ergebnisse belegen, dass das Urteil der Lehrer und Eltern erstaunlich gut übereinstimmt und schon zwei und sogar vier Jahre die spätere soziale Kompetenz voraussagt.

FAZIT

Es gibt frühzeitig Unterschiede in sozialer Kompetenz zwischen den Kindern, die sich vorhersagbar auf späteres Verhalten auswirken. Da aber Entwicklung ein offener Prozess ist, lassen sich durch geeignete rechtzeitige Intervention, also durch präventive Maßnahmen, Regulation, Emotionskontrolle und soziale Kompetenz fördern.

5.2 Entwicklung von Freundschaften und des Freundschaftsverständnisses

In der Vorschulzeit entstehen Freundschaften durch die körperliche Nähe und die gemeinsame Spielaktivität. In der Welt des Spiels können Freundschaftsbeziehungen auch länger erhalten bleiben, wenn die Spielpartner sich aufgrund elterlicher Vereinbarungen regelmäßig treffen. In der mittleren Kindheit sind Zugehörigkeit und soziale Akzeptanz ein wichtiges Entwicklungsthema und bestimmen die Freundschaften mit. In der Adoleszenz geht es um die Frage: Wer bin ich, wer möchte ich werden? Dieser Thematik dienen Freundschaften in hohem Maße (Parker & Gottman, 1989).

Die gleichen Autoren bringen eine Gegenüberstellung von Thematik, Kommunikation und affektiver Entwicklung in den Freundschaftsbeziehungen.

Freundlichkeit und Unfreundlichkeit werden nach Youniss (1982) zunächst als symmetrische Reziprozität konzipiert: man gibt dem anderen etwas und dieser gibt dafür etwas anderes zurück. Analoges gilt für Feindseligkeit, bei der Aggressionen ausgetauscht werden (Kinder im Alter von sechs bis acht Jahren).

Auf einer nächsten Stufe kommt es zur qualitativen Veränderung des Verständnisses von Freundschaft bzw. freundlichen Handlungen. Sie werden von einem Partner benötigt, vom anderen gewährt. Eine Gegenleistung wird nicht unmittelbar verlangt, sie erfolgt erst dann, wenn der andere hilfsbedürftig wird. Die Beziehung ist nun nicht in der Gegenwart symmetrisch reziprok, sondern umfasst eine größere Zeitstrecke, in der Hilfe und Gegenleistung koordiniert werden (ca. neun bis elf Jahre).

Auf einer dritten Stufe (12–14 Jahre) wird der Freund zu jemandem, der einen besser kennt als die anderen und dem man sich offenbart. Gegenseitiges Verstehen wird wichtiger als eine aktuelle Hilfeleistung.

Als letzter Gesichtspunkt bei der Entwicklung von Freundschaften seien Dimensionen der Wahl von Freunden genannt. Epstein (1989) nennt drei Aspekte: Die Ähnlichkeit als Tiefenmerkmal, die Altershomogenität bzw. -heterogenität als Oberflächenmerkmal und die räumliche Nähe als sozial-ökologisches Merkmal (s. Abb. 6.8). Aufgrund der Befundlage folgert sie für die drei Dimensionen unterschiedliche Entwicklungsverläufe, die idealtypisch in Abb. 6.8 wiedergegeben sind. Die Ähnlichkeit (bezogen auf die wahrgenommene psychische Nähe bei Interessen und Werthaltungen) gewinnt mit zunehmendem Alter an Bedeutung, wobei sie nach Ansicht der Autorin schon mit ca. zwölf Jahren ihren Zenit erreicht. Die Altershomogenität als Selektionsbedingung verliert an Wichtigkeit und hat ihren Höhepunkt etwa mit acht bis zehn Jahren. Die räumliche Nähe (Wohnung, Schule) schließlich ist zunächst völlig ausschlaggebend, da es für kleine Kinder keine andere Möglichkeit der Freundschaftsbildung gibt. Sie wird aber später sukzessive unwichtiger, da durch das Setting Schule Freundschaften zwischen Personen entstehen, die relativ weit voneinander entfernt wohnen (und sich oft stundenlang telefonisch unterhalten).

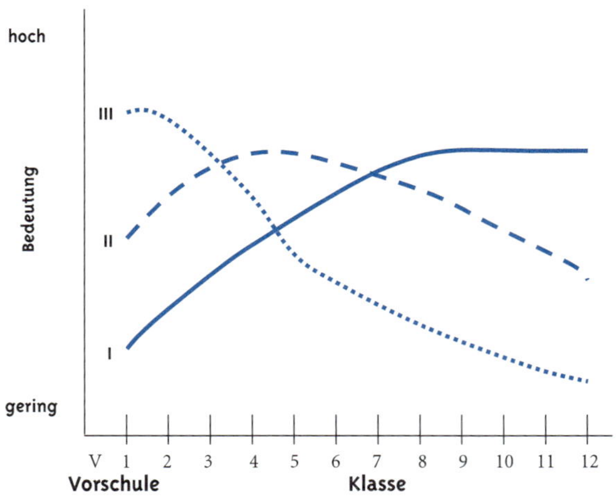

Abbildung 6.8. Idealisierter Verlauf der Bedeutung von psychischer Ähnlichkeit, Altershomogenität und räumlicher Nähe für die Bildung von Freundschaften. I – Räumliche Nähe, Wahlmöglichkeit; II – Gleiches Alter, Oberflächenmerkmale; III – Ähnlichkeit, Tiefenmerkmale (nach Epstein, 1989, S. 180)

Schließlich kennzeichnet die Autorin unter Zusammenfassung der Forschungsarbeiten zur Freundschaft die Entwicklung durch

- zunehmende Stabilität von Freundschaften,
- größere Differenziertheit des Verhaltens gegenüber Freunden (was für Mädchen in viel stärkerem Maße als für Jungen gilt) und
- eine klare Tendenz zur Vermeidung von Wettbewerb und Wettstreit zwischen Freunden.

Die hier geschilderte Entwicklung von Freundschaften darf nicht darüber hinwegtäuschen, dass auch schon Sieben- und Achtjährige hohe soziale Kompetenz zur Aufrechterhaltung von Freundschaften besitzen. Fonzi et al. (1997) verfolgten bei Achtjährigen Freundschaftsdyaden durch ein Schuljahr hindurch und verglichen sie hinsichtlich gemeinsamer Aktivitäten und des Umgangs mit Konflikten mit einer Kontrollgruppe ohne Freunde. Bei Konflikten im Umgang mit einem gemeinsamen Objekt machten Kinder in Freundschaftsdyaden mehr Vorschläge zur Lösung, verhandelten länger und kamen häufiger zu Kompromissen als Kinder ohne Freunde. Verglichen mit Freundschaften, die nicht das ganze Schuljahr über hielten, zeigten die dauerhaften Freunde und Freundinnen größere Sensitivität. Damit wird klar, dass auch bei frühen Freundschaften soziale Aktivität zu ihrer Aufrechterhaltung aufgewandt werden muss und dass Kinder dabei erstaunliche soziale Kompetenz beweisen.

5.3 Prosoziales Verhalten: Das fürsorgliche Kind

5.3.1 Entwicklung des prosozialen Verhaltens

Schon frühzeitig findet sich eine große Variationsbreite im fürsorgenden, helfenden Sozialverhalten (prosoziales Verhalten). Dennoch ist dieses Verhalten mehr oder minder bei allen Kindern und Jugendlichen zu finden (Überblick siehe Eisenberg, 1992; Eisenberg & Fabes, 1998).

Empathie und Hilfsbereitschaft. Empathie und Hilfsbereitschaft kommen mit 12 bis 18 Monaten auf (Eisenberg & Fabes, 1998). Bischof-Köhler (1989) konnte zeigen, dass Kinder, die sich selbst im Spiegel erkennen, auch Empathie und Hilfsbereitschaft zeigen (s. Kap. 5). Ab da scheinen Empathie und prosoziales Verhalten ständig anzuwachsen. Dies erscheint angesichts wachsender Rivalitäten und Aggressionen zwischen den Kindern wenig glaubwürdig. Fabes und Eisenberg (1996, zitiert nach Eisenberg & Fabes, 1998) konnten jedoch an einer Auswertung von 179 Untersuchungen zum prosozialen Verhalten und zur Empathie von Kindern verschiedenen Alters nachweisen, dass die Effektstärke bezogen auf die Altersunterschiede positiv ist, wobei die Unterschiede in Verhalten und Empathie stets zugunsten der jeweils älteren Gruppe gehen. Lediglich zwischen Kleinkindern und Vorschulkindern sowie zwischen zwei Altersgruppen der Jugendlichen gab es keine Unterschiede.

Stufen altersbezogener Altruismusformen. Rein quantitative Veränderungen besagen noch wenig über Entwicklung, denn prosoziales Verhalten kann verschiedene Ursachen und Hintergründe haben. Krebs und VanHesteren (1994) schlagen sechs Stufen altersbezogener Altruismusformen vor.

Die erste Stufe wird als egozentrische Akkommodation bezeichnet, bei der prosoziales Verhalten aus dem Verständnis resultiert, dass man das eigene Unbehagen dadurch reduziert.

Die zweite Stufe, als instrumentelle Kooperation bezeichnet, orientiert sich am Austausch von Hilfeleistungen.

Auf der dritten Stufe steht das Bemühen um die positive Bewertung durch andere und der Wunsch, sich sozial akzeptabel zu verhalten, im Vordergrund.

Die vierte Stufe ist gekennzeichnet durch einen internalisierten Sinn für Verantwortung. Prosoziales Verhalten orientiert sich ab da nicht mehr an äußeren normativen Vorgaben.

Die fünfte Stufe reicht bereits ins Erwachsenenalter und beinhaltet die Maximierung des Nutzens für alle, zugleich aber damit auch den autonomen Altruismus, denn er kann erst entstehen, wenn das Wohl eines jeden mitgedacht wird.

Die sechste Stufe setzt dieses Verständnis fort und strebt ein ausbalanciertes und integriertes Netz sozialer Beziehungen, wie die Gewährleistung der Rechte (und Pflichten) für alle, an.

Schließlich steht auf der siebten Stufe das Ziel der universellen Liebe, die aus dem kosmischen Gefühl des Einsseins mit dem Universum gespeist wird.

Diese letzten Stufen werden selten erreicht. Darüber hinaus gibt es eine Reihe von Faktoren, die prosoziales Verhalten und Empathie modifizieren, also unterdrücken oder fördern (s. Abschn. 5.3.2)

Begründungsniveaus. Bei der Begründung prosozialen Verhaltens fand Eisenberg (1992) folgende Niveaus:

(1.) Hedonistische, selbstzentrierte Orientierung: Reziprozität bzw. der eigene Gewinn wirkt als Triebfeder.

(2.) Orientierung an den Bedürfnissen des anderen: das fehlt – das ist nötig.

(3.) Anerkennung durch andere, stereotype Orientierung: das ist gut – das ist schlecht, man sollte ... (taucht häufig als Begründung in der Grundschule auf).

(4a.) Selbstreflektierte empathische Orientierung: Die Rollenübernahme wird reflektiert, indem man Hilfe durch das Menschsein des anderen begründet. Schuld und Konsequenzen des eigenen Handelns werden reflektiert. Dieses Niveau ist im Grundschulalter kaum zu finden.

(4b.) Übergangsniveau: Internalisierte Werte, Normen und Pflichten. Nun gibt es Verständnis und Interesse an Belangen der größeren Gemeinschaft. Rechte und Würde des anderen spielen schon eine Rolle, werden aber noch nicht klar formuliert.

(5.) Starke Internalisierung genereller Werte: Hinzu kommt die Begründung von Hilfe durch den sozialen Vertrag. Die Perspektive der Verbesserung gesellschaftlicher Bedingungen sowie die Gleichheit und Würde des Menschen werden artikuliert.

Diese Niveaus korrespondieren mit den Stufen des moralischen Urteils nach Kohlberg und den Selman-Stufen (s. Kap. 17 und 18).

5.3.2 Modifizierende äußere und innere Faktoren

Prosoziales Verhalten ist gekoppelt mit bestimmten äußeren und psychischen Bedingungen. Je nach ihrer unterschiedlichen Kombination kann sich prosoziales Verhalten günstig entwickeln oder unterdrückt werden. Eisenberg & Fabes (1998) bieten einen Überblick über Befunde zur Wirkung solcher Bedingungen. Im Folgenden soll eine zusammenfassende Darstellung gegeben werden.

Internale Bedingungen

Perspektivenübernahme. Die Fähigkeit zur Perspektivenübernahme zeigt einen mäßigen Zusammenhang mit prosozialem Verhalten, besonders wenn

- die Leistungen der Perspektivenübernahme sich auf das Gebiet beziehen, in dem prosoziales Verhalten nötig ist und
- wenn entsprechende soziale Fertigkeiten (wie Selbstbehauptung) und emotionale Motivation beteiligt sind.

Ebenso gibt es einen bescheidenen Zusammenhang zwischen Motiven für prosoziales Verhalten und der Quantität und Qualität dieses Verhaltens selbst. Motivation reicht also nicht allein für das Handeln aus.

Moralisches Urteilen. Viele Untersuchungen gibt es über den Zusammenhang moralischen Urteilens und prosozialem Verhalten. Obwohl auch hier gilt, dass Wissen nicht notwendigerweise zum Handeln führt, ist reiferes moralisches Verständnis mit mehr prosozialem Verhalten gekoppelt. So ist hedonistische Argumentation negativ und bedürfnisorientierte Argumentation im Sinne eines Verständnisses der Bedürfnisse anderer positiv mit prosozialem Handeln verknüpft.

Mitgefühl. Zentral für prosoziales Verhalten ist vom Alltagsverständnis her das Mitgefühl, wobei man zwischen Empathie (Beobachter hat die gleichen Emotionen wie das Opfer) und Sympathie (Beobachter hat ein Gefühl der Besorgtheit und des Mitleids für das Opfer) unterscheidet. Empathie im obigen Sinne hängt wenig mit prosozialem Verhalten zusammen, wohl aber Sympathie. Es scheint außerdem wesentlich davon abzuhängen, wie man Mitgefühl erfasst. Selbstbeschreibungen von Gefühlen beim Betrachten von Szenen, die zur Hilfe auffordern, korrelieren beispielsweise nicht mit prosozialem Verhalten, dagegen sagen Gesichtsausdruck und physiologische Reaktionen wie Verlangsamung der Herzrate prosoziales Verhalten vorher. Dabei unterscheidet man zwischen ‚Sympathie' (sympathy) und unangenehmem ‚Stress'. Wenn eine Situation, in der sich andere in Not befinden Mitgefühl im Sinne der Sympathie auslöst, dann zeigt sich auch deutlich prosoziales Verhalten. Wirkt aber die Notsituation auf den Betrachter belastend im Sinne von unangenehmem Stress, so trachtet das Kind (und auch der Erwachsene) danach, der Situation zu entfliehen. Nur, wenn die Reduzierung des eigenen belastenden Gefühls durch rasche Hilfeleistung möglich ist, kommt es zu prosozialem Verhalten. Die Unterscheidung zwischen Sympathie und Stress induzierenden Notsituationen erweist sich also als sehr bedeutsam. Damit hängt auch zusammen, dass wir in gut gemachten Filmen oft starkes Mitleid (im Sinne von Sympathie) empfinden, während wir in der („schmutzigen") Alltagssituation eher belastenden Stress erfahren.

Persönlichkeitsmerkmale. Prosoziales Verhalten wird frühzeitig zu einem relativ stabilen Merkmal. Dies gilt vor allem für Schulkinder und Jugendliche, während frühe prosoziale Verhaltensweisen weniger Vorhersagewert haben. Es gibt auch Zusammenhänge mit anderen Persönlichkeitsmerkmalen.

So korrelieren Selbstbehauptung und Selbstwertgefühl, nicht aber Dominanzstreben, positiv mit prosozialem Verhalten. Natürlich muss man dabei an eine Wechselwirkung denken: wer selbstsicher ist, kann leichter andere unterstützen, und wer anderen hilft, steigert sein Selbstbewusstsein. Diese Zusammenhänge werden aber erst in der mittleren bis späten Kindheit deutlich.

Schließlich hängt prosoziales Verhalten auch mit dem Persönlichkeitsmerkmal der Emotionsregulation zusammen. Kinder mit hoher Regulation (Gefühlskontrolle, Handhabung von Gefühlen) zeigen deutlich stärker prosoziales Verhalten als Kinder mit niedriger emotionaler Regulation.

Extravertierte helfen teilweise häufiger als introvertierte Kinder, schon weil letztere größere Schwierigkeiten haben, sozialen Kontakt herzustellen. Aber in einer experimentellen Untersuchung (hilferufendes Kind im Nebenzimmer) reagierten beide Gruppen gleich häufig mit dem Versuch, Hilfe zu leisten, wenn jeweils nur ein Kind da war. Brachte man ein introvertiertes und ein extravertiertes Kind zusammen, so handelte letzteres häufiger spontan prosozial durch Aufsuchen des Nachbarraumes, während das introvertierte Kind Hilfe bei Erwachsenen zu holen versuchte (Suda & Fouts, 1980).

Geschlechtsunterschiede

Von der Alltagserfahrung her sind wir geneigt, den Mädchen mehr prosoziales Verhalten zuzusprechen als den Jungen. Kritische empirische Untersuchungen stellen aber dieses Stereotyp zumindest teilweise in Frage. Fabes und Eisenberg (1996; zitiert nach Eisenberg & Fabes, 1998) prüften in der bereits erwähnten Analyse von 259 Untersuchungen nur eine schwache Tendenz für ein stärker prosoziales Verhalten der Mädchen. Das Anwachsen von Geschlechtsunterschieden mit zunehmendem Alter verschwand, wenn andere Faktoren der Untersuchungen kontrolliert wurden, so dass nicht klar ist, ob tatsächlich eine Zunahme der Geschlechtsunterschiede beim altruistischen Verhalten zugunsten der Mädchen vorliegt.

Savin-Williams (1987) beobachtete in seiner Intensivstudie in einem Ferienlager, dass Jungen häufiger konkret Hilfe leisteten, wie Reparieren des Fahrrads, während Mädchen stärker verbal und durch Zärtlichkeit zu trösten versuchten. Dass Mädchen prinzipiell mehr prosoziales Verhalten zeigen als Jungen, kann auf einen Beobachtungsfehler zurückgehen, da Mädchen expressiver und unter größerem Einsatz verbaler Kommunikation zu helfen versuchen, während Jungen dies eher unauffällig tun.

Externale Bedingungen

Auch äußere Umstände und Entwicklungsbedingungen beeinflussen die Genese prosozialen Verhaltens.

Familiengröße. In der Familie zeigen ältere Geschwister regelmäßig prosoziales Verhalten gegenüber den jüngeren Geschwistern, besonders dann, wenn die Eltern wenig Zeit erübrigen können. Die Familiengröße scheint sich daher positiv auszuwirken, was man in einer Untersuchung an Heranwachsenden aus sechs Kulturen fand. Nur die jüngsten Kinder suchten Hilfe, während die älteren Geschwister stärker prosoziales Verhalten gegenüber den jüngeren zeigten. Bei größeren Altersunterschieden war dies noch ausgeprägter als bei geringen Altersdifferenzen (Whiting & Whiting, 1975). Innerhalb der Normalbreite unserer Bevölkerung ist bezüglich des Zusammenhangs zwischen prosozialem Verhalten und Familiengröße Vorsicht geboten, da in manchen Kontexten Einzelkinder eher prosoziales Verhalten zeigen als Kinder mit Geschwistern (Eisenberg & Mussen, 1989).

Soziale Schicht. Auch die soziale Schicht wirkt sich zumindest in amerikanischen Stichproben aus: Handwerker- und Unternehmerkinder waren weniger prosozial als die übrigen Mittelschichtkinder. In feindseligen Umwelten und gettoartigen Wohnquartieren findet man allenfalls den eigenen Bandenmitgliedern und der eigenen Familie gegenüber prosoziales Verhalten (Eisenberg, 1992).

Auslösende Situation. Schließlich ist die Situation selbst, in der prosoziales Verhalten ausgelöst wird, ein entscheidender Faktor. Viele Situationen, in denen andere Hilfe benötigen, werden von Kindern nicht als handlungsrelevant für altruistisches Verhalten eingestuft. Dies gilt für viele Mobbing-Situationen, in denen Schwächere gehänselt werden (s. Abschn. 5.4). In anderen Situationen fühlt sich das Kind nicht kompetent und greift deshalb nicht ein. Generell gelten hier die gleichen Gesetzmäßigkeiten wie bei Erwachsenen. Je sozial reifer ein Kind wird, desto mehr wird es sich analog zum Erwachsenen verhalten. Ein Fallbeispiel mag dies erläutern. In einem Dorf, das an einem größeren Fluss liegt, spielen Kinder am Ufer. Ein Kind fällt ins Wasser und droht zu ertrinken. Alle Kinder außer einem laufen weg, entweder in Panik oder um Hilfe zu holen. Dem einen zurückbleibenden Kind gelingt es, den Ertrinkenden zu retten. Bemerkenswerterweise war der Retter ein Sonderschüler, dessen mentale Retardation das typische Fehlverhalten der „reiferen" Kinder verhindert hat.

5.4 Schwierigkeiten im sozialen Kontakt

5.4.1 Ablehnung und Nichtbeachtung

In jeder Gruppe gibt es Außenseiter, die entweder nicht beachtet oder abgelehnt werden. Wie aus dem von Asher und Coie (1990) herausgegebenen Sammelband deutlich wird, lassen sich zwei Gruppen von Außenseitern unterscheiden. Die abgelehnten (rejected) Kinder bzw. Jugendlichen werden mit negativen Emotionen und Beschreibungen belegt, die Nichtbeachteten (neglected) dagegen haben zwar auch keine Freunde, aber sie werden emotional entweder neutral oder positiv belegt. Somit ist die eigentliche Problemgruppe die der Abgelehnten. Sie zeigen ein deutlich abweichendes Verhalten, sind zurückgezogen, im Kontakt aber dann aggressiv, necken und piesacken andere. Sie zeigen wenig prosoziales Verhalten, verletzen Regeln und gelten im Urteil der Peers als „unreif" (Coie et al., 1990). Nichtbeachtete Kinder sind ebenfalls häufig zurückgezogen, aber unauffällig und nicht aggressiv.

Geschlechtsunterschiede. Allerdings trägt die Unterscheidung von Ablehnung und Nichtbeachtung nicht mehr so eindeutig, wenn man Geschlechtsunterschiede mit einbezieht: In einer Untersuchung von Feldman und Dodge (1987) wurden die Reaktionen von Jungen und Mädchen, nachdem sie geneckt wurden, erfasst. Wie aus Abb. 6.9 hervorgeht, kehrt sich das Muster bei den Mädchen teilweise um: die nichtbeachteten Mädchen billigen im Gegensatz zu Jungen aggressive Antworten auf Necken, während abgelehnte Jungen im Gegensatz zu Mädchen einen hohen Anteil aggressiver Reaktionen zeigen.

Entwicklung zum Außenseiter. Wie entwickelt sich nun ein Kind in diese negative Position hinein? Ein Weg führt über das Sich-Zurückziehen der Kinder. Dabei unterscheiden Rubin et al. (1990) zwei verschiedene Pfade, die beide in frühester Kindheit beginnen.

Der erste stellt ein familiäres Szenario dar, bei dem das Neugeborene bereits ein schwieriges Temperament hat, also schwer zu beruhigen ist, keinen normalen Wach-Schlaf-Rhythmus zeigt u.ä. Treten zu dieser Bedingung weitere Risikofaktoren hinzu, vor allem eine ängstliche, aggressive Mutter mit wenig Zuwendung und schwierige ökonomische Verhältnisse, so gerät das Kind nicht nur innerhalb der Familie, sondern auch später in Kindergarten und Schule in die Isolation, zeigt feindseliges Verhalten und wird von den Gleichaltrigen abgelehnt.

Der zweite Pfad beginnt wiederum mit Temperamentsmerkmalen des Neugeborenen, diesmal in Form einer niedrigen Erregungsschwelle für soziale Stimuli und Neuheit. Da die Babys übersensibel reagieren, müssen die Eltern ihrerseits dieses Verhalten durch behutsamere und zurück-

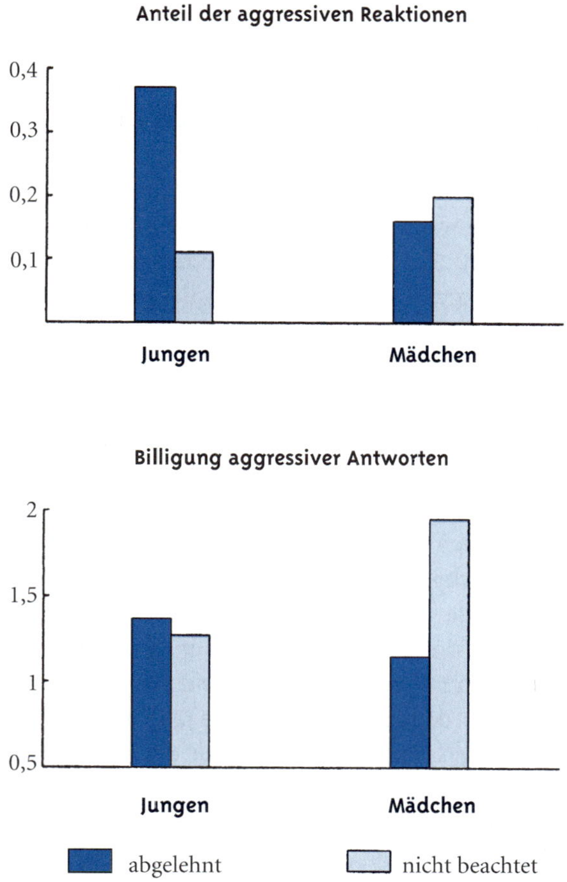

Abbildung 6.9. Antwortmuster auf Genecktwerden bei Mädchen und Jungen (zusammengefasst aus Feldman & Dodge, 1987)

haltendere Anregung auffangen. Geschieht dies nicht, so kann es zur generellen Unsicherheit kommen, die sich vor allem im unsicheren Bindungsverhalten zeigt. Dies wiederum hat zusammen mit den übrigen Bedingungen Auswirkungen auf die späteren sozialen Kontakte, die das Kind eher meidet.

Stabilisierung der Ablehnung. Verfolgt man die Etappen zur Stabilisierung der Ablehnung bestimmter Kinder im Schulalter, so zeigen sich in einer gewissen Regelhaftigkeit folgende Schritte (Hymel et al., 1990):

(1) Die Ablehnung eines Kindes durch die Gruppe erfolgt aufgrund des beobachtbaren auffälligen Verhaltens dieses Kindes. Das Kind zeigt soziale Defizite, ist aggressiv oder wirkt feindselig. Ursprünglich ging man daher ausschließlich von einem sozialen Defizit-Modell aus, das die Ursache ausschließlich beim abgelehnten Kind festmacht: „Das Kind als Architekt seiner eigenen Schwierigkeiten" (Ladd, 1985, S. 243).

(2) Diese Muster entstehen, wie oben gezeigt, a) aus biologischen Komponenten (Temperament, physiologische Beeinträchtigungen) und b) aus der Interaktion mit Eltern und Geschwistern.

(3) Innerhalb der Peergruppe gibt es zwei unterschiedliche Prozesse bei der Etikettierung des unpopulären abgelehnten Kindes: a) Erwerb des Ablehnungsstatus; hier geht die Gruppe empirisch und einigermaßen „fair" vor, sie beurteilt aufgrund beobachteter Kriterien; b) Aufrechterhaltung des negativen Status; hier ist die Gruppendynamik wirksam, die Positionen stabilisiert. Nun wird der Status der Ablehnung auch dann noch zugewiesen, wenn sich das Verhalten der Betroffenen geändert hat. Gleiches Verhalten wird also in diesem Stadium unterschiedlich bewertet, je nachdem, ob es von einer Person mit hohem oder mit niedrigem Status produziert wird. Dieser Vorgang wird auch als ‚reputational bias' bezeichnet. Da er recht bald in der Gruppe wirksam ist, muss man ihm bei Interventionsversuchen besonders Rechnung tragen.

Auflösung der Ablehnung. Fragt man sich umgekehrt, welche Kinder aus dem Status der Zurückweisung herausfinden, so lassen sich ebenfalls empirisch günstige Bedingungen ausmachen. Sandstrom & Coie (1999) beobachteten 44 anfänglich abgelehnte Kinder zwei Jahre lang (4./5. Klasse). Kinder, die während dieser Zeit ihren Status der Ablehnung verlassen konnten und Anerkennung fanden, zeigten höhere Werte als die Gegengruppe (Verbleib bei den Abgelehnten) in folgenden Bereichen:

- wahrgenommener sozialer Status,
- Teilnahme an außerschulischen Aktivitäten,

- Kontrollüberzeugung und
- elterliche Überwachung.

Für Jungen war aggressives Verhalten ebenfalls mit der Verbesserung des Status gekoppelt. Offenkundig ist diese externalisierende Form der Selbstdurchsetzung in männlichen Gruppen nicht entbehrlich.

5.4.2 Schikanieren (Bullying): Täter und Opfer von Schülergewalt

Hänseln und Gewaltanwendung in Schulen sind Tagesgespräch und beschäftigen nicht nur Eltern und Lehrkräfte, sondern auch die Öffentlichkeit. Es zeigen sich unter der Entwicklungsperspektive drei Fragestellungen:

(1) In Fortsetzung der Thematik der Abgelehnten (rejected) stellt sich die Frage nach systemischen Wirkungen in der Gruppe. Zeigen manche Kinder ein Verhalten, das die Gruppe veranlasst sie zu Opfern zu machen?
(2) Gibt es unterschiedliche Gruppen unter den Tätern und Opfern; vor allem gibt es Kinder, die Täter und Opfer zugleich sind?
(3) Lassen sich Täter und Opfer aus Daten ihrer früheren Entwicklungsgeschichte vorhersagen?

Auslöser von Viktimisierung. Zur ersten Frage ist im obigen Abschnitt schon einiges gesagt worden. Ein Untersuchungsbeispiel, das sich besonders um ökologisch valide Aussagen bemüht, also möglichst nahe an der schulischen Alltagsrealität sein möchte, mag ergänzende Informationen liefern. Boulton (1999) beobachtete acht- bis neunjährige Kinder auf dem Spielplatz und prüfte, ob ihr Spielverhalten mit der Viktimisierung zusammenhing. Er erhob zweimal Daten zur Viktimisierung, einmal gleichzeitig mit der Spielbeobachtung, das andere Mal fünf Monate später. Dabei gaben die Klassenkameraden anhand der Photographien ihrer Mitschüler(innen) an, welche Opfer und welche Täter beim Schikanieren seien. Die Ergebnisse lassen deutliche Vorhersagen zu, sind aber bei beiden Geschlechtern verschieden.

Jungen, die häufig allein spielten und sich viel unterhielten (Konversation betrieben) zeigten fünf Monate später den höchsten Anstieg an Viktimisierung. Bei den Mädchen dagegen sagte ein hohes Niveau der Konversation auf dem Spielplatz ein Anwachsen in der sozialen Beliebtheit voraus, während Alleinbeschäftigung auf dem Spielplatz ein erhöhtes Täterverhalten (bullying) vorhersagte. Da Mädchen im Spiel generell ruhige Tätigkeiten bevorzugen (Eaton & Enns, 1986), hat das Gespräch während der Tätigkeit größere Bedeutung. Bei Jungen hingegen dominieren motorisch lebhafte und spielerisch-aggressive Aktivitäten, weshalb Konversation machen als inadäquate Verhaltensweise erscheinen mag. Gruppendynamisch wirkt das gleiche Verhalten bei beiden Geschlechtern verschieden. Ähnliches gilt für Unterschiede zwischen kulturellen Subgruppen. Angemessenes Verhalten in der einen Gruppe (türkische Spielgruppe) mag in einer anderen Gruppe (deutsche Spielgruppe) inadäquat sein.

Täter und Opfer zugleich. Bei der zweiten der oben gestellten Fragen sind die Kinder besonders interessant, die zugleich Täter und Opfer sind. Im deutschen Kindersurvey 1993, der an zehn- bis 13-Jährigen erhoben wurde, ergab sich folgende Aufschlüsselung der Gruppen (Zinnecker & Silbereisen, 1995):

- Unbeteiligte: 71 Prozent
- Nur Täter: 7 Prozent
- Nur Opfer: 13 Prozent
- Täter und Opfer: 10 Prozent

Damit wird die Gruppe, die beides, Täter und Opfer zugleich ist, zu einer substantiellen Größe.

Vorhersage von Viktimisierung. In einer Längsschnittstudie über vier bis fünf Jahre ist man der Frage nachgegangen, ob es frühe Sozialisationsbedingungen gibt, die aggressive Opfer erzeugen. Schwartz et al. (1997) fragten Mütter von fünfjährigen Jungen nach dem aggressiven Verhalten ihrer Kinder und ob sie Opfer von Schikanen der Gleichaltrigen seien. Außerdem wurde die Familiensozialisation der vorausgegangenen Jahre mit Hilfe eines ausführlichen Interviews ermittelt.

Erzieherinnen bzw. später Lehrkräfte und Klassenkameraden wurden ebenfalls danach gefragt, ob das betreffende Kind Täter, Opfer oder neutral sei. Die Gruppe der aggressiven Opfer hatte unter einer strafenden, feindseligen und misshandelnden Familienumgebung zu leiden. Die Gruppe der aggressiven, aber nicht viktimisierten Kinder hatte in ihrer Familie ebenfalls Aggression und Konflikte erfahren, waren aber nicht misshandelt worden. Die passiven Opfer hingegen unterschieden sich in ihrer Familiengeschichte nicht von der normalen Kindergruppe.

5.5 Sozialer Vergleich, Wettbewerb und Kooperation

Soziales Zusammenleben wird bei Heranwachsenden wie generell in unserer westlichen Kultur durch Wettbewerb und Kooperation bestimmt. Hinter diesem Verhalten steht unter anderem der Prozess des sozialen Vergleichs (Festinger, 1954). Im Folgenden kann aus diesem breiten Forschungsgebiet nur eine Untersuchung exemplarisch herausgegriffen werden.

Entwicklung von Kooperation und Wettbewerb. Hartup et al. (1983) kombinierten in einem Brettspiel die Bedingungen: kooperativer vs. kompetitiver Partner und kooperative vs. kompetitive Rückmeldung. Jedes Kind spielte gegen einen gleichgeschlechtlichen Partner, der im Nachbarzimmer saß, in Wahrheit aber ein Versuchsleiter mit bestimmten, der jeweiligen Versuchsbedingung entsprechenden Reaktionen war. Er verhielt sich einmal kooperativ, das andere Mal kompetitiv, fügte aber je nach Versuchsbedingung adäquate oder konträre Spielzüge ein. Auf diese Weise ergaben sich vier Versuchsbedingungen:

(1) Gewinnmaximierung bei kooperativem Spiel mit kooperativen Spielzügen des Partners;
(2) Gewinnmaximierung bei kooperativem Spiel mit kompetitiven Spielzügen des Partners;
(3) Gewinnmaximierung durch kompetitives Spiel mit kompetitiven Spielzügen des Gegners;
(4) Gewinnmaximierung durch kompetitives Spiel mit kooperativen Spielzügen des Gegners.

Die hier besonders interessierenden Ergebnisse sind in Abbildung 6.10 wiedergegeben. Die Erst-

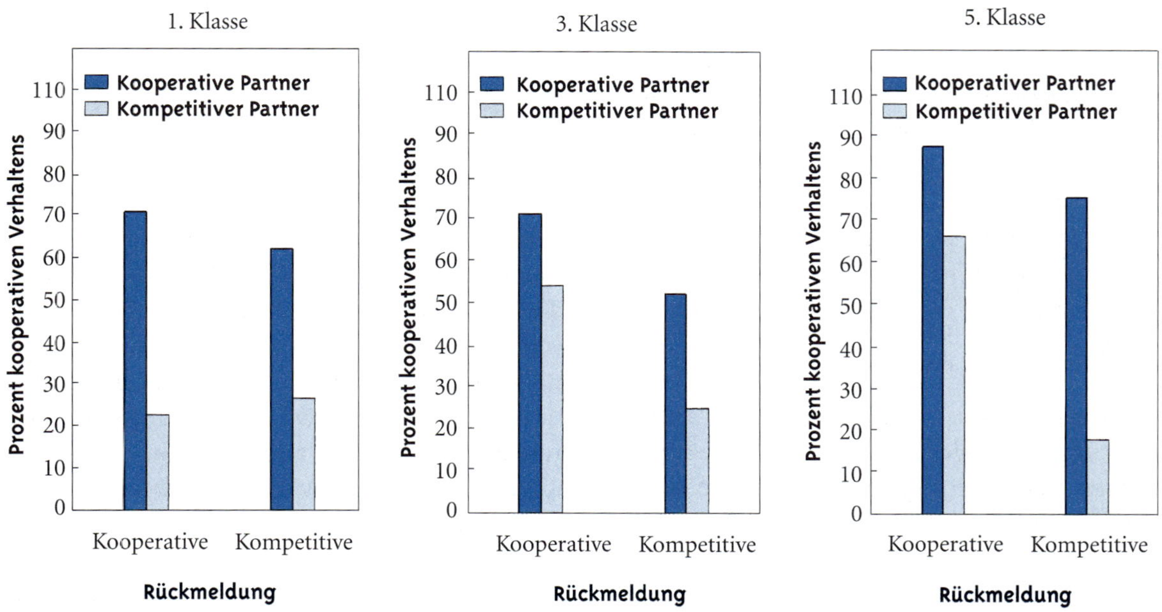

Abbildung 6.10. Mittlerer Prozentwert kooperativen Verhaltens für Kinder der 1., 3. und 5. Klasse unter vier Spielbedingungen (Hartup et al., 1983)

klässler verstanden die beiden Spielbedingungen Kooperation und Wettbewerb und verhielten sich unter der ersten Bedingung kooperativ, sie berücksichtigten aber noch nicht die Spielzüge des Partners.

Die Drittklässler bezogen diese Information bereits ein. Sie zeigten in ihrem Spielverhalten ein additives Modell: Spielbedingung und Spielverhalten des Partners summierten sich auf, so dass das größte Ausmaß an Kooperation bei einem kooperativ spielenden Partner in der kooperativen Spielbedingung und der geringste Anteil an Kooperation bei einem kompetitiv spielenden Partner in der Wettbewerbsbedingung auftrat.

Die Fünftklässler schließlich spielten eher nach einem multiplikativen Modell. Wann immer eine der beiden Bedingungen (Spielbedingung und Spielzüge des Partners) Kooperation anzeigten, reagierten sie mit kooperativem Verhalten, so dass nur die Kombination Wettbewerbsbedingung – kompetitives Spielverhalten die Tendenz zur Kooperation stark reduzierte.

Mit zunehmendem Alter vermochten die Kinder auch immer besser die Züge des Partners vorherzusagen.

Sozialer Vergleich. Ein zentraler Prozess der Peerinteraktion, der sowohl hinter dem Sozialverhalten als auch bei der Selbstorganisation allgemein stehen dürfte, ist der soziale Vergleich (Festinger, 1954). Nach Ruble (1983) dient der soziale Vergleich in der Entwicklung hauptsächlich zwei Zielen, nämlich

- der Bestimmung, wie man sich verhalten sollte (Normorientierung) und
- der Bestimmung, wie gut man bei einer bestimmten Aufgabenklasse ist (Selbstbewertung).

Im Folgenden beschäftigt uns vor allem die Rolle des sozialen Vergleichs für die Selbstbewertung. Interessanterweise zeigt sich nämlich, dass Vorschulkinder und Kinder der ersten Klasse kaum fähig sind, bei ihrer Selbstbewertung den sozialen Vergleich mit einzubeziehen, obwohl sie ihre eigene Leistung sehr wohl mit Leistungen anderer vergleichen können. Dies ändert sich deutlich etwa zwischen neun und elf Jahren. Hier wird der soziale Vergleich maßgeblich bei der Selbstbewertung mit einbezogen.

Ruble et al. (1980; zit. nach Ruble, 1983) spielten mit drei Altersgruppen (Kindergarten, 2. und 4. Klasse) ein Ballwurfspiel, in dem die Kinder genau zu 50 Prozent erfolgreich waren. Danach hatten sie Gelegenheit in Wettbewerb mit einem gleichgeschlechtlichen und gleichaltrigen Kind zu treten. Preise wurden nach kombinierter Bewertung der Leistung und der realistischen Selbsteinschätzung vergeben. Selbst die jüngsten Kinder verstanden das Preissystem und behielten sowohl die eigene als auch die Leistung des Spielgegners im Gedächtnis. Aber ihre Selbsteinschätzung und Vorhersage bezüglich der nächsten Spielrunde orientierte sich nicht am sozialen Vergleich und fiel daher wenig realistisch aus. Auch die Zweitklässler hatten noch Schwierigkeiten, wenngleich sie den sozialen Vergleich mit einbezogen. Erst die Viertklässler urteilten bezüglich ihrer Selbsteinschätzung, der Vorhersageleistung und der subjektiven Sicherheit ihres Urteils angemessen, d.h. sie nutzten die vorhandene Information adäquat.

Diese Entwicklung, die erstmals von Veroff (1969) systematisch untersucht wurde, lässt sich einerseits durch die geringere Informationsverarbeitungskapazität erklären, denn auch wenn Kinder schon die eigene und die Leistung des anderen im Gedächtnis behalten, bedarf es größerer Kapazität, beides miteinander für die Vorhersage bzw. für die Einschätzung des eigenen Niveaus zu nutzen. Andererseits mag die allgemeine Erkenntnishaltung kleinerer Kinder (Egozentrismus) und die Orientierung des Selbstkonzepts am Selbstvergleich als Basis für den sozialen Vergleich eine Rolle spielen. Während Untersuchungen zur kognitiven Entwicklung des Vorschulkindes deutlich zeigen, dass sie den Egozentrismus in der sozialen Kognition längst überwunden haben, mag er bei der selbstkonzept-orientierten Frage „Wie gut bin ich?“ noch eine Rolle spielen.

Im Übrigen zeigt sich, dass Kinder im Vorschul- und frühen Grundschulalter beim Vergleich die Ähnlichkeit mit anderen suchen und sich über Gemeinsamkeiten freuen (Gottman & Parkhurst, 1980; Tesser, 1981).

Der soziale Vergleich, so vermutet Ruble (1983) ist möglicherweise auch ein wichtiger Prozess bei der Differenzierung der Geschlechter, da bekanntlich ab dem Grundschulalter eine starke Tendenz zur Geschlechtshomogenisierung einsetzt. Der Vergleich mit dem anderen Geschlecht akzentuiert die Verschiedenheiten, der mit dem eigenen Geschlecht die Gemeinsamkeiten.

Weiterführende Literatur

Oerter, R. (1999). Psychologie des Spiels. Weinheim: Beltz.

Das Buch beschreibt das Spiel des Kindes und auch das des Erwachsenen auf handlungstheoretischer Grundlage und enthält eine Fülle von Beispielen.

Weinert, F.E. & Helmke, A. (Hrsg.) (1997). Entwicklung im Grundschulalter. Weinheim: Beltz/PVU.

Dieser Sammelband vermittelt einen Einblick in verschiedene Bereiche der Entwicklung im Grundschulalter.

Zinnecker, J. & Silbereisen, R.K. (1996). Kindheit in Deutschland. Weinheim: Juventa.

Dieser Sammelband behandelt verschiedene Themen zur gegenwärtigen Situation des Kindes in unserer Gesellschaft.

Kapitel 7
Jugendalter

Rolf Oerter & Eva Dreher

1 Konzepte, Theorien, Thematiken

1.1 Jugend – zur Konstruktion einer Lebensphase

Das Jugendalter ist eine Phase innerhalb des Lebenszyklus, die durch das Zusammenspiel biologischer, intellektueller und sozialer Veränderungen zur Quelle vielfältiger Erfahrungen wird. Diese Entwicklungsphase bedeutet – anderen Lebensabschnitten durchaus vergleichbar – für manche eine positive Zeit, für manche ist sie mit Problemen in persönlichen, familiären oder außerfamiliären Bereichen verbunden. Im Alltagsdenken wird Jugend oft mit Erwachsenwerden assoziiert. Global betrachtet ist damit eine Übergangsperiode gemeint, die zwischen Kindheit und Erwachsenenalter liegt. Die Zuschreibung der Attribute „nicht mehr Kind" und „noch nicht Erwachsener" akzentuiert die Veränderungsdynamik der Zwischenposition, die beides umfasst: Verhaltensformen und Privilegien der Kindheit aufzugeben sowie Merkmale und Kompetenzen zu erwerben, die Aufgaben, Rollen und Status des Erwachsenen begründen.

Eine entwicklungspsychologische Differenzierung dieser Lebensphase erfordert eine Präzisierung des Verständnisses von Jugend, aus verschiedenen Gründen:

(1) Jugend ist eine soziohistorische Konstruktion einer Lebensphase.
(2) Jugend ist ein Forschungsfeld, das die Entwicklungspsychologie mit einer Reihe von Disziplinen teilt.
(3) Beides beeinflusst Perspektiven, Konzepte und Themen, die den Gegenstand heutiger entwicklungspsychologischer Jugendforschung konstituieren.

1.1.1 Soziohistorische Konstruktion

Jugend ist zunächst ein historisch und kulturell verankertes Phänomen, dessen Definition dem epochalen Wandel des Verständnisses unterschiedlicher Lebensalter generell und nicht zuletzt dem Selbstverständnis der jeweiligen Erwachsenengeneration unterliegt (Aries, 1978; Gillis, 1980).

Eigenständige Phase. Die Wurzeln der Idee, dass Jugend eine qualitativ eigengesetzliche und von der Kindheit und dem Erwachsenenalter abgegrenzte Entwicklungsphase darstellt, reichen weit in die Antike. Ebenso lange Tradition haben die Klagen über Verhaltensexzesse der Jugend, denen durch Kultivierung und Erziehung zu begegnen sei.

Gesellschafts- und sozialpolitisch verankert wird die Position einer eigenständigen Jugendphase aber erst im Zuge tiefgreifender Veränderungen der Produktions- und Sozialstruktur im späten 19. bzw. 20. Jahrhundert. Jugend wird zur Zeitspanne, die von Erwerbsarbeit freisetzt und – nicht nur privilegierten Gruppen – den institutionellen Zugang zu Ausbildung und Vorbereitung auf Anforderungen der Lebensbewältigung ermöglicht.

Ausdehnung der Ausbildungszeit. Mit den Begriffen verkürzte Pubertät (Lazarsfeld, 1931) und gestreckte Pubertät (Bernfeld, 1923) werden gesellschaftliche Entwicklungsbedingungen gekennzeichnet, die mit geringeren bzw. größeren Bildungschancen durch früheren bzw. späteren Berufseintritt verbunden sind (vgl. Backes & Stiksrud, 1985; Ewert, 1983). Obwohl Variationen der Ausdehnung dieser Lernphase auch heute noch ein Kriterium unterschiedlicher Entwicklungskarrieren darstellt, korrespondiert die zunehmende Verlängerung generell mit der Komplexität der Funktionen, Rollen und Lebensbezüge, in die zukünftige Erwachsene in industriellen und postindustriellen Gesellschaften eingebunden sind.

1.1.2 Jugend als Phänomen multidisziplinären Interesses

Der Lebensabschnitt Jugend ist nicht nur eine soziohistorische Konstruktion, sondern ebenso ein Phänomen multidisziplinären Interesses, z.B. der Soziologie, Politik, Psychologie, Pädagogik, Biologie, Medizin, Rechtswissenschaft. Insofern liegt eine Vielzahl von Bedeutungsfacetten vor, die den Begriff Jugend spezifizieren bzw. den jeweiligen Analysegegenstand abgrenzen.

Begriffsdimensionen. Weber (1987) bietet ein Spektrum von Dimensionen des Jugendbegriffs, die in den Sozialwissenschaften vertreten sind.

Es reicht von „Jugend als Entwicklungsstadium im individuellen Lebenslauf" und der damit verbundenen Differenzierung altersspezifischer Entwicklungsaufgaben (s. Abschnitt 1.4) über „Jugend als Gleichaltrigengruppe", die eine eigenständige soziokulturelle Lebensform (Jugendkultur) darstellt und einem zeitgeschichtlichen Wandel unterliegt, der als generationstypischer Lebensstil auf gemeinsamen Grunderfahrungen basiert (z.B. „Skeptische Generation" der fünfziger Jahre), bis hin zu „Jugend als Ideal" bzw. „Idol der Jugendlichkeit", und der (Über-)Bewertung dieses Altersabschnittes als dem optimalsten der gesamten Lebensspanne (Wunsch nach ewiger Jugend, nach vitalen Lebensgefühlen etc.).

Weitere Differenzierungen betreffen unterschiedliche soziokulturelle und sozioökonomische Lebensbedingungen im Sinn von Entwicklungskontexten, z.B. Herkunftsfamilie, Ausbildungssituation oder Wohnregion, sowie geschlechtsspezifische Anforderungen (z.B. Verpflichtung zum Militär- bzw. Ersatzdienst) oder geschlechtsrollentypische Erwartungen (Beruf, Wertorientierungen).

1.1.3 Entwicklungspsychologische Kriterien

Die zeitliche Strukturierung des Jugendalters erfolgt über die Unterscheidung von Altersbereichen. Sie betrifft zum einen Fragen des Beginns bzw. des Endes des Jugendalters, zum anderen die Differenzierung von Entwicklungsphänomenen innerhalb dieses Lebensabschnittes.

Den Beginn des Jugendalters markiert das Eintreten der Geschlechtsreife (Pubertät); dies gilt gleichzeitig als Kriterium der Abgrenzung von Kindheit und Jugend.

In der internationalen Jugendforschung ist der Terminus Adoleszenz vornehmlich im Kontext entwicklungsbezogener Veränderungen der Jugendphase gebräuchlich. Die Adoleszenz erstreckt sich insgesamt über ca. ein Jahrzehnt, das qualitativ wie quantitativ sehr heterogene Entwicklungsprozesse aufweist. Zur Differenzierung der Veränderungsdynamik werden drei Phasen mit jeweils zugeordneten Altersbereichen unterschieden (Steinberg, 1993):

(1) frühe Adoleszenz zwischen 11 und 14 Jahren,
(2) mittlere Adoleszenz zwischen 15 und 17 Jahren und
(3) späte Adoleszenz zwischen 18 und 21 Jahren.

Die Abgrenzung Jugend – frühes Erwachsenenalter erfolgt nicht über Altersmarken, sondern an Hand von Funktionsbereichen (z.B. Aufnahme beruflicher Tätigkeit), Rollenübergängen und Kriterien sozialer Reife.

1.2 Adoleszenz im Wandel entwicklungspsychologischer Forschung

Obwohl Jugend als Forschungsthema bereits zu Beginn des 20. Jahrhunderts entdeckt wurde, blieb der Umfang systematischer entwicklungspsychologischer Forschung bis in die siebziger

Jahren gering. Früher datierte, prominent gewordene deutschsprachige Werke (z.B. Bühler, 1928; Spranger, 1926) stellen vornehmlich Phänomenologien des Jugendalters dar, die beispielsweise aus der Analyse von Tagebüchern Jugendlicher gewonnen wurden. Es entstanden psychologische Typisierungen des Erlebens und Verhaltens, wobei das Hauptinteresse den psychischen Korrelaten biologischer Veränderungen galt; die Sturm und Drang-Thematik war hierbei – und blieb lange – dominantes Thema.

Die Verbindung entwicklungspsychologischer und pädagogischer Fragestellungen verweist auf eine weitere Linie jugendpsychologischer Arbeiten, die in der geisteswissenschaftlichen Tradition zwischen den zwanziger und sechziger Jahren entstanden und als Orientierungshilfen für Erzieher konzipiert wurden (z.B. Engelmayer, 1956; Kroh, 1932, 1958; Petzelt, 1965; Tumlirz, 1927, 1931).

Eine Intensivierung der entwicklungspsychologischen Forschung zum Jugendalter ging im Wesentlichen vom Aufschwung aus, den dieser Zweig in den USA seit den siebziger Jahren verzeichnet. Als Gewinn der interdisziplinären Ausrichtung betont Petersen (1988), dass theoretische und empirische Fortschritte in Bereichen der Biologie, Soziologie, Anthropologie und Medizin einbezogen werden können. Ferner profitierte die gegenwärtige Jugendforschung von Beiträgen der Entwicklungspsychologie der Lebensspanne, der ökologischen Perspektive, der kognitiven Entwicklungspsychologie und der Bewältigungsforschung.

Forschungsinteressen im Bereich der frühen Adoleszenz konzentrieren sich auf die Themen:

- Verlauf und psychische Auswirkungen der Pubertät,
- Bedeutung adaptiver und konflikthafter Bewältigungsmuster für psychische Gesundheit,
- pubertärer Wandel und
- Veränderung der Familieninteraktion.

„Adjustment vs. turmoil" ist hierbei der generelle Tenor, der auf eine Fortsetzung der klassischen Sturm-und-Drang-Thematik in modifizierter Form verweist (vgl. Bandura, 1972; Offer & Offer, 1975; Rutter et al., 1976). Die Modifikation setzt folgende Akzente: intra- und interpersonelle Spannungen und Konflikte gelten nicht mehr als generelles Entwicklungsphänomen des Jugendalters. Dadurch interessiert die Thematik jetzt weniger unter dem Aspekt des entweder-oder, als unter der differenzierteren Perspektive des sowohl als auch. Die Analyse richtet sich dabei stärker auf die Bedingungen und Entstehungszusammenhänge, die sowohl konstruktive als auch beeinträchtigende Verarbeitungsformen im Kontext entwicklungsbedingter Übergänge spezifizieren (vgl. Kimmel & Weiner, 1985; Rutter, 1980, 1989; Silbereisen & Noack, 1990).

Entwicklungspsychologie der Lebensspanne. Die gegenwärtig stärkere Akzentuierung der Adoleszenz als Periode innerhalb der Lebensspanne brachte mit sich, dass klassische Themen der Jugendentwicklung (z.B. Identitätsentwicklung) jetzt unter Perspektiven und Konzepten bearbeitet werden, die innerhalb der Entwicklungspsychologie generell an Bedeutung gewonnen haben (z.B. Übergänge und Entwicklungsaufgaben, kritische Lebensereignisse, Sinn- und Handlungsorientierung der Lebensbewältigung). Das heutige Verständnis der Psychologie der Lebensspanne akzentuiert u.a. Richtung und Funktionalität von Veränderungen als Dimensionen menschlicher Plastizität (vgl. Baltes, 1990).

Diese Position ist für die gegenwärtige Auffassung von Entwicklung im Jugendalter relevant. Kontextuelle Einbettung (Lerner & Kauffman, 1985; Lerner et al., 1980) und dynamische Interaktion verschiedener Ebenen des Individuum-Umwelt-Systems konstituieren Rahmenkonzepte, unter denen Veränderungsfacetten spezifiziert werden (Tubman et al., 1991).

Unter dieser Perspektive würde eine kürzere oder längere Jugendphase nicht per se mit weniger oder mehr, sondern primär mit qualitativ anderen Entwicklungsmöglichkeiten gleichgesetzt werden, aus denen divergente Verlaufsmuster hervorgehen können. Die Übernahme berufsbezogener Aufgaben und sozialer Verantwortung beispielsweise stellt sich dann nicht als Frage des generell früheren oder späteren Abschiednehmens von Entwicklungsfreiräumen, sondern akzentuiert den Stellenwert von Aktivitäten in unterschiedlichen Kontexten und betont die Verarbeitung der resultierenden Erfahrungen. Das Individuum als Produkt und Produzent seiner Entwicklung charakterisiert Zugänge, unter denen gegenwärtig Entwicklungen im Jugendalter analysiert werden (Sammelbände, die hierzu das konzeptuelle und thematische Spektrum verdeutlichen sind beispielsweise Bosma & Jackson, 1990; Oerter, 1985; Olbrich & Todt, 1984; Silbereisen et al., 1986;).

Interdisziplinäre Entwicklungsforschung. Vor dem Hintergrund theoretischer Neuorientierungen sind auch gegenwärtige Ansätze einer interdisziplinär ausgerichteten Entwicklungsforschung zu sehen (vgl. Silbereisen & Kastner, 1986). Unter dem Aspekt der Plastizität von Entwicklungsprozessen geht es sowohl um die Rolle des aktiven Beitrags des Individuums als auch um die Bedeutung interventorischer Maßnahmen im Kontext von Förderung und Prävention. Unter der Zielsetzung, im Jugendalter langfristig wirksame Entwicklungsressourcen anzubahnen, dienen Konzepte der Förderung kognitiver und sozialer Fähigkeiten dem Aufbau von Handlungskompetenzen, die konstruktive Formen der Selbstregulation ermöglichen (Dreher, 1993). Die Verbindung von gesundheits- und entwicklungspsychologischen Thematiken lenkt die Aufmerksamkeit auf Risiko- und Schutzfaktoren, deren Relevanz in unterschiedlichen Entwicklungspfaden und Bewältigungsformen des Übergangs ins Erwachsenenalter zur Geltung kommt (Hurrelmann & Lösel, 1990; Schmidt & Dlugosch, 1992; Seiffge-Krenke & Brath, 1990).

1.3 Theorien der Adoleszenz

Einschränkend sind zwei Prämissen voranzustellen: Erstens darf der Begriff der Theorie nicht zu eng gefasst werden, denn ein Anlegen strenger wissenschaftstheoretischer Kriterien würde die Zahl drastisch reduzieren (ggf. wäre Theorie durch Philosophie zu ersetzen). Zweitens muss man akzeptieren, dass das Prädikat Theorie der Adoleszenz auch dann zutrifft, wenn

- eine Theorie größerer Reichweite nur auf den eng umgrenzten Bereich Adoleszenz fokussiert, z.B. Piagets Theorie bezogen auf die kognitive Entwicklung in der Adoleszenz (Piaget & Inhelder, 1977),
- separierte Teilaspekte einer Theorie den Anspruch auf Erklärung zentraler Phänomene von Adoleszenz erheben, z.B. Anna Freuds Erklärung der Persönlichkeitsentwicklung in der Adoleszenz durch Erweiterung des Konstrukts der Abwehrmechanismen (Freud, 1980, orig. 1936).

Die ausgewählten Ansätze lassen zum einen das Theoriespektrum erkennen, sie verdeutlichen gleichzeitig den historischen Wandel von Perspektiven.

1.3.1 Anlagetheorien der Adoleszenz

Historisch betrachtet stammt die erste und explizit als Entwicklungstheorie der Adoleszenz ausgewiesene Theorie aus dem Bereich der biogenetischen Erklärungsansätze und geht auf Granville Stanley Hall (1846–1924) zurück, der zugleich als Begründer einer wissenschaftlich fundierten Psychologie des Jugendalters gilt.

Hall betrachtet die Ontogenese (individuelle Entwicklung) als Rekapitulation der Phylogenese (Menschheitsentwicklung). Die menschliche Lebensspanne spiegelt evolutionäre Übergänge innerhalb der Entwicklung der menschlichen Art wider. Halls biogenetische Rekapitulationstheorie definiert Adoleszenz als spezifische Periode (nach der Kindheit) innerhalb der Ontogenese.

Halls Entwicklungskonzeption unterscheidet vier chronologisch geordnete Entwicklungsstufen:

(1) frühe Kindheit,
(2) Kindheit,
(3) Jugend und
(4) Adoleszenz.

Kapitel 7 Jugendalter

Jede Stufe repräsentiert ein Entwicklungsalter, das in Analogie zu Stufen der Menschheitsgeschichte charakterisiert wird. In der frühen Kindheit (bis 4 Jhr.) dominiert der Erwerb sensomotorischer Fähigkeiten, die der Selbsterhaltung dienen. Tätigkeiten und Spielformen der Kindheit (4–8 Jhr.), wie z.B. Verstecken, Fangen, Höhlenbau und Werkzeuggebrauch korrespondieren mit der Epoche der Sammler und Jäger. Der Stufe der Jugend (8–12 Jhr.), gekennzeichnet durch aufkommende Bereitschaft zur Übernahme von Ordnungen und Regeln, wird die beginnende Zivilisation zugewiesen, deren Fortsetzung im Verlauf der Adoleszenz (11/13–22/25 Jhr.) erfolgt. Die biologischen Veränderungen der Pubertät markieren den Beginn der Adoleszenz, das Erlangen des Erwachsenenstatus begrenzt diese Stufe. In der zeitlichen Ausdehnung der oberen Grenzen (als späte Adoleszenz) werden zwei Momente zur Geltung gebracht: zum einen der Übergang zur Reife als Ende des Entwicklungsprozesses, zum anderen die Rekapitulation des Potentials, das die Fortsetzung eines – phylogenetisch wie zivilisatorisch – nie vollendeten Entwicklungsprozesses in sich birgt.

Nach Halls Auffassung ist die Adoleszenz eine Sturm-und-Drang-Periode, eine Zeit extremer Ausprägungen des Erlebens und Verhaltens, die von innerpsychischen Spannungen und interpersonellen Konflikten begleitet ist. Die Universalität und Unvermeidbarkeit dieser Phänomene sieht er darin begründet, dass die körperliche Entwicklung sprunghaft verlaufe und diese Diskontinuität ihr Pendant in der psychischen Organisation finde. Obwohl diese Position bereits damals auf Widerspruch stieß (z.B. Hollingworth, 1928), blieb das Sturm- und- Drang-Konzept (auch Stör-Reiz-Modell genannt) im Kontext unterschiedlichster Begründungen über Jahrzehnte konstantes Thema der Jugendpsychologie. Petersen (1988) führt dies nicht zuletzt darauf zurück, dass es eine valide Widerspiegelung von Erfahrungen biete, wie Erwachsene Jugendliche wahrnehmen bzw. Erinnerungen an die eigene Jugendzeit konzeptualisieren.

Trotz Relativierung und Kritik hat Halls Adoleszenztheorie nachhaltigen Einfluss auf spätere Entwicklungskonzeptionen gehabt. Gesell (1964) beispielsweise ging in seinen Längsschnittuntersuchungen zum Kindes- und Jugendalter davon aus, dass individuelle Wachstums- und Reifungsmuster zum großen Teil dem Grundplan der Entstehung der menschlichen Art folgen.

Die Stufenkonzeption von Kroh (1951, 1958) enthält die Annahme, dass reifungsabhängige Veränderungen mit psychischen Krisen korrespondieren, die in Trotzperioden zum Ausdruck kommen. Der Übergang in die Adoleszenz wird als zweite Trotzphase bezeichnet.

Die Idee einer Rekapitulation ist u.a. auch in der Freudschen Entwicklungsauffassung zu erkennen. Freud betont das Wiederaufleben und erneute Durchlaufen früherer Formen der Triebbefriedigung bevor die Integration von Partialtrieben unter das Primat der Genitalität im Lauf der Adoleszenz erfolgt (vgl. Elhardt, 1983).

Die theoretische Bedeutung des Hallschen Werks sieht Ewert (1983) darin, dass es eine Reihe von Schlüsselbegriffen eingebracht hat, die die Theoriegeschichte der Entwicklungspsychologie beleuchten, z.B.

- die Darstellung von Entwicklung als Schichtmodell,
- Entwicklung als qualitativer Wandel,
- entwicklungsbedingte Übergänge als Krise,
- Krise als universales Entwicklungskriterium,
- Offenheit von Entwicklungsmöglichkeiten in der Auseinandersetzung mit jeweiligen Lebensbedingungen.

1.3.2 Umwelttheorien der Adoleszenz

Umwelttheorien versuchen Entwicklung auf der Basis externer Einflüsse auf das Individuum zu erklären. Dabei handelt es sich zum einen um die Wirkung der umgebenden Kultur auf die Gestaltung des Übergangs vom Kind zum Erwachsenen, zum anderen geht es um lerntheoretische Ansätze behavioristischer Provenienz, die den Aufbau von Verhalten durch Konditionierung und soziale Modellierung zum Gegenstand haben.

Kulturanthropologischer Ansatz

Die schärfste Kontrastierung zur biogenetischen Adoleszenztheorie geht von der Kulturanthropologie aus.

Identität. Unter der Perspektive des soziokulturellen Relativismus legt Mead (1971) eine jugendtheoretische Konzeption vor. Die zentrale Frage betrifft Grundlagen der Identität. Nach Mead bedeutet Identität im Wesentlichen Bindung an Sinnkonzepte, kulturelle Werte und Orientierung an Vergangenheit, Gegenwart und Zukunft innerhalb der Gesellschaft. Während für Jugendliche in statischen Kulturen Identität aus der Zugehörigkeit, den Sitten und Handlungsformen ihre Volkes erwächst, wird die Identitätssuche vor allem in komplexen, sich rasch wandelnden Gesellschaften zum Problem. Die Charakterisierung unterschiedlicher Grundlagen für Bindung zeigt Mead an Hand von drei historisch entstandenen Kulturkategorien auf, die im Folgenden kurz skizziert werden:

Postfigurative Kultur. Die postfigurative Kultur ist eine statische und durch Traditionen bestimmte Drei-Generationen-Kultur, in der die Kinder primär Erfahrungen der Erwachsenengenerationen übernehmen. Der Sozialisationsprozess ist über Generationen hinweg stabil. Die für die Lebensbewältigung notwendigen Fähigkeiten werden früh erworben, so dass biologische und soziale Reife identisch sind und mit der Pubertät der Status des Erwachsenseins erreicht ist. Identität wird im Zuge der Internalisierung von Sinnkonzepten und Werten erworben, deren universelle Richtigkeit und dauerhafte Gültigkeit nicht in Frage gestellt wird.

Kofigurative Kultur. Die kofigurative Kultur, der gegenwärtige Lebensformen entsprechen, ist eine mobile, durch raschen Wandel gekennzeichnete Kultur, in der die Lebensbewältigung in hohem Maß an Orientierungsleistungen gebunden ist. Neben der zwei Generationen umfassenden Kernfamilie sind Schule und Subkultur der Gleichaltrigen wesentliche Orientierungsinstanzen. Aus der Differenzierung des Ausbildungssystems resultieren Berufs- und Statusveränderungen, die zu Entfremdung und Konflikten zwischen Jugend- und Elterngeneration führen. Dem Aufbau von Identität bietet sich einerseits ein Spektrum von Wert- und Verhaltensalternativen, andererseits sind Ungewissheit der Gültigkeit und Entscheidungsunsicherheit Quellen für Desorientierung.

Präfigurative Kultur. Die präfigurative Kultur entwirft Mead als prognostisches Modell für neue Antworten auf wachsende Umweltgefährdung und soziale Probleme, die aus technischem Fortschritt und soziokulturellem Wandel erwachsen. Die zunehmende Distanz zwischen den Generationen erschwert die Identitätsbildung. Eine Unterstützung seitens der Erwachsenen wird in der Fähigkeit gesehen, Bindung zu lehren. Ein zentrales Moment für den Austausch zwischen den Generationen stellt die Veränderung der Kommunikation dar. Hierfür wird die Bereitschaft und Fähigkeit der Erwachsenen, von Kindern zu lernen, als bedeutender Faktor erachtet.

Kritik. Als wesentliche Kritikpunkte an Meads jugendtheoretischem Konzept des Identitätsaufbaus durch die umgebende Kultur hebt Griese (1977) hervor, dass von einer einheitlichen Jugendgeneration ausgegangen wird, d.h. subkulturelle Unterschiede innerhalb einer Gesellschaft werden ausklammert. Ferner werden Generationskonflikte pauschaliert. Ihre Entstehung ist zum einen vor dem Hintergrund historischer und ökonomischer Aspekte zu differenzieren, zum anderen sind sie in der vorgegebenen Schärfe empirisch nicht nachgewiesen.

Lerntheoretische Ansätze

Es gibt keine spezifische Stimulus-Reaktions-Theorie (S-R-Theorie) bzw. soziale Lerntheorie der Entwicklung, vielmehr werden generelle Prinzipien der S-R-Theorien herangezogen, um zu erklären, wie soziale Umwelt Verhaltensänderungen (i.S. von Entwicklungsphänomenen) kontrolliert.

Speziell zwei Ansätze beschäftigen sich mit Prozessen des sozialen Lernens, die zum Verständnis von Entwicklungsphänomenen der Adoleszenz beitragen können: die Theorie der sozialisierten Angst von Davis (1944) und die drive theory adoleszenten Verhaltens von McCandless (1970).

Theorie der sozialisierten Angst. Davis (1944) postuliert, dass menschliches Verhalten auf dem Erlernen der Regeln einer Gesellschaft und auf der Antizipation der Folgen regelkonformen bzw. -diskonformen Verhaltens beruht. In diesem Lernprozess geht es um die Erfahrung, dass erwünschtes Verhalten gebilligt und belohnt wird, während unerwünschtes Verhalten missbilligt oder bestraft wird. Die Antizipation von Bestrafung ist mit unangenehmen Gefühlzuständen – sozialisierter Angst – verbunden; ihre Reduktion oder Vermeidung sieht Davis als Grund, sich in Übereinstimmung mit gesellschaftlichen Rollenerwartungen zu verhalten.

Gesellschaftliche Rollenerwartungen gegenüber Jugendlichen sind unklar. Insofern ist der Jugendliche nicht sicher, welches Verhalten für ihn Akzeptanz oder Missbilligung mit sich bringt. Daraus folgt, dass ihm die Reduktion der sozialisierten Angst schwer fällt. Er sieht sich nicht in der Lage, das Ausmaß emotionaler Belastung zu verringern und infolgedessen bringt diese Periode emotionale Beeinträchtigung mit sich.

Drive theory adoleszenten Verhaltens. Die Theorie von McCandless (1970) geht davon aus, dass bestimmte Verhaltensweisen gelernt werden, weil sie einen internen Spannungszustand reduzieren. Triebreduzierendes Verhalten hat Belohnungscharakter und führt durch Wiederholungen zum Aufbau von Gewohnheiten, während Verhalten, das Triebspannung nicht reduziert, Bestrafungsqualitäten aufweist, und daher nicht wiederholt wird.

Die Tatsache, dass die Gesellschaft gleiche Verhaltensmuster bei männlichen und weiblichen Individuen nicht in gleicher Weise billigt, sieht McCandless als Grund für eine geschlechtsspezifische Kanalisierung von Verhaltensmustern. Insofern stellt die Adoleszenz eine Periode dar, in der sich Jugendliche im Kontext neuer geschlechtstypischer und per gesellschaftlicher Vorgabe gebilligter Verhaltensweisen definieren müssen. Der Aufbau einer neuen Selbstdefiniton kann für den Jugendlichen eine Periode unverminderter Triebspannung darstellen, die Stress und emotionale Belastung mit sich bringt.

1.3.3 Interaktionstheorien der Adoleszenz

Während Umwelttheorien Entwicklung auf der Basis genereller und invarianter Gesetzmäßigkeiten der Stimulation erklären, betonen Interaktionstheorien die Anlage-Umwelt-Dynamik. Sie unterscheiden sich darin, wie Anlage und Umwelt jeweils gewichtet und in welchen Konzepten die Interaktion erklärt wird.

Lerner und Spanier (1980) ordnen Interaktionstheorien, die speziell Entwicklungsphänomene der Adoleszenz erklären, nach dem Typus der Interaktion.

Schwache Interaktionstheorien. Schwache Interaktionstheorien betonen eine Determinante – in der Regel die Anlage – als ausschlaggebend für den Verlauf und die Ausprägung von Entwicklungsphänomenen; hierbei kann Umwelt den zugrundeliegenden Reifungsplan beschleunigen, verzögern oder fixieren, ihn aber nicht verändern. Dieser Gruppe werden die psychoanalytischen Ansätze von Sigmund und Anna Freud, sowie die psychosoziale Konzeption von Erikson zugeordnet.

Moderate Interaktionstheorien. Moderate Interaktionstheorien erklären Anlage und Umwelt als notwendige, aber von einander unabhängig Determinanten jeglicher Entwicklung. Die Interaktion wird als Prozess konzeptualisiert, der seine Konstituenten selbst (d.h. weder Anlage noch Umwelt) qualitativ nicht verändert. Als Prototyp hierfür gilt Piagets Theorie der kognitiven Entwicklung (siehe dazu Kapitel 11).

Starke Interaktionstheorien. Starke Interaktionstheorien postulieren eine wechselseitige Abhängigkeit zwischen Anlage und Umwelt, die durch den Begriff dynamischer Interaktionismus gekennzeichnet wird. Die Interaktion wird als Prozess verstanden, dessen Dynamik eine Veränderung des gesamten Anlage-Umwelt-Systems hervorruft. Diesem Typus entspricht beispielsweise das Modell des developmental contextualism (Lerner, 1986, 1987; Lerner & Lerner, 1989), in dem das Individuum als Produkt und Produzent von Entwicklung konzeptualisiert wird.

Psychodynamischer Ansatz: Anna Freud

Die Psychodynamik der Adoleszenz wurde zum Hauptthema der Arbeiten von Anna Freud (1958, 1969). Sie betrachtet diesen Lebensabschnitt als eine notwendige und universell entwicklungsbedingt turbulente Periode. Ihrer Auffassung nach beruht die Konflikthaftigkeit auf gesteigerten internalen Anforderungen, die aus der sexuellen Reifung und der damit verbundenen Intensivierung des Sexualtriebes hervorgehen. Die Freisetzung libidinöser Energien bringt einen Anstieg impulsiver Aktivität mit sich, die zur Steigerung von Aggressivität, Neugier und Egozentrität führt. Parallel dazu werden psychosexuelle Konflikte der Kindheit reaktiviert. Die Folge sind ambivalente Verhaltensformen, wie z.B. emotionale Extreme oder Schwankungen zwischen exzessiver Unabhängigkeit und extremer Abhängigkeit.

Anna Freuds zentrales Interesse gilt dem qualitativen Wandel, den das Verhältnis zwischen ES, ICH und ÜBER-ICH in dieser Periode erfährt. Physiologische Veränderungen und sexuelle Reifung erzeugen ein Ungleichgewicht zwischen dem ES und dem ICH, d.h. erhöhte Triebimpulse konfligieren mit vorhandenen Möglichkeiten der Triebabwehr durch das ICH. Gleichzeitig kommt das ÜBER-ICH – Instanz der moralischen Standards der Personen, mit denen sich der Jugendliche identifiziert – in Konflikt mit dem ICH, das sich im Kampf mit den ES-Impulsen befindet. Aus der Intensität der Konflikte resultieren erhöhte Ängste, denen der Jugendliche ausgesetzt ist. Ihre Bewältigung beruht einerseits auf bereits vorhandenen Abwehrmechanismen, andererseits auf der Entwicklung neuer Formen der Impulskontrolle.

Abwehrmechanismen. Sublimation, Verschiebung und Identifikation gelten als typische Abwehrmechanismen, die bereits aus der Kindheit stammen und im Kontext der aktuellen Konflikte an Bedeutung gewinnen. Durch Sublimation werden sexuelle Impulse in sozial akzeptiertere Strebungen, wie kognitive und künstlerische Aktivitäten transformiert. Verschiebung dient der Verlagerung von Impulsen auf andere Dinge oder Personen. Die Identifikation mit den Eltern erfährt eine Erweiterung, indem libidinöse Energie auf andere Erwachsene oder Gleichaltrige gerichtet werden kann; die Orientierung an anderen, neuen Modellen trägt sowohl zur Modifikation bisheriger Norm- und Wertestandards als auch zur emotionalen Ablösung von den Eltern bei.

Zu den in der Adoleszenz neu entwickelten Abwehrmechanismen zählen Intellektualisierung und Askese. In der Intellektualisierung kommen die veränderten kognitiven Fähigkeiten des Jugendlichen zur Geltung, d.h. abstraktes Denken und logisches Argumentieren können zur Rechtfertigung des eigenen Verhaltens eingesetzt werden. Eine größere kognitive Flexibilität ermöglicht ferner, dass zwischen Ideen und Impulsen eine Distanz hergestellt werden kann, was u.a. ermöglicht, bedrohliche oder aggressive Impulse auf der Ebene des Gedankenspiels und ohne Zwang der Handlungsausführung zu handhaben. Askese als Abwehrstrategie dient der Kontrolle sexueller Bedürfnisse insofern, als diesbezügliche Wünsche geleugnet werden.

Bewältigung neuer Triebkonflikte. Der Entwicklungsfortschritt in der Adoleszenz wird im Wesentlichen in der Bewältigung der neuen Triebkonflikte gesehen, die darauf beruht, dass gestärkte Ich-Funktionen den Ansturm libidinöser Energien balancieren können. Gelingt dies nicht, so treten Störungen auf, die zu Regressionen auf frühere Entwicklungsstufen führen. Ebenso wird das Ausbleiben von Konflikten als eine Störung aufgefasst, i.S. eines pathologischen Gleichgewichts, das auf einem Übermaß an Abwehr beruht.

Theoretische Weiterentwicklung: Copingkonzepte

Ein breites Feld der heutigen Copingforschung im Jugendalter ist an neoanalytischen und kognitionspsychologischen Bewältigungskonzeptionen orientiert.

Neoanalytische Ansätze. Die neoanalytischen Ansätze setzen die stärkere Gewichtung der Ich-Funktionen fort und messen dem sozialen Umfeld mehr Bedeutung bei. Im Ansatz von Norma Haan (1977) stellen Ich-Prozesse die Basis von Bewältigungsstrategien (= Copingstrategien) dar. Haan unterscheidet zwischen Bewältigungs- und Abwehrmechanismen. Obwohl beide Formen auf gleichen grundlegenden Ich-Prozessen beruhen, erfüllen sie unterschiedliche Funktionen. Coping steht für konstruktive, realitätsangepasste, flexible Auseinandersetzung, die gleichzeitig emotionalen Komponenten Raum lässt, demgegenüber verzerrt Abwehr die Realität, lässt Affekte nur indirekt zu und zielt auf Angstkontrolle ohne eigentliche Problembearbeitung.

Kognitionspsychologische Ansätze. Die kognitive Orientierung der neoanalytischen Konzeption weist Parallelen zu Konzepten des Coping auf, die im Kontext der Stress- und Belastungsbewältigungsforschung entwickelt wurden (vgl. Lazarus, 1986). Copingstrategien setzen vornehmlich in Situationen ein, denen nicht mit Handlungsroutinen begegnet werden kann.

Der Copingprozess wird in drei Phasen untergliedert, die zeitlich aufeinanderfolgend aber auch oszillierend und in mehreren Schleifen durchlaufen werden können.

(1) Der Copingprozess beginnt mit der Abschätzung der Situation einschließlich kognitiver und affektiver Aspekte (primary appraisal).
(2) Die zweite Abschätzung (secondary appraisal) gilt den eigenen Problemlösemöglichkeiten bzw. den zur Bewältigung verfügbaren Kompetenzen, Handlungsressourcen und möglichen Alternativen.
(3) Eine gegebenenfalls erforderliche weitere Abschätzung (tertiary appraisal) erfolgt im Zuge der Ausführung, vornehmlich bei Stagnation, Fehlschlägen oder neuer Information und zielt auf Neubewertung der Situation bzw. Abwägen alternativer Lösungsmöglichkeiten.

Psychosozialer Ansatz: Erik H. Erikson

Die psychosoziale Entwicklungstheorie von Erik H. Erikson (1902–1994) zählt einerseits zu den prominentesten Erweiterungen und Modifikationen der Freudschen Theorie, andererseits verbindet sie die Idee der Entwicklung im Lebenszyklus mit jener Thematik, die im Jugendalter zum Fokus der Persönlichkeitsentwicklung wird, dem Aufbau von Ich-Identität. Das Erringen von Identität – das Generalthema seiner Theorie – beruht für ihn auf der Bewältigung von Anforderungen, die aus der Einbettung des Individuums in eine Sozialordnung resultieren.

Aufbau von Selbstkonsistenz. Für Erikson sind Ich-Entwicklung und Identitätsentwicklung eng verbunden. Das Ich repräsentiert ein organisiertes System von Einstellungen, Motiven und Bewältigungsleistungen. Die Bewältigung von Krisen (i.S. von Wendepunkten) kennzeichnet die wachsende Persönlichkeit, die der Umwelt aktiv begegnet und deren Kernbereich (Ich) eine gewisse Einheit aufweist. Die Ausbildung von Ich-Identität entspricht dem Aufbau von Selbstkonsistenz, d.h. man weiß, wer man ist und worin über Zeit, Situationen und soziale Kontexte hinweg die Einheitlichkeit und Unverwechselbarkeit der eigenen Person (Individualität) begründet ist. Der Prozess der Persönlichkeitsentwicklung erstreckt sich über die gesamte Lebensspanne und wird in acht aufeinanderfolgende Stadien unterteilt. Erikson beschreibt den Entwicklungsverlauf in Form einer Epigenese der Identität.

Integrationsleistungen. Die Kerngedanken der gesamten Entwicklungskonzeption fusionieren in der Aufgabe, die Erikson explizit der Adoleszenz zuweist und formal als Integrationsleistung bezeichnet, die erbracht werden muss.

Sie betrifft zum einen die Integration psychosexueller und psychosozialer Veränderungen. Zum anderen ist der Jugendliche mit der komplexeren Anforderung konfrontiert, sich in der Erwachsenenwelt zu orientieren, seine eigenen Werte und seine Position innerhalb der Gesellschaft zu finden. Zur Bewältigung dieser Aufgaben bedarf es der Entwicklung von Ich-Identität, d.h. des Aufbaus eines Konzeptes der Selbstkonsistenz. In Bezug auf die Ich-Entwicklung bedeutet dies, die Identifikationen der Kindheit zu integrieren, um daraus das Potential zu gewinnen, das zur Übernahme neuer Rollen erforderlich ist.

Moratorium. Dem Faktum, dass die Entwicklung von Ich-Identität sowohl einem zeitlich ausgedehnten Prozess unterliegt, als auch Handlungsspielraum erfordert, trägt Erikson (1988) im Konzept des Moratoriums Rechnung:

„Unter einem psychosozialen Moratorium verstehen wir also einen Aufschub erwachsener Verpflichtungen oder Bindungen und doch handelt es sich nur um einen Aufschub. Es ist eine Periode, die durch selektives Gewährenlassen seitens der Gesellschaft und durch provokative Verspieltheit seitens der Jugend gekennzeichnet ist und doch führt sie oft auch zu tiefen, wenn auch häufig vorübergehenden Bindungen auf seiten der Jugend und endet in einer mehr oder weniger feierlichen Bekräftigung der Bindung seitens der Gesellschaft. Derartige Moratorien weisen höchst individuelle Variationen auf, die bei sehr begabten Menschen (begabt zum Guten wie zum Bösen) besonders ausgesprochen sind, und es gibt natürlich institutionelle Variationen, die mit Lebensformen von Kulturen und Subkulturen verknüpft sind“ (S. 152).

Identifikationsverhalten. Für den Verlauf und das Resultat des Entwicklungsprozesses spielt das Identifikationsverhalten eine bedeutende Rolle, d.h. ob und in welcher Form der Jugendliche zu Werten, Zielen und zur Übernahme gesellschaftlich als relevant erachteter Rollen kommt. Krise im Sinne eines Wendepunktes bezieht sich hierbei darauf, dass Formen der Identifikation im Jugendalter eine gewisse Konsolidierung erfahren. Der Entwicklungsverlauf ist ferner in seiner zeitlichen Erstreckung zu sehen. Vornehmlich der frühen und mittleren Phase der Adoleszenz wird Konflikthaftigkeit zugeordnet, die aus dem Aufbrechen bestehender Identifikationen erwächst und mit dem Verlust bisheriger Selbstdefinition und nicht integrierbaren oder diffusen Selbstrepräsentationen einhergeht. Die Synthese im Sinne des Erlangens einer stabilen und integrierten Persönlichkeitsstruktur wird dagegen erst für die spätere Adoleszenz erwartet.

Dynamischer Interaktionismus

Dynamischer Interaktionismus kennzeichnet eine Position, die von einem wechselseitig interaktiven Individuum-Umwelt-System ausgeht. Die Entwicklungspsychologie der Lebensspanne (life-span developmental psychology) kennzeichnet reziprok interaktive Beziehungen zwischen biologischen, physikalischen, psychologischen, sozialen und historischen Prozessen im Konzept der Organismus-Kontext-Relation. Auf der Basis dieses Konzepts wurde von Lerner das Modell des Developmental Contextualism entwickelt (Lerner, 1986, 1987; Lerner & Lerner, 1989).

Für die Anwendung dieser Modellkonzeption wird speziell die frühe Adoleszenz als geeigneter Abschnitt innerhalb der Lebensspanne erachtet, da das Spektrum der Veränderungen den Einfluss unterschiedlicher Ebenen umfasst (z.B. inner-biologische, individual-psychologische, soziokulturelle und historische Einflussgrößen).

Modell der moderierten Effekte. Die Konzeption des Developmental Contextualism geht von einem Modell der moderierten oder vermittelten Effekte aus (mediated [indirect] effects model): Sozial-situationale und individuelle Faktoren moderieren die Wirkung von hormonellen und physischen Veränderungen auf das Verhalten und weitere psychische Variablen. Moderierende Faktoren verstärken oder begrenzen direkte Effekte, wobei vermittelnde Faktoren mit direkten Effekten interagieren. Das Modell integriert die personzentrierte Perspektive (z.B. psychoanalytische Position) mit der gesellschaftlichen Perspektive (z.B. soziologische/kulturanthropologische Position) und leitet daraus einen größeren Erklärungsanspruch in Bezug auf die Entwicklung in der Adoleszenz ab (Richards & Petersen, 1987).

Produzent seiner Entwicklung. Unter der Prämisse, dass jedes Element innerhalb des Systems zugleich Produkt und Produzent des jeweils anderen ist, spezifiziert das Modell, in welcher Weise der Jugendliche Produzent seiner eigenen Entwicklung werden kann. Auf der individuell psychologischen Ebene bedeutet die reziproke Dynamik, dass der Jugendliche den sozialen und physikalischen Kontext, der ihn beeinflusst, beeinflussen kann. Indem er den Kontext beeinflusst, erzeugt er Feedback für sich selbst, m.a.W. der Jugendliche ist Produzent seiner eigenen Entwicklung. Lerner unterscheidet drei Modalitäten, in denen diese Funktion zur Geltung kommt:

(1) the adolescent as stimulus: Stimuluseffekte können beispielsweise auf körperlichen Veränderungen und der daraus für andere resultierenden Attraktivität beruhen. Das dadurch erzeugte Feedback ist wiederum Moderator für eigenes Verhalten.
(2) the adolescent as processor: Die zweite Art betrifft die Verarbeitung von Information. Auf Grund der Veränderungen der kognitiven und emotionalen Struktur in der Adoleszenz ist der Jugendliche in der Lage, Sinnkonstruktionen über bestimmte Erfahrungen und Ereignisse herzustellen, und damit Einfluss auf ihre Wirkung nehmen bzw. ihre Verarbeitung kontrollieren.
(3) the adolescent as agent, shaper and selector: Die flexibelste Art, wie Jugendliche als Produzenten ihrer Entwicklung agieren, betrifft das Potential zur Herstellung und Erweiterung von Handlungsräumen (i.S. von Entwicklungsnischen). Die Kompetenz des Jugendlichen zur Gestaltung oder Wahl ihrer Kontexte ist vor allem in der frühen Adoleszenz bedeutsam, wenn psychische und physische Veränderungen Verhaltensweisen ermöglichen, die für zukünftige Rollen und kontextuelle Übergänge bedeutsam sind (z.B. unabhängig von den Eltern Peergruppen und außerfamiliäre Interaktionspartner zu wählen). Der aktive Beitrag zur Entwicklung kompetenten Verhaltens begünstigt die Anpassung des sich verändernden Jugendlichen an eine sich verändernde Welt.

1.4 Entwicklungsaufgaben im Jugendalter

Das Konzept der Entwicklungsaufgaben wurde ursprünglich von Robert J. Havighurst und seinen Kollegen an der Universität von Chicago während der dreißiger und vierziger Jahre erarbeitet. Die Intention, die mit dem Konzept verbunden war, zielte vornehmlich darauf, entwicklungspsychologisches Wissen und Denken zur Förderung pädagogisch kompetenten Handelns zu vermitteln.

Entwicklung als Lernprozess. Die zentrale Idee des Konzepts beruht darauf, dass Entwicklungsaufgaben im Grunde Lernaufgaben darstellen, d.h. Entwicklung wird als Lernprozess aufgefasst, der sich über die gesamte Lebensspanne erstreckt, und im Kontext realer Anforderungen zum Erwerb von Fertigkeiten und Kompetenzen führt, die zur konstruktiven und zufriedenstellenden Bewältigung des Lebens in einer Gesellschaft notwendig sind. Als Quellen für Entwicklungsaufgaben gelten

- physische Reifung,
- gesellschaftliche Erwartungen und
- individuelle Zielsetzungen und Werte.

Die Gewichtung einzelner oder die Kombination mehrerer Faktoren ist für die jeweils resultierende Anforderung ausschlaggebend.

Physische Reifung. Physische Reifungsprozesse bilden die Basis für Entwicklungsaufgaben, die weitgehend universell sind und von einer Kultur zur anderen eine geringe Variation aufweisen. So regt beispielsweise der Beginn der Pubertät Aktivitäten an, neue Beziehungen zu Gleichaltrigen des anderen Geschlechts aufzunehmen.

Gesellschaftliche Erwartungen. Kultureller Druck bzw. gesellschaftliche Erwartungen begründen die kulturelle Relativität spezifischer Entwicklungsaufgaben. Ein Aspekt, der hierbei zum Tragen kommt, ist der Einfluss altersbezogener Normen im Sinne eines sozialen Zeitrasters, an dem Anforderungen bemessen werden (z.B. Früh- oder Spätentwicklung beim Erwerb von Kulturtechniken; Zeitpunkt für Rollenübergänge). Die Zeitkomponente schließt ferner den historischen Wandel von Entwicklungsaufgaben ein, d.h. spezifische Aufgaben verändern sich über Kohorten hinweg (z.B. Ausbildungsdauer und Anforderungen bezüglich selbstverantwortlicher Lebensführung).

Individuelle Zielsetzungen und Werte. Havighurst sieht individuelle Ziele und Werte als Teil des Selbst, das im Laufe der Lebensspanne ausgebildet und zur treibenden Kraft für die aktive Gestaltung von Entwicklung wird. Neben interindividuell vergleichbaren Zielen, die beispielsweise auf biologischen oder sozialen Prozessen beruhen, treten ideosynkratische Ziele in Erscheinung. Sie werden in individuell gesetzten Entwicklungsaufgaben manifest. In diesem Zusammenhang stellt sich natürlich die Frage, ob Entwicklungsaufgaben, die mit individuellen Zielen konfligieren, einen konstruktiven Beitrag zur Entwicklung (im oben definierten Sinn) leisten können.

FAZIT

Eine Entwicklungsaufgabe stellt ein Bindeglied dar im Spannungsverhältnis zwischen individuellen Bedürfnissen und gesellschaftlichen Anforderungen. "It assumes an active learner interacting with an active social environment" (Havighurst, 1982, S. VI) – eine Formulierung, die sich mühelos in moderne dynamisch kontextualistische Entwicklungskonzeptionen integrieren lässt.

1.4.1 Zeitliche Dimensionierung

Der zeitlichen Zuordnung von Entwicklungsaufgaben liegt die Annahme zugrunde, dass es innerhalb der Lebensspanne Zeiträume gibt, die für bestimmte Lernprozesse besonders geeignet erscheinen. Havighurst vertritt die Position der "sensitive periods for learning" und spricht bezüglich des Erlernens von Entwicklungsaufgaben von "teachable moments":

Die Annahme sensitiver Perioden des Lernens bedeutet nicht, dass Aufgaben zu einem früheren oder späteren Zeitpunkt nicht auch in Angriff genommen werden könnten, wohl aber, dass der Lernprozess dann größeren Aufwand mit sich bringt und externe Hilfestellungen einen geringeren Erfolg erwarten lassen.

Die zeitliche Terminierung erweckt den Eindruck, dass jede Entwicklungsaufgabe eine in sich abgeschlossene Einheit darstellt. Im Grunde trifft dies jedoch nur für bestimmte Thematiken zu. Havighurst unterscheidet explizit zwischen Aufgaben, die zeitlich begrenzt sind (z.B. Erwerb von grundlegenden Kulturtechniken) und solchen, die sich unter variierenden Anforderungen über mehrere Perioden der Lebensspanne erstrecken (z.B. Aufbau von Beziehungen zu Gleichaltrigen).

Vernetzung von Entwicklungsaufgaben. Die Positionierung der Entwicklungsaufgaben der Adoleszenz zwischen vorausgehenden Aufgaben der mittleren Kindheit und nachfolgenden des frühen Erwachsenenalters, wie sie Havighurst für diese Altersabschnitte angibt (1982), verdeutlicht die Einbettung der Thematiken innerhalb der Lebensspanne (siehe Abbildung 7.1). Die eingetragenen Verbindungslinien verweisen auf die Interdependenz zwischen verschiedenen Aufgabenbereichen. Interessant ist, dass keine der Entwicklungsaufgaben der Adoleszenz eine isolierte Thematik repräsentiert. Einige stellen eine Weiterführung von Aufgaben der Kindheit dar, andere beginnen zwar in der Adoleszenz, setzen sich aber im frühen Erwachsenenalter fort. Die Vernetzung von Anforderungen kann als Spezifikum der Entwicklungslage von Jugendlichen interpretiert werden. Insofern scheint die Annahme plausibel, dass es sich um eine konzentrierte Phase multipler Bewältigungsleistungen handelt, die sowohl auf Resultaten früherer Aufgaben beruhen als auch Determinanten für die Auseinandersetzung mit Anforderungen des Erwachsenenalters darstellen.

Gültigkeit der Entwicklungsaufgaben. Welche Gültigkeit haben diese Entwicklungsaufgaben für Jugendliche, die heute in unserer Kultur leben? Dreher und Dreher (1985 a, b) sind dieser Frage in einer Reihe von Untersuchungen nachgegangen. Zunächst wurde der Aufgabenkatalog von Havighurst mit Jugendlichen zwischen 15 und 18 Jahren unter der Zielsetzung diskutiert, welche Thematiken bzw. Formulierungen für die Konzeption eines Befragungsinstruments für Jugendliche gewählt werden sollten. Das Ergebnis erbrachte folgende Revision: Die Thematiken 7 und 8 (Werte/sozial verantwortliches Verhalten) wurden interessanterweise nicht als getrennte, sondern

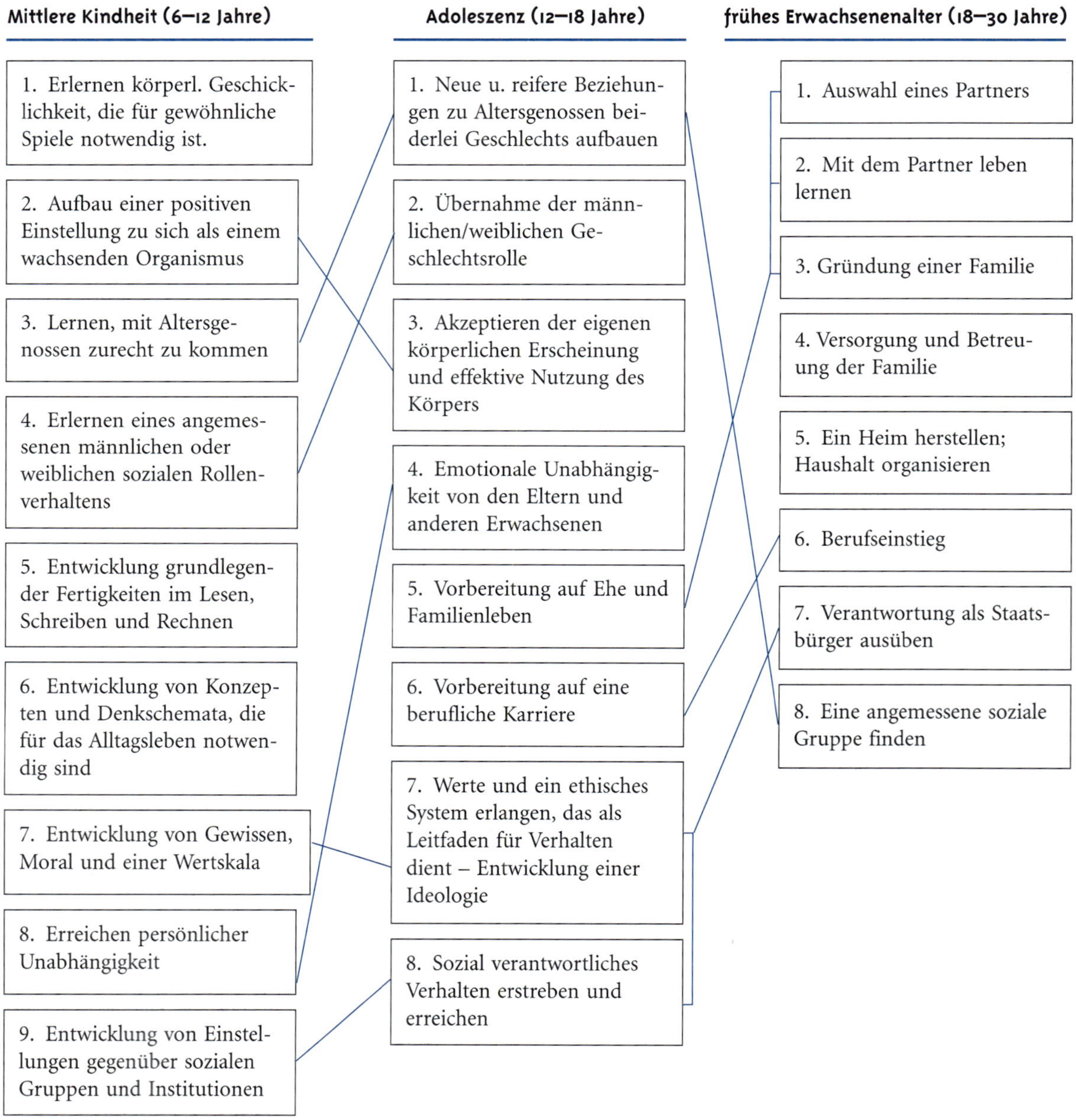

Abbildung 7.1. Entwicklungsaufgaben der Adoleszenz nach Havighurst – dargestellt unter der Perspektive des Übergangs zwischen Kindheit und frühem Erwachsenenalter (nach Dreher & Dreher, 1985b, S. 59)

integrierte Entwicklungsaufgaben betrachtet. Sozial verantwortliches Verhalten galt als Komponente der Weltanschauung und jener Werte, nach denen eigenes Verhalten ausgerichtet wird. Ergänzend wurden die Thematiken Partnerbeziehungen, Selbstkenntnis und Zukunftsplanung als Entwicklungsaufgaben festgelegt (s. Kasten).

Ausgangsbasis für Untersuchungen zur Bedeutsamkeit und Bewältigung der einzelnen Entwicklungsaufgaben war dieser, zehn Entwicklungsaufgaben umfassende Katalog (Dreher & Dreher, 1985a).

Untersuchungsmethode. Zwischen 1994 und 1996 wurden – im Abstand von ca. 10 Jahren zu den oben genannten Untersuchungen – verschiedene Replikationsstudien mit weitgehend vergleichbaren Stichproben durchgeführt. Als methodisches Instrument wurde der Fragebogen zu Entwicklungsaufgaben im Jugendalter (1996) verwendet. Hierbei werden für die oben formulierten Entwicklungsaufgaben jeweils bereichsspezifische Bedeutsamkeit, aktionale Bewältigungsvorstellungen und selbstattribuierter Entwicklungsfortschritt erhoben, ergänzend dazu werden subjektiv bedeutsame Ereignisse und resultierende Konsequenzen erfasst.

Ergebnisse. Unter der Annahme, dass die Bedeutsamkeit von Entwicklungsaufgaben durch kulturelle, sozioökonomische und ökologische Bedingungen beeinflusst wird, ist die Frage nach konstanten und/oder divergenten Urteilstendenzen im Wandel eines Jahrzehnts von Interesse (Dreher & Artmann, 1998; Dreher & Dreher 1997). Die Ergebnisse zweier vergleichbarer Stichproben aus zeitlich ca. 10 Jahre auseinanderliegenden Untersuchungen zeigen im geschlechtsspezifischen und zeitbezogenen Vergleich sowohl Entwicklungsaufgaben, für die sich konstante Bedeutsamkeit abzeichnet als auch solche, auf die unterschiedliche Urteilstendenzen zutreffen (Abb. 7.2).

Zeitbezogener Vergleich. Im Vergleich der Rangplätze fällt folgendes auf: die Entwicklungsaufgaben Beruf und Peergruppe sind zeit- und geschlechtsbezogen gleichbleibend in der jeweiligen Spitzengruppe der Bedeutsamkeit vertreten. Ein deutlich gegenläufiger Trend ist für die Positionen der Entwicklungsaufgaben Selbst und Beziehung zu erkennen. Männliche wie weibliche Jugendliche zählen 1997 die Thematik der Freundschaftsbeziehung zur Spitzengruppe; 1985 nahm sie bei den Jungen Rang 7, bei den Mädchen den 9. Rang ein. Demgegenüber wird der

Entwicklungsaufgaben im Jugendalter

Peer. Einen Freundeskreis aufbauen, d.h. zu Altersgenossen beiderlei Geschlechts neue, tiefere Beziehungen herstellen.

Körper. Veränderungen des Körpers und des eigenen Aussehens akzeptieren.

Rolle. Sich das Verhalten aneignen, das in unserer Gesellschaft zur Rolle eines Mannes bzw. zur Rolle einer Frau gehört.

Beziehung. Engere Beziehungen zu einem Freund bzw. einer Freundin aufnehmen.

Ablösung. Sich von den Eltern loslösen, d.h. von den Eltern unabhängig werden.

Beruf. Sich über Ausbildung und Beruf Gedanken machen: Überlegen, was man werden will und was man dafür können bzw. lernen muss.

Partnerschaft/Familie. Vorstellungen entwickeln, wie man die eigene zukünftige Familie bzw. Partnerschaft gestalten möchte.

Selbst. Sich selbst kennen lernen und wissen, wie andere einen sehen, d.h. Klarheit über sich selbst gewinnen.

Werte. Eine eigene Weltanschauung entwickeln: Sich darüber klar werden, welche Werte man vertritt und an welchen Prinzipien man das eigene Handeln ausrichten will.

Zukunft. Eine Zukunftsperspektive entwickeln: Sein Leben planen und Ziele ansteuern, von denen man annimmt, dass man sie erreichen könnte.

Entwicklungsaufgabe Selbstkenntnis – 1985 in der höchsten Bedeutsamkeitskategorie – 1997 deutlich geringere Wichtigkeit zugewiesen; vor allem bei den weiblichen Jugendlichen fällt der Unterschied in der Prozentquote auf (1985: 94 Prozent/1997: 60 Prozent).

Geschlechtsspezifischer Vergleich. Die Geschlechter betreffend relativ homogen, jedoch mit Unterschieden über die Zeit, zeichnet sich die Bedeutsamkeitsbeurteilung der Vorstellungen über die spätere Lebensgemeinschaft ab (Partnerschaft/Familie); obwohl der Thematik auch 1985 eine niedrige Rangposition zukam, liegt sie 1997 bei männlichen wie weiblichen Jugendlichen auf Rangplatz 10 mit deutlich geringeren Prozentquoten im Zeitvergleich (Jungen 1985: 46 Prozent/1997: 20 Prozent; Mädchen 1985: 50 Prozent/1997: 28 Prozent). Die Entwicklungsaufgabe Partnerschaft/Familie spricht Vorstellungen über die eigene zukünftige Lebensform an. Insofern ist interessant, dass beide Geschlechter auch der Thematik Zukunftsperspektive entwickeln – zumindest tendenziell – eine geringere Bedeutsamkeit zuweisen.

Von den signifikanten geschlechtsspezifischen Unterschieden, die sich 1985 in der Bedeutsamkeitseinschätzung der Entwicklungsaufgaben Werte, Körper, Ablösung, Beziehung und Rolle zeigten, sind zwei Thematiken sowohl über die Zeit als auch in der geschlechtsspezifischen Bewertungsrelation konstant: Akzeptieren des Aussehens und körperlicher Veränderungen hat höhere Bedeutung für Mädchen als für Jungen, demgegenüber ist männlichen Jugendlichen die

1985			1997		
Männliche J.	Sign. Diff.	**Weibliche J.**	**Männliche J.**	Sign. Diff.	**Weibliche J.**
94% Beruf		94% Beruf	86% Peer		81% Beziehung
94% Selbst		94% Selbst	77% Beruf		79% Peer
91% Peer		91% Peer	76% Beziehung		77% Beruf
80% Zukunft		**92% Werte**	70% Selbst		**73% Körper**
78% Werte		**88% Körper**	**68% Rolle**		71% Zukunft
78% Körper		86% Zukunft	68% Werte		60% Selbst
74% Beziehung		**64% Ablösung**	68% Ablösung		60% Ablösung
58% Rolle		50% Part./Fam.	65% Zukunft		55% Werte
55% Ablösung		**49% Beziehung**	**50% Körper**		**32% Rolle**
46% Part./Fam.		**42% Rolle**	20% Part./Fam.		28% Part./Fam.

Abbildung 7.2. Bedeutsamkeitseinschätzungen der Entwicklungsaufgaben von männlichen und weiblichen Jugendlichen im Vergleich 1985 und 1997. Die Prozentangaben beziehen sich auf die Zustimmung zu den Kategorien sehr wichtig und wichtig. Die Verbindungslinien geben signifikante Differenzen an (nach Dreher & Artmann, 1998; Dreher & Dreher, 1997)

Aneignung geschlechtsrollenspezifischen Verhaltens wesentlich bedeutender als weiblichen Jugendlichen. Bei den – im Vergleich zu 1985 – nicht mehr vorzufindenden signifikanten Bedeutsamkeitsunterschieden ist bei den Mädchen die deutlich niedrigere Positionierung der Entwicklungsaufgabe Wertorientierung auffallend. Bezüglich der Entwicklungsaufgabe Ablösung zeigt der geschlechtsspezifische Vergleich eine nahezu gleiche Bedeutsamkeitszuweisung; die Nivellierung geht darauf zurück, dass Ablösung von männlichen Jugendlichen gegenwärtig als bedeutsamer beurteilt wird als dies 1985 der Fall war (Abb. 7.2).

FAZIT

Die Beschäftigung mit Entwicklungsaufgaben findet bei Jugendlichen nicht nur hohes Interesse, sondern wird als Bereich des Lernens in eigener Sache auch aktiv verfolgt.

1.4.2 Entwicklungsaufgabe als Konstrukt der Veränderung

Die Resonanz, die das Entwicklungsaufgabenkonzept gefunden hat, zeigt sich nicht zuletzt in der Vielfalt der Fragestellungen, unter denen Entwicklungsaufgaben heute thematisiert werden.

Ökologische Entwicklungskonzeption. Mit der Integration der Entwicklungsaufgabe in den theoretischen Rahmen der ökologischen Entwicklungskonzeption akzentuierte Oerter (1978, 1986) die Relevanz der Entwicklungsaufgabe als Konstrukt der Veränderung und gleichzeitig als Analyseeinheit, die eine inhaltliche Bestimmung von Prozess- und Zielkomponenten der Entwicklung zulässt.

Relevanz des Konzepts. Die gegenwärtige jugendpsychologische Forschung – zumindest im deutschsprachigen Raum – belegt die Relevanz des Konzepts. Entwicklungsaufgaben

- bieten ökologisch valide Zugänge zur Analyse von externen und internen Faktoren für Veränderung,
- spezifizieren hemmende und unterstützende Umweltbedingungen
- identifizieren die Bedeutung subjektiver Entwicklungstheorien für die Regulation der eigenen Aktivität (vgl. Dreher, 1994; Dreher & Dreher; 1993) und
- fungieren als inhaltlich definierter Rahmen für die Nutzung von Konzepten, z.B. Coping (vgl. Seiffge-Krenke, 1995), Handlungskontrolle (vgl. Flammer, 1991, 1993), Prävention (vgl. Hurrelmann, 1995; Hurrelmann & Lösel, 1990), die zur Operationalisierung von Anforderungsmerkmalen und Bewältigungsformen im Kontext konkreter Entwicklungsziele dienlich sind.

Kritik des Konzepts. Das Faktum, dass Entwicklungsaufgaben von normativen Standards individueller und gesellschaftlicher Art nicht loszulösen sind, begründet die Skepsis, die dem Konzept als wissenschaftliches Erkenntnisinstrument entgegengebracht werden kann. Die Tatsache der Wertgebundenheit von Aufgaben und Zielen der Entwicklung ist nicht zu leugnen. Als Quelle der Einschränkung möglichen Erkenntnisgewinns trifft die Kritik dann zu, wenn genau dieses Faktum als nicht existent erachtet oder als irrelevant vernachlässigt wird.

2 Kognitive Entwicklung

Die kognitive Entwicklung ist in ihrer Gesamtbreite ausführlich in den Kapiteln 10 bis 14 dargestellt. Im Folgenden geht es um einige jugendspezifische Aspekte, die im Kontext dieses Kapitels bedeutsam sind und daher überblicksartig dargestellt werden.

Bedeutung kognitiver Veränderungen. Neben den biologischen Veränderungen zählt die Veränderung kognitiver Fähigkeiten zu den fundamentalen Übergängen in der Entwicklung des Jugendlichen. Die Bedeutung der kognitiven Veränderungen zeichnet sich vornehmlich ab als

- unmittelbare Erweiterung der Denkoperationen,
- qualitative Verbesserung der Informationsverarbeitungskapazität und
- Veränderung bewusstseinsbildender Prozesse, die u.a. auf der Nutzung des Potentials aus den beiden ersten Punkten beruht.

Der Jugendliche erlangt im Zuge dieser Veränderungen die kognitiven Voraussetzungen, um Umwelt- und Persönlichkeitsbereiche neu oder in anderer als der bisherigen Form zu erschließen (z.B. Umgang mit Komplexität, Einnehmen von Meta-Perspektiven; Erschließen von Vernetzungen).

Charakteristika kognitiver Veränderungen

Als wesentliche Charakteristika der kognitiven Veränderungen in der Adoleszenz gelten (vgl. Keating, 1990; Steinberg, 1993):

Denken in Möglichkeiten. Denken bleibt nicht länger auf das Wirkliche beschränkt, es kann auch Kontrafaktisches einbeziehen. Ferner bedeutet die Fähigkeit, hypothetisch zu denken, dass die Ebene der Möglichkeiten gedanklich erschlossen werden kann.

Abstraktes Denken. Die Fähigkeit zur Abstraktion wird umfassender. Es können Abstraktionen in unterschiedlichen Bedeutungszusammenhängen verstanden und generiert werden, z.B. begriffliche Abstraktion, Erfassen von Sinnstrukturen im Kontext gesellschaftlicher, sozialer, ideeller Sachverhalte bezogen auf Politik, Wirtschaft, Moral, Ethik etc.

Metakognition. Die eigenen Gedanken werden Gegenstand des Denkens. Die damit einhergehende Intention kann unterschiedliche Ziele verfolgen, z.B. bewusste Fokussierung der Aufmerksamkeit, Reflexion und Evaluation des zurückliegenden Denkvorgangs. Darüber hinaus sind Introspektion und Selbstreflexion kognitive Handlungen, die Metakognition voraussetzen (s. „Uner der Lupe“, S. 275).

Mulitdimensionales Denken. Es können zunehmend mehr Aspekte in den eigenen Denkprozess einbezogen und verarbeitet werden. Diese Fähigkeit kommt u.a. auch darin zur Geltung, dass bereichsübergreifende Interdependenzen verstanden werden (z.B. Argumentation aus verschiedenen Positionen und mit unterschiedlichen Zielen).

Relativität des Denkens. Relativität wird nicht nur in der Kontrastierung mit Absolutheit verstanden, sondern auch in den Implikationen hinsichtlich der Begründung von Standpunkten und der Bedeutung von Kriterien als Bezugssysteme in Bewertungs- und Entscheidungsprozessen.

Erklärungen kognitiver Veränderungen

Erklärungen der kognitiven Veränderungen im Jugendalter gehen auf keine einheitliche Theorie zurück, sondern leiten sich aus verschiedenen Positionen ab.

Strukturgenetischer Ansatz. Bis vor ca. zwanzig Jahren dominierte die Orientierung an Piagets Theorie der kognitiven Entwicklung. Hier gilt der Aufbau formaler Operationen als Erwerb bzw. Verfügbarkeit der zur Generierung mathematisch-logischer Systeme erforderlichen Denkstrukturen (eine detaillierte Darstellung hierzu bietet Kap. 11).

Psychometrischer Ansatz. Im Kontrast zur Erforschung qualitativer Merkmale des Denkens beschäftigt sich der psychometrische Ansatz mit quantitativen Veränderungen kognitiver Fähigkeiten und diesbezüglicher individueller Unterschiede, die anhand von Intelligenztestverfahren erfasst werden. Daten über individuelle Entwicklungsverläufe der Intelligenz zeigen, dass die im Alter zwischen 5 und 11 Jahren erfassten Intelligenzwerte nur mäßig mit dem IQ im Alter von 18 Jahren korrelieren. Ab der frühen Adoleszenz zeichnet sich eine zunehmende Stabilität ab, d.h. es besteht eine hohe Korrelation zwischen den IQ-Werten, die innerhalb der Altersspanne zwischen 12/13 und 18 Jahren erreicht wurden (Übersicht zu diesbezüglichen Längsschnittuntersuchungen, siehe Steinberg, 1993).

Informationsverarbeitungsansatz. Der Informationsverarbeitungsansatz – in der Forschung

UNTER DER LUPE

Jugendlicher Egozentrismus. In der Fähigkeit, sich selbst als Objekt unter Objekten zu sehen, sieht Elkind (1967, 1990) verschiedene Phänomene des jugendlichen Egozentrismus begründet, die vornehmlich der frühen Adoleszenz zugeordnet werden. Physische Veränderungen und Veränderungen der sozialen Interaktion sind Anlass, die Aufmerksamkeit auf die eigene Person zu zentrieren und gleichzeitig eigene Gedanken und Gedanken anderer zu konzeptualisieren. Mögliche Folgen beschreibt Elkind in den Konzepten imaginary audience und personal faible.

Imaginary audience und personal faible. Imaginary audience bezieht sich darauf, dass der Jugendliche den Fokus seiner Aufmerksamkeit – nämlich die eigene Person – anderen in gleicher Weise zuschreibt und er sich deshalb wie für ein imaginäres Publikum verhält. Personal faible beschreibt das Empfinden einer vollkommenen Individuation, die die Vorstellung ausschließt, dass eigene Gefühle, Handlungen, Entscheidungen für andere in gleicher Weise zutreffen können.

In beiden Fällen wird Egozentrismus unter Bezug auf Kriterien der Generalisierung, d.h. der Reichweite der Urteilsgültigkeit interpretiert: Während bei imaginary audience eine Übergeneralisierung eigener Gedanken und der Bedeutung der eigenen Person für andere vorliegt, beruht personal faible auf einer Unterschätzung der Generalisierbarkeit eigener Gedanken und Gefühle, aus der die Attribution persönlicher Einzigartigkeit hervorgeht. Die Diskussion um das Konstrukt des jugendlichen Egozentrismus geht zum einen auf die Schwierigkeit der empirischen Überprüfung zurück, zum anderen scheint folgende Differenzierung sinnvoll: die hinter beiden Konzepten stehende Logik verweist sehr wohl darauf, dass es sich um kognitive Konstruktionen handelt, die Ursache der Egozentrik dagegen mag eher in emotionalen Komponenten begründet zu sein.

zur kognitiven Entwicklung im Jugendalter seit ca. 20 Jahren vertreten – differenziert Teilfunktionen, wie Aufmerksamkeit, Gedächtnis, Metakognition, Strategien der Informationsverarbeitung und spezifiziert deren Bedeutung für die Veränderung kognitiver Fähigkeiten im Jugendalter. Leistungsverbesserungen im Bereich der selektiven und distributiven Aufmerksamkeit tragen dazu bei, sich auf eine Sache zu konzentrieren, irrelevante Informationen auszublenden und bei schwierigen Aufgaben über längere Zeit die Konzentration aufrechtzuerhalten. Die Gedächtnisleistungen verbessern sich sowohl in der Kurzzeit- als auch in der Langzeitfunktion, was sich u.a. auf die Problemlösefähigkeit positiv auswirkt. Metakognition im Bereich der Informationsverarbeitung schließt Wissen über eigene Denkvorgänge, Möglichkeiten der Kontrolle und den Einsatz von Strategien ein. Generell sind mit dem Erlangen von Bewusstheit über interne Prozesse beachtliche Möglichkeiten der Organisation und Optimierung kognitiver Aktivitäten gegeben.

Soziale Kognition. Die generellen Merkmale der kognitiven Entwicklung im Jugendalter kommen aber nicht nur im engeren Feld intellektueller Leistungsbereiche zur Geltung, sondern ebenso im Kontext von Anforderungen verschiedenster Lebensbereiche. Fähigkeiten der sozialen Kognition beispielsweise zeichnen sich durch eine zunehmende Differenziertheit in der Personwahrnehmung und Urteilsbildung aus. Ferner profitieren das Verständnis für unterschiedliche Rollenbezüge und die Fähigkeit zur Rollenübernahme entscheidend von Fortschritten im Erkennen von Perspektivität, d.h. Perspektiven unterscheiden, sich eigene bewusst machen und sich in die von anderen hineinversetzen können. Im Zusammenhang damit werden Veränderungen im moralischen Urteil im Sinne Kohlbergs begründet und ein differenzierteres Verständnis politischer, sozioökonomischer und ökologischer Sachverhalte angenommen.

Formales Denken. Mit der Fähigkeit zum formalen Denken ist die Möglichkeit der Dekontextualisierung verbunden, was nach Chandler (1978) die Gefahr solipsistischer Vereinzelung in sich birgt. Er verweist auf die Notwendigkeit, in Fragen der Weiterentwicklung des Denkens den Rückbezug auf konkrete Lebensbedingungen einzubinden. Dies findet eher in Ansätzen des dialektischen, relativistischen oder komplementären Denkens statt, in denen Formen der kognitiven Auseinandersetzung anhand komplexer Aufgaben und Problemstellungen aus realen Lebenszusammenhängen elaboriert werden. Zum Nachweis der Entwicklung solcher Denkformen im Jugendalter liegen bisher nur wenige empirische Untersuchungen vor (z.B. Oser & Reich, 1987).

3 Körperliche und psychosexuelle Entwicklung

Die bemerkenswerten körperlichen Veränderungen im Jugendalter beschäftigen uns nicht als ein Vorgang für sich allein, sondern weil sie bestimmte Auswirkungen auf die Gesamtentwicklung haben. Die folgenden Abschnitte sind der Darstellung des körperlichen Längen- und Breitenwachstums sowie der geschlechtlichen Reifung gewidmet, um danach die Auswirkungen dieser Veränderungen auf den Jugendlichen zu schildern. Die Folgen einer beschleunigten (Akzeleration) oder einer verlangsamten körperlichen Entwicklung (Retardation) sind hierbei von besonderem Interesse.

3.1 Körperwachstum und Motorik

Körpergröße und Gewicht. Der Jugendliche erreicht mit 16 bis 19 Jahren seine endgültige Größe, wobei Mädchen ihr Höhenwachstum ca. zwei Jahre früher einstellen als männliche Jugendliche (siehe Abbildung 7.3). Das Körpergewicht nimmt bekanntlich zum Leidwesen des Betroffenen auch im Erwachsenenalter noch zu und ist von der Art der körperlichen Belastung und Ernährung abhängig.

Interessanter als die einfachen Wachstumskurven sind die durchschnittlichen jährlichen Zuwachsraten während des Jugendalters. Für beide Geschlechter gibt es einen Wachstumsschub, der bei Knaben um das Alter von 14/15 Jahren, bei Mädchen zwei Jahre früher liegt.

Abbildung 7.4a verdeutlicht das Größenwachstum von fünf Mädchen. Man erkennt einen gleichartigen Kurvenverlauf, die Kurven haben ihren Gipfelpunkt jedoch zu ganz unterschiedlichen Zeiten. Die angezeigte gemittelte Kurve verdeutlicht, dass man über den Gruppendurchschnitt ein falsches Bild bekommt. In Abbildung 7.4b sind die Kurven übereinander gelagert, und der Zeitpunkt der höchsten Wachstumsgeschwindigkeit ist mit Null angesetzt.

Die Körperteile wachsen aber nicht alle mit synchroner Geschwindigkeit. Die ersten Körperteile, die den Erwachsenenstatus erreichen, sind Kopf, Hände und Füße, was sich beim Wachstum des Jugendlichen in Disproportionen bemerkbar macht (überproportional große Gelenke und Hände). Beine und Arme wachsen ebenfalls früher als der Rumpf, der den eigentlichen Wachstumsschub repräsentiert. Das ungleiche Körperwachstum zeigt sich sekundär in den schlaksigen, ungelenken Bewegungen, die das motorische Bild vorübergehend prägen.

Zunahme der Muskelkraft. Im Jugendalter erfolgt noch ein bemerkenswertes Muskelwachstum und damit eine dramatische Zunahme der Muskelkraft. Sie betrifft hauptsächlich das männliche Geschlecht. Mädchen besitzen mit elf Jahren noch gleich viel oder sogar mehr Muskelkraft als Jungen, fallen aber hernach sehr stark hinter die männlichen Jugendlichen zurück.

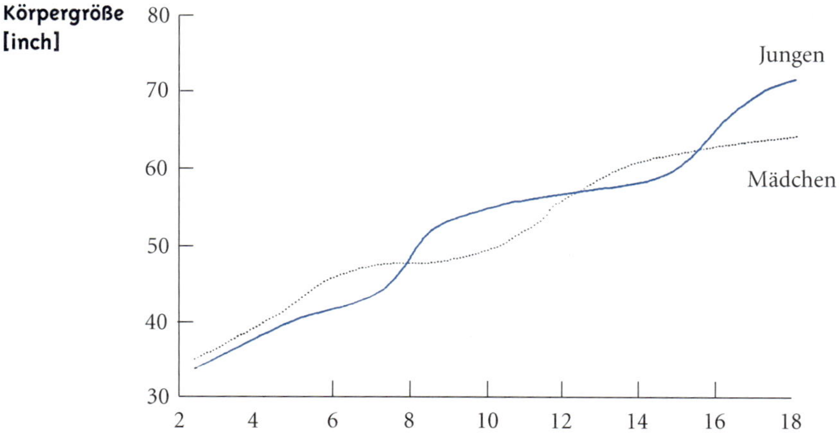

Abbildung 7.3. Entwicklung der Körpergröße (nach Tuddenham & Snyder, 1954)

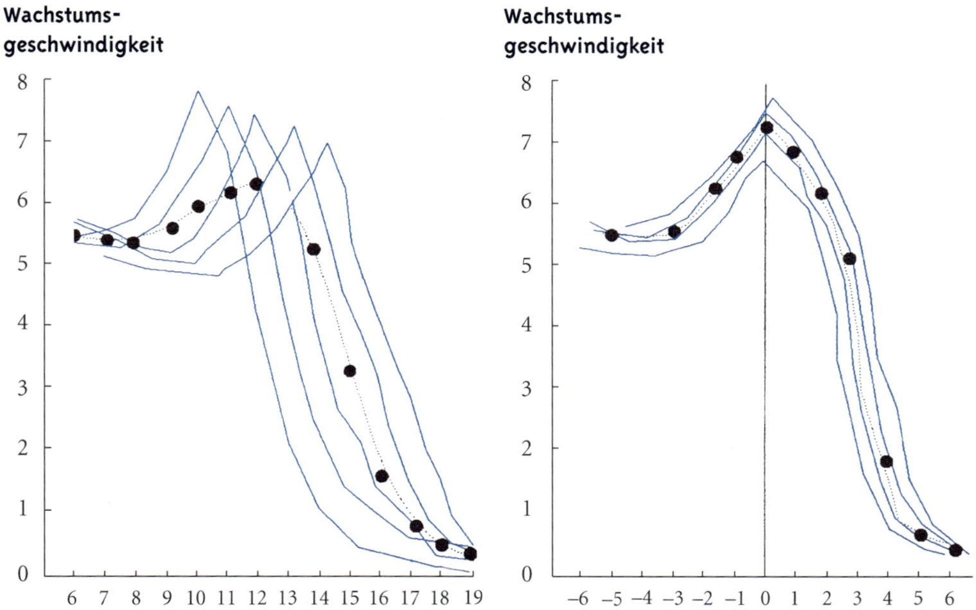

Abbildung 7.4. (a) Individuelle Wachstumskurven, orientiert am Zeitpunkt maximalen Wachstums, (b) Jahre vor und nach dem Zeitpunkt der größten Wachstumsgeschwindigkeit (nach Shuttleworth, 1937)

3.2 Geschlechtsreifung (biosexuelle Entwicklung)

Die Hauptveränderungen der körperlichen Entwicklung liegen nicht im Bereich des Größen- und Breitenwachstums, obwohl diese besonders deutlich sichtbar sind, sondern im Bereich der Geschlechtsreifung. Sie wird verursacht durch eine beträchtliche hormonale Umstellung.

3.2.1 Körperliche Veränderungen bei der Geschlechtsreife

Wie beim Längen- und Breitenwachstum erfolgt die Entwicklung der primären und sekundären Geschlechtsmerkmale in einer ziemlich festgelegten Reihenfolge. Dabei gibt es typische Entsprechungen zwischen männlichen und weiblichen Jugendlichen, allerdings finden die korrespondierenden Entwicklungsabschnitte beim Mädchen um rund zwei Jahre früher statt. In Tabelle 7.1 sind die wichtigsten Daten der körperlichen Entwicklung für Jungen und Mädchen in der Abfolge ihres Auftretens zusammengestellt.

Abbildung 7.5 demonstriert eine für das Auge auffällige Veränderung der Körperproportionen, nämlich das Verhältnis von Schulterbreite zu Hüftbreite. Wie man aus der Grafik ablesen kann, ändert sich das Verhältnis nach der Pubertät radikal. Bei männlichen Jugendlichen vergrößert sich das Verhältnis von Schulterbreite zu Hüftbreite, bei Mädchen verkleinert es sich.

Die auf der Abszisse abgetragenen Werte verdienen wegen des methodischen Vorgehens besondere Beachtung. Die Marken b und d signalisierten den individuellen Beginn und Abschluss der Pubertät, erfasst nach kombinierten Körpermerkmalen. Sie geben also kein chronologisches Alter wieder. Die Messzeitpunkte b–3 und d+3 liegen drei Jahre vor bzw. nach dem eigentlichen Abschnitt der Pubertät. Damit wird sichtbar, dass Entwicklung nicht eindeutig bestimmten Zeitmarken des Lebensalters zugeordnet werden kann, weil die individuellen Unterschiede in der Reifungsgeschwindigkeit zu groß sind.

Schon jetzt wird deutlich, dass die Geschlechtsreifung Rückwirkungen auf die psychische Entwicklung des Jugendlichen haben dürfte. Zwei typische Probleme seien hier genannt: der Beginn der Menstruation bei Mädchen (Menarche) und die erste Ejakulation (Ejakularche) bei Jungen.

In einer repräsentativen deutschen Untersuchung von 1994 unter Leitung von Schmid-Tannwald und Kluge (1998; Kluge, 1998) an 14- bis 17-Jährigen wurde auch der Zeitpunkt der ersten Menstruation und Ejakulation erfragt. Seit der letzten Befragung 1981 (Schmid-Tannwald & Urdze, 1983) hat sich der Medianwert des Menarchealters um 1, 3 Jahre vorverlagert. Es zeigte sich auch, dass Mädchen, die auf die Menarche vorbereitet worden waren, diese eher als etwas Natürliches ansahen, während unvorbereitete Mädchen eher negative Gefühle berichteten (Tab. 7.2).

Tabelle 7.1. Reifung der primären und sekundären Geschlechtsmerkmale (nach Rice, 1975, S. 64)

Jungen	Altersspanne		Mädchen
Beginnendes Wachstum der Hoden, des Skrotums und des Penis Pigmentierung, Veränderung der Brüste (verschwindet später)	12–13 J.	10–11 J.	Beginn der Rundung der Hüften, Fettablagerung, Brüste und Warzen wachsen
Schamhaare (glatt), früher Stimmbruch Rasches Wachstum des Penis, der Hoden, des Skrotums, der Vorsteherdrüse (Prostata) und der Samenblasen, erster Samenerguß (Ejakulation) Schamhaare werden gelockt Alter des größten Körperwachstums	13–16 J.	11–14 J.	Schamhaare (glatt), Stimme etwas tiefer Rasches Wachstum der Eierstöcke, der Vagina, der Gebärmutter und der Schamlippen Schamhaare werden gelockt Alter des größten Körperwachstums, Aufrichtung der Brustwarzen, Formung des „primären“ Bruststadiums, Menarche (Eireifung und Menstruation)
Wachsen der Achselhaare, Bartwuchs, Einbuchtung des Haaransatzes, Markanter Stimmwechsel	16–18 J.	14–16 J.	Wachsen der Achselhaare, Brüste erhalten ihre Erwachsenenform (sekundäres Bruststadium)

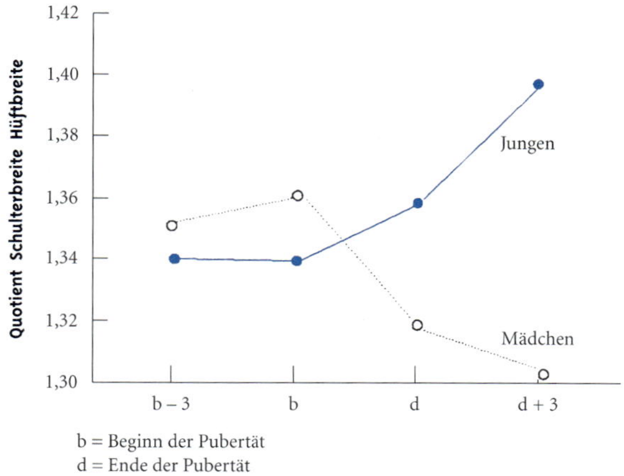

Abbildung 7.5. Geschlechtsunterschiede im Verhältnis von Schulterbreite zu Hüftbreite zu vier Entwicklungszeitpunkten (aus Faust, 1977, S. 67)

Bei Jungen ergibt sich ein analoges Bild (Stichprobe: 1522 14–17-Jährige). Seit der letzten Befragung 1983 ergibt sich eine Vorverlagerung der Ejakularche um 1,7 Jahre (von 14,2 auf 12,5 Jahre im Medianwert). Die Ejakulation erfolgt nur bei einem Teil der Jugendlichen spontan, in der obigen Stichprobe waren dies nach eigenen Angaben 43 Prozent, während 31 Prozent die erste Ejakulation durch Masturbieren und 5 Prozent durch Geschlechtsverkehr herbeiführten (Tab. 7.2).

3.2.2 Veränderungen im Hormonhaushalt

Wachstumshormone. Das Zusammenwirken und die Steuerungsfunktionen der Hormone sind sehr kompliziert und längst nicht völlig erforscht. Zwei Hormone beeinflussen das Wachstum des Körpers und einzelner Körperteile: das Wachstumshormon (Somatotropin) der Hypophyse und ein Hormon der Schilddrüse (Thyroxin). Das Somatotropin der Hypophyse beeinflusst das Gesamtwachstum des Körpers unmittelbar. Das Schilddrüsenhormon wird nur auf „Anweisung“ der Hypophyse erzeugt. Informationsträger ist ein bestimmtes Hormon (thyriotropes Hormon) der Hypophyse, das diese an die Schilddrüse sendet. Das Schilddrüsenhormon fördert insbesondere das Wachstum des Gehirns, der Zähne und der Knochen.

Hormone in der Pubertät. In der Pubertät, wie die Zeit der sexuellen Reifung genannt wird, verändert sich die Wirkung der Hormone. Wieder ist es die winzige Hypophyse, die durch ihre Hormone das Signal zur Veränderung setzt. Sie erhält allerdings den Auftrag, neue Hormone zu produzieren, vom Hypothalamus. Die neuen Hormone regen die Keimdrüsen (gonadotrope Hormone) und die Nebennierenrinde (adreno-

Tabelle 7.2. Zeitpunkt und Erleben der ersten Menstruation und Ejakulation (nach Schmid-Tannwald & Kluge, 1998)

Mädchen		Jungen	
Alter in Jahren	**Prozent**	**Alter in Jahren**	**Prozent**
9	unter 1	unter 13	26
12	30	13	26
13	31	über 13	11
17	1		
über 17	4		
Erleben	**Prozent**	**Erleben**	**Prozent**
unangenehm	33	unangenehm	45
natürlich	30	überrascht und unsicher	21
ungenaue Erinnerung	5	ungenaue Erinnerung	30
gute und schlechte Gefühle	22	schlechtes Gewissen	4

cortikotropes Hormon: ACTH) an. Nun müssen die beiden Geschlechter getrennt betrachtet werden.

Jungen. Bei Jungen lösen mit etwa elf Jahren die gonadotropen Hormone das Wachstum von Zellen aus, die ihrerseits Samenzellen (Spermatozoen) herstellen. Ein Hormon der Hypophyse regelt die Produktion des männlichen Geschlechtshormons Testosteron in den Keimdrüsen (Testes). Das Testosteron bewirkt nun hauptsächlich die sexuelle Entwicklung zum Mann. Der starke Wachstumsschub während der Pubertät geht vor allem auf die Wirkung des Androgens der Nebennierenrinde wie auf das Testosteron der Hoden zurück.

Mädchen. Bei Mädchen beginnt der Prozess der sexuellen Reifung früher. Die neuen Hormone der Hypophyse wirken hier schon mit etwa neun Jahren auf Eierstöcke und Nebenniere. Die Eierstöcke beginnen – im Gegensatz zu den männlichen Keimdrüsen – zwei Hormone zu produzieren: das Östrogen, das die Entwicklung der Brüste, die Schambehaarung und die Fettbildung steuert, und das Progesteron, das den Menstruationszyklus vom Eisprung bis zur nächsten Menstruation und die Empfängnisbereitschaft steuert.

3.2.3 Akzeleration und Retardation

Wie wir sahen, tritt die körperliche Reife mit ihren einzelnen Etappen im Durchschnitt bei uns in ganz bestimmten Altersabschnitten auf. Nun gibt es aber Jugendliche, die deutlich früher oder deutlich später reifen. Im Vergleich zum Altersdurchschnitt sind sie akzeleriert, d.h. Wachstum und Reifung vollziehen sich bei ihnen beschleunigt. Ebenso gibt es Jugendliche, die im Vergleich zum Altersdurchschnitt retardiert sind, langsamer reifen (Abb. 7.7). Akzeleration und Retardation sind also nur auf eine Vergleichsgruppe sinnvoll

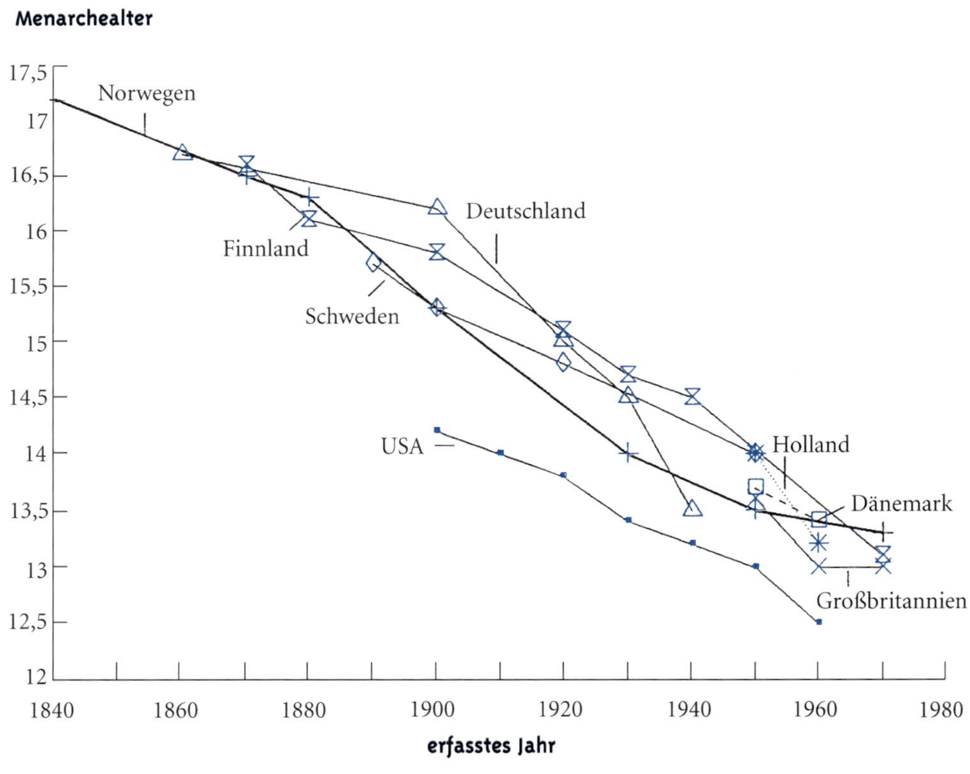

Abbildung 7.6. Menarchealter zwischen 1840 und 1960 in 8 Ländern (nach Tanner, 1962, S. 165)

beziehbar. So reifen verschiedene Rassen verschieden schnell, wobei die gleiche Rasse in verschiedenen historischen Zeiten zu einem unterschiedlichen Alterszeitpunkt pubertierte. In letzterem Falle spricht man von säkularer Akzeleration bzw. Retardation.

Säkulare Akzeleration. In Ländern der gemäßigten Zone hat es in den letzten 150 Jahren eine beträchtliche säkulare Akzeleration gegeben. Abbildung 7.6 zeigt das Absinken des Menarchealters in verschiedenen Ländern seit 1840. Die Daten sind unvollständig, weil Erhebungen in einigen Ländern erst später einsetzten.

Einerseits reift der Mensch früher zum Erwachsenen heran, andererseits wird er immer später zum Erwachsenen, der die volle Verantwortung für die Aufgaben in Familie und Arbeitswelt übernimmt. Die Kluft zwischen biologischem und sozialem Erwachsensein ist auch noch in den letzten zwanzig Jahren gewachsen und der Trend der säkularen Akzeleration geht weiter.

Individuelle Akzeleration und Retardation. Nirgendwo sonst im Leben unterscheiden sich Gleichaltrige so deutlich voneinander wie im Jugendalter. Abbildung 7.7 zeigt drei Reifegrade von Jugendlichen beider Geschlechter: im vorpubertären, im pubertären und im nachpubertären Stadium. Der erste Jugendliche erscheint noch als Kind, der dritte als Erwachsener. Der kognitive, emotionale und soziale Entwicklungsstand mag aber bei allen drei Reifegraden gleich oder sogar in umgekehrter Reihenfolge liegen, so dass die am kindlichsten Aussehenden eventuell sozial am weitesten entwickelt sind.

Es leuchtet ein, dass die Umwelt auf solche äußeren Unterschiede bei Jugendlichen reagiert. Nachpubeszente männliche Jugendliche werden eher wie Erwachsene behandelt, und man gesteht ihnen mehr Unabhängigkeit, aber auch mehr Vernunft zu als präpubeszenten Jugendlichen gleichen Alters. Das wirkt sich auf die Person des Betroffenen entsprechend positiv oder negativ aus.

Auswirkungen von Akzeleration und Retardation. Betrachtet man die unmittelbare Auswirkung körperlicher Akzeleration und Retardation

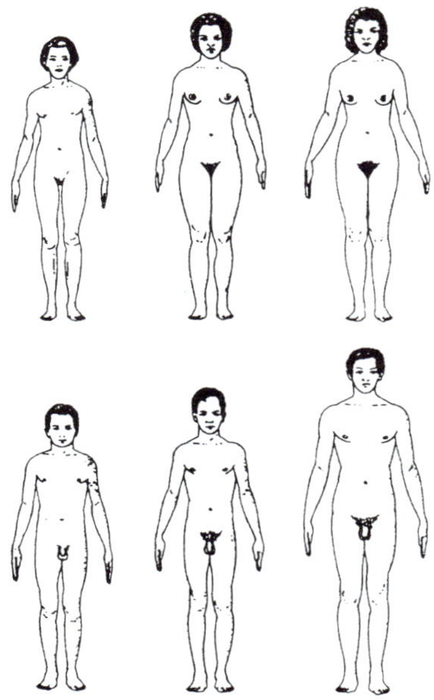

Abbildung 7.7. Unterschiede im körperlichen Reifungsniveau bei Gleichaltrigen: Alle drei weiblichen Jugendlichen sind $12\ ^3/_4$ Jahre alt, alle männlichen Jugendlichen sind $14\ ^3/_4$ Jahre alt, aber sie befinden sich in verschiedenen Phasen körperlicher Entwicklung, nämlich vor, während und nach der Geschlechtsreife (nach Tanner; zit. nach Lerner & Spanier, 1980, S. 205)

im Jugendalter, so erweisen sich die Spätreifenden als unausgeglichener und unzufriedener. Sie haben ein negativeres Selbstkonzept, sind weniger verantwortungsbewusst und selbstsicher. Bezüglich des Verhaltens jedoch sind Frühreife einem größeren Risiko für Drogenkonsum und Devianz unterworfen (Graber et al., 1997; Silbereisen & Kracke, 1993; Stattin & Magnusson, 1991), denn infolge ihres Körperstatus suchen und finden sie leichter Anschluss an ältere Peergruppen und an deviante Gleichaltrige.

Frühreifende männliche Jugendliche haben gegenüber ihren Altersgenossen manche Vorteile (Petersen & Crockett, 1985). Die Analyse von Längsschnittstudien zeigt, dass Frühreife auch mit 38 Jahren verantwortungsbewusster, kooperativer, selbstbewusster, kontrollierter und sozial angepasster waren als ihre Altersgenossen. Allerdings waren sie auch konventioneller, konformistischer und humorloser. Spätreifende Jugendliche waren im Vergleich zu ihren Altersgenossen auch mit 38 Jahren impulsiver, unausgeglichener, aber dafür auch selbsteinsichtiger, erfinderischer und spielerischer.

Jugendliche, die infolge später Reifung mehr Zeit zur Verfügung haben für den Aufbau von Wissen und Copingstrategien, haben größere Chancen bei ihrer Identitätsbildung (Steinberg, 1993). Bezogen auf die vier Identitätsformen nach Marcia (1966, s. nächster Abschn.) entwickeln frühreife männliche Jugendliche vermutlich eher eine übernommene Identität, weil sie sich eifrig und weniger reflektiert frühzeitig an den Erwachsenenstatus anpassen. Spätreife bauen eher eine erarbeitete Identität auf, mit den Vorteilen größerer Entwicklungsoffenheit und den Nachteilen krisenhafter Auseinandersetzung im weiteren Leben.

Wie steht es mit den Mädchen? Hier erweist sich Frühreife für amerikanische Jugendliche deutlich als Nachteil. Frühreifende Mädchen sind weniger beliebt, weniger graziös und zeigen größere Unterordnung und Zurückgezogenheit als ihre Altersgenossinnen. Ihr geringeres Selbstwertgefühl resultiert hauptsächlich aus der Abweichung von der kulturellen Norm von Schlankheit und Grazie für Frauen, Normen, die durch die früh erreichten Werte von Körpergröße und Gewicht verletzt werden (Petersen, 1988).

In Deutschland erbrachten Untersuchungen von Silbereisen et al. (1989) bei frühreifen Mädchen ein eher höheres Selbstwertgefühl. Eine andere deutsche Untersuchung jedoch zeigt analog zu amerikanischen Befunden, dass Mädchen über zu früh und zu spät einsetzende Menarche unglücklich sind und geringeres Selbstbewusstsein besitzen (Schulz, zit. nach Seiffge-Krenke, 1994).

Silbereisen und Schmitt-Rodermund (1999) fassen die Befunde über Früh- und Spätentwickler dahingehend zusammen, dass die frühentwickelten Mädchen sowohl hinsichtlich psychischer Störungen als auch in Bezug auf Sexualverhalten und Drogengebrauch besonders gefährdet sind, wenn weitere Risikofaktoren hinzutreten. An zweiter Stelle stehen im Entwicklungsrisiko die spätentwickelten Jungen. Insgesamt ist körperliche Retardation und Akzeleration nach heutigem Wissen mit Risiken behaftet, die durch Aufklärung in Familie und Schule aber relativ leicht aufgefangen werden können, während sie bei ungünstigen sozialen Kontakten negative Folgen haben.

3.3 Das Körperselbstbild bei Jugendlichen

Eine entscheidende Komponente für den Einfluss von körperlicher Retardation und Akzeleration auf die Entwicklung bildet das Körperkonzept, d.h. das Selbstbild der Jugendlichen vom eigenen Körper. Mrazek (1987) fand bei 12- bis 16-jährigen Jugendlichen acht Dimensionen des Körperselbstbildes:

(1) Fitness und Sport (Ich trainiere meinen Körper regelmäßig),
(2) Äußeres und Körperpflege (Ich benutze regelmäßig ein Deodorant),
(3) Figurprobleme (Ich achte beim Essen auf Kalorien),
(4) Narzissmus (Ich finde meinen Körper schön),
(5) Körperentfremdung und Gesundheitsprobleme (Mein Körper tut manchmal, was er will),
(6) Rauchen und Alkohol (Ich rauche öfter eine Zigarette),
(7) Körperkontakt mit Verwandten (besonders mit den Eltern) und
(8) Naschen (Ich esse gerne Süßigkeiten).

Mit zunehmendem Alter wurden Narzissmus und Körperpflege wichtiger, während die übrigen Dimensionen ihr Gewicht nicht veränderten. Die Jungen äußerten weniger Figurprobleme als die Mädchen.

Geschlechtsunterschiede. Bei der Ästhetik des weiblichen Körpers dominiert das kulturelle Schönheitsideal der Schlankheit, um nicht zu sagen, des Untergewichts. Bei erwachsenen Frauen gibt es eine Vorliebe für mädchenhaftes Aussehen, während die Jungen frühzeitig ein männliches und nicht ein jungenhaftes Aussehen bevorzugen. Bei Mädchen steigt die Unzufriedenheit mit dem Gewicht an, je älter sie werden, jedoch steht der Wunsch abzunehmen nicht in direkter Beziehung zum realen Gewicht (Davis & Furman, 1986). Gewichtsabnahme ist bei Mädchen allemal mit Zufriedenheit gekoppelt, während sie bei Jungen fast ausschließlich negativ bewertet wird (Paxton et al., 1991). Mädchen scheinen zudem ein differenzierteres Körperselbstbild als Jungen zu haben (Mrazek, 1983, 1987), wobei Mädchen viel häufiger als Jungen ein eher negatives Körperselbstbild haben. Der starke kulturelle Einfluss muss in Beziehung zu der negativen Sicht des Körpers bei vielen weiblichen Jugendlichen gesehen werden.

Dies konnte auch in einer umfangreichen Studie von Seiffge-Krenke (zusammenfassend 1994) an über 1000 Jugendlichen im Alter von 12 bis 19 Jahren bestätigt werden. In Tagebuchanalysen ergab sich, dass 28 Prozent aller Eintragungen von 13- bis 15-Jährigen sich mit dem eigenen Körper (Mode, Gewicht und Aussehen) befassten. 82 Prozent davon bezogen sich auf eine negative Sicht des Körpers und auf Körperbeschwerden. In einer anderen Studie gaben 43 Prozent der Mädchen an, dass es ihnen unangenehm sei, sich im Schwimmbad zu zeigen (Seiffge-Krenke, 1994).

Faktoren von Roth. Roth (1998) bietet einen umfassenden Überblick über die Literatur zum Körperselbstbild und stellt eigene Untersuchungen an 352 gesunden und 128 chronisch kranken Jugendlichen vor. Er findet zehn interpretierbare Faktoren, die zum Teil mit bisherigen Dimensionen (s.o.) übereinstimmen, zum Teil aber auch abweichen. Interessanterweise unterscheiden die Jugendlichen wie die Erwachsenen aus anderen Studien zwischen der Unzufriedenheit mit der Figur und der Unzufriedenheit mit der Physiognomie, wobei die Figur beim Körperselbstbild dominiert. Als eigene Dimension ermittelt er die Körperentfremdung, die durch Gefühle der Fremdheit und des Losgelöstseins vom eigenen Körper gekennzeichnet ist. Vertrauen und Misstrauen in die eigene Körperdarstellung erweisen sich als relativ unabhängig, ebenso die Dimensionen private und öffentliche Selbstaufmerksamkeit. Schließlich findet Roth analog zu den allgemeinen Befunden über Kontrolle auch beim Körperselbstbild eine externale und internale Komponente der Kontrollüberzeugung.

Altersbedingte Veränderungen. Mit zunehmendem Alter gibt es Veränderungen. Jugendliche der mittleren Adoleszenz (14–16 Jahre) zeigten größeres Vertrauen als Jüngere in ihre körperliche Selbstdarstellung und eine geringere externale Kontrolliertheit. Auch in Roths Untersuchung findet sich der typische Geschlechtsunterschied dahingehend, dass Mädchen mit ihrer Figur (nicht mit ihrer Physiognomie) mit zunehmendem Alter unzufriedener werden, während Jungen eine wachsende Zufriedenheit zeigen. Damit stellt die puberale Entwicklung für Mädchen insgesamt ein größeres Risiko dar. Wiederum kann schlichte Aufklärung für die Bewältigung körperlicher Probleme eine große Hilfe sein.

3.4 Sexuelle Orientierung und Sexualverhalten

Die Entwicklung des Sexualverhaltens ist ein kompliziertes Zusammenspiel zwischen biologischen Faktoren, vor allen Dingen der hormonellen Entwicklung und psychosozialen Bedingungen, wie den erotischen Stimuli, die eine Kultur bereit hält (z.B. in den Massenmedien), den sozialen Kontakten und den Settings, die Gelegenheit zu erotischen Erfahrungen bieten. Wir werden im Folgenden einerseits die Entwicklung des Sexualverhaltens und seinen historischen Wandel an konkreten Beispielen und Zahlen beschreiben, andererseits sind solche Daten unbefriedigend, wenn sie nicht einer theoretischen Erklärung zugeführt werden können. Deshalb werden einige Erklärungsversuche angeboten, die sich wechselseitig ergänzen.

Folgt man dem psychoanalytischen Ansatz, so gehen die Anfänge des jugendlichen Sexualverhaltens bereits auf die frühe Kindheit zurück. Nach wie vor wichtig ist dieser Erklärungsansatz, wenn es darum geht, die Auswirkung von sexuellem Missbrauch in der frühen Kindheit, den Umgang mit Zärtlichkeit und generell den Einfluss der Beziehungen in der Familie auf das Sexualverhalten im Jugend- und Erwachsenenalter zu interpretieren. Auch Beobachtungs- und Nachahmungslernen dürften eine große Rolle spielen. In Familien, in denen die Eltern vor den Kindern den Austausch von Zärtlichkeiten verbergen und Sexualität tabuisieren, kommt es zu einem anderen Umgang mit Sexualität als in Familien, die Sexualität und Zärtlichkeit offener handhaben.

3.4.1 Eine Entwicklungstheorie sexueller Orientierung

Es ist eine Alltagserfahrung, dass sich Jungen und Mädchen etwa ab Schuleintritt voneinander trennen. Das andere Geschlecht wird fremdartig, exotisch. Die Geschlechtertrennung scheint ein notwendiger Entwicklungsschritt auf dem Weg zur sexuellen Attraktivität im Jugend- und Erwachsenenalter zu sein. Wie aber kommt es zu diesem Übergang und wie erklären sich demgegenüber homosexuelle Neigungen?

Daryl J. Bem (1996) bietet eine Erklärung an, die biologische, sozialpsychologische und entwicklungspsychologische Aspekte vereinigt. Biologische Variablen, wie Gene und pränatale Hormone prägen nicht per se die sexuelle Orientierung, sondern wirken sich zunächst auf das kindliche Temperament aus (z.B. auf Aggressivität und das allgemeine Aktivitätsniveau). Dieses führt zur Bevorzugung bestimmter Spiele und Aktivitäten, die eher typisch männlich (Sport treiben, Raufen, Kampfspiele) oder eher typisch weiblich sind (Pflege, Hüpfspiele, ruhige Beschäftigungen). Die Kinder bevorzugen Peers mit gleichen Vorlieben und Aktivitäten. Sofern sich die Ähnlichkeit auf das gleiche Geschlecht bezieht, das Kind also geschlechtskonform ist, wird das andere Geschlecht unähnlich, mehr und mehr unvertraut und schließlich exotisch fremdartig. Nicht geschlechtskonforme Kinder fühlen sich zum anderen Geschlecht hingezogen und betrachten das eigene Geschlecht als andersartig und letztlich exotisch.

Das Gefühl der Fremdheit und Exotik führt zu einer erhöhten Erregung des autonomen Systems. Für den typisch männlich orientierten Jungen kann diese Erregung verbunden sein mit Antipathie oder Unbehagen bei der Gegenwart von Mädchen, für das typisch weiblich orientierte Mädchen mit Furcht oder Besorgnis bei der Gegenwart von Jungen. Kinder, die wegen gegengeschlechtlicher Vorlieben von den Peers des eigenen Geschlechts abgelehnt oder gehänselt werden, fühlen diese Erregung dementsprechend gegenüber Kindern des eigenen Geschlechts. Die Erregung des autonomen Nervensystems wird später transformiert in erotisch-romantische Attraktion: das Exotische wird erotisch. Dieser Schritt bildet das Kernstück der Theorie von Bem.

Erklärungen. Drei Erklärungen werden angeboten. Die wichtigste erscheint dem Autor der sog. extrinsische Erregungseffekt. Im Zustand starker Erregung, die nichts mit sexueller Stimulation zu tun haben muss, wirkt eine Begegnung mit Sexualpartnern erregend. Schon Ovid rät dem Liebhaber, mit seiner Angebeten Gladiatorenkämpfe zu besuchen, da sie dadurch auch sexuell erregt würde. Für Jugendliche, die sich in Risiko- und hohe Erregungszustände begeben, wären im Anschluss stattfindende sexuelle Kontakte mit exotischen Peers eine Folgeerscheinung dieser Erregung. Bem beschreibt Experimente, die diesen Zusammenhang auch für Erwachsene bestätigen. Hinter dieser Annahme steht die Zweifaktorentheorie der Emotion von Schachter und Singer (1962). Der erste Faktor ist die physiologische Erregung, der zweite stellt die inhaltliche Einschätzung der jeweiligen Situation dar, in der die Erregung auftritt. So kann der gleiche Erregungszustand unterschiedliche Gefühle von positiv bis negativ auslösen.

Bem führt als zweite Erklärungsmöglichkeit den gegenläufigen Prozess an. Er besteht darin, dass eine negative Emotion durch eine positive aufgefangen wird und umgekehrt. So kehrt sich bei Fallschirmspringern die anfängliche Angst in ein euphorisches Gefühl um. Analog, so Bem, mag sich die negative Emotion gegenüber den exotischen Peers ins Positive verwandeln. Die dritte Erklärungsmöglichkeit ist die Prägung. Der Prägungseffekt wurde bei Tieren für die Festlegung auf Sexualpartner nachgewiesen.

Würdigung des Modells. Das Modell von Bem erscheint aus zwei Gründen interessant. Zum einen versucht es aus den dargelegten Schritten Heterosexualität und Homosexualität durch die gleichen Prozesse und Bedingungen zu erklären. Zum andern vermeidet es einen primitiven genetischen Biologismus, wonach Unterschiede in der sexuellen Orientierung genetisch verankert seien. Die Gene wirken nicht direkt, sondern über das Temperament in der Kindheit, das bestimmte Präferenzen bei Peers verursacht. Der Autor betont zugleich, dass sein Modell nur den typischen Weg der sexuellen Orientierung beschreibt. Daneben gibt es viele weitere Kombinationen, z.B. einen späteren Einstieg oder Ausstieg aus der Hauptkette der Entstehung sexueller Orientierung.

3.4.2 Kurzzeit- und Langzeitstrategien des Sexualverhaltens

Buss und Schmitt (1993) schlagen ein evolutionäres Modell sexueller Strategien bei der Partnersuche vor und unterscheiden zwischen kurz- und langfristigen Strategien. Sie verwenden den Ausdruck Strategie als Kennzeichnung für den zielgerichteten und problemlösenden Charakter des sexuellen Werbungsverhaltens.

Selektionsprobleme. Im Laufe der Menschheitsgeschichte, so argumentieren die Autoren, haben sich verschiedene Zielsetzungen und Notwendigkeiten für beide Geschlechter herausgebildet, die zumindest zum Teil in unterschiedlichen Problemen und Strategieformen zum Ausdruck kommen. Tabelle 7.3 gibt einen Überblick über Selektionsprobleme von Männern und Frauen bei Kurzzeit- und Langzeitstrategien. Dabei zeigt sich, dass Kurzzeitstrategien des Sexualverhaltens für Männer wesentlich attraktiver sind als für Frauen, da Männer biologisch den größten Fortpflanzungseffekt erreichen, wenn sie möglichst viele Frauen kontaktieren können. Bei den Langzeitstrategien hingegen gibt es wesentlich mehr Übereinstimmung, vor allem bezüglich der Verpflichtung der guten Pflege und Erziehung der Kinder (parenting) und der Qualität der Gene.

Kulturelle Einflüsse. Eine evolutionäre Entwicklung, die Gemeinsamkeiten und Unterschiede zwischen sexuellen Strategien bewirkt, kann kulturell unterschiedlich ausgeformt werden (im Sinne der in Kapitel 3 dargelegten Wirkung von Kultur). Westliche Kulturen, die eine individuelle Identität hervorbringen, bieten im Vergleich zu kollektivistischen Kulturen wesentlich mehr Freiheitsgrade bei der Partnersuche, gestatten eine größere Variationsbreite an sexuellen Praktiken und Strategien bei der Partnersuche und übertragen das Leistungsdenken auch auf die Sexualität. Es ist also zu erwarten, dass Daten über Aussagen und Verhalten von Jugendlichen sowohl die generelle Tendenz einer soziobiologischen Entwicklung wie die spezifischen kulturellen Ausprägungen widerspiegeln.

Befunde. In der Tat passen die vorliegenden Fakten recht gut zu diesen Annahmen. Zunächst finden wir bei beiden Geschlechtern im Jugendalter gemäß den theoretischen Erwartungen die Bevorzugung kurzfristiger Strategien, d.h. die Bemühung, mit vielen potentiellen Sexualpartnern in Beziehung zu kommen. Die erste und häufigste Strategie ist das Dating, das zunächst unverbindliche Treffen von Jungen und Mädchen, die gemeinsam etwas unternehmen, meist Kino-, Disco- oder Gaststättenbesuche. Gemäß der Theorie müssten Mädchen bei Partnerkontakten nach potentiell langfristigen Partnern suchen, während Jungen nach Partnerinnen mit sexueller Bereitschaft bei Minimierung der Kosten und des Aufwandes suchen müssten. Salisch und Oswald (1989) fanden denn auch, dass Mädchen viel häufiger Verstehen und Vertrauen, Zärtlichkeit und

Tabelle 7.3. Selektionsprobleme von Männer und Frauen bei der Partnersuche bei kurz- und langfristigen Strategien (Buss & Schmitt, 993, S. 207)

Art der sexuellen Partnerbeziehungen	Männer	Frauen
kurzzeitige Beziehungen	1. Problem der Anzahl der Partnerinnen	1. Problem unmittelbarer Vorteile (materieller und ideeller Profit)
	2. Problem der Identifikation von sexuell erreichbaren Frauen	2. Problem der Einschätzung von Kurzzeit-Partner als möglicher Langzeit-Partner
	3. Problem der Minimierung von Kosten, Risiko und Verpflichtung	3. Problem der Qualität der Gene
	4. Problem der Schwangerschaft	4. Problem des Partnerwechsels, der Ausschaltung sowie der Schaffung einer Reserve von Partnern
Langzeit-Beziehungen	1. Problem der sicheren Vaterschaft	1. Problem der Identifizierung von Männern, die fähig sind, zu investieren
	2. Problem des reproduktiven Wertes der Frau	2. Problem der Identifizierung von Männern, die investieren *wollen*
	3. Problem der Verpflichtung	3. Problem des physikalischen Schutzes
	4. Problem der Fähigkeit, eine gute Mutter zu sein	4. Problem der Verpflichtung
	5. Problem der Qualität der Gene	5. Problem, ein guter Vater zu sein
		6. Problem der Qualität der Gene

Rücksichtnahme, Liebe und sexuelle Treue wünschten, während Jungen vorzugsweise auf gutes Aussehen achteten. Nach Jaspers und Mosebach (1990) sehen junge Männer Sexualität als etwas, das losgelöst von Beziehungen existiert, während Mädchen Sexualität eingebettet in die Gesamtpartnerschaft verstehen. Wenzel (1990) wertete mehr als 2000 Leserbriefe, die in der Zeitschrift „Bravo“ von 1986 bis 1987 veröffentlicht worden waren, inhaltsanalytisch aus. Bei Jungen spielte wesentlich stärker der Leistungsfaktor eine Rolle als bei Mädchen. Männliche Jugendliche bestimmen nach ihren eigenen Aussagen die Intensität der sexuellen Kontakte und die Art der sexuellen Praktiken, sie klagen aber auch über Hemmungen und Angst vor sexuellem Versagen. Mädchen beschreiben sich demgegenüber als passiver (Rademakers, 1990) und finden es als schicklich und normal, auf Annäherungsversuche der Jungen zu warten. Gleichwohl fühlen sie sich wie die Jungen Leistungsanforderungen ausgesetzt (Wenzel, 1990). Der Wunsch, sexuellen Erfolg zu haben, entspricht dem generellen Leistungsprinzip westlicher Gesellschaften, das auf die soziobiologische Evolution aufgestülpt ist und die sexuelle Thematik noch einmal spezifisch mitdefiniert.

Trotz der Präferenz kurzfristiger sexueller Strategien im Jugendalter äußern die Jugendlichen auch eine klare Langzeitperspektive und betonen die Werte der Bindung, Verlässlichkeit und Treue als Voraussetzung für eine zukünftige feste Partnerschaft. Dabei spielen Intimität und Liebe nach wie vor eine große Rolle. Bezüglich der Langzeitstrategien sind Jugendliche beiden Geschlechts also konservativ (Kooy, 1972; Wolf, 1981).

3.4.3 Drei Thesen der sexuellen Entwicklung

Schmid-Tannwald und Kluge (1998) sowie Kluge (1998) vertreten die Ansicht, dass sich die Ergebnisse ihrer repräsentativen Befragung zum Sexualverhalten an 14- bis 17-Jährigen in drei Thesen zusammenfassen lassen.

Beschleunigung. Die erste These besagt, dass wir es mit einer Beschleunigung der Entwicklung des Sexualverhaltens zu tun haben. Diese sukzessive Vorverlagerung sexueller Aktivitäten in den letzten zwanzig Jahren ist eine Entwicklung, die unterschiedlich interpretiert werden kann. Clement (1986) teilt mit, dass zum Zeitpunkt seiner Untersuchung 60 Prozent der achtzehnjährigen Mädchen und 50 Prozent der achtzehnjährigen Jungen koituserfahren waren. Im Jahr 1966 lagen die entsprechenden Zahlen bei 11 Prozent für die Mädchen und bei 25 Prozent für die Jungen. Die mehrfach genannte Erhebung in Deutschland erbrachte seit der letzten Untersuchung von 1983 eine erneute Vorverlagerung sowohl hinsichtlich der Geschlechtsreife als auch in Bezug auf die erste Koituserfahrung (Schmid-Tannwald & Urdze, 1983). Kluge (1998) teilt die diesbezüglichen Befunde anhand des sog. Sexualalters auf. Damit sind die Jahre nach Eintreten der ersten Menstruation bzw. Ejakulation als Anzeichen geschlechtlicher Reife gemeint. Abb. 7.8 zeigt die Koituserfahrung beider Geschlechter in Abhängigkeit vom Sexualalter. Dabei sieht man, dass nicht das chronologische Alter, sondern die Jahre der Geschlechtsreife entscheidend für den sukzessiven Anstieg der Koituserfahrung sind.

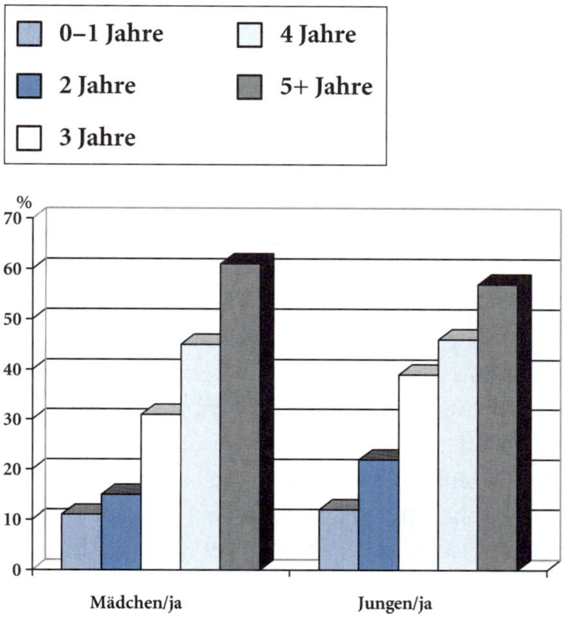

Abbildung 7.8. Zusammenhang zwischen sexuellem Alter (Jahre nach Eintritt der Geschlechtsreife) und Koituserfahrung (Gesamtstichprobe Mädchen: n = 1.481; Gesamtstichprobe Jungen: n = 1.522) nach Kluge (1998, S. 77)

Bemerkenswert ist die mitgeteilte Häufigkeit des Geschlechtsverkehrs. Ein Viertel der Mädchen im ersten Jahr nach der Menarche und mehr als ein Fünftel der Jungen nach der ersten Ejakulation hatte bereits (nach eigenen Angaben) mehr als 50mal Geschlechtsverkehr (Stichprobe: 429 bzw. 415). 11 Mädchen und 12 Jungen gaben an, bereits ein Jahr vor der Geschlechtsreife den ersten Koitus gehabt zu haben. Die Vorverlagerung sexueller Erfahrungen innerhalb von 15 Jahren ist eklatant. In der vergleichbaren Untersuchung (Schmid-Tannwald & Urdze, 1983) gaben nur 44 Prozent der Mädchen und 33 Prozent der Jungen mit 17 Jahren an, Koituserfahrung zu haben, während es in der neuen Erhebung (1994) 92 Prozent weibliche und 79 Prozent der männlichen Jugendlichen waren – eine Steigerung um mehr als hundert Prozent. In Jahren ausgedrückt ergibt sich nach dem Medianwert eine Vorverlagerung um 2,4 Jahre bei den Mädchen und um 3,1 Jahre bei den Jungen (westdeutscher Vergleich).

Trotz der Vorverlagerung scheinen frühere Befunde zur Sexualentwicklung weiterhin zu gelten. Die Mehrzahl der Jugendlichen hat auch heute vor dem ersten Geschlechtsverkehr Zärtlichkeiten ausgetauscht und vorbereitende intime Körpererfahrung beim Petting gemacht. Schon im ersten Jahr des Sexualalters erleben beide Geschlechter den Koitus als etwas Schönes, wobei dies für Jungen zu einem höheren Prozentsatz gilt als für Mädchen. Demgemäß haben auch Jungen von Anfang an mehr Orgasmuserfahrungen als Mädchen und behalten diesen Vorsprung auch in den folgenden Jahren des Sexualalters bei. Masturbation wird nach wie vor eher von männlichen als von weiblichen Jugendlichen praktiziert. Auch fünf Jahre nach der Menarche und später haben 56 Prozent der Mädchen (aus einer selegierten Stichprobe) nach ihren eigenen Angaben noch nicht masturbiert, während dies nur bei 4 Prozent der männlichen Jugendlichen der Fall ist.

Annäherung. Eine zweite These lautet aufgrund der vorliegenden Befunde, dass sich die Geschlechter im Sexualverhalten einander annähern. Dies gilt bereits für die Sexualreife. In der Studie von 1980/81 gab es einen Unterschied von 0,7 Jahren, während 1994 die Ejakularche nur noch 0,3 Jahre später als die Menarche im Durchschnitt eintrat. Der Medianwert für die erste Koituserfahrung lag 1980/81 lag bei Mädchen noch um 0,7 Jahre früher als bei Jungen, während er in Westdeutschland in der neuen Untersuchung bei beiden Geschlechtern gleichliegt (14,9 Jahre) und in der Gesamtstichprobe (Ost- und Westdeutschland) nur um 0,1 Jahr differiert (Mädchen: 14,8; Jungen: 14,9 Jahre).

Da gegenwärtig Homosexualität viel diskutiert wird, sind die von Schmid-Tannwald und Kluge (1998) gefundenen Werte gleichgeschlechtlicher Sexualbeziehungen von Interesse. Sie erweisen sich in dem befragten Altersabschnitt (14–17 Jahre) als niedrig: von jeweils ca. 1.500 Jungen und Mädchen geben 89 Jungen und 89 Mädchen an, gleichgeschlechtliche Erfahrungen gemacht zu haben. Da es sich dabei oft um vorübergehende und einmalige Kontakte handelt, kann noch nicht von Homosexualität gesprochen werden.

Religiöser Einfluss. Eine dritte These, die die Autoren aufgrund ihrer Befunde vertreten, ist die Normenthese, die sich auf den Einfluss der Religionszugehörigkeit und der religiösen Gebundenheit bezieht. In evangelischen Familien wird häufiger als in katholischen und konfessionslosen Familien über Sexualität und Partnerschaft gesprochen. Katholische Mädchen und Jungen werden weniger auf Menarche und Ejakulation vorbereitet. Obwohl sich katholische Eltern stärker als die beiden anderen Gruppen gegen Koitus im Jugendalter aussprechen, berichten katholische Mädchen am häufigsten über Sexualkontakte. 36 Prozent von ihnen hatte nach eigenen Angaben mehr als fünfzig Mal Geschlechtsverkehr. Dies gilt allerdings nicht für Jugendliche mit enger religiöser Bindung. Hier liegt die Koituserfahrung bei beiden Geschlechtern niedriger. Immerhin berichtet noch ein Fünftel dieser Gruppe, Geschlechtsverkehr auszuüben (s. „Unter der Lupe", S. 289).

3.4.4 Zum Relation zwischen Wissen und Verhalten

Sexuelles Wissen und sexuelles Verhalten liegen oft weit voneinander entfernt. Vor 20 Jahren erfolgte der erste Koitus gemäß der Befragung von 1980/81 bei 30 Prozent der Mädchen und 50 Prozent der Jungen ohne hinreichende Verhütung (Schmid-Tannwald & Urdze, 1983). Einerseits glaubten die Beteiligten, dass man nicht so einfach schwanger werden könne (Kantner & Zelnik, 1972), andererseits wird Sexualverhalten als etwas Spontanes erlebt, das man nicht plant und nicht durch entsprechende Vorbereitungen absichert (Schwarz, 1990). In der neuen Erhebung (Kluge, 1998; Schmid-Tannwald & Kluge, 1998) behaupten demgegenüber bereits 80 Prozent der Mädchen im ersten Sexualjahr, immer zu verhüten. Ein Prozentsatz, der über die folgenden vier Jahre des Sexualalters ziemlich gleich bleibt. Auch bei den Jungen behaupten bereits 76 Prozent im ersten Jahr des Sexualalters, immer zur Empfängnisverhütung beizutragen. Eine Zahl, die sich auf 84 Prozent im fünften Jahr des Sexualalters und später erhöht.

UNTER DER LUPE

Psychische Intimität als Voraussetzung für Koitusbeziehungen?

Aus einer Umfrage von Wolf (1981) geht hervor, dass nicht sexuelle Freizügigkeit, sondern Geschlechtsbeziehungen mit einem festen Partner, den man liebt, angestrebt werden. Über 70 Prozent der Mädchen legen Wert auf Treue und feste Partnerschaft. Eine große Untersuchung von Kooy (1972) an holländischen Jugendlichen erbrachte ebenfalls „konservative" Vorstellungen und eine deutliche Übereinstimmung mit den Ansichten der Eltern über Ehe und Sexualität.

Trifft diese Einstellung auch noch für die heutigen Jugendlichen zu? Lange und Knopf (1993), die diesen Aspekt bearbeitet haben, finden, dass Sexualität zwar früher einsetzt, aber hauptsächlich in festen Beziehungen stattfindet. Während die Hälfte der Befragten in festen Beziehungen schon Geschlechtsverkehr hatten, berichtete nur ein Zehntel der Jugendlichen ohne feste Beziehung von Koituserfahrung. Nach wie vor wollen die Jungen früher und mehr Sexualität als die Mädchen, die Jungen bemühen sich jedoch, die von der Freundin gewünschte Grenze einzuhalten. Trennung wird als sehr schmerzlich erlebt, so dass sich Sexualität bei Jugendlichen insgesamt nicht wesentlich von Sexualität im Erwachsenenalter unterscheidet. Insgesamt kennzeichnen Vertrauen, Geborgenheit und eine enge gefühlsmäßige Bindung heterosexuelle Freundschaften. Demzufolge wird auch der Geschlechtsverkehr kaum zu Beginn der Beziehung, sondern erst nach einigen Monaten aufgenommen.

In einer Teilstichprobe der Erhebung von 1994 (Kluge, 1998) fanden 59 Prozent der Mädchen und 78 Prozent der Jungen mit Koituserfahrung das „erste Mal" als etwas Schönes. Bei den Mädchen mit positivem erstem Koituserlebnis dauerte die Beziehung mit dem Sexualpartner relativ lange an (bei 47 Prozent bis zum Befragungszeitpunkt), während sie bei den Mädchen mit negativer Koituserfahrung deutlich niedriger lag. Das spricht dafür, dass Bindung und positive Sexualerfahrung zumindest für Mädchen zusammenhängen. Dass die intime Beziehung das erste Koituserlebnis nachträglich positiv einfärbt, lässt sich dabei nicht ausschließen.

Es gibt auch mangelhaftes und falsches Wissen als Ursache für ausbleibende Verhütung. Ein Großteil der amerikanischen Jugendlichen glaubt nach einer Befragung von Scott-Jones und Turner (1988), dass die Zeit des größten Empfängnisrisikos die Menstruation, die Mitte des Zyklus am risikoärmsten sei. Deutsche Jugendliche können zu einem Großteil (die Hälfte der befragten Mädchen und ein Viertel der Jungen) das Empfängnisoptimum nicht richtig benennen (Schmid-Tannwald & Urdze, 1983). Im geschlechtlichen Vergleich erweisen sich die Mädchen als kundiger. Sie wissen mehr über Reproduktion, Verhütung und Schwangerschaft als Jungen und zeigen gegenüber diesen Fragen auch größeres Interesse. Während der Einfluss der Eltern und Lehrer auf die Wertvorstellungen und Meinungen über Sexualität von Jugendlichen recht hoch eingeschätzt wird, geben nur 15 Prozent der Jugendlichen die Eltern als Hauptquelle der sexuellen Aufklärung an. Die meisten Jugendlichen werden nach wie vor von Freunden aufgeklärt oder holen sich Information aus Büchern. Nach den Ergebnissen der Untersuchung von Schmid-Tannwald und Urdze (1983) wünschen sich die Jugendlichen von ihren Eltern vor allen Dingen Informationen über Verhütungsmethoden, aber auch über Sexualpraktiken.

FAZIT

Kluge fasst die Befunde der Replikation von 1994 in folgende Punkte zusammen (1998, S. 118):

- „Zwischen vermeintlichem und tatsächlichem Wissen über reproduktive Tatbestände herrscht insbesondere zum Zeitpunkt der sexuellen Reife bei den Mädchen eine bemerkenswerte Diskrepanz. Die Jungen wissen ohnedies weniger, ja zu wenig über biologische Fakten.
- Jungen stehen den Mädchen im generellen Verhütungsverhalten erkennbar nach . . .“ „Zu den häufigsten benutzten Kontrazeptiva zählen Kondom und Pille, wobei das erstere Verhütungsmittel gern von den jüngeren Sexualpartnern gewählt wird.
- Die Verhütungsberatung im Elternhaus richtet sich vornehmlich an die Töchter. Die Mitverantwortung der Söhne wird zuwenig ernst genommen“ . . .
- „Mädchen entscheiden sich zur Zeit der sexuellen Reife oder zwei Jahre danach bei hypothetischer Fragestellung eher als Jungen für den Schwangerschaftsabbruch bei einer ungewollten Schwangerschaft. In den darauffolgenden Jahren des sexuellen Alters wenden sie sich vermehrt gegen eine Abtreibung und entscheiden sich zunehmend für das Austragen des geplanten Kindes.“

3.4.5 Zur Prävention früher Sexualkontakte

Nach dem bisher Gesagten sind drei Aspekte von besonderer Bedeutung. Erstens ist die soziale Kontrolle und die Einbettung des Jugendlichen in soziale Stützsysteme als Rahmenbedingung zu nennen. Nach den von Schmidt und Mitarbeitern (Schmidt, 1993) erhobenen Daten ist frühe Sexualität „bürgerlich“ geworden. Sie muss nicht mehr heimlich, sondern darf von den Jugendlichen im Elternhaus ausgeübt werden. Dies bedeutet zusammen mit der Einbettung in Freundschaft und Liebe zweifellos ein positives Stützsystem.

Zweitens kann die Verfrühung des sexuellen Interesses und Sexualverhaltens durch funktionelle Äquivalenz anderer Aktivitäten aufgefangen werden. Hinter der sexuellen Aktivität steht stets eine Ideologie, die mit dem Erwachsenenstatus, der bewussten Abweichung von soziokulturellen Normen und der Befreiung und Selbstdurchsetzung verbunden ist. Andere Aktivitäten und Interessen, welche den gleichen Zielen dienen, erweisen sich als funktionell äquivalent.

Schließlich muss man sich drittens vor Augen halten, dass sexuelle Aktivität Teil der gesamten Identitätsformung ist und somit als Teilkomponente (sexuelle Identität) in den Gesamtentwurf von Persönlichkeit integriert werden muss.

Neuerdings gibt es eine Bewegung zurück zur vorehelichen Keuschheit. Die bekannte Popsängerin Britney Spears verkündet, dass sie bis zur Ehe sexuell abstinent leben wolle. In einer großen Umfrage an amerikanischen Jugendlichen (Bearman et al., 2000) gelobten jeder zehnte Junge und jedes sechste Mädchen, bis zur Ehe auf sexuelle Aktivitäten verzichten zu wollen. Nach bisherigen Befunden hielten sie das Gelöbnis nicht ganz bis zur Ehe, aber sammelten immerhin erst im Durchschnitt 18 Monate später als ihre Altersgenossen sexuelle Erfahrungen. Ob es sich um eine Modeerscheinung handelt oder eine Trendwende in der Vorverlagerung sexueller Aktivität andeutet, bleibt abzuwarten.

4 Identität: das zentrale Thema des Jugendalters

4.1 Zum Begriff der Identität

Der Begriff Identität bezieht sich zunächst in einem allgemeinen Sinn auf die einzigartige Kombination von persönlichen, unverwechselbaren Daten des Individuums wie Name, Alter, Geschlecht und Beruf. Durch sie ist das Individuum gekennzeichnet und kann von allen anderen Personen unterschieden werden. In diesem generellen Sinn lässt sich Identität allerdings auch auf Gruppen oder Kategorien von Personen anwenden. In einem engeren psychologischen Sinn ist Identität die einzigartige Persönlichkeitsstruktur, verbunden mit dem Bild, das andere von dieser Persönlichkeitsstruktur haben. Für das Verständnis von Entwicklung im Jugendalter ist aber noch eine dritte Komponente der Identität wichtig, nämlich das eigene Verständnis für die Identität, die Selbsterkenntnis und der Sinn für das, was man ist bzw. sein will.

Abgrenzung zu Selbst. Dem Begriff der Identität verwandt bzw. mit ihm größtenteils deckungsgleich ist das Selbst. Das Selbst bezieht sich zunächst in einem ontologischen Sinn auf das Wesentliche einer Person, den Kern des Persönlichkeitssystems (Kuhn, 1964). In einem funktionellen Sinne ist das Selbst der Träger von Handlung, der Akteur bzw. Agent (Bandura, 1977; Ryan, 1993). Im phänomenologischen Sinn bedeutet Selbst die Selbstwahrnehmung und Selbsterkenntnis, was der dritten Komponente von Identität entspricht (siehe oben). In diesem spezifischeren Sinne spricht man dann vorwiegend vom Selbstkonzept, von dem man wiederum verschiedene Komponenten erfassen kann. Meist werden zwei Hauptkomponenten des Selbstkonzeptes unterschieden. Die affektive Komponente des Selbstkonzeptes erfasst das Selbstwertgefühl (self-esteem) und das Selbstvertrauen (self-assurance). Die kognitive Komponente beinhaltet das Wissen, das man von sich hat und die Selbstwahrnehmung. Als wichtiger Aspekt wird häufig das Fähigkeitskonzept erfasst, das wiederum mit der Selbsteinschätzung (self-esteem) in enger Beziehung steht (Oerter, 1989). Selbstschema und Selbsttheorie sind umfangreichere und tiefer greifende Selbstbeschreibungen, wobei vor allem die Selbsttheorie auch Erklärungen über die eigene Entwicklung und das Verständnis von sich selbst und seiner Stellung in der Welt beinhaltet (Epstein, 1973). Während der Identitätsbegriff durch Erikson (1968) eingeführt wurde, geht der Begriff des Selbst auf James (1890) zurück. Er unterscheidet zwischen I (Ich) und Me (Mich), einem Erkennenden und einem Erkannten. Der Erkennende (Wissende), das Ich, hat die Aufgabe und zugleich das kognitive Bedürfnis, ein klares Bild vom Gegenstand seines Erkennens, dem Mich, zu gewinnen.

Mead (1934, dt. 1973) führt diese Unterscheidung weiter, das Me wird zu einer „individuellen Spiegelung des gesellschaftlichen Gruppenverhaltens“ (a.a.O., S. 201). „Die Übernahme dieser organisierten Haltungen gibt ihm sein Me, d.h. die Identität, deren er sich bewußt ist“ (S. 218). „Das Me steht für eine bestimmte Organisation in der Gemeinschaft, die in unserer Haltung präsent ist, und verlangt nach einer Reaktion“ (S. 221). Die Reaktion des Subjekts auf gesellschaftliche Inhalte nennt Mead das I. „Das I reagiert auf die Identität, die sich durch die Übernahme der Haltungen anderer entwickelt. Indem wir diese Haltungen übernehmen, führen wir das me ein und reagieren darauf als ein I“ (S. 217). Beim I wird auch Freiheit und Unvorhersehbarkeit des Handelns angesiedelt. „Die Handlung des I ist etwas, dessen Natur wir im vorhinein nicht bestimmen können“ (S. 220). Damit wird zugleich die Offenheit von Entwicklung theoretisch postuliert.

Andere Autoren unterscheiden zwischen dem privaten bzw. persönlichen Selbst und dem öffentlichen bzw. sozialen Selbst (Goffman, 1963; Krappmann, 1973). Das persönliche Selbst (oder auch die persönliche Identität) bildet den lebensgeschichtlichen Zusammenhang zwischen den Erfahrungen, die ein Mensch gemacht hat. Es ist der rote Faden, der sich durch den Strom der Ereignisse hindurchzieht, und zugleich der gleichbleibende (eben identische) Brennpunkt, den sich das Individuum als Selbst konstruiert. Das soziale Selbst (die soziale Identität) entsteht aus dem Bild, das die anderen sich von einem machen. Uns interessiert dabei nur die subjektive Seite dieses Bildes, nämlich, was von diesem Bild (genauer von diesen Bildern, da es sich um viele soziale Partner handelt) vom Individuum erfasst wird. Cooley (1922) spricht vom „looking-glass-self“, weil sich das Individuum durch die Brille der anderen sieht.

Burns (1982) unterscheidet neben vielen anderen Autoren das Selbst wie ich bin, das Selbst das ich sein möchte und das Selbst wie andere mich sehen. Die gegenwärtige Sicht von sich selbst bezeichnet man auch als reales Selbst oder Realbild, die zukünftige Sicht auch als ideales Selbst oder Idealbild.

Eine letzte Unterscheidung ist die zwischen dem wahren Selbst und dem Selbst als Vakuum. Die humanistische Psychologie (Bugental, 1976; Maslow, 1956; Rogers, 1959) spricht von einem wahren Selbst oder einem wahren Zentrum, das es zu erkennen gibt und nach dem man sein Leben einrichten soll. Hier liegt die Auffassung zugrunde, die übrigens auch von vielen naiven Personen geteilt wird, dass es bei der Identitätssuche nur darum gehe, die eigenen Wesensmerkmale aufzuspüren und sie zur Entfaltung zu bringen. Auf der anderen Seite bevorzugen manche Existentialphilosophen eher ein Vakuummodell: Die anfängliche Leere des Individuums, die das Individuum dazu veranlasst, bestehende Konventionen zu übernehmen (Heidegger, 1927) und soziale und persönliche Identitäten zu wählen, die sein existentielles Vakuum maskieren (Sartre, 1943).

Ausgangspunkt und Leitlinie soll im Folgenden für uns aber der Identitätsbegriff von Erikson bleiben, eine Konzeption, die von Blasi (1988) wie folgt zusammengefasst wird (übernommen aus Fend, 1991, S. 21):

„(1.) Identität ist eine Antwort auf die Frage „wer bin ich?“
(2.) Im allgemeinen führt die Antwort auf diese Frage zur Herausbildung einer neuen Ganzheit, in der die Elemente des „alten“ mit den Erwartungen an die Zukunft integriert sind.
(3.) Diese Integration vermittelt die fundamentale Erfahrung von Kontinuität und Selbstsein.
(4.) Die Antwort auf die „Identitätsfrage“ wird durch eine realistische Einschätzung der eigenen Person und der eigenen Vergangenheit sowie
(5.) der eigenen Kultur, insbesondere ihrer Ideologien und den Erwartungen der Gesellschaft an die eigene Person, erreicht.
(6.) Gleichzeitig werden die kulturellen Erwartungen „kritisch hinterfragt“, und auch die Berechtigung der sozialen Erwartungen wird überprüft.
(7.) Der Prozess des Hinterfragens und der Integration kristallisiert sich um fundamentale Probleme, wie die berufliche Zukunft, die Partnerbeziehungen und um religiöse und politische Standpunkte.
(8.) Er führt zur persönlichen Verpflichtung in diesen Bereichen und
(9.) ermöglicht – von einem objektiven Standpunkt aus gesehen – die produktive Integration in die Gesellschaft.
(10.) Subjektiv vermittelt diese Integration ein Gefühl von „Loyalität und Treue“ sowie
(11.) ein tiefes Gefühl der Verwurzelung und des Wohlbefindens, der Selbstachtung und Zielstrebigkeit.
(12.) Die sensible Phase für die Entwicklung der Identität ist die Adoleszenz.“

Bosma (1985) stellt ein Modell der Identität vor, bei dem vor allen Dingen drei Variablen wirksam sind: der Inhalt der Verpflichtungen, auf die sich das Subjekt einlässt, die Stärke dieser Verpflichtungen und der Umfang der Exploration, die eingesetzt wird, um diesen Verpflichtungen gerecht zu werden.

FAZIT

In Identitätsbeschreibungen stecken zwei Grundbemühungen des Individuums, nämlich die Bemühung, sich selbst zu erkennen und das Bestreben, sich selbst zu gestalten, an sich zu arbeiten, sich zu formen. Damit sind Selbsterkenntnis und Selbstgestaltung die zwei Prozesse, die Identitätsentwicklung vorantreiben.

4.2 Identitätsentwicklung: voller Tumulte oder ruhiges kontinuierliches Wachstum?

Lange Zeit galt das Jugendalter als eine Zeit des Sturmes und Dranges (Bühler, 1928; Hall, 1904; Spranger, 1926). Auch in der belletristischen Literatur, vor allem in biografischen und Jugendromanen, werden Jugendliche vorzugsweise im Auf und Ab der Gefühle und im Ringen um Identität dargestellt. Die neuere Forschung ist gegenüber diesem Verständnis skeptisch. Den Anfang machten Offer und seine Mitarbeiter (z.B. Offer et al., 1988) mit Erhebungen in zehn Ländern mittels eines Fragebogens zu Selbstbild der Jugendlichen. Die überwiegende Mehrzahl der Jugendlichen gab an, keine tiefgreifenderen Probleme zu haben, mit den Eltern und Gleichaltrigen gut zurecht zu kommen und sich wohl zu fühlen. Es zeigten sich allerdings deutliche Geschlechtsunterschiede. Die Mädchen fanden sich häufiger weniger attraktiv, labiler und unausgeglichener als Jungen. Allerdings blieb eine Restgruppe von 10 bis 15 Prozent, die Schwierigkeiten mit sich selbst und ihrer Umwelt hatten.

Will man Entwicklungsverläufe erfassen, so muss man große Gruppen von Jugendlichen im Quer- und Längsschnitt mit Hilfe zuverlässiger und valider Messinstrumente untersuchen. Diese Forderung wurde in den letzten 15 Jahren in einer Reihe von Studien erfüllt.

Mullis et al. (1992) benützten das Cooper-Smith-Inventar (Cooper-Smith-Self-Esteem-Inventory) bei einer kombinierten Quer- und Längsschnittuntersuchung an 270 Jugendlichen der neunten bis elften Klasse der High-School. Wie Tabelle 7.4 zeigt, verändert sich die Selbsteinschätzung in der Querschnittuntersuchung nicht: Die drei Schuljahrgänge, bei denen die Schüler zum gleichen Zeitpunkt erfasst wurden, liegen in ihren Werten nahezu gleich. Anders verhält es sich mit den längsschnittlich beobachteten Schülern. Bei ihnen steigen die Werte im Durchschnitt deutlich an. Dieser Anstieg ist auch statistisch signifikant.

Auch über deutsche Jugendliche gibt es inzwischen eine große Längsschnittstudie, nämlich die Konstanzer Untersuchung „Entwicklung im Jugendalter“ an ca. 2.000 Schülern, die von 12 bis 16 Jahren jährlich erfasst wurden (Fend, 2000). Zunehmende Stabilitätswerte berichten auch Alsaker und Olweus (1992) in ihrer Untersuchung an 2.500 Jugendlichen.

Weitere Komponenten des Selbstkonzeptes, wie allgemeine Zufriedenheit, Emotionskontrolle, Selbstakzeptanz und Aussehen bleiben im Selbsturteil der Jugendlichen relativ stabil.

Tabelle 7.4. Mittlere Selbsteinschätzungswerte bei Berücksichtigung des Schulalters und des Untersuchungsdesigns (nach Mullis et al., 1992, S. 55)

	Statistische Daten			
Untersuchungsdesign	N	M	SD	F
Querschnittsuntersuchung				
9. Klasse	451	66.2	16.8	
10. Klasse	395	66.9	15.2	0.21
11. Klasse	332	66.4	15.8	
Längsschnittuntersuchung				
9. Klasse	270	65.7	16.6	
10. Klasse	270	67.8	16.8	6.52*
11. Klasse	270	70.7	15.8	

* $p < .002$

Stabilität des Selbstkonzepts. Betrachtet man nicht die Mittelwerte bei der Entwicklung, sondern die Stabilität der Urteile, so kann ein Hauptergebnis als gesichert gelten: die befragten Jugendlichen schätzen sich in ihrem Selbstkonzept bei wiederholter Befragung nach einem Jahr oder zwei Jahren ähnlich wie zu Beginn der Erhebung ein, d.h., die Korrelationen zwischen den einzelnen Messungen sind relativ hoch. Würde es sich, wie früher oft angenommen, um ein Stadium des Tumultes oder gar des Zusammenbruchs aller bisherigen Werteinstellungen handeln, so müsste sich das in einer sehr schwankenden Selbstbeurteilung bemerkbar machen, die Korrelationen müssten niedrig oder gleich Null sein. Dieses Resultat ist aber bei keiner einschlägigen Untersuchung aufgetreten.

Die bisher genannten Beispiele beziehen sich mehr auf die kognitive Komponente des Selbst. Aber auch die affektive Komponente, das Selbstwertgefühl (self-esteem) scheint eine gewissen Kontinuität aufzuweisen. Roeser und Eccles (1998) fanden eine relativ hohe Stabilität des Selbstwertes bei Jugendlichen über ein Jahr hinweg. In einer anderen Untersuchung fand sich allerdings bei einem Fünftel der Jugendlichen in einem Zeitraum von vier Jahren eine kontinuierliche Abnahme des Selbstwertgefühls, wobei in dieser Gruppe vorwiegend Mädchen vertreten waren.

FAZIT

Das Selbstkonzept, hauptsächlich gemessen als Selbsteinschätzung, verändert sich im Jugendalter zu keinem Zeitpunkt dramatisch. Vielmehr bleibt es über die lange Zeitspanne der Jugend relativ stabil. Die absolute Höhe der Selbsteinschätzung steigt bei wiederholter Erfassung, also im Längsschnitt, an. Dieses Ergebnis kann aber auch mit der durch die Untersuchung bewirkten Erhöhung der Selbstaufmerksamkeit zu tun haben. Im Querschnittvergleich zeigen Kontrollgruppen und Altersgruppen keinen oder nur einen geringen Anstieg des Selbstwertes mit zunehmendem Alter.

4.3 Die Struktur der Identität und ihre Veränderung im Jugendalter

4.3.1 Wachsende Komplexität der Identität

Die bisherigen Befunde beschreiben einzelne Komponenten des Selbstkonzeptes, in der Hauptsache Aspekte der kognitiven und der affektiven Komponente des Selbstbildes. Die hier vorgefundene Kontinuität und Stabilität ist trügerisch. Mit den Selbstkonzeptmaßen erfasst man nämlich nicht die Identität als Struktur, d.h. als Gefüge, in dem viele Elemente integriert sind und einen unterschiedlichen Ordnungsgrad aufweisen können. Erfasst man die Selbstbeschreibungen von Jugendlichen über längere Zeit hinweg, so zeigt sich, dass sie differenzierter und zunehmend organisierter werden. Pinquart und Silbereisen (2000) kennzeichnen die zunehmende Differenzierung der Selbstbeschreibung aufgrund einschlägiger Untersuchungen:

- Konstruktion kontextspezifischer Selbsts. In einer Situation, z. B. gegenüber dem anderen Geschlecht mag man sich als befangen, gegenüber gleichgeschlechtlichen Peers dagegen als selbstsicher beschreiben.
- Realbild (wie man ist) und Idealbild (wie man sein möchte) werden mit zunehmendem Alter deutlich stärker getrennt.
- Trennung von authentischem und unauthentischem Selbst. Während Zwölf- bis Dreizehnjährige noch wenig mit der Unterscheidung von wahrem oder echtem Selbst und falschem oder vorgetäuschtem Selbst anfangen können, differenzieren Ältere zwischen den beiden Komponenten.
- Jugendliche lernen allmählich, sich auch aus der Sicht anderer zu sehen.
- Einbeziehung der Zeitdimension. Kinder beschreiben sich gewöhnlich gegenwartsbezogen, während Jugendliche Vergangenheit (wie sie waren) und Zukunft (wie sie sein möchten, was sie werden möchten) mit in die Selbstbeschreibung aufnehmen.

Methode der Selbstbeschreibung. Ermöglicht man Jugendlichen, in umfangreichen Gesprächen über sich zu erzählen, dann stellt sich Identität als sehr komplexes Gebilde dar. Diesen Versuch hat unter anderen Mey (1999) unternommen, der drei Jugendliche, die zweimal im Abstand von einem Jahr ausführlich interviewt wurden, näher beschreibt. Die Selbstbeschreibungen erweisen sich dabei als Entwürfe oder Konstruktionen der eigenen Identität, die sich nach der jeweiligen Bedürfnislage und den Erfahrungen richten. Es fällt auf, dass solche narrative Selbstbeschreibungen wenig mit den Messergebnissen von Fragebögen gemeinsam haben und ganz andere Momente in den Vordergrund rücken, wie kritische Ereignisse (eine Freundin haben, von einem Neonazi zusammengeschlagen werden). Eine zweite Besonderheit: die Selbstbeschreibung kann sich nach einem Jahr drastisch ändern, also umgeschrieben werden. Dies gilt sowohl für die inhaltliche Kennzeichnung als auch für die Strategien der Darstellung. Insgesamt zeigt sich, dass Identität nicht wie Selbstkonzeptmessungen mit Hilfe stabiler Merkmale beschrieben werden kann, sondern eher als umfassende Konstruktion des Selbst in seiner jeweiligen Erfahrungswelt. Problem solcher Beschreibungen ist es, allgemeinere Gesetzlichkeiten und Kennzeichen für Jugendliche zu finden, ohne die Komplexität des Phänomens Identität aufzugeben.

4.3.2 Die vier Formen des Identitätsstatus nach Marcia

Ein Ansatz, der diesem Anliegen Rechnung trägt, stammt von Marcia (1966). Im Anschluss an Eriksons Identitätskonzeption entwickelte er ein Verfahren zur Erfassung des aktuellen Identitätsstatus. Den Probanden wird eine Reihe von Fragen vorgelegt, die darauf abzielen, das Ausmaß an Verpflichtung (commitment) in verschiedenen Bereichen, wie Beruf, Religion und Politik zu erfassen (Interviewbeispiele siehe Kasten; zit. nach Kimmel & Weiner, 1985, S. 423; Übersetzung d. Verf.). Marcia fand auf diese Weise vier Formen der Identität, die er als jeweiligen Identitätsstatus bezeichnet: diffuse Identität, Moratorium, übernommene Identität und erarbeitete Identität. Zahlreiche Untersuchungen haben die Brauchbarkeit dieser Konzeption bestätigt. Sie kennzeichnet einzelne Bereiche des Lebens, mit denen sich die Jugendlichen auseinander zu setzen haben, hinsichtlich dreier Dimensionen:

- Krise,
- Verpflichtung und
- Exploration.

Krise beinhaltet das Ausmaß an Unsicherheit, Beunruhigung oder auch Rebellion, das mit der Auseinandersetzung verbunden ist. Verpflichtung kennzeichnet den Umfang des Engagements und der Bindung in dem betreffenden Lebensbereich, und Exploration erfasst das Ausmaß an Erkundung des in Frage stehenden Lebensbereiches mit dem Ziel einer besseren Orientierung und Entscheidungsfindung (Marcia, 1980). Die Komponente der Exploration als entscheidende Strategie der Bewältigung von Identitätsproblemen wird neuerdings stärker betont (Bosma, 1985; Fend, 1991). Sie ist aber in Marcias ursprünglichem Modell bereits enthalten.

Frage- und Antwortbeispiele des Interviews zum Identitätsstatus

Was denkst du, wie bereit bist du, deine jetzige Berufstätigkeit aufzugeben, wenn sich etwas Besseres ergibt?
Ja, ich würde vielleicht, aber ich bezweifle es. Ich kann nicht erkennen, was dieses „etwas Besseres" für mich sein könnte (erarbeitete Identität).

Ich glaube, wenn ich's genau wüsste, könnte ich besser antworten. Es müsste etwas in diesem allgemeinen Sektor meiner Berufstätigkeit sein, etwas, das dazu in Beziehung steht (Moratorium).

Eigentlich nicht. Was ich jetzt mache, wollte ich schon immer tun. Die Leute sind zufrieden damit und ich auch (übernommene Identität).

Aber sicher. Wenn sich was Besseres bietet, warum nicht (diffuse Identität).

Hast du bezüglich deiner religiösen Überzeugungen jemals Zweifel gehabt?

Ja. Ich habe sogar überlegt, ob es einen Gott gibt oder nicht. Aber jetzt habe ich für mich das Problem gelöst. Ich meine ... (erarbeitete Identität).

Ja. Damit beschäftige ich mich gerade. Ich kann eben nicht verstehen, dass es einen Gott gibt und doch so viel Böses in der Welt (Moratorium).

Nein, eigentlich nicht. In unserer Familie bestand darüber immer Klarheit (übernommene Identität).

Oh, ich weiß nicht. Ich denke schon. Jeder durchläuft wohl eine solche Phase. Aber es bekümmert mich nicht sehr. Jeder kann es halten, wie er will (diffuse Identität).

Über die Kriterien der Krise, Verpflichtung und Exploration hinaus lässt sich der Identitätsstatus durch eine Reihe von Merkmalen kennzeichnen, die in Tabelle 7.5 zusammengefasst sind. Aus dieser wie der bisherigen Beschreibung wird deutlich, dass die vier Formen des Identitätsstatus erst in der späten Adoleszenz auftreten. Tatsächlich wurden sie hauptsächlich an Collegestudenten erfasst. Die Ergebnisse einer Vielzahl von Studien zu diesem Identitätsansatz ergeben, dass es unterschiedliche Verläufe bei den Bemühungen um Identität gibt. Keineswegs ist damit zu rechnen, dass alle Jugendlichen auch alle vier Identitätszustände durchlaufen und dass die Identitätsausprägung in der Entwicklung zwangsläufig bei der erarbeiteten Identität endet. Waterman (1982) unterscheidet progressive, regressive und stagnierende Verläufe. Progressive Verläufe erreichen über das Moratorium die erarbeitete Identität, regressive Verläufe enden bei einer diffusen Identität und stagnierende Verläufe verweilen entweder bei der übernommenen oder bei der diffusen Identität.

4.3.3 Untersuchungsbeispiele zur Identität als Struktur

Meilman (1979) untersuchte an 125 Personen im Alter von 12 bis 24 Jahren den Identitätsstatus mit Hilfe des Marcia-Interviews und fand einen nahezu idealtypischen Verlauf: während in den jüngeren Jahren die diffuse Identität überwiegt, steigt der prozentuale Anteil an erarbeiteter Identität mit dem Alter stetig an. Andererseits muss man mit solchen Angaben vorsichtig sein, da Jugendliche in der frühen Adoleszenz noch nicht mit identitätsbezogener Aktivität ernsthaft begonnen haben. Archer (1982), die jeweils 20 männliche und 20 weibliche Jugendliche in der 6., 8., 10. und 12. Klasse der High School interviewte, fand zwar ebenfalls, dass die Anzahl der Personen mit erarbeiteter Identität mit zunehmendem Alter anstieg, doch auch noch in der 12. Klasse spiegelten nur 19 Prozent der Antworten den Status des Moratoriums oder der erarbeiteten Identität wider, während 81 Prozent eine diffuse und übernommene Identität besaßen. Dies würde auch erklären, warum in den Selbstkonzeptfragebögen, vor allem im Offer-Instrumentarium bei ca. 80 Prozent der Befragten keine krisenbezogenen oder problemanzeigenden Urteile auftraten.

Identitätsformung und Bewältigungskonzepte. Eine stringentere Prüfung des Marcia-Ansatzes hat Neuenschwander (1996) versucht und ihn zugleich mit Bewältigungskonzepten und dem konstruktivistischen Verständnis der Identitätsformung verknüpft. In einem kombinierten Längsschnitt- und Querschnittvergleich (Sequenzdesign, s. Kap. 40) untersuchte er 4.201 Schweizer Jugendliche im Alter von 14 bis 20 Jahren aus drei Kantonen mit vier zuvor erprobten Fragebogen, nämlich zum Wohlbefinden (BFW), zu den Einflussmöglichkeiten Jugendlicher (FEJ),

Tabelle 7.5. Einige Kennzeichen der vier Identitätszustände nach Marcia (1980)

Untersuchtes Merkmal	**diffuse Identität** (keine Festlegung für Beruf oder Werte)	**Moratorium** (gegenwärtige Auseinandersetzung mit beruflichen oder sonstigen Wertfragen)	**übernommene Identität** (Festlegung auf Beruf oder Werte, die von den Eltern ausgewählt wurden)	**erarbeitete Identität** (Festlegung auf Beruf und Wertpositionen, die selbst ausgewählt wurden)
Selbstwertgefühl	niedrig	hoch	niedrig (männl.) hoch (weibl.)	hoch
Autonomie	extern kontrolliert	internale Kontrolle	autoritär	internale Kontrolle
Kognitiver Stil	impulsiv, extreme kognitive Komplexität	reflexiv, kognitiv komplex	impulsiv, kognitiv wenig komplex	reflexiv, kognitiv komplex
Intimität	stereotype Beziehungen	fähig zu tiefen Beziehungen	stereotype Beziehungen	fähig zu tiefen Beziehungen
Soziale Interaktion	zurückgezogen, fühlen sich von den Eltern nicht verstanden, hören auf Peers und Autoritäten	frei, streben intensive Beziehungen an, wetteifern	ruhig, wohlerzogen, glücklich	zeigen nichtdefensive Stärke, können sich für andere ohne Eigennutz einsetzen

zu bedeutsamen Lebensereignissen (BLE) und zu außerordentlichen Lebensereignissen (LAL).

Er nahm an, dass die integrierte Identität bei vielen Jugendlichen tatsächlich die letzte von vier Phasen ist, die analog zu Marcia der Reihe nach als fremdbestimmter, diffuser, suchender und integrierter Identitätszustand bezeichnet werden. Durch kritische Lebensereignisse kommt die Identitätsformung in Gang. Der nächste Schritt erfolgt durch einen Anstieg des Selbstwertes. Neue Werte motivieren und werden richtungweisend. Schließlich führt die wachsende Kontrollüberzeugung zur integrierten Identität, denn nun gelangen Jugendliche zur Überzeugung, dass sie ihre Ziele auch verwirklichen können.

Empirisch fand der Autor tatsächlich die Reihenfolge Lebensereignisse – Selbstwertsteigerung – erhöhte Kontrollüberzeugung. Vor allem tritt Typ I (fremdbestimmt) mit zunehmendem Alter seltener und Typ IV (integriert) signifikant häufiger auf. Allerdings fanden sich andere Reihenfolgen doch so häufig, dass nicht von einer allgemein gültigen Abfolge von Identitätsphasen ausgegangen werden kann. Die größte Gruppe der untersuchten Jugendlichen waren die Stabilen, d.h. die im Untersuchungszeitraum von zwei Jahren beim gleichen Typ (der gleichen Phase) verblieben. Idealerweise müssten die vier Typen der Identitätszustände eine Entwicklungsskala bilden, d.h. es dürften nur die vier zulässigen Kombinationen der drei Identitätsmerkmale auftreten:

(1) keine Ausprägung in allen drei Merkmalen,
(2) nur Ausprägung der Lebensereignisse,
(3) Ausprägung von Lebensereignissen und des Selbstwertes,
(4) Ausprägung von Lebensereignissen, Selbstwert und Kontrollüberzeugung.

Empirisch fand sich eine Tendenz (aber keineswegs eine echte Guttman-Skala, (s. Kap. 39) im Querschnittvergleich, nicht jedoch in den Längsschnitten. Hingegen erbrachte die Clusteranalyse, dass sich die Probanden bei bestimmten Kombinationen der Merkmale Lebensereignisse, Selbstwert und Kontrollüberzeugung häuften, wobei eine Reihe von Kombinationen nicht der angenommen Folge gehorchte. Beachtenswert bleibt bei dieser methodisch sehr sorgfältig durchgeführten Untersuchung das Faktum, dass

- offenbar zu Beginn des Identitätsformungsprozesses herausragende Lebensereignisse stehen und
- dass die Steigerung des Selbstwertes zeitlich vor der Festigung der Kontrollüberzeugung liegt.

4.3.4 Erweiterung des Identitätsspektrums

Trotz der Befundlage, die Marcias Ansatz eindrucksvoll bestätigt, muss man sich vor Augen halten, dass die getroffene Einteilung hauptsächlich auf dem Ausprägungsgrad von Verpflichtung und Krise in verschiedenen Bereichen beruht. Legt man andere Kriterien an, so gelangt man zu weiteren Identitätsformen.

Vier Formen diffuser Identität. Marcia (1989) stellte fest, dass sich der Anteil von Probanden mit diffuser Identität von früher durchschnittlich 20 auf 40 Prozent erhöht habe. Damit ist die Zahl der Jugendlichen ohne feste Wertorientierung, mit geringer Verpflichtungsneigung und geringer Stabilität stark angewachsen. Die genauere Analyse der diffusen Identität ergibt, dass man vier verschiedene Formen unterscheiden kann:

- die Entwicklungsdiffusion,
- die sorgenfreie Diffusion,
- die Störungsdiffusion und
- die kulturell adaptive Diffusion.

Die erstgenannte Form entspricht am ehesten dem ursprünglichen Diffusionsstadium, sie ist eine Übergangsform zum Moratorium oder zur erarbeiteten Identität.

Die sorgenfreie Diffusion ist unauffällig. Die Person erscheint angepasst und sozial kontaktfreudig. Die Kontakte sind jedoch oberflächlich und von kurzer Dauer. Es existieren keine verbindlichen Werte.

Die Störungsdiffusion tritt als Folge eines Traumas oder eines unbewältigten kritischen Lebensereignisses auf, wobei zugleich ein Mangel an inneren und äußeren Ressourcen besteht. Die betroffene Person ist häufig isoliert und hilft sich mit unrealistischen Größenphantasien.

Von besonderer Bedeutung dürfte die kulturell adaptive Diffusion sein, weil sie möglicherweise in den multikulturellen Gesellschaften der Zukunft zu einer regulären Form von Identität wird. Dieser Identitätsstatus bildet sich vor allem dann, wenn Unverbindlichkeit, Offenheit und Flexibilität gefordert werden. Sowohl beruflich wie privat erscheint es dann angemessen, sich nicht festzulegen, um den soziokulturellen Anforderungen besser gerecht zu werden. Wer mit festen Wertordnungen und vorgefassten Lebenszielen solchen vielfältigen und rasch wechselnden Bedingungen ausgesetzt wird, ist in diesem Umfeld unangepasst.

Traditionaler Typ. Kraus und Straus (1990) fanden eine weitere Ausdifferenzierung der kulturell adaptiven Diffusion bei ost- und westdeutschen Jugendlichen. Der traditionale Typ trat dabei am häufigsten auf, wobei vor allem Frauen mit kontinuierlicher Berufsbiographie vertreten waren. Dieser Typ kann durch den Wahlspruch „Alles normal, alles egal" gekennzeichnet werden. Man wiederholt die elterlichen Muster, aber das „Identitätserbe" ist zu einer bloßen „Identitätshülse" geworden. Diese Normalität führt zu keiner tieferen Verpflichtung und unterscheidet sich so von der übernommenen Identität. Sie hat auch eine Reduktion von Komplexität zur Folge, da man beim Gewohnten bleibt und vor Neuem und Fremdem zurückschreckt.

Surfer. Der Surfer erhielt seinen Namen von den Autoren in Anlehnung an Maffesoli (1988). Die Unklarheit von gesellschaftlichen Werten und das Erfordernis einer raschen und geschickten Anpassung wird vom Individuum durch das „wache, spielerische Dahingleiten mit ständiger Positionskorrektur" (a.a.O., S. 13) beantwortet. Die Surfer haben nach Aussagen der Autoren viele Kontakte, die kurzfristig und emotional oberflächlich sind. Ausgewählt werden Leute, die gefallen und Spaß erwarten lassen. Surfer sind erfolgreich in einer gefälligen Selbstrepräsentation und in rascher Kontaktherstellung. Ihnen fehlt das Merkmal tieferer Verpflichtung. Exploration wird nicht um der Elaborierung einer eigenen gefestigten Identität willen betrieben.

Isolierte. Als weiteren Identitätstypus fanden die Autoren den Isolierten. Er trat vor allem bei diskontinuierlicher Berufsbiographie in Verbindung mit der Konflikthaftigkeit der Herkunftsfamilie auf. Es fehlt an äußeren und inneren Ressourcen, so dass sich Rat- und Hilflosigkeit ergibt. Aber auch bei den Isolierten ist Normalität Identitätsziel, es ist jedoch viel schwerer als für andere Gruppen erreichbar.

Patchworkidentität. Das Phänomen der diffusen Identität als neuer Form einer adaptiven, wenn auch wenig wünschenswerten Persönlichkeitsorientierung wurde bereits von Elkind (1990) erkannt. Er spricht von einer Patchworkidentity, die ohne integrative Kraft zusammengesetzt ist und keinen einheitlichen Identitätskern besitzt. Personen mit Patchworkidentität können sehr erfolgreich sein, erfüllen aber nicht mehr die klassischen Kriterien einer erarbeiteten Identität. Das Patchworkselbst ist nach Elkind das Endergebnis des Wachstums durch Substitution: Werthaltungen und Gewohnheiten stehen unverbunden nebeneinander und widersprechen sich teilweise. Patchworkidentitäten sind im Arbeitsleben der modernen Gesellschaft durchaus funktional, weil man besser mit der Unvereinbarkeit verschiedener Lebensbereiche zurecht kommt (Keupp, 1997).

In der modernen Literatur sind solche Identitäten ohne stabilen Kern und ohne innere Verpflichtung häufig beschrieben worden, so etwa im absurden Theater Eugen Jonescos, bei den Identitätsproblemen der Figur des Stiller von Max Frisch und in den Dramen Becketts.

4.4 Identität zwischen Widerspruch und Stimmigkeit

Im Zentrum der Identitätsbildung steht die bewusste argumentative und nach relevanter Information suchende Persönlichkeit (s. Abschnitt 4.1). Erst die Fähigkeit zur Selbstreflexion setzt das Ringen um Identität in Gang. Die Selbstreflexion führt aber auch zur Erkenntnis von Unstimmigkeiten und Widersprüchen. Die Hauptdiskrepanz besteht zwischen dem aktuellen Zustand der Identität und der angestrebten Identität (Real-Ideal-Diskrepanz). Die Bewusstheit der Diskrepanz lässt sich als unangenehm, ja schmerzvoll beschreiben. Mit dem Emotionsaspekt von Diskrepanzerfahrungen bei der eigenen Identität befasst sich ein theoretischer Erklärungsversuch von Higgins (1987).

4.4.1 Selbstdiskrepanz-Theorie

Higgins unterstellt zunächst, dass Diskrepanzen im Selbst mit unangenehmen, spannungsvollen Emotionen einhergehen. Dabei unterscheidet er zwischen Aktual-Selbst, Ideal-Selbst und Sollen-Selbst (ought self). Das Ideal-Selbst wird wie üblich als der Zukunftsentwurf bzw. die Wunschvorstellung der eigenen Identität definiert, während das Sollen-Selbst die innere Repräsentation der Verpflichtungen und Aufgaben beinhaltet, die von Gesellschaft und Bezugsgruppen herangetragen werden. Weiterhin trennt Higgins zwischen dem Selbst und anderen als Einflussquelle. Damit kommt er zu vier Formen von Selbstdiskrepanz:

Aktual-Selbst versus Ideal-Selbst. In diesem Fall stimmt aus der Sicht des Individuums der aktuelle Stand der Selbstattribute nicht mit den Attributen überein, die man sich wünscht und zu erreichen hofft. Emotional neigt eine solche Person zu Enttäuschung und Unzufriedenheit.

Aktual-Selbst versus Aktual-Andere. Hier stimmt der in den Augen der Person aktuelle Stand der Selbstattribute nicht mit dem Bild überein, das Bezugspersonen (signifikante Andere) sich von dieser Person machen. Das Subjekt, das diese Art von Diskrepanz erfährt, erlebt Gefühle der Scham, Verlegenheit und Niedergeschlagenheit.

Aktual-Selbst versus Sollen-Andere. Der aktuelle Stand der Selbstattribute, so wie sie das Individuum wahrnimmt, stimmt nicht mit dem Sollen-Zustand überein, wie er von signifikanten Anderen gewünscht wird. Personen, die sich dieser Diskrepanz bewusst werden, fühlen Furcht und Bedrohung, weil Gefahr oder Schmerz erwartet wird.

Aktual-Selbst versus Sollen-Selbst. Hier stimmt der aktuelle Stand der Selbstattribute nicht mit den eigenen Vorstellungen über die Aufgaben und Verpflichtungen überein. Bei dieser Form der Diskrepanz ist das Individuum anfällig für Gefühle der Schuld, des Unbehagens und der Selbstverurteilung.

Empirische Überprüfung. Higgins und Mitarbeiter prüften, ob verschiedene Arten von Selbstdiskrepanz tatsächlich unterschiedliche Emotionen auslösen, indem sie jeweils ein Instrumentarium zur Erfassung der Art der Selbstdiskrepanz und der emotionalen Befindlichkeit bei Studienanfängern am College anwandten. Zum Einen zeigten sich die oben erwarteten Emotionen. Zum Anderen traten zwei Emotionscluster auf, die ebenfalls erwartungsgemäß mit zwei Hauptarten der Selbstdiskrepanz korrelierten: Das erste Cluster Enttäuschung, Unzufriedenheit zeigte sich vorwiegend bei der Diskrepanz zwischen Aktual-Selbst und eigenem Ideal-Selbst, während das Cluster Furcht, Ruhelosigkeit mit der Diskrepanz zwischen aktuellem Selbst und dem von anderen erwarteten Sollen-Selbst verknüpft war. Higgins prüfte die Zusammenhänge auch mit einem Kausalmodell des Zusammenhangs latenter Variablen (s. Kap. 38), das seine Diskrepanzannahmen ebenfalls bestätigte.

Jugendalter. Damit haben wir einen recht allgemeinen Erklärungsansatz vor uns, der freilich nicht jugendspezifisch ist. Im Jugendalter ist für selbstreflexive Personen sicherlich die Real-Ideal-Diskrepanz ein zentrales Thema. Die Real-Sollen-Diskrepanz entsteht eher als Folge des von sozialen Sollenserwartungen abweichenden Selbstentwurfes. Die Emotion der Enttäuschung und Unzufriedenheit wäre somit eine nicht-triviale dynamische Komponente des Ringens um Identität.

Der Selbstdiskrepanzansatz liefert auch Hinweise, welcher Identitätsstatus besonders betroffen ist. So lassen sich Moratorium und erarbeitete Identität durch ein hohes Maß, übernommene und diffuse Identität durch ein geringes Maß an Selbstdiskrepanz kennzeichnen. Die Dimension Krise, die für die erstgenannten Identitätsformen charakteristisch ist, definiert sich hauptsächlich durch die Erfahrung der Selbstdiskrepanz.

4.4.2 Theorie der symbolischen Selbstergänzung

Gollwitzer und Wicklund (1985) haben einen theoretischen Ansatz vorgestellt, der in ausgeweiteter Form für das Verständnis der Identitätsentwicklung bedeutsam wird (s. auch Kapitel 16). In verallgemeinerter Form postuliert die Theorie, dass ein Individuum Indikatoren für seine Selbstdefinition benutzt. Diese Indikatoren sind Symbole für das Selbst. Sie stehen gewissermaßen für die Identität, die ja auf keine andere Weise beschrieben werden kann, da das Psychische nicht greifbar ist. Solche Symbole wären für den Jugendlichen eine besondere Kleidung, Accessoires (z. B. Amulette, Sticker), eine spezifische Haartracht, spezifische verbale Ausdrücke und bestimmte Musikvorlieben (s. Abschnitt 5).

Erfährt eine Person den Verlust eines Indikators für das Selbst, so trachtet sie danach, diesen Defekt durch symbolische Selbstergänzung (Vervollständigung) auszugleichen. Die Selbstdefinition bezieht sich dabei nach Meinung der Autoren auf ein Idealbild. Es bindet das Individuum an selbstdefinierte Ziele. Um diesen Zielen gerecht zu werden, benutzt das Individuum die in der betreffenden Kultur bereitstehenden Symbole oder entwickelt eigene. Beim Jugendlichen stammen die Symbole oft nicht aus der Hauptkultur, sondern aus der Subkultur des Jugendlichen.

Ein Moment, das die Theorie hervorhebt, ist die mit der symbolischen Selbstergänzung verbundene Realitätsverzerrung. Wer sich für seine Identitätsziele entschieden hat, trachtet danach, sie als symbolische Selbstergänzung um jeden Preis zu realisieren, auch um den Preis der Realitätsverzerrung. Dies würde erklären, warum wir bei Jugendlichen den Jugendegozentrismus beobachten. Die Selbstreflexion im Jugendalter mit erhöhter Selbstaufmerksamkeit hat die Wahrnehmung der Verletzung oder Gefährdung des Selbst sowie die Setzung eines idealen Selbst zur Folge. Die Verhaltensweisen gegenüber einem fiktiven Auditorium, in dessen Mittelpunkt man sich fühlt, bewirkt die Wiederherstellung oder Bestätigung des Selbst („Ich bin doch ein toller Kerl").

Als letzte wichtige Annahme der Theorie sei auf die indikative Funktion der verwendeten Symbole verwiesen. Sie werden so gewählt, dass sie der sozialen Umwelt die Selbstdefinition vermitteln. Für den Jugendlichen heißt dies, dass er zweierlei Arten von Symbolen verwenden muss, einerseits Symbole, die seine Selbstdefinition den Gleichaltrigen vermitteln (Symbole der jugendlichen Subkultur), andererseits Symbole, die seine Selbstdefinition den Erwachsenen gegenüber darstellen (Symbole der Erwachsenenkultur). Letztere können neben erwünschten Symbolen wie gute Schulleistungen oder beruflicher Erfolg auch Drogengebrauch (Rauchen, Trinken) und verfrühtes Sexualverhalten sein.

Spezifische Bedeutung im Jugendalter. Die Theorie der symbolischen Selbstergänzung erklärt, sofern man die Wirkung der erhöhten Selbstaufmerksamkeit mit einbezieht (Wicklund, 1975), warum gerade im Jugendalter so starke Bemühungen um Identitätsformung einsetzen. Es ist die beginnende Selbstreflexion, die zugleich eine erhöhte Selbstaufmerksamkeit mit sich bringt und eine hohe Sensibilität für Defizite bzw. Verletzungen des Selbst erzeugt. Kompensatorische Bemühungen um die Vervollständigung des Selbst können dabei hohe oder geringe Realitätsnähe haben. Wenn schulische und berufliche Leistungen sowie Akzeptanz im sozialen Umfeld (Familie, Peergruppe) erreicht werden können, so dient die Selbstergänzung der angemessenen Identitätsentwicklung. Wenn andererseits solche Möglichkeiten ausfallen, so mündet die Bemühung um Selbstvervollständigung in Drogengebrauch, Kriminalität und Suche nach Anerkennung bei Extremgruppen. Versagen solche Bemühungen gänzlich, kommt es zur Selbstaufgabe, die bis zum Suizid führen kann.

4.4.3 Zwei Stufen des Identitätsverständnisses im mittleren und höheren Jugendalter

Die Selbstdiskrepanz und die Unvollständigkeit (oder Verletztheit) des Selbst gehen einher mit Widersprüchen, mit unvereinbaren Gegebenheiten. Viele Autoren betonen, dass sich Jugendliche, die sich um Identitätskonstruktion bemühen, widersprechenden und unvereinbaren Zielen und Wertvorstellungen ausgesetzt sehen (Damon, 1991; Erikson, 1968; Werff, 1990). Der Widerspruch als Motor von Persönlichkeitsentwicklung ist vor allem von Riegel (1980) herausgearbeitet worden. So scheint Widerspruch und dialektische Verarbeitung ein Wesensmerkmal von Identitätsbemühungen, zumindest im Status des Moratoriums zu sein. Andererseits wird häufig die erarbeitete Identität als wünschenswertes und auch erreichbares Ziel formuliert.

Autonome Identität. Untersuchungen zum Menschenbild, d.h. zur naiven Konzeption des Menschen durch Jugendliche und Erwachsene, belegen, dass man zwei Stufen der Identitätsbildung und damit auch generell der Konzeption des Menschen unterscheiden kann (Oerter & Oerter, 1993). Auf der Stufe der autonomen Identität wird der Mensch als Wesen bestimmt, das sich selbst und seine Möglichkeiten richtig erkennt, feste Lebensziele und Wertvorstellungen hat, denen es sich verpflichtet fühlt, und Kontrolle über sich besitzt. Identität wird hier als Einheit verstanden, in der Widersprüche durch konsequentes Handeln, das sich an festgelegten Wertmaßstäben orientiert, ein für allemal aufgehoben werden. Dilemmata und Konflikte lassen sich durch diese Geradlinigkeit vermeiden.

Mutuelle Identität. Auf einer nächsten Stufe der Identitätskonzeption, die gewöhnlich erst im frühen Erwachsenenalter auftritt, kommt es zu einer qualitativen Strukturveränderung. Nun gehört der Widerspruch wesentlich zum Menschsein.

Der Mensch ist ständig Widersprüchen ausgesetzt, wobei unvereinbare Identitäts- und Lebensentwürfe im Mittelpunkt der Auseinandersetzung stehen. Gerade weil man nicht nur das Eine, sondern auch das Gegenteil oder das mit dem ersten Entwurf Unvereinbare anstrebt, gerät man permanent in Konflikt. Solche Gegensätze sind beispielsweise das Berufs-Familien-Dilemma oder der Widerspruch zwischen verschiedenen Karrieremöglichkeiten, die man anstreben möchte, sowie der Gegensatz von Gegenwarts- und Zukunftsorientierung. Diese Sichtweisen führen zur Erkenntnis, dass der Widerspruch wesensmäßig zum Menschen gehört. Für dieses neue Verständnis gibt es einen tieferen Grund: Das Menschenbild wandelt sich von der autonomen Identität zur mutuellen (wechselseitigen) Identität. Nicht mehr das für sich selbst existierende, selbstbestimmte und kontrollierende Selbst ist das Ziel der Entwicklung, sondern eine durch die anderen mitdefinierte Identität. Nur durch aktive wechselseitige Beziehungen, durch die Hereinnahme des Denkens, Fühlens und Strebens anderer kann sich Identität entwickeln, wobei die Identität des anderen ebenfalls des Austausches bedarf. Dadurch aber, dass man Züge von wichtigen Bezugspersonen, ja deren Persönlichkeit in sich aufnehmen will, kommt es zum inneren Widerspruch.

Sozialtheorie der beiden Stufen. Mit der Kennzeichnung beider Stufen des Identitätsverständnisses ergeben sich auch Schlussfolgerungen für die Sozialbeziehungen. In der Tat verändert sich die Sozialtheorie der Probanden. Auf der Stufe der autonomen Identität wird der andere ebenfalls als unabhängig, einmalig und selbstverantwortlich konstruiert. Man respektiert dieses Anderssein und diese Autonomie und vermeidet daher Einmischung, Verwischen von Grenzen sowie Beeinflussungsversuche. Diese Ebene der Sozialtheorie erlaubt den Aufbau von Toleranz und bildet eine entscheidende Grundlage für das Identitätsverständnis in einer demokratischen Gesellschaft. Dieser Haltung liegt die Fähigkeit zu relativistischem Denken zugrunde: Man erkennt, dass es verschiedene Wahrheiten gibt und nicht eine Wahrheit Anspruch auf alleinige Gültigkeit haben kann (s. Oerter, 1990; Perry, 1970). Aber auf dieser Ebene können Konflikte nicht durch eine Synthese von widersprüchlichen Meinungen gelöst werden.

Dies wird jedoch möglich auf der Stufe der mutuellen Identität. Die Menschen werden aufeinander bezogen konzipiert. Sie hängen voneinander ab, indem sie wechselseitig aneinander teilhaben. Bestehende Widersprüche und Unvereinbarkeiten werden nun aufgearbeitet, wobei das dialektische Denken benötigt wird. Der Mensch erkennt solche Widersprüche, elaboriert und präzisiert sie und versucht, sie zu Lösungen zu führen, in denen solche Widersprüche aufgehoben werden.

Bar-Yam und Bar-Yam (1987) haben ein Manual zur Auswertung des Verständnisses sozialer Interaktion entwickelt, das auch die beiden genannten Ebenen abbildet. Der oben gekennzeichneten Sozialtheorie auf der Stufe der autonomen Identität entspricht bei Bar-Yam die Stufe 3 (Zugehörigkeit vs. Entfremdung), der Sozialtheorie auf der Stufe der mutuellen Identität entsprechen die Stufen 4 (Intimität vs. Isolation) und 5 (Interdependenz vs. interpersonale Einengung, Verarmung).

Gesellschaftliche Identität. Meist dem Erwachsenenalter vorbehalten bleibt eine dritte Stufe der Identitätskonzeption, die das Individuum als Träger der Gesellschaft und als von der Gesellschaft und Kultur bestimmtes Wesen ansieht. Das Individuum erkennt die Austauschbarkeit von Mitgliedern einer Gesellschaft und die Funktionalität des Individuums als Element eines großen Systems, dessen Wirkungsweise nicht durchschaubar und nicht direkt beeinflussbar ist. Die selbsterlebte und bewusst konzipierte Einmaligkeit der Identität steht in Widerspruch zu der gesellschaftlichen Anonymität und Funktionalität des Individuums, ein Widerspruch, der oft schmerzhaft erfahren wird und zu Protest sowie zum Wunsch nach gesellschaftlicher Veränderung führt.

4.5 Suizid im Jugendalter

4.5.1 Einige Fakten zum Suizidverhalten

Obwohl Identitätskrisen bei ca. 80 Prozent der Jugendlichen wenig ausgeprägt sind und obwohl auch bei der Restgruppe im Regelfall keine existenzbedrohende Krise auftritt, sondern allenfalls Fehlanpassungen zu verzeichnen sind, gibt es in jeder Jugendkohorte erneut Suizid und Suizidversuche.

Suizid ist bei deutschen Jugendlichen die zweithäufigste Todesursache. In den Jahren 1981–1984 wurden insgesamt 5.797 junge Menschen im Alter von 5 bis 24 Jahren registriert, die Suizid begangen haben (Swientek, 1989) und im Jahre 2000 begingen ca. 1.500 Menschen zwischen 5 und 25 Suizid. Das Verhältnis von männlichen und weiblichen Personen liegt beim Suizid bei 3:2, beim Suizidversuch bei 1,5:3. Dass Frauen und Mädchen häufiger Suizidversuche begehen und Männer und Jungen häufiger den Suizid vollziehen, gilt auch für andere europäische Länder und für die USA (Diekstra, 1982). Dort allerdings ist das Geschlechterverhältnis beim Suizid 1:3 und beim Suizidversuch 3:1. Ca 80 Prozent (nach Pohlmeier, 1986 sogar 90 Prozent) aller suizidalen Akte werden vorher angekündigt und etwa 25 Prozent der Suizidenten wiederholen ihren Selbsttötungsversuch innerhalb von zwei Jahren (Swientek, 1989).

Während bei den deutschen Jugendlichen Suizid am häufigsten durch Einnahme von Medikamenten und Erhängen versucht oder vollzogen wird, sind in den USA die häufigsten Verfahren Erschießen und Erhängen (Weiner, 1980). Epidemiologische Untersuchungen in EU-Ländern erbrachten, dass die meisten Suizidversuche im Alter zwischen 15 und 35 Jahren unternommen werden, dann abnehmen, um im Alter wieder anzusteigen (Diekstra, 1982).

Motive. Die wichtigsten Motive für Suizidversuche sind nach Angaben der Jugendlichen selbst soziale Konflikte, allen voran Konflikte mit den Eltern, wobei 51 Prozent der suizidalen Jugendlichen die Beziehungen in der Familie als disharmonisch, gespannt oder feindselig (Sperling, 1980) kennzeichnen. Liebeskummer und Partnerprobleme sind die zweithäufigste Ursache für suizidale Akte (Carls, 1986). 10 Prozent der Jugendlichen geben allerdings auch an, mit ihrem Selbsttötungsversuch beachtet werden zu wollen.

Maskierter Suizid. Es gibt vermutlich eine nicht unbeträchtliche Anzahl an Todesfällen, die als maskierter Suizid anzusehen sind. Hierher gehören Verkehrstote, die ja unter den Spätadoleszenten bzw. jungen Erwachsenen überproportional häufig sind, und Drogentote, die sich den goldenen Schuss verpassen. An den Folgen des Drogenmissbrauchs starben 1992 in der Bundesrepublik Deutschland 2.099, im folgenden Jahr 1.738 Menschen (Bundesministerium des Innern, 1994).

4.5.2 Entwicklungsstadien der Suizidhandlung

Pöldinger (1968) beschreibt die suizidale Entwicklung in drei Stadien: Erwägung – Abwägung – Entschluss.

Stadium 1: Erwägung. Im ersten Stadium wird aufgrund psychodynamischer Faktoren wie soziale Isolierung, Stress, Identitätsverletzung und Aggressionshemmung ein Suizid in Erwägung gezogen. Die Option der Selbsttötung wird stark von Modellen aus der Umwelt beeinflusst, wie Suizide in der Familie oder bei Bekannten sowie Modellen aus den Massenmedien. Modelle werden nicht einfach nachgeahmt, sie bilden jedoch Brennpunkte für Wissen über die Möglichkeit des Suizids einschließlich der zu verwendenden Mittel. Suizidale Erwägung dürften daher recht häufig sein. Sie müssen allerdings nicht zu den nächsten Stadien führen.

Stadium 2: Abwägung. Dieses Stadium ist durch starke Ambivalenz zwischen konstruktiven und destruktiven Tendenzen gekennzeichnet. Der Suizidale schwankt zwischen Leben- und Sterbenwollen (Hadinger et al., 1990, S. 51). Diese Unschlüssigkeit ist der Hauptgrund für die

Ankündigung von Suizidabsichten, die leider kaum ernst genommen werden. Die Ankündigung ist als Hilferuf und Versuch der Kontaktaufnahme zu sehen (Pohlmeier, 1986). Am Ende des Stadiums des Abwägens steht eine Fazit-Tendenz, die analog zu anderen Willenshandlungen den Entschluss vorbereitet. Sie geht entweder in Richtung Suizidtendenz oder in Richtung der Aufgabe dieses Vorhabens.

Stadium 3: Entschluss. Schließlich fällt die Entscheidung, der Rubikon ist überschritten, es kommt zum Entschluss (Heckhausen, 1987). Es werden Vorbereitungen getroffen, die aber geheimgehalten werden, so dass der Betroffene ruhig erscheint (Pöldinger, 1968). Diese Vorbereitungen entsprechen den Aktivitäten beim Vorsatz (Gollwitzer, 1987). Es werden die nötigen Mittel geplant, der Entschluss bindet die Person an die Intention der Selbsttötung.

4.5.3 Suizidales Verhalten als Identitätsproblem

Die bisher dargestellten Befunde lassen noch nicht erkennen, inwieweit suizidale Tendenz mit der Identität und dem Selbstkonzept zusammenhängen. Als übergreifende theoretische Erklärung eignet sich jedoch das Postulat, dass Selbsttötungstendenzen aus einer Identitätsstörung resultieren. Dabei kann man von der Diskrepanztheorie (Higgins 1987, s.o.) ausgehen. Der Widerspruch zwischen selbstgesetzten Standards und dem aktuellen Status ist so gravierend, dass der Akteur sukzessive zum Suizidentschluss geführt wird. Diese Annahme lässt sich auch mit der Theorie der symbolischen Selbstergänzung (Gollwitzer & Wicklund, 1985) plausibel erklären. Der Verlust von Indikatoren für ein stabiles Selbst ist so groß, dass er aus der Sicht der Betroffenen nicht ausgeglichen werden kann.

Suizidtheorie. Baumeister (1990) bietet eine Suizidtheorie an, die diese Überlegungen in Form von sechs Schritten präzisiert. Er erklärt Suizid als Flucht vor dem Selbst, weshalb der Weg zum Suizidversuch auch als Auseinandersetzung mit sich selbst beschrieben werden kann, die zu einem unerträglichen Resultat führt. Sie kann nur noch durch Suizid als Flucht aus dieser Situation beendet werden. Alle sechs Schritte müssen durchlaufen werden, bevor es zum suizidalen Handeln kommt, wobei der jeweils nächste Schritt erst einsetzt, wenn der vorausgegangene erreicht wurde.

Der erste Schritt besteht in der Wahrnehmung einer gravierenden Distanz zwischen Real- und Ideal-Selbst. Baumeister belegt diese Behauptung einerseits durch Ergebnisse aus dem Kulturvergleich, andererseits durch die Erhöhung der Suizidrate in ökonomisch positiven Zeiten und bei Erhöhung der individuellen Freiheitsgrade.

Die wahrgenommene Diskrepanz führt zum zweiten Schritt, der Selbstattribuierung. Nur wenn das Individuum sich selbst die Schuld für den unbefriedigenden Identitätszustand zuschreibt, wird es suizidgefährdet.

Ein dritter Schritt führt zu erhöhter Selbstaufmerksamkeit. Wiederum ist dieser Schritt nach Baumeister Voraussetzung für die Intention zum Suizid.

Als Folge der ersten drei Schritte postuliert Baumeister als vierten Schritt das Aufkommen starker negativer Affekte, vor allem Angst und Depression. Für diese Annahme kann der Autor allerdings noch nicht auf hinreichende empirische Belege verweisen.

Ein fünfter Schritt ist nur für den Identitätsbezug von Suizidabsichten zentral: Die kognitive Destruktion des Selbst. Baumeister nimmt an, dass sich das Individuum von den negativen Affekten befreien will, indem es eine rationale Auseinandersetzung, die erst recht unangenehm ist, vermeidet.

Der sechste Schritt zum Suizid beschreibt die Folgen der Selbstdestruktion. Sie werden von Baumeister als Enthemmung gekennzeichnet, die zu einer erhöhten Selbsttötungsbereitschaft führt und den starken Wunsch auslöst, den gegenwärtigen Problemen und deren verheerender Wirkung auf das Selbst zu entfliehen.

5 Der Jugendliche im Spannungsfeld verschiedener Umwelten

Bis jetzt haben wir Identitätsentwicklung als etwas beschrieben, das das Subjekt für sich bewerkstelligt bzw. mit sich allein ausmacht. Diese Sichtweise ist einseitig und wurde bereits in Kapitel 3 durch die Einführung der ökologischen Perspektive erweitert. Man kann den Menschen – und damit auch die Identität – nicht ohne die Beziehung zur Umwelt, d.h. zu Personen und Gegenständen hinreichend beschreiben. Identität ist also immer Identität im Kontext. Dieser Kontext ist die Entwicklungsnische, die die Kultur bereitstellt, und der Lebensraum, der aus physikalischen Komponenten und Deutungselementen besteht.

Marginalisierung. Entwicklungsnische bzw. Lebensraum des Jugendlichen sind deutlich von denen des Kindes und des Erwachsenen unterschieden. Nach Kurt Lewin (1963) entsteht der zentrale Konflikt des Jugendalters aus der Stellung des Jugendlichen zwischen Kindheit und dem Erwachsenendasein. Diese Zwischenstellung macht ihn – ähnlich den Angehörigen von Minderheitsgruppen – zur Marginalperson. Die Zwischenstellung, die zugleich Grenz- bzw. Randstellung ist, empfängt von zwei Seiten zusätzliche Belastungen und Unsicherheit.

- Der Wechsel vom Kindes- zum Erwachsenenalter bringt den Übertritt in einen noch unbekannten Lebensbereich, der für den Jugendlichen wenig strukturiert und gegenüber dem bisherigen Erfahrungsraum viel stärker ausgeweitet ist.
- Die dramatischen Veränderungen am eigenen Körper mit neuen körperlichen Erfahrungen bringen Verwirrung, zumal die Umwelt ebenfalls auf diese körperlichen Veränderungen reagiert.

Der Konflikt des Jugendlichen als Marginalperson hängt in seinem Ausmaß davon ab,

- wie groß die Kluft zwischen Erwachsenenkultur und Kindheit ist und
- wie ausgeprägt sich der Jugendliche selbst in dieser Zwischenstellung als Marginalperson wahrnimmt.

Die Wahrnehmung der Grenzposition ist bei Jugendlichen in unserer Gesellschaft unterschiedlich. Die berufstätige Jugend nimmt diese Kluft vermutlich weniger wahr als Schüler und Studenten oder arbeitslose Jugendliche.

In letzter Konsequenz führt die Marginalisierung zur Entfremdung von der umgebenden Gesellschaft und zur Wahl alternativer Lebensformen. Unter ökologischer Perspektive ist die Position des Menschen in seiner Umwelt durch ein vielfältiges Geflecht von Bindungen an die Umwelt gekennzeichnet. Im Normalfall fühlen sich Jugendliche daher in ihrer Umwelt heimisch, weil sie positive Gefühlsbindungen zu ihrer Umgebung aufgebaut haben, so etwa in Familie, Schule oder Freizeit. Im Folgenden werden wir zwei Umweltbereiche oder „Lebensregionen“ wie sie Lewin bezeichnet hat, näher beschreiben: Familie und Peergruppe. Zu zwei weiteren Bereichen, nämlich Schule und Beruf siehe Kap. 16 und 24 in diesem Band.

Die Familie übt zeitlebens einen Einfluss auf die Entwicklung aus, doch muss sie im Jugendalter diesen Einfluss mit der Schule und der Peergruppe teilen. Die Peergruppe löst die Familie in manchen Sozialisationsaufgaben ab, und die Schule bereitet den Übergang zur verantwortlichen Teilhabe an der Erwachsenengesellschaft vor. Schließlich kommt der Zeitpunkt, da der Jugendliche ins Berufsleben eintritt, vorausgesetzt es handelt sich um eine normale angepasste Entwicklung. Einerseits gibt es also eine Akzentverschiebung von Familie zu Peergruppe bis hin zum Beruf, andererseits lebt der Jugendliche in diesen Umweltbereichen auch gleichzeitig. Die Wechselwirkung zwischen diesen Bereichen bzw. Systemen wird seit Bronfenbrenner (1979) als Mesosystem bezeichnet. Auch dieses Mesosystem Familie – Peergruppe wird uns in einem späteren Abschnitt noch beschäftigen.

5.1 Die Familie als Umwelt

Irrtümlicherweise wird häufig angenommen, dass die Familie im Jugendalter keine große Rolle mehr spielt. Untersuchungen belegen jedoch die große Bedeutung der Familie für die Entwicklung des Jugendlichen.

5.1.1 Die Transformation familiärer Beziehungen im Jugendalter

Eine wichtige Aufgabe des Erwachsenwerdens besteht in der Lösung von der Ursprungsfamilie und im Aufbau eines eigenständigen Lebens. Eltern können angesichts dieser Situation, die einen Wandel der Beziehung zum Jugendlichen unausweichlich macht, verschieden reagieren. Stierlin (1980) unterscheidet drei Beziehungsmodi: Einen Bindungsmodus, der die Kinder festzuhalten versucht, einen Delegationsmodus, bei dem die Jugendlichen zugleich festgehalten und ausgesandt werden („lange Leine der Loyalität") und einen Ausstoßungsmodus, bei dem die zentrifugalen Kräfte dominieren und das Kind vernachlässigt oder ausgestoßen wird. Dreher und Dreher (2002) untersuchten die Veränderung von Beziehungen in der Ablösungsphase und baten junge Erwachsene, die Interaktion mit ihren Eltern und deren emotionale Reaktion retrospektiv zu charakterisieren. Drei Ablösungsmodi konnten differenziert werden:

(1) Distanzierung ohne Erlaubnis mit zunehmender gegenseitiger Entfremdung,
(2) konfliktvermeidender Regulationsmodus mit instrumenteller Harmonisierung (tun, was nicht verboten ist) und
(3) Distanzierung mit Erlaubnis, die durch wachsendes gegenseitiges Vertrauen gekennzeichnet ist.

Umgang mit Dissens. In der großen Konstanzer Längsschnittuntersuchung und in den nachfolgenden Schweizer Replikationsstudien legt Fend auch eine Fülle von Befunden zum Wandel der Eltern-Kind-Beziehungen vor (Fend, 1998), die das obige Bild ergänzen und noch wesentlich differenzierter erscheinen lassen. Dissens zwischen Eltern und Kind an sich ist etwas Normales und muss die Beziehungen nicht nachhaltig belasten. Es kommt darauf an, wie unterschiedliche Sichtweisen ausgehandelt werden und wie man sich gegenseitig wahrnimmt. Wenn allerdings das Konfliktniveau hoch ist und viel gestritten wird, sind die regulierenden Prozesse so beeinträchtigt, dass die Ablösung nicht gut glückt.

Allgemein fand sich zunächst die doch bedenkenswerte Verschlechterung des Wohlbefindens im Elternhaus bei beiden Geschlechtern zwischen zwölf und sechzehn Jahren. Die Anzahl der Dissenspunkte sank mit sechzehn Jahren deutlich ab, wobei für Jungen der Höhepunkt bereits bei 13 Jahren lag, während er bei Mädchen erst mit fünfzehn Jahren erreicht wurde. Für die Dreizehnjährigen lagen Wahl beim Anziehen und Einkaufen an der Spitze der Nennungen, bei den Sechzehnjährigen politische Meinungsverschiedenheiten und das Aushandeln der Rückkehr am Abend.

Problematisch werden nach den Befunden von Fend die Eltern-Kind-Beziehungen besonders dann, wenn beide Seiten eine unterschiedliche Einschätzung und Erkenntnis der Situation im Elternhaus haben. So haben Eltern mit schwierigen Beziehungen Sorgen und wenig Vertrauen in ihre Kinder, erfahren Kontrollverlust über ihr Kind und meinen, dass es sich vor ihnen verschließt. Dabei ist die Real-Ideal-Diskrepanz, also das Auseinanderfallen zwischen Wunschbild für das eigene Kind und der Wirklichkeit besonders groß, was zur Entfremdung und emotionalen Distanzierung führt. Gleichzeitig erleben die Kinder in solchen Beziehungen, dass ihre Eltern wenig präsent und interessiert sind, dass keine gute Kommunikation zustande kommt und somit auch kein wechselseitiges Vertrauen besteht. Die Jugendlichen fühlen sich in diesem Falle nicht akzeptiert.

Drei Familienbeziehungs-Typen. Fend (2000) hebt vor allem drei Gruppen von Familien hervor. Die erste Gruppe (ca. 25 Prozent) berichtet im Zeitraum von der siebten zur neunten Klasse von zunehmenden Schwierigkeiten. Die Eltern hatten zuvor viel gemeinsam mit ihren Kindern unternommen und mehrheitlich einen hohen Bildungsanspruch. Die Kinder berichten über ein Anwachsen der Meinungsverschiedenheiten und über eine Verschlechterung der Beziehungsqualität. Sie zeigen allerdings auch eine Verringerung der Leistungsbereitschaft. Die Eltern erwiesen sich als wenig flexibel, versuchten es mit Strenge und Druck und fürchteten, ihre Autorität zu verlieren.

Eine zweite Gruppe (ca. 30 Prozent) erlebte im frühen Jugendalter (siebte Klasse) die meisten Probleme und hatte sie im mittleren Jugendalter (neunte Klasse) bereits überwunden. In solchen Familien fühlten sich die Jugendlichen zunehmend freier und akzeptierter. Die Eltern hatten sich an das wachsende Selbständigkeitsbedürfnis ihrer Kinder angepasst, kümmerten sich aber auch weniger um sie.

Die dritte Gruppe der Eltern berichten übereinstimmend mit dem Urteil ihrer Kinder konstant positiv über ihre Kinder. Sie haben einen tolerierenden, wenig punitiven (bestrafenden) Erziehungsstil und verstehen sich mit ihrem Kind über den gesamten Beobachtungszeitraum gut. Die Jugendlichen in diesen Familien sind selbstbewusst, haben wenig Dissens mit ihren Eltern, sind leistungsbereit und fühlen sich akzeptiert.

Man muss sich allerdings vor Augen halten, dass beide Seiten zu einem geglückten Verhältnis beim Übergang ins Erwachsenenalter beitragen. Wenn Leistungsversagen und Drogengebrauch vorliegen, werden Eltern verständlicherweise mit Sorge reagieren und den Druck schon aus dem Gefühl der Hilflosigkeit heraus verstärken. Hier ist es wichtig, die Familie als sich wandelndes System zu sehen, das mehr oder weniger adaptiv ist (s. Kap. 4).

Fend (1998) nennt wichtige Indikatoren gelingender Anpassung der Eltern-Kind-Interaktion, die wir in folgende Punkte zusammenfassen:

- Bewahrung gegenseitiger Freude aneinander durch Fehlen von Dauerkonflikten und Aufrechterhaltung konfliktfreier Zonen,
- Fairness und Gerechtigkeit durch Aushandeln von Regelungen, Vermeidung von Willkür,
- gemeinsame bildungsintensive Freizeitaktivität in der Frühphase der Adoleszenz,
- wenig punitiver und stärker argumentationsorientierter Erziehungsstil,
- Vermeidung von Überbehütung, aber Aufrechterhaltung unterstützender Maßnahmen,
- Schaffung von Zwischenbereichen der Unabhängigkeit,
- Konstruktion eines realistischen Bildes vom eigenen Kind, bei dem einerseits Wunsch und Wirklichkeit nicht zu sehr auseinander klaffen und andererseits Übereinstimmung zwischen dem elterlichen Bild vom Jugendlichen und seinem eigenen Bild von sich selbst besteht.

5.1.2 Emotionale Distanzierung und Belastungsdämpfung durch Bindung

Die affektive Qualität der Familienbeziehungen ändert sich sobald die Jugendlichen in die Pubertät eintreten. Steinberg (1989) benutzte die Hypothese der emotionalen Distanzierung, um die Familiendynamik dieser affektiven Veränderung zu beschreiben und zu erklären. Die Hypothese behauptet, dass der Höhepunkt des pubertären Wachstumsschubs mit einer Zunahme emotionaler Distanz zwischen Jugendlichen und ihren Eltern einhergeht.

Das würde heißen, dass Jugendliche während der körperlichen Reifung eine Verringerung der Bindung (attachment) zu ihren Eltern erfahren. Die Bindungen lockern sich und die emotionale Ausdrucksfähigkeit in der Familie verringert sich gemäß dieser Hypothese. Dies führt zu einer Erhöhung von Gefühlen sozialer Angst und von Depression. Bisherige Untersuchungen bestätigen diese Hypothese (Papini & Sebby, 1987; Steinberg, 1988, 1989).

Andererseits sagt die Attachmenttheorie voraus, dass das Bindungsverhalten besonders bei Stress und Angst aktiviert wird. Wenn Jugendliche unter Stressbedingungen also Zuflucht im Bindungsverhalten suchen können, so wirkt dies dämpfend auf ihre Ängste. Diese Dämpfungshypothese (buffering hypothesis) wurde von Armsden und Greenberg (1987) entwickelt. Sie besagt, dass die Qualität der Bindungsbeziehungen zu den Eltern einen Puffer für Stress und Angst bildet, die in Übergangsperioden auftritt. Vor allem während der Zeit körperlicher Reifung kann die Qualität der Bindung die Jugendlichen vor Gefühlen der Depression und sozialen Angst schützen.

Befunde. Papini et al. (1991) haben in einer Untersuchung beide Hypothesen aufeinander bezogen.

Sie erfassten bei den Jugendlichen die Einschätzung der Bindung zu Vater und Mutter, ihre Neigung zur Depression, die soziale Angst, den Zusammenhalt in der Familie und die Expressivität (das Ausmaß, in dem Jugendliche ihre Gedanken und Gefühle frei in der Familie äußern können). Die Hypothese der emotionalen Distanzierung konnte dabei nur teilweise bestätigt werden. Während die Jungen hier eine geringfügige Zunahme der Bindung an die Mutter in der pubertären Phase wahrnahmen, äußerten die Mädchen eine geringere Bindung zur Mutter. Die Bindung an die Väter verringerte sich bei den pubertären Jugendlichen signifikant. Jedoch war dieses Absinken bei den Jungen wesentlich stärker ausgeprägt als bei den Mädchen.

Deutlicher konnte die Dämpfungshypothese (buffering hypothesis) bestätigt werden. Jugendliche, die eine stärkere Bindung an die Eltern zum Ausdruck brachten, waren weniger depressiv und weniger sozial ängstlich und schätzten die Möglichkeit, sich frei in der Familie darzustellen (expressiveness), und den Zusammenhalt in der Familie positiv ein. Allerdings beeinflusste die pubertäre Reife den Zusammenhang zwischen Bindung und emotionaler Stabilität nicht. Damit zeigt sich, dass sich die beiden Hypothesen nicht direkt in Beziehung bringen lassen: Der Zusammenhang Pubertät – Hang zu Depression durch emotionale Distanzierung – und Variation durch unterschiedlich starke Bindung (Dämpfungshypothese) scheint nicht zu bestehen.

Auch andere Untersuchungen zeigen einen Zusammenhang zwischen engen, sicheren und warmen Beziehungen zu den Eltern auf der einen und der Selbsteinschätzung und dem emotionalen Wohlbefinden der Jugendlichen auf der anderen Seite (Armsden & Greenberg, 1987; Greenberg et al., 1984). Zumindest für das frühe Jugendalter gilt, dass die Bindung an die Eltern nach wie vor wichtig für eine gedeihliche Entwicklung ist.

5.1.3 Exosystem Beruf: Berufstätigkeit der Mutter

Die Berufstätigkeit der Mutter ist in den letzten Jahrzehnten dramatisch angestiegen. In den USA arbeiteten im Jahr 1988 bereits 60 Prozent aller erwachsenen Frauen und 72 Prozent aller Frauen im Alter zwischen 25 und 54 (Green & Epstein, 1988). In Westdeutschland liegen die Zahlen etwas niedriger, während in den neuen Bundesländern vor 1990 nahezu 100 Prozent der Frauen berufstätig waren. Da Mütter gerade dann, wenn ihre Kinder im Jugendalter sind, verstärkt wieder ins Berufsleben eintreten, ist die Frage von besonderem Interesse, wie und ob sich berufliche Belastung beider Elternteile auf die Entwicklung im Jugendalter auswirkt. Dies ist zugleich ein Beispiel für den Einfluss eines Exosystems auf die Entwicklung (s. Kapitel 3).

Zwei alternative Hypothesen. Über den Wirkungszusammenhang des Exosystems mit der Entwicklung im Jugendalter lassen sich zwei alternative Hypothesen formulieren:

(1) Die Berufstätigkeit der Frau erhöht den Stress in der Familie (s. Familienstressmodell in Kapitel 4), da die Mutter eine Doppelbelastung erfährt; die Kinder bzw. Jugendlichen erhalten weniger Zuwendung, stehen weniger unter Aufsicht und sind daher stärker gefährdet.

(2) Die Berufstätigkeit der Frau erhöht wegen der statussteigernden und emanzipatorischen Wirkung das Wohlbefinden der Mutter, was sich positiv auf die Familie auswirkt.

Für beide Hypothesen gilt die Annahme des spillover. Damit ist das Überfließen der Befindlichkeit der Mutter auf die Befindlichkeit der Kinder gemeint. Die erste Hypothese wurde von Piotrkowski (1979) sowie Bronfenbrenner und Crouter (1982) vertreten, während die zweite Hypothese zumindest für die frühe Adoleszenz in einer Reihe von Untersuchungen bestätigt wird (Überblick s. Orthner 1990).

Als Hauptergebnis dieser Untersuchungen kann festgehalten werden, dass für die frühe Adoleszenz kein negativer Einfluss von der Berufstätigkeit der Mutter auf die Kinder ausgeht.

UNTER DER LUPE

Galambos und Maggs (1990) fanden in einer Längsschnittstudie über sechs Monate keine Beziehung zwischen dem von der Mutter berichteten Stress im Beruf und den Anpassungsleistungen der Jugendlichen. Bird und Kemerait (1990) fanden keinen Zusammenhang zwischen Merkmalen der elterlichen Arbeit und dem emotionalen Stress in der Familie, bei den Peers oder bezüglich der Schülerrolle. Die mütterliche Tätigkeit wirkte sich auch nicht negativ oder positiv auf die Schulleistungen in der frühen Adoleszenz aus (Arminstead et al., 1990). Der im Beruf erfahrene Stress hatte auch keinen Einfluss auf die Qualität der Beziehungen zu den Kindern in der frühen Adoleszenz. Vielmehr war es eher der globale Stress der Familie und weniger der Arbeitsstress, der Einfluss auf Wohlbefinden und auf die Beziehungen in der Familie nahm (Galambos & Maggs, 1990). Selbst auf die Vater-Kind-Beziehung wirkt sich nach Crouter und Crowley (1990) die mütterliche Berufstätigkeit nicht aus. Die mütterliche Berufstätigkeit scheint auch die Kontrolle in der Familie nicht zu beeinträchtigen, denn die Kinder zeigten keine größere sexuelle Permissivität und Aktivität (Thornton & Camburn, 1987).

Man hat noch geprüft, ob die Einstellungen der Mütter und ihr Wohlbefinden die eigentlichen Bedingungen sind, die hinter diesen Befunden liegen. Während zwei Untersuchungen einen positiven Zusammenhang zwischen der Berufszufriedenheit und der emotionalen Anpassung der Mutter auf der einen und dem Wohlbefinden der Jugendlichen auf der anderen Seite berichten (Gold & Andres, 1978; Lerner & Galambos, 1988), fanden zwei weitere Studien keinen signifikanten Zusammenhang (Arminstead et al., 1990; Joebgen & Richards, 1990). Paulson et al. (1990) berichteten, dass Mütter, die mit ihrem beruflichen Status zufriedener waren, sich auch ihren Kindern näher fühlten. Die Jugendlichen selbst zeigten jedoch zur Vergleichsgruppe keine Unterschiede in ihrer Einschätzung der elterlichen Nähe.

Erklärungen der positiven Wirkung. Die Beschäftigung beider Elternteile hat also im Normalfall offenbar keinen negativen Einfluss auf die Entwicklung in der frühen Adoleszenz. Man kann daher davon ausgehen, dass dieses positive Ergebnis auch für die mittlere und erst recht für die spätere Adoleszenz gilt. Baruch et al. (1987) nehmen an, dass die familiäre Rolle möglicherweise stressvoller als die bezahlte Berufsrolle ist und dass Mütter, die ausschließlich für die Familie da sind, stärker frustriert sein mögen. Man muss allerdings festhalten, dass sich umgekehrt Familien, in denen die Mütter nicht berufstätig sind, auch nicht negativ von den Familien mit berufstätigen Müttern hinsichtlich der Auswirkungen auf die Jugendlichen unterscheiden, was man bei einer solchen Annahme erwarten müsste. Immerhin lässt sich vermuten, dass die Entwicklungsaufgaben der Ablösung vom Elternhaus und der Gewinnung von Autonomie leichter bewältigt werden können, wenn die Gefahr einer Überbehütung und Überkontrolle durch die permanente Anwesenheit der Mutter nicht gegeben ist. Außerdem wirkt die Berufstätigkeit der Eltern auch als Modell, denn die mütterliche Berufstätigkeit beeinflusst die Töchter stärker positiv als die

Söhne (Montemayor & Clayton, 1983). Analog profitieren männliche Jugendliche mehr als weibliche sowohl für die Schulleistung als auch emotional, wenn sie sich mit der Arbeit ihrer Väter identifizieren als mit der ihrer Mütter (Arminstead et al., 1990).

5.2 Die Gleichaltrigen

5.2.1 Die Funktion der Peergruppe

Die Gruppe der Gleichaltrigen und Gleichgesinnten, die so genannte Peergruppe, nimmt im Jugendalter eine wichtige Funktion ein. Die Gleichaltrigen gewährleisten besser als Erwachsene die Verwirklichung von Gleichheit und Souveränität. Gleichheit verlangt Akzeptanz von Unterschieden zwischen den Gruppenmitgliedern und allgemeine Gerechtigkeit. Souveränität wird in der Peergruppe als Möglichkeit zur Selbstdarstellung und als Verwirklichung von Zielen, die zugleich Ziele der Gruppe sind, erfahrbar.

Durch diese beiden Merkmale, die in der Bedeutung von Peer stecken, wird der Schritt hin zur Autonomie erleichtert, ohne dass dabei die Sozialbeziehungen aufgegeben werden müssten. So bewältigt die Peergruppe das Kunststück, Unabhängigkeit (independence) und wechselseitige Abhängigkeit (interdependence) zu integrieren. Es nimmt daher nicht wunder, dass eine Reihe von Autoren der Peergruppe wichtige Entwicklungsfunktionen im Jugendalter zugesprochen haben (Ausubel, 1968; Coleman, 1961; Eisenstadt, 1966; Erikson, 1968):

- Sie kann zur Orientierung und Stabilisierung beitragen und emotionale Geborgenheit gewähren. Insbesondere hilft sie das Gefühl der Einsamkeit überwinden, das viele Jugendliche aufgrund der einsetzenden Selbstreflexion und der Erkenntnis der Einmaligkeit entwickeln.
- Sie bietet sozialen Freiraum für die Erprobung neuer Möglichkeiten im Sozialverhalten und lässt Formen von sozialen Aktivitäten zu, die außerhalb der Gruppe zu riskant wären.
- Sie hat eine wichtige Funktion in der Ablösung von den Eltern und bietet Unterstützung durch die normierende Wirkung einer Mehrheit (z.B. beim abendlichen Ausgang: „Die anderen dürfen auch so lange wegbleiben.“)
- Sie kann zur Identitätsfindung beitragen, indem sie Identifikationsmöglichkeiten, Lebensstile und Bestätigung der Selbstdarstellungen bietet.

Der Jugendegozentrismus kann sich in der Peergruppe ebenfalls ausleben: Jeder hat die Möglichkeit, die anderen als Publikum anzusehen und sich selbst zum Mittelpunkt zu machen. So lassen sich manche überzogenen Aktionen in der Peergruppe, wie Großsprecherei, exaltierte Bewegungen, lautes Sprechen und Schreien besser verstehen.

5.2.2 Peergruppe und Subkultur

Es ist verkürzt, die Funktion der Peergruppe nur an der individuellen Entwicklung des einzelnen Jugendlichen festzumachen. Viele Autoren vermuten, dass sich die Peergruppe in der Jugend herausbildet, weil sie als Träger der Sozialisation eine bestimmte gesellschaftliche Funktion einnimmt. Eisenstadt (1966) meint, dass die Peergruppe und die durch sie getragene Subkultur (Jugendkultur) die gesellschaftlichen Konflikte und Defizite zum Ausdruck bringt, also eine von der Gesellschaft produzierte Einrichtung sei. Wenn etwa neue Musikgattungen, neue Sprachelemente (Jugendsprache), neue Kleidung, also insgesamt ein neuer Lebensstil kreiert werden, so sei dies zugleich als Reaktion auf die Einseitigkeiten des Hauptstromes der Kultur zu verstehen, der man etwas Neues und anderes, das die unterdrückten Lebensbedürfnisse artikuliert, entgegensetzt.

Eine weitere Erklärung für das Entstehen der Subkultur und der Gruppierung von Jugendlichen lässt sich aus der Marginalposition des Jugendlichen herleiten. Infolge der raschen technischen ökonomischen Entwicklung und des damit verbundenen Wissenszuwachses vermag die ältere Generation der nachwachsenden nicht mehr hinreichend Rückhalt mit ihrem Wertesystem zu geben. Die Peergruppe etabliert sich als Stützsystem und übernimmt die Hauptfunktion der Sozialisation (Coleman, 1961). Diese Auffassung ist heute eindeutig widerlegt, wie wir später noch zu zeigen haben. Dennoch bleibt das Phänomen der Existenz von Subkulturen bestehen, die vor allen Dingen in den letzten fünfzig Jahren im Bereich von Musik, Sprache, Mode und Lebensstil innovativ auf die Gesamtkultur eingewirkt haben und im Wesentlichen von Jugendlichen bzw. jungen Erwachsenen getragen wurden.

Subkultur ist verstehbar als Teilkultur, die neben und mit der Gesamtkultur besteht. Die übergeordnete Wirkung von Zügen der Gesamtkultur einer Gesellschaft bleibt erhalten. Nach Eisenstadt (1966) bilden altershomogene Gruppen bevorzugt Subkulturen, die innerhalb des Gesamtsystems der Kultur mehr oder minder stark abweichende (deviante) Normen besitzen.

Von Gegenkultur spricht man, wenn die Subkultur deutlich als Gegengewicht zur Gesamtkultur wirkt und Normen bevorzugt, die den Normen der Gesamtkultur widersprechen.

Peer-Group Culture ist die Subkultur, die durch die innere Angleichung und äußere Abgrenzung einer altershomogenen Gruppe entsteht. Gewöhnlich bezieht man sie auf die Peergruppe der Jugendlichen.

Die Jugendkultur meint der Möglichkeit nach alle drei der genannten Komponenten, bezogen auf das Jugendalter. Zugrunde liegt die Annahme, dass die Jugendlichen als relativ altershomogene Gruppe und Peergruppe eine Subkultur schaffen, die nach Ansicht vieler Autoren (Coleman, 1961) zur Gegenkultur wird. Als Kennzeichnung einer Teilkultur (Subkultur/Jugendkultur) lassen sich nennen:

- das Vorhandensein eines von der Gesamtkultur sich abhebenden Orientierungs- und Normensystems,
- ein von der Gesamtkultur deutlich abweichender Lebensstil und
- das Vorhandensein eines Sozialsystems (Peergruppe) als Träger eines Normensystems und eines spezifischen Lebensstils.

Subkultur bezieht sich aber auch auf die konkreten Umwelten, in denen der Jugendliche lebt und die er durch seine Aktivität verändert. Sie hat daher auch materielle, d.h. physikalische (räumlich-zeitliche) Komponenten.

5.2.3 Dominanz und Altruismus in der Peergruppe: Ein Erzeugnis der Evolution?

Immer wenn sich Gruppen bilden, entsteht auch eine Dominanzhierarchie, wobei ein Gruppenmitglied tonangebend wird. Weiterhin gibt es aber auch altruistische Verhaltensweisen in einer Gruppe, durch die sich die Gruppe gegenüber anderen konkurrierenden Gruppen abgrenzt. Dieses gruppendynamische Phänomen lässt sich auch bei der Peergruppe im Jugendalter finden, vor allen Dingen dann, wenn sie günstige Entwicklungsbedingungen in einem entsprechenden Kontext vorfindet. Es zeigte sich ein signifikanter Zusammenhang zwischen Dominanz und Altruismus: Die dominantesten Gruppenmitglieder zeigten das ausgeprägteste prosoziale Verhalten. Ob man dieses gruppendynamische Phänomen als sozialpsychologisches Gesetz bezeichnet, das einem Naturgesetz gleicht, oder es durch biologische Wurzeln erklärt, bleibt sekundär.

UNTER DER LUPE

Zusammenhang Dominanz – Altruismus

Savin-Williams (1987) hat eine umfangreiche ethologische Studie durchgeführt, in der Jugendliche in Freizeitcamps fünf Wochen lang beobachtet und getestet wurden. Insgesamt wurden zehn Jugendgruppen erfasst, darunter sechs männliche und vier weibliche mit einer Gruppengröße zwischen vier und sechs Personen. Die Gruppen waren altershomogen zusammengesetzt und reichten von 12 bis 17 Jahren, wobei acht Gruppen der frühen Adoleszenz (12–14 Jahre) und nur zwei der mittleren Adoleszenz (15–17 Jahre) zuzurechnen sind. Der Tagesablauf war nach einem bestimmten Plan eingeteilt, der sich für Jungen und Mädchen etwas unterschied. Nach kurzer Zeit bildete sich in den Gruppen ein Interaktionsmuster aus, bei dem jeweils eine Person deutlich die Führungsposition übernahm. Daneben zeigten sich auch relativ stabile Unterschiede im prosozialen Verhalten (Altruismus).

Methoden. Savin-Williams bevorzugt eine ethologisch detaillierte Beschreibung der Gruppen, fasste aber einige wichtige Ergebnisse zu Dominanz und Altruismus tabellarisch zusammen. Für das Dominanzverhalten verwendete er drei Verhaltensmaße, nämlich dominantes Verhalten in Dyaden, einen Häufigkeitsindikator und Dominanz in der Peergruppe. Außerdem gab es Selbstberichte, aus denen Dominanz ebenfalls erfragt wurde. Altruismus wurde erfasst als generelle Häufigkeit des Auftretens, als Auftreten in der Gruppe sowie durch eine Fragebogenskala (Schwartz Ascription of Responsibility Scale).

Ergebnisse. Das wohl verblüffendste Ergebnis ist, dass die dominantesten Gruppenmitglieder auch am ausgeprägtesten prosoziales Verhalten zeigten. Die mitgeteilten Rangkorrelationen bestätigen diesen Eindruck und belegen einen signifikanten Zusammenhang von Dominanz und Altruismus. Über alle zehn Gruppen hinweg belegt der Autor den Befund, dass Altruismus keineswegs gegenläufig, ja nicht einmal unabhängig von Dominanz ist, sondern dass der Gruppenführer (Alpha) zugleich auch verstärkt prosozial aktiv ist. Diese Daten sind besonders wertvoll, da sie nicht nur Meinungen und Urteile über Dominanz und Altruismus wiedergeben, sondern auf das faktische Verhalten in Gruppen zurückgreifen. Die Alphas bemühten sich nur in der ersten Woche um ihren Status und auch in dieser Zeit nicht durch aggressives Verhalten, sondern eher durch bestimmtes festes Auftreten. Danach waren sie allgemein anerkannt und bestimmten gewissermaßen ganz selbstverständlich die Aktivitäten in der Gruppe. Bemerkenswerterweise spielte sich dieser Prozess bei beiden Geschlechtern gleichermaßen ab.

Die Merkmale der Führungspersönlichkeit waren bei beiden Geschlechtern gleich: Sie waren körperlich weiter entwickelt, aber nicht notwendigerweise frühreif, größer und schwerer sowie etwas älter. Meistens wurden sie von ihren Gruppenmitgliedern als körperlich attraktiv, intelligent und sportlich-athletisch eingestuft. Auch die Gruppenbetreuer (counsellors) kennzeichneten die Alphas ähnlich und schätzten sie als konstruktive, integrierende Personen in der Gruppe.

Interpretation. Diese Merkmale und der Effekt, den die Alphas in der Gruppe bewirkten, spricht nach Meinung von Savin-Williams für eine biologisch-evolutionäre Basis dieses gruppendynamischen Phänomens. Bei den Primaten zeigt sich ein ähnlicher Prozess, wobei das dominante Tier ebenfalls größer und stärker ist als die übrigen, ohne aber besonders aggressiv zu sein. Als Argument führt der Autor auch die Dominanzhierarchien an, denn diese widersprechen dem kulturell bestimmten Rollenbild. Schließlich verweist der Autor auf die stabilisierende und stressmindernde Funktion der Dominanzhierarchie: Durch sie wird das Konfliktpotential und die Aggressivität innerhalb der Gruppe verringert und damit deren Stabilität und Funktionalität größer.

5.2.4 Peergruppe: Was ist das Besondere im Jugendalter?

Stile

Wenn man von Peergruppe im Jugendalter spricht, so darf man sich darunter nicht eine festgefügte Gruppe mit starkem Normengefüge, fester Mitgliedschaft und strenger Rollenverteilung vorstellen. Dies ist eher der Ausnahmefall und seit langem bei Jugendbanden (Gangs) beobachtet worden (Bloch & Niederhoffer, 1958). Die Peergruppe begegnet uns vielmehr meist als Clique mit einer großen Vielfalt von Ausprägungsformen des jugendlichen Lebensstils. Mit Sack (1987) und Bourdieu (1987) lassen sich bei solchen Jugendstilen typische Merkmale ausmachen, die denen des Zusammenlebens im Hauptstrom der Kultur entsprechen:

- Es besteht ein Korpus von Regeln, der
- von Einzelnen erworben werden muss, daraufhin
- mit den beteiligten Gruppenmitgliedern abgestimmt werden muss, wobei
- ein Interpretationsspielraum besteht.

Zugleich ist aber die Teilhabe an einer Gruppe nicht fest verbindlich, man kann verschiedenen Gruppen angehören, man kann das eine Mal kommen, das andere Mal nicht, wobei es darauf ankommt, ob man zum Kern oder eher zur Peripherie der Gruppe gehört. Dabei vertritt Sack (1987) die Auffassung, dass Jugendstile nicht mit Lebensstilen, die später realisiert werden, identisch sind, sondern eine eher oberflächliche Praxis darstellen, die das modisch aktuelle Geschmacksangebot aufgreift. Von daher erklärt sich, dass Jugendliche, die eine Zeit lang stark vom Hauptstrom der Kultur abweichende Jugendstile praktiziert haben, sich relativ rasch anpassen, sobald sie ins Erwachsenenleben eintreten. Selbst regelmäßiger illegaler Drogengebrauch, wie etwa Rauchen von Marihuana und Haschisch, geht im dritten Lebensjahrzehnt stark zurück und beeinflusst Familiengründung und Berufsfindung nicht mehr erheblich (belegt etwa durch die Längsschnittstudien von Jessor & Jessor, 1984).

Punks und Sportler: Zwei konträre Stile

Die Clique ist, wie wir festgestellt haben, Träger eines bestimmten Lebensstils. Zwei solcher Jugendstile werden herausgegriffen, die – obwohl charakteristisch für Jugendliche – konträr zueinander stehen: die Punks und die Sportgruppe. Die Punks negieren Regeln, wie sie Erwachsenengruppen konstituieren, während Sportgruppen ein formales Regelwerk hochschätzen. Die Ästhetik der Punks ist konträr zu derjenigen der Sportler: Letztere halten viel von der Ästhetik des Körpers, der Körperbewegung, Erstere wählen eine Ästhetik der Hässlichkeit oder heute auch häufig der Exzentrizität, die gewissermaßen als Kontrastprogramm zum allgemeinen ästhetischen Bewusstsein fungiert. Punks scheinen sich, obwohl sie inzwischen eine heterogene Gruppe darstellen, durch ihre Ablehnung und ihr Fernhalten von typischen Konsumformen und Verhaltensweisen der Hauptkultur, eine Art Reinheit zu bewahren (Soeffner, 1986), während Sportler bzw. Sportgruppen sich die im sportlichen Regelwerk vorgegebenen Ziele sowie gesellschaftliche Formen bereitwillig zu Eigen machen. Punks sind typisch antisportlich und an sportlichen Aktivitäten desinteressiert bzw. lehnen sie regelrecht ab.

Die öffentlichen Gruppenstile der Jugendlichen kommen und gehen, das dahinterliegende Muster jedoch bleibt. Im Allgemeinen werden solche Stile im Erwachsenenalter aufgegeben. Es gibt allerdings Fälle, in denen Elemente von Stilen beibehalten werden, wie etwa bei der so genannten 68er Generation, die auch im Erwachsenenalter bestimmte Orientierungen und Verhaltensmuster beibehielt, z.B. die Ablehnung von Karrieremustern, die auf bestimmten Abschlüssen und formalen Schritten aufbauen.

Kommunikation

Das Regelwerk des Jugendstils oder des öffentlichen Gruppenstils bestimmt natürlich in starkem Maß die soziale Interaktion und Kommunikation. Bei manchen Jugendstilen ist sprachliche Kommunikation und Argumentation zentral, ebenso eine eher hochentwickelte Form der sozialen Interaktion, nämlich solidarisches Handeln. Dies ist bei politisch motivierten und gesellschaftskritischen Gruppen der Fall. Andere Jugendgruppen bevorzugen für die soziale Interaktion und das wechselseitige Verständnis die nonverbale Kommunikation. Diese Gruppen tauschen sich oft über integrale Objekte aus, die den Mittelpunkt des Gruppenlebens bilden (Wills, 1981). Solche Objekte sind etwa das Motorrad, der Computer oder bestimmte Musikgruppen. Daneben gibt es homologe Objekte, die ergänzend hinzugezogen werden, weil sie die Regeln und Thematik des Gruppenstils unterstützen. Hierzu gehören Kleidung, Haartracht und Accessoires, die als Symbole der Zusammengehörigkeit und Abgrenzung gegenüber anderen Gruppen dienen. Man muss sich vor Augen halten, dass diese Form der nonverbalen Kommunikation über materielle Objekte isomorph (von gleicher Gestalt) mit der sozialen Interaktion in kapitalistischen Gesellschaften überhaupt ist, so dass sich hinter völlig verschiedenartigen Verhaltensweisen dennoch die gleiche Grundstruktur verbirgt, die bereits von Marx (1969/70, Orig. 1864) als generelle Entfremdung bezeichnet wurde. Nonverbale Interaktion muss nicht Bindungsunfähigkeit heißen, sondern kann im Gegenteil sehr differenzierte und fein abgestimmte Interaktionsformen umfassen.

Jugendjargon. Die verbale Kommunikation in Jugendgruppen ist durch einen Sprachstil gekennzeichnet, den man als Jargon bezeichnet. Der Jugendjargon erfüllt mindestens drei Funktionen:

- Er drückt Dinge kurz und knapp und oft auch radikal simplifiziert aus und wendet sich damit gegen den Sprachstil der Erwachsenenwelt.
- Er drückt Erlebniszustände aus, die nach Meinung der Jugendlichen mit der herkömmlichen Sprache nicht beschrieben werden können, da diese Erwachsenensprache solche Zustände nicht kennt.
- Er ermöglicht eine abgrenzende Verständigung und bewirkt das Gefühl der Zusammengehörigkeit.

Als Beispiel für die Bezeichnung eines besonderen Erlebniszustandes im Jugendjargon kann die Eigenschaft cool gelten. Sie drückt zumindest gegenwärtig eine generelle Haltung aus, die auch bei extremen Eindrücken der Bedrohung sowie der positiven Überraschung nach außen hin keine auffällige Reaktion zeigt.

5.2.5 Freundschaften, soziale Netze und Cliquen

Cliquen und soziale Netze

Die große Bedeutung, die man sozialen Beziehungen mit Gleichaltrigen zuschreibt, darf nicht darüber hinweg täuschen, dass manche Jugendliche ziemlich isoliert sind und dass viele nicht in Cliquen eingebunden sind.

In Fends Untersuchungen aus Deutschland und der Schweiz (Fend, 1998) wurden 207 als isoliert (relativ wenig soziale Beziehungen), 323 mit Freundschaften, 853 als eingebettet in großen Netzen (großer Bekanntenkreis) und 1.133 als Cliquenzugehörige (Clique: ein Kreis von Jugendlichen, der sich regelmäßig trifft und sich als zusammengehörig fühlt) eingestuft. Etwa die Hälfte der Jugendlichen in großen Netzen und Cliquen, aber auch fast 40 Prozent der Isolierten fühlten sich nie einsam. Für beliebt oder sehr beliebt hielten sich nur 19 Prozent der Isolierten, 31 Prozent der Jugendlichen mit Freundschaften, 46 Prozent der Jugendlichen in Großnetzen und 56 Prozent der Cliquenzugehörigen. Isolierte und in kleine Freundschaftsnetze eingebundene Jugendliche zeigten weniger Risiko- und Problemverhalten. Cliquengebundene setzten sich am meisten von den Leistungsnormen der Erwachsenengesellschaft ab (Fend, 1998). Isolierte zeigten die stärkste Erwachsenenorientierung. Jugendliche mit Freundschaften hatten gute positive Beziehungen zu Eltern und Lehrern.

Es gibt auch deutliche Geschlechts- und Schulzugehörigkeitsunterschiede. Mädchen lebten weniger in Cliquen als Jungen und bevorzugten Freundschaften als Sozialbeziehung (s. auch Petillon, 1993). Am ausgeprägtesten sind Cliquenbildungen in Hauptschulen in Deutschland (60 Prozent der Jugendlichen) und Realschulen in der

Schweiz (Fend, 1998), am geringsten ausgeprägt bei Mädchen an Gymnasien (30 Prozent). Mit Ausnahme der Mädchen an Gymnasien stieg die Cliquenbildung zwischen 13 und 15 Jahren stark an.

Jugendliche, die weder innerhalb noch außerhalb der Schule Sympathiewahlen erhielten, fühlten sich selbst als Außenseiter und zeigten niedrigeres Selbstwertgefühl und Ichstärke (Kompetenzbewusstsein, Handlungs- und Emotionskontrolle). Demgegenüber war ihr Risikoverhalten niedrig und die Leistungsorientierung hoch. Sie sahen viel fern und waren weniger an Themen wie Aussehen und Liebe interessiert. Die außerschulisch und in der Schulklasse Beliebten und Kontaktfreudigen zeigten höheres Selbstbewusstsein, ein positives soziales Selbstbild und waren in Leistungsorientierung, im Risikoverhalten und in der Freizeitorientierung eher im Mittelbereich. Somit scheinen sie die unterschiedlichen Lebensregionen und Zielsetzungen gut auszubalancieren.

Der Wandel der Freundschaftsbeziehungen

Freundschaften dienen mehr und mehr, das heißt vor allen Dingen in der mittleren Adoleszenz, als Medium der Selbstoffenbarung (self-disclosure). Die wechselseitige Rückmeldung von Verständnis, Vertrauen und Verlässlichkeit stabilisiert zudem die Identität, so dass Freundschaften aus dieser Perspektive nahezu unentbehrlich für eine gesunde Entwicklung im Jugendalter erscheinen.

Douvan und Adelson (1966) untersuchten in einer groß angelegten Studie neben anderen Bereichen auch das Freundschaftsverständnis von 11 bis ca. 18 Jahren. Ihre Befunde beziehen sich allerdings nur auf Mädchen. Sie fanden einen Verlauf, der sich nach den drei Abschnitten der Adoleszenz unterschied.

In der frühen Adoleszenz sind Freunde Personen, mit denen man etwas gemeinsam unternehmen kann, aber die Tiefe und Wechselseitigkeit der Beziehung sowie auch das besondere Gefühl der Freundschaft tritt noch nicht auf.

In der mittleren Adoleszenz (14–16-Jährige) wünscht man sich bei der Freundin Loyalität und Vertrauen, die Sicherheit der Beziehung wird besonders akzentuiert. Die Autoren erklären das große Bedürfnis nach Loyalität und Wechselseitigkeit durch die oben genannten Aspekte des sich Spiegelns in der anderen Person und der Unterstützung bei der Bewältigung von Entwicklungsproblemen.

In der späten Adoleszenz (17 Jahre und darüber) wird Freundschaft wieder zu einer entspannteren gemeinsamen Erfahrung, Freundschaft wird nicht mehr so sehr benötigt wie zuvor.

Auf dem Weg zum anderen Geschlecht

Peergruppen dienen auch dazu, den Kontakt mit dem anderen Geschlecht aufzunehmen. Diesen Sachverhalt hat Noack (1990) in einer ethologisch angelegten Feldstudie gut belegen können. In einer längsschnittlichen Analyse ging er dem Besuch von Freizeitorten nach und prüfte, welche Funktion sie bei der Orientierung der Kontaktnahme zum anderen Geschlecht einnehmen. Interviews und systematische Beobachtungen vor Ort erfassten typische Freizeitorte Jugendlicher, wobei gleichzeitig auch das Konsumverhalten von Alkohol und Zigaretten erfasst wurde. Der Fortschritt in der Auseinandersetzung mit der Partnerschaftsentwicklung korrespondiert mit den Möglichkeiten, die die besuchten Orte bereitstellen. Mehr und mehr werden solche Orte aufgesucht, die es ermöglichen, sich dem anderen Geschlecht zu nähern. Aus den Interviews und Beobachtungen ging auch hervor, dass sowohl die Orte als auch die Peerbeziehungen eine instrumentelle Rolle für die Aufnahme von gegengeschlechtlichen Beziehungen innehatten. Sie dienten als Mittel zum Zweck. Jugendliche, die im Laufe eines Jahres keine gegengeschlechtliche Freundschaftsbeziehung entwickelt hatten, bevorzugten die eigene Wohnung als Setting. Solche, die im Laufe eines Jahres Partnerbeziehungen aufgenommen hatten, bevorzugten schon zu Beginn der Beobachtung öffentliche Settings und behielten sie auch im Laufe des Beobachtungszeitraumes von einem Jahr bei.

Stufen der Gruppenentwicklung

Dunphy (1963) hat in einer klassischen Studie in Sydney den Übergang von der gleichgeschlechtlichen Clique zu Partnerschaften beobachtet. Abbildung 7.9 stellt diesen Verlauf anschaulich dar. Es zeigt sich, dass anfänglich gleichgeschlechtliche Cliquen vorherrschen, die aber bald einer beginnenden Vermischung weichen. Die Geschlechtermischung wurde dabei von Gruppenmitgliedern mit hohem Status eingeleitet. Auf der Stufe vier existieren heterosexuelle Cliquen, die untereinander in Beziehung stehen, bis schließlich auf der Stufe fünf die Desintegration der Mischgruppe erfolgt und lose verbundenen Paaren, die miteinander befreundet sind, weicht. Im Großen und Ganzen kann dieser Verlauf auch bei Jugendlichen in Deutschland beobachtet werden.

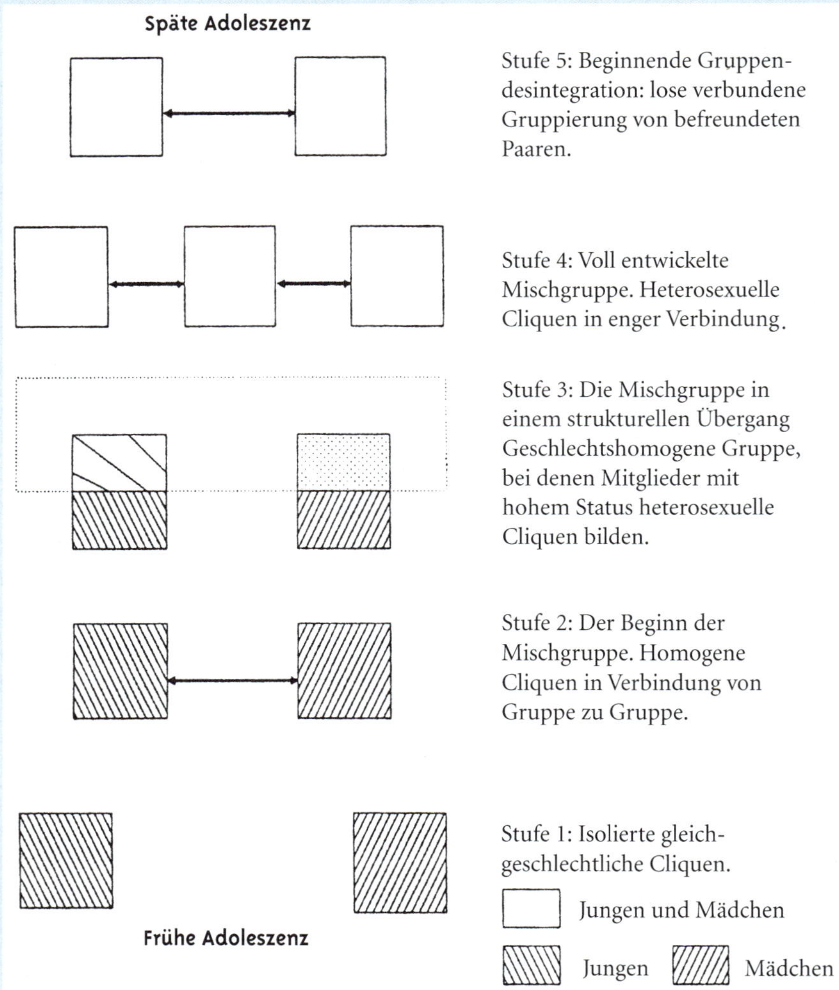

Abbildung 7.9. Stufen der Gruppenentwicklung in der Adoleszenz (nach Dunphy, 1963;zit. Nach Coleman, 1980, S. 418)

Partnerschaft und Selbstwertgefühl. Wie zu erwarten, besteht auch ein Zusammenhang zwischen dem Selbstwertgefühl und dem Eingehen von Partnerschaften. In der Berliner Längsschnittstudie wurde eine Stichprobe (N = 92) der neunten Klasse Realschule im Jahr 1982 erfasst und 15 Monate später erneut untersucht. Bezüglich der Aufnahme von Partnerbeziehungen unterschieden Silbereisen und Noack (1990) vier Gruppen: keine Partnerschaftsbeziehungen zu beiden Zeitpunkten, Aufnahme einer Partnerschaft, Beibehalten einer Partnerschaft, die schon zum ersten Messzeitpunkt bestand, und Verlust der Partnerschaft. Den größten Zugewinn im Selbstbewusstsein hatten die Erfolgreichen, bestehend aus den Jugendlichen, die eine Partnerschaft aufnahmen oder die schon zu Beginn der Erhebung eine Partnerbeziehung hatten. Es ist allerdings zu beachten, dass die Mittelwerte zu Beginn der Erhebung nicht gleich hoch waren, sondern ausgerechnet bei den Jugendlichen ohne Partnerschaft am höchsten ausfielen. Auch die Jugendlichen ohne Partnerschaft verzeichneten einen Zuwachs im Selbstwertgefühl, so dass ein Teil der Varianz des Anstiegs sicher auch auf das Konto des Alters geht.

Folgt man der psychoanalytischen Argumentation wie auch einer biologischen Perspektive (Bischof, 1975), so besteht die Hauptfunktion in den Sozialbeziehungen der Peergruppe Jugendlicher im Übergang von den engen partikularistischen Beziehungen in der Familie zu den neuen, ebenfalls intimen und partikularistischen Beziehungen zwischen Sexualpartnern, die eine dauerhafte Bindung eingehen.

So überzeugend die Argumentation des Übergangs von Familie über die Peergruppe zur Partnerschaft sein mag, sie ist zu einseitig, wie unsere Darstellung über die weiteren Funktionen der Peergruppe zu zeigen versucht hat. Gerade die Mischgruppe kann Elemente einer neuen Subkultur kreieren und Alternativen für kritisierte Verhältnisse in der Hauptkultur zu finden versuchen.

5.2.6 Das Mesosystem Familie – Peergruppe: rivalisierend oder komplementär?

Anfänglich glaubte man, die Peergruppe würde die eigentliche und entscheidende Sozialisationsinstanz im Jugendalter sein und das Elternhaus und dessen frühere Funktion im Sozialisationsprozess ersetzen (Coleman, 1961; Tenbruck, 1965). Diese Auffassung ließ sich nicht halten.

Situationshypothese. Sie wich zunächst einer Situationshypothese von Brittain (1969). Er legte Mädchen der neunten bis elften Klasse Geschichten vor, die einen Konflikt zwischen Eltern- und Peererwartungen enthielten. Die Probandinnen wurden gefragt, was die Akteure der Geschichte wohl tun würden. Die befragten Jugendlichen entschieden sich für die Eltern, wenn der Kontext Entscheidungen für die Zukunft enthielt, und für die Peers, wenn augenblickliche Status- und Identitätsprobleme Gegenstand des Konflikts waren.

Interaktionshypothese. Fend (1998) kann aus der Konstanzer Längsschnittstudie und den Schweizer Nachfolgeuntersuchungen auch zur Frage Familie-Peer-Interaktion wichtige Befunde vorlegen. Aus der subjektiven Sicht der befragten Jugendlichen gibt es deutliche Zusammenhänge zwischen guten Elternbeziehungen und positiven Werten bei den Peerkontakten. Wer angibt, gute Elternbeziehungen zu haben, fühlt sich in der Klasse akzeptiert, zeigt soziales Interesse, ist prosozial motiviert und schreibt sich soziale Selbstwirksamkeit zu. Jugendliche mit schlechten Elternbeziehungen tendieren zu eher negativen Angaben in diesen Bereichen. Die objektiv erfassten Werte des Sympathie- und Geltungsstatus (Soziogramm) korrelieren allerdings nicht mit der subjektiv eingeschätzten Qualität der Elternbeziehung. Vielleicht unterliegen die Jugendlichen einer Selbsttäuschung. Jedoch zählt bekanntlich für das Selbstwertgefühl die subjektive und nicht die objektive Interpretation der Situation (Thomas, 1918).

Eine ähnlich generalisierende Wirkung beobachtete Walper (1998) in der bereits zitierten Untersuchung an Familien. Der jeweilige Bindungstyp, den sie bei Jugendlichen in der Familie fand, wurde von den Befragten vorzugsweise auch auf die Kontakte mit Gleichaltrigen (Freunde, Cliquen) übertragen. So ergibt sich für das Mesosystem Eltern-Peergruppe zumindest aus subjektiver Sicht der Jugendlichen ein harmonisierendes Bild, das durch die Generalisierung des Bindungstypus erreicht wird.

Weiterführende Literatur

Fend, H. (2000). Entwicklungspsychologie des Jugendalters. Opladen: Leske + Budrich.

Eine sehr umfangreiche Einführung, die sich auch umfassend mit der historischen Entwicklung der Jugendpsychologie befasst und am Ende des Buches Risikoentwicklungen darstellt.

Flammer, A. & Alsaker, D. (2002). Entwicklungspsychologie der Adoleszenz. Bern: Huber.

Eine Darstellung zur Entwicklung im Jugendalter, die zentrale Entwicklungsprozesse, die Lebenswelten und in größerem Umfang auch das Problemverhalten Jugendlicher beschreibt.

Steinberg, L. (1993). Adolescence. New York: Mc Graw Hill.

Eine didaktisch gut aufbereitete Darstellung, bei der allerdings Befunde über deutsche Jugendliche fehlen.

Kapitel 8
Frühes Erwachsenenalter

Günter Krampen & Barbara Reichle

Das frühe Erwachsenenalter wird formal durch den Altersbereich von 18 bis 29 Jahren definiert. In dieser Lebensphase stehen Übergangsprozesse vom Jugendalter zum frühen Erwachsenenalter und Entwicklungsprozesse im frühen Erwachsenenalter mit ihren spezifischen Entwicklungsrisiken im Vordergrund. Infolge der Ablösung von der Primärfamilie und der beruflichen Orientierung werden soziale Beziehungen sowie Verantwortlichkeiten intensiviert und differenziert. Diese Intensivierungen und Differenzierungen beziehen sich vor allem auf (1) das Privatleben und das Freizeitverhalten (Aufbau persönlicher Partnerschaften, Lebensformen, Freundes- und Bekanntenkreise), (2) die Einbettung in soziale und gesellschaftliche Gruppen (definiert durch Sport, Hobbies, Religion, Politik, soziales Engagement etc.) sowie (3) den Berufseintritt und die Berufstätigkeit.

1 Frühes Erwachsenenalter: Transitionskriterien und Entwicklungsprozesse

Entwicklungsprozesse im frühen Erwachsenenalter sind auch in der modernen Entwicklungspsychologie, trotz ihrer programmatischen Ausweitung auf die gesamte Lebensspanne (siehe Kap. 1), ein Stiefkind der Forschung geblieben. Dies lässt sich anhand der Zahl der Veröffentlichungen zum frühen Erwachsenenalter eindeutig nachweisen. Nach wie vor ist die Kindheit das dominierende Forschungsthema der Entwicklungspsychologie. Nur 1 bis 3 Prozent der in den Datenbanken Psyclit und Psyndex dokumentierten entwicklungspsychologischen Fachliteratur beziehen sich auf das frühe und mittlere Erwachsenenalter.

1.1 Kriterien und Charakteristika des frühen Erwachsenenalters

Das frühe Erwachsenenalter ist formal und pragmatisch durch den Altersbereich von 18 bis 29 Jahren mit unscharfen, fließenden Altersübergängen definiert. Folgende Kriterien für den Übergang vom Jugendalter (siehe Kap. 7) zum frühen Erwachsenenalter lassen sich unterscheiden:

(1) formale und rechtliche Kriterien, die sich etwa auf die Volljährigkeit und das aktive Wahlrecht (in Deutschland ab 18) beziehen;
(2) objektive, verhaltensnahe Kriterien wie etwa der Auszug aus dem Elternhaus, die finanzielle Unabhängigkeit, die Heirat oder Elternschaft;
(3) psychologische Kriterien, wie Ablösung, emotionale Autonomie oder psychologische Reife, die zwar plausibel erscheinen, aber mehrdeutig und nur unter Bezug auf eine normative Entwicklungstheorie operationalisierbar sind;
(4) subjektive Kriterien, bei denen nach der Selbstklassifikation von Personen zu einer Altersgruppe gefragt wird.

Formale und objektive Transitionskriterien. Alle Kriterien hängen von expliziten und impliziten gesellschaftlichen Normen ab. So war zum

Beispiel bis 1974 die Volljährigkeit in Deutschland formal-rechtlich und damit explizit ab 21 Jahren definiert, die Ehemündigkeit für Männer ebenfalls ab diesem Alter, die für Frauen schon ab 16 Jahren. Gesellschaftliche Faktoren und Veränderungen beeinflussen aber auch objektive, verhaltensnahe Kriterien. Dies wird etwa in den biographischen Analysen deutlich, die Reitzle und Silbereisen (1999) nach der deutschen Wiedervereinigung in den neuen und alten Bundesländern durchgeführt haben: 1991, kurz nach der Wiedervereinigung, zogen junge Erwachsene in der ehemaligen DDR unabhängig von der Schulbildung früher zuhause aus, waren früher finanziell unabhängig, heirateten früher und gründeten früher eine eigene Familie als in den alten Ländern. Außerdem waren Auszug, Heirat und Elternschaft in den neuen Ländern relativ unabhängig von der ökonomischen Unabhängigkeit. 1996, nur sechs Jahre nach der Wiedervereinigung, hatte sich das Bild gewandelt: Bei den jungen Ostdeutschen (20–29 Jahre) mit berufsorientierter Ausbildung ist die Häufigkeit von Heirat und Elternschaft gegenüber der Vergleichsgruppe sechs Jahre früher gesunken. Eine entsprechende Veränderung ließ sich bei den höher Gebildeten in Ost und West nicht beobachten. Gewisse Verlängerungen des Jugendalters werden für Italien (vgl. Rossi, 1997; Scabini & Cigoli, 1997) beschrieben: Junge Erwachsene im Alter bis zu 30 Jahren (wohl vor allem die Männer) bleiben immer länger bei ihren Eltern wohnen, was als „evolutionäre Verlangsamung“ (evolutionary slowdown) interpretiert und sowohl auf die Bedingungen des Arbeitsmarktes als auch auf regressive Selbsterfüllungsmotive der jungen Italiener zurückgeführt wird.

Psychologische und subjektive Transitionskriterien. Die meisten psychologischen Übergangskriterien basieren auf dem Konzept der Ablösung (detachment), die schon im Kleinkindalter relativ bald nach dem Aufbau der sozial-emotionalen Bindung (attachment; siehe Kap. 5) einsetzt und die zunehmende Außenorientierung von Kindern meint (siehe etwa Freud, 1958; Petersen & Taylor, 1980). Das Konzept der Ablösung kann relativ einfach durch die Qualität und Anzahl inner- und außerfamiliärer Beziehungen operationalisiert werden. Ablösung ist jedoch nicht nur ein deskriptives Konzept, sondern hat gerade beim Übergang vom Jugend- zum (frühen) Erwachsenenalter auch normative Implikationen. Bezug genommen wird dabei vor allem auf normative Entwicklungstheorien der Selbstaktualisierung, wobei Konzepte wie „Autonomie“ und „Reife“ dominieren. Bereits Steinberg und Silverberg (1986) haben auf den steten Wandel des Kriteriums der psychologischen Autonomie verwiesen. Ihre Definition von Autonomie im Wandel bezieht sich auf (a) die Selbstbestimmung der Person (self-government), (b) die Autonomie gegenüber Gleichaltrigen und (c) die Autonomie in der Beziehung zu den Eltern. Der Fokus liegt dabei auf der emotionalen Autonomie. Ähnlich ist dies bei der „psychologischen Reife“ (psychological maturity), die Winefield und Harvey (1996) an Kriterien zur persönlichen Identität und zum Vorhandensein persönlicher außerfamiliärer Beziehungen festmachen.

Subjektive Übergangskriterien. Die psychologischen Transitionskriterien sind zwar plausibel und erscheinen auf den ersten Blick klar und einfach definiert, bleiben aber de facto äußerst mehrdeutig und sind nur unter Bezug auf eine normative Entwicklungstheorie operationalisierbar. Auch sie sind von expliziten und impliziten gesellschaftlichen Normen abhängig. Dies wird noch deutlicher bei den subjektiven Übergangskriterien, also bei der direkten Selbstzuordnung zu einer Altersgruppe (z.B. Byrd & Breuss, 1992). Solche altersbezogenen Selbstzuordnungen dominieren in soziologischen Analysen von Statuspassagen. Selbstzuordnungen orientierten sich meist am kalendarischen Lebensalter und sind vom Bildungsstatus unabhängig (vgl. Stecher, 1996; Backes et al., 1985).

Fragt man Jugendliche und junge Erwachsene nach den Merkmalen, die ihrer Meinung nach Erwachsensein ausmachen, so stimmen sie vor allem psychologischen Kriterien der Individualisierung zu, z.B.:

- „Verantwortung für die Folgen eigenen Handelns übernehmen",
- „unabhängig von Eltern und anderen aufgrund eigener Überzeugungen und Werte entscheiden",
- „Beziehung zu Eltern als gleichberechtigter Erwachsener etablieren".

Verhaltensnahe Kriterien (wie Eintritt in das Berufsleben, Abschluss der Ausbildung, Heirat und Elternschaft) werden dagegen von der Mehrheit Jugendlicher und junger Erwachsener abgelehnt (siehe Arnett, 1997).

Altersgrenzen. In der Zusammenschau aller Kriterien wird die untere Altersgrenze des frühen Erwachsenenalters unterschiedlich definiert. Dadurch bleibt die Definition unscharf, muss es aber wegen gesellschaftlicher Transformationsprozesse und kultureller Unterschiede vielleicht auch bleiben. Dies gilt noch stärker für die obere Altersgrenze: Die Befunde von Byrd und Breuss (1992) zeigen, dass das gesamte mittlere Erwachsenenalter unter Bezug auf psychologische Altersnormen eine besonders schlecht definierte Lebensphase ist. Ergebnisse zu biographischen Selbstkategorisierungen von 30-Jährigen stellen nicht nur die hier formal und pragmatisch verwendete obere, sondern auch die untere Altersgrenze in Frage: Meulemann (1995, S. 559) stellte bei einer Befragung von 2.000 ehemaligen Gymnasiasten aus Deutschland fest, dass „in unserer Stichprobe der Dreißigjährigen sich noch rund ein Viertel nicht als Erwachsene fühlen" und schließt die Frage an, „wann werden sie zugeben, erwachsen geworden zu sein?".

1.2 Differentielle Entwicklung im frühen Erwachsenenalter

Bereits in den modernen Industriegesellschaften, noch stärker in den postmodernen Technologiegesellschaften verlaufen Lebensläufe weniger einheitlich als in traditionelleren Gesellschaften. Die soziologische Lebensverlaufsforschung konstatiert für die Bundesrepublik Deutschland seit Mitte der siebziger Jahre eine Phase der De-Standardisierung (Mayer, 2001). Dies gilt insbesondere für das frühe Erwachsenenalter.

Warum sind Lebensläufe heute heterogener als früher?

- Die vertikale, horizontale und geographische Mobilität haben zugenommen.
- Der Arbeitsmarkt verlangt flexible Arbeitskräfte mit der Bereitschaft, lebenslang zu lernen.
- Der Anteil der Frauen mit höherer Bildung nimmt zu.

Interindividuelle Unterschiede. Zunehmende interindividuelle biographische Unterschiede zeigen sich im Bereich berufsbezogener Tätigkeiten. Neben Gruppen, die früh in den Beruf eintreten, finden sich solche, die noch in der Erstausbildung stehen, während andere bereits eine Zweit- oder Drittausbildung absolvieren, wieder andere befinden sich in der Berufseintritts- oder einer Berufswechselphase, daneben lassen sich Jobber, Jobhopper und Kurzzeittätige mit Ferienpausen beobachten. Biographische Unterschiede zeigen sich auch im Privatleben: Es finden sich frühe Familiengründungen neben zunehmenden Zahlen junger Erwachsener, die als Singles, in Wohngemeinschaften, in eheähnlichen hetero- oder homosexuellen Partnerschaften leben (vgl. Schneewind, 1999).

„Patchwork-Identitäten". Diese Unterschiede im Lebensstil, der persönlichen Entwicklung und Biographie prägen die Selbstkonzept- und Identitätsentwicklung, für die in der Postmoderne nicht nur von Keupp (1989, S. 59) der „Abschied von Erikson" zu Gunsten des Konzepts einer „Patchwork-Identität" eingeläutet wird. Der Abschied bezieht sich auf die immer geringer werdende Passung zwischen universell angelegten Phasenlehren zur psychosozialen Entwicklung und Persönlichkeitsentwicklung (vgl. Kap. 1 und Kap. 20) auf reale Entwicklungsprozesse in den (post-) modernen Gesellschaften. Mit „Patchwork-Identität" wird die biographische Offenheit und Plastizität der Identitätsarbeit fokussiert, die sich an verschiedenen Stellen der Biographie stets wiederholt (siehe das Entwicklungsmodell der Identitätszustände, Kap. 20).

Körperlich reif, finanziell abhängig. Trotz dieser Zunahme inter- und intraindividueller Entwicklungsunterschiede sind für die (post-)modernen Gesellschaften zwei soziokulturelle Trends zu beobachten, die den Übergang vom Jugend- zum frühen Erwachsenenalter betreffen. Der erste Trend bezieht sich auf die oftmals beschriebene säkulare Akzeleration der körperlichen Entwicklung in der Pubertät und die damit verbundenen psychosexuellen und psychosozialen Entwicklungsprozesse (siehe Kap. 7), mithin die oftmals frühere Aufnahme intimer Beziehungen und die biologisch bedingte „Verkürzung" der Kindheit und schnellere Annäherung an das Erwachsenenalter. Der zweite Trend betrifft die Verlängerung der ökonomischen Abhängigkeit bis weit in das frühe Erwachsenenalter, mithin die säkulare Retardation der finanziellen Selbstständigkeit. Einen Beleg für diese Entwicklung mag man darin sehen, dass der Anteil der 18–21-Jährigen mit Hochschulreife seit den sechziger Jahren stetig angestiegen ist – von 6 Prozent 1960 auf 36 Prozent 1998 (Bundesministerium für Bildung und Forschung, 2000). Zusammen führen diese beiden säkularen Entwicklungstrends in den (post-)modernen Gesellschaften zu einer Verlängerung des Jugendalters und tragen zur Unschärfe in der Bestimmung des Übergangs zum Erwachsenenalter bei.

DEFINITION

Säkulare Akzeleration ist die Entwicklungsbeschleunigung im historischen Vergleich, **säkulare Retardation** ist die Entwicklungsverzögerung (Verlangsamung) im historischen Vergleich.

Junge Erwachsene als Vergleichsgruppe. In der entwicklungspsychologischen Fachliteratur kommen junge Erwachsene vor allem als Vergleichsgruppe vor. Dies gilt sowohl für die altersvergleichende experimentelle Entwicklungspsychologie als auch für Feld- und Korrelationsstudien. Die Interpretationsprobleme querschnittlich angelegter Studien (vgl. Kap. 38), in denen die Altersgruppen- und die Geburtskohortenzugehörigkeit unauflösbar konfundiert sind, werden allzu häufig vernachlässigt. Verschärft wird dieses Problem dadurch, dass die jungen Erwachsenen oft aus studentischen Populationen (also mit höchster formaler Bildung) rekrutiert werden, die älteren dagegen breit und nach dem pragmatischen Prinzip des Probanden-„Anfalls". In solchen Fällen kann es zu Befunden kommen, nach denen die wesentlich jüngeren und die älteren Menschen ungünstigere Messwerte aufweisen als die (studentischen) jungen Erwachsenen. Damit wird die Annahme einer kurvenlinearen Beziehung zwischen dem Lebensalter und günstiger Persönlichkeits- bzw. Leistungsausprägung (mit dem „Gipfel" im frühen Erwachsenenalter) irrtümlich tradiert, obwohl sie durch die moderne, auf den gesamten Lebenslauf bezogene Entwicklungspsychologie (vgl. Kap. 1) überwunden sein sollte. Junge Erwachsene sind jedoch ebenso wenig wie ältere (oder andere Altersgruppen) eine psychologisch einheitliche Gruppe, sondern entwickeln sich inter- und intraindividuell sehr unterschiedlich (mit Leistungsverbesserungen und -verschlechterungen sowie Plateaubildungen).

Entwicklungsthemen. Trotz zunehmender Zweifel an der Passung phasentheoretisch orientierter Modelle für Entwicklungsprozesse in den modernen, liberalen Gesellschaften dominieren in der Fachliteratur zum frühen Erwachsenenalter die klassischen Ansätze zu altersnormierten Entwicklungskrisen (Erikson, 1959/1966; siehe Kap. 1, 7, 9 und 20) und Entwicklungsaufgaben (Havighurst, 1948; siehe Kap. 3 und 20). Dies gilt insbesondere für die von ihnen beschriebenen zentralen Entwicklungsthemen des frühen Erwachsenenalters, die schlagwortartig nach Erikson mit

EXKURS

Entwicklungsvorstellungen junger Erwachsener

Die entwicklungspsychologische Fachliteratur zu Alternsstereotypen und subjektiven Entwicklungsvorstellungen hat in den letzten zwei Dekaden einen erheblichen Umfang angenommen. Beim Fokus auf dem höheren Lebensalter (siehe hierzu Filipp & Mayer, 1999) ermöglichen viele der empirischen Beiträge aber auch Aussagen zu entsprechenden subjektiven entwicklungsbezogenen Orientierungen junger Erwachsener, da diese auch hier als Vergleichsgruppe beliebt sind. Querschnittsstudien belegen so etwa neben Gemeinsamkeiten in den Entwicklungsvorstellungen jüngerer und älterer Erwachsener auch systematische Unterschiede:

- Bei jüngeren Erwachsenen sind die Unterschiede zwischen ideal und real erwarteten Entwicklungsverläufen im Erwachsenenalter größer als bei älteren (Lang et al., 1992);
- Jüngere Erwachsene haben weniger elaborierte Vorstellungen über die Entwicklungsgewinne und -verluste im Erwachsenenalter als ältere (Heckhausen et al., 1989; Krampen, 1988);
- Jüngere Erwachsene sind im Hinblick auf die erwarteten Entwicklungsveränderungen im späten Erwachsenenalter pessimistischer als ältere (Krueger & Heckhausen, 1993);
- Jüngere Erwachsene halten im Unterschied zu älteren psychologische Eigenschaften, die sie mit einem Altersabbau assoziieren, für weniger kontrollierbar (Heckhausen & Baltes, 1991);
- Jüngere Erwachsene konzentrieren ihre Entwicklungsziele häufiger als ältere auf solche Bereiche, die sich auf die eigene Altersperiode des frühen Erwachsenenalters beziehen (Hundertmark & Heckhausen, 1994; Nurmi, 1992).

Zusammengefasst weisen diese Befunde darauf hin, dass jüngere Erwachsene in ihren subjektiven Entwicklungsvorstellungen stärker auf die eigene Entwicklungsphase konzentriert sind als ältere und dass sie dann, wenn sie zu Aussagen über Entwicklungsprozesse im höheren Erwachsenenalter aufgefordert werden, stärker zu Alternsstereotypen neigen. Dies kann mit ihrer geringeren Lebenserfahrung und damit geringeren persönlichen Entwicklungserfahrung erklärt werden, die für Stereotypenbildungen anfälliger machen (vgl. hierzu auch Krampen, 1988).

der Entwicklungskrise „Intimität und Solidarität versus Isolation“ und nach Havighurst mit den Entwicklungsaufgaben der Partnerwahl, der Familiengründung, des Berufseinstiegs, der Verantwortungsübernahme als Bürger, der sozialen Integration und der Lebensstilfindung (Lernen, mit Partner zu leben, Versorgung und Organisation von Heim und Familie) bezeichnet werden können.

Distanzierungen von diesen Phasenmodellen finden sich vor allem

(1) im Ansatz der Erforschung kritischer Lebensereignisse und ihrer Bedeutung für die Entwicklung (vgl. Filipp, 1990; siehe auch Kap. 1, 9 und 20),
(2) in offenen Entwicklungsmodellen zu Identitätszuständen (siehe Kap. 7 und 20) und
(3) in der US-amerikanischen Renaissance psychoanalytischer Entwicklungstheorien in Form von Liberalisierungen und Ausweitungen älterer Konzepte (wie etwa dem des Ödipus-Komplexes und der Über-Ich-Entwick-

lung; siehe Kap. 1, 7 und 20) auf das frühe Erwachsenenalter (Gray, 1990; Miller, 1999; Teuwsen, 1990).

Insgesamt dominiert die Einordnung des frühen Erwachsenenalters als Zeit der Beziehungs- und Verantwortungsentwicklung. Persönlichkeits- und Identitätsentwicklung spiegeln und vollziehen sich in den sozialen Beziehungen junger Erwachsener, die ausdifferenziert und intensiviert sowie mit einer zunehmenden Übernahme von Verantwortlichkeiten verbunden werden. Dies geht mit der fortschreitenden Ablösung von der Herkunftsfamilie und mit der beruflichen Orientierung einher. Bezugsgrößen oder Lebensbereiche sind dabei das Privatleben und die Freizeit, soziale und gesellschaftliche Gruppen sowie die Arbeit und der Beruf. In Abbildung 8.1 ist dies zusammen mit den spezifischen Entwicklungsrisiken und -problembereichen des frühen Erwachsenenalters sowie mit den Übergängen vom Jugendalter (siehe Kap. 7) zum frühen Erwachsenenalter und zum mittleren Erwachsenenalter (siehe Kap. 9) schematisch dargestellt.

2 Der Übergang zum frühen Erwachsenenalter

> **!** Der Übergang zum Erwachsenenalter ist eine der bedeutendsten sozialen Transitionen, die das Individuum im Laufe seiner Ontogenese durchläuft. Es sieht sich mit einer Vielzahl von Entwicklungsaufgaben (. . .) konfrontiert, die zum Teil Fortsetzungen der in Jugend und Adoleszenz anstehenden sind. Das Problemspektrum wird wesentlich durch die hinzukommende Übernahme von Eigenverantwortung für langfristig wirkende, vergleichsweise irreversible Entscheidungen erweitert.“ (Reis, 1997, S. 176).

Nach längsschnittlichen Untersuchungen gibt es im Laufe des Übergangs zum frühen Erwachsenenalter verschiedene Entwicklungsdynamiken. So nimmt das Selbstwertgefühl zwischen 14 und 23 Jahren bei männlichen US-Amerikanern eher zu, bei weiblichen hingegen ab (Block & Robins, 1993). Auch bedürfnisorientierte Persönlichkeitsmerkmale (wie Leistungs-, Affiliations-, Aggressions-, Autonomie- und Dominanzstreben) entwickeln sich bei verschiedenen Gruppen unterschiedlich (Holmlund, 1991). Die positionalen Stabilitätskoeffizienten (siehe Kap. 1) dieser Variablen liegen in diesem Altersbereich bei $.20 < r < .45$ und erreichen statistische Signifikanz, bleiben aber in ihrer numerischen Höhe moderat und weisen damit auf erhebliche interindividuelle Unterschiede in den Entwicklungsverläufen (differentielle Entwicklungspsychologie, Kap. 1).

Warum wird jeder anders erwachsen?

Neben persönlichen Entwicklungszielen sowie auf die eigene Entwicklung bezogenen Regulations- und Kontrollbemühungen werden als mögliche Ursachen solcher Unterschiede vor allem familiäre Hintergrundvariablen diskutiert:

- das Familienklima und der Erziehungsstil (Schneewind & Braun, 1988; Young, 1991),
- Re-Manifestationen eines ungelösten Ödipus-Komplexes (siehe Kap. 20; Miller, 1999),
- eine Scheidung der Eltern (Aro & Palosaari, 1992; Meyer-Probst & Reis, 1999).

Vor allem im Zusammenhang mit der Wiedervereinigung Deutschlands wurden zudem auch Wechselwirkungen zwischen gesellschaftlichen Transformationsprozessen und den Entwicklungsübergängen vom Jugend- zum frühen Erwachsenenalter empirisch analysiert.

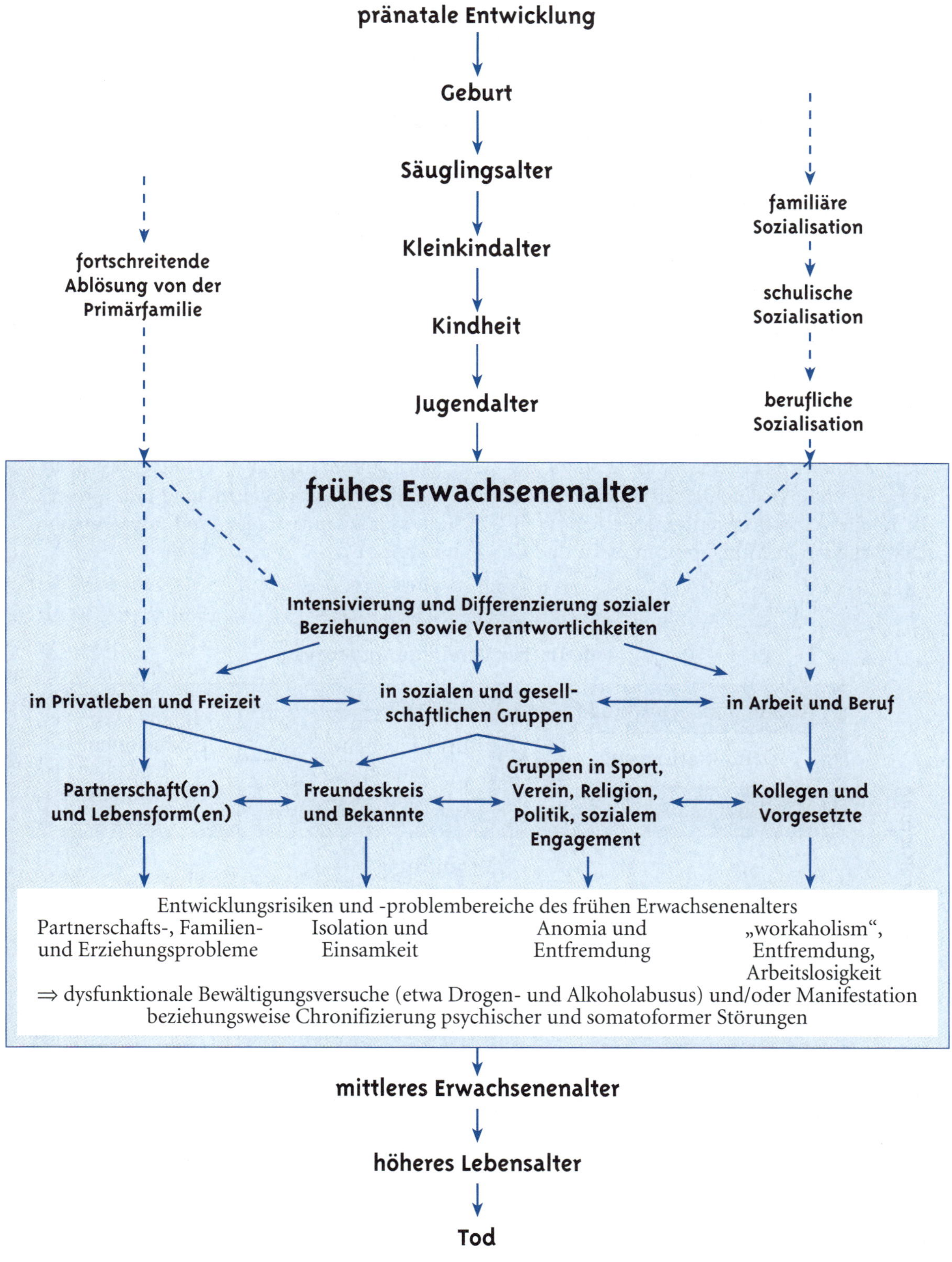

Abbildung 8.1. Entwicklungsaufgaben, -risiken und Problembereiche des frühen Erwachsenenalters im Verlaufskontext

UNTER DER LUPE

Interaktionen gesellschaftlicher Transformationsprozesse mit Transitionsprozessen in das Erwachsenenalter

Die Einflüsse gesellschaftspolitischer Faktoren auf die Übergangsprozesse vom Jugend- zum Erwachsenenalter werden im Zusammenhang mit der „Wende" in Ostdeutschland besonders deutlich. Silbereisen (2000; siehe auch Silbereisen et al., 1996; Silbereisen & Zinnecker, 1999; Silbereisen & von Eye, 1999) und Mitarbeiter haben in größeren Stichproben ost- und westdeutscher Jugendlicher und junger Erwachsener 1991 (also unmittelbar nach der Wende) und 1996 (sechs Jahre nach der Wende) die Übergänge in das frühe Erwachsenenalter untersucht. Abbildung 8.2 zeigt die Heuristik soziologischer und psychologischer Konzepte, mit der sie die Wechselwirkungen zwischen gesellschaftlichen Transformationsprozessen und individuellen Entwicklungsprozessen sowie -aussichten analysiert haben: Der Vereinigungsprozess und die damit verbundene Modernisierung implizieren technologischen Wandel, Demokratisierung und Individualisierungen der Lebensformen, die über den Transfer sozialer und politischer Institutionen zu sozialen Exklusionen (wie Arbeitslosigkeit, Anomie oder Isolation) und Inklusionen (wie Freiheit in persönlichen, sozialen und sozioinstitutionellen Zusammenhängen) führen, die bilanziert werden. Diese sich aus der Lebenssituation ergebenden Anforderungen interagieren mit dem persönlichen Entwicklungsstand und führen zu Entwicklungsanpassungen und Anpassungsbemühungen.

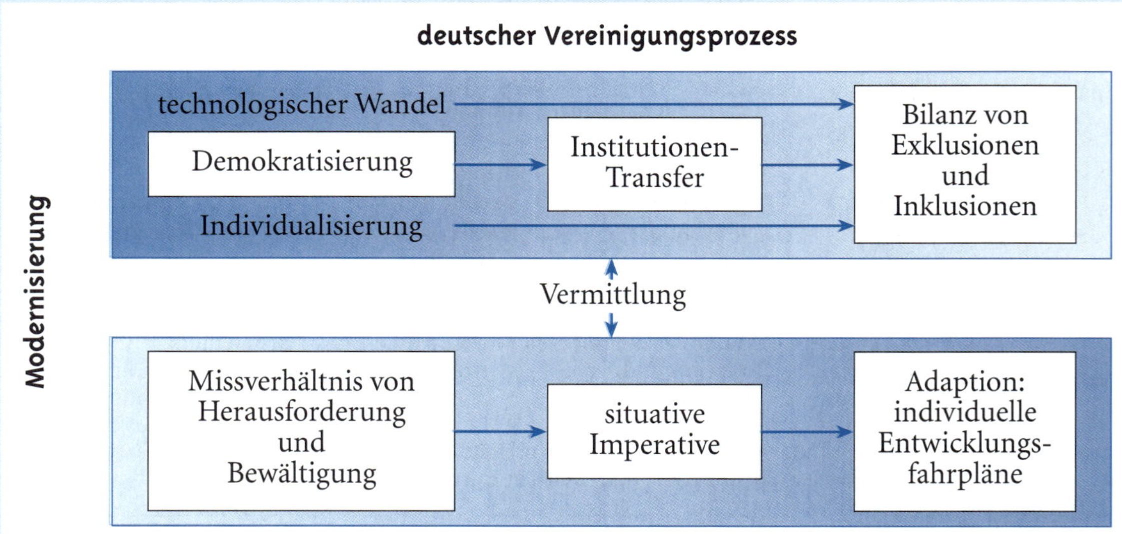

Abbildung 8.2. Heuristik zu den Wechselwirkungen zwischen gesellschaftlichen Transformationsprozessen und individuellen Entwicklungsprozessen im Rahmen der deutschen Vereinigung nach Silbereisen (2000; Abdruck mit freundlicher Genehmigung des Autors)

Die Analysen von Silbereisen et al. weisen auf zum Teil rasante Anpassungen verhaltensnaher Indikatoren für den Übergang in das Erwachsenenalter bei den Ostdeutschen (wie beim Auszug aus dem Elternhaus und den beruflichen Orientierungen), die etwa mit Veränderungen auf dem Wohnungsmarkt und gesellschaftlichen Liberalisierungen in Beziehung gebracht werden können. Rasche Angleichungen sind vor allem dort zu beobachten, wo situative Anforderungen für das persönliche Leben von Bedeutung sind. Bestehen blieben bis 1996 allerdings auch Spezifika der Ostdeutschen, die die Stationen auf dem Weg zu Erwerbstätigkeit, Partnerschaft und Familiengründung schneller durchliefen. Daraus ist abzuleiten, dass sich nicht notwendigerweise alle Verhaltens- und Entwicklungsunterschiede zwischen Ost und West annähern werden, sondern dass einige der Spezifika inzwischen funktionell autonom oder auch normativ geworden sind (Silbereisen, 2000). Dies bestätigt die Wechselwirkungen individueller Transitions- mit gesellschaftlichen Transformationsprozessen, die als situative Imperative Entwicklungsadaptionen erforderlich machen sowie persönliche Entwicklungsaussichten und -fahrpläne mitbestimmen (siehe Abb. 8.2). Diese Zusammenhänge zwischen dem gesellschaftlichen Wandel und der individuellen Entwicklung werden bedeutsam durch das Bildungsniveau und das Geschlecht moderiert. Entwicklungsprozesse zum und im frühen Erwachsenenalter sind danach unter Bezug auf gesellschaftliche Transformationsprozesse differentiell in Abhängigkeit von Geschlecht und Bildungsstand zu beschreiben und analysieren.

2.1 Ablösung von der Herkunftsfamilie

Ein verhaltensnahes Kriterium für die Ablösung von der Ursprungsfamilie ist der Zeitpunkt des Auszuges aus dem Elternhaus. Dieser Zeitpunkt variiert zwischen verschiedenen Kulturen (Rossi, 1997; Taylor & Oskay, 1995) und hängt u.a. von gesellschaftlichen Faktoren wie dem Arbeits- und dem Wohnungsmarkt ab (Buba, 1996; Graber & Dubas, 1996; Hullen, 1995; Meulemann, 1995; Reitzle & Silbereisen, 1999; Scabini & Cigoli, 1997). Durch die Vielzahl soziokultureller Einflussfaktoren sind allgemeinere normative Angaben unmöglich. Relativ konsistent ist allenfalls der Befund, dass Frauen wegen ihres meist geringeren Alters bei der Aufnahme einer Partnerschaft und Ehe früher aus dem Elternhaus ausziehen als Männer.

Partielle Ablösung. Nach Hullen (1995) ist das durchschnittliche Auszugsalter in Deutschland zwischen 1976 und 1991 bei Männern von etwa 21 auf 23 Jahre und bei Frauen von knapp 21 auf knapp 22 Jahre gestiegen. In Zeitvergleichen für 1991 versus 1996 zeigen sich nach Buba (1996) nur geringe Veränderungen. Vor allem männliche junge Erwachsene bleiben danach relativ lange dem elterlichen Haushalt verbunden, wobei vermehrt Formen der partiellen Ablösung auftreten. Eine partielle Ablösung liegt etwa bei Wohnungspendlern mit eigener Wohnung und regelmäßigem, auch längerem Wohnen bei den Eltern vor.

Prädiktoren. Bedeutsame Prädiktoren des Auszugsalters von Männern sind häufiges deviantes Verhalten, eine feste Partnerschaft und ein geringes Ausmaß an erinnertem elterlichen Monitoring im Jugendalter. Bei Frauen kann das Auszugsalter am besten durch die Geschwisterzahl, deviantes Verhalten und eine feste Partnerschaft vorhergesagt werden (Juang et al., 1999).

Psychologische Ablösungskriterien. Zentrale nicht-materielle Elemente der Ablösung beziehen sich auf die Distanzierung von den Eltern, das Aushandeln von sozialen (Macht-)Balancen und die Segmentalisierung der Lebenswelt junger Erwachsener (Supper, 1995). Zu den familären Determinanten dieser Prozesse liegen relativ konsistente Untersuchungsbefunde vor: So erwiesen sich in deutschen, US-amerikanischen und türkischen Stichproben Familienklima-Variablen wie eine geringere Normorientierung und eine flexiblere Handhabung von Familienregeln (also mehr persönliche Freiheit), eine höhere Offenheit und ein geringerer Zusammenhalt bei einer geringer erlebten Akzeptanz durch die Eltern bei jungen Erwachsenen als bedeutsame Prädiktoren der Ablösung vom Elternhaus (Fullinwider-Bush & Jacobvitz, 1993; Schneewind & Braun, 1988; Taylor & Oskay, 1995; Ryan & Lynch, 1989). Neben dem Auszug aus dem Elternhaus selbst werden hier psychologische Ablösungskriterien relevant, die sich insbesondere auf die Selbstständigkeit und die emotionale Autonomie (Ryan & Lynch, 1989) junger Erwachsener beziehen.

Symmetrische Beziehung. Mit der psychologischen Ablösung ist der Übergang von einer komplementären zu einer symmetrischen Beziehung verbunden: junge Erwachsene bauen idealiter zu ihren Eltern eine symmetrische Beziehung (auf der Ebene des gemeinsamen Erwachsenenstatus) auf, die auch nicht durch räumliche Trennung, materielle Unabhängigkeit etc. in ihrer grundlegenden emotionalen Qualität beeinträchtigt wird (Arnett, 1997; Papastefanou, 1997). Ungünstige Ablösungen von der Ursprungsfamilie bergen nicht nur Risiken für die Entwicklung des Selbstwertgefühls (Taylor & Oskay, 1995) und des Sozialverhaltens junger Erwachsener (Fullinwider-Bush & Jacobvitz, 1993), sondern können sich im Extrem auch in psychischen Störungen manifestieren (Brandl, 1991; Kohlendorfer, 1996).

UNTER DER LUPE

Familienklima und Ablösungsaktivitäten

Schneewind und Braun (1988) konstruierten einen Fragebogen zur Erfassung jugendlicher Ablösungsaktivitäten. Mit diesem Instrument untersuchten sie Zusammenhänge zwischen jugendlichen Ablösungsaktivitäten und verschiedenen Aspekten des Familienklimas. In einer Stichprobe von 68 jungen Erwachsenen (Studierende verschiedener Universitätsfächer mit einem mittleren Alter von knapp 24 Jahren) wurde neben einem Instrument zur Erfassung des Familienklimas dieser Ablösungsfragebogen unter drei Instruktionsbedingungen vorgegeben: Erfragt wurden Altersangaben für 24 verhaltensnah beschriebene Ablösungsaktivitäten, z.B.: „Ab wann wurde es akzeptiert, wenn Dein Partner in Deinem Zimmer übernachtete?", „Ab welchem Alter überließen es Deine Eltern Dir, wann Du ins Bett gehst?", „Ab welchem Alter ließen Dich Deine Eltern größere Einkäufe allein machen – Mofa, Fahrrad, Plattenspieler usw.?", „Ab welchem Alter durftest Du alkoholische Getränke zu Dir nehmen?". Die Instruktionsbedingungen bezogen sich

(1) auf die in der eigenen Ursprungsfamilie erlaubte Ablösung,
(2) auf die eigene faktische Ablösung oder
(3) auf die eventuellen eigenen Kindern später zugestandene Ablösung von der Familie.

Die „faktische" Ablösung entspricht der „erlaubten". Mittelwertsvergleiche zeigten, dass nur zwischen der erlaubten und der zugestandenen Ablösung ein statistisch signifikanter Unterschied besteht, der auf Liberalisierungen – vor allem in den Bereichen der Freundschaft/Partnerschaft und Lebensführung – zurückgeführt werden kann. Schneewind und Braun betonen, dass zwischen den Angaben zu der in der Ursprungsfamilie erlaubten und der faktischen Ablösung keine statistisch signifikanten Mittelwertsdifferenzen bestehen. Höher gebildete Jugendliche dieser Geburtskohorten scheinen sich demnach relativ klar an den elterlichen Erwartungen zu orientieren und zeigten einzelne Ablösungsaktivitäten sogar später als es ihnen von den Eltern erlaubt wurde.

Familiäre Normorientierung und Anregung. Ferner erwies es sich, dass die „erlaubten" und „faktischen" Ablösungsaktivitäten relativ eng mit dem Ausmaß der wahrgenommenen familiären Normorientierung und Anregung zusammenhängen. Verzögerte Ablösungsaktivitäten liegen eher dann vor, wenn Familienregeln rigide gehandhabt werden (erhöhte Kontrolle, religiöse Orientierung und Organisation). Offenheit und aktive Freizeitgestaltung in der Familie fördern dagegen die Ablösungsaktivitäten. Diese Beziehungen ließen sich unter der Instruktionsbedingung „zugestandene" Ablösung, bei der es um die Ablösungsaktivitäten künftiger eigener Kinder geht, nicht mehr nachweisen. Dennoch ergaben sich Hinweise darauf, dass die eigenen Ablösungserfahrungen einen Einfluss auf die „zugestandene" Ablösung der nachfolgenden Generation haben.

2.2 Berufsausbildung und Berufseintritt

Die Statuspassagen von der schulischen in die berufliche Ausbildung und in die Berufstätigkeit sind wichtig für die Platzierung des Individuums in der sozialen Struktur einer Gesellschaft, werden aber etwa von US-amerikanischen Studierenden als Kriterium für den Übergang zum Erwachsensein abgelehnt (Arnett, 1997). Auch ostdeutsche Jugendliche bewerten seit der Wiedervereinigung berufsorientierte Werte als weniger wichtig als früher. Dies geht nach Kuhnke (1997) mit einer Zunahme der Freizeit- und Genussorientierung einher, die auf eine Verschiebung materialistischer Orientierungen hin zu individualistisch-hedonistischen deuten. Gleichwohl bleiben Berufsausbildung und Berufseintritt auch in einer zunehmend auf das lebenslange Lernen ausgerichteten Arbeitswelt wesentlich für die Biographie sowie die Entwicklung sozialer Beziehungen und Verantwortlichkeiten (siehe Abb. 8.1).

Einflüsse auf die Berufswahl. Für die berufliche Orientierung sowie die Berufsausbildung und -karriere sind neben dem Geschlecht und dem sozioökonomischen Status der Herkunftsfamilie die Lebensregion (und ihr Arbeitsmarkt) ein zentraler Einflussfaktor (Evans & Heinz, 1994; Heinz et al., 1998; Mönnich & Witzel, 1994), ferner sind elterliche Einflüsse von Bedeutung (Young, 1991). Die Wechselwirkungen zwischen den arbeitsmarktbedingten Möglichkeiten und persönlichen Handlungs- und Entwicklungsorientierungen bestimmen über Berufswahl, -eintritt und -karriere, die nach wie vor stark soziokulturell durch Geschlechtsrollenorientierungen, den sozialen Status und den regionalen Bezug determiniert werden. Berufliche Transitionserfahrungen und die Identitätsentwicklung stehen dabei in einem reziproken Verhältnis: So erleben deutsche und britische junge Erwachsene mit höherem Selbstwertgefühl und höheren sozialen Kompetenzen häufiger fließende, erfolgreiche Übergänge in den Beruf und entwickeln eine stabile berufliche Identität et vice versa (Clark & Kupka, 1994).

Studienfachwahl. Sozioökonomischer Status der Herkunftsfamilie, Geschlecht, Lebensregion und die auf dem Arbeitsmarkt erwarteten Chancen sind neben persönlichen Interessen und Neigungen auch wesentliche Determinanten der Studienfachwahl. Die Aufnahme des Studiums wurde von Stewart et al. (1982) als normatives kritisches Lebensereignis (siehe Kap. 9 und Kap. 20) empirisch analysiert. Dabei stellten sie ähnliche sozioemotionale Anpassungsprozesse und Bewältigungsmuster wie bei anderen normativen kritischen Ereignissen (z.B. Grundschuleintritt, Heirat, Geburt des ersten Kindes) fest.

Phasenmodell der sozio-emotionalen Anpassung beim Übergang ins Studium (Stewart et al., 1982)

(1) Informationsaufnahme und Orientierung
Es werden erste soziale Kontakte geknüpft und Orientierungen aufgebaut, systematisch Informationen eingeholt, soziale Regeln im neuen Umfeld erkundet und mit einem gewissen Konformitätsdruck befolgt. Entwicklungsziel ist die möglichst umfassende Orientierung über formelle und informelle Strukturen und Regeln. Entwicklungsrisiken dieser Phase sind soziale Isolation (Einzelgängertum), Uninformiertheit (Traumtänzertum) oder zu hoher Konformismus (Schaf in der Herde).

(2) Autonomiestreben und Selbstbehauptung
Es entsteht Reaktanz gegen informelle (etwa durch die Peers) und formelle (institutionelle) soziale Regeln sowie gegen Konformitätsdruck. Entwicklungsziele beziehen sich auf die selbständige Auseinandersetzung mit den formellen und informellen Strukturen und Regeln. Entwicklungsrisiken sind anhaltender Konformismus (Mitläufertum) oder generalisierter Widerstand gegen Strukturen und Regeln mit der Gefahr der weiteren Isolation und frühen Abschottung (mangelnde Offenheit für Neues).

(3) Sozial-emotionale Integration
Gelingt die sozial-emotionale Integration in die neue Bezugsgruppe und/oder Institution, so ist die autonome Adaptation an die neue Lebenssituation gelungen. Entwicklungsrisiken sind die weitere soziale Isolation, das Außenseitertum (im Sinne von Personen, die die sozialen Strukturen und Normen nicht kennen) sowie eine persönliche sozial-emotionale Desintegration mit gesteigerter Vulnerabilität für einen Studienabbruch aus sozio-emotionalen, nicht inhaltlich-fachlichen Gründen.

Studienabbruch. Den Bedingungen und subjektiven Begründungen von Studienabbrüchen sind Gold und Kloft (1991) in einer Längsschnittstudie zu den Bildungslebensläufen von über 2.300 deutschen Abiturienten nachgegangen. Ohne Geschlechtsunterschiede waren erhöhte Abbruchquoten bei den Rechts- und Wirtschaftswissenschaften (23 Prozent), etwas reduzierte bei den Naturwissenschaften (11 Prozent) und relativ durchschnittliche bei den Sprach- und Geisteswissenschaften (15 Prozent) zu verzeichnen. Als Gründe für den Studienabbruch wurden vor allem die Praxisferne, Lernschwierigkeiten und schlechte Berufsaussichten angegeben. Eine Faktorenanalyse von 16 zur subjektiven Bedeutsamkeitseinschätzung vorgegebenen Abbruchgründen resultierte in Faktoren, die sich auf subjektive Lern- und Leistungsprobleme, externe Belastungen sowie die Orientierung am Nichtakademischen bezogen.

Besonders interessant sind die von Gold und Kloft (1991) ermittelten Unterschiede zwischen den Gruppen der Studienabbrecher und der Nicht-Abbrecher in den Variablen, die vor dem Studienbeginn und während des Studiums erhoben wurden. Während sich in den allgemeinen Temperamentsmerkmalen kaum Gruppenunterschiede zeigten (lediglich im Trend waren die Studienabbrecher extravertierter und dominanter), wiesen die Nicht-Abbrecher nicht nur günstigere Schulnoten, intellektuelle Fähigkeiten und Arbeitshaltungen, sondern insbesondere auch positivere Selbsteinschätzungen im Studium, ein positiveres Erleben der universitären Umwelt und eine bessere Informiertheit über universitäre Angelegenheiten auf. Die wichtigsten Prädiktoren des Studienabbruchs waren von den Studierenden bereits im 2. bis 3. Semester angegebene Lern- und Leistungsprobleme sowie die von ihnen ebenfalls zu diesem frühen Zeitpunkt erlebte mangelnde Anerkennung durch die Mitstudierenden (nicht aber die durch die Dozenten!).

Motive und Erwartungen von Psychologiestudierenden

Datenerhebungen bei Studienanfängern des Hauptfaches Psychologie in den Jahren 1971, 1980, 1982 und 1990 ergaben als zeitunabhängige Studienmotive vor allem die ausgeprägte persönliche Neigung zur Psychologie, das Interesse am Menschen und das wissenschaftliche Interesse. Das soziale Prestige des Berufs, ökonomische Aspekte und persönliche Probleme (die allerdings den Kommilitonen als Studienmotiv häufig unterstellt werden) spielen dagegen eine untergeordnete Rolle (vgl. Witte & Brasch, 1991).
Die erwartete Studiendauer wird relativ realistisch auf elf bis zwölf Semester eingeschätzt. Die Berufswünsche konzentrieren sich bei rund 50 Prozent der Studienanfänger auf die klinisch-psychologische Anwendungspraxis, zunehmend aber auch auf die Arbeits-, Betriebs- und Organisationspsychologie sowie Marktforschung und Werbung (1990: 21 Prozent). Forschungsorientierte Berufswünsche sind dagegen bei Studienanfängern zwischen 1982 und 1990 von 20 Prozent auf 0 Prozent gesunken.
Studienanfänger der Psychologie schätzen ihre Berufsaussichten gedämpft positiv ein. Dies scheint sich im Studienverlauf zu verändern. Ottersbach et al. (1990) verweisen auf den krisenhaften Verlauf der wahrgenommenen Berufsaussichten von Studierenden. Nach dem Vordiplom durchliefen die Studierenden eine Phase, die Ottersbach et al. als „kollektives Durchgangsstadium“ bezeichnen, das durch die Antizipation von Arbeitslosigkeit charakterisiert ist. Viele Psychologiestudierende entwickelten dafür spezifische kognitiv-antizipatorische Bewältigungsstrategien, die zu einer Verlängerung der Studienzeit (wer weiß was kommt ...), subjektiven Entwertung des Diploms und des eigenen Tuns im Studium (Sinnverlust) sowie Privatisierung der Berufsqualifikation (außerhalb der Universität) führen.

3 Intensivierung und Differenzierung sozialer Beziehungen sowie Verantwortlichkeiten

In der Pluralisierung der Lebensformen sowie der Individualisierung der Lebensstile und Biographien in den modernen Gesellschaften ist das frühe Erwachsenenalter primär durch die Intensivierung und Differenzierung sozialer Beziehungen und Verantwortlichkeiten in Privatleben und Freizeit, sozialen und gesellschaftlichen Gruppen sowie in Arbeit und Beruf charakterisiert (siehe Abb. 8.1). Bevor auf diese Lebensbereiche junger Erwachsener eingegangen wird, soll anhand der exemplarischen Untersuchungsbefunde von Winefield und Harvey (1996) auf deren enge Vernetzung verwiesen werden (s. folgende „Unter der Lupe“, S. 332).

Selbstgenannte Entwicklungsziele. Die Entwicklungsziele junger Erwachsener bleiben im Vergleich zu denen älterer Erwachsener auf solche zentriert, die auf die eigene Lebensphase des frühen Erwachsenenalters bezogen sind (Hundertmark & Heckhausen, 1994). Inhaltlich erweisen sich dabei vor allem solche Zielbereiche als spezifisch für das junge Erwachsenenalter, die das Freizeitverhalten (etwa: „To begin some new hobbies“) sowie die Partnerschaft und Familiengründung betreffen (Nurmi, 1992). Gleichzeitig wird von jungen Erwachsenen im Vergleich zu älteren signifikant häufiger angegeben, dass sie sich Gedanken und Sorgen um das Finden neuer Freunde, den Aufbau und Erhalt eines Freundeskreises sowie die eigene Persönlichkeitsentwicklung (etwa den Erhalt oder die Förderung von Gelassenheit und Unabhängigkeit) machen.

UNTER DER LUPE

Winefield und Harvey analysierten die Beziehungen zwischen der sozialen Entwicklung und der Identitätsentwicklung bei 111 US-amerikanischen Studierenden im Alter von 23 bis 26 Jahren. Durchgeführt wurden Fragebogen- und Interviewerhebungen zur Anzahl, Dauer, Intensität und Qualität der sozialen Beziehungen zu unterschiedlichsten Personen und Personengruppen, zum Vertrauen in die eigenen sozialen Kompetenzen sowie zur ausbildungsbezogenen Identität. Eine Clusteranalyse der von 99 Personen vorliegenden vollständigen Daten führte zu fünf Personen-Clustern, die sich in diesen Variablen signifikant unterscheiden (siehe Tab. 8.1). Deutlich wird die Variabilität der sozialen Beziehungsmuster im frühen Erwachsenenalter und deren Beziehungen zu Aspekten der Identität, für die bedeutsame Zusammenhänge mit dem Selbstkonzept (Marsh, 1989) anzunehmen sind.

Tabelle 8.1. Clusteranalytische Untersuchungsbefunde zu den sozialen Beziehungsmustern und Selbstbeschreibungen von jungen Erwachsenen (N = 99; Winefield & Harvey, 1996)

Cluster	%	Charakteristika
isoliert	10 Prozent	– geringste Anzahl von Freunden – geringste Häufigkeit von Aktivitäten mit Freunden – wenigste enge Freundschaften – geringste Offenheit in der Beziehung zu engen Freunden – keine stabile Partnerbeziehung – distanzierteste Beziehung zu den Eltern – geringstes Vertrauen in eigene soziale Kompetenzen
prä-erwachsen	37 Prozent	– höchste Häufigkeit von Aktivitäten mit Freunden – geringe ausbildungsbezogene Identität
sozial	5 Prozent	– höchste Anzahl enger Freundschaften – höchste Offenheit in der Beziehung zu engen Freunden – engste Beziehung zu den Eltern – höchstes Vertrauen in eigene soziale Kompetenzen – geringe ausbildungsbezogene Identität
studentisch	28 Prozent	– kürzeste Dauer enger Freundschaften – höchste ausbildungsbezogene Identität
erwachsen	20 Prozent	– höchste Anzahl von Freunden – längste Dauer enger Freundschaftsbeziehungen – längste und engste stabile Partnerbeziehung

Dass diese Befunde von Nurmi (1992) nicht auf finnische junge Erwachsene begrenzt sind, zeigen etwa die von Wirthensohn (1987) in einer Längsschnittstudie bei 1.315 Schweizern im Alter von 18 bis 21 Jahren gewonnenen Ergebnisse. Der Aufbau einer engen Partnerschaft (bzw. auch Ehe) wird von beiden Geschlechtern gleichermaßen befürwortet. Dies ist mit liberalen Grundhaltungen zu Fragen des Rollenverhaltens von Männern und Frauen verbunden (bei jungen Frauen deutlicher als bei den Männern), und im drei Jahre umfassenden Untersuchungszeitraum zeigten sich Einstellungsveränderungen in Richtung partnerschaftlicherer Vorstellungen bei den jungen Frauen und Männern.

3.1 Berufliche Entwicklung

Typische Verläufe der beruflichen Entwicklung werden meist in Form von Stadienmodellen abzubilden gesucht. Super (1992) beispielsweise unterscheidet über die gesamte Lebensspanne fünf Stadien und diverse Substadien, die mit den allgemeinen Entwicklungsaufgaben korrespondieren. Nach einer durch Wachstum, Neugier, Phantasie und Interessen geprägten Entwicklung in der Kindheit setzt das Jugendalter ein mit der Entdeckung eigener Fähigkeiten, die mit den bereits gebildeten Interessen abgeglichen werden. Ungefähr mit der Volljährigkeit beginnt das Stadium der Exploration, in welchem sich das Berufsbild herauskristallisiert und sodann spezifiziert und implementiert wird, was etwa in der Mitte des dritten Lebensjahrzehnts abgeschlossen sein sollte. Es folgen eine Phase der Stabilisierung, mit dem Beginn des vierten Lebensjahrzehnts die Phase des „Establishments" mit Konsolidierung und Aufstieg, sodann eine Phase der Aufrechterhaltung, schließlich Spezialisierung und „Disengagement" bis in den Ruhestand.

Zunehmende Rollenvielfalt. In diesen verschiedenen Stadien kommen sechs verschiedenen Rollen höchst unterschiedliche Gewichte zu. Das Jugendalter ist gekennzeichnet durch ein Rollenprofil mit einem starken Gewicht der Auszubildendenrolle, einem Rückgang der Kindrolle und einem mittleren Ausmaß an Freizeit.

Im jungen Erwachsenenalter kommen in geringem Ausmaß Bürgerpflichten hinzu, in starkem Ausmaß die Rolle der erwerbstätigen Person, zeitlich etwas später ebenfalls in starkem Ausmaß Haushaltspflichten; die Rolle des Kindes wird weiter reduziert, Freizeit und Auszubildendenrolle gehen zurück. Gemessen am Jugendalter ist das junge Erwachsenenalter also von einer wesentlich größeren Rollenvielfalt mit höheren Anforderungen und weniger Freizeit gekennzeichnet. Abweichungen von diesem prototypischen Verlauf sind durch eine Vielzahl von Einflussvariablen möglich, viele davon empirisch belegt. So lassen sich etwa Unterschiede im Ausmaß, in dem bestimmte Rollen ausgeübt werden, durch persönliche Vorlieben für bestimmte Rollen und Aufgaben vorhersagen; aber auch situative Zwänge eignen sich als Prädiktoren, beispielsweise eine früh einsetzende Pflegebedürftigkeit eines Elternteils und damit ein ungewöhnlich früher Wiederanstieg der Anforderungen in der Rolle als Kind, die einen jungen Erwachsenen veranlassen, Pflegeaufgaben zu übernehmen und dafür Aufgaben in anderen Rollenbereichen zu reduzieren. Durch solche Variablen wird nicht nur die Normativität dieses Phasenmodells reduziert, sondern werden auch unterschiedliche Berufswahlen und Verläufe erklärbar.

Einflussfaktoren statt typischer Verläufe. Moderne Konzeptionen verzichten meist ganz auf den Entwurf typischer Verläufe. Zwar wird über die gesamte Lebensspanne gedacht und modelliert, Einflussvariablen werden indes nur noch zu Faktoren gruppiert, etwa

(1) Herkunftsfamilie in der Kindheit,
(2) extrafamiliales Netzwerk in der Kindheit (darunter Peers, Schule, Jobs),
(3) extrafamiliales Netzwerk des Erwachsenen (darunter Beruf, Arbeitsplatz, interpersonelle Beziehungen) und
(4) eigene Familie des Erwachsenen sowie
(5) Umweltgegebenheiten (ökonomischer Kontext, Sozial- und Bildungspolitik, technologischer Fortschritt, Arbeitsmarktsituation, organisatorischer und institutioneller Kontext, Umweltgegebenheiten, Arbeitsgesetzgebung, soziokultureller Kontext).

Diese Einflussvariablen werden in umfänglichen Tableaus angeordnet, denen eher die Funktion zukommt, an relevante Einflussgrößen zu erinnern oder Entscheidungen über die Generalisierbarkeit von Befunden zu erleichtern (z.B. Vondracek et al., 1986).

Persönlichkeit, Berufswahl und „Berufsreife". Frühe Theorien zur Berufswahl haben im Wesentlichen auf Passungen zwischen Persönlichkeit und spezifischen Charakteristika von beruflichen Tätigkeiten fokussiert. Welcher Beruf gewählt wird, sollte nach diesen Vorstellungen von der Passung der spezifischen Interessen, Bedürfnissen, Fähigkeiten, Werten oder auch Wahrnehmungsgewohnheiten des Jugendlichen mit Charakteristika des spezifischen Berufes abhängen. Es zeigte sich bald, dass dieses Modell differenzierungsbedürftig war, und so wurden Einflüsse von soziodemographischen Merkmalen (etwa Status der Herkunftsfamilie, Lebensregion), Arbeitsmarktspezifika, psychologische Variablen und nicht zuletzt die Rolle des Zufalls mit berücksichtigt. Die „Berufsreife" definiert Super (1992) aus dem Ausmaß erfolgter Berufsplanung und Berufserkundung, verfügbarer Arbeitsweltinformationen, Ausmaß an Wissen über die bevorzugte Berufsgruppe sowie an rationalem Entscheidungsverhalten und Realismus bei der Berufsentscheidung. In vergleichenden Untersuchungen haben sich junge Frauen nach dieser Definition als „berufsreifer" erwiesen als ihre männlichen Altersgenossen (Super, 1992).

Geschlechtsunterschiede bei der Bildungsbeteiligung. Geschlechtsunterschiede hinsichtlich der Bildungsbeteiligung sind indes verschwunden, junge Frauen unterscheiden sich im Besuch weiterführender Schulen nicht mehr von ihren männlichen Altersgenossen (Bundesministerium für Bildung und Forschung, 2000), in ihren Schulabschlüssen weisen sie sogar signifikant bessere Ergebnisse auf (Hille & Zierau, 1994). Die Entwicklungslinien nach dem Schulabschluss zeigen dann jedoch wieder deutliche Geschlechtsunterschiede, die Wege der jungen Frauen und Männer trennen sich. Vergleicht man etwa die zehn am stärksten besetzten Berufe für weibliche und männliche Auszubildende im Jahr 1998 in Deutschland, findet man nur einen einzigen bei beiden Geschlechtern, nämlich Einzelhandelskauffrau bzw. -mann. Ansonsten gibt es keine Überschneidungen, Frauen werden primär zur Bürokauffrau, Arzt- und Zahnarzthelferin, Friseurin, Industriekauffrau, Fachverkäuferin im Nahrungsmittelhandwerk, Bankkauffrau, Kauffrau für Bürokommunikation und Hotelfachfrau ausgebildet. Männer werden Kraftfahrzeugmechaniker, Elektroinstallateur, Maler und Lackierer, Tischler, Maurer, Gas- und Wasserinstallateur, Kaufmann im Groß- und Außenhandel, Metallbauer sowie Zentralheizungs- und Lüftungsbauer. Extrem niedrige Frauenanteile weisen Informations- und Telekommunikationselektronik sowie Fachinformatik auf. Bei den akademischen Ausbildungen finden sich hohe Frauenanteile in den Fächern Veterinärmedizin, Sprach- und Kulturwissenschaften, in Lehramtsstudiengängen sowie Kunst- und Kunstwissenschaften, hohe Männeranteile in den Ingenieurwissenschaften, in Mathematik und Naturwissenschaften, gefolgt von Rechts-, Wirtschafts- und Sozialwissenschaften (Bundesanstalt für Arbeit, 2000).

Erklärungen für die eingeschränkte Berufswahl. Die eingeschränkte Berufswahl wird einerseits mit situativen Faktoren erklärt (beispielsweise Barrieren wie Widerstände der Eltern, Sexismus bei Arbeitgebern, Vereinbarkeitsproblemen; vgl. Engelbrech, 1991; Hollinger & Fleming, 1993). Andererseits werden häufig auch die gelernten sozialen und Familienorientierungen der jungen Frauen versus Aufstiegs- und materielle Orientierung bei den jungen Männern angeführt, die die Bildung einer Berufsidentität bei jungen Frauen erschwere, da sie gewissermaßen eine zweigleisige Entwicklung in mitunter kaum miteinander harmonisierbaren Bereichen, dem beruflichen und dem familiären, zu bewerkstelligen hätten (Block, 1973).

Frauen und Berufswahl. Auch das Spektrum der Berufe, in denen Frauen ausgebildet werden, ist eingeschränkter: Deutlich weniger junge Frauen können ihre Berufswünsche realisieren, Mädchen investieren materiell mehr in ihre Berufsausbildung, bleiben trotz vergleichbarer Anstrengungen doppelt so häufig ohne Zusage auf Bewerbungen, sind bei den unvermittelten Bewerbern überrepräsentiert (Engelbrech, 1991), realisieren nur in geringem Ausmaß eine akademische Karriere (Hille & Zierau, 1994) und sind, wenn sie einen akademischen Abschluss erworben haben, signifikant häufiger und zunehmend unterwertig beschäftigt – 1995 waren in den alten Ländern ein Viertel, in den neuen Ländern ein Drittel unter ihrem Qualifikationsniveau beschäftigt (Bundesanstalt für Arbeit, 2000).

Frauen und beruflicher Erfolg. Deutliche Geschlechtsunterschiede gibt es auch im Einkommen. Frauen werden im Durchschnitt geringer entlohnt, nicht nur aufgrund horizontaler Segregation (weil sie häufiger in Berufen am unteren Ende der Einkommensskala vertreten sind), sondern auch durch vertikale Segregation – auch bei gleich langer ununterbrochener Betriebszugehörigkeit auf dem gleichen Niveau verdienen Frauen im Durchschnitt nach vier Jahren ein Viertel weniger als Männer (Engelbrech, 1991). Entsprechend umgekehrte Geschlechtsunterschiede findet man bei der unbezahlten Arbeit: Im Durchschnitt erbringen junge Frauen ihre besseren Schulleistungen mit signifikant höheren Belastungen durch Haushaltsverpflichtungen in der Herkunftsfamilie (Emler & Hall, 1994). In nahezu allen Familienkonstellationen leisten Frauen mehr Haushaltsarbeit und Kinderbetreuung (Bundesministerium für Familie und Senioren & Statistisches Bundesamt, 1994; Institut für Praxisorientierte Sozialforschung Mannheim, 1992; Oberndorfer, 1993; Steil, 1994). So verwundert es nicht, dass Frauen insgesamt länger arbeiten als Männer (Künzler, 1995), wenngleich sie sich im Umfang der Erwerbstätigkeit den Männern annähern (75 Prozent aller mit einem Partner zusammenlebenden Frauen und 85 Prozent aller mit einer Partnerin zusammenlebenden Männer unter 40 Jahren sind vollzeit erwerbstätig, wenn sie kinderlos sind; vgl. Schulze Buschoff, 1996). Ihre Chancen auf beruflichen Erfolg steigen mit ihrer Begabung, der Liberalität ihrer Geschlechtsrollenorientierung, mit Instrumentalität, Androgynität, hohem Selbstwert, gutem akademischem Selbstkonzept, höherer Schulbildung, der Absolvierung von Leistungskursen in Mathematik, dem Besuch einer Mädchenschule und einer Frauenuniversität, Erwerbstätigkeit der Mutter, Unterstützung durch den Vater, höherer Bildung der Eltern, dem Vorhandensein weiblicher Rollenmodelle, Erfahrungen mit Erwerbsarbeit in der Jugend, androgyner Erziehung, Ehelosigkeit oder später Heirat sowie Kinderlosigkeit, und sie sinken mit der Anzahl eigener Kinder (Betz & Fitzgerald, 1987).

3.2 Partnerwahl

Die Entstehung und Bildung intimer (romantischer) Partnerschaften wird in der entwicklungspsychologischen Fachliteratur in der Regel auf den ersten Sexualkontakt datiert. Zahlreiche internationale Untersuchungsbefunde weisen darauf hin, dass erste Sexualkontakte und intime Partnerschaften aufgrund säkularer Akzelerationsprozesse in westlichen Industrieländern schon vor dem jungen Erwachsenenalter, d.h. im Jugendalter häufig sind (siehe Kap. 7). Der Zeitpunkt selbst wird durch zahlreiche Einflussfaktoren mitbestimmt:

- das Ausmaß elterlicher Kontrolle bei Verabredungen mit dem anderen Geschlecht (Fullinwider-Bush & Jacobvitz, 1993; Meschke & Silbereisen, 1997),
- die Qualität der schulischen Sexualerziehung (Sawyer & Smith, 1996),
- psychosexuelle Einstellungen und Normen der Kultur und Subkultur (Verhofstadt-Deneve & Schittekatte, 1993),
- die Häufigkeit von Verabredungen und Partybesuchen (Meschke & Silbereisen, 1997; Silbereisen & Wiesner, 1999) sowie
- die Häufigkeit risikoreicher und delinquenter Freizeitaktivitäten (wie Ladendiebstahl, Belästigung und Bedrohung anderer; Devine et al., 1993; Meschke & Silbereisen, 1997).

Silbereisen und Wiesner (1999) legten neuere Befunde zu Altersangaben für Deutschland vor. Ohne bedeutsame Unterschiede zwischen den Regionen (Ost- versus Westdeutschland) und den Erhebungszeitpunkten (1991 versus 1996) geben Mädchen im Durchschnitt an,

- sich etwa mit 14,5 Jahren zum ersten Mal verliebt zu haben (Jungen: 15 Jahre),

- mit etwa 16 Jahren den ersten festen Freund gehabt zu haben (Jungen: mit etwa 16,5 Jahre die erste feste Freundin) und
- mit etwa 16,5 Jahren den ersten Sexualkontakt gehabt zu haben (Jungen: 16,7 Jahre).

Im Alter von 18 bis 21 Jahren berichtet die Mehrheit der jungen Erwachsenen in westlichen Ländern darüber, bereits mehrere intime Partnerschaften erlebt zu haben. Junge Männer geben mit drei bis vier im Durchschnitt etwas höhere Zahlen an als junge Frauen mit zwei bis drei Partnerschaften (vgl. etwa Devine et al., 1993).

Partnerwahl

Die Partnerwahl ist in den Phasen der Kontaktaufnahme und des Kennenlernens wesentlich von der Attraktivität potentieller Partner bzw. Partnerinnen und deren Verfügbarkeit abhängig. Sowohl nach soziologischen als auch nach psychologischen Konzeptionen der Partnerwahl (siehe etwa Olbrich & Brüderl, 1986) ist ein Übergang von zunächst eher passiven, extern bestimmten und partiell auch zufallsbedingten Entwicklungsverläufen zu solchen anzunehmen, die zunehmend aktiv von der Partnerin und dem Partner im Sinne des Prinzips vom „co-development" in einer Partnerschaftsbeziehung gestaltet werden. Mit Jäckel (1980) kann dieser Prozess grob in die Abschnitte (1) des Kennenlernens, (2) der ersten Paarbeziehung und (3) der gefestigten Paarbeziehung strukturiert werden.

Attraktivität. Das Kennenlernen hängt häufig von externen und partiell zufallsbedingten Faktoren des Kontakts mit Menschen ab, die sich in äußerlichen oder sozialen Merkmalen ähnlich sind. Neben Ähnlichkeiten in Merkmalen wie der Altersgruppe, der Wohngegend, dem sozioökonomischen Status, den Freizeitinteressen, dem Bildungsstand sowie der Berufs- oder Ausbildungsgruppe

EXKURS

Typen, Arten und Formen der Liebe im Spiegel der Forschung

Liebe zu einem anderen Menschen ist die häufigste Antwort auf die Frage, warum eine Partnerschaft oder Ehe besteht. Empirisch und taxonomisch hat sich die soziale Kognitionsforschung (siehe Kap. 17) ausführlich damit beschäftigt, was von Menschen unter Liebe verstanden wird, welche Charakteristika Liebesbeziehungen ausmachen und wie sich Liebesbeziehungen entwickeln. Mehr oder weniger empirisch fundiert konkurrieren aktuell verschiedene Taxonomien zu Typen, Arten oder Formen von Liebe in der Fachliteratur. In Tabelle 8.2 sind exemplarisch empirische Befunde aus Dimensionsanalysen von Daten über persönliche Erfahrungen mit Liebesbeziehungen und Partnerschaften zusammengestellt. Trotz Unterschieden im Auflösungsgrad der Beschreibungen besteht Einigkeit darin, dass es notwendig ist, verschiedene Arten oder Formen der Liebe zu unterscheiden, die u.a. durch unterschiedliche Entwicklungsverläufe gekennzeichnet sind. Einschränkend ist zu bedenken, dass die von Lee (1977), Kelley (1983) sowie Dion und Dion (1985) induktiv gewonnenen Beziehungstypen in ihrer reinen Form selten auftreten werden und dass Mischformen mit Elementen aus mehreren Typen oder Formen bei eventueller Dominanz eines Liebesstiles häufiger sind.

Tabelle 8.2. Stile, Typen und Arten der Liebe sowie des Verlaufs von Liebesbeziehungen im Spiegel empirischer Analysen

Taxonomie	Merkmale	Aussagen zur Entwicklung
Lee (1977): Six Styles of Love		
1. Storge	Freundschaftstyp der L.: enge, tiefe, intime und umsorgende Beziehung	anhaltend
2. Ludus	L. als Spiel, das gewonnen werden will: permissiv, spielerisch	kurzfristig
3. Mania	Wechsel von Liebe und starker Eifersucht: obsessiv, disruptiv	schwankende Beziehung
4. Agape	altruistische (Nächsten-)Liebe: Sorge um den Anderen dominiert	anhaltend, so lange Anlass zur Sorge besteht
5. Eros	physische Liebe: mächtig, unmittelbar	anhaltend, so lange die sex. Attraktion besteht
6. Pragma	pragmatische Beziehung: lebenspraktisch, rational	anhaltend, so lange die Beziehung lebenspraktisch ist
Kelley (1983): Three Types of Love		
1. passionate	Schwerpunkt auf bedürfnis-orientierten Aspekten wie Sex, Selbstwerterhaltung, Vermeidung von Einsamkeit	häufig mit plötzlichem Beginn und kurzer Dauer
2. pragmatic	Schwerpunkt auf gegenseitigem Vertrauen und Toleranz	entwickelt sich langsam aus vertrauensvoller Beziehung
3. altruistic	internal motivierte, uneigennützige Umsorgung des Anderen	unklare Entwicklung; wahrscheinlich lang anhaltend
Dion & Dion (1985): Five Types of Social Cognitions about Love		
1. volatile	überwältigend, unvorhersehbar, spannend, geheimnisvoll	schneller Beginn, meist kurze Dauer
2. rational	sachlich, vorhersehbar, kontrolliert, systematisch	?
3. circumspect	vorsichtig, subtil, passiv	?
4. passionate	sinnlich, physisch, aktiv, emotional	?
5. impetuous	impulsiv, abenteuerlich, plötzlich	?

Dieser Einwand wird von Sternberg (1986) in seiner deduktiv entwickelten triangularen Taxonomie zu Arten der Liebe stärker berücksichtigt (siehe Tab. 8.3). Ausgangspunkt dieser taxonomischen Überlegungen ist die Unterscheidung von drei Komponenten, die in sozialen Beziehungen eine Rolle spielen können:

(1) Intimität bezieht sich auf die Enge und persönliche Nähe in einer Beziehung, mithin ihre emotionale Qualität;

(2) unter der Passion wird die motivationale Qualität einer Beziehung verstanden, die sich nicht nur auf die sexuelle Erregung und physische Anziehung, sondern auch auf die Bedeutung der Beziehung für die Befriedigung von Selbstwert- und Affiliationsmotivationen beziehen kann;

(3) Entscheidung/Commitment betrifft als eine eher kognitive Facette den kurz- und längerfristigen Beziehungsverlauf. Der kurzfristige Aspekt wird in der subjektiven

(mehr oder weniger bewussten) Entscheidung reflektiert, mit einem anderen Menschen zusammen zu sein; der längerfristige Aspekt betrifft das Commitment, die Partnerschaft aufrecht zu erhalten und zu pflegen.

In Tabelle 8.3 sind die acht Arten von Liebe (versus Nicht-Liebe) systematisiert, die sich bei einfacher Dichotomierung einer positiven versus negativen Ausprägung dieser drei Komponenten in persönlichen Beziehungen ergeben können. Sternbergs (1986) deduktive Taxonomie ist ein explizit normatives Modell, dem vor allem heuristischer Wert zukommt.

Tabelle 8.3. Arten der Liebe im Spiegel taxonomischer Überlegungen: Die triangulare Taxonomie von Sternberg (1986)

Art der Liebe	Komponente		
	Intimität/pers. Nähe	Passion/Motivation	Entscheidung/Commitment
keine Liebe	–	–	–
Sich mögen	+	–	–
betörende Liebe	–	+	–
leere Liebe	–	–	+
romantische Liebe	+	+	–
kameradschaftliche Liebe	+	–	+
alberne Liebe	–	+	+
vollendete Liebe	+	+	+

kommt der physischen Attraktivität für die Partnerwahl herausragende Bedeutung zu. Der erste Eindruck von einem Menschen bezieht sich primär auf die physische Attraktivität und bestimmt weitgehend die anfängliche Sympathie, die weitere Kontaktbemühungen erst wahrscheinlich macht. Auf die Frage, warum Männer ebenso wie Frauen trotz teilweise anderer Behauptungen gut aussehende Partner bzw. Partnerinnen bevorzugen, gibt es mehrere Antwortversuche (vgl. z.B. Felser, 1999).

Evolutionsbiologische Erklärung. Evolutionsbiologisch wird argumentiert, dass das Interesse an einer optimalen Reproduktion unserer Gene zur Wahl junger, gesunder Partner bzw. Partnerinnen führt. Physische Attraktivität wäre demnach durch solche äußere Merkmale bestimmt, die auf Jugend und Gesundheit schließen lassen. Zu bedenken bleibt nicht allein, dass dieser Rückschluss subjektiv ist, sondern ebenfalls, dass die Bevorzugung attraktiver Menschen auch in gleichgeschlechtlichen Sozialbeziehungen dominiert.

Der erste Eindruck. Evolutionsbiologische sowie hedonistisch und ästhetisch ausgerichtete Begründungen für die Bevorzugung attraktiver Partner vernachlässigen die psychologischen Prozesse der Eindrucksbildung in der Personenwahrnehmung. Im ersten Eindruck von einem subjektiv attraktiven Menschen werden zahlreiche Zuschreibungen positiver Eigenschaften manifest, über die zunächst keine Informationen vorliegen, die mit subjektiver Sicherheit angenommen, objektiv betrachtet jedoch nur vermutet und erst später überprüft werden können (Eckert et al., 1989), die aber gleichwohl den Schritt vom Kontakt zum Kennenlernen wahrscheinlicher machen. Dieser erste subjektive Eindruck weist erhebliche interindividuelle Unterschiede auf. Attraktivitätsstereotype und kulturelle Schönheitsideale, die sich etwa auf Jugendlichkeit, Gesundheit, positiv-emotionalen Gesichtsausdruck, Schlankheit, Körpergröße und die subjektive Attraktivitätsähnlichkeit beziehen (vgl. z.B. Felser, 1999), beeinflussen diesen ersten Eindruck ebenso wie die situativen Rahmenbedingungen des Kennenlernens. Ein positiver erster Eindruck und angenehme Begleitumstände des Erstkontakts führen zu einer positiven assoziativen Verknüpfung der Person, die die Wahrscheinlichkeit einer Vertiefung des Kennenlernens und der Beziehungsaufnahme erhöht.

Endogamie-Prinzip der Partnerwahl. Nicht nur formal ist aus psychologischer Sicht ferner die Verfügbarkeit potentieller Partner bzw. Partnerinnen zu beachten. Dies bezieht sich vor allem auf die Frage nach den Kontaktmöglichkeiten und ihren Einflussgrößen. Ähnlichkeiten in Merkmalen wie der Altersgruppe, der Wohngegend, dem sozioökonomischen Status, den Freizeitinteressen, dem Bildungsstand sowie der Berufs- oder Ausbildungsgruppe wurden bereits als förderliche Faktoren genannt, da mit ihnen die Kontaktwahrscheinlichkeit zunimmt. Kultur- und Subkulturähnlichkeiten dieser Art werden in der Ethnologie als Endogamie-Prinzip der Partnerwahl bezeichnet, das vor allem durch soziale und familiäre Normen bedingt ist.

Homogamie und Heterogamie. In der Homogamie-Position findet das Endogamie-Prinzip seine Ausweitung auf Ähnlichkeiten auf der psychologischen Ebene, die etwa für Einstellungen, Wertorientierungen, Interessen, Ansprüche, Lebensziele und Umgangsformen nach dem Motto „Gleich und gleich gesellt sich gerne" besser empirisch belegt sind als für Persönlichkeitsmerkmale. Für Persönlichkeitsmerkmale von Partnern, die eine Beziehung aufnehmen, sind die korrelationsstatistisch bestimmten Ähnlichkeiten in Persönlichkeitsmerkmalen gering ausgeprägt (Murstein, 1986). Ob dies ein Beleg für die Position der Heterogamie („Gegensätze ziehen sich an") ist, oder ob dies daran liegt, dass in der Phase der Partnerwahl abstraktere Persönlichkeitseigenschaften weniger gut erkennbar sind als konkrete, verhaltensnahe und besser objektivierbare Indikatoren des sozioökonomischen Status, der Umgangsformen, von Einstellungen etc. ist unklar.

„Women marry up". Für Heterogamie bei der Partnerwahl existieren allerdings indirekte Belege, die Feingold (1990, 1992) unter Bezug auf das „parental investment model" von Trivers (1985) in einer Übersichtsarbeit zusammengeführt hat. Im „parental investment model" wird die im Alltagsverständnis verbreitete Meinung, dass Männer bei der Partnerinnenwahl vor allem auf die physische Attraktivität, Frauen bei der Partnerwahl dagegen auf den sozioökonomischen Status achten, evolutionstheoretisch anhand geschlechtsspezifischer Unterschiede in der biologischen Reproduktion begründet. Die metaanalytische Auswertung von 34 US-amerikanischen Studien zur Partnerwahlpräferenz (Feingold, 1990, 1992) zeigt, dass Frauen im Durchschnitt dazu tendieren, stärker den sozioökonomischen Status, das Leistungsstreben, die Intelligenz und den Charakter potentieller Partner zu beachten als Männer. Dies bestätigt die These, dass auch in Industriestaaten das von Newmann und Newman (1975) beschriebene ältere Prinzip des „women marry up" verbreitet ist. In den Selbstaussagen zur Partnerinnenwahl der Männer dominierte dagegen eindeutig das Merkmal der physischen Attraktivität.

Frühe Partnerschaftsentwicklungen

Der Übergang vom Erstkontakt und Kennenlernen zum Aufbau der ersten, beginnenden Paarbeziehung ist durch Intensivierungen der Kontakthäufigkeit und -intimität markiert. Dabei können die Ähnlichkeiten und Unterschiede in Einstellungen, Interessen, Werten und Eigenschaften aktiv exploriert und überprüft, aber auch verklärt und ggfs. projektiv überhöht werden. Das eher passiv, durch Kontaktmöglichkeiten, erste Eindrücke und situative Rahmenbedingungen bestimmte Kennenlernen wird schrittweise durch eine aktivere Abstimmung und Bearbeitung der Partnerschaft abgelöst.

Phase der Elaboration von Rollen. Lewis (1973) beschreibt diesen Übergang bei gelingenden vorehelichen Partnerschaften in sechs Entwicklungsphasen:

(1) Die Wahrnehmung und Vermutung von Übereinstimmungen und Ähnlichkeiten führt zu
(2) einer vertieften Sympathie durch gegenseitige positive Bewertungen, das Erleben von Bestätigung durch den Anderen und die zunehmend erleichterte Kommunikation, wodurch
(3) die wechselseitige Selbstöffnung erhöht und
(4) die Übernahme wechselseitig und gemeinsam definierter Rollen erleichtert wird;
(5) die Beziehung wird in gegenseitigen Rollenergänzungen und -anpassungen von beiden zunehmend aktiv gestaltet und
(6) kann in eine dyadische Kristallisierung führen, die durch anhaltendes Engagement und Bindung sowie das Erleben von Paaridentität bei gleichzeitiger Abgrenzung der jeweils eigenen Individualität gekennzeichnet ist.

Von der sicheren Basis zur Bearbeitung von Diskrepanzen. Olbrich und Brüderl (1986, S. 193) fassen dieses rollentheoretisch orientierte Modell der Entwicklung vorehelicher Partnerschaften von Lewis (1973) als einen Prozess zusammen, „in dem zunächst eine ‚sichere Basis' geschaffen wird, von der aus dann eine Bearbeitung von Diskrepanzen erfolgen kann". Für das Erreichen einer „sicheren Basis" sind anfangs Ähnlichkeitsvermutungen sinnvoll, die zu Intensivierungen des Kontaktes und der Kommunikation führen. Daraus resultierende Erfahrungen von Gemeinsamkeiten und von intimer, enger emotionaler Verbundenheit ermöglichen es zunehmend, Verschiedenheiten zu identifizieren und zu explorieren, Konfliktfelder auszuloten und zu bearbeiten sowie Abgrenzungen voneinander zuzulassen. Partnerschaftsregeln werden idealiter in reziproker Abstimmung erprobt, revidiert, verändert und eingeübt. Dauerhafte Partnerschaften sind somit nicht alleine durch einen emotionalen, psychischen und physischen Austausch sowie in der Regel durch ökonomische und soziale Austauschprozesse gekennzeichnet, sondern auch und vor allem durch kontinuierliche partnerschaftliche Abstimmung von Regeln über den Umgang miteinander (vgl. z.B. Gottman, 1993; Hahlweg, 1991). Partnerschaftsprobleme und -konflikte werden thematisiert, wobei Erwartungen und Wahrnehmungen abgeglichen werden und zu Vereinbarungen führen. Dazu ist gegenseitiges Verstehen notwendig, das etwa Felser (1999, S. 64) als Fähigkeit zur „korrekten Vorhersage von Partnererleben" definiert. Dieses Verstehen basiert auf (1) der Ähnlichkeit der Partner (als Basis für das Verstehen), (2) den individuellen Besonderheiten und Merkmalen der Partner, (3) der Offenheit und Kommunikation zwischen den Partnern sowie (4) dem Einfühlungsvermögen und der Personenwahrnehmungsfähigkeit der Partner.

EXKURS

Eifersucht in Partnerschaften

Eifersucht, ein universelles Phänomen, das in allen Kulturen nachweisbar ist, wird als aversive emotionale Reaktion auf eine extradyadische Beziehung des Partners oder der Partnerin definiert, die real ist, vorgestellt wird oder als wahrscheinlich erachtet wird (Bringle & Buunk, 1985). Kennzeichnend sind auch Gefühle darüber, dass eigene Besitzansprüche oder Rechte verletzt werden, dass man aus den Erlebnissen einer geliebten Person zumindest temporär ausgeschlossen wird, dass man im Wettbewerb um eine geliebte Person unterlegen ist, dass eigene Bedürfnisse in der Partnerschaft nicht mehr (hinreichend) befriedigt werden können und dass man von Einsamkeit und Ablehnung bedroht ist. Eifersucht äußert sich häufig nicht nur in starkem emotionalem Ausdruck, sondern auch in autoaggressiven Verhaltensweisen. Bewältigungsstrategien von eifersüchtigen Erwachsenen sind vor allem Rückzug und Isolationstendenzen, antagonistisches Verhalten, Versuche der Beziehungs-Redefinition durch Aussprechen, abrupte Beziehungsauflösungen. Emotional labile

Erwachsene tendieren überdies dazu, ihre Eifersucht zu verleugnen. Systematische Geschlechts- und Altersunterschiede in der Ausprägung von Eifersucht konnten bislang ebenso wenig empirisch nachgewiesen werden wie bedeutsame Kulturunterschiede. Das Bewältigungsverhalten ist freilich von diesen drei Faktoren mitbestimmt (siehe etwa Bringle & Buunk, 1985). Typisch für Eifersucht ist damit neben Verlust- oder Bedrohungskognitionen bestehende Liebe bei subjektiv geringer Beziehungssicherheit (MacDonald, 1999).

3.3 Partnerschaft und erste Jahre der Elternschaft

Nach der romantischen Phase vollzieht sich die weitere Entwicklung der Partnerschaft wie bereits umrissen in Alltagsvollzügen, aber auch zu einem erheblichen Teil im Kontext der Bewältigung von Lebensveränderungen. Gerade das frühe Erwachsenenalter ist gekennzeichnet durch viele berufliche und familiäre Veränderungen. Derartige Lebensveränderungen erfordern Anpassungsleistungen der Partner, die sich als Transitionskompetenzen auf die weitere Partnerschaftsentwicklung auswirken.

Merkmale familiärer Transitionen. Transitionen im Familienentwicklungsprozess zeichnen sich nach Cowan (1991) durch zwei Arten von Veränderungen aus, die jeweils zu bewältigen sind, nämlich qualitative Veränderungen eher äußerlicher Art (Rollenveränderungen, Restrukturierungen der persönlichen Kompetenz zur Lösung der neuen Aufgaben, Reorganisationen von Beziehungen) und qualitative Veränderungen im Selbst- und Weltbild des betroffenen Individuums. Die psychologische Bewältigung solcher Übergänge gliedert Parkes (1971) in drei Phasen: Konflikt, Verlust und Unsicherheit. Es folgt eine Phase des Testens neuer Alternativen. Die Bewältigung ist vollzogen, wenn die gestörte Person-Umwelt-Passung wieder im Gleichgewicht ist – einem Zustand der eingespielten Routinen.

Verschiedene Ressourcen. Zur Bewältigung sind Ressourcen hilfreich (vgl. z.B. Wicki, 1997): Bei der Bewältigung familiärer Übergänge kommen neben personalen Ressourcen (z.B. Sensibilität für die Gefühle anderer, Selbstwert, Selbstwirksamkeit, Humor, Erziehungskompetenzen) auch familiale Ressourcen (z.B. Einkommen, Wohnen, Kohäsion, Offenheit, Partnerschaftsqualität, gegenseitige Unterstützung) und außerfamiliale Ressourcen (z.B. soziale Netzwerke und soziale Unterstützung) zum Einsatz.

Problemfokussierte und emotionsfokussierte Bewältigung. Ein Teil der personalen Ressourcen sind die Bewältigungsbemühungen selbst. Nach einer groben Systematisierung kann Bewältigung entweder am Problem selbst ansetzen oder aber an den erlebten aversiven Emotionen.

Allgemein und unabhängig von einer spezifischen Bewältigungsaufgabe unterscheiden Laux und Weber (1990) unter emotionsfokussierten Bewältigungsbemühungen:

- innerpsychische Emotionsbewältigung (defensive Formen wie Verneinung, Affektisolation, Verkehrung ins Gegenteil, Vermeidung, Intellektualisierung, Bagatellisierung, wirklichkeitsfliehende Phantasien),
- positiv bewertete Formen („positives Denken", positive Selbstinstruktion, Hoffen, Sinngebung),
- emotionsfokussierte aktionale Varianten (konfrontatives Bewältigen durch aggressive Handlung, Vermeidung durch Flucht, Suche nach Ersatzbefriedigung, Entspannung) und
- expressive emotionsfokussierte Bewältigungsversuche (z.B. Emotionsausdruck, aktive Emotionsunterdrückung).

Auf der Seite der problemfokussierten Bewältigungsversuche stehen beispielsweise

- Planung und Durchführung lösungsorientierter Handlungen,
- verstärkter Einsatz,

- aktive Anpassung an die Situation,
- positive Neubewertung der Situation,
- Interpretation der Situation als Herausforderung,
- Einsatz von Humor,
- Rückgriff auf einen spirituellen Glauben.

Bewältigungsstile. Bewältigungsarten können gewohnheitsmäßig verfestigt sein, zum Beispiel als depressiver Stil oder auch als Attributionsstile, d.h. als Gewohnheiten der Ursachen- und Verantwortungszuschreibung (z.B. bei negativen Ereignissen anderen Verantwortung zuzuschreiben und bei positiven sich selbst). Ärgerventilation versus Ärgerunterdrückung, Repression versus Sensitisierung sind weitere Stile des Umgangs mit belastenden Situationen. Das Gegenteil solcher Stile sind situativ flexible Bemühungen der Krisenbewältigung – meist reflektierter und umständlicher als die verfestigten Stile, deren Vorteile unter anderem in ihrer Automatisierung und damit das kognitive System entlastenden Effizienz liegen.

Bewältigungsqualität. Das Erreichen eines neuen Äquilibriums markiert zwar das Ende des Übergangsgeschehens, lässt aber noch keine Bewertung der Bewältigungsqualität zu – ein Äquilibrium kann in guten und schlechten Routinen bestehen. Effekte besserer oder schlechterer Bewältigungsbemühungen werden in der Forschung meist mit globalen Qualitätsindikatoren gemessen: Man fragt etwa nach der Partnerschaftszufriedenheit vor und nach einer Transition, nach der Lebenszufriedenheit, der seelischen Gesundheit, dem Belastungsempfinden, psychosomatischen Beschwerden, dem Entwicklungsstand angehöriger Kinder.

Kognitiv-emotionspsychologisches Modell

Nach einem kognitiv-emotionspsychologischen Modell der Bewältigung von Lebensveränderungen (Montada, 1991; Reichle & Montada, 1999) bringen Transitionen meist unausweichlich Veränderungen in Aufgabenverteilungen mit sich und haben mehr oder weniger gute Ausgangsbedingungen (im Sinne von zusätzlichen Belastungen und Ressourcen). Im Zuge solcher Umverteilungen kommt es meist zu Einschränkungen in der Befriedigung von Bedürfnissen. Entscheidend sind nun die Kognitionen und Emotionen der Betroffenen anlässlich dieser Veränderungen und Einschränkungen, die in mehr oder weniger konstruktiven Aktionen resultieren und somit direkt und vermittelt auf globale Befindlichkeits- und Beziehungsmerkmale wirken. Eine gelungene Bewältigung sollte in positiven Befindlichkeiten der Beteiligten und positiven Ausprägungen ihrer Beziehungsqualitäten resultieren.

Warum heiraten?

„Liebe" ist die häufigste Antwort auf die Frage, warum geheiratet wird. Die Heirat ist zudem die kulturell für das junge Erwachsenenalter normierte Formalisierung einer intimen Beziehung, die als dauerhaft geplant ist. Für die gesellschaftlich gewünschte Formalisierung intimer Partnerschaften ist jedoch nicht allein die Nachhaltigkeit von Liebesbeziehungen verantwortlich. In der soziobiologischen Argumentation tritt vor allem das gesellschaftliche Interesse am Überleben in weiteren Generationen hinzu, was durch Elternschaft und eine anhaltende, zuverlässige Versorgung von Kindern zu sichern ist. Diese soziobiologische Begründung wird in psychoanalytischen und rollentheoretischen Ansätzen durch eine auf das persönliche Wachstum und die Selbstaktualisierung von Menschen begründete Perspektive erweitert (vgl. im Überblick etwa Smolak, 1993). Beiden Ansätzen gemein ist die Sicht, dass persönliche Entwicklung nicht nur in Kindheit und Jugend, sondern auch bei Erwachsenen enge soziale Beziehungen voraussetzt. Individuelle Entwicklung ist damit stets als „co-development" in sozialen Bezügen zu verstehen, in denen persönliche Entwicklungsziele und Lebensentwürfe reflektiert werden und Anregungen finden für eine Optimierung der aktiven Lebensgestaltung in Abstimmung mit eng vertrauten Anderen.

Übergang zur Elternschaft

Da mit dem Übergang zur Elternschaft die Aufgabe verbunden ist, die Verantwortung eines Erwachsenen für ein hilfloses Wesen zu übernehmen, setzen einige Familiensoziologen die Geburt des ersten Kindes mit dem Beginn des Erwachsenenlebens gleich (z.B. Aldous, 1978). Das Durchschnittsalter westdeutscher Frauen bei der ersten Geburt liegt gegenwärtig bei über 29 Jahren, mehr als zwei Jahre höher als noch vor zwei Jahrzehnten (Schneider & Rost, 1999). Was macht die Schwierigkeiten dieses Übergangs aus?

Mutter werden. Gloger-Tippelt (1988) konzipiert den Übergangsprozess für werdende Mütter in sieben Phasen:

(1) Verunsicherung (bis etwa zur 12. Schwangerschaftswoche post menstruationem),
(2) Anpassung (bis etwa zur 20. SSW p.m.),
(3) Konkretisierung (20. bis 32. SSW p.m.),
(4) Geburt,
(5) Erschöpfung und Überwältigung (etwa vier bis acht Wochen nach der Geburt),
(6) Herausforderung und Umstellung (bis etwa zum sechsten Lebensmonat),
(7) Gewöhnung (in der zweiten Hälfte des ersten Lebensjahres).

An diesem Modell wird deutlich, dass der Übergang zur Elternschaft ein längerer Prozess ist, der sich mindestens über ein Jahr erstreckt. Die Partnerschaftsqualität zeigt in diesem Prozess in fast allen Studien im Durchschnitt einen mehr oder weniger flachen u-förmigen Verlauf (vgl. Reichle & Werneck, 1999): Im Kontext des Übergangs nimmt sie ab, bleibt eine Weile auf einem tiefen Niveau und steigt dann wieder an. Dieser durchschnittliche Verlauf darf aber nicht darüber hinwegtäuschen, dass es viele verschiedene Verlaufsformen gibt – auch Qualitätsanstiege und gleich bleibende Qualität werden beobachtet, insbesondere bei vorgeburtlich übereinstimmend zufriedenen Paaren (vgl. El-Giamal, 1999; Schneewind & Sierwald, 1999), daneben Qualitätsreduktionen bis zu problematischen Verläufen, die zu Trennungen und Scheidungen führen können.

Wie kommt es zu unterschiedlichen Verläufen?

Nach der Schwangerschaft geht es um die Aneignung der neuen Rolle und der dazugehörigen Aufgaben, weiter um die Integration der Elternaufgaben in das bisherige Tätigkeitsbudget. Dabei kommt es infolge der Reduktion oder Aufgabe bisher ausgeübter Rollen zu substantiellen Einschränkungen in der Befriedigung von Bedürfnissen – für Frauen, die überwiegend Erwerbstätigkeit und Ausbildung zugunsten der Versorgung des Kindes aufgeben, zu mehr und intensiveren Einschränkungen als für Männer. Neue Beziehungen, vorwiegend zu anderen jungen Eltern, werden geknüpft, alte verändern sich oder ihre Wertigkeit (beispielsweise werden Familienbeziehungen intensiviert). Daneben gilt es, eine Identität als Mutter oder Vater herauszubilden und eine Weltsicht aus dieser Perspektive zu entwickeln.

Unterschiedliche Ausgangsbedingungen. Diese Anpassungsleistungen sind unter qualitativ unterschiedlichen Ausgangsbedingungen zu erbringen. Als ungünstig haben sich eine nichtgeplante Schwangerschaft erwiesen (u.a. Reichle, 1994; Werneck, 1998), eine kurze Partnerschaftsdauer, niedriges Lebensalter, niedriger Sozialstatus (z.B. Belsky & Rovine, 1990) und eine schon vor der Geburt geringe Partnerschaftszufriedenheit (zum Überblick Gloger-Tippelt, 1988).

Situative Belastungen, schwierige Persönlichkeit. Nachgeburtlich sind vor allem situative Belastungen und Belastungen durch eine problematische Persönlichkeit ungünstig: zusätzlich zu bewältigende Lebensereignisse (Jurgan et al., 1999), eine umfängliche Erwerbstätigkeit der Mutter in Kombination mit geringer Partnerunterstützung (Wicki, 1999), knappe soziale und materielle Ressourcen und wenig Entlastung (Reichle, 1994), wenig soziale Unterstützung der jungen Mutter (El-Giamal, 1999; Ettrich & Ettrich, 1995), ein als zu gering empfundenes Einkommen sowie verletzte Erwartungen (Reichle & Montada, 1999), die Wahrnehmung des Kindes als schwierig (Schneewind et al., 1996), eine Aufgabenverteilung im Widerspruch zu eigenen Erwartungen und Werten (Cowan & Cowan, 1994; El-Giamal, 1997, 1999; Reichle, 1996).

Traditionelle Aufgabenteilung. Unter letzterem, speziell einer als ungerecht empfundenen Arbeitsverteilung, leiden mehrheitlich Frauen. Im Durchschnitt wünschen Frauen sich eine egalitärere Aufgabenverteilung als Männer. Praktiziert wird jedoch meistens die traditionelle Aufgabenverteilung. Infolgedessen leben deutlich mehr Frauen als Männer mit einer Verteilung, die ihren Werten nicht entspricht, was ihrer Partnerschaftszufriedenheit oft nicht zuträglich ist (Reichle, 1996). Umgekehrt sind Männer, deren Partnerinnen emanzipierte Rollenvorstellungen haben, Kinder mitunter als Belastung empfinden und dem kinderlosen Zustand einen hohen Wert beimessen, im Durchschnitt unzufriedener mit ihrer Partnerschaft als Männer mit eher traditionell eingestellten Partnerinnen. Die entsprechenden Wertvorstellungen sind auch für Väter problematisch: Väter, die Kinder eher als Belastung sehen, ein starkes Verantwortungsempfinden für sie spüren, Kindern einen geringen Wert beimessen und die traditionelle Frauenrolle ablehnen, sind im Durchschnitt unzufriedener mit ihrer Partnerschaft als Väter mit den entgegengesetzten Ausprägungen dieser Merkmale (Werneck, 1998).

Ungünstige Persönlichkeitsmerkmale. Als ungünstige Persönlichkeitsmerkmale haben sich bei Müttern eine geringe soziale Orientierung, geringe Extraversion und wenig ausgeprägte Fähigkeiten zur Umbewertung erwiesen, bei Vätern geringe Aggressivität (in der Selbsteinschätzung), geringe Selbstkritik gegenüber den eigenen Verhaltensweisen in Belastungssituationen (El-Giamal, 1999), geringe Konformität (Wright et al., 1986) und geringe Sensibilität für die Gefühle anderer (Belsky & Rovine, 1990); bei beiden Geschlechtern allgemein geringe Beziehungskompetenz, wenig Einfühlungsvermögen und hohe Verletzbarkeit (Schneewind & Sierwald, 1999) sowie ein gering ausgeprägtes Selbstvertrauen (Belsky & Rovine, 1990).

Destruktiver Umgang mit Einschränkungen. Im Bewältigungsprozess problematisch ist schließlich ein destruktiver Kampf mit den erlittenen Einschränkungen: Wer dem Partner oder der Partnerin Verantwortung zuschreibt und darüber hinaus die Einschränkungen ungerecht findet oder auch nur unvorhergesehen, wird Ärger, Enttäuschung, Empörung empfinden. Dies zieht regelmäßig Vorwürfe, Streit oder auch Rückzug vom anderen nach sich, was ganz erheblich zu einer Erosion der Partnerschaft beiträgt. Das psychologische Risiko lässt sich bereits drei Monate nach der Geburt des ersten Kindes ausmachen: Wer dann verstärkt den Partner der Verantwortung für ungerechte oder unvorhergesehene Einschränkungen zeiht sowie Ärger, Enttäuschung und Empörung berichtet, ist mit großer Wahrscheinlichkeit nach vier Jahren weiterer Partnerschaft getrennt oder geschieden (Reichle & Montada, 1999). Umgekehrt findet man bei verträglichen Beziehungspersönlichkeiten und positiv wahrgenommener Beziehungsentwicklung nach dem Übergang zur Elternschaft früher und häufiger weitere Geburten. Interessanterweise sind nur die Beziehungspersönlichkeiten der jungen Väter und ihre Wahrnehmung der Beziehungsentwicklung prädiktiv (Schneewind & Sierwald, 1999); möglicherweise bieten verträgliche und zufriedene Partner eher die Sicherheit, die Frauen eine zweite Elternschaft wagen lässt?

Neben dem Übergang zur zweiten Elternschaft lässt sich eine ganze Reihe weiterer familienbezogener Transitionen mit Veränderungen in Rollen- und Aufgabenverteilungen ausmachen. Die Übergänge zu Krippe, Kindergarten, Schule und weiterführender Schule stellen die jungen Eltern jeweils vor neue Anforderungen (vgl. Wicki, 1997), oftmals neben anderen Transitionen, die mit beruflichen und räumlichen Veränderungen assoziiert sind.

3.4 Alternative Lebensformen

Nicht nur, aber insbesondere im frühen Erwachsenenalter werden neben der Ehe und Familiengründung in den modernen Industriestaaten seit der zweiten Hälfte des 20. Jahrhunderts zunehmend alternative Lebensformen gewählt. Bevölkerungsstatistisch nehmen sowohl nichteheliche Lebensgemeinschaften Heterosexueller als auch die Lebensformen des allein Lebens (Singles), der allein erziehenden Eltern, der Lebensgemeinschaften Homosexueller und der Wohngemeinschaften bedeutend zu. Auch die bewusst gewählte Kinderlosigkeit hat in den letzten drei Dekaden zugenommen (vgl. im Überblick etwa Peuckert, 1991; Schneewind, 1999; Smolak, 1993).

Gerade junge Erwachsene sind auf der Suche nach alternativen, nichttraditionellen Lebensformen. Dies ist mit einer Pluralisierung der Lebensformen und Individualisierungen der Lebensstile verbunden, die die persönliche Entwicklung und Biographie im frühen Erwachsenenalter prägen. Dominant bleiben gemeinschaftliche Lebensformen, freilich solche mit geringerem Formalisierungs- und Verpflichtungsgrad. Dies gilt auch für die Mehrheit der Singles, da auch sie in soziale Beziehungen – auch enge und intime – involviert ist. Schneewind (1999, S. 61) fasst daher zusammen, „dass der Lebensstil des ‚living apart together' für einen bestimmten und offenbar wachsenden Teil der jungen Generation eine beträchtliche Attraktivität besitzt". Ob mit der sinkenden Heiratsneigung und steigenden Erprobung alternativer Lebensformen und -stile nachhaltige gesellschaftliche Veränderungen in persönlichen und sozialen Wertorientierungen sowie eine „Erosion der Ehe als einer sozialen Institution" (Schneewind, 1999, S. 59) verbunden sind, muss sich zeigen.

3.5 Freizeit, soziale Beziehungen, Ausbildung und Berufstätigkeit

Neue Freundschaften finden, alte Freundschaften erhalten und fördern – das sind Entwicklungsziele, die jungen Erwachsenen besonders wichtig sind und über die sich Menschen im frühen Erwachsenenalter zugleich mehr Gedanken und Sorgen machen als Menschen im mittleren und höheren Lebensalter (Nurmi, 1992). Diese Bedürfnisse gehen über enge, intime Partnerschaftsbeziehungen und engere Sozialbeziehungen in alternativen Lebensformen hinaus. Sie beziehen sich vor allem auf das Privatleben und das Freizeitverhalten. Überlappungen privater Freundes- und Bekanntenkreise mit Kontakten, die aus der aktiven Teilnahme in gesellschaftlichen Gruppierungen sowie aus den Entwicklungskontexten der Berufsausbildung und -tätigkeit resultieren, sind häufig.

3.5.1 Zeitbudget junger Erwachsener

Untersuchungen zum Zeitbudget junger Erwachsener belegen durchgängig markante Unterschiede zu dem von Jugendlichen. Während bis zum Alter von etwa 20 Jahren ein privilegierter Umgang mit Zeit verbreitet möglich ist, schränkt sich dies danach sowohl bei studierenden als auch bei berufstätigen jungen Erwachsenen erheblich ein. Neuere Befunde zur persönlichen Zeitverwendung junger Erwachsener sind in Tab. 8.4 zusammengestellt. Sie basieren auf der Studie von Strzoda und Zinnecker (1996), in der subjektive Zeitbudgets summativ für unterschiedlichste Aktivitäten bei über 2.300 18- bis 29-Jährigen und über 850 12- bis 17-Jährigen aus Ost- und Westdeutschland erhoben wurden.

Studierenden lässt ihr Zeitbudget danach pro Werktag durchschnittlich 4,5 Stunden und jungen Berufstätigen durchschnittlich 4,3 Stunden Raum für Freizeitaktivitäten. Die freie Zeit pro Samstag und Sonntag liegt in beiden Gruppen zwischen 9 und 10 Stunden. Die durchschnittliche Arbeitszeit beträgt bei den Berufstätigen 38,5 Stunden, die von Studierenden für das Studium durchschnittlich aufgewendete Zeit liegt bei insgesamt 37,3 Stunden pro Woche. Fast die Hälfte der Studierenden jobbt zusätzlich im Umfang von durchschnittlich knapp 12 Stunden pro Woche, ein Fünftel von ihnen geht einer regelmäßigen Erwerbsarbeit im Umfang von durchschnittlich knapp 28 Stunden pro Woche nach. Damit wird für einen Großteil der studierenden jungen Erwachsenen ein Wandel in der traditionellen Studentenrolle belegt, der zu einer Annäherung an das Zeitbudget junger Berufstätiger geführt hat und deutlich macht, dass das Studium bei vielen nicht mehr im Tätigkeitszentrum, sondern mit anderen Tätigkeiten in Konkurrenz steht. Im Vergleich zu den ebenfalls von Strzoda und Zinnecker (1996, S. 299) befragten Jugendlichen (mit M = 5,3 Stunden Freizeit pro Werktag) verfügen studierende und berufstätige junge Erwachsene damit gleichermaßen „über einen deutlich weniger priviligierten Umgang mit der Zeit". Dies gilt ganz besonders für die Freizeit junger Mütter. In einer Clusteranalyse zu Zeitverwendungstypen bilden sie sogar eine eigene Subgruppe, die durch sehr hohe Zeitbindungen für Hausarbeit und Kinderbetreuung sowie besonders geringe Freizeit an den Wochenenden gekennzeichnet ist. Etwa die Hälfte der jungen Mütter sind Hausfrauen, etwa 22 Prozent berufstätig, 19 Prozent arbeitslos oder in Kurzarbeit tätig und knapp 10 Prozent sind in einer Ausbildung.

Unterschiede bei privaten Sozialkontakten. Die Unterschiede in den Zeitverwendungsmustern zwischen jungen Erwachsenen aus Ost- und Westdeutschland sind nach Strzoda und Zinnecker (1996) gering. Dies gilt auch für die Freizeit, die für private Verabredungen und soziale Kontakte aufgewendet wird. Im Extremgruppenvergleich junger Erwachsener mit besonders wenig Freizeit (24 Prozent der Studierenden und 21 Prozent der Berufstätigen) versus besonders viel Frei-

Tabelle 8.4. Arbeits-, Studien- und Freizeitbudgets junger Erwachsener in Deutschland (nach Strzoda & Zinnecker, 1996)

Zeitbudget	junge Berufstätige		Studierende	
	mit Angabe	M	mit Angabe	M
Freizeit				
– Stunden pro Werktag	97 %	4.3	99 %	4.5
– Stunden pro Sonnabend	100 %	9.0	100 %	8.9
– Stunden pro Sonntag	100 %	10.1	100 %	9.6
private Verabredungen (Stunden pro Woche)	83 %	10.1	92 %	11.7
regelmäßige Erwerbsarbeit (Stunden pro Woche)	92 %	38.5	21 %	27.5
Gelegenheitsarbeit/Jobben (Stunden pro Woche)	10 %	10.3	46 %	11.7
Ausbildungs-/Studienzeit (Stunden pro Woche)				
– Unterricht	13 %	12.5	91 %	23.8
– persönliches Lernen	43 %	5.8	80 %	13.5
Schlafenszeit (Stunden pro Werktag)	100 %	7.4	100 %	7.5
Zeit für Alltagsaktivitäten (Minuten pro Werktag)				
– wiederkehrende Hausarbeiten	82 %	81.7	90 %	63.8
– Körperpflege	99 %	45.9	98 %	42.7
– Geh- und Fahrtzeit	93 %	41.0	94 %	45.5
– Frühstück	88 %	21.6	88 %	22.2

Tabelle 8.5. Signifikante Unterschiede im Zeitbudget junger Berufstätiger und Studierender mit besonders viel versus besonders wenig Freizeit (nach Strzoda & Zinnecker, 1996)

Junge Erwachsene	mit besonders wenig Freizeit	mit besonders viel Freizeit
Zeitbudget	**M**	**M**
Berufstätige		
private Verabredungen	6.9 Std. pro Woche	14.2 Std. pro Woche
wiederkehrende Hausarbeit	103.5 Min. pro Werktag	66.9 Min. pro Werktag
Körperpflege	42.4 Min. pro Werktag	49.9 Min. pro Werktag
Studierende		
Unterricht	25.4 Std. pro Woche	21.4 Std. pro Woche
persönliches Lernen	13.2 Std. pro Woche	9.7 Std. pro Woche
Erwerbsarbeit	26.2 Std. pro Woche	13.4 Std. pro Woche
Gelegenheitsarbeit/Jobben	12.4 Std. pro Woche	7.5 Std. pro Woche
private Verabredungen	8.8 Std. pro Woche	16.6 Std. pro Woche
wiederkehrende Hausarbeit	70.8 Min. pro Werktag	53.1 Min. pro Werktag

zeit (12 Prozent der Studierenden und 11 Prozent der Berufstätigen) wird deutlich, dass ein geringes Freizeitbudget bei jungen Erwachsenen unabhängig von ihrem Tätigkeitsstatus vor allem zu Lasten privater Sozialkontakte geht. Sowohl bei jungen Berufstätigen als auch bei Studierenden zeigt sich bei denen mit besonders wenig Freizeit im Vergleich zu denen mit besonders viel Freizeit eine Halbierung der für private Verabredungen aufgewendeten Zeit (siehe Tab. 8.5). Das Zeitbudget ist durch stärkere Verpflichtungen in den Bereichen der Hausarbeiten, des Studiums sowie der Erwerbs- und Gelegenheitsarbeiten zu Ungunsten privater Kontakte bestimmt.

3.5.2 Freizeitverhalten junger Erwachsener

Umfragen zum Freizeitverhalten von Jugendlichen und jungen Erwachsenen in Deutschland weisen auf eine klare Dominanz sozialer Aktivitäten (wie telefonieren, auf Feste und Parties gehen, persönliche Probleme besprechen, flirten) gegenüber Freizeitaktivitäten, die alleine realisiert werden (wie lesen, am Computer spielen, Gartenarbeit, Tagebuch schreiben o.ä.; vgl. etwa Strzoda, 1996). Im Vordergrund steht der Austausch mit Gleichaltrigen und mit Familienmitgliedern, was seit den fünfziger Jahren des 20. Jahrhunderts auch als zunehmender „Kult der Geselligkeit" nicht nur für junge Erwachsene beschrieben wird. Längsschnittbefunde belegen, dass im jungen Erwachsenenalter die Interaktionshäufigkeiten mit Bekannten und Freunden ein Maximum aufweisen und im Übergang zum mittleren und höheren Erwachsenenalter abnehmen (Carstensen, 1992). Dabei zeigt sich die Selbstöffnungsbereitschaft junger Erwachsener besonders oft gegenüber Freunden, seltener gegenüber Familienangehörigen. Bei älteren Erwachsenen ist dies umgekehrt (vgl. Parker & Parrott, 1995).

Die im Jugendalter bestehenden deutlichen geschlechtstypischen Unterschiede im Freizeitverhalten werden im Übergang zum frühen Erwachsenenalter nivelliert. Dies ist nach Strzoda (1996) vor allem auf die Reduktion geschlechtstypischer Aktivitäten der Männer zurückzuführen. Durch die Erprobung und Etablierung von Partnerschaften werden so die Lebensläufe und auch die Freizeitaktivitäten junger Männer und junger Frauen im Übergang vom Jugend- zum frühen Erwachsenenalter synchronisiert.

UNTER DER LUPE

Verlaufsmuster von Partnerschaft und Beruf

Zusammenhänge zwischen Partnerschaftsverläufen und Berufsbiographien wurden von Merriam und Clark (1993) analysiert. Sie führten individuelle, retrospektiv an Lebensereignissen ausgerichtete Datenerhebungen (life event graphs) zur Qualität von Partnerschaftsbeziehungen (love) und der Berufstätigkeit (work) bei 405 US-Amerikanern im Alter von 20 bis 62 Jahren durch. Ohne bedeutsame Hinweise auf Geschlechtsunterschiede konnten drei Verlaufsmuster für „work and love" unterschieden werden:

(1) Bei 39 Prozent der Stichprobe wurden parallele Verlaufsmuster (parallel pattern) registriert, in denen die Qualität privater und beruflicher Ereignisse und Zufriedenheiten tandemartig eng kovariierten. Dies stand zum Teil mit einem ausgesprochenen entwicklungsregulativen Bemühen in Zusammenhang, zwischen beiden Lebensbereichen eine Balance zu halten;

(2) Unterschiedliche biographische Verläufe für die beiden Lebensbereiche zeigten sich bei 26 Prozent der Befragten derart, dass einer der beiden Bereiche anhaltend positiv, der andere dagegen markant fluktuierend verlief (steady/fluctuating pattern). Entwicklungsbezogen ergibt sich das Bild, dass in einem der Lebensbereiche die Sicherheit gefunden und erhalten wird, die dazu nötig ist, die markanten Schwankungen im anderen zu tolerieren;

(3) Bei 35 Prozent wurden divergente Verlaufsmuster (divergent pattern) identifiziert, die durch häufige, zum teil kompensatorische Wechsel in der subjektiven Qualität der Partnerschaftsbeziehung und der Arbeit charakterisiert waren. Entwicklungsregulativ wird demnach versucht, Verluste in einem Bereich durch Gewinne im anderen auszugleichen.

Hinweis auf Persönlichkeitstypen. Die Zugehörigkeit zu einem dieser Verlaufstypen bleibt vom jungen bis in das höhere Erwachsenenalter sehr stabil. Daher vermuten Merriam und Clark (1993), dass sie ein Indikator für unterschiedliche Persönlichkeitstypen sein könnte. Geschlechtsunterschiede wurden nicht beobachtet, was auf die hohe Karriereorientierung in der Gesamtstichprobe zurückgeführt wird. Dies dürfte ein Stichprobenspezifikum sein, das nicht verallgemeinerbar ist (vgl. hierzu etwa Keddi et al., 1999).

FAZIT

Im Übergang vom Jugend- zum frühen Erwachsenenalter nimmt die Freizeit ab. Dies gilt insbesondere für junge Mütter. Der verbleibende Freizeitanteil am Zeitbudget wird vor allem in soziale Beziehungen zu gleichaltrigen Freunden und Bekannten investiert.

3.5.3 Soziale Teilhabe und Übernahme gesellschaftlicher Verantwortung

Im Übergang vom Jugend- zum frühen Erwachsenenalter finden soziale Platzierungen in der Gesellschaft statt, die nicht nur durch den Familienstand sowie die Berufsausbildung und -tätigkeit, sondern auch durch die aktive Teilnahme in sozialen und gesellschaftlichen Gruppen in Vereinen, Religionsgemeinschaften, Politik, Bürgerinitiativen, Interessengemeinschaften und durch soziales Engagement markiert sein können (siehe Abb. 8.1). Zugleich können sie ein Indikator der Intensivierung und Differenzierung sozialer Beziehungen sowie Verantwortlichkeiten, mithin der gesellschaftlichen Eingebundenheit und Verpflichtung sein.

Soziale Verantwortung. Altersgruppenvergleiche deuten darauf, dass der von Erikson (1959/1966) erst für das mittlere Erwachsenenalter beschriebene Entwicklungskonflikt mit seinen prototypischen Lösungsmöglichkeiten der Generativität versus Stagnation (vgl. Kap. 1 und 20) bereits im frühen Erwachsenenalter vorbereitet und manifest werden kann (vgl. etwa McAdams et al., 1993). Dies wird durch die Längsschnittbefunde von Peterson und Stewart (1993) bestätigt und verweist auf eine biographische Kontinuität im Übergang vom frühen zum mittleren Erwachsenenalter (vgl. Kap. 9) im Bereich persönlicher gesellschaftlicher Verpflichtungen, die über die eigene Kernfamilie hinausgeht und in die Übernahme sozialer Verantwortung münden kann. Gelingt dies, so ist einer Entwicklungsstagnation im Erwachsenenalter vorgebeugt und eine erhöhte Lebenszufriedenheit wahrscheinlich (vgl. McAdams et al., 1993). Zugleich ist die Vulnerabilität für die Entwicklungsrisiken und -probleme des frühen Erwachsenenalters (siehe Abb. 8.1) reduziert. Die sozialen Belastungen des frühen Erwachsenenalters, die aus den komplexer werdenden Anforderungen in Familie und Beruf sowie deren Verflechtungen resultieren, können mit Hilfe persönlicher und sozialer Ressourcen in Person-Umwelt-Transaktionen bewältigt werden (vgl. Kemper, 1995; Reis, 1997). Die persönlichen und sozialen Belastungen des frühen Erwachsenenalters werden zu Herausforderungen, die für die persönliche Entwicklung in einem sich verändernden sozialen Kontext genutzt werden können.

Weiterführende Literatur

Graber, J.A. & Dubas, J.S. (eds.). (1996). Leaving home: Understanding the transition to adulthood. San Francisco, CA: Jossey-Bass.
Gut geschriebene Analysen des Übergangs zum Erwachsenenalter.

Reis, O. (1997). Risiken und Ressourcen für die Persönlichkeitsentwicklung im Übergang zum Erwachsenenalter. Weinheim: Psychologie Verlags Union.
Empirisch fundierte deutsche Studie mit dem Fokus auf Persönlichkeitsentwicklung.

Silbereisen, R.K., Vaskovics, L.A. & Zinnecker, J. (Hrsg.). (1996). Jungsein in Deutschland: Jugendliche und junge Erwachsene 1991 und 1996. Opladen: Leske + Budrich.
Aktuelle längsschnittliche Untersuchungen aus Ost- und West-Deutschland unter Einbezug des Wendegeschehens und der Ost-West-Anpassung.

Smolak, L. (1993). Adult development. Englewood Cliffs, NJ: Prentice Hall (Part II: Young adulthood).
Eines von wenigen Überblickswerken zu dieser Lebensphase.

Kapitel 9
Erwachsenenalter und Alter

Ulman Lindenberger[1]

„Der Mensch kann als Mensch von allen Seiten entwickelt werden, aber nur nach den Gesetzen eines endlichen Wesens, das, um vollkommner zu werden, theilweise es werden muss, und das eben so wenig alles auf einmal *werden*, als alles auf einmal seyn, kann."
Johann Nicolaus Tetens, 1777

Das vorliegende Kapitel betrachtet Erwachsenenalter und hohes Alter aus der Perspektive der Psychologie der Lebensspanne. Zunächst werden zentrale Annahmen der Psychologie der Lebensspanne unter besonderer Berücksichtigung der zweiten Lebenshälfte dargestellt (vgl. Kap. 1). Anschließend wird auf die Entwicklung intellektueller Fähigkeiten sowie auf die Entwicklung von Selbst und Persönlichkeit vor dem Hintergrund der Lebensspannen-Konzeption näher eingegangen.

> **!** Mittleres und höheres Erwachsenenalter bezeichnen in etwa die Altersbereiche von 35 bis 65 sowie von 65 bis 80 Jahren; die Zeit nach dem 80. Lebensalter gilt als hohes Alter.

Die Übergänge zwischen diesen Lebensphasen sind kontinuierlich, doch ihre Anforderungen und Möglichkeiten unterscheiden sich wesentlich. Das mittlere Erwachsenenalter ist in der Regel mit einer Differenzierung und Expansion von Aufgaben, Kompetenzen und Ressourcen verbunden (Staudinger & Bluck, im Druck). Hingegen verlangt das hohe Alter vor allem aufgrund biologisch bestimmter Einschränkungen die Konzentration der Kräfte und die Nutzung vorhandener Stärken. Überwiegt im jungen und mittleren Erwachsenenalter das „Hineinwählen" in verschiedene Bereiche des Lebens (z.B. Partnerschaft, Beruf, Elternschaft), so gewinnt im weiteren Verlauf des Erwachsenenalters und insbesondere im hohen Alter das „Abwählen" von Bereichen und die Pflege der verbleibenden Bereiche an Bedeutung. Die Gestaltung und Bewältigung dieses Übergangs von Expansion zu Konzentration ist eine zentrale Entwicklungsaufgabe des höheren Erwachsenenalters (Baltes & Carstensen, 1996; Brandtstädter & Wentura, 1995; vgl. Schaie, 1962). Das Modell der selektiven Optimierung mit Kompensation (Baltes, 1997b; Baltes & Baltes, 1990; Freund & Baltes, 2000) thematisiert diesen Übergang im Kontext einer allgemeinen Theorie erfolgreicher Entwicklung.

1 Entwicklung im Erwachsenenalter

1.1 Die generelle Architektur des Lebensverlaufs

Die Psychologie der Lebensspanne nähert sich der Individualentwicklung über allgemeine und distale zu spezifischen und proximalen Beschreibungs- und Erklärungsebenen. Die theoretische Funktion der allgemeinsten Ebene besteht darin,

1 Der Autor dankt Paul Baltes und Ursula Staudinger für die intensive Zusammenarbeit an einem Buchkapitel (Baltes, Lindenberger & Staudinger, 1998), das als Grundlage des vorliegenden Textes gedient hat, sowie Yvonne Brehmer und Alexandra Freund für hilfreiche Kommentare.

die biologische und kulturelle Architektur des Lebenslaufs in ihren invarianten Grundzügen zu definieren (Baltes, 1997a) und auf diese Weise ein Rahmenmodell für die ontogenetische Betrachtung einzelner Inhaltsbereiche wie Intelligenz oder Selbst und Persönlichkeit auf spezifischeren Ebenen bereitzustellen.

Strukturierende Altersfunktionen. Nach Baltes (z.B. 1997a) wird die Architektur der Ontogenese durch drei grundlegende, interdependente Altersfunktionen strukturiert:

(1) Die positiven Auswirkungen des evolutionären Selektionsdrucks nehmen mit dem Alter ab;
(2) der Bedarf an Kultur nimmt mit dem Alter zu;
(3) der Wirkungsgrad von Kultur lässt mit dem Alter nach (Abb. 9.1). Die Altersfunktionen werden im Folgenden kurz erläutert.

1.1.1 Die Abnahme evolutionärer Selektionsvorteile mit dem Alter

Die erste Komponente basiert auf einer evolutionären Betrachtung altersbedingter Veränderungen in der Expression und dem biologischen Potential des menschlichen Genoms. Im Mittelpunkt steht die Annahme, dass der Wirkungsgrad der evolutionären Selektion nach der reproduktiven Phase (das heißt nach dem Lebensalter, in dem Nachkommenschaft geboren und aufgezogen wird) deutlich und beschleunigt abnimmt. Diese Grundannahme wird durch indirekte Selektionsvorteile, die mit dem Erreichen eines höheren Lebensalters verbunden sind, wie zum Beispiel dem Nutzen der Großeltern für die Enkel, abgeschwächt, aber nicht außer Kraft gesetzt. Hinzu kommt, dass in evolutionären Zeiträumen nur sehr wenig Menschen ein hohes Alter erreichten, so dass die Wirkung der Evolution auf das höhere Erwachsenenalter auch aus diesem Grund von vornherein eingeschränkt ist. Ein besonders augenfälliges Anzeichen des abnehmenden Wirkungsgrads der evolutionären Selektion ist die hohe Prävalenz und alterskorrelierte Zunahme der Alzheimer-Demenz im Alter. Eine Krankheit mit vergleichbar hoher Prävalenz wäre in der Kindheit evolutionär nicht stabil, d.h. sie hätte keinen Bestand.

1.1.2 Die Zunahme des Bedarfs an Kultur mit dem Alter

Der mittlere Teil von Abb. 9.1 veranschaulicht die zweite Annahme, den Zusammenhang zwischen lebenslanger Entwicklung und Kultur. Dabei ist der hier verwendete Kulturbegriff äußerst weit gefasst: Er bezieht sich auf alle psychischen, sozialen, materiellen und wissensbasierten Ressourcen, die die Menschheit im Laufe ihrer histori-

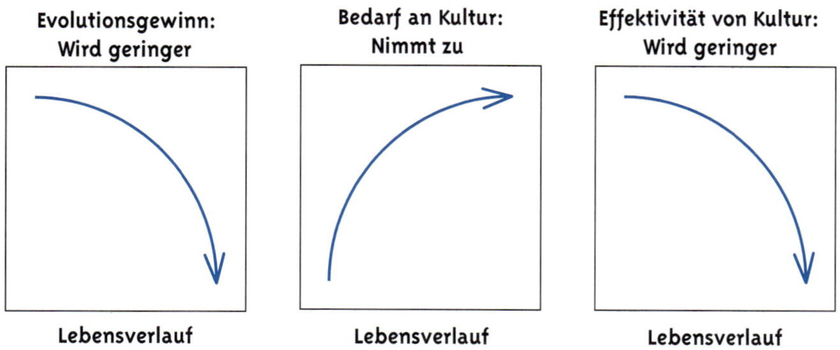

Abbildung 9.1. Drei interdependente Wirkungen der Dynamik von Biologie und Kultur im Lebensverlauf. Individualentwicklung ist innerhalb des durch diese Dynamik vorgegebenen Rahmens plastisch (d.h. veränder- und optimierbar). Das Ausmaß an Plastizität nimmt mit dem Alter ab (nach Baltes, 1997a)

schen Entwicklung produziert hat. Ein Buch fällt in diesem Sinne ebenso unter den Begriff Kultur wie die Krankenversicherung. Menschliche Entwicklung besteht in allen Lebensphasen in der Interaktion kultureller und biologischer Faktoren. Vor allem im Säuglings-, Kindes- und Jugendalter dienen die Reifung und Plastizität (Veränderbarkeit) des neuronalen Systems als ein biologisches Gerüst für das Erzeugen kulturell geprägter Entwicklungszugewinne. Nach der Ausreifung des Frontalhirns, das heißt am Ende der Adoleszenz lässt die strukturierende Kraft dieses reifungsbezogenen Gerüsts deutlich nach, ohne gänzlich verloren zu gehen. Die Produktion von Entwicklungszugewinnen wird nunmehr zu einer kulturellen Aufgabe unter zunehmend schwierigen biologischen Bedingungen. Der historische Anstieg der Lebenserwartung sowie des relativen Anteils an gesunden Jahren im Alter zeigt das Potential und die grundlegende Funktion von Kultur in der zweiten Lebenshälfte.

Der Wandel im Verhältnis zwischen Biologie und Kultur lässt sich am Konzept der Entwicklungsaufgabe (Havighurst, 1973) veranschaulichen. Entwicklungsaufgaben strukturieren die Lebensspanne als eine Folge von Herausforderungen, die vom Individuum als persönliche Entwicklungsziele wahr- und angenommen werden – zum Beispiel Erlernen der Muttersprache, Schulbildung, Berufsausbildung, Arbeit, Familie, Engagement für das Gemeinwesen, Pensionierung, Tod und Sterben. Um diese Entwicklungsziele zu erreichen, bedarf es sozialer Institutionen sowie anderer Formen kultureller Unterstützung. So hält die Schule Lesen, Schreiben und Rechnen als Entwicklungsaufgaben des Kindesalters bereit. Die Entwicklungsaufgaben der Kindheit sind demnach ebenso wie die des Erwachsenenalters sozial strukturiert, ihre Abfolge und ihre Meisterung erfolgt jedoch, im Gegensatz zu denen des Erwachsenenalters, im Kontext der biologischen Reifung.

1.1.3 Abnahme des Wirkungsgrads von Kultur mit dem Alter

Zwar nimmt der Bedarf an Kultur zum Erreichen von Entwicklungszugewinnen im Laufe des Lebens zu; die Effizienz kultureller Ressourcen beim Erzeugen von Entwicklungszugewinnen nimmt jedoch mit dem Alter ab, da das biologische Potential eine negative Beziehung zum Alter aufweist. Dies schließt nicht aus, dass ältere Personen jüngeren auf Grund ihres größeren Vorwissens überlegen sind (siehe unten). Zudem sind in vielen Bereichen die altersunabhängigen Unterschiede zwischen Personen groß, so dass ältere Erwachsene mit hohen Fähigkeiten jüngeren Erwachsenen mit geringeren Fähigkeiten durchaus überlegen sein können. Betrachtet man jedoch Personen mit identischem Vorwissen, so folgen aus der nachlassenden Effizienz der Kultur zwei Vorhersagen:

- Mit zunehmendem Lebensalter sind mehr materielle, soziale, ökonomische oder psychologische Ressourcen erforderlich, um ein hohes Funktionsniveau in einem bestimmten Gebiet zu erhalten oder neu zu erzeugen. Zum Beispiel bedürfen ältere Erwachsene in Lernexperimenten einer größeren Anzahl von Trainingssitzungen, um dasselbe Leistungsniveau zu erreichen wie jüngere (siehe Abb. 9.1).
- Das maximale Funktionsniveau liegt bei älteren Erwachsenen niedriger als bei jüngeren. Zum Beispiel liegen die maximalen Gedächtnisleistungen älterer Erwachsener nach Instruktion und Training in einer Gedächtnistechnik deutlich unter den Leistungen junger Erwachsener (Baltes & Kliegl, 1992).

Law of Practice. Für das Nachlassen des Wirkungsgrads kultureller Ressourcen gibt es neben der Abnahme des biologischem Potentials noch weitere Gründe. Zum Beispiel ist es generell schwerer, in Bereichen, in denen man bereits ein hohes Niveau erreicht hat, zu weiteren Gewinnen zu kommen, als in Bereichen, die man neu erlernt (law of practice; vgl. Newell & Rosenbloom, 1981).

Dies gilt zunächst unabhängig vom Alter. Ältere Erwachsene weisen aber aufgrund ihres höheren Alters eine höhere Wahrscheinlichkeit auf, in den sie interessierenden Bereichen bereits viel gelernt zu haben, und dieser Umstand kann weitere Leistungszugewinne zusätzlich erschweren.

Die in Abb. 9.1 dargestellten Altersgradienten begründen nach Baltes (1997a) die strukturelle Dynamik zwischen Kultur und Biologie im Lebenslauf. Da historische und evolutionäre Prozesse grundsätzlich offen und unabgeschlossen sind, muss auch diese Dynamik als offen angesehen werden. Eine Umkehrung der Richtung der postulierten Altersbeziehungen erscheint jedoch ausgeschlossen.

1.2 Veränderungen in der relativen Ressourcenallokation

In funktionaler Hinsicht lassen sich Entwicklungsziele drei allgemeinen Kategorien zuordnen:

- Zuwachs;
- Aufrechterhaltung des bestehenden Funktionsniveaus;
- Regulation von Verlusten.

Zuwachs bezieht sich auf das Erreichen höherer Funktionsniveaus, Aufrechterhaltung auf den Erhalt des Funktionsniveaus unter erschwerten Bedingungen und Verlustregulation auf den adaptiven Umgang mit nicht vollständig ausgleichbaren (d.h. zumindest partiell irreversiblen) Verlusten. Das Erreichen dieser Ziele setzt in jedem Fall den Einsatz psychischer, sozialer und materieller Ressourcen voraus (z.B. Aufmerksamkeit, Anstrengung, Bewältigungsstrategien, soziale Netzwerke, Zeit und Geld).

Funktionserhalt und Verlustregulation werden wichtiger. Die Architektur des Lebenslaufs bewirkt, dass sich die Anteile der Entwicklungsziele an der Nutzung dieser Ressourcen im Laufe des Lebens verschieben. Im Laufe des Lebens wird ein zunehmender Anteil an Ressourcen in die Ziele Aufrechterhaltung und Verlustregulation investiert; der Anteil der in das Entwicklungsziel Zuwachs investierten Ressourcen nimmt entsprechend ab (Abb. 9.2). Der Übergang von einer überwiegend zuwachsorientierten zu einer überwiegend erhaltenden und verlustregulierenden Allokation von Ressourcen kann als das übergeordnete Ziel der psychischen Entwicklung im mittleren und späten Erwachsenenalter gelten (Staudinger et al., 1995). Dementsprechend nimmt der Umgang mit abnehmenden Ressourcen, zunehmenden Verlusten und der eigenen Endlichkeit in etlichen Theorien der psychischen Entwicklung im Erwachsenenalter eine zentrale Stellung ein. Beispiele hierfür sind die späten Stufen der psychosozialen Entwicklung (Erikson, 1959), die Gegenüberstellung assimilativer und akkommodativer Bewältigungsstrategien (Brandtstädter & Rothermund, 2002) sowie die Theorie der selektiven Optimierung mit Kompensation von Baltes und Baltes (1990).

Das Verhältnis zwischen den drei Entwicklungszielen ist interaktiv und dynamisch; die Ziele können miteinander in Widerspruch geraten oder sich gegenseitig stützen. Die Verschiebung des relativen Gewichts von Wachstum, Erhalt und Verlustregulation schließt Entwicklungszugewinne im Alter also keineswegs aus. Vielmehr geben die der biologischen Alterung geschuldeten Verluste auf individueller und gesellschaftlicher Ebene beständig Anlass zur Suche nach Verhaltensweisen und sozialen Strukturen, die trotz nachlassender

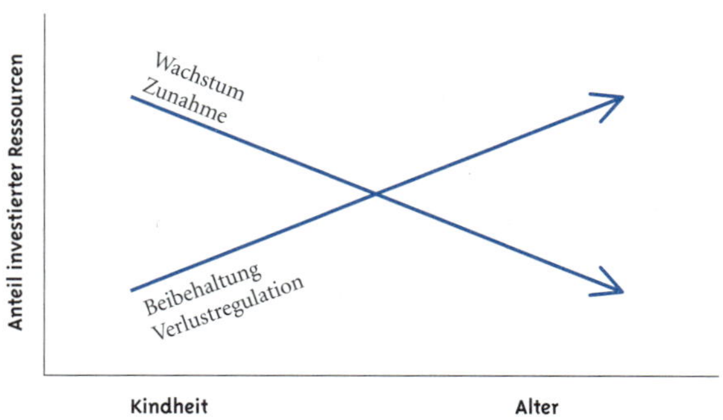

Abbildung 9.2. Mit zunehmendem Alter werden weniger Ressourcen für Funktionszunahmen und mehr Ressourcen für den Erhalt des Funktionsniveaus (Beibehaltung) und die Regulation von Verlusten investiert (nach Staudinger et al., 1995)

Kapitel 9
Erwachsenenalter und Alter

personaler Ressourcen in ausgewählten Bereichen Zugewinn und Erhalt ermöglichen. Zum Beispiel können Kompetenzeinbußen hinsichtlich der praktischen Bewältigung des Alltags Zuwächse im sozialen Bereich nach sich ziehen, falls die entsprechenden Hilfeleistungen zur Aufrechterhaltung und Pflege sozialer Kontakte genutzt werden (Baltes & Carstensen, 1996). Die Verschränkung von Gewinn und Verlust sowie die damit verknüpfte Multidimensionalität und Multidirektionalität der Ontogenese gehören zu den theoretischen Kernannahmen der Psychologie der Lebensspanne.

1.3 Selektive Optimierung mit Kompensation

Das Modell der selektiven Optimierung mit Kompensation (SOK) entstand vorwiegend im Kontext theoretischer Überlegungen zur erfolgreichen Entwicklung im Erwachsenenalter (Baltes & Baltes, 1980, 1990; Freund & Baltes, 2000). Das SOK-Modell ist eine allgemeine Entwicklungstheorie, die sich auf unterschiedliche Funktionen (z.B. Kognition und Persönlichkeit) sowie auf verschiedenen Analyseebenen (z.B. Ontogenese und Lernen) anwenden lässt. Es postuliert, dass erfolgreiche Entwicklung – definiert als gleichzeitige Maximierung von Gewinnen und Minimierung von Verlusten – durch das Zusammenspiel dreier übergeordneter Entwicklungsprozesse hervorgebracht wird: Selektion, Optimierung und Kompensation.

DEFINITION

Selektion bezeichnet die Auswahl von Funktionsbereichen, auf die sich die zu jedem Zeitpunkt der Lebensspanne begrenzten Ressourcen konzentrieren, sie ermöglicht Spezialisierung.
Optimierung dient der Produktion von Entwicklungsgewinnen und bezieht sich auf den Erwerb, die Verfeinerung und die Anwendung von Ressourcen zum Erreichen von Entwicklungszielen.

Kompensation dient der Aufrechterhaltung des Funktionsniveaus bei Verlusten und bezeichnet somit den Erwerb, die Verfeinerung und die Anwendung von Ressourcen, die diesen Verlusten entgegenwirken (vgl. Baltes, 1997b).

Optimierung und Kompensation unterscheiden sich vor allem durch ihr komplementäres Verhältnis zu Gewinnen (Optimierung) und Verlusten (Kompensation). Selektion, Optimierung und Kompensation können bewusst oder unbewusst, aktiv oder passiv, intern oder extern erfolgen.

Ein Beispiel für passive Selektion ist es, wenn ein Kind in ein neusprachliches Gymnasium eingeschult wird, weil am Ort kein altsprachliches Gymnasium vorhanden ist. Das Kind hat den neusprachlichen Schulzweig nicht aktiv gewählt. Vielmehr hat die Gelegenheitsstruktur eine Selektion bewirkt, die den weiteren Lebenslauf des Kindes beeinflussen kann (z.B. ist es unwahrscheinlich, dass es als Erwachsener einmal Altphilologe/in wird).

Ein Beispiel für unbewusste Optimierung ist implizites Lernen, durch das Regelhaftigkeiten der Umwelt (z.B. die Übergangswahrscheinlichkeiten zwischen den Silben einer Sprache) beiläufig, das heißt ohne entsprechende Absicht, erfasst und verhaltenswirksam werden können (z.B. den Erstspracherwerb ermöglichen).

Ein Beispiel für externe Kompensation ist die Verwendung eines Rollstuhles, wenn wegen eingeschränkter Mobilität das Gehen nicht mehr möglich ist.

Mit Hilfe des SOK-Modells kann untersucht werden, in welchem Maße und in welcher Weise verschiedene Personen Entwicklungszugewinne maximieren und Verluste minimieren. Dabei variieren die Zuordnungen von Gewinnen und Verlusten zu bestimmten Zielen und Ereignissen in Abhängigkeit von den Werten, den Ressourcen und der Lebensgeschichte der Person. Die Anwendung des Modells auf eine bestimmte Biographie verlangt folglich viele Vermittlungsschritte und empirisch begründete Setzungen. So sind bei der Definition der Entwicklungsziele neben der Verhaltenskompetenz der Person (objektives Kriterium) auch deren Werte und Selbst-Konzeptionen (subjektive Kriterien) zu berücksichtigen (vgl. Kruse, 1990; Montada, 1996).

Handlungstheoretische Ausformulierung

Verbindet man das SOK-Modell mit einer aktiven Konzeption des Subjekts der Entwicklung (vgl. Kap. 1), so gelangt man zu einer handlungstheoretischen Ausformulierung des SOK-Modells (siehe Tab. 9.1; Freund & Baltes, 2000).

Elektive und verlustbasierte Selektion. Selektion thematisiert nunmehr die Auswahl von Handlungszielen. Dabei wird zwischen elektiver (auswählender) und verlustbasierter Selektion unterschieden. Elektive Selektion bezeichnet die Notwendigkeit, aus einer Fülle von Handlungszielen diejenigen auszuwählen, die den eigenen Werten und Kompetenzen möglichst gut entsprechen. Verlustbasierte Selektion besteht im Verändern oder Aufgeben von Zielen als Reaktion auf antizipierte oder bereits eingetretene Verluste an Verhaltens- und Handlungsspielraum, etwa aufgrund altersbedingter Verluste an Ressourcen. Bei beiden Formen von Selektion ist zu beachten, dass Ziele nicht isoliert voneinander verfolgt werden, sondern sich gegenseitig stützen oder behindern (Riediger, 2001).

Optimierung des Handlungsgefüges. Optimierung bezeichnet aus handlungstheoretischer Sicht die Anwendung und Ausgestaltung von Mittel-Zweck-Relationen bei der Zielverfolgung. Ebenso wie zwischen verschiedenen Zielen bestehen auch zwischen Handlungsmitteln positive und negative Wechselwirkungen. So kann Verhalten, das als Handlungsmittel für ein bestimmtes Ziel fungiert (z.B. regelmäßiges Joggen zum Erhalt der körperlichen Fitness), zugleich auch einem anderen Ziel dienen (z.B. subjektivem Wohlbefinden). Schließlich kann dieses Mittel auch ein Ziel im Kontext anderer Handlungen darstellen (z.B. im Kontext von Veränderungen der wöchentlichen Zeitplanung mit dem Ziel, ausreichend Zeit für regelmäßiges Joggen zu schaffen).

Kompensation. Die Notwendigkeit zur Kompensation stellt sich aus handlungstheoretischer Sicht wie folgt dar. Erstens ist Entwicklung ohne Verlust allein deshalb unmöglich, weil sich Handlungsmittel für verschiedene Ziele aufgrund struktureller Unverträglichkeit und beschränkter Ressourcen gegenseitig behindern. Eine Person, die sowohl sehr gut Tennis als auch sehr gut Geige spie-

Tabelle 9.1. Das Modell der selektiven Optimierung mit Kompensation (SOK) aus handlungstheoretischer Perspektive (nach Baltes et al., 1995)

Selektion (Ziele/Präferenzen)	**Optimierung** (zielbezogene Mittel)	**Kompensation** (Mittel zur Entgegenwirkung des Verlusts zielbezogener Mittel)
Elektive Selektion	▶ Erwerb neuer Fertigkeiten/Ressourcen	▶ Substitution von Handlungsmitteln
▶ Bildung von Zielen	▶ Orchestrierung von Fertigkeiten	▶ Mobilisierung latenter Reserven
▶ (hierarchisches) Zielsystem	▶ Übung	▶ vermehrte Übung
▶ Auswahl von Zielen	▶ Anstrengung	▶ vermehrte Anstrengung
▶ Kontextualisierung von Zielen	▶ Investieren von Zeit	▶ vermehrtes Investieren von Zeit
▶ Zielverpflichtetheit	▶ Aufmerksamkeitsfokussierung	▶ Aufmerksamkeitsfokussierung
	▶ Modellierung erfolgreicher Anderer	▶ Modellierung erfolgreicher Anderer, die kompensieren
Verlustbasierte Selektion	▶ Nutzen von Gelegenheiten	
▶ Rekonstruktion der Zielhierarchie	▶ Gebrauch externer Hilfe	▶ Gebrauch externer Hilfe
▶ Anpassung des Zielstandards	▶ (Selbst-)Motivierung	▶ (Selbst-)Motivierung
▶ Bildung neuer Ziele		▶ therapeutische Intervention
▶ Fokussierung auf wichtigstes Ziel		

len möchte, wird die Erfahrung machen, dass ihre rechte Hand für das weiche Führen des Geigenbogens zu hart wird (strukturelle Unverträglichkeit). Zudem wird es ihr schwer fallen, beide Fertigkeiten mit ausreichender Intensität zu üben (Ressourcenbeschränkung).

Zweitens führt die alterungsbedingte Abnahme biologisch bestimmter kognitiver, sensorischer und gesundheitlicher Ressourcen der Person im Laufe des Erwachsenenalters zu einem kontinuierlichen und im hohen Alter sich beschleunigenden Verlust an Handlungsmitteln. Bei knappen Ressourcen erfordert erfolgreiche Entwicklung die Auswahl von Zielbereichen sowie die Anwendung optimierender und kompensierender Mittel innerhalb dieser Bereiche. Der zusammengesetzte Begriff der „selektiven Optimierung mit Kompensation“ bringt diese Koordination von Selektion, Optimierung und Kompensation zum Ausdruck.

Vor dem Hintergrund der Überlegungen zur Architektur des Lebensverlaufs, der Dynamik von Gewinn und Verlust sowie der SOK-Theorie werden im Folgenden zwei wesentliche Bereiche der Entwicklung in der zweiten Lebenshälfte näher betrachtet: die intellektuelle Entwicklung sowie der Bereich von Selbst und Persönlichkeit.

2 Intellektuelle Entwicklung im mittleren und höheren Erwachsenenalter

2.1 Zweikomponentenmodelle der intellektuellen Entwicklung

Biologische und kulturelle Determinanten. Zweikomponentenmodelle der intellektuellen Entwicklung (Baltes, 1987; Cattell, 1971; Horn, 1982; Tetens, 1777) unterscheiden zwischen biologischen und kulturellen Determinanten kognitiver Leistungen. Empirisch stützen sie sich vor allem auf die Konsistenz der Unterschiede zwischen alterungsanfälligen und alterungsresistenten intellektuellen Fähigkeiten (Jones & Conrad, 1933; siehe Abb. 9.3, S. 357). Alterungsanfällig sind vor allem Leistungen, die auf Schnelligkeit, Genauigkeit und Koordination elementarer kognitiver Prozesse basieren. Typische Beispiele sind das Denkvermögen im Sinne von Induktion und Deduktion bei geringem Vorwissen, das räumliche Vorstellungsvermögen, die Wahrnehmungsgeschwindigkeit und die Merkfähigkeit. Alterungsanfällige Fähigkeiten zeigen in der Regel einen schnellen Anstieg im Kindes- und Jugendalter, eine annähernd lineare Abnahme im Erwachsenenalter sowie eine Beschleunigung dieses Rückgangs im hohen Alter.

Im Vergleich zu den alterungsanfälligen Fähigkeiten nehmen Leistungen in Aufgaben, die das Niveau von Fertigkeiten und die Größe und Qualität von Wissensbeständen erfassen, im Kindes- und Jugendalter zwar ebenfalls zu; jedoch herrschen im Erwachsenenalter Stabilität und Wachstum vor, und erst im hohen Alter fallen die Leistungen wieder ab. Ein typisches Beispiel für eine Fertigkeit ist das Kopfrechnen, ein Beispiel für einen Wissensbestand sind verbale Fähigkeiten, wie sie im Wortschatz zutage treten. Der Unterschied zwischen Fertigkeiten (d.h. prozeduralem Wissen) und Wissensbeständen (d.h. deklarativem Wissen) ist fließend und besteht in erster Linie darin, dass Fertigkeiten weitgehend automatisiert sind, während Wissensbestände bewusst verfügbar sind (zum ontogenetischen Verhältnis der beiden Wissensformen, vgl. Karmiloff-Smith, 1992).

Mechanik und Pragmatik. Neben dem Modell der biologisch bestimmten Mechanik und der kulturell geprägten Pragmatik der Kognition von Paul Baltes (1987, 1997a, b) sind zwei weitere Zweikomponentenmodelle historisch und konzeptuell besonders bedeutsam. Johann Nicolaus Tetens (1736–1807) führte im Jahre 1777 die Unterscheidung zwischen absoluten Vermögen und relativen Vermögen ein. In seiner Darstellung der Unterschiede zwischen den beiden Vermögensformen finden sich bereits alle wesentlichen Bestimmungsstücke der nachfolgenden Modelle (siehe auch Lindenberger & Baltes, 1999).

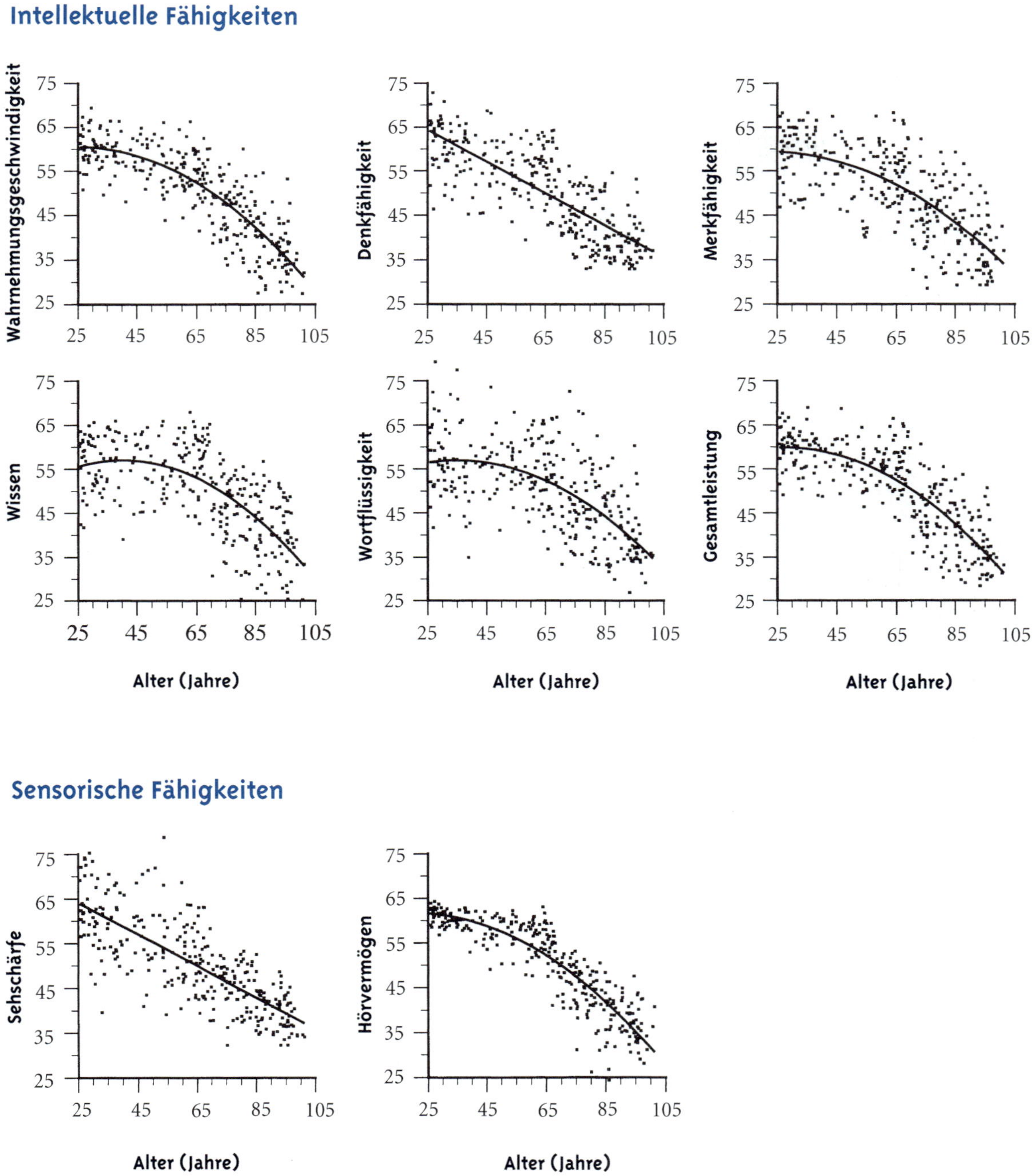

Abbildung 9.3. Querschnittliche Altersgradienten von fünf intellektuellen und zwei sensorischen Fähigkeiten im Altersbereich von 25 bis 101 Jahren. Die fluiden (mechanischen) intellektuellen Fähigkeiten Wahrnehmungsgeschwindigkeit, Denkfähigkeit und Merkfähigkeit sowie die sensorischen Fähigkeiten Sehschärfe und Hörschwelle zeigen ab dem jungen und mittleren Erwachsenenalter negative Beziehungen zum Alter. Hingegen sind bei den vorwiegend kristallinen (normativ-pragmatischen) Fähigkeiten Wissen (Wortschatz) und Wortflüssigkeit erst im höheren Erwachsenenalter negative Beziehungen zum Alter erkennbar. N = 144, Altersbereich = 25–101 Jahre. Alle Leistungen sind in T-Scores abgetragen (Mittelwert = 50, SD = 10) (nach Baltes & Lindenberger, 1997)

UNTER DER LUPE

Johann Nicolaus Tetens: Vordenker der Psychologie der Lebensspanne

Abbildung 9.4. Johann Nicolaus Tetens (1736–1807)

Johann Nicolaus Tetens (1736–1807; siehe Abb. 9.4) gilt als Vordenker und Begründer der Psychologie der Lebensspanne (vgl. Lindenberger & Baltes, 1999). Er wurde 1736 in Tetenbüll (Norddeutschland) geboren und starb 1807 in Kopenhagen. Von 1760 bis 1776 war er Professor der Physik und Metaphysik an der Akademie in Bützow. Anschließend lehrte er als Professor der Philosophie und Mathematik in Kiel. 1789 beendete er die akademische Laufbahn und begann eine erfolgreiche Karriere als Finanzbeamter der dänischen Regierung.

Die Bedeutung von Tetens für die Psychologie der Lebensspanne gründet vor allem in seinem Hauptwerk, den 1777 veröffentlichten „Philosophischen Versuchen über die menschliche Natur und ihre Entwickelung". In diesem Werk unternahm Tetens den Versuch einer umfassenden Darstellung psychischer Eigenschaften und Prozesse aus entwicklungspsychologischer Perspektive. Die „Philosophischen Überlegungen" gliedern sich in zwei Bände mit insgesamt 14 Versuchen zu psychologischen und erkenntnistheoretischen Themen. Die Mehrzahl der entwicklungspsychologischen Überlegungen finden sich im 14. und letzten Versuch mit dem bezeichnenden Titel „Über die Perfektibilität und Entwickelung des Menschen". Dieser Essay umfasst 467 Seiten oder 29 Prozent des Gesamtwerks und ist mehr als doppelt so umfangreich wie die anderen 13 Essays.

Im Folgenden wird die Bedeutung von Tetens an einigen exemplarischen Zitaten verdeutlicht, die sich auf zentrale Themen psychischer Entwicklung im Erwachsenenalter beziehen.

Absolute und relative Vermögen. Die wohl frappierendste Vorwegnahme aktueller Konzeptionen und Erkenntnisse findet sich auf dem Gebiet der intellektuellen Entwicklung über die Lebensspanne. Man stößt bei Tetens auf eine wechselseitige Bestimmung „absoluter" und „relativer" Vermögen, deren Grundstruktur mit aktuellen Zweikomponentenmodellen der intellektuellen Entwicklung übereinstimmt (vgl. Cattell, 1971; Baltes, 1987). Zum Beispiel:

> Aus dem, was vorher über die Vergrößerung der Seelenvermögen bemerkt ist, folget von selbst, daß man einen Unterscheid zu machen habe, zwischen dem Zuwachs an Kenntnissen und Ideenreihen, wovon die *relativen Vermögen* abhängen, diejenigen nämlich, die sich auf die Bearbeitung besonderer Arten von Gegenständen beziehen; und zwischen dem Anwachs der *absoluten Vermögen*, in so ferne sie Fähigkeiten sind, auf gewisse Weise zu wirken, ihr Objekt sey welches es wolle. Die Ideenreihen sind eine Armatur des Vermögens; sie geben Fertigkei-

ten in besondern Arten von Kenntnissen und Handlungen. Jeder Gelehrte urtheilt am fertigsten über Sachen, die zu seinem Fache gehören, ohne deswegen mehr Verstand zu besitzen; und jeder Handwerker ist Meister seiner Arbeit, obgleich seine Kräfte, welche dadurch thätig sind, nichts vor ebendenselbigen Kräften in andern Menschen voraus haben. Anfangs nimmt mit den Kenntnissen von den Objekten das Vermögen, auf solche Objekte zu wirken, und zugleich die absolute Größe der Kraft zu; es wächst das Materielle mit der Form der Handlung. Aber, wie es scheint, nicht in gleichem Maße. Denn die Kinderseele entwickelt in den ersten Jahren die Vermögen stärker, als die Kenntnisse. In der Folge der Jahre höret aber die Zunahme der Vermögen auf, wenn gleich die Kenntnisse im Wachsen noch fortfahren. Die Einsichten vermehren sich noch lange in dem Mannesalter, ohne daß die Verstandesvermögen selbst an *innerer absoluten Stärke*, die sich zeigen müßte, wenn das Vermögen auf ganz neue Objekte verwendet würde, merklich größer werden sollten. Die Seelenkräfte haben wie die Körperkräfte ihre natürlichen Perioden, und erreichen ihr Maximum, von dem an sie wiederum abnehmen. Das Gesicht und das Gehör wird an sich nicht stärker, wenn die Jugend zurückgeleget ist. Die Phantasie und die Leidenschaften erreicht ihre größte Höhe, ehe die Vernunft völlig zur Reife kommt. Und alsdann mögen die Thätigkeiten fortdauern; man mag die Kraft üben, sich mit ihren mannigfaltigen Wirkungen bekannter und sich solche geläufiger machen: so können neue relative Fähigkeiten erhalten werden; aber die innere *Intension der Vermögen* erhält keinen merklichen Zuwachs mehr. (Tetens, 1777, Band 2, S. 431–433, Hervorhebungen im Original)

Tetens entfaltet hier alle wesentlichen Bestimmungsstücke von Mechanik und Pragmatik, nur nennt er sie absolute und relative Vermögen. Die Definition des Begriffspaars selbst ist weitgehend analog, und die unterschiedlichen Altersgradienten von Mechanik und Pragmatik dienen als Beleg für die Plausibilität der Unterscheidung. Die Vorstellung, dass die Mechanik vor allem in neuartigen Aufgaben, für die noch kein Wissen vorliegt, zum Ausdruck kommt, antizipiert jene Überlegungen, die zur Entwicklung von Tests der fluiden Intelligenz führten. Und schließlich gelangt Tetens zu der visionären Einsicht, dass die absoluten Vermögen weniger leicht zu modifizieren sind als die relativen.

Tetens wendet seine Unterscheidung zwischen absoluten und relativen Vermögen auch auf das kognitive Altern an und argumentiert, dass die Grenzen der relativen Vermögen ontogenetisch später erreicht werden als die Grenzen in den absoluten Kräften:

> Die *relativen Vermögen*, oder besondere Geschicklichkeiten, müssen gleichfalls im Menschen ihr Maximum erreichen, und erreichen es, wie die Erfahrung von allen Virtuosen lehret. Doch ist dieser Punkt von dem Punkt des Größten in den absoluten Kräften unterschieden. Die letztern haben oft genug ihre höchste Stufe schon erreicht, wenn die Fertigkeiten in gewissen bestimmten Arten zu handeln nicht nur sich vervielfältigen und also an Ausdehnung zunehmen, sondern auch an innerer Stärke und Geschwindigkeit noch fortwachsen. Dieses Wachsthum kann weit in die Periode der Abnahme der absoluten Kräfte hineingehen. (Tetens, 1777, Band 2, S. 728–729, Hervorhebungen im Original)

Plastizität als Wesensmerkmal des Menschen. Plastizität ist für Tetens ein zentrales Merkmal menschlicher Entwicklung. Besonders bekannt ist die folgende Passage:

> Allemal aber kann die Frage: was kann aus dem Menschen werden, und was und wie soll man es aus ihm machen? nur gründlich und bestimmt beantwortet werden, wenn die theoretische: was ist der Mensch? was wird er und wie wird er es in den Umständen und unter dem Einflusse der moralischen und physischen Ursachen, unter denen er in der Welt sich befindet? vorher bestimmt und deutlich beantwortet ist. (Tetens, 1777, Band 2, S. 373)

Weiter heißt es:

> Der *Mensch* ist unter allen empfindenden Mitgeschöpfen auf der Erde *das meist perfektible Wesen*, dasjenige, was bey seiner Geburt am wenigsten von dem ist, was er werden kann, und die größte Auswickelung annimmmt. Es ist das *vielseitigste*, das *beugsamste* Wesen, das am mannigfaltigsten modificiret werden kann, seinem ausgedehnten Wirkungskrais, zu dem es bestimmt ist, gemäß. (Tetens, 1777, Band 2, S. 740–741, Hervorhebungen im Original)

> Aber der Grundcharakter der Menschheit, die vorzügliche Modifikabilität, und Anlage zur Selbstthätigkeit, sie mag sich wenig oder viel entwickeln, und auch bey den verschiedenen Individuen von verschiedener Größe seyn, gehöret unter die unveränderlichen Kennzeichen der Menschheit, die man allenthalben findet, wo es Menschen giebet. (Tetens, 1777, Band 1, S. 766)

Dabei widmet sich Tetens neben den aus heutiger Sicht als genetisch bedingt zu bezeichnenden individuellen Unterschieden auch den kulturellen und historischen Gegebenheiten, die aus seiner Sicht die Vervollkommnung des Menschen fördern oder behindern können. Er antizipiert damit das Potential der Kultur als Produzenten positiver Entwicklungsverläufe im Erwachsenenalter.

> Die Vervollkommnung im Geschlecht kann nur wachsen durch die Verbesserung der äußern Mittel, welche die Entwickelung befördern. (Tetens, 1777, Band 2, S. 767)

> Das Wirksamste, was zur Erhebung der Menschheit in dem nachfolgenden Geschlechte geschehen kann, beruhet auf der Einrichtung und Festsetzung der *äußern Ursachen*, durch deren Einfluß die Naturkraft am leichtesten und am vollkommensten entwickelt wird. (Tetens, 1777, Band 2, S. 775)

Gewinne und Verluste. Auch bei Tetens findet sich die Vorstellung, dass Gewinne und Verluste sich wechselseitig bedingen. In der folgenden Passage beleuchtet er den möglichen Verlust im Gewinn:

> Eine schwere Frage ist es, wie die Grenze zu finden sey, bis wohin die Perficirung eines Vermögens gehen dürfe, ohne das Ebenmaß in der Entwickelung aller zu stören, das zur besten Vervollkommnung des ganzen Menschen und zur längsten Erhaltung desselben erfordert wird? Die Vollkommenheit an einer Seite wird alsdenn ein *Größtes*, in Hinsicht der Vollkommenheit des Ganzen. Denn bis hieher erhöhet sie die letztere; aber darüber hinaus mindert sie sie. Hierauf läßt sich schwerlich eine bestimmte Antwort geben, die zugleich allgemein auf alle einzelne Personen paßte. (Tetens, 1777, Band 2, S. 628, Hervorhebungen im Original)

Schließlich spekuliert Tetens über die Chance des kompensatorischen Gewinns im Verlust am Beispiel des Nachlassens der Sinnesleistungen im Alter:

> Ehe der Alte es gewiß wird, daß ein wahres Unvermögen eingetreten, glaubt er eine Weile, es möchten nur zufällige Hindernisse da seyn. Er versucht schärfer zuzusehen und

aufmerksamer zuzuhören, wenn schon das Auge und Ohr gelitten hat, in der Meinung, es fehle an seiner Aufmerksamkeit, daß die Empfindungen nicht mehr so lebhaft und deutlich sind. ... Und daraus folgt ..., daß die Seelenvermögen ... noch wohl im Anfang etwas zunehmen, weil sie gereizet werden mit einer größern Intension zu wirken, um das zu ersetzen, was von der Seite des Körpers abzugehen anfängt. (Tetens, 1777, Band 2, S. 746–747)

Fluide und kristalline Fähigkeiten. Auf dem Gebiet der standardisierten Erfassung intellektueller Fähigkeiten sind Zweikomponentenmodelle vor allem durch die Theorie fluider und kristalliner Fähigkeiten nach Cattell (1971) und Horn (1982, 1989) vertreten. Während diese Theorie den Rahmen der standardisierten Leistungsmessung (d.h. der psychometrischen Forschungstradition) selten verlässt, besteht der theoretische Anspruch des Mechanik-Pragmatik-Modells darin, die mit der standardisierten Leistungsmessung erhobenen Befunde mit kognitions-, evolutions- und kulturpsychologischen sowie entwicklungsbiologischen Erkenntnissen zu verbinden (siehe auch Baltes, 1997; Baltes et al., 1998).

Im Folgenden werden die Mechanik und Pragmatik der Kognition sowie ihre wechselseitigen Beziehungen zunächst in drei getrennten Abschnitten näher bestimmt. Anschließend werden Befunde zu zentralen Themen der intellektuellen Entwicklung über die Lebensspanne vor dem Hintergrund des Modells zusammengefasst und erläutert.

2.1.1 Die Mechanik der Kognition

> **!** Die Mechanik der Kognition repräsentiert den Einfluss der Biologie auf die intellektuelle Entwicklung. Sie bezeichnet die biologische Komponente der kognitiven Leistungsfähigkeit und des kognitiven Entwicklungspotentials.

Wie schon Tetens (1777) bemerkte, sind die Ursachen für den Zuwachs der Mechanik zu Beginn des Lebens von den Ursachen für die Abnahme in der zweiten Lebenshälfte grundsätzlich verschieden. In der Embryogenese, dem Säuglingsalter und der frühen Kindheit reflektieren die Altersveränderungen der Mechanik den interaktiven Aufbau neuronaler Strukturen, bei dem Reifung und Erfahrung in evolutionär optimierter Weise ineinander greifen (Elman et al., 1996; Wellman & Gelman, 1992). Dieser Vorgang findet in der kognitiven Alterung keine direkte Entsprechung. Vielmehr sind die ontogenetisch späten, negativen Altersveränderungen der Mechanik als indirekte Auswirkungen des nachlassenden phylogenetischen Selektionsdrucks sowie weiterer alternsbezogener Dysfunktionen anzusehen. Trotz dieser grundsätzlichen Verschiedenheit scheinen mechanische Leistungen, deren neuronale Strukturen relativ spät ausreifen (wie zum Beispiel die weiter unten dargestellten „exekutiven Funktionen“), in der Regel auch stärker von der kognitiven Alterung betroffen zu sein als andere Aspekte der Mechanik („Ribot'sches Gesetz“; Ribot, 1882). Dies könnte daran liegen, dass diese auch evolutionär späten Leistungen auf zahlreichen und komplex verknüpften Verarbeitungswegen aufbauen und deswegen störanfälliger sind als andere.

2.1.2 Die Pragmatik der Kognition

> **!** Die Pragmatik der Kognition erfasst die kulturelle Dimension der intellektuellen Entwicklung. Sie lenkt die Aufmerksamkeit auf die funktionale Bedeutung kulturgebundenen Wissens, das sowohl internal (d.h. neuronal, z.B. in semantischen Netzwerken) als auch external (z.B. in Büchern) repräsentiert wird.

Entwicklungsveränderungen in der Pragmatik reflektieren somit den Erwerb kulturell verankerter Bestände deklarativen und prozeduralen Wissens, die den Individuen im Laufe der Sozialisation zugänglich gemacht werden. Einige der dem Erwerb pragmatischen Wissens dienenden Sozialisationsvorgänge finden sich nur in manchen Gesellschaften, sind dort jedoch normativ (z.B. allgemeine Schulpflicht), andere sind universell (z.B. informelle Unterweisung durch Mentoren) und wiederum andere sind hoch spezialisiert und idiosynkratisch (z.B. professionelle Expertise).

Normativ-pragmatische Wissensbestände. Individuelle Unterschiede in normativen Aspekten der Pragmatik sind mit Bildungschancen und anderen Aspekten sozialer Ungleichheit korreliert und gut im Rahmen der psychometrischen Tradition messbar und beschreibbar. So „investieren" Personen während der Schulzeit und in späteren Abschnitten der Ontogenese fluide Fähigkeiten (d.h. ihr „mechanisches" kognitives Potential) in allgemein relevante Wissensbereiche. Die dabei entstehenden normativ-pragmatischen Wissensbestände werden als kristalline Fähigkeiten bezeichnet. Aufgrund der Investitionsbeziehung ist zu erwarten, dass Leistungszuwächse in kristallinen Fähigkeiten den Zuwächsen in fluiden Fähigkeiten, auf denen sie aufbauen, ontogenetisch nachfolgen. Außerdem sollten fluide Fähigkeiten stärker mit dem gegenwärtigen Leistungsniveau des Gehirns, kristalline Fähigkeiten hingegen stärker mit soziobiographischen Faktoren verknüpft sein. Die Daten der Berliner Altersstudie belegen, dass diese Divergenz der Beziehungen fluider und kristalliner intellektueller Fähigkeiten zu vorwiegend biologischen und vorwiegend kulturellen Korrelaten auch im hohen Alter zu beobachten ist (Lindenberger & Baltes, 1997; siehe Abb. 9.5).

Personenspezifisches pragmatisches Wissen. Personenspezifisches pragmatisches Wissen zweigt von normativen Pfaden des Wissenserwerbs ab. Es resultiert aus personenspezifischen, idiosynkratischen Konstellationen von Erfahrung, Motivation, Handlungskontrollerleben und bereichsspezifischer sowie genereller Begabung. Aufgrund ihrer relativ geringen Allgemeinheit entgehen diese Wissensbestände zumeist einer Erfassung durch standardisierte Tests. Angemessener ist hier die Untersuchung mit dem Expertiseparadigma (Ericsson & Lehmann, 1996), das die Bedingungen und Prozesse der Genese von Höchstleistungen in verschiedenen Bereichen (z.B. Schach, Sport, bestimmte Berufe) näher untersucht.

Expertise. Ein großer Teil kognitiver Zugewinne im mittleren Erwachsenenalter geht auf den Erwerb von personenspezifischem pragmatischem Wissen zurück. Dementsprechend beziehen sich entwicklungspsychologische Untersuchungen zu personenspezifischen Wissensbeständen vorwiegend auf das Erwachsenenalter. Zumeist werden die Leistungen von Experten und Novizen innerhalb und außerhalb des betreffenden Wissensbereichs miteinander verglichen. Zu den klassischen Beispielen gehören die Expertisebereiche Schach (Charness, 1981), Kartenspiele (Bosman & Charness, 1996; Charness, 1983; Knopf et al., 1995) und Musik (Krampe & Ericsson, 1996). Die Ergebnisse dieser Arbeiten lassen zwei Schlussfolgerungen zu.

> **!** Die positiven Auswirkungen der Expertise überschreiten äußerst selten die Grenzen des entsprechenden Bereichs.

Insbesondere gibt es kaum Hinweise darauf, dass die Mechanik der Kognition durch den Erwerb von Expertenwissen im Erwachsenenalter verändert wird (Krampe & Ericsson, 1996; Salthouse, 1991a). Werden Effekte jenseits des Inhaltsbereichs der Expertise beobachtet, so ist in den meisten Fällen eher von einem Transfer pragmatischen Wissens (mit positiven oder negativen Auswirkungen) auszugehen als von mechanischen Veränderungen.

Der zweite Befund betrifft das Vermögen der Pragmatik, die Konsequenzen mechanischer Alternsverluste auszugleichen (Bosman & Charness, 1996; Krampe & Ericsson, 1996; Lindenberger et al., 1992).

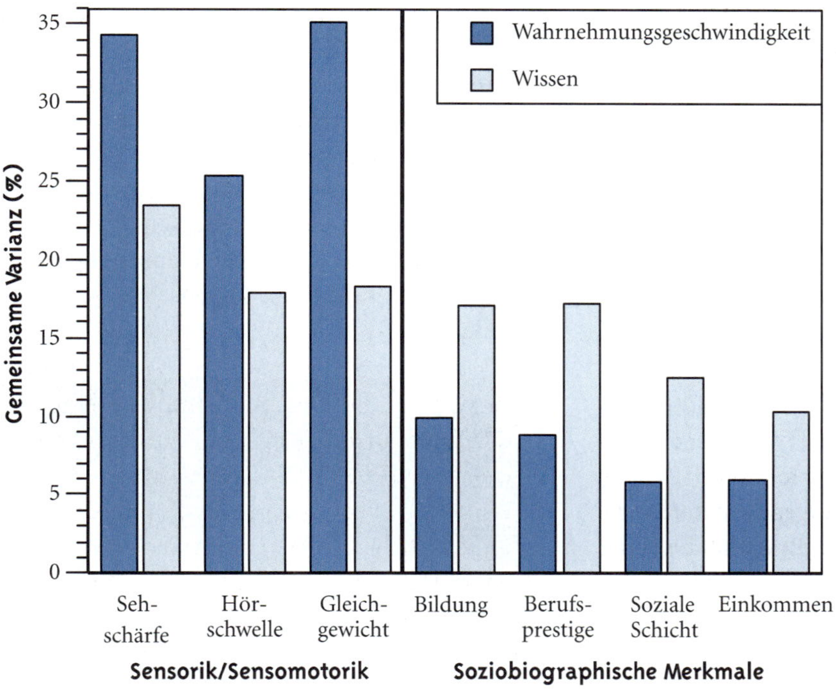

Abbildung 9.5. Fortbestand der divergenten Beziehung mechanischer und pragmatischer Fähigkeiten zu biologischen und kulturellen Einflusssystemen im hohen Alter. Die mechanische Fähigkeit Wahrnehmungsgeschwindigkeit ist stärker mit sensorisch-sensomotorischen Variablen verknüpft als die pragmatische Fähigkeit Wissen (Wortschatz). Umgekehrt korreliert das Wissen höher mit sozialstrukturell-biographischen Variablen als die Wahrnehmungsgeschwindigkeit. Die sensorisch-sensomotorischen Variablen repräsentieren das biologische Einflusssystem, die sozialstrukturell-biographischen Variablen das kulturelle. N = 516, Altersbereich = 70–103 Jahre (nach Lindenberger und Baltes, 1997)

> **!** Erworbenes Wissen befähigt alternde Individuen lokal, das heißt in Bezug auf den selegierten Expertisebereich, die negativen Auswirkungen der alternsbedingten Abnahme der Mechanik auszugleichen oder zumindest abzuschwächen.

Die beobachteten positiven Auswirkungen bereichsspezifischen Wissens auf das Leistungsniveau in ausgewählten Funktionsbereichen stützen die Annahmen des SOK-Modells über die Voraussetzungen erfolgreicher Entwicklung im Erwachsenenalter. Ob derartiges Wissen kompensatorisch, das heißt als Reaktion auf antizipierte oder bereits eingetretene Verluste, oder optimierend, das heißt unabhängig von alternsbedingten Verlusten, erworben wurde, ist im Nachhinein meist nicht eindeutig zu entscheiden (siehe auch Bosman & Charness, 1996).

2.1.3 Mechanik und Pragmatik: Evolutionäre und ontogenetische Abhängigkeiten

In jüngerer Zeit haben nativistisch orientierte Forschungen zur Säuglingsentwicklung die evolutionär vorstrukturierte Natur menschlicher Informationsverarbeitung hervorgehoben (vgl. Kap. 10). Experimentalmethodische Innovationen der Säuglingsforschung haben deutlich gemacht, dass Säuglinge nicht als kognitive „tabula rasa“ betrachtet werden können, wie dies durch extreme Versionen konstruktivistischer oder behavioristischer Theoriebildung nahe gelegt wird. Vielmehr entwickeln Menschen, ähnlich wie Mitglieder anderer Arten, ihr Verhalten bereits vor der Geburt und beginnen ihr extrauterines Leben mit leistungsfähigen Lernmechanismen und bereichsspezifisch wirksamen "constraints" (Spezifikationen oder Randbedingungen; siehe auch Elman et al., 1996; vgl. Kap. 10 und Kap. 12). Dies betrifft zum Beispiel Wahrnehmungsleistungen im Bereich der Sprache und des Gesichtererkennens sowie grundlegendes Wissen in physikalischen, biologischen, sozialen und numerischen Bereichen (Wellman & Gelman, 1992). Die Pragmatik der Kognition baut auf diesen vorstrukturierten, der Mechanik zuzurechnenden Kernbereichen auf, indem sie diese, die spezifischen Erfordernisse und Angebote von Kultur, Biographie und Kontext berücksichtigend, weiterentwickelt oder sich in Analogie zu ihnen herausbildet (Stern, in Druck). Die dafür erforderlichen Prozesse der Erweiterung, des Anbaus und der analogen Konstruktion (Siegler & Crowley, 1994) erzeugen Wissensformen (z.B. die Euklidische Geometrie) und Verhaltensmuster (z.B. Auto fahren), die nicht als direkte Konsequenz des evolutionären Selektionsdrucks angesehen werden können.

Interaktion zwischen Mechanik und Pragmatik. Demnach ist kognitive Entwicklung von Anfang an auf Interaktionen zwischen Pragmatik und Mechanik angewiesen. Qualität und Funktion dieser Interaktionen verändern sich im Laufe der Ontogenese. Vor allem in der frühen Kindheit stellt die Pragmatik das Medium (d.h. den Inhalt) und somit auch eine strukturelle Voraussetzung für den Aufbau der Mechanik dar. Zum Beispiel bedürfen sprachwirksame Lernmechanismen einer bestimmten Sprache als Datenbasis, um zur Herausbildung grammatischer Strukturen beitragen zu können. Darüber hinaus bestimmen reifungs- und alterungsbedingte Veränderungen von Zustand und Potential der Mechanik die Fähigkeit zum Erwerb weiteren pragmatischen Wissens sowie die Wahrscheinlichkeit, mit der einmal erworbenes Wissen erhalten und in bestimmten Kontexten eingesetzt werden kann. Der Unterschied im Höchstleistungsalter zwischen Turnier- und Korrespondenzschach kann hier als Beispiel dienen (Bosman & Charness, 1996).

BEISPIEL

Das mittlere Alter, in dem Personen zum ersten Mal Weltmeister werden, beträgt beim Korrespondenzschach zirka 46 Jahre und beim Turnierschach zirka 30 Jahre. Beim Korrespondenzschach hat man drei Tage Zeit, über den nächsten Zug nachzudenken; beim Turnierschach sind es im Durchschnitt drei Minuten.

Der Russe Garri Kasparow (geb. 1963) ist einer der erfolgreichsten Schachspieler der Welt

Die Unterschiede im Höchstleistungsalter reflektieren vermutlich die relative Wichtigkeit von kognitiver Geschwindigkeit und Schachwissen. Generell können Unterschiede im Höchstleistungsalter zwischen Fertigkeiten als Variationen ontogenetischer Kompromisse zwischen dem Alter zu Beginn des Fertigkeitserwerbs, der für den Fertigkeitserwerb benötigten Zeit und dem alternsbedingten Nachlassen der Mechanik angesehen werden.

Zugleich zeigen die Arbeiten im Rahmen des Expertiseparadigmas, dass und in welcher Weise die Pragmatik der Kognition intellektuelle Leistungen in wissensreichen Bereichen zu steigern vermag. So schwächt pragmatisches Wissen die Auswirkungen mechanischer Leistungsgrenzen ab und setzt sie in einigen Fällen nahezu vollständig außer Kraft (Gobet & Simon, 1996). Somit verlagert sich das Potential intellektuellen Zugewinns und Leistungserhalts im Laufe des Lebens zunehmend auf die selektive Pflege und kompensatorische Erweiterung wertgeschätzter und lebenswichtiger Wissensbestände (Baltes & Carstensen, 1996; Brandtstädter, 1998)

UNTER DER LUPE

Entwicklungszugewinne im Erwachsenenalter: Stufenkonzeptionen und funktionalistische Zugänge

Innerhalb der Lebensspannenpsychologie gibt es unterschiedliche Ansichten darüber, ob intellektuelle Entwicklungszugewinne im Erwachsenenalter einer strukturalistischen, stufenhaften Logik folgen und als Bewegung zu höheren Denkformen beschrieben werden können (z.B. Labouvie-Vief, 1982) oder ob funktionalistische Zugänge, die die lokale und graduelle Natur von Wissenserwerb, selektiver Spezialisierung und Transfer betonen, eine angemessenere oder zumindest sparsamere und besser überprüfbare Beschreibung von Entwicklungszugewinnen im Erwachsenenalter darstellen (Lindenberger, 2001). Das im vorliegenden Kapitel vertretene Zweikomponentenmodell kann als typischer Vertreter des funktionalistischen Zugangs gelten.

Postformale Stufen? Die Suche nach Stufen der intellektuellen Entwicklung im Erwachsenenalter wurde vor allem durch Piagets Theorie der kognitiven Entwicklung inspiriert (Chapman, 1988). Im Sinne strukturalistisch-konstruktivistischer Theoriebildung werden eine oder mehrere „postformale" oder „dialektische" Stufen der kognitiven Entwicklung postuliert, die der Stufe der formalen Operationen folgen sollen. In der konzeptuellen Definition dieser Stufen werden Aspekte der Persönlichkeitsentwicklung, zum Beispiel Generativität und Reflexion im Sinne Eriksons (1959), und Aspekte des logischen Denkens, wie zum Beispiel das Bewusstsein und die Akzeptanz von Widersprüchen, miteinander verknüpft (Labouvie-Vief, 1982; Pascual-Leone, 1983; Riegel, 1976). Überzeugende empirische Belege für das Vorhandensein derartiger Stufen sind jedoch schwer zu finden.

Trotz seiner konstruktivistischen und dialektischen Erkenntnistheorie (Chapman, 1988) hat Piaget selbst keine weiteren Stufen nach den formalen Operationen postuliert. Stattdessen hat er zumindest bei einer Gelegenheit (Piaget, 1972) argumentiert, dass Jugendliche und Erwachsene nicht unbedingt in allen, sondern zunächst in den ihnen besonders vertrauten Wissensbereichen formal-operational dächten. Diese Erwartung ist mit dem Zweikomponentenmodell der intellektuellen Entwicklung vereinbar, da das Potential für Entwicklungszugewinne nach der Kindheit mit Faktoren verknüpft wird, die eher innerhalb von Bereichen als über Bereiche hinweg angesiedelt sind (d.h. mit dem Erwerb pragmatischen Wissens).

Erwerb besonders verallgemeinerbaren Wissens. Folgt man dieser Umdeutung, so kann die strukturalistisch-konstruktivistische Suche nach höheren Denkformen als Suche nach Wissen mit großer verallgemeinerbarer Bedeutung und Anwendbarkeit dargestellt werden. Wissen über grundlegende Angelegenheiten des Lebens erfüllt diese Bedingungen in idealtypischer Weise (Baltes & Staudinger, 1993). Durchaus in Einklang mit den Absichten strukturalistischer Überlegungen könnte der Erwerb derartigen Wissens der zunehmenden Fragmentierung des Denkens durch Wissensbestände geringerer Generalisierbarkeit entgegenwirken (vgl. Staudinger, 1997, Kap. 36).

2.2 Relative Stabilität intellektueller Leistungen über die Lebensspanne

Die folgenden drei Abschnitte dienen der Betrachtung von Entwicklungsveränderungen in drei Aspekten der intellektuellen Leistungsfähigkeit: (1) Veränderungen in der relativen Stabilität oder dem Ausmaß, in dem interindividuelle Unterschiede in späteren durch interindividuelle Unterschiede in früheren Abschnitten der Ontogenese vorhergesagt werden können; (2) Veränderungen in der Heritabilität oder dem Ausmaß, in dem interindividuelle Unterschiede in intellektuellen Leistungen auf genetische Unterschiede zurückgehen (vgl. Kap. 1 und 2); (3) Veränderungen im Ausmaß des Zusammenhangs (d.h. der Kovariation) zwischen verschiedenen intellektuellen Fähigkeiten. Eine integrative Analyse von Entwicklungsveränderungen über diese drei Aspekte und verschiedene Altersbereiche hinweg trägt zu einem besseren Verständnis der Variabilität intellektueller Leistungen im Erwachsenenalter bei.

Einschränkend sei vorausgeschickt, dass der Großteil der Befunde zur relativen Stabilität nach dem Säuglingsalter auf unspezifischen Maßen intellektueller Leistungsfähigkeit basiert (d.h. auf so genannten IQ-Tests). Diese Maße stellen Konglomerate mechanischer und normativ-pragmatischer Komponenten dar, die unterschiedlich weit vom Generalfaktor der Intelligenz (d.h. vom Zentrum des Raums intellektueller Fähigkeiten) entfernt sind; ihre Undifferenziertheit verdeckt unter anderem strukturelle Eigenschaften der intellektuellen Entwicklung.

2.2.1 Verhalten im Säuglingsalter als Prädiktor intellektueller Leistungsfähigkeit

Es mag abwegig erscheinen, dem Säuglingsalter im Rahmen dieses Kapitels einen eigenen Abschnitt zu widmen. Insbesondere bei der Betrachtung der relativen Stabilität ist es jedoch erforderlich, das Erwachsenenalter in den Kontext der gesamten Lebensspanne einzubetten, um seine Besonderheiten deutlicher hervortreten zu lassen.

Habituations- und Wiedererkennungsverhalten. Im Gegensatz zu früheren Befunden mit standardisierten Maßen der Säuglingsentwicklung haben neuere Arbeiten mit Habituations- und Wiedererkennungsparadigmen (vgl. Kap. 10 und 12) ein beachtliches Ausmaß an relativer Stabilität zwischen Säuglingsverhalten und Intelligenz im Kindesalter zum Vorschein gebracht (McCall & Carriger, 1993). Beide Paradigmen basieren auf den theoretischen Perspektiven des operanten Konditionierens sowie des Informationsverarbeitungsansatzes und beziehen sich auf die Tendenz von Säuglingen, ihr Verhalten in Abhängigkeit früherer Begegnungen mit dem experimentellen Reiz zu verändern (z.B. Nachlassen der Aufmerksamkeit im Falle der Habituation oder Bevorzugung neuer Stimuli im Falle der Wiedererkennung). So lässt das Interesse an einem visuellen Reiz (z.B. einem roten Quadrat) nach, wenn er wiederholt gezeigt wird, das heißt die Blickdauer verkürzt sich (Habituation). Zeigt man den bekannten Reiz zusammen mit einem neuen (z.B. einem blauen Dreieck), so wird der neue Reiz in der Regel bevorzugt angeschaut (Wiedererkennen des alten und Präferenz für das neue Objekt). Die mit den beiden Paradigmen erfassten individuellen Unterschiede beziehen sich zum einen auf die Schnelligkeit der Habituation und zum anderen auf die Stärke der Präferenz für das neue Objekt. Im Allgemeinen sind individuelle Unterschiede im Habituations- und Wiedererkennungsverhalten im Alter zwischen zwei und acht *Monaten* moderat mit Standardtests der Intelligenz korreliert, die im Alter zwischen einem und acht *Jahren* verabreicht werden (Median der Korrelationen: $r = .45$; nach Berücksichtigung der Reliabilität der Tests: $r = .70$; McCall & Carriger, 1993).

Inhibition und Bevorzugung des Neuen. Demnach ist relative Stabilität, das heißt die Kontinuität interindividueller Unterschiede, im Gegensatz zu früheren Vermutungen zumindest im Bereich intellektueller Leistungen bereits im Säuglingsalter nachweisbar. Zur Erklärung der Existenz relativer Stabilität zu Beginn der Ontogenese ist unter anderem der Vorschlag gemacht worden, dass Säuglinge, die sich schneller an Reize gewöhnen und die eine stärkere Präferenz für neue Objekte zeigen, eher in der Lage sind, Handlungstendenzen, die mit bereits bestehenden Repräsentationen verknüpft sind, zu hemmen. Im oben genannten Beispiel sind sie besser in der Lage, die mit der Repräsentation des roten Quadrats verbundene Handlungstendenz des Hinschauens zu unterdrücken und sich einem neuen Reiz zuzuwenden. Diese Annahme entspricht der Vorstellung, dass Inhibition und Bevorzugung des Neuen übergreifende Merkmale der Intelligenz darstellen (McCall, 1994; Berg & Sternberg, 1985).

2.2.2 Relative Stabilität nach dem Säuglingsalter

Aus noch unbekannten Gründen bleibt die Höhe der Korrelation zwischen Maßen des Habituationsverhaltens im Säuglingsalter (d.h. 2 bis 8 Monate) und Maßen der Intelligenz im Kindesalter (d.h. 1 bis 12 Jahre) ontogenetisch stabil oder nimmt mit größerem zeitlichen Abstand sogar noch zu. Im Gegensatz hierzu nehmen nach dem Säuglingsalter die Korrelationen zwischen den Messungen mit zunehmendem zeitlichen (d.h. ontogenetischen) Abstand zwischen den Messungen ab. Zugleich nimmt die Höhe von Korrelationen, die sich auf denselben Zeitraum zwischen Messzeitpunkten beziehen, von der Kindheit über das Jugendalter bis ins mittlere und späte Erwachsenenalter deutlich zu. So fanden Humphreys und Davey (1988) Ein-Jahres-Stabilitäten von $r = .86$ für den Altersbereich zwischen fünf und sechs Jahren und von $r = .90$ für den Altersbereich zwischen acht und neun Jahren. Hertzog und Schaie (1986) berichteten, dass die Sieben-Jahres-Stabilitäten eines reliabilitätskorrigierten Aggregats mehrerer intellektueller Fähigkeiten, das als valider Indikator der generellen Intelligenz gelten kann, im Alter zwischen 25 und 67 Jahren zwischen $r = .89$ und $r = .96$ variierten; die entsprechenden geschätzten Ein-Jahres-Stabilitäten befinden sich nahe bei $r = 1.0$.

Interpretation. Die beobachteten Veränderungen der relativen Stabilität über die Lebensspanne lassen sich im Kontext der gleichzeitig erfolgenden Veränderungen im Niveau der intellektuellen Leistungsfähigkeit interpretieren (Molenaar et al., 1991). Nach dieser Vorstellung verändern sich interindividuelle Unterschiede zu Beginn der Ontogenese relativ schnell, weil die Ausgangsgröße des intellektuellen Repertoires zunächst gering ist und dann schnell zunimmt, so dass eine größere Menge an neuer Varianz pro Zeiteinheit entsteht als in den nachfolgenden Lebensabschnitten. Diese Überlegung führt zu der komplementären Vorhersage, dass es im hohen Alter nicht nur zu Rückgängen im Niveau der intellektuellen Leistungsfähigkeit, sondern auch zu einer partiellen Neuordnung individueller Unterschiede kommen sollte (Ghisletta & Lindenberger, 2001; Lindenberger & Baltes, 1994).

2.3 Heritabilität

Um Missverständnisse zu vermeiden, sei daran erinnert, dass sich Heritabilitätskoeffizienten auf das Ausmaß beziehen, in dem *individuelle Unterschiede* in einem Verhaltensmerkmal mit interindividuellen Unterschieden in der genetischen Ausstattung zusammenhängen (vgl. Kap. 1). Sie enthalten also keine direkten Informationen über Mechanismen der Genexpression, und sie variieren mit dem Größenverhältnis umweltbedingter und genetischer Varianzen. Außerdem bleiben Einflüsse unberücksichtigt, die Leistungen aller Mitglieder der Population in gleichem Ausmaß erhöhen oder erniedrigen.

Zunehmende Heritabilität in der ersten Lebenshälfte. Genetisch bedingte individuelle Unterschiede kommen unmittelbar in der Mechanik zum Ausdruck. Jedoch können sie sich, vermittelt durch die ontogenetische Interaktion zwischen Mechanik und Pragmatik, auch auf die Pragmatik auswirken. Ähnlich wie die relative Stabilität nimmt auch die Heritabilität in der ersten Lebenshälfte zu, mit Werten von 40 Prozent bis

50 Prozent in Kindheit und Jugend und Werten bis zu 80 Prozent im mittleren Erwachsenenalter (McGue et al., 1993). Im Gegensatz dazu haben Umwelteinflüsse, die den Zwillingen bzw. den Geschwistern gemeinsam sind, selten über die Kindheit hinaus Bestand. Die Zunahme der Heritabilität der intellektuellen Leistungsfähigkeit mit dem Lebensalter stützt die Vermutung, dass Jugendliche und Erwachsene, zumindest in den untersuchten Gesellschaften, eher als Kinder die Möglichkeit haben, Umwelten aufzusuchen (d.h. zu selegieren), die ihrem genetischen Potential entsprechen (Scarr & McCartney, 1983). In Bezug auf Heritabilität im hohen Alter legen Untersuchungen der Swedish Adoption Twin Study of Aging (SATSA) nahe, dass die Heritabilität genereller Intelligenz im hohen Alter wieder auf einen (nach wie vor hohen) Wert um 60 Prozent zurückgeht (McClearn et al., 1997).

Mögliche Gründe. Die vorangegangenen Zusammenfassungen zeigen, dass relative Stabilität und Heritabilität sich offensichtlich in ähnlicher Weise über die Lebensspanne verändern. Zum besseren Verständnis der ontogenetischen Dynamik dieser Parallelität bedarf es längsschnittlich und multivariat angelegter verhaltensgenetischer Untersuchungen über die gesamte Lebensspanne. Derartige Untersuchungen könnten die Vermutung stützen, dass die relative Stabilität intellektueller Leistungen im mittleren Erwachsenenalter im Vergleich zu anderen Lebensabschnitten aus zwei Gründen besonders hoch ist: (1) Die genetischen Varianzquellen haben sich auf hohem Niveau stabilisiert (d.h. der relative Anteil an genetischen Varianzquellen ist hoch, und es kommt nur wenig neue genetische Varianz über die Zeit hinzu); (2) Die Umweltbedingungen, deren Unterschiedlichkeit wegen der erwähnten personenspezifischen Selektionen in diesem Lebensabschnitt höher mit genetischen Unterschieden korreliert ist als in der Kindheit, weisen in diesem Lebensabschnitt ebenfalls eine relativ hohe Stabilität auf.

In ähnlicher Weise könnte die aufgrund des weniger wirksamen Selektionsdrucks nachlassende Koordination der Genexpression im hohen Alter zu Abnahmen in der relativen Stabilität, der Heritabilität und des Leistungsniveaus führen. Paradoxerweise würde dieser Vorgang in dem Maße, in dem er nicht mit genetischen interindividuellen Unterschieden korreliert ist, in verhaltensgenetischen Versuchsplänen als Zunahme personenspezifischer *Umweltfaktoren* (nonshared environmental variance) zutage treten.

2.4 Fähigkeitsstruktur

Gemäß der Differenzierungshypothese der Intelligenz oder des von Spearman (1927; siehe auch Deary & Pagliari, 1991) erklärten „Gesetzes der nachlassenden Gewinne" steht das Ausmaß an positiver Kovariation zwischen verschiedenen intellektuellen Fähigkeiten, das heißt die relative Stärke des Generalfaktors der Intelligenz, in gegenläufiger Beziehung zum durchschnittlichen Fähigkeitsniveau einer Population. Das Ausmaß an Kovariation zwischen verschiedenen Fähigkeiten nimmt demnach mit zunehmendem Leistungsniveau ab. Konkret könnte dies bedeuten, dass zwei Fähigkeiten, zum Beispiel der Wortschatz und die Wahrnehmungsgeschwindigkeit, in einer Population von Personen mit überdurchschnittlicher genereller intellektueller Leistungsfähigkeit niedriger miteinander korreliert sind als in einer Population von Personen mit unterdurchschnittlicher Leistungsfähigkeit.

Veränderliches Gewicht des Generalfaktors. Die Differenzierungshypothese beruht zum Teil auf der Vorstellung, dass niedrige Leistungen vorwiegend durch ein Ensemble bereichsübergreifender leistungsbegrenzender Faktoren verursacht werden, hohe Leistungen hingegen ein intaktes kognitives System voraussetzen und vorwiegend durch bereichsspezifische Bedingungen begrenzt werden. Aus entwicklungspsychologischer Sicht legt die Differenzierungshypothese nahe, dass der Generalfaktor der Intelligenz im Laufe der Kindheit in Folge der Reifung und Ausdifferenzierung des Gehirns sowie im Zuge des Erwerbs bereichsspezifischer Wissensbestände an Gewicht verliert, vom Jugendalter bis ins späte Erwachsenenalter relativ konstant bleibt und im hohen Alter aufgrund der Zunahme umfassender Begrenzungen der Effizienz der Informationsverarbeitung erneut zunimmt.

Differenzierung und Dedifferenzierung. Befunde aus dem Kindesalter (Deary et al., 1996) und dem hohen Alter (Lindenberger & Baltes, 1997) stützen die Auffassung der intellektuellen Entwicklung über die Lebensspanne als Abfolge von Differenzierung und Dedifferenzierung (vgl. Schaie, 1962). Besonders deutlich sind die Befunde der Berliner Altersstudie für das hohe Alter (Baltes & Lindenberger, 1997; Lindenberger & Baltes, 1994, 1997). Im Einzelnen konnte gezeigt werden:

- Die querschnittlichen Altersgradienten mechanischer und normativ-pragmatischer intellektueller Fähigkeiten konvergieren im hohen Alter und ergeben ein Bild des generalisierten linearen Leistungsrückgangs (Richtungsdedifferenzierung).
- Die Interkorrelationen verschiedener intellektueller Fähigkeiten sind im hohen Alter deutlich höher und gleichförmiger als im Erwachsenenalter (intrasystemische Kovarianzdedifferenzierung).
- Grundlegende sensorische und sensomotorische Fähigkeiten (z.B. Sehschärfe, Hörschwelle und Gleichgewicht), die ebenfalls deutliche alternsbedingte Einbußen zeigen, weisen im hohen Alter wesentlich stärkere korrelative Beziehungen zu intellektuellen Fähigkeiten auf als im Erwachsenenalter (Anstey et al., 1993; Lindenberger & Baltes, 1994; Baltes & Lindenberger, 1997) (intersystemische Kovarianzdedifferenzierung).

Die Gleichzeitigkeit und Stärke dieser drei Befunde lässt die Suche nach bereichsübergreifend wirksamen Alterungsvorgängen des Gehirns ratsam erscheinen (S.-C. Li & Lindenberger, 1999; siehe auch Abschnitt 2.6 über Determinanten von Altersunterschieden in der Mechanik).

2.5 Historische und ontogenetische Plastizität

Veränderungen intellektueller Leistungen über die Lebensspanne können als Antezedens, Korrelat und Folge einer Vielzahl unterschiedlicher Einflussgrößen fungieren. Aufgrund dieser mehrfach bestimmten (überdeterminierten) Natur wird das Leistungsniveau, im Rahmen der von der Mechanik gesetzten altersabhängigen Grenzen, auch durch Veränderungen der dinglichen und soziokulturellen Umwelt beeinflusst. Manche dieser Veränderungen sind historischer Art und betreffen ganze Gesellschaften (z.B. Verbesserungen in der Ernährung), andere sind auf kleine Personengruppen beschränkt und erfordern wesentlich weniger Zeit (z.B. kognitive Interventionen).

2.5.1 Kohorteneffekte, Periodeneffekte und gesellschaftlicher Wandel

Altersgradienten intellektueller Fähigkeiten werden durch Einflusssysteme historischer Art moduliert, so zum Beispiel durch zeitlich stabile Unterschiede zwischen Personen unterschiedlicher Geburtsjahrgänge (Kohorteneffekte), durch den spezifischen Einfluss bestimmter historischer Ereignisse über alle Altersgruppen hinweg (Periodeneffekte) sowie durch generelle und zeitlich ausgedehnte Veränderungen in den Umweltbedingungen, die alle Mitglieder der Gesellschaft sowie die nachfolgenden Generationen betreffen (gesellschaftlicher Wandel). Es ist methodisch schwierig, den Einfluss dieser drei Größen zu bestimmen (Baltes, 1968; Schaie, 1965; vgl. Kap. 1).

Nachweis von historischen Einflüssen

Ein erster Schritt zur Bestimmung von Wirkungen des generellen gesellschaftlichen Wandels besteht in dem Vergleich von Personen desselben chronologischen Alters zu verschiedenen historischen Zeitpunkten. Mit einigen Ausnahmen (z.B. Kopfrechnen; Schaie, 1996), ergeben derartige Vergleiche durchweg, dass in jüngeren Zeiten höhere Leistungen erzielt werden (Flynn, 1987).

Es ist unwahrscheinlich, dass diese Zunahmen auf Veränderungen in der genetischen Zusammensetzung der Population oder auf verzerrende Effekte der Stichprobenziehung zurückgehen. Vielmehr kommen in diesen Zunahmen vermutlich gesundheitliche (z.B. ernährungsbezogene), ausbildungs- und arbeitsbezogene Faktoren zum Ausdruck.

Untersuchungen, deren Erhebungsplan einem Kohorten-Sequenzdesign folgt, erlauben Altersvergleiche unterschiedlichen Typs: querschnittliche und längsschnittliche Vergleiche sowie Vergleiche unabhängiger (d.h. zu jedem Messzeitpunkt neu gezogener) Stichproben identischer Geburtsjahrgänge (vgl. Kap. 38). Im Falle der Seattle Longitudinal Study, der derzeit umfangreichsten Kohorten-Sequenzstudie zur intellektuellen Entwicklung im Erwachsenenalter (Schaie, 1996), führten querschnittliche Altersvergleiche einerseits und Vergleiche unabhängiger Stichproben identischer Geburtsjahrgänge andererseits zu äußerst ähnlichen Schätzungen durchschnittlicher Altersveränderungen (Salthouse, 1991b). Dieses Ergebnis stand im Gegensatz zu längsschnittlichen Beobachtungen am gleichen Datensatz, die (ebenfalls nach statistischer Kontrolle der Effekte gesellschaftlichen Wandels) negative Altersveränderungen von deutlich geringerem Ausmaß erkennen ließen. Die Konvergenz zwischen den querschnittlichen Ergebnissen und Befunden, die auf unabhängigen Stichproben identischer Geburtsjahrgänge beruhen, sowie die Diskrepanz dieser Ergebnisse zu genuin längsschnittlichen Befunden deuten darauf hin, dass die positive Abweichung der längsschnittlich beobachteten Verläufe zumindest teilweise auf Übungseffekte und Stichprobenausfall mit positiv selegierender Wirkung zurückzuführen ist. Demnach hatte die zunehmende Vertrautheit mit den Tests einen positiven Einfluss auf die Leistungen an nachfolgenden Messzeitpunkten (Übungseffekte), und Personen mit höheren Leistungen sowie mit positiveren bzw. weniger negativen Veränderungen über die Zeit konnten mit größerer Wahrscheinlichkeit an nachfolgenden Messzeitpunkten beobachtet werden als Personen mit niedrigeren Leistungen und negativeren bzw. weniger positiven Veränderungen (Stichprobenausfall mit positiv selegierender Wirkung).

FAZIT

Längsschnittliche Untersuchungen, deren Wert zur Identifikation von interindividuellen Unterschieden intraindividueller Veränderungen unbestritten ist, führen nicht unbedingt zu genaueren Schätzungen der durchschnittlichen Größe von Entwicklungsveränderungen in der Population als Untersuchungen mit querschnittlichen Erhebungsplänen.

2.5.2 Kognitive Intervention im Alter: Aktivierung des Lernpotentials

Im Vergleich zur Analyse historischer Einflusssysteme stellt kognitive Intervention einen direkteren Weg dar, das Ausmaß an Plastizität in unterschiedlichen Bereichen intellektueller Leistungen zu bestimmen, als kohortenvergleichende Forschung (Singer & Lindenberger, 2000; vgl. Kap. 34). Die folgende Darstellung konzentriert sich auf zwei Inhaltsbereiche, die eng mit der Mechanik der Kognition verknüpft sind: die fluide Intelligenz im engen Sinne (d.h. das Denkvermögen im Zusammenspiel von Induktion und Deduktion; Horn, 1989) sowie das episodische Gedächtnis (d.h. die Fähigkeit zum Einprägen und Abrufen neuer Informationen). Diese Eingrenzung geschieht aus drei Gründen. Erstens stammt die überwiegende Zahl der empirischen Arbeiten aus diesen beiden Bereichen. Zweitens sind fluide Intelligenz und episodisches Gedächtnis auf einem Analyseniveau angesiedelt, dessen Validität durch zahlreiche Untersuchungen zur Faktorenstruktur intellektueller Fähigkeiten besonders gut dokumentiert ist. Drittens ist die Frage der Trainierbarkeit dieser Funktionsbereiche von besonderem theoretischen und praktischen Interesse, weil querschnittliche und längsschnittliche Untersuchungen darin übereinstimmen, dass das durchschnittliche Leistungsniveau in beiden Bereichen im Laufe des Erwachsenenalters nachlässt (Schaie, 1996). Im Folgenden werden vier zentrale Befunde der kognitiven Interventionsforschung zusammengefasst (siehe auch Lindenberger, 2000b).

> **!** Kognitive Plastizität bleibt bei geistig gesunden älteren Erwachsenen bis ins hohe Alter erhalten.

Eine kognitive Interventionsstudie besteht zumeist aus einem Prätest, einer Intervention, die sich über mehrere Sitzungen erstreckt, sowie einem Posttest. Das typische Ergebnis von Studien dieser Art ist eindeutig: Geistig gesunde ältere Erwachsene zeigen deutliche Leistungszugewinne in jenen Maßen, die im Zentrum der kognitiven Intervention stehen. Dabei variiert die Größe der Leistungszugewinne in Abhängigkeit von manchen, aber nicht allen Eigenschaften der Intervention. So gilt für Interventionen im Bereich der fluiden Intelligenz, dass reine Testwiederholung zu geringeren Leistungssteigerungen führt als ausgedehntes selbstgesteuertes Üben bzw. angeleitetes Trainieren, die zu ähnlich großen Leistungsgewinnen führen (z.B. Baltes et al., 1989; siehe Abb. 9.6).

Die bereits erwähnte, in Umfang und Anlage einzigartige Seattle Longitudinal Study (Schaie, 1996) verbindet die querschnittliche und längsschnittliche Beobachtung mehrerer Geburtsjahrgänge über das gesamte Erwachsenenalter mit Trainingsstudien auf dem Gebiet der fluiden Intelligenz im Alter. Diese Verknüpfung erlaubt den

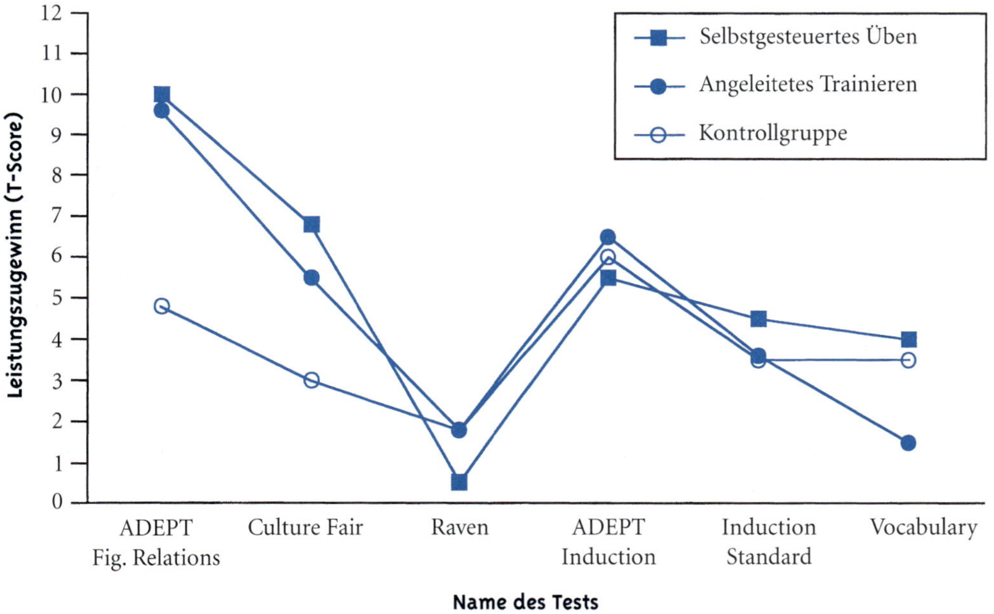

Abbildung 9.6. Typisches Ergebnis einer Trainingsstudie im Bereich der fluiden Intelligenz (Baltes et al., 1989). Geübt bzw. trainiert wurden der ADEPT Figural Relations. Im Vergleich zur Kontrollgruppe (Messwiederholung ohne Intervention) war selbstgesteuertes Üben genauso effektiv wie angeleitetes Trainieren. Dies deutet darauf hin, dass das angeleitete Training in erster Linie bereits vorhandene Strategien und Heuristiken reaktivierte. Der positive Transfer der Intervention beschränkte sich auf Aufgaben derselben Fähigkeit mit hoher äußerlicher Ähnlichkeit; bereits für den Raven Matrizentest ließen sich keine trainings- oder übungsbedingten Leistungszugewinne nachweisen. Dies stützt die Annahme, dass die Intervention eher auf dem Niveau aufgabenspezifischer Fertigkeiten als auf dem Niveau aufgabenübergreifender Fähigkeiten wirksam war. (ADEPT steht für "Adult Development and Enrichment Project", einem der ersten Forschungsprogramme zur kognitiven Intervention im Erwachsenenalter; siehe auch Baltes & Willis, 1982.)

Nachweis, dass die Größenordnung der in den Trainingsstudien erzielten Leistungsgewinne in etwa dem Ausmaß des zuvor über 15 bis 20 Jahre beobachteten längsschnittlichen Verlustes entspricht (z.B. Schaie, 1996; Schaie & Willis, 1986). Ferner deuten die Ergebnisse einiger Studien im Bereich episodischer Gedächtnisleistungen darauf hin, dass die durch Training und Üben erzeugten Leistungszugewinne in den trainierten Aufgaben über mehrere Monate und bisweilen Jahre erhalten bleiben (z.B. Stigsdotter Neely & Bäckman, 1993).

Gesunde ältere Erwachsene zeigen folglich ein beträchtliches Ausmaß an kognitiver Plastizität, und zwar sowohl in Bezug auf Testleistungen im Bereich der fluiden Intelligenz (Schaie & Willis, 1986) als auch bei dem Erwerb und der Nutzung von Gedächtnistechniken (Verhaeghen et al., 1992). Im hohen Alter besitzt dieser Befund jedoch nur eingeschränkte Gültigkeit. Zum Beispiel sind die im hohen Alter erzielbaren Trainingszugewinne auf dem Gebiet episodischer Gedächtnisleistungen deutlich niedriger und weniger optimierbar als in anderen Abschnitten des Erwachsenenalters (Singer & Lindenberger, 2000; Willis & Nesselroade, 1990).

Reaktivierung von Strategien. Die Tatsache, dass selbstgesteuertes Üben bei fluiden Testleistungen oft genauso wirksam ist wie angeleitetes Trainieren, hat zu der Vermutung geführt, dass die Wirksamkeit der kognitiven Intervention bei älteren Erwachsenen in erster Linie auf einer Reaktivierung vorhandener und nicht so sehr auf dem Lernen neuer Strategien und Heuristiken beruht (Baltes et al., 1989).

Schließlich sind die interventionsbedingten Leistungsgewinne bei Personen mit beginnenden oder fortgeschrittenen dementiellen Erkrankungen deutlich reduziert oder nicht mehr nachweisbar. Aus diesem Grund kann eine Verminderung kognitiver Plastizität zur Frühdiagnose dementieller Erkrankungen genutzt werden (Baltes et al., 1995a).

> **!** Der positive Transfer trainierter oder geübter Leistungen auf andere Aufgaben derselben oder verwandter Fähigkeiten ist in der Regel gering.

Ein zweiter, ebenfalls gut abgesicherter Befund besteht in der Begrenztheit der interventionsbedingten Leistungszugewinne auf die jeweils geübten oder trainierten Aufgaben. Leistungszugewinne treten in der Regel nur bei jenen Aufgaben auf, die trainiert worden sind, sowie bei Aufgaben, die äußerlich und strukturell eine sehr hohe Ähnlichkeit zu den trainierten Aufgaben aufweisen. Hingegen zeigen Aufgaben, die sich in ihren äußeren Merkmalen von der trainierten Aufgabe deutlich unterscheiden, auch dann keine oder nur sehr geringe Transfereffekte, wenn sie derselben intellektuellen Fähigkeit zugerechnet werden können. Abb. 9.6 (S. 371) veranschaulicht diesen Befund ebenfalls (siehe auch Baltes et al., 1989). Der positive Transfer ist offensichtlich eng an die Oberflächenmerkmale der benutzten Aufgaben gebunden.

> **!** Altersunterschiede zwischen jungen und älteren Erwachsenen nehmen an den Leistungsobergrenzen zu.

Bei der Mehrzahl der Studien ist das Ausmaß und die Intensität der Intervention zu gering, um zu den Leistungsobergrenzen vorzustoßen (Testing-the-limits). Dies erkennt man unter anderem daran, dass die im Laufe des Trainings beobachteten Leistungszugewinne linear sind, so dass kein Anlass zu der Vermutung besteht, die Probanden hätten sich den Obergrenzen ihrer Leistungsfähigkeit genähert. Aus entwicklungspsychologischer Sicht sind Altersunterschiede an den Leistungsobergrenzen jedoch von großem theoretischen Interesse (Baltes, 1997a; Kliegl & Baltes, 1987; siehe auch den nächsten Abschnitt). Im Normalbereich werden Leistungen durch zahlreiche Faktoren beeinflusst, so zum Beispiel durch präexperimentelle (d.h. durch bereits vor der Untersuchung bestehende) Unterschiede in der Vertrautheit mit dem Aufgabenmaterial. Trainiert man Personen über einen längeren Zeitraum in einer neu erlernten Fertigkeit, so lassen sich diese unerwünschten Einflüsse weitgehend unterdrücken. Zudem verschiebt sich dann der Kontext der Messung in Richtung der Leistungsobergrenzen, und man gelangt zu einer besseren Abschätzung des ehedem latenten Entwicklungspotentials der Personen im trainierten Bereich.

Testing-the-limits. Ein gutes Beispiel für diese Forschungsstrategie des Testing-the-limits ist der Erwerb und das Training mit der Methode der Orte, einer Fertigkeit zum seriellen Erinnern von Wortlisten. Individuelle Unterschiede in Gedächtnisleistungen mit der Methode der Orte sind mit einem sehr breiten Bündel fluider intellektueller Fähigkeiten korreliert, so zum Beispiel mit der Wahrnehmungsgeschwindigkeit, dem Denkvermögen sowie mit dem bildlichen und räumlichen Vorstellungsvermögen (Kliegl et al., 1990). Trainiert man junge und ältere Erwachsene in der Methode der Orte, so treten sowohl das latente Potential der älteren Probanden als auch die ausgeprägten Altersunterschiede in der Größe dieses latenten Potentials deutlich zutage. Zum Beispiel erreichte bei einer Untersuchung von Baltes und Kliegl (1992) am Ende des Trainings kein einziger der älteren Erwachsenen die mittlere Leistung der jungen Erwachsenen. Die Länge des Trainings, die nachlassenden Trainingsgewinne und die hohe Stabilität der Leistungsunterschiede am Ende des Trainings erlauben den Schluss, dass die beobachteten Altersunterschiede bei den Obergrenzen der Leistungsfähigkeit außerordentlich stabil und vermutlich irreversibel sind. Dies entspricht den allgemeinen Annahmen der oben dargestellten Architektur des Lebenslaufs (siehe Abb. 9.1, S. 351).

> **!** Die Koordination mehrerer Wahrnehmungs- und Handlungsstränge ist für ältere Erwachsene besonders schwierig.

Kognitiv-experimentell angelegte Trainingsstudien deuten darauf hin, dass ältere Erwachsene besonders dann gegenüber jungen Erwachsenen im Nachteil sind, wenn gleichzeitig an mehreren Aufgaben oder Aufgabenaspekten gearbeitet werden soll. Dies ist zum Beispiel der Fall, wenn Probanden mehrere Aufgaben mit ähnlichen Wahrnehmungs- und Handlungsanforderungen gleichzeitig oder abwechselnd ausführen sollen. Die entsprechenden Altersunterschiede bleiben auch nach intensivem Üben erhalten (Frensch et al., 1999; Kray & Lindenberger, 2000; Mayr & Kliegl, 1993). Koordinationschwierigkeiten sind vermutlich auch der Grund dafür, dass Altersunterschiede zwischen jungen und älteren Erwachsenen in typischen Tests der fluiden Intelligenz wie dem Raven-Matrizentest auch dann zu beobachten sind, wenn man den Probanden unbegrenzt viel Zeit zur Aufgabenbearbeitung gibt. Denn die Anforderung, mehrere Informationseinheiten gleichzeitig aktiv zu halten und aufeinander zu beziehen, bleibt bei diesen Aufgaben auch dann erhalten, wenn der Zeitdruck gering ist (siehe auch den Abschnitt zu den basalen Determinanten von Altersveränderungen in der Mechanik der Kognition).

Generalisierbarkeit interventionsbedingter Leistungszugewinne: Fähigkeiten versus Fertigkeiten

Betrachtet man die Befunde im Zusammenhang, so drängt sich eine klassische Frage der Trainingsforschung auf (vgl. Hasselhorn, 1995; Weinert, 1983): Was wird durch Training verändert, Fähigkeiten oder Fertigkeiten? Die Beantwortung dieser Frage ist folgenreich. Wir wissen von korrelativen Untersuchungen, dass intellektuelle Fähigkeiten, wie sie mit standardisierten psychometrischen Tests erfasst werden, eine hohe Alltagsrelevanz (ökologische Validität) aufweisen, insbesondere im hohen Alter (Lindenberger & Reischies, 1999). Wenn kognitive Interventionen nun das Fähigkeitsniveau veränderten, so wäre es aus angewandter Sicht sinnvoll, ältere Personen in jenen Tests der fluiden Intelligenz zu trainieren, die sich als gute Indikatoren der zu verändernden Fähigkeit erwiesen haben. Nähme man zum Beispiel an, dass sich die Wahrnehmungsgeschwindigkeit trainieren ließe, dann sollte ein Training mit dem Zahlen-Symbol-Test des Hamburg-Wechsler-Intelligenztests nicht nur zu Leistungssteigerungen in diesem Test führen, sondern die Wahrnehmungsgeschwindigkeit der trainierten älteren Erwachsenen generell verbessern. Diese Verbesserung sollte positive Auswirkungen auf all jene Aspekte des täglichen Lebens haben, die das schnelle Wahrnehmen und Vergleichen visueller Reize erfordern.

Trainierbar sind Fertigkeiten. Betrachtet man jedoch die Befunde zur kognitiven Intervention im Zusammenhang, so legen die gegenwärtigen Befunde den Schluss nahe, dass das kognitive System auf der Ebene von Fähigkeiten kaum verändert wird. Was verbessert oder erlernt wird, sind vorwiegend Fertigkeiten, also aufgaben- und kontextspezifische "elements of skill" (Thorndike, 1906). Die engen Grenzen des positiven Transfers sowie die Interventionsresistenz der Altersunterschiede in den Leistungsobergrenzen sind deutliche Indizien für die Richtigkeit dieser Annahme. Aus der Sicht des SOK-Modells unterstreichen diese Ergebnisse die entwicklungspsychologische Bedeutung der Selektion von Zielbereichen, da die positiven Auswirkungen von Optimierung und Kompensation vorwiegend innerhalb der selegierten Bereiche beobachtet werden.

Steigerung des Kompetenzerlebens. Daraus folgt nicht, dass Trainingsprogramme, die sich mit Intelligenztests oder alltagsfernen Gedächtnistechniken befassen, aus angewandter Perspektive obsolet sind. (Als Methoden der Grundlagenforschung sind sie es ohnehin nicht.) Es gibt nämlich Hinweise darauf, dass die Teilnahme an derartigen Trainingsprogrammen zu Steigerungen des Erlebens intellektueller Kompetenz führen und durchaus positive Wirkungen auf die subjektive Befindlichkeit und das Erleben des eigenen Handlungspotentials haben können (Dittmann-Kohli et al., 1991).

Kognitiver Aufwand neuer Fertigkeiten. Soll mit dem Training jedoch eine unmittelbare, nicht über das Kontrollerleben vermittelte Steigerung der kognitiven Alltagskompetenz erreicht werden, so sollte bei der Entscheidung, was trainiert oder geübt werden soll, jenen Fertigkeiten der Vorzug gegeben werden, die eine bestimmte Person für die kompetente Bewältigung ihres Alltags tatsächlich gebrauchen (das heißt möglichst unmittelbar einsetzen) kann. Bei alterungsbedingt abnehmenden Ressourcen ist aus der Sicht des SOK-Modells anzunehmen, dass Fertigkeiten, die die kompensatorische Nutzung externer Hilfsmittel ermöglichen, für die erfolgreiche Bewältigung des Alltags an Bedeutung gewinnen (K.Z.H. Li et al., 2001). Es muss jedoch bedacht werden, dass nahezu jede neue Fertigkeit, einschließlich des Erlernens der angemessenen Verwendung eines externen Hilfsmittels, mit kognitivem Aufwand verbunden ist. Dieser Aufwand dürfte bei denjenigen am ehesten ins Gewicht fallen, die derartiger Fertigkeiten am dringlichsten bedürfen. An diesem Paradox kognitiver Intervention führt kein Weg vorbei (vgl. Schönpflug, 1998).

FAZIT

Im mittleren und höheren Erwachsenenalter können mit wenigen Trainings- oder Übungssitzungen deutliche Leistungszugewinne erzielt werden. Zugleich legen die weitgehende Abwesenheit oder geringe Größe positiven Transfers auf andere Tests derselben Fähigkeit sowie die Interventionsresistenz der Altersunterschiede in den Leistungsobergrenzen den Schluss nahe, dass die beobachteten Leistungsverbesserungen primär pragmatischen Aspekten der Kognition zu verdanken sind. Gemäß dieser Interpretation können gesunde ältere Erwachsene ein großes Spektrum an kognitiven Fertigkeiten reaktivieren, trainieren oder üben sowie neu erlernen. Die entsprechende Erwerbsprozesse folgen lernpsychologischen Gesetzen und erfordern vermutlich keine Veränderungen in der kognitiven Mechanik. Ihre Auswirkungen sind lokaler Natur und beziehen sich unmittelbar auf das, was trainiert wurde. Demnach sollte sich kognitive Intervention im Alter unter dem Gesichtspunkt des praktischen Nutzens auf Fertigkeiten konzentrieren, die möglichst unverändert in den Alltag der betreffenden Person integriert werden können und dort zum Erhalt adaptiver Verhaltensmuster beitragen.

2.5.3 Altersunterschiede in der Mechanik: Purifizierung der Messung

In vielen Fällen können Altersunterschiede oder Altersveränderungen, wie sie in herkömmlichen Querschnitts- oder Längsschnittuntersuchungen beobachtet werden, nicht als reiner und direkter Ausdruck von Altersveränderungen in der interessierenden Entwicklungsdimension angesehen werden. Dies gilt in besonderem Maße für Entwicklungsveränderungen in der kognitiven Mechanik. So können sich Personen unterschiedlichen Alters systematisch im Ausmaß an aufgabenspezifischer Vorerfahrung unterscheiden. Weiterhin wird der Kontext der Messung durch Faktoren beeinflusst, die zwar mit dem Alter verknüpft sind, jedoch nicht oder nur mittelbar mit Altersveränderungen in der Mechanik der Kognition. Beispiele hierfür sind wissensbasierte Einflüsse in Form von aufgabenrelevanten Strategien und Heuristiken, die der Pragmatik der Kognition zugerechnet werden müssen, sowie motivationale und emotionale Faktoren wie Testängstlichkeit und Erregungsniveau.

Vorteile von Messungen an der Leistungsgrenze. Folgt man diesen Überlegungen, so beruht unser Wissen über Altersveränderungen in der Mechanik der Kognition größtenteils auf Messungen eingeschränkter Gültigkeit (Validität). Daraus ergibt sich die Forderung, zu Indikatoren interindividueller Unterschiede im mechanischen Leistungspotential zu gelangen, die möglichst wenig durch pragmatische und andere Einflüsse kontaminiert sind (vgl. Guthke & Wiedl, 1996). Die oben eingeführte Strategie des Grenztestens oder Testing-the-limits ist für diesen Zweck besonders gut geeignet. Werden Personen unterschiedlichen Alters durch intensives Üben oder Training sowie durch leistungsabhängige Veränderungen der Aufgabenschwierigkeit möglichst nahe an ihre asymptotischen Leistungsmaxima herangeführt, so lassen sich die an diesen Grenzen zutage tretenden Altersunterschiede mit größerer Sicherheit auf die Mechanik der Kognition zurückführen als Altersunterschiede im normalen Leistungsbereich. Bestehen theoretische Annahmen über Interaktionen von Lernprozessen mit reifungs- bzw. alterungsbedingten Veränderungen, so kann Testing-the-limits auch zu einem besseren Verständnis der entsprechenden Mechanismen sowie der Streubreite ontogenetischer Veränderungen beitragen (Lindenberger & Baltes, 1995).

Es erscheint sinnvoll, Testing-the-limits auf die gesamte Lebensspanne sowie auf verschiedene Aspekte der Mechanik der Kognition auszudehnen, um zu ontogenetisch umfassenden und validen Entwicklungsfunktionen zu gelangen. Für den Bereich der Mechanik der Kognition kann erwartet werden, dass sich das Lebensalter der höchsten Leistung bei derartigen Untersuchungen im Vergleich zur Leistungsmessung im Normalbereich systematisch zugunsten jüngerer Altersbereiche verschieben sollte, da der Einfluss der

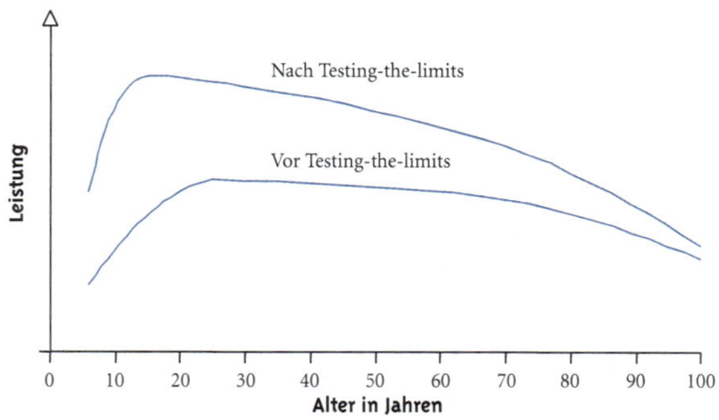

Abbildung 9.7. Hypothetische Altersgradienten vor und nach testing-the-limits der Mechanik der Kognition. Es wird angenommen, dass Testing-the-limits pragmatische Einflüsse zurückdrängt und aus diesem Grund das Alter der höchsten Leistungen erniedrigt (siehe auch Lindenberger, 2000a; vgl. Denney, 1984).

Pragmatik minimiert wird (siehe Abb. 9.7, S. 375; vgl. Denney, 1984).

2.6 Determinanten der mechanischen Entwicklung im Erwachsenenalter

Ein wesentliches Anliegen der kognitiven Alternsforschung besteht darin, die Natur und Anzahl der Ursachen von Altersunterschieden in der Mechanik der Intelligenz im Erwachsenenalter und im hohem Alter zu bestimmen. Ähnlich wie in anderen Bereichen der Entwicklungspsychologie stellt die Verknüpfung (Konfundierung) zwischen chronologischem Alter und biologischen Alterungsprozessen dieses Forschungsfeld vor besondere methodische und konzeptuelle Probleme (Baltes et al., 1988; Lindenberger & Pötter, 1998). Angesichts dieser Konfundierung entscheiden sich die meisten Forscher für eine von zwei theoretischen Orientierungen, die Ressourcenorientierung und die Prozessorientierung. Die erstere lässt kognitives Altern als eher einheitlich, die letztere als eher vielgestaltig erscheinen.

Ressourcenorientierung. Vertreter der Ressourcenorientierung postulieren zunächst eine möglichst kleine Anzahl von Ursachen (kognitiven Ressourcen) zur Erklärung negativer Altersunterschiede im Erwachsenenalter und hohen Alter. Eine typische Ressource in diesem Sinne ist die Verarbeitungsgeschwindigkeit (siehe unten). Gemäß der Geschwindigkeitshypothese lassen intellektuelle Leistungen deswegen mit dem Alter nach, weil die ihnen zugrunde liegenden kognitiven Prozesse langsamer ablaufen als im jungen Erwachsenenalter. Der Vorteil einer solchen Hypothese ist Sparsamkeit: Eine große Zahl von negativen Veränderungen in der intellektuellen Leistungsfähigkeit wird mit einer einzigen erklärenden Variable in Verbindung gebracht. Diese Sparsamkeit wird jedoch mit einem Mangel an kognitionspsychologischer und neuropsychologischer Plausibilität erkauft. Zum Beispiel erscheint die Annahme einer generellen und gleichförmigen Verlangsamung kognitiver Prozesse mit dem Alter aus neurokognitiver Sicht kaum haltbar.

Prozessorientierung. Im Gegensatz zur Ressourcenorientierung wird bei der Prozessorientierung angenommen, dass die Anzahl der Ursachen von Altersveränderungen in der Mechanik der Intelligenz im Erwachsenenalter groß ist, da sich das kognitive System aus einer Vielzahl verschiedener Prozesse und Strukturen zusammensetzt. Jede intellektuelle Leistung basiert auf einer spezifischen Kombination von Prozessen. Dementsprechend bedürfen Altersveränderungen in verschiedenen Leistungen jeweils einer eigenen Erklärung auf der Grundlage der an ihr beteiligten Prozesse. Der Vorteil prozessbasierter Erklärungen liegt zunächst in der größeren kognitionspsychologischen und neuropsychologischen Plausibilität. Erkauft wird dies jedoch mit einem Mangel an Sparsamkeit, da nach einer großen Zahl spezifischer und nicht nach einer kleinen Zahl übergreifender Erklärungen gesucht wird.

Übergreifende und spezifische Ursachen. Vermutlich beruhen Altersveränderungen in der Mechanik auf einer Mischung übergreifender und spezifischer Ursachen. Übergreifende Ursachen lassen sich gut als Ressourcen beschreiben, spezifische Ursachen eher als Prozesse. Deswegen ist es sinnvoll, beide Orientierungen zu verfolgen und miteinander zu verknüpfen (siehe auch Lindenberger & Kray, im Druck; vgl. Kliegl et al., 1994).

Innerhalb der Ressourcenorientierung hat sich das theoretische und empirische Interesse auf drei Konstrukte konzentriert:

- Die Verarbeitungsgeschwindigkeit oder die Geschwindigkeit, mit der elementare kognitive Operationen ausgeführt werden können;
- das Arbeitsgedächtnis oder die Fähigkeit, Informationen in einem oder mehreren Kurzzeitspeichern zu erhalten und zu transformieren;
- Inhibition oder die Fähigkeit, irrelevante Informationen automatisch oder intentional zu hemmen.

Verarbeitungsgeschwindigkeit. Zur Zeit erscheint die Verarbeitungsgeschwindigkeit, und zwar insbesondere dann, wenn sie mit relativ komplexen Maßen der Wahrnehmungsgeschwindigkeit gemessen wird, als stärkster Prädiktor von Altersunterschieden in anderen Aspekten der kognitiven Mechanik (Lindenberger et al., 1993; Verhaeghen & Salthouse, 1997). Psychometrisch definierte Wahrnehmungsgeschwindigkeit ist aber vermutlich keine einfache und einheitliche Ursache oder „basale Determinante“ von Altersveränderungen der kognitiven Mechanik (z.B. im Sinne neuronaler Geschwindigkeit), sondern eine zusammengesetzte Größe mit relativ hohem Arbeitsgedächtnisanteil. So haben Versuche, ein einheitliches biologisches Korrelat altersbedingter Unterschiede in der Verarbeitungsgeschwindigkeit zu identifizieren, bislang zu keinem positiven Ergebnis geführt.

Arbeitsgedächtnis. Der Erklärungsgehalt des Arbeitsgedächtniskonstrukts ist ebenfalls schwer bestimmbar. Erstens werden Altersveränderungen des Arbeitsgedächtnisses oft mit Veränderungen der Verarbeitungseffizienz oder Verarbeitungsgeschwindigkeit sowie mit Hemmungsprozessen in Verbindung gebracht. Zweitens besteht eine wesentliche Funktion des Arbeitsgedächtnisses in der Kontrolle zielgerichteten Handelns und Denkens. Diese Funktion rückt das Arbeitsgedächtnis in das Zentrum intelligenten Verhaltens und führt zu der Frage, ob man dann überhaupt noch von einer „basalen Determinante“ sprechen kann.

Inhibition. Inhibition (Hemmung) wird im Erwachsenenalter zum einen mit Aufgaben erfasst, bei denen Personen eine starke Handlungstendenz unterdrücken müssen, um zur angemessenen Antwort zu gelangen. Ein Beispiel hierfür ist der Stroop-Test. Bei diesem Test sind die Farbwörter „grün“ und „rot“ in kongruenter (d.h. grün in grüner und rot in roter) oder inkongruenter (d.h. grün in roter und rot in grüner) Farbe geschrieben. Sollen unter inkongruenten Bedingungen möglichst schnell die Farbwörter benannt werden, so müssen die Farbeindrücke gehemmt werden.

Zum anderen wird vermutet, dass der effiziente Wechsel zwischen Aufgaben neben der Aktivierung der zu beginnenden auch die Inhibition der zu verlassenden Aufgabe erfordert (Allport et al., 1994).

BEISPIEL

Man stelle sich vor, man solle die Karten eines Skatspiels zunächst einige Minuten lang nach Farbe sortieren – Pik und Kreuz auf einen Stapel, Herz und Karo auf den anderen. Wird unmittelbar anschließend das Sortierkriterium gewechselt – zum Beispiel Karten mit Figuren auf einen Stapel, Karten mit Zahlen auf den anderen – so verlangt dies neben der Aktivierung der neuen auch die Hemmung der bislang ausgeführten Aufgabe.

Es gibt Hinweise darauf, dass die Inhibition nicht mehr handlungsrelevanter Aufgaben bei älteren Erwachsenen weniger effizient erfolgt als bei jüngeren Erwachsenen (z.B. Mayr & Liebscher, 2001; Zacks et al., 1996). Allerdings ist es schwierig, Altersunterschiede in der Hemmung von Altersunterschieden in der Aktivierung abzugrenzen. Dementsprechend ist die Größe des Beitrags der Hemmung zu Altersveränderungen in der Mechanik insgesamt derzeit schwer bestimmbar.

Kognitive Neurowissenschaften des Alterns. In jüngerer Zeit wird die Suche nach biologischen Korrelaten der mechanischen Entwicklung im Erwachsenenalter durch den Einbezug der kognitiven Neurowissenschaften als “cognitive neuroscience of aging” grundlegend transformiert (Cabeza, 2001; Li, S.-C. et al., 2001; Prull et al., 2000; Raz, 2000). Die kognitiven Neurowissenschaften des Alterns untersuchen, welche anatomischen, neurochemischen und funktionalen Veränderungen des Gehirns in besonders starker Weise mit Altersunterschieden im Verhalten zusammenhängen. Auf neuroanatomischer Ebene sind hier vor allem Veränderungen des Stirnhirns zu nennen (zum Beispiel der dorsolaterale präfrontale Kortex; vgl. Raz, 2000). In neurochemischer Hinsicht ist die Abnahme von Rezeptoren des Neurotransmitters Dopamin eng mit negativen Altersunterschieden in der intellektuellen Leistungsfähigkeit verknüpft (Bäckman et al., 2000). Die beiden Phänomene könnten miteinander zusammenhängen, weil die funktionale Integrität des Stirnhirns unter anderem auf dopamingestützte Verarbeitungswege angewiesen ist (Raz, 2000).

Stirnhirn und exekutive Funktionen. Die besonders stark ausgeprägten alterskorrelierten anatomischen Veränderungen des Stirnhirns stehen mit der Beobachtung im Einklang, dass einige Eigenschaften des kognitiven Systems, die bestimmte Areale des Stirnhirns beanspruchen, besonders stark von der kognitiven Alterung betroffen sind. Diese Eigenschaften betreffen die Regulation und Koordination von Verhalten und werden gemeinhin als „exekutive Funktionen" oder kognitive Kontrolle bezeichnet (Duncan et al., 1996; Smith & Jonides, 1999). Eine Vielzahl an Befunden legt nahe, dass negative Altersunterschiede im Erwachsenenalter vor allem dann besonders groß sind, wenn hohe Anforderungen an kognitive Kontrolle gestellt werden. Typische Beispiele sind die Koordination von Handlungen und Wahrnehmungsinhalten (Frensch et al., 1999; Mayr & Kliegl, 1993), die Unterdrückung reizgetriebener Handlungstendenzen (Salthouse & Meinz, 1995), die gleichzeitige Bearbeitung mehrerer Aufgaben (Korteling, 1994; Kramer, Larish & Strayer, 1995; Li et al., 2001a) sowie der Wechsel zwischen Aufgaben bei geringer Unterstützung durch externe Hinweisreize und hoher Mehrdeutigkeit der Aufgabensituation (Kray & Lindenberger, 2000). Die empirischen Arbeiten zum Altern der kognitiven Kontrolle zeigen zugleich, wie prozess- und ressourcenorientierte Sichtweisen durch neurowissenschaftliche Überlegungen ineinander überführt werden können (S.-C. Li et al., 2001b).

2.7 Das Dilemma behavioralen Alterns aus neurokognitiver Sicht

Die soeben zusammengefassten Befunde zu Altersveränderungen in der Mechanik verweisen zudem auf ein Dilemma des kognitiven Alterns – oder, genauer und allgemeiner gesagt, auf ein grundlegendes Dilemma behavioralen Alterns, an dem neben kognitiven auch motorische und sensorische Aspekte des Verhaltens teilhaben. Auf der einen Seite nimmt der Bedarf an kognitiver Kontrolle unseres Verhaltens mit dem Alter zu, weil die Zuverlässigkeit der Sinne und des Bewegungsapparats nachlässt. Belegt wird dies unter anderem durch den starken Rückgang der Sinnesleistungen mit dem Alter (Fozard et al., 1990; Winter, 1991), die deutliche Zunahme von Doppelaufgabenkosten bei der gleichzeitigen Ausführung sensomotorischer und intellektueller Aufgaben (K.H.Z. Li et al., 2001; Lindenberger et al., 2000, Teasdale et al., 1993) sowie die bereits erwähnten hohen Korrelationen zwischen intellektuellen, sensorischen und sensomotorischen Leistungen im hohen Alter (Baltes & Lindenberger, 1997; Lindenberger & Baltes, 1994, 1997).

BEISPIEL

Man stelle sich das Überqueren einer Straße mit lebhaftem Autoverkehr durch eine 20-jährige und eine 80-jährige Person vor. Der 80-jährigen Person wird diese Leistung in der Regel ein weitaus höheres Maß an kognitiver Kontrolle (im Sinne von Aufmerksamkeit und Konzentration) abverlangen als der 20-jährigen.

- Wegen des abnehmenden Hörvermögens wird sie nicht im Blickfeld befindliche nahende Fahrzeuge später wahrnehmen;
- wegen der geringeren Sehkraft wird sie weniger gut erkennen, welche Fahrzeuge mit dem Blinker Abbiegen signalisieren und welche nicht, und es wird ihr schwerer fallen, die Geschwindigkeit nahender Fahrzeuge zu bestimmen;
- wegen der Abnahme des Gleichgewichtssinns werden die Schritte vom Bürgersteig auf die Straße und von der Straße zurück auf den Bürgersteig eher zu Störungen des Gleichgewichts führen;

- wegen der Abnahme des Gleichgewichtssinns sowie der geringeren Kraft und Zuverlässigkeit des Bewegungsapparats wird das eigentliche Überqueren der Straße mehr Zeit erfordern.

Die 80-jährige Person wird versuchen, die negativen Auswirkungen dieser sensorischen und sensumotorischen Funktionseinbußen durch den erhöhten Einsatz an kognitiver Kontrolle abzuschwächen. Sie wird vielleicht ein Gespräch unterbrechen, um nahende Fahrzeuge besser hören zu können; sie wird den Blinkerbereich der nahenden Fahrzeuge bewusst in Augenschein nehmen, um festzustellen, wer abbiegt und wer nicht; sie wird die Schritte vom Bürgersteig auf die Straße und von der Straße zurück auf den Bürgersteig planen und überwachen; und sie wird vielleicht Berechnungen anstellen, wie schnell sie gehen muss, um während der Grünphase die andere Straßenseite zu erreichen.

Auf der anderen Seite finden sich, wie oben dargestellt, deutliche, durch entsprechende neuroanatomische und neurochemische Befunde gestützte Hinweise auf eine Abnahme der Effektivität kognitiver Kontrolle im Erwachsenenalter. Die Kombination der beiden Befunde ergibt die Bestimmungsstücke des Dilemmas: Verhalten ist zunehmend auf kognitive Kontrolle angewiesen, doch lässt deren Funktionsniveau in besonders starkem Maße mit dem Alter nach.

! Kognitives Altern kann als Verknappung einer zunehmend nachgefragten Ressource begriffen werden.

Aus der Sicht des SOK-Modells können die negativen Auswirkungen dieses Dilemmas unter anderem dadurch abgeschwächt werden, dass der Kontrollaufwand alltagsrelevanter Aufgaben und Situationen durch den Einsatz kompensatorischer Hilfsmittel und Umwelten reduziert wird (K.Z.H. Li et al., 2001).

Zusammenfassende Überlegungen

Aus Sicht der Psychologie der Lebensspanne lassen sich folgende Aspekte der intellektuellen Entwicklung im Erwachsenenalter und im Alter besonders hervorheben:

Zweikompenentenmodell. Um die ontogenetische Dynamik zwischen Biologie und Kultur bei der intellektuellen Entwicklung abbilden zu können, wird ein Zweikomponentenmodell der intellektuellen Entwicklung vertreten, das der biologischen Mechanik die Pragmatik erworbenen Wissens gegenüberstellt. Das Modell stützt sich unter anderem auf die Existenz alterungsanfälliger und alterungsresistenter intellektueller Fähigkeiten (Jones & Conrad, 1933). Es berücksichtigt jedoch neben psychometrischen auch evolutionspsychologische, kognitiv-experimentelle und expertisebezogene Überlegungen und Forschungstraditionen, um zu einer breiteren Repräsentation der intellektuellen Entwicklung im Erwachsenenalter zu gelangen.

Normatives und personenspezifisches Wissen. Im Gegensatz zur Mechanik bietet die auf erworbenem Wissen basierende Pragmatik Möglichkeiten des Entwicklungszugewinns bis ins späte Erwachsenenalter. Innerhalb der Pragmatik kann zwischen normativen und personenspezifischen Wissenskörpern unterschieden werden. Normatives Wissen wird im Kontext allgemeiner Sozialisationsvorgänge (z.B. in der Schule) erworben; individuelle Unterschiede in diesem Wissen lassen sich gut mit psychometrischen Methoden erfassen (z.B. Wortschatztests). Personenspezifisches Wissen zweigt vom normativen Pfad ab, ist in Inhalt und Ausmaß variabel und eher im Rahmen des Expertiseparadigmas erfassbar. Hier sind vor allem Wissenskörper im Kontext der beruflichen Biographie von Bedeutung.

Mechanik und Pragmatik interagieren. Mechanik und Pragmatik sind ontogenetisch miteinander verbunden und beeinflussen sich gegenseitig. Das Entstehen pragmatischer Wissensbestände in der Kindheit interagiert in vielfältiger und im

UNTER DER LUPE

Altern: Normal, pathologisch, erfolgreich und differentiell

Der Begriff des Alterns wird häufig ergänzt, um die Vielfalt an Alternsformen besser nachzeichnen zu können (vgl. Thomae, 1983). Von besonderer Bedeutung sind die Spezifikationen normal, pathologisch, erfolgreich und differentiell.

Normales Altern. Normales Altern kann zweierlei bedeuten. Erstens kann es sich auf den statistischen Normbegriff beziehen. In diesem Fall bezeichnet normales Altern einen Erwartungswert, der sich an den durchschnittlichen oder typischen Entwicklungsverläufen aller Überlebenden der jeweiligen Altersgruppen orientiert. Zweitens kann normales Altern als Altern ohne chronische Krankheiten definiert werden. In diesem Fall soll der eigentliche Alterungsprozess vom Altern mit Krankheit abgegrenzt werden, das wiederum als pathologisches Altern definiert wird. Da zahlreiche Krankheiten wie Alzheimer-Demenz, Diabetes und kardiovaskuläre Erkrankungen im Alter zunehmend häufiger auftreten, ist die Abgrenzung zwischen normalem und pathologischem Altern insbesondere im hohen Alter empirisch und theoretisch schwierig. Zum Beispiel lässt sich bei strenger Definition normales Altern nur an einer kleinen Minderheit der über 95-Jährigen beobachten. Normales Altern im Sinne der statistischen Norm und im Sinne der Krankheitsfreiheit sind im hohen Alter also besonders weit voneinander entfernt. Dennoch ist die Definition normalen Alterns als Altern ohne Krankheit wissenschaftlich produktiv, denn sie wirft wichtige Fragen auf: Unter welchen biologischen und kulturellen Bedingungen kann Altern so krankheitsfrei wie möglich verlaufen? Welche körperlichen und geistigen Abbauprozesse sind nach gegenwärtigem Kenntnisstand Teil des normalen Alterns und welche sind als Krankheit vom normalen Altern abzugrenzen? Sind die entsprechenden Grenzen klar zu ziehen oder eher fließend?

Erfolgreiches Altern. Erfolgreiches Altern kann mit objektiven Indikatoren wie Gesundheit und Langlebigkeit sowie mithilfe subjektiver Kriterien wie Wohlbefinden und Lebenszufriedenheit erfasst werden. Sinnvoll erscheint eine Individualisierung der Erfolgskriterien sowie eine Orientierung an den Zielen und Werten der alternden Person (vgl. Montada, 1996). Das Modell der selektiven Optimierung mit Kompensation (Baltes & Baltes, 1990) sowie die Theorie des assimilativen und akkommodativen Bewältigungsverhalten (Brandtstädter & Wentura, 1995) spezifizieren Bedingungen und Prozesse, die erfolgreiches Altern ermöglichen.

Differentielles Altern. Differentielles Altern meint zunächst den Umstand, dass verschiedene Personen in unterschiedlicher Weise altern. So nimmt die Unterschiedlichkeit zwischen Personen in der kognitiven Leistungsfähigkeit vom jungen zum höheren Erwachsenenalter eher zu als ab (Nelson & Dannefer, 1992). Im Altersbereich ab 70 Jahren gibt es jedoch keine starken Hinweise auf eine weitere Zunahme der interindividuellen Variabilität (Lindenberger & Baltes, 1997), und zwar vermutlich deshalb, weil Personen mit besonders niedrigen Funktionsniveaus und besonders ungünstigen Entwicklungsverläufen eine erhöhte Sterbewahrscheinlichkeit aufweisen (Lindenberger et al., im Druck a). In einem weiteren Sinne verweist der Begriff des differentiellen Alterns auf die Forschungsstrategie, durch die Analyse individueller Unterschiede zum Verständnis der invarianten und variablen Merkmale der Entwicklung im Erwachsenenalter und Alter beizutragen (Lindenberger et al., im Druck b).

Einzelnen noch zu erforschender Weise mit dem evolutionär prädisponierten Aufbau von kortikalen Strukturen und kognitiven Kernbereichen (Elman et al., 1996). In späteren Phasen des Lebenslaufs kann der Erhalt und Erwerb pragmatischen Wissens die negativen Auswirkungen mechanischer Leistungsrückgänge abschwächen. In Übereinstimmung mit generellen Prinzipien der Dynamik zwischen Biologie und Kultur über die Lebensspanne gewinnt die kompensatorische Funktion der Pragmatik mit dem Alter an funktionaler Bedeutung, verliert jedoch an Effizienz.

Differenzierung und Dedifferenzierung. Heritabilität (d.h. die Größe des Beitrags genetischer Faktoren zu interindividuellen Unterschieden in intellektuellen Leistungen), relative Stabilität (d.h. das Ausmaß an ontogenetischer Kontinuität interindividueller Unterschiede), normativ-pragmatisches Wissen sowie die Differenziertheit der Struktur intellektueller Fähigkeiten nehmen von der Kindheit bis ins späte Erwachsenenalter zu und im hohen Alter wieder ab. Die Parallelität dieser vier Entwicklungsfunktionen über die Lebensspanne stützt das Konzept der Gen-Umwelt-Korrelation (Scarr & McCartney, 1983; vgl. Kap. 1). Sie bezeugt die Synergie zwischen sozialstruktureller und genetischer Differenzierung über die Lebensspanne, zumindest unter den in industrialisierten Gesellschaften westlichen Typs vorhandenen Möglichkeiten der Individualentwicklung.

Plastizität. Intellektuelle Leistungen lassen sich über die gesamte Lebensspanne positiv verändern. Mit wenigen Ausnahmen (z.B. Personen mit Alzheimer-Demenz oder die meisten Personen im sehr hohen Alter; Singer, 2000) können Personen aller Altersgruppen Leistungszugewinne erzielen. Die in kognitiven Interventionsstudien bei älteren Erwachsenen beobachtete weitgehende Abwesenheit positiven Transfers auf andere Tests derselben Fähigkeit, die Interventionsresistenz der Altersunterschiede in den Leistungsobergrenzen sowie weitere Befunde legen jedoch den Schluss nahe, dass die beobachteten Leistungsverbesserungen primär pragmatischen Aspekten der Kognition zu verdanken sind.

Erfassung mechanischer Leistungsveränderungen. Standardmaße der Mechanik der Kognition (z.B. Tests der fluiden Intelligenz) sind durch individuelle Unterschiede in aufgabenrelevanter Vorerfahrung und andere pragmatische Einflüsse kontaminiert. Um die Altersgradienten der Mechanik der Kognition genauer zu bestimmen und die Identifikation kritischer Komponenten und Mechanismen zu erleichtern, bedarf es der Purifizierung der Messung durch Methoden, die geeignet sind, die Obergrenzen des mechanischen Leistungspotentials einer Person zu bestimmen. Werden solche Methoden (z.B. Testing-the-limits) eingesetzt, so ergibt sich, wie vom Zweikomponentenmodell postuliert und im Einklang mit allgemeinen Überlegungen zur Architektur des Lebenslaufs, eine deutlichere Alterstrennung der Leistungen als mit üblichen Verfahren.

Determinanten der mechanischen Entwicklung. Als basale Determinanten oder Schrittmacher der mechanischen Entwicklung werden zur Zeit vor allem Altersveränderungen in der Verarbeitungsgeschwindigkeit, der Arbeitsgedächtniskapazität und der Inhibition in Betracht gezogen. Alle drei Konstrukte weisen Mängel in der theoretischen und operationalen Definition auf und lassen eine direkte Anbindung an neuronale Veränderungen kaum zu. In jüngster Zeit ist mit der neurokognitiven Alternsforschung eine Forschungsrichtung entstanden, die versucht, kognitive Veränderungen mit neuroanatomischen, neurochemischen und neurofunktionalen Altersveränderungen in Beziehung zu setzen (siehe auch „Unter der Lupe“, S. 380).

3 Die Entwicklung von Selbst und Persönlichkeit im Erwachsenenalter

3.1 Forschungstraditionen im Bereich von Selbst und Persönlichkeit

Im Bereich der Entwicklung von Selbst und Persönlichkeit im Erwachsenenalter lassen sich zunächst drei Forschungstraditionen unterscheiden:

- Persönlichkeit;
- Selbstkonzept, Selbstdefinition, Identität;
- Selbst-regulative Prozesse.

Eine integrative Betrachtung der Entwicklung von Selbst und Persönlichkeit im Erwachsenenalter steht vor dem Problem, dass diese drei Traditionen oft unverbunden nebeneinander stehen. In jüngerer Zeit mehren sich jedoch die Versuche, Befunde und Denkweisen der drei Traditionen aufeinander zu beziehen (Caspi & Bem, 1990; Filipp, 2000; Freund & Baltes, 2000; Greve, 2000b; Staudinger, 2000; Staudinger & Pasupathi, 2000; vgl. Filipp & Brandtstädter, 1975, siehe auch Kap. 20, 36 und 37). In allen drei Forschungstraditionen stehen Fragen nach Kontinuität und Wandel des Erlebens und Verhaltens über die Lebensspanne im Vordergrund.

Persönlichkeitsforschung. Die Persönlichkeitsforschung beschreibt Personen als Träger von Eigenschaften und Verhaltensdispositionen und orientiert sich an psychometrischen Methoden. Ihr Hauptanliegen besteht darin, die Entstehung, Stabilität und Veränderung von Persönlichkeitsstrukturen nachzuweisen. Dabei liegt der Schwerpunkt zumeist auf dem Ausmaß an struktureller Stabilität, Niveaustabilität und relativer Stabilität über die Lebensspanne (Costa & McCrae, 1994, 1995). Ein weiteres Arbeitsfeld auf diesem Gebiet ist die Erforschung von Veränderungen in Merkmalszusammenhängen innerhalb derselben Person (z.B. Nesselroade, 1989).

Selbstkonzept, Selbstdefinition und Identität. Die Begriffe Selbstkonzept, Selbstdefinition und Identität bezeichnen verschiedene Ansätze, denen gemein ist, dass sie Individuen als Produzenten dynamischer Selbststrukturen ansehen (z.B. Filipp, 1979; Markus & Wurf, 1987). Dabei betont der Begriff der Identität die soziale Bedeutung dieser Strukturen (Straub, 2000). Verschiedene Kontexte oder Situationen aktivieren unterschiedliche Ausschnitte und Inhaltsbereiche der Selbststruktur. Markus und Wurf (1987) sprechen in diesem Zusammenhang vom aktivierten (working) Selbstkonzept. Versucht Persönlichkeitsforschung, die Person „von außen" zu sehen, so versucht die Forschung zum Selbst zumeist zu erfassen, wie Personen „sich selbst" „von innen" erleben und definieren. Trotz dieser Divergenz der Ziele und Perspektiven verwenden beide Forschungstraditionen vorwiegend Selbstauskünfte in Form von Fragebögen und dergleichen mehr.

Selbst-regulative Prozesse. Schließlich befasst sich die Forschung zu Selbst-regulativen Prozessen mit der Regulation des Selbst im Kontext von Erleben und Verhalten, so zum Beispiel bei der Planung, Kontrolle, Korrektur und Bewertung von Handlungen (Greve, 2000b). Selbst-regulative Prozesse dienen dem Erlangen, Aufrechterhalten und Wiedergewinnen von angestrebten Selbst-Zuständen. In vielen Fällen sind dies Zustände, die mit Kohärenz, Kontinuität und Sinnhaftigkeit in Verbindung gebracht werden. Eine große Anzahl unterschiedlicher Theorien und Konstrukte fällt in diesen Bereich, so zum Beispiel Selbstevaluationen, Zielorientierungen, Bewältigungsverhalten (Coping), Kontrollüberzeugungen, Selbstwirksamkeitsurteile und emotionale Regulation. Aus Sicht der Psychologie der Lebensspanne bestehen die Anliegen dieser Forschungstradition vor allem darin, alterskorrelierte Veränderungen in der Funktionalität verschiedener Selbst-regulativer Prozesse zu erkunden sowie Grenzen und Möglichkeiten Selbst-bezogener Anpassungsleistungen zu bestimmen. Folgende theoretische Ansätze sind hier von besonderer Bedeutung:

- Akkommodation und Assimilation als Selbstregulatorische Prozesse (Brandtstädter & Rothermund, 2002);
- primäre versus sekundäre Kontrolle (Heckhausen & Schulz, 1995);
- die handlungstheoretische Ausgestaltung der bereits vorgestellten Metatheorie der selektiven Optimierung mit Kompensation (Freund & Baltes, 2000).

Personale und subpersonale Perspektive. Bevor die drei Forschungstraditionen im Einzelnen betrachtet werden, sei darauf aufmerksam gemacht, dass die Attribute von Selbst, Persönlichkeit, Identität und so weiter zum einen als Explanans und zum anderen als Explanandum der Entwicklung im Erwachsenenalter angesehen werden können (vgl. Brandtstädter, 1991; Wentura, 2000). Sieht man die handelnde Person (im Rahmen ihrer persönlichen und kontextuellen Möglichkeiten) als Produzenten ihrer Entwicklung und als ihres Glückes (oder Unglückes) Schmied, so verfolgt man eine personale Perspektive. Hier stellen die Wünsche, Ziele und Absichten des Selbst zulässige Handlungserklärungen dar. Dies entspricht der Sichtweise des Subjekts als „aktivem" Gestalter seiner Entwicklung (vgl. Kap. 1).

Aus subpersonaler Sicht dienen derartige Konstruktionen als Ausgangspunkt von Erklärungen, jedoch nicht als deren Endpunkt. Dementsprechend werden zahlreiche Funktionen, die dem Selbstkonzept personal zugeschrieben werden, als Selbst-regulatorische Prozesse mit dem Instrumentarium der Experimentellen Psychologie subpersonal erforscht. Ein Beispiel hierfür ist die Untersuchung der wahrnehmungs- und handlungsleitenden Funktion des Selbstkonzepts im Rahmen von Reaktionszeitexperimenten mit Hinweisreizen (primes; siehe zum Beispiel Wentura et al., 1997; Wiese & Freund, im Druck).

Selbst-regulative Prozesse und exekutive Funktionen. Die Erforschung Selbst-regulativer Prozesse weist Ähnlichkeiten mit der Erforschung „exekutiver Funktionen" auf. In beiden Fällen stehen Fragen der Handlungssteuerung und Handlungskontrolle im Vordergrund (vgl. Gollwitzer & Moskowitz, 1996; Smith & Jonides, 1999). Typische Beispiele für gemeinsame Forschungsthemen sind die Wirkungen von Erwartungen und Einstellungen auf Wahrnehmen und Handeln sowie die Prozesse, die Personen befähigen, an einer Absicht in der Gegenwart ablenkender Reize festzuhalten. Aus diesem Grunde weisen die Arbeiten zu Selbst-regulativen Prozessen innerhalb des Inhaltsbereichs der Entwicklung von Selbst und Persönlichkeit die stärksten Bezüge zur kognitiven Alternsforschung auf. Die Erforschung der Entwicklung Selbst-regulativer Prozesse stellt somit einen möglichen Weg dar, die konzeptuelle und empirische Kluft zwischen den Bereichen Kognition/Intelligenz und Selbst/Persönlichkeit zu überbrücken. So könnte die Widerstandsfähigkeit (Resilienz) des Selbst im Alter – das heißt die Fähigkeit alter Menschen, trotz zahlreicher körperlicher und kognitiver Einbußen sowie sozialer Verlusterlebnisse ihren Selbstwert zu erhalten (vgl. Kap. 36 und 37) – auch damit zusammenhängen, dass die entsprechenden Selbst-regulatorischen Prozesse in hohem Maße wissensbasiert sind (also einen hohen pragmatischen Anteil aufweisen; vgl. Staudinger & Pasupathi, 2000). Denkbar wäre außerdem, dass diese Prozesse Teile des kognitiven Systems beanspruchen, die weniger stark mit dem Alter nachlassen. Neuere neurofunktionale und neuroanatomische Befunde stimmen mit dieser Vermutung überein (Philipps & Della Sala, 1998).

Im Folgenden werden empirische Befunde zur Entwicklung im mittleren und höheren Erwachsenenalter sowie im hohen Alter dargestellt. Dabei wird versucht, die disparaten Befunde aus dem Blickwinkel der Psychologie der Lebensspanne aufeinander zu beziehen und zu integrieren.

3.2 Persönlichkeit im Erwachsenenalter

Das Ausmaß an Kontinuität von Struktur, Niveau und interindividuellen Unterschieden in Persönlichkeitseigenschaften (traits) steht im Zentrum der am Begriff der Persönlichkeit ausgerichteten entwicklungspsychologischen Forschung. Dabei orientiert sich ein Großteil der Arbeiten an den „Big Five" (Costa & McCrae, 1995), das heißt an den Dimensionen Neurotizismus, Extraversion, Offenheit, Verträglichkeit und Gewissenhaftigkeit (vgl. Kap. 20). Der wohl am weitesten verbreitete Fragebogen zur Persönlichkeit, der NEO (z.B. Costa & McCrae, 1995), erfasst diese Dimensionen dadurch, dass Personen einschätzen, in welchem Maße entsprechende Eigenschaftswörter auf sie selbst zutreffen. Einige typische Beispieladjektive für jede der Eigenschaften seien genannt:

- Neurotizismus: ruhig – unruhig, empfindlich – selbstbewusst, robust – verletzlich
- Extraversion: reserviert – zugewandt, zurückgezogen – gesprächig, spontan – gehemmt
- Offenheit für Neues: einfallslos – phantasievoll, kreativ – unkreativ, konventionell – originell
- Verträglichkeit: misstrauisch – vertrauensvoll, penibel – großzügig, kritisch – nachsichtig
- Gewissenhaftigkeit: oberflächlich – bewusst, zuverlässig – unzuverlässig, ziellos – ehrgeizig

Es ist unstrittig, dass die Big Five im mittleren und höheren Erwachsenenalter ein beträchtliches Ausmaß an Entwicklungsstabilität aufweisen. Werden zwei oder mehr Messzeitpunkte oder Altersgruppen miteinander verglichen, so können vier verschiedene Stabilitätsformen voneinander unterschieden werden:

(1) Strukturelle Stabilität oder die Stabilität der Anzahl, der Variabilität sowie der Beziehungen der Persönlichkeitsdimensionen untereinander (d.h. Varianzen und Kovarianzen);
(2) Relative Stabilität oder die Stabilität von Ausprägungsunterschieden zwischen Personen;
(3) Niveaustabilität oder die Stabilität des Niveaus der Ausprägung von Persönlichkeitseigenschaften;
(4) Profilstabilität oder die Stabilität des Ausprägungsmusters einer bestimmten Person.

Die Erfassung der relativen Stabilität sowie der Profilstabilität erfordert längsschnittliche Erhebungspläne, damit untersucht werden kann, in welchem Ausmaß sich die Unterschiede zwischen Personen beziehungsweise das Profil einer Person über die Zeit verändert haben. Im Folgenden gehen wir auf jede der vier Stabilitätsformen gesondert ein. Insgesamt ergibt sich der Eindruck einer beeindruckend hohen Stabilität von Persönlichkeitseigenschaften über die Lebensspanne. Bei der Bewertung dieses Ergebnisses ist jedoch zu bedenken, dass die in Persönlichkeitsfragebögen enthaltenen Items im Laufe der Jahrzehnte aus einem anfänglich weit größeren Pool ausgewählt worden sind. Dabei dienten unter anderem eine klare Faktorenstruktur sowie hohe Test-Retest-Stabilitäten als Auswahlkriterien. Demnach stehen die heutzutage zum Beispiel zur Messung der Big Five verwendeten Items am Ende eines langwierigen Selektionsprozesses, in dessen Verlauf sie sich zur Erfassung stabiler interindividueller Unterschiede bewährt haben. Sie stellen somit weder eine erschöpfende noch eine zufällige Auswahl aller möglichen persönlichkeitsbeschreibenden Dimensionen dar.

3.2.1 Strukturelle Stabilität

Ein hohes Ausmaß an struktureller Stabilität (Invarianz) erhöht die Wahrscheinlichkeit, dass es sich bei den in verschiedenen Altersabschnitten untersuchten Persönlichkeitsdimensionen um vergleichbare Konstrukte handelt. Deswegen stellt die Überprüfung struktureller Stabilität eine Voraussetzung für die Untersuchung der anderen Stabilitätsformen dar. Die empirischen Befunde zu den Big Five sprechen für ein hohes Ausmaß an struktureller Stabilität nach dem zehnten Lebensjahr. Die Fünf-Faktoren-Struktur lässt sich in verschiedenen Lebensaltern und verschiedenen Populationen replizieren, und das Muster der Interkorrelationen zwischen den fünf Dimensionen ist hinreichend ähnlich. Eine Untersuchung struktureller Stabilität in jüngeren Altersgruppen stößt auf methodische und substantielle Schwierigkeiten.

3.2.2 Relative Stabilität

Das Ausmaß an relativer Stabilität in den Big Five wurde mehrmals zusammengefasst (z.B. Costa & McCrae, 1994). Insgesamt ergibt sich ein Bild hoher relativer Stabilität, mit mittleren Korrelationen um $r = .65$ bei Zeitabständen zwischen sechs und dreißig Jahren. Auch hier nimmt die Höhe der Korrelation in der Regel mit zunehmendem zeitlichen Abstand ab. Bei der Einschätzung der Befunde ist zu berücksichtigen, dass die berichteten Korrelationen nicht reliabilitätsbereinigt sind, das heißt bei Berücksichtigung des

Messfehlers würden sich noch höhere Werte ergeben. Auf der anderen Seite könnte selektiver Stichprobenausfall die Werte erhöht haben, falls Personen mit starken Persönlichkeitsveränderungen eine geringere Wahrscheinlichkeit aufweisen sollten, mehr als einmal beobachtet zu werden, als Personen mit geringen Veränderungen. Berücksichtigt man diese Argumente und versucht, das Ausmaß an relativer Stabilität zwischen dem 30. und dem 80. Lebensjahr zu bestimmen, so ergibt sich als vorsichtige Schätzung ein Wert um 50 Prozent. Costa und McCrae gelangen hingegen zu der etwas weiter gehenden Einschätzung, dass drei Fünftel der reliablen Varianz von Persönlichkeitseigenschaften über die gesamte Lebensspanne stabil seien (Costa & McCrae, 1994).

3.2.3 Niveaustabilität

Die Mehrzahl der Befunde zur Niveaustabilität beruht auf Korrelationen der Big Five mit dem Alter in querschnittlichen, altersheterogenen Stichproben (z.B. Costa & McCrae, 1992). Generell hängt Alter in diesen Stichproben mit weniger als 3 Prozent der Varianz der untersuchten Eigenschaften zusammen. Schwach negative Korrelationen ergeben sich für Neurotizismus ($r = -.15$), Offenheit ($r = -.16$) und Extraversion ($r = -.16$), schwach positive für Verträglichkeit ($r = .18$) und Gewissenhaftigkeit ($r = .05$). Im Durchschnitt ergibt sich somit das Bild, dass Personen im Laufe des Erwachsenenalters niedrigere Werte auf den Dimensionen Offenheit, Extraversion und Neurotizismus aufweisen, dafür aber etwas umgänglicher und zuverlässiger werden. Es muss jedoch daran erinnert werden, dass dieses Bild zumindest teilweise auch auf historische Einflüsse wie zum Beispiel den gesellschaftlichen Wandel zurückgehen könnte.

Befunde der Berliner Altersstudie weisen darauf hin, dass im hohen Alter deutlichere Altersunterschiede und Altersveränderungen in Persönlichkeitseigenschaften zu beobachten sind (Smith & Baltes, 1999) als im Erwachsenenalter. Zum Beispiel zeigten sich im Altersbereich von 70 bis 103 Jahren im Querschnitt negative Altersbeziehungen für Extraversion ($r = -.19$) und Offenheit ($r = -.20$). Längsschnittliche Beobachtungen der Berliner Altersstudie über einen Zeitraum von bis zu sechs Jahren führten zu ähnlichen Befunden (Smith et al., 2001). Offensichtlich verliert die Tendenz des Selbstsystems, Stabilität zu erzeugen und aufrechtzuerhalten, an Wirksamkeit, wenn die Intensität und Dauer von Stressoren eine gewisse, von Person zu Person vermutlich variable Grenze überschreiten (vgl. Kunzmann et al., 2000; Staudinger et al., 1995).

3.2.4 Profilstabilität

In einem umfassenden Sinn bezieht sich die Stabilität von Persönlichkeit insbesondere auf die relative Stabilität des Profils der Ausprägungen relevanter Eigenschaften. Fragen ließe sich zum Beispiel, ob eine Person, die im Alter von 20 Jahren ein hohes Maß an Extraversion und Offenheit, ein geringes Ausmaß an Neurotizismus sowie ein durchschnittliches Ausmaß an Umgänglichkeit und Gewissenhaftigkeit aufwies, im Alter von 70 Jahren ein ähnliches Profil aufweist, und zwar sowohl im Vergleich zu sich selbst als auch im Vergleich zu anderen Personen ihres Alters. Diese Frage entspräche einem durchaus berechtigten Begriff von Persönlichkeit, der intraindividuellen Veränderungen und interindividuellen Unterschieden im Profil der Eigenschaften zentrale Bedeutung beimisst. Entsprechende Auswertungen werden nur selten unternommen (siehe aber z.B. Helson & Wink, 1992). Da die relative Stabilität der Profile die relative Stabilität aller profilkonstituierenden Eigenschaften voraussetzt, kann sie nicht höher (aber durchaus geringer) ausfallen als die relative Stabilität der instabilsten Eigenschaft. Persönlichkeit im Sinne eines Profils von Eigenschaften ist demnach bei weitem weniger stabil, als die isolierte Betrachtung einzelner Eigenschaften vermuten lässt. Dies könnte unter anderem daran liegen, dass Personen im Laufe ihres Lebens unterschiedlichen Entwicklungsaufgaben begegnen, deren Bewältigung verschiedene

Persönlichkeitsmerkmale unterschiedlich stark erfordert und beeinflusst.

3.2.5 Persönlichkeit und erfolgreiche Entwicklung

Unter dem Gesichtspunkt der Validität stellt sich die Frage, in welchem Maße Persönlichkeitseigenschaften mit verschiedenen Aspekten erfolgreicher Entwicklung zusammenhängen. Die empirische Untersuchung dieser Frage steht vor methodischen und konzeptuellen Problemen. So bestehen die relevanten Daten zumeist aus Selbstauskünften, sowohl in Bezug auf Persönlichkeitseigenschaften (z.B. den Big Five) als auch in Bezug auf Indikatoren erfolgreicher Entwicklung (z.B. subjektives Wohlbefinden). Ein Teil der beobachteten Beziehungen zwischen Persönlichkeit und Entwicklungserfolg dürfte somit darauf zurückgehen, dass Selbstauskünfte mit Selbstauskünften in Beziehung gesetzt werden (gemeinsame Methodenvarianz). Ein zusätzliches, von dieser allgemeinen Problematik abgrenzbares Problem liegt vor, wenn die Items der miteinander in Beziehung gesetzten Skalen einander ähneln (Itemähnlichkeit). Typische Beispiele sind die Ähnlichkeit zwischen dem Item „Mir ist oft weinerlich zumute" (Neurotizismus) und dem Item „traurig" (emotionales Wohlbefinden, invers kodiert) sowie zwischen dem Item „Ich bin ein fröhlicher, gut gelaunter Mensch" (Extraversion) und dem Item „fröhlich" (positive Emotionen).

Kriterien erfolgreicher Entwicklung. Aus methodischen und konzeptuellen Gründen ist es sinnvoll, neben subjektiven auch objektive Kriterien bei der Definition erfolgreicher Entwicklung zu berücksichtigen. Das Verwenden derartiger Kriterien verweist auf Werte, die begründet werden können, aber nicht von jedem geteilt werden müssen. Kriterien wie gute Gesundheit und hohe intellektuelle Leistungsfähigkeit sind allerdings in hohem Maße konsensfähig. Auch allgemein anerkannte objektive Kriterien des Entwicklungserfolgs lassen sich jedoch nicht ohne weiteres auf die einzelne Person anwenden, wenn hierbei die Möglichkeiten und Grenzen der Person und des jeweiligen Kontextes angemessen berücksichtigt werden sollen. So stellen Tätigkeiten der erweiterten Alltagskompetenz (wie das Besuchen öffentlicher Veranstaltungen) für eine Person ohne größere motorische Einschränkungen eine geringere Herausforderung dar als für eine gehbehinderte Person.

Empirische Befunde. Vor dem Hintergrund dieser einschränkenden Bemerkungen werden im Folgenden exemplarisch einige Befunde zum Verhältnis zwischen Persönlichkeit und Entwicklungserfolg berichtet (vgl. Kap. 36 und 37).

Als subjektive Kriterien des Entwicklungserfolgs kommen unter anderem die Valenzen Selbst-bezogener Gefühle und Erlebnisse in Betracht. Hier zeigt sich, dass Personen mit hoher Extraversion dazu neigen, ihre eigene Befindlichkeit eher mit positiven Gefühlen zu beschreiben als Personen mit niedriger Extraversion. Hingegen berichten Personen mit hohen Werten auf der Neurotizismusskala vermehrt negative Gefühle (Costa et al., 1981) – man beachte jedoch das Problem der Itemähnlichkeit. Ähnlich berichten Personen mit hoher Extraversion eher positive Erlebnisse aus ihrem Leben, während Personen mit hohen Neurotizismuswerten eher negative Erlebnisse berichten (Magnus et al., 1993). Schließlich zeigt Gewissenhaftigkeit positive Beziehungen zum subjektiven Wohlbefinden (vgl. Kap. 36), das als zentraler Indikator des subjektiven Entwicklungserfolgs angesehen wird (Baltes & Baltes, 1990).

Hinsichtlich objektiver Kriterien sind Offenheit für Neues und Verhaltensflexibilität mit einer Vielzahl kognitiver Leistungen positiv korreliert (Schaie et al., 1991). Zum Beispiel zeigten Personen mit hohen Werten für Offenheit höhere Leistungen in Aufgaben zu Lebenswissen und Weisheit (Staudinger et al., 1997) sowie ein größeres Ausmaß an erweiterter Alltagskompetenz (Baltes et al., 1999a).

Erklärungen. Eine entwicklungspsychologisch produktive Erklärung von Zusammenhängen zwischen Persönlichkeit und Entwicklungserfolg erfordert Theorien, die Entwicklungsunterschiede im Erleben und Verhalten miteinander verknüpfen. Die verschiedenen Forschungstraditionen im Bereich von Selbst und Persönlichkeit verfolgen hier unterschiedliche theoretische Ansätze. Persönlichkeitstheorien fassen Eigenschaften traditionell als Quellen individueller Unterschiede im Erleben und Verhalten auf. Hingegen begreifen Theorien des Selbst Eigenschaften vorwiegend als Resultat Selbst-bezogener Prozesse. (Der Unterschied zwischen den beiden Ansätzen verhält sich mithin analog zum Unterschied zwischen Ressourcen- und Prozessorientierung im Bereich der kognitiven Entwicklung.) Folgt man der Selbst-orientierten Deutung, so bringen Persönlichkeitseigenschaften individuelle Unterschiede im Umgang mit Selbst-bezogenen Informationen zum Ausdruck, die den zukünftigen Umgang mit derartigen Informationen und somit auch den subjektiven und objektiven Entwicklungserfolg zu beeinflussen vermögen. Eine derartige Sichtweise hat den Vorteil, dass sie die Veränderbarkeit von Eigenschaften in stärkerem Maße thematisiert als der persönlichkeitsorientierte Ansatz.

3.2.6 Stabilität ist nicht alles

Betrachtet man die empirischen Arbeiten zur Entwicklung wichtiger Persönlichkeitsdimensionen wie den Big Five, so überwiegt der Eindruck von Niveaustabilität, relativer Stabilität und Strukturstabilität. Man könnte einwenden, dass diese Stabilität in sich selbst bereits eine hinreichende Erklärung interindividueller Unterschiede im Bereich Selbst und Persönlichkeit darstellt, zumal verhaltensgenetische Studien darauf hinweisen, dass in Stichproben klinisch unauffälliger Personen etwa 50 Prozent der individuellen Unterschiede in den Dimensionen der Big Five mit stabilen genetisch bedingten Unterschieden verknüpft sind (Loehlin, 1993). Eine solche Sichtweise ist aus mehreren Gründen psychologisch unproduktiv. Erstens kann, wie oben dargestellt, Stabilität im lebenszeitlichen Verlauf als Resultat der Wirkung Selbst-regulativer Prozesse verstanden werden, das heißt als das immer wieder herzustellende Vermögen des Selbst, unter veränderten personalen und sozialen Bedingungen Stabilität zu produzieren. Zweitens sind die beobachteten Stabilitäten durchaus nicht perfekt. Vielmehr gibt es, auch nach Berücksichtigung des Messfehlers (der die beobachtete Stabilität erniedrigt, jedoch nicht im Sinne einer Veränderung der wahren Werte gedeutet werden darf), Anzeichen dafür, dass zumindest einige Personen ihr Persönlichkeitsprofil im Laufe des Erwachsenenalters tatsächlich verändern. Eine prozessorientierte Betrachtung der Mechanismen und Korrelate dieser Veränderungen kann zu einem besseren Verständnis der Plastizität im Bereich von Selbst und Persönlichkeit beitragen.

3.3 Selbstkonzeptionen und Selbst-regulative Prozesse

3.3.1 Plurale Selbst-Struktur

Mit den Arbeiten zum Selbst (vgl. auch Kap. 20) rücken die Struktur und der Inhalt von Selbstkonzeptionen stärker in der Vordergrund, als dies in der persönlichkeitsorientierten Forschung möglich ist. Etliche Untersuchungen (z.B. Cross & Markus, 1991) weisen darauf hin, dass eine diversifizierte und plurale Struktur bevorzugter „Selbst-Konzeptionen“ – etwa als Berufstätige, Partnerin, Mutter und Hobbymusikerin – die Anpassung an veränderte Entwicklungsbedingungen erleichtert und zum Beispiel positiv mit geistiger Gesundheit korreliert (Coleman & Antonucci, 1982). Ältere Erwachsene, die ihr Selbst im Sinne reichhaltiger, positiv eingeschätzter, miteinander verbundener sowie in der Gegenwart verankerter Selbst-Konzeptionen definieren, können mit negativen gesundheitlichen Veränderungen besser umgehen als andere Personen (Freund, 1995). Der von Markus und Mitarbeitern eingeführte Begriff der "possible selves" bringt den Anpassungsvorteil einer pluralen und zugleich kohärenten Selbst-Struktur besonders gut zum Ausdruck (Cross & Markus, 1991). Demnach nutzen Personen erwünschte oder befürchtete Selbst-Konzeptionen zur Strukturierung von Entwicklungsübergängen und Herausforderungen und verknüpfen sie mit positiven Erwartungen und Selbstwirksamkeitsüberzeugungen (Hooker, 1992).

3.3.2 Themen und Motive als Entwicklungsziele: Altersunterschiede in Auswahl und Priorisierung

Aus Sicht des SOK-Modells ist selektive Optimierung mit Kompensation für erfolgreiche Entwicklung sowohl bei zunehmenden als auch bei abnehmenden Ressourcen von Bedeutung. Zum Beispiel ermöglichen bei zunehmenden Ressourcen elektive Selektion und Optimierung Spezialisierung (z.B. im Beruf), auf die erfolgreiche Entwicklung angewiesen ist. Bei abnehmenden Ressourcen wiederum müssen Ziele in eine Rangreihe gebracht (priorisiert) werden, damit manche beibehalten und andere abgewählt werden können. Unter diesem Blickwinkel können Selbst-Strukturen und Persönlichkeitsmerkmale ähnlich wie intellektuelle Fähigkeiten als personale Ressourcen gelten, die in Interaktion mit alterskorrelierten Entwicklungsaufgaben und Anforderungen die Zielauswahl beeinflussen.

Zielverschiebungen. Betrachtet man die Inhalte wertgeschätzter Ziele als Funktion des Alters, so zeigen sich Verschiebungen im berichteten Einsatz an Anstrengung und Zeit in verschiedene Themen, Motivsysteme und Entwicklungsaufgaben (Freund, 1995; Kruse et al., 1999; Staudinger, 1996). In einer altersvergleichenden Untersuchung zu Lebensinvestments kommt dies deutlich zum Ausdruck (Staudinger, 1996; siehe Tabelle 9.2). Im Altersbereich von 25 bis 35 Jahren sind die Ziele Arbeit, Freunde, Familie und Unabhängigkeit vorherrschend. Im Altersbereich von 35 bis 54 Jahren rückt die Familie an die erste Stelle, gefolgt von Arbeit und Freunden; als viertes Ziel wird nunmehr statt Unabhängigkeit kognitive Leistungsfähigkeit genannt. Im Altersbereich von 55 bis 65 Jahren erscheint zum ersten Mal die Gesundheit unter den vier wichtigsten Zielen, während die Wichtigkeit der Arbeit abnimmt. Im hohen Alter tritt als neues Thema das Nachdenken über das Leben hinzu.

3.3.3 Soziale und temporale Vergleichsprozesse

Auch in schwierigen Lebenssituationen sind die meisten Menschen in der Lage, ein hohes Maß an Wohlbefinden und Lebenszufriedenheit aufrechtzuerhalten. Eine mögliche Ursache für dieses „Zufriedenheitsparadox“ (vgl. Kap. 20 und 36) ist darin zu sehen, dass Individuen im Laufe des Lebens ihre Selbst-Konzeptionen und Motivsysteme an alterstypische personale und soziale Erfordernisse und Voraussetzungen anpassen, etwa im Sinne des Modells der selektiven Optimierung mit Kompensation. Soziale und temporale Vergleichsprozesse erfüllen im Kontext dieser lebens-

Tabelle 9.2. Altersunterschiede im Lebensinvestment vom jungen Erwachsenenalter bis zum hohen Alter. Die vier Bereiche mit dem höchsten Ausmaß an berichtetem Investment von Zeit und Anstrengung entsprechen den zentralen Entwicklungsaufgaben des jeweiligen Altersbereichs (nach Staudinger, 1996)

Altersbereich in Jahren	25–34	35–54	55–65	70–84	85–105
Rangreihe des Investments	▶ Beruf ▶ Freunde ▶ Familie ▶ Unabhängigkeit	▶ Familie ▶ Beruf ▶ Freunde ▶ Kognitive Leistungsfähigkeit	▶ Familie ▶ Gesundheit ▶ Freunde ▶ Kognitive Leistungsfähigkeit	▶ Familie ▶ Gesundheit ▶ Kognitive Leistungsfähigkeit ▶ Freunde	▶ Gesundheit ▶ Familie ▶ Nachdenken über das Leben ▶ Kognitive Leistungsfähigkeit

geschichtlichen Anpassungsleistungen eine wichtige Selbst-regulatorische Funktion (Filipp, 1979; Taylor & Pham, 1996).

> **DEFINITION**
>
> **Soziale Vergleichsprozesse** bestehen in der Regel in einem Vergleich zwischen einer Referenzgruppe und der eigenen Person auf einer Selbst-relevanten Dimension (z.B. Gesundheit oder kognitive Fitness).

Üblicherweise wird zwischen Abwärts- und Aufwärtsvergleichen unterschieden. Aufwärtsvergleiche gelten als funktional (d.h. sie motivieren Anstrengungen in Richtung auf ein erreichbares Ziel), wenn eine Verbesserung auf der entsprechenden Dimension möglich ist. Abwärtsvergleiche gelten als funktional (d.h. selbstwertstabilisierend), wenn Ressourcen zur Verbesserung fehlen und Verluste reguliert werden müssen. Die entsprechenden empirischen Befunde stimmen überwiegend mit diesen Befunden überein.

> **DEFINITION**
>
> **Temporale Vergleichsprozesse** beziehen sich zumeist auf einen Vergleich von Personen mit sich selbst über die Lebenszeit.

Ryff (1991) konnte zeigen, dass Personengruppen unterschiedlichen Alters sich in der durchschnittlichen Einschätzung des gegenwärtigen Funktionsniveaus in verschiedenen Aspekten der Persönlichkeit (z.B. Autonomie und soziale Beziehungen) nicht voneinander unterschieden. Bei einer Variation des zeitlichen Bezugspunkts ergaben sich jedoch Unterschiede zwischen den Altersgruppen. Junge Erwachsene bewerteten ihre eigene Zukunft positiver und ihre eigene Vergangenheit negativer als ältere Erwachsene. Ältere Erwachsenen hingegen nahmen eine vergleichsweise positive Bewertung ihrer Vergangenheit vor. Bei jüngeren Erwachsenen könnte die positive Bewertung der Zukunft als motivierender „Aufwärtsvergleich mit sich selbst" wirken. Hingegen könnte die positive Bewertung der Vergangenheit bei den älteren Erwachsenen angesichts abnehmender Ressourcen und abnehmender Lebenszeit den Selbstwert und das Zutrauen in die eigenen Fähigkeiten positiv beeinflussen. Demnach bestimmt sich die Wirkung temporaler Vergleichsprozesse auf Selbstwert und Wohlbefinden durch ihre Funktion im Kontext der subjektiven Konstruktion des eigenen Lebenslaufs; für ältere Personen, deren Leben größtenteils in der Vergangenheit angesiedelt ist, hat die Bewertung von Vergangenheit und Zukunft eine andere Funktion als für Personen jüngeren Alters.

3.3.4 Bewältigungsverhalten (Coping)

Das Konzept der Entwicklungsaufgabe eignet sich in besonderer Weise für eine Betrachtung des Lebenslaufs aus bewältigungstheoretischer Sicht (vgl. Kap. 20). Demnach stellen Entwicklungsaufgaben Herausforderungen (Stressoren) dar, die Personen auf unterschiedliche Weise bewältigen können. Generell scheint die Resilienz (Widerstandsfähigkeit) des Selbst gegen Stressoren zu steigen, wenn Personen auf eine Vielzahl unterschiedlicher Bewältigungsformen zurückgreifen können (Greve, 2000a; Staudinger et al., 1995; vgl. Kap. 36 und 37). Dieser Befund ähnelt den Ergebnissen zur pluralen Selbst-Struktur und lässt den allgemeinen Schluss zu, dass ein großes Repertoire an Selbst-Definitionen und Bewältigungsformen die Wahrscheinlichkeit erhöht, den Anforderungen einer bestimmten Herausforderung angemessen begegnen zu können. Selbst-Definitionen und Bewältigungsformen sind in diesem Sinne, ähnlich wie kognitive Fähigkeiten, als personale Ressourcen anzusehen.

Herausforderungen und Ressourcen. Das Ausmaß an Stress, definiert als das Verhältnis von Herausforderungen zu Ressourcen, bliebe im Laufe des Lebens konstant, wenn sich beide in ähnlicher Weise mit dem Alter veränderten. So sind die Unterschiedlichkeit und der Umfang der Entwicklungsaufgaben des mittleren Erwachsenenalters beeindruckend (z.B. Arbeit, Familie, Partnerschaft). Das durchschnittliche Niveau an Stress ist in dieser Lebensphase jedoch nicht zwangsläufig höher als in anderen Lebensabschnitten, da Personen in diesem Alter auch über relativ viele Ressourcen verfügen. Im höheren Erwachsenenalter kommt dieses Gleichgewicht jedoch ins Wanken, unter anderem deshalb, weil die Häufigkeit nicht kontrollierbarer Verlustereignisse kontinuierlich zunimmt (z.B. Tod und Krankheit nahe stehender Personen, Abnahme der eigenen Gesundheit usw.; vgl. Kap. 37). Dennoch finden sich bis ins hohe Alter zumeist keine vermehrten Anzeichen für missglücktes Bewältigungsverhalten wie Unzufriedenheit oder Depressivität (Brandtstädter & Rothermund, 2002).

Assimilative und akkommodative Bewältigung. Somit stellt sich die Frage, welche Formen des Bewältigungsverhaltens bei zunehmenden Verlusten und nachlassenden Ressourcen als adaptiv gelten können. In diesem Zusammenhang hat sich, neben verwandten Zweigliederungen (Heckhausen & Schulz, 1995; Lazarus & Launier, 1978), die Unterscheidung zwischen assimilativem und akkomodativem Bewältigungsverhalten als besonders ertragreich erwiesen (Brandtstädter, 1998; Brandtstädter & Rothermund, 2002).

DEFINITION

Assimilatives Bewältigungsverhalten umfasst alle Formen problemorientierten Handelns, die die Entwicklung in Richtung auf persönliche Ziele und Maßstäbe befördern oder die Diskrepanz zwischen Situation und Entwicklungszielen durch Veränderung der Umwelt reduzieren. Im Gegensatz dazu erleichtert **akkommodatives Bewältigungsverhalten** das Aufgeben nicht erreichbarer Ziele, die Reduktion des Anspruchsniveaus und die positive Neubewertung besser erreichbarer Ziele.

Während assimilatives Bewältigungsverhalten also mit dem „zähen Festhalten“ an einmal gewählten Zielen einhergeht, zeichnet sich akkommodatives Verhalten durch die „flexible Zielanpassung“ an die Ressourcenlage aus. Daraus folgt, dass bei dauerhaft reduzierten Entwicklungsmöglichkeiten (Ressourcen) akkommodatives Verhalten gerade nicht mit Hoffnungslosigkeit, Resignation und Depression verknüpft ist. Vielmehr ist das Gegenteil der Fall: In mehreren empirischen Untersuchungen konnte nachgewiesen werden, dass Hoffnungslosigkeit und Hilflosigkeit mit Defiziten in der flexiblen Zielanpassung in Verbindung stehen (Brandtstädter & Renner, 1990; vgl. Brandtstädter, 1998). Die Modifikation oder Aufgabe nicht erreichbarer Ziele ist somit als geglücktes Bewältigungsverhalten und als Voraussetzung erfolgreichen Alterns anzusehen.

Aus entwicklungspsychologischer Sicht bezeichnet Bewältigungsverhalten demnach den Versuch, in wechselnden Lebenslagen die angemessene Balance zwischen dem zähen Festhalten an Zielen und der flexiblen Zielanpassung zu finden. Im Übergang vom mittleren zum höheren Erwachsenenalter steht Bewältigungsverhalten unter anderem im Zeichen abnehmender biologischer Ressourcen. Personen, die unter diesen Bedingungen wichtige Ziele zu früh oder unwichtige Ziele zu spät aufgeben, machen von ihren Ressourcen weniger angemessen Gebrauch als Personen, die an wichtigen Zielen festhalten können, weil sie unwichtige aufgeben. Dabei ist zu bedenken, dass Ziele nicht „einfach so“ aufgegeben werden können, denn die Selbst-regulativen Prozesse, die akkommodatives Bewältigungsverhalten zulassen, sind der intentionalen Kontrolle offenbar nicht unmittelbar zugänglich (Brandtstädter & Rothermund, 2002).

Zielkongruenz. Des weiteren können selegierte Ziele einander in unterschiedlichem Ausmaß stützen oder behindern. Eine höhere Zielkongruenz (d.h. eine positivere Summe der Differenzen zwischen stützenden und behindernden Zielbeziehungen) hat den Vorteil, dass der Wirkungsgrad der eingesetzten Ressourcen steigt. Die Bewertung der adaptiven Funktion flexibler Zielanpassungen für die erfolgreiche Entwicklung im Erwachsenenalter hat demnach zu berücksichtigen, ob und in welchem Ausmaß die Kongruenz der verbleibenden bzw. modifizierten Ziele im Laufe der Anpassung zunimmt. In Übereinstimmung mit dem Modell der selektiven Optimierung mit Kompensation gibt es Hinweise darauf, dass die Zielkongruenz im Laufe des Erwachsenenalters tatsächlich steigt (Riediger, 2001).

An dieser Stelle wird deutlich, dass die Theorie des assimilativen und akkommodativen Bewältigungsverhaltens und das Modell der selektiven Optimierung mit Kompensation zu komplementären Vorhersagen über die Bedingungen erfolgreicher Entwicklung im Alter gelangen. Das Verhältnis zwischen den beiden Konzeptionen lässt sich in etwa wie folgt charakterisieren.

- Assimilatives Bewältigungsverhalten unterstützt Optimierungsprozesse im Kontext elektiv selegierter Ziele.
- Akkommodatives Bewältigungsverhalten unterstützt verlustbasierte Selektionsprozesse wie das Abwerten schwer erreichbarer Ziele, die Redefinition der Indikatoren des Zielbereichs (Greve, 2000a) sowie das gänzliche Aufgeben unerreichbarer Ziele.

Kompensation weist sowohl assimilative als auch akkommodative Züge auf. Sie unterstützt zunächst assimilatives Bewältigungsverhalten, da am übergeordneten Ziel festgehalten wird und zu diesem Zweck Ressourcen beansprucht werden. Sie kann jedoch zumindest bei mittlerer Ressourcenlage akkommodatives Bewältigungsverhalten befördern, wenn das Ziel, an dem festgehalten wird, aufgrund der kompensatorischen Prozesse weniger Ressourcen zu seiner Erreichung beansprucht als zuvor (und sich insofern gewandelt hat). Folglich werden kompensatorische Prozesse durch ein Bewältigungsverhalten gefördert, das zwischen den Extremen angesiedelt ist und als „flexible Zielverfolgung“ bezeichnet werden könnte. Auch aufgrund dieser vermittelnden Funktion dürfte kompensatorischen Prozessen beim erfolgreichen Übergang vom mittleren zum höheren Erwachsenenalter eine zentrale Bedeutung zukommen (siehe auch Rothermund & Brandtstädter, 2001).

Weiterführende Literatur

Baltes, P.B., Lindenberger, U., & Staudinger, U.M. (1998). Life-span theory in developmental psychology. In R.M. Lerner (Ed.), Theoretical models of human development (5 ed., Vol. 1, pp. 1029–1143). New York: Wiley.
Eine ausführliche Darstellung der Psychologie der Lebensspanne.

Freund, A.M., Li, K.Z.H. & Baltes, P.B. (1999). Successful development and aging: The role of selection, optimization, and compensation. In J. Brandtstädter & R.M. Lerner (Eds.), Action and self-development: Theory and research through the life span (pp. 401–434). Thousand Oaks, CA: Sage.
Dieser Beitrag erläutert das Modell der selektiven Optimierung mit Kompensation im Sinne einer Theorie erfolgreicher Entwicklung.

Li, S.-C., Lindenberger, U. & Sikström, S. (2001). Aging cognition: From neuromodulation to representation to cognition. Trends in Cognitive Science, 5, 479–486.
Das Altern der Mechanik der Intelligenz wird aus neurokognitiver Sicht dargestellt.

Lindenberger, U. (2001). Lifespan theories of cognitive development. In N.J. Smelser & P.B. Baltes (Eds.), International encyclopedia of the social and behavioral sciences. Amsterdam, NL: Elsevier Science, 5, 479–486.
Eine vergleichende Darstellung unterschiedlicher Theorien der intellektuellen Entwicklung über die Lebensspanne.

Lindenberger, U. & Baltes, P.B. (1997). Intellectual functioning in old and very old age: Cross-sectional results from the Berlin Aging Study. Psychology and Aging, 12, 410–432.
Eine Zusammenfassung der Befunde der Berliner Altersstudie zur intellektuellen Leistungsfähigkeit im Alter.

Staudinger, U.M., & Pasupathi, M. (2000). Life-span perspectives on self, personality, and social cognition. In F.I.M. Craik & T.A. Salthouse (Eds.), The handbook of aging and cognition (2 ed., pp. 633–688). Mahwah, NJ: Lawrence Erlbaum Associates.
Selbst und Persönlichkeit im Erwachsenenalter werden aus der Perspektive der Psychologie der Lebensspanne übersichtlich und differenziert dargestellt.

Teil III
Entwicklung einzelner Funktionsbereiche

Kapitel 10 Entwicklung der Wahrnehmung und Psychomotorik

Friedrich Wilkening & Horst Krist

Durch unsere Wahrnehmung erhalten wir Aufschluss über unsere Umwelt und auch über uns selbst. Alles, was wir wissen, ist durch unsere Sinnesorgane zu uns gelangt. Diese Aussage, so plausibel sie klingen mag, ist allerdings unter Philosophen seit Jahrhunderten umstritten. Sie ist die Position des Empirismus. Die Gegenposition des Nativismus besagt, dass jedes Individuum zumindest mit einigen angeborenen Wissenskategorien ausgestattet ist, die nicht den Weg über unsere Wahrnehmung nehmen mussten.

Theoretische und praktische Bedeutung. Diese alte philosophische Kontroverse gibt dem Studium der Wahrnehmungsentwicklung eine besondere theoretische Bedeutung. Wenn zum Beispiel die empiristische Sichtweise stimmen sollte, wäre zu erwarten, dass unsere Wahrnehmung stets Schranken bei der Erkenntnisgewinnung setzt. Was ein Kind in einem bestimmten Entwicklungsstand nicht wahrnehmen kann, könnte es demnach auch nicht zu Wissen verarbeiten. Wahrnehmungsdefizite würden Wissensdefizite zur Folge haben.

Kann ein Neugeborenes sehen, hören, riechen, schmecken? Ab wann kann ein Kind die einströmende Reizinformation in sinnvolle Muster organisieren? Wann kann es zum Beispiel Gesichter erkennen, sprachliche Laute unterscheiden, und wann kann es die Gefahr eines tiefen Abgrundes oder eines herannahenden Objekts wahrnehmen? Diese Fragen machen deutlich, dass das Studium der Wahrnehmungsentwicklung nicht nur in philosophischer Hinsicht interessiert, sondern auch von eminent praktischer Wichtigkeit ist.

Neue Verfahren und Erkenntnisse. Die Erforschung der Wahrnehmung bei Kindern, besonders in den ersten Lebensjahren, ist nicht so leicht wie man zunächst denken könnte. Einem Erwachsenen kann man ein *A* in verschieden großen Abständen und Lichtverhältnissen zeigen und fragen, was er sieht. Solche Methoden funktionieren nicht mit Kindern im vorsprachlichen Alter. Hier muss man sich etwas anderes einfallen lassen. Erst in den letzten Jahrzehnten ist es Entwicklungspsychologen gelungen, durch zum Teil geniale experimentelle Verfahren einen Einblick in die Wahrnehmungswelt des Kleinkindes zu erhalten.

Die mit diesen neuen Techniken gewonnenen Erkenntnisse haben unser Wissen über die Entwicklung der Wahrnehmung entscheidend verändert. Glaubte man noch bis in die Mitte des vergangenen Jahrhunderts, dass ein Säugling seine Umgebung überhaupt nicht oder nur als äußerst vernebelte Konfusion wahrnehmen könne, so stellt sich uns heute ein Bild des „kompetenten Kleinkindes“ dar, das zwar sofort bei der Geburt noch nicht alles, aber schon bald danach vieles fast wie ein Erwachsener wahrnehmen kann. Vorwissenschaftliche Meinungen mussten inzwischen vielfältigen objektiven Daten weichen.

Schwerpunkte aktueller Forschung. Der rasante Methodenfortschritt hat dazu geführt, dass sich die Forschung immer mehr auf die ersten Lebensmonate verlagerte. Schätzungsweise 90 Prozent der Untersuchungen zur Wahrnehmungsentwicklung beschäftigen sich ausschließlich mit Phänomenen im ersten Lebensjahr (infancy). Ein anderer Grund für diese Konzentration auf die frühe

Phase liegt darin, dass Wahrnehmung im weiteren Verlauf der Entwicklung immer mehr mit „höheren" kognitiven Prozessen verwoben und somit schwerer isoliert davon zu untersuchen ist. Bei den Sinnesmodalitäten ist ein deutliches Ungleichgewicht der Forschung zugunsten des Sehens erkennbar, was angesichts der verbreiteten Ansicht, dass dies beim Menschen der wichtigste Kanal zur Informationsaufnahme ist, nicht besonders verwundern mag.

Diese Schwerpunktsetzungen der aktuellen Forschung – auf dem ersten Lebensjahr einerseits und dem Gesichtssinn andererseits – werden sich im folgenden Überblick widerspiegeln. Mehr als bisher üblich sollen hierbei Aspekte der Wahrnehmung mit Aspekten der Psychomotorik verknüpft werden.

Unter allen interessanten psychischen Phänomenen sind die Funktionen und Prozesse der Wahrnehmung wohl diejenigen, die am frühesten vorhanden sind und sich am schnellsten entwickeln. Die verfügbaren Daten vermitteln den Eindruck, dass wesentliche Bereiche der Wahrnehmung schon im ersten Lebensjahr weitgehend ausgebildet sind. Unterschiede zur Funktionsweise im Erwachsenenalter scheint es dann kaum mehr zu geben. Diese Aussage ist allerdings überpointiert und muss in den folgenden Abschnitten relativiert werden. Dazu ist es zunächst sinnvoll, zwischen Sinnesempfindungen (sensations) und Wahrnehmungen (perceptions) zu unterscheiden.

DEFINITION

Die **Sinnesempfindung** (sensation) ist der elementare Prozess der Reizaufnahme und -registrierung, zum Beispiel das Sehen der Farbe Orange.
Die **Wahrnehmung** (perception) ist demgegenüber der höhere Prozess der Organisation und Interpretation der Reizinformation, zum Beispiel das Sehen einer Orange als Objekt, vielleicht sogar als eines essbaren oder werfbaren Objekts.

Unsere verschiedenen Sinne scheinen sich darin zu unterscheiden, wie viel Spielraum sie für eine Interpretation der Reizinformation geben. Dieser scheint bei den so genannten niederen Sinnen wie Schmecken, Riechen und Schmerzempfindungen relativ gering, beim Hören und Sehen dagegen beträchtlich hoch. Je höher die Anteile einer organisierenden und interpretierenden Wahrnehmung in einem Sinnessystem sind, desto interessanter ist der Entwicklungsverlauf. Daher streifen wir die so genannten niederen Sinne nur kurz und wenden uns dann dem Hören und – mit einem deutlichen Schwerpunkt – dem Sehen zu. Nach der Konzentration auf einzelne Sinne betrachten wir deren Zusammenwirken, insbesondere bei der Koordination von Auge und Hand. Bei der Betrachtung der weiteren Entwicklung über die ersten Lebensjahre hinaus gelangt abschließend das Thema der analytischen versus ganzheitlichen Wahrnehmung in den Vordergrund.

1 Riechen, Schmecken und die Hautsinne

Bei der Frage, was Kleinkinder wirklich wahrnehmen, denkt man zuerst an das Sehen und dann vielleicht noch an das Hören. Oft wird vergessen, dass wir auch über das Riechen, das Schmecken und die Hautberührung wichtige Informationen über die Welt erhalten. Wie ist dies beim Neugeborenen, und wie entwickelt sich die Wahrnehmung in diesen Bereichen? Zwar gibt es hierzu relativ wenige Untersuchungen, doch die Datenlage ist klarer als in den anderen Bereichen. Wir wollen daher die wichtigsten Befunde nur kurz auflisten. Dabei sollte aber nicht vergessen werden, dass diese Sinne eine größere Bedeutung haben als ihnen meistens zugemessen wird; sie liefern Informationen, die für das Überleben des Säuglings bestimmend sein können.

Die wenigen Untersuchungsdaten, die wir haben, lassen den allgemeinen Schluss zu, dass Kinder bezüglich der niederen Sinne mit einer beachtlichen Grundausstattung auf die Welt kommen. Fähigkeiten der Reizregistrierung und der wichtigsten Differenzierungen sind in diesen Bereichen schon in den ersten Lebenstagen entwickelt. Aber wie können wir feststellen, ob ein Neugeborenes beispielsweise verschiedene Gerüche unterscheiden kann? Dies ist relativ einfach. Man hält dem Kind einen in bestimmter Weise riechenden Wattebausch unter die Nase und beobachtet den Gesichtsausdruck und die Atemfrequenz(-änderung) und schaut, ob das Kind Abwehr- oder Annäherungsreaktionen zeigt. Diese Verhaltensmaße sind in diesem Bereich meistens aufschlussreich genug. In analoger Weise werden sie auch bei der Untersuchung der Geschmacks-, Schmerz- und Temperaturwahrnehmung erhoben.

Geruchssinn. Bereits Neugeborene differenzieren offenbar zwischen verschiedenen Gerüchen. Sie zeigen positive Gesichtsausdrücke beim Riechen von Erdbeer-, Bananen- und Vanilleduft und negative als Reaktion auf faule Eier und Fisch (Rieser et al., 1976; Steiner, 1979). Diese Sensitivität wird innerhalb der ersten fünf Lebenstage noch ausgeprägter und differenzierter (Lipsitt et al., 1963). Gegen Ende der ersten Woche können Babys den Brustgeruch ihrer Mutter von dem anderer Frauen unterscheiden (MacFarlane, 1975), und mit zwei Wochen können sie sogar bei fremden Müttern zwischen dem Brustgeruch stillender und nicht-stillender Frauen differenzieren (Makin & Porter, 1989). Genauso früh zeigen sie unterschiedlich lange Orientierungsreaktionen auf die Unterarmgerüche ihrer Mutter und ihres Vaters, was jedoch nur für gestillte Babys zu gelten scheint (Cernoch & Porter, 1985). Dies alles deutet darauf hin, dass Kinder schon sehr früh ihre engste Kontaktperson allein über den Geruchssinn erkennen können.

Geschmackssinn. Auch die Geschmackswahrnehmung ist bereits bei der Geburt in wesentlichen Zügen vorhanden. Man könnte spekulieren, dass diese angeborene Fähigkeit das Kind vor der Einnahme lebensgefährlicher Stoffe schützen soll (Crook, 1987). Schon zwei Stunden nach der Geburt fand man bei Babys jeweils unterschiedliche Gesichtsausdrücke beim Schmecken süßer, salziger, saurer und bitterer Flüssigkeiten (Rosenstein & Oster, 1988). Auch die Intensität und Geschwindigkeit des Saugens an einer Flasche variiert in Abhängigkeit vom Geschmack, zumindest auf der Süßedimension (Lipsitt, 1977; Nowlis & Kessen, 1976). Allerdings scheinen sich die Präferenzen auf und zwischen den einzelnen Dimensionen in den ersten Lebensmonaten leicht zu verändern. So akzeptieren und mögen Säuglinge mit vier Monaten salzigen Geschmack, den sie wenig früher noch verabscheut haben – was wieder durch Analysen des Gesichtsausdrucks beobachtbar ist. Spätere Geschmacksvorlieben sind allem Anschein nach durch frühe Erfahrungen mitbedingt und damit modifizierbar. Dies zeigen Daten aus weiteren Untersuchungen, die den Schluss nahelegen, dass eine übermäßige Vorliebe beispielsweise für salzige Kost im Schulalter ihre Wurzeln im Nahrungsverhalten in den ersten Lebensmonaten haben kann (Harris et al., 1990; Sullivan & Birch, 1990).

Hautsinne. Unter den „niederen“ Sinnen sind noch die Hautsinne zu diskutieren. Was die Schmerz- und Berührungsreize betrifft, brauchen wir keine ausgeklügelten wissenschaftlichen Untersuchungen, um zu zeigen, dass eine grundlegende Empfindlichkeit hierfür ebenfalls schon bei der Geburt vorhanden ist. Dies lässt sich aus einfachen Beobachtungen ableiten. Differenzierte experimentelle Untersuchungen zur Schmerzwahrnehmung im Kleinkindalter sind kaum vorhanden, was aufgrund der sich dabei stellenden ethischen Problematik nicht anders zu erwarten ist. Die angenehmere Seite der Hautsinne, das (passive und aktive) Fühlen und Berühren ist in den ersten Monaten besonders wichtig für den Aufbau emotionaler Beziehungen zwischen dem Kind und seinen Bezugspersonen. Diese Aspekte werden traditionellerweise in der Forschung zur (Mutter-)Bindung thematisiert und sollen daher hier nicht vertieft werden. Andere Aspekte der haptischen Wahrnehmung, der aktiven sensumotorischen Erkundung von Objekten, werden in einem späteren Abschnitt im Zusammenhang mit der intermodalen Koordination verschiedener Sinnessysteme behandelt.

2 Hören

Das Hören gehört zweifellos zu unseren wichtigsten Sinnen. Hören können wir auch im Schlafen. Hören können wir über weite Entfernungen, und im Gegensatz zum Sehen ermöglicht uns die auditive Wahrnehmung, auch Ereignisse zu registrieren, die hinter oder neben uns geschehen. Am wichtigsten ist aber wohl, dass die Fähigkeit zu hören eine Grundvoraussetzung für die zwischenmenschliche Kommunikation über die Sprache und für die normale Sprachentwicklung ist.

Reizunterscheidung im Mutterleib. Lange Zeit hatte man geglaubt, Kinder seien in den ersten Lebenstagen noch taub. Seit den achtziger Jahren hat sich die Erkenntnislage entscheidend verändert. Neuere Untersuchungen haben gezeigt, dass Kinder nicht erst bei der Geburt, sondern schon im Mutterleib hören können. Wie kann man das feststellen? Ultraschallaufnahmen bieten eine Möglichkeit. Damit konnte man beobachten, dass der Fötus etwa ab der 28. Schwangerschaftswoche, also mehr als zwei Monate vor der Geburt, Lidschlagreaktionen bei der Darbietung akustischer Reize zeigt.

Psychologisch interessanter sind die Untersuchungen der Forschergruppe um DeCasper. In einem frühen Experiment konnten DeCasper und Fifer (1980) zeigen, dass Babys schon vier Tage nach der Geburt die Stimme ihrer Mutter von anderen Stimmen unterscheiden können. Gefunden wurde dies mit einer einfallsreichen Technik: Die Babys lernten, dass sie über eine Veränderung des Rhythmus ihres Saugens an einem Schnuller bestimmen konnten, ob ihnen die Stimme der Mutter oder eine andere Stimme vorgespielt wurde. Für die Hälfte der Kinder kam die mütterliche Stimme bei einer Erhöhung, für die andere Hälfte bei einer Erniedrigung der Saugfrequenz. Aus dem Saugverhalten war erkennbar, dass die Kinder eine Reizunterscheidung (Diskrimination) vornahmen und deutlich bevorzugten, die Stimme der Mutter zu hören. Gleiches gilt nicht für die Stimme des Vaters im Vergleich zu den Stimmen fremder Männer, selbst wenn die Kinder in den ersten Tagen nach der Geburt den Vater ebenso lange gehört hatten wie die Mutter (DeCasper & Prescott, 1984). Dies legte die Vermutung nahe, dass Neugeborene akustische Ereignisse zu hören vorziehen, die ihnen aus der Zeit im Mutterleib bekannt vorkommen. Um dies zu prüfen, baten DeCasper und Spence (1986) werdende Mütter, in den letzten sechs Wochen der Schwangerschaft eine kurze Geschichte zweimal pro Tag laut zu lesen. Ein paar Tage nach der Geburt konnten dann die Kinder diese und eine andere, neue Geschichte über Tonband hören, wobei sie durch Veränderung der Saugfrequenz die Aufnahme ab- oder anstellen konnten. Die Kinder bevorzugten deutlich die Geschichte, welche die Mutter vor der Geburt vorgelesen hatte – und dies auch, wenn die beiden nach der Geburt gehörten Tonbandtexte von einer fremden Person gesprochen wurden.

Angeborene Wahrnehmungsmechanismen. Kinder scheinen also bereits vor der Geburt nicht nur für den Klang menschlicher Stimmen, sondern auch unabhängig von spezifischen Stimmen für akustische Muster der Sprache sensitiv zu sein. Erstaunliche Kompetenzen zur Sprachwahrnehmung zeigen sich schon kurz nach der Geburt. Dies ist vor allem für die grundlegende Fähigkeit der Lautwahrnehmung nachgewiesen worden. Schon mit einem Monat erkennen Säuglinge Unterschiede zwischen einzelnen sprachlichen Lauten (Aslin et al., 1983), und spätestens mit sechs Monaten scheinen sie zwischen sämtlichen Lauten, die es in allen Sprachen der Welt gibt, differenzieren zu können (Werker, 1989). Interessanterweise bleibt diese akustische Diskriminationsfähigkeit in der zweiten Hälfte des ersten Lebensjahrs nur noch für die Muttersprache erhalten; für alle anderen Sprachen geht sie verloren (Cooper & Aslin, 1989).

Kategoriale Lautwahrnemung. Ergebnisse wie diese haben Anlass zu Spekulationen gegeben, dass Kinder mit spezifischen Systemen für die Wahrnehmung sprachlicher Einheiten auf die Welt kommen (Fodor, 1983). Die Annahme angeborener Mechanismen könnte die Geschwindigkeit erklären helfen, mit der Kinder die Sprache erwerben. Aus der Sicht der experimentellen Forschung zur Psychoakustik spricht besonders ein Befund für eine solche nativistische Sichtweise: das Phänomen der kategorialen Wahrnehmung von Lauten. Das, was wir als ein „b" hören, kann physikalisch ein recht unterschiedlicher Reiz sein, je nachdem, welcher Vokal oder Konsonant folgt. Alle diese objektiv verschiedenen Laute fallen für uns jedoch spontan in ein und dieselbe Kategorie: „b". Andererseits ist das, was wir bei „ba" und „pa" als ein „b" oder als ein „p" wahrnehmen, physikalisch sehr ähnlich; die beiden Laute unterscheiden sich nur in der so genannten "voice onset time" (VOT), der Zeit, nach der die Stimmbänder nach der Freigabe der Luft beim Öffnen der Lippen zu vibrieren beginnen. Diese Zeit kann man mit modernen Sprachproduktionsgeräten im Millisekundenbereich sehr fein und exakt kontinuierlich variieren. Dabei hören wir nicht einen kontinuierlichen Übergang vom einen Laut in den anderen, sondern entweder ein „b" oder, wenn die VOT einen kritischen Punkt überschreitet, ein „p". Dies erinnert an das analoge Phänomen beim Farbensehen, wo wir ebenfalls bei einer kontinuierlichen Variation der physikalischen Größe (Wellenlänge) kein Reizkontinuum, sondern Kategorien wie „rot" oder „gelb" sehen. Diese spontane Kategorienbildung scheint bei der Lautwahrnehmung noch ausgeprägter.

Interessant ist nun, dass kategoriale Wahrnehmung für verschiedene Laute schon im ersten Lebensmonat gefunden wurde (Aslin, 1987). Ein geeignetes Verfahren für den Nachweis ist die Habituierungsmethode. Diese Methode macht sich die Tatsache zunutze, dass Säuglinge bald ihr Interesse an einem Reiz verlieren, der als derselbe empfunden wird; sie habituieren. Erst wenn ein Reiz als neu wahrgenommen wird, zeigen sie wieder bestimmte Zuwendungsreaktionen. So kann im oben genannten Beispiel von „ba" und „pa" die voice onset time beliebig variieren. Solange sie unter der kritischen Schwelle bleibt, habituieren die Babys. Sie erkennen die verschiedenen Reize offenbar als ein und denselben Laut. Solche Daten machen die Annahme angeborener Mechanismen plausibel.

Was die auditive Differenzierungsfähigkeit allgemein betrifft, konnte festgestellt werden, dass sich schon sechs Monate alte Kinder in dieser Hinsicht kaum mehr von Erwachsenen unterscheiden (Olsho et al., 1987). Dies gilt allerdings nicht für niedrige Frequenzen. Bei tiefen Tönen und Geräuschen scheinen Kleinkinder noch Defizite zu haben, die erst nach einigen Lebensjahren allmählich beseitigt werden (Trehub et al., 1988).

Rekalibrierung. Eine weitere beim Hören wichtige Fähigkeit ist die Lokalisation eines Schallereignisses im Raum. Woher kommt ein Geräusch? Dies ist in vielen Fällen schon für ein Kleinkind eine praktisch höchst bedeutsame Frage. Hier stellt sich aber auch ein interessantes theoretisches Problem von allgemeinerer Bedeutung, das der sogenannten Rekalibrierung. Die im Nahbereich wichtigste akustische Information für die Lokalisation im Raum ist die Zeitdifferenz, mit welcher der Schall das rechte und das linke Ohr erreicht. Da der Abstand zwischen den Ohren im Verlauf der Entwicklung zunimmt, bedeutet ein und dieselbe Zeitdifferenz für ein einjähriges Kind etwas anderes als für ein sechsjähriges. Eine adäquate Wahrnehmung erfordert also eine „Rekalibrierung" im Entwicklungsverlauf: Die Bedeutung einer Reizinformation, in diesem Falle der Zeitdifferenz im Millisekundenbereich, muss den wachstumsbedingten Körperveränderungen angepasst werden (Clifton et al., 1988). Daher verwundert es nicht, dass jüngere Kinder eine Schallquelle weniger präzise lokalisieren können als Erwachsene (bei denen sich das Problem der Rekalibrierung nicht mehr stellt). Trotzdem sind die basalen Fähigkeiten von Säuglingen auch in diesem Bereich bemerkenswert: Mit sechs Monaten können sie Abweichungen von etwa 15 Winkelgraden von der Gesichtsfeld-Mittellinie feststellen; ein Jahr später ist die Präzision der akustischen Lokalisation schon drei- bis viermal höher (Morrongiello et al., 1990).

3 Sehen

So wichtig die bisher beschriebenen Ergebnisse auch sein mögen, wir kommen nun zum Kernstück aller Betrachtungen zur Wahrnehmungsentwicklung: der visuellen Wahrnehmung. Sie ist von so überragender Bedeutung und in der Forschung mit einem solchen Übergewicht behandelt worden, dass sie in vielen Texten mit Wahrnehmung schlechthin gleichgesetzt wird. Dies gilt gerade auch für das Kleinkindalter.

3.1 Sehschärfe und Kontrastsensitivität

Was kann ein Neugeborenes sehen, und wie entwickeln sich die Sehfähigkeiten in den ersten Lebensmonaten? Wann können Details erkannt werden? Wann kann das Kind zum Beispiel ein Lächeln von einem Nichtlächeln im Gesicht der Mutter visuell unterscheiden? Mit diesen Fragen ist die Sehschärfe angesprochen. Sie ist eine der wichtigsten Grundvoraussetzungen für das Erkennen der Welt und für eine adäquate Steuerung unserer Handlungen.

Präferenzmethode. Die Untersuchung der Sehschärfe im Kleinkindalter hat in den letzten Jahrzehnten enorme Fortschritte gemacht. Bahn brechend waren die Untersuchungen von Fantz (1961). Er und seine Kollegen hatten beobachtet, dass Kinder schon ein paar Wochen nach der Geburt spontane Blickbevorzugungen haben; sie betrachten manche Dinge länger als andere. Dies macht man sich in einer Methode zunutze, die von Fantz in die Wahrnehmungsforschung eingebracht wurde: der Präferenzmethode (preferential looking paradigm). Hiermit wurde unter anderem nachgewiesen, dass Kleinkinder konturenreiche Muster länger betrachten als konturenarme. Zum Beispiel scheinen sie ein Streifenmuster aus Schwarz und Weiß gegenüber einer homogenen grauen Fläche zu bevorzugen, auch dann, wenn der Gesamthelligkeitsgrad beider Reize gleich ist.

Sehschärfe. Die Entdeckung dieses Präferenzverhaltens war ein Glücksfall für die Erforschung der Sehschärfe. Man konnte nun die Streifen (oder Schachbrettmuster) immer feiner werden lassen und schauen, ab wann diese konturierten Muster nicht mehr signifikant länger betrachtet werden als die homogenen grauen. Aus dem fehlenden Präferenzverhalten wurde dann geschlossen, dass die beiden Reize nicht mehr visuell differenziert werden können, also das Kind die Schwarz-Weiß-Muster als durchgängiges Grau wahrnimmt. Mit Methoden wie dieser ist man zu folgender Einschätzung der Entwicklung der Sehschärfe gekommen. Sie ist sehr schwach nach der Geburt, verbessert sich aber schnell innerhalb der ersten sechs Monate. Mit einem Jahr hat sich die Sehschärfe etwa um das 45fache erhöht und praktisch das optimale Niveau des Erwachsenenalters erreicht (Banks & Salapatek, 1983; Dobson & Teller, 1978). Manche neuere Studien setzen den Verbesserungsgrad nicht ganz so hoch an und attestieren den Neugeborenen eine etwas höhere Sehschärfe. Mit Sicherheit kann man aber davon ausgehen, dass Säuglinge in den ersten zwei bis drei Monaten nicht in der Lage sind, feine Details zu sehen.

Kontrastsensitivität. Sehschärfe allein sagt über das Leistungsvermögen des visuellen Systems relativ wenig aus. Sie wird typischerweise anhand von Reizen bestimmt, in denen der Helligkeitskontrast zwischen den Elementen des Musters (Schwarz-Weiß) möglichst hoch ist. Die normale Umgebung enthält jedoch in der Regel wesentlich geringere Kontraste, die zum Beispiel beim Erkennen von Formen diskriminiert werden müssen. Daher ist zusätzlich die Frage nach der Kontrastsensitivität zu stellen. Daten hierzu wurden ebenfalls mit der Präferenzmethode erhoben (Banks & Dannemiller, 1987). Sie geben ein ähnliches Bild wie die zur Sehschärfe: In den ersten drei Monaten ist die Kontrastsensitivität etwa um den Faktor 50 geringer als die von Erwachsenen. Sie nimmt jedoch bis zum sechsten Lebensmonat schnell zu, wobei sie dann schon fast das Endniveau erreicht. Aufgrund dieser Daten kann man sich etwa vorstellen, dass die visuelle Differenzierungsfähigkeit in der ersten Zeit nach der Geburt höchstens so gut ist wie bei unserem Nachtsehen. Abbildung 10.1 vermittelt einen Eindruck davon, wie für Kinder mit ein, zwei und drei Monaten das Gesicht der Mutter aussehen könnte.

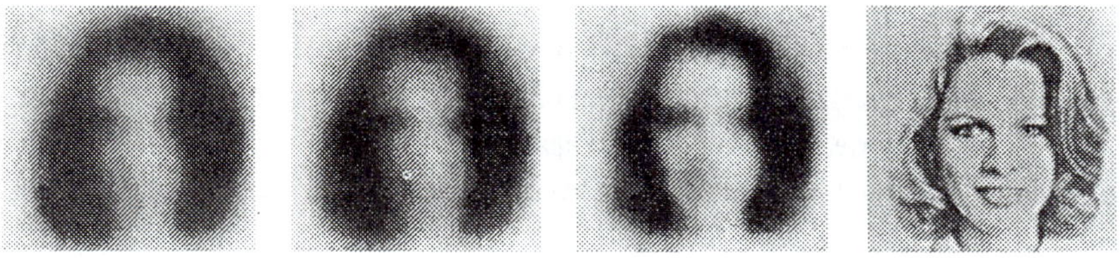

Abbildung 10.1. Simulation der visuellen Wahrnehmung des Gesichts einer Frau für ein Kind mit 1, 2 und 3 Monaten (rechtes Bild steht für die Wahrnehmung bei Erwachsenen)

EXKURS

Ist die Augenlinse bei Neugeborenen starr?

Eine Zeit lang hatte man geglaubt, dass die schlechten Sehleistungen von Säuglingen eine Folge der fehlenden Akkomodation des Auges seien, d.h. ihrer Unfähigkeit, die Krümmung der Linse der Entfernung des zu fokussierenden Objekts anzupassen. Im ersten Monat schien die Linse auf eine einzige Entfernung fixiert zu sein: etwa 30 cm (Haynes et al., 1965) – interessanterweise ziemlich genau die Entfernung, in der sich das Gesicht der Mutter während des Stillens befindet. Hieraus konstruierte man eine attraktive Geschichte: Dieser Trick der Natur, so war die Annahme, gewährleiste, dass sich das Kind zum Gesicht der Mutter in besonderem Maße hingezogen fühle und dieses einen prägenden Stellenwert bekomme.

Neuere Daten sprechen gegen diese Geschichte. So ist mit der Präferenzmethode und auch mit der Habituierungsmethode gezeigt worden, dass die Sehschärfe der Säuglinge über einen großen Distanzbereich hinweg nicht variiert und gleichermaßen schlecht ist. Dies wäre nicht zu erwarten, wenn die fehlende Akkomodation der Linse die Hauptursache ist; bei „starrer“ Linse müsste dann bei einer bestimmten Entfernung schärferes Sehen auftreten.

Dies ist ein instruktives Beispiel für die Umkehr der Erklärungsrichtung aufgrund einer neuen Datenlage. Die fehlende Akkomodation wird nicht mehr als Ursache, sondern als Folge der mangelnden Sehschärfe angesehen. Wenn alles – unabhängig von der Entfernung – unscharf gesehen wird, können die Mechanismen der Akkomodation nicht funktionieren. Wenn die Veränderung der Linse keinen Effekt erzeugt, besteht keine Notwendigkeit der Veränderung. Mit zunehmender Sehschärfe verbessert sich auch die Fähigkeit zur Akkomodation; mit sechs Monaten erreichen Kinder auch hier nahezu das Niveau von Erwachsenen (Banks & Salapatek, 1983).

3.2 Distanzwahrnehmung

Eine der frappierendsten Leistungen unseres visuellen Systems ist die Distanzwahrnehmung. Wir sehen ohne spürbare Anstrengung eine dreidimensionale Welt: z.B. Autos in unterschiedlichen Entfernungen, Vögel in verschiedenen Höhen oder Abgründe verschiedener Tiefen. Diese Leistung unserer Wahrnehmung ist keineswegs selbstverständlich. Das Faszinierende daran wird deutlich, wenn man sich vergegenwärtigt, dass das Abbild der Außenwelt auf der Netzhaut des Auges zweidimensional ist. Wie übersetzen wir dies in die dritte Dimension? Enthält unser Wahrnehmungsapparat angeborene Mechanismen, die uns eine automatische Tiefenberechnung ermöglichen, oder erwerben wir die Fähigkeit zur räumlichen Wahrnehmung erst aufgrund von Lernerfahrungen? Die Klärung dieser eher theoretischen Frage war die Hauptmotivation für die entwicklungspsychologische Forschung zur Tiefenwahrnehmung in den letzten Jahrzehnten. Durch den Einsatz neuer experimenteller Techniken erhoffte man sich, erstmals einen empirischen Beitrag zu der alten philosophischen Kontroverse (Nativismus versus Empirismus) liefern zu können. Natürlich ist die Frage, ab wann und wie kleine Kinder Entfernungen einschätzen können, darüber hinaus auch praktisch interessant – spätestens dann, wenn die Kinder sich selbst im Raum bewegen können.

UNTER DER LUPE

Die visuelle Klippe

Eine klassische Versuchsserie zur Tiefenwahrnehmung geht auf Eleanor Gibson und Richard Walk (1960) zurück. Sie entwarfen eine einfallsreiche Versuchsapparatur: die visuelle Klippe (visual cliff). Sie besteht aus einer großen, nicht spiegelnden Glasplatte, die sich etwa in Tischhöhe über dem Fußboden befindet. Auf der einen Hälfte der Platte liegt ein Tuch mit einem Schachbrettmuster direkt unter dem Glas; auf der anderen Hälfte liegt ein Tuch mit dem gleichen Muster auf dem Fußboden, also knapp einen Meter tiefer. Kinder, die gerade krabbeln konnten, wurden einzeln auf die Platte gesetzt, und zwar dicht an die Grenze zur „tiefen" Hälfte (Abbildung 10.2). Wenn ihre Mutter versuchte, sie von der gegenüberliegenden Seite zu sich zu locken, zögerten die Kinder und weigerten sich, weiterzukrabbeln – offensichtlich, weil sie einen Abgrund zu erkennen glaubten und vor ihm Angst hatten. Es versteht sich fast von selbst, dass die gleichen Reaktionen in der Kontrollbedingung nicht auftraten, nämlich dann, wenn die Mutter von der „hohen" Seite aus rief. Wenn die Babys also sicheren Boden unter sich glaubten, krabbelten sie spontan und ohne Zögern zu ihrer Mutter.

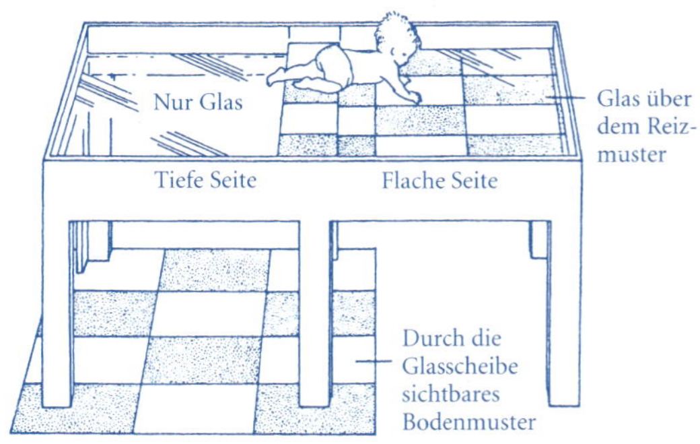

Abbildung 10.2. Die visuelle Klippe

Die Versuche von Gibson und Walk mit der visuellen Klippe, so interessant sie auch von der Idee her sein mögen, sagen nichts über die Wahrnehmung von Kindern aus, die sich noch nicht von sich aus fortbewegen können. Auch bei diesen hat man jedoch in der weiterführenden Forschung die visuelle Klippe eingesetzt (Campos et al., 1970; Campos et al., 1992). Zwei Monate alte Babys wurden mit dem Gesicht nach unten über die Glasplatte gehalten; dabei wurde ihre Herzfrequenz gemessen. Sie war niedriger über dem „Abgrund" als über der „sicheren" Seite. Dieser Unterschied ging in die entgegengesetzte Richtung als man erwarten könnte; nichtsdestoweniger legt er nahe, dass diese Kinder bereits eine Tiefendiskriminierung vornahmen. Interessanterweise kehrt sich der Herzfrequenzunterschied spätestens bei neun Monate alten Kindern um: Sie reagieren mit einer Erhöhung der Herzfrequenz über der „tiefen“ Seite. Die naheliegende Interpretation ist, dass die älteren Kinder schon Angst vor Abgründen entwickelt haben – im Gegensatz zu den jüngeren, nicht krabbelnden, die noch keine vergleichbaren Bewegungserfahrungen gehabt haben können und für die das höherliegende Muster vielleicht das interessantere ist.

Hinweisreize. Was gibt den Babys Hinweise auf die Tiefe? So genannte „kinetische cues“, Informationen aufgrund von Bewegungen, scheinen besonders in den ersten Lebensmonaten relativ wichtig zu sein. Dies kann man indirekt aus anderen Beobachtungen mit der visuellen Klippe ableiten. Zum Beispiel hat man festgestellt, dass Kinder mit nur einem funktionstüchtigen Auge das gleiche Vermeidungsverhalten zeigen wie Kinder, die mit zwei Augen sehen (Walk & Dodge, 1962). Dies deutet darauf hin, dass bereits in diesem Alter eine andere Gruppe potentieller Hinweisreize, die so genannten „binokularen cues“ (Hinweisreize für beidäugiges Sehen), zur Tiefenwahrnehmung nicht unbedingt nötig ist. Die binokularen cues können uns – mehr aufgrund physiologischer Mechanismen – Distanzinformation geben, wenn wir mit zwei Augen sehen. Dies geschieht insbesondere dadurch, dass wir entfernungsabhängig zum einen unsere Augen auf das fokussierte Objekt konvergieren und zum anderen zwei mehr oder weniger unterschiedliche Abbilder auf der Netzhaut zu einem Bild verschmelzen (Querdisparation). Dies kann aber nur bei einem Mindestmaß an Sehschärfe funktionieren – eine bei den jüngeren Kindern noch nicht gut entwickelte Fähigkeit, wie im vorangegangenen Abschnitt beschrieben. Daher ist es nicht verwunderlich, dass Konvergenz und Querdisparation vor dem dritten Lebensmonat nicht verlässlich zu wirken scheinen (Aslin, 1977; Fox et al., 1980). Man kann davon ausgehen, dass die Verarbeitung von Bewegungsreizen nicht das gleiche Maß an Sehschärfe voraussetzt. Dies macht verständlich, warum Kinder auch dann schon Tiefendiskriminierungen leisten können, wenn die Sehschärfe noch relativ schwach ausgebildet ist.

Looming. Diese Erklärung wird gestützt durch Experimente mit einer neueren Technik, dem looming. Hierbei geht es um eine weitere Art von Bewegungsreizen, nämlich solchen, die von Objekten erzeugt werden, mit denen man sich sozusagen auf Kollisionskurs befindet und die höchste Gefahr signalisieren können. Wenn sich etwas schnell auf uns zubewegt, vergrößert sich das Abbild dieses Objekts (oder auch das eines Tieres) auf der Netzhaut explosionsartig. Können schon Neugeborene diese Information zur Distanzeinschätzung nutzen? Beim experimentellen Test dieser Frage simulierte man die Annäherung eines Objekts dadurch, dass auf einer stationären Leinwand dicht vor den Augen des Kindes sich das Bild (meistens eine quadratische Fläche) in gleicher Weise vergrößerte wie es einer schnellen Annäherung entsprechen würde. Diese simulierte Form wurde gewählt, um unerwünschte nichtvisuelle Bewegungshinweisreize (z.B. Luftstoß) auszuschalten. Schon mit einem Monat reagieren Kinder auf die scheinbare Annäherung des Objekts mit Abwehrverhalten wie Zusammenpressen der Augenlider und Zurückwerfen des Kopfes – weit häufiger als bei einem scheinbaren Zurückweichen des Objekts. Interessanterweise tritt das hier beschriebene Verhalten bei frühgeborenen Babys entsprechend später auf, was auf Reifungsfaktoren hinweist (Petterson et al., 1980).

Bildreize. Etwa mit einem halben Jahr beginnen Kinder, auch statische Distanzhinweisreize zu nutzen, insbesondere solche, die wahrscheinlich mehr erfahrungsbasiert sind. Hierbei handelt es sich um Informationen, die auch bei der Betrachtung mit nur einem Auge (monokular) in zweidimensionalen Bildern gewisse Hinweise auf die dritte Dimension geben können – daher auch “pictorial cues” oder „Bildreize“ genannt. Granrud und Yonas (1984) haben Kindern zweidimensionale Vorlagen wie die in Abbildung 10.3 (S. 404) gezeigt. Mit sieben, aber noch nicht mit fünf Monaten, versuchten sie deutlich häufiger nach der Karte zu greifen, die näher (weil unver-

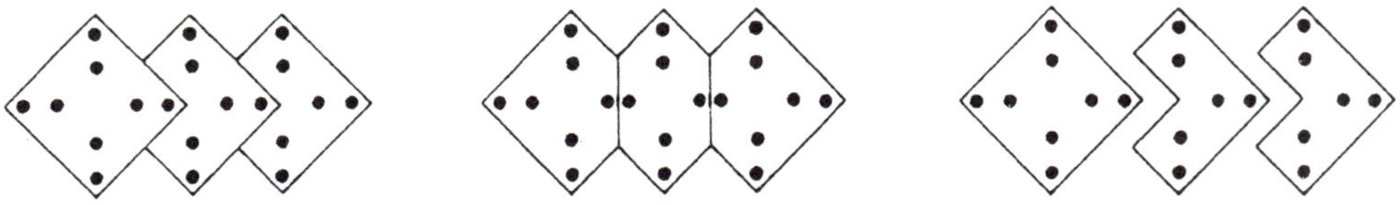

Abbildung 10.3. Verdeckung als Hinweisreiz für Distanz? Die Vorlagen aus dem Experiment von Granrud und Yonas (1984)

deckt) zu sein schien. Zusammen mit neueren Untersuchungsergebnissen (Kavsek, 1999; Yonas & Arterberry, 1994) weist dieser Befund darauf hin, dass Säuglinge etwa ab sechs Monaten Bildreize – wie das T-förmige Zusammentreffen von Konturlinien im Fall der Verdeckung – verwerten können, um die dreidimensionale Struktur und die räumliche Anordnung von Objekten zu erschließen.

Reiz der gewohnten Größe. Praktisch das gleiche Ergebnis wie für den Hinweisreiz der Verdeckung wurde für den Reiz der gewohnten Größe (familiar size) gefunden. In einem Experiment von Granrud et al. (1985) konnten Kinder zehn Minuten lang mit einem von zwei Paaren von Holzfiguren spielen (Abbildung 10.4a und b, S. 405), wobei jeweils eine Figur groß, die andere klein war. Die Figur, die in einem Paar groß war, war in dem anderen klein, und umgekehrt. Im Anschluss an das Spielen wurden die beiden großen Objekte aus jedem Paar in genau gleicher Entfernung vom Kind präsentiert (Abbildung 10.4c, S. 405), wobei binokulare cues sowie Bewegungshinweisreize ausgeschaltet wurden. Sieben Monate alte Kinder griffen häufiger nach dem Objekt, welches von der Form her dem kleineren aus der Spielphase entsprach, offenbar deshalb, weil sie dieses nun als das nähere Objekt sahen. Bei Kindern mit fünf Monaten trat dieser Unterschied nicht auf.

FAZIT

Wann sehen Kinder dreidimensional und können damit Entfernungen zumindest grob abschätzen?
Schon mit einem Monat sind Kinder sensitiv für Bewegungshinweise, ab drei oder vier Monaten verarbeiten sie binokulare cues (Hinweisreize für beidäugiges Sehen), und ab etwa sechs Monaten nutzen sie statische monokulare Information (Bildreize). Die ursprünglich aus theoretischen Gründen interessierende Frage, ob Kinder gleich am Tage der Geburt über Tiefenwahrnehmung verfügen, konnte noch nicht definitiv entschieden werden. Trotzdem lassen die in den letzten Jahren gefundenen Daten die Annahme plausibel erscheinen, dass zumindest einige Komponenten angeboren sind. Wenn man einen Lernprozess annehmen möchte, dann müsste dieser erstaunlich schnell ablaufen.

4 Form- und Objektwahrnehmung

Aus entwicklungspsychologischer Sicht interessiert die Frage, ob schon Säuglinge die Welt so sehen wie wir – ob sie Figur und Grund differenzieren, ob sie die visuelle Information spontan so organisieren, dass Formen als größere Einheiten entstehen und ob sie Objekte als kohärente Ganze wahrnehmen. Lange Zeit wurde jüngeren Kindern die Fähigkeit zur Form- und Objektwahrnehmung abgesprochen. Heute liegen Forschungsergebnisse vor, die zu einer Revision der traditionellen Sichtweise zwingen.

4.1 Visuelle Form- und Objektwahrnehmung

Eine der bemerkenswertesten Illustrationen zur Formwahrnehmung, fast schon ein Extrembei-

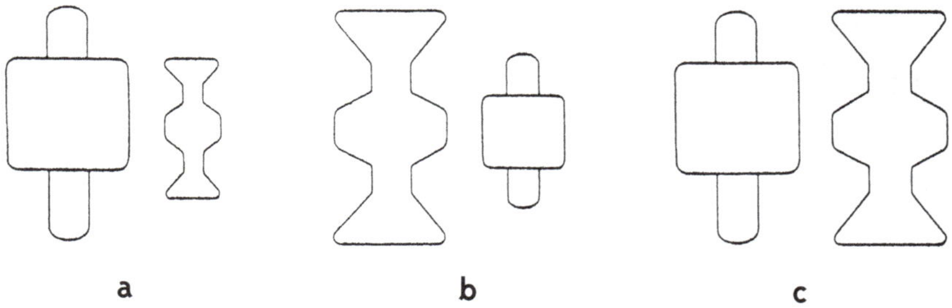

Abbildung 10.4.
Gewohnte Größe als Hinweisreiz für Distanz? Die Vorlagen aus dem Experiment von Granrud et al. (1985)

spiel, bezieht sich auf das Phänomen der subjektiven Konturen: In Abbildung 10.5 (a) sehen wir Konturen, d.h. Begrenzungen eines Quadrats, wo objektiv gar keine sind. In einem Experiment von Bertenthal et al. (1980) wurde fünf und sieben Monate alten Babys zuerst das mittlere der drei Muster (b) in Abbildung 10.5 so lange gezeigt, bis sie es nicht mehr zu interessieren schien. Nach dieser Habituierung wurde manchen Kindern das rechte Muster (c) dargeboten, anderen Kindern das linke (a). Beide entstehen durch die Drehung zweier Elemente (Ecken), aber nur (a) erzeugt die „Täuschung" der subjektiven Konturen und damit eine neue Form. Die Babys mit sieben Monaten sahen offenbar diese neue Form, was man daraus schließen kann, dass sie beim Wechsel von (b) nach (a) deutlich länger schauten, d.h. dishabituierten, als beim Wechsel nach (c). Nach weiteren Untersuchungen gibt es Anhaltspunkte dafür, dass diese Organisationstendenzen der Formwahrnehmung schon früher vorhanden sind, sicherlich mit drei bis vier Monaten (Curran et al., 1999; Ghim, 1990; Kavsek & Yonas, 2001), vielleicht auch noch früher (van Griffen & Haith, 1984).

Objektwahrnehmung. Ähnliches gilt für den dreidimensionalen Fall: die Objektwahrnehmung. Hier konnten u.a. Spelke und ihre Mitarbeiter (z.B. Spelke, 1990) in zahlreichen Experimenten Hinweise dafür sammeln, dass Säuglinge – schon bevor sie gezielt greifen oder sich fortbewegen können – in einer gegenständlichen Erfahrungswelt leben, die in ihren Grundzügen derjenigen von Erwachsenen entspricht. Dennoch gibt es in den ersten Lebensmonaten interessante Entwicklungsveränderungen. So werden zwei Gegenstände von Säuglingen zwar schon im Alter von drei Monaten als voneinander getrennt wahrgenommen, solange zwischen ihnen ein erkennbarer Abstand besteht. Berühren sie sich hingegen, so nimmt ein Säugling dieses Alters selbst dann einen einzigen Gegenstand wahr, wenn die beiden Objekte unterschiedliche Wahrnehmungseigenschaften (z.B. verschiedene Farben oder Formen) besitzen. Etwa einen Monat später nutzen Babys bei relativ einfach strukturierten Anordnungen auch Informationen über die Ähnlichkeit oder Unähnlichkeit von Oberflächen, um die Grenzen von Objekten zu erschließen (Needham et al., 1997). Dieser Entwicklungsschritt geht offenbar Hand in Hand mit der sich entwickelnden Fähigkeit zur aktiven Exploration (Erkundung) von Gegenständen (Needham, 2000). In beiden Berei-

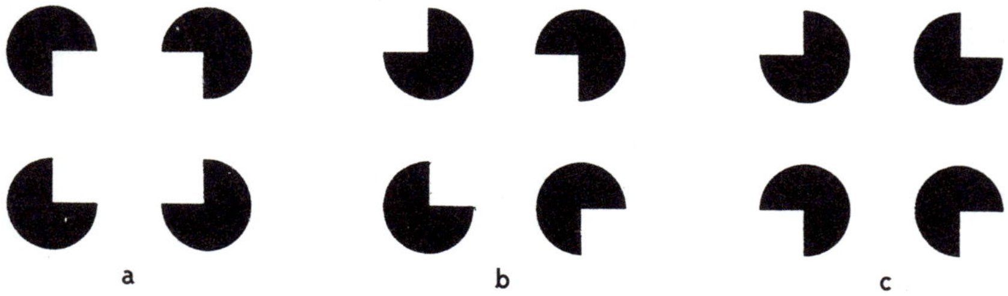

Abbildung 10.5.
Formwahrnehmung durch subjektive Konturen? (Bertenthal et al., 1980)

chen machen die Säuglinge in den folgenden Monaten entscheidende Fortschritte, so dass sie zunehmend auch bei komplexeren Anordnungen die Objektgrenzen an den gleichen Stellen wahrnehmen wie Erwachsene. Hierbei nutzen sie interessanterweise spätestens im Alter von viereinhalb Monaten auch ihre konkreten Vorerfahrungen mit bestimmten Objekten (Needham & Modi, 1999) und spätestens im Alter von acht Monaten auch ihr intuitives physikalisches Wissen über die Rigidität und Statik von Objekten (Huettel & Needham, 2000; Needham & Baillargeon, 1997).

Bewegungsfaktor. Neben der räumlichen Trennung von sichtbaren Oberflächen spielt insbesondere bei der Objektwahrnehmung jüngerer Säuglinge der Bewegungsfaktor eine entscheidende Rolle. Sobald sich zwei Gegenstände relativ zueinander bewegen, sehen bereits wenige Monate alte Säuglinge diese als voneinander getrennt, selbst wenn sich die Gegenstände berühren. Die zentrale Bedeutung der Bewegungsinformation zeigte sich auch in Säuglingsexperimenten, bei denen die Wahrnehmung von teilweise verdeckten Gegenständen untersucht wurde (Spelke, 1990). So konnten Kellman und Spelke (1983) in einem Habituierungsexperiment zeigen, dass ein Stab, dessen mittlerer Abschnitt verdeckt war, von vier Monate alten Säuglingen nur dann als ein einziger, zusammenhängender Gegenstand wahrgenommen wurde, wenn er sich hin und her bewegte (Abbildung 10.6). Nur die Säuglinge, bei denen der Stab während der Habituierungsphase bewegt wurde, schauten sich in der Testphase die ohne Abdeckung dargebotenen, sichtbaren Teilstücke des Stabes länger an als den vollständigen Stab. Diesen Säuglingen war offenbar der Stab als ein zusammenhängendes Objekt bereits vertraut, obwohl sie ihn nie vollständig gesehen hatten.

4.2 Intermodale Wahrnehmung

Die Objektwahrnehmung von jüngeren Säuglingen ist kein rein visueller Prozess. Im Alter von drei bis vier Monaten, wenn nicht sogar schon

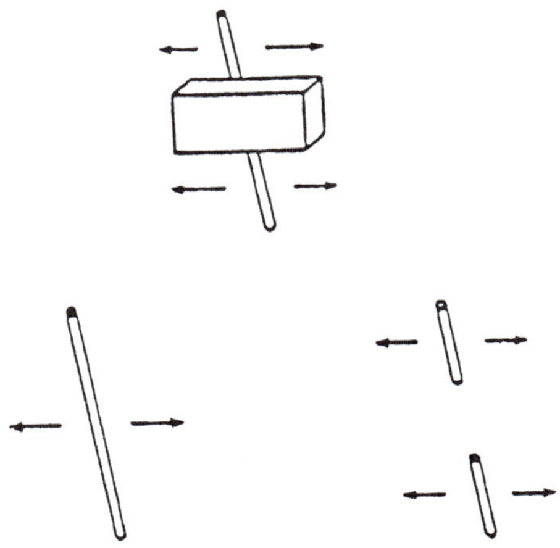

Abbildung 10.6. Reizdarbietung in einem Säuglingsexperiment zur Wahrnehmung eines teilweise verdeckten Gegenstands. Oben: In der Habituierungsphase wird ein Stab hinter einem Quader hin und her bewegt; unten: Testreize (Kellman & Spelke, 1983)

früher, nehmen Säuglinge Objekte nicht nur als „Seh-", „Tast-" oder „Hördinge" wahr, sondern sie repräsentieren die Objekte intern in einer Weise, die es ihnen erlaubt, Informationen aus verschiedenen Sinnesmodalitäten aufeinander zu beziehen (Krist et al., 1998; Lewkowicz & Lickliter, 1994). Im Widerspruch zur traditionellen Auffassung, wie sie z.B. von Piaget vertreten wurde, scheinen Babys demnach Gegenstände im Wesentlichen genauso wahrzunehmen wie Erwachsene, nämlich als objektive Dinge, die unabhängig von den an ihnen wahrgenommenen Eigenschaften existieren. Gestützt wird diese weitreichende Annahme unter anderem durch die Beobachtung, dass Säuglinge, sobald sie in der Lage sind, gezielt nach einem Gegenstand zu greifen, dies in einer Weise tun, die konsistent ist mit dem, was man über die Objektwahrnehmung von etwas jüngeren Säuglingen weiß. So greifen Säuglinge im Alter von fünf Monaten nur dann nach einem kleineren Gegenstand, der sich vor einem größeren befindet, wenn sich zwischen beiden ein erkennbarer Abstand befindet; berühren sich die beiden Gegenstände hingegen, behandeln die Säuglinge die Anordnung wie einen einzigen, größeren Gegenstand (von Hofsten & Spelke, 1985).

Ferner greifen sie nach zwei kleineren Gegenständen, die sich berühren und gemeinsam bewegen, wie nach einem einzigen, größeren Objekt, während sie bei voneinander unabhängigen Bewegungen erkennbar nach einem der beiden Gegenstände greifen, nämlich nach dem ihnen näheren. Dieses Verhalten stimmt ebenfalls mit Befunden zur visuellen Habituierung bei jüngeren Säuglingen überein (Spelke et al., 1989).

Verknüpfung von Sinnesinformationen. Der intermodale Charakter der frühen Objektwahrnehmung wird zusätzlich durch Befunde von Streri und Spelke (1988) gestützt. Sie fanden, dass vier Monate alte Säuglinge zwei Ringe, die durch ein elastisches Band miteinander verbunden waren, von zwei Ringen, die durch einen Holzstab miteinander verbunden waren, allein dadurch unterscheiden konnten, dass sie mit den jeweiligen „Spielgeräten" hantierten. Die Versuchspersonen erhielten in der Habituierungsphase dieses Experiments jeweils einen der beiden Ringe in jede Hand und konnten weder ihre Hände noch die Spielgeräte sehen (Abbildung 10.7). Je nachdem, ob sie mit den frei beweglichen oder mit den starr verbundenen Ringen umgingen, konnten die Säuglinge ihre Arme unabhängig voneinander bewegen oder nicht.

In der anschließenden Testphase sah jede Versuchsperson die Spielgeräte nacheinander in Bewegung, d.h. sie sah zwei voneinander unabhängige oder zwei aneinander gekoppelte Bewegungen der Ringe. Die Säuglinge schauten sich jeweils die Bewegung der Ringe deutlich länger an, die sie vorher nicht selbst durch Hantieren hervorgerufen hatten. Dieses Ergebnis deutet darauf hin, dass die Säuglinge die mit einem Holzstab verbundenen Ringe als einen einzigen festen Gegenstand, die nur durch ein elastisches Band miteinander verbundenen Ringe jedoch als *zwei* Gegenstände auffassten.

Übertragung haptischer Information. Im Alter von zwei bis drei Monaten können Babys verschiedene Gegenstände allein durch Betasten voneinander unterscheiden (Streri, 1987); und schon bei Neugeborenen hängt die Art ihres Greif- und Saugverhaltens von der Beschaffenheit des explorierten Gegenstands ab (Rochat, 1987). Erstaunlicherweise scheint es wenige Monate bzw. Wochen alten Säuglingen darüber hinaus zu gelingen, die mit der Hand bzw. dem Mund ertasteten Objekte visuell wiederzuerkennen (Gibson & Walker, 1984; Meltzoff & Borton, 1979; Streri, 1993). Der experimentelle Nachweis einer Übertragung haptischer Information in den visuellen Bereich steht im Widerspruch zu der traditionellen Annahme, dass derartige Koordinationsleistungen erst möglich werden, nachdem der Säugling gelernt hat, visuelle Information dazu zu benutzen, um nach Gegenständen gezielt zu greifen und diese unter visueller Kontrolle zu manipulieren.

5 Auge-Hand-Koordination

Die Wahrnehmungskompetenz von Säuglingen kommt besonders deutlich in deren Aktivitäten

Abbildung 10.7. Versuchssituation und Reizmaterial in einem Experiment zur intermodalen Objektwahrnehmung. Oben: In der Habituierungsphase hantierten die Säuglinge entweder mit zwei fest miteinander verbundenen oder mit zwei frei beweglichen Ringen; unten: visuelle Testreize (Streri & Spelke, 1988)

zum Vorschein. Einerseits schauen, saugen, tasten und greifen Babys häufig, allein um ihre Neugier zu befriedigen – sozusagen aus reinem „Erkenntnisinteresse“. Andererseits benutzen sie die wahrgenommenen Informationen auch, um passende Aktivitäten auszuwählen, zu steuern und in ihrem Ablauf zu modulieren. Die entsprechenden Fähigkeiten zur effektiven Verarbeitung sensorischer und perzeptiver Informationen im Rahmen motorischer Abläufe entwickeln sich über einen sehr viel ausgedehnteren Zeitraum als die besprochenen elementaren Wahrnehmungsfähigkeiten. Wir werden die Darstellung der Entwicklung dieser perzeptiv-motorischen Fertigkeiten auf einen besonders gründlich erforschten Bereich beschränken: die Auge-Hand-Koordination. Unter den Begriff der Auge-Hand-Koordination fallen sämtliche Leistungen, bei denen visuelle Informationen für die Steuerung von Arm-, Hand- oder Fingerbewegungen herangezogen werden. Es handelt sich also um einen Sonderfall der intermodalen Informationsverarbeitung.

5.1 Entwicklung der Auge-Hand-Koordination im ersten Lebensjahr

Der Grundstein für die Entwicklung der Auge-Hand-Koordination wird bereits im ersten Lebensjahr gelegt, wenn das Kind lernt, gezielt nach Gegenständen zu greifen, sie zu fassen und zu manipulieren. Obwohl der Erwerb der Fertigkeit des gezielten Greifens im Alter von etwa vier bis fünf Monaten einen wichtigen Meilenstein in der Entwicklung der Auge-Hand-Koordination darstellt, markiert er nicht den Nullpunkt dieser Entwicklung. Wie wir heute wissen, gibt es bereits bei Neugeborenen eine rudimentäre Form der Auge-Hand-Koordination.

Armbewegungen von Neugeborenen. Die spontanen Armbewegungen von Neugeborenen muten völlig ziellos an. Dennoch lässt sich unter günstigen Bedingungen – zu denen eine geeignete Unterstützung der Körperhaltung des Babys gehört – zeigen, dass diese Bewegungen von dessen Blickrichtung abhängen. Der Nachweis einer solchen Kopplung von Auge und Hand beim Neugeborenen gelang von Hofsten (1982). Er präsentierte fünf bis neun Tage alten Babys ein sich langsam und unregelmäßig bewegendes Bällchen aus farbigem Zwirn (Abbildung 10.8). Mit Hilfe zweier Videokameras wurden die Bewegungen der Säuglinge über einen Zeitraum von sieben Minuten aufgezeichnet. Da die Armbewegungen beim Neugeborenen typischerweise aus mehreren unkoordinierten Teilbewegungen bestehen, wählte von Hofsten jeweils diejenige Teilbewegung zur weiteren Analyse aus, welche die Hand dem Ziel am nächsten brachte. Entscheidend war nun der Vergleich der Richtung dieser Bewegungskomponente in Abhängigkeit davon, ob das Zielobjekt visuell fixiert wurde oder nicht: Wenn die Babys das Bällchen anschauten, waren ihre Armbewegungen eher hierauf gerichtet, als wenn sie es nicht anschauten. Dieses mittlerweile bestätigte Ergebnis (Ennouri & Bloch, 1996) deutet darauf hin, dass Auge und Hand beim Neugeborenen nicht völlig unkoordiniert sind.

Zusätzliche Evidenz für diese Annahme liefern die Ergebnisse eines Experiments, in dem auf einfallsreiche Weise gezeigt werden konnte, dass Neugeborene aktiv bemüht sind, ihre Hand im Blickfeld zu halten (van der Meer et al., 1995). Die Babys lagen auf dem Rücken, den Kopf zur Seite gewandt, und schauten entweder direkt auf ihre dort befindliche Hand oder indirekt auf ihre andere Hand, die auf einem Videobildschirm gezeigt wurde. An beiden Armen wurden Schnüre mit kleinen Gewichten befestigt, so dass beide Hände mit einer konstanten Kraft nach unten (fußwärts) gezogen wurden. Es zeigte sich, dass die Babys aktiv versuchten, die jeweils gesehene Hand im Blickfeld zu behalten, indem sie der auf den entsprechenden Arm wirkenden Kraft entgegen wirkten. Diese erstaunliche Leistung weist nicht nur darauf hin, dass Babys über eine rudimentäre Fähigkeit zur Auge-Hand-Koordination verfügen, sondern auch, dass diese Fähigkeit nicht auf „vorverdrahteten“ neuronalen Schaltkreisen oder Reflexen beruhen kann.

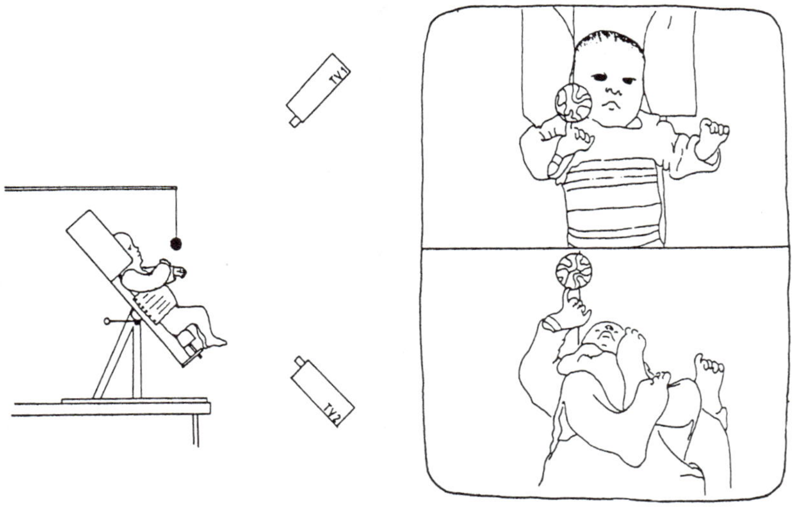

Abbildung 10.8.
Versuchsaufbau (links) und Kameraperspektiven (rechts) in einem Experiment zur Auge-Hand-Koordination bei Neugeborenen (von Hofsten, 1982)

Synergie von Hand- und Armbewegungen. Trotz des theoretisch so bedeutsamen Nachweises einer von Geburt an vorhandenen, rudimentären Auge-Hand-Koordination kann von einem präzisen und gezielten Greifverhalten bei Neugeborenen aus verschiedenen Gründen keine Rede sein. Zunächst einmal sind die Armbewegungen von Neugeborenen nur sehr grob und inkonsistent auf ein visuell fixiertes Ziel gerichtet (von Hofsten, 1982). Weil außerdem keine systematische Zielannäherung (durch sukzessive Fehlerkorrektur) stattfindet, trifft die Hand das Zielobjekt nur selten. Wenn das Zielobjekt doch einmal getroffen wird, findet kein Zupacken statt, nicht einmal dann, wenn der Gegenstand zufällig die Handfläche berührt (von Hofsten, 1984). Dies rührt daher, dass die Hand- und Armbewegungen beim Neugeborenen noch eng aneinander gekoppelt sind; sie bilden eine sogenannte Synergie: Beugen und Strecken des Arms geht mit Beugen und Strecken der Finger einher.

Diese synergistische Kopplung verschwindet im Alter von etwa zwei Monaten. Die Säuglinge ballen in diesem Alter typischerweise die Hand zu einer Faust, wenn sie den Arm ausstrecken. Interessanterweise geht gleichzeitig mit der Entkopplung der Hand die Fähigkeit zur Koordination von Auge und Hand vorübergehend verloren. Etwa einen Monat später, also im Alter von drei Monaten, öffnen die Säuglinge ihre Hand wieder, wenn sie ihre Arme bewegen und gleichzeitig ein Objekt visuell fixieren. Die Säuglinge unternehmen nun vermehrt Greifversuche, sind dabei allerdings meist noch recht ungeschickt und wenig erfolgreich (von Hofsten, 1984).

Gezieltes Greifen. Die Auge-Hand-Koordination erschöpft sich beim Neugeborenen darin, dass den Armbewegungen durch die Zielfixation eine grobe Richtung gegeben wird. Es vergehen im Allgemeinen vier oder fünf Monate, bevor es Säuglingen gelingt, gezielt nach einem Objekt zu greifen. Eine Möglichkeit, die Handbewegung zu steuern, besteht darin, sie unter ständiger visueller Kontrolle dem Ziel anzunähern. Wenn die visuell wahrgenommene Distanz zwischen Hand und Ziel als Führungsgröße für die Regulation der Handposition benutzt wird, spricht man auch von einer visuell geführten Bewegung (Bushnell, 1985). Noch bevor Säuglinge gezielt nach Gegenständen greifen können, kann man beobachten, wie sie verstärkt ihre Hand fixieren, deren Bewegung mit dem Blick folgen und abwechselnd zur Hand und zu einem begehrten Zielobjekt schauen (Piaget, 1936/1973; White et al., 1964). Ausgehend von diesen Beobachtungen und den Ergebnissen von Experimenten, in denen Babys beim Greifen nach Gegenständen wahrnehmungsverzerrende Prismengläser trugen (McDonnell, 1975) oder ihre Hände mit einem Schirm verdeckt wurden (Lasky, 1977), kam man zu dem Schluss, dass die ersten koordinierten Greifversuche ausschließlich unter visueller Führung erfolgen (z.B. Bushnell, 1985). Diese Auffassung ist jedoch aus heutiger Sicht nicht mehr haltbar (Bertenthal & Clifton, 1998). Die Gegenevidenz stammt vor allem aus zwei Aufgabenbereichen: dem Greifen nach Objekten im Dunkeln und dem Greifen nach bewegten Objekten.

Greifen nach Objekten im Dunkeln. In verschiedenen Untersuchungen wurde nachgewiesen, dass Säuglinge im Alter von vier bis acht Monaten erfolgreich nach einem Objekt im Dunkeln greifen, wenn dieses ein Geräusch von sich gibt, wenn es kurz zuvor (im Hellen) visuell fixiert werden kann oder wenn es im Dunkeln leuchtet (Clifton et al., 1993, 1999; Hood & Willats, 1986). Die Befunde zum Greifen im Dunkeln belegen, dass Säuglinge beim gezielten Greifen nicht auf die visuelle Führung der Handbewegung angewiesen sind und dass es für sie zunächst keinen Unterschied macht, ob sie ihre Hand sehen können oder nicht (Clifton et al., 1993, 1994).

Greifen nach bewegten Objekten. Die Untersuchungen zum zweiten Aufgabenbereich, dem „Fangen" bewegter Objekte, stammen von dem bereits erwähnten Entwicklungspsychologen von Hofsten (1980, 1983). Von Hofsten und Lindhagen (1979) untersuchten Säuglinge in der Altersspanne zwischen zwölf und 30 Wochen in dreiwöchigen Abständen. Ein Objekt wurde in Nasenhöhe so an dem Kind vorbeibewegt, dass es für eine gewisse Zeit in Reichweite geriet. Die Bewegung des Zielobjekts verlief auf einer horizontalen, kreisförmigen Bahn und erfolgte mit einer konstanten Geschwindigkeit. Es zeigte sich, dass die Kinder erfolgreich nach dem bewegten Objekt griffen, sobald sie das Greifen nach einem ruhenden Gegenstand beherrschten. Säuglinge im Alter von 18 Wochen „fingen" den Gegenstand selbst bei einer Geschwindigkeit von 30 cm/s, bei der sie mit der Greifbewegung beginnen mussten, noch bevor der Gegenstand in Reichweite war. Eine detaillierte Analyse der Armbewegungen der Säuglinge erbrachte, dass die Greifversuche der Säuglinge meist von Anfang an auf einen Punkt gerichtet waren, den der Gegenstand erst am Ende der Armbewegung erreichte – auf den „Treffpunkt" also (von Hofsten, 1980).

Es gibt demnach bei der Auge-Hand-Koordination kein Entwicklungsstadium, in dem die Hand ausschließlich unter visueller Führung zum Ziel gebracht wird. Vorprogrammierte und propriozeptive (die Körperwahrnehmung betreffende) Komponenten sind beim gezielten Greifen von Anfang an beteiligt und scheinen sogar zunächst zu dominieren.

Vervollkommnung des Greifens. Die visuell geführte Komponente des Greifvorgangs scheint erst zu einem späteren Zeitpunkt bedeutsam zu werden, wenn sie mit der bereits ausgebildeten propriozeptiv-motorischen Komponente koordiniert wird. Wie der Erwachsene benutzt auch der ältere Säugling die visuell wahrgenommene Relation zwischen Ziel und Hand, um das Ziel in der Endphase der Bewegung präzise ansteuern zu können und um unerwartete Verlagerungen des Ziels zu kompensieren (Ashmead et al., 1993).

Diesen wichtigen Schritt in der Entwicklung der Auge-Hand-Koordination machen Säuglinge ungefähr im Alter von acht bis neun Monaten. In diesem Alter verfügen sie bereits über ein hohes Maß an Geschicklichkeit bei der räumlichen und zeitlichen Abstimmung ihrer Arm- und Handbewegungen. Dies zeigt sich besonders eindrucksvoll in ihrem erheblich verbesserten Fangen bewegter Objekte. Von Hofsten (1983) beobachtete bei Säuglingen im Alter von 34–36 Wochen bereits sehr geschickte Fangversuche. Die Babys konnten einen Gegenstand selbst dann noch regelmäßig fangen, wenn dieser sich mit der beträchtlichen Geschwindigkeit von 120 cm/s bewegte (Abbildung 10.9). Wie das abgebildete Beispiel eines erfolgreichen Fangversuchs verdeutlicht, stimmen acht bis neun Monate alte Säuglinge nicht nur ihre Armbewegung in prädiktiver Weise mit der Bewegung des Ziels ab, sondern sie öffnen und schließen ihre Hand auch in Antizipation des Kontaktes mit dem Gegenstand.

Schon jüngere Säuglinge öffnen und schließen ihre Hand beim Greifen in antizipatorischer Weise (von Hofsten & Rönnqvist, 1988), und sie richten teilweise sogar schon ihre Hand beim Greifen nach einem Stab richtig aus (Morringiello & Rocca, 1986; von Hofsten & Fazel-Zandy, 1984). Doch sind im Hinblick auf die zeitliche Abstimmung und die Vorbereitung des Zugreifens in der zweiten Hälfte des ersten Lebensjahres dramatische Entwicklungsfortschritte zu verzeichnen (Lockman et al., 1984; Piéraut-Le Bonniec, 1985; von Hofsten & Fazel-Zandy, 1984; von Hofsten und Rönnqvist, 1988). So passen Säuglinge das Ausmaß des Handöffnens ab etwa 9 Monaten der Größe des zu greifenden Objekts an (von Hofsten und Rönnqvist, 1988), und sie richten ihre Finger je nach Form des Objekts unterschiedlich aus (Piéraut-Le Bonniec, 1985). Insgesamt deuten die Ergebnisse verschiedener Studien zur Entwicklung antizipatorischer Hand- und Fingerbewegungen darauf hin, dass sich die Fähigkeit zur angemessenen Vorbereitung des Zugreifens im Wesentlichen während der zweiten Hälfte des ersten Lebensjahres entwickelt.

Diese Verbesserungen des Zusammenspiels zwischen Auge und Hand sind auch im Zusammenhang mit der Entwicklung der Handgeschicklichkeit, d.h. dem geschickten Gebrauch der Hand und der Finger beim Umgang mit Objekten, zu sehen. Die frühe Entwicklung der Handgeschicklichkeit erreicht im Alter von etwa 9–10 Monaten einen vorläufigen Höhepunkt: Die Säuglinge sind nun in der Lage, den Gebrauch von Daumen und Zeigefinger so zu koordinieren, dass sie einen kleinen Gegenstand zuverlässig zwischen den Kuppen von Daumen und Zeigefinger fassen und aufheben können (Butterworth et al., 1997; Connolly & Elliott, 1972).

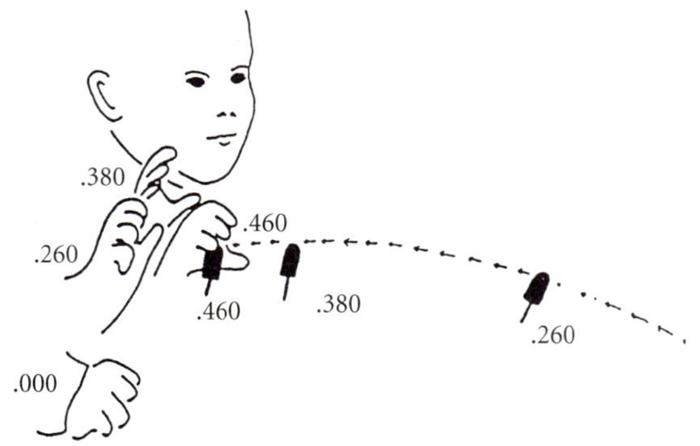

Abbildung 10.9. Ein Säugling greift nach einem Objekt, das sich mit einer Geschwindigkeit von 120 cm/s fortbewegt. Die Abbildung zeigt die Ausgangsposition der Hand sowie die Positionen von Hand und Objekt jeweils 260, 380 und 460 ms nach Bewegungsbeginn (von Hofsten, 1983)

5.2 Weitere Entwicklung der Auge-Hand-Koordination

Die Entwicklung der Auge-Hand-Koordination ist mit der Perfektionierung des Greifens keineswegs abgeschlossen. Der Umgang mit Werkzeugen, wie etwa dem Löffel beim Essen oder der Schere beim Ausschneiden einer Figur, das Balancieren von Gegenständen, das Werfen und Fangen von Bällen, das Malen und Schreiben – um nur einige wichtige Alltagsaktivitäten zu nennen – stellen besondere Anforderungen an die Fähigkeit zur Koordination von Auge und Hand. Diese Anforderungen sind komplex, d.h. aus verschiedenen Teilanforderungen zusammengesetzt, und in hohem Maße spezifisch für die jeweilige Tätigkeit.

Kopplung zwischen Wahrnehmung und Motorik. Der Erwerb neuer motorischer Fertigkeiten ist eng mit Aspekten der Wahrnehmung und Kognition verwoben. Die Kopplung zwischen Wahrnehmung und Motorik ist besonders eng, so dass man statt von motorischen besser von perzeptiv-motorischen Fertigkeiten spricht. Die kognitive Komponente beim Erwerb perzeptiv-motorischer Fertigkeiten betrifft zumindest zweierlei: zum einen den Lernprozess und zum anderen die erworbene Handlungskompetenz selbst. Beim Lernprozess kann die Fähigkeit zur Nachahmung eines Modells sowie die Fähigkeit der Umsetzung sprachlicher Anweisungen eine wichtige Rolle spielen; man denke etwa daran, wie man versucht, einem Kind das Schuhebinden beizubringen.

Aber selbst bei Tätigkeiten, bei denen verbal-kognitive Vermittlungsprozesse eine eher untergeordnete Rolle spielen, wie dem Ausschneiden einer Vorlage, sind stets auch Planungs- und Entscheidungsprozesse beteiligt, die sich als Funktion der wachsenden kognitiven Ressourcen weiter entwickeln. Von daher ist es kaum verwunderlich, dass sich die Leistungen in perzeptiv-motorischen Aufgaben im Laufe der Kindheit im Allgemeinen kontinuierlich verbessern. Die Verbesserungen betreffen

- die Geschwindigkeit der Vorbereitung und Ausführung von Zielbewegungen,
- die räumliche und zeitliche Genauigkeit und
- die Konsistenz (Zuverlässigkeit) der Bewegungsausführung (Keogh & Sugden, 1985).

Genaue Analyse qualitativer Veränderungen. Hinter den quantitativen Alterstrends hin zu schnelleren, genaueren und zuverlässigeren Bewegungen verbergen sich zum Teil qualitative Veränderungen hinsichtlich der Art der Bewegungssteuerung. Derartige Altersunterschiede treten allerdings oft nur zu Tage, wenn man die Art der Bewegungsausführung und/oder ihre Abhängigkeit von verschiedenen Aufgabenbedingungen genauer analysiert.

Eine Möglichkeit, genauere Aufschlüsse über den Prozess der Bewegungssteuerung zu erhalten, besteht darin, statt eines globalen Leistungsmaßes – wie der Reaktionszeit oder der Gesamtdauer einer Bewegungssequenz – spezifischere Maße zu erheben. Dies tat beispielsweise Connolly (1968) in einem Experiment, in dem er 6-, 8- und 10-jährigen Kindern die Aufgabe stellte, Stifte möglichst schnell von einer Reihe in eine andere umzustecken. Analysiert wurden jeweils die Zeiten für das Zugreifen, Transportieren, Loslassen und Zurückkehren. Es zeigte sich, dass die 6-Jährigen in allen Phasen deutlich langsamer waren als die älteren Kinder. Die 8-Jährigen waren insgesamt wiederum langsamer als die 10-Jährigen, doch galt dies nicht für die Transportphase: Hier gab es keinerlei Unterschiede zwischen diesen beiden Altersgruppen. Dieses Ergebnis bestätigt einerseits den globalen Alterstrend in Richtung immer kürzerer Bewegungszeiten; andererseits zeigt es aber auch, dass die Bewegungsaufgabe von den Kindern nicht nur unterschiedlich schnell, sondern auch auf unterschiedliche Art und Weise „strategisch“ gelöst wurde.

Weitere Hinweise auf qualitative Veränderungen der Art der Bewegungssteuerung ergeben sich aus sogenannten nicht-monotonen oder U-förmigen Entwicklungsverläufen. Es handelt sich hierbei um das Phänomen einer vorübergehenden Leistungseinbuße in einem bestimmten Altersbereich. Ein Beispiel für solch eine Ausnahme von der Regel kontinuierlicher Leistungsverbesserungen während der Kindheit liefert eine Untersuchung von Hay (1979), in der es um die räumliche Genauigkeit von Zielbewegungen ging. Hay ließ Kinder im Alter von fünf bis elf Jahren mit dem Finger auf visuell dargebotene Ziele zeigen. Die Kinder konnten jedoch weder ihre Hand noch ihren Arm, sondern lediglich das Ziel sehen; sie waren also darauf angewiesen, ihre Bewegungen vorzuprogrammieren oder die propriozeptiv (körperlich) wahrgenommene Position der Hand zur genauen Positionierung heranzuziehen. In allen Altersgruppen zeigte sich eine Tendenz, die Bewegung zu kurz auszuführen. Diese Tendenz war jedoch bei den Siebenjährigen deutlich am stärksten ausgeprägt; die Gruppe der Fünfjährigen schnitt in dieser Hinsicht ähnlich gut ab wie die Gruppe der Elfjährigen. Unabhängig von der Fehleranalyse fand Hay Hinweise darauf, dass sich die Art der Bewegungssteuerung im untersuchten Altersbereich qualitativ veränderte.

Kritische Periode? Eine entwicklungspsychologisch interessante, aber schwer zu beantwortende Frage lautet, ob es bei der Entwicklung perzeptiv-motorischer Fertigkeiten, oder speziell bei der Entwicklung der Auge-Hand-Koordination, so etwas wie bereichsübergreifende Stadien oder „kritische Perioden“ gibt. Wenn diese tatsächlich existieren und beispielsweise die von Hay (siehe auch Hay et al., 1991) berichtete U-förmige Entwicklungskurve den Übergang von einem Entwicklungsabschnitt zum nächsten repräsentiert, sollte man erwarten, dass sich zeitlich parallele Verläufe auch in anderen Aufgabenbereichen finden lassen. Empirische Hinweise in dieser Richtung scheinen tatsächlich vorzuliegen. Sie stammen aus den Bereichen der Handschrift (Meulenbroek & van Galen, 1988; Mounoud et al., 1992), des manuellen Verfolgens (Tracking) visuell vorgegebener Bewegungsbahnen (Mounoud et al., 1985), des Nachzeichnens von Kreisen und Ellipsen (Vinter & Mounoud, 1991; Viviani & Schneider, 1991) und des Anhebens unterschiedlich schwerer Gewichte (Mounoud, 1986). Diese Befunde können jedoch die Annahme, dass etwa im Alter von sieben Jahren ein bereichsübergreifender Entwicklungssprung auftritt, nicht hinreichend stützen. Dennoch ist nicht auszuschließen, dass das systematische Einüben des Schreibens in der Schule und/oder Fortschritte in der kognitiven Entwicklung in diesem Alter zu einer vorübergehenden Destabilisierung der Auge-Hand-Koordination führen.

Prädiktive Kontrolle. Dass die Auge-Hand-Koordination schon bei Säuglingen eine prädiktive Komponente besitzt, haben vor allem die Untersuchungen zum „Fangen" von Objekten deutlich gemacht (siehe 5.1). Wenn ältere Kinder einen ihnen zugeworfenen Ball zu fangen versuchen, sind die räumlich-zeitlichen Genauigkeitsanforderungen noch sehr viel höher als in den berichteten Säuglingsexperimenten. Neben dem Faktor der Massenträgheit muss bei der Extrapolation der Flugbahn eines geworfenen Balles auch der Einfluss der Schwerkraft berücksichtigt werden.

Da das explizite Wissen über Flugbahnen von Kindern unter neun bis zehn Jahren nur sehr begrenzt ist (Kim & Spelke, 1999; Krist, 1992, 2001; Krist et al., 1993), lassen sich aus der prädiktiven Kontrolle ihrer Bewegungen interessante Rückschlüsse auf ihr implizites, perzeptiv-motorisches Wissen ziehen. Besonders aufschlussreich ist in diesem Zusammenhang das Zielwerfen, weil es nach dem Abwurf des Balles keine Möglichkeit mehr gibt, dessen Flugbahn zu beeinflussen. Wie Krist et al. (1993) in einem Zielwurfexperiment zeigen konnten, kann gerade bei Kindern im Vorschulalter eine erstaunliche Diskrepanz zwischen ihrer prädiktiven Kontrolle bei der perzeptiv-motorischen Auseinandersetzung mit der physikalischen Umwelt und ihren vergleichsweise geringen Regelkenntnissen auf physikalischem Gebiet bestehen (s. „Unter der Lupe", S. 414).

In einem Folgeexperiment gelang Krist et al. (1993) der Nachweis, dass die erstaunliche Handlungskompetenz von Vorschulkindern unabhängig davon war, ob sie die Flugbahn und den Auftreffpunkt des Balles sehen konnten oder nicht. Demnach lässt sich die prädiktive Kontrolle beim Zielwerfen nicht auf kurzfristige Lernprozesse reduzieren. Sie scheint vielmehr auf perzeptiv-motorischem Wissen zu beruhen, das Kinder im alltäglichen Umgang mit bewegten Objekten erwerben. Diese Form des Wissens ist in hohem Maße aufgabenspezifisch (Bertenthal, 1996; Krist et al., 1996; von Hofsten, in press) und ganz offensichtlich von dem expliziten, verbalisierbaren Wissen getrennt (dissoziiert).

EXKURS

Dissoziationen zwischen perzeptiv-motorischer Kontrolle und hierauf basierenden Vorstellungsprozessen einerseits und der bewussten Wahrnehmung und Kognition andererseits sind keineswegs auf das Zielwerfen oder das Kindesalter beschränkt (Bridgeman et al., 1997; Jeannerod, 1997). Beispielsweise fanden Schwartz und Black (1999) bei Erwachsenen eine interessante Dissoziation eine recht profane Alltagstätigkeit betreffend: das Ausgießen von Flüssigkeiten aus unterschiedlichen Gefäßen. Ihre Versuchsteilnehmer konnten meist nicht korrekt angeben, ob man eines von zwei unterschiedlich breiten, aber gleich hohen und gleich hoch mit (imaginärem) Wasser gefüllten Gläsern weiter neigen kann als das andere, ohne Wasser zu verschütten. Wenn dieselben Personen hingegen aufgefordert wurden, jedes Glas soweit zu kippen, bis das (imaginäre) Wasser in ihrer Vorstellung den Glasrand erreicht hatte, produzierten sie korrekterweise beim schmaleren Glas den größeren Neigungswinkel als beim breiteren.

UNTER DER LUPE

Prädiktive Kontrolle beim Zielwerfen

Krist et al. (1993) stellten Kindergartenkindern (5- bis 6-Jährigen), Viertklässlern (10-Jährigen) und Erwachsenen eine einfache Zielwurfaufgabe, und zwar sowohl in einer Handlungs- als auch in einer Urteilsbedingung. In der Handlungsbedingung versuchten die Versuchspersonen, von einem horizontalen Brett aus mit einem Ball in einen Zielring zu treffen, der auf dem Boden lag (Abbildung 10.10). Gemessen wurde die jeweils produzierte Abwurfgeschwindigkeit. Sowohl die Höhe des Brettes als auch die Entfernung des Ziels wurden von Versuchsdurchgang zu Versuchsdurchgang variiert. In der Urteilsbedingung wurde in analoger Weise verfahren. Die Aufgabe der Versuchsperson bestand nun aber darin, die erforderlichen Geschwindigkeiten anhand einer Skala einzuschätzen.

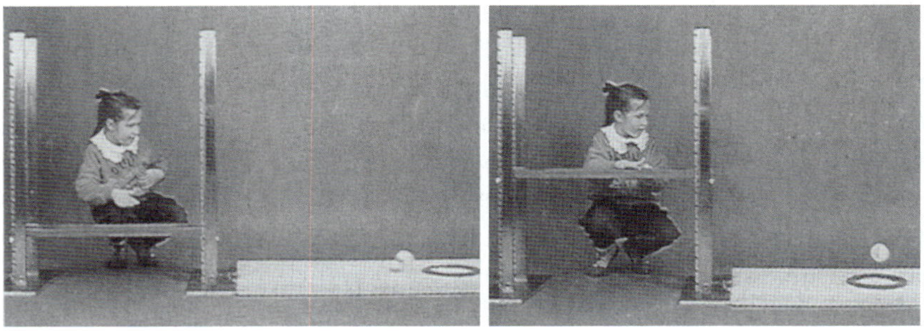

Abbildung 10.10. Versuchssituation (Handlungsbedingung) in einem Experiment zur Entwicklung des intuitiven Wissens über Flugbahnen (Krist et al., 1993). Ein Kind versucht, mit einem Ball in einen Ring zu treffen, wobei es Abwurfhöhe und Zielentfernung berücksichtigen muss (Mechsner, 1992)

Es ergaben sich insgesamt drastische Unterschiede zwischen der Urteils- und der Handlungsbedingung. Einen ausgeprägten Alterstrend gab es nur in der Urteilsbedingung. Hier berücksichtigten vor allem die jüngsten Kinder fast ausschließlich die Zielentfernung; selbst vielen älteren Kindern und auch einigen Erwachsenen gelang es nicht, die visuelle Information über die Abwurfhöhe mit derjenigen über die Zielentfernung in richtiger Weise miteinander zu verknüpfen. Qualitativ anders als in der Urteilsbedingung fielen die Ergebnisse in der Handlungsbedingung aus. Einen Alterstrend gab es in dieser Bedingung praktisch nicht. Schon die Kindergartenkinder stuften die produzierten Abwurfgeschwindigkeiten in hoher Übereinstimmung mit der physikalischen Gesetzmäßigkeit des horizontalen Wurfs ab. Sie berücksichtigten nicht nur die Zielentfernung richtig, sondern sie schubsten auch um so fester, je niedriger die Abwurfhöhe war.

6 Ganzheitliche und analytische Wahrnehmung

Im Unterschied zur perzeptiv-motorischen Kontrolle ist die „bewusste", auf das Erkennen von Objekten gerichtete Wahrnehmung nur sehr schwer, manchmal auch gar nicht von anderen kognitiven Prozessen zu trennen. Dies erklärt, warum das Forschungsinteresse an der Wahrnehmungsentwicklung nach dem ersten Lebensjahr fast abrupt abzufallen scheint. Vermeintliche Wahrnehmungstrends mussten bei einer genaueren Analyse oft uminterpretiert werden – in Richtung auf die starke Mitbeteiligung oder sogar alleinige Wirkung kognitiver Prozesse. Ein Beispiel hierfür wird im Folgenden gegeben: mit der noch in vielen Lehrbüchern zu findenden Behauptung, dass es bis zum Einschulungsalter einen Entwicklungstrend von einer ganzheitlichen zu einer analytischen Wahrnehmung gebe.

Postulierter Entwicklungstrend. Die wissenschaftliche Begründung des Postulats eines Entwicklungstrends von ganzheitlicher zu analytischer Wahrnehmung versuchten schon vor über einem halben Jahrhundert die Ganzheitspsychologen der Leipziger Schule (Krueger, 1926; Sander, 1932). Sie sprachen vom „ontogenetischen Primat" der ganzheitlichen Wahrnehmung, wonach „primitive Ganzqualitäten ... die uneingeschränkte Vorherrschaft gegenüber allen Einzelzügen" haben. Erst langsam entwickele sich die Fähigkeit, „mehrheitliche Ganze zu zergliedern, bestimmte Einzelheiten aus ihrem Verband herauszulösen" (Sander, 1933, zit. nach Sander & Volkelt, 1962, S. 183, 188). Ähnliche Aussagen zur kindlichen Wahrnehmung, wenn auch in differenzierter Form, finden sich in der Entwicklungstheorie von Heinz Werner (1926).

Die These über die ursprüngliche Ganzheitlichkeit erschien plausibel und klingt für manche immer noch sympathisch. Allerdings gab es nur schwache empirische Belege. Ende der siebziger Jahre wurde die alte These der Ganzheitspsychologen wieder aufgegriffen, in die Sprache der moderneren Wahrnehmungsforschung übersetzt und nun mit allgemein akzeptierten experimentellen Methoden untersucht. In diesem Umfeld entstand die sogenannte Separabilitätshypothese, die von Shepp (1978) aufgestellt und danach insbesondere von Debbie Kemler und Linda Smith intensiv bearbeitet und propagiert wurde (z.B. Kemler, 1983; Smith, 1989).

Separabilitätshypothese. Diese Hypothese gründet sich auf Garners (1974) allgemeinpsychologische Unterscheidung in separable und integrale Reize. Hierbei geht es um die Frage, ob Reize, die physikalisch durch mehrere Dimensionen definiert sind, in mindestens einem Stadium des Wahrnehmungsprozesses – bewusst oder unbewusst – in ihre dimensionalen Komponenten zerlegt, d.h. analytisch verarbeitet werden. Dies ist nach Garner zum Beispiel bei Farben nicht der Fall. Die drei enthaltenen physikalischen Dimensionen, nämlich Farbton, Helligkeit und Sättigung, können von Erwachsenen normalerweise nicht getrennt voneinander wahrgenommen werden. Daher spricht man hier von einem integralen Reiz. Separable Reize hingegen sind der häufigere Fall. Ein intensiv untersuchtes Beispiel sind Formen verschiedener Größen und Helligkeit. Erwachsene haben keine Schwierigkeiten, diese dimensionalen Merkmale isoliert voneinander (separabel) zu sehen.

Die Separabilitätshypothese besagt, dass Kinder bis zu etwa fünf bis sechs Jahren alle Reize, sowohl die separablen als auch die integralen, so wahrnehmen wie die Erwachsenen nur die integralen Reize: nämlich ganzheitlich (holistisch). Erst um das Einschulungsalter herum gelinge es Kindern, die mehrdimensionale Struktur der separablen Reize in ihre Komponenten zu zergliedern, also analytisch wahrzunehmen.

Restriktive Klassifikation. Als Instrument zur Diagnose einer analytischen oder holistischen Wahrnehmung erschien für die entwicklungspsychologische Forschung nur die von Garner konstruierte Aufgabe der so genannten restriktiven Klassifikation geeignet. Hierbei werden dem Kind drei einfache Reize vorgelegt, zum Beispiel drei

Kreise aus Papier. Zwei von ihnen sind identisch in der Größe, aber sehr verschieden in der Helligkeit: einer (A) erscheint fast schwarz, der zweite (B) fast weiß. Ein dritter Kreis (C) ist etwas größer als die beiden anderen und unterscheidet sich von ihnen auch in der Helligkeit – auf dieser Dimension jedoch nicht in gleichem Ausmaß. Er ist fast so dunkel wie der etwas kleinere A, aber viel dunkler als der ebenfalls etwas kleinere B. Nach diesem Schema werden dem Kind mehrere Dreier-Konfigurationen vorgelegt, und die entscheidende Frage ist jeweils: „Welche beiden passen am besten zusammen?"

Erwachsene und auch Kinder ab dem Schulalter gruppieren typischerweise die beiden Reize zusammen, die auf einer Dimension identisch sind, im obigen Beispiel die beiden gleich großen (A und B). Die jüngeren Kinder zeigen nach dieser Frage deutlich häufiger auf die Reize A und C – also auf das Paar, welches weder in der Größe noch in der Helligkeit einen identischen Wert hat, aber insgesamt (über beide Dimensionen hinweg) am ähnlichsten ist.

Die Schlussfolgerung war: Die Identitäten wurden nicht gesehen, weil die Kinder die Reize nicht in ihre dimensionalen Komponenten zergliedern können. Ihre Wahrnehmung ist nicht analytisch, sondern nach globaler Ähnlichkeit ausgerichtet – eben holistisch oder „ganzheitlich".

Kritische Betrachtung der Ergebnisse. Das Antwortverhalten der Kinder in solchen Aufgaben sagt wahrscheinlich weit weniger über ihre Wahrnehmung als über ihre kognitiven Entscheidungsstrategien aus. Jede der beiden Antworten (A und B, A und C) ist gleichermaßen sinnvoll. Es kommt darauf an, ob „Zusammenpassen" hinsichtlich Identität oder in Bezug auf Ähnlichkeit gemeint war. Dies ist in der Frage aber offen gelassen und muss von der Versuchsperson geschlussfolgert werden. Selbst eine perfekt analytisch wahrnehmende Person könnte sich dafür entscheiden, nach Gesamtähnlichkeit zu gruppieren. Dass Kinder erst ab etwa sechs Jahren im Zweifel nach Identität gehen, hängt vielleicht damit zusammen, dass dieses Kriterium in der Schule eine vergleichsweise große Bedeutung bekommt. Die im Rahmen der Separabilitätshypothese erhobenen Daten erlauben also keine Schlussfolgerungen über die Wahrnehmungsentwicklung im engeren Sinn.

Additive Verknüpfung von Dimensionen. Inzwischen häufen sich die Anzeichen dafür, dass Kinder in den besagten Aufgaben genauso analytisch wahrnehmen wie Erwachsene – vielleicht sogar mehr als diese (Cook & Odom, 1992; Thompson & Massaro, 1989; Thompson, 1994). Dies wurde nicht nur für optische, sondern auch für einfache haptische Reize gefunden (Berger & Hatwell, 1993; Schwarzer et al., 1999). Jüngere Kinder haben eine starke Tendenz, auf eine Dimension zu fokussieren oder, wenn sie mehrere Merkmale beachten, diese additiv zu verbinden (Wilkening & Anderson, 1991; Wilkening & Lange, 1989). Diese Verknüpfungsform entspricht nun aber genau der Regel, die seit Garners früherer Theorie als Kriterium für separable, analytische Wahrnehmung gilt.

Analytische Wahrnehmung komplexer Reize. Sogar so komplexe Reize wie Melodien scheinen von jüngeren Kindern analytisch wahrgenommen zu werden. Dies ist besonders interessant, weil Melodien wegen ihres Gestaltcharakters oft als Prototypen für besonders schwer, wenn überhaupt zu analysierende Reize genannt werden. In einer Serie von Experimenten fand Schwarzer (1993) klare Anzeichen dafür, dass bereits fünfjährige Kinder einzelne Melodiemerkmale wie Lautstärke, Rhythmus oder Klangfarbe als separate Größen wahrnehmen können – sie sozusagen aus dem Gesamtkomplex herausfiltern.

Für die Wahrnehmung anderer hochkomplexer und auch ökologisch relevanter Stimuli, wie Gesichter, konnte sogar ein zur traditionellen Annahme gegenläufiger Entwicklungstrend beobachtet werden. Die analytische Gesichtswahrnehmung jüngerer Kinder veränderte sich mit zunehmendem Alter zu einer holistischen Wahrnehmung (Schwarzer, 2000). Dabei wurde holistische Gesichtswahrnehmung definiert als gleichzeitiges Beachten mehrerer Gesichtsmerkmale (wie Kopfform, Augen, Mund und Nase). Genauere Analysen einer solchen holistischen Gesichtswahrnehmung belegten mit Hilfe mathematischer Modellierungen, dass sie letztlich auf der Analyse einzelner Gesichtsmerkmale aufbaut (Schwarzer & Massaro, 2001).

FAZIT

Neuere Arbeiten zeigen, dass bereits jüngere Kinder in der Lage sind, komplexe Reize in ihre Dimensionen zu zerlegen. Dies widerspricht dem postulierten Entwicklungstrend von einer ganzheitlichen zu einer analytischen Wahrnehmung. Dieser Befund deutet auf die mit dem Alter zunehmende Verwobenheit von Wahrnehmung und Kognition. Entwicklungsveränderungen in der „reinen" Wahrnehmung, wenn es sie geben sollte, werden damit immer schwerer nachweisbar je älter die Kinder werden.

Weiterführende Literatur

Bertenthal, B.I. & Clifton, R.K. (1998). Perception and action. In W. Damon (Series Ed.), D. Kuhn & R.S. Siegler (Vol. Eds.), Handbook of child psychology: Vol 2. Cognition, perception, and language (5th ed., pp. 51–102). New York: Wiley.

In diesem Handbuchartikel werden die wichtigsten Theorien, Methoden und Befunde der aktuellen Forschung zur Entwicklung der Psychomotorik kompetent und detailliert dargestellt. Der Artikel enthält eine Fülle wertvoller Literaturhinweise zum vertiefenden Studium.

Kellman, P.J. & Arterberry, M.E. (1998). The cradle of knowledge: Development of perception in infancy. Cambridge, MA: MIT Press.

In ihrem hervorragend geschriebenen und illustrierten Buch zur Wahrnehmungsentwicklung im Säuglingsalter geben Kellman und Arterberry einen umfassenden und aktuellen Überblick über die Wahrnehmungsentwicklung im Säuglingsalter und diskutieren frühe Wechselbeziehungen zwischen Wahrnehmung, Handlung und Kognition.

Kapitel 11
Die geistige Entwicklung aus der Sicht Jean Piagets

Leo Montada

Jean Piaget (1896–1980)

Philosophische Erkenntnistheorien machen Annahmen über psychologische Prozesse wie Wahrnehmen, Erinnern, Begriffsbildung, Urteilen und Schlussfolgern. Warum sollte man sich, fragte Piaget (1896–1980) Anfang der zwanziger Jahre des letzten Jahrhunderts, mit einer spekulativen oder intuitiven Psychologie begnügen, wenn Erkenntnisprozesse selbst zum Gegenstand erfahrungswissenschaftlicher Forschung gemacht werden können?

Mit der Analyse der geistigen Entwicklung hoffte er, Einblick in die Strukturen und das Funktionieren der Erkenntnis zu bekommen. Er hat diesem Ziel ein langes, reiches Forscherleben gewidmet, hat mit seinen Mitarbeiterinnen und Mitarbeitern in unzähligen, höchst einfallsreichen Studien Beobachtungen gesammelt und in vielen Büchern veröffentlicht, die in alle wichtigen Kultursprachen übersetzt wurden und die eine Flut von Forschung angeregt haben. Piaget ist in der Geschichte der kognitiven Entwicklungspsychologie eine monumentale Gestalt.

1 Vier Hauptstadien der geistigen Entwicklung

Piaget war zunächst von Denkfehlern der Kinder fasziniert, weil sie eine bestimmte Form oder Struktur des Denkens erkennen lassen. Auffällig und aufschlussreich waren für Piaget die Fehler und Irrtümer zwischen dem zweiten Lebensjahr und dem Schuleintritt. Die Kinder können sich bereits sprachlich äußern. Man kann aus ihren Fragen, ihren Urteilen, Deutungen und Erklärungen die Möglichkeiten und Grenzen ihrer Erkenntnis erschließen. Diese Periode nannte Piaget das Stadium des voroperatorischen, anschaulichen Denkens. Diesem Stadium geht eine Entwicklung von sensumotorischen Funktionen und Darstellungsfunktionen, zu welchen auch die Sprache zählt, voraus.

Das Stadium des voroperatorischen Denkens wird abgelöst durch das Stadium der konkreten Operationen, an das sich das Stadium der formalen Operationen anschließt, das Piaget als Endpunkt der geistigen Entwicklung ansah. Piaget sah die geistige Entwicklung als eine Aufeinanderfolge dieser Stadien, die jeweils durch spezifische Strukturen Denkens gekennzeichnet sind. Jedes höhere Stadium baut auf dem vorausgehenden auf. Die Weiterentwicklung wird angeregt, wenn das Kind der Unzulänglichkeiten und Widersprüchlichkeiten des Denkens auf dem tieferen Stadium gewahr wird. Diese Stadien werden zunächst kurz dargestellt.

1.1 Sensumotorische Entwicklung

Piaget wollte die höchsten menschlichen Erkenntnisleistungen durch die Analyse ihrer Genese mit ihren Anfängen verknüpfen. In der sensumotorischen Entwicklung während der ersten zwei Lebensjahre suchte er nach den Wurzeln des Denkens und der mentalen und begrifflichen Repräsentation der Gegebenheiten der Welt. Es gibt intelligente Leistungen, bevor Denken im Sinne des inneren Operierens mit Vorstellungen, Symbolen oder sprachlichen Zeichen möglich ist. Piaget beschrieb Marksteine der sensumotorischen Entwicklung in sechs Stufen (vgl. Kap. 5).

Sechs Stufen der sensumotorischen Entwicklung

1. Stufe: Übung angeborener Mechanismen. Schon bei der Geburt sind Säuglinge mit einer Anzahl funktionsbereiter Reflexe und Sinnesfunktionen ausgerüstet (z.B. Saugen, Greifen, Schlucken, Schauen, Hören). Sie können Dinge anschauen, neue Reize von bekannten unterscheiden, Geräuschen lauschen, sich zu- und abwenden usw. (vgl. Kap. 5). Üben führt zur Konsolidierung dieses Repertoires und zur Anpassung an die jeweiligen Gegebenheiten: Das Saugen an der Mutterbrust ist etwas anderes als das Saugen an der Flasche und am Daumen; das Saugen zur Nahrungsaufnahme ist zu unterscheiden vom spielerischen Saugen usw.

2. Stufe: Primäre Kreisreaktionen. Eine Handlung, die zu einem angenehmen oder interessanten Ergebnis geführt hat, wird wiederholt. Die ersten Gewohnheiten bilden sich aus. Ist es dem Säugling zufällig gelungen, eine Kinderrassel zu greifen und zu schütteln, so wird er das viele Male tun. Handlungsschemata wie Saugen, Greifen, einen Gegenstand Anblicken, werden auf immer mehr Gegenstände und Umweltbereiche angewandt. Dies nennt Piaget in Anlehnung an biologische Prozesse die generalisierende Assimilation, „Einverleibung“ von Objekten, Personen, Umweltgegebenheiten in die eigenen „Handlungsorgane oder -schemata“.

3. Stufe: Sekundäre Kreisreaktionen. Diese Stufe ist durch eine Differenzierung von Mittel und Zweck gekennzeichnet. Der Säugling entdeckt, dass eine bestimmte Handlungsweise immer wieder zum selben Ergebnis führt. Damit kann die Handlung als Mittel zu einem Zweck eingesetzt werden.

4. Stufe: Koordinierung der erworbenen Handlungsschemata und Anwendung auf neue Situationen. Typisch ist die Anwendung mehrerer Handlungsschemata auf den gleichen Gegenstand: Eine Rassel wird betrachtet, geschüttelt, geklopft, geworfen, in den Mund gesteckt usw. Das Kind verhält sich so, als wolle es ausprobieren, was mit einem Gegenstand gemacht werden kann. Dadurch differenzieren sich die Handlungsschemata weiter, sie werden den Gegenständen angepasst. Gleichzeitig werden verschiedene Schemata koordiniert: z.B. Greifen und Werfen (was ein Loslassen voraussetzt) oder Hinkrabbeln, Greifen, An-den-Mund-Führen und Beißen.

5. Stufe: Tertiäre Kreisreaktionen. Die Entdeckung neuer Handlungsschemata durch aktives Experimentieren. Das Kind findet durch die Koordination von Handlungsschemata zuweilen originelle Mittel, um Ziele zu erreichen. So mag es die Tischdecke heranziehen, um an ein außer seiner Reichweite liegendes Spielzeug zu gelangen. Es probiert systematisch verschiedene Möglichkeiten aus, einen Ball zu werfen: mit einer Hand, mit beiden Händen, aus geringer Höhe, aus großer Höhe usw.

6. Stufe: Übergang vom sensumotorischen Intelligenzakt zur Vorstellung. Spätestens in der Mitte des zweiten Lebensjahres kann ein Kind offenbar die Ergebnisse seiner Handlungen antizipieren. Die Sicherheit des Kindes, ein bestimmtes Ergebnis zu erreichen, drückt sich unter anderem mimisch aus. Dieses plötzliche Verstehen hat Karl Bühler treffend als „Aha-Erlebnis“ bezeichnet: Praktisches Probieren ist nicht mehr notwendig. Handlungen scheinen innerlich vollzogen zu werden. Diese Verinnerlichung von Handlungen charakterisiert den Übergang zum Denken.

Die sensumotorische Entwicklung des Menschen ist mit diesen von Piaget beschriebenen Etappen gewiss nicht abgeschlossen. Man denke nur an schwierige Bewegungsformen wie Fahrrad fahren oder an handwerkliche Tätigkeiten. Diese Entwicklung verläuft teils parallel, teils aber auch in Verschränkung mit dem Aufbau von Wissen. Piaget stellte nur die sensumotorische Vorbereitung der geistigen Auseinandersetzung mit der Welt dar, nur das „Erwachen der Intelligenz“ (Piaget, 1969a).

Entwicklung der Darstellungs- oder Symbolfunktion in der frühen Kindheit

Die sechste Stufe ist durch die innere Repräsentation von Handlungen und ihren Gegenständen gekennzeichnet. Dies ist eine neue Qualität. Piaget hat wichtige Etappen der Entwicklung der Repräsentations- oder Symbolfunktion beschrieben (Piaget, 1969b).

Objektpermanenz. Einen ersten Markstein sieht er im Erreichen der Objektpermanenz. Etwa zwischen dem sechsten und achten Lebensmonat begreifen Kinder, dass ein Gegenstand auch dann noch weiter existiert, wenn man ihn nicht mehr sieht. Zeigt man jüngeren Kindern ein interessantes Objekt, so schauen sie es an, greifen danach usw. Versteckt man dieses Objekt vor ihnen unter einem Kissen, scheint es für sie seine Existenz zu verlieren: „Aus den Augen, aus dem Sinn“. Erst zwischen dem sechsten und siebten Lebensmonat beginnen Kinder nach einem versteckten Gegenstand zu suchen, was nach Piaget anzeigt, dass sie nicht nur eine innere Repräsentation dieses Gegenstandes haben, sondern auch erwarten, dass dieser permanent existiert.

Nachahmungsverhalten. Eine Handlung kann nur dann nachgeahmt werden, wenn sie innerlich (mehr oder weniger korrekt) repräsentiert ist. Für Piaget ist insbesondere die zeitlich verzögerte Nachahmung ein Indiz für den Aufbau einer inneren Repräsentation des beobachteten Verhaltens. Viele Handlungen und Ereignisse, die das Kind beobachtet, sind zu komplex, als dass es sie innerlich repräsentieren könnte. Es kann sie dann auch nicht nachahmen bzw. nur in den Aspekten, die es erkennen kann. Dies ist später nicht anders: Ein dreijähriges Kind ist nicht in der Lage, einen schwierigen Satz nachzusprechen, wenn es dessen grammatische Struktur noch nicht aufgebaut hat (vgl. Kap. 15). Es kann diesen Satz nicht repräsentieren, also auch nicht reproduzieren.

Symbolhandlungen. Eine dritte Linie der sukzessiven Entwicklung einer Repräsentationsfunktion verfolgt Piaget in Aktivitäten, die eine symbolische Darstellung einer Handlung beinhalten. Schlüsselbeobachtungen an seinen Töchtern sind etwa folgende: „Mit 0;10 bis 0;11 brachte das Öffnen und Schließen meiner Augen keine Reaktionen bei L. hervor. Mit 0;11 aber, als ich die Augen schloss und öffnete, öffnete und schloss sie ihre Hand, langsam und systematisch. Dann, ebenfalls systematisch und langsam, öffnete und schloss sie den Mund (...). (Piaget, 1969b, S. 60f.; Piaget gibt immer das Lebensjahr und, durch Semikolon getrennt, den Monat der Beobachtung an.) Dies ist eine symbolische Darstellung des Öffnens und Schließens der Augen. Ein anderes Beispiel lieferte J., die das Öffnen und Schließen einer Streichholzschachtel beobachtet. Als sie will, dass die Streichholzschachtel sich wieder öffnet, öffnet und schließt sie stattdessen den Mund.

Bei manchen spielerischen Handlungen des ersten Lebensjahres lässt sich eine Darstellungsabsicht deutlich erkennen, z.B. wenn das Kind „Schlafen" spielt, am Tag ein Kissen nimmt und kurze Zeit den Kopf darauf legt, oder wenn es, statt zu essen, nur entsprechende Mundbewegungen macht.

Die Verinnerlichung taucht also nicht schlagartig auf der sechsten Stufe der sensumotorischen Entwicklung auf, wenn das Lösen von Problemen im Kopf und antizipatorische Lösungen möglich werden, sondern hat Vorläufer.

1.2 Voroperatorisches, anschauliches Denken

Wir werden die wichtigsten Merkmale des voroperatorischen Denkens jeweils anhand einiger Beispiele darstellen.

Unangemessene Generalisierungen: animistische und artifizialistische Naturerklärungen

Wir wählen exemplarisch einige Beobachtungen über die Genese des Weltbildes und der Kausalerklärungen, die in „Nachahmung, Spiel und Traum" (Piaget, 1969b) geschildert sind. „Animistische" Naturerklärungen deuten die Gegebenheiten der unbelebten Natur, als seien sie belebt; „artifizialistische" Erklärungen deuten die Natur, als wäre sie von Menschen geschaffen.

BEISPIEL

Mit 4;6 sagt J.: „Die Wolken gehen sehr langsam, weil sie keine Füße und Beine haben: Sie machen sich lang wie Würmer und die Raupen, daher gehen sie so langsam." (S. 317)
Noch mit 6;5 sagt sie, als die Tür des Hühnerstalles vom Wind zugeschlagen wird und sie vor Schreck aufschreit: „Er ist böse, der Wind, er macht uns Angst." „Aber nicht absichtlich?" „Doch absichtlich. Er ist böse, er hat gesagt, dass wir böse wären." „Aber weiß der Wind, was er tut?" „Er weiß, dass er bläst." (S. 317)
Mit 3;6 fragt J. ihre Großmutter, indem sie ihre Augen, ihre Nase usw. berührt: „Wie wird das gemacht, die Großmutter? Hast du dich selbst gemacht?" Danach: „Hat sie sich selbst gemacht? Wer hat sie gemacht?" Einige Tage später: „Wie haben sich die Babys gemacht?" Später: „Wie werden die Kinder gemacht?" (S. 311)
Mit 4;3: „Das sind kleine Steine, die Berge, die sehr groß geworden sind. Sie sind lange klein geblieben, dann sind sie sehr groß geworden, immer größer. Da war vielleicht einer, der einen kleinen Stein hier hin geworfen hat, und der ist dann zum Salève geworden." (S. 313f.)

Assimilation und Akkommodation. Beginnen wir mit dem letzten Beispiel: Das Kind verfügt über ein Konzept des Wachsens und erklärt damit die Entstehung der Berge. Piaget nennt solche Anwendungen von Konzepten Assimilationen: Aufnahme eines Gegenstandes in ein geistiges Schema. Erfährt das Kind später, dass seine Assimilation falsch war, differenziert sich seine Weltsicht in Lebendes, das wächst, und Unbelebtes, das sich nicht entwickelt. Die Anpassung der Schemata an die Wirklichkeit nennt Piaget Akkommodation.

Finalistische Erklärungen. Die Wolken werden als Lebewesen angesehen, ihre Bewegung wird an das Schema der Fortbewegung der Würmer assimiliert. Dem Wind wird Wille, Motiv oder Intention unterstellt. Er wird auch moralisch bewertet. Ähnlich werden Naturgegebenheiten aus ihrem Zweck wie menschliche Handlungen erklärt (finalistische Erklärungen): Steine sind da, damit Häuser gebaut werden können; Bäume sind da, damit sie uns Schatten spenden. Kinder dieses Alters verfügen über Konzepte der Herstellung, der Anfertigung, des Machens. An diese Konzepte assimiliert J., wenn sie fragt, wer die Großmutter oder wer die Babys gemacht hat.

Hier sei ein kritischer Einwand vorweggenommen: Irrige Assimilationen sind natürlich auch im späteren Leben möglich. Es handelt sich wohl eher um Wissensdefizite als um eine stadientypische Denkstruktur (vgl. Kap. 12). Wir versuchen während des ganzen Lebens, neuartige Phänomene an uns bekannte Schemata und Konzepte zu assimilieren, d.h. mit jenen Schemata oder Konzepten zu verstehen oder zu lösen, die uns geläufig sind. Offen bleibt die Frage, ob Kinder dieses Alters mehrere hypothetische Deutungen im Kopf haben und prüfen können. Aber auch dies könnte an ihrem begrenzten Wissen liegen (vgl. Kap. 12).

Der Egozentrismus des Kindes

Piaget nennt die artifizialistischen, animistischen und finalistischen Erklärungen des Kindes egozentrisch. Den Begriff Egozentrismus verwendet er vielfältig, z.B. auch zur Bezeichnung der Unfähigkeit, sich in die Rolle eines anderen hineinzuversetzen, den Blickwinkel eines anderen einzunehmen oder die eigene aktuelle Sichtweise (Wahrnehmung, Meinung, Wissen) als eine unter mehreren möglichen zu begreifen. Ein Kind dieses Alters habe noch keine Zweifel, ob der Gesprächspartner verstanden hat, was es sagt, es frage nicht nach. Es wisse nicht, dass andere die Dinge vielleicht nicht so verstehen und sehen, wie es selbst. Es sehe daher auch keine Veranlassung, seine Ansichten zu rechtfertigen und zu begründen.

Perspektiven- und Rollenübernahme. Dieser kommunikative Egozentrismus wird überwunden durch die Entwicklung von Kompetenzen zur Perspektiven- und Rollenübernahme (vgl. Kap. 12, Kap. 17). Das Kind wird zunehmend fähig, die Perspektive anderer zu erkennen und sich in seinem eigenen Handeln und Reden auf die Verständnismöglichkeiten des anderen einzustellen.

Eine klassische Demonstration egozentrischer Wahrnehmung ist Piagets „Drei-Berge-Versuch" (s.S. 423). Das Kind wisse – so Piagets Annahme – zunächst nicht, dass es unterschiedliche Ansichten eines Gegenstandes gibt. Empirisch belegt ist die Alternativhypothese, dass es das grundsätzlich schon weiß, aber die Ansicht aus anderer Perspektive als der aktuell eigenen nicht konstruieren kann und deshalb als „Lösung" die eigene anbietet (Aebli et al., 1968).
Es ist nicht erstaunlich, dass Kinder dieses Alters die Ansicht eines Betrachters in anderer Position nicht korrekt bestimmen können, das ist eine recht schwierige Rekonstruktionsaufgabe. Egozentrismus würde bedeuten, dass sie glaubten, ihre jeweilige Sichtweise sei die einzig mögliche Ansicht, nicht eine unter vielen. Mit einfacherem Material sind im Übrigen deutlich früher andere Perspektiven als die eigene rekonstruierbar (Kap. 12).

Die Überwindung des Egozentrismus in der Wahrnehmung und in sozialen Interaktionen wird nach Piaget möglich durch Erfahrung und Speicherung unterschiedlicher Ansichten sowie durch sozialen Austausch, durch Widerspruch und Konflikt der „Ansichten". Auch Erwachsene müssen egozentrische Sichtweisen – insbesondere werthaltige Überzeugungen (z.B. Vorurteile) – ständig neu überwinden.

Beschränkung des Urteilsfeldes, Zentrierung auf einen Aspekt

Für Piaget sind Zentrierungen der Aufmerksamkeit auf ein Merkmal dieses Gegenstandes und

Der Drei-Berge-Versuch

Legen Sie vierjährigen Kindern ein dreidimensionales Modell mit drei Bergen vor (Abb. 11.1), die sich deutlich unterscheiden. Setzen Sie jedes Kind vor das Modell in Position 1 und lassen Sie es die Ansicht bestimmen, die es von den drei Bergen hat. Es wird vermutlich aus mehreren Zeichnungen oder Fotografien diejenige auswählen, die seiner Sicht entspricht. Nun fragen Sie die Kinder, wie die Berge aus der Sicht eines Betrachters aussehen, der in Position 2 oder in Position 3 sitzt. Die Mehrzahl der Kinder wird die eigene Ansicht der drei Berge auswählen. Daraufhin führen Sie die Kinder in die Position 2 bzw. Position 3 und lassen Sie sie von hier aus die Berge betrachten und die jeweilige Ansicht auswählen; eine Aufgabe, die wiederum geleistet wird. Schließlich führen Sie die Kinder wieder in Position 1 und lassen Sie sie erneut diejenige Ansicht auswählen, die ein Betrachter aus der Position 2 oder 3 hat, die sie gerade vorher selbst auch bestimmt haben. Die meisten werden als Lösung wiederum die aktuelle eigene Ansicht aus Position 1 anbieten.

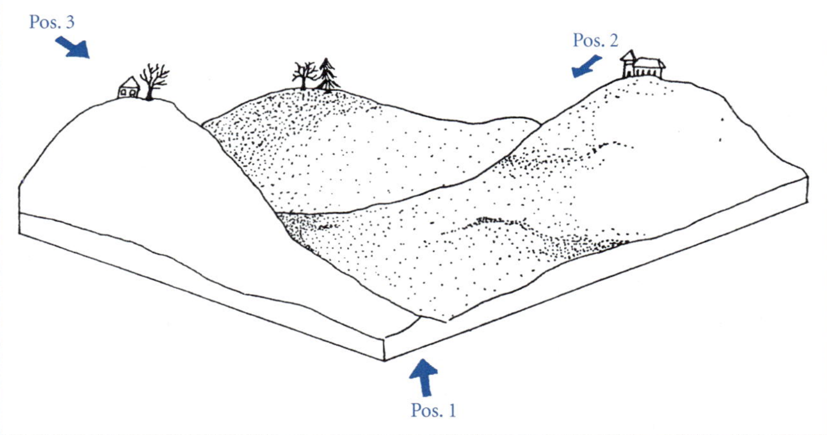

Abbildung 11.1. Drei-Berge-Versuch

das Außer-Acht-Lassen anderer charakteristisch für voroperatorisches Denken, z.B. beobachtbar in der Entwicklung der physikalischen Mengenbegriffe. Das Umschütten einer Flüssigkeit von einem Gefäß in ein anders geformtes Gefäß bedeutet dann eine Veränderung der Menge, weil die Flüssigkeitssäule nicht mehr gleich aussieht. Das Kind kann die veränderten Dimensionen Höhe und Umfang nicht gleichzeitig „ins Auge fassen" und in einem Urteil integrieren.

Versuch zur Mengeninvarianz

Füllen Sie zwei gleiche Gefäße A und B mit der gleichen Menge einer farbigen Flüssigkeit. Lassen Sie vier- bis fünfjährige Kinder feststellen, dass in A und B gleich viel „Saft" ist. Sie gießen nun den Inhalt von B in ein schmaleres Gefäß B′ (vgl. Abb. 11.2, S. 424) und fragen das Kind, ob B′ mehr, weniger oder gleich viel Saft enthalte wie A.

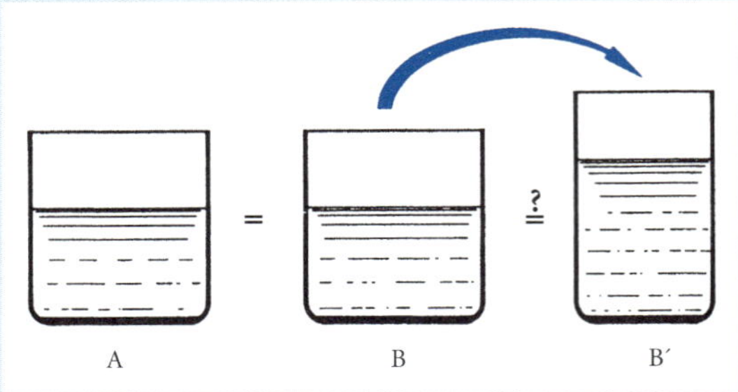

Abbildung II.2. Versuch zur Prüfung der Einsicht in die Invarianz der Menge bei Operationen des Umfüllens

Die meisten Kinder werden sagen, es sei nicht gleich viel. Viele werden sagen, es sei mehr Saft in B′, weil das Niveau hier höher ist. Manche werden sagen, es sei weniger, weil das Gefäß schmaler ist. Die Flüssigkeitsmenge wird also nicht als invariant bei Formveränderung gesehen.

Auch Anzahl, Gewicht und Volumen werden lange Zeit als veränderlich durch Form- und Anordnungsveränderungen betrachtet. Ähnliche Phänomene der Zentrierung auf einen Aspekt haben wir auch z.B. bei den Begriffen Zeitdauer und Alter, die in frühen Jahren mit zurückgelegten Strecken und Größe repräsentiert werden.

Versuch zum Konzept der Zeitdauer

Nehmen Sie zwei Spielzeugautos A und B, markieren Sie eine Startlinie und vereinbaren Sie mit vierjährigen Kindern, sie mögen sowohl das Startzeichen („Los") als auch das Signal zum Halten („Stopp") geben. Auf „Los" starten Sie beide Autos gleichzeitig, auf „Stopp" halten Sie diese gleichzeitig an. Sie lassen A aber schneller, also in der gleichen Zeit weiter fahren. Sie fragen nun die Kinder, ob beide Autos eine gleich lange Zeit unterwegs gewesen sind oder nicht. Viele werden antworten, dass A länger unterwegs gewesen sei, weil A weiter gefahren sei (Piaget, 1946).

Auch bei Kategorisierungen findet sich das Phänomen der Zentrierung auf einzelne Aspekte.

Versuch zu Kategorisierungsleistungen

Nehmen Sie eine größere Menge unterschiedlicher Objekte, die sich z.B. hinsichtlich Form, Farbe, Material, Funktion und Größe unterscheiden. Wählen Sie nun einen Gegenstand (z.B. einen roten Ball) und bitten Sie vierjährige Kinder, andere Gegenstände auszuwählen, die zu diesem Gegenstand „passen".
Sie werden u.a. Folgendes beobachten können. Ein Kind wählt beispielsweise zunächst einen gelben Ball aus („Weil es auch ein Ball ist."), danach ein grünes Spielzeugauto („Weil man damit auch spielen kann."), danach einen grünen Baustein („Weil der auch grün ist."), danach einen Autoanhänger („Weil man den an das Auto anhängen kann.") usw. (Piaget & Inhelder, 1973). Sie werden also eine zufällig anmutende Beachtung unterschiedlicher Einzelaspekte ohne „Gesamtkonzeption" beobachten. Piaget spricht von Kategorisierungen „de proche en proche".

Zentrierung auf Zustände

Die geschilderten Versuche zur Mengeninvarianz bei Anordnungsveränderungen und zur Zeitdauer weisen ein weiteres Merkmal des voroperatorischen Denkens auf: Das Kind betrachtet einen Zustand nicht als Ergebnis einer Transformation, sondern beurteilt nur den jeweiligen Zustand. Das Umschütten einer Flüssigkeit von einem Gefäß in ein anderes scheint keine Relevanz für das Mengenurteil zu haben, nur der neue Zustand wird beurteilt. Damit fehlt eine unverzichtbare Voraussetzung für ein richtiges Urteil. Auch im Versuch zur Beurteilung der Zeitdauer eines Ablaufes begegnen wir diesem Phänomen. Nur der aktuelle Zustand (die unterschiedlichen Streckenendpunkte der beiden Autos) bildet die Basis für das Urteil. Wie es dazu gekommen ist, bleibt unberücksichtigt.

Eingeschränkte Beweglichkeit

Piaget erklärt diese Zentrierungen mit der fehlenden Beweglichkeit des kindlichen Denkens. Wenn ein Kind beim Umschütten spontan nur auf die Höhe in Glas B achtet (vgl. Abb. 11.2) und auf den geringeren Umfang von Glas B aufmerksam gemacht wird, verliert es die größere Höhe aus dem „Sinn". Es ist, als ob der Arbeitsspeicher des Kindes eine zu geringe Kapazität habe, um „beweglicheres" Denken zu erlauben.

Versuch zur Ergänzung einer zweidimensionalen Matrix

Konstruieren Sie eine Matrix mit zwei dreiwertigen Dimensionen Form und Farbe (vgl. Abb. 11.3) und lassen Sie ein Feld frei. Erläutern Sie etwa fünfjährigen Kindern den Aufbau der Matrix. Lassen Sie jedes Kind herausfinden, dass in den Spalten die Formen übereinstimmen und in den Reihen die Farben. Lassen Sie die Kinder dies selbst entdecken und formulieren.

Nun legen Sie Ihren kleinen Probanden eine Anzahl von Karten vor und bitten sie, die für das freie Feld passende auszuwählen. Sie werden feststellen, dass vier- bis fünfjährige Kinder meist nur zufällig die richtige Ergänzung wählen; sie beachten nur eine Dimension, entweder die Farbe oder die Form. Die geforderte gleichzeitige Beachtung zweier Dimensionen, die logische Multiplikation im Sinne der Konjunktion von Farbe und Form, wird noch nicht geleistet (Piaget & Inhelder, 1973).

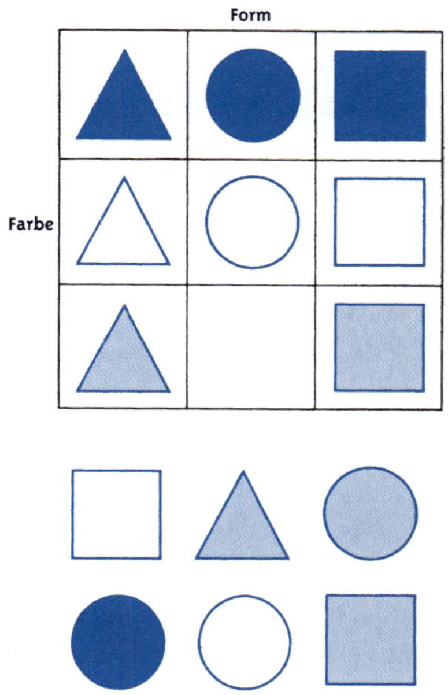

Abbildung 11.3. Matrix Form × Farbe

Fehlendes Gleichgewicht und fehlende Reversibilität

Das Denken des Kindes auf dem voroperatorischen Stadium führt ständig zu Widersprüchen oder – wie Piaget sagt – in ein Ungleichgewicht. Die Widersprüche mögen dem Kind nicht bewusst sein; es mag gar nicht bemerken, dass es sich in verschiedenen Aussagen widerspricht. Beweglichkeit und Dezentrierungen im Sinne einer Erweiterung des Urteilsfeldes sind notwendig, damit die Widersprüche überhaupt erkannt werden. Die bewusst werdenden Widersprüche führen aber nach Piaget schließlich zu einer Reorganisation der voroperatorischen Schemata.

Wir wollen ein Beispiel genauer analysieren, das diese Widersprüchlichkeiten des anschaulichen Denkens besonders prägnant verdeutlicht: das Problem der Klasseninklusion oder des Eingeschlossenseins der Unterklasse in der Oberklasse.

Versuch zur Prüfung der Einsicht in die Klasseninklusion

Sie legen einem fünfjährigen Kind Bilder vor: Bilder von Erwachsenen und Bilder von Kindern, davon drei Jungen und fünf Mädchen (Abb. 11.4). Jetzt entspinnt sich etwa folgendes Frage- und Antwortspiel: „Zeige mir die Erwachsenen." „Zeige mir die Kinder." „Zeige mir die Jungen, zeige mir die Mädchen." Alles wird richtig gezeigt. Das Kind kennt also die Begriffe. Nun stellen Sie die entscheidende Frage: „Gibt es mehr Mädchen oder gibt es mehr Kinder?" „Mehr Mädchen." „Sind es wirklich mehr Mädchen?" „Ja, weil es weniger Jungen sind."
„Aber ich habe nicht gefragt, ob es mehr Mädchen oder mehr Jungen gibt, ich habe gefragt: ‚Gibt es mehr Mädchen oder mehr Kinder'? Zeig mir mal wieder die Erwachsenen, nun die Kinder, nun die Jungen und nun die Mädchen!" Alles wird wieder korrekt gezeigt. Also stellen wir nochmals die Frage: „Gib Acht! Gibt es mehr Mädchen oder gibt es mehr Kinder?" Vielleicht ist die Antwort nun: „Es gibt mehr Mädchen, weil es weniger Kinder gibt." Mit Kinder meint es aber nun die Jungen. Das Wort „Kinder" hat also nicht seine normale Bedeutung.

Abbildung 11.4. Material zur Prüfung der Einsicht in die Klasseninklusion

Worin liegen die Schwierigkeiten für das Kind? Es hat noch kein System der Klassenverschachtelung aufgebaut, das es ihm erlaubte, die Inklusionsbeziehung von Unter- und Oberklasse zu erfassen. Es ist in der Lage, „Kinder" zu unterscheiden in „Jungen" und „Mädchen". Hat das Kind diese Differenzierung aber vollzogen, ist es aktuell nicht in der Lage, sie geistig wieder rückgängig zu machen und sogleich die Mädchen wieder in die Klasse der Kinder zu subsumieren. Wenn gleichzeitig nach „Mädchen" und „Kindern" gefragt ist, steht die Unterklasse „Mädchen" für die Bildung der Oberklasse „Kinder" nicht mehr zur Verfügung.

Unidirektionales Denken. Das Denken ist unidirektional. Die Differenzierung der Oberklasse gelingt schon, sie ist aber noch nicht reversibel, d.h. der gleichzeitige Vollzug der Differenzierung der Oberklasse und deren Rückgängigmachung gelingt nicht. Die Unterklasse „Mädchen" ist, einmal gebildet, sozusagen fixiert und kann für den verlangten Vergleich nicht mehr in die Oberklasse integriert werden.

Informationsintegration auf voroperatorischem Niveau

Für ein richtiges Urteil über mehrdimensionale Sachverhalte sind verschiedene Informationen aufzunehmen und zu integrieren. Piagets Erklärung voroperatorischer Fehler durch Zentrierung wurde aber in Frage gestellt. Untersuchungen ergaben, dass eine Integration von Informationen bereits im Vorschulalter zu belegen ist. Sie basieren auf Andersons Theorie der Informationsintegration (Anderson, 1981; Wilkening, 1980). Die Integration erfolgt nach dieser Theorie analog einfacher mathematischer Operationen: Addition, Subtraktion, Multiplikation, Division. Anderson, Wilkening und andere liefern Hinweise, dass Kinder im Vorschulalter additiv integrieren, während

Kinder im Grundschulalter je nach Problem früher oder später auch multiplikativ integrieren. Diese Operationen sind nicht bewusst gewählt, aber mit geeigneten Methoden aus den Lösungsversuchen zu erschließen. Piagets Methode hat diese Entdeckung nicht erlaubt.

Piaget verlangte von seinen Probanden in vielen Versuchen einzelne Paarvergleiche. Wenn man nach dem Umschütten einer Flüssigkeit von einem breiteren Glas in ein schmaleres Glas fragt, ob noch gleich viel Wasser oder mehr oder weniger enthalten ist (vgl. Abb. 11.2, S. 424), und die Antwort lautet „mehr", dann ist nicht zu entscheiden, ob das Kind wirklich nur eine Dimension (Höhe) beachtet hat oder ob es zwei oder mehrere Dimensionen zwar beachtet hat, aber mit verschiedener Gewichtung.

Funktionales Messen. Anderson hat daher Methoden des funktionalen Messens vorgeschlagen. Hier wird vom Kind nicht der Paarvergleich zweier Objekte verlangt, sondern ein Urteil über jedes Objekt einzeln auf einem Maßstab, den man ihm verständlich gemacht hat. Ein häufig benutztes Beispiel betrifft die Schätzung des Flächeninhaltes von Rechtecken („Schokoladentafeln"). Man zeigt Kindern, dass Tafeln aus Rippen und diese aus noch kleineren Rechtecken („Häuschen") zusammengesetzt sind, die man in einer Reihe aneinanderlegen kann, so dass sie eine Strecke ergeben. Kleine Tafeln ergeben eine kleine Strecke, große Tafeln eine größere. Wird dieses verstanden, kann man den Flächeninhalt verschiedener Rechtecke einzeln auf dieser Streckenskala beurteilen lassen. Mit solchen Methoden des Messens ist es möglich zu unterscheiden, ob Kinder, die auf eine Dimension „zentrieren", die zweite ganz vernachlässigen oder nur geringer gewichten.

Diese interessante Forschungslinie kann hier nicht im Detail dargestellt werden. Verwiesen sei auf die angegebene Literatur und die frühere Auflage dieses Lehrbuchs (Montada, 1995).

1.3 Das Stadium der konkret-operatorischen Strukturen

Die Strukturen oder Operationssysteme des konkret-operatorischen Stadiums, dessen Beginn Piaget zwischen dem fünften und sechsten Lebensjahr sieht, ermöglichen die Bewältigung jener Schwierigkeiten, die wir im vorausgehenden Abschnitt kennen gelernt haben. Diese Operationssysteme stellen einen wichtigen Teil der geistigen Werkzeuge des Menschen dar. Sie werden später, im formal-operatorischen Stadium, nicht ersetzt, sondern ergänzt durch einige noch komplexere Systeme.

Gruppierungen. Piaget bedient sich einer abstrakten, logisch-mathematischen Darstellungsweise, um die Operationen in diesen Systemen zu beschreiben. Er nennt sie in Anlehnung an den mathematischen Begriff der Gruppe „Gruppierungen". Die Gruppierung der additiven Komposition der Klassen wird exemplarisch genauer dargestellt (Piaget & Inhelder, 1973). Die Gruppierungen der Seriation asymmetrischer Relationen sowie der Multiplikation von Klassen und Relationen und die Gruppe der ganzen Zahlen werden nur kurz skizziert.

Additive Komposition von Klassen: Klassenhierarchie

Die Gruppierung der „additiven Komposition von Klassen" ist wie folgt definiert:

(1) Eine gegebene Menge M enthält die Klassen A, A′, B, B′, C, C′ ... als Elemente.
Beispiel: M seien Tiere, A seien Schäferhunde, A′ seien andere Haushunde, B seien Haushunde, B′ seien andere Hundetiere, C seien Hundetiere, C′ seien andere Raubtiere ... (vgl. Abb. 11.5).

(2) Die Ordnungsrelation ist die Klasseninklusion: A und A′ sind enthalten in B, B und B′ in C, ...

(3) Die Operationen der Addition (+) und der Subtraktion (–) entsprechen der Vereinigung der Klassen ($A + A' = B$) und der Klassendif-

Kapitel 11 Jean Piaget

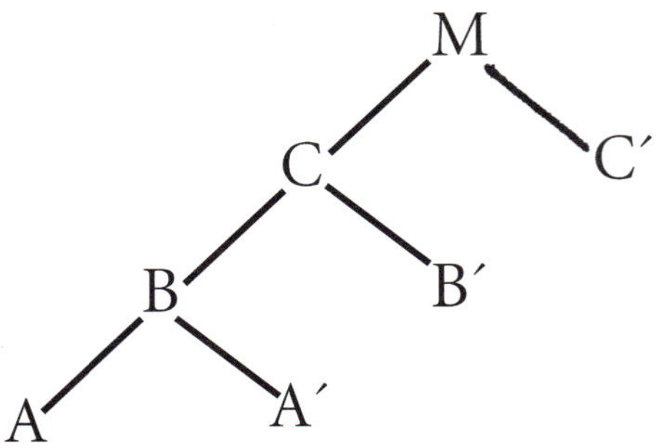

Abbildung 11.5. Klassenhierarchie

ferenz ($B - A' = A$). Sie besitzen folgende Eigenschaften:

- Direkte Operationen ($A + A' = B$; $B + B' = C$ ...) können durch inverse Operationen ($C - B' = B$; $B - A' = A$) rückgängig gemacht werden.
- Die Addition von Unterklassen und der dazugehörigen Oberklasse fügt der Oberklasse nichts hinzu (Resorption): $A + B = B$.
- Es gibt ein Nullelement 0 (leere Klasse), dessen Addition oder Subtraktion nichts ändert: $A - 0 = A$; $A + 0 = A$.
- Für die Verknüpfung der Elemente im System gilt Assoziativität: $(A + A') + B' = A + (A' + B') = C$.
- Die Addition eines Elementes mit dem gleichen Element ändert nichts (Tautologie): $A + A = A$.

Was leistet die Gruppierung der additiven Klassenkomposition?

Inklusionsprobleme der oben genannten Art werden lösbar. Die Herauslösung einer Unterklasse (Mädchen) stört nun nicht mehr die geistige Erfassung der Oberklasse (Kinder). Unterklasse und Oberklasse sind in einem Gesamtsystem repräsentiert; ihre Beziehung wird erkannt und kann ausgedrückt werden.

Eine systematische, vollständige Kategorisierung von Material- oder Begriffsmengen ist möglich bis zu einem Punkt, an dem eine Integration nicht mehr gelingt. Dann wird dies aber nicht vertuscht, sondern offen zugegeben. Ein Ausweichen auf eine Zuordnung „de proche en proche", also einzelner Elemente zu einzelnen anderen Elementen, wird nicht mehr als Lösung angesehen. Ist die Aufgabe, Oberbegriffe für die Begriffe Banane, Pfirsich, Kartoffel, Fleisch, Milch, Wasser zu finden, wird aktuell ein Klassifikationssystem konstruiert, z.B.:

Banane, Pfirsich: **Obst**
Banane, Pfirsich, Kartoffel: **Früchte**
Banane, Pfirsich, Kartoffel, Fleisch: **feste Nahrung**
Banane, Pfirsich, Kartoffel, Fleisch, Milch: **Nahrung**
Banane, Pfirsich, Kartoffel, Fleisch, Milch, Wasser: **Lebensmittel**

In jedem Begriffe-Ratespiel benötigen wir umfassende Klassifikationssysteme, damit wir die Lösungsalternativen sukzessiv einschränken können.

Begriffsdefinitionen erfolgen durch „Realdefinition" (Nennung des Oberbegriffs und der spezifischen Differenz, also des differenzierenden Merkmals), während jüngere Kinder sich häufig mit der Nennung eines Merkmals begnügen. Auf die Frage: „Was ist ein Hund?" folgen Antworten wie „Ein Tier.", „Ein Säugetier.", „Ein Haustier.", während die typischen Antworten jüngerer Kinder „Ein Dackel.", „Er bellt." oder „Er kann beißen." lauten.

Die Existenz einer systematischen Klassifikation und Ordnung von Begriffen erkennen wir sprachlich an der korrekten Verwendung des bestimmten und unbestimmten Artikels sowie der Quantifikatoren „einige" und „alle". Wir sagen nicht: „Ein Tier ist ein Hund." Wir können sagen: „Ein Hund ist ein Tier." Wir können nicht sagen: „Die Schnecke ist das Tier.", wohl aber: „Die Schnecke ist ein Tier." Wir können nicht sagen: „Einige Katzen sind die (alle) Tiere.", wohl aber: „Einige Tiere sind Katzen." Artikel und Quantifikatoren werden Mittel der sprachlichen Darstellung von Klassifikationssystemen und der Darstellungen logischer Schlüsse.

Die Lösung logischer Probleme, die auf einer Inklusionsbeziehung beruhen, wird möglich, also z.B. der Syllogismus mit Prämissen wie „Alle Menschen sind sterblich." „Sokrates ist ein Mensch." und dem Schluss „Also ist Sokrates sterblich."

Es können singuläre Klassen erkannt werden. Eine Menge verschiedenfarbiger Formen (Quadrate, Vierecke, Kreise usw.) kann auch so klassifiziert werden, dass ein singuläres Element (z.B. ein schwarzer Kreis) übrig bleibt. Dieses wird aber nun als Klasse verstanden, so dass eventuell das singuläre Element auch im Plural (also „die schwarzen Kreise") benannt wird.

Verständnis von Komplementärklassen: A und Nicht-A (A′) sind in B enthalten, A′ muss aber nicht aufgeschlüsselt und differenziert werden, sondern kann global als „der Rest", „die anderen" (gemeint ist: die anderen in B) zusammengefasst werden.

Das Klassifikationskriterium kann rasch gewechselt und ein neues Klassifikationssystem nach einem neuen Kriterium aufgebaut werden. Es wird erkennbar, dass die Klassifikation ein Grundmuster der Ordnung darstellt, das inhaltlich in verschiedener Weise realisiert werden kann.

Reihenbildung nach einer Dimension

Als weiteres System der konkret-operatorischen Gruppierungen greifen wir die Ordnung nach einer Dimension (Länge, Gewicht, Helligkeit usw.), die sog. Seriation asymmetrischer Relationen, heraus, exemplarisch das Ordnen unterschiedlich langer Stäbe (Piaget & Inhelder, 1973). In einer frühen Phase greifen Kinder aus der Gesamtmenge häufig einzelne Paare heraus und ordnen die Paarlinge in der Relation groß – klein, ohne eine Gesamtreihung zu erstellen. Dies wird später auf Dreier- oder Vierergruppen erweitert. Das Kind mag auch eine Ordnung im Sinne einer Treppenbildung versuchen, wobei die Gesamtlänge der Stäbe aber unbeachtet bleibt: Die Basis wird vernachlässigt (Abb. 11.6).

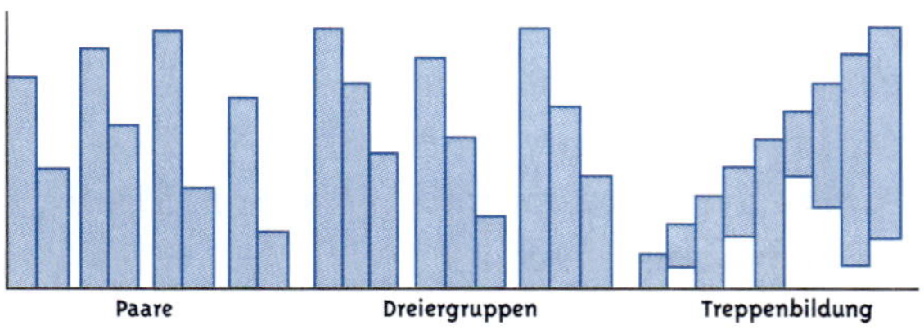

Abbildung 11.6. Fälle unvollständiger Reihenbildung

Später gelingt durch Probieren eine korrekte Reihung, die aber noch nicht im eigentlichen Sinne als operatorische Systembildung angesehen werden kann, da die Einordnung eines neuen Elementes immer noch Schwierigkeiten bereitet (vgl. Abb. 11.7): Das Kind vergleicht nur in einer Richtung, sein Denken bleibt unidirektional, ist nicht reversibel. Als Indiz für den Aufbau einer operatorischen Gruppierung sieht Piaget den mühelosen Vergleich eines Elementes nach beiden Richtungen.

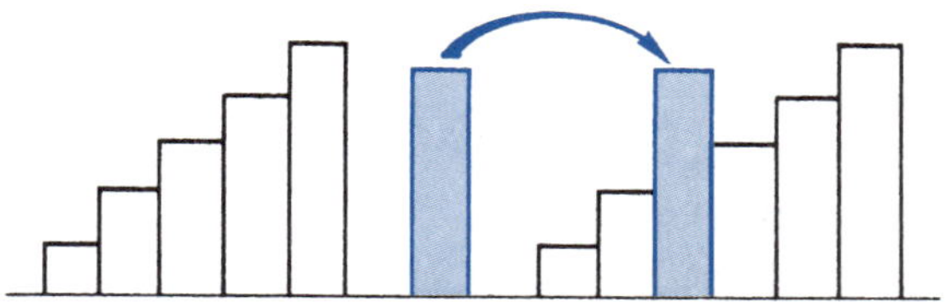

Abbildung 11.7. Fehler bei der Einordnung eines Elementes in eine bestehende Reihe

Sprachliche Reihenbildung. Sinclair (1967) fand auch in den sprachlichen Beschreibungen der Kinder Belege für eine Entwicklung im oben beschriebenen Sinne. Die Kinder wählen zunächst die Kategorien groß und klein, nicht den Komparativ, um Längen vergleichend zu beschreiben. Später geben Kinder Beschreibungen wie klein, mittel, groß; oder ganz klein, ein bisschen groß, mittelgroß usw. Auf der nächsten Stufe fand Sinclair vergleichende Beschreibungen in einer Richtung: am kleinsten, größer, noch größer, am größten. Verlangt man aber vom Kind die Beschreibung in der Gegenrichtung, so ist es unsicher, weil das vorletzte Stäbchen, das eben noch als größer beschrieben wurde, durch die Veränderung des Bezugspunktes als kleiner angegeben werden muss. Erst danach wird die vergleichende Beschreibung in beiden Richtungen geläufig, was anzeigt, dass das operatorische System aufgebaut ist.

Neben dem Ordnen von Materialien einer Dimension ist der Aufbau dieser operatorischen Struktur der Reihenbildung Voraussetzung für Schlussfolgerungen (Anna ist älter als Karin, Ulrike ist jünger als Karin: Ist Ulrike jünger oder älter als Anna?) und für Zuordnungen aufgrund einer bestimmten Ordnungsrelation, z.B. von Pflichten und Rechten aufgrund des Alters, von Belohnungen aufgrund der Leistung, von Strafen aufgrund des Schadensmaßes.

Multiplikation von Klassen und asymmetrischen Beziehungen

Die Multiplikation von Klassen wurde in Abb. 11.4 beispielhaft dargestellt, die Multiplikation der Seriation erlaubt z.B. eine Ordnung von Blättern nach zunehmender Größe (1. Dimension) und gleichzeitig nach zunehmender Helligkeit (2. Dimension).

Der Zahlbegriff

Der Zahlbegriff setzt die Invarianz einer Menge (der Anzahl) bei Veränderung der Anordnung voraus. Mit einer Anordnung wie in Abb. 11.8 kann das geprüft werden.

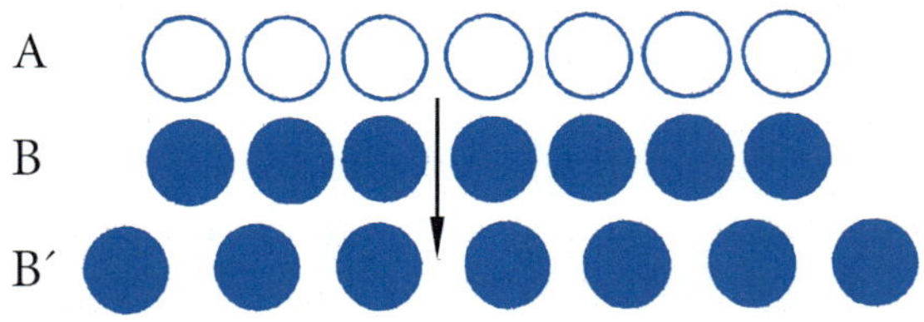

Abbildung 11.8. Prüfanordnung zur Erfassung der Einsicht in die Konstanz der Anzahl

Ein Verschieben der Reihe B zu B′ führt bei jüngeren Kindern zur Behauptung, dass die Reihe B′ mehr Elemente enthalte, weil sie länger ist, oder weniger, weil die Lücken größer sind (Piaget & Szeminska, 1965).

Hierbei ist zu beachten, dass die „assoziative" Beherrschung (also das Aufsagenkönnen der Zahlenreihe) dem Kind dieses Stadiums noch keine für die Einsicht in die Invarianz der Menge bei Anordnungsveränderungen nützliche Information vermittelt. Man kann ein fünfjähriges Kind auffordern, die Reihe A zu zählen, und es wird die Elemente von eins bis sieben zählen, danach wird es in der Reihe B′ ebenfalls sieben Elemente zählen. Dies führt aber nicht zur Einsicht in die mengenmäßige Gleichheit der beiden Reihen. Die verwendeten Zahlworte haben im Sinne des Zahlbegriffs noch keine operatorische Bedeutung.

Piaget sieht den Zahlbegriff als die Synthese zweier logischer Operationssysteme: der additiven Komposition von Klassen und der Reihenbildung nach einer Dimension, der Seriation asymmetrischer Relationen (Piaget & Szeminska, 1965). Einmal müssen alle Objekte abgezählt werden können, was voraussetzt, dass alle Objekte als gleiche Einheiten behandelt werden: Man muss von ihren qualitativen Besonderheiten absehen. Ein typischer Fehler ist die Unterscheidung von Äpfeln, Birnen und Nüssen, wenn die Gesamtmenge gezählt werden soll. Das ist eine der Leistungen der Klassenbildung. Aber wenn abgezählt wird, werden die Elemente nicht in jeder Hinsicht gleich behandelt; man braucht eine Ordnungsrelation: zunächst das erste, dann das zweite, dann das dritte Element (und das zweite nicht wieder als viertes oder als fünftes).

Dennoch hat die „Gruppe" der Zahlen andere Eigenschaften als die genannten konkret operatorischen Gruppierungen. Verglichen mit der additiven Klassenkomposition fehlt z.B. die Tautologie: Während $A + A = A$ ist, ist $1 + 1 = 2$. Es fehlt auch die Resorption: $1 + 2 = 3$, während $A + B = B$ ist. Außerdem gibt es in der Gruppe der ganzen Zahlen direkte Beziehungen zwischen allen Elementen (Zahlen) (z.B. $2 + 5$ oder $7 - 3$), während in der Komposition der Klassen sinnvolle Beziehungen nur zwischen bestimmten Elementen möglich sind, nämlich zwischen Teil und Ganzem (oder Unterklasse und Oberklasse): $A + A' = B$ gibt einen Sinn, während die Addition $A + C'$ kein sinnvolles Ergebnis hat.

Weitere Systembildungen auf dem konkret-operatorischen Niveau

In der Entwicklung zum operatorischen Niveau werden noch eine Anzahl weiterer Systeme konstruiert. Insbesondere erreichen die Konzeptionen von Raum und Zeit ein anderes Niveau. Wir können diese hier nicht mehr behandeln und verweisen auf einschlägige Darstellungen (z.B. Oerter, 1984; Steiner, 1973).

1.4 Das formal-operatorische Stadium

Was sind die neuartigen Leistungen der formalen Operationssysteme, die nach Piaget etwa vom zehnten Lebensjahr an die konkret-operatorischen Strukturen ergänzen? Vielfach ist zu lesen, das konkret-operatorisch denkende Kind könne noch nicht mit abstrakten Zeichensystemen operieren, es benötige eine Abstützung des Denkens auf konkret-anschauliche Gegebenheiten. Dies trifft nicht den Kern der Unterschiede.

> **!** Im konkret-operatorischen Denken ist das Kind beschränkt auf gegebene Informationen, seien sie konkret-anschaulich oder sprachlich repräsentiert. Das formal-operatorische Denken geht in spezifischer Weise über vorgefundenen oder gegebenen Informationen hinaus.

Heranwachsende urteilen und folgern nicht nur auf der Basis der aktuell gegebenen Informationen, sondern beziehen mögliche weitere Informationen ein, die sie zu gewinnen suchen.

Der Pendelversuch

Fragen Sie Schüler unterschiedlichen Alters, von welchen Faktoren die Frequenz eines Pendels abhängt. Demonstrieren Sie, dass ein kurzes, schweres Pendel rasch schwingt, ein langes, leichtes hingegen langsam (vgl. Abb. 11.9).

Gewicht	Länge: kurz	Länge: lang
schwer	schnell	
leicht		langsam

Abbildung 11.9. Pendelversuch

Vorschulkinder (voroperatorisches Stadium) neigen dazu, nur eine der beiden Dimensionen zu beachten: Sie werden sagen, ein kurzes Pendel schwinge schneller, oder behaupten, ein schweres Pendel schwinge schneller, je nachdem welches Merkmal sie gerade ins Auge fassen.
Schüler der Grundschule (konkret-operatorisches Stadium) können bereits mehrere Merkmale kombinieren und werden sagen, ein kurzes und schweres Pendel schwinge schneller (dies können sie ja beobachten), sie leisten also eine logische Konjunktion beider Dimensionen, die in diesem Falle allerdings nicht zur richtigen Lösung des Problems führt, da das Gewicht des Pendels irrelevant ist.
Sekundarschüler (formal-operatorisches Stadium) lösen sich von den beobachteten Fällen (kurz/schwer und lang/leicht) und sehen diese als zwei von vier möglichen Kombinationen der beiden Variablen Gewicht und Länge, wenn diese je zwei Werte aufweisen. Sie werden sagen, dass sie die Frage erst beantworten können, wenn auch die noch nicht realisierten Kombinationen der beiden Dimensionen empirisch geprüft sind, wenn sie also auch ein lan-

ges, schweres und ein kurzes, leichtes Pendel beobachtet haben. Sie legen ihren Schlussfolgerungen eine systematische Kombination von Variablen zugrunde, leiten aus den gedachten Kombinationsmöglichkeiten Hypothesen ab und prüfen diese. Sie werden sagen, dass vielleicht nur das Gewicht oder nur die Länge oder aber beide Variablen die Pendelfrequenz determinieren. Variablenkontrolle ist eine Basismethode, aus komplexen Gegebenheiten Erkenntnisse zu gewinnen: Die Grundregel ist die Variation eines Faktors bei Konstanthalten anderer Faktoren oder Bedingungen. Dies setzt voraus, entweder alle Möglichkeiten zu überschauen oder sie systematisch durchzuprobieren.

Dies ist ein deutlicher Beleg für den Aufbau kombinatorischer Strukturen, die die Basis systematischer Hypothesenbildung und planvollen Experimentierens darstellen (Piaget & Inhelder, 1955).

Aufbau kombinatorischer Systeme

Für die möglichen Kombinationen zweier zweiwertiger Variablen führen wir folgende Zeichen ein:
Pendelfrequenz: hoch +; niedrig –,
Länge des Pendels: lang p; kurz p′,
Gewicht des Pendels: schwer q; leicht q′.

Die Pendelfrequenz (+,-) kann von den Variablen Länge (mit den Werten p, p′) und Gewicht (mit den Werten q, q′) abhängen oder nicht. Eine empirische Abklärung erfordert die Beobachtung aller vier möglichen Kombinationen der beiden zweiwertigen Variablen.

Tabelle 11.1 enthält die möglichen empirischen Ergebnisse und die entsprechenden Hypothesen in sprachlicher Form. Es ist eine aussagenlogische Formulierung gewählt, die verdeutlicht, welche logischen Schlüsse aus empirischen Daten gezogen werden können: die Wirksamkeit einer Variablen, die Konjunktion beider, die Disjunktion (das einschließende Oder), die Implikation, die gegenseitige Implikation, das ausschließende Oder.

Tabelle 11.1. Überblick über die 16 möglichen Abhängigkeiten hoher Pendelfrequenz (+) von den beiden zweiwertigen Variablen Länge (lang = p, kurz = p′) und Gewicht (schwer = q, leicht = q′)

mögliches Beobachtungsergebnis		Hypothese	aussagenlogische Form
1	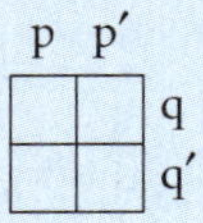	Hohe Pendelfrequenz (+) kommt nicht vor, d.h. sie ist nicht abhängig von Länge oder Gewicht des Pendels	„Kontradiktion“
2	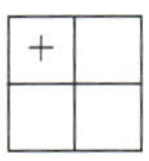	+ bei langem und schwerem Pendel	$p \wedge q$
3	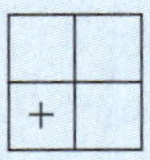	+ bei langem und leichtem Pendel	$p \wedge q'$
4	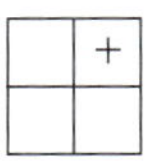	+ bei kurzem und schwerem Pendel	$p' \wedge q$

Tabelle II.1. (Fortsetzung)

mögliches Beobachtungsergebnis		Hypothese	aussagenlogische Form
5	· · / · +	+ bei kurzem und leichtem Pendel	$p' \wedge q'$
6	+ · / + ·	+ bei langem Pendel, das Gewicht ist irrelevant	p
7	+ + / · ·	+ bei schwerem Pendel, die Länge ist irrelevant	q
8	+ · / · +	+ bei langem und schwerem sowie bei kurzem und leichtem Pendel	$p \leftrightarrow q$ $= (p \wedge q) \vee (p' \wedge q')$
9	· + / + ·	+ bei kurzem und schwerem sowie bei langem und leichtem Pendel, d.h. das Pendel darf entweder lang oder schwer sein, nicht beides	$p \downarrow q$ $= (p' \wedge q) \vee (p \wedge q')$
10	· · / + +	+ bei leichtem Pendel, Länge ist irrelevant	q'
11	· + / · +	+ bei kurzem Pendel, Gewicht ist irrelevant	p'
12	+ + / + ·	+ bei langem oder schwerem Pendel, d.h. ein kurzes Pendel muss schwer sein ($p' \rightarrow q$)	$p \vee q$ $= p' \rightarrow q$
13	+ · / + +	+ bei langem oder leichtem Pendel, d.h. ein kurzes Pendel muss leicht sein ($p' \rightarrow q'$)	$p \vee q'$ $= p' \rightarrow q'$
14	+ + / · +	+ bei kurzem oder schwerem Pendel, d.h. ein langes Pendel muss schwer sein ($p \rightarrow q$)	$p' \vee q$ $= p \rightarrow q$
15	· + / + +	+ bei kurzem oder leichtem Pendel, d.h. ein langes Pendel muss leicht sein ($p \rightarrow q'$)	$p' \vee q'$ $= p \rightarrow q'$
16	+ + / + +	+ hohe Pendelfrequenz wird in allen Fällen beobachtet, also sind Länge und Gewicht irrelevant	Tautologie

$\wedge$ = Zeichen für die logische Konjunktion „und“
$\vee$ = Zeichen für die logische Disjunktion „einschließendes oder“
$\leftrightarrow$ = gegenseitige Implikation
$\downarrow$ = „ausschließendes entweder–oder“
$\rightarrow$ = Implikation

Auf dem formal-operatorischen Niveau bemüht sich ein Problemlöser um Hypothesenbildung und Variablenkontrolle.

Was die Pendelfrequenz anbelangt, ist Fall 11 der Tab. 11.1 die Lösung: Kurze Pendel schwingen schnell, unabhängig vom Gewicht. Die beiden Variablen wirken bei der Pendelfrequenz nicht zusammen und nicht gegeneinander. Schulische Spitzenleistungen sind bei einer Konjunktion von hoher Begabung und Fleiß zu erwarten. Bei vielen Krankheitssymptomen sind disjunktive Hypothesen (einschließendes Oder) belegt: Funktionsstörungen der Leber können auf Infektionen oder auf Alkoholmissbrauch oder beidem (oder anderen Ursachen) beruhen.

BEISPIEL

In der pharmazeutischen Forschung zur Wirksamkeit von Medikamenten und ihrer Verträglichkeit miteinander sind viele Hypothesen zu prüfen:

(1) Die Krankheit werde geheilt, wenn p oder q (oder beide) verabreicht werden ($p \vee q$).
(2) p und q dürfen nicht gegeben werden (weder p, noch q, noch beide; $p' \wedge q'$).
(3) Entweder p oder q gehen, aber nicht beide; $(p \wedge q') \vee (p' \wedge q)$.
(4) Beide müssen gemeinsam gegeben werden; $(p \wedge q)$.

Die Grundformen der Verknüpfung von Variablen sind nicht nur für die Erklärung naturgesetzlicher Effekte dienlich, sie werden auch für Begriffsdefinitionen, die Festlegung von Anrechten und Pflichten u.a.m. verwendet. Mord ist zum Beispiel als Konjunktion von Tötung, niederen Motiven und Vorsatz definiert. Männer im wehrpflichtigen Alter haben nur die Wahl zwischen Wehrdienst und Zivildienst (ausschließendes Oder).

Das kombinatorische Denken erlaubt die Loslösung von gegebenen Informationen. Galilei konnte das Trägheitsgesetz („Eine Bewegung ist in Richtung und Geschwindigkeit konstant, bis eine äußere Kraft einwirkt.") nicht an anschaulichen Gegebenheiten beobachten. Keine beobachtbare Bewegung auf der Erde ist in Richtung und Geschwindigkeit konstant. Es beruht auf einer Abstraktion von Variablen und ihrer gedanklichen Kombination. Es ist eine Denkmöglichkeit, also eine Leistung des formal-operatorischen Niveaus.

Versuch mit Flüssigkeiten

Piaget und Inhelder (1955) legten Versuchspersonen vier gleiche Fläschchen mit geruch-, geschmack- und farblosen Flüssigkeiten vor, die sich äußerlich nicht voneinander unterschieden. Fläschchen 1 enthielt gelöste Schwefelsäure, Fläschchen 2 Wasser, Fläschchen 3 Wasserstoffsuperoxyd, Fläschchen 4 Thiosulfat. Dazu kam noch ein Gefäß mit Tropfenzähler, das Kaliumjodid enthielt (g).

Bei Vermischung von 1 und 3 mit einigen Tropfen aus g färbt sich die Flüssigkeit gelb. Bei Hinzufügen von 2 ändert sich nichts. Bei Zugießen von 4 verschwindet die gelbe Farbe. Der Versuchsleiter zeigte dem Kind zwei Gläser, die scheinbar die gleiche klare Flüssigkeit enthielten und setzte bei beiden einige Tropfen aus g hinzu. Da das eine Glas aus 1 und 3 gemischt war, färbte sich die Flüssigkeit gelb; das andere Glas, das nur Wasser enthielt, blieb farblos. Das Kind sollte das gleiche Ergebnis mit den vier bereitgestellten Fläschchen und dem Gefäß erzielen.

Schon die Sieben- bis Zehnjährigen bemühten sich um eine systematische Lösung. Sie mischten g einzeln mit den anderen Flüssigkeiten oder schütteten alle Flüssigkeiten zusammen. Erst auf der Stufe der formalen Operationen erstellten die Jugendlichen (nach anfänglichen Fehlversuchen) alle möglichen Kombinationen, auch die möglichen sechs zweier Flüssigkeiten zusammen mit g und realisierten damit eine Variablenkontrolle.

Größere Beweglichkeit des Denkens

Entwicklung ist nach Piaget gleichbedeutend mit dem Aufbau immer komplexerer Strukturen, mit denen das Denken immer beweglicher wird. Ein Beispiel ist die Einsicht in die Hebelgesetze, die mehrere Lösungsoptionen ermöglicht.

Multiple Lösungsoptionen bei Hebelproblemen

An einer Balkenwaage befinden sich im Abstand d1 von der Achse Gewichte von jeweils 1 kg am rechten und linken Hebelarm. Wir stören nun dieses Gleichgewicht, indem wir ein Gewicht von 0,5 kg im Abstand von d2 (= 2 × d1) an den linken Hebelarm hängen (Abb. 11.10). Wie können wir die Waage wieder ins Gleichgewicht bringen? Z.B.

(1) durch Negation (N), d.h. wir machen die gleichgewichtsstörende Operation rückgängig und entfernen das Gewicht (0,5 kg) im Abstand von d2 am linken Hebelarm;
(2) durch reziproke Operation (R), d.h. wir entfernen das Gewicht (1 kg) im Abstand d1 am linken Hebelarm;
(3) durch eine korrelative Operation (C), die darin besteht, dass wir im Abstand d1 auf dem rechten Hebelarm ein Gewicht von 2 kg aufhängen.

Wir folgen Piaget, dass die Integration dieser Operationen in ein Gesamtsystem der Hebelgesetze die Beweglichkeit und die Leistungen des Denkens verbessert und dass diese Operationen insofern eine Gruppe bilden, als die Kombination irgendwelcher dieser Operationen jeweils zu einem Resultat führt, das auch auf andere Weise entstehen kann.

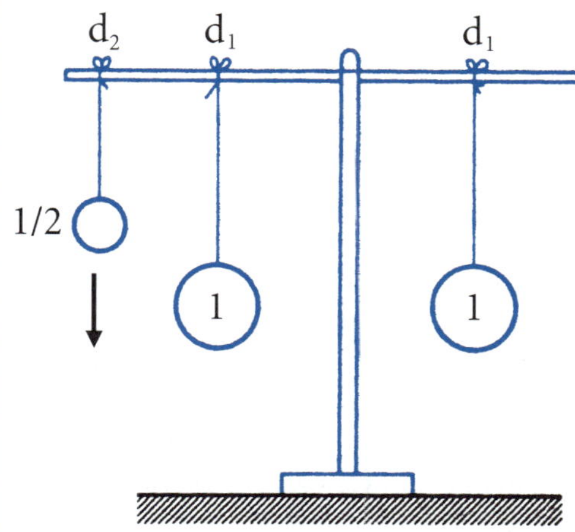

Abbildung 11.10. Anordnung für die Prüfung des Verständnisses der Hebelgesetze

Verständnis von Proportionen

Ein weiteres zentrales Kennzeichen des formal-operatorischen Niveaus ist für Piaget das Verständnis von Proportionen. Als Beispiel wählen wir wieder ein Experiment der Genfer Schule (Piaget & Inhelder, 1955).

BEISPIEL

Versuch zum Verständnis von Proportionen

Einem Kind werden drei Holzfische A, B, C von 5, 10 und 15 cm Länge vorgelegt, die es füttern soll. Als „Futter“ dienen Perlen. Man erklärt ihm, dass der 10 cm lange Fisch doppelt so viel frisst wie der 5 cm lange und dass der 15 cm lange Fisch dreimal so viel frisst wie der 5 cm lange.

Man stellt dem Kind dann folgende Fragen:

- Wie viel Futter sollen wir den Fischen A und C geben, wenn wir wissen, dass Fisch B vier Perlen frisst?
- Wie viele Perlen sollen wir den Fischen A und B geben, wenn wir dem Fisch C neun Perlen geben?

Etappen der Quantifikation. An diesem Beispiel lassen sich die drei Etappen der Quantifikation erkennen. Zuerst wird nur eine Ordnungsrelation (Seriation) erkannt ohne Quantifizierung der Abstände: Fisch B muss nur mehr erhalten als A, und C mehr als B. Später gelingt dem Kind eine Quantifikation im Sinne gleicher Differenzen: Lösungen sind hier z.B. 3 für A, 4 für B, 5 für C.

Erst ab dem neunten Lebensjahr gelingt eine proportionale Quantifikation.

Es wird deutlich, dass die Sequenz der Strategien eine Logik hat, dass jede Strategie eine leistungsfähigere Version der vorhergehenden darstellt. Jede neue Strategie schließt die Elemente der vorhergehenden ein, ist aber differenzierter als diese. Das entspricht Piagets genetischer Erklärungsweise.

2 Piagets Entwicklungstheorie

Nach den Entwicklungsbeschreibungen wenden wir uns Piagets Entwicklungstheorie, seinen Erklärungsversuchen, zu.

Assimilation, Akkomodation, Differenzierung

Piaget sucht in einer Handlung oder geistigen Operation nach ihrer Struktur oder Form. Beispiel: Greifen, das ist ein Umfassen eines Objektes mit einem oder mehreren Körperteilen, z.B. mit Fingern und Handfläche oder nur mit den Fingern, mit den Armen, mit den Füßen, später auch mit Instrumenten. Die Anwendung einer Struktur auf einen Gegenstand nennt Piaget Assimilation: die „Einverleibung" des Gegenstandes in die Struktur. Wird eine Rassel gegriffen, dann ist das die Assimilation der Rassel in das Greifschema. Die Struktur des Greifens kann und muss – um erfolgreich zu sein – je nach Situation und je nach zu greifendem Gegenstand angepasst werden. Diese Anpassung nennt Piaget Akkommodation.

Gelegentlich muss eine Struktur differenziert werden, damit ein Erfolg möglich wird. So versucht ein Kind zunächst, eine Flüssigkeit „zu greifen". Die hier notwendige Akkommodation ist das Schöpfen, das als neue Struktur anzusehen ist.

Auch jeder Begriff hat eine Struktur, eine Bedeutungsstruktur. Der Begriff „Fisch" hat anfänglich vielleicht die Elemente Tier, lebt im Wasser, länglich-ovale Form, hat Flossen. Diese Begriffsstruktur wird akkommodiert, wenn flache Flundern Fische genannt werden. Später werden Differenzierungen zwischen echten Fischen und anderen Wassertieren (Wasserschlangen, Walen usw.) notwendig.

Piagets Strukturmodelle

Piaget kritisiert pointiert den Assoziationismus, der als einzigen Strukturtyp die Assoziation kennt, mit dem die Vielfalt an Verhaltens- und Erkenntnisinhalten nicht annähernd angemessen abgebildet werden kann. Die einzige Relation, die als Assoziation zu bezeichnen ist, ist die Kontingenz: Die Kirsche ist mit der Farbe rot assoziiert. Alle weiteren Relationen räumlicher, sozialer, kausaler, verwandtschaftlicher, funktionaler oder logischer Art sind im Modell der Assoziation nicht repräsentiert. Lernen im Sinne der Assoziationsbildung bedeutet Lernen von Kontingenzen: Ein Reiz zieht eine assoziierte Reaktion nach sich, ein Reizwort ein assoziiertes Reaktionswort, ein Signal die Erwartung eines nachfolgenden Ereignisses. Assoziierte Reaktionen können aber aufgrund unterschiedlicher Strukturen zustande kommen.

BEISPIEL

Auf das Wort „Stuhl" können unterschiedliche Reaktionsworte assoziiert werden, z.B. Bein (Ganzes – Teil), Tisch (Gebrauchseinheit), Sitzmöbel (Oberbegriff), Sessel (nebengeordnete Unterklasse unter dem Oberbegriff Sitzmöbel), bequem (affektive Qualität), Holzstuhl (Unterbegriff), Sitzen (Funktion).

Die Assoziation wird also durch unterschiedliche Strukturen gelenkt, in denen „Stuhl" ein Element ist und die jeweils assoziierten Begriffe andere Elemente darstellen, die mit „Stuhl" in unterschiedlichen Relationen stehen. Den Reichtum an Strukturen auszuschöpfen, stellt Piaget als ein wichtiges Anliegen der Psychologie heraus.

Abstrakte Strukturmodelle. Welche Strukturmodelle wählt er selbst? Er beschreibt zwar die Entwicklung der Raum- und Zeitbegriffe, der physikalischen Mengenbegriffe, der Klassenbildung, des Schlussfolgerns, der induktiven Regelfindung usw. Seine Strukturmodelle repräsentieren diese qualitative Vielfalt aber nicht, sondern sind sehr abstrakt: Im voroperatorischen Denken sind es die allgemeinen Merkmale der Zentrierung auf eine Dimension und auf die eigene aktuelle Sichtweise (Egozentrismus). Dann werden noch Defizite im Vergleich zu späteren Entwicklungsstufen genannt: der Mangel an Beweglichkeit des Denkens und Konsistenz des Urteilens. Auf dem konkret- und formal-operatorischen Niveau bietet er die o.g. Gruppierungen und Gruppenstrukturen an. Die Gruppierungen enthalten aber nur wenige Formen der Verknüpfung (Addition und Multiplikation mit ihren Umkehrungen Subtraktion und Division und Assoziativität).

Auch bei Piaget bleibt also der qualitative Reichtum der Verknüpfungen unberücksichtigt; er wurde in die verknüpften Elemente – die Begriffe – verdrängt (Aebli, 1978), wurde dort aber nicht Gegenstand der Analyse. Verschiedenes als Klasse zusammenzufassen oder gegenüber anderen Klassen abzugrenzen setzt ja spezifische Strukturbildungen voraus. Piaget analysiert diese nicht. Er beschreibt nur die logisch-mathematischen Verbindungen zwischen Klassen.

Wie die Relation „gehört zu" auf verschiedene Weise konkretisiert werden kann (z.B. „ist Teil von", „ist Merkmal von", „ist Eigentum von", „ist verwandt mit"), so kann auch die von Piaget betrachtete Addition auf unterschiedlichen Beziehungen zwischen den addierten Elementen beruhen. Welche Bedeutung die Addition zweier Klassen hat, welche inhaltlichen Beziehungen diese Addition sinnvoll machen, ist nicht sein Thema. Die Strukturen sind abstrakt, ihre inhaltliche Konkretisierung interessiert ihn nicht (Aebli, 1978, S. 608).

Piagets Verdienst liegt darin, dass er den Strukturalismus in der Denkpsychologie durchgesetzt hat. Heute ist dieser Gedanke weithin aufgegriffen worden. Er findet sich mit einem reichen Angebot an Strukturmodellen in der Psychologie des Handelns, der Begriffsbildung, des Problemlösens, des Wissens, des Gedächtnisses (vgl. Aebli, 1980, 1981) sowie in allen Handwerken, Sportarten und Wissenschaften. Alle haben eigene Strukturmodelle mit spezifischen begrifflichen Bezeichnungen für Elemente und deren Relationen innerhalb einer Struktur entwickelt.

2.1 Piagets Stufenkonzept

Piaget versteht Strukturbegriffe als hypothetische Konstrukte: Ein Proband verhält sich so, als ob er diese oder jene Struktur entwickelt und angewandt hätte.

Dies sieht Piaget als gerechtfertigt an, weil er glaubt, dass verschiedene Manifestationen derselben Struktur zur gleichen Zeit in der Entwicklung auftauchen. Das ist der Kern seines Stufenkonzepts. Wer das Pendelproblem lösen kann, kann auch andere Probleme lösen, die eine systematische Variation zweier zweiwertiger Variablen erfordern, z.B. das Problem, wovon die Biegsamkeit eines Metallstabes abhängt, wenn Metallart und Durchmesser die beiden Variablen sind.

Horizontale Verschiebungen. Ein Problem wirft die Beobachtung auf, dass die gleiche Struktur in unterschiedlichen Gegenstandsbereichen nicht zur gleichen Zeit (im gleichen Alter) realisiert wird. Piaget spricht von horizontalen Verschiebungen. Z.B. wird die Einsicht in die Invarianz bei Anordnungs- oder Formveränderungen hinsichtlich der Menge und Anzahl früher erreicht als hinsichtlich des Gewichtes und des Volumens eines Körpers, obwohl die von Piaget angenommene Grundstruktur der Argumentation, die zum Invarianzurteil (die Multiplikation der Dimensionen Länge, Breite, Höhe) führt, in allen drei Bereichen dieselbe ist.

Die Tatsache, dass sich strukturell mutmaßlich gleiche Leistungen in verschiedenen Bereichen nicht synchron entwickeln, kann aber mit Aebli (1963) erklärt werden: Die Leistungen erfordern zwar dieselbe Struktur, darüber hinaus aber unterschiedlich schwierige Arbeitsschritte oder Verständnisleistungen. Als Beispiel sei an Textaufgaben im Rechenunterricht erinnert: Auch wenn dieselben Rechenoperationen verlangt sind, sind die Aufgaben unterschiedlich schwierig, weil die Schüler erst den Text verstehen müssen, um zu erkennen, welche Operationen zur Lösung notwendig sind. Das Verstehen des Textes ist selbst eine Strukturierungsleistung, sein Ergebnis muss präsent gehalten werden, damit es weiterverarbeitet werden kann. Das kann so viel geistige Verarbeitungskapazität erfordern, dass die Rechenleistung misslingt.

BEISPIEL

Bevor in einer Mengeninvarianzaufgabe die zwei Dimensionen Höhe und Breite gleichzeitig beachtet werden (z.B. Abb. 11.2, S. 424), müssen

(1) Höhe und Breite aus einem globalen Größenbegriff differenziert worden sein und
(2) Höhen- und Breitenunterschiede ordinal geordnet werden.

Erst dann sind Operationen der Beziehungsbildung – in diesem Falle eine Multiplikation der Dimension möglich.
Die Dimensionen und Kategorien des voroperatorischen Wissens gehen als Elemente in die Klassifikationen und Seriationen der konkret-operatorischen Strukturbildungen ein. Das ordinale Ordnen der konkret-operatorischen Strukturen ist in den quantitativen Verhältnissen der proportionalen Strukturbildung impliziert. Insofern liefert eine Strukturanalyse Hypothesen für Entwicklungssequenzen.

2.2 Piagets genetisches Erklärungsmodell

Es gibt unterschiedliche Arten der Erklärung (vgl. Hoppe et al., 1977, S. 29ff.). Vielfach wird die Erklärung aus Wirkursachen als einzige Form wissenschaftlicher Erklärungen angesehen. Das Denken in Antezedenzbedingungen, die Folgen bewirken, ist auch in der Entwicklungspsychologie weit verbreitet: Entwicklungsfortschritte, Störungen und Abweichungen wie auch Abbau werden aus vorauslaufenden Bedingungen erklärt: genetischen, ökologischen, erfahrungsmäßigen; natürlich gegebenen oder durch Intervention hergestellten. Das ist nicht Piagets Erklärungsweise. Er ist oft kritisiert worden, dass er keine Entwicklungstheorie habe, weil er keine Erklärungen nach diesem gewohnten Muster der Angabe von Wirkursachen angeboten hat. Piagets bevorzugte Erklärungsweise ist die genetische Erklärung.

Notwendige Entwicklungssequenzen

Piaget betrachtet die von ihm beschriebenen Stufenfolgen als notwendige Sequenzen; notwendig, weil in der jeweils höheren Stufe Elemente der vorausgehenden Stufe enthalten sind. Neben der Beobachtung der zeitlichen Abfolge muss diese Hypothese jeweils durch eine Strukturanalyse der Stufen untermauert werden.

Piagets Behauptung, dass die Abfolge der Stufen notwendig sei, weil die Strukturen der höheren Stufen Elemente der vorausgehenden Stufen integrieren, ist bezüglich der Komplexitätsunterschiede zwischen Stufen unmittelbar einleuchtend. Aber nicht alle empirisch beobachtbaren Abfolgen sind als Stufenfolgen zunehmender Komplexität zu verstehen. Manche Leistungen setzen vorausgehende Reifungsschritte voraus, ohne dass sie als Konstruktion anzusehen sind, z.B. der Spracherwerb (vgl. Kap. 15). Andere Leistungsveränderungen beruhen auf Wissenszuwachs, ohne dass dieser in einer sachlogisch notwendigen Sequenz erfolgen muss. Das heißt, nicht jede Veränderung ist Entwicklung im Sinne Piagets.

Das Konzept der Äquilibration

Warum bleibt die Entwicklung nicht auf einer Stufe stehen? Piaget bietet als Erklärung das Konzept der Äquilibration – Suchen und Finden von

Gleichgewicht – an. Der Impuls zum Aufbau immer komplexerer Strukturen erfolgt aus der Erfahrung eines „Ungleichgewichtes". Was alles führt zu einem Ungleichgewicht?

Fehlschlagende Assimilationsversuche. Als Beispiel mögen der Versuch eines Kleinkindes dienen, Wasser zu greifen, oder ein fehlschlagender Versuch, eine Balkenwaage ins Gleichgewicht zu bringen, wenn nur unterschiedliche Gewichte verfügbar sind (vgl. auch Abb. 11.9, S. 431).

Widersprüche zwischen zwei Urteilen. Ist es nach dem Umfüllen von Flüssigkeit in ein schmaleres Glas nun mehr Wasser, weil das Niveau höher ist, oder weniger, weil die Wassersäule schmaler ist (vgl. Abb. 11.2, S. 424)? Dieser Widerspruch verlangt eine neue kognitive Lösung und ist nicht durch eine Entscheidung für eine der Alternativen zu lösen.

Empirisches Widerlegen eines Urteils. Als Beispiel diene ein Versuch zur Einsicht in das spezifische Gewicht. Die Kinder sollen voraussagen, welche Gegenstände verschiedener Größe und verschiedenen Gewichts auf dem Wasser schwimmen und welche untergehen. Ein erstes Urteil mag sein, dass kleine Gegenstände schwimmen. Einige kleine Gegenstände schwimmen, aber andere schwimmen nicht. Ein zweites Urteil kann sein, dass leichte Gegenstände schwimmen. Das kann widerlegt werden, indem ein schweres Holzstück auf das Wasser gelegt wird usw.

Ungleichgewicht durch Problemstellung und Frage. Die meisten Äquilibrationsprozesse werden durch Fragen und Probleme angeregt, durch die die Unzulänglichkeiten der bisher entwickelten Strukturen aufgedeckt werden, indem auf Widersprüche zwischen Urteilen, auf einseitige Zentrierungen usw. aufmerksam gemacht wird.

Piaget hat keine Didaktik der Frage und der Problemstellung erarbeitet, keine Klassifikation von Problemformen vorgelegt. Verglichen mit dem diesbezüglichen Reichtum an Konzepten in der Unterrichtswissenschaft, der Denk- und Problemlösepsychologie ist Piagets Äquilibrationskonzept kein ergiebiger Beitrag zur Lehr- und Lernforschung und der dazu gehörenden Praxis. Es war vor allem Hans Aebli, der Piagets Entwicklungstheorie in den Rahmen der modernen Kognitionspsychologie (Aebli, 1981) und der Didaktik stellte (Aebli, 1951, 1970).

3 Lernpsychologische Implikationen der Theorie Piagets

Kritik des Assoziationismus und Sensualismus

Piaget entwickelte sein System in der Blütezeit des amerikanischen Behaviorismus und des Assoziationsmodells in der Lernpsychologie. Lernen wurde im Wesentlichen als Assoziationsbildung auf der Basis wahrgenommener Kontingenzen verstanden.

Lernen in diesem Sinne kommt für Piaget als Erklärung der geistigen Entwicklung nicht in Betracht. Er weist alle Theorien zurück, die Entwicklung ausschließlich als empirisches Lernen durch Assoziationsbildung oder als direkte Abbildung dessen, was in der Außenwelt existiert und geschieht, interpretieren: Der Beitrag des erkennenden Menschen und seiner Erkenntniskompetenzen darf bei der Suche, Aufnahme und Verarbeitung von Informationen nicht übersehen werden.

Anschauung garantiert noch nicht Erkenntnis

Versuch: Wir zeigen einem vierjährigen Kind eine durchsichtige Flasche mit einer farbigen Flüssigkeit. Wir bringen die Flasche in Schräglage oder legen sie auf den Tisch (vgl. Abb. 11.11a, S. 440). Nun lassen wir das Kind das Flüssigkeitsniveau in vorbereitete Umrisszeichnungen der Flasche ein zeichnen. Es wird in charakteristischer Weise versagen (vgl. Abb. 11.11b, S. 440). Wir bitten es nun, doch genau den horizontalen Flüssigkeitspegel anzuschauen. Es lernt nichts aus dieser Anschauung, wenn es noch kein Konzept der Horizontalität aufgebaut hat, das es ihm erlaubt, eine entsprechende Information aus der Anschauung zu gewinnen.

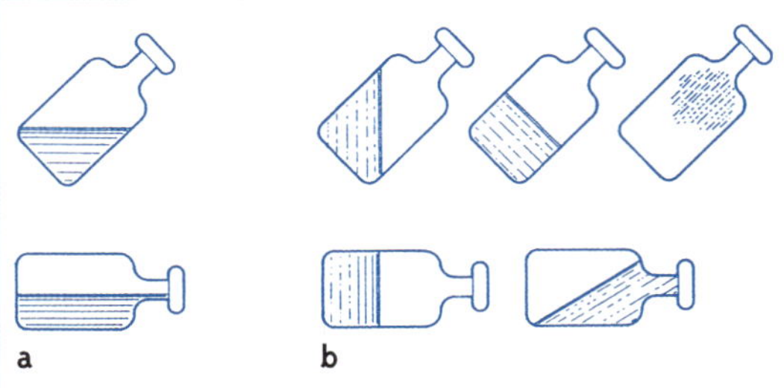

Abbildung 11.11. Demonstration des Wasserspiegels in der gekippten Flasche **a** und typische Fehler der Reproduktion **b**

Grenzen empirischen Lernens

Die Grenzen empirischen Lernens (durch Assoziationsbildung oder sensualistisches Abbilden) für die geistige Entwicklung sieht Piaget vor allem auch darin, dass die Einsicht in die logische Notwendigkeit nicht aus empirischer Erfahrung begründet werden kann. Schlussfolgerungen aus Prämissen setzen die Entwicklung von Logik, Schlussfolgerungen aus Bebachtungen setzen die Entwicklung von systematischer Kombinatorik und empirischer Variablenkontrolle voraus.

Konstruktion. Die Entwicklungsidee Piagets ist Konstruktion: nicht empirisches Lernen, sondern neue Strukturierung und Organisation, ob kreativ und selbständig entdeckt oder nur nachvollzogen. Immer ist handelnde und denkende Aktivität erforderlich, deshalb ist es zutreffend, von Konstruktivismus zu sprechen (vgl. Edelstein & Hoppe-Graff, 1993). In aktiver Auseinandersetzung mit Gegebenheiten, mit eigenen oder vorgegebenen Fragen und Problemen schafft sich der Mensch seine Strukturen des Handelns und Erkennens.

Lernanordnungen lassen sich aus Piagets Strukturtheorie, aus seinen Hypothesen über Beweglichkeit sowie aus seiner Äquilibrationstheorie herleiten (vgl. Montada, 1970 und die frühere Auflage dieses Lehrbuchs, Montada 1995).

Lernen ist selbstkonstruktive Aktivität

Piaget begreift die von ihm beschriebene Entwicklung als ein selbstkonstruktives Geschehen mit einer immanenten „Entfaltungslogik“ (Piaget, 1972). Lernende müssen die Unzulänglichkeiten und Widersprüchlichkeiten ihrer Auseinandersetzung mit einem Gegenstand oder Problem begreifen, um sich zu entwickeln. Die beträchtlichen Schwierigkeiten, den Gang der geistigen Entwicklung deutlich zu beschleunigen, sieht Piaget als Bestätigung seiner Grundhaltung.

Es wäre naiv zu glauben, man orientiere ein Lernprogramm an Piagets System, wenn man die typischen von ihm verwandten Aufgaben und Problemstellungen (Konstanzbegriffe, Mengenrelationen, Messoperationen, Kombinatorik usw.) als Lernziele aufnimmt. Dies ist nebensächlich. Wesentlich hingegen ist, dass Lehrer die Erkenntnismöglichkeiten der Lernenden richtig einschätzen und angemessene Probleme vorlegen, Probleme, die Lernende als solche verstehen, die sie mit eigener Anstrengung (und vielleicht hilfreicher Anleitung) lösen können. Vermieden werden muss die unverstandene Übernahme der Erkenntnisse eines Lehrers. Piaget will Entwicklung der eigenen Erkenntnismöglichkeiten, nicht auswendig gelernte Reproduktion fremder Erkenntnisse.

Aus dieser Haltung erklärt sich eine Favorisierung der selbsttätigen Entdeckung, der Modelle des offenen Unterrichts, der genetischen Methode, auch die Betonung der Bedeutung einer Interaktion der Kinder mit Gleichaltrigen für die kognitive Entwicklung, da diese Interaktion in geringerem Maße die Gefahr birgt, dass sich Meinungen einer übermächtigen Autorität unverstanden durchsetzen.

Im Lichte dieser Überlegungen ist Piagets klinische Methode der Befragung von Kindern zu Phänomenen und Problemen, die von ihm als eine Methode der Diagnose des Strukturniveaus seiner Probanden verstanden wird, in Wahrheit bereits die ideale Methode des Unterrichtens: Probleme werden gestellt, aber keine Lösungen durchgesetzt und auf oberflächlichem Niveau automatisiert. Der Erwachsene beginnt mit einer Frage zu einem Phänomen oder einem Problem, die zu Lösungen oder Lösungsversuchen führt. Diese geben wiederum Anlass, die Lernenden mit Alternativen oder gegenteiligen Meinungen zu konfrontieren, Implikationen der Antworten aufzuzeigen und zu erfragen, Begründungen herauszulocken und damit die Problemlage und den Lösungsversuch zu klären. Dies gibt Anstöße zur Elaboration einer Lösung (Aebli, 1963) und damit zur Reorganisation des kognitiven Systems. Warum sollte nicht auch ein Lösungsangebot – so vorbereitet – auf fruchtbaren Boden fallen?

4 Die Piaget-Kritik

Piagets Forschung galt der Suche nach allgemeinen Konstruktionsprozessen der geistigen Entwicklung. Das ist in der Kritik an Piaget oft nicht verstanden worden. Lourenço und Machado (1996) haben zu Recht gesagt, dass die Kritik von anderen Forschungsfragen ausging, als sie Piaget gestellt hat, und insofern ins Leere läuft. Einige wenige Kritikpunkte seien zum Abschluss kurz genannt. Die Kritiker und ihre Arbeiten werden aus Platzgründen nicht zitiert, es sei auf die Übersichtsarbeit von Lourenço und Machado (1996) verwiesen.

Unterschätzte Kompetenzen. Die Behauptung, Piaget habe die Kompetenzen der Kinder unterschätzt, Kinder würden bei geeigneter Aufgabenstellung zum Teil erheblich früher Leistungen zeigen, als Piaget das berichtet habe, ist sicher zutreffend. Diese Kritik trifft Piaget allerdings nicht: Er wollte keine Entwicklungstests mit gültigen Altersnormen konstruieren. Was die Struktur der Aufgaben betrifft, mit denen die Kritiker ihren Vorwurf teilweise belegen, muss allerdings sorgfältig geprüft werden, ob diese nicht mit den Strukturen eines tieferen Niveaus gelöst werden können. Das haben z.B. Chapman und Lindenberger (1988) für die von den Piaget-Kritikern verwendeten Aufgaben zur Prüfung der Einsicht in die Transitivität nachgewiesen.

Vernachlässigung sozialer Faktoren. Die Behauptung, Piaget habe die Rolle sozialer Faktoren in der Entwicklung (Belehrung, Lernen durch Beobachtung usw.) vernachlässigt, ist ebenfalls zutreffend, obwohl Piaget die Bedeutung sozialer Interaktion für die Auslösung von Äquilibrationsprozessen nicht geleugnet hat. Chapman (1988) sagt zu Recht, dass soziale Entwicklungseinflüsse unschwer im Rahmen von Piagets Theorie integriert und untersucht werden können.

Stadientypische Gesamtstrukturen. Eine zentrale Kritik an Piaget betrifft seine Annahme stadientypischer Gesamtstrukturen, die sich gleichzeitig entwickelten. Empirisch sind viele Asynchronien gefunden worden, d.h. einige Aufgaben werden zu einem Zeitpunkt gelöst, zu dem andere, mutmaßlich strukturgleiche, nicht gelöst werden. Piaget hat dieselbe Beobachtung gemacht und von Verschiebungen (décalages) gesprochen (s.o.), ohne diese weiter zu erforschen und zu erklären. Was bedeuten diese Asynchronien für Piagets Stadienkonzept? Wenn man die Strukturen nicht nur als beschreibende Abstraktionen der Leistungen, sondern als Instrumente des Denkens, als funktionale Einheiten versteht, die Leistungen erklären, dann ist es in der Tat erklärungsbedürftig, warum diese Instrumente des Denkens bei einigen Aufgaben erfolgreich eingesetzt werden, bei anderen nicht (vgl. den Erklärungsversuch in Abschnitt 2.2). Es stellt sich auch die Frage, ob das Stadienkonzept sinnvoll ist, wenn Asynchronien dieser Art häufig sind (Flavell, 1977). Für Piaget ist es sinnvoll, weil er primär am entwicklungsmäßigen Aufbau interessiert ist – und da ist ein höheres Stadium nur auf der Grundlage der Strukturen des tieferen möglich. Er benutzt seine Stadienkonzepte nicht als Leistungsskala für die Vorhersage individueller Leistungen bei spezifischen Aufgaben (Chapman,

1988). Die an spezifischen Aufgaben identifizierten Strukturen sieht er als Leistungsmöglichkeiten an, nicht als Leistungsdeterminanten.

Keine Entwicklungserklärungen. Mit dem gerade diskutierten Vorwurf geht die Kritik einher, Piaget liefere nur Entwicklungsbeschreibungen, aber keine Erklärungen. Richtig ist, dass er keine Erklärungen im Sinne von Wirkursachen (Determinanten) gibt (s.o.). Seine genetischen Erklärungen konzentrieren sich auf den Nachweis struktureller Voraussetzungen (Möglichkeiten) für die Weiterentwicklung. Diese strukturellen Voraussetzungen sind notwendig, um die Unzulänglichkeiten von Lösungsversuchen zu erkennen und werden als Elemente in die nächstfolgende Struktur integriert.

Vernachlässigung der Entwicklung nach der Adoleszenz. Eine letzte Kritik sei genannt: Piaget habe die geistige Entwicklung nach der Adoleszenz vernachlässigt. Verschiedene Vorschläge sind gemacht worden für ein Enwicklungsstadium nach dem formal-operatorischen, z.B. ein dialektisches Stadium (Riegel, 1975), ein relativistisches Stadium (Sinnot, 1984), ein metaphysisches Stadium (Commons et al., 1982).

Die individuelle geistige Entwicklung muss nicht in der Adoleszenz enden. Die Wissensentwicklung, die Entwicklung von bereichsspezifischer Expertise, die Entwicklung der Weisheit geht vielfach weiter. Es ist aber offen, ob diese Entwicklungen allgemein oder nur individuell sind. Es bleibt auch offen, ob sie als quantitatives Wachstum oder als qualitative Veränderung mit neuen Strukturen zu fassen sind und ob sie auf dem formal-operatorischen Denken aufbauen oder sich unabhängig von diesem in anderen Gegenstandsfeldern entwickeln. Einen umfassenden Versuch dazu hat Aebli (1981, 1982) unternommen.

FAZIT

Auch ein überragender Forscher wie Piaget kann in einem reichen Forscherleben nicht alle wichtigen Fragen bearbeiten. Es ist ihm nicht vorzuwerfen, dass er sich auf die Fragen konzentriert hat, die ihm wichtig waren. Mit den Erkenntnissen zu diesen Fragen darf und muss man sich kritisch auseinander setzen. Einiges ist bereits in diesem Kapitel angesprochen, weiteres wird vor allem im folgenden Kapitel 12 diskutiert. Hans Aeblis Kritik, dass Piaget zwar den Strukturalismus und Konstruktivismus in die Entwicklungspsychologie eingebracht hat, aber nur einen kleinen Ausschnitt aus dem Reichtum der sich entwickelnden Strukturen beschrieben hat, ist zutreffend (Aebli, 1980, 1981).

Weiterführende Literatur

Empfohlen seien neben der Lektüre von Originalwerken Piagets folgende Bücher und Artikel:

Aebli, H. (1980/81) Denken: Das Ordnen des Tuns. Stuttgart: Klett-Cotta (2 Bände).
Ausgehend von einer kritischen Auseinandersetzung mit Piaget, konkretisiert Aebli den Aufbau von Strukturen an vielen Beispielen, wobei er wichtige Forschungsrichtungen der Kognitions-, Sprach- und Handlungspsychologie integriert.

Chapman, M. (1988) Constructive evolution. Cambridge: Cambridge University Press,

sowie

Lourenco, O. & Machado, A. (1996). In defense of Piaget's theory: A reply to 10 common criticisms. Psychological Review, 103, 143–164.
Diese Autoren setzen sich kritisch mit der Kritik an Piaget auseinander und vermitteln dabei ein angemessenes Verständnis seines Werkes.

Wilkening, F., Becker, J. & Trabasso, T. (Eds.) (1980). Information integration by children. Hillsdale, NJ: Erlbaum.
Diese Edition enthält wichtige Arbeiten zur Informationsintegration.

Kapitel 12
Entwicklung begrifflichen Wissens

Beate Sodian

1 Begriffliche Repräsentationen

Begriffe sind fundamental für unser Erleben und Verhalten. Sie ermöglichen uns die Organisation unserer Erfahrungen und die Anwendung vorhandenen Wissens auf neue Situationen. Wenn uns jemand sagt, „Larry" sei ein Hund, können wir, ohne weitere Information und ohne Larry gesehen zu haben, bereits erschließen, dass er ein Fell hat, vier Beine hat, bellen kann, wahrscheinlich in einer Familie lebt usw. – dies aufgrund unseres Wissens darüber, welche Merkmale Hunden gemeinsam sind. Unser Begriff „Hund" ist ein Eintrag in unserem Gedächtnis, der durch die Verknüpfung einer Reihe von Merkmalen zu einer Einheit entsteht (Clark, 1983). Eine solche Wissenseinheit kann sich auf ein einzelnes Individuum beziehen (z.B. Bill Clinton) oder auf eine Kategorie (Hunde, Vögel).

1.1 Merkmalsbasierte Ansätze

Theorie deterministischer Merkmalsrepräsentationen. Klassische Theorien der Repräsentation begrifflichen Wissens (semantische Merkmalstheorien) nehmen an, dass unsere Begriffe Lexikoneinträgen ähneln, die hinreichende und notwendige Bedingungen dafür spezifizieren, dass ein Exemplar unter den Begriff fällt (z.B. ist ein Mann ein Onkel, wenn er der Bruder des Vaters oder der Mutter ist oder der Mann der Tante). Ein Problem dieser Theorie besteht darin, dass sich für viele Begriffe keine Definitionskriterien im Sinne notwendiger und hinreichender Bedingungen angeben lassen (vgl. z.B. Begriffe wie „Spiel").

Theorie probabilistischer Repräsentationen. Eine alternative Theorie besagt, dass wir probabilistische (wahrscheinliche) Relationen zwischen Merkmalen und einem Begriff repräsentieren, nicht deterministische (vorbestimmte) (Rosch & Mervis, 1975). Zum Beispiel können die meisten (jedoch nicht alle) Vögel fliegen und die meisten (jedoch nicht alle) anderen Dinge in der Welt können nicht fliegen. Daher ist das Merkmal „Flugfähigkeit" ein hoch valider Hinweis darauf, dass ein Objekt ein Vogel ist, jedoch weder ein notwendiges noch ein hinreichendes Definitionskriterium. Diese Theorie erklärt unter anderem, warum wir manche Mitglieder einer Kategorie als „bessere" Repräsentanten des Begriffs betrachten als andere (z.B. den Spatzen als einen typischeren Vogel als den Strauß): Objekte, die Merkmale auf sich vereinen, die hoch valide Hinweise auf einen Begriff sind, erscheinen als besonders gute Repräsentanten dieses Konzepts – ein Phänomen, das sich mit der Theorie der notwendigen und hinreichenden semantischen Merkmale nicht erklären lässt. Ferner macht die Theorie Vorhersagen darüber, welche Ebene in einer Klassifikationshierarchie (z.B. Lebewesen – Tiere – Hunde – Dackel) die mit dem größten psychologischen Nutzen im Sinne der Speicherung begrifflicher Information ist: Auf der sogenannten basalen Ebene (zwischen der übergeordneten Ebene „Tiere" und der untergeordneten Ebene „Dackel") teilen die Objekte die höchste Zahl von Merkmalen mit anderen Exemplaren der gleichen Kategorie und die niedrigste mit Exemplaren anderer Kategorien (vgl. die Merkmale „vierbeinig", „Fell", „bellen", „Haustier", die es beispielsweise erlaubt, Hunde von Vögeln abzugrenzen).

Jedoch hat die Theorie probabilistischer Repräsentationen ebenso wie die Theorie deterministischer Merkmalsrepräsentationen die Schwäche, dass der Merkmalsbegriff vage bleibt. Weiter ist unklar, wie Kinder (oder Erwachsene) beim Erwerb neuer Begriffe dazu kommen, gerade bestimmte Merkmale eines Objekts oder Ereignisses zu beachten und andere zu ignorieren. Wie kommt das Kind dazu, zu wissen, welche Merkmale relevant sind?

1.2 Theoriebasierte Ansätze

Eine mögliche Lösung für das Problem des Wissens über relevante Merkmale besteht in der Betrachtung größerer Systeme begrifflichen Wissens. Begriffe wie „Hund“, „Vogel“, „Auto“, „Tisch“, „Glück“, „Mitleid“ sind eingebettet in größere Wissensdomänen: die biologische, physikalische und psychologische Domäne. Unser Wissen über solche fundamentalen Bereiche enthält domänenspezifische Erklärungen für die Phänomene eines Bereichs: Zum Beispiel unterscheiden sich unsere Erklärungen dafür, warum sich ein Hund oder ein Vogel bewegt, von denen, die wir für die Bewegung eines Autos geben, und diese wiederum von denen, die wir für Gefühlszustände (bei uns selbst oder bei anderen Menschen) geben. Unser begriffliches Wissen besteht also nicht nur aus Merkmalsassoziationen, sondern es enthält Annahmen darüber, warum die Welt so ist, wie sie ist. Diese Annahmen werden auch als theoretische Annahmen bezeichnet (Wellman & Gelman, 1998), da sie kohärente (zusammenhängende) Vorhersagen und Erklärungen für einen Phänomenbereich erlauben. Zum Beispiel greifen wir in unseren naiven Erklärungen für menschliches Verhalten auf die Begriffe der Absicht und der Überzeugung zurück („Warum ist Maxi ins Schwimmbad gegangen? Weil er Hansi treffen wollte und glaubte, dass er ihn dort finden würde.“); diese Begriffe fungieren als theoretische Terme in unserer naiven Alltagspsychologie und ermöglichen die Vorhersage künftiger Ereignisse in der Domäne „menschliches Verhalten“ (Premack & Woodruff, 1978).

> **!** Theoriebasierte Ansätze gehen, anders als rein merkmalsbasierte Ansätze, davon aus, dass kausale (ursächliche) Relationen ein wesentlicher Teil unseres begrifflichen Wissens sind und eng mit assoziativem Wissen verknüpft sind, so dass die meisten Begriffe sowohl Erklärungen für Assoziationen zwischen Merkmalen enthalten als auch Erklärungen für Relationen zwischen verwandten Konzepten (Keil, 1994).

Was entwickelt sich, wenn sich das begriffliche Wissen des Kindes verändert? Verschiedene klassische Theorien der begrifflichen Entwicklung nehmen tief greifende Veränderungen auf der Ebene der formalen Struktur von Begriffen an (von Perzepten zu Konzepten; von konkreten zu abstrakten Begriffen; von charakterisierenden zu definitorischen Merkmalen eines Begriffs). Diese Theorien werden im folgenden Abschnitt 2 kurz diskutiert. Neuere Ansätze lokalisieren die wesentlichen Quellen der Veränderung begrifflichen Wissens im Laufe der kindlichen Entwicklung auf der Ebene der Konzeptualisierung wichtiger Domänen, d.h. kohärenter begrifflicher Systeme, die von manchen Entwicklungspsychologen als intuitive Theorien dargestellt werden. Über die Entwicklung domänenspezifischen Wissens in drei Bereichen (Physik, Psychologie, Biologie) informiert Abschnitt 3. Abschließend (in Abschnitt 4) wird die Entwicklung domänenübergreifenden – metabegrifflichen – Wissens diskutiert.

2 Repräsentationale Entwicklung

2.1 Kategorisierung im Säuglingsalter

Schon sehr früh in der kindlichen Entwicklung erfüllen Begriffe die Funktion der effizienten Organisation und Reduktion von Information im Gedächtnis und dienen als Grundlage für Schlussfolgerungen über Unbekanntes (Induktion) (Gelman, 1994). Belege dafür kommen aus der Forschung zur Kategorisierung im Säuglingsalter:

Wenige Monate alte Säuglinge kategorisieren Sprachlaute (Kuhl, 1985; Werker, 1989), Gesichter (Cohen & Strauss, 1979), den Ausdruck von Emotionen in Gesichtern (Kestenbaum & Nelson, 1990), Farben (Teller & Bornstein, 1987) u.a.m. Im ersten Lebensjahr bilden Säuglinge sowohl Kategorien auf der basalen Ebene (z.B. Pferde, Katzen, Giraffen) als auch auf übergeordneten Ebenen (Säugetiere, Fische, Möbel). Im Habituationsexperiment (vgl. Kap. 5 für eine allgemeine Einführung in die Methode) lässt sich dies z.B. demonstrieren, indem man Säuglingen zunächst nacheinander mehrere Fotos von Objekten der gleichen Kategorie (z.B. Pferde) präsentiert; nach Präsentation mehrerer Objekte der gleichen Kategorie lässt das Interesse des Säuglings nach, was sich darin zeigt, dass die Fixationszeiten kürzer werden. Wenn dann ein Foto eines Objekts einer anderen Kategorie (z.B. Giraffe) gezeigt wird, steigt das Interesse wieder an (Eimas & Quinn, 1994). Behl-Chadha (1996) und Pauen (im Druck) konnten zeigen, dass dies auch für übergeordnete Kategorien (Säugetiere vs. Fische, Tiere vs. Möbel) gilt. Ferner abstrahieren Säuglinge korrelative Strukturen aus artifiziellen Stimuli, z.B. Phantasietieren (Cohen & Younger, 1983). Ab dem Alter von etwa 18 Monaten gibt der Spracherwerb Hinweise auf den rapiden Erwerb neuer Begriffe: Im zweiten Lebensjahr durchlaufen die meisten Babys eine sog. Wortschatzexplosion; zwischen dem dritten und dem sechsten Lebensjahr erweitert sich der Wortschatz von Kindern täglich um durchschnittlich neun neue Wörter (Carey, 1978). Geht man davon aus, dass die meisten neuen Wörter neue Begriffe bezeichnen, so kann man schließen, dass die Entwicklung begrifflichen Wissens ab der frühen Kindheit rasch voranschreitet.

Kategorien als Basis für Schlussfolgerungen. Kategorien dienen bereits im ersten Lebensjahr zu induktiven Inferenzen (Schlussfolgerungen): Drei Monate alte Säuglinge nutzen ihr an einem Mobile erworbenes Wissen über Eigenschaften von Mobiles bei der Erkundung neuer Mobiles (Hayne & Rovee-Collier, 1995) und 9 bis 16 Monate alte Babys bilden spezifische Erwartungen über die Eigenschaften und Funktionen einer Kategorie von Objekten aufgrund der Erfahrungen mit einem Mitglied dieser Kategorie: Zeigt man den Babys eine spezifische Funktion des Objekts (einen neuen und nicht erwartbaren Effekt, der z.B. auftritt, wenn man das Objekt schüttelt), so versuchen sie diesen Effekt bei ähnlichen Objekten zu wiederholen, jedoch nicht bei Objekten einer anderen Kategorie (Baldwin et al., 1993).

2.2 Entwicklung begrifflicher Repräsentationen

Auch wenn die Fähigkeit, Begriffe zu bilden, und sie als Basis für Induktion zu benützen, selbst nicht entwicklungssensitiv ist, ändern sich im Laufe der Entwicklung mit Sicherheit die Inhalte von Begriffen. Dies lässt sich schon am rein quantitativen Wissenszuwachs im Laufe der kindlichen Entwicklung verdeutlichen: So dürfte ein vierjähriges Kind durchschnittlich vielleicht drei Hunderassen, ein zehnjähriges hingegen 10 oder 15 kennen, d.h. sein begriffliches Wissen über Hunde ist umfangreicher und differenzierter geworden. Im Zentrum des Interesses der Entwicklungspsychologie stehen jedoch fundamentalere, qualitative Veränderungen des begrifflichen Wissens.

> **!** Annahmen über fundamentale qualitative Veränderungen von Begriffen haben in der Entwicklungspsychologie eine lange Tradition. So wurde vermutet, begriffliche Repräsentationen jüngerer Kinder seien rein perzeptuell (wahrnehmungsbezogen; auf das Erscheinungsbild begrenzt), erst ältere Kinder bildeten wissensbasierte, konzeptuelle Repräsentationen (Bruner et al., 1966); Wygotski (1962) postulierte einen Wandel von thematischen zu taxonomischen (auf eine Klasse bezogene) begrifflichen Repräsentationen und Piaget (1951) von konkreten zu abstrakten Konzepten. Diese klassischen entwicklungspsychologischen Gegenüberstellungen haben sich im Lichte der neueren Forschung jedoch als nicht haltbar erwiesen.

Bildung taxonomischer Kategorien. So zeigte sich, dass die spontane Tendenz jüngerer Kinder, Objekte nach thematischen Beziehungen zu gruppieren (also z.B. eine Spielszene zu bauen aus Haustieren, Menschen, einem Haus, Möbeln, Autos usw.), nicht dahin fehlinterpretiert werden darf, dass Kinder keine taxonomischen Relationen bilden können: Bei entsprechender Instruktion („Kann man die Sachen noch anders ordnen?") sortieren auch Vorschulkinder bereits taxonomisch (d.h. sie bilden die Gruppen der Möbel, der Fahrzeuge, der Menschen, der Tiere usw.) (Markman & Hutchinson, 1984; Smiley & Brown, 1979).

Bauer und Mandler (1989) zeigten in einer Wahlaufgabe mit zwei Alternativen, dass sogar Einjährige taxonomische Relationen repräsentieren: Das Zielobjekt (z.B. ein Spielzeughund) wurde vor das Kind gelegt. Daneben lag ein Objekt, das zum Zielobjekt in taxonomischer (Katze) und eines, das in thematischer (Knochen) Relation stand. Wenn Einjährige aufgefordert wurden, ein Objekt zu wählen, das „wie das Zielobjekt ist", so wählten sie in 85 Prozent der Fälle den in taxonomischer Beziehung zum Zielobjekt stehenden Gegenstand.

Aus der Fähigkeit zur Bildung taxonomischer Kategorien kann noch nicht geschlossen werden, dass Kinder zwischen den Kategorien nach den gleichen Kriterien unterscheiden wie Erwachsene. Am einfachsten lassen sich die Kriterien, die Kinder für die Zuordnung eines Exemplars zu einer Kategorie nutzen, an solchen Begriffen untersuchen, die sich relativ problemlos im Sinne von notwendigen und hinreichenden Definitionskriterien darstellen lassen (z.B. Verwandtschaftsbeziehungen). Keil und Batterman (1984) fanden, dass der Kenntnis der Definitionskriterien für einen Begriff häufig die bloße Kenntnis charakteristischer Merkmale vorausläuft. So kennen jüngere Kinder die charakteristischen Merkmale von Großmüttern (graue Haare, Plätzchen backen), jedoch nicht die definierenden Verwandtschaftsbeziehungen und urteilen folglich bei einer Abweichung von den charakteristischen Merkmalen (z.B. ungewöhnliche Jugend) auch dann, wenn die biologischen Kriterien erfüllt sind, dass es sich nicht um eine Großmutter handeln könne. Wichtig ist jedoch, dass es sich beim Erwerb hinreichender und notwendiger Kriterien (für solche Begriffe, die sich auf diese Weise definieren lassen) nicht um einen globalen, bereichsübergreifenden, an das Alter gebundenen Entwicklungsschritt handelt. Vielmehr unterscheidet sich das begriffliche Verständnis von Kindern in Abhängigkeit von Kontexten und Domänen.

Bildung abstrakter Konzepte. Weitere Evidenz spricht gegen die These, in der Kindheit finde ein globaler Wandel von konkreten zu abstrakten Begriffen statt. So zeigten Simons und Keil (1995), dass Drei- bis Fünfjährige abstrakte Erwartungen über das Innere von Tieren und Maschinen haben, die es ihnen erlauben, zwischen diesen Kategorien zu differenzieren. So differenzierten schon die jüngsten Kinder zwischen dem Innenleben von Maschinen und dem von Tieren, wenn sie auch keine konkreten Vorstellungen über ein „biologisches Innenleben" hatten.

Schließlich widerlegt die neuere Forschung auch die These, die Konzepte jüngerer Kinder seien nicht wissensbasiert, sondern völlig an die Anschauung gebunden. Zwar gibt es eine Vielzahl von Belegen dafür, dass sich Kinder im Vorschulalter vom Wahrnehmungseindruck irreführen lassen, so z.B. in den klassischen Piagetschen Konservierungsaufgaben, in denen sich durch eine physikalische irrelevante Transformation (z.B. Umschütten) das äußere Erscheinungsbild einer Entität, nicht jedoch ihr Volumen bzw. ihr Gewicht ändert. Jedoch bedeuten diese Belege nicht, dass Kinder unfähig seien, Kategorien aufgrund tiefer liegender struktureller Eigenschaften zu bilden. Gelman und Markman (1986; 1987) zeigten, dass Drei- und Vierjährige in der Lage sind, Schlussfolgerungen über biologische Arten allein aufgrund der Kategoriezugehörigkeit (und nicht der äußeren Erscheinung) zu ziehen: Beispielsweise sahen die Kinder ein Bild eines Zielobjekts (Katze) und erhielten eine Information über das Tier („es kann im Dunkeln sehen"). Anschließend wurden ihnen vier weitere Tiere gezeigt, von denen eines aussah wie das Zielobjekt und der gleichen Kategorie angehörte (eine andere Katze), eines, das wie das Zielobjekt aussah, aber einer anderen Kategorie angehörte (Stinktier), eines, das nicht wie das Zielobjekt aussah, aber der gleichen Kategorie angehörte (eine andersfarbige Katze), und eines, das weder wie das Zielobjekt aussah, noch der gleichen Kategorie angehörte (ein Dinosaurier). Die Antworten auf die Testfragen („Kann x im Dunkeln sehen?") zeigten, dass die Kinder ihre Inferenzen konsequent auf der Grundlage der Kategoriezugehörigkeit machten.

Bildung konzeptueller Repräsentationen. Neuere Befunde der Säuglingsforschung deuten darauf hin, dass sogar die Kategorisierungsleistungen präverbaler Kinder auf konzeptuellem Wissen und nicht ausschließlich auf perzeptueller Ähnlichkeit basieren: In Studien mit der Objektexaminationsaufgabe, einer Habituations-Dishabituationstechnik, bei der Säuglinge nacheinander verschiedene Objekte (Spielzeugmodelle realer Objekte) zur Examination vorgelegt bekommen, zeigte Pauen (im Druck), dass 11 Monate alte Babys in Reaktion auf die Änderung der Kategoriezugehörigkeit dishabituieren (nach einer Reihe von Objekten der gleichen Kategorie, z.B. einer Reihe von Tieren, wird dem Kind ein Objekt einer anderen Kategorie, z.B. ein Möbelstück vorgelegt), nicht in Reaktion auf den Grad perzeptueller Ähnlichkeit (bzw. Unähnlichkeit) zwischen den Exemplaren verschiedener Kategorien. Diese Befunde sind konsistent mit der Annahme, dass begriffliches Wissen (sog. Kernwissen) über kausale, funktionale oder strukturelle Eigenschaften von Objekten entweder angeboren ist (Fodor, 1975) oder bereits im Laufe des ersten Lebensjahres erworben wird (Carey & Spelke, 1994; Mandler, 1992). Dies bedeutet nicht, dass perzeptuelle Objektmerkmale von Säuglingen nicht beachtet würden. Vielmehr nehmen die Verfechter der These der frühen Entwicklung begrifflichen Wissens an, dass perzeptuelle Merkmale dann besonders beachtet werden, wenn sie im Hinblick auf funktionale oder strukturelle Merkmale der Objekte von Bedeutung sind, wenn sie uns also, wie z.B. im Falle von Bewegungsmustern, Aufschluss über die Zugehörigkeit eines Objekts zur Kategorie der Lebewesen (vs. der unbelebten Objekte) geben. Verfechter der Gegenthese, nach der die ersten Kategorien von Säuglingen rein perzeptuell seien, interpretieren hingegen konzeptuelles Wissen als Bereicherung von früh erworbenen perzeptuellen Kategorien (Quinn & Eimas, 1996).

Wenn somit also die Anfänge der begrifflichen Entwicklung im Säuglingsalter kontrovers sind, so herrscht doch Einigkeit darüber, dass begriffliches Wissen spätestens gegen Ende des ersten Lebensjahres den Kategorisierungsleistungen von Säuglingen zugrundeliegt.

FAZIT

Zusammenfassend kann man festhalten, dass frühere Theorien über fundamentale Entwicklungsveränderungen kindlicher Konzepte zu starke Annahmen über die Unterschiede zwischen den Begriffen von Kindern und Erwachsenen – insbesondere über globale Defizite der formalen Begriffsstruktur von Kindern – machten. Kindliche Begriffe sind vielmehr in hohem Maße domänen- und kontextspezifisch (Gelman, 1994). Daher stehen domänenspezifische Veränderungen von Begriffssystemen im Mittelpunkt aktueller Entwicklungstheorien begrifflichen Wissens (Wellman & Gelman, 1998).

3 Wissensentwicklung in grundlegenden Domänen

3.1 Theoretische Ansätze

Die Entwicklung des kindlichen Wissens über grundlegende Inhaltsbereiche (biologisches, physikalisches, numerisches, psychologisches Wissen) ist ein noch relativ junges Forschungsgebiet der kognitiven Entwicklungspsychologie. Unter dem Einfluss der Theorie Piagets – aber auch der Neo-Piagetschen Informationsverarbeitungstheorien – standen lange Zeit bereichsübergreifende, „strukturelle" Merkmale des kindlichen Denkens im Vordergrund. Das kindliche Wissen über spezifische Inhalte galt lediglich als ein „Fenster" zur Erforschung domänenübergreifender Strukturen und Prozesse, die als grundlegend angesehen wurden. Die wichtigsten traditionellen Annahmen über bereichsübergreifende, globale Veränderungen im kindlichen Denken haben sich jedoch als nicht haltbar erwiesen (vgl. Carey, 1990; 1995; Gelman & Baillargeon, 1983; Sodian, 1995). Daher trat in den letzten 20 Jahren das begriffliche Wissen über grundlegende Domänen als mögliche Quelle „fundamentaler" kognitiver Veränderungen in der kindlichen Entwicklung in den Vordergrund.

Modell des Expertiseerwerbs. Die Expertiseforschung untersucht die Effekte spezialisierten domänenspezifischen Wissens auf kognitive Leistungen bei Erwachsenen (Chase & Simon, 1973), aber auch bei Kindern (Chi, 1978). Ergebnisse dieser Forschung trugen zur Erhöhung des Interesses der Entwicklungspsychologie am domänenspezifischen Wissen bei. Das Kind ist im Vergleich zum Erwachsenen, so argumentierten Brown und DeLoache (1978), ein „universeller Novize". Lässt sich also die kognitive Entwicklung als ein Prozess des Erwerbs von Expertise über die verschiedensten Domänen hinweg beschreiben? Wendet man das Modell des Expertiseerwerbs auf die kognitive Entwicklung an, so stellt sich der kindliche Prozess der begrifflichen Erschließung von Domänen als die Summe von vielen geringfügigen Fortschritten dar. Die Fortschritte wiederum hängen von der Verfügbarkeit entsprechender Informationen und von der Gelegenheit zu ständiger Übung ab. Die Entwicklung von Wissen wird im Expertisemodell analog zum Erwerb von Kulturtechniken (wie Lesen) und von Fertigkeiten (wie Klavierspiel) dargestellt: Es werden weder Annahmen über einen (angeborenen) Ausgangszustand noch über domänenspezifische Mechanismen gemacht. Vielmehr genügen domänenübergreifende Informationsverarbeitungsfähigkeiten und domänenspezifischer Input zur Erklärung des Expertiseerwerbs (vgl. Wellman & Gelman, 1998).

Modularitätstheorien. Stärkere Annahmen über die Domänenspezifität menschlicher Kognition werden von Modularitätstheorien (Chomsky, 1988; Fodor, 1983; Pinker, 1994) gemacht. Deren Grundannahme ist, dass es spezialisierte Systeme der Informationsverarbeitung gibt, die dazu dienen, spezifische Arten von Information (und nur diese) zu repräsentieren und zu verarbeiten (also z.B. spezialisierte Systeme für numerische Informationsverarbeitung, für physikalische oder für soziale Kognition). Manche Modularitätstheoretiker nehmen darüber hinaus an, dass diese kognitiven Module eine evolutionär angelegte neurologische Basis haben. Modularität muss nicht notwendigerweise angeboren sein (Elman et al., 1996), jedoch machen die meisten Modularitätstheoretiker starke Annahmen über angeborene, domänenspezifische Verarbeitungssysteme. Module im Fodorschen Sinne sind von Geburt an spezifiziert. Input aus der Umwelt ist nötig, um die modulare Verarbeitung anzuregen, Input (Erfahrung) führt jedoch nicht zu einer Veränderung der Ergebnisse der modularen Verarbeitung, sondern (domänenspezifische) Wahrnehmung und Kognition sind in einem starren Verarbeitungsmodus aneinander gebunden. Eine solche Theorie lässt (in ihrer strengen Form) keinen Raum für Entwicklung; vielmehr ist die domänenspezifische Informationsverarbeitung grundsätzlich bei Kindern und Erwachsenen identisch. Ein Minimum an Erfahrung ist notwendig, um die modulare Verarbeitung in Gang zu setzen. Jedoch folgt die Entwicklung des modular konzipierten Systems (z.B. die Entwicklung der Sprache, die des visuellen Systems) weitgehend biologischen Prinzipien und die möglichen Ergebnisse (Endpunkte der Entwicklung) sind fixiert (oder variieren nur in engen Grenzen).

„Theorie-Theorie". Der in der Entwicklungspsychologie traditionell verankerten Vorstellung von fundamentalen „qualitativen" Veränderungen im Laufe der kindlichen Entwicklung wird unter den aktuellen domänenspezifischen Entwicklungstheorien nur die „Theorie-Theorie" (Carey, 1985; 1991; Gopnik & Wellman, 1992; Wellman & Gelman, 1998) gerecht: die Theorie, dass sich die kognitive Entwicklung des Kindes als Wandel intuitiver Theorien beschreiben lasse, wobei dieser Theoriewandel Ähnlichkeiten mit dem Wandel von Rahmentheorien (Paradigmen) in der Wissenschaftsgeschichte aufweist. Intuitive wie wissenschaftliche Theorien sind gekennzeichnet durch einen Phänomenbereich, ein System von Kernbegriffen sowie ein System von Erklärungsprinzipien. Diese Kausalerklärungen sind domänenspezifisch: So erklären wir menschliches Verhalten nach anderen Prinzipien als das Wachstum von Pflanzen oder die Bewegungen der Himmelskörper.

Vertreter der „Theorie-Theorie" nehmen an, dass kindliches Wissen schon früh theorieähnlich organisiert ist, also in zusammenhängende Erklärungssysteme für unterschiedliche Phänomenbereiche eingebettet ist, und dass diese kindlichen Theorien sich wesentlich von denen Erwachsener unterscheiden. Im Gegensatz zu Piaget, der bereichsübergreifende kognitive Strukturen annahm, lokalisiert die „Theorie-Theorie" den kognitiven Fortschritt im begrifflichen Verständnis der jeweiligen Domäne: Die früh erworbene Ausgangstheorie (auf der Basis weniger angeborener domänenspezifischer Prinzipien) bestimmt das Denken des Kindes in der jeweiligen Domäne und leitet dessen weitere Entwicklung. Beim Lernen durch Instruktion wird neue Information im Rahmen der intuitiven Theorie interpretiert. Der Wandel von Rahmentheorien vollzieht sich langsam über größere Zeiträume hinweg und ist durch Instruktion nicht direkt und unproblematisch zu erreichen (Brewer & Samarapungavan, 1991).

Anders als Modularitätstheorien betrachtet die „Theorie-Theorie" die Erfahrungen, die das Kind macht, nicht lediglich als Auslöser für einen domänenspezifischen Verarbeitungsmodus, sondern als Datenbasis, die zur Evaluation und potentiellen Revision der Theorie zur Verfügung steht. So kann die „Theorie-Theorie" – ebenso wie der Expertiseansatz – Lernen durch Erfahrung erklären. Im Unterschied zum Expertiseansatz erscheint der kognitive Fortschritt aus dem Blickwinkel der „Theorie-Theorie" jedoch nicht graduell und stetig, sondern als Prozess der Umstrukturierung begrifflicher Systeme.

3.2 Intuitive Physik: Basales Wissen

Auch ohne je formellen Physikunterricht erhalten zu haben, besitzen wir alle physikalisches Wissen oder, besser gesagt, Intuitionen über physikalische Phänomene. Zu den für die Orientierung in unserer Umgebung wichtigsten Elementen dieses intuitiven physikalischen Wissens gehört unser Wissen über die Eigenschaften physikalischer Objekte. Man stelle sich vor, wir wüssten nicht, dass Objekte wie Tische, Stühle und Bälle unabhängig von unseren eigenen Handlungen bestehen und fortdauern zu existieren, wenn wir sie nicht sehen können; wir gingen nicht selbstverständlich davon aus, dass Objekte solide und dreidimensional sind, dass also z.B. ein Ball zurückspringen wird, wenn er auf eine Tischplatte trifft und nicht „durch diese hindurch" rollen wird; wir wüssten nicht, dass Objekte nach unten fallen, wenn man sie loslässt und in Bewegung bleiben, bis sie auf ein Hindernis treffen. Wie könnten wir uns in unserer Umwelt orientieren und adäquat agieren? Auch Kinder müssen – so nehmen wir selbstverständlich an – bereits solche grundlegenden physikalischen Intuitionen haben. Andernfalls würden wir bizarre Verhaltensweisen und Irrtümer in ihren alltäglichen Handlungen erwarten. Aber besitzen Kinder diese Intuitionen von Anfang an? Gibt es angeborenes physikalisches Wissen oder werden die Grundlagen für unser physikalisches Weltbild im Laufe der frühen Kindheit erst erworben?

UNTER DER LUPE

Das Objektverständnis des Säuglings: Die Prinzipien der Kontinuität und Solidität (Spelke et al., 1992)

Vier Monate alten Säuglingen wurde zunächst (in der Habituationsphase) gezeigt, wie ein Ball losgelassen wurde und hinter einem Schirm verschwand; wenn der Schirm hochgezogen wurde, lag der Ball am Boden (s. Abb. 12.1a). Der Ball blieb in dieser Position solange die Babys hinschauten und dieses Ereignis wurde wiederholt, bis es den Babys „langweilig" wurde (d.h. bis ihre Betrachtungszeiten bis zu einem festgelegten Kriterium abnahmen). Dann wurde entweder ein physikalisch mögliches oder ein physikalisch unmögliches Ereignis gezeigt (konsistente vs. inkonsistente Bedingung, s. Abb. 12.1a)

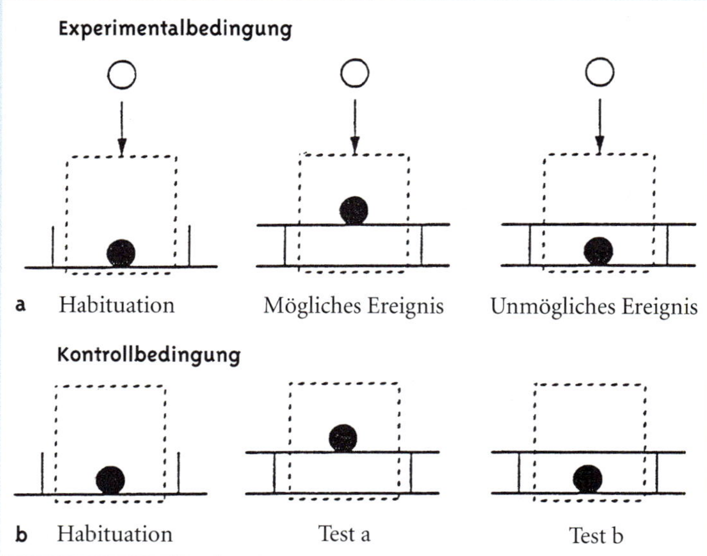

Abbildung 12.1. Experimentelle Bedingungen zur Untersuchung des Wissens über die Kontinuität und Solidität von Objekten bei Säuglingen (nach Spelke et al., 1994)

Der Ball lag, wenn der Schirm hochgezogen wurde, entweder auf oder unter einer Tischplatte; die letztere Position ist mit der Kontinuitäts- und Soliditätsannahme nicht konsistent. Wenn die Säuglinge bereits die Kontinuität der Bewegung im Raum erwarten, dann sollten sie den Ball unter der Tischplatte länger betrachten als das physikalisch mögliche Ereignis. Dieses Ergebnismuster wurde auch tatsächlich gefunden. Diese Unterschiede in der Fixationsdauer können freilich nur dann im Sinne eines frühen Verständnisses von Kontinuität und Solidität interpretiert werden, wenn sichergestellt ist, dass Babys nicht von vornherein eine Präferenz haben, auf Bälle, die unter einer Tischplatte liegen, länger zu schauen als auf Bälle, die auf einer Tischplatte liegen, unabhängig von vorangehenden verdeckten Objektbewegungen. Dies wurde durch die Kontrollbedingungen (Abb. 12.1b) sichergestellt.

Ein weiteres Experiment zeigt, dass bereits bei zweieinhalb Monate alten Babys eine Differenzierung zwischen Ereignissen, die mit der Kontinuitäts- und Soliditätserwartung konsistent sind und solchen, die nicht mit ihr konsistent sind, nachgewiesen werden kann (Spelke, 1991). Diese Befunde deuten darauf hin, dass schon sehr junge Säuglinge grundsätzlich die gleichen Erwartungen über die Kontinuität verdeckter Objektbewegungen haben wie wir.

Säuglinge scheinen schon in der ersten Hälfte des ersten Lebensjahres zu „wissen", dass Objekte solide sind, d.h. dass ein Objekt nicht durch ein anderes „hindurchgehen" kann und dass ein sich bewegendes Objekt zum Stillstand kommt, wenn ein Hindernis auftaucht. Die Kenntnis dieser Prinzipien wird durch die Experimente von Elizabeth Spelke und Kollegen belegt (Spelke et al., 1992, s. Kasten, S. 450).

Kausales Denken. Unbelebte Objekte können nur durch die Wirkung externer Kräfte in Bewegung gesetzt werden. Um Objektbewegungen nachzuvollziehen, ist daher ein Grundverständnis mechanischer Verursachung nötig.

Forschung zum kausalen Denken bei Vorschulkindern hat gezeigt, dass Drei- bis Vierjährige in einfachen Aufgaben kausale Schlussfolgerungen nach den gleichen Prinzipien ableiten wie Erwachsene (Bullock et al., 1982): Sie denken deterministisch, d.h., sie nehmen im Regelfall an, dass ein Ereignis eine Ursache hat. Bei der Suche nach Ursachen gehen sie nach dem Prinzip der zeitlichen Priorität vor, d.h. als Ursachen kommen nur Ereignisse in Frage, die zeitlich dem Effekt vorangehen (oder mit ihm zusammenfallen), nicht solche, die ihm nachfolgen. Schließlich unterstellen Kinder wie Erwachsene kausale Mechanismen, d.h., sie machen Annahmen darüber, auf welche Weise der Effekt zustande gekommen sein kann, und diese Annahmen führen dazu, relevante Ursachen zu suchen, und irrelevante zu ignorieren.

Alan Leslie und Kollegen (Leslie, 1982; Leslie & Keeble, 1987) konnten im Habituations-Dishabituations-Paradigma zeigen, dass schon sechs Monate alte Säuglinge einige Aspekte mechanischer Verursachung verstehen: Die Säuglinge bekamen einen Film gezeigt, in dem ein Objekt A mit einem zweiten Objekt B zusammenstößt und der Eindruck entsteht, dass A B in Bewegung setzt (= Standardbedingung: Kausalsequenz). In Kontrollbedingungen wurden Ereignissequenzen gezeigt, die keine kausale Interpretation nahe legen, z.B. dass Objekt A in Kontakt mit Objekt B tritt, Objekt B sich aber erst nach erheblichem Zeitabstand in Bewegung setzt. Wenn die Babys die Standardsequenz ebenso wie Erwachsene kausal interpretieren, dann sollten sie überrascht sein, wenn ihnen diese Sequenz in umgekehrter Reihenfolge gezeigt wird (also so, dass Objekt B Objekt A anstößt), denn eine solche Umkehrung der Reihenfolge beinhaltet eine Vertauschung von Ursache und Wirkung. Hingegen ist in den Kontrollbedingungen keine Überraschung bei Umkehrung der Reihenfolge zu erwarten, da weder das ursprüngliche Ereignis noch die Umkehrung eine Kausalsequenz nahelegen. Die Befunde von Leslie entsprechen genau diesem Muster: Die Säuglinge dishabituierten (sie schauten länger hin) bei Umkehrung der Reihenfolge der Ereignisse nur in der kausal interpretierbaren Bedingung, nicht in den Kontrollbedingungen. Schon sechs Monate alte Babys unterscheiden also zwischen kausalen und nicht-kausalen Ereignissequenzen. Mehr noch: Sieben Monate alte Säuglinge unterscheiden bereits zwischen Lebewesen und unbelebten Objekten nach dem Kriterium der selbstinitiierten Bewegung (Spelke et al., 1995).

Objekteigenschaften. Nicht in allen Aspekten entsprechen jedoch die Intuitionen des sechs Monate alten Säuglings über physikalische Objekte bereits denen Erwachsener: Säuglinge unterscheiden offenbar zwischen Objekten aufgrund von raumzeitlichen Hinweisen (wenn zwischen zwei Objekten ein Zwischenraum ist, dann müssen es zwei sein) und aufgrund von Bewegungshinweisen. Auf diese Weise können sie die Zahl verschiedener Objekte in ihrem Gesichtsfeld erfassen und deren Bewegungsbahnen verfolgen. Erwachsene benützen neben raumzeitlicher und Bewegungsinformation jedoch auch Information über Objekteigenschaften, um Objekte zu identifizieren. Wenn ich z.B. sehe, dass ein Auto in einem Tunnel verschwindet, und sehe, dass ein Motorrad auf der anderen Seite herauskommt, werde ich schließen, dass es sich um zwei verschiedene Objekte handelt – obwohl zwischen den beiden Objekten ein raumzeitlich kontinuierlicher Bewegungspfad bestand.

Xu und Carey (1996) fanden, dass zehn Monate alte Säuglinge Informationen über Objekteigenschaften und Objektidentität ignorieren, wenn raumzeitliche Kontinuität gegeben ist: Wenn ein Objekt (eine Spielzeugente) auf einer Seite hinter einem Schirm verschwand und ein anderes Objekt (ein Auto) auf der anderen Seite herauskam (und diese Sequenz in der Habituationsphase mehrmals wiederholt wurde), unterschieden zehn Monate alte Kinder nicht zwischen Testereignissen (kein Schirm), in denen ein Objekt (z.B. nur das Auto) und solchen in denen beide Objekte gezeigt wurden. Erst 12 Monate alte Kinder scheinen ebenso wie Erwachsene Information über Objektart und -eigenschaften zu nutzen, um Objekte zu individuieren. Das bedeutet nicht, dass jüngere Babys generell nicht zwischen Objekten unterscheiden könnten: Für sie macht es sehr wohl einen Unterschied, ob man ihnen ihren Teddy oder ihre Babyflasche gibt. Jedoch scheinen sie die Information über Objekteigenschaften in bestimmten Situationen – z.B. dann, wenn sie Objekte zählen müssen – außer Acht zu lassen.

Auch Baillargeon (1994) fand, dass Säuglinge in der ersten Hälfte des ersten Lebensjahres zwar schon einige wichtige Eigenschaften von Objekten verstehen (z.B. dass sie fortbestehen, wenn sie verdeckt sind), dass sie jedoch diese zunächst nur qualitativ zu repräsentieren scheinen. Erst in den zweiten sechs Monaten lernen sie Objekteigenschaften (z.B. deren Höhe) quantitativ zu verrechnen, erinnern sich also z.B. nicht nur daran, dass ein Objekt hinter dem Schirm war, sondern auch daran, wie groß es war.

Schwerkraft und Trägheit. Spelke und Kollegen (Spelke et al., 1992) fanden, dass zwar schon vier Monate alte Säuglinge das Soliditäts- und das Kontinuitätsprinzip beachten, dass sie jedoch noch nicht unsere Intuitionen über Schwerkraft und Trägheit teilen: Vier bis sechs Monate alte Babys differenzieren noch nicht zwischen Ereignissen, die das Schwerkrafts- bzw. Trägheitsprinzip verletzen (ein Ball „steht“ in der Luft, ohne gehalten zu werden) und physikalisch möglichen Ereignissen (Ball fällt zu Boden); unter bestimmten Bedingungen betrachten sie sogar das physikalisch mögliche Ereignis länger als das physikalisch unmögliche. Sie reagieren auch dann nicht auf Verletzungen des Trägheitsprinzips, wenn ein Objekt in einer horizontalen Bewegung einen abrupten Richtungswechsel vornimmt. Das Wissen über Trägheit scheint erst im Alter von etwa acht bis zehn Monaten erworben zu werden und auch dann schwächer verankert zu sein, als das Wissen über die Kontinuität von Objektbewegungen.

Nach Spelke et al. (1994) gehört das Trägheitsprinzip im Gegensatz zum Kontinuitätsprinzip nicht zum Kernbereich unseres physikalischen Wissens. Ihre These ist, dass Babys mit den Wissenselementen (Kontinuität und Solidität) beginnen, die auch den Kern unseres (d.h. des Erwachsenen-)Wissens über physikalische Objekte bilden und dass im Laufe der Entwicklung lediglich eine Bereicherung dieses intuitiven physikalischen Wissens stattfindet, nicht aber ein fundamentaler begrifflicher Wandel (Spelke et al., 1992).

Erklärungsansätze. Spelkes Theorie über physikalisches Kernwissen bei Säuglingen könnte grundsätzlich mit einem Expertiseansatz vereinbar sein, da Säuglinge im Alter von vier Monaten schon einige Erfahrung mit physikalischen Objekten haben. Sie könnten das Soliditäts- und das Kontinuitätsprinzip durch Lernen durch Erfahrung erworben haben. Dagegen spricht u.a., dass 5 bis 8 Monate alte Säuglinge Schatten missverstehen. Sie unterscheiden in ihren Erwartungen über Objektbewegungen nicht zwischen soliden Objekten und Schatten (Spelke et al., 1995). Dieser Befund spricht dafür, dass die domänenspezifischen Erwartungen von Säuglingen von vornherein durch Kernprinzipien geleitet werden, und dass Erfahrung mit Schatten nötig ist, um diese aus der Domäne der soliden Objekte auszugliedern. Die Annahme angeborener domänenspezifischer Kernprinzipien hat Ähnlichkeiten mit Modularitätstheorien (Leslie, 1987) insofern, als das Kernwissen durch Erfahrung nicht verändert, sondern allenfalls bereichert werden kann.

Alternative Ansätze räumen dem Lernen durch Erfahrung größeren Raum ein: Baillargeon et al.

(1995) nehmen an, dass Säuglinge nicht mit domänenspezifischem Wissen, sondern mit einem domänenspezifischen Lernmechanismus beginnen. Verschiedene Arten von Lernerfahrungen (Erfahrungen mit Objektkollisionen, Objektverdeckung, Objekten, die von anderen Objekten umschlossen sind, usw.) führen zu verschiedenen Arten von Lernen über Objekte. Baillargeon postuliert, dass diese Lernerfahrungen – und nicht abstrakte Kernprinzipien – die Entwicklung vorantreiben. Diese Theorie wird durch Befunde unterstützt, die nicht mit allgemein gültigen Kernprinzipien vereinbar sind, sondern auf die Situationsspezifität der Kompetenzen von Säuglingen hindeuten. Daher nehmen Baillargeon et al. an, dass das frühe Lernen von Säuglingen über Objekte situations- und kontextspezifisch ist, und erst später die Lernerfahrungen aus verschiedenen Typen von Situationen abstrahiert und integriert werden.

Ähnliche physikalische Intuitionen bei Kindern und Erwachsenen. Die bisher betrachteten Aspekte des kindlichen physikalischen Wissens deuten auf die Ähnlichkeit grundlegender physikalischer Intuitionen von Kindern und Erwachsenen hin: Schon Säuglinge teilen einige unserer fundamentalen Erwartungen über Eigenschaften physikalischer Objekte. Auch das physikalische Wissen von Vorschulkindern ist wesentlich reichhaltiger als traditionell (von Piaget) angenommen. Die neuere Forschung hat gezeigt, dass die von Piaget demonstrierten Denkfehler (z.B. die Nichterhaltung von Masse, Gewicht und Volumen, die Konfundierung von Zeit, Weg und Geschwindigkeit in spezifischen Aufgabenkontexten) nicht – wie von Piaget vermutet – auf ein Fehlen fundamentaler Konzepte wie Weg, Zeit, Geschwindigkeit, Kausalität u.a.m. hindeuten. Vielmehr ist es mit sensitiveren Methoden gelungen zu zeigen, dass Vorschulkinder viele Aspekte dieser fundamentalen Begriffe verstehen und dies auch in Aufgaben demonstrieren, die die Integration von Information aus mehreren Dimensionen verlangen (vgl. Wilkening, 1981; Anderson & Wilkening, 1991).

3.3 Entwicklung physikalischen Wissens: Begrifflicher Wandel

In der neueren entwicklungs- und der pädagogisch-psychologischen Literatur zum physikalischen Wissen von Kindern gibt es neben Demonstrationen früher Kompetenzen auch eine Fülle von Belegen für fehlerhafte physikalische Vorstellungen (sog. misconceptions), von denen manche offenbar bis ins Erwachsenenalter hinein bestehen bleiben (s. z.B. Carey, 1986; Clement, 1982; Helms & Novak, 1983; Kaiser et al., 1985; Krist, 1992; 2000). Die meisten dieser fehlerhaften Vorstellungen sind erstaunlich resistent gegen Instruktion und werden häufig auch dann beibehalten, wenn massive Gegenevidenz vorliegt. Zum Beispiel fanden Karmiloff-Smith und Inhelder (1974), dass Kinder, die in einer Aufgabe zum Gleichgewichtsbegriff davon ausgingen, dass Gegenstände stets ihren Schwerpunkt in der Mitte haben, diese Überzeugung auch dann beibehielten, wenn sie mit massiver Gegenevidenz konfrontiert wurden (mit Blöcken mit sichtbar asymmetrischer Gewichtsverteilung). Selbst wenn sie mit geschlossenen Augen den Schwerpunkt ertasten konnten, wiesen sie ihre so gefundene Problemlösung zurück, sobald sie die Augen öffneten und sahen, dass der Balancepunkt nicht in der Mitte lag.

Intuitive Theorien. Eine mögliche Erklärung für die Resistenz (Hartnäckigkeit) kindlicher physikalischer Fehlvorstellungen gegen Instruktion ist, dass solche Fehlvorstellungen eingebettet sind in alternative intuitive Theorien über physikalische Phänomene. Dass Fehlvorstellungen resistent gegen Veränderung sind, genügt jedoch noch nicht allein, um zu belegen, dass sie eingebettet sind in alternative intuitive Theorien. Vielmehr muss dazu das Begriffssystem und der Erklärungsapparat der intuitiven Theorie rekonstruiert werden. Dies soll im Folgenden an zwei Beispielen aus verschiedenen Bereichen der intuitiven Physik des Kindes skizziert werden.

3.3.1 Beispiel 1: Vom geozentrischen zum heliozentrischen Weltbild

Vosniadou (1991) schließt aus einer Reihe von Studien zur intuitiven Astronomie von Kindern im Grundschulalter, dass sich im Laufe der Entwicklung ein Wandel von einem geozentrischen zu einem heliozentrischen Weltbild vollzieht. Kinder beginnen mit der Vorstellung, die Erde sei flach und befinde sich an einem stationären Punkt in der Mitte des Universums: Sonne und Mond bewegen sich auf- und abwärts bzw. von Osten nach Westen und verursachen so den Tag-Nachtzyklus. Dieses Weltbild wird nach einigen Jahren abgelöst von der wissenschaftlich akzeptierten Vorstellung, dass die Erde eine Kugel ist, die um ihre eigene Achse rotiert und sich um die Sonne dreht. Die Interviews, die Vosniadou mit sechs- bis elfjährigen Kindern durchgeführt hat, zeigen, wie schwierig dieser Prozess der Restrukturierung naiver kosmologischer Vorstellungen ist. Die meisten Kinder hören irgendwann von Erwachsenen, dass die Erde eine Kugel sei. Diese Information widerspricht ihrer naiven Vorstellung, die auf unmittelbarer Anschauung basiert. Wenn die naive Vorstellung, die Erde sei eine Scheibe, eine isolierte falsche Überzeugung wäre, so müsste sie – im Sinne der Bereicherungsthese – leicht korrigierbar sein. Dies ist jedoch nicht der Fall: Kinder integrieren die Information, die Erde sei eine Kugel (bzw. die Erde sei „rund") zunächst in ihr naives geozentrisches Weltbild und versuchen, innerhalb dieses Rahmens eine sinnvolle Interpretation zu finden. Beispielantworten von Kindern zeigen, auf welche Schwierigkeiten sie dabei stoßen: Kinder wissen, dass Dinge normalerweise „zu Boden" fallen. Wie sollte jemand dann „auf der Unterseite" einer Kugel leben können, ohne herunterzufallen? Eine mögliche Lösung für dieses Problem besteht darin, dass ein „Herunterfallen" nicht mehr möglich ist: Die Erde ist – so eine kindliche Vorstellung – eine oben offene Hohlkugel, in deren gewölbtem Innenraum die Menschen leben; ein anderes Kind meint, es gebe zwei Erden, eine flache, auf der die Menschen leben und eine runde „oben im Himmel" und letztere ist gemeint, wenn die Erwachsenen davon sprechen, dass die Erde eine Kugel sei!

Bedeutungswandel zentraler Begriffe. Diese Befunde deuten darauf hin, dass die kindlichen kosmologischen Vorstellungen ein zusammenhängendes System von Überzeugungen bilden, das resistent gegen punktuelle Veränderungen ist. Kinder verfügen über einen Interpretationsrahmen, den sie auf neue Informationen anwenden. Die Veränderung dieses Interpretationsrahmens selbst ist offenbar ein langwieriger Prozess, der mehrere Jahre in Anspruch nimmt. Ein Grund, warum dieser Veränderungsprozess so mühsam ist, dürfte darin liegen, dass zentrale Begriffe, wie z.B. der der Schwerkraft, im Laufe der Entwicklung ihre Bedeutung verändern, so dass ihre Bedeutung im naiven Weltbild mit der Bedeutung, die sie im Erwachsenenweltbild besitzen, nur teilweise kompatibel ist. Vertreter der These vom Theoriewandel im Denken des Kindes behaupten, dass ein solcher Bedeutungswandel typisch sei für viele Bereiche der Entwicklung des physikalischen Verständnisses. Ein weiteres Beispiel dafür soll im Folgenden diskutiert werden.

3.3.2 Beispiel 2: Gewicht, Dichte und der Aufbau der Materie

Betrachten wir folgendes Phänomen (Carey, 1991): Wenn man Vorschulkinder befragt, ob ein Reiskorn oder ein kleines Stück Styropor „viel, ein bisschen oder gar nichts" wiege, so sagen fast alle, es wiege „nichts". Nimmt man ein großes Stück Styropor und halbiert es und setzt diesen Teilungsprozess solange fort, bis nur noch ein kleines Stück übrig ist, so sagen noch etwa 50 Prozent der Zehnjährigen, dass ein kleines Stück nichts wiege und auf die hypothetische Frage, ob man durch fortgesetzte Teilungen jemals ein Stück erhalten könnte, das so klein sei, dass es nichts wiege, antwortet erst in der Altersgruppe der Zwölfjährigen die Mehrheit der Kinder mit „nein".

Diese Antworten deuten darauf hin, dass Kinder ihr Urteil darüber, ob ein Gegenstand Gewicht hat, davon abhängig machen, ob er fühlbar schwer ist, wenn sie ihn in die Hand nehmen. Dies entspricht nicht dem Erwachsenenbegriff von Gewicht. Für uns ist Gewicht ein konstitutives (grundlegendes) Merkmal der Materie: Alles, was materiell ist (z.B. Gegenstände, Flüssigkeiten, Gase) hat Gewicht und unterscheidet sich dadurch von Immateriellem (z.B. Ideen, Gedanken, Abstraktionen).

Fordert man Kinder auf, eine Reihe von Entitäten (Gegenstände, Flüssigkeiten, Rauch, Luft, Hitze, Licht, Schatten, Wünsche, Träume) in materielle und immaterielle zu klassifizieren, so zeigt sich, dass schon im Vorschulalter nahezu alle Kinder leichte Gegenstände wie z.B. ein Stück Styropor als materiell betrachten. Da diese Kinder jedoch gleichzeitig behaupten, ein Stück Styropor wiege „nichts“, scheint nach ihrem Verständnis (im Gegensatz zum Erwachsenenverständnis) Gewicht (Masse) kein konstitutives Merkmal der Materie zu sein. Wenn dies zutrifft, dann kann ihr Verständnis physikalischer Mengenbegriffe nicht einfach nur eine lückenhafte Version des Erwachsenenverständnisses sein, sondern es handelt sich um ein alternatives begriffliches System, das mit dem des Erwachsenen nur teilweise übereinstimmt.

Begriff der Dichte. Für diese Annahme sprechen auch Befunde zu den Schwierigkeiten jüngerer Kinder beim Verständnis des Begriffs der Dichte: Zeigt man z.B. acht- bis zehnjährigen Kindern einen kleinen Stahlzylinder und einen wesentlich größeren Aluminiumzylinder und zeigt ihnen auf einer Balkenwaage, dass beide Zylinder gleich viel wiegen, obwohl doch einer sehr viel größer ist als der andere, dann antworten sie in der Regel, dass Stahl eben ein schwereres Material sei als Aluminium. Zeigt man ihnen dann jedoch einen Stahl- und einen Aluminiumzylinder gleicher Größe und lässt sie vorhersagen, ob diese gleich viel wiegen werden oder ob einer schwerer sei als der andere, so antworten sie, dass diese wiederum gleich viel wiegen werden, da Stahl und Aluminium vorher gleich viel gewogen haben. Solche Antworten deuten darauf hin, dass Kinder nicht konsistent zwischen dem absoluten Gewicht eines Objekts (z.B. des Stahlzylinders) und dem spezifischen Gewicht des Materials, aus dem das Objekt gemacht ist (Stahl), unterscheiden (Smith et al., 1985; vgl. Carey, 1991).

Mangelnde Differenzierung zwischen Gewicht und Dichte. Weitere Hinweise auf eine mangelnde Differenzierung zwischen Gewicht und Dichte kommen aus Aufgaben, in denen Kinder Objekte in „Stahl-“ und „Aluminiumfamilien“ sortieren mussten. Ihnen wurde eine Reihe von Paaren von gleich großen Zylindern gezeigt und es wurde betont, dass Stahl ein viel schwereres Material ist als Aluminium. Trotzdem ordneten viele Kinder große Aluminiumzylinder der Stahlfamilie zu, weil sie – absolut – schwer waren (Smith et al., 1985). Solche Gewichts-Intrusionen in Dichteurteile zeigten sich auch, wenn Objekte nach Gewicht bzw. Dichte geordnet werden mussten; nur wenige Kinder unter 12 Jahren können Ordnungen nach Dichte fehlerfrei vornehmen und umgekehrt wurden auch bei Ordnungen nach Gewicht Dichte-Intrusionen festgestellt (Smith et al., 1988).

Diese Befunde deuten darauf hin, dass Kindern im Grundschulalter nicht einfach der Begriff der „Dichte“ fehlt, sondern, dass sie ein undifferenziertes Konzept von Gewicht und Dichte haben, das in unserem Erwachsenenbegriffssystem keine Entsprechung hat. Carey (1991) interpretiert dieses undifferenzierte Gewicht-Dichte-Konzept als Teil eines naiven Verständnisses des Aufbaus der Materie, in dem Gewicht nicht als konstitutives Merkmal der Materie gilt. Ein Grund dafür scheint darin zu liegen, dass jüngere Kinder materielle Substanzen nicht als kontinuierlich und homogen auffassen. Sie scheinen z.B. ein Stück Eisen nicht als zusammengesetzt aus beliebig kleinen Eisenteilchen aufzufassen, und verstehen folglich auch das Gewicht eines Objekts (z.B. eines Eisenzylinders) nicht als die Summe der Gewichte der beliebig kleinen Teile der Substanz, aus der das Objekt besteht. Dies könnte, so Carey

(1991, S. 287), einer der Gründe dafür sein, dass jüngere Kinder Gewicht als „gefühltes Gewicht" bzw. als „Gewicht relativ zu einem Standard" (z.B. schwer für mich, nicht schwer für einen Erwachsenen) verstehen und nicht als Maß für die Quantität der Materie.

Umstrukturierung des Begriffssystems. Warum kann der Entwicklungsverlauf vom undifferenzierten Gewicht-Dichte-Konzept des Grundschülers zum Erwachsenenverständnis von Gewicht und Dichte nicht als bloße Bereicherung eines angeborenen oder früh erworbenen Wissenskerns beschrieben werden? Carey (1991) argumentiert, dass Kinder, die ein undifferenziertes Gewicht-Dichte-Konzept haben, nicht einfach nur Wissenslücken bzw. falsche Überzeugungen haben, sondern dass ihr Verständnis dieser Begriffe nicht ohne „Übersetzungshilfen" in das Begriffssystem des Erwachsenen übertragbar sei. Ein solcher Prozess der Umstrukturierung eines Begriffssystems in der intuitiven Physik ähnelt, so Carey, Veränderungen in der Geschichte der wissenschaftlichen Physik, z.B. der Differenzierung zwischen Hitze und Temperatur in der Physik des 18. Jahrhunderts.

Vertreter der These von der bloßen Bereicherung angeborenen physikalischen Wissens wenden gegen diese Position ein, dass zwischen intuitiver und wissenschaftlicher Physik zu trennen sei. Fundamentale Restrukturierungsprozesse seien dann nötig, wenn unsere intuitiven physikalischen Vorstellungen im Physikunterricht in wissenschaftsnahe umgeformt werden; dieser Prozess sei jedoch nicht vergleichbar mit der Entwicklung unseres naiven Alltagsverständnisses über physikalische Vorgänge, das im Kern früh erworben werde. Ein wesentlicher Unterschied zwischen dem Erwerb wissenschaftlichen Wissens und dem Erwerb intuitiven Wissens sei, dass wissenschaftliches Wissen metakonzeptuelles Verständnis voraussetze, d.h. Einsicht in den Prozess des Wissenserwerbs selbst.

FAZIT

Insgesamt zeigt die neuere Forschung zum intuitiven physikalischen Wissen des Kindes, dass die Grundlagen unseres physikalischen Weltbilds sehr viel früher erworben werden, als traditionell angenommen wurde, ja vielleicht sogar in Grundzügen – im Sinne eines konzeptuellen Moduls – angeboren sind. Es ist unumstritten, dass trotz dieser reichhaltigen Grundlagen im Kindes- und Jugendalter wesentliche Veränderungen des physikalischen Verständnisses stattfinden. Manche dieser Veränderungen entsprechen dem Modell der graduellen Bereicherung vorhandenen Wissens beim Expertiseerwerb. Andere ähneln radikaleren begrifflichen Restrukturierungen, wie sie Prozesse des Theoriewandels in der Wissenschaftsgeschichte kennzeichnen.

3.4 Intuitive Psychologie (Theory of Mind)

Im Alltag erklären wir menschliches Verhalten, indem wir uns selbst und anderen Wünsche und Überzeugungen zuschreiben. „Warum sucht Peter den Autoschlüssel in der Manteltasche? Weil er wegfahren will, und vergessen hat, dass er den Schlüssel in die Schublade gelegt hat." Diese mentalistischen (das Denken und die Vorstellungen anderer betreffenden) Interpretationen erscheinen uns so trivial, dass wir sie auf den ersten Blick gar nicht als bedeutsam wahrnehmen, geschweige denn als Bestandteile einer intuitiven psychologischen Theorie bezeichnen würden. Wie wichtig unsere alltäglichen Annahmen darüber, was andere beabsichtigen und glauben, jedoch sind, wird dann klar, wenn es darum geht, Fehlhandlungen zu erklären: Wie sollten wir verstehen können, warum Max, der Florian treffen wollte, ins Schwimmbad gegangen ist, obwohl Florian zur gleichen Zeit auf dem Spielplatz war? Wir verstehen es nur, wenn wir unterstellen, dass Max nicht wusste, dass Florian auf dem Spielplatz war und fälschlicherweise glaubte, er sei im Schwimmbad.

Solche einfachen Annahmen über die Absichten und Überzeugungen von handelnden Personen bilden das Grundgerüst für die komplexen Interpretationen menschlichen Verhaltens, die wir im Alltag ständig vornehmen.

Der Erwerb unserer mentalistischen Alltagspsychologie ("theory of mind") durch das Kind ist in den letzten zwanzig Jahren zu einem der Hauptinteressengebiete der kognitiven Entwicklungspsychologie geworden (Lewis & Mitchell, 1994; Mitchell & Riggs, 2000; Perner, 1991; Wellman, 1990; vgl. Astington, 1993; 2000; Sodian, im Druck, für eine Einführung in das Gebiet). Verfügen Kinder von Anfang an über den gleichen mentalistischen Interpretationsrahmen wie wir oder werden die Grundbegriffe unserer naiven Alltagspsychologie im Laufe der Entwicklung erst erworben?

Differenzierung zwischen mentaler und physikalischer Welt. Eine Grundvoraussetzung für mentalistische Interpretationen ist, dass Kinder überhaupt einen mentalen (gedanklichen) Bereich kennen und diesen von der physischen Realität abgrenzen können. Piaget glaubte, dass die grundlegende Differenzierung zwischen Mentalität und Realität erst mit dem Erreichen des Stadiums der konkreten Operationen, also erst im Alter von etwa sieben Jahren, erworben wird. Jüngere Kinder, so Piaget (1929), vermischen mentale Vorgänge wie Denken und Träumen mit äußerlich Beobachtbarem wie Sprechen und Handeln. Neuere Studien haben gezeigt, dass diese Annahme falsch war: Schon Dreijährige können klar zwischen mentaler und physikalischer Welt unterscheiden. So verstehen sie z.B. dass man einen realen, nicht aber einen vorgestellten Hund streicheln und füttern kann (Wellman & Estes, 1986), dass man physische Kraft braucht, um reale Objekte zu manipulieren, nicht aber, um mentale Vorstellungen zu verändern und dass die eigenen Gedanken anderen Personen in der Regel nicht zugänglich sind (Estes et al., 1989). Ferner trennen schon Kinder im zweiten Lebensjahr im sog. Symbolspiel zwischen realen und fiktiven, nur vorgestellten „Welten“: Ein eineinhalbjähriges Kind, das so tut, als sei ein Holzklotz ein Zug, befindet sich nicht in einem Irrtum darüber, worum es sich bei dem fraglichen Objekt handelt, sondern es schafft im Spiel eine fiktive Situation, die es als „nur gedacht“, „nur vorgestellt“ von der Realität abgrenzt.

Wünsche, Absichten, Ziele. Wenn junge Kinder schon wissen (und sogar ausdrücken können), dass es einen von der physikalischen Welt klar unterscheidbaren mentalen Bereich gibt, interpretieren sie dann die eigenen Handlungen und die anderer Personen in der gleichen Weise mentalistisch wie wir?

UNTER DER LUPE

Wellman und Woolley (1990) erzählten dreijährigen Kindern Geschichten, in denen ein Akteur eine bestimmte Absicht verfolgt, z.B. sein Kaninchen mit in den Kindergarten zu nehmen. Die Geschichtenfigur weiß, dass das Kaninchen entweder im Vorgarten oder in der Garage sein kann. Sie schaut in der Garage nach und findet – je nach experimenteller Bedingung

- das Kaninchen,
- nichts oder
- ihren Hund, nach dem sie nicht suchte.

Die Versuchspersonen wurden gefragt, was die Geschichtenfigur wohl als nächstes tun würde: Wird sie im Vorgarten (also an dem zweiten möglichen Ort) suchen oder wird sie in den Kindergarten gehen? Fast alle Kinder antworteten, dass die Geschichtenfigur in den Kindergarten gehen würde, wenn sie das gewünschte Objekt gefunden hatte, aber dass sie weitersuchen würde, wenn sie nichts oder etwas anderes gefunden hatte.

Schon Dreijährige scheinen zu verstehen, dass Handlungsentscheidungen von Zielen und Absichten der handelnden Personen abhängig sind. Kinder dieses Alters können auch bereits absichtliche Handlungen von Fehlern und Zufällen unterscheiden (Shultz et al., 1980). Damit verfügen sie über ein wesentliches Element unserer naiven Alltagspsychologie: Sie erklären sich die Handlungen von Personen, indem sie sie auf deren Wünsche und Absichten zurückführen und sie können aus Informationen über Absichten und Ziele Handlungen vorhersagen.

3.4.1 Das Verständnis falschen Glaubens

Das zweite wesentliche Element unserer naiven Alltagspsychologie ist das Konzept der Überzeugung. Wir sagen die Handlungen anderer nicht nur vorher aus dem, was sie wollen, sondern auch aus dem, was sie glauben. Solange das, was die handelnden Personen glauben, der Realität entspricht, entsteht kein Problem. Wir können vorhersagen, was jemand tun wird, der richtig über den Zustand der Wirklichkeit informiert ist, ohne ausdrücklich auf seine Überzeugungen Bezug zu nehmen: Wenn Peter Eis essen will und glaubt, dass Eis im Kühlschrank ist, und es ist tatsächlich Eis im Kühlschrank, dann können wir vorhersagen, was er tun wird, ohne überhaupt darüber nachzudenken, was er glaubt. Wenn er aber fälschlicherweise glaubt, es sei kein Eis da, obwohl tatsächlich noch Eis im Kühlschrank ist, dann müssen wir seinen falschen Glauben berücksichtigen, um zu richtigen Vorhersagen über sein Handeln zu kommen (z.B. um vorherzusagen, dass er Eis kaufen gehen wird). Um herauszufinden, ob Kinder ebenso wie wir ihre Handlungsvorhersagen abhängig machen von den Überzeugungen der handelnden Personen, muss man also untersuchen, ob sie verstehen, dass sich jemand in einem falschen Glauben über einen Sachverhalt befinden kann.

Wimmer und Perner (1983) führten die erste systematische Untersuchung zum kindlichen Verständnis falschen Glaubens durch (vgl. Kasten „Unter der Lupe“, S. 459).

Ihre Befunde und die Befunde einer Vielzahl von Folgestudien deuten auf einen markanten Entwicklungsfortschritt im Altersbereich zwischen etwa drei und fünf Jahren hin: Vier- bis fünfjährige Kinder verstehen, dass die Geschichtenfigur (Maxi) eine Überzeugung hat, von der sie selbst wissen, dass sie falsch ist und sie leiten aus dieser falschen Überzeugung korrekte Handlungsvorhersagen ab (Vorhersagen darüber, wo Maxi suchen wird). Wenn die Geschichte im Kasten so fortgesetzt wird, dass über Maxi (der einen falschen Glauben darüber hat, wo sich die Schokolade befindet) erzählt wird, er wolle verhindern, dass seine Schwester die Schokolade findet, dann verstehen Vier- bis Fünfjährige auch bereits, dass Maxi in der Absicht, seine Schwester zu täuschen, ihr ironischerweise den Hinweis auf den Ort geben wird, an dem die Schokolade tatsächlich ist, und sie amüsieren sich über sein Missgeschick.

Verständnis Dreijähriger. Dreijährige Kinder beantworten hingegen die Testfrage konsistent falsch: sie geben an, Maxi, in dessen Abwesenheit die Schokolade von x nach y gebracht wurde, werde in y suchen. Deuten diese falschen Antworten dreijähriger Kinder auf grundlegende Schwierigkeiten beim Verständnis falschen Glaubens hin oder sind sie auf oberflächliche Missverständnisse der Aufgabe zurückzuführen?

Wimmer und Perner (1983) zeigten, dass die falschen Antworten dreijähriger Kinder nicht einfach darauf zurückzuführen sind, dass sie impulsiv auf den hervorstechenden Aspekt der Situation – das tatsächliche Versteck der Schokolade – deuten, ohne darüber nachzudenken, was Maxi glaubt. Das Abschneiden der Dreijährigen verbesserte sich nicht, wenn sie in ihrer spontanen Handlungstendenz unterbrochen und ausdrücklich dazu angehalten wurden, nachzudenken, bevor sie antworteten. Auch wenn die Schokolade verschwand (sie wurde zum Kuchenbacken aufgebraucht), anstatt nur von einem Versteck zum anderen gebracht zu werden, verbesserten sich die Dreijährigen nicht. Folgestudien zeigten, dass die Fehler der Dreijährigen nicht darauf zurückzuführen sind, dass sie einen wichtigen Aspekt der Geschichteninformation nicht erinnern können (Perner et al., 1987). Insbesondere verbesserten sich Kinder unter dreieinhalb Jahren auch dann nicht, wenn vor der

UNTER DER LUPE

Die Maxi-Geschichte (nach Wimmer & Perner, 1983)

Maxi und seine Mutter kommen vom Einkaufen nach Hause. Maxi hilft seiner Mutter, die Einkäufe auszupacken.
Er legt die Schokolade in den grünen Schrank. Maxi merkt sich genau, wo er die Schokolade hingetan hat, damit er sich später welche holen kann. Dann geht er auf den Spielplatz. Während er weg ist, braucht seine Mutter etwas Schokolade zum Kuchenbacken. Sie nimmt die Schokolade aus dem grünen Schrank und tut ein wenig davon in den Kuchen. Dann legt sie sie zurück, aber nicht in den grünen, sondern in den blauen Schrank. Sie geht aus der Küche, um Eier zu holen. Dann kommt Maxi hungrig vom Spielplatz zurück.

Die Maxi-Geschichte (nach Wimmer & Perner, 1983)

Maxi legt die Schokolade in den grünen Schrank.

Maxi geht zum Spielplatz.

Während Maxi auf dem Spielplatz ist, räumt die Mutter die Schokolade von dem grünen in den blauen Schrank.

Die Mutter geht hinaus.

Maxi kommt vom Spielplatz zurück und sucht nach der Schokolade.

Testfrage. „Wo wird Maxi die Schokolade suchen?" (Die Geschichte wird mit Puppen und einer Puppenhausküche ausagiert. In der Küche gibt es nur zwei Schränke, einen grünen und einen blauen).

Ergebnisse. Nahezu alle dreijährigen Kinder antworten auf die Testfrage: „im blauen Schrank" (wo die Schokolade tatsächlich ist), während 40–80 Prozent (je nach experimenteller Bedingung) der Vier- bis Fünfjährigen korrekt „im grünen Schrank" antworten (vgl. Perner, 1991).

Testfrage ausdrücklich betont wurde, dass die Geschichtenfigur (Maxi) nicht hatte sehen können, dass die Schokolade von x nach y transferiert worden war (Perner et al., 1987; 1991).

Andere Aufgabentypen. Die Schwierigkeiten dreijähriger Kinder beim Verständnis falscher Überzeugung sind nicht auf Aufgaben vom Typ der „Maxi und die Schokolade"-Geschichte beschränkt. Das gleiche Phänomen zeigt sich auch in der folgenden simplen Aufgabe: Zeigt man einem Kind eine Schachtel, die normalerweise einen typischen vertrauten Inhalt hat (z.B. eine Smartiesschachtel) und fragt, was darin ist, so antworten Dreijährige normalerweise sofort „Smarties". Dann öffnet der Versuchsleiter die Schachtel und zeigt dem Kind, dass in Wirklichkeit ein Bleistift darin ist. Anschließend wird die Schachtel wieder geschlossen und das Kind wird gefragt, was sein Freund, der draußen wartet, wohl sagen werde, wenn man ihn fragt, was in der Schachtel sei. Vierjährige antworten auf diese Frage normalerweise mit „Smarties", während Dreijährige sagen, das uninformierte Kind werde sagen, in der Schachtel sei ein Bleistift (Hogrefe et al., 1986).

Eigene falsche Überzeugungen. Besonders eindrucksvoll ist, dass dreijährige Kinder nicht nur Schwierigkeiten haben, zu verstehen, dass eine andere Person sich in einem falschen Glauben über einen Sachverhalt befindet, sondern auch, dass sie selbst in der jüngsten Vergangenheit eine solche falsche Überzeugung hatten. Fragt man Dreijährige in der Smartiesaufgabe, was sie, bevor die Schachtel geöffnet wurde, über deren Inhalt geglaubt hatten, so antworten sie, sie hätten geglaubt, es sei ein Bleistift darin. Es konnte gezeigt werden, dass diese Antworten nicht auf Erinnerungsdefizite oder etwa auf die fehlende Bereitschaft, eigene Fehler zuzugeben, zurückzuführen sind (Gopnik & Astington, 1988; Wimmer & Hartl, 1991).

> **!** Viele Befunde deuten auf ein gravierendes begriffliches Problem bei Kindern unter etwa vier Jahren hin: Sie scheinen nicht über den Begriff der Überzeugung zu verfügen und daher auch nicht zu verstehen, dass sich subjektive Überzeugungen von der Realität unterscheiden können.

Aber kann das stimmen? Beobachten wir nicht im Alltag schon bei sehr jungen Kindern, dass sie gelegentlich „schwindeln", z.B. wenn sie leugnen, etwas Verbotenes getan zu haben, oder dass sie sich Ausreden einfallen lassen, wenn sie abends nicht schlafen gehen wollen? Bedeutet das nicht, dass sie verstehen, dass sich Überzeugungen von der Realität unterscheiden können und dass man durch falsche Informationen falsche Überzeugungen bei anderen hervorrufen kann?

3.4.2 Lüge und Täuschung

In einer frühen systematischen Untersuchung der Kinderlüge unterschieden Clara und William Stern (1909) aufgrund detaillierter Beobachtungen an ihren eigenen Kindern zwischen „echten" Lügen, d.h. bewusst falschen Äußerungen, die mit der Absicht gemacht wurden, jemanden zu täuschen, und sogenannten „Scheinlügen", bei denen nicht von einer Täuschungsabsicht ausgegangen werden kann. Zu den Scheinlügen zählten sie z.B. „nein"-Antworten von Kindern auf die Frage, ob sie etwas Verbotenes getan hätten: diese seien eher als Abwehr gegen peinliches Erinnertwerden zu verstehen, denn als genuine Täuschungsversuche.

Auch kindliche Ausreden demonstrieren häufig eher das Unverständnis als das Verständnis falschen Glaubens: So berichtet Perner (1991), dass sein Sohn im Alter von etwa dreieinhalb Jahren stereotyp die Ausrede „ich bin ja sooo müde" benützte, um seinen Willen durchzusetzen. Dies war höchst effektiv, wenn er auf einer Bergwanderung getragen werden wollte, jedoch auffällig unangebracht, wenn er abends nicht ins Bett gehen wollte!

Neuere experimentelle Arbeiten zur Entwicklung der kindlichen Fähigkeit, andere zu belügen und zu betrügen, bestätigen die Annahme eines begrifflichen Defizits bei Kindern unter etwa dreieinhalb Jahren (zum Überblick vgl. Sodian, 1994): In Spielsituationen mit Wettbewerbscharakter, in denen es darum geht, durch „Mogeln" einen Gewinn zu erzielen, informieren Dreijährige den Gegner nahezu immer wahrheitsgemäß, auch dann, wenn ihnen die Täuschungsstrategie sehr nahegelegt wird. Dies ist nicht auf mangelnde Motivation oder ein mangelndes Verständnis der Wettbewerbssituation zurückzuführen, denn Dreijährige setzen sehr wohl intelligente physische „Sabotagestrategien" ein, um einen Gegner an der Erreichung seines Ziels zu hindern (Peskin, 1992; Sodian, 1991). Wenn Dreijährige durch entsprechende Hinweise dazu gebracht werden, eine Täuschungsstrategie zu benutzen (z.B. eine „falsche" Spur zu legen, um einen Gegner über das Versteck eines Schatzes zu täuschen), so verstehen sie deren Zweck nicht: Sie benützen diese Strategie auch dann, wenn sie es einem gutwilligen Spielpartner erleichtern sollen, das Versteck zu finden (Sodian et al., 1991). Im Gegensatz dazu erkennen vierjährige und ältere Kinder in solchen Spielsituationen den Nutzen einer Täuschungsstrategie sofort und mogeln mit Vergnügen.

3.4.3 Theory of Mind-Entwicklung und Theory of Mind-Defizit

Kinder scheinen also ein Grundelement unserer naiven Alltagspsychologie, das Konzept der Überzeugung erst relativ spät, im Altersbereich zwischen etwa drei und vier Jahren, zu erwerben. Im gleichen Altersbereich entwickeln sich weitere, verwandte begriffliche Differenzierungen; die bedeutendste ist die zwischen Aussehen und Realität.

Zeigt man dreijährigen Kindern Trickobjekte, z.B. eine Kerze, die wie ein Apfel aussieht, und fragt sowohl nach dem Aussehen des Objekts als auch nach seiner wahren Identität („wie sieht es aus?" – „was ist es wirklich?"), so erhält man häufig auf beide Fragen die gleiche Antwort, d.h., die Kinder machen entweder phänomenistische oder realistische Fehler. Vierjährige hingegen unterscheiden zwischen Aussehen und Realität, d.h., sie sind fähig zu verstehen, dass ein- und dasselbe Objekt auf zwei verschiedene Arten repräsentiert werden kann (Flavell et al., 1986).

Die Differenzierungen zwischen Überzeugung und Realität und die zwischen Aussehen und Realität entwickeln sich nicht zufällig im gleichen Altersbereich, sondern zwischen beiden bestehen bedeutsame Korrelationen, die nach Kontrolle des chronologischen Alters bestehen bleiben (Gopnik & Astington, 1988). Weitere verwandte begriffliche Veränderungen im gleichen Altersbereich betreffen die epistemische Perspektivenübernahme (sog. Level-2-Perspektivenübernahme, d.h. das Verständnis, dass ein- und dasselbe Objekt aus verschiedenen Perspektiven unterschiedlich aussehen kann; Flavell et al., 1981), sowie das Verständnis bestimmter Emotionen, z.B. der Überraschung (Hadwin & Perner, 1991). Für das gemeinsame Auftreten begrifflicher Veränderungen in der mentalen Domäne sprechen Trainingsstudien, die zeigen, dass durch Training einer begrifflichen Differenzierung bei dreijährigen Kindern Fortschritte im Verständnis verwandter begrifflicher Differenzierungen erzielt werden können (Hülsken, 2001; Slaughter & Gopnik, 1996).

Autistische Kinder. Der kindliche Autismus ist eine tiefgreifende Entwicklungsstörung, die durch gravierende Beeinträchtigungen der sozialen Interaktion, der verbalen und non-verbalen Kommunikation, sowie der Imagination (Phantasietätigkeit) und des Repertoires an Interessen und Aktivitäten gekennzeichnet ist (Wing, 1988). Spezifische Defizite in der Theory of Mind-Entwicklung treten bei autistischen Kindern auf: Baron-Cohen et al. (1985) zeigten, dass autistische Kinder, die in verbalen Intelligenztests mindestens so gut wie normal entwickelte Vierjährige abschnitten, falsche Überzeugungen nicht repräsentieren (während eine klinische Kontrollgruppe – Kinder mit Down-Syndrom – mit gleichem verbalem Alter wie normal entwickelte Vierjährige abschnitt). In einer Vielzahl von Folgestudien mit diesem Design wurde gezeigt, dass autistische Kinder im Gegensatz zu normal entwickelten Kindern

- mentale mit physischen Phänomenen vermischen,
- nicht zwischen „Schein" und „Sein" unterscheiden,
- weniger Symbolspiel zeigen und
- den Zusammenhang zwischen dem Zugang zu Informationsquellen („Sehen") und „Wissen" nicht verstehen (s. Baron-Cohen, 2000).

3.4.4 Vorläufer in der frühen Kindheit

Die Entwicklung des begrifflichen Wissens über den mentalen Bereich ist erst im Alter von ungefähr vier Jahren so weit fortgeschritten, dass das Kind über Heuristiken der Handlungsvorhersage verfügt, die der naiven Psychologie Erwachsener entsprechen. Doch spricht vieles dafür, dass die mentalistische Interpretation menschlichen Verhaltens wesentlich früher beginnt.

Erstes Lebensjahr. Neuere Befunde der Säuglingsforschung deuten darauf hin, dass konkrete Handlungsziele bereits im ersten Lebensjahr enkodiert werden, jedenfalls dann, wenn das Baby Personen beobachtet, die nach Zielobjekten greifen: Woodward (1998) zeigte, dass sechs Monate alte Säuglinge die Greifbewegungen eines menschlichen Arms als zielbezogen wahrnehmen, nicht jedoch ähnliche Bewegungen eines mechanischen Stabs.

Etwa um die Mitte des ersten Lebensjahres unterscheiden Säuglinge auch bereits zwischen Personen und unbelebten Objekten nach dem Kriterium der selbstinitiierten Bewegung (Spelke et al., 1995).

Im Altersbereich zwischen 9 und 12 Monaten zeigen sich Fortschritte in der Fähigkeit zu triadischer Interaktion (Interaktion zwischen Baby und Erwachsenem mit Bezug auf ein spezifisches Objekt). Säuglinge folgen dem Blick oder der Zeigegeste eines Erwachsenen hin zu spezifischen Objekten, und beginnen selbst die Aufmerksamkeit ihrer Interaktionspartner auf spezifische Zielobjekte hin zu lenken (Carpenter et al., 1998).

Die Bedeutung dieser sich gegen Ende des ersten Lebensjahres entwickelnden kommunikativen Fähigkeiten ist umstritten. Tomasello (1995) sieht darin den Beginn des Verständnisses von Personen als intentionalen Agenten. Moore (1999) warnt vor Überinterpretation und weist darauf hin, dass die Fähigkeit, an triadischer Interaktion teilzunehmen, auch durch behaviorales Lernen erklärbar ist (das Baby lernt, dass es interessante Dinge sehen kann, wenn es dem Blick oder der Geste der Mutter folgt). Neuere Studien zum Handlungswissen im Säuglingsalter zeigen, dass Säuglinge mit 12 Monaten zielbezogene Objektbewegungen repräsentieren und „Rationalität" der Zielannäherung erwarten (Gergely et al., 1995). Ihr Verständnis kommunikativer Gesten scheint jedoch begrenzt zu sein. Zeigt man ihnen in der Habituationsphase eine psychologisch plausible Handlungssequenz (Person deutet auf Objekt A und hält anschließend A in Händen), so erwarten sie solche psychologisch konsistenten Sequenzen von Handlungsziel und -ergebnis. Baut man jedoch in der Habituationsphase eine psychologisch implausible Erwartung auf (Person deutet auf A und hält anschließend B in Händen), so erwarten sie anschließend häufig inkonsistente Sequenzen (Sodian & Thoermer, 2000).

Im Alter von 18 Monaten imitieren Kinder intendierte Handlungen, wenn das Modell eine Fehlhandlung vorführte, d.h., sie repräsentieren die Handlungsintention, auch ohne die intendierte Handlung je beobachtet zu haben (Meltzoff, 1995). Mit 18 Monaten unterscheiden Kleinkinder auch zwischen eigenen und fremden Wünschen bzw. Handlungszielen: Zeigt ein Versuchsleiter deutliches Interesse an Broccoli, während sie selbst Interesse an Crackern haben, so geben sie ihm den Teller mit Broccoli. Im Gegensatz dazu reichen ihm 14 Monate alte Kinder noch die Schale mit den Crackern (Repacholi & Gopnik, 1997).

Ab dem Alter von 18 Monaten zeigt sich mit der Entwicklung von Empathie die Fähigkeit, zwischen dem eigenen und dem fremden Gefühlszustand zu unterscheiden, die mit dem Erkennen des Selbst im Spiegel im Entwicklungszusammenhang steht (Bischof-Köhler, 1989). Schließlich deutet die ebenfalls ab dem Alter von 18 Monaten beginnende Fähigkeit zum Symbolspiel darauf hin, dass Kleinkinder fähig werden, zwischen realen und fiktiven „Welten" zu unterscheiden, und je nach Kontext in beiden kompetent zu agieren. Um die Mitte des zweiten Lebensjahres scheint sich also ein Verständnis intentionaler Zustände im weiteren Sinne zu entwickeln, das es Kleinkindern erlaubt, Wünsche, Absichten und Emotionen anderer unabhängig von den eigenen Handlungsintentionen zu repräsentieren.

3.4.5 Entwicklung ab dem Alter von vier Jahren

Obwohl die Basisbegriffe „Absicht" und „Überzeugung" offenbar im Alter von vier Jahren als Kern der naiven Handlungserklärung fest etabliert sind, finden bis zum Alter von sechs Jahren wesentliche Erweiterungen und Differenzierungen des Verständnisses der mentalen Domäne statt. Vierjährige verstehen, dass jemand eine falsche Überzeugung über einen Sachverhalt haben kann. Sechsjährige verstehen, dass eine Überzeugung über eine Überzeugung einer anderen Person falsch sein kann (second order belief: „Max glaubt, dass Peter glaubt, dass ..."; Perner & Wimmer, 1985). Vierjährige verstehen, dass man durch visuellen Zugang (Sehen) zu Wissen kommt; erst Sechsjährige verstehen, dass auch schlussfolgerndes Denken zu Wissen führt (Sodian & Wimmer, 1987) und gewinnen damit Einsicht in die Wirkung von indirekten Hinweisen (cues) als Gedächtnishilfen (Sodian & Schneider, 1990). Auch die Einsicht in den eigenen Lernprozess ist bei Vierjährigen noch defizitär. Erst im Alter von fünf bis sechs Jahren können die meisten Kinder zwischen aktuellen Lernereignissen und Vorwissen unterscheiden. Taylor et al. (1994) lehrten Kindern zwei japanische Zahlwörter und fragten sie unmittelbar nach der Lernphase, ob sie diese Wörter „gerade eben gelernt" oder „schon immer gewusst" hätten. Die meisten Kinder unter fünf Jahren glaubten, dass sie die japanischen Zahlen schon immer gekannt hätten, sogar schon „als sie ein kleines Baby waren".

Verständnis geistiger Konstruktion und Interpretation. Die zunehmende Einsicht in den konstruktiven und interpretativen Charakter geistiger Aktivität gilt als wesentliches Merkmal der Entwicklung der Theory of Mind im Grundschulalter. Während Vorschulkinder kognitive Aktivität auf konkrete Inhalte und Ergebnisse beziehen, entwickeln Grundschulkinder eine Vorstellung von kontinuierlicher gedanklicher Aktivität im Sinne eines Bewusstseinsstroms, sind fähig zu introspektiven Berichten und verstehen, dass gedankliche Aktivität oft unwillkürlich und schwer zu unterdrücken ist (Flavell et al., 1995, 1997). Im sozialen Bereich zeigt sich das zunehmende Verständnis von geistiger Konstruktion und Interpretation im beginnenden Verständnis der Wirkung von Vorurteilen und Voreingenommenheiten: Im frühen Grundschulalter beginnen Kinder zu verstehen, dass Erwartungen und Vorurteile die Interpretation aktueller Ereignisse beeinflussen können, dass z.B. das Umstoßen eines Malkastens in Abhängigkeit von persönlichen Voreingenommenheiten gegenüber dem Verursacher als böswilliger Akt oder als Missgeschick interpretiert werden kann (Pillow & Henrickson, 1996). Folgerichtig beginnen Kinder im frühen Grundschulalter Personen überdauernde psychologische Merkmale zuzuschreiben, anstatt ihr Handeln nur vor dem Hintergrund augenblicklicher Wünsche, Absichten und Informationen zu interpretieren (Heyman & Gelman, 1998).

Was treibt die Entwicklung einer Theory of Mind voran? Für die Domäne der mentalistischen Alltagspsychologie sind alternative theoretische Erklärungen, die sich den Modularitätstheorien, dem Expertiseansatz und der Theorie-Theorie zuordnen lassen, ausgearbeitet worden.

Modularitätstheorien. Nativistische Modularitätstheorien (Fodor, 1992; Leslie, 1994) nehmen an, dass die Zuschreibung von Absichten und Überzeugungen eine durch die Evolution ausgebildete spezifisch menschliche Fähigkeit ist, die schon in der frühen Kindheit vorhanden ist. Das Scheitern jüngerer Kinder in Aufgaben, die ein Verständnis falscher Überzeugung verlangen, wird auf Gedächtnis- und Aufmerksamkeitsanforderungen der Aufgaben zurückgeführt. Es wird weiter auf frühe Kompetenzdemonstrationen in vereinfachten Aufgaben verwiesen und es wird bestritten, dass es echte begriffliche Veränderungen im Verständnis der mentalen Domäne in der Kindheit gebe. Obwohl die Modularitätstheorie durch die Autismusforschung (Fehlen eines Theory of Mind-Moduls bei autistischen Kindern) eine gewisse Plausibilität gewinnt, ist sie mit der Befundlage nur eingeschränkt vereinbar. Eine statistische Metaanalyse von mehr als fünfhundert false belief-Aufgaben zeigte, dass erleichternde Aufgabenbedingungen zwar dazu führen, dass jüngere Kinder höhere Chancen haben, die Testfrage korrekt zu beantworten, dass jedoch ein klarer Alterstrend bestehen bleibt: Zweieinhalb- und dreijährige Kinder machen den typischen false belief-Fehler (d.h., sie antworten so als wisse der Protagonist über den Zustand der Realität Bescheid) signifikant überzufällig und dreieinhalb- bis vierjährige Kinder antworten signifikant überzufällig korrekt (Wellman et al., 2001).

Simulationstheorie. Eine spezifische Variante des Expertiseansatzes ist die Simulationstheorie, deren Grundidee auf der Theorie von Descartes basiert, dass wir unmittelbaren Zugang zu unserem eigenen geistigen Geschehen haben. Die Aufgabe für das sich entwickelnde Kind besteht demnach darin, zu verstehen, was in den Köpfen anderer vorgeht. Diese Aufgabe wird schrittweise gemeistert, zum einen dadurch, dass die Perspektive der anderen Person eingenommen wird, und zum anderen simuliert wird, was man selbst in der entsprechenden Situation denken, glauben, fühlen oder beabsichtigen würde (Harris, 1992).

Theorie-Theorie. Im Gegensatz dazu argumentieren Verfechter der Theorie-Theorie, bei unserem Wissen über den mentalen Bereich handle es sich um eine intuitive Theorie (Theory of Mind), da mentale Zustände nicht direkt beobachtbar sind, sondern wie theoretische Terme erschlossen werden, und da die Zuschreibung mentaler Zustände Verhaltensvorhersagen und -erklärungen erlaubt (Premack & Woodruff, 1978). Wenn mentale Begriffe Teil einer Theorie sind, erhalten sie ihre Bedeutung durch ihren Bezug zu anderen Begriffen in der Theorie und insbesondere durch ihren Bezug zu den unbeobachtbaren vermuteten mentalen Zuständen und Vorgängen (Wellman, 1990; Perner, 1991; Gopnik & Wellman, 1994).

Unterschiedliche Vorhersagen. Hinsichtlich des Entwicklungsverlaufs des Verstehens eigener und fremder mentaler Zustände kommen die Simulations- und die Theorie-Theorie zu unterschiedlichen Vorhersagen: Die Simulationstheorie sagt vorher, dass Kinder Schwierigkeiten beim Verständnis des mentalen Geschehens im anderen haben sollten, jedoch unmittelbaren Zugang zum eigenen mentalen Geschehen haben. Die Theorie-Theorie kommt zu der Vorhersage, dass das Verständnis des eigenen und des fremden mentalen Geschehens im Entwicklungsverlauf ungefähr simultan verlaufen sollte, da beides durch die begriffliche Erschließung der mentalen Domäne gesteuert wird. Die empirische Evidenz spricht derzeit eher für die Theorie-Theorie (Gopnik & Wellman, 1994), da Kinder eigene und fremde mentale Zustände ungefähr gleichzeitig konzeptualisieren. Insbesondere können sie die falsche Überzeugung eines anderen nicht früher erschließen als sie ihre eigene falsche Überzeugung über einen konkreten Sachverhalt erinnern können (Gopnik & Astington, 1988).

3.5 Intuitive Biologie

Biologisches Wissen ermöglicht es uns, zwischen Lebewesen und unbelebten Objekten auf der Basis eines Grundverständnisses biologischer Prozesse wie Wachstum, Reproduktion (Fortpflanzung) und Vererbung zu unterscheiden. Schon im ersten Lebensjahr unterscheiden Säuglinge Tiere kategorial von Fahrzeugen oder Möbeln (Mandler & McDonough, 1998) und erwarten, dass sich Tiere und Menschen, nicht aber Bauklötze oder Möbel selbstinitiiert bewegen können (Spelke et al., 1995). Daraus kann man jedoch nicht folgern, dass Babys ein spezifisch biologisches Verständnis haben. Selbst junge Grundschulkinder glauben oft noch, dass Pflanzen keine Lebewesen seien (Carey, 1985; Hatano et al., 1993). Dies kann als Hinweis darauf interpretiert werden, dass sie Tiere aufgrund von Verhaltenskriterien, nicht aufgrund biologischer Gemeinsamkeiten, einer Kategorie zuordnen. Sie haben also noch keine separate biologische Domäne gebildet. Diese Interpretation wird u.a. gestützt durch Befunde zu induktiven Inferenzen (verallgemeinernde Schlussfolgerungen) von Vorschulkindern, die zeigen, dass jüngere Kinder biologische Merkmale Lebewesen nach dem Kriterium der Verhaltensähnlichkeit zuschreiben, und dass sie keine kategoriale Unterscheidung zwischen Lebewesen und unbelebten Objekten machen. Erst Zehnjährige schreiben wie Erwachsene biologische Merkmale allen Lebewesen und nur diesen zu (Carey, 1985). Auch das Phänomen des kindlichen Animismus (Überattribution von Wünschen und Absichten; Zuschreibung des Merkmals „Leben" nach dem Kriterium der selbstinitiierten Bewegung), das nach Piaget (1929) als Indiz für das mangelnde Kausalverständnis des Vorschulkindes galt, lässt sich als Mangel an biologischem Wissen interpretieren. Jüngere Kinder besitzen kein biologisches Kausalschema; vielmehr wenden sie ihr intuitiv psychologisches Kausalschema (Zuschreibung intentionaler Zustände wie Wünsche und Absichten) auf die biologische Domäne an (Carey, 1985).

Vitalistische Biologie. Gegen die These, dass sich die Domäne „Biologie" erst im mittleren Grundschulalter aus der naiven Psychologie des Kindes entwickelt, sprechen jedoch neuere Befunde, die zeigen, dass bereits drei- und vierjährige Kinder verstehen, dass einige spezifisch biologische Prozesse (Wachstum, Selbstheilung) nur bei Lebewesen und nicht bei Artefakten vorkommen (Hickling & Gelman, 1995; Inagaki & Hatano, 1996), und dass bestimmte biologische Prozesse (z.B. Atmung) nicht durch psychologische Interventionen kontrolliert werden können (Inagaki & Hatano, 1993). Wahrscheinlich basieren die animistischen teleologischen Erklärungen jüngerer Kinder („das Herz will das Blut im Körper verteilen") eher auf einer vitalistischen Biologie als auf einer naiven Psychologie (Inagaki & Hatano, 1993).

Biologische Intuitionen. Für eine Reihe biologischer Prozesse (Wachstum, Vererbung, Krankheit) wurden – in einfachen Aufgaben – Ähnlichkeiten zwischen den biologischen Intuitionen von Vorschulkindern und dem Wissen Erwachsener gefunden. Vorschulkinder glauben, dass biologische Merkmale wahrscheinlich vererbt werden, psychologische (z.B. emotionale Irritabilität) jedoch nicht. Sie haben außerdem Intuitionen darüber, dass ein intern operierender Mechanismus für Vererbung verantwortlich ist. Ferner erwarten schon Vorschulkinder, dass Mitglieder der gleichen Tier- (oder Menschen-)familie gemeinsame anatomische oder physiologische Merkmale haben, und sie halten an diesem Glauben auch dann fest, wenn äußerliche Ähnlichkeit mit biologischer Verwandtschaft im Widerspruch steht (Springer & Keil, 1991; Springer, 1992). Gelman und Wellman (1991) zeigten darüber hinaus, dass Vorschulkinder Intuitionen über ein spezifisches der Spezies angeborenes Potential haben, das sich unabhängig von der Umgebung entfaltet (z.B. wird ein Kalb, das unter Schweinen aufwächst, zur Kuh werden). Zeichnet man die Adoptivfamilie jedoch realistischer und stattet sie mit psychologischen Merkmalen aus, so zeigt sich, dass erst Siebenjährige ihre Schlussfolgerungen über biologische Merkmale des Adoptivkinds aus Merkmalen der biologischen, nicht der Adoptiveltern, ableiten, und systematisch zwischen biologischen und psychologischen Merkmalen unterscheiden (Solomon et al., 1996).

Biologische Domäne. Diese Befunde deuten darauf hin, dass Kinder zwar früh biologisches Wissen und biologische Intuitionen erwerben, dass sie jedoch erst im Grundschulalter eine rein biologische Domäne aus einer vorher undifferenzierten biologisch-psychologischen Domäne ausgrenzen. Das bedeutet nicht, dass das biologische Wissen des Vorschulkinds aus völlig unzusammenhängenden Bruchstücken besteht. Vielmehr zeigte Backscheider (1994; Backscheider et al., 1993), dass schon Vierjährige kohärente Erwartungen über Organismen ausbilden, wenn ihnen gesagt wird, dass das Zielobjekt ein biologisches Merkmal hat (wenn sie z.B. erfahren, dass x etwas ist, „das wächst", dann schließen sie daraus, dass es nicht von Schrauben und Nägeln zusammengehalten wird, dass ein Kratzer an x von selbst ausheilen wird, etc.). Wahrscheinlich kennen Kinder früh einige biologische Merkmale, die zusammenhängen. Jedoch verstehen sie erst im Grundschulalter die Basis für dieses Zusammenauftreten biologischer Merkmale (biologische Mechanismen) hinreichend gut, um eine rein biologische Domäne auszubilden.

Expertiseansatz und Theorie-Theorie. Diese Interpretation der Befunde ist konsistent mit der Theorie-Theorie, aber auch mit dem Expertiseansatz, insofern als anzunehmen ist, dass Kinder im Grundschulalter Wissen über biologische Mechanismen wie Wachstum, Vererbung und Reproduktion zumindest teilweise durch Anleitung erwerben. Bisher ist wenig über die Effekte solcher Anleitung bekannt: Interpretieren Kinder neue Information im Rahmen ihrer naiven Theorie? Ist ihr Wissenserwerb eher mit der „schwachen Restrukturierung" des Wandels vom Novizen zum Experten oder eher mit der „starken Restrukturierung" des Paradigmenwechsels sensu Carey (1985) vergleichbar?

Carey (1985) argumentierte, der Erwerb einer intuitiven Biologie im Altersbereich zwischen etwa vier und zehn Jahren sei mit einem radikalen Theoriewandel im Sinne eines Paradigmenwechsels vergleichbar, da Kernbegriffe wie die von Leben und Tod, sowie die Tiere und Pflanzen umfassende Kategorie der Lebewesen erst bei älteren Kindern dem begrifflichen Verständnis des Erwachsenen entsprechen. Die Vermischung der Begriffe „unbelebt" und „tot" beim Vorschulkind, sowie die Ausgrenzung der Pflanzen aus der Kategorie der Lebewesen haben im Begriffsystem des Erwachsenen keine Entsprechung. Insofern sei das biologische Begriffssystem des Vorschulkindes mit dem des Erwachsenen nicht vergleichbar und die Umstrukturierung dieses Systems müsse einem radikalen Wandel im Sinne des historischen Wandels wissenschaftlicher Weltbilder gleichkommen.

Die neueren positiven Demonstrationen biologischen Wissens beim Vorschulkind haben diese Position zwar nicht widerlegt, jedoch sind diese neueren Befunde auch mit schwächeren Thesen über den Theoriewandel vom Vorschul- zum Grundschulalter vereinbar, z.B. mit der, dass schon das Vorschulkind eine biologische Theorie in Grundzügen habe, jedoch noch nicht über hinreichendes Wissen über die Gemeinsamkeiten zwischen Pflanzen und Tieren verfüge, um diese Theorie auch auf Pflanzen auszudehnen.

Modularitätstheorie. Auch die Modularitätstheorie ist auf die biologische Domäne ausgedehnt worden, im Sinne eines angeborenen biologischen Moduls, das die Gruppierung von Organismen in Arten, die hierarchische Struktur der Klassifikation biologischer Arten, die Annahme physiologischer Mechanismen und Essenzialismus (die Vorstellung von einer verborgenen Essenz, die gegenüber äußeren Veränderungen unveränderlich ist), umfasst (Atran, 1994; Pinker, 1994). In Ermangelung geeigneter Methoden zur Erfassung spezifisch biologischen Wissens bei präverbalen (vorsprachlichen) Kindern hat die Säuglingsforschung bisher wenig zu den Ursprüngen biologischen Wissens in der frühen Kindheit beigetragen. Daher ist umstritten, ob es sich bei biologischen Taxonomien und Essenzen um angeborenes biologisches Wissen (Atran, 1994) handelt, oder ob Klassifikationshierarchien und essenzialistische Voreingenommenheiten erst durch den Sprachgebrauch erworben werden.

4 Metabegriffliches Wissen

Wir besitzen nicht nur Wissen über spezifische Inhaltsbereiche – die physikalische Welt, die soziale Welt – sondern wir haben auch Wissen und Überzeugungen über den Wissenserwerb selbst, über menschliches Denken und Lernen. Ein Teilbereich dieses metabegrifflichen Wissens betrifft das Gedächtnis und ist unter der Bezeichnung „Metagedächtnis" zu einem prominenten Forschungsbereich der kognitiven Entwicklungspsychologie geworden. Es ließ sich zeigen, dass metamemoriales Wissen einen förderlichen Einfluss auf Gedächtnisleistungen hat (vgl. Kap. 14). In ähnlicher Weise wird angenommen, dass unzureichendes metabegriffliches Wissen ein Hindernis beim Erwerb bereichsspezifischen Wissens ist (Carey et al., 1989; Carey & Smith, 1993). Dies betrifft insbesondere den Erwerb naturwissenschaftlicher Konzepte. Wie die Literatur zu naiven Fehlvorstellungen (misconceptions) zeigt, beginnen Schüler (Kinder und Jugendliche) den naturwissenschaftlichen Unterricht nicht ohne Kenntnisse, sondern mit naiven Vorstellungen über den interessierenden Phänomenbereich. Die Vorstellungen sind häufig mit dem Wissenschaftswissen, das im Unterricht vermittelt werden soll, nicht oder nur teilweise vereinbar. Ein Grund für die Hartnäckigkeit vieler Fehlvorstellungen wird in der epistemologischen Naivität (d.h. den naiven Vorstellungen über das Zustandekommen und die Begründbarkeit von Wissen) der Schüler gesehen: Wenn diese glauben, die Natur sei „objektiv" beobachtbar, die Lehrer seien im Besitz „absoluter Wahrheit" und Kenntnisse seien auf einfache und unproblematische Art und Weise durch Übernahme von Faktenwissen zu erwerben, dann werden sie Schwierigkeiten haben, die Korrektheit der unmittelbaren Anschauung zu hinterfragen, sowie den Stellenwert von Theorien und den Theorie-Evidenz-Bezug zu verstehen.

Entwicklung zum kritischen Rationalismus. Belege für eine allgemeine epistemologische Naivität von Kindern und jüngeren Jugendlichen kommen aus Studien zum Verständnis von konfligierenden Standpunkten und Interpretationen (Chandler et al., 1990; Kuhn et al., 1988).

Auf einer ersten, naiv-realistischen Verständnisebene (mittlere Kindheit) werden Interpretationskonflikte und Meinungsunterschiede verneint oder als Missverständnisse abgetan.

Auf einer zweiten Ebene werden konfligierende Standpunkte zur Kenntnis genommen, aber als „x-beliebige" Meinungen abgetan („jeder kann glauben, was er will"). Die Verallgemeinerung dieser Position führt zum radikalen Zweifel an der Möglichkeit zu „wahrer" Erkenntnis und damit zum radikalen Relativismus, der mit den scheinbar gegensätzlichen Positionen des Dogmatismus und des Skeptizismus in Verbindung gebracht wird. Manche Jugendliche suchen absolute Wahrheiten in Heilslehren (Dogmatismus), andere begegnen jeder Position mit massivem Zweifel (Skeptizismus). Beide Positionen können als Hinweis für eine noch nicht gemeisterte relativistische Krise angesehen werden, die auf die Entstehung grundsätzlicher Zweifel an der Möglichkeit zu „wahrer" Erkenntnis zurückzuführen ist (Chandler et al., 1990).

Ein reifer Umgang mit konfligierenden Standpunkten besteht schließlich im kritischen Rationalismus: Jugendliche bzw. junge Erwachsene prüfen Standpunkte vor dem Hintergrund der rationalen Ableitung und Begründung von Argumenten – unter Anerkennung der Relativität von Wahrnehmungs- und Erkenntnisperspektiven.

Drei Ebenen des Verständnisses von Wissenschaft. Nur wenige Studien haben sich speziell mit dem Verständnis des Zustandekommens und der Begründbarkeit wissenschaftlichen Wissens (naive epistemologies of science) bei Kindern und Jugendlichen befasst (Carey et al., 1989; Smith et al., 2000; Sodian et al., 1999). In diesen Interviewstudien wurden die Probanden entweder nach ihrem abstrakt-definitorischen Verständnis wichtiger Elemente des wissenschaftlichen Erkenntnisprozesses (Hypothese, Theorie, Experiment, Daten, Interpretation) und dem Zusammenhang zwischen diesen Elementen befragt oder anhand konkreter Beispiele für wissenschaftliche Kontroversen (z.B. zwischen einem Anlage- und einem Umwelttheoretiker) nach ihrem Verständnis der Logik der Hypothesenprüfung und der Interpretation von Daten vor dem Hintergrund konfligierender Theorien befragt. Die Antworten von 11- bis 20-jährigen Probanden ließen sich den folgenden Verständnisebenen zuordnen:

Auf Ebene 1 unterscheiden die Probanden nicht zwischen Vermutungen/Ideen/Theorien einerseits und Daten andererseits. Sie verstehen Wissenschaft im Sinne konkreter Aktivitäten (etwas ausprobieren, es zum Funktionieren bringen) oder im Sinne einer Sammlung „objektiver" Fakten.

Auf Ebene 2 wird zwischen Hypothesen/Theorien einerseits und Evidenz andererseits unterschieden. Die Probanden besitzen ein Grundverständnis des Testens von Hypothesen und verstehen Wissenschaft als Suche nach Erklärungen.

Auf Ebene 3 gehen Probanden über die Ebene isolierter Hypothesen, die durch empirische Prüfung bestätigt oder widerlegt werden können, hinaus und thematisieren die Rolle von Theorien im wissenschaftlichen Erkenntnisprozess. Auf dieser Ebene wird Wissenschaft als ein zyklischer und kumulativer Prozess der Theoriebildung, -prüfung und -revision verstanden.

In mehreren Studien zeigte sich ein Entwicklungsfortschritt im Altersbereich zwischen etwa 11 und 16 Jahren von der ersten zur zweiten Ebene. Antworten auf der dritten Ebene waren jedoch auch in den Interviews von jungen Erwachsenen selten (Sodian et al., 1999). Offenbar entwickelt sich ein Verständnis der Begriffe des „empirischen Tests“ und der „Erklärung“ zwischen der mittleren Kindheit und dem Jugendalter, jedoch gehört ein Konzept von Interpretationsrahmen oder Theorien nicht zum intuitiven Wissenschaftsverständnis von Jugendlichen bzw. jungen Erwachsenen. Das intuitive Wissenschaftsverständnis von Kindern bzw. Jugendlichen ist jedoch, wie eine Studie von Smith et al. (2000) zeigt, in hohem Maße instruktionsabhängig. Schon Sechstklässler, die über mehrere Jahre von einer Lehrerin unterrichtet worden waren, die konsistent konstruktivistische wissenschaftsphilosophische Positionen im naturwissenschaftlichen Unterricht vermittelte, waren in Interviews zum Wissenschaftsverständnis einer nach soziodemographischen Merkmalen parallelisierten Klasse, die konventionellen Unterricht erhalten hatte, im Schnitt um eine Ebene überlegen.

Der Zusammenhang zwischen Veränderungen auf der metakonzeptuellen Ebene und dem Erwerb bereichsspezifischen Wissens ist bisher kaum untersucht worden. Von der empirischen Untersuchung dieses Zusammenhangs verspricht man sich Aufschluss über das Zusammenwirken von bereichsspezifischen und bereichsübergreifenden Veränderungen in der kognitiven Entwicklung. Solche Erkenntnisse könnten darüber hinaus auch für die pädagogische Psychologie von Bedeutung sein, da sie Aufschluss darüber geben können, ob (und wenn ja, in welchem Umfang) die Förderung des allgemeinen metakonzeptuellen Verständnisses für den Erwerb spezifischer inhaltlicher Kenntnisse von Bedeutung ist.

FAZIT

Ältere entwicklungspsychologische Theorien nahmen an, dass sich die formale Struktur kindlicher Begriffe wesentlich von der Erwachsener unterscheide. Die neuere Forschung zeigt jedoch grundlegende Ähnlichkeiten zwischen den Begriffen von Kindern und Erwachsenen. Schon Säuglinge bilden Begriffe und nutzen sie als Basis für induktive Schlüsse; spätestens gegen Ende des ersten Lebensjahres sind die Konzepte von Säuglingen wissensbasiert. Die neuere entwicklungspsychologische Forschung konzentriert sich auf Veränderungen der Inhalte kindlicher Begriffe im Laufe der Entwicklung und betrachtet größere Systeme begrifflichen Wissens (physikalisches, psychologisches, biologisches Wissen; metabegriffliches Wissen). In allen Domänen wurden Belege für frühes domänenspezifisches Wissen, aber auch für begriffliche Restrukturierungen im Entwicklungsverlauf gefunden. Theoretische Erklärungen der Entwicklung domänenspezifischen Wissens lassen sich drei Gruppen zuordnen: der Modularitätstheorie, dem Expertiseansatz und der Theorie-Theorie.

Weiterführende Literatur

Wellman, H.M. & Gelman, S.A. (1998). Knowledge acquisition in foundational domains. In D. Kuhn & R.S. Siegler (Vol. Eds.), Handbook of child psychology (5th ed. Vol. 2) (pp. 523–573). New York: Wiley.
Ein Forschungsüberblick über die Entwicklung domänenspezifischen Wissens (Physik, Biologie, Theory of Mind).

Goswami, U. (2001). So denken Kinder. Bern: Huber.
Kapitel 2, 3 und 4: weiterführende Lehrbuchkapitel zur Entwicklung begrifflichen Wissens.

Kapitel 12 Begriffliches Wissen

Kapitel 13
Entwicklung des Problemlösens

Rolf Oerter & Michael Dreher

1 Informationsverarbeitung als Basis für Problemlösen

1.1 Vier entwicklungspsychologische Theorien der Informationsverarbeitung

Piaget hat wie kein anderer die neuere Forschung in der kognitiven Entwicklungspsychologie beeinflusst. Sein Ansatz ist nach ganz verschiedenen Richtungen hin erweitert und revidiert worden. Eine Weiterentwicklung hängt mit dem Siegeszug des Computers zusammen. Die Möglichkeit, kognitive Prozesse mit Hilfe des Computers zu simulieren, hat zu Theorien der Informationsverarbeitung geführt, die durch präzise festgelegte Schritte beim Problemlösen zu erklären versuchen, wie Information bei einem auftretenden Problem genutzt wird und welche Strategien zur Lösung führen können.

Siegler (1991) stellt vier Theorien der Informationsverarbeitung vor, welche den Entwicklungsaspekt einbeziehen: die Theorien von Sternberg, Case, Klahr und Wallace sowie Siegler. In Tab. 13.1 sind ihre Ziele, die Hauptmechanismen der Entwicklung und die Einflüsse, die zu ihrer Formulierung geführt haben, einander gegenübergestellt.

Tabelle 13.1. Überblick zu Informationsverarbeitungstheorien der Entwicklung (nach Siegler, 1991, S.68)

Autor	Ziel der Theorie	Hauptmechanismus der Entwicklung	Einflüsse auf die Formulierung der Theorie
Sternberg	Analyse von Informationsverarbeitungsprozessen bei der Intelligenzentwicklung	Konstruktion von Strategien; Prozesse der Kodierung und Automation	Anregung von Informationsverarbeitungstheorien; Kodierung, Zeitverlauf von Prozessen, Untergliederung des Denkens in Komponenten
Case	Integration von Piagets Theorie und Theorien der Informationsverarbeitung der Entwicklung	Automation und biologisch bedingte Kapazitätserweiterung des Arbeitsgedächtnisses: Strategiekonstruktion	Anregung durch Piagets Stufen des Denkens und durch die Bedeutung des Kurzzeitspeichers und der Strategien bei Theorien der Informationsverarbeitung
Klahr & Wallace	Computersimulationsmodell der kognitiven Entwicklung	Generalisierung durch Entdeckung von Regelhaftigkeiten; „Zeitlinie"; Kodierung und Konstruktion von Strategien	Anregung durch Piagets Verständnis der Selbstmodifikation und der Assimilation sowie durch Ergebnisse der Computersimulation
Siegler	Erklärung des adaptiven Charakters kognitiver Entwicklung	Wahl unter vorhandenen Strategien und Konstruktion neuer Strategien; Generalisierung	Piagets Betonung der Selbstmodifikation und des Gleichgewichts

Wir werden im Folgenden nur eine dieser Theorien näher kennen lernen, nämlich die Theorie von Robbie Case, weil sie am stärksten an Piagets Ideen anknüpft und sich besonders um die Integration der Theorie Piagets mit Theorien der Informationsverarbeitung bemüht. Dies erscheint geboten, da Theorien, die sich überhaupt nicht auf Piaget beziehen, zuviel an vorhandener entwicklungspsychologischer Erkenntnis ignorieren.

1.2 Der Ansatz von Case: Drei Mechanismen der Kapazitätserweiterung

Zunächst geht Case (1985) davon aus, dass der Mensch bei der Geburt bereits über eine Kernausstattung von Problemlösungsprozessen verfügt. Dazu gehören die Fähigkeiten, Ziele zu setzen, Problemlösestrategien aufzubauen und sie zu komplexeren Vorgehensweisen zu vereinen. Die in diesem Kapitel zu beschreibenden Befunde zu Leistungen in der frühen Kindheit lassen sich in der Tat ohne eine solche Grundausstattung nicht erklären.

Weiterhin versucht Case zu erklären, wie das Kind die Beschränkungen des Kurzzeitgedächtnisses (des Arbeitsspeichers, KZS) überwindet und allmählich Probleme lösen kann, die mehr Speicherplatz benötigen. Die absolute Größe des Arbeitsspeichers ändert sich nicht (s. a. Kap. 14), weshalb Case drei Mechanismen annimmt, welche die Kapazität erweitern und die Effizienz des Arbeitsgedächtnisses verbessern.

Automatisierung. Der erste Mechanismus ist die Automatisierung von Prozessen, die dann sehr rasch und ohne psychische Anstrengung ablaufen und zudem so gut wie keinen Speicherplatz benötigen. Dies lässt sich gut am Leselernvorgang demonstrieren. Während das Kind anfänglich Wörter mühsam Buchstabe für Buchstabe erlesen muss, erfolgt das Lesen später im automatisierten Zustand mühelos und erfordert gewöhnlich keinen Platz im Arbeitsgedächtnis, das nun vollständig für die Aufarbeitung des Textinhalts zur Verfügung steht.

Myelinisierung. Den zweiten Mechanismus in der Entwicklung der Informationsverarbeitung im Kurzzeitgedächtnis (KZS) sieht Case in der biologischen Reifung, vor allem in der Myelinisierung (Markscheidenbildung) im Gehirn. Da verschiedene Systeme im Gehirn zu unterschiedlichen Zeitpunkten myelinisieren, können auch Leistungen, die die entsprechenden Systeme beanspruchen, erst auftreten, wenn die Markscheidenbildung in ihnen abgeschlossen ist.

Zentrale Begriffsstruktur. Ein dritter Weg der Überwindung der Begrenzung des KZS ist die Bildung zentraler Begriffsstrukturen (Case & Griffin, 1990). Unter einer solchen Begriffsstruktur versteht man ein Netzwerk von Begriffen und Beziehungen zwischen ihnen, die es dem Kind ermöglichen, über eine Vielzahl von Situationen zu generalisieren und dadurch neue Erkenntnisse zu gewinnen. Eine solche Begriffsstruktur wäre das Zusammenführen von Reihung, Klasseninklusion und Konstanz (conservation) beim Zahlbegriff (s. Kap. 11).

Case und seine Mitarbeiter konnten an einer Vielzahl von Aufgaben zeigen, dass die Vermittlung richtiger Strategien und die Vereinfachung von Aufgaben durch Entlastung des Arbeitsspeichers die Problemlösefähigkeit des Kindes erhöht und dass auf diese Weise Entwicklungsfortschritte erzielt werden können (Case & Griffin, 1990).

2 Zur Entwicklung von Problemlösestrategien: Frühe Kindheit

Ein Problem tritt für das Individuum dann auf, wenn das bisherige Verhaltensrepertoire nicht ausreicht, um eine anstehende Aufgabe zu bewältigen.

DEFINITION

Newell und Simon (1972, S. 72) charakterisieren ein **Problem** auf die folgende Weise: „Eine Person ist mit einem **Problem** konfrontiert, wenn sie etwas wünscht und nicht sofort weiß, welche Serie von Handlungen sie ausführen muss, um es zu erhalten."

Selbst wenn also Handlungen zur Verfügung stehen, fehlt mindestens ein Element im Repertoire, nämlich das Wissen, welche Aktionen zum Ziel führen. Menschliches Problemlösen zeigt von einem sehr frühen Zeitpunkt an mindestens folgende Komponenten:

- Zielvorgabe und Zielgerichtetheit (Intention),
- Repräsentation von Aspekten des Problems,
- Einsatz von Mitteln zur Zielerreichung, d.h. zur Lösung des Problems, sowie
- organisiertes und kontrolliertes Vorgehen beim Einsatz der Mittel.

DEFINITION

Unter einer **Problemlösestrategie** versteht man vorsätzliche und überlegte (bedachte) Mittel zur Zielerreichung (Wellman, 1988).

Strategien variieren hinsichtlich ihrer Bewusstheit und des Aufwandes an geistiger Anstrengung. Werden sie zum ersten Mal eingesetzt, so sind sie gewöhnlich bewusst und erfordern ein hohes Maß an Anstrengung. Später können Strategien automatisiert werden mit dem Effekt, dass sie nie bewusst und nahezu ohne mentalen Aufwand eingesetzt werden können. Das Kriterium der Bewusstheit ist für manche Forscher zentral (z.B. Bjorklund et al., 1990), wird aber von anderen abgelehnt (Ashcraft, 1990; Garner, 1990). Für die frühe Kindheit ist es jedenfalls vorteilhaft, nur die Absichtlichkeit und Organisiertheit des Vorgehens bei der Zielerreichung als Kennzeichen einer Strategie zu wählen und die Bewusstheit oder das explizite Wissen über das eigene Vorgehen auszuklammern.

Unter dieser definitorischen Voraussetzung lässt sich zeigen, dass Kinder unter drei Jahren Strategien beim Problemlösen einsetzen. Dies soll an einigen Untersuchungsbeispielen gezeigt werden.

2.1 Strategien gegen den Augenschein

Koslowski und Bruner (1972) konfrontierten Kinder mit einem drehbaren Hebel bzw. mit einer drehbaren Plattform, auf die ein Gegenstand (Spielzeug) platziert wird. Der Gegenstand ist vom Kind weggedreht, so dass die adäquate Strategie im Drehen des Hebels bzw. der Plattform besteht (Abb. 13.1). Willatts et al. (1989) verwendeten die gleiche Versuchsanordnung, kontrollierten aber die Bedingungen genauer. Sie beobachteten bei Zweijährigen eine Reihe von Strategien, die sich in vier Gruppen einteilen lassen:

(1) Versuch des direkten Erreichens (auf den Tisch klettern, zu dem Gegenstand hinlaufen etc.),
(2) Versuche, die Plattform bzw. den Hebel zu bewegen (durch Ziehen, Stoßen oder Rütteln an der Achse),
(3) teilweise Drehung des Hebels bzw. der Plattform und
(4) Drehung mit erfolgreichem Ergreifen des Gegenstandes.

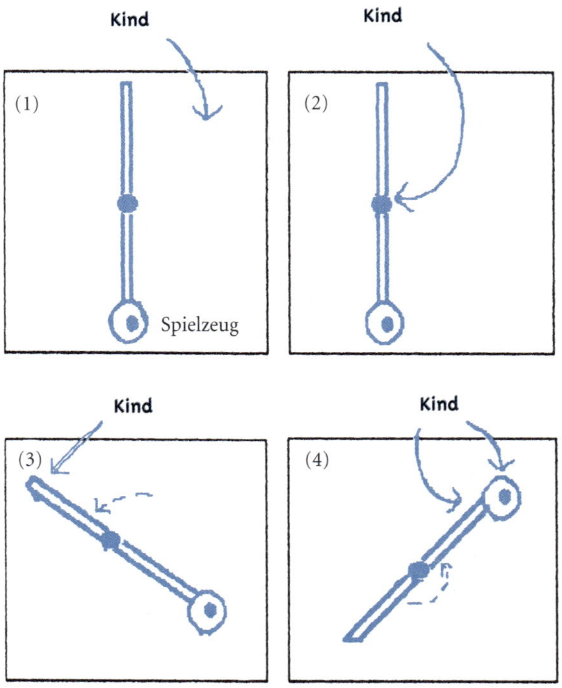

Abbildung 13.1. Schematische Darstellung der Lösungsstrategien eines Hebelrotationsproblems. (1) Direktes Erreichen, (2) Bewegungsversuch, (3) teilweise Drehung, (4) erfolgreiche Drehung (nach Willatts, 1990. S. 49)

Die Kinder versuchten häufig zunächst die einfachste Strategie (direktes Erreichen), benutzten dann die etwas schwierigeren Methoden (Betätigung an der Plattform bzw. am Hebel) und erreichten häufig die komplexeste Strategie des adäquaten Heranholens. Dass hinter der Verwendung solcher Strategien mehr an Wissen steckt, zeigt das Wiederholungsverhalten der Kinder. 47 Prozent der Kinder machten mehrere Versuche, aber ohne die gleiche Strategie zu wiederholen. Der Wechsel der Strategie ist ein klares Anzeichen für zielgerichtetes Problemlöseverhalten.

2.2 Umgehen mit Fehlern: Hemmung einer Handlung

Wellman (1988) glaubt, dass der Fortschritt in der Nutzung von Strategien durch die Erfahrung mit fehlerhaft angewandten oder mit falschen Strategien zustande kommt. Entweder erfährt das Kind, dass eine bestimmte Strategie nicht weiterhilft oder es bekommt heraus, innerhalb welcher Grenzen sie funktioniert.

Das Lösen von Problemen ist leichter, wenn verfügbare Handlungen zur Zielerreichung nicht unterdrückt werden müssen. Hingegen bedarf es eines größeren Lernaufwandes, um eine ineffektive Aktion zugunsten einer neuen Prozedur zu unterdrücken. Dies lässt sich an Umweg-Aufgaben zeigen. Bei diesen Aufgaben muss der Problemlöser einen Umweg machen, um zum Ziel zu gelangen.

UNTER DER LUPE

Wie man Umwege lernt: Hemmung eines Impulses

Diamond (1988) präsentierte Kindern im Alter von sechs bis zwölf Monaten ein Spielzeug hinter einem durchsichtigen Kasten, der nur von der Seite zugänglich war. Die jüngsten Kinder (sechs bis sieben Monate) versuchten immer wieder, den Gegenstand durch direktes Hingreifen zu erlangen. Alle Bemühungen, dem Kind den richtigen Weg zu zeigen, halfen nichts. Offenbar steuerte die wahrgenommene Situation das Verhalten. Kinder mit sieben bis zehn Monaten fanden eine kreative Lösung. Sie bewegten sich auf die offene Seite des transparenten Behälters und konnten so in Richtung der Sehbahn zugreifen. Die zwölf Monate alten Kinder waren bereits in der Lage, die direkte Bewegung zu unterdrücken und den Umweg durch seitliches Eingreifen einzuschlagen.

UNTER DER LUPE

Olson (1966) präsentierte Kindern im Alter von drei bis neun Jahren zwei oder drei Muster verschiedener Schwierigkeitsgrade auf einem Apparat, der das Musterfeld zugleich als Tastenfeld besaß (Abb. 13.2, S. 473). Die Muster befanden sich nebeneinander oberhalb des Tastenfeldes. Das Kind konnte durch das Drücken der Tasten herausfinden, welches von zwei bzw. bei schwierigeren Aufgaben von drei Mustern richtig war, da bei jedem richtigen Feld die betreffende Taste aufleuchtete. Auf diese Weise konnte das Kind das Muster regelrecht durch Tastendruck nachbilden, es erschien als Lichtfigur auf dem Tastenfeld. Die optimale Strategie besteht darin, das gesuchte Muster mit möglichst wenigen Versuchen zu identifizieren. So ist bei den beiden Musterbeispielen in der Abbildung nur ein einziger Tastendruck zum Erkennen des richtigen Musters nötig (z.B. Mitteltaste der untersten Reihe).

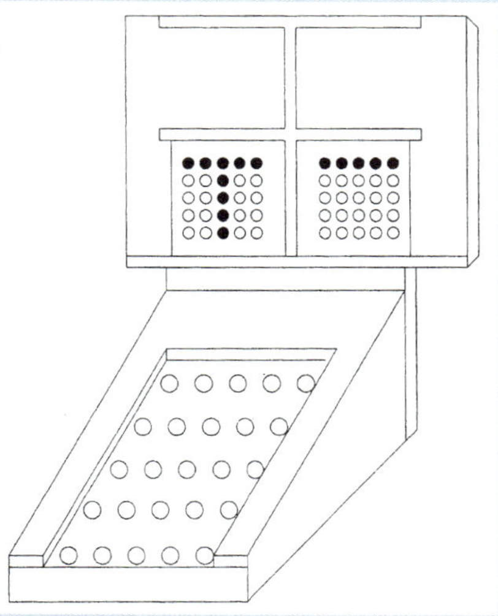

Abbildung 13.2. Olsons Apparatur zur Untersuchung der Lösungsstrategien von Kindern (nach Bruner et al., 1966, S. 138)

2.3 Strategieoptimierung

Denken und Problemlösen verbessern sich, wenn eine Reihe von Komponenten sich wandeln. Dazu gehören die bessere Nutzung des Arbeitsspeichers, eine vorteilhafte abstrakter werdende Repräsentation und verbesserte Strategien. Die Entwicklung als Optimierung von Strategien soll uns im Folgenden beschäftigen.

Olson beobachtete bei den Kindern in der Hauptsache drei Strategien:

(1) eine unsystematische Suchstrategie, bei der die Kinder herumprobierten, welches Muster gemeint sein könnte,
(2) eine Strategie der sukzessiven Musterprüfung, bei der das Kind systematisch begann, das erste von zwei bzw. drei Mustern zu testen und
(3) die Suche nach optimaler Information, bei der nach der Taste gesucht wurde, die eindeutig zwischen verschiedenen Mustern trennte.

Abbildung 13.3 zeigt die Verwendung der drei Strategien auf verschiedenen Altersstufen. Die jüngste Gruppe, die Dreijährigen, drückten eine Reihe von Knöpfen, um das Muster herauszubekommen, hatten dabei aber bereits ein gewisses, allerdings ineffizientes System. So bevorzugten sie Eckknöpfe oder drückten ganze Knopfreihen, um damit dann wieder aufzuhören und an einer anderen Stelle neu zu beginnen. Die Fünfjährigen bevorzugten bereits die sukzessive Musterprüfung, die dann von fast allen Sieben- und Neunjährigen eingesetzt wurde. Demgegenüber zeigte nur die älteste Gruppe, und auch diese nur zu 20 Prozent, die Strategie der optimalen Informationssuche in der Bedingung (a) frei.

Dieses Ergebnis führt zur Annahme, dass Strategien in einem bestimmten Alter aufgebaut und ab da verfügbar sind. Ebendies widerlegt die Fortsetzung des Experimentes. Olson verbesserte das strategische Verhalten durch eine kleine Veränderung. Er fragte die Kinder nämlich nach dem ersten Tastendruck: „Weißt du es jetzt schon?" Diese Frage veranlasste die Kinder, nach einer optimalen Strategie zu suchen (Versuchsbedin-

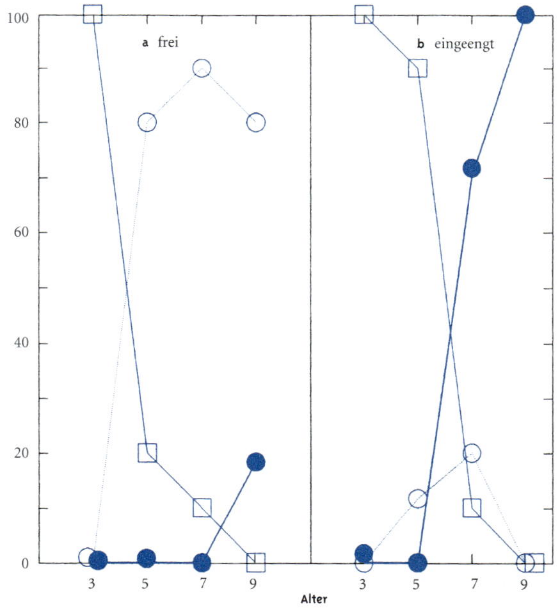

Abbildung 13.3. Lösungsverhalten der Kinder in Olsons Aufgabe bei verschiedenen Versuchsbedingungen: **a** frei, **b** eingeengt (mit Nachfrage nach erstem Tastendruck) (nach Bruner et al., 1966, S. 148). ○–○ Sukzessive Mustererkennung; □–□ Suchstrategie; ●–● Suche nach optimaler Information

gung (b) eingeengt). Die Drei- und Fünfjährigen profitierten von dieser Hilfe noch wenig, im Vergleich zu den älteren Kindern. Drei Viertel der Siebenjährigen und alle untersuchten Neunjährigen nutzten effektiv die Strategie der optimalen Informationssuche. Abbildung 13.3 demonstriert in der Gegenüberstellung der Versuchsbedingungen die verblüffende Verbesserung. Die Drei- und Fünfjährigen können die vorteilhafteren Strategien auch bei Hilfe nicht verwenden. Man nennt dieses Phänomen „Nutzungs- oder Produktionsdefizienz", ein Befund, der in der Denk- und Gedächtnisforschung immer wieder auftaucht (s. a. Kap. 14).

3 Strategien beim schulischen Problemlösen

Leistungsfortschritte in schulrelevanten Bereichen wie Lesen und Rechnen sind ähnlich wie bei anderen Problemen verbesserten und effizienteren Strategien zu verdanken. Im Folgenden wird die Entwicklung des mathematischen Verständnisses und des Lesens als Erwerb und Nutzung von Strategien dargestellt.

3.1 Entwicklung mathematischer Leistungen

3.1.1 Rechnen im Vorschulalter

Rechnen beginnt nicht erst im Schulalter. Die Kinder erwerben im Alltag bereits vorher Kenntnisse und Fertigkeiten im Umgang mit Zahlen. Siegler und Robinson (1982, zit. nach Siegler, 1991) legten Vier- und Fünfjährigen in Geschichten gekleidete einfache Additionsaufgaben vor, wobei die Lösungsdauer erfasst und das Verhalten videographiert wurde. Die Autoren beobachteten vier Strategien:

Aus dem Gedächtnis abrufen. In 64 Prozent der Versuche griffen die Kinder auf Lösungen zurück, die sie schon wussten. Abrufen als einfachste Strategie wurde aus der Kürze der Reaktionszeit gefolgert. Im Vergleich zu anderen Strategien war der Abstand zwischen Aufgabenstellung und Lösung am kürzesten, er betrug durchschnittlich 4,0 Sekunden. Die Strategie erbrachte in 66 Prozent der Fälle richtige Lösungen.

Zahlendarstellung durch Finger. In 13 Prozent der Versuche verwendeten die Kinder die Finger zur Darstellung der Summanden, indem sie beide Zahlen mit Fingern aufzeigten und zusammenfügten, ohne zu zählen. Diese Strategie erforderte im Durchschnitt 6,6 Sekunden und führte in 89 Prozent der Fälle zu richtigen Lösungen.

Zählen. In 8 Prozent der Aufgaben zählten die Kinder laut oder mit sichtbaren Lippenbewegungen, ohne ein äußeres Bezugssystem wie die Finger zu nutzen. Die Reaktionszeit betrug hier im Schnitt 9,0 Sekunden und führte nur in 54 Prozent der Fälle zu richtigen Lösungen.

Fingerzählen. Diese Strategie bestand darin, dass die Kinder die Finger zur Angabe der Summanden benutzten, aber dann auch abzählten. Dies erforderte 14,0 Sekunden, wurde in 15 Prozent der Versuche beobachtet und führte in 87 Prozent der Fälle zum Erfolg.

Mehrere Strategien. Bemerkenswerterweise benutzten die Kinder mehrere dieser Strategien. Fast alle Kinder verwendeten mindestens zwei Strategien, ein Teil sogar alle vier. Das spricht dafür, dass die Kinder zwischen Strategien wählen und die jeweils geeignetste aussuchen. Die rascheste Strategie ist das Abrufen des Ergebnisses aus dem Gedächtnis, aber wenn das Kind das Ergebnis noch nicht gelernt und gespeichert hat, hilft sie nicht weiter. Dann kann eine Methode der Mengendarstellung verwendet werden (Strategie 2). Manche Summen lassen sich auf diese Weise ohne Zählen sofort erkennen, z.B. fünf als Menge der Finger einer Hand. Andere Additionsaufgaben kann man durch Zählen lösen (Strategie 3), wenn der zweite Summand klein ist. Schließlich hilft bei schwierigen Aufgaben nur noch das Zusammenwirken von Zahlenrepräsentation durch Finger und Zählen. Diese letzte Strategie ist übrigens diejenige, bei der mathematisches Denken das höchste Niveau hat, da ein adäquates Modell für

Addition (Zusammenfügen der Mengen durch die Finger) und eine Methode des Mengenbestimmens (Zählen) eingesetzt werden. Den Aspekt des mathematischen Denkens beim Problemlösen vernachlässigen leider viele Autoren, vor allem auch Siegler, dem es nur um Geschwindigkeit und Richtigkeit, aber nicht um Einsicht geht. Diese Feststellung gilt auch für die im Folgenden zu berichtenden Befunde.

Die Wahl zwischen verschiedenen Strategien darf man sich aber nicht als bewussten Entscheidungsakt vorstellen, dafür erfolgt der Einsatz der Strategien zu rasch.

3.1.2 Zwei Kernstrategien: Min-Methode und Abrufen

Im Grundschulalter wurden vor allem zwei grundlegende Strategien bei einfachen arithmetischen Aufgaben gefunden. Eine Strategie, das Abrufen des Ergebnisses aus dem Gedächtnis, haben wir schon kennen gelernt. Je mehr Übung die Kinder in der Grundschule im Rechnen haben, desto mehr Aufgaben innerhalb eines begrenzten Zahlenraumes (vor allem bis 100) werden im Gedächtnis gespeichert und müssen nur noch abgerufen werden. Für das Verstehen arithmetischer Operationen ist jedoch eine andere Strategie aufschlussreich: das Draufzählen bzw. Abziehen in Einerschritten. Bei Aufgaben wie 4 + 2 zählen die Kinder einfach weiter: 5 – 6. Sie verwenden diese Strategie auch bei Aufgaben, bei denen der kleinere Summand am Anfang steht, z.B. 2 + 7 wird zu 7 + 2 und zu 7 – 8 – 9. Die Methode des Draufzählens des kleineren Summanden in Einerschritten heißt auch Min-Methode (von minimum addend, dem kleinsten Summanden). Die Reaktionszeit für jeden Einerschritt beträgt bei Erstklässlern ca. 400 Millisekunden.

Verwendung der Strategien. In einer sorgfältigen Untersuchung von Siegler (1987) wurden Kinder im letzten Kindergartenjahr und Erst- und Zweitklässler in Additionsleistungen untersucht, wobei die Aufgabenschwierigkeit von 4 + 1 bis 17 + 6 rangierte. Die Abrufstrategie fand sich bei Kindergartenkindern nur bei 16 Prozent der Aufgaben, während sie die Min-Methode in 38 Prozent der Fälle wählten. Die Erstklässler nutzten das Abrufen in 44 Prozent, die Min-Methode in 38 Prozent der Fälle, die Zweitklässler setzten Abrufen in 45 Prozent und die Min-Methode in 40 Prozent der Aufgaben ein.

Es zeigte sich, dass 90 Prozent der Kinder mindestens zwei Strategien je nach Aufgabe und 62 Prozent drei oder mehr Strategien einsetzten. Ashcraft (1990) und Siegler (1991) interpretieren diese und ähnliche Ergebnisse dahingehend, dass die Kinder von Anfang an mehrere Strategien (auch die Nutzung äußerer Repräsentationsmodelle wie die Finger oder Chips) verwenden und diese für die jeweilige Aufgabe auswählen. Die oben genannten Zahlen zeigen jedoch nach wie vor, dass die Min-Methode eine Schlüsselstellung im Übergang zum automatisierten Rechnen innehat. Die Iteration, d.h. das Fortschreiten in Einerschritten bei Addition und Subtraktion ist eine mathematische Grundoperation und für das Verständnis der vier Grundrechnungsarten unentbehrlich. Auch Ashcraft (1990) nimmt an, dass jüngere Kinder bevorzugt Zählprozeduren verwenden, während ältere Kinder und Erwachsene das Abrufen als Hauptstrategie benutzen.

Arithmetisches Wissen. Daneben aber bildet sich ein arithmetisches Wissen heraus, das in der assoziativen Verknüpfung der Zahlen besteht. Je mehr Übung Kinder im Rechnen haben, desto vielmaschiger und fester wird dieses Assoziationsnetz. Seine Entstehung und Wirkungsweise erklärt Siegler (1991) mit unterschiedlichen Wahrscheinlichkeiten für das Auslösen von Reaktionen. Häufige Additionen, die auch außerhalb der Schule ständig vorkommen, wie 4 + 1, 2 + 2, 2 + 3, werden mit ihren jeweiligen Summen stärker assoziiert. Wenn solche Aufgaben gestellt werden, drängt sich daher als Assoziation das Ergebnis förmlich auf. Dies zeigt sich in der kurzen Reaktionszeit, die im Vergleich zu anderen Strategien praktisch Null ist. Für andere Zahlenkombinationen ist die Assoziationsstärke geringer. Als Beispiele sind in Abb. 13.4 (S. 476) die fiktiven Asso-

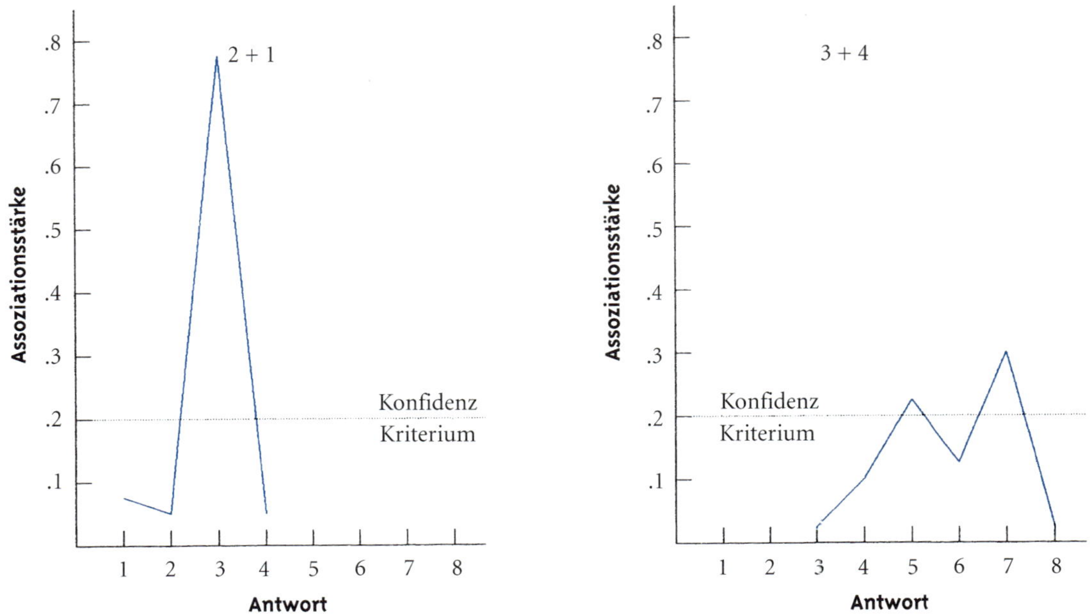

Abbildung 13.4. Steile und flache Verteilung der Assoziationsstärke von Summen (nach Siegler, 1991, S. 298)

ziationsstärken der Antworten bei 2 + 1 und 3 + 4 dargestellt. Die erste Aufgabe hat für andere Zahlenwerte nahezu keine Assoziationsstärke, während sie für die Summe 3 sehr hoch ist (.78). Die zweite Aufgabe ist den Anfängern noch wenig geläufig, es gibt niedrigere Assoziationsstärken, dafür aber zu mehreren Zahlen. Je höher und eindeutiger solche Assoziationsstärken sind, desto rascher erfolgt die Antwort und desto höher wird die Quote richtiger Antworten. Auf diese Weise kann mathematisches Wissen in Wahrscheinlichkeiten dargestellt werden, mit denen alternative Antworten auftreten. Man kann solche Wahrscheinlichkeiten aus den Rechenleistungen der Kinder schätzen.

Tabelle 13.2 präsentiert die Wahrscheinlichkeiten von Antworten auf einfache Additionsaufgaben bei einem vierjährigen Kind. Es musste jede

Tabelle 13.2. Assoziationsstärke für ausgewählte Aufgaben und mögliche Antworten eines Vierjährigen

	Antwort									
Problem	**2**	**3**	**4**	**5**	**6**	**7**	**8**	**9**	**10**	**Andere**
4 + 1	.04	.02	.09	.68	.02	.02	.07			.07
4 + 2	.07	.09		.20	.36	.13	.07		.02	.07
4 + 3		.05	.18	.09	.09	.38	.09		.02	.11
4 + 4		.02	.02	.29	.07	.07	.34		.04	.17
4 + 5			.04	.09	.16	.09	.11	.18	.11	.24
5 + 1	.04		.04	.07	.71	.04	.04		.04	.04
5 + 2	.05	.20	.02	.18	.27	.25	.02		.02	
5 + 3	.02	.11	.09	.18	.05	.16	.23		.05	.11
5 + 4			.11	.21	.16	.05	.11	.16	.04	.16
5 + 5				.07	.25	.11	.02	.04	.34	.19

Aufgabe innerhalb von vier Sekunden und ohne zusätzliche Hilfe beantworten. Unter dieser Bedingung „riet“ das Kind nur in 18 Prozent der Fälle dass 4 + 5 = 9 sei. Analog sind die übrigen Werte der Tabelle zu verstehen.

Vergleicht man die Rechengeschwindigkeit von Kindern unterschiedlichen Alters, so zeigt sich mit zunehmendem Alter bekanntlich eine Verkürzung der Antwortzeit. Dies wird auf die wachsende Automatisierung von Strategien zurückgeführt. Automatisierte Strategien brauchen keinen Speicherplatz im Arbeitsgedächtnis und laufen nahezu ohne psychischen Aufwand ab. Unter dieser Perspektive erweist sich der Übungsaufwand im arithmetischen Rechnen (z.B. Kopfrechnen) in der Grundschule als vorteilhaft, dient er doch später der Entlastung des Arbeitsspeichers und dem effizienteren Problemlösen mathematischer Aufgaben, bei denen sich der Problemlöser auf die wesentlichen Komponenten konzentrieren kann. Daher vertreten viele Forscher in der Denkpsychologie die Ansicht, dass Strategien auch nicht bewusst ablaufen (Ashcraft, 1990; Bisanz & LeFevre, 1990; Siegler, 1991), während in der Gedächtnispsychologie eher mit der Annahme gearbeitet wird, dass Gedächtnisstrategien bewusst sind (z.B. Bjorklund et al., 1990; Naus & Ornstein, 1983, zit. nach Siegler, 1991).

3.1.3 Entwicklung mathematischer Konzepte

Bisanz und LeFevre (1990) betonen, dass mathematisches Denken neben den bisher besprochenen und weiteren komplexeren Strategien noch eine zweite Komponente benötigt, nämlich die Nutzung mathematischer Konzepte. Solche Konzepte sind z.B. Assoziativität: $(a + b) + c = a + (b + c)$ und Inversion: $a + b - b = a$. Bisanz und LeFevre berichten über eigene Untersuchungen, in denen sie prüften, ob und ab wann Kinder das Konzept der Inversion verstehen und nutzen können. Sie verwendeten Ausdrücke mit drei Gliedern und stellten Inversionsprobleme $(a + b - b)$ Standardaufgaben gegenüber $(a + b - c)$, wobei sie nur einstellige Zahlen benutzten. Wenn ein Kind den Inversionsbegriff nutzt, kann es sich das Rechnen ganz sparen, setzt es ihn nicht ein, braucht es zum Ergebnis genau so lange wie zur Standardaufgabe. Die Autoren maßen die Latenzzeit (Reaktionszeit) bis zur Lösung und fanden bereits bei Sechsjährigen die Nutzung des Inversionswissens.

In Abb. 13.5 (S. 478) ist die Latenzzeit für sechsjährige Kinder veranschaulicht. Bei Kindern mit Inversionsbegriff (a) ist der Unterschied in der Latenzzeit bei leichten Aufgaben, also bei geringem Problemumfang noch gering, jedoch bereits sichtbar. Bei schweren Problemen (größere einstellige Zahlen) jedoch zeigt sich ein drastischer Unterschied. Während für Inversionsprobleme die Latenzzeit gleich bleibt, erhöht sie sich erwartungsgemäß stark bei Standardaufgaben. Die Autoren fanden unter den Sechsjährigen aber auch Kinder, welche die Inversionsaufgabe als Standardaufgabe bearbeiteten und daher bei beiden Problemtypen gleichlange brauchten (Abb. 13.5c). Schließlich gab es noch eine Gruppe von Kindern, die eine Zwischenstrategie benutzten. Sie benötigten für leichte und schwere Inversionsaufgaben etwas mehr Zeit als die Inversionsgruppe, aber weniger als die Standardgruppe (Abb. 13.5b). Die Befragung der Kinder ergab, dass sie eine Prozedur der Negation verwendeten. Sie begannen unter Benutzung der Finger die Summe von $a + b$ zu bilden. Dann aber subtrahierten sie nicht b, sondern zogen die b repräsentierende Fingerzahl zurück, so dass sie keinen weiteren Rechenvorgang benötigten. Hier zeigt sich der Übergang zum Verständnis der Inversion.

Die Autoren arbeiteten auch mit älteren Kindern und Erwachsenen. Interessanterweise stieg der Prozentsatz der Kinder mit Nutzung des Inversionsbegriffes zwischen sechs und neun Jahren nicht an, wohl aber reduzierte sich insgesamt bei allen Aufgaben die Latenzzeit. Daraus kann man schließen, dass trotz intensiven Lernens in der Grundschule nur ein Teil der Kinder mathematische Denkkategorien einsetzt, während die Automatisierung der Rechenoperation voranschreitet. Bei den Elfjährigen hingegen stieg der Anteil der den Inversionsbegriff nutzenden Kin-

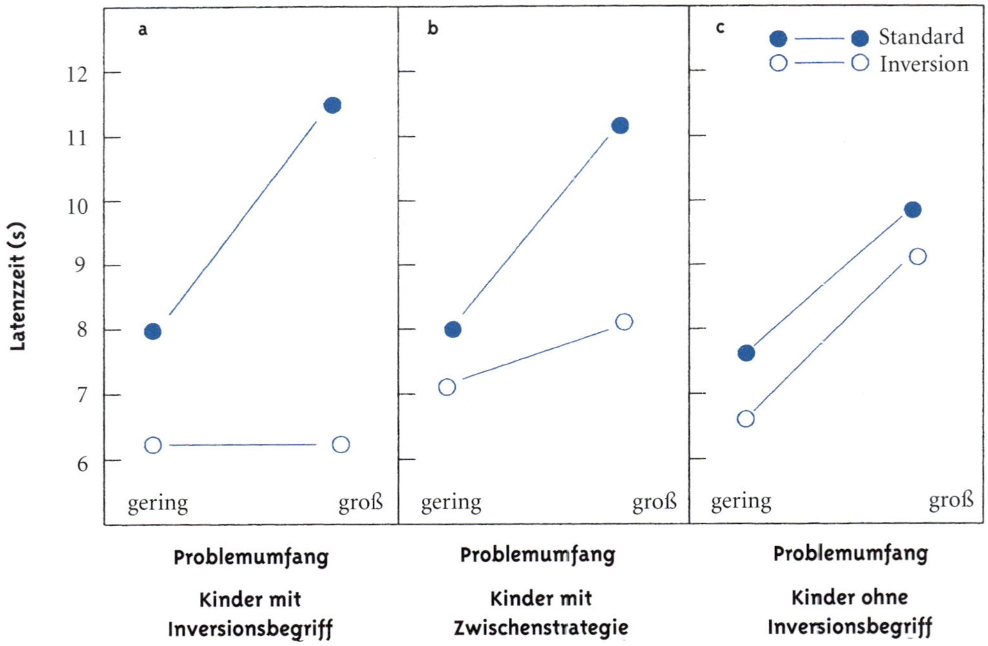

Abbildung 13.5. Latenzzeiten Sechsjähriger bei Rechenaufgaben als Funktion der Strategie und des Problemumfangs (nach Bisanz & LeFevre, 1990, S. 231)

der deutlich an, und die Erwachsenen nutzten ihn nahezu zu 100 Prozent.

Der relativ lange Widerstand gegen mathematische Konzepte mag auch an der scheinbaren Ökonomie eines Normalverfahrens liegen. Wenn man eine Rechenprozedur kann und mit ihr sichere Ergebnisse erzielt, zögert man, neue oder wenig erprobte Denkwege zu beschreiten.

3.1.4 Anwendung von Regeln mit steigender Komplexität

Ein Problem bietet sich für den Problemlöser nicht als etwas völlig Unbekanntes dar, sondern enthält immer Elemente, die er mit seinem bereits vorhandenen Wissen verknüpfen kann. Nehmen wir an, ein Kind beschäftigt sich mit der Waage und der Herstellung von Gleichgewicht. Der Waagebalken hat auf beiden Seiten des Drehpunkts vier Stifte, auf die ringförmige Gewichte aufgelegt werden können. Frühzeitig wird das Kind wissen, dass gleiche Gewichte auf beiden Seiten des Waagebalkens Gleichgewicht herstellen. Schwieriger ist es mit dem Abstand der Gewichte zum Drehpunkt, aber auch hier erwirbt das Kind ein einfaches Wissen, etwa dass gleicher Abstand Gleichgewicht herstellt und verschieden großer Abstand Ungleichgewicht erzeugt. Schließlich wird es auch ein Wissen besitzen, dass beide Komponenten, Gewicht und Hebelarm (exakter: Last und Lastarm) zueinander rechnerisch in Beziehung gesetzt werden müssen. Für das aktuelle Problemlösen einer Aufgabe an der Waage ist solches Wissen aber nur hilfreich, wenn es in Regeln des Vorgehens überführt wird.

Gleichgewichtsaufgaben. Siegler (1976) hat vier Regeln zur Lösung von Gleichgewichtsaufgaben an der Waage (allgemeiner: Aufgaben zum Hebelgesetz) formuliert, von denen er annimmt, dass sie das Kind der Reihe nach in der Entwicklung erwirbt und anwendet:

Regel 1. Liegen auf beiden Seiten gleich viel Gewichte, herrscht Gleichgewicht; sind die Gewichte verschieden, geht die Seite mit dem größeren Gewicht nach unten.

Regel 2. Hat eine Seite mehr Gewicht, senkt sich der Waagebalken auf dieser Seite; sind die Gewichte gleich auf beiden Seiten, wird sich der Waagebalken auf der Seite mit dem größeren Abstand vom Drehpunkt senken.

Regel 3. Sind auf beiden Seiten Abstand und Gewicht gleich, herrscht Gleichgewicht. Ist der Abstand gleich, aber das Gewicht verschieden, senkt sich der Waagebalken mit dem größeren Gewicht; ist das Gewicht gleich und der Abstand verschieden, senkt sich die Waage auf der Seite mit dem größeren Abstand. Sind beides, Gewicht und Abstand, auf beiden Seiten verschieden, so lässt sich das Ergebnis nur raten (schätzen).

Regel 4. Gehe wie bei Regel 3 vor. Wenn eine Seite mehr Gewicht, die andere größeren Abstand hat, berechne das Produkt aus Gewicht mal Abstand auf beiden Seiten; die Seite mit dem größeren Wert geht nach unten.

Die ersten beiden Regeln beachten jeweils nur eine Dimension, die beiden letzten Regeln kombinieren zwei Dimensionen (Gewicht und Distanz). Die postulierten Regeln sind eher pragmatisch und nicht abstrakt logisch. So ist das Hebelgesetz auch nicht als abstrakte Regel formuliert. Wie kann man prüfen, ob Kinder nach diesen oder ähnlichen Regeln vorgehen? Siegler macht Vorhersagen, wie Kinder bei Anwendung der jeweiligen Regel Probleme lösen müssten. Diese Annahmen sind in Abb. 13.6 zusammengefasst. Siegler legte den Kindern sechs Problemtypen vor (erste Spalte der Abbildung):

	Regel			
Problemtyp	**1**	**2**	**3**	**4**
Gleichgewicht 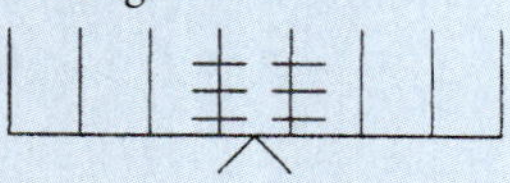	100	100	100	100
Gewicht 	100	100	100	100
Abstand 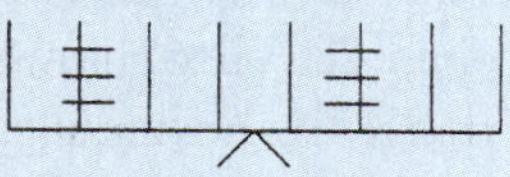	0 (müsste antworten: „Gleichgewicht")	100	100	100
Gewichtskonflikt 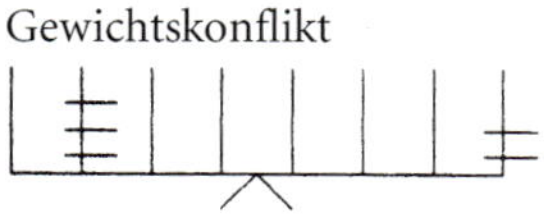	100	100	33 (Ratewahrscheinlichkeit)	100
Abstandskonflikt 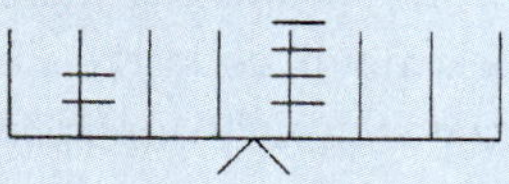	0 (müsste antworten: „rechts abwärts")	0	33 (Ratewahrscheinlichkeit)	100
Gleichgewichtskonflikt 	0 (müsste antworten: „rechts abwärts")	0	33 (Ratewahrscheinlichkeit)	100

Abbildung 13.6. Vorhersagen richtiger Antworten in Prozent für 6 Aufgabentypen und 4 angenommene Regeln (nach Siegler, 1991, S. 260)

(1) Gleichgewichtsprobleme: auf beiden Seiten die gleiche Konfiguration von Gewichten auf den Stiften.
(2) Gewichtsprobleme: ungleiche Gewichte im gleichen Abstand vom Drehpunkt.
(3) Abstandsprobleme: gleiche Gewichte auf beiden Seiten, verschiedene Abstände vom Drehpunkt.
(4) Gewichtskonflikt-Probleme: Eine Seite mit größerem Gewicht, die andere Seite mit größerem Abstand des Gewichtes; die Seite mit dem größeren Gewicht geht nach unten.
(5) Abstandskonflikt-Probleme: wie 4, nur dass die Seite mit der größeren Distanz nach unten geht.
(6) Gleichgewichtskonflikt-Probleme: der übliche Konflikt zwischen Gewicht und Distanz, wobei Gleichgewicht herrscht.

Für jeden Aufgabentyp gibt es Vorhersagen für die Anwendung jeder der vier Regeln (6 × 4-Matrix). Wie Abb. 13.6 zeigt, werden Probleme Nr. 1 und 2 bei allen vier Regeln richtig beantwortet. Hingegen wurde der dritte Problemtyp bei der ersten Regel falsch beantwortet, sie folgert Gleichgewicht. Problemtyp 4 wird bei Regel 3 nicht adäquat beantwortet, da man hier durch Raten nur 33 Prozent richtige Antworten erwarten dürfte. Die übrigen Regeln, also auch die einfacheren, führen zur richtigen Vorhersage. Probleme Nr. 5 und 6 würden bei Anwendung der ersten beiden Regeln falsch gelöst und bei Regel 3 nur durch Zufall (33 Prozent). Ausschließlich Regel 4 produziert die richtige Lösung.

Siegler fand, dass die empirische Häufigkeit mit der erwarteten annähernd übereinstimmte. Fünfjährige benutzten fast ausschließlich Regel 1, Neunjährige setzten am häufigsten Regel 2 und 3 ein, und 13- sowie 17-Jährige benutzten hauptsächlich Regel 3. Nur wenige Kinder unterschiedlichen Alters schienen auch Regel 4 einzusetzen. Selbst in einer Schulklasse, in der das Hebelgesetz unmittelbar zuvor besprochen worden war, gab es kaum Lösungen nach Regel 4.

Übergang zu höherem Problemlösungsniveau. Es fragt sich nun, wie man von einem Niveau zum nächsten gelangt. Dass Lehren nicht automatisch zur Anwendung einer Regel höherer Ordnung führt, zeigt der oben erwähnte Befund. Ganz im Sinne von Piaget (1976) und Wygotski (1978) gelangen Kinder jedoch zu einem höheren Problemlösungsniveau, wenn sie mit einem Problem mit einem etwas höheren Schwierigkeitsgrad konfrontiert werden, das auf die Mängel der jeweils niedrigeren Regel aufmerksam macht. So bot Siegler den Kindern, die nur Regel 1 anwandten, Probleme mit beidseitig gleichen Gewichten aber unterschiedlichem Abstand vom Drehpunkt, da diese ohne Interferenz mit dem Gewicht auf die zusätzliche Beachtung der Distanz hinweisen. Bei diesen Aufgaben profitierten bereits die Fünfjährigen und kamen zu Regel 2. Hingegen hatten sie keinen Gewinn, wenn man ihnen komplexere Probleme bot. Für sie gilt die Gesetzmäßigkeit der Nutzungsdefizienz (utilization deficiency).

3.2 Lesen als Problemlösen: Basale Komponenten der Leseleistung und ihre Entwicklung

3.2.1 Visuelle Leistungen beim Lesen

Um Buchstaben, Wörter und Sätze zu erfassen, müssen sich die Augen über den Text hinweg bewegen. Dabei folgen in großer Geschwindigkeit Augenfixation und saccadische Augenbewegungen aufeinander. Tabelle 13.3 gibt einen Überblick über diese Augenbewegungen von der ersten Klasse bis zum College (Taylor et al., 1960). Man erkennt Veränderungen bis hin zum Erwachsenenalter und relativ gleichbleibende Leistungen. Die Fixierungsdauer in Sekunden verkürzt sich bis zum Erwachsenenalter, jedoch nicht drastisch (1. Spalte). Der Augenrücklauf (zu früheren Textteilen) nimmt drastisch ab (2. Spalte), jedoch nicht der Anteil der regressiven Fixierungen an der Gesamtzahl der Fixierungen (Spalte 4). Die Zahl der Fixierungen je hundert Wörter nimmt

Tabelle 13.3. Entwicklung der saccadischen Augenbewegung beim Lesen (Regression = Augenrückbewegung)

Klasse	Durchschnittliche Fixationsdauer (sec)	Regressionen je 100 Wörter	Nonregressive Fixationen je 100 Wörter	Prozentsatz aller regressiven Fixationen	Zahl der Wörter pro Fixation	Leserate in Zahl der Wörter pro Minute
1	0.33	42	183	0.19	0.55	80
2	0.30	40	134	0.23	0.75	115
3	0.38	35	120	0.23	0.83	138
4	0.27	31	108	0.22	0.93	158
5	0.27	28	101	0.22	0.99	173
6	0.27	25	95	0.21	1.05	185
7	0.27	23	91	0.20	1.10	195
8	0.27	21	88	0.19	1.14	204
9	0.27	20	85	0.19	1.18	214
10	0.26	19	82	0.19	1.22	224
11	0.26	18	78	0.19	1.28	237
12	0.25	17	77	0.18	1.30	250
College	0.24	15	85	0.17	1.33	280

mit dem Alter drastisch ab (Spalte 3), was bedeutet, dass größere Einheiten pro Fixierung gelesen werden können. So kann man schätzen, dass Erstklässler nur 0,55 Wörter per Fixation und Collegestudenten 1,33 Wörter per Fixation erfassen. Die Leserate in Wörtern steigt pro Minute von 80 auf 280 an. Schnellleser schaffen 800–900 Wörter pro Minute (Crowder & Wager, 1992). Carver (1985) fand Geschwindigkeitsleser, die 81.000 Wörter pro Minute mit 65-prozentiger Verständnisgenauigkeit lesen konnten, was immer das heißen mag.

Buchstabenerkennung. Eine zweite basale Leistung ist das Erkennen von Buchstaben bzw. von Wörtern. Die Erfassung von Buchstaben gelingt bereits im Vorschulalter, wobei es Verwechslungen zwischen spiegelbildlichen Buchstabenformen gibt. Im Alter von etwa vier bis fünf Jahren vertauschen Kinder noch oben und unten, d.h. beispielsweise b und p oder d und q, während sie im Alter zwischen fünf und sechs Jahren nur noch horizontale Vertauschungen (z.B. d und b) vornehmen. Wahrnehmungspsychologisch könnte man argumentieren, dass zunächst die Buchstabengestalt erfasst wird, aber noch nicht die Codierung der Gestalt zum Umfeld. Zur Unterscheidung kann man die Gestalterfassung als intrarelationale Codierung und die Beziehungserfassung zur Umgebung als extrarelationale Codierung bezeichnen (Oerter, 1987). Heute untersucht man Buchstabenerkennen hauptsächlich unter dem Aspekt der Mustererkennung (pattern recognition), die mit Hilfe von Modellen am Computer simuliert werden (Brown, 1991; Masson, 1991; Monsell, 1991).

3.2.2 Worterkennen

Am ausgiebigsten in der gesamten Leseforschung ist die Worterkenntnis, d.h. das richtige Lesen und Verstehen von Wörtern untersucht worden. Dabei hat die Zwei-Wege-Theorie (dual route model) allgemeine Anerkennung gefunden (Coltheart, 1978; McCusker et al., 1981). Ein Weg verläuft direkt von der visuellen Wortwahrnehmung, der andere wird phonologisch vermittelt und verläuft über die Graphem-Phonem-Regeln zur lautlichen Repräsentation des Wortes. Abbildung 13.7 (S. 482) präsentiert das Zwei-Wege-Modell als Computermodell. Es wurde inzwischen in einer Reihe von Computersimulationen getestet und eignet sich nach wie vor nach Ansicht von Coltheart et al. (2001) am besten von allen existierenden Modellen (z.B. konnektionistische Modelle:

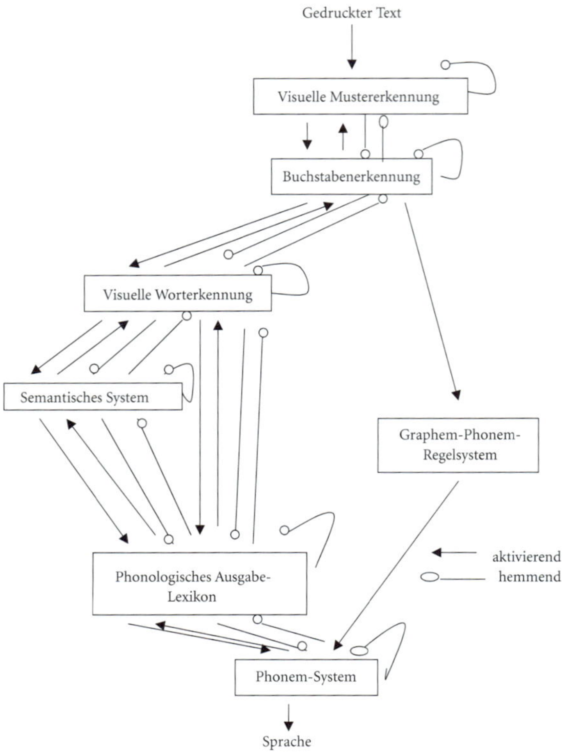

Abbildung 13.7. Zwei-Wege-Kaskaden-Modell: Eine Computerversion des Zwei-Wege-Modells (nach Coltheart et al., 1993, S. 598)

Ans et al., 1998; Plaut & McClelland, 1993) für die Erklärung des Leseprozesses.

Die typischen Aufgaben zur Unterscheidung der beiden Routen für gewandte Leser, nämlich die Lexical Decision Task oder die Naming Latency Task, eignen sich nicht für Leseanfänger. Bei ihnen kann man prüfen, wie effizient phonologische Codes mit Namen bekannter Objekte verknüpft werden (phonologische Vermittlung) bzw. ob die Verknüpfung eines Wortes mit einem Bild geschieht (direkter Lexikonzugang).

Wolf (1984) erfasste, wie schnell eine Stichprobe von 115 Kindergartenkindern eine Reihe von Farben, Zahlen, Buchstaben und Bildern von bekannten Objekten benennen konnte. Außerdem maß sie die Geschwindigkeit, mit der die Kinder alternierende Zahlen und Buchstaben und alternierende Zahlen, Buchstaben und Farben benennen konnten. Die Korrelationen zwischen der Benennungszeit und der Worterkenntnis beim Lesen ein Jahr später rangierten von .35 für die Benennung von Gegenständen bis .71 für die Benennung alternierender Zahlen und Buchstaben. Der raschere Zugang zu Buchstaben und Zahlen spricht für die phonologische Mediation, jedoch kann es auch sein, dass die Informationsverarbeitung bei der Bilderkenntnis länger dauert und unterschiedliche Prozesse erfordert.

Vier Komponenten phonologischer Verarbeitung. Eine Metaanalyse von Wagner (1988), die eine Vielzahl von Arbeiten in einer Pfadanalyse zusammenfasst, erbrachte vier Komponenten phonologischer Verarbeitung:

- Analyse (die Aufteilung einer Einheit in die sie konstituierenden Phoneme),
- Synthese (die Fähigkeit, getrennte Phoneme in ganze Wörter zu vereinigen),
- phonetische Kodierung im Kurzzeitspeicher und
- phonetische Mediation beim Zugang zum Lexikon (Wortschatz).

Der engste Zusammenhang ergab sich zwischen Synthese und Wortlesen. Die phonologische Verarbeitung erweist sich insgesamt als Schlüsselkompetenz für das Lesen. Die phonologische Sensitivität wird gewöhnlich in zwei Anteilen unter-

Das Lesen ist eine Art Problemlöseaufgabe. Um Texte verstehen zu können, müssen Buchstaben und Wörter visuell erfasst und erkannt sowie Sätze verarbeitet werden

sucht, der Fähigkeit zu reimen bzw. Reime zu identifizieren, und der Fähigkeit, sprachliche Äußerung zu segmentieren. Untersuchungen zeigen, dass die Segmentierung die entscheidende Komponente für die Leseleistung zu sein scheint (Muter & Taylor, 1997).

3.2.3 Leseverständnis

DEFINITION

Neisser (1967, S. 136) hat **Lesen** als „extern gesteuertes Denken“ bezeichnet.

Die Akteure und Ereignisse in einem Text können in Form von Propositionen (Aussagen) beschrieben werden (s. z.B. Kintsch, 1974; Kintsch & van Dijk, 1978). Vor allem, wenn das Lesen geläufig geworden ist und mit Ausnahme einiger unbekannter Wörter automatisiert abläuft, wird Lesen zum Denken und zum Nachdenken über die Ideen des Autors. Dabei versucht man, die in Sätzen ausgedrückten Ideen als Propositionen (Aussagen) zu fassen (s. z.B. Kintsch & Keenan, 1973). Die Analyse solcher Propositionen lässt Vorhersagen über die Verständlichkeit des Textes zu (Groeben, 1982, 1989). Sowohl innerhalb einer Proposition als auch zwischen solchen Propositionen müssen Schlussfolgerungen (Inferenzen) gezogen und Verbindungen hergestellt werden. Bei der Analyse solcher Inferenzen ist besonders das Studium der Anaphora beliebt, also Wörter oder Wortgruppen, die sich auf den vorherigen Text beziehen (Underwood & Batt, 1996). Neben Schlussfolgerungen, die sich auf Anaphora beziehen, unterscheidet man häufig noch elaborative und kausale Folgerungen. Die ersteren ergänzen bzw. konstruieren Inhalte, indem sie eine Aussage weiterführen, die letzteren folgern aus zwei Aussagen einen Zusammenhang, der nicht unmittelbar im Text gegeben ist (beispielsweise bei dem Satz: Karl räumt den Schnee auf dem Gehsteig und stellt dann die Schaufel wieder in die Garage. Aus der Aussage kann man folgern, dass der Schnee mit der Schaufel geräumt wurde).

! Zum Textverständnis benötigt man Schemata, mentale Modelle und Weltwissen. Je größer dieses Wissen, desto besser das Leseverständnis.

Top-Down- und Bottom-Up-Modelle. Beim Leseverständnis unterscheidet man zwischen Top-Down-Modellen und Bottom-Up-Modellen.

Top-Down-Modelle gehen davon aus, dass der Leseprozess Teil der Konstruktion von Bedeutung ist und den Informationsfluss auf allen Ebenen von oben her dirigiert. Das bekannteste Top-Down-Modell stammt von Goodman (1970).

Bottom-Up-Modelle argumentieren von der hohen Geschwindigkeit des Leseprozesses her und dass daher der Informationsfluss durch eine Serie von Ebenen von unten nach oben verarbeitet wird. Die von einem Text gesammelte Information wird durch eine Reihe von Ebenen bei geringem Einfluss generellen Weltwissens oder kontextueller Information zu Prozessen und Strategien höherer Ordnung transformiert (Goough, 1972; Massaro, 1975).

Gottardo et al. (1996) haben in einer Untersuchung an Drittklässlern syntaktische Prozesse, verbale phonologische Sensitivität und verbales Arbeitsgedächtnis untersucht und folgern aus ihren Ergebnissen, dass zumindest für diese Altersstufe die Bottom-Up-Prozesse überwiegen und höhere Strategien aus einfacheren Prozessen aufgebaut werden. Insgesamt zweifelt aber heute niemand daran, dass beide Modelle beim Lesevorgang kombiniert werden müssen.

3.2.4 Vorauslaufende Bedingungen des Lesens

Lesen beginnt nicht erst mit Schuleintritt bzw. mit dem Erlesen von Wörtern als selbstgesteuertes Lernen, sondern hat eine Reihe vorauslaufender Bedingungen in den ersten sechs Lebensjahren.

Phonologische Sensitivität. Zahlreiche Untersuchungen zeigen, dass die phonetische und linguistische Bewusstheit, allem voran die Fähigkeit zu segmentieren und sprachlich zu analysieren, spätere Lesefertigkeit voraussagt. Insbesondere lassen sich spätere Leseschwierigkeiten und Legasthenie vorhersagen (Schneider, 1989; Wimmer et al., 1991). Diese linguistische Kompetenz fanden Lonigian et al. (1998) in einer Längsschnittstudie bei Kindern im Alter von drei bis fünf Jahren als ein ständiges Anwachsen in der phonologischen Sensitivität sowohl in Bezug auf den absoluten Anstieg solcher Leistungen als auch hinsichtlich der wachsenden Stabilität. Diese Leistungen waren korreliert mit dem späteren Wortlesen in der Schule. Dies galt übrigens unabhängig von den sonstigen sprachlichen Fertigkeiten und der Kenntnis von Buchstaben im Vorschulalter. Zwischen sozialen Schichten gab es bezüglich dieser phonologischen Sensitivität beträchtliche Unterschiede zugunsten der Mittelschicht.

Bilderbücher, Geschichten, Rollenspiele. Als günstige Rahmenbedingungen für linguistische Kompetenz und spätere Leseleistungen gelten Bilderbuchanschauen (Charlton & Neumann, 1990; Ninio & Bruner, 1978), Als-ob-Spiel, Rollenspiel, dort vor allem die Metakommunikation (Pellegrini & Galda, 1991), und Geschichtenerzählen.

Eltern und Freunde. Nicht nur die Eltern-Kind-Beziehung, sondern auch enge Freundschaften haben einen Einfluss auf das Lesenlernen. Pellegrini et al. (1997) fanden, dass Freunde im Vorschulalter häufiger Konflikte als Nichtfreunde lösten und häufiger eine emotionale und der Schriftsprache angenäherte Kommunikation verwendeten. Unter der Schriftsprache verstehen die Autoren hier eine Sprache, die dem Erzählstil von Geschichten angenähert ist, stärker abgeschlossene Sätze als in der Alltagskommunikation und Äußerungen verwendet, die sprachliche Bewusstheit zeigen („sprich lauter“; „das kannst du nicht sagen“; „lass mich nachdenken“). Als emotionale Sprache wurde die Verwendung von Gefühlsbeschreibungen bezeichnet („ich bin jetzt glücklich“; „er sollte jetzt nicht traurig sein“). Sowohl die mündlichen als auch die schriftlichen Leistungen waren nach einem Jahr bei den Kindern, die einen engen Freund hatten, signifikant besser. Hier kann natürlich die höhere sprachliche Kompetenz umgekehrt den Zusammenhalt in der Freundschaft und deren bessere Interaktion erklären.

3.2.5 Entwicklungsmodelle des Lesens

Die Entwicklungspsychologie des Lesens beschäftigt sich vorrangig mit der Veränderung von Strategien und Leistungen im Laufe des Leselernprozesses selbst. Dabei beginnt man mit einem Vorstadium und endet mit der automatisierten, geläufigen Lesefähigkeit. Das heißt, in diesem Modellen wird nur das Lebensalter von etwa fünf bis zehn Jahren erfasst.

Lesefähigkeit. Marsh et al. (1981) schlagen vier Stufen der Entwicklung der Lesefähigkeit vor.

In einer ersten Stufe (linguistic guessing) wird ein Wort geraten. Das Kind kennt bereits manche Wörter und rät fremde Wörter oft als solche, die es früher identifiziert hat. Im Verlauf dieser Stufe kommt es zu einem Assoziationslernen zwischen gedrucktem und gesprochenem Wort.

In einer nächsten Stufe (discrimination net guessing) versucht das Kind, isolierte, unbekannte Wörter auf der Basis der Buchstaben zu erkennen, die es bereits bei bekannten Wörtern identifizieren kann. Auf dieser Ebene kann das Kind nicht nur den ersten Buchstaben (wie auf der ersten Stufe), sondern auch zusätzliche visuelle Schlüsselreize, wie die Gestalt des Wortes, die Wortlänge und den letzten Buchstaben nutzen.

Auf der dritten Stufe (sequential decoding) vermag das Kind neue Wörter durch Zusammenlesen von Lauten zu erschließen. Der Übergang zur dritten Stufe wird nötig, wenn die Zahl der Wörter, vor allen Dingen der unbekannten Wörter, stark ansteigt, denn dann genügt das Assoziationslernen nicht mehr.

Auf der letzten Stufe, der hierarchischen Decodierung, benutzt das Kind Regeln und Analogien, um ein Wort richtig auszusprechen (dies gilt vor allen Dingen für die englische Sprache). Auf dieser Stufe hat das Kind nach Annahme der Autoren den Leseprozess in der Weise erworben, wie ihn auch der Erwachsene nutzt, obwohl natürlich das Leseverständnis sich lebenslang wandelt und weiterentwickelt.

Worterkennen. In ähnlicher Weise, nur differenzierter unterscheidet Scheerer-Neumann (1995) folgende Entwicklungsstufen beim Worterkennen:

- Benennen von Firmenzeichen und Wörtern,
- Buchstaben als Erkennungsmerkmale,
- Hilfe durch den Kontext,
- Benennen mit Lautelementen,
- erstes vollständiges Erlesen,
- fortgeschrittenes Erlesen und
- Automatisierung und Hypothesenbildung.

Eine andere Einteilung stammt von Mason (1980). Sie unterscheidet (1) den kontextabhängigen Lernenden, der Wörter durch visuelle Unterscheidungsmerkmale identifizieren kann, aber noch nicht alle Buchstaben kennt; (2) den visuell erkennend Lernenden, der alle Buchstaben benennen kann und einige Wörter richtig liest; (3) den Lernenden, der die Buchstaben-Laut-Korrespondenz herstellt und auch unbekannte Wörter richtig zu lesen vermag.

Alle Stufenmodelle sind sich einig, dass Kinder am Anfang eine Strategie des Assoziationslernens bei der ersten Worterkenntnis verwenden. Bei Wörtern im Text raten sie auf der Basis des früheren Kontextes. Auch bei der Worterkenntnis aufgrund von Buchstaben gibt es eine Entwicklung. Zunächst erfolgt eine Fokussierung auf den Anfangsbuchstaben. Der letzte Buchstabe eines Wortes wird zum zweitwichtigsten Reiz. Dies trifft jedoch nicht für Kinder zu, die noch keine genaueren Buchstabenkenntnisse haben. Bei den meisten Kindergartenkindern wird jedoch nicht die bloße Wortgestalt erfasst, vielmehr führen spezifische Buchstaben zur Worterkenntnis. Zwischen der zweiten und vierten Klasse sind die Kinder fähig, einige Grobmerkmale der orthographischen Struktur bei der Worterkennung zu nutzen. Sie setzen dabei bestimmte orthographische Regelmäßigkeiten ein, etwa die Vokal-Konsonanten-Folge (Barron, 1981).

3.3 Das Kind als Wissenschaftler

Die Metapher vom „Kind als Wissenschaftler“ wird in zwei unterschiedlichen Bedeutungen verwendet: Zum einen zur Charakterisierung des kindlichen Wissenserwerbs über wichtige Domänen (Physik, Biologie, Psychologie, s. Kap. 12), zum anderen zur Beschreibung des Erkenntnisprozesses selbst (Sodian, 1998). Letztere Verwendung der Metapher ist umstritten, da Kinder nur selten systematisch Hypothesen bilden und prüfen und die Ergebnisse ihrer „Experimente“ in unzulässiger Weise überinterpretieren. Kuhn (1989) argumentiert, die Metapher vom Kind (aber auch vom erwachsenen Laien) „als Wissenschaftler“ sei fehlgeleitet, da Laien häufig nicht fähig seien, zwischen Theorie und Evidenz zu differenzieren. Für die Problemlöseforschung ist die kindliche Fähigkeit, Theorien und Hypothesen systematisch im Lichte von empirischer Evidenz zu evaluieren, von besonderer Bedeutung, da die Problemauffassung, die Nutzung von Problemlösestrategien sowie die Evaluation eigener Problemlöseversuche Einsicht in den eigenen Erkenntnisprozess voraussetzen bzw. durch solche Reflexion gestützt werden.

Traditionell nahm man in der Entwicklungspsychologie an, dass sich die Fähigkeit zum wissenschaftlichen Denken im Sinne der systematischen Bildung und Evaluation von Theorien und Hypothesen erst im Jugendalter entwickle (s. Kap. 11). Inhelder und Piaget (1958) hielten die Fähigkeit zum hypothetischen (besser: theoretischen) Denken für eines der wesentlichen Kennzeichen des vierten und höchsten Stadiums der kognitiven Entwicklung, des Stadiums der formalen Operationen. Jedoch war es für die Methodik von Inhelder und Piaget charakteristisch, dass sie die Fähigkeit zur systematischen Hypothesenprüfung in komplexen, unvertrauten Wissensdomänen testeten, so dass inhaltliche Verständnisprobleme stets mit metakognitiven Problemen (d.h. Defiziten im Verständnis des Denk- und Lernprozesses selbst) konfundiert waren. In neueren Studien wird versucht, Strategien der Hypothesenprüfung in möglichst inhaltsarmen Aufgaben unter größtmöglicher Reduktion der Informationsverarbeitungsanforderungen zu testen. Sodian et al. (1991) zeigten in neueren Studien, dass schon Grundschüler (Erst- und Zweitklässler) die Fähigkeit zu wissenschaftlichem Denken besitzen, wenn man Hypothesen über einfache Sachverhalte vorgibt und sie zwischen zwei Prüfmethoden wählen lässt. Zum Beispiel wurde den Kindern erzählt, dass ein Kind herausfinden wolle, ob sein neues Haustier (ein unvertrautes Tier, über das es nichts wusste), einen guten oder einen schlechten Geruchssinn habe, und dass es sich überlegt habe, dass es Futter vergraben könne, und testen, ob das Tier das Futter findet. Die Testfrage war, ob das Kind stark oder schwach riechendes Futter vergraben solle, und warum es das eine oder andere wählen solle. Die Mehrheit der Erstklässler und fast alle Zweitklässler antworteten, dass man schwach riechendes Futter vergraben solle, da nur ein Tier mit einem guten Geruchssinn es finden könne, während stark riechendes Futter sowohl von einem Tier mit schwachem als auch mit guten Geruchssinn gefunden werden könnte. Die Kinder konnten zwischen einem konklusiven (schlüssigen) und einem inkonklusiven Test einer Hypothese unterscheiden und verstanden, welche Evidenz zur Annahme oder Ablehnung einer Hypothese führen würde.

UNTER DER LUPE

Produktion und Beurteilung von Experimenten

Zweit- bis Fünftklässler erhielten die folgende Aufgabe: Herr Müller konstruiert Flugzeuge und möchte ein möglichst benzinsparendes Flugzeug entwerfen. Er denkt an drei mögliche Einflussquellen auf den Benzinverbrauch: die Form der Nase, die Ruderposition und die Art der Flügel (s. Abb. 13.8**a**). Zunächst möchte er testen, ob die Ruderposition einen Einfluss auf den Benzinverbrauch hat.

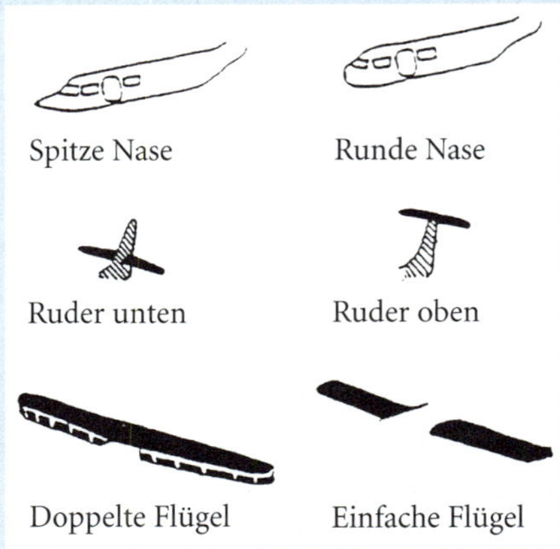

Abbildung 13.8a. Variablendimensionen in der Flugzeugaufgabe

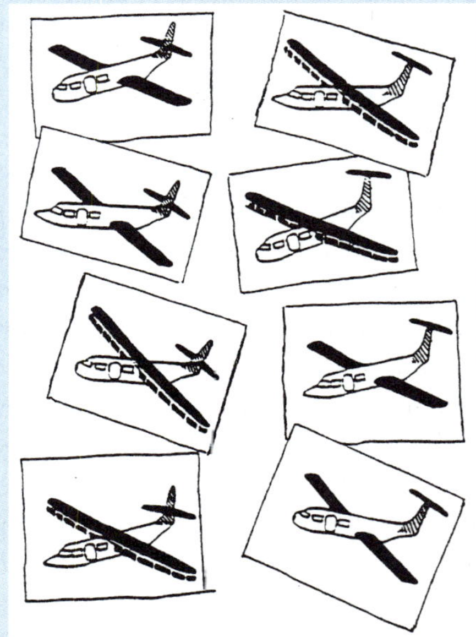

Abbildung 13.8b. Karten für die Testwahlaufgabe

Die Aufgabe der Kinder bestand darin, aus den in Abb. 13.8**b** gezeigten Karten diejenigen herauszusuchen, die geeignet sind, den Effekt der Ruderposition auf den Benzinverbrauch zu prüfen. Die Ergebnisse zeigten, dass etwa ein Drittel der Drittklässler, zwei Drittel der Viert- und Fünftklässler und fast alle Erwachsenen einen kritischen Test wählten, d.h. die fokale Dimension (Ruderposition) variierten und alle anderen variablen Dimensionen konstant hielten und dass die meisten Kinder und nahezu alle Erwachsenen diese Wahl auch begründen konnten. Fragte man hingegen Kinder und Erwachsene nach ihren spontanen Vorschlägen für einen Test des Einflusses der Ruderposition auf den Benzinverbrauch, so zeigte sich, dass bis zur vierten Klasse kaum Kinder einen kritischen Test vorschlugen und selbst in der Gruppe der Erwachsenen nur 40 Prozent dies spontan taten. Diese Befunde deuten darauf hin, dass Kinder über ein Grundverständnis der Logik des Experimentierens verfügen, dies jedoch selten spontan anwenden.

Weitere Studien demonstrieren ein Grundverständnis der Logik der Prüfung von Kausalhypothesen (Hypothesen über Ursache-Wirkungs-Zusammenhänge zwischen Variablen) bei älteren Grundschülern. Die Mehrheit der Viertklässler wählte in einer Studie von Bullock und Ziegler (1999) ein kontrolliertes Experiment und konnte ihre Wahl korrekt begründen. Grundschüler können systematische Strategien der Hypothesenprüfung erlernen, die sie spontan nicht anwenden (Variablenisolation und -kontrolle) (Case, 1974; Chen & Klahr, 1999). Viertklässler können außerdem Befundmuster, die unter einer bestimmten Hypothese zu erwarten und solche, die nicht zu erwarten sind, spezifizieren, und geben sachlich korrekte Begründungen für ihre Rückschlüsse. Dies wurde in inhaltsarmen Aufgabenkontexten (z.B. Hypothesen über die Variablen, die für die Qualität von Tennisschlägern ausschlaggebend sind) wie auch in einer vorkenntnisreichen Wissensdomäne (Attribution von Leistungsergebnissen) gezeigt (Schrempp & Sodian, 1999; Sodian, 1992). Diese Befunde deuten auf die Entwicklung von Hypothesenprüfungsstrategien und von metabegrifflichen Kompetenzen im Verlauf des Grundschulalters hin (vgl. Kuhn & Pearsall, 2000). Grundschulkinder können nicht nur (kausale) Schlussfolgerungen aus empirischen Daten ziehen, sondern sie besitzen auch ein Verständnis der Relation von Kausalität und Kovariationsevidenz. Daher scheint die Annahme einer grundlegenden Konfundierung zwischen Hypothese und Evidenz für das Grundschulalter nicht angemessen zu sein. Vielmehr scheitern Kinder wohl deshalb häufig in multivariaten Aufgaben, die den Einsatz systematischer Hypothesenprüfungsstrategien erfordern (Schauble, 1990), weil die Anforderungen an Gedächtnis und Aufmerksamkeit zu hoch sind.

4 Schlussfolgerndes Denken: Reasoning

4.1 Drei Arten des schlussfolgernden Denkens

Einsichten und Erkenntnisse gewinnen wir zum einen durch Wahrnehmung und Beobachtungen zum anderen durch ihre Verknüpfung zu Erfahrungen, d.h. dadurch, dass wir Sachverhalte vergleichen, zueinander in Beziehung setzen und Rückschlüsse ziehen. Schlussfolgerndes Denken gehört zu unserem Alltag und ist eine grundlegende Fähigkeit, mit deren Hilfe bereits der Säugling aus Konsequenzen, die sein Verhalten hat, auf zukünftige schließt und so versucht, Regelmäßigkeiten zu finden und damit Ordnung in seine Umwelt zu bringen.

Allgemein bedeutet schlussfolgerndes Denken, dass man von etwas Gegebenem zu etwas Neuem kommt. Im Einzelnen kann dies heißen,

(1) dass man Ähnlichkeiten erkennt und von Bekanntem auf Unbekanntes schließt – analoges Schließen;
(2) dass man aufgrund immer wiederkehrender Phänomene auf Regelmäßigkeiten oder Wirkungszusammenhänge schließt – induktives Schließen;
(3) dass man aus gegebenen Sachverhalten auf weitere schließt, d.h. erkennt, welche Sachverhalte impliziert (miteingeschlossen) sind – deduktives Schließen.

Es ist an dieser Stelle wichtig, darauf hinzuweisen, dass logisches Vorgehen keinen psychischen Prozess im Sinne eines bestimmten geordneten Denkablaufs meint, sondern die Anwendung von (formalen) Regeln unabhängig vom Inhalt der Aussagen bedeutet. „Logik stellt Kriterien zur Verfügung, an Hand derer die Gültigkeit von Schlussfolgerungen bewertet werden kann, logische Prinzipien beschreiben jedoch nicht den Prozess des Schlussfolgerns“ (eigene Übersetzung aus Braine & Rumain, 1983, S. 266 f.).

Deduktives Schließen. Schlussfolgerndes Denken, bei dem die logische Gültigkeit im Vordergrund steht, wird als deduktives Schließen oder logisches Schließen (Braine & Rumain, 1983) oder formal reasoning (DeLoache et al., 1998) bezeichnet. Logische Gültigkeit bedeutet, dass sich aus etwas Vorgegebenem – unabhängig von inhaltlicher Richtigkeit – eine Schlussfolgerung zwingend ergibt. In der Regel wird vom Allgemeinen auf das Besondere geschlossen. Regelgerechte deduktive Schlussfolgerungen gelten zwar als sicher, sie bringen aber eigentlich keine neue Erkenntnis.

Von nicht-formalem Schließen (informal reasoning) kann man dann sprechen, wenn der Sachverhalt im Vordergund steht und die Gültigkeit der Rückschlüsse an der Realität gemessen wird. Über den Erfolg entscheidet die Richtigkeit der Vorannahmen, die wir aus unserem Wissen und unserer Erfahrung ableiten – sie sind mehr oder weniger die Quellen der Unsicherheit.

Induktives Schließen. Im Gegensatz zum deduktiven Schlussfolgern steht das induktive Schließen. Hierbei wird von Einzelbeobachtungen oder einigen, besonderen Sachverhalten auf allgemeine Regeln bzw. Gesetzmäßigkeiten geschlossen, und so können neue Zusammenhänge entdeckt werden. Die Gültigkeit betreffend stellt sich die Frage: Wie oft muss nach einem Ereignis ein bestimmtes anderes Ereignis auftreten, damit wir Ereignis und nachfolgendes Ereignis als Regelmäßigkeit oder kausale Verknüpfung interpretieren und unser Verhalten danach ausrichten. Da in der Regel nicht alle Fälle in die Schlussfolgerung einbezogen werden können, sind induktive Schlussfolgerungen problematisch, da sie mit Unsicherheit belastet sind. Sie gehen über das Vorgegebene hinaus und verlieren bei nur einem Gegenbeispiel den Anspruch auf Allgemeingültigkeit. „(Alle) Metalle sind schwerer als Wasser“ hatte nur solange Gültigkeit, bis Metalle entdeckt wurden, die leichter als Wasser sind (z.B. Kalium).

Obwohl die induktiv gewonnenen Schlussfolgerungen nur eine bestimmte Wahrscheinlichkeit haben, werden Induktionsschlüsse nicht nur im Alltag – hier als subjektive Erfahrungen und nicht selten in Form von Vorurteilen –, sondern auch in der Wissenschaft fast ausschließlich verwendet. Da unser Wissen letztlich über Induktion gewonnen wird, kommt dem induktiven Denken eine vorrangige Bedeutung zu (vgl. Klauer, 1993).

Analoges Schließen. Die dritte Art des Schlussfolgerns ist das analoge Schließen. Der Analogieschluss kann auch als induktiver Schluss verstanden werden. Hierbei wird von der Übereinstimmung in einigen Punkten (Ähnlichkeit) auf Entsprechung in anderen Punkten bzw. auf die Gleichheit von Verhältnissen geschlossen. Diesem Schluss wird aus logischer Perspektive die geringste Gültigkeit zugewiesen, da er sich nur auf Ähnlichkeiten stützt. Seine erkenntnisgenerierende Funktion ist jedoch unumstritten und wird in der Analogietheorie der Innovation expliziert (vgl. Knorr-Cetina, 1991).

4.2 Ab wann können Kinder schlussfolgernd denken?

Die Frage, wann schlussfolgerndes Denken möglich sei, wurde schon früh kontrovers diskutiert (Bühler, 1918; Ormian, 1926) und findet sich auch in der neueren Literatur. Autoren, die dieses Denken schon für den Vorschulbereich postulieren – z.B. Donaldson (1982) für das deduktive Schließen oder Goswami (1992) für das analoge – grenzen sich explizit ab von Piaget (vor allem Piaget & Inhelder, 1980), nach dessen Auffassung sich schlussfolgerndes Denken generell erst spät, ab dem 11./12. Lebensjahr, auf der Stufe des formalen Denkens entwickelt.

Kognitive Prozesse. Fragt man nach den kognitiven Prozessen, die schlussfolgerndes Denken bestimmen bzw. nach Modellen, die solche Vorgänge angemessen abbilden, so sind unter der Perspektive der Informationsverarbeitung drei Aspekte von Bedeutung:

- die Informationsaufnahme und damit verbunden die Repräsentation des Problems, die beeinflusst wird durch Veranschaulichung bzw. Einbettung in einen lebensnahen Kontext (vgl. Evans, 1990),
- die Notwendigkeit der ausreichenden Kapazität des Arbeitsspeichers (Johnson-Laird & Byrne, 1991) und
- die Fähigkeit der Steuerung des Denkablaufs als Reflexion des eigenen Denkens. Diese Fähigkeit bildet sich allerdings erst im Jugendalter im Zusammenhang mit dem formal-operatorischen Denken aus.

Entwicklungsverlauf. Grundlegend für schlussfolgerndes Denken ist das Erkennen von Ähnlichkeiten und das Übertragen auf neue Sachverhalte oder das Ableiten von bisher nicht bekannten Zusammenhängen. Einfache Strategien des Schlussfolgerns werden relativ früh erworben und im Schulalter (ab ca. 8 Jahren) zunehmend verbessert, insbesondere auf Grund der Verbesserung des Arbeitsspeichers. Komplexere und differenzierte Strategien jedoch bilden sich nicht „automatisch“ aus, so dass „Standardfehler“, z.B. umgangssprachliche Begriffsverwendung, Überzeugungsfehler, unerlaubte Umkehrungen, zu geringe Beachtung möglicher Widersprüche vielfach – auch bei Erwachsenen – zu beobachten sind.

Logisches Schließen im Sinnes von Deduktionsschlüssen oder Implikationsschlüssen (wenn ..., dann ...), das auf die Regeln der Logik zurückgreift und Inhaltsunabhängigkeit erfordert (dekontextualisiertes Denken), wird frühestens mit der Stufe der formalen Operation möglich. Die theoretischen Ansätze zum deduktiven Denken sind zwar aus entwicklungspsychologischer Sicht unzureichend (Ziegler, 1993), Ergebnisse aus Trainingsstudien zum deduktiven Urteilen (Hinnersmann, 1993) geben jedoch zu vorsichtigem Optimismus Anlass.

4.3 Analoges Schließen

Dem analogen Denken wird in der kognitiven Psychologie große Bedeutung zugemessen, da es in den verschiedensten Bereichen eine zentrale Rolle spielt, z.B. für das Lernen an Beispielen, für effektives Problemlösen und kreatives Denken; nicht zuletzt werden wichtige wissenschaftliche Entdeckungen zurückgeführt auf Denken in Analogien (vgl. Vosniadou, 1989).

Analogien beim Problemlösen. Hier geht es darum, inwieweit das Lösen eines Problems dadurch erleichtert werden kann, dass auf die Lösung eines anderen Problems, das ein analoges Prinzip enthält, Bezug genommen wird (vgl. Gick & Holyoak, 1980, 1983; Hesse, 1991). Ob ein Transfer gelingt, hängt wesentlich davon ab, ob die Strukturgleichheit erkannt und Oberflächenmerkmale vernachlässigt werden.

UNTER DER LUPE

Analoge Zuordnungen

Die Lösung der Bestrahlungsaufgabe von Duncker, bei der ein inoperabler Tumor im Körperinneren nur durch die Zentrierung schwacher Strahlen abgetötet werden kann, ohne umliegendes Gewebe zu zerstören, soll erleichtert werden durch die Analogie zur Belagerungsaufgabe, bei der Truppen verteilt aufmarschieren, um vermintes Gelände zu überwinden.

In einem anderen Beispiel erfahren Kinder wie ein Magier mit Zauberkräften seinen Teppich zu einer Röhre zusammenrollt, um Edelsteine durchgleiten zu lassen; in der nachfolgend zu lösenden Aufgabe geht es dann – diesem Prinzip entsprechend – darum, einen Bogen Papier zu einer Röhre zusammenzurollen, um darin Bälle in ein nicht direkt erreichbares Gefäß zu befördern.

Klassische Analogien. Die klassische Analogie ist – zurückgehend auf Aristoteles – definiert als Gleichheit der Relation von vier Begriffen (A, B, C, D), wobei der zweite (B) mit dem ersten (A) in der gleichen Beziehung steht wie der vierte (D) mit dem dritten (C); abgekürzt A : B :: C : D. Mit solchen Analogieaufgaben, z.B. dunkel : hell :: nass : trocken, wird in psychometrischen Verfahren die Fähigkeit des analogen Schließens als wichtige Teilkomponente der Intelligenz erfasst.

Die entwicklungspsychologische Frage, ab welchem Zeitpunkt Kinder analoges Schließen beherrschen, wird unterschiedlich beantwortet: Die Ergebnisse psychometrischer Forschung belegen, dass viele Kinder noch im Alter von elf bis zwölf Jahren einfache Analogien nicht richtig bilden können und häufig assoziative Verknüpfungen bzw. Ergänzungen vornehmen. Diese Befunde entsprechen der strukturgenetischen Position Piagets.

4.3.1 Strukturgenetischer Ansatz

Piaget nimmt analoges Denken als sich erst spät entwickelnde Fähigkeit an und weist sie der Stufe des formal-operatorischen Denkens (ca. ab dem 12. Lebensjahr) zu. Er stützt seine Annahme auf die Unterscheidung von zwei Arten von Relationen, die den Stufen der konkreten und formalen Operationen zugeordnet sind:

- Relationen erster (niedrigerer) Ordnung betreffen – voneinander unabhängig – nur die Beziehung zwischen den jeweiligen Vergleichspaaren A : B bzw. C : D. Die Relationen werden sukzessiv verarbeitet.
- Relationen zweiter (höherer) Ordnung verbinden die Beziehungen erster Ordnung in dem Sinne, dass sie auf Gleichheit/Ähnlichkeit der Beziehung zwischen den Paaren abzielen (relationale Ähnlichkeit) A : B :: C : D.

Stufen des analogen Denkens – strukturgenetische Position

Piaget et al. (1977, zit. nach Goswami, 1992) untersuchten die Entwicklung des analogen Denkens bei klassischen Analogieaufgaben mit bildhaftem Material.

Die Kinder sollten zusammengehörende Bilder nebeneinander legen; meistens sortieren sie die Bilder nach Paaren. Im nächsten Schritt sollten die Kinder Bilderpaare möglichst passend zu Vierergruppen zusammensetzen und ihre Auswahl bezüglich der Paare (einfache Relation) und der Vierergruppen (Relation zweiter Ordnung) begründen.

Piaget und seine Kollegen fanden drei Stufen des analogen Denkens.

Stufe I (korrespondierend mit präoperationalem Denken). Charakteristisch für Stufe I a ist, dass die Kinder nicht in der Lage sind, Relationen zwischen den Objekten zu erkennen (also auch keine relationalen Ähnlichkeiten), sondern belie-

Relation 2. Ordnung	— Gleichheit der Relationen — „Schutzmantel“				„Schutzmantel“		
Analogie	A Vogel	: :	B Federn	: :	C Hund	: :	D Fell
Relationen 1. Ordnung	„befähigt zum Fliegen“ „schützt vor Kälte“				„hält warm“ „kennzeichnet Rassen“		

Abbildung 13.9. Relationen 1. und 2. Ordnung (nach Goswami, 1992, S. 9)

bige bzw. von subjektiver Erfahrung geprägte (ideosynkratische) Verbindungen vornahmen (z.B. Hund : Auto – weil der Hund manchmal im Auto fährt). Später, auf der Stufe I b rücken kausale Beziehungen stärker in den Vordergrund, es überwiegen aber noch variable Zuordnungsmerkmale (Assoziation, äußere Ähnlichkeit, Teil-Ganzes-Beziehung etc.). Diese Variabilität bedeutet nach Piaget, dass das Kind Objekte noch nicht in feste Bezugssysteme (Klassen oder Unterklassen) einordnen kann und von daher die Basis für das Verständnis von Relationen fehlt.

Stufe II (korrespondierend mit konkret-operationalem Denken). Kennzeichen ist die zunehmende Fähigkeit, Relationen zu reflektieren als Voraussetzung für das Erkennen relationaler Ähnlichkeit. Auf der Stufe II a können die Kinder durch Versuch und Irrtum die Bildung der Analogie erfolgreich vornehmen. Da sie aber bereitwillig „unpassende" Gegenbeispiele akzeptieren, zeigen sie, dass sie das Wesentliche, die relationale Ähnlichkeit, noch nicht verstehen. Erst auf Stufe II b stehen die Kinder „fehlerhaften" Alternativen kritisch gegenüber und weisen sie zurück, so dass ein sich anbahnendes Grundverständnis der relationalen Ähnlichkeit angenommen werden kann. Die Konstruktion einer Analogie erfolgt aber überwiegend noch über Versuch und Irrtum bzw. bedarf des konkreten Feedbacks.

Stufe III (korrespondierend mit formal-operatorischem Denken). Das Kind ist jetzt in der Lage, Analogien selbständig zu bilden und als relationale Ähnlichkeit zu rechtfertigen, auch beim Zurückweisen unpassender Alternativen.

4.3.2 Wissensbasierter Ansatz

Ein weiterer Ansatz zur Erklärung altersbezogener Veränderungen des analogen Denkens fragt nach dem für die Herstellung einer Analogie notwendigen Wissen. Wenn ein Kind nicht weiß, worum es bei einer Analogieaufgabe geht, wird es nur durch Versuch und Irrtum zur Lösung kommen. Goswami (1992) hebt zwei Aspekte hervor:

- das Wissen, dass die Relationen in den beiden Paaren (Hälften) der Analogie gleich sein müssen (relational similarity constraint), und
- das Wissen, wie Objekte zueinander in Beziehung stehen.

Sie zeigt auf, dass Fehler einmal darauf zurückzuführen sind, dass das Kind zu wenig Wissen hinsichtlich der Objekte hat (z.B. über Werkzeuge verschiedener Berufe) und insofern zu keiner Gleichsetzung der Beziehungen kommen kann. Zum anderen kann das Kind bei der Lösung eines Analogieproblems deshalb scheitern, weil es nicht beachtet, dass es die Ähnlichkeit der Relationen suchen soll.

Relationsbezogene Schwierigkeitshypothese. Die wissensbasierte Perspektive geht also davon aus, dass Veränderungen des analogen Denkens den Wissenszuwachs des Kindes widerspiegeln. Goswami (1992) vertritt unter dieser Perspektive eine extreme Position: Die Fähigkeit, die Ähnlichkeit einer Relation zu erkennen, entwickelt sich eigentlich nicht; vielmehr sind Kinder zu jedem Zeitpunkt ihrer Entwicklung – auch schon in den ersten Lebensmonaten – in der Lage, relationale Ähnlichkeit zu erkennen. Zur Erklärung von Unterschieden formuliert sie die relationsbezogene Schwierigkeitshypothese, derzufolge Relationen unterschiedlich komplex sind (z.B. perzeptuell vs. konzeptuell). Das Erkennen oder Entdecken von Relationen hängt vom Wissen des Kindes ab: „Wenn sich das kindliche Wissen über die Welt entwickelt, verändert sich seine Struktur und das Bewusstsein nimmt zu, dass innerhalb eines Bereiches verschiedene Relationen möglich sind; dies befähigt zu tieferen und komplexeren Analogien." (S. 99; Übersetzung d. Verf.).

UNTER DER LUPE

Relationale Ähnlichkeit im perzeptuellen Bereich – Grundkategorie menschlicher Erkenntnisfähigkeit

Wagner et al. (1981; zit. nach Goswami, 1992) untersuchten die kindliche Fähigkeit, relationale Ähnlichkeit zwischen verschiedenen Stimuli herzustellen. Den Kindern im Alter von neun Monaten wurden beispielsweise zwei visuelle Stimuli gezeigt, ein aufwärts- und ein abwärtsgerichteter Pfeil. Dann wurde ihnen ein steigender oder fallender Ton vorgespielt. Die Kinder präferierten per Zuwendung den aufwärts gegenüber dem abwärts gerichteten Pfeil, wenn sie einen steigenden Ton hörten und umgekehrt, den abwärts gerichteten Pfeil beim fallenden Ton. Wagner et al. (1981) behaupten, dass solche visuelle Präferenzen die Verknüpfung von Stimuli auf der Basis von Relationen (z.B. aufsteigend) anzeigen. Eine weitere Konfiguration wurde zum Nachweis des Erkennens einer relationaler Ähnlichkeit verwendet: Die Kinder präferierten per Zuwendung die unterbrochene Linie beim pulsierenden Ton und den geschlossenen Kreis beim kontinuierlichen Ton. Die Autoren argumentieren, dass keine dieser visuell-auditiven Verbindungen auf der Basis physikalischer Ähnlichkeit hergestellt werden kann (z.B. zunehmende Intensität für beide Stimuli). Ferner wird angenommen, dass Kinder nicht über vorlaufende Erfahrungen bezüglich solcher gemeinsam auftretender Ereignisse verfügen. Insofern können Präferenzen der Verknüpfung als Erkennen von Ähnlichkeit auf einem abstrakteren relationalen Niveau erachtet werden.

4.3.3 Modell der Informationsverarbeitung

Das Modell der Informationsverarbeitung konzentriert sich auf die Prozesse, die für analoges Denken bedeutsam sind; es analysiert die zur Lösung notwendigen Denkabläufe und versucht, sie experimentell so zu sequenzieren, dass Unterschiede (Unzulänglichkeiten) im Ablauf des Denkens sichtbar werden. Sternberg (1977) untersuchte an Hand von differenziertem Bildmaterial (z.B. schematischen Abbildungen menschlicher Figuren) das Lösungsvorgehen bei klassischen Analogieaufgaben: A : B :: C : D1 / D2 (nur zwei Antwortvorgaben).

Sechs Komponenten. Sternberg unterteilt den Prozess der Lösungsgenerierung in sechs unabhängige Schritte bzw. postuliert sechs Komponenten, die für die Lösungsfindung ausschlaggebend sind:

(1) Encoding: Im Zuge des Enkodierens wird jeder Begriff erfasst und an Hand von Attributen, die für jeden Begriff kennzeichnend sind, semantisch gespeichert.
(2) Inference: Die Komponente des Folgerns kennzeichnet die Erfassung der Beziehung zwischen dem A- und B-Begriff; sie wird im Arbeitsspeicher festgehalten.
(3) Mapping: Hierbei erfolgt die Verbindung zwischen der ersten und zweiten Hälfte der Analogie. Sie beruht darauf, dass die Beziehung zwischen dem A- und C-Begriff hergestellt wird.
(4) Application: Es wird nun die Relation, die im zweiten Schritt (inference) zwischen A und B erschlossen wurde, analog übertragen auf Relationen zwischen C und die zur Wahl stehenden D-Alternativen.
(5) Justification: Da bei manchen Analogien die Beziehung zwischen den C- und D-Begriffen nicht genau mit der erschlossenen Beziehung zwischen A und B übereinstimmt, muss geprüft werden, welche Alternative (D1/D2) die Bedingungen am besten erfüllt.
(6) Respond with the answer of choice: Der letzte Schritt enthält die Entscheidung bezüglich des Begriffs, der die Analogie korrekt komplettiert.

Sternberg ging der Frage nach, ob Kinder die sechs Komponenten des analogen Denkens anwendeten bzw. welche Altersvariationen bezüglich der Verfügbarkeit dieser Prozesskomponenten vorzufinden seien.

Ergebnisse. Die Ergebnisse erbrachten, dass Achtjährige die Analogien eher per Zufall lösten (unter 50 Prozent richtige Lösungen). Eine deutliche Verbesserung war bei den Zehnjährigen zu erkennen (63 Prozent); die Lösungsquote stieg bei Zwölfjährigen und Collegestudenten auf 70 bis 80 Prozent an. Es zeigte sich, dass die Komponenten encoding, inference, application und response bei allen Altersgruppen nachweisbar waren. Bei den jüngeren Kindern (Achtjährige) war die Mapping-Komponente nicht zu erkennen. Sternberg erklärt dies damit, dass das Mapping die Herstellung einer Relation zweiter Ordnung erfordert, d.h. dass eine Beziehung zwischen zwei Relationen erkannt werden muss. Dies entspricht der Annahme von Piaget und Inhelder (1980; Orig. 1955), die Ähnlichkeitsrelationen höherer Ordnung einer späteren Stufe der kognitiven Entwicklung, dem formal-operatorischen Denken, zugeordnet haben.

Insgesamt konnte belegt werden, dass analoges Denken im Sinne des Herstellens von relationalen Ähnlichkeitsbeziehungen bereits bei jüngeren Kindern zu finden ist. Ferner zeigte sich, dass bereits drei- und vierjährige Kinder in der Anwendung der Komponenten des Modells von Sternberg trainiert werden können.

4.4 Induktives Denken

Induktives Schließen, also das Ableiten von Schlussfolgerungen aus vorgegebenen Fakten, tritt als zentrale Komponente des Denkens dann in den Vordergrund, wenn es darum geht, Hypothesen aufzustellen und zu überprüfen, Bedingungszusammenhänge aufzuspüren, Voraussagen zu machen oder für das Auftreten bestimmter Ereignisse Wahrscheinlichkeiten festzulegen. Insbesondere im Zusammenhang mit der Begriffsbildung, der Generalisierung bzw. Spezifizierung von Konzepten, sowie beim Problemlösen wird dem induktiven Vorgehen besondere Bedeutung beigemessen.

Konzepte und Prozeduren. Bezüglich der Frage, welche kognitiven Komponenten das induktive Denken bestimmen, unterscheiden Holyoak und Nisbett (1988) zwei Wissenskomponenten, die in Interaktion stehen: Konzepte und Prozeduren. Konzepte sind Repräsentationen allgemeiner bzw. spezifischer Kategorien; Prozeduren sind Handlungen, um bestimmte Ziele zu erreichen bzw. Operationen, durch die ein Konzept definiert wird. Bei diesen Wenn-dann-Regeln der Induktion geht es – im Gegensatz zur Deduktion – nicht notwendigerweise um richtige Ergebnisse, sondern nur um brauchbare Voreinstellungen (default expectations), die nach Bedarf spezifiziert werden können.

Vergleichsprozess. Als konstituierende Komponente induktiven Denkens betrachtet Klauer (1989) den Prozess des Vergleichens. Das Vergleichen, d.h. das Feststellen von Gleichheit und Verschiedenheit, ist der Ausgangspunkt für das Entdecken von Regelhaftigkeiten. Ergänzend wird postuliert, dass „nicht Objekte als Ganze und global, sondern Merkmale von Objekten beziehungsweise Relationen zwischen Objekten miteinander verglichen werden". In Abbildung 13.10 sind die Möglichkeiten, die sich aus der Kombination der

	Feststellen von		
bezogen auf	Gleichheit	Verschiedenheit	Gleichheit und Verschiedenheit
Merkmale	**Generalisierung** Klassen bilden	**Diskrimination** Nicht passendes finden	**Kreuzklassifikation** Mehrfelderschema
Relationen	**Beziehungen erfassen** einfache Analogien	**Beziehungen unterscheiden** Abfolgen erkennen	**Systembildung** vollständige Analogie

Abbildung 13.10. Systematik induktiver Prozessvarianten (nach Klauer, 1993, S. 144)

Vergleichsprozesse (Feststellen von Gleichheit/ Verschiedenheit) und der Vergleichsobjekte (Merkmale/Relationen) ergeben, systematisch dargestellt und als Aufgaben, die entsprechende Prozesse erfordern, konkretisiert. So erfordert der Vergleich von Objekten hinsichtlich mehrerer Merkmale (z.B. Farbe und Form) die Ordnung nach einem Mehrfelderschema oder der Vergleich hinsichtlich mehrerer Relationen (z.B. Helligkeits- und Größen-Unterschiede) ein entsprechendes Ordnungssystem. Induktives Denken bedeutet insofern „die Feststellung von Ordnung im scheinbar Ungeordneten, aber auch das Erkennen von Unordnung und Störung im scheinbar Geordneten" (S. 187).

Klauer (1993) geht davon aus, dass „alle Aufgaben des induktiven Denkens nach einer einheitlichen Grundstrategie lösbar sind". Eine Person, die über diese Grundstrategie verfügt, ist demnach in der Lage ist, „prinzipiell alle Aufgaben des induktiven Denkens lösen zu können" (S. 145).

Weiterführende Literatur

Goswami, U. (2001). So denken Kinder. Einführung in die Psychologie der kognitiven Entwicklung. Bern: Huber.
Ein ausgezeichneter Überblick über die kognitive Entwicklung des Kindes. Das Buch enthält wichtige neue Befunde zu den Kapiteln 11, 12 und 13.

Siegler, R. S. (2001). Das Denken von Kindern. München: Oldenbourg.
Dieser Band gibt eine einfache, gut verständliche Einführung in Formen des Denkens und Problemlösens und enthält auch neueste Befunde.

Kapitel 14
Entwicklung des Gedächtnisses bei Kindern und Jugendlichen

Wolfgang Schneider & Gerhard Büttner

Das Kapitel zur Gedächtnisentwicklung bei Kindern und Jugendlichen gibt einen Überblick über klassische Befunde und neuere Trends der Forschung, der sicherlich auch subjektiv getönte Schwerpunktsetzungen der Autoren enthält. Der Überblick orientiert sich an Phasen des Lebensalters. Zunächst werden Forschungsarbeiten zur Säuglings- und Kleinkindforschung dargestellt, bevor ausführlicher auf die wichtigsten Ergebnisse der inzwischen sehr umfangreichen Forschungsarbeiten zum Gedächtnis jüngerer und älterer Kinder eingegangen wird. Hier lassen sich Studien zu eher traditionellen, grundlagenorientierten Themen von Arbeiten unterscheiden, die neuartige und häufig auch angewandte Fragestellungen aufgreifen.

1 Frühe Kindheit

1.1 Gedächtnis bei Säuglingen und Kleinkindern

Innerhalb der letzten dreißig Jahre wurden mehrere Beobachtungsverfahren (z.B. Habituations- und Imitationsverfahren; s. Kap. 5 und 10) entwickelt, über die sich zeigen lässt, dass auch schon sehr junge Kinder über Gedächtnisfähigkeiten verfügen (vgl. Moscovitch, 1984; Rovee-Collier, 1989).

Wiedererkennensleistungen. Zahlreiche Studien haben inzwischen belegen können, dass schon Säuglinge relativ gute Wiedererkennungsleistungen vollbringen und dazu in der Lage sind, sich Gesichter, Bilder oder Spielzeuge über längere Perioden (Wochen bis Monate) einzuprägen. Diese basale Fähigkeit lässt sich schon bei wenige Tage alten Säuglingen demonstrieren (Slater, 1995).

Assoziatives Lernen. Weiterhin verfügen auch schon Säuglinge über komplexere Gedächtnisformen wie etwa ein Gedächtnis für motorische Handlungen (Rovee-Collier & Gerhardstein, 1997; Rovee-Collier & Hayne, 1987). So setzten etwa Rovee-Collier und ihre Mitarbeiter (1989) ein operantes Konditionierungsverfahren ein, das als Verfahren der konjugierten Verstärkung (conjugate reinforcement) bekannt geworden ist. Über dem Bettchen des Kindes wurde ein Mobile aufgehängt, das mit einem Band am Fuß des Säuglings befestigt wurde. Ca. drei Monate alte Kinder strampelten etwa doppelt so oft in der Minute, wenn das Band an ihrem Knöchel befestigt war. Die Autoren folgerten daraus, dass die Säuglinge die assoziative Beziehung zwischen ihrer Bewegung und der des Mobiles gelernt hatten.

Zur Erfassung der Gedächtnisleistung wurde das Verfahren zu einem späteren Zeitpunkt wiederholt. Für die drei Monate alten Kinder gab es keine Anzeichen von Vergessen, wenn das Zeitintervall zwischen der ersten und zweiten Messung weniger als acht Tage betrug. Auch für jüngere Kinder fanden sich nach einigen Tagen noch sehr gute Behaltensleistungen. Wenn es zwei oder drei Monate alten Kleinkindern nicht gelingt, diese Gedächtnisleistung nach etwa zwei Wochen spontan zu erbringen, so scheint es sich hier um ein Abrufproblem und nicht um vollständiges

Vergessen zu handeln. Dies wurde in einer Arbeit von Sullivan (1982) illustriert, die sich im Rahmen des Paradigmas der konjugierten Verstärkung mit dem Phänomen der Wiedereinsetzung (reinstatement) beschäftigte. Das Verfahren der Wiedereinsetzung enthält eine Erinnerung an die ursprüngliche Lernerfahrung, bietet jedoch keine direkte Wiederholungsmöglichkeit. So zog der Versuchsleiter in dieser Studie zur Illustration des Vorgangs selber am Band, das nicht am Knöchel des Kindes befestigt war. Wenn am nächsten Tag wiederum mit dem Verfahren der konjugierten Verstärkung gearbeitet wurde, strampelten die Kinder wesentlich häufiger. Diese erneute Verbesserung wurde darauf zurückgeführt, dass durch den Prozess der Wiedereinsetzung, der lediglich ein Teilstück der früheren Lernerfahrung beinhaltet, vorher nicht zugängliche Informationen wieder abrufbar waren. Neuere Befunde von Rovee-Collier und Kollegen (Rovee-Collier et al., 1992) weisen in diesem Zusammenhang allerdings auch auf die Relevanz des Kontexts hin.

UNTER DER LUPE

Bedeutung des Kontextes für frühkindliche Gedächtnisleistungen

Rovee-Collier et al. (1992) interessierten sich für den Einfluss von Kontextbedingungen auf das Gedächtnis von Kleinkindern. Zu diesem Zweck variierten sie Aspekte der Lernumgebung beim Paradigma der konjugierten Verstärkung. In dieser Untersuchung interessierte also die Frage, wie ähnlich sich Lernsituation und Testsituation sein müssen, damit Behaltensleistungen auftreten. Zwei Gruppen von sechs Monate alten Säuglingen lernten die Kontingenz (Zusammenhang) zwischen Strampeln und Bewegung in der gleichen Lernbedingung: der Kindersitz befand sich in einer Vorrichtung, die mit gelb-grünen Stoffmustern eingekleidet war. Während die eine Gruppe von Säuglingen ca. 24 Stunden später in der gleichen Vorrichtung getestet wurde, fand die Untersuchung für die andere Gruppe in einer Vorrichtung statt, die nun blau-rot gemustert war. Ein Vergleich der Behaltensleistungen beider Gruppen zeigte, dass die Gruppe mit identischen Lern- und Testbedingungen beim Gedächtnistest signifikant mehr strampelte als die Gruppe, bei der sich Lern- und Testbedingung unterschieden. Dieser Befund unterstreicht die Bedeutung der Ähnlichkeit von Lern- und Abrufbedingungen für den Prozess der Wiedereinsetzung.

Die Forschungsarbeiten belegen, dass schon sehr junge Kinder zu assoziativem Lernen fähig sind und Kontingenzen (Zusammenhänge) erkennen können. Neuere Befunde zum Imitationslernen und zum Verhalten junger Kinder bei Objektpermanenz-Aufgaben zeigen darüber hinaus, dass bereits Kleinkinder zu freien Reproduktionen (recall) in der Lage sind.

Imitationslernen. Bei den Untersuchungen von Meltzoff (1990, 1995) zum Imitationslernen führte ein Erwachsener Kleinkindern im Alter von 9 und 14 Monaten eine Reihe von Handlungen mit neuartigen Objekten vor. So wurde z.B. ein Hebel oder ein Knopf gedrückt, um einen Summton zu erzeugen. Wenn die Gegenstände etwa 24 Stunden später vor die Kinder hingestellt wurden, wiederholten die meisten Kinder aus beiden Altersgruppen die Handlungen des Erwachsenen. Dies deutet darauf hin, dass sie zur Reproduktion früherer Erfahrungen fähig waren, die in der aktuellen Situation nicht wahrnehmungsmäßig gegeben waren. Die langfristige Erinnerung an diese Erfahrung variierte mit dem Alter: nach einer Woche konnten sich die älteren, nicht aber die jüngeren Kleinkinder noch an die Handlungen erinnern.

Skripts. Was die Organisation des Gedächtnisses für Ereignisse angeht, so scheint sie sowohl durch die zeitlichen Beziehungen zwischen den Merkmalen eines Ereignisses als auch durch deren Vertrautheit beeinflusst zu sein. So haben beispielsweise Katherine Nelson und ihre Kollegen gezeigt, dass schon sehr junge Kinder Ereignisse in Form von Skripts (schematisierte „Drehbücher") organisieren, über die häufig wiederkehrende Ereignisse der Umwelt (z.B. zu-Bett-gehen, Frühstücken) in ihrer zeitlichen und kausalen Verknüpfung relativ ökonomisch kodiert werden (vgl. Fivush, 1997; Nelson, 1993). Wie Nelson (1996) herausgestellt hat, ermöglicht es das Gedächtnis für routinemäßig wiederkehrende Ereignisse jungen Kindern, bestimmte Ereignisse zu antizipieren und sie möglicherweise zu kontrollieren. Dies scheint insbesondere für die Gedächtnisentwicklung sehr junger Kinder wichtig zu sein. Bauer et al. (2000) konnten allerdings zeigen, dass für Kinder im zweiten Lebensjahr die wiederholte Erfahrung eines Ereignisses für das erfolgreiche Memorieren nicht mehr ähnlich relevant ist. Kinder dieser Altersgruppe sind in der Lage, einzelne Ereignisse auch über kürzere Zeitintervalle (ca. eine Woche) zu behalten. Andererseits kann es keinen Zweifel daran geben, dass wiederholte Erfahrungen mit bestimmten Ereignissen langfristige Erinnerungsleistungen junger Kinder deutlich erleichtern.

Spezifische Erinnerungshilfen. Geht es um die Erinnerung einzelner und möglicherweise einmaliger Ereignisse, können spezifische Erinnerungshilfen (cues oder reminders) die Gedächtnisleistungen junger Kinder stark verbessern. Arbeiten von Fivush, Hudson und Kollegen haben gezeigt, dass solche Hilfen sowohl auf der Enkodier- als auch auf der Abrufebene operieren (vgl. Fivush, 1997; Hudson & Sheffield, 1999). Die Ergebnisse legen insgesamt nahe, dass Reproduktionsleistungen sehr junger Kinder durch spezifische Erinnerungshilfen sehr positiv beeinflusst werden können, und dies unabhängig davon, ob die Hilfen irgendwann während des Behaltenszeitraums oder während des Gedächtnistests gegeben werden.

Lokationsgedächtnis. Ähnlich beeindruckende Ergebnisse wie für das Gedächtnis für Ereignisse werden auch für das überdauernde Lokations- bzw. Ortsgedächtnis berichtet. Neuere Untersuchungen zu dieser Thematik stützten sich in der Regel auf Varianten von Objektpermanenzaufgaben. In einer verbreiteten Version („A nicht B"-Aufgabe) wird ein Objekt am Ort A versteckt. Nachdem das Kind es gefunden hat, wird das Objekt dann an einem zweiten Ort B versteckt. Bei der erneuten Suche nach dem Objekt wenden sich 6–12 Monate alte Kinder üblicherweise zunächst wieder Ort A zu (begehen also den „A nicht B"- bzw. Perseverations-Fehler). Diamond (1985) konnte zeigen, dass die Zeitverzögerung bei der Suche ein kritisches Merkmal darstellt. So begehen 7 Monate alte Kinder den Fehler, wenn die Zeitspanne zwischen Versteckvorgang und Suchakt mehr als 2 Sekunden beträgt. Mit jedem weiteren Lebensmonat musste die Zeitspanne erhöht werden, um den Fehler zu produzieren. Er trat bei 12 Monate alten Kindern lediglich dann auf, wenn die Latenzzeit mehr als 10 Sekunden betrug. Dies impliziert, dass sich das Lokationsgedächtnis im Zeitraum zwischen sechs und zwölf Monaten klar verbessert.

DeLoache et al. (1985) beobachteten weiterhin schon Vorläufer strategischen Verhaltens bei Kindern im Alter zwischen eineinhalb und zwei Jahren. Es ließ sich hier zeigen, dass die Kinder im Zeitintervall zwischen Versteck- und Suchphase häufig ihre Aktivitäten unterbrachen, um sich die Versteckposition erneut anzuschauen. Diese Aktivitäten traten dann nicht auf, wenn das Zielobjekt offen (also statt unter dem Kissen auf dem Kissen) platziert wurde.

FAZIT

Insgesamt betrachtet deuten Befunde darauf hin, dass sich bei Säuglingen und Kleinkindern unterschiedliche Gedächtniskompetenzen identifizieren lassen. Die Fähigkeit zum Wiedererkennen ist wohl schon von Geburt an vorhanden und verbessert sich in den ersten Lebensmonaten beträchtlich. Individuelle Unterschiede in den frühen Rekognitionsleistungen scheinen für die spätere intellektuelle Entwicklung nicht unerheblich zu sein (McCall, 1990; Rose & Wallace, 1985).

Die Befunde zum Gedächtnis von Säuglingen weisen weiterhin darauf hin, dass schon bei sehr jungen Kindern im Alter von eineinhalb bis zwei Jahren Reproduktionsleistungen beobachtet werden können, was auf die Fähigkeit zur internen Repräsentation von Objekten und Lebewesen schließen lässt. Im Unterschied zu Rekognitionsleistungen entwickeln sich die reproduktiven Fähigkeiten im Verlauf der Kindheit und des Jugendalters noch in beträchtlichem Maße weiter. Es handelt sich hier im frühen Stadium um rudimentäre, nicht bewusst vorgenommene Reproduktionstätigkeiten, die denen älterer Kinder noch nicht entsprechen. Natürliche Begrenzungen freier Reproduktion (und damit des expliziten Gedächtnisses) sind sicherlich dadurch gegeben, dass bestimmte Hirnareale (insbesondere die Frontalregionen) dafür noch nicht hinreichend entwickelt sind.

1.2 Gedächtnis im Vorschulalter

1.2.1 Entwicklung des Kurzzeitgedächtnisses

Ein schon in der frühen sowjetischen Forschung berichtetes und danach häufig bestätigtes Ergebnis besagt, dass Kinder im Alter von drei bis vier Jahren in der Regel kein intentionales (absichtliches) Memorierverhalten zeigen, wenn explizite Behaltensinstruktionen vorgegeben werden (vgl. Yendovitskaya, 1971). Es hat hier den Anschein, dass Behaltensinstruktionen für den Gedächtnisvorgang eher hinderlich sind. Die Befunde deuten darauf hin, dass bei Kindern dieser Altersstufe das „unwillkürliche" (implizite) gegenüber dem „willkürlichen" (expliziten) Gedächtnis eine wesentlich größere Rolle spielt. Auch wenn unwillkürliche im Vergleich zu willkürlichen Gedächtnisleistungen bei Kindern dieser Altersgruppe besser auszufallen scheinen, sind die absoluten Reproduktionsleistungen vergleichsweise gering.

Diskrepanz Rekognition – Reproduktion. Häufig wurde auf die großen Leistungsunterschiede aufmerksam gemacht, die bei jungen Kindern für Rekognitions- und Reproduktionsaufgaben gefunden wurden: Überraschend guten Wiedererkennensleistungen standen oftmals sehr niedrige Reproduktionsraten gegenüber (vgl. Perlmutter, 1984). Die Diskrepanz zwischen Rekognitions- und Reproduktionsaufgaben wurde darauf zurückgeführt, dass sich die Anforderungen in beiden Aufgaben dadurch unterscheiden, dass in der Testsituation nur in der Rekognitionsaufgabe äußere Gedächtnishilfen (retrieval cues) zur Verfügung stehen. Erfolg bei der Reproduktionsaufgabe setzt voraus, dass Merkmale der Ausgangssituation innerlich repräsentiert sind und auch wieder hervorgerufen werden können. Gerade diese Anforderung scheint den jüngeren Kindern große Schwierigkeiten zu bereiten. Dieses Problem wird insbesondere bei Aufgaben wichtig, die die Speicherung und den Abruf sprachlich vermittelter Information beinhalten. Auch wenn in einigen wenigen Arbeiten (z.B. Baker-Ward et al., 1984) Hinweise darauf gefunden wurden, dass schon vierjährige Kinder bei freien Reproduktionsaufgaben intentionale Erinnerungsversuche machen, ist das Ergebnis solcher Bemühungen meist sehr bescheiden.

Lokationsgedächtnis. Für die schon oben beschriebenen Versteckaufgaben lässt sich dagegen zeigen, dass das kurzfristige Ortsgedächtnis von zwei- bis vierjährigen Kindern im Vergleich zu noch jüngeren Probanden davon profitiert, dass nun Gedächtnisstützen immer effizienter verwendet werden können. Wesentliche Fortschritte im Gebrauch von solchen äußeren retrieval cues lassen sich schon innerhalb einer kleinen Altersspanne (etwa im Alter zwischen zwei und zweieinhalb Jahren) beobachten. Schon Vierjährige können enorm von solchen retrieval cues profitieren. Dabei sollte allerdings nicht übersehen werden, dass es entscheidend auf den Schwierigkeits- bzw. Bekanntheitsgrad von Lokationsaufgaben ankommt (vgl. Weinert & Schneider, 1996). Leichte Variationen im Schwierigkeitsniveau können dazu führen, dass die Gedächtnisleistung drastisch beeinträchtigt wird. Nach Sophian (1984) lassen sich die im Alter zwischen zwei und vier Jahren zu beobachtenden Verbesserungen im Ortsgedächtnis vor allem auf drei Faktoren zurückführen:

- auf die ansteigende Robustheit bzw. Flexibilität der Suchfertigkeiten;
- auf die zunehmende Konsistenz beim Einsatz von Suchaktivitäten und
- auf den Wegfall unangemessener Suchmuster.

1.2.2 Entwicklung des Langzeitgedächtnisses

Viele neue Studien weisen darauf hin, dass basale Gedächtniskompetenzen von Vorschulkindern über Handlungswissen gefördert werden, das aufgrund von einschlägigen Alltagserfahrungen gewonnen wurde (vgl. Fivush, 1997; Nelson, 1996). Dieses Handlungswissen wird mit dem Begriff des Skripts bezeichnet, das als schematisiertes „Drehbuch" für häufiger erlebte Handlungsabläufe zu verstehen ist. So ist eine typische Geburtstagsparty dadurch charakterisiert, dass zunächst Gäste eintreffen, dann Geschenke überreicht werden und anschließend der Geburtstagskuchen gemeinsam gegessen wird. Die Bedeutung solcher Skripts für das Einspeichern und Erinnern von Ereignissen und Geschichten ist inzwischen überzeugend belegt. In der Münchner Längsschnittstudie zur Genese individueller Kompetenzen (LOGIK; Weinert & Schneider, 1999) ließ sich beispielsweise zeigen, dass drei- bis vierjährige Kinder Geschichten mit Skript-Charakter (Geburtstagsparty) wesentlich besser reproduzieren konnten als eine Geschichte mit ebenfalls vertrautem Inhalt (Spielnachmittag), die nicht in ein allgemeines Schema eingebettet werden konnte (vgl. Knopf & Waldmann, 1991). Zu späteren Messzeitpunkten war dieser besondere Einfluss des Skript-Wissens nicht mehr so ausgeprägt, was auf seine Bedeutung in der frühen Kindheit verweist.

Rolle der Eltern. Eine Untersuchung von Hudson & Fivush (1991) belegt die wichtige Rolle der Eltern beim Aufbau von langfristigen Gedächtnisrepräsentationen. Die Häufigkeit, mit der in der Familie über bestimmte Ereignisse gesprochen wird, hat einen Einfluss darauf, wie überdauernd das Gedächtnis der Kinder für diese Episoden ist. Insbesondere das häufige Nachfragen von Eltern und ihre Bereitschaft, die richtigen Antworten zu geben, wenn das Kind sich nicht erinnern kann, hilft jungen Kindern dabei, eine Vorstellung von Gedächtnisvorgängen und deren Relevanz zu entwickeln (vgl. Hudson, 1990).

2 Gedächtnisentwicklung zwischen 5 und 15 Jahren

Untersuchungen zur Gedächtnisentwicklung von Kindern und Jugendlichen sind annähernd so alt wie die wissenschaftliche Gedächtnisforschung (vgl. Schneider, 2000; Schneider & Pressley, 1997; Weinert & Schneider, 1996). Die Befunde lassen sich grob so zusammenfassen, dass sich für viele Bereiche des sprachlichen Gedächtnisses deutliche Performanzsteigerungen bis in das späte Jugendalter hinein beobachten lassen, wobei vom späten Kindergarten- bis zum späten Grundschulalter die vergleichsweise größten Leistungszuwächse registriert werden. Dieses Ergebnismuster ist nicht ohne weiteres auf andere Gedächtnisdimensionen wie etwa das visuell-räumliche Gedächtnis zu übertragen, für das wesentlich geringere Leistungszuwächse im Kindes- und Jugendalter registriert werden (vgl. Schumann-Hengsteler, 1995). Da die mit Abstand meisten Untersuchungen jedoch zum sprachlichen Gedächtnis durchgeführt wurden, konzentriert sich der folgende Überblick auf diesen Inhaltsbereich.

2.1 „Determinanten" des Gedächtnisses

2.1.1 Gedächtniskapazität

Eine naheliegende Erklärung für die alterskorrelierte Verbesserung des Gedächtnisses könnte darin gesehen werden, dass den Kindern im Verlauf ihrer Entwicklung aufgrund neurologischer Reifungsprozesse immer mehr strukturelle Gedächtniskapazität zur Verfügung steht.

Bedeutung des Begriffs Kapazität. Die Forschungsliteratur zu dieser Kapazitätshypothese ist insofern nicht ganz leicht zu überschauen, als der Begriff der Gedächtniskapazität nicht einheitlich verwendet wird. In deskriptiver Bedeutung wird Kapazität mit Verhalten, meist mit der Leistung in einem Test zur Erfassung der Gedächtnisspanne gleichgesetzt (vgl. Dempster, 1981, 1985). Davon heben sich Ansätze ab, die Kapazität als hypothetisches Konstrukt im Sinne eines zentralen Arbeitsspeichers auffassen, in dem Informationen transformiert werden (vgl. Baddeley, 1990; Case, 1985; Gathercole, 1998).

Versuche zur Gedächtnisspanne. Aufgaben zur Erfassung der Gedächtnisspanne sind meist so konstruiert, dass den Probanden eine Reihe von Stimuli (Zahlen, Buchstaben oder Wörter) etwa im Ein-Sekunden-Takt mit der Anweisung vorgegeben werden, diese Stimuli unmittelbar danach in gleicher Reihenfolge zu reproduzieren. Begonnen wird in der Regel mit einer niedrigen Anzahl (zwei oder drei Items). Als Gedächtnisspanne einer Person wird die Anzahl von Items angesetzt, die gerade noch perfekt beherrscht werden kann. Wenn auch die Gedächtnisspanne mit der Art des Materials (Zahlen, Buchstaben, Wörter) variiert, lässt sich doch allgemein festhalten, dass die Zuwächse mit dem Alter nicht allzu groß sind. Für die Wortspanne gilt beispielsweise, dass im Alter von sechs Jahren etwa vier (einsilbige) Wörter unmittelbar korrekt wiedergegeben werden können, und weitere sechs Jahre später etwa fünf (vgl. Dempster, 1985). Die Entwicklung der Zahlenspanne stellt sich vergleichsweise etwas dynamischer dar (4 Items im Alter von vier Jahren, 6–7 Items im Alter von zwölf Jahren).

Einfluss nichtstrategischer Merkmale. Während immer noch recht unklar ist, welchen Anteil alterskorrelierte strategische Aktivitäten wie Wiederholung und Gruppierung an den vorgefundenen Altersunterschieden haben, gibt es andererseits kaum Zweifel daran, dass nichtstrategische Merkmale wie die Item-Identifikationsgeschwindigkeit mit der Gedächtnisspanne bedeutsam korrelieren. So fanden etwa Case et al. (1982) für Kinder zwischen drei und sechs Jahren eine monotone und annähernd lineare Beziehung zwischen Reaktionsgeschwindigkeit und Gedächtnisspanne ($r = -.74$), die auch dann noch signifikant blieb, wenn die Altersvariable statistisch auspartialisiert wurde (vgl. auch Kail, 1991). Zusätzlich scheint sich bei jüngeren Kindern die (mangelnde) Speicherfähigkeit von Reihenfolge-Informationen negativ auf die Gedächtnisspanne auszuwirken. Dies lässt sich aus dem Vergleich von Versuchsbedingungen ableiten, bei denen einmal die exakte serielle Wiedergabe, zum anderen die Wiedergabe der Items in beliebiger Reihenfolge gefordert wurde. Chi (1977) fand beispielsweise für ihre fünfjährigen Probanden, dass sich die Gedächtnisspanne fast verdoppelte, wenn die korrekte Reihenfolge der Items nicht berücksichtigt werden musste. In der Münchner Längsschnittstudie zur Genese individueller Kompetenzen (LOGIK; s. Weinert, 1998; Weinert & Schneider, 1999) bestätigte sich dieser Ergebnistrend für den Alterszeitraum zwischen vier und sechs Jahren. Bei älteren Kindern und Jugendlichen spielte es für das Ergebnis keine Rolle mehr, ob die serielle Spanne oder die freie Spanne erhoben wurde.

FAZIT

Fasst man die Befunde zur Gedächtnisspanne zusammen, so gibt es keinen Zweifel daran, dass sich die unmittelbare Spanne von der frühen Kindheit bis zur Adoleszenz stetig verbessert.

Welche Implikationen haben diese Befunde für ein theoretisches Konstrukt der Gedächtniskapazität? Heißt dies, dass mit der Vergrößerung der Gedächtnisspanne ein struktureller, reifungsbedingter Kapazitätszuwachs einhergeht?

In der entwicklungspsychologischen Diskussion finden in neuerer Zeit zwei Modellansätze größere Beachtung, die von der Invarianz (Unveränderbarkeit) der insgesamt zur Verfügung stehenden Verarbeitungskapazität ausgehen (Baddeley, 1990; Case, 1985; 1995).

Theorie von Case. Nach der Theorie von Case (1985) kann jede Person ihre gesamte Verarbeitungskapazität zwischen zwei Grundfunktionen aufteilen: Während der Arbeitsspeicher (operating space) für kognitive Prozesse reserviert ist, die zu einem gegebenen Zeitpunkt gerade durchgeführt werden, ist der Kurzzeitspeicher (storage space) für die Speicherung der Ergebnisse gerade abgelaufener Prozesse vorgesehen. Case geht davon aus, dass sich die gesamte Verarbeitungskapazität einer Person nicht mit dem Alter verändert. Der alterskorrelierte Zuwachs in der Gedächtnisspanne ist dieser Konzeption zufolge darauf zurückzuführen, dass im Verlauf des Vor- und Grundschulalters zur Bewältigung der gleichen Aufgaben aufgrund steigender Informationsverarbeitungsgeschwindigkeit zunehmend weniger Platz für die erforderlichen mentalen Operationen (den Arbeitsspeicher) benötigt wird. Damit steht in der Folge mehr Raum für die Speicherung von Informationen im Kurzzeitspeicher zur Verfügung.

Theorie von Baddeley. In dem Modell des Arbeitsgedächtnisses von Baddeley und Hitch (Baddeley, 1990; Baddeley & Hitch, 1974; Gathercole, 1998) werden neben einer zentralen Exekutive zwei Dienstleistungssysteme (slave systems) angenommen, die für die Verarbeitung bildhaft-symbolischer (visuo-spatial scratch pad) bzw. verbaler Informationen (articulatory loop) zuständig sind. Die Befunde von Case et al. (1982) lassen sich auch über diese Konzeption des Arbeitsgedächtnisses erklären, bei der unterstellt wird, dass statt der Item-Identifikationsgeschwindigkeit die Artikulationsgeschwindigkeit den Faktor darstellt, der Entwicklungsveränderungen in der Gedächtnisspanne bedingt. Die Tragfähigkeit dieses Konzepts wurde inzwischen in mehreren Arbeiten recht überzeugend belegt (vgl. Ewert et al., 1993; Hasselhorn et al., 1991; Hitch et al., 1989). Es wird angenommen, dass sich alterskorrelierte Zuwächse in der verbalen Gedächtnisspanne auf Zuwächse in der Geschwindigkeit bei der Artikulation von Wörtern zurückführen lassen. Die Artikulationsrate wird als Maß für die Geschwindigkeit von Enkodier- und Wiederholungsprozessen im Subsystem der „artikulatorischen Schleife" interpretiert, die Sequenzen gesprochener Items aktiv zu halten versucht. Je mehr Items in einer fixen Zeitspanne artikuliert werden können, desto länger kann diese Sequenz auch erinnert werden.

Es erscheint allerdings der Hinweis wichtig, dass hier lediglich auf die Frage intraindividueller Veränderungen Bezug genommen wird. So sollte nicht übersehen werden, dass die bei gleicher Altersstufe zum Teil beträchtlichen interindividuellen Unterschiede in der Gedächtnisspanne großen prognostischen Wert haben, wenn es darum geht, Unterschiede in Gedächtnisleistungen von Kindern zu erklären.

2.1.2 Gedächtnisstrategien

Seit etwa Mitte der sechziger Jahre hat sich die Forschung zur Entwicklung des Gedächtnisses von Kindern schwerpunktmäßig mit der Rolle von Gedächtnisstrategien beschäftigt (vgl. Harnishfeger & Bjorklund, 1990). Man war fest davon überzeugt, mit den Strategien die entscheidende Determinante der Gedächtnisentwicklung gefunden zu haben. Unter Strategien werden dabei potentiell bewusste, intentionale kognitive Aktivitäten verstanden, die dabei helfen sollen, eine Gedächtnisaufgabe besser zu bewältigen.

Entwicklungspsychologische Arbeiten zum strategischen Gedächtnis konzentrierten sich zunächst auf sog. Enkodierstrategien, von denen angenommen wurde, dass sie primär während der Einspeicherung von Information wirksam sind. Zu diesen Enkodierstrategien wurden Memoriertechniken wie die Wiederholung, das Kategorisieren nach Oberbegriffen oder das Elaborieren (Verwendung von „Eselsbrücken") gezählt. Sie wurden von Abruf-Strategien unterschieden, die hauptsächlich während des Erinnerns wirken sollen. Wir wollen im Folgenden diese konventionelle Unterscheidung beibehalten, obwohl sie nicht darüber hinwegtäuschen sollte, dass damit die Frage nach dem wahren Ort der Strategiewirkung keineswegs zuverlässig beantwortet ist (vgl. auch Waters & Andreassen, 1983).

Strategiedefizite bei jungen Kindern

Frühe Forschungsarbeiten von Flavell und Kollegen haben Anhaltspunkte dafür erbracht, dass bei der Ausbildung von Gedächtnisstrategien unterschiedliche Etappen zu unterscheiden sind (vgl. Flavell et al., 2001). So lassen sich etwa bei jüngeren Kindergartenkindern strategische Aktivitäten höchst selten beobachten. Kindern dieser Altersstufe wird ein Mediationsdefizit zugeschrieben. Damit ist gemeint, dass strategische Aktivitäten nicht spontan eingesetzt werden und auch selbst bei gezielter (und erfolgreicher) Unterweisung keinen positiven Effekt auf die Gedächtnisleistung haben. Etwas ältere Kinder (Vorschulkinder oder Schulanfänger) demonstrieren demgegenüber ein Produktionsdefizit: Wie jüngere Vorschulkinder tendieren auch sie wenig dazu, Strategien spontan zu produzieren. Im Unterschied zu den jüngeren Kindern fruchten bei ihnen gezielte Hinweise oder Unterweisungen in dem Sinne, dass nun bei Strategiegebrauch auch eine deutlich bessere Gedächtnisleistung resultiert.

Nutzungsdefizit. In neuerer Zeit wird beim Übergang von defizitärem zu effektivem Strategiegebrauch ein Nutzungsdefizit postuliert (vgl. Coyle & Bjorklund, 1997; Miller & Seier, 1994), das wohl eher im Sinne einer Nutzungsineffizienz (Hasselhorn, 1995) zu werten ist. Es wird unterstellt, dass Kinder im frühen Schulalter bei der ersten spontanen Produktion von Strategien im Hinblick auf die resultierende Gedächtnisleistung zunächst noch kaum profitieren. Dies wird damit zu erklären versucht, dass der erste Einsatz strategischer Operationen noch sehr viel mentale Energie bindet, was dazu führt, dass sich die gedächtnisfördernde Wirkung des Strategiegebrauchs noch nicht unmittelbar einstellt. Erst nach wiederholten Erfahrungen mit der Strategie und der zunehmenden Automatisierung ihrer Anwendung ist mit klaren Gedächtnisvorteilen zu rechnen. Obwohl sich in unterschiedlichen Inhaltsbereichen durchaus Belege für ein solches Phänomen finden lassen, ist die Forschungssituation nicht völlig eindeutig. Neben Hinweisen auf die Definitionsproblematik finden sich auch zunehmend empirische Befunde, die nicht mit der Annahme eines Nutzungsdefizits kompatibel sind (Schlagmüller & Schneider, 2002; Schneider & Sodian, 1997; Waters, 2000).

Wiederholungsstrategien

Die ersten Arbeiten zum strategischen Verhalten von Kindern in Gedächtnisaufgaben bezogen sich auf die Technik des Wiederholens (rehearsal). Im Kasten sind Versuchsplan und Ergebnisse der klassischen Studie von Flavell et al. (1966) wiedergegeben. Die Autoren folgerten aus ihren Befunden, dass das Wiederholen eine sehr effektive Memorierstrategie darstellt. Ihre spontane Verwendung nimmt mit dem Alter der Kinder deutlich zu, wobei in jeder Altersstufe die Häufigkeit des Memorierens einen positiven Effekt auf die Gedächtnisleistung zu haben scheint.

UNTER DER LUPE

Altersunterschiede in der spontanen Nutzung von Enkodierstrategien

An der Studie von Flavell et al. (1966) nahmen Kindergartenkinder, Zweit- und Fünftklässler teil. Den Kindern wurde eine Reihe von Bildern mit der Aufforderung vorgelegt, sich die Objekte möglichst gut zu merken. Nach der Präsentation der Items bestand für ca. 15 Sekunden Gelegenheit, sich auf die freie Reproduktion der Objekte zu konzentrieren. Während dieser Zeit war das Visier eines Weltraum-Helms, den die Kinder trugen, heruntergeklappt, so dass die Items nicht länger sichtbar waren. Ein des Lippenlesens kundiger Versuchsleiter beobachtete die Wiederholungsaktivitäten der Probanden. Es stellte sich heraus, dass etwa 85 Prozent der Fünftklässler, aber nur 10 Prozent der Kindergartenkinder spontan die Lippen bewegten und Wörter wiederholten. Innerhalb jeder Altersstufe ließ sich nachweisen, dass Kinder mit Wiederholungsaktivitäten mehr Objekte erinnern konnten als Kinder, die keine Lippenbewegungen aufwiesen.

Während auch die Folgestudien klare Zusammenhänge zwischen Wiederholungsaktivitäten und den Gedächtnisleistungen jüngerer und fortgeschrittener Schulkinder nachweisen konnten, erweckten sie doch deutliche Zweifel an der Relevanz der Wiederholungshäufigkeit für die Güte der Gedächtnisleistung. Insbesondere die Ergebnisse der Forschungsarbeiten von Ornstein und Mitarbeitern (vgl. Naus & Ornstein 1983; Ornstein et al., 1988) deuteten darauf hin, dass weniger die Entwicklung der Wiederholungsquantität als vielmehr die der Qualität von Wiederholungsvorgängen für die Verbesserung von Gedächtnisleistungen zentral sind. Ornstein und Kollegen verwendeten die Technik des „lauten Wiederholens" (overt rehearsal), bei der die Probanden aufgefordert werden, die vorgegebenen Items laut zu memorieren. Es zeigte sich, dass die zumeist von jüngeren Schulkindern bevorzugten „passiven" Wiederholungsstrategien (bei denen immer nur ein Wort einzeln wiederholt wird) unabhängig von der Wiederholungsfrequenz kaum positive Effekte auf die Gedächtnisleistung hatten. Demgegenüber erwiesen sich sog. „kumulative" Wiederholungsstrategien als bedeutsam. Diese insbesondere von älteren Schulkindern bevorzugte Technik ist dadurch charakterisiert, dass mehrere Items zusammen in eine „Memorier-Schleife" (rehearsal set) aufgenommen werden (z.B. Katze – Maus – Käse; Katze – Maus – Käse, etc.). Die Gedächtnisleistung bei seriellen Reproduktionsaufgaben scheint zu einem beträchtlichen Teil davon abzuhängen, wie viel Items simultan in eine Memorierschleife aufgenommen werden können. Während kumulative Wiederholungsstrategien bei älteren Kinder häufiger beobachtet werden können, treten sie bei jüngeren Schulkindern nur selten spontan auf.

Organisationsstrategien

Die mit Abstand meisten entwicklungspsychologischen Arbeiten liegen für das Organisieren nach Oberbegriffen (auch Kategorisierungsstrategie genannt) vor. In der prototypischen Version der Kategorisierungsaufgabe (sort-recall task) wird den Probanden eine Liste von Wörtern bzw. Bildern in Zufallsreihenfolge vorgegeben, die möglichst gut behalten und in beliebiger Folge reproduziert werden soll. Die Items lassen sich dabei vertrauten Kategorien (z.B. Fahrzeuge, Werkzeuge, Tiere etc.) zuordnen. Besonders gute Reproduktionsleistungen sind dann zu erwarten, wenn die Items beim Enkodieren nach Oberbegriffen sortiert und beim späteren Abruf wieder nach Oberbegriffen geordnet erinnert werden. Die besondere Popularität dieser Aufgabe dürfte darauf zurückzuführen sein, dass sich Organisationsprozesse sowohl beim Einspeichern der Information als auch bei ihrem Abruf über verschiedene statistische Maße, sog. „Cluster-Indizes", vergleichsweise exakt erfassen lassen (vgl. Pellegrino & Hubert, 1982).

Entwicklungspsychologische Befunde. Die Befundmuster für entwicklungspsychologische Studien zum Organisieren nach Oberbegriffen entsprechen in etwa den für die Wiederholungsstrategien berichteten Trends, wenn auch bei letzteren erste Zeichen für systematischen Strategiegebrauch etwas früher zu beobachten sind. Die beim Einspeichern und Abruf registrierten Clusterwerte steigen mit zunehmendem Alter an, was mit Verbesserungen in der freien Wiedergabe korrespondiert.

Bedeutung des Sortierverhaltens. In mehreren Studien wurde der Versuch gemacht, die Bedeutung von Parametern der Input- versus Outputorganisation für die in unterschiedlichen Altersgruppen resultierenden Gedächtnisleistungen über multiple Regressionsanalysen abzuschätzen (z.B. Black & Rollins, 1982; Schneider, 1986; Schneider et al., 1986). Zusammengenommen lassen sich die Befunde so interpretieren, dass die Bedeutung des Sortierverhaltens (im Vergleich zur Outputorganisation) beständig mit dem Alter zunimmt. Während die Ergebnisse bei jüngeren Grundschulkindern noch stark von der Assoziativität des Lernmaterials beeinflusst werden, hat es bei Viertklässlern den Anschein, dass sie die Anforderungen der Kategorisierungsaufgabe unabhängig von den jeweiligen Stimuluseigenschaften durchschauen können (s. Schneider, 1986).

Individuelle Entwicklung. Befunde neuerer Längsschnittstudien zur Entwicklung von Organisationsstrategien lassen allerdings darauf schließen, dass das durch die unzähligen Querschnittsstudien geprägte Bild kontinuierlich zunehmender strategischer Fertigkeiten grundlegend korrigiert werden muss (Schlagmüller & Schneider, 2002; Schneider & Sodian, 1997; Sodian & Schneider, 1999). Obwohl auch in diesen Längsschnittstudien bei Betrachtung der Gruppendaten scheinbar monoton und kontinuierlich zunehmende Kategorisierungsleistungen registriert wurden, ließ sich andererseits zeigen, dass damit die Muster individueller Entwicklungskurven nicht angemessen repräsentiert waren. Die entsprechenden Daten der Münchner Längsschnittstudie LOGIK (Longitudinalstudie zur Genese individueller Kompetenzen) zeigten etwa an, dass das Muster graduellen Zuwachses für weniger als 10 Prozent der Kinder zutraf. Bei der überwiegenden Mehrzahl der Versuchsteilnehmer (ca. 81 Prozent) erfolgte der Übergang von nichtstrategischem auf strategisches Verhalten sehr abrupt (vgl. Sodian & Schneider, 1999). Der krasse Unterschied zwischen den Individual- und Gruppendaten ist darauf zurückzuführen, dass die plötzlichen Übergänge von nichtstrategischem zu strategischem Verhalten für die einzelnen Teilnehmer zu unterschiedlichen Zeitpunkten erfolgten. Wenn die Einzelbefunde nun auf Gruppenniveau aggregiert wurden, ergab sich über die verschiedenen Messzeitpunkte hinweg das (irreführende) Bild einer allgemein graduellen Zunahme des Strategiegebrauchs.

Elaboration

Während nahezu alle Kinder eines Altersjahrgangs Wiederholungs- und Organisationsstrategien im mittleren bis späten Kindesalter erwerben, trifft dies für kompliziertere Enkodierstrategien wie etwa das Elaborieren (Gebrauch von „Eselsbrücken"), das insbesondere beim Paar-Assoziationslernen (z.B. Vokabellernen) eingesetzt werden kann, so pauschal nicht zu. Strategien, bei denen stabile bildhafte oder sprachliche Assoziationen zwischen unzusammenhängenden Items (etwa Wortpaaren) aufgebaut werden, werden normalerweise erst im späten Kindesalter bzw. der frühen Adoleszenz spontan verwendet, jedoch nicht unbedingt bei der überwiegenden Mehrzahl der Kinder und Jugendlichen. Im Gegensatz zu den basalen Enkodierstrategien fallen hier individuelle Unterschiede viel stärker ins Gewicht. Die empirischen Befunde legen nahe, dass viele Jugendliche und selbst Erwachsene ihr „Produktionsdefizit" für komplexere Enkodierstrategien niemals völlig überwinden.

FAZIT

Insgesamt betrachtet weisen die Befunde zur Entwicklung von Gedächtnisstrategien darauf hin, dass sie ein Produkt unserer Zivilisation sind, also bei Naturvölkern nicht spontan vorkommen (vgl. Cole & Scribner, 1977). Der Zeitpunkt ihrer Entwicklung scheint weiterhin durch Merkmale des schulischen Unterrichts beeinflusst (Carr et al., 1989), wobei sich je nach Schulfach unterschiedlich intensive Strategieerfahrungen ergeben (Moely et al., 1995).

2.2 Wissen und Gedächtnis

Nachdem lange Zeit die Entwicklung von Gedächtnisstrategien als alleinige Determinante für die Gedächtnisentwicklung im Kindes- und Jugendalter angesehen wurde, ist diese Vorstellung mittlerweile dadurch korrigiert worden, dass der Einfluss von unterschiedlichen Wissensformen auf Gedächtnisleistungen gründlicher untersucht wurde. Systematische Untersuchungen haben so beeindruckende Ergebnisse erbracht, dass der Wissensfaktor von vielen Autoren als die zentrale Erklärungskomponente für Gedächtnisleistungen angesehen wird und in neueren Überblicksarbeiten große Beachtung findet (z.B. Bjorklund & Schneider, 1996; Hasselhorn, 1995; Weinert & Schneider, 1996).

2.2.1 Inhaltswissen und Gedächtnis

Eine verbreitete und in der psychologischen Gedächtnisforschung akzeptierte Modellvorstellung geht davon aus, dass menschliches Wissen in Netzwerken organisiert ist, in denen ähnliche Inhalte miteinander verknüpft sind. Das Inhaltswissen von Kindern wird demzufolge als eine Art mentales Wörterbuch zu Objekten und Konzepten angesehen, das hierarchisch strukturiert ist. In Abbildung 14.1 ist beispielhaft das Wissen eines fiktiven Kindes über Tiere in Form eines Netzwerkes wiedergegeben.

Man geht nun davon aus, dass das Wissen von Kindern über Tiere (und andere Objekte bzw. Konzepte) im Laufe ihrer Erfahrungen mit unterschiedlichen Exemplaren dieser Gattung immer reichhaltiger wird. Dies bedeutet, dass sich nicht nur die Anzahl der Knoten, sondern auch die der zugehörigen Verbindungen mit dem Alter vergrößert. Je enger das Geflecht, desto größer wird auch die Wahrscheinlichkeit, dass die Aktivierung eines spezifischen Knotens benachbarte Bereiche zugänglich macht. Es scheint demnach folgerichtig, dass es eine systematische positive Beziehung zwischen dem Ausmaß des Vorwissens in einem Inhaltsbereich und der Gedächtnisleistung für Objekte oder Konzepte aus diesem Bereich geben muss.

Einfluss von Vorwissen. Ein Problem entwicklungspsychologischer Forschung bei der Behandlung der Frage, welchen Einfluss das Vorwissen auf die Gedächtnisleistung nimmt, ist darin zu sehen, dass Wissen meist mit dem chronologischen Alter konfundiert (verbunden) ist. Der Vorwissensfaktor wurde deshalb in den meisten Arbeiten dadurch zu kontrollieren versucht, dass man Lernmaterialien auswählte, die auch den jüngsten Probanden gut vertraut waren. Der Denkfehler bei diesem Ansatz lag in der Annahme, dass aus der generellen Bekanntheit von Stimuli auf altersunabhängige Vertrautheit mit dem Lernmaterial geschlossen werden kann. Der Bezug auf das Beispiel in Abb. 14.1 macht nun aber deutlich, dass in verschiedenen Altersstufen unterschiedliche Bedeutungshaltigkeit des gleichen Lernmaterials (im Hinblick auf die Anzahl der Knoten und die Anzahl und Qualität der Beziehungen zwischen den Knoten) vorliegt und dies als Erklärung für Altersunterschiede in den Gedächtnisleistungen herangezogen werden muss (vgl. Lindberg, 1980).

> **!** Alterskorrelierte Leistungsunterschiede dürfen nicht nur auf Kapazitäts- und Strategiedefizite zurückgeführt werden. Sie sind auch mit Effekten der Wissensbasis zu erklären (vgl. Bjorklund, 1987; Chi & Ceci, 1987; Schneider, 2001).

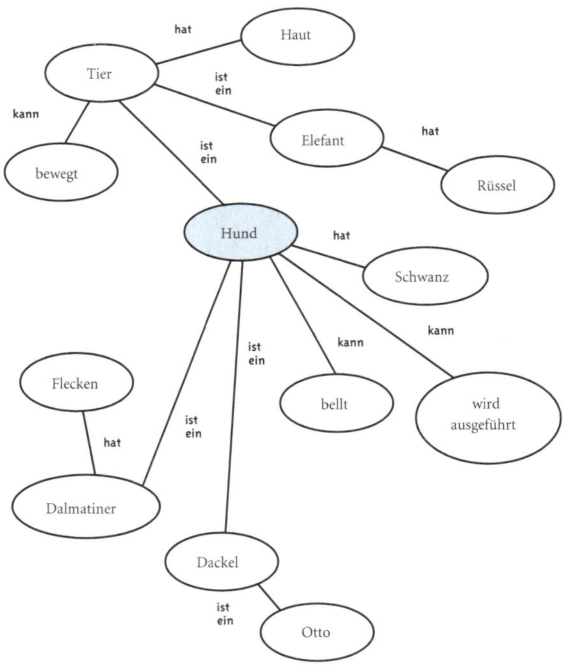

Abbildung 14.1 Das Netzwerk besteht aus miteinander verknüpften Inhalten oder Knoten, zu denen es verschiedenartige Assoziationen gibt: Ist-ein-Verbindungen (Kategorienzugehörigkeit), kann-und-hat (Eigenschaften des Merkmals) und sieht-aus-wie-Verbindungen (assoziierte visuelle Vorstellung)

Angesichts dieses methodischen Problems bleibt die Frage, wie man Effekte des Vorwissens auf die Gedächtnisleistung bestimmen kann. In der entwicklungspsychologischen Gedächtnisforschung wurde ein Ausweg aus dem beschriebenen Dilemma darin gesehen, dass man Gedächtnisleistungen in Situationen analysierte, in denen Vorwissen und Alter nicht mehr systematisch korreliert waren. Beeindruckende Demonstrationen von Vorwissenseffekten auf die Gedächtnisleistung ließen sich insbesondere über den Vergleich von Experten und Novizen in einem bestimmten Gegenstandsreich realisieren. In der Arbeit von Chi (1978) konnte etwa gezeigt werden, dass sich das übliche Muster von Altersunterschieden umkehren lässt, wenn das Wissen von Kindern das von Erwachsenen deutlich übertrifft.

UNTER DER LUPE

Effekte des Vorwissens auf Gedächtnisleistungen

In der inzwischen klassischen Studie von Chi (1978) erhielten erfahrene und unerfahrene Schachspieler die Aufgabe, verschiedene nur für kurze Zeit präsentierte Positionen von Schachfiguren unmittelbar danach auf einem leeren Schachbrett zu rekonstruieren. Die besondere Pointe der Studie war darin zu sehen, dass das Wissen der Probanden negativ mit dem Alter korrelierte: Als Experten fungierten ca. zehnjährige Kinder, während sich die Novizen aus Erwachsenen unterschiedlichen Alters zusammensetzten. Die Bedeutung des Vorwissens für die Gedächtnisleistung ließ sich eindrucksvoll demonstrieren. Die Kinder schnitten bei der schachbezogenen Gedächtnisaufgabe deutlich besser ab. Sie konnten mehr Schachpositionen richtig erinnern, benötigten weniger Versuche bis zum Erreichen des Lernkriteriums und sagten schließlich ihre Leistung präziser voraus. Dies erschien umso bemerkenswerter, als die Kinder in einem Gedächtnisspannentest (Zahlenspanne) erwartungsgemäß schlechtere Leistungen als die Erwachsenen erbrachten.

Spätere Arbeiten zur Schachexpertise, die sowohl Kinder- als auch Erwachsenenexperten und -novizen einschlossen, machten deutlich, dass die Vorteile der Experten bei der Bearbeitung der Gedächtnisaufgabe vor allem in der größeren Vertrautheit mit den Spielkonstellationen und dem geometrischen Muster des Schachbretts zusammenhingen. Verwendete man neben den sinnvollen Schachstellungen von Chi auch sinnlose Stellungen und Anordnungen von Holzklötzchen auf unüblichen geometrischen Vorlagen, ging der Behaltensvorteil der Experten gegenüber den Novizen sukzessive verloren (vgl. Opwis et al., 1990). Es erscheint dabei bemerkenswert, dass sich die Leistungsmuster von Kinder- und Erwachsenenexperten nicht voneinander unterschieden.

Erklärungen. Wie lassen sich die Befunde zum Einfluss von Vorwissen erklären? Wir gehen davon aus, dass im Fall reichhaltigen Vorwissens die vorhandenen Konzepte (Knoten) und ihre Verbindungen im Wesentlichen automatisch aktiviert werden. Die Güte der Gedächtnisleistung in Domänen (wie Schach) hängt also weniger vom allgemeinen intellektuellen Niveau und den damit verknüpften strategischen Kompetenzen ab als vielmehr von der Quantität der gespeicherten Information. Letztere ist wiederum eng mit dem investierten Aufwand, also der Intensität der Beschäftigung mit einem Gegenstandsbereich korreliert, die im Wesentlichen von nichtkognitiven, motivationalen Faktoren beeinflusst wird (vgl. Schneider, 2001). Die Abhängigkeit der Gedächtnisleistung vom Ausmaß der Übung belegen die Befunde einer der wenigen Längsschnittstudien zur Expertiseentwicklung (Gruber et al., 1994), in der die Schachexperten und -novizen der Untersuchung von Opwis et al. (1990) nach drei Jahren erneut mit der gleichen Gedächtnisaufgabe konfrontiert wurden. Ursprüngliche Experten, die in der Zwischenzeit die Lust am Schachspiel verloren und vergleichsweise wenig gespielt hatten, zeigten nun schlechtere Gedächtnisleistungen für die Schachpositionen als ursprüngliche Novizen, die aufgrund intensiver Übung zwischenzeitlich Expertenstatus erlangt hatten.

Einfluss intellektueller Unterschiede. Auch wenn sich in Domänen wie Schach das Vorwissen gegenüber der intellektuellen Leistungsfähigkeit als die bedeutsamere Determinante von Gedächtnisleistungen erwiesen hat, ist fraglich, ob individuelle Unterschiede im intellektuellen Bereich beim Vergleich von Experten und Novizen generell vernachlässigt werden können. So haben Befunde zu Aufgaben mit eher strategischer Komponente (Kategorisierungsaufgaben) gezeigt, dass die Gedächtnisleistung von Experten und Novizen nicht allein durch das Vorwissen, sondern auch durch die allgemeine Intelligenz der Probanden vorhergesagt wurde (vgl. Schneider & Bjorklund, 1992; Schneider et al., 1996).

> **!** Das Ausmaß des Vorwisseneffekts hängt sicherlich auch vom Typus der Aufgabe und ihren Anforderungen ab.

2.2.2 Metagedächtnis

Bei Konzeptualisierungen des Metagedächtnisses, also des Wissens über Gedächtnisvorgänge, geht man im Unterschied zum bereichsspezifischen Wissen davon aus, dass aktive und bewusste Interpretationen neu eingehender Informationen eine vergleichsweise große Rolle spielen. Seit der Einführung des Konstrukts in die Gedächtnispsychologie sind zahlreiche Versuche unternommen worden, präzise Definitionen vorzulegen (vgl. Flavell & Wellman, 1977; Schneider & Pressley, 1997; Wellman, 1983). Inzwischen wird allgemein eine Taxonomie von Metagedächtnis akzeptiert, bei der grob zwischen dem faktischen deklarativen Gedächtniswissen und einer eher prozeduralen Komponente unterschieden wird.

Deklaratives Metagedächtnis. Unter deklarativem Metagedächtnis versteht man das faktisch verfügbare und verbalisierbare Wissen um Gedächtnisvorgänge. Flavell und Wellman (1977) unterschieden hier weiterhin Wissen über Person-, Aufgaben- und Strategiemerkmale. Wissen um Personmerkmale bezieht sich auf das, was Kinder und Erwachsene über ihr eigenes Gedächtnis und das anderer Personen wissen. Unter aufgabenbezogenem Metagedächtnis wird Wissen darüber verstanden, was bestimmte Gedächtnisaufgaben schwerer macht als andere. Mit Wissen um Strategiemerkmale ist schließlich gemeint, was Personen über Funktion und Bedeutung verschiedener Enkodier- und Abrufstrategien aussagen können.

Prozedurales Metagedächtnis. Das prozedurale Metagedächtnis wird davon als relativ unabhängig gesehen und betrifft die Fähigkeit zur Regulation und Kontrolle gedächtnisbezogener Aktivitäten. Man nimmt an, dass Kinder mit zunehmendem Alter über mehr Sensibilität für internale „Gedächtniserfahrungen" (mnemonic sensations) verfügen. Sie entwickeln beispielsweise ein gewisses Gespür dafür, welches Ausmaß an Anstrengung bei einer Gedächtnisaufgabe investiert werden muss, damit die Information genügend „tief" gespeichert und demzufolge später wieder erinnert werden kann. Sie können im Lauf der Entwicklung auch immer besser abschätzen und vorhersagen, wie viel Information aus einer bestimmten Gedächtnisaufgabe korrekt abgerufen werden kann. Während das deklarative Metagedächtnis von Kindern üblicherweise über Interviews oder Fragebögen zu erfassen versucht wird, werden metakognitive Überwachungs- und Steuerungsprozesse in der Regel im Zusammenhang mit gerade ablaufenden Gedächtnisaktivitäten („online") registriert.

Entwicklung des deklarativen Metagedächtnisses. Wichtige Informationen zur Entwicklung des deklarativen Metagedächtnisses lassen sich aus der klassischen Interviewstudie von Kreutzer et al. (1975) ableiten.

UNTER DER LUPE

Metagedächtnis bei Kindern: Ein klassisches Untersuchungsbeispiel

An der Studie von Kreutzer et al. (1975) nahmen insgesamt 80 Kinder teil. Die Stichprobe setzte sich aus jeweils 20 Jungen und Mädchen im Kindergartenalter, der ersten, dritten

und fünften Klasse zusammen. Der Versuchsleiter erklärte den Kindern, dass er gerne mehr darüber erfahren möchte, was sie über ihr eigenes Gedächtnis wissen. U.a. waren beispielsweise folgende Fragen in seinem Katalog enthalten: „Manchmal vergesse ich was; vergisst Du auch was?", „Gibt es Dinge, die man sich nur schwer merken kann?", „Hast Du ein gutes Gedächtnis?" etc. Bereits die jüngsten Kinder der Stichprobe wussten etwas über die Leistungen und Funktionen ihres Gedächtnisses. Sie hatten beispielsweise Kenntnis darüber, dass man vergessen kann, dass es schwerer ist, sich an lange zurückliegende als an gerade abgelaufene Ereignisse zu erinnern, und dass es schwerer ist, sich eine große Menge von Lernmaterialien als wenig Lernstoff zu erarbeiten.
Mit zunehmendem Alter wird dieses Wissen spezifischer. So können ältere Kinder erkennen, dass die Wiedergabeleistung eine Folge der Lernzeit ist, und dass es schwerer ist, einen Lernstoff genau wiederzugeben, als ihn nur sinngemäß zu reproduzieren. Sie wissen z.B. auch, dass etwaige ablenkende Aktivitäten zwischen der Lernperiode und der Behaltensprüfung die Gedächtnisleistung beeinträchtigen können, und dass die Anwendung von Kategorisierungsstrategien das Behalten von Bildern erleichtert, die sich nach Oberbegriffen ordnen lassen.

Die Befunde der Studie von Kreutzer et al. (1975) wurden auch später in der schon erwähnten LOGIK-Studie im Wesentlichen repliziert (vgl. Knopf & Schneider, 1998): Während Kindergartenkinder nur über vorläufiges, rudimentäres Gedächtniswissen verfügen, verbessert sich das Metagedächtnis zu Person-, Aufgaben- und Strategiemerkmalen im Verlauf der Grundschulzeit beständig (vgl. auch Hasselhorn, 1994; Schlagmüller et al., 2001).

Diese und andere Interviewstudien bzw. experimentelle Untersuchungen legen den Schluss nahe, dass sich das deklarative Metagedächtnis erst gegen Ende der Grundschulzeit einigermaßen konsolidiert hat. Weitere Verbesserungen sind bis in die späte Adoleszenz hinein zu beobachten.

Entwicklung des prozeduralen Metagedächtnisses. Im Hinblick auf die Entwicklung des prozeduralen Metagedächtnisses sind die Befunde nicht ähnlich eindeutig. Es hat sich empirisch bewährt, die grundlegende Unterscheidung von Nelson und Narens (1990, 1994) aufzugreifen und zwischen Überwachungsprozessen (monitoring) und Vorgängen der Selbstregulation zu unterscheiden. Die Entwicklung der Fähigkeit zur Überwachung der eigenen Gedächtnisaktivitäten wurde bevorzugt über die Paradigmen der Leistungsvorhersage, des "feeling-of-knowing" (FOK), oder der Performanzurteile (judgment of learning = JOL) untersucht (vgl. Schneider, 1998; Schneider & Lockl, in press). Während Kinder bei der Leistungsvorhersage nach ersten Erfahrungen mit einer Gedächtnisaufgabe (etwa der Gedächtnisspannenaufgabe) angeben sollen, wie viel Items sie beim nächsten Lerndurchgang korrekt erinnern können, geht es bei FOK-Urteilen um die Einschätzung, ob nicht erinnerte Items im Rahmen einer Wiedererkennungsaufgabe identifiziert werden können. Entwicklungspsychologische Arbeiten zum JOL-Paradigma haben am Beispiel von Paarassoziationsaufgaben exploriert, inwieweit nach einem Lerndurchgang korrekte Schätzungen für zukünftige Leistungen abgegeben werden können.

Überwachungsprozesse. Die Befunde zu diesen Paradigmen legen den Schluss nahe, dass Überwachungsvorgänge schon bei Kindergartenkindern funktionieren können und eher geringe Alterstrends zu beobachten sind. Zwar steht außer Frage, dass junge Kinder bei Leistungsvorhersagen allzu optimistisch sind, doch sind die hier beobachteten Überschätzungen weniger auf inadäquates Monitoring der eigenen Leistung als vielmehr auf Wunschdenken und das übergroße Vertrauen in das Potential der eigenen Anstrengung zurückzuführen. Auch im Hinblick auf FOK- und JOL-Urteile finden sich kaum Anhaltspunkte für die Annahme, dass die Qualität der Gedächtnisüberwachung sich vom Vorschul- zum Schulalter hin gravierend verbessert (vgl. Schneider et al., 2000).

Prozesse der Selbstregulation. Demgegenüber werden bei Prozessen der Selbstregulation und Selbstkontrolle deutliche Alterstrends registriert. Dies lässt sich beispielsweise an Aufgaben zur Allokation von Lernzeit gut illustrieren. Bei Studien zu diesem Phänomen interessiert die Frage, in welchem Ausmaß Personen ihre Lernfortschritte kontrollieren, um ihre weiteren Lernbemühungen möglichst effizient gestalten zu können. Wenn Kinder beispielsweise erkennen, dass sich der Lernstoff aus leichteren und schwierigeren Items zusammensetzt, sind sie dann auch schon dazu in der Lage zu erkennen, dass für die schwereren Items vergleichsweise mehr Lernzeit zu reservieren (allokieren) ist? Eine inzwischen klassische Arbeit von Dufresne und Kobasigawa (1989) hat dies am Beispiel des Paarassoziationslernens von sechs-, acht-, zehn- und zwölfjährigen Kindern zu klären versucht. Die Hälfte der Items setzte sich dabei aus leicht zu merkenden Wortpaaren zusammen (z.B. Katze – Hund), während die andere Hälfte aus beziehungslosen Paaren (z.B. Buch – Frosch) bestand. Die Versuchspersonen konnten die Lernzeit für jedes Wortpaar frei bestimmen. Sie erhielten die Anweisung, solange zu lernen, bis sie sicher waren, alle Wortpaare perfekt zu beherrschen.

Die Ergebnisse der Studie sind in Abb. 14.2 zusammengefasst. Wie daraus hervorgeht, verwendeten die Sechsjährigen für die leichten und schwierigen Paare in etwa gleichviel Zeit. Während die achtjährigen Kinder insofern eine Übergangsgruppe darstellen, als sie den schwierigeren Items etwas mehr Zeit widmeten, schienen die Zehn- und Zwölfjährigen die Implikationen der Aufgabe korrekt zu erfassen: sie nahmen sich für die schwierigen Wortpaare wesentlich mehr Zeit.

Diese Befunde sind inzwischen mehrfach repliziert (vgl. Schneider, 1998) und legen den Schluss nahe, dass Entwicklungsveränderungen im prozeduralen Metagedächtnis im Wesentlichen zurückzuführen sind auf das mit zunehmendem Alter immer bessere Zusammenspiel zwischen Überwachungs- und Selbstregulationsvorgängen. Fähigkeiten zur Kontrolle und Steuerung von Gedächtnisvorgängen verbessern sich im Verlauf der Kindheit und des Jugendalters beständig.

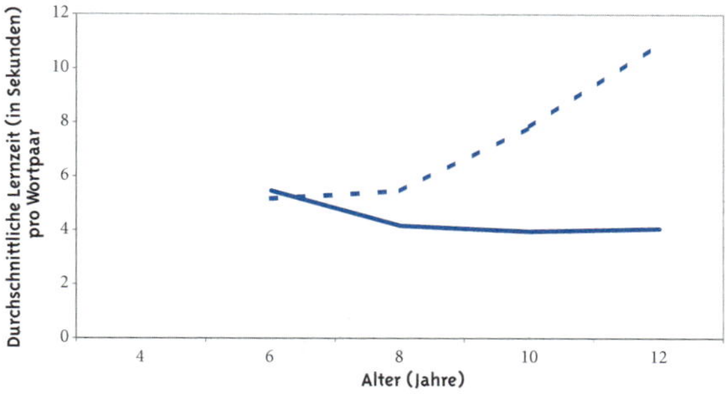

Abbildung 14.2. Durchschnittliche Lernzeit von Kindern zwischen 6 und 12 Jahren (in Sekunden pro Wortpaar) (Daten aus Dufresne & Kobasigawa, 1989). — leichte Wortpaare; ------- schwere Wortpaare

Zusammenhang Metagedächtnis – Gedächtnis. Abschließend soll noch kurz der Frage nachgegangen werden, welcher Zusammenhang zwischen Metagedächtnis und Gedächtnis besteht. Schon zu Beginn der Forschungsarbeiten zum Metagedächtnis wurde beispielsweise angenommen, dass das vor allem bei jüngeren Kindern registrierte „Produktionsdefizit" durch ihr unzureichendes Wissen über die Relevanz von Gedächtnisstrategien zu erklären ist. Man ging davon aus, dass das mit dem Alter zunehmende Wissen über die Gedächtnismerkmale und -funktionen effektivere Denk- und Gedächtnisprozesse begünstigen sollte. Von daher wurde erwartet, dass mit zunehmendem Alter immer engere Beziehungen zwischen Metagedächtnis und Gedächtnis resultieren.

Die Befunde legten den Schluss nahe, dass schon bei fortgeschrittenen Grundschülern Gedächtnisleistungen in sehr unterschiedlichen Aufgaben durch das verfügbare metakognitive Wissen durchaus bedeutsam vorhergesagt werden können. Eine auf mehr als 60 Studien und mehr als 7000 Kindern und Jugendlichen basierende statistische Meta-Analyse ergab einen mittleren Korrelationskoeffizienten von r = .41 zwischen Merkmalen des Metagedächtnisses und des Gedächtnisses (vgl. Schneider & Pressley, 1997). Dies entspricht zwar keinem außerordentlich engen, jedoch einem durchaus robusten Zusammenhang.

Rückkoppelungshypothese. Zahlreiche Trainingsstudien konnten die schon von Flavell (1978) vertretene Rückkoppelungshypothese (bidirectionality hypothesis) dieses Zusammenhangs insofern bestätigen, als nicht nur das anfangs verfügbare Metagedächtnis den Trainingserfolg positiv beeinflusst, sondern auch die Erfahrungen mit dem Trainingsmaterial Verbesserungen im Metagedächtnis bewirken (vgl. Joyner & Kurtz-Costes, 1997). Das Prinzip der reziproken Mediation wurde inzwischen auch in allgemeineren Modellkonzeptionen zur Wirkung des Metagedächtnisses bei der Informationsverarbeitung systematisch berücksichtigt (etwa im „Modell des guten Informationsverarbeiters" von Pressley et al., 1989).

3 Neuere Forschungstrends

3.1 Konsistenz und Stabilität von Gedächtnisleistungen

In der entwicklungspsychologischen Gedächtnisforschung haben sich nur vergleichsweise wenige Arbeiten mit der Frage beschäftigt, ob es sich bei „Gedächtnis" um eine einheitliche Größe oder um ein eher globales Konzept handelt, das sich aus einer Reihe bereichsspezifischer, voneinander eher unabhängiger Fähigkeiten zusammensetzt. Sie beschäftigten sich also mit der Frage, ob Kinder, die bei einer bestimmten Gedächtnisaufgabe gut abschneiden, auch bei anders gearteten Aufgaben ähnlich gute Ergebnisse erzielen (und umgekehrt). Erste Studien zu dieser Thematik (Cavanaugh & Borkowski, 1980; Kail, 1979) berichteten Korrelationen mittlerer Größenordnung und gleichzeitig Entwicklungstrends in dem Sinne, dass die Korrelationen mit ansteigendem Alter der Kinder zunahmen.

Spätere Arbeiten zu dieser Problematik sind dadurch charakterisiert, dass eine insgesamt breitere Palette von Gedächtnisaufgaben einbezogen wurde, die neben Laboraufgaben (z.B. Gedächtnisspannenaufgaben, freies Reproduzieren von Wortlisten) auch eher schulbezogene Gedächtnisaufgaben wie etwa das Reproduzieren von Geschichten beinhalteten. Knopf et al. (1988) verglichen auf diese Weise die Gedächtnisleistungen von mehr als 500 Dritt-, Fünft- und Siebtklässlern. Sie konnten das Befundmuster von Cavanaugh und Borkowski (1980) insofern replizieren, als für funktionell ähnliche Aufgaben die höchsten Interkorrelationen (im Bereich von .4 bis .6) registriert wurden. Im Unterschied zu den früheren Arbeiten waren jedoch keine bedeutsamen Entwicklungstrends nachweisbar. Wenn inhaltlich unähnliche Gedächtnisaufgaben verglichen wurden (etwa Geschichtenreproduktion mit sort-recall-Aufgaben), fielen die Interkorrelationen zwischen den Aufgaben für alle Altersgruppen niedrig aus.

Neuere Untersuchungen mit jüngeren Kindern und anderen Aufgaben (Kurtz-Costes et al., 1995; Schneider & Weinert, 1995) führten zu ähnlichen Ergebnissen. Schneider und Weinert (1995) griffen auf Daten zurück, die im Rahmen der Münchner Längsschnittstudie LOGIK (Weinert 1998; Weinert & Schneider, 1999) erhoben worden waren. Es wurden Leistungen für eine Reihe von Gedächtnisspannenaufgaben, Geschichtenreproduktionen sowie eine „sort-recall"-Aufgabe erhoben, die bei jeweils den gleichen Kindern im Alter von 4, 6, 8 und 10 Jahren gewonnen wurden. Für jeden Alterszeitpunkt ergaben sich niedrige bis moderate Zusammenhänge zwischen den verschiedenen Gedächtnismerkmalen, wobei die höchsten Zusammenhänge für Aufgaben gleichen oder ähnlichen Typs (also etwa für die Reproduktion zweier unterschiedlicher Geschichten) gefunden wurden. Entwicklungstrends im Sinne höherer Korrelationen für spätere Messzeitpunkte waren nicht nachweisbar.

FAZIT

Schon zu Beginn der entwicklungspsychologischen Gedächtnisforschung wurde vermutet und auch teilweise illustriert, dass es unterschiedliche „Gedächtnisse" gibt (vgl. Schneider, 2000; Schneider & Pressley, 1997). Die neueren Studien haben zusätzlich demonstriert, dass häufig auch relativ niedrige Zusammenhänge zwischen Leistungen in Gedächtnisaufgaben registriert werden, die aus einem enger gefassten Bereich (verbales Kurzzeitgedächtnis) stammen und im Hinblick auf die beanspruchten Gedächtnisfunktionen ähnlich zu sein scheinen (etwa das Gedächtnis für Geschichten und die Gedächtnisspanne für Sätze). Da Reliabilitätsprobleme weitgehend ausgeschlossen werden können, bleibt die Schlussfolgerung, dass die intraindividuelle Konsistenz von Gedächtnisleistungen über verschiedene Aufgaben hinweg wohl noch niedriger anzusetzen ist, als es in der einschlägigen Literatur ohnehin vermutet wurde. Die Anzahl der einer Person zur Verfügung stehenden, voneinander relativ unabhängigen „Gedächtnisse" erscheint beträchtlich und noch schwer abschätzbar.

3.2 Fuzzy-Trace-Theorie

Die Fuzzy-Trace-Theorie, die seit Mitte der achtziger Jahre entwickelt wurde, ist eine umfassende Theorie kognitiver Entwicklung, in der davon ausgegangen wird, dass Menschen beim Denken, Schlussfolgern oder Erinnern nicht so sehr auf exakte kognitive Repräsentationen zurückgreifen, sondern vielmehr auf inexakte, sog. „fuzzy"-Repräsentationen (Reyna & Brainerd, 1995). Exakt sind Repräsentationen, wenn sie wortwörtlich (verbatim) sind (z.B. Peter hat 7 Murmeln, Johannes hat 12 Murmeln). Fuzzy-Repräsentationen sind weniger präzise und beziehen sich auf die Bedeutung (gist) bzw. auf den Sinn eines Sachverhaltes (z.B. Johannes hat mehr Murmeln als Peter). Nach Brainerd und Reyna spielen solche Fuzzy-Repräsentationen bei kognitiven Prozessen eine wesentlich größere Rolle als die exakten Repräsentationen.

Sensitivität gegenüber Interferenzen. Ein Bestandteil der Fuzzy-Trace-Theorie ist das Optimierungsmodell, das Entwicklungsveränderungen im Bereich von Gedächtnisleistungen ohne Rückgriff auf höhere kognitive Faktoren wie z.B. strategisches Verhalten oder Metagedächtnis erklärt. Als bedeutsamste Entwicklungsdeterminante von Gedächtnisleistungen gilt die altersabhängige Sensitivität gegenüber Interferenzen. Unter Interferenzen sind störende Prozesse oder Ereignisse zu verstehen, die zum Abfall einer Leistung führen (z.B. wenn aufgabenirrelevante Gedächtnisinhalte nicht unterdrückt werden können und den Abruf der relevanten Inhalte beeinträchtigen). Brainerd und Reyna nehmen an, dass jüngere Kinder im Vergleich zu Jugendlichen oder Erwachsenen eine erhöhte Sensitivität gegenüber Interferenzen aufweisen und dadurch in ihren Gedächtnisleistungen beeinträchtigt sind.

Cognitive-Triage-Effekt. Ein Beleg für die Bedeutsamkeit von Interferenzen wird in der Reihenfolge gesehen, in der sog. starke und schwache Gedächtnisinhalte erinnert werden. (Die Gedächtnisstärke ist dabei definiert als Häufigkeit, mit der ein Inhalt über mehrere Lerndurchgänge hinweg abgerufen werden kann.) Nach dem Optimierungsmodell tritt bei Erinnerungsprozessen eine Form von Interferenz auf, die als Output-Interferenz bezeichnet wird (z.B. als Folge von Auswahlprozessen, die notwendig werden, wenn mehrere Gedächtnisinhalte, die parallel im Bewusstsein vorhanden sind, nur nacheinander wiedergegeben werden können). Die Output-Interferenz beeinträchtigt die Wiedergabe von gedächtnisschwachen Inhalten in größerem Ausmaß als die Wiedergabe von gedächtnisstarken Inhalten. Gedächtnisschwache Inhalte können nur dann abgerufen werden, wenn die Output-Interferenz gering ist. Dies trifft typischerweise auf den Beginn einer Wiedergabephase zu. Im Optimierungsmodell wird deshalb erwartet, dass zunächst gedächtnisschwache Inhalte abgerufen werden. Mit der Wiedergabe von gedächtnisschwachen Inhalten steigt die Output-Interferenz an und führt dazu, dass ein Wechsel zu den gedächtnisstarken Inhalten notwendig wird. Der wiederholte Abruf von gedächtnisstarken Inhalten senkt allmählich wieder das Niveau der Output-Interferenz. Dadurch können am Ende einer Wiedergabephase noch einmal gedächtnisschwache Inhalte erinnert werden. Brainerd und Reyna erwarten aufgrund ihres Optimierungsmodells, dass Inhalte, die in mehreren Durchgängen gelernt worden sind, in der Reihenfolge gedächtnisschwach (in vorherigen Lerndurchgängen nicht erinnert) ➪ gedächtnisstark (in vorherigen Lerndurchgängen immer erinnert) ➪ gedächtnisschwach (in vorherigen Lerndurchgängen nicht erinnert) wiedergegeben werden. Diese Wiedergabereihenfolge schwach ➪ stark ➪ schwach wird als Cognitive-Triage-Effekt bezeichnet. Sie gilt als eine wesentliche Voraussetzung optimaler Erinnerungsleistungen.

Der Cognitive-Triage-Effekt konnte mehrfach belegt werden (Brainerd, 1995), war jedoch als Entwicklungsdeterminante weniger bedeutsam als strategisches Verhalten (Büttner, 2001).

3.3 Langfristiges Vergessen und Erinnern

Die Arbeitsgruppe um Brainerd, Howe und Reyna hat in den neunziger Jahren begonnen, den vernachlässigten Bereich des Vergessens und Erinnerns systematisch aufzuarbeiten (Brainerd et al., 1990; Howe & Brainerd, 1989; Howe et al., 1992; Reyna & Brainerd, 1995). Die Autoren fokussierten nicht nur auf den Vorgang des langfristigen Vergessens, sondern bezogen auch Reminiszenz-Effekte in ihre Analysen ein. Damit ist gemeint, dass eine Information, die zunächst vergessen scheint, zu einem späteren Testzeitpunkt wieder erinnert werden kann.

Vergessen. Brainerd, Howe, Reyna und Kollegen berücksichtigten frühere methodische Probleme in ihren Arbeiten dadurch, dass alle Probanden den Lernstoff (Wortliste oder Texte) bis zur perfekten Beherrschung einübten. Behaltensprüfungen erfolgten wiederholt im Abstand von einigen Tagen bis zu mehreren Wochen. Unter diesen Bedingungen zeigten sich sowohl im Kleinkindalter als auch im späteren Schulalter konsistente Altersunterschiede in dem Sinne, dass jüngere Kinder im gleichen Zeitabstand mehr vergaßen als ältere Kinder (Howe & Courage, 1997; Marche & Howe, 1995).

Reminiszenz-Effekt. Im Unterschied zu den Vergessensdaten fielen die Befunde zum Reminiszenz-Effekt weniger eindeutig aus: Wenn man versucht, die verfügbaren Ergebnisse in Beziehung zu setzen, so hat es den Anschein, dass im Altersbereich von 4 bis 8 Jahren keine oder nur geringe Entwicklungsunterschiede registriert werden können. Erst ab dem späten Grundschulalter sind deutliche Anstiege in der Reminiszenz-Rate auszumachen, die bis ins frühe Erwachsenenalter andauern, bevor im höheren Erwachsenenalter die Reminiszenz-Raten wieder abnehmen (vgl. Brainerd, 1997).

Erklärung der Befunde. Brainerd und Kollegen führten die beobachteten Altersunterschiede in den Vergessensraten auf Unterschiede in den Einspeichervorgängen zurück. Unter Bezug auf die von den Autoren konzipierte Fuzzy-Trace-Theorie (vgl. z.B. Brainerd & Reyna, 1990; Reyna & Brainerd, 1995) wird angenommen, dass jüngere Kinder neue Information präzise enkodieren (verbatim memory traces). Ältere Kinder speichern neue Information weniger präzise ab (gist memory traces). Da die präzisen Enkodierungen bei Abrufversuchen schwerer zu treffen sind, ist es danach auch sehr wahrscheinlich, dass die Vergessensraten höher liegen als für die ungenauer und breiter enkodierten Gedächtnisinformationen der älteren Kinder.

3.4 Implizites vs. explizites Gedächtnis

Die Unterscheidung zwischen implizitem und explizitem Gedächtnis bezieht sich auf das Langzeitgedächtnis.

Von explizitem Gedächtnis wird gesprochen, wenn nach einer Lernepisode eine bewusste

Erinnerungsleistung direkt und mit Hilfe einer ausdrücklichen Erinnerungsinstruktion abgefragt wird. Einschlägige Verfahren sind z.B. die freie Reproduktion oder das Wiedererkennen gelernter Inhalte.

Das implizite Gedächtnis umfasst demgegenüber Nachwirkungen von Lernerfahrungen, derer sich die Probanden nicht bewusst sind und die indirekt, ohne jede Erinnerungsinstruktion erfasst werden. Beispielsweise erhalten Probanden zunächst die Aufgabe, eine Wortliste mit Alltagsgegenständen (z.B. Schrank) zu lernen. Nach einem Zwischenintervall wird eine zweite Aufgabe vorgegeben, in der Wortfragmente (S_h__nk) oder Wortstämme (welches Wort fällt als erstes zu dem Stamm Schr ---- ein) zu ergänzen sind. Hierbei werden neben jenen Begriffen, die in der Wortliste zu lernen waren, auch neue Kontrollwörter vorgegeben. Auf implizite Gedächtnisleistungen wird dann geschlossen, wenn bei der Ergänzungsaufgabe die zuvor gelernten Wörter häufiger richtig bzw. schneller bearbeitet werden als die Kontrollwörter. Treten solche Effekte auf, werden sie als repetition priming bezeichnet (Parkin, 1993).

Charakteristika. Implizites und explizites Gedächtnis weisen unterschiedliche Charakteristika auf. Die Verarbeitungstiefe der Items in der Lernphase und die Länge des Behaltensintervalls scheinen nach bisherigen Befunden die Stärke impliziter Erinnerungen deutlich weniger zu beeinflussen als dies von expliziten Erinnerungen bekannt ist. Umgekehrt spielen bei impliziten Lernerfahrungen Oberflächenmerkmale der Stimuli eine weitaus größere Rolle als beim expliziten Gedächtnis. Werden z.B. Stimuli in der Lernphase visuell und in der Testphase akustisch dargeboten, lassen sich implizite Gedächtniseffekte kaum noch nachweisen, während das explizite Gedächtnis durch einen solchen Modalitätswechsel nur wenig beeinflusst wird.

Entwicklungsverlauf. Insgesamt gesehen liegt bisher nur eine relativ geringe Anzahl von Studien zum impliziten Gedächtnis bei Kindern vor. Sie belegen jedoch, dass bereits bei 3-jährigen Kindern implizite Lernerfahrungen nachgewiesen werden können, wenn bildhafte Stimuli verwendet werden (Greenbaum & Graf, 1989; Parkin & Streete, 1988). Wird der Entwicklungsverlauf des impliziten Gedächtnisses untersucht, so zeigt sich ein überraschendes Ergebnis: Das implizite Gedächtnis scheint in weit geringerem Maße altersabhängig zu sein als das explizite Gedächtnis. Perrig und Perrig (1993) fanden altersinvariante Priming-Effekte (vorher gesehene Testbilder wurden häufiger identifiziert als Kontrollbilder) im Vergleich zu alterskorrelierten Effekten bei freier Reproduktion und Wiedererkennen. Diese Befunde deuten auf eine Dissoziation zwischen implizitem und explizitem Gedächtnis hin, die u.a. darauf zurückgeführt wird, dass explizite Gedächtnisleistungen im Vergleich zu impliziten Erinnerungen sehr viel stärker von alterskorrelierten Faktoren wie Wissensbasis, Strategiegebrauch und Metagedächtnis beeinflusst werden.

3.5 Autobiographisches Gedächtnis und Augenzeugen-Forschung

In neuerer Zeit nimmt die Zahl entwicklungspsychologischer Arbeiten zu, die sich gezielt mit Aspekten des Alltagsgedächtnisses auseinandersetzt (vgl. Gruneberg et al., 1988). Mögliche Entwicklungsunterschiede im langfristigen Erinnern werden dabei insbesondere in zwei Bereichen untersucht, die thematisch sehr eng verzahnt sind, die praktisch jedoch wenig Berührungspunkte aufweisen. Gemeint ist auf der einen Seite die Forschung zum autobiographischen Gedächtnis, auf der anderen die zum Gedächtnis von Augenzeugen.

3.5.1 Autobiographisches Gedächtnis

DEFINITION

Das **autobiographische Gedächtnis** wird in Anlehnung an Weber (1993) als Teilbereich des episodischen (Langzeit-)Gedächtnisses definiert, in dem Erinnerungen an komplex strukturierte Erlebnisse mit starkem Selbstbezug repräsentiert sind.

Entwicklungspsychologische Studien zum autobiographischen Gedächtnis beschäftigten sich vor allem mit der Frage, ob es Altersunterschiede in der Fähigkeit gibt, persönlich relevante Ereignisse auch nach längerer Zeit noch akkurat zu erinnern. Es interessierte weiterhin, ab welchem Alter Kinder über autobiographisches Gedächtnis verfügen. Forschungsarbeiten von Fivush und Kollegen deuten darauf hin, dass Anzeichen autobiographischen Gedächtnisses ab dem Alter von drei bis vier Jahren nachweisbar sind (vgl. z.B. die Beiträge in Fivush & Hudson, 1990). Diese Ergebnisse stimmen gut mit früheren Befunden überein, denen zufolge persönliche Erfahrungen in der frühen Kindheit uns später nicht mehr zugänglich sind. Dieses als infantile Amnesie bezeichnete Phänomen ist inzwischen recht gründlich erforscht, wobei unterschiedliche Erklärungsversuche resultierten.

Erklärungsversuche infantiler Amnesie. Case (1985), Leichtman und Ceci (1993) sowie Nelson (1993) führen die infantile Amnesie auf Entwicklungsveränderungen in der Repräsentation von selbst erlebten Ereignissen zurück. Nelson bezieht sich dagegen auf Veränderungen im Sprachgebrauch und in der sprachgebundenen Verarbeitung von Erlebnissen in dem Sinne, dass in einem frühen Stadium eher „skript“-artige Routinen enkodiert werden. Diese Gedächtnisinhalte sind nicht sonderlich distinktiv und können später kaum noch erinnert werden.

Demgegenüber weisen Fivush (1988) wie auch Howe und Courage (1993) darauf hin, dass ein Verständnis des „Selbst“ vorliegen muss, damit Ereignisse „auto“-biographisch enkodiert werden können. Ergebnisse der in diesem Zusammenhang relevanten Selbstkonzeptforschung legen nahe, dass sich das Verständnis des eigenen Selbst kaum vor dem zweiten bis dritten Lebensjahr herausbildet. Perner und Ruffman (1995) gehen von neueren Befunden der „theory-of-mind“-Forschung aus und weisen darauf hin, dass jüngere Kinder Ereignisse selten als selbst erlebt enkodieren. Die „autonoetische“, selbstbezogene Komponente des episodischen Gedächtnisses im Sinne von Tulving (1985) ist bei Kindern vor dem vierten Lebensjahr nur unzureichend entwickelt.

3.5.2 Gedächtnisleistungen von Augenzeugen

Entwicklungspsychologische Untersuchungen zum Gedächtnis von Augenzeugen haben eine lange Tradition (vgl. Ceci & Bruck, 1993; 1998).

Altersunterschiede

Ältere Kinder konnten im Vergleich zu jüngeren mehr Einzelheiten frei erinnern. Auch schon Vorschulkinder waren bei gezielten Nachfragen und geschlossenen Frageformaten („Ja“ vs. „Nein“) zu akkuraten und zuverlässigen Berichten fähig. Dieses Ergebnis wurde insbesondere dann erzielt, wenn die Probanden relativ kurz (einige Stunden oder Tage) nach dem inszenierten Ereignis gefragt wurden. Wurden die Befragungen nach längeren Zeitintervallen (mehreren Jahren) durchgeführt, war der Anteil richtig erinnerter Information auch bei jungen Kindern nicht wesentlich niedriger als bei älteren Kindern oder Erwachsenen (vgl. etwa Poole & White, 1993). Allerdings fabrizierten die Kinder in der Studie von Poole und White wesentlich mehr inkorrekte Information als die Erwachsenen (20 Prozent vs. 7 Prozent). Die Genauigkeit der Berichte liegt noch wesentlich höher, wenn es um selbst erlebte schmerzhafte Erfahrungen wie die Wirkung einer Spritze beim Arztbesuch geht (s. Ornstein et al., 1992).

Neuere Studien zeigen weiterhin auf, dass die Genauigkeit der Berichte jüngerer Kinder bedeutsam gesteigert werden kann, wenn entweder für möglichst akkurate Antworten Belohnungen in Aussicht gestellt werden oder die Fähigkeit zur Überwachung eigener Gedächtnisaktivitäten gezielt stimuliert wird (vgl. Koriat et al., 2001; Roebers & Lockl, 1999; Roebers et al., 2001). Verbesserungen der Erinnerungsleistung von Vorschul- und Kindergartenkindern lassen sich aber auch über besondere Nachfrage-Techniken erreichen (Elischberger & Roebers, 2001).

Suggestibilität

Arbeiten zur Suggestibilität kindlicher Augenzeugenberichte haben in den meisten Fällen Alterseffekte nachgewiesen (vgl. Cassell et al., 1996; Ceci & Bruck, 1993; Roebers et al., 1995). Obwohl auch Erwachsene schlechtere Leistungen zeigen, wenn irreführende Fragen gestellt werden, sinkt die Genauigkeit der Berichte jüngerer Kinder nach solchen Interventionen besonders stark ab. Dies gilt besonders dann, wenn irreführende Fragen wiederholt werden.

UNTER DER LUPE

In der Untersuchung von Cassell et al. (1996) wurden z.B. Kindergartenkinder, Zweit- und Viertklässler sowie Erwachsene eine Woche nach einer Videopräsentation zu diesem Ereignis befragt. An die freie Reproduktion des Ereignisses schlossen sich gezielte Nachfragen an, die in einer experimentellen Bedingung irreführend waren, also inkorrekte Informationen enthielten. Wiesen die Probanden die irreführende Information zurück, erfolgte eine zweite Nachfrage, die die Irreführung noch intensivierte. In Abbildung 14.3 sind die Prozentsätze korrekter, inkorrekter und „weiß-nicht“-Antworten auf die zweite Nachfrage wiedergegeben. Aus Abbildung 14.3 geht hervor, dass sich die Viertklässler und die Erwachsenen nur selten von den Suggestivfragen beeinflussen ließen, und auch Zweitklässler relativ selten mit dem Interviewer konform gingen. Demgegenüber tendierte etwa die Hälfte der Kindergartenkinder dazu, dem Interviewer bei der zweiten irreführenden Nachfrage zuzustimmen, obwohl sie die erste irreführende Frage meist noch richtigerweise verneint hatten.

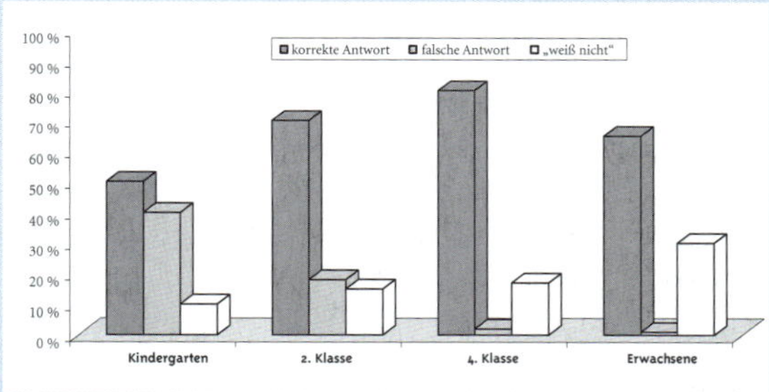

Abbildung 14.3. Prozentsatz von korrekten, falschen und „weiß nicht“-Antworten in verschiedenen Altersgruppen nach einer irreführenden Frage zu einem beobachteten Alltagsereignis (Daten aus Cassell et al., 1996)

Einige Forscher (z.B. Melton, 1992; Saywitz et al., 1991) gehen davon aus, dass auch jüngere Kinder dann weniger suggestibel sind, wenn es um persönlich erlebte, wichtige und auch intensive (z.B. schmerzhafte) Erlebnisse geht.

Das Problem sog. „unterdrückter Gedächtnisinhalte“ (repressed memories) lässt sich in den meisten Fällen wohl auch auf die Kreation solcher falscher Gedächtnisinhalte durch Suggestivfragen zurückführen.

FAZIT

Die Befunde zum Augenzeugengedächtnis von Kindern lassen insgesamt gesehen den Schluss zu, dass Schulkinder ab etwa sieben bis acht Jahren in der Regel ähnlich zuverlässige Berichte wie Erwachsene abgeben und durch irreführende Informationen wenig beeinflusst werden können. Obwohl auch schon Vorschul- und Kindergartenkinder persönlich erlebte und bedeutungsvolle Ereignisse erstaunlich akkurat und langfristig speichern können, sind Kinder dieser Altersgruppe für Suggestivfragen wesentlich empfänglicher. Neuere Forschungsarbeiten haben unterschiedliche Möglichkeiten dafür aufgezeigt, wie diesem Problem effektiv begegnet werden kann. Ungeachtet dieser Fortschritte sollten Aussagen sehr junger Kinder als Augenzeugen in Gerichtsverfahren mit einiger Vorsicht betrachtet werden, insbesondere dann, wenn die relevanten Ereignisse schon relativ lange zurückliegen und die Kinder schon eine Reihe von Interviewprozeduren über sich ergehen lassen mussten.

Weiterführende Literatur

Anooshian, L.J. (1997). Distinctions between implicit and explicit memory: Significance for understanding cognitive development. International Journal of Behavioral Development, 21, 453–478.

Der Artikel enthält eine grundlegende Studie zur Entwicklung von implizitem und explizitem Gedächtnis im Vorschul-, Schulkind- und Erwachsenenalter.

Ceci, S.J. & Bruck, M. (1998). Children's testimony: Applied and basic issues. In W. Damon (Series Ed.), I.E. Sigel & K.A. Renninger (Vol. Eds.), Handbook of child psychology, Vol. 4: Child psychology in practice (5th ed., pp. 713–774). New York: Wiley.

Das Handbuchkapitel gibt einen knappen historischen Überblick über die Forschung zu Augenzeugengedächtnis und Suggestibilität und informiert über den aktuellen Forschungsstand zu diesen Themengebieten.

Cowan, N. (Ed.) (1997). The development of memory in childhood. Hove East Sussex, UK: Psychology Press.

Das Buch informiert umfassend über grundlegende Aspekte der Gedächtnisentwicklung vom Säuglings- bis zum Schulkindalter. Führende Vertreter der entwicklungspsychologischen Gedächtnisforschung behandeln Themen sowohl aus der Grundlagen- als auch aus der angewandten Forschung.

Schneider, W. & Pressley, M. (1997). Memory development between two and twenty (2nd ed.). Mahwah, NJ: Erlbaum.

Die Autoren liefern eine breite und detaillierte Darstellung der Entwicklung des verbalen Gedächtnisses im Kindes- und Jugendalter. Sie gehen ausführlich auf die Determinanten der Gedächtnisentwicklung ein und erörtern Bedingungsfaktoren guter Gedächtnisleistungen.

Schumann-Hengsteler, R. (1995). Die Entwicklung des visuell-räumlichen Gedächtnisses. Göttingen: Hogrefe.

Das Buch greift ein Thema auf, das in der entwicklungspsychologischen Gedächtnisforschung lange Zeit vernachlässigt worden ist. Forschungsergebnisse zu entwicklungsbedingten Unterschieden im Behalten und Erinnern von Bildern, Orten, Plätzen und Wegen werden im Überblick dargestellt.

Kapitel 15
Sprachentwicklung

Hannelore Grimm & Sabine Weinert

1 Sprache und Spracherwerbs-aufgabe

Der Erwerb der Sprache gehört zu den besonders wichtigen Entwicklungsaufgaben im (frühen) Kindesalter. Mit der zunehmenden Fähigkeit, Sprache zu verarbeiten, zu verstehen und sie zugleich produktiv als Ausdrucksmittel für eigene Intentionen und Wünsche, als Darstellungsmedium für Bedeutungen und als Steuerungsmittel in der Interaktion mit anderen zu nutzen, wächst das Kind in die menschliche Kultur hinein und bildet eine gesellschaftliche und persönliche Identität aus.

Fragt man danach, was ein Kind lernen und leisten muss, wenn es die spezifischen formalen und bedeutungsbezogenen Strukturen seiner Muttersprache und die Regeln ihrer kommunikativen Nutzung erwirbt, so wird deutlich, dass die Aufgabe des sprachlernenden Kindes weit komplexer ist, als sie auf den ersten Blick erscheinen mag. Obgleich sich das Kind in einem noch sehr frühen Stadium seiner kognitiv-konzeptuellen Entwicklung befindet und kaum fähig ist, sich die Schuhe zuzubinden, muss es den schnell vorbeiziehenden Lautstrom der Umweltsprache sowie relevante Merkmale der Situationen, in denen Sprache geäußert wird, verarbeiten, in sprachrelevante Einheiten untergliedern und die zugrundeliegenden komplizierten Sprachregeln ableiten, über die selbst erwachsene Sprecher kaum Auskunft geben können.

Dabei sind nicht weniger als sechs teilweise eigenständige Wissenssysteme aufzubauen: Das Kind muss die prosodischen, phonologischen, morphologischen, syntaktischen und lexikalisch-semantischen Regularitäten seiner Muttersprache ebenso erwerben wie den kontextangemessenen handlungsorientierten Gebrauch von Sprache, wie er sich in den pragmatischen Fähigkeiten und Fertigkeiten ausdrückt. Um die Komplexität der Erwerbsaufgabe zu verdeutlichen, werden diese Komponenten, die in ihrem Zusammenwirken die sprachliche Kompetenz des Menschen ausmachen, im Folgenden kurz beschrieben und anhand ausgewählter Beispiele illustriert.

1.1 Komponenten der Sprache: Was muss das Kind erwerben?

Selbst einfache Sätze sind „im Grunde bereits komplexe und vielschichtige Objekte“ (Tracy, 2000, S. 6). Sie sind hoch strukturiert, wobei zu dieser Strukturierung alle Sprachkomponenten gleichzeitig und auf komplexe Weise verschränkt beitragen (vgl. Tab. 15.1, S. 519).

Suprasegmentale Komponente. Die prosodischen Strukturierungen im Sinne von Sprachmelodie und Sprachrhythmus beziehen sich auf die sprachtypischen rhythmischen Betonungs- und Dehnungsmuster sowie die Höhenkonturen sprachlicher Einheiten. Beispielsweise dehnen wir, ohne uns dessen bewusst zu sein, den letzten Vokal vor einer Phrasengrenze und kennzeichnen eine Frage durch eine ansteigende Sprachmelodie.

Phonologie. Mit der phonologischen Komponente ist die Lautstruktur der Sprache gemeint, wobei bedeutungsdifferenzierende Laute als Phoneme bezeichnet werden (Hut – Wut). Phoneme sind abstrakte Einheiten, die jeweils eine ganze Kategorie phonetischer, d.h. tatsächlich geäußerter Realisierungen (Phone) einschließen. Dabei muss das Kind sowohl lernen, welche Lautklassen in seiner Muttersprache bedeutungsunterscheidend sind (z.B. sind r/l zwar im Deutschen, nicht aber im Japanischen bedeutungsunterscheidend), als auch nach welchen Regeln diese kombiniert werden dürfen (beispielsweise ist „Plabel" eine mögliche Lautkombination des Deutschen, nicht aber das russische Wort „jelesnadarojnije").

Morphologie. Bei der Morphologie geht es um die Regeln der Wortbildung, wobei unter Morphemen die kleinsten bedeutungstragenden Einheiten verstanden werden. Das Wort „Hunde" enthält beispielsweise zwei bedeutungstragende Einheiten, nämlich die Einheit „Hund" und das Pluralmorphem „-e". Welche Bedeutungskategorien in einer Sprache obligatorisch morphologisch markiert werden müssen, ist höchst unterschiedlich. Beispielsweise müssen im Deutschen die Merkmale Anzahl, Geschlecht, Fall und Bestimmtheit beachtet und am Artikel gekennzeichnet werden (den Hund), während im Englischen nur das Merkmal Bestimmtheit (the dog) markiert werden muss.

Syntax. Auf einer hierarchisch höheren Organisationsebene enthält die syntaktische Komponente diejenigen Kategorien und Regeln, die die Kombination von Wörtern zu Sätzen erlauben. So werden z.B. ganz unterschiedliche Bedeutungen allein durch unterschiedliche Wortordnungen ausgedrückt: ‚Hans liebt Ursula.' ‚Ursula liebt Hans.' ‚Liebt Hans Ursula?' Der formale Charakter von Wortordnungsregeln wird besonders deutlich durch sogenannte „Pseudosätze" vom Typ „Der Luch, der die Plabel verummelt, krielt" illustriert. Obgleich ein solcher „Satz" sinnfrei und unverständlich ist, wissen wir, dass er – im Gegensatz zu „kratzen Katze Hund" – grammatisch korrekt gebildet ist. Dass die Ableitung der zugrunde liegenden syntaktischen Strukturen nicht einfach auf einer oberflächlichen Analogiebildung beruhen kann, vermögen Sätze wie „Manche Menschen sind schwer zu verstehen" versus „Manche Menschen sind unfähig zu verstehen" zu verdeutlichen, die trotz oberflächlicher Ähnlichkeit tiefenstrukturell vollständig unterschiedlich sind.

Lexikon und Semantik. Mit dem Lexikon ist die sogenannte Wortsemantik, d.h. die Bedeutungsstruktur des Wortschatzes, gemeint. Trotz existierender Gemeinsamkeiten unterscheiden sich verschiedene Sprachen sehr deutlich darin, welche kategorialen Unterscheidungen lexikalisch, d.h. durch ein Wort, versprachlicht werden. So gibt es beispielsweise im Arabischen keinen Oberbegriff für verschiedene Pferdearten. In der Sprache der Hopi-Indianer werden fliegende Objekte (Insekten, Flugzeuge usw.) mit einem gemeinsamen Wort bezeichnet, wobei die Klasse der Vögel jedoch ausgenommen ist. Wortsemantische Fragestellungen richten sich dabei vor allem auf die Struktur des Lexikons. Als typische wortsemantische Fragestellungen führen Grewendorf et al. (1989, S. 299) an: „Wie lautet der Zusammenhang zwischen den Wortpaaren gut / böse oder hoch / tief, und wie lässt er sich systematisch erfassen? Was ist das Gegenteil zu gefärbt: weiß oder farblos bzw. durchsichtig oder klar?" Entwicklungspsychologisch gewendet heißt dies, dass das Kind die Systematik der Zusammenhänge als abstraktes System erworben und repräsentiert haben muss, um solche Bedeutungsunterschiede erkennen und selbst machen zu können. Im Kontext der **Satzsemantik**, d.h. der Satzbedeutung, können sich lexikalische Bedeutungen kontextsensitiv verschieben (z.B. Klavierspielen ist schwer; das Klavier ist schwer).

Das erworbene Wissen um phonologische, morpho-syntaktische und lexikalisch-semantische Kategorien und Regularitäten bezeichnet man als linguistische Kompetenz. Dieses abstrakte Wissen erlaubt, unendlich viele neue Sätze zu verstehen und selbst produzieren zu können oder, um die bekannte Formulierung von Humboldts (1836/1960) zu gebrauchen, „von endlichen Mitteln einen unendlichen Gebrauch zu machen" (vgl. auch Chomsky, 1969).

Sprechakte und Diskurs. Linguistisches Wissen allein genügt aber noch nicht, um Sätze auch kompetent und kommunikativ in angemessenen Kontexten verwenden zu können. Dies erfordert hinzukommend pragmatische Kompetenzen. Die

Tabelle 15.1. Komponenten der Sprache

Komponenten	Funktion	erworbenes Wissen
suprasegmentale Komponente	Intonationskontur, Betonung, rhythmische Gliederung	prosodische Kompetenz
Phonologie Morphologie Syntax Lexikon Semantik	Organisation von Sprachlauten Wortbildung Satzbildung Wortbedeutung Satzbedeutung	linguistische Kompetenz
Sprechakte Diskurs	sprachliches Handeln Kohärenz der Konversation	pragmatische Kompetenz

Pragmatik kann über Sprechakte und die Konversation bzw. den Diskurs definiert werden. Geht es bei der zweiten Komponente um diejenigen Mechanismen und Strategien, die für eine kohärente sequentielle Organisation von Konversationseinheiten eingesetzt werden müssen, so werden über Sprechakte oder Sprechhandlungen die sozialinteraktiven Beziehungen zwischen Kommunikationspartnern hergestellt.

Zusammengefasst besteht die linguistische Kompetenz aus dem Wissen über die den sprachlichen Ausdrücken zugrunde liegenden Strukturprinzipien, während die pragmatische Kompetenz im Sinne der Verständigungsfähigkeit das Wissen umfasst, in welchem sozialen Kontext, in welcher Weise und mit welcher Erwartung welchem Gesprächspartner etwas zu sagen und unter Umständen auch zu verschweigen ist.

Es ist für das Verständnis der Sprache und ihrer Entwicklung sehr bedeutsam, dass diese sowohl unter primär grammatisch-struktureller als auch unter primär kommunikativ-funktionaler Sichtweise betrachtet werden kann. Diese analytische Trennbarkeit heißt natürlich nicht, wie manchmal missverstanden, dass für die konkrete Kommunikationssituation eine entsprechende Trennung angenommen würde. Hier sind Funktion und Struktur der Sprache nicht zu trennen, sondern beide Aspekte bedingen sich gegenseitig und machen zusammen die Sprache aus. Entwicklungspsychologisch gesprochen kann dies so verstanden werden, dass durch den kommunikativen Gebrauch von Sprache die zugrunde liegende Struktur schrittweise erworben wird, die wiederum neue und fortgeschrittenere Formen des Gebrauchs ermöglicht.

Dabei stellt der Erwerb der einzelnen Komponenten durchaus eigene und jeweils besondere Anforderungen an das sprachlernende Kind. Dass in der Tat ein Komponentenmodell der Sprache und der Sprachentwicklung psychologisch sinnvoll ist, wird vor allem durch selektive Störungen im Erwachsenenalter und pathologische Dissoziationen in der kindlichen Entwicklung eindrucksvoll belegt (vgl. für einen umfassenden Überblick Blanken et al., 1993). So gibt es Schizophrene, die phonologisch einwandfreien Wortsalat produzieren. Nach erworbenen Schädigungen des Gehirns bilden je nach Art und Lokalisation der Schädigung Aphasiker u.a. semantisch sinnvolle, jedoch morpho-syntaktisch gestörte Äußerungen oder umgekehrt, fließend grammatisch komplexe Sätze mit nun wieder gestörtem Bedeutungsgehalt. Dissoziationen zwischen den unterscheidbaren Sprachkomponenten sind weiterhin beim Down-Syndrom und noch ausgeprägter bei der autistischen Entwicklungsstörung zu beobachten. Haben Down-Syndrom-Kinder besonders große Schwierigkeiten mit der Satz- und Textstruktur, so bleibt bei Personen mit autistischer Störung die Bedeutung und vor allem die kommunikative Nutzung sprachlicher Ausdrücke das massivste Problem. Sehr bekannt geworden ist auch der individuelle Fall des Mädchens Genie, das nach einer langen Zeit schwerwiegendster Deprivation erst im Alter von 13 Jahren die Sprache zu erwerben begann; trotz intensiver Interventionsbemühungen ist es Genie nicht gelungen, selbst einfache morpho-syntaktische Strukturregeln zu erwerben, so dass sie die erlernten Wörter mehr oder weniger willkürlich kombinierte (Curtiss, 1977).

1.2 Spracherwerbsaufgabe: Fragen und ungelöste Probleme

Die Frage, wie es den Kindern durch das Zusammenspiel innerer Voraussetzungen und äußerer Gegebenheiten innerhalb von wenigen Jahren gelingt, das hoch komplexe System der Sprache zu erwerben, hat schon vor über 35 Jahren der bekannte Spracherwerbsforscher Braine (1963) als das größte und fesselndste Mysterium der Psychologie bezeichnet. Dies hat auch heute noch seine Gültigkeit, wenngleich die Versuche, diesem Mysterium näher zu kommen, theoretisch und methodisch vielfältiger und auch vielversprechender geworden sind.

Aktiver Induktionsprozess. Zumindest wissen wir heute schon ganz gut, wie es nicht sein kann. So erfolgt der Spracherwerb nicht über ein bloßes Imitieren der gehörten Sprache: Es genügt nicht, dass das Kind gehörte Sätze passiv übernimmt. Vielmehr muss es auf der Grundlage des Sprachangebots induktiv die abstrakten Regeln ableiten, die der Sprache zugrunde liegen und die es ihm ermöglichen, neue Sätze zu verarbeiten und zu verstehen und selbst eigene, noch nicht gehörte Sätze zu produzieren. Der Erwerb der Sprache stellt einen stetig fortschreitenden struktursuchenden und strukturbildenden Prozess dar, der als ein aktiver Induktionsprozess vorgestellt werden kann: Sprachliche Daten werden im Gedächtnis gespeichert und die hierin enthaltenen grammatisch relevanten Verteilungsmuster abstrahiert, die die Basis für die Ableitung grammatischer Kategorien und Regelmäßigkeiten bilden (vgl. u.a. Connell et al., 1993). Dieser Prozess läuft nun aber nicht bewusst im Sinne eines gezielt gesteuerten, expliziten Problemlöseprozesses ab. Das Lernen erfolgt vielmehr implizit und ohne Reflexion auf die Lernergebnisse. Eine solche Reflexion im Sinne der metalinguistischen Bewusstheit wird erst auf der Basis schon erworbenen Sprachwissens möglich.

Unterschiedliche Auffassungen. Wenn wir uns entsprechend die Sprachaneignung als einen impliziten, nicht bewussten Lernprozess vorstellen, bei dem zwischen inneren Voraussetzungen und Mechanismen auf Seiten des Kindes und äußeren Lernbedingungen eine lernbegünstigende Passung besteht, so haben wir den größtmöglichen Nenner der Übereinstimmung gefunden. Darüber hinaus werden ganz verschiedene Auffassungen zu den folgenden Fragen vertreten: Sind die Kernelemente grammatischen Wissens angeboren oder werden sie im Verlauf der Entwicklung erworben? Sind für die Sprachaneignung bereichsspezifische Erwerbsmechanismen notwendig oder genügt die Annahme genereller kognitiver Prinzipien? Ist der Erwerb der Sprache eine einfache Folge der senso-motorischen Entwicklung? Welche Merkmale der sozialen Sprachumwelt sind für das Sprachlernen notwendig? Reicht es aus, dass das Kind überhaupt Sprache hört? Oder müssen besondere Formen der sprachlichen Interaktion für den Aneignungsprozess gegeben sein?

Mit der folgenden Darstellung soll versucht werden, den theoretischen Status dieser Fragen deutlicher zu machen und eine Annäherung an wissenschaftlich befriedigende Antworten zu finden.

2 Die wichtigsten Meilensteine der Sprachentwicklung

Das Kind wird in eine sprechende Umwelt hineingeboren. Aus dem Strom der gehörten Sprache muss es Wörter isolieren und mit Bedeutungen verknüpfen, es muss erkennen, in welcher Weise Wörter in Sätzen verbunden sind und welche morphologischen Markierungen was bedeuten. Es muss die Struktur von Texten lernen und über die Situationsabhängigkeit des Sprachgebrauchs erfahren. Welche Entwicklungsschritte hierbei vollzogen werden, wird im Folgenden etwas ausführlicher dargestellt (vgl. auch Hoff-Ginsberg, 1993).

2.1 Phonologisch-prosodische Entwicklung

Der Erwerb der Sprache beginnt lange vor den ersten produktiven Wortäußerungen der Kinder, ja nach neueren Befunden sogar vor der Geburt. Wenn die Kinder mit ca. einem Jahr die ersten Wörter äußern, so tauchen diese nicht plötzlich und aus dem Nichts auf, sondern stellen das Ergebnis einer frühen und in schnellen Schritten erfolgenden phonologisch-prosodischen Entwicklung dar. Scheinbar sprachlos, entpuppt sich der Säugling als verblüffend linguistisch kompetent (vgl. u.a. Golinkoff & Hirsh-Pasek, 1990).

2.1.1 Rezeptive phonologisch-prosodische Entwicklung

Von Geburt an stellt die gesprochene Sprache für den Säugling einen besonders prominenten Bereich dar. Die methodisch immer raffinierter werdende Erforschung der Sprachwahrnehmungsfähigkeiten des Säuglings hat heute schon zu einem so großen Reichtum empirischer Daten und Erkenntnisse geführt, dass es notwendig geworden ist, manch lieb gewordene Entwicklungstheorie nicht nur zu ergänzen, sondern ganze Teile davon umzuschreiben.

Für die Untersuchung von Unterscheidungsleistungen im auditiven Bereich sind inzwischen verschiedenste Varianten dieser Grundmethoden eingesetzt worden, die in der Regel zu übereinstimmenden Befundmustern geführt haben. Von den zahlreichen Befunden vermögen die nachfolgenden in ganz besonderem Maße deutlich zu machen, dass der Säugling mit sehr spezifischen Fähigkeiten ausgestattet ist, die es ihm ermöglichen, von Beginn an die Sprache seiner Umwelt als einen Problembereich für sich in linguistisch bestimmter Weise zu verarbeiten (vgl. Karmiloff-Smith, 1992).

Phonologische Kategorien. Bereits unmittelbar nach der Geburt unterscheiden Säuglinge die menschliche Sprache von anderen Lauten und verfügen zugleich über die Fähigkeit, Laute in phonologisch relevante Kategorien zu ordnen. Dass Säuglinge die gehörten Laute von Anfang an kategorial unterscheiden, wird u.a. durch Studien mit der Habituations-/Dishabituationsmethode gestützt. Hören die Säuglinge verschiedene Realisierungen der Silbe „ba", so habituieren sie nach einiger Zeit. Wird ihnen nun eine neue Silbe „pa" vorgegeben, so steigt ihr Interesse erneut an, sie dishabituieren. Dies gilt hingegen nicht für ein neuerliches „ba", auch wenn sich dieses physikalisch deutlich erkennbar von dem vorangegangenen „ba" unterscheidet (Eimas et al., 1971).

Entwicklungsveränderungen. Betrachtet man die Entwicklungsveränderungen in der Fähigkeit zur kategorialen Lautunterscheidung, so zeigt sich, dass Säuglinge zunächst im Alter von ca. 6 Monaten auch solche Kontraste diskriminieren, die in einer anderen, nicht aber in ihrer eigenen Muttersprache bedeutungsunterscheidend sind. Mit ca. 10 Monaten haben sie diese Fähigkeit (teilweise) verloren und beachten vor allem solche Differenzen, die in ihrer eigenen Sprache bedeutsam sind – ihr Repertoire hat sich also erfahrungsabhängig eingeengt und teilweise umstrukturiert (vgl. Aslin et al., 1998). Etwa im gleichen Alter haben sie auch die wichtigsten Regeln der Lautkombination erworben und können Wörter ihrer Muttersprache von solchen einer fremden Sprache aufgrund phonetischer Informationen unterscheiden (Jusczyk et al., 1993).

Prosodische Merkmale. Der Einstieg in das System der Sprache erfolgt aber nicht einfach von „unten her", d.h. von Lauten über Wörter zu Sätzen. Vielmehr sind Säuglinge von Anfang an besonders sensitiv gegenüber den „suprasegmentalen", die sprachlichen Einheiten übergreifenden, prosodischen Merkmalen der Sprache (Morgan &

UNTER DER LUPE

Wichtige Techniken der Säuglingsforschung (vgl. Kuhl, 1987)

Paradigma der Habituation/Dishabituation. Bei dieser Methode macht man sich zu Nutzen, dass sich Säuglinge an einen Reiz, der ihnen mehrfach präsentiert wird, gewöhnen, so dass ihr Interesse an dem Reiz nachlässt (Habituation). Daraufhin wird dem Säugling ein anderes Reizmuster präsentiert. Zeigt der Säugling daran ein erneutes Interesse, indem er diesem Muster eine längere Zeit der Aufmerksamkeit widmet (Dishabituation), so kann geschlossen werden, dass er das neue Reizmuster von dem zuerst präsentierten Muster unterscheiden kann. Durch geschickte Manipulation des Testmaterials kann untersucht werden, welche Kontraste der Säugling prinzipiell schon differenzieren kann.

Messung des Interesses. Die Messung des Interesses des Säuglings erfolgt im Paradigma der Habituation und Dishabituation unter anderem über die Amplitude der Saugaktivität oder über die Länge des Ansehens. Im ersten Fall (sog. "high amplitude sucking" Methode) erhält der Säugling einen neutralen Schnuller, der mit einem Apparat zur Messung der Saugamplitude verbunden ist. Der Säugling lernt zunächst, dass er durch sein Saugverhalten die Darbietung eines Reizes steuern kann: Immer dann, wenn er eine relativ hohe Saugaktivität zeigt, wird ihm ein Reiz (Bild, Tonfolge) präsentiert – die Saugrate steigt während dieser Lernphase zunächst an. Habituiert der Säugling, so sinkt die Saugaktivität wieder ab, der Reiz wird seltener „abgerufen". Reagiert der Säugling auf einen neuen Reiz erneut mit einer erhöhten Saugrate, so wird dies dahingehend interpretiert, dass er diesen Reiz von dem zuerst präsentierten Reiz unterscheidet. In vergleichbarer Weise wird die Dauer des Ansehens gemessen: Dem Säugling wird ein visueller Reiz präsentiert, den er bis zur Habituation immer kürzer ansieht. Sieht er dann einen neuen Reiz wieder länger an, wird dies wiederum im Sinne der Unterscheidungsfähigkeit interpretiert.

Präferenz-Technik. Bei der Präferenz-Technik wird vor allem festgestellt, welches von zwei unterschiedlichen Reizmustern ein Säugling bevorzugt, indem er bei einem der beiden Reize länger hinsieht oder indem er eines der beiden Reizmuster häufiger durch das Drehen seines Kopfes nach links oder rechts oder durch die Erhöhung oder Senkung seiner Saugaktivität „abruft".

Verstärkungslernen. In einer Reihe weiterer Techniken werden vor allem Prinzipien des Verstärkungslernens verwendet. Beispielsweise hört ein Säugling, während er sich mit einem Versuchsleiter beschäftigt, eine bestimmte Lautfolge aus einem Lautsprecher. Wechselt die Lautfolge, so blickt der Säugling oftmals in Richtung auf den Lautsprecher. Hier erscheint, sobald die Lautfolge wechselt, als „Belohnung" z.B. ein lustiger Affe, der auf eine Trommel schlägt. Der Säugling lernt, immer dann in Richtung des Lautsprechers zu gucken, wenn ein Wechsel des akustischen Reizes erfolgt. Hat der Säugling den Zusammenhang zwischen Lautwechsel und Belohnung gelernt, so kann aus dem Blickverhalten des Säuglings auf die Fähigkeit zur Reizunterscheidung geschlossen werden.

Demuth, 1996). Erst vier Tage alt können sie ihre Muttersprache auf der Grundlage prosodischer Charakteristika von einer fremden Sprache unterscheiden, wie Mehler et al. (1988) in einer raffiniert angelegten Untersuchungsreihe nachweisen konnten. Da die Säuglinge keine Diskriminationsleistungen zwischen zwei fremden Sprachen zeigten, kann die Unterscheidbarkeit der Muttersprache entweder auf Erfahrungen im Mutterleib oder auf die wenigen schon gemachten Interaktionserfahrungen zurückgeführt werden. Wahrscheinlich wirkt beides zusammen, wobei allerdings nicht klar ist, welche Rolle die einzelnen prosodischen Merkmale der Tonhöhe, der Betonung, der Lautheit, der Schnelligkeit und der Pausengebung genau spielen.

Dass in der Tat vorgeburtliche Erfahrungen eine Rolle spielen, wird auch dadurch unterstützt, dass Säuglinge nach der Geburt in der Lage sind, einen Text, den die Mutter während der letzten Schwangerschaftsphase oft laut gelesen hat, anhand seiner prosodischen Merkmale wiederzuerkennen (DeCasper & Spence, 1986).

Differenzierung prosodischer Merkmale (Mehler et al., 1988)

Fragestellung. Können Säuglinge muttersprachliche Äußerungen von Äußerungen einer Fremdsprache unterscheiden? Welche sprachlichen Merkmale werden für diese Differenzierung genutzt?

Stichproben. Säuglinge

Experimente	Anzahl	Alter	Sprachumwelt
I	40	4 Tage	französisch
II	24	4 Tage	unterschiedlich
III	36	4 Tage	französisch
IV	32	4 Tage	französisch
V	32	4 Tage	französisch

Methode. Messung der Saugrate im Rahmen des Habituierungs-Dishabituierungs-Paradigmas.

Experiment I. Präsentiert wurden französische (F) und russische (R) Äußerungen in 4 Abfolgen: F → R; F → F; R → F; R → R. Gemessen wurde die Saugrate während der Präsentation der ersten Sprache und die Veränderung der Saugrate nach der Habituierung bei der Präsentation der zweiten Sprache.

Ergebnisse: (a) Saugrate signifikant höher für F → R- und F → F-Gruppen als für R → F- und R → R-Gruppen während der Präsentation der ersten Sprache; (b) signifikante Zunahme der Saugrate nach Habituierung nur bei R → F-Gruppe im Vergleich zur R → R-Gruppe.

Interpretation: 4 Tage alte Säuglinge diskriminieren nicht nur zwischen den beiden Sprachen, sondern ziehen auch ihre Muttersprache vor.

Experiment II. Säuglingen ganz unterschiedlicher Sprachgemeinschaften (Deutsch, Arabisch, Polnisch etc.) wurden die Varianten von Experiment I präsentiert mit dem Ergebnis, dass F und R weder bevorzugt noch diskriminiert wurden.

Experiment III. Methodisch vergleichbar konnte nachgewiesen werden, dass französische Säuglinge nicht zwischen italienischen und englischen Äußerungen unterscheiden.

Interpretation: Säuglinge diskriminieren zwischen ihrer Muttersprache und fremden Sprachen, nicht aber zwischen fremden Sprachen. Die Diskriminierungsleistung beruht also auf einer größeren Vertrautheit mit der Muttersprache.

Experiment IV. Vorgehen wie bei Experiment I, wobei die Äußerungen allerdings rückwärts vorgespielt wurden. Die Säuglinge zeigten weder Präferenz noch Diskriminierung.

Interpretation: Die in Experiment I gezeigte Diskriminierungsleistung ist an besondere spektrale Veränderungsmuster und nicht an einzelne phonetische Merkmale gebunden. Aber: Welche Information genau wird genutzt?

Experiment Va/Vb. Vorgehen wie bei Experiment I, wobei aber die Äußerungen so gefiltert waren, dass nur die rhythmisch-prosodische Struktur der Äußerungen, nicht aber die distinktive phonetische Information erhalten blieb.

Ergebnis: Diskriminierungsleistungen wie in Experiment I.

Interpretation: Es sind die prosodischen Merkmale, die es den Säuglingen ermöglichen, ihre Muttersprache zu erkennen und von anderen Sprachen zu unterscheiden.

Die prosodischen Strukturierungen sind es auch, die in entscheidender Weise sowohl die Verarbeitung und Speicherung sprachlicher Reize als auch die kindlichen Präferenzen bestimmen. So bevorzugten die sechs Wochen alten Säuglinge in einer Studie von Mehler et al. (1978) die Stimme ihrer Mutter nur dann gegenüber einer fremden Stimme, wenn die Sprachproben mit einer natürlichen, kindorientierten Prosodie, nicht aber wenn sie monoton gesprochen waren. Darüber hinaus präferieren die Kinder generell, d.h. auch bei fremden Sprechern, ein Sprachangebot mit einer besonders ausgeprägten Prosodie, d.h. mit deutlicher Gliederungsstruktur, hoher Tonlage und übertriebener Intonationskontur wie sie für die an Säuglinge gerichtete Sprache typisch ist (Fernald, 1984; Fernald & Kuhl, 1987).

Dass diese Präferenzen auch funktional sind, zeigten u.a. Mandel et al. (1994). In ihrer Studie konnten sie nachweisen, dass zwei Monate alte Säuglinge nach einem 2-minütigen Behaltensintervall nur dann eine phonologische Veränderung von "the cat chased white mice" nach "the rat chased white mice" bemerkten, wenn die Sprachstichproben prosodisch strukturiert waren. War dies nicht der Fall, so gelang ihnen diese Unterscheidungsleistung nicht in gleichem Maße.

Grammatikerwerb. Prosodische Strukturierungen und die kindliche Sensitivität hierfür sind aber nicht nur bedeutsam für die Sprachverarbeitung und das Behalten; dass sie darüber hinaus auch wichtig für den Grammatikerwerb der Kinder sein können, wird besonders eindrucksvoll durch den Befund nahegelegt, dass Säuglinge bereits mit sieben Monaten (möglicherweise sogar schon früher) Sprachbeispiele, bei denen Pausen an grammatisch sinnvollen Stellen eingefügt wurden, gegenüber solchen vorziehen, bei denen die Pausen an grammatisch willkürlichen Stellen hinzugefügt wurden (Hirsh-Pasek et al., 1987).

Prosodische Merkmale als Hinweisreize auf syntaktische Einheiten (Hirsh-Pasek et al., 1987)

Fragestellung. Können Säuglinge prosodische Hinweisreize für die Entdeckung syntaktisch bedeutsamer Einheiten nutzen?

Stichprobe. 16 7–10 Monate alte Säuglinge.

Methode. Präsentiert wurden ‚natürliche' Texte, bei denen Pausen von 1 Sekunde an Phrasengrenzen eingefügt waren, und ‚unnatürliche' Texte mit Pausen von 1 Sekunde innerhalb der Phrasen, wobei die Texte zudem in der Mitte eines Satzes begannen oder endeten. Festgestellt wurde die Präferenz der Säuglinge, gemessen an der Zahl und Dauer der Orientierung ihrer Blickrichtung, über die sie die Präsentation der Texte steuern konnten.

‚Natürlicher' Text: Cinderella lived in a great big house, / but it was sort of dark / because she had this mean, mean, mean stepmother. / And, oh, she had two stepsisters / that were so ugly. / They were mean, too.

‚Unnatürlicher' Text: . . . in a great big house, but it was / sort of dark because she had / this mean, mean, mean stepmother. And, oh, she / had two stepsisters that were so / ugly. They were mean, / too. They were . . .

Ergebnis. Die Säuglinge zeigten eine klare Präferenz für die ‚natürlichen' Texte.

Interpretation. 7–10 Monate alte Säuglinge können prosodische Hinweisreize ihrer Muttersprache für das Erkennen syntaktisch relevanter Einheiten nutzen. Die Muttersprache ist für das vorsprachliche Kind kein undifferenzierter Strom von Lauten, sondern weist eine erkennbare interne Struktur auf. Nur so kann die Sprache für das Kind erlernbar sein. In Worten der Autoren (S. 281): ". . . without some means of segmenting the speech stream into units like clauses and sentences, learning the complex rule system that underlies language would be seemingly impossible. . . . well before the infant's first birthday the perceptual sensitivity is in place that allows the infant to do at least a rough parsing of the ongoing speech stream into clauses."

Zusammengenommen zeigen diese Studien gemeinsam mit zahlreichen weiteren, dass Säuglinge bereits von Geburt an, ja sogar vorgeburtlich, sensitiv gegenüber prosodisch-phonologischen Regularitäten sind. Innerhalb des ersten Lebensjahres bauen sie ein differenziertes Wissen über die phonologisch-prosodischen Kategorien und Regelmäßigkeiten ihrer Muttersprache auf. Dabei verarbeiten sie von Anfang an nicht nur isolierte auditive, sondern zugleich auch visuell-soziale Informationen. Dies wird besonders eindrucksvoll dadurch belegt, dass sie mit ungefähr vier Monaten eine Fähigkeit zum ‚Lippenlesen' zeigen. In einer Studie von Kuhl und Meltzoff (1982) sahen sie ein Gesicht länger an, wenn dessen Mundbewegung mit einem gleichzeitig präsentierten Ton übereinstimmte; bei fehlender intermodaler Übereinstimmung wurde das entsprechende Gesicht von den Säuglingen signifikant kürzer betrachtet.

2.1.2 Produktive phonologische Entwicklung: Von den Sprachlauten zur Wortproduktion

Verglichen mit den überraschenden rezeptiven Fähigkeiten und Fertigkeiten der Säuglinge sind ihre produktiven Leistungen im ersten Lebensjahr noch recht eingeschränkt. Betrachtet man die produktiv-phonologische Entwicklung, so umfasst diese fünf wichtige Schritte.

Gurren. Im Alter zwischen 6 und 8 Wochen beginnt der Säugling zu gurren.

Lachen und Lautbildung. Zwischen dem 2. und 4. Lebensmonat setzt das Lachen ein, und es werden zunehmend mehr Laute produziert. Besonders wichtig ist, dass der Säugling die Fähigkeit zeigt, vorgesprochene Vokale wie /a/ oder /i/ nachzuahmen. Da nichtsprachliche Laute keine Nachahmung finden, kann davon ausgegangen werden, dass sprachliche Laute besonders effektive Reize sind, um Vokalisationen beim Säugling hervorzurufen (vgl. Kuhl, 1987).

Lallstadium. Zwischen dem 6. und 9. Lebensmonat wird das sog. Lallstadium erreicht, wobei die Reduplikation von Silben als kanonisches Lallen bezeichnet wird. Die Produktion solcher Konsonant-Vokal-Verbindungen mit satzähnlicher Intonation (wie „dada" oder „baba") kann als Hinweis für die zunehmende Kontrolle über die Sprechwerkzeuge betrachtet werden (Menyuk, 1988). Da gehörlose Kinder keine kanonischen Lautsequenzen produzieren, können sie schon zu diesem frühen Zeitpunkt von anderen Kindern unterschieden werden. Von theoretischer wie praktischer Bedeutsamkeit ist weiterhin, dass die Art der Lautproduktion als Prädiktor für spätere Störungen der Sprachentwicklung dienen kann. So fanden Jensen et al. (1988) heraus, dass diejenigen Säuglinge, die signifikant weniger unterschiedliche Konsonanten und weniger Sequenzen mit mehreren Silben als andere Säuglinge produzierten, auch später als Vorschulkinder signifikant schlechtere Leistungen in einem Sprachentwicklungstest zeigten.

Erste Wörter. Zwischen dem 10. und 14. Lebensmonat mündet die phonologische Entwicklung in die Produktion der ersten Wörter ein.

50-Wörter-Marke. Um den 18. Monat erreichen die Kinder die magische 50-Wörter-Marke. Von jetzt an lernen sie neue Wörter sehr viel schneller als zuvor, so dass wenige Monate später ihr Wortschatz schon um die 200 produktive Wörter umfasst (s.u.). Interessanterweise beginnen die Kinder nun auch, manche Wörter ungenauer auszusprechen, als sie dies noch wenige Wochen früher machten. Diese zeitweilige ‚Regression' der Aussprache ist jedoch kein wirklicher Rückschritt, sondern steht tatsächlich für einen Fortschritt in dem Sinne, dass die Kinder nicht länger Wörter als isolierte Einheiten produzieren, sondern diese nun in ein phonologisches System integrieren, mit dessen Induktion sie auf der Basis ihres erweiterten Wortschatzes begonnen haben (vgl. u.a. Bowerman, 1982). Darüber hinaus kann die zunehmende Beachtung grammatischer Prinzipien zunächst, aufgrund der begrenzten Aufmerksamkeitsspanne der Kinder, auf Kosten der Beachtung phonologischer Details gehen (vgl. Leonard, 1998).

Aussprachefehler. Am Ende der Vorschulzeit wird gewöhnlich die korrekte Aussprache von Wörtern beherrscht, womit eine wichtige Voraussetzung für das schulische Lernen erfüllt ist. Bis die Kinder aber so weit sind, imponieren ganz unterschiedliche Aussprachefehler, die vor allem von vier Regeln geleitet werden (u.a. Menyuk, 1988, S. 200):

- Wiederholung von Silben, z.B. „Baba“ für „Baby“
- Auslassung unbetonter Silben, z.B. „Aff“ für „Affe“
- Reduktion von Konsonantenclustern, z.B. „Bunnen“ für „Brunnen“
- Vorwärts- und rückwärts gerichtete Assimilation, z.B. „pop“ für „pot“ oder „top“.

2.2 Drei Hauptschritte in der lexikalischen Entwicklung

Der Worterwerb ist nur auf den ersten Blick eine einfache Sache: Nach der Produktion erster Wörter wie „Miau“, „Dada“ oder „Wauwau“ lernt das Kind sehr schnell viele neue Wörter dazu, so dass es binnen 16 Jahren einen Grundwortschatz von ungefähr 60.000 Wörtern erreicht (vgl. Miller, 1993). Nach einer Rechnung von Carey (1978) ist hierfür notwendig, dass das Kind täglich etwa neun neue Wörter lernt. Eine imposante Leistung! Hinter dieser verbirgt sich ein außerordentlich komplexer Lernprozess, der bislang noch nicht sehr gut verstanden ist. Wenn wir den Worterwerb als einen Prozess der Zuordnung von phonologischen Sequenzen zu Bedeutungsrepräsentationen verstehen, so stellen sich wenigstens drei Fragen: Unterscheiden sich die kindlichen Bedeutungszuweisungen von den Bedeutungen, die Erwachsene mit Wörtern verknüpfen? Welcher Bedeutungswandel findet statt? Wie lässt sich das schnelle Wortlernen erklären?

2.2.1 Die ersten Wörter

Zwischen dem 10. und 18. Lebensmonat ist ein interessanter Wechsel in der Funktion des Wortgebrauchs zu beobachten.

Die ersten 30 Wörter sind soziale Wörter wie „Winke-winke“ oder stellen sehr spezifische und kontextgebundene Namen dar wie „Auto“ für einen ganz bestimmten roten BMW, der im Hof steht, während andere Fahrzeuge nicht benannt werden. Nelson (1985) nimmt entsprechend an, dass das Wort einen integralen Bestandteil einer holistischen Ereignisrepräsentation darstellt und noch nicht auf eine isolierte Handlung oder ein isoliertes Objekt verweist. Nachdem das Kind die sechste Stufe der sensumotorischen Entwicklung sensu Piaget erreicht hat, gewinnt der bislang interpersonale Wortgebrauch eine intrapersonale, regulative und kognitive Qualität (Gopnik, 1988). Das Kind beginnt nun, abstrakten Beziehungen wie dem Verschwinden („fort“) oder dem Erfolg bzw. Misserfolg einer Handlung („da“, „nein“) ersten einfachen Wortausdruck zu verleihen.

Diese erste Phase mündet schließlich mit ca. $1^1/_2$ Jahren in eine Benennungsexplosion ein, so dass nach den ersten langsam erworbenen Wörtern mit dem Erreichen der magischen 50-Wort-Grenze ein sehr schneller Zuwachs von Benennungen erfolgt. Es geht den Kindern nun nicht mehr so sehr darum, Informationen über bestimmte Ereignisse oder Objekte mitzuteilen, sondern im Vordergrund steht der Wunsch, alle Objekte, die sie sehen, zu kategorisieren. Die Benennungsexplosion beruht entsprechend auf der Erkenntnis, dass alle Dinge benannt werden können (Goldfield & Reznick, 1990; Stern & Stern, 1907).

Kinder, die später mit dem Worterwerb beginnen und mit 24 Monaten noch nicht die magische 50-Wort-Grenze erreicht haben, werden als „late talkers“ bezeichnet. Sie tragen ein beträchtliches Risiko, eine persistente Störung der Sprachentwicklung mit gravierenden Folgen für die kognitive und psychosoziale Entwicklung auszubilden (vgl. u.a. Grimm, 1999).

Übergeneralisierungen und Überdiskriminierungen. Kleine Kinder gebrauchen Wörter häufig anders als Erwachsene. Einerseits wenden sie ein einziges Wort auf Objekte und Ereignisse an, für die wir jeweils eigene Bezeichnungen haben, und andererseits beschränken sie den Geltungsbereich eines Wortes sehr viel enger, als wir es tun. Beispiele für die Übergeneralisierung eines Wortes sind allgemein bekannt. So neigen kleine Kinder unter anderem dazu, das Wort „Hund“ bei allen Tieren, die vier Beine haben, anzuwenden sowie die Bedeutung des Wortes „Bonbon“ auf all das auszudehnen, was gut und süß schmeckt. Wie komplex der überdehnte Wortgebrauch sein kann, schildern anschaulich de Villiers und de Villiers (1992, S. 351–352): Ihr Sohn Nicholas hatte das Tierreich in vier Kategorien eingeteilt: „Nunu“ für Hunde und andere kleine Tiere; „moo“ für Kühe, Pferde und andere große Tiere; „du“ für Enten und andere Vögel; “turtle” schließlich für eine aufziehbare Schildkröte im Badewasser. Dieser eingeschränkte Schildkröten-Gebrauch wurde innerhalb von wenigen Tagen auf eine Schildkröte auf Rädern, auf eine echte sowie auf eine abgebildete Schildkröte ausgedehnt. Neben dieser Bedeutungserweiterung auf perzeptueller Grundlage nahm Nicholas aber auch eine funktional motivierte Erweiterung vor und bezeichnete andere Gegenstände, die in seinem Badewasser schwammen, wie z.B. einen Frosch oder ein Walross, ebenfalls als “turtle”. Mit 17 Monaten bezeichnete er sogar seinen großen, aus dem löchrigen Strampelanzug ragenden Zeh – nun in pragmatischer Funktion – als “turtle”.

Im Gegensatz zu der zu weiten Bedeutungszuweisung befindet sich der zu eingeengte Bedeutungsumfang im Sinne der Überdiskrimination, so dass beispielsweise das Wort „Nahrung“ nur für Brot, Gemüse und Fleisch, nicht aber auch für Kekse oder Eiskrem verwendet wird. Oder das Wort „Sessel“ wird für einen ganz bestimmten reserviert, so wie eine Tomate zwar als etwas zum Essen, nicht aber als Pflanze erkannt wird. Ein wiederum sehr anschauliches Beispiel zitieren de Villiers und de Villiers (1992, S. 352): Mit 12 Monaten benutzte Adam das Wort “duck” nur, wenn er eine seiner drei gelben Enten aus der Badewanne warf. Nach wenigen Wochen benutzte er “duck” auch in anderen Situationen für seine Spielzeugenten, nicht aber für richtige Enten. Fünf Monate später übergeneralisierte er dann den referentiellen Gebrauch von “duck” und bezeichnete damit auch andere Wasservögel und das Bild einer Wachtel.

Übergeneralisierungen und Überdiskriminationen werden dann nicht mehr vorgenommen, wenn das Kind die hierarchische Organisation des jeweiligen semantischen Wortfeldes und damit verbunden erkannt hat, dass die gleiche Sache mit unterschiedlichen Wörtern bezeichnet werden kann.

2.2.2 Schneller Worterwerb für Objekte und Eigenschaften

Wie bringt es das Kind fertig, nach dem Erwerb von 50 Wörtern so schnell seinen Wortschatz zu erweitern, dass es mit zwei Jahren schon um die 200 Wörter beherrscht und täglich annähernd neun Wörter dazulernt? Eine intensiv belehrende Umwelt kann dafür nicht verantwortlich sein, da die Benennungsspiele in der Eltern-Kind-Interaktion gewöhnlich stark abnehmen, wenn das Kind sein zweites Lebensjahr überschritten hat. Die primäre Ursache liegt vielmehr im Kind selbst, das in der Lage ist, auf der Grundlage nur weniger gemachter Erfahrungen mit einem Wort eine schnelle Zuordnung zwischen diesem und einer, wenn auch unvollständigen Bedeutung vorzunehmen. Die schnelle Zuordnung (“fast mapping”) beinhaltet entsprechend ein unvollständiges Wortverständnis (Rice, 1990). Entgegen der früher vertretenen Meinung verhält es sich also nicht so, dass Wörter erst erlernt werden können, wenn die zugrunde liegenden Konzepte vollständig erworben sind. Die Beziehung zwischen kognitiven Strukturen und lexikalischen Repräsentationen ist offensichtlich komplexer als das bloße Draufsetzen eines Wortes auf ein vorsprachlich vollständig konstruiertes Konzept (s. de Villiers & de Villiers, 1992). Natürlich erwirbt das Kind schon Unterscheidungen zwischen Ereignissen und Objekten, bevor es die sprachlichen Bezeichnungen kennt. Aber das Auffassen einer Bezeichnung im syntaktischen Kontext kann umgekehrt auch dazu führen, dass eine konzeptuelle Unterscheidung erstmals oder differenzierter als zuvor gemacht wird. Zwischen der Sprache und der Kognition, so lässt sich verallgemeinernd schließen, besteht keine einseitige, sondern eine reziproke Beziehung.

Der Prozess der schnellen Zuordnung eines neuen Wortes zu einer ersten, noch vorläufigen und unvollständigen Bedeutung wurde erstmals von Carey und Bartlett (1978) untersucht. Im Kindergarten brachten die Entwicklungspsychologinnen dreijährigen Kindern das Kunstwort „chromium“ für die Farbe olivgrün bei, die die Kinder nicht kannten. Ganz beiläufig wurden die Kinder gebeten, das „chromium“ Tablett und nicht das blaue zu bringen. Nach ungefähr einer Woche wusste die Hälfte der Kinder noch, dass das Wort „chromium“ eine Farbe bezeichnete, wobei allerdings nur noch sehr wenige Kinder diese als olivgrün erinnern konnten. Eine einzige Darbietung des Kunstwortes hatte also ausgereicht, damit die Kinder etwas über dieses Wort lernten (s. auch Rice, 1990).

Wie aber kommt das Kind überhaupt dazu, ein Wort mit einer bestimmten Bedeutung zu verbinden? Wenn ein Kind einen Hund sieht, der an einem Knochen nagt, woher weiß es, dass sich das Wort „Hund“ nicht auf den Knochen, die Handlung des Nagens, auf den Schwanz, die Schnauze oder die Farbe des Hundes bezieht? Wie gelingt es dem Kind, die korrekte Bedeutung eines Wortes aus der großen Anzahl prinzipiell möglicher Bedeutungen herauszufinden?

Induktionsproblem. Das Problem, dass zahlreiche unterschiedliche Bedeutungen mit einem Wort verbunden sein können, wird in der Literatur als „Induktionsproblem“ bezeichnet. Markman und ihre Mitarbeiter (vgl. u.a. Markman 1991; Markman & Hutchinson, 1984; Markman & Wachtel, 1988) lösen dieses Problem so, dass sie annehmen, dass die Kinder beim Wortlernen von bestimmten Vorannahmen (“constraints”) geleitet werden, durch die die zahlreichen Bedeutungsmöglichkeiten auf ganz wenige reduziert werden. Constraints können also als Lernmechanismen im Sinne der Beschränkung von möglichen Annahmen über die Bedeutungen von Wörtern verstanden werden. Diese Beschränkung wird mit dem Auftreten der Benennungsexplosion um den 18. Lebensmonat herum bedeutsam. Dadurch gewinnt das Sprachlernen eine vollständig andere Qualität als in der Phase des ersten Wortlernens, die nach Markman (1991) durch einen langsamen assoziativen Lernprozess im Sinne des Paar-Assoziationslernens charakterisiert ist.

Ganzheits- und Taxonomieconstraint. Die für den Erwerb von Wortbedeutungen wichtigsten Constraints sind die Ganzheits-, die Taxonomie- sowie die Disjunktionsannahme. Wenn das Kind neue Wörter in einer Benennungssituation hört, so geht es einmal davon aus, dass sich diese neuen Wörter auf ganze Objekte und nicht auf Objektteile oder Eigenschaften (z.B. Substanz, Farbe, Größe) beziehen (“whole-object constraint”), und dass diese Wörter „Dinge gleicher Art“, d.h. kategorial verbundene Objekte bezeichnen (“taxonomic constraint”). Diese Ganzheits- und Taxonomieannahme konnte in vielen Experimenten bestätigt werden. Diese zeigen, dass jüngere Kinder neue Wörter als Bezeichnungen für Objekte desselben Typs (z.B. verschiedene Hunde) und nicht als Bezeichnungen für thematisch verbundene Objekte (z.B. Hund und Knochen) interpretieren. Dass die Vorgabe eines neuen Wortes die Kinder veranlasst, ihre Aufmerksamkeit auf kategoriale Beziehungen zwischen vorgegebenen Objekten zu lenken, konnten Markman und Hutchinson (1984) mit dem folgenden Experiment nachweisen: Vier- bis fünfjährigen Kindern wurden nacheinander verschiedene Objekt-Bilder (Kuh, Ring, Hund, Zug usf.) vorgelegt, zu denen sie aus jeweils zwei weiteren Bildern ein passendes auswählen sollten. Eines dieser Bilder stellte eine taxonomisch-verwandte Wahlmöglichkeit dar (z.B. Schwein zu Kuh; Halsband zu Ring; Katze zu Hund, Bus zu Zug), das andere eine thematisch-bezogene Wahl (z.B. Milch zu Kuh; Hand zu Ring; Knochen zu Hund; Schienen zu Zug). In der Bedingung ohne Benennung wurden die Kinder instruiert: „Ich zeige dir ein Bild. Und du sollst noch so eines finden.“ In der Bedingung mit Benennung lautete die Instruktion: „Ich zeige dir nun ein „dax“ (Kunstwort). Und du sollst ein anderes „dax“ finden.“ Während die Kinder in der Bedingung ohne Benennung dazu tendierten, thematisch verwandte Bilder zuzuordnen, führt die bloße Benennung durch ein Kunstwort dazu, dass die Kinder taxonomische Beziehungen herstellten und wählten.

Da in nachfolgenden Untersuchungen gezeigt werden konnte, dass schon 18–24 Monate alte Kinder vergleichbare Ergebnisse erzielen, ist es gerechtfertigt, davon auszugehen, dass die Ganzheits- und die Taxonomieannahme als Ausgangsconstraints für das schnelle Wortlernen entwicklungswirksam sind.

Disjunktionsconstraint. Die Ganzheitsannahme bringt das Kind nun aber dazu, neue Wörter ausschließlich als Bezeichnungen für ganze Objekte zu interpretieren, so dass diese Annahme überwunden werden muss, damit das Lernen von Bezeichnungen für Eigenschaften und Objektteile ermöglicht wird. Dies soll durch die Disjunktionsannahme (“mutual exclusivity constraint”) geleistet werden. Diese besagt, dass jedes Objekt nur eine einzige Bezeichnung haben kann. Wenn ein Kind schon eine Bezeichnung für ein Objekt kennt, so muss es entsprechend annehmen, dass ein neues Wort für etwas anderes steht. Auf diese Weise lernt es, Objektteile und Eigenschaften zu bezeichnen sowie auch Oberbegriffe und Eigennamen zu erkennen (Markman, 1991, S. 87f.).

In einer Serie von originellen Experimenten, die Markman zusammen mit Wachtel (1988) durchführte, wurden beispielsweise dreijährigen Kindern sechs Objektpaare vorgelegt, wobei jeweils nur die Bezeichnung für ein Objekt bekannt war. So kannten die Kinder zwar „Banane“, nicht aber „Limone“, „Löffel“, nicht aber „Zange“ usf. In der Experimentalbedingung wurden die Kinder aufgefordert: „Zeige mir die (den/das) X“, wobei X ein Kunstwort war. In der Kontrollbedingung wurden die Kinder lediglich aufgefordert: „Zeige mir eines davon“, um sicherzustellen, dass die Wahl eines unbekannten Objekts bei der Vorgabe eines unbekannten Namens nicht auf eine reine Reaktionstendenz zurückzuführen ist. Tatsächlich konnte gezeigt werden, dass die Kinder in der Experimentalbedingung die Objekte, für die sie noch keine Bezeichnungen hatten, zuverlässig als Referenten für die neuen Bezeichnungen wählten.

Wenn Kinder ein neues Wort in der Gegenwart eines bekannten und unbekannten Objekts hören, so sind sie also in der Lage, das Disjunktionsprinzip für die Bestimmung des Referenten zu nutzen. Hören sie ein unbekanntes Wort (z.B. „trachea“), wenn ihnen nur ein Objekt präsentiert wird, dessen Bezeichnung sie schon kennen, so weisen sie das neue Wort nicht dem ganzen Objekt, sondern einem Teil davon zu.

Offene Fragen. Somit vermag der Constraintansatz entwicklungstheoretisch einsichtig zu machen, wie es kleinen Kindern gelingen kann, sehr schnell auf minimalem Erfahrungshintergrund das Problem der Wort-Bedeutung-Zuordnung (“mapping problem”) zu lösen. Dies kann weder eine einfache Lerntheorie noch der kognitionspsychologische Ansatz leisten. Dennoch lässt auch die Annahme von Constraints noch wichtige Fragen offen; de Villiers und de Villiers (1992, S. 372–374) heben die folgenden vier hervor:

(1) Mit der Annahme von Constraints lässt sich gut beschreiben, wie Nomen konkreten Referenten zugeordnet werden. Wie aber steht es z.B. mit Verben, die Handlungen bezeichnen?
(2) Wie spezifisch sind die Constraints? Handelt es sich um spezifisch linguistische Annahmen, um pragmatische Konventionen oder um generelle kognitive Lernmechanismen?
(3) Handelt es sich um echte Beschränkungen bei der frühen Bedeutungszuordnung oder sollte eher von Bevorzugung, Vorannahme oder Strategie gesprochen werden, da die empirischen Daten (meist ungefähr 70 Prozent Treffer) zeigen, dass nicht von einem Alles-oder-Nichts-Prinzip ausgegangen werden kann?
(4) Woher kommen die Constraints? Stellen sie das Ergebnis von Spracherfahrungen dar oder sind sie angeboren und Teil eines biologisch determinierten Spracherwerbsmechanismus?

2.2.3 Schneller Erwerb von Verben

Der rezeptiv-passive Wortschatz unterscheidet sich nicht nur in der Größe – als der offensichtlichsten Asymmetrie –, sondern auch im Inhalt vom produktiven Wortschatz, da die Kinder Adverbien, Verben und syntaktische Konnektive schon dann verstehen können, wenn sie selbst noch nicht in der Lage sind, diese produktiv zu verwenden.

Syntaktische Constraints. Selbstverständlich spielt die Syntax beim Erwerb aller Wortarten eine Rolle. In besonderem Maße ist ein differenzierter produktiver Verbgebrauch an den Erwerb syntaktischer Satzmuster gebunden. Dies hat wenigstens drei Gründe (vgl. Gleitman, 1990; de Villiers & de Villiers, 1992):

Zum einen beziehen sich verschiedene Wörter oder Wortpaare auf denselben Ereignistyp. So ist jeder Fall von „fliehen" zugleich ein Fall von „jagen", oder „erhalten" ist mit „geben" verbunden. Entsprechend beschreiben diese Verbpaare jeweils ein Ereignis aus unterschiedlicher Perspektive, wobei für das Kind aus der Ereignissituation selbst nicht entscheidbar wird, welche Perspektive gemeint ist.

Zum anderen beschreiben Verben Ereignisse auf unterschiedlichem Spezifikationsniveau. Wenn man etwas visuell wahrnimmt, so kann dies als „wahrnehmen", „sehen", „anschauen", „bemerken" usf. beschrieben werden. Die Situation gibt für diese Differenzierung wiederum keinerlei Hinweise, da es nicht vorkommen kann, dass jemand etwas sieht, ohne es wahrzunehmen, oder dass etwas angeschaut wird, ohne es zu sehen.

Schließlich gilt, dass mentale Verben wie „wissen", „vermuten" oder „denken" sich überhaupt nicht auf beobachtbare Ereignisse beziehen.

An diesen Verben wird entsprechend besonders deutlich, dass schon verfügbare kognitive Konzepte und die zuvor besprochenen Constraints für den Induktionsprozess nicht ausreichend sein können. Vielmehr ist die Wirksamkeit eines syntaktischen Constraints in dem Sinne anzunehmen, dass die Kinder für die Unterscheidung von Verbbedeutungen Satzrahmen benutzen, in denen diese Verben vorkommen bzw. nicht vorkommen können. Dabei spielt die sog. Wertigkeit von Verben eine wichtige Rolle, d.h. die Anzahl der Argumente, die ein Verb verlangt. „Sehen" verlangt nur zwei Argumente, den Beobachter und das Objekt, wohingegen „schenken" dreiwertig ist und nach einem Geber, einem Empfänger und einem Objekt verlangt. Weitere wichtige syntaktische Hinweise auf mögliche Verbbedeutungen stellen der transitive bzw. intransitive Satzrahmen sowie diejenigen Präpositionalphrasen dar, mit denen zusammen ein Verb auftreten kann. Ich lege etwas „auf", aber nicht „bei" den Boden. Sehr anschaulich bezeichnet Gleitman (1990) daher diesen auf syntaktischen Hinweisreizen beruhenden Prozess der Induktion von Verbbedeutungen als Prozess des syntaktischen Steigbügelhaltens ("syntactic bootstrapping").

Drei Hauptphasen der lexikalischen Entwicklung. Die drei unterschiedenen Hauptphasen der lexikalischen Entwicklung sind in Tabelle 15.2 zusammenfassend charakterisiert. Entwicklungstheoretisch bedeutsam ist, dass nach dem Erwerb der ersten Wörter der kindliche Wortschatz stetig umorganisiert wird, wobei qualitativ unterschiedliche Lernmechanismen wirksam werden. Während beim sehr frühen Worterwerb durch viele Wiederholungen derselben Erfahrungen in der Eltern-Kind-Situation assoziative Verknüpfungen zwischen Wort und Bedeutung hergestellt werden, sind es spezifische semantische Constraints, die das schnelle Lernen von Objektnamen und Bezeichnungen für Objektteile und Objekteigenschaften ermöglichen. Interessanterweise beruhen dann die weiteren Fortschritte des Wortlernens sowohl auf der Überwindung der ‚alten' Constraints als auch auf der Nutzung ‚neuer' syntaktischer Constraints. Wie das im Einzelnen vor sich geht und welche hinzukommenden Informationen jeweils in den Erwerbsprozess zusätzlich mit einbezogen werden, ist allerdings noch nicht hinreichend geklärt.

Tabelle 15.2. Drei Phasen der lexikalischen Entwicklung

Phase	Merkmale	Theoretische Erklärung
Früher Worterwerb ab ungefähr dem 10. Lebensmonat	pragmatischer Gebrauch: soziale Wörter, spezifische Benennungen	assoziative Verknüpfungen im sozial-interaktiven Lernkontext
Benennungsexplosion: Schnelles Wortlernen für Objekte und Objektmerkmale ab ungefähr dem 18. Lebensmonat	Übergeneralisierungen, Überdiskriminierungen	Ganzheits-, Taxonomie- und Disjunktionsconstraints
Schnelles Wortlernen für Verben und andere relationale Wörter ab ungefähr dem 30. Lebensmonat	Verwechslungen wie zwischen „geben" und „nehmen"	syntaktische Merkmale als Steigbügelhalter

2.3 Von den Wörtern zur Satzproduktion

Der Beginn der produktiven Grammatik wird dann angesetzt, wenn die Kinder erstmals Wortkombinationen bilden. Dieser wichtige Entwicklungsschritt fällt mit dem Wortschatzspurt ab dem 18. Lebensmonat zusammen. Schon bevor Zweiwort- und Mehrwortäußerungen gebildet werden können, ist es den Kindern jedoch möglich, grundlegende Aspekte der Grammatik zu verstehen. So können sie z.B. die Wortordnung für die Interpretation von Sätzen nutzen. Hirsh-Pasek und Golinkoff (1993) berichten, dass bereits 16 bis 18 Monate alte Säuglinge in der Lage sind, Sätze wie "Big Bird is tickling Cookie Monster" und "Cookie Monster is tickling Big Bird" zu unterscheiden. Mittels der Präferenztechnik konnte nachgewiesen werden, dass 48 Säuglinge signifikant länger ein Video ansahen, wenn der vorgesprochene Satz dem gleichzeitig gezeigten Inhalt entsprach, als wenn sich Satz und Inhalt diskrepant verhielten. Ebenfalls im Präferenz-Paradigma zeigen Naigles (1990) zufolge Zweijährige, dass sie transitive von intransitiven Satzmustern unterscheiden können. Hörten sie "The duck is gorping (Kunstwort) the bunny", so schauten die Kinder länger auf die dargestellte kausative Handlung, wohingegen sie bei "The duck and the bunny are gorping" der nicht-kausativen Handlung mehr Aufmerksamkeit widmeten.

2.3.1 Zwei- und Dreiwortäußerungen

Wie sieht nun die Grammatik eines ungefähr zweijährigen Kindes aus? Diese Frage impliziert nicht, dass sich das Kind in irgendeiner Weise der Regeln, denen es folgt, bewusst ist. Sie drückt lediglich den Sachverhalt aus, dass die kindlichen Äußerungen regelhaft strukturiert sind. Betrachten wir hierzu die folgenden Wortkombinationen (Beispiele aus Grimm, 1973; Miller, 1976; viele von diesen wie auch nachfolgende Beispiele stammen aus dem süddeutschen Raum):

BEISPIEL

1 „net hiemache"	8 „Des Bode nalege"	15 „Mama Arm"
2 „net schreibe"	9 „Maxe weg"	16 „kleines Balla"
3 „mehr habe"	10 „Maxe auf"	17 „der müde"
4 „Mädi schlafe"	11 „Auge zu"	18 „da ein Schönes"
5 „Papa schläft"	12 „Tür auf"	19 „mehr Saft"
6 „Wauwau bellt"	13 „Balla Schoß"	20 „des auch passt"
7 „Frau mitschreibe"	14 „Papa Hut"	21 „Meike Bank auch"

Diese Äußerungen sind aus Platzgründen ohne Kontextbeschreibungen angeführt. Sie geben auch kein vollständiges Bild des Sprachrepertoires, sondern sollen vielmehr die folgenden vier Hauptcharakteristika der frühen Grammatik veranschaulichen.

Telegraphische Sprache. Alle bisher untersuchten Kinder, gleichgültig ob sie Deutsch, Englisch oder eine andere Sprache als ihre Muttersprache erlernen, lassen bei ihren ersten Wortkombinationen systematisch bestimmte Satzelemente aus. Vorwiegend sind dies Artikel, Hilfsverben, Ableitungs- und Flexionsmorpheme sowie Funktionswörter wie Konjunktionen und Präpositionen, die in der Erwachsenensprache einen Satz ‚zusammenhalten'. Da wir bei der Abfassung eines Telegramms (aus Kostengründen) vergleichbar vorgehen, hat Brown (1973) diese Äußerungen als ‚telegraphisch' bezeichnet. Völlig zutreffend ist dieser Vergleich jedoch nicht. Denn sind im Telegrammstil übermittelte Inhalte normalerweise trotz Auslassung vieler grammatischer Elemente verständlich, so lassen sich die Äußerungen der Kinder nur vor dem Hintergrund der Gesamtsituation eindeutig interpretieren. Kontextlos betrachtet sind sie, wie schon die Einwortsätze, immer noch mehrdeutig. Mit „Tür zu" kann so gemeint sein: „Mutter, mach die Tür zu" – „Ich mache die Tür zu" – „Die Tür ist zu". Nur wenn die Tür geöffnet ist und das Kind den Satz äußert, indem es seine Mutter auffordernd anschaut, liegt z.B. die erste Interpretation nahe. Solche Interpretationen nimmt die Mutter ständig vor. Dabei überprüft sie, ob sie das Gesagte auch richtig verstanden hat, häufig in der Weise, dass sie die Äußerung des Kindes in grammatisch vollständigerer Form wiederholt. Protest erwartet sie dann, wenn sie sich geirrt hat.

Bedeutungsrelationen. Auch ohne Kontextbeschreibungen ist den oben angeführten Beispielen unschwer zu entnehmen, dass die Kinder ganz unterschiedlichen semantischen Relationen Ausdruck verleihen:

- Handelnder – Handlung: „Papa schläft"
- Handlung – Objekt: „Tür auf"
- Objekt – Lokation: „da ein Schönes"
- Besitzer – Besitz: „Papa Hut"
- Objekt – Attribut: „Kleines Balla"
- Zurückweisung – Handlung: „net schreibe"
- Wiederauftreten – Handlung: „mehr habe"

Kinder sprechen über das, was in ihrem unmittelbaren Interesse liegt und wozu sie kognitiv in der Lage sind. So beginnt das kleine Kind jetzt auch, sich sprachlich auf Vergangenes zu beziehen. Dazu ein Beispiel von Miller (1976, S. 237f.): Die 20 Monate alte Meike spielt mit ihrer Schwester Simone, die weint. Meike stellt fest: „Mone weint". Etwas später, als Simone schon wieder lacht, äußerst sie nochmals: „Mone weint". Die sich anbahnende Lösung der Sprache von der aktuellen Handlungssituation haben Stern und Stern (1907) besonders anschaulich festgehalten. William Stern lässt beim Einsteigen in eine Droschke seine Touristenflasche fallen, die in Stücke geht. Fünf Tage später erinnert sich seine Tochter Hilde, die 25 Monate alt ist: „Papa, brrbrr, Fasche putt" (brrbrr = Pferd).

Beachtung formaler Regularitäten. Ein naheliegender Gedanke ist, dass die Zweiwort- und Dreiwortsätze semantisch begründet sind und noch nicht auf formalen Prinzipien beruhen. Dies ist jedoch nicht der Fall. Eine Reduktion der Syntax auf die Semantik ergäbe ein falsches Bild des Erwerbsprozesses. So stellen Kinder z.B. nie Adjektive vor Pronomen und sagen „groß das" oder „schön die". Warum tun sie dies nicht und sagen „das groß" und „die schön", obgleich sie doch zeitgleich ebenso „großer Hund" und „schönes Mädi" sagen? An der Semantik kann es offensichtlich nicht liegen, da sich ja Pronomen und Nomen auf dieselbe semantische Kategorie beziehen. Die Kinder müssen also schon ein Gefühl für die formal-grammatischen Eigenschaften ihrer Umweltsprache erworben haben (vgl. u.a. de Villiers & de Villiers, 1992).

Dass diese Folgerung nicht nur für den Erwerb der Wortordnungen, sondern auch für den Aufbau morpho-phonologischer Regularitäten gilt, hat Karmiloff-Smith (1979) besonders eindrucksvoll demonstriert. Karmiloff-Smith untersuchte, ob Kinder das grammatische Geschlecht über die Unterscheidung des natürlichen Geschlechts erwerben. Sie zeigte ihren kleinen Versuchspersonen zwei eindeutig weibliche Phantasiewesen, die sie als „deux bicron“ (zwei bicron) bezeichnete und beobachtete, ob die Kinder bei der Zuweisung des grammatischen Geschlechts dem semantischen Hinweis oder dem phonologischen Hinweis (-on ist eine maskuline Endung) folgen. In der Tat folgten vor allem die jüngeren Kinder dem formal-phonologischen Hinweis, indem sie die Phantasiewesen als „le bicron“ (der bicron) bezeichneten. Dass sie darüber hinaus auch den semantischen Hinweis verstanden hatten, zeigte sich daran, dass sie die Wesen zugleich mit dem Pronomen „elle“ (sie) bezeichneten.

Wortordnung. Wir haben schon gesehen, dass Kinder unter zwei Jahren grundlegende Wortordnungen verstehen können, auch wenn sie noch nicht in der Lage sind, diese zu produzieren. Betrachten wir nun die ersten produktiven Zweiwort- und Dreiwortverbindungen, so wird in Bestätigung des zuvor Gesagten deutlich, dass die Kinder auch hierbei ganz bestimmte Wortordnungen einhalten. Diese Sensitivität gegenüber den formalen Strukturprinzipien der Sprache lässt sich nachvollziehbar an den folgenden Beispielen demonstrieren: Die Kinder sagen: „net hiemache“, „da ein Schönes“ oder „mehr Saft“ und nicht: hiemache net / da Schönes ein / Saft mehr (siehe die Beispielsätze 1, 5, 20). Unflektierte Verben stehen zunächst am Satzende wie bei den Beispielsätzen 3, 8, 9: „mehr habe“, „Frau mitschreibe“ oder „des Bode nalege“. Sobald die Kinder jedoch die ersten morphologischen Regelmäßigkeiten erworben haben, wird das Verb in die 2. Position bewegt, so wie es die zugrundeliegende Subjekt-Verb-Objekt-Ordnung verlangt: „Wagen ist kaputt“ oder „Max macht Tür auf“. Sehr schnell erwerben die Kinder dann variable Wortordnungen, um auch Fragen und Aufforderungen korrekten Ausdruck zu verleihen. Dass, wie de Villiers und de Villiers (1992, S. 392) formulieren, “children are attentive to the structural possibilities that their language provides and that they establish that word order early in their own speech” gilt allerdings nur für den ungestörten Entwicklungsverlauf. Sprachentwicklungsgestörte Kinder verletzen Wortordnungsregeln sehr häufig und haben sehr lange große Schwierigkeiten, sich korrekte variable Wortordnungen anzueignen (vgl. z.B. Grimm, 1999).

2.3.2 Fortschritte der morpho-syntaktischen Fähigkeiten

Nachdem mit ungefähr zweieinhalb Jahren Sätze mit mehreren Phrasen produziert werden können, benötigen die Kinder nur noch weitere eineinhalb Jahre bis sie – nunmehr vierjährig – die hauptsächlichen Satzkonstruktionen ihrer Muttersprache beherrschen (vgl. u.a. Menyuk, 1988). Dabei wird die schnelle und dramatische Veränderung des sprachlichen Wissens durch wichtige Reorganisationsprozesse gesteuert. Unvollständige und falsch gebildete Äußerungen, inkorrekte Satzinterpretationen sowie morphologische Fehler machen es möglich, diese Prozesse mit ihren qualitativ unterschiedlichen Repräsentationen nachzuvollziehen. Es mag zunächst überraschen, dass es ausgerechnet Fehler sein sollen, die Aufschluss über die Aneignung von Strukturprinzipien geben. Tatsächlich stellt aber die Fehleranalyse den Königsweg unter den möglichen Methoden dar (Brown, 1965).

Reihenfolge- und Semantikstrategie. Am Beispiel konkretisiert: Bevor Kinder zu einer vollständigen linguistischen Analyse der Passivstruktur in der Lage sind, setzen sie ganz unterschiedliche Interpretationsstrategien ein, die dann auch zu entsprechenden Fehlschlüssen führen. Dies lässt sich im sog. Manipulationsexperiment überprüfen, indem man den Kindern Passivsätze vorspricht und sie auffordert, das, was sie verstanden haben, in entsprechende Handlungen mit Spielobjekten umzusetzen (z.B. Grimm, 1975, 1994). Wenn der reversible Passivsatz „Das Mädchen wird von dem Jungen gewaschen“ fälschlicherweise so dargestellt wird, dass das Mädchen den

Jungen wäscht, dann hat das Kind aller Wahrscheinlichkeit nach die Passivform nicht verarbeitet, sondern stattdessen die Reihenfolge der Nomen als Handlungsfolge interpretiert. Wenn nun dasselbe Kind den irreversiblen Passivsatz „Die Katze wird von dem Jungen gejagt“ in die richtige Handlungsfolge umsetzt, so erfolgt dies nicht auf der Grundlage seines ja noch nicht vorhandenen Strukturwissens, sondern stellt das Ergebnis der Anwendung einer Semantikstrategie dar, die besagt, dass gehörte Sätze in Übereinstimmung mit dem Weltwissen zu interpretieren sind.

Beide Strategien, die im Englischen als "order of mention strategy" und als "event probability strategy" (u.a. Menyuk, 1988) bezeichnet werden, finden auch bei anderen Satzstrukturen Anwendung, so dass z.B. der Temporalsatz „Der Bär legte sich hin, nachdem die Katze auf den Klotz sprang“ von vier- bis fünfjährigen Kindern so interpretiert wird, dass zuerst der Bär und erst danach die Katze eine Handlung ausführt. Solche Interpretationsstrategien, die Aufschluss über das verfügbare sprachliche Wissen geben, dürfen allerdings nicht fälschlicherweise als Erwerbsstrategien interpretiert werden.

Drei Stufen struktureller Reorganisation. Wie hart das Kind an der Sprache arbeitet und schrittweise zunehmend abstraktere Strukturprinzipien erkennt, lässt sich besonders eindrücklich an morphologischen Fehlern demonstrieren. Bowerman (1982) unterscheidet drei Stufen der strukturellen Reorganisation. Die erste Stufe wird als "rote stage" bezeichnet, weil das Kind einzelne Formen (z.B. "feet", „Männer“, "broken", „gesehen“) als unanalysierte Einheiten im Gedächtnis gespeichert hat und isoliert abruft. Das kindliche Sprachwissen bewegt sich zunächst noch vollständig an der Oberfläche.

Übergeneralisierungen signalisieren dann das Erreichen der sog. "rule stage" als dem zweiten Entwicklungsschritt; Fehler wie "foots", „Männers“, "breaked" oder „geseht“ weisen darauf hin, dass das Kind nun erkannt hat, dass Wörter aus Einheiten zusammengesetzt sind; regelmäßige Muster werden auf unregelmäßige Formen ausgedehnt.

Der dritte Entwicklungsschritt führt schließlich zu korrekt gebildeten Formen. Wenn das Kind nun wie auf der ersten Stufe "feet", „Männer“, "broken" oder „gesehen“ sagt, so kommt dem nun eine andere Qualität zu: Es handelt sich nicht länger um die Produktion unanalysierter Einheiten, sondern um Wortformen, die in ein neu erworbenes morphologisches Regelsystem integriert sind.

Drei-Phasen-Modell expliziten Sprachwissens. Wenn Kinder zwischen vier und fünf Jahren ohne Punkt und Komma reden können und die Satzmuster ihrer Muttersprache prinzipiell beherrschen, so haben sie trotzdem noch nicht den Abschluss ihrer grammatischen Kompetenz erreicht. Darauf hat insbesondere Karmiloff-Smith (1986, 1992) aufmerksam gemacht und empirisch gezeigt, dass nach dem fünften Lebensjahr ein weiterer wichtiger Entwicklungsschritt in der Veränderung der linguistischen Repräsentationen sprachlicher Formen besteht. Während die Kinder zunächst vorwiegend datengesteuerte Sprachfertigkeiten aufbauen, wird zunehmend das Sprachsystem selbst zum Gegenstand nicht bewusster Reflexionen, die letztendlich zum Erwerb metalinguistischer Bewusstheit führt. Diesen Entwicklungsprozess hat Karmiloff-Smith (1992) im Rahmen eines Drei-Phasen-Modells beschrieben (vgl. Abb. 15.1).

In der ersten Phase ("behavioral mastery") fokussiert das fünfjährige Kind auf Sprachinformationen aus der externen Umwelt. Bei diesem Daten-geleiteten Lernen werden lediglich repräsentationale Adjunktionen gebildet. Die sprachliche Information ist im Geist und steuert die Sprachverarbeitung; sie stellt aber noch kein Wissen für den Geist dar. Das Kind benutzt sprachliche Formen korrekt, ohne über diese reflektieren zu können. Das sprachliche Wissen ist vollständig implizit.

Der weitere Schritt, um implizite Sprachinformationen in explizites Wissen zu überführen, erfolgt bei ungefähr sechsjährigen Kindern durch einen nicht bewussten Reorganisationsprozess, wodurch die bereits verfügbaren Repräsentationen intern neu organisiert und damit flexibler werden. Durch die Hinwendung nach innen wer-

ab 5 Jahre

Phase 1
Implizites Sprachwissen:
korrekter Sprachgebrauch
erfolgreiche Kommunikation

↓

ab 6 Jahre

Phase 2
System-internaler Reorganisationsprozess:
Fehler auf der Verhaltensebene
spontane Selbstkorrekturen
Lösen von Beurteilungs- und Korrekturaufgaben

↓

ab 8 Jahre

Phase 3
Explizites Sprachwissen:
bewusste Reflexion über die Sprache
Erklärung von Sprachregularitäten

Abbildung 15.1. Vom impliziten zum expliziten Sprachwissen

den die von außen kommenden Informationen zum Teil vernachlässigt, so dass es zu Fehlern auf der sprachlichen Verhaltensebene kommen kann.

Eine Versöhnung zwischen den äußeren Daten und internen Repräsentationen findet dann schließlich in der dritten Phase statt, in der das über achtjährige Kind nun dem Bewusstsein zugängliche Annahmen über das Funktionieren der Sprache zu bilden vermag.

Karmiloff-Smith (1992, S. 48) beschreibt ihr Modell selbst knapp so: "The ... model ... postulates that the linguistic representations themselves ... undergo subsequent redescription, such that they become linguistic objects of attention outside their on-line use in comprehension and production. In other words, young children go beyond behavioral mastery, beyond fluent output and successful communication, to exploit the linguistic knowledge that they have already stored. It is this that ultimately allows them to become little linguists."

Am konkreten Beispiel verdeutlicht: Vier- bis fünfjährige Kinder gebrauchen den (französischen) Artikel „mes“ in impliziter Weise korrekt, um die Bedeutungskomponenten ‚Besitz‘ und ‚Plural‘ anzuzeigen („mes voitures“). Sechsjährige beginnen nun diese Bedeutungskomponenten einzeln zu markieren, was inkorrekte Äußerungen zur Folge hat („toutes les miennes de voitures“). Diese explizite Übermarkierung der Bedeutungskomponenten erfolgt weder bewusst, noch ist sie bewusstseinsfähig; sie spiegelt aber eine Reorganisation des zugrunde liegenden Sprachsystems wider. Dies gilt auch für spontane Selbstkorrekturen während des Sprechens sowie für die Fähigkeit, vorgesprochene Sätze auf ihre Grammatikalität hin zu beurteilen, u.U. zu korrigieren und die Korrekturen zu begründen. Wenn ein fünf- bis sechsjähriges Kind den Satz „Zwei Autos stoßt zusammen“ als inkorrekt erkennt und verbessert (... stoßen ...), so macht es dies ohne bewusste Reflexion und ist nicht in der Lage, sein Sprachverhalten zu analysieren. Das ältere Kind ist hierzu durchaus in der Lage und begründet seine Korrektur dadurch, dass „zwei Autos“ die Mehrzahlbildung des Verbs fordern.

2.4 Der Weg zur pragmatischen Kompetenz

Bei der Entwicklung pragmatischer Kompetenzen geht es vor allem um den Erwerb von Fähigkeiten und Fertigkeiten des situations- und kontextadäquaten Gebrauchs von Sprache. Dies schließt vor allem auch den Aufbau soziokultureller Kenntnisse sowie das Wissen um die Gefühle und Bedürfnisse anderer ein und umfasst sehr unterschiedliche Fragestellungen wie etwa: Wie wird das Kind zu einem kompetenten Kommunikationspartner? Wie erwirbt es die strukturelle Organisation von Erzählungen (narrativen Diskursen)? Wie werden verschiedene Arten von Sprechhandlungen (Bitten, Befehlen, Erlauben, Versprechen usw.) erworben? Damit resultiert eine Vielzahl sehr vielgestaltiger Fragen, die den Rahmen eines Lehrbuchkapitels zur Sprachentwicklung sprengen würden. Daher soll im Folgenden nur auf einige wenige ausgewählte Aspekte eingegangen werden (vgl. ausführlicher Hickmann, 2000).

Von Kommunikation zu Sprache: Drei Phasen. Das Kind kommuniziert schon längst mit seinen Bezugspersonen, bevor es zu sprechen beginnt. So gilt ganz sicherlich, dass wir nicht kommunizieren, weil wir grammatische Regeln gelernt haben, sondern dass wir diese lernen, weil wir kommunizieren. Den Weg von der Kommunikation zur Sprache fasst Hoff-Ginsberg (1993) in drei Hauptphasen.

Zwischen dem 8. und 10. Lebensmonat beginnt das Kind, mittels Gesten intentional zu kommunizieren. Dabei spielen die sog. Protoimperative und Protodeklarative eine besonders wichtige Rolle (Bates et al., 1987): Wenn das Kind ein bestimmtes Objekt haben will, deutet es darauf, indem z.B. sein Blick zwischen dem Objekt und der Mutter (die es holen soll) hin und her wandert. Das Ziel kann aber auch die Interaktion selbst sein, indem das Kind mit einem Objekt spielt und es zeigend in Richtung auf die Mutter hochhebt. Nur wenig später, ab dem 11. Monat, wird dann die Zeigegeste systematischer für die Kommunikation eingesetzt; das Kind weist auf ein bestimmtes Objekt hin und wartet, bis die Mutter eine Bemerkung wie „Ja, das ist ein Hund" macht.

Zwischen dem 16. und 22. Lebensmonat beginnt das Kind dann selbst, Intentionen, die sich direkt auf den Diskurs beziehen, ersten sprachlichen Ausdruck zu verleihen. So beantwortet es Fragen („Wo ist der Ball?" – „Da") und holt Informationen ein („Papa?").

Ab dem zweiten Lebensjahr nimmt schließlich die Länge der Konversationseinheiten entscheidend zu, so dass bereits 30 Monate alte Kinder schon in der Lage sind, um die 20 zusammenhängende Äußerungen zu produzieren.

Frühe pragmatische Kompetenzen und Einschränkungen. Dabei können sich bereits dreijährige Kinder – entgegen der bekannten Egozentrismusannahme Piagets (z.B. 1923/1972) – sprachlich an das Alter und den Status ihrer Gesprächspartner anpassen. Auch beginnen die Gespräche unter Kindern jetzt eine echte soziale Qualität zu gewinnen, so dass u.a. Formen des Zusammenspiels ausgehandelt werden können.

Vor diesem Hintergrund betont Hickmann (2000) in einem neueren Überblick, dass Kinder bereits frühzeitig über eine Vielzahl pragmatisch-kommunikativer Fähigkeiten und Fertigkeiten verfügen: Sie sind in der Lage,

- sich kommunikativen Erfolgen oder Misserfolgen anzupassen,
- Äußerungen nach einer Erklärungsaufforderung von Erwachsenen umzuformulieren,
- Formen des Bittens kontextabhängig zu variieren,
- verschiedene Typen von indirekten Anweisungen zu verstehen und zu verwenden und
- ihre Sprache verschiedenen Rollenbedürfnissen anzupassen.

Trotz dieser früh verfügbaren Kompetenzen ist es allerdings noch ein langer Weg, bis die Kinder in der Lage sind, gezielt bestimmte sprachliche Ausdrücke zur Unterscheidung von Sprechakten zu verwenden, bis sie in pragmatisch vollständig angemessener Weise über Dinge und Ereignisse reden können, die nicht Teil der Sprechsituation sind, und kompetent argumentative Handlungen ausführen können. Beispielsweise stützen sich jüngere Kinder bei der Interpretation verschiedener Sprechakte vor allem auf den Situationskontext, während linguistische Hinweise erst von älteren Kindern genutzt werden. Dies wird nach Hickmann (2000) u.a. durch eine Studie gestützt, die zeigt, dass Kinder unter zehn Jahren noch nicht in der Lage sind, die Form des Futurs als Hinweis auf ein Versprechen zu interpretieren (Bernicot & Laval, 1996). Untersuchungen zum Rollenspiel (Übernahme der Mutter-, Vater- oder Kindrolle im Familienkontext) belegen ergänzend, dass jüngere Kinder ihre Sprache zunächst in Stimmqualität und Prosodie der jeweiligen Rolle anpassen; etwas später gelingt ihnen dies im Hinblick auf den sprachlichen Inhalt und die Wortwahl, während sie erst zu einem noch späteren Zeitpunkt auch die Äußerungsformen (z.B. Nutzung von Imperativen) der jeweiligen Rolle anzupassen vermögen (Andersen, 1990, zit. nach Hickmann, 2000).

3 Das Erklärungsproblem

Jede Spracherwerbstheorie muss erklären können, in welcher Weise es dem kleinen Kind gelingt, abstrakte Spracheinheiten und komplexe formale Regularitäten zwischen diesen auf der Basis konkreter Sprachbeispiele zu erwerben. Die Darstellung der wichtigsten Meilensteine hat gezeigt, dass es falsch wäre, diesen Erwerbsprozess als einen Prozess der rein quantitativen Wissenszunahme und damit der allmählichen, kontinuierlichen Annäherung an die Erwachsenensprache verstehen zu wollen (vgl. Deutsch, 1984). Das Kind ist kein defizienter Erwachsener, sondern ein Analysator und Schöpfer. Es nutzt das gehörte Sprachangebot für die Abstraktion formaler Verteilungsmuster und die Organisation und Reorganisation grammatischer Regularitäten; es bildet auf dem Weg zur Erwachsenenkompetenz qualitativ unterschiedliche und hoch kreative Zwischengrammatiken. Bis heute konnte keine übergeordnete Theorie für diesen komplexen Ablauf formuliert werden. Von daher ist es falsch und kurzsichtig, unterschiedliche Erklärungsansätze gegeneinander auszuspielen. Der erfolgversprechende Weg für ein besseres Verständnis des komplexen und komplizierten Spracherwerbsprozesses ist vielmehr, unterschiedliche Lerntypen für die Ausbildung verschiedener Struktureigenschaften zu verschiedenen Entwicklungszeitpunkten als operativ anzunehmen (vgl. u.a. Bates et al., 1988).

Grundüberzeugungen und Unterschiede. Wüssten die Kinder über die Komplexität ihrer Erwerbsaufgabe, so würden sie ganz bestimmt gar nicht erst damit anfangen (vgl. Tracy, 1991). Die Forscher, die sich dieser Komplexität stellen, scheinen in folgenden vier Grundüberzeugungen übereinzustimmen:

(1) Die Sprache ist humanspezifisch und hat eine biologische Basis.
(2) Das Kind ist für den Spracherwerbsprozess vorbereitet.
(3) Ohne eine sprachliche Umwelt wäre der Erwerbsprozess nicht möglich.
(4) Die inneren Voraussetzungen des Kindes und die äußeren Faktoren müssen im Sinne einer gelungenen Passung zusammenwirken.

Die Frage, unter welchen Umständen eine gelungene Passung gegeben ist, wird nun jedoch ganz unterschiedlich beantwortet, je nachdem, welcher der genannten Faktoren wie gewichtet wird. Nelson (1991) hat karikierend aufgezeigt, wie überzogene Formulierungen der theoretischen Problemstellung zu dogmatischen Erklärungshypothesen führen: Geht man z.B. davon aus, dass das Sprachangebot völlig fehlerhaft und chaotisch und das zu erwerbende Sprachsystem hochabstrakt und komplex ist, so folgt daraus, dass nur ein sehr spezifisches angeborenes grammatisches Wissen die Spracherwerbsaufgabe lösbar machen kann. Nimmt man umgekehrt an, dass das Sprachlernen eine Art Unterricht durch eine „allwissende Mutter" (Tracy, 1991, S. 43) darstellt und das vermittelte Sprachwissen relativ „oberflächen-nah" ist, dann sinkt die Notwendigkeit, ein angeborenes Sprachwissen sowie einen mächtigen speziellen Mechanismus der Informationsverarbeitung für den Lernprozess zu postulieren, da dieser im Extremfall ja nichts anderes wäre als ein reiner Übernahmeprozess.

Solche Extrempositionen werden heute nicht (mehr) vertreten. Dennoch unterscheiden sich nach wie vor die Theorien darin, ob und in welcher Form dem Kind angeborene sprachspezifische Voraussetzungen zugeschrieben werden, welche erwerbsrelevanten Informationsverarbeitungsfähigkeiten angenommen werden und welche Rolle der sprachlichen Umwelt zugeschrieben wird. Je nach Gewichtung erfährt das sog. Lernbarkeitsproblem eine unterschiedliche Antwort. Dieses Problem umgreift die folgenden Fragen, die, obzwar schon bekannt, in etwas veränderter Formulierung nochmals angeführt werden sollen (vgl. Bowerman, 1988; Tracy, 1990):

- Wie ist es möglich, dass das Kind abstraktes Wissen erwirbt, das ihm nicht direkt angeboten wird?
- Wie kommt es, dass das Kind auf seinem Weg zum kompetenten Sprecher ganz bestimmte Fehler nicht macht?
- Welche Mechanismen sind für Prozesse der Reorganisation sprachlicher Repräsentationen verantwortlich? Warum nimmt das Kind Veränderungen vor und verwirft Fehler, obgleich diese die Kommunikation nicht prinzipiell gestört haben?

Golinkoff und Hirsh-Pasek (1990; Hirsh-Pasek & Golinkoff, 1993) unterscheiden zwei große Theoriefamilien, die von außen nach innen gerichteten und die von innen nach außen gerichteten Theorien (vgl. Tabelle 15.3). Bei den "Outside-in"-Theorien werden angeborene sprachspezifische Voraussetzungen nicht angenommen (z.B. Piaget, 1923/1972) oder minimiert (z.B. Bates et al., 1988), wohingegen bei den "Inside-out"-Theorien angeborenes Sprachwissen und/oder sprachspezifische Lernmechanismen eine zentrale Rolle spielen (z.B. Chomsky, 1982; Felix, 1984).

"Inside-out"-Theorien. Insbesondere linguistisch orientierte Spracherwerbstheorien stimmen darin überein, dass das Kind von Beginn an mit einem hochabstrakten grammatischen Wissen (einer „Universalgrammatik") und/oder mit einem hoch spezialisierten sprachbezogenen Verarbeitungssystem ausgestattet ist. Dieses Wissens- oder Verarbeitungssystem, das als ein autonomes und damit unabhängig von anderen Wissensbeständen und Kompetenzen operierendes Modul des Gehirns gedacht ist, ist ausschlaggebend dafür, dass das sprachliche Lernbarkeitsproblem gelöst werden kann. Der Umweltsprache sowie den allgemeinen Lernfähigkeiten der Kinder kommt eine vergleichsweise unbedeutende Rolle im Spracherwerb zu. Sie dienen der Auslösung ("triggering") des Erwerbsprozesses, der Festlegung solcher grammatischer Prinzipien (Parameter), die durch die Universalgrammatik nicht vollständig spezifiziert sind, sowie der Unterstützung genetisch bestimmter Reifungsprozesse.

Tabelle 15.3. Zwei Theoriefamilien

"Outside-in"-Theorien	"Inside-out"-Theorien
Annahme genereller Lernmechanismen	Sprachlernen unterscheidet sich zumindest zum Teil von anderen Lernprozessen
Angeborene sprachspezifische Voraussetzungen werden nicht angenommen oder minimiert	Das Kind ist mit angeborenem Sprachwissen oder angeborenen sprachspezifischen Fähigkeiten ausgestattet
Zwei Varianten: ▶ kognitive Theorien ▶ sozial-interaktive Theorien	Zwei Versionen ▶ starke Version: Universalgrammatik ▶ schwache Version: Basierend auf empirischen Ergebnissen der Säuglingsforschung

Beziehungen zwischen sprachlicher und kognitiver Entwicklung gehen nach dieser Auffassung vor allem darauf zurück, dass die Analyseergebnisse (der "Output") des Sprachmoduls mit anderen, ebenfalls modular strukturierten Wissensrepräsentationen interagieren.

Auch wenn die Angeborenheitsannahme innerhalb der linguistischen Theorienbildung unterschiedliche Abschwächungen erfährt, so bleibt doch immer die Ansicht bestehen, dass die Umweltsprache (der "Input") als Induktionsbasis nicht ausreichend dafür sein kann, dass das Kind das korrekte sprachliche Regelsystem erwirbt und keine bleibenden falschen Schlüsse über die der Sprache zugrunde liegenden Regelmäßigkeiten zieht.

Sprachentwicklungspsychologen nehmen gewöhnlich eine moderatere Position ein und stellen den Passungsgedanken zwischen inneren und äußeren Bedingungen in den Vordergrund, wobei die Annahme angeborener sprachspezifischer Bedingungen auf der empirischen Basis von Ergebnissen aus der Säuglingsforschung beruht (vgl. u.a. Karmiloff-Smith, 1992). Die Sprache wird nicht als ein von anderen Aspekten der Kognition vollständig unabhängiges Modul, sondern als bereichsspezifischer Problembereich aufgefasst, für dessen Erwerb der Säugling mit sprachspezifischen Voraussetzungen ausgestattet ist, die ihm erlauben, seine Aufmerksamkeit auf linguistisch relevante Spracheinheiten und Regularitäten zu fokussieren.

"Outside-in"-Theorien. "Outside-in"-Theorien betonen demgegenüber die Bedeutung genereller Lernmechanismen. "Outside" bezieht sich dabei nicht nur auf das, was außerhalb des Kindes stattfindet, sondern auch auf alle Aspekte der mentalen Organisation, die sich außerhalb des Systems der Sprache befinden (s.a. Shatz, 1993). Zwei Varianten haben in der Forschung eine wichtige Rolle gespielt und spielen sie zum Teil noch.

Bei der ersten Variante handelt es sich um kognitive Theorien, die den Spracherwerb als das Ergebnis der kognitiven Entwicklung zu erklären versuchen (u.a. Piaget, 1923/1972; Schlesinger 1971). Wörter sollen erst dann erlernt werden können, wenn die zugrundeliegenden Konzepte erworben sind, so wie die regelhafte Anordnung von Wörtern in Sätzen den während der sensumotorischen Phase aufgebauten Handlungsschemata folgen soll (s.a. Grimm 1986).

Die sozial-interaktiven Theorien als zweite Variante setzen diesem kognitiven Reduktionismus einen sozialen Reduktionismus in der Weise entgegen, dass angenommen wird, dass Sprachmuster direkt aus zuvor erworbenen sozial-kommunikativen Mustern entstehen (s. Bruner, 1975). Wenn auch nicht mehr so streng unilateral vertreten, so gilt auch heute noch für manche Forscher (z.B. Bruner, 1978, 1983, 1985; Moerk, 1989, 1991), dass den im Dialog ausgebildeten Sprach- und Kommunikationsmustern primäre Bedeutsamkeit für einen gelungenen Spracherwerb zukommt.

Interaktionistische Sichtweise. Eine Annäherung und gegenseitige Ergänzung der unterschiedlichen Sichtweisen ist, wie schon gesagt, der beste Weg zum Verständnis des Spracherwerbsprozesses. Golinkoff und Hirsh-Pasek (1990, S. 85) stellen entsprechend fest: "The challenge for the future is to explain how the reservoir of cognitive, social, and prosodic knowledge interacts to support the discovery of syntactic rules." Unter den möglichen interaktionistischen Sichtweisen nehmen heute die sog. Steigbügelhalter-Theorien ("bootstrapping theories") eine wichtige Rolle ein. Dabei geht es um die Frage, welche schon erworbenen Konzepte gewissermaßen als Steigbügel für den Einstieg in die Grammatik benutzt werden. Beim semantischen "bootstrapping" beispielsweise werden semantische Konzepte für den Einstieg in die Syntax genutzt, so wie syntaktische Hinweisreize den Erwerb von Wortbedeutungen ermöglichen können. Bedeutsam ist, dass Steigbügelhalter-Theorien keinen allumfassenden Anspruch haben, sondern versuchen, einzelne Teilbereiche der Spracherwerbsaufgabe präzise zu definieren, um zu empirisch prüfbaren Aussagen zu kommen.

4 Voraussetzungen und Bedingungen für einen erfolgreichen Spracherwerb

Die allgemeine Frage, welche Voraussetzungen für die Bewältigung der Spracherwerbsaufgabe anzunehmen sind, lässt sich u.a. über die folgenden Teilfragen präzisieren: Mit welchen wahrnehmungsbezogenen, kognitiven und sozial-kognitiven (Vorausläufer-)Fähigkeiten ist das Kind ausgestattet, die den Spracherwerb vorbereiten und ermöglichen? Welche Rolle kommt der sozialen Umwelt zu? Stellt diese lediglich den motivierenden Motor für die Sprachaneignung durch das Kind dar? Oder nimmt sie auch spezifische sprachlehrende Funktionen wahr? Beruht der Erwerbsprozess auf generellen Lernprinzipien oder sind auch sprachspezifische Erwerbsmechanismen anzunehmen?

4.1 Spracherwerb als biologisch fundierter, eigenständiger Phänomenbereich

Mindestens die folgenden vier Beobachtungen unterstreichen die biologische Fundierung und Bereichsspezifität des Spracherwerbs, die heute übereinstimmend betont wird.

(1) Der Spracherwerb ist humanspezifisch. Obgleich Tiere in der Lage sind, komplexe Kommunikationssysteme auszubilden, gibt es bislang keine überzeugenden Hinweise, dass sie in der Lage sind, ein der menschlichen Sprache vergleichbares Regelsystem auszubilden (Grimm, 1995). Entgegen manchen populärwissenschaftlichen Berichten haben die Versuche, Primaten die Gebärdensprache oder andere sprachliche Systeme zu vermitteln, nicht dazu geführt, dass diese tatsächlich eine der menschlichen Sprache vergleichbare Sprachkompetenz ausgebildet haben. Zwar waren sie zu einer funktionsbezogenen Nutzung gebärdensprachlicher Zeichen durchaus in der Lage. Beim Erwerb grammatischer Strukturen erwiesen sich ihre Fähigkeiten aber als mehr als eingeschränkt (Grimm, 1987a).

(2) Beim Menschen erweist sich die grundlegende Fähigkeit zum Spracherwerb als sehr robust. Im Gegensatz zu Primaten, die selbst bei einem elaborierten und gut strukturierten Sprachangebot keine der menschlichen Sprache vergleichbare Sprachkompetenz ausbilden, entwickeln gehörlose Kinder auch unter sehr eingeschränkten Erwerbsbedingungen eigenständig sprachähnliche, morphologisch und syntaktisch strukturierte Zeichensysteme. Dies wird durch die Studien von Gleitman, Goldin-Meadow und ihren Mitarbeitern (vgl. dazu Gleitman, 1986; Goldin-Meadow & Mylander, 1998) eindrucksvoll belegt. Untersucht wurden u.a. sechs congenital gehörlose Kinder als sie zwischen 17 und 49 Monate und zwischen 30 und 54 Monate alt waren. Die Eltern der Kinder waren normal hörend und hatten sich auf Veranlassung der Lehrer der Gehörlosenschule hin entschlossen, ihre Kinder oral zu erziehen, d.h. ihnen das Vokalisieren und das Lippenablesen beizubringen. Entsprechend erwarben die Eltern nicht die Gehörlosensprache, um über diese mit ihren Kindern kommunizieren zu können. Aufgrund dieses Umstandes wuchsen die Kinder zunächst in einer extrem deprivierten Sprachumwelt auf. Nun ist bekannt, dass gehörlose Kinder von sich aus ein informelles System kommunikativer Gesten entwickeln, das in der Literatur als "home sign" (Heimzeichen) bezeichnet wird. Die Entwicklung dieses privaten kommunikativen Systems wurde bei den sechs Kindern, sog. "linguistic isolates", mit den folgenden Ergebnissen genau analysiert: Die Kinder begannen zu demselben Zeitpunkt, zu dem normale Kinder ihre ersten Wörter produzieren, einzelne selbsterfundene Gesten zu machen. Ganz besonders interessant ist, dass sie dann, wiederum dem normalen Sprachentwicklungsverlauf folgend, diese Gesten zu Zwei- und Drei-Zeichen-Sequenzen verbanden, wobei sie ebenso wie altersgleiche sprechende Kinder bestimmte Wortordnungen einhielten, also syntaktische Regeln befolgten. Dies stellt einen wichtigen Hinweis darauf dar, dass Kinder internal mit der Fähigkeit ausgestattet sind, solche Formen zu entwickeln.

Wie robust die grundsätzliche Fähigkeit zum Spracherwerb beim Menschen ist, wird in vollständig anderer Weise auch durch Studien mit Patienten belegt, denen zu einem frühen Entwicklungszeitpunkt der linke oder rechte Cortex aus medizinischen Gründen entfernt werden musste. Trotz dieses gravierenden Eingriffs, der bei den drei untersuchten Patienten in einer Studie von Dennis und Whitaker (1976; vgl. zusammenfassend Grimm, 1987a, 1995) vor dem fünften Lebensmonat durchgeführt werden musste, waren die Patienten in der Lage, angemessene phonologische und semantische Fähigkeiten zu entwickeln: Sie zeigten eine normale Artikulation und konnten phonemische Unterscheidungen vornehmen; auch hatten sie weder Worterkennungsprobleme noch Wortfindungsschwierigkeiten.

Allerdings enthält diese Studie zugleich Hinweise darauf, dass die rechte Hemisphäre möglicherweise nicht in gleicher Weise wie die linke geeignet ist, sophistizierte grammatische Leistungen zu vermitteln. So hatten die beiden Kinder, denen die linke Hemisphäre entfernt worden war, u.a. Schwierigkeiten bei der Interpretation von Satzbedeutungen, wenn diese den Einbezug syntaktischer Merkmale erforderte; interessanterweise versuchten sich die Kinder durch semantische Strategien zu behelfen, die jedoch zu falschen Interpretationen führten. Darüber hinaus war es diesen Kindern nicht möglich, syntaktische Satzfehler zu erkennen und zu korrigieren. Das syntaktische Defizit dieser beiden Kinder lässt sich am Beispiel der Passivkonstruktion besonders anschaulich demonstrieren. Den Kindern wurden die folgenden drei Sätze zur Beurteilung vorgegeben:

(1) I paid the money by the man.
(2) I was paid the money to the lady.
(3) I was paid the money by the boy

Der Junge mit intakter linker Hemisphäre meinte ganz richtig zu den ersten beiden Sätzen, dass diese unsinnig seien, und er war auch in der Lage, sie korrekt umzuformulieren. Die beiden anderen Kinder hielten indes alle drei Sätze für korrekt. Dass sie die syntaktische Struktur vorwiegend semantisch interpretierten, macht die folgende Bemerkung auf den ersten falschen Satz "I paid the money by the man" deutlich: "No ... you shouldn't pay money to a stranger."

(3) Sprachleistungen in der Kindheit werden nicht in gleicher Weise von denselben Gehirnregionen vermittelt wie im Erwachsenenalter. Entgegen älteren Annahmen (vgl. Lenneberg, 1967) weist das Gehirn bereits bei Neugeborenen erste laterale Funktionsgliederungen in dem Sinne auf, dass gesprochene Silben linkslateral verarbeitet werden (z.B. Molfese et al., 1975). Studien zu kindlichen Aphasien zeigen allerdings, dass der Erwerb der Sprache nicht nur durch Schädigungen der linken, sondern auch durch Schädigungen der rechten Hemisphäre beeinträchtigt wird, und dass vergleichbare Läsionen im Kindes- und Erwachsenenalter zu unterschiedlichen Störungsbildern führen. Friederici (1993) deutet die vorliegenden Befunde als einen Hinweis darauf, dass eine schnelle modulare Sprachverarbeitung nicht der Ausgangspunkt, sondern vielmehr das Ergebnis der Entwicklung ist (vgl. auch Karmiloff-Smith, 1992).

(4) Der Erwerb der Sprache ist auch bei eingeschränkten kognitiven Fähigkeiten möglich. Zahlreiche Studien zum Spracherwerb bei geistig retardierten Kindern zeigen, dass Kinder mit eingeschränkten kognitiven Fähigkeiten in der Regel gravierende Schwierigkeiten beim Erwerb der Sprache haben, die oft sogar noch ausgeprägter als ihre geistigen Defizite sind. Trotz dieser Tatsache wurden immer wieder einzelne Fälle und sogar ganze Syndrome beobachtet, bei denen die sprachlichen Fähigkeiten und Fertigkeiten der Kinder und Jugendlichen verglichen mit ihren kognitiven Leistungsfähigkeiten erstaunlich gut ausgeprägt sind (Tager-Flusberg, 1994). Eine solche Diskrepanz zwischen Sprache und Kognition wird z.B. bei Kindern mit Williams-Beuren-Syndrom, einer seltenen genetisch bedingten Entwicklungsstörung, beobachtet. Mit einem durchschnittlichen IQ von 50 bis 60 weisen diese Kinder eine deutliche geistige Retardierung auf. Obgleich sie in zahlreichen kognitiven Aufgaben, insbesondere im Umgang mit Zahlen und im visuell-räumlichen Denken versagen, sind sie in der Lage, eine vergleichsweise gute, wenn auch nicht vollständig altersgemäße Sprache auszubilden (Bellugi et al., 1988). Ebenso gibt es eine Reihe von Fallberichten, nach denen Personen mit Down-Syndrom oder offenem Rücken (Spina Bifida) bei sehr eingeschränkten intellektuellen Fähigkeiten dennoch eine elaborierte Sprache entwickelt haben (Cromer, 1991; Rondal, 1995).

Allerdings muss betont werden, dass in all diesen Fällen weder das sprachliche noch das kognitive Leistungsprofil der Probanden vollständig homogen ist. So sind beispielsweise die frühen Phasen des Spracherwerbs bei Kindern mit Williams-Beuren-Syndrom deutlich verzögert; im kognitiven Bereich weisen sie ein gutes Gedächtnis für Gesichter, relativ gute auditive Gedächtnisfähigkeiten sowie Leistungsstärken im Bereich der sogenannten "Theory of Mind" auf (Karmiloff-Smith et al., 1995).

4.2 Kognitive Voraussetzungen des Spracherwerbs: Wirkungen und Rückwirkungen

Die Beobachtung, dass einige geistig retardierte Kinder dennoch in der Lage sind, erstaunliche sprachliche Kompetenzen auszubilden, macht deutlich, dass der Erwerb der Sprache keine einfache Folge der kognitiven Entwicklung und der Ausbildung komplexer Problemlösefähigkeiten ist. Diese Folgerung wird auch durch die Betrachtung der ungestört verlaufenden Entwicklung bestätigt: Die Kinder erwerben das komplexe, abstrakte Regelsystem ihrer Muttersprache in einem Alter, in dem ihre abstrakten Problemlösefähigkeiten noch extrem eingeschränkt sind. Darüber hinaus lassen sich keine generellen Zusammenhänge zwischen dem kognitiven und dem sprachlichen Entwicklungsstand nachweisen (Corrigan, 1979).

Dies bedeutet allerdings nicht, dass sich der Erwerb der Sprache vollständig unabhängig von kognitiven Kompetenzen und Entwicklungsveränderungen vollzieht. Vielmehr muss das Kind all jene Regularitäten, die spezifisch für seine jeweilige Muttersprache sind und damit nicht in universeller Weise angeboren oder genetisch determiniert sein können, induktiv aus dem Sprachangebot ableiten. Dies aber gilt, wie Wolfgang Klein zutreffend feststellt, für den gesamten Wortschatz, die gesamte Morphologie, die gesamte Syntax, soweit sie in den üblichen deskriptiven Grammatiken behandelt wird, sowie für den größten Teil der Phonologie, kurz für fast alles Sprachliche (Klein, 1992). Um diese Aufgabe bewältigen zu können, muss das Kind über eine Reihe spracherwerbsrelevanter kognitiver, sozial-kognitiver und sozial-kommunikativer Kompetenzen verfügen, die es ihm – verbunden mit einer hierauf abgestimmten sozialen Umgebung – möglich machen, die Aufgabe des Spracherwerbs erfolgreich zu meistern. Wie im Folgenden kurz ausgeführt wird, sind auf der Seite der kindlichen Kognition kognitiv-konzeptuelle und gedächtnisbezogene Voraussetzungen ebenso bedeutsam wie implizite Lernfähigkeiten verbunden mit einer hohen Sensitivität für korrelative Muster und speziell prosodische Strukturen, die die Grundlage für die Abstraktion sprachlicher Regularitäten bilden (vgl. Weinert, 2000a).

4.2.1 Bedeutsame lokale Zusammenhänge zwischen kognitiv-konzeptueller Entwicklung und dem Erwerb sprachlicher Bedeutungen

Die kognitive Entwicklung ist nicht in einfacher Weise der Schrittmacher der sprachlichen Entwicklung; dies gilt nicht nur für den Erwerb grammatischer Strukturen. Auch der Erwerb sprachlicher Bedeutungen ist – wie bereits erwähnt – kein einfaches Anhängsel des Erwerbs konzeptueller Unterscheidungen, die dann benannt werden; vielmehr beachtet das Kind von Anfang an auch sprachliche (phonologische und morpho-syntaktische) Regularitäten, die die kognitiv-konzeptuelle Entwicklung erleichtern können (Weinert, 2000a). Dies wird besonders eindrucksvoll durch interkulturelle Studien belegt. So beobachteten Gopnik et al. (1996), dass englisch-sprachig aufwachsende Kinder gegenüber koreanischen Kindern fortgeschrittener sind, wenn es um den Erwerb von Kompetenzen der Objektkategorisierung und den Zeitpunkt des schnellen Zuwachses an Nomen (Benennungsspurt) geht; dagegen hatten die koreanischen Kinder einen Entwicklungsvorsprung bei der einsichtsvollen Lösung von Mittel-Zweck-Aufgaben und dem Erwerb von Erfolgs-/Misserfolgswörtern. Diese Entwicklungsunterschiede korrespondieren mit entsprechenden Differenzen im Sprachangebot und in der Struktur der Sprache, die die Kinder erwerben: Während das Englische auf Nomen zentriert, sind im Koreanischen Verben besonders bedeutsam.

Dies lässt sich so zusammenfassen, dass es zwischen kognitiv-konzeptueller und sprachlicher Entwicklung zwar keine generellen, wohl aber bedeutsame spezifische Zusammenhänge und Wechselwirkungen gibt (Gopnik & Meltzoff, 1993, 1997).

4.2.2 Phonologische Gedächtnisfähigkeiten: Voraussetzung und Folge eines erfolgreichen Spracherwerbs

Kinder verfügen von Geburt an über ein relativ leistungsfähiges Gedächtnissystem und gut entwickelte auditive Fähigkeiten, die von zentraler Bedeutung für den Spracherwerb sind. Besondere Aufmerksamkeit wurde und wird in diesem Zusammenhang dem kapazitätsbegrenzten (phonologischen) Arbeitsgedächtnis als individuell variabler Voraussetzung für den Spracherwerb der Kinder gewidmet (Hasselhorn & Werner, 2000). Vor allem eine Reihe von Untersuchungen aus der Arbeitsgruppe um Susan Gathercole und Alan Baddeley hat überzeugend deutlich gemacht, dass den individuellen Arbeitsgedächtnisleistungen eine wichtige Rolle beim Wortschatzerwerb, möglicherweise sogar beim Erwerb der Grammatik zukommt. Die Leistungen, die vier Jahre alte Kinder bei der Wiedergabe sinnfreier Pseudowörter (z.B. "preleidastemp") erzielen, erweisen sich nämlich als prädiktiv und vermutlich funktional für den Wortschatz der Kinder ein Jahr später (Gathercole et al., 1992). Sie kovariieren darüber hinaus mit dem Sprachverständnis wie auch mit den produktiven Sprachleistungen der Kinder. Berücksichtigt man zusätzlich, dass Kinder mit Sprachentwicklungsstörungen zuverlässig gravierende Defizite im Bereich des auditiven Arbeitsgedächtnisses aufweisen, so kann gefolgert werden, dass dem Arbeitsgedächtnis eine wichtige Rolle im Spracherwerb zukommt.

Allerdings zeigen die Studien von Gathercole und Baddeley zugleich, dass es sich bei dem Verhältnis von Spracherwerb und auditivem Arbeitsgedächtnis um keine Einbahnstraße handelt. Die große Bedeutung sprachlichen Wissens für kindliche Gedächtnisleistungen wird vor allem daran deutlich, dass sich mit ca. fünf Jahren die dominante Wirkrichtung umzukehren scheint, indem nunmehr vor allem der fortschreitende Spracherwerb prädiktiv für spätere Gedächtnisleistungen der Kinder ist (Gathercole et al., 1992).

4.2.3 Implizite Lernfähigkeiten und Sensitivität gegenüber korrelativen Zusammenhängen und prosodischen Strukturen

Es genügt aber nicht, dass das Kind das Sprachangebot verarbeitet und speichert. Vor allem muss es die zugrunde liegenden Regularitäten induktiv ableiten. Dass Säuglinge von Anfang an ausgesprochen sensitiv gegenüber den im Sprachangebot enthaltenen korrelativen phonologisch-prosodischen Strukturen sind, zeigen die berichteten Befunde zur rezeptiven phonologischen Entwicklung. Noch kein Jahr alt, haben die Kinder nicht nur das phonologische Inventar ihrer Muttersprache, sondern auch die Regularitäten ihrer Verknüpfung abstrahiert und beachten vor allem solche Merkmale der Prosodie, die Hinweise auf syntaktisch relevante Spracheinheiten und Phrasenstrukturen geben.

Die Kinder scheinen somit, wie Karmiloff-Smith (1992) begründet folgert, mit spezifischen Prädispositionen ausgestattet zu sein, die es ihnen erlauben, das Sprachangebot in besonderer sprachspezifischer Weise zu verarbeiten und zu repräsentieren. Bereits erworbenes Wissen erleichtert in der Folge die Verarbeitung komplexerer Sprachformen und kann als Einstiegsmechanismus oder Steigbügelhalter für den (weiteren) Erwerb anderer Sprachkomponenten dienen. Aus dem Befund, dass Säuglinge sensitiv gegenüber prosodischen Markierungen der Phrasenstrukturen von Äußerungen sind, kann allerdings nicht automatisch geschlossen werden, dass die Säuglinge diese prosodischen Markierungen auch tatsächlich für die implizite, nichtbewusste Ableitung grammatischer Einheiten und Regeln nutzen. Ob der Prosodie und der prosodischen Sensitivität von Säuglingen eine spezifische Funktion beim Erwerb der Grammatik zukommt, kann durch die Ergebnisse der Säuglingsforschung zwar vermutet, aber nicht eindeutig geklärt werden. Hierfür sind ergänzende Befunde zur Nutzung prosodischer Merkmale als syntaktische Gliederungshinweise und Lernhilfen ins Feld zu führen. Diese liegen in der Tat vor (vgl. Weinert, 1991, 1993, 1995): So beeinflusst die Lokalisation von Pausen an Phrasengrenzen oder innerhalb von Phrasen das Satzverständnis jüngerer Kinder (Labelle, 1973); Relativsätze werden von vier- bis sechsjährigen Kindern besser verstanden und reproduziert, wenn sie mit normaler Prosodie und nicht monoton gesprochen werden (Weinert, 1996); siebenjährige Kinder nutzen prosodische Hinweisreize für die Segmentierung von Nominalphrasen (Read & Schreiber, 1982) und bei fünfjährigen Kindern wie auch bei Erwachsenen erleichtern prosodische Gliederungen den impliziten, nicht bewussten Erwerb sprachähnlicher grammatischer Regeln (Weinert, 1991, 1993). Erneut weisen Kinder mit Sprachentwicklungsstörungen gravierende Defizite in diesen Bereichen auf (zusammenfassend Weinert, 2000b).

Es kann also als sehr plausibel gelten, dass Kinder angeborene Prädispositionen für das Sprachlernen haben, die vom linguistischen Spezifikationsgrad der Universalgrammatik oder eines Sprachmoduls allerdings sehr weit entfernt sind.

4.3 Sozial-kognitive Voraussetzungen des Spracherwerbs

Von Geburt an stellen das bewegte Gesicht und der stimmliche Ausdruck interessante Reize für den Säugling dar, denen er vermehrt Aufmerksamkeit schenkt. Schon bald beginnt er, Aspekte seiner Umwelt imitativ aufzugreifen und soziale Gesten nachzuahmen. Eine besonders wichtige Rolle kommt dabei den Episoden geteilter Aufmerksamkeit zu, in denen Mutter und Kind den Aufmerksamkeitsfokus teilen.

Gemeinsamer Aufmerksamkeitsfokus und Imitation als sozial-kognitive Vorausläuferfähigkeiten. Grimm (1999) illustriert den kritischen Stellenwert, der den sozial-kognitiven Vorausläuferfähigkeiten der Imitation, der Aufmerksamkeitszentrierung und der Verwendung von Gesten für die Sprachentwicklung zukommt, an folgenden Befundmustern: Je häufiger Mütter gemeinsam mit ihren kleinen Kindern Episoden der geteilten Aufmerksamkeit herstellen und je häufiger die Kinder Sprachlaute imitieren, desto größer ist ihr produktiver Wortschatz im Alter von 21 Monaten (vgl. Locke, 1994). Ebenso konnten zwischen der Gebrauchshäufigkeit von Gesten vor oder um das erste Lebensjahr und der Wortschatzgröße im 16. oder 20. Lebensmonat positive Korrelationen um die .50 festgestellt werden (Camaioni et al., 1991; Fenson et al., 1993). Natürlich kann aus solchen korrelativen Zusammenhangsmustern nicht ohne weiteres auf eine Kausalbeziehung rückgeschlossen werden. Besonders interessant ist daher der quasi-experimentelle Befund, dass bei 18 Monate alten Kindern, die später als autistisch diagnostiziert wurden, weder der Gebrauch symbolischer Gesten noch eine Aufmerksamkeitszentrierung auf das mütterliche Gesicht und die mütterliche Stimme beobachtet werden konnte (Baron-Cohen et al., 1992).

Im Entwicklungsverlauf wird die Herstellung gemeinsamer Aufmerksamkeit zunächst vor allem durch die Mütter gesteuert. Schon bald aber beginnen die Kinder aktiv die Blickrichtung der Mütter zu beachten, wenn diese beispielsweise ein neues Wort äußert. Das neue Wort wird nicht passiv mit dem Objekt assoziiert, das sich gerade im Aufmerksamkeitsfokus des Kindes befindet. Vielmehr orientiert sich das Kind aktiv an der Blickrichtung der Mutter und vermeidet auf diese Weise die Herstellung falscher Wort-Referent-Verbindungen. Erneut weisen Kinder mit autistischer Entwicklungsstörung deutliche Defizite auf (zusammenfassend Baldwin, 1995).

Gesten als sozial-kognitive Vorausläuferfähigkeiten: Von der Geste zur Sprache. Dass kleine Kinder mittels Gesten ihren Wünschen wie auch ihren Zurückweisungen verständlichen Ausdruck verleihen können, ist eine gut dokumentierte Beobachtung (z.B. Bates et al., 1987; Caselli, 1990; Werner & Kaplan, 1963). Gewöhnlich werden drei Arten von Gesten unterschieden:

(1) Deiktische Gesten des Zeigens, Gebens und Hinweisens. Da man den jeweiligen Referenten nur aus dem Kontext erschließen kann, sind diese Gesten noch vorsymbolisch. Bates et al. (1987) sprechen von Protoimperativen, wenn das Kind den Erwachsenen benutzt, um etwas zu erhalten, und von Protodeklarativen, wenn das Kind ein Objekt benutzt, um die Aufmerksamkeit des Erwachsenen hervorzurufen.
(2) Referentielle Gesten zeigen einen präzisen Referenten an und haben damit eine symbolische Qualität.
(3) Konventionalisierte Gesten bestehen schließlich aus so festgefügten Bedeutungs-Handlungs-Zusammenhängen wie der Verneinung durch Kopfschütteln oder der Zustimmung durch Nicken.

Dass zwischen diesen Gesten und dem Spracherwerb ein Zusammenhang besteht, ist nicht nur theoretisch plausibel, sondern auch empirisch belegt. Trotz einer anzunehmenden gemeinsamen zugrunde liegenden Fähigkeit wäre es allerdings verkürzt, den Worterwerb ausschließlich auf die vorauslaufenden Gesten zurückführen zu wollen. Die Entwicklung vom vorsprachlichen Handeln zum Sprachausdruck verläuft nicht kontinuierlich in dem Sinne, dass einfach ein weiterer kleiner Schritt hinzukommt. Es ist vielmehr von einer Diskontinuität dergestalt auszugehen, dass eine neue sprachliche Qualität hinzukommt. Am Beispiel der Zeigegeste hat Petitto (1983, zit. nach Seidenberg 1986) dies überzeugend aufgezeigt. In ihrer bedauerlicherweise unveröffentlichten Dissertation hat sie bei zwei gehörlosen Kindern gefunden, dass diese zwischen dem 10. und 12. Lebensmonat deiktische Zeigegesten verwendeten, um auf sich selbst (Proto-Ich) und auf eine andere Person (Proto-Du) zu verweisen. Nach dem ersten Lebensjahr begannen sie dann, die offizielle Gehörlosensprache zu erlernen, wobei sie auch weiterhin deiktische Zeigegesten benutzten, um auf Dinge hinzuweisen, für die sie noch keine offiziellen Gesten erworben hatten. Interessanterweise benutzten sie aber nicht mehr die Zeichen für ‚ich' und ‚du', obgleich zwischen den offiziellen und ihren zuvor verwendeten Gesten kein Unterschied besteht. Stattdessen gesteten sie den vollen Namen für sich selbst und andere Personen. Auch zu Beginn des ungestörten Erstspracherwerbs bezeichnen Kinder sich selbst oder andere Personen mit Vornamen oder Rollenbezeichnungen (vgl. Deutsch et al., 1994). Im Alter von 22 Monaten kehrte bei den gehörlosen Kindern die Zeigegeste in der bemerkenswerten Weise einer irrtümlichen pronominalen Umkehrung zurück: Wenn die Kinder sich selbst meinten, zeigten sie auf ihren Interaktionspartner, während sie auf sich selbst zeigten, wenn sie den Partner meinten. Erst einige Monate später wurden die Zeichen wieder korrekt verwendet.

Der Weg vom richtigen deiktischen Gebrauch über die Verwendung von Namen hin zum falschen Pronominalgebrauch lässt sich nur so erklären, dass zwischen dem vorsymbolischen Zeigen und der Verwendung von Sprach-Zeichen etwas ganz Entscheidendes passiert. Es erfolgt kein einfacher und bruchloser Übergang, sondern es kommt eine spezifisch linguistische Fähigkeit hinzu. Der theoretisch hoch interessante Befund ist, dass vor-linguistische und linguistische Gesten, die sich in derselben Modalität abspielen, für einen Beobachter zwar nicht unterscheidbar, aber doch grundsätzlich verschieden sind.

4.4 Sozial-kommunikative Voraussetzungen des Spracherwerbs: Sprachangebot und sprachliche Interaktionen

Dass die Fähigkeiten des Säuglings nur in der Interaktion mit Lernerfahrungen wirksam werden können, die in eine positive sozial-emotionale Beziehung zwischen Mutter (hier wie immer i.S. der primären Bezugsperson zu verstehen) und Kind eingebettet sind, hat Bowlby (1951) in seinem bekannten Bericht für die World Health Organization in die Worte gekleidet, dass die Mutterliebe für die geistig-seelische Gesundheit des Kindes so wichtig sei wie Vitamine und Proteine wichtig für die körperliche Gesundheit sind.

Ammensprache ("baby-talk"). Die sensitiven Anpassungsleistungen im Sprachbereich sind dabei besonders hervorstechend: Menschen scheinen über ein intuitives Elternprogramm zu verfügen, das sich in mindestens den folgenden Merkmalen an die kindlichen Bedürfnisse, Präferenzen und Fähigkeiten anpasst: Die sog. „Ammensprache" ("baby-talk") wird in hoher Tonlage gesprochen, die sich vorzugsweise im Bereich zwischen 400 und 600 Hz bewegt und damit an die Hörfähigkeiten im Säuglingsalter angepasst ist. Den prosodischen Präferenzen der Säuglinge entsprechend, übertreibt die Mutter die Satzmelodie sehr stark und malt die Wörter quasi groß in die Luft. Dabei lässt sie zwischen Phrasen deutliche Pausen und lenkt durch Akzentverschiebung die Aufmerksamkeit des Säuglings auf besonders wichtige Wörter. Dem vorhandenen Gefühl für die rhythmisch-prosodische Struktur der Sprache entspricht sie weiter durch die Verwendung von Diminutiven und durch die Wiederholung einzelner Satzelemente. Dass sie dabei sehr deutlich spricht und keine hochkomplizierten (wohl aber variable) Satzkonstruktionen verwendet, versteht sich sicherlich von selbst (vgl. u.a. Snow & Ferguson, 1977). Dieses besondere Sprachregister, das weitgehend kulturunabhängig ist, ist ein bedeutsamer Ausdruck des intuitiven Elternverhaltens und wird, wie schon ausgeführt, vom Säugling besonders präferiert und für die erste kategoriale Organisation der Sprache genutzt (s. auch Papoušek & Papoušek, 1987, 1991; Keller, 2000).

Dialog. Schon vom Augenblick der Geburt an beginnt der Dialog zwischen Mutter und Kind (vgl. Grimm, 1983, 1987b für die folgende Darstellung). Durch das allmähliche Hineinwachsen in die Rolle des Dialogpartners wird der Grundstein für die hoch-abstrakte Aufgabe des sprachlichen Wissenserwerbs gelegt. Der Dialog stellt einen wechselseitigen Prozess des Agierens und Reagierens dar, der zunächst von der Mutter alleine aufrechterhalten werden muss. Die Mutter folgt dabei einer impliziten Pädagogik, indem sie stetig Situationen herbeiführt, die dem Säugling ermöglichen, Kontingenzen zwischen seinem Verhalten und den mütterlichen Reaktionen zu entdecken (Bruner, 1985). Durch ihre kontingenten Reaktionen organisiert sie das Verhalten des Säuglings und führt ihn so allmählich zur eigenen Verhaltensorganisation. Über den Dialog schafft sie eine gemeinsame Erfahrungswelt: Indem sie das Verhalten des Säuglings interpretiert und diesem Bedeutungen zuweist, bringt sie den Säugling dazu, selbst Konzepte und Regeln zu erkennen und sich eine Repräsentation der ihn umgebenden Personen- und Sachumwelt aufzubauen. Diese wiederum bildet eine wichtige Basis für den Spracherwerb. Denn Wörter werden ja nicht als leere Hülsen, sondern als Mittel erworben, um Bedeutungen und Intentionen Ausdruck zu verleihen. Wie Bornstein und Ruddy (1984) empirisch untermauern konnten, wiesen mit zwölf Monaten diejenigen Säuglinge einen größeren produktiven Wortschatz auf, deren Aufmerksamkeit mit vier Monaten besonders häufig auf die Umwelt gerichtet wurde.

Tabelle 15.4. Mütterliche Sprechstile

Alter des Kindes	Mütterlicher Sprechstil	Hauptmerkmale	Funktionen für den Spracherwerb
bis ca. 12 Monate	Ammensprache ("baby talk")	überzogene Intonationskontur; hoher Tonfall; lange Pausen an Phrasenstrukturgrenzen; einfache Sätze; kindgemäßer Wortschatz	Spracherkennung; zentral: Prosodie, Phonologie
2. Lebensjahr	stützende Sprache ("scaffolding")	gemeinsamer Aufmerksamkeitsfokus; Routinen; Formate; Worteinführung	Spracheinführung im Dialog; zentral: Wortschatz
ab 24–27 Monate	lehrende Sprache ("motherese")	Modellsprache; modellierende Sprachlehrstrategien; Sprachanregung durch Fragen	sprachanregend und -lehrend; zentral: Grammatik

Das Lernen ist dabei kein einmaliger, sondern ein kumulativer Vorgang, der von der Mutter während der intensiven Sprachlernphase bis zum fünften Lebensjahr durch entwicklungsadäquat sich verändernde Anpassungsleistungen unterstützt wird (s. Tabelle 15.4). Wiederholungen, die sich zu Routinen verfestigen, kommt dabei eine außerordentlich wichtige Rolle für die Strukturierung des Bedeutungsraums zu.

Stützende Sprache ("scaffolding"). Konventionalisierte soziale Routinen wurden von Bruner (1978, 1983, 1985) als Formate bezeichnet, die drei wichtige Elemente für den Spracherwerb enthalten:

Das erste Element "scaffolding" bedeutet, dass die Mutter die Informationen solcherart begrenzt, dass das kleine Kind mit ihnen umgehen kann. So fokussiert sie seine Aufmerksamkeit auf einen überschaubaren Ausschnitt aus der Realität und bietet ihm eine einfache Dialogstruktur mit konstanter Reihenfolge der Äußerungen an:

„Oh, schau, was da ist!" (Vokativ)
„Was ist das nur?" (Frage)
„Ach, das ist ein Hühnchen." (Benennung)
„Ja, das stimmt, das ist ein Hühnchen." (Bestätigung)

Diese Struktur bildet eine Art Gerüst, das den Worterwerb stützt. Zuerst versteht das Kind wenig, um dann später auf die Frage der Mutter mit einem Lallen zu reagieren.

Ab diesem Augenblick – und dies ist das zweite steuernde Element – insistiert die Mutter zukünftig auf eine Antwort. Wenn das Kind dann wortähnliche Vokalisationen produziert, akzeptiert sie keine Lall-Laute mehr, so wie sie auf dem Aussprechen konventioneller Wörter besteht, wenn diese erstmals beherrscht werden.

Drittens schließlich weitet die Mutter die Situation der Spracheinführung schrittweise aus und erwartet vom Kind eine aktivere Teilnahme am Dialog.

Lehrende Sprache ("motherese"). Die Unterstützung der komplexen Aufgabe des Spracherwerbs erfolgt im weiteren Entwicklungsverlauf durch den als "motherese" bekannten Sprechstil. Dabei haben sich empirisch insbesondere die folgenden Sprachmerkmale als entwicklungsfördernd erwiesen (vgl. Hoff-Ginsberg, 1985; Grimm, 1990):

- Anpassung der durchschnittlichen Länge der Äußerungen und der Anzahl der Nominalphrasen pro Äußerung,
- Anzahl der Ja/Nein- und W-Fragen,
- teilweise Wiederholungen, Transformationen und Erweiterungen (Expansionen) der kindlichen Äußerungen,

- teilweise Wiederholungen mit oder ohne Modifikation der eigenen zuvor gemachten Äußerungen.

Es würde hier zu weit führen, diese Merkmale detailliert zu beschreiben und ausführlich zu begründen, warum diese die grammatische Entwicklung beeinflussen können. Wir wollen uns daher auf wenige wichtige Hinweise und Beispiele beschränken. Wenn Hoff-Ginsberg (1986) davon spricht, dass der Sprache der Mutter eine datenliefernde Funktion zukommt, so wird damit zugleich betont, dass es nicht die Formen oder Merkmale an sich sein können, die einen Effekt haben. Eine simple Übertragung vom mütterlichen Mund in den kindlichen Geist gibt es nicht. Sondern es sind die Kinder selbst, die sich die angebotenen Formen nutzbar machen müssen. Das Sprachangebot (der "Input") muss verarbeitet und damit zum "Intake" werden (s. auch Ritterfeld, 2000). Dies kann nicht über einen einfachen Imitationsvorgang erfolgen, sondern setzt die aktive Auseinandersetzung mit dem sprachlichen Informationsangebot voraus. Dieses Lernen am Modell unterstützt die Mutter durch Sprachlehrstrategien, denen die Funktion der bestätigenden und korrektiven Rückmeldung zukommt (vgl. u.a. auch Moerk, 1989, 1991). Am Beispiel der Expansion, die eine optimale korrektive syntaktische Rückmeldung darstellt, lässt sich das Sprachlehren besonders eindrücklich demonstrieren (aus Grimm, 1985, S. 11f.):

BEISPIEL

K(ind):	„Hatter put tetangen“
M(utter):	„Ja, das ist kaputt gegangen“
K:	„Und da kommt des alles ins Lastwagen“
M:	„Jetzt kommt das alles in den Lastwagen“
K:	„Ich bin des, ich Fuß brocht“
M:	„Des bist du, als du den Fuß gebrochen hast“

Die Mutter bestätigt den Inhalt der kindlichen Äußerung und gibt gleichzeitig ein korrigiertes Modell vor. Durch die Ergänzung der fehlenden grammatischen Information gibt sie so etwas wie eine „gute Gestalt“ für den Ausdruck des bestätigten Inhalts vor. Auf der Folie des von beiden geteilten Inhalts, d.h. der gelungenen Verständigung, wird die neue formale Information prägnant, wodurch die lerntheoretisch wesentliche Voraussetzung für ihre Verarbeitung erfüllt ist, dass zwischen dem Schon-Gewussten und dem Noch-nicht-Gewussten keine zu große Distanz bestehen darf.

In welcher Weise das komplementäre Sprachlernen wahrnehmbar erfolgt, vermögen die folgenden Beispiele zu veranschaulichen:

BEISPIEL

M: „Un was hat's denn da?“
K: „Hat's da?“
M: „Hier hält's besser, ist stabiler“
K: „Das is schabiler“
M: „Der hat ein Rad verlorn“
K: „Hat er das vergelorn?“
M: „Hascht's g'sehe?“
K: „Hascht gsehe“

Wie Grimm (1985, 1987c, 1990, 1993) an anderer Stelle begründet hat, spielt der ganzheitliche Verarbeitungsmodus eine wichtige entwicklungswirksame Rolle: Das Kind imitiert einerseits gehörte sprachliche Ausdrucksformen und verwendet manche davon als fertige Routinen. Andererseits nutzt es den unmittelbar vorgegebenen Satzrahmen, um aus einer Aussage eine Frage zu formulieren oder umgekehrt eine Aussage aus einer Frage zu machen. Durch die Übernahme größerer Einheiten aus der mütterlichen Sprache schafft sich das Kind schließlich eine hinreichend große Induktionsbasis, um die diesen Einheiten zugrunde liegenden formalen Regularitäten abzuleiten. Wie kritisch diese Formen der ganzheitlichen Verarbeitung für das Sprachlernen sind, wird daran ersichtlich, dass sprachentwicklungsgestörte Kinder davon kaum Gebrauch machen. Oder umgekehrt gesagt: Die Sprachdefizite sprachentwicklungsgestörter Kinder können zumindest teilweise auf das Fehlen ganzheitlicher Sprachverarbeitungsstrategien zurückgeführt werden.

Wirkung elterlichen Verhaltens. Dies macht deutlich, dass im Dialog zwar die sozial-kommunikative Funktion im Vordergrund steht. Darüber hinaus kommt aber auch den Prozessen des Sprachlehrens und -lernens ein überraschend breiter Raum zu. So konnte Grimm zeigen, dass in Dialogen mit zwei- bis dreijährigen Kindern die mütterlichen Sprachlehrstrategien einen Anteil zwischen 20 und 40 Prozent an der Gesamtäußerungsanzahl hatten. Die beobachtbaren kindlichen Lernstrategien wie z.B. die Imitation der vorangegangenen mütterlichen Äußerung bewegten sich um die 14 Prozent.

Dass zwischen den mütterlichen Sprechstilen und dem kindlichen Sprachlernen Zusammenhänge bestehen, konnte durch eine Anzahl empirischer Untersuchungen nachgewiesen werden (vgl. Moerk, 1991). Besonders beeindruckend ist, dass schon eine kurzfristige Optimierung der Bilderbuch-Situation zu nachhaltigen Fortschritten der Sprachentwicklung führen konnte. Whitehurst et al. (1988) instruierten 30 Elternpaare, wie sie u.a. während des gemeinsamen Anschauens von Bilderbüchern am effektivsten die kindliche Sprachproduktion anregende Fragen stellen und die korrektive Sprachlehrstrategie der Expansion verwenden können. Nach einem Monat des solcherart angereicherten Sprachangebots zeigten die Kinder im Vergleich zu einer Kontrollgruppe signifikant bessere Sprachproduktionsfähigkeiten und konnten diesen Vorsprung auch noch neun Monate später halten.

Trotz positiver Korrelationen zwischen Sprechstil und dem Tempo des Sprachlernens kann der Spracherwerb nicht strikt frequenzabhängig betrachtet werden. Nach wie vor ist das untere Grenzwertproblem ungelöst: Wie viel Sprachinput ist minimal erforderlich, damit die Sprache normal erworben werden kann? Denn ganz zentral kommt es auf das Sprachangebot an, das in der kommunikativen Situation den Bedürfnissen des Kindes angepasst ist und nicht auf den Sprachinput an sich. Sachs et al. (1981) machen dies am Beispiel des Jungen Jim deutlich (vgl. Grimm 1990, S.101f.): Als normal hörendes Kind wuchs Jim bei gehörlosen Eltern auf, wobei sich die Kommunikation auf primär pantomimische Gesten beschränkte. Über das Fernsehen hatte Jim aber häufig Gelegenheit, Englisch zu hören. Sehr selten spielte er zudem mit anderen Kindern. Im Alter von 2;6 Jahren begann er, einzelne Wörter zu sagen, die er vorwiegend aus Werbesendungen gelernt hatte. In der Folge nahm sein Wortschatz zu, wobei er allerdings die Wörter teilweise falsch verwendete. Für die Ausbildung korrekter syntaktischer Strukturen reichten jedoch weder die Möglichkeit, über das Fernsehen Sprache indirekt zu erfahren, noch die Kontakte mit anderen Kindern aus. Jim verband vielmehr die gelernten Wörter in idiosynkratischer Weise. Erst nachdem er im Rahmen eines Interventionsprogramms Gelegenheit hatte, mit einem Erwachsenen direkt zu kommunizieren, lernte Jim, seine falschen Wortkombinationen durch richtige zu ersetzen. In der sprachlichen Auseinandersetzung mit einer anderen Person ist es ihm also gelungen, den sprachlichen Kode zu knacken und formale Sprachstrukturen zu erwerben.

Weiterführende Literatur

Grimm, H. (1999). Störungen der Sprachentwicklung: Grundlagen – Ursachen – Diagnose – Intervention – Prävention. Göttingen: Hogrefe.
Dieses leicht lesbare Buch ist vor allem auch für Praktiker geeignet. Ganz unterschiedliche Sprachstörungen werden u.a. bei Kindern mit Hörschädigungen, bei Down-Syndrom-Kindern, bei Kindern mit frühkindlichem Autismus oder bei Kindern mit spezifischer Sprachstörung beschrieben und begründet. Ergänzende Kapitel führen in die Psychologie der Sprachentwicklung ein und informieren über Diagnostik, Prävention und Intervention.

Grimm, H. (Hrsg.). (2000). Sprachentwicklung. Enzyklopädie der Psychologie, Band C3. Göttingen: Hogrefe.
In diesem Standardwerk stellen international renommierte Wissenschaftler/innen in 21 aktuellen For-

schungsüberblicken den gesamten Bereich von Sprache und Sprachentwicklung umfassend dar. Die Bandbreite erstreckt sich vom sprachverarbeitenden Säugling über neurokognitive Aspekte der Sprachentwicklung, den Beziehungen zwischen Sprache und Denken bis hin zur Gebärdensprache, Störungen der Sprachentwicklung sowie Defiziten bei der Alzheimer-Krankheit.

Karmiloff-Smith, A. (1992). Beyond modularity. A developmental perspective on cognitive science. Cambridge, MA: MIT Press.

In diesem anspruchsvollen Buch wird ein zyklisches Entwicklungsmodell empirisch begründet vorgelegt, das den Wandel von einem impliziten, prozeduralen (Sprach-)Wissen hin zu einem explizierbaren Wissen beschreibt. Es wird gezeigt, dass nativistische und konstruktivistische Entwicklungspositionen ebenso wie modulare und bereichsübergreifende Entwicklungsveränderungen keineswegs unvereinbare Gegensätze darstellen.

Weinert, S. (1991). Spracherwerb und implizites Lernen. Studien zum Erwerb sprachanaloger Regeln bei Erwachsenen, sprachunauffälligen und dysphasisch sprachgestörten Kindern. Bern: Huber.

Diese Forschungsmonographie behandelt die Frage der Steuerbarkeit impliziter, nicht bewusster Lernvorgänge und ihre Bedeutung für den Erwerb grammatischer Regeln. Zugleich wird eine neue Hypothese zur Erklärung des dysphasisch-gestört verlaufenden Spracherwerbs vorgeschlagen, wobei die besondere Rolle rhythmisch-prosodischer Sprachmerkmale und individueller kindlicher Verarbeitungsfähigkeiten herausgestellt wird.

Kapitel 16
Motivation, Emotion und Handlungsregulation

Manfred Holodynski & Rolf Oerter

1 Theoretische Grundlegung

Die mit den Begriffen „Motivation", „Emotion" und „Handlungsregulation" umschriebenen Forschungsgegenstände haben sich im Laufe der Zeit zu eigenständigen Untersuchungsfeldern ausdifferenziert. Da die Sachverhalte im realen Handlungsablauf aber eng zusammenhängen, soll in diesem Beitrag der Schwerpunkt auf der Darstellung der wechselseitigen Verflochtenheit von motivationalen und emotionalen Prozessen und ihrer Entwicklung liegen.

1.1 Der Zusammenhang von Motivation und Emotion in der Handlungsregulation

Als Veranschaulichung dieses Zusammenhangs soll uns eine „fiktive" Geschichte von einem Vater mit seinem zweijährigen Sohn Max und seiner sechsmonatigen Tochter Saskia dienen.

BEISPIEL

Der Vater hat mit seinem Sohn zu spielen begonnen, nachdem er seine Tochter gefüttert und ins Bett gelegt hatte. Doch statt einzuschlafen, fängt sie an zu quengeln und steigert sich bis zum Schreien. Der Vater ist darüber zwar genervt, weil er in Ruhe mit seinem Sohn spielen wollte, fühlt sich aber genötigt, für den Säugling zu sorgen und das Schreien abzustellen. Also unterbricht er das Spiel, nimmt den Schreihals auf den Schoß und beginnt, beruhigend auf seine Tochter einzureden und sie durch Spielsachen abzulenken, woraufhin sich ihr Schreien in Lachen verwandelt. Doch da kommt schon Max an und beschwert sich lauthals, dass Papa mit ihm weiterspielen soll, wobei er ärgerlich versucht, seine nun wieder schreiende Schwester vom väterlichen Schoß zu schubsen. Der Vater ist über Max' heftige Reaktion verärgert und hat den Impuls, ihn wegzustoßen. Doch er hält inne und sagt sich, dass Max ja eigentlich mit ihm spielen wollte, er aber noch zu klein sei, um warten zu können. Daher beschließt er, beide zu besänftigen und mit Max weiterzuspielen – aber Saskia daran Anteil nehmen zu lassen.

Dieses Beispiel hebt zwar die Emotionen hervor, aber implizit sind auch Motive und „unreife" sowie „reife" Formen der Handlungsregulation angesprochen.

Die Motivations- und Emotionsforschung haben recht früh eigene Wege in der Wahl der Fragestellungen und Begrifflichkeiten eingeschlagen, mit der Folge, dass an sich zusammenhängende Phänomene in Teilaspekte aufgespalten und relativ zusammenhanglos analysiert worden sind. Diese disparaten, aber sich ergänzenden Fragestellungen seien im Folgenden näher erläutert.

Warum hat eine Person so gehandelt?

Diese Frage nach den Ursachen einer Handlung bewegt die Motivationsforschung seit ihren Anfängen. Es geht um die Erklärung von Handlungen, die nicht den Gewohnheiten oder Alltagsnormen einer Gemeinschaft gehorchen. Im obigen Beispiel ist das die Frage, warum der Zweijährige seine kleine hilflose Schwester schubst. Der Grund ist nicht direkt beobachtbar, sondern muss aus beobachtbarem Verhalten und Kontext erschlossen werden. Anscheinend war der Sohn durch den Spielabbruch frustriert, und das löste Aggressionshandlungen aus.

Motive. Solche oder ähnliche Akte der Aggression lassen sich bei vielen Menschen in verschiedenen Kontexten beobachten. Man kann sie zu einer Inhaltsklasse ähnlicher Handlungen zusammenfassen und schlussfolgern, dass Menschen offensichtlich ein Bedürfnis nach aggressiven Handlungen haben, dass diesen Handlungen demnach ein universales Aggressionsmotiv zugrunde liegen könnte. Dieses Motiv hat man je nach Theorie als Aggressions- oder Selbstschutzmotiv beschrieben, das jeder Mensch in unterschiedlicher Stärke besitzen und das durch spezifische Reize wie Frustration oder Bedrohung ausgelöst werden soll (vgl. Heckhausen, 1980, S. 370ff; Selg et al., 1997; Tedeschi & Quigley, 1998).

In Abschnitt 2 werden wir exemplarisch zwei grundlegende Motivationsformen und ihre Entwicklung darstellen: die Neugiermotivation, aus der sich stabile Person-Gegenstands-Vorlieben in Form von Interessen herausbilden, und die Leistungsmotivation, die als eine der herausgehobenen Motivationen in unserer westlichen Leistungsgesellschaft verstanden werden kann.

Was ist im Erleben einer Person die treibende Kraft eines Motivs?

Wenn man im Allgemeinen identifiziert hat, was eine Person antreibt, wie weiß die Person selbst, wann welches ihrer zahlreichen Motive zur Befriedigung drängt? Dies ist die Frage nach der Motivation einer Handlung. In der Emotionsforschung hat man diese Frage mit Hilfe motivspezifischer Emotionen zu beantworten versucht, die diese subjektive Signalfunktion übernehmen.

Motivation und motivspezifische Emotion. Als einer der ersten hat McDougall (1928/1969) diese Idee konsequent ausgearbeitet und jeder Motivation eine motivspezifische Emotion zugeordnet, die den Akt der Befriedigung begleitet. So empfindet man z.B. beim Nahrungsmotiv während des Essens Appetit oder beim Bindungsmotiv während des Kontakts mit seinen Bindungspersonen ein Gefühl der Zuneigung.

Dabei kann dieses Gefühl nicht nur den Akt der Befriedigung begleiten, sondern auch durch Antizipation das Handeln einer Person auf diese Endhandlung hin ausrichten (vgl. Bischof, 1989). Es fungiert dann als „subjektive Erinnerungsstütze", welches der zahlreichen Motive einer Person aktuell nach Befriedigung strebt. In diesen Auffassungen ist die motivspezifische Emotion das subjektiv motivierende Moment, die treibende Kraft des jeweiligen Motivs.

Antizipation motivspezifischer Emotionen. In der Motivationsforschung haben McClelland et al. (1953) den Gedanken motivspezifischer Emotionen aufgegriffen und die Antizipation motivspezifischer emotionaler Zustände als dasjenige angesehen, was eine Person motiviert. Entsprechend hat Atkinson (1957) die Antizipation von Stolz nach einem Erfolg und das vorausschauende Vermeiden von Scham aufgrund eines Misserfolgs als die subjektiv motivierenden Kräfte für leistungsmotiviertes Handeln angesehen (vgl. auch Heckhausen, 1985; Holodynski, 1992a).

Vom Motiv zur Motivation. In der Motivationsforschung hat man jedoch die Analyse der motivspezifischen Emotionen nicht weiter verfolgt, sondern sich auf die Analyse kognitiver und situationsbezogener Erwartungsfaktoren konzentriert, die dazu beitragen, ein „ruhendes" Motiv in eine handlungsinitiierende Motivation zu überführen. Eine stürmische Entwicklung der so genannten Erwartungs-Wert-Theorien war die Folge, wobei die Leistungsmotivation und ihre Entwicklung am gründlichsten untersucht wurde (vgl. Heckhausen, 1989). Die Faktoren sind in Abschnitt 2 näher beschrieben. Das, was zum Handeln motiviert, ist ein anziehender Zielzustand, den es zu verwirklichen gilt, oder ein unangenehmer Zielzustand, den es zu meiden gilt. Dass diese Zielzustände bei genauerer Analyse mit Gefühlszuständen gekoppelt sind, blieb dabei von der Analyse ausgespart (vgl. aber Deci & Ryan, 1985; Holodynski, 1992a).

Wie motivunspezifisch können Emotionen sein?

In der emotionspsychologischen Forschung hat man sich ebenfalls auf die Analyse des Erwartungsaspekts konzentriert und die ausschließliche Orientierung auf die Motivspezifik von Emotionen relativiert (vgl. Frijda, 1986). Dies führte zur Konzeptualisierung erwartungsabhängiger, aber motivunspezifischer Emotionen.

Dies sei an unserem Eingangsbeispiel erläutert: Der Ärger des zweijährigen Max muss gar nicht Ausdruck eines Aggressionsmotivs sein. Es wäre sogar plausibler anzunehmen, dass sein Motiv ist, mit dem Vater zu spielen. Die Befriedigung dieses Spielmotivs wird jedoch durch seine schreiende Schwester, die jetzt den Vater in Beschlag nimmt, vereitelt und dies löst seinen Ärger gegenüber der Schwester aus. Die Emotion – Ärger – signalisiert nicht das aktualisierte Motiv – Spielen –, sondern die Beziehung zwischen den motivbezogenen Erwartungen des Kindes und dem situativen Kontext: Ein Hindernis – die schreiende Schwester – stellt sich unerwartet der Befriedigung des Motivs in den Weg, so dass eine Handlungsbereitschaft ausgelöst wird, dieses Hindernis z.B. durch Schubsen aus dem Weg zu räumen.

Emotionen haben demnach die Funktion, die Geschehnisse und Handlungsresultate bzgl. ihrer Bedeutung für die Motivbefriedigung zu bewerten und die (eigenen oder fremden) Handlungen in motivdienlicher Weise auszurichten, und zwar in den Fällen, in denen die Handlungsergebnisse von den Erwartungen in negativer oder auch positiver Hinsicht abweichen (Frijda, 1986; vgl. Lazarus, 1991). Emotionen dienen danach nicht als Handlungsantriebe, auch wenn dies subjektiv so empfunden wird, wenn man sich z.B. von seinem Ärger „fortgerissen“ fühlt, sondern als Mittel in der individuellen Handlungsregulation.

Dass im obigen Beispiel der Ärger des Sohnes nicht motivspezifisch ist, lässt sich plausibel zeigen: Es wäre nämlich auch möglich, dass Max, wenn er seinen Vater sich so liebevoll um seine Schwester kümmern sieht, gern selbst die Zuneigung seines Vaters empfangen möchte. Dann wäre sein Bindungsmotiv aktualisiert.

Es gibt demnach erwartungsabhängige Emotionen wie Ärger, Freude, Erleichterung, Angst oder Enttäuschung, die auf der Basis einer situationsbezogenen Einschätzung (engl. appraisal) ausgelöst werden und auf verschiedene Motive verweisen können. Dieser Zusammenhang ist in den so genannten „Einschätzungstheorien“ der Emotionspsychologie, auch „Appraisaltheorien“ genannt, näher ausgearbeitet worden (vgl. Campos et al., 1989; Lazarus, 1991; Sroufe, 1996).

Wie entwickelt sich der handlungsregulierende Charakter von Emotionen?

Üben Emotionen von Geburt an eine handlungsregulierende Funktion aus oder bildet sich diese Fähigkeit erst im Laufe der Ontogenese heraus? Das Beispiel des schreienden Säuglings und des ärgerlichen Zweijährigen legt nahe, dass die Auslösung von (gerade auch sozial) angemessenen und dennoch motivdienlichen Bewältigungshandlungen mittels Emotionen keine angeborene Fähigkeit darstellt. Vielmehr stellt dies einen wesentlichen Teil der emotionalen Entwicklung dar (vgl. Holodynski, 1999; Sroufe, 1996). Diese Thematik wird im dritten Abschnitt eingehender behandelt.

Wie entwickelt sich der handlungsausrichtende Charakter von Motivationen?

Motivationen orientieren eine Person auf zukünftige Zielzustände. Vergleicht man Kleinkinder und Erwachsene, dann lassen sich Kleinkinder sehr schnell von situativen Anreizen ablenken und scheinen unfähig, sich von weitgesteckten Zielen motivieren zu lassen – ganz im Gegensatz zu einem „reifen“ Erwachsenen: Dieser ist trotz situativer Ablenkungen oder konkurrierender Zielmotive fähig, sein übergeordnetes Zielmotiv zu erfüllen.

In unserem Beispiel zeigt sich dies, wenn man die Aggressionshandlung des Zweijährigen mit der unterdrückten Aggressionshandlung des Vaters vergleicht. Beide sind frustriert über den Gang der Ereignisse, beide haben einen aggressiven Handlungsimpuls, der Sohn realisiert ihn, der Vater aber beherrscht sich, weil er im gleichen Moment auch zum prosozialen Handeln gegenüber seinem Sohn motiviert war.

Doch der Entschluss zum prosozialen Handeln muss auch durchgehalten werden. Dies ist eine Frage des Willens, bei der es um die Realisierung der Motivation geht: Der Vater muss aktiv seinen aggressiven Handlungsimpuls zum Wegschubsen hemmen und statt dessen einen fürsorglichen Ausdruck aufsetzen, will er sein Ziel erreichen, dass der Sohn sein aggressives Verhalten einstellt. „Volition" ist dabei der Fachterminus, der für den Begriff „Wille" verwendet wird.

Diese Willensanstrengung kann man als ein weiteres Mittel der Handlungsregulation ansehen, die Realisierung einer Motivation zu gewährleisten (vgl. Heckhausen, 1989, Kap. 6; Kuhl, 1996). Unter entwicklungspsychologischen Gesichtspunkten ist nun interessant, wie sich diese Fähigkeit zur volitionalen Handlungsregulation entwickelt, da Säuglinge und Kleinkinder sie offensichtlich noch nicht besitzen. Darauf wird im vierten Abschnitt näher eingegangen.

In welchem Verhältnis stehen Emotion und Volition innerhalb der Handlungsregulation?

Emotion und Volition (Wille) haben augenscheinlich eine handlungsregulierende Funktion, die der Motivbefriedigung dient. Darin besteht ihre Gemeinsamkeit. Ihr Unterschied besteht darin, dass Emotionen nicht unmittelbar willkürlich zu steuern sind, während der Wille per definitionem willkürlich ist. Weitergehende Hinweise findet man in der einschlägigen Literatur jedoch kaum (vgl. aber Sokolowski, 1993). In der motivationspsychologischen Literatur werden Emotionen gar nicht thematisiert; und in der emotionspsychologischen Literatur wird die Volition unter einer anderen Begrifflichkeit analysiert, nämlich unter dem Begriff der symbolisch vermittelten Emotionsregulation (vgl. Thompson, 1990). Dieser Aspekt ist in Abschnitt 4 näher beschrieben. Wir sprechen dort von volitionalen Strategien der Emotionsregulation.

Ein Modell der erwartungsbezogenen und sensomotorischen Handlungsregulation.
Anhand der Zusammenhänge zwischen Motivation, Emotion und Volition lässt sich ein Modell der erwartungsbezogenen Handlungsregulation skizzieren: Jede Person trägt eine Reihe „ruhender" Motive in sich. Aufgrund ihrer Lebenserfahrungen bildet jede Person motivbezogene Erwartungen aus, in welchen Situationen sich welche Motive und welche Interessen wie befriedigen lassen. Diese Erwartungen werden mit der aktuell wahrgenommenen Situation und den Handlungsergebnissen abgeglichen. Je nach Ausgang dieses Bewertungsprozesses gibt es drei einfache Formen der nachfolgenden Regulationsprozesse, die auch gemischt auftreten können:

(1) Automatisierte Handlungsregulation: Entspricht das aktuell Wahrgenommene genau den motivbezogenen Erwartungen der Person, werden die routinemäßig ausgeführten Handlungen bis zur Motivbefriedigung fortgesetzt.
(2) Emotionale Handlungsregulation: Weicht das aktuell Wahrgenommene von den motivbezogenen Erwartungen ab, löst dies Emotionen aus, die diese veränderte Person-Umwelt-Relation signalisieren. Die Art der Bewertung bedingt die jeweilige Emotionsqualität (vgl. Tab. 16.4). Sie verkörpert zugleich eine spezifische Handlungsbereitschaft, die dann gelernte Bewältigungshandlungen nach sich zieht, die die Situation in motivdienlicher Weise verändern sollen.
(3) Volitionale Handlungsregulation: Schließlich kann sich eine Person, wenn keine

Routinehandlungen verfügbar sind, eindeutige emotionale Handlungsimpulse fehlen oder diese widersprüchlich sind, qua Selbstanweisung entschließen, eine motivdienliche Handlung auszuwählen und auszuführen.

Demgegenüber steht dem Neugeborenen nur eine emotionale Handlungsregulation zur Verfügung, und diese auch nur in Form angeborener sensomotorischer Reaktionsschemata (s. Abschn. 3). Wir wollen daher in diesem Fall von einer sensomotorischen Handlungsregulation sprechen.

1.2 Phylogenetische und kulturhistorische Einbettung der Ontogenese

Aus entwicklungspsychologischer Perspektive ist die Frage von großem Interesse, wie sich der oben skizzierte Systemzusammenhang der individuellen Handlungsregulation im Verlauf der Ontogenese entwickelt. Die Ontogenese eines Menschen, also die individuelle Entwicklung von der Geburt bis zum Tod, ist in einen zweifachen Systemzusammenhang eingebettet: In einen phylogenetischen Zusammenhang, die Evolution, aufgrund dessen jedem Individuum ein artspezifisches Entwicklungspotential gegeben ist, und in einen kulturhistorischen Zusammenhang, die Kulturgeschichte, aufgrund dessen jedem Individuum ein kulturspezifisches Entwicklungsangebot zur Verfügung steht (vgl. Kap. 3 und Kap. 4). Hier wird nur auf motivationsrelevante Aspekte Bezug genommen.

1.2.1 Symbolsysteme und Zeitbewusstsein als phylogenetisches Erbe

Mit der Entwicklung symbolischer Kommunikationssysteme kommen drei wichtige kognitive Fähigkeiten zur Entfaltung, die bereits bei den Primaten angelegt sind und eine gänzliche Umgestaltung der Handlungsregulation ermöglichen:

(1) Der Gebrauch von Symbolsystemen ermöglicht es, Handlungen mental vorwegzunehmen und Lösungswege für ein Problem mental zu simulieren. Auf diese Weise können Menschen situations- und motivspezifische Erwartungen über ihre Umwelt aufbauen und ihre Handlungen daran ausrichten. Die Antizipation zukünftiger Ereignisse wird zum motivierenden Faktor des Handelns (Leontjew, 1982, 1980, Teil II).

(2) Zugleich ermöglicht der Gebrauch von Symbolsystemen einen Zugriff auf die Zukunft und die Vergangenheit. Ein generalisiertes Zeitbewusstsein entsteht, das dazu befähigt, eigene Motive und Handlungen aus der Perspektive der Vergangenheit und Zukunft zu betrachten und entsprechend für sie vorzusorgen (vgl. Bischof-Köhler, 2000a). Es entsteht der Wille – die Volition – als willkürliches Mittel der Handlungsregulation in Form von Selbstanweisungen. Durch sie kann der Akteur in die emotionsvermittelte Handlungsregulation eingreifen und sie dem eigenen Willen unterwerfen.

(3) Das mentale Probehandeln erfordert auch, sich selbst in Beziehung zu den Objekten und anderen Personen vorstellen zu können. Das Selbst als integrierende psychische Instanz entsteht, das die eigenen und fremden Handlungen und Motive reflektieren und koordinieren kann (Deci & Ryan, 1990; Ryan, 1993).

Mit dem Aufbau eines kategorialen Weltbildes mit situationsangemessenen Erwartungen, einem generalisierten Zeitbewusstsein und dem Erwachen des Willens beginnt der Aufbau eines reflexiv agierenden Selbstsystems.

1.2.2 Der kulturhistorische Entwicklungskontext

Die kulturhistorische Einbettung der ontogenetischen Entwicklung zeigt sich darin, dass die genannten emotionalen und volitionalen Mittel der Handlungsregulation nicht von Anbeginn der Menschheit gegeben waren, sondern im Laufe der menschlichen Kulturgeschichte Stück für Stück erfunden bzw. entdeckt und in einem Generationen dauernden Prozess tradiert und verfeinert wurden (Cole, 1996; Matsumoto, 1996).

Der kulturelle Erfahrungsspeicher besteht nicht nur aus technischen Instrumenten und Handlungsverfahren, die den Austausch mit der Natur betreffen, sondern auch aus sozialen Instrumenten und Handlungsverfahren, die das menschliche Miteinander und auch die psychische Selbstregulation regeln. Zu diesen kulturellen Bedeutungssystemen zählen auch Erfahrungen mit der Bedeutsamkeit und Regulierbarkeit einzelner Motivations- und Emotionsformen sowie Regeln über ihre kontextspezifische Angemessenheit. Sie beziehen sich sowohl auf die Regulierung der zwischenmenschlichen Beziehungen als auch auf die Selbstregulation. Diese kulturellen Bedeutungssysteme finden ihren Ausdruck in alltagspsychologischen Weisheiten, moralischen Imperativen, religiösen bzw. spirituellen Praktiken und auch in wissenschaftlichen Theorien.

Funktionelle Autonomie der Motivsysteme. Der kulturelle Erfahrungsspeicher eröffnet auch der individuellen Emotions- und Motivationsentwicklung eine neue, eine kulturelle Dimension. Sie zeigt sich u.a. in einer, wie es Allport (1949) formulierte, funktionellen Autonomie der Motivsysteme: der Möglichkeit, dass sich Motivformen verselbständigen, wie wir es in unserer Konsumgesellschaft durch die Explosion der Konsumgüter in vielfältiger Weise erleben, wenn sich z.B. jede einzelne Bewegungsform zu einem eigenen Sport ausdifferenziert und es Personen gibt, die liebend gern Snowboard fahren, aber nicht Langlaufski oder Abfahrtski. Diese kulturspezifische Motiventwicklung hat mit dem Begriff „Interessenentwicklung" Eingang in die Motivationsforschung gefunden (vgl. Abschn. 2.1.2).

Von einem vergleichbaren Phänomen der funktionellen Autonomie kann man auf Seiten der Emotionen sprechen, wenn sich Emotionen ausdifferenzieren (Sroufe, 1996), wie z.B. „amae" als japanspezifische Form der Mutterliebe (Doi, 1977).

Unter einer kulturhistorischen Perspektive erscheint der kulturelle Kontext nicht mehr nur als Bedingung, an die sich die individuellen Motivations- und Emotionsformen anpassen. Vielmehr eröffnet der kulturelle Kontext dem Individuum Entwicklungsräume, welche Motive und Emotionen überhaupt unterschieden werden, welche wertgeschätzt sind und welche Mittel zur Regulation und zur Motivbefriedigung verfügbar sind. Diese kulturellen Entwicklungsräume ermöglichen die individuelle Vielfalt und Variabilität der Motive und Emotionen. Sie ermöglichen auch eine qualitativ neue, nämlich reflexive Handlungsregulation, die jedes Kind erst in sein sich entwickelndes Selbstsystem integrieren muss. Diese reflexive Handlungsregulation wird in Abschnitt 4 eingehender erläutert.

1.3 Was liegt dahinter? Rahmenmotivation

Die in der phylogenetischen und kulturellen Evolution entstandene psychische Instanz des Selbst (s.o.) fällt bereits dem unvoreingenommenen Beobachter kleiner Kinder auf, nämlich als deren ganzheitliches Verhalten. Obwohl im vorliegenden Buch vorwiegend Teilaspekte und Teilleistungen dargestellt werden, sollte diese naive Erkenntnis ernst genommen werden. Der Aspekt der Ganzheitlichkeit wird in der modernen Betrachtungsweise bevorzugt durch den Begriff des Systems berücksichtigt (s. Kap. 1). Entwicklung versteht sich dabei als Emergenz eines autopoietischen Systems. Unter Emergenz versteht man die Entfaltung und Veränderung des Systems aus sich selbst heraus. Autopoiesis, ein von Maturana und Varela (1975) geprägter Begriff, bezieht sich auf die Selbstorganisation des Systems, das gewöhnlich Störungen selbst ausgleicht und sich auf Attraktoren (dynamische Gleichgewichtszustände) zubewegt.

Systemische Betrachtung. So kann man sich die sensomotorische Handlungsregulation eines Säuglings als Ausgangsattraktor der menschlichen Selbstorganisation vorstellen, die erwartungsbezogene Handlungsregulation eines Vorschulkindes bereits als entwickelteren Systemattraktor und die reflexive Handlungsregulation eines Erwachsenen als „ausgereiften“ Systemattraktor.

Die Handlungsregulation umfasst das ganze Selbst als System. Die Selbstorganisation beim Menschen überschreitet die Selbstorganisation auch von unseren nächsten tierischen Verwandten vor allem dadurch, dass der Mensch Selbstbewusstsein besitzt und sich und seine Stellung in der Welt reflektiert. Von einem gewissen Zeitpunkt an erfolgt diese Vergegenwärtigung in Vergangenheit, Gegenwart und Zukunft. Bischof-Köhler (2000a) hat gezeigt, dass sich Kinder etwa ab vier Jahren auf eine solche Zeitreise begeben können. Spätestens dann werden sie auch die Frage nach ihrer vergangenen, jetzigen und zukünftigen Stellung in der Welt aufwerfen und sich in der einen oder anderen Weise mit der Frage nach dem Sinn, dem Warum und Wozu ihres Daseins beschäftigen.

Sinnstiftende Tätigkeit. Zur theoretischen Beschreibung einer solchen sinnbezogenen Rahmenmotivation eignet sich der Tätigkeitsbegriff, wie ihn Leontjew (1982) benutzt hat. Er unterscheidet drei Ebenen der Handlung: Tätigkeit, Handlung und Operation. In Weiterentwicklung dieses Ansatzes (s. Oerter, 2000) bildet die Tätigkeit als oberste Ebene den sinnstiftenden Rahmen für Handlungen, gewissermaßen die Rahmenmotivation. Diese Ebene ist nur teilweise oder gar nicht bewusst, weil in sie die gesamte bisherige Lebenserfahrung eingeht, die als Ganzes nie im Kurzzeitspeicher repräsentiert werden kann (s. Kap. 14). Die mittlere Ebene der Handlung ist zielgerichtet und bewusst, damit verbunden auch das Zielmotiv der Handlung, wie Leistung oder sozialer Anschluss. Die Operationen sind weitgehend automatisierte Verhaltensweisen, die der jeweiligen Handlung als Mittel zur Zielerreichung dienen. Im vorliegenden Zusammenhang interessiert nur die sinnstiftende Tätigkeitsebene.

Sie zeigt sich bei Kindern schon lange vor dem vierten Lebensjahr im Spiel. So fanden wir Macht-, Entwicklungs- und Beziehungsthematiken (Oer-

Tabelle 16.1. Rahmenmotivationen und ihre motivspezifischen Emotionen im allgemeinen Person-Welt-Bezug von Subjektivierung und Objektivierung und im Spannungsfeld von Vergegenständlichung und Aneignung

	Subjektivierung	**Objektivierung**
Vergegenständlichung	Subjektivierende Vergegenständlichung:	Objektivierende Vergegenständlichung:
	Bedürfnis, die Welt nach „eigenem Bild und Gleichnis“ zu gestalten	Bedürfnis, Realität zu schaffen und umzugestalten
Schöpfungsgefühle	Gefühl der Selbsterweiterung: sich heimisch machen, Gefühl der Kompetenz, dazu in der Lage zu sein	Gefühl der Selbstwirksamkeit: Bewusstsein, in einer realen Welt etwas bewirken zu können
Aneignung	Subjektivierende Aneignung: Bedürfnis, sich in der Welt heimisch zu fühlen	Objektivierende Aneignung: Bedürfnis, die eigenen Wissens- und Handlungsstrukturen der physikalischen und sozialen Realität anzupassen
Erkenntnisgefühle	Gefühl der Geborgenheit: sich sicher und heimisch fühlen	„Heureka“-Gefühle: Gefühl, die reale Welt verstehen und das Selbst darin verorten zu können
	Gefühle des „Vertrautseins in der Welt“	Realitätsgefühle

ter, 1999). Solche Thematiken bilden die Rahmenmotivationen, mit denen sich das Kind auseinandersetzen muss (vgl. Kap. 6, Abschn. 2).

Aneignung und Vergegenständlichung. Generell, d.h. inhaltsfrei und kulturübergreifend, lassen sich zwei grundlegende Tätigkeitskomponenten unterscheiden, die das Verhältnis von Subjekt und Umwelt regulieren: Aneignung und Vergegenständlichung. Wie in Kap. 3 erläutert, handelt es sich um gegenläufig gerichtete, aber sich ergänzende Tätigkeitskomponenten. Die Aneignung als Aufbau von Weltwissen, Selbsterkenntnis und moralischen Kategorien verläuft von der Umwelt zum Individuum. Die Vergegenständlichung als Veränderung und Kontrolle der Umwelt geht vom Individuum aus und ist auf die Umwelt gerichtet. Zusammen mit der Subjektivierung (Einbringen der eigenen Anliegen und Wissensstrukturen) und der Objektivierung (Berücksichtigung objektiver Gegebenheiten) bilden diese Tätigkeitskomponenten zugleich die Rahmenmotivation menschlichen Handelns (vgl. Tab. 16.1, S. 557). Ihnen sind jeweils motivspezifische Emotionen zugeordnet, die anzeigen, wann diese Motive jeweils aktualisiert sind (vgl. Kap. 3, Abschn. 2.6.2).

Streben nach Autonomie und Verbundenheit. Nach Deci und Ryan (1990) und Ryan (1993) hat das Selbst in der Auseinandersetzung mit der Umwelt zwei Grundbedürfnisse zu befriedigen, die wir ebenfalls zur menschlichen Rahmenmotivation rechnen dürfen: das Streben nach Autonomie und Verbundenheit (relatedness). Beide Grundbedürfnisse stehen im Wechselspiel zueinander und zeigen sich ausgeprägt in der kindlichen Entwicklung. Beide Bedürfnisse werden auch von Bischof (1993) als biologisch fundierte Grundbedürfnisse angesehen.

Autonomiebedürfnisse beginnen im ersten Lebensjahr mit der Freude am selbsterzeugten Effekt (sekundäre Kreisreaktion, s. Kap. 11), setzen sich fort mit dem Selber-machen-Wollen im zweiten und dritten Lebensjahr und spezialisieren sich in der Leistungsmotivation (s. Abschn. 2). Das Bedürfnis nach Verbundenheit beginnt ebenfalls im ersten Lebensjahr mit der biologisch fundierten Entwicklung des Bindungsverhaltens, das mit 12 bis 15 Monaten einen Höhepunkt erreicht. Das Bindungssystem steht mit dem Erkundungssystem in Wechselwirkung. Fühlt sich das Kind sicher, so kann es die Umwelt explorieren. Dies ist zugleich ein Akt der Selbständigkeit. Hier zeigt sich auf basaler Ebene das Zusammenspiel von Autonomie und Verbundenheit.

Im zweiten und dritten Lebensjahr drückt das Kind die Autonomiethematik häufig im Als-ob-Spiel aus. Dabei handelt es sich um Spiele des Alleinseins und der Abgrenzung. Kinder stülpen sich einen Eimer oder eine Tasche über und sind „unsichtbar“, sie fahren allein auf einem fiktiven Boot weg oder gehen allein in eine dunkle Kammer, ohne Licht zu machen. All das aber gewöhnlich nur in der Sicherheit gewährenden Gegenwart von Bezugspersonen.

2 Die Entwicklung der Motivation: Interesse und Leistung

Wenn man von der ursprünglichen Bedeutung des Wortes Motivation ausgeht, so dient es als Beschreibung und Erklärung dafür, warum wir uns bewegen und bewegen lassen. Dies gilt sowohl im direkten Sinne als Annäherung und Vermeidung von konkreten Gegenständen und Situationen, als auch im übertragenen Sinne als „Bewegtwerden“ von einem Ereignis. Die Bewegung in diesem Sinne kann vom Individuum ausgehen, das sich Ziele setzt und ein mehr oder minder starkes Bedürfnis nach Erreichung der Ziele hat. Die Bewegung läßt sich aber auch räumlich oder quasi-räumlich verstehen, nämlich als Aufsuchen von Objekten und Situationen. An zwei zentralen Motivationsbereichen soll Motivationsentwicklung im Folgenden beschrieben werden, dem Interesse und der Leistungsmotivation. Während Interesse eher die Betrachtungsweise des Person-Umwelt-Bezuges, also das Sichbewegen und Bewegtwerden auf Objekte zu, nahe legt, lässt sich

Leistungsmotivation als Handeln nach selbstgesetzten Standards konzipieren.

Andere bedeutsame menschliche Motivationssysteme sind in anderen Kapiteln dieses Buches beschrieben wie die Bindungsmotivation in Kapitel 5, die Spielmotivation in Kapitel 6.

2.1 Neugier und Interesse

2.1.1 Entwicklung des Neugierverhaltens

Die ontogenetischen Wurzeln des Interesses lassen sich im kindlichen Neugierverhalten finden. Neugier ist eine aktuelle Aktivierung und Zuwendung zu einem Gegenstand (einer Situation) mit starkem Anreizcharakter. Von Interesse kann man hingegen erst sprechen, wenn ein länger dauernder Bezug zu einem Gegenstand bzw. einer Gegenstandsklasse hergestellt wird. Wir werden zunächst die Entwicklung des Neugierverhaltens beschreiben und dann die des Interesses.

Merkmale der Neugiermotivation

Neugierverhalten tritt bereits bei Tieren auf und kennzeichnet vor allem das Verhalten von Jungtieren. Neugier wird daher als biologisches Grundbedürfnis neben Hunger, Durst und Schlafbedürfnis angesehen (Berlyne, 1960). Berg und Sternberg (1985) unterscheiden beim Neugierverhalten zwei Komponenten:

(1) eine motivationale Komponente, die den Antrieb liefert, sich Neuem zuzuwenden,
(2) eine kognitive Komponente, die nach neuer Information sucht und sie aus bekannten Wahrnehmungsinhalten herauslöst.

Neugier und Erkundung stehen einerseits in Wechselwirkung mit dem Bindungsverhalten, andererseits mit der Angst angesichts neuer unbekannter Reize. Nach Bowlby (1984) tritt das Erkundungssystem in Aktion, wenn das Bindungssystem gesättigt ist. Fühlt sich das Kind sicher, was in der Gegenwart der Mutter normalerweise der Fall ist, so kann es sich der Umwelt zuwenden und sie erkunden. Das Bindungssystem reguliert so die Angst vor Neuem. Das Verhältnis zwischen Angst und der Zuwendung zu Neuem, lässt sich als Funktion der Reizvertrautheit darstellen (s. Abb. 16.1). Reizhomogenität erzeugt Langeweile und wird unlustvoll erlebt und daher gemieden. In einem mittleren Bereich der Konfrontation mit Neuem kommt es zum aufsuchenden Verhalten, bei extrem fremden Reizen zur Angsterregung und damit erneut zum vermeidenden Verhalten.

BEISPIEL

Ein vierjähriger Junge nähert sich mit seinen Eltern einem altertümlichen Karussell. Er möchte gerne mitfahren und nähert sich einem der Tiere, um aufzusitzen. Die im Vergleich zu den ihm bekannten Karussells fremdartige Umgebung und der unvertraute Geruch von Lack und Holz ängstigen ihn, so dass er zurückweicht. In einiger Entfernung jedoch findet er das Karussell erneut attraktiv und nähert sich ihm wieder. Das Spiel wiederholt sich mehrmals, bis die Eltern ihn überreden, nun endlich weiterzugehen.

Entwicklung des Explorationsverhaltens

Die Neugiermotivation zeigt sich als regelhaft auftretende Erkundung der Umwelt, die als Explorationsverhalten bezeichnet wird. Da das Kind in den ersten Lebensmonaten motorisch noch wenig entwickelt ist, tritt als erstes die vi-

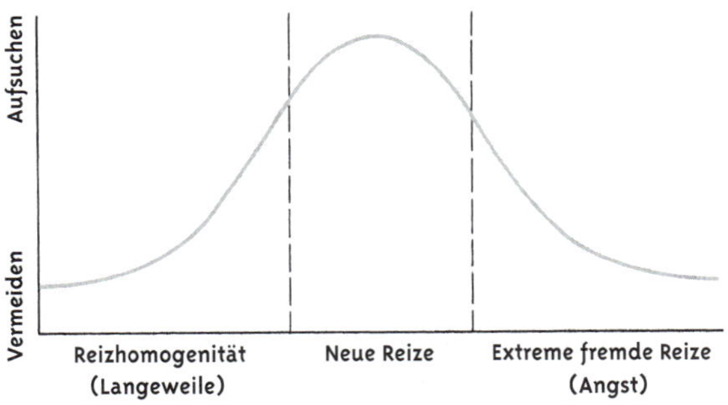

Abbildung 16.1. Neugierde als Funktion der Reizunvertrautheit

suelle oder distale Exploration auf (Voss & Meyer, 1987). Erst dann folgt die proximale, d.h. vorzugsweise manipulative Exploration. Sie erreicht einen Höhepunkt im zweiten Lebensjahr.

Die visuelle Exploration verschwindet aber nicht, sondern steht gewöhnlich am Beginn des Explorationsverhaltens, da die visuelle Aufmerksamkeit die erste Möglichkeit darstellt, etwas über die Umwelt zu erfahren. Ist dann aus der Distanz erkannt worden, dass eine direkte Annäherung gefahrlos ist, so kann die proximale Exploration einsetzen (Vietze et al., 1983).

In einer Längsschnittstudie vom zweiten bis zum sechsten Lebensjahr über Explorationsverhalten konnten noch andere Veränderungen der Exploration beobachtet werden (Keller & Boigs, 1989):

- eine Abnahme der Dauer der Exploration und
- eine Zunahme der Explorationsbreite.

Die Abnahme der Dauer der Exploration geht auf die wachsende Geschwindigkeit der Informationsverarbeitung zurück, die es erlaubt, sich neuen Objekten zuzuwenden bzw. die gesammelten Eindrücke zu verarbeiten. Dies schafft auch die nötigen Verarbeitungskapazitäten für eine Zunahme der Explorationsbreite. Zugleich kann das Kind aufgrund seines wachsenden Wissens über die Umwelt die neuen Objekte rascher in seine kognitive Struktur (sein Wissenssystem) einordnen.

Problemlösen, Neugier, Angst

Neugier ist bekanntlich nicht auf die ersten drei Lebensjahre beschränkt. Trudewind et al. (1996; Trudewind, 2000) untersuchten bei Vorschulkindern zwischen 3;6 und 6;11 Jahren den Zusammenhang zwischen Neugier, Angst und Problemlösen. Angst schützt als biologisch wichtiger Mechanismus vor den Gefahren allzu großer Neugier. Angst und Ängstlichkeit lassen sich aber auch als unabhängige Persönlichkeitsdimensionen erfassen. Trudewind prüfte, welchen Einfluss Neugier und Angst auf Problemlösungsleistungen haben. Da Neugier auch eine kognitive Komponente der Informationsauswahl beinhaltet, müssten das Ausmaß von Neugier und Angst das Problemlösen beeinflussen.

Geschlechts- und Altersunterschiede. Zunächst konnte er zeigen, dass ein höheres Ausmaß an Neugier auch zu höheren Leistungen beim Problemlösen führte. Dabei zeigten sich Geschlechts- und Altersunterschiede. Während die jüngeren Knaben mit niedriger Neugiermotivation beim Problemlösen schlecht abschnitten, stieg ihr Leistungsniveau mit dem Alter stark an und näherte sich dem Niveau der hoch Neugierigen. Bei den Mädchen gab es diese Altersunterschiede nicht. Wenig Neugierige schnitten in beiden Altersstufen deutlich schlechter ab als Hochneugierige. Bei hohem Anreiz wirkte sich die Neugier auch auf die Redundanz des kindlichen Verhaltens aus. Kinder mit wenig Neugier zeigten unter dieser Bedingung ein hohes Maß an Redundanz, während Kinder mit viel Neugier geringes Redundanzverhalten an den Tag legten.

Von besonderem Interesse ist nun der Einfluss der Angst. Sie steht in Wechselwirkung zur Neugier. Hochängstliche mit wenig Neugier zeigten das niedrigste Niveau beim Problemlösen, während Hochängstliche mit ausgeprägter Neugier das gleiche hohe Niveau erbrachten wie vergleichbar neugierige Kinder mit niedrig ausgeprägter Ängstlichkeit.

2.1.2 Entwicklung von Interessen

Der Interessenbegriff hat eine lange Geschichte, seine Wurzeln reichen weit in die Philosophiegeschichte zurück (Überblick s. Neuendorff, 1973). Mierke (1958) unterscheidet zwischen einem phänomenologischen (wie Interesse subjektiv erlebt wird), funktionspsychologischen (welche Aufgabe und Wirkungsweise Interessen im menschlichen Handeln haben), genetischen (wie sich Interessen entwickeln) und strukturpsychologischen Aspekt (welches Gefüge Interessen bilden). Im deutschsprachigen Raum hat sich später vor allem Todt (1978; Todt & Schreiber, 1998) mit der entwicklungspsychologischen Perspektive von Interessen befasst. Lange Zeit wurde die Bedeutung von Interessen in der Psychologie wenig beachtet. Schiefele (1981, 1986) hat versucht, das Konzept erneut für die Pädagogik nutzbar zu machen. In seinem Gefolge sind eine Reihe von Untersuchungen zur Genese und Wirkungsweise von Interessen entstanden (im Überblick s. Krapp, 1998; Krapp & Prenzel, 1992).

Interessenbegriff

Mit Krapp (1998) lassen sich zwei Komponenten des Interesses unterscheiden: (1) ein situatives Interesse, das die Zuwendung zum Gegenstand und die aktuelle Auseinandersetzung mit ihm beinhaltet und somit der Neugier noch nahe steht; (2) Interesse als Persönlichkeitsdimension, das dauerhafter oder lang anhaltender Bestandteil der gesamten Person-Umwelt-Orientierung geworden ist. Entscheidend für unsere Themenstellung ist das längerfristige Interesse.

DEFINITION

Längerfristiges Interesse bezeichnet den dauerhaften Bezug einer Person zu einem Gegenstand oder Gegenstandsbereich. Dieser Bezug enthält drei Komponenten:

(1) Die kognitive Komponente bezieht sich auf die Wissensinhalte und deren Aneignung.
(2) Die affektive Komponente beinhaltet die Valenz, den Wert, eines Gegenstandes und damit die Bindung zwischen Subjekt und Objekt. Sie lässt sich nochmals in einen Wert- bzw. Valenzanteil und einen Neigungsanteil untergliedern. Der Wert eines Gegenstandes (Gegenstandsbereiches) ist die Einschätzung seiner Bedeutung und Wichtigkeit; die Neigung zu einem Gegenstand bzw. zu der mit ihm verbundenen Handlung ist die Gefühlskomponente, die das Selbst an den Gegenstand bindet.
(3) Die Handlungskomponente bezieht sich auf das Handeln, das nötig ist, um mit dem Gegenstand in Verbindung zu treten.

Bezieht man die in Abschn. 1 skizzierte Tätigkeitsebene mit ein, so erweist sich Interesse als zentraler sinnstiftender Prozess in der Auseinandersetzung des Individuums mit seiner Umwelt: Interesse verhindert Isolation und Abkapselung von der Außenwelt, es stellt ein zuverlässiges und sicheres Band zu ihr her und lenkt die Austauschprozesse von Aneignung und Vergegenständlichung in feste und zugleich sinnstiftende Bahnen.

Das Interessen-Hexagon von Holland

Wenn man Interessen als relativ stabile Persönlichkeitsmerkmale zu erfassen versucht, eignet sich das empirisch erprobte Modell von Holland (1996) besonders gut. Holland fand sechs Hauptrichtungen der Interessen, die sich als Sechseck mit zwei bipolaren Dimensionen darstellen lassen (Abb. 16.2, S. 562). Diese Struktur von Interessen findet sich vorzugsweise im Erwachsenenalter, aber bereits auch bei Jugendlichen, insbesondere bei Hochbegabten (Lubinski, 1996). Sie ist zugleich eine kulturell determinierte und empirisch gut abgesicherte Einteilung in sechs Hauptfelder von Person-Umwelt-Beziehungen, die je nach Bedarf noch weiter untergegliedert werden können. Das Hexagon-Modell erwies sich auch über verschiedene subkulturelle Gruppen und Ethnien hinweg als gültig (Day & Rounds, 1998).

Entwicklungsmechanismen der Interessenbildung

Wir haben bereits in Abschn. 1.2.2 die Interessenbildung durch die funktionelle Autonomie von Motivsystemen zu erklären versucht. Wie aber kommt es zu dieser Verselbständigung?

Dauer des Spiels. Ein wichtiger Mechanismus ist die Dauer des Spiels mit den gleichen Gegenständen, die zu einer vorübergehenden, aber dennoch länger anhaltenden Bindung an sie führt. So benutzen bereits Kinder im ersten Lebensjahr bestimmte Objekte immer wieder (Lieblingsobjekte). Manche Kinder trennen sich nicht einmal von bestimmten Objekten, wenn die Eltern mit ihm das Haus verlassen. Bekannt ist das „Über-

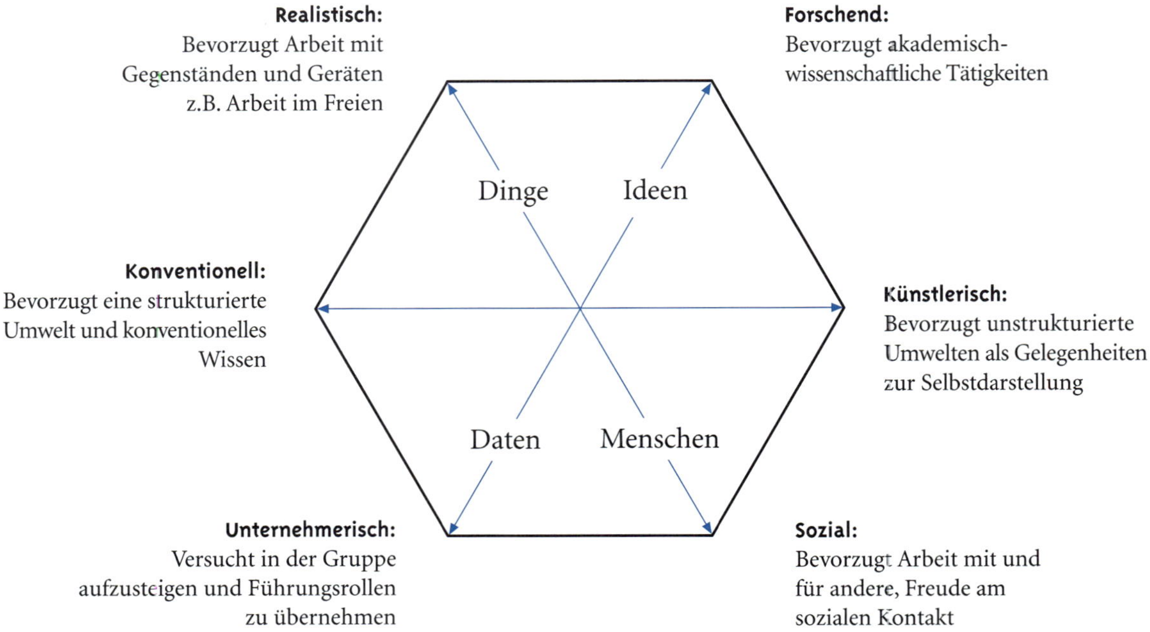

Abbildung 16.2. Die sechs Interessendimensionen nach dem Modell von Holland (1996)

gangsobjekt“ (z.B. ein Stofftier) geworden, das als Ersatz für die Bezugsperson dient und Trennungserlebnisse überwinden hilft (Winnicott, 1973). Bereits im zweiten Lebensjahr können sich Kinder 30 bis 45 Minuten mit dem gleichen Spielmaterial beschäftigen.

UNTER DER LUPE

Musiker und ihr Instrument

Mona Vogl (1993) befragte Musikstudenten beiderlei Geschlechts unter anderem, wie lange sie ihr Instrument entbehren könnten. Dabei ergaben sich Unterschiede zwischen den Instrumentalisten. Über eine Woche konnte nur ein Teil der Befragten ihr Instrument entbehren, wie aus nebenstehender Tabelle hervorgeht. Dabei zeigten sich auch Geschlechtsunterschiede, die für die verschiedenen Instrumente nicht gleichsinnig waren.
Die Bindung an das Instrument erweist sich also als sehr eng. Zwar ist das Instrument nur ein Teil der komplexen Interessenstruktur Musik, aber es besitzt dennoch zentrale Bedeutung als wichtigster und oft alleiniger Zugang zum Objektbereich Musik.

Tabelle 16.2. Anteil von Musikstudenten, die länger als eine Woche auf ihr Instrument verzichten können (in Prozent)

Instrument	Männer	Frauen	Gesamtstichprobe
Geige	50,0	91,7	85,7
Klavier	66,7	53,8	60,0
Saxophon	33,3	22,2	28,6
Alle	50,0	58,8	55,0

Funktionelle Autonomie. Ein zweiter Mechanismus bei der Bildung von Interessen sorgt für ihre Stabilisierung und Dauerhaftigkeit. Wir haben diesen Mechanismus bereits oben als die funktionelle Autonomie von Motivsystemen charakterisiert. Person-Umwelt-Bezüge, die immer wieder aktiviert werden, verselbständigen sich und werden zu Motivsystemen, die unabhängig von aktuellen Anreizen Verhalten regulieren. Interessante Gegenstandsbereiche werden nun aktiv aufgesucht und können für den gesamten Lebenslauf handlungsleitende Funktion erlangen. Bekannte Beispiele für diesen Entwicklungsvorgang sind unter anderem Heinrich Schliemann, der schon als Kind beschloss, Troja auszugraben, Justus Liebig, der schon als Junge mit Chemikalien experimentierte, und George Gershwin, der in einer musikalisch wenig anregenden Umwelt aufwuchs und Klavierspielen erstmals an den niedergehenden Tasten eines elektrischen Klaviers lernte. Hier erweist sich Interesse als Vermittler bei der sog. aktiven Genotyp-Umwelt-Interaktion (s. Kap. 2), die durch die aktive Selektion und Gestaltung der Umwelt nach eigenen Möglichkeiten gekennzeichnet ist (Scarr & McCartney, 1983).

Die Verselbständigung von Interessen hat aber auch eine qualitative Seite. Interessen sind die Träger der Tätigkeitsebene, sie bilden den sinnstiftenden Rahmen von Handlungen, ihren Sinn (s. Abschn. 1.3). Anhaltende Interessen werden durch den Mechanismus der funktionellen Autonomie auf die Ebene der Tätigkeit gehoben. Aber es gibt auch die umgekehrte Wirkungsrichtung: Wenn die Auseinandersetzung mit Gegenständen oder Gegenstandsklassen sinnstiftend wirkt und damit im Dienste der Tätigkeit steht, führt sie – und nur dann – zur Bildung von Interessen. Die Tätigkeitstheorie kann also erklären, warum bestimmte Inhaltsklassen von Gegenständen das Interesse fesseln und andere nicht.

Die Entwicklung von Interessenbereichen

Im menschlichen Lebenslauf lässt sich die Entwicklung der Interessen nach Bereichen aufgliedern, wobei es typische Sequenzen gibt. Im Folgenden greifen wir auf die Darstellung von Gottfredson (1981) und Todt (1985) zurück und ergänzen sie durch die jetzige Befundlage.

Universelle Interessen. Sie tauchen bereits im ersten Lebensjahr auf. Sie sind entweder stärker personorientiert (Interesse an Menschen) oder stärker sachorientiert (Interesse an Gegenständen und ihrem Funktionieren) oder aber eine Mischung von beidem. Es hat sich gezeigt, dass vermeidend-unsicher gebundene Kinder (s. Kap. 5) Gegenstände vor Menschen präferieren.

Geschlechtsspezifische Interessen. Sie bilden sich im Vorschulalter heraus, was sich in der Bevorzugung von geschlechtstypischen Spielsachen und Aktivitäten anzeigt. Wie Serbin et al. (2001) belegen konnten, tritt diese Bevorzugung im Durchschnitt schon mit eineinhalb Jahren auf. Geschlechtstypische Interessen sind häufig im Vorschulalter sehr stark ausgeprägt und werden später modifiziert und differenziert. Die Schule übt einen maßgeblichen Einfluss auf solche Interessen aus. Jugendliche, die das Gymnasium besuchen, sind weit weniger von geschlechtsstereotypen Interessen abhängig als ihre Altersgenossen in anderen Schularten und weisen ein breiteres Interessenspektrum auf.

Altersspezifische Interessen. Zu ihnen kommt es durch die Orientierung an Gleichaltrigen und durch Angebote der Konsumgesellschaft, die als Moden zugleich vom Zeitwandel betroffen sind. Früher waren Schusserspiel, Kreisel und das „Schlagen" von Reifen bei Grundschulkindern beliebt, heute sind es Fernsehserien und Computerspiele. Im Jugendalter treten oft sportliche Interessen in den Vordergrund, wie Snowboard und Inline-Skating. Altersspezifische Interessen können die Geschlechter weiter trennen, z.B. in Bezug auf Kleidung und Computerspiele, oder sie vereinen, wie bei Interessen an den genannten Sportarten. Es lässt sich gut beobachten, wie Kinder ein bestimmtes Interessengebiet aufgeben und sich einem neuen zuwenden, das ihren weiter entwickelten Fähigkeiten besser entspricht. Hier ist die Wechselwirkung von Kultur und Individuum mit am Werk, wie sie in Abschn. 1.2 und in Kap. 3 erläutert wurden.

Schulisch-akademische Interessen. Dies umfasst die Interessen für einzelne Schulfächer. Sie nehmen eine besondere Stellung im Entwicklungsverlauf ein. Das liegt daran, dass sich die von der Schule angebotenen Gegenstandsbereiche deutlich von den sonstigen Lebenszusammenhängen der Kinder und Jugendlichen abheben, weil sie anders strukturiert sind, nämlich nach der Logik eines Fachgebiets. Im schulischen Angebot liegt eine Chance und zugleich eine Barriere für Interessenentwicklung. Einerseits ermöglicht es dem Kind die Begegnung mit Gegenstandsbereichen, zu denen das Kind niemals ohne die Schule Zugang hätte. Auf diese Weise können Fachgebiete in berufliche und personale Interessen eingespeist werden. Wenn andererseits die Verknüpfung mit persönlichen Anliegen und Thematiken nicht gelingt, werden Schulfächer irrelevant, es kommt zu Schulverdrossenheit.

Die schulischen Interessen wurden ausgiebig empirisch untersucht. Die Befunde sind über die Jahrzehnte recht eindeutig. Das Interesse an Schulfächern, besonders an Mathematik und Naturwissenschaften nimmt mit zunehmendem Alter ab. Diese Abnahme beginnt schon im Grundschulalter und zeigt einen deutlichen Einbruch der Lernfreude in Mathematik und Deutsch im vierten Schuljahr (Helmke, 1993). Dieser Trend setzt sich verstärkt im Jugendalter fort (Oldfather & McLaughlin, 1993; Todt, 1978). Baumert (1998) begründet den schulischen Interessenschwund mit der Ausweitung der Erfahrung auf neue Handlungsfelder und mit der generellen Entwicklung im Jugendalter. Der für schulisches Lernen unerfreuliche negative Interessentrend hat schon Travers (1978, S. 128) zu der Äußerung veranlasst: "The school is more likely to be a killer of interests than the developer."

Berufliche Interessen. Sie machen eine lange Entwicklung durch und stabilisieren sich bereits im Jugendalter (Mullis et al., 1998). Während Kinder sich noch an äußeren attraktiven Merkmalen orientieren und Schornsteinfeger, Lokführer und Astronaut werden wollen, interessieren sich ältere Kinder schon mehr für die Tiefenmerkmale des Berufs und wägen schließlich als Jugendliche ihre Fähigkeiten, Ausbildungsmöglichkeiten und Interessen ab.

Ein solches Modell der beruflichen Interessenentwicklung stammt beispielsweise schon von Ginzberg (1952). Er unterscheidet eine Stufe der Phantasiewahlen (7 bis 11 Jahre), eine Stufe der Probewahlen (11 bis 17 Jahre), bei der anfangs nur das Interesse, später zusätzlich die eingeschätzte Fähigkeit und schließlich auch der Wert eines Berufs eine Rollen spielen; schließlich eine Stufe der realistischen Wahlen (ab 17 Jahren, bei Hauptschülern früher), die der Reihe nach eine Explorations-, Kristallisations- und Spezifikationsphase durchläuft. Auf dieser letzten Stufe werden soziale Zwänge und Chancen auf dem Arbeitsmarkt in vollem Ausmaß wirksam. Allerdings sind die Chancen für eine positive lebenslange Entwicklung von Interessen heute zumindest für die erste Lebenshälfte besser als früher, da das Gebot lebenslangen Lernens und notwendig

Tabelle 16.3. Rangkorrelationskoeffizienten zwischen Berufsinteresse und Berufsprestigeangaben (nach Barnett, 1975)

	Alter								
	9	10	11	12	13	14	15	16	17
männlich (N = 1.531)	.39	.44	.37	.59	.58	.57	.73	.63	.72
weiblich (N = 988)	.00	.22	.14	–.04	–.18	.14	–.12	–.19	–.07

werdende Berufswechsel Orientierungen nach persönlichen Interessen erlauben.

Berufliche Interessen sind immer noch stark an geschlechtsspezifische Interessen gebunden. Auch hierbei scheint es kulturübergreifende Tendenzen zu geben. Badger et al. (1998) befragten 1.247 Jugendliche beiderlei Geschlechts der 6., 8., 10. und 12. Klasse aus unterschiedlichen Regionen der USA mit dem „World-View"-Fragebogen und fanden durchweg bei Mädchen eine Bevorzugung von persönlichen und prosozialen Werten, während die Jungen stärker Autonomie, Durchsetzung und Leistung präferierten. Die Geschlechtsunterschiede zeigten sich auch beim Berufsprestige (s. Tab. 16.3). Bei männlichen Jugendlichen wächst die Korrelation zwischen beruflichem Interesse und Berufsprestige mit zunehmendem Alter an, bei weiblichen Jugendlichen liegt sie bei Null (Barnett, 1975).

Personale (spezifische) Interessen. Hier handelt es sich um die einmalige Struktur von Person-Umwelt-Bezügen, die sich in einer Person im Laufe der Entwicklung herauskristallisieren und ihr relevant oder gar zentral erscheinen. Diese spezifische Interessenstruktur kann in der beruflichen Tätigkeit Befriedigung finden (man denke an Forscher, Ärzte, Ingenieure), sie kann aber auch einen vom Beruf getrennten Lebensbereich ausmachen (wie Hobbys oder soziales und religiöses Engagement).

In Abb. 16.3 sind die Zusammenhänge zwischen den einzelnen Interessenbereichen und ihre Herausbildung im Lebenslauf durch Entwicklungslinien verdeutlicht. Die Abbildung kann allerdings ein entscheidendes Moment der Interessenbildung nicht darstellen, die konstruierende Aktivität des Subjekts in seiner Auseinandersetzung mit der Umwelt. Das Interesse für Schulfächer ist hier nicht eigens aufgeführt. Es wird im Laufe der Entwicklung ein Teil der beruflichen Interessen, da diese viel breiter gefasst werden als in der Umgangssprache und daher auch dort subsumiert bzw. eine Komponente personaler Interessen sind. Letzteres ist der Fall, wenn man sich mit Aspekten eines Faches als Hobby beschäftigt.

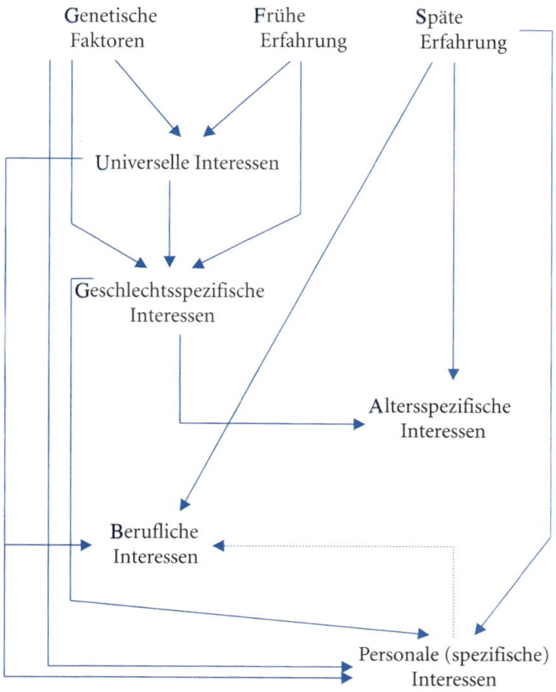

Abbildung 16.3. Entwicklung von Interessenbereichen und ihre kausalgenetische Verknüpfung

2.2 Entwicklung von Kontrollüberzeugungen und Leistungsmotivation

Menschliches Handeln wird in unserer Gesellschaft stark durch die Leistung bestimmt, die ein Individuum erbringt. Sie hängt motivational einerseits vom Interesse, andererseits von der Leistungsmotivation ab. Motiv und Wille zur Leistung bedürfen ihrerseits der Überzeugung, dass man selbst in der Lage ist, Leistung zu erbringen. Dieser Glaube wird unter dem Sammelbegriff der Kontrollüberzeugungen gefasst.

2.2.1 Kontrollüberzeugungen

Bereits im ersten Lebensjahr entwickelt das Kind die Überzeugung, dass es selbst Effekte herbeiführen kann (engl. effectance motivation). Wenn die frühe Meisterung von Aufgaben verstärkt wird, so internalisiert das Kind dieses Belohnungssystem und möchte Handlungsergebnisse allein zustande bringen (Selber-machen-Wollen im zweiten Lebensjahr). In der zweiten Hälfte des zweiten Lebensjahres entwickelt das Kind bereits eine Vorstellung (Repräsentation) von sich selbst und besitzt, wie man auch sagt, ein Selbstkonzept (s. Kap. 5). Damit kann sich auch die Überzeugung der Selbstwirksamkeit aufbauen, nämlich das Bewusstsein, Urheber von selbst beabsichtigten Effekten in der Umwelt zu sein (engl. self-efficacy). Selbstwirksamkeit wird vor allem durch die Erreichung proximaler Ziele gefördert, d.h. durch Nahziele, die man unmittelbar verwirklichen kann. Später wird es nötig, aufgrund verallgemeinerter Erfahrungen ein integriertes Konzept der Selbstwirksamkeit zu entwickeln (Bandura, 1994), das auch bereichsspezifisch angemessen ist. So fanden Shell et al. (1995) einen steten Anstieg der Selbstwirksamkeitsüberzeugung für Lesen und Schreiben.

Niveaus der Selbstbewertung. Selbstwirksamkeit und Selbstbewertung hängen eng zusammen. Stipek et al. (1992) fanden bei ein- bis fünfjährigen Kindern durch eine geschickte Methodik drei Niveaus der Selbstbewertung, die sie über Stolz- und Schamreaktionen operationalisierten.

- Die Einjährigen nehmen noch keine Selbstbewertung vor und nehmen auch noch nicht Reaktionen auf ihre Leistungen vorweg, aber sie freuen sich darüber, dass sie ein Ergebnis selbst verursacht haben.
- Kurz vor dem Alter von zwei Jahren orientieren sich die Kinder an den Reaktionen Erwachsener und suchen positive Antworten auf ihren Erfolg. Selbstbewertung wird durch externe Bewertung hergestellt.
- Auf einer dritten Stufe haben die Kinder die Bewertung verinnerlicht (Internalisierung). Sie bewerten ihre Leistung unabhängig von einer äußeren Beurteilung und orientieren sich ausschließlich an Erfolg und Misserfolg.

Stipek et al. meinen, solche Selbstbewertungen bereits ab dem dritten Lebensjahr gefunden zu haben. Sie haben aber dazu ein ungeeignetes Versuchsdesign verwendet: Die Kinder zeigten die Selbstbewertung in Anwesenheit eines Versuchsleiters, so dass zumindest von einer impliziten äußeren Beurteilung gesprochen werden kann. Holodynski (1992a) hat demgegenüber Vorschulkinder in einer Sozial- *und* einer Alleinsituation, in der äußere Beurteilungen explizit ausgeschlossen waren, untersucht. Dabei zeigte sich, dass Vorschulkinder eine Selbstbewertung in Form von Stolz- oder Schamreaktionen nur in der Sozialbedingung, nicht aber in der Alleinbedingung vornahmen. Erst als Grundschulkinder zeigte ca. die Hälfte dieser Kinder auch in Alleinsituationen selbstbewertende Reaktionen (Holodynski, 1992b). Die dritte Stufe, die internalisierte Selbstbewertung, scheint sich demnach erst im Grundschulalter herauszubilden und nicht bereits mit dem dritten Lebensjahr.

Allmähliche Ursachendifferenzierung. Eine differenzierte Sichtweise von Kontrollüberzeugungen stammt von Skinner (1995). Sie betont die Überzeugungen, die eine Person bzgl. der angenommenen Zusammenhänge zwischen Mittel und Zweck (Ziel) hegt. Außerdem unterscheidet sie nicht nur zwischen internalen (z.B. eigene Anstrengung) und externalen Ursachen (z.B. Zufall und Glück) eines erzielten Effektes, sondern trennt nach den Bereichen: (1) unbekannte Ursachen (z.B. Unkenntnis über Strategien oder über Ursachen, die zum Ergebnis führen), (2) Anstrengung, (3) Fähigkeit, (4) Macht bzw. Können anderer und (5) Glück. Sie legte Kindern im Alter von 7 bis 12 Jahren einfache Fragen über ihre Meinung vor, wie eine gute Leistung in der Schule zustande kommen könnte, und fand interessante Unterschiede im Verständnis dieser fünf Ursachen.

Bei einer faktorenanalytischen Auswertung ergab sich eine steigende Anzahl von Faktoren für die Ursachenerklärung durch die Kinder. Die Sieben- bis Achtjährigen produzierten nur zwei Faktoren: Der erste enthielt die Fragen über unbekannte Ursachen (z.B. „Wenn ich gut in der Schule bin, weiß ich nicht, warum.“), der zweite bündelte die übrigen Ursachen zusammen (Glück, mächtige andere, Anstrengung und Fähigkeit). Bei den Neun- bis Zehnjährigen ergaben sich bereits drei Faktoren: unbekannte Ursachen, internale Ursachen (Anstrengung und Fähigkeit) und externale Ursachen (Glück und mächtige andere). Die Elf- bis Zwölfjährigen schließlich gruppierten die Fragen nach vier Faktoren: unbekannte Ursachen, externale Ursachen (Glück und mächtige andere), Anstrengung und Fähigkeit. Anstrengung und Fleiß wurden von allen Altersstufen als wirksamstes Mittel für gute Leistungen angesehen. Die älteren Kinder glaubten weniger an die Wirkung von Glück bei guten Leistungen als die jüngeren Kinder. Diese Befunde bestätigen frühere Untersuchungen über Kontrollüberzeugungen und Ursachenerklärungen, von denen in Abschnitt 4 noch die Rede sein wird.

Einschätzung eigener Kompetenz. Zentral für Kontrollüberzeugungen ist die Einschätzung der eigenen Kompetenz. Zunächst überschätzen die Kinder ihre Kompetenz bei weitem. So stuften sich in einer Untersuchung von Nicholls (1979) die meisten Erstklässler in ihrer Leseleistung an der Spitze der Klasse ein; es gab keinen Zusammenhang mit dem Lehrer- und Elternurteil. Die Zwölfjährigen zeigten demgegenüber eine große Breite in ihrer Selbstbeurteilung und eine hohe Übereinstimmung mit den Schulnoten. Insgesamt sinkt in allen einschlägigen Untersuchungen die durchschnittliche Einschätzung der Kompetenz. Die Kinder können ihre Fähigkeiten mit zunehmendem Alter realistischer einschätzen. Dies hat auch mit dem permanenten sozialen Vergleich und dem Wettbewerb in der Schule zu tun.

Auch die Erfolgserwartungen sinken mit zunehmendem Alter. Während Vier- bis Fünfjährige nach mehreren Misserfolgen bei einer Aufgabe immer noch glauben, das nächste Mal Erfolg zu haben, schätzen Ältere die Chancen für einen Erfolg gering ein (z.B. Stipek, 1984).

2.2.2 Leistungsmotivation

Von den drei Grundbedürfnissen, die Deci und Ryan (1990) postulieren, steht das Bedürfnis nach Kompetenz der Leistungsmotivation am nächsten. Es könnte als Basis oder Ursache für die Entstehung der Leistungsmotivation gelten. McClelland et al. (1953) definierten Leistungsmotivation als Auseinandersetzung mit einem „Tüchtigkeitsmaßstab". Für die Leistungsmotivation ist das Zusammenwirken von Erwartung und Wert (Anreiz) Ausschlag gebend. Wir halten uns im Folgenden an die Formulierung der Theorie von Atkinson (1957), die auch heute noch als Grundlage der Erwartungs-Wert-Theorien dient. Die Erwartung ist demnach die vom Akteur eingeschätzte subjektive Wahrscheinlichkeit, eine Aufgabe zu bewältigen. Der Anreizwert einer Leistung ist in der Hauptsache ein Affekt, nämlich Stolz auf die erbrachte Leistung. Da man stolzer ist, wenn man eine schwierige Leistung vollbracht hat, steigt der Anreizwert mit sinkender Erfolgswahrscheinlichkeit. Ebenso wächst der Misserfolgsanreiz mit sinkender Misserfolgswahrscheinlichkeit an. Auf diese Weise bewegt sich die Leistungsmotivation im Konfliktfeld zwischen Hoffnung auf Erfolg (Affekt: Stolz) und Furcht vor Misserfolg (Affekt: Scham).

BEISPIEL

Ein Kind, das gerne schwimmt, möchte vom Dreimeterbrett springen, hat dies aber noch nie versucht. Der Erfolgsanreiz ist daher groß, die Erfolgswahrscheinlichkeit (des richtigen Auftreffens auf das Wasser) gering. Der Misserfolgsanreiz ist infolge hoher Misserfolgswahrscheinlichkeit gering, daher besteht eine hoher Anreiz, das Springen zu versuchen. Andererseits ist infolge der geringen Erfolgswahrscheinlichkeit die Furcht vor Misserfolg groß und damit der Konflikt zwischen Hoffnung auf Erfolg und Furcht vor Misserfolg ausgeprägt.

Als dritte Komponente führt Atkinson eine Personkomponente ein, das Motiv. Aus entwicklungspsychologischer Sicht ist es das Ergebnis bisheriger Erfahrungen, das in einer Persönlichkeitsvariablen bereits manifest geworden ist. Die Erfolgstendenz (Te) ist das Produkt des bereits bestehenden Erfolgsmotivs (Me), des Erfolgsanreizes (Ae) und der subjektiven Erfolgswahrscheinlichkeit (We): Te = Me × Ae × We.

Ebenso resultiert die Misserfolgstendenz (Tm), also die Tendenz, einen Misserfolg zu meiden, aus dem Produkt des (meidenden) Misserfolgsmotivs (Mm), weshalb letzteres ein negatives Vorzeichen hat, des Misserfolgsanreizes (Am) und der Misserfolgswahrscheinlichkeit (Wm): Tm = –Mm × Am × Wm.

Die resultierende Tendenz der Motivation (Tt), das Leistungsmotiv ist die Summe aus der (hinwendenden) Erfolgstendenz und der (meidenden) Misserfolgstendenz. Die resultierende Tendenz ist demnach als Differenz zwischen der Erfolgstendenz und der Misserfolgstendenz anzusehen: Tt = Te + (–Tm).

In Fortsetzung unseres obigen Beispiels hängt die resultierende Tendenz von der Ausprägung des bisherigen Leistungsmotivs der kindlichen Persönlichkeit ab. Ist das Erfolgsmotiv gut ausgeprägt, so wird die resultierende Verhaltenstendenz, den Sprung zu wagen, stark sein. Dominiert dagegen das Misserfolgsmotiv, so wird die resultierende Tendenz möglicherweise negativ ausfallen: Selbst bei guten Chancen (z.B. Erfolg beim Zweimeterbrett) wird das Kind nicht springen wollen.

Etappen in der Entwicklung der Leistungsmotivation

Aufgrund der bereits dargestellten neueren Befunde zu Kontrollüberzeugungen und älteren, bereits klassischen Befunden lässt sich folgende Sequenz der Entstehung der Leistungsmotivation postulieren:

1. Freude am Effekt. Absichtliches Herbeiführen von Effekten im ersten Lebensjahr (sekundäre Kreisreaktion) führt zum Ausdruck von Freude (effectance motivation).

2. Selbermachen. Gegen Ende des ersten Lebensjahres und insbesondere im zweiten Lebensjahr zeigt das Kind eine ausgeprägte Tendenz, etwas selber machen zu wollen. Sobald die Sprachentwicklung es zulässt, drückt das Kind diesen Wunsch auch verbal aus (z.B. „alleine“).

3. Verknüpfung des Handlungsergebnisses mit der eigenen Tüchtigkeit. Etwa ab dreieinhalb Jahren drückt das Kind Freude und Stolz über ein gelungenes Werk, einen Erfolg, und Enttäuschung und Beschämung über Misserfolge aus. Das Ergebnis wird mit der eigenen Tüchtigkeit erklärt. Dieses Kausalschema ist der entscheidende Schritt in der Entwicklung der Leistungsmotivation.

4. Unterscheidung von Tüchtigkeit und Schwierigkeit. Für das Zustandekommen einer Leistung muss man zwischen der eigenen Tüchtigkeit als internaler Ursache und der Aufgabenschwierigkeit als externaler Ursache unterscheiden können. Bereits Fünfjährige können unter günstigen Versuchsbedingungen Tüchtigkeit und Schwierigkeit kombinieren. Erfolg trotz hoher Schwierigkeit wird auf ein hohes Maß an Tüchtigkeit zurückgeführt.

5. Anspruchsniveau-Setzung. Die Kombination von Tüchtigkeit und Schwierigkeit führt zur Erfolgs- oder Misserfolgserwartung. Mit etwa viereinhalb Jahren setzt sich das Kind bei einer anschaulichen Aufgabe bereits Ziele aufgrund vorausgegangener Erfolge und Misserfolge. Damit ist die Grundlage für die Setzung von Gütemaßstäben gegeben. Als Bezugsnorm dient zunächst die Einschätzung des eigenen Könnens (individuelle Bezugsnorm). Später im Grundschulalter (mit etwa acht Jahren) wird der soziale Vergleich mit anderen Kindern wichtig (soziale Bezugsnorm), bis schließlich beide Bezugsnormen nebeneinander je nach Situation zur Geltung gelangen (Heckhausen, 1972).

6. Anstrengung als Ursache für Leistung. Ab dem fünften, sechsten Lebensjahr bildet die eigene Anstrengung das wichtigste Erklärungskonzept für Leistung. Anstrengung ist anschaulich erfahrbar und an sich selbst wie an anderen beobachtbar (Nicholls, 1978). Dies erlaubt dem Kind, eine proportionale Beziehung zwischen Aufwand und Ergebnis anzunehmen.

7. Fähigkeit als Ursache für Leistung. Anders verhält es sich mit der Fähigkeit als Erklärung für ein Ergebnis. Sie steht unsichtbar und unanschaulich hinter der Leistung und ist zudem etwas durch Lernen und Entwicklung Gewordenes. Daher taucht Fähigkeit als Erklärung erst zwischen ca. zehn und zwölf Jahren auf (Dweck & Leggett, 1988; Nicholls, 1979). Wenn Fähigkeit allerdings anschaulich gegeben ist, wie bei der Körpergröße als Indiz für Kraft, so können schon Sechsjährige Leistung (Heben eines Steines) durch Fähigkeit (Körperkraft) erklären.

Die Kombination von Anstrengung und Fähigkeit scheint erst additiv und dann multiplikativ zu erfolgen. Bei multiplikativer Verknüpfung wird erkannt, dass das Produkt aus niedriger Anstrengung und niedriger Fähigkeit besonders gering ausfällt, während es bei hoher Anstrengung und Fähigkeit zu Hochleistungen führt.

8. Glück versus Anstrengung. Anfänglich können Kinder nicht unterscheiden, ob man eine Lösung nur durch Glück bzw. Zufall oder durch eigene Anstrengung gefunden hat. Nicholls und Miller (1985) präsentierten den Kindern zwei Formen des Matching-Familiar-Figure-Test. Bei der einen Form konnte die Lösung durch Anstrengung und Geschicklichkeit, bei der anderen nur durch Zufall gefunden werden. Die Fünfjährigen glaubten noch, dass bei beiden Aufgaben nur die Anstrengung über das Finden der Lösung entscheidet. Etwas ältere Kinder hielten immer noch an der Anstrengungserklärung für beide Aufgaben fest, glaubten aber, dass die Geschicklichkeitsaufgabe eine größere Lösungschance hätte. Grundschulkinder hingegen unterschieden deutlich zwischen Anstrengung/Geschicklichkeit und Glück, obwohl sie immer noch glaubten, die Zufallsaufgabe durch Anstrengung besser lösen zu können. Erst etwa mit zwölf Jahren war es den Kindern klar, dass die eigene Anstrengung die Lösung der Zufallsaufgabe nicht beeinflusst.

UNTER DER LUPE

Die Genese des Anspruchsniveaus

In einer klassischen Studie untersuchten Heckhausen und Wagner (1965) die Entwicklung des Anspruchsniveaus.

Methode. Die Kinder hatten Aufgaben zu bewältigen, die anschaulich nach Schwierigkeitsgraden abgestuft waren. Aufgabentypen waren: Weitsprung, Hochsprung, Turmbau und Gewichtsaufzug. Bei der letzten Aufgabe standen die Kinder vor einer Serie von fünf unterschiedlich schweren Gewichten, die sie hochziehen sollten. Erreichte das betreffende Gewicht die erforderliche Höhe, so rastete es in eine Sperrvorrichtung ein. Untersucht wurden 53 Kinder zwischen 2;7 und 6;3 Jahren.

Ergebnisse. Es zeigten sich deutlich zwei Wendepunkte in der Entwicklung. Die angeführten Altersangaben markieren jenen Zeitpunkt, zu dem nahezu alle Kinder der Stichprobe den betreffenden Wandel vollzogen hatten.

Erster Wendepunkt (mit 3;6 Jahren): Erfolg und Misserfolg werden dem eigenen Bemühen und Handeln zugeschrieben. Die Diskrepanz zwischen Wunscherwartung und erzieltem Resultat löst Erstaunen aus. Anfänge einer Anspruchsniveausetzung (Setzung von Leistungszielen) werden sichtbar: Die aufsteigende

Schwierigkeitsreihe wird häufiger gewählt als die absteigende. Die Wahl von oberen Schwierigkeitsgraden ist noch sehr konfliktträchtig. Die Kinder haben noch stark mit der Bewältigung ihrer Misserfolge zu kämpfen.
Zweiter Wendepunkt (4;6 Jahre): Das Kind rechnet mit Misserfolgen und sucht sie durch vermehrte Anstrengung auszugleichen. Die Zielsetzung erfolgt nun gemäß dem eigenen Leistungsvermögen; Schwierigkeitsgrade werden an der Grenze des bisherigen Erfolges gewählt, aber unrealistische Setzungen (z.B. die Wahl des schwersten Gewichtes, wenn das zweitschwerste noch nicht bewältigt wurde) werden vermieden. Ein zunächst nicht erreichtes Ziel wird erneut angegangen, nicht selten bis zur Erschöpfung. Schon jetzt treten typische Persönlichkeitsunterschiede auf: Manche Kinder meiden eher eine Erhöhung der Zielsetzung (misserfolgsängstlich), andere suchen die Leistungsgrenze nach oben zu verschieben (erfolgszuversichtlich).
Als Kennzeichen des Anspruchsniveaus nennt Heckhausen (1974, S. 252):

(1) Einseitige Gerichtetheit der Zielsetzung gegen die obere Schwierigkeitsgrenze,
(2) realistische Zielsetzung (Erfassung der Grenzen der eigenen Leistungsfähigkeit),
(3) nicht erreichte Ziele werden erneut angegangen,
(4) persönlichkeitsspezifische Anspruchsniveau-Setzung (erfolgs- vs. misserfolgsorientiert).

Alle diese Kennzeichen waren im Verhalten der Kinder, die älter als viereinhalb Jahre waren, zu beobachten.

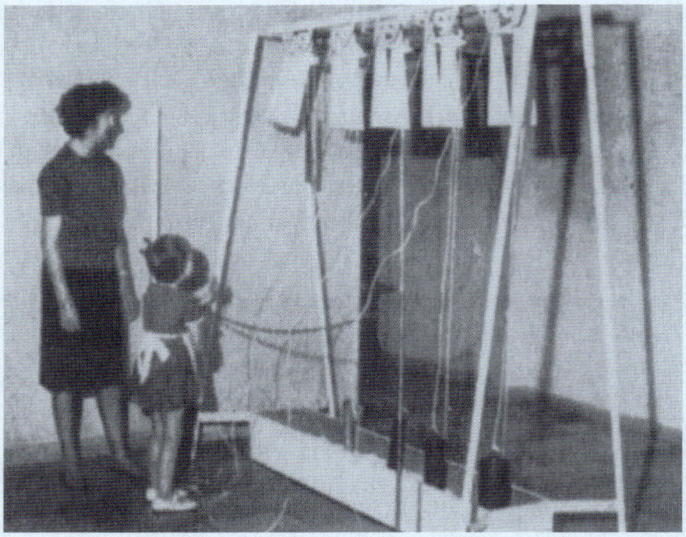

Abbildung 16.4.
Versuchsanordnung zur Setzung von Leistungszielen (aus Heckhausen, 1974, S.199)

Zusammenfassung: Die Struktur der Leistungsmotivation

Die bisher beschriebene Genese der Leistungsmotivation hat gezeigt, wie sich ihre Komponenten sukzessive aufbauen, und damit auch ein Verständnis ihrer Struktur erbracht. Dies ist ein Beispiel dafür, dass die Entwicklungspsychologie nicht nur das Verständnis für einen bestimmten Entwicklungszustand in einer bestimmten Altersstufe, sondern auch einen allgemeinpsychologischen Erkenntnisgewinn für ein psychologisches Phänomen erbringen kann.

Leistungsmotiviertes Handeln enthält allemal auch die Komponente von Aktivität als Selbstzweck (intrinsische Motivation, etwa im Sinne der Flow-Motivation), die bereits im ersten Lebensjahr auftaucht. Etwas später, aber immer noch im ersten Lebensjahr, finden wir die Freude am Effekt (effectance motivation), während emotionale Reaktionen auf Erfolg und Misserfolg erst ab ca. zweieinhalb Jahren auftreten. Bereits im Vorschulalter finden wir Kinder, die eher erfolgsorientiert, und solche, die eher misserfolgsorientiert sind. Bei ersteren ist das Erfolgsmotiv stärker ausgeprägt, bei letzteren das Misserfolgsmotiv, eine Orientierung, die in vielen Fällen zum Persönlichkeitsmerkmal wird und damit das weitere Leistungshandeln stark beeinflusst. Die Setzung eines Gütemaßstabs oder die so genannte Anspruchsniveausetzung spielt etwa ab dreieinhalb Jahren eine Rolle, aber erst etwa mit viereinhalb Jahren orientiert sich das Verhalten deutlich am gesetzten Gütemaßstab. Natürlich hängen solche Altersangaben immer von der gestellten Aufgabe und der verwendeten Methode ab. Sobald ein Gütemaßstab gesetzt werden kann, beginnt die Bezugsnorm eine Rolle zu spielen. Ontogenetisch früher ist eindeutig die individuelle Bezugsnorm, die eine erzielte Leistung mit dem vorher erreichten Niveau vergleicht. Spätestens im Schulalter, wenn der Leistungsvergleich mit anderen zentral wird, taucht auch die soziale Bezugsnorm auf: Das Kind vergleicht seine Leistungen mit dem Standard (Durchschnitt) der Klasse. Schließlich kann man von einer Verwendung bzw. Integration beider Bezugsnormen ausgehen, was zu einem mehr oder minder stabilen Fähigkeitskonzept führt. Die Einschätzung der eigenen Fähigkeit wird von Nicholls (1984) als der Zentralbegriff für leistungsorientiertes Handeln angesehen.

Aufgaben- und Ego-Orientierung. Darüber hinaus zeigt Nicholls (1984), dass Leistungshandeln aus zwei unterschiedlichen Ausrichtungen gespeist werden kann:

(1) Man strebt Leistung an, um eher eine höhere als eine niedrige Fähigkeit aufzubauen,
(2) man strebt Leistung an, um eher eine höhere als eine niedrigere Fähigkeit zu demonstrieren.

Im ersteren Falle handelt es sich um eine Aufgabenorientierung, im letzteren um eine Ego-Orientierung. Bei der Aufgabenorientierung besteht der Erfolg darin, eine Sache um ihrer selbst willen besser verstehen oder beherrschen zu können, bei der Ego-Orientierung darin, besser als andere in der Aufgabe zu sein (Nicholls et al., 1988). Wenn Personen sich eine niedrige Fähigkeit zuschreiben, so lassen sich nach Nicholls (1984) drei Typen unterscheiden:

(1) Personen, die eine hohe Fähigkeit demonstrieren wollen,
(2) Personen, die sicher sind, dass sie eine niedrige Fähigkeit haben, aber eine hohe Fähigkeit demonstrieren wollen,
(3) Personen, die ebenfalls sicher sind, dass ihre Fähigkeit niedrig ist, dies aber akzeptieren.

Typ (1) wählt Aufgaben mit geringer Erfolgserwartung aus, Typ (2) und (3) solche mit hoher Erfolgserwartung.

Einfluss von Schule und Lehrer auf die Leistungsmotivation

Am häufigsten geprüft und auch am klarsten nachgewiesen ist der Einfluss der Bezugsnorm des Lehrers auf die Leistungsmotivation und auch das aktuelle Leistungsverhalten seiner Schüler. Rheinberg (1980) hat sich dieser Frage gewidmet und eine Reihe von Untersuchungen in Schulen durchgeführt. Er fand als erstes große individuelle Unterschiede hinsichtlich der Bezugsnorm-Orientierung von Lehrern.

Soziale und individuelle Bezugsnorm. Lehrer mit sozialer Bezugsnorm-Orientierung erklärten die Leistungen der Schüler durch zeitstabile und internale Faktoren, v.a. Fähigkeit, aber auch Fleiß. Lehrer mit individueller Bezugsnorm-Orientierung zogen zur Erklärung der Leistung auch zeitvariable Faktoren wie etwa die jeweilige Lernsituation und die Anforderungsbedingungen heran.

Lehrer mit sozialer Bezugsnorm erteilten mehr Lob an überdurchschnittliche Schüler, selbst wenn deren Leistung abfiel. Lehrer mit individueller Bezugsnorm tadelten dagegen solche

Schüler. Bei unterdurchschnittlichen Schülern verteilten nur Lehrer mit individueller Bezugsnorm Anerkennung und Lob. Sie erteilten auch schon während der Arbeit positive Bekräftigung. Lehrer mit sozialer Bezugsnorm dagegen lobten und tadelten erst nach vollendeter Leistung, bewerteten also das Ergebnis. Auch das didaktische Verhalten der beiden Lehrergruppen unterschied sich. Lehrer mit individueller Bezugsnorm praktizierten stärker einen individualisierenden Unterricht, in dem sie den Schwierigkeitsgrad ihrer Fragen stärker variierten und Lösungshilfen gaben.

Die Bezugsnorm-Orientierung der Lehrer und die Leistungsmotivation der Schüler stehen in einem klaren und empirisch recht eindeutig gesicherten Zusammenhang: Schüler, deren Lehrer eine individuelle Bezugsnorm und die dazugehörigen Unterrichtspraktiken zeigen, haben ein stärker ausgeprägtes Erfolgsmotiv, während Schüler, deren Lehrer eine soziale Bezugsnorm bevorzugen, im Vergleich ausgeprägt misserfolgsorientiert sind (Rheinberg et al., 1978). Die unterschiedlichen Bezugsnormen der Lehrer haben offenbar auch längerfristige Auswirkungen auf das Selbstbild: Die soziale Bezugsnorm wirkt sich über mehrere Jahre hinweg negativ auf das Begabungsselbstbild und das generalisierte Selbstkonzept von Schülern aus (Schwarzer & Jerusalem, 1983).

Unterstützung und Kontrollüberzeugung. In einer aufwendigen und sorgfältig durchgeführten Längsschnittuntersuchung ergab sich das gleiche Bild. Skinner et al. (1998) erfassten an 1.600 Kindern der dritten bis siebten Klasse die Kontrollüberzeugungen, das Verhältnis zwischen Kindern und Lehrern, die Lehrereinschätzung der Beteiligung am Unterricht sowie Noten und Schulleistungen. Kinder, die Lehrer als warmherzig und kontingent (zuverlässig und vorhersagbar) wahrnahmen, entwickelten der Tendenz nach ein optimales Profil von Kontrolle. Diese Kontrollüberzeugungen führten zu einem höheren Engagement im Unterricht und zu besseren Schulleistungen. Umgekehrt sagte der schulische Erfolg die Überzeugung der Wirksamkeit von Kontrolle vorher. Kinder, die dagegen Lehrer als wenig unterstützend erlebten, neigten zu externalen Ursachenzuschreibungen. Diese wiederum führten zu wachsender Schulverdrossenheit und niedrigeren Leistungen. Umgekehrt führte Leistungsversagen zu wachsendem Zweifel an der eigenen Fähigkeit und dem Glauben an Glück und unbekannte Ursachen. Die Autoren legen also ein Rückkopplungsmodell zugrunde, bei dem die wahrgenommene Kontrolle zum Engagement und dieses zur Leistung führt, umgekehrt aber die Leistung wiederum die Kontrollüberzeugung beeinflusst.

EXKURS

Die Leistungsmotivation ist einerseits eine kulturelle Universalie (s. Kap. 3), andererseits wird sie stark kulturell modifiziert. Unsere Darstellung ist die Beschreibung der Entwicklung in westlichen Kulturen. Zur kulturvergleichenden Perspektive s. Oerter (1998) und Hofstede (1980).

3 Emotionale Entwicklung

In Abschn. 1.2 haben wir hervorgehoben, dass dem Menschen mit dem Gebrauch von Symbolen und Werkzeugen und der dadurch möglichen kulturhistorischen Entwicklung ein neuartiges phylogenetisches Entwicklungspotential zugewachsen ist, nämlich diese tradierten kulturellen Errungenschaften auch für seine ontogenetische Entwicklung nutzbar zu machen. Zugleich haben wir Emotionen als ein zentrales Mittel in der motivbezogenen Handlungsregulation bestimmt. In diesem Abschnitt geht es nun um die Frage, wie sich diese handlungsregulierende Funktion von Emotionen in Wechselwirkung mit der kulturellen Umwelt entwickelt.

Die ontogenetische Entwicklung der Emotionen lässt sich durch zwei allgemeine Entwicklungsrichtungen charakterisieren:

(1) Die emotionalen Ausdrucks- und Erlebenszeichen differenzieren sich in der interpsychi-

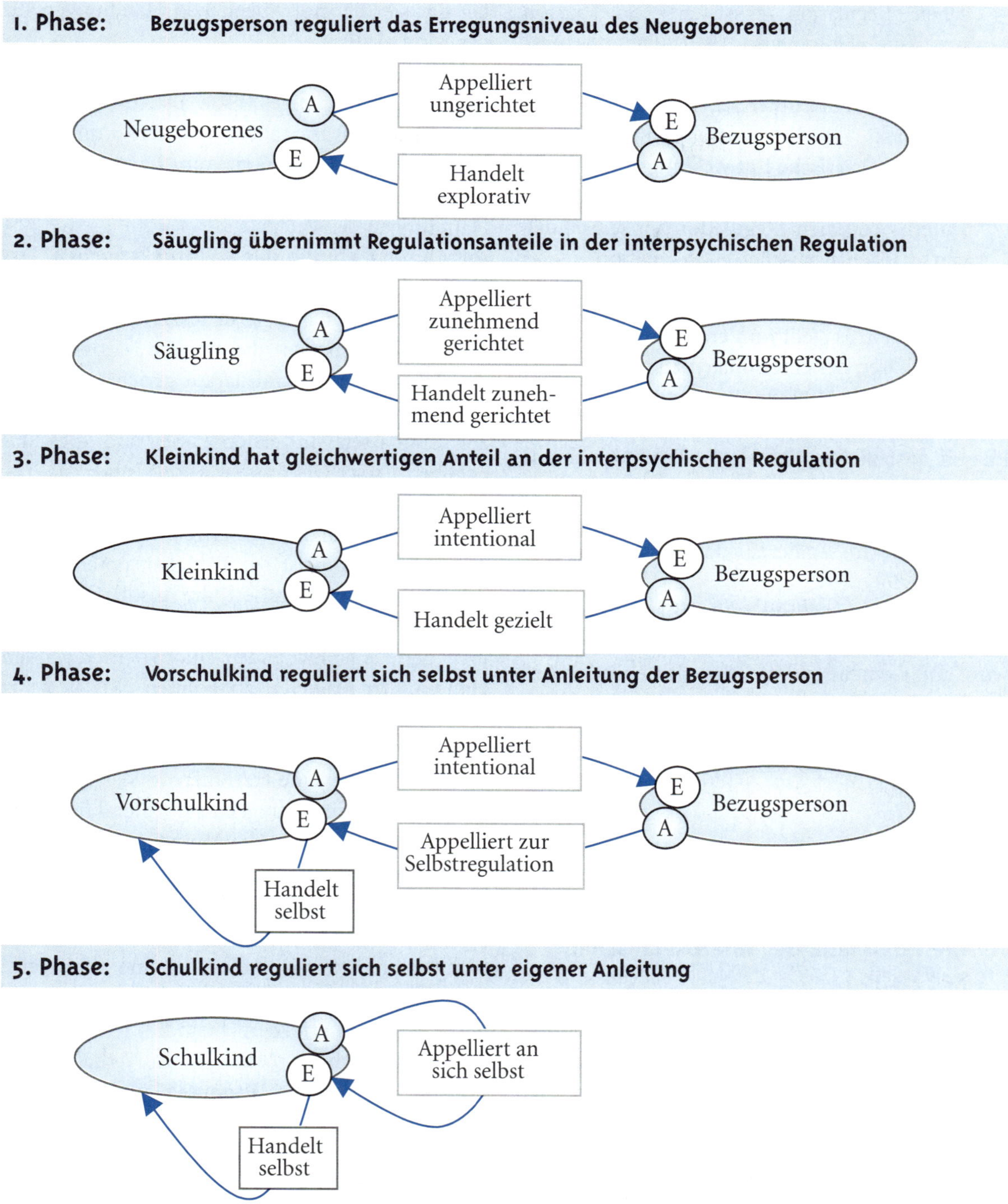

Abbildung 16.5. Entwicklungsphasen von der interpsychischen zur intrapsychischen Handlungsregulation, vermittelt über die emotionale Ausdrucksfähigkeit (A) und emotionale Eindrucksfähigkeit (E). Die Altersangaben geben nur den ungefähren Alterszeitraum der jeweiligen Phase an. In späteren Entwicklungsphasen treten auch Regulationsformen früherer Phasen auf (aus Holodynski, 1999, S. 44)

schen Regulation zwischen Bezugsperson und Kind (Holodynski, 1999). Diese Bezugsperson-Kind-Interaktion ist die Keimzelle, in der ein Kind ein differenziertes Repertoire an Ausdrucks- und Erlebenszeichen erwirbt.

(2) Der ontogenetische Entwicklungsverlauf lässt sich als eine Bewegung von der interaktiven (interpsychischen) Regulation zur selbständigen (intrapsychischen) Regulation einer Emotion beschreiben (Sroufe, 1996).

Abb. 16.5 (S. 573) stellt fünf entwicklungspsychologische Phasen der emotionalen Handlungsregulation dar. Sroufe (1996) beschreibt die ersten drei Phasen. Es lassen sich jedoch noch zwei weitere Phasen anschließen, in denen das Kind bereits sich selbst reguliert (Holodynski, 1999). Auf die Regulationsformen aus früheren Phasen wird auch noch in späteren Entwicklungsphasen zurückgegriffen.

Die folgende Darstellung beschreibt überblicksartig diese greifenden Entwicklungsphasen. Dabei wird auf Gemeinsamkeiten in der emotionalen Entwicklung fokussiert. Interindividuelle Unterschiede sowie kulturelle Unterschiede werden nicht behandelt (vgl. dazu Friedlmeier & Holodynski, 1999).

3.1 Ontogenetischer Ausgangspunkt: Die Dominanz der interpsychischen Regulation

Aufgrund seiner motorischen Unreife ist der menschliche Säugling auf die Unterstützung und Fürsorge seiner Bezugspersonen angewiesen. Diese Unreife kompensiert der Säugling durch eine besondere Anpassung an die interaktive Regulation und ihre progressive Entwicklung in der Eltern-Kind-Interaktion. Er benutzt dabei seinen emotionalen Ausdruck dazu, die Bezugsperson auf sich aufmerksam zu machen und die Befriedigung seiner Motive vorzunehmen. Emotionen dienen hier als Zeichen, um eine *inter*psychische Regulation durch die Bezugsperson auszulösen, bei der sie die motivdienlichen Handlungen für das Kind ausführt.

In unserem Eingangsbeispiel schreit die ins Bett gelegte sechsmonatige Saskia als Ausdruck ihres Distresses, dass sie allein gelassen wurde. Der Vater fasst das Schreien als Appell auf, ihr zu helfen. Der Ausdruck des Säuglings reguliert die Handlungen des Vaters.

Angeborene emotionale Ausdruckszeichen. Das Neugeborene kommt mit einer Reihe von angeborenen emotionalen Ausdruckszeichen zur Welt, die der Bezugsperson die aktuelle Motivlage des Säuglings anzeigen und darauf gerichtet sind, sie zu den entsprechenden Bewältigungshandlungen zu veranlassen. In erster Linie sind dies das Schreien (sog. Distress-Reaktion) und das Lächeln.

Komplementär zu den angeborenen Fähigkeiten des Säuglings ist das Fähigkeitspotential der Bezugsperson präadaptiert, die Ausdruckszeichen des Säuglings angemessen zu interpretieren und mit den entsprechenden motivbefriedigenden Handlungen reagieren zu können (Malatesta & Haviland, 1985). Als Folge dieser Präadaption zwischen Säugling und Bezugsperson entwickelt sich in der Regel eine vertrauensvolle, an die Motive des Säuglings angepasste Interaktion, die nicht nur auf die aktuelle Motivbefriedigung gerichtet ist, sondern auch eine Zone der nächsten Entwicklung (Wygotski, 1987) für den Säugling aufspannt. In ihr kann er Schritt für Schritt die Fähigkeiten erwerben, die für eine optimierte inter- und intrapsychische Emotions- und Handlungsregulation erforderlich sind.

Intuitive elterliche Didaktik. In Verhaltensmikroanalysen konnten Papoušek und Papoušek (1987) nachweisen, dass es im elterlichen Kommunikationsverhalten eine Reihe von Anpassungen an das Kommunikationsniveau des Säuglings gibt, die intuitiv gesteuert sind. Dieses Verhalten lässt sich in den verschiedensten Kulturen beobachten. Papoušek und Papoušek haben diese eher unbewussten Anpassungsleistungen der Bezugsperson als „intuitive elterliche Didaktik" bezeichnet (s. Kap. 5). Dazu zählen:

(1) Den Ausdruck eines Säuglings als authentisches Zeichen einer Emotion zu interpretieren und ihn zu spiegeln, um Kontingenzen zwischen Ausdruck und Erleben herzustellen.
(2) Kontingent und angemessen auf das Verhalten des Säuglings einzugehen, um ihm das Gefühl eigener Wirksamkeit zu geben.
(3) Ihm gegenüber prägnante Ausdrucks*symbole* zu verwenden (Ammensprache, übersteigerte Mimik), um damit eine intentionale Kommunikation zu fördern und
(4) den Säugling durch Anregung oder Beruhigung auf einem optimalen Erregungsniveau zu halten. Säugling und Bezugsperson sind demnach optimal an eine *inter*psychische emotionale Regulation präadaptiert.

3.2 Säuglingsalter

3.2.1 Entwicklung der emotionalen Ausdrucksfähigkeit

Wenn Emotionen die Funktion haben, die eigenen Handlungen oder die des anderen motivorientiert zu regulieren, dann bedarf es in diesem Prozess eindeutiger Zeichen, um die spezielle Bedürftigkeit des Individuums anzuzeigen und sich selbst bzw. dem Gegenüber einen Appell zum Handeln zu signalisieren. Diese Zeichen sind die Ausdrucks- und Erlebensprozesse. Die emotionale Ausdrucks- und Erlebens- bzw. Eindrucksfähigkeit des Kindes entwickelt sich im Rahmen der interpsychischen Regulation zwischen dem Kind und seinen Bezugspersonen (vgl. Fogel, 1993; Tronick, 1989).

Indem der Säugling seine Bedürftigkeit durch seinen emotionalen Ausdruck seinen Bezugspersonen signalisiert und diese prompt mit angemessenen Bewältigungshandlungen reagieren, schaffen sie Kontingenzen zwischen den spontanen Ausdrucksformen des Säuglings und ihren emotionalen wie instrumentellen Handlungen. Diese bedeutungshaltigen Kontingenzen ermöglichen dem Säugling, die Wirkung seiner Ausdrucksgebärden zu entdecken und sie intentional einzusetzen. Aus den noch ungerichteten und unspezifischen Ausdruckszeichen des Neugeborenen und den eher explorativen Bewältigungsversuchen seiner Bezugspersonen werden – wenn die Bewältigungshandlungen angemessen sind – in einem positiven Rückkopplungsprozess zunehmend gerichtetere und in ihrer Bedeutung spezifischere Ausdruckszeichen. Diese ziehen wiederum gezieltere Bewältigungshandlungen auf Seiten der Eltern nach sich und verbessern auf diese Weise die interpsychische Regulation. Die Entwicklung der Ausdruckszeichen lässt sich durch drei Trends beschreiben:

(1) Die Ausdruckszeichen werden vielfältiger, kontextspezifischer und in ihrer Konfiguration wohlorganisierter. Aus dem unspezifischen Distress-Schreien des Neugeborenen werden bereits nach zwei Monaten differenzierte Schreizeichen, die in Abhängigkeit vom Schreianlass variieren (Papoušek, 1992).
(2) Aus ungerichteten Ausdruckszeichen entstehen gerichtete Ausdruckszeichen, die auf den Anlass und auf die Person, die regulierend eingreifen soll, gerichtet sind und in Abhängigkeit von ihrer Wirkung nachjustiert werden (vgl. Kasten).
(3) Die Ausdruckszeichen werden zunehmend in konventionalisierter Weise benutzt und auch als Symbole zur Darstellung von Emotionen verwendet. Der Ausdruck kann intentional als ein Zeichen genutzt werden, das nicht nur auf eine zeitgleich aktualisierte Emotion verweist, sondern wie ein Wort als Stellvertreter dieser Emotion benutzt werden kann. Wenn man sich z.B. für ein Geschenk freundlich lächelnd bedankt, obwohl man eigentlich darüber enttäuscht ist, dann wird der Ausdruck als Symbol der Freude verwendet. Die Konventionalisierung des Ausdrucks und seine Nutzung als Symbol für eine Emotion lässt sich bei der sozialen Bezugnahme (engl. social referencing) des älteren Säuglings beobachten (s.u.).

> **Von der Distress- zur Ärgerreaktion – ein Beispiel für die Differenzierung von Emotionen**
>
> Stenberg und Campos (1990) haben eine Studie zur Entwicklung des Ärgerausdrucks bei ein-, vier- und siebenmonatigen Säuglingen durchgeführt, bei der dem Säugling die Arme festgehalten wurden, um eine negative emotionale Reaktion zu induzieren.
>
> Einmonatige Säuglinge reagierten mit Distress, d.h. mit einer Reihe undifferenzierter negativer Mimikmuster, die sich erst allmählich zum Schreien aufschaukelten. Ihr Blickverhalten war ungerichtet, und sie ließen sich nur langsam beruhigen.
>
> Viermonatige Säuglinge hingegen zeigten bereits einen klaren Ärgerausdruck (zusammengezogene Augenbrauen, quadratisch-geöffneter Mund, z.T. mit verengten Augen). Ihr Blick war auf die festhaltende Hand oder das Gesicht der festhaltenden Person gerichtet. Die Säuglinge lokalisierten demnach bereits die Quelle der Beeinträchtigung.
>
> Siebenmonatige Säuglinge zeigten ebenfalls einen klaren Ärgerausdruck, allerdings fingen sie mit dem Einsetzen der Beeinträchtigung prompt zu schreien an und hörten ebenso abrupt auf, als die Beeinträchtigung aufhörte. Ihr Blick war zu Beginn der Hand oder dem Gesicht des Festhaltenden zugewandt, dann wendeten sie sich ihrer anwesenden Mutter zu. Dies kann man dahingehend interpretieren, dass sie die Mutter aufforderten, ihnen zu Hilfe zu kommen. Der Ärgerausdruck hatte einen sozial gerichteten Appellcharakter bekommen.

In Tabelle 16.4 sind die emotionsspezifischen Regulationsfunktionen der zehn „Basis"-Emotionen nach Izard (1981) aufgeführt. Zugleich sind die Emotionen in ihrer ontogenetischen Entstehungsreihenfolge aufgelistet, wobei sich die spezifische Regulationsfunktion zunächst im interpsychischen Bereich ausbildet und sich dann auf den intrapsychischen Bereich ausweitet. Dennoch ist zu erkennen, dass die intrapsychische Regulationsfunktion von Anfang an existiert, zunächst aber eher als biologisch notwendige Regulation. So schützt Ekel vor schädlichen Substanzen, Neugiererregung öffnet das sensorische System für die Informationsaufnahme, und Furcht fördert Flucht- oder Angriffstendenzen. Die ungefähren Altersangaben zu den aufgelisteten Emotionen zeigen die Ausdifferenzierung von Gefühlen mit fortschreitendem Alter.

3.2.2 Entwicklung der emotionalen Eindrucksfähigkeit

Die Differenzierung der kindlichen Ausdruckszeichen geht Hand in Hand mit der Entwicklung der emotionalen Erlebens- bzw. Eindrucksfähigkeit.

> **DEFINITION**
>
> Die **emotionale Eindrucksfähigkeit** ist die Fähigkeit eines Säuglings, sich in seinem Erleben von den Ausdruckszeichen seiner Bezugspersonen und anderer Personen beeindrucken zu lassen.

Diese Eindrucksfähigkeit entwickelt sich erst. Sie reicht von der unmittelbaren Gefühlsansteckung bis zur echten Empathie (vgl. Bischof-Köhler, 2000b; Friedlmeier & Trommsdorff, 1992; Thompson, 1987). Wenn Säuglinge Ausdruckszeichen von Traurigkeit bei einer anderen Person wahrnehmen, lassen sie sich von diesem Gefühl anstecken und reagieren mit Distress.

„Gedankenlesen". Zwischen dem sechsten und neunten Monat scheinen Säuglinge damit zu beginnen, ihrem Gegenüber bei seinen Handlungen eine Absicht zu unterstellen. Kinder ab diesem Alter orientieren sich bereits an der Blickrichtung des Erwachsenen, um ihren eigenen Aufmerksamkeitsfokus dem des Erwachsenen anzupassen (joint attention; Moore & Dunham, 1995). Bei der Zeigegeste schaut das Kind nicht mehr auf

Tabelle 16.4. Regulationsfunktionen der „Basis"-Emotionen in Bezug auf die eigene Person (intrapsychisch) und in Bezug auf den Interaktionspartner (interpsychisch) (nach Magai & McFadden, 1995, Übers. d. A.)

Emotion	Anlass	Regulationsfunktion in Bezug auf	
		die eigene Person (intrapsychisch)	den Interaktionspartner (interpsychisch)
Ekel 0 Monate	Wahrnehmung von schädlichen Substanzen/Individuen	Weist schädliche Substanzen/ Individuen zurück	Signalisiert Aufnahmefähigkeit beim Individuum
Interesse/ Erregung 1 Monate	Neuartigkeit; Abweichung; Erwartung	Öffnet das sensorische System	Signalisiert Aufnahmebereitschaft für Information
Freude 2 Monate	Vertraulichkeit; genussvolle Stimulation	Signalisiert dem Selbst, die momentanen Aktivitäten fortzuführen	Fördert soziale Bindung durch Übertragung von positiven Gefühlen
Ärger 7 Monate	Zielfrustration	Bewirkt die Beseitigung von Barrieren und Quellen der Zielfrustration	Warnt vor einem möglichen drohenden Angriff; Aggression
Trauer 9 Monate	Verlust eines wertvollen Objekts; Mangel an Wirksamkeit	Fördert auf niedrigem Niveau Empathie; führt bei höherer Intensität zur Handlungsunfähigkeit des Individuums (um evtl. dem Auftreten weiterer traumatischer Ereignisse vorzubeugen)	Löst Pflege- und Schutztendenzen sowie Unterstützung und Empathie aus
Furcht/Angst 9 Monate	Wahrnehmung von Gefahr	Identifiziert Bedrohung; fördert Flucht- oder Angriffstendenzen	Signalisiert Unterwerfung; wehrt Angriff ab
Überraschung	Wahrnehmung von Neuartigkeit; Verletzung von Erwartungen	Bereitet den Organismus auf neue Erfahrungen vor	Demonstriert Naivität des Organismus; beschützt diesen vor Angriffen
Scham/ Schüchternheit 18 Monate	Wahrnehmung, dass die eigene Person Gegenstand intensiver Begutachtung ist	Führt zu Verhalten, welches das Selbst vor weiteren Angriffen auf die Intimsphäre schützt	Signalisiert Bedürfnis nach Zurückgezogenheit
Schuld 36 Monate	Erkenntnis, falsch gehandelt zu haben, und das Gefühl, nicht entkommen zu können	Fördert Versuche zur Wiedergutmachung	Führt zu unterwürfiger Körperhaltung, welche die Wahrscheinlichkeit eines Angriffs reduziert

die Spitze des Fingers, sondern auf das Objekt, auf das gezeigt wird. Stern (1992) hat daraus geschlossen, dass das Kind zum so genannten „Gedankenleser" wird: Es nimmt den Ausdruck nicht mehr als bloße motorische Bewegung wahr, sondern als Zeichen für eine aktuelle innere Handlungsbereitschaft des Gegenübers, und es beachtet, wie seine Bezugspersonen auf seine emotionalen Ausdruckszeichen Bezug nehmen. Malatesta (1981) beobachtete, dass dreimonatige Säuglinge beim Schreien ihre Augen noch geschlossen hielten, während sechsmonatige Säuglinge ihre Augen offen hatten und die Reaktionen ihrer Mütter verfolgten (vgl. Kasten). Sechsmonatige Säuglinge verstehen augenscheinlich die Korrespondenz zwischen mimischen und vokalen Ausdruckszeichen und lassen sich nun auch von mimischen Ausdruckszeichen emotional anstecken.

Gefühlsanlässe und soziale Bezugnahme. Ab dem neunten Monat erkennen Säuglinge, worauf eine Person ängstlich, freudig oder ärgerlich reagiert, d.h., sie erkennen die Beziehung zwischen Gefühl und Gefühlsanlass. Diese Erkenntnis ermöglicht es dem Säugling, sein Verhalten durch soziale Bezugnahme zu regulieren. Wenn z.B. ein Fremder dem Kind einen Keks anbietet und es unsicher ist, ob es ihm trauen kann, schaut es zur Mutter. Lächelt diese, dann nimmt es den Keks, runzelt sie die Stirn, weicht das Kind zurück. Es kann den Gesichtsausdruck einer vertrauten Person als Hinweis nutzen, wie es ein Ereignis emotional einschätzen soll, mit dem es noch keine eigenen Erfahrungen hat. Im einfachsten Fall besteht die Verhaltenssteuerung in einer Entscheidung zwischen Annäherung und Vermeidung. Typisch für dieses Alter ist, dass das Kind aktiv die Nähe zu seinen Bezugspersonen sucht und aufrechterhält, auch wenn es nicht direkt mit ihnen interagiert. Es benutzt sie als sichere Ausgangs- und Rückzugsbasis für seine Erkundungen. In Situationen erhöhter Unsicherheit und Angst kann es sich jederzeit durch eine soziale Bezugnahme auf seine Bezugspersonen über die Bewertung der es verunsichernden Ereignisse vergewissern und sie bei anderen Emotionsanlässen um Unterstützung angehen.

Empathie. Im Laufe des Kleinkindalters lassen sich die Kinder nicht mehr von der Traurigkeit einer anderen Person in der Weise anstecken, dass sie mit Distress reagieren. Vielmehr beginnen sie, empathisch zu reagieren, indem sie versuchen, den anderen durch Trösten und Ablenken aus seiner Traurigkeit zu holen (Bischof-Köhler, 2000b; Friedlmeier & Trommsdorff, 1992; Thompson, 1987).

3.3 Kleinkind- und Vorschulalter: Die Ausgliederung der intrapsychischen aus der interpsychischen Regulation

Gegen Ende des Säuglingsalters sind alle Voraussetzungen im Emotionsrepertoire des Säuglings entstanden, um eine begrenzte Anzahl an emotionsauslösenden Situationen auch ohne Hilfe der Bezugsperson bewältigen zu können (Sroufe, 1996). Die Ausdifferenzierung der Ausdruckszeichen, des emotionalen Verständnisses und des Handlungsrepertoires innerhalb der Bezugsperson-Kind-Interaktion befähigen das Kleinkind nun auch zu einer intrapsychischen Regulation. Die ausdifferenzierten Ausdruckszeichen werden von der interpsychischen in die intrapsychische Regulation hineingetragen, neue Ausdruckszeichen in der interpsychischen Regulation ausprobiert und an ihrem Erfolg gemessen.

Im Laufe des Kleinkind- und Vorschulalters gliedert sich die intrapsychische aus der interpsychischen Regulation aus. Das Kind erwartet nicht mehr unbedingt oder sucht nicht mehr bei jeder Emotion die Unterstützung einer anderen Person. Aus der Kommunikation mit dem anderen entsteht die Kommunikation mit sich selbst. Aus dem Ausdruck an sich, den das Kind unwillkürlich äußert, wie z.B. das Weinen, wird das Ausdruckszeichen für andere, die den Ausdruck des Kindes als bedeutungshaltiges, an sie gerichtetes Ausdruckszeichen interpretieren. Es veranlasst sie, mit angemessenen Handlungen zu reagieren, nämlich zu trösten. Im nächsten Schritt wird aus dem Ausdruckszeichen für andere aufgrund der „erfolgreichen" Wirkung ein Ausdruckszeichen für das Kind, das es nun intentional und gezielt gegenüber anderen einzusetzen vermag. Das Kind sucht bei Kummer von sich aus Trost bei der Bezugsperson. Und in einem weiteren Schritt folgt das Kind selbst dem Appell seines Ausdruckszeichens und führt die angemessenen Handlungen aus. Das Kind tröstet sich selbst.

Der Übergang von einer interpsychischen Regulation zu einer intrapsychischen Regulation erfolgt in mehreren Phasen, in denen das Kind immer mehr Anteile der Regulation, die zuvor die Bezugsperson ausgeführt hat, selbständig ausführt. Am Ende dieses Entwicklungsprozesses kann das Kind seine Handlungen mit Hilfe seiner Emotionen und verfügbaren Bewältigungshandlungen ohne Rückgriff auf die Unterstützung anderer regulieren.

3.4 Die Entwicklung der Ausdruckszeichen ab dem Vorschulalter

3.4.1 Die Entwicklung von Ausdruckssymbolen in der interpsychischen Regulation

Der Gebrauch konventionalisierter Ausdruckssymbole ermöglicht dem Kind eine zunehmend willkürliche Gestaltung des eigenen Ausdrucksverhaltens in kommunikativen Situationen. Dies stellt eine bedeutsame Erweiterung der interpsychischen Regulation dar, denn es erlaubt die „Erfindung“ und Tradierung neuer kultureller Ausdruckssymbole wie z.B. den Schmollmund, den „Stinkefinger“, den Vogel zeigen, die Zunge zeigen etc.

Da auch Ausdruckssymbole einen eindringlichen Appellcharakter für den Angesprochenen haben, kann sie ein Kind zum einen dazu benutzen, sein Gegenüber wirkungsvoller zu beeinflussen, so dass er motivdienlich handelt. Zum anderen kann es sich damit den jeweils geltenden kulturellen Darbietungsregeln (Ekman, 1988) anpassen, so dass es nicht aus dem normativ vorgeschriebenen Rahmen fällt.

DEFINITION

Darbietungsregeln sind normative Regeln, die vorschreiben, in welchen Situationen man wem gegenüber welchen Ausdruck zeigen darf bzw. sollte, z.B. sich auch bei einem enttäuschenden Geschenk freundlich zu bedanken.

Wie Kinder lernen, sich Darbietungsregeln anzupassen, ist in einer Vielzahl von Studien analysiert worden. Danach können Mädchen negative Emotionen wirkungsvoller maskieren als Jungen, und sie verbessern sich darin vom vierten bis zehnten Lebensjahr deutlich, während dies bei Jungen nicht beobachtet werden konnte (Saarni, 1984; vgl. auch Eisele, 1999). Eine Studie von Davis (1995) legt nahe, dass dieser Geschlechtseffekt eine Frage der mangelnden Motivation bei Jungen und nicht einer mangelnden Fähigkeit zur Ausdruckskontrolle ist.

Wie Kinder lernen, ihren Ausdruck als wirkungsvolles Kommunikationsmittel zur Beeinflussung anderer Personen einzusetzen, ist vor allem im Säuglingsalter untersucht worden, in späteren Altersabschnitten jedoch lediglich unter dem Aspekt der bewussten Täuschung (Lewis, 1993; Saarni & von Salisch, 1993). Die vielfältigen Facetten und die Entwicklung der impliziten Einflussnahme durch Ausdruckssymbole etwa beim Trotz- oder „Bettelverhalten“ von Kindern sind bislang nicht systematisch analysiert worden. Hier hat sich die Dominanz des Darbietungsregelansatzes hemmend auf die Theoriebildung ausgewirkt. Denn in diesem Ansatz wird der Ausdruck vornehmlich als Symptom einer Emotion verstanden und nicht als Appell an ein Gegenüber. Es ist aber der Appellcharakter der Ausdruckszeichen, der den Keim zu einem eigenständigen nonverbalen Kommunikationssystem in sich trägt, das der verbalen Kommunikation erst ihre persönliche Bedeutung verleiht und das auch zur gezielten Selbstdarstellung genutzt werden kann (vgl. Goffman, 1973; Laux & Weber, 1993). Letzteres wird vor allem im Jugendalter bedeutsam, wenn Jungen bzw. Mädchen z.B. durch "cooles" bzw. „aufreizendes“ Auftreten einen entsprechenden Eindruck beim Gegenüber erzeugen wollen.

3.4.2 Die Internalisierung von Ausdruckszeichen in der intrapsychischen Regulation

Wenn in der interpsychischen Regulation der Ausdruck zu einem intentional eingesetzten Kommunikationsmittel wird, dann fragt sich, welche Entwicklung die Ausdruckszeichen in der intrapsychischen Regulation nehmen, wie es z.B. prototypisch in Alleinsituationen der Fall ist. Eine weit verbreitete Annahme besteht darin, dass sich in solchen „Alleinsituationen" keine weitere Entwicklung der Ausdruckszeichen vollzieht. Alleinsein scheint vielmehr zum Refugium zu werden, in dem man wie im Kleinkindalter sein inneres Erleben authentisch und ohne Intensitätsverluste zum Ausdruck bringt. Es gibt ja scheinbar keinen Grund, dies nicht zu tun.

Ausdrucksminiaturisierung. Es konnte aber inzwischen in einer Reihe von Labor- und Alltagsstudien an Erwachsenen gezeigt werden, dass diese Annahme so nicht zutreffend ist. Erwachsene zeigten bei gleichem Emotionsanlass und bei vergleichbarer Erlebensintensität in Alleinsituationen einen schwächeren Ausdruck als in Kommunikationssituationen. Die Ausdrucksintensität war im Vergleich zur Erlebensintensität miniaturisiert. Wie lässt sich dieses Phänomen der Ausdrucksminiaturisierung in Alleinsituationen erklären?

Internalisierungsprozess. Holodynski (1997) hat die These aufgestellt, dass es sich bei der Ausdrucksminiaturisierung in Alleinsituationen um einen entwicklungspsychologischen Internalisierungsprozess handelt: Die Zeichenträger passen sich in ihrer Form der *intra*psychischen Regulation an. Das vollständige Ausführen eines deutlich wahrnehmbaren *Ausdrucks*zeichens wird in dem Maße überflüssig, wie über die bewusste Wahrnehmung der eigenen emotionalen *Erlebens*zeichen die emotionale Handlungsbereitschaft prompt und unverzüglich in angemessene Bewältigungshandlungen überführt werden kann. Eine Person braucht zwar nach wie vor ein Ärger*erleben*, wenn unverhofft ein Hindernis die Zielerreichung blockiert, um die eigenen Handlungen auf die neue Situation einstellen zu können, aber es bedarf keines intensiven Ärger*ausdrucks* mehr. Noch bevor sich ein intensiver Ärgerausdruck aufbaut, werden mögliche Bewältigungshandlungen antizipiert. Diese Dissoziation zwischen Ausdruck und Erleben erfolgt demnach nicht, weil sie durch kulturelle Darbietungsregeln vorgeschrieben würde, wie dies bei der Ausdruckskontrolle in sozialen Situationen der Fall sein kann. Vielmehr kann man sie als Resultat einer fortschreitenden Handlungsökonomie ansehen, bei der überflüssige Handlungsanteile „eingespart" werden. Für diese Interpretation spricht, dass ein solcher Miniaturisierungseffekt bei Erwachsenen, nicht aber bei Vorschulkindern beobachtet werden konnte (Holodynski, 1995). In einer Querschnittstudie an vier- bis achtjährigen Kindern, bei denen Freude und Enttäuschung induziert wurden, zeigten die fünf- und sechsjährigen in einer Allein- und einer Kommunikationssituation eine vergleichbare Ausdrucksintensität. Mit zunehmendem Alter wurde der Ausdruck in Alleinsituationen allerdings schwächer; achtjährige zeigten bei vergleichbarer Erlebensintensität eine deutlich geringere Ausdrucksintensität in einer Allein- gegenüber einer Kommunikationssituation (Holodynski, 1997).

Vorteile für die Emotions- und Handlungsregulation. Die beschriebene Dissoziation zwischen Ausdrucks- und Erlebensprozessen hat für die Regulation der Emotionen und Handlungen zwei wesentliche Vorteile: Auf der einen Seite ermöglicht sie, dass Ausdruckszeichen in der Kommunikation mit anderen auch intentional eingesetzt werden können, ohne dass damit ein entsprechendes emotionales Erleben korrespondieren muss. Dies macht die Ausdruckskontrolle in der interpsychischen Regulation flexibler und kontextangepasster, aber der Möglichkeit nach auch verlogener. Auf der anderen Seite ist erst mit der Dissoziation zwischen Ausdruck und Erleben in der intrapsychischen Regulation die Entstehung einer privaten Gefühlswelt möglich, zu der andere Personen nicht oder nur noch sehr indirekt Zugang haben können. War der Ausdruck des Kleinkinds noch so unmittelbar mit dem Erleben gekoppelt, dass man sein Erleben anhand der Ausdruckszeichen wie ein offenes Buch lesen konnte, so ermöglicht der Internalisierungsprozess, das Erleben vom Ausdruck abzukoppeln und eine für Außenstehende nicht mehr erschließbare private Erlebenswelt aufzubauen. Die intime Welt der privaten Gefühle wäre demnach ein Produkt der Internalisierung vormals äußerlich sichtbarer Ausdruckszeichen.

4 Die Entwicklung der reflexiven Handlungsregulation

Den vorangegangenen Abschnitten haben wir ein Modell der erwartungsbezogenen Handlungsregulation zugrunde gelegt. Danach werden Motive durch Routinehandlungen oder durch emotional oder willentlich angestoßene Handlungen befriedigt. Diese erwartungsbezogene Form der Handlungsregulation funktioniert nicht in Situationen, in denen Motivkonflikte auftreten: Man muss sich zwischen der Befriedigung zweier Motive entscheiden; ein Motiv lässt sich aufgrund der situativen Bedingungen aktuell nicht befriedigen; zwei Motive widersprechen sich in ihren Realisierungen. So kann die kurzfristige Befriedigung eines Motivs zur langfristigen Unerfüllbarkeit eines anderen Motivs führen oder umgekehrt. Hier ist eine Handlungsregulation erforderlich, die diese widrigen Umstände mit ins Kalkül zieht und durch diesen Rückbezug eine neue, nämlich reflexive Form der Handlungsregulation eröffnet.

Hierzu gehört zum einen die Entwicklung der emotionsregulierenden Funktion von Handlungen und zum anderen die volle Entfaltung der volitionalen Handlungsregulation, die auch komplexe Handlungspläne bei weit gesteckten Motiven und die willentliche Beeinflussung eigener Emotionen umfasst. Diese Formen der Regulation bezeichnen wir als reflexiv, weil zwischen Ziel und Ausführung Phasen der Überlegung, des Abwägens und Planens, also Phasen der Reflexion, geschaltet sind. Die Entwicklung dieser reflexiven Mittel der Handlungsregulation werden im Folgenden beschrieben.

4.1 Die Entwicklung der emotionsregulierenden Funktion von Handlungen

Im vorangegangenen Abschnitt haben wir überblickartig beschrieben, wie sich die handlungsregulierende Funktion von Emotionen entwickelt, d.h. wie sich Emotionen so ausdifferenzieren, dass sie motivdienliche Bewältigungshandlungen auslösen. Eine Bewältigungshandlung kann aber auch auf die eigene Emotion gerichtet sein, wie im Einführungsbeispiel, wo der Vater seinen eigenen Ärger gegenüber seinem aggressiven Sohn kontrolliert. Campos et al. (1994) sprechen in diesem Fall von Emotionsregulation. Demnach gibt es nicht nur eine Handlungsregulation durch Emotionen, sondern auch umgekehrt eine Emotionsregulation durch Handlungen, bei der es um die Regulation der Intensität, Dauer, Ausdrucksweise und Qualität einer aktuell erlebten bzw. bevorstehenden Emotion geht (Bridges & Grolnick, 1995; Friedlmeier, 1999a).

Die Fähigkeit zur Emotionsregulation versetzt eine Person in die Lage, ihren Emotionen und den damit verbundenen Handlungsbereitschaften nicht mehr nur ausgeliefert zu sein, sondern aktiv Einfluss auf die Wirkung der eigenen Emotionen nehmen zu können, z.B. indem sie eine zielführende Handlung um des übergeordneten Motivs willen auch dann ausführt, wenn sie für sich genommen langweilig oder gar aversiv ist. Diese Fähigkeit unterscheidet die Handlungsregulation von Kleinkindern von der Erwachsener.

Regulationsstrategien

Es gibt eine Reihe von Handlungsstrategien, wie eine Person ihre Emotionen beeinflussen kann (Friedlmeier, 1999a; speziell zu Ärger s. von Salisch, 1999), wobei jede der Strategien ihren eigenen Entwicklungsverlauf hat:

Angeborene Strategien. Neugeborene verfügen über angeborene Strategien der Emotionsregulation. Durch Blickab- bzw. -zuwenden können sie ihren Aufmerksamkeitsfokus und die dadurch einströmende Reizintensität beeinflussen. Das

Saugen dient neben der Nahrungsaufnahme zugleich der Selbstberuhigung (Blass & Ciaramitaro, 1994). Allerdings sind diese Strategien nur innerhalb enger Grenzen wirksam.

Reifungsprozesse des Gehirns. Bei der Geburt ist das Zusammenspiel der physiologischen Erregungs- und Hemmungsprozesse funktional noch nicht ausgereift, wobei subkortikale Erregungsprozesse, die zugleich diffuser und ungerichteter sind, überwiegen. Zwei Entwicklungstrends lassen sich nach Thompson (1994) skizzieren: Erstens bauen sich auf den diffusen subkortikalen Erregungsprozessen differenziertere kortikale Erregungsprozesse auf. Zweitens bilden sich kortikale Hemmungsprozesse aus, die subkortikale Erregungen kontrollieren können. Aus einer umfangreichen Literatursichtung zieht Schore (1994) den Schluss, dass diese neurophysiologischen Reifungsprozesse auch durch soziale Erfahrungen während des ersten Lebensjahres beeinflusst werden.

Aktivierung sozialer Ressourcen für eine interpsychische Regulation. Sie ist die wohl wichtigste Regulationsstrategie für die ontogenetische Entwicklung. Wie wir in Abschn. 3 bereits ausgeführt haben, sind es zu Beginn der ontogenetischen Entwicklung die Bezugspersonen, die die emotionalen Reaktionen ihres Säuglings als Appell interpretieren, für die Befriedigung seiner Motive zu sorgen. Dazu gehört auch die direkte, extern gesteuerte Regulation seiner emotionalen Erregung durch die Bezugspersonen. Dazu gehören:

(1) Gefühlsansteckung – so kann z.B. ein tröstender Emotionsausdruck der Bezugsperson einen weinenden Säugling beruhigen, ein sorgenvoller Ausdruck ihn aber auch ängstigen,
(2) Aufmerksamkeitslenkung – so kann eine Ablenkung durch einen neuen Gegenstand ein Kleinkind so fesseln, das es seinen Kummer „vergisst“,
(3) die Schaffung von Distress-Erleichterungs-Zyklen durch die Bezugspersonen – dies ermöglicht dem Säugling die verlässliche Erfahrung, dass auf Distress (Kummer) auch wieder positive Gefühle folgen,
(4) operantes Konditionieren – durch Zuwendung bzw. Bestrafen/Ignorieren können Bezugspersonen die Ausdrucksformen ihres Kindes verstärken bzw. reduzieren.

Schaffung eines vertrauten Umfelds. Indem Bezugspersonen ihrem Kind ein Umfeld mit vorhersehbaren Situationen und einer vorausschauenden Vermeidung von Stressoren schaffen, verringern sie die Häufigkeit und Intensität negativer Emotionen auf Seiten des Kindes. Zunächst tun dies die Eltern für das Kind, dann wird die bloße Anwesenheit der Eltern für das Kind zum Garant, dass es bei unvorhergesehenen, negativen Erfahrungen hilfreichen Beistand hat (s.o. soziale Bezugnahme). Daher achten insbesondere Kleinkinder darauf, dass ihre Eltern in ihrer Nähe bleiben.

Diese Strategien – einmal durch die Bezugspersonen eingeführt und etabliert – können dann auch vom Kind auf andere Personen und auf sich selbst angewendet werden. Im letzteren Fall wäre dann aus einer *inter*psychischen eine *intra*psychische Regulation der eigenen Emotionen geworden, was Kinder ab dem Kleinkindalter zunehmend häufiger tun. Die selbständige Emotionsregulation einer Person hat demnach wie die Handlungsregulation ihren Ursprung in der sozialen Emotionsregulation zwischen Bezugsperson und Kind (vgl. Sroufe, 1996). Insbesondere im Rahmen der Bindungsforschung ist diese Idee aufgegriffen und mit dem Konzept der “inner working models” theoretisch zu fassen versucht worden (vgl. Kap. 5 sowie Fremmer-Bombik, 1997).

4.2 Handlungsregulation und Wille (Volition)

Willensprozessen kann man die Funktion zuordnen, zukünftige Situationen der Motivbefriedigung zu antizipieren, die aktuellen Handlungen auf diese Zukunft hin auszurichten und sie von konkurrierenden Handlungsimpulsen abzuschirmen (Kuhl, 1996). Dabei benötigen Willensprozesse ein symbolisches Medium, mit dem sich das bereits Vergangene und das noch nicht Existente willkürlich darstellen und manipulieren lässt. Dieses Medium ist in erster Linie die Sprache, doch gehören dazu auch andere symbolische Artefakte wie z.B. künstlerisch-ästhetische Medien oder Schriftsprache. Die Verwendung von Sprechzeichen und anderer Symbole als Appell stellt den Beginn der volitionalen Regulation von Handlungen und Emotionen dar. So wie das Sprechen zu anderen Personen diese zu bestimmten Handlungen veranlassen soll, so kann das Sprechen zu sich selbst auch als Handlungsaufforderung wirken. Dieses selbstinstruierende Sprechen ist auch als privates Sprechen bezeichnet worden (vgl. Diaz & Berk, 1992).

Die Entwicklung sprachgestützter Willenshandlungen

Der Übergang von der Benutzung der Sprache als interpsychisches Regulationsmittel zu einem intrapsychischen, selbstbezüglichen Regulationsmittel, bei dem die Sprechakte verkürzt und verinnerlicht sind, vollzieht sich über mehrere Schritte, die im Folgenden anhand zweier Experimente von Luria (1961) und Bivens und Berk (1990) näher beschrieben werden sollen.

1. Handlungsregulation ohne sprachliche Instruktion. Im Experiment von Luria (1961) bekamen Kinder den Auftrag, eine Gummiblase beim Auftreten eines Lichtsignals zu drücken. Diese Aufgabe gelang zweijährigen Kindern nicht, wenn das Licht unabhängig vom Balldruck verlosch, wenn es also keine unmittelbare Kontingenz zwischen Reaktion (Drücken) und Reiz (Licht aus) gab (vgl. Abb. 16.6). Die Kinder drückten dann mehrmals beliebig auf die Gummiblase. Die Kinder konnten ihr Verhalten jedoch gut kontrollieren, wenn das Lichtsignal unmittelbar nach dem Balldruck verlosch. Demnach steuerte der äußere Reiz (Licht verlischt) die Reaktion, während das Kind allein noch nicht in der Lage war, seine Reaktion zu kontrollieren, es drückte einfach mehrmals hintereinander.

2. Fremdinstruktion als Impuls zur Handlungsinitiierung. Auf dieser Stufe funktioniert das

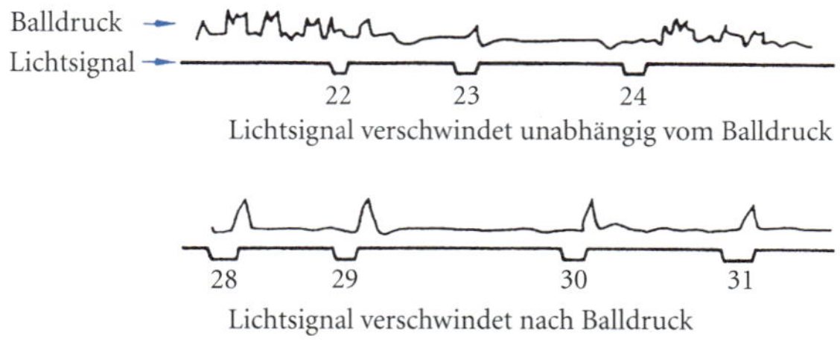

Abbildung 16.6. Motorische Reaktion beim Auftreten eines Lichtsignals (Luria, 1961, S. 109)

Sprechen ausschließlich als handlungsinitiierender Appell an andere unabhängig von der Bedeutung des Gesprochenen. Kinder im Alter von einem bis zwei Jahren können ohne weiteres sprachliche Kommandos ausführen wie z.B. in die Hände klatschen, Winke-Winke machen. Aber sprachliche Instruktionen lösen nur Reaktionen aus, ohne sie regulieren oder hemmen zu können. Als man Kindern diesen Alters im obigen Experiment den Gummiball gab und sie aufforderte: „Wenn das Licht erscheint, drückst du den Ball", begannen die Zweijährigen sofort zu drücken und wiederholten diese Reaktion immer wieder. Selbst die Aufforderung „nicht drücken" oder „genug!" löste die Reaktion des Drückens aus. (Daher stellt es für ein Kind diesen Alters eine kognitive Überforderung dar, wenn man ihnen sprachlich etwas verbietet – es sei denn der nonverbale Anteil des „Nein!" ist emotional so beeindruckend, dass das Kind aufgrund der induzierten Emotion von seinem Vorsatz absieht.)

3. Selbstinstruktion als Impuls zur Handlungsinitiierung. Schon mit drei bis vier Jahren vermag ein Kind motorische Reaktionen durch eigenes Sprechen zu initiieren. Dabei dient aber die Sprache zunächst nur als Impuls, denn im obigen Experiment löste auch die negative Selbstinstruktion „nicht drücken!" beim Kind als Antwort das Drücken aus. In Abb. 16.7 sind die Ergebnisse der vier Versuchsbedingungen veranschaulicht, um die initiierende und hemmende Funktion der Selbstinstruktion zu testen. Dabei erhielt jedes Kind die Aufgabe, bei einem roten Lichtsignal den Gummiball zu drücken und bei einem grünen Lichtsignal nicht zu drücken. In Versuchsbedin-

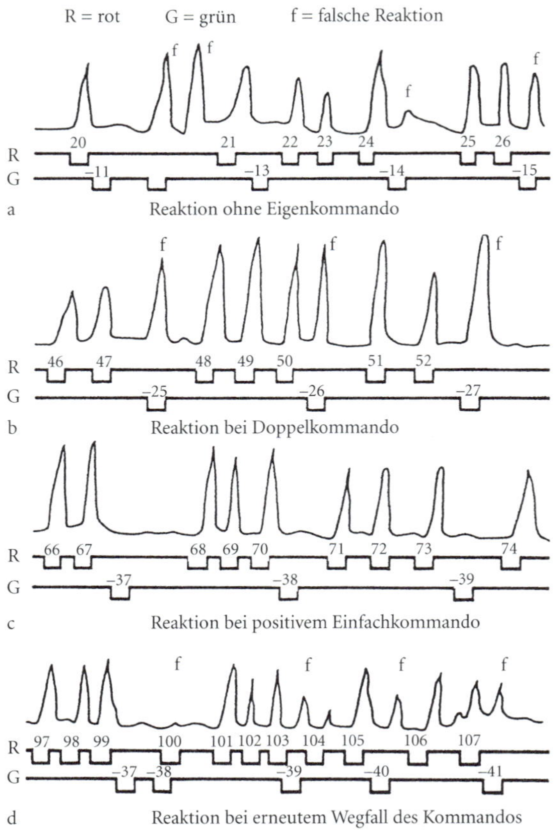

Abbildung 16.7. Steuerung von motorischen Reaktionen durch sprachliche Impulse. Auf rotes Licht (R) soll mit Drücken eines Balles reagiert werden, auf grünes Licht (Gr) soll nicht gedrückt werden (Luria, 1961, S. 11)

gung a (VB a) gaben sich die Kinder keine Selbstinstruktionen. Entsprechend viele Fehler machten sie. In VB b sollten sich die Kinder ein Doppelkommando geben, und zwar bei rot die initiierende Anweisung „drücken" und bei grün die – von ihrer Bedeutung her hemmende – Anweisung „nicht drücken". Es zeigte sich, dass auch die Anweisung „nicht drücken" regelmäßig zum Drücken des Balls führte. Nur das handlungsinitiierende Einfachkommando „bei rot drücken" in VB c führte zur optimalen Regulierung. Ließ man, wie in VB d, die Sprachkommandos wieder weg, erhöhte sich die Fehlerzahl von neuem.

4. Selbstinstruktion als bedeutungsgesteuerte Handlungsregulation. Auf dieser Stufe wird die Bedeutung der sprachlichen Symbole beachtet, eine Handlungshemmung durch Sprechen wird möglich. Mit fünf bis sechs Jahren gewinnt der Bedeutungsgehalt der Selbstinstruktion handlungsregulierende Funktion. In der obigen Versuchsbedingung mit der zweifachen Selbstinstruktion formulierten die Kinder häufig selbst ihre Aufgabe: „Wenn das rote Licht kommt, muss ich drücken, beim grünen darf ich nicht drücken." Nach kurzer Zeit führten sie die Reaktion (auch ihre Hemmung) richtig aus, ohne dies noch durch lautes Sprechen zu begleiten. Eine neue willkürlich erzeugte Routinehandlung war ausgebildet.

Aber noch im Erwachsenenalter ertappen wir uns dabei, dass wir bei schwierigen Handlungsketten wie z.B. dem Befolgen einer Gebrauchsanweisung oder den ersten Autofahrten in der Fahrschule lautes Sprechen zu Hilfe nehmen.

5. Der Übergang vom privaten lauten Sprechen zum inneren Sprechen. Die Selbstinstruktion als bedeutungsgesteuerte Handlungsregulation erfolgt anfangs noch sehr stark in Form eines lauten Sprechens zu sich selbst. Wygotski (1934/1986) hat als einer der ersten auf die Bedeutung dieses selbstinstruierenden Sprechens als Vorstufe zum inneren Sprechen für die Entwicklung des Denkens und der Regulation von Handlungen hingewiesen. Bivens und Berk (1990) führten dazu eine Längsschnittstudie an sechs- bis neunjährigen Kindern durch, in der sie das Sprechverhalten der Kinder während der Stillarbeitsphasen im Mathematikunterricht beobachteten. Dabei zeigte sich, dass mit zunehmendem Alter lautes Sprechen mit sich selbst und längere Instruktionen abnahmen, während zugleich leise, verkürzte Instruktionen und Anzeichen inneren Sprechens wie Lippenbewegungen ohne hörbares Sprechen zunahmen. Daraus haben sie den Schluss gezogen, dass die inneren willkürlichen Handlungsinstruktionen ihren entwicklungspsychologischen Ursprung im lauten, kommunikativen Sprechen mit anderen haben. Demnach scheint sich der Bedeutungsgehalt des Gesprochenen von seiner äußeren Form, dem hörbaren Sprechen, zu lösen und internalisiert zu werden. Diese Internalisierung hat zur

Folge, dass schließlich ein inneres Zeichen (der willkürliche Gedanke), der von seiner Form her nichts mehr mit dem äußeren Zeichen (dem gesprochenen Wort) gemeinsam hat, die eigenen Handlungen regulieren kann. Einen vergleichbaren Prozess haben wir auch für die Entwicklung der Ausdruckszeichen angenommen (s. Abschn. 3.4.2).

Willenshandlungen im Spiel. Es gibt darüber hinaus noch einen weiteren Entwicklungspfad, wie ein Kind sein willkürliches Handeln aufbaut. Gemeint ist das kindliche Symbolspiel. So vollbringen Kinder im Spiel Willensleistungen, die sie ohne den spielerischen Rahmen nicht leisten könnten, wenn sie z.B. mit Schokoladentalern als Geldersatz spielen, ohne dem Anreiz zu erliegen, sie zu essen. Im Symbolspiel schafft sich das Kind eine eingebildete Situation, in der es real mit Gegenständen handelt. Aber die Bedeutung dieser Handlungen und Gegenstände sind durch die Als-ob-Situation, also durch die willkürlichen Vorstellungen des Kindes, neu definiert. Dies kann man demnach als eine willensgesteuerte Handlung bezeichnen (zur Entwicklung dieser Fähigkeit s. Elkonin, 1980).

4.3 Emotionsregulation und Wille (Volition)

Die bisher beschriebene Entwicklung der Willensfunktion wäre unvollständig, wenn nicht noch ein weiterer Aspekt behandelt würde, und zwar die willentliche Regulation von Emotionen. Dieser Aspekt wird bedeutsam, wenn es um das „Durchhalten" eines Handlungsplans gegen einen konkurrierenden emotionalen Handlungsimpuls geht, wie z.B. das Lernen von langweiligem Prüfungsstoff für das Erreichen eines Berufsabschlusses. Dies erfordert die Fähigkeit zum Belohnungsaufschub.

Belohnungsaufschub und Wille

Die Fähigkeit zum Belohnungsaufschub ist eine der wichtigsten Entwicklungsaufgaben, die Kinder im Laufe ihrer Entwicklung lernen müssen. Letztlich ist die gesamte Entwicklung bis zum Erwachsenenalter ein permanenter Aufschub von Motiven. Auch im Alltag spielt der Motivaufschub eine wichtige Rolle. Kinder müssen lernen zu warten, bis sie an die Reihe kommen, bis sie einen begehrten Gegenstand geschenkt erhalten (Weihnachten, Geburtstag), bis sie ihre Hausaufgaben erledigt haben usw. Auch für die Entwicklung des moralischen Handelns ist dieser Aspekt bedeutsam (vgl. Kap. 18).

UNTER DER LUPE

Belohnungsaufschub ist schwer

Mischel und Mitarbeiter (Mischel, 1971; Patterson & Mischel, 1976) haben als eine der ersten Forschergruppen die Fähigkeit zum Belohnungsaufschub systematisch untersucht. Sie verwendeten ein experimentelles Paradigma, bei welchem dem Kind die Alternative angeboten wird, eine kleine Belohnung sofort oder eine große Belohnung nach einer Zeit des Wartens zu erhalten. Die Studien zeigten, dass im Laufe des Grundschulalters die Zahl der Kinder zunahm, die sich für den Belohnungsaufschub entschieden und dies auch durchhielten. Bereits Kindergartenkinder wussten auf Nachfrage, dass der Belohnungsaufschub eigentlich die „klügere Wahl" sei, aber sie neigten dennoch dazu, mit der kleineren, aber sofortigen Belohnung vorlieb zu nehmen (Nisan & Koriat, 1977).
Eine Nachuntersuchung der von Mischel getesteten Kinder im Jugendalter zeigte, dass diejenigen Kinder, die bereits mit vier Jahren der „Versuchung widerstanden" hatten, als Jugendliche über eine größere soziale Kompetenz verfügten als dasjenige Drittel an Kindern, das der Versuchung erlag. Erstere waren u.a. frustrationstoleranter, selbstsicherer und hatten auch bessere Schulnoten (Shoda et al., 1990). Das spricht für die Bedeutung volitionaler Strategien in der ontogenetischen Entwicklung.

Wie entwickelt ein Kind die Fähigkeit zum Belohnungsaufschub? Bischof-Köhler (2000a) hat aus ihren Studien den Schluss gezogen, dass Kinder dazu die Fähigkeit zur „mentalen Zeitreise“ nutzen. Dieses Zielbewusstsein wird als Fähigkeit verstanden, vergangene und zukünftige Motive zu vergegenwärtigen und bei der Handlungsorganisation zu berücksichtigen.

Voraussetzungen. Als Voraussetzungen für diese Fähigkeit werden das Vorhandensein der Theory of Mind einerseits und des Zeitverständnisses andererseits angesehen. Die Theory of Mind (ausführliche Darstellung s. Kap. 12) beinhaltet die Nutzung des Wissens, dass andere eine falsche Überzeugung bzw. falsches Wissen haben können. Zur Theory of Mind gehört auch die Fähigkeit, zwei Intentionen, die eigene und die des Gegenübers, nebeneinander zu repräsentieren. Diese Leistungen verlangen den Umgang mit Bezugssystemen in der Vorstellung: Man muss zwei Bezugssysteme zugleich repräsentieren, z.B. die Situation, wie sie sich tatsächlich darstellt, und die Vorstellung, die sich eine Person davon macht und die falsch sein kann.

Das Zeitverständnis als zweite Voraussetzung für eine mentale Zeitreise fußt nach Bischof-Köhler zunächst auf der Übertragung räumlicher Kategorien auf die Zeit (vor und nach, Gleichsetzung von Raum- und Zeitstrecke), also auf der Nutzung des Raumes als Modell für die (unanschauliche) Zeit. Allmählich können frühere und jetzige Ereignisse in der Vorstellung einander gegenübergestellt werden. Dies ist übrigens auch beim falschen Glauben/Wissen der Fall, denn in den Experimenten (s. Kap. 12) handelt es sich meist um den Vergleich einer vorausgegangenen Situation mit einer jetzigen.

„Zeitreise“. Das zeitliche Zusammentreffen von Theory of Mind und Zeitverständnis, das Bischof-Köhler (2000a) in ihren Experimenten nachweisen konnte, führt zur Fähigkeit, sich gedanklich auf Zeitreise zu begeben und eine Handlungsorganisation zu konzipieren, die verschiedene Motive und Emotionen zeitlich koordiniert. Allerdings reichen rein mentale Leistungen nicht aus, es bedarf auch einer „exekutiven Kontrolle“, einer Art Willensinstanz, die impuls- und anreizgesteuertes Handeln bremsen kann und die Aufmerksamkeit auf Planen und Organisieren von Handlungen und den mit ihnen verbundenen Motiven und Emotionen richtet.

Volitionale Strategien der Emotionsregulation

In der aktuellen entwicklungspsychologischen Emotionsforschung sind volitionale Strategien unter dem Begriff der sprachlichen bzw. symbolisch vermittelten Strategien untersucht worden. Thompson (1990) stellt in seinem Überblicksartikel eine Reihe dieser Strategien vor:

Willkürliche Aufmerksamkeitslenkung. Das meint die Selbstinstruktion, den eigenen Aufmerksamkeitsfokus zu verändern, sich also abzulenken, so dass der ursprüngliche emotionale Impuls durch die neu einströmenden Reize verdrängt wird. Dazu gehören das tatsächliche Aus-dem-Felde-Gehen und die willkürliche Ablenkung mit realen anderen Beschäftigungen. Entwickelter sind mentale Strategien, bei denen man sich mittels innerer Vorstellungen, z.B. Tagträumen, ablenkt. Eine Zwischenstufe stellt das kindliche Symbolspiel dar, in dem ein Kind willkürlich eingebildete Situationen schafft, aber dazu noch der realen Spielhandlung bedarf.

Willkürliche Beeinflussung von Emotionssymptomen. Dazu zählen Selbstanweisungen, die auf das Abschwächen oder Verändern der emotionalen Erlebenszeichen gerichtet sind, z.B. sich bewusst entspannen oder den Ausdruck willkürlich in gewünschter Richtung verändern. Studien zeigen, dass z.B. das Aufsetzen eines positiven Ausdrucks eine erlebte negative Emotionsintensität abschwächt und umgekehrt – wenngleich es das Erleben nicht qualitativ verändern kann (Manstead, 1988; vgl. aber Izard, 1994).

Umdeutung (reappraisal) des Emotionsanlasses. Für die Emotionsregulation wirkungsvoller ist die willkürlich herbeigeführte Einflussnahme auf die Bewertung des Anlasses, der die Emotion ausgelöst hat. Ein solcher Perspektivenwechsel ermöglicht über die Veränderung der Bewertung die Veränderung der Emotionsqualität. In unserem Eingangsbeispiel transformiert der Vater seinen Ärger gegenüber seinem aggressiven zweijährigen Sohn in Mitgefühl, indem er sich vergegenwärtigt, dass sein Sohn noch zu klein sei, um auf seine Schwester Rücksicht zu nehmen, und nur frustriert ist, weil Papa nicht mehr mit ihm spielt. Auf diese indirekte Weise kann man die Emotionsqualität beeinflussen, was auf direkte willkürliche Weise nicht möglich wäre.

Wie Kinder volitionale Strategien der Emotionsregulation lernen

Kinder erlernen diese volitionalen Strategien in der Regel durch ihre Eltern und Freunde (vgl. auch Friedlmeier, 1999b). Thompson (1990) nennt vier mögliche Lernpfade, die parallel auftreten und sich wechselseitig ergänzen – aber auch widersprechen können:

(1) Direkte Anweisungen. Eltern verwenden in den Situationen, in denen ihr Kind seine Gefühle regulieren soll, direkte sprachliche Anweisungen, wie z.B. „beruhige dich", „hör auf zu quengeln" o.Ä., die das Kind befolgen soll (s.o.).

(2) Angebote zur Umdeutung des Anlasses. Wenn ihr Kind seine Emotion verändern soll, nehmen Eltern eine Umdeutung des Anlasses bzw. der Situation vor und bringen es dazu, diese Umdeutung zu übernehmen – in der Hoffnung, dass sich seine Emotion verändert.

(3) Modelllernen. Eltern geben mit ihrem eigenen (mehr oder minder kommentierten) Regulationsverhalten dem Kind Modelle vor, wie man Emotionen regulieren kann, die es für sich ausprobieren und übernehmen kann.

(4) Diskurs über Emotionen. Eltern tauschen sich mit ihren Kindern darüber aus, wann man welche Gefühle wie ausdrückt und erlebt bzw. ausdrücken und erleben sollte, welche Konsequenzen Gefühle nach sich ziehen, wie man Gefühle bei sich und anderen beeinflussen kann etc. Auf diese Weise eignen sich Kinder ein Emotionswissen an, das sie für die Regulation von Gefühlen nutzen können (vgl. Janke, 1999; Gottman et al., 1997).

Bei der Anwendung dieser Strategien gibt es große Unterschiede zwischen den Familien. Studien zeigen, dass Kinder aus Familien, die ihren Kindern diese Lernpfade in großem Ausmaß zur Verfügung stellten, auch eine erfolgreichere emotionale und volitionale Regulationskompetenz besaßen als Kinder aus Familien, in denen das nicht der Fall war (vgl. Gottman et al., 1997). Diese Thematik wird aktuell unter dem Begriff „Erziehung zur emotionalen Kompetenz" bzw. „Erziehung zur emotionalen Intelligenz" diskutiert (vgl. Goleman, 1997; Saarni, 1999; Salovey & Sluyter, 1997).

UNTER DER LUPE

Zeitbewusstsein und reflexive Handlungsregulation

Die Fähigkeit zur mentalen Zeitreise und deren Rolle bei der Motivation und der Handlungsregulation zeigen sich auch in komplexeren Planungsaufgaben. Dreher und Dreher haben Kindern und Jugendlichen Organisationsaufgaben vorgelegt, bei denen Aufträge, für die es bestimmte Zeitgrenzen gab, erledigt werden mussten, was nur gelang, wenn die Reihenfolge der Aufgaben optimal geplant waren (im Überblick s. Oerter et al. (1977).

In einer der Organisationsaufgaben waren beispielsweise folgende Aufträge zu erledigen: Teilnahme am Sportunterricht (14.30 bis 16.00 Uhr), Besorgen von Briefmarken bei der Post (geöffnet bis 18.00 Uhr), Abholen von vergessenen Handschuhen bei Bekannten (bis 16.30 Uhr erreichbar) und Holen eines Schulheftes in der Schule (nur möglich von 13.00 bis 13.30 Uhr). Die Fußwege zwischen den einzelnen Orten benötigten Zeit, die ebenfalls zu berücksichtigen war. Für den vorliegenden Zusammenhang mit Motivation und Emotion sind zwei Zusatzbedingungen der Aufgabe aufschlussreich, nämlich (a) die Zeitverkürzung unterwegs auf ein Drittel durch Nutzung eines Fahrrads, zu dem der Akteur aber erst ab 13.30 Uhr Zugang hat, und (b) die Delegation eines Auftrags (Holen des Schulheftes durch einen Freund).

Die jüngsten Kinder (11-Jährige) nutzten die erleichternden Zusatzmöglichkeiten kaum. Eine mittlere Altersgruppe (14-Jährige) nutzte bereits das Fahrrad als Erleichterung. Aber erst Erwachsene setzten das Delegationsprinzip (Schulheft durch Freund holen lassen) ein. Ein Grund mag in der größeren Komplexität der Aufgabe und dem damit verbundenen höheren Schwierigkeitsgrad bei Nutzung der Zusatzbedingungen liegen. Man kann aber annehmen, dass in der Handlungsplanung typische entwicklungsbezogene Motivationslagen berücksichtigt werden:

(1) Der erste Entwicklungsschritt äußert sich in dem Bestreben, ein Ziel selbständig zu erreichen. Die Zielerreichung erfährt eine höhere Bewertung, wenn sie mit Anstrengung verbunden ist (s. Abschn. 2). Die Erleichterung der Aufgabe wird daher nicht angestrebt. Die Delegation eines Auftrags verringert zudem die Sicherheit einer zuverlässigen Erledigung.

(2) In einem zweiten Entwicklungsschritt wird verstanden, dass die Qualität der Lösung entscheidet, nicht die aufgebrachte Anstrengung. Daher ist die Nutzung eines Fahrzeugs, das die Wege zeitlich verkürzt, nicht nur zulässig, sondern vorteilhaft.

(3) In Fortsetzung dieser Erkenntnis wird in einem dritten Entwicklungsschritt die Möglichkeit der Delegation einbezogen: Die Qualität einer Lösung leidet nicht darunter, dass fremde Hilfe in Anspruch genommen wird. Die Idee der Delegation von Aufträgen ist in der modernen Arbeitswelt ein wichtiger systemischer Bestandteil, der aber offenkundig erst im Erwachsenenalter verstanden wird.

Untersuchungen mit weiteren Planungsaufgaben, die zusätzliche motivationale Komponenten enthielten, unterstützen diese Sichtweise (Dreher & Oerter, 1987).

Bestätigt wurden diese Annahmen auch durch eine Untersuchung von Oerter (1984). Unter anderem wurden Kindern und Jugendlichen von 11 bis 16 Jahren sowie jungen Erwachsenen Geschichten vorgelegt, in denen zwei Akteure die gleiche Aufgabe zu erledigen hatten. Während der eine den Auftrag unter Einsatz von Fleiß und Anstrengung bewältigte, erledigte der andere ihn mit geringem Aufwand durch Einsatz von „Grips". Es wurde erwartet, dass jüngere Probanden die unter Anstrengung erbrachte Leistung höher einstuften, ältere dagegen die intelligente Lösung bevorzugten. Diese Erwartung wurde bestätigt. Unter der Bedingung „Wer von beiden ist dem Chef/Vorgesetzten lieber?" urteilte sogar noch ein beträchtlicher Prozentsatz der Erwachsenen, dass der Vorgesetzte den Fleißigen bevorzugen würde. Dieses Ergebnis spricht für den Einfluss der generellen Motivationslage auf die Handlungsplanung. Dieser Zusammenhang stellt eine zusätzliche Facette der reflexiven Handlungsregulation dar, von der in diesem Abschnitt die Rede war.

Weiterführende Literatur

Deci, E.L. & Ryan, R.M. (1985). Instrinsic motivation and self-determination in human behavior. New York: Plenum.

Eine Motivationspsychologie, die sich von üblichen Darstellungen durch die Fokussierung auf die Selbstbestimmung abhebt.

Friedlmeier, W. & Holodynski, M. (Hrsg.). (1999). Emotionale Entwicklung. Heidelberg: Springer.

Eine gründliche und umfassende Einführung in die Emotionspsychologie unter entwicklungspsychologischer Perspektive.

Krapp, A. & Prenzel, M. (Hrsg.). (1992). Interesse, Lernen, Leistung. Neuere Ansätze einer pädagogisch-psychologischen Interessenforschung. Münster: Aschendorff.

Eine pädagogisch-psychologische Darstellung der Bedeutung von Interessen, die aber auf grundsätzlichen interessentheoretischen Überlegungen basiert.

Rheinberg, F. (1989). Zweck und Tätigkeit. Motivationspsychologische Analysen zur Handlungsveranlassung. Göttingen, Toronto, Zürich: Hogrefe.

Eine nach wie vor innovative Darstellung zur Motivation, die prinzipiell zwischen zweckgerichteter und tätigkeitsorientierter Motivation unterscheidet.

Kapitel 17
Soziale Kognition
Entwicklung von Sozialem Wissen und Verstehen

Rainer K. Silbereisen & Lieselotte Ahnert

1 Was ist soziale Kognition?

DEFINITION

Der Begriff **soziale Kognition** umfasst sowohl das bleibende Wissen über psychische Vorgänge von Menschen und die Welt sozialer Geschehnisse, als auch den akuten Prozess des Verstehens von Menschen, ihrer Beziehungen sowie der sozialen Gruppen und Institutionen, an denen sie teilhaben. Mitgedacht ist die Bedeutung sozialer Kognition für die Organisation sozialer Interaktion, ob unter Freunden oder Feinden (vgl. Shantz, 1982).

Defizite an sozialem Wissen und Verstehen können erhebliche Folgen haben. So haben Dodge et al. (1984) gezeigt, dass aggressive Kinder die Absichten anderer konsistent negativer als gemeint einschätzen und sich deshalb zu Unrecht provoziert fühlen. Wer als Kind noch nicht fähig ist, die Absichten anderer aus dem Interaktionsfluss zu erschließen, ist beispielsweise als Zeuge nicht geeignet (Ceci et al., 1998). Gegenstand der Entwicklungspsychologie sind alterskorrelierte Veränderungen sozialer Kognition über die Lebensspanne, genauer gesagt ihre Beschreibung, Erklärung und die Erkundung ihrer Modifizierbarkeit. In der Kindheit und Jugend jedenfalls ist diesen Veränderungen zu eigen, dass sie eine zunehmend realitätsgerechte Erfassung der Hintergründe des Handelns anderer erlauben.

Wissen und Verstehen sind Begriffe zur Bezeichnung gesonderter Facetten sozialer Kognition (vgl. Damon, 1981):

- Verstehen betrifft sozial-kognitive Prozesse, mittels derer Wissen über soziale Geschehnisse erworben (beispielsweise eine komplexe Motivation wie Eifersucht erfahrbar und begreifbar wird) oder schon vorhandenes Wissen für die Planung und Ausführung sozialer Interaktion nutzbar wird.
- Hiervon zu unterscheiden ist das soziale Wissen selbst, dessen Inhalt und Organisationsprinzipien gemeint sind, wenn in diesem Sinne von sozialer Kognition die Rede ist.

Der Sinn einer Unterscheidung von Inhalt und Prozess sozialer Kognition dürfte evident sein – zu wissen, was Freundschaft heißt, bedeutet noch lange nicht, Mittel und Wege zu beherrschen, um eine Freundschaft begründen zu können.

Worauf bezieht sich soziale Kognition?

Die psychischen Vorgänge von Menschen und die Welt sozialer Geschehnisse, auf die sich soziale Kognition bezieht, ist schier unbegrenzt. Flavell (1977) erwähnt

- innerpsychische Prozesse des Gegenübers wie seine Absichten, Einstellungen, Gefühle, Ideen, Fähigkeiten, Überzeugungen, Wünsche, Eigenschaften, Gedanken, Wahrnehmungen, Gedächtnisinhalte;
- die psychologische Qualität von Beziehungen zwischen Menschen wie Freundschaft, Liebe, Macht oder Einfluss;
- die Zuschreibung der Befähigung zu Bewusstsein, Selbstbestimmung und Umweltrepräsentation.

In den letzten Jahren ist zudem deutlich geworden, dass solches Wissen oftmals den Charakter einer mehr oder weniger elaborierten naiven Theorie hat, also ein geordnetes Ganzes ist, aus dem Vorhersagen abzuleiten sind (wem beispielsweise ein bestimmtes Bedürfnis zugeschrieben wird, dessen Verhalten zur Zielerreichung ist abschätzbar und damit die Organisation sozialer Interaktion verstehbar; Wellman, 1990).

Wissen und Verstehen dieser Sachverhalte können sich sowohl auf das Selbst wie auf andere Personen beziehen. Die anderen können tatsächlich anwesend, Menschen im Allgemeinen oder soziale Gruppen sein. Schließlich geht es nicht nur um das, was getan (gedacht, gewollt usf.) wurde, sondern auch um das, was der Akteur aus ethischen Gründen oder konventionsgemäß hätte tun sollen. Flavell fand hierfür eine recht einprägsame Veranschaulichung, welche zur folgenden Abbildung 17.1 anregte.

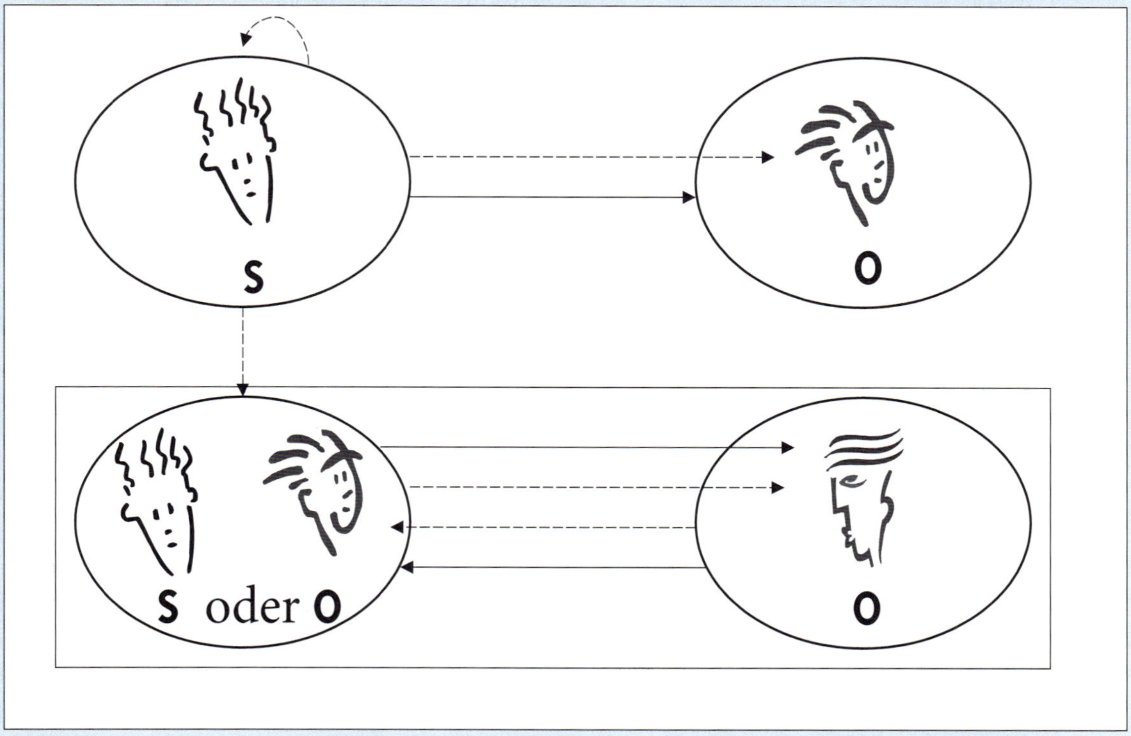

Abbildung 17.1. Themen sozialer Kognition. Der obere Teil der Abbildung repräsentiert soziale Kognition über Personen, der untere über Gruppen, wobei das Selbst Teil der Gruppe sein kann (nach Flavell, 1977)

Das Kapitel ist nach der folgenden Gliederung verfasst: Zunächst wird die Einleitung durch eine Abgrenzung von sozialer Kognition gegenüber Kognition über physikalische Objekte fortgeführt, vervollständigt durch einen kurzen Abriss der wichtigsten Entwicklungslinien der Forschung. Im anschließenden Abschnitt 2 werden fünf theoretische Ansätze zur Entwicklung sozialer Kognition vorgestellt, die Verstehen und soziales Wissen mit unterschiedlicher Gewichtung behandeln. In Abschnitt 3 wird das Verhältnis zur sozialen Interaktion behandelt, und zwar sowohl hinsichtlich der Rolle sozialer Erfahrungen für die Entwicklung sozialer Kognition als auch in Bezug auf ihre Bedeutung für das soziale Handeln. Im letzten Abschnitt 4 werden dann kurz Entwicklungsprobleme im Zusammenhang mit sozialer Kognition, einschließlich der Interventionen zu ihrer Bewältigung, behandelt. Das Kapitel endet mit einem Ausblick auf aktuelle Forschungen am Beispiel der Entwicklung sozialer Kognition im Alter.

1.1 Soziale Kognition und Kognition über Objekte

Ist soziale Kognition etwas anderes als Kognition? Wie deutlich werden wird, führen Fragen nach der eigenständigen „Natur" sozialer Kognition zu grundsätzlicheren Themen, die anschließend dargestellt werden.

Psychologische Spezifität – was ist anders?

Personen und soziale Geschehnisse als prototypische Inhalte sozialer Kognition unterscheiden sich von Dingen und nichtsozialen Ereignissen schon als Gegenstand der Wahrnehmung. Die Unterschiede sind so groß, dass man für soziale Kognition spezifische Kategorien und Organisationsprinzipien annehmen muss. Hier sind einige Belege:

Variabilität des Erscheinens. Verglichen etwa mit der Vielfalt des Mienenspiels eines Säuglings zeichnen sich Dinge durch eine vergleichsweise geringe Variabilität ihres Erscheinens auch über längere Zeiträume aus.

Selbstverursachter Wandel. Veränderungen des Zustands können bei unbelebten Objekten in der Regel äußeren Beeinflussungen zugeschrieben werden, während Menschen beispielsweise in ihren sozialen Beziehungen fast stets durch eigenes Zutun für Wandel sorgen.

Reagibilität. Bei persönlichen Begegnungen stellt sich das Verhalten des einen Akteurs immer auch als Ergebnis der Interaktion mit dem beobachtenden Interaktionspartner dar, wenn sie auch noch so restringiert oder gar nur vorgestellt ist. Entfällt diese Reagibilität, wie zumeist bei Dingen, lässt unsere Aufmerksamkeit rasch nach. Begegnungen mit Menschen hingegen entwickeln oft eine Dynamik (man fühlt sich hingezogen oder abgestoßen).

Grundsätzliche Ähnlichkeit zwischen Menschen. Auch wenn zwischen Personen etwa aufgrund ihres Alters beträchtliche Unterschiede bestehen können, bleibt doch zwischen menschlichen Interaktionspartnern eine grundsätzliche Ähnlichkeit. Vom anderen anzunehmen, was man selbst in vergleichbarer Lage empfinden würde, kann kaum gänzlich falsch sein, sieht man von manchen kulturellen Unterschieden ab.

Emotionales Berührtsein. Andere Menschen und ihr Geschick berühren uns stets emotional, wenn man von pathologischen Grenzfällen absehen will. Die Gegenwart anderer aktiviert Vorstellungen über eigenes Handeln, treibt uns zu mitunter heftigen Gefühlen und ist Anlass zu sozialen Vergleichen.

Komplexe Interaktionen. Soziale Kognition im Alltag ist in den Austausch mit psychisch unterschiedlich weit entwickelten Interaktionspartnern eingebunden, von denen jeder unterschiedliche Ziele verfolgt, die zu koordinieren vom Akteur ein Mehrfachhandeln großer Komplexität erfordert.

Genetische Priorität – was kommt zuerst?

Heute weiß man, dass schon Säuglinge die Welt ansatzweise nach grundlegenden physikalischen Kategorien wahrnehmen und verarbeiten, was sich beispielsweise im Erstaunen zeigt, wenn sich Gegenstände, ohne angestoßen worden zu sein, bewegen (Baillargeon et al., 1995). Dies freilich dürfte beim Verstehen von Menschen nicht helfen, nimmt man die gerade genannten Besonderheiten sozialer Kognition ernst. Da es aber die Eltern oder andere Bezugspersonen sind, über die zu wissen und die zu verstehen hilft, die eigenen Bedürfnisse zu verwirklichen, wie unvollkommen die soziale Kognition auch anfangs sein mag, dürfte ihr eine gleiche Bedeutung oder sogar Priorität zukommen (genauer: soziale Erfahrungen als Grundlage jeder Kognition) über die Objekt-Kognition.

Personen als besondere Objekte. Für diese Position gibt es überzeugende Belege aus zwei Forschungsthemen.

Erstens hat man festgestellt, dass sich Säuglinge schon in den ersten Lebensmonaten gegenüber Menschen (bzw. belebten Objekten) anders verhalten als gegenüber unbelebten Objekten: Sie zeigen expressive Gesichtszüge und hantieren, lächeln (und unterscheiden hierbei schon zwischen einer fremden Person und einem personähnlichen Spielzeug), imitieren komplexes Verhalten, wie eine herausgestreckte Zunge, und sind durch untypisches Verhalten irritiert, wie etwa ein unbewegtes Gesicht (Poulin-Dubois et al., 1996).

Zweitens ergibt sich schon um das Ende des ersten Lebensjahres eine nur auf Menschen angewandte Zuschreibung von Absichten. Im Mittelpunkt entsprechender Untersuchungen stehen Bewegungen von Menschen bzw. Objekten, wobei ersteren jetzt bereits die Momente des selbstangestoßenen, zielgerichteten und auch aus der Distanz auslösbaren Verhaltens zukommen (Tomasello & Camaioni, 1997).

BEISPIEL

Spelke et al. (1995) habituierten siebenmonatige Säuglinge auf eine Situation, bei der eine Person bzw. ein Gegenstand auf einem Bildschirm immer dann auftauchte, wenn eine andere Person bzw. Gegenstand verschwand. Anschließend war es für die Säuglinge aber nur bei Gegenständen überraschend, wenn sie sich voneinander entfernten, ohne einander angestoßen zu haben.

Personen als absichtsvolle Akteure. Bei einer weiteren Grundkategorie unseres Erkennens, der Kausalität, sieht es nicht anders aus. Kinder verstehen die Strukturierung sozialer Ereignisse nach Anlass und Folge offenbar eher, als sie Ursache und Wirkung bei physikalischen Geschehnissen differenzieren. Hoffman (1981) berichtet eine Reihe eindrucksvoller Belege. Beispielsweise fand sich, dass Kinder soziale Geschehnisse, die ihnen als ungeordnete Bildfolge vorgegeben wurden, sowohl in die natürliche wie die umgekehrte Abfolge ordnen konnten, und zwar in einem Alter, wo ihnen Reversibilität im physikalischen Bereich herzustellen (Invarianz von Länge bzw. Menge) nicht problemlos gelang.

Die genannten Aspekte, nämlich Personen als besondere Objekte und Personen als absichtsvolle Akteure sind Vorläufer späterer Entwicklungen der sozialen Kognition (vgl. Abschnitt über Theory of Mind), bei denen entscheidend ist, ob eine kognitive Repräsentation der Absichten des Gegenüber vorliegt (nicht nur als Möglichkeit, sondern erschließbar).

Komparative Perspektive

Menschenaffen wie Schimpansen, aber auch andere Affen sind in der Lage, soziale Signale der Gruppenmitglieder zu interpretieren, sie formen „politische" Allianzen mit und gegen andere, und sie täuschen andere über ihre Absichten. Erfordert dies nicht soziale Kognition? – Nein, wenn man annimmt, dass ihr Kommunikationsrepertoire gegenüber dem des Menschen vor allem mangels Sprache weitaus eingeschränkter ist und die Bedeutungen entweder angeboren festgelegt oder leicht erlernbar sind (Whiten, 1998). Anders sieht es aus, wenn sich Täuschungen und sogar entsprechend in die Irre führende Gegenreaktionen als spontanes, neuartiges Verhalten im natürlichen Habitat beobachten ließen. Dies scheint für Affen wie Paviane ausgeschlossen, während von Menschenaffen solche Beispiele belegt sind, die ein nicht auf Routinen beruhendes Verständnis von Verhaltensabsichten nahe legen. Freilich ist es ein langer Weg zur Meta-Repräsentation der

Absichten anderer als von den eigenen verschieden, wie wir sie schon bei kleinen Kindern ab etwa vier Jahren kennen (vgl. Leslie, 1987, Abschnitt über Theory of Mind).

> **!** Menschenaffen scheinen Verhaltensabsichten anderer erkennen zu können.

Evolutionäre Ursprünge sozialer Kognition. Die Unterschiede zwischen Affen wie Pavianen und Menschenaffen einerseits, die Gemeinsamkeiten zwischen älteren Menschenaffen und Kindern andererseits, legen aus evolutionspsychologischer Sicht die Annahme nahe, dass die Ursprünge sozialer Kognition schon bei gemeinsamen Vorfahren von Menschenaffen und Menschen vorgelegen haben (fünf Millionen Jahre vor unserer Zeit oder noch früher). Hierzu passt, dass die ontogenetische Entwicklung von Menschen und Menschenaffen bis etwa zum Alter von zwei Jahren hinsichtlich der Vorläufer von sozialer Kognition vergleichbar ist (Whiten & Byrne, 1991). Ob freilich der 14 Monate alte Sohn Julian des Verfassers, der seinen Vater (aber auch andere) nicht nur durch Gesten und Verbalisation (da! da!) auf etwas Interessantes aufmerksam macht, sondern dessen Kopf auch ganz aufgeregt in die entsprechende Richtung schiebt, nicht doch schon etwas an Wissen über den Weg der Informationsgewinnung hat (nämlich durch Hinschauen), soll dahin gestellt bleiben (s. Abschnitt Theory of Mind).

1.2 Entwicklungslinien der Forschung

Formulierung von Stufen sozialer Kognition. In der Entwicklungspsychologie markierte das ursprünglich 1968 (deutsch 1975) erschienene Buch von Flavell et al. "The development of role-taking and communication skills in children" für die folgenden Jahre das, was als künftige Forschungsaufgaben galt. Was die theoretische Fassung von sozialer Kognition angeht, ging es den Autoren darum, in der Art der für Piaget (1966) typischen Stufenkonzeption der kognitiven Entwicklung analoge Stufen des Denkens über soziale Sachverhalte zu formulieren. Ein Beispiel einer solchen sozial-kognitiven Stufe (mangelnde Dezentrierung) wäre ein Entwicklungsstand, bei dem ein Kind dem Interaktionspartner ganz selbstverständlich den gleichen Wissenstand wie sich selbst zuschreibt, weil es sich der Situationsabhängigkeit mentaler Prozesse noch nicht bewusst ist.

Anwendung kognitiver Modelle. Etwa zeitgleich, aber unabhängig von der entwicklungspsychologischen Diskussion, wurde soziale Kognition als interdisziplinäres Forschungsprogramm aus der Sozialpsychologie heraus etabliert. Hier wurde Anfang der siebziger Jahre des vergangenen Jahrhunderts deutlich, dass sich kognitive Theorien der Informationsverarbeitung eigneten, einen konsistenten Ansatz für die bis dahin weitgehend eklektisch betriebene Forschung zu Personwahrnehmung zu geben. Modelle zur Beschreibung von Aufnahme, Verarbeitung und Abruf von Informationen boten sich zu einer Ausweitung auf soziale Sachverhalte an. Hierbei ist allerdings zu bedenken, dass viele sozialpsychologische Studien soziale Bedingungen von Kognition, etwa die Abhängigkeit von Bezugsgruppen behandeln, nicht Kognition über Personen und soziale Beziehungen, wie zumeist im entwicklungspsychologischen Verständnis (Fiske, 1993).

Wissensvoraussetzungen sozialer Kognition. Ab etwa Mitte der achtziger Jahre des vergangenen Jahrhunderts ergab sich eine erneute Wende in den Forschungsprioritäten. Genauere Analysen der Anforderungen typischer Untersuchungsanordnungen zur Rollenübernahme hatten gezeigt, dass sie die Verfügbarkeit grundlegenden sozialen Wissens voraussetzten (Wimmer & Perner, 1983), dessen Natur und Entwicklung bislang gar nicht untersucht worden war. Genauer ausgedrückt geht es weniger um das Wissen spezifischer sozialer Sachverhalte, sondern um Prinzipien, ohne deren Kenntnis soziales Handeln anderer (wie eigenes) nach Erwachsenenmaßstäben unverstanden bleiben muss. Ein berühmt gewordenes Beispiel ist ein Bewusstsein dessen, dass die Handlungen eines Akteurs durch seine Überzeugungen geleitet sind, auch wenn diese falsch sind.

Vernachlässigte Fragen. Die Konzentration auf diese Thematik hatte freilich einen mehrfachen Preis: Zugunsten des Wissens über Verstehen von Bewusstseinszuständen von Individuen wurde erstens die Analyse der Rolle sozialer Kognition in aktueller sozialer Interaktion kaum untersucht, sprich, es wurden praktisch alle motivationalen Faktoren ausgelassen (welche situativen und personalen Umstände führen zu welcher sozialen Kognition?). Zweitens war damit der Weg zu einer die gesamte Lebensspanne behandelnden Forschung zur Entwicklung sozialer Kognition weitgehend versperrt, denn Veränderungen der motivationalen Faktoren sind die entscheidende Quelle von gewandelter sozialer Kognition im Alter. Und drittens wurden Konzepte über die Qualität von Beziehungen zwischen Menschen nicht mehr in diesem Rahmen behandelt, obwohl sie sicher zum Thema gehören (wie beispielsweise Konzepte über Freundschaft oder Autorität und deren Entwicklung).

2 Soziale Kognition über Personen und Ereignisse

Im Folgenden werden fünf theoretische Ansätze zur Entwicklung sozialer Kognition vorgestellt. Sie sollten als unterschiedliche Akzentuierungen des gemeinsamen Grundthemas verstanden werden. Die Abfolge der Darstellung entspricht in etwa der zeitlichen Reihenfolge, in der sie über die vergangenen Jahrzehnte zuerst in den Blickpunkt gerieten.

2.1 Der Beitrag der Forschung zur Personwahrnehmung

Die Arbeiten dieses Ansatzes zeichnen sich vor allem durch einen gemeinsamen Nenner im Methodischen aus. Für das jeweilige Alter komplexe Interaktionen mit Gegenständen oder Personen werden vorgegeben, um anhand der Reaktionen (von einfachen Gliederungen des Geschehens bis zu freien Beschreibungen der Akteure) Aufschluss zu erlangen über die Rolle von psychischen Funktionen für das Verständnis, seien es eng umschriebene situative Intentionen oder relativ stabile Dispositionen.

Gliederung sozialer Interaktionen

Erstaunlicherweise gibt es zur wohl elementarsten Fragestellung wenig Forschung. Wie gliedern wir den Strom sozialer Interaktion in bedeutungshaltige Episoden? Graziano et al. (1988) ließen hierzu Kinder im Grundschulalter eine Videoszene beobachten, in denen sich ein Kind gleichen Geschlechts der Reihe nach mit verschiedenen Spielzeugen beschäftigte und hierzu auch im Zimmer umherging. Die Beobachter sollten immer dann einen Knopf drücken, „wenn Chris' mit einer Sache aufhört und eine andere beginnt". Kinder, die zusätzliche Informationen über Chris Vorlieben und Wünsche erhalten hatten, teilten die Szene in weniger und dafür längere Ereignisse ein als Kinder ohne solche Vorinformation. Dieser Unterschied liegt an der Möglichkeit, dank der Vorinformation das Verhalten von Chris verständiger zu organisieren und damit auch in komplexere Handlungssequenzen zu fassen.

Dieser Effekt war aber nur bei den untersuchten Viertklässlern gegeben, nicht bei den Zweitklässlern. Anders als man vermuten könnte, hatten die jüngeren Kinder die Episode in weniger Ereignisse eingeteilt als die älteren, so dass die höhere Expertise der älteren Kinder die Altersunterschiede nicht erklären kann. Die Auflösung liegt wohl darin, dass nur die älteren Kinder die Ereignisse in mehr, aber weniger zusammenhängende Ereignisse einteilen, wenn sie keine Vorinformation haben. Ihre entwickeltere soziale Kognition äußert sich also in der berechtigten Zurückhaltung angesichts unvollständiger Information. Der Grund hierfür liegt womöglich mehr in der größeren Vertrautheit mit solchen Geschehnissen und ihrer Mehrdeutigkeit als in

Entwicklungsunterschieden der beteiligten kognitiven Prozesse.

> **!** Ältere Kinder gliedern beobachtetes Verhalten, zu dem sie wenig Informationen haben, zurückhaltender als jüngere Kinder.

Schon Säuglinge erkennen Handlungseinheiten. Neuere Untersuchungen zeigen, dass schon bei Säuglingen zwischen sechs und zwölf Monaten eine Fähigkeit zur „Gliederung" von menschlichen Bewegungen im Raum in Handlungseinheiten vorhanden ist, die sich an solchen äußeren Merkmalen des Ablaufs orientiert, welche mit den nur für ältere zugänglichen inneren Absichten korrelieren (etwa ein Erwachsener, der in der Küche aufräumt, indem er erst die Teller aus der Spüle nimmt, um sie dann in den Schrank zu stellen). Baldwin und Baird (1999) belegen, dass ein Verständnis von solchen einfachen, situationsgebundenen Handlungszielen, etwa die Teller in den Schrank zu stellen, durch Säuglinge anhand der folgenden Merkmale des Bewegungsablaufs erfolgt:

- Änderungen von Blickrichtung und Kopfhaltung,
- Änderung der hauptsächlichen Bewegungsrichtung des Körpers,
- Beendigung bzw. Beginn des Kontakts mit einem Objekt.

Diese schon früh bestehende Fähigkeit (die Korrelation der Bewegungsstruktur mit den Intentionen liegt sozusagen in der Natur der Sache) wird als Voraussetzung gesehen, selbst neuartige, nie zuvor gesehene Handlungen Dritter schon mit 18 Monaten so nachzuahmen, dass vor allem die Handlungen betont werden, die als Ausdruck der verfolgten Absicht gelten können (Meltzoff, 1995).

Entwicklung der Personwahrnehmung. Die Charakterisierung als Personwahrnehmung ist vor allem für Ansätze eingeführt, die festzustellen erlauben, ab wann das Verhalten anderer durch ein komplexes Muster von selbstregulierten Motiven, Überzeugungen und Werten verstanden wird statt durch äußere Umstände und stereotype Gepflogenheiten. Das wichtigste Ergebnis ist, dass sich die Vorstellung von Personen und Interaktionen über die Kindheit ändern.

Zunehmende Orientierung an psychischen Vorgängen. Schon Flapan (1968) belegte einen Wandel der Orientierung von äußerlich beobachtbaren Verhaltensweisen zu inneren, psychischen Vorgängen anhand von Beschreibungen nach Filmausschnitten, in denen beispielsweise ein Kind dargestellt wird, dessen Beziehung zum Vater gespannt ist. Die Sechsjährigen unter den von ihr untersuchten Mädchen beschreiben das Geschehen überwiegend nach dem äußeren Sachverhalt und den situativen Ursachen, indem sie beispielsweise sagen, dass das Kind nicht mit anderen in der Nachbarschaft spielen darf. Im Alter von neun und erst recht mit zwölf sind zusätzlich solche Erklärungen zahlreich, die mit inneren, psychischen Umständen einer Person argumentieren (es darf nicht spielen, weil der Vater die Nachbarn nicht mag) oder Gründe in den interpersonalen Beziehungen sehen (das Kind ist traurig, weil der Vater es nicht mag).

Bei Livesley und Bromley (1973) sollten Kinder und Jugendliche im Alter zwischen sieben und sechzehn Jahren ihre Freunde und Kameraden gerade so beschreiben, wie es ihnen einfiel. Für die Jüngsten ist eine Person nach den Ergebnissen vor allem durch das ausgezeichnet, was sie besitzt und wo sie wohnt. Um die acht Jahre ergibt sich eine deutliche Veränderung. Statt der Beschreibung solcher äußerer Merkmale werden abstrakte und relativ überdauernde Charakteristika wie Werte, Überzeugungen oder Fähigkeiten wichtig, also Eigenschaften.

Differenziertere Personkonzepte. Ein zweiter Aspekt des Wandels der Personkonzepte mit steigendem Alter ist, dass die Vorstellungen nicht nur differenzierter werden, sondern auch an Organisation und Integration gewinnen. Nach Barenboim (1977) erfolgt dies zwischen 12 und 14 Jahren und ist daran zu erkennen, dass in den

Beschreibungen anderer Personen vermehrt qualifizierende Äußerungen (eine Person ist beispielsweise manchmal, nicht immer durch bestimmte Motive geleitet) auftreten, weiterhin quasi-kausale Verschränkungen zwischen individuellen Merkmalen und Situationen („er ist verlegen, wenn Mädchen dabei sind ...“), Unterscheidungen zwischen Wirklichkeit und Anschein („Sie lässt sich nicht anmerken, dass sie eigentlich ...“) oder die Rolle der Zeit („Erst über die Wochen des Zusammenseins wurde deutlich ...“) betont werden.

FAZIT

Hinsichtlich der Personkonzepte scheinen Kinder stärker am Verhalten, Jugendliche stärker an psychischen Dispositionen und deren situativer Differenzierung orientiert.

Eigenschaftsbezeichnungen. Beim Gebrauch von Eigenschaftsbezeichnungen bzw. beim Nutzen von Information über Eigenschaften muss man zwischen zwei Möglichkeiten unterscheiden: Im einfacheren Fall geht es um die Stabilität eines Verhaltens in verschiedenen Situationen und damit seine Vorhersagbarkeit aus einer Eigenschaft. Dies dürfte selbst im Kindergartenalter möglich sein. Im anderen Fall wird nach der Ursache für diese Regelmäßigkeit gefragt, ob sie nämlich in einer inneren Besonderheit der Person begründet ist, beispielsweise einem Motiv. Dies wird nach den früheren Untersuchungen erst in der späteren Kindheit möglich. Selbst hier fanden aber Heyman und Gelman (1998) nur dann einen Vorteil von Kindern im Schulalter gegenüber jüngeren, wenn aus der Information über ein Verhalten und ein Motiv (beispielsweise ein anderes Kind nass spritzen, weil man es ärgern wollte) das künftige Motiv des Akteurs in einen anderen Kontext vorhergesagt werden sollte (ob er einem anderen Kind das Gelingen oder Misslingen eines mit Mühe gemalten Bildes wünschen wird). Ein größerer Anteil der Zweitklässler als der Teilnehmer aus den Kindergärten erläutern dieses Geschehen im Sinn einer Eigenschaft. Weitere Unterschiede ergaben sich selbst bei 19-Jährigen nicht mehr.

Zunehmende Komplexität psychologischer Deutungen. Dies heißt allerdings nicht, dass die Komplexität von Deutungen der psychologischen Ursachen von Verhalten weiterhin gleich bleibt. Labouvie-Vief et al. (1989) haben im Vergleich von 10- bis 77-Jährigen gezeigt, dass die Komplexität solcher Beschreibungen über den Lebenslauf weiter bis in das mittlere Erwachsenenalter zunimmt. Während Jüngere bei der Charakterisierung eigener Gefühle (Ärger, Trauer, Furcht, Glück) auf körperliche Reaktionen („Ich weinte ...“) und floskelhafte Beschreibungen („Ich kochte ...“) abhoben, waren in den Angaben der Älteren die persönliche Bedeutung im Gegensatz zum Erleben anderer („Mir machte es nichts aus, obwohl die meisten anderen ...“) sowie die Abhängigkeit der Gefühlsqualität von Dauer und Kontext („Wäre ich allein gewesen, hätte ich meine Trauer nicht mehr beherrschen können ...“) deutlicher. Die Bewältigungsversuche älterer Menschen sind flexibler und damit auch angemessener als die jüngerer, weil Emotionen als Teil verstehbarer interpersonaler Begegnungen und nicht als isolierte Geschehnisse gesehen werden.

2.2 Perspektivenübernahme und der kognitiv-strukturtheoretische Ansatz

Der Inbegriff sozialer Kognition in dem auf Piaget gründenden kognitiv-strukturtheoretischen Ansatz ist die Perspektivenübernahme.

DEFINITION

Man spricht von **Perspektivenübernahme**, wenn es darum geht, psychische Zustände und Prozesse wie etwa das Denken, Fühlen oder Wollen einer anderen Person zu verstehen, indem die Situationsgebundenheit des Handelns (bildlich also: ihre Perspektive) erkannt und entsprechende Schlussfolgerungen gezogen werden.

Die Entwicklung der Perspektivenübernahme erfolgt nach Flavell et al. (1968) in den folgenden Schritten, die auch die Handlungen und deren Steuerung einbeziehen:

(1) Zunächst werden Unterschiede in der sozialen Perspektive als Möglichkeit erkannt, ohne im bestimmten Fall angeben zu können, welches Denken, Fühlen oder Wollen ihr entspricht.
(2) Danach wird ein Bedürfnis ausgebildet, solche Unterschiede auch zu erkunden. Soziale Perspektiven gewinnen an Attraktion.
(3) Es werden analytische Fertigkeiten und Fähigkeiten entwickelt, die das Bedürfnis in die Tat umzusetzen erlauben.
(4) Im letzten Schritt werden Fähigkeiten erworben, um das durch Perspektivenübernahme gewonnene Verstehen planvoll in der sozialen Interaktion einsetzen zu können.

Kognitive Perspektivenübernahme

Die kognitive Perspektivenübernahme betrifft das Erschließen des Denkens anderer angesichts einer Situation. Studien dazu verwenden Untersuchungsanordnungen, welche das untersuchte Kind in der einen oder anderen Form mit einem Informationsprivileg gegenüber einer anderen Person ausstatten. Geprüft wird dann, ob das Kind seine eigene Deutung eines sozialen Geschehens auch der anderen Person zuschreibt, wenn es nach deren Wissen gefragt wird, bzw. falls nicht, ob es in der Lage ist, eine plausible Beschreibung aus deren Sicht zu geben (s. auch „Unter der Lupe", S. 599).

Die wohl bekannteste Untersuchungsanordnung zur kognitiven Perspektivenübernahme wurde von Chandler und Greenspan (1972) eingeführt: Wer beispielsweise mitten in eine laufende Auseinandersetzung hineinplatzt, wird über das Geschehen und seinen Anlass anders denken, als wer von Anfang an dabei war. Für Erwachsene ist das klar, wie aber entschlüsseln Kinder eine solche Situation, von der sie mehr wissen, als der Akteur in der Geschichte? Nimmt man als Kriterium nicht nur die Möglichkeit zur Differenzierung von Perspektiven, sondern tatsächlich die interpretative Ausgestaltung der hypothetischen Auffassung des später hinzugekommenen Beobachters, so treten die wichtigsten Fortschritte erst im Grundschulalter ein. Le Mare und Rubin (1985) stellten beispielsweise fest, dass selbst im dritten Schuljahr nur etwa 20 Prozent der Kinder Aufgaben vom Typus des Informationsprivilegs in diesem Sinne bewältigten.

Vorstellung über Informationsverarbeitung. Die Variation des Alters und damit der dem Dritten zukommenden Lebenserfahrung ist ein Beispiel, wie man innerhalb des Perspektivenübernahme-Ansatzes mehr über die kognitiven Prozesse erfahren kann, die zu egozentrischen Zuschreibungen führen. Taylor et al. (1991) fragten Kinder, ob ein Dritter anhand eines Bildausschnitts errät, was dargestellt sein soll. Für viele Kinder um die vier Jahre macht es keinen Unterschied, ob ein charakteristischer (der Rüssel des Elefanten beispielsweise) oder ein uncharakteristischer Teil des ihnen vertrauten Objekts dem Gegenüber gezeigt wird, und es spielt dabei auch keine Rolle, ob es sich hierbei um einen Erwachsenen oder ein Kind handelt. Die Interpretation läuft darauf hinaus, dass in diesem Alter (anders ist es schon mit sechs Jahren) keine angemessene Vorstellung über die Informationsverarbeitung (und ihre Abhängigkeit von der Informationsvorgabe sowie dem Wissen und anderen Merkmalen der Person) vorliegt.

Emotionale Perspektivenübernahme und Empathie

> **DEFINITION**
>
> **Emotionale Perspektivenübernahme** bezeichnet das Verstehen von Emotionen aufgrund der Lage des anderen.

Zwischen dem dritten und sechsten Lebensjahr finden anscheinend die wichtigsten Entwicklungen in der Differenzierung von Emotionen und ihrer situativen Auslöser statt. Allerdings wurden

UNTER DER LUPE

Perspektivenübernahme und Informationsprivileg

Die unten abgebildete Bilderserie erzählt eine Geschichte, und zwar etwa so:
Ein Junge fährt mit seinem Roller. Da kommt ein anderer, der auch fahren will. Weil er nicht fahren darf, lässt er aus Wut die Luft aus dem Reifen. Der Junge kann nicht mehr fahren und schiebt seinen Roller traurig nach Hause.
So oder so ähnlich sind die Geschichten, die Silbereisen (1976) von Schülern des dritten Schuljahres zu dieser Bilderserie erhielt.

Abbildung 17.2. Eine der von Monika Sieveking gestalteten Bilderserien zur Erfassung der Perspektivenübernahme. Die Kinder sollten zunächst eine Geschichte zur vollständigen Bilderserie erzählen. Anschließend wird das Bild, auf dem der eine Junge etwas am Reifen macht, weggenommen. Zu dieser reduzierten Bilderserie sollen die Kinder wieder eine Geschichte erzählen, diesmal aber so, wie das jemand machen würde, der die vollständige Bilderserie nie gesehen hat (nach Silbereisen, 1976).

Anschließend wurde das für diese Geschichte entscheidende Bild (Junge manipuliert am Reifen) weggenommen, die Bilderserie wieder zusammengelegt und ein „uninformierter Dritter" vorgestellt (im Bild): „Der Mann da hat diese Bilder noch nie gesehen. Wenn Du jetzt dieser Mann wärst, was würdest Du zu diesen Bildern erzählen?"
Einige der Kinder brachten nun eine Geschichte wie die folgende: „Der Junge fährt Roller, dann fährt er über 'nen Glassplitter (!), dann kriegt er 'nen Platten rein, dann fährt der Junge nach Hause, weil er ja nicht mehr Roller fahren kann."
In diesem Beispiel wird der unterschiedliche Informationsstand nicht nur irgendwie berücksichtigt (die meisten Kinder wiederholen lediglich ihre erste Erzählversion, wenn auch mit Zeichen von Unsicherheit), sondern es wird genau jene Geschichte erzählt, die tatsächlich von anderen Kindern gebracht wurde, die nur die verkürzte Bilderserie kannten und natürlich auf den spitzen Untergrund achteten.
Aufgaben wie diese sind in ihrer Anforderung an die Informationsverarbeitung recht komplex. Nur wer, wie alle untersuchten Drittklässler, in der Lage ist, die Logik der Geschichte zu verstehen, kann seine womöglich längst ausgebildete prinzipielle Befähigung zur Differenzierung von sozialen Perspektiven auch wirklich zur Geltung bringen.

zumeist nur elementare Gefühle (wie Trauer, Angst, Freude oder Ärger) anhand stilisierter Darstellungen ihres (Gesichts-)Ausdrucks untersucht, wobei hierzu Geschichten über die Anlässe oder Folgen von Kindern in Vorschulalter zugeordnet oder selbst gestaltet werden sollten. Russell (1990) fand beispielsweise, dass Fünfjährige Anlässe für Emotionen plausibler formulieren konnten als Vierjährige, während bei Folgen kein Unterschied bestand.

Empathie. Emotionale Perspektivenübernahme, bei der Gefühle anderer gedanklich erschlossen werden, darf nicht mit Empathie verwechselt werden. Letztere betrifft den Sachverhalt, dass die eigene Gefühlslage der des Gegenüber entspricht (die vertraute Situation im Kino: die wahrgenommene Traurigkeit anderer führt unwillkürlich dazu, dass uns selbst traurig zumute ist). Bischof-Köhler (1989) trifft hier eine interessante Unterscheidung. Dem andern analoge Gefühlslagen können nämlich entweder durch Wahrnehmung von Ausdrucksmerkmalen in Art eines Angeborenen Auslösenden Mechanismus direkt induziert werden („Gefühlsansteckung") oder das Ergebnis identifikatorischen Mitvollzugs, etwa des Missgeschicks eines anderen, sein.

Empathie ist die Grundlage für zwei weitere Reaktionen (Batson, 1987):

- ein auf das Gegenüber gerichtetes Mitgefühl für dessen missliche Lage ("sympathy");
- ein auf das Selbst bezogenes, unangenehmes und aversives Gefühl des Betroffenseins ("personal distress").

Diese beiden zusätzlichen Aspekte, die in der Forschung zum prosozialen Verhalten viel beachtet werden (Helfen aus Sympathie ist offensichtlich altruistischer als Helfen um des eigenen Sich-besser-Fühlens wegen), lassen sich anhand des Gesichtsausdrucks (Eisenberg et al., 1988) in einer entsprechenden Situation und mittels Fragebögen (Davis, 1983) erfassen und unterscheiden. Empathie, Sympathie und Distress sind bereits sehr früh ausgebildet und scheinen keiner weiteren Entwicklung zu unterliegen.

2.3 Perspektivenkoordination und der symbolisch-interaktionistische Ansatz

Perspektiven- und Verhaltenskoordination setzen das Verständnis der eigenen Rolle und der Rolle des Gegenübers (d.h. der Erwartungen über das jeweilige zukünftige Verhalten) voraus. Dieses wechselseitige Verständnis wird schrittweise in der sozialen Interaktion aufgebaut und ausgehandelt und kann folglich ohne Berücksichtigung des Interaktionskontexts nicht untersucht werden.

Methodologische Forderungen

Die Bedeutung des symbolisch-interaktionistischen Ansatzes betrifft bislang weniger die entwicklungspsychologische Konstruktbildung über soziale Kognition, denn die Durchsetzung zweier methodologischer Forderungen.

Reale Interaktionskontexte. Die erste betrifft die Betonung realer Interaktionskontexte. Dafür ist die frühe Untersuchung von DeVries (1970) ein gutes Beispiel. Dort ging es um die Entwicklung von Strategien zum Unterlaufen der Absichten eines Interaktionspartners in Ratespielen (der Gegenüber soll beispielsweise immer wieder raten, in welcher Hand eine Münze versteckt ist). Auf dem obersten des von etwa der Hälfte der Sechsjährigen erreichten Strategieniveaus tarnt ein Kind seine Absichten, indem es die Vorhersagbarkeit seines Verhaltens durch unregelmäßige und wechselnde Strategien reduziert, dabei wohl in Rechnung stellend, dass auch der Gegner ähnliche Taktiken entwickelt (also etwa den Ort der Münze wiederholt nicht ändert).

Faktische Perspektivenkoordination. Die Koordination sozialer Perspektiven zwischen Individuen zu untersuchen statt ihrer bloßen Differenzierung wie bei der Perspektivenübernahme, ist die zweite methodologische Forderung. Hier ist vor allem der Ansatz von Selman (1980) zu nennen. Kindern und Jugendlichen werden Geschichten vorgelegt, in denen sich die Perspektiven als Konflikte zwischen Handlungszielen und Handlungswegen zweier Partner darstellen. Beispielsweise ist die Katze eines kleinen Mädchens auf einen Baum geklettert und traut sich nicht mehr herunter. Das Mädchen ist zwar gut im Klettern, ihr Vater hat es ihr aber verboten. Von der Katze hat er natürlich nichts gewusst. „Was soll das Mädchen tun?“ ist die Frage. Die Antworten auf Geschichten wie diese lassen sich in den folgenden Stufen einer Entwicklungssequenz abbilden:

(1) Zwischen vier und neun Jahren wird zunächst die Subjektivität von Perspektiven bewusst. (Menschen denken unterschiedlich, weil sie sich in unterschiedlichen Situationen befinden.)
(2) Zwischen sechs und zwölf Jahren folgt ein reflexives Verständnis der Subjektivität. (Das eigene Handeln kann aus der Perspektive eines anderen reflektiert und umgekehrt dessen Reaktion auf eigenes Handeln antizipiert werden.)
(3) Wechselseitige Perspektivenkoordination zwischen 9 und 15 Jahren bedeutet zu erkennen, dass beide Seiten die Perspektive des jeweils anderen gleichzeitig berücksichtigen können. (Jeder kann sich an die Stelle des anderen oder eines unabhängigen Dritten versetzen und sich selbst von dort aus betrachten, bevor er sich für ein bestimmtes Handeln entscheidet.)
(4) Auf der letzten Stufe, frühestens ab etwa 12 Jahren, gelingt es, die Perspektive sozialer Bezugsgruppen zu übernehmen. Erst die Einbeziehung der Perspektive des sozialen Systems und seiner Normen erlaubt ein angemessenes Verstehen und Kommunizieren.

Kommen Kinder der Werbung auf die Schliche?

Paget et al. (1984) untersuchten das Verständnis von Werbespots im Fernsehen, die sich ausdrücklich an Kinder und Jugendliche richten. Beispielsweise ging es in einem darum, dass ein jüngeres Kind seine doch so gesunden Cornflakes nicht essen will. Der ältere Bruder, selbst um die zehn Jahre alt, hilft nach, indem er das Ganze als ein Geschäft umstrukturiert. Isst der jüngere die Cornflakes, darf er den Baseballhandschuh nehmen. In der Auswertung wird das Verständnis der Szene geprüft, und zwar unter dem Aspekt der Perspektivenkoordination im Entschlüsseln der Situation. Hierbei wird unterschieden, ob der Betrachter nur vom Verhalten der Akteure berichtet, auf deren Denken eingeht oder die Geschichte sogar so versteht, dass er („Denken über Denken über Denken ...“, vgl. Miller et al., 1970) das Denken der Akteure als seinerseits durch soziale Kognition bestimmt erfasst. In dieser Art wurden Erklärungen von Kindern im Vorschulalter, in den Schulstufen 3 und 6 sowie von Studenten ausgewertet, und zwar sowohl direkt bezogen auf die dargestellte Szene („Was dachten die Kinder ...?“) als auch auf die Absichten der Werbefilmer („Warum hilft dieser Spot beim Verkauf von Cornflakes?“). Während im Kindergartenalter praktisch keinerlei Verständnis möglich war, können Dritt- bzw. Sechstklässler plausibel darstellen, was die Akteure beabsichtigen, allerdings ohne deren tatsächliche Strategien (den eigentlichen „Trick“ also) erklären zu können. Dies gilt auch für die Intentionen der Fernsehmacher: Dass sie den Verkauf fördern wollen ist klar, ebenso dass der kleine Junge den Baseballhandschuh will – die Verknüpfung indessen, also die Koordination von Perspektiven, gelingt erst später.

2.4 Handlungserklärungen und der attributionstheoretische Ansatz

Kovariationsprinzip. Nach Kelley (1973) wird die Ursache für ein beobachtetes Verhalten jener (internalen bzw. externalen) Bedingung zugeschrieben, mit der es über die Zeit gemeinsam variiert. Hierfür werden drei Merkmale unterschieden, nämlich Herausgehobenheit, Konsens und Konsistenz des Verhaltens. Beispielsweise muss das freundliche Verhalten der Person A gegenüber der Person X an den Qualitäten von X liegen (statt am freundlichen Wesen von A),

- wenn A sich gegenüber anderen Personen weniger freundlich verhält (Herausgehobenheit),
- wenn sich auch andere Menschen gegenüber X freundlich verhalten (Konsens) und
- wenn A sich bei anderen Gelegenheiten gegenüber X auch anders verhalten hat (Konsistenz, hier niedrig).

UNTER DER LUPE

Warum hat Anne die Lösung nicht gefunden?

Schuster et al. (1998) gaben Kindern ab dem Kindergartenalter den folgenden Typ von Geschehen vor, jeweils mit Bildern illustriert: Anne spielt mit einem „Spiel", sie schafft es nicht (Verhaltensergebnis). Als sie es früher spielte, gelang es ihr auch nicht (hohe Konsistenz; liegt also nicht an den Umständen). Ihre Freunde spielen es auch und schaffen es (hoher Konsens; verweist auf die Person als Ursache). Anne versucht es mit ähnlichen Spielen und schafft diese auch nicht (niedrige Herausgehobenheit; legt keine Zuschreibung des Ergebnisses auf die Aufgabe nahe).
In der Untersuchung werden verschiedene Kombinationen in balancierter Anordnung vorgegeben, nämlich keine Information über die Kovariation, eine auf die Person verweisende Konstellation wie im gerade genannten Beispiel, eine auf die Anforderung als Ursache verweisende sowie eine Konstellation, bei der beide Bedingungen zugleich bedeutsam sind. Nach jedem Durchgang wurden die Teilnehmer kindgerecht gefragt, welche Ursache in Frage kommt – die Person, die Anforderung der Aufgabe, die Umstände oder Person und Anforderung zugleich.
Aus Abbildung 17.3 ist ersichtlich, dass Kindergartenkinder bei ihren Antworten noch keinen Unterschied machten zwischen Zuschreibungen zur Person bzw. Anforderung, wenn die Vorgaben bei Anwendung des Kovariationsprinzips die Person (a) oder die Anforderung (b) als Ursache zu benennen verlangen, wohl aber gelingt dies im höheren Alter (wenn auch die Personzuschreibung leichter fällt). Weitere Auswertungen zeigten, dass erst Collegestudierende bei gleichzeitiger Variation beider Bedingungen das Kovariationsprinzip richtig anwandten.

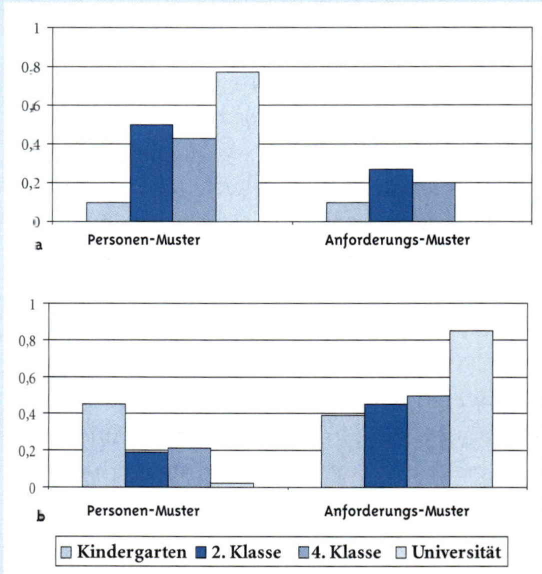

Abbildung 17.3a. Die Abbildung zeigt den durchschnittlichen Anteil von Zuschreibungen zur Person bei der Vorgabe von Informationen nach dem Person- bzw. Anforderungs-Muster.
Abbildung 17.3b. Die Abbildung zeigt das Gleiche, aber für die Zuschreibung zur Anforderung (verändert nach Schuster et al., 1998).

Abwertungsprinzip. Wenn es um die Erklärung von Verhalten geht, wird aber in der Regel mehr als eine Ursache in Frage kommen. Hier argumentiert Kelley (1973) mit der Wirksamkeit so genannter Kausalschemata bzw. daraus abgeleiteter Attributionsprinzipien.

> **DEFINITION**
>
> Das **Abwertungsprinzip** besagt, dass die angenommene Bedeutung einer bestimmten Ursache für einen Handlungseffekt sinkt, wenn noch weitere Ursachen angenommen werden können.

Karniol und Ross (1976) erzählten Kindern Geschichten, anhand derer sie entscheiden sollten, welches von zwei Kindern wirklich an einem bestimmten Spiel interessiert war – das eine, das ohne äußeren Anstoß spielte, oder das andere, das von der Mutter dafür belohnt wurde (womit es zu den möglichen inneren Ursachen noch den äußeren Anstoß gibt).

Wer das Abwertungsprinzip anwendet, für den wäre die Belohnung der Mutter der eigentliche Grund für das Spielen, denn über die internale Ursache weiß man vergleichsweise wenig, während die externale umso deutlicher herausgestellt ist. Dies erfolgt ab acht Jahren. Bei den Attributionen von Kindern im Vorschulalter hingegen kommen beide Ursachen zusammen (so genanntes Halo-Prinzip): Das belohnte Kind wollte ohnehin (!) schon von sich aus spielen, die Belohnung hat diesen Wunsch nur verstärkt.

Aufwertungsprinzip. Ein weiteres heuristisches Schema wird als Aufwertungsprinzip bezeichnet.

> **DEFINITION**
>
> Das **Aufwertungsprinzip** besagt, dass in einer Situation, in der ein hemmender ebenso wie ein förderlicher Faktor für ein Verhalten zugleich vorliegen, der förderliche Einfluss höher angesetzt wird, als wenn er allein aufgetreten wäre (Kelley, 1973).

Wird von jemand gesagt, dass er seiner großen Freundlichkeit wegen in der Bekanntschaft beliebt ist, obwohl er sich gemeinsame Unternehmungen nur selten leisten kann, so spielt in der Kausalattribution die Freundlichkeit eine größere Rolle, als wenn es bei der Beliebtheit nur um sie als mögliche Ursache gegangen wäre. Wie Kassin und Pryor (1985) in ihrer Übersicht zur Entwicklung von Attributionsprozessen berichten, scheint das Aufwertungsprinzip allerdings erst ab dem Jugendalter angewendet zu werden.

2.5 Soziale Kognition in wissenspsychologischen Ansätzen – Theory of Mind

Unter dieser Überschrift werden zwei verschiedene Forschungsrichtungen vorgestellt, denen gemein ist, dass sie auf Wissen und dessen Organisation abheben, sich also weniger als die anderen Ansätze mit den Prozessen des Verstehens und schon gar nicht mit der Motivation hierzu befassen.

Repräsentation von Ereignissen und Handlungssequenzen

Mentale Repräsentationen von Ereignissen in Art von Skripts helfen, die Interaktion mit anderen ohne aktuelle Anstrengung sozialer Kognition in Gang zu halten. Im Prinzip handelt es sich um die Repräsentation jener Abfolge einzelner Handlungen, die routinemäßig zu einem bestimmten Ziel führen, etwa dazu, ein Essen im Restaurant zu bekommen. In einem Skript sind die hauptsächlichen Rollen und Requisiten („Leerstellen" für situative Besonderheiten eingeschlossen) angegeben; jede Person, die über das gleiche Skript verfügt, kann sich dann „den Rest denken" (Nelson, 1986). Die Verhaltenssicherheit dank der in Skripts gefassten kulturellen Selbstverständlichkeit schafft Entlastung für jene vergleichsweise selteneren Fälle, in denen es wirklich auf die Analyse einer Situation beispielsweise durch Perspektivenkoordination ankommt.

Nelson und Gruendel (1979) fragten Kinder zwischen drei und acht Jahren, „Was passiert, wenn du Geburtstag feierst?“ Das wichtigste Ergebnis ist, dass schon das soziale Wissen Dreijähriger als Skript organisiert ist: Die Kinder erzählen generalisierte Erwartungen (nicht etwa ein konkretes Ereignis), die Handlungsabfolge ist nach Raum und Zeit organisiert und im Einklang mit den sozialen Konventionen. Die qualitativen Veränderungen sind natürlich beträchtlich. Während sich für eine Dreijährige das Geburtstagsfest auf „erst einen Kuchen backen und ihn dann essen“ konzentriert, kommt bei den älteren Kindern vor allem der soziale Aspekt (Gäste einladen, gemeinsame Spiele) zur Geltung. Die Handlungsfolgen werden länger und ihre Verknüpfungen komplexer.

> **!** Schon das soziale Wissen Dreijähriger ist als Skript organisiert.

Interpersonelle Problemlösefähigkeiten. Shure und Spivak (1978) haben die Flexibilität und Situationsspezifität von Wissen unter der Bezeichnung interpersonelle Problemlösefähigkeiten untersucht. Im Prinzip geht es darum, für alltägliche Interaktionsprobleme mehrere alternative Lösungen zu benennen, alternative Folgen anzugeben oder entsprechend komplexere und weitreichendere Handlungsfolgen zu überlegen.

Den Kindern und Jugendlichen werden Geschichten mit der Schilderung schwieriger sozialer Situationen vorgegeben, wobei nur Anfang und Ende festliegen. Erzählt werden soll dann beispielsweise, „wie es dazu kam, dass ...“. Ford (1982) fand bei solchen Aufgaben noch im Vergleich von Schülern der Klassenstufen 9 und 12 Unterschiede in der Zahl und Stimmigkeit berichteter Handlungspläne.

Theory of Mind

Eine Forschungsrichtung hat in den letzten Jahren viel von sich reden gemacht, die sich mit den Anfängen der Entwicklung einer naiven Theorie mentaler Repräsentation beschäftigt ("theory of mind"; Astington et al., 1988). Für Erwachsene ist dies eine einfache Sache: Unsere Annahmen über Realität müssen zwar mit den wirklichen Verhältnissen nicht übereinstimmen, sind aber dennoch die Leitschnur unseres Handelns. Dies im Prinzip zu wissen und im Alltag auch umzusetzen, gelingt kleinen Kindern noch nicht. Auch sie sehen sich und andere zwar schon früh geleitet durch innere Prozesse, Bedürfnisse, Denken, Absichten, die sich im Handeln manifestieren. Dieses Wissen ist auch ansatzweise so organisiert, dass es Vorhersagen erlaubt, die das eigene Handeln leiten. Doch erfährt die naive Theorie über Bewusstseinszustände im Vorschulalter eine bedeutsame Erweiterung. Den Kindern wird nämlich zunehmend vertraut, dass unser Wissen falsch sein, die mentale Repräsentation eines Geschehens von der Realität abweichen kann, dass somit Überzeugungen falsch und dennoch handlungsleitend sein können.

> **!** Kinder erkennen erst allmählich, dass auch falsche Überzeugungen handlungsleitend sein können.

Dieser Aspekt der Theory of Mind hat in der von Wimmer und Perner (1983) eingeführten Geschichte von Maxi seine paradigmatische Testaufgabe gefunden. Kindern wird von Maxi erzählt, der glaubt, dass eine Tafel Schokolade immer noch dort ist, wo er sie hingelegt hat. Die Mutter hat jedoch – was zwar nicht Maxi, wohl aber die untersuchten Kinder erfahren – in seiner Abwesenheit einen anderen Platz dafür gefunden. Die Frage ist, ob die Kinder ungeachtet ihres Wissens um die wahren Verhältnisse Maxis Verhalten antizipieren können, wenn er beispielsweise schummeln will und seinem Bruder den falschen (da er im Irrtum ist, faktisch aber den zutreffenden) Platz der Schokolade nennt. Während im Alter von drei bis vier Jahren keines der Kinder hierzu in der Lage war, sind es etwa die Hälfte zwischen vier und sechs Jahren, sowie an die 90 Prozent zwischen sechs und neun Jahren.

Moses und Flavell (1990) kommen zu dem Schluss, dass dreijährigen Kindern die Grundvoraussetzung des Weltbilds Erwachsener fehle, nämlich die Annahme, dass ein und derselbe Sachverhalt in unterschiedlicher, auch widersprechender Weise mental repräsentiert sein kann. Diese Kinder können sich nicht vorstellen, dass man Überzeugungen hegt, die falsch sind, geschweige denn, dass man ihnen entsprechend handelt (Flavell et al., 1990). Letzteres aber ist für eine entwickelte naive Wissenstheorie entscheidend.

UNTER DER LUPE

Können Dreijährige andere täuschen?

Stellt das von Moses und Flavell (1990) und vielen anderen berichtete Alter von knapp vier Jahren tatsächlich so etwas wie die Wasserscheide der naiven Theorie über mentale Repräsentationen dar oder sind Kinder zu Beginn des dritten Lebensjahres hierzu ebenfalls fähig, wenn man nur nicht zu viel von ihnen verlangt? Hala et al. (1991) glauben, dass sämtliche Untersuchungsanordnungen des von Wimmer und Perner (1983) eingeführten Typs unnötig schwierig sind. Das Wissen der Kinder um den wirklichen Ort der Schokolade überdecke ihr noch unsicheres Denken über falsche Überzeugungen anderer.

Hala et al. beobachten stattdessen Kinder, denen Gelegenheit gegeben ist, andere zu täuschen. Eine Puppe „Toni" versteckt beispielsweise einen Schatz in einer bestimmten Truhe, hinterlässt dabei aber Fußspuren, welche offensichtlich machen, wo ein Dritter suchen wird, der den Schatz finden soll. Aufgefordert, genau dies so schwer als möglich zu machen, verwenden die Kinder spontan Täuschungsstrategien, deren wesentliches Element das Legen falscher oder das Löschen existierender Spuren mit einem Schwamm ist (der Schwamm war zuvor beiläufig zum Abwischen von Spuren eingeführt worden, freilich nicht im Kontext von Täuschungsversuchen).

Anschließend wurden die Kinder gefragt, wohin jemand schaut, der hinzukommt und den Schatz sucht. Ob drei, dreieinhalb oder vier Jahre, praktisch alle verwandten die eine oder andere Täuschung, und selbst unter den gerade Dreijährigen gaben sieben von zehn die angemessene Antwort: Sie verwiesen auf die Truhe, zu der die (falsch gelegten) Spuren führten, statt ihr eigenes Wissen dem Dritten zu attribuieren. An diesem Befund ließ sich auch dann nicht rütteln, wenn nicht nur danach gefragt wurde, wohin die hinzugekommene Person schaut, sondern auch, was sie glaubt, wo der Schatz ist. Die Kinder sagen also nicht lediglich wahrscheinliche Verhaltensweisen vorher, sondern verstehen, dass sie einen falschen Glauben provoziert haben (sie selbst wissen genau, wie es wirklich ist). Die gleichen Dreijährigen waren übrigens in einer Aufgabe nach Wimmer und Perner (1983) recht hilflos und attribuierten dem Dritten ihr eigenes Wissen.

Entwickelte oder angeborene Fähigkeit? Diese Ergebnisse zeigen Dreijährige als weitaus kompetenter als viele andere Studien. Dies wirft eine theoretisch grundlegende Frage auf: handelt es sich überhaupt um eine wichtige Entwicklung im Vorschulalter um die vier Jahre oder sind solche Belege früher Kompetenz eigentlich ein Hinweis auf angeborene Fähigkeiten im Sinne einer „nativistischen" Konzeption von Entwicklung? Hierauf gibt es seit der Metaanalyse von Wellman et al. (2001) eine überzeugende Antwort. Sie werteten rund 200 Untersuchungen aus und fanden einen klaren Alterstrend, der vor allem weitgehend unbeeinflusst war von solchen Bedingungen, die oft als unnötige Schwierigkeiten der Untersuchungsanordnungen bezeichnet wurden. Für diesen Alterstrend verantwortlich sind wachsende Erfahrungen mit unterschiedlichen sozialen Sachverhalten, die natürlich ihrerseits auf anderen Voraussetzungen aufbauen, seien es angeborene kognitive Module oder weitere Kompetenzen, etwa sprachlicher Art (vgl. Flavell, 2000).

Während der Umgang mit falschen Überzeugungen zum Prüfstein für fortgeschrittenere Aspekte der Theory of Mind wurde, also für den Repräsentationscharakter von Bewusstseinszuständen, galten andere Untersuchungsansätze dem Wissen über die Anlässe der Bewusstseinszustände selbst. Hierfür sind Untersuchungen bezeichnend, denen es darum geht festzustellen, wie sich Kinder das Verhältnis dieses inneren Zustands zum äußeren Verhalten vorstellen.

Wünsche. Bedürfnisse wie Wünsche werden sprachlich recht früh geäußert und in einer Weise erfasst, die sie klar darüber werden lässt, dass man sich zu bestimmten Dingen hingezogen fühlen kann und diese Dinge dann auch unbedingt erlangen will (im Kontrast zu Dingen, die man schon hat). Bartsch und Wellmann (1995) stellten fest, dass bereits Zweijährige verstehen, dass unterschiedliche Personen unterschiedliche Wünsche haben können, dass ein und dieselbe Sache für unterschiedliche Personen unterschiedlich wünschenswert sein kann und dass Wünsche Handlungen zwar motivieren, mit Handlungen aber nicht gleichzusetzen sind. Wünsche werden damit nicht mehr unmittelbar mit begehrenswerten Sachverhalten verbunden, sondern als die subjektive Beziehung einer Person zu einer Sache verstanden. Flavell et al. (1992) berichten, dass bereits dreijährige Kinder durchaus Situationen akzeptieren, in denen sich beispielsweise Erwachsene Kaffee sehnlichst wünschten, während die Kinder sich davor ekelten. Wünsche als subjektive Personen-Sach-Relationen scheinen für die jungen Kinder allerdings eher mit den Gefühlen einer Person als mit ihren mentalen Aktivitäten verbunden zu sein. Im frühen Vorschulalter stellen sich von daher Wünsche als Gefühlsrepräsentationen dar, wobei erfüllte Wünsche mit fröhlichen und unerfüllte mit traurigen Emotionen assoziiert werden (Stein & Levine, 1989).

Handlungsintentionen. Die Entwicklung des intentionalen Verständnisses von Handlungsabläufen ist grundlegend für die Sozialentwicklung. Da Handlungen allerdings relativ beliebige Absichten verfolgen können und diese Variabilität mit dem Verallgemeinerungsgrad der Handlung noch zunimmt, ist die korrekte Erfassung der Handlungsintention einer Person ein zentrales Thema in der sozial-kognitiven Entwicklung des Kindes bis ins Schulalter. Flavell et al. (1993) kommen zu dem Schluss, dass junge Kinder durchaus intendierte Verhaltensweisen von einem zufällig oder auch fälschlich entstandenen Verhalten unterscheiden. Sie begreifen beispielsweise, dass Versprecher in einem vorgetragenen Reim nicht beabsichtigt sind. Es braucht aber einige Zeit, um zu verstehen, dass die Intention einer Handlung mit einem Handlungsergebnis im Zusammenhang steht, auch wenn das beabsichtigte Ergebnis nicht immer erreicht wird. Wenn man – wie beispielsweise Astington (1993) – jungen Vorschulkindern zwei Geschichten mit gleichem Ausgang erzählt (z.B. Tauben picken Brot), der das eine Mal beabsichtigt war (ein Mädchen hatte ihnen das Brot gegeben), das andere Mal sich aber zufällig ergeben hatte (einem Mädchen war das Brot aus der Hand gefallen), würden Dreijährige eine Frage wie „Welches der Mädchen wollte die Tauben füttern?" nur recht beliebig beantworten. Bartsch und Wellman (1995) begründen diese Konfusion damit, dass junge Kinder Intentionen mit ihren eigenen Wünschen gleichsetzen und folglich das Ergebnis einer Handlung auch als intendiert ansehen, wenn es den Wunschvorstellungen des Kindes entspricht (im obigen Beispiel wäre deshalb kein Unterschied, da in beiden Fällen die Tauben gefüttert wurden und dies mutmaßlich den kindlichen Wünschen entspricht).

> **!** Junge Kinder halten die Handlungen Dritter für intendiert, wenn sie ihren eigenen Wünschen entsprechen.

Herkunft von Wissen. Die Untersuchungen zu falschen Überzeugungen setzen bei ihrer Deutung voraus, dass Kinder Wissen so auffassen, wie wir als Erwachsene das gewohnt sind. Ist das so? – Wissen Kinder, dass man nur wirklich etwas wissen kann, wenn man auch die Informationen dafür erhalten und verarbeitet hat? O'Neill (1996) hat zeigen können, dass bereits zweijährige Kinder Hilfe in einer Notlage (ein Spielzeug geriet unzugänglich für das Kind in ein Behältnis) viel ausführlicher und mit mehr Details von ihren Eltern erbaten, wenn diese während des Geschehens die Augen geschlossen oder den Raum kurzzeitig verlassen hatten, als wenn sie alles gesehen hatten. Die Kinder nutzen die erweiterte Kommunikation vor allem dazu, die Informationsdefizite der Eltern zu kompensieren und die elterliche Hilfe erfolgreich in Anspruch nehmen zu können.

Was aber wissen Kinder tatsächlich über die Herkunft von Wissen? Wimmer et al. (1988) ließen drei- bis fünfjährige Kinder ihre Kenntnisse über eine Schachtel bestätigen, dessen Inhalt sie selbst oder ein anderes Kind entweder gesehen oder erzählt bekommen hatten (Weißt du, was in der Schachtel ist? Woher weißt du das? Weiß der andere, was in der Schachtel ist? Woher weiß er das?). Keines der Kinder hatte Schwierigkeiten, Fragen nach dem eigenen Wissen und seiner Herkunft zu beantworten (Ich weiß, was in der Schachtel ist, weil ich hineingeschaut habe). Sie begriffen auch, mehr zu wissen als der andere, der noch nicht in die Schachtel geschaut hatte. Wenn der andere jedoch vor ihnen in die Schachtel geschaut hatte, wollten jüngere Kinder kaum zugeben, dass der den Inhalt nun kennen würde. Überraschenderweise bestätigten sie dies auch dann nicht, wenn sie mit dem anderen Kind gemeinsam in die Schachtel geschaut hatten. Wimmer et al. (1988) kamen deshalb zu dem Schluss, dass drei- bis vierjährige Kinder die Kenntnisse anderer nicht deshalb falsch einschätzen, weil sie egozentrisch sind (Wenn ich es nicht weiß, wie soll es dann ein anderer wissen?), sondern weil ihnen das Verständnis darüber fehlt, dass ein bestimmter Informationszugang Wissen erst verursacht. Die jüngeren Kinder verstanden zwar, dass In-die-Schachtel-Schauen mit Wissenserwerb verbunden ist, verstanden diesen Zusammenhang aber nicht als ursächliche Beziehung und begriffen deshalb auch nicht, dass ein anderes Kind ein auf der gleichen Informationsquelle basierendes Wissen entwickeln kann.

Wissen über Erinnern und Vergessen. Spätere Studien haben weitere Details des Zusammenhangs von Wissen und Informationszugang untersucht. So berichteten Taylor et al. (1994), dass jüngere Vorschulkinder den Erwerb ihres Wissens zeitlich nicht gut einordnen konnten; sie schätzten sowohl Altbekanntes als auch gerade erst Erlerntes als gleichwertig vertraute Informationen ein, was unter anderem daran liegt, dass sie Lernen noch nicht als Erwerb von zuvor unbekanntem Wissen begreifen. Immerhin aber entwickelten sie ein Verständnis dafür, dass Wissen erinnert, aber auch vergessen werden kann (Lyon & Flavell, 1994). Je jünger die Kinder jedoch waren, desto unsicherer schienen sie über die Art des Informationszugangs ihres Wissens zu sein. In einem Experiment von Lyon (1994) sahen dreijährige Kinder, dass eine Puppe entweder in eine Schachtel hinein geschaut, sich dann aber abrupt abgewendet hatte, oder aber sich der Schachtel nur genähert hatte. Bei letzterem meinten diese Kinder eher, dass die Puppe den Inhalt kennt – im Gegensatz zu Vierjährigen zählt also der Wunsch mehr als der tatsächliche wahrnehmungsmäßige Zugang.

Wissen über unterschiedliche Verarbeitungskapazität. Diese falschen Vorstellungen darüber, wie man bestimmte Kenntnisse erwirbt, verlieren sich mit zunehmenden Alter. Weit schwieriger ist dagegen zu verstehen, dass sich unterschiedliche Menschen auch sehr verschiedenes Wissen bei gleicher Informationsquelle aneignen können; nämlich in Abhängigkeit vom Grad der Mehrdeutigkeit einer Information sowie der individuellen Informationsaufnahmekapazität und Kompetenz. In Montgomerys (1993) Untersuchung sollten vier- bis achtjährige Kinder beurteilen, ob die Information eines sechsjährigen Kindes an eine Erwachsene und ein vorsprachliches Kleinkind (alle dargestellt durch Puppen) über den Verbleib eines Objektes in einem Schrank mit mehreren Schubladen zu korrektem Wissen führt. Diese Informationen waren entweder eindeutig oder mehrdeutig (sind mehrere Schubladen weiß, ist nur die Farbe anzugeben, mehrdeutig). Die beurteilenden Kinder hatten große Schwierigkeiten zu sehen, dass ein Baby selbst bei klarer Information nicht das gleiche Wissen hat wie ein Erwachsener. Dessen ungeachtet waren sie wohl in der Lage zu erkennen, dass eine uneindeutige Information nicht klar macht, wo das Objekt ist. Was aber nicht gelang, war der Schluss, dass in Abhängigkeit von der Verarbeitungskapazität (hier Erwachsener versus Baby) selbst an sich eindeutige Informationen kein Wissen erzeugen. Bei weitaus einfacheren Untersuchungsanforderungen ließen jedoch zumindest ältere Kinder (achtjährige) erkennen, dass sie den Erwerb von Wissen mit einer subjektiven Verarbeitungsleistung verbinden und ihn nicht nur auf den Informationszugang beziehen (Pillow, 1991).

Wissen über Denken. Wie steht es mit dem Denken? Kinder begreifen relativ früh, dass geistige Aktivitäten „im Kopf" ablaufen (Johnson & Wellman, 1982). Da Denken aber an kein beobachtbares Verhalten verlässlich gebunden ist, kann ein Vorschulkind einerseits kaum begreifen, dass eine Person, die ruhig sitzt, sich etwas anhört, liest oder mit jemanden spricht, dabei auch noch denkt. Andererseits hat es Schwierigkeiten sich vorzustellen, dass Denken die Aufmerksamkeit voll beanspruchen kann. In der Untersuchung von Flavell et al. (1995) beobachteten vier- bis achtjährige Kinder eine erwachsene Person, die vor ihnen konzentriert etwas auswählen und entscheiden sollte (z.B. ob sich in einem Haufen Knöpfe einer befindet, der dem an einem Hemd verlorenen ähnelt). Sie wurden dann gefragt, an was die Person denkt, an den fehlenden Knopf (die Aufgabe) oder an ihre Hand, die ihn hält. Für die Vierjährigen war es schwierig zu begreifen, dass diese Person vor allem auf die Aufgabe orientiert war und keine weiteren, davon unabhängigen und weniger wichtigen Überlegungen oder Entscheidungen zeitgleich treffen konnte. Um im frühen Vorschulalter zu verstehen, dass eine andere Person fokussiert denkt, müssen die Hinweise darauf offensichtlich sehr deutlich sein und deshalb meistens direkt gegeben werden.

Damit ist die Diskussion theoretischer Ansätze und beispielhafter Befunde zur sozialen Kognition über Personen und Ereignisse abgeschlossen. Die im Folgenden zusammengestellten Arbeiten befassen sich im weiteren Sinn mit dem Denken über soziale Beziehungen.

3 Soziale Kognition und soziale Interaktion

Soziale Interaktion schafft einerseits die notwendigen Voraussetzungen für die Entwicklung sozialen Wissens und Verstehens; andererseits ist soziales Wissen und Verstehen an der Entwicklung sozialer Interaktion hin zu komplexeren Beziehungen beteiligt. Beide Aspekte sind miteinander verschränkt. Der jeweilige Entwicklungsstand sozialer Kognition bestimmt mit, welche Erfahrungen im sozialen Handeln gemacht werden, und diese wiederum sind Voraussetzungen weiterer Entwicklungen: Erst wenn beispielsweise die Familie des Freundes in eine andere Stadt zieht, erkennt ein Kind, ob die Trennung über Raum und Zeit mit seinem Begriff von Freundschaft vereinbar ist. Weitet es daraufhin sein Freundschaftskonzept aus, ist dies wiederum die Grundlage, alte Freunde zu halten und ganz neue Freunde zu gewinnen.

3.1 Erfahrungen aus sozialer Interaktion

Von einer einigermaßen umfassenden Erforschung der sozialen Entwicklungsbedingungen sozialer Kognition kann bis heute keine Rede sein, obwohl gerade in den letzten Jahren eine verstärkte Forschungsaktivität zu verzeichnen ist. Dass die Lebenslage (etwa ausgedrückt als soziale Schicht) und damit die Erfahrungsmöglichkeiten bedeutsam sind, steht außer Frage, doch geht es um die tatsächlich wirksamen Mechanismen (Cutting & Dunn, 1999).

Elterliches Vorbild. Eine schier selbstverständliche Voraussetzung für die Förderung sozialer Kognition, jedenfalls jenseits der frühesten Kindheit, ist das elterliche Vorbild. Wie Fabes et al. (1990) am Beispiel von Rollenübernahme und Sympathie im Grundschulalter zeigten, lassen in dieser Hinsicht sensible Mütter ihre Kinder die Vorzüge sozialen Verständnisses am eigenen Leib spüren, und sind darüber hinaus Modell hinsichtlich des Wann und Wie sozialer Kognition im Alltag. Die gleiche Studie zeigte auch, dass Besorgtheit der Mütter um ihr eigenes Wohl, in ansonsten zu Mitgefühl herausfordernden Situationen, für die Aufgeschlossenheit ihrer Kinder gegenüber anderen abträglich ist. Sind Mütter selbst emotional belastet, etwa während schwieriger Phasen der Adoleszenz ihrer Kinder, so sinkt ihre Bereitwilligkeit, die Selbständigkeitsbestrebungen zu unterstützen. Dieser Zusammenhang wird durch die nachlassende Motivation zur Perspektivenübernahme seitens der Mütter befördert, was auf die Überlastung durch die eigenen Besorgnisse zurückgeführt wird (Gondoli & Silverberg, 1997).

Verbaler Umgang. Dunn et al. (1991) haben beobachtet, wie häufig Mütter im Umgang mit einem knapp dreijährigen Kind affektive Zustände ansprechen. Weiterhin wurde die häusliche Interaktion nach dem Ausmaß der Kooperation zwischen diesem Kind und seinen Geschwistern beurteilt. Selbst nach Kontrolle vielfältiger Unterschiede zwischen den Familien, welche die folgenden Beziehungen alternativ erklären könnten, blieb deutlich, dass die affektive Perspektivenübernahme der Kinder mit knapp vier Jahren mit der früher beobachteten Affekthaltigkeit im verbalen Umgang (etwa Bezeichnung von Geschehnissen oder von Personen als bedrohlich), der Häufigkeit des Benennens von Ursachen für soziale Geschehnisse und der Kooperativität mit den Geschwistern zusammenhing. Die Aufgabe zur affektiven Perspektivenübernahme verlangte, dass das Kind in einer durch Puppen dargestellten, aber dem Kind vertrauten Situation (etwa der erste Tag in der Tagesstätte) die ausgedrückten Emotionen richtig erkannte (diese waren aber so gewählt, dass sie denen vom Kind selbst in der Realität gezeigten entgegengesetzt waren – das Kind konnte also nicht einfach eigene Erfahrungen auf die Puppe generalisieren, und die Situation war so gewählt, dass beide Emotionen plausibel waren). Brown und Dunn (1996) haben die gleichen Kinder im Alter von sechs Jahren erneut untersucht und dabei festgestellt, dass ausschließlich die Benennung von Ursachen für soziale Geschehnisse durch die Mütter im Alter von drei für das spätere Emotionsverständnis bedeutsam war. Bei letzterem handelt es sich um das erst in diesem Alter mögliche Verständnis von widerstreitenden Emotionen in einer Situation (etwa Freude über ein Geschenk und zugleich Enttäuschung, weil man es nicht öffnen darf).

FAZIT

Der Austausch innerhalb der Familie und vielleicht speziell über jüngere Geschwister und die Modellierung von sozialer Kausalität scheinen wichtige Anstöße für die Entwicklung sozialer Kognition zu geben (Howe & Ross, 1990; Stewart & Marvin, 1984).

Bedeutung der Beziehung. Bei der Frage förderlicher familiärer Erfahrungen sollte man nicht nur davon ausgehen, dass es ganz spezifische Einflüsse sind (etwa dass Denken in Begriffen von Mitteln und Zielen durch entsprechende Fragestile in der Familie beeinflusst wird), sondern vielmehr die soziale Beziehung und ihre Offenheit gegenüber vielfältiger Exploration sozialer Anforderungen durch das Kind. Wegen der grundlegenden Bedeutung der frühen Bindungsentwicklung für letztere ist mit sicherer Bindung an (zumeist) die Mutter auch eine wesentliche, wenn auch unspezifische Voraussetzung für die Herausbildung sozial-kognitiver Prozesse gegeben.

Induktion. Später scheint im elterlichen Verhalten die so genannte Induktion wichtig. Mit Hoffman (1976) wird hierbei das Verhalten des Kindes zu beeinflussen versucht, indem auf die Folgen seines Handelns für sich selbst oder für andere, auf das Befinden ebenso wie auf die Beeinträchtigung der sozialen Beziehungen, hingewiesen wird.

Erfahrungen mit Gleichaltrigen. Über solche „vertikalen" Beziehungen hinaus, kommt den „horizontalen" zu Gleichaltrigen, die sich durch mehr Balance an Wissen und Einfluss der Beteiligten auszeichnen, eine eigene Rolle zu (Hartup, 1996). Erst in jüngerer Zeit hat man die wahrscheinlich wirksameren Interaktionserfahrungen genauer untersucht. Hughes und Dunn (1998) ließen Freundespaare mit Materialien spielen, die zum Rollenspielen einluden (z.B. Feuerwehrutensilien, Doktorkoffer usf.), und werteten die spontanen Unterhaltungen danach aus, inwiefern sie die Repräsentation eigener mentaler Zustände oder solcher des Freundes (Denken, So-tun-als-ob, Träumen usf.) zum Inhalt haben. Weiterhin wurden Aufgaben zur Theory of Mind und zur affektiven Perspektivenübernahme erfasst. Alle Erhebungen wurden dreimal im Lauf eines Jahres durchgeführt. Die Auswertungen der Längsschnittdaten zeigten, dass höhere Anteile der Bezüge zu mentalen Zuständen während der Konversation unter den Freunden die Zunahme des Niveaus sozialer Kognition vorhersagen ließen (nicht aber umgekehrt), und dass dieser Zusammenhang auch bei Kontrolle von Alter und Intelligenz erhalten blieb.

Häufiger Perspektivenwechsel. Weitere Entwicklungskontexte sozialer Kognition, wie der Arbeits- oder Ausbildungsplatz junger Leute, haben viel zu wenig Beachtung gefunden. Eine der wenigen Ausnahmen ist eine Studie von Steinberg et al. (1981), die auf Interviews mit Jugendlichen und ihren Eltern beruht. Sie sehen das Anregungspotential vor allem im häufigen Wechsel von Perspektiven (etwa Interaktion mit Ausbildern, Kunden oder Kollegen) sowie allgemein in der Interaktion mit Menschen anderen Alters und anderer Herkunft. In sozialpädagogischen Programmen für schlecht ausgebildete, beruflich schwer integrierbare Jugendliche kann die Förderung sozial-kognitiver Fähigkeiten eine große Rolle spielen (Schuhler, 1984).

Im Folgenden geht es um die Rolle sozialer Kognition für das situationsangemessene Handeln mit Interaktionspartnern.

3.2 Soziale Kognition als Handlungsorganisation

Zunächst soll eine vielleicht unerwartete Frage gestellt werden: Denken wir beim aktuellen Handeln? Begleiten sozial-kognitive Prozesse jede soziale Interaktion oder tun wir nur so, „als ob" wir dabei denken? Schon Langer (1978) hat darauf aufmerksam gemacht, dass wir uns bei den meisten sozialen Interaktionen etablierten Handlungsskripts anvertrauen, statt Informationen über soziale Sachverhalte jeweils neu zu verarbeiten. Anders ist die Lage vornehmlich dann, wenn tatsächlich neue Anforderungen auftreten. Diese Einschätzung trifft sich mit Ergebnissen, die Cranach et al. (1980) bei ihren Untersuchungen zu handlungsbezogenen Kognitionen berichten. Überlegungen zu Zielen für das Handeln fanden sie nur, wenn einer der Interaktionspartner auf Schwierigkeiten stieß, beispielsweise weil ein anderer im Kindergarten ein Spielzeug nicht teilen wollte. Darüber hinaus muss man an die vielfältigen motivationalen und situativen Prozesse denken, die das tatsächliche soziale Handeln über soziale Kognition hinaus beeinflussen. In der Arbeit von Selman (1980) ergab sich beispielsweise, dass selbstreflexive Perspektivenkoordination (man vergegenwärtigt sich das eigene Handeln aus der Sicht des anderen) während der Diskussion interpersonaler Probleme häufig dazu diente, die eigene Verteidigung zu untermauern. Solche Einschätzungen korrigieren übertriebene Vorstellungen von der Bedeutung sozialer Kognition, stellen aber andererseits ihre wichtigste Funktion überhaupt erst heraus: Soziale Kognition spielt eine Art Feuerwehrrolle, wenn die Routine versagt. Zu wissen, unter welchen Umständen höchste Aufmerksamkeit geboten ist, Metakognition also, dürfte sogar eine eigene Entwicklung nehmen, die mit der Kindheit und selbst Jugend nicht abgeschlossen ist.

Beobachtungen im Handlungskontext

Wie steht es mit sozialer Kognition als ontogenetischer Voraussetzung des Handelns im interpersonalen Raum? Ist eine entsprechend entwickelte Theory of Mind die Voraussetzung für Täuschungen und Lügen (die, jenseits jeder moralischen Wertung, für Verhalten in der Welt sozialer Beziehungen zum Alltag gehören)?

Soziale Kognition und Täuschungen. Newton et al. (2000) erfassten kindliche Täuschungen im Alltagskontext anhand von Tagebuchaufzeichnungen der eigens geschulten Mütter, und zwar insgesamt dreimal mit Unterbrechungen. Sie konnten hierbei unter den untersuchten Kindern im Alter von drei bis vier Jahren rund ein Dutzend verschiedener Täuschungen unterscheiden, die alle recht häufig vorkamen und falsche Behauptungen bzw. Leugnungen oder Erfindungen umfassten, zumeist anscheinend motiviert durch den Wunsch des Kindes, abträgliche Folgen für sich zu vermeiden. Viele waren zwar durch Nachfragen der Eltern provoziert, aber es gab auch völlig spontane Irreführungen, etwa wenn ein Kind die Absicht, es zu bestrafen, dadurch konterte, dass es den offensichtlichen Schmerz leugnete. Die Überraschung war nun, dass sich die Verteilung solcher Irreführungen nicht wesentlich unterschied, wenn man die Kinder danach einteilte, wie viele Aufgaben vom Typ falscher Überzeugungen sie lösten. Damit scheint Lügen und Täuschen von sozialer Kognition unabhängig zu sein.

Wie kann das sein? Die Antwort der Autoren läuft auf die Annahme hinaus, dass ähnlich wie beim Skriptlernen, die Situationen im Alltag so beschaffen sind, dass sie einerseits ungewollt Täuschungen provozieren (etwa durch heftiges Nachfragen und Insistieren der Eltern); andererseits Erwachsene selbst auf die unbedarfteste Täuschung so reagieren, als sei sie mit voller Absicht erfolgt. Zusammengefasst ist es also die Pragmatik des Alltags und nicht die erwachende soziale Kognition, welche ein den anderen in seinen Absichten unterlaufendes Verhalten zu einem Zeitpunkt hervorbringt, zu dem es nach Maßstäben sozialer Kognition gerechnet gar nicht auftreten könnte.

Korrelate im Sozialverhalten

Schon frühe Untersuchungen haben Zusammenhänge zwischen sozialer Kognition und sozialem Verhalten überprüft. Neuere Studien betreffen vor allem die Theory of Mind. Jenkins und Astington (2000) untersuchten Kinder im Vorschulalter dreimal unter anderem mit Aufgaben vom Typ falscher Überzeugungen, jeweils etwa ein Vierteljahr auseinander. Jedes Mal wurden die Kinder außerdem in Paaren beim Verkleiden-Spiel beobachtet. Die Erwartung war, dass eingangs höhere Werte in der Theory of Mind über die Zeit, ablesbar an den Konversationen der Kinder, zu einem höheren Anteil eindeutiger Rollenzuweisungen führen würde („Du bist jetzt der Zauberer“ – entwickeltere soziale Kognition erlaubt zu erkennen, dass es ohne solche Festlegungen wegen der Möglichkeit unterschiedlicher Überzeugungen zu Unklarheiten kommt) und dass außerdem ein wachsender Anteil gemeinsamer Pläne benannt würde (dank fortgeschrittener sozialer Kognition sind solche Koordinationen erleichtert). In der Auswertung zeigte sich in der Tat, dass die Zunahmen in diesen Verhaltensaspekten von höheren Werten in den Aufgaben zur Theory of Mind abhängig waren (nicht aber umgekehrt), also die entwickeltere soziale Kognition das kompetentere Sozialverhalten nach sich zieht.

> **!** Eine entwickeltere soziale Kognition zieht kompetenteres Sozialverhalten nach sich.

Soziale Kognition und prosoziales Handeln

Die Forschung zur Entwicklung des prosozialen Handelns, also beispielsweise von Helfen, Teilen und Anteilnehmen, hat recht differenzierte Vorstellungen über das wahrscheinliche Zusammenspiel von sozial-kognitiven Prozessen und Verhalten in konkreten Situationen entwickelt. Beispielhaft ist ein von Schwartz und Howard (1981; vgl. Eisenberg, 1986) berichtetes Modell des Verlaufs altruistischen Handelns. Entscheidend ist danach der in der Situation erfolgende Aufbau einer moralischen Verpflichtung zur Hilfeleistung, die sich gegen konkurrierende Handlungsimpulse (etwa Eigennutz oder Konformität) sowie Tendenzen zur Abwehr der Verantwortlichkeit behaupten muss. Sozialer Kognition kommt dabei zunächst die Rolle zu, durch eine angemessene Situationsinterpretation die Aufmerksamkeit auf die Bedürfnisse der in einer Notlage befindlichen Person zu lenken.

Entwicklung prosozialen Verhaltens. Eine andere Frage ist die nach der entwicklungsmäßigen Beziehung zwischen sozialer Kognition und prosozialem Verhalten. Nach Hoffman (1978, 1987) setzt interpersonale Verantwortlichkeit Empathie, also die biologisch begründete elementare Befähigung, Gefühlsregungen anderer nachvollziehend mitzuerleben, voraus. Der davon ausgehende Impuls zur Beseitigung des Leids ist aber während des ersten Lebensjahres ausschließlich auf das Kind selbst gerichtet, da es noch nicht zwischen eigenem und nachvollzogenem Leid unterscheiden kann.

Damit die andere Person zum Ziel des altruistischen Handelns werden kann, bedarf es dreier Entwicklungen, wobei beträchtliche Fortschritte schon während des zweiten Lebensjahres erfolgen:

(1) Der soziale Egozentrismus, also die Gleichsetzung von Selbst und Anderem, muss überwunden werden.
(2) Die Möglichkeit zur Übernahme und Koordination sozialer Perspektiven überformt das bloß affektive Einfühlen zum Mitleid. Dies ist die Voraussetzung zu persönlichen Schuldgefühlen, weil nun das Leid anderer als Folge eigener Hilfeunterlassung erkannt werden kann.
(3) Ein weiterer Entwicklungsschritt führt zu einer generellen, von einzelnen Personen und ihrem Leid abgelösten Mitleidshaltung und einer dadurch vermittelten existentiellen Schuld gegenüber sozialer Not als Lebensschicksal.

In jüngerer Zeit hat Hoffmans Grundüberlegung verschiedentlich empirische Bestätigung gefunden. Zahn-Waxler et al. (1992) schulten Mütter in Verhaltensbeobachtungen während des zweiten Lebensjahres ihrer Kinder. Auf diese Weise wurde für zahlreiche spontan aufgetretene, emotional negative Episoden festgehalten, zu welchem Anteil sich die Kinder prosozial verhielten, Sympathie gegenüber dem Opfer äußerten, Verständnis durch Nachahmen erkennen ließen oder sich selbst beeinträchtigt zeigten. Sowohl prosoziales Verhalten als auch Sympathie nahmen während des zweiten Jahres zu und waren, insbesondere dann, wenn das Kind das Geschehnis nicht selbst verursacht hatte, positiv korreliert. Darüber hinaus ergab sich auch ein positiver Zusammenhang zwischen Maßen zur Differenzierung von Selbst und Anderem (das Kind erkennt sich selbst im Spiegel, ersichtlich daran, dass es einen unbemerkt angebrachten roten Fleck auf dem Gesicht als nicht dazugehörend angibt) und sowohl prosozialem Verhalten wie Sympathie. Obwohl die kausalen Beziehungen an solchen Korrelationen nicht erkennbar sind, ist doch klar, dass sich die Differenzierung des Selbst, erste sozial-kognitive Prozesse und Anfänge prosozialen Verhaltens miteinander verbunden entwickeln.

Selbst-Andere-Differenzierung. In einer Serie von Untersuchungen bei Kindern zwischen 16 und 24 Monaten hat Bischof-Köhler (1989) die Rolle der Selbst-Andere-Differenzierung für die Entwicklung empathischer Reaktionen genauer herausgearbeitet. Kinder, die sich nicht sicher im Spiegel erkannten (ein Maß für Selbst-Andere-Differenzierung), zeigten kein prosoziales Verhalten gegenüber einer Spielpartnerin, deren Teddy Schaden genommen hatte (trösteten sie beispielsweise nicht). Stattdessen blieben sie unbeteiligt oder zeigten sich zwar irritiert, wussten aber nichts aus der Situation zu machen. Kinder hingegen, die sich im Spiegel erkannten, verstanden offenbar die Situation und zeigten Beteiligung und Zuspruch.

Roberts und Strayer (1996) untersuchten mit einer Vielzahl von Methoden den von Hoffmann behaupteten Zusammenhang zwischen Empathie und weiteren emotionalen und sozial-kognitiven Prozessen für die spätere Kindheit. Sie fanden, dass jene Kinder mehr prosoziales Verhalten zeigten, die über größere Empathie und Mitgefühl verfügten (also nicht bloß ebenso empfanden wie ein anderer, sondern auf dessen Lage reagierten und die eigene von dessen Empfinden wohl unterschieden), besser in der Perspektivenkoordination waren und eigene Affekte unverstellter zum Ausdruck brachten. Angesichts des höheren Alters der Stichprobe (5-, 9- und 13-Jährige) fanden sich keine Unterschiede mehr im Zusammenspiel dieser Bedingungen.

4 Soziale Kognition und psychosoziale Anpassung

Der Großteil der Forschung zur Entwicklung sozialer Kognition hat sich mit normativen Stichproben beschäftigt, Menschen unterschiedlichen Alters, überwiegend Kinder, deren Entwicklung positiv und unauffällig ist. Schon früh hat man sich aber auch für weniger optimale Entwicklungsergebnisse interessiert, und zwar einerseits im Zusammenhang mit pragmatischen Ansätzen zu Interventionen bei Fehlanpassungen, andererseits bei Untersuchungen, welche die Rolle sozialer Kognition bei der Entstehung von Entwicklungsstörungen betrachten. In letzter Zeit haben beide Anliegen durch theoretisch stärker elaborierte Modelle gewonnen, die sich entweder aus kognitiv-strukturtheoretischen Ansätzen (Yeates & Selman, 1989) oder aus Ansätzen der Informationsverarbeitung (Dodge, 1993) herleiten.

4.1 Risikogruppen

Die Entwicklungspsychopathologie setzt sich zum Ziel, gelungene Entwicklung und gestörte Anpassung hinsichtlich ihrer Unterschiede und Gemeinsamkeiten zu untersuchen. Durch das Studium von gestörter Entwicklung hofft man, auch die Entwicklung bei unauffälligen Verläufen besser zu verstehen.

Autismus. Ein Beispiel sind die beträchtlichen Änderungen im Verständnis der Handlungsrelevanz falscher Überzeugungen, die zwischen drei und vier Jahren erfolgen (vgl. Abschn. 2, Theory of Mind). Autistische Kinder und Jugendliche hingegen, deren Störungen im Sozialverhalten bereits sehr früh zu beobachten sind, können falsche Überzeugungen erst viel später im Entwicklungsverlauf als üblich oder gar nicht entschlüsseln. Diese Beobachtung ist ein Hinweis auf eine neurologische Grundlage für den deutlichen Wandel der naiven Theorie zwischen drei und vier Jahren (Frith & Frith, 1999). Würde sich dies bestätigen, wäre auch deutlich, dass die teils widersprechenden Befunde zu diesem Thema damit zu tun haben, wie unmittelbar diese neurologische Grundlage durch die Aufgabensituation angesprochen wird. Für autistische Kinder jedenfalls scheint zu gelten: wer sich das Verhalten anderer nicht erklären kann, wird sich zurückziehen, wer die Möglichkeit von Unterschieden in Bewusstseinszuständen nicht erkennt, hat kein Bedürfnis zur Kommunikation, und wer keine mentale Repräsentationen über andere Menschen hat, wird auch sonst Schwierigkeiten beim gedanklichen Spiel mit möglichen Reaktionen haben (Frith, 1989).

Familiäre Belastungen. Die Rolle sozial-kognitiver Prozesse bei der Vermittlung abträglicher Folgen elterlicher Pathologie auf die Anpassung von Jugendlichen wurde von Beardslee et al. (1987) untersucht. Sie fanden, dass mit der Dauer von Depressionen und anderen psychiatrischen Auffälligkeiten der Eltern die Fähigkeit zur Perspektivenkoordination beim Aushandeln interpersonaler Beziehungen leidet. Diese Jugendlichen haben als Folge der gestörten Interaktion zu Hause Schwierigkeiten, die verschiedenen Bedürfnisse ihrer Interaktionspartner zu erkennen und zu verbinden. Letzteres wiederum kann der Mediator für jene Anpassungsstörungen der Kinder sein, etwa ungenügende Leistungsmotivation oder instabile persönliche Beziehungen, die bei psychiatrisch auffälligen Eltern typisch sind.

Dodge et al. (1995) legten eine besonders anspruchsvolle längsschnittliche Untersuchung vor zur Rolle sozialer Kognition als Vermittler zwischen körperlichem Missbrauch noch vor dem Kindergartenalter und Störungen des Sozialverhaltens fünf Jahre später in der Grundschule. In der Tat war Kindesmissbrauch prospektiv bedeutsam für späteres Problemverhalten wie Aggression, Lügen, Regelverstöße usf. Wichtiger aber war, dass etwa ein Drittel dieses Zusammenhangs durch einige der sozial-kognitiven Prozesse erklärt werden konnte, die von Dodge (1993) als bedeutsam herausgestellt wurden. Insbesondere waren dies geminderte Fähigkeiten, soziale Geschehnisse zutreffend zu beschreiben (etwa in Art des Personwahrnehmungsansatzes) sowie über ein nicht aggressives Verhaltensrepertoire zu verfügen (in Analogie zu den interpersonalen Problemlösefähigkeiten). Die Beziehungen sind nicht sonderlich eng, und sie ließen sich auch nur finden nach Mittelung der Erhebungen über mehrere Jahre, aber sie bestätigen im Grundsatz die Annahme, dass Beeinträchtigungen der sozialen Kognition frühe negative Erfahrungen mit späterem auffälligem Verhalten verbinden. Dies galt selbst dann, wenn weitere Bedingungen wie kritische Lebensumstände, ungünstiges Familienklima oder schwieriges Temperament der Kinder kontrolliert wurden.

Interpersonales Verhalten. Kinder und Jugendliche mit Autismus zeichnen sich nicht nur durch einen beständigen Mangel an Responsivität aus, sondern auch durch Rückstände in der Sprachentwicklung sowie in den meisten Fällen eine mentale Retardierung. Wie schon erwähnt, werden für die Auffälligkeiten im Sozialverhalten dieser Kinder und Jugendlichen Defizite im Bereich sozialer Kognition verantwortlich gemacht, die allerdings auch mit der mentalen Retardierung zusammenhängen könnten. Deshalb vergleichen Yirmiya et al. (1992) sozial-kognitive Fähigkeiten einer Gruppe mental nicht retardierter jugendlicher Autisten mit einer normalen Vergleichsgruppe. Sie fanden dennoch deutlich niedrigere Werte in der Benennung von Emotionen anderer sowie hierauf bezogener empathischer Reaktionen und emotionaler Rollenübernahme. Da die Zusammenhänge zwischen diesen Merkmalen und einem Maß des kognitiven Entwicklungsstandes bei der autistischen Gruppe enger waren als bei der Vergleichsgruppe, lag außerdem die Deutung nahe, dass die trotz allem gegenüber mental retardierten Autisten hohen Werte in den sozial-kognitiven Aufgaben wenigstens teilweise dank des Einsatzes kognitiver Strategien gezeigt wurden, welche diese Kinder mehr als unauffällige Altersgleiche zum Entschlüsseln sozialer Situationen einzusetzen scheinen.

Störung des Sozialverhaltens. Zahlreiche Beispiele für die Rolle sozialer Kognition in der psychosozialen Anpassung finden sich in der Forschung zu externalisierendem Problemverhalten, und zwar sowohl im Bereich von Normalstichproben wie bei Gruppen mit Störungen des Sozialverhaltens. Cohen und Strayer (1996) verglichen Jugendliche, bei denen eine solche Störung diagnostiziert wurde, mit unauffälligen Jugendlichen hinsichtlich Empathie und emotionaler Perspektivenübernahme. Die Gruppen waren ansonsten überwiegend vergleichbar (so in der Intelligenz). Wie erwartet lagen die gestörten Jugendlichen in beiden Aspekten der sozialen Kognition deutlich niedriger. Hier wie in den meisten Studien muss allerdings wegen des korrelativen Designs die Frage offen bleiben, ob die laut Theorie anzunehmende Wirkungsrichtung von beeinträchtigter sozialer Kognition zu Problemverhalten tatsächlich zutrifft. Analoge Ergebnisse ergaben sich für andere Aspekte sozialer Kognition. So fanden Leadbeater et al. (1989) für interpersonale Verhandlungsstrategien bei sozialpädagogisch betreuten Jugendlichen, dass sie bei jenen mit höherer Ausprägung in Delinquenz, Drogengebrauch, ungeschütztem Geschlechtsverkehr usf. geringer entwickelt waren. Forschungen zur Rolle sozialer Kognition im Zusammenhang mit Anpassungsproblemen in der Tradition der Personenwahrnehmung haben schließlich gezeigt, dass verhaltensgestörte Kinder andere Menschen inhaltlich weniger differenziert, aber „psychologisch“ statt sachlich und mit übertriebener emotionaler Tönung schildern (Matthys et al., 1989).

Protektive Funktion von Empathie. Hastings et al. (2000) haben anhand einer aufwendigen Längsschnittsstudie die Rolle von Empathie bei Kindern mit frühen Verhaltensproblemen schon im Kindergartenalter untersucht, und zwar hinsichtlich der Steigerung dieser Probleme zu psychisch diagnostizierten Verhaltensstörungen. Eines der Hauptergebnisse war für die Planung möglicher Interventionen besonders wichtig. Es zeigte sich nämlich, dass die Entwicklung zu ernsthaften Verhaltensstörungen bei jenen Kindern gebremst war, die in Alltags- wie Testsituationen mehr Mitgefühl zeigten, also beispielsweise bei Missgeschicken anderer (Verletzungen z.B.) nicht gleichgültig blieben und zum Teil auch Unterstützungshandlungen zeigten. Da sich in der gleichen Studie ebenfalls ergab, dass diese Empathie dann höher war, wenn die Mütter früher weniger herrisch und deutlicher induktiv in ihrem Erziehungsverhalten waren, eröffnet diese protektive Funktion von Empathie auch Möglichkeiten zur Intervention.

UNTER DER LUPE

Kindesmisshandlung und spätere Verhaltensauffälligkeiten

Dodge et al. (1995) erfassten in einer unausgelesenen Stichprobe zunächst Fälle von Kindesmisshandlung im Kleinkindalter und dann fünf Jahre später Verhaltensauffälligkeiten wie Aggression, Lügen, Stehlen, Verstöße gegen soziale Normen usf. Nimmt man Kriterien für klinische Auffälligkeiten (Störungen also), dann ist das Risiko für missbrauchte Kinder, hierunter zu fallen, viermal höher. Wichtig ist, dass dieser Zusammenhang nicht erklärt werden konnte durch niedrigen sozialen Status, unvollständige Familie, negative Familiengeschehnisse bei mangelnder Unterstützung und Gewalt in der Nachbarschaft, obwohl diese Bedingungen die Wahrscheinlichkeit sowohl für Missbrauch wie für Problemverhalten erhöhen. Weiterhin spielten für die Erklärung des Zusammenhangs weder Geburtskomplikationen noch ein schwieriges Temperament oder Verhaltensprobleme während der Vorschulzeit eine Rolle.

Unangemessene Enkodierungen. Vor diesem Hintergrund ist das Ergebnis umso bedeutender, dass es bestimmte sozial-kognitive Prozesse sind, welche als Mediatoren zu wirken scheinen (natürlich neben anderen möglichen, aber nicht erfassten vermittelnden Prozessen). Relevant waren insbesondere zwei Besonderheiten der Informationsverarbeitung sozialer Geschehnisse. Erstens die Angemessenheit der Enkodierung, hier erfasst anhand von kurzen Videoszenen, in denen ein Kind einem anderen (mit dem sich die Versuchsteilnehmer identifizieren sollten) beispielsweise das Mitmachen in seiner Gruppe verwehrte. Dies geschah je nach Episode entweder aus feindseligen, freundlichen oder unklaren Gründen. Die Versuchsteilnehmer berichteten dann frei, was geschehen war. Ausgewertet wurde dann beispielsweise die Summe der Bewertungen dieser Antworten nach Vollständigkeit und Gültigkeit für das Geschehen, über 24 Episoden, jeweils viermal erfasst im Abstand eines Jahres.

Vielfalt vorstellbarer Verhaltensreaktionen. Dieses Merkmal stellte zusammen mit einem anderen, welches die Vielfältigkeit vorgestellter Reaktionen auf solche Ausgrenzungen erfasste, den wichtigsten Mediator dar: Wer das soziale Geschehen eher unzutreffend (zumeist aggressiver als gemeint) erfasste und wessen vorgestellte Handlungsalternativen bevorzugt andere schädigten, der zeigte später im Grundschulalter mit größerer Wahrscheinlichkeit Störungen im Sozialverhalten.

4.2 Interventionen

Für die Förderung sozialer Kognition als Mittel der Sozialerziehung haben Yeates und Selman (1989) Grundsätze für die Arbeit in Schulen aufgestellt, deren Anwendung helfen soll, nicht nur einzelne Fertigkeiten zu vermitteln, sondern vor allem die nach ihrer Ansicht entscheidende Perspektivenkoordination zwischen den Akteuren zu entwickeln. Zu den Grundsätzen gehört beispielsweise, dass die Schüler nach erfolgter Wissensvermittlung mit realistischen Interaktionssituationen konfrontiert werden, die ihren Entwicklungsstand gezielt überfordern. Solche gewollten Schwierigkeiten in der Anwendung von Verhandlungsstrategien schaffen es, schon routinisierte, aber hinsichtlich des Entwicklungsstands ungenügende Strategien aufzubrechen und auf eine höhere Stufe zu bringen. Die Idee leuchtet ein, ihre Verwirklichung scheint aber sehr anspruchsvoll zu sein. Im Folgenden soll kurz auf Studien eingegangen werden, die mittels gezielter Förderung sozialer Kognition Fehlanpassungen zu beseitigen trachten.

Training von Perspektivenübernahme. Offensichtlich ein großer Wurf war eine frühe Studie von Chandler (1973), deren Vorbild auch heute noch wirksam ist. Er offerierte delinquenten männlichen Jugendlichen, die der Polizei aufgefallen waren, die Teilnahme an einem nur zehn Treffen umfassenden Programm. In dessen Mittelpunkt standen von den Jugendlichen verfasste gemeinsame Rollenspiele zu Problemen ihrer Lebenswirklichkeit, bei denen der Ausgleich zwischen Auffassungen und die Lösung von Konflikten ganz natürlich einbezogen waren. Das Programm beförderte nicht nur die Perspektivenübernahme, sondern schien auch mittelfristig dazu beizutragen, dass die Jugendlichen weniger mit dem Gesetz zusammenstießen.

Chalmers und Townsend (1990) untersuchten wegen sozialer Fehlanpassung institutionalisierte weibliche Jugendliche. Sie erhielten ein Programm, eingebettet in den obligatorischen Schulunterricht, welches die Grundidee Chandlers variierte. Verglichen mit einer randomisierten Kontrollgruppe (hier wurde Fitness-Training geboten) zeigten sich positive Veränderungen in ihrer Aufgeschlossenheit gegenüber Interaktionspartnern und beim antisozialen Verhalten. Beides scheint auch tatsächlich mit Verbesserungen der Perspektivenübernahme und anderen Fertigkeiten zu tun zu haben (das Programm hat also nicht einfach vorhandene sozial-kognitive Fertigkeiten besser einzusetzen erlaubt).

Training von Problemlösefähigkeiten. Eine andere Anwendung der Forschung zur Entwicklung sozialer Kognition bezieht sich nicht auf spezielle Risikogruppen, sondern betrifft Belastungen, die für alle Schüler anfangs der Jugend gelten. Gemeint ist der Übergang zur Sekundarstufe mit neuen Lehrern, Klassenkameraden und Leistungserwartungen, der besondere Ansprüche an sozial-kognitive Fähigkeiten (Eccles et al., 1993) stellt. Kann eine entsprechende Intervention gegen ansonsten drohende Probleme sozusagen immunisieren? Nach Elias et al. (1986) trifft dies zu. Ein in Schulen unter Alltagsbedingungen durchgeführtes Programm, welches interpersonale Problemlösefähigkeiten direkt trainierte, insbesondere die Phantasie im Ersinnen alternativer Handlungsstrategien, ergab fünf Monate nach dem Schulübergang, dass die Jugendlichen weitaus besser mit Schulkonflikten umzugehen berichteten. Vergleiche mit Gruppen ohne bzw. mit zusätzlicher Anwendung sozial-kognitiver Förderung machten auch deutlich, dass es tatsächlich die besseren Problemlösefähigkeiten waren, welche sie die Schulkonflikte als weniger intensiv (nicht unbedingt als seltener) berichten ließen. Freilich heißt dies nicht, dass letztere die einzigen Mediatoren wären. Die genannten Befunde werden auch nach dem Ergebnis von Metaanalysen (so Denham & Almeida, 1987) gestützt.

Direkter Handlungsbezug. Die genannten Beispiele zeichnen sich durch zwei Besonderheiten aus, die von allgemeinerer Bedeutung für die Anwendung des Wissens über die Entwicklung sozialer Kognitionen sind. Erstens sind keineswegs alle der genannten Forschungsansätze gleichermaßen vertreten. Insbesondere Konzepte der Theory of Mind finden sich kaum in diesem Kontext. Stattdessen wird immer wieder Bezug zur Perspektivenübernahme und Perspektivenkoordination genommen, auf jeden Fall zu Konzepten, die einen direkten Handlungsbezug haben (wie beispielsweise Problemlösefertigkeiten). Damit ist der Grund auch schon genannt – es geht um die Förderung solcher sozial-kognitiven Prozesse, die dem zur Veränderung ausgewählten Verhalten nahe stehen. Vor diesem Hintergrund ist auch nachzuvollziehen, dass Rollenspiele in der von Chandler angestoßenen Art ein wichtiges Mittel sind, um so genannte Lebenskompetenzen zu fördern (etwa die Intentionen anderer richtig einschätzen und sich argumentativ gegen ungute Absichten wehren können), die bei Präventionsprogrammen gegen Problemverhalten im Jugendalter bedeutsam sind (Reese & Silbereisen, 2001).

Kaum direkter Bezug zu sozialer Kognition. Zweitens fällt auf, dass ausdrücklich auf soziale Kognition abhebende Interventionsprogramme kaum auf umfassenderen Theorien zur Entwicklung des in Frage stehenden Verhaltens aufbauen, obwohl es Ansätze gibt, die dies nahe legen. Die bereits genannte Social Information Processing Theorie von Dodge (1993) sieht beispielsweise die beständige Bereitschaft, das Verhalten anderer als feindselig fehlzudeuten, als Angelpunkt von aggressiven Verhaltensstörungen. Dies wiederum beruht unter anderem auf Defiziten der Perspektivenübernahme (als einem Schritt in der Informationsverarbeitung), die in Problemen der frühkindlichen Entwicklung angelegt sind (etwa Störungen des Attachment oder mangelnde Induktion im Elternverhalten). In entsprechenden Interventionen greift man dann aber eher die etablierten Attributionsstile als die entwicklungsgeschichtlich früheren Probleme der Perspektivenübernahme an.

5 Ausblick

Die hier dargestellte entwicklungspsychologische Forschung hat sich praktisch ausschließlich mit Kindheit und früher Adoleszenz beschäftigt. Wieso hat sich die Lebensspannen-Perspektive nicht durchgesetzt? Der hauptsächliche Grund liegt in der verstärkten Konzentration auf die Möglichkeit zu bestimmten kognitiven Einsichten (s. Theory of Mind), was bedeutete, dass man methodisch auf situative Umstände und emotionale Prozesse weitgehend verzichtete und inhaltlich die sozialpsychologische Forschung zur sozialen Kognition nicht berücksichtigt.

In jüngster Zeit zeichnet sich hier eine Wende ab, angestoßen durch die Forschung zum kognitiven Altern. Die insbesondere für das hohe Alter berichteten Leistungseinbußen werden vor allem mit zwei Veränderungen beschrieben (vgl. Kap. 9).

- einer Beschränkung von Verarbeitungsressourcen und
- einer Selektion von pragmatisch wichtigen Informationen.

Damit stehen motivationale Prozesse im Mittelpunkt, und Anstöße zur Erforschung des sozial-kognitiven Geschehens kommen insbesondere aus den sozialpsychologisch relevanten Forschungsansätzen (etwa Personwahrnehmung im weiteren Sinne).

Personwahrnehmung älterer Menschen. Charakteristisch für diese Wende sind Arbeiten von Hess (zusammenfassend 2000), für die abschließend ein Beispiel genannt sei. Ausgangspunkt der Arbeit von Hess et al. (1999) war die folgende Annahme: Beschreibt man beispielsweise eine Zielperson zunächst ausführlich und konsistent als unehrlich und fügt dann eine diskrepante Information hinzu (etwa dass sie anderen hilft), dann versuchen ältere Menschen im Gegensatz zu jüngeren keine neue Integration aller Informationen mit dem Ergebnis einer Korrektur des früheren Eindrucks. Vielmehr ändern sie ihr Urteil nur dann in Richtung Ehrlichkeit, wenn die neue

Information von besonderer diagnostischer Qualität hinsichtlich dieses Merkmals ist.

Genau dies fand sich, aber warum? Die Autoren sehen einerseits das im Alter umfassendere Kulturwissen, welches gelegentlich ehrliches Handeln durchaus mit Unehrlichkeit als Charakterzug vereinbar sieht. Andererseits kann aber gerade dieses Wissen dazu führen, dass man auf den Versuch zur Integration der Widersprüche verzichtet, weil solch eine Konstellation ohnehin selten ist und man so die ihm Alter knappen kognitiven Verarbeitungsressourcen schonen kann.

FAZIT

Der Tenor der noch am Anfang stehenden Forschung zur Entwicklung sozialer Kognition im hohen Alter kann so zusammengefasst werden, dass eine Neigung zu unvollständiger (bzw. stärker stereotypbehafteter) Verarbeitung von Informationen dann besteht, wenn die Anforderungen (situativ oder inhaltlich) hoch sind, was aber durch die Tendenz zur Selektion von persönlich bedeutsamen Sachverhalten und überhaupt zur Schonung von Ressourcen im Vergleich zu jüngeren Jahren teils wettgemacht werden kann, wenn die Anforderung altersgerecht ist.

Weiterführende Literatur

Flavell, J.H. (2000). Development of children's knowledge about the mental world. International Journal of Behavioral Development, 24, 15–23.

Er ist der Stammvater der entwicklungspsychologischen Forschung zur sozialen Kognition, der vor allem die neue Entwicklung zur Theory of Mind mit den ursprünglichen Forschungsansätzen seit Piaget zu verbinden weiß. Dies ist die knappste Zusammenfassung der neueren Forschung, mit vielen weiterführenden Hinweisen.

Hess, T.M. (2000). Aging-related constraints and adaptations in social information processing. In U. von Hecker et al. (Eds.), Generative Mental Processes and Cognitive Resources (pp. 129–155). Dordrecht: Kluwer Academic Publishers.

Soziale Kognition unterliegt auch im Alter weiterer Veränderung, freilich eher im Bereich der Motivation und der Umsetzung in soziale Interaktion. Zu diesem nur wenig beachteten Gebiet, das vor allem auch enge Beziehungen zur sozialpsychologischen Forschung hat, wird hier eine Untersuchungsserie dargestellt.

Call, J. & Tomasello, M. (1999). A nonverbal false belief task: The performance of children and great apes. Child Development, 70, 381–395.

Ob Schimpansen eine Theory of Mind haben, führt zu grundlegenden Fragen der Evolution von Verstehensprozessen in sozialen Gruppen. In sehr einfallsreichen Experimenten wird gezeigt, dass Schimpansen jedenfalls im Umgang mit Menschen nicht über entsprechende Kompetenzen verfügen.

Dodge, K.A. (1993). Social-cognitive mechanisms in the development of conduct disorder and depression. Annual Review of Psychology, 44, 559–584.

Dodge stellt eine einflussreiche Theorie vor, welche die Entwicklung hin zu Problemverhalten wie körperliche Aggression oder depressive Verstimmung erläutert. Sie zeigt, welche Rolle sozial-kognitive Prozesse bzw. deren Störung haben, und gibt Anregungen zur Gestaltung von Interventionen.

Ceci, S.J., Crossman, A.M., Gilstrap, L.L. & Scullin, M.H. (1998). Social and cognitive factors in children's testimony. In C.P. Thompson & D.J. Herrmann (Eds.), Eyewitness memory: Theoretical and applied perspectives (pp. 15–30). Mahwah, NJ: Lawrence Erlbaum Associates.

Hier wird am Beispiel kindlicher Zeugenaussagen diskutiert, ab welchem Entwicklungsstand sozialer Kognition man mit verlässlicher Erinnerung rechnen kann und wodurch Fehler begünstigt werden.

Kapitel 18
Moralische Entwicklung und moralische Sozialisation

Leo Montada

1 Moralphilosophische Konzepte

In jeder Gemeinschaft gibt es Normen: Gebote und Verbote, Pflichten oder Verantwortlichkeiten gegenüber anderen Personen, gegenüber Gruppen und Institutionen sowie entsprechende Rechte. Die Normen entstammen kulturellen oder religiösen Traditionen, oder es handelt sich um staatliche Gesetze oder um andere Regeln, die in Gemeinschaften neu in Kraft gesetzt wurden. Über die Legitimität gegebener Normen können die Überzeugungen divergieren: Staatliche Gesetze, die verbindliches positives Recht darstellen, können gegen Natur- oder Menschenrechte oder gegen moralische Überzeugungen von Teilpopulationen verstoßen (Hart, 1971); Gebote und Verbote, die in einer Gemeinschaft gelten, mögen von anderen Kulturgemeinschaften als sittenwidrig abgelehnt werden; immer wieder stellt die junge Generation Traditionen in Frage.

Legitimität von Normen

Die Bewertung der Legitimität der Normen hängt ab von ihrer ethischen Begründung oder der wahrgenommenen Legitimation der „Gesetzgeber“: des Religionsgründers, dem sich Gott offenbarte, der herrschenden Partei, dem demokratisch gewählten Parlament, dem charismatischen Führer, den Amtskirchen, dem Gewissen jedes Einzelnen oder der Vernunft, die von einem Philosophen oder im Diskurs unter Vernünftigen erkannt wird.

Universalisierbarkeit. Das anerkannteste Kriterium der philosophischen Ethik ist die Universalisierbarkeit einer Norm bzw. des Verfahrens der Erarbeitung von Normen (Singer, 1975). Es hat durch Kant (1748–1804) im kategorischen Imperativ die bekannteste Formulierung erfahren:

> „Handle so, dass die Maxime Deines Willens jederzeit zugleich als Prinzip einer allgemeinen Gesetzgebung gelten könne.“ (Kritik der praktischen Vernunft, 1974, S. 7).

Dieser Imperativ ist kategorisch, das heißt, er gilt nicht nur bedingt in Bezug auf bestimmte Zwecke wie die Imperativi der Klugheit und der Geschicklichkeit (Hinske, 1980): Er gilt ohne Ansehung der weiteren Folgen. Er ist insofern nicht empirisch über die Beobachtungen von Folgen begründet, sondern gilt a priori aus Vernunftgründen. Die Verbote zu töten, zu lügen, Versprechen zu brechen u.a. gelten, weil ohne sie ein Zusammenleben in sozialen Systemen undenkbar ist. Es gibt Ausnahmesituationen, in denen diese allgemeinen Maximen nicht gelten, aber dies erfordert eine besondere Begründung (Gert, 1983).

Utilitarismus. Demgegenüber hat der Utilitarismus (J. Bentham, 1748–1832, J.S. Mill, 1806–1873) ein empirisches Kriterium für die Geltung von Normen vorgeschlagen: die Maximierung des Gemeinwohls, das als Summe aller individuellen hedonistischen Folgen (Lust und Leid, Nutzen und Kosten) zu bestimmen ist.

In der Weiterentwicklung des Utilitarismus sind wiederum universalisierbare Gerechtigkeitsprinzipien integriert worden, die verhindern sollen, dass die Maximierung des Gemeinwohls auf Kosten von Einzelnen oder Minderheiten geht. Pareto (1848–1923) hat in diesem Sinne bezüglich der Wirtschaftsordnung gefordert, dass neue Regelungen nur eingeführt werden dürfen, wenn niemand dadurch schlechter gestellt wird (Posner, 1987).

Diskurstheorien. Die Diskurstheorien (Ackerman, 1980; Apel, 1976; Habermas, 1983; u.a.) wollen das Gute bzw. Richtige nicht inhaltlich (material) bestimmen, sondern basieren auf der Annahme, dass in einem idealen Diskurs das moralisch Richtige konsensuell gefunden wird. Für ideale Diskurse sind universalistisch begründete normative Voraussetzungen der Diskursteilnehmer und Verfahrensweisen definiert, z.B. Verzicht auf Herrschafts- und Autoritätsansprüche, Beschränkung der Einflussnahme auf die Darlegung von Argumenten, Verständigungsbereitschaft und Informiertheit der Teilnehmer, die in der Lage und bereit sein müssen, alle vorgetragenen Argumente und Optionen zu verstehen.

Kulturunterschiede und neue Probleme

Empirisch ist die Begrenzung moralischer Normen auf universalisierbare Normen nicht aufrechtzuerhalten. Es gibt kulturspezifische moralische Normen, die in der jeweiligen Kultur dieselbe Geltung haben wie kulturübergreifende. (Die universelle Geltung kann empirisch ohnehin nicht belegt werden, weil keine Information über alle gegenwärtigen, historischen und künftigen Kulturen vorliegt.)

Individualistische und kollektivistische Kulturen. Prominent geworden ist die Unterscheidung der westlichen individualistischen von kollektivistischen Kulturen (Markus & Kitayama, 1991). Shweder et al. (1987) weisen z.B. darauf hin, dass die moralischen Rechte auf Selbstbestimmung und individuelle Freiheiten, die sich auch in der Bedeutung individueller und kollektiver Verträge widerspiegeln, nur für individualistische Kulturen typisch sind. Nach Shweder et al. (1987) sind in westlichen Kulturen sehr viel mehr Bereiche durch Verträge und Konventionen geregelt worden.

Gegenseitige Abhängigkeiten und Pflichten gegenüber der Gemeinschaft haben in kollektivistischen Kulturen in Asien, dem mittleren Osten, Afrika und Lateinamerika eine viel größere Bedeutung (Markus & Kitayama, 1991; Triandis, 1989). Entscheidend sind die kulturspezifischen Traditionen spezifischer Normensysteme, die meist in Glaubenssystemen wurzeln. Lebensbereiche, die in der westlichen Kultur zum Bereich der individuellen Autonomie zählen, sind in anderen Kulturen sozial-normativ geregelt (z.B. der Nahrungsmittelkonsum). Bereiche, die in westlichen Kulturen durch Konventionen reguliert werden, sind in anderen Kulturen moralisch normiert (z.B. Verhaltensnormen nach dem Tod von Angehörigen). Und die moralischen Normen unterscheiden sich ebenfalls, etwa bezüglich der Rechte und Pflichten der Geschlechter.

Neue Probleme. Jede moderne Gesellschaft ist mit immer neuen Problemen konfrontiert, die ethische Lösungen verlangen und den Aufbau einer entsprechenden Moral in der Bevölkerung: Beispiele sind die Ausbreitung der Armut, die Arbeitslosigkeit, der verantwortliche Umgang mit natürlichen Ressourcen, mit wissenschaftlichen und technischen Möglichkeiten, die Einwanderungs- und Asylfragen, die Verantwortung für die Dritte Welt, der Ausgleich zwischen individuellen Freiheiten und Pflichten für das soziale System.

Mitwirkung der Bürger. Demokratisch verfasste Gesellschaften sind offen für die Mitwirkung der Bürger bei der Gestaltung der sozialen Ordnung, und die Zustimmung zu Normen sollte möglichst breit sein. Deshalb sind moralphilosophische Kenntnisse und Überzeugungen der Bürger von großer Bedeutung. Die empirische Erforschung ihrer Verbreitung und Entwicklung ist mindestens ebenso wichtig wie das Studium der Vermittlung vorgegebener tradierter Normen, das in der Psychologie eine längere Tradition hat.

2 Psychologische Moralforschung

Es gibt in der psychologischen Forschung Divergenzen im Verständnis von Moral. Wird Moral beschränkt auf kategorisch geltende Sollensnormen oder werden Tugenden wie Hilfsbereitschaft eingeschlossen? In vielen Übersichten zur Entwicklung der Moral (z.B. Hoffmann, 1991; Turiel, 1998) wird auch prosoziales Handeln aus Sympathie abgehandelt. Dabei werden Beobachtungen, dass schon Kleinkinder empathisch das Leid anderer miterleben und hilfsbereit handeln (Eisenberg & Miller, 1987) als Beweis gewertet, dass die Moral nicht erst durch Erziehung entsteht, nicht nur in der Internalisation sozialer Normen besteht und nicht nur durch Schuld und Angst gesteuert wird.

Moralisches Handeln als Pflicht oder aus Sympathie? Motivationspsychologisch macht es allerdings einen großen Unterschied, ob prosoziales Handeln (helfen, teilen, schützen usw.) aus Liebe oder Sympathie erfolgt oder ob es normativ motiviert ist. In diesem Kapitel wird das normative Wesen der Moral vorausgesetzt. Damit wird der Moral durchaus nicht ein Primat vor anderen Motivsystemen eingeräumt. Prosoziales, kooperatives, solidarisches Handeln aus Sympathie ist anstrebenswert und gewiss befriedigender als gleiches Handeln, das ängstlich oder widerwillig pflichtgemäß ausgeführt wird, aber Pflichten und die diesen entsprechenden Rechte sind in sozialen Systemen unverzichtbar. Entwicklungsideale sind die reflektierte Akzeptanz von Normen oder auch Kritik ihrer Geltung und – bei Akzeptanz – ihre situationsangepasste Berücksichtigung.

Was sind Indikatoren von Moral?

Es ist nicht Anspruch der Psychologie, eine Ethik zu begründen. Sie will stattdessen aufzeigen, wie unterschiedlich normative Überzeugungen sind, die das Erleben, Urteilen und Handeln von Menschen leiten, wie unterschiedlich Menschen diese Normen verstehen, wie unterschiedlich sie diese begründen, wie unterschiedlich sie diese Normen einhalten und wie unterschiedlich sie auf Übertretungen reagieren. Außerdem will sie die Entwicklung und Sozialisation des normbezogenen Wissens, Erlebens beschreiben und erklären.

Normen regulieren Handeln. Moralische Normen wie auch Rechts- und Konventionsnormen regeln Handeln und liefern Bewertungsmaßstäbe für eigenes Handeln und das Handeln anderer. Wie erreichen Normen diese Funktionen?

(1) Wissen über Normen muss erworben werden, und es muss verstanden werden, was Normen in konkreten Situationen fordern.
(2) Ihr Geltungsanspruch muss anerkannt werden.
(3) Sie müssen befolgt werden.

Normen können missverstanden werden, sie können nicht anerkannt werden, sie können anerkannt, aber nicht befolgt werden, und sie können befolgt werden, ohne anerkannt zu werden. Was heißt Anerkennung? Werden sozial geltende Normen nicht anerkannt, werden sie als Nötigung, als heteronom, einem fremden Willen zugehörig erlebt (Kuhlmann, 1981). Anerkennen heißt, ihre Forderung auch nach eigener Überzeugung als berechtigt einzusehen. Idealerweise beruht die Anerkennung der Norm auf einer freien Entscheidung, nicht auf Druck, der den eigentlichen, den wahren Willen eines Menschen nicht zur Geltung kommen lässt. Ideologiekritik oder eine therapeutische Normenkritik sind dann unter Umständen notwendig, um Freiheit gegenüber einer als heteronom erlebten Norm zu erlangen.

Indikatoren persönlicher Moral. Die als geltend anerkannten Normen machen die Moral einer Person aus. Was sind Indikatoren der persönlichen Moral? In der psychologischen Forschung sind vier Kategorien von Indikatoren zu finden: (1) Wissen über geltende Normen, (2) Urteile über das, was moralisch geboten ist, (3) normentsprechendes und -abweichendes Verhalten und (4) moralische Gefühle (z.B. Befriedigung über moralisches, Empörung und Schuld wegen unmoralischem Verhalten). Alle vier Indikatorkategorien sind für sich allein ohne weitere Informationen irrtumsanfällig.

(1) Wissen über geltende Normen garantiert nicht deren Anerkennung. Revolutionäre und Reformer und viele Delinquenten kennen die Normen, aber erkennen sie nicht an; der Gast aus einer anderen Kultur lernt die Normen des Gastlandes kennen, muss sie aber nicht im obigen Sinn anerkennen.
(2) Urteile über das moralisch Gebotene implizieren keine persönliche Verpflichtung, das auch zu tun. Nicht selten fallen Aussagen über das, was moralisch richtig wäre, und die Motivation, dem auch im Handeln zu folgen, auseinander.
(3) Verhalten müsste daraufhin geprüft werden, ob das Motiv die Erfüllung der Moralnorm ist oder ob andere Motive (z.B. positive Selbstdarstellung, Angst vor Kritik und Sanktionen, Hoffnung auf künftige Vorteile) ausschlaggebend waren. Auch normabweichendes Verhalten beweist noch nicht, dass es an Anerkennung der Norm fehlt: Es kann aus den Umständen erklärt oder moralisch gerechtfertigt werden; es kann auch Schuldgefühle auslösen, wodurch die Akzeptanz der verletzten Norm belegt wird. Auch die Bitte um Entschuldigung, Versuche des Schadensausgleichs, Reue und Sühne nach einer Abweichung belegen die Akzeptanz der Norm.
(4) Moralische Gefühle (z.B. Schuld, Empörung) sind moralische Bewertungen eigenen und fremden Handelns und spiegeln insofern die Moral einer Person (Montada, 1993). Das Problem liegt in der Erfassung ihrer Echtheit. Die Indizien sind fehleranfällig: Die Unterscheidung erlebter Gefühle und zweckdienlicher Demonstration von Gefühlen (z.B. von Schuldgefühlen zur Beschwichtigung, von Empörung zur Durchsetzung der eigenen Interessen) ist schwierig.

Unterschiedliche Entwicklungs- und Sozialisationsziele

Die in den folgenden Abschnitten behandelten Ansätze zur Analyse der moralischen Entwicklung und Sozialisation sind bezüglich ihrer ethischen, anthropologischen und theoretischen Grundlagen sehr unterschiedlich. Das kommt auch in unterschiedlichen Entwicklungs- und Sozialisationszielen zum Ausdruck. Ist das Ziel die strikte Einhaltung konkreter Normen oder eine situationsangemessene verantwortliche Auslegung von Normen? Ist das Ziel die Vermittlung der Geltung vorgegebener sozialer Normen oder Autonomie im Sinne einer Ermutigung ihrer kritischen Reflexion? Ist das Ziel eine Orientierung an Autoritäten oder an positivem Recht oder an allgemeingültigen Moralprinzipien, die auch die Legitimation von Autoritäten und die Legitimität von Gesetzen und Normen zu bewerten gestatten? Entsprechend unterschiedlich sind die Einflussnahmen.

Entwicklungslinien

Welche entwicklungspsychologischen Erkenntnisse hat die Moralforschung bis heute gewonnen?

- Die für richtig gehaltenen moralischen Normen, also das Urteil darüber, was gut und was böse, was gerecht und was ungerecht ist, verändern sich im Verlauf des Lebens.
- Die Begründungen von Normen verändern sich auch.
- Man konnte die Genese der Unterscheidung von moralischen und konventionellen Normen sowie die Herausbildung des Rechts auf einen persönlichen Entscheidungs- und Gestaltungsfreiraum (außerhalb sozialer Normierungen) aufzeigen.
- Man hat Veränderungen in der moralischen Motivation entdeckt.
- Mit zunehmendem Alter fließen in die Bewertung von Verfehlungen differenziertere Urteile über die Verantwortlichkeit ein.
- Die Konsistenz zwischen moralischen Urteilen und moralischem Verhalten nimmt zu.

Zunächst soll aber die Kernfrage der moralischen Sozialisation behandelt werden: Wie werden soziale Normvorgaben internalisiert? Wie entsteht eine moralische Identität?

3 Die Internalisierung moralischer Normen

Menschen leben und entwickeln sich in sozialen Systemen: Familien, Peergruppen, Betrieben, Vereinen, Nachbarschaften, Kirchen, Gemeinden, Staaten. In jedem System gelten Normen für die Zuordnung von Rechten und Pflichten. Es existieren Rechtfertigungen dieser Zuordnungen, ein Kontrollsystem für die Durchsetzung der Ordnung, in modernen Sozialsystemen auch eine Ordnung für Änderungen der Ordnung. Zwischen einem sozialen System und den Individuen mit ihren jeweiligen Persönlichkeiten und persönlichen Identitäten gibt es Spannungen, die durch Sozialisation und Anpassung des Individuums oder durch Wandel und Anpassung des sozialen Systems bzw. anderer Mitglieder des Systems aufgelöst oder reduziert werden können.

DEFINITION

Mit **Internalisierung** ist gemeint, dass eine Person vorgegebene Normen als ihre eigenen verpflichtenden Normen akzeptiert.

Nach der Verinnerlichung ist die Norm Teil der Person, ihres Selbst, ihrer Identität geworden. Die Einhaltung dieser Norm ist deshalb eine Bestätigung des Selbst, ungerechtfertigte Abweichungen führen zu Schuld- und Schamgefühlen und zu Versuchen, das beschädigte Selbstbild wieder respektabel zu machen.

Drei Grundformen der Vermittlung sind zu unterscheiden:

(1) Normen können argumentativ vermittelt werden;
(2) sie können vermittelt werden über positive und negative Beispiele oder
(3) durch Belohnung und Bestrafung von Handlungsweisen oder Unterlassungen.

3.1 Normvermittlung durch Konditionierung

In den sechziger Jahren des letzten Jahrhunderts war die (experimentelle) Sozialisationsforschung lernpsychologisch geprägt (Aronfreed, 1968; Bandura, 1969). Internalisation wurde operationalisiert als Tun oder Unterlassung des durch Normen oder Autoritäten Geforderten in Situationen, in denen keine Belohnung für die Einhaltung der Gebote und Verbote und keine Entdeckung und Bestrafung einer Übertretung zu erwarten waren. Im Folgenden seien einige Beispiele für empirisch fundierte Generalisierungen gegeben.

Intrinsische Belohnung. Ein Lernziel ist der Aufbau extinktionsresistenten (also ohne Belohnung ausgeführten) normentsprechenden Verhaltens. Der Aufbau einer positiven internen Wertigkeit des Verhaltens kann durch klassische Konditionierung erreicht werden. Lob und Belohnung lösen positive Gefühle (Freude) aus: Folgt normentsprechendem Verhalten eine Belohnung, wird das Verhalten zum konditionierten Reiz für positive Gefühle; dadurch wird die Einhaltung von Geboten und Verboten intrinsisch belohnend.

Entzug extrinsischer Belohnung. Die Unterlassung normwidrigen Verhaltens kann durch Belohnungsentzug (Extinktion) und Strafe versucht werden. Belohnungsentzug setzt voraus, dass die wirksame „Belohnung" eines Verhaltens bekannt ist und konsistent entzogen werden kann. Viele Normabweichungen sind intrinsisch belohnend (alle Tätigkeiten, die als lustvoll erlebt werden), andere ziehen extrinsische Belohnungen nach sich (z.B. Aufmerksamkeit, Anerkennung, Durchsetzung eigener Bedürfnisse), die schwierig zu entziehen sind.

Bestrafung. Die einfacher scheinende Alternative ist die Strafe, die intrinsische und extrinsische Belohnungen eines Verhaltens ausgleicht oder verhindert. Lerntheoretisch führt eine Strafe zur künftigen Unterlassung des bestraften Verhaltens, weil Furcht vor einer Strafe an propriozeptive Reize bzw. an mentale Repräsentationen der Handlung konditioniert wird und die Anreize überlagert. Obwohl es für eine abschreckende Wirkung von Strafe sowohl in der Moralerziehung von Kindern (vgl. Bandura, 1969) als auch in der Resozialisierung von jugendlichen und erwachsenen Delinquenten (vgl. Murray & Cox, 1979) auch Belege gibt, ist Strafe als Sozialisationsmaßnahme zu Recht umstritten.

Probleme von Strafen

- Strafen sind als Gegengewicht zu positiven Erlebnisqualitäten oder Folgen fehlbaren Verhaltens gedacht. Die erlebte Strafintensität müsste die positiven Wertigkeiten der Handlung und ihrer Folgen überwiegen. Wird ein fehlbares Verhalten nur selten entdeckt und bestraft, hat aber regelmäßig positive Folgen, dann müsste eine Strafe unverhältnismäßig streng sein, damit die Bilanz nicht positiv bleibt.
- Strafe ist nicht konstruktiv. Hat der Sozialisand eine nicht unter Strafe stehende Verhaltensalternative, die erlebnismäßig oder bezogen auf die angestrebten Handlungsziele äquivalent ist, ist Strafdrohung wirkungsvoller, wenn sie überhaupt nötig ist. Strafe schafft per se aber keine äquivalenten Alternativen.
- Strafen garantieren keine Einsicht in die Berechtigung einer Norm. Eine einsehbare Begründung eines Verbotes oder Gebotes macht strenge Strafen überflüssig (z.B. Parke, 1974). Schon im Kindergartenalter ist die Begründung von Verboten und Geboten wichtig. Mit zunehmender sozial-kognitiver Entwicklung werden Fragen nach der Berechtigung und Gerechtigkeit von Verboten und Geboten häufiger (Piaget, 1932). Strafen ohne Einsicht in die Verbote wecken dann Widerstand. Die Wirkung einer Strafe hängt wesentlich von deren Bewertung ab: Ob sie als berechtigt (schuldbewusst) akzeptiert oder als ungerecht (empört) abgelehnt wird, macht einen drastischen Unterschied in der Wirkung (Montada & Setter to Bulte, 1974).
- Als ungerecht erlebte Strafen belasten das Verhältnis von Erzieher und Sozialisand und reduzieren damit Einflussmöglichkeiten der Erzieher für die Werte- und Normvermittlung auf anderen Wegen (Vorbildwirkung, Argumentation).

3.2 Normvermittlung durch Identifikation und Beobachtung

Dass moralische Normen auch durch Beobachtung vermittelt werden, ist eine Alltagserfahrung und experimentell gut belegt (Bandura, 1971). Zwei Fragen sind zu stellen: (1) Welche Personen werden als Vorbilder gewählt, welche als abschreckende Beispiele? (2) Was alles wird aus der Beobachtung gelernt?

Wahl von Vorbildern. Auf die erste Frage nach den Vorbildern hat Freud (1917/1998) zwei Antworten gegeben:

- die Identifikation mit dem Aggressor (durch Übernahme der Forderungen einer übermächtigen und bedrohlichen Autorität in das Über-Ich gewinnt das Kind Sicherheit durch Anpassung),

- die Identifikation nach Trennung (durch Übernahme von Merkmalen und Forderungen einer geliebten Person bleibt diese auch in Abwesenheit innerlich präsent).

Weiter gefasst ist Identifikation mit Personen zu erwarten, die Macht haben durch Sozialstatus, Beliebtheit, Sanktionsgewalt, Ressourcen, Gewährung von Sicherheit oder Liebe oder sachliche Kompetenz.

Die erlebte Zugehörigkeit zu einer sozialen Gruppe, also die soziale Identität, motiviert die Wahl von Vorbildern aus eben dieser Gruppe.

Was kann aus der Beobachtung gelernt werden? Alle die Moral betreffenden Informationen können grundsätzlich auch aus der Beobachtung gelernt werden, z.B. welche Normen in welchen Situationen für wen gelten, wie oder wie unterschiedlich die Normen bewertet werden, welche Sanktionen mit welcher Wahrscheinlichkeit von welchen Autoritäten zu erwarten sind usw. Was die Übernahme des Beobachteten anbelangt, spielt mit zunehmendem Alter die Passung zum Selbstbild eine wachsende Rolle. Widerspricht ein beobachtetes Verhalten oder Urteil dem Selbstbild, wird das zwar registriert, aber nicht übernommen. Es kann im Gegenteil zu einer abgrenzenden Ablehnung kommen (z.B. Mischel & Grusec, 1966).

3.3 Normvermittlung durch familiäre Sozialisation

Die Familie ist die erste Instanz moralischer Sozialisation. Die Forschung hat sich mit strukturellen, mit Klimavariablen und vor allem mit Erziehungsstilen beschäftigt (Schneewind & Herrmann, 1980). Unter den vielen Möglichkeiten der Beschreibung von Erziehungsstilen sei nur eine Typologie von Hoffmann und Saltzstein (1967) herausgegriffen, die drei Grundformen unterscheiden:

- den Macht ausübenden Stil, für den die direkte, auch gewaltsame Durchsetzung von Forderungen sowie harte Strafen typisch sind;
- den induktiven Erziehungsstil, für den charakteristisch ist, dass Eltern nicht streng, sondern unterstützend sind (vgl. auch Stapf et al., 1972), Gebote und Verbote erläutern und aus den Folgen des Verhaltens begründen, sich auch auf Einwände des Kindes und Aushandlungen in Situationen einlassen, in denen verschiedene moralische Normen oder moralische mit Rechts- und Konventionsnormen in Konflikt geraten;
- den Liebesentzug als Ausdruck der Enttäuschung und Abweisung des Wunsches nach Kontakt.

Macht ausübender Erziehungsstil

Die Forschung hat eindeutig ergeben, dass Macht ausübendes Erziehungsverhalten eine Internalisation von Normen eher verhindert als fördert. Als Ergebnis ist allenfalls Angst vor Strafe zu erwarten, die zwar eine äußere Anpassung zu motivieren vermag, nicht aber eine frei gewählte Beachtung einer Norm: Wenn ein Kind keine Überwachung und Entdeckung befürchtet, wird es sich nicht an die Vorschriften halten.

UNTER DER LUPE

Erziehungsstile und Internalisation

Hoffman (1963) untersuchte, ob Eltern ihre Kinder zu hilfsbereitem, prosozialem Verhalten erziehen, indem sie häufig altruistische Ziele formulieren und auf die Konsequenzen ihres Handelns für andere hinweisen. Er erfasste die diesbezüglichen Unterschiede zwischen den Müttern und erwartete, entsprechende Unterschiede in Bezug auf das prosoziale Verhalten ihrer Kinder im Kindergarten (außerhalb der Kontrolle der Mütter) zu finden. Er fand aber keine Korrelation.

Erst als er die Neigung der Mütter zur Machtausübung einbezog, ergaben sich deutliche Zusammenhänge. Mütter mit ausgeprägter Neigung zu harscher Machtausübung verfehlten ihre Erziehungsziele: Die Korrelation zwischen mütterlichen Aufforderungen zu prosozialem und hilfsbereitem Verhalten der Kinder war negativ ($r = -.68$!). Mütter, die auf Machtausübung verzichteten, waren erfolgreich: Die Korrelation zwischen ihren Aufforderungen und dem Verhalten der Kinder war positiv ($r = .75$).

Negative Zusammenhänge zwischen einem harschen, feindseligen Erziehungsstil und unterschiedlichen Indizes der Moral sind vielfach nachgewiesen (z.B. Hoffman, 1970). Dieser Zusammenhang wird erhärtet durch die Delinquenzforschung: Macht ausübende Erziehung, insbesondere in Verbindung mit inkonsistenter Aufsicht und erlebter Feindseligkeit der Eltern, ist ein Prädiktor für antisoziale Verhaltensprobleme in der Kindheit (Schneewind et al., 1983) und Delinquenz im Jugendalter (z.B. West & Farrington, 1973).

Diese Befunde können mit mindestens zwei Hypothesen interpretiert werden:

(1) Machtausübung ist gepaart mit einer feindseligen Grundhaltung gegenüber dem Kind, zumindest mit einem Fehlen liebevoller Wärme. In einem solchen Klima ist eine Identifikation mit den Erziehern und ihren Zielen nicht zu erwarten. Im Gegenteil, Rügen und harte Strafen werden dann eher als ungerecht abgelehnt und die geforderte Norm gleich mit.

(2) Die Internalisation einer Norm ist nur zu erwarten, wenn entsprechendes Verhalten nicht erzwungen oder durch hohe externale Belohnungen „erkauft" wird (Staub, 1982). Zur Internalisation kommt es nur, wenn eine Person ihre Handlungsweise internal erklärt, d.h. auf eigene Motive und Überzeugungen zurückführt. Harsche Forderungen und Strafdrohungen wie auch „inflationäre" Versprechungen verhindern dieses. Erstere erzeugen im Gegenteil häufig Reaktanz, womit Widerstand gegen Aufforderungen und Zumutungen gemeint ist, der um so höher sein wird, je mehr die Freiheit der eigenen Entscheidung eingeschränkt erscheint (Brehm, 1966).

Induktiver Erziehungsstil

Als Ideal gilt der induktive Erziehungsstil. Hier werden je nach Verständnis des Heranwachsenden argumentative Erläuterungen der Forderungen gegeben, ihr Sinn erklärt, Konflikte zwischen Normen angesprochen, Ausnahmen durchdacht und Lösungsmöglichkeiten erwogen. Auf Zwang und Zurechtweisung wird verzichtet. Stattdessen wird Spielraum für eigene Entscheidungen gewährt. Heranwachsende können die Beachtung einer Norm als ihre eigene Entscheidung erleben, und so wird sie auch von den Erziehern kommentiert und gelobt. Die Beachtung der Norm wird auf diese Weise zu einem Teil ihres Selbst, ihrer Identität.

Humanistisch flexible Moral. Bei induktiver Erziehung kann sich entwickeln, was Hoffman eine humanistisch flexible Moral genannt hat. Dies ist keine ängstliche, starre Moral, kein Sich-Klammern an den Wortlaut von Regeln. Über die Berechtigung einer Regel und ihre Auslegung in einer gegebenen Situation darf nachgedacht werden. Auch in der Moralphilosophie wird zwischen der prinzipiellen Geltung einer Norm und ihrer Anwendung und Auslegung in einer Situation unterschieden, in der auch verschiedene Normen konfligieren können (Habermas, 1993).

Persönliche Verantwortung. Grundlegend ist die Frage nach der persönlichen Verantwortung. Nur Handlungen, die frei gewählt werden, können moralisch oder unmoralisch sein, nicht aber Verhalten, das determiniert war durch Gewohnheiten, zwanghaften Konformismus oder Angst vor Strafe. Nur freies moralisches Handeln ist verdienstlich, wie normwidriges Verhalten nur dann sträflich ist, wenn es nicht determiniert war, sondern wenn die Freiheit des Anders-handeln-Könnens angenommen werden darf.

Erziehung durch Strafe in Form von - Liebesentzug

Demonstratives Gekränktsein, Abbruch und Zurückweisung von Kontakten, Beschränkung der Interaktion auf das Nötigste, kein Lächeln, keine Freundlichkeit, kein Blickkontakt, keine Ansprache sind die Formen der Strafe, deren Wirkung davon abhängt, wie groß das Bedürfnis des Kindes nach Zuwendung ist und welche Möglichkeiten es hat, diese Zuwendung wieder zu erlangen. Vermutlich, weil diese beiden Fragen nicht geklärt wurden, sind die Wirkungen auf die Internalisation von moralischen Normen in der Forschung nicht eindeutig ermittelt (vgl. Kasten, 1976): Manche Kinder leiden und tun alles, um die Beziehung wieder herzustellen, andere sind wenig betroffen, wieder andere haben gelernt, wie sie durch gespielte Reue und gute Vorsätze die Eltern wieder freundlich stimmen können.

Es spricht einiges dafür, dass Liebesentzug nicht unproblematisch ist. Wenn er zu einer Internalisation von Normen beiträgt, führt er eher zu einer ängstlich-rigiden Moral. Beispiele bietet die Kasuistik der Psychoanalyse. Neurotiker sind häufig ängstlich den Moralregeln verpflichtet, die in der frühen Kindheit durch Liebesentzug vermittelt worden sind. Das Ergebnis ist Angst vor den eigenen Bedürfnissen und Angst vor moralischem Versagen. Dies führt zu einer ängstlichen Vermeidung von Verantwortung und Kritik (Gilligan, 1976).

3.4 Normvermittlung durch Peergruppen

Die Vorstellung, nur die Eltern vermittelten ihren Kindern die gültigen sozialen Normen und diese hätten auch in Zukunft Geltung, greift zu kurz. Kinder und Heranwachsende werden auch von anderen Erwachsenen, von Peers und Idolen beeinflusst und haben nicht selten ihrerseits Einfluss auf die Moralentwicklung ihrer Eltern, vermitteln diesen veränderte Werte und tragen dadurch in vielen Fällen zu einem allgemeinen Wertewandel bei. Heranwachsende sind vielfach in einer Vorreiterrolle (Bengtson & Troll, 1978). Je nach Qualität der Beziehungen zu den Eltern variiert der Einfluss von Peergruppen.

UNTER DER LUPE

Verhältnis zu den Eltern und alternative Wertorientierungen

Krause und Hippler (1984) untersuchten die Einstellung von Studenten zu „Alternativen Wertorientierungen“, die zum traditionellen Wertsystem kontrastieren. Sie wählten folgende sechs Bereiche aus:

(1) Arbeitswelt: autonome Arbeitskollektive vs. traditionelle Produktionsformen;
(2) Wohnen: Wohngemeinschaften vs. traditionelles Zusammenleben;
(3) Lebensraum: Landleben vs. Großstadtleben;
(4) Ehe: informelle Zweierbeziehung vs. formelle Ehe;
(5) Familienstruktur: offene Gruppenbeziehung vs. Kleinfamilie;
(6) Geschlechterrolle: Emanzipation der Geschlechter vs. Zufriedenheit mit dem Status quo.

Ein Index „Alternative Wertorientierung“ wurde durch Addition der Zustimmung zu alternativen Formen in allen sechs Bereichen gebildet, der mit selbstberichtetem alternativen Verhalten korrelierte. Interessant sind die Zusammenhänge zwischen diesem Index und der erlebten Beziehung zu den Eltern: Wurde diese in der Adoleszenz als negativ und konfliktreich erlebt, wurde alternativen Werten häufiger zugestimmt, insbesondere wenn das Elternhaus – indiziert durch die Parteipräferenz des Vaters – konservativ orientiert war. Alternative Wertorientierungen erhalten somit den Charakter eines Protestes gegen die Eltern. Wurde gar ein Bruch mit der Elternfamilie berichtet (meist zwischen dem 14. und 18. Lebensjahr), war die Zustimmung zu alternativen Werten besonders ausgeprägt.

Der Einfluss von Peergruppen wurde nachgewiesen für Sexualnormen (Mirande, 1968), für die Einstellung zu Alkohol und Drogen (Jessor & Jessor, 1977) und für delinquentes Verhalten (West & Farrington, 1973). Bei divergierenden Einflüssen kann es zu Wertekonflikten mit unterschiedlichem Ausgang kommen. Konflikte werden gelegentlich durch den Aufbau multipler moralischer Selbste (Markus & Nurius, 1986) und einen Wechsel des dominanten Selbst mit dem jeweiligen Bereich, also einer Anpassung an die Normen des jeweils gegebenen Settings vermieden (DeWit & Van der Veer, 1982).

Wie entsteht das moralische Selbst?

Nicht die Befolgung moralischer Verbote und Gebote, um Strafen zu vermeiden oder Lob zu bekommen, ist das Ziel der Moralerziehung, sondern die Vermittlung der Überzeugung, dass die Verbote und Gebote richtig sind: Nur dann werden sie nicht als erzwungen erlebt, sondern aus freiem Willen bejaht und sind damit Teil des moralischen Selbst. Durch Sanktionsdrohungen und Belohnungsversprechen erreicht man das nicht. Die Vermeidung von Strafen und Kritik und das Streben nach Lob und Belohnung sind sog. externale, nicht innere Gründe für normgerechtes Handeln.

Wenn moralisches Handeln angeregt wird, ohne dass externale Gründe im Vordergrund stehen, werden die Handelnden sich ihr Verhalten anders erklären müssen: Sie werden es zurückführen auf ihre eigenen Überzeugungen und ihr eigenes Wollen. Die Kunst der Moralerziehung liegt nicht im Predigen von Geboten und Verboten, sondern in einer dezenten Anregung normentsprechenden Handelns und einer Würdigung dieses Handelns als selbst gewählt, als autonom entschieden aus eigenem Bedürfnis und eigener Überzeugung (vgl. auch Parke, 1974).

Bems (1967) Selbstwahrnehmungstheorie zufolge schließt eine Person von ihrem Verhalten auf ihre Wertüberzeugungen („Ich helfe anderen, also bin ich altruistisch"). Auch positive Eigenschaftszuschreibungen („Du bist wirklich altruistisch.") und entsprechende Handlungserwartungen durch Sozialpartner tragen zum Aufbau eines entsprechenden Selbstbildes bei.

Internalisation oder Selbstkonstruktion von Normen

Der Begriff Internalisation enthält das Bild „von außen hereinnehmen". Werden die Normen der Majoritätskultur nicht geteilt, sind zwei Fälle zu unterscheiden. Der erste Fall kann als einfache Nichtübernahme einer bestehenden Norm angesehen werden. Das wäre ein Fall fehlgeschlagener Sozialisation, der bei Delinquenten wohl häufig vorkommt.

Einen anderen Fall haben wir, wenn die Berechtigung einer bestehenden Norm grundsätzlich in Frage gestellt wird. Hier handelt es sich um eine Auseinandersetzung mit den Begründungen einer Norm, die durchaus zu Zweifeln an geltendem positiven Recht oder geltenden sittlichen Normen führen kann, insbesondere wenn ihre Verträglichkeit mit Grundrechten und allgemeinen Prinzipien der Gerechtigkeit geprüft und verneint wird.

In pluralistischen Gesellschaften mit divergierenden Normvorstellungen ist eine Reflexion der Geltung von Geboten und Verboten unvermeidbar. Konflikte über Gerechtigkeit, über Grundrechte sowie über spezifische Normenkomplexe wie Jugendschutz, Sexualmoral, Abtreibung, Asylrecht und -praxis, Datenschutz oder Umweltschutz sind alltäglich. In einer pluralistischen Gesellschaft sind persönliche Überzeugungen durch Auseinandersetzung mit konfligierenden Positionen aufzubauen. Die Form dieser Auseinandersetzung und ihre Entwicklung wird in den nächsten Abschnitten über die Begründung sozialer Normen und moralischer Urteile behandelt.

4 Die Entwicklung des Denkens über Moral

4.1 Von der Heteronomie zur Autonomie: Piagets Theorie der Moralentwicklung

Piaget (1932) war noch der Meinung, dass Kinder im Vorschulalter die vorgegebenen Normen nicht in Frage stellen, sondern grundsätzlich als berechtigt akzeptieren, was ihre Eltern und andere Autoritäten sagen. Erst vom Schulalter an würden Widerspruch und Zweifel häufiger, sei es durch die Erfahrung abweichender Regelungen in anderen Familien, sei es durch inkonsequente und widersprüchliche Regeln in der eigenen Familie. Bei Vorschriften bezüglich Beschäftigungen, Sozialkontakten, Kleidung, Nahrung, Fernsehen u.a.m., bei der Verteilung von Pflichten und Privilegien: immer häufiger werden die Entscheidungen der Autoritäten in Frage gestellt. Dabei gewinnt die Auseinandersetzung mit moralischen Regeln eine andere Dimension: Es geht nicht mehr nur um die Einhaltung und Nicht-Einhaltung, sondern um den Sinn und die Begründung von Normen. Legitimität und Gerechtigkeit von Vorschriften und Strafe werden zu Themen, die Autorität der Eltern gilt nicht mehr uneingeschränkt.

Zwei Stadien. Viele Forschungsarbeiten zur Moralentwicklung wurden durch ein Buch Jean Piagets (1932; 1983) angeregt, in dem dieser über umfangreiche Befragungen von 5- bis 13-jährigen Kindern berichtet. Er fragte diese u.a. nach der Herkunft von Spielregeln, nach der gerechten Verteilung von Gütern und Pflichten und der Gerechtigkeit unterschiedlicher Strafen für ein Vergehen. Aufgrund der Antworten unterschied er zwei Stadien der moralischen Entwicklung:

(1) das Stadium der Heteronomie, in dem die Regeln durch Autoritäten gesetzt werden, die auch berechtigt sind, Abweichungen zu bestrafen;

(2) das Stadium der Autonomie, in dem die Heranwachsenden selbst mitentscheiden, was gut und richtig ist, in dem sie die Gebote und Verbote vereinbaren und über angemessene Strafen eigene Urteile bilden, und zwar unter Bezugnahme auf Maßstäbe der Gerechtigkeit.

Von den Grundschuljahren an, je nach Problem und Thema früher oder später, kann man Überzeugungen dieser Art beobachten.

UNTER DER LUPE

Piagets Beobachtungen zur Moralentwicklung

Piaget untersuchte das moralische Bewusstsein u.a. an zwei Kinderspielen der Jungen und Mädchen. Die Knaben beobachtete er beim Murmelspiel. Er erfragte ihr Wissen über die Regeln, wer die Regeln erfunden habe, ob es sie immer schon gegeben habe, ob man sie ändern könne, ob das Kind selbst eine neue Spielregel erfinden könne und ob diese von anderen und eventuell allgemein akzeptiert werden würde.

Er beobachtete, dass die Regeln in den ersten Lebensjahren – soweit sie bekannt sind – noch nicht als verpflichtende Norm aufgefasst werden. Das werden sie erst vom 4./5. Lebensjahr an, mit Beginn des Stadiums der Heteronomie. Die Regeln werden in diesem Stadium als unveränderbar und unantastbar angesehen. Sie verdanken ihren Ursprung Gott oder den erwachsenen Autoritäten und haben ewigen Bestand. Die Kinder können sich nicht vorstellen, dass sie eine Änderung der Regeln vorschlagen dürften, die nicht Mogelei wäre.

Im Stadium der Autonomie werden die Regeln als Übereinkunft, als gegenseitige Vereinbarung betrachtet, zu deren Beachtung man verpflichtet ist, solange die Übereinkunft gilt, die man jedoch im Einvernehmen mit anderen abändern darf. Tradition und Autorität als Begründung der Regel werden abgelöst durch Selbstverpflichtung in einem sozialen Vertrag.

Piaget interpretiert diese Stadien, indem er zwei Typen der Achtung vor der Regel unterscheidet: die einseitige Achtung, die durch Gehorsam gegenüber Autoritäten gekennzeichnet ist, und die gegenseitige Achtung, die sich im Respektieren der Vereinbarungen bewährt.

Handelt die Mutter gerecht? Die gleichen Muster fand Piaget auch bei Urteilen über gerechte Pflichtenverteilungen. Er stellte seinen Probanden folgende Frage: Eine Mutter bat Sohn und Tochter um Hilfe im Haushalt. Beide bekamen je eine Aufgabe. Der Sohn verschwand aber bald zum Spielen, ohne seine Aufgabe erledigt zu haben. Daraufhin übertrug die Mutter der Tochter auch noch die Pflicht des Bruders. Die Frage, ob sie das richtig und gerecht fänden, bejahten noch fast alle sechsjährigen. Alle zwölfjährigen hingegen fanden die Mutter ungerecht. Die Antworten der sechsjährigen beruhten nicht etwa auf einem Missverständnis. Sie wussten sehr wohl, was Gleichbehandlung ist, und sie forderten in anderem Zusammenhang durchaus Gleichbehandlung unter Kindern.

Sind die Kinder gerecht? Piaget schilderte eine zweite Geschichte, in der Kinder Ball spielen, der Ball häufig auf die Straße fliegt und die Mitspieler immer wieder den gleichen Jungen auffordern, den Ball zurückzuholen. Dies fanden alle sechsjährigen ungerecht. In diesem Falle forderten sie Gleichbehandlung. Dieser Unterschied in der Beurteilung ist Ausdruck der Heteronomie im Sinne des Respekts vor der moralischen Autorität der Erwachsenen.

Was ist eine Verfehlung? Die Entwicklung von der heteronomen Vorgabe zur autonomen Vereinbarung von Regeln bestätigt sich auch in der Definition, was eine Verfehlung ist. Für jüngere Kinder ist eine Verfehlung eine objektive Verletzung von Geboten und Verboten oder Ungehorsam gegenüber einer Autorität; für ältere ist eine Verfehlung eine Verletzung des Vertrauens, der gegenseitigen Achtung und der auf Vereinbarung beruhenden gerechten Ansprüche der Partner. Die Jüngeren beziehen sich auf den Wortlaut von Geboten und Verboten, die Älteren auf den Sinn von sozialen Normen, den sie in der Aufrechterhaltung gemeinschaftlichen Lebens sehen.

Was ist eine gerechte Strafe? Dementsprechend wandeln sich auch die Ansichten, was eine gerechte Strafe sei. Jüngere Kinder fordern Sühnestrafen, wenn sie Übertretungen zu beurteilen haben. Nicht selten werden drakonische Strafen ohne Gespür für die Verhältnismäßigkeit von Strafe und Vergehen als gerechte Sühne vorgeschlagen. Ältere Kinder plädieren für Strafen, die eine Wiedergutmachung beinhalten oder eine natürliche Konsequenz der Verfehlung darstellen, womit der Sinn der verletzten Norm demonstriert wird. Eine gerechte Strafe für einen Lügner ist, wenn künftig an der Wahrheit seiner Aussagen gezweifelt wird. Eine gerechte Strafe für Ungefälligkeit ist reziproke Ungefälligkeit bei nächster Gelegenheit. Eine gerechte Strafe ist damit nicht primär eine Sühne, sondern demonstriert den Sinn der verletzten Norm. Reine Sühnestrafen werden in diesem Alter häufig abgelehnt, weil sie mit der Verfehlung „nichts zu tun haben“. Moralische Autonomie beruht auf Einsicht in den Sinn von Normen für das Zusammenleben in der Gemeinschaft. Die Verletzung einer Norm ist eine Gefährdung des sozialen Bandes, des Vertrauens und der gegenseitigen Verantwortlichkeit.

Diese von Piaget gezeichneten Entwicklungsrichtungen sind empirisch recht gut belegt. Da das Niveau der Urteile aber von mancherlei Komponenten der Untersuchungsmethode und der Thematik beeinflusst wird, sind Altersangaben mit Vorsicht aufzufassen.

4.2 Neuere Forschungen zu Piagets Themen der Moralentwicklung

Die Entwicklung von Autonomie bezüglich Gesetzen

In einer Studie von Adelson et al. (1969) zur Entwicklung des Denkens über Recht und Gesetze wurde Autonomie sehr viel später beobachtet als bei Spielregeln. Heranwachsende zwischen elf und 18 Jahren sollten sich vorstellen, dass 1.000 Menschen auf einer unbewohnten Insel eine neue Gesellschaft gründeten, Gesetze entwickelten und eine Regierung bildeten. In dieser Rahmenthematik wurden Fragen über die Funktion, Begründung und Veränderbarkeit von Gesetzen gestellt. Die Mehrzahl der elf- bis 13-Jährigen definierte Gesetze durch konkrete Beispiele und begründete sie durch ihre Funktion, spezifische Untaten konkret zu fassen, die die Gemeinschaft verhindern und bestrafen muss. Sie benutzten Gesetze nur zur Verurteilung und Verhinderung antisozialen Verhaltens Einzelner.

Die Mehrzahl der 15- bis 18-Jährigen nannte stattdessen abstrakte Funktionen von Gesetzen wie Schutz von Sicherheit und Freiheit. Sie betonten weniger die restriktive als die hilfreiche Funktion von Gesetzen, was ein neues Verständnis für die Gemeinschaft und ihre soziale Ordnung anzeigt. Erst aus diesem Verständnis heraus kann eine Reform von Gesetzen ins Auge gefasst werden. Aber auch nur knapp ein Drittel der 15- bis 18-Jährigen sah ein Gesetz als einen Versuch an, das Leben einer Gemeinschaft günstiger zu gestalten, das modifiziert werden kann und soll, wenn es Schwächen aufweist.

Dies bedeutet eine sehr deutliche Altersverschiebung gegenüber den Beobachtungen Piagets. Spielregeln vereinbaren und verändern schon Achtjährige, eine Reform von Strafgesetzen durch neue Vereinbarungen scheint auch nur einer Minderheit von 15- bis 18-Jährigen denkbar. Vermutlich haben alle Heranwachsenden häufig erfahren, dass man Spielregeln vereinbaren und verändern kann, entsprechende Erfahrungen mit staatlichen Gesetzen fehlen ihnen weitgehend.

Moralische versus konventionelle Normen

Entwicklungspsychologisch hoch interessant ist die Unterscheidung zwischen moralischen und konventionellen Normen. In der philosophischen Ethik gelten moralische Normen kategorisch und universell. Ihre Geltung kann nicht durch Mehrheitsbeschluss, Vertrag oder Autoritätsentscheidung aufgehoben werden wie manche staatlichen Gesetze. Sie unterliegen nicht dem Wandel des Zeitgeistes. Welche Normen im Einzelnen nun kategorisch gelten, darüber gibt es durchaus Dispute. Man denke etwa an die vielen Gebote und Verbote in Religionsgemeinschaften, die nicht universell geteilt werden. Und man denke an die Menschen- und Bürgerrechte, die in westlichen Kulturen, aber nicht weltweit ungeteilte Anerkennung finden.

Kinder differenzieren schon früh. Ähnlich wie im Bereich der Wissensentwicklung (Kap. 12) sind in erstaunlich frühem Alter konsistente Unterscheidungen beobachtbar, hier zwischen moralischen und konventionellen Normen. Piagets Annahme eines Stadiums der Heteronomie und Autoritätsgläubigkeit muss differenziert werden. Schon viele vier- bis fünfjährige Kinder unterscheiden zwischen unmoralischem Handeln (z.B. andere schlagen, beleidigen, fremdes Eigentum beschädigen, stehlen, ungerecht verteilen) und Verstößen gegen Konventionen (die Kleidung, Tischmanieren, Verhaltensregeln in der Schule, die Art der Begrüßung). Die Kinder wurden nach Kriterien gefragt, z.B. ob diese Handlungen richtig oder falsch seien, wenn es keine Regeln und keine Gesetze dafür gibt, ob solches Handeln in Ordnung ist, wenn eine Autoritätsperson es erlaubt (Eltern, Lehrer), wenn alle das für richtig halten oder wenn in einer anderen Gruppe oder in einem anderen Land solches Handeln erlaubt ist.

Konsistentes Ergebnis der Studien war, dass unmoralisches Handeln als schlecht angesehen wird, auch wenn es keine Gesetze gäbe, wenn Autoritäten es erlaubten und alle das für richtig hielten (zum Überblick Turiel, 1998). Es wird universell als schlecht angesehen, auch in anderen Ländern. Demgegenüber werden Verstöße gegen Konventionen als erlaubt angesehen, wenn es keine Gesetze und Regeln gibt, Autoritäten das gestatten und wenn das allgemein akzeptiertes Handeln ist.

Rechtfertigung. Die Kinder rechtfertigen die Normen auch unterschiedlich: Moralische Normen wurden damit gerechtfertigt, dass sie Leid und Schaden verhindern – schon früh wird erkannt, dass Opfer unmoralischen Handelns emotional sehr betroffen sind (z.B. Arsenio, 1988) – und dass sie Wohlergehen, Rechte und Fairness sichern. Rechtfertigungen von konventionellen Normen zeugten von einem Verständnis für die soziale Organisation mit ihren Sitten („Es gäbe sonst Chaos.") und der Bedeutung von Autoritäten für das Funktionieren sozialer Gemeinschaften (Helwig et al., 1990; Smetana, 1985). Turiel (1998) fand keine Unterschiede zwischen aktuellen realen und geschilderten Vorfällen.

Beobachtungen der Kommunikation zwischen Erwachsenen und Kindern anlässlich Normverstößen in natürlichen Settings (auf Spielplätzen, in Kindergärten, Schulen, Familien) zeigen, dass bei unmoralischem Handeln stärker dessen Wirkung auf andere, bei Verstößen gegen Konventionen stärker die Norm selbst und ihre Bedeutung für das soziale Leben sowie die Autorität zur Normsetzung betont werden (Nucci & Weber, 1995; Tisak & Turiel, 1988), was zeigt, dass die von den Kindern gemachten Unterscheidungen aus diesen Kommunikationen übernommen sein könnten.

Diese Studien machen aber deutlich, dass die landläufige Meinung, moralisches Handeln und Urteilen von Kindern beruhe auf den Wirkungen elterlicher Autorität, hinterfragt werden muss. Die Sensibilität für die emotionale Befindlichkeit anderer ist schon im frühen Alter nachweisbar, das Wissen um negative Auswirkungen unmoralischen Handelns ebenfalls, und schon im Alter von vier Jahren wird die negative Bewertung unmoralischen Handelns aus den Folgen für die Betroffenen begründet und nicht aus der Meinung von Autoritätspersonen.

Normativ regulierte versus persönliche Bereiche

In einigen Studien wurde auch die Unterscheidung zwischen sozial-normativ geregelten Bereichen (sozusagen der öffentlichen Sphäre) und persönlichen Bereichen, in denen persönliche Entscheidungsfreiheit besteht (sozusagen der Privatsphäre), untersucht. Zu Letzterem zählen in westlichen Kulturen die Wahl von Freunden, von Freizeitaktivitäten, die Gestaltung der Wohnung. Auch hier haben schon viele vier- bis fünfjährige Kinder recht klare Vorstellungen, in welche Belange ihnen niemand hereinreden darf (Nucci & Weber, 1995).

Schon in früher Kindheit geben Mütter, wie Beobachtungsstudien zeigen, mehr Wahlfreiheiten im persönlichen Bereich, gestatten mehr Verhandlungen über Verhalten und machen mehr Konzessionen als in Feldern, die moralisch oder konventionell normiert sind (Nucci & Weber, 1995).

Smetana hat die Ansichten von Heranwachsenden und ihren Eltern über moralisch bzw. konventionell regulierte und private Handlungsfelder erfasst (Smetana, 1995). Ein konsistentes Ergebnis dieser Studien war, dass Jugendliche die elterliche Autorität hinsichtlich moralischer Normen akzeptieren und es hierüber kaum Konflikte gibt. Abgeschwächt trifft das auch auf konventionelle Normen zu. Konflikte sind hingegen häufig in Feldern, die Jugendliche als ihre Privatangelegenheiten ansehen, bei denen allerdings (noch) keine allseits akzeptierte Abgrenzung gegenüber dem Bereich konventioneller Regulierung vorliegt (Smetana & Asquith, 1994). Dies betrifft finanzielle Ausgaben, das äußere Erscheinungsbild (Kleidung, Frisur usw.), Sozialkontakte, Ausgehen, Ordnung und Gestaltung des eigenen Zimmers. Die Legitimität elterlicher Vorschriften in diesen Bereichen wird mit zunehmendem Alter häufiger bestritten.

Privatsphäre und die Entwicklung von Rechten und Freiheiten

Nucci (1996) sieht Zusammenhänge zwischen der Herausbildung einer persönlichen Sphäre und der Entwicklung einer Konzeption von Rechten und Freiheiten, die – wie erwähnt – in individualistischen Kulturen ausgeprägter ist. Helwig (1995) hat die Einstellungen Jugendlicher und junger Erwachsener zu klassischen Freiheitsrechten westlicher Demokratien und deren legitimer Einschränkung untersucht. Während einerseits von früher Jugend an die Freiheit der Meinungsäußerung und die Religionsfreiheit als moralisch fundierte Rechte gefordert und mit individuellen Bedürfnissen (Identität, Selbstverwirklichung, Selbstbestimmung) sowie demokratischen Prinzipien gerechtfertigt werden, werden andererseits Einschränkungen dieser Freiheiten gefordert, wenn sie mit anderen moralischen Prinzipien in Konflikt geraten (Vermeidung physischen und psychischen Leidens, Chancengleichheit für alle u.a.).

Verantwortlichkeit und Schuld

Moralische Normen als Richtlinien des Handelns sind auch Standards für die Bewertung eigenen und fremden Verhaltens. Zentral für diese Bewertungen sind Urteile über die Verantwortlichkeit der Akteure.

Die Zuschreibung von Verantwortlichkeit für eine Handlung oder Unterlassung erfordert die Annahme des „Anders-Handeln-Könnens" und der Freiheit der Entscheidung. In unserem Rechtssystem wird nur dann für eine Verfehlung Schuld zugerechnet, wenn die Freiheit der Entscheidung nicht wegen Einschränkung der geistigen Kräfte (z.B. durch Geisteskrankheit, Demenz, Drogen, Übermüdung) bezweifelt werden muss oder durch starke Affekte oder Zwang eingeschränkt war. Abstufungen der Verantwortlichkeit werden im Strafrecht, z.B. bei Tötungsdelikten, berücksichtigt:

(1) Absichtliche heimtückische Tötung = Mord;
(2) Tötung im Affekt = Totschlag;
(3) Tötung in Notwehr;
(4) Fahrlässige Tötung;
(5) Unvorhersehbare Tötung = Unglücksfall.

Desgleichen werden im Alltag z.B. böswillige Beeinträchtigungen anders beurteilt als fahrlässige oder solche in guter Absicht. Letztere lösen weniger Aggression und Strafbedürfnis aus als erstere.

> **!** Verantwortlichkeit setzt Entscheidungsfreiheit voraus.

Ausreden aus der Verantwortlichkeit. Hat eine Person einen Schaden verursacht, kann sie Ausreden aus der Verantwortlichkeit haben, im Wesentlichen die folgenden (Montada, 2001b):

(1) Sie kann die Freiheit des Handelns bestreiten und auf unkontrollierbare Bedingungen verweisen, die bestimmte Verhaltenseffekte verursacht haben, etwa Ermüdung, Drogeneinwirkungen, Erpressung, Nötigung, Befehlsnotstand, Unfähigkeit, äußere Einwirkungen, intensive Affekte;
(2) sie kann die Vorhersehbarkeit der Handlungsfolgen bestreiten;
(3) sie kann die Absicht bestreiten, was aber im Falle der Fahrlässigkeit die Verantwortlichkeit nicht aufhebt, sondern nur reduziert;
(4) sie kann auf die Hauptverantwortung anderer Beteiligter verweisen.

Auch eine Person, die einen Schaden nicht verursacht hat, kann verantwortlich sein, wenn sie ihn hätte vermeiden müssen und können.

Verantwortlichkeit für Nachteile, Verluste, Schädigungen anderer durch eigenes Handeln ist zu unterscheiden von Schuld. Es kann akzeptable Rechtfertigungen des Handelns geben (Semin & Manstead, 1983; Montada, 2001b):

(1) Verweis auf die Verantwortlichkeit dritter Personen, z.B. von Autoritäten;
(2) Verweis auf die Priorität übergeordneter Ziele und Werte;
(3) Verweis auf berechtigte eigene Interessen (z.B. eigene Sicherheit, Wahrung des Gesichtes in Auseinandersetzungen, wesentliche eigene Entwicklungsziele);
(4) Erklärung, dass es sich um die Strafe oder Vergeltung für eine vorausgehende Verfehlung handelt (s. auch „Unter der Lupe", S. 634).

Verantwortlichkeit und prosoziales Verhalten. Die Bedeutung der Verantwortlichkeitszuschreibung wird auch deutlich in prosozialem Verhalten: Personen, die sich selbst verantwortlich fühlen für einen angerichteten Schaden, sind besonders hilfsbereit, mutmaßlich weil sie das moralische Selbstbild wieder aufhellen wollen (Tobey-Klass, 1978), und Hilfsbedürftige, die ihre Notlage selbst verschuldet haben, können mit sehr viel weniger Hilfsbereitschaft rechnen als solche, die unverschuldet in Not geraten sind (Montada et al., 1988).

Handlungsausgang und Absicht

Die Differenzierung von Handlungsausgang und Handlungsabsicht hat eine lange Entwicklung. Jüngere Kinder vernachlässigen bei der Beurteilung einer Tat die Tatmotive und Intentionen und gründen ihre moralische Bewertung auf den objektiven Handlungsausgang. So kann es passieren, dass sie das Missgeschick eines Kindes, das der Mutter helfen will und dabei mehrere Teller zerbricht, für „schlimmer" halten als die Tat eines zweiten Kindes, das aus Wut, weil es der Mutter helfen soll, einen Teller absichtlich zerschlägt (Piaget, 1983).

Verschiebung der Gewichtung. Differenziertere Analysen zeigen, dass die Entwicklung der Berücksichtigung von Absicht (und Motiven) auf der einen Seite und Ausgang auf der anderen Seite in einer sukzessiven Verschiebung der Gewichte dieser beiden Aspekte in den moralischen Bewertungen besteht. Auch viele Vorschulkinder berücksichtigen bereits beide Informationen (Absicht und Ausgang) und integrieren sie in ihrem Urteil (zum Überblick Karniol, 1978; Leon, 1982 s. auch „Unter der Lupe", S. 636).

Verschiebungen durch Sozialisation. Es spricht vieles dafür, dass es sich um die Folge verbreiteter Sozialisationserfahrungen und nicht um eine notwendige Abfolge handelt. So ist es nicht schwierig, auch im Vorschulalter eine stärkere Gewichtung der Handlungsintentionen bei der Beurteilung zu bewirken. Bereits wenige Beobachtungen von Modellen, die in ihrem Urteil auf die Absicht abheben, reichen aus, um die dominante Beachtung der Handlungsausgänge abzuschwächen.

UNTER DER LUPE

Verantwortlichkeit, Schuld und Empörung

Moralische Gefühle hängen von der wahrgenommenen oder konstruierten Verantwortlichkeit ab, was in einem Experiment von Schmitt et al. (1991b) untersucht wurde. Der Ärger des Geschädigten (durch eine Verkehrsbehinderung, eine Verschmutzung im Haus oder eine Überstundenanweisung) variierte deutlich in Abhängigkeit von Informationen über Verantwortlichkeitsabstufungen. Sechs Stufen wurden experimentell realisiert: (1) Schädigung als primäres Handlungsziel. (2) Schädigung wird billigend in Kauf genommen, um ein anderes Handlungsziel zu erreichen. (3) Unbedachtes fahrlässiges Handeln. (4) Schädigung aufgrund unbeherrschten, impulsiven oder erzwungenen Verhaltens oder nicht voraussehbare Schädigung. (5) Gut gemeinte, aber ungeschickt oder falsch ausgeführte Handlung. (6) Unfreiwilliges Verhalten. Abb. 18.1 gibt die Resultate wieder.

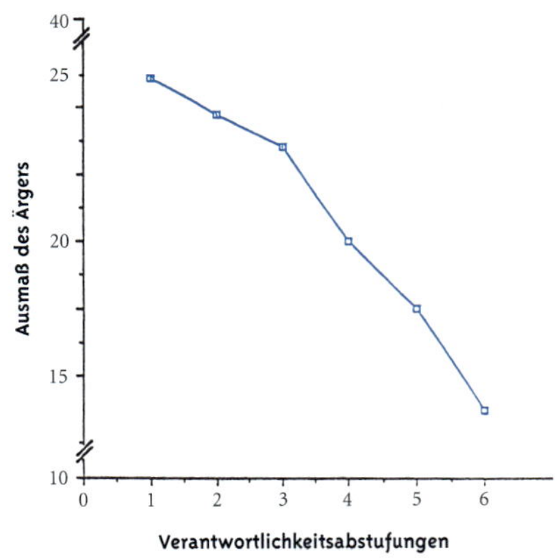

Abbildung 18.1. Ausmaß des Ärgers in Abhängigkeit von sechs Verantwortlichkeitsabstufungen (nach Schmitt et al., 1991b)
(1 = Schädigung ist primäres Handlungsziel; 2 = billigendes Inkaufnehmen einer Schädigung, um primäres Handlungsziel zu erreichen; 3 = unbedachtes, fahrlässiges Handeln; 4 = Schädigung war unbeherrscht, impulsiv oder erzwungen; 5 = Handlung war gut gemeint, aber ungeschickt oder falsch ausgeführt; 6 = keine Handlung, unfreiwilliges Verhalten)

Aus einer Untersuchung von Surber (1977) geht eindeutig hervor, dass auch bei Kindergartenkindern das moralische Urteil völlig auf Intentionen basiert, wenn kein Ausgang berichtet wird. Wird beides berichtet, Intention und Ausgang, hat Letzterer größeres Gewicht. Die Gewichte verschieben sich sukzessive bis zum Erwachsenenalter, wo der Ausgang nahezu irrelevant für die Beurteilung wird.

Verteilungsgerechtigkeit und Fairness

Gerechtigkeit ist zentral für die Bewertung sozialer Verhältnisse und der Verteilung von Gütern und Lasten, von Rechten und Pflichten, des Austauschs zwischen Interaktionspartnern, der Vergeltung von Unrechtstaten und der Würdigung besonderer Leistungen sowie der Bewertung von Entscheidungsverfahren und der Verfahrensführung durch Autoritäten. (Zur Psychologie der Gerechtigkeit vgl. Montada & Kals, 2001.)

Damon (1980, 1988) ermittelte folgende Entwicklungssequenz zwischen viertem und elftem Lebensjahr für Vorstellungen gerechter Verteilung:

(1) Die Verteilungskonzeptionen von Vorschulkindern sind egozentrisch an den eigenen Wünschen orientiert, auch wenn in einem Übergangsstadium als Rechtfertigung „objektive" Kriterien („weil wir Mädchen sind" etc.) genannt werden.
(2) Auf der nächsten Stufe wird Gleichverteilung und Gleichbehandlung präferiert, unabhängig von Leistung oder Bedürfnis. Erst ab dieser Stufe kann von Gerechtigkeit gesprochen werden.
(3) Darauf folgt die Aufteilung nach Leistung und Fähigkeit sowie die Beachtung von Reziprozität.
(4) Auf der nächsten Stufe werden Konflikte zwischen verschiedenen Aufteilungsmöglichkeiten bewusst; auch wird Wohlwollen ein Gesichtspunkt, so dass Kompromisse angestrebt werden.

Das Prinzip der Gleichheit stellt die geringsten kognitiven Anforderungen: Alle bekommen gleich viel. Demgegenüber ist bei Anwendung des Leistungs- und des Bedürftigkeitsprinzips auf Proportionalität zu achten. Insofern ist die Anwendung des Gleichheitsprinzips entwicklungsmäßig früher zu erwarten. Die Ergebnisse von Untersuchungen sind aber offenbar abhängig vom Arrangement (Montada, 1980). Werden zwei mögliche Aufteilungskriterien aufgezeigt, werden sie schon von vielen Vorschulkindern integriert berücksichtigt (Anderson und Butzin, 1977). Auch die Norm der Reziprozität ist schon im Vorschulalter als einflussreich nachweisbar (Dreman & Greenbaum, 1973).

4.3 Von der egozentrischen zur universalistischen Begründung normativer Urteile

Seit 1963 haben Lawrence Kohlbergs Veröffentlichungen große Aufmerksamkeit gefunden. Kohlberg ging es nicht um die Frage, welche konkreten Normen Heranwachsende unterschiedlichen

Lawrence Kohlberg (1927–1987)

UNTER DER LUPE

Bewertung von Handlungsabsicht und -ausgang

Wie deutlich sich die Gewichte mit zunehmendem Alter verschieben, zeigt ein Experiment von Weiner und Peter (1973). Die Autoren verwendeten dabei folgendes Thema: Ein kleiner Junge hat sich verirrt, er trifft einen älteren und fragt diesen, wie er nach Hause kommen könne, da er rechtzeitig zum Essen zurück sein müsse. Verschiedene Versuchsgruppen hören nun verschiedene Varianten der Geschichte:

- Entweder weiß der größere Junge den richtigen Weg oder er weiß ihn nicht (Wissen);
- entweder ist er bereit, dem Verirrten weiterzuhelfen oder nicht (Motivation/Absicht);
- entweder kommt der Verirrte rechtzeitig nach Hause oder nicht (Ausgang).

Die Probanden hatten die Möglichkeit, den älteren Jungen zu belohnen oder zu bestrafen.
Die Daten zeigen, dass auf allen Altersstufen (4 bis 18 Jahre) gute Absichten (der Angesprochene will helfen) belohnt und schlechte (der Angesprochene verweigert Hilfe) bestraft werden. Mit zunehmendem Alter wird der guten oder bösen Absicht immer größeres Gewicht beigemessen, während die Bedeutung der Handlungsausgänge (Kind kommt rechtzeitig nach Hause oder nicht) abnimmt (vgl. Abb. 18.2).

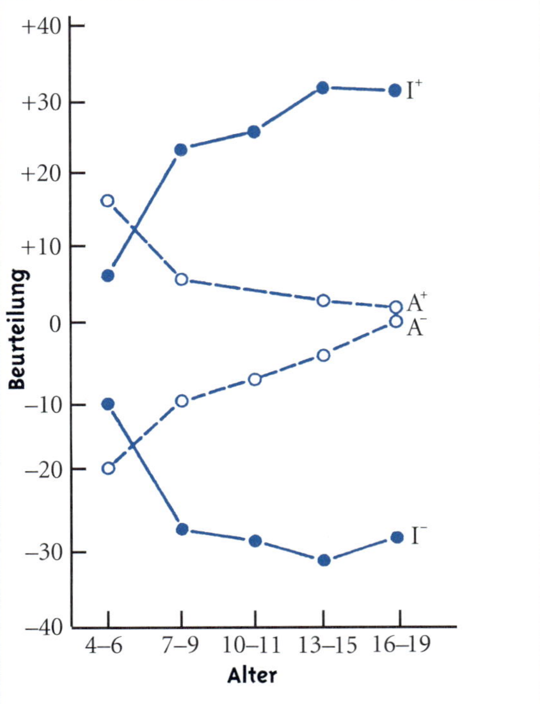

Abbildung 18.2. Mit zunehmendem Alter verändern sich die Gewichte, die Kinder dem Handlungsausgang und der Intention beimessen. Die gute Absicht (I^+) wird wichtiger, der Handlungsausgang (A) verliert an Bedeutung (nach Weiner & Peter, 1973)

Alters anerkennen und ob sie sich entsprechend verhalten oder nicht. Sein Interesse galt vielmehr der Entwicklung von Begründungen normativer Urteile und den Orientierungen, die diese Urteile leiten. Die Begründungen der Normen – so meinte er – kann man nicht besser studieren als anlässlich moralischer Dilemmata, d.h. dem Konflikt zwischen zwei moralischen Normen.

Solche Dilemmata sind in allen Lebensbereichen zu finden, etwa in der Frage der Kriegsdienstverweigerung (Tötungsverbot vs. Gebot, den Staat zu schützen), Aufdeckung oder Vertuschung einer Straftat einer nahe stehenden Person, Gewährung oder Verweigerung von Sterbehilfe bei unerträglichen Schmerzen, Wahrung oder Bruch einer beruflichen Schweigepflicht angesichts einer Gefahr usw. Moralische Dilemmata sind nicht zu verwechseln mit dem Konflikt zwischen Pflicht und Neigung, obwohl sie in den ersten Stadien der Entwicklung auf einen solchen Konflikt reduziert werden. Kohlberg selbst verwendet u.a. das sog. „Heinz-Dilemma".

Das „Heinz-Dilemma"

Eine todkranke Frau litt an einer besonderen Krebsart. Es gab ein Medikament, das nach Ansicht der Ärzte ihr Leben hätte retten können. Ein Apotheker der Stadt hatte es kurz zuvor entdeckt. Das Medikament war teuer in der Herstellung, der Apotheker verlangte jedoch ein Vielfaches seiner eigenen Kosten. Heinz, der Ehemann der kranken Frau, borgte von allen Bekannten Geld, brachte aber nur die Hälfte des Preises zusammen. Nach ergebnislosen Verhandlungen mit dem Apotheker brach Heinz in die Apotheke ein und stahl das Medikament für seine Frau.

An eine solche Vorgabe schließen sich Fragen an: Hätte Heinz das Medikament stehlen sollen? Warum? Was ist schlimmer: Jemanden sterben lassen oder stehlen? Warum? Hätte ein Ehemann einen triftigen Grund zu stehlen, auch wenn er seine Frau nicht liebt? Wäre es genauso gerechtfertigt, für einen Fremden wie für die eigene Frau zu stehlen? Warum? Angenommen, Heinz stiehlt das Medikament für ein Haustier, das er sehr gern hat. Wäre es gerechtfertigt, für ein solches Tier zu stehlen? Heinz stiehlt das Medikament und wird festgenommen: Soll der Richter ihn verurteilen? Warum? Der Richter überlegt sich, Heinz ohne Strafe freizulassen. Was könnten die Gründe sein? Wenn man einmal daran denkt, dass wir alle in einer Gesellschaft zusammenleben, welche Gründe hätte der Richter dann, Heinz zu verurteilen?

Kohlberg interessierte sich weniger für die letztendlich getroffenen normativen Entscheidungen als für die Prinzipien, die diesen Entscheidungen zugrunde gelegt werden. Diese sind aus der Argumentation zu ersehen. Er unterschied ursprünglich idealtypisch drei Niveaus mit je zwei Stufen der Entwicklung, die sich vor allem darin unterscheiden, dass jeweils spezifische Orientierungen bei der Lösungssuche bevorzugt werden.

I. Das vormoralische Niveau

Auf vormoralischem Niveau werden „moralische" Entscheidungen entweder durch drohende Strafen und mächtige Autoritäten (Stufe 1) oder mit eigenen Interessen begründet (Stufe 2). Die Interessen anderer werden nur im direkten reziproken Austausch nach Maßgabe eigener Interessen berücksichtigt.

BEISPIEL

Stufe 1: „Heinz sollte nicht stehlen, er sollte das Medikament kaufen. Wenn er das Medikament stiehlt, könnte er ins Gefängnis kommen und müsste das Medikament dann doch zurückgeben." (10 Jahre)

Stufe 2: „Heinz sollte das Medikament stehlen, um das Leben seiner Frau zu retten. Er mag dafür ins Gefängnis kommen, aber er hätte immer noch seine Frau." „Sollte er das Medikament auch stehlen, wenn es für einen sterbenden Freund wäre?" „Das ginge zu weit. Er wäre im Gefängnis, während sein Freund gesund und frei sein würde. Ich glaube nicht, dass ein Freund dies für ihn tun würde." (13 Jahre)

II. Das Niveau der konventionellen Moral

Auf dem konventionellen Niveau herrscht eine Tendenz zur Erhaltung wichtiger Sozialbeziehungen vor. Auf Stufe 3 bleibt die Orientierung beschränkt auf die Familie und andere Primärgruppen. Gelingt es nicht, die Interessen aller wichtigen Bezugspersonen gleichermaßen zu berücksichtigen, bleibt ein Konflikt, der noch nicht prinzipiell gelöst werden kann.

BEISPIEL

Stufe 3: „Wäre ich Heinz, hätte ich das Medikament für meine Frau gestohlen. Liebe hat keinen Preis. Auch das Leben hat keinen Preis." (16 Jahre)

Auf Stufe 4 erweitert sich die Orientierung auf übergreifende Systeme wie Staat und Religionsgemeinschaften. Das System als solches wird wichtig, nicht mehr nur konkrete persönliche Sozialbeziehungen. Die Erfüllung eines gegebenen Ordnungs- und Rechtssystems, das die Rechte, Pflichten und Ansprüche aller regelt, wird zum obersten Gebot. Der Gehorsam gegenüber dem System äußert sich in einer „law and order" Haltung.

BEISPIEL

Stufe 4: „Wenn man heiratet, schwört man sich Liebe und Treue. Eine Ehe ist nicht nur Liebe, sie bedeutet auch eine Verpflichtung, genau wie ein gesetzlicher Vertrag." (21 Jahre)

III. Das Niveau der postkonventionellen Moral

Auf dem postkonventionellen Niveau wird erkannt, dass das System in seiner je gegebenen Form nicht unwandelbar ist. Es wird nicht mehr fraglos als richtig und verteidigenswert angesehen. Es gibt ein Bemühen, Prinzipien und Werte zu finden, die unabhängig von der Autorität einzelner Gruppen oder Personen und der eigenen Identifizierung mit diesen gelten.

Stufe 5 ist gekennzeichnet durch ein Verständnis des Systems als Gesellschaftsvertrag, der prinzipiell zwischen den Beteiligten vereinbar ist und daher verändert werden kann. Utilitaristische Überlegungen sind häufig: Maximierung des Gewinns für möglichst viele. Auf dieser Stufe gewinnt auch eine neue Dimension der Gerechtigkeit an Bedeutung: Gerechtigkeit des Verfahrens bei der Entscheidungsfindung, z.B. nach dem Modell demokratischer Entscheidungen.

Dabei werden aber die Menschenrechte häufig als unveräußerlich angesehen. Sie sind nicht verhandelbar, sie können nicht Gegenstand vertraglicher Vereinbarungen sein. In einem Konflikt zwischen Menschen- oder Grundrechten und vereinbartem positiven Recht müssen erstere prinzipiell größeres Gewicht haben.

BEISPIEL

Stufe 5: „Ausgehend von der ethischen Verpflichtung des Arztes, der die Verantwortung übernommen hat, menschliches Leben zu retten, sollte er es wahrscheinlich nicht. Es gibt jedoch auch eine andere Perspektive. Immer mehr Mediziner halten es für eine unzumutbare Härte für den Patienten und seine Familie zu wissen, dass er sterben wird. Ist es ihre eigene Entscheidung, sollte man die Tatsache respektieren, dass jeder Mensch als solcher bestimmte Rechte und Privilegien hat."
(22 Jahre)

Auf Stufe 6, die in empirischen Studien selten gefunden wird, gibt es eine Suche nach allgemeingültigen ethischen Prinzipien. Diese Prinzipien sind abstrakt wie die Goldene Regel oder Kants Fassung des kategorischen Imperativs. Es geht nicht um einen Katalog inhaltlicher Normen. Es geht um allgemeine Verfahren zur Prüfung normativer Entscheidungen, wie sie sich in den Forderungen der Diskursethik finden (vgl. Apel, 1976; Habermas, 1983). Gefordert sind hier Prinzipien wie Mitsprache aller von der Entscheidung Betroffenen, Unparteilichkeit in der Aufnahme der Information, der Abwägung der Argumente und der Interessen oder die Möglichkeit der Revision einer Entscheidung, wenn neue Argumente auftauchen. Grundsätzlich kann jede bestehende Ordnung jederzeit in Frage gestellt werden, wenn geltend gemacht werden kann, dass sie nicht fair ist.

Entwicklung im Erwachsenenalter. In der Kohlberg-Schule wurde die Entwicklung des moralischen Denkens und Urteilens bis ins frühe Erwachsenenalter untersucht. Die Frage, ob es eine Entwicklung des moralischen Urteils im Erwachsenenalter gibt, ist erst in den achtziger Jahren aufgegriffen worden (Eisenberg & Fabes, 1988). Von besonderem Interesse ist die Hypothese, dass moralisches Urteilen im Erwachsenenalter häufiger auf Kontexte und spezifische Situationen relativiert wird (Edelstein & Noam, 1982), etwa anlog der Entwicklung von Weisheit als Expertise im Umgang mit unsicherheitsbehafteten Lebensproblemen (Smith & Baltes, 1990).

Entwicklungsförderung des moralischen - Denkens

Einen umfassenden Überblick über Möglichkeiten pädagogischer Förderung des moralischen Urteilens geben Oser und Althof (1992). Orientiert an Kohlbergs Stufensequenz und analog zu Piagets Äquilibrationskonzept (Kap. 11) wird eine Entwicklungsförderung durch Erfahrung konkreter ethischer Konflikte sowie der Unzulänglichkeiten und Widersprüchlichkeiten entwicklungsmäßig früher Lösungen versucht. Nicht Belehrung, sondern das Angebot von Problemen und die Auseinandersetzung mit unterschiedlichen Meinungen über angemessene Lösungen fördert diesen Aufbau. Das pädagogische Prinzip ist das Angebot moralischer Dilemmata wie sie auch für die „diagnostische" Erfassung der Stufen der Moralentwicklung verwendet werden: Ist Diebstahl zur Rettung eines Menschenlebens erlaubt? Sind Sterbehilfe, Abtreibung in gesundheitlicher oder sozialer Notlage, Bruch beruflicher Schweigepflicht aus guten Gründen, kriegerische Intervention gegen Menschenrechtsverletzungen in einem Staat, Einschränkungen der Menschenrechte aus Gründen der inneren Sicherheit, Tierversuche in der Medizin, Wehrdienstverweigerung aus Gewissensgründen u.a.m. erlaubt? Ziel ist nicht eine Anpassung an vorgegebene Normen und die Erziehung zu bestimmten Tugenden, sondern der Aufbau von Kompetenz zur Lösung moralischer Probleme.

Entwicklungsvoraussetzungen. Schläfli (1986) hat in einer Metaanalyse günstige Entwicklungsvoraussetzungen identifiziert:

(1) Förderkurse müssen sich über viele Wochen und viele Problembearbeitungen erstrecken. Kurzzeitige Interventionen haben praktisch keine Effekte.
(2) Eine aktive Beteiligung der Schüler ist Voraussetzung.
(3) Meinungsstreit ist notwendig, wobei die Argumente von Mitschülern häufig stimulierender sind als die des Lehrers. Ziel ist nicht ein Konsens, sondern Einsicht in moralische Rechte eines immer ausgedehnteren Kreises von Betroffenen.
(4) Die Erfolge sind bei Erwachsenen und bei älteren Heranwachsenden größer als bei jüngeren Kindern: Dies wird als „Nachholeffekt" interpretiert, insofern als die Älteren sich schon längere Zeit argumentativ auf einer bestimmten Stufe bewegen und „reif" für deren Überwindung sind, vielleicht schon Unzulänglichkeiten und Widersprüchlichkeiten dieser Stufe erkennen, und infolgedessen offen sind für höherstufige Argumente.

Es sollte erwähnt werden, dass konventioneller Ethik- oder Sozialkundeunterricht keine Effekte auf das Niveau des moralischen Urteilens hat.

Stufen der moralischen Argumentation und moralisches Verhalten

Kohlbergs Entwicklungsstufen sind nicht als Skala im psychometrischen Sinne gedacht. Nicht Eindimensionalität und Homogenität war das Ziel der Konstruktion, sondern der Aufweis qualitativer Unterschiede zwischen den Stufen. Daher ist hinsichtlich der Bezüge zwischen den Stadien des Argumentierens und dem Verhalten nicht die Bedeutung der sechsstufigen Skala insgesamt, sondern die Bedeutung jeder einzelnen dieser sechs Stufen von Interesse.

Hypothesen müssen spezifisch für einzelne Stufen formuliert werden. Wenn eine qualitative Entwicklungsskala vorliegt, muss man aus den Argumentationsstrukturen oder -orientierungen jeder einzelnen Stufe spezifische Hypothesen über Verhaltenskorrelate entwickeln.

Postkonventionelle Gesellschaftskritik. Wir können erwarten, dass auf dem postkonventionellen Niveau eher Ungerechtigkeiten in der Sozialordnung und in der Politik einer Gesellschaft entdeckt werden als auf Stufe 4. Da auf dem postkonventionellen Niveau die Ansprüche und Interessen aller Betroffenen aus einer möglichst objektiven Perspektive berücksichtigt werden, ist hier eine kritische Reflexion zu erwarten, sobald sich Zweifel aufdrängen, ob die soziale Ordnung und die praktische Politik für alle Betroffenen fair und gerecht sind.

Die politisch aktive amerikanische Jugend der sechziger Jahre ist mehrfach untersucht worden. Die Bürgerrechtsgesetze für die Farbigen und der Vietnamkrieg waren damals Themen. Keniston (1970) und Haan et al. (1968) fanden, dass in politisch aktiven, kritischen Gruppen diejenigen, die auf postkonventionellem Niveau stehen, deutlich überrepräsentiert sind (vgl. Abb. 18.3). Dies gilt wohl primär für die Initiatoren, daneben gibt es Mitläufer aus den verschiedensten Motiven (und wohl auch mit tieferem Niveau auf der Kohlberg-Skala).

Radikaler vs. friedlicher politischer Aktivismus. Aus einer später durchgeführten Untersuchung von Fishkin et al. (1973) geht hervor, dass eine radikale Form des politischen Aktivismus von einer friedlichen Form unterschieden werden muss. In der radikalen Form finden sich gehäuft Personen auf vormoralischem Niveau. Dies ist

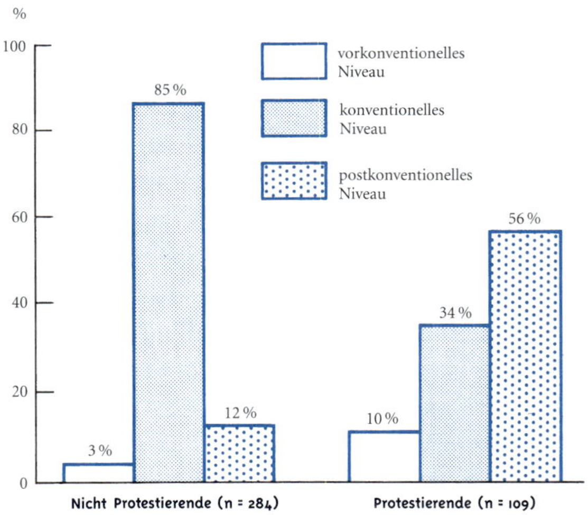

Abbildung 18.3. Niveau des moralischen Argumentierens und Beteiligung an politischen Protestaktivitäten (Themen: Vietnamkrieg oder Bürgerrechte). Vergleich zwischen protestierenden und nicht protestierenden Studenten (nach Haan et al., 1968)

insofern erklärbar, als die radikalen Formen des Aktivismus die Zahl der Opfer meist nicht mindern, sondern erhöhen. Auf der sechsten Stufe, wo auch die Interessen potentieller Opfer eigener Aktionen mitbedacht werden, sind friedliche Formen der Kritik zu erwarten. Kants Imperativ „Handle gegenüber jedem vernünftigen Wesen so, als sei es ein Zweck in sich selbst, und nie, als sei es bloß ein Mittel." verbietet Terroropfer zum Zwecke der Erreichung politischer Ziele.

Postkonventionelle Nonkonformität. Als weitere Verhaltenserwartungen auf postkonventionellem Niveau wurden Nonkonformität bei Gruppendruck (Saltzstein et al., 1972) oder die Ablehnung einer ethisch verwerflichen Forderung einer Autorität (Milgram, 1974) genannt. Aufschlussreich ist auch, dass unter den Kritikern an der Gesellschaft Personen, die auf Stufe 4 argumentieren, deutlich unterrepräsentiert sind. Dies kann als typisch für die Systemtreue der Stufen der konventionellen Moral angesehen werden.

„Männliche" und „weibliche" Moral?

Kohlbergs Stufen können als Entwicklungssequenz der Gerechtigkeitsorientierung verstanden werden: von Eigeninteressen (Niveau I) über die Interessen der Primärgruppe und das Primat bestehender gesellschaftlicher Systeme (Niveau II) bis zu Prinzipien der Verfahrensgerechtigkeit und der unvoreingenommenen Prüfung der Anliegen aller Betroffenen (Niveau III). In Auseinandersetzung mit Kohlberg hat Carol Gilligan (1984) eine an Gerechtigkeit orientierte „männliche" Moral, die sie in Kohlbergs Modell erkennt, von einer an Fürsorge orientierten „weiblichen" Moral unterschieden. Diese Unterscheidung ist nicht neu, aber Gilligans These wurde weithin aufgenommen und diskutiert, obwohl sie konzeptuell nicht klar herausgearbeitet ist. Was ist gemeint?

Prinzip der Bedürftigkeit. Es gibt verschiedene Prinzipien der distributiven Gerechtigkeit, aus denen sich Rechte oder Ansprüche ableiten lassen, z.B. Gleichheit, Chancengleichheit, Leistungsproportionalität, Seniorität u.a.m. Eines dieser Prinzipien ist Bedürftigkeit: Die Zuteilung von Gütern, Ressourcen und Leistungen (also auch Fürsorge) sollte nach Bedürftigkeit vorgenommen werden. Wäre die Moral der Fürsorge so zu verstehen, dass dem Bedürftigkeitsprinzip Vorrang vor anderen Gerechtigkeitsprinzipien gegeben würde? Vermutlich würde Gilligan dem nicht zustimmen, sondern entgegnen, dass sie eher durch ein Motiv gekennzeichnet sei: durch das Motiv, für andere zu sorgen, Verantwortung für sie zu übernehmen, Gutes zu tun und altruistisch zu handeln; nicht dadurch, dass im Vergleich zu anderen gerechte, durch Bedürftigkeit begründete Ansprüche pflichtgemäß erfüllt werden.

Moralische vs. altruistische Motivation. Das ist – wie schon eingangs angesprochen – ein sehr bedeutsamer Unterschied der Handlungsmotivation und des Problemverständnisses. Handeln aus altruistischer Motivation, aus Mitleid oder aus Liebe ist etwas anderes als pflichtgemäßes Handeln aus erlebter Verantwortlichkeit für andere. Nur Letzteres ist eindeutig normativ reguliert und kann als moralisch motiviert klassifiziert werden. Zum Beispiel ist prosoziales Engagement für die Dritte Welt und für benachteiligte Teilpopulationen meist motiviert durch Einsicht in die Ungerechtigkeit der sozialen Verhältnisse und durch entsprechende moralische Gefühle der Schuld und Empörung, nicht durch Mitleid (Montada, 2001a; Montada et al., 1988). Sowohl altruistisch als auch moralisch motivierte prosoziale Handlungen setzen Sensibilität für die Not der Betroffenen voraus. Dennoch können beide Motivsysteme unterschieden werden, sie können auch in Konflikt geraten (Batson, 1996). Zum Beispiel kann das moralische Motivsystem suspendiert werden, wenn Notlagen als selbstverschuldet und deshalb nicht als unverdient angesehen werden (Montada, 2001a und b). Strategien der Verantwortlichkeitsabwehr (Schwartz, 1977; Schmitt et al., 1991a) reduzieren die erlebte normative Verpflichtung zu prosozialem Handeln, sollten aber theoretisch ohne Einfluss auf altruistische Motive sein.

Keine empirische Bestätigung. Gilligans Behauptung, dass die Moral der Gerechtigkeit die männliche, die Moral der Fürsorge die weibliche Moral sei, ist im Übrigen empirisch nicht bestätigt (vgl. Oser & Althof, 1992). Auch ihre Behauptung, Frauen würden in Kohlbergs Skala schlechter abschneiden, weil diese die männliche Gerechtigkeitsmoral erfasse, ist falsch, wie die umfassenden Sekundäranalysen von Walker (1984) und Thoma (1986) zeigen, in denen an insgesamt über 200 Stichproben keine nennenswerten Geschlechtsunterschiede ermittelt wurden.

5 Moralisches Denken und moralisches Handeln

Niedrige Korrelationen zwischen dem moralischen Urteilsniveau sensu Kohlberg und dem moralischen Verhalten sind keine Widerlegung von Kohlbergs Stufenmodell, wenn man nicht eine Konsistenz zwischen moralischem Urteil, moralischer Motivation und moralischem Handeln postuliert.

> **!** Durch das Urteilsniveau bei der Lösung moralischer Dilemmata ist moralisches Handeln nicht determiniert.

Nur zwei Argumente seien genannt:

(1) Durch das Niveau der Argumentation ist die konkrete – inhaltliche – Sollsetzung nicht festgelegt. Auf der gleichen Stufe kann man auch widersprüchliche inhaltliche Urteile begründen. Für Stufe 4 zum Beispiel ist die Verteidigung der Ordnung einer Gesellschaft charakteristisch: In Religionskriegen treffen die Verteidiger unterschiedlicher normativer Systeme aufeinander. Und auf verschiedenen Stufen kann man gleiche inhaltliche Urteile begründen, z.B. die Forderung der Wehrpflicht oder die Forderung der Wehrpflichtverweigerung.

(2) Bei hypothetischen Konflikten, in denen die befragten Probanden nicht aktuell stehen,

können sie ohne persönliche Betroffenheit konstruieren, was sie bei den gegebenen Informationen als richtig ansehen. Ob sie das als richtig Erkannte auch tun würden, ist eine andere Frage.

5.1 Moralisches Wissen versus moralische Motivation

Dass jemand die Forderung der Menschenrechte in allen Staaten für richtig hält, impliziert nicht, dass er sich für deren Durchsetzung verantwortlich fühlt und aktiv engagiert. Da man nicht alle potentiellen Pflichten erfüllen kann, sind Prioritäten zu setzen. Persönliche Motive und unvereinbare Pflichten mögen gegen ein Engagement stehen, z.B. die Gefährdung des eigenen Arbeitsplatzes und damit eine drohende Notlage der eigenen Familie. Viele unterlassen es, in totalitären Regimen gegen das Regime zu protestieren, nicht nur, weil sie um die eigene Sicherheit, sondern weil sie um die Sicherheit ihrer Angehörigen fürchten, deren Schutz sie als ihre erste Pflicht ansehen. Die Notwendigkeit einer Trennung zwischen grundsätzlicher moralischer Norm und der persönlichen Verantwortung, dieser Norm zu entsprechen, hat auch Kohlberg erkannt (Kohlberg & Candee, 1984), nachdem er ursprünglich eine Einheit von moralischem Urteil, moralischer Motivation und moralischem Handeln angenommen hatte (s. auch „Unter der Lupe“, S. 644).

Es gibt Fälle, in denen Norm und Bedürfnis dieselbe Handlung verlangen. Zum Beispiel gibt es altruistische Akte, die einem Bedürfnis entsprechen: Einem geliebten Menschen etwas Gutes zu tun, ist ein Bedürfnis. Es bedarf keiner moralischen Norm. Ob eine Handlungsweise moralisch motiviert oder anders motiviert ist, muss im Einzelfall diagnostisch abgeklärt werden.

5.2 Performanzfaktoren und moralisches Handeln

Moralisches Handeln ist durch Akzeptierung der Gebote und Verbote nicht gesichert. Die Pflichten müssen gegen Bedürfnisse, Affekte, Vorurteile, Motive, Interessen, soziale Nötigungen und Zwänge und entsprechende Ängste erfüllt werden.

Ich-Stärke. Performanzfaktoren sind z.B. Selbstsicherheit, wenn Zivilcourage erforderlich ist (Kuhl, 1986), oder Handlungskompetenz, wenn sachliche Schwierigkeiten existieren. Zur Umsetzung normativer Überzeugungen in Handeln gehören auch Wissen um Möglichkeiten und Kompetenzen zur Selbststeuerung. Die hierzu notwendigen Fähigkeiten hat Kohlberg (1964) unter dem psychoanalytischen Begriff der Ich-Stärke zusammengefasst. Variablen wie Aufschub von Bedürfnisbefriedigung, Antizipation längerfristiger Konsequenzen, Durchhaltevermögen bei langweiligen Aufgaben, Kontrolle antisozialer Phantasien sind als Indikatoren von Selbstkontrolle interpretierbar und gehören zu den besten Prädiktoren normgerechten Verhaltens (Kohlberg, 1964; Mischel & Mischel, 1976).

Aufbau von Selbstkontrolle. Anregungen zum Aufbau von Selbststeuerungsprozessen bietet die Literatur zur Verhaltensmodifikation (Mischel & Mischel, 1976), z.B. die sprachliche Wiederholung der einzuhaltenden Regel in einer Versuchssituation oder die selbstgesteuerte Ablenkung von einem Begierde weckenden Anreiz.

Auch die Aktualisierung persönlich akzeptierter Normen und anderer relevanter Selbstkonzeptkomponenten durch Herstellung objektiver Selbstaufmerksamkeit (Wicklund, 1979) ist hier zu nennen: Ein Blick in den Spiegel macht bewusst, wer man ist und wer man sein will. Dies sind Möglichkeiten zur selbstgesteuerten Konsistenz zwischen moralischem Urteilen und Handeln.

5.3 Konsistenz als Indikator für die integrierende Funktion des Selbst

In einer Serie von Publikationen zur moralkognitiven Entwicklung haben Keller und Edelstein (1993) die Annahme der Einheit von moralischem Urteil, moralischer Motivation und moralischem Handeln hinterfragt. Moralische Motivation konzipieren sie als Verantwortlichkeit, die das Konzept des Selbst als handelndem Akteur voraussetzt. Konstitutiv für das Selbst ist Konsistenz, sowohl in der Selbstwahrnehmung als auch in der reflexiv wahrgenommenen Fremdwahrnehmung durch andere.

Indikatoren für wahrgenommene Inkonsistenz zwischen Norm und Handeln sind – wie bereits gesagt – Gefühle der Schuld und Scham, Rechtfertigungen, Entschuldigungen, Entschädigungen und Sühne bei Verletzungen der moralischen Norm. Konsistenzherstellung nach Normverletzung durch Erklärungen, Rechtfertigungen und Kompensationen dient einer positiven Wahrnehmung durch andere und einer positiven Selbstwahrnehmung. Das Selbst sorgt für Konsistenz und eine Integration von moralischem Denken und Fühlen (Edelstein & Noam, 1982; Edelstein et al., 1993).

Aufbau des moralischen Selbst. In einem ersten Schritt des Aufbaus des moralischen Selbst wird dem Kind bewusst, dass die eigenen Handlungen negative Auswirkungen auf andere haben. Durch die Fähigkeit zur Perspektivenübernahme und Empathie fühlt das Kind diese nach. Das kann eine erste Motivation zur intrinsisch motivierten Normeinhaltung schaffen. In einem zweiten Schritt werden Bewertungen durch andere bewusst, die Implikation für die Selbstbewertung haben.

Das Versprechen

Keller und Edelstein (1993) haben in Längsschnittstudien mit sieben-, neun-, zwölf- und 15-Jährigen folgendes Dilemma vorgegeben: Ein gleichaltriges Mädchen hat ihrer besten Freundin versprochen, sie zu treffen, auch weil die Freundin Probleme hat, die sie besprechen will. Kurzfristig erhält das Mädchen nun eine attraktive Einladung von einem anderen Mädchen, das erst kürzlich zugezogen ist und noch keine Freundin gewonnen hat. Für die jüngeren Probanden handelt es sich um die Einladung ins Kino, wo zum letzten Mal ein spannender Film gespielt wird. Für die Älteren handelt es sich um eine Einladung zu einem Popkonzert. In der Version für Jungen sind alle Beteiligten männlich.

Die Autoren ermittelten Entwicklungssequenzen mit je vier Stufen für das Verständnis des Versprechenskonzeptes, des Freundschaftskonzeptes und für den erlebten moralischen Konflikt.

Versprechenskonzept. Für das Versprechenskonzept sind folgende Stufen unterschieden:

(0) Probanden können keine Gründe angeben, warum ein Versprechen gehalten werden soll.
(1) Als Grund wird nur die Regel (man soll ein Versprechen halten) oder die Legitimierung durch eine Autorität genannt.
(2) Als Gründe werden die persönliche Verbindlichkeit und die Folgen für die Interaktionspartner genannt.
(3) Als Grund wird die generalisierte Norm der Gegenseitigkeit, die Notwendigkeit von Verlässlichkeit und Vertrauen in soziale Beziehungen genannt.

Freundschaftskonzept. Das Freundschaftskonzept entwickelt sich über folgende vier Stufen:

(0) Das Konzept einer engen Freundschaft wird nicht verstanden. Freunde sind die, mit denen man spielt.
(1) Die Häufigkeit des Kontaktes wird als Kriterium genannt.
(2) Die wechselseitige Nähe und das Vertrauen (Teilen von Geheimnissen) sind Kriterien.
(3) Gegenseitige Vertrautheit und Verlässlichkeit, das Teilen von Erfahrungen und Gefühlen, das gegenseitige Verständnis sind Kriterien.

Konfliktverständnis. Stufen des Konfliktverständnisses sind:

(0) Der Konflikt wird nicht konzeptualisiert. Es gibt kein Verständnis für die interpersonale Dimension des Konfliktes.
(1) Das Versprechen wird nicht spontan aufgegriffen. Wünsche aller Betroffenen werden allerdings erkannt.
(2) Die Norm des Versprechens rückt in den Mittelpunkt. Der Bruch des Versprechens ist

UNTER DER LUPE

Entwicklung moralischer Motivation

Nunner-Winkler (1993) konnte nachweisen, dass es ab dem vierten bis fünften Lebensjahr in Bezug auf einige grundlegende moralische Regeln insofern keine Entwicklung mehr gibt, als diese Regeln praktisch allen Kindern bekannt sind. Was sich aber in der Kindheit weiter entwickelt, ist die moralische Motivation.

Moral vs. Bedürfnis. Im Unterschied zu Kohlberg gibt sie keine moralischen Dilemmata als Aufgaben, sondern stellt Konflikte zwischen moralischen Normen und persönlichen Bedürfnissen in Form von Bildgeschichten vor, in denen ein dem Probanden gleichaltriges Kind gleichen Geschlechtes z.B. in der Versuchung steht, einem anderen Kind Süßigkeiten zu stehlen. In einer anderen Geschichte wird ein Kind von einem anderen, durstigen Kind gebeten, von seiner Cola trinken zu dürfen. In einem dritten Fall erhält ein Kind in einem Wettbewerb ungerechterweise alleine den ausgesetzten Preis, obwohl ein anderes Kind gleich viel geleistet hat: Der Konflikt ist, ob es den Preis teilt oder behält.

Kenntnis, Verständigung, Verpflichtung. Zunächst wird die Kenntnis der relevanten Gebote und Verbote überprüft, sodann das Normverständnis und die Normbegründung erfragt. Weder Kenntnis der Norm noch angemessene Normbegründung sichern eine entsprechende Motivation, sie auch einzuhalten. Die moralische Motivation bedeutet Anerkennung der Norm als verpflichtend! Moralische Motivation wurde durch die Frage erfasst, wie sich die Kinder in diesen hypothetischen Geschichten fühlen, wenn sie eine Norm übertreten haben bzw. der Norm entsprochen haben. Die Zuschreibung von Schuldgefühlen nach Übertretung und von Stolz oder Befriedigung nach Normeinhaltung wird als Indikator angesehen, dass die in Frage stehende Norm als verpflichtend betrachtet wird.

Etwa 200 Kinder wurden längsschnittlich erfasst. Rund 60 Prozent der vier- bis fünfjährigen und 50 Prozent der sechs- bis siebenjährigen Kinder erwarten, dass sich das unmoralisch handelnde Kind gut fühlt, weil es die eigenen hedonistischen Bedürfnisse befriedigt hat, während dieser Anteil bei acht- bis neunjährigen Kindern auf unter 30 Prozent sinkt. Spiegelbildlich ist das Wachstum in der Zuschreibung von Schuldgefühlen. Etwa ein Viertel der vier- bis fünfjährigen, die Hälfte der sechs- bis siebenjährigen und über 60 Prozent der acht- bis neunjährigen Kinder schreiben dem normverletzenden Kind moralische Emotionen zu. Gefragt, wie sie sich selber in einer solchen Situation fühlten, sagten noch deutlich mehr Probanden, dass sie sich schlecht fühlen würden.

Wenn diese Zuschreibungen moralischer Emotionen als Indikator der moralischen Motivation genommen werden dürfen, dann ist der Nachweis erbracht, dass ein Teil der Kinder schon im Vorschulalter eine moralische Motivation aufgebaut hat, und dass der Anteil der Kinder mit einer moralischen Motivation mit dem Alter anwächst.

schlimm: Wer das Versprechen bricht, fühlt sich schlecht. Um das auszugleichen, muss versucht werden, der Freundin die Motive verständlich zu machen, also den Normbruch zu rechtfertigen.

(3) Die Norm des Versprechens ist verpflichtend im Sinne einer generalisierten Reziprozitätsnorm und die Freundschaftsbeziehung ebenfalls. Die Probleme der Freundin erhalten moralische Relevanz.

Als Kriterium wird die tatsächliche Handlungsentscheidung gewertet: Wird das Versprechen eingehalten, oder wird die Einladung angenommen und das Versprechen gebrochen. Die empirischen Daten zeigen, dass mehr als 60 Prozent der siebenjährigen Probanden das Versprechen brechen würden, bei den 15-Jährigen sind es nur noch 20 Prozent. Anzumerken ist, dass das Entwicklungsniveau auf den Stufen des Versprechenskonzeptes und des Freundschaftskonzeptes die tatsächliche Entscheidung besser vorhersagt als das Alter der Probanden.

Moralisches Urteil. Das moralische Urteil, wie man sich verhalten sollte, wird aus den kodierten Argumenten erschlossen. Fünf Urteilstypen wurden gebildet:

(1) Eigenes Interesse: Die Verfolgung der aktuell dominanten egoistischen Interessen wird als richtig angesehen.
(2) Freundschaft: Aufgrund empathischer Gefühle und des gegebenen Versprechens wird dessen Einhaltung als die richtige Entscheidung angesehen.
(3) Freundschaft vs. Eigeninteresse: Die Ambivalenz der Konfliktlage wird betont: Einerseits ist es richtig ins Kino zu gehen, andererseits ist es wohl nicht richtig. Es kommt nicht zu einer eindeutigen Entscheidung.
(4) Freundschaft vs. Altruismus: Es ist nicht richtig, ins Kino zu gehen, weil man dem Freund den Besuch versprochen hat. Es ist aber richtig, ins Kino zu gehen, weil man dem anderen Kind, das noch keine Freunde hat, eine Freude machen will.
(5) Altruismus: Es ist richtig, dem anderen Kind, das noch keine Freunde hat, eine Freude zu machen.

Das zentrale Ergebnis lautet, dass mit zunehmendem Alter das moralische Urteil besser mit der präferierten Handlungsentscheidung übereinstimmt. Unter den Neunjährigen, die das Versprechen zu brechen bereit sind, urteilt die Mehrheit, das Versprechen zu halten sei auf alle Fälle richtig (!). Bei den 15-Jährigen sind es weniger als 40 Prozent, die diese Inkonsistenz aufweisen. Von den Neunjährigen, die das Versprechen halten wollen, urteilen nur etwa 50 Prozent in diesem Sinne, bei den 15-Jährigen sind es 90 Prozent.

FAZIT

Moralisches Urteil und moralische Entscheidung sind bei Jüngeren häufig inkonsistent. Das moralische Selbst scheint noch schwankend und ungefestigt und kann nach außen nicht gefestigt und konsistent präsentiert werden. Im Zuge der Entwicklung erreichen immer mehr Kinder ein Maß an Konsistenz, das einem gefestigten moralischen Selbst entspricht.

5.4 Die Funktion des moralischen Selbst

Eine Funktion des moralischen Selbst ist es auch, norm- und wertorientiertes Handeln bei Schwierigkeiten und Belastungen aufrechtzuerhalten. Es gehört zum gesicherten sozialpsychologischen Wissen, dass die Bereitschaft zu prosozialem Handeln mit wachsenden Kosten und Belastungen abnimmt (vgl. Bierhoff, 1980). Allerdings wurde prosoziales Handeln vor allem als situational angeregtes Handeln untersucht, interindividuelle Unterschiede, z.B. in Bezug auf moralische Überzeugungen und prosoziale Motivstrukturen wurden selten erfasst.

Lydon und Zanna (1992) haben die Bedeutung des „moralischen Selbst“ in längerfristigen prosozialen Engagements eindrucksvoll aufgewiesen. Sie hatten die Vermutung, dass Engagements, welche dem Selbstbild (insbesondere den zentralen persönlichen Norm- und Wertorientierungen) entsprechen, nicht wegen Belastungen und Kosten aufgegeben oder eingeschränkt würden, weil dies selbstbildgefährdend wäre und Scham oder Schuldgefühle auslösen würde (s. folgende „Unter der Lupe“, S. 646).

Die Bedeutung dieser exemplarischen Studie für die Entwicklung der Moral liegt auf der Hand.

UNTER DER LUPE

Ist moralisches Handeln immer abhängig von den Kosten, die es verursacht?

In einem Kursus für Klinische Psychologie mussten die Studierenden ein achtwöchiges Praktikum absolvieren. Viele engagierten sich in sozialen Projekten für Behinderte und Obdachlose, pflegebedürftige ältere Menschen, jugendliche Delinquente und andere. Vor Beginn dieser Tätigkeiten wurde erfragt, welchen Wert diese ehrenamtlichen sozialen Dienste für die Studenten hatten, inwieweit sie ihrem Wertesystem entsprachen und für ihr Selbstwertgefühl wichtig waren.
Nach dem achtwöchigen Praktikum wurde die Belastung durch das Praktikum erfasst, aber auch das persönliche Engagement in dieser Aufgabe und die Absicht, diese Dienste über das Praktikum hinaus fortzusetzen. Die Ergebnisse sind bemerkenswert (vgl. Abb. 18.4).

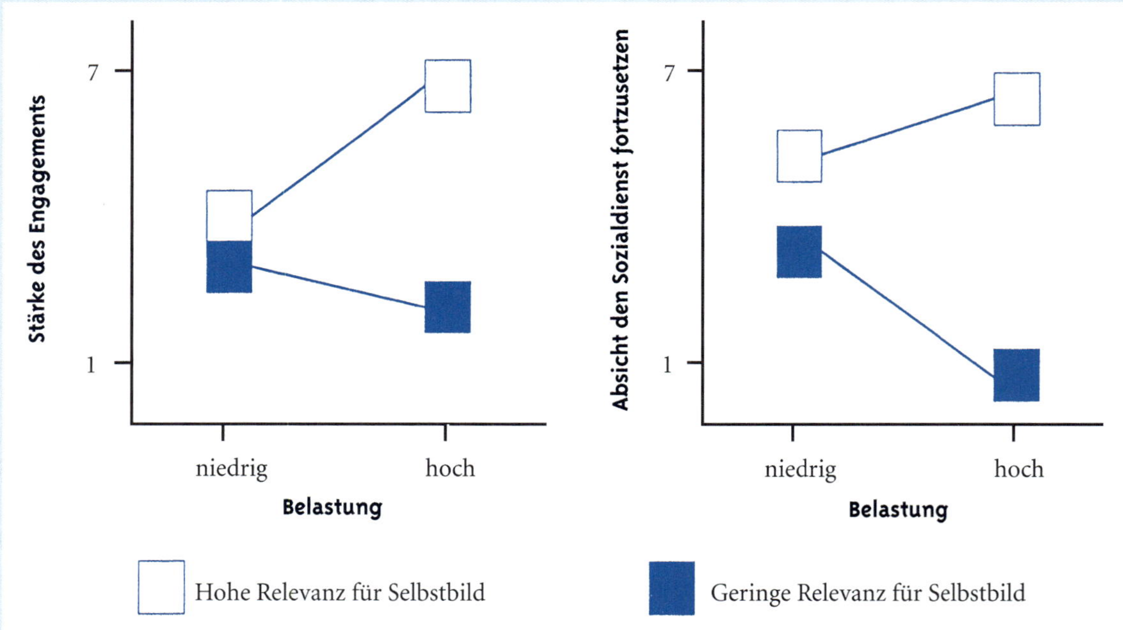

Abbildung 18.4. Das Engagement im Sozialdienst und die Absicht, den Sozialdienst ehrenamtlich fortzuführen, hängt von seiner Relevanz für das Selbstbild und der Belastung ab (nach Lydon & Zanna, 1992)

Engagement für die Aufgabe und die Absicht, diese Dienstleistung fortzuführen, konnten mit der Relevanz dieser Aufgaben für Selbstbild und die persönliche Wertorientierung gut erklärt werden. Je nach Relevanz für das Selbstbild und die Wertorientierung wirkte sich hohe Belastung durch die Aufgabe konträr aus. Bei jenen, für die die Aufgabe geringe Selbstbild- und Werterelevanz besaß, war das Engagement um so geringer, je höher die Belastung war. Bei hoher Selbstbild- und Werterelevanz traf genau das Gegenteil zu: Engagement für die Aufgabe und die Absicht weiterzumachen, waren umso stärker, je höher die Belastung eingeschätzt wurde.

Nur wenn Werte und moralische Normen wichtige Facetten des Selbstbildes geworden sind, ist ihre handlungsleitende Funktion sicher. Andernfalls macht ihre Verletzung keine persönlichen Probleme. Sie gefährdet das Selbstbild nicht.

BEISPIEL

Moralisches Engagement ist dann verlässlich, wenn es der persönlichen Identität entspricht.

Die Person fühlt sich mit ihren wahrgenommenen Verpflichtungen in Übereinstimmung, wenn sie auch gegen konkurrierende Bedürfnisse und Interessen eingehalten werden (vgl. auch Haußer, 1995).

Weiterführende Literatur

Oser, F. & Althof, W. (1992) Moralische Selbstbestimmung. Modelle der Entwicklung und Erziehung im Wertebereich. Stuttgart: Klett-Cotta.

Das Buch vermittelt einen umfassenden Überblick über die Forschung zur Entwicklung des moralischen Urteils und zu Versuchen, moralisches Argumentieren zu fördern.

Edelstein, W., Nunner-Winkler, G. & Noam, G. (Hrsg.) (1993). Moral und Person. Frankfurt/M.: Suhrkamp.

Die Edition enthält philosophische und empirisch/psychologische Beiträge zur Verankerung der Moral in der persönlichen Identität der handelnden Person.

Auhagen, A.E. & Bierhoff, H.-W. (Eds.) (2001) Responsibility: The many faces of a social phenomenon. London: Routledge.

Moralisches Handeln und Bewerten impliziert Urteile über Verantwortlichkeit. In dieser Edition wird das Konzept Verantwortlichkeit aspektreich behandelt.

Kapitel 19
Entwicklung der Geschlechtsidentität

Hanns Martin Trautner

1 Einleitung

1.1 Bedeutung des Geschlechts für Individuum und Gesellschaft

„Ein Junge!“ – „Ein Mädchen!“ So wird jeder neue Erdenbürger nach Inaugenscheinnahme seiner äußeren Geschlechtsmerkmale bei seiner Geburt begrüßt. Als Mädchen oder als Junge geboren zu werden hat Konsequenzen, die über die chromosomalen und hormonellen Unterschiede und die darauf basierende genitale Differenzierung weit hinausgehen. Sollte man aus der Kenntnis eines einzigen Merkmals den Lebensweg eines Menschen voraussagen, dürfte die Geschlechtszugehörigkeit das beste Kriterium sein. In allen Kulturen werden Menschen nicht nur in zwei Geschlechter eingeteilt, sondern mit dieser Einteilung verbinden sich eine Vielzahl von geschlechtsbezogenen Erwartungen oder Vorschriften. Dies gilt in unserer Gesellschaft zum Beispiel u.a. für Spielzeuge, Kleidung, Freizeitangebote sowie Aufgaben in der Familie und im Beruf (Alfermann, 1996; Trautner, 1994).

In einigen wenigen Kulturen gibt es neben der Unterscheidung von Mann und Frau, als Minderheiten, weitere sozial-religiös oder soziosexuell definierte Geschlechterkategorien im Sinne eines „dritten“ oder gar „vierten“ Geschlechts. So z.B. die Berdache (auch als Two-spirit-people bezeichnet) bei den nordamerikanischen Indianern, die sowohl für biologische Frauen wie Männer beschrieben sind (Lang, 1991, 1995; Williams, 1986). Berdaches können als weiblich und als männlich betrachtetes Verhalten zeigen, mit Angehörigen des (biologisch) anderen wie des eigenen Geschlechts sexuellen Umgang haben und diese Personen u.U. auch heiraten (s. Bosinski, 2000). Inzwischen gibt es auch in modernen Industriekulturen Angehörige beider Geschlechter jenseits der herkömmlichen Geschlechterkategorien oder der üblichen transsexuellen Geschlechtsidentitätsstörungen. Sie nennen sich z.B. Queers, Drags, Gendernauts oder Transgenders (Bosinski, 2000, S. 115). In allen diesen Fällen handelt es sich aber um seltene Ausnahmen von der generellen Zweigeschlechtlichkeit.

Umwelt und Sprache. Nicht nur das Individuum selbst ist mit seiner Geburt lebenslang männlich oder weiblich (von den seltenen Fällen einer Geschlechtsumwandlung einmal abgesehen), sondern es wird auch in eine Welt hineingeboren, die nach männlich und weiblich unterschieden ist. Während die Natur bestimmt, ob wir männlich oder weiblich sind, legt die Kultur fest, was es bedeutet, weiblich oder männlich zu sein (Merz, 1979). Bevor ein Kind sich selbst als Junge oder Mädchen einordnet und erlebt, beginnt es, die Welt nach männlich und weiblich zu ordnen; es wird von anderen als Junge oder Mädchen behandelt, d.h. er/sie macht geschlechtsspezifische Erfahrungen.

Auch die meisten Sprachen markieren – in unterschiedlichem Ausmaß – das Geschlecht (den Genus) von Wörtern. Dabei sind das sprachliche und das natürliche Geschlecht meist nur locker miteinander verbunden (Deutsch, 2000; Mills, 1986). Zum Abbau des so genannten Sexismus in der deutschen Sprache (der Dominanz der maskulinen Form z.B. bei Titeln oder Berufsbezeichnungen) gab es in den letzten Jahren zahlreiche Bemühungen, die Gleichwertigkeit der Geschlechter auch sprachlich zum Ausdruck zu bringen (s. z.B. Trömel-Plötz, 1984).

Identität. Aufgrund der aufgezeigten großen sozialen Bedeutung des Geschlechts eines Menschen ist es nicht verwunderlich, dass das Geschlecht für den Aufbau und die Aufrechterhaltung der Identität eines Individuums ebenfalls eine zentrale Rolle spielt. Welchem Geschlecht wir angehören, ist ein integraler Bestandteil dessen, wer wir sind, wie wir uns selbst erleben, und wie andere mit uns umgehen (Trautner, 1987). Unter entwicklungspsychologischer Perspektive ist daher nicht nur die Entwicklung von Geschlechtsunterschieden im beobachtbaren Verhalten, in kognitiven Fähigkeiten oder in Persönlichkeitseigenschaften von Interesse, sondern auch wie männliche und weibliche Individuen ihre eigene Geschlechtstypisierung und die Geschlechtstypisierung in ihrer sozialen Umwelt wahrnehmen und verarbeiten, und wie dies wiederum mit ihren Verhaltensweisen, Fähigkeiten und Eigenschaften zusammenhängt.

Geschlechtsspezifische und geschlechtstypische Merkmale. Während die biologischen und die sozialen Geschlechterkategorien dichotom und invariant sind, handelt es sich bei den mit diesen Kategorien verbundenen physischen und psychischen Charakteristika um abgestufte Merkmale, d.h. für männliche und weibliche Individuen mehr oder weniger zutreffende Merkmale, die sich im Laufe der Entwicklung aufbauen und auch wieder verändern können. Ein Kind kann nur entweder ein Junge oder ein Mädchen sein, eine erwachsene Person nur ein Mann oder eine Frau. Kinder und Erwachsene können jedoch sowohl feminine als auch maskuline Verhaltensweisen zeigen, wobei sich die einzelnen Kinder und Erwachsenen im Grad ihrer Maskulinität und Femininität unterscheiden. Bei der Beschreibung von Unterschieden zwischen den Geschlechtern ist entsprechend zwischen geschlechtsspezifischen und geschlechtstypischen Merkmalen zu unterscheiden.

Geschlechtsspezifisch sollte ein Merkmal nur dann genannt werden, wenn es ausschließlich bei einem Geschlecht vorkommt. Dies trifft nur auf die wenigen direkt mit den spezifischen Funktionen der Geschlechter im biologischen Reproduktionsprozess verbundenen Merkmale zu (z.B. dass nur Frauen menstruieren, Kinder gebären und stillen können, nur Männer Kinder zeugen können; wobei letzteres im Falle des Klonens von Töchtern auch ohne Männer möglich sein wird). Geschlechtsspezifische Unterschiede sind somit bipolar-dichotom verteilt.

Geschlechtstypisch sind hingegen alle Merkmale, die relativ häufiger oder stärker ausgeprägt bei einem Geschlecht vorkommen, d.h., statistisch ausgedrückt: die zwischen den Geschlechtern deutlich stärker variieren als innerhalb einer Geschlechtsgruppe. Psychische Variablen (Fähigkeiten, Interessen, Einstellungen, Persönlichkeitseigenschaften, soziales Verhalten u.ä.), aber auch die meisten physischen Variablen, sind, soweit überhaupt nachweisbare Geschlechtsunterschiede auftreten, geschlechtstypisch und nicht geschlechtsspezifisch verteilt.

Allgemein scheinen Gesellschaften dazu zu neigen, anstelle des bei den beiden Geschlechtern tatsächlich gegebenen Mehr-oder-Weniger physischer oder psychischer Merkmale ein striktes Entweder-Oder zu setzen. Angenommen, Frauen wären z.B. im Durchschnitt etwas stärker für die Kinderpflege geeignet als Männer und Männer etwas stärker an außerfamiliären Dingen interessiert als Frauen, so wird daraus leicht die Erwartung oder gar Forderung abgeleitet, nur Frauen sollten sich um die Kinderpflege, nur Männer sollten sich um außerfamiliäre Dinge kümmern. Die psychische Realität und das soziale Stereotyp können also auffällig voneinander abweichen.

1.2 Die Geschlechtsvariable in der psychologischen Forschung

Die psychologische Forschung zur Geschlechterdifferenzierung kann man nach den jeweils vorherrschenden Grundannahmen, Fragestellungen und Methoden im Wesentlichen in drei Gruppen unterteilen, deren wesentliches Unterscheidungsmerkmal die Art der Verwendung der Geschlechtsvariable ist:

(1) Geschlecht als individuelles Merkmal,
(2) Geschlecht als soziale Kategorie und Stimulusvariable und
(3) Geschlecht als Dimension der Selbstwahrnehmung und Informationsverarbeitung.

Teilweise trifft man auch auf eine Kombination dieser verschiedenen Forschungsperspektiven.

1.2.1 Individuelles Merkmal

Diese Forschungsperspektive steht in der Tradition der Differentiellen Psychologie und betrachtet das Geschlecht – ähnlich wie das Alter, die Schichtzugehörigkeit oder die ethnische Herkunft einer Person – als ein (vorgefundenes) individuelles Merkmal, das in empirische Untersuchungen als unabhängige Variable oder Einflussgröße eingeht, während die beobachteten interindividuellen Unterschiede in der Ausprägung irgendwelcher Variablen (z.B. kognitive Fähigkeiten, Persönlichkeitseigenschaften, Interessen, soziales Verhalten) als davon abhängige Variablen angesehen werden. Als Maß für einen Geschlechtsunterschied dient meist die signifikante Mittelwertsdifferenz zwischen den beiden Geschlechtsgruppen. Zur genaueren Abschätzung des Gewichts der Geschlechtsvariable, d.h. der durch das Geschlecht aufgeklärten Varianz der beobachteten interindividuellen Unterschiede, wird in neuerer Zeit über den Nachweis einer signifikanten Mittelwertsdifferenz in einer Variablen hinaus noch die so genannte Effektstärke des Geschlechts berechnet, wobei man sich immer häufiger auf Metaanalysen stützt, bei denen die Abschätzung des Gewichts der Geschlechtsvariable auf der Basis einer genaueren statistischen Analyse einer großen Zahl einschlägiger Einzelstudien erfolgt.

Biologisches Geschlecht vs. Selbstkonzept. Die große Mehrzahl der zuvor beschriebenen Untersuchungen setzt die Geschlechtsvariable mit dem biologischen Geschlecht gleich. In einer Variante dieses Forschungsansatzes werden Personengruppen mit einem unterschiedlichen psychologischen oder subjektiven Geschlecht, d.h. mit einem maskulinen, femininen oder androgynen Selbstkonzept, gegenübergestellt (s. dazu Alfermann, 1996; Bem, 1974; Bierhoff-Alfermann, 1989; Spence & Helmreich, 1978). Letzteres bedeutet, dass die differentiell-psychologische Sichtweise mit der in Abschn. 1.2.3 beschriebenen Forschungsperspektive (Geschlecht als Dimension der Selbstwahrnehmung) verbunden wird. Dabei wird häufig das psychologische Geschlecht an die Stelle des biologischen Geschlechts gesetzt, ohne zu berücksichtigen, dass Maskulinität, Femininität und Androgynität für biologisch männliche und weibliche Individuen (z.B. Femininität bei einer Frau und einem Mann) ganz unterschiedliche Bedeutung haben können (s. dazu Trautner, 1990). Gemeinsam ist allen Ansätzen, die das (biologische oder psychologische) Geschlecht als eine unabhängige Personvariable verwenden, dass die Charakterisierung einer Geschlechtsgruppe durch die Messung individueller Merkmalsausprägungen und deren nachträglicher Aggregierung zu einem (mittleren) Gruppenwert erfolgt.

1.2.2 Soziale Kategorie und Stimulusvariable

Unter dieser Perspektive wird das Geschlecht als eine bedeutsame (saliente) soziale Kategorie betrachtet, mit der – ähnlich wie mit anderen sozialen Kategorien (z.B. Alter, Schicht, Nationalität) – bestimmte Rollenerwartungen und Rollendifferenzierungen verknüpft sind (s. dazu Eckes & Trautner, 2000b; Maccoby, 1988; Trautner, 1993). Es gibt also nicht nur männliche und weibliche (maskuline und feminine) Personen, die sich mehr oder weniger unterschiedlich entwickeln, sondern unabhängig von der individuellen Ausprägung der Geschlechtstypisierung werden alle heranwachsenden männlichen und weiblichen Personen mit geschlechtsbezogenen Informationen und Rollendifferenzierungen konfrontiert. Insofern ist das Geschlecht ein sozialer Stimulus, der – je nach Entwicklungsstand des Individuums und seinen bisherigen sozialen Erfahrungen – wahrgenommen und verarbeitet wird.

Empirisch gestützte Annahmen. Mit einer derartigen Betrachtungsweise des Geschlechts als sozialer Kategorie sind die folgenden, empirisch gestützten Annahmen verbunden (Trautner, 1993):

- Art und Grad des geschlechtstypischen individuellen Verhaltens variieren sowohl mit dem Geschlechtsbezug einer Situation oder Aufgabenstellung als auch mit der Geschlechterverteilung der beteiligten Personen.
- Die individuelle Geschlechtstypisierung entwickelt und manifestiert sich in Intra- und Intergruppenbeziehungen, wobei vor allem den Interaktionen in geschlechtshomogenen Gruppen und der wechselseitigen Abgrenzung der beiden Geschlechtsgruppen (der Geschlechtersegregation) eine besondere Bedeutung zukommt (Maccoby, 1998; Thorne, 1994).

Man bleibt nun nicht mehr, wie beim in Abschn. 1.2.1 geschilderten Forschungsansatz, bei der Frage stehen, worin sich die beiden Geschlechter unterscheiden, sondern stellt die Frage, welchen Unterschied es – in einem konkreten sozialen Kontext – macht, männlich oder weiblich zu sein.

1.2.3 Dimension der Selbstwahrnehmung und Informationsverarbeitung

Auch die eigene Geschlechtszugehörigkeit bzw. die Art und das Ausmaß der eigenen Geschlechtstypisierung können zu einem sozialen Stimulus (für einen selbst und für andere) werden. Darauf fokussiert dieser dritte Forschungsansatz. Im Vordergrund steht hier die Selbstwahrnehmung als männlich oder weiblich bzw. als (mehr oder weniger) maskulin oder feminin, d.h. die Geschlechtsidentität als wichtiger Teil der eigenen personalen Identität (s. Trautner, 1987). Ist von Interesse, wie sich Personen mit unterschiedlicher selbst erlebter Geschlechtsidentität (z.B. einem maskulinen, femininen oder androgynen Selbstkonzept) in anderer Hinsicht voneinander unterscheiden, wird das psychologische Geschlecht wieder zur unabhängigen Personvariable, wie in Abschn. 1.2.1 beschrieben.

Informationsquellen des Selbstkonzepts. Der Aufbau der individuellen Geschlechtsidentität bzw. eines geschlechtsbezogenen Selbstkonzepts erfolgt – wie auch bei anderen Aspekten des Selbstkonzepts – auf der Grundlage mehrerer ineinander greifender Informationsquellen (Trautner & Lohaus, 1985):

- der Wahrnehmung und Beobachtung von Attributen der eigenen Person,
- dem Vergleich von Attributen der eigenen Person mit denen anderer Personen und
- aus der sozialen Reaktion auf eigenes Verhalten.

Sowohl die Selbstwahrnehmung als auch die Wahrnehmung und Behandlung durch andere orientiert sich dabei in erheblichem Maße an den sozialen Geschlechterkategorien. Sie liefern den Maßstab für den Grad der Übereinstimmung mit bzw. der Abweichung von den kulturell vorherrschenden Geschlechterstereotypen.

Geschlechtsschema-Theorien. In den so genannten Geschlechtsschema-Theorien (Bem, 1981; Martin & Halverson, 1981) wird davon ausgegangen, dass sich im Laufe der Entwicklung auf dem Hintergrund sämtlicher Informationen über die Unterschiede der beiden Geschlechtsgruppen und die eigene Geschlechtstypisierung Geschlechtsschemata aufbauen. Sie werden, einmal vorhanden, zu einer Art Filter der Aufnahme und Speicherung weiterer eingehender Information und der Steuerung eigenen Verhaltens. Im Aufbau der Geschlechtsschemata wie im Ausmaß der Tendenz zur geschlechtsschematischen Verarbeitung sozialer Information gibt es sowohl systematische intraindividuelle Veränderungen als auch interindividuelle Unterschiede (s. Abschn. 4.3.2).

2 Die Geschlechtsidentität als Teilaspekt der individuellen Geschlechtstypisierung

Bis etwa Anfang der siebziger Jahre wurde die Entwicklung der Geschlechtstypisierung in der

Psychologie als ein ganzheitlicher Prozess betrachtet, der sich im Wesentlichen während des Kindesalters im Rahmen der familiären Sozialisation abspielt und in dessen Verlauf sich bei Jungen und Mädchen geschlechtstypische Eigenschaften, Verhaltensmuster und Einstellungen herausbilden. Bezeichnet wurde dieser Prozess als Geschlechtsrollenübernahme oder Geschlechtsrollenidentifikation (Kohlberg, 1966; Mischel, 1970). Mit dieser ganzheitlichen Sichtweise waren meist noch folgende Annahmen verbunden (nach Trautner, 1997):

- Die Übernahme der von der sozialen Umwelt vorgegebenen Geschlechtsrollenstandards ist ein „natürliches", für die psychische Gesundheit notwendiges Entwicklungsziel (Anpassungshypothese).
- Die entscheidenden, die gesamte weitere Entwicklung prägenden Prozesse (z.B. hinsichtlich der eigenen Maskulinität-Femininität und der sexuellen Orientierung) finden in den ersten Lebensjahren statt (Früherfahrungshypothese).
- Die größte Bedeutung für die Geschlechtsrollenübernahme kommt den Eltern zu, sei es aufgrund der von ihnen gegebenen Bekräftigungen geschlechtstypischen Verhaltens, ihres eigenen Modellverhaltens oder ihrer gefühlsmäßigen Beziehung zum Kind (Identifikationshypothese).

Alle drei Thesen lassen sich nach dem heutigen Stand der Forschung nicht mehr aufrechterhalten.

Die traditionelle Sichtweise der Entwicklung der Geschlechtstypisierung zeichnete sich oft durch zwei weitere Merkmale aus:

- Theorie und Empirie beschäftigten sich vorrangig mit der Entwicklung von Jungen.
- Anstelle einer entwicklungspsychologischen Analyse intraindividueller Veränderungen wurden meist nur interindividuelle Differenzen untersucht.

Wandel der Forschungsfragen. Seit den siebziger Jahren hat sich, vor allem unter dem Einfluss der Frauenbewegung und den damit verbundenen Bemühungen zur Gleichstellung von Männern und Frauen, allmählich ein Wandel vollzogen. Nun beherrschen „Frauenfragen" die Diskussion. Anstelle der Übernahme der traditionellen Geschlechtsrollen als universellem Entwicklungsziel ist die Vereinigung (positiver) maskuliner und femininer Eigenschaften in einer Person (Androgynität) oder gar die völlige Loslösung von den Geschlechterkategorien getreten (Bem, 1983; Bierhoff-Alfermann, 1989). Nun geraten auch das Jugend- und Erwachsenenalter stärker in den Blickpunkt des Interesses, vor allem im Zusammenhang mit der Übernahme von familiären und beruflichen Aufgaben (Fend, 1991; Katz, 1979, 1986). Dabei wird die spätere Entwicklung nicht mehr als weitgehend determiniert durch die Kindheitsentwicklung angesehen, und der Gruppe der Gleichaltrigen wird gegenüber dem elterlichen Sozialisationseinfluss zunehmend größere Bedeutung beigemessen (Maccoby, 1998).

2.1 Huston-Matrix

Noch wichtiger für den Fortschritt der entwicklungspsychologischen Forschung als die zuletzt genannten Veränderungen der Auffassungen über den Gegenstand, das Ziel und die Bedingungen der Entwicklung der Geschlechtstypisierung war allerdings die von Huston (1983) eingeführte Differenzierung des globalen Konzepts der Geschlechtsrolle bzw. der Geschlechtstypisierung in Form einer Matrix, in der vier Konstrukte (Entwicklungsdimensionen) unterschieden werden, die sich jeweils auf fünf verschiedene Inhaltsbereiche beziehen können. Diese seither als Standard der Forschung angesehene Huston-Matrix wurde von Ruble und Martin (1998) um einen sechsten Inhaltsbereich, Wertvorstellungen (Values), erweitert (s. auch Eckes & Trautner, 2000b). Die vollständige Matrix ist in Tabelle 19.1 wiedergegeben.

Während bis dahin aus Befunden zu sehr spezifischen Maßen (z.B. den Spielzeugpräferenzen) weitreichende Schlussfolgerungen über die individuelle Geschlechtsrollenidentifikation getroffen

Tabelle 19.1. Eine Matrix von Entwicklungsmerkmalen der Geschlechtstypisierung getrennt nach Inhaltsbereichen (nach Ruble & Martin, 1998; Übers. v. Verf.)

Inhaltsbereich	**Entwicklungsmerkmal** **A.** Konzepte, Überzeugungen	**B.** Identität, Selbstwahrnehmung	**C.** Präferenzen, Einstellungen	**D.** Manifestes Verhalten
1. *Biologisches Geschlecht:* Physische Geschlechterdifferenzierung	**A1.** Geschlechtskategorisierung, Geschlechtskonstanzerkennen	**B1.** Selbsterleben als männlich oder weiblich	**C1.** Wunsch, männlich oder weiblich zu sein	**D1.** Betonung geschlechtsspezifischer körperlicher Attribute (äußere Erscheinung)
2. *Aktivitäten und Interessen:* Spielzeuge, Spielaktivitäten, berufliche und häusliche Aktivitäten	**A2.** Geschlechterstereotype bezüglich Aktivitäten und Interessen	**B2.** Selbstkonzept eigener maskuliner oder femininer Aktivitäten und Interessen	**C2.** Geschlechtsbezogene Bevorzugung von Aktivitäten und Interessen	**D2.** Ausübung geschlechtstypischer Aktivitäten und Interessen, häuslicher und beruflicher Tätigkeiten
3. *Personen-/Soziale Merkmale:* Persönlichkeitseigenschaften, Sozialverhalten, Fähigkeiten	**A3.** Konzepte hinsichtlich geschlechtstypischer Persönlichkeitsmerkmale und geschlechtsangemessenen Sozialverhaltens	**B3.** Selbstkonzept eigener Maskulinität oder Femininität der Persönlichkeit und persönlicher Fähigkeiten	**C3.** Präferenzen für/Wunsch nach Besitz geschlechtstypischer Persönlichkeitseigenschaften oder Fähigkeiten	**D3.** Äußerung geschlechtstypischer Persönlichkeitszüge oder Fähigkeiten
4. *Geschlechtsabhängige soziale Beziehungen:* Geschlecht von Freunden, Sexualpartnern, Vorbildern, des bevorzugten Elternteils	**A4.** Konzepte über geschlechtsabhängige Normen sozialer Beziehungen	**B4.** Selbstwahrnehmung der eigenen Muster von Freundschaftsbeziehungen oder der sexuellen Orientierung	**C4.** Personenpräferenz oder Beliebtheit von Personen in Abhängigkeit vom Geschlecht der Person	**D4.** Beteiligung an sozialen Aktivitäten auf der Basis der Geschlechtszugehörigkeit der Sozialpartner
5. *Verhaltensstile und Ausdrucksweisen:* Nonverbales Verhalten, Sprachstile und Sprechweisen, Spielstile, Phantasie, Zeichnungen	**A5.** Konzepte über geschlechtstypische Verhaltensstile und Ausdrucksweisen	**B5.** Selbstkonzept der eigenen verbalen und nonverbalen Verhaltensstile und Ausdrucksweisen	**C5.** Präferenzen hinsichtlich geschlechtstypischer verbaler und nonverbaler Verhaltensstile und Ausdrucksweisen	**D5.** Manifestierung geschlechtstypischer verbaler und nonverbaler Ausdrucksformen oder Phantasien
6. *Geschlechtsbezogene Werte:* Bewertung der Geschlechtsgruppen und Geschlechtsrollen	**A6.** Wissen über die unterschiedliche Bewertung der Geschlechtsgruppen und Geschlechtsrollen	**B6.** (Verzerrte) Selbstbewertung im Zusammenhang mit der eigenen Gruppenidentität	**C6.** Ingroup-/Outgroup-Bias in den Einstellungen bezüglich der Geschlechtsgruppen und des geschlechtstypischen Rollenverhaltens	**D6.** Diskriminierung von Personen je nach geschlechtsbezogener Ingroup/Outgroup

wurden, war es mit der von Huston vorgelegten multidimensionalen Konzeption nun möglich und nötig, genauer zu spezifizieren, worauf sich einzelne Untersuchungsbefunde beziehen. Bei dieser genaueren Betrachtung der in der Huston-Matrix unterschiedenen Konstrukt-Inhaltsbereiche stellte man fest, dass die verschiedenen Entwicklungsmerkmale der Geschlechtstypisierung intraindividuell weniger eng miteinander korrelieren, als es eine ganzheitliche Konzeption der individuellen Geschlechtstypisierung erwarten lässt. Die im vorliegenden Kapitel vorrangig interessierende Geschlechtsidentität stellt demnach nur einen Teilaspekt der individuellen Geschlechtstypisierung dar, der – je nach Inhaltsbereich, dem Entwicklungszeitpunkt und interindividuell verschieden – mit anderen Teilaspekten der Geschlechtstypisierung mehr oder weniger eng zusammenhängt.

Globale und spezifische Geschlechtsidentität. Es erscheint außerdem sinnvoll, zwischen einer globalen und einer spezifischen Geschlechtsidentität zu unterscheiden (Trautner, 1987). Die globale Geschlechtsidentität – oder Geschlechtsidentität im engen Sinne – beinhaltet die überdauernde Selbstwahrnehmung, das innere Gefühl oder die Überzeugung, (biologisch und sozial) eindeutig männlich oder weiblich zu sein. Was es heißt und was es für einen selbst bedeutet, ein Junge oder ein Mädchen, ein Mann oder eine Frau zu sein, erhält seine inhaltliche Ausfüllung durch die in den Spalten B1 bis B6 der Huston-Matrix aufgelisteten Selbstkonzeptaspekte, d.h. das Erleben des eigenen Körpers, der eigenen Fähigkeiten, Interessen, Verhaltensweisen, Persönlichkeitseigenschaften und sozialen Beziehungen als (eher) maskulin oder feminin.

Zwei Dimensionen. Während Maskulinität und Femininität in der psychologischen Geschlechterforschung ursprünglich als gegensätzliche Pole einer Dimension konzipiert worden waren, werden sie heute als zwei voneinander unabhängige Dimensionen aufgefasst, was bedeutet, dass in einem Menschen feminine und maskuline Anteile vereinigt sein können (Androgynität; s. dazu Alfermann, 1996; Bem, 1974; Bierhoff-Alfermann, 1989). Für das Verhältnis der Geschlechtsidentität im engen Sinne und des Selbstkonzepts eigener Maskulinität-Femininität hat das zur Folge, dass nicht in allen Inhaltsbereichen in gleichem Maße und eindeutig eine maskuline oder feminine Identität gegeben sein muss, damit die Geschlechtsidentität als männlich oder weiblich erhalten bleibt. So verstehen sich Frauen als Frauen, Männer als Männer, gleichgültig ob ihre sexuelle Orientierung heterosexuell, homosexuell oder bisexuell ist, und ob sie z.B. das Bedürfnis haben, sich wie Angehörige des anderen Geschlechts zu kleiden oder zu frisieren. Auch die Ausübung eines geschlechtsuntypischen Berufs oder der Besitz einzelner geschlechtsuntypischer Eigenschaften stellt nicht zwangsläufig die (biologische und soziale) Geschlechtszugehörigkeit in Frage.

2.2 Individuelle konstitutive Elemente des Selbstkonzepts

Kognitive Aspekte. Welche Aspekte des Selbstkonzepts als zentral für die Aufrechterhaltung der eigenen Geschlechtsidentität betrachtet werden und welche nicht, ist individuell verschieden und verändert sich während der Entwicklung. Die Abweichung vom typischen äußeren Erscheinungsbild einer femininen Frau und die Ausübung eher typisch männlicher Tätigkeiten (z.B. Fußball spielen oder einen Bus fahren) tangiert die Geschlechtsidentität bei einer Frau mit einem ansonsten eher femininen Selbstkonzept nicht. In einem anderen Fall (z.B. wenn eine Frau mit einer sehr männlichen Frisur und Kleidung häufiger von anderen für einen Mann gehalten wurde), kann es zur Aufrechterhaltung der Geschlechtsidentität als notwendig erachtet werden, sich stärker dem typischen Erscheinungsbild einer Frau anzupassen. Dass für verschiedene Personen unterschiedliche Aspekte der Maskulinität und Femininität für die eigene Geschlechtsidentität konstitutiv sind bzw. keine Rolle spielen, hat auch damit zu tun, dass die Geschlechtsidentität sich auch auf spezifische Subgruppen der eigenen

Geschlechtsgruppe beziehen kann, wie z.B. Girlie, Emanze, Hausfrau, Karrieretyp bzw. Macho, Proll, Softie, Streber (s. Behrendt et al., 2000; Eckes, 1994). Welche Abweichungen vom typischen Bild die Geschlechtsidentität einer Person tangieren, ist nicht zuletzt kulturabhängig. So gilt in unserem Kulturkreis zwar eine Person auch bei einem geschlechtsuntypischen äußeren Erscheinungsbild oder abweichender sexueller Orientierung weiterhin als Mann oder Frau (je nach biologischem Geschlecht), aber nicht unbedingt als „richtiger Mann“ bzw. „richtige Frau“. Der Besitz typischer Fähigkeiten oder Persönlichkeitseigenschaften (z.B. mathematische Fähigkeiten oder Warmherzigkeit), spielt hingegen eine geringere Rolle.

Entwicklungsverlauf. Solche Differenzierungen bilden sich allerdings erst gegen Ende des Kindesalters aus (s. Abschn. 3.1). Jüngere Kinder, denen ein volles Verständnis für die Geschlechtskonstanz noch fehlt und die noch nicht verstehen, dass es neben Unterschieden zwischen den Geschlechtern auch Gemeinsamkeiten zwischen den Geschlechtern und Unterschiede innerhalb eines Geschlechts gibt, denken noch eher in absoluten Kategorien von männlich und weiblich. Das heißt, sie setzen die Geschlechtszugehörigkeit mit dem Besitz von Maskulinität oder Femininität gleich. Ein Junge zu sein ist damit gleichbedeutend mit maskulin sein. Die Beschäftigung mit einem geschlechtsuntypischen Spielzeug oder die Äußerung eines geschlechtsuntypischen Verhaltens führt somit zwangsläufig zu einer Gefährdung der Geschlechtsidentität. Damit hängt wahrscheinlich auch zusammen, dass jüngere Kinder, vor die Wahl gestellt, mit einem attraktiven geschlechtsuntypischen oder einem unattraktiven geschlechtstypischen Spielzeug zu spielen, eher das unattraktive geschlechtstypische Spielzeug wählen (Frey & Ruble, 1992). Ein Junge, der kein typisch jungenhaftes Verhalten zeigt (z.B. keinen Spaß an Raufereien oder am Fußballspielen hat), zweifelt in diesem Alter u.U. an seiner Geschlechtsidentität und möchte, im Extremfall, lieber ein Mädchen sein, weil er „ein Junge sein“ so eng mit dem Besitz typisch jungenhaften Verhaltens verknüpft (Zucker & Bradley, 1995). Ältere Kinder und Erwachsene sind hingegen eher in der Lage, zwischen der Zugehörigkeit zu einer Geschlechtsgruppe und dem Ausmaß eigener Maskulinität-Femininität zu unterscheiden. Sie wissen, dass beides miteinander zusammenhängt, aber nicht dasselbe ist. Von daher ist für sie durchaus vorstellbar, dass es auch einzelne feminine Jungen geben kann.

Emotionale Aspekte und Verhaltenskomponenten. Sich selbst als männlich oder weiblich einzuordnen und sich als (mehr oder weniger) maskulin oder feminin zu betrachten, stellen im Wesentlichen nur kognitive Anteile der Geschlechtsidentität dar. Die zuvor beschriebenen Beispiele des Umgangs jüngerer Kinder mit evtl. Konflikten zwischen ihrer kategorialen Geschlechtszugehörigkeit und ihrer (selbst erlebten) Abweichung vom typischen Bild des Jungen oder des Mädchens haben bereits deutlich gemacht, dass die individuelle Geschlechtsidentität auch eine emotionale (motivationale) Seite und eine Verhaltensseite beinhaltet.

Wie bei den kognitiven Anteilen der Geschlechtsidentität sind auch hinsichtlich der emotional-motivationalen Seite und der Verhaltensseite globale und inhaltlich ausgefüllte Identitätsaspekte zu unterscheiden (Trautner, 1987). So können sich die gefühlsmäßigen Bewertungen und Einstellungen auf die Geschlechtsgruppe allgemein oder auf spezifische Merkmale der beiden Geschlechter beziehen. Ähnlich kann sich das eigene Verhalten ganz allgemein am Kriterium seiner Geschlechtsbezogenheit bzw. Geschlechtsangemessenheit orientieren, oder es geht um die Äußerung spezifischer (geschlechtstypischer oder -untypischer) Verhaltensweisen.

Die emotional-motivationalen Anteile der Geschlechtsidentität (das Bestreben einer Person, die mit einem Geschlecht verbundenen Attribute zu besitzen) finden sich in der Huston-Matrix unter der Rubrik „Präferenzen“ wieder, die Verhaltenskomponente unter der Rubrik „Geäußertes Verhalten“. Im Falle einer normalen Entwicklung nimmt man an, dass die Präferenzen und das gezeigte Verhalten eher mit der biologischen und sozialen Geschlechtsidentität übereinstimmen, als dass sie davon abweichen. Geht man allerdings davon aus, dass sowohl die Zusammenhänge zwischen den Komponenten der Geschlechtstypisierung als auch zwischen den Inhaltsbereichen innerhalb einer Komponente nicht sehr eng sein müssen, gilt die Aussage einer Übereinstimmung zwischen den verschiedenen Teilaspekten der Geschlechtsidentität nicht generell, sondern eher bereichsspezifisch und individuell verschieden.

Soziale Umwelt. Die bisher beschriebenen kognitiven, affektiven und verhaltensmäßigen Aspekte der Geschlechtsidentität beziehen sich sämtlich auf die eigene Person (Wer und wie bin ich? Wie will und soll ich sein? Woran orientiert sich mein Verhalten?). Die Informationen, die dem geschlechtsbezogenen Selbstkonzept und den Einstellungen und Verhaltensweisen zugrunde liegen, stammen jedoch wesentlich aus der in der sozialen Umwelt wahrgenommenen Geschlechterdifferenzierung und den damit verbundenen Konsequenzen. Insofern erscheint es gerechtfertigt, den Konzepten (Vorstellungen und Überzeugungen) der Person über die Geschlechterdifferenzierung der sozialen Umwelt (von der die Person selbst ein Teil ist) eine besondere, übergeordnete Bedeutung zuzuweisen, wie es z.B. die kognitiven Theorien der Geschlechtstypisierung tun (s. hierzu Abschn. 4.3). In der Huston-Matrix finden sich die Konzepte in der Spalte A wieder (s. Tabelle 19.1). Zwei Teilbereiche wurden in der entwicklungspsychologischen Forschung besonders beachtet: das Geschlechtskonstanz-Verständnis und die Geschlechterstereotypen.

Dabei interessiert nicht nur, wie sich die Geschlechtskonstanz und die Geschlechterstereotypen selbst entwickeln, sondern auch wie sie mit der Geschlechtsidentität bzw. mit deren Teilkomponenten zusammenhängen oder diese beeinflussen. So scheint im Laufe der Entwicklung das Selbstkonzept zunehmend an die Geschlechterkonzepte oder an das sog. Geschlechtsschema angepasst zu werden (Hannover, 2000; Martin, 2000).

3 Die Entwicklung der Geschlechtsidentität über die Lebensspanne

Der Aufbau und die Veränderungen der Geschlechtsidentität im individuellen Lebenslauf sind das Ergebnis eines komplexen Zusammenspiels biologischer, sozialer und individueller Entwicklungsbedingungen (s. Abschn. 4.). Am Anfang steht die Festlegung des genetischen oder chromosomalen Geschlechts (XX oder XY) und die dadurch etwa ab der fünften Schwangerschaftswoche angeregte weibliche oder männliche Ausdifferenzierung der Gonaden (Ovarien oder Testes). Deren Hormonausschüttungen führen ab der zehnten bis zwölften Schwangerschaftswoche zur Ausbildung weiblicher oder männlicher innerer und äußerer Genitalstrukturen. An den äußerlich sichtbaren Geschlechtsmerkmalen (dem morphologischen Geschlecht) wird dann bei der Geburt das soziale oder Erziehungsgeschlecht bestimmt. (Eine detaillierte Darstellung der vor der Geburt ablaufenden Entwicklungsprozesse findet sich in Bosinski, 2000.)

Festgelegte Entwicklungsschritte. Bereits die vor der Geburt stattfindenden Entwicklungsprozesse zeichnen sich dadurch aus, dass die aufeinander folgenden Entwicklungsschritte in einem bestimmten zeitlichen Rahmen auftreten (müssen) und dass die jeweils vorangegangenen Festlegungen in weiblicher oder männlicher Richtung zu den späteren Zeitpunkten sozusagen bestätigt werden müssen, wenn die weitere Differenzierung in der einmal begonnenen Richtung fortgesetzt werden soll. Kommt es an irgendeiner Stelle zu einer Störung des normalen Entwicklungsverlaufs, d.h. geraten aufeinander folgende Stufen miteinander in Konflikt, kann der einmal eingeschlagene Weg u.U. eine andere Richtung nehmen.

Dieses Bild einer zeitlich festgelegten Kette ineinander greifender und aufeinander abgestimmter Entwicklungsprozesse ist im Großen und Ganzen auch auf die weitere Entwicklung von der Kindheit bis ins Erwachsenenalter anwendbar.

Eine biologisch determinierte, an bestimmte Zeitpunkte gebundene feste Abfolge von Entwicklungsschritten findet sich allerdings nur im Bereich der körperlichen Veränderungen (z.B. bei der Ausbildung der sekundären Geschlechtsmerkmale und der Menarche in der Pubertät oder der Menopause). Die kognitiven, affektiven und verhaltensmäßigen Komponenten der Geschlechtsidentität sind in ihrem zeitlichen Ablauf und ihrer individuellen Ausprägung hingegen eher von den in den einzelnen Entwicklungsphasen gegebenen sozialen und individuellen Entwicklungsvoraussetzungen abhängig.

3.1 Entwicklung der Geschlechtsidentität in der Kindheit

3.1.1 Null bis zwei Jahre

Was wissen Säuglinge und Kleinkinder über ihre eigene Geschlechtsidentität und diejenige anderer Menschen? – Zwar kann man Kinder in diesem Alter noch nicht befragen, man kann aber mit Hilfe experimenteller Methoden (z.B. der Habituationsmethode oder der Fixations-Präferenz-Methode) feststellen, welche kategorialen Unterschiede wahrgenommen und/oder präferiert werden. Aus derartigen Experimenten weiß man, dass Säuglinge ab dem dritten Lebensmonat, spätestens jedoch mit sechs Monaten, die Stimmen männlicher und weiblicher Erwachsener auseinander halten und mit neun bis zwölf Monaten männliche und weibliche Gesichter unterscheiden können (Miller, 1983; Leinbach & Fagot, 1993). In diesem Alter wissen sie auch, welche Gesichter und Stimmen zusammengehören (Poulin-Dubois et al., 1994). Kujawski und Bower (1993) fanden, dass bereits 10 bis 14 Monate alte Säuglinge bei der Betrachtung von simultan dargebotenen Filmen, auf denen Kinder des eigenen und des anderen Geschlechts zu sehen waren, Kinder des eigenen Geschlechts signifikant länger anschauten. Dies galt insbesondere für Mädchen.

Die zur visuellen Unterscheidung herangezogenen Merkmale sind in erster Linie die Haarlänge und die Kleidung, die Genitalien spielen für die Unterscheidung in diesem Alter noch keine Rolle (Thompson & Bentler, 1971).

Lässt man Kinder eine Serie von Bildern oder Gegenständen in zwei Gruppen „für Jungen (Männer)“ und „für Mädchen (Frauen)“ sortieren, kann man überzufällige Trefferquoten am Ende des zweiten Lebensjahres oder früher beobachten (Ruble & Martin, 1998). Allerdings sind Kinder in diesem Alter noch nicht in der Lage, die Frage „Bist Du ein Junge (Mädchen)?“ korrekt zu beantworten, oder Bilder, auf denen sie selbst zu sehen sind, zuverlässig nach der Geschlechtszugehörigkeit einzuordnen. Dies gelingt erst mit ca. zweieinhalb bis drei Jahren (Maccoby, 1998).

UNTER DER LUPE

Identifizieren sich Jungen stärker mit dem eigenen Geschlecht als Mädchen?

Bauer (1993) führte 25 Monate alten Kindern, die auf dem Schoß ihrer Mutter saßen, sechs kleine Spielhandlungen vor. Zwei davon waren typisch weibliche Handlungen (z.B. den Bär wickeln), zwei typisch männlich (z.B. ein Haus bauen) und zwei geschlechtsneutral (eine Geburtstagsparty veranstalten). Bevor diese Spielszenen vorgeführt wurden, durften die Kinder mit dem jeweiligen Spielmaterial spontan umgehen. Auf diese Weise erhielt Bauer ein Ausgangsmaß für die Aktivität mit dem Spielmaterial (baseline). Im Anschluss an die Vorführung sollten die Kinder die Szene nachspielen. Zwei Wochen später wurden sie wieder eingeladen und vollführten aus der Erinnerung und eingebettet in andere Aufgaben die gleichen Szenen noch einmal. Die Ergebnisse sind ziemlich eindeutig. Sowohl im unmittelbaren wie im verzögerten Erinnern spielten die Mädchen die Szenen unabhängig von der Geschlechtstypisierung ungefähr gleich gut nach, während die Jungen ein besseres Gedächtnis für maskuline und geschlechtsneutrale Aktivitäten zeigten. Zumindest für Jungen also ist nachgewiesen, dass sich die geschlechtstypische Schemabildung auf Gedächtnis und Leistung (Performanz) auswirkt. Die Mädchen andererseits fanden alle drei Gruppen von Aktivitäten ungefähr gleich attraktiv. Die eigene Geschlechtsrolle ist wohl auch nicht so profiliert, dass sie eindeutig präferiert wird.

Bis zum Ende des zweiten Lebensjahres können Kinder die beiden Geschlechter klar unterscheiden und besitzen ein – zumindest rudimentäres – Wissen über Gegenstände und Verhaltensweisen, die zu den Geschlechtern passen. Bis dahin zeigen sie auch in ihrem Spielverhalten geschlechtstypische Spielzeugpräferenzen (O'Brien & Huston, 1985).

3.1.2 Drei bis sechs Jahre

Bis ins dritte Lebensjahr ist das Wissen über die Verhaltensunterschiede der Geschlechter noch sehr begrenzt. Männlich und weiblich (Junge/Mädchen bzw. Mann/Frau) werden wie Namen gebraucht, sie werden nicht als erschöpfende Klassen erkannt, in die alle Menschen eingeordnet werden können, ohne die Zugehörigkeit zu anderen Klassen (z.B. Erwachsene, Kinder, Schüler) auszuschließen. Es fehlt in diesem Alter auch noch das Verständnis der Geschlechtskonstanz über die Zeit und unabhängig von Wünschen oder Veränderungen des äußeren Erscheinungsbildes.

Geschlechterkategorien. Die auffälligste Veränderung im Verlauf der nächsten drei Jahre ist die nun in allen Bereichen der Geschlechtstypisierung (Konzepte, Identität, Präferenzen, Verhalten) dramatisch anwachsende Bedeutung der Geschlechterkategorien (Ruble & Martin, 1998; Trautner, 1992). Sie lässt sich im Wesentlichen auf die in diesem Alter (weiter) zunehmende Tendenz zur Gruppierung von Dingen nach Ähnlichkeiten und Verschiedenheiten zurückführen, wofür sich die Geschlechterkategorien aufgrund ihrer Invarianz und ihrer sozialen Gewichtung in besonderem Maße eignen. Auch spielt eine Rolle, dass die Kinder allmählich erkennen, dass ihre Geschlechtszugehörigkeit durch den Wunsch nach einem Geschlechtswechsel, durch Veränderungen der äußeren Erscheinung oder die Äußerung geschlechtsuntypischen Verhaltens nicht berührt wird.

Geschlechterstereotype. Nun erweitern die Kinder sehr schnell ihr Wissen über die in ihrer Kultur mit den beiden Geschlechtsgruppen assoziierten Attribute. Sie entwickeln die Überzeugung, dass bestimmte Gegenstände, Aktivitäten oder Eigenschaften besser zum einen als zum anderen Geschlecht passen. Die Entwicklung dieser Geschlechterstereotypen erfolgt bei Mädchen und Jungen etwa gleich schnell, und auch der Inhalt der Stereotypen weist große Ähnlichkeiten auf. Allerdings werden „gute" Eigenschaften tendenziell eher der eigenen Geschlechtsgruppe zugeschrieben, unabhängig davon, ob diese Eigenschaften männlich oder weiblich stereotypisiert sind (Intons-Peterson, 1988).

Kinder in diesem Alter assoziieren bereits auch bestimmte metaphorische Eigenschaften mit Männlichkeit und Weiblichkeit, ohne dass es dafür objektive Anhaltspunkte gibt. So klassifizieren sie z.B. Feuer, Blitze, Haie oder Gorillas, Stofftiere mit langen, gefährlich aussehenden Zähnen und Gegenstände, die groß, dunkel, spitz oder rau sind als männlich bzw. „für Jungen". Weiche, glatte und abgerundete Gegenstände, kleine oder zerbrechlich aussehende Objekte (wie z.B. Schmetterlinge, Enten oder Wolken) oder Pastellfarben werden als weiblich bzw. „für Mädchen" klassifiziert (Leinbach et al., 1997). Ein zorniger Gesichtsausdruck wird als männlich, ein fröhlicher als weiblich erlebt (Leinbach, 1993).

Auch die Wahl oder Ablehnung von Spielsachen oder Spielaktivitäten orientiert sich nun zunehmend am Kriterium ihrer Geschlechtsangemessenheit. Von nun an werden bevorzugt die sozialen Einflüsse verhaltenswirksam, die sich an die kindliche Geschlechtsidentität und die vorhandenen Geschlechterkonzepte assimilieren lassen. Bedingt durch die Unzulänglichkeiten des Denkens des Vorschulkindes (z.B. Zentrierung, fehlende Klassifikationsfähigkeiten) sind die Geschlechterkonzepte und die geschlechtsbezogenen Einstellungen und Präferenzen sehr rigide (Trautner, 1992; Trautner et al., 1988). In Situationen, wo außer der Geschlechtszugehörigkeit keine weiteren Informationen vorliegen, wird das Denken und Verhalten der Kinder von einer einfachen Theorie der Intragruppenähnlichkeit und der Intergruppenverschiedenheit bestimmt (Martin, 2000). Die Geschlechterrollen werden eher wie absolut gültige Naturgesetze oder moralische Prinzipien eingeordnet, statt als kulturell vereinbarte soziale Konventionen verstanden (Levy et al., 1995).

Geschlechtshomogene Gruppen. Auf diesem Hintergrund wird verständlich, dass, neben der Geschlechtsangemessenheit, allmählich auch die (gleiche) Geschlechtszugehörigkeit von Interaktionspartnern und Verhaltensmodellen für die Wahl und Bewertung von Aktivitäten und Objekten zunehmend wichtiger wird (Trautner, 1995). In diesem Alter gewinnen daher auch geschlechtshomogene Gruppen als Kontext, in dem Kinder soziale Erfahrungen sammeln, immer größere Bedeutung. In diesen homogenen Mädchen- bzw. Jungengruppen entwickeln sich unterschiedliche (Spiel-)Kulturen (Maccoby, 1998). Ein Hauptunterschied ist, dass Jungen intensiver als Mädchen Dominanzhierarchien aufbauen und darauf aus sind, ihren Status zu sichern, was sich u.a. an den Themen von Rollenspielen oder beim Austragen von Konflikten zeigt. Die Segregation der Geschlechter wird dadurch unterstützt, dass viele Mädchen die Spielweise der Jungen als zu grob und ungestüm empfinden und die Erfahrung machen, dass Jungen sich durch Mädchen weniger beeinflussen lassen, als und als es Mädchen untereinander gewohnt sind.

3.1.3 Sieben bis elf Jahre

Zwei zentrale Entwicklungsvoraussetzungen für ein volles Verständnis der Geschlechtskonstanz sind im Alter ab sieben Jahre gegeben (s. Trautner, 1985; Trautner et al., 2001):

- die sichere Unterscheidung zwischen äußerer Erscheinung und erschlossener Wirklichkeit als Errungenschaft des konkret-operationalen Denkens (Flavell et al., 1986) und
- die Erkenntnis der genitalen Grundlage des Geschlechts (Bem, 1989; McConaghy, 1979).

In zwei unabhängig voneinander durchgeführten experimentellen Studien fanden Trautner et al. (2002) einen engen Zusammenhang zwischen der Fähigkeit von Kindern zur Unterscheidung von Aussehen und Wirklichkeit (als Entwicklungsvoraussetzung) und dem Geschlechtskonstanzverständnis. Dieser Zusammenhang blieb auch bei Auspartialisierung des Alters erhalten und war unabhängig vom Wissen des Kindes über die genitale Grundlage des Geschlechts. Dieses entwickelte sich als Letztes.

Flexiblere Geschlechterstereotype. Bis zum Beginn des Grundschulalters haben sich die Geschlechtszuordnungen der Kinder hinsichtlich Spielzeug, Aktivitäten und Berufsrollen weitgehend den kulturellen Geschlechtsrollenstandards angenähert (Trautner, 1992; Trautner et al. 1989). Etwas langsamer entwickelt sich das Wissen über geschlechtstypische Persönlichkeitseigenschaften (Trautner et al., 1988; Williams & Best, 1982). Ermöglicht durch weitere Fortschritte in der kognitiven Entwicklung (z.B. den Erwerb höherer Klassifikationsfähigkeiten, die Unterscheidung von Naturgesetzen, moralischen Prinzipien und sozialen Konventionen) werden die bislang rigiden Geschlechterstereotypen allmählich flexibler (Trautner et al., 1988; s. Abb. 19.1).

Es wird erkannt, dass neben Geschlechtsunterschieden auch Gemeinsamkeiten zwischen beiden Geschlechtern existieren und dass geschlechtstypische Merkmale auch innerhalb eines Geschlechts variieren. Parallel dazu sind die Kinder auch besser in der Lage, zwischen geschlechtstypischen und geschlechtsneutralen Merkmalen zu unterscheiden (Trautner, 1992). Die Rigidität oder Flexibilität der kindlichen Geschlechtsrollenstereotype variiert außerdem mit dem jeweiligen Inhalt. Höhere Rigidität bzw. geringere Flexi-

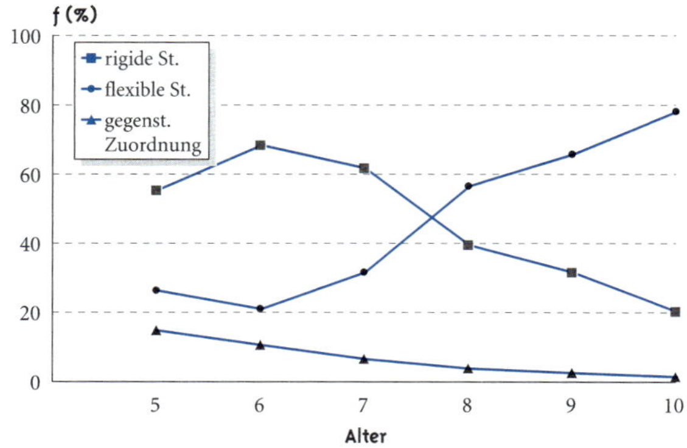

Abbildung 19.1. Relative Häufigkeiten rigider, flexibler und gegenstereotyper Zuordnungen von Geschlechterstereotypen im Altersbereich von 5 bis 10 Jahren (nach Trautner, et al. 1988)

bilität findet sich

- bei Merkmalen der Erwachsenenrolle im Vergleich zu Merkmalen der Kinderrolle,
- eher bei maskulinen als bei femininen Attributen und
- eher bei Aktivitäten als bei Persönlichkeitseigenschaften (Trautner et al., 1988).

In Bereichen, wo eine starke soziale Betonung der Geschlechterdifferenzierung zu beobachten ist (z.B. bei Spielzeug oder bei Berufstätigkeiten) ist die Flexibilisierung der kindlichen Konzepte eher verlangsamt.

Vorschulkinder urteilen über die Eigenschaften und Vorlieben von Kindern oder Erwachsenen, die sie nicht kennen – ungeachtet anderer verfügbarer Informationen – fast ausschließlich auf der Grundlage des Geschlechts dieser Personen. Grundschulkinder können auch weitere, individuelle Informationen in ihr Urteil einbeziehen (Berndt & Heller, 1986; Martin, 1989). Katz und Ksansak (1994) stellten fest, dass die Akzeptanz geschlechtsuntypischer Aktivitäten während der mittleren Kindheit ansteigt. Es gibt aber auch Untersuchungsergebnisse, die auf eine Verfestigung der Ansichten über geschlechtstypisches und -angemessenes Verhalten sowie eine Abnahme der Toleranz gegenüber Abweichungen von traditionellen Geschlechtsrollen deuten (Serbin et al., 1993; Signorella et al., 1993; Stoddart & Turiel, 1985). Die Gründe dürften, wie häufig, vor allem in methodischen Unterschieden der Untersuchungen zu suchen sein.

Geschlechtsrollenpräferenzen. Eine nennenswerte Zunahme kindlicher Geschlechtsrollenpräferenzen ist lediglich bis zum Ende des Vorschulalters zu beobachten (Edelbrock & Sugawara, 1978; Trautner, 1992; Trautner et al., 1989). Nach den vorliegenden Befunden scheinen mit Erreichen des Grundschulalters universelle Alterstrends gegenüber interindividuellen Unterschieden des Entwicklungsverlaufs in den Hintergrund zu treten. Soweit sich Jungen und Mädchen im Ausmaß ihrer Geschlechtsrollenpräferenz unterscheiden, liegen die Werte für Jungen, insbesondere bei Spielzeugwahlen, tendenziell höher. Hinsichtlich anderer Rollensegmente ist ein derartiger Unterschied allerdings nicht zu beobachten.

UNTER DER LUPE

Die Einstellung von Kindern in der Vorpubertät zu geschlechtstypischem und -untypischem Verhalten

Lobel et al. (1993) zeigten zehn- bis zwölfjährigen Mädchen und Jungen vier Videoszenen, in denen einmal ein Junge mit drei Mädchen ein Mädchenspiel, das zweite Mal ein Mädchen mit Jungen ein Jungenspiel und das dritte Mal ein Junge mit Jungen ein Jungenspiel und in einer vierten Bedingung ein Mädchen mit Mädchen ein Mädchenspiel begann. Die beobachtenden Kinder wurden u.a. nach der Beliebtheit des Modellkindes, nach ihrer eigenen Sympathie für das Modell, nach ihrem Wunsch, mit dem Modell etwas zusammen zu machen, und nach der Wahl eines Geburtstagsgeschenkes für das Modell gefragt. Die Ergebnisse zeigen für diese verschiedenen Fragen auch verschiedene Ergebnisse. Bezüglich der Popularität schnitt der Junge im Film, der mit anderen Jungen spielte, am besten ab, wobei er die höchsten Werte von den weiblichen Versuchspersonen zugewiesen bekam. Die drei anderen Modelle wurden etwa gleich bewertet. Bei der persönlichen Sympathie schnitt das Mädchen, das mit anderen Mädchen spielte, am besten ab. Anders verhielt es sich jedoch mit dem Wunsch nach gemeinsamer Aktivität mit dem Modellkind. Die Jungen bevorzugten am meisten den (fiktiven) Kontakt mit dem Mädchen, das mit Jungen spielte, und Mädchen zogen den Jungen, der mit Jungen spielte, vor. Bei der Wahl der Geschenke wählten die Versuchspersonen bei den Modellen, die geschlechtshomogen spielten, erwartungsgemäß geschlechtsspezifisches Spielzeug aus, machten jedoch für die gegengeschlechtlichen Kontakte der Modelle einen Unterschied. Das Mädchen, das mit Jungen spielte, erhielt ein geschlechtsunspezifisches Geschenk, während der Junge, der mit Mädchen spielte, gleich häufig ein geschlechtsspezifisches und geschlechtsunspezifisches Geschenk zugewiesen bekam.

Lässt sich die Entwicklung der Geschlechtsidentität im Vorschulalter hauptsächlich durch die starke Zunahme der Bedeutung der Geschlechterkategorien und die ausgeprägte Rigidität der geschlechtsbezogenen Konzepte und Einstellungen charakterisieren, so zeichnet sich die Entwicklung im Grundschulalter vornehmlich durch eine Differenzierung der kindlichen Konzepte und Einstellungen und deren allmähliche Flexibilisierung aus. Dabei bleibt allerdings die herausgehobene Bedeutung der Geschlechterkategorien insbesondere in den ichnahen Bereichen (dem Selbstkonzept eigener Maskulinität-Femininität und den für die personale Identität als wichtig erachteten Personen, Dingen und Aktivitäten) weitgehend erhalten oder verstärkt sich sogar noch. Von der zunehmenden Flexibilisierung ausgenommen sind auch die Tendenz zur Geschlechtersegregation und die negative Bewertung von anderen Kindern mit geschlechtsabweichendem Verhalten (Ruble & Martin, 1998). Neue Entwicklungsaufgaben im Zusammenhang mit der Geschlechterdifferenzierung stellen sich erst wieder in der Adoleszenz.

3.2 Geschlechtsidentität in der Adoleszenz

Über die weitere Entwicklung der verschiedenen Komponenten der Geschlechtsidentität in der Adoleszenz ist weniger bekannt als über die zuvor geschilderten Entwicklungsprozesse im Kindesalter. Dabei ist die Geschlechterdifferenzierung in männlich und weiblich, wie bereits in der Kindheit, auch im Jugendalter ein wesentlicher Aspekt der Entwicklung (s. Trautner, 1996). Nach der Gender-Intensification-Hypothese von Hill und Lynch (1983) gewinnt die Geschlechtsvariable sogar eher wieder eine erhöhte Bedeutung.

Beschäftigung mit dem Selbst. Die Entwicklung der Geschlechtsidentität im Jugendalter ist auf dem Hintergrund der in dieser Zeit erhöhten Selbstaufmerksamkeit und zunehmenden Beschäftigung mit der eigenen Person zu sehen (Wer bin ich? Wo komme ich her? Was soll ich, was könnte ich werden? Wie gut bin ich? Wie sehen mich die anderen?). Damit wird die Gewinnung einer personalen Identität, wovon die Geschlechtsidentität ein wesentlicher Teil ist (Trautner, 1987), zu einer zentralen Entwicklungsaufgabe dieser Entwicklungsperiode (s. Erikson 1974; Fend, 1991; Marcia, 1980).

Dass die Beschäftigung mit dem Selbst und der eigenen Identität gerade im Jugendalter so stark in den Vordergrund rückt, hat verschiedene Gründe:

(1) Die kognitive Entwicklung ist nun so weit fortgeschritten, dass der Jugendliche versteht, dass jeder zwar Eigenschaften und Interessen mit anderen gemeinsam hat, aber auch in mancher Hinsicht von anderen verschieden ist, und dass die gegebene Wirklichkeit nur eine unter verschiedenen möglichen ist.
(2) Zur gleichen Zeit wächst der Druck von außen, sich mit der eigenen Zukunft (Beruf und Familie) auseinander zu setzen.

(3) Außerdem tragen die raschen und auffälligen körperlichen Veränderungen dazu bei, die Aufmerksamkeit darauf zu richten, was man im Strom dieser Veränderungen an unveränderlicher Identität besitzt bzw. behalten will.

Entwicklungsaufgaben. Mit der Pubertät und den in dieser Zeit eintretenden körperlichen Veränderungen (Ausbildung der sekundären Geschlechtsmerkmale, Auftreten sexueller Triebregungen, Menstruation, Pollution) stellen sich nun neue Entwicklungsaufgaben, die zu einer allmählichen Verschiebung der zentralen Inhalte der Geschlechtsidentität führen. Die Entwicklung der Geschlechtsidentität im Jugendalter ist daher nur teilweise als kontinuierliche Fortsetzung der Kindheitsentwicklung zu betrachten. Erhalten bleiben die globale Geschlechtsidentität (das Selbsterleben als männlich oder weiblich) und das Wissen über die kulturellen Definitionen der Maskulinität und Femininität. Auch die bevorzugte Orientierung an der eigenen Geschlechtsgruppe dominiert weiterhin. Für die nun erforderliche Anpassung an die physiologischen und psychologischen Aspekte der sexuellen Reifung reichen die erworbenen Merkmale der Geschlechtsidentität aber nicht mehr aus.

Folgende Inhalte und Kontexte der Geschlechtsidentität werden im Jugendalter – teilweise zum ersten Mal – thematisiert (s. Trautner, 1996):

- die Akzeptierung des eigenen männlichen bzw. weiblichen Körpers,
- der Aufbau einer sexuellen Orientierung,
- die Aufnahme neuartiger Beziehungen zu Gleichaltrigen,
- die Auseinandersetzung mit den gesellschaftlich vorgegebenen Geschlechtsrollen,
- die Ausbildung schulischer und beruflicher Interessen und die Vorbereitung auf die (überwiegend geschlechtstypisch verteilten) familiären und beruflichen Rollen.

Oft zentrieren sich die Selbstwahrnehmung und die Selbstbewertung in diesem Alter auf die Frage der Akzeptierung durch die anderen und die Frage der eigenen Attraktivität für Angehörige des anderen Geschlechts. Dabei gilt auch heute noch, dass das Aussehen für Mädchen wichtiger ist als für Jungen, wobei sicher auch die größere Sichtbarkeit (z.B. Brüste als Sexualreiz) eine Rolle spielt (Katz, 1979).

Physische Reifung. Hormonell bedingt werden in der Pubertät die physischen Geschlechtsunterschiede markanter. Außerdem findet die körperliche Reifung bei Mädchen etwa zwei Jahre früher statt als bei Jungen, was die Aufrechterhaltung bzw. Bildung gleichgeschlechtlicher Freundschaften unter Gleichaltrigen fördert. Allerdings gibt es hinsichtlich der hormonellen Differenzierung und dem Alter der sexuellen Reifung erhebliche interindividuelle Unterschiede innerhalb der Geschlechtsgruppen (Mussen et al., 1993). Je nach Übereinstimmung oder Abweichung von tatsächlichem Reifegrad und Selbsterleben bzw. Idealselbst können die eintretenden Veränderungen als positiv oder als belastend erlebt werden (Ewert, 1983; Katz, 1986).

Geschlechtsunterschiede. Auffällige Geschlechtsunterschiede gibt es in den schulischen Interessen und in den Fächerwahlen von Jungen und Mädchen, und zwar sämtlich in Richtung der Geschlechterstereotypen (Todt, 1979, 1984). Derartige Interessensunterschiede schlagen sich auch in den späteren Berufswahlen nieder (Fend, 1991). Für Jungen hat die Berufsausbildung auch einen höheren Stellenwert in ihrer Zukunftsplanung als für Mädchen, die daneben auch ihre spätere Rolle als Hausfrau und Mutter im Blick haben (müssen). Die beobachteten Geschlechtsunterschiede entsprechen weitgehend den von den Jugendlichen in ihrer sozialen Umwelt wahrgenommenen geschlechtstypischen Rollenverteilungen im Beruf und in der Familie (Alfermann, 1990).

Geschlechterstereotype. Wie im Abschn. 3.1 geschildert, erreicht das Wissen über die kulturellen Geschlechterstereotype bereits vor Erreichen der Adoleszenz seinen Höhepunkt. Eine weitgehende Kenntnis der Geschlechterstereotype kann bei Jugendlichen somit vorausgesetzt werden. Inwieweit die Flexibilisierung der Geschlechterstereotypen im Verlauf des Jugendalters weiter voranschreitet oder sogar eher wieder abnimmt, ist nicht eindeutig geklärt und dürfte sehr stark von den spezifischen Inhalten und Erhebungsmethoden abhängen (s. Ruble & Martin, 1998).

Dass sich Geschlechterstereotype nicht unbedingt auf die Wahrnehmung und Beschreibung persönlich bekannter Jungen und Mädchen auswirken müssen, konnten Lohaus und Trautner (1985) in einer Untersuchung an 164 Schülerinnen und Schülern der Sekundarstufe I (10- bis 17-Jährige) einer Gesamtschule in Münster zeigen. Die Jugendlichen hatten aus zehn maskulinen, zehn femininen und zehn geschlechtsneutralen Eigenschaften diejenigen auszuwählen, die einen ihnen persönlich bekannten Jungen/ein ihnen persönlich bekanntes Mädchen charakterisieren. Weitere Adjektive konnten hinzugefügt werden. Anschließend hatten die Jugendlichen nach der gleichen Methode einen typischen Jungen und ein typisches Mädchen zu beschreiben. Zum Schluss waren die Adjektive noch danach zu bewerten, ob man eine Person mit der betreffenden Eigenschaft mag, nicht mag, oder ihr gleichgültig gegenüber steht. Wie zu erwarten, entsprachen die Eigenschaftszuschreibungen für den typischen Jungen und das typische Mädchen den gängigen Geschlechterstereotypen. Auch in der Bewertung der Eigenschaften zeigte sich das übliche Bild einer positiveren Bewertung der eher dem eigenen Geschlecht zugeordneten Eigenschaften. Die Zusammenfassung der Beschreibungen individueller, persönlich bekannter Jungen und Mädchen ergab jedoch kein unterschiedliches Bild der beiden Geschlechtsgruppen.

Geschlechtersegregation. Eine interessante Frage ist, was in der Adoleszenz aus der im Kindesalter aufgebauten Geschlechtersegregation wird (s. Maccoby, 1998). Die meisten Untersuchungen zu diesem Thema beschränken sich auf das Kindesalter. Zum Jugendalter findet sich oft nur der allgemeine Hinweis, dass die Segregation der Geschlechter mit dem beginnenden Interesse des Jugendlichen für das andere Geschlecht allmählich zugunsten (heterosexueller) Beziehungen aufgebrochen wird.

Bei Jugendlichen werden zur Abgrenzung der Ingroup von der Outgroup nun auch andere Abgrenzungsmerkmale außer der Geschlechtsgruppenzugehörigkeit bedeutsam: bevorzugte Musikrichtungen, Kleidung, Freizeitaktivitäten, Sprache, Werte und Einstellungen. Dies führt zur Bildung von – gleichgeschlechtlichen und/oder gemischtgeschlechtlichen – jugendlichen Subkulturen (Behrendt et al., 2000). Subgruppen scheinen besser als identitätsstiftende Gruppen geeignet zu sein, d.h. sie werden eher als positiv bewertete Ingroup erlebt als die breite übergeordnete Kategorie (z.B. die Geschlechtsgruppe insgesamt).

UNTER DER LUPE

Ingroup-Bias bei Subgruppen

In einer Untersuchung von Behrendt et al. (2000) sollten 59 Schülerinnen und 67 Schüler der Klassenstufen 11 bis 13 eines Düsseldorfer Gymnasiums (Durchschnittsalter: 17.5 Jahre) alle Jungentypen und Mädchentypen ihrer Altersgruppe nennen, die ihnen einfallen. Anschließend waren die genannten Gruppen auf einem Semantischen Differential einzustufen und hinsichtlich einer Reihe selbst gewählter typischer Beschreibungsmerkmale einzuschätzen. Zum Schluss hatten die Versuchspersonen anzugeben, zu welchen der von ihr genannten Subgruppen sie sich selbst rechnen. Die Outgroups der eigenen Geschlechtsgruppe wurden durchgehend schlechter eingeschätzt als die durchschnittliche Bewertung der anderen Geschlechtsgruppe. Das von der Sozialen-Identitäts-Theorie (Tajfel, 1981) angenommene Bestreben, sich möglichst positiv von anderen Gruppen abzuheben (sog. Ingroup-Bias) lässt sich offensichtlich leichter auf der Ebene frei wählbarer Subgruppen realisieren (wenn nötig durch Gruppenwechsel) als auf der Ebene der vorgegebenen globalen Geschlechtsgruppe.

3.3 Geschlechtsidentität im Erwachsenenalter

Die weitere Entwicklung der Geschlechtsidentität im Erwachsenenalter wird vor allem durch die Auseinandersetzung mit drei neuen Entwicklungsaufgaben beeinflusst (Katz, 1986; Maccoby, 1998; Worell, 1981):

(1) dem Eingehen einer dauerhaften Partnerbeziehung,
(2) der Ausfüllung einer Berufsrolle und
(3) der Übernahme elterlicher Pflichten.

Hierzu sind die aus der Kindheit und Jugend mitgebrachten Verhaltenstendenzen (die Tendenz zur Geschlechtersegregation, geschlechtstypische Interaktionsstile und das Dominanzgefälle zwischen den Geschlechtern) entsprechend den neuen Anforderungen zu transformieren. Die in früheren Jahren in den geschlechtshomogenen Gruppen von Gleichaltrigen aufgebauten Interaktionsmuster erweisen sich dabei in den Beziehungen zu Angehörigen der eigenen Geschlechtsgruppe zwar weiterhin als brauchbar, sind aber für die Interaktionen mit Angehörigen der anderen Geschlechtsgruppe in den neuen Rollen als liebender Partner, Arbeitskollege und Eltern weniger geeignet (s. Maccoby, 1998).

Wie wenig Frauen und Männer durch ihre (geschlechtstypischen) Kindheitserfahrungen auf ihre Rollen als Mutter oder Geldverdiener vorbereitet bzw. festgelegt sind, fasst Katz (1986, S. 48) in folgendem Satz zusammen: "Playing with dolls as a child probably has as much applicability to caring for a noisy, intrusive infant as playing with cars has to becoming president of General Motors."

Rollenvorgaben. Die heute noch immer vorhandenen starken Unterschiede der Rollen von Männern und Frauen in Beruf und Familie führen dazu, dass die Geschlechtsidentität erneut eine besondere Bedeutung für die erwachsene Persönlichkeit erhält, mit unterschiedlichen Bedeutungsinhalten für die beiden Geschlechter, und zwar relativ unabhängig von den psychischen Voraussetzungen der Beteiligten. Für die weibliche Identität ist traditionell die Rolle als Frau und Mutter zentral, für die männliche Identität die Rolle des Geldverdieners. Durch diese Rollenvorgaben wird der Verhaltensspielraum von erwachsenen Frauen und Männern weit stärker festgelegt als dies durch die Geschlechterrollen in der Kindheit der Fall war. Was in der Kindheit nur unterschiedliche Interaktionsstile von Jungen und Mädchen waren, wird nun zu strukturellen Unterschieden der sozialen Positionen von Männern und Frauen (Eagly, 1987; Glick & Fiske, 1996).

Rolle der Frau. Aufgrund der größeren ökonomischen Abhängigkeit und der stärkeren Belastung durch Kinder und Haushaltspflichten bzw. – im Falle der Berufstätigkeit – der Doppelbelastung durch Familie und Beruf kommt es bei Frauen häufig zu einem Konflikt zwischen

- der globalen Geschlechtsidentität (die nicht in Frage gestellt wird),
- dem Selbstkonzept eigener Femininität-Maskulinität (das zwar an den kulturellen Standards gemessen wird, die aber teilweise als unangemessen, weil benachteiligend, angesehen werden) und
- den individuellen Präferenzen und Lebenszielen (die oft in Richtung höher bewerteter traditionell männlicher Rollenmerkmale gehen).

Sozialer Wandel. In den letzten Jahrzehnten zeichnet sich – vor allem in den USA und Westeuropa – ein allmählicher sozialer Wandel zumindest der Frauenrolle ab (Katz, 1979, 1986). Folgende Veränderungen lassen sich bei Frauen beobachten: eine stärkere Ausrichtung auf den Beruf, insbesondere auf höhere Ausbildungsgänge, ein Hinausschieben des Heiratsalters und ein Absinken der Kinderzahl sowie die Aufnahme einer beruflichen Ausbildung oder Berufstätigkeit nach einer Phase der Hausfrauentätigkeit bis ins mittlere Lebensalter. Komplementäre Veränderungen der Männerrolle, mit Ausnahme vielleicht einer stärkeren Beteiligung von Vätern an der Kindererziehung, sind nicht festzustellen (Alfermann, 1990; Badinter, 1986).

Annäherung. In der zweiten Lebenshälfte scheint dann eine gewisse Annäherung der beiden Geschlechter in ihrer Geschlechtsidentität stattzufinden (Katz, 1986). Aus evolutionsbiologischer Sicht ließe sich dies auf die nach der Reproduktionsphase fehlende Notwendigkeit eines ausgeprägten Geschlechtsunterschieds zurückführen.

4 Erklärungsansätze für die Entwicklung der Geschlechtsidentität

Theorie der psychosexuellen Identifikation (Freud). Erklärungsansätze für die Entwicklung der Geschlechtsidentität versuchen die Frage zu beantworten, wie aus biologisch männlichen oder weiblichen Individuen (psychologisch) maskuline oder feminine Persönlichkeiten werden. Ein früher Versuch der Beantwortung dieser Frage stellt die von Sigmund Freud (1905, 1925) aufgestellte Theorie der psychosexuellen Identifikation dar. Sie hat allerdings aufgrund fehlender empirischer Belege heute nur noch historische Bedeutung (s. Roos & Greve, 1996; Ruble & Martin, 1998). Ihr Gegenstand ist außerdem eher die Ausbildung der (hetero-)sexuellen Orientierung als der Aufbau der psychischen Geschlechtsidentität und der sozialen Rolle.

Im Zentrum der Theorie Freuds steht die – unbewusst ablaufende – Bewältigung des Ödipuskomplexes (bei Jungen) während der sog. phallischen Phase (um das fünfte Lebensjahr). Danach soll gelten: Der kleine Junge begehrt die Mutter sexuell und erlebt den Vater dabei als Rivalen. Da er die inzwischen entdeckte Penislosigkeit der Mädchen als Folge einer Kastration ansieht, fürchtet er vom Vater für seine unerlaubten Triebwünsche mit Kastration bestraft zu werden. Seine Kastrationsangst bewältigt der Junge, indem er sich mit dem bedrohlichen Vater identifiziert und sein sexuelles Begehren gegenüber der Mutter in Zärtlichkeit verwandelt. Die dadurch aufgebaute heterosexuelle Orientierung soll dann in der Pubertät manifest werden.

Beim Mädchen ist die Konstellation (sexuelles Begehren des gegengeschlechtlichen Elternteils und Erleben des gleichgeschlechtlichen Elternteils als Rivale) ähnlich. An die Stelle der Kastrationsangst tritt aber der Penisneid und die Identifikation mit der Mutter erfolgt aus Angst vor Liebesverlust.

Gegenstand aktueller Erklärungsansätze. Die aktuellen in der Entwicklungspsychologie vertretenen Erklärungsansätze lassen sich grob in biologische, sozialisationstheoretische und kognitive Ansätze unterteilen (Eckes & Trautner, 2000; Maccoby, 1998). Dabei sind drei verschiedene Gegenstände der Erklärung zu unterscheiden (s. Trautner, 1997a):

(1) der Aufbau der Geschlechtsidentität und die typischen intraindividuellen Veränderungen in den einzelnen Entwicklungsmerkmalen im Laufe der Ontogenese,
(2) Unterschiede zwischen den Geschlechtern und
(3) individuelle Unterschiede innerhalb der Geschlechter.

Diese drei Erklärungsgegenstände sind nicht unabhängig voneinander. So sind zwar bei beiden Geschlechtern die gleichen Faktoren (z.B. Hormone, Verhaltenskontingenzen oder Geschlechtsschemata) in einem bestimmten zeitlichen Rahmen für die charakteristischen Veränderungen von Teilaspekten der Geschlechtsidentität verantwortlich. Aber aufgrund der unterschiedlichen Ausprägung der relevanten Faktoren bei den beiden Geschlechtern und innerhalb der Geschlechter (z.B. des Vorherrschens männlicher oder weiblicher Hormone, der unterschiedlichen Behandlung von Jungen und Mädchen oder der jeweils stärkeren Elaboration des Own-sex-Schemas) tragen sie gleichzeitig zur Differenzierung zwischen den Geschlechtern und zur Variation innerhalb der Geschlechtsgruppen bei.

Die im Folgenden dargestellten Erklärungsansätze schließen sich nicht gegenseitig aus, sondern ergänzen sich, da die im Einzelnen behandelten biologischen, sozialen und kognitiven Faktoren auf komplexe Art und Weise bei der Entwicklung der Geschlechtsidentität zusammenwirken. Die einzelnen Erklärungsansätze richten sich außerdem eher auf bereichsspezifische Variablen (z.B. die Ausbildung eines eher maskulinen oder femininen Selbstkonzepts der Persönlichkeit, die Bevorzugung geschlechtstypischer Aktivitäten oder die Ausbildung der sexuellen Orientierung) als auf globale Größen wie z.B. eine generelle Geschlechtsrollenidentifikation. Schließlich ist zu beachten, dass es auch Bedingungszusammenhänge zwischen Teilaspekten der Geschlechtsidentität gibt (z.B. zwischen der individuellen Geschlechtsschematisierung und der Präferenz für geschlechtsangemessenes Verhalten).

4.1 Biologische Ansätze

Hierunter fallen Ansätze, die sich entweder mit den auf individueller Ebene einwirkenden „Nah-Ursachen" der Geschlechterdifferenzierung (Genen, Hormonen, neuronalen Grundlagen) befassen, oder die Zusammenhänge zwischen den in der „fernen" Evolutionsgeschichte von Männern und Frauen verankerten Anpassungsproblemen und dem heutigen Verhalten von Männern und Frauen annehmen.

4.1.1 Chromosomale, hormonelle und neuronale Grundlagen

Während der vorgeburtlichen Entwicklung bildet sich unter dem Einfluss der Geschlechtschromosomen (XX und XY) bzw. der von ihnen determinierten Ausbildung der Gonaden und den von diesen produzierten männlichen oder weiblichen Hormonen das morphologische Geschlecht (die äußeren Genitalien) aus. Dieses bestimmt bei der Geburt dann das soziale Erziehungsgeschlecht. Es stellt sich nun die Frage, ob die chromosomalen und hormonellen Unterschiede der Geschlechter nur mit physischen Geschlechtsunterschieden einhergehen oder auch zu Persönlichkeits- und Verhaltensunterschieden der Geschlechter führen. Da im Normalfall das chromosomale, gonadale und morphologische Geschlecht übereinstimmen und das Erziehungsgeschlecht und die subjektive Geschlechtsidentität wiederum dem biologischen Geschlecht entsprechen, lässt sich in den Fällen einer normalen Entwicklung nicht entscheiden, welches Gewicht den einzelnen Faktoren jeweils zukommt. Erst wenn es zwischen den verschiedenen Ebenen des Entwicklungsprozesses zu Widersprüchen kommt oder wenn die Ausprägung eines Faktors auffällig von der Norm abweicht, lässt sich die Bedeutung der einzelnen Faktoren abschätzen. Aus diesem Grund finden sich in der Literatur in diesem Zusammenhang auch überwiegend klinische Beispiele, wobei insbesondere der Frage der Bedeutung hormoneller Faktoren nachgegangen wird (s. Bosinski, 2000; Ruble & Martin, 1998). Außerdem werden eher Geschlechterunterschiede im Verhalten (z.B. der Aggressivität) und in geistigen Fähigkeiten (z.B. dem Muster verbaler und räumlicher Fähigkeiten) untersucht als Aspekte der Geschlechtsidentität im engeren Sinne (z.B. das Selbstkonzept eigener Maskulinität-Femininität oder geschlechtsbezogene Einstellungen).

Hormonell bedingte Dispositionen. Die bisher zum Einfluss von Hormonen auf die psychische Geschlechterdifferenzierung vorliegenden Befunde weisen darauf hin, dass pränatale stereoide Sexualhormone zu unterschiedlichen Mustern des späteren Sozialverhaltens von Jungen und Mädchen beitragen (Bosinski, 2000; Christiansen, 1992). Und zwar scheinen Jungen und Mädchen unterschiedlich disponiert zu sein, auf welche Arten von Stimuli sie wie emotional reagieren (Maccoby, 1998). Vor allem die Ausprägung expansiver, aggressiver Verhaltensweisen scheint mit dem Androgenspiegel zu korrelieren (Chasiotis & Voland, 1998).

Inwieweit sich beim Widerspruch zwischen biologischem und sozialem Geschlecht eher das eine oder das andere bei der Ausbildung der subjektiven Geschlechtsidentität durchsetzt, wird kontrovers diskutiert (s. Bosinski, 2000). Unterschiedliche Ergebnisse dürften auch damit zu tun haben, dass es sich bei Geschlechtsidentitätsstörungen um ein äußerst heterogenes Störungsbild handelt (s. Bosinski, 1996; Bradley & Zucker, 1997).

4.1.2 Evolutionäre Grundlagen der Geschlechterdifferenzierung

Aus evolutionstheoretischer Perspektive sind Geschlechterunterschiede dort am ehesten zu erwarten, wo unsere Vorväter und Vormütter einem unterschiedlichen Selektionsdruck, d.h. unterschiedlichen Anpassungsproblemen ausgesetzt waren, um die drei biologischen Imperative zu erfüllen (Chasiotis & Voland, 1998; Kenrick & Luce, 2000; Maccoby, 1998):

(1) bis ins fortpflanzungsfähige Alter zu überleben,
(2) sich fortzupflanzen und
(3) den Nachwuchs aufzuziehen, bis dieser das fortpflanzungsfähige Alter erreicht hat.

Aufgrund der unterschiedlichen Fortpflanzungsfunktionen der beiden Geschlechter (große Zahl möglicher Nachkommen, Unsicherheit über die Vaterschaft bei Männern; begrenzte Zahl möglicher Nachkommen, lange Schwangerschaft und Pflegezeit bei Frauen) bildeten sich für Männer und Frauen unterschiedlich angepasste Verhaltensstrategien in der Konkurrenz um Sexualpartner und in ihrem elterlichen Investment heraus. Soweit die Anpassungsprobleme für beide Geschlechter gleich sind (z.B. im Aufbau einer langdauernden emotionalen Beziehung zum Lebenspartner oder den eigenen Kindern), dürften im übrigen keine auffälligen Geschlechtsunterschiede existieren.

Als Ergebnis der unterschiedlichen Ausgangsbedingungen sollten sich im Laufe der Evolution – abgestimmt auf die unterschiedlichen Anpassungsprobleme – unterschiedliche Lernbereitschaften von Männern und Frauen herausgebildet haben. Entsprechend sagt die Evolutionstheorie voraus, dass Geschlechterunterschiede dann sehr wahrscheinlich evolutionär bedingt sind, wenn diese kulturübergreifend vorkommen und der Sozialisationsaufwand zu ihrer Hervorbringung eher gering ist. Sind trotz evolutionärer Grundlage keine Geschlechterunterschiede zu beobachten, dann müsste der Sozialisationsaufwand (zur Verringerung der Unterschiede) allerdings eher hoch sein, und verschiedene Kulturen dürften sich eher unterscheiden.

Schwächen. Die Argumentation der Evolutionstheorie erscheint zwar plausibel, hat aber im Kontext der Erklärung der Entwicklung der Geschlechtsidentität einige Schwächen:

- Gegenstände der Erklärung sind nur die Unterschiede der männlichen und weiblichen Spezies als Gruppe, nicht die Unterschiedlichkeit innerhalb der Geschlechter.
- Die Angepasstheit des Verhaltens zeigt sich erst nach Erreichen der Fortpflanzungsreife. Die erklärungsbedürftigen Entwicklungsprozesse (z.B. unterschiedliche Interaktionsstile, Geschlechtersegregation) finden jedoch zum großen Teil vor dieser Zeit statt und müssten als Vorbereitung auf die späteren Aufgaben betrachtet werden.
- Es finden sich keine Aussagen, auf welchem Wege die angenommenen geschlechtstypischen Prädispositionen auf individueller, interpersoneller und Intergruppenebene vermittelt werden.

Abschließend ist zur Beurteilung des Einflusses biologischer Faktoren auf die Entwicklung der Geschlechtsidentität außerdem darauf hinzuweisen, dass:

- sich biologische Faktoren und Verhalten wechselseitig beeinflussen. (So wird Verhalten nicht nur durch Hormone gesteuert, sondern Hormonausschüttungen erfolgen auch abhängig vom Verhalten oder der Stimulation.)
- selbst wenn biologische Faktoren wirksam sind, deren Effekte durch soziale Einflüsse überlagert und modifiziert werden können (was allerdings auch umgekehrt gilt).

4.2 Sozialisationstheoretische Ansätze

Sozialisationstheoretische Ansätze basieren auf der Annahme, dass geschlechtstypische Eigenschaften, Einstellungen und Verhaltensweisen erlernt werden, indem sie von den Eltern oder anderen „Sozialisationsagenten" (z.B. Lehrern, Gleichaltrigen) bevorzugt bekräftigt werden (Bekräftigungstheorie) und/oder indem Personen des gleichen Geschlechts bevorzugt als Modelle gewählt werden (Imitationstheorie).

4.2.1 Bekräftigungstheorie

Die Annahme, die Geschlechterdifferenzierung lasse sich im Wesentlichen auf Bekräftigungslernen zurückführen, beinhaltet drei aufeinander aufbauende Hypothesen (Trautner, 1994, 1997):

(1) Eltern und andere Interaktionspartner erwarten von Jungen und Mädchen unterschiedliches Verhalten (differentielle Erwartungen).
(2) Sie bekräftigen Jungen und Mädchen für unterschiedliches Verhalten (differentielle Bekräftigungen).
(3) Die Geschlechtstypisierung von Jungen und Mädchen nimmt aufgrund der unterschiedlichen Bekräftigungsmuster zu (differentielle Bekräftigungseffekte).

Differentielle Erwartungen. Die erste Hypothese (differentielle Erwartungen) ist durch zahlreiche Untersuchungen über Geschlechterstereotypen gut belegt (Basow, 1986; Eccles et al., 2000; Ruble & Martin, 1998). Daraus ist allerdings nicht abzuleiten, dass Eltern ihre Kinder auch (vollkommen) in Übereinstimmung mit ihren Erwartungen und stereotypen Überzeugungen erziehen. Im Gegenteil scheinen heute viele Eltern die gängigen Geschlechterstereotypen nicht unbedingt als erstrebenswertes Erziehungsziel für ihre eigenen Kinder zu betrachten (Trautner, 1992).

Differentielle Reaktionen. Auch unterschiedliche Bekräftigungsmuster (differentielle Reaktionen) gegenüber dem Verhalten von Jungen und Mädchen konnten nachgewiesen werden, insbesondere im Bereich des Spielverhaltens von Kindern (Fagot, 1978; Huston, 1983; Ruble & Martin, 1998). Dies galt vor allem, wenn Väter berücksichtigt wurden (Langlois & Downs, 1980; Siegal, 1987; Tauber, 1979a). Nach den Ergebnissen dieser Untersuchungen unterstützen Mütter und Väter bei Jungen stärker Leistungs- und Wettbewerbsverhalten, Unabhängigkeit sowie Affektkontrolle, und sie strafen Jungen generell mehr. Gegenüber Mädchen zeigen sie mehr Zuwendung und Zärtlichkeit, unterstützen Sauberkeit und unterbinden wilde Spiele.

Auf der Grundlage einer Metaanalyse von 172 einschlägigen Studien gelangten Lytton und Romney (1991) allerdings zu dem Schluss, dass mit Ausnahme der elterlichen Unterstützung geschlechtstypischer (Spiel-)Aktivitäten und einer häufigeren Bestrafung von Jungen, Mädchen und Jungen weitgehend die gleichen Sozialisationserfahrungen machen. Dabei nahmen die Effektstärken über das Alter (bis zum Ende der Kindheit) eher ab. Mit der Adoleszenz ist evtl. wieder eine anwachsende Differenzierung elterlichen Verhaltens gegenüber Jungen und Mädchen zu erwarten (Gjerde, 1986).

Interpretationen des Zusammenhangs. Die Beobachtung eines korrelativen Zusammenhangs zwischen dem Geschlecht des Kindes und unterschiedlichem Bekräftigungsverhalten der Eltern reicht zur Stützung einer Bekräftigungstheorie allerdings nicht aus, da das elterliche Verhalten ebenso als Reaktion auf (anders als durch Bekräftigung zustande gekommene) Geschlechtsunterschiede wie als deren Ursache interpretiert werden kann. So ist es nach dem Kontrollsystemmodell von Bell (1971) durchaus denkbar, dass Eltern, je nach ihren geschlechtsbezogenen Erziehungszielen, nur dann das Verhalten ihrer Kinder zu beeinflussen versuchen, wenn es außerhalb des Toleranzbereichs ihrer Geschlechtsrollenerwartungen liegt. Stimmen die Kinder jedoch in ihrem Verhalten damit überein, verhalten sie sich u.U. gegenüber Jungen und Mädchen sehr ähnlich. Außerdem reagieren Jungen und Mädchen teilweise unterschiedlich auf das gleiche elterliche Verhalten (Eisenberg et al., 1996).

Für den Nachweis eines kausalen Zusammenhangs zwischen elterlicher Bekräftigung und der Geschlechtstypisierung ihrer Kinder müssten Längsschnittuntersuchungen durchgeführt werden, bei denen ein systematischer Zusammenhang zwischen erfahrener differentieller Bekräftigung und einer Zunahme geschlechtstypischen Verhaltens über die Zeit gegeben ist. Solche Studien gibt es noch nicht.

Einfluss Gleichaltriger. Eltern stellen im Übrigen nur eine Quelle differentieller Reaktionen dar (neben Lehrern, Geschwistern, Spielkameraden, Freunden etc.). Nach der Gruppensozialisationstheorie von Harris (1995) ist die Gruppe der Gleichaltrigen u.U. eine wichtigere Instanz der Bekräftigung bzw. Bestrafung geschlechtsangemessenen oder -unangemessenen Verhaltens als die Eltern. Die während der Kindheit (von den Kindern selbst, weniger von den Erwachsenen ausgehende) anwachsende Tendenz zur Geschlechtersegregation verstärkt noch den Einfluss der Gruppe der Gleichaltrigen (Maccoby, 1998).

4.2.2 Imitationstheorie

Nach der Imitationstheorie ist es weniger die direkte Bekräftigung des geschlechtstypischen Verhaltens von Jungen und Mädchen als die Beobachtung des (geschlechtsangemessenen) Verhaltens von männlichen und weiblichen Modellen und seiner Konsequenzen, die zum Aufbau der Geschlechtsidentität führt. Auf diese Art können nicht nur reale Modelle (Eltern, Lehrer, Spielkameraden), wie bei der Bekräftigungstheorie, sondern auch symbolische Modelle (Personen in Büchern, im Fernsehen etc.) die Entwicklung beeinflussen. Diese allgemeine Annahme lässt sich wieder in drei – allerdings voneinander unabhängige – Teilhypothesen untergliedern (Trautner, 1979, 1997):

(1) Es gibt mehr Gelegenheiten zur Beobachtung gleichgeschlechtlicher Modelle als zur Beobachtung gegengeschlechtlicher Modelle (differentielle Beobachtungshäufigkeit).
(2) Wenn gleich- und gegengeschlechtliche Modelle beobachtet werden können, werden eher gleichgeschlechtliche Modelle imitiert (selektive Nachahmung).
(3) Der gleichgeschlechtliche Elternteil ist das bevorzugt nachgeahmte Modell (Elternidentifikation).

Differentielle Beobachtungshäufigkeit. Sieht man von den teilweise geschlechtshomogenen Spielgruppen ab, haben Jungen und Mädchen, zumindest in den westlichen Industrienationen, gleichviel Gelegenheit zur Beobachtung (realer und symbolischer) männlicher und weiblicher Modelle. In den ersten Lebensjahren sind außerdem beide Geschlechter häufiger mit (erwachsenen) weiblichen Modellen (Mutter, Kindergärtnerin, Lehrerin) zusammen. Die Geschlechtstypisierung ist daher wahrscheinlich eher eine Bedingung für den unterschiedlichen Kontakt mit männlichen und weiblichen Personen als deren Ergebnis.

Selektive Nachahmung. Dass bevorzugt gleichgeschlechtliche Modelle beobachtet und nachgeahmt werden, gilt nur mit Einschränkung. Zwar beobachten Kinder im Alter von ein bis zwei Jahren bereits bevorzugt Personen und Spielzeuge der eigenen Geschlechtsgruppe, eine selektive Nachahmung gleichgeschlechtlicher Modelle ist aber erst festzustellen, wenn geschlechtstypische Einstellungen und Verhaltensweisen bereits ausgeprägt sind und die Konstanz des Geschlechts erkannt wird (Ruble & Martin, 1998; Ruble et al., 1981; Slaby & Frey, 1975). Außerdem orientiert sich die Nachahmung eher an der Geschlechtsangemessenheit des beobachteten Verhaltens als am (gleichen) Geschlecht des Modells (Barkley et al., 1977; Emmerich & Shepard, 1982). „Jungen imitieren also z.B. eher kriegerisches Verhalten eines Mädchens als bemutterndes Verhalten eines Jungen" (Asendorpf, 1999, S. 373). Die bei älteren Kindern gefundene Tendenz zur selektiven Nachahmung wird vermutlich eher von gegebenen Verhaltenspräferenzen der Kinder beeinflusst als umgekehrt.

Elternidentifikation. Die Elternidentifikationshypothese lässt sich nicht stützen. Nach ihr müssten Söhne ihren Vätern ähnlicher sein als ihren Müttern und Töchter ihren Müttern ähnlicher sein als ihren Vätern. Die aufgefundenen Ähnlichkeiten von Kindern mit ihrem gleichgeschlechtlichen Elternteil sind jedoch nicht größer als die mit ihrem gegengeschlechtlichen Elternteil (Hetherington, 1965).

Kognitive Verarbeitungsprozesse. Inwieweit differentielle Bekräftigungen geschlechtstypisches Verhalten fördern oder, zumindest teilweise, nur eine Reaktion auf – anders zustande gekommenes – geschlechtstypisches Verhalten sind, lässt sich derzeit nicht eindeutig beantworten. Art und Auswirkungen der Verhaltenskontingenzen variieren vermutlich außerdem mit dem Alter des Kindes, dem untersuchten Verhaltensbereich und dem Geschlecht des Interaktionspartners. Durch die Beobachtung realer und symbolischer Modelle lernen Jungen und Mädchen, hinsichtlich welcher Verhaltensmerkmale sich die Geschlechter typischerweise unterscheiden und wofür diese jeweils bekräftigt bzw. bestraft werden. Die im Laufe des Vorschulalters zunehmende selektive Nachahmung gleichgeschlechtlicher Modelle ist eher ein Ergebnis kognitiver Verarbeitungsprozesse (z.B. der vorhandenen Konzepte geschlechtsangemessenen Verhaltens, der Erwartungen über Verhaltenskonsequenzen, der geschlechtsbezogenen Selbstkategorisierung und Selbstbewertung u.ä.) als die Grundlage des Aufbaus der Geschlechtsidentität. Sie verstärkt nur die bereits vorhandene Tendenz zur bevorzugten Orientierung an gleichgeschlechtlichen Modellen mit geschlechtsangemessenem Verhalten.

Selbstsozialisation. Die in der Familie, in der Schule, den Medien, in der Gruppe der Gleichaltrigen oder – später – am Arbeitsplatz erfahrenen geschlechtsbezogenen Verhaltenskontingenzen und -modelle lassen sich nicht nur als von außen auf das Individuum einwirkende Sozialisationseinflüsse betrachten. Sie liefern gleichzeitig eine Vielzahl von Informationen über geschlechtsangemessenes Verhalten, die vom Individuum aktiv verarbeitet, teilweise gezielt aufgesucht werden (Kohlberg, 1966). Diese Selbstregulierung in Bezug auf geschlechtskonformes Verhalten bezeichnet man als Selbstsozialisation (s. Maccoby, 1998). Da die verschiedenen Sozialisationsinstanzen weitgehend übereinstimmende Informationen über geschlechtsangemessenes und geschlechtsunangemessenes Verhalten liefern, können auch – in jedem einzelnen Bereich – geringe Unterschiede in der Summe zu einer mächtigen Quelle der Geschlechterdifferenzierung werden (s. Fagot et al., 2000; Maccoby, 1998). Die Selbstsozialisation spielt in den im Abschnitt 4.3 dargestellten kognitiven Ansätzen eine wichtige Rolle.

4.3 Kognitive Ansätze

Kinder zeigen bereits in den ersten Lebensjahren ein rudimentäres Wissen über die Geschlechterkategorien, das weiter anwächst und zu einem zunehmenden Verständnis für die biologische, soziale und psychische Geschlechterdifferenzierung führt. Kognitive Ansätze gehen davon aus, dass das Verständnis für die Geschlechterdifferenzierung die treibende Kraft ist, die für das eigene Geschlecht typischen Merkmale – aufgrund kognitiver Konsistenz – zu übernehmen und positiv zu bewerten (s. Martin, 2000). Im Sinne der Selbstsozialisation sind die äußeren Anstöße zum Aufbau der Geschlechtsidentität (direkte Bekräftigung, Verhaltensmodelle) dabei nur erleichternde und unterstützende Bedingungen. Die Bedeutung der aus der Umwelt eingehenden Information ist weniger durch die Stimuluseigenschaften festgelegt als durch die kognitiven Entwicklungsvoraussetzungen des Individuums, diese Stimuli zu verarbeiten (z.B. seine Klassifikationsfähigkeiten oder Urteilsfähigkeiten). Neben diesen allgemein für kognitive Erklärungsansätze geltenden Annahmen gibt es unterschiedliche Auffassungen hinsichtlich

- des Stellenwerts des Verständnisses der Geschlechtskonstanz und
- der Geschlechterstereotypen oder Geschlechtsschemata als kognitive Grundlage für die Entwicklung der individuellen Geschlechtstypisierung.

4.3.1 Die Theorie Kohlbergs

Nach Kohlberg (1966) vollzieht sich der Prozess der Entwicklung der Geschlechtsidentität in drei Schritten (Trautner, 1979; 1997):

(1) Auf der Basis der wahrgenommenen Ähnlichkeit zwischen Merkmalen der eigenen Person und geschlechtstypischen Merkmalen anderer Personen erfolgt mit ca. zwei bis drei Jahren die Selbstkategorisierung als Junge oder Mädchen.

(2) Mit zunehmendem Verständnis der Geschlechtskonstanz nimmt die aktive Suche nach geschlechtsbezogenen Informationen auffällig zu. Geschlechtskonforme Informationen werden positiv bewertet und die Konsistenz mit geschlechtsangemessenem Verhalten wird zur treibenden Kraft in der Selbstregulierung.

(3) Dies führt schließlich zu einer selektiven Nachahmung gleichgeschlechtlicher Modelle und zur Identifikation mit diesen.

Verständnis der Geschlechtskonstanz. Die entscheidende Größe in der Theorie Kohlbergs ist das Verständnis der Geschlechtskonstanz. Da aber geschlechtstypische Präferenzen und Verhaltensweisen bereits einige Jahre vor einem (vollständigen) Verständnis der Geschlechtskonstanz beobachtet werden, scheinen niedrigere Formen des Verständnisses der Geschlechterdifferenzierung auszureichen (s. Ruble & Martin, 1998). Auch ist die (teilweise) ausgeprägtere Geschlechtsrollenpräferenz bei Jungen und die Tendenz zur Höherbewertung der männlichen Rolle bei beiden Geschlechtern mit Kohlbergs Position nicht vereinbar. Daraus ist auch abzuleiten, dass das Wissen über die Geschlechterdifferenzierung (Geschlechterstereotype) und dessen Akzeptanz (im eigenen Verhalten) nicht automatisch zusammenfallen müssen. Schließlich ist weiterhin ungeklärt, inwieweit Geschlechterstereotype den Geschlechterpräferenzen vorausgehen oder auf sie folgen (s. Ruble & Martin, 1998).

4.3.2 Geschlechtsschema-Theorien

Zu Beginn der achtziger Jahre entstanden kognitive Ansätze, in deren Zentrum der Begriff des Geschlechtsschemas steht (Bem, 1981; Markus et al., 1982; Martin & Halverson, 1981). Darunter wird die kognitive Repräsentation sämtlicher geschlechtsbezogener Informationen im Sinne von semantischen Netzwerken oder Skripten verstanden. Diese lenken die Informationsverarbeitung (indem z.B. die Aufmerksamkeit gezielt auf Inhalte des eigenen Geschlechts gerichtet wird und schemainkonsistente Informationen ignoriert oder transformiert werden) und steuern das Verhalten (schemakonform). Gemäß einem kognitiven Ansatz ist der Aufbau derartiger Geschlechtsschemata ein aktiver Konstruktionsprozess, wobei das aufgebaute Wissen auch eine motivationale Funktion hat. Dass gerade die Geschlechterkategorien zum Gegenstand einer Schemabildung werden und welche Inhalte in das Geschlechtsschema aufgenommen werden, ist jedoch durch die Art und den Grad der Geschlechterdifferenzierung in der sozialen Umwelt bestimmt.

Während in den Theorien von Bem (1981) und Markus et al. (1982) die individuellen Unterschiede (meist erwachsener Personen) in der Geschlechtsschematisierung und deren Korrelate im Vordergrund des Interesses stehen, richtet sich die Geschlechtsschema-Theorie von Martin und Halverson (1981) primär auf die Frage der Entwicklung und Veränderung solcher Geschlechtsschemata im Kindesalter.

Gemeinsam ist allen Ansätzen, dass sie davon ausgehen, dass die Geschlechtsidentität und – im engeren Sinne – das Selbstkonzept eigener Maskulinität-Femininität an das jeweils gegebene Geschlechtsschema angeglichen wird. Wie sehr das geschieht, ist im Wesentlichen davon abhängig, wie häufig über die Zeit und verschiedene Situationen hinweg das geschlechtsbezogene Selbstkonzept aktiviert wurde (s. dazu Hannover, 2000).

Allgemeines und spezifisches Schema. Martin und Halverson (1981) unterscheiden zwei Arten von geschlechtsbezogenen Schemata: ein allgemeines Schema von männlich und weiblich (overall ingroup-outgroup schema) und ein spezifisches Schema des eigenen Geschlechts (own-sex schema).

Im allgemeinen Schema sind alle Informationen enthalten, die die Kategorisierung von Gegenständen, Aktivitäten, Eigenschaften und Rollen als „für Jungen/Männer“ und „für Mädchen/Frauen“ betreffen. Es beginnt sich schon sehr früh auf der Basis wahrgenommener physischer und psychischer Geschlechterdifferenzierungen auszubilden und dient als Grundlage für – zutreffende oder unzutreffende – Generalisierungen. Damit sich eine Präferenz für Merkmale der eigenen Geschlechtsrolle und für die eigene Geschlechtsgruppe entwickelt, muss aber die Selbsteinordnung auf der Dimension männlich-weiblich und die Orientierung am Kriterium der Geschlechtsangemessenheit hinzukommen. Die damit einhergehende verstärkte Beschäftigung mit der eigenen Geschlechtsgruppe führt zu einer zunehmenden Ausformung des Schemas für das eigene Geschlecht.

Das Own-sex Schema ist eine engere und detailliertere Version eines Teils des Overall-Schema. Gleichzeitig mit der Entwicklung des Own-sex-Schema tritt das Phänomen der Höherbewertung der eigenen Geschlechtsgruppe (sog. Ingroup-Bias) auf. Das bedeutet, dass Angehörige der eigenen Geschlechtsgruppe bzw. Geschlechtsrollenmerkmale des eigenen Geschlechts positiver bewertet werden, was die Tendenz zur Bevorzugung gleichgeschlechtlicher Interaktionspartner und geschlechtstypischer Aktivitäten weiter verstärkt.

Offene Fragen. Die bisher vorliegenden Untersuchungsbefunde stützen mehrheitlich die Annahmen der Geschlechtsschema-Theorien (Liben & Signorella, 1987; Ruble & Martin, 1998). Die zukünftige Forschung muss allerdings genauer klären,

- unter welchen Bedingungen schemakonsistente oder schemainkonsistente Informationen beachtet und behalten werden bzw. wann sich Individuen schemakonsistent oder schemainkonsistent verhalten und
- welche Variablen die subjektive Bedeutsamkeit der Geschlechtsvariablen beeinflussen.

Es ist anzunehmen, dass es einen Unterschied macht, ob sich geschlechtsbezogene Informationen auf das Selbst oder auf andere richten, ob sie in Situationen wirksam werden, in denen man mit vertrauten oder mit fremden Personen interagiert und ob man sich in geschlechtshomogenen oder geschlechtsgemischten sozialen Kontexten befindet (Martin, 2000).

5 Schlussfolgerungen und Ausblick

Um die Entwicklung der Geschlechtsidentität umfassend zu beschreiben und zu erklären, sollten die verschiedenen Theorien so integriert werden, dass das Zusammenwirken biologischer, sozialer und kognitiver Faktoren deutlich wird. Betrachtet man die Befundlage, so fällt auf, dass alle Faktoren darauf abzielen, die individuelle Entwicklung in eine geschlechtstypische Richtung zu lenken. Die Ausbildung einer Geschlechtsidentität scheint insofern überdeterminiert zu sein. Geringe Unterschiede der Geschlechter, die von einem Faktor hervorgerufen werden (z.B. evolutionär fundiertes stärkeres Wetteifern bei Jungen), werden durch andere Faktoren weiter verstärkt (z.B. die Unterstützung derartigen Verhaltens durch die Eltern und eines entsprechenden Selbstkonzeptes der Jungen). Sind diese Faktoren über längere Zeiträume wirksam, werden die Unterschiede immer größer und generalisieren auf die verschiedensten sozialen Kontexte (z.B. Berufswahlen von Männern, für die eine harte Konkurrenz untereinander typisch ist). Die Entwicklung der Geschlechtsidentität ist somit als transaktionaler Prozess anzusehen. Die Rolle der sozialen Umwelt besteht darin, Informationen bereit zu stellen, was es bedeutet, männlich oder weiblich zu sein, und Anreize zu liefern, sich konform zu verhalten. Dies regt die Bildung von Geschlechtsschemata an, die nun als „Filter" für die Verarbeitung geschlechtsbezogener Informationen dienen und das Verhalten regulieren. Erleichtert werden diese Prozesse durch die evolutionäre Bedeutung der Geschlechterkategorien und damit evtl. zusammenhängende Lernbereitschaften.

Wandel der Passung Individuum–Umwelt. Das Zusammenspiel von individueller Entwicklung und Sozialisation beinhaltet nicht nur die Veränderung von Individuen und sozialen Kontexten im Laufe der Entwicklung, sondern auch eine Veränderung der Art der Auswirkungen der einzelnen Kontexte auf die individuelle Entwicklung und der Mechanismen, die zwischen Kontext, Kognition und Verhalten vermitteln (Trautner & Eckes, 2000). Das bedeutet, dass die Passung zwischen psychischen Merkmalen des Individuums und den von der Umwelt bereitgestellten Gelegenheiten und Anforderungen einem ständigen Wandel unterworfen ist. Sowohl die Bedeutsamkeit verschiedener Faktoren über die individuelle Entwicklung hinweg als auch die Auswirkungen gleicher Faktoren verändern sich (Trautner, 1997). Während z.B. die differentiellen Bekräftigungen der Eltern die Geschlechtstypisierung ihrer Kinder in den ersten Lebensjahren wesentlich beeinflussen, ist einige Jahre später das vom Kind selbst ausgehende Bestreben wichtiger geworden, den von ihm wahrgenommen Geschlechterstereotypen zu entsprechen und die Interaktionsstile der eigenen Peergruppe zu übernehmen. Mit Erreichen der Pubertät und der Aufnahme heterosexueller Beziehungen ergeben sich wieder neue Anpassungen. Schließlich sind für die Geschlechtsidentität im Erwachsenenalter u.U. die gesellschaftlichen Regelungen der Vereinbarkeit von Familie und Beruf, die Zugänglichkeit von sog. Frauen- und Männerberufen oder die eigene Kinderlosigkeit und deren Passung mit individuellen Voraussetzungen von größerer Bedeutung.

Geschlecht als relationale Variable. Betrachtet man das Geschlecht als eine soziale Kategorie und nicht (nur) als ein individuelles Merkmal, und nimmt man die zuvor erläuterte Verschränkung individueller Veränderungen und Veränderungen sozialer Kontexte ernst, so ist die Entwicklung der Geschlechtsidentität außer auf der individuellen Ebene noch auf drei weiteren Ebenen zu betrachten (s. Ashmore & Del Boca, 1986; Eckes & Trautner, 2000b):

- der interpersonellen Ebene,
- der Intergruppenebene und
- der (inter-)kulturellen Ebene.

Die Geschlechtsidentität wird damit zu einer relationalen Variablen (Deaux & Major, 1987; Maccoby, 1990, 1998).

Damit geraten auch sozialpsychologische Ansätze der Geschlechterforschung, wie die Theorie der Sozialen Identität (Tajfel & Turner, 1979), ins Blickfeld, die in der Entwicklungspsychologie bisher vernachlässigt wurden.

Weiterführende Literatur

Eckes, T. & Trautner, H.M. (Eds.). (2000). The developmental social psychology of gender. Mahwah, NJ: Lawrence Erlbaum.

Mit diesem Buch werden erstmalig die Beiträge der Entwicklungspsychologie und der Sozialpsychologie zur Geschlechterforschung miteinander integriert. Ausgehend von einer Betrachtung des Geschlechts als sozialer Kategorie werden Theorien und Befunde von führenden Vertretern der beiden Disziplinen auf individueller, interpersonaler, Intergruppen- und kultureller Ebene behandelt.

Maccoby, E.E. (1998). The two sexes. Growing up apart, coming together. Cambridge, MA: Harvard University Press.

Das auch in deutscher Übersetzung vorliegende Buch (E.E. Maccoby, 2000: Psychologie der Geschlechter. Sexuelle Identität in den verschiedenen Lebensphasen) der führenden amerikanischen Forscherin auf diesem Gebiet liefert einen hervorragenden Überblick über die wichtigsten Erklärungsansätze und Befunde zur Entwicklung der Geschlechtstypisierung. Dabei richtet die Autorin den Blick insbesondere auf die Bedingungen und Konsequenzen der Geschlechtertrennung von der Kindheit bis ins Erwachsenenalter.

Ruble, D.N. & Martin, C.L. (1998). Gender development. In W. Damon (Series Ed.) & N. Eisenberg (Vol. Ed.), Handbook of child psychology: Vol. 3 (5th ed., pp. 933–1016). New York: Wiley.

Der Handbuchartikel fasst die bis Ende der neunziger Jahre vorliegenden wichtigsten Forschungsergebnisse zur Entwicklung der Geschlechtstypisierung (mit einem Schwerpunkt auf dem Kindesalter) zusammen und diskutiert die Beiträge der verschiedenen Theorieansätze in der Geschlechterforschung. Der Artikel eignet sich insbesondere zum Nachschlagen und zum Auffinden spezieller Literatur zum Thema.

Kapitel 20
Persönlichkeits- und Selbstkonzeptentwicklung

Günter Krampen

Die Entwicklung der Persönlichkeit und des Selbstkonzepts erstreckt sich über die gesamte Lebensspanne des Menschen. Sie steht in einem Spannungsverhältnis, das durch kurz- und mittelfristige Stabilität und Kontinuität (wesentlich für die Identität in der Biographie) bei langfristiger Variabilität (wesentlich für Entwicklungsprozesse) charakterisiert ist. Darauf bezogene klassische und moderne Theorien und Konzepte werden unter Bezug auf die empirische Befundlage vorgestellt. Im Vordergrund stehen neben ausgewählten faktorenanalytisch fundierten Ansätzen zur Entwicklung von Persönlichkeitsmerkmalen vor allem prozessorientierte Theorien und Konzepte mit dem Fokus auf (1) der Psychodynamik, (2) den Effekten der mehr oder weniger gelingenden Bewältigung von Entwicklungsaufgaben und Lebensereignissen sowie (3) sozial-kognitiv und handlungstheoretisch fundierten Entwicklungsrekonstruktionen. Ergänzend wird exemplarisch in die empirische Befundlage zur Entwicklung von Temperaments- und Fähigkeitsmerkmalen der Persönlichkeit sowie von mehr oder weniger generalisierten selbst- und umweltbezogenen Kognitionen eingeführt.

1 Entwicklungspsychologische Fragestellungen der Persönlichkeitspsychologie

Persönlichkeitsentwicklung und – noch stärker – die Entwicklung des Selbstkonzepts bilden ein klassisches Überlappungsgebiet der Entwicklungs- und der Persönlichkeitspsychologie.

DEFINITION

Persönlichkeitsentwicklung ist die differentielle Veränderung von Personen im intraindividuellen und interindividuellen Vergleich.

Die differentielle Veränderung wird unter den Perspektiven

- der absoluten Instabilität (etwa im Vergleich von Mittelwerten verschiedener Altersgruppen oder dem Vergleich der Ausprägungen eines Persönlichkeitsmerkmals einer Person im Zeitvergleich),
- der positionalen Instabilität (etwa im korrelationsstatistischen Zeitvergleich der Rangordnungen verschiedener Personen in einem Persönlichkeitsmerkmal) und
- der ipsativen Instabilität (etwa im Zeitvergleich der Ausprägungen verschiedener Persönlichkeitsmerkmale einer Person) analysiert (zum Stabilitätsbegriff vgl. Kap. 1).

Für die differentielle Entwicklung von Persönlichkeits- und Selbstkonzeptmerkmalen gilt dabei in der Regel die Annahme relativer kurz- und mittelfristiger Stabilität und Kontinuität bei langfristiger Variabilität (Plastizität).

> **!** Differentielle Persönlichkeits- und Selbstkonzeptentwicklung implizieren langfristige Veränderbarkeit von Merkmalen bei kurz- und mittelfristiger relativer Stabilität.

Zunehmende Stabilisierungen zeigen sich sehr deutlich während der Kindheit sowohl in der Selbstkonzeptentwicklung als auch in Persönlichkeitsmerkmalen. Sie sind unter anderem durch den anwachsenden Einfluss der Persönlichkeit des Kindes auf seine materielle und soziale Umwelt erklärbar. Destabilisierungen werden etwa in der Pubertät und bei dementiellen Erkrankungen, aber vor allem auch durch den Einfluss traumatischer oder kritischer Lebensereignisse während anderer Lebensperioden beobachtet (vgl. Asendorpf, 1999). Stabilitäten und Stabilisierungen sowie Plastizitäten und Destabilisierungen können sich auf ein weites Spektrum von Persönlichkeits- und Selbstkonzeptvariablen beziehen. Dies geschieht nicht von ungefähr, da weite Teile der Entwicklungspsychologie in der zweiten Hälfte des 20. Jahrhunderts differentiell geworden sind. Dies wurde nicht zuletzt durch die Interaktionismus-Debatte in der Persönlichkeitspsychologie gefördert. In der modernen Persönlichkeitspsychologie dominiert ebenso wie in der modernen differentiellen Entwicklungspsychologie axiomatisch ein dynamischer Interaktionismus (vgl. Kap. 1).

Persönlichkeitskonstrukte. Das weite Spektrum der Konstrukte, die in der Forschung zur Persönlichkeits- und Selbstkonzeptentwicklung analysiert werden, ist in Abb. 20.1 systematisiert. In dieser Abbildung werden Beispiele für drei Klassen von mehr oder weniger generalisierten Persönlichkeitskonstrukten gegeben:

- Temperamentsdispositionen,
- Leistungsdispositionen sowie
- selbst- und umweltbezogene Kognitionsdispositionen.

Zudem werden Forschungstraditionen benannt, in denen diese schwerpunktmäßig untersucht wurden und werden. Theoretische Konzepte und

Persönlichkeitsmerkmale

Temperamentsmerkmale	Leistungsmerkmale	selbst- und umweltbezogene Kognitionen
zum Beispiel: ▶ Extraversion vs. Introversion ▶ emotionale Stabilität vs. Labilität ▶ Offenheit für Erfahrungen ▶ Verträglichkeit ▶ Gewissenhaftigkeit ▶ Ängstlichkeit ▶ Rigidität vs. Flexibilität	*zum Beispiel:* ▶ fluide Intelligenz ▶ kristalline Intelligenz ▶ Kreativität ▶ Konzentrationsfähigkeit ▶ soziale Kompetenz	*zum Beispiel:* ▶ Selbstkonzept ▶ Kontrollorientierungen ▶ Vertrauen ▶ Wertorientierungen ▶ Selbstaufmerksamkeit ▶ Selbstwirksamkeit
theoretische Traditionen: ▶ Typologien ▶ tiefenpsychologische Ansätze ▶ faktorenanalytische Strukturmodelle ▶ Persönlichkeits-System-Theorien	*theoretische Traditionen:* ▶ „Psychometrie“ (KTT; klassische Testtheorie) ▶ faktorenanalytische Strukturmodelle	*theoretische Traditionen:* ▶ Selbstkonzept-Theorien ▶ Theorie der persönlichen Konstrukte ▶ sozial-kognitive und handlungstheoretisch fundierte Modelle

Abbildung 20.1. Kleine Systematik der Persönlichkeitskonstrukte

empirische Befunde zur Entwicklung von Temperamentsmerkmalen sowie selbst- und umweltbezogene Kognitionsdispositionen stehen im Fokus dieses Beitrages. Die Entwicklung von Leistungsmerkmalen wird in zahlreichen anderen Buchkapiteln ausführlich dargestellt (Intelligenz vgl. Kap. 1 und 9; soziale Kompetenz vgl. Kap. 6). Ausgespart bleiben auch die entwicklungspsychologi-

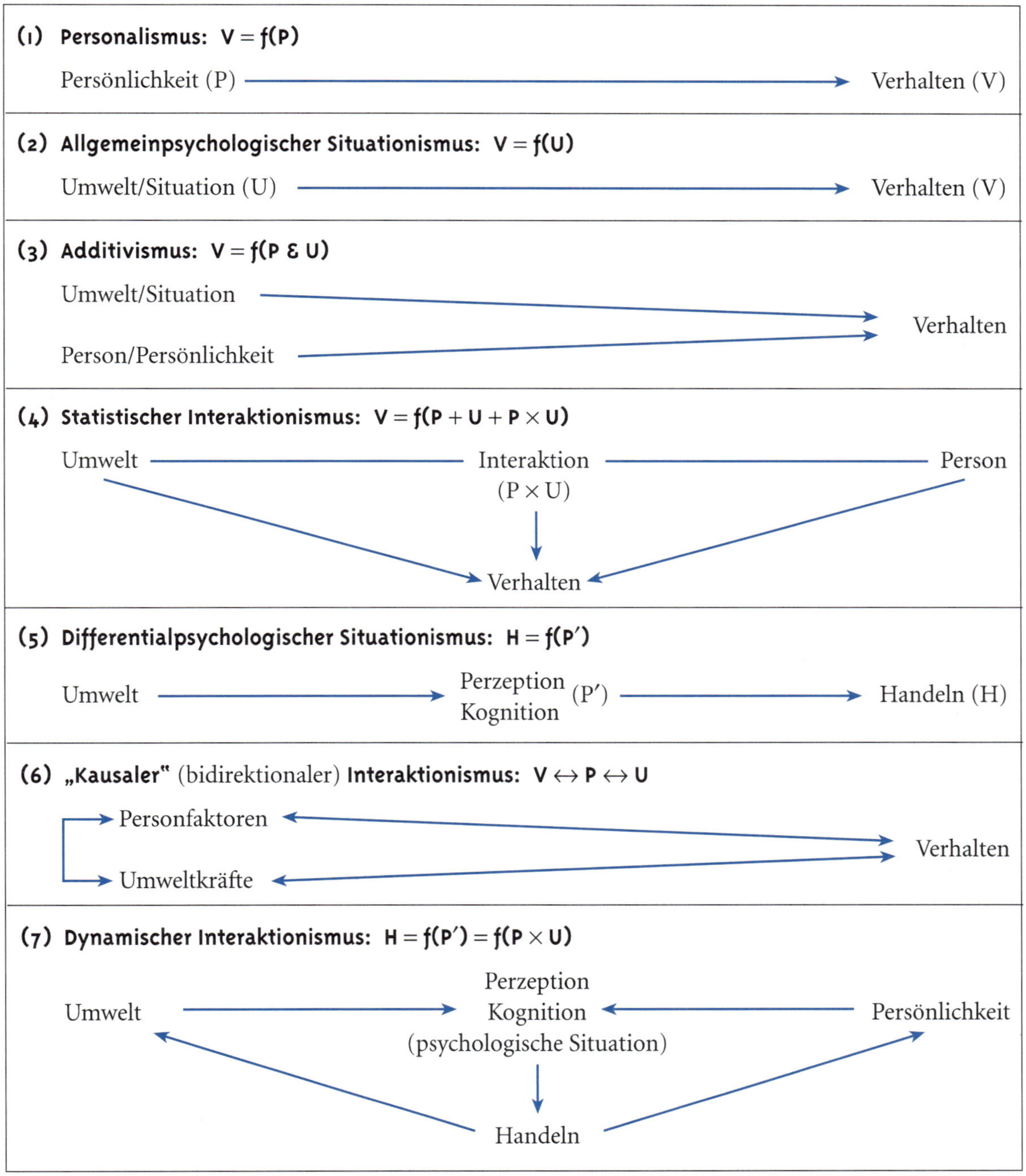

Abbildung 20.2. Persönlichkeitspsychologische Interaktionismus-Debatte im schematischen Überblick (nach Krampen, 1993)

schen Befunde zur Anlage-Umwelt-Thematik (vgl. Kap. 1 und 2).

Die Interaktionismus-Debatte

In Abbildung 20.2 wird ein schematischer Überblick zum Verlauf der Interaktionismus- und Situationismus-Debatte in der Persönlichkeitspsychologie gegeben. Deutlich wird die sukzessive Annäherung persönlichkeitspsychologischer Modellvorstellungen an einen dynamischen Interaktionismus. In ihm ist eine sozial-kognitive und handlungstheoretische Ausrichtung dominant, die konzeptuell den interaktionistischen Entwicklungstheorien entspricht.

Die im Ausgang der sechziger Jahre begonnene, in den siebziger Jahren kumulierte „moderne Interaktionismusdebatte“ (Lantermann, 1980) löste eine begriffliche Entwicklung und Polarisierung mit erheblichen Effekten auf die gesamte Differentielle Psychologie und Persönlichkeitspsychologie aus.

Personalismus vs. Situationismus. Autoren wie Magnusson (1974) und Endler (1975) unterscheiden zwischen einem „Eigenschaftsmodell“ (Personalismus; siehe Abb. 20.2) und einem „situationistischen Modell“ (Situationismus; siehe Abb. 20.2, S. 677). Während dem so genannten Personalismus vorgeworfen wird, den Einfluss dispositionaler Faktoren auf menschliches Verhalten und Erleben zu Lasten situativer Einflüsse zu überschätzen, wird dem Situationismus angelastet, behavioristisch den Einfluss situativer (Reiz-) Merkmale zu Ungunsten des Einflusses von Persönlichkeitsmerkmalen zu überschätzen. Dabei wird häufig übersehen, dass diese Kennzeichnung von „Eigenschaftstheorien“ kaum der wissenschaftshistorischen Realität entspricht. Auch die als „Personalisten“ klassifizierten Autoren (wie etwa Cattell, 1957, 1973; Eysenck, 1967) negieren situative Einflüsse auf das Erleben und Verhalten nicht, sondern berücksichtigen sie etwa in Form situativer und habitueller Reaktionen (bei Eysenck) bzw. situativer Gewichtsfaktoren für Dispositionen. Daher ist ihre Kennzeichnung als additiv-deterministisch (siehe Abb. 20.2) treffender.

Der originäre und der radikale Behaviorismus sind dagegen als allgemeinpsychologischer Situationismus treffend beschrieben, da in ihnen interindividuelle Unterschiede im Verhalten und Erleben als situationsbedingt und nicht als dispositionsbedingt verstanden werden; Personfaktoren (wie etwa Gewohnheiten und physiologische Variablen) werden aber auch in ihnen, und verstärkt in den Varianten des Neobehaviorismus, beachtet, was auch ihre Kennzeichnung als differentialpsychologischer (jedoch nicht persönlichkeitspsychologischer) additiver Determinismus erlaubt (siehe Abb. 20.2).

Statistischer Interaktionismus. Im Anschluss an eine Phase überzogener Kritik am Personalismus (siehe etwa Mischel, 1968) wurde mit dem „Interaktionismus“ die Synthese beider Modelle vorgeschlagen (vgl. etwa Endler, 1975; Magnusson, 1974). Mit der Methodik der „Stimulus-Response-Inventare“ (S-R-Inventare) wurde versucht, die Varianzanteile von Person, Situation und deren Interaktion zu isolieren. Damit wurde ein mechanistischer (statistischer) Interaktionismus realisiert (siehe Abb. 20.2), in dem einseitig additiv zwei Haupteffekte und ein (statistischer) Interaktionseffekt untersucht werden.

Differentialpsychologischer Situationismus. Für die konzeptuelle Fortentwicklung relevanter war die Kognitivierung des allgemeinpsychologischen Situationismus (etwa durch Mischel, 1973), die zu einem differentialpsychologischen Situationismus (siehe Abb. 20.2) führte. Es wird nicht mehr davon ausgegangen, dass Situations- und Umweltmerkmale direkt das Verhalten und Erleben bestimmen, sondern dass ihre Wirkungen durch situationsspezifische kognitive Variablen (wie etwa Kodierungsstrategien, persönliche Konstrukte und Erwartungen), für die interindividuelle Unterschiede angenommen werden, moderiert werden. Im Vordergrund stehen damit die kognitiven Aktivitäten des Individuums in bestimmten Situationen. Persönlichkeitsvariablen bleiben nach wie vor weitgehend ausgespart, was vor allem mit ihrer geringen Bedeutung für Handlungsvorhersagen und mangelnder intersituativer Verhaltenskonsistenz begründet wird (Mischel, 1968, 1973).

Dynamischer Interaktionismus. Im Konzept des dynamischen Interaktionismus wird dagegen der Prozess der wechselseitigen Beeinflussung von Person/Persönlichkeit und Situation in den Vordergrund gerückt (siehe Abb. 20.2, S. 677): Das dynamische Wechselspiel von Umwelt- und Persönlichkeitsmerkmalen führt zur Situationsauffassung, die für das Handeln wesentlich ist, von dem wiederum angenommen wird, dass es auf die Umwelt und Persönlichkeit zurückwirkt, also die Persönlichkeits- und Selbstkonzeptentwicklung anregt. In der sozialen Lerntheorie der Persönlichkeit von Rotter (1954, 1972) und in handlungstheoretischen Modellen der Persönlichkeitsentwicklung ist der dynamische Interaktionismus von grundlegender Bedeutung.

2 Theoretische Ansätze und Konzepte im Überblick

Die modernen persönlichkeits- und differentialpsychologischen Theorien und Konzepte mit entwicklungspsychologischer Bedeutung sind in Abb. 20.3 (blau schattiert) in ihrer fachhistoriographischen Vernetzung systematisiert. Unterschieden werden prozessorientierte Konzeptionen der Persönlichkeits- und Selbstkonzeptentwicklung von strukturorientierten Trait-Ansätzen. Die modernen prozessorientierten Ansätze weisen bei zahlreichen wechselseitigen Bezügen (siehe Abb. 20.3) schwerpunktmäßig die folgenden historischen Kontinuitäten auf:

- Identitäts- und Selbstkonzeptentwicklungstheorien basieren auf dem Konzept der Entwick-

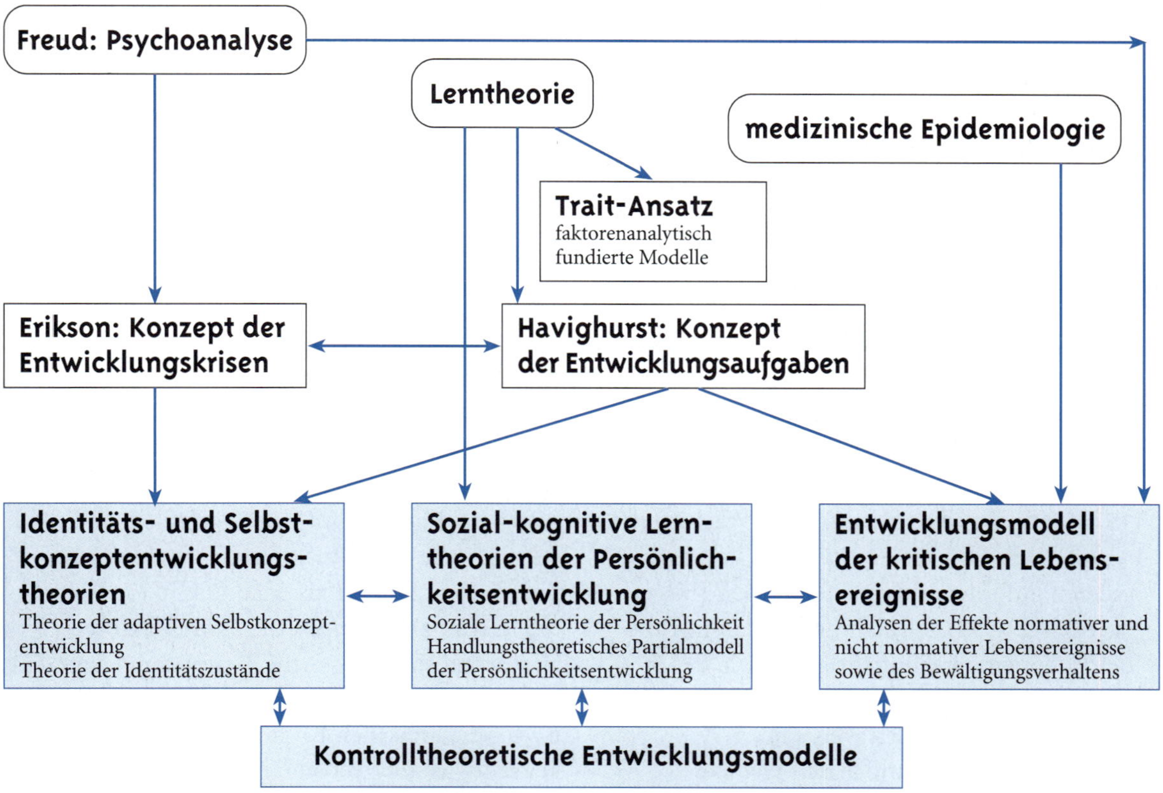

Abbildung 20.3. Forschungstraditionen zur Persönlichkeitsentwicklung im Überblick

lungskrisen und dem damit verbundenen Identitätsentwicklungskonzept, die wiederum auf die psychoanalytische Entwicklungstheorie gegründet sind;

- sozial-kognitive und handlungstheoretisch fundierte Theorien zur Persönlichkeitsentwicklung basieren vor allem auf kognitiven Lerntheorien und handlungstheoretischen Modellen;
- das Entwicklungsmodell der kritischen Lebensereignisse basiert sowohl auf dem psychoanalytischen Konzept des Traumas und dem lerntheoretischen Konzept der Entwicklungsaufgabe als auch auf dem medizinisch-epidemiologischen Forschungsansatz der Analyse von Risikofaktoren in der Ätiologie von Störungen.

3 Faktorenanalytische Ansätze

Die klassischen Trait-Ansätze stammen aus der faktorenanalytischen Tradition der Persönlichkeitspsychologie und können Entwicklungsprozesse in ihrer qualitativen Spezifität nur eingeschränkt wiedergeben. Dies ist durch ihren Schwerpunkt auf einer möglichst umfassenden Taxonomiebildung für Persönlichkeitsmerkmale und der Persönlichkeitsbeschreibung bedingt und wurde deswegen aus entwicklungspsychologischer Perspektive oftmals kritisiert.

Identität von Traits. Nicht nur Olbrich (1990, 1994) stellt kritische Fragen zu den Annahmen über die Identität (1) von Traits über die Zeit, (2) von Traits über Situationen, (3) von Traits über Generationen und Kulturen sowie (4) zu den Messverfahren für Traits in verschiedenen Altersgruppen. Gleichwohl verweist er darauf, dass eine Synthese von trait- und prozessorientierten Ansätzen von Nutzen sein könnte, da sie sich komplementär verhalten. Dies führt er insbesondere für die „Big Five" aus, die als so genannte Basisfaktoren der Persönlichkeit seit Ausgang der achtziger Jahre des 20. Jahrhunderts in der Forschung eine Renaissance erfahren haben. Ebenso wie in anderen faktorenanalytisch fundierten Ansätzen in der Persönlichkeitspsychologie wird versucht, die „Hauptfaktoren" zur Beschreibung von Persönlichkeitsunterschieden zu identifizieren. Dies ist komplementär zu prozessorientierten Ansätzen, da damit eine möglichst umfassende, taxonomisch geordnete Persönlichkeitsbeschreibung in psychometrisch abgesicherter Form versucht wird, was bei prozessorientierten Theorien und Konzepten nicht oder nur zu einem geringeren

UNTER DER LUPE

Querschnittsbefunde zu Altersunterschieden bei Traits

Klassisch und oft zitiert ist die Zusammenstellung von Befunden zu Altersunterschieden in den 16 Primärfaktoren und den fünf Sekundärfaktoren der Persönlichkeit nach R. B. Cattell (1973). Die von ihm als „normale Wachstumskurven" bezeichneten Altersgruppenvergleiche basieren auf sehr großen Stichproben (insgesamt N = 21.559). Ausnahmen bilden nur die Randgruppen der Fünfjährigen sowie der 50- und 60-Jährigen, deren Werte in Abb. 20.4 mit dünneren Linien eingetragen sind.
In Abb. 20.4 sind exemplarisch vier z.T. geschlechtstypische „Wachstumskurven" mit den Originalbezeichnungen Cattells und Erläuterungen der Extremausprägungen der Persönlichkeitsdimensionen wiedergegeben. Exvia versus Invia (ähnlich wie Extraversion versus Introversion bestimmt) und Ängstlichkeit (ähnlich wie emotionale Labilität versus Stabilität bestimmt) sind als Sekundärfaktoren, für die in den Abbildungen die Primärfaktoren angegeben sind, klassische Temperamentsmerkmale, in allen faktorenanalytischen und einigen psychodynamischen Ansätzen zur Persönlichkeitsentwicklung vertreten. Allgemeine Intelligenz (als Fähigkeitsmerkmal) und Über-Ich-

Stärke (am ehesten als selbstbezogene Kognition mit deutlichen Temperamentsanteilen zu klassifizieren) sind zwei der insgesamt 16 Primärfaktoren (Faktoren 1. Ordnung) in der Taxonomie der Persönlichkeitsmerkmale von Cattell.

Problem der Kohorteneffekte. Spätestens bei Betrachtung der „Wachstumskurve" für die allgemeine Intelligenz fällt das mit Querschnittsbefunden in der Entwicklungspsychologie unablösbar verbundene Problem der Kohorteneffekte (vgl. Kap. 1 und 38) auf. Als Kritikpunkte an dieser klassischen Studie kommen Fragen nach der inhaltlichen Identität und psychometrischen Äquivalenz von Traits über die Zeit, über Situationen, Generationskohorten, Altersgruppen und Kulturen sowie der endogenistisch anmutende Terminus der Wachstumskurven hinzu. Gleichwohl darf Cattell (1973) kein endogenistisches Entwicklungsverständnis unterstellt werden, da er sehr wohl neben Erbfaktoren auch Lernbedingungen für die Entwicklung der Persönlichkeit verantwortlich macht und früh versucht hat, deren relative Einflüsse auf die Entwicklung varianzanalytisch zu bestimmen (vgl. Kap. 1 und 2).

Exvia:

living outward; „Extraversion"
A: schizothym; E: dominant; F: verträglich;
Q2: selbstgenügsam; H: sorglos, forsch

versus

Invia:

living inward; „Introversion"
A: zyklothym; E: nachgiebig; F: schweigsam;
Q2: affiliativ; H: reserviert, scheu

Q I: Exvia versus Invia

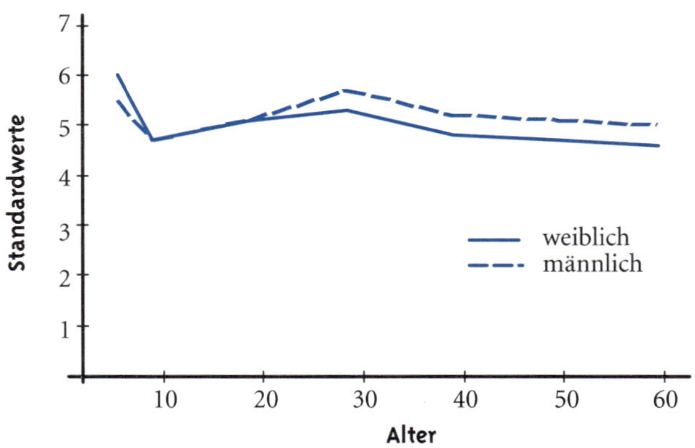

hohe Ängstlichkeit:

„emotionale Labilität"; „Neurotizismus"
C: ich-schwach; L: misstrauisch; O: sorgenvoll;
Q3 : geringe Willenskontrolle;
Q4 : hohe Triebspannung

versus

geringe Ängstlichkeit:

„emotionale Stabilität"; „emotionale Anpassung"
C: ich-stark; L: realistisch; O: zuversichtlich;
Q3 : hohe Willenskontrolle;
Q4 : geringe Triebspannung

Q II: Anxiety (Ängstlichkeit)

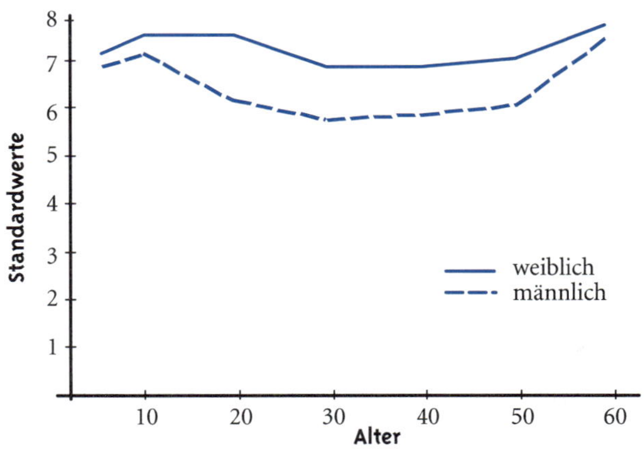

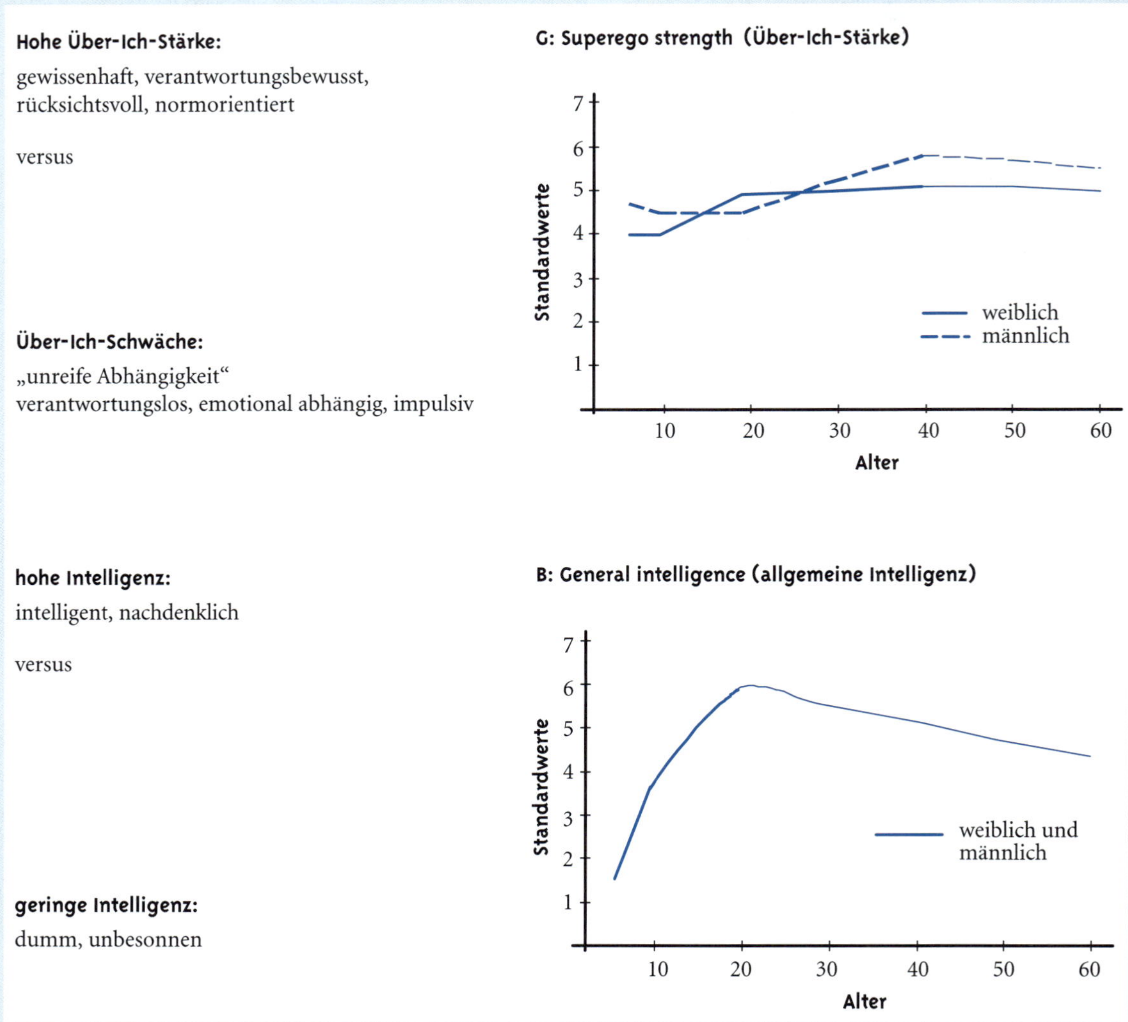

Abbildung 20.4. Querschnittsbefunde zur Entwicklung ausgewählter Persönlichkeitsmerkmale (nach Cattell, 1973)

Teil gilt. Die auf die Big Five bezogene entwicklungspsychologische Befundlage ist unter Bezug auf ihre positionale Stabilität in der Lebensspanne eindeutig, unter Bezug auf ihre absolute Stabilität versus Variabilität widersprüchlich. Bei durchgängig hohen positionalen Stabilitätskoeffizienten (im Mittel um r = .73 bei einem Zeitintervall von sechs Jahren; vgl. Costa & McCrae, 1997) bleiben die Befunde zu ihrer absoluten Stabilität versus Instabilität aus Querschnitts-, Längsschnitts- und Sequenzanalysen sehr konträr (vgl. etwa Costa & McCrae, 1993, 1994, 1997; siehe auch Caspi, 1998; s. auch „Unter der Lupe", S. 683).

UNTER DER LUPE

Querschnittsbefunde zu Altersunterschieden bei den Big Five

McCrae et al. (1999) stellen querschnittlich gewonnene Untersuchungsbefunde zu Altersgruppenunterschieden in den Big Five in größeren Stichproben deutscher, italienischer, portugiesischer und südkoreanischer Jugendlicher und Erwachsener vor (die Kroaten werden hier nicht berücksichtigt, da die auf sie bezogene Ergebnisdarstellung bei McCrae et al., 1999, unvollständig ist). Ohne statistisch bedeutsame Geschlechtsunterschiede werden für die Big Five im Kulturvergleich recht ähnliche Altersgruppenunterschiede berichtet, die in Abb. 20.5 nach den von McCrae et al. (1999) vorgelegten Daten graphisch veranschaulicht sind.

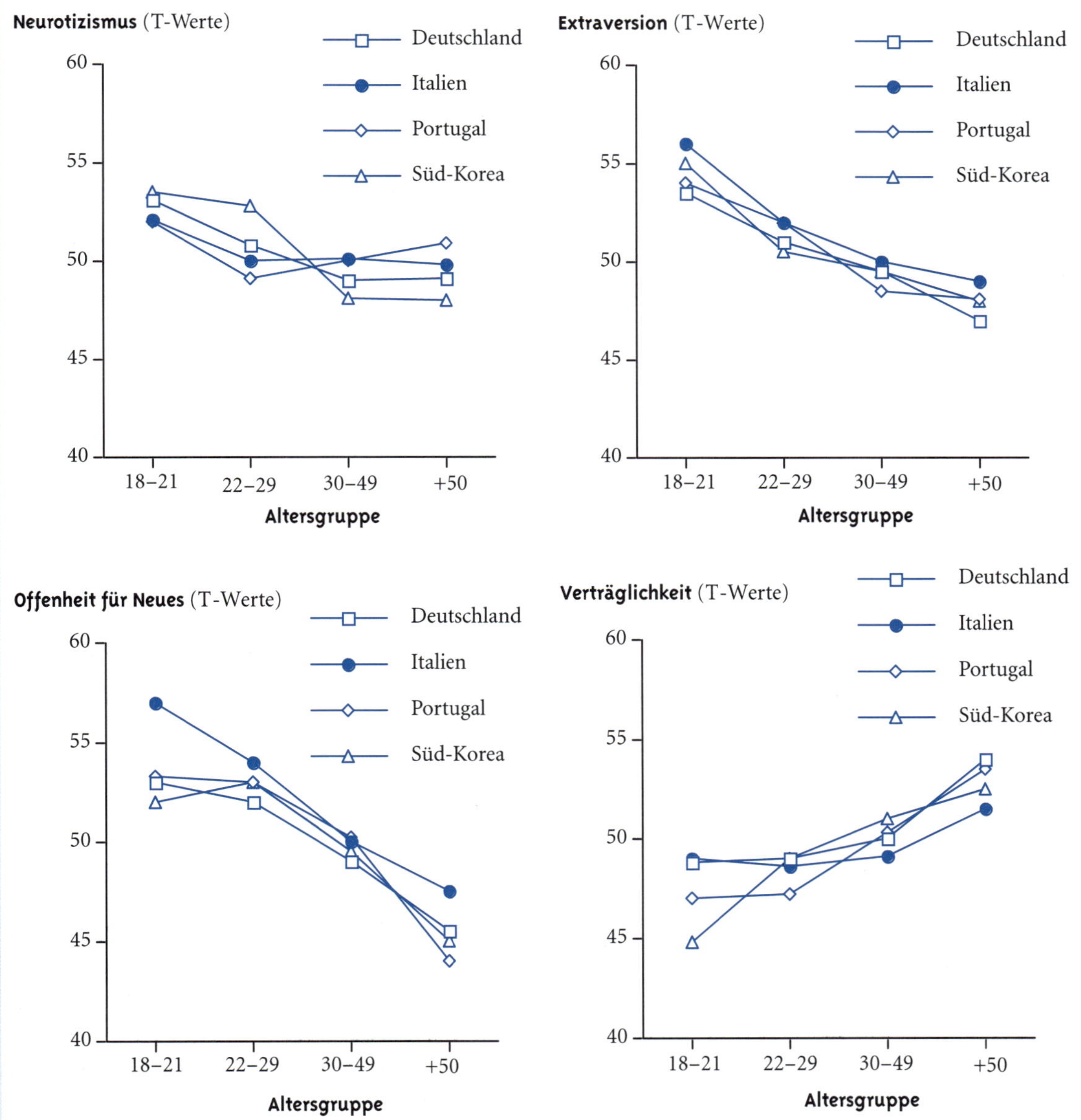

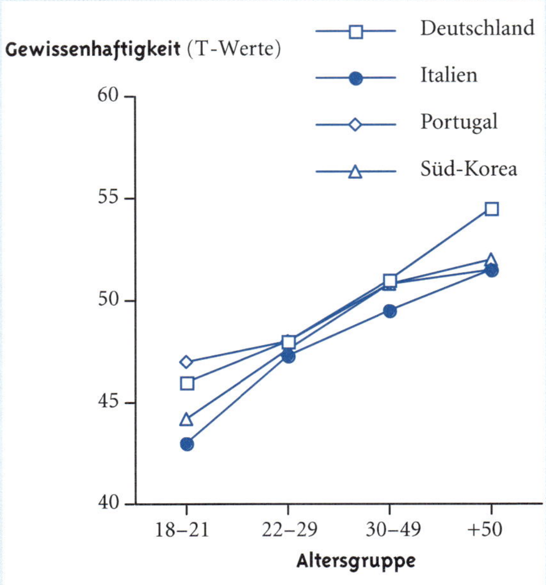

Abbildung 20.5. Querschnittsbefunde zur Entwicklung von fünf zentralen Dimensionen der Persönlichkeit (Big Five) in vier Kulturen (nach McCrae et al., 1999)

Neurotizismus, Extraversion und Offenheit für Neues zeigen demnach geringere Werte in den älteren Gruppen; Verträglichkeit und Gewissenhaftigkeit weisen dagegen in den älteren Gruppen höhere Testwerte auf als in den jüngeren. Wegen der Parallelität dieser Befunde zu solchen aus den USA schließen McCrae et al. (1999, S. 466) nicht nur auf interkulturelle Gemeinsamkeiten, sondern darauf, dass damit die „Hypothese nahe gelegt wird, dass dies universelle Reifungsveränderungen der Erwachsenenpersönlichkeit sind".

Auch hier sind nicht nur die Interpretationsprobleme von Querschnittsstudien zu bedenken, sondern ebenso die oben benannten Fragen nach der inhaltlichen und psychometrischen Äquivalenz der Big Five für verschiedene Kohorten, die durch die besonderen Äquivalenzprobleme kulturvergleichender Studien weiter verstärkt werden. Zudem sei daran erinnert, dass in US-amerikanischen Studien bislang solche Entwicklungstrends fast ausschließlich im Querschnitt, nicht jedoch bzw. nur zum Teil und zudem partiell widersprüchlich in longitudinalen und sequentiellen Analysen bestätigt werden konnten.

4 Psychodynamische Ansätze zur Persönlichkeits- und Identitätsentwicklung

Die Gemeinsamkeiten psychodynamischer Ansätze zur Entwicklung von Persönlichkeit und Selbstkonzept beziehen sich nicht nur auf ihre Prozessorientierung, sondern vor allem auch darauf, dass sie mehr oder weniger stark auf unbewusste psychische Prozesse Bezug nehmen. Entsprechende Ansätze werden im vorliegenden Buch an vielen Stellen thematisiert. Gleichwohl werden sie hier nicht nur der Vollständigkeit halber angesprochen, sondern vor allem im Hinblick auf ihre historischen Weiterentwicklungen unter methodischen und konzeptuellen Aspekten. Methodisch erfolgte diese Entwicklung von idiographischen, retrospektiven Analysen (etwa durch Freud, Jung und Adler) hin zum nomothetischen Ansatz einer differentiellen Entwicklungspsychologie. Auf konzeptueller Ebene ist dies mit dem Übergang von relativ rigiden Phasenlehren der Entwicklung (etwa Freud, 1930; Erikson, 1959/1966) zu differentiellen Entwicklungsbeschreibungen (etwa Marcia, 1966; Gordon, 1968) verbunden. Begleitet wird dies von einem Rückgang der expliziten Annahme unbewusster Prozesse (oder gar eines Postulats der Dominanz unbewusster Prozesse wie bei S. Freud) in der Psychodynamik der Persönlichkeits- und Selbstkonzeptentwicklung.

4.1 Die Persönlichkeitsentwicklung nach Freud

Der klassischen Phasenlehre der Persönlichkeitsentwicklung von Freud (1930, 1938; vgl. Kap. 1 und 7) kommt nicht nur aus historischen Gründen Bedeutung zu, sondern auch wegen ihres Einflusses auf die wissenschaftliche Theorienbildung, ihrer Akzeptanz bei vielen Praktikern und ihrer Bedeutung für das Alltagsverständnis von Entwicklungsprozessen. Freuds Phasenlehre basiert auf idiographischen und retrospektiven Analysen, die zu einer allgemeinen Entwicklungsbeschreibung mit universellem Geltungsanspruch verdichtet wurden (siehe Tab. 20.1, S. 686). Verbunden ist dies mit den reichhaltigen Konstruktbildungen Freuds.

Persönlichkeitsstruktur und Abwehrmechanismen

Nach dem zweiten ontogenetischen Strukturmodell Freuds wird die Person durch die Instanzen Es, Ich und Über-Ich beschrieben. Das Es ist danach als phylogenetisch und ontogenetisch älteste Instanz primär unbewusst, strebt nach unmittelbarer Triebbefriedigung und folgt somit dem „Lustprinzip". Das Ich ist als ontogenetisch zweite Instanz größtenteils bewusst, zum Teil aber auch vor- und unbewusst. Das Ich folgt dem „Realitätsprinzip" und vermittelt mit Hilfe der Abwehrmechanismen zwischen Es-Impulsen und Realitätsanforderungen bzw. Über-Ich-Ansprüchen. Das Über-Ich als ontogenetisch dritte Instanz weist bewusste, vorbewusste (d.h. jederzeit abrufbare) und unbewusste (nicht abrufbare) Anteile auf und bezieht sich auf gelernte Normen, die Moral, das Gewissen des Menschen (vgl. Kap. 18).

Abwehrmechanismen (wie die Projektion, die Sublimierung oder die Rationalisierung) werden vom Ich bewusst oder unbewusst dann aktiviert, wenn Es-Impulse nicht mit den Realitätsanforderungen oder den Ansprüchen des Über-Ich vereinbar sind.

Die Theorie der Libido

Durch libidonöse Energie wird das Gefühlsleben (Es) bestimmt und über libidonöse „Objektbesetzungen" (bezogen auf Körperregionen, andere Personen und Gegenstände) sowie die damit verbundenen Möglichkeiten zum Lustgewinn die Entwicklung.

Bei den „reifen" (gesunden) Formen der Libidoentwicklung löst sich die Libido von den phasenspezifischen selbstbezogenen Körperinteressen und steht zunehmend für zwischenmenschliche Beziehungen zur Verfügung. Dies kann bei besonders günstigen bzw. besonders ungünstigen Entwicklungsbedingungen (d.h. exzessiven oder extrem eingeschränkten Möglichkeiten zur Triebbefriedigung) in einer Phase mit einer spezifischen „Charakterprägung" verbunden sein. Diese Charakterprägung kann sich auf den Normalbereich der Persönlichkeitsentwicklung oder aber die Entwicklung einer Persönlichkeitsstörung (im Sinne einer frühen Störung) beziehen.

Formen der Libidoentwicklung. Die von Freud beschriebenen Formen der Libidoentwicklung betreffen

- den oralen Charakter (charakterisiert durch soziale Abhängigkeit, Passivität, Narzissmus, egozentrische Empfindsamkeit und ein erhöhtes Zuwendungsbedürfnis),
- den analen Charakter (charakterisiert durch erhöhten Eigensinn, Zwanghaftigkeit, erhöhte Ordnungsliebe und Sparsamkeit) und
- den „phallischen" (hysterischen) Charakter (charakterisiert durch erhöhte Elternbindung, starke Orientierung an Vorbildern und erhöhtes Leistungsstreben).

Fixierung und Regression. „Unreife" Formen der Libidoentwicklung führen bei starken psychischen Belastungen im Erwachsenenalter zu psychopathologischen Manifestationen, die stets mit einer Fixierung auf die eigene Person (Nar-

Tabelle 20.1. Phasen der Persönlichkeitsentwicklung nach S. Freud, Stadien und Krisen/Konflikte der psychosozialen Entwicklung nach E. H. Erikson sowie das Konzept der Identitätsentwicklungs-Zustände nach J. E. Marcia im schematischen Vergleich

	S. Freud	E. H. Erikson		J. E. Marcia
Alter (ca.)	Phasen	Stadium	Konflikt/Krise	Identitätsentwicklungs-Status
Säuglingsalter *0 bis 1 Jahre*	orale Phase	oral-sensorisches Stadium	Urvertrauen versus Urmisstrauen	
Kleinkindalter *2 bis 3 Jahre*	anale Phase	muskulär-anales Stadium	Autonomie versus Scham/Zweifel	↑ Exploration von mit „commitment“ ↑ Entwicklungs- (innere Verpflich- ↑ alternativen tung)
Vorschulalter *4 bis 5 Jahre*	„phallische“ Phase *frühgenitale Phase*	lokomotorisch-genitales Stadium	Initiative versus Schuldgefühl	↑ ↓ ↓ ↑ fehlt vorhanden
Schulalter *6 Jahre bis Pubertät*	Latenzphase	Latenzstadium	Kompetenz versus Minderwertigkeit	↑ übernommene Identität ↓
Adoleszenz *Pubertät bis 18 Jahre*	genitale Phase	Pubertät und Adoleszenz	**Identität versus ⇒** **Rollendiffusion ⇒**	↑ fehlt (oder vorhanden) fehlt ↑ Identitätsdiffusion ↓ ↓ ↓
frühes Erwachsenenalter	*bei zu starker Belastung Regression*	frühes Erwachsenenalter	Intimität versus Isolierung	im Prozess vage ↓ Moratorium ↓ ↓ ↓
mittleres Erwachsenenalter	*bei zu starker Belastung Regression*	Erwachsenenalter	Generativität versus Stagnation	↓ vorhanden vorhanden ↓ erarbeitete Identität ↓
höheres Erwachsenenalter	*bei zu starker Belastung Regression*	Reife	Ich-Integrität versus Verzweiflung	↓ ↓ ↓

zissmus) verbunden sind. Die Psychodynamik wird dabei durch die Abwehrmechanismen der Fixierung oder der Regression auf die „kritische“, mit einem Libidodepot versehene Entwicklungsphase beschrieben. Ein Trauma (kritisches Lebensereignis) im Erwachsenenalter birgt damit das Risiko des Rückzugs auf eine frühere Phase/Stufe der Triebregulation. Dies führt nach Freud zu dysfunktionalen Formen des Verhaltens und Erlebens, mithin zur Pathologie.

Nach Freuds psychodynamischer Phasenlehre der Persönlichkeitsentwicklung ist somit die Entwicklung im Jugendalter keineswegs abgeschlossen. Es wird jedoch angenommen, dass ihre wesentlichen Grundlagen gelegt sind – entweder im Sinne der Charakterprägung, ggf. der Entwicklung einer frühen Störung, oder aber im Sinne der Fixierung auf eine Entwicklungsphase mit dem Risiko der späteren Regression unter zu starken Belastungen.

Kritik. Kritisch hervorzuheben bleiben der idiographische, retrospektive Zugang Freuds, seine davon ausgehenden, weit ausgreifenden, keinesfalls empirisch abgesicherten Generalisierungen und seine unscharfen Konstruktbildungen, die sich z.T. der Operationalisierung und damit einer empirischen Überprüfung entziehen. Frühe kulturanthropologische Studien aus der Kultur-Persönlichkeits-Schule ergaben zwar einige Hinweise auf die Gültigkeit der Entwicklungsbeschreibungen Freuds (vgl. Herrmann, 1972). Sie bleiben aber mit der ethnographischen Methode ebenso dem Subjektiven und Spekulativen verhaftet wie die von Freud verwendete idiographische Methode.

Bewertung der Untersuchung. Greve und Roos (1996) folgen dem nomothetischen Forschungsansatz, ihre empirischen Methoden sind aber gegenüber dem psychoanalytischen Ansatz durch die Verwendung semiprojektiver und projektiver Erhebungsinstrumente als durchaus fair zu bewerten. Allerdings bleiben sie dem Ansatz der Querschnittserhebung (vgl. Kap. 38) verhaftet. Die psychoanalytische Hypothese von der zentralen, universellen Bedeutung des Ödipus- bzw. Elektrakomplexes für die Persönlichkeitsentwicklung wurde dabei exemplarisch widerlegt.

Davon unbeeinflusst bleiben freilich nicht nur die historischen Verdienste Freuds in der frühen entwicklungspsychologischen Konzeptbildung, sondern auch seine frühen Einsichten in die Bedeutung kritischer (traumatischer) Lebensereignisse für die Persönlichkeitsentwicklung und zur Geschlechtsrollenentwicklung, die Freud auf die Identifikation mit dem gleichgeschlechtlichen Elternteil in Folge der Komplex-Lösung zurückführte. In modernen entwicklungspsychologischen Ansätzen wird die Geschlechtsrollenentwicklung mit Fortschritten in der sozial-kognitiven Entwicklung des Kindes erklärt, die sich auf die Erkenntnis von Universalität, Stabilität, Unveränderlichkeit und Konstanz des Geschlechts beziehen (vgl. Kap. 19). Überdies kann auch nach den Ergebnissen von Greve und Roos nicht bestritten werden, dass es den Ödipus- bzw. Elektrakomplex im konkreten Einzelfall durchaus geben kann. Dies betrifft jedoch den Bereich idiographischer Analysen, die in der Angewandten Entwicklungspsychologie und Klinischen Psychologie von Relevanz sind, nicht aber den nomothetischen Zugang der empirischen Entwicklungspsychologie. So mögen Ödipus- und Elektrakomplex als spezielle, differentielle Entwicklungsmuster doch Bestand haben – allerdings ebenso wie in den mythologischen Vorbildern von Ödipus und Elektra auf der Ebene idiographischer Entwicklungsbeschreibungen und -erklärungen im Einzelfall.

Neopsychoanalytische Entwicklungstheorien der Persönlichkeit

Mit einem monothematischen Zugang bleiben auch die meisten der so genannten neopsychoanalytischen Entwicklungslehren dem klassischen entwicklungspsychologischen Ansatz Freuds verhaftet.

Adler. Dies gilt etwa für A. Adler, der die Persönlichkeitsentwicklung vor allem unter die Thematik der Überwindung des universal unterstellten Minderwertigkeitkomplexes und dem damit verbundenen Geltungsstreben stellt.

UNTER DER LUPE

Ist der Ödipuskomplex entwicklungsbestimmend?

Kernannahmen von Freuds Konzept des Ödipuskomplexes, nach dem Kinder im Alter von etwa vier bis fünf Jahren eine kritische Entwicklungsphase durchlaufen, wurden von Greve und Roos (1996) empirisch überprüft. Nach der klassischen psychoanalytischen Theorie treten Kinder dieses Alters in die frühgenitale („phallische", „ödipale") Entwicklungsphase ein (siehe Tab. 20.1, S. 686) und entwickeln

- starke emotionale Präferenzen für den gegengeschlechtlichen Elternteil (bis zum Begehren von Mutter bzw. Vater),
- Aggressionen gegenüber dem gleichgeschlechtlichen Elternteil (die häufig unterdrückt werden) sowie
- damit verbundene Ängste vor dem gleichgeschlechtlichen Elternteil (benannt als Ödipuskomplex bei Jungen und Elektrakomplex bei Mädchen).

Diese Entwicklungskrise (der „Komplex") wird nach Freud idealiter von Jungen über die Identifikation mit dem Vater („Identifikation mit dem Aggressor") und von Mädchen über die (anlehnende) Identifikation mit der Mutter gelöst, und es schließt sich mit der Latenzphase eine relative Ruhephase in der psychosozialen Entwicklung und Persönlichkeitsentwicklung an.

Universalität des Ödipuskomplexes? Im Vordergrund der Studie von Greve und Roos stand die Frage, ob die frühgenitale („ödipale", „phallische") Entwicklungsphase tatsächlich, wie von Freud postuliert, universell und invariant auftritt. Untersucht wurden 128 Kinder (67 Mädchen und 61 Jungen) zwischen drei und neun Jahren sowie ihre Eltern. Bei den Kindern wurden sozioemotionale Präferenzen über semiprojektive und projektive Verfahren (mit Hilfe von Strichfiguren, Emotionsausdruck und Farbpräferenzen) erfasst. Zur Ergänzung dieser verschiedenen kindzentrierten Maße gaben die Eltern in Fragebogen Einschätzungen des Verhaltens ihres Kindes und Einschätzungen des eigenen Verhaltens gegenüber dem Kind ab. Keiner der psychoanalytisch postulierten Effekte ließ sich empirisch nachweisen: Insbesondere fanden sich in den erhobenen Maßen keine bedeutsamen Unterschiede zwischen Kindern in der prä-ödipalen, ödipalen und post-ödipalen Phase sowie zwischen den Geschlechtern. Auch fehlten Hinweise auf aggressive Elemente in den kindzentrierten Maßen fast vollständig. Insgesamt legen die Befunde nahe, dass der Ödipuskomplex keine universelle Entwicklungsphase, sondern allenfalls eines von vielen Mustern kindlicher Entwicklung ist. Greve und Roos ziehen die Schlussfolgerung, dass damit ein zentraler Punkt der psychoanalytischen Entwicklungstheorie nicht aufrechtzuerhalten ist und der Ödipuskomplex eher in den Bereich überbrachter Wissenschaftsmythen als valider entwicklungspsychologischer Konzepte gehört.

Jung. Bei C. G. Jung (1931) dominiert das Konzept der Extraversion und Introversion: Während in der ersten Lebenshälfte die Entwicklung und Stärkung des Ich (der „Persona" als Rollenkostüm) sowie damit verbunden die Positionierung in der Gesellschaft und die Fortpflanzung im Vordergrund stehen (wofür Extraversion günstig ist), wird in der zweiten Lebenshälfte der „Weg nach innen" (und damit Introversion) relevant. Dieser Entwicklungstrend ist inzwischen empirisch bestätigt (siehe auch Abb. 20.4, S. 681f., und 20.5, S. 683f.) und wurde etwa von Neugarten (1977, S. 636) als die einzige Ausnahme unter den Temperamentsmerkmalen bezeichnet, für die sich trotz unterschiedlichster methodischer Zugänge die Befunde „zu der Generalisierung aufsummieren, dass Introversion in der zweiten Lebenshälfte mit dem Alter ansteigt".

C. G. Jung akzentuiert in seinem tiefenpsychologischen Ansatz den „Schatten", unter dem das bislang nicht gelebte Leben der Persona zu verstehen ist und der sich im persönlichen Unbewussten als Gegenteil der Persona konstituiert hat. Das „Gesellenstück" der zweiten Lebenshälfte ist nach C. G. Jung (1931, 1938) die Integration von Persona und Schatten (aus dem persönlichen Unbewussten) sowie die Integration von Animus und Anima (aus dem kollektiven Unbewussten), die das gelebte versus nicht gelebte Weibliche versus Männliche im Menschen betreffen. Psychodynamisches Entwicklungsziel ist die Individuation als Vollendung einer ganzheitlichen Persönlichkeit.

Horney. Der bereits von Freud beschrittene Weg, ausgehend von psychopathologischen Phänomenen allgemeine Entwicklungsprozesse zu beschreiben, wird von A. Adler und C. G. Jung ebenso weiterentwickelt wie von K. Horney (1937) und anderen. Schon der von Horney gewählte Titel „Die neurotische Persönlichkeit unserer Zeit" weist auf die kulturkritische Pointierung ihres psychodynamischen Ansatzes, nach dem eine neurotische Persönlichkeitsentwicklung in den modernen Industriegesellschaften der „Normalfall" und keine Abweichung (zumindest im sozialen Vergleich) ist.

4.2 Die Persönlichkeits- und Identitätsentwicklung nach Erikson

Eine entwicklungsthematische Ausweitung hat das psychoanalytische Grundmodell von S. Freud in dem Konzept der Entwicklungskrisen von E. H. Erikson (1959/1966) erfahren. Spätestens durch ihn wird der klassische monothematische Ansatz verlassen, da er die Persönlichkeits- und Identitätsentwicklung mit dem Schwerpunkt auf verschiedenartigen psychodynamischen Krisen oder Konflikten analysiert, die es in der lebenslangen Entwicklung zu überwinden bzw. zu lösen gilt (vgl. Kap. 1, 7 und 9). Der psychodynamische Ansatz bleibt erhalten, unbewusste Prozesse treten jedoch in ihrer Bedeutung zurück, da Erikson davon ausgeht, dass die Konfliktbewältigung in der aktiven Auseinandersetzung der Person mit ihrer Umwelt stattfindet. Entwicklungsprozesse im Erwachsenenalter werden zudem nicht alleine auf Regressionen, die durch zu starke Belastungen ausgelöst werden, zurückgeführt, sondern unter Bezug auf eigenständige Entwicklungsthemen bzw. -krisen beschrieben. Dies gilt auch für das Latenzstadium, das nicht wie bei S. Freud als relative Ruhephase der Entwicklung, sondern explizit mit dem Schwerpunkt auf der Entwicklung von (Selbst-)Vertrauen in eigene Kompetenzen (modern: Selbstwirksamkeit) inhaltlich bedeutsam gefüllt wird (siehe Tab. 20.1, S. 686).

Bedeutsame Krisen oder Konflikte. Die Konzeptbildungen von Erikson haben sich als empirisch zugänglicher erwiesen als die von Freud. Sowohl über Fragebogenerhebungen als auch über teilstrukturierte Interviews konnten Teilaspekte seiner Phasenlehre empirisch bestätigt werden (vgl. Bauer, 1982; Bradley & Marcia, 1998; Constantinople, 1969). Belegt werden dabei aber insbesondere auch differentielle Entwicklungsprozesse, die die Universalität des Phasenmodells in Frage stellen und auf die Bedeutung nahezu aller von Erikson ausführlich beschriebenen Konflikt- und Krisenthemen in der gesamten Lebensspanne (nicht nur in einer bestimmten Lebensphase) verweisen. Anzumerken bleibt, dass Erikson selbst auch davon ausgegangen ist, dass die Altersphasen lediglich schwerpunktmäßig unter eine Konfliktthematik zu stellen sind. Dies gilt nicht nur, aber vielleicht insbesondere für den Aspekt der Identitätsentwicklung (versus Rollen- und Identitätsdiffusion), die nach Erikson hauptsächlich in der Adoleszenz stattfindet.

UNTER DER LUPE

Das Selbst und die Identität

Unter dem Selbst einer Person wird in der Entwicklungs- und Persönlichkeitspsychologie ein dynamisches System verstanden, das sowohl die auf die eigene Person bezogenen Selbstbeschreibungen und -bewertungen (struktureller, inhaltlicher Aspekt) als auch die auf diese Inhalte bezogenen Prozesse (funktionaler Aspekt) umfasst.

Strukturelle Aspekte des Selbst. Die Inhalte des Selbst können mit Greve (2000a) in einem dreidimensionalen Würfelmodell nach

(1) der Zeitdimension (retrospektives, aktuelles und prospektives Selbst),
(2) der Differenzierung zwischen dem realen versus dem möglichen Selbst sowie
(3) der kognitiv-beschreibenden (Selbstkonzept) versus emotional-bewertenden (Selbstwertempfinden) Sicht der eigenen Person

strukturiert werden. Dies führt zur Unterscheidung von (3 × 2 × 2) 12 Strukturfacetten des Selbst, die nicht alleine unter inhaltlichen Fragestellungen (statusdiagnostisch), sondern auch unter funktionalen (prozessdiagnostisch) zu analysieren sind.

Funktionale Aspekte des Selbst. Personale und soziale Identität basieren auf der „subjektiv erlebten Kontinuität und Konsistenz des Selbst über die Lebensspanne hinweg", die „angesichts lebenslanger Entwicklung und permanenter eigener Veränderungen und wechselnder sozialer Kontexte und Lebensumstände erklärungsbedürftig (ist)" (Greve, 2000a, S. 21). Prozessual-funktionale Aspekte der Selbst- und Identitätsforschung betreffen Fragestellungen nach den selbst-stabilisierenden und -verteidigenden Mechanismen, die für die Aufnahme und Verarbeitung von selbst-relevanten Informationen relevant sind. Neben Verteidigungsstrategien wie etwa der Leugnung (Wahrnehmungsvermeidung), der Rationalisierung (Umdeutung) oder der Neutralisierung selbst-bedrohlicher Informationen sowie Prozessen der Immunisierung gegen sie (etwa durch „selbstwertdienliche" Vergleiche) werden auch präventive Strategien zur Stabilisierung des Selbst (etwa über „impression management") relevant. Greve (2000a) schlägt nach einem Überblick über die entsprechende Forschung eine zweidimensionale Taxonomie vor, in der die Prozesse des Selbst nach ihrer Aktivation (pro-aktiv offensiv versus re-aktiv defensiv) und ihrer Funktion (Erhaltung oder Verbesserung der Handlungsfähigkeit versus Sicherung der Integrität und Positivität des Selbstbildes) systematisiert werden. Unterschieden werden können demnach:

- Pro-aktive Strategien zur Erhaltung oder Verbesserung der Handlungsfähigkeit wie etwa das „self-assessment", mit dem offensiv und präventiv versucht wird, die Realitätsangemessenheit selbst-bezogener Überzeugungen über mehr oder weniger systematische Selbstbeobachtungen zu prüfen.

- Pro-aktive Strategien zur Sicherung eines integrierten, konsistenten und positiven Selbst wie etwa „impression management“ oder „symbolic self-completion“, mit denen offensiv und präventiv, ggf. auch provokativ versucht wird, für ein erwünschtes Selbstbild Bestätigung zu erhalten.
- Re-aktive Strategien zur Erhaltung oder Verbesserung der Handlungsfähigkeit wie etwa die Immunisierung gegen selbst-bedrohliche Informationen.
- Re-aktive Strategien zur Sicherung eines integrierten, konsistenten und positiven Selbst wie etwa die Leugnung oder die selbstwertdienliche Attribution potentiell selbst-bedrohlicher Informationen.

4.3 Identitätsentwicklungs-Zustände nach Marcia

Der Aspekt der Identitätsentwicklung wurde im Modell des Identitätsentwicklungs-Status von J. E. Marcia (1966, 1980) zum Hauptthema gemacht und unter der Annahme fokussiert, dass auf sie bezogene psychodynamische Prozesse nahezu in der gesamten Lebensspanne immer wieder virulent werden (oder zumindest werden können). Damit wird von einer altersgebundenen Phasenlehre zu Gunsten einer inhaltlich bestimmten thematischen Entwicklungspsychologie Abstand genommen, deren Phasen durch unterschiedliche Identitätsentwicklungszustände definiert werden (siehe Tab. 20.1, S. 686).

Erkunden von Alternativen und Verpflichtung. Die beiden taxonomischen Bestimmungsstücke für den Identitätsentwicklungs-Status einer Person sind nach Marcia

(1) ihre Bemühungen, persönliche Entwicklungsmöglichkeiten und -alternativen zu erkunden, und
(2) ihre innere Verpflichtung, ihr persönliches Engagement und ihre Involviertheit bei der Bewältigung von Entwicklungsherausforderungen (siehe Tab. 20.1, S. 686).

Diese beiden Fragen stehen im Vordergrund des auf die Biographie sowie den aktuellen Entwicklungsstand und die persönlichen Entwicklungsaussichten einer Person bezogenen „Identity Status Interview“. Zahlreiche empirische Untersuchungsbefunde bestätigen den Beschreibungswert dieses Modells in verschiedensten Altersgruppen. Deutlich werden vor allem Bezüge einer „erarbeiteten Identität“ zu positiv bewerteten Persönlichkeitsentwicklungen (wie geringer Neurotizismus, positiver Selbstwert und internale Kontrollüberzeugungen) und Bezüge einer „übernommenen“ Identität zu einigen negativer bewerteten Persönlichkeitsentwicklungen (wie geringe Offenheit für Neues) bei subjektivem Wohlbefinden der Person (vgl. etwa Clancy & Dollinger, 1993).

Personen, die sich im Moratorium befinden, sind in einer entwicklungspsychologischen Übergangsphase mit offenen Lösungsmöglichkeiten, woraus ein Bedarf an Entwicklungsintervention resultieren kann. Der Identitätsentwicklungs-Status der Diffusion ist durch persönliche Verunsicherungen gekennzeichnet. Kraus und Mitzscherlich (1995) weisen jedoch unter Bezug auf Befunde, die an einer Stichprobe 18- bis 22-jähriger Deutscher gewonnen wurden, darauf, dass Identitätsdiffusion (zumindest als zeitlich begrenzter Identitätsstatus) in den modernen Industriegesellschaften durchaus im Sinne einer kulturell-adaptiven Identitätsdiffusion gesellschaftlich funktional sein kann. Der Aspekt der Adaptivität steht etwa in der Selbstkonzept-Entwicklungstheorie von Gordon (1968) im Vordergrund.

EXKURS

Theorie der adaptiven Selbstkonzept-Entwicklung

Den Ausgangspunkt der Theorie der adaptiven Selbstkonzept-Entwicklung von C. Gordon (1968) bilden qualitative Daten, die über ein semiprojektives Satzergänzungsverfahren erhoben werden. Vorgegeben werden 15 bis 20 Zeilen mit dem Anfang „Ich bin ...", die nach der Instruktion „Antworten Sie so, als ob Sie die Antworten sich selbst und nicht einer anderen Person geben würden. Schreiben Sie die Antworten in der Reihenfolge auf, wie sie Ihnen in den Sinn kommen. Machen Sie sich bitte keine Gedanken über die ‚Logik' oder ‚Wichtigkeit' Ihrer Antworten" die in etwa sechs bis sieben Minuten zu Sätzen zu vervollständigen sind. Die Auswertung erfolgt quantitativ-inhaltsanalytisch, indem die Antworten den folgenden Kategorien zugeordnet und deren Häufigkeiten ausgezählt werden:

- A-Modus: auf körperliche und geographische Merkmale bezogene Selbstbeschreibungen (Körpergröße, Geschlecht, Anschrift, Augenfarbe etc.);
- B-Modus: Selbstbeschreibungen in sozialen Rollen- und Statusbegriffen (Beruf, Familienbeziehungen, Nationalität, Schichtzugehörigkeit etc.);
- C-Modus: Selbstbeschreibungen anhand „abstrakter", psychologischer Merkmale (Einstellungen, Persönlichkeitsmerkmale, Aspekte des Lebensstils etc.);
- D-Modus: unbestimmte, globale Selbstbeschreibungen (Restkategorie für Antworten wie „Ich bin ein Mensch", „Ich bin ich" etc.).

Soziokulturelle Veränderungen. Die mit diesem Satzergänzungsverfahren gewonnenen Daten erweisen sich als relativ globale, aber hinreichend interindividuell variierende Indikatoren der Art der Selbstbeschreibung. Vorliegende Untersuchungsergebnisse zeigen etwa (vgl. Gordon, 1968; Zurcher, 1977), dass im Vergleich der sechziger und siebziger Jahre in den modernen Industriegesellschaften eine Verschiebung in den Selbstbeschreibungen aufgetreten ist. Dominierte früher der B-Modus, so ist dies seit den siebziger Jahren der C-Modus. Dies kann mit soziokulturellen Veränderungen (etwa der Zunahme in der horizontalen und vertikalen Mobilität) in Verbindung gebracht werden, die Selbstbeschreibungen und Identitätsbildungen anhand von sozialen Rollen unsicherer gemacht haben, da diese stärkeren Veränderungen unterliegen.

Ontogenetische Veränderungen. Ontogenetisch postuliert Gordon eine Entwicklungssequenz, nach der in der frühen Kindheit der A-Modus (im Sinne der körperlichen Identitätsentwicklung) und in der späten Kindheit der B-Modus (soziale Identitätsentwicklung) dominiert. In der Adoleszenz tritt verstärkt der C-Modus (personale Identitätsentwicklung) hinzu, und für das Erwachsenenalter wird ein adaptives Pendeln zwischen dem B- und dem C-Modus angenommen, in das bei körperlichen Bedrohungen auch der A-Modus einbezogen sein kann. Normativ bedeutet dies, dass die gesunde Selbstkonzept-Entwicklung durch die flexible Anpassung des Selbstmodus an die Umwelterfordernisse gekennzeichnet ist. Fehlanpassungen liegen bei Erwachsenen dann vor, wenn eine generalisierte Fixierung auf einen Modus der Selbstbeschreibung gegeben ist, die den Anforderungen nicht adaptiv und flexibel gerecht wird.

Ego-Entwicklung. Auch Loevinger (1976, 1997) hat ihre Theorie der Ego-Entwicklung mit Hilfe eines offenen Erhebungsverfahrens, dem „Sentence Completion Test“ (SCT) entwickelt. Ihre Auswertungsstrategien sind methodisch an Kohlbergs Analysen zur Entwicklung des moralischen Urteils (vgl. Kap. 18) orientiert und erheblich differenzierter als die von Gordon. Nach den Grundlagen der Ego-Entwicklung, die sie sehr allgemein im „Nebel des Kleinkindalters“ (Loevinger, 1997, S. 203) ansiedelt, beschreibt sie in ihrem normativen Gesamtmodell der Ego-Entwicklung sieben Stufen, die konstruktivistisch aufeinander aufbauen, aber keinesfalls alle erreicht werden. Dies gilt umso mehr für die zusätzliche achte (theoretische) Stufe der „Integration“, die „in Zufallsstichproben selten zu beobachten ist“ (Loevinger, 1997, S. 204) und die durch die volle Entfaltung einer sich selbst aktualisierenden Persönlichkeit bei Integration der eigenen vitalen Lebensthemen in die der Gesellschaft markiert wird.

Als normatives und universelles Phasenmodell der Identitätsentwicklung ist dieser Ansatz den Entwicklungsbeschreibungen von Erikson, Freud und auch C. G. Jung – allerdings bei empirischer Grundorientierung und deutlicher Anlehnung an die konstruktivistischen Entwicklungstheorien von J. Piaget (vgl. Kap. 11) und L. Kohlberg (vgl. Kap. 18) – näher als den Modellen von Marcia und Gordon.

5 Persönlichkeits- und Selbstkonzeptentwicklung aufgrund von Entwicklungsaufgaben und kritischer Lebensereignisse

Ansätze zur (Re-)Konstruktion der Persönlichkeits- und Selbstkonzeptentwicklung anhand der Konfrontation mit und der Bewältigung von Entwicklungsaufgaben und kritischen Lebensereignissen sind ebenfalls prozessorientiert. Ihre prinzipielle lerntheoretische Abstammung (siehe Abb. 20.3) kann durch die Sequenz

- Konfrontation mit einer Entwicklungsaufgabe/einem kritischem Ereignis (S),
- aufgaben-/ereignisbezogene Kognitionen und Emotionen (O),
- Bewältigungsversuche/-handlungen (R),
- Konsequenzen für Befinden, Persönlichkeits- und Selbstkonzeptentwicklung (C)

nach dem allgemeinen lernpsychologischen S-O-R-C-Schema modelliert werden. Entwicklungsaufgaben bzw. kritische Ereignisse sind dabei formal als erlebte Ist-Soll-Diskrepanzen definiert, die mittel- oder langfristige Anpassungsprozesse erforderlich machen und damit positiv oder negativ entwicklungsrelevant werden. Über die lerntheoretische Anbindung hinausgehend weist das Entwicklungsmodell der kritischen Lebensereignisse gewisse Kontinuitäten zum psychoanalytischen Begriff des Traumas als besonderer, „kritischer“ Belastung mit Relevanz für die Entwicklung und zur epidemiologischen Forschung in der Medizin auf, in der früh nach Risikofaktoren für somatoforme („psychosomatische“) Störungen gesucht wurde, für die keine direkte endogene bzw. somatische Ätiologie erkennbar ist (vgl. Abb. 20.3).

Entwicklungsaufgaben

Im älteren Konzept der Entwicklungsaufgaben von J. R. Havighurst (1948) werden teils universelle, teils kulturspezifische alterstypische Aufgaben beschrieben, deren erfolgreiche Lösung oder Bewältigung Voraussetzung für eine gesunde Weiterentwicklung ist. Da dies separat für neun Entwicklungsperioden gemacht wird, die von der frühen Kindheit bis in das späte Erwachsenenalter reichen (siehe Kap. 3), entspricht dies dem Ansatz klassischer entwicklungspsychologischer Phasenmodelle. Die Nähe zu dem Konzept der Entwicklungskrisen von Erikson ist damit deutlich. Überdies zeigen sich in diesen beiden Phasenrekonstruktionen der gesamten Lebensspanne an einigen Stellen inhaltliche Gemeinsamkeiten (so ist etwa die frühe Kindheit nach Erikson durch die Entwicklung von Vertrauen versus Misstrauen, nach Havighurst durch die Entwicklungsaufgabe des Aufbaus sozial-emotionaler Bindung charakterisiert), die angesichts ihrer unterschiedlichen Herkunft – Erikson in psychoanalytischer, Havighurst in lerntheoretischer Tradition – frappieren.

Kritische Lebensereignisse

Der auf alterstypische Entwicklungsaufgaben begrenzte Ansatz und das damit eng verbundene Phasenmodell der Persönlichkeitsentwicklung von Havighurst wurde unter dem Einfluss medizinisch-epidemiologischer Forschung zu Risikofaktoren für Erkrankungen und der Entwicklungspsychologie der Lebensspanne zum Entwicklungsmodell der kritischen Lebensereignisse ausgeweitet (vgl. Kap. 1). Zentral ist die Unterscheidung von normativen kritischen Übergängen im Lebenslauf, also Entwicklungsaufgaben sensu Havighurst, die mehr oder weniger eng alterskorreliert sind, und nichtnormativen sowie historischen kritischen Lebensereignissen.

Normative kritische Lebensereignisse. Normative kritische Lebensereignisse (age-graded critical

life events) sind in einer Kultur mehr oder weniger eng an das Lebensalter gebunden, weisen damit eine hohe Auftrittshäufigkeit in der jeweiligen Altersgruppe auf und sind daher relativ gut vorherzusehen, was präventive Bemühungen und antizipatorische Maßnahmen möglich und sinnvoll macht. Sie beziehen sich auf „Meilensteine" im Lebenslauf und Entwicklungsprozess, die u.a. auch kulturgebundene Anforderungen und präskriptive (normative) Erwartungen implizieren. Prototypische Beispiele sind etwa die Einschulung, der Übergang zu einer weiterführenden Schule und zur Hochschule, die Berentung sowie die Heirat (mit recht hoher sozialer altersbezogener Normierung), aber etwa auch der erste Sexualkontakt, der Eintritt in das Arbeitsleben, die Geburt eines eigenen Kindes und der Auszug aus dem Elternhaus mit geringerer sozialer Normierung.

Nichtnormative kritische Lebensereignisse. Nichtnormative kritische Lebensereignisse (nonnormative critical life events) treten dagegen unabhängig von der kulturellen und biologischen Strukturierung des Lebenslaufs auf. Sie können den Menschen in jeder Lebensphase treffen, weswegen in der Regel nur relativ wenige und auch nicht altersgleiche Personen von ihnen betroffen sind. Prototypische Beispiele sind etwa (nicht alterskorrelierte) persönliche Erkrankungen und Erkrankungen von Angehörigen oder Freunden, Arbeitslosigkeit, Unfälle, Trauerfälle, aber auch ein Lotteriegewinn, ein unerwartetes Erbe oder eine plötzliche große Schenkung. Da non-normative Ereignisse nicht vorhersehbar sind, können Entwicklungsinterventionen nicht ereignisspezifisch, sondern nur unspezifisch, d.h. breiter ausgerichtet an einer präventiven Kompetenzerweiterung (etwa im Bereich von Selbstkontroll- und Selbstmanagementkompetenzen) ansetzen.

Historische kritische Lebensereignisse. Historische kritische Lebensereignisse (history-graded critical life events) oder soziohistorische Lebenssituationen betreffen alle Menschen oder eine sehr große Gruppierung in einem politischen, kulturellen oder geographischen Lebensraum zeitgleich

EXKURS

Die marxistische Theorie der Persönlichkeitsentwicklung von L. Sève

Sèves (1977, S. 301) „Hypothesen für eine wissenschaftliche Theorie der Persönlichkeit" setzen an gesellschaftlich und strukturell vorgegebenen (Entwicklungs-)Aufgaben an. Sie sind durch den Versuch gekennzeichnet, die Entwicklung der Persönlichkeit durch Kategorien der politischen Ökonomie genauer zu bestimmen. In seiner Persönlichkeitspsychologie steht die gesellschaftliche Arbeit, in der sich der Mensch „selbst produziert", im Vordergrund.

Die Rolle von Handlungen. Die sich in der Tätigkeit entwickelnde und entwickelte Persönlichkeit wird als eine „enorme Anhäufung verschiedenster Handlungen in der Zeit" (S. 308), mithin als Ergebnis der Bewältigung gesellschaftlich vorgegebener Tätigkeiten und Entwicklungsaufgaben verstanden. Handlungen vermitteln zwischen dem Individuum und der Gesellschaft. Sie sind zugleich individuell (durch die Biographie und Selbstäußerungen) und gesellschaftlich (durch gesellschaftshistorische Strukturen) bestimmt. Sie führen zu Resultaten, die sowohl das Individuum als auch die Gesellschaft betreffen, wobei die gesellschaftlichen Resultate dialektisch auf das Individuum zurückwirken. Kurz: Die Persönlichkeit ist durch die „Gesamtheit der Handlungen (...), aus denen sich ihre Biographie zusammensetzt" (S. 316), definiert. Die Persönlichkeit wird dabei als Struktur der Tätigkeiten (Tätigkeitsstruktur) betrachtet, die im Laufe des Lebens (Zeitstruktur) vom Individuum ausgeführt werden. Von zentralem Stellenwert sind nun zwei Charakteristika von Handlungen bzw. Tätigkeitsstrukturen, die Sève primär auf politisch-ökonomische Faktoren zurückführt.

Aktivitäten mit vs. ohne Lern- oder Fähigkeitszuwachs. Fähigkeiten werden als die „Gesamtheit der angeborenen und erworbenen, gegenwärtigen Potentialitäten" (S. 318) definiert sowie dialektisch sowohl als Voraussetzungen für Handeln als auch als dessen Produkt bestimmt. Handeln kann damit entweder in der Ausübung vorhandener Fähigkeiten oder im Erwerb neuer Fähigkeiten bestehen. Normativ betont Sève (S. 319), dass „die wichtigste progressive Funktion der Persönlichkeit die Entwicklung der Fähigkeiten ist".

Abstraktheit vs. Konkretheit von Aktivitäten. Unterschieden werden Aktivitäten ferner nach ihrer „Abstraktheit" (Entfremdetheit) versus Konkretheit für das Individuum. Abstrakte Tätigkeiten sind äußeren, für das Individuum nicht transparenten Bedingungen unterworfen, führen zur „abstrakten" (entfremdeten) Persönlichkeit und seien für die Produktionsverhältnisse im Kapitalismus typisch. Konkrete Aktivitäten sind dagegen auf das Individuum bezogene, von der Wechselwirkung individueller und gesellschaftlicher Determinanten ausgehende Tätigkeiten („Selbstbetätigungen") und führen zur „konkreten" Persönlichkeit, die anzustreben ist.

Rotationshypothese. Sève postuliert, dass unter den politisch-ökonomischen Bedingungen des Kapitalismus der Hauptanteil der mit Tätigkeiten verbrachten Zeit von einer

(1) eher selbstbestimmten Lernphase (Erwerb neuer Fähigkeiten durch konkrete Aktivitäten) in der Kindheit über
(2) eine Phase entfremdeten Lernens (Erwerb neuer Fähigkeiten durch abstrakte Aktivitäten) in der Ausbildungszeit und
(3) eine Phase der Ausübung vorhandener Fähigkeiten in abstrakten Aktivitäten (während der Berufstätigkeit) hin zu
(4) einer passiven Konsumphase (Ausübung von vorhandenen Fähigkeiten durch konkrete Aktivitäten) im Ruhestand rotiere (siehe Abb. 20.6, S. 696).

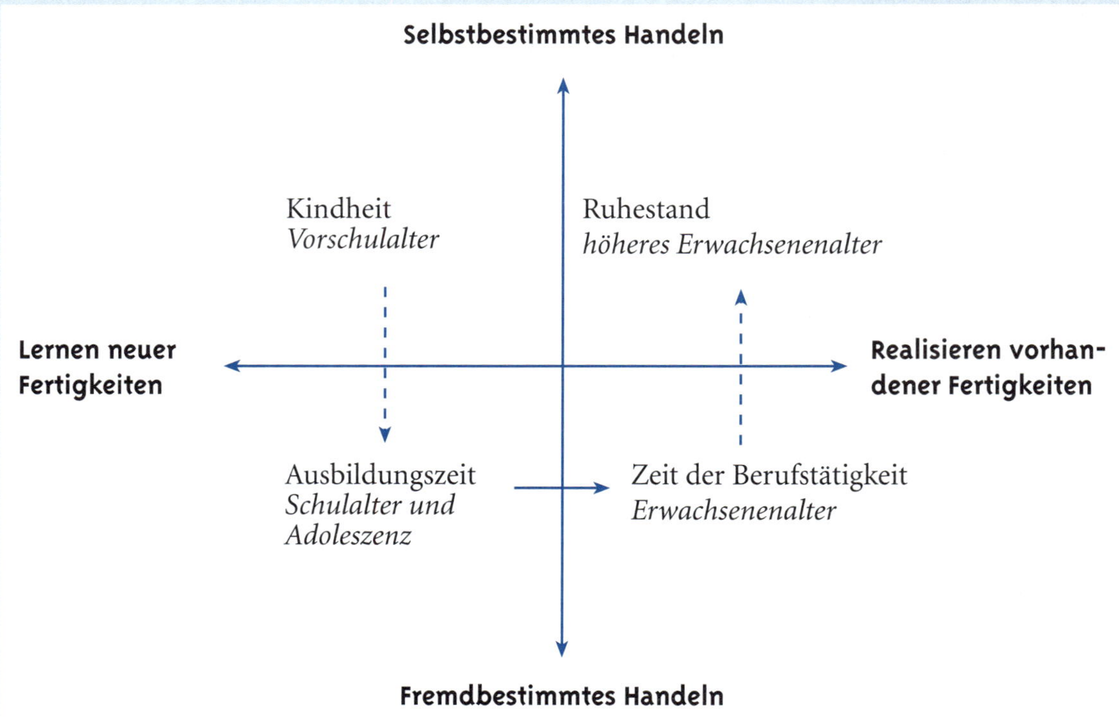

Abbildung 20.6. Rotationshypothese von Sève zur Zeit- und Tätigkeitsstruktur der Persönlichkeitsentwicklung

Empirische Überprüfung. M. Krampen (1982) stellte fest, dass junge Erwachsene den Grad der Autonomie von Tätigkeiten und des (geringen vs. hohen) Zuwachses von Fähigkeiten, den verschiedene, für bestimmte Altersgruppen typische Tätigkeiten haben, entsprechend den Thesen Sèves einschätzten. Die Einschätzungen älterer Erwachsener, die – vor die gleiche Aufgabe gestellt – retrospektiv auf die eigene Biographie bezogene Tätigkeitsbeurteilungen abgaben, wichen jedoch stark von Sèves Rotationshypothese ab.

In der zweiten empirischen Arbeit (Krampen, 1988), an der sozial aktive und sozial passive, zurückgezogen lebende ältere Männer beteiligt waren, konnte die Rotationshypothese anhand der narrativ erhobenen biographischen Rekonstruktionen und darauf bezogener Selbsteinschätzungen für die sozial passiven bestätigt, für die sozial aktiven dagegen nicht bestätigt werden.

Diese Befunde legen es nahe, die auf die Persönlichkeitsentwicklung bezogene Rotationshypothese Sèves im Sinne sozialer Stereotypen über altersspezifische Merkmale (vgl. Fleeson & Heckhausen, 1997) zu interpretieren, denen junge Erwachsene ohne persönliche Erfahrungen in zwei der vier von Sève unterschiedenen Lebensphasen sowie passiv und zurückgezogen lebende ältere Männer unterliegen.

Bewertung. Diese empirischen Befunde weisen darauf, dass der normative Anspruch Sèves zurückzuweisen ist. Zudem ist der Taylorismus und die fremdbestimmte Fließbandarbeit längst nicht mehr das ökonomische Ideal der von Séve so genannten und eher stereotyp beschriebenen kapitalistischen Gesellschaften. Gleichwohl deutet sich der heuristische Wert dieses lebensspannenumfassenden Ansatzes auf deskriptiver Ebene darin an, dass es bei Krampen (1988) gelungen ist, anhand der auf die Tätigkeitsstrukturmerkmale bezogenen biographischen Einschätzungen interindividuelle Unterschiede in generalisierten Kontrollüberzeugungen (die etwa mit Indikatoren der Depressivität und Lebenszufriedenheit kovariieren) zu rekonstruieren. Empirische Befunde sprechen damit gegen die Rotationshypothese zur Persönlichkeitsentwicklung, nicht aber gegen den Wert der von Sève beschriebenen Aktivitäts- oder Tätigkeitsstrukturmerkmale für die Forschung zur Persönlichkeitsentwicklung.

und unabhängig von ihrem jeweiligen Lebensalter. Sie können mehr oder weniger vorhersehbar sein. Obwohl sie alle Menschen oder eine große Kulturgruppe betreffen, können ihre Auswirkungen auf das persönliche Erleben und die Entwicklung durchaus altersspezifisch sein. So hat eine wirtschaftlich bedingte Massenarbeitslosigkeit auf die Entwicklungsoptionen und Identitätsprojekte von Kindern, Jugendlichen im Berufsfindungs- und Berufseinstiegsprozess, erwachsenen Männern und Frauen sowie älteren Menschen im Ruhestand qualitativ ebenso unterschiedliche Auswirkungen wie ein Krieg. Das Beispiel der Massenarbeitslosigkeit macht zugleich deutlich, dass die Differenzierung von nichtnormativen und historischen Ereignissen nicht immer trennscharf gelingt, was dann, wenn etwa die so genannten „Vorruhestandsregelungen" bedacht werden, sogar auf die Bestimmung normativer, alterskorrelierter Ereignisse ausgedehnt werden kann.

Ereignisbezogene Kognitionen. Psychologisch wurde die epidemiologische Ereignisforschung vor allem auch dadurch, dass nicht mehr alleine das Auftreten und die Häufung kritischer Ereignisse bei einer Person, sondern auch auf sie bezogene Kognitionen erfasst werden. Merkmale kritischer Ereignisse mit differentieller entwicklungspsychologischer Bedeutung sind etwa deren

- subjektive Bewertung (als mehr oder weniger positiv versus negativ) und Erwünschtheit,
- Vorhersehbarkeit,
- subjektive Kontrollierbarkeit,
- Ursachenattribution,
- Verantwortlichkeitsattribution,
- subjektive Sinnhaftigkeit (Bedeutsamkeit und Reichweite für das eigene Leben),
- subjektiver Wirkungsgrad (Wirkungen auf einen, mehrere oder alle Lebensbereiche),
- subjektive Generalität (wie viele andere erleben ähnliche Ereignisse) und
- subjektive Altersangemessenheit (nach entwicklungsbezogenen Meinungen und Stereotypen).

Entwicklungspsychologisch wurde die Lebensereignisforschung dadurch, dass der Stellenwert kritischer Ereignisse im Prozess der Bewältigung sowie der Persönlichkeits- und Selbstkonzeptentwicklung analysiert wird. Mit Filipp (1990) können etwa im Bewältigungsprozess instrumentelle und kognitive Aktivitäten, die sich jeweils auf das Ereignisumfeld oder die eigene Person richten können, sowie Aktivitätshemmungen bzw. -verweigerungen unterschieden werden. Die subjektiven Ereigniseinschätzungen werden ebenso wie die unterschiedlichen Bewältigungsstrategien und deren Erfolg in der modernen Entwicklungspsychologie der gesamten Lebensspanne genutzt, um die Einflüsse normativer und nichtnormativer kritischer Ereignisse auf die Persönlichkeits- und Selbstkonzeptentwicklung prospektiv und retrospektiv zu analysieren (siehe etwa Filipp, 1990; Filipp et al., 1990; Krampen et al., 1993; vgl. Kap. 1 und 9).

6 Sozial-kognitive und handlungstheoretische Ansätze der Persönlichkeits- und Selbstkonzeptentwicklung

Die Gemeinsamkeiten sozial-kognitiver und handlungstheoretisch fundierter Ansätze zur Persönlichkeits- und Selbstkonzeptentwicklung beziehen sich nicht nur auf ihre historischen Bezüge zur kognitiven Lerntheorie (vgl. Krampen, 2000a) und ihre Beziehungen zu den Entwicklungsmodellen der Identität und der kritischen Lebensereignisse (siehe Abb. 20.3), sondern vor allem darauf, dass sie neben der Fokussierung der (Lern-)Prozesse in der Persönlichkeitsentwicklung zugleich eine persönlichkeitspsychologische Strukturorientierung aufweisen. Dies gilt insbesondere für die Soziale Lerntheorie der Persönlichkeit (SLT) von Rotter (1954, 1982) und das Handlungstheoretische Partialmodell der Persönlichkeitsentwicklung (HPP; Krampen, 2000a). Beide Ansätze sind genuin persönlichkeitspsychologisch ausgerichtet und basieren auf einer gemeinsamen axiomatischen Grundlage. Dies gilt mit der Fokussierung von Entwicklungsprozessen (vor allem im höheren Erwachsenenalter) nicht für die im Anschluss abgehandelten kontrolltheoretischen Modellbildungen.

UNTER DER LUPE

Axiome der Sozialen Lerntheorie der Persönlichkeit (SLT) und eines Handlungstheoretischen Partialmodells der Persönlichkeitsentwicklung (HPP)

Die Soziale Lerntheorie der Persönlichkeit von Rotter (1954, 1982) und das Handlungstheoretische Partialmodell der Persönlichkeitsentwicklung (Krampen, 2000a) sind dynamisch-interaktionistische Entwicklungstheorien der Persönlichkeit, die in ihren Kernannahmen erwartungs-wert-theoretischen Modellvorstellungen entsprechen. Ihre Axiome beziehen sich auf

(1) das Postulat, dass die Einheit der Persönlichkeitspsychologie die dynamische Interaktion des Individuums mit seiner bedeutungshaltigen Umwelt ist;
(2) die Ablehnung jedes Reduktionismus für Persönlichkeitskonstrukte (d.h. Persönlichkeitskonstrukte müssen oder können nicht durch andere Konzepte – etwa physiologische oder neurologische – erklärt werden; ihr Analysewert ist von solchen Konzepten auf anderen Ebenen prinzipiell unabhängig);
(3) die Ablehnung des Dualismus für Persönlichkeitskonstrukte (psychosomatische, somatoforme Phänomene können zwar anhand ihrer somatischen und ihrer psychischen Symptomatik beschrieben werden, eine dieser beiden Beschreibungsebenen kann aber nicht – dualistisch – zur Erklärung der anderen herangezogen werden);
(4) das Postulat, dass die fraglichen Persönlichkeitskonstrukte erst ab einer bestimmten phylogenetischen und ontogenetischen Entwicklungsstufe für Analysen und Vorhersagen von Verhalten und Erleben nützlich sind (nämlich da, wo es um mehr oder weniger zielgerichtetes, erwartungsgesteuertes, reflektiertes Handeln geht);
(5) das Postulat der (primären) Erfahrungsabhängigkeit handlungstheoretischer Persönlichkeitsmerkmale;
(6) das Postulat von der Zielgerichtetheit des Verhaltens, das durch Persönlichkeitskonstrukte analysiert, beschrieben und rekonstruiert werden kann;
(7) das Postulat von der Abhängigkeit des Handelns und Erlebens von mehr oder weniger generalisierten Valenzen (subjektiven Ziel-, Ereignis- und Folgenbewertungen) und subjektiven Erwartungen des Individuums.

6.1 Die Soziale Lerntheorie der Persönlichkeit nach J. B. Rotter

Die SLT von J. B. Rotter (1954, 1982) ist eine sozial-kognitive, dynamisch-interaktionistische Entwicklungstheorie der Persönlichkeit, die erwartungs- und verstärkungstheoretische Elemente früherer Ansätze integriert und der Familie der handlungstheoretischen Erwartungs-Wert-Modelle angehört (vgl. im Überblick Krampen, 1982, 2000a). Eines ihrer Axiome betrifft die Abhängigkeit des Verhaltens und Erlebens von subjektiven Verstärkerwerten (Valenzen) und subjektiven Erwartungen darüber, ob durch ein Verhalten ein Ziel/Verstärker erreicht werden kann oder nicht.

Spezifische Erwartungen. Von zentraler Bedeutung ist dabei die These, dass subjektive situations- und handlungsspezifische Verstärkerwerte und Erwartungen nur dann für die Vorhersage und Rekonstruktion von Verhalten und Erleben relevant sind, wenn sich die Person subjektiv in einer bekannten, eindeutigen, kognitiv relativ gut strukturierten Situation befindet. Die „kognitive Landkarte" reicht – zumindest subjektiv – für die Bewältigung der Situation aus; das Individuum mag dann – wie etwa bei einem wiederholten Schulwechsel eines Schülers – ggf. auch routinemäßig im Sinne von Handlungsautomatismen reagieren.

Generalisierte Erwartungen. Anders verhält es sich in subjektiv neuen, mehrdeutigen, kognitiv kaum oder schlecht strukturierbaren Situationen (wie etwa der erstmaligen Konfrontation mit einem kritischen Lebensereignis wie dem Schulwechsel). Hierfür wird in der SLT angenommen, dass generalisierte Erwartungen, die aus der Generalisierung über Situationen mit ähnlichen Verstärkern (Zielen) oder solchen mit strukturellen Ähnlichkeiten basieren, prognostisch wichtiger sind (da die situations- und handlungsspezifische „kognitive Landkarte" unstrukturiert oder „leer" ist).

Rotter hat eine Reihe solcher generalisierter Erwartungen beschrieben, beschränkt sich dabei aber auch in neueren Arbeiten (vgl. etwa Rotter, 1982, 1990) auf die reine Aufzählung von Kontrollüberzeugungen, interpersonalem Vertrauen und generalisierten Problemlösestrategien (wie die generalisierten Erwartungen, dass es sinnvoll ist, nach Alternativen zu suchen, langfristig zu planen, auf Unterscheidungsmerkmale von psychologischen Situationen zu achten oder die Motive anderer zu verstehen). Während die Axiome, das erwartungs-wert-theoretische Vorhersagemodell und der Moderatorstatus von Situationswahrnehmungen für den relativen prognostischen Wert von situationsspezifischen und generalisierten Erwartungen in der SLT klar herausgearbeitet sind, bleiben somit die kursorischen Ausführungen über die generalisierten Erwartungen selbst ebenso wie diejenigen über die den subjektiven Verstärkerwerten unterliegenden (generellen, sekundären) Bedürfnisse bei Rotter unbefriedigend.

Zentrale Konzepte der SLT. Ohne hier erneut die Formalisierungen der SLT in ihrer molekularen (auf spezifische Handlungssituationen und Verhaltensweisen bezogenen) und molaren (auf Lebensbereiche und Verhaltensklassen bezogenen) Form darzustellen (vgl. etwa Krampen, 1982), werden in Abb. 20.7 die zentralen Konzepte der SLT zusammengefasst.

Im inneren Bereich der Abbildung findet sich das situationsspezifische Verhaltenspotential (molar: Bedürfnispotential), das in subjektiv bekannten, strukturierbaren psychologischen Situationen (molar: Lebensbereichen) auf subjektive Erwartungen (molar: Bewegungsfreiheit) und subjektive Verstärkerwerte (molar: Bedürfniswerte) zurückgeführt wird. Je neuartiger und mehrdeutiger die psychologische Situation (oder der Lebensbereich) erlebt wird, desto größer ist die Bedeutung generalisierter Erwartungen und Bedürfnisse. Dies ergibt sich daraus, dass in der SLT situationsspezifische Erwartungen auf die in subjektiv ähnlichen Situationen (gelernten) spezifischen Erwartungen sowie auf das Verhältnis generalisierter Erwartungen zur Anzahl der Erfahrungen mit der gegebenen Situation zurückgeführt werden. Subjektive Verstärkerwerte werden analog auf den subjektiven Wert von Folge-Verstärkern und die subjektiven (Instrumentalitäts-)Erwartungen über das Auftreten der Folge-Ver-

Kapitel 20 Persönlichkeit und Selbstkonzept

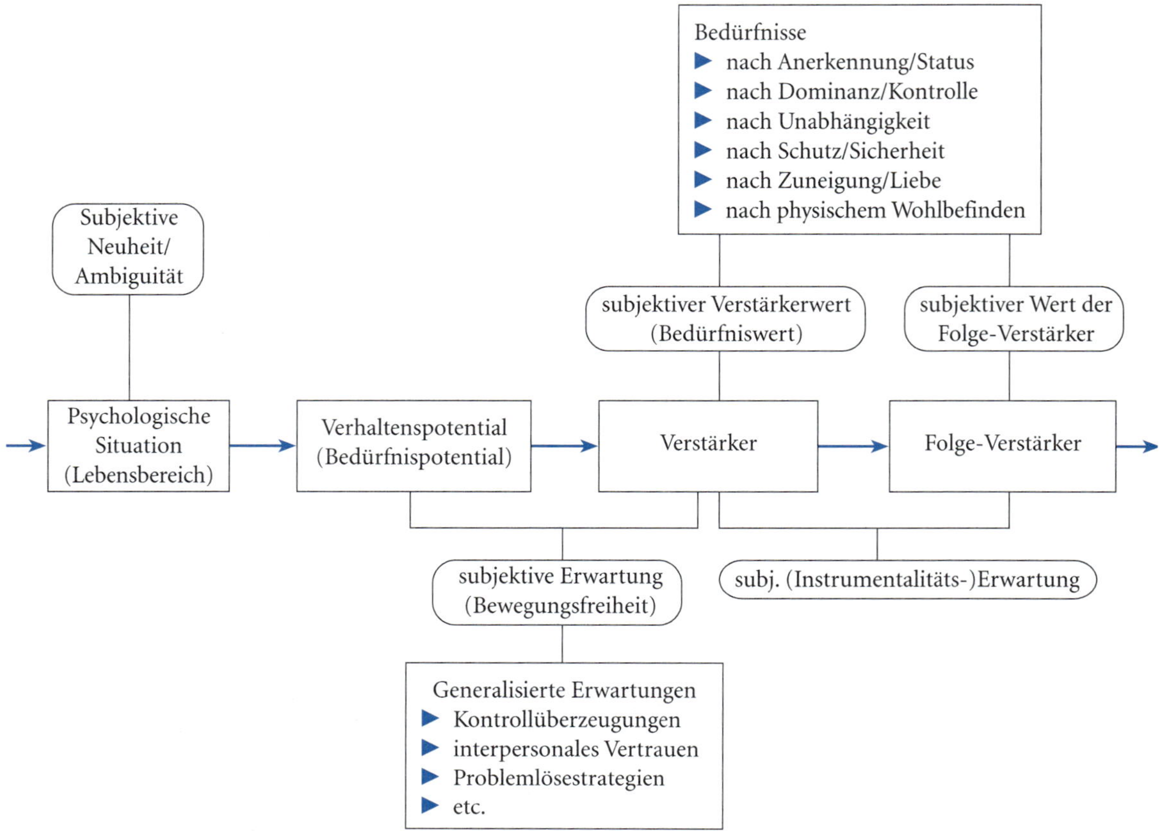

Abbildung 20.7. Konstrukte der molekularen und molaren (in Klammern) Form der Sozialen Lerntheorie der Persönlichkeit Rotters

stärker zurückgeführt. Dabei ist allerdings bei Rotter die Rolle der Bedürfnisse weniger klar herausgearbeitet als die der generalisierten Erwartungen.

Empirische Befunde. Empirische Evidenz für die SLT Rotters liegt aus einer Vielzahl von Studien vor, die sich weiter vergrößert, wenn man die Befunde zu anderen, mit der SLT verwandten Erwartungs-Wert-Theorien hinzunimmt (vgl. Krampen, 1982, 2000a; Rotter, 1982). Lange Zeit dominierten jedoch – auch in der Entwicklungspsychologie – empirische Arbeiten, die sich ausschließlich auf das Konstrukt der Kontrollüberzeugungen sowie seine Entwicklungsbedingungen und seine prognostische Bedeutung konzentrierten. Inzwischen hat die Anzahl der Untersuchungen zugenommen, die neben generalisierten oder bereichsspezifischen Erwartungen auch andere Konzepte (vor allem Verstärkerwerte/Valenzen) einbeziehen (vgl. etwa Hays, 1985; Krampen, 1986, 1991, 2000a; Kristiansen, 1987). Häufiger anzutreffen ist dabei allerdings das Missverständnis, dass generalisierte Erwartungen (also etwa Kontrollüberzeugungen) Moderatorvariablen für erwartungs-wert-theoretische Vorhersagen seien. Dies entspricht nicht den Aussagen der SLT Rotters, in der vielmehr die psychologische Situation – also die subjektive Neuheit und Mehrdeutigkeit einer Handlungssituation oder eines Lebensbereichs – der Moderator für den relativen prognostischen Wert generalisierter versus bereichsspezifischer versus situationsspezifischer Erwartungen ist (vgl. hierzu Krampen, 1991, 2000a).

UNTER DER LUPE

Entwicklung von Kontrollüberzeugungen

Erst durch Konstruktdifferenzierungen konnte die unklare Befundlage zur Beschreibung und Erklärung der Entwicklung von Kontrollüberzeugungen in der Lebensspanne geklärt werden (vgl. Krampen, 1982, 1987). Als bedeutsam erwies sich dabei insbesondere die konzeptuelle Trennung von

- **Internalität** als generalisierte Erwartung, wichtige Ereignisse im Leben aufgrund eigener Anstrengungen oder Charakteristika (Fähigkeiten, Merkmale, Ressourcen usw.) selbst erreichen, ggfs. bewältigen zu können,
- **sozial bedingter Externalität** als generalisierte Erwartung, nach der wichtige Ereignisse im Leben und deren Bewältigung vom Einfluss anderer abhängen, und
- **fatalistischer Externalität** als generalisierte Erwartung, nach der wichtige Ereignisse im Leben und deren Bewältigung von Schicksal, Zufall, Pech oder Glück abhängig sind.

Die Übersicht zu den Befunden von 75 entwicklungspsychologischen Studien zur Entwicklung von Kontrollüberzeugungen (Krampen, 1987) zeigt, dass in der (späteren) Kindheit die Internalität ansteigt und externale Kontrollüberzeugungen (vor allem fatalistische) abnehmen. Dieser Entwicklungstrend wird im Jugendalter und frühen Erwachsenenalter verstärkt, wobei die Entwicklungsverläufe der sozial bedingten Externalität in hohem Maße von den konkreten Lebensbedingungen (vor allem in Ausbildung und Beruf) abhängen. Ab dem Jugendalter sind mittlere positionale Stabilitäten (um $r = .50$) für alle drei Aspekte generalisierter Kontrollüberzeugungen zu verzeichnen, die auf ihren Stellenwert als Persönlichkeitsmerkmale verweisen.

Im höheren Erwachsenenalter deuten die Befunde darauf hin, dass die Externalitätsdimensionen von Kontrollüberzeugungen mit dem Alter zunehmen, gleichzeitig aber die Internalität in den Kontrollüberzeugungen ansteigt oder zumindest konstant bleibt. Mit zunehmendem Alter wird demnach erwartet, dass sowohl eigene Handlungsmöglichkeiten als auch äußere, nicht kontrollierbare Faktoren stärkere Einflüsse auf wichtige Lebensereignisse und deren Meisterung haben. Beeinflusst und moderiert wird die Entwicklung von Kontrollüberzeugungen von kulturellen, politisch-strukturellen, familiären, schulischen, institutionellen, beruflichen und medienvermittelten Entwicklungsbedingungen, die sich vor allem auf das Ausmaß der Einschränkung versus Förderung der Handlungsfreiräume von Menschen und ihre emotional-positive, akzeptierende Unterstützung, Ermutigung und Begleitung beziehen (vgl. Krampen, 1994).

6.2 Ein Handlungstheoretisches Partialmodell der Persönlichkeitsentwicklung

Das Handlungstheoretische Partialmodell der Persönlichkeit (HPP; Krampen, 2000a; siehe Abb. 20.8, S. 702) realisiert einen integrativen Rahmen für die Entwicklung selbst- und umweltbezogener Kognitionen. Bezug genommen wird auf die folgenden Persönlichkeitsvariablen, die mit definierten situations- und handlungsspezifischen Konzepten in Zusammenhang stehen (im Folgenden in Klammern aufgeführt):

- Selbstkonzept eigener Fähigkeiten (situationsspezifisch: Kompetenzerwartungen);
- Kontrollüberzeugungen (Kontrollerwartungen);

Kapitel 20 Persönlichkeit und Selbstkonzept

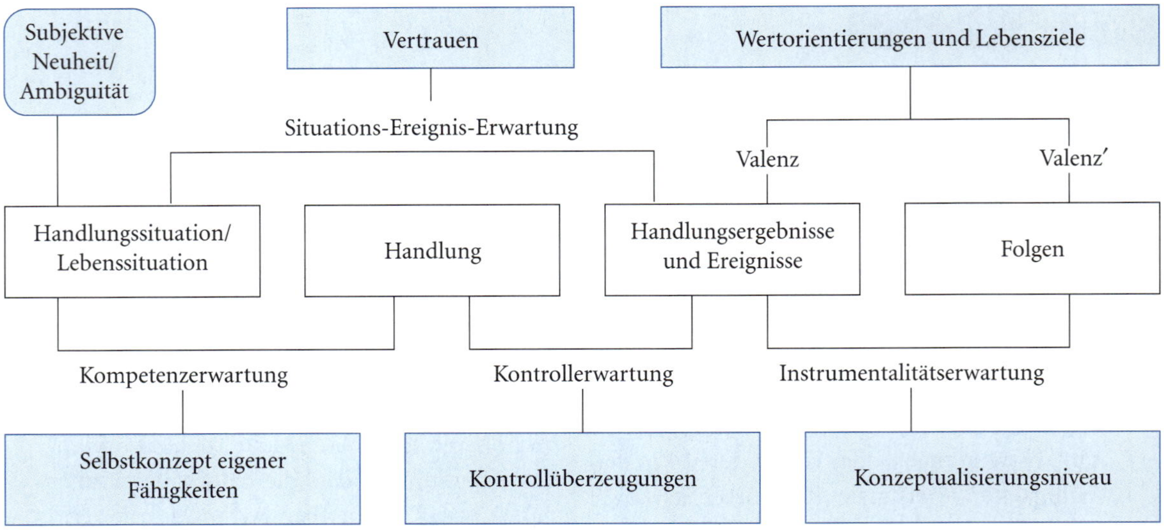

Abbildung 20.8. Handlungstheoretisches Partialmodell der Persönlichkeit (nach Krampen, 2000a)

- Vertrauen (Situations-Ereignis-Erwartungen, d.h. die Erwartung, dass bestimmte Ereignisse ohne eigenes Handeln auftreten);
- Wertorientierungen und Interessen (Ereignis- und Folgevalenzen, Handlungsanreize);
- das Konzeptualisierungsniveau (Instrumentalitätserwartungen).

Das HPP systematisiert diese oftmals fragmentarisch und isoliert untersuchten sozial-kognitiven Person- und Persönlichkeitsvariablen selbst- und umweltbezogener Kognitionen. Außerdem macht das HPP Aussagen über die (hierarchische) Struktur der Persönlichkeit und über den relativen deskriptiven und prognostischen Wert situationsspezifischer, bereichsspezifischer und generalisierter Variablen für Handeln und Erleben, wobei auf die Hypothese Rotters (1954) zur Moderatorwirkung der Situationswahrnehmung (bzw. Wahrnehmung eines Lebensbereichs) zurückgegriffen wird. Das Modell ist auf mehr oder weniger reflektiertes Handeln (im Sinne von Handlungsautonomismen und -automatismen; s.o.) ausgerichtet und geht davon aus, dass in bekannten, subjektiv kognitiv gut strukturierbaren Situationen und Lebensbereichen das Handeln und Erleben auf die situations- und handlungsspezifischen Komponenten zurückzuführen ist. Ist die Lebenssituation oder der Lebensbereich dagegen subjektiv neuartig, mehrdeutig und damit kognitiv nicht oder weniger gut strukturierbar, so ist in Analysen interindividueller Unterschiede und intraindividueller Entwicklungsprozesse auf die bereichsspezifischen bzw. generalisierten Modellkomponenten (d.h. die Persönlichkeitsvariablen i.e.S.) zurückzugreifen.

Aufbau situations- und handlungsspezifischer Kognitionen. Eigene und über Modelllernen vermittelte Erfahrungen bilden die Basis für den Aufbau situations- und handlungsspezifischer Kognitionen sowie der Verallgemeinerung dieser spezifischen Kognitionen zu bereichsspezifischen und generalisierten Persönlichkeitsmerkmalen. Dabei wird davon ausgegangen, dass ähnliche Prinzipien wie beim instrumentellen und operanten Konditionieren sowie beim sozialen Lernen gelten, aber auch selbstregulative Systeme und Pläne (etwa durch selbstgesetzte Ziele und Wertorientierungen). Unter Bezug auf Piaget (1976) ist freilich zu bedenken, dass dieser Lern-, Generalisierungs- und Überformungsprozess nicht kontinuierlich verlaufen wird, sondern dass Diskontinuitäten

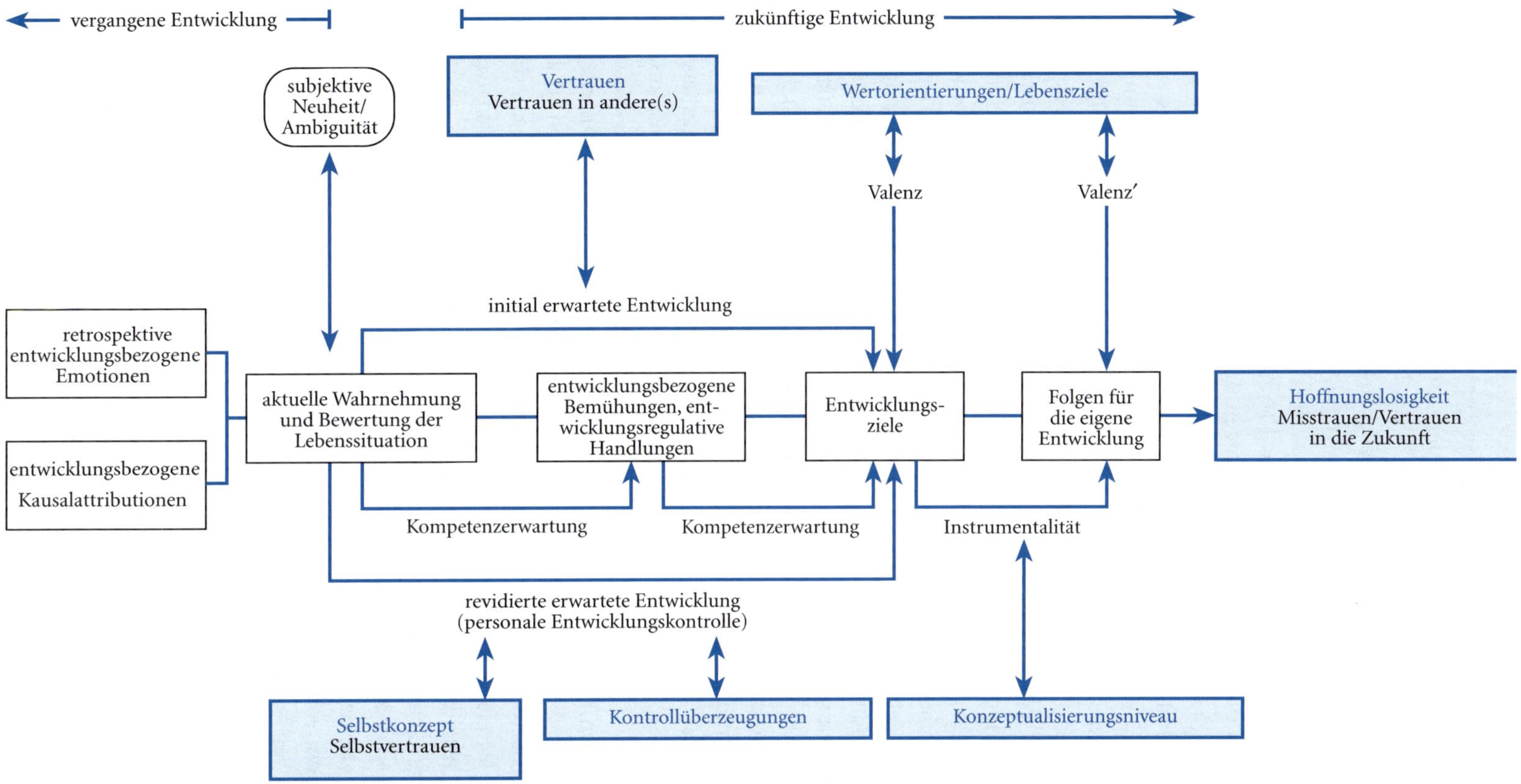

Abbildung 20.9. Handlungstheoretisches Partialmodell der Persönlichkeitsentwicklung mit Konzepten aus der aktionalen Entwicklungsperspektive (im mittleren Bereich) und handlungstheoretischen Persönlichkeitsmerkmalen (äußerer Bereich)

(Übergeneralisierungen und -spezifizierungen) auftreten werden, was etwa eine Ursache für mangelnde Reliabilitäten bei der Erfassung handlungstheoretischer Persönlichkeitsmerkmale sein kann.

Bezug zur aktionalen Entwicklungspsychologie. Das HPP weist einen engen Bezug zur aktionalen, handlungstheoretisch fundierten Perspektive der Entwicklungspsychologie des Jugend- und Erwachsenenalters (vgl. Brandtstädter, 1989; Brandtstädter & Lerner, 1999; Brandtstädter et al., 1986; Lerner & Busch-Rossnagel, 1981) auf. In Abb. 20.9 (S. 703) sind zentrale Konzepte aus der aktionalen Entwicklungspsychologie systematisch mit den Kernkonzepten des HPP verbunden. Es resultiert eine Heuristik entwicklungsbezogener Kognitionen, Emotionen und Handlungen, die (1) nach dem zeitlich-biographischen Kriterium der Retrospektion, der aktuellen Lebenssituation und der Prospektion sowie (2) den im HPP-Kernbereich unterschiedenen Erwartungs- und Valenzvariablen geordnet sind. Die sich daraus ergebenden Relationen zu den handlungstheoretischen Persönlichkeitsvariablen sind im äußeren Bereich der Abbildung spezifiziert.

Entwicklung von Vertrauen

Nach dem Handlungstheoretischen Partialmodell der Persönlichkeitsentwicklung können drei Aspekte von Vertrauen differenziert und zu einem entwicklungspsychologischen Modell der Vertrauenstrias (Krampen, 1997) verdichtet werden.

Vertrauen in andere. Das erste Element der Vertrauenstrias bezieht sich auf das Vertrauen in andere(s) und entspricht am ehesten dem interpersonalen (sozialen) Vertrauen. Als situationsspezifische, bereichsspezifische oder generalisierte Variable bezieht es sich jedoch nach dem HPP nicht alleine auf die soziale Verlässlichkeit anderer, sondern auch auf soziale, physikalische, chemische etc. Situations-Ereignis-Erwartungen, also Erwartungen, dass aus einer gegebenen Situation ohne eigenes Zutun bestimmte Ereignisse resultieren. Gleichwohl werden soziale Bezüge dominieren, die sich als das Vertrauen vs. Misstrauen in primäre Bezugspersonen, weitere Bezugspersonen (wie Freunde, Bekannte, Nachbarn, Kollegen, Verkäufer), fremde Menschen, Politiker (und „die Politik"), die Massenmedien etc. spezifizieren lassen (siehe Abb. 20.10).

Selbstvertrauen. Die zweite Facette der Vertrauenstrias ist das Selbstvertrauen (Selbstkonzept eigener Fähigkeiten; Vertrauen in die eigenen Fähigkeiten und ggf. auch Einflussmöglichkeiten) als situationsspezifische, bereichsspezifische und generalisierte Variable der eigenen Selbstwirksamkeitseinschätzungen (Situations-Handlungs- oder Kompetenzerwartung und deren Generalisierung). Das Selbstvertrauen als ein bedeutsamer Aspekt des Selbstkonzepts wurde bislang vor allem im Kontext der Leistungsmotivationsforschung (vgl. Kap. 16) untersucht. Im Vordergrund stand dabei vor allem auch die Strukturierung des Vertrauens in die eigenen Fähigkeiten nach verschiedenen Handlungs- und Lebensbereichen (etwa Selbstvertrauen im Kontext sozialer Beziehungen oder im Bereich eigener politischer Handlungsoptionen; siehe Abb. 20.10).

Zukunftsvertrauen. Die dritte Facette der Vertrauenstrias bezieht sich auf das Zukunftsvertrauen (Vertrauen vs. Misstrauen in die Zukunft) als ein molares handlungstheoretisches Persönlichkeitskonstrukt, das mit allen situationsspezifischen und generalisierten Variablen des HPP unmittelbar zusammenhängt sowie für die entwicklungspsychologischen Perspektiven des HPP von besonderer Relevanz ist (siehe Abb. 20.9). Auch hier sind strukturell unterschiedliche Facetten zu unterscheiden, die sich etwa auf das Vertrauen in die persönliche Zukunft, in die Zukunft der Angehörigen und Freunde, in die Zukunft der Eigengruppe und Gesellschaft sowie in die der Menschheit allgemein (etwa unter umwelt- und friedensthematischen Gesichtspunkten) beziehen können (siehe Abb. 20.10).

Weit gefasster Entwicklungsbegriff. Ergänzend sei darauf verwiesen, dass bei der entwicklungspsychologischen Anbindung des HPP zwar ein liberalisiertes Verständnis von entwicklungspsychologisch relevanten Veränderungen vertreten

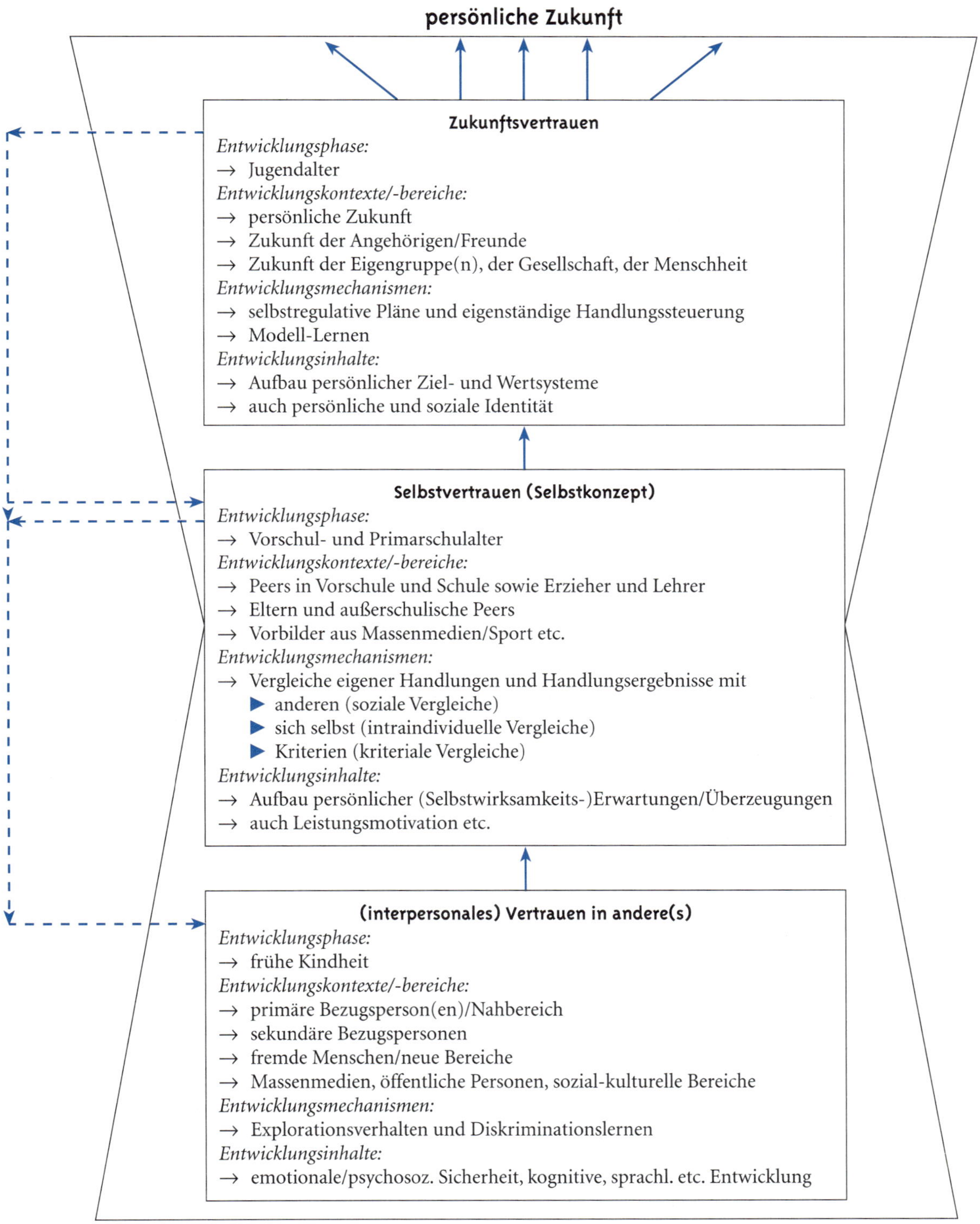

Abbildung 20.10. Sanduhr-Modell zur Ontogenese der Vertrauenstrias mit zugeordneten Entwicklungsphasen, -kontexten, -bereichen, -mechanismen und -inhalten (nach Krampen, 1997)

wird, dass dies aber nicht unspezifisch bleibt wie vollkommen liberalisierte Vorschläge, die den Gegenstand der Entwicklungspsychologie auf solche Veränderungen beschränken wollen, die mit dem Lebensalter korreliert sind (vgl. Kap. 1). Im Anschluss an Smedslund (1988) sind zwei Typen von Veränderungen zu unterscheiden:

- Veränderungen erster Ordnung werden als „eine Veränderung in dem, was eine Person erkennt und/oder tut, ohne dass eine Veränderung irgendeiner Disposition einbezogen ist" (Smedslund, 1988, S. 69) definiert.
- Veränderungen zweiter Ordnung beziehen sich dagegen auf „eine Änderung in den Dispositionen der Person, zu erkennen und zu handeln" (Smedslund, 1988, S. 70).

Veränderungen erster Ordnung beziehen sich damit auf den Handlungs- oder Lebenskontext; sie sind von äußeren Umständen abhängig, vollkommen reversibel und kein Hinweis auf eine (entwicklungspsychologisch relevante) Veränderung der Person, sondern nur ein Hinweis auf eine Veränderung in den äußeren Bedingungen. Veränderungen zweiter Ordnung beziehen sich dagegen auf persönliche Dispositionen. Diese können zwar auch reversibel sein (etwa bei sequentiellen Lern- und Entwicklungsprozessen), sie sind aber dann irreversibel, wenn sie Diskriminierungen zwischen Situationen, Differenzierungen zwischen Handlungen und einen Übergang vom unreflektierten zum reflektierten Handlungsmodus involvieren.

Entwicklung politischer Handlungsorientierungen im Übergang vom Jugendalter zum frühen Erwachsenenalter

Als Beispiel für die Entwicklung bereichsspezifischer Persönlichkeitsmerkmale wurde die Entwicklung politischer Handlungsorientierungen unter engem Bezug auf das Handlungstheoretische Partialmodell der Persönlichkeitsentwicklung untersucht (Krampen, 1991, 2000b). Zunächst sind zu zwei Erhebungszeitpunkten (1987 und 1988) bei 162 deutschen Jugendlichen der Geburtskohorten 1971, 1972 und 1973 alle Variablen des HPP bereichsspezifisch für politisches Handeln erfasst worden. Als 1994 die damals 14- bis 17-jährigen Jugendlichen zu 21- bis 23-jährigen wahlberechtigten Erwachsenen herangewachsen waren, fand eine Nacherhebung statt, bei der 136 Personen der Ausgangsstichprobe erreicht werden konnten. In Tab. 20.2 sind u.a. die positionalen Stabilitätskoeffizienten und in Abb. 20.11 die sequenzanalytisch gewonnenen Entwicklungsgradienten für ausgewählte Persönlichkeitsvariablen aus dieser Studie dargestellt.

Durch die Fortschreibung der longitudinalen Datenerhebung konnte entwicklungsbeschreibend die Unterschiedlichkeit von Indikatoren politischer Handlungsorientierungen nach ihrer positionalen (korrelativen) und absoluten Stabilität versus Plastizität für den Altersbereich des Jugend- bis zum frühen Erwachsenenalter bestätigt werden.

Positionale Stabilität. Das Selbstkonzept eigener politischer Fähigkeiten erwies sich dabei als eine im Altersbereich von 14 bis 23 Jahren sowohl absolut als auch positional relativ stabile Größe. Eine hohe positionale Stabilität weisen auch das politische Wissen sowie die Häufigkeit politischer Aktivitäten im Alltag auf, deren Werte jedoch vom Jugend- zum frühen Erwachsenenalter ansteigen, somit eine absolute Plastizität aufweisen.

Plastizität. Die bereichsspezifischen Indikatoren politischer Selbstwirksamkeitserwartungen (Internalität, fatalistische Externalität) weisen geringe bis mittlere positionale Stabilitäten und eine erhöhte absolute Plastizität auf. Sie sind somit im Jugend- und frühen Erwachsenenalter Indikatoren politischer Handlungsorientierungen, die sowohl für intra- als auch für interindividuelle Unterschiede in Entwicklungsverläufen sensibel sind.

Positionale Instabilität. Als Variablen mit geringer positionaler Stabilität und Lokationsveränderungen, die nur auf Zeiteffekte zurückgeführt werden können, verbleiben das Vertrauen in die Politik und die Zufriedenheit mit den politischen

Tabelle 20.2. Interne Konsistenz und zeitverschobene Korrelation (positionale Stabilität/Plastizität) von Skalen zu politischen Handlungsorientierungen für drei Erhebungszeitpunkte (133 < N < 140) nach Krampen (2000b)

Variable	Interne Konsistenz			Zeitverschobene Korrelation	
	1987	1988	1994	1987 → 1988	1987 → 1994
Selbstkonzept politischer Fähigkeiten	.81	.85	.84	.81**	.62**
politische Internalität	.50	.55	.69	.53**	.32**
politische sozial bedingte Externalität	.54	.66	.79	.58**	.22**
politischer Fatalismus	.56	.57	.76	.51**	.40**
politisches Wissen	.62	.66	.72	.76**	.61**
Vertrauen in Politik	.64	.69	.72	.29**	.13
politische Zufriedenheit	.57	.54	.63	.31**	.16
Häufigkeit politischer Aktivitäten im Alltag	.75	.84	.81	.79**	.59**

** $p < .01$

Gegebenheiten. Die reinen Zeit- oder Periodeneffekte auf der Mittelwertsebene weisen auf eine geringere entwicklungspsychologische Bedeutung dieser Variablen und ihre erhöhte Abhängigkeit von politischen Ereignissen, die – nach den Befunden zu ihrer geringen positionalen Stabilität – von den Befragten jedoch höchst unterschiedlich verarbeitet und bewertet werden.

Prädiktoren politischer Partizipation. Weitere Ergebnisse dieser Studie (siehe Krampen, 2000b) beziehen sich auf die longitudinale Vorhersage politischer Aktivitäten und der Wahlbeteiligung junger Erwachsener anhand der bei ihnen im Jugendalter (sieben Jahre vorher) erhobenen Variablen. Sowohl nach den regressionsanalytischen Befunden zur politischen Aktivität im Alltag als auch nach den diskriminanzanalytischen Befunden zur Wahlbeteiligung zeigt sich inbesondere der hohe prognostische Wert des Selbstkonzepts eigener politischer Fähigkeiten und des politi-

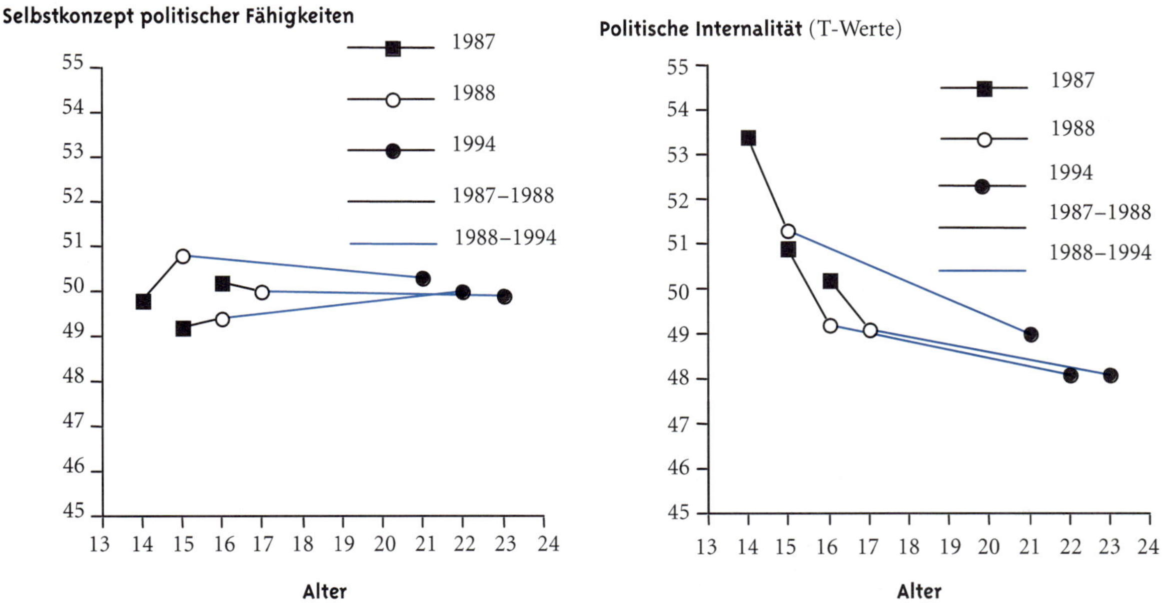

Abbildung 20.11. Ausgewählte sequenzanalytische Untersuchungsbefunde zur Entwicklung politischer Handlungsorientierungen im Übergang vom Jugend- zum Erwachsenenalter (nach Krampen, 1991, 2000b)

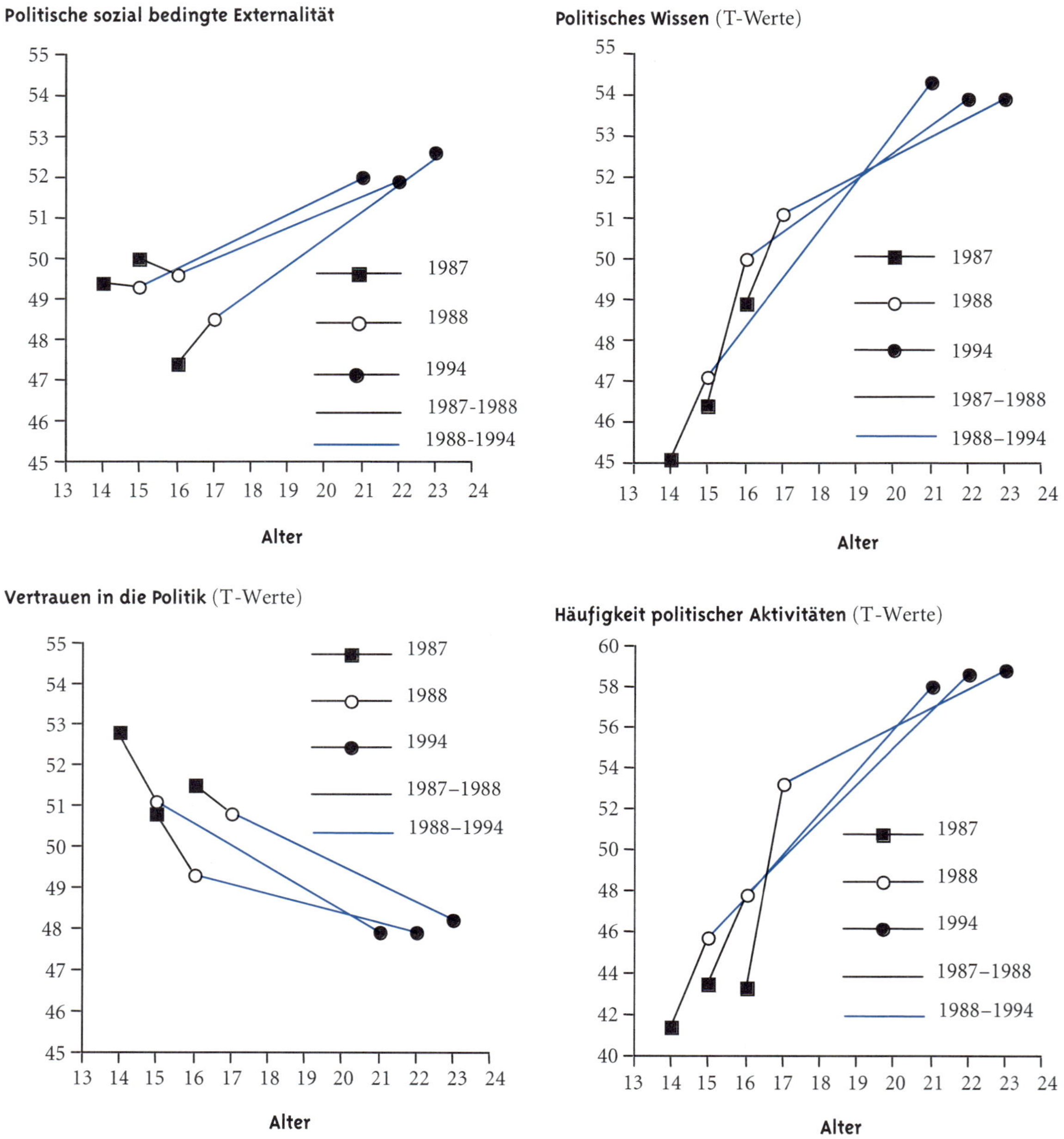

Abbildung 20.11. Fortsetzung

schen Wissens im Jugendalter für die politische Partizipation im Erwachsenenalter. In den auf die Wahlteilnahme bezogenen Diskriminanzanalysen tritt die im Jugendalter erfasste Häufigkeit politischer Alltagsaktivitäten als dritte Variable mit erheblicher prognostischer Relevanz hinzu. Da für diese Variablen zugleich für das 7-Jahres-Intervall eine relativ hohe positionale Stabilität festgestellt wurde (bei absoluter Plastizität im Wissen und in den politischen Aktivitäten sowie relativ hoher absoluter Stabilität im Selbstkonzept), deutet sich an, dass bereits im frühen

Jugendalter erhebliche interindividuelle Unterschiede in politischen Handlungsorientierungen relativ stabil ausgebildet sind, die sich u.U. mit zunehmendem Alter vergrößern und zu Extremgruppen politisch interessierter und aktiver versus politisch wenig interessierter und passiver Erwachsener führen.

> **!** Prädiktoren politischer Partizipation sind das Selbstkonzept eigener politischer Fähigkeiten, das politische Wissen und die Häufigkeit politischer Alltagsaktivitäten im Jugendalter.

6.3 Kontrolltheoretische Modelle der Persönlichkeits- und Selbstkonzeptentwicklung im Erwachsenenalter

Kontrolltheoretische Modelle der Persönlichkeits- und Selbstkonzeptentwicklung im Erwachsenenalter fokussieren Prozesse der Entwicklungsregulation. Ihren Ausgangspunkt bildet die schon als klassisch zu bezeichnende Unterscheidung von Rothbaum et al. (1982) zwischen primärer und sekundärer Kontrolle.

> **DEFINITION**
>
> **Primäre Kontrollversuche** („changing the world") bezeichnen das entwicklungsregulative Bemühen, die Lebensgegebenheiten zu beeinflussen. **Sekundäre Kontrollbemühungen** beziehen sich auf die eigene Person („changing the self") und auf die Veränderung von (Entwicklungs-)Zielen.

Zwei-Prozess-Modell der Bewältigung

Brandtstädter und Renner (1990) haben dies in einem Zwei-Prozess-Modell der Bewältigung und Entwicklungsregulation mit dem Fokus auf der Bewältigung wahrgenommener oder antizipierter Entwicklungsverluste im höheren Lebensalter spezifiziert. Sind defensive Strategien für die Stabilisierung des Selbst, die sich etwa auf Wahrnehmungsabwehr, Akzeptanzvermeidung und Selbstimmunisierungen gegenüber selbstwertbedrohlichen Informationen bei Entwicklungsverlusten (wie etwa Mobilitäts- oder Gedächtniseinbußen) beziehen können, nicht (mehr) hinreichend, werden assimilative oder akkommodative Aktivitäten verstärkt (vgl. Brandtstädter & Greve, 1994; Greve, 2000b).

Tenazität, mit der das zähe und hartnäckige Festhalten an persönlichen Zielen bezeichnet wird, fördert mit assimilativen Aktivitäten entwicklungsregulative Handlungsbemühungen zur Reduktion von Ist-Soll-Wert-Diskrepanzen (Welche alternativen Handlungen sind zielführend? Was kann ich anders machen? Bei wem und durch was erhalte ich Unterstützung?). Flexibilität der Zielanpassung fördert mit akkommodativen Aktivitäten entwicklungsregulative Bemühungen der Diskrepanzauflösung durch entlastende Deutungen, Anspruchssenkungen oder Zieländerungen (Ist dies wirklich so wichtig? Was will ich stattdessen erreichen?).

Bedeutung von Flexibilität und Tenazität. In Stichproben älterer Erwachsener gewonnene Untersuchungsbefunde weisen darauf, dass beide entwicklungsregulative Strategien positiv mit Indikatoren des Wohlbefindens und der Lebenszufriedenheit korreliert sind, mithin für die Bewältigung von Entwicklungsverlusten günstig sind. Bedeutsam ist vor allem, dass die Flexibilität der Zielanpassung die negative Beziehung zwischen der subjektiv erlebten Distanz zu einem Entwicklungsziel und der persönlichen Zufriedenheit mit diesem Zielbereich moderiert: Mit ansteigender Flexibilität wird der negative Zusammenhang schwächer. Ältere mit hoher Flexibilität sind somit in ihrer Lebensqualität durch selbst wahrgenommene Defizite weniger beeinträchtigt (Brandtstädter & Renner, 1990; Brandtstädter et al., 1993; Brandtstädter et al., 1999). Überdies konnte in großen Stichproben nachgewiesen werden, dass die Flexibilität der Zielanpassung mit dem Alter ansteigt und dass sich dagegen die Tendenz zu hartnäckiger Zielverfolgung (Tenazität) mit dem Alter reduziert.

Tabelle 20.3. Modell der Entwicklungsregulation durch Optimierung von primärer und sekundärer Kontrolle (OPS-Modell) nach Heckhausen und Schulz (1993)

Typen der Kontrolle	Typen der Verhaltensregulation	
	Selektion	Kompensation
primäre Kontrolle	**selektive primäre Kontrolle** Investition interner Ressourcen: etwa Anstrengung, Zeit, Fähigkeiten, aktivitätsintrinsische Fertigkeiten	**kompensatorische primäre Kontrolle** Nutzung externer Ressourcen: etwa Hilfe, technische Hilfsmittel, aktivitätsfremde Fertigkeiten
sekundäre Kontrolle	**selektive sekundäre Kontrolle** Metavolition: etwa Erhöhung der Zielbindung, Fokussierung, Zielabschirmung, Vermeidung von Ablenkungen	**kompensatorische sekundäre Kontrolle** Abfangen negativer Effekte von Misserfolgen: etwa Zielwechsel, strategische soziale Vergleiche, strategische Ursachenattribution

Optimierung von primärer und sekundärer Kontrolle

Im Modell der Entwicklungsregulation durch Optimierung von primärer und sekundärer Kontrolle (OPS-Modell) von Heckhausen und Schulz (1993) wird sowohl auf die Unterscheidung von primärer und sekundärer Kontrolle als auch auf das Konzept der „Selektiven Optimierung mit Kompensation“ (SOK-Modell) von Baltes und Baltes (1990) zurückgegriffen. Ziele persönlicher entwicklungsregulativer Bemühungen beziehen sich allgemein auf Wachstum, Aufrechterhaltung und Verlustregulation. Dies kann über die Selektion von Zielen (S), die Optimierung von Mitteln und Ressourcen (O) sowie die Kompensation (K), den Rückgriff auf Reserven wie Maximierung der selektiven Aufmerksamkeit oder Annahme von Hilfsmitteln und Unterstützungen geschehen. Die Kombination des SOK-Modells mit dem zur primären und sekundären Kontrolle führt zum OPS-Modell (siehe Tab. 20.3) und bietet eine Taxonomie unterschiedlicher Formen entwicklungsbezogener Regulations- und Kontrollstrategien.

Weiterführende Literatur

Asendorpf, J. (1999). Psychologie der Persönlichkeit (2. Aufl.). Berlin: Springer.
Geboten wird eine grundlegende Orientierung über Gegenstand, Aufgabenstellungen und Forschungszugänge der Persönlichkeitsforschung. Dies wird anhand von fünf grundlegenden Paradigmen der Persönlichkeitspsychologie und für verschiedene Persönlichkeitsbereiche ausgeführt.

Caspi, A. (1998). Personality development across the life course. In N. Eisenberg (ed.), Handbook of child psychology (5th ed.; vol. 3, pp. 311–388). New York, NY: Wiley.
Die empirische Befundlage – vor allem aus dem angloamerikanischen Bereich – zur Persönlichkeitsentwicklung von der Kindheit bis in das (höhere) Erwachsenenalter wird zusammengefasst.

Greve, W. (Hrsg.). (2000). Psychologie des Selbst. Weinheim: Psychologie Verlags Union.
In dieser Edition werden von verschiedenen Autoren Grundlagen und Grundfragen der modernen Selbstkonzept-Forschung behandelt, wobei die Stabilität und die Plastizität des Selbst in der Entwicklung (vor allem im Erwachsenenalter) im Vordergrund stehen.

Hogan, R., Johnson, J.A. & Briggs, S.R. (eds.). (1997). Handbook of personality psychology. San Diego, CA: Academic Press.
Dieses Handbuch der Persönlichkeitspsychologie hat den Charakter eines Nachschlagewerks für die Vertiefung von Grundkenntnissen zur Persönlichkeitsentwicklung und zur Persönlichkeitspsychologie im Allgemeinen.

Krampen, G. (2000). Handlungstheoretische Persönlichkeitspsychologie (2. Aufl.). Göttingen: Hogrefe.
Diese Monographie ist für eine Vertiefung von Grundkenntnissen im Bereich der modernen sozial-kognitiven und handlungstheoretischen Ansätze der Persönlichkeits- und Selbstkonzeptentwicklung geeignet.

Teil IV
Entwicklungspsychologie in der Praxis

Kapitel 21
Frühe Kindheit, Störungen, Entwicklungsrisiken, Förderungsmöglichkeiten

Brigitte Rollett

1 Psychische Störungen im Entwicklungskontext

Im Säuglings- und Kleinkindalter entwickelt das Kind in rascher Folge seine motorischen, sensorischen, sprachlichen, kognitiven, emotionalen und sozialen Fähigkeiten und Fertigkeiten, so dass es nach Abschluss dieser Periode relativ autonom von seinen primären Bezugspersonen und in der Lage ist, von schulischen Lernangeboten zu profitieren. Wegen ihrer Komplexität sind diese Entwicklungsprozesse unter ungünstigen Bedingungen äußerst störungsanfällig.

Bedeutung früher Störungen. Die These von der Wichtigkeit der ersten Lebensjahre für die weitere Entwicklung geht auf die psychoanalytische Tradition zurück (s. A. Freud, 1970[5]). Schaffer (2000) untersuchte in einem Überblicksartikel die Annahme von der Bedeutung kritischer Lebensereignisse in der frühen Kindheit für die spätere Entwicklung. In retrospektiven Studien erwachsener Personen mit psychischen Störungen lassen sich nicht selten frühe Anzeichen einer beeinträchtigten Entwicklung feststellen. Betrachtet man dagegen die längsschnittliche Entwicklung von repräsentativen Stichproben von Kindern, sind die Spätfolgen belastender Lebensereignisse weniger eindeutig nachweisbar: Kinder sind keine „passiven Empfänger" äußerer Einwirkungen, sondern gestalten ihre Umwelt und damit deren Auswirkungen auf die eigene Entwicklung aktiv mit. Ungünstige Wirkfaktoren können durch positive Einflüsse kompensiert werden.

Dynamisches Entwicklungsmodell. Die einfache Annahme, dass negative Ereignisse in der Frühkindheit zu bestimmten Auswirkungen im Erwachsenenalter führen müssen, ist daher durch eine dynamisch orientierte Sichtweise zu ersetzen. Dabei müssen die Persönlichkeit und die Kompetenzen des Individuums in ihrer Interaktion mit den durch die soziale Umwelt geschaffenen Rahmenbedingungen berücksichtigt werden. Besonders deutlich ist dies bei der Nutzung von Chancen und der Bewältigung von problematischen Lebensbedingungen.

DEFINITION

Psychische Störungen sind durch die Normabweichung hinsichtlich Alter, Geschlecht, Erwartungen der Gesellschaft, die Art und das Ausmaß der Störung und/oder durch die Beeinträchtigung der Betroffenen durch persönliches Leiden, soziale Einengung, Behinderung der Entwicklung bzw. durch negative Auswirkungen auf andere bestimmt (Steinhausen, 2000a, S. 13).

Allgemein lassen sich gestörte Entwicklungen im somatischen, kognitiven, emotionalen und sozialen Bereich aufgrund des Vergleichs mit jenen Entwicklungsverläufen diagnostizieren, die unter förderlichen Bedingungen zu erwarten gewesen wären (Petermann et al. 1998). Entsprechend definieren Niebank et al. (2000, S. 42) die Entwicklungspsychopathologie als die Lehre von „der Entstehung, den Ursachen und dem Verlauf abweichenden Verhaltens vor dem Hintergrund des Alters, des gegenwärtigen Entwicklungsstandes, vorangehender Lebenserfahrungen sowie individueller Einflussfaktoren (z.B. Umweltbedingungen und genetische Prädisposition)". Sie bildet die Grundlage für die Entwicklung geeigneter therapeutischer Maßnahmen. Oerter (1999) weist in diesem Zusammenhang besonders auf die Notwendigkeit einer Integration von entwicklungsbezogenen und interventionsbezogenen Konzepten, wie sie die Klinische Psychologie bereitstellt, hin.

1.1 Die Auftretenshäufigkeit von Störungsbildern in der frühen Kindheit

Störungen im Kindergartenalter. Im Rahmen der Braunschweiger Kindergartenstudie (Miller & Hahlweg, 2000) wurden Einschätzungen der Rate emotionaler und Verhaltenstörungen bei drei- bis sechsjährigen Kindern durch die Eltern mit Hilfe der Child-Behavior-Check-List (CBCL) und durch die Kindergartenpädagoginnen aufgrund der Teacher-Report-Form (TRF) erhoben. Zu den Störungsbildern gehörten aggressives Verhalten und Aufmerksamkeitsprobleme (drei bis fünf Prozent) sowie bei den Mädchen ängstlich-depressives Verhalten (3,1 Prozent). Die Autoren fanden, dass etwa 18 Prozent aller Kindergartenkinder unter behandlungsbedürftigen Störungen litten. Dachs (1994) ermittelte mit Hilfe einer durch die Kindergärtnerinnen auszufüllenden Symptomliste bei 933 Vorschulkindern, dass 32 Prozent der Kinder mindestens eine emotionale oder Verhaltensauffälligkeit zeigten.

Prävalenzraten. Remschmidt (1998) geht von 20 Prozent psychischen Auffälligkeiten bei Dreijährigen aus, eine Rate, die allerdings bis zum 6. Lebensjahr auf 15 Prozent absinkt. Die Prävalenzraten seelischer Störungen bei Kindern und Jugendlichen weisen außerdem nationale Schwankungen auf: Steinhausen (2000a) nennt Prozentzahlen zwischen 17,7 und 22,5 in unterschiedlichen Kulturen.

Nutzung von Beratung. Nach Angaben des Statistischen Bundesamtes waren 1999 nur 18 Prozent der 266.952 Klienten von Erziehungsberatungsstellen in Deutschland unter 6 Jahre alt (s. dazu Report Psychologie, 26, 2, 2001). Diese relativ geringe Anzahl erklärt sich daraus, dass Kinder mit psychischen Störungen oft erst im Schulalter in Beratungsstellen und anderen Einrichtungen vorgestellt werden.

Störungen werden zu spät erkannt. In vielen Fällen waren die Probleme jedoch bereits im Kleinkindalter vorhanden, wurden aber nicht erkannt. Dies ist bei leichteren Formen von Sprachentwicklungsstörungen, bei Spielstörungen oder bei Störungen der Visuomotorik häufig der Fall. Eltern fallen weniger ausgeprägte Beeinträchtigungen in dieser Altersstufe oft noch nicht auf, da ihnen der direkte Verhaltens- und Leistungsvergleich mit anderen Kindern fehlt, wie er in der Schule möglich wird.

Störungen verschwinden nicht von selbst. Verbreitet ist außerdem die Annahme, dass sich Verhaltensschwierigkeiten und Entwicklungsrückstände im Laufe der Entwicklung „von selbst" geben. Es ist unbestritten, dass dies der Fall sein kann. Eine Generalisierung dieser Beobachtung auf alle Fälle einer unausgewogenen Entwicklung führt jedoch dazu, dass notwendige Förderungen zu lange aufgeschoben werden. Manchmal scheuen sich Kinderärzte, den Eltern eine ungünstige Diagnose mitzuteilen, um sie nicht zu „beunruhigen". Je wichtiger in einem solchen Fall eine kompetente Frühförderung wäre, desto verhängnisvoller kann sich eine derartige falsch verstandene Schonung auswirken (vgl. dazu Barnett & Escobar, 1990; Brack, 1999; Esser & Wyschkon, 2000).

Stichprobenabhängigkeit von Häufigkeitsangaben. Bei allen Angaben über die Häufigkeiten von psychischen Störungen ist zu beachten, ob die Schätzungen aus repräsentativen Stichproben stammen und so ein Bild der Auftretenshäufigkeit in der Bevölkerung abgeben oder an klinischen Stichproben gewonnen wurden, d.h. jene Häufigkeiten wiedergeben, die für Inanspruchnahmepopulationen von psychologischen oder ärztlichen

Betreuungseinrichtungen gelten und naturgemäß wesentlich höher liegen. So gibt z.B. das DSM-IV (Saß et al., 1996) für die Prävalenz der Aufmerksamkeitsdefizit/Hyperaktivitätsstörung in der Gesamtpopulation einen Prozentsatz von 3–5 Prozent an; bei klinischen Stichproben kommt man dagegen je nach Klientel der Einrichtung auf eine Auftretenshäufigkeiten von 20 Prozent und mehr.

1.2 Vulnerabilität, Risiko- und Schutzfaktoren

Scheithauer et al. (2000) unterscheiden zwischen der primären Vulnerabilität (Verletzlichkeit) und der sekundären Vulnerabilität. Erstere ist durch ungünstige genetische Dispositionen oder durch prä- und perinatale Schädigungen bedingt, letztere durch negative Umwelteinflüsse. Zu den genetischen Dispositionen gehören z.B. Erbkrankheiten oder ein „schwieriges" Temperament des Kindes, zu den prä- und perinatalen Schädigungen Erkrankungen der Mutter während der Schwangerschaft, Frühgeburtlichkeit oder Geburtskomplikationen. Ungünstige Umweltfaktoren sind z.B. belastende Eltern–Kind-Interaktionen, die zu einem negativen, die weitere soziale Entwicklung beeinträchtigenden Bindungsstil und zu emotionellen Störungen führen können oder Formen von Vernachlässigung des Kindes, die seine körperliche und psychische Entwicklung schädigen (Scheithauer & Niebank, 2002).

Risiko- und Schutzfaktoren. Bestimmte Risikofaktoren erhöhen die Wahrscheinlichkeit einer gestörten Entwicklung, während Schutzfaktoren sie senken (vgl. dazu Oerter et al., 1999). Ihre Wechselwirkung bestimmt den Grad der Vulnerabilität einer Person und ihre Anfälligkeit (Diathese) für bestimmte Störungen. Diese kann genetisch oder durch pränatale oder perinatale negative Wirkfaktoren vorgegeben oder durch ungünstige Umwelteinflüsse im Laufe des Lebens erworben worden sein.

Das Diathese-Stress-Modell

Nach dem Diathese-Stress-Modell (Rutter, 1985; Richters & Weintraub, 1990) müssen zu der durch Risikofaktoren entstandenen Anfälligkeit bestimmte Umweltstressoren hinzutreten, um die beeinträchtigte Entwicklung auszulösen oder zu verstärken. Wegen der Vielfalt interagierender positiver und negativer Einflussfaktoren können ähnliche Stressbedingungen zu unterschiedlichen Störungen führen. Andererseits können „resiliente" (widerstandsfähige) Kinder erheblichen Stressoren widerstehen (z.B. chaotischen Verhältnissen in der Familie, misshandelnden Erziehungspersonen, den beeinträchtigenden Auswirkungen von Armut u.a.m.), die bei weniger Belastbaren zu Störungen führen würden (Werner, 1993; Werner & Smith, 1982, 1992; Lösel et al., 1991). Ein wesentlicher Schutzfaktor, der eine geringe Anfälligkeit begünstigt, ist z.B. eine verlässliche Vertrauensperson in der weiteren Umgebung des Kindes.

1.3 Prävention, globale und spezifische Interventionsformen

Klinisch bekannte Störungsbilder stellen den Endpunkt einer sowohl von angeborenen wie erworbenen Einflussfaktoren bestimmten Entwicklung dar. Je länger die Störung unbehandelt bleibt, desto eher besteht die Gefahr, dass sich die unerwünschten Erlebens- und Verhaltensweisen verfestigen. Auf der anderen Seite können selbst angeborene Störungen, wie z.B. der frühkindliche Autismus, durch eine entsprechend fördernde Erziehung und eine früh einsetzende Langzeittherapie wesentlich gemildert werden, so dass im günstigen Fall eine gute Eingliederung in die Gesellschaft möglich wird.

> Allgemein hat sich die von Caplan 1964 vorgeschlagene Gliederung von Interventionen in primäre, sekundäre und tertiäre Präventionsmaßnahmen bewährt.
>
> - Die primäre Prävention zielt darauf ab, das Auftreten von psychischen Störungen und Gesundheitsgefährdungen zu verhin-

dern. Ein Beispiel für eine derartige Einzelmaßnahme wäre die Unterstützung von Frauen, die ein Kind planen, bei der Entwöhnung vom Rauchen, um eine Schädigung des Kindes zu vermeiden (zu den vorgeburtlichen Schädigungen durch Rauchen der Mutter siehe Steinhausen, 2000b).

- Die sekundäre Prävention bemüht sich darum, schon aufgetretene, aber beeinflussbare Fehlentwicklungen zu therapieren, um weitere negative Konsequenzen zu verhindern.
- Die tertiäre Prävention (Rehabilitation) hat das Ziel, auf bereits eingetretene Schädigungen einzuwirken.

Ziele der Intervention. Interventionsprogramme können entweder sehr global, aber unspezifisch eine günstige Entwicklung fördern oder gezielt zur Beeinflussung bestimmter Störungsbilder eingesetzt werden (vgl. dazu den Übersichtsartikel von Melhuish, 2001). Schweinhart und Weikart (1987) verglichen die langfristigen Auswirkungen von acht guten Förderprogrammen für drei- bis vierjährige Kinder aus benachteiligten Familien und konnten zeigen, dass zwar alle untersuchten Frühförderungsprogramme zu verbesserten kognitiven Leistungen führten, dass jedoch breiter angelegte Programme, die nicht nur bei der Förderung der kognitiven Entwicklung einsetzten, sondern außerdem das Erziehungsumfeld durch regelmäßige Besuche und Beratungen der Familien in günstiger Weise beeinflussten, langfristig positivere Auswirkungen hatten, da die Kinder in der Schule und im Beruf erfolgreicher waren und im Jugendalter weniger deviantes Verhalten zeigten. Eines der am besten untersuchten Programme dieser Art stellt das von den Autoren mit initiierte, sehr umfassend angelegte High/Scope Perry Pre-school Project dar (Schweinhart et al., 1993). Nach 27 Jahren zeigten sich noch immer positive Auswirkungen auf die Entwicklung (Weikart & Schweinhart, 1997).

1.4 Kompetenz- und Persönlichkeitsentwicklung und Intervention

Für die Interventionspraxis ist es hilfreich, zwischen zwei großen Entwicklungslinien zu unterscheiden: Die eine bezieht sich auf die Ausformung jener Bereiche, die man sehr verallgemeinernd unter „Kompetenzen" zusammenfassen kann: Sensorische, motorische, kognitive, schulbezogene, kreative und andere Fähigkeiten und Fertigkeiten. Die zweite betrifft jene Faktoren, die in ihrer Gesamtheit die „Persönlichkeit" des Individuums ausmachen, wobei emotionale und soziale Reaktionsbereitschaften eine wesentliche Rolle spielen. Kompetenz- und Persönlichkeitsentwicklung interagieren in vielfältiger Weise: Von ihrer Persönlichkeit her eher introvertierten Kindern fällt es z.B. schwerer, auf ihre soziale Umwelt zuzugehen und von ihr Förderung und Anregungen einzufordern. Jene introvertierten Kinder, die über gut entwickelte Sprachkompetenzen verfügen, haben es jedoch leichter, sich anderen mitzuteilen und sind daher eher zu einem offenen Verhalten ihrer sozialen Umwelt gegenüber zu motivieren.

Intervention bei Kompetenz- und Persönlichkeitsstörungen. Für die Planung einer Intervention ist es daher wesentlich, festzustellen, ob ein Problemverhalten in erster Linie durch Kompetenzdefizite oder durch problematische Entwicklungen im Persönlichkeitsbereich bedingt ist: Bei emotionalen und sozialen Störungen muss der Interventionsplan wesentlich breiter angelegt und durch ein systemisches, die soziale Umwelt des Kindes gezielt in die Therapie mit einbeziehendes Vorgehen ergänzt werden. Bei Störungen im Kompetenzbereich genügt es dagegen in der Regel, wenn die Eltern die Intervention positiv mittragen. Eine therapeutische Intervention bei den Erziehungspersonen ist in diesem Fall nur dann erforderlich, wenn ihnen diese unterstützende Haltung aufgrund einer eigenen Pathologie nicht möglich ist.

1.4.1 Das kindliche Temperament als Schutz- oder Risikofaktor

Für die Persönlichkeitsentwicklung im Kleinkindalter stellt das angeborene Temperament eine besonders wichtige Voraussetzung dar, wobei der Passung zwischen dem kindlichen Temperament und dem Verhalten seiner Hauptbezugspersonen eine bedeutende Rolle zukommt (Thomas & Chess, 1991). Thomas und Chess (1977) ermittelten in ihrer klassischen Längsschnittstudie vier Temperamentgruppen:

(1) Schwierige „Schreibabys",
(2) „langsam auftauende" Kinder, die besonders viel Anregung brauchen,
(3) „pflegeleichte" Kinder und
(4) eine unauffällige Normalgruppe.

Inzwischen existiert eine umfangreiche Literatur zu diesen Temperamentstypen (vgl. z.B. Rothbart & Ahadi, 1994; Rothbart et al., 2000; Zentner, 2000). Rothbart geht in seiner Definition des Temperaments von der Reaktivität des Kindes (Reaktionsschwelle, Intensität der Reaktion auf Stimuli und Latenz der Reizbeantwortung) und von seiner Fähigkeit zur Selbstregulation aus, das heißt, der Fähigkeit zur selbständigen Aufrechterhaltung eines optimalen mittleren (positiven) Erregungsniveaus.

Emotions- und Handlungskontrolle. Im Kleinkindalter ist die Selbstregulationsfähigkeit nur ansatzweise entwickelt. Das Kind ist bei der Modulierung seines Erregungsniveaus weitgehend auf die Hilfe der sozialen Umwelt beim Aufbau von stützenden Handlungsroutinen angewiesen. Aus diesen Gründen spielt das Erziehungsverhalten der Eltern für den sukzessiven Erwerb der Emotions- und Handlungsregulation im Alltag eine wichtige Rolle. Die damit verbundenen Lernvorgänge sind bei Kindern mit „schwierigem" Temperament weniger leicht zu initiieren als dies bei den anderen Temperamentgruppen der Fall ist. Besonders belastet sind jene „schwierigen" Säuglinge, die auch nach den ersten drei Monaten noch zu gehäuftem Schreien neigen, was bei den Eltern zu Dauerstress und in der Folge zu einer schlechteren Eltern-Kindbeziehung führen kann (siehe dazu Papoušek, 1999; Sarimski & Papoušek, 2000).

Charakteristische Regulationsstörungen. Im Säuglingssalter treten neben dem exzessiven Schreien Fütterstörungen und Schlafstörungen, später verstärkte Trennungsängste und Trotzverhalten auf. Ein wenig konsequentes, sprunghaftes oder offen vernachlässigendes Elternverhalten kann andererseits ebenfalls zu gewissen Regulationsstörungen beim Kind führen oder vorhandene Störungen verstärken (zu Interventionen siehe Wolke, 1999).

Entwicklung schwieriger Kinder. Die negative Prognose von Kindern mit einem schwierigen Temperament wurde in der frühen Literatur oft überschätzt. Verschiedene Autoren stellten fest, dass schwierige Säuglinge im Kleinkindalter und später häufig nicht zu Aggression und oppositionellem Verhalten, sondern zu einem eher zurückgezogenen Verhalten neigen (Lanthier & Baltes, 1995; Kagan, 1997; Kagan et al., 1998; Kagan et al. 1999). Rollett und Werneck (1998) konnten im Rahmen der Längsschnittstudie „Familienentwicklung im Lebenslauf" (FIL), an der 175 Familien teilnahmen, mit drei Monaten acht Prozent schwierige Säuglinge ermitteln. Die Mehrzahl dieser Kinder entwickelte jedoch mit drei bzw. acht Jahren kein Problemverhalten, sondern ein zurückgezogenes, unauffälliges Verhalten, wobei zu vermuten ist, dass dies eine Auswirkung eines eher restriktiven Erziehungsstils als Reaktion auf das schwierige Verhalten des Kindes darstellt. Die einzige Ausnahme bildete ein Kind, bei dem die sehr seltene Störung „frühkindlicher Autismus" diagnostiziert wurde. Auf der anderen Seite entwickeln eher ruhige und passive Säuglinge sich später nicht selten zu draufgängerischen und sozial aktiven Kleinkindern (Kagan, 1997). Zentner (1998) bezeichnete dies als longitudinale Umkehrung des Aktivitätsniveaus von Neugeborenen.

In klinischen Stichproben ist der Zusammenhang zwischen schwierigem Temperament im

Säuglingsalter und späterem Problemverhalten dagegen häufiger zu beobachten: Rückschauend berichten vor allem Eltern von Kindern mit aggressivem Verhalten von entsprechenden Problemen im Säuglings- und Kindergartenalter, ein Befund, der auch in einschlägigen Längsschnittstudien ermittelt werden konnte (vgl. dazu Scheithauer & Petermann, 2000).

1.4.2 Der Beitrag der frühen Eltern-Kind-Beziehung und der Bindung

Die Qualität der frühen Eltern–Kind-Beziehung und die der resultierenden Bindung stellt eine zweite wichtige Einflussgröße der Persönlichkeitsentwicklung dar (vgl. Grossmann & Grossmann, 1991; Spangler & Zimmermann, 1999). Auch hier handelt es sich um ein Wechselwirkungsverhältnis, da einerseits die Eltern das Kind, dieses aber wieder seine Erziehungspersonen beeinflusst: Tronick und Gianino (1986) zeigten, dass eine gegenseitige Verhaltensregulation bereits bei drei Monate alten Kindern zu beobachten ist. Ainsworth unterschied bekanntlich zwischen dem unsicher-vermeidenden A-Bindungstyp, dem sicher gebundenen B-Typ und dem unsicher-ambivalent gebundenen C-Typ (vgl. Ainsworth et al., 1978). Außerdem konnte (z.B. bei misshandelten Kindern) ein desorientiert/desorganisierter Bindungstypus ermittelt werden (vgl. Main & Salomon, 1986; Main, 1991; Julius, 2001). Wie Spangler und Grossmann 1999 feststellten, besteht eine Beziehung zwischen einem späteren desorientierten Bindungsstil und geringer Orientierungsfähigkeit sowie einer verringerten emotionalen Regulationsfähigkeit beim Neugeborenen. In jedem Fall kommt es wesentlich darauf an, dass Eltern und Kinder ein geeignetes „Arbeitsmodell" des Umgangs miteinander aufbauen. Ein ungünstiges Arbeitsmodell der Eltern-Kind-Beziehung, das die Mutter in ihrer eigenen Kindheit entwickelt hat, kann an das Kind weitergegeben werden. Dies stellt einen Risikofaktor für seine weitere Entwicklung dar.

2 Psychische Störungen in der frühen Kindheit im Überblick

2.1 Klassifikationssysteme psychischer Störungen

In der psychiatrischen Praxis werden vor allem zwei Klassifikationssysteme zur Diagnose von krankheitswertigen psychischen Störungen verwendet: Es handelt sich um das ICD-10 („International Classification of Diseases" der Weltgesundheitsorganisation, deutsche Fassung von Dilling et al., 1991, s. Tab. 21.1) und das DSM-IV („Diagnostical and Statistical Manual" der American Psychiatric Association, deutsche Fassung von Saß et al., 1996).

Im ICD-10 wird bei Störungen des Kindes- und Jugendalters besonders auf die Notwendigkeit hingewiesen, die Entwicklungsdimension zu berücksichtigen. Dies hat seinen guten Sinn, da viele Verhaltensbesonderheiten, die in einem späteren Entwicklungsstadium als Störung charakterisiert werden müssten, zu den normalen Entwicklungsverläufen zählen. Trotzanfälle sind z.B. bis zum Ende des dritten Lebensjahres normale

Tabelle 21.1. Überblick über die diagnostischen Kategorien des ICD-10

Code	Störungsbild
F0	Organische, einschließlich symptomatischer psychischer Störungen
F1	Psychische und Verhaltensstörungen durch psychotrope Substanzen
F2	Schizophrenie, schizotype und wahnhafte Störungen
F3	Affektive Störungen
F4	Neurotische-, Belastungs- und somatoforme Störungen
F5	Verhaltensauffälligkeiten mit körperlichen Störungen oder Faktoren
F6	Persönlichkeits- und Verhaltensstörungen
F7	Intelligenzminderung
F8	Entwicklungsstörungen
F9	Verhaltens- und emotionale Störungen mit Beginn in der Kindheit und Jugend

Verhaltensweisen im Zuge der zunehmenden Autonomieentwicklung. Die Angaben über Altersgrenzen, in denen ein Verhalten noch als entwicklungsangemessen gelten kann, ist in beiden Klassifikationssystemen allerdings oft nicht ausreichend.

Multiaxiales Klassifikationsschema

Remschmidt und Schmidt (1994) entwickelten auf der Basis des ICD-10 ein Multiaxiales Klassifikationsschema für psychische Störungen des Kindes- und Jugendalters (MAS), mit dessen Hilfe es möglich ist, die Störungen auf sechs Achsen zu klassifizieren:

(1) Klinisch psychiatrisches Syndrom,
(2) Entwicklungsstörungen,
(3) Intelligenzniveau,
(4) Körperliche Symptomatik,
(5) Assoziierte aktuelle abnorme psychosoziale Umstände,
(6) Globalbeurteilung der psychosozialen Anpassung.

In Deutschland und in Österreich wird bei psychologischen Begutachtungen in erster Linie das ICD-10 verwendet. Es dient auch als Grundlage für die Abrechnung von Behandlungen mit den Krankenkassen. Im Folgenden sollen die wichtigsten Störungsbilder des Säuglings- und Kleinkindalters kurz beschrieben werden. Wegen der allgemeinen Verbreitung des Klassifikationssystems werden jeweils die ICD-10 Kategorien angegeben.

2.2 Entwicklungsstörungen im Kompetenzbereich

Ein Großteil der Entwicklung der Großhirnrinde bzw. der neuronalen Funktionskreise findet nach der Geburt, im ersten und zweiten Lebensjahr in der Interaktion mit anregenden Umweltbedingungen statt. Eine gezielte Unterstützung durch ein förderliches Milieu hat daher überdauernde positive Auswirkungen auf die Kompetenzentwicklung, da sozusagen eine funktionstüchtige neuronale „Hardware" entsteht. Auf der anderen Seite können angborene oder erworbene Beeinträchtigungen zu Störungen der Entwicklung der einzelnen Funktionsbereiche Anlass geben.

Allgemeine Merkmale von Entwicklungsstörungen

Unter der Kategorie „Entwicklungsstörungen" (F80-F89) werden im ICD-10 die Beeinträchtigungen zusammengefasst, die folgende Merkmale haben (Dilling et al, 1993[2], S. 262):

(1) Einen Beginn, der ausnahmslos im Kleinkindalter oder in der Kindheit liegt.
(2) Eine Einschränkung oder Verzögerung in der Entwicklung von Funktionen, die eng mit der biologischen Reifung des Zentralnervensystems verknüpft sind.
(3) Einen stetigen Verlauf, der nicht die für viele psychische Störungen typischen charakteristischen Remissionen und Rezidive zeigt.

Einzelne Störungsbereiche. Im einzelnen handelt es sich um die großen Bereiche der Sprachentwicklung, der motorischen Entwicklung (Grob- und Feinmotorik) und der Entwicklung der Visuomotorik, d.h. des Zusammenspiels von visueller Analyse und motorischer Steuerung. Eine weitere Kategorie sind die „umschriebenen Entwicklungsstörungen schulischer Fertigkeiten" und ihre Vorläufer im Vorschulalter (F81). Als Entwicklungsstörungen sind derartige Ausfälle nur dann zu bezeichnen, wenn es sich nicht um erworbene Defizite oder direkte Auswirkungen von Seh- oder Hörbeeinträchtigungen oder von neurologischen Störungen handelt.

In der ICD-10-Klassifikation fehlen allerdings einige wichtige Kompetenzbereiche wie die Störungen der Entwicklung der Wahrnehmung, des Gedächtnisses und des Denkens.

Im Säuglings- und Kleinkindalter lassen sich Intelligenzminderungen (ICD-10-Code F70-F79) von Entwicklungsverzögerungen und -störungen diagnostisch nicht immer klar trennen. Ein (späteres) niedriges Intelligenzniveau bedeutet jedenfalls einen erheblichen Risikofaktor für das Auftreten weiterer Störungen.

2.2.1 Störungen der Motorik

Wegen der heutzutage eingeschränkten Bewegungsmöglichkeiten für Kinder haben motorische Defizite zugenommen. Bereits 1989 beobachtete Holzapfel bei 40 Prozent der von ihr untersuchten Schulanfänger Beeinträchtigungen der Motorik.

Merkmale motorischer Störungen

Frühgeburt als Risikofaktor. Bei Frühgeborenen treten motorische Entwicklungen mit einer ihrem Gestationsalter (s.u. Abschnitt 3.2) entsprechenden Verzögerung auf. Sie weisen außerdem noch längere Zeit spezifische motorische Störungen auf: Diese Kinder strecken z.B. ihre Hände nicht vor, wenn sie stolpern und fallen daher auf das Gesicht. Sie neigen länger als andere Kinder zum Zehengang. Neuhäuser und Heubrock (2000) unterscheiden folgende Störungen der motorischen Entwicklung: Tonusveränderungen, Reflexabweichungen, Dyskinesien (motorische Fehlfunktionen) und Ataxien (Störungen der Koordination der Bewegungsabläufe). Kinder mit grobmotorischen Störungen fallen durch eine schlechte Handlungskontrolle und entsprechend häufige Unfälle auf.

Kennzeichen motorischer Störungen. Nach ICD-10 sind „Entwicklungsstörungen der motorischen Funktionen" (F82) dadurch charakterisiert, dass die Kinder schon früh Rückstände in der Entwicklung der fein- und grobmotorischen Koordination zeigen. Gelegentlich treten auch Artikulationsstörungen auf. Fast immer sind die zeichnerischen Fähigkeiten eingeschränkt. Zur Diagnose sollten exakte Testverfahren herangezogen werden, um den Vergleich mit der Alterskohorte herstellen zu können.

Camp und Kozleski (1993) geben eine Prävalenzrate von sechs bis sieben Prozent für Störungen der motorischen Entwicklung an. Von ihren Bezugspersonen werden Kinder mit motorischen Auffälligkeiten oft als „tolpatschig", „mit zwei linken Händen" beschrieben. Nicht selten kommt es zu einem „circulus vitiosus" (Teufelskreis), da die Erzieher glauben, dass die Kinder sich absichtlich zu wenig bemühten und autoritär einschreiten, was die Betroffenen weiter verunsichert, so dass zu der motorischen Störung emotionale Begleitsymptome hinzutreten.

Visuomotorische Störungen. Eine Sondergruppe bilden die visuomotorischen Beeinträchtigungen, wobei das Zusammenspiel zwischen visueller Analyse und motorischer Steuerung gestört ist. Die Visuomotorik ist für die Raumorientierung, aber auch für die Bewegungssteuerung bei den verschiedensten Hantierungen zuständig (z.B. sich selbst Anziehen, Basteln, Malen und Zeichnen, erste Schreibversuche usw.). Visuomotorische und visuelle Störungen treten bei etwa fünf bis zehn Prozent der Kindergartenkinder auf. Häufig leiden diese Kinder auch unter Aufmerksamkeitsstörungen, Überaktivität und Impulsivität (Warnke & Roth, 2000). Visuomotorische Beeinträchtigungen sind eine wesentliche Ursache für spätere Teilleistungsstörungen.

UNTER DER LUPE

Effektivität von Bewegungstrainings

Kunz (1986) führte eine Interventionsstudie bei 400 Kindern in 12 Frankfurter Kindergärten durch. Trainingsgruppe 1 und Trainingsgruppe 2 bekamen Gelegenheit, täglich 15 Minuten lang Bewegungsspiele durchzuführen, wobei eine eigens dafür entwickelte Sammlung von förderlichen Bewegungsspielen Verwendung fand (Kunz et al., 1988). Nach 8 Wochen hatte die Kontrollgruppe kaum Leistungsfortschritte erzielt. In den beiden Trainingsgruppen verbesserte sich dagegen die Körperkoordination um bis zu 100 Prozent. Signifikante Verbesserungen gab es außerdem hinsichtlich der Kriterien Sprungkraft, Reaktionsschnelligkeit, Gleichgewicht und Geschicklichkeit.

2.2.2 Störungen der Sprachentwicklung

„Umschriebene Entwicklungsstörungen des Sprechens und der Sprache" (F80) werden nach ICD-10 dann diagnostiziert, wenn eine außerhalb von zwei Standardabweichungen liegende Sprachentwicklungsverzögerung vorliegt. Diagnostisch ist zwischen Sprachentwicklungsverzögerung und Intelligenzminderung zu differenzieren. Letztere führt ebenfalls häufig zu Sprachentwicklungsstörungen, ist aber therapeutisch umfassender zu behandeln, da die logopädische Behandlung durch eine systematische kognitive Förderung ergänzt werden muss (s. dazu Kapitel 23).

Die einzelnen Sprachstörungen können in diesem Kapitel nicht behandelt werden. Eine ausführliche Darstellung findet sich bei Grimm (1999).

2.3 Störungen im Bereich der Vorläufer der Persönlichkeitsentwicklung im Säuglings- und Kleinkindalter

Emotionale, soziale und Verhaltensstörungen zählen zu den Vorläufern gestörter Persönlichkeitsentwicklungen. Sie sind in der Regel multikausal bedingt. Bei ihrer Entstehung spielen sowohl Anlage- als auch unterschiedlichste Sozialisations- und damit Lernbedingungen und ihre Wechselwirkungen eine Rolle. Meist sind diese Störungen im Kleinkindalter noch nicht so verfestigt und systematisiert wie in späteren Altersstufen. Häufig genügt schon eine Änderung der Lebensbedingungen, um eine Besserung oder eine vollständige Remission zu erreichen. So erklärt sich auch der eingangs beschriebene Rückgang von frühen Auffälligkeiten bis zum Schulalter.

Interventionen bei emotionalen, sozialen und Verhaltensstörungen

Bei der Gestaltung des individuellen Interventionsprogramms kommt es besonders darauf an, von der jeweiligen Konstellation der auslösenden Bedingungen auszugehen. Vorgefertigte Trainingsprogramme müssen daher in einem höheren Ausmaß, als dies bei älteren Kindern notwendig ist, an den Einzelfall angepasst werden. Allgemein gilt, dass sich Kombinationen von spiel- und verhaltenstherapeutischen Interventionen in der Praxis besonders bewährt haben, wobei eine genaue Verhaltensanalyse die Grundlage der Intervention bildet (Rost, 2001). Bei behandlungsbedürftigen Störungen in der Frühkindheit ist so gut wie immer eine Intervention bei den Erziehungspersonen des Kindes erforderlich. Diese kann je nach Störungsbild von intensiven begleitenden Beratungsgesprächen bis zu individuellen und/oder Familientherapien reichen. Im Folgenden sollen die wichtigsten Störungen dieses Bereiches vorgestellt werden.

2.3.1 Depression

Unter den schweren emotionalen Beeinträchtigungen der frühen Kindheit sind die Depression und verwandte Störungen zu nennen (Essau & Petermann, 2000). Im ICD-10 werden die depressiven Störungsbilder zu den „affektiven Störungen" (F3) gezählt.

Störungen der Eltern-Kind-Interaktion

Schon früh beschrieb Spitz (1965) die anaklitische Depression im Säuglingsalter als eine Reaktion auf den Verlust der primären Bezugsperson. In der Regel ist ein gestörtes Interaktionsverhalten der Hauptbezugspersonen für die depressive Verstimmung mitverantwortlich. Dies gilt vor allem, wenn ein Elternteil selbst unter einer Depression leidet (Campbell et al., 1995). Kinder depressiver Mütter haben Schwierigkeiten mit ihrer Verhaltensregulation und entwickeln häufig ebenfalls einen depressiven Interaktionsstil (vgl. dazu den Überblick bei Field, 1995). Oft neigen Kinder depressiver Mütter zu einer unsicheren Bindung (Radke-Yarrow, et al., 1985; Teti et al., 1995). Ehekonflikte stellen ein zusätzliches Risiko dafür dar, dass beim Kind depressive Verstimmungen auftreten (McElwain & Volling, 1999).

Besonders belastend ist es für das Kind, wenn die Mutter unter einer chronischen Depression (sechs Monate und länger) leidet (Campell et al., 1995; Scheithauer et al., 2000). Mütterliche Depression kann an die Kinder auf verschiedenen Wegen weitergegeben werden: Depressive Mütter nützen z.B. die spezifischen Charakteristika der kindzentrierten Sprache weniger häufig, gehen weniger auf die Vokalisationen ihrer Kinder ein und zeigen eine weniger ausdrucksvolle Mimik bei der Interaktion mit ihrem Kind.

Symptome der Depression

Im Säuglings- und Kleinkindalter fallen depressive Kinder unter anderem durch psychosomatische Symptome, wie z.B. unbestimmte Bauchschmerzen und durch Quengeligkeit auf. Wie auch im Erwachsenenalter sind Schlafstörungen häufig. Weinen und Negativismus, Rückzug, vermindertes Spielverhalten bzw. eingeschränkte Aktivität sind ebenfalls charakteristische Anzeichen. Wesentlich ist die Differentialdiagnose zur Kindesmisshandlung, da misshandelte Kinder sehr ähnliche Symptome zeigen.

Intervention bei Depression

Therapie der Eltern. Ergibt die Exploration, dass die Depression der Hauptbezugsperson eine der Ursachen der Depression des Kindes ist, sollte auch bei ihr zu einer Einzeltherapie geraten werden. Die depressive Verstimmung ist im Säuglings- und Kleinkindalter vor allem durch eine Verbesserung des gestörten Interaktionsverhaltens der Betreuungspersonen mit dem Kind zu behandeln. Den erwachsenen Bezugspersonen ist ihr Anteil an der emotionalen Beeinträchtigung des Kindes oft nicht bewusst. Bewährt haben sich daher Video-Trainings der Hauptbezugspersonen in ihrer Interaktion mit dem betroffenen Kind, um ein förderliches emotionales Klima zu schaffen. Auf diese Weise können belastende Interaktionen mit dem Kind reduziert, dagegen positiv stimulierende Aktivitäten verstärkt werden. Eine sorgfältige Verhaltensdokumentation in Form von Tagebüchern über mehrere Tage hinweg bildet die Grundlage für derartige Interventionen.

Therapie des Kindes. Falls die Prozessbeobachtung zeigt, dass das Elterntraining nicht ausreicht, um über ein günstigeres Elternverhalten eine Veränderung des depressiven Zustandes des Kindes zu erreichen, ist bei älteren Kleinkindern eine Einzeltherapie notwendig, wobei sich auch hier die Kombination von spiel- und verhaltenstherapeutischen Ansätzen bewährt hat. Depressive Kleinkinder, die bereits eine Kinderkrippe oder einen Kindergarten besuchen, benötigen außerdem meist eine zusätzliche therapeutische Unterstützung bei der Regulation ihrer Spielaktivitäten und ihrer sozialen Beziehungen, die am besten direkt in der Betreuungseinrichtung und unter Mitarbeit der Krippen- bzw. Kindergartenpädagogin erfolgt.

2.3.2 Angststörungen

Im menschlichen Leben stellen Angstreaktionen einen wichtigen Indikator für notwendige Neuanpassungsleistungen dar. Pathologisch werden sie, wenn zwischen der auslösenden Situation und der emotionalen Reaktion des Individuums ein deutliches Missverhältnis besteht bzw. die Reaktionen in ihrem Ausmaß und ihrer Dauer nicht der normalen Bandbreite entsprechen.

Entwicklungsbedingte Ängste. Bestimmte Ängste sind im Entwicklungsverlauf vorgesehen: Höhenangst kann bereits bei Säuglingen durch die Versuchsanordnung der „Visuellen Klippe“ ausgelöst werden. Bei diesem Versuch wird eine mit einem Schachbrettmuster verkleidete, sehr steile Stufe mit einer Glasplatte überdeckt. Babys weigern sich, über jene Stelle der Glasplatte zu krabbeln, die scheinbar in einem Abgrund mündet, auch wenn die Mutter, die auf der „steilen“ Seite steht, sie zu sich lockt (Walk, 1981). Die mit ungefähr acht Monaten auftretende Fremdenangst ist ein im Laufe der Evolution entwickelter Schutzmechanismus, der verhindert, dass sich das Kleinkind unkritisch möglicherweise feindlich gesinnten fremden Personen zuwendet. Sobald sich das Kind selbständig krabbelnd, später gehend fortbewegen kann, sorgt die Trennungsangst außerdem dafür, dass es sich nicht allzu weit von der Betreuungsperson entfernt. Mit etwa vier Jahren treten im Zuge der in dieser Periode auftretenden gesteigerten Phantasieentwicklung verstärkt Ängste vor Phantasiefiguren wie Gespenstern, Angst erregenden Tieren u.Ä. auf, die sich auch in Angstträumen manifestieren können. Hierbei handelt es sich um entwicklungsbedingte Durchgangsstadien.

Pathologische Ängste. Das elterliche Erziehungsverhalten und die resultierende Bindung haben einen wesentlichen Einfluss auf die Entwicklung von behandlungsbedürftigen Angststörungen. Im Kleinkindalter werden Angststörungen oft erst durch ein dramatisches Erlebnis manifest, obwohl die Anamnese zeigt, dass in der Entwicklung des Kindes eine Reihe von Vorläufern wie allgemeine Unsicherheit und Neigung zur Ängstlichkeit auftraten. Mögliche Auslösesind z.B. eine unerwartete Trennung von der Mutter in einer als bedrohlich erlebten Situation oder eine schmerzhafte ärztliche Untersuchung.

Generalisierte Angststörungen und Trennungsangst. Generalisierte Angststörungen werden im ICD-10 unter F41.1 kodiert. Eine spezifische Angststörung, die im Klein- und Schulkindalter auftritt, ist die „emotionale Störung mit Trennungsangst des Kindesalters" (F93.0). Die Störung äußert sich in Anklammern an die Bezugsperson bei einer befürchteten Trennung, heftiger Weigerung, den Kindergarten oder die Schule zu besuchen und Schlaf- und anderen Regulationsstörungen. Bei älteren Kleinkindern ist oft eine unrealistische, vereinnahmende Besorgnis zu beobachten, dass der Hauptbezugsperson in ihrer Abwesenheit etwas zustoßen könnte. Im Explorationsgespräch mit den Eltern lässt sich nicht selten ein realer Kern der Befürchtungen ermitteln: So können Ehestreitigkeiten dazu führen, dass das Kind den Eindruck gewinnt, in seiner Abwesenheit könnte etwas „Bedrohliches" (z.B. Weggang eines Elternteils) geschehen.

Phobische Störungen und Störungen mit sozialer Ängstlichkeit des Kindesalters. Weitere Formen von Angststörungen, die bereits im Kleinkindalter beobachtet werden können, sind die „phobische Störung des Kindesalters" (F93.1), wobei z.B. Ängste vor bestimmten Tieren oder vor Gewitter u.Ä. auftreten können und die „Störung mit sozialer Ängstlichkeit des Kindesalters" (F93.2), bei der eine übertriebene Furcht vor fremden Personen besteht. Sie beginnt vor dem 6. Lebensjahr und äußert sich in einer ausgeprägten, angstvollen Abwehr des Kontaktes mit fremden Personen, wobei Erwachsene oder Gleichaltrige oder beide Gruppen betroffen sein können. Oft bestehen Schwierigkeiten im Sozialverhalten, obwohl die Bindung an die Eltern oder andere Vertrauenspersonen nicht beeinträchtigt ist.

Intervention bei Angststörungen. Bei der Aufarbeitung von Ängsten und anderen emotionalen Störungen im Kleinkindalter hat sich, wie oben ausgeführt, eine Kombination von spiel- und verhaltenstherapeutischen Formen der Bewältigung bewährt: Die angstauslösende Situation wird im Spiel in einer für das Kind akzeptablen Form bearbeitet (s. z.B. Schmidtchen, 1999). Bei schwereren Störungen sind zusätzlich zur spielerischen Konfrontation mit der angstauslösenden Situation gezielte verhaltenstherapeutische Interventionen im Sinn einer systematischen Desensibilisierung und eines Selbstsicherheitstrainings in der Realsituation notwendig (vgl. dazu z.B. Petermann et al., 2001). Parallel dazu sind entängstigende Maßnahmen in der häuslichen Situation und im Alltag des Kindes anzusetzen, wobei die Kooperation der Eltern wichtig ist.

Angst vor dem Wolf

Die fünfjährige Nina zeigte seit einiger Zeit heftige Angstsymptome. Besonders fürchtete sie sich vor dem Wolf, den sie einerseits in ihrem Bett, andererseits im Vorzimmer vermutete. Auslöser waren das Märchen vom Rotkäppchen und die Kassette „Peter und der Wolf", wie die Exploration ergab. Als das Kind in der Therapiestunde seine Angst vor dem Wolf äußerte, meinte die Therapeutin, dass sie miteinander Rotkäppchen spielen könnten und suchte unter den vorhandenen Stofftieren eine „ungefährliche" Symbolfigur für den Wolf heraus. Sie entschied sich für eine Stoffmaus, was das Kind akzeptieren konnte. Nina selbst wählte für die Gestalt des Rotkäppchens einen Marienkäfer, für die Oma einen gelben Kuschelelefanten und für den Jäger eine Dinosaurierfigur. Das Kind übernahm zunächst die Rolle des Rotkäppchens. Insgesamt wurde das Märchen sechsmal mit wechselnden Rollenbesetzungen durchgespielt. Nina war nach einigem Zögern bereit, in einer späteren Spielepisode auch die Rolle des Wolfs zu spielen. In der Folge wurden unterschiedliche Puppen und Figuren für die einzelnen Rollen verwendet, wobei für den Wolf zunehmend kleinere Figuren gewählt wurden, bis er schließlich durch ein winziges und damit ungefährliches Duplo-Männchen symbolisiert werden konnte. Nach weiteren Sitzungen, in denen auch andere Ängste in ähnlicher Weise im Spiel thematisiert wurden, verschwand die Angstsymptomatik.

2.3.3 Verhaltensauffälligkeiten mit körperlichen Störungen und Faktoren

Eine der häufigsten Störungen aus der Gruppe der „Verhaltensauffäligkeiten mit körperlichen Störungen und Faktoren" (F5) im Kleinkindalter sind die Schlafstörungen allgemein, die „nicht organischen Schlafstörungen" (F51) im besonderen.

Aufbau eines Schlaf-Wach-Rhythmus. Bei der Entwicklung eines angemessenen Schlaf-Wach-Rhythmus geht es um einen biologisch-genetisch bestimmten Reifungsprozess, der zwar durch eine konsequente Erziehung gefördert werden kann, dessen Aufbau sich aber den individuellen Voraussetzungen anpassen muss.

Schlafstörungen. Bei Säuglingen und Kleinstkindern dominieren die Durchschlafstörungen, etwas später die Einschlafstörungen. Mit drei Monaten schlafen ungefähr 70 Prozent der Kinder meistens durch, mit einem halben Jahr sind es 83 Prozent (Steinhausen, 1999). Vor allem für Kinder mit angeborenen Regulationsdefiziten bedeutet es eine wesentliche Aufgabe, zu einem Schlafrhythmus zu finden. Schlafstörungen können aber auch auftreten, wenn es die Eltern einfach verabsäumt haben, ihrem Kind eine entsprechende Strukturierung des Tageslaufes anzubieten.

Angstträume, Schlafwandeln und Pavor nocturnus. Eine von den betroffenen Kindern als besonders beeinträchtigend erlebte Schlafstörung stellen die Angstträume (F51.5) dar. Sie können bereits bei Einjährigen nach belastenden Erlebnissen (angstvoll erlebte Belastungssituationen, Misshandlung, lautstarke Ehestreitigkeiten u.Ä.) auftreten. Im Zuge der zunehmenden Entwicklung der Phantasietätigkeit nach Abschluss der ersten Phase der Sprachentwicklung mit etwa vier Jahren kommt es zu einer Zunahme von Angstträumen. Schwere Schlafstörungen sind das Schlafwandeln (F51.3) und der Pavor nocturnus, der mit nächtlichem Panikschreien verbunden ist (F51.4).

Intervention bei Schlafstörungen

Bei unkomplizierten Schlafstörungen können einfache verhaltenstherapeutische Interventionen rasch zu einer Besserung führen (siehe dazu z.B. den Elternratgeber von Kast-Zahn & Morgenroth, 1995). Bei älteren Kleinkindern, die unter Angstträumen leiden, sind als erster Schritt kindgemäß aufgebaute klärende Gespräche hilfreich, in deren Rahmen der Unterschied zwischen Traum und Wirklichkeit erarbeitet wird. Im nächsten Schritt wird dem Kind vermittelt, wie durch freundliche Gedanken und Bilder vor dem Einschlafen eine günstigere Ausgangssituation hergestellt werden kann. Symbolische Erledigungen, wie die Aufforderung, angstbesetzte Gestalten aus Träumen zu zeichnen und die Bilder anschließend zu zerreißen, haben sich ebenfalls bewährt. Entsprechende unterstützende Maßnahmen von Seiten der Eltern (Nachtlicht, keine ängstigenden Fernsehsendungen oder Geschichten, u.Ä.) sind zu empfehlen. Als Intervention bei Pavor nocturnus hat sich eine allgemeine Entängstigung des Kindes im Rahmen einer längerfristigen spieltherapeutischen Intervention bewährt (zur Diagnose und Therapie von Schlafstörungen siehe Steinhausen, 1999)

2.3.4 Tiefgreifende Entwicklungsstörungen

DEFINITION

Bei den im ICD-10 unter der Kategorie der **„Tiefgreifende Entwicklungsstörungen"** (F84) zusammengefassten Symptombildern sind die sozialen Interaktionen und die Kommunikationsmuster beeinträchtigt. Interessen und Aktivitäten sind durch ein eingeschränktes, stereotypes Repertoire gekennzeichnet. Die Lernfähigkeit und damit der Aufbau motorischer, sprachlicher und kognitiver Kompetenzen ist gestört. Es handelt sich um eine gravierende qualitative Abweichung vom normalen Entwicklungsverlauf. Das Verhalten entspricht generell weder der Entwicklungsstufe noch dem Intelligenzalter des Kindes. Die Auffälligkeiten sind bereits in den ersten fünf Lebensjahren zu beobachten.

Eine sehr seltene Störung aus dieser Gruppe ist z.B. das nur bei Mädchen auftretende Rett-Syndrom (F84.2), bei dem die Entwicklung zunächst normal verläuft, die bereits erworbenen Fähigkeiten aber zwischen dem 7. und 24. Monat wieder verloren gehen (zur Intervention s. den nächsten Abschnitt).

Frühkindlicher Autismus

Die wichtigste Gruppe tiefgreifender Entwicklungsstörungen stellen die autistischen Störungen und unter ihnen vor allem der „frühkindliche Autismus" (F84.0) dar. Gemeinsam ist den autistischen Störungen, dass die Betroffenen extreme Kontaktverweigerungen und eigenartige Verhaltensauffälligkeiten wie z.B. Sprach- und Handlungsstereotypien zeigen.

Entdeckung des Autismus. Der Autismus wurde fast gleichzeitig von Asperger und Kanner (1943) entdeckt. Das von Asperger (1944) beschriebene Bild der „Autistischen Psychopathen" weist gegenüber dem vom Kanner beschriebenen Störungsbild allerdings charakteristische Unterschiede auf: Die Betroffenen sind intelligenter, sie können bei guter intellektueller Begabung und entsprechender Unterstützung unter Umständen auch die höhere Schule absolvieren und sogar studieren. Die letztere Störung wird im ICD-10 unter der Bezeichnung „Asperger Syndrom" (F84.5) als eigenes Krankheitsbild beschrieben. Beim Kanner'schen Autismus sind weit massivere Ausfälle, vor allem im neuropsychologischen Bereich, zu beobachten.

Prävalenz autistischer Störungen. Die Auftretenshäufigkeit schwerer autistischer Störungen beträgt 2–4 Fälle unter 10.000. Bezieht man leichtere Formen mit ein, erhöht sich diese Zahl auf 8–25 unter 10.000 Fällen. Auch höhere Prävalenzraten werden gelegentlich berichtet. Jungen sind drei- bis viermal häufiger betroffen als Mädchen (Lord & Schopler, 1987; Bryson, 1996).

Kriterien autistischer Störungen. Im DSM-IV (Saß et al., 1996) werden folgende Kernsymptome der autistischen Störung angegeben: Eine deutlich abnorme und beeinträchtigte Entwicklung im Bereich der sozialen Interaktion und Kommunikation sowie ein deutlich eingeschränktes Repertoire an Aktivitäten und Interessen, Beginn vor dem Alter von drei Jahren, und, bei etwa 30 Prozent der Betroffenen, Ausfall der Sprachentwicklung bzw. Auftreten eigentümlicher Sprachmuster, falls die Sprache erworben wurde. Dazu gehören ein stereotyper Sprachgebrauch und Echolalien. Charakteristisch sind Probleme mit der pronomialen Umkehr: Wenn das Kind „ich" meint, sagt es „du". „Du möchtest Schokolade" heißt daher „ich möchte Schokolade" (zu den Sprachentwicklungsstörungen bei autistischen Kindern s. Kastner-Koller & Deimann, 2000). Weitere Symptome sind bizarre Reaktionen auf die Umwelt, seltsame Bevorzugungen bestimmter Objekte, Abwehr von Veränderungen und stundenlange Beschäftigung mit stereotypen Handlungen; symbolisches oder Phantasiespiel fehlt. Häufig sind Aggressionen und Selbstverletzungen zu beobachten. Etwa drei Viertel der autistischen Kinder weisen eine Beeinträchtigung der Intelligenz auf. Gelegentlich kommen bereits im Kindesalter Anfallsleiden vor, die im Laufe des Jugendalters häufiger werden. In diesen Fällen ist die Prognose eindeutig schlechter.

Suche nach Ursachen

In den älteren Arbeiten versuchte man – vergeblich – eine einheitliche Ursachengruppe für den frühkindlichen Autismus ausfindig zu machen. Als verfehlt hat sich die psychoanalytisch begründete Theorie Bettelheims (1967) herausgestellt, die davon ausging, dass eine negative Mutter-Kind-Beziehung ausschlaggebend für die Entwicklung des autistischen Störungsbildes sei.

Neurologische Befunde

Mit modernen Untersuchungsmethoden konnten die unterschiedlichsten neurologischen Beeinträchtigungen bei Autisten nachgewiesen werden (Bauman & Kemper, 1985; Bower, 1986; Spiel & Gasser, 2001): So konnten Defekte im Kleinhirn gefunden werden, z.B. eine stark verringerte Anzahl an Purkinje'schen Zellen, die für die Steuerungsprozesse bei der Automatisierung neuer Bewegungsfolgen zuständig sind (Ritvo et al., 1986), aber auch Störungen im limbischen System, dem „Belohnungszentrum" des Gehirns, im Balken, der die beiden Hirnhälften verbindet, im Temporallappen (Hoon & Reisse, 1992; Courchesne et al., 1993) und eine wenig entwickelte Glia, die im Gehirn als Puffer zwischen den Nervenbahnen wirkt.

Fehlende Arbeitsteilung der Gehirnhälften. Wie Dawson et al. (1986) in einer Pilotstudie der Verarbeitung sprachlicher und nichtsprachlicher auditiver Reize unter Verwendung evozierter Potentiale zeigen konnten, ist die Hemisphärendominanz vor allem bei jenen Autisten wenig ausgeprägt oder sogar umgekehrt, die die Sprache noch nicht beherrschen (s. auch Blackstock, 1978; Hier et al. 1979).

Hohe Aktivierung. Auffällig ist außerdem das oft ungewöhnlich hohe Arousal- oder Aktivierungsniveau (Martinius, 1974) hinter einer Maske der selbstvergessenen Passivität, die den Betroffenen die Umweltanpassung erschwert. Bei Frustrationserlebnissen kann es daher zu eindrucksvollen Ausbrüchen („temper tantrums") kommen.

Genetischer Einfluss. Bei einigen Autisten (ca. 2–3 Prozent) konnte ein fragiles X-Syndrom (s. Abschnitt 3.1) beobachtet werden (Fisch et al., 1986, Wright et al., 1986). Auf eine erbliche Belastung deutet auch der Befund hin, dass bei eineiigen Zwillingen in über 90 Prozent der Fälle beide Kinder das Symptombild entwickeln; bei zweieiigen Zwillingen ist dies nur bei ca. 23–33 Prozent der Fall (vgl. Spiel & Gasser, 2001).

Erscheinungsbilder autistischer Säuglinge

Für alle autistischen Säuglinge trifft zu, dass sie durch zwei konträre Erscheinungsbilder auffallen: In der Terminologie von Thomas und Chess (1977) sind sie entweder extrem schwierige Schreikinder oder langsam auftauende, das heißt besonders passive Kinder. Beides kann dazu führen, dass sie von ihren Bezugspersonen zu wenig Zuwendung und spielerische Anregung erhalten. Die Bindung zwischen Mutter und Kind kann sich nicht normal entwickeln. Zu der neurologischen Störung kommt daher auch noch ein Fördermangel, der durch die charakteristische autistische Kontaktabwehr des Kindes („steif machen", wenn es hochgenommen wird oder völlige tonuslose Passivität) noch verstärkt wird. Die Eltern nehmen nämlich aufgrund des Verhaltens des Kindes fälschlich an, dass dieses keinen Kontakt wünsche: In gewisser Hinsicht setzen autistische Kinder „die falschen Signale", sie zeigen Abwehr, wenn sie Kontakt suchen (Rollett & Kastner-Koller, 2001). Wie z.B. Cunningham et al. (1981) nachweisen konnten, neigen Mütter außerdem dazu, auf Entwicklungsretardierungen ihres Kindes spontan mit dirigistischen Erziehungsversuchen zu reagieren; diese verstärken jedoch das Rückzugsverhalten.

UNTER DER LUPE

Autisten fehlt eine „Theory of Mind"

Die Fähigkeit autistischer Kinder, den Zugang zu ihrer sozialen Umwelt zu finden, wird durch eine weitere Besonderheit beeinträchtigt: Uta Frith zeigte in Versuchen mit Hilfe des Wimmer-Perner-Paradigmas (Wimmer & Perner, 1983), dass auch ältere autistische Kinder über keine „Theory of Mind" (naive Theorie über das, was der Interaktionspartner wissen kann) verfügen. Sie entwickeln offenbar keine Vorstellungen darüber, von welchen falschen Annahmen ein Spielpartner ausgeht, der z.B. einen Ball suchen soll, der aber in dessen Abwesenheit an einen anderen Ort gelegt worden war (vgl. dazu Baron-Cohen et al., 1985; Frith, 1989; zu Trainingsmöglichkeiten der Theory of Mind siehe Howlin et al., 1999; Rollett et al., 2001).

Intervention bei Autismus

Eine möglichst frühe Diagnose der autistischen Behinderung ist wünschenswert, um Eltern darüber aufklären zu können, wie sie ihr Kind emotional erreichen und spielend fördern können. Zunächst ist die Kontakt- und Kommunikationsbereitschaft und damit die Lernbereitschaft des Kindes aufzubauen, um anschließend eine gezielte Entwicklungstherapie durchführen zu können. Aussichtsreiche Therapieprogramme für autistische Kinder, die das Ziel einer Eingliederung in die Gesellschaft haben, sind immer ganztägig aufgebaute multifunktionale und -modale Langzeitprogramme. Trainings, die nur an einer Komponente des autistischen Störungsbildes ansetzen, sind angesichts der Breite des Störungsbildes nicht geeignet, eine umfassende Änderung des autistischen Verhaltens zu erzielen, auch wenn sie in Teilbereichen erfolgreich sind.

Trainingsprogramme. Beispiele umfassender Interventionsprogramme sind das von Schopler entwickelte TEACCH-Programm (vgl. Schopler et al., 1981, 1983, 1987; Schopler, 1987), das Programm von Lovaas (vgl. Lovaas, 1987) oder von Rollett und Kastner-Koller (2001). Es handelt sich bei allen diesen Programmen um eine therapeutische Entwicklungsbegleitung, die je nach Grad der Störung mindestens bis zum Erwachsenenalter oder auch länger fortgeführt werden muss. Die Programme umfassen in der Regel folgende Bausteine:

- Verhaltenstherapie des autistischen Kindes in Einzelstunden
- Entwicklung der Fähigkeit der Familienmitglieder, als Hilfstherapeuten mitzuarbeiten (vgl. Rollett und Kastner-Koller, 2001).
- Integration des Kindes in eine therapeutisch orientierte Ganztagsförderung (heilpädagogischer Kindergarten) bzw. geeignete Schule, sobald eine gewisse Gruppenfähigkeit erreicht ist. Besonders wichtig ist, dass auch Kinder mit einem normalen Kontaktverhalten in der Gruppe sind, die als Modellpersonen dienen können. Durch derartige Intensivprogramme sind zumindest sehr eindrucksvolle Besserungen erzielbar, wie follow-up Studien zeigen (Kobayashi et al., 1992; Venter et al., 1992).

2.3.5 Hyperkinetische Störungen im Kleinkindalter

Kinder mit hyperkinetischen Störungen (F90) werden in den letzten Jahren bereits im Kleinkindalter gehäuft in Beratungseinrichtungen vorgestellt. Im DSM-IV (Saß et al., 1996) wird die Störung als „Attention-Deficit/Hyperactivity Disorder" (ADHD), deutsch „Aufmerksamkeitsdefizit-/Hyperaktivitätsstörung" bezeichnet. Jungen sind wesentlich häufiger betroffen als Mädchen.

Merkmale der hyperkinetischen Störung. Das hyperaktive, impulsive Verhalten tritt in wesentlich stärkerer Form auf, als dies selbst bei sehr bewegungsfreudigen, sportlichen Kindern zu erwarten ist. Die Störung muss in mindestens zwei Lebensbereichen (z.B. zu Hause und im Kindergarten) beobachtbar sein. Sie beeinträchtigt die sozialen Beziehungen und die Spielfähigkeit, später das schulische Lernen in schwerwiegender Weise.

Echte und scheinbare Hyperaktivität. In nichtklinischen Stichproben besteht eine Prävalenz von 3–5 Prozent. Ein äußerlich sehr ähnliches Störungsbild kann allerdings auch dann entstehen, wenn Kinder unter Bewegungsmangel leiden, der durch beengte Wohnverhältnisse und eingeschränkte Möglichkeiten, im Freien zu spielen, bedingt ist, oder auch dann, wenn ihnen zu Hause und im Kindergarten eine wenig strukturierte Lernumgebung angeboten wird (vgl. dazu Helmke & Weinert, 1999). In solchen Fällen führt eine lösungsorientierte Beratung relativ rasch zum Erfolg. Die echte Hyperaktivität stellt eine multikausale (und entsprechend umfassend zu therapierende) Regulationsstörung dar (vgl. Steinhausen, 1995; Tannock, 1998).

Intervention bei Hyperaktivität

Im Kleinkindalter sollte man auf medikamentöse Behandlungen (z.B. durch Methylphenidat, Handlungsname Ritalin) wegen der Nebenwirkungen (reduzierter Appetit, Kopf- und Magenschmerzen, gesteigerte emotionale Labilität, Schlaflosigkeit, vgl. Mutschler, 1991) verzichten. Stattdessen sind (möglichst multimodale) psychologische Trainingsprogramme zu empfehlen (vgl. Eisert, 1999[2]; Lauth & Schlottke, 1997). Gut eingeführte Behandlungsprogramme stammen von Döpfner et al. (1998[2]) und Ettrich (1993). Immer sollte die soziale Umwelt (durch Elterntrainingsprogramme und Programme zum Verhaltensmanagement im Kindergarten) in den Therapieplan integriert werden. Während Interventionen bei nichtklinischen Fällen von Konzentrations- und Aufmerksamkeitsstörungen meist rasch zu guten Ergebnissen führen, sind Erfolge bei hyperkinetischen Kindern erst nach einer mindestens ein- bis zweijährigen Therapie, gefolgt von gelegentlichen „Auffrischungssitzungen“ zu erzielen.

2.3.6 Störungen des Sozialverhaltens und verwandte Störungsbilder

Trotzanfälle sind bei eineinhalb bis etwa dreijährigen Kindern entwicklungsangemessen: Im zweiten Lebensjahr erwerben Kinder die Fähigkeit, einfache Zielsetzungen vorzunehmen und reagieren auf Unterbrechungen ihrer Pläne mit Ärger und Widerstand. Mit etwa zwei bis zweieinhalb Jahren sind im Zuge der beginnenden Autonomieentwicklung echte Trotzanfälle („temper tantrums“) die Regel, die bei geeigneten Erziehungsmaßnahmen (Ablenkung, beruhigende Maßnahmen, Unterstützung beim Aufbau der Verhaltensregulation) innerhalb weniger Monate verschwinden. Die Diagnose „Störungen des Sozialverhaltens“ (F91) sollte daher erst bei älteren Kleinkindern (ab etwa vier Jahren) gestellt werden, die ein extrem aggressives, oppositionelles Verhalten zeigen.

Störungsbilder. Die Störungen des Sozialverhaltens können auf den familialen Rahmen beschränkt bleiben (F91.0) oder auch außerhalb der Familie, z.B. im Kindergarten bestehen. Soziale Bindungen können fehlen (F91.1) oder vorhanden sein (F91.2). Der Code F91.3 ist für Störungen des Sozialverhaltens mit oppositionellem, aufsässigem Verhalten reserviert. Oft ist ein unzweckmäßiges Verhalten der Bezugspersonen eine der Mitursachen der Störung: Äußerst inkonsequentes Erziehungsverhalten, das zwischen Nachgeben und schroffer, unfreundlicher Zurückweisung schwankt, anstatt dem Kind die erzieherische Unterstützung beim Aufbau angemessener Verhaltensweisen anzubieten, die es braucht. Hier muss allerdings eingeräumt werden, dass Kinder mit diesem Störungsbild es ihren Erziehungspersonen (und Therapeuten) durch ihre ungewöhnlich hohe Emotionalität nicht eben leicht machen. Bei der „emotionalen Störung mit Geschwisterrivalität“ (F93.3) kommt es zu ungewöhnlich heftigen Aggressionen dem Geschwister gegenüber.

Schwere Störungen des Sozialverhaltens. Die „Störungen des Sozialverhaltens bei fehlenden sozialen Bindungen“ (F91.1) sind besonders hartnäckig, da mit der mangelnden Fähigkeit, Beziehungen aufzunehmen, eine wichtige Voraussetzung zur Mitarbeit im Rahmen der Therapie fehlt. In der Regel handelt es sich um die Folge einer äußerst vernachlässigenden Betreuung in den ersten Lebensjahren. Wieder ist anzumerken, dass diese Diagnosekategorie nur bei älteren Kleinkindern und nur dann angewendet werden sollte, wenn es sich um extreme Ausprägungen des Störverhaltens handelt. Ähnliches gilt für die Gruppe der „kombinierten Störungen des Sozialverhaltens und der Emotionen“ (F92), bei welcher eine Verbindung von aggressivem, dissozialem oder aufsässigem Verhalten mit emotionalen Störungen (z.B. einer übermäßig ausgeprägten Angst vor Trennungen von wichtigen Bezugspersonen) besteht.

Intervention bei Störungen des Sozialverhaltens

In allen diesen Fällen sind langfristig angesetzte kombinierte spiel- und verhaltenstherapeutische Interventionen erforderlich, in die das gesamte soziale Umfeld des Kindes einbezogen werden muss. Ein bewährtes Trainingsprogramm, das bei entsprechender Adaptation des Vorgehens auch bei älteren Kleinkindern eingesetzt werden kann, ist z.B. das Training mit aggressiven Kindern von Petermann & Petermann (1997).

Reaktive Bindungsstörung des Kindesalters

Eine Störung, die bereits vor dem Alter von fünf Jahren auftritt, ist die reaktive Bindungsstörung des Kindesalters (F94.1). Die Kinder zeigen ein abnormes Beziehungsmuster, das durch eine Kombination von Annäherung und Vermeidung bzw. Widerstand gegen freundlichen Zuspruch gekennzeichnet ist. Sie sind ängstlich und übervorsichtig, haben geringe soziale Kontakte mit Gleichaltrigen und neigen zu Selbstaggression und Unglücklichsein. Es handelt sich um Auswirkungen des desorientiert-desorganisierten Bindungsstils. Gelegentlich können begleitend Wachstumsverzögerungen beobachtet werden.

Ursachen der Bindungsstörung. Es wird vermutet, dass das Störungsbild eine Folge elterlicher Vernachlässigung höheren Ausmaßes, von Missbrauch oder schwerer Misshandlung ist. Im Gegensatz zu Kindern mit einer tiefgreifenden Entwicklungsstörung zeigen diese Kinder jedoch eine normal ausgeprägte Fähigkeit zur sozialen Kontaktaufnahme, wenn man ihnen entsprechend verständnisvoll begegnet.

Intervention. Die Störungen gehen zurück, wenn das Kind in eine normale, ihm freundlich zugewandte soziale Umgebung kommt. Allerdings tritt in der Anfangsphase oft eine massive Kontaktabwehr und ein desorganisiertes, oft auch aggressives Verhalten auf, das in einer ersten Interventionsphase durch gezielte therapeutische Maßnahmen abgebaut werden muss (ein ausführliches Fallbeispiel dazu bringt Kastner-Koller, 1985). Ist ein Milieuwechsel nicht möglich, sollte zumindest versucht werden, durch ein die Therapie des Kindes begleitendes, intensives Elterntraining eine Entspannung der Situation zu erreichen.

Bindungsstörung des Kindesalters mit Enthemmung

Die „Bindungsstörung des Kindesalters mit Enthemmung“ (F94.2) tritt während der ersten fünf Lebensjahre auf. Bereits mit zwei Jahren zeigen diese Kinder eine Tendenz zu Klammerverhalten einerseits und einem distanzlosen, diffusen Bindungsverhalten andererseits. Das Anklammerungsverhalten kann mit etwa vier Jahren durch ein aufmerksamkeitssuchendes, wahllos freundliches Benehmen ersetzt werden. Dieses Verhalten ist vor allem bei Heimkindern beobachtbar, denen die Gelegenheit fehlt, selektive Bindungen zu entwickeln. Beim Aufbau von Freundschaften zu Gleichaltrigen zeigen diese Kinder ähnliche Störungen. Auch wenn sie in Familien aufgenommen werden, bleibt das gestörte Kontaktverhalten noch lange bestehen.

Intervention. Die Therapie ist äußerst langwierig. Im Kleinkindalter ist vor allem das Training konkreter Verhaltensweisen in häufig vorkommenden Interaktionssituationen durch Rollenspiele aussichtsreich: Wie begrüßt man jemanden, wie verabschiedet man sich, welche Kontaktformen sind bei welchen Personen erwünscht u.a.m.

Sonstige Störungen sozialer Funktionen mit Beginn in der Kindheit

Diese bereits im Kleinkindalter auftretende Störung (F94.8) äußert sich in ungewöhnlich stark ausgeprägtem Rückzugsverhalten und Schüchternheit als Folge von Defiziten in der sozialen Kompetenz. Meist besteht eine hohe Angstneigung. In der Regel zeigt die Anamnese, dass die erwachsenen Bezugspersonen des Kindes einen sehr autoritären, die Spontaneität einschränkenden Erziehungsstil bevorzugen oder dazu neigen, das Kind vor anderen herabzusetzen und lächerlich zu machen.

Intervention. Die Behandlung muss sowohl bei den Erziehungspersonen als auch beim Kind selbst ansetzen (zu therapeutischen Interventionen s. Staab, 1999).

2.3.7 Sonstige Verhaltens- und emotionale Störungen

Eine wichtige Störungsgruppe wird im ICD-10 unter dem Begriff „andere Verhaltens- und emotionale Störungen mit Beginn in der Kindheit und Jugend" (F98) zusammengefasst. Dazu zählen die Enuresis (F98.0) und die Enkopresis (F98.1) sowie die Fütter- und Ernährungsstörungen (F98.2).

Enuresis. Bei diesem Störungsbild (F98.0) wurde die Blasenkontrolle noch nicht erreicht, obwohl dies aufgrund der Entwicklung und der Intelligenz der Betroffenen möglich wäre und auch keine körperlichen Krankheiten vorliegen (zur Therapie s. Große, 1998). Nach ICD-10 wird sie bei Kindern erst ab fünf Jahren diagnostiziert.

Enkopresis. Dieses Störungsbild (F98.1) besteht im willkürlichen oder unwillkürlichen Ausscheiden von Stuhl an Orten, die dafür nicht vorgesehen sind, obwohl keine körperliche Beeinträchtigung vorliegt (zur Therapie s. Berger-Sallawitz, 1998). Einkoten tritt bei Vierjährigen in vier Prozent der Fälle auf.

Fütter- und Ernährungsstörungen im frühen Kindesalter

Gewisse Probleme beim Essverhalten sind im Säuglings- und Kleinkindalter nicht selten und geben sich meist nach einiger Zeit von selbst (Sarimski & Papoušek, 2000).

Kriterien der Fütterstörung. Um die Diagnose „Fütterstörung im frühen Kindesalter" (F98.2) zu rechtfertigen, müssen die Probleme daher extrem sein und von einer wenigstens einen Monat dauernden Gewichtsabnahme bzw. einer fehlenden Gewichtszunahme begleitet sein. Das Störungsbild der Fütterstörung umfasst sowohl Nahrungsverweigerung als auch extrem wählerisches Essverhalten, obwohl das Nahrungsangebot ausreichend ist. Gelegentlich wird das Störungsbild von Rumination, d.h. dem Heraufwürgen von Nahrung begleitet.

Mögliche Ursachen von Fehlernährung. Bei der Diagnoseerstellung muss zunächst geklärt werden, ob das Nahrungsangebot angemessen ist. Wegen des raschen Wachstums haben Säuglinge einen hohen Bedarf an Nährstoffen. Der Nahrungsbedarf des Säuglings kann bis etwa zum sechsten Lebensmonat durch Stillen abgedeckt werden, wenn sich die Mutter selbst normal ernährt und genügend Flüssigkeit zu sich nimmt (eigener Flüssigkeitsbedarf ergänzt durch den Flüssigkeitsbedarf für die Ernährung des Kindes). Während Nährschäden früher vor allem die Folge einer unzureichenden Zusammensetzung der Flaschennahrung waren (Mehl- bzw. Milchnährschäden), entstehen heute Fehlernährungen dadurch, dass dem Kind zuviel oder zuwenig angeboten wird oder als „natürlich" angesehene Diätvorstellungen bei dem Säugling angewendet werden (s. dazu Koletzko, 2000) (s. „Unter der Lupe", S. 731).

Rolle der Mutter. Bei den verschiedenen Formen von Ess-Störungen besteht immer eine enge Beziehung zur Art der Mutter-Kind-Interaktion. Der Mutter (bzw. den Hauptbetreuungspersonen) gelingt es nicht, in flexibler Form auf die Nahrungsbedürfnisse des Kindes einzugehen, sie einerseits verlässlich zu befriedigen und andererseits den Bevorzugungen des Kindes genügend Spielraum zu lassen. Das gilt vor allem für kritische Übergänge, wie dem Abstillen, dem Übergang von breiiger zu fester Nahrung und der schritt-

UNTER DER LUPE

Auswirkungen von Mangelernährung im Säuglingsalter

Skuse et al. (1994) konnten bei der Untersuchung von Kindern mit Wachstumsstörungen nachweisen, dass die ersten sechs Lebensmonate eine sensible Periode darstellen. In dieser Zeit führt eine unzureichende Nahrungsaufnahme bzw. eine beeinträchtigte Gewichtszunahme verbunden mit einem geringeren Längenwachstum zu mentalen und psychomotorischen Entwicklungsretardierungen im zweiten Lebensjahr. Untersucht wurde eine Gruppe von 47 gesunden Londoner Kindern mit schwerwiegenden Wachstumsstörungen im ersten Lebensjahr, die aus der vollständigen Geburtskohorte (N = 1558) eines Jahres ausgewählt wurden. Es wurde eine Kontrollgruppe gebildet, die nach Geschlecht, Alter, ethnischer Zugehörigkeit, Geburtsgewicht, Geschwisterposition und sozioökonomischem Status parallelisiert wurde. Die Mütter wurden retrospektiv nach ihren Füttergewohnheiten gefragt. Bei beiden Gruppen war Brustfütterung mit einer eher besseren körperlichen Entwicklung verbunden. Die Füttergewohnheiten der Mütter der Kinder mit Gedeihstörungen waren jedoch dramatisch unterschiedlich. Sowohl in der Versuchsgruppe als auch in der Kontrollgruppe schliefen die Kinder während der Fütterzeit, in der Versuchsgruppe war dies aber viel häufiger der Fall (66 Prozent im Vergleich zu 49 Prozent). Die Mütter der Kinder mit Gedeihstörungen weckten die Babys nur in 16,7 Prozent der Fälle, um sie zu füttern, während dies in der Versuchsgruppe bei 83,3 Prozent der Fall war. Direkte Beobachtungen im Alter von 15 Monaten zeigten außerdem, dass die Kinder der Versuchsgruppe pro Mahlzeit weniger Nahrung zu sich nahmen. Ihre Mundmotorik (gemessen mit der Schedule for Oral Motor Assessment, SOMA) war ebenfalls schlechter entwickelt, was sich bei verschiedenen Nahrungsmitteln (Püree, halbfeste Nahrung, Cracker, Trinken aus einer Trinktrainingstasse), aber nicht beim Trinken aus der Flasche zeigte. Überdies bestanden negative Korrelationen zwischen dem Anomalitätsscore des SOMA und dem Gewicht mit 4 Wochen (–.33), 6 Wochen (–.32) und 3 Monaten (–.35). Zwischen Gewicht und mentalem Entwicklungsscore des Bayley-Tests (Bayley, 1969) ergaben sich mit drei und neun Monaten signifikante Korrelationen (.31 bzw. .33). Bei der psychomotorischen Entwicklung war dies nur im Alter von sechs Monaten der Fall (.33). Aufgrund eines eigens entwickelten statistischen Vorhersagemodells konnten die Autoren nachweisen, dass vor allem ein früher Gewichtsverlust (bis zu einem Alter von vier Monaten) äußerst negative Auswirkungen hatte: Er führte zu einer Verringerung der mentalen und psychomotorischen Fähigkeiten im zweiten Lebensjahr um 10 Punkte. Begann der Gewichtsverlust erst mit vier Monaten, lagen die Beeinträchtigungen bei 3 Score-Punkten. Ein Gewichtsverlust mit acht Monaten hatte dagegen keinerlei Auswirkungen.

weisen Anpassung an die in der Familie übliche Art der Ernährung.

Gefahr vorzeitiger Gegensteuerung. Bei den Vier- bis Fünfjährigen können zeitweilig einseitige Nahrungspräferenzen bei Ablehnung aller anderen Nahrungsmittel vorkommen, die nach einiger Zeit von selbst verschwinden. Falls die Eltern zu Zwangmaßnahmen greifen, kann es allerdings zu langwierigen Ess-Störungen kommen.

Probleme mit Fertignahrung. Ein relativ neues Phänomen ist das „Fast-Food-Syndrom“: Da in vielen Familien heute nur mehr selten oder überhaupt nicht mehr gekocht wird, werden die Kinder zu lange mit vorgefertigter Baby-Nahrung oder später mit Angeboten, die keine Zubereitung erfordern, versorgt. Dies kann einerseits zu Adipositas führen, da es sich in der Regel um hochkalorische Produkte handelt, andererseits zu Unterernährung, wenn die Kinder diese Nahrungsmittel verweigern, aber keine anderen angeboten bekommen. In solchen Fällen muss vor allem versucht werden, mit den Eltern und dem Kind eine zweckmäßigere Ernährung auszuhandeln und einzuüben.

Intervention bei Fütter- und Ernährungsstörungen. Wegen der unterschiedlichen Ausgangsbedingungen von Fütter- und Ernährungsproblemen ist eine differenzierte Diagnoseerstellung notwendig (Tagebucherhebung der angebotenen und der konsumierten Nahrungsmittel, Beobachtungen des Essverhaltens in der natürlichen Situation, Erfassung des körperlichen und psychischen Zustands des Kindes und der Eltern-Kind-Beziehung allgemein). Der darauf aufbauende Interventionsplan sollte einerseits einen für die Familie akzeptablen Umgang mit dem Nahrungsangebot sichern, wobei Maßnahmen zur Entemotionalisierung der Essenssituation besonders wichtig sind und andererseits ein verhaltenstherapeutisch gestütztes Programm beinhalten, um ein der Entwicklungsstufe angemessenes neues Essverhalten beim Kind aufzubauen.

BEISPIEL

Fallbeispiel einer einfachen Fütterstörung im Säuglingsalter

Eine Mutter suchte die Beratungsstelle auf, da ihre zehn Monate alte Tochter die Nahrung verweigerte. Sie berichtete, dass das Kind deshalb schon stationär behandelt worden sei, was zu keinem Erfolg geführt hätte, obwohl sie selbst mit in die Kinderklinik aufgenommen worden wäre. Die Schilderung der Füttersituation durch die Mutter ergab, dass sie diese aus Sorge um ihr Kind hoch emotionalisiert gestaltete. Eine intensive Beratung, wie die Fütterung entspannt, unter Einbeziehung von Spielen (z.B. Teddy füttern) und ohne Zeitdruck durchgeführt werden kann, hatte schon nach wenigen Tagen Erfolg.

3 Entwicklungsrisiken in der frühen Kindheit

Kinder mit vorgeburtlichen und Geburtsschädigungen, zu früh geborene Kinder und Kinder mit einem niedrigen Geburtsgewicht werden zusammenfassend als „Risikokinder" bezeichnet. Sie stellen eine Sondergruppe besonders förderbedürftiger Kinder dar. Für die Eltern bedeutet die Geburt eines Risikokindes eine große seelische Belastung: In vielen Fällen müssen sie sich damit abfinden, dass ihr Kind gleich nach der Geburt schwerwiegenden medizinischen Maßnahmen ausgesetzt ist, dass sie es erst nach längerer Zeit mit nach Hause nehmen können und dass es besonderer Pflegemaßnahmen bedarf. Die Beziehungsaufnahme der Eltern zu dem Kind (Bonding) und der Aufbau der Bindung des Kindes an die Eltern kann dadurch beeinträchtigt werden. Heute versucht man daher, diesen ungünstigen Entwicklungen durch systematische Förderung des Körperkontakts zwischen den Eltern und dem Neugeborenen („Känguruhmethode") bereits in der neonatologischen Intensivstation vorzubeugen.

3.1 Beispiele für genetische, pränatal oder perinatal erworbene Störungen

Eine Reihe von genetischen sowie prä- bzw. perinatal erworbenen Schädigungen führen zu Beeinträchtigungen der Entwicklung. Häufig sind geistige und Lernbehinderungen die Folge (s. dazu Rauh in diesem Band). Hier sollen nur einige häufiger auftretende Störungsbilder erwähnt werden.

Genetisch bedingte Störungen. Zu den genetischen Störungen zählen z.B. die Chromosomenaberrationen. Bereits 1959 entdeckte der Genetiker Lejeune die Trisomie 21, bei der ein zusätzliches X-Chromosom vorhanden ist, als Ursache des Down-Syndroms. Diese Kinder fallen durch Intelligenzminderung, Sprachentwicklungsstörungen und besondere Probleme beim Erlernen des Rechnens auf. Von ihrer Persönlichkeit her sind sie auffallend freundlich und liebevoll. Zu den Chromosomenaberrationen gehören u.a. das Klinefelter-Syndrom und das Fragile-X-Syndrom, bei dem sich eine fragile Stelle im langen Arm des X-Chromosoms befindet. Letzteres ist vor allem bei Knaben zu beobachten. Die betroffenen Kinder sind relativ groß, zeigen Sprachentwicklungsstörungen und eine niedrige Intelligenz und neigen zu Hyperaktivität oder zu autistischen Störungen.

Pränatal erworbene Störungen

Alkohol- und Drogenkonsum. Drogenabhängigkeit der Mutter (Opiate, Kokain) führt beim Neugeborenen zu schweren Beeinträchtigungen, wobei die Entzugserscheinungen besonders belastend sind. Erhöhter Alkoholkonsum während der Schwangerschaft (mehr als 50 g pro Tag, vgl. Murken, 2000, S. 44) hat Alkoholembryopathien zur Folge: Diese Kinder zeigen Minderwuchs und Mikrozephalie, Hyperaktivität und Intelligenzminderung. Oft sind Herzfehler sowie Anomalien der Genitalien und Gelenke zu beobachten. Auch im Gesicht finden sich Auffälligkeiten, wie z.B. enge Lidspalten und ein eingesunkener Nasenrücken.

Nikotinkonsum. Rauchen während der Schwangerschaft bedeutet ein schwerwiegendes Entwicklungsrisiko für das Kind. Das Risiko für einen Spontanabort ist bei Müttern, die mehr als eine Packung Zigaretten pro Tag rauchen, um 70 Prozent, die Frühgeburtshäufigkeit um 50 Prozent und die perinatale Mortalität um 100 Prozent im Vergleich zu nicht rauchenden werdenden Müttern erhöht. Das Geburtsgewicht dieser Kinder ist durchschnittlich um 200–250 g geringer. Dies kann sich negativ auf ihre Kompetenzentwicklung, vor allem die Visuomotorik auswirken.

Körperliche Krankheiten der Mutter. Unter den Erkrankungen, die zu massiven Störungen führen können, ist die Rötelninfektion während der Schwangerschaft zu nennen: Körperliche Folge sind Katarakt, Schwerhörigkeit und Herzfehler, wie der australische Kinderarzt Gregg bereits 1941 entdeckte. Das Geburtsgewicht ist niedrig, die Intelligenz beeinträchtigt. Erkrankt die Mutter im ersten Schwangerschaftsmonat, sind 50 Prozent der Kinder geschädigt, im zweiten 25 Prozent, im dritten 10 Prozent, im vierten nur noch 4 Prozent.

Perinatal erworbene Störungen

Die schwerwiegendste während der Geburt erworbene Schädigung stellt der perinatale Sauerstoffmangel (Asphyxie) dar, da er zu lebenslangen motorischen, psychomotorischen und intellektuellen Behinderungen führen kann. Der APGAR-Index (s. Kap. 4) ist bei Kindern mit einer postnatalen Asphyxie nach einer Minute kleiner als 4, nach fünf Minuten kleiner als 6. Geburtstraumatische Verletzungen des Zentralnervensystems können ebenfalls zu schweren Entwicklungsstörungen führen.

3.2 Frühgeburtlichkeit als Entwicklungsrisiko

Eines der wichtigsten Entwicklungsrisiken ist die Frühgeburtlichkeit. Reife Neugeborene haben ein Gestationsalter (Schwangerschaftsdauer vom 1. Tag der normalen Regelblutung der Mutter bis zur Geburt des Kindes) von 260–293 Tagen (vollendete 37. bis Ende der 41. Schwangerschaftswoche). Unter dieser Zeitdauer spricht man von frühgeborenen, nach dieser Zeitdauer von übertragenen Neugeborenen, die ebenfalls gewisse Entwicklungsstörungen aufweisen können.

Überlebenschancen von Frühgeborenen. Vor der 37. Schwangerschaftswoche werden etwa 7 Prozent aller Kinder geboren. Ca. 1,5 Prozent haben ein Geburtsgewicht unter 1.500 g bei einem Gestationsalter vor der 32. Gestationswoche. Nach Speer (2000, S. 69) überlebten in den 70er Jahren nur 15–40 Prozent der Kinder mit einem Geburtsgewicht unter 1.500 g. Heute können 50 Prozent der Frühgeborenen mit einem Geburtsgewicht von 600–1.000 g überleben. Bei einem Geburtsgewicht von 1.000–1.499 g sind es 85 Prozent. Geringere Überlebenschancen haben männliche Frühgeborene und Mehrlinge (vgl. dazu Steward et al., 1982; Orgill et al., 1982; Yu et al., 1986; Rickards et al., 1987; Aylward et al., 1989; Sommerfelt et at., 1996; Wolke & Meyer,

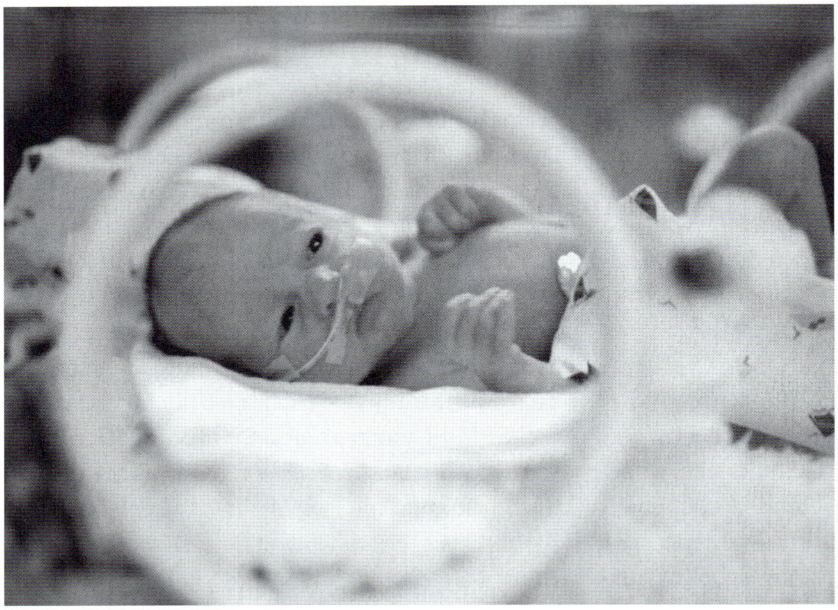

Frühgeborene haben ein erhöhtes Risiko, Störungen z.B. des Wachstums, der Motorik oder der Aufmerksamkeit zu entwickeln

2000; siehe dazu auch die Metaanalyse von Escobar et al., 1991).

Risikofaktor Untergewicht. Ein zusätzliches Risiko stellt das Untergewicht dar. Normalgewichtige Neugeborene („Appropriate for Gestational Age Infant", AGA) haben ein Geburtsgewicht zwischen dem 10.–90. Percentil. Bei untergewichtigen Neugeborenen liegt das Geburtsgewicht unter 2.500 g („Low Birth Weight Infant", LBW), bei sehr untergewichtigen Neugeborenen bei 1.500 g und darunter („Very Low Birth Weigth Infant", VLBW). Unter 1.000 g handelt es sich um extrem untergewichtige Neugeborene („Extremely Low Birth Weight Infant, ELBW). Ein wichtiger Faktor, der in den frühen Studien über die Entwicklung von Risikokindern oft vernachlässigt wurde, ist die Angemessenheit des Körpergewichts bzw. der Körpergröße verglichen mit dem Gestationsalter. Frühgeborene Säuglinge, die ein ihrem Gestationsalter entsprechendes Gewicht aufweisen, zeigen weniger Schädigungen.

UNTER DER LUPE

Risikofaktor Frühgeburt

McCarton et al. (1996) führten eine Längsschnittstudie bei Neugeborenen durch, die spätestens bis zur 37. Schwangerschaftswoche geboren worden waren (LIFE, Longitudinal Infant Follow up and Evaluation Programme, Rose F. Kennedy Center of the Albert Einstein College of Medicine.). 300 Untersuchungskinder entsprachen in ihrem Geburtsgewicht dem für ihr Gestationsalter angemessenen Durchschnitt, 129 lagen zwei Standardabweichungen oder mehr unter dem ihrem Gestationsalter entsprechenden Wert. Die Kinder wurden bis zu ihrem sechsten Lebensjahr insgesamt viermal erfasst (mit einem, zwei und drei Jahren und mit fünf bis sechs Jahren). Die Gruppe der zu kleinen Frühgeborenen wies häufiger einen anormalen neurologischen Status auf und hatte hinsichtlich ihrer kognitiven Entwicklung bei jeder Untersuchung signifikant schlechtere Ergebnisse. Für differenzierende Analysen wurden die Kinder nach ihrem Gestationsalter in Gruppen von jeweils

4-Wochen-Abständen (26–29 bis 36–37) eingeteilt. Neurologische Abnormalitäten nahmen bei den unterhalb der 32. Schwangerschaftswoche Geborenen signifikant zu. Der entscheidende Faktor war jedoch nicht das Gestationsalter allein, sondern vor allem auch die Angemessenheit des Geburtsgewichts; besonders bedeutungsvoll war dabei der Kopfumfang bei der Geburt als Indikator des intrauterinen Gehirnwachstums: Die Gruppe der (verglichen mit dem Gestationsalter) zu kleinen Säuglinge wies noch mit 5–6 Jahren signifikant häufiger neurologische Abnormalitäten auf als jene Kinder, bei denen dies nicht der Fall war (McCarton et al., 1996).

Widersprüchliche Befunde zur kognitiven Entwicklung. In der Forschung wurde die kognitive Entwicklung von sehr früh geborenen Kindern (Gestationsalter 32 Wochen und darunter) bisher sowohl über- wie unterschätzt. Wolke et al. (1994) wiesen darauf hin, dass dafür auch methodische Fehler verantwortlich sind, so z.B. die Verwendung unaktueller Testnormen oder willkürlicher Cut-off-scores zur Bestimmung der Gruppe „geschädigter" Kinder.

Folgeschäden bei Untergewicht. Bei Kindern mit sehr niedrigem Geburtsgewicht können folgende Störungen beobachtet werden: Niedrige Wachstumsrate, motorische Störungen, Seh- und Hörstörungen, intellektuelle Beeinträchtigungen, besonders bei der Visuomotorik und der Raumorientierung, Beeinträchtigungen der Sprachentwicklung und Gedächtnisprobleme. Im Schulalter sind häufig Probleme beim Erlernen des Lesens, Rechtschreibens und Rechnens sowie Aufmerksamkeitsstörungen zu beobachten (s. dazu auch Gyler, et al., 1993). Außerdem kann es zu verschiedenen Verhaltensstörungen, vor allem zu Beeinträchtigungen des Sozialverhaltens und zu emotionellen Störungen kommen.

Lernstörungen. Störungen des Lernverhaltens Frühgeborener zeigen sich oft schon im Vorschulalter. Smith und Knight-Jones (1990) und Teplin et al. (1991) wiesen nach, dass sie sowohl in psychologischen Tests als auch bei schulischen Leistungen niedrigere Werte erzielen (s. dazu auch Kitchen et al., 1987; Botting et al., 1998; Stjernqvist & Svenningsen, 1999). Rickards et al. (1987) stellten bei 58 Kindern mit extrem niedrigem Geburtsgewicht fest, dass zwar 74 Prozent keine Auffälligkeiten zeigten, aber 17 Prozent eine mäßige Behinderung aufwiesen und 9 Prozent schwer behindert waren. Mit zwei Jahren hatten die Kinder niedrigere Werte im Mental Developmental Index des Bayley-Tests, doch konnten die meisten von ihnen mit fünfeinhalb Jahren normale WPPSI-Scores erreichen. Hier muss allerdings kritisch angemerkt werden, dass nicht bekannt ist, welche intellektuelle Entwicklung die Kinder genommen hätten, wenn sie termingerecht geboren worden wären.

UNTER DER LUPE

Ein Untersuchungsbeispiel über Kinder mit sehr niedrigem Geburtsgewicht

In der Victorian Infant Collaborative Study (o. A., 1991) wurden 88 Kinder mit einem Geburtsgewicht von 500–999 Gramm bis zu ihrem achten Lebensjahr begleitet. 18 Prozent wiesen schwere Störungen auf (Cerebralparese, d.h. bleibende motorische Restschadensyndrome aufgrund einer frühkindlichen Schädigung des unreifen Gehirns, bilaterale Taubheit, niedriger IQ). Geringere Störungen hatten 20,2 Prozent. Lefebre et al. (1988) untersuchten Kinder mit einem Geburtsgewicht von 1.000 Gramm und darunter. 57 Prozent von ihnen hatten später größere Lernschwierigkeiten (vgl. dazu auch Vohr et al., 1985; Fritsch et al. 1986; Lloyd et al., 1988; Portnoy et al., 1988; Smith & Knight-Jones, 1990; Saigal et al., 1991; Teplin et al., 1991). Szatmari et al. (1990) konnten bei 16 Prozent der Fünfjährigen mit einem Geburtsgewicht von 1.000 Gramm oder weniger eine Aufmerksamkeitsstörung feststellen, während in einer normalen Kontrollgruppe dies nur bei 6,9 Prozent der Fall war.

Emotionale Störungen bei Risikokindern
Bereits in den ersten Lebensmonaten neigen Risikokinder zu negativer Stimmung. Sie sind weniger aktiv, erkunden ihre Umwelt in geringem Ausmaß, schreien häufiger, zeigen ein eingeschränktes Spielverhalten und ein größeres Bedürfnis nach Körperkontakt mit der Mutter. Washington et al. (1986) konnten nachweisen, dass Kinder, die medizinisch besonders belastet waren, häufiger ein schwieriges Temperament zeigten.

Einfluss des mütterlichen Verhaltens. Das Interaktionsverhalten der Mütter erwies sich als bedeutungsvoll: Jene Mütter, die ihre Kinder zwar mit sechs Monaten als schwierig, aber mit zwölf Monaten als pflegeleicht bezeichneten, waren gleichzeitig die Mütter, die von den Untersuchern als besonders feinfühlig und kompetent im Umgang mit ihrem Kind eingeschätzt wurden. Mütter, die in der Beurteilung ihrer Kinder dagegen von „pflegeleicht" zu „schwierig" wechselten, zeigten weniger Feinfühligkeit und Interaktionskompetenz.

Kapitel 21 Frühe Kindheit: Störungen

3.3 Der Einfluss von Risikofaktoren auf die längsschnittliche Entwicklung von Risikokindern

Bildung und sozio-ökonomischer Status der Eltern bestimmen die Entwicklung. Die Rostocker Längsschnittstudie (vgl. Meyer-Probst et al., 1991) wurde im Jahr 1970 begonnen. Ihr Ziel war es, die Entwicklung von Risikokindern mit perinatalen Schädigungen zu verfolgen und die prognostische Vorhersagegültigkeit von Risikofaktoren zu bestimmen. Die Studie umfasste 294 Kinder, die aus einer Geburtskohorte von 1000 Neugeborenen der Geburtsjahrgänge 1970–1971 ausgewählt worden waren. 95 Prozent konnten im Alter von sechs Jahren, 91 Prozent im Alter von zehn Jahren und 84 Prozent im Alter von 14 Jahren wieder erfasst werden. Die Autoren erhoben einen biologischen Risikoindex (BRI), einen gehirnphysiologischen Risikoindex (Brain Dysfunction Index, BDI), einen sozialen Risikoindex (SRI) und verschiedene entwicklungsbezogene Indizes. Ihr wichtigstes Ergebnis war, dass einzelne Risikofaktoren nur einen begrenzten Vorhersagewert besitzen. Die Gruppe der organischen Risikofaktoren verliert außerdem im Laufe der Zeit ihren Einfluss, während psychosoziale Kontextfaktoren (Bildungsgrad der Eltern, Förderungsmöglichkeiten u.Ä.) in ihrer Wirkungsweise im Laufe der Kindheit und Jugend zunehmen. Zwischen dem Entwicklungsquotienten mit zwei Jahren und dem Intelligenzquotienten mit 14 Jahren bestand nur eine Korrelation von .25. Perinatale Risikofaktoren hatten keinen Einfluss auf emotionale Probleme im Jugendalter. Der IQ mit sechs Jahren korrelierte dagegen zu .43 mit dem IQ mit 14 Jahren. Sozio-kulturelle Unterschiede (erfasst durch Indikatoren des mütterlichen und väterlichen Bildungsniveaus) bestimmten die intellektuellen Fähigkeiten der Kinder bis weit in das Jugendalter hinein mit.

Die wichtigste Rahmenbedingung einer späteren günstigen Entwicklung ist daher der sozioökonomische Status bzw. der Bildungsstand der Eltern und damit die Förderung, die das Kind erhält (s. auch Sameroff et al., 1987, 1993). Im Laufe der individuellen Entwicklung kommt diesen Faktoren eine immer größere Bedeutung zu (Gyler et al., 1993) (s. „Unter der Lupe", S. 737).

Ausgleich durch günstige Voraussetzungen. Bei den berichteten Ergebnissen handelt es sich um Resultate von Mittelwertsvergleichen. Sie müssen nicht für jene SFG- und FG-Kinder gelten, die über bessere kognitive Voraussetzungen verfügen und/oder eine gute Förderung erhalten: Zwischen einem Drittel bis der Hälfte aller sehr früh Geborenen sowie der größere Teil der nach der 31. Woche geborenen Risikokinder der Studie von Wolke und Meyer konnten sich normal entwickeln und zeigten ein Aufholwachstum. Sie kamen allerdings aus sozial unproblematischen Familien, die ihren Kindern eine entsprechende Förderung zuteil werden ließen.

Unterstützung bei ungünstigen Voraussetzungen. Für Risikokinder aus benachteiligten Familien ist die Sicherung einer wirksamen allgemeinen Förderung durch breit angelegte Programme besonders wichtig. Gesunde Kinder haben die

UNTER DER LUPE

Frühgeburtlichkeit kann zu Schulschwierigkeiten führen

Eine der am besten kontrollierten Studien zur Ermittlung der Auswirkungen der Frühgeburtlichkeit auf die weitere Entwicklung stellt die Bayerisch-Finnische Entwicklungsstudie (Wolke & Meyer, 2000) dar. An ihr nahmen 7505 Risikokinder (1538 Kinder davon aus Südfinnland) teil. Untersuchungswellen fanden zum Zeitpunkt der Entlassung aus der Klinik, mit fünf und mit 20 Monaten und mit 4;8 Jahren (d.h. 4 Jahren und 8 Monaten) statt. Die bayerischen Kinder wurden außerdem mit 6;3 und 8;5 Jahren erneut untersucht. Als Kontrollkinder dienten 916 bayerische und 658 finnländische normal geborene Kinder. Ziel der Studie war es, die kognitive und soziale Entwicklung von Risikokindern im Vergleich zu reif geborenen Kindern zu untersuchen. Die Autoren entwickelten einen Index zur Erfassung des neonatalen Risikos, der folgendes beinhaltete: Tägliche Einschätzung der Behandlungsabhängigkeit (normale Station bis Intensivstation), Abhängigkeit von maschineller Beatmung, Art der Ernährung und drei täglich erhobene neurologische Indikatoren (Bewegungen, Muskeltonus und Erregbarkeit). Verglichen wurde die Entwicklung von drei Gruppen: „Sehr früh Geborene" (SFG, vor der 32. Schwangerschaftswoche Geborene), „Früh Geborene" (FG, 32.–36. Schwangerschaftswoche) und „reif Geborene" (RG, nach der 36. Schwangerschaftswoche Geborene). Die kognitive Entwicklung wurde mit Hilfe der Kaufman-Assessment-Battery for Children (Kaufman-ABC, dt. Melchers & Preuss, 1991), dem Heidelberger Sprachentwicklungstest (HSET, Grimm & Schöler, 1991) sowie vier Schulleistungstests erfasst. Insgesamt zeigten sich massive Ausfälle der kognitiven Entwicklung bei den sehr früh Geborenen. Eine niedrige Sozialschicht hatte sowohl bei den Frühgeborenen wie bei den Kontrollkindern einen negativen Einfluss auf die intellektuellen Fähigkeiten und später auf die schulischen Fertigkeiten. Günstige soziale Faktoren wirkten dagegen protektiv, indem sie Risiken reduzieren bzw. kompensieren konnten. Bei den früh und den reif geborenen Kindern zeigten sich bei einem leichten neonatalen Risiko keine Schädigungen, bei einem mittleren Risiko nur geringe Beeinträchtigungen der kognitiven Fähigkeiten und der Schulleistung, während sich selbst bei reif Geborenen ein hohes neonatales Risiko signifikant negativ auf den IQ und die anderen Leistungsbereiche auswirkte. Bei den sehr früh Geborenen konnten außerdem sehr signifikant häufiger soziale Probleme und Aufmerksamkeitsdefizite sowie signifikant häufiger schizoide Verhaltensweisen beobachtet werden. Als Erfassungsinstrument diente die Child-Behavior-Checklist (Achenbach, 1991). Die Mütter von sehr früh Geborenen erwiesen sich allerdings auch als kontrollierender in ihrem Erziehungsstil und als weniger feinfühlig. Dass Erziehungspersonen bei weniger kompetenten Kindern eher zu dirigistischen Erziehungsmaßnahmen greifen, ist ein typisches Ergebnis. In den Testuntersuchungen waren die sehr früh Geborenen außerdem weniger leistungsorientiert. Das wenig einfühlsame Kontrollverhalten der Mütter nahm von der Vorschulzeit zur Schulzeit deutlich zu. Die Eltern schätzten ihre Kinder als kognitiv und motorisch weniger kompetent ein und berichteten häufiger über schlechte Beziehungen zu Gleichaltrigen. Auch die Kinder gaben derartige Schwierigkeiten an, wenn auch in geringerem Ausmaß als ihre Eltern. Im Schulalter traten gehäuft Lernprobleme auf. Ähnliche Ergebnisse zeigte eine bei 813 Frühgeborenen durchgeführte niederländischen Studie (Hille et al., 1994).

Wolke & Meyer (2000) kommen im Zuge der Auswertung der Bayerischen Längsschnittstudie nach 8,5 Jahren zu dem Schluss, dass bei sehr früh Geborenen ein hohes Risiko späterer Schulschwierigkeiten besteht, die eine Sonderbeschulung notwendig machen. Wichtige Prädiktoren sind in diesem Zusammenhang mangelhaftes Kopfwachstum als Indikator einer verzögerten Gehirnentwicklung, visuomotorische Störungen, frühe Entwicklungsverzögerungen, Aufmerksamkeitsprobleme, motorische Probleme und ungünstige familiäre Bedingungen in der frühen Kindheit (l.c. S. 127). Allgemein zeigte sich auch hier, dass neurologische Beeinträchtigungen in der frühen Kindheit besonders einflussreich sind, während im späteren Lebensalter die sozialen Risiken in ihrer Bedeutung zunehmen.

Fähigkeit, sich auch bei einer zwar nicht optimalen, aber „einigermaßen zureichenden" (mütterlichen) Betreuung normal zu entwickeln (Konzept der „good enough mother" von Scarr, 1992). Dies trifft für geschädigte Kinder nicht zu (vgl. dazu Rauh in diesem Band). Ohne eine optimale Förderung gelingt es diesen nicht, ihre Entwicklungsmöglichkeiten voll auszuschöpfen. Eine frühe Erfassung und eine Beratung der Eltern sowie eine fachlich qualifizierte multidisziplinäre Nachsorge bei Risikokindern ist daher unumgänglich. Dabei ist darauf zu achten, dass es nicht zu einer unerwünschten Stigmatisierung der Kinder als Risikokinder kommt, wie die folgende Studie zeigt.

Die Wiener Entwicklungsstudien

Die langfristigen Effekte von leichteren Risiken waren Gegenstand von zwei Wiener Entwicklungsstudien (Spiel et al., 1999). Die „WES-Normalkinder-Studie" war bei 94 Kindern aus Wiener Kinderkrippen durchgeführt worden, die leichtere biologische Risiken aufwiesen. Im Alter von 12 Jahren konnte ein Teil der Stichprobe erneut getestet werden. Außerdem konnten 82 Kinder aus einer größeren Wiener Risikokinderuntersuchung („WES-Risikokinder-Studie") mit 12 Jahren wieder untersucht werden. Den Eltern in der zweiten Studie war bewusst, dass ihre Kinder an einer Risikokinderstudie teilnahmen, was bei der WES-Normalkinderstudie nicht der Fall gewesen war. Es zeigte sich, dass diese Eltern dazu neigten, erhöhten Leistungsdruck auf ihre Kinder auszuüben. Diese erreichten mit 12 Jahren zwar bessere Intelligenztestergebnisse als die Kinder der WES-Normalkinder-Studie, wiesen aber ein deutlich schlechteres Selbstkonzept auf. Globale Förderkonzepte für Risikokinder sollten daher auch Maßnahmen beinhalten, die diesem unerwünschten Effekt (z.B. durch ein Elterntraining zur Gestaltung hilfreicher Leistungsrückmeldungen; vgl. dazu Rollett, 1997) entgegenwirken.

3.4 Prinzipien der Intervention bei Risikokindern

Da Risikokinder je nach Belastetheit über eine eingeschränkte Lernfähigkeit verfügen, sind die therapeutischen Maßnahmen besonders sorgfältig zu planen. Bei Kompetenzen, bei denen aufgrund der spezifischen Behinderung Ausfälle zu erwarten sind, sollte frühzeitig mit der spezifischen Förderung begonnen werden. So bestehen z.B. bei Down-Syndrom-Kindern besondere Probleme beim Aufbau des Zahlenverständnisses. Hier sollten bereits im Kleinkindalter systematisch spielerische Übungen zur Mengen- und Zahlenauffassung eingesetzt werden. Bei Frühgeborenen, aber auch bei Kindern aus Familien, in denen häufig Legastheniker beobachtet wurden, kommt es besonders auf den gezielten Aufbau der Visuomotorik an: Hilfreich sind Angebote von Steck-, Ordnungs- und Konstruktionsspielen aller Art, Unterstützung des Malens und des Zeichnens, später auch der Einsatz von einfachen, speziell dafür entwickelten Videospielen wie z.B. Modifikationen des Spieles „Tetris" (vgl. Dachs, 1994) u.v.a.m. Das Training räumlicher Fähigkeiten bei Vorschulkindern hat bisher relativ wenig Aufmerksamkeit auf sich gezogen, obwohl gerade diese Kompetenzen nachhaltige Auswirkungen auf den späteren Schulerfolg haben (Souvignier, 2001). Eine wichtige Rolle spielt eine früh einsetzende kompetente Sprachförderung. Schneider (2001) wies auf die Notwendigkeit eines frühen phonologischen Trainings zur Prävention späterer Lese-Rechtschreib-Störungen hin (vgl. auch Neubauer et al., 1998). Eine Metaanalyse derartiger Trainings bei Kindern zeigte noch nach 18,5 Monaten Effektstärken von 0,25 (Bus & Ijzendoorn, 1999). Für die intellektuelle Förderung im Vorschulalter sind Denktrainings von besonderer Bedeutung. Klauer entwickelte dazu ein bewährtes Förderprogramm des induktiven Denkens (1989). Von v. Sydow & Meincke (1994) stammt das Programm DenkMit für Drei- bis Sechsjährige. Zur Entwicklungsdiagnose im Kindergartenalter eignet sich z.B. der Wiener Entwicklungstest (WET, Kastner-Koller & Deimann, 1998). Einen informativen Überblick über Entwicklungstrainings bei behinderten Kindern nach dem Konzept der interaktiven Frühförderung bietet Sarimski (1993). (Zu Aufbau und Effektivität unterschiedlicher Trainingsprogramme s. Klauer, 2001^2).

Abstimmung von Training und Entwicklungsstand. Die besten Förderprogramme sind zum Scheitern verurteilt, wenn nicht auf den jeweiligen Entwicklungsstand des Kindes Rücksicht genommen wird (Prinzip der Entwicklungsgemäßheit der Förderangebote): Der erfolgreiche Aufbau neuer Kompetenzen muss sich an der Wygotskischen Prämisse der Beachtung der „Zone der nächsten Entwicklung“ (Wygotski, 1934) orientieren, damit es nicht zu Überforderung und zu motivationalen Einbrüchen kommt. Eine wichtige Grundregel jeder Frühförderung ist daher, dass sie in spielerischer Form erfolgen und vom Kind als lustvoll erlebt werden muss.

Frühförderung bei Kindern mit geringen Kompetenzen. Ein häufiges Ergebnis von Interventionsstudien besteht darin, dass Förderprogramme von Eltern, deren Kinder vergleichsweise bessere Voraussetzungen aufweisen, intensiver genutzt werden. Hier kann es sich einerseits um Effekte der Sozialschicht handeln, indem finanziell besser gestellte Eltern sich intensiver um die Förderung ihrer Kinder bemühen, andererseits aber um direkte Auswirkungen der Tatsache, dass Eltern und Therapeuten bei weniger kompetenten Kindern nur langsame Fortschritte feststellen können und daher eher geneigt sind, das Programm verfrüht abzubrechen. In solchen Fällen sind daher sehr differenzierte, kleinschrittige Programme notwendig (Lauth et al., 2001), wobei es besonders darauf ankommt, den Erziehungspersonen die, gemessen an ihren vielleicht allzu optimistischen Erwartungen, geringeren, aber stetigen Leistungsverbesserungen deutlich zu machen und im Rahmen einer begleitenden Elternberatung eine realistische Zukunftsperspektive für den weiteren Lebensweg des Kindes aufzubauen.

Weiterführende Literatur

Brack, U. (Hrsg.) (1999). Frühdiagnostik und Frühtherapie. Psychologische Behandlung entwicklungs- und verhaltensgestörter Kinder. Weinheim: Beltz/PVU.
Dieser Band eignet sich besonders als Nachschlagewerk, um sich überblicksmäßig über verschiedenste Störungsbilder und mögliche Therapien zu informieren.

Oerter, R., von Hagen, C., Röper, G. & Noam, G. (1999) (Hrsg.). Klinische Entwicklungspsychologie. Weinheim: Beltz/PVU.
In diesem Buch geht es darum, entwicklungspsychologische und klinisch-psychologische Ansätze zu integrieren. Es behandelt die Entstehungsbedingungen normaler und gestörter Entwicklung und weist auf Möglichkeiten der therapeutischen Einflussnahme hin.

Petermann, F., Niebank, K. & Scheithauer, H. (Hrsg.) (2000). Risiken in der frühkindlichen Entwicklung. Göttingen: Hogrefe.
Die Autoren dieses Buches konzentrieren sich besonders auf die Beschreibung unterschiedlicher Risikofaktoren in der frühkindlichen Entwicklung, deren Diagnose, der Abschätzung der Chancen der Betroffenen und geben Hinweise auf den Einsatz von Förderprogrammen.

Steinhausen, H. C. & von Aster, M. (Hrsg.) (1999). Verhaltenstherapie und Verhaltensmedizin bei Kindern und Jugendlichen (2. überarbeitete Auflage). Weinheim: Beltz/PVU.
Das Buch vermittelt einen gründlichen Einblick in die Möglichkeiten des Einsatzes verschiedenster verhaltenstherapeutischer und verhaltensmedizinischer Methoden bei Störungen im Kindes- und Jugendalter.

Kapitel 22
Vorschulische Förderung

Ulrich Schmidt-Denter

1 Epochale Trends der Entwicklungsförderung im Elementarbereich

Vorschuleinrichtungen lassen sich seit ihren historischen Anfängen im 19. Jahrhundert durch zwei Funktionen bzw. Motive kennzeichnen. Zum einen hatten sie eine sozialfürsorgerische Funktion, zum anderen bestand ihre Funktion in der kindlichen Entwicklungsförderung und in einem Erziehungsauftrag. So basierte bereits das Kindergarten-Konzept von Friedrich Fröbel (1772–1852) auf einer altersspezifischen Erziehungs- und Spieltheorie.

Sozialfürsorge und Erziehungsauftrag. Ab Mitte des 20. Jahrhunderts gewann die gezielte Förderung von Kindern im Vorschulalter an Bedeutung und wurde gegen Ende der sechziger Jahre schnell zu einem zentralen Forschungsgegenstand. Wesentliche Impulse für diese „Förderungswelle" kamen von der Entwicklungspsychologie. Neue theoretische Konzepte sorgten dafür, dass sich die erzieherische Grundhaltung gegenüber dem Vorschulkind änderte. Die Ausbildung der Kindergärtnerinnen und die pädagogische Praxis hatten sich zuvor noch weitgehend an älteren Reifungstheorien der Entwicklung orientiert (Grossmann, 1974). Auch das Erziehungskonzept Fröbels war davon ausgegangen, dass Erwachsene zwar das kindliche Spiel „anregen" sollten, dabei aber abwartend, behütend und stützend vorgehen sollten, nicht jedoch vorschreibend, bestimmend und eingreifend (vgl. Berger, 2000). Die reifungstheoretischen Vorstellungen legten somit erzieherische Zurückhaltung nahe und postulierten, dass pädagogische Maßnahmen dem jeweiligen kindlichen Entwicklungsstand nicht vorgreifen sollten (vgl. hierzu Nickel, 1975).

Eine Reihe von psychologischen Autoren formulierte nun genau entgegengesetzte Standpunkte. Sehr einflussreich waren die Thesen von Hunt (1961) über die Bedeutung einer frühen Umweltstimulierung. Sie wurden unterstützt durch Blooms (1964/71) Berechnungen über die Intelligenzentwicklung. Aus Analysen amerikanischer Längsschnittuntersuchungen kam er zu der häufig zitierten Feststellung, dass gemessen am Stand von 17 Jahren, „etwa 50 Prozent der intellektuellen Entwicklung sich zwischen Empfängnis und dem vierten Lebensjahr abspielen" (Bloom, 1964, S. 88). Weitere 30 Prozent würden zwischen vier und acht Jahren festgelegt. Daraus ließ sich folgern, dass die schulische Förderung eigentlich zu spät komme, um die Intelligenzentwicklung noch maßgeblich zu beeinflussen (zur Kritik an den Aussagen Blooms vgl. Kap. 1). Die neue lerntheoretisch orientierte Botschaft der Entwicklungspsychologie an die Praxis der Vorschulerziehung fasste Roth (1969) in der Meinung zusammen, dass Kinder nicht begabt seien, sondern dass man sie begaben müsse. Aber auch die kognitiven Theorien stimulierten das Interesse an der Frühförderung, indem sie nach altersgemäßen Formen intelligenten Handelns, nach der Bedeutung einer aktiven, explorativen Tätigkeit für den Entwicklungsfortschritt und den Möglichkeiten einer „akzelerierenden Instruktion" fragten (Bruner, 1963/71).

Kompensatorische Erziehung. Die Welle von Fördermaßnahmen für Vorschulkinder stand in engem Zusammenhang mit einer Reform der institutionellen Erziehung im Elementarbereich und mit gesellschaftlichen Reformen. So kann das Head-Start-Projekt, mit dem in den USA bereits 1965 begonnen wurde, als Reaktion auf den sog. Sputnik-Schock verstanden werden. Der UdSSR war es gelungen, vor den USA einen Satelliten in den Weltraum zu schießen. Die Bildungsförderung im Vorschulalter erschien als geeignetes Mittel, um alle für den technologischen Wettbewerb nötigen Begabungsressourcen auszuschöpfen. Diese Aufgabenstellung für die Vorschulerziehung richtete das Augenmerk insbesondere auf die Chancengleichheit für benachteiligte Kinder (kompensatorische Erziehung). In Deutschland zählte Lückert (1967a) zu den heftigsten Kritikern des traditionellen Kindergartens, in dem die Kinder „künstlich dumm" gehalten würden. Mit der organisatorischen Reform des Elementarbereichs in der (alten) Bundesrepublik beschäftigte sich der Deutsche Bildungsrat (1970), ein Beratungsgremium von Bund und Ländern. Im Jahre 1970 wurde der Kindergarten als Elementarstufe des Bildungssystems anerkannt und hörte auf, eine vorwiegend sozialfürsorgerische Einrichtung zu sein. Die früheren Kindergärtnerinnen erhielten nunmehr die Berufsbezeichnung „Erzieherinnen".

Neuer Optimismus. Nach den ersten Untersuchungen zur Effektivität der Programme kehrte in den siebziger Jahren Ernüchterung ein. Die Wirkung der Programme schien nur von kurzer Dauer zu sein. Die Möglichkeiten vorschulischer Förderung wurden zunehmend mit Skepsis betrachtet und das wissenschaftliche Interesse an dem Thema ging stark zurück. Eine erneute Belebung gibt es aber seit den achtziger Jahren. Im deutschsprachigen Raum wurden neue Denktrainings entwickelt, die im Unterschied zu vielen älteren Ansätzen theoretisch und methodisch sorgfältig konzipiert und evaluiert wurden (Klauer, 1989; Sydow & Meincke, 1994). Aber auch bei Programmen, die noch aus der Zeit der „Förderungswelle" stammen, gab es Weiterentwicklungen, Verbesserungen und Anpassungen an einen veränderten gesellschaftlichen Rahmen. Einige dieser frühen Programme wurden als Langzeitstudien fortgeführt, und teilweise zeigten sich erst nach Jahren bzw. Jahrzehnten unerwartete positive Effekte. Dies gab Anlass für einen neuen Optimismus über die Bedeutung früher kompensatorischer Fördermaßnahmen. Das Problem der Chancengleichheit ist ebenfalls wieder ein aktuelles Thema – etwa wenn es um Fragen der interkulturellen Erziehung und der Integration von Migranten-Kindern geht.

Bemühungen um Chancengleichheit können sich jedoch nicht auf Maßnahmen mit besonders benachteiligten und retardierten Kindern beschränken. Wenn jedes Kind ein Recht auf individuell angemessene Förderung hat, so gilt dies auch für besonders begabte Vorschulkinder. Als Reaktion auf diese Einsicht entstanden besondere Programme für Hochbegabte (vgl. Urban, 1992).

Schutzfaktoren. Darüber hinaus wurde in der Entwicklungsförderung der traditionelle Ansatz überwunden, sich auf Risiken zu konzentrieren, um diese zu beheben. Den sozialen und biologischen Risikofaktoren stehen stets auch Schutzfaktoren gegenüber, und es kann manchmal erfolgversprechender sein, die besonderen Fähigkeiten und Stärken eines Kindes zu stützen, damit es seine Probleme und Benachteiligungen bewältigen kann (Resilienzforschung). Das Konzept der Risiko- und Schutzfaktoren für die kindliche Entwicklung spielt eine besondere Rolle für Kinder mit prä- und perinatalen Komplikationen. Die entsprechenden Förderprogramme umfassen die Altersspanne bis zu sechs Jahren, jedoch liegt der Schwerpunkt der Intervention in den ersten Lebensmonaten und -jahren (vgl. Brambring et al., 1996), so dass diese Ansätze typischerweise nicht zur vorschulischen Förderung im engeren Sinne gezählt werden (vgl. Kap. 21). Einige herausragende Langzeitstudien haben die Entwicklung der Risikokinder bis ins Schul- und Erwachsenenalter hinein verfolgt (Laucht et al., 2000; Meyer-Probst & Reis, 2000). In den meisten jüngeren Projekten wird der Gedanke der Intervention zunehmend durch Präventionsmaßnahmen ergänzt (Perrez, 1994).

Ausreichend Kindergartenplätze. Trotz der regen Forschungstätigkeit haben jedoch Fördermaßnahmen die jüngere wissenschaftliche und gesellschaftliche Diskussion um die Vorschulerziehung nicht in derselben Weise dominiert wie während der ersten „Förderungswelle". Daneben gewann auch wieder der Gesichtspunkt der sozialfürsorgerischen Funktion der Vorschuleinrichtungen an Bedeutung. In den alten Bundesländern wurde der Rechtsanspruch auf einen Kindergartenplatz umgesetzt. Dies geschah primär aus frauen- und familienpolitischen Gründen, um die Vereinbarkeit von Beruf und Familie zu erleichtern. Dadurch wurden quantitative Fragen der Vollversorgung, aber auch qualitative Fragen der Qualitätssicherung aktuell (Fthenakis & Textor, 1998; Tietze, 1998). In den neuen Bundesländern war die Versorgungsdichte sehr viel günstiger gewesen. Untersuchungen zur Qualitätssicherung konzentrierten sich daher auf Konsequenzen der Mittelkürzungen im Sozialbereich und auf die pädagogischen Herausforderungen nach der deutschen Einheit (Sturzbecher et al., 1996).

Der Zwang zu und der Wunsch nach verbesserter Evaluation verbindet in gewisser Weise die häufig getrennt geführte Diskussion um vorschulische Betreuung und Förderung. Die begrenzten Mittel verlangen einen zielgenauen Einsatz und die Förderprogramme werden auch aus wissenschaftlicher Sicht mit einer besonneneren Grundhaltung als früher konzipiert und eingesetzt. Ihre Effizienz und Transfereffekte werden in diesem Zusammenhang detailliert analysiert (Beck, 1998).

2 Frühförderung und Evaluationskriterien

Die kognitive und sprachliche Entwicklung stand zunächst im Mittelpunkt der Bemühungen. Es dominierten Programme zum Frühlesen, zum Sprach- und Intelligenztraining sowie zur Früherziehung nach Piaget. Daneben wurden breit angelegte Projekte durchgeführt, die einer umfassenden Vorbereitung auf die Grundschule sowie der Verbesserung des Schulerfolgs dienten.

Neben diesen Hauptgebieten gab es zahlreiche weitere Anregungen für Möglichkeiten der Frühförderung, so z.B. zur visuellen Wahrnehmung (z.B. Borstel, 1994), oder eines weniger impulsiven kognitiven Stils (Wagner, 1976). Später wurden die sozial-emotionale Entwicklung (z.B. Schmidt-Denter, 1999), Gedächtnistrainings (Bee-Göttsche, 1992) und gesundheitsbezogenes Verhalten (vgl. Larisch & Lohaus, 1992) in die Frühförderung einbezogen.

Evaluationsmethoden. Im Laufe der Jahre ist die Evaluation im Sinne einer empirischen Wirksamkeitsschätzung der Programme immer bedeutender geworden (Mittag & Hager, 1998). Von den Programmen wird erwartet, dass sie bestimmte Kompetenzen trainieren und dass sich dies in Leistungsverbesserungen niederschlägt. Um nachweisen zu können, dass dieser Anstieg größer ausfällt als der normale Entwicklungsfortschritt, kann man die Fördergruppe mit einer Kontrollgruppe vergleichen, die nicht gefördert wurde. Will man dagegen die Überlegenheit einer bestimmten Intervention überprüfen, so nimmt man eine vergleichende Evaluation in der Form vor, dass entweder die Effekte konkurrierender Programme mit ähnlicher Zielsetzung gegenübergestellt werden oder aber eine spezifische Fördermaßnahme mit den Auswirkungen einer unspezifischen, aber ähnlich intensiven Beschäftigung mit dem Kind verglichen wird (Hager, 1998).

3 Förderprogramme und ihre Effektivität

3.1 Frühlesen und Prävention von Lese-Rechtschreib-Schwierigkeiten

Dass manche Kinder auch ohne die Anwendung spezieller Programme schon vor dem Schuleintritt lesen können (sog. Spontanleser), ist eine bekannte Tatsache. Ihre Zahl liegt nach deutschen Erhebungen etwa bei 2 bis 3 Prozent eines Einschulungsjahrgangs (Notz, 1967; Nelles-Bächler, 1972). Das selbstinitiierte frühe Lesenlernen gehört zu den Indikatoren für eine intellektuelle Hochbegabung (Häuser & Schaarschmidt, 1991). Die entscheidende Frage ist jedoch, ob Kinder im Vorschulalter allgemein lesen lernen sollten.

Die Auseinandersetzung hierüber eröffnete in Deutschland die Debatte über die vorschulische Förderung. Sie entzündete sich an dem Programm von Doman-Lückert, das entsprechend der Ganzwortmethode von der Annahme ausgeht, das Kind könne durch das Sehen von Wörtern das Lesen und Schreiben erlernen (Doman & Lückert, 1967; Lückert, 1967b, 1968/69).

Lesehandeln. Die meisten Programme gingen davon aus, dass für jüngere Kinder nur das ganzheitliche Lesenlernen in Frage kommt. Schmalohr (1973) argumentiert dagegen, dass Kinder im Vorschulalter gleich gute Voraussetzungen für die ganzheitliche und die lautanalytische Methode mitbringen. Er schlägt deshalb vor, bei Vierjährigen mit einem Verfahren zu beginnen, das sich zunächst auf kurze Wörter stützt, die sofort akustisch und visuell auf Laute und Buchstaben hin analysiert werden können. So werden das ganzheitliche und das synthetische Vorgehen kombiniert. Das Leseangebot von Schmalohr (1973) umfasst Buchstabenklötze, Stempel und Arbeitsblätter. Die Wörter, die im Leselehrgang vorkommen, sollen mit den Buchstabenklötzen gelegt bzw. mit den Stempeln gedruckt werden. Schmalohr bezeichnet diesen motorisch-operativen Zugang als „Lesehandeln".

Pro und Contra des Frühlesens. Die Befürworter des Frühlesens erwarteten, dass Vorschulkinder das Lesenlernen als lustvoll empfinden und dass es ihnen leicht fällt. Der Vorsprung würde in der Grundschule erhalten bleiben, so dass zusätzlich Zeit für andere Lerninhalte entstünde. Darüber hinaus wurde dem Frühlesen eine allgemeine intelligenzfördernde Wirkung zugesprochen. Die Gegner befürchteten insbesondere Gefahren für die Persönlichkeits- und die sozial-emotionale Entwicklung der Kinder, wenn schon in frühen Jahren zu viel Zeit durch Leseübungen gebunden würde.

Keine Steigerung der Intelligenzleistung. Im Duisburger Frühleseversuch (Walter, 1967; Schmalohr, 1969) wurden die Effekte des Trainings mit Intelligenz- und Entwicklungstests, Lesetests sowie mit Aufgaben zur optischen und akustischen Durchgliederungsfähigkeit gemessen. Das Lesetraining bewirkte keine Steigerung in den Intelligenzleistungen. Sieben der neun Kinder konnten nach Abschluss des Trainings lesen, wobei nicht geklärt werden kann, ob sie aufgrund ihrer überdurchschnittlichen Intelligenz nicht auch ohne das Training lesen gelernt hätten.

Keine effektive Intelligenzförderung. In der Untersuchung von Schüttler-Janikulla (1969) erreichten die beteiligten Kinder das übliche Leseniveau für das Ende des 1. Schuljahres. Neben dem Lesetraining dürften für das Ergebnis die individuelle Betreuung sowie motivationale Bedingungen von Eltern und Kindern eine Rolle spielen. Die trainierte Gruppe wies zwar einen signifikanten Anstieg der Intelligenzleistungen auf, der jedoch nicht signifikant über dem Anstieg der nicht trainierten Kontrollgruppen lag. Das Lesenlernen erwies sich somit nicht als spezifische oder besonders effektive Methode der Intelligenzförderung.

Keine Neurotisierung. In der Regensburger Längsschnittstudie konnten Kinder der Fördergruppe im Alter ab viereinhalb Jahren in gleichem Maße und innerhalb der gleichen Zeitspanne sinnentnehmend Lesen lernen wie Kinder im ersten Schuljahr (Rüdiger, 1971). Während der ersten beiden Schuljahre ergaben sich signifikante Vorsprünge im Lesen gegenüber der Kontrollgruppe. Dies galt auch hinsichtlich der Gesamtentwicklung und der Intelligenz. Die Differenz verringerte sich später. Negative soziale und emotionale Auswirkungen ließen sich nicht feststellen. Die Befunde stützten somit nicht diejenigen Vorbehalte gegen das Frühlesen, die vor Verintellektualisierung und Neurotisierung warnten (z.B. Biermann, 1967; Lersch, 1967; Schenk-Danzinger, 1969).

Lesefreudigkeit. Eine weitere Längsschnittuntersuchung zum frühen Lesenlernen führten Krüger und Dumke (1973) in Flensburg durch. Die Ergebnisse zeigten hier, dass die Versuchsgruppe in ihrer Intelligenzentwicklung der Kontrollgruppe nicht überlegen war. Bei den Messungen der Lesefähigkeit am Ende des 3. und des 4. Schuljahres hatte sich der frühere Leistungsvorsprung nahezu nivelliert. Nur in der Lesegeschwindigkeit erreichten die Versuchskinder noch signifikant höhere Werte als die Kontrollklassen. Die Autoren bewerten dies als Zeichen größerer Lesefreudigkeit der Frühleser (vgl. auch Nelles-Bächler, 1972). Somit hatte die Frühförderung vielleicht einen langfristigen motivierenden Effekt.

FAZIT

Frühlesen hat kaum eine intelligenzfördernde Wirkung. Jüngere Kinder empfinden Lesetraining auch nicht immer als leicht und lustvoll. Anhaltspunkte für eine Beeinträchtigung der sozial-emotionalen Entwicklung fanden sich jedoch nicht. Es zeigten sich Fortschritte in den Lesefähigkeiten, die jedoch meistens nicht nur auf das spezifische Curriculum, sondern auch auf die intensive institutionelle und familiäre Betreuung zurückzuführen waren. Zu den Effekten auf den schulischen Leseunterricht kann gesagt werden, dass zu Beginn der Grundschulzeit ein Vorsprung besteht, der sich jedoch zunehmend nivelliert. Der dauerhafteste Effekt scheint in einer erhöhten Motivation zu bestehen.

Einige neuere Ansätze streben weniger eine frühe Lesefähigkeit als solche an, sondern verstehen sich als Maßnahmen zur Prävention von Lese-Rechtschreib-Schwierigkeiten. Es wird danach gefragt, welche Entwicklungsmerkmale wichtige Voraussetzungen für den Schriftspracherwerb in der Schule sind.

Phonologische Bewusstheit. Lundberg et al. (1988) gehen davon aus, dass metalinguistische Kompetenzen im Vorschulalter, insbesondere die phonologische Bewusstheit (das Erkennen der lautlichen Struktur der Wörter), einen guten Prädikator für den späteren Schriftspracherwerb darstellen. Für das Lesen lernen ist es wichtig, die Regeln der Zuordnung von Lauten zu Buchstaben zu erkennen sowie die Elemente der Sprache differenzieren zu können. Gefördert wird bei den Kindern beispielsweise mit Hilfe von Silbenklatschen sowie Laut- und Reimübungen ein Verständnis dafür, dass es Silben, Wörter und Sätze gibt. Eine adaptierte Version des dänischen Programms führten Schneider et al. (1994) in Deutschland durch.

In Evaluationsstudien ließ sich zeigen, dass die phonologische Bewusstheit im Vorschulalter spezifisch gefördert werden kann und dass die intendierten präventiven Langzeiteffekte nachweisbar sind. Die trainierten Kinder zeigten hinsichtlich ihrer Lese- und Rechtschreibfähigkeiten in der Schule bessere Leistungen als eine Kontrollgruppe. Allerdings war die Qualität der Förderung, d. h. die Umsetzung des Programms in den Kindergärten von entscheidender Bedeutung.

3.2 Sprachförderung

Der vorschulischen Sprachentwicklungsförderung liegt die Annahme zugrunde, dass die schulischen Misserfolge von sozio-kulturell benachteiligten Kindern maßgeblich auf sprachliche Defizite zurückzuführen sind.

! Die zentralen Intentionen der Sprachförderungsprogramme liegen also zum einen im Ausgleich sozio-kulturell bedingter Defizite und zum anderen in der Intelligenzförderung.

Alogische Sprache. Eines der ersten Programme stammt von Bereiter und Engelmann (1966). Es entstand im Rahmen kompensatorischer Erziehungsprojekte in Chicagoer Slums und wurde zuerst an vierjährigen afro-amerikanischen Kindern erprobt. Deren sprachliches Ausdrucksverhalten bezeichneten die Autoren als „alogische Form", der die formalen Eigenschaften fehlten, die für die Organisation des Denkens notwendig sind. Entsprechend wurde den Kindern die Hochsprache wie eine Fremdsprache durch Einüben von Sprachmustern beigebracht. Der Unterricht erfolgte nach behavioristischen Prinzipien in einer stark strukturierten, lehrerzentrierten Form.

Über den Wert des Programms von Bereiter und Engelmann (1966) entwickelte sich eine scharfe Kontroverse. Zum einen schien die Lerngeschwindigkeit bei diesem straff durchgeführten Programm besonders groß zu sein. Es zeigten sich signifikante Leistungssteigerungen gegenüber einer Kontrollgruppe und ein positiver Effekt auf die Schulreife. Zum anderen richtetet sich die Kritik auf die Defizit-Hypothese der Sprachentwicklung, die diesem Ansatz zugrundelag. Ihr wurde die Differenz-Hypothese gegenübergestellt, die besagt, dass Unterschichtkinder keine schlechtere, sondern eine andere Sprache verwenden. Es besteht also die Gefahr, dass diese Art der Sprachförderung das Kind von seiner alltäglichen Erlebniswelt isoliert und dass die Erfolge nach Rückkehr in seine soziale Umwelt wieder wirkungslos werden.

Restringierter vs. elaborierter Code. Das Sprachförderungsprogramm von Gahagan (1970/71) knüpft an den Überlegungen Bernsteins (1964) an, der zwischen einem restringierten und einem elaborierten Code unterschied. Der restringierte Code als Ausdrucksform der sozialen Unterschicht ist gegenüber der Mittelschichtsprache u.a. durch einen geringeren Wortschatz, eine autoritäre Diktion und wenig emotionale Inhalte gekennzeichnet. Das Programm beinhaltet Übungen zur Erweiterung des Wortschatzes, zur Verbesserung der Begriffsbildung, der syntaktischen Fähigkeiten, der Lautdiskriminationsfähigkeit und der Satzkonstruktion.

Die Begleitforschungen zum Programm von Gahagan (1970/71) erstreckten sich über zweieinhalb Jahre. Die Kinder der Experimentalgruppe zeigten signifikant bessere Leistungen beim Lernen von Paar-Assoziationen und verwendeten eine größere Zahl verschiedenartiger Satzbautypen. Sie waren überlegen beim Beschreiben taktiler Empfindungen und in einem Begriffsbildungstest. Vor allem schwach begabte Kinder schienen von dem Training zu profitieren. Ferner hatte die Versuchsgruppe einige Gewinne in der sozialen Kommunikation: Sie wies häufiger einen vermittelnden Stil auf, der in flexibler Weise die Konsequenzen des Verhaltens mitreflektierte, Verständnis für die Interaktionspartner zeigte und zu gegenseitigen Konzessionen bereit war.

UNTER DER LUPE

Sprache und Intelligenz

Zu den verbreitetsten deutschsprachigen Programmen gehören die Arbeitsmappen von Schüttler-Janikulla (1968). Neben dem Sprachtraining bietet das Programm Übungen zur Feinmotorik, räumlichen Orientierung, Formwahrnehmung u.Ä. an. Als Grundüberzeugung kommt zum Ausruck, dass in den sprachlichen Fähigkeiten die Voraussetzung für die Entwicklung aller anderen kognitiven Funktionen, insbesondere für die Intelligenz, gesehen wird.

Eine Effizienzprüfung der Arbeitsmappen von Schüttler-Janikulla (1968) nahm Eppel (1974) im Rahmen eines dreimonatigen Sprach- und Intelligenztrainings mit Vorschulkindern vor. Eine Überprüfung des Trainingseffektes erfolgte mittelfristig nach ca. acht Wochen. Die untersuchten Aspekte waren Intelligenz sowie gesprochene Sprache.

Es zeigten sich keine signifikanten Unterschiede zwischen der Trainings- und einer sog. Zuwendungsgruppe, die kein Leistungstraining erhielt, sondern an Kleingruppensitzungen mit angeleiteter Beschäftigung teilnahm, bei denen sich die Erzieher auf Zuwendung und Ermutigung konzentrierten.

Eine Bewertung des negativen Ergebnisses ist schwierig, da die Trainingsdauer nur sehr kurz war, der Trainingseffekt nicht unmittelbar gemessen wurde und die Erzieherinnen wenig Erfahrung in der Sprachförderung hatten. Schüttler-Janikulla (1972) selbst fand bei einer Effizienzprüfung seiner Arbeitsmappen einen signifikanten IQ-Anstieg gegenüber einer Kontrollgruppe nach einem zwölfmonatigen Training.

Die Werkspielblätter des Sprach- und Denktrainings von Kratzmeier (1970) sind gedacht für Vier- bis Siebenjährige. Benennen, Beschreiben und Klassifizieren gehören zu den Grundübungen. Aus Folgen von jeweils drei Bildern sollen übergreifende Sinn- und Handlungszusammenhänge erkannt und sprachlich dargestellt werden.

FAZIT

Im Prinzip erscheint es möglich, durch Sprachförderungsprogramme speziell sprachliche Leistungen sowie die Entwicklung der Intelligenz positiv zu beeinflussen. Es lässt sich jedoch nicht sagen, dass die vorhandenen Trainingsverfahren einen generellen Effekt in bedeutsamer Höhe hervorbrächten. In fast allen Untersuchungen zeigte sich die große Bedeutung von Moderatorvariablen (Sander, 1978): Bestimmte Trainingsaspekte wirken in Abhängigkeit von Persönlichkeitsmerkmalen der Kinder, von Merkmalen der Übungssituation, vom Alter und Intelligenzniveau der trainierten Kinder sowie von der Programmgestaltung und der Schwierigkeit der Übungsaufgabe.

3.3 Intelligenzförderung und Denktraining

Nahezu alle Vorschulprogramme intendieren indirekt auch eine Steigerung der allgemeinen Intelligenz (z.B. Frühlesen, Sprachprogramme, Wahrnehmungstrainings und sogar psychomotorische Übungen). Zu diesem Zweck setzen zahlreiche Autoren die visuelle Wahrnehmungsförderung von Frostig ein (vgl. Elsner & Hager, 1995).

Programme. Baar und Tschinkel (1969/73) entwickelten ein Training zur Förderung von Kindern, die wegen mangelnder Schulreife vom Schulbesuch zurückgestellt wurden. Als konzeptuelle Grundlage diente der „Primary Mental Ability Test“ von Thurstone (1938). Die Trainingsaufgaben sind entsprechend den Faktoren des Intelligenzmodells in sieben Klassen eingeteilt:

(1) optische Differenzierung (z.B. Formgleichheit oder -verschiedenheit erkennen);
(2) akustische Differenzierung (z.B. auf Anweisungen achten oder Stimmen erkennen);
(3) Form- und Raumerfassung (z.B. geometrische Muster vervollständigen oder Figuren nachzeichnen);
(4) Gedächtnis (z.B. mehrere Aufträge nacheinander ausführen);
(5) Denken im Sachgebieten (z.B. Gespräche über Berufe);
(6) allgemeine Begriffsbildung (z.B. Sortierübungen oder Zuordnen eines Teiles zu einem entsprechenden Ganzen);
(7) Zahlbegriffsbildung (z.B. Größen- und Mengenunterschiede erkennen).

In analoger Weise basiert die Spielbatterie zur Intelligenzförderung von Rüppel (1983) auf dem Strukturmodell der Intelligenz von Guilford.

Nachweisbare Effekte. Die ersten Trainingsversuche wurden z.T. mit lern- und geistig behinderten Kindern durchgeführt. Sie lieferten die ersten Hinweise dafür, dass es nachweisbare Effekte bei intellektuellen Fördermaßnahmen gibt. In einer frühen Übersicht belegt Kirk (1964/67) einen schwachen, aber signifikanten IQ-Anstieg. Nach dem ersten Schuljahr hatte die Kontrollgruppe erheblich aufgeholt, die Leistung der Experimentalgruppe aber noch nicht erreicht. Der größte Förderungseffekt zeigte sich bei Kindern aus anregungsarmen Familien, der geringste bei hirngeschädigten Kindern.

Klauer (1964) führte in einer Sonderschule für Lernbehinderte ein Training mit den Arbeitsblättern von Baar (1952) und weiteren Trainingselementen (psychomotorisches Spieltraining und Rollenspiele) durch. In 31 von 36 Fällen gelangten die Trainingsgruppen zu höheren Werten als die Kontrollgruppen. In 11 Fällen waren die positiven Effekte signifikant. Klauer (1975) sieht es im Prinzip als gesichert an, dass das Intelligenzniveau in „nicht-trivialer“ Weise, d.h. durch Übung von Aufgaben, die nicht im Intelligenztest enthalten sind, positiv beeinflusst werden kann. Gleichzeitig lasse sich jedoch nicht ausschließen, dass es auch zu negativen Transfereffekten komme. Kamenz und Klapprott (1984) beobachteten als indirekten Effekt des Intelligenztrainings eine Zunahme des Selbstvertrauens bei den Kindern und eine erhöhte Bereitschaft, sich mit Fördermaterialien zu beschäftigen.

FAZIT

Intelligenztrainings

- können das Intelligenzniveau positiv beeinflussen,
- können Selbstvertrauen fördern und die Bereitschaft erhöhen, sich mit Fördermaterialien zu beschäftigen, aber
- negative Effekte können nicht ausgeschlossen werden.

Denktraining. Klauer (1989) entwickelte ein neueres Förderprogramm für fünf- bis siebenjährige Kinder. Er bezeichnete es als „Denktraining", weil es nicht beansprucht, die allgemeine Intelligenz zu fördern, sondern speziell Strategien des induktiven Denkens. Den Kindern soll vermittelt werden, wie man Regelhaftigkeiten und Gesetzmäßigkeiten entdeckt. Dies geschieht, indem die Kinder analytische Vergleiche vornehmen. Sie sollen bei unterschiedlichem Material auf Gemeinsamkeiten und Unterschiede von Merkmalen oder von Relationen achten. Das Programm enthält 120 Aufgaben, die sechs Aufgabenklassen zugeordnet sind:

(1) Generalisierung (Gleichheit von Merkmalen feststellen),
(2) Diskrimination (Verschiedenheit von Merkmalen feststellen),
(3) Kreuzklassifikation (Gleichheit und Verschiedenheit von Merkmalen feststellen),
(4) Beziehungserfassung (Gleichheit von Relationen feststellen),
(5) Beziehungsunterscheidung (Verschiedenheit von Relationen feststellen) und
(6) Systembildung (Gleichheit und Verschiedenheit von Relationen feststellen).

Die praktischen Übungen orientieren sich an der „Methode des gelenkten Entdeckenlassens". Die Lösungen, die die Kinder gefunden haben, sollen von ihnen eingehend begründet werden.

„DenkMit". Das Programm „DenkMit" von Sydow und Meincke (1994; Sydow, 1993) wurde speziell konzipiert, um das analoge Denken zu trainieren. Daneben soll es die Entwicklung der Wahrnehmung fördern. Es wurde eine Version für drei- bis vierjährige und eine Version für fünf- bis sechsjährige Kinder vorgelegt. Das Material besteht aus Bildvorlagen mit Motiven aus der Erfahrungswelt des Kindes. Die Objekte werden systematisch transformiert, indem ihre Größe, ihre räumliche Lage oder ihre Farbe verändert oder ein Merkmal weggelassen wird. Das Kind wird zu analogen Schlussfolgerungen angeregt, indem ihm zwei Objekte präsentiert werden und es entscheiden soll, ob beide gleich sind oder sich in bestimmter Weise unterscheiden, oder indem es mit Hilfe von Puzzleteilen das Motiv nachbilden soll.

Evaluation. Sowohl das Denktraining von Klauer (1989) als auch das DenkMit von Sydow und Meincke (1994) hatten hochsignifikante längerfristige Effekte. In Metaanalysen betrug die mittlere Effektstärke unmittelbar nach dem Training $d = 0.74$ und nach einem Zeitraum von vier bis neun Monaten sogar $d = 0.84$ (Klauer, 1995). Klauer (1995) führt die Effekte auf die gezielte Förderung des induktiven Denkens sowie auf Transfereffekte in Bezug auf andere Intelligenzleistungen zurück.

Diskriminanter und asymmetrischer Transfer. Der Trainingseffekt nimmt mit der Transferdistanz ab, d h. mit der Unähnlichkeit von Trainings- und Testaufgaben. Es zeigt sich hier also ein sog. diskriminanter Transfer – die Effekte lassen sich speziell in dem trainierten Bereich nachweisen. Es kann so die Optimierung bestimmter Kompetenzen erreicht werden. Darüber hinaus postuliert Klauer (2000) einen asymmetrischen Transfer beim Training von Denkstrategien. Er geht in seiner Transfertheorie davon aus, dass das Training einer speziellen Strategie auch immer einen positiven allgemeinen Effekt auf die Denkleistungen hat, während umgekehrt beim Training allgemeiner Strategien keine speziellen Leistungen mitgeübt werden. Dementsprechend sei es theoriekonform, wenn das Training induktiven oder analogen Denkens auch Verbesserungen z.B. beim räumlichen, reflexiven oder analytischen Denken mit sich bringt (Masendorf, 1994).

Motivierungseffekte. Hager et al. (1995) diskutieren alternative Erklärungen für die beobachteten Leistungssteigerungen durch das Denktraining. So könnten Motivierungseffekte eine Rolle spielen, wenn man die trainierten Kinder mit einer Kontrollgruppe vergleicht, die „nur" am normalen Kindergartenalltag teilnahm. Die geförderten Kinder haben eine besondere Zuwendung erfahren, die sich leistungssteigernd auswirken kann. Um diesen Effekt zu kontrollieren, kann man die Kontrollgruppe einem Alternativtraining unterziehen. Bei einem solchen Einsatz konkurrierender Programme zeigt sich, welche Auswirkungen das spezifische Trainingsmaterial hat. So erwies sich in fünf von zehn Fällen das Denktraining einem Vergleichstraining als signifikant überlegen.

FAZIT

Zusammenfassend lässt sich sagen, dass heute kein Zweifel mehr daran besteht, dass Maßnahmen zur vorschulischen Intelligenzförderung signifikante Effekte haben können. Allerdings ist nicht jedes Training bei allen Kindern immer erfolgreich. Über die Zusammenhänge zwischen den verschiedenen beteiligten Faktoren liegen einige Erkenntnisse vor, jedoch bedarf es noch weiterer Forschung, insbesondere was die ursächlichen Bedingungsvariablen, die Transfereffekte und individuelle Voraussetzungen bei den Kindern betrifft.

3.4 Der konstruktivistische Förderansatz

Die konstruktivistischen Programme basieren auf der Theorie von Jean Piaget (vgl. Kap. 11). Ihr Ziel besteht darin, dass das Kind durch aktiven Umgang zu Kenntnissen über die materielle und soziale Umwelt gelangt. Allerdings bedeutet „Konstruktivismus" nicht Lernen durch Tun, sondern meint, dass sich Kinder ihr Wissen selbst konstruieren (müssen). Ein zentrales Prinzip besteht in dem Herbeiführen eines kognitiven Konflikts: Das Kind soll sich Fragen zu Gegenständen und Ereignissen stellen und angemessene Interpretationsschemata entwickeln.

Stufenübergänge fördern. Es wurden aufwendige Curricula für den Elementarbereich entwickelt mit der zentralen Zielsetzung, den Übergang von der sensumotorischen zur voroperatorischen und schließlich operativen Intelligenz zu fördern (Sonquist & Kamii, 1967, S. 89). Piaget selbst hat nicht versucht, systematische Trainings durchzuführen, um den Entwicklungsverlauf zu beschleunigen. Erste didaktische Versuche stammen von Aebli (1951/63). Die Übungen setzen an den typischen Denkfehlern des voroperatorischen Niveaus an (Montada, 1970).

Auch die späten Förderungsmaßnahmen sind den Piaget-Aufgaben stark nachempfunden. So geht es in dem Curriculum von Kamii (1972; Kamii & De Vries, 1980) um Raum-Zeit-Beziehungen, Klassifizieren, serielles Ordnen, den Zahlbegriff und soziales Wissen. Vielfältige Materialien zur Früherziehung nach Piaget entwickelte Stendler-Lavatelli (1976). Beim Trainingsprogramm „Raum" sollen die Kinder z.B. lernen, sich Dinge trotz räumlicher Verschiebung aus einer anderen Perspektive vorzustellen und damit ihre egozentrische Sichtweise überwinden. Das High/Scope Perry Vorschulprogramm organisierte das kindliche Lernen über sog. Schlüsselerfahrungen, in denen grundlegende Formen des Denkens und Urteilens vermittelt werden (Weikart & Schweinhart, 1997). Diese Schlüsselerfahrungen, wie z.B. Gemeinsamkeiten oder Unterschiede zwischen Dingen erkennen, Erinnern von Merkmalen über einen gewissen Zeitraum usw., baut die Erzieherin in die verschiedenen Aktivitäten im Laufe des Tages ein.

Soziale und moralische Entwicklung. Während die meisten Programme eine Förderung der intellektuellen Entwicklung intendieren, gibt es jedoch auch einige Ansätze, die die soziale und moralische Entwicklung zum Gegenstand haben. Das Konzept des soziomoralischen Klassenraums strebt eine bestimmte Gruppenatmospäre an, die es Kindern und Heranwachsenden erleichtert, soziale und moralische Dilemmata zu diskutieren und zu Konfliktlösungen zu kommen (De Vries & Kohlberg, 1987). Der Prozess der Konstruktion von Wissen betrifft hier also die Regeln des sozialen Zusammenlebens und der Moralität (De Vries & Zan, 2000).

Programme, die sich konstruktivistisch nennen, bilden didaktisch gesehen ein breit gefächertes Spektrum. Während einige das Induzieren eines kognitiven Konflikts im engeren Sinne fokussieren, beziehen sich andere auf das aktive Lernen im weiteren Sinne, wie z.B. das High/Scope Curriculum (Hohmann et al., 1979). Dies liegt z.T. daran, dass die Theorie Piagets zu Fragen der praktischen Umsetzung als „unterspezifiziert" (Bruner, 1997) gelten kann. Sie lässt einen gewissen Spielraum für die Ableitung frühpädagogischer Maßnahmen.

Hochbegabtenförderung. Die Eigenaktivität des Kindes wird durchweg von denjenigen Fördermaßnahmen als Ansatzpunkt gewählt, die sich an hochbegabte Kinder wenden. Selten werden spezifische Fähigkeiten trainiert; die Currricula sind vielmehr breit angelegt und haben die Förderung von allgemeinen Denkstrategien, der geistigen Neugier oder der kreativen Imagination zum Ziel (Robinson, 1993). Darüber hinaus beabsichtigen sie, die Kinder mit anderen hochbegabten Peers zusammenzubringen und ihnen ein anregendes Lernumfeld zu schaffen, das ihrem Entwicklungsvorsprung Rechnung trägt. Das Hollingworth Preschool Project richtet seinen Förderungsschwerpunkt auf die individuelle Begabtenstruktur des Kindes aus, während andere Programme stärker die soziale Integration gewichten, die für einige Entwicklungsakzelerierte ein Problem darstellt (Wright & Coulianus, 1991).

Evaluation. In Bezug auf die Fördermaßnahmen nach der Theorie Piagets war es zunächst schwieriger als bei anderen Vorschulprogrammen, kurzfristig einschlägige Effekte nachzuweisen. Früherziehung nach Piaget bedeutet ein breites, aufwendiges Programm, das mit den Erfahrungen in der Praxis immer wieder verändert wird. Besonders der komplexe Charakter der Programme erschwert die Evaluation (vgl. Zimiles, 1993). Mit einigen Langzeitstudien, die in den sechziger Jahren begonnen und bis in die achtziger und neunziger Jahre fortgeführt wurden, konnte aber gezeigt werden, dass einige der anspruchsvollen und hochkomplexen Curricula auf konstruktivistischer Basis objektivierbare positive Effekte zeigten. Die Effektivität der Hochbegabten-Programme ist ebenfalls schwer zu bestimmen, da meistens eine geeignete Kontrollgruppe fehlt. Man kann sie jedoch mit Robinson und Weimer (1991) positiv bewerten, wenn man die gelungene Anpassung an Kindergarten und Schule – die für Hochbegabte nicht selbstverständlich ist – sowie die weiteren überdurchschnittlichen kognitiven und sozialen Entwicklungsgewinne als Evaluationskriterien heranzieht.

3.5 Schulvorbereitung, Schulerfolg und Langzeitwirkungen

Das Head-Start-Programm. Die Verbesserung der Voraussetzungen für eine erfolgreiche Einschulung gehörte von Anfang an zu den zentralen Zielen der Früherziehung. So begann das Head-Start-Programm 1965 mit achtwöchigen Sommerkursen für Kinder, die unmittelbar vor der Einschulung standen. Nach einer Art Aufholjagd sollten sich unterprivilegierte Kinder bis zum Schulbeginn mit Mittelschichtkindern messen können (Dau, 1973). Mit der Auswertung des Head-Start-Projekts wurde die Westinghouse Learning Corporation in Verbindung mit der Universität Ohio beauftragt (Circirelli et al., 1969). Der Bericht zeichnete ein vorwiegend düsteres Bild vom längerfristigen Erfolg der Fördermaßnahmen.

Kritik an der Auswertung. Die vorläufige Publikation des Berichts löste stürmische Reaktionen in der politischen Öffentlichkeit aus und verur-

sachte wahrscheinlich maßgeblich die Kürzung von Finanzmitteln. Aus wissenschaftlicher Sicht wurde dagegen u.a. kritisiert, dass die Förder- und Kontrollgruppe nicht vergleichbar waren. So deuten z.B. die Ergebnisse darauf hin, dass die Head-Start-Kinder großenteils aus stärker benachteiligen Familien als die Kontrollkinder stammen (vgl. z.B. Campbell & Erlebacher, 1970). Diese mangelnde Gleichwertigkeit beider Gruppen stellt das Ergebnis des Reports im Ganzen infrage.

Eine Reanalyse der Daten durch Smith und Bissel (1979) kam zu positiven Schlussfolgerungen über die Fortführung des Head-Start-Projekts. Sie plädierten insbesondere für die Erweiterung der Ganzjahresprogramme, deren relative Effektivität auch schon der Westinghouse-Report zugestanden hatte, sowie für eine ständige Verbesserung der Programme und eine differentielle Bewertung einzelner Zentren und einzelner Fördermaßnahmen.

Durchgängig wurde festgestellt, dass die Leistungssteigerungen nach einigen Jahren wieder verschwanden. Vergleicht man speziell geförderte benachteiligte Kinder mit ungeförderten, dann schneiden erstere etwa bis zum Ende des dritten Schuljahres signifikant besser ab. Diesem Leistungsabfall ließ sich jedoch entgegenwirken, wenn die Kinder an sog. „Follow-Through-Projekten“ bis in das Grundschulalter hinein teilnahmen (Farran, 1990).

Modellversuche. In der Bundesrepublik Deutschland ließen sich die Versuche, eine bestmögliche Schulvorbereitung zu erreichen, ebenfalls stark vom Gedanken der kompensatorischen Erziehung tragen. Andererseits ging es um das Problem der günstigsten vorschulischen Förderung und somit um die Organisation des Elementarbereichs überhaupt. Um Entscheidungshilfen zu erhalten, wurden die sog. Modellversuche durchgeführt. Hierunter ist zu verstehen, dass bestimmte Reformmaßnahmen wissenschaftlich begleitet und evaluiert werden. Eine Reihe von deutschen und österreichischen Bundesländern führte derartige Programme durch (Schenk-Danzinger, 1980). Beispielsweise verglich ein Modellversuch des Landes Nordrhein-Westfalen die pädagogische Arbeit in 50 Kindergärten, die aus altersgemischten Gruppen von drei- bis fünfjährigen Kindern bestanden, mit 50 altershomogenen Gruppen (Fünfjährige) in Vorklassen (Minister für Arbeit, Gesundheit und Soziales, 1977).

Die Kinder, die am Modellversuch teilnahmen, waren in der Schule erfolgreicher als nach dem Landesdurchschnitt zu erwarten gewesen wäre. Sie mussten seltener eine Klasse wiederholen und wechselten öfter ins Gymnasium. Während der gesamten Grundschulzeit blieben die Unterschiede zwischen den Sozialschichten jedoch erhalten. Die schlechtesten Leistungen zeigten allerdings Kinder ohne jede institutionelle Förderung. Die Diskrepanz fiel besonders deutlich bei den Unterschichtkindern dieser Gruppe aus. Im vierten Schuljahr hatten sich bei den Mittel- und Oberschichtkindern die Unterschiede zwischen institutionell geförderten und nicht geförderten angeglichen. Anders lagen die Verhältnisse bei den Unterschichtkindern: Bei diesen blieb die Überlegenheit der Modellkindergartengruppe gegenüber den Statusgleichen aus den anderen Einrichtungen und noch viel stärker gegenüber nicht Geförderten erhalten. Bei den Schulleistungen konnten somit kompensatorische Effekte nachgewiesen werden, die in Intelligenztestleistungen nicht auftraten.

FAZIT

Die vorliegenden Ergebnisse lassen keine generellen praktischen Konsequenzen für bestimmte Institutionsformen der Vorschulerziehung zu. Das Förderungsangebot sollte vielmehr differenziert sein.

Bessere Schulleistung durch Frühförderung
Langfristig positive Auswirkungen der vorschulischen Förderung auf den Schulerfolg konnten im Rahmen des Carolina Abecedarian Projects nachgewiesen werden. Die Interventionsmaßnahme richtete sich an Kinder, die aus ungünstigen sozialen Verhältnissen stammten. Nach dem Zufallsprinzip wurden mehrere Förder- und Kontrollgruppen gebildet. Die Interventionsmaßnahme wurde noch während der ersten drei Grundschuljahre fortgeführt. Die geförderten Kinder erzielten danach hohe Werte in Schulleistungstests (Lesen, Schreiben, Mathematik). Dieser Effekt blieb in Follow-up-Untersuchungen nach vier und sieben Jahren erhalten, als die Kinder zwölf bzw. fünfzehn Jahre alt waren (Campbell & Ramey, 1994). Es stellte sich heraus, dass zu diesen Langzeiteffekten die Förderung im Vorschulalter stärker beigetragen hatte als die Intervention während der Grundschulzeit. Campbell et al. (1998) folgern, dass erstens gerade die frühen Lernerfahrungen eine kognitive Basis für den späteren Schulerfolg geschaffen haben und dass zweitens durch die Einbeziehung des Elternhauses Verbesserungen der familiären Sozialisationsverhältnisse vor dem Schuleintritt von großer Bedeutung waren (s. auch „Unter der Lupe“, S. 752).

Berrueta-Clement et al. (1987) ziehen zur Erklärung einen „Schneeball-Effekt“ heran, d.h. eine sich verstärkende positive Entwicklung, wenn es gelingt, eine frühe Lernmotivation sowie Lernerfolge im Kindergarten und in der Schule zu vermitteln. Seitz (1990) betont in einer alternativen Erklärung, dass durch den Einbezug der Eltern in das Programm die familiären Sozialisationsbedingungen verbessert werden konnten. Wahrscheinlich spielen beide Aspekte bzw. ihre Kombination eine wichtige Rolle, wobei als dritte entscheidende Voraussetzung die Qualität des Programms hinzukommt. Es bleibt aber nach wie vor offen, welche Aspekte des Curriculums welche günstigen Effekte bewirken.

FAZIT

Weikart und Schweinhart (1997) benennen Qualitätskriterien für langfristig wirksame Programme:

- die Förderung der aktiven Tätigkeit des Kindes,
- die weitreichende Beteiligung der Eltern,
- eine günstige Erzieher-Kind-Relation,
- eine wiederkehrende Struktur des Tagesablaufs,
- eine gute Führung der Einrichtung sowie
- ein eingehendes Training der Erzieherinnen mit dem aufwendigen Programm.

4 Förderbedingungen und Kontextfaktoren

Die Ergebnisse zahlreicher Evaluationsuntersuchungen deuten darauf hin, dass die Bedingungen des Förderprogramms die Effekte stärker beeinflussen können als die eigentlichen Curricula. Schon früh erkannte Weikart (1975), dass die starke Betonung der Curriculumentwicklung die Notwendigkeit verdeckt hatte, auch andere Komponenten der vorschulischen Förderung sorgfältig zu erforschen.

Dauer und Art des Programms sind entscheidend. Zunächst wurde danach gefragt, in welchen Ausmaß Beginn und Dauer der Förderung die Effekte beeinflussen. Gordon (1971), Levenstein (1970) und andere Autoren beantworten diese Frage kurz und bündig: Je früher, kontinuierlicher und länger die Förderung, umso besser.

UNTER DER LUPE

Wer früh gefördert wird, hat lange Vorteile

Besondere Aufmerksamkeit haben die langfristigen Effekte des High/Scope Perry Preschool Programs gefunden, das seit Anfang der sechziger Jahre in Ypsilanti entwickelt wurde (Weikart & Schweinhart, 1997). Das Projekt sah zunächst nur eine mittelfristige Förderung von sozial benachteiligten drei- bis vierjährigen afroamerikanischen Kindern vor mit dem Ziel, ihre Schulfähigkeit zu verbessern und die zu erwartenden hohen Schulabbruchsraten zu senken. Es wurden dann jedoch noch zwei „follow-up“ Studien im Alter von 19 und 27 Jahren durchgeführt.

Die geförderten Kinder erzielten im Vergleich zu einer Kontrollgruppe kurzfristig signifikant höhere Intelligenztestwerte. Dieser Vorsprung glich sich bis zum Ende des zweiten Schuljahres wieder an. Bezüglich des Schulerfolgs blieben günstige Auswirkungen jedoch weiterhin nachweisbar: Die Fördergruppe zeichnete sich durch eine bessere Einstellung gegenüber dem Schulbesuch, weniger Repetenten, seltenere Überweisungen in die Sonderschule, bessere Schulnoten und mehr erfolgreiche High-School-Besuche aus. Die jüngeren Erwachsenen wiesen Langzeiteffekte im psycho-sozialen Bereich auf: Sie erzielten höhere Einkommen und einen besseren Sozialstatus, ein geringerer Teil war auf Sozialhilfe angewiesen, die Ehestabilität war höher und die Delinquenzrate lag deutlich niedriger. Weikart und Schweinhart (1997) berechneten, dass für jeden in das Förderprogramm investierten Dollar 7,16 Dollar an eingesparten Sozialkosten sowie höheren Steuereinnahmen in die öffentlichen Kassen zurückgeflossen sind.

Diese günstige Bilanz, die auch durch andere Untersuchungen bestätigt wird, ließ sich nicht zuletzt auf den präventiven Effekt in Bezug auf die jugendliche Delinquenz zurückführen, der insofern überraschend ist, als er gar nicht zu den intendierten Zielen des Programms gehörte (Zigler et al., 1992). Offensichtlich war es aber gelungen, frühe Risikofaktoren für einen kriminellen Lebensweg, zu denen Schulversagen und Schulverweigerung gehören, zu verringern und andere Entwicklungspfade zu begünstigen.

Karnes et al. (zit. nach Palmer, 1978) vertreten sogar die Auffassung, dass die Tatsache, gefördert zu werden, und die Förderungsdauer das eigentlich Entscheidende sind. Die verschiedenen Arten von Programmen hätten keinen durchschlagenden differentiellen Effekt gezeigt. Diese Feststellung ist aber nur richtig, wenn man von Mittelwertsvergleichen ausgeht. Bezogen auf einzelne Kinder oder spezifische Zielgruppen gibt es sehr wohl bestimmte Fördermaßnahmen, die sinnvoll und effektiv sind und andere, auf die dies nicht zutrifft. Es bestehen Wechselwirkungen zwischen der Art des Trainings und individuellen Bedingungen des Kindes. Als angemessen erscheint somit ein Modell der Passung zwischen beiden Faktoren.

Faktor Lebensalter. Ein wichtiger individueller Faktor betrifft das Lebensalter des Kindes. Besonders Klauer (1978, 1995) hat darauf hingewiesen, dass es für die Wirksamkeit jedes Trainingsverfahrens ein Altersoptimum gibt. Verfrühungen oder Verspätungen schwächen die Effekte ab. Auch die Art des Effekts kann sich mit dem Lebensalter ändern. Da das Alter nur einen Indikator für einen bestimmten Leistungs- und Entwicklungsstand darstellt, ist man sich heute einig, dass erfolgreiche Förderprogramme entwicklungsangemessen konstruiert und durchgeführt werden müssen (Blenkin & Kelly, 1996; Textor, 2000).

Faktor Erzieher. Des Weiteren erwiesen sich die Erzieher-Kind-Beziehung und die kompetente

Umsetzung des Förderprogramms durch die Erzieherinnen als bedeutsam (Frede, 1998). Kamenz und Klapproth (1984) vertreten die Auffassung, dass es zweifelhaft sei, ob ohne eine positive Bindung überhaupt nennenswerte Entwicklungsfortschritte erzielt werden können und dass der Erfolg eines Programms geradezu ein Kriterium für eine gute sozial-emotionale Beziehung zwischen Kind und Erzieherin sei.

Programmwirkung und Zuwendung. Hager et al. (2000) unterscheiden zwischen Programmwirkungen im engeren Sinne und interventionsgebundenen Wirkungen, die unvermeidbar auftreten, weil jede Förderung in eine soziale Interaktion eingebunden ist. Dabei scheint die sozial-emotionale Zuwendung eher einen unspezifischen leistungsfördernden Einfluss auszuüben, der sich z.B. in allgemeinen Intelligenztests, nicht aber in den konkreten Zielen der Intervention niederschlägt. Die reine Trainingswirkung lässt sich am ehesten mit interventionsspezifischen Kriteriumsmaßen nachweisen. So berichten Hager und Hasselhorn (1995), dass die soziale Zuwendung allein keine Verbesserung bei Gedächtnistests bewirken konnte, die den Einsatz einer spezifischen Strategie erforderten.

Einen Grund für die leistungssteigernde Wirkung der sozial-emotionalen Zuwendung kann man darin sehen, dass die Motivation des Kindes gestärkt wird. Die günstigen Effekte hinsichtlich der Lernmotivation gehören zu den langfristig nachweisbaren Auswirkungen vorschulischer Trainings. Allerdings übt die soziale Fördersituation als solche auch eher eine allgemeine Motivierung aus. Daneben gibt es Ansätze zu einer speziellen Motivförderung, die das Interesse für ganz bestimmte Inhalte weckt. So ließ sich durch die Kombination einer spezifischen Förderung des Leistungsmotivs mit einem kognitiven Training der Leistungsanstieg optimieren (vgl. Fries et al., 1999; Möller & Köller, 1997).

Mitarbeit der Eltern. Zu den am besten dokumentierten Bedingungsfaktoren gehören die Einbeziehung der Eltern in das Förderungsprogramm sowie die dadurch erreichte Veränderung der familiären Situation. Die in den Programmen eingesetzten Methoden bei der Elternbeteiligung in Form einer Hospitation in der Einrichtung bestehen nach Goodson und Hess (1978) im Vermitteln didaktischer Fähigkeiten, im Erläutern des Handhabens der Fördermaterialien sowie im Modell-Lernen durch Beobachtung der Erzieher-Kind-Interaktion. Die Erzieherin kann zu neuen Einsichten in die kindliche Entwicklung beitragen.

Die meisten elternorientierten Programme setzen jedoch Hausbesuche ein (z.B. Gray et al., 1982). Sie wenden sich in der Regel an die Mutter, fokussieren aber vor allem die Mutter-Kind-Interaktion. So erwiesen sich die Kinder, die am „Parents as Teachers Program" teilnahmen, in „follow-up" Studien einer Vergleichsgruppe sowohl hinsichtlich des intellektuellen und sprachlichen Entwicklungsstandes als auch hinsichtlich des Schulerfolgs als überlegen (Winter & McDonald, 1997). Auch der Lebensweg vieler Eltern, die am Programm teilnahmen, änderte sich in bemerkenswerter Weise, indem sie ihr Leben besser organisierten, beruflich erfolgreicher wurden und seltener Sozialhilfe benötigten. Ein Vorteil der elternorientierten Förderung scheint des weiteren darin zu bestehen, dass die Intervention besser den ökonomischen, kulturellen und ethnischen Hintergrund der Kinder berücksichtigen kann als eine Maßnahme, die sich auf die Vorschuleinrichtung beschränkt.

5 Möglichkeiten und Grenzen vorschulischer Förderung

Nach der ersten „Förderungswelle" im Vorschulbereich wurden viele Einwände gegen die Maßnahmen erhoben. Ein Kritikpunkt bezog sich auf die überhastete Durchführung vieler Projekte, die mangelnde Vorbereitung und eine Reihe von organisatorischen Mängeln. Eine weitere Welle der Kritik entstand, als die ersten Effizienzuntersuchungen zu den Head-Start-Kursen bekannt wurden (vgl. Abschnitt 3.5), die diesen eine mangelnde Nachhaltigkeit vorwarfen (Bronfenbrenner, 1974).

Genetische Faktoren. Das Abflachen oder sogar Absinken des Fördereffektes wurde häufig so interpretiert, als könne man keine dauerhafte Abweichung vom genetisch festgelegten Entwicklungsstand erreichen (Palmer, 1978). Die Ergebnisse des Westinghouse-Reports wurden somit auch als Bestätigung der Thesen Jensens (1969/73) über die starke erbliche Bedingtheit des Intelligenzquotienten gewertet.

Faktor Umwelt. Der Verlust des Fördereffektes kann aber auch als Ausdruck der Plastizität der kindlichen Entwicklung verstanden werden, weil er eine Adaption an bestimmte – in diesem Falle ungünstige – ökologische Bedingungen bedeutet. Die Auswertungen der Effizienzuntersuchungen stützen die Sichtweise der ökologisch orientierten Entwicklungspsychologie, dass Entwicklung als kontinuierlicher Wechselwirkungsprozess zwischen Individuum und Umwelt gesehen werden muss (Bronfenbrenner, 1976). Interventionen sind um so effektiver, je umfassender sie die Entwicklungsbedingungen des Kindes positiv verändern. Aufgrund dieses Prinzips wird der Effekt der Hausbesuche und einer anschließenden gezielten Förderung im Schulkindalter verständlich.

FAZIT

Heute lässt sich sagen, dass es ohne Zweifel kompensatorische Effekte in dem Sinne gibt, dass geförderte Kinder nicht geförderten überlegen sind (Clarke-Stewart, 1998). Ein Förderprogramm kann jedoch nicht in dem Sinne kompensatorisch wirken, dass es gleichsam alle ungünstigen Entwicklungsbedingungen neutralisiert und bei Schulbeginn eine Chancengleichheit mit anderen sozialen Gruppen herstellt, die in der weiteren Entwicklung erhalten bleibt. Die Wirkung der Programme erwies sich im Bereich der Testleistungen als kurzfristig, bezüglich der Schulleistungen, der motivationalen Bedingungen, Konzentrationsfähigkeit und kompetenteren Lebensbewältigung jedoch längerfristig nachweisbar.

Die begrenzte Effektdauer spezifischer Trainingsverfahren, wie z.B. des Denktrainings, versteht sich nach Klauer (1989) eigentlich von selbst, da „... wie sonst auch beim Lernen alles, was nicht fortwährend gebraucht wird, nach und nach in Vergessenheit gerät" (S. 46). Auch Weikart und Schweinhart (1997) sehen in der Nivellierung von Testleistungen nach dem Schuleintritt eine Auswirkung der schulischen Förderbedingungen: „When children who *have* attended preschool programs and children who *have not* attended preschool programs come together into the same, standard elementary school classrooms, their intelligence test scores also come together" (S. 151). Die nachgewiesenen Langzeiteffekte sind demgegenüber eher unspezifischer Art, was jedoch nicht ihre Bedeutung für den weiteren Lebensweg der geförderten Kinder mindert (vgl. Barnett et al., 1998).

Besonnener Förderoptimismus. Man kann die heute vorherrschende Auffassung vielleicht als realistischen oder besonnenen Förderoptimismus bezeichnen. Man ist sich bewusst, dass punktuelle Programme wenig bewirken können und dass statt dessen Curricula umfassend und lang dauernd eingesetzt werden müssen sowie eines hohen Qualitätsstandards des erzieherischen Umfeldes bedürfen. Realistischer als früher sieht man auch, dass auf die Vorschuleinrichtung beschränkte Maßnahmen zwar ein gewisses Gegengewicht gegen deprivierende soziale Bedingungen darstellen, dass diese jedoch niemals Defizite der familiären Sozialisation voll kompensieren können. Schließlich hat sich ein geschärftes Bewusstsein dafür gebildet, dass die Bemühungen um besonders benachteiligte Kinder häufig mit retardierenden oder nivellierenden Wirkungen bei den Begabteren erkauft werden (Heller, 1970). Zwar hatte schon Heckhausen (1970) auf das moralische Problem aufmerksam gemacht, dass das Recht auf Chancengleichheit ebenso verletzt wird, „wenn Kinder mit hoher Lernfähigkeit ... unterfordert und nicht entsprechend ihrer Lerngeschwindigkeit gefördert werden" (S. 99), jedoch vergingen in Deutschland noch nahezu zwei Jahrzehnte, bis der pädagogische Egalitarismus überwunden wurde und differentielle bzw. den individuellen Voraussetzungen

zungen des Kindes angepasste Förderprogramme stärker zum Einsatz kamen (Urban, 1992). Die Einbeziehung der subjektiven Determinanten in den Untersuchungsansatz bedeutet, dass von bestimmten Maßnahmen keine generellen Effekte erwartet werden können und dass, statt von normorientierten Erziehungszielen und vom Glauben an die nahezu unbegrenzte Bildsamkeit eines jeden Kindes auszugehen, eine Optimierung der individuellen Entwicklungsmöglichkeiten anzustreben ist.

Weiterführende Literatur

Barnett, W.S. & Boocock, S.S. (Eds.) (1998). Early care and education for children in poverty. Promises, programs, and long-term results (pp. 167–184). Albany: University of New York Press.

Das Buch informiert über Förderprogramme für Vorschulkinder mit ungünstigem familiärem Hintergrund. Es werden die Auswirkungen auf den Schulerfolg und andere langfristig nachweisbare Effekte dargestellt.

Fthenakis, W.E. & Textor, M.R. (2000) (Hrsg.). Pädagogische Ansätze im Kindergarten. Weinheim: Beltz Verlag.

In dem Buch werden sowohl klassische als auch neuere Ansätze der Vorschulerziehung sowie spezielle vorschulische Curricula dargestellt. In mehreren Beiträgen werden die Bedingungen diskutiert, unter denen optimale Frühförderung möglich ist.

Kapitel 23
Entwicklung schulischer Leistungen

Olaf Köller & Jürgen Baumert

Die erfolgreiche lebenslange Entwicklung in einer sich rasant verändernden modernen Industrienation ist ohne Zweifel an breite intellektuelle Fähigkeiten und Fertigkeiten gebunden. Berufliche Anforderungen, aber auch der gesamte Freizeitbereich mit seinen immensen technologischen Veränderungen setzen auf Seiten aller Individuen einer modernen Gesellschaft ein Wissensrepertoire voraus, dessen Erwerb ohne institutionalisierte Bildungsprozesse in Schulen, Hochschulen und sonstigen Weiterbildungsstätten weitgehend unmöglich ist (vgl. Baumert et al., 2000a, 2000b; Geary, 1995, 1996; Helmke & Weinert, 1997). Der Schule als der vielleicht bedeutsamsten Bildungsinstitution kommt so die Rolle zu, Kindern und Jugendlichen systematische Lerngelegenheiten zu bieten, in denen sie in einem breiten Fächerkanon ein Wissensfundament aufbauen, das sie auf den Übergang in den Beruf und die Auseinandersetzung mit zunehmend komplexer werdenden Alltagsanforderungen vorbereitet.

DEFINITION

Wir wollen im Folgenden unter **Schulleistungen** das auf den Lehrplänen basierende deklarative und prozedurale Wissen in verschiedenen Domänen verstehen, dessen Erwerb zu einem erheblichen Teil an Lerngelegenheiten im jeweiligen Fachunterricht gebunden ist.

Natürlich kommt der Schule nicht das Monopol bei der Wissensvermittlung zu. Es ist vielmehr das Zusammenspiel zwischen internalen Ressourcen des Kindes, den elterlichen Erziehungsbemühungen **und** schulischen Lernangeboten, das erfolgreiche Bildungsprozesse ermöglicht. Dabei ist die Bedeutung der verschiedenen Agenten (Schüler, Eltern, Schulen) für die Lernprozesse in unterschiedlichen Lebensabschnitten stärker bzw. schwächer. Grundlegende Prozesse des Spracherwerbs sind beispielsweise im Säuglings- und Kleinkindalter sehr stark an Reifungsprozesse des Kindes und seine Interaktionen mit den Eltern bzw. Kindergartenerzieherinnen gebunden (vgl. Schneider, 2001). In späteren Jahren übernimmt die Schule die Hauptfunktion beim Erwerb von Lesekompetenzen und der Schriftsprache. Schließlich verbessern Schulkinder mehr oder weniger selbstgesteuert ihre muttersprachlichen Kompetenzen durch Leseaktivitäten in der Freizeit, die allerdings erheblich durch das Angebot im elterlichen Haus beeinflusst sein können.

Kernbereiche schulischer Bildung. Mittlerweile haben sich vier Kernbereiche schulischer Bildung herauskristallisiert, in denen ein hinreichendes Maß an Kenntnissen notwendige Voraussetzung für eine gelingende Berufs- und Lebensperspektive ist. Es sind dies grundlegende Kompetenzen in der Muttersprache, der Mathematik, den Naturwissenschaften und Englisch bzw. der ersten Fremdsprache.[1] Ohne fundiertes Wissen in diesen Bereichen können im Extremfall nicht einmal die Einrichtungen des Wohlfahrtsstaates in Anspruch genommen werden (vgl. Klieme et al., 2000). Vor diesem Hintergrund der besonderen Relevanz schulisch erworbenen Wissens für eine erfolgrei-

1 In der Regel ist die erste Fremdsprache Englisch, deren Bedeutung als *lingua franca* ihren Erwerb in der Schule unumgänglich macht.

che Entwicklung über die Lebensspanne sollen in diesem Kapitel aktuelle Arbeiten zur Entwicklung von Schulleistungen vorgestellt werden. Richtigerweise müsste man eigentlich von „Schülerleistungen" sprechen, impliziert doch der Begriff „Schulleistung", dass es sich um Leistungen der Schule handelt. Förderleistungen der Schule firmieren allerdings üblicherweise unter Namen wie „Schuleffizienz" oder „Schuleffektivität" (*school effectiveness*; vgl. Schnabel, 1998a; Scheerens & Bosker, 1997).

Zusätzlich wird ein Schwerpunkt auf die Rolle der Schule für erfolgreiche bzw. erfolglose Leistungsentwicklungen gelegt.

Die weiteren Ausführungen beschäftigen sich mit den folgenden Themen:

(1) Theoretische bzw. konzeptionelle Probleme bei der Erforschung von Schulleistungen und ihrer Entwicklung im Laufe der Kindheit und des Jugendalters,
(2) Entwicklungsverläufe von Schulleistungen in verschiedenen Fächern,
(3) Die besondere Rolle der Leistungsdifferenzierung in der Sekundarstufe I für die individuelle Schulleistungsentwicklung,
(4) Werden Schulleistungen bzw. ihre Entwicklung überhaupt maßgeblich durch schulische Lerngelegenheiten beeinflusst?
(5) Das Zusammenspiel der Leistungsveränderung mit der Entwicklung lernfördernder individueller Variablen,
(6) Methodische Probleme bei der Erforschung der Schulleistungsentwicklung.

1 Die fehlende Verankerung von Schulleistungen in psychologischen Theorien

Im Gegensatz zu prominenten Konstrukten wie der Intelligenz fehlt es an klaren psychologischen Theorien, die Schulleistungen hinsichtlich ihres Inhalts, ihrer Struktur, ihrer Genese und ihrer Entwicklung eindeutig beschreiben. Intelligenztheorien wie beispielsweise die Arbeit von Thurstone (1938) zu den *primary mental abilities* spezifizieren eine bestimmte Zahl von mehr oder weniger unabhängigen Dimensionen, die klar definiert werden und für deren Erfassung entsprechende Maße abgeleitet, entwickelt und validiert werden. Mit Hilfe dieser Instrumente (z.B. dem Prüfsystem für Schul- und Bildungsberatung PSB von Horn, 1969) ist es vergleichsweise einfach, die Entwicklung der Intelligenzdimensionen zu untersuchen und anschließend zu beschreiben. Die verwendeten Aufgaben in solchen Tests sind oftmals dieselben für verschiedene Altersgruppen bzw. variieren in ihrer Komplexität und Schwierigkeit über die Altersgruppen (wie im Falle des Kognitiven Fähigkeitstest von Heller & Perleth, 2000). Man verfällt hier üblicherweise nicht dem Glauben, dass sich die Konstrukteigenschaften über die Zeit verändern.

Unter Schulleistung kann Verschiedenes verstanden werden. Bei Schulleistungen liegt der Fall etwas anders, wie es beispielsweise Helmke und Schrader (1998, S. 60) ausführen: „Unter *Schulleistung* (SL) kann sehr verschiedenes verstanden werden, z.B. Leistungen unterschiedlicher Schüler und Schulklassen, prozedurales oder deklaratives Wissen, fachspezifisches Wissen oder überfachliche Fähigkeiten." Die Spezifizierung dessen, was genau unter Schulleistungen zu verstehen ist, erfolgt typischerweise nicht aus psychologischer, sondern aus didaktischer Perspektive. Konkret sind es die Lehrpläne (Curricula), die letztendlich auf einer inhaltlichen Ebene für jedes Fach und für jede Schulform in jedem Bundesland beschreiben, welche Inhalte die Schüler in welcher Jahrgangsstufe lernen sollen.[2]

Die Anforderungen wachsen mit dem Alter der Schüler. Mit jedem neuen Schuljahr und in jeder

2 Psychologische Theoriebildungen zu Schulleistungen beschränken sich üblicherweise auf individuelle, gesellschaftliche und institutionelle Determinanten von Schulleistungen, wobei stillschweigend übergangen wird, worum es sich im Sinne psychologischer Konstrukte konkret bei Schulleistungen handelt.

Schulform verändern sich die curricularen Vorgaben dessen, was gelernt werden soll. Verlangen beispielsweise die Lehrpläne der Klassenstufe 5 für Mathematik, dass in der Geometrie einfache Körper (Rechteck und Quadrat) behandelt und von den Schülern beherrscht werden sollten, so geht es in der 10. Jahrgangsstufe im Geometrieunterricht um trigonometrische Funktionen (Sinus- und Kosinussatz mit Anwendung auf Dreiecksberechnungen). Gute Geometriekenntnisse in der 5. Jahrgangsstufe bedeuten dementsprechend, dass ein Schüler den Flächeninhalt eines Rechtecks berechnen kann, in der 10. Jahrgangsstufe, dass er aus einem gegebenen Winkel und einer gegebenen Seite ein Dreieck konstruieren kann.

Spiegeln gute Fachleistungen in jedem Alter die gleiche latente Dimension wider? Inwieweit beide Leistungen bzw. Kenntnisse noch Ausdruck der selben latenten Dimension sind, deren Veränderung sich über 5 Schuljahre empirisch untersuchen lässt, bleibt in bisherigen Forschungsarbeiten weitgehend offen. Wenn man allerdings die starke, empirisch überprüfbare Annahme macht, dass sich die Geometrieleistungen in der 5. und 10. Jahrgangsstufe auf einer gemeinsamen Dimension abbilden lassen (hierfür gibt es durchaus Evidenz, wie Analysen von Watermann, 2001 belegen), so wird deutlich, dass diese Dimension weniger ein psychologisches Merkmal im engeren Sinne ist, sondern vielmehr das erreichte Curriculum im Geometrieunterricht repräsentiert. Noch komplizierter wird das Ganze, wenn man sich vor Augen führt, dass die Geometrie ja nur ein Teilbereich der Mathematik ist und sich die Frage stellt, inwieweit Geometrieleistungen und Leistungen in anderen Teilbereichen der Mathematik (z.B. Algebra oder elementare Wahrscheinlichkeitsrechnung) auf eine gemeinsame latente Dimension zurückführbar sind.

Eine einheitliche Theorie der Schulleistung kann es nicht geben. Im Sinne psychologischer Theorienbildungen macht dies deutlich, dass es keine Theorie der Schulleistung bzw. der Schulleistungsentwicklung im engen Sinne geben kann. Theoretisch kann der Gegenstand „Schulleistung" am ehesten mit Bezug auf Lerntheorien bzw. die Lernpsychologie angegangen werden, indem man die Entwicklung von schulischen Leistungen ganz allgemein als Lernen im Sinne der relativ dauerhaften Veränderung von kognitiven Strukturen versteht (Schiefele, 1996; Skowronek, 1983). Für die empirische Untersuchung der Schulleistungsentwicklung resultieren aus diesen konzeptuellen Schwierigkeiten auch einige methodische Probleme, die sich auf die Validität und die Dimensionalität von Schulleistungstests beziehen. Auf beide Schwierigkeiten und weitere Probleme bei der Erfassung von Schulleistungen soll am Ende dieses Beitrags eingegangen werden.

2 Die Entwicklung von Schulleistungen in der Kindheit und im Jugendalter

2.1 Lerngelegenheiten und Leistungsentwicklung

Schulleistungen und damit auch ihre Entwicklung sind eng an Lerngelegenheiten gekoppelt, für die je nach Fach die Schule mehr oder weniger das Monopol hat. Dies hat für die Untersuchung von Schulleistungsverläufen über die Kindheit und Jugend wichtige Implikationen. Bieten Schulen oder andere außerschulische Agenten fortlaufend systematische Lerngelegenheiten, so ist mit einem permanenten Anstieg der Leistungen zu rechnen, sofern der Lernprozess kumulativ in dem Sinne ist, dass bereits früher erworbene Kenntnisse im Unterricht vertieft und erweitert und nicht etwa vergessen werden. Die Anknüpfungsfähigkeit neuer Inhalte an bereits erworbene Kenntnisse entscheidet darüber, ob das Fachwissen vertieft bzw. konsolidiert wird und ob die kognitive Repräsentation des neu erworbenen Wissens gelingt (vgl. hierzu z.B. Renkl, 1996). Handelt es sich um weitgehend kompartimentalisierte Unterrichtsinhalte, d.h. der neue Stoff knüpft inhaltlich kaum an früher Gelerntes an, so können (a) auf Seiten des bereits erworbenen Wissens Vergessensprozesse einsetzen und (b) die neuen Inhalte schwieriger abgespeichert werden. Die aktuelle Forschung (im Überblick Renkl, 1996) hat sehr eindrucksvoll die Rolle des Vorwissens für gelingendes schulisches Lernen hervorgehoben, wobei der positive Einfluss umso stärker ist, je kumulativer ein Fach ist, d.h. je weniger kompartimentalisiert die verschiedenen Stoffgebiete sind.

Die Naturwissenschaften kommen im Lehrplan zu kurz. Die Abhängigkeit der schulischen Leistungsentwicklung von vorhandenen Lerngelegenheiten hat auch Implikationen für die Rolle der Wochenstundenzahl und Kontinuität, mit der Fächer unterrichtet werden. Während die Kernfächer Deutsch und Mathematik beginnend mit der ersten Grundschulklasse durchgehend bis zum Ende der Sekundarstufe I unterrichtet werden (mit wenigstens vier Wochenstunden in der Grundschule und wenigstens drei Wochenstunden in der Sekundarstufe I), werden die Naturwissenschaften und die Fremdsprachen nicht kontinuierlich über die gesamte Grund- und Mittelstufenzeit angeboten. Für die Naturwissenschaften gilt, dass sich der Sachkundeunterricht der Grundschule oftmals auf die Biologie beschränkt und die Physik und Chemie überhaupt nicht berücksichtigt sind. Nicht selten wird der Unterricht sogar durch heimatkundliche Inhalte dominiert (vgl. Einsiedler, im Druck). Ein Hauptgrund dafür ist, dass man orientiert an Piagets Theorie der kognitiven Entwicklung (s. den Beitrag von Montada in diesem Band) lange Zeit glaubte, dass Kindern im konkret-operatorischen Stadium der kognitiven Entwicklung die Voraussetzungen für den Erwerb der formal-abstrakten Unterrichtsinhalte der Physik und Chemie fehlen.[3] Basierend auf den Arbeiten Wygotskis argumentiert Stern neuerdings (vgl. Stern, im Druck; Stern et al., im Druck), dass es bei gelingender Nutzung graphisch-visueller Repräsentationsformen im Sachkundeunterricht sehr wohl möglich sei, auch abstraktere Inhalte, wie sie Gegenstand der Physik sind, zu lehren.

Unregelmäßiger Unterricht begünstigt Vergessensprozesse. Im Laufe der Sekundarstufe I werden alle drei Naturwissenschaften nicht durchgehend mit größeren Stundenzahlen unterrichtet. Zum Teil findet integrierter Naturwissenschaftsunterricht statt, zum Teil werden die Fächer epochal unterrichtet, d.h. für einen gewissen Zeitraum wird nur Biologie unterrichtet, dann über ein längeres Intervall nur Physik usw. Der Chemieunterricht setzt sehr spät in der Sekundarstufe I ein, teilweise erst in der 9. Jahrgangsstufe, so dass dort ein systematischer Wissensaufbau in der Schule überhaupt nicht stattfindet. Der unregelmäßige Unterricht in einzelnen Fächern scheint in erheblichem Maß die Entwicklungsverläufe der Schulleistungen zu beeinflussen und zwar in dem Sinne, dass deutliche Vergessensprozesse einsetzen. Hierfür reichen offenbar relativ kurze Zeitperioden wie die Schulferien aus, in denen kein Unterricht stattfindet. Bryk und Raudenbush (1989) konnten diese Vergessensprozesse anhand von längsschnittlichen Daten für Mathematik und Muttersprache (*reading*) belegen. Im Sommerhalbjahr, in dem längere Ferienzeiten waren, waren die Lernkurven der Schüler in beiden Fächern abgeflacht, in Mathematik kam es teilweise sogar zu Verlusten. Die geringeren Verluste in Englisch lassen sich dadurch erklären, dass in der Muttersprache mehr außerschulische Lerngelegenheiten gegeben sind, gerade auch, wenn es um das Lesen geht, das bei Bryk und Raudenbush untersucht wurde.

Frühzeitigerer Beginn des Fremdsprachenunterrichts. Der Fremdsprachenunterricht setzte traditionell im deutschen Schulsystem in der 5. Jahrgangsstufe ein, mittlerweile haben aber verschiedene Bundesländer den Englisch-Unterricht in der Grundschule eingeführt (beipielsweise in Bayern ab der 3. Jahrgangsstufe). Das spätere Ein-

3 Als ein zweiter Grund für die fehlende Präsenz vor allem der Physik im Grundschulbereich kam und kommt hinzu, dass den entsprechenden Lehrern oftmals die fachlich-didaktische Qualifikation für beide Fächer fehlt.

setzen des Fremdsprachenunterrichts rührte aus der Annahme, dass die sichere Beherrschung der Muttersprache notwendige Voraussetzung für den gelingenden Fremdsprachenerwerb ist. Aufgrund aktueller Arbeiten zur Sprachentwicklung bei zweisprachig aufwachsenden Kindern (Brisk, 1997) ist man allerdings von diesen Annahmen abgerückt, was die Einführung des Englischunterrichts im Grundschulbereich forciert hat.

Schulleistungen in der Grundschule

Erwartung fachspezifischer Leistungsverläufe. Im Sinne der skizzierten Argumentation kann man also je nach Fach differentielle Entwicklungsverläufe der Leistungen erwarten, die entsprechend den unterschiedlichen Lerngelegenheiten in den Sprachen und Mathematik steiler, in den Naturwissenschaften flacher verlaufen sollten. Für die Grundschulzeit wissen wir relativ wenig über längerfristige Schulleistungsverläufe, da aktuelle Studien sich stärker mit der Prognosekraft von vorschulisch erhobenen Merkmalen (beispielsweise Intelligenz) für später gezeigte Schulleistungen interessieren. Die empirisch fruchtbarste deutsche Untersuchung im Grundschulbereich ist mit Sicherheit die SCHOLASTIK-Studie[4] (vgl. Weinert & Helmke, 1997).

Ergebnisse der SCHOLASTIK-Studie. Analysen der SCHOLASTIK-Daten von Schneider et al. (1997) ergaben für die Rechtschreibleistung den in Abbildung 23.1 skizzierten Entwicklungsverlauf. Die Kurve wurde auf der Basis mehrebenenanalytischer Verfahren gewonnen (zu den Details s. Schneider et al., 1997, S. 123f). Der negativ beschleunigte und offensichtlich nicht lineare Kompetenzzuwachs über die Zeit war hoch signifikant und die Autoren resümieren diese Befunde wie folgt: „Die Befunde lassen insgesamt den Schluss zu, dass sich für die große Mehrheit der Grundschulkinder von der zweiten bis zur vierten

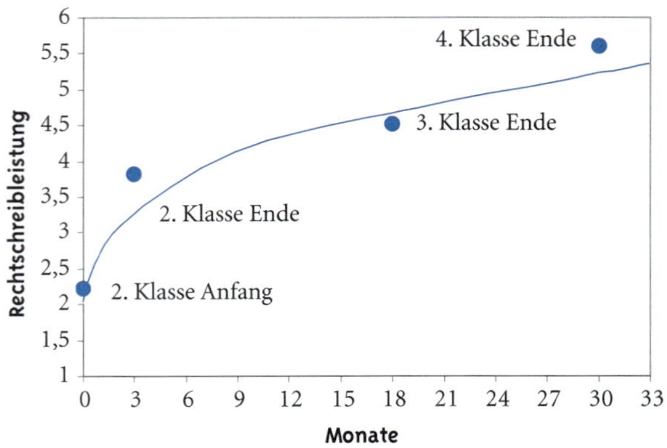

Abbildung 23.1. Entwicklung der Rechtschreibleistungen im Grundschulalter (aus Schneider et al., 1997, S. 124)

Klasse beträchtliche Fortschritte in den Rechtschreibkompetenzen registrieren lassen ..." (Schneidet et al., 1997, S. 128). Ähnlich große Fortschritte berichtet Reusser (1997) für den Bereich der Grundschulmathematik, konkret zur Veränderung der prozentualen Lösungshäufigkeiten von Textaufgaben während der Grundschulzeit (vgl. Tabelle V.2 in Reusser, 1997).

Schulleistung in der Sekundarstufe I

Zur Beschreibung der Entwicklungsverläufe von curricular verankerten Schulleistungen im Sekundarschulbereich I bietet sich die Kohorten-Längsschnittstudie „Bildungsprozesse und psychosoziale Entwicklung im Jugendalter und jungen Erwachsenenalter" (BIJU) an, die seit 1991 am Max-Planck-Institut für Bildungsforschung in Berlin in Kooperation mit dem Leibniz-Institut für die Pädagogik der Naturwissenschaften (IPN) in Kiel durchgeführt wird. In Abbildung 23.2 sind die Leistungsverläufe für Englisch, Mathematik und Physik vom Beginn der 7. bis zum Ende der 10. Jahrgangsstufe, differenziert nach Schulformen, dokumentiert.[5] Die Datenerhebungen fanden zu vier Zeitpunkten statt. In allen Fächern

4 Das Akronym SCHOLASTIK steht für Schulorganisierte Lernangebote und Sozialisation von Talenten, Interessen und Kompetenzen.

5 Wachstumskurvenanalysen der Daten zeigten, dass sich über den hier untersuchten Zeitraum lineare Zuwachsmodelle zufriedenstellend anpassen lassen.

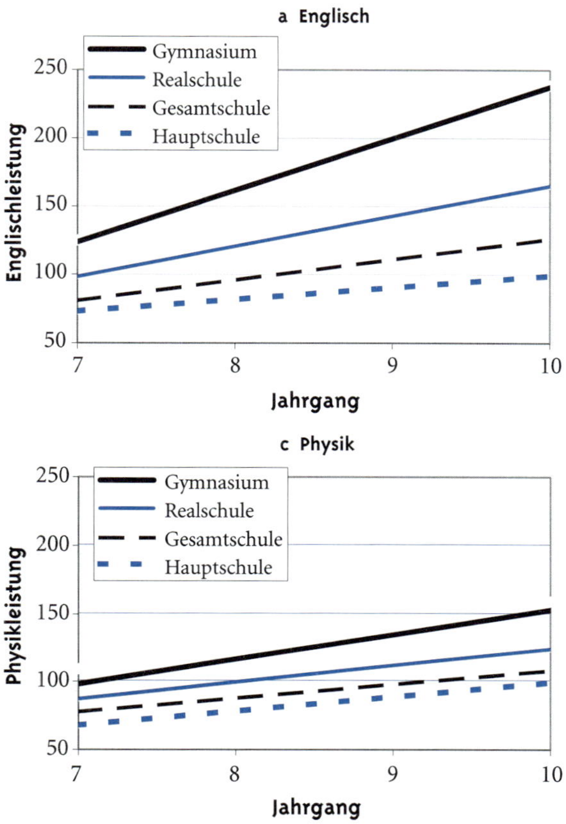

Abbildung 23.2. Entwicklung der Schulleistungen in drei Fächern von der 7. bis zur 10. Jahrgangsstufe nach Schulform

wurde ein sogenanntes Ankeritem-Design realisiert, bei dem wenigstens zu benachbarten Messzeitpunkten einige gemeinsame Items vorgegeben werden, um so mit Hilfe der entsprechenden Skalierungsverfahren einen einheitlichen Maßstab über die Zeit zu realisieren (zu den Details dieser Skalierungsprozeduren s. Köller, 1998). Die Metrik ist dabei so gewählt, dass zum ersten Erhebungszeitpunkt die Standardabweichung $SD = 30$ in allen Fächern betrug. Erkennbar ist, dass die Leistungsentwicklungen in Englisch (als erster Fremdsprache) und Mathematik deutlich steiler verlaufen als in Physik, das weniger kontinuierlich und mit geringeren Stundenzahlen unterrichtet wird.

Ergebnisse der BIJU-Studie. Die Zuwächse für Gymnasiasten betragen z.B. in Englisch ca. 120 Punkte (4 Standardabweichungen), in Mathematik ca. 100 Punkte (3.3 Standardabweichungen), in Physik aber nur 50 Punkte (1.7 Standardabweichungen). Erschwerend zu den geringeren Lerngelegenheiten in diesem Fach kann hier vermutet werden, dass die verschiedenen Stoffgebiete der Physik stark kompartimentalisiert sind, so dass sich in den niedrigen Lernraten über die Zeit auch eine fehlende Anknüpfbarkeit zwischen Vorwissen und neu hinzukommenden Inhalten widerspiegeln kann. Weiterhin ist in Abbildung 23.2 sichtbar, dass die „Leistungsschere" zwischen den Schulformen vor allem zugunsten der Gymnasiasten über die Zeit zunehmend aufgeht. Inwieweit es sich bei diesem „Matthäus-Effekt" („Wer hat, dem wird gegeben"), um systematische Effekte der Schulform handelt, wird unten ausgeführt.

2.2 Definition von schulischen Leistungsniveaus

Die in der Abbildung 23.2 gezeigten Entwicklungsverläufe von Schulleistungen belegen einen kontinuierlichen Anstieg über die Zeit, wobei offenbleibt, welche konkreten Veränderungen in den Gedächtnisinhalten und kognitiven Operationen zu den quantitativen Sprüngen in den Leistungen führen. In diesem Abschnitt soll ein Vorgehen beschrieben werden, mit dem auf der Basis vorhandener Schülerleistungen in standardisierten Tests Rückschlüsse auf unterschiedliche Fähigkeitsniveaus möglich sind. Wiederum ist es die enge Anbindung von Schulleistungen an Curricula, die dazu führt, dass hier eine deutlich andere Forschungsstrategie gewählt wird, als es in entwicklungspsychologischen Arbeiten zur kognitiven Entwicklung üblich ist.

Entwicklung als Reifungsprozess. In den Bereichen der allgemeinen kognitiven Entwicklung, des Erwerbs von Problemlösekompetenzen, des Spracherwerbs oder auch der elementaren mathematischen Kompetenzen werden in entwicklungspsychologischen Theorien und Modellen die in unterschiedlichen Altersstufen erreichten Entwicklungsniveaus primär auf Reifungsprozesse zurückgeführt. Ein Beispiel für diese Form der Theorienbildung ist das Stufenmodell von Piaget zur kognitiven Entwicklung in der Kindheit und Jugend (vgl. den Beitrag von Montada in diesem Band), in dem für verschiedene Altersstufen unterschiedliche Fähigkeitsniveaus angenommen werden, deren Erreichung bzw. Nicht-Erreichung das Resultat von differenziellen Entwicklungsprozessen ist und sich mit Hilfe entsprechender Aufgaben diagnostizieren lässt. Im Falle von curricular verankerten Schulleistungen sind es die Lehrpläne (Curricula), die im Zusammenspiel mit der kognitiven Entwicklung definieren, in welchem Alter bzw. in welcher Jahrgangsstufe welche fachlichen Kompetenzen erreicht werden sollten. Für den Bereich der Mathematik sollte beispielsweise jeder Schüler bzw. jede Schülerin am Ende der Sekundarstufe I in der Lage sein, Aufgaben zur Prozentrechnung mit hinreichender Sicherheit zu lösen oder Volumina von Würfeln und Quadern berechnen können.

Variabilität in der kognitiven Entwicklung. Wie die Arbeiten zur kognitiven Entwicklung auf der Grundlage der Piagetschen Theorie gezeigt haben (s. den Beitrag von Montada in diesem Band), findet man bei Personen des selben Alters eine erhebliche Varianz des kognitiven Entwicklungsniveaus. Keineswegs erreichen alle Jugendlichen das formal-operative Niveau. Das Gleiche gilt für die Schulleistungen; längst nicht alle Schülerinnen und Schüler erreichen in allen Fächern am Ende der Sekundarstufe I ein Leistungsniveau, wie es durch die Lehrpläne vorgegeben wird. Die Feststellung dieser Unterschiede in der individuellen Schulleistungsentwicklung erfolgt üblicherweise *post hoc* mit Hilfe der so genannten Skalenverankerungstechnik (*scale anchoring*; Beaton & Allen, 1992), auf die im Folgenden eingegangen werden soll.

Skalenverankerung. Neuere Schulleistungsuntersuchungen nutzen die psychometrischen Vorteile, die Tests bieten, die auf der Grundlage von *Item-Response-Modellen* (vgl. z.B. Hambleton & Swaminathan, 1989) konstruiert wurden. In deutschen Arbeiten wird üblicherweise anstelle von *Item-Response-Modellen* von der probabilistischen Testtheorie gesprochen (vgl. z.B. Rost, 1996). Solche Tests haben die Eigenschaft, dass Personenfähigkeiten und Itemschwierigkeiten auf derselben Dimension (dem selben Maßstab) abgetragen werden können. Hat also eine Person einen Fähigkeitswert von 500 – der Maßstab ist hier beliebig – und einige Items haben ebenfalls die Schwierigkeit 500, so heißt dies, dass die Person diese Aufgaben mit einer hinreichenden Sicherheit löst. (In den aktuellen Schulleistungsstudien wird unter hinreichender Sicherheit eine Lösungswahrscheinlich von $p = .65$ verstanden.) Aufgaben mit Schwierigkeitswerten deutlich unter 500 werden von dieser Person mit noch größerer Sicherheit gelöst, Aufgaben mit Schwierigkeitswerten deutlich über 500 werden mit großer Wahrscheinlichkeit von dieser Person nicht mehr gelöst. Anhand einer Analyse der Aufgabeninhalte mit einem Schwierigkeitswert von 500 kann dann festgestellt werden, welche kognitiven Operationen nötig sind, um die Items erfolgreich zu lösen. Man kommt so zu einer verhaltensnahen und inhaltsbezogenen Beschreibung der Operationen, die Personen mit einem Fähigkeitsparameter von 500 sicher beherrschen (zu Details des methodischen Vorgehens vgl. Klieme, 2000, und Klieme et al., 2000). Diese Art der Festlegung unterschiedlicher Leistungsniveaus soll genauer an den Aufgaben zur mathematischen Grundbildung illustriert werden, die im Rahmen der TIMS-Studie (Third International Mathematics and Science Study) eingesetzt wurden (vgl. Baumert et al., 2000a). In dieser Untersuchung wurden Schülerinnen und Schüler am Ende der Pflichtschulzeit, d.h. Gymnasiasten im letzten Jahr der gymnasialen Oberstufe und Auszubildende im letzten Jahr der beruflichen Erstausbildung, getestet. Alle Aufgaben thematisierten Stoffe aus den Lehrplänen der Sekundarstufe I und zeichneten sich zusätzlich dadurch aus, dass es um die Anwendung der mathematischen Kenntnisse auf alltagsnahe Probleme geht. Die Leistungen der Personen und Schwierigkeiten der Aufgaben wurden auf einem Maßstab mit einem Mittelwert von $M = 500$ und einer Standardabweichung von $SD = 100$ abgetragen. Die Abbildung 23.3 zeigt Aufgabenbeispiele mit ihren Schwierigkeiten, die im Sinne des „*scale anchorings*" unterschiedliche Fähigkeitsniveaus definieren (s. Klieme et al., 2000, S. 122ff).

Alltagsnahes Schlussfolgern. Die erste Kompetenzstufe (Testwert von 400) umfasst Anforderungen, die sich im Wesentlichen auf das alltagsbezogene Schlussfolgern beschränken und keine expliziten mathematischen Operationen beinhalten. Dies gilt für die Aufgabe C6 in Abbildung 23.3 (S. 764), deren erfolgreiche Lösung lediglich eine einfache Überlegung erfordert: Je mehr Schritte jemand benötigt, um eine bestimmte Entfernung zu überwinden, desto kleiner ist seine Schrittlänge. Formal steht hinter dieser Aufgabe eine umgekehrte Proportionalität; es ist aber nicht nötig, diese für die Lösung zu berücksichtigen. Klieme et al. (2000) haben dieses Leistungsniveau als *alltagsnahes Schlussfolgern* bezeichnet, das bereits in der Grundschule erreicht sein sollte. Bemerkenswerterweise ergaben die Analysen in TIMSS, dass über vier Prozent der Gymnasiasten und über 20 Prozent der Auszubildenden für einen praktischen Beruf nicht über dieses Niveau hinaus kommen. Dies weist deutlich auf den konzeptuellen Unterschied zwischen Intelligenz und Schulleistungen hin. Junge Erwachsene mit Intelligenzwerten auf dem Niveau von Grundschülern würde man als schwer entwicklungsverzögert bzw. kognitiv retardiert bezeichnen. Im Hinblick auf Schulleistungen kann man solche Interpretationen nicht ohne weiteres vornehmen, die Personen können hinsichtlich ihrer allgemeinen kognitiven Entwicklung völlig unauffällig sein, es aber versäumt haben, die Lerngelegenheiten im Kontext Schule zu nutzen.

Einfache mathematische Routinen. Die *zweite Kompetenzstufe* in Abbildung 23.3 (Testwert von 500) umfasst die *sichere Anwendung von einfachen mathematischen Routinen*, wie sie in der Sekundarstufe I erworben werden sollten (Prozentrechnungen oder Flächenberechnungen). In diesem Sinne erfordert die Aufgabe D13 in Abbildung 23.3 (S. 764) die Beherrschung der Addition und Prozentrechnung. In der TIMSS-Oberstufenuntersuchung kamen rund 30 Prozent der Schülerinnen und Schüler in gymnasialen Oberstufen und ca. 65 Prozent der Personen in einer praktischen beruflichen Ausbildung nicht über dieses Niveau hinaus.

Mathematisches Modellieren. Die *dritte Kompetenzstufe* (Testwert von 600) erlaubt das *mathematische Modellieren auf einem einfachen Niveau*. Typische Aufgaben, die auf dieser Stufe gelöst werden können, erfordern die Verknüpfung unterschiedlicher Operationen und die Erschließung des mathematischen Ansatzes. In der Aufgabe B17 in Abbildung 23.3 (S. 764) müssen beispielsweise die Volumina beider Packungen berechnet werden und anschließend ist eine Verhältnisrechnung erforderlich. Kennzeichnend ist weiterhin, dass der mathematische Ansatz (hier: Volumenbestimmung und Verhältnisrechnung) nicht im Aufgabentext selbst nahe gelegt wird, sondern erschlossen werden muss. Auf der Basis der curricularen Vorgaben durch die Lehrpläne der Sekundarstufe I sollte erwartet werden, dass

Fähigkeit

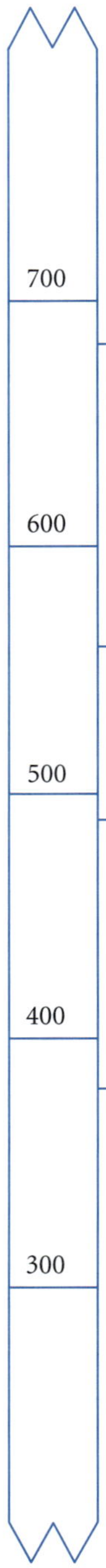

681
(0,1/0,19)

Aufgabe D17

Ein Fernsehreporter zeigte dieses Diagramm und sagte:
„In diesem Jahr hat die Zahl der Raubüberfälle stark zugenommen."

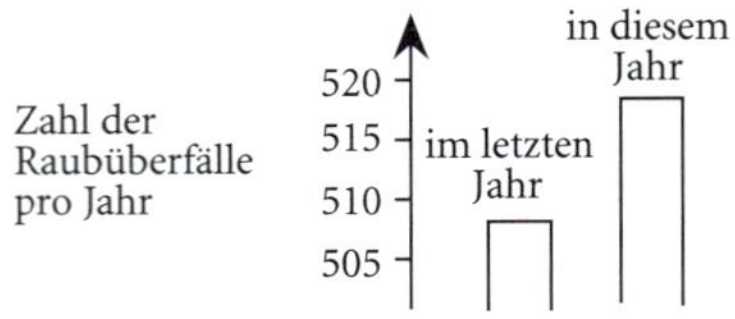

Halten Sie die Aussage des Reporters für eine angemessene Interpretation des Diagramms? Geben Sie eine kurze Erklärung!

559
(0,49/0,51)

Aufgabe B17

Die beiden abgebildeten Müslipackungen haben die gleiche Form und sind ganz voll mit Müsli. Packung 1 enthält 80 Gramm Müsli.

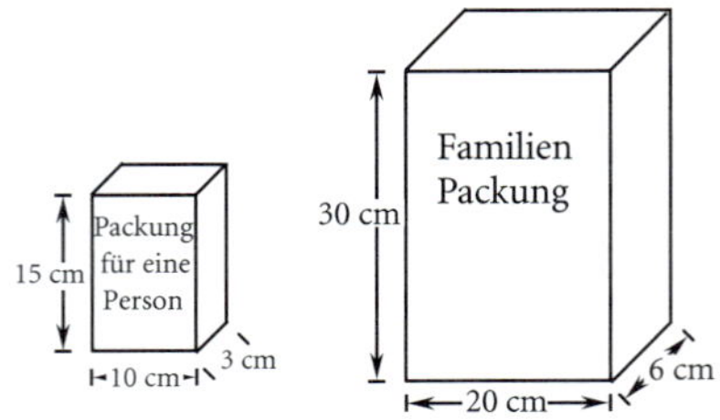

Packung 1 Packung 2

Wieviel Gramm des gleichen Müsli enthält Packung 2?
A. 160 B. 320 C. 480 D. 640

488
(0,64/0,64)

Aufgabe D13

Bei einer Wahl in einer Schule mit drei Kandidaten bekam Jan 120 Stimmen, Maria erhielt 50 Stimmen und Georg 30 Stimmen.
Welchen Prozentsatz der Gesamtstimmen bekam Jan?
A. 60 % B. $66^2/_3$ % C. 80 % D. 120 %

380
(0,83/0,86)

Aufgabe C6

Vier Kinder messen die Breite eines Zimmers. Sie zählen dabei, wie viele Schritte sie benötigen, um das Zimmer zu durchschreiten. Die Tabelle zeigt ihre Ergebnisse.

Name	Anzahl der Schritte
Stefan	10
Elke	8
Anna	9
Lars	7

Wer hat den längsten Schritt?
A. Stefan B. Elke C. Anna D. Lars

Die Werte an den Verbindungslinien zwischen den Beispielen und der Fähigkeitssäule geben das für eine 65-prozentige Lösungswahrscheinlichkeit erforderliche Fähigkeitsniveau und die Werte in Klammern die relativen internationalen und deutschen Lösungshäufigkeiten an. (IEA. Third International Mathematics and Science Study) © TIMSS/III-Germany

Abbildung 23.3. Testaufgaben aus dem Bereich mathematischer Grundbildung, die unterschiedliche Kompetenzniveaus repräsentieren

Tabelle 23.1. Beschreibung der unterschiedlichen Kompetenzstufen für drei Dimensionen des Leseverständnisses in der PISA-Studie (vgl. Baumert et al., 2001)

	Dimension des Leseverständnisses		
	Informationen heraussuchen	**Textbezogenes Interpretieren**	**Reflektieren und Bewerten**
	Aufgaben auf der jeweiligen Kompetenzstufe erfordern vom Leser …		
Stufe 5	…, verschiedene, tief eingebettete Informationen zu lokalisieren und geordnet wiederzugeben. Der Inhalt und die Form des Textes sind unbekannt; der Leser muss entnehmen, welche Information im Text für die Aufgabe relevant ist.	… ein vollständiges und detailliertes Verstehen eines Textes, dessen Format und Thema unbekannt sind.	… die kritische Bewertung oder das Bilden von Hypothesen, unter Zuhilfenahme von speziellem Wissen. Typischerweise verlangen Aufgaben dieses Niveaus vom Leser den Umgang mit Konzepten, die der Erwartung widersprechen.
Stufe 4	…, mehrere eingebettete Informationen zu lokalisieren. Üblicherweise sind der Inhalt und die Form des Textes unbekannt.	… z.B. das Auslegen der Bedeutung von Sprachnuancen in Teilen des Textes, die unter Berücksichtigung des Textes als Ganzes interpretiert werden müssen. Andere Aufgaben erfordern das Verstehen und Anwenden von Kategorien in einem unbekannten Kontext.	… z.B. die kritische Bewertung eines Textes oder das Formulieren von Hypothesen über Information im Text, unter Zuhilfenahme von formalem oder allgemeinem Wissen. Leser müssen ein genaues Verstehen von langen und komplexen Texten unter Beweis stellen.
Stufe 3	…, Einzelinformationen herauszusuchen und dabei z.T. auch die Beziehungen dieser Einzelinformationen untereinander zu beachten. Die Auswahl wird durch auffallende und konkurrierende Informationen erschwert.	…, die in verschiedenen Teilen des Textes enthaltenen Aussagen zu berücksichtigen und zu integrieren, um eine Hauptidee zu erkennen, eine Beziehung zu verstehen oder die Bedeutung eines Wortes oder eines Satzes zu schlussfolgern. Beim Vergleichen, Kontrastieren oder Kategorisieren müssen viele Merkmale berücksichtigt werden.	… entweder Verbindungen, Vergleiche und Erklärungen oder sie erfordern vom Leser, bestimmte Merkmale des Textes zu bewerten. Genaues Verständnis des Textes im Verhältnis zu bekanntem Alltagswissen.
Stufe 2	…, eine oder mehrere Informationen zu lokalisieren, die beispielsweise aus dem Text geschlussfolgert werden müssen und mehrere Voraussetzungen erfüllen. Die Auswahl wird durch einige konkurrierende Informationen erschwert.	… z.B. das Erkennen des wenig auffallend formulierten Hauptgedankens eines Textes. Verstehen von Beziehungen oder Erfassen einer Bedeutung innerhalb eines Textteils auf der Basis von einfachen Schlussfolgerungen.	… z.B. einen Vergleich von mehreren Verbindungen zwischen dem Text und über den Text hinausgehendem Wissen. Bezugnahme auf persönliche Erfahrungen und Einstellungen um bestimmte Merkmale des Textes zu erklären.
Stufe 1	…, eine oder mehrere unabhängige, aber ausdrücklich angegebene Informationen zu lokalisieren. Üblicherweise gibt es eine einzige Voraussetzung, die von der betreffenden Information erfüllt sein muss, und es gibt, wenn überhaupt, nur wenig konkurrierende Informationen im Text.	… das Erkennen des Hauptgedankens des Textes oder der Intention des Autors bei Texten über bekannte Themen. Der Hauptgedanke ist dabei entweder durch Wiederholung oder durch früheres Erscheinen im Text auffallend formuliert.	… z.B., eine einfache Verbindung zwischen Information aus dem Text und weitverbreitetem Alltagswissen herzustellen. Der Leser wird ausdrücklich angewiesen, relevante Faktoren in der Aufgabe und im Text zu beachten.

große Teile der Schülerinnen und Schüler derartigen Aufgaben am Ende der Pflichtschulzeit lösen. Tatsächlich gelingt dies gut 70 Prozent der Gymnasiasten in der Oberstufe und rund 35 Prozent der Auszubildenden.

Mathematisches Argumentieren. Schließlich beinhaltet die *vierte und höchste Kompetenzstufe* (Testwerte von 700) das mathematische Argumentieren, insbesondere anhand von graphischen Darstellungen. In der Beispielaufgabe in Abbildung 23.3 (S. 764) muss der Bearbeiter erkennen, dass die dargestellte Zunahme der Zahl der Raubüberfälle mit zehn Fällen nur etwa 1/50 der Ausgangsbasis ausmacht und damit keinesfalls als starke Zunahme interpretiert werden darf. Dieses Fähigkeitsniveau erreichen 29 Prozent der Gymnasiasten und lediglich 3 Prozent der Auszubildenden. Zu bedenken ist hier noch einmal, dass es sich bei den untersuchten Personen um junge Erwachsene im Alter zwischen 18 und 21 Jahren handelt.

Inhaltliche Interpretation von Entwicklungsverläufen. Diese Technik des *scale anchorings* ist trotz des *post-hoc*-Vorgehens aus theoretischer Sicht von besonderer Bedeutung, da sie auch für die stärker inhaltliche Interpretation von Entwicklungsverläufen der Schulleistungen genutzt werden kann. Beispielsweise belegen die gerade vorgeführten Analysen der TIMSS-Daten, dass ein Leistungsunterschied von einer Standardabweichung (= 100 Punkte) in der Tat qualitativ unterschiedliche Kompetenzniveaus abbildet. Bedenkt man, dass die Gymnasiasten in der Abbildung 23.2b in Mathematik im Laufe von vier Schuljahren über drei Standardabweichungen gewinnen, so wird klar, dass es im Laufe dieser Zeit wiederholt zu deutlichen Veränderungen im Grundwissen und in der Beherrschung kognitiver Operationen gekommen sein muss. Im Rahmen der TIMS-Studie wurden vergleichbare Kompetenzstufen für die Naturwissenschaften in der Sekundarstufe I (vgl. Baumert, Lehmann et al., 1997) und der Sekundarstufe II (vgl. Baumert et al., 2000a, 2000b) definiert. Die PISA-Studie (*Programme for International Student Assessment*; vgl. Baumert, Artelt, Klieme & Stanat, 2001) liefert darüber hinaus Kompetenzstufen für den Bereich des Textverständnisses. Hier wurden für die drei Subdimensionen *Informationen heraussuchen*, *textbezogenes Interpretieren* und *Reflektieren und Bewerten* die in Tabelle 23.1 (S. 765) aufgeführten Kompetenzstufen *post hoc* definiert.

> **!** Insgesamt sollte dieser Abschnitt deutlich gemacht haben, dass erfolgreiche Schulleistungsverläufe in solchen Fächern zu erwarten sind, die kontinuierlich und kumulativ unterrichtet werden und dass *post-hoc*-Analysen der Schülerergebnisse in entsprechenden standardisierten Tests wichtige Aufschlüsse über unterschiedliche Kompetenz- bzw. Fähigkeitsniveaus liefern können.

3 Fähigkeitsgruppierungen und Schulleistungsentwicklung

3.1 Auswirkungen der Leistungsgruppierung

Aus einer erziehungswissenschaftlichen Sicht, aber auch aus einer entwicklungspsychologischen Perspektive, in der individuelle Veränderungen auf institutionelle Variablen zurückgeführt werden, ist es ohne Frage von Interesse, den Einfluss sich ändernder Schulumwelten auf die Entwicklung von Schulleistungen und anderen Personmerkmalen zu untersuchen. Entsprechend dieser Sichtweise soll im folgenden Abschnitt auf die Effekte von Fähigkeitsgruppierungen im Bereich der Sekundarstufe eingegangen werden.

Charakteristisch für die Schulsysteme aller modernen Industrienationen ist die Trennung in einen Primar- bzw. Elementarbereich (die Grundschule) und einen Sekundarbereich. (Der tertiäre Bereich umfasst üblicherweise die universitäre und berufliche Ausbildung.) Beide Bereiche unterscheiden sich nicht nur in den Alters- bzw. Jahrgangsstufen ihrer Schülerinnen und Schüler, sie sind in der Regel auch geographisch getrennt.

Mit dem Übergang vom Primar- in den Sekundarbereich ist somit ein Ortswechsel und oftmals auch ein Wechsel der Lerngruppe verbunden.

Leistungsgruppierung

Während der Grundschulbereich sich national und international dadurch auszeichnet, dass der Unterricht in sozial und leistungsmäßig unausgelesenen (heterogenen) Lerngruppen abläuft, findet in vielen Ländern nach dem Übergang in den Sekundarschulbereich früher oder später eine Leistungsgruppierung statt (vgl. hierzu Baumert et al., 2000a, S. 301ff). Schülerinnen und Schüler werden aufgrund ihrer Fachleistungen unterschiedlichen Schulformen zugewiesen, d.h. besonders leistungsstarke Kinder und Jugendliche besuchen dann einen gemeinsamen Schultypus, schwächere einen anderen. Der Grad der Differenzierung schwankt dabei national und international erheblich wie auch die Jahrgangsstufe, in der die Differenzierung beginnt. Während im deutschen Schulsystem die Zuweisung zu unterschiedlichen Schulformen zu Beginn der 5. Jahrgangsstufe erfolgt – Ausnahmen bilden die Bundesländer Berlin, Brandenburg und Bremen, wo der Sekundarbereich mit der 7. Jahrgangsstufe beginnt – führen die meisten anderen Nationen die Fähigkeitsgruppierungen später ein: In den Niederlanden beispielsweise nach der 6. Jahrgangsstufe, in Dänemark, Schweden oder Norwegen gar erst nach der 9. Jahrgangsstufe. In Australien und den USA wird oftmals völlig auf eine explizite Differenzierung in unterschiedliche Schulformen verzichtet. Den Differenzierungsmaßnahmen ist gemeinsam, dass die leistungsstarken Schülerinnen und Schüler auf einen Zweig wechseln, dessen erfolgreicher Abschluss sie zum Studium berechtigt, wohingegen die schwächeren Kinder und Jugendlichen dann Schulformen besuchen, die üblicherweise in eine berufliche Ausbildung münden.

Differenzierung nach Fähigkeit. Hinsichtlich der Fähigkeitsgruppierung werden im wesentlichen zwei Formen unterschieden (vgl. Arbeitsgruppe Bildungsbericht am MPI für Bildungsforschung, 1994; Fend, 1982, 1991; Reuman, 1989), die externe Differenzierung (*between-classroom grouping*) und die Binnendifferenzierung (*within-classroom grouping*). Das gegliederte bundesdeutsche Schulsystem mit der Hauptschule, der Realschule und dem Gymnasium bietet ein Beispiel für die externe Differenzierung. Schülerinnen und Schüler dieser unterschiedlichen Schulformen besuchen getrennte Schulen, der Unterricht findet in leistungshomogenisierten Gruppen statt. Sonderformen der externen Differenzierung stellen die Kurssysteme der gymnasialen Oberstufe und der Integrierten Gesamtschulen dar, wie auch die unterschiedlichen Zweige der amerikanischen *high schools*. In den Gesamtschulen wird innerhalb einer Klasse in den Kernfächern (Deutsch, Mathematik, Fremdsprachen, Physik) ab einer bestimmten Jahrgangsstufe in zwei oder drei Kurse mit unterschiedlichen Leistungsniveaus differenziert, d.h. die Schüler einer Klasse werden in einigen Fächern gemeinsam, in anderen räumlich getrennt unterrichtet. Die Zuweisung zu den unterschiedlichen Kursniveaus basiert auf den Leistungen in diesen Fächern. In der gymnasialen Oberstufe, wie sie aktuell in allen Bundesländern mit Ausnahme Baden-Württembergs praktiziert wird, können die Jugendlichen zwei oder drei Leistungskurse wählen, die übrigen Fächer werden als Grundkurse unterrichtet. Abweichend von den üblichen Differenzierungen sind Leistungskurswahlen oftmals Neigungswahlen (vgl. Baumert & Köller, 2000), die der Schüler bzw. die Schülerin im Rahmen des Kursangebots der Schule autonom trifft.

Das amerikanische Schulsystem. In den USA werden in vielen Schulen unter einem gemeinsamen Dach drei unterschiedliche Zweige eingeteilt. Den *academic track* besuchen die leistungsstärksten Schülerinnen und Schüler, die später üblicherweise an eine Universität wechseln. Jugendliche des *vocational tracks* weisen schwächere Leistungen auf und wechseln in der Regel nach Abschluss der Schule in den Beruf. Schließlich besucht eine mittlere Gruppe den *general track*, ein Teil dieser Jugendlichen wechselt am Ende der

Schulzeit dann zum *College* oder einer Universität, der Rest geht in den Beruf über.

Binnendifferenzierung beschreibt im Gegensatz zur externen Differenzierung ein Vorgehen der Lehrkräfte innerhalb einer Schule bzw. Klasse, bei dem Schülerinnen und Schüler ohne geographische Trennung passend zu ihren unterschiedlichen Leistungs- bzw. Fähigkeitsniveaus Lerngruppen zugeordnet werden, in denen sie zum Teil spezifische Aufgaben und Bewertungen erhalten. Dieses stärker mikroadaptive Vorgehen innerhalb eines Klassenraumes verlangt von der Lehrkraft einen flexiblen Umgang mit der Leistungsheterogenität. Im deutschen Sekundarschulsystem findet man die Binnendifferenzierung sehr selten, da es hierzu der besonderen Zustimmung durch das entsprechende Kultusministerium bedarf, der Normalfall ist die externe Differenzierung.

Lernen leistungshomogene Gruppen besser?

Eine wichtige Ausgangsannahme aller externen Differenzierungsmaßnahmen ist, dass individuelle Lernerfolge in leistungshomogenen Gruppen höher sind als in leistungsheterogenen Gruppen (vgl. Arbeitsgruppe Bildungsbericht am Max-Planck-Institut für Bildungsforschung, 1994; Helmke & Weinert, 1997; Köller & Baumert, 2001). Autoren wie Carroll (1963) oder Bloom (1976) argumentieren in ihren Modellen schulischen Lernens, dass Lern- und Leistungsunterschiede zwischen Personen oftmals darauf beruhen, dass diese Personen unterschiedliche Zeiten benötigen, um den Unterrichtsstoff zu verstehen und abzuspeichern. Homogene Leistungsgruppen, so lässt sich aus diesen Modellen ableiten, benötigen ähnliche Lernzeiten, und gerade für leistungsstarke Gruppen impliziert dies, dass ein deutlich höheres Unterrichtstempo und kognitives Anspruchsniveau gewählt werden kann. Helmke und Weinert (1997, S. 145) konnten zeigen, dass die Vorkenntnisse der Schülerinnen und Schüler positive Effekte auf die Variablen „Klarheit des Unterrichts" und „Zeitnutzung" hatten, Lehrer also im Sinne makroadaptiven Handelns ihren Unterricht an das Leistungsniveau ihrer Klasse

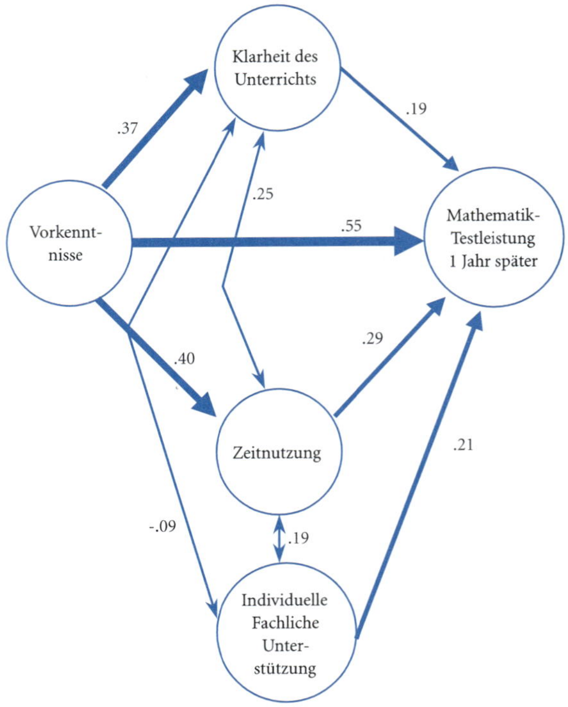

Abbildung 23.4. Leistungsstärke der Lerngruppe (Schulklasse), Unterrichtsmerkmale und Schulleistungsverlauf; standardisierte Pfadkoeffizienten aus Analysen auf Klassenebene (vgl. Helmke & Weinert, 1997, S. 145)

anpassten. In Folge dieses Anpassungsprozesses kam es zu positiven Effekten der Unterrichtsvariablen auf die Leistungsentwicklung der Klasse.

Das voll standardisierte Pfadmodell zeigt die Abbildung 23.4. Dort ist der Effekt des Vorkenntnisniveaus der Klasse auf die späteren Leistungen (.55) dokumentiert, den man etwas leichtfertig als Beleg für die Effizienz von Fähigkeitsgruppierungen interpretieren könnte, da Klassen mit höheren Vorkenntnissen später auch höhere Leistungen zeigen. In diesem Effekt sind aber leider die Einflüsse der individuellen und der auf Klassenebene gemittelten Vorkenntnisse konfundiert, so dass man den Koeffizienten von .55 nicht wirklich interpretieren kann.

Eine ähnlich elaborierte Studie wie die von Marsh et al. (s. „Unter der Lupe", S. 769) haben Yang et al. (1999) publiziert. In die berichteten Analysen gingen rund 6400 Schülerinnen und

UNTER DER LUPE

Wie wirkt sich Leistungsgruppierung auf das Lernen aus?

Eine methodisch anspruchsvolle internationale Untersuchung, die sich mit den Effekten der Leistungsgruppierung auf die Entwicklung von Schulleistungen und selbstbezogenen Kognitionen bei Jugendlichen der Sekundarstufe I beschäftigt, wurde von Marsh et al. (2000) für das Schulsystem in Hongkong publiziert. Diese Studie überwindet die gerade skizzierten methodischen Probleme. Hongkong verfügt über ein besonders stark segregiertes Schulsystem, das heißt am Ende der 6. Jahrgangsstufe muss von allen Schülern ein landesweit verbindlicher Schulleistungstest bearbeitet werden, dessen Ergebnis als Kriterium dafür dient, welche *high school* den einzelnen Schüler anschließend aufnimmt. Besonders renommierte Schulen rekrutieren nur Schüler mit exzellenten Leistungen in den Tests, wohingegen prestigeärmere Schulen solche aufnehmen, die am Ende der Klassenstufe 6 schwächer abgeschnitten haben. Die unterschiedlichen *high schools* verfügen dementsprechend über sehr leistungshomogene Schülerschaften und die Zugehörigkeit zu den prestigeträchtigen Schulen gilt als Garant für eine erfolgreiche akademische bzw. berufliche Karriere. Durch diese Organisation des Bildungssystems lassen sich Effekte der Leistungsgruppierung optimal untersuchen.

In der konkreten Untersuchung von Marsh et al. (2000) wurden längsschnittliche Datensätze von rund 8000 Schülern aus 44 Schulen berücksichtigt. Als Prädiktoren für die Vorhersage der Schulleistungen in den Fächern Chinesisch (Muttersprache), Mathematik und Englisch, die in der 7., 8. und 9. Jahrgangsstufe erhoben wurden, dienten die individuelle Ausgangsfähigkeit zu Beginn der 7. Jahrgangsstufe und die auf Schulebene aggregierten Schülerleistungen. Dieses aggregierte Maß bildet unmittelbar die Fähigkeitsgruppierung ab: je höher der aggregierte Wert, desto stärker das Leistungsniveau der Schule. Die von Marsh et al. berichteten Ergebnisse weisen auf eine unbedeutende Rolle der Fähigkeitsgruppierung hin. Beispielsweise ergab sich bei Kontrolle der individuellen Ausgangsleistung ein nicht signifikantes Regressionsgewicht ($\beta = .10$) von der auf Schulebene aggregierten Ausgangsleistung auf die individuelle Leistung in der 9. Jahrgangstufe. Ein deutlicher Effekt ($\beta = .53$, $p < .01$), ergab sich dagegen von der individuellen Ausgangsleistung auf die Leistung in der 9. Jahrgangsstufe. Die Ergebnisse lassen sich dahingehend interpretieren, dass sich die Schulleistungen guter Schüler in Hongkong unabhängig von der Leistungsstärke (der Fähigkeitsgruppierung) ihrer Schule positiver entwickeln als die Leistungen schlechter Schüler, d.h. hier zeigte sich der bereits erwähnte *Matthäus-Effekt* auf Individualebene, nicht aber auf Schulebene. Bemerkenswert an dieser Untersuchung ist ohne Frage, dass man bei simultaner Modellierung der Ausgangsleistung auf Individual- und Schulebene zu gänzlich anderen Befunden kommen kann als es der Fall ist, wenn die Analysen nur auf Schul- oder Individualebene durchgeführt werden.

Schüler aus 161 Schulen ein, deren Leistungen in Mathematik, Lesen, Schreiben und Naturwissenschaft längsschnittlich untersucht wurden. Für die auf Schulebene aggregierten Ausgangsleistungen in Mathematik und Naturwissenschaft ergaben sich bei Kontrolle der individuellen Ausgangsleistungen sogar durchgängig negative Effekte auf die späteren Leistungen in allen vier untersuchten Domänen, d.h. je höher die Leistungen in beiden Fächern in einer Schule lagen, desto ungünstiger war bei Kontrolle der individuellen Ausgangsleistungen die Wissensentwicklung.

Frühe Differenzierung fördert leistungsstarke Schüler. Implizieren diese internationalen Befunde, dass die Fähigkeitsgruppierungen wenigstens im Hinblick auf optimale Leistungsförderungen ineffektiv sind, so ergibt sich in deutschen Studien ein abweichendes Bild. Roeder (1997; vgl. auch Roeder & Sang, 1991) reanalysierte Daten einer vom Max-Planck-Institut für Bildungsforschung Ende der 60er Jahre durchgeführten Gymnasiastenstudie mit einer für alle Länder der alten Bundesrepublik Deutschland repräsentativen Stichprobe. Ausgangspunkt der Arbeit war die Fragestellung, ob eine spätere Differenzierung (nach der 6. Jahrgangsstufe) bei leistungsstarken Schülern im Vergleich zur Differenzierung nach vier Schuljahren ungünstige Effekte auf die Schulleistungen hat. Dazu wurden die Leistungen von Gymnasiasten in der 7. Jahrgangsstufe in Deutsch, Mathematik und Englisch aus einem Bundesland mit sechsjähriger Grundschule mit denen der übrigen Bundesländer mit vierjähriger Grundschule verglichen. Die Tabelle 23.2 zeigt die Resultate der Studie.

Tabelle 23.2. Schulleistungen in der 7. Jahrgangsstufe von Gymnasiasten aus vier und sechsjährigen Grundschulen (aus Roeder, 1997, S. 408)

		Englisch	Mathematik	Deutsch	N
sechsjährige	$\bar{x}$	38.8	38.0	49.5	1049
Grundschule	s	9.4	11.9	11.6	
vierjährige	$\bar{x}$	52.6	47.1	54.8	11.203
Grundschule	s	12.4	13.9	12.6	

Anmerkungen. $\bar{x}$: Mittelwert; s = Standardabweichung

Unübersehbar zeigen sich deutliche Leistungsvorteile der Gymnasiasten aus den Bundesländern mit vierjähriger Grundschule. Die frühere Differenzierung scheint also leistungsstärkere Schüler in allen drei Fächern besser zu fördern.

EXKURS

Effekte der Leistungsgruppierung in Deutschland

Eine methodisch elaboriertere Studie zu Effekten der Leistungsgruppierung im deutschen Schulsystem stammt von Köller und Baumert (2001). Die Autoren wählten ebenso wie in den oben beschriebenen Arbeiten von Marsh et al. (2000) und Yang et al. (1999) einen mehrebenenanalytischen Auswertungsansatz. Basierend auf einer Stichprobe von $N = 2730$ Schülerinnen und Schülern aus 107 Schulen wurden die Leistungsverläufe in Mathematik von der 7. bis zur 10. Jahrgangsstufe untersucht und auf die individuelle Ausgangsfähigkeit, die auf Schulebene aggregierte Ausgangsfähigkeit und die Schulform zurückgeführt. Die Analysen zeigten das folgende Ergebnismuster. Bei Kontrolle der übrigen Prädiktoren hatte die individuelle Ausgangsfähigkeit in Klasse 7 einen deutlich positiven Effekt auf die Leistung in Klasse 10 ($\beta = .50$). Die Schulform hatte ebenfalls einen substantiellen Einfluss: Bei Kontrolle der individuellen und der auf Schulebene aggregierten Ausgangsleistung lag die in Klasse 10 erreichte Leistung am Gymnasium um mehr als eine halbe Standardabweichung über der Realschule und fast eine Standardabweichung über der Hauptschule. Bei Kontrolle von individueller Ausgangsfähigkeit und Schulform zeigte sich ein nur schwacher positiver Effekt ($\beta = .10$, *ns*) der auf Schulebene aggregierten Ausgangsleistung in der 7. Jahrgangsstufe, d.h. innerhalb einer Schulform gab es nur unbedeutende Unterschiede in der Leistungsentwicklung zwischen leistungsstärkeren und -schwächeren Schulen. Dieses Ergebnis ist keinesfalls trivial, sofern man bedenkt, dass die Leistungsvarianz zwischen den Schulen innerhalb von Schulformen manchmal größer ist als die Varianz zwischen den Schulformen (z.B. Fend, 1982). Köller und Baumert (2001) interpretieren ihre Ergebnisse dahingehend, dass es offenbar stärker die besondere Instruktionskultur am Gymnasium und weniger die Leistungsgruppierung *per se* sei, die sich leistungsfördernd auswirken könnte. Diese besondere Instruktionskultur ist dabei möglicherweise weniger Folge eines makroadaptiven Verhaltens der Lehrkräfte auf die vorgefundene Leistungsstärke in den jeweiligen Gymnasialklassen, als vielmehr Folge der schulformspezifischen Lehrerausbildung im deutschen Lehrerbildungssystem. Zusammenfassend zeigt sich zumindest für das deutsche Schulsystem, dass bezogen auf die Fachleistungsentwicklung leistungsstarke Schüler von der Differenzierung im Sekundarbereich profitieren.

3.2 Kosten der Leistungsdifferenzierung im Sekundarbereich

Verschiedene Autoren haben die besonderen psychologischen Kosten der frühen Leistungsgruppierungen im Sekundarbereich hervorgehoben, wobei die Kritik oftmals stärker ideologisch und weniger theoretisch abgeleitet oder empirisch fundiert war. Zu solchen Kritikpunkten zählen (vgl. Arbeitsgruppe Bildungsbericht, 1994):

- Die unterschiedlichen Schulformen sind zu scharf gegeneinander abgegrenzt, so dass mit dem Übertritt von der Grundschule zur Sekundarschule oftmals die Weichen für das Leben des Einzelnen zu starr gestellt werden.
- Die Durchlässigkeit des Systems ist zu gering; nur wenige Schüler wechseln nach dem Übergang mit zehn oder elf Jahren noch einmal die Schulform. Wenn überhaupt, so geschieht dies quasi nur in Form von Abstufungen auf ein niedrigeres Niveau.
- Da viele Berufslaufbahnen in der Bundesrepublik Deutschland an formale Schul- bzw. Hochschulabschlüsse gekoppelt sind, bedeutet die Übergangsentscheidung auf eine der drei Schulformen, dass bereits im Alter von zehn oder elf Jahren eine folgenschwere Entscheidung für das weitere Berufsleben der Kinder gefällt wird.
- Das differenzierte Schulsystem benachteiligt Kinder und Jugendliche aus sozial schwächeren Schichten, die überproportional häufig die Hauptschule besuchen und damit geringere Karrierechancen haben.

Jenseits dieser sozialkritischen Beleuchtung des differenzierten Schulsystems hat sich auch die psychologische Forschung mit den Kosten der Fähigkeitsgruppierungen beschäftigt. Aus entwicklungspsychologischer Sicht ist diese Thematik von besonderem Interesse, da die Fähigkeitsgruppierung in der Regel mit dem Aufkommen der Pubertät zusammenfällt, in der weitreichende biologische, kognitive und psychosoziale Veränderungen stattfinden. Zwei psychologische Ansätze, die sich mit den individuellen Schwierigkeiten beim Übergang von der unselegierten Grundschule in den segregierten Sekundarbereich beschäftigen, sollen im Folgenden geschildert werden.

Das Developmental/Stage Environment Fit Model

Der Übergang vom Grundschul- in den Sekundarbereich findet in der Regel im Alter von 11 bis 13 Jahren statt, jenem Lebensabschnitt also, in dem sich in Folge der einsetzenden Pubertät massive Veränderungen auf Seiten der Jugendlichen einstellen. In einer Vielzahl von Studien (s. im Überblick Wigfield et al., 1996) wurden die Entwicklungsverläufe von Jugendlichen in dieser Zeit des Schulwechsels untersucht. Dabei zeigten sich die folgenden Befunde:

- Mit dem Übergang von der Grundschule in den Sekundarbereich verschlechtern sich oftmals die Schulleistungen (Simmons & Blyth, 1987).
- Gleichzeitig kommt es zu einem Absinken der intrinsischen Lernmotivation (Gottfried et al., 2001; Harter, 1981).
- Die Leistungsangst steigt dagegen an (Hill, 1980).

- Die *drop-out-Raten*, d.h. die Zahl der Schüler, die aus dem Schulsystem aussteigen, nehmen deutlich zu (Vallerand et al., 1997).

Eccles und Mitarbeiterinnen (z. B. Eccles & Midgley, 1989; Eccles et al., 1993) haben auf der Grundlage dieser Befunde das so genannte *Developmental/Stage Environment Fit Model* vorgestellt, das versucht, diese unerwünschten Entwicklungsläufe als Folge einer fehlenden Passung zwischen individuellen Bedürfnissen in der Pubertät und den schulischen Rahmenbedingungen zu konzeptualisieren. Die zentralen Modellannahmen sind dabei:

- Umweltbedingungen, die inkompatibel zu individuellen Bedürfnissen sind, haben negative Effekte auf subjektive Wohlbefindensmaße, motivationale Variablen und leistungsthematisches Verhalten.
- Mit der einsetzenden Pubertät steigt das individuelle Bedürfnis nach Autonomie und Identitätsbildung.
- Schulen bzw. Lehrkräften gelingt es in dieser Phase nicht, die Balance zwischen den Bedürfnissen der Schüler nach Autonomie und den institutionellen, einschränkenden Vorgaben herzustellen (vgl. z.B. Hunt, 1975).
- Zudem ist der deutliche Anstieg des kompetitiven Klassenklimas in Sekundarschulen oftmals inkompatibel zum individuellen Bedürfnis nach Kompetenzerleben (Ames, 1992; Covington, 1992).
- Die Folge sind negative Effekte auf Schulleistungen und die intrinsische Lernmotivation (im Überblick Wigfield et al., 1996).

Empirische Befunde zur Stützung des Modells findet man bei Eccles und Midgley (1989) oder auch in der Überblicksarbeit von Wigfield et al. (1996). Danach besteht kein Zweifel daran, dass eine Lernumwelt, die stärker an den Bedürfnissen der Jugendlichen ausgerichtet ist, deutlich positive Effekte auf die Entwicklung leistungsbezogener Variablen wie Lernmotivation, Fähigkeitsselbstbilder etc. hat.

Der Fischteich-Effekt

Insbesondere die Arbeiten von Schwarzer und Mitarbeitern (Schwarzer, 1979; Schwarzer & Jerusalem, 1982; Schwarzer et al., 1982) für das deutsche Schulsystem und von Marsh (z.B. Marsh, 1987, 1990, Marsh et al., 2000; Marsh & Parker, 1984) für das australische und amerikanische Schulsystem haben deutlich gemacht, dass die Fähigkeitsgruppierungen im Sekundarschulbereich deutliche Effekte auf die Entwicklung selbstbezogener Fähigkeitskognitionen haben. Für leistungsstarke Schüler hat der Übergang auf das Gymnasium für die Entwicklung ihrer selbst wahrgenommenen Fähigkeiten erhebliche negative Einflüsse. Gehörten diese Schüler in der Grundschule noch zu den Besten, so erleben sie auf dem Gymnasium, dass viele andere in der Leistung ebenbürtig oder besser sind. Soziale Vergleiche (Festinger, 1954) führen hier eher zu einem Absinken fähigkeitsbezogener Selbstkonzepte und des Selbstwertgefühls. Schwache Schülerinnen und Schüler erleben dagegen auf Hauptschulen, dass sie plötzlich nicht mehr die Leistungsschwächsten in der Klasse sind, was zu einem Anstieg ihrer Fähigkeitsselbstkonzepte führt. Dieser Prozess mündet oft darin, dass das mittlere Fähigkeitsselbstkonzept auf den verschiedenen Schulformen im Laufe der Sekundarstufe I konvergiert (z.B. Schwarzer & Jerusalem, 1982).

Schwache Mitschüler stärken das Selbstwertgefühl. Das Phänomen, wonach Leistungsgruppierungen Effekte auf selbstbezogene Fähigkeitskognitionen haben, hat Marsh (1987, 1990) in Anlehnung an Davis (1966) als *big-fish-little-pond-effect* beschrieben. Zwei Schüler oder Schülerinnen (*fishes*) mit gleicher individueller Leistungsfähigkeit, die aber Klassen bzw. Schulen mit unterschiedlichen Leistungsniveaus besuchen, weisen unterschiedliche Selbstwahrnehmungen eigener Fähigkeiten auf, das heißt, der Schüler (*big fish*) in der schwächeren Schule (*little pond*) hat eine höhere Wahrnehmung eigener Fähigkeiten als der entsprechende Schüler (*little fish*) in der leistungsstärkeren Schule (*big pond*). In empirischen Studien spiegelt sich dieser *Fischteich-*

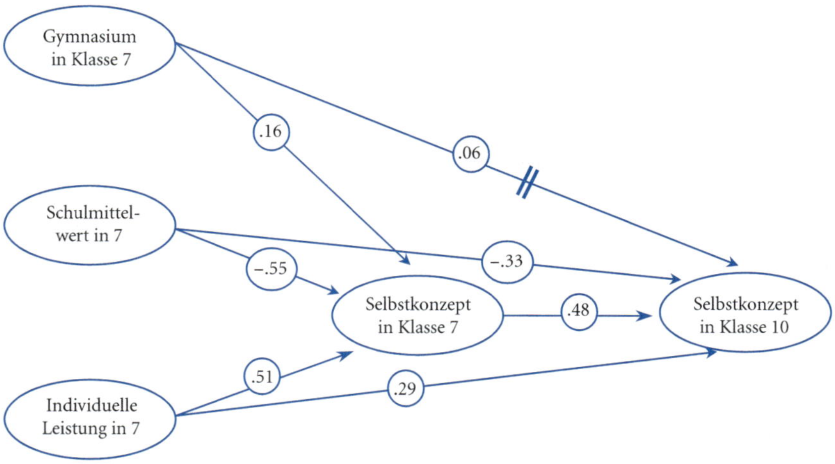

Abbildung 23.5. Effekte der Leistungsgruppierung in der Sekundarstufe I auf die Entwicklung des Selbstkonzepts eigener Begabung im Fach Mathematik (Befunde aus Köller & Baumert, 2001)

Effekt in negativen Regressions- oder Pfadkoeffizienten der über die Schüler gemittelten Klassen- oder Schulleistung auf die individuelle Selbstwahrnehmung der Begabung wider, wenn der Einfluss der individuellen Leistung konstant gehalten wird. Ein entsprechendes Pfaddiagramm für das Selbstkonzept eigener Begabung in Mathematik zeigt die Abbildung 23.5. Die dargestellten Ergebnisse stammen aus der oben bereits beschriebenen Studie von Köller und Baumert (2001).

Der interessanteste Effekt in Abbildung 23.5 ist der Pfad von der auf Schulebene gemittelten Mathematikleistung in Klasse 7 auf das Selbstkonzept der Begabung in der 10. Jahrgangsstufe bei Kontrolle der Selbstkonzeptvariable in Klasse 7. Der Koeffizient von $\beta = -.33$ kann direkt als Effekt der Leistungsgruppierung auf die Entwicklung des Selbstkonzepts der Begabung interpretiert werden. Je leistungsstärker die Klassen bzw. die Schulen sind, die Schülerinnen und Schüler besuchen, desto ungünstiger ist der Entwicklungsverlauf ihrer selbstbezogenen Fähigkeitskognitionen. Dieser Effekt zeigt sich im übrigen auch für schulische Interessen (vgl. Köller, Schnabel & Baumert, 2000).

FAZIT

Zusammenfassend belegt dieser Abschnitt, dass Änderungen der institutionellen Lernumwelten erhebliche Effekte auf die Leistungsentwicklung und Veränderung motivationaler und psychosozialer Merkmale haben können.

4 Schulleistungen – Leistungen der Schule oder des Schülers?[6]

Bis hier sind wir von der Voraussetzung ausgegangen, dass Schulen die entscheidende Instanz bei der Vermittlung zentraler Wissensinhalte sind. Schulleistungen und ihre Entwicklung, so die Annahme, sind unmittelbar an die Lerngelegenheiten im Unterricht geknüpft (vgl. Baumert & Köller, 1998). Rutter et al. (1979) schätzen, dass Schülerinnen und Schüler ca. 15.000 Stunden

6 Diesen Titel hat der unvergessene Franz E. Weinert 2001 für einen seiner letzten Aufsätze gewählt. Wir möchten mit der Übernahme dieses Titels unsere Achtung und Anerkennung gegenüber dem Lebenswerk dieses großartigen Wissenschaftlers ausdrücken.

ihres jungen Lebens in Schulen verbringen, die Schule somit neben der Familie die wichtigste Entwicklungsumwelt in der Kindheit und Jugend ist. Entsprechend dieser besonderen Bedeutung der Schule als Entwicklungsmilieu investieren moderne Industrienationen einen erheblichen Anteil ihrer ökonomischen Ressourcen in die schulische Bildung, immer mit der impliziten oder expliziten Forderung, dass die Schule Wissenserwerbsprozesse auf Seiten ihrer Schülerinnen und Schüler initiiert, aufrecht erhält und somit erfolgreiche Bildungs- und Lebenskarrieren ermöglicht. Vor diesem Hintergrund ist es bemerkenswert, wie groß die Zweifel sind, die aus wissenschaftlicher Perspektive gegen die pädagogische Effizienz von Schulen hervorgebracht werden. In den 60er Jahren des letzten Jahrhunderts machte der so genannte *Coleman-Report* (Coleman et al., 1966) in den USA Furore. Basierend auf einer varianzanalytischen Auswertungsstrategie kamen die Autoren zu dem deprimierenden Ergebnis, dass nach Kontrolle von Schülermerkmalen lediglich fünf (bei weißen Schülern) bzw. neun (bei farbigen Schülern) Prozent der Leistungsunterschiede auf Schuleffekte zurückzuführen waren, 95 bzw. 91 Prozent der Unterschiede also durch andere Faktoren erklärt werden konnten. In den Sekundäranalysen von Jencks et al. (1973) „verdüsterte" sich das Bild weiter, die Autoren schätzten jetzt, dass lediglich ein Prozent der Leistungsvarianz auf Schuleffekte in der Sekundarstufe zurückzuführen war. Jencks et al. kamen auf Grundlage ihrer Befunde zu folgenden Schlussfolgerungen (vgl. Weinert, 2001, S. 74):

- Genetische Unterschiede, die sich beispielsweise in der unterschiedlichen Intelligenzhöhe von Schülerinnen und Schülern manifestieren, erklären 33 bis 50 Prozent der Schulleistungsunterschiede.
- Unterschiedliche außerschulische Lernumwelten erklären 25 bis 40 Prozent der Leistungsdifferenzen.
- Die unterschiedliche soziale Herkunft der Schülerinnen und Schüler erklärt ungefähr 6 Prozent der Leistungsvarianz.
- Unterschiede im zeitlichen Umfang der Schulbildung erklären 5 bis 15 Prozent der Leistungsvarianz.
- Differenzen in der Qualität der Grundschulen erklären 3 Prozent der Varianz und
- Qualitätsdifferenzen zwischen den Sekundarschulen erklären die oben bereits erwähnten ein Prozent der Leistungsunterschiede zwischen Personen.

Einfluss der Schule auf Schülerleistungen. Für Deutschland haben Ditton und Krecker (1995) geschätzt, dass die Unterschiede zwischen Schulen innerhalb einer Schulart in einem Bundesland etwa 2,5 Prozent der Schülerdifferenzen erklären. Auch wenn neuere, methodisch elaboriertere Untersuchungen ein günstigeres Bild zeichnen – Scheerens und Bosker (1997) kommen beispielsweise aufgrund einer Meta-Analyse zu der Schätzung, dass es ca. 12 Prozent der Leistungsunterschiede zwischen Schülern sind, die auf Schuleffekte zurückführbar sind, Opdenakker und Van Damme (2000) wie auch Baumert und Köller (1998) präsentieren noch deutlich günstigere Zahlen – bleibt der Eindruck der begrenzten Effizienz der Bildungsinstitution Schule bestehen. Aus einer stärker lern-, gedächtnis- und entwicklungspsychologischen Perspektive haben die meisten dieser Studien aber die methodische Schwäche, dass es allein um die Erklärung interindividueller Differenzen geht, intraindividuelle Leistungsverläufe oder interindividuelle Unterschiede in der intraindividuellen Leistungsentwicklung jedoch unberücksichtigt bleiben. Interessante Fragen wie z.B.: „Wie würde die Leistungsentwicklung in den Fremdsprachen oder Naturwissenschaften in der Kindheit und Jugend verlaufen, wenn es keine institutionalisierten Bildungssysteme mit systematischer Instruktion gäbe?" werden nicht gestellt, da sie wenigstens in modernen Industrienationen aufgrund der Schulpflicht auch kaum zu beantworten sind.

> „In den hochindustrialisierten Ländern ist die entwicklungspsychologische und gesellschaftspolitische Bedeutung der Schule nicht so leicht

erkennbar, weil fast alle Kinder mehr als neun Jahre ihrer Schulpflicht genügen, weil die nationalen Schulsysteme durch die Ausbildung und Professionalisierung der Lehrer, durch eine staatlich geregelte Schulorganisation, durch materielle Mindestausstattung mit Lehr- und Lernmitteln sowie durch mehr oder minder verbindliche Lehrpläne und Prüfungsordnungen dafür gesorgt wird, dass im Prinzip mehr formale Ähnlichkeiten als spezifische Unterschiede zwischen den einzelnen Schulen und Schulklassen bestehen. Auf diese Weise verstärkt sich der Eindruck, dass es Unterschiede der Schüler und nicht Qualitätsdifferenzen der Schulen sind, welche die Stärken und Schwächen in den Schulleistungen bewirken." (Weinert, 2001, S. 79)

Die Schuleffizienzforschung hat somit das Problem, dass es bei der Untersuchung des Einflusses des *treatments* Schule bzw. Unterricht schlecht möglich ist, ein Kontrollgruppendesign zu wählen. Hätte man ein solches Design, würde man mit Sicherheit zu deutlich günstigeren Schätzungen für die Effektivität von Schulen kommen. Kaum jemand, der keine Schule besucht hätte, würde jemals tiefere Einblicke beispielsweise in die Quantenmechanik oder in die lateinische Sprache gewinnen, egal wie intelligent er ist und wie sein sozialer Hintergrund ist. Um eine Analogie aufzunehmen: Ein großer, nicht zu schwerer, muskulöser Mensch würde, wenn er einmal das Schwimmen gelernt hätte, immer schneller schwimmen als ein kleiner dicker, unmuskulöser Mensch. Für diese Leistungsunterschiede würden in hohem Maße die genetisch bedingten Differenzen in der Konstitution verantwortlich sein und nicht der Umstand, dass beide Personen vor langer Zeit einmal an einem Schwimmkurs teilgenommen hätten. Auf der anderen Seite würden beide ertrinken, d.h. Leistungsunterschiede wären nicht beobachtbar, wenn sie nicht zuvor diesen Schwimmkurs besucht hätten, in dem sie systematisch in die Schwimmtechnik eingewiesen worden wären. Übersehen wird also oftmals, dass institutionalisierte Bildung im wesentlichen durch die Herstellung systematischer Lernsituationen charakterisiert werden kann, die notwendige Voraussetzungen für eine Veränderung der kognitiven Strukturen (nichts anderes ist Lernen, s.o.) darstellen, wiewohl interindividuelle Unterschiede im Ausmaß der Veränderung auftreten, die oftmals in der Tat auch Folge unterschiedlicher genetischer Ausstattung sein können.

Strukturierter Unterricht kompensiert fehlende Gedächtnisstrategien. Die Bedeutung der Schule für den Wissenserwerbsprozess kann sehr gut anhand konkreter Gedächtnisstrategien erläutert werden, die dazu dienen, neues Wissen abzuspeichern (vgl. hierzu den Beitrag von Schneider & Büttner in diesem Band). Der aktive selbstregulierte Einsatz solcher Wiederholungs-, Organisations-, Elaborations- und Abrufstrategien gelingt jüngeren Kindern kaum, erst im Laufe der Entwicklung steigt die Verfügbarkeit solcher Strategien. Die im schulischen Fachunterricht hergestellten Lernsituationen übernehmen quasi kompensatorisch die Rolle der bei den Schülerinnen und Schülern defizitär ausgeprägten Strategien zur Speicherung und zum Abrufen von Gedächtnisinformationen. In neueren Arbeiten (vgl. Köller et al., im Druck) wird dementsprechend auch Schulen die Bedeutung von *executive functionaires* zugesprochen, die dem kognitiven System der Kinder und Jugendlichen Teile der Organisation des Informationsverarbeitungsprozesses in Lernsituationen abnehmen. Folgt man diesem Ansatz, so lässt sich schlussfolgern, dass mit zunehmendem Alter und der fortschreitenden Ausbildung von individuellen Gedächtnisstrategien die Schule, besser: hoch strukturierte Unterrichtssituationen, für gelingende Wissenserwerbsprozesse unwichtiger werden. Dies ist auch in der Tat der Fall. Beispielsweise ist der Unterricht an Universitäten deutlich unstrukturierter und ein erfolgreiches Studium ist sehr viel stärker an selbstreguliertes Lernen gebunden als die Bewältigung der Anforderung im Grundschul- und Sekundarschulbereich.

Primäre und sekundäre kognitive Fähigkeiten. Die besondere Rolle der Schule für die Leistungsentwicklung in der Kindheit und Jugend betont auch der Evolutions- und Entwicklungspsychologe Geary (1995, 1996), der zwischen *primären* und *sekundären kognitiven Fähigkeiten* unterscheidet. Zu den primären Fähigkeiten zählt er die angeborenen Prädispositionen zum Erwerb der Muttersprache, des elementaren numerischen Verständnisses, der konkreten intellektuellen Operationen und des ökologisch bedeutsamen Weltwissens. „Diese Fähigkeiten sind offenbar genetisch und hirnorganisch bei allen gesunden Menschen so prädisponiert, dass sie auch unter minimalen, oft sehr ungünstigen Umwelt-, Entwicklungs- und Bildungsbedingungen erworben werden" (Weinert, 2001, S. 82). Für die Mathematik nennt Geary (1996) vier grundlegende angeborene Fähigkeiten:

(1) Die Fähigkeit zur akkuraten Abschätzung kleiner Mengen, ohne die Elemente zählen zu müssen (*Numerosity*).
(2) Ein grundsätzliches Verständnis von größer-kleiner-Relationen, sofern die Zahl der Elemente nicht 5 übersteigt (*Ordinality*).
(3) Die Fähigkeit, ohne vorherigen Spracherwerb zu zählen (*Counting*). Geary (1996, S. 232) spricht hierbei vom „*preverbal counting system*".
(4) Das Addieren und Subtrahieren von kleinen Mengen (*Simple Arithmetic*).

Komplexere mathematische Kompetenzen, beispielsweise in der Geometrie oder Algebra, zählt Geary zu den sekundären Fähigkeiten, die kulturell vermittelt werden: "In addition, it is likely that most features of complex mathematical domains, such as algebra, geometry, and calculus are biologically secondary, given that the associated abilities only emerge with formal education" (Geary, 1996, S. 233). *Formal education* meint hier nichts anderes als schulische Lehr-Lernprozesse.

Schulleistungsuntersuchungen. Relativ gute Hinweise für die hohe Bedeutung von Bildungssystemen für die individuelle Schulleistungsentwicklung geben die in letzter Zeit publizierten internationalen Schulleistungsuntersuchungen (Baumert et al., 2000a, 2000b; Baumert, Lehmann et al., 1997). Der dort durchgeführte Vergleich zwischen Entwicklungsländern (z.B. Südafrika) und Industrienationen (z.B. Deutschland) offenbart für die mathematisch-naturwissenschaftlichen Leistungen Unterschiede in der Größenordnung von zwei und mehr Standardabweichungen. Gegen die Interpretierbarkeit solcher Differenzen mag man noch einwenden, dass Unterschiede in den Bildungssystemen mit sozialen und kulturellen Unterschieden zu stark konfundiert seien. Stringenter sind solche Gegenüberstellungen, in denen man die Leistungen der Schülerinnen und Schüler aus verschiedenen modernen Industrienationen vergleichen kann, und zwar unter der realistischen Annahme, dass die Verteilungen intellektueller und sozialer Merkmale zwischen diesen Ländern vergleichbar sind, Leistungsdifferenzen also am ehesten durch unterschiedlich effiziente Schulsysteme zustande kommen dürften. Hier zeigen sich dann in der Tat Effektstärken, die selbst für experimentelle Psychologen beeindruckend sein dürften. So berichten Baumert, Bos und Watermann (2000, S. 141) die folgenden Befunde zu den Mathematikleistungen in gymnasialen Oberstufen:

> „Vergleicht man in einem zweiten Schritt die jeweils teststärksten 10 Prozent . . ., so liegen die Leistungen deutscher und österreichischer Schüler im unteren Mittelbereich . . . Nur die Schüler aus Italien, Griechenland, Tschechien und den USA schneiden schlechter ab . . . Die testleistungsstärksten Schüler aus allen anderen Ländern erreichen signifikant bessere Testergebnisse. Die Differenzen zu den deutschen Ergebnissen liegen zwischen 25 Punkten (Schweden) und 90 Punkten (Slowenien) ($d = .55$ bzw. $d = 1.97$)."

Die berichtete Effektstärke von $d = 1.97$ für den Leistungsvorsprung slowenischer gegenüber deutschen Schülern wird kaum jemand ernsthaft auf Unterschiede in den kognitiven Grundfähigkeiten oder motivationalen Variablen zurückführen wollen, hier schlagen offensichtlich die Unterschiede in nationalen Bildungssystemen auf die Individualebene durch.

FAZIT

Unterrichtsprozesse in Schulen sind eine notwendige Voraussetzung für den Erwerb und Ausbau komplexerer fachgebundener Kompetenzen.

5 Das Zusammenspiel der Entwicklungsverläufe von Schulleistungen, Interessen, Fähigkeitsselbstkonzepten und der Intelligenz

Die stärker pädagogisch-psychologisch orientierten Arbeiten zu Schulleistungen (vgl. Helmke & Weinert, 1997; Walberg, 1981) haben die Identifikation und Analyse von Schulleistungsdeterminanten in den Vordergrund ihrer Forschungsbemühungen gestellt. In Ergänzung zu dieser Perspektive wollen wir in diesem Kapitel für ausgewählte Variablen beschreiben, wie deren Entwicklung durch die Schulleistungsentwicklung beeinflusst wird und *vice versa*. Die berücksichtigten Variablen sind die Intelligenz, die oben bereits aufgegriffenen Fähigkeitsselbstkonzepte und die schulischen Interessen. Alle drei Variablen gelten als wichtige individuelle Prädiktoren leistungsthematischen Wahlverhaltens (z.B. Köller et al., 2000) und schulischen Lernens (Byrne, 1996; Helmke & Weinert, 1997; Köller, Schnabel & Baumert, 2001; Marsh & Yeung, 1997; Möller & Köller, 2001).

Neuere nationale Längsschnittstudien wie die bereits oben erwähnte SCHOLASTIK-Studie oder auch das BIJU-Projekt (s.o.) erlauben Analysen, inwieweit es zu einer wechselseitigen Beeinflussung von Schulleistungen und den drei oben genannten Merkmalen kommt.

5.1 Schulleistungsentwicklung und Intelligenzentwicklung

Die psychometrische Intelligenz gilt als einer der zentralen Prädiktoren für die Schulleistungsentwicklung in den Kernfächern (Sprachen, Mathematik, Naturwissenschaften und Sozialwissenschaften). Einfache Produkt-Moment-Korrelationen zwischen Maßen der allgemeinen Intelligenz und Schulleistungsindikatoren liegen im Mittel bei ungefähr $r = .50$, allerdings mit erheblichen Schwankungen (zwischen .10 und .90; vgl. Helmke, 1997b; Helmke & Weinert, 1997). Intelligentere Schülerinnen und Schüler können sich schneller auf neue Aufgaben einstellen, sie verfügen über effektivere Problemlösestrategien, erkennen leichter lösungsrelevante Regeln, verfügen über eine größere Verarbeitungskapazität und elaboriertere Gedächtnisstrategien (Hasselhorn & Grube, 1997). Auf der Grundlage der SCHOLASTIK-Studie berichten Helmke und Weinert (1997) das in Abbildung 23.6 gezeigte Pfadmodell zum wechselseitigen Zusammenhang zwischen Intelligenz und Schulleistung.

Zwei Befunde erscheinen besonders bemerkenswert.

(1) Der Einfluss der Intelligenz nimmt ab. Zum einen zeigt sich, dass es über die Zeit zu einem Absinken der Effekte der Intelligenz auf die Schulleistungen kommt (von .30 auf .14) und gleichzeitig die Rolle des Vorwissens wichtiger wird (von .45 auf .63). Diese Befundlage ist kongruent zu einer Vielzahl von Studien, in denen die Bedeutung des Vorwissens für schulisches Lernen untersucht wurde (vgl. im Überblick Renkl, 1996). Die prädiktive Bedeutung der Intelligenz ist umso größer, je unbekannter die Lerninhalte sind, das heißt je weniger Vorwissen zu diesen Inhalten bereits vorliegt. Je enger angelehnt aber die Unterrichtsstoffe an das Vorwissen sind, das heißt je mehr sie auf früher Gelerntem aufbauen, desto unbedeutender ist die Rolle der Intelligenz.

(2) Schulleistung beeinflusst die Intelligenzentwicklung. Das zweite sehr interessante Ergebnis in Abbildung 23.6 bezieht sich auf die Pfade

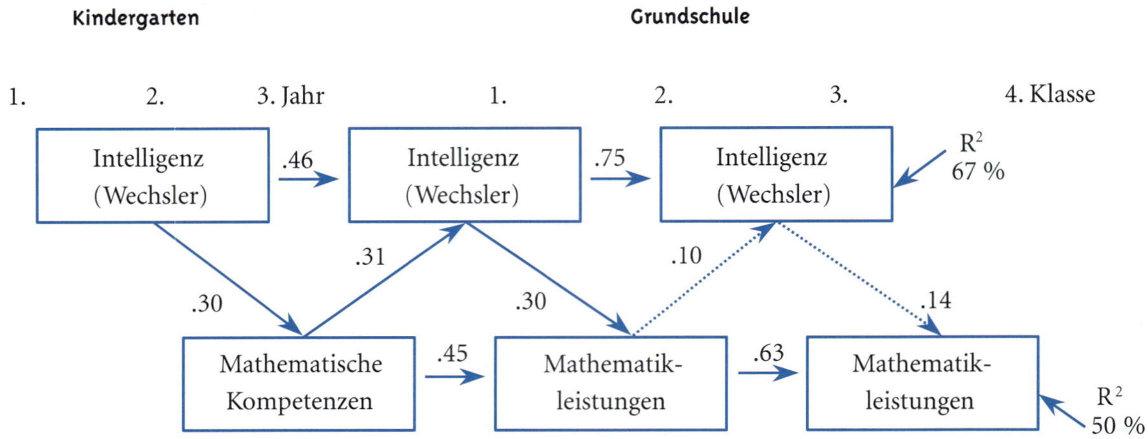

Abbildung 23.6. Längsschnittliches Zusammenhangsgefüge zwischen Schulleistungen und Intelligenz (aus Helmke & Weinert, 1997, S. 108)

von der Schulleistung auf die Intelligenz. Weniger, dass diese schwächer werden, sondern vielmehr, dass sie überhaupt auftreten, ist von besonderem Interesse, implizieren sie doch, dass die schulischen Wissenserwerbsprozesse auch Einfluss auf die Intelligenzentwicklung nehmen. Helmke und Weinert (1997; vgl. auch Ceci, 1991) schlussfolgern auf Grund dieser Befunde, dass die Intelligenz nicht nur eine Bedingung, sondern stets auch eine Folge schulischen Lernens darstellt. Sehr deutliche Belege für diese Schlussfolgerung bieten kürzlich vorgestellte Befunde von Köller und Karim (2001). Die Autoren untersuchten die sprachfreie Intelligenzentwicklung vom Beginn der 7. Jahrgangsstufe bis zum Ende der 10. Jahrgangsstufe in Gymnasien und Realschulen neuer Bundesländer. Die erste Erhebung fand direkt zum Zeitpunkt des Übergangs von der Grundschule in die Sekundarstufe I statt. Neben der sprachfreien Intelligenz in der 7. Jahrgangsstufe und der Schulform wurden auch Indikatoren des sozialen Hintergrunds verwendet, um Intelligenztestwerte am Ende der 10. Jahrgangsstufe vorherzusagen. Mehrebenenanalysen ergaben, dass bei Kontrolle der Ausgangsintelligenz und der familiären Herkunft die Intelligenzentwicklung am Gymnasium deutlich günstiger war, d.h. Gymnasiasten, die in Klasse 7 die gleiche Ausgangsintelligenz und soziale Herkunft hatten wie ihre Kameraden von der Realschule, wiesen am Ende der 10. Jahrgangsstufe eine mittlere Intelligenz auf, die 11 IQ-Punkte höher war als auf der Realschule. Mit dem günstigeren Lernklima am Gymnasium gehen offenbar nicht nur bessere Schulleistungsentwicklungen einher, sondern auch eine besondere Ausschöpfung kognitiver Begabungsreserven.

5.2 Schulleistungsentwicklung und die Entwicklung von Fähigkeitsselbstkonzepten und schulischen Interessen

Schulische Selbstkonzepte und Interessen gelten als wichtige Einflussgrößen auf schulisches Lernen, wofür es auch einige Evidenz gibt, wie unten gezeigt wird. Im Vordergrund der nachfolgenden Ausführungen steht aber wiederum das wechselseitige Bedingungsgefüge mit Schulleistungen in einer längsschnittlichen Perspektive. Wir beginnen mit dem Zusammenspiel von Fähigkeitsselbstkonzepten und Schulleistungen.

Mittlerweile liegen hinreichend viele längsschnittliche Arbeiten vor, in denen systematisch die Beziehungen zwischen Schulleistungen und fachspezifischen Selbstkonzepten untersucht wurden (im Überblick Byrne, 1996). Danach ist es weitgehend unbestritten, dass sich die Entwicklungsverläufe beider Variablen im Kindheits- und Jugendalter gegenseitig beeinflussen (vgl. Helmke & van Aken, 1995; Köller et al., 1999; Marsh, 1990; Marsh & Hattie, 1996; Möller & Köller, 2001).

Beziehung zwischen Fähigkeit und Selbstkonzept. Im *skill-development-approach* wird davon ausgegangen, dass sich das Fähigkeitsselbstkonzept in Folge schulischer Leistungserfahrungen und deren Kausalattributionen entwickelt, im *self-enhancement-approach* wird angenommen, dass das Selbstkonzept vermittelt über motivationale Variablen den Lernprozess fördert und so einen positiven Einfluss auf die Schulleistung nimmt. Als Konsequenz dieser parallel verlaufenden Prozesse kommt es zu der wechselseitigen Beeinflussung, was dann in empirischen Arbeiten zu einem Ergebnismuster führt, wie es in Abbildung 23.7 dargestellt ist. Es handelt sich um Befunde von Köller et al. (1999). Dabei wurden die Fachleistungen (Zeugnisnoten) am Ende der 6. und Mitte der 7. Jahrgangsstufe sowie das akademische Selbstkonzept Anfang, Mitte und Ende

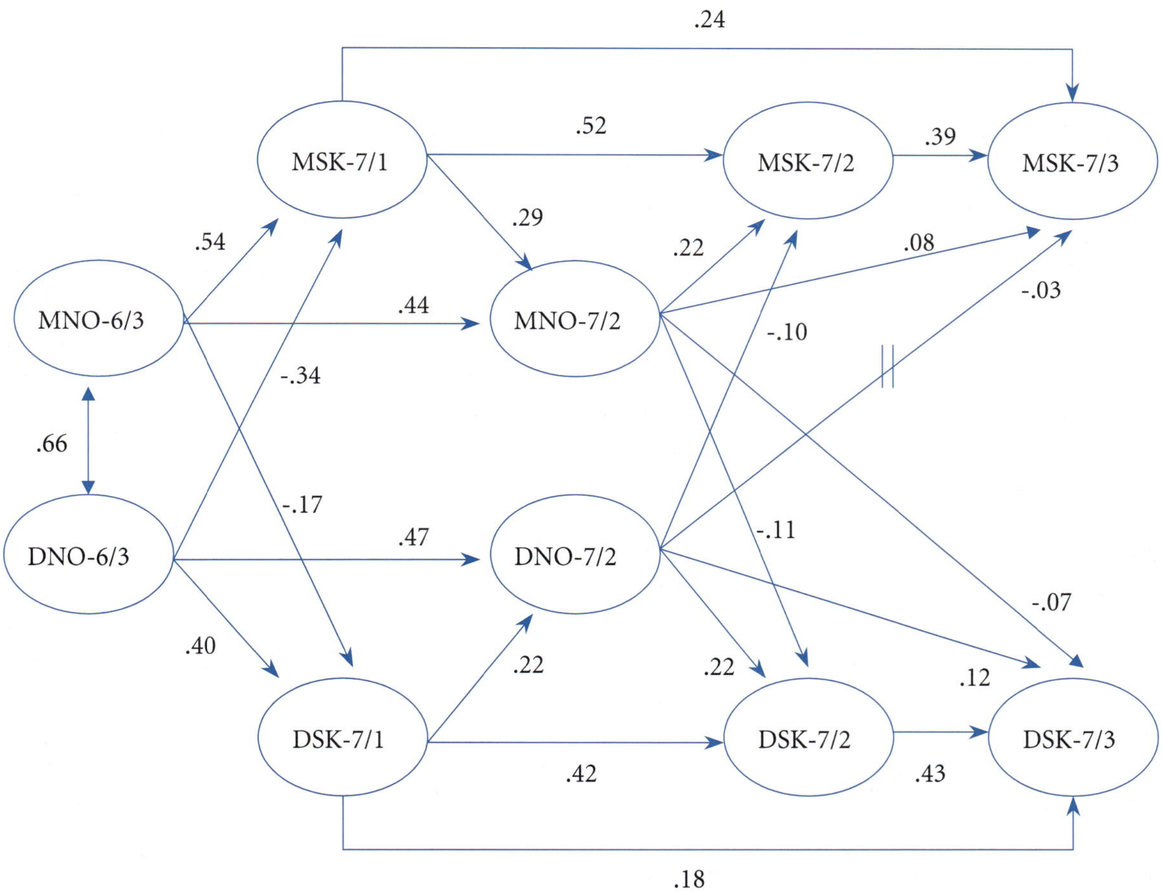

Anmerkungen: DNO: Deutschnote; MNO: Mathematiknote; DSK: Akademisches Selbstkonzept in Deutsch; MSK: Akademisches Selbstkonzept in Mathematik; 6/3: Ende Klasse 6; 7/1: Beginn Klasse 7; 7/2: Mitte Klasse 7; 7/3: Ende Klasse 7. N = 1754 Schülerinnen und Schüler verschiedener Schulformen und Bundesländer

Abbildung 23.7: Ergebnisse einer Pfadanalyse (voll standardisierte LISREL-8-Lösung) zum längsschnittlichen Zusammenspiel zwischen Fähigkeitsselbstkonzepten und Schulleistungen in Deutsch und Mathematik (aus Köller et al., 1999, S. 131)

der 7. Jahrgangsstufe in Deutsch und Mathematik berücksichtigt. Deutlich wird, dass innerhalb eines Faches die (rekodierten) Leistungsmaße im selben Fach einen positiven Einfluss auf das zeitlich nachgeordnete Fähigkeitsselbstkonzept haben (*skill-development-approach*, z.B. MNO-6/3 auf MSK-7/1). Darüber hinaus zeigen sich im Sinne der *self-enhancement*-Perspektive positive Effekte der zeitlich vorgeordneten Selbstkonzeptvariablen auf die späteren Leistungen, auch wenn frühere Leistungen kontrolliert sind, so dass es sich hierbei also um die Effekte der Fähigkeitsselbstkonzepte auf die Leistungsveränderungen handelt.

Schließlich zeigt die Abbildung 23.7 noch bemerkenswerte *negative* Effekte der Leistungen in dem einen Fach auf das Fähigkeitsselbstkonzept im anderen Fach, d.h. je höher die Leistungen in dem einen Fach, desto ungünstiger die Entwicklung des Selbstkonzepts in dem anderen Fach. Diesen Prozess hat Marsh (1986) in seinem *Internal/External Frame of Reference Model* beschrieben. Danach werden zwei zentrale Informationsquellen für die Entwicklung fachspezifischer Selbstkonzepte der eigenen Begabung angenommen:

- Der interindividuelle bzw. soziale Vergleich (*external frame of reference*), bei dem die eigenen Leistungen in einem Schulfach mit denen der Mitschülerinnen und Mitschüler verglichen werden (als Folge kommt es zu den positiven Pfaden von der Note auf das Selbstkonzept innerhalb eines Faches).

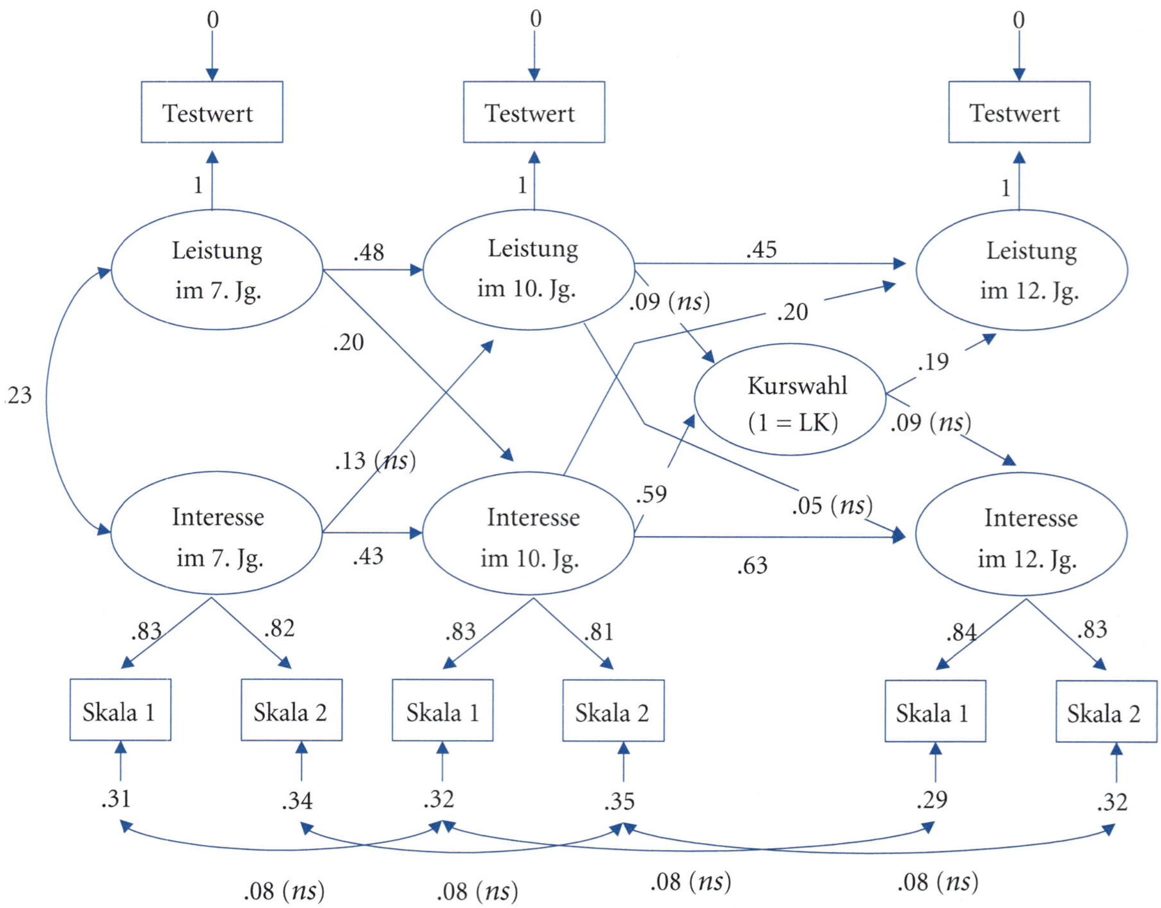

Abbildung 23.8. Strukturgleichungsmodell zum Zusammenhang von Interesse und Testleistung von der 7. bis zur 12. Jahrgangsstufe unter zusätzlicher Berücksichtigung des Kursniveaus (vgl. Köller et al., 2000, S. 176)

- Der intraindividuelle oder auch dimensionale Vergleich (*internal frame of reference*), bei dem Schüler die Leistungsergebnisse in einem Fach mit ihren eigenen Leistungen in einem anderen Fach vergleichen (als Folge kommt es zu den negativen Pfaden von der Note in einem Fach auf das Selbstkonzept im anderen Fach).

Beziehung von Schulleistung und Interesse. Auch für die wechselseitige Beeinflussung von Schulleistungen und Interessen liegen mittlerweile längsschnittliche Befunde vor (Köller, Baumert & Schnabel, 2000; Köller et al., 2001). Interesse wird dabei als Form der fachspezifischen intrinsischen Motivation verstanden, die Lernprozesse in der Schule initiieren und aufrechterhalten kann (vgl. Krapp, 1998; Schiefele, 1996; Schiefele & Wild, 2000). Viele Arbeiten belegen aber auch, dass Interessen stark durch wahrgenommenes schulisches Kompetenzerleben beeinflusst werden können (z.B. Baumert, Schnabel & Lehrke, 1998). Die Abbildung 23.8 zeigt über einen Zeitraum von 5 Jahren das Zusammenspiel von Fachleistungen und Interessen in Mathematik. Die Befunde stammen aus einer Arbeit von Köller et al. (2000) und basieren auf einer Stichprobe von über 600 Gymnasiasten.

Erkennbar ist das reziproke Zusammenhangsgefüge, das heißt beide Variablen beeinflussen sich gegenseitig über die Zeit, wiewohl einige der zeitversetzten Pfade das Signifikanzniveau von 5 Prozent verfehlen. Zusätzlich zeigt sich noch ein signifikanter Effekt vom Interesse am Ende der Sekundarstufe I auf die Chance, einen Leistungskurs zu wählen.

FAZIT

Untersuchungen zur Schulleistungsentwicklung greifen zu kurz, wenn sie zusätzliche Personmerkmale ignorieren, deren Entwicklung unmittelbar mit der Entwicklung fachbezogenen Wissens verbunden ist.

6 Methodische Probleme bei der Untersuchung von Schulleistungen und deren Entwicklung

Dieser abschließende Abschnitt hat die Aufgabe, auf methodische Besonderheiten bei der Erforschung von schulischen Bildungsprozessen hinzuweisen, die üblicherweise in anderen Bereichen der entwicklungspsychologischen Forschung in dieser Form nicht zu berücksichtigen sind. Ein Teil dieser Probleme rührt wiederum daher, dass es sich bei Schulleistungen um keine klar umrissenen psychologischen Konstrukte handelt. Bei den weiteren Ausführungen verzichten wir allerdings auf die Darstellung elementarer Gütekriterien von Schulleistungstests wie Reliabilität, Konstruktvalidität und Objektivität (vgl. hierzu Heller & Hany, 2001).

6.1 Zur curricularen Validität von Schulleistungstests

Wie bereits in Abschnitt 2 argumentiert wurde, sind es weniger die psychologischen Theorien als vielmehr die vorgegebenen Curricula, die bestimmen, welche Inhalte in Schulleistungstests thematisiert werden können. Im Rahmen internationaler Schulleistungsuntersuchungen ist man dazu übergegangen, das Curriculum eines Landes vierstufig als *intendiertes Curriculum, potentielles Curriculum, implementiertes Curriculum* und *erreichtes* Curriculum darzustellen (vgl. Baumert, Köller et al., 2000; Baumert, Lehmann et al., 1997; Travers & Westbury, 1989). In der Bundesrepublik Deutschland ist das intendierte Curriculum durch die Lehrpläne und Prüfungsvorschriften definiert. Die zugelassenen Lehrbücher repräsentieren das potentielle Curriculum. Als implementiertes Curriculum gilt der in einer Schule tatsächlich behandelte Stoff. Das erreichte Curriculum schließlich wird durch die Schülerleistungen selbst angezeigt. Ein Schüler bzw. eine Schülerin kann – sofern Lernen der curricular vorgegebenen Stoffe primär in der Schule stattfindet – nur die Inhalte gelernt haben, die auch behandelt wurden, sich also auf das implementierte Curriculum beziehen. Für die Erforschung von Schulleistungsentwicklungen tritt hier natürlich das Dilemma auf, dass nicht spezielle Leistungstests für das implementierte Curriculum in jeder einzelnen Klasse jeder Schulform in jedem Bundesland konstruiert werden können. Vielmehr müssen sich die Tests am intendierten Curriculum in der Hoffnung orientieren, dass eine hohe Übereinstimmung mit dem implementierten Curriculum besteht. Systematische Analysen zur curricularen Validität von Aufgaben in Schulleistungsstests, die im Rahmen der dritten internationalen Mathematik- und Naturwissenschaftsstudie (TIMSS) durchgeführt wurden, weisen auf eine erhebliche Übereinstimmung mit dem realisierten Curriculum hin, so dass wenigstens in neueren Untersuchungen davon ausgegangen werden kann, dass die gemessenen Merkmale eine zufriedenstellende curriculare Validität (bezogen auf das intendierte und implementierte Curriculum) aufweisen (vgl. Baumert et al., 2000a, 2000b; Baumert, Lehmann et al., 1997).

6.2 Probleme bei der statistischen Modellierung von schulischen Entwicklungsverläufen

Lernen im Sinne der relativ dauerhaften Veränderung von kognitiven Strukturen (s.o.) meint bezogen auf Schulleistungen, dass es durch systematisch hergestellte Lehr-Lernsituationen auf Seiten der Schülerinnen und Schüler zum Aufbau, zur Veränderung und/oder Verfestigung von fachspezifischen Wissensstrukturen kommt. Greeno (1989) spricht von der *Reorganisation* von Wissensstrukturen und Kintsch (1986, 1988) konzeptualisiert Lernen als die Umstrukturierung von mentalen Situationsmodellen (vgl. im Überblick Steiner, 1997). Bei allen diesen Konzeptionen werden *höhere Lernprozesse* (vgl. Resnick, 1987) thematisiert, die nicht mit Reiz-Reaktions-Mustern erklärt werden können; „sie sind zumeist von komplexer Art, beruhen auf einer differenzierten Beurteilung der Lernsituation, implizieren oft eher heuristische als algorithmische Verfahren und sind nicht selten durch eine Vielfalt von Lösungswegen und Lösungsmöglichkeiten gekennzeichnet, manchmal auch durch eine beachtliche Unsicherheit in bezug auf den Umgang mit den zu lernenden Inhalten“ (Steiner, 1997, S. 279).

Lernen als Prozess. Lernen muss in diesem Zusammenhang als ein Prozess verstanden werden, in dem die verschiedene Komponenten *Verstehen*, *Speichern*, *Abrufen* und *Anwenden* verknüpft werden (Danserau, 1985). Bezogen auf die Messung und Analyse der schulischen Leistungsentwicklung impliziert dies, dass man Tests und Untersuchungsdesigns wählen muss, die eine Diagnose der Veränderung der curricular definierten Wissensstrukturen auf Seiten der Schülerinnen und Schüler ermöglichen. Beherrscht ein Schüler zu einem Zeitpunkt T0 die Lösung einer Aufgabe nicht, wohl aber zu einem späteren Zeitpunkt T1, so kann davon ausgegangen werden, dass in der Zwischenzeit ein schulischer Lernprozess stattgefunden hat, sofern nicht die Annahme besteht, die erfolgreiche Lösung der Aufgabe sei die bloße Folge eines kognitiven Reifungsprozesses. Schulische Bildungsprozesse können dementsprechend nur mit Hilfe von Längsschnittstudien untersucht werden, in denen die *Veränderung des Wissens* als Folge des Lehr-Lerngeschehens in der Schule *die zentrale Untersuchungsvariable* ist. Wählt man dabei eine langfristige Untersuchungsperspektive, beispielsweise den Zeitraum der gesamten Sekundarstufe I und II (also von der 5. bis einschließlich der 13. Jahrgangsstufe), so wird unmittelbar deutlich, dass in der 13. Jahrgangsstufe nicht mehr dieselben Testaufgaben verwendet werden können wie in der 5. Jahrgangsstufe oder gar umgekehrt. Die Vorgabe einer Aufgabe zur Differentialrechnung in der 5. Jahrgangsstufe wird wegen der zu erwartenden Lösungswahrscheinlichkeit von $p = 0$ wenig diagnostische Information liefern. Das Gleiche gilt für die Bearbeitung einer einfachen Aufgabe zur Flächenberechnung eines Quadrats in der 13. Jahrgangsstufe, die dort

5. Jahrgangsstufe		7. Jahrgangsstufe		9. Jahrgangsstufe	
Aufgaben 1–15	Aufgaben 16–30	Aufgaben 16–30	Aufgaben 31–45	Aufgaben 31–45	Aufgaben 46–60

Abbildung 23.9. Schematische Darstellung eines Ankeritem-Designs zur Erfassung der Schulleistungsentwicklung von der 5. bis zur 9. Jahrgangsstufe

vermutlich mit einer Wahrscheinlichkeit von $p = 1$ gelöst wird.

Ankeritem-Designs. Den Ausweg aus diesem methodischen Dilemma bieten Ankeritem-Designs, d.h. Teilmengen der Aufgaben (Ankeritems) werden zu benachbarten Messzeitpunkten wiederholt vorgegeben und durch zusätzlich eingesetzte Aufgaben ergänzt. Die Abbildung 23.9 zeigt solch ein Design für den Fall mit drei Messzeitpunkten in der Sekundarstufe I.

Die Aufgaben 16 bis 30 in Abbildung 23.9 werden zum ersten und zweiten Messzeitpunkt vorgegeben, die Items 31 bis 45 zu den letzten beiden. *Item-Response-Modelle* (Hambleton & Swaminathan, 1989; Rost, 1996) erlauben hier, auf der Basis der Ankeritem-Informationen Transformationsvorschriften zu bestimmen, mit deren Hilfe man die Schülerleistungen der verschiedenen Erhebungszeitpunkte auf einem gemeinsamen Maßstab abtragen kann. Auf diese Weise wird es möglich, intraindividuelle Entwicklungsverläufe über längere Zeiträume zum Gegenstand der Analysen zu machen. Diese Form der systematischen Analyse von Veränderungen im Schulleistungsbereich ist allerdings voraussetzungsvoll (vgl. Baumert, Lehmann et al., 1997):

(1) Die in den Ankeritems thematisierten Stoffe sollten zwischen den beiden Messzeitpunkten unterrichtet werden. Gleichzeitig sollte es aber schon einer kleineren Schülergruppe möglich sein, die Items vorher zu lösen.

(2) Sofern die in den Ankeritems thematisierten Stoffgebiete schon zu früheren Zeitpunkten durchgenommen wurden, sollten sie in den untersuchten Schuljahren bei der Erarbeitung des neuen Stoffs wieder aufgenommen, konsolidiert und besser integriert werden. Fehlt diese inhaltliche Kohärenz über die Jahrgangsstufen, so ist die Diagnose von Wissenszuwächsen wenig sinnvoll.

Trotz dieser methodischen Schwierigkeiten ist man auf derartige Erhebungsdesigns angewiesen, will man sich individuellen Bildungsverläufen aus einer empirischen Perspektive nähern.

6.3 Die Rolle des Antwortformats in Schulleistungsstudien

Im schulischen Alltag bearbeiten Schülerinnen und Schüler offene Aufgaben und Probleme. Lösungen müssen nicht nur aufgeschrieben werden, es kommt oftmals ein Erläuterungsprozess hinzu, in dem beispielsweise der Lösungsprozess nachgezeichnet werden muss. Standardisierte, curricular validierte Tests zur Schulleistungsdiagnose sehen dagegen oftmals ein Antwortformat mit Mehrfachwahlen – *multiple choice* (MC) – vor, bei dem ein Schüler aus 2 bis 5 Antwortalternativen die richtige Lösung einer Aufgabe herausfinden und ankreuzen muss (zur Vielfältigkeit von Antwortformaten s. Klauer, 2001).

Vorteile und Probleme von MC-Aufgaben. Der Vorteil dieses Antwortformats liegt in der hohen Auswertungsökonomie und Objektivität. Häufig ist kritisiert worden (s. im Überblick Klauer, 2001), dass MC-Aufgaben für Schülerinnen und Schüler ungewohnt seien, da Haus- und Klassenarbeitsaufgaben immer ein offenes Format hätten. Dadurch würde letztendlich die ökologische Validität der Befunde reduziert. Aus wissenschaftlicher Sicht (Helmke, 1997a) ist über lange Zeit auch eingewandt worden, dass Mehrfachwahlaufgaben im wesentlichen nur reproduktive Leistungen, nicht aber produktive Fähigkeiten – schlussfolgerndes Denken, komplexe Operationen oder gar Problemlösen – erfassen können. Vermisst wurde bei MC-Aufgaben auch die Möglichkeit, systematische Fehleranalysen durchzuführen (Helmke, 1997a). Als bessere Alternative gelten offene Antwortformate.

Das Antwortformat ist von nachgeordneter Bedeutung. Ein Blick in die jüngere methodologische Literatur (z.B. Frary, 1985; Thissen et al., 1994) zeigt allerdings, dass das Antwortformat eher eine nachgeordnete Bedeutung hat. So fassen Thissen et al. (1994, S. 113) ihre Ergebnisse zusammen: "Restricted factor analysis shows that the free-response sections measure the same underlying proficiency as the multiple-choice sections". Auch muss festgehalten werden, dass MC-Aufgaben sehr gut geeignet sind, um mit Hilfe entsprechend formulierter falscher Antwortalternativen so genannte Misskonzeptionen von Schülern zu diagnostizieren. Bei Misskonzeptionen handelt es sich um Alltagsvorstellungen von Schülerinnen und Schülern, die mit zu erwerbenden Unterrichtsinhalten inkompatibel sind und daher den Lernprozess oftmals hemmen (vgl. im Überblick Perkins & Simmons, 1988). Hierzu zählen beispielsweise die Annahmen, die Erde sei eine Scheibe oder die Sonne würde sich um die Erde drehen.

Die Effekte des Antwortformats müssen psychologisch erklärt werden. Im übrigen bleiben potentielle Effekte des Antwortformats inhaltlich unbestimmt, solange keine eindeutigen Hypothesen über psychologische Prozesse vorliegen, die das Antwortverhalten von Schülern erklären. Im Falle von MC-Items kann man allerdings relativ einfach spezifische Annahmen über systematische Effekte des Antwortformats machen. So wird das Format bei diesen Items immer dann für den Lösungsprozess wichtig, wenn eine Person die Antwort auf eine Testfrage nicht weiß. Strategien, die in diesem Fall verwendet werden können, sind zum einen Raten, d.h. zufälliges Wählen einer Antwortalternative (Köller, 1994), zum anderen intelligentes Ausschließen von Antwortalternativen, indem aus allen Antwortalternativen diejenige mit subjektiv höchster Plausibilität ausgewählt wird (Lord, 1974). Dies kann die Aufgaben dann in der Tat hinsichtlich ihrer Schwierigkeit und Konstruktvalidität erheblich verändern. Lord (1974) weist darauf hin, dass besonders attraktive Distraktoren unter den Antwortalternativen gern gewählt werden, was bei sehr schweren Items oftmals dazu führt, dass der Prozentsatz richtiger Lösungen unter die Ratewahrscheinlichkeit fällt. Eine schönes Beispiel, das zeigt, wie durch das MC-Format Items leichter werden können, indem sich die zur Lösung erforderlichen kognitiven Operationen verändern, bietet die in Abbildung 23.10 gezeigte Aufgabe zur Elementargeometrie aus der TIMSS-Studie (vgl. Klieme, 2000, S. 92).

Zur formalen Lösung dieser Aufgabe wären Kenntnisse der Begriffe „reguläres Sechseck" und „Diagonale" sowie die Anwendung eines Satzes aus der Satzgruppe des Pythagoras nötig. Tatsächlich reicht es jedoch, unter Berücksichtigung der vorgegebenen Antwortalternativen, sich zu überlegen, dass die Strecke von AC wohl länger ist als eine Seite des Sechsecks (also > 10 cm), aber kürzer als die Summe zweier Seitenlängen

Alle Seiten des regulären Sechsecks ABCDEF sind 10 cm lang. Wie groß ist die Länge der Diagonale $\overline{AC}$?

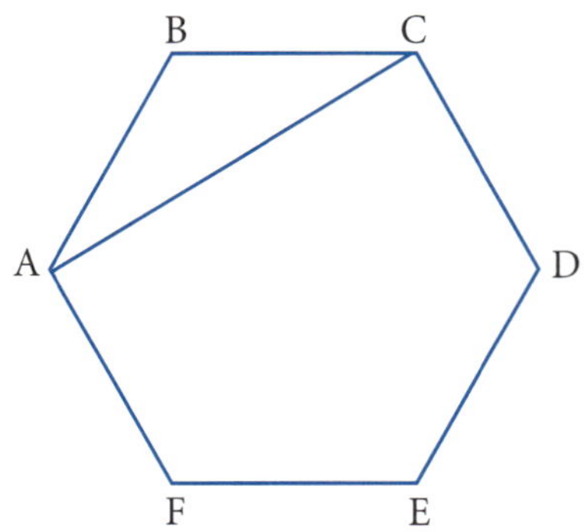

A: $10\sqrt{3}$ cm
B: 20 cm
C: $5\sqrt{3}$ cm
D: 10 cm
E: $20\sqrt{3}$ cm

Abbildung 23.10. Multiple-choice-Aufgabe aus dem TIMSS-Test zur voruniversitären Mathematik (vgl. Klieme, 2000, S. 92)

(also < 20 cm). Damit bleibt nur die Antwortalternative A als richtige Lösung übrig ($10 \cdot \sqrt{3}$ cm = 17,3 cm). Bei einem offenen Antwortformat wäre die Anwendung des Satzes von Pythagoras unumgänglich und die Aufgabe damit erheblich schwerer. Untersuchungen zu Schulleistungen bzw. deren Entwicklung lösen zum Teil solche Probleme, indem beide Antwortformate (*multiple-choice* und offene Antworten) verwendet werden.

6.4 Zur Dimensionalität von Schulleistungen bzw. Schulleistungstests

Die Frage nach der Dimensionalität von fachspezifischen Schulleistungstests ist aus einer psychologischen wie fachdidaktischen Perspektive interessant. Psychologisch stellt sich für ganz unterschiedliche Teilbereiche und Anforderungen eines Schulfaches die Frage, ob es eine gemeinsame Dimension ist, die die Leistungen in diesen verschiedenen Bereichen determiniert oder ob es differentielle intellektuellen Faktoren sind, die das Lösungsverhalten steuern. Aus didaktischer Perspektive wird nicht selten argumentiert, dass die Stoffgebiete (z.B. Leseverständnis, Wortschatz, Grammatik in sprachlichen Fächern; Geometrie, Algebra, Wahrscheinlichkeitsrechnung in Mathematik) so grundlegend verschiedene Inhalte haben, dass man sie nicht „über einen Kamm scheren“ dürfe. Frühe Beiträge zu dieser Dimensionalitätsproblematik stammen von Roeder und Treumann für den Mathematik- und Fremdsprachenunterricht (1974a, b). Quintessenz der Reanalysen und Literatur-Reviews der beiden Autoren ist, dass die Leistungen in beiden Bereichen mehrdimensional sind. So ergaben z.B. Reanalysen einer Studie von Otter (1968) für den Fremdsprachenunterricht am Ende der Sekundarstufe I in England drei Dimensionen (vgl. Roeder & Treumann, 1974a, S. 66f): (1) Rezeptives Sprachverständnis, (2) Lesefertigkeiten und (3) schriftlicher Ausdruck. In Mathematik ergaben sämtliche gesammelten Studien keine eindimensionalen Lösungen, bemerkenswert ist allerdings, dass alle Untersuchungen, in denen die Items eng am Curriculum orientiert waren, einen starken Generalfaktor in den entsprechenden Faktorenanalysen aufwiesen.

Drei-Faktoren-Modell oder g-Faktor? Sang et al. (1986) analysierten die Englischleistungen von rund 14000 Gymnasiasten. Konfirmatorische Faktorenanalysen ergaben Evidenz für ein Drei-Faktorenmodell mit den Dimensionen Elementares Wissen (Aussprache, Orthographie, Wortschatz), komplexeres Wissen (Grammatik, Leseverständnis) und Kommunikationsfertigkeiten (Hörverständnis, Sprachproduktion). Die Interkorrelationen dieser drei Faktoren (zwischen .60 und .84) belegen aber auch einen hohen gemeinsamen Varianzanteil, so dass vermutet werden kann, dass ein Modell mit einem starken g-Faktor und drei spezifischen (unkorrelierten) Faktoren ebenso gut die empirischen Zusammenhänge erklärt hätte.

Evidenz für einen g-Faktor. In Auswertungen der TIMSS-Mittelstufendaten (vgl. Köller, 1998) wurden Leistungen aus sechs unterschiedlichen mathematischen Sachgebieten (Zahlen und Zahlenverständnis, Geometrie, Algebra, Darstellung und Analyse von Daten/Wahrscheinlichkeitsrechnung, Messen und Maßeinheiten, Proportionalität) schulformenspezifisch faktorenanalysiert. In allen Schulformen der Sekundarstufe I ergab sich erheblich Evidenz für einen g-Faktor allgemeiner mathematischer Kompetenz. Ähnliche Befunde berichten Köller (1998) für Englisch und Klieme (2000) für voruniversitäre Mathematik- und Physikleistungen. Diese Befundlage impliziert insgesamt, dass die fachspezifischen Leistungen in Schulleistungstests durch ein komplexeres Fähigkeitssyndrom beeinflusst werden, so dass in empirischen Untersuchungen innerhalb eines einzelnen Faches curriculare oder kognitive Teilkomponenten analytisch kaum trennbar sind, man bei der Untersuchung von schulischen Leistungsverläufen also keinen substantiellen Fehler macht, wenn man die Leistungen innerhalb eines Faches als unidimensional ansieht.

FAZIT

Bei der Beschäftigung mit Schulleistungen im Rahmen psychologischer Fragestellungen treten sowohl inhaltliche als auch methodische Besonderheiten bzw. Probleme auf, die nicht leicht lösbar sind und die Interpretierbarkeit empirischer Befunde erschweren.

7 Zusammenfassung

Dieser Beitrag hatte die Beschreibung der Entwicklung von Schulleistungen zum Gegenstand. Dabei sollte deutlich geworden sein, dass Schulleistungen keine theoretisch so „griffigen" Konstrukte sind, wie es beispielsweise die psychometrische Intelligenz ist. Vielmehr sind es die Curricula, die das Konstrukt Schulleistung zu einem erheblichen Teil definieren. Die Bestimmung der Entwicklungsverläufe und die Definition von Kompetenzniveaus oder -stufen aus einer psychologischen Theorie heraus sind somit schwierig und gelingen eher durch entsprechende *post-hoc*-Analysen, wie sie hier in Form des *scale anchorings* vorgestellt wurden.

Erkennbar sollte in diesem Kapitel auch geworden sein, dass schulische Entwicklungsverläufe sehr stark an systematisch hergestellte Lerngelegenheiten in Schulen gebunden sind, ohne deren Verfügbarkeit ein breiter Kranz von Kompetenzen kaum erworben werden kann. Dieser Punkt wird aus unserer Sicht viel zu selten betont, wenn es um Antezendenzien von Schulleistungen geht.

Schließlich wurde gezeigt, dass Schulen als Entwicklungsmilieus keineswegs nur Einfluss auf die Entwicklung von Schulleistungen nehmen, sondern vielmehr mit einem breiten Wirkungsgrad auf vielfältige Personmerkmale zu rechnen ist.

Weiterführende Literatur

Deutsches PISA-Konsortium (Hrsg.) (2001). PISA 2000. Basiskompetenzen von Schülerinnen und Schülern im internationalen Vergleich. Opladen: Leske+Budrich.
Das Buch gibt sehr detailliert Auskunft über die Erfassung und den Stand schulischer Leistungen in den Bereichen Lesen, Mathematik und Naturwissenschaften am Ende der Sekundarstufe I. Dabei wird auch ausführlich auf die Definition der Kompetenzstufen in den drei Fächern eingegangen.

Scheerens, J., & Bosker, R. (1997). The foundations of educational effectiveness. Oxford: Elsevier.
Dieses Buch beschreibt eine Vielzahl von Arbeiten, in denen der Einfluss von Schule und Unterricht nicht nur auf die Leistungsentwicklung sondern auch auf die Entwicklung motivationaler und psychosozialer Variablen untersucht wurde.

De Corte, E. & Weinert, F. E. (Hrsg.) (1996). International Encyclopedia of Developmental and Instructional Psychology.
In dieser Enzyklopädie wird neben allgemeinen entwicklungspsychologischen Ansätzen auch speziell auf Aspekte der Entwicklung in schulischen Kontexten eingegangen.

Kapitel 24
Hochleistungen in Musik und Sport

Rolf Oerter

Winner (1982) charakterisiert die landläufige Meinung über musikalische Begabung als angeborene neurologische Fähigkeiten, die vergleichsweise wenig externe Anregung zu ihrer Entfaltung bräuchten und nur außergewöhnlichen Menschen vorbehalten blieben. Diese Meinung vertritt in der Forschung heute niemand mehr. Ericsson et al. (1993) behaupten sogar, dass eine bestimmte Form des Trainings (deliberate practice, s.u.) allein den Ausschlag für das erreichbare Niveau von Hochleistungen in verschiedenen Bereichen (Domänen) gibt. Gleichwohl wird niemand die enormen interindividuellen Unterschiede in der Lerngeschwindigkeit beim Erwerb musikalischer und sportlicher Hochleistungen bestreiten, so dass es nötig erscheint, sich mit der Begabungsseite unter Nutzung des heutigen Wissensstandes auseinander zu setzen. Schließlich ist zu fragen, ob es typische Entwicklungsverläufe beim Aufbau von musikalischen und sportlichen Hochleistungen gibt und welche Bedingungen im einzelnen zu solchen erstaunlichen Resultaten führen. Im Folgenden sollen Befunde zu diesen drei Perspektiven dargestellt werden, wobei wir uns am Ende fragen, wie Hochleistungen und der für ihr Zustandekommen nötige Aufwand mit dem kulturellen Kontext zusammenhängen und wie die gegenwärtigen Trends entwicklungspsychologisch zu bewerten sind.

1 Deliberate practice

Der wohl wichtigste Befund der letzen 15 Jahre zur Genese von Hochleistungen ist der Nachweis des hohen Übungsaufwandes. Allerdings handelt es sich um eine spezifische Art des Trainings, das von Ericsson und Mitarbeitern als deliberate practice (gezieltes, konzentriertes und intensives Üben) bezeichnet wird (im Überblick: Ericsson et al., 1993).

1.1 Entwicklung zum Experten

Bloom (1985) unterscheidet aufgrund von ausgedehnten Interviews drei Perioden in der Entwicklung zum musikalischen oder sportlichen Experten (Abb. 24.1). Im Folgenden seien diese Perioden für den Bereich Musik dargestellt, sie gelten aber ähnlich für den Bereich Sport. Zunächst beschäftigen sich die Kinder spielerisch mit dem entsprechenden Bereich. Sie singen, probieren ein Instrument aus und erwerben auf ihm bereits beträchtliche Fertigkeiten. Daraufhin werden die Eltern gewöhnlich aufmerksam, engagieren eine musikalische Ausbildung und bringen das Kind zum gezielten Üben, so dass am Ende der ersten Periode bereits die deliberate practice steht. Die zweite Periode beinhaltet eine Phase ausgedehnten und intensiven Übens, an deren Ende sich das Kind bzw. der/die Jugendliche sich entscheidet, Musik (bzw. Sport) als Vollzeit-Aktivität wahrzunehmen und als Beruf zu wählen. Die dritte Periode ist demgemäß mit Musik (Sport) als Vollzeit-Aktivität ausgefüllt und endet je nach Aufwand und Können mit einer beruflichen Karriere (z.B. in einem Orchester), als Solist auf regionaler oder nationaler Ebene oder an internationaler Spitzenposition.

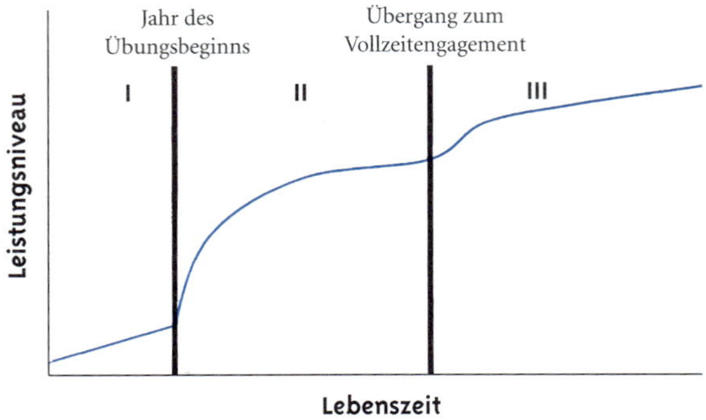

Abbildung 24.1. Drei Entwicklungsetappen auf dem Weg zur Expertise: In Phase I überwiegt die spielerische Beschäftigung. Phase II ist durch deliberate practice gekennzeichnet. In Phase III wird das Engagement zum Beruf (nach Ericsson et al., 1993, S. 369)

1.2 Übungsaufwand und Hochleistung

Die in Abb. 24.1 präsentierte Entwicklungsabfolge legt nahe, dass Expertise als Hochleistung direkt mit dem Übungsaufwand korreliert. Eine Reihe von Methoden wurden verwendet, um den Übungsaufwand in einer bestimmten Domäne zu erfassen: Biographische Daten aus Interviews oder anderen Informationsquellen, Beobachtung musikalischen Übens im Alltag, Tagebücher und Erfassung eines typischen Wochenverlaufs einschließlich Freizeit- und Schlafperioden. Alle Erhebungsmethoden weisen in die gleiche Richtung. Das Niveau der Expertise entspricht direkt dem Aufwand an deliberate practice.

Hochleistung bei Musikern. In einer Untersuchung an jungen Geigern an der Hochschule der Künste in Berlin wurden jeweils 10 beste, 10 gute Geiger und 10 zukünftige Musiklehrer ausgewählt und mit den genannten Methoden hinsichtlich ihres Übungsaufwandes, ihrer Freizeit und ihrer Einschätzung von einzelnen musikrelevanten und Alltagsaktivitäten untersucht. Die Einschätzung des akkumulierten Übungsaufwandes bis zum Alter von 18 Jahren betrug bei den besten Geigern 7.410 Stunden, bei den guten Geigern 5.301 Stunden und bei den zukünftigen Musiklehrern 3.420 Stunden (Ericsson et al., 1993). Zu ähnlichen Einschätzungen kommen Sloboda (1990) und Howe (1990). Die Korrespondenz zwischen Übungsaufwand und Können gilt auch für sportliche Hochleistungen und übrigens auch für Schach.

Hochleistung bei Sportlern. Kaminski et al. (1984) fanden z.B., dass Athleten und Athletinnen in verschiedenen Sportarten wie Gymnastik, Eislauf und Schwimmen mehr als 15 Stunden pro Woche trainierten, eine Zahl, die heute weit höher liegen dürfte. Langläufer trainierten schon in den siebziger und achtziger Jahren zweimal täglich und legten wöchentlich zwischen 65 und 140 Meilen zurück. Elite-Sportler widmen sich vollständig ihrer Domäne und sorgen auch in der freien Zeit für Ausgleich und Erholung, um Erschöpfung und burnout zu vermeiden. Olympioniken schlafen ca. acht Stunden täglich und machen gewöhnlich noch einen halbstündigen Mittagsschlaf (Coleman, 1986). Ähnlich verfahren viele Hochleistungssportler (Glover & Schuder, 1988) und Musiker (in der von Ericsson et al., 1993 beschriebenen Untersuchung bezeichnenderweise vor allem die besten Geiger). Die Ausgewogenheit von intensivem, konzentriertem Üben und Entspannungsphasen scheint wichtig zu sein, da das deliberate practice sonst nicht durchgehalten werden kann.

1.3 Zeitpunkt des Beginns der deliberate practice

In den Bereichen Musik und Sport scheint ein früher Start der Ausbildung wichtig zu sein. Lässt sich diese weit verbreitete Meinung auch durch empirische Befunde belegen? Ericsson et al. (1993) postulieren den in Abb. 24.2 dargestellten Zusammenhang. Vergleicht man den Erfolg eines gleich hohen Ausmaßes an deliberate practice bei Beginn im früheren mit dem Beginn im späteren Alter, so erreicht der frühere Übungsbeginn ein höheres Endniveau. Personen mit späterem Übungsbeginn im chronologischen Alter können den Vorsprung nicht aufholen. So begannen gemäß eines biographischen Vergleichs die besten Geiger des 20. Jahrhunderts ihr Training drei Jahre früher als die übrigen Gruppen der einbezogenen Geiger mit ebenfalls hoher Leistung

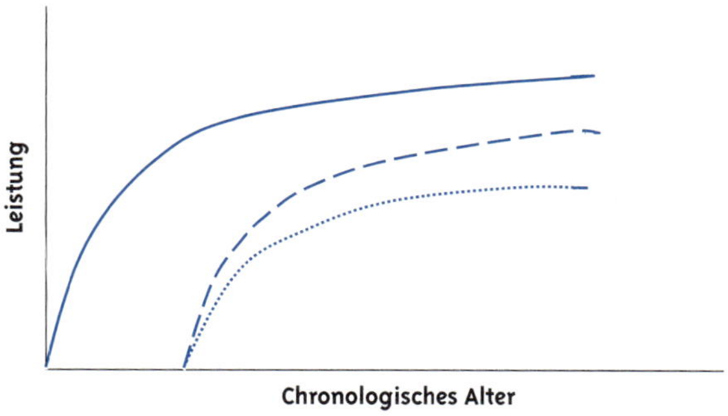

Abbildung 24.2. Hypothetische Beziehung zwischen Beginn der deliberate practice und erreichbarer Leistungshöhe (nach Ericsson et al., 1993, S. 387)
—— früher Übungsbeginn
- - - späterer Übungsbeginn bei gleichem Übungsaufwand
······· späterer Übungsbeginn bei geringerem Übungsaufwand

(Heizmann et al., 1993). Der Beginn der intensiven Ausbildung liegt natürlich je nach Instrument bzw. Sportart in einem verschiedenen Alter. So begannen die in die von Heizmann, Krampen und Ericsson durchgeführte Analyse einbezogenen Pianisten drei Jahre früher als die Geiger mit der deliberate practice.

Tab. 24.1 zeigt das Einstiegsalter für Musiker und Sportler zusammengestellt aus sieben Untersuchungen (übernommen aus Ericsson et al., 1993). Leider sind die Angaben unvollständig. Bei den Pianisten ergibt sich kein Unterschied im Einstiegsalter für Leistungen auf nationaler und internationaler Ebene (5,8 bzw. 6 Jahre), wohl aber für die Amateure (9,9 Jahre). In der Gymnastik und bei den Schwimmern weisen die Einstiegsalter in die erwartete Richtung. Internationale Tennisspieler beginnen bereits mit 6,5 Jahren zu trainieren.

Ericsson et al. (1993) führen die Überlegenheit des frühen Lernbeginns ausschließlich auf den Umfang der deliberate practice zurück, der bei späterem Beginn nicht mehr eingeholt werden kann. Entwicklungspsychologisch ist aber ein früherer Lernbeginn auch gekoppelt mit tiefergreifender Wirkung. So nimmt Gordon (1979) aufgrund der Stabilisierung der Scores bei Musiktests mit ca. 9 Jahren (Positionsstabilität, s. Kap. 1) an, dass nur vorher Begabung sinnvoll gefördert werden kann (siehe Abschnitt 2).

1.4 Zur Kritik

Verabsolutiert man den Ansatz der deliberate practice in dem Sinne, dass gezieltes intensives Üben allein das Endniveau von Hochleistungen ausmacht, so führt er schnell ad absurdum. Erstens erklärt er nicht, warum unter Millionen nur eine Person zu Höchstleistungen kommt, wie in der Musik und im Sport. Dabei verkennt er die Dunkelziffer der Dropouts, die trotz intensiven Bemühens die Spitze nicht erreicht haben. Zweitens erklärt er nicht das Phänomen von Wunderkindern, die ein hohes Niveau (auch auf internationaler Ebene) schon frühzeitig, und das heißt nach relativ kurzer Lernzeit erreichen. Dabei spielt

Domäne	Amateure	regional	national	international	Weltbeste
Musik					
Geige			7;7		5;0
Klavier	9;9		5;8	~6;0	5;8
Sport					
Gymnastik		9;7	8;2		
Laufen			10;5		
Tennis				6;5	
Schwimmen			9;6	7;0	

Tabelle 24.1. Altersbeginn für unterschiedliche Endniveaus, ausgedrückt durch Wettbewerbe auf regionaler, nationaler und internationaler Ebene (ausgewählt aus Ericsson et al. 1993, S. 389)

es keine Rolle, ob Wunderkinder später auch die Erwartungen einlösen, denn es geht um die Erklärung der erstaunlich rasch erreichten Hochleistung. Drittens aber negiert er die Alltagserfahrung, die jeder Coach und jede Musiklehrerin teilt, nämlich dass es langsame und schnelle Lernende gibt. Wenn man vollends Hoch- und Höchstleistungen in Musik und Sport ins Auge fasst, so wird klar, dass diese von normal Lernenden (also durchschnittlich Begabten) auch nach Millionen Stunden intensivsten Trainings nicht erreicht werden können. Die vorliegenden empirischen Befunde sind überdies nicht so einheitlich, wie von den Autoren dargestellt. So fand Bastian (1989), dass manche Preisträger geringeren Übungsaufwand betrieben hatten als andere. Daher ist ein zweiter ergänzender Erklärungsansatz nötig.

2 Talent und seine Entwicklung

Es hilft nicht viel, für Hochleistungen das diffuse Begabungskonzept der Alltagssprache zu verwenden, da man damit die bisher dargestellten Befunde zur Rolle der deliberate practice außer Acht lässt. Zudem würde die Annahme einer globalen Begabung für eine Domäne nichts erklären. Im Folgenden soll daher ein Konzept vorgestellt werden, das die bisherigen Schwächen eines diffusen Begabungskonzeptes umgeht.

2.1 Ein Entwicklungsmodell für Hochbegabung

Simonton (1999) stellt ein Modell vor, das Talent und seine Entwicklung aus zwei Komponenten erklärt: aus emergenischen und epigenetischen Bedingungen. „Emergenisch" ist ein Kunstwort und setzt sich aus „Emergenz" (Ausfaltung, Entwicklung) und „Gen" (Träger der Erbsubstanz) zusammen. Das Modell nimmt an, dass Begabung aus vielen Komponenten besteht und physikalische, physiologische, kognitive und dispositionelle (vor allem Persönlichkeitsmerkmale) Anteile enthält.

Emergenische Komponenten der Begabung. Bastian (1992) nennt beispielsweise als Komponenten für musikalische Hochleistungen: intellektuelle, kreative, praktische und psychomotorische Fähigkeiten, des Weiteren motivationale Faktoren, aber auch Komponenten der Selbstdarstellung, des Denkens und Arbeitens, von denen nur der geringere Anteil genetisch vordeterminiert sein kann. Diese Talent-Anteile erleichtern die Manifestation von Expertise in einem bestimmten Bereich. Nimmt man nun an, dass diese Komponenten multiplikativ miteinander verknüpft sind und nicht nur additiv, so zeigt sich schon bei der Kombination von zwei Anteilen (Variablen) eine extrem schiefe Verteilung (Burt, 1943). Weist man beispielsweise der ersten Variablen eine Ausprägung von Null (nicht vorhanden) bis vier (höchste Ausprägung) zu, so würde sie sich gemäß der Binomialverteilung (zufällig) prozentual folgendermaßen aufgliedern: 6,25 (0), 25 (1), 37,50 (2), 25 (3), 6,25 (4). Kombiniert man aber diese Verteilung mit einer zweiten Variable, die genauso zufallsverteilt ist, so kombiniert sich die Ausprägung Null der ersten Variablen mit den fünf Ausprägungen der zweiten Variablen zu Null, und umgekehrt ergibt die Ausprägung Null der zweiten Variablen kombiniert mit den fünf Ausprägungen der ersten Variablen ebenfalls fünfmal Null. Durchgerechnet ergibt sich für die multiplikative Kombination beider Variablen folgende Verteilung: 49,60 Prozent für Null, 36 Prozent für eine, 10,90 Prozent für zwei, 3,10 Prozent für drei und nur 0,4 Prozent für vier, der höchsten Ausprägung bei zwei Variablen. Unterstellt man, dass viel mehr Komponenten bei der musikalischen oder sportlichen Begabung beteiligt sind, so ergibt sich rein rechnerisch ein außerordentlich geringer Prozentsatz für Hochbegabung, bei der per definitionem alle Komponenten hoch ausgeprägt sind.

Epigenetische Komponenten. Die epigenetischen Bedingungen erachtet Simonton (1999) als ebenso wichtig in seinem Talentmodell wie die mehr oder minder schon bei der Geburt vorliegende Erbausstattung. Dabei geht es um die Ent-

Die berühmte Musikerin Anne-Sophie Mutter und der Eiskunstlauf-Olympiasieger Alexej Jagudin zeigten bereits in ihrer Kindheit großes Talent und haben durch beständiges Üben und Trainieren Weltklasseniveau erreicht

wicklung der einzelnen Talentkomponenten, die unterschiedlichen Entwicklungsprogrammen folgen können. Zwei Aspekte hebt der Autor besonders hervor:

(1) Die Teilkomponenten können als Module aufgefasst werden, die sich relativ unabhängig voneinander entwickeln und unterschiedlichen epigenetischen Regeln folgen;
(2) solche Regeln oder Programme bewirken daher beträchtliche interindividuelle und intraindividuelle Unterschiede. Interindividuell können sich Begabte hinsichtlich des Auftretens von Teilkomponenten und der Geschwindigkeit ihrer Entfaltung unterscheiden. Dies ist der Fall bei den Idiots Savants und den Wunderkindern, die erstaunliche Leistungen in Teilgebieten der Musik erbringen können. Daraus folgt, dass sich intraindividuell Teilkomponenten unterschiedlich rasch entwickeln, bis das Gesamtpaket der für die Hochleistung in einer Domäne erforderlichen Komponenten voll entfaltet ist. Simonton behandelt in seinem Modell aber nicht die Wechselwirkung mit der Umwelt und vernachlässigt völlig Sozialisationsbedingungen und die deliberate practice.

Erklärungspotential des Talentmodells

Die Annahme einer multiplen genetischen Bedingtheit von Talent und seiner Epigenese erklärt unter anderem folgende Fakten:

Geringe frühe Vorhersagbarkeit von Hochleistungen. Vielversprechende „Talente" in Musik und Sport brechen ihre Entwicklung ab, weil entscheidende Komponenten, wie Motivation und Durchhaltevermögen oder Potentiale in der Motorik fehlen.

Geringe Vererbbarkeit von Hochbegabung. Auch wenn Talente oft aus Familien mit musikalischer und sportlicher Tradition stammen, so erklärt dies nicht die plötzlich auftretende Hochbegabung. Das Zusammentreffen aller nötigen Komponenten in hoher Ausprägung bleibt ein seltenes Ereignis.

Erfolg trotz ungünstiger Umwelt. Der Durchbruch eines Talents geschieht manchmal angesichts ungünstiger Umweltbedingungen, vor allem, wenn die Domäne kulturell nicht bestimmte Lern- und Ausbildungswege vorschreibt. Dies ist z.B. der Fall im Jazz und in der U-Musik, wo Solisten oft ohne formale Ausbildung zu Höchstleistungen kommen. So konnte der Jazzpianist Errol Garner nicht Noten lesen, George Gershwin lernte zuerst mit Hilfe eines elektrischen Klaviers zu spielen und Frank Sinatra, der aus einer italienischen Einwandererfamilie stammt, wurde gegen den ausdrücklichen Willen der Eltern Sänger. Hier gilt die aktive Kovariation von Genotyp und Umwelt (s. Kap. 1), bei der der Genotyp aktiv die passende Umwelt auswählt und aufsucht (Scarr & McCarthy, 1983).

Talentverlust. Der Verlust von Talenten ist nicht nur sozialisationsbedingt, etwa dass Begabten Anregung, Unterstützung und Freiraum für den langen intensiven Lernprozess fehlen, sondern auch bei nicht rechtzeitiger Förderung. Analog zur Sprachentwicklung können Entwicklungsprogramme für die einzelnen Teilkomponenten des Talents auf einen Entwicklungszeitraum begrenzt sein, so dass eine spätere Förderung keine entsprechende Wirkung mehr hat. Für Balletttänzerinnen gilt beispielsweise, dass das Training vor dem Alter von neun bis zehn Jahren einzusetzen hat, da die erforderlichen Dehnungsleistungen später nicht mehr entwickelt werden können. Eislauf und Gymnastik scheinen ebenfalls vor dem zehnten Lebensjahr trainiert werden zu müssen. Auch für Pianisten und Geiger dürfte nach dem Alter von zehn Jahren keine Entwicklung zu Hochleistungen mehr möglich sein. Dies sind allerdings eher Vermutungen, die sich auf die gegenwärtige Praxis der Ausbildung zu Musikern und Sportlern stützen und weniger auf gesicherte empirische Daten (vgl. aber Tab. 24.1).

Zeitfenster für Begabung? Gordon (1990) nimmt aufgrund seiner Längsschnittstudien an, dass die durch Anlage und Umwelt entwickelte Begabung mit neun Jahren ihre endgültige Ausprägung erhält. Danach gebe es zwar noch Lernprozesse, doch sei die zugrunde liegende Begabung nicht mehr weiter förderbar. Obwohl diese Auffassung zu rigoros ist, muss man, auch aufgrund neurologischer Befunde (Singer, 1998: die im Gehirn geschaffenen synaptischen Verbindungen sterben bei Nichtbenutzung nach der Pubertät wieder ab), damit rechnen, dass es für die Entwicklung von Leistungen in Sport und Musik ein Zeitfenster gibt. Vernachlässigtes Potential verkümmert wieder.

Alle Einzelleistungen, aus denen sich Talent zusammensetzt, sind bei ihrer aktuellen Erfassung bereits Ergebnis von Lernen und genetischen Bedingungen. Geringe Ausprägung von Merkmalen können bei allen Individuen vorausgesetzt werden, so dass angeborene Bedingungen kaum eine Rolle spielen. Bei Hochleistungen jedoch dürfte die genetische Ausprägung der Komponenten wichtig werden. Für bestimmte Leistungsbereiche in Musik und Sport sind auch nicht alle Komponenten gleich bedeutsam. So war Bach gleichzeitig auch ein Virtuose auf Tasteninstrumenten, Richard Wagner jedoch nicht. Für Sänger sind sensumotorische Leistungspotentiale der Hand irrelevant, dafür aber stimm-motorische Fähigkeiten von größter Bedeutung.

2.2 Wunderkinder

Es gibt kaum ein Phänomen, das Menschen so in Entzücken und Bewunderung versetzt wie die öffentlichen Auftritte hochbegabter Kinder. Im

Bereich der Musik können sie sich als Experten mit Meistern des Erwachsenenalters messen und erreichen oft schon zwischen sieben und zehn Jahren ein sehr hohes technisches und künstlerisches Niveau. Was Wunderkinder auszeichnet, ist die relativ kurze Lernzeit bis hin zur Hochleistung, die dem Paradigma der deliberate practice und der normalerweise bei musikalischer Hochleistung gegebenen langen Lernzeit zu widersprechen scheint. Obwohl die landläufige Meinung über Wunderkinder bezüglich der Mühelosigkeit des Lernens und Erreichens des hohen Niveaus sicher falsch ist, bleibt doch das Faktum bestehen, dass besondere genetische und neurophysiologische Bedingungen vorliegen müssen, die das frühe Auftreten von Hochleistungen ermöglichen. Weiterhin zeigt sich, dass Wunderkinder später oft in ihrer technischen und künstlerischen Entwicklung stagnieren oder sogar zurückfallen.

Biologische Faktoren bestimmen Kreativität mit. Hassler (1990) hat 237 musikalisch hochbegabte Kinder acht Jahre lang in ihrer Entwicklung untersucht und ist auf typische Einbrüche im Jugendalter (gemessen durch Tests) gestoßen, die ihrer Meinung nach (auch) biologische Ursachen haben. Das Leistungstief lag bei 17 Jahren und wurde erst mit 19 Jahren wieder aufgefangen, wobei aber die Probanden nur das ursprüngliche Testniveau von 15 Jahren einnahmen. Beim Leistungstiefpunkt lag der männliche Testosteron-Spiegel am höchsten und der weibliche am niedrigsten. Männliche Komponisten hatten einen vergleichsweise niedrigen Testosteron-Spiegel, weibliche Komponisten einen für ihr Geschlecht deutlich erhöhten. Das spricht dafür, dass die hormonelle Annäherung der Geschlechter Kreativität (und wohl auch andere Anteile von Musikalität) begünstigt, während (hormonell) ausgeprägte Männlichkeit und Weiblichkeit hemmend wirken.

Im Übrigen gilt es aber, mit dem Mythos von Wunderkindern aufzuräumen. So lehnten praktisch alle von Bastian (1989, 1994) befragten begabten jungen Musiker die Bezeichnung Wunderkind für sich ab und betonten, dass ihre Leistungen das Ergebnis harter Arbeit seien. Es stimmt auch nicht, dass Wunderkinder später die Hoffnungen nicht erfüllen würden, denn die Biographien von Wunderkindern erbringen eben beides: eine spätere erfolgreiche Weiterentwicklung und spätere Stagnation oder Rückschritte.

3 Die Entwicklung musikalischer und sportlicher Hochleistungen als Enkulturations- und Sozialisationsprozess

Musikalische und sportliche Entwicklung sind Paradebeispiele für Sozialisation und Enkulturation. Ihre Ausprägung und das erreichbare Endniveau hängen trotz genetischer Voraussetzungen nämlich vollständig (1) vom kulturellen Rahmen und (2) von den Sozialisationsbedingungen im weiteren Sinne ab. Eine „natürliche“ Entwicklung in den Bereichen Musik und Sport gibt es nicht, da diese vollständig durch die jeweilige Kultur definiert werden. Das kulturelle Angebot greift aber auf anthropologische genetische Möglichkeiten zurück, so dass in jeder Kultur Musik und Sport betrieben wird, allerdings mit unterschiedlichem Inhalt, Komplexitätsgrad und Leistungsniveau. So hat unsere Musikkultur hohe Differenziertheit bezüglich der Harmonie und Polyphonie, aber bei der älteren Musik nur zwei Tonmodi und geringe rhythmische Komplexität aufzuweisen. In anderen Musikkulturen gehören Polyrhythmen zum Alltag, so dass sie schon von Fünfjährigen produziert werden können.

3.1 Enkulturation

Wie in Kapitel 3 bereits ausführlich dargestellt, meint Enkulturation den Erwerb von Handlungskompetenzen, die für das Zusammenleben im menschlichen Ökosystem, das die Kultur formt, nötig sind. Musik und Sport als Domänen unserer Kultur erscheinen vergleichsweise überflüssig zur Lebensbewältigung. Die wirkliche Rolle der beiden Domänen wird aber deutlich, wenn man den zeitlichen, finanziellen und Arbeitsaufwand ins Auge fasst, der bei beiden Bereichen betrieben wird. 1986 war die Musikbranche mit 54 Mrd. DM Umsatz in den Alten Bundesländern bei urheberrechtlich bezogenen Einnahmen beteiligt (Hummel et al., 1991). Im Sport sind noch wesentlich höhere Umsätze im Spiel.

Starkult. Die für westliche Kulturen typische Konstellation in Musik und Sport besteht im Starkult, bei dem eine sehr kleine Zahl von Personen mit hohem Können der Masse der Mitglieder einer Kultur gegenüberstehen. Die Stars bilden Identifikationsfiguren für Leistungen, die sehr weit von den eigenen entfernt liegen. Durch Zuhören bzw. Zusehen hat man an den Erfolgen der Stars teil und erfährt dadurch eine Selbststeigerung. Die hohe projektive Bedeutung von Stars und der ständig wachsende Leistungsanspruch an Identifikationsfiguren führt zu einer Vergrößerung der Distanz zwischen Könnern und Laien, Experten und Novizen auf den Gebieten der Musik und des Sports. Dies hat wiederum eine Wertsteigerung der Stars zur Folge, die immer höhere Gagen erhalten. Innerhalb der Musik ist dies nur teilweise mit Leistungssteigerung verbunden, und zwar hauptsächlich in der E-Musik (klassische Musik). Im Sport wird das hohe Leistungsniveau generell durch Rekorde objektiviert. Die Selektion der Leistungsspitzen geschieht im Wettbewerb. So bewarben sich nach Angaben von Pagano[1] 1997 in allen erfassbaren Ländern 17.000 Pianisten in nationalen und internationalen Wettbewerben um Siege. Die strenge Selektion führt dann dazu, dass bei internationalen Wettbewerben nur drei Kandidaten gewinnen können. Oft wird gar kein erster Preis vergeben, wie z.B. bei ARD-Wettbewerben. Diese kulturelle Regelung führte zur extremen Aufwertung von Hoch- und Höchstleistungen und zur (falschen) Attribution von Begnadetsein und Genie.

Soziale Herkunft und kultureller Geschmack. Bourdieu (1987) hat in seinem Buch „Die feinen Unterschiede" den Zusammenhang zwischen sozialer Schicht und Präferenzen für bestimmte Musik- und Sportarten analysiert. Schichten repräsentieren nicht nur unterschiedliche Berufe, Einkommensverhältnisse und Bildungsniveaus, sondern auch unterschiedliche Subkulturen bezüglich der Domänen Musik und Sport. So ist klassische Musik nach wie vor die Domäne einer gebildeten Mittelschicht, U-Musik und Volksmusik eher die Domäne der Bevölkerungsgruppen mit niedrigerem Bildungsniveau und manuellen Berufen. Dies ist für unser Thema insofern von Bedeutung, als Kinder aus bestimmten Bevölkerungsgruppen weder musikalisch noch sportlich mit bestimmten Domänen in Berührung kommen und daher wenig Chancen erhalten, ihr Talent in ihnen zu entfalten. In einer Untersuchung von Vogl (1993) an deutschen Musikstudenten und -studentinnen im Alter von 19 $^1/_2$ bis 22 $^1/_2$ Jahren stammte die Mehrzahl aus der Mittelschicht und der gehobenen Schicht. Ähnliche Schichtzugehörigkeiten finden sich auch in anderen Ländern (Kemp, 1996; Sosniak, 1990; Howe, 1990).

Aufnahme in die Expertengemeinschaft. Ein dritter Aspekt der Enkulturation betrifft das Verhältnis von Novizen und Experten. Mit Rogoff (1991) und Resnick (1987) kann man Enkulturation als Prozess verstehen, bei dem das Kind schrittweise in die Gemeinschaft der (kulturellen) Experten aufgenommen wird. Dies gilt ganz besonders für die Bereiche Musik und Sport. Je nachdem, wie weit das Kind kommt, wird es Mitglied unterschiedlicher Expertengruppen, bis es schließlich an der Weltspitze zu einer sehr kleinen Elitegruppe gehört, der die Aufmerksamkeit einer internationalen Gemeinschaft von Zuhörern oder Zuschauern gewidmet ist.

3.2 Persönlichkeitsmerkmale von Musikern und Sportlern

Sozialisation als mehr oder minder intentionaler Vorgang der Erziehung zu Leistungen in Musik

1 Podiumsdiskussion über Sinn und Unsinn von Wettbewerben am 1. 2. 1997 im Mozarteum Salzburg

und Sport wird, wie in Kap. 1 dargestellt, heute als interaktiver Prozess verstanden, bei dem sich beide Seiten, Sozialisand und Sozialisator, wechselseitig beeinflussen. Auf Seiten des Sozialisanden sind in Musik bestimmte Persönlichkeitsmerkmale wirksam, die im Folgenden exemplarisch für Musiker etwas genauer betrachtet werden sollen.

Kemp (1996) hat zahlreiche Untersuchungen über die Persönlichkeitsstruktur von Musikern durchgeführt und diese sowie weitere Studien anderer Autoren zusammenfassend präsentiert. Als wesentliches Ergebnis lässt sich festhalten:

Introversion. Musiker, vor allem Pianisten und Streicher, sind durch ein stärkeres Ausmaß an Introversion als die Normalbevölkerung gekennzeichnet. Es zeigt sich in allen vier Cattell'schen Primärfaktoren: mit den Ausprägungen Unnahbarkeit (vs. Zugänglichkeit), Scheu (vs. Abenteuerlust), Alleinseinkönnen/Selbständigkeit (vs. Abhängigkeit von der Gruppe) und Verschlossenheit (vs. Offenherzigkeit). Sportler sind demgegenüber extravertiert.

Unabhängigkeit mit der Ausprägung von Primärfaktoren in der folgenden Richtung: Misstrauen (vs. Vertrauen) und Imagination (vs. Praktische Orientierung). Der Faktor Dominanz vs. Submission bildete sich in verschiedenen Untersuchungen uneinheitlich ab, in einigen Studien waren Musiker dominanter, in anderen submissiver als die Normalbevölkerung.

Sensitivität. In allen 13 mitgeteilten Studien an Musikern war Sensitivität (gegenüber Robustheit: tough-mindedness) positiv ausgeprägt. Zur Sensitivität zählt hier auch der Denkstil (Gefühl dominiert über logisches Denken) und die Betonung der Intuition.

Ängstlichkeit. Bei Musikern (besonders ab dem späten Jugendalter) zeigt sich vermehrt emotionale Labilität, „frustrierte Spannung", Misstrauen und niedriges Selbstwertgefühl. Da die Selbsteinschätzung aufs engste mit der musikalischen Leistung verknüpft ist, führt dies nicht selten zur exzessiven Form von Selbstbestrafung und Angst. Mit der Angst verbunden, aber auch als eigene Größe wirksam, ist die physiologische Erregung (Aufgeregtheit). Während bei der Erforschung der Leistungsangst selbstbezogene Kognitionen (entspricht der hier beschriebenen Angst) die Leistung beeinträchtigen, ist die Erregung eher förderlich. Bei den Musikern gilt dieser Zusammenhang aber nur bedingt, da Introvertierte früher als Extravertierte ein hohes Erregungsniveau erreichen, und Musiker daher das Optimum an Erregung leicht überschreiten.

Geschlechtsunterschiede. In der bereits erwähnten Untersuchung an deutschen Musikern beiderlei Geschlechts von Vogl (1993) ergaben sich ähnliche Befunde, wobei Geschlechtsunterschiede noch ausgeprägter waren als bei den von Kemp mitgeteilten Untersuchungen. Musiker wurden aufgrund der Befunde aus dem Freiburger Persönlichkeitsinventar als verschlossen, irritierbar, zögernd, aber mit ausgeglichenem Temperament, wenig reizbar, gelassen und ruhig beschrieben. Musikerinnen erwiesen sich dagegen als reizbar und frustriert, aggressiv, stark durchsetzungsorientiert, offen und selbstkritisch.

Hochleistung als Lebensinhalt. Eine weitere Persönlichkeitskomponente ist die hohe Motivation, die zur deliberate practice befähigt, und das Durchhaltevermögen, das sie über lange Zeit aufrecht erhält. Hier wird die unterstützende Wirkung von Eltern, Musiklehrern und Peers zu einem wichtigen Erklärungsfaktor (s.u.), aber auch das frühe Interesse an Musik (bzw. Sport). Darüber hinaus sind gleichermaßen für Musik und Sport volitionale Kontrolle und Regulation nötig. Aus Befragungen von Musikern und Sportlern wird deutlich, dass das Training umso weniger Phasen des Spiels und Vergnügens enthielt und umso mehr durch den Willen zur Leistungssteigerung geprägt war, je höher sich die Befragten im Endniveau befanden (Ericsson et al., 1993). Höchstleistung in der spezifischen Domäne wird zum zentralen Lebensinhalt.

„Tätigkeit" als sinnstiftender Rahmen. Diese Veränderung lässt sich am besten mit dem Tätigkeitskonzept (Wygotski, 1985; Leontjew, 1977) erklären, sofern man die Tätigkeitsebene als übergeordnete Rahmenmotivation fasst (Oerter, 2000). Dabei werden einzelne Handlungen in einen sinnstiftenden allgemeineren Rahmen eingeordnet, der sie legitimiert und aufrecht erhält. Im Falle von Musikern und Sportlern mit Hochleistungen ist die Tätigkeitsebene bzw. die Rahmenmotivation der Entwicklung zum bestmöglichen Niveau zum zentralen Lebensinhalt, zur Lebensmitte geworden. Diese Veränderung wird gewöhnlich erst im späten Jugendalter erreicht und entspricht der dritten Phase in Abb. 24.1. Ohne die theoretische Nutzung der Tätigkeitsebene als Erklärungsprinzip lässt sich die Ausrichtung des gesamten Lebens auf ein zentrales Ziel kaum verstehen. Aber ohne eine solche Rahmenmotivation sind Hochleistungen in Musik und Sport (sowie in anderen Domänen) nicht möglich.

3.3 Die Rolle der Familie

Der Beginn der musikalischen und sportlichen Laufbahn wird weitgehend von der Familie bestimmt. Sobald das Kind in einer Domäne besonderes Interesse zeigt und auffällige Leistungen zustande bringt, sorgen die Eltern für Unterricht bzw. Training. Bei Musikern spielt das musikalische Interesse und die musikalische Praxis der Eltern eine wichtige Rolle (Sloboda, 1990; Sosniak, 1990; Bastian, 1992). Vogl (1993) fand bei den Probanden ihrer Stichprobe einen signifikanten Zusammenhang zwischen der musikalischen Aktivität des Vaters und dem Interesse der Kinder. Die meisten Väter, nicht aber die Mütter spielten ein Instrument. Die Vorbildfunktion des Vaters hängt mit der Attribution von Musik als feminin zusammen. Musizierende Väter durchbrechen das Rollenklischee und regen daher besonders zur musikalischen Aktivität an.

Interesse und Einkommen begünstigen die Entwicklung. Die Bedeutung der Familie zeigt sich insgesamt darin, dass musikalische Hochbegabung nicht frühzeitig aus Tests oder besonderen Leistungen vorhersagbar ist, sondern dass die besten Prädiktoren das Einkommen und das musikalische Interesse der Eltern sind (Sloboda, 1993). Musikalische und sportliche Karrieren sind teuer, die Kosten müssen zunächst von den Eltern aufgebracht werden. Während in der späteren sportlichen Karriere Vereine und öffentliche Unterstützung eingreifen, bleibt der Hauptteil der Kosten bei der musikalischen Karriere trotz Stipendien bei den Eltern. Insbesondere müssen sie bei nationalen und internationalen Wettbewerben die hohen Reisekosten selbst tragen. Im Falle des Einschlagens einer Solistenkarriere müssen die Eltern bereit und in der Lage sein, den finanziellen Freiraum für das ausschließlich der Karriere geführte Leben des Kindes zu tragen, denn finanzielle Erfolge stellen sich erst spät, in vielen Fällen überhaupt nicht ein.

Das Zusammenspiel zwischen Begabung und familiärer Förderung zeigt sich aus einem von Sloboda und Howe (1991) mitgeteilten Befund zu Musikstudenten und -studentinnen. Die außergewöhnlich guten Musiker der Stichprobe hatten Eltern, die selbst keine ausführenden Musiker waren. Hier hat sich das Talent durchgesetzt. Die als durchschnittlich eingestuften Musiker stammten meist aus Familien, in denen mindestens ein Elternteil Musiker war.

3.4 Der Übergang zu selbstverantwortlicher Hingabe an Musik und Sport

Die Veränderung in der Lebensplanung und die vollständige Konzentration auf die musikalische oder sportliche Karriere hängen meist mit dem Übergang zu neuen Lehrern oder Schulen zusammen. Wenn Jugendliche sich nicht mehr mit der Normalpopulation ihrer Altersstufe, sondern mit Peers des gleichen oder höheren Leistungsniveaus vergleichen können, entsteht ein neuer Impetus zum Üben und zur Leistungsverbesserung. Im Sport werden talentierte Kinder oft in Ganztageseinrichtungen mit Heimen betreut, z.B. das Landesleistungszentrum (LLZ) in Sachsen-Anhalt. Ebenso gibt es für begabte junge Musiker entsprechende Einrichtungen, wie für die Thomaner in Leipzig und die Regensburger Domspatzen. Die Kinder wählen ihre Freunde meist aus der

Leistungsgruppe, in der sie sich befinden. So gaben 91 Prozent der Kinder im LLZ an, dass ihr bester Freund/ihre beste Freundin aus der eigenen Trainingsgruppe stamme (Leirich et al., 1998). Von da an sind Jugendliche freiwillig bereit, in Übung und Training auch dann zu investieren, wenn es keinen Spaß macht (s.o.: Ericsson et al., 1993).

Nicht nur junge Spitzenmusiker, sondern auch Spitzensportler beiderlei Geschlechts besuchen bzw. besuchten meist das Gymnasium. Dies gilt auch für französische Sportler/innen (Braun, 1998).

Als noch bedeutsamer erweisen sich die Lehrer bzw. Trainer. Die Begeisterung für die Domäne, die Führung zu höheren Leistungen und das persönliche Meister-Lehrlings-Verhältnis scheinen ausschlaggebend für die zukünftige Karriere und die damit verbundene erforderliche Leistungssteigerung zu sein. Das Meister-Lehrlings-Verhältnis wurde in der pädagogischen Psychologie neuentdeckt und als wichtiges Prinzip für Lernen eingeführt (Rogoff, 1991; Resnick, 1987). In der musikalischen und sportlichen Ausbildung bildet es seit jeher ein zentrales Element (Sosniak, 1990; Howe, 1990).

Etappen in der Entwicklung zu Hochleistungen in Musik und Sport

Im Folgenden sollen die bisherigen Darlegungen durch einen Überblick über typische Etappen der Entwicklung zur Hochleistung ergänzt werden. Musiker und Sportler mit späteren Spitzenleistungen kommen meist aus gehobeneren sozialen Schichten. Bei deutschen und polnischen Musikern ist das Elternhaus in der Regel musikalisch interessiert und aktiv (Bastian, 1989; Manturzewska, 1990), in England (Sloboda & Howe, 1991, 1992) und den USA (Sosniak, 1990) variieren die Eltern bezüglich ihres Zugangs zur Musik wesentlich stärker, es gibt viele Familien ohne Interesse an (klassischer) Musik. Die folgenden Etappen finden sich im Überblick bei Gabrielsson (1999).

Erste Etappe. Alle genannten Autoren betonen, dass der erste Zugang zur Musikpraxis über Spiel, Freude und Interesse am Musizieren verläuft. Bei Pianisten dauerte diese Etappe bis ca. 10 Jahren (Sosniak, 1990). Sloboda (1994) und Manturzewska (1990) berichten, dass die von ihnen interviewten Spitzenmusiker gleichwohl oft mit 5–6 Jahren den ersten Unterricht erhielten. Die unterstützende familiäre Umgebung und die intrinsische Motivation des Kindes gelten als wichtigste Faktoren für die Entwicklung zum professionellen Musiker.

Zweite Etappe. Es folgt im Regelfall eine Zeit der gezielten und vertieften Ausbildung, bei der die deliberate practice wichtig wird. Für die Pianisten war dies in der Studie von Sosniak (1990) das Alter zwischen 9 und 13 Jahren. Sloboda (1994) und Manturzewska (1990) fanden die Etappe des gezielten Lernens mit Musikunterricht im Zeitraum von 6 bis 14 Jahren. In dieser Zeit beginnt auch der Kontakt mit gleichaltrigen Experten und der Einfluss musikfördernder Einrichtungen, wie Ganztagesschulen und Internate.

Dritte Etappe. Zwischen 16 und Anfang der 20 kommt es erneut zu einer Intensivierung des Übens. Das Meister-Schüler-Verhältnis gewinnt zentrale Bedeutung und formt die junge Persönlichkeit, die nun die Musikausübung als zentrales Lebensziel ansieht. Es ist dies die Zeit der ersten wichtigen Auftritte und Wettbewerbe.

Vierte Etappe. Etwa zwischen 25 und 45 Jahren setzt man die optimale künstlerische Leistung an.

Fünfte Etappe. Danach folgen die größten Leistungen als Lehrer, wobei die eigenen künstlerischen Leistungen aber nicht zurückfallen müssen. Typische Beispiele sind die Geiger Isaac Stern und Yehudi Menuhin.

In der sportlichen Karriere sind die ersten drei Etappen ähnlich zu sehen. Der Leistungszenit wird jedoch relativ früh erreicht, wonach es zu einem Abbruch der Karriere und zu einem beruflichen Übergang in Tätigkeiten als Coach oder als Geschäftsmann kommt.

4 Probleme der Hochleistung

Hochleistungen erreicht man nur mit großem Aufwand an deliberate practice, was bedeutet, dass viele Freizeitaktivitäten in Kindheit und Jugend nicht wahrgenommen werden können. Sofern für die langen Übungszeiten später eine Belohnung in Form von Preisen, beruflichen Chancen und nationalen oder internationalen Preisen erfolgt, fühlen sich die Betroffenen bestätigt. Aber hinter jedem erfolgreichen Spitzenmusiker und -sportler steht eine Dunkelziffer an Misserfolgen und Dropouts. Diese Personen müssen erfahren, dass sie mehr oder weniger umsonst gearbeitet haben. Hinzu kommt die enorme emotionale Belastung bei Wettbewerben (Musiker) und Wettkämpfen (Sportler). Während Hochleistungssportler eine regelmäßige psychologische Betreuung erfahren, ist dies bei Musikern nicht der Fall. Da aber Musiker meist stark introvertiert, während Sportler extravertiert sind, bräuchten Musiker wesentlich mehr psychologische Unterstützung als Sportler. Im Folgenden wird nicht auf gesundheitliche Risiken und Schäden eingegangen, da sie ein Thema für sich sind, sondern es werden zwei häufig auftretende Phänomene bei Hochleistungssportlern behandelt und auf problematische kulturelle Entwicklungen aufmerksam gemacht.

4.1 Burnout und Staleness

Bei Hochleistungssportlern treten zwei Phänomene als Risikofaktoren auf, die als Burnout und Staleness bekannt sind.

Burnout. Burnout wird als stressbedingter Rückzug aus einer Aktivität, die vormals lustvoll betrieben wurde, verstanden und auch als Zustand emotionaler Erschöpfung beschrieben, der zu Depressionen führen kann. Im Sport tritt Burnout auf, wenn die Kosten die Belohnung übertreffen. Gould und Mitarbeiter (zit. nach Seppa, 1996a) fanden vor allem drei Ursachen für das Burnout: (a) Unfähigkeit, mit den eigenen perfektionistischen Ansprüchen umzugehen, Unzufriedenheit mit sich selbst, (b) zu häufiger Vergleich „nach oben", also mit Partnern, die wesentlich besser als man selbst sind, (c) zu hohe Ansprüche von Eltern und Trainern, die den Stress ins Unerträgliche steigern (vor allem nachgewiesen bei Tennisspielern, aber auch bei Gymnastik, Schwimmen und Eiskunstlauf; Wood, zit. nach Seppa, 1996a).

Staleness. Staleness („Verbrauchtheit") tritt ein, wenn zu rigoros ohne Erholungspausen trainiert wird, und ist zunächst physiologisch bedingt. Die psychischen Folgen von Staleness sind Depression, Wut und Müdigkeit. Staleness wurde bereits von Griffith (1925) beobachtet. Morgan und Mitarbeiter (zit. nach Seppa, 1996b) fanden, dass 60 Prozent der weiblichen und 66 Prozent der männlichen Langstreckenläufer mindestens eine Episode von Staleness während ihrer Karriere hatten. In anderen von Seppa (1996b) beschriebenen Untersuchungen erlitten 91 Prozent von Wettschwimmern auf College-Ebene, die während des ersten Semesters Staleness-Symptome zeigten, später einen deutlichen Leistungsrückschlag.

4.2 Kulturell bedingte Einseitigkeiten von Hochleistungen

Die säkular ständig steigenden Anforderungen an sportliche und musikalische Hochleistungen zeigen quasi in einem natürlichen Experiment die Wechselwirkung zwischen Kultur und Individuum beim Ausloten menschlicher Grenzen. Der kulturelle Bedarf nach neuen Rekorden treibt die menschlichen Leistungsmöglichkeiten immer weiter ins Extrem. Preisträger in Musik und Sport vor 30 Jahren hätten heute mit ihrem Leistungsniveau keine Wettbewerbschancen. Im Sport werden Rekorde immer weiter nach oben verschoben, in der Musik werden immer höhere Anforderungen bezüglich Präzision und Schnelligkeit an die Instrumentalisten gestellt. Letztlich fokussieren in beiden Bereichen die Leistungsziele Präzision in möglichst kurzer Zeit, was natürlich beim Sport durch Zeitmessungen in msec am ausgeprägtesten ist. Aber in der Musik ist diese Einseitigkeit ebenfalls gegeben, denn alle Bewerber, die das Präzisions- und Geschwindigkeitskriterium nicht erfüllen, kommen mit kreativen Leistungen der Interpretation und Improvisation (die in früheren Musikepochen von großer Bedeutung waren) nicht zum Zuge. So erfüllt sich vermutlich erst in der Gegenwart das Modell von Simonton, wonach das Fehlen (oder die zu geringe Ausprägung) eines Merkmals die Höhe der Gesamtleistung herunterdrückt.

Konsum statt Eigenleistung. Die säkulare Steigerung von Hochleistung hat noch eine andere Folge. Die Distanz zwischen den Stars und der Masse der Zuhörer und Zuschauer vergrößert sich. Stars in klassischer Musik und im Sport werden immer unerreichbarer, man delegiert menschliches Leistungspotential an einige wenige und verzichtet selbst auf die praktische Ausübung der Tätigkeit in den beiden Domänen. Besonders in der Musik wird bereits das Kind ab Schuleintritt zum Konsumenten und nicht mehr zum Produzenten musikalischer Ereignisse (Oerter, 1995).

Weiterführende Literatur

Colwell, R.J. (Ed.) (1992). Handbook of research on music teaching and learning. New York: Schirmer Books.

Das Werk gibt einen Überblick über Lehr- und Lernmethoden im Bereich der Musikerziehung und liefert gleichzeitig gute musikpsychologische und allgemeinpsychologische Grundlagen.

Gembris, H. (2002). Grundlagen musikalischer Begabung und Entwicklung (2. Aufl.). Augsburg: Wissner.

Das Buch liefert einen ausgezeichneten Überblick über die Entwicklung musikalischer Fähigkeiten und führt in das komplexe Phänomen musikalischer Begabung ein.

Kapitel 25
Misshandlung, Vernachlässigung und Missbrauch von Kindern

Anette Engfer[1]

Dieses Kapitel soll über Kindesmisshandlung und andere Formen der körperlichen oder psychischen Gewalt gegen Kinder in der Familie informieren. Aus Platzgründen werden hier klinische Fallstudien oder die inzwischen – gerade im Zusammenhang mit dem sexuellen Missbrauch – florierende „Beratungs-Literatur" nicht berücksichtigt. Statt dessen werden bevorzugt die Ergebnisse der empirischen Forschung referiert. Dabei werden nur klassische oder neuere Literaturhinweise exemplarisch aufgenommen, ansonsten wird auf frühere Darstellungen des Problemfeldes (Engfer, 1986, 1991) verwiesen.

1 Definitionen und Vorkommenshäufigkeiten

DEFINITION

Kindesmisshandlung ist eine gewaltsame psychische oder physische Beeinträchtigung von Kindern durch Eltern oder Erziehungsberechtigte. Diese Beeinträchtigungen können durch elterliche Handlungen (wie bei körperlicher Misshandlung, sexuellem Missbrauch) oder Unterlassungen (wie bei emotionaler und physischer Vernachlässigung) zustande kommen.

Man unterscheidet engere und weitere Misshandlungsbegriffe.

Misshandlung im engeren Sinne. Engere Misshandlungsbegriffe umfassen in der Regel nur die Fälle, in denen Kinder körperlich verletzt werden. Bei manchen Misshandlungsformen (z.B. bei psychischer Misshandlung, den meisten Formen des sexuellen Missbrauchs) sind solche körperlichen Schädigungen nicht beobachtbar. Deshalb werden Annahmen über Intensitätsgrade des schädigenden Verhaltens und über die Abweichung von kulturellen Normen eines zu fordernden bzw. geduldeten Verhaltens zum Kriterium gemacht. Beim sexuellen Missbrauch fallen hierunter besonders gravierende Fälle mit Körperkontakt, versuchtem oder vollzogenem Geschlechtsverkehr und/oder der Anwendung von Gewalt (Wipplinger & Amman, 1998).

Misshandlung im weiteren Sinne. Weiter gefasste Misshandlungsbegriffe schließen Handlungen oder Unterlassungen ein, die nicht unbedingt zu körperlichen oder psychischen Beeinträchtigungen von Kindern führen, die in geringerem Maße als Normabweichung gelten, häufiger vorkommen und auch heute noch von vielen Eltern praktiziert werden (wie häufiges Schimpfen, Schlagen, Bestrafen mit Liebesentzug usw.). Beim sexuellen Missbrauch fallen hierunter Fälle ohne Körperkontakt (z.B. Exhibitionismus) oder wenig schädigende Handlungen (z.B. sexualisierte Küsse, die Brust eines Mädchens berühren).

Anwendungs- und Entscheidungskontexte. Die Verwendung enger bzw. weiter Misshand-

1 Ich danke Mechthild Gödde, Christoph Müller und Leo Montada für wertvolle Hinweise, die wesentlich zur Verbesserung des Textes beigetragen haben.

lungsbegriffe hängt vom jeweiligen Handlungs- und Entscheidungskontext ab.

Enge Misshandlungsbegriffe werden vor allem bei strafrechtlichen Entscheidungen zugrunde gelegt. Damit will man Fehldiagnosen ausschließen und Sanktionen für Eltern vermeiden, deren Kinder nicht durch Misshandlungen, sondern durch Krankheiten oder Unfälle verletzt wurden (so genannte falsch-positive Fälle).

Die Verwendung weiterer Misshandlungsbegriffe ist in folgenden Situationen sinnvoll:

(1) Bei präventiven Ansätzen, wenn man misshandlungsgefährdeten Familien Hilfen anbieten will, bevor es zu Verletzungen oder erheblichen Gefährdungen von Kindern kommt. Hier dient die Diagnostik vor allem dazu, Familien für nicht stigmatisierende Formen der Beratung und Intervention zu gewinnen.
(2) Wenn Kinder diffuse körperliche oder psychische Beeinträchtigungen aufweisen. In solchen Fällen ist der Verdacht der Misshandlung genauer abzuklären. Gerade bei kleinen Kindern empfiehlt sich dieses Vorgehen, damit Misshandlungen auf keinen Fall übersehen werden (so genannte falsch-negative Fälle).
(3) In der sozialwissenschaftlichen Forschung, da die Grenzen zu engeren Misshandlungsbegriffen fließend sind und Handlungen oder Unterlassungen dieser Kategorie weniger tabuisiert und der Erfassung deshalb zugänglicher sind als schwere Misshandlungen. Bei der intensiven Beobachtung von Familien wurden in 10 bis 15 Prozent der Fälle misshandlungsähnliche Phänomene entdeckt, die weder in Kinderschutzeinrichtungen noch in Kriminalstatistiken erfasst sind (Engfer, 1991; Esser, 1994; Pianta et al., 1989).

Im Folgenden werden die verschiedenen Formen der Gewalt gegen Kinder dargestellt. Dabei werden Erscheinungsformen und, so weit das möglich ist, epidemiologische Angaben, vermutete Ursachen, Auswirkungen und Interventionsansätze skizziert.

Überlappungen zwischen Gewaltformen. Die Separierung der verschiedenen Gewaltformen erscheint in der letzten Zeit immer problematischer. Durch die Ergebnisse empirischer Studien wird deutlich, dass zwischen diesen Gewaltformen erhebliche Überlappungen bestehen. So zeigt sich in der Studie von Wetzels (1997), dass in Abhängigkeit von der Verwendung engerer bzw. weiterer Gewaltbegriffe ca. ein bis zwei Drittel der Opfer des sexuellen Missbrauchs gleichzeitig auch Opfer physischer Gewaltanwendung waren und aufgrund dieser multiplen Gewalterfahrungen offenbar dafür prädestiniert sind, im Erwachsenenalter erneut viktimisiert zu werden. Diese Überlappungen und Verkettungen von Gewaltformen zeigen sich auch in anderen Studien (vgl. Richter-Appelt, 1998; Sullivan & Knutson, 2000).

Der in den Medien und neuerdings auch in der sozialwissenschaftlichen Forschung besonders beachtete sexuelle Missbrauch von Kindern hat in den meisten Fällen nicht die ihm zugeschriebenen besonders schlimmen und lang andauernden psychischen Konsequenzen. Kinder, die „nur" sexuell missbraucht wurden, tragen insgesamt weniger psychische Schäden davon als Kinder, die in einer familiären Situation der psychischen und physischen Vernachlässigung und/oder Gewalt aufwachsen (vgl. unten bzw. Rind et al., 1998).

2 Vernachlässigung

DEFINITION

Kinder werden **vernachlässigt**, wenn sie von ihren Eltern oder Betreuungspersonen unzureichend ernährt, gepflegt, gefördert, gesundheitlich versorgt, beaufsichtigt und/oder vor Gefahren geschützt werden.

Eine bei Kleinkindern wichtige Unterform stellt die nichtorganisch begründete Gedeihstörung dar (Wolke, 1994), die oft im Zusammenhang mit Vernachlässigungen, aber auch als reine Gedeihstörung auftreten kann, wenn Eltern ihre Kinder falsch ernähren oder Kinder die Nahrung verweigern.

Häufigkeit. Ähnlich wie bei der psychischen Misshandlung hängt die Definition der Vernachlässigung von gesellschaftlichen Maßstäben eines angemessenen oder geforderten Elternverhaltens ab. Vernachlässigungen kommen wesentlich häufiger vor als Misshandlungen im engeren Sinne. In den USA, wo alle Misshandlungsformen meldepflichtig sind, fand man für 1986 folgende Zahlenverhältnisse: 700.000 Fälle von Vernachlässigung, 300.000 Fälle körperlicher Misshandlung und 140.000 Fälle von sexuellem Missbrauch (Besharov, 1993).

Im Klientel deutscher Jugendämter machen Vernachlässigungen ca. zwei Drittel aller betreuten Misshandlungsfälle aus (Volkswagen AG, Deutscher Kinderschutzbund & Stiftung zur Förderung des Kinderschutzes, 2000).

Ursachen. Vernachlässigung wird häufig im Kontext extremer Armut und sozialer Randständigkeit beobachtet (Esser, 1994; Wolff, 1994), aber auch im Kontext von psychischen Erkrankungen (Depressionen), geistigen Behinderungen oder Alkohol- und Drogenproblemen der Eltern. Kinder Crack-abhängiger Mütter zeigen schwerwiegende Entwicklungsbeeinträchtigungen. Diese sind weniger der schädigenden Wirkung des Crack in der Schwangerschaft und Stillzeit, als vielmehr der physischen und psychischen Vernachlässigung zuzuschreiben, die diese Kinder in der Säuglings- und Kleinkindzeit erfahren. Denn Kinder, die gleich nach der Geburt in gute Pflegefamilien kommen, entwickeln sich weitgehend normal (Lawton-Hawley & Disney, 1992).

Auswirkungen. Aufgrund mangelnder Anregung und Förderung zeigen vernachlässigte Kinder nicht nur erhebliche Rückstände in ihrer kognitiven und sozial-emotionalen Entwicklung, sondern sie sind besonders unglückliche Kinder, weil sie im Vorschul- und Schulalter wegen ihres ungepflegten Aussehens auch von Gleichaltrigen, Erzieherinnen und Lehrern abgelehnt werden (Erickson et al., 1989).

Intervention. Bei schweren Vernachlässigungen richten therapeutisch-psychologische Interventionsformen, wie sie von Erziehungsberatungsstellen und Kinderschutzzentren angeboten werden, in der Regel wenig aus. Hier sind einschneidende Eingriffe in das elterliche Sorge- und Aufenthaltsbestimmungsrecht nötig, wenn vernachlässigte Kinder zu ihrem Schutz aus der Familie herausgenommen und in einem Heim oder in einer Pflegefamilie untergebracht werden müssen.

3 Psychische Formen der Misshandlung und Vernachlässigung

DEFINITION

Unter **psychischen Misshandlungen** versteht man alle Handlungen oder Unterlassungen von Eltern oder Betreuungspersonen, die Kinder ängstigen, überfordern, ihnen das Gefühl der Wertlosigkeit vermitteln. Dazu zählen nicht nur sadistische Formen „seelischer Grausamkeit“, sondern auch scheinbar harmlosere Varianten elterlichen Verhaltens wie z.B. die offensichtliche Bevorzugung eines Geschwisterkindes, Einschüchterung, häufiges Beschimpfen, fehlende Anerkennung. Auch die Kinder ständig zum Sündenbock zu machen, sie zu isolieren oder mit lang anhaltendem Liebesentzug zu bestrafen, sind Formen psychischer Misshandlung.

Dazu kann auch gehören, dass Kinder häufig zu Zeugen elterlicher Partnerschaftskonflikte gemacht werden. Neunjährige Kinder in hochstrittigen Partnerschaften sind nach der Einschätzung ihrer GrundschullehrerInnen in der Beziehung zu Gleichaltrigen besonders gehemmt, aber auch aggressiv und weinerlich. Ihre schulische Leistungen leiden darunter, dass sie mit ihren Gedanken abschweifen, keine Ausdauer zeigen und sich nicht konzentrieren können (Engfer, 1997).

Folgen emotionaler Vernachlässigung. Bei Kindern können nicht nur verbale Formen der Gewalt (z.B. ständiges Schimpfen) sehr beeinträchtigend sein. Noch gravierender sind in frühen Entwicklungsphasen offenbar die Auswirkungen fehlender mütterlicher Zuwendung, wie sie Erickson et al. (1989) in ihrer Studie bei 19 Kindern von „emotional nicht verfügbaren“ Müttern gefunden haben. Als „emotional nicht verfügbar“ definierten die Autoren das Verhalten von Müttern, die trotz adäquater Pflege und Versorgung die Signale ihrer Kinder nicht genügend beachten und sie passiv ablehnen. Diese Kinder zeigen schon mit zwei Jahren einen dramatischen Rückstand in ihrer kognitiven und motorischen Entwicklung. Fast drei Viertel dieser Kinder sind mit 18 Monaten unsicher gebunden. Im Vorschulalter sind sie ausgesprochen ungehorsam, hyperaktiv, aggressiv und quengelig, später kommen auffällige Symptome wie nervöse Ticks und selbstzerstörerisches Verhalten hinzu. Die Autoren weisen darauf hin, dass diese subtile Form der emotionalen Vernachlässigung wenig spektakulär ist und deshalb leicht übersehen wird, obgleich sich ihre Auswirkungen kaum von denen der körperlichen Misshandlung oder physischen Vernachlässigung unterscheiden (vgl. dazu auch die direkt vergleichbaren Ergebnisse der Mannheimer Studie bei Esser, 1994).

Umstrittener oder zentralster Begriff der Gewalt? Der Begriff der psychischen Misshandlung ist in der Literatur relativ umstritten, weil die Grenze zwischen üblichen und weitgehend tolerierten Praktiken (z.B. Bestrafen mit Hausarrest, Liebesentzug) und psychisch schädigendem Elternverhalten schwer zu ziehen ist. Deshalb kann man auch keine Aussage über die Häufigkeit psychischer Misshandlungen machen. Jedoch scheint die psychische Misshandlung bzw. Vernachlässigung die zentralste und schädlichste Form der Gewalt zu sein. Sie ist nicht immer, aber oft mit körperlicher Gewalt verknüpft und erhöht das Risiko, dass so „misshandelte“ Kinder später zu Opfern des sexuellen Missbrauchs werden, weil ihr Bedürfnis nach Liebe und Anerkennung von pädophilen Tätern erkannt und ausgenutzt wird.

4 Körperliche Misshandlung

DEFINITION

Körperliche Misshandlungen sind Schläge oder andere gewaltsame Handlungen (Stöße, Schütteln, Verbrennungen, Stiche usw.), die beim Kind zu Verletzungen führen können.

Ob ein Kind dabei zu Schaden kommt, hängt nicht nur von der Härte und Intensität der Gewalthandlung ab. Auch die Empfindlichkeit des kindlichen Organismus (bei Säuglingen kann heftiges Schütteln schon zu lebensgefährlichen Hirnblutungen führen) und situationale Umstände (wenn ein Kind mit dem Kopf auf eine harte Kante statt auf den weichen Teppichboden fällt) spielen eine Rolle.

Häufigkeit und Dunkelfeld

Über die Häufigkeit von Kindesmisshandlungen kann man für die Bundesrepublik keine verlässlichen Aussagen machen, weil hier keine Meldepflicht besteht, deren Einführung vor allem mit dem Argument abgelehnt wurde, dass Eltern dann noch weniger bereit sein würden, misshandlungsbedingte kindliche Verletzungen von Ärzten behandeln zu lassen (zu weiteren Argumenten vgl. Engfer, 1986, S. 23).

Die kriminalpolizeilichen Statistiken zur Häufigkeit von angezeigten Kindesmisshandlungen sind mit ca. 2.000 Fällen pro Jahr (Bulletin, 1999) sehr selektiv und wenig aussagekräftig. Der neuerdings beobachtete Anstieg absoluter Fallzahlen kann ein Effekt steigender Geburtenzahlen, eines veränderten Anzeigenverhaltens oder ein „echter“ Anstieg von Kindesmisshandlungen sein, der möglicherweise mit der zunehmenden Häufigkeit von Armut und zerbrechender Partnerschaften erklärbar ist. Wetzels (1997) stellt fest, dass die absoluten Zahlen bei den angezeigten Fällen von Kindesmisshandlung zwischen 1985 und 1995 um 36,1 Prozent zugenommen haben. Demgegenüber hat sich die Opferrate (= die Zahl der Opfer je 100.000 der Bevölkerung unter 14 Jahren) in diesem Zeitraum nur unwesentlich verändert und eher verringert.

Abnahme körperlicher Bestrafungen. In sozialwissenschaftlichen Studien zeigt sich, dass ca. die Hälfte bis zwei Drittel der deutschen Eltern ihre Kinder körperlich bestrafen. Schwerwiegende und relativ häufige Körperstrafen finden sich bei ca. 10 bis 15 Prozent der deutschen Eltern (Engfer, 1991; Esser, 1994; Richter-Appelt & Tiefensee, 1996a). Eine Zunahme der Gewalt gegen Kinder lässt sich aufgrund dieser Untersuchungen nicht belegen: In einer kriminologischen Opferbefragung von 3.285 Personen im Alter zwischen 16 und 59 Jahren berichten jüngere Alterskohorten signifikant seltener über körperliche Bestrafungen (Wetzels, 1997).

Dass immer mehr Eltern in der Erziehung ihrer Kinder auf körperliche Bestrafungen verzichten wollen, belegen z.B. die Ergebnisse einer österreichischen Befragung (Reisel, 1991) von 215 Müttern und 165 Vätern von Kindergartenkindern. Sechzig Prozent der Mütter und 36 Prozent der Väter erziehen ihre Kinder völlig gewaltfrei. Ein Drittel dieser Mütter wurde in der Kindheit oft geschlagen, ohne diese Gewalt an die eigenen Kinder weiterzugeben. Bei den Vätern sind es nur 9 Prozent, die trotz eigener Gewalterfahrung ihre Kinder nicht schlagen, 21 Prozent geben die selbst erfahrene Gewalt in abgeschwächter Form an ihre Kinder weiter. Der Fall, dass gewaltfrei erzogene Eltern ihre eigenen Kinder verprügeln, kam nicht vor.

Wetzels (1997) kommt bei der Befragung von 548 Müttern und 391 Vätern mit Kindern unter 15 Jahren, die Teil der oben genannten Stichprobe der kriminologischen Opferbefragung waren, zu etwas ungünstigeren Ergebnissen. Hier gaben 44 Prozent der Eltern an, ihre Kinder nicht zu schlagen. 64,8 Prozent der Eltern mit Gewalterfahrungen in der eigenen Kindheit geben diese Gewalt an ihre Kinder weiter. Noch deprimierender ist der Befund, dass ein Viertel der Eltern, die selbst gewaltfrei erzogen wurden, ihre eigenen Kinder schlagen.

Obwohl sich seit den sechziger Jahren Eltern-Kind-Beziehungen in deutschen Familien zunehmend liberaler gestalten und immer mehr Eltern die Prügelstrafe ablehnen, ist der Prozentsatz der misshandelten Kinder mit 10,6 Prozent in etwa gleichgeblieben (Wetzels, 1997). Möglicherweise wird durch öffentliche Sensibilisierungskampagnen nur das Ausmaß der „alltäglichen Gewalt" in Eltern–Kind-Beziehungen reduziert, während die Fälle schwerster Misshandlungen davon unberührt bleiben.

4.1 Erklärungsmodelle

Deshalb ist es wichtig, sich der Erklärung der Kindesmisshandlung zuzuwenden. Es gibt im Wesentlichen drei Erklärungsmodelle der Kindesmisshandlung, die hier kurz dargestellt werden sollen (vgl. Engfer, 1986).

Psychopathologisches Erklärungsmodell

Mehrgenerationale Weitergabe der Gewalt. Im so genannten psychopathologischen Erklärungsmodell werden elterliche Persönlichkeitsprobleme für das Auftreten von Kindesmisshandlungen verantwortlich gemacht. Diese resultieren oft aus Vorerfahrungen mit harten Strafen und Ablehnung in der eigenen Kindheit. Zentral ist die These der mehrgenerationalen Weitergabe der Gewalt. Diese These wird von Kaufman und Zigler (1993) anhand der Befunde mehrerer Prospektivstudien dahingehend eingeschränkt, dass sie nur auf ca. 30 Prozent der ehemals misshandelten Eltern zutreffe. Andere Autoren (z.B. Egeland, 1993; Bender & Lösel, 2000) halten die von Kaufman und Zigler genannte Transmissionsrate für eine Unterschätzung, da Gewalterfahrungen in der Kindheit ein entscheidender Risikofaktor für alle möglichen Störungsbilder und Formen der Gewaltbereitschaft, also auch für Kindesmisshandlungen, sind.

Die Studien von Reisel und Wetzels zeigen deutliche Unterschiede im Anteil der Eltern, die die selbst erfahrene Gewalt an die eigenen Kinder weitergeben. Betrachtet man die alltäglicheren Gewaltformen, geben zwei Drittel der früher geschlagenen Eltern die Gewalt an ihre Kinder weiter, betrachtet man die Misshandlungen im engeren Sinne, brechen 85,7 Prozent der Eltern mit der Tradition der selbst erfahrenen Gewalt (Wetzels, 1997, S. 229).

Schutzfaktoren gegen die Weitergabe der Gewalt. Nicht alle Eltern geben demnach die selbst erfahrene Gewalt an ihre Kinder weiter. Dies wird dem Einfluss so genannter Schutzfaktoren zugeschrieben: Ehemals misshandelte Kinder können in tragfähigen Beziehungen zu anderen Menschen (z.B. zu einem nicht misshandelnden Elternteil, zu Therapeuten oder späteren Lebenspartnern) ihre Gewalterfahrungen bewältigen lernen. Außerdem scheinen eine gute Begabung und damit verknüpfte schulische Erfolgserfahrungen vor der Weitergabe der selbst erfahrenen Gewalt zu schützen (Malinosky-Rummell & Hansen, 1993). Allerdings sind schulische Erfolgserfahrungen eher unwahrscheinlich, weil misshandelte und viel bestrafte Kinder in vielen schulrelevanten Entwicklungsbereichen Rückstände zeigen (Engfer, 1997, S. 37).

Die in diesem Erklärungsmodell enthaltene Annahme über die zentrale Bedeutung elterlicher Persönlichkeitsmerkmale im Misshandlungsgeschehen wurde inzwischen in amerikanischen (z.B. Pianta et al., 1989) und deutschen Studien (z.B. Engfer, 1991) bestätigt. Dazu gehören vor allem Depressionen und andere Formen psychischer Labilität bzw. erhöhter Irritierbarkeit, die einen gelassenen und geduldigen Umgang mit Kindern erschweren.

Soziologische Erklärungsansätze

Soziologische Erklärungsansätze machen folgende Bedingungen für die Gewalt gegen Kinder verantwortlich:

- die gesellschaftliche Billigung von Gewalt in der Erziehung von Kindern,
- Lebensbelastungen (Armut, Arbeitslosigkeit), die die Familien überfordern, und
- den Mangel an sozialen Unterstützungssystemen, die Familien in Krisenzeiten entlasten könnten.

Missbilligung körperlicher Bestrafungen. Es ist relativ gut belegt, dass die gesellschaftliche Billigung von Gewalt als Mittel der Erziehung rückläufig ist. Dies zeigt sich am deutlichsten in der Abschaffung des elterlichen Züchtigungsrechtes: die Änderung des §1631 Abs. 2 BGB wurde am 1. August 1998 beschlossen und trat am 8. November 2000 in Kraft (vgl. Priester, 1999). Nach einer viele Jahre dauernden Diskussion über das Verbot des elterlichen Züchtigungsrechtes heißt es nun im §1631 Abs. 2 BGB: „Entwürdigende Erziehungsmaßnahmen, insbesondere körperliche und seelische Misshandlungen, sind unzulässig." Psychologisch zeigt sich die öffentliche Missbilligung körperlicher Bestrafungen u.a. auch auf Seiten der Kinder. Fragt man sie, wie häufig sie von ihren Eltern geschlagen werden, so machen sie mit zunehmender kognitiver Reife abgemilderte Aussagen. Sie scheinen also ihre Aussagen selbst zu zensieren (Engfer, 1997). Eltern, die Strafen gutheißen oder verharmlosen, sind häufiger gewalttätig gegenüber ihren Kindern (Engfer, 1991; Reisel, 1991).

Lebensbelastungen. Lebensbelastungen sind zwar in vielen gewaltgefährdeten Familien nachweisbar, ihr Beitrag zum eigentlichen Misshandlungsgeschehen ist jedoch anderen Faktoren (vor allem den persönlichen Ressourcen der Eltern) untergeordnet (Pianta et al., 1989; Engfer, 1991). Soziale Isolation und der Mangel an sozialer Unterstützung sind für vernachlässigende Eltern typischer als für misshandelnde Eltern. Unter den Belastungen, die nachweislich mit einem erhöhten Misshandlungsrisiko verbunden sind, spielen Partnerschaftskonflikte oder die schwierige Situation allein erziehender Mütter eine zentrale Rolle (Engfer, 1991; Esser, 1994; Richter-Appelt & Tiefensee, 1996b).

Nach den Befunden von Wetzels (1997) kann die Gewalt in der Partnerbeziehung offenbar auf die Kinder als Opfer übergreifen bzw. sie in anderer Weise gefährden. Denn im Vergleich zu Kindern, deren Eltern sich nicht schlagen, werden die Kinder in gewalttätigen Partnerbeziehungen achtmal so häufig selbst geschlagen und misshandelt, und sie werden dreimal so häufig zu Opfern des sexuellen Missbrauchs.

Sozial-situationales Erklärungsmodell
In diesem Erklärungsmodell sieht man Kindesmisshandlungen als Endpunkte eskalierender Konfliktsituationen. Man nimmt an, dass Eltern aus Ärger und Ohnmacht ihre Kinder verprügeln, wenn andere pädagogische Maßnahmen fehlgeschlagen sind. Hier sind kindliche Verhaltensprobleme (Aggressionen, Ungehorsam) Anlass für ausufernde Bestrafungen.

Verhaltensprobleme als Auslöser für Misshandlungen. In querschnittlichen und retrospektiven Studien erscheinen Verhaltensprobleme von Kindern als Hauptanlass für harte Strafen und Misshandlungen. In prospektiven Untersuchungen unterscheiden sich später misshandelte Kinder kurz nach der Entbindung bzw. im Alter von drei Monaten in ihren Verhaltensmerkmalen jedoch nicht von später gut betreuten Kindern (Engfer, 1991; Esser, 1994). Die kindlichen Verhaltensprobleme (Schreien, schlechte Tröstbarkeit), unter denen gewaltgefährdete Mütter im Verlauf des ersten Lebensjahrs leiden, sind ihrerseits mit mütterlichen Persönlichkeitsproblemen und einem wenig optimalen Betreuungsverhalten verknüpft (Engfer, 1991; Esser, 1994). Demnach sind manche Verhaltensauffälligkeiten (z.B. Bindungsunsicherheit, Quengeligkeit, Unruhe, Abhängigkeitsverhalten) schon vor der eigentlichen Misshandlung beobachtbar und kaum unterscheidbar von den Problemen, die als Auswirkungen von Kindesmisshandlungen beschrieben werden.

Behinderte Kinder sind besonders gefährdet. Für geistig und/oder körperlich behinderte und verhaltensauffällige Kinder besteht offenbar ein mehr als dreifach erhöhtes Risiko, misshandelt zu werden. Während bei nichtbehinderten Kindern eine Prävalenzrate von 9 Prozent für Misshandlungen beobachtet wurde, liegt die Prävalenzrate bei behinderten Kindern bei 31 Prozent, wobei die Gewaltform der Vernachlässigung bei behinderten Kindern am häufigsten vorkommt. Behinderte Jungen werden vorrangig zu Opfern körperlicher Misshandlung und Vernachlässigung, behinderte Mädchen dagegen zu Opfern sexuellen Missbrauchs. Häufiger als bei nichtbehinderten Kindern treten die verschiedenen Gewaltformen in Kombination auf und sind nicht auf einen einmaligen Übergriff beschränkt – so die Ergebnisse einer Totalerhebung an 50.278 Kindern in Omaha, Nebraska (Sullivan & Knutson, 2000). Allerdings konnte in dieser querschnittlichen Studie nicht geklärt werden, welche der hier betrachteten Verhaltensauffälligkeiten und Behinderungen Vernachlässigung, Misshandlung oder sexuelle Übergriffe auslösen und welche als Folgen von Gewalt zu sehen sind.

Nicht nur die Verhaltensprobleme einzelner Kinder, sondern auch ausufernde Streitigkeiten zwischen Geschwistern können körperliche Bestrafungen provozieren, die Kinder dann offenbar in der Form von „Kollektivstrafen" treffen (Engfer, 1997).

4.2 Auswirkungen

Zu den Auswirkungen von Misshandlungen gehören bei Vorschul- und Schulkindern

- Rückstände in der kognitiven, vor allem in der sprachlichen Entwicklung,
- geringe Kompetenz, Ausdauer und Belastbarkeit in leistungsthematischen Situationen und
- Probleme in der Beziehung zu Gleichaltrigen, von denen sie wegen ihres aggressiven Verhaltens abgelehnt werden (Erickson et al., 1989).

Die gravierenden, vor allem externalisierenden Verhaltensprobleme der meisten misshandelten Kinder erschweren ihre Unterbringung in Pflegefamilien und lassen viele Pflegeverhältnisse scheitern. Bei weniger gestörten Kindern werden durch häufige Wechsel der Pflegefamilien solche Verhaltensprobleme erst hervorgerufen (Newton et al., 2000).

UNTER DER LUPE

Spätfolgen der Misshandlung
Langfristige Folgen von Misshandlungen sind nach Malinosky-Rummell und Hansen (1993) bei Jugendlichen und jungen Erwachsenen erhöhte Aggressionsbereitschaft, Alkohol- und Drogenmissbrauch (vor allem bei misshandel-

Kapitel 25 Misshandlung und Missbrauch

ten Männern) und emotionale Probleme bis hin zur Suizidneigung (vor allem bei Frauen, die misshandelt und missbraucht wurden). Nach Richter-Appelt (1998), die 451 Hamburger Studentinnen und 150 Studenten mit Fragebögen befragt hat, sind die vorherrschenden Symptome vor dem zwölften Lebensjahr bei den „nur" körperlich misshandelten Frauen vor allem Angstträume und Ess-Störungen. Im Jugend- und jungen Erwachsenenalter sind bei den zwölf Prozent der misshandelten Männer und den 16 Prozent der misshandelten Frauen Suizidgedanken, körperliche Beschwerden und sexuelle Probleme besonders häufig. Diese Symptombelastung ist besonders bei den zwölf Prozent der jungen Frauen ausgeprägt, die sowohl misshandelt als auch sexuell missbraucht wurden.
Die Spätfolgen körperlicher Misshandlungen sind weniger dem Geschlagenwerden zuzuschreiben. Sie sind vielmehr Auswirkungen einer Familiensituation, in der Kinder auf Dauer zu wenig Liebe, Geduld und Förderung erfahren. Statt dessen werden sie ständig kritisiert, überfordert und bestraft. Hinzukommen können andere Formen der psychischen und/oder sexuellen Gewalt und Vernachlässigung. Weitere Belastungsfaktoren sind vor allem Ehekonflikte, die sozialen und materiellen Probleme Alleinerziehender und/oder scheiternde Pflegeverhältnisse.

4.3 Intervention

Obgleich es in Deutschland mit der Arbeit der Kinderschutzzentren und anderen präventiv arbeitenden Einrichtungen (Mütterzentren, Besuchsdiensten von Säuglingsschwestern, pädiatrischen Vorsorgeuntersuchungen) genügend Interventionsansätze zum Kinderschutz gibt, kann über deren Effizienz wenig ausgesagt werden, weil ihre wissenschaftliche Evaluation erst in den Anfängen steckt (vgl. Lindner, 1999).

Eine Metaanalyse zur Effizienz von Präventionsprogrammen in den USA zeigt, dass diejenigen Programme besonders wirksam sind, die

- mehr als zwölf Kontakte mit den Familien und eine Mindestdauer von sechs Monaten der Betreuung vorsehen,
- einen ressourcenorientierten Ansatz mit Komponenten der sozialen Unterstützung verwirklichen und
- die betroffenen Familien aktiv beteiligen.

Maßnahmen des präventiven Kinderschutzes sind nach den Befunden dieser Metaanalyse offenbar wirksamer als reaktive Maßnahmen (MacLeod & Nelson, 2000).

5 Sexueller Missbrauch

5.1 Vorbemerkung

„Der sexuelle Missbrauch an Kindern ist ein Verbrechen" – so beginnt Dirk Bange seinen 1998 erschienenen Beitrag (S. 307). Es gibt wohl kaum ein Thema in der sozialwissenschaftlichen Forschung, bei dem das emotionale Engagement so häufig den Blick verstellt für die wissenschaftlichen Fakten. Der sexuelle Missbrauch als solcher wird in seiner Schädlichkeit überschätzt. Was die Einschätzung seiner Schädlichkeit angeht, vermischen sich nach Rind et al. (1998) zwei Perspektiven: Sexueller Missbrauch als ein Verstoß gegen soziale Normen und sexueller Missbrauch als schädigendes Verhalten – nach dem Motto: „Was ich besonders abstoßend finde, das muss auch besonders schädigend sein". Diese Einschätzung soll keinesfalls als eine Verharmlosung sexueller Übergriffe auf Kinder verstanden werden. Vielmehr möchte ich anhand empirischer Forschungsbefunde herausarbeiten, unter welchen Bedingungen und für welche Kinder der sexuelle Missbrauch besonders schädliche Auswirkungen hat und welche anderen Ursachen kindlicher Beeinträchtigungen beachtet werden müssen.
Gängige Vorstellungen vom sexuellen Missbrauch. Das emotionale Engagement und die

moralische Entrüstung in der Behandlung dieses Themas haben vermutlich vor allem damit zu tun, dass man bei sexuellem Missbrauch an sehr massive Formen der körperlichen und psychischen Ausbeutung denkt – an den Vater, der wiederholt und unter dem Einsatz von Drohungen oder physischer Gewalt seine Tochter zum Beischlaf zwingt, an den pädophilen Geistlichen, Lehrer oder Jugendleiter, der die ihm anvertrauten Kinder sexuell missbraucht. Man denkt an Wiederholungstaten, Gewalt, Drohungen und Geheimhaltungsgebote, die den Kindern von den Tätern auferlegt werden. Mit diesen Bildern des sexuellen Missbrauchs verknüpft sich die Annahme lang andauernder und gravierender Schädigungen der betroffenen Kinder.

Die Befunde der sozialwissenschaftlichen Forschung ergeben jedoch ein anderes Bild des sexuellen Missbrauchs. Das wird im Folgenden zu zeigen sein.

5.2 Definitionen

DEFINITION

Unter **sexuellem Missbrauch** verstehen Kempe und Kempe (1980) die Beteiligung noch nicht ausgereifter Kinder und Jugendlicher an sexuellen Aktivitäten, denen sie nicht verantwortlich zustimmen können, weil sie deren Tragweite noch nicht erfassen. Dabei benutzen zumeist männliche Erwachsene Kinder zur eigenen sexuellen Stimulation und missbrauchen das vorhandene Macht- oder Kompetenzgefälle zum Schaden des Kindes.

Bei dieser ersten Definition wird also das Alters- oder Kompetenzgefälle in der Täter-Opfer-Beziehung zum Kriterium gemacht und damit unterstellt, dass Kinder auf jeden Fall vor sexuellen Handlungen durch ältere Menschen zu schützen sind. Folgende Probleme ergeben sich bei dieser Definition:

(1) Die Altersgrenzen zur Bestimmung der „Kindheit" und des Altersgefälles zwischen Tätern und Opfern sind unklar. Manche Autoren wählen deshalb die kritische Altersdifferenz von mindestens fünf Jahren zwischen Tätern und Opfern.
(2) Sexuelle Übergriffe gehen nicht nur von Erwachsenen, sondern in 30 bis 45 Prozent der Fälle auch von jugendlichen oder wenig älteren Tätern aus (Bange, 1992; Bange & Deegener, 1996).

Feministische Definitionen machen demgegenüber die Instrumentalisierung von Mädchen und Frauen zur sexuellen Befriedigung von Männern zum zentralen Bestimmungsstück (z.B. Kavemann & Lohstöter, 1984). Hier wird das subjektive Erleben der Opfer zum Kriterium dafür gemacht, was sexueller Missbrauch ist und was nicht – und dann können als Missbrauch auch scheinbar „harmlose" Verstöße gegen die sexuelle Selbstbestimmung von Mädchen (z.B. anzügliche Blicke, Verletzungen der Intimsphäre usw.) gelten. Das Erleben solcher Übergriffe ist nicht mehr an Altersgrenzen und Konzepte von „Kindheit" gebunden. Entscheidend ist vielmehr, dass diese Übergriffe gegen den Willen eines Mädchens bzw. einer Frau erfolgen.

Folgende Probleme ergeben sich bei dieser Definition:

(1) Die Definition des Missbrauchs aus dem subjektiven Erleben der betroffenen Mädchen und Frauen heraus macht den Missbrauchsbegriff verschwommen.
(2) Jungen bleiben als Opfer sexueller Gewalt ausgeklammert.
(3) Wenn Übergriffe auf junge bzw. erwachsene Frauen einbezogen werden, verändert das alle Aussagen über Vorkommenshäufigkeiten, Ursachen und Auswirkungen des sexuellen Missbrauchs.

Gemeinsam ist allen Definitionsversuchen, dass zwischen Tätern und Opfern in der Regel ein

Gefälle im Hinblick auf Alter, Reife oder Macht besteht und dass es sich um sexuelle Übergriffe handelt, die meistens gegen den Willen des Kindes erfolgen (Wipplinger & Amann, 1998).

Kategorien des sexuellen Missbrauchs. In sozialwissenschaftlichen Untersuchungen wird der sexuelle Missbrauch über verschiedene sexuelle Handlungen bzw. Erfahrungen genauer operationalisiert. Manche Autoren (wie z.B. Bange, 1992; Bange & Deegener, 1996) kategorisieren diese Handlungen zusätzlich nach Intensitätsgraden:

- Als leichtere Formen des sexuellen Missbrauchs (ohne Körperkontakt) gelten Exhibitionismus, anzügliche Bemerkungen, das Kind (gegen seinen Willen) beim Baden oder Anziehen zu beobachten, ihm Pornos zu zeigen.
- Wenig intensive Missbrauchshandlungen sind Versuche, die Genitalien des Kindes anzufassen, das Berühren der Brust oder sexualisierte Küsse.
- Als intensiver Missbrauch wird gewertet: das Berühren oder Vorzeigen der Genitalien, wenn das Opfer vor dem Täter masturbieren muss oder der Täter vor dem Opfer masturbiert.
- Der intensivste Missbrauch besteht in der versuchten oder vollzogenen oralen, analen oder vaginalen Vergewaltigung oder – besonders beim Missbrauch von Jungen – darin, dass das Opfer mit dem (männlichen) Täter anal verkehren oder ihn oral befriedigen muss.

5.3 Häufigkeit und Dunkelfeld

Für Aussagen über die Häufigkeit des sexuellen Missbrauchs in der Bundesrepublik Deutschland kann man zwei Quellen benutzen: (1) Die polizeiliche Kriminalstatistik und (2) sozialwissenschaftliche Dunkelfeldstudien. So genannte klinische Studien sind hierfür weniger geeignet, weil die in therapeutischen Einrichtungen gesehenen Fälle einen – zumeist untypischen – Ausschnitt der Gesamtpopulation missbrauchter Opfer darstellen.

Sexueller Missbrauch in der kriminalpolizeilichen Anzeigenstatistik. In der polizeilichen Kriminalstatistik wurden für 1998 insgesamt 16.596 Fälle des sexuellen Missbrauchs nach § 176 StGB ausgewiesen (Bulletin, 1999). Zwischen 1965 (mit 17.630 Fällen) und 1985 (mit 10.417 Fällen) hatte sich diese Zahl nahezu halbiert, seit 1988 ist sie langsam wieder angestiegen. Bei diesem Anstieg der absoluten Fallzahlen ist aber nicht entscheidbar, ob das Delikt des sexuellen Missbrauchs tatsächlich zugenommen hat oder ob die öffentliche Sensibilisierung das Anzeigeverhalten verändert hat. Nach den Analysen von Wetzels (1997) sind die absoluten Fallzahlen zwischen 1985 und 1995 um 47,6 Prozent gestiegen, während die Opferraten (= die Zahl der Opfer je 100.000 der Bevölkerung unter 14 Jahren) eher konstant geblieben sind bzw. sogar etwas abgenommen haben. Nur ca. ein Viertel dieser Fälle des angezeigten sexuellen Missbrauchs werden von Tätern begangen, die mit dem Opfer verwandt oder bekannt sind. Somit bilden sie einen anderen Ausschnitt des sexuellen Missbrauchs ab als sozialwissenschaftliche Dunkelfeldstudien.

Prävalenz in sozialwissenschaftlichen Studien. Inzwischen liegen in Deutschland eine Reihe sozialwissenschaftlicher Untersuchungen vor, in denen zumeist jüngere Erwachsene (Gymnasiasten, Berufsschüler und Studenten) retrospektiv über ihre Vorerfahrungen mit sexuellen Übergriffen schriftlich befragt wurden (vgl. Elliger & Schötensack, 1991; Bange, 1992; Schötensack et al., 1992; Raupp & Eggers, 1993; Bange & Deegener, 1996; Richter-Appelt & Tiefensee, 1996a,b; Wetzels, 1997). Die in diesen deutschen Untersuchungen gefundenen Prävalenzraten liegen für Frauen zwischen 6 und 25 Prozent, für Männer zwischen 2 und 8 Prozent.

Die Variabilität in den berichteten Prävalenzraten hat damit zu tun,

- wie der sexuelle Missbrauch definiert wird,
- ob exhibitionistische Kontakte und Erfahrungen ohne Körperkontakt eingeschlossen werden,
- wie die Altersdifferenz zwischen Tätern und Opfern bestimmt wird,

- ob sexuelle Übergriffe vor dem 14. oder dem 16. Lebensjahr erfasst werden und
- nach welchen Kriterien (Selbsteinschätzung der Befragten oder Einschätzung der Autoren) der Opferstatus definiert wird (vgl. Ernst, 1998).

Besonders hohe Prävalenzraten ergeben sich demnach

- beim Einschluss sexueller Erfahrungen ohne Körperkontakt,
- einer geringen Altersdifferenz zwischen „Opfern" und „Tätern" bzw. sexuellen Erfahrungen unter Gleichaltrigen,
- wenn Erfahrungen bis zum Alter von 16 Jahren einbezogen werden[2],
- bei Studierenden der Psychologie oder den Angehörigen anderer sozialer Berufe und schließlich,
- wenn man den Opferstatus auch dann zuerkennt, wenn die Selbsteinschätzung der Befragten und die Einschätzung der Autorinnen nicht übereinstimmen (Richter-Appelt & Tiefensee, 1996a).

Deutlich geringere Prävalenzraten von ca. 6 bis 10 Prozent der befragten Frauen und 2 bis 3,4 Prozent der befragten Männer ergeben sich bei einem Schutzalter von 14 Jahren und dem Ausschluss der Handlungen von jugendlichen Tätern (Wetzels, 1997). Über den Missbrauch mit Penetration berichten hier 0,9 Prozent der befragten Männer und 3,3 Prozent der Frauen. Die in diesen deutschen Studien gefundenen Prävalenzraten entsprechen – auch in ihrer Variabilität – in etwa den Befunden ausländischer Studien (Finkelhor, 1998; Rind et al., 1998).

Zusammenfassend ist zu sagen, dass die Vorkommenshäufigkeit des sexuellen Missbrauchs in Deutschland sozialwissenschaftlich inzwischen recht gut untersucht ist. Dennoch ist nicht auszuschließen, dass die in schriftlichen Befragungen gefundenen Prävalenzraten eher Unter- als Überschätzungen darstellen, weil bei einmaligen Befragungen dieser Art nicht alle Gewalterfahrungen erinnert oder preisgegeben werden (Drajer, 1990). Bei allen Aussagen über die Häufigkeit des sexuellen Missbrauchs wird mit einer hohen Dunkelziffer gerechnet. Man vermutet, dass gerade beim innerfamiliären Missbrauch Anzeigen unterbleiben und der Missbrauch aus Scham oder Furcht verschwiegen wird. Das ergeben ausländische (z.B. Russell, 1986; Drajer, 1990) und die oben genannten deutschen Untersuchungen.

Historische Trends in den Prävalenzraten. Man kann sich die Frage stellen, ob der sexuelle Missbrauch nur oder vorwiegend ein Phänomen unserer Zeit ist oder ob es sexuellen Missbrauch auch früher schon gegeben hat. Dazu sind die Befunde einer Studie interessant, in der 91 ältere Frauen der Geburtenkohorten 1895 bis 1936 in qualitativen Interviews mündlich befragt wurden (v. Sydow, 1991). Ein Fünftel dieser Frauen wurden in ihrer Kindheit und Jugend sexuell missbraucht, bei 7 Prozent der Frauen handelte es sich um besonders schwerwiegende Formen des inzestuösen Missbrauchs durch nahe Verwandte.

Aussagen über historische Trends der Zu- oder Abnahme des sexuellen Missbrauchs sind aufgrund des vorliegenden deutschen Zahlenmaterials nicht möglich. Aufgrund der hohen Prävalenzraten in von Sydows Studie (1991) ist jedoch anzunehmen, dass der sexuelle Missbrauch auch in früheren Zeiten recht häufig vorkam. Auch Wetzels (1997) fand bei dem Vergleich der verschiedenen Alterskohorten zwischen 16 und 59 Jahren keine signifikanten Unterschiede in den Prävalenzraten. Lediglich in den Alterskohorten der Frauen unter 40 Jahren nahm die Vorkommenshäufigkeit von sexuellem Missbrauch mit Körper-

2 Bei Bange und Deegener liegen 38 Prozent der weiblichen und 60 Prozent der männlichen Opfer in der Homburger Stichprobe in der Altersgruppe der 13- bis 16-Jährigen, jeweils etwas mehr als ein Viertel der missbrauchten Frauen und über 40 Prozent der missbrauchten Männer wurden in der Dortmunder und der Homburger Stichprobe von Gleichaltrigen missbraucht. Demnach handelt es sich hier nicht um den sexuellen Missbrauch von Kindern im engeren Sinne, sondern eher um sexuelle Übergriffe bei ersten Partnerschaftskontakten von Jugendlichen.

kontakt tendenziell ab, während exhibitionistische Vorfälle bei ihnen besonders häufig vorkamen.

5.4 Opfer des sexuellen Missbrauchs

In den frühen achtziger Jahren ging man davon aus, dass der relative Anteil von Mädchen und Jungen unter den Opfern des sexuellen Missbrauchs einem Zahlenverhältnis von 9 : 1 entspricht (Engfer, 1986). Neuere Studien belegen demgegenüber ein Zahlenverhältnis von 2 : 1 bis 4 : 1 (Finkelhor, 1998; Elliger & Schötensack, 1991; Bange, 1992; Bange & Deegener, 1996; Richter-Appelt, 1998; Wetzels, 1997).

Jungen und Mädchen als Opfer. Dass Jungen als Opfer des sexuellen Missbrauchs relativ spät entdeckt wurden, wird damit erklärt, dass Männer zögern, sich in der Rolle des Opfers zu sehen und besondere Hemmungen haben, sich zu dem homosexuellen Charakter des sexuellen Missbrauchs zu bekennen, da die Täter überwiegend männlich sind. Jungen werden häufiger als Mädchen außerfamilial missbraucht, sie sind eher Teil eines Opferkollektivs und werden eher von gleichaltrigen oder wenig älteren Jugendlichen missbraucht (Elliger & Schötensack, 1991; Bange, 1992; Bange & Deegener, 1996; Wetzels, 1997).

In einigen Studien wird festgestellt, dass Jungen häufiger als Mädchen – überwiegend von Fremdtätern – mit Gewalt und Drohungen zum sexuellen Missbrauch gezwungen werden (vgl. Bange, 1992; Watkins & Bentovim, 1992). Demgegenüber finden Rind et al. (1998) in ihrer Metaanalyse von 59 Studien mit Studentenstichproben, dass der sexuelle Missbrauch bei den befragten jungen Frauen doppelt so häufig wie bei den Männern erzwungen wurde.

Bei dem Missbrauch von Mädchen zeigen sich kaum Schichtunterschiede in den Opferraten. Im Gegenteil: Mädchen der höheren Sozialschichten werden tendenziell häufiger zu Opfern, allerdings vor allem bei den eher harmlosen exhibitionistischen Vorfällen (Wetzels, 1997). Abweichend von diesen Befunden zeigen sich in der Studie von Richter-Appelt und Tiefensee (1996a) Hinweise auf eine schlechtere ökonomische Lage der Familien, in denen Mädchen misshandelt und missbraucht wurden.

Auf das besondere Risiko des sexuellen Missbrauchs bei geistig und/oder körperlich behinderten Mädchen wurde oben (vgl. Abschnitt 4.1) schon hingewiesen. Deren Behinderungen können die Abwehr bzw. die Enthüllung des sexuellen Missbrauchs erschweren, in einigen Fällen aber auch direkte Folgen von Misshandlungen sein (Sullivan & Knutson, 2000).

Betroffene Altersgruppen. Vom sexuellen Missbrauch betroffen sind Kinder aller Altersgruppen, allerdings mit einer besonderen Häufung bei den 10- bis 13-jährigen (Fergusson & Mullen, 1999). Der Anteil der Kinder, die im Vorschulalter missbraucht werden, liegt nach sozialwissenschaftlichen Studien zwischen 8 (Bange, 1992), 11 (Bange & Deegener, 1996, Wetzels, 1997) und 14 Prozent (Finkelhor et al., 1990), bei klinischen bzw. selbstselegierten Stichproben dagegen kann ihr Anteil mit ca. 40 Prozent sehr viel höher liegen (z.B. Teegen et al., 1992). Bei Wetzels (1997) waren die Opfer zum Zeitpunkt ihrer ersten Viktimisierung im Durchschnitt 11,5 Jahre alt. Die Opfer des inzestuösen Missbrauchs durch Väter oder Stiefväter waren demgegenüber jünger, nämlich durchschnittlich 9,9 Jahre alt.

Kinder aus belasteten Familien sind besonders gefährdet. Nach den Befunden von Finkelhor et al. (1990), Drajer (1990), Teegen et al. (1992), Richter-Appelt und Tiefensee (1996a,b), Wetzels (1997) und Rind et al. (1998) sind vor allem Kinder missbrauchsgefährdet, deren Familien vielfältige Belastungsmerkmale (Alkohol- und Drogenmissbrauch, Partnerschaftskonflikte, Gewalt, psychische Vernachlässigung und/oder übertriebene Strenge) aufweisen. Auch Bange (1992), Bange und Deegener (1996), Egle et al. (1991) und Richter-Appelt und Tiefensee (1996b) finden in ihren Untersuchungen Hinweise auf eine relativ schlechte Beziehung zwischen Missbrauchsopfern und ihren Eltern. Nach den Befunden von Täterbefragungen (Conte et al., 1989; Lautmann, 1994) liegt der Gedanke nahe, dass potentielle Täter derartige Konstellationen gezielt ausnutzen und sich mit raffinierten Strategien in das Vertrauen von Kindern einschleichen, die in der Familie zu wenig Schutz und Fürsorge erfahren.

5.5 Täter und Täterinnen

Bei durchschnittlich 97,5 Prozent der weiblichen und bei 78,7 Prozent der männlichen Opfer sind die Täter männlich (Fergusson & Mullen, 1999). Man kann vermuten, dass die Zahl der Täterinnen noch unterschätzt wird, weil Frauen mehr Körperkontakt mit Kindern zugestanden wird und sie deshalb missbräuchliche Handlungen als Pflegehandlungen kaschieren können. Hinzu kommt, dass sich männliche Jugendliche bei sexuellen Erfahrungen mit etwas älteren Frauen selten als Opfer bzw. „missbraucht" fühlen.

Sind Väter die Täter? In der öffentlichen Meinung wird der sexuelle Missbrauch häufig mit dem Vater-Tochter-Inzest gleichgesetzt. Dabei kommt diese Form des sexuellen Missbrauchs vergleichsweise selten vor. Nach den Ergebnissen ausländischer Studien werden ca. 2 bis 3 Prozent der Mädchen von ihren leiblichen Vätern (Russell, 1986, Drajer, 1990) missbraucht, das Risiko, von einem Stief- oder Pflegevater missbraucht zu werden, ist nach den Analysen von Fergusson und Mullen (1999) deutlich höher. Insgesamt wurden nach deutschen Untersuchungen 1,3 bis 2,2 Prozent der Frauen und 0,3 Prozent der Männer durch Väter oder Stiefväter inzestuös und besonders schwer missbraucht (Bange, 1992; Bange & Deegener, 1996; Wetzels 1997).

Tätergruppen. In der Studie von Bange (1992) ergaben sich bei den missbrauchten Dortmunder Studentinnen folgende Tätergruppen in der Rangreihe ihrer Häufigkeit: zur Hälfte Bekannte, zu einem Viertel Verwandte und Angehörige (Onkel, Brüder, Väter, Cousins) und zu einem Fünftel Fremdtäter. Bei den missbrauchten Dortmunder Studenten sind die Tätergruppen vergleichbar, bei ihnen ist jedoch der Anteil der Angehörigen (ca. ein Fünftel) niedriger, der Anteil der Fremdtäter (ca. ein Drittel) dafür größer. Diese Tätergruppen wurden mit geringen Abweichungen in den beobachteten Häufigkeiten auch in der Homburger Replikationsstudie (Bange & Deegener, 1996) und in der Studie von Wetzels (1997) gefunden. Diese Befunde entsprechen in etwa den Ergebnissen ausländischer Studien (Russell, 1986; Drajer, 1990) und sind eine wichtige Korrektur der Annahme, dass nur oder überwiegend Väter ihre Töchter missbrauchen.

Wiederholungstaten sind selten. Eine weitere Vorstellung über den sexuellen Missbrauch muss korrigiert werden: Nur wenn Kinder innerhalb der Familie von Angehörigen missbraucht werden, ist der sexuelle Missbrauch häufiger, aber nicht immer eine Wiederholungstat.

Bei Russell (1986), die von vornherein nur den sexuellen Missbrauch durch Familienangehörige und Verwandte untersuchte, waren 43 Prozent der Übergriffe einmalige Ereignisse. Bei Drajer (1990) wurden etwas weniger als die Hälfte der missbrauchten Frauen wiederholt und schwerwiegend missbraucht. Bange (1992) findet bei drei Viertel der befragten Studenten und zwei Drittel der Studentinnen den sexuellen Missbrauch als einmaligen Übergriff, bei Bange und Deegener (1996) wurden 59 Prozent der Frauen und 70 Prozent der Männer einmalig missbraucht. Nur dann, wenn die Opfer von nahen Angehörigen missbraucht wurden, handelte es sich in der Mehrzahl um Wiederholungstaten, die sich über Wochen, Monate oder sogar Jahre hinzogen.

Missbrauch ist selten Geschlechtsverkehr. Die meisten sexuellen Übergriffe bestehen nicht im versuchten oder vollzogenen Geschlechtsverkehr. Nur 14 bis 19 Prozent der missbrauchten Frauen und 17 bis 18 Prozent der missbrauchten Männer erleben diese schwerste und intensivste Form des sexuellen Missbrauchs (Bange, 1992, Bange & Deegener, 1996)[3]. Die meisten Vorkommnisse

3 In der Studie von Wetzels (1997) liegen diese Zahlen deutlich niedriger: Nur 0,9 Prozent der Männer und 3,3 Prozent der Frauen berichten hier über einen sexuellen Missbrauch mit Penetration. Nach der Metanalyse von Fergusson & Mullen (1999) kommt der sexuelle Missbrauch mit Penetration in ca. 5 bis 10 Prozent der Fälle vor.

sind exhibitionistische Erfahrungen und sexuelle Berührungen (Bange & Deegener, 1996; Wetzels, 1997; vgl. auch Rind et al., 1998).

Zuwendung als Täterstrategie. Entgegen der weit verbreiteten Meinung, dass der sexuelle Missbrauch von Angehörigen gewaltsam verläuft, ergeben empirische Studien ein anderes Bild. Nach den Befunden von Bange (1992) und Bange und Deegener (1996) ist die häufigste Täterstrategie durch nahe Angehörige die emotionale Zuwendung, nicht die Androhung oder Ausübung körperlicher und/oder psychischer Gewalt, die bei dem Missbrauch durch Bekannte und Fremde dreimal so häufig vorkommt. Aber gerade diese Mischung aus Zuwendung und sexuellem Übergriff kann die Verarbeitung des sexuellen Missbrauchs durch nahe Angehörige besonders erschweren (siehe unten).

5.6 Erklärung des sexuellen Missbrauchs

Warum es fast ausschließlich Männer sind, die Mädchen und Jungen missbrauchen, ist bis heute nicht hinreichend erklärbar. Verantwortlich gemacht werden unter anderem:

- die gesellschaftlichen Bedingungen (patriarchalische Gesellschaftsstruktur und männliche Verfügungsgewalt über Frauen und Kinder),
- die geschlechtsspezifische Sozialisation von Männern und Frauen,
- die mangelnde Beteiligung der Männer an der Kinderpflege,
- steigende Scheidungsraten und
- die Emanzipation von Frauen (vgl. Bange, 1993).

Weil diese Bedingungen für alle oder sehr viele Männer zutreffen, aber nur wenige Männer Kinder missbrauchen, sind diese Erklärungsversuche zwar plausibel, aber nicht besonders aussagekräftig.

Die Täterforschung ist dadurch erschwert, dass sich nur wenige Täter zu ihrem Missbrauch bekennen und man deshalb bei der Untersuchung von Tätermerkmalen auf völlig atypische Stichproben (inhaftierte Sexualstraftäter oder Männer in psychiatrischen Anstalten oder therapeutischen Kollektiven) zurückgreifen muss. Dieser Mangel an empirisch fundierter Täterforschung behindert die Entwicklung täterorientierter Interventions- und Präventionskonzepte zum gezielteren Schutz potentieller Opfer.

5.7 Diagnostik des sexuellen Missbrauchs

Die Frage, wie sich der sexuelle Missbrauch auswirkt, ist in zweierlei Hinsicht wichtig.

(1) Aus den unmittelbaren Folgen des sexuellen Missbrauchs sind Hinweise für die Diagnostik des sexuellen Missbrauchs abzuleiten.
(2) Die längerfristigen Folgen und die Bedingungen, die sie vermitteln, ergeben Hinweise auf notwendige Interventionen.

Es gibt kein eindeutiges „Syndrom" des sexuellen Missbrauchs

Während in gängigen Broschüren Symptomlisten und so genannte „Signale“ als zuverlässige Hinweise auf den sexuellen Missbrauch von Kindern kursieren, gibt es nach Fegert (1993) in der Regel weder klare körperliche Symptome noch im psychischen Bereich ein eindeutiges „Syndrom“ des sexuellen Missbrauchs (vgl. auch Fergusson & Mullen, 1999). Bei der Diagnostik des sexuellen Missbrauchs ist eines der schwierigsten Probleme darin zu sehen, dass es bislang wenig Erkenntnisse über die „normale“ sexuelle Entwicklung von Kindern und die Entwicklung ihres sexuellen Wissens gibt. Dieses Wissen wird aber benötigt, um beurteilen zu können, was man bei kleineren Kindern als „sexualisiertes Verhalten“ oder unangemessenes Wissen über Sexualität bewerten muss. Das gleiche gilt für so genannte diagnostisch relevante Handlungen (vgl. Volbert, 1998).

Diagnostische Möglichkeiten und Grenzen. Beim Spielverhalten mit anatomisch korrekten Puppen (das sind Puppen, die Scheide bzw. Penis, After, Brüste usw. haben) unterscheiden sich missbrauchte und nicht missbrauchte Kinder nicht so deutlich, wie man ursprünglich angenommen hat. Denn auch nicht missbrauchte Kinder stecken ihren Finger in den After oder die Vagina der Puppe oder bringen die Puppen in beischlafähnliche Positionen. Gleichwohl können anatomisch korrekte Puppen in der klinisch-therapeutischen Arbeit mit Kindern hilfreich sein (Everson & Boat, 1994).

Auch das beliebte diagnostische Mittel der Kinderzeichnungen ist in der Diagnose des sexuellen Missbrauchs alles andere als eindeutig, weil auch nicht missbrauchte Kinder Genitalien zeichnen und nicht alle missbrauchten Kinder ihren Missbrauch in Zeichnungen zu erkennen geben. Die diagnostisch korrekte Zuordnung von Zeichnungen zu Missbrauchsopfern misslingt selbst erfahrenen Klinikern (Offe et al., 1996).

Die zuverlässigste Quelle für die Feststellung des sexuellen Missbrauchs sind offenbar immer noch die spontanen Berichte der Kinder selbst. Diese sind bei jüngeren Kindern zwar nicht besonders detailliert und für abstraktere Angaben zum Ort, Zeitpunkt und zur Dauer des Missbrauchs eher ungenau, aber offenbar sehr valide (Fegert, 1993). Allerdings sind kleinere Kinder in langwierigen Kreuzverhören durch Suggestivfragen leicht zu Falschaussagen zu verleiten, besonders, wenn zwischen der Missbrauchserfahrung und der Befragung viel Zeit vergangen ist (Ceci & Bruck, 1993). Das Problem der falschen Beschuldigung wird – wegen der gravierenden Folgen für den Beschuldigten – in der Literatur jedoch überschätzt. Nach Fegert (1995) gibt es erst bei Kindern ab der Vorpubertät in 10 Prozent der Fälle das Risiko einer Falschaussage, bei jüngeren Kindern liegt es deutlich niedriger. Bei kindlichen Falschaussagen liegt manchmal tatsächlich ein sexueller Missbrauch vor, er wird nur dem falschen Täter zugeschrieben. Viel häufiger werden reale Erfahrungen des sexuellen Missbrauchs von älteren Kindern aus Scham oder Furcht verschwiegen (Fegert, 1993).

5.8 Auswirkungen des sexuellen Missbrauchs

Die längerfristigen Folgen des sexuellen Missbrauchs wurden vor 1985 im Wesentlichen durch Retrospektivbefragungen Erwachsener erfasst. Kendall-Tackett et al. (1998) haben erstmals 45 Studien metaanalytisch ausgewertet, in denen die Symptomentwicklung bei missbrauchten Kindern z.T. auch längsschnittlich untersucht wurde. Werden missbrauchte Kinder mit nicht missbrauchten, nichtklinischen Kontrollgruppen verglichen, zeigen sie in der Regel eine höhere Symptombelastung. Sie haben häufiger Ängste, Depressionen und Aggressionen und zeigen internalisierendes, externalisierendes und sexualisiertes Verhalten. Sexualisiertes Verhalten beinhaltet u.a., Puppen in beischlafähnliche Positionen zu bringen, exzessives Masturbieren, verführerisches Verhalten und/oder altersunangemessenes sexuelles Wissen (zu dieser Problematik vgl. oben). Die höchste Varianzaufklärung wurde dabei für die Symptome der Aggressivität (43 Prozent), des sexualisierten Verhaltens (43 Prozent) und für internalisierendes Verhalten (38 Prozent), die niedrigste für Ängste (15 Prozent) festgestellt. Werden missbrauchte Kinder mit nicht missbrauchten, klinischen Kindern (d.h. Kindern, die wegen anderer Probleme in Behandlung sind) verglichen, erscheinen sie insgesamt weniger auffällig, bis auf das sexualisierte Verhalten, das bei ihnen häufiger beobachtet wurde.

Altersabhängigkeit der Symptome. Die Verhaltenssymptome sind offenbar altersabhängig: Missbrauchte Vorschulkinder (0 bis 6 Jahre) zeigen vor allem Ängste, Alpträume, Regressionen, internalisierendes und sexualisiertes Verhalten. Kinder im Schulalter (7 bis 12 Jahre) leiden unter Ängsten, Alpträumen, Schulproblemen und zeigen unreifes, hyperaktives und/oder aggressives Verhalten. Besonders problematisch sind die Belastungen im Jugendalter (13 bis 18 Jahre) mit Problemen wie Depressionen, sozialem Rückzug, Suizidneigung, Somatisierungen, Weglaufen, Promiskuität und Alkohol- oder Drogenmissbrauch. Die unterschiedliche Symptombelastung bei Jungen und Mädchen wurde bislang eher selten untersucht.

Wichtig ist die Beobachtung, dass nur ein Teil der Kinder (ca. 20 bis 30 Prozent) zum Zeitpunkt der Untersuchung Symptome zeigt, während 21 bis 49 Prozent völlig symptomfrei erscheinen. Dieser Befund kann folgendermaßen gedeutet werden:

(1) Die eingesetzten Instrumente waren für die eigentlichen Probleme der Opfer nicht sensibel genug.
(2) Psychische Belastungen entwickeln sich erst mit zunehmender kognitiver Reife – oder mit ersten (sexuellen) Partnerschaftserfahrungen. Dafür spricht, dass manche zunächst symptomfrei erscheinende Kinder zu späteren Messzeitpunkten Symptome entwickelt hatten.
(3) Nicht jeder sexuelle Missbrauch führt zu Belastungen (denn die häufigsten Formen des Missbrauchs sind Erfahrungen mit Exhibitionismus und einmalige sexuelle Berührungen) und bei der Hälfte bis zu zwei Drittel der Kinder nimmt die Symptombelastung mit der zeitlichen Distanz zum sexuellen Missbrauch ab. Vor allem Ängste scheinen mit der Zeit zu verschwinden, während bei 10 bis 24 Prozent der Kinder Aggressionen und sexualisiertes Verhalten bleiben oder sogar schlimmer werden.

Bedingungen für eine besondere Symptombelastung

Wichtige vermittelnde Variablen für eine besondere Symptombelastung sind offenbar:

- das Alter der Kinder zum Zeitpunkt der Messung (ältere Kinder erscheinen belasteter),
- die Dauer, Intensität und Bedrohlichkeit des Missbrauchs (z.B. erzwungener Geschlechtsverkehr),
- eine enge Beziehung zwischen Tätern und Opfern,
- wenig familiäre Unterstützung bei der Enthüllung des sexuellen Missbrauchs,
- langwierige Gerichtsverfahren mit mehrfachen, belastenden Kreuzverhören und
- die Reviktimisierung der Kinder durch andere Täter, die in ca. 6 bis 30 Prozent der Fälle beobachtet wird.

Da Kinder in gestörten Familien als Missbrauchsopfer besonders gefährdet sind, ist es manchmal schwierig, den Einfluss dieser Familienbedingungen von den Auswirkungen des sexuellen Missbrauchs zu unterscheiden. Vieles spricht dafür, dass in der Symptombelastung zunächst die direkten Auswirkungen des Missbrauchs überwiegen, mit der Zeit aber die Familienbedingungen für die Symptomverstärkung oder -bewältigung einflussreicher werden.

Diese Konfundierung des sexuellen Missbrauchs mit familiären Belastungen, späteren Reviktimisierungen und anderen Gewalterfahrungen macht es schwierig, die Auswirkungen des sexuellen Missbrauchs bei Erwachsenen retrospektiv zu erfassen. Nach Drajer (1990) litten mehr als die Hälfte der sexuell missbrauchten Frauen unter Ängsten, Depressionen, sexuellen und psychosomatischen Problemen, unter Einsamkeit, Minderwertigkeitsgefühlen und der Unfähigkeit, anderen Menschen zu vertrauen. Vorherzusagen waren diese vielfältigen Belastungen der Frauen aber nicht so sehr durch den sexuellen Missbrauch selbst, sondern viel mehr durch andere familiäre Belastungen (strenge Kontrolle und Misshandlung durch beide Eltern, zu wenig Fürsorge, Pathologie der Eltern, die depressiv, krank oder alkoholabhängig waren) und spätere Missbrauchs- oder Gewalterfahrungen in der Beziehung zu anderen Personen bzw. zum Lebenspartner. Ähnliche Überlappungen und Verkettungen früher Missbrauchserfahrungen mit späteren Reviktimisierungen und anderen Gewalterfahrungen finden sich auch bei Russell (1986), Wyatt et al. (1993), Richter-Appelt und Tiefensee (1996a, b) und Wetzels (1997).

UNTER DER LUPE

Familiäre Belastungen sind ausschlaggebender als der sexuelle Missbrauch

Rind et al. (1998) finden in ihrer Metaanalyse von 59 Studien zu den Auswirkungen des sexuellen Missbrauchs an amerikanischen Studentenstichproben zwar Zusammenhänge zwischen Missbrauchserfahrungen und verschiedenen Indikatoren eines eingeschränkten Wohlbefindens (vor allem Ängsten, Depressionen, Phobien und Zwangsstörungen). Die Effektstärken sind mit Werten zwischen $r = .10$ und $r = .13$ jedoch sehr niedrig und verschwinden fast vollständig, wenn der Einfluss belastender Familienmerkmale auspartialisiert wird. Diese hängen in viel stärkerem Maße (mit $r = .34$ bis $r = .49$) mit den verschiedenen Störungsbildern zusammen. Es sind demnach hauptsächlich belastende Familienmerkmale, die die psychischen Beeinträchtigungen hervorrufen, die man ursprünglich als Folgen des sexuellen Missbrauchs interpretiert hatte.

Nach den Befunden dieser Metaanalyse sind missbrauchte Studentinnen offenbar stärker beeinträchtigt als missbrauchte Studenten, was damit erklärt wird, dass Mädchen doppelt so häufig wie Jungen innerfamiliär missbraucht und zu sexuellen Handlungen gezwungen werden. Wenn Jungen allerdings zu sexuellen Handlungen gezwungen werden, scheint das ihre psychische Befindlichkeit besonders zu beeinträchtigen.

Familiäre Schutzfaktoren. Schutzfaktoren für eine gelingende Bewältigung von Missbrauchserfahrungen werden erst in neuerer Zeit beachtet. Dazu gehört an erster Stelle offenbar eine liebevolle, unterstützende Familie, in der die Kinder sexuell aufgeklärt werden und in der bei klarer Grenzziehung zwischen den Generationen der Umgang mit Körperlichkeit offen und liberal ist (Wyatt et al., 1993). Die Verarbeitung des sexuellen Missbrauchs gelingt nach den Befunden dieser AutorInnen offenbar besser, wenn sich das missbrauchte Mädchen keine Mitschuld an dem Missbrauch gibt und die Verantwortung dafür ausschließlich dem Täter zuschreibt. Ähnlich findet Russell (1986), dass der Missbrauch besser bewältigt wird, wenn er vom Opfer völlig abgelehnt wird. Wo positive oder ambivalente Gefühle im Spiel waren, ist die Verarbeitung erschwert. Diese Mischung aus emotionaler Zuwendung und sexuellem Übergriff ist für den Missbrauch durch nahe Angehörige charakteristisch (Bange, 1992; Bange & Deegener, 1996) und kann möglicherweise die besonders traumatisierende Wirkung des innerfamiliären Missbrauchs erklären. Ebenso ist denkbar, dass der sexuelle Missbrauch durch Pädophile für Kinder besonders schwer zu verarbeiten ist, weil pädophile Täter die Kinder in der Phase vor der eigentlichen „Verführung“ mit Zuwendung, spielerischer Zärtlichkeit und Geschenken verwöhnen (vgl. Lautmann, 1994).

5.9 Intervention bei sexuellem Missbrauch

Auch in Deutschland gibt es inzwischen zahlreiche (aber immer noch nicht genügend) Beratungs- und Betreuungsangebote für weibliche Opfer sexuellen Missbrauchs, die in vielen Beratungsstellen inzwischen auch auf männliche Opfer ausgedehnt wurden. Therapeutische Interventionen für missbrauchte Kinder wurden in ihrer Wirksamkeit hier bislang noch nicht empirisch evaluiert, was mit erheblichen ethischen und methodischen Problemen verknüpft sein dürfte (Fergusson & Mullen, 1999).

Ansätze zur Prävention des sexuellen Missbrauchs, die Kindern als potentiellen Opfern in der Form schulischer Curricula angeboten werden, werden inzwischen von verschiedenen Autoren eher kritisch gesehen, weil sie wenig entwicklungsangemessen, zu abstrakt und zum Teil auch unrealistisch sind (z.B. Amann & Wipplinger, 1998; Lohaus & Trautner, 2000).

Im Hinblick auf eine täterorientierte Prävention des sexuellen Missbrauchs müssten zwei

Gruppen besonders beachtet und betreut werden: die männlichen Opfer, bei denen die Gefahr besteht, dass sie den selbst erlittenen Missbrauch reinszenieren, und die jugendlichen Täter, die ohne Behandlung möglicherweise ihr Verhalten verfestigen und weitere Opfer missbrauchen (Bange, 1998).

Vor allem fehlen bislang auf unterschiedliche Tätergruppen zugeschnittene Behandlungskonzepte. Dabei wäre zu unterscheiden zwischen gewalttätigen und nicht gewalttätigen Tätern, zwischen Tätern, die männliche, und denen, die weibliche Opfer bevorzugen, zwischen Tätern, die auf Kinder fixiert sind, und Männern, die zu Kindern und Erwachsenen sexuelle Beziehungen haben (vgl. Lautmann, 1994). Allerdings sollte die Entwicklung dieser Konzepte nicht auf Kosten der Hilfen für die betroffenen Opfer gehen (Bange, 1993).

Einführende Literatur

Bange, D. & Deegener, G. (1996). Sexueller Missbrauch an Kindern. Ausmaß, Hintergründe, Folgen. Weinheim: Psychologie Verlags Union.
In diesem Buch werden die Ergebnisse von zwei empirischen Untersuchungen über Ausmaß, Umstände und Hintergründe des sexuellen Missbrauchs dargestellt.

Weiterführende Literatur

Amman, G. & Wipplinger, R. (Hrsg.) (1998). Sexueller Missbrauch. Überblick zu Forschung, Beratung und Therapie. Tübingen: DGVT.
Ein umfassendes Handbuch, in dem alle wichtigen Aspekte des Problemfeldes sexueller Missbrauch abgehandelt werden.

Egle, U.T., Hoffmann, S.O. & Joraschky, P. (Hrsg.) (2000). Sexueller Missbrauch, Misshandlung, Vernachlässigung. Erkennung und Therapie psychischer und psychosomatischer Folgen früher Traumatisierungen. Stuttgart: Schattauer.
Ein wichtiges Handbuch, in dem nicht nur der sexuelle Missbrauch, sondern auch die Traumatisierungen durch körperliche Misshandlung und Vernachlässigung dargestellt werden. Das Hauptgewicht liegt auf der Darstellung psychischer Störungen und ihrer Behandlung.

Wetzels, P. (1997). Gewalterfahrungen in der Kindheit. Baden-Baden: Nomos.
Dieses Buch enthält nicht nur eine umfassende theoretische Analyse von körperlicher Misshandlung und sexuellem Missbrauch, sondern auch ganz wichtige empirische Befunde einer umfassenden kriminologischen Opferbefragung an 3.289 Personen im Alter zwischen 16 und 59 Jahren.

Kapitel 26
Verlust der Eltern durch Trennung, Scheidung oder Tod

Sabine Walper

1 Trennung, Scheidung und Tod der Eltern als kritische Lebensereignisse

Der Verlust eines Elternteils gehört zu den tiefgreifendsten Erfahrungen im Leben von Kindern. Er ist in der Regel mit nachhaltigen Veränderungen ihrer Lebensumstände und entsprechend vielfältigen Anforderungen in der emotionalen und alltagspraktischen Umstellung auf die veränderte Situation verbunden. So gilt unter Experten der Tod eines Elternteils als gravierendstes kritisches Lebensereignis für Kinder, gefolgt von einer Trennung der Kinder von den Eltern und einer Scheidung der Eltern (Monoghan et al., 1979).

Glücklicherweise trifft der Tod eines Elternteils heute eine weitaus kleinere Minderheit von Kindern, als dies im vorigen Jahrhundert, aber auch noch vor 40 Jahren der Fall war. Während nach Schätzungen von Schwarz (1995) vor gut 100 Jahren 20 Prozent der 18-Jährigen schon Waisenkinder waren, verlieren gegenwärtig in Deutschland etwa 2 Prozent der Kinder innerhalb ihrer ersten 18 Lebensjahre die Mutter und 5 Prozent den Vater. Ausschlaggebend ist der Rückgang der Sterblichkeit. Allerdings ist im Gegenzug das Risiko einer elterlichen Trennung und Scheidung deutlich gestiegen. Dieser Trend erstreckt sich mit einigen Schwankungen über das gesamte Jahrhundert.

Daten des Mikrozensus legen nahe, dass in den alten Bundesländern etwa 12 Prozent aller Kinder bis zur Volljährigkeit eine Scheidung der Eltern erleben; in den neuen Bundesländern waren es – zumindest bis zur Vereinigung – sogar 20 Prozent (Schwarz, 1995). Diese Zahlen nehmen sich im Vergleich zu Scheidungsstatistiken der USA noch relativ bescheiden aus. Dort erleben etwa 40 Prozent aller Kinder bis zur Volljährigkeit die Scheidung ihrer Eltern (Amato, 2000). So verwundert es auch nicht, dass gerade in den USA intensiv erforscht wurde, mit welchen Folgen eine elterliche Scheidung für die Kinder verbunden ist.

2 Die Entwicklung von Kindern aus Trennungs- und Scheidungsfamilien

2.1 Modelle und Theorien in der Scheidungsforschung

2.1.1 Scheidung als Reorganisationsprozess der Familie

Betrachtung aus der Defizitperspektive. Die Anfänge der Scheidungsforschung waren weitgehend von einer Defizitperspektive geprägt, die in „broken homes“ als Abweichungen von der „Normalfamilie“ generell ein Entwicklungsrisiko für Kinder sieht. Das Hauptaugenmerk galt dem Fehlen des Vaters, der als Rollenmodell vor allem für die Entwicklung von Jungen als wichtig erachtet wurde.

Krisenmodelle. Gegen Ende der siebziger Jahre gerieten zunehmend die Scheidung selbst und die damit verbundenen Belastungsfaktoren in den Blick. In entsprechenden Krisenmodellen wurde die Scheidung als kritisches Lebensereignis aufgefasst und danach gefragt, welche Veränderungen im Alltag der Betroffenen sie mit sich bringt und wie diese in der Folgezeit bewältigt werden (z.B. Hetherington et al., 1982). Maßgeblich waren stresstheoretische Konzeptionen, die das Interesse auf konkrete Stressoren und relevante Ressourcen für deren Bewältigung gelenkt haben. Damit wurde die Scheidung zunehmend als komplexe Abfolge einzelner „Transitionen" gesehen, die durchaus von Familie zu Familie variieren und für die mitbetroffenen Kinder mit sehr unterschiedlichen Erfahrungen verbunden sein können. Diese allgemeinen Rahmenmodelle haben sich bis in die Gegenwart bewährt (Amato, 2000).

Normative Scheidungsmodelle. Auf das Konzept familialer Transitionen greifen vor allem normative Scheidungsmodelle zurück, die sich um eine Integration der Scheidung in Modelle der Familienentwicklung bemüht haben. Hierbei wird das Konzept der Entwicklungsaufgaben herangezogen, um auf normative Anforderungen im Bewältigungsverlauf aufmerksam zu machen und praktische Orientierungshilfen zu liefern. In ihrer normativen Ausrichtung bergen diese Modelle zwar die Gefahr, individuellen Variationen nicht hinreichend gerecht zu werden. Sie haben jedoch dazu beigetragen, die Scheidung nicht mehr als krisenhaftes „Ende" der Familie zu sehen, sondern als einen Reorganisationsprozess, durch den die Beziehungen umstrukturiert werden, ohne zwangsläufig abbrechen zu müssen (Fthenakis et al., 1993). Von Interesse ist vor allem die Kontinuität der Eltern-Kind-Beziehung, da sie für das Kindeswohl als entscheidend gilt.

Phasenmodelle der Scheidung

Im Prozessverlauf von Scheidungen lassen sich drei Phasen unterscheiden (Kaslow, 1990):

(1) die Vorscheidungszeit, die durch die emotionale Scheidung der Partner (unversöhnliche Konflikte, Entfremdung, emotionale Distanzierung) charakterisiert ist,
(2) die Phase der „eigentlichen" Scheidung, in der die finanzielle und rechtliche Scheidung stattfindet, sowie
(3) die Nachscheidungszeit, in der die psychische Scheidung vollzogen wird, wobei die ehemaligen Partner zunehmend ihre Eigenständigkeit rückgewinnen und neue Alltagsroutinen, Rollen und Lebensperspektiven entwickeln.

Aufgaben vor der Scheidung. In der Vorscheidungsphase kann man zwischen dem Entschluss zur Trennung, der Trennungsplanung und dem Vollzug der räumlichen Trennung differenzieren (Carter & McGoldrick, 1988). Entwicklungsaufgaben sind hier das Akzeptieren des eigenen Anteils am Scheitern der Ehe, das kooperative Aushandeln von Sorgerechts- und Besuchsregelungen, das Trauern um den Verlust der intakten Familie und die Restrukturierung der Finanzen und Beziehungen, auch zum erweiterten Familienkreis. Diese emotionalen und praktischen Anforderungen in der Zeit vor der Scheidung werden mitunter als belastender erlebt als die eigentliche Scheidung.

Aufgaben nach der Scheidung. In der Nachscheidungszeit unterscheiden Hetherington et al. (1982) zwischen einer anfänglichen **Desorganisationsphase**, die durch mangelnde Alltagsroutinen und inkonsistentes Erziehungsverhalten bestimmt ist, und einer anschließenden **Reorganisationsphase**, in der neue Muster etabliert werden und eine Stabilisierung durch Reorganisation auf individueller, familiärer und kontextueller Ebene erfolgt. Ihre Befunde sprechen dafür, dass Kindern in der Regel innerhalb von zwei Jahren eine Anpassung an die neuen Lebensverhältnisse gelingt. Wallerstein und Blakeslee (1989) beschreiben drei Phasen nach der Scheidung: eine **akute Phase** von ca. ein bis zwei Jahren Dauer, eine **Übergangsphase**, in der bereits erste Anzeichen von Restabilisierung erkennbar sind, und dann, nach einem Zeitraum von drei bis vier Jahren, das **Stadium der Stabilität**, in dem die familiären Beziehungen wieder weitgehend normalisiert werden. Die unterschiedlichen Beschreibungen zeigen, dass der Anpassungs- bzw. Bewältigungsprozess durchaus variieren kann (siehe Abschnitt 2.2).

2.1.2 Die Scheidungs-Stress-Bewältigungsperspektive

In der „Scheidungs-Stress-Bewältigungs-Perspektive" (Abbildung 26.1) wird die Trennung/Scheidung der Eltern als Prozess im zeitlichen Verlauf gesehen. Dabei sind in unterschiedlichen Phasen verschiedene Stressoren wirksam. Diese Stressoren fungieren als **Mediatoren**, d.h. durch sie wird die Trennung der Eltern für die Kinder spürbar, und sie erklären mögliche Konsequenzen der elterlichen Trennung für die Entwicklung der Kinder. Schon hier entstehen Variationen, da nicht alle Familien gleichermaßen von den verschiedenen möglichen Stressoren (z.B. finanzieller Verknappung) betroffen sind. Allerdings haben auch gleiche Stressoren nicht in jedem Fall gleiche Konsequenzen für die Kinder, sondern ihre Effekte variieren je nach den verfügbaren Ressourcen. Diese Ressourcen können als „Puffer" fungieren und nachteilige Effekte abfangen oder gar dazu beitragen, dass mögliche Nachteile seitens der Betroffenen in Gewinne für ihre Entwicklung verwandelt werden. Diese Möglichkeit, aus den Erfahrungen einer elterlichen Trennung positive Gewinne für die Persönlichkeits- und Sozialentwicklung zu ziehen, wird oft außer Acht gelassen, findet sich jedoch in den Befunden einiger Studien (Gately & Schwebel, 1992; Hetherington, 1989) und lässt sich durchaus mit der Stressperspektive vereinbaren.

2.1.3 Die Selektionsperspektive

Ein Gegenstück zur Scheidungs-Stress-Bewältigungs-Perspektive stellt die Selektionsperspektive

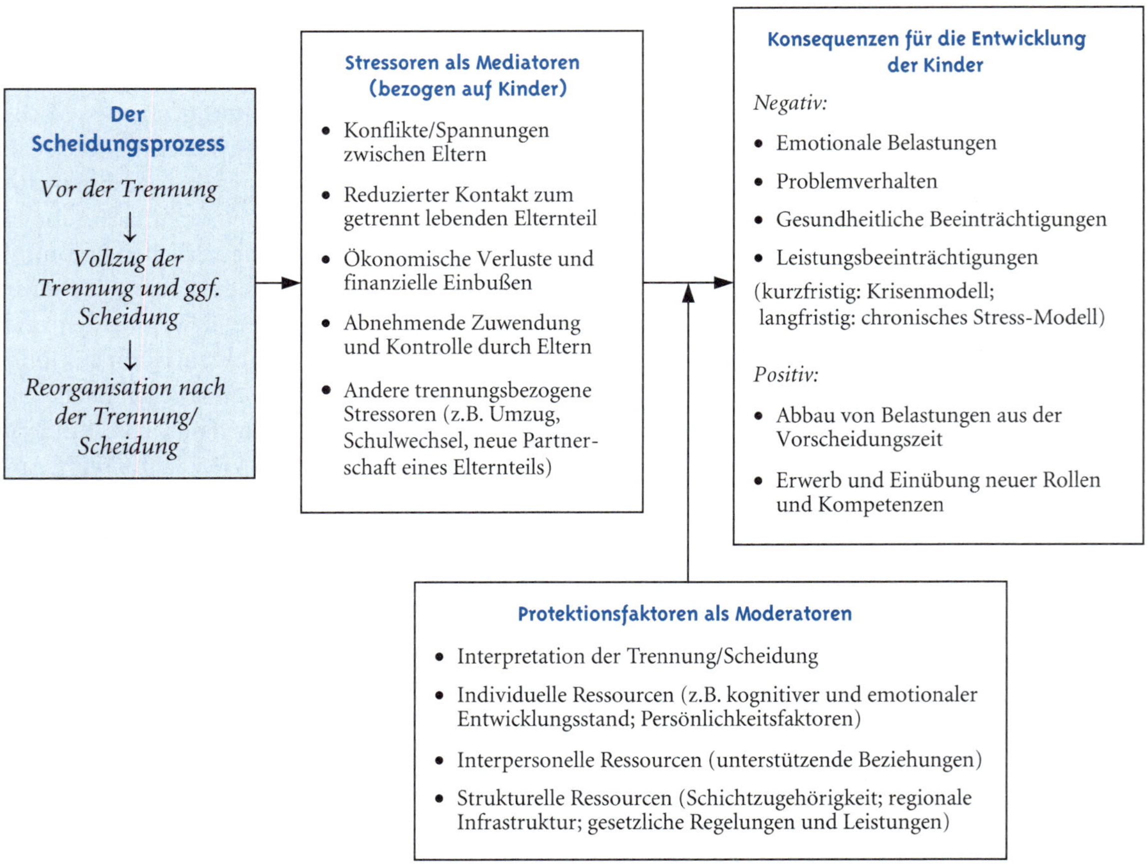

Abbildung 26.1. Das Modell der Scheidungs-Stress-Bewältigung (in Anlehnung an Amato, 2000)

dar (Amato, 2000). Sie geht davon aus, dass sich Personen mit belastenden Persönlichkeitsmerkmalen oder psychosozialen Problemen gehäuft in Scheidungsfamilien finden, da diese Charakteristika ursächlich das Risiko einer Scheidung erhöhen. Beeinträchtigungen der Befindlichkeit von Familienmitgliedern nach einer Trennung wären demnach nicht Folge der Trennung, sondern gingen ihr – und möglicherweise sogar schon der Heirat – voraus. Dem entsprechen eine Reihe von Befunden, nach denen eine antisoziale Persönlichkeit, Depressionen und eine Häufung psychischer Probleme in der Biographie für die Betroffenen das Risiko einer Scheidung erhöhen (z.B. Davies et al., 1997).

Kinder sind schon vor der Scheidung belastet. Die Selektionsperspektive vermutet, dass zumindest ein Teil der Entwicklungsbelastungen von Scheidungskindern schon gegeben waren, als die Ehe der Eltern noch Bestand hatte. Prospektive Längsschnittstudien bestätigen, dass schon bis zu acht oder zwölf Jahre vor der elterlichen Trennung oder Scheidung bei den Kindern vermehrtes Problemverhalten und Belastungen ihrer Beziehung zu den Eltern beobachtbar sind (Block et al., 1986; Shaw et al., 1993). Stellt man solche Vor-Belastungen der (späteren) Scheidungskinder in Rechnung, so fällt der eigentliche Scheidungs„effekt" oft deutlich geringer aus (Cherlin et al., 1991).

UNTER DER LUPE

Prospektivstudien in der Scheidungsforschung

Eine der ersten Prospektivstudien, die Scheidungskinder schon in der Vorscheidungsphase untersucht, stammt von Block et al. (1986). In ihrer Längsschnittstudie konnten sie Kinder, deren Eltern sich im Verlauf der Studie getrennt hatten, mit Kindern aus stabilen (Kern-)Familien vergleichen, und zwar schon zu Zeiten, als beide Gruppen noch in äußerlich „intakten" Familien lebten. Hierbei zeigte sich, dass Jungen aus späteren Scheidungsfamilien über das dritte bis siebte Lebensjahr hinweg konsistent als ruheloser und aggressiver, unkooperativer und weniger impulskontrolliert beschrieben wurden als Jungen aus stabilen Familien. Die Eltern hatten mehr Konflikte mit ihnen und wiesen sie eher zurück (Block et al., 1988). Bei Mädchen variierten die Charakterisierungen stärker über die Zeit und waren weniger negativ.

Auch andere Studien finden vor allem bei Jungen aus später geschiedenen Familien größere Verhaltensprobleme wie Ängstlichkeit, Schulschwierigkeiten und Gesundheitsprobleme (Cherlin et al., 1991; Morrison & Cherlin, 1995; Jenkins & Smith, 1993), zum Teil aber auch bei Mädchen (britische Teilstudie in Cherlin et al., 1991). Im Jugendalter scheinen es eher die Mädchen zu sein, deren Befinden und Beziehung zu den Eltern in der Vorscheidungsphase belastet ist (Doherty & Needle, 1991). Mit einigen Ausnahmen (vgl. Schwarz, 1999) legen die Studien insgesamt nahe, dass eine Scheidung der Eltern oft schon Jahre vorher ihre Schatten vorauswirft. Solche vorherigen Belastungen der Kinder erklären partiell, aber nicht durchgängig die beobachtbaren „Nachscheidungseffekte". Cherlin et al. (1991) finden in ihrer amerikanischen Teilstudie, dass bei Jungen die größeren Belastungen nach einer Scheidung der Eltern (im Vergleich zu Jungen aus Kernfamilien) weitgehend schon in der Vorscheidungsphase bestanden, während Mädchen erst nach der Scheidung Probleme entwickeln. Im Jugendalter scheinen auch Probleme von Jungen stärker durch eine Trennung der Eltern provoziert zu werden (Doherty & Needle, 1991). Welche Faktoren dafür ausschlaggebend sind, dass bei manchen Kindern schon Belastungen in der Vorscheidungsphase, bei anderen erst nach der Scheidung zu beobachten sind, bedarf noch der genaueren Klärung.

Vermehrtes Problemverhalten der Kinder schon vor der elterlichen Scheidung kann mehrere Gründe haben:

(1) Problematische Eltern könnten ein erhöhtes Scheidungsrisiko und aufgrund genetischer Einflussfaktoren auch eher problematische Kinder haben. Dafür sprechen Daten aus Zwillingsstudien: Bei eineiigen Zwillingen ist die Wahrscheinlichkeit, dass sich beide Zwillinge scheiden lassen, höher als bei zweieiigen Zwillingen (McGue & Lykken, 1992).
(2) Problematische Kinder könnten ein Risiko für den Bestand der elterlichen Ehe sein.
(3) Das Problemverhalten der Kinder könnte aber auch im Sinne der Stresshypothese als Belastungseffekt in der Vorscheidungsphase interpretiert werden, zumal es sich teilweise auf Eheprobleme der Eltern und/oder unangemessenes Erziehungsverhalten zurückführen lässt (z.B. Furstenberg & Teitler, 1994).
Selbst wenn das Selektionsmodell nicht völlig von der Hand zu weisen ist, zeigen die Prospektivstudien doch gleichzeitig, dass im Zuge einer elterlichen Trennung auch neue Belastungen der Kinder entstehen.

2.2 Kurz- und mittelfristige Entwicklungsbelastungen

Scheidungskinder haben im Vergleich zu Kindern aus Kernfamilien ein erhöhtes Risiko für Entwicklungsbelastungen (vgl. Amato, 2000). Sie haben ein schlechteres Selbstwertgefühl und schlechtere Schulleistungen, Verhaltensprobleme und Schwierigkeiten im Umgang mit Gleichaltrigen. Amato und Keith (1991) zeigen aber in ihrer Meta-Analyse von 92 Studien dass die Unterschiede zwischen Kindern aus Scheidungs- und Kernfamilien weniger gravierend sind, als man gemeinhin annehmen könnte. Die Familienform erklärt nur einen Bruchteil der Bandbreite kindlicher Befindlichkeit und Verhaltensentwicklung (im Durchschnitt 14 Prozent einer Standardabweichung). Am ausgeprägtesten sind vermehrte Verhaltensauffälligkeiten der Scheidungskinder (Fehlverhalten, Aggressivität, Delinquenz), gefolgt von schlechteren schulischen Leistungen und sozialen Problemen (geringe Beliebtheit, Einsamkeit und geringe Kooperativität). Nachteile im Selbstkonzept und psychischen Befinden (Depressivität, Ängstlichkeit, mangelnde Fröhlichkeit) fallen nur schwach aus.

Entwicklungsverläufe von Scheidungskindern

Die Kölner Studie. Kurz nach einer elterlichen Trennung sind zumeist stärkere Entwicklungsbelastungen beobachtbar als in späteren Phasen. So betrug in der Kölner Längsschnittstudie der Anteil der Kinder mit Verhaltensauffälligkeiten im ersten Jahr nach der elterlichen Trennung 54 Prozent, während die Norm im entsprechenden Testverfahren (Marburger Verhaltensliste) bei nur 20 Prozent liegt (Schmidt-Denter, 2000). Im Verlauf der Jahre reduzierte sich jedoch die Zahl verhaltensauffälliger Trennungskinder auf 30 Prozent; drei Jahre nach der elterlichen Trennung wich sie nicht mehr vom Normwert ab.

Die Virginia Longitudinal Study of Divorce and Remarriage. Schon zuvor hatte die Studie von Hetherington (1993) Variationen in den Belastungsreaktionen von Scheidungskindern aufgezeigt und relevante Einflussfaktoren identifiziert. Während die Scheidungskinder anfangs deutlich mehr emotionale Belastungen und Verhaltensprobleme aufwiesen, hatten sich zwei Jahre nach der elterlichen Trennung Eltern und Kinder weitgehend in die neue Familiensituation eingefunden. Im Einklang mit Befunden, die bei Jungen in der Kindheit eine erhöhte Vulnerabilität gegenüber familiären Problemen nahelegen, zeigten lediglich Söhne alleinerziehender Mütter auch weiterhin vermehrt antisoziales, ausagierendes Verhalten in Familie und Schule. Sie waren schwerer erziehbar und hatten mehr Probleme im Umgang mit Gleichaltrigen (Hetherington et al., 1982).

> **NUNTER DER LUPE**
>
> **Nicht alle Scheidungskinder sind Verlierer**
>
> Dass keineswegs alle Kinder durch eine Trennung der Eltern verlieren, sondern manche in der Auseinandersetzung mit den neuen Anforderungen sogar neue Kompetenzen erwerben, hat Hetherington (1989) in ihrer Unterscheidung zwischen „Gewinnern", „Verlierern" und „Überlebenden" deutlich gemacht. Nach ihren Befunden profitieren vor allem Mädchen von der Scheidung, weil sie vielfach eine enge, positive Beziehung zur alleinerziehenden Mutter entwickelten und schon früh Verantwortung für andere, etwa jüngere Geschwister, übernehmen mussten. Mädchen alleinerziehender Mütter gehörten sechs Jahre nach der elterlichen Scheidung überzufällig häufiger zu den fürsorglich-kompetenten Kindern mit hohen sozialen Kompetenzen, prosozialem Verhalten und stabilen Freundschaften. Demgegenüber fanden sich Söhne alleinerziehender oder kürzlich neu verheirateter Mütter häufiger in einem Cluster aggressiv-unsicherer Kinder, zu dem allerdings auch mehr Mädchen mit wiederverheirateter Mutter gehörten. In einem dritten Cluster opportunistisch-kompetenter Kinder, die ihre hohen sozialen Kompetenzen vorrangig zum eigenen Vorteil nutzten, waren Jungen und Mädchen aus Scheidungsfamilien gleichermaßen überrepräsentiert. Anders als die aggressiv-unsicheren Kinder waren sie zwar nicht als „Verlierer" zu sehen, aber ihre insgesamt hohen Kompetenzen schienen diese „Überlebenden" nur um den Preis übermäßiger Selbstbehauptung erhalten zu haben.

2.3 Welche Begleitumstände machen eine Trennung der Eltern belastend?

Welche Konsequenzen eine Trennung der Eltern für die Entwicklung der Kinder nach sich zieht, hängt nicht zuletzt von den Begleitumständen der Trennung ab. Folgende Begleitumstände werden von Eltern, Experten und auch Kindern als besonders problematisch eingeschätzt (Wolchik et al., 1985):

- Beschuldigungen, dass das Kind für die elterliche Trennung verantwortlich sei,
- Streitigkeiten zwischen den Eltern,
- körperliche Auseinandersetzungen zwischen den Eltern,
- Abwertungen der Mutter durch negative Bemerkungen des Vaters,
- ungünstige Einschätzungen der Kinder, wie Außenstehende auf die Trennung der Eltern reagieren und sie bewerten.

Auswirkungen relevanter Stressoren

In der Erklärung von Unterschieden zwischen Kindern aus Scheidungs- und Kernfamilien werden je nach Forscherperspektive jeweils andere Stressoren als besonders relevant hervorgehoben (Amato, 1993):

(1) der Verlust des Elternteils, der nach der Trennung nicht mehr mit dem Kind zusammenlebt,
(2) beeinträchtigte Befindlichkeit und Erziehungskompetenzen des mit dem Kind lebenden Elternteils,
(3) Konflikte zwischen den Eltern,
(4) ökonomische Belastungen und
(5) die Kumulation unterschiedlicher Stressoren, mit denen Kinder im Zuge der elterlichen Trennung konfrontiert sind.

Aus jeder dieser Perspektiven wurde eine Reihe konkreter Hypothesen abgeleitet und den Befunden verfügbarer Studien gegenüber gestellt.

Elternverlust. Aus dieser Perspektive sollten diejenigen Scheidungskinder geringere Nachteile aufweisen, die nach der Trennung auch weiterhin häufigen Kontakt zum getrennt lebenden Elternteil haben. Dies trifft allerdings nur auf die Hälfte der von Amato (1993) gesichteten 36 Studien zu. Auch Daten einer umfangreichen deutschen Studie lassen keine Entwicklungsnachteile von

Trennungskindern ohne Kontakt zum Vater erkennen (Walper & Gerhard, 2001) Sie zeigen aber, dass häufiger Kontakt einer positiven, sicheren Beziehung zum getrennt lebenden Vater zuträglich ist (Walper, 1998). Eine Meta-Analyse von 63 Studien aus den neunziger Jahren spricht für sehr geringe positive Effekte der Kontakthäufigkeit, hebt jedoch das Erziehungspotential getrennt lebender Väter hervor (Amato & Gilbreth, 1999). Autoritative Erziehung seitens getrennt lebender Väter – gekennzeichnet durch hohe Zuwendung und Unterstützung, aber auch klare Regeln und Supervision der Kinder – geht durchgängig mit besseren Schulleistungen sowie weniger externalisierendem und internalisierendem Problemverhalten der Kinder einher.

Dass „Sozialisationsdefizite" durch Stiefeltern kompensiert werden können, ist eine weitere wenig bestätigte Annahme dieser Perspektive.

Kinder in Stieffamilien. Während die sozialisationstheoretische Perspektive nahe legt, dass Kinder aus Stieffamilien von der Anwesenheit eines weiteren Erwachsenen in der Familie profitieren sollten, spricht die stresstheoretische Perspektive eher dafür, dass die neuerlichen Veränderungen im Familienleben, die durch die Integration eines Stiefelternteils notwendig werden, mit zusätzlichen Belastungen für die Kinder verbunden sind. Tatsächlich scheinen sich Vor- und Nachteile weitgehend auszugleichen: Viele Studien finden keine Unterschiede zwischen Kindern mit alleinerziehenden Eltern und jenen, deren sorgeberechtigter Elternteil wieder geheiratet hat oder mit einem neuen Partner zusammenlebt, wohl aber Nachteile der Stiefkinder gegenüber Kindern aus Kernfamilien (z.B. Butz & Boehnke, 1999; Walper, 1995). Die Ergebnisse der Meta-Analyse von Amato (1994) in Tabelle 26.1 zeigen aber, dass Stiefkinder lediglich in der psychischen Anpassung zusätzliche Nachteile gegenüber Trennungskindern aufweisen, die mit nur einem Elternteil zusammenleben.

Befindlichkeit und Erziehungskompetenzen des sorgeberechtigten Elternteils. Scheidungskinder sind stärker belastet, wenn der Elternteil,

Tabelle 26.1. Unterschiede zwischen Kindern aus Stief-, Kern- und Ein-Eltern-Familien: Durchschnittliche Effekt-Stärken (Quelle: Amato, 1994)

	Stief- vs. Kernfamilien	Stief- vs. Ein-Eltern-Familien
Schulische Leistungen	–.07+	–.01
Problemverhalten	–.32***	–.09+
Psychische Anpassung	–.37***	–.16**
Selbstwertgefühl	–.16*	–.06
Soziale Beziehungen	–.14**	–.04
Alle Indikatoren	–.17***	–.03

bei dem sie leben, selbst vermehrte Probleme wie Depressivität und emotionale Labilität aufweist, den Kindern wenig Zuwendung zukommen lässt und sie inkonsistent oder sehr streng erzieht (z.B. Schmidt-Denter, 2000; Simons & Chao, 1996). Solche Belastungen sind charakteristisch für die stressreiche Zeit direkt nach der Scheidung, gehen ihr aber oft auch schon voraus (Block et al., 1988; Shaw et al., 1993). Nicht immer scheinen sich im zeitlichen Verlauf anfängliche Probleme in der Beziehung zwischen Eltern und Kindern zu verbessern; sie können sogar im frühen Erwachsenenalter stärker zutage treten. Zill et al. (1993) fanden in einer Längsschnittstudie bei jugendlichen Scheidungskindern noch keine Nachteile in der Beziehung zur Mutter, wohl aber im frühen Erwachsenenalter. Hier berichteten 25 Prozent der Scheidungs„kinder", aber nur 18 Prozent der 18- bis 22-Jährigen aus Kernfamilien über eine belastete Beziehung zur Mutter.

Konflikte zwischen den Eltern. Als ebenfalls besonders relevant haben sich Konflikte zwischen den Eltern erwiesen, die einer Scheidung vorausgehen, sie begleiten und mitunter auch nach der Trennung noch anhalten. Fortgesetzte Streitigkeiten der Eltern stellen für Kinder eine außerordentliche Belastung dar, sowohl wenn die Eltern zusammenleben (Niesel, 1995), als auch nach einer Trennung, wo sie den Anpassungsprozess der betroffenen Kinder beeinträchtigen (z.B. Schmidt-Denter, 2000; Walper & Gerhard, 2001).

Nicht zu unterschätzen ist die Gefahr, dass die Kinder in Konflikte der Eltern verstrickt werden (Johnston et al., 1985). Hierbei kann es zur Bildung von generationsübergreifenden Koalitionen kommen, bei denen das Kind in eine Allianz mit einem Elternteil gegen den anderen eingebunden wird. Solche Allianzen behindern die Ich-Entwicklung, die Entwicklung der sozialen Kompetenzen sowie das Leistungsverhalten der betroffenen Jugendlichen (z.B. Lopez, 1991). Derartige Allianzen sind jedoch keineswegs auf Trennungsfamilien beschränkt; sie finden sich auch in konfliktbelasteten Kernfamilien (Walper & Schwarz, 2001).

UNTER DER LUPE

„Wir trennen uns nicht – wegen der Kinder ..."

Ist es für Kinder vorteilhafter, wenn Eltern trotz fortgesetzter Konflikte ihre Ehe aufrechterhalten statt sich scheiden zu lassen? Vergleicht man die Entwicklung von Kindern und Jugendlichen aus harmonischen Ehen, konfliktbelasteten Ehen und geschiedenen Familien, so zeigen sich vielfach ähnliche Belastungen der Scheidungskinder und jener aus konflikthaften Ehen (Peterson & Zill, 1986; Walper, 1998). Morrison und Coiro (1999) fanden bei Kindern aus konflikthaften Kernfamilien, in denen die elterliche Ehe aufrecht erhalten wurde, sogar zunehmend mehr und gravierendere Verhaltensprobleme als bei Scheidungskindern. Nach anderen Befunden haben Kinder aus konflikthaften Ehen Nachteile gegenüber Kindern aus harmonischen Ehen, aber weniger starke als Scheidungskinder. Sie haben bessere Beziehungen zu ihren Eltern, eine bessere Befindlichkeit, weniger Verhaltensprobleme und bessere eigene Partnerschaften als Scheidungskinder (Amato, 1999; Simons & Chao, 1996). Vor allem bei stark zerstrittenen Ehen ist die Chance gering, dass die Konflikte mit einer Trennung der Partner innerhalb weniger Jahre beigelegt werden (Maccoby et al., 1990). Häufig gehen sich geschiedene Eltern in der Folgezeit aus dem Weg und praktizieren ein Muster der „parallelen Elternschaft", bei dem sie weitgehend unabhängig voneinander agieren und nur wenig kooperieren (Furstenberg & Cherlin, 1993). Interessanterweise zeigte sich bei Trennungsfamilien, in denen die Eltern noch Kontakt zueinander hatten, dass das Konfliktniveau zwischen den Eltern nur unwesentlich gegenüber Kernfamilien erhöht war, jedoch deutlich mehr Rivalitäten um die Gunst des Kindes und wechselseitige Abwertungen sichtbar waren (Walper & Schwarz, 2001).
Ausschlaggebend dafür, welche Konsequenzen eine Scheidung für die Kinder hat, scheint jedoch nicht nur das Konfliktniveau nach der Scheidung zu sein. Prospektivdaten einer Studie, die Scheidungskinder bis ins Erwachsenenalter verfolgt hat, zeigen, dass die Kinder für ihre spätere Entwicklung am ehesten profitieren, wenn die Eltern eine sehr konflikthafte Ehe beenden, während diejenigen verlieren, deren Eltern sich trotz geringer Konflikte scheiden ließen (Booth & Amato, 2001). Nachteile der letztgenannten Gruppe zeigten sich in ihren späteren Liebesbeziehungen, ihrer Unterstützung, die sie von Freunden und Verwandten erhielten, und in ihrer Befindlichkeit.

Ökonomische Belastungen. Eine Trennung ist für dann alleinerziehende Mütter mit beträchtlichen Einkommenseinbußen verbunden, so dass Kinder in Ein-Eltern-Familien häufiger von Armut betroffen sind (Klocke & Hurrelmann, 1998). Entsprechend sind in Familien Alleinerziehender vielfach Einschränkungen nötig, und die oft ungünstige Wohnlage erschwert die Nutzung von Freizeit- und Bildungsangeboten (Napp-Peters, 1995). Finanzielle Knappheit ist ein Risikofaktor für die Entwicklung der Kinder: Sie belastet ihr Selbstbild und Wohlbefinden, ihre Sozialbeziehungen zu Gleichaltrigen, ihre schulischen Leistungen sowie intellektuellen Kompetenzen und geht mit vermehrtem Problemverhalten einher (Walper, 1999). Wenngleich finanzielle Belastungen in der Regel die Entwicklung der Kinder nur indirekt beeinflussen (Walper et al., 2001), so scheinen sie doch zumindest einen Teil der Nachteile von Scheidungskindern zu erklären (Morrison & Cherlin, 1995). Nach Befunden von McLanahan und Sandefur (1994) ist das erhöhte Risiko von Scheidungskindern, vorzeitig von der Schule abzugehen, im Teenageralter ein Kind zu bekommen und – für Söhne – als junger Mann beschäftigungslos zu sein, jeweils etwa zur Hälfte darauf zurückzuführen, dass ihre Familien mit deutlich geringeren finanziellen Ressourcen ausgestattet sind.

Multiple Stressoren. Viele Studien sprechen dafür, dass die Befindlichkeit von Scheidungskindern umso mehr leidet, je mehr stressreichen Veränderungen sie ausgesetzt sind (Sandler et al., 1991; siehe auch Amato, 2000). Umzüge und Schulwechsel scheinen besonders schwerwiegend zu sein, wenn sie im Kontext einer elterlichen Scheidung notwendig werden. Gerade bei familialen Umbrüchen ist die Stabilität der sozialen und räumlichen Umwelt für Kinder wichtig, um ihnen die Bewältigung der elterlichen Trennung zu erleichtern. Auch wiederholte Scheidungen scheinen zu einer Mehrbelastung der Kinder beizutragen (Peterson & Zill, 1986).

2.4 Ressourcen, die bei der Bewältigung der elterlichen Trennung helfen

Unterschiede in den kindlichen Reaktionen auf eine Trennung der Eltern resultieren auch aus den jeweiligen personalen und sozialen Ressourcen innerhalb und außerhalb der Familie. So können Persönlichkeitsmerkmale und Kompetenzen der Kinder als Schutzfaktoren dazu beitragen, die kindlichen Belastungen gering zu halten (z.B. Hetherington, 1991). In der Kölner Längsschnittstudie zeigten vor allem Kinder im Vor- und Grundschulalter anhaltende Belastungen (Schmidt-Denter, 2000). Vorschulkinder neigen dazu, sich selbst die Verantwortung für die familiären Konflikte zuzuschreiben, und sie können Probleme zwischen den Eltern nur schwer von ihrer eigenen Beziehung zu den Eltern trennen (Kurdek et al., 1981). Nicht minder hilfreich für die Bewältigung der Trennung sind ein einfaches kindliches Temperament, soziale Aufgeschlossenheit und Attraktivität (Zaslow et al., 1999).

Geschlechtsspezifische Unterschiede. Nach der Meta-Analyse von Amato und Keith (1991) leidet vor allem bei Jungen die Sozialentwicklung unter einer Scheidung der Eltern. In anderen Entwicklungsbereichen ließen sich jedoch keine Nachteile der Söhne geschiedener Eltern nachweisen. Eine Berliner Längsschnittstudie bei Jugendlichen erbrachte nur graduell stärkere Belastungsreaktionen der Jungen aus erst kurzzeitig getrennten Familien (Walper, 1991). Soweit sich im Vergleich von Scheidungs- und Kernfamilien stärkere Belastungen bei Jungen ausmachen lassen, scheinen sie auf jüngere Altersgruppen beschränkt zu sein. Allerdings könnten dem auch altersbegrenzte Unterschiede zwischen Jungen und Mädchen in der Vulnerabilität für familiäre Belastungen vor der Scheidung zugrunde liegen.

Soziale Unterstützung und therapeutische Intervention

Die soziale Unterstützung durch Geschwister, Großeltern, Freunde oder andere Erwachsene kann die innerfamiliären Probleme zumindest partiell abfangen (vgl. Amato, 2000; Hetherington, 1989). Auch die schulische Umgebung kann den Anpassungsprozess erleichtern, wenn dort ein autoritatives Klima den Kindern Unterstützung und Struktur bietet (Hetherington et al., 1982). Hinzu kommen professionelle Hilfen, die sich im Rahmen von Einzel- oder Gruppentherapien entweder an die Kinder selbst oder an deren Eltern wenden (siehe Emery et al., 1999). Verfügbare Befunde zur Evaluation solcher Maßnahmen legen durchaus positive Effekte von schulbasierten Interventionsprogrammen für Scheidungskinder nahe (z.B. Stolberg & Mahler, 1994). Sie zielen darauf ab, in Gruppen den Erfahrungsaustausch der betroffenen Kinder untereinander zu ermöglichen, den Kindern zu helfen, ihre Gefühle zu erkennen und auszudrücken, auf die Scheidung bezogene Fehlwahrnehmungen (z.B. Selbstbeschuldigungen) abzubauen und Bewältigungsstrategien zu verbessern. Auf die Eltern bezogene Programme scheinen zum Teil mehr den Eltern als den Kindern zugute zu kommen. Allerdings zeigten sich positive Effekte eines strukturierten Programms zur Verbesserung elterlicher Erziehungskompetenzen (Forgatch & DeGarmo, 1998), von dem auch die Kinder profitierten, und zwar nicht nur in der Mutter-Kind-Interaktion, sondern auch in ihrem Schulverhalten und ihren Leistungen. Scheidungsmediation, ein Verfahren zur Förderung der Bearbeitung scheidungsbezogener Konflikte zwischen den Eltern, soll auch den Kindern zugute kommen, und scheint auch tatsächlich zu einer vermehrten Involviertheit der Väter nach der Trennung beizutragen. Positive Auswirkungen auf die psychische Gesundheit von Eltern und Kindern ließen sich allerdings nicht nachweisen (vgl. Emery et al., 1999).

2.5 Juristische Regelungen zum Sorge- und Umgangsrecht

Vom Schuld- zum Zerrüttungsprinzip. Das frühere Scheidungsrecht sah eine Klärung der Schuldfrage vor. Schuldlos geschieden zu werden war entscheidend für das Anrecht auf Gattenunterhalt wie auch dafür, das Sorgerecht für die Kinder zu erhalten. Mit Einführung des Zerrüttungsprinzips bei der Erneuerung des Scheidungsrechts im Jahr 1977 wurde jedoch darauf verzichtet, eine(n) Schuldige(n) auszumachen. Damit kamen bei der von den Familiengerichten zu fällenden Entscheidung über die jeweilige Sorgerechtsregelung neue Gesichtspunkte ins Spiel (siehe Schwab, 1995, S. 268 ff.).

Das mittlerweile überholte Scheidungsrecht, das Anfang 1977 in Kraft trat, sah als Regelfall das alleinige Sorgerecht eines Elternteils vor, gegebenenfalls auch eine Aufteilung der Vermögens- und Personensorge. Die gemeinsame elterliche Sorge stellte eher eine Ausnahme dar, die von den Gerichten nur in „geeigneten Fällen" gewählt wurde. Die Sorgerechtsentscheidung des Familiengerichts orientierte sich zum einen am Wunsch der Beteiligten, genauer: daran, ob von den Eltern ein übereinstimmender und inhaltlich zulässiger Vorschlag vorgelegt wurde (bei Kindern nach dem vollendeten 14. Lebensjahr wurden auch deren Wünsche berücksichtigt), zum anderen vor allem am Wohl des Kindes (Schwab, 1995).

Als eher praktische Maxime für eine Zuteilung des Sorgerechts nach Kriterien des Kindeswohls galten

- das Förderungsprinzip, nach dem derjenige Elternteil das Sorgerecht erhalten soll, der aufgrund seiner Persönlichkeit, Beziehung zum Kind und äußeren Lebenslage eher in der Lage ist, das Kind in seiner Entwicklung zu fördern,
- das Kontinuitätsprinzip, das eine gewisse Stetigkeit der kindlichen Lebensverhältnisse gewährleisten soll,
- das Bindungsprinzip, das den Bindungen des Kindes an die Eltern und Geschwister Rechnung trägt, und
- je nach Entwicklungsstand Neigung und Willen der Kinder (auch jenseits der genannten Altersklausel).

Zu bemängeln war, dass die Entscheidung für einen Elternteil oft eine gewisse Willkür enthielt, zumal richterliche Prognosen über zukünftiges Eltern- und Kindverhalten „auch bei fachpsychologischer Hilfe auf schwankendem Boden" stehen (vgl. Schwab, 1995, S. 271). Hinzu kam der Verdacht, dass Konflikte zwischen den Eltern durch den Sorgerechtsentscheid geschürt wurden und die Kinder im Scheidungsverfahren oft instrumentalisiert wurden.

Das gemeinsame Sorgerecht. Am 1. 7. 1998 wurden im Familienrecht zahlreiche Änderungen vorgenommen, die unter anderem das gemeinsame Sorgerecht zum Regelfall machten (siehe hierzu Lederle von Eckardstein et al., 1999). Voraussetzung ist eine übereinstimmende Erklärung der Eltern, dass keine Anträge zum Sorgerecht und zum persönlichen Umgang mit dem Kind gestellt werden. Gemeinsame Sorge nach den neuen Bestimmungen bedeutet nicht, dass alle Angelegenheiten, die das Kind betreffen, einvernehmlich von beiden Eltern geregelt werden müssen. Lediglich Entscheidungen von erheblicher Bedeutung (z.B. bezüglich der Ausbildung, einer Operation) sind im gegenseitigen Einvernehmen zu treffen. Beantragt jedoch ein Elternteil das alleinige Sorgerecht, so ist das Einverständnis des anderen Elternteils und bei Kindern ab 15 Jahren auch deren Zustimmung erforderlich, um diesem Antrag ohne zusätzliche Prüfung stattzugeben. In strittigen Fällen wird nach dem Kindeswohl entschieden, wobei auch die Kinder persönlich angehört werden und Kinder über 14 Jahren besonderes Mitspracherecht haben. Um den Vorrang des gemeinsamen Sorgerechts zu stärken, kann in strittigen Fällen auch nur ein Teil der Sorge (z.B. die Entscheidung über den Aufenthalt oder schulische Angelegenheiten) einem Elternteil allein zugesprochen werden.

Das Kind soll mit beiden Eltern Kontakt haben. Besondere Bedeutung misst der Gesetzgeber dem Recht der Kinder auf Umgang mit jedem Elternteil zu. Dieses Recht ist unabhängig von der Sorgerechtsregelung. Damit sind die Eltern nicht nur zum Umgang mit dem Kind berechtigt, sondern auch verpflichtet. Finden die Eltern keine Einigung über den Umgang mit dem Kind, so kann das Gericht hierüber entscheiden. Wenn ein Elternteil zum Schaden des Kindes dessen Umgang mit dem anderen Elternteil behindert, kann letzterem sogar das alleinige Sorgerecht zugesprochen werden, falls dieser eher in der Lage ist, den freien Kontakt des Kindes zu beiden Eltern zu gewährleisten. Allerdings kann in problematischen Fällen auch der Umgang mit dem Kind gerichtlich eingeschränkt oder mit der Auflage versehen werden, dass Dritte anwesend sind (begleiteter Umgang). Maßgeblich ist hierbei vor allem das Kindeswohl.

3 Elternverlust durch Tod

3.1 Theoretische Perspektiven

Welche Bedeutung der Tod eines Elternteils für die kindliche Entwicklung hat, wurde – und wird – vor allem im klinischen Kontext untersucht. Hierbei dominieren psychoanalytische und bindungstheoretische Konzepte, die ein besonderes Augenmerk auf den Trauerprozess nach dem Verlust nahestehender Bezugspersonen gerichtet haben.

Nach der Bindungstheorie (Bowlby, 1973) bieten Eltern als primäre Bindungspersonen den Kindern im Regelfall die „sichere Basis" zur Exploration ihrer Umwelt. Der Verlust eines Elternteils stellt deshalb für Kinder eine immense emotionale und kognitive Herausforderung dar. Wann und wie der Trauerprozess bei Kindern stattfindet, hängt von ihren kognitiven und emotionalen Entwicklungsvoraussetzungen ab. Hierzu gehören:

- die Personpermanenz im Sinne von Piaget (1975),
- das Erinnern der Person über interne Vorstellungsbilder,
- die Entwicklung des Bindungssystems und die damit verbundene Abhängigkeit von der Bindungsperson,
- das Konzept des Todes, dessen Aspekte der Irreversibilität und Universalität erst im Verlauf des Grundschulalters erworben werden (Winter-Baums, 1991) und
- die Entwicklung psychischer Abwehrmechanismen und emotionaler Bewältigungsmöglichkeiten (Baker, 1996).

Trauer bei kleinen Kindern. Weil sie die Endgültigkeit des Todes nicht verstehen und vermutlich auch nicht über reifere Bewältigungsmöglichkeiten verfügen, neigen vor allem jüngere Kinder stark dazu, den elterlichen Tod zu verleugnen. Mitunter zeigen sie nur sehr verzögerte Reaktionen. Während manche Autoren Kindern die Fähigkeit zum Tauern einfach absprechen, verweisen andere darauf, dass sich die Trauer bei Kindern lediglich in entwicklungstypischer Weise manifestiert (Baker, 1996). Charakteristisch sind Wut, Angst und Schuldgefühle sowie die Idealisierung und Identifizierung mit dem verstorbenen Elternteil. Dass schon kleine Kindern auf typische Weise auf den Verlust der Eltern reagieren, haben die Studien Bowlbys (1980) gezeigt. In der Regel folgt nach anfänglichen Protestreaktionen eine Phase der Hoffnungslosigkeit, Passivität und des Rückzugs, die nach längerer Zeit in eine äußerliche „Erholung“ mündet, vermutlich gekennzeichnet durch eine psychische Ablösung von der verlorenen Bindungsperson (vgl. Hazan & Shaver, 1992). Dennoch scheinen kleine Kinder – gemessen an ihrer Symptombildung – eher über einen inneren Schutz zu verfügen als Kinder ab dem Grundschulalter. Eine zentrale Rolle scheint die angemessene Aufklärung und unterstützende Trauerbegleitung durch Erwachsene zu spielen.

Entwicklungskonsequenzen. Betrachtet man aus der Perspektive der Stress- und Resilienzforschung Begleitumstände des elterlichen Todes, die verfügbaren sozialen und personalen Ressourcen und den Trauer- bzw. Bewältigungsprozess, erweisen sich die folgenden Faktoren als bedeutsam:

(1) die Umstände des Todes sowie seine Vorhersehbarkeit,
(2) die Beziehung des Kindes zum verstorbenen Elternteil, wobei eine gute Beziehung den Verlust erschwert,
(3) die Beziehung des Kindes zum hinterbliebenen Elternteil und der damit verbundene emotionale Rückhalt,
(4) der Umgang der Familie mit dem Tod,
(5) die Reaktionen der Umgebung und speziell die soziale Unterstützung, die den Kindern durch andere zuteil wird,
(6) „sekundäre Verluste“, die durch einen notwendigen Umzug etc. entstehen können, und nicht zuletzt
(7) Merkmale des betroffenen Kindes wie sein Entwicklungsstand, Geschlecht und seine Persönlichkeit.

3.2 Kurz- und längerfristige Entwicklungsbesonderheiten von Kindern mit verstorbenem Elternteil

Untersuchungen, die Kinder wenige Monate nach dem elterlichen Tod erfassten, verweisen auf einen hohen Anteil starker psychischer Beeinträchtigungen in dieser akuten Phase. Kaffman und Elizur (1983) fanden bei der Hälfte zwei- bis zehnjähriger Kibbuz-Kinder, die ihren Vater im Oktoberkrieg 1973 verloren hatten, so starke Verhaltensstörungen, dass professionelle Interventionen angezeigt waren. Diese Belastungsreaktionen manifestierten sich sowohl im häuslichen als auch im schulischen Kontext. In einer Längsschnittstudie beschrieben Witwer und Witwen bei 70 Prozent ihrer Kinder einen Monat nach dem Tod des Partners depressive Symptome (van Eerdewegh et al., 1982). Obwohl sich ein Jahr später das Befinden der Kinder signifikant verbessert hatte, zeigten weiterhin 43 Prozent Anzeichen depressiven Affekts. Im Vergleich zur Kontrollgruppe von Kindern aus intakten Familien waren auch Rückzugsverhalten, somatische Symptome und Desinteresse an der Schule erhöht.

Kinder reagieren sehr verschieden. Wenngleich für die Mehrheit betroffener Kinder eine kontinuierliche Verbesserung von Symptomen wie Konzentrationsproblemen, Erschöpfung und niedrigem Selbstwertgefühl während des ersten Jahres nach dem Elternverlust charakteristisch ist, fällt der Verlauf von Belastungsreaktionen doch nicht einheitlich aus. Länger andauernde Verhaltensstörungen scheinen vor allem diejenigen zu treffen, die in der akuten Phase direkt nach dem Elternverlust die gravierendsten Reaktionen zeigen (vgl. Kranzler, 1990). Wahrscheinlich liegen in diesen Fällen eine Reihe besonders belastender Begleitumstände vor, oder es sind nur geringe Ressourcen zur Bewältigung des Elternverlusts verfügbar. Einige Kinder entwickeln aber erst Monate oder Jahre nach dem elterlichen Tod die meisten Symptome (Fristad et al., 1989; Kaffman & Elizur, 1983), vermutlich weil sie das Ausmaß und die Endgültigkeit des Verlusts erst mit zeitli-

Der Tod eines Elternteils ist für Kinder ein einschneidendes Erlebnis. Ihre Reaktion darauf und ihre weitere Entwicklung verläuft jedoch sehr unterschiedlich

chem Abstand und fortschreitender Entwicklung realisieren. Vor allem Kinder, die ihre Eltern im Alter von weniger als fünf Jahren verlieren, haben erst Jahre später ein erhöhtes Risiko, psychiatrisch auffällig zu werden. Hier mögen Besonderheiten des Trauerprozesses bei sehr jungen Kindern ausschlaggebend sein (s.o.). Dass Trauerreaktionen auch für Kinder tatsächlich funktional sein können, legen die Befunde einer Studie zum Elternverlust im Vorschulalter nahe. Halbwaisen, die beim Erinnern des verstorbenen Elternteils Gefühle von Traurigkeit ausdrücken konnten, waren weniger verhaltensauffällig als Halbwaisen, die beim Erinnern Ärger, Furcht oder positive Affekte zeigten (Kranzler, 1990).

Langfristige Folgen. Langfristig negative Konsequenzen des Elternverlusts bis ins Erwachsenenalter hinein lassen sich vor allem dann beobachten, wenn die Kinder den Tod eines Elternteils vor dem Grundschulalter erlebten (vgl. Kranzler, 1990). Neben mangelnden kognitiven und emotionalen Ressourcen zur Bewältigung des Elternverlusts scheint hier eine erhöhte Vulnerabilität für eine inadäquate Betreuung durch den hinterbliebenen Elternteil ausschlaggebend zu sein (Harris et al., 1986). Gerade junge Witwen und Witwer, denen nun die Betreuung ihrer kleinen Kinder allein zufällt, mögen besonders stark mit Hoffnungslosigkeit, Verzweiflung oder Wut auf den Verlust des Partners reagieren. Zudem sind zusätzliche Sorgen auch dadurch wahrscheinlich, dass in dieser frühen Phase der Familienentwicklung die finanzielle Situation der Familie oftmals weniger abgesichert ist.

Die Hinterbliebenen bestimmen die weitere Entwicklung. Die Befindlichkeit und Fürsorge des hinterbliebenen Elternteils ist wesentlich für die kindliche Bewältigung des Elternverlusts. Kranzler (1990) berichtet für diejenigen Kinder die stärksten Belastungen,

(1) deren hinterbliebener Elternteil nach dem Tod des Partners besonders psychisch beeinträchtigt war,
(2) die schon vor dem Tod eine vergleichsweise wenig involvierte Betreuung durch den hinterbliebenen Elternteil erfuhren, und
(3) deren Familien nach dem Tod finanzielle Einbußen hinnehmen mussten.

Van Eerdewegh et al. (1982) fanden, dass 83 Prozent der Kinder mit depressivem Syndrom Mütter hatten, die schon vor dem Tod ihres Ehepartners depressiv waren. Hier zeigt sich ähnlich wie bei einer Scheidung der Eltern, dass auch die dem

Tod eines Elternteils vorausgehenden familiären Verhältnisse maßgeblich den Anpassungsprozeß der Kinder beeinflussen.

3.3 (Halb-)Waisen und Scheidungskinder im Vergleich

Witwen sind zumeist finanziell besser abgesichert als geschiedene Mütter, hatten weniger Konflikte in der Familie und erhalten mehr Unterstützung von Außenstehenden. Man könnte daher bei Halbwaisen einen Entwicklungsvorteil gegenüber Scheidungskindern erwarten. Andererseits kann nach einer Scheidung der getrennt lebende Elternteil weiterhin im Leben der Kinder präsent bleiben. Zudem sind auch beim Tod eines Elternteils vorausgehende Belastungen zu vermuten, wenn der Tod durch eine längere Erkrankung bedingt war. Soweit Vergleiche der Befindlichkeit und Verhaltensentwicklung von Scheidungskindern und (Halb-)Waisen unternommen wurden, zeigen sich oft mittel- und längerfristig ähnliche Belastungen in beiden Gruppen (z.B. Partridge & Kotler, 1987; vgl. Amato, 1993), mitunter jedoch auch nachteiligere Entwicklungen der Scheidungskinder (z.B. Ferri, 1976). So berichtet eine Britische Repräsentativstudie vermehrte psychische Belastungen junger Erwachsener, die eine Scheidung der Eltern in der Kindheit oder als junge Erwachsene erlebt hatten. Demgegenüber unterschieden sich diejenigen, die in der Kindheit einen Elternteil durch Tod verloren hatten, nicht von der Vergleichsgruppe junger Erwachsener aus intakten Familien und wiesen signifikant geringere Belastungen auf als die Scheidungskinder (Rodgers et al., 1997).

Folgen für die Partnersuche. Eher qualitativ unterschiedliche Konsequenzen von Trennung und Tod der Eltern lassen sich allenfalls im Bereich gegengeschlechtlicher Beziehungen und dem Bindungsverhalten von Jugendlichen und jungen Erwachsenen festmachen. Hetherington (1972) beobachtete, dass Töchter geschiedener Mütter deutlich offener auf Angehörige des anderen Geschlechts zugingen als Töchter aus intakten Familien. Demgegenüber waren Töchter verwitweter Mütter auffällig zurückhaltend und mieden den Kontakt zu Männern eher. Hetherington führte diesen Befund vor allem auf die stärkere Idealisierung des Vaters und das höhere Selbstwertgefühl der Halbwaisen zurück, während bei Töchtern aus Scheidungsfamilien die vermehrten Konflikte mit den Eltern als „push-Faktor" gewirkt haben mögen, der die Töchter Zuwendung in heterosexuellen Beziehungen suchen ließ. Brennan und Shaver (1998) berichten bei jungen Erwachsenen aus Scheidungsfamilien einen eher unsicher-ängstlichen Bindungsstil, während Halbwaisen einen mehr abweisenden Bindungsstil aufwiesen.

FAZIT

Der Verlust eines Elternteils ist fraglos ein einschneidendes Ereignis im Leben von Kindern. Klinisch-psychiatrische Denkmodelle, die „unvollständige" Familien als defizitär sehen, haben sich jedoch als überholt erwiesen, da sie der Variabilität kindlicher Reaktionen nicht gerecht werden. Die jeweilige Ausgestaltung der Familiendynamik und individuelle wie auch soziale Ressourcen bestimmen mit, ob aus den Erfahrungen des Elternverlusts Entwicklungsprobleme resultieren, oder ob die Kinder aus der Bewältigung der veränderten Situation sogar für ihre Entwicklung profitieren können.

Weiterführende Literatur

Amato, P.R. (2000). The consequences of divorce for adults and children. Journal of Marriage and the Family, 62, 1269–1287.
Dieser Überblicksartikel informiert sehr komprimiert über die Auswirkungen einer Scheidung auf die betroffenen Eltern und Kinder, wobei vorrangig – aber nicht nur – auf die amerikanische Forschung eingegangen wird.

Hatter, B.S. (1996). Children and the death of a parent or grandparent. In C.A. Corr & D.M. Corr (Eds.), Handbook of childhood death and bereavement (pp. 131–148): Springer Publishing Company.

Wie Kinder den Verlust eines Elternteils oder eines Großelternteils erleben und welche Bedingungen für unterschiedliche Reaktionen und Entwicklungsfolgen ausschlaggebend sind, wird in diesem Überblicksartikel ausführlich dargestellt.

Hetherington, E.M. (Ed.) (1999). Coping with divorce, single parenting, and remarriage. A risk and resiliency perspective. Mahwah, N.J.: Lawrence Erlbaum.

In diesem Reader finden sich wichtige Untersuchungen (alle aus den USA), die Gründe für das Scheitern von Ehen, die Entwicklung von Kindern in unterschiedlichen Familienformen, Zusammenhänge zwischen der Familiendynamik und kindlicher Entwicklung in Zwei- und Ein-Eltern-Familien, Besonderheiten von Stieffamilien sowie scheidungsbezogene Interventionen beleuchten.

Schmidt-Denter, U. (2001). Differentielle Entwicklungsverläufe von Scheidungskindern. In S. Walper & R. Pekrun (Hrsg.), Familie und Entwicklung: Perspektiven der Familienpsychologie (S. 292–313). Göttingen: Hogrefe.

Im Rahmen der Kölner Längsschnittstudie zur Entwicklung von Trennungsfamilien werden unterschiedliche Entwicklungsverläufe von Kindern nach der Trennung ihrer Eltern aufgezeigt und vor dem Hintergrund personaler und sozialer Schutz- wie auch Risikofaktoren analysiert.

Walper, S. & Schwarz, B. (2001). Was wird aus den Kindern? Chancen und Risiken für die Entwicklung von Kindern aus Trennungs- und Stieffamilien. 2. Auflage. Weinheim: Juventa.

Dieser Reader umfasst aktuelle deutsche und österreichische Untersuchungen zur Gestaltung der Familienbeziehungen und zur Entwicklung von Kindern und Jugendlichen in Trennungs- und Stieffamilien, wobei auch mögliche späte Konsequenzen bis ins Erwachsenenalter angesprochen werden.

Kapitel 27
Gesundheit als aktiver Gestaltungsprozess im menschlichen Lebenslauf

Inge Seiffge-Krenke

Wir gehen in diesem Beitrag davon aus, dass Kinder, Jugendliche und Erwachsene ihre Gesundheit aktiv mitgestalten (Bandura, 2001). Von daher muss Gesundheit immer im Entwicklungskontext gesehen werden. Bereits die Konzepte über Gesundheit und Krankheit sind altersbezogen zu differenzieren. In den einzelnen Altersstufen finden wir im Übrigen einen ganz unterschiedlichen Fokus auf Gesundheit bzw. Krankheit. Gesundheit hat insbesondere im höheren Erwachsenenalter einen herausragenden und hohen Stellenwert (Schwarzer, 1996). In jedem Entwicklungsabschnitt lassen sich darüber hinaus spezifische Anforderungen und Probleme benennen, und auch gesundheitsförderliches Verhalten sowie Risikoverhaltensweisen sind altersbezogen zu differenzieren. Die von der Familie geschaffenen Lebensbedingungen, die zur Verfügung gestellten Ressourcen, ihre gesundheits- und krankheitsbezogenen Einstellungen und Verhaltensweisen sind prägend und verbindlich. Dies ist bei Kindern und Jugendlichen unmittelbar einleuchtend, es ist jedoch zu bedenken, dass im höheren Erwachsenenalter, wenn Pflegebedürftigkeit auftritt, die Abhängigkeit von der Familie in allen gesundheitsbezogenen Fragen erneut virulent wird. Auch bei der Nutzung sozialer Ressourcen und der Akquirierung sozialer Stützsysteme im Umgang mit Belastungen ist das Anlegen einer entwicklungspsychologischen Perspektive sinnvoll.

1 Erfahrungen mit Gesundheit und Krankheit

DEFINITION

Gesundheit bedeutet nach der Definition der WHO (World Health Organisation, 1986) sowohl physisches als auch psychisches Wohlbefinden. Dazu gehört auch die Fähigkeit, Verantwortung für die eigene Lebensgestaltung zu übernehmen.

1.1 Objektiver Gesundheitszustand von Kindern, Jugendlichen und alten Menschen

Todesursachen in Kindheit und Jugend. Um die Jahrhundertwende waren noch 90 Prozent aller Todesfälle im Kindes- und Jugendalter durch Infektionen bedingt. Heute stirbt nur noch rund 1 Prozent der Kinder und Jugendlichen an infektiösen Krankheiten. Die Haupttodesursache ist gegenwärtig der Tod durch Verletzungen infolge von Gewalteinwirkungen. Im internationalen Vergleich stehen Unfälle, vor allem durch Kraftfahrzeuge, an erster Stelle der Todesursachen (vgl. Statistisches Bundesamt, 2001). Dann folgen bei Kindern angeborene Anomalien, Grippe und Pneumonie, Krebserkrankungen und Meningitis. Bei Jugendlichen folgt an zweiter Stelle Tod durch Suizid. Männliche Jugendliche sterben drei- bis viermal häufiger als weibliche durch Suizid. Auch von Unfällen sind männliche Kinder und Jugendliche doppelt so häufig betroffen wie weibliche (Selbst et al., 1987).

Häufige Krankheiten und Gesundheitsrisiken. Rund 10 Prozent aller Schulkinder und Jugendlichen leiden an chronischen somatischen Krankheiten (Petermann et al., 1990) wie Asthma, Diabetes oder Rheuma. Im Jugendalter treten dann verstärkt Ess-Störungen (vgl. Kapitel 28) und gesundheitsschädigende Verhaltensweisen wie Zigaretten-, Drogen- und Alkoholkonsum auf. Ungesunde Lebensgewohnheiten sind die Hauptursache für Gesundheitsprobleme bei Jugendlichen (Gondoli, 1999).

Psychische Störungen bei Kindern und Jugendlichen. Die Prävalenz psychischer Auffälligkeiten in der Adoleszenz unterscheidet sich nicht wesentlich von der im Kindesalter (12 bis 17 Prozent, vgl. Essau et al., 1998; Lehmkuhl et al., 1998). Es finden sich aber deutliche Alters- und Geschlechtseffekte. Während in der Kindheit noch ein erhöhter Anteil von psychisch auffälligen Jungen zu verzeichnen ist, verändert sich das Bild in der Adoleszenz zu Ungunsten der Mädchen (Esser et al., 1992). Weibliche Kinder und Jugendliche leiden vermehrt an Depressionen, Angst- und Ess-Störungen, männliche an Aufmerksamkeits- und Hyperaktivitätsproblemen, antisozialem Verhalten und Delinquenz.

Erkrankungen im Erwachsenenalter. Im Erwachsenenalter nimmt die Anzahl von Erkrankungen und Todesfällen, die auf vermeidbare Verhaltensweisen zurückzuführen sind, weiter zu. Die von Taylor (1999) vorgelegte Liste von Risikofaktoren für die häufigsten Todesursachen in den Vereinigten Staaten (Herz-Kreislauferkrankungen, Krebs, Schlaganfälle und Unfälle) umfasst zu einem Großteil gesundheitliche Risikoverhaltensweisen. Junge Erwachsene sind im Durchschnitt sehr gesund, und sie neh-men sich auch als gesund und für Krankheiten nicht anfällig wahr (Hansen Lemme, 1995; Bee, 1999).

Gesundheit in Ost- und Westdeutschland im Vergleich. Einige Studien (z.B. Wittchen et al., 1994) fanden eine höhere Symptombelastung (vor allem Angststörungen und psychosomatische Störungen) in den neuen Bundesländern. Andere Studien zeigen eine bessere psychische Gesundheit in der ostdeutschen Gruppe, und – ebenfalls ein ungewöhnlicher Befund – eine bessere psychische Gesundheit der jungen Frauen, verglichen mit Männern (Kruse et al., 2001).

Gesundheit im Alter. Die gesundheitliche Situation älterer Menschen unterscheidet sich in mehrfacher Hinsicht von der jüngerer Altersstufen. Morbiditätsstatistiken zeigen einen dramatischen Anstieg bei vielen Erkrankungen, vor allem bei psychosomatischen und chronischen körperlichen Erkrankungen. Gehäufte Verlusterlebnisse können zu einer Verschlechterung des gesundheitlichen Befindens führen. Da Männer eine geringere Lebenserwartung als Frauen haben (Baltes & Zank, 1990), sollten die Prävalenz- und Inzidenzzahlen geschlechtsspezifisch ausgewiesen werden.

Erhöhte Häufigkeit psychischer Erkrankungen. Alte Menschen sind psychisch und physisch stark gefährdet (Meier-Baumgartner, 1994). Schon in der Psychiatrie-Enquête aus dem Jahre 1975 wurde geschätzt, dass 25 bis 30 Prozent der über 65-jährigen psychische Störungen im weitesten Sinne aufweisen. In der Studie von Bansemir und Gulbin (1988) lagen die Prozentsätze sogar deutlich höher. Drei Viertel der männlichen und weiblichen Bewerber um einen Heimplatz erlebten sich als psychisch sehr beeinträchtigt. An der Spitze der Nennungen lagen bei beiden Geschlechtern Merkfähigkeits- und Schlafstörungen, gefolgt von Einsamkeit, Nervosität und depressiven Zuständen. Ältere Frauen klagten vermehrt über Schlafstörungen, Depression und Angst.

1.2 Subjektiver Gesundheitszustand und Wohlbefinden

Nachdem lange Zeit Untersuchungen über Wohlbefinden an Erwachsenen dominierten, wurden in den letzten Jahren auch Studien an Jugendlichen durchgeführt; Befunde zu Kindern sind rar. Auf der Basis der Inanspruchnahmeraten von medizinischen, psychologischen und psychiatrischen Diensten imponieren Kinder und Jugendliche als eine vergleichsweise gesunde, d.h. unauffällige Gruppe. Dennoch ist ihr subjektes Wohlbefinden erheblich beeinträchtigt.

Gesund und doch „krank"?
Obwohl Jugendliche selten unter psychischen und körperlichen Erkrankungen leiden, klagen sie oft über Körperbeschwerden (Seiffge-Krenke, 1998; Roth, 2000). Auffallend ist die diffuse Symptomatik bei leichten Beschwerden (Hurrelmann et al., 1987). Gesundheitliche Beschwerden treten bei 10 bis 40 Prozent der Jugendlichen auf, wobei weibliche Jugendliche häufigere und stärkere Beschwerden als männliche angeben. Am häufigsten werden psychosomatische Störungen wie Erschöpfungssymptome (z.B. übermäßige Müdigkeit), Schlafstörungen, Kopfschmerzen, Magen-Darm-Beschwerden, Übelkeit und Kreislaufbeschwerden genannt. Insgesamt geben Jugendliche mehr körperliche Beschwerden an als erwachsene Psychosomatiker (Brähler et al., 1986; Marschall & Zenz, 1989). Kinder klagen seltener als Jugendliche über Körperbeschwerden, auch sie berichten aber häufig über Kopfschmerzen (Pothmann, 1992). Kinder und Jugendliche sind demnach zwar selten krank, sie sind aber oft in ihrem Wohlbefinden beeinträchtigt.

Veränderungen im mittleren Erwachsenenalter. Trotz einer recht guten Gesundheit nehmen in diesem Lebensabschnitt Erkrankungen im Durchschnitt zu, chronische Erkrankungen werden häufiger. Studien zeigen, dass im mittleren Erwachsenenalter zum ersten Mal die Zufriedenheit mit der eigenen Gesundheit als wichtiger Prädiktor für allgemeine Lebenszufriedenheit auftaucht (Merluzzi & Nairn, 1999).

Alte Menschen denken positiv. Im Gegensatz zu jungen Erwachsenen sind ältere Erwachsene (65 Jahre und älter) mit großer Wahrscheinlichkeit von multiplen und chronischen gesundheitlichen Krankheiten betroffen, die zwar behandelbar, aber nicht heilbar sind. Erstaunlicherweise schätzen aber ältere Menschen ihren Gesundheitszustand positiver ein als jüngere Erwachsene. Die über 60-Jährigen beschreiben sich als vitaler und lebensfreudiger als etwa die 30- bis 40-jährigen (Frank et al., 1989). Tatsächlich finden sich Abweichungen von bis zu 75 Prozent zwischen den subjektiven Angaben älterer Menschen und der objektiven ärztlichen Diagnose (Lehr, 1987). Vor allem ältere Männer überschätzen den eigenen Gesundheitszustand im Vergleich zum Arzturteil. Diese positiven Illusionen wirken sich im Übrigen günstig auf die Langlebigkeit aus (Schwarzer, 1997).

Alte setzen andere Maßstäbe. Verglichen mit anderen älteren Menschen erscheint vielen Alten ihr eigenes Leben relativ beschwerdefrei. Die äußeren Anforderungen an geistige und körperliche Fähigkeiten werden kleiner, die Gelassenheit größer. Auffallend sind Geschlechtsunterschiede: Das Wohlbefinden älterer Männer hängt eher mit der Gesundheit, dem Beruf und dem Einkommen und weniger mit dem Funktionieren der Familie zusammen. Das Wohlbefinden älterer Frauen dagegen richtet sich fast ausschließlich nach dem Funktionieren der Familie und weniger nach der Gesundheit und den finanziellen Verhältnissen.

2 Konzeptualisierungen von Gesundheit

Subjektive Konzepte von Gesundheit und Krankheit unterliegen kulturellen und sozialen Einflüssen. Starke Veränderungen über die gesamte Lebensspanne sind typisch. In diesem Zusammenhang ist auch die Entwicklung des Körperkonzeptes relevant, welches auch im Zusammenhang mit dem Wohlbefinden steht. Hinsichtlich des Körperkonzepts und der Zufriedenheit mit dem eigenen Körper zeigen sich zunehmende Geschlechtsunterschiede in Abhängigkeit vom Alter.

2.1 Krankheits- und Gesundheitskonzepte

Konzepte von Gesundheit und Krankheit im Kindes- und Jugendalter wurden überwiegend unter dem Aspekt des kognitiven Entwicklungsstandes nach Piaget (1972) untersucht. Untersuchungen über deren Entwicklung im Erwachsenenalter fehlen fast vollständig.

Krankheitskonzepte verändern sich

Kinder entwickeln erst langsam eine den Vorstellungen von Erwachsenen entsprechende Auffassung von Krankheit (Maxin & Smith, 1990). So ist die Körperwahrnehmung um das 9. Lebensjahr noch sehr durch physikalische und mechanische Sichtweisen geprägt. „Schmerz" ist beispielsweise etwas, das von „außen" kommt; erst ab dem 12. Lebensjahr entsteht die Wahrnehmung, dass Schmerzen von innen kommen, dass sie eine Empfindung des Körpers sind. Bis in die Frühadoleszenz weist das Krankheitskonzept noch eine starke Beziehung zur kindlichen Vorstellungswelt auf, in der Krankheit u.a. als „Bestrafung" für Fehlverhalten oder Nichtbefolgen elterlicher Anweisungen wahrgenommen wird (A. Freud & Bergmann, 1977). Einfache Theorien über die Entstehung und Übertragung von Krankheiten durch „Ansteckung" verstärken dieses Gefühl der eigenen Verursachung einer Krankheit (Siegal & Peterson, 1999). Erst mit fortschreitender kognitiver Entwicklung sind Kinder in der Lage, von der persönlichen Betroffenheit zu abstrahieren und allgemeingültige Ursachen für eine Krankheit zu erkennen. Etwa ab dem Alter von 12 Jahren werden die körperlichen und psychischen Faktoren wahrgenommen, die eine Krankheit verursachen können. Hinzu kommt das Verstehen der Krankenrolle, die ein angemessenes Verhalten (Bettruhe, schulfrei) und das Erfüllen von Erwartungen (z.B. sich an ärztliche Vorschriften zu halten) beinhaltet. Erst mit dem Erreichen der Fähigkeit zu formallogischen Operationen und der Verfügbarkeit von ausreichenden Kenntnissen über körperinterne Abläufe sind Jugendliche demnach in der Lage, sich der Auffassung von Krankheit im Sinne eines komplexen, psychobiologischen Prozesses zu nähern, wie sie von Erwachsenen gesehen wird. Die kognitive Entwicklung ist zum Abschluss gekommen, wenn die psychischen und körperlichen Ursachen für eine Erkrankung gesehen werden können (Laienätiologie). Im Erwachsenenalter sind Krankheitserfahrungen häufig, im höheren Erwachsenenalter sogar die Regel. Auch bei Erwachsenen gibt es aber manchmal deutliche Defizite (Eiser, 1985): Im Zuge von Abbauerscheinungen im höheren Alter kann es sogar zu Missverständnissen bezüglich der Ursache von Krankheiten und gesundheitspsychologischer Maßnahmen kommen, die – wie Radebold (1981) es beschrieben hat – dem durch kognitive Unreife bedingten Verständnis von kleinen Kindern ähnlich sind.

Gesundheit ist mehr als die Abwesenheit von Krankheit

Während Kinder und Jugendliche Krankheit und Kranksein aus eigener Erfahrung kennen, bleibt der Begriff „Gesundheit" abstrakt. Gesunde Organe und Körperfunktionen spürt man nicht. Kinder und Jugendliche begreifen deshalb Gesundheit in negativer Abgrenzung zur Krankheit. In der Adoleszenz differenzieren sich Gesundheits- und Krankheitskonzepte immer mehr aus (Bengel et al., 1995; Lohaus, 1990). Jugendliche machen erste bewusste Erfahrungen mit körperlichen Beschwerden und nehmen auch verstärkt Leistungsdruck und Alltagsstress wahr (Millstein & Irwin, 1987). Auch Geschlechtsunterschiede werden immer deutlicher. Weibliche Jugendliche beziehen psychosoziale Konzepte eher in ihr Gesundheitskonzept ein als männliche Jugendliche.

Das subjektive Wohlbefinden hat eine große Bedeutung für die Gesundheitsdefinition im Jugendalter. Glücklich zu sein, sich gut zu fühlen, gute Laune und keine Sorgen zu haben, sind wichtige Merkmale für Gesundheit. Psychische Komponenten sind also bereits in diesem Alter wichtiger als körperliche Leistungsfähigkeit.

Auch im Erwachsenenalter sind Gesundheitsvorstellungen sehr viel schwieriger zu verbalisieren als Krankheitsvorstellungen (Bengel & Beltz-Merk, 1997). Diese naiven Gesundheitsvorstellungen sind mehrdimensional und umfassen ein komplexes biopsychosoziales Gesundheitsmodell. Wohlbefinden, die Betonung einer Körper-Geist-Einheit und Leistungsfähigkeit sind wichtige Merkmale.

2.2 Wohlbefinden und Körperkonzept über die Lebensspanne

Das Körperkonzept umfasst kognitive und perzeptive Aspekte und schließt auch die Bewertung des eigenen Körpers ein. In der späten Kindheit besteht in der Regel eine einigermaßen stabile und integrierte Vorstellung vom eigenen Körper als selbständigem Ganzen, wozu auch das Gefühl einer eindeutigen Geschlechtszugehörigkeit zählt. Das Körperselbstbild, das Zwölf- bis 14-Jährige haben, ist deutlich realistischer als das Neun- bis Elfjähriger (Gutezeit & Marake, 1984). Männliche Kinder und Jugendliche sind mit ihrem Aussehen zufriedener als weibliche. Mädchen in allen Altersstufen identifizieren sich stärker mit untergewichtigen Vergleichsfiguren (Gutezeit et al., 1986).

Veränderungen, die in der späten Kindheit beginnen und die Adoleszenz bestimmen, sind:

- eine größere Unzufriedenheit mit dem Körper,
- das starke Bedürfnis nach Veränderung des Körpers,
- die große Bedeutung, die das Körpergewicht hat (Seiffge-Krenke, 1994).

Diese Veränderungen sind in engem Zusammenhang zu sehen mit Ess-Störungen wie Bulimie und Anorexie (Hartley, 1998).

Jugendliche haben ein komplexes Körperkonzept. Es enthält Komponenten wie Fitness, Aussehen, gesundheitsriskantes Verhalten und Körperkontakt (Mrazek, 1987). Ein Phänomen, das nur in dieser Altersstufe auftritt, ist die Körperentfremdung. Mädchen legen mehr Wert auf die „öffentlichen“ Komponenten wie Aussehen und Figur, für männliche Jugendliche sind Kraft und Vitalität bedeutend. Jugendliche sind oft unzufrieden mit ihrem Körper und nehmen ihn – abhängig von Alter und Geschlecht – verzerrt wahr (Phelps et al., 1993).

Mädchen sind selbstkritischer. Mädchen beurteilen Gewichtszunahmen ausschließlich negativ und betreiben in erheblichem Umfang Maßnahmen zur Gewichtsreduktion. Schon Kinder zwischen 7 und 11 Jahren haben gute Kenntnisse über Diät und bereits 20 Prozent führen manchmal eine Diät durch (Kostanski & Gullone, 1999). Die Unzufriedenheit mit dem Körpergewicht steigt bei Mädchen mit zunehmendem Alter linear an, von 23 Prozent bei Zwölfjährigen auf 41 Prozent bei 16-Jährigen (Kolip, 1995). Das Körperkonzept frühreifer weiblicher Jugendlicher ist häufig noch negativer als das spätreifer oder normal reifender Mädchen (Rierdan et al., 1989). Im Gegensatz dazu verarbeiten männliche Jugendliche Frühreife ausgesprochen positiv und nehmen sich als erwachsener und attraktiver wahr.

Veränderungen im Erwachsenenalter. Altabe und Thomson (1993) untersuchten die Veränderung des Körperbildes während des Erwachsenenalters bei 17- bis 40-Jährigen. Sie stellten mit höherem Alter eine zunehmende Diskrepanz zwischen Real- und Idealgewicht fest, außerdem war bei Frauen die Unzufriedenheit wesentlich größer als bei Männern.

Für junge Frauen sind Wohlbefinden und Lebensfreude, für junge Männer Körperlichkeit (Kraft, Ausdauer und Leistungsfähigkeit) die wichtigsten Indikatoren für Gesundheit (Kolip, 1994; Schultze & Welters, 1991).

Erwachsene über 60 Jahre zeigen ein zunehmend negatives Körperkonzept, das mit der Abnahme der Leistungsfähigkeit und dem erhöhten Krankheitsrisiko verbunden ist (Gunzelmann et al., 1999). Verglichen mit jungen Erwachsenen zeigen die 60-Jährigen eine große Besorgnis bezüglich der Funktionen ihres Körpers, wobei die Unsicherheit bei älteren Frauen häufig besonders ausgeprägt ist. Verschiedene Studien weisen darauf hin (vgl. Gunzelmann et al., 1999; Rink & Seyfarth, 1997), dass die Abgrenzung zwischen Gesundheit und Krankheit im höheren

Erwachsenenalter schwerer fällt als in jüngeren Lebensjahren.

3 Familie und Gesundheitsförderung

DEFINITION

Gesundheitsförderung ist ein „process of enabling individuals to increase control over and improve their health". Dem Menschen soll ein höheres Maß an Selbstbestimmung über seine Gesundheit ermöglicht und die Gesundheit somit gefördert werden (WHO, 1986).

Die Mehrzahl der gesundheitsbezogenen Maßnahmen wird innerhalb des sozialen Netzwerkes realisiert. Die große Bedeutung der häuslichen Pflege und der Realisierung gesundheitsbezogenen Verhaltens wird von Freund und McGuire (1991) als *„hidden health care system"* bezeichnet. Im Familienverband werden die entscheidenden Maßregeln bezüglich Ernährung, Ruhe, sportlicher Betätigung, Hygiene, Verhütung von Unfällen und Verletzungen etc. realisiert. Praktisch alle kleineren Erkrankungen werden außerhalb des offiziellen Gesundheitssystems kuriert. Davon sind Kinder und Jugendliche betroffen, die an banalen Infekten erkranken; dazu zählt aber auch die Pflege von behinderten und chronisch kranken Familienmitgliedern, die nach schweren Unfällen und Beeinträchtigungen zu Hause gepflegt werden. Im Folgenden soll der Zusammenhang zwischen Familie und Gesundheit am Beispiel von Ernährung, körperlichen Aktivitäten und Sport verdeutlicht werden.

3.1 Gesundheitsbewusste Ernährung

Der Einfluss der Familie auf die Ernährungsgewohnheiten von Kindern, Jugendlichen und alten Menschen ist empirisch gut belegt. Baranowski (1997) konnte ebenso wie Oliveria et al. (1992) relative hohe Konkordanzen zwischen Ehegatten, aber auch zwischen Eltern und Kind bezüglich der Ernährungsgewohnheiten feststellen. Allerdings muss man auch den Einfluss der Kinder auf das Kaufverhalten der Eltern berücksichtigen, der inzwischen zu einem Anstieg des Kaufens von Snacks geführt hat (Pudel & Westenhöfer, 1998).

Je früher, desto besser. Das Kleinkindalter wird allgemein als kritische Periode für die Herausbildung von Nahrungsmittelpräferenzen angesehen. In den ersten beiden Lebensjahren ist die Akzeptanz unbekannter Lebensmittel größer als bei älteren Kindern, weswegen die Förderung einer gesunden Ernährung möglichst früh beginnen sollte. Ein in den letzten Jahren zunehmendes Problem stellen z.B. kardiovaskuläre Erkrankungen dar, deren ernährungsabhängige Risikofaktoren bis in die Kindheit zurückgeführt werden können. Daher konzentrieren sich die Interventionen auf die Bildung gesundheitsförderlicher Ernährungsweisen bei Kindern.

Funktionen von Nahrungsmitteln. Der Einfluss der Eltern auf die Ernährung von Kindern ist vielfältig. Sie bestimmen nicht nur die Nahrungsmittelauswahl und -zubereitung; Lebensmittel werden auch für nicht ernährungsbezogene Zwecke verwendet. Kinder werden mit Lebensmitteln – vor allem Süßigkeiten – belohnt, beruhigt oder mit Entzug bestraft. Auch das Fernsehen nimmt Einfluss auf die Ernährung: Mehr als die Hälfte der Werbung in Kinderprogrammen betrifft Nahrungsmittel mit zweifelhaftem Gesundheitswert. Signorielli und Lears (1992) fanden bei Viert- und Fünftklässlern eine positive Korrelation zwischen häufigem Fernsehen und ungesunden Ernährungsgewohnheiten.

Gratwanderung zwischen Schönheitsideal und Ess-Störung. Schon im Kindesalter besteht eine Präferenz für schlanke Gleichaltrige. Diese werden als attraktiver und sozial kompetenter wahrgenommen als übergewichtige Kinder (Ries et al., 1988). Neben hereditären Anlagen und familiären Essgewohnheiten spielen Geschlechtsunterschiede beim Körpergewicht eine große Rolle (Pudel & Westenhöfer, 1998). Während der Pubertät, in der

Schwangerschaft und nach der Menopause erfolgt bei Frauen eine Zunahme des Körperfettanteils. Dies erklärt teilweise, dass 50 Prozent der Frauen, aber nur 25 Prozent der Männer schon mindestens eine Diät durchgeführt haben (Pudel, 1997).

Ernährungsfaktoren im Lebenslauf. Während der Einfluss der Eltern auf die Ernährungsgewohnheiten von Kindern gut belegt ist, gibt es nur wenige Studien zum Einfluss der Eltern auf die Ernährung von Jugendlichen. Cohen et al. (1990) fanden eine deutlich schlechtere Ernährung bei Schülern der neunten Klassen als bei jüngeren Schülern und führen dies auf den zunehmenden Einfluss der Peers zurück.

Mit der Familiengründung im jüngeren Erwachsenenalter wird besondere Sorgfalt auf eine gesundheitsbezogene Ernährung gelegt. Dagegen führen bei älteren Menschen körperliche Beeinträchtigungen (Stoffwechselveränderungen, schlechteres Sehvermögen, Beeinträchtigung des Geruchssinns, Beeinträchtigung des Kauvermögens), aber auch eine schlechtere ökonomische Situation häufig zu einer inadäquaten Ernährung. Ist der Partner verstorben, entfällt auch der soziale Anreiz der gemeinsamen Mahlzeit. Hagen et al. (1999) versuchten mit einem Trainingsprogramm aus Kompetenztraining, Gedächtnistraining und Ernährungsberatung das Ernährungsverhalten älterer Menschen zu verbessern, hatten allerdings nur mäßige Erfolge.

3.2 Körperliche Aktivitäten und Sport

Sport beeinflusst die physische und psychische Gesundheit. Allerdings zeigen Meta-Analysen, dass sich kein genereller positiver Effekt auf die Gesundheit feststellen lässt (Knoll, 1993; Schlicht, 1993). Entscheidend sind die personalen und situativen Bedingungen der sportlichen Aktivitäten. Die Effekte sind abhängig von Geschlecht, Alter und Sportart: Am meisten profitieren 30- bis 50-jährige männliche Ausdauersportler und Frauen, die sich tänzerisch und gymnastisch betätigen. Nach Schlicht entspricht das den Geschlechtsrollenerwartungen an den instrumentell orientierten Mann und die expressive Frau. Das Betreiben von Sportarten, deren Inhalte mit dem gesellschaftlich vermittelten femininen oder maskulinen Selbst einer Person harmonieren, können demnach wohlbefindenssteigernd wirken, weil die Person sich dem idealen Selbst näher wähnt.

Körperliche Bewegung in verschiedenen Lebensabschnitten

Kinder bewegen sich gern. Für Kinder sind Freizeitaktivitäten, bei denen sie sich viel bewegen, charakteristisch; Sport wird normalerweise erst ab dem Alter von etwa sieben Jahren ausgeübt. Siebzig Prozent der Kinder zwischen 6 und 14 Jahren geben an, irgendeine Sportart als Hobby zu haben. Allerdings ist davon auszugehen, dass die antizipierten positiven Auswirkungen des Sports auf die Gesundheit kein bedeutsames Motiv für die körperliche Aktivität von Kindern darstellen. Während der späten Kindheit und Adoleszenz sind neben dem Schulsport vor allen Dingen die organisierten Formen des Sports, d.h. der Vereinssport, von Bedeutung.

Erwachsene bewegen sich weniger. Im Jugendalter beginnt eine allmähliche Verringerung der körperlichen Aktivitäten, die sich im Erwachsenenalter weiter fortsetzt. Allerdings verläuft der Zusammenhang zwischen Alter und Sport nicht linear: Personen zwischen Anfang 30 und Mitte 40 treiben wieder mehr Sport als junge Erwachsene. Ab dem 50. Lebensjahr gehen die Aktivitäten vor allem bei Frauen deutlich zurück. Der Sport im höheren Erwachsenenalter ist durch Unregelmäßigkeit (z.B. Schwimmen nur im Sommer) und geringe Dauerhaftigkeit (z.B. nur im Urlaub) gekennzeichnet (Frogner, 1991).

Meistens fehlt die Zeit. Viele Übergangsperioden im menschlichen Lebenslauf gehen mit Veränderungen in den körperlichen Aktivitäten bzw. dem Sport einher. Mit dem Eintritt in das Berufsleben z.B. nimmt der Grad der körperlichen Aktivität deutlich ab. Bei Frauen scheint auch die häufige Doppelbelastung durch Haushalt und Beruf die Sportausübung zu erschweren. Im frühen Erwachsenenalter wirkt sich vor allem der Familienstand aus – ledige Personen sind sportlich aktiver als verheiratete. Besonders wenig sportliche Aktivitäten fand man bei Frauen im Alter von 21 bis 39 Jahren; dies wird mit der Mehrfachbelastung durch Kind, Haushalt und Beruf erklärt.

Alte treiben kaum noch Sport. Nach dem frühen Erwachsenenalter, in dem sich viele Personen gegen den Sport entscheiden, und dem mittleren und späten Erwachsenenalter, in dem eine relativ große Stabilität bei insgesamt geringer körperlicher Aktivität beobachtet werden kann, finden sich nach dem 60. Lebensjahr nur noch vereinzelt Personen, die regelmäßig Sport treiben. Zudem gleicht sich der Aktivitätsgrad von Männern und Frauen wieder an.

4 Entwicklung und Veränderung von Risikoverhalten

Man geht allgemein davon aus, dass das gesundheitsrelevante Verhalten in der Kindheit relativ gut ist, sich im Jugendalter verschlechtert und sich dann im hohen Erwachsenenalter deutlich verbessert. Gesundheitsbezogene Risikoverhaltensweisen sind davon abhängig, wie wir die Risiken einschätzen und in welchem Umfang wir glauben, sie beeinflussen zu können (Schwarzer, 1997). Daran beteiligt sind verschiedene kognitive Prozesse und Vorstellungen, wie z.B.

- Kognitionen über die eigenen Ressourcen und das Ausmaß der eigenen Unverwundbarkeit (Invulnerabilität) oder
- die Wahrnehmung der eigenen Fähigkeiten, sich gesund zu verhalten, Risikoverhalten zu beenden und zu vermeiden und präventiv zu handeln.

Entstehung von Risikoverhalten

Selbstüberschätzung und Selbstbetrug begünstigen Risikoverhalten. Lange Zeit leitete man in der Forschung das Gefühl der Invulnerabilität und den optimistic bias, also die Unterschätzung der eigenen Gefährdung bei Jugendlichen, vom jugendlichen Egozentrismus ab, einem Gefühl der Einzigartigkeit und Unverwundbarkeit (Elkind, 1967). Mehrere Studien belegen darüber hinaus, dass Jugendliche und junge Erwachsene unmittelbaren Konsequenzen mehr Gewicht zuschreiben als möglichen schwerwiegenderen Spätfolgen (Igra & Irvin, 1996). Auch wenn Jugendliche sich der Risiken bestimmter Verhaltensweisen bewusst sind, hält sie dies nicht davon ab, sich potenziell gesundheitsschädigend zu verhalten (Gerrard et al., 1996). Sie setzen kognitive Verzerrungen und Manipulationen ein, um die Diskrepanz zwischen ihrem Verhalten und ihrem Wissen um die Gefahr dieses Verhaltens zu reduzieren.

Gesundheitsschädigendes Verhalten beginnt meist in der Jugend. Für viele Verhaltensweisen, die potenziell gesundheitsschädlich sind, wie etwa Alkoholkonsum, Rauchen u.ä. scheint die Adoleszenz ein Zeitraum besonderer Anfälligkeit, ein „window of vulnerability“ darzustellen (Taylor, 1999). Empirische Studien belegen, dass Gleichaltrige das Risikoverhalten beeinflussen, dass aber erst das Zusammenwirken von elterlichem Modell und Peermodell gesundheitsschädigende Verhaltensweisen fest verankert (Jessor & Jessor, 1977; Leffert & Petersen, 1996). Für Jugendliche ist auch der Einfluss der Selbstdarstellung, des impression managements, auf gesundheitliches Risikoverhalten sehr groß (Ashby et al., 1999). Verhaltensweisen, die eine gesundheitliche Gefährdung mit sich bringen, können normative Funktionen erfüllen und Ausdruck etwa von Autonomiebestrebungen eines Jugendlichen sein (Knäuper & Schwarzer, 1999).

Junge Erwachsene leben besonders ungesund. Junge Erwachsene sind im Durchschnitt sehr gesund und nehmen sich auch als für Krankheiten wenig anfällig wahr (Hansen Lemme, 1995). Sie zeigen aber viele potenziell gesundheitsschädliche Verhaltensweisen, u.a. Alkoholkonsum, Rauchen, falsche Ernährung und sexuelles Risikoverhalten. Verschiedene Untersuchungen legen sogar nahe, dass junge Erwachsene den ungesündesten Lebensstil pflegen (Bee, 1999). Ähnlich wie Jugendliche neigen junge Erwachsene dazu, negative Konsequenzen und Begleiterscheinungen gesundheitlichen Risikoverhaltens herunterzuspielen und zu leugnen. Die Effekte dieser gesundheitsschädigenden Verhaltensweisen und Gewohnheiten sind jedoch kumulativ, so dass sich gesundheitliche Auswirkungen erst verzögert zeigen. Wie auch im Jugendalter bleiben in diesem Entwicklungsabschnitt familiäre Einflüsse weiter bedeutsam. Fisher und Feldman (1998) befassten sich in einer Längsschnittstudie mit der Frage, inwieweit bestimmte Charakteristiken der Familie (Familientypen, Familienklima) gesundheitliches Risikoverhalten im frühen Erwachsenenalter vorhersagen. Ihre Studie zeigt, dass die Familie neben dem Einfluss von Freunden als zentraler Kontext für das Verständnis gesundheitlichen Risikoverhaltens im frühen Erwachsenenalter angesehen werden kann.

Alte fühlen sich verwundbar. Im Alter führen der allmähliche Rückgang körperlicher Reserven und die Zunahme kritischer Lebensereignisse (Freunde oder Bekannte erkranken z.B. an Krebs oder sterben) dazu, dass das Gefühl der Unverwundbarkeit zunehmend einer wahrgenommenen Anfälligkeit und Verwundbarkeit Platz macht (Merluzzi & Nairn, 1999). Ältere Menschen praktizieren in größerem Umfang gesundheitsförderliche Maßnahmen (Cavanaugh, 1993). Dennoch zeigen auch sie Risikoverhalten: Man findet z.B. durchschnittlich zwar weniger Alkoholkonsum, aber nicht selten auch problematischen Alkoholkonsum und -missbrauch. Andere Risikoverhaltensweisen wie ungesunde Ernährung haben erst in jüngerer Zeit Beachtung gefunden. Besonders brisant ist der Missbrauch von Medikamenten im hohen Erwachsenenalter: Ältere Menschen sind die Hauptkonsumenten von verschreibungspflichtigen Medikamenten (Hansen Lemme, 1995). Selbstwirksamkeitserwartungen spielen eine wichtige positive Rolle: Ältere Erwachsene mit hoher Selbstwirksamkeitserwartung praktizieren weniger gesundheitliches Risikoverhalten wie Rauchen und Alkoholkonsum und haben einen besseren Gesundheitszustand (Grembowski et al., 1993).

5 Auseinandersetzung mit Belastungen

Bei Kindern und Jugendlichen sind belastende Lebensereignisse selten; Alltagsstressoren sind häufiger gesundheitswirksam. Im Erwachsenenalter und im Alter nehmen Belastungen zu und werden zunehmend geschlechtsabhängig bewältigt.

5.1 Typen von Stressoren

Stress ist im menschlichen Leben allgegenwärtig. Er wird von Lazarus und Volkman (1984) direkt mit Wohlbefinden in Beziehung gesetzt. Ihrer Theorie zufolge ist die Person selbst aktiv und bestimmt den Einfluss des Stressors auf ihre Gedanken, Gefühle und das Verhalten. Sind entsprechende Ressourcen vorhanden, so entsteht wenig bzw. kein Stress. In verschiedenen Bewertungsphasen (primary appraisal, secondary appraisal, reappraisal) werden Stressaspekte bzw. die eigenen Ressourcen eingeschätzt. Heute geht man davon aus, dass es weniger der Stress als solcher ist, der gesundheitsbeeinträchtigend wirkt, als vielmehr Defizite im Coping, d.h. im Umgang mit Stress. Dennoch ist es wichtig, zwischen verschiedenen Typen von Stressoren zu unterscheiden, die unterschiedlich starke Auswirkungen auf die Gesundheit haben können und auch in unterschiedlichem Maße Coping erfordern. Man unterscheidet gemeinhin zwischen kritischen Lebensereignissen, d.h. selten auftretenden und hoch belastenden Ereignissen wie etwa Scheidung, Tod des Ehepartners oder Umzug, und sog. daily hassles, Alltagsbelastungen wie etwa dem Verlieren eines Schlüssels, dem Strafzettel wegen Falschparkens oder der schlechten Note. Es handelt sich hier um eine Kategorie von Stressoren, die weniger belasten, die oft charakteristisch sind für einen bestimmten Entwicklungsabschnitt und die die meisten Menschen in der einen oder anderen Form häufig erleben.

Wie belastend sind kritische Lebensereignisse?
In verschiedenen Untersuchungen an Erwachsenen (Holmes & Rahe, 1967) sowie an Kindern und Jugendlichen (vgl. Steinhausen & Winkler, 2001) hat man versucht, die Belastung durch kritische Lebensereignisse zu quantifizieren. An erster Stelle steht der Tod von nahen Angehörigen wie Eltern oder Partnern mit einem Stresswert von 100 Punkten. Obwohl solche kritischen Lebensereignisse sehr belastend sind, zeigen sie nicht unmittelbar gesundheitsbeeinträchtigende Effekte. Dies mag zum Teil mit der relativ langen Latenz bis zum Ausbruch von Störungen zusammenhängen. Vor allem werden aber die negativen Effekte durch angemessenes Coping und soziale Stützsysteme abgepuffert (vgl. Abschnitt 6.3). Übereinstimmend wurde in einer Anzahl von Studien an Kindern, Jugendlichen (Compas et al., 1993; Seiffge-Krenke, 1998) und Erwachsenen (Taylor, 1999) gefunden, dass häufige Alltagsstressoren gesundheitlich bedeutsamer sind als etwa kritische Lebensereignisse. So fand man, dass bei vielen Alltagsbelastungen das Immunsystem geschwächt wird, wodurch sich Infektionen einstellen. In Studien an Jugendlichen (Nummer & Seiffge-Krenke, 2001) und Erwachsenen (Nolen-Hoeksema, 1990) fand man, dass Alltagsstressoren auch deutlich höher mit psychischen Symptomen, vor allen Dingen Ängstlichkeit und Depression, korreliert sind als etwa kritische Lebensereignisse. Auch ihr Einfluss auf das physische Wohlbefinden ist eindeutig größer (Landreville, 1992).

Mit zunehmendem Alter finden sich deutliche Geschlechtsunterschiede: Ein erheblicher Teil der Alltagsstressoren für weibliche Personen sind Beziehungsprobleme – in Studien an Jugendlichen machen Beziehungsprobleme 81 Prozent aller Alltagsstressoren aus. Weibliche Personen haben auch die Tendenz, neutrale Ereignisse in Beziehungsstressoren umzudefinieren (Seiffge-Krenke, 1995). Auch der Familienstand ist von Bedeutung. Verheiratete Männer berichten seltener über physische und psychische Gesundheitsprobleme (Helsing, 1981), während verheiratete Frauen mit ihrer Gesundheit weniger zufrieden sind (Kolip, 2000) und über mehr Gesundheitsprobleme berichten, vor allen Dingen, wenn sie unglücklich verheiratet sind. Für Männer, vor allem für berufstätige Männer, ist dagegen der Arbeitsstress der wichtigste Stressor (Mohr, 1990).

5.2 Coping und Adaptation

Die Forschung hat dokumentiert, dass es weniger Stressoren als solche sind, sondern vielmehr die adaptiven oder maladaptiven Copingstile, die im Zusammenhang mit Gesunderhaltung bzw. Krankheit stehen (Zeidner & Endler, 1996). Lazarus und Volkman (1984) beschreiben Coping als einen dynamischen und komplexen Prozess, der sich mit zunehmendem Alter entwickelt und immer differenzierter wird. In der Tat finden wir ab dem Alter von 15 Jahren zunehmend kompetentere Copingstrategien, die mit der wachsenden Fähigkeit zur Reflexion von Copingoptionen möglich werden. Dazu gehört auch die Fähigkeit, sich in andere einzufühlen oder sie um Hilfe zu bitten (Seiffge-Krenke, 1995).

Funktionale Copingansätze. In der Forschung werden zwei Grundtypen von Coping beschrieben: „problemfokussiertes Coping“ und „emotionsfokussiertes Coping“. Nach Lazarus und Volkman (1984) wird „emotion focused coping“ vor allem bei sehr belastenden Ereignissen angewandt, wenn man die Situation selber nicht mehr verändern kann, wie z.B. beim Tod einer nahestehenden Person. In eine ähnliche Richtung weist die Unterscheidung zwischen „approach-orientierten“ Copingstilen (als funktionale Form des Copings) und „avoidant coping“ (als eher dysfunktionaler Copingstil, vgl. Ebata & Moos, 1991; Seiffge-Krenke & Klessinger, 2000).

Stress und Coping in der Kindheit. Untersuchungen in der frühen Kindheit (z.B. Karraker & Lake, 1991) sind schwierig, da man Kleinkinder nicht direkt danach befragen kann. Hier muss man aus der Beobachtung bestimmter emotionaler und physiologischer Reaktionen wie dem Ausdruck negativer Emotionen, Rückzug, Schlafunterbrechung und Störungen im Essverhalten Schlüsse ziehen (vgl. Gunnar, 1987). Auch die Ergebnisse der Attachmentforschung zu den Reaktionen des Kindes auf die Trennung von der Mutter (Vermeidung, Rückzug oder Anklammerung) sind als Hinweise auf frühe Copingformen zu werten. Bei älteren Kindern findet man bereits Tendenzen, stressauslösende Situationen zu vermeiden (Gianino & Tronick, 1988). Sie weichen z.B. einem Fremden aus, gehen einem lauten Spielzeug aus dem Weg oder verlassen einen aggressiven Spielkameraden. Kinder lernen auch relativ schnell, dass manche Ereignisse unausweichlich stressbeladene Folgen haben, d.h. sie sind zu antizipierendem Coping in der Lage (Karrake & Lake, 1991).

Copingstile und Gesundheit

Die Mehrzahl der Jugendlichen bewältigt Alltagstressoren kompetent; nur ein sehr kleiner Prozentsatz von Jugendlichen setzt problemvermeidendes Verhalten in spezifischen Stresssituationen ein. 80 Prozent aller Jugendlichen zeigen im interkulturellen Vergleich funktionale Bewältigungsstile (Seiffge-Krenke, 1995). Lediglich bei klinisch auffälligen Jugendlichen finden wir einen höheren Prozentsatz an dysfunktionalen Bewältigungsstrategien wie Rückzug oder vermeidendes Coping. Diese vermeidenden Copingstile stehen allerdings in engem Zusammenhang mit gesundheitlichen Beeinträchtigungen. Sie führen zum einen dazu, dass sich die Symptombelastung signifikant erhöht (Seiffge-Krenke & Klessinger, 2000), zum anderen gehen psychische Symptome dysfunktionalen Bewältigungsstilen unmittelbar voraus (Seiffge-Krenke, 2000). Symptombelastung und dysfunktionale Copingstile beeinflussen sich also wechselseitig. Körperlich kranke Jugendliche zeigen dagegen kein erhöhtes vermeidendes Coping, ihr Bewältigungsstil ist ebenso funktional wie der nicht körperlich kranker Jugendlicher. Allerdings sind sie, wie bereits erwähnt, wohl beeinflusst durch das Verhalten der Eltern, weniger aktiv als diese (Seiffge-Krenke, 2001). Dies unterstreicht die Abhängigkeit adaptiver, gesundheitsbezogener Maßnahmen vom familiären System.

Ab dem frühen Jugendalter treten Geschlechtsunterschiede deutlich hervor (vgl. Seiffge-Krenke, 1995; Frydenberg, 1997). Man könnte sie mit „boys play sport, girls like to talk" umschreiben. Mädchen und Frauen zeigen eine größere Bereitschaft, soziale Unterstützung zu suchen und Hilfe durch Gespräche mit wichtigen Bezugspersonen zu erhalten. Sie sind diesbezüglich aktiver, zeigen aber auch mehr vermeidende Bewältigungsformen. Wir finden bei weiblichen Personen eine erhöhte Depressionsrate und insbesondere bei depressiven Personen eine spezifische dysfunktionale Copingform, das sogenannte „ruminative coping" (Nolen-Hoeksema, 1991).

Leider fehlen Studien an alten Menschen weitgehend; die wenigen Befunde, die vorliegen, deuten auf einen Rückgang in der Aktivität sowie einen gewissen Abbau in der Flexibilität hin, mit der Coping-Prozesse umgesetzt werden können (Band & Weisz, 1988). Es wäre dringend mehr Forschung vonnöten, wie alte Menschen mit den zunehmenden kritischen Lebensereignissen, aber auch den häufigen Alltagsstressoren umgehen.

5.3 Soziale Unterstützung

Soziale Unterstützung ist ein wichtiger Schutzfaktor zur Abpufferung negativer Effekte von Belastungen. Soziale Isolation kann sehr stressreich sein, und eine geringe soziale Integration kann mit schlechterer Gesundheit einhergehen, auch wenn große Stressoren fehlen. Hilfe von der Familie, von Freunden, von Nachbarn oder Kollegen ist eine der wichtigsten Bedingungen, um stressreiche Situationen zu bewältigen. Auch die Dauer von Krankheiten verkürzt sich, wenn soziale Unterstützung vorhanden ist (Tijhuis et al., 1995).

UNTER DER LUPE

Soziale Unterstützung und Gesundheit: Haupteffekt- oder Puffermodell?

Allgemein unterscheidet man zwischen materieller, emotionaler und informativer Unterstützung (DiMatteo, 1991). Soziale Unterstützung kann die Effekte der Stresssituation abpuffern und damit die Situation weniger belastend erscheinen lassen (Cohen & Wills, 1985). Diese Puffereffekte sind zum Teil dafür verantwortlich, dass Personen trotz schwerwiegender kritischer Lebensereignisse wie dem Tod von Angehörigen oder Scheidung relativ gesund bleiben. Allerdings sind die gesundheitlichen Effekte von starker Stressbelastung möglicherweise auch erst erheblich verzögert (Schläfereffekt) Monate nach dem belastenden Ereignis messbar.

Die Forschung ist sich nicht ganz darüber einig, in welchem Zusammenhang soziale Unterstützung und Gesundheit stehen. Nach dem Haupteffektmodell führt eine relativ starke soziale Unterstützung in jedem Fall zu einer besseren Gesundheit, unabhängig von der Stressbelastung, der die Personen ausgesetzt waren. Das indirekte oder Puffermodell besagt dagegen, dass Personen mit starker sozialer Unterstützung eine bessere Gesundheit haben als Personen mit weniger Unterstützung, aber nur, wenn sie hohem Stress ausgesetzt sind. Möglicherweise sind die Art der sozialen Unterstützung und die Art der Stressbelastung von Bedeutung.

Soziale Unterstützung und soziale Netzwerke sind im Alter von besonders großer Bedeutung für das subjektive Wohlbefinden und die psychische Gesundheit. Ältere Menschen, die zu Beginn der Alameda-County-Studie (Breslow & Enstrom, 1980) sozial isoliert waren, hatten – unabhängig vom anfänglichen Gesundheitsstatus und ihren gesundheitsbezogenen Gewohnheiten – in den folgenden Jahren ein höheres Krankheits- und Mortalitätsrisiko als Personen, die in soziale Netzwerke integriert waren.

Soziale Unterstützung bei Verwitwung. Der Tod des Partners stellt ein einschneidendes Erlebnis im Leben des älteren Menschen dar. Dennoch existieren nur wenige Untersuchungen zu Langzeiteffekten der Verwitwung. Thuen et al. (1997) fanden nur geringe Unterschiede des Wohlbefindens zwischen verwitweten und verheirateten Personen über 75 Jahren. Die Autoren vermuten, dass auch die Sorge um einen gesundheitlich beeinträchtigten Partner belastend ist. Auffällig war jedoch insgesamt die niedrige soziale Unterstützung bei den Verwitweten verglichen mit den Verheirateten. Gerade die soziale Unterstützung ist es aber, die die schädlichen Effekte der Verwitwung abpuffern kann. Nach Thuen et al. (1997) ist die Unterstützung der stärkste Prädiktor für Wohlbefinden im höheren und späten Erwachsenenalter; er ist stärker als der Ehestatus. Allerdings ist der Umfang des sozialen Netzwerkes weniger bedeutsam als das Vorhandensein von engen guten Freunden.

6 Entwicklungsbezogene Prävention und Intervention

Für die Planung entwicklungsbezogener Präventions- und Interventionsmaßnahmen sind einige allgemeine Prinzipien zu berücksichtigen.

Berücksichtigung des Gesundheitsbegriffs. Die Differenzierung dieses Konstruktes ist zunächst sehr stark an Krankheitserfahrungen gebunden. Schulkinder haben vor allem Probleme zu verstehen, was gesund oder krank ist und welche Faktoren Gesundheit und Krankheit beeinflussen. Im

Jugendalter können sich die Ablösung von den Eltern und die Zuwendung zur Gruppe der Gleichaltrigen fatal auf das gesundheitsrelevante Verhalten und die präventive Auseinandersetzung mit Krankheiten auswirken. Diese entwicklungsbezogenen Veränderungen sind in präventiven Ansätzen zu berücksichtigen. Im höheren Alter ist einerseits Gesundheit ein zentrales Thema, andererseits gibt es Fehleinschätzungen des Gesundheitszustandes.

Einfluss der Familie. Bei Kindern und Jugendlichen, aber auch bei alten Menschen sind bezüglich aller gesundheitsbezogenen Maßnahmen (Essgewohnheiten, Hygiene, Sport ebenso wie Arztbesuche, der Einhaltung von ärztlichen Anweisungen oder der Inanspruchnahme therapeutischer Hilfe) die Rolle der Familie in der Vermittlung und Initiierung zu bedenken. Die von der Familie geschaffenen Lebensbedingungen, die zur Verfügung gestellten Ressourcen, ihre gesundheits- und krankheitsbezogenen Einstellungen und Verhaltensweisen sind prägend und verbindlich.

Alters- und geschlechtsabhängiges Krankheitsverhalten. Während Jugendliche arztmeidende Tendenzen zeigen (Seiffge-Krenke, 1998), verhalten sich ältere Menschen sehr gesundheitsbewusst. Frauen ergreifen häufiger Präventivmaßnahmen (wie ärztliche Vorsorgeuntersuchungen, gesunde Ernährung, moderater Alkoholkonsum) als Männer (Kolip, 2000). Sie berichten auch über höhere Raten der sozialen Unterstützung. Dies ist möglicherweise eine der Ursachen dafür, dass sie auch den Verlust des Ehepartners leichter verarbeiten. Andererseits sind Frauen stärker durch belastende Stressoren beeinträchtigt (Ausnahme: Witwenschaft) und leiden vermehrt unter Depressionen und Ängsten, die ihre körpereigene Abwehr beeinträchtigen und zu einer erhöhten Rate banaler Infekte beitragen (Baum & Grunberg, 1991). Bei Frauen finden sich oft maladaptive Copingstile, die Gesundheitsbeeinträchtigungen wie etwa Depression verstärken können.

Anpassung von Prävention und Intervention an die Lebensphase

Stressbewältigung. Prävention und gesundheitsbezogene Maßnahmen müssen an die Entwicklung in den verschiedenen Lebensphasen angepasst sein und von der Jugend an Geschlechtsunterschiede berücksichtigen. Dies gilt auch für Maßnahmen der Stressbewältigung. Da Stress allgegenwärtig ist, aber nicht alle Menschen daran erkranken, kommt adaptiven Copingstilen eine herausragende Bedeutung zu. Stressbewältigungsprogramme existieren bereits für Kinder und Jugendliche (z.B. Hampel & Petermann, 1999), sollten aber auch verstärkt für die Gruppe der hochbelasteten alten Menschen entwickelt werden.

Prävention. Gesundheitsbezogene Prävention sollte bereits in der Schule erfolgen (Hartley, 1998). Kinder zeigen gewöhnlich noch keine gesundheitsschädigenden Verhaltensweisen wie Rauchen oder Drogenkonsum. Gesundheitsförderliche Maßnahmen, insbesondere körperliche Aktivität und eine angemessene Ernährung, sollten in dieser Phase gefestigt werden (Wurtele, 1995). Studien wie die von Lau et al. (1990) stellten einen ansteigenden Einfluss der Eltern auf die

Tägliches Zähneputzen schon im Kindergarten beugt Zahnerkrankungen vor und fördert den bewussten Umgang mit der Gesundheit

Gesundheitsvorstellungen und Verhaltensweisen ihrer Kinder fest. Diese Effekte bleiben bis in die Collegezeit erhalten. Es wird allerdings zu wenig bedacht, dass auch bei alten Menschen viele gesundheitsbezogene Maßnahmen durch die Familie vermittelt bzw. durch Familienstrukturen beeinflusst werden.

Gesundheitsförderungsmodell. Für Präventionsansätze ist das Krankheitsvermeidungsmodell nicht mehr angemessen und sollte durch das Gesundheitsförderungsmodell ersetzt werden, das Kindern, Jugendlichen und Erwachsenen helfen soll, die Herausforderungen ihres jeweiligen Lebensabschnittes zu bewältigen. Für Jugendliche bedeutet das, die Herausforderungen im Jugendalter (körperliche Veränderungen, Entwicklung und Ausdifferenzierung der Geschlechtsrollen, Loslösung von den Eltern, Entwicklung eines größeren sozialen Netzwerks), auf gesunde Art und Weise zu meistern. Das Präventionsprogramm von Gresko (1997) „About body, culture, and communication" enthält beispielsweise Themen wie Selbstwertgefühl, Selbstsicherheit, positive und negative Bewältigungsstrategien und Stressmanagement. Außerdem werden soziokulturelle Faktoren thematisiert: Die Jugendlichen sollen über sich selbst nachdenken, damit sie sich den ungesunden kulturellen Botschaften über Schönheit, Figur und Diäten widersetzen können.

Glaube an die eigene Kompetenz. Spezifische und generalisierte Kompetenzerwartungen haben sich bei vielen Präventions- und Interventionsprogrammen als fruchtbare Variablen erwiesen. Sie sind vor allem für die Stressbewältigung, den Umgang mit chronischen Erkrankungen, die Entwöhnung von Abhängigkeit oder den Aufbau von Gesundheitsverhalten von Bedeutung (Taylor, 1999; Schwarzer & Renner, 1997). Über die Zusammenhänge zwischen Selbstwirksamkeit und Gesundheitsverhalten im höheren Erwachsenenalter weiß man wenig. Diesbezügliche Befunde liegen überwiegend für das frühe und mittlere Erwachsenenalter vor (Bandura, 2001). Ältere Menschen scheinen generell ihre Kompetenz und Handlungsmöglichkeiten in vielen Bereichen zu unterschätzen (Bandura, 1986). Dabei hat sich die wahrgenommene Kontrolle als wichtiger Prädiktor für psychisches Wohlbefinden und körperliche Gesundheit erwiesen (Skinner, 1996). Grembowski et al. (1993) fanden in ihren Untersuchungen, dass auch bei älteren Erwachsenen eine stark ausgeprägte Selbstwirksamkeit das Gesundheitsverhalten und den Gesundheitsstatus positiv beeinflusst.

FAZIT

Soziale Beziehungen schützen die Gesundheit auch durch das Stützen von positiven gesundheitsbezogenen Einstellungen. Dieser generelle Zusammenhang gilt allerdings für Jugendliche nur bedingt, da ihre sozialen Kontakte u.a. auch eine Verführung zu gesundheitsriskantem Verhalten beinhalten können. Bei alten Menschen fehlen dagegen häufig gute Freunde und Nachbarn (Radebold, 1997).
Bei Präventions- und Interventionsprogrammen muss nach Alternativen für alltägliche regelmäßige Kontakte gesucht werden. Eine große Bedeutung hat das „hidden care system" – die meisten gesundheitlichen Probleme werden im familiären Nahraum gelöst; nur selten wird auf formelle Hilfssysteme zurückgegriffen. Eine Ressourcenstärkung bei Kindern, Jugendlichen und alten Menschen bzw. deren Familien hat wiederum positive Effekte auf die Nutzung formeller Hilfsangebote.

Weiterführende Literatur

Taylor, S.E. (1999). Health psychology (4th ed.). Singapore: McGraw-Hill.

Es handelt sich um ein Standardwerk der Gesundheitspsychologie, das auf dem neuesten Forschungsstand beruht und wesentliche Befunde über die gesamte Lebensspanne präzise, anschaulich und kompetent darstellt.

Kapitel 28
Substanzenmissbrauch und Ess-Störungen

Tilmann Habermas

"I don't have a drinking problem, except when I can't get a drink" (Tom Waits)

Menschen trinken und essen, um sich zu ernähren und sich in Gesellschaft wohl zu fühlen. Sie nehmen Medikamente, um Krankheiten zu bekämpfen. Sie benutzen andere Medikamente, Genussmittel und Drogen, um sich zu stimulieren oder zu beruhigen, um sich zu berauschen oder Schmerzen zu betäuben. Die meisten Stoffe werden gegessen oder getrunken, andere inhaliert, geschnüffelt oder gespritzt. Die Einnahme der genannten Substanzen unterliegt vielfältigen kulturellen und gesetzlichen Normierungen. Entsprechend sind Ess-Störungen und Substanzenmissbrauch durch soziale und kulturelle wie durch ökonomische Umstände beeinflusst (Feuerlein et al., 1998; Habermas, 1990):

- Substanzen müssen verfügbar sein.
- Je stärker in einer Kultur der Konsum einer Substanz, beispielsweise Nahrung oder Alkohol, rituell oder sozial integriert ist, desto weniger treten individuelle Verhaltensstörungen mit assoziierter Psychopathologie im Umgang mit ihr auf.
- Verletzungen von Normen, die die Einnahme von Substanzen regeln, werden als deviant etikettiert, als kriminell, als moralisches Fehlverhalten, Sucht oder psychische Krankheit. Die Etikettierung übt ihrerseits wieder einen Einfluss auf den abweichenden Gebrauch der Substanz aus (Habermas, 1994).

In diesem Kapitel geht es um entwicklungspsychologische Aspekte des Substanzenmissbrauchs und der Ess-Störungen. Als Beispiel für Substanzenmissbrauch behandelt das Kapitel den des Alkohols, da er am weitesten verbreitet ist.

1 Definitionen

1.1 Substanzenmissbrauch

Man unterscheidet drei Formen des Gebrauchs psychoaktiver Substanzen: Konsum, Missbrauch und Abhängigkeit.

> **DEFINITION**
>
> Der **Konsum** mancher Substanzen kann weitverbreitet (Tabak) und sogar normativ sein (Alkohol), während der Konsum anderer Substanzen weniger verbreitet und verpönt oder gar illegal ist. **Missbrauch** bezeichnet einen Konsum von Substanzen, der negative Auswirkungen auf das psychische, soziale und körperliche Funktionieren sowie auf die weitere persönliche Entwicklung hat. Dazu gehören beim Alkoholmissbrauch beispielsweise Konzentrationsmängel, das Vernachlässigen von Pflichten, gesteigerte Aggressivität und Autofahren unter Alkoholeinfluss. Von **Abhängigkeit** hingegen spricht man bei einem Syndrom von körperlichen, psychischen und Verhaltensphänomenen, bei dem der Drogenkonsum andere zuvor bedeutsame Lebensbereiche in den Hintergrund gedrängt hat.

Abhängigkeit geht meist einher mit einer erhöhten Toleranz, also einer Steigerung der Dosis, die

Der Genuss von Tabak ist in unserer Gesellschaft weit verbreitet

man braucht, um eine bestimmte Wirkung zu erzielen. Der Konsum wird immer weniger steuerbar, also trotz des Wissens um seine negativen Folgen fortgesetzt. Bei Unterbrechung des Konsums kommt es zu Entzugssymptomen. Die Abhängigkeit wird meist lange verleugnet, da sie erst bemerkt wird, wenn man versucht, den Konsum einzustellen.

Zu den psychoaktiven Substanzen mit Abhängigkeitspotential gehören Tabak, Alkohol, Haschisch und Marihuana, Halluzinogene (LSD), Opioide (Heroin), Stimulanzien (Kokain, Ecstasy), Sedativa (Schlafmittel, Tranquilizer) und frei zugängliche Inhalanzien (Lösungsmittel, Klebstoffe). Missbraucht werden können auch andere Substanzen wie beispielsweise Antidepressiva, Abführmittel und Schmerzmittel.

1.2 Ess-Störungen

Von der Nahrungsverweigerung von Kleinkindern und der seltenen Aufnahme von als nicht essbar geltenden Materialien (Pica) zeichnen sich die bekannteren Ess-Störungen Magersucht (Anorexia nervosa) und Bulimie (Bulimia nervosa) dadurch aus, dass sie sich um den Versuch herum kristallisieren, das Körpergewicht durch Fasten und andere Maßnahmen zu kontrollieren.

DEFINITION

Die **Magersucht** (Anorexia nervosa) ist definiert über (1) ein substantielles Untergewicht von mindestens 15–25 Prozent des Normalgewichts, das selbst herbeigeführt wurde und nicht auf eine körperliche oder andere seelische Erkrankung zurückzuführen ist.
(2) Wesentliches psychisches Symptom ist die Angst vor einem normalen Körpergewicht und das Bestreben, das Körpergewicht zu reduzieren. Das geschieht bei der restriktiven Unterform der Magersucht allein durch Fasten und exzessive körperliche und geistige Aktivität, bei der bulimischen Unterform kommen selbst herbeigeführtes Erbrechen und Einnehmen von Abführmitteln hinzu (s.u.). Magersüchtige streben meist ein Gewicht an, das noch unter ihrem Wunschgewicht liegt, um einen Sicherheitsabstand zu wahren für den Fall, dass sie dem Hunger doch einmal erliegen sollten. (3) Die körpergewichtsbezogene Angst bedeutet, dass das gesunde Normalgewicht panisch gefürchtet und Untergewicht positiv erlebt wird. Folglich besteht keine Einsicht in die Krankhaftigkeit des Abmagerns. Vielmehr wehren sich Betroffene mit aller Energie gegen jeden Versuch, sie zum Essen zu bewegen. Der körperliche Verfall und seine Bedrohlichkeit werden verleugnet. Nicht untypisch ist die Aussage „Es ist mir noch nie so gut gegangen".

Unterscheidung zu anderen psychischen Störungen mit Untergewicht. Panische Angst vor Normalgewicht, Verleugnung der Erkrankung und des Untergewichts sowie die häufige körperliche und mentale Überaktivität unterscheiden die Magersucht von anderen Formen der psychisch bedingten Unterernährung, so der depressiven Appetitlosigkeit, der phobischen Angst vor vergammelten Lebensmitteln oder der paranoiden Angst, jemand wolle einen vergiften. Im Unterschied zu diesen anderen Störungen erlebt man in der Magersucht das Essen selbst als positiv und hat durchaus Appetit. Deshalb ist auch die Bezeichnung Anorexie (Appetitlosigkeit) falsch. Vielmehr sind es die antizipierten Folgen des Essens für den Körperumfang, die die Selbstbeschränkung motivieren.

Weitere Symptome. Das weitere Krankheitsbild folgt aus den zentralen Symptomen. Die Betroffenen beschäftigen sich gedanklich ständig mit Essen und verheimlichen, wie wenig sie wirklich essen und wiegen. Unregelmäßige Nahrungsaufnahme und Untergewicht führen zu einer Reihe körperlicher (u.a. Amenorrhoe) und psychischer Veränderungen (Abnahme von Schmerzempfindlichkeit und [depressiven, sexuellen] Gefühlen; Bruch, 1973). Die Abmagerung kann lebensbedrohliche Ausmaße annehmen. Die Mortalitätsrate reicht von 3 Prozent bis zu 18 Prozent in einer Studie über 30 Jahre, mit einer höheren Gefährdung bulimischer Magersüchtiger. Zum Tode kommt es oft durch Suizid oder im Zusammenhang mit Alkoholmissbrauch (Herzog et al., 2000).

DEFINITION

Die **Bulimie** (Bulimia nervosa) ist definiert über (1) das häufige Auftreten von zeitlich begrenzten Heißhungeranfällen, in denen eine subjektive Mengengrenze überschritten und ein Kontrollverlust erlebt wird; (2) Körpergewichtskontrolle nicht nur durch Fasten, sondern auch durch provoziertes Sich-Übergeben bzw. Verwenden von Abführ- oder Entwässerungsmitteln.

Eine bulimische Symptomatik tritt auch bei jeder zweiten Magersüchtigen auf. Von einem eigenen Krankheitsbild der Bulimie spricht man allerdings nur, wenn sie ohne Magersucht, also bei Normalgewicht auftritt. Unter Bulimie leidende Personen streben das soziale Ideal eines attraktiven, schlanken Körpers an, nicht das Untergewicht der Magersucht. Der Übergang von der Magersucht zu einer Bulimie kommt häufig, die umgekehrte Abfolge äußerst selten vor. Oft beginnt die Bulimie mit Diäthalten, worauf Hungerdurchbrüche folgen und schließlich Maßnahmen, um das Gegessene wieder aus dem Körper zu entfernen, bevor es verdaut wird.

Von der Bulimie Betroffene stehen unter einem enormem Leidensdruck. Sie erleben jeden Essanfall als Versagen, für das sie sich schuldig fühlen und schämen. Deshalb verbergen sie das Symptomverhalten meist und ziehen sich von anderen Personen zurück. Im Unterschied zu Magersüchtigen unterhalten unter Bulimie Leidende durchaus sexuelle Beziehungen, und die psychischen und sozialen Einschränkungen sind in der Regel weniger drastisch.

Von der Bulimia nervosa zu unterscheiden ist die reine **Esssucht** ("binge-eating syndrome"), in der die Sorge ums Körpergewicht keine Rolle spielt, und die entsprechend bei normalem bis Übergewicht vorkommt.

2 Altersabhängige Auftretenshäufigkeit

Alkohol. Der Konsum von psychoaktiven Substanzen beginnt gewöhnlich im Jugendalter. In der Regel beginnt der Alkoholkonsum mit 13 bis 14 Jahren. Der durchschnittliche Konsum erreicht seinen Höhepunkt im Alter von circa 20 Jahren, um danach wieder abzuflachen. Ausgeprägter Alkoholmissbrauch und -abhängigkeit beginnen meist um das 20. Lebensjahr herum und werden bei älteren Menschen wieder seltener (Vaillant, 1997), sei es wegen der hohen Mortalitätsrate, sei es wegen einer sinkenden Toleranz (Feuerlein et al., 1998). Allerdings erhielten in einer Münchener Studie bereits 1,2 Prozent der 14- bis 15-Jährigen und 8,9 Prozent der 16- bis 17-Jährigen die Diagnose eines Alkoholmissbrauchs und 1,2 Prozent bzw. 3,9 Prozent die Diagnose einer Alkoholabhängigkeit (Holly et al., 1997). In einer prospektiven Studie von der mittleren Adoleszenz bis zum Alter von 24 Jahren erwiesen sich die beiden Diagnosen in über der Hälfte der Fälle als stabil (Rohde et al., 2001).

Illegale Drogen. Während der Konsum von Alkohol und Tabak seit den siebziger Jahren in Deutschland rückläufig ist, hat der von illegalen Drogen in den neunziger Jahren zugenommen (BzgA, 1998). Unter westdeutschen zwölf- bis 25-jährigen haben 24 Prozent der männlichen und 18 Prozent der weiblichen Jugendlichen schon einmal illegale Drogen probiert, während 4 Prozent bzw. 2 Prozent regelmäßig, d.h. mindestens 20mal im Jahr illegale Drogen konsumieren. Dabei finden lediglich Haschisch und Marihuana eine weitere Verbreitung, während 5 Prozent der 12- bis 25-Jährigen schon mal Ecstasy konsumiert haben, und je zwischen 1 Prozent und 5 Prozent Aufputschmittel, LSD, Kokain und Schnüffelstoffe (BzgA, 1998). In einer Studie an Berliner Gymnasien zeigte sich ebenfalls eine recht hohe Verbreitung des Cannabiskonsums mit einer 12-Monatsprävalenz von 28 Prozent bei elf- bis 21-Jährigen (Appel & Hahn, 2001).

Der Konsum illegaler Drogen konzentriert sich auf das späte Jugendalter. Das Einstiegsalter für Schnüffelstoffe liegt in Westdeutschland bei 15 Jahren, für Cannabis bei 16–17 Jahren, für weitere Drogen bei 18 Jahren (BzgA, 1998). Wer eine Droge konsumiert, nimmt wahrscheinlicher auch andere Drogen zu sich. Oft beginnt der Konsum psychoaktiver Substanzen mit Bier oder Wein sowie Tabak, gefolgt von Cannabis und schließlich harten Drogen (Kandel, 1975). Dabei ist der Übergang zur je stärkeren Droge in keiner Weise zwingend. Männer rauchen und trinken mehr und leiden häufiger an Alkoholmissbrauch (2 : 1) und -abhängigkeit (3 : 1), während Frauen häufiger Beruhigungsmittel nehmen (2 : 1 bis 3 : 1).

Ess-Störungen. Die Magersucht beginnt meist zwischen dem 12. und 18. Lebensjahr, frühestens mit 9 Jahren. Die Bulimie beginnt wenig später (Modus 17–18 Jahre). Über 90 Prozent der Betroffenen beider Störungen sind Mädchen und Frauen. Bei weiblichen Jugendlichen liegt die Prävalenzrate in westlichen Ländern für die Magersucht unter 0,5 Prozent, für die Bulimie bei 1 Prozent. Die Magersucht wurde erstmals im 19. Jahrhundert, die Bulimia nervosa zu Beginn des 20. Jahrhunderts beschrieben.

3 Exkurs: Entwicklungspsychopathologische Perspektiven

DEFINITION

Die **Entwicklungspsychopathologie** beschäftigt sich mit „Entwicklungsprozessen mit dem Ziel, Ursprung, Entfaltung und Veränderung von Mustern gelingender und mißlingender Lebensbewältigung zu verstehen“ (Cicchetti & Sroufe, 2000, S. 256f.).

Wichtige Elemente des entwicklungspsychopathologischen Ansatzes sind:

- Entwicklungsangemessene Beschreibung psychischer Störungen und ihrer Auftretenshäufigkeit.
- Distale vs. proximale Entwicklungseinflüsse: Distale Entwicklungsbedingungen liegen in einem früheren Lebensabschnitt als der Beginn der psychischen Störung und schaffen eine individuelle Vulnerabilität. Proximale Bedingungen erleichtern akut die Entstehung einer psychischen Störung bzw. lösen sie aus.
- Normative vs. nicht normative Entwicklungseinflüsse: Nicht normative Entwicklungseinflüsse treten in einem gegebenen Alter unerwartet bei einer Minderzahl von Personen auf. Normative Einflüsse hingegen gehen von der normalen Entwicklung aus und betreffen die meisten, wenn nicht alle Menschen einer Altersgruppe. Die distalen nicht normativen Einflüsse erklären die langfristige individuelle Widerstandsfähigkeit gegenüber bzw. Anfälligkeit für psychische Störungen, während die proximalen nicht normativen Einflüsse diese

Vulnerabilitäten aktuell verstärken bzw. die psychische Störung auslösen. Beide Arten nicht normativer Einflüsse tragen zu der Erklärung bei, weshalb bestimmte Menschen eine Störung entwickeln und andere nicht. So kann eine unsichere Bindung an die Mutter als Kleinkind (distal) und der Verlust des Vaters im Alter von 18 Jahren (proximal) den Ausbruch einer Depression begünstigen.

- Normative Entwicklungen hingegen spielen nur als proximale Einflüsse eine Rolle. Normative und nicht normative proximale Einflüsse erklären die Altersspezifität von Form und Häufigkeit psychischer Störungen. So kann die Entwicklung eines stabilen Selbstkonzepts der Fähigkeit in der Frühadoleszenz (normativ proximal) zusammen mit Enttäuschungen (Sitzenbleiben) und Verlusten (Scheidung der Eltern) den Ausbruch einer Depression begünstigen (Habermas, 2001).
- Prospektive Studien: Das Beschreiben von Entwicklungsbedingungen bedarf prospektiver Studien, die vor dem Einsetzen der interessierenden Störung beginnen, um vorangehende Bedingungen einer Störung von deren Symptomen und Folgen unterscheiden zu können. Da psychische Störungen relativ selten (z.B. Alkoholabhängigkeit) bis sehr selten (z.B. Magersucht) sind, entwickeln selbst in großen Stichproben immer nur einige wenige Personen später eine bestimmte Störung. Zwei Untersuchungsstrategien erweisen sich als praktikabel. Einmal kann man Risikogruppen untersuchen, beispielsweise Söhne von alkoholabhängigen Männern. Zum anderen kann man die weiter verbreiteten subklinischen Ausprägungen psychischer Störungen untersuchen, die als Vorläufer der Störungen selbst konzipiert werden, zum Beispiel Alkoholkonsum statt Alkoholabhängigkeit oder Diäthalten statt Ess-Störungen. Zwar muss bei dieser Strategie die nicht immer unbedingt plausible Kontinuitätsannahme belegt werden. Andererseits schlägt sie eine Brücke zwischen normaler und gestörter Entwicklung.

4 Substanzenmissbrauch

Da Alkohol die am häufigsten konsumierte psychoaktive Substanz ist und entwicklungspsychopathologisch gut untersucht ist (Silbereisen, 1997; Zucker et al., 2000), soll er der Kürze halber hier als Beispiel dienen, obwohl es Unterschiede zu anderen Drogen gibt. Ergänzt werden einige Studien zum Marihuanakonsum.

Verlauf und Form von Alkoholmissbrauch und -abhängigkeit variieren mit dem Alter. Im mittleren Erwachsenenalter ist der Alkoholmissbrauch relativ stabil, in Adoleszenz und höherem Alter hingegen instabiler (Fillmore & Midanik, 1984). Im Jugendalter fehlen selbst bei schweren Trinkern körperliche Abhängigkeitssymptome (Martin et al., 1995).

4.1 Distale nicht normative Einflüsse

Distale Umweltbedingungen während der Kindheit, beispielsweise der elterliche Erziehungsstil, können durch ihre Kontinuität bis in spätere Lebensphasen sowie indirekt durch ihren Einfluss auf die Persönlichkeitsentwicklung zur späteren Entstehung psychischer Störungen beitragen. Es gibt eine familiäre Häufung von Alkoholismus, die wohl auch genetisch vermittelt ist. Es gibt außerdem Hinweise, dass auch Qualitäten der Eltern-Kind-Beziehung den jugendlichen Alkohol- und Marihuanakonsum vorhersagen. In einer theoretisch anspruchsvollen prospektiven Studie des Zusammenhangs von Erziehungsstilen (vgl. Kap. 4) mit Alkohol- und Drogenkonsum berichtet Baumrind (1991) keine Zusammenhänge mit dem Erziehungsstil im Kindesalter, sondern lediglich mit dem aktuellen Erziehungsstil: Autoritativer und direktiv-konventioneller Erziehungsstil korrelierten negativ, unengagierter und nondirektiver Erziehungsstil positiv mit dem Drogenkonsum 15-jähriger.

Starke Persönlichkeiten können auch mal probieren

In einer prospektiven Studie unterteilten Shedler und Block (1990) 85 18-Jährige nach der Häufigkeit des Marihuana-Rauchens in (1) die Abstinenten, (2) die Experimentierer und (3) die regelmäßigen Nutzer. Im Alter von sieben, elf und 18 Jahren nahmen sie an einer Reihe von Experimenten teil, die zu jedem Zeitpunkt von je vier verschiedenen klinischen Psychologen durchgeführt wurden. Die vier schätzten dann in Unkenntnis des individuellen Drogenkonsums die Persönlichkeit der Probanden mit Hilfe von 100 Persönlichkeitsbeschreibungen (California Adult Q-Sort) ein. Außerdem waren die Probanden im Alter von fünf Jahren mit einem Elternteil in standardisierten Spielsituationen beobachtet und von zwei Psychologen anhand von 50 Interaktionsbeschreibungen beurteilt worden. Dieses Vorgehen ermöglicht das Quantifizieren komplexer klinischer Urteile.

Aus einer Faktorenanalyse der 100 Persönlichkeitsbeschreibungen resultierten drei Faktoren: Probleme in persönlichen Beziehungen, Belastetheit und Impulsivität. Die regelmäßigen Nutzer zeichneten sich durch die höchsten Werte auf allen drei Faktoren aus. Die Abstinenten hatten die zweithöchsten Werte bei Problemen in Beziehungen und Belastetheit, während sie am wenigsten impulsiv waren, ja rigide und überkontrolliert wirkten. Die Experimentierer waren am günstigsten beurteilt worden. Dieses Muster zeigte sich auch schon im Alter von sieben und elf Jahren. Außerdem hatten bereits im Alter von fünf Jahren die Mütter der regelmäßigen Nutzer und der Abstinenten vergleichsweise kalt, unresponsiv und wenig unterstützend gewirkt. Die Väter der Abstinenten wurden zudem als lieblos-autoritär beurteilt.

Hinweise darauf, wie das erhöhte Risiko von Söhnen alkoholabhängiger Väter auch über die Kind-Eltern-Beziehung vermittelt wird, liefert eine Studie an einjährigen Kindern und ihren alkoholabhängigen Vätern. Die Väter erwiesen sich als weniger aufmerksam und schlechter gestimmt, und die Kinder als weniger responsiv als vergleichbare Kinder mit nicht alkoholabhängigen Vätern (Eiden et al., 1999).

Auf der Suche nach kindlichen Persönlichkeitseigenschaften, die einen Alkoholmissbrauch vorhersagen können, fand man ein Cluster von erhöhtem Aktivitätsniveau und mangelnder Selbstkontrolle. Dazu gehören Hyperaktivität, Impulsivität, sensation- und novelty-seeking sowie Aggressivität. Dieses Cluster korreliert mit Verhaltensstörungen in der mittleren Kindheit und antisozialem Verhalten in der Frühadoleszenz. In der bekanntesten Studie waren dreijährige Jungen mit geringer Selbstkontrolle 2,7 mal stärker gefährdet als andere, im jungen Erwachsenenalter eine Alkoholabhängigkeit zu entwickeln (Caspi et al., 1996). In einer weiteren Studie korrelierte der Alkohol- und Drogenkonsum 13-jähriger Jungen negativ mit der aktuellen emotionalen Wärme der Mutter und damit, wie verhaltensgestört sie mit sieben Jahren gewesen waren (Dobkin et al., 1997).

4.2 Proximale nicht normative Einflüsse

Wodurch unterscheiden sich Jugendliche, die bald einen Alkoholmissbrauch entwickeln werden, von anderen Jugendlichen? Untersucht wurden Eigenarten der Herkunftsfamilien, der Gleichaltrigengruppe und der Betroffenen selbst. Die Eltern vernachlässigen ihre Kinder stärker, überwachen und unterstützen sie weniger. Die Eltern trinken selbst mehr Alkohol bzw. nehmen andere Drogen und nehmen eine positivere Haltung gegenüber Drogen ein. Die gefährdeten Jugendlichen bewegen sich in Gleichaltrigengruppen, in denen mehr Alkohol und Drogen konsumiert wird. Sie selbst und ihre Freunde tendieren auch zu einer Reihe von weiteren Arten von „Problemverhalten“. Dazu gehören, wie Jessor und Kollegen in mehreren Longitudinalstudien fanden, der Konsum von Zigaretten, Marihuana und anderen Drogen, Delinquenz, (früher) Geschlechtsverkehr und andere Verletzungen von Konventionen (Jessor et al., 1991). Das heißt jedoch nicht, dass jede Gleichaltrigengruppe mit nicht-konventionellen Werten dieses Syndrom von Problemverhalten aufweisen muss.

Schließlich hängt Alkoholkonsum nicht, wie man vielleicht vermuten könnte, mit einem geringen Selbstwertgefühl zusammen, sehr wohl aber mit dem Wunsch, Lebensproblemen durch Trinken zu entfliehen. Wer glaubt, dass Alkohol die Stimmung hebt, trinkt in der Regel mehr (zum Überblick s. Baer et al., 1998; Petraitis et al., 1995).

Longitudinalstudien zeigen, dass einige Korrelate des Alkoholkonsums lediglich Begleiterscheinungen oder Folgen sind, nicht aber Entwicklungsbedingungen. So besagen Zusammenhänge zwischen Alkoholkonsum und Eigenschaften von Freundesgruppen vor allem, dass Substanzen in der Regel gemeinsam konsumiert und Freunde entsprechend ausgesucht werden (Curran et al., 1997; Jessor et al., 1997).

Der Übergang vom jugendtypischen Trinken im Alter von 18 Jahren zu einem höheren Alkoholkonsum im jungen Erwachsenenalter sechs Jahre später konnte durch a) eine geringe Wertschätzung von Konventionen und b) Trinken um des Rausches willen vorausgesagt werden (Schulenberg et al., 1996).

Liegen Konsum und Missbrauch auf einem Kontinuum?

Der Konsum von Alkohol gilt ab einem gewissen Alter als normal. Kann man trotzdem vom Alkoholkonsum auf Alkoholmissbrauch und -abhängigkeit schließen, wie das die meisten entwicklungspsychologischen Studien, die Konsum, nicht Missbrauch studieren, damit nahe legen? Einmal ist zu fragen, ob es einen linearen Zusammenhang zwischen Konsum und Folgeproblemen (Missbrauch) gibt, dass man also umso mehr Probleme bekommt, je mehr man trinkt. Zum anderen ist zu fragen, ob Konsum und Missbrauch mit ähnlichen Begleiterscheinungen einhergehen und durch dieselben Faktoren vorhersagbar sind.

Studien, in denen Abstinente mit maßvollen Konsumenten und starken Konsumenten verglichen wurden, zeigen eher einen kurvilinearen als einen linearen Zusammenhang zwischen Konsum und psychischen und sozialen Problemen. Das zeigen die oben berichtete Studie von Shedler und Block (1990) für Marihuana und andere Studien für Alkohol (Baumrind, 1991; Colder & Chassin, 1999).

Man kann auch nicht unbedingt davon ausgehen, dass Korrelate und Prädiktoren jugendlichen Alkoholkonsums identisch mit den Korrelaten und Prädiktoren von Alkoholmissbrauch und -abhängigkeit sind. So geht die Erwartung, dass Alkohol soziale Kontakte erleichtere und die Stimmung hebe, mit einem höherem Konsum einher, während die Erwartung des Vergessens von Kummer mit alkoholbedingten Problemen, also Alkoholmissbrauch korreliert (Cooper et al., 1995).

4.3 Proximale normative Einflüsse

Normative Entwicklungen und Entwicklungsaufgaben des Jugendalters sind dafür verantwortlich gemacht worden, dass der durchschnittliche Konsum von Alkohol und Drogen im Jugendalter seinen Höhepunkt findet. Die Entwicklungsaufgaben des Jugendalters verlangen von Jugendlichen, sich von den Eltern zu lösen und eine soziale und sexuelle Identität zu erringen (vgl. Kap. 7). Mit Verhaltensweisen, die Erwachsenen vorbehalten sind, beanspruchen sie symbolisch den Erwachsenenstatus (Jessor, 1987). Zugleich erproben sie ihre Eigenständigkeit durch Übertreibungen und das Provozieren von bestrafenden Reaktionen (vgl. Kap. 18). Entwicklungsaufgaben sind normative proximale Entwicklungseinflüsse, „Problemverhalten“ eine nicht normative Reaktion darauf.

Nicht normative Einflüsse wie elterliche Permissivität (Baumrind, 1991) lassen sich leichter erfassen als normative, denn normative Entwicklungseinflüsse betreffen alle Jugendlichen einer Entwicklungsphase. Ihr Einfluss lässt sich beispielsweise durch den Vergleich von Personen mit unterschiedlichem Entwicklungstempo untersuchen (z.B. Frühreife versus Nachzügler), oder auch durch den Vergleich von Personen mit unterschiedlichen Ausprägungen vermuteter normativer Einflüsse (z.B. stark versus schwach mit geschlechtstypischen Erwartungen Identifizierte).

4.3.1 Pubertät

Der Druck, erwachsen zu werden, hängt vor allem bei Mädchen auch von der sexuellen Reifung ab, die wiederum zu einer veränderten sozialen Kategorisierung und sozialen Reaktionen führt. In der Tat geht eine früher einsetzende Pubertät (Menarchealter) mit früherem sowie (im Alter von 15 und 17 Jahren) stärker ausgeprägtem Alkohol- und Zigarettenkonsum einher. Allerdings führt eine früher einsetzende Pubertät nicht dauerhaft zu höherem Alkohol- und Zigarettenkonsum, denn im Alter von 18 Jahren hatten die Spätpubertierenden die Frühreifen in ihrem Konsum eingeholt (Dick et al., 2000). Das frühere oder spätere Einsetzen der Pubertät bestimmt offensichtlich mit darüber, wann Mädchen mit dem Konsum psychoaktiver Substanzen beginnen, hat aber keine langfristigen Konsequenzen für die Menge des Konsums.

4.3.2 Geschlechtsrolle

Eine weitere adoleszente Entwicklungsaufgabe ist die Identifizierung mit der erwachsenen Geschlechtsrolle (vgl. Kap. 19). Da speziell Alkoholkonsum positiv mit der traditionellen Männerrolle und negativ mit der traditionellen Frauenrolle verknüpft ist, könnte ein Zusammenhang zwischen Identifizierung mit der respektiven Geschlechtsrolle und Alkoholkonsum bzw. -missbrauch einen Einfluss der Geschlechtsrolle im Jugendalter belegen. Eine Reihe von Studien, allerdings meist mit Erwachsenen, zeigt tatsächlich einen Zusammenhang zwischen Alkoholkonsum und nicht traditionellen Einstellungen zur weiblichen Geschlechtsrolle bei Frauen bzw. mit traditionellen Einstellungen zur männlichen Geschlechtsrolle und der Angst, unmännlich zu sein, bei Männern (McCreary et al., 1999).

4.3.3 Kognitive Entwicklung

Bereits Vorschulkinder können Alkohol von anderen Getränken unterscheiden. Wenn Kinder in hypothetischen Szenarios Gründe für den Alkoholkonsum eines Jugendlichen und der sozialen Reaktionen darauf beurteilen, verstehen Zehnjährige im Unterschied zu Sechsjährigen, dass man trinken kann, um mit anderen gesellig beisammen zu sein und um nicht außen vor zu stehen (Johnson & Johnson, 1996). Damit kann ab der späten Kindheit der Konformitätsdruck der Gleichaltrigengruppe wirksam werden.

5 Ess-Störungen

Magersucht und Bulimie sind entwicklungspsychopathologisch weniger gut untersucht als Alkohol- und Drogenkonsum (Smolak et al., 1996; Tyrka et al., 2000). Es gibt keine prospektiven Studien, die in der Kindheit beginnen und distale Einflüsse untersuchen. Es überwiegen klinische Studien an bereits erkrankten Jugendlichen und prospektive Studien im Jugendalter zu subklinischem Symptomverhalten. Denn die in Magersucht und Bulimie symptomatischen Abmagerungskuren und anderen Gewichtskontrolltechniken sowie die manchmal aus ihnen resultierenden Essanfälle treten in der frühen Adoleszenz erstmals und besonders beim weiblichen Geschlecht auch in subklinischem Ausmaß auf. Zwar essen 13- bis 18-jährige weibliche Jugendliche seltener große Mengen als ihre männlichen Altersgenossen, doch wenn sie es tun, schämen sie sich dessen sehr viel mehr. Und 1 Prozent der Mädchen und 0,04 Prozent der Jungen gaben in einer Studie an, schon mehr als 40mal Erbrechen selbst herbeigeführt zu haben (Whitaker et al., 1989).

5.1 Proximale nicht normative Einflüsse

Korrelate von Ess-Störungen. Aus der klinischen Erfahrung werden Magersüchtige retrospektiv als besonders brave und angepasste Kinder beschrieben, woraus man auf eine geringe Selbstwirksamkeit schließt. Da es keine in der Kindheit beginnenden prospektiven Studien zu Ess-Störungen gibt, muss man sich auf Untersuchungen an klinischen Stichproben und prospektive Studien im Jugendalter stützen, um nicht normative Einflüsse auf die Entstehung von Ess-Störungen zu erschließen. So könnten beispielsweise ein geringeres Selbstwertgefühl und höhere Ansprüche und Selbstkritik auch eine Folge der Erkrankung sein, widersprechen aber zumindest nicht dem Eindruck von einer überangepassten Kindheit. In einer Beobachtungsstudie bestätigte sich der klinische Eindruck, dass ausschließlich fastende Magersüchtige häufiger aus überkohärenten und konfliktvermeidenden Familien stammen, bulimische Magersüchtige und Bulimikerinnen hingegen häufiger aus auseinanderfallenden Familien, die durch offene Konflikte bestimmt sind (Humphrey, 1989). Die verschiedenen Familientypen mögen zu der Zwanghaftigkeit der meisten nicht bulimischen Magersüchtigen bzw. der Impulsivität vieler Patientinnen mit bulimischer Symptomatik beitragen. Andererseits relativiert das häufige Umschlagen einer nicht bulimischen Magersucht in eine spätere Bulimie diesen möglichen Zusammenhang.

Vorhersage subklinischer Ess-Störungen. Als subklinische Ausprägung werden Diäthalten, Gewichtssorgen, vereinzelte Heißhungeranfälle und Sich-Übergeben erhoben. In der Mehrzahl der prospektiven Studien gelang es nicht, die Veränderung subklinischer Ess-Störungsindikatoren über das Jugendalter vorherzusagen. Ausnahmen sind Befunde, dass die Zunahme an Heißhungeranfällen und Erbrechen mit Diäthalten und negativen Affekten (Stice et al., 1998) vier Jahre zuvor zusammenhing, oder dass eine schlechte Beziehung zu den Eltern eine Zunahme an Diäthalten und gestörtem Essverhalten zwei Jahre später vorhersagte (Archibald et al., 1999; Swarr & Richards, 1996).

Liegen subklinische Symptome und Ess-Störung auf einem Kontinuum?

Eines der möglichen Probleme der prospektiven Studien an Jugendlichen ist die Annahme eines Kontinuums zwischen normativen Verhaltensweisen wie Diäthalten und klinischen Ess-Störungen. Einmal ist zu fragen, ob symptomatische Verhaltens- und Erlebensweisen linear mit allen anderen definierenden Merkmalen einer Ess-Störung zusammenhängen. Während Vergleiche unspezifischer (z.B. Depressivität, Zwanghaftigkeit) und ess-störungsspezifischer Psychopathologie (z.B. Gewichtssorgen, restringierte Nahrungsaufnahme) bei Frauen mit und ohne Bulimia nervosa die Annahme eines Kontinuums eher stützen, sprechen deutliche Unterschiede zwischen den beiden Gruppen in Heißhungeranfällen und Erbrechen dagegen (Gleaves et al., 2000).

Zum anderen ist zu fragen, ob die subklinische Ausprägung von Verhaltensweisen wie Diäthalten denselben Einflüssen unterliegt wie die Entstehung einer klinischen Ess-Störung. In zwei zweistufigen prospektiven Studien wurde nach einem Jahr (Patton et al., 1990) bzw. 10 Jahren (Schleimer, 1983) eine Untergruppe von stark diäthaltenden Frauen psychiatrisch einzeln interviewt und diagnostiziert. Die Studien zeigen, dass die Entwicklung einer Ess-Störung nicht wie Diäthalten durch Körpergewicht und psychosoziale Belastungen vorhergesagt wird, sondern allein durch die Kombination von Diäthalten und zusätzlichen psychischen Störungen. Insofern ist die Annahme einer einfachen Kontinuität von Diäthalten mit der Entwicklung von Ess-Störungen fraglich.

5.2 Proximale normative Einflüsse

Magersucht. Aufgrund klinischer Erfahrungen erklärt Selvini Palazzoli (1974) die Alters- und

Geschlechtsspezifität der Magersucht mit der Bedeutung der Pubertät für Mädchen mit geringem Selbstvertrauen. Die sexuelle Reifung stelle sie einerseits vor die Entwicklungsaufgabe, sich von den Eltern zu lösen, eine altersgerechte Eigenständigkeit zu erreichen und Verantwortung für den eigenen Körper zu übernehmen, was ihnen als unselbständigen Kindern besonders schwer fällt. Andererseits würden sie die sexuelle Reifung als Überwältigung erleben, der sie sich hilflos ausgeliefert sehen. Durch ihren weiblichen Körper fühlten sie sich erst recht zu Rezeptivität und Passivität gegenüber anderen verurteilt. In dieser Situation biete die Magersucht eine scheinbare Lösung. Denn mit dem erfolgreichen Abmagern ergreifen die Mädchen die Initiative und die Kontrolle, wenn auch nur über ihr Körpergewicht. Sie behaupten sich damit einmal gegenüber ihrem reifenden Körper, den sie auf sein präpubertäres Maß reduzieren und damit sowohl eigene sexuelle Regungen wie die Reaktionen anderer bekämpfen. Zum anderen behaupten sie sich gegenüber ihren, sie bald zum Essen drängenden Eltern, und individuieren sich so subjektiv von der Familie, ohne sich von ihr lösen zu müssen. So verstanden stellt die Magersucht einen neurotischen Bewältigungsversuch zweier zentraler Entwicklungsaufgaben der Adoleszenz dar, der Ablösung vom Elternhaus und der Integration des sexuell gereiften Körpers in das Selbstbild (vgl. Kap. 7). Doch führt dieser Bewältigungsversuch in vielen Bereichen zum Gegenteil, nämlich einem Entwicklungsstillstand. Das pubertäre Wachstum kann verlangsamt werden, die psychosexuelle Entwicklung und die Ablösung von den Eltern werden aufgehalten, die für den Prozess der Loslösung wichtigen Beziehungen zu Gleichaltrigen brechen erst einmal ab und sexuelle Beziehungen sind selten.

Bulimie. Die Bulimie tritt im Unterschied zur Magersucht meist auf, wenn bereits die ersten sexuellen Erfahrungen gemacht wurden. Der weibliche Körper wird hier nicht radikal negiert, sondern soll nach einem sozialen Ideal geformt werden. Während die Magersucht in der Regel eine fundamentale Störung der Entwicklung einer reifen Geschlechtsidentität anzeigt, sind Bulimikerinnen durchaus mit ihrem Geschlecht identifiziert, fühlen sich aber insuffizient.

5.2.1 Pubertät

Wenn die sexuelle Reifung Ess-Störungen mit motiviert, könnten sie zeitlich mit dem Eintritt in die Pubertät zusammenhängen. Inzwischen hat eine Reihe von Studien den Zusammenhang von Pubertät und subklinischen Ess-Störungssymptomen prospektiv untersucht. Es zeigt sich, dass Frühreife häufiger Diät halten als Gleichaltrige, und sich dieser Unterschied bis ins frühe Erwachsenenalter hält. Dieser Unterschied hat aber wahrscheinlich mehr mit dem auch nach vielen Jahren noch stärkeren Körperbau der Frühreifen zu tun als mit dem Einsetzen der Pubertät (Graber et al., 1994; Swarr & Richards, 1996). Schließlich können Ess-Störungen auch vor dem Einsetzen der Menarche auftreten.

Das spricht aber alles nicht dagegen, dass, wann immer sie eintritt, Mädchen auf die Pubertät mit subklinischen Störungen des Essverhaltens reagieren. Und in einer Studie waren bei immerhin 25 von 30 prämenarchalen Magersüchtigen Ängste vor der Pubertät als auslösendes Moment anzusehen (Gowers et al., 1992).

5.2.2 Geschlechtsrolle

Der an die Geschlechtsreife anknüpfende Übergang von der Position des unverantwortlichen Kindes zu der des Erwachsenen schlägt sich psychologisch in den Entwicklungsaufgaben nieder, eine erwachsene Identität auszubilden und die reife Geschlechtsrolle zu übernehmen. Entsprechend müssen in diesem Alter erstmals für erwachsene Frauen geltende Normen angeeignet und eingeübt werden. Dazu gehören normative Körperideale und Techniken der Selbstkontrolle (Diäthalten), die historisch und kulturvergleichend gesehen eine Voraussetzung für das Auftreten der beiden Ess-Störungen sind (Habermas, 1994). In den zwanziger Jahren des 20. Jahrhunderts kam es zum ersten nennenswerten Auftreten der Magersucht. Wie eine Befragung Jugendlicher Ende der zwanziger Jahre belegt, waren auch damals schon „Abmagerungskuren“ und „Unterernährung der Schlankheit wegen“ unter Mädchen zu gängigen Praktiken geworden, die allerdings noch in einem Atemzug mit dem „Zuschnüren des Corsets“ als ebenso großer „Dummheit“ genannt wurden (Baumgarten, 1932).

Erst die in der Adoleszenz einsetzende Orientierung an den Idealen und normativen Restriktionen der erwachsenen Frauenrolle erklärt hinreichend die negative Bedeutung der Pubertät für Mädchen. Sie müssen lernen, nicht mehr herumzutoben, sich zurückzuhalten und schön zu machen. Junge Frauen mit gestörtem Essverhalten und Frauen mit Bulimia nervosa unterscheiden sich zwar nicht hinsichtlich der Traditionalität ihres Geschlechtsrollenverständnisses von Frauen ohne gestörtes Essverhalten. Jedoch identifizieren sie sich stärker mit gängigen Vorstellungen von der idealen jungen Frau und zeichnen sich durch eine ausgeprägtere Orientierung an Erwartungen und Normen aus (Huon et al., 2000; zum Überblick s. Habermas, 2000). Zu unterstreichen ist allerdings die Diskontinuität des Fastens in der Magersucht mit diesen konventionellen Motiven des Fastens, die immer auf ein sozial akzeptiertes Körpergewicht zielen, nicht aber auf Magerkeit.

5.2.3 Kognitive Entwicklung

Neben motivationalen sind auch eventuelle kognitive Entwicklungsvoraussetzungen speziell für die Magersucht zu bedenken. So könnte die Fähigkeit, konsistent und langfristig das Gewicht durch selektive Nahrungsaufnahme zu kontrollieren, ein Verständnis der involvierten Mechanismen der Umsetzung von Nahrung in Körpergewicht voraussetzen, wie es sich erst in der Präadoleszenz entwickelt (Levorato & Traversa, 1994).

6 Ess-Störungen und Substanzenmissbrauch

Gemeinsamkeiten. Ess-Störungen und Substanzenmissbrauch treten gehäuft gemeinsam auf. Der Zusammenhang geht über das Verwenden von Stimulanzien und Zigaretten zur Bekämpfung des Hungers und von Abführmitteln und Entwässerungsmitteln zur vermeintlichen Gewichtsreduktion im Rahmen von Ess-Störungen hinaus. Personen mit beiden Diagnosen sind impulsiver und in ihrem psychosozialen Funktionieren stärker gestört als Menschen nur mit einer Ess-Störung (Wolfe & Maiko, 2000). In Familien Essgestörter tritt Substanzenmissbrauch (neben Ess-Störungen und Depression) gehäuft auf. Das lässt sich aber nicht als Hinweis auf eine gemeinsame genetische Ursache deuten (Lilenfeld et al., 1998).

Ess-Störungen und Substanzenmissbrauch sind Verhaltensstörungen im Umgang mit der Einnahme von Substanzen. Gesellschaftlich nehmen sie eine mittlere Position zwischen Sünde (Völlerei, Trunksucht) und Krankheit ein. Bulimie und Rauschmittelsüchte gehören zu den Impulsneurosen, bei denen ein unwiderstehlicher Handlungsdrang zur Manipulation der Befindlichkeit erlebt wird, auf den schwere Selbstvorwürfe und Reue folgen. Bei Substanzenabhängigkeiten ergibt sich eine Verselbständigung der Symptomatik auch durch körperliche Veränderungen, so wie es bei Bulimie und stärker noch durch das Untergewicht bei der Magersucht zu psychischen Einschränkungen und einer Verselbständigung des Hungerns kommt. Bei Substanzenabhängigkeit, Magersucht und in den Anfangsstadien der Bulimie wird die Verselbständigung und Krankhaftigkeit des Verhaltens und seiner Folgen verleugnet.

Unterschiede. Doch gibt es auch gewichtige klinische Unterschiede nicht nur zwischen dem Missbrauch verschiedener Substanzen, sondern auch zwischen Substanzenmissbrauch und Ess-Störungen:

- Substanzenmissbrauch betrifft einen unmäßigen Konsum, während Magersucht und Bulimie sich durch Enthaltsamkeit auszeichnen, die in der Bulimie meist erst die Heißhungeranfälle auslöst.

- Substanzenmissbrauch wird in der Jugend häufig gemeinsam praktiziert, während die Nahrungsverweigerung ein einsames und heimliches Laster ist.
- Substanzenmissbrauch zielt auf eine Veränderung des Erlebens durch Wirkstoffe der Substanz, während Ess-Störungen primär auf eine Veränderung des Körperumfangs zielen.
- Ess-Störungen treten als klinisch relevante Störungen zuerst und vor allem im Jugendalter auf, während z.B. Alkoholismus erst im Erwachsenenalter gehäuft vorkommt.
- Ess-Störungen betreffen fast ausschließlich das weibliche Geschlecht, während die Geschlechtsverteilung bei Substanzenmissbrauch von der Art der Wirkung abhängt (s.o.).

Störungen der Adoleszenzentwicklung. Dennoch, entwicklungspsychologisch gesehen bestehen Gemeinsamkeiten vor allem in den proximalen normativen Einflüssen. Denn beide Male gehen Verhaltensstörungen von Reaktionen auf den Übergang zum Erwachsenenstatus aus. Im Übergang sind die heranreifenden Kinder erstmals mit Erwachsenennormen bzw. mit deren Abwandlungen in der Jugendkultur konfrontiert. Erwachsenwerden zeichnet sich nicht zuletzt aus durch:

- ein autonomes Bestimmen darüber, welche Nahrung und Drogen man dem Körper zuführt,
- ein Beeinflussen der eigenen Stimmung ohne Hilfe der Eltern,
- das Einsetzen geschlechtsspezifischer Kulturtechniken des Fastens bzw. Trinkens,
- die systematische Arbeit an der eigenen Identität als kontrollierte schlanke Frau oder risikofreudiger starker Mann; ein Scheitern zeigt sich im Umschlagen in eine negative Identität, in der Geschlechtsideale karikiert werden, so der starke Mann im Alkoholismus und die selbstkontrollierte Frau in der Magersucht.

Ess-Störungen und Substanzenmissbrauch sind mithin nicht nur Störungen der Entwicklung eines reifen Umgangs mit dem eigenen Körper und eigenen Gefühlen, sondern in gewisser Weise zugleich Enkulturationsstörungen.

Weiterführende Literatur

Sameroff, A.J. & Lewis, M. (2000)(Hrsg.). Handbook of developmental psychopathology (2. Aufl.). New York, Kluwer/Plenum.
Ein guter Ort, um sich in die Entwicklungspsychopathologie anhand verschiedener Störungsbilder einzulesen.

Selvini Palazzoli, M. (1982). Magersucht. Stuttgart: Klett-Cotta.
Immer noch die beste klinische Beschreibung und Deutung der Magersucht, die das Erleben und den Zusammenhang zwischen den einzelnen Symptomen verständlich macht.

Um sich mit Verhaltens- und psychischen Störungen vertraut zu machen, sind immer noch ausführliche Fallberichte, autobiographische und literarische Schilderungen zu empfehlen, so für die Magersucht Ludwig Binswangers Bericht über „Ellen West“ oder für den Alkoholismus Schilderungen wie z.B. Zolas „L'assommoir“ oder Falladas „Der Trinker“.

Kapitel 29
Delinquenz

Leo Montada

1 Begriffe und Erfassungsmethoden

DEFINITION

Eine **Straftat** liegt vor, wenn eine Tat oder eine Unterlassung einem rechtlich definierten Straftatbestand entsprechen. Weiter muss dem Täter die Verantwortung für die Tat zugeschrieben werden. Dies setzt Strafmündigkeit und die Annahme voraus, der Täter hätte anders handeln können, und ein anderes Handeln wäre ihm zumutbar gewesen (Haffke, 1978).

Was als Straftatbestand angesehen wird, variiert je nach Gesellschaft und historischer Periode. Neben einer vielen historischen und heutigen Gesellschaften gemeinsamen Grundmenge (u.a. Eigentums- und Betrugsdelikte, Angriffe gegen Personen, Gefährdung der öffentlichen Sicherheit) gibt es viele Unterschiede. Es sei z.B. an die jüngeren Veränderungen im deutschen Sexualstrafrecht erinnert (z.B. Abschaffung der Strafbarkeit von Homosexualität und Einführung der Strafbarkeit von Vergewaltigung in der Ehe), an die strafrechtlich abgesicherte Beschränkung der persönlichen Freiheit in totalitären Regimen oder an aktuelle Bemühungen, das Umweltstrafrecht zu erweitern. Das Strafrecht in pluralistischen Gesellschaften repräsentiert nicht alle moralischen Überzeugungen aller Bürger. Gerade bei Reformen strafrechtlicher Normen wird deutlich, dass das jeweils geltende Recht nicht von allen gesellschaftlichen Gruppen als ethisch fundiert akzeptiert ist. Die Existenz von Minoritäten mit abweichendem Rechtsbewusstsein stellt auch ein Potential für sozialen Wandel dar (Moscovici, 1976). Schon deshalb ist Delinquenz psychologisch keine homogene Kategorie.

Straftaten sind psychologisch heterogen. Kriminologische Klassifikationen (z.B. Engel, 1978) zeigen die phänotypische Heterogenität von Straftaten: Eigentumsdelikte, Gewaltdelikte, Sexualdelikte, Ordnungsdelikte, politische Delikte, organisierte Verbrechen. Eine psychologische Analyse von Straftaten untersucht die Motive, Handlungsziele- und alternativen ebenso wie normative Überzeugungen, Selbstkontrollkompetenzen und die sozialen Kontexte einer Tat. Sie zeigt, dass es eine einheitliche Entwicklung zur Delinquenz ebensowenig gibt wie eine einheitliche Täterpersönlichkeit oder eine einheitliche Erklärung einer Deliktkategorie. Die folgende Darstellung von Theorien und Forschungsbefunden darf nicht als erschöpfend angesehen und übergeneralisiert werden. Sie kann für eine Einzelfalldiagnose nicht mehr als eine Auswahl möglicher Hypothesen bieten.

Probleme der epidemiologischen Erfassung von Delinquenz

Die behördlichen Statistiken erfassen bei weitem nicht alle Straftaten. Sie repräsentieren – wie die polizeiliche Kriminalstatistik (PKS) – auch das Anzeigeverhalten in der Population, die Ermittlungsaktivitäten und -erfolge der Strafverfolgungsorgane oder – wie die staatsanwaltlichen Erledigungsstatistiken und die Strafverfolgungsstatistiken – die Sanktionierungspraxis der Gerichte.

- Das Anzeigeverhalten variiert je nach Deliktart, Vorurteilen gegen Täter, Aufklärungswahrscheinlichkeiten und öffentlicher Meinung.
- Die Ermittlungsaktivitäten variieren mit der personalen Ausstattung der Polizei, der in den Medien verbreiteten Kriminalitätsfurcht und der Bewertung einzelner Deliktklassen und Tätergruppen.
- Die Sanktionierungspraxis ist abhängig vom Zeitgeist, allerdings auch von aktuell verfügbaren Gefängnisplätzen.
- Diese „Hellfeldstatistiken" sind deshalb durch Dunkelfelderhebungen zu ergänzen, in denen in möglichst repräsentativen Stichproben selbstberichtete Delikte und/oder Viktimisierungen durch Delikte erfragt werden.

Trotz der zumindest bei einigen Deliktklassen sehr hohen Dunkelziffern zeigen Erhebungen aber eine hohe Korrelation zwischen der Häufigkeit und Schwere von selbstberichteten und aktenkundig gewordenen Vergehen, so dass die behördlichen Daten (Ermittlungen, Festnahmen, Verurteilungen) nicht unberechtigt als Indikatoren für Delinquenzbelastung von Personen und Gruppen gewählt werden dürfen. Dunkelfelderhebungen bestätigen auch den aus behördlichen Statistiken zu gewinnenden Eindruck, dass ein großer Teil der Straftaten von einer kleinen Zahl von Vielfachtätern begangen wird. Der Befund von Wolfgang et al. (1972), dass 6 Prozent der Täter mehr als die Hälfte der Straftaten ihrer Stichprobe von 10.000 Männern begangen haben, wird durch neuere Studien bestätigt (z.B. Farrington und West, 1990).

2 Risikofaktoren und Schutzfaktoren

Korrelate der Delinquenz. Synopsen vieler Studien (Danzinger et al., 1978; Dolde, 1978; Farrington & West, 1990) ergeben eine lange Liste von Korrelaten der Delinquenz:

- Variablen der Elternfamilie (Kriminalität der Eltern, zerbrochene Ehen, schlechte Wohnverhältnisse, wirtschaftliche Schwierigkeiten, chaotische Lebensführung, feindselige und konfliktreiche Interaktionen, inkonsistente Aufsicht, harte Strafen);
- Kontakte zu Delinquenten;
- Leistungsdefizite (schlechte Schulleistungen, Schulabbruch, abgebrochene Berufsausbildung, rasch wechselnde Jobs und häufige Arbeitslosigkeit);
- andere Verhaltensauffälligkeiten (Aggressivität, Problemtrinken, Drogengebrauch, Impulsivität, Tätowierungen u.a.m.).

Wie sind die Korrelate theoretisch zu deuten? Für präventives Handeln wäre es nützlich, den theoretischen Status dieser Korrelate geklärt zu haben. Sie können Bedingungen, aber auch Folgen der Delinquenz bzw. antisozialen Handelns sein (z.B. die feindselige Haltung der Eltern oder der Kontakt zu anderen Delinquenten, die man im Strafvollzug kennengelernt hat, oder ein Abbruch der Berufsausbildung nach einer Verurteilung), und sie können Symptom derselben latenten Variable sein (z.B. können Impulsivität und Aggressivität wie Delinquenz Ausdruck fehlender Selbstkontrolle sein).

BEISPIEL

Die Korrelation (etwa r = .50) zwischen Kriminalität der Eltern und Delinquenz der Kinder kann auf verschiedene Weise erklärt werden:

(1) Ist eine Anlage zur Kriminalität vererbt, was man mit Adoptivkinderuntersuchungen nachzuweisen versuchte, die eine höhere Korrelation der Straffälligkeit der Söhne mit der Kriminalität des biologischen Vaters als mit derjenigen des Adoptivvaters aufweisen (Hutchings & Mednick, 1974)?
(2) Oder handelt es sich um Auswirkungen sozialer Stigmatisierungen der Familie, die eine höhere polizeiliche Überwachung und damit ein höheres Entdeckungs-

risiko nach sich ziehen? West und Farrington (1973, 1977) stützen diese These, aber auch eine dritte, indem sie nachweisen, dass die Korrelation zwischen Kriminalität der Eltern und Straffälligkeit der Kinder in jenen Fällen gering ist, in denen die Eltern ihre Aufsichtspflicht ernst nehmen.

(3) Ist also die Kriminalität der Eltern nur eine korrelierte Deckvariable für die eigentlich wirksame Bedingung, nämlich laxe Kontrolle?

Gleichermaßen gibt es für die Erklärung der Korrelation (etwa r = .50) zwischen Armut der Elternfamilie und Delinquenz konkurrierende Hypothesen:

(1) Zielt das Vergehen auf Bereicherung, was Farrington und West (1990) mit dem Befund nahe legen, dass Eigentumsdelikte bei chronischen Delinquenten häufiger werden, wenn sie arbeitslos sind?
(2) Ist der Aufenthalt in einer armen Familie unerquicklich, weshalb die Straße „zum Wohnzimmer“ wird, wo man in Armutsvierteln Kontakt zu delinquenten Peers bekommt?
(3) Sind die armen Eltern so sehr mit dem Broterwerb beschäftigt, dass sie sich nicht mit den Kindern beschäftigen können?
(4) Ist es nicht die Armut per se, sondern die als ungerecht erlebte soziale Benachteiligung, die zu Delikten motiviert?
(5) Sind es vielleicht kovariierende Faktoren wie geringe Intelligenz oder eine feindselige Haltung gegen die Gesellschaft?

Aufschluss ist nur über eine Differenzierung durch Hinzunehmen von mehr Variablen in Analysen zu erwarten, und zwar theoriegeleitet, denn Armut als solche ist keine hinreichende Bedingung für Delinquenz. Trotz Korrelation: Es bleibt eine Minderheit der Kinder aus armen Familien, die straffällig werden.

Zur Prävention von Straftaten sind zwei Forschungsrichtungen wichtig. Man muss die individuellen Risikofaktoren identifiziert haben, um sie auszuschalten oder kompensieren zu können. Ebenso müssten Schutzfaktoren ermittelt werden, die eine Immunisierung gegen die Risikofaktoren leisten. Rutter et al. (1977) haben beschrieben, dass sich trotz einer Summierung von Risikofaktoren nicht wenige Kinder und Jugendliche unauffällig entwickeln. Dies hat die Suche nach protektiven Variablen motiviert. Aus bisherigen Untersuchungen sind z.B. eine positive Beziehung zur Mutter (Zeidler, 1981), Erfolg in der Schule (Rutter, 1979) und schulische Motivation (Magnusson et al., 1975) als schützende Variablen anzusehen. Als Schutzfaktoren werden nicht die positiven Pole der Risikofaktoren gewertet: Schutzfaktoren sind als Moderatorvariablen zu identifizieren, die die Korrelation zwischen Risikofaktoren und Delinquenz abschwächen. Delinquenzprävention kann auch über eine Stärkung der Schutzfaktoren versucht werden.

3 Prognose der Delinquenz

Risko- und Schutzfaktoren sind eine Basis für die Prognose der Delinquenz, wobei wahrscheinliche Änderungen dieser Faktoren in der weiteren Entwicklung zu berücksichtigen sind. Eine zweite Basis für Prognosen sind Daten über die Stabilität der Delinquenz oder über Kontinuitäten in der Delinquenzentwicklung. Über kurze Zeitspannen ist die Kontinuität nachgewiesen (Farrington & West, 1990). In jedem Alter ist die Delinquenzbelastung (Anzahl und Schwere der Delikte) in der vorausgehenden Altersperiode der beste Einzelprädiktor. Prognosen der Jugend- und Erwachsenendelinquenz aus der Kindheit setzen voraus, dass Prädispositionen angelegt oder in der Kindheit gebildet werden. Wenn diese in Längsschnittstudien identifiziert sind, können sie die Basis für Langzeitprognosen bilden: Zum Beispiel ist antisoziales Verhalten in der Grundschule – über Lehrer- und Mitschülerurteile erfasst – einer der besten Frühprädiktoren für Delinquenz im Jugend- und Erwachsenenalter (Farrington & West, 1990). Entwicklungsbedingungen wie die Kriminaltität der Eltern oder deren chaotisches Leben taugen als Basis für Langzeitprognosen, weil sie mit Delinquenzstabilität korreliert sind.

Zur Genauigkeit von Prognosen. Eine Vorhersage positiver oder unauffälliger Entwicklung von Kindheit und Jugend an ist wesentlich verlässlicher als die Vorhersage einer Delinquenzentwicklung. Ein Fehlen antisozialer Auffälligkeiten in Kindheit und früher Jugend ist fast als eine Garantie für eine positive Entwicklung im Erwachsenenalter anzusehen (Robins, 1966; West, 1977). Nur ganz selten werden Menschen im Erwachsenenalter erstmalig straffällig, während viele jugendliche Delinquenten durchaus Ausstiegschancen aus der Delinquenz haben (Farrington & West, 1990).

Die Vorhersagegenauigkeit über längere Altersperioden darf nicht überschätzt werden. Je nach Kombination von Prädiktoren variiert die Zahl von falschen Prognosen, wobei die Zahl der falschen Positiven (fälschlicherweise als delinquent prognostizierte Person) und der falschen Negativen (Delinquente, die nicht als solche prognostiziert wurden) gegenläufig ist. Sucht man die Zahl der falschen Negativen zu reduzieren, erhöht sich gleichzeitig die Zahl der falschen Positiven. Generell wird die erreichbare Asymptote der Vorhersagegenauigkeit von der Mehrzahl der Experten bei etwa 50 Prozent richtiger Vorhersagen der Straffälligen angenommen (West & Farrington, 1977). Leider werden dabei mindestens 15 Prozent der unauffälligen Population fälschlicherweise als Delinquenten prognostiziert (falsche Positive).

4 Delinquenz und Lebensalter

Untersuchungen aus vielen Ländern belegen, dass die Delinquenz in Art und Häufigkeit mit dem Alter variiert (vgl. Moffitt, 1993; Wetzels et al., 2001). Die Kriminalitätsbelastung erreicht im Jugendalter bei den 16- bis 20-Jährigen einen Höhepunkt und fällt danach kontinuierlich und deutlich ab. Die Mehrzahl der delinquenten Jugendlichen werden im Erwachsenenalter nicht mehr oder mit deutlich geringerer Häufigkeit und Tatschwere straffällig. Nur ein bis vier Prozent der Männer begehen ihr erstes Delikt nach dem Alter von 17 Jahren, und dann sind es meist keine schweren Straftaten (Huizinga et al., 1989).

Delinquenz im Alter. Nach dem 60. Lebensjahre ist Straffälligkeit selten: Bei einem Bevölkerungsanteil von über 25 Prozent sind keine sechs Prozent der Tatverdächtigen über 60 Jahre. Altersdelinquenten sind gehäuft vermindert schuldfähig wegen pathologischer Prozesse wie cerebrale Insuffizienz (Schüttler & Schulte, 1990). Aus der Untersuchung von Schüttler und Schulte über Delinquenten, die 60 Jahre und älter waren, geht auch hervor, dass – ganz untypisch für die Delinquenz im Erwachsenenalter – 74 Prozent erstmalig straffällig wurden, während die restlichen 26 Prozent meist mehrfach vorbestraft waren und insofern zu den notorischen Kriminellen zählen. Bezüglich Schul- und Berufsbildung, wirtschaftlicher Situation (sichere Rente) und vor allem familiärer und sozialer Einbindung war diese Gruppe Vorbestrafter durchschnittlich weitaus ungünstiger gestellt als die Ersttäter. Die häufigsten Delikte waren Diebstahl (mehrheitlich Frauen), sexueller Missbrauch von Kindern, Körperverletzung, Betrug, Verleumdung und Verkehrsdelikte. Aber auch Totschlag und versuchter Totschlag kamen vor. Alkoholabusus spielte in vielen Fällen eine Rolle.

Historischer Anstieg der Jugenddelinquenz. Der Anstieg im Jugendalter ist in den letzten 50 Jahren deutlich höher geworden (Farrington, 1986; Steffensmeier et al., 1989). Er ergibt sich aus offiziellen Statistiken und aus Dunkelfelderhebungen. In Deutschland ist der Anstieg seit 1984 sehr steil (vgl. Abb. 29.1). Seit 1999 sind die Zahlen nicht mehr angestiegen.

Die Veränderungen bei Gewaltdelikten sind ähnlich, bei den 14- bis 18-Jährigen allerdings besonders steil – eine Verdreifachung zwischen 1984–2000 auf über 1.000 Tatverdächtige je 100.000 (vgl. Abb. 29.2). Die Opfer der Gewaltde-

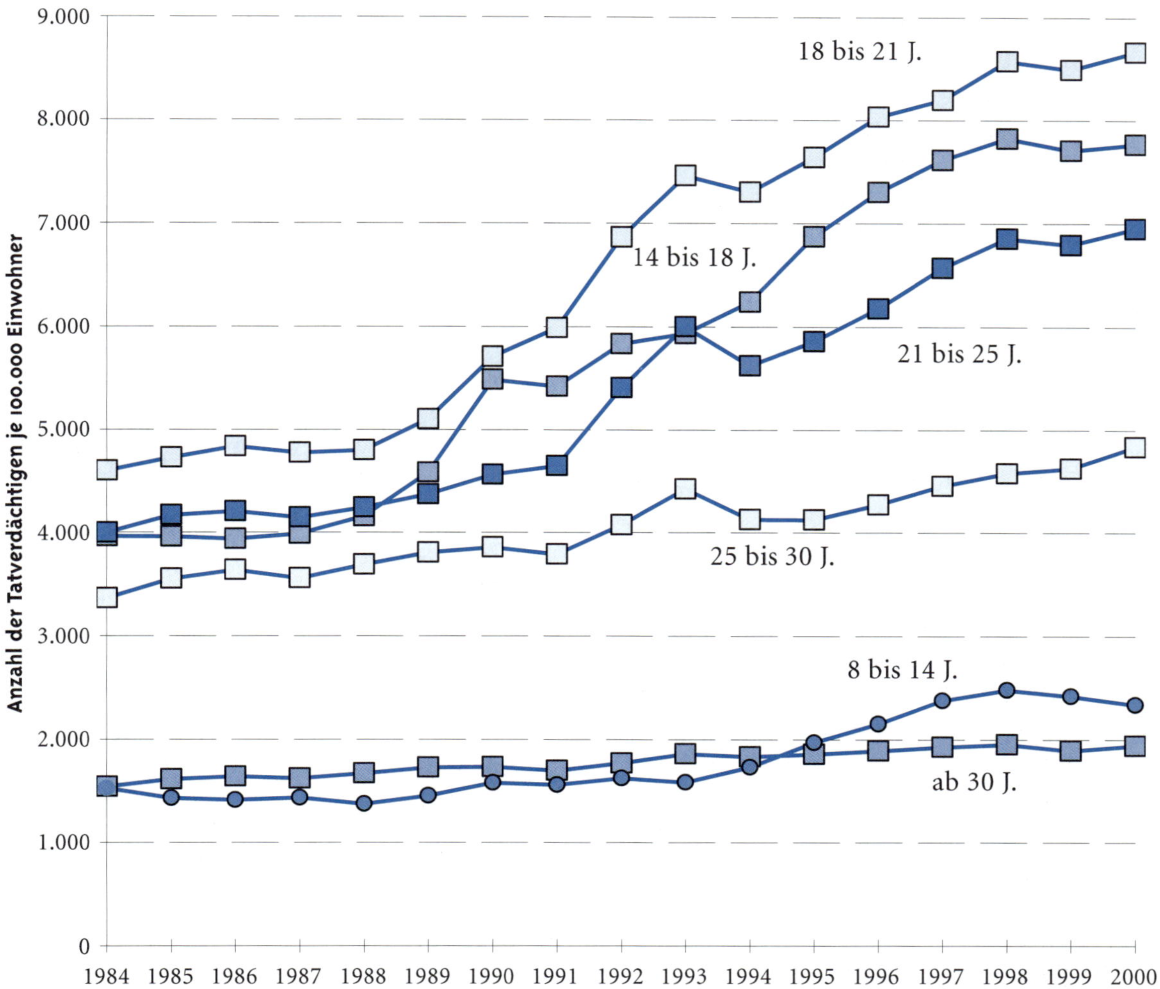

Abbildung 29.1. Tatverdächtigenziffern der verschiedenen Altersgruppen, alte Bundesländer, 1984 bis 2000, alle Delikte (ohne Straßenverkehr) (Quelle: Bundeskriminalamt, Berechnung KFN)

likte Jugendlicher sind übrigens weit überwiegend wiederum Jugendliche.

Obwohl der prozentuale Anstieg bei Mädchen und Frauen noch steiler als beim männlichen Geschlecht verlief, werden immer noch 80 Prozent der Straftaten von Jungen und Männern begangen (vgl. Wetzels et al., 2001).

4.1 Jugenddelinquenz: Ein Entwicklungsphänomen?

Aus neueren Dunkelfelderhebungen ist bekannt, dass die Mehrheit der Jugendlichen wenigstens gelegentlich Straftaten begeht, wenn auch keine schweren. Delinquenz im Jugendalter ist insofern statistisch „normal" geworden. In einer großen Zufallsstichprobe in den USA haben Elliott und Mitarbeiter (zit. nach Moffitt, 1993) festgestellt, dass 78 Prozent der 17-Jährigen erhebliche Delinquenz in ihrer Peergruppe angaben. Für die meisten Jugendlichen ist Delinquenz aber ein diskontinuierliches Phänomen. Erklärungsbedürftig ist deshalb sowohl der Anstieg im Jugendalter als auch der Rückgang der Delinquenz im frühen Erwachsenenalter.

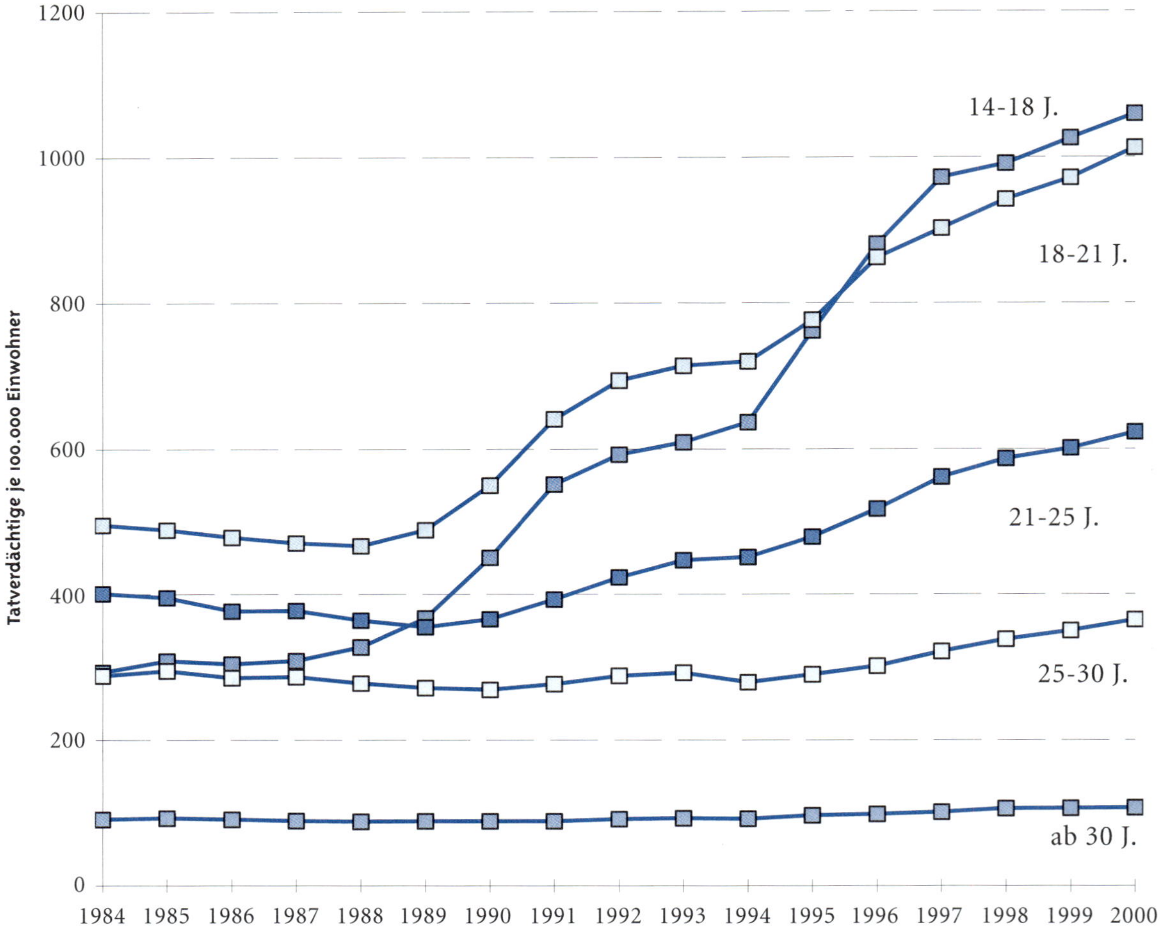

Abbildung 29.2. Tatverdächtigenziffern der Gewaltkriminalität nach Altersgruppen, alte Bundesländer, 1984 bis 2000 (Quelle: Bundeskriminalamt, Berechnung KFN)

Eine argumentativ und empirisch überzeugende Entwicklungstheorie hat Moffitt (1993) prägnant formuliert. Sie unterscheidet zwei Täterkategorien:

(1) die von der frühen Kindheit an kontinuierlich bis ins Erwachsenenalter antisozialen Menschen (die persistent Delinquenten),
(2) die Jugenddelinquenten, die nur in der Jugend Straftaten begehen. Um diese beiden Kategorien zu unterscheiden, benötigt man Längsschnittstudien, die im Kindesalter beginnen und bis ins mittlere Erwachsenenalter hinein fortgeführt werden.

Persistente Delinquenz

Die persistent Delinquenten weisen eine hohe Kontinuität bezüglich antisozialen Verhaltens auf: Unverträglichkeit, Ungehorsam und Aggressivität in der Kindheit und den ersten Schuljahren, die Aggressivität bleibt stabil, in den mittleren Schuljahren kommen kleinere Diebstähle hinzu, in der Jugend Fahrzeugdiebstähle, Drogenhandel und Einbrüche, später Raubüberfälle, Vergewaltigungen, andere Gewaltakte, Betrug und illegale Geschäfte. Der Wechsel der Formen beruht auf einem Wandel der Handlungsmöglichkeiten und Gelegenheiten. Delinquenz ist in dieser Kategorie analog einer Eigenschaft konsistent über Situationen und stabil über die Zeit (Farrington & West, 1990).

Jugenddelinquenz

Demgegenüber setzt Jugenddelinquenz erst in der Adoleszenz ein und wird mit hoher Wahrscheinlichkeit im frühen Erwachsenenalter wieder aufgegeben. Schon Robins (1978) hat in einer Follow-up-Studie antisozialer Kinder über vier Jahrzehnte festgestellt, dass Delinquenz im Erwachsenenalter faktisch nur bei Personen zu beobachten ist, die schon als Kinder durch multiples antisoziales Verhalten aufgefallen sind. Im gleichen Sinne registrierten Stattin und Magnusson (1991) in einer schwedischen Längsschnittstudie, dass Erwachsenenkriminalität besser voraussagbar war von antisozialem Verhalten im Alter von 10 Jahren als im Alter von 15–17 Jahren. Jugenddelinquenz wäre demnach also ein diskontinuierliches Phänomen. Wie ist sie zu erklären?

Erwachsenenstatus durch Delikte?

Moffitt (1993) greift die alte Hypothese auf, dass Jugenddelinquenz ähnlich dem Drogengebrauch aus der besonderen Situation der Jugendlichen in der modernen Gesellschaft zu erklären sei: Die Sexualreife erfolgt in immer früherem Alter und die Ausbildung für immer komplexere Berufe dauert immer länger, so dass die Zeitspanne, in der Jugendliche biologisch erwachsen sind, kulturell und gesellschaftlich aber nicht als voll erwachsen gelten, sehr lang geworden ist. Was bleibt den Jugendlichen vorenthalten: wirtschaftliche Selbständigkeit, kostspielige Anschaffungen und Unternehmungen, nicht selten autonome Entscheidungen über Geldausgaben, über Bildungswege und Ausbildungen, Erwerbsarbeit, soziale Kontakte, sexuelle Beziehungen; der Konsum von Alkohol, Nikotin und Pornographie; auch die Kfz-Fahrerlaubnis ist altersgebunden. Eine Vielzahl von allgemeinen oder familiären Verboten und Reglementierungen weckt das Bedürfnis nach Autonomie, die als das Privileg der Erwachsenen wahrgenommen wird. Delinquenz kann nun wie der verbotene Drogengebrauch (vgl. Kap. 29) ein realer oder symbolischer Zugang zu den Privilegien des Erwachsenenalters oder auch eine Autonomie-Demonstration sein.

Status als Schutzfaktor. Moffits Erklärungshypothese kann jedoch nicht erklären, warum Abiturienten und Studierende, die eine besonders lange Ausbildungszeit vor sich haben und wirtschaftliche Unabhängigkeit als wichtiges Merkmal des Erwachsenenstatus erst spät erreichen, in der Kriminalitätsstatistik deutlich unterrepräsentiert sind. Wenn man die Statushypothese breiter fasst, wird das erklärbar: höhere Bildung bringt Status. Studierende haben Status über ihre intellektuellen Leistungen.

Deshalb ist die Frage zu stellen, wodurch sonst außer durch Delikte Jugendliche Status und eine positive Identität gewinnen können, wenn auch nicht den formalen Status von Erwachsenen. Die Frage nach Status impliziert immer auch die Frage: Status (und Anerkennung) bei wem? Wer sind die wichtigen Bezugspersonen und Bezugsgruppen?

In unserer Gesellschaft sind Leistungen eine wichtige Voraussetzung für Status: Schulleistungen, Leistungen im Sport, in der Musik, im Beruf. Durch diese Leistungen wird Anerkennung erreicht bei Eltern und Lehrern, bei Peers und in Vereinen. Man muss nicht nach Anerkennung in Randgruppen suchen durch Delikte, durch Aggressivität oder Drogen, oder nach Anerkennung in gewaltbereiten Gangs, radikalen politischen Gruppierungen oder in Sekten mit Gewaltkulten.

UNTER DER LUPE

Zur Statusmotivhypothese der Delinquenz

Hurrelmann und Engel (1991) untersuchten Delinquenz als Streben nach Sozialstatus. Sie unterschieden Status durch Schulerfolg und durch „symbolträchtigen“ Besitz (Fahrzeuge, Kleidung, usw.). Letzteres gibt Status in einer entsprechend orientierten Peergruppe, ersteres in anderen Bezugsgruppen. Je größer die Defizite an Status geschildert wurden, umso höher war die selbstberichtete Delinquenz. Schulische Misserfolge (Klassenwiederholung, schlechte Notendurchschnitte) werden, so die Theorie, über Delinquenz kompensiert. Die höhere selbstberichtete Delinquenz könnte auch dadurch zustande kommen, dass schulische Misserfolge wegen Konzentration auf delinquente Aktivitäten und Affiliationen an delinquente Gruppen, in denen Schule nicht wichtig ist, zustande kommen. Die Statusmotivhypothese wird allerdings gestützt durch den Befund, dass jene Jugendlichen, die Misserfolg erfahren, obwohl ihnen Schulerfolg persönlich sehr wichtig ist, besonders hohe Deliktraten berichten. Eine auffällig niedrige Delinquenzbelastung weisen die erfolgreichen Leistungsorientierten auf. Das zweite wichtige Ergebnis: Je mehr Defizite bezüglich Status symbolisierendem Besitz beklagt werden, um so höher ist die Delinquenzbelastung.

Verantwortung als Quelle von Status

Neben Leistungen ist soziale Verantwortung eine Quelle von Sozialstatus und Anerkennung. Der historische Anstieg der Delinquenz könnte erklärt werden durch säkulare Veränderungen in der Ausbildungs- und Berufswelt: Früher war die große Mehrzahl der Jugendlichen in einer dualen Ausbildung früh erwerbstätig. Sie waren als fortgeschrittene Lehrlinge bereits in Verantwortung und gegenüber Laien in einer Expertenrolle oder trugen in landwirtschaftlichen, handwerklichen und kaufmännischen Familienbetrieben zum Lebensunterhalt bei. Heute sind die Jugendlichen sehr viel länger in Schulen, und es sind die Mütter, die als zweite Verdiener zum Familieneinkommen beitragen. Anderson (1990) beschreibt, dass schwarze Jugendliche in armen Stadtvierteln, die von älteren Männern ihrer Gemeinde aktiv in deren Arbeits- und Lebenskontext eingebunden wurden, nicht delinquent wurden.

Im Einklang mit dieser Hypothese steht auch Elders Beobachtung, dass viele Söhne aus sozial schwachen Schichten durch die große Wirtschaftsdepression (1929 bis 1932), durch Armut und die Arbeitslosigkeit der Väter Entwicklungsstörungen erlitten, nicht aber jene, die durch Gelegenheitsjobs zum Unterhalt der Familie beitrugen. Diese Form früher existentieller Verantwortungsübernahme prägte offenbar ihr Selbstbild. Sie erwiesen sich in follow-up Studien bis ins mittlere Erwachsenenalter als erfolgreiche Bürger und verantwortliche Familienväter (Elder & Caspi, 1988).

Warum sind Mädchen und junge Frauen selten delinquent?

Ist die Tatsache, dass heranwachsende Mädchen und junge Frauen sehr viel weniger häufig delinquent werden als ihre männlichen Altersgenossen, mit der Statusmotivhypothese zu erklären? Haben Frauen dieses Alters mehr Quellen für soziale Anerkennung? Folgende Hypothesen könnten genannt werden:

(1) Mädchen sind im Durchschnitt schulisch erfolgreicher (vgl. Kap. 7/8).
(2) Mädchen haben mehr familiäre Verantwortlichkeiten als ihre Brüder, was zwar als Ungerechtigkeit problematisiert wird (vgl. Emler & Hall, 1984, Kap. 8), aber vielleicht auch soziale Anerkennung in der Familie bringt.
(3) Sozial verträgliches Verhalten gilt als fraulisches Ideal und bringt insofern Anerkennung.
(4) Das jugendliche Schönheitsideal ist kulturell für das weibliche Geschlecht in den Medien dominant, so dass sich junge Frauen im Vergleich mit älteren als attraktiver erleben dürften.

Die Statushypothese erklärt nicht alles. Selbstverständlich erklärt die Statusmotivhypothese nicht die gesamte Varianz jugendlicher Delinquenz. Sie muss ergänzt werden um Aspekte der moralischen Sozialisation (vgl. Kap. 18), der Bindung an nicht delinquente oder delinquente Bezugspersonen und -gruppen sowie um die Betrachtung der Möglichkeiten zu deviantem Handeln: In der Großstadt ist es leichter als in kleinen Gemeinden, unkontrolliert und anonym zu agieren; in Familien mit hoher Kohäsion ist die Zeit, die außerhalb der Familie verbracht wird, geringer, in Familien mit intensiverer Supervision werden delinquente Aktivitäten eher verhindert.

Auch das rasche Wachstum der Städte und die Veränderungen familiärer Strukturen könnte den säkularen Anstieg der Jugenddelinquenz erklären.

Unterschiede zwischen Jugenddelinquenten und persistent Delinquenten

Jugenddelinquenz im Unterschied zu persistenter Delinquenz ist so häufig, dass sie schon als normales (und passageres) Entwicklungsphänomen und nicht als Entwicklungspathologie angesehen wird: Sie ist ein Anpassungsversuch einer ansonsten intellektuell und sozial normalen Teilpopulation an eine spezifische Situation. Die Jugenddelinquenten haben über die Delinquenz hinaus keine pathologischen Auffälligkeiten. Während die persistent Delinquenten, die schon in der Kindheit durch antisoziales Verhalten aufgefallen sind, durchschnittlich 17 IQ-Punkte unter dem Bevölkerungsdurchschnitt liegen, ist die Differenz bei Jugenddelinquenten 1 Punkt (Hirschi & Hindelang, 1977). Auch die sozialen Beziehungen in der Peergruppe sind bei Jugenddelinquenten nicht gestört: Sie sind in den Peergruppen der Schulklassen akzeptierte oder gar attraktive Mitglieder, je nach Gruppenkultur sogar besser integriert als die Nichtdelinquenten (Quay, 1987). Auch pathologisches Verhalten und Persönlichkeitsstörungen sind bei Jugenddelinquenten nicht gehäuft. Im Unterschied zu den persistent Delinquenten ist ihr Verhaltensrepertoire nicht auf antisoziale Muster beschränkt. Ihre Einstellungen sind nicht grundsätzlich antisozial, so dass die sich im frühen Erwachsenenalter bietenden Möglichkeiten, die persönlichen Ziele mit kulturellen Normen zu harmonisieren, genutzt werden können. Berufseintritt, Partnerschaften mit nicht delinquenten Frauen, Familiengründungen, Anbindung an reputierliche soziale Gruppierungen ermöglichen einen anerkannten Erwachsenenstatus: Delinquenz wird folglich überflüssig.

Risiko der Jugenddelinquenz

Selbstverständlich birgt das delinquente Verhalten im Jugendalter Risiken. Es kann in dieser Periode Entwicklungsunfälle geben, die dann die Rückkehr in gesellschaftlich anerkannte Bahnen erschweren: Das Probieren von Drogen kann zur Abhängigkeit führen, die strafrechtliche Verurteilung zu Stigmatisierungen, die zu frühe Schwangerschaft zum Abbruch des Bildungs- und Ausbildungsweges. Von größter Bedeutung ist das Offenhalten von Zieloptionen durch Bildungs- und Ausbildungsabschlüsse.

Delinquenz durch Stigmatisierung. Besonders breit wurden die Gefahren durch soziale Etikettierung als Delinquenten (Lamnek, 1985; Sack, 1972) diskutiert. Die Etikettierungstheorie steht in der interaktionistischen Tradition von George Herbert Mead (1934), dergemäß sich die persönliche Identität und das Selbstbild in Auseinandersetzung mit dem Bild entwickelt, das andere vom Subjekt haben, d.h. das wahrgenommene Fremdbild anderer wirkt prägend auf das Selbstbild. Eine soziale Etikettierung durch andere und durch Institutionen, z.B. als Delinquent, ist eine Stigmatisierung (Goffman, 1963), die nicht nur die beruflichen und sozialen Chancen mindert, sondern auch das Selbstbild prägen kann, so dass im Endeffekt kriminelles Handeln dem Selbstkonzept entspricht (s. „Unter der Lupe“, S. 868).

Was die Gesamtbewertung der Etikettierungshypothese angeht, ist festzuhalten, dass die Jugenddelinquenz diskontinuierlich ist, also in der Regel nicht ins Erwachsenenalter fortgeführt wird, obwohl etwa 30 Prozent der Jugendlichen wegen Delikten festgenommen werden. Für diese Gruppe der offiziell registrierten Delinquenten scheint Festnahme zumindest keine über das Jugendalter hinausreichenden Etikettierungswirkungen zu haben.

Ob die Pfründe bürgerlicher Anerkennung zugänglich werden, hängt nicht zuletzt von den weiteren beruflichen und sozialen Möglichkeiten ab. Je geringer die Qualifikationen und die Chancen, wirtschaftliche Sicherheit zu gewinnen, je geringer die Chance einer stabilen Partnerschaft um so größer die Gefahr einer ungünstigen weiteren Entwicklung. Das muss nicht eine kriminelle Karriere sein, das kann auch ein unproduktives Leben

UNTER DER LUPE

Wie wäre die Etikettierungstheorie zu prüfen?

Die Etikettierungstheorie, die empirisch durchaus nicht belegt ist (vgl. Greve & Enzmann, 2001), ist methodisch schwierig zu untersuchen. Eine Längsschnitterhebung mit folgendem Design wäre erforderlich:
Zu einem ersten Zeitpunkt t_1 müsste in einer Dunkelfelderhebung die selbstberichtete Delinquenz an einer großen unausgelesenen Stichprobe erfasst werden. Auszuschließen aus der weiteren Betrachtung sind Personen in dieser Stichprobe, gegen die bereits offiziell wegen Delikten ermittelt worden ist. In einem nicht zu großen zeitlichen Abstand zu t_1 (etwa nach 12 Monaten) wäre zu einem Zeitpunkt t_2 eine erneute Dunkelfelderhebung erforderlich, darüber hinaus auch die Erfassung aller zwischen t_1 und t_2 offiziell registrierten (und eventuell verurteilten) Delikte. Die registrierten und verurteilten Straftäter bilden sodann die als delinquent etikettierte Stichprobe. Zu dieser etikettierten Stichprobe müsste aus der Gesamtstichprobe eine Kontrollgruppe parallelisiert werden, die gemäß der Dunkelfelderhebung zu t_1 eine vergleichbare Deliktbelastung (bezogen auf Häufigkeit und Schweregrad der selbstberichteten Delikte) aufweist. Um sicher zu sein, dass die etikettierte Stichprobe und die parallelisierte Kontrollstichprobe sich zwischen t_1 und t_2 nicht unterschiedlich entwickelt haben, ist auch nach der in t_2 selbstberichteten Delinquenz zu parallelisieren. Außerdem ist nach allen bekannten Risiko- und Schutzfaktoren zu parallelisieren.
Jetzt ist die Frage zu beantworten, ob die etikettierte Gruppe in der Zeit nach der offiziellen „Etikettierung“ als Delinquenten eine höhere Delinquenzbelastung entwickeln wird als die Kontrollgruppe. Dies müsste zu einem angemessenen zeitlichen Abstand t_3 (etwa zwei Jahre nach t_2) durch eine erneute Dunkelfeldbefragung in Erfahrung gebracht werden. Wenn die Etikettierungshypothese zutrifft, müsste zu t_3 die selbstberichtete Delinquenz der etikettierten Stichprobe größer sein als die der Kontrollstichprobe.
Ein Problem stellt die Inhaftierung eines Teils der Verurteilten dar: Während der Haft sind die Möglichkeiten, Straftaten zu begehen, eingeschränkt. Die Dunkelfelderhebung müsste für diese Teilstichprobe zwei Jahre nach der Haftentlassung erfolgen.

mit Alkohol- und Drogenproblemen und Abhängigkeit von der Sozialfürsorge sein. Aber es sind häufiger die persistent Delinquenten als die Jugenddelinquenten, die eine solche ungünstige Entwicklung nehmen.

Jugenddelinquenz und tradierte Delinquenztheorien

Die Entwicklungstheorie der Jugenddelinquenz unterscheidet sich von bekannten soziologischen Delinquenztheorien vor allem in zwei Punkten:

(1) In soziologischen Theorien wurde die Unterscheidung zwischen persistenter Delinquenz und Jugenddelinquenz nicht getroffen, d.h. man hat nicht auf die Entwicklung vor der Adoleszenz geschaut.
(2) Diese können allenfalls den Einstieg in die Delinquenz und deren Stabilisierung z.B. durch Anschluss an eine kriminelle Gruppierung erklären, nicht aber den Ausstieg aus der Delinquenz prognostizieren, der im Falle der Jugenddelinquenz normal ist. Implizit suggerieren die soziologischen Theorien eine Stabilität von Delinquenz, wenn sie erst einmal begonnen ist.

Auch die biogenetischen Theorien erklären die Jugenddelinquenz nicht. Tatsächlich sind die Erblichkeitskoeffizienten (vgl. Kapitel 1) für antisoziales Verhalten im Kindesalter und im Erwachsenenalter höher als für antisoziales Verhalten im Jugendalter (DiLalla & Gottesmann, 1989). Das belegt, dass Jugenddelinquenz nicht in Kontinuität zu Kinder- und Erwachsenendelinquenz steht.

4.2 Persistentes antisoziales Verhalten

Es gibt viele empirische Hinweise, dass persistentes antisoziales Verhalten bis in die früheste Kindheit zurückzuverfolgen ist und häufig mit pathologischen Störungen assoziiert ist: Hirnschädigungen (Kandel & Mednick, 1991) mit unterschiedlichen Ursachen, Aufmerksamkeitsstörungen, Störungen der motorischen Koordination, Hyperaktivität und Impulsivität, die zu Lernstörungen führen (Moffitt & Henry, 1989; Price et al., 1990), unterdurchschnittliche kognitive Leistungen (Moffitt, 1990) sind andere. Eine Attention Deficit Disorder with Hyperactivity (ADDH) ist in der Kindheit mit hoher Aggressivität und später mit persistierenden antisozialen Tendenzen korreliert.

Zusammenhänge drängen sich auf zu dem aus der Forschung über Kindesmisshandlung bekannten Syndrom des „schwierigen Kindes" (Kap. 4), das durch Irritierbarkeit, exzessives Schreien, unstabile Tagesrhythmen, Missstimmungen, Fehlen von Responsivität in sozialen Interaktionen und auf Beruhigungsversuche gekennzeichnet ist. Diese Temperamentsmerkmale sind mit späteren antisozialen Tendenzen korreliert. Obwohl beträchtliche Erblichkeitskoeffizienten berichtet wurden (Plomin et al., 1990), ist eine interaktionistische Betrachtung angezeigt.

Verhaltensstörungen führen oft zu einem Teufelskreis

Die schwierigen Kinder evozieren ungünstiges Verhalten der Eltern (Tinsley & Parke, 1983) bis zu Misshandlungen (vgl. Kap. 26). Diese ungünstigen Transaktionen (Caspi et al., 1989) kovariieren mit erhöhten Aggressionswerten in späteren Lebensperioden (Moffitt, 1990). Aggressive Kinder sind unerfreulich für alle, die mit ihnen zu tun haben, für Eltern, Lehrer, Klassenkameraden (Quay, 1987) und werden abgelehnt. Sie interpretieren Interaktionen häufig als Ablehnung, Angriff oder Provokation und reagieren deshalb aggressiv (Dodge & Frame, 1982). Die Gründe für die Persistenz sind also einmal in Eigenschaften der Kinder, sodann in stabilen Entwicklungsumwelten zu sehen, die diese Eigenschaften stabilisieren, statt sie zu verändern. Die Resistenz einer antisozialen Persönlichkeit gegen Veränderungen wird immer größer (Loeber, 1990; Petermann, 1995). Sie scheint nach der Pubertät fixiert zu sein (Suedfeld & Landon, 1978). Die hohe Stabilität von der Kindheit bis ins Erwachsenenalter ist empirisch gut belegt, besonders für das männliche Geschlecht (Huesmann et al., 1984; Olweus, 1979; Zumkley, 1993).

Familiäre Schutz- und Risikofaktoren

Zumindest bis zur Pubertät gibt es jedoch Einflussmöglichkeiten in der Familie und anderen Sozialkontexten. Nicht alle Eltern reagieren auf ihre „schwierigen" Kinder ablehnend, aggressiv und feindselig, sondern bemühen sich geduldig und erfolgreich um den Aufbau einer guten, vertrauensvollen Beziehung und den Abbau der Schwierigkeiten. Auch im Kindergarten und in der Schule muss Aggressivität nicht mit Ablehnung und Ausschluss beantwortet werden, sondern kann mit einer konstruktiven Bearbeitung der Konfliktepisoden und dem Versuch der Korrektur aggressionsauslösender Deutungsmuster angegangen werden.

Es wäre auch falsch, würde man als primären Auslöser einer Störungsentwicklung nur auf Merkmale der Kinder achten. Inkonsistente harte Bestrafungen, Misshandlungen, feindselige Haltungen der Eltern zum Kind, häufiger Streit mit Gewaltakten zwischen den Eltern sind hoch mit Aggressivität und späteren Gewaltdelikten der Kinder korreliert, was in großen Dunkelfelderhebungen an Jugendlichen eindrucksvoll nachgewiesen ist, wobei die elterliche Ablehnung von Gewalthandlungen ihrer Kinder dämpfend auf deren Gewalttätigkeit wirkt ebenso wie auch die in der Kindheit neben Misshandlungen durch die

Eltern erfahrene Zuwendung (Wetzels et al., 2001).

Letzteres deutet auf die Bedeutung, die positiver Zuwendung der Eltern in Bezug auf Delinquenz auch in risikobehafteten Familien zukommt. Von der Mehrzahl wegen Gewalttaten zu Gefängnisstrafen verurteilten Jugendlichen wird ein schlechtes Gewissen den Eltern gegenüber und Schwierigkeiten mit den Eltern unter den für sie selbst schlimmsten Folgen ihrer Tat genannt (Ihm, 2000; Heidkamp, 2000). Auf die Bedeutung positiver Eltern-Kind-Beziehungen für die Entwicklung der Moral kann nur verwiesen werden (vgl. Kap. 18).

Soziale und gesellschaftliche Risikofaktoren

Zwei Bedingungen sieht Moffitt für eine sukzessive Verengung der Optionen persistent Delinquenter:

(1) das Fehlen eines prosozialen Verhaltensrepertoires und
(2) die Folgen des abweichenden Verhaltens selbst.

Sie werden häufiger abgelehnt, erfahren weniger Unterstützung bei Schwierigkeiten in der Schule, erreichen dadurch nicht die möglichen Schulabschlüsse und verpassen Einstiege in günstigere Berufs- und Familienentwicklungen. Ein schlechter Ruf und eine Stigmatisierung als kriminell mögen ein weiteres tun. Als Erwachsene weisen diese Delinquenten eine ganze Reihe von Defiziten auf: wirtschaftlich ungesicherte Verhältnisse, unstabile Partnerschaften und Familienverhältnisse; es gibt keine verlässlichen Freunde; Alkohol- und Drogenprobleme sind häufig (Farrington und West, 1990).

Die Bedeutung von Status, Selbstkonzept und Identität in der Entwicklung von Delinquenz sollte auch in dieser Kategorie von Delinquenten nicht übersehen werden (Streng, 1995). Schon Cohen (1961) hat Statusprobleme mit der Affiliation an Banden in Zusammenhang gebracht. Niedriger Status durch die sozial schwache Elternfamilie und Misserfolge in der Schule werden kompensiert in einer Bande, deren Kultur Statuskriterien bietet, die diesen Jugendlichen erreichbar sind: Es sind die mit einem in der Unterschicht dominanten Männlichkeitsstereotyp assoziierten Kriterien der „Härte", der aggressiven Durchsetzung und der aggressiven Erwiderung auf vermeintliche Provokationen. Gewaltakte haben die Funktion, defizitäres Selbstwerterleben zu kompensieren (vgl. auch Miller, 1979). Die Gruppenmitgliedschaft gibt dann eine positive soziale Identität (Tajfel, 1978; Turner, 1962), die durch Abgrenzung gegenüber einer stereotyp abgewerteten feindlichen Außengruppe prägnant konstruiert wird.

Fremdenfeindliche Gewalt jugendlicher Gruppentäter wächst auf diesem Hintergrund, wobei durch die Ideologie der Verteidigung nationaler Güter und Rechte und die teils offene Zustimmung in der Erwachsenenpopulation zusätzlicher Statusgewinn erzielt wird. Wie die Studien von Willems et al. (1982) zeigen, sind die fremdenfeindlichen Gewalttäter allerdings psychologisch keine homogene Kategorie. Die ideologischen Führungsfiguren sind besser gebildet und in sicheren und guten beruflichen Positionen, während die in gewalttätigen Aktionen involvierten Mitglieder auch nach objektiven Kriterien Statusdefizite aufweisen.

5 Präventive und korrektive Maßnahmen

5.1 Evaluationsprobleme

Vielfalt der Maßnahmen. Die Vielfalt der Maßnahmen, die (auch) Delinquenzprävention bezwecken, ist groß. Die Rechtsstrafe selbst wurde immer auch mit einer generellen Abschreckungswirkung (Generalprävention) oder mit individuell präventiver Wirkung (Spezialprävention) begründet. Die Jugendschutzgesetze, die Einrichtung von Erziehungsberatungsstellen, Jugendzentren, Erziehungs- und Sozialwaisenheimen, die Sozialarbeit in Risikoarealen, Maßnahmen gegen die Arbeitslosigkeit, Verstärkung von Polizeistreifen, Beratungen der Bevölkerung zur Erhöhung der Sicherheit (gegen Einbruch, Raub oder Vergewaltigung), Bewährungshilfen bis zur Stadtsanierung: Alles das wird mit Präventionsargumenten begründet und ist prinzipiell evaluierbar.

Evaluationen sind schwierig. Für die meisten dieser Maßnahmen ist jedoch eine methodisch überzeugende Evaluation nicht zu realisieren. Ist schon die Interaktion aller dieser Maßnahmen untereinander mit weiteren Systemmerkmalen (Wohlstand, Kinderreichtum, Wertekonsens, Einbindung in Institutionen usw.) nicht zu überprüfen, so ist es der ständige historische Wandel in unterschiedlichen Systemaspekten schon gar nicht.

Logan (1972) formulierte als Mindestkriterium für eine valide Studie:

(1) eine angemessene Definition der Maßnahmen,
(2) ein Kontrollgruppendesign,
(3) eine Überprüfung der tatsächlichen Realisierung der Maßnahme für die Experimentalgruppe und der Nicht-Realisierung für die Kontrollgruppen,
(4) eine Prä-Post-Messung des Verhaltens,
(5) eine Definition reliabler und valider Erfolgskriterien,
(6) eine Nachuntersuchung nach angemessener Zeit.

Kaum eine Studie erfüllt alle diese Kriterien.

Verbreitete Meinung: Nichts hilft. Stimmt das?

Unter Berücksichtigung der fraglichen Validität der meisten Untersuchungen nistete sich bei Experten offenbar die Meinung ein, dass nichts, was man bislang an präventiven und korrektiven Behandlungsalternativen probierte, wirklich greift. Diese Einschätzung ("nothing works") muss jedoch relativiert werden.

Langfristige, umfassende Maßnahmen. Es ist erstens unrealistisch zu erwarten, dass kurzzeitige Interventionen einen nachhaltigen Präventionseffekt haben. Antisoziales Verhalten resultiert in den meisten Fällen aus einem Netz personeller, kontextueller und biographischer Variablen, das nicht durch eine einzelne Maßnahme kompensiert werden kann. Stattdessen müsste man sich von vornherein darauf einstellen, dass langdauernde, umfassende, an unterschiedlichen Punkten des individuellen und sozialen Systems ansetzende Interventionen notwendig sind.

Individualisierung der Maßnahmen. Bei der Evaluation von Maßnahmen wird Delinquenz in der Regel als eine einheitliche Störungsform betrachtet und nicht differenziert. Differenzierungen sind jedoch dringend geboten, denn Maßnahmen greifen nur, wenn sie auf die Täterpersönlichkeit, deren sozialen Kontext und Lebenssituation und die Tatumstände abgestimmt sind (Göppinger, 1985). Programmpakete mit vielen Ansatzpunkten haben dabei eine größere Chance, passende Komponenten für die Beteiligten zu enthalten.

Erfolgreiche Programme. In Überblicken über Evaluationsstudien konnten immerhin einige erfolgreiche Programme identifiziert werden, auch wenn eine Validierung durch Replikation aussteht. Die primär präventiven Programme erfordern eine frühzeitige Identifikation individueller und/oder kontextueller Risikofaktoren. Sie bestehen darin, diese auszuschalten oder gegen diese zu immunisieren. In der frühen Kindheit setzen Programme in der Familie an. Kindergärten, Vorschulen und Schulen bieten in den nachfolgenden Jahren Möglichkeiten. Die sekundäre Prävention ist auf Heranwachsende gerichtet, die bereits durch antisoziale Verhaltensprobleme und Delikte auffällig geworden sind, jedoch noch nicht offiziell als Delinquenten registriert sind. Die Bemühungen richten sich auf eine Modifikation der bestehenden Verhaltensprobleme. Tertiäre Prävention ist auf eine Verhinderung von Rückfälligkeit bereits straffällig gewordener Delinquenten gerichtet.

5.2 Primäre und sekundäre Prävention

Maßnahmen in früher Kindheit. Ansatzpunkte für eine primäre Prävention in der Kindheit liefern Untersuchungen, die zeigen, dass Armut kombiniert mit chaotischen Familienverhältnissen und problematischen familiären Interaktionsformen und Erziehungsstilen antisoziale Auffälligkeiten generiert oder stabilisiert. Folglich hat man Elterntrainings in solchen Familien versucht. Das konsistenteste Ergebnis war, dass es sehr schwierig war, die Eltern, die es am nötigsten hätten, für eine kontinuierliche Mitarbeit zu gewinnen. Insgesamt erfolgreicher erwiesen sich globale familiäre Unterstützungsmaßnahmen, die sozialarbeiterische, pädiatrische, psychologische Beratungs- und Betreuungselemente kombinieren (Mulvey et al., 1993). Wenn diese Programme, in denen versucht wird, für Mittelschichtfamilien typische Betreuungsstandards zu erreichen, über längere Zeit durchgeführt werden, sind auch langfristig durchschnittlich positive Entwicklungen im Vergleich zu Kontrollgruppen zu erwarten (Seitz, 1983).

Leistungsbezogene Maßnahmen in der Schulzeit. Da persistente Delinquenz mit Schulversagen, Schuldropout und dem Abbruch von Berufsausbildungen korreliert ist, sind kompensatorische vorschulische und schulische Programme auch als Möglichkeiten der Primärprävention von Delinquenz anzusehen. Obwohl viele Vorschulprogramme in Bezug auf nachhaltige Veränderungen des IQ enttäuschende Ergebnisse zeigten, haben langfristige Untersuchungen doch aufgezeigt, dass die Teilnehmer bessere Schulabschlüsse und ein besseres Berufsniveau erreichten als vergleichbare Kontrollgruppen (Haskins, 1989; Lazar & Darlington, 1982). Bezogen auf die Kriterien Delinquenz und Teenagerschwangerschaft hat Schweinhart (1987) solche langfristigen Wirkungen nachgewiesen. Sekundär präventive Programme, die auf eine Berufsausbildung von Schulabbrechern konzentriert waren, erwiesen sich ebenfalls als erfolgreich in Bezug auf die Kriterien Berufstätigkeit, Familienstatus und Delinquenzrate (Shore & Massimo, 1973).

In diesem Zusammenhang ist die ausschließliche Benutzung sozialer Bezugsnormen für die Leistungsbewertung (Rheinberg, 1980) zu überdenken. Sie führt bei leistungsschwachen Schülern zu fortgesetzter Misserfolgsrückmeldung durch schlechte Noten. Für leistungsschwache Schüler wäre zielerreichendes Lernen bis zum Verständnis und bis zur Beherrschung des Stoffes mit der Rückmeldung der Meisterung befriedigender und erlaubte den Aufbau eines realistischen, aber positiven Kompetenzselbstbildes. In Kauf genommen werden muss eine Reduzierung der Zahl der Lerninhalte (Module). Im übrigen wäre diese Art der Leistungsbewertung auch informativer für potentielle Arbeitgeber, die nicht nur über die generelle Leistungsschwäche informiert würden wie bisher, sondern erführen, welche Module tatsächlich beherrscht werden.

Aufbau sozialer Kompetenzen und Haltungen. Ausgehend von der Beobachtung, dass viele antisoziale und persistent Delinquente Defizite in der sozialen Interaktion haben, wurden Programme zur Vermittlung von Perspektivenübernahme, von angemessenem Verständnis des Verhaltens anderer Menschen, von Kommunikations- und Kooperationsfähigkeit, von unaggressiven Formen der Konfliktbereinigung usw. entwickelt, die durchaus Erfolge erzielen (Petermann & Petermann, 1985, vgl. auch Shure & Spivack, 1988).

Zur Eindämmung der Jugenddelinquenz könnten Reformen des Bildungs- und Ausbildungswesens beitragen, die für die Mehrheit der Jugendlichen wieder ein duales System von schulischer Ausbildung, beruflicher Lehre und beruflicher Verantwortung vorsähe. Auch pflichtgemäße Beiträge zum Allgemeinwohl, die begleitend zum allgemeinbildenden Schulsystem erbracht werden, etwa mit einem Aufgabenspektrum, das zur Zeit im Zivildienst und im sozialen Jahr üblich ist, könnten soziale Anerkennung durch soziale Verantwortung ermöglichen.

5.3 Tertiäre oder Rückfallprävention

Bezüglich Rückfallprävention sind zwei Grundformen von Maßnahmen zu unterscheiden: die Rechtsstrafe, von der eine abschreckende Wirkung auf die Täter erwartet wird und sozialisierende/erzieherische Maßnahmen, für die sich der

Begriff sozialtherapeutische Maßnahmen eingebürgert hat.

In der Bundesrepublik Deutschland sieht die 1969 verabschiedete Strafrechtsreform eine sozialtherapeutische Behandlung bestimmter Täterklassen vor. Einzelne Modellversuche konnten realisiert und evaluiert werden: Einen Überblick gibt Dünkel (1996). Die Modellversuche, die auf eine Individualisierung der Behandlung und auf die Erprobung psychotherapeutischer Haltungen und Verfahrensweisen zielen, erbrachten eine merkliche Reduktion der Rückfallquote in Höhe von 10–25 Prozent gegenüber dem Standardvollzug, auch eine Minderung des Schweregrades der Delikte Rückfälliger. Ob allerdings Selektionseffekte oder andere Verletzungen der Validität vorliegen, kann nicht zweifelsfrei gesagt werden.

Unerwünschte Nebenwirkungen der Haftstrafen. Bei der Beurteilung der Wirksamkeit von Haftstrafen ist zunächst zu beachten, dass vorwiegend Vielfachtäter mit Haftstrafen belegt werden (Greve, 2001). Sodann ist die Rückfälligkeit nach Haftentlassung auch eine Funktion des Lebensalters. Loesel (1995) berichtet aus der Statistik des Generalbundesanwalts eine Rückfallquote von etwa 50 Prozent für 20- bis 25-Jährige, und nur noch von 35 Prozent für 25- bis 30-Jährige, was auch auf den typischen Entwicklungsverlauf der Deliquenz zurückgeführt werden kann. Schneider (1990) weist nach, dass die Angst vor der Haftstrafe durch die Hafterfahrung nicht erhöht, sondern vermindert wird, so dass die individuelle Abschreckungswirkung nicht als primäre Ursache der Nicht-Rückfälligkeit gewertet werden kann. Auch ist zu bedenken, dass Nicht-Rückfälligkeit im Sinne keiner weiteren Verurteilungen weder bedeutet, dass keine Straftaten begangen werden, noch dass keine antisozialen Handlungen unterhalb der Schwelle der Straftaten (Aggressivität und ausbeuterisches Handeln im privaten Kontext, Ausnutzung von Sozialsystemen u.a.m.) vorkommen.

Greve (2001) macht jedoch zurecht darauf aufmerksam, dass Rechtsstrafen nicht nur in Bezug auf ihre Wirksamkeit bezüglich der Rückfallprävention beurteilt werden sollten. Haftstrafen können Selbstwertbewusstsein, soziale Integration und berufliche Chancen beeinträchtigen. Die Haft bietet wenig Gelegenheiten, konstruktive soziale Kompetenzen und Einstellungen zu erwerben. Insgesamt ist über die Entwicklungswirkungen der Haftstrafen und der Varianten ihrer Implementation zu wenig bekannt (Greve & Hosser, 1998), als dass Schlussfolgerungen für eine Gestaltung abgeleitet werden könnten, die positive Entwicklungsimpulse geben würden.

Zur generalpräventiven Abschreckungswirkung der Rechtsstrafe. Von der tertiär präventiven Funktion der Rechtsstrafe ist die allgemeine Abschreckungswirkung zu unterscheiden. Die Zweifel an der generalpräventiven abschreckenden Wirkung der Rechtsstrafe entzünden sich an Untersuchungen über die Abschaffung und Wiedereinführung der Todesstrafe bzw. ihrer Aussetzung. In der Tat gibt es bis heute keine schlüssigen Nachweise, dass die Todesstrafe und ihre Realisierung die Zahl der schwerwiegenden Verbrechen reduziert (z. Überblick Amelang, 1986).

Weiterführende Literatur

Wetzels, P., Enzmann, D., Mecklenburg, E. & Pfeiffer, C. (2001). Jugend und Gewalt: Eine repräsentative Dunkelfeldanalyse in München und acht anderen deutschen Städten. Baden-Baden: Nomos.
Dieses Buch berichtet über eine große Dunkelfelderhebung in Deutschland, die auf der Grundlage aktueller Theorien der Delinquenz im Jugendalter geplant wurde.

Bereswil, W & Greve, W. (Hrsg.) (2001). Forschungsthema Strafvollzug. Baden-Baden: Nomos.
Die Edition bietet in 11 Beiträgen Informationen über das Erleben und die Wirkungen von Strafhaft sowie von Sanktionen bei Kinderdelinquenz sowie über Behandlungsmöglichkeiten im Strafvollzug.

Bierhoff, H.-W. & Wagner, U. (Hrsg.) (1998). Aggression und Gewalt: Phänomene, Ursachen und Intentionen. Stuttgart: Kohlhammer.
Die 13 Kapitel dieser Edition analysieren persönliche und gesellschaftliche Bedingungen der Gewalt, u.a. sexueller Gewalt, Fanclubgewalt, rechtsextreme Gewalt und internationale Gewalt und Möglichkeiten der Intervention auf individueller und staatlicher Ebene.

Kapitel 30
Jugend und Politik
Anpassung – Partizipation – Extremismus

Siegfried Preiser

1 Politisches Bewusstsein und politisches Handeln als Entwicklungsaufgabe

Spätestens mit dem Erreichen des Wahlalters sollen junge Erwachsene sich für Politik interessieren, politische Sachverhalte differenziert beurteilen und kompetent politische Ziele verfolgen können. Zwar entwickeln Kinder schon im Grundschulalter einfache und konkrete Vorstellungen über die Heimat, über Krieg und Frieden, über gesellschaftliche Institutionen wie Polizei und Gericht. Sie übernehmen von ihren Eltern affektive Bindungen an Nation, Regierung und Parteien. Sie entwickeln in einer „latenten politischen Sozialisation" grundlegende persönliche und soziale Kompetenzen, die später manifest auf die Politik übertragen werden können. Aber die zentralen Entwicklungsaufgaben der politischen Sozialisation werden erst im Jugendalter bearbeitet (vgl. Fend, 2000). Jetzt werden politische Themen verstärkt beachtet, und dafür gibt es gute Gründe:

- Die kognitive Entwicklung ermöglicht abstraktes und hypothetisches Denken und fördert dadurch das Verständnis für komplexere politische Prozesse und Systeme.
- Die moralische Entwicklung führt zu einer stärkeren Beachtung gesellschaftlicher Normen und der ihnen zugrunde liegenden Prinzipien.
- Politik ist ein möglicher Bereich der Identitätsentwicklung, vor allem in Gesellschaften mit einem hohen Politisierungsgrad.
- Über die Schule, Jugendgruppen und Verbände, Gleichaltrige und Medien werden Jugendliche mit politischen Themen und Anforderungen konfrontiert.
- Die Strafmündigkeit und das herannahende Wahlalter lenken die Aufmerksamkeit auf das Rechts- und Gesellschaftssystem.

Politische Haltungen. Je nach inneren und äußeren Entwicklungsbedingungen sind die Resultate der politischen Sozialisation sehr unterschiedlich:

(1) Verbleiben im Desinteresse an Politik,
(2) unreflektierte Übernahme politischer Positionen von den Eltern oder von anderen Bezugspersonen,
(3) politische Partizipation mit dem Anspruch auf Mitbestimmung und Mitgestaltung,
(4) Extremismus als verbal-radikale oder auch gewaltbereite revolutionäre Ablehnung der politischen Verhältnisse und
(5) Politikverdrossenheit als resignativer Rückzug aus der Politik.

Im modernen Politikverständnis gelten extremistische Gewaltbereitschaft, aber auch Desinteresse, Rückzug und kritiklose Unterordnung als demokratiefeindlich. Partizipation wird angestrebt; verbal-radikale Positionen werden als konstruktive Bereicherung der politischen Diskussion anerkannt. Die politisch-psychologische Forschung analysiert individuelle, soziale und gesellschaftliche Bedingungen politischen Handelns. Sie sucht nach Möglichkeiten zur Förderung von politischem Verständnis, Handlungsfähigkeit und Partizipation, zur Überwindung von Politikverdrossenheit und zur Prävention von destruktiver Gewaltbereitschaft.

2 Grundbegriffe

Politische Sozialisation und politisches Lernen. Das traditionelle, anpassungsorientierte „Transmissionsmodell" versteht unter politischer Sozialisation eine möglichst nahtlose Übertragung von Werten, Normen und Loyalität gegenüber dem politischen System von einer Generation auf die nächste. Das „Emanzipationsmodell" politischen Lernens dagegen fragt bevorzugt nach der Entwicklung und Förderung von Kritik- und Partizipationsfähigkeit: Selbstbestimmung statt Anpassung, aktives politisches Lernen statt passiven Sozialisiertwerdens, Lernen von Möglichkeiten statt Vermittlung von Normen (Krieger, 1983).

Politische Partizipation. Seit den Studentenprotesten und Bürgerbewegungen hat Wählen als Partizipationsform an Bedeutung eingebüßt. Politische Mündigkeit zeigt sich nicht mehr allein in fehlender Verführbarkeit durch extremistische Parteien, sondern auch in kritischer Distanz zu eingefahrenen Politikformen und -zielen. Bei den Partizipationsformen unterscheidet man konventionelle (wie Wählen und Mitarbeit in Parteien), unkonventionelle (wie Demonstrationen, Bürgerinitiativen) und illegale (wie Gewaltanwendung).

Politikverdrossenheit. Gegen Ende des 20. Jahrhunderts gewann der Gegenpol politischen Engagements, die „politische Apathie", die Aufmerksamkeit der Politiker, Medien und Forscher. Politikverdrossenheit ist ein umgangssprachlicher Begriff, der Misstrauen, Unzufriedenheit und Interesselosigkeit gegenüber dem politischen System beinhaltet. Sie äußert sich in Desinteresse, sinkender Wahlbeteiligung, fehlendem Nachwuchs für die Parteien und nachlassender Bindung an Parteien. Es lassen sich zwei Formen unterscheiden: Politiker- und Parteienverdrossenheit als aktuelle Unzufriedenheit einerseits und Politik- oder Staatsverdrossenheit als generelle Unzufriedenheit mit dem politischen System und den demokratischen Institutionen andererseits (vgl. Janas & Preiser, 1999). Politikverdrossenheit ist ein Thema mit langer Tradition: Die karikaturistische Figur des schlafmützigen „Deutschen Michel" wurde bereits im 16. Jahrhundert geschaffen, um das deutsche Volk politisch wachzurütteln.

Extremismus und Radikalismus. Radikalität lässt sich als Vorhandensein extremer Einstellungen und Grundsätze beschreiben. Dogmatismus meint die starre Orientierung an – meist einfach strukturierten – Überzeugungssystemen. Radikalität und Dogmatismus schließen jedoch weder die Akzeptanz demokratischer Grundwerte noch die Toleranz für Personen mit anderen Auffassungen aus. Politischer Extremismus oder Radikalismus ist dagegen gekennzeichnet durch Ablehnung des demokratischen Verfassungsstaates und seiner Werte, durch Zurückweisung des Pluralismus, durch einen Alleinvertretungsanspruch für politische Deutungsmuster. Extremismus beinhaltet vielfach zusätzlich Gewaltbereitschaft mit dem Ziel der unbedingten Durchsetzung eigener Auffassungen.

3 Jugend und Politik – Situationsbeschreibung

Sind Engagement und Extremismus Jugendphänomene? Wir können mit einem schnellen „Ja"

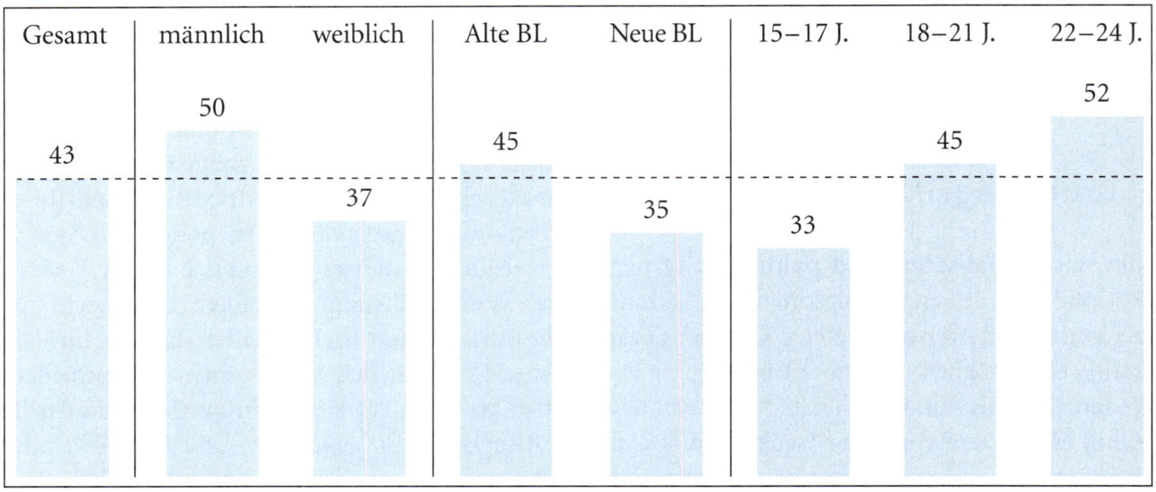

Abbildung 30.1. Politisches Interesse im Jahre 1999 in verschiedenen Gruppen (Ja-Antworten in %). Repräsentative Gesamtstichprobe n = 4.546 (nach Fischer, 2000, S. 263)

antworten, wenn wir den Blick auf die weltweiten Protestbewegungen und Gewaltwellen der letzten Jahrzehnte lenken. „Jugendengagement" und „Jugendprotest" sind Begriffe, die aktive und extreme Positionen direkt mit dem Jugendalter verknüpfen. Aber waren nicht auch Hitler, Khomeini und Saddam Hussein politische Extremisten? Sind nicht auch ältere Männer und Frauen als Sympathisanten und Aktivisten bei fanatischen Ausbrüchen fundamentalistischer und nationalistischer Gewalt zu beobachten? Extremismus ist offenbar nicht auf das Jugendalter beschränkt. Seine gewalttätigen Varianten sind sogar eher dem frühen Erwachsenenalter zuzuordnen. Andererseits ist auch konstruktives Engagement auf allen Altersstufen zu beobachten.

Jugend und Politik – eine Bestandsaufnahme

Wahlbeteiligung. Die Wahlbeteiligung der Jungwähler hat sich bei Landtagswahlen zwischen 1972 und 2000 von 70,6 auf 48,2 Prozent verringert (Wiesendahl, 2001).

Interesse. Weniger als 50 Prozent der deutschen Jugendlichen und jungen Erwachsenen bekunden ein Interesse an Politik. Für das Jahr 1999 lassen sich deutliche Unterschiede zwischen 15- und 24-Jährigen feststellen (33 versus 52 Prozent). Für die Gesamtgruppe ergibt sich zwischen 1984 und 1999 ein Rückgang von 55 auf 43 Prozent (Fischer, 2000).

Vertrauen. Seit 1984 lässt sich ein deutlicher Vertrauensverlust in Regierung und Verwaltungsin-

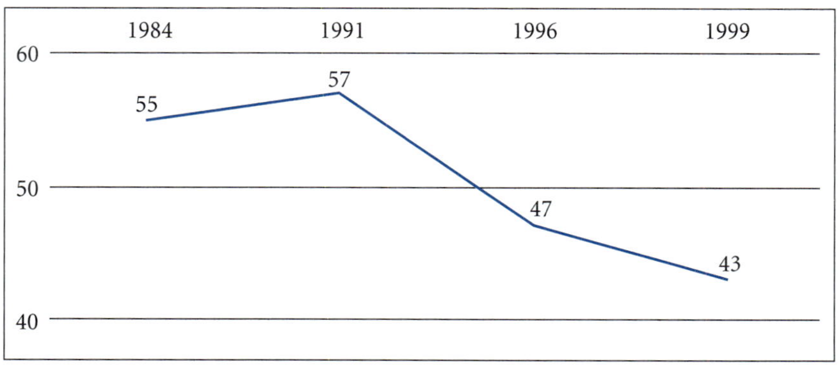

Abbildung 30.2. Politisches Interesse der 15- bis 24-Jährigen im zeitlichen Vergleich (Ja-Antworten in %). Repräsentative Gesamtstichprobe n = 4.546 (nach Fischer, 2000, S. 263)

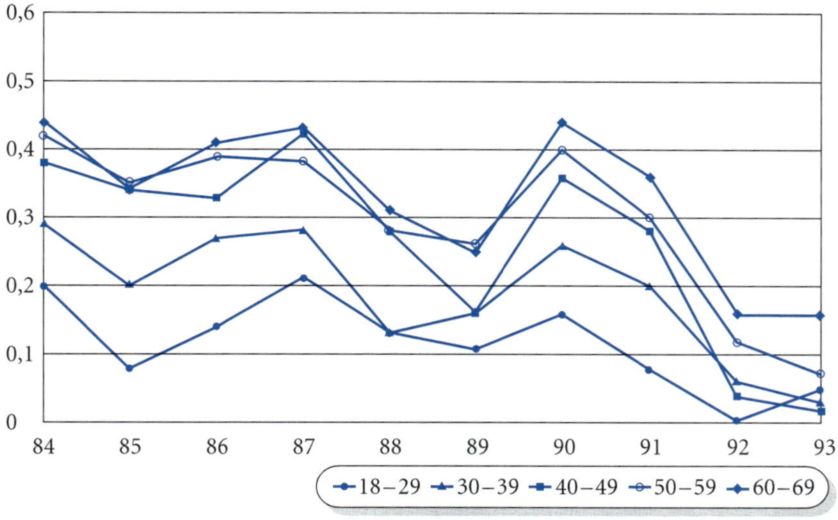

Abbildung 30.3. Politisches Vertrauen in Regierungsinstitutionen in den alten Bundesländern im zeitlichen Verlauf, nach Alter differenziert (Mittlere Einschätzungen auf einer Skala von –1 bis +1). Stichprobe n = 18.469 (nach Pickel & Walz, 1996, S. 362)

stitutionen wie Justiz, Polizei oder Verfassungsgericht konstatieren, wobei das politische Vertrauen der jüngeren Altersgruppen besonders niedrig ist (vgl. Abbildung 30.3 und 30.4). In den östlichen Bundesländern zeigen sich ähnliche Trends, jedoch auf noch niedrigerem Vertrauensniveau (z.B. Gaiser et al., 2000; Gille et al., 1996). Zwischen 1996 und 1999 haben staatliche Institutionen wieder etwas Vertrauen gewinnen können (Fischer, 2000).

Rechtsextremismus und Gewaltbereitschaft. 1999 wurden je 100.000 Einwohner in Ostdeutschland 2,19 und in Westdeutschland 0,68 rechtsextremistisch motivierte Gewalttaten registriert. Die Tatverdächtigen waren fast ausschließlich Männer mit einem niedrigen Bildungsstatus; mehr als ein Drittel war unter 18 Jahre alt (vgl. Pfahl-Traughber, 2000). Drei bis vier Prozent der Jugendlichen und jungen Erwachsenen bezeichnen sich in aktuellen Umfragen als rechtsextrem und gewaltbereit, die latente Gewaltbereitschaft wird sogar auf 10 bis 25 Prozent geschätzt. Die Ergebnisse sind zeitgeschichtlichen Schwankungen unterworfen. Im Bereich des Rechtsextre-

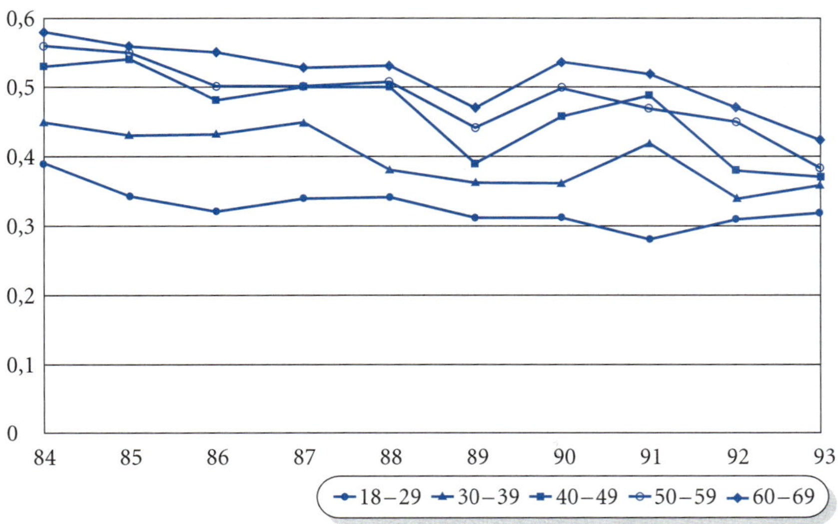

Abbildung 30.4. Politisches Vertrauen in Verwaltungsinstitutionen in den alten Bundesländern im zeitlichen Verlauf, nach Alter differenziert (Mittlere Einschätzungen auf einer Skala von –1 bis +1). Stichprobe n = 18.469 (nach Pickel & Walz, 1996, S. 362)

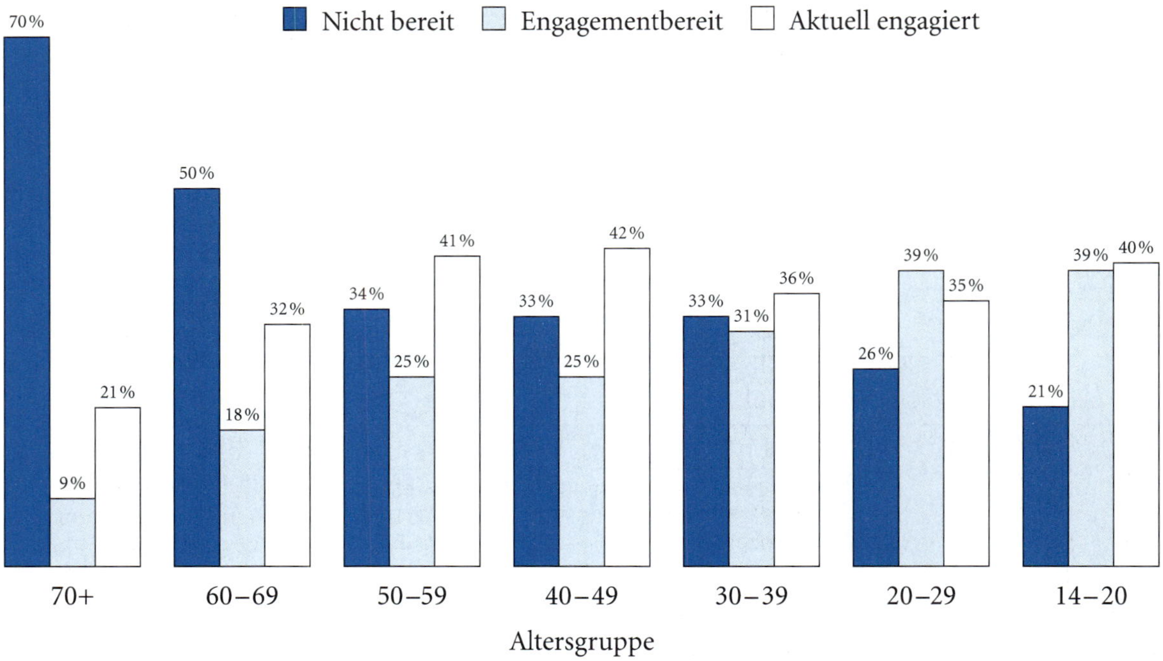

Abbildung 30.5. Potentielles und aktuelles Engagement in den alten Bundesländern, nach Alter differenziert (in %). Stichprobe ca. 15.000 (nach Gensicke, 2001, S. 31)

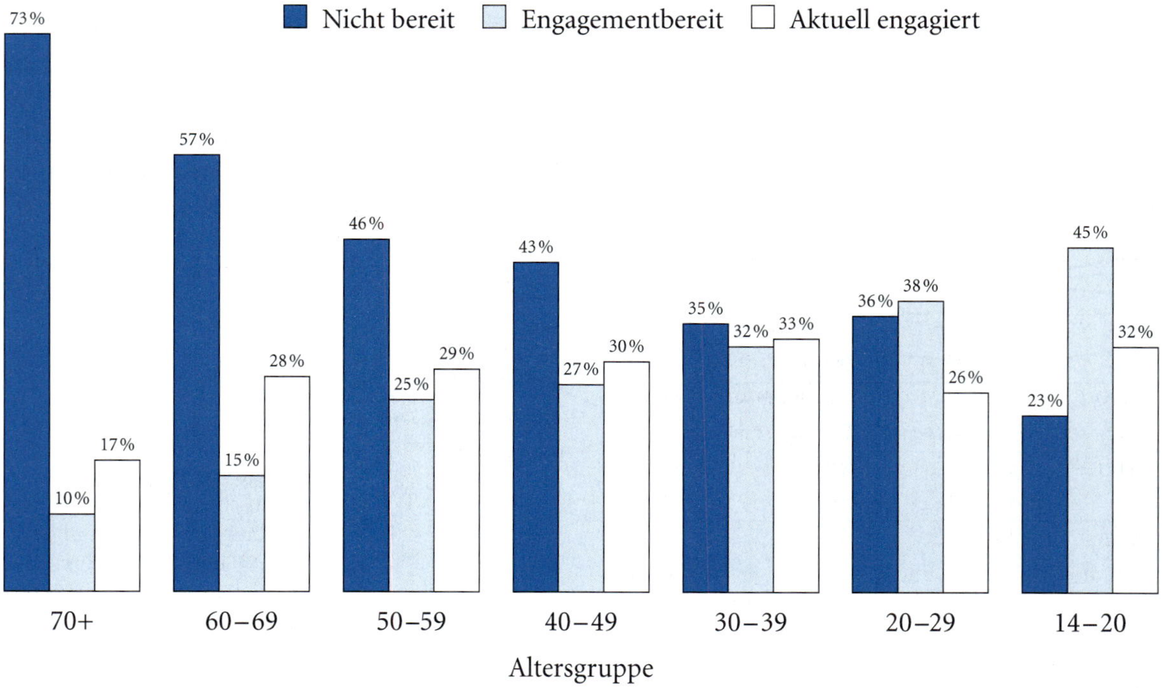

Abbildung 30.6. Potentielles und aktuelles Engagement in den neuen Bundesländern, nach Alter differenziert (in %). Stichprobe ca. 5.400 (nach Gensicke, 2001, S. 31)

mismus und der so genannten „Neuen Rechten" gibt es große strukturelle Unterschiede und Veränderungen, die sowohl Prognosen als auch pädagogische und präventive Maßnahmen erschweren.

Parteiarbeit. Die Neuaufnahme von Jugendlichen und der Anteil junger Erwachsener sind bei den Bundestagsparteien in den letzten Jahren erheblich zurückgegangen. Der Anteil der unter 30-Jährigen liegt bei den etablierten Parteien bei etwa fünf bis sechs Prozent, bei der PDS bei drei Prozent und lediglich bei BÜNDNIS 90/Die Grünen bei zwölf Prozent (Wiesendahl, 2001 sowie aktuelle Auskünfte vom August 2001). Nur 0,45 Prozent der 16- bis 24-Jährigen waren im Jahre 1998 Mitglied in einer der beiden großen Parteien; 1980 waren es noch 0,96 Prozent.

Gesellschaftliches Engagement. In Deutschland ist ein hohes latentes Potential für gesellschaftliches Engagement feststellbar (bei annähernd 50 Prozent der jungen Erwachsenen nach Klages & Gensicke, 1998; Keupp, 2000). Zählt man die Mitarbeit in Sport-, Freizeit- und Jugendgruppen hinzu, so sind bei den 14- bis 20-Jährigen sogar fast 80 Prozent aktuell engagiert oder engagementbereit. Dieses Potential weist auch bei Erwachsenen bis zum Alter von 60 Jahren noch ein relativ hohes Niveau auf (Gensicke, 2001).

FAZIT

Es gibt jugendtypische Verläufe und Formen des Engagements und des Rückzugs; ähnliche Prozesse finden sich aber auf allen Altersstufen. Jugendphänomene sind im historischen Kontext möglicherweise nur besonders sensible Seismographen für gesamtgesellschaftliche Trends. Alle berichteten Ergebnisse können zum Zeitpunkt ihrer Veröffentlichung zudem schon überholt sein. Die Antworten und Befunde hängen von politischen Stimmungen und historischen Strömungen ab. Eine Bestandsaufnahme der konstruktiven und der extremistischen Potentiale muss in Zeiten gesellschaftlichen Wandels aktuellen repräsentativen Erhebungen vorbehalten bleiben. Die Prozesse politischer Sozialisation und politischen Handelns dürften jedoch über die Zeit hinweg vergleichbaren Einflüssen und Gesetzmäßigkeiten unterliegen.

4 Betrachtungsebenen und Erklärungsansätze

Politische Sozialisation ist von vielfältigen Einflussfaktoren und Hintergrundbedingungen abhängig (s. Preiser, 1994). Dazu existieren verschiedene Betrachtungsebenen und Erklärungsansätze:

(1) Die soziobiologische Perspektive postuliert einen biologisch vorgegebenen Aggressionstrieb als Ursache politischer Gewalt. Politischen Zielen und Handlungen liegen danach natürliche Grundbedürfnisse zugrunde (Davies, 1963), gesellschaftliches Verhalten sei weithin genetisch determiniert. Jeder einseitige Biologismus ist aber verfehlt, man muss von einer wechselseitigen Beeinflussung von Organismus und Umgebung ausgehen (Davies, 1987; Wuketis, 1990).

(2) Aus entwicklungspsychologischer und sozialkognitiver Perspektive wird die Entwicklung politischer Haltungen im Zusammenhang mit der kognitiven und moralischen Entwicklung betrachtet. Die Bedeutung einer abstrakten Urteilsbildung wird hervorgehoben, politische Überzeugungen und Aktivitäten werden als Teil der Identitätsfindung aufgefasst.

(3) Aus der Sozialisationsperspektive werden u.a. Eltern-Kind-Interaktionen, Sozialisierung durch Medien, politische Bildung sowie „Schlüsselerlebnisse" als potentielle Bedingungen für konstruktives oder destruktives Engagement analysiert.

(4) Aus persönlichkeits- und motivationspsychologischer Perspektive wird gefragt, welche

Persönlichkeitsmerkmale oder individuellen Motive bestimmte politische Einstellungen oder Verhaltensweisen begünstigen.

(5) Aus handlungstheoretischer Perspektive wird politisches Verhalten als rationales, zielorientiertes Handeln betrachtet. Dabei spielen subjektive Beurteilungen und Erwartungen der Handelnden eine wichtige Rolle, insbesondere Einschätzungen der eigenen Kompetenzen und Einflussmöglichkeiten.

(6) Die politisch-gesellschaftliche Perspektive betrachtet die Abhängigkeit des politischen Engagements von den angebotenen Möglichkeiten der Mitbestimmung und Einflussnahme. Extremistische Haltungen gelten auch als Folge gesellschaftlicher Fehlentwicklungen, beispielsweise in Situationen wahrgenommener Repression, fehlender Zukunftschancen usw.

(7) Die sozialpsychologische und sozialstrukturelle Perspektive betrachtet die Wirkung von Gruppenerfahrungen, Vorbildern und gesellschaftlichem Status auf politische Einstellungen, z.B. Solidarität, Konformität, Vorurteile und kollektive Gewaltbereitschaft.

(8) Aus der psychopathologischen Perspektive wird politischer Extremismus als pathologischer Prozess interpretiert, z.B. als Ausdruck von Entwicklungsdefiziten oder unbewältigten familiären Konflikten.

(9) Die kriminologische Perspektive stellt kriminalistische Überlegungen zur Aufklärung und Vorbeugung von Straftaten in den Vordergrund. Eine zurückhaltende Verfolgungs- und Verurteilungspraxis wird z.B. als potentielle Ermutigung von Gewalttätern angesehen.

Politisches Handeln als komplexes Systemgeschehen. Politische Einstellungen werden nicht durch einen einzelnen Ansatz erklär- und verstehbar. Politisches Handeln und politische Sozialisation sind nur in einer interaktiven Perspektive zu verstehen. Am Beispiel des Extremismus kann gezeigt werden, dass es von individuellen Bewertungs- und Verarbeitungsprozessen abhängt, in welcher Form gesellschaftliche Bedingungen die Entstehung extremer Einstellungen beeinflussen. Der Einfluss individueller Merkmale wie der kognitiven Komplexität wird vom historischen Kontext mitgestaltet. Die Überwindung additiver oder gar monokausaler Erklärungsansätze erscheint zwingend notwendig. Extremismus und konstruktive politische Partizipation entwickeln und verändern sich in einem komplexen Zusammenspiel gesellschaftlicher Bedingungen, konkreter sozialer Gruppen und individueller Merkmale und Motive.

Extremismus – Zusammenfassende Erklärungsansätze

Extremismus ist ein individuelles Merkmal, zugleich aber auch ein soziales und gesellschaftliches Phänomen. Extremismus kann als zielorientiertes Handeln oder als Prozess lebensgeschichtlicher Entwicklung betrachtet werden.

Extremismus als individuelles Merkmal. Das weitverbreitete „Ideologie-Modell" postuliert, Rechts- und Linksextreme seien autoritätsorientiert, dogmatisch und kognitiv wenig differenziert (nach Sidanius & Lau, 1989). Die „Kontext-Hypothese" als Gegenposition (Sidanius) nimmt dagegen an, es hänge vom Kontext ab, welcher Zusammenhang zwischen Differenziertheit und Radikalität besteht. Neben der kognitiven Differenziertheit und der politischen Urteilsfähigkeit begünstigt ein hohes moralisches Urteilsniveau radikale Haltungen im Sinne kompromissloser ethischer Positionen (Merelman, 1977).

Extremismus als soziales und gesellschaftliches Phänomen. Nicht ungünstige Lebensumstände als solche, sondern „relative Deprivationen" begünstigen Extremismus, d.h. Diskrepanzen der aktuellen Lebensqualität zu den als berechtigt angesehenen eigenen Ansprüchen. Ein verletztes Gerechtigkeitsempfinden kann sogar – wie bei Michael Kohlhaas – die Bereitschaft fördern, mit Gewalt eine ausgleichende Gerechtigkeit herbeiführen zu wollen (Preiser, 1993). Die Extremismusanfälligkeit wird mit Orientierungs- und Perspektivlosigkeit der gesellschaftlichen und der individuellen Entwicklung in Krisensituationen zu erklären versucht. Die Marginalisierung extremer Gruppen wie „Skinheads" oder „Autonome" in der Öffentlichkeit kann zu einer immer weiter gehenden Abschottung und Extremisierung führen.

Extremismus als zielorientiertes Handeln. Die eigenen Ziele geben die Richtung an, in die sich jemand engagiert. Ohne Ziele gibt es vielleicht Mitläufertum und Aktionismus, aber kein eigenständiges Handeln. Ob Ziele allerdings in konstruktive oder in gewalttätige Handlungen umgesetzt werden, hängt auch davon ab, ob ein erfolgversprechendes Engagement möglich erscheint. Die Einschätzung von Handlungsmöglichkeiten und Erfolgsaussichten ist ein erfahrungsabhängiger Prozess. Politische Partizipation wird durch ein positives Selbstkonzept begünstigt: Wer glaubt, in der Politik Bescheid zu wissen und etwas bewirken zu können, wird sich mit erhöhter Wahrscheinlichkeit engagieren. Je größer die wahrgenommene Selbstwirksamkeit der Handelnden und je größer die legalen Einflussmöglichkeiten, desto unwahrscheinlicher werden destruktive Handlungen zur Zielerreichung.

Extremismus als Entwicklungsphänomen. Ein ausreichendes Verständnis von politischen Strukturen und Prozessen ist eine notwendige Basis für politischen Extremismus – nicht jedoch für unreflektierte Aktionen unter politischem Etikett. Deshalb ist das Jugendalter der früheste, nicht aber der einzige Zeitpunkt für extremistische Entwicklungen.

Extremismus als lebensgeschichtliche Entwicklung. Betrachtet man Extremismus als eine „Karriere", stellt sich die Frage nach Vorläufererfahrungen, Verläufen und lebensgeschichtlichen Brüchen. Radikalität und Extremismus können als Aspekte der Identitätsentwicklung aufgefasst werden. Jugendliche befinden sich im Übergang zwischen verschiedenen Bezugsgruppen, Interpretations- und Bewertungsmustern. Während die kognitive Entwicklung die eigenständige Sinnsuche ermöglicht (als Aspekt der „Geborgenheitsmotivation", vgl. Preiser, 1990), werden gleichzeitig immer weniger verbindliche Orientierungen angeboten. Sinndefizite werden durch Vertrautheit und Zugehörigkeit zu Peer-Gruppen überbrückt. Diese finden sich in institutionalisierter Jugendarbeit, aber auch in subkulturellen Modeströmungen wie Punks und Skins, in denen extremistische Bewegungen Fuß fassen können. Die Gefahr einer unreflektierten extremistischen Politisierung erscheint umso größer, je geringer die subjektiv wahrgenommenen Selbstbestimmungs- und Einflusschancen und je größer die Orientierungs- und Sinndefizite der Jugendlichen sind. Extremistische Gruppierungen können nämlich ihren Mitgliedern über spektakuläre Gewaltaktionen mit einem entsprechenden Medienecho die Illusion von Kontrolle und Einfluss vermitteln. Ein meist sehr einfach gefasstes ideologisches Orientierungsraster beantwortet die Sinnfrage. Das Geborgenheitsdefizit wird durch die Zugehörigkeit zu einer festen Gemeinschaft gemindert – und das umso mehr, je stärker diese Gruppierung durch die übrige Gesellschaft ausgegrenzt wird und deshalb ihren Binnenkontakt intensiviert.

5 Stabilität und Wandel

Politikverdrossenheit, Partizipationsbereitschaft und Extremismus sind keine unveränderlichen Merkmale. Sie stehen am Ende eines Entwicklungsprozesses, der von individuellen, familiären, sozialen, gesellschaftlichen und situativen Faktoren gestaltet wird. Aber stehen sie tatsächlich am Ende eines Prozesses? Sind nicht weitere Entwicklungen denkbar? Wir wollen dieses Problem anhand von drei konkreten Themen behandeln: der Kontinuität politischer Haltungen, dem Ausstieg aus Extremismus oder Terrorismus und den Lebenswegen der radikalen 68er-Studentengeneration.

Veränderung und Kontinuität in der politischen Entwicklung. Das Verhältnis der Jugendlichen zur Politik ist in verschiedenen Alterskohorten unterschiedlich. Zudem verändern sich Einstellungen und Handlungsbereitschaften im weiteren Lebenslauf. Beispielsweise ist gegen Ende des Studiums oder in der Phase der Familiengründung eine Abnahme des politischen Engagements zu beobachten. Die relative Position im Vergleich zu den Gleichaltrigen bleibt in Längsschnittstudien aber selbst bei Veränderungen im „Zeitgeist“ oder im politischen Klima recht stabil. Retrospektive Befragungen zur bisherigen Lebensgeschichte belegen ebenfalls eine deutliche Kontinuität, obwohl es einen altersabhängigen Wandel der gesellschaftlichen Betätigungsfelder gibt. Typische „Vorläufererfahrungen“ erlauben schon in der frühen Jugend Hinweise auf späteres Engagement. Andererseits gibt es auch Beispiele für ein erstmaliges gesellschaftliches Engagement bei über 60-Jährigen, die durch eine aktuelle Problemsituation zum Handeln aktiviert wurden. Veränderungs- und Lernmöglichkeiten bestehen offenbar lebenslang (Preiser, 1983).

Ausstieg aus Extremismus und Terrorismus. Zwischen 50 und 90 Prozent der Mitglieder so genannter „Jugend-“ oder „Psychosekten“ verlassen ihre Organisation innerhalb der ersten zwei Jahre wieder, und zwar durch freiwilligen Austritt, durch Ausschluss oder über einen von außen provozierten Ausstieg (vgl. Roderigo, 1994). Für terroristische Gruppierungen sind die Zahlen deutlich geringer; für die Jahre 1970 bis 1981 wurden 47 Aussteiger bekannt – bei einer geschätzten Mitgliederzahl von damals 280 entspricht das etwa einer Quote von 17 Prozent (de Ahna, 1982). In mehr als der Hälfte aller Fälle war die drohende oder bereits erfolgte Festnahme Auslöser für den Ausstieg. Weitere Anlässe oder begünstigende Bedingungen waren:

- Überschreiten individueller Toleranzen durch kriminelle und menschenverachtende Aktionen der Gruppe,
- Aussicht auf Strafminderung, Hafterleichterung oder Einstiegshilfen in die Normalität,
- Wissen um Gemeinsamkeiten mit anderen Ausstiegswilligen,
- Unzufriedenheit mit der Gruppe und autoritären Strukturen,
- fehlende Integration in die Gruppe,
- „Einkehr“ als innere Verarbeitung und Selbstreflexion.

Als ausstiegshemmende Faktoren lassen sich benennen:

- Gruppenloyalität aufgrund einer erlebten „Schicksalsgemeinschaft“,
- Lähmung der eigenen Handlungsfähigkeit aufgrund subjektiver Aussichtslosigkeit,
- Gegenmaßnahmen der Gruppe durch Moralisierung, Kontrolle oder Strafandrohung,
- negative Erwartungen an Strafverfahren und Inhaftierung.

Die Aufzählung zeigt, dass der Ausstieg aus einer extremistischen Gruppe – ebenso wie die Entwicklung hin zu einer extremistischen Karriere – ein multifaktorieller Entwicklungsprozess ist. Motive und Ziele, subjektive Realisierungschancen, gruppendynamische Prozesse, situative Auslöser und innere Verarbeitungsprozesse wirken in komplexer Weise zusammen. Auch bei einem radikalen Bruch mit dem bisherigen Lebenskontext versuchen Aussteiger vielfach, in öffentlichen Selbstdarstellungen eine kontinuierliche Identität zu demonstrieren. Es fällt schwer zuzugeben, dass eine längere Lebensphase eine Kette von Irrtümern war, dass man laufend gegen eigene Überzeugungen verstoßen oder gar moralisch inakzeptable Wertvorstellungen vertreten hat.

Was ist aus den 68ern geworden?

Die so genannte 68er-Studentenbewegung war einerseits radikal im Verhältnis zu vorangegangen Generationen und zum gesellschaftlichen Umfeld. Andererseits war es für Studierende der Jahre 1968 bis 1972 „normal“, radikal zu sein. Heute finden sich unter den ehemaligen 68ern Professoren, Lehrer und Verwaltungsbeamte ebenso wie Totalaussteiger und Aktivisten in Ökologie-, Frauen- und Friedensbewegungen. Dennoch interpretieren die meisten von ihnen ihre Lebensgeschichte als Resultat der Studentenbewegung (z.B. Cohn-Bendit, 1987; Schauer, 1987; Waldmann, 1991). Wie kommt eine solche Entwicklung zustande?

(1) Der sich im Umfeld manifestierende Zeitgeist kann lebensgeschichtliche Brüche initiieren, das Denken und Handeln einer Generation radikalisieren und individuelle Entwicklungsgeschichten vorübergehend vereinheitlichen.
(2) Dennoch ist der weitere Lebensweg dieser Generation sehr heterogen: Vom dogmatischen Beharren bis zum Ausstieg in die unpolitische „Normalität".
(3) Für die weitere Entwicklung sind sowohl Werte und Ziele aus der Zeit „davor", als auch spätere Erfahrungen von Bedeutung, unter anderem Reflexionen von politischen und gesellschaftlichen Veränderungen, Solidarität oder Ausgrenzung in der Familie oder in der politischen Gruppe, Erfolgs- und Misserfolgserfahrungen.
(4) Lebensereignisse wie die Integration in das Berufsleben, die Gründung einer Familie sowie neue soziale Kontakte können Entfremdungen zum bisherigen politischen Umfeld und dessen Wertorientierungen begünstigen, die verfügbare Zeit einschränken und dadurch extremistische wie systemkonforme Partizipation reduzieren.
(5) Die Integration einer radikalen Identität in das soziale und berufliche Umfeld, der Zugang zu institutionalisierten radikalen Milieus und gesellschaftliche Toleranz für radikale Bewegungen erleichtern es dagegen, radikale Haltungen über die Lebensspanne aufrecht zu erhalten (Laufer, 1976).
(6) Die betroffenen Personen interpretieren aktuelle Veränderungen auf dem Hintergrund ihrer vorangegangenen Lerngeschichte – dies gilt sowohl für die Brüche Ende der sechziger Jahre als auch für spätere Veränderungen in Richtung Konventionalität oder alternativer Lebensformen. Bagatellisierende oder relativierende Deutungen der eigenen Lebensgeschichte erleichtern es, Kontinuität zu erleben.

FAZIT

Identität hat eine überragende Bedeutung für die individuelle Lebensgestaltung und die subjektive Deutung lebensgeschichtlicher Veränderungen. Gerade in Zeiten des Wandels eigener Wertvorstellungen, Haltungen und Handlungen wird die Klärung der Identität wichtig. Dabei stehen aus der Sicht der sich verändernden Person – auch noch im radikalen Wandel – Konsistenz und Kontinuität im Mittelpunkt der Selbstwahrnehmung.

6 Konsequenzen: Förderung, Prävention und Intervention

Angebote für gesellschaftliches Engagement sollten die Eigenverantwortung der Jugendlichen erhalten, das Selbstbewusstsein fördern und Spaß machen. Es müssen Freiräume für Selbstbestimmung und Einflussmöglichkeiten bestehen bleiben; Menschen sollen das eigene Leben und ihre Umwelt mitgestalten können (Befriedigung der Kontrollmotivation; zu institutionalisierten Formen vgl. Palentien & Hurrelmann, 1997). Es muss Angebote für Orientierungen in Sinn-, Wert- und Zukunftsfragen geben, die nicht konfektioniert vorgegeben sind, sondern eigenverantwortlich angeeignet werden können. Diese müssen verbunden sein mit der Möglichkeit zum Erfahrungs- und Meinungsaustausch unter Gleichaltrigen, zum Beispiel durch schulische, kirchliche und sonstige Angebote der offenen und der institutionellen Jugendarbeit (Berücksichtigung der Geborgenheitsmotivation). Jugendliche mit extremen politischen Positionen sollten nicht ausgegrenzt werden, ihre Anliegen und Ängste müssen ernst genommen werden (Kommunikation statt Marginalisierung).

Konsequenzen für Sozialarbeit und Erziehung. Durch eine „akzeptierende Jugendarbeit mit rechten Jugendcliquen" (Heim et al., 1992), die auch provozierend extremistische Jugendliche ernstnimmt, ohne die eigenen Einstellungen zu verstecken, lassen sich Verhärtungen aufbrechen und differenzierende Entwicklungsprozesse in Gang setzen, wie mehrere Modellprojekte zeigen. Die Grundsätze einer solchen Arbeit entsprechen den Prinzipien der partnerorientierten Gesprächsführung: Akzeptanz, d.h. ernstnehmen und zuhören; Authentizität, d.h. klare eigene Positionen benennen und persönlich begründen. Eine ähnliche Wirkung könnte von den bisher nur sporadisch zustande gekommenen Dialogen von Politikern, Pfarrern und Wissenschaftlern mit gefangenen (Ex-)Terroristen ausgehen.

Weitere Forderungen, die auf die dargestellten Erklärungsansätze zurückgreifen: „Jugendarbeit muss ... die Identitätsbildung und die Ich-Stabilisierung von Jugendlichen fördern. ... muss klare, parteiliche und damit glaubwürdige Orientierungen bieten ... muss Jugendlichen – stärker als bisher – realistische Handlungsräume eröffnen, in denen sie echte Partizipation erproben können ... muss erlebnisintensive Arbeitsformen fördern, die zugleich intensive Gruppenerfahrungen ermöglichen“ (Klawe, 1990, S. 521–523).

Hilfen für den Ausstieg. Der Ausstieg aus extremistischen Positionen und Gruppierungen wird erleichtert, wenn die Mitgliedschaft in extremistischen Gruppierungen keine positivere Perspektive für die Ziele und Motive der Jugendlichen bietet als die erwünschten Alternativen wie z.B. tolerante und gewaltfreie Aktionen. Mit dem Ausstieg muss eine positive Bilanz für die Lebensperspektive eröffnet werden. Es sollte vermieden werden, die persönliche und politische Identität der Betroffenen grundlegend infrage zu stellen; stattdessen sollte Kontinuität subjektiv erlebbar bleiben, auch wenn die eigenen Erfahrungen und Wertvorstellungen in einem veränderten Kontext neu reflektiert und gedeutet werden.

Raum für eigene Ansichten. Die eigenständige Erarbeitung politischer und religiöser Positionen als Bestandteil der Identitätsentwicklung im Jugendalter impliziert die Möglichkeit, extreme und nicht-konforme Haltungen und Grundsätze zu entwickeln. Nur ein intoleranter, dogmatischer und gewaltbereiter Extremismus erscheint aus politischer und aus pädagogischer Sicht inakzeptabel und fordert zum Schutze der Gesellschaft und zwecks Unterstützung der Identitätsentwicklung präventive und sozialpädagogische Gegenmaßnahmen heraus. Hierfür ist die Integration gesellschaftlicher, individueller und entwicklungsbezogener Erklärungsansätze hilfreich.

Weiterführende Literatur

Deutsche Shell (Hrsg.). (2000). Jugend 2000. 13. Shell Jugendstudie, Bd. 1. Opladen: Leske + Budrich.

Jugendwerk der Deutschen Shell (Hrsg.). (1997). Jugend '97. Zukunftsperspektiven, gesellschaftliches Engagement, politische Orientierung. Opladen: Leske + Budrich.

Die Shell-Jugendstudien basieren auf repräsentativen quantitativen Befragungen und auf qualitativen Interviews bei Jugendlichen und jungen Erwachsenen. Die Ergebnisse werden unter Leitthemen wie Zukunftsorientierung, Politik, Religion und Werte aufbereitet und diskutiert.

Oesterreich, D. (1993). Autoritäre Persönlichkeit und Gesellschaftsordnung. Der Stellenwert psychischer Faktoren für politische Einstellungen – eine empirische Untersuchung von Jugendlichen in Ost und West. Weinheim: Juventa.

Theorie- und empiriegeleitete Analyse der Bedeutung des Persönlichkeitsmerkmals Autoritarismus und gesellschaftlicher Rahmenbedingungen für politische Einstellungen, insbesondere Rassismus und Rechtsextremismus. Eine vergleichende Untersuchung an west- und ostdeutschen Jugendlichen.

Palentien, Ch. & Hurrelmann, K. (Hrsg.). (1997). Jugend und Politik. Ein Handbuch für Forschung, Lehre und Praxis. Neuwied: Luchterhand.

Vielfältige theoretische Erklärungsansätze und aktuelle Daten zum Verhältnis von Jugend und Politik.

Preiser, S. (1994). Überzeugungen und Einstellungen: Weltanschauliche, religiöse und politische Glaubenssysteme. In K.A. Schneewind (Hrsg.), Psychologie der Erziehung und Sozialisation. Pädagogische Psychologie. Enzyklopädie der Psychologie (S. 345–373). Göttingen: Hogrefe.

Erklärungsansätze und empirische Ergebnisse zur Sozialisation und pädagogischen Beeinflussung von komplexen Überzeugungen und Weltanschauungen.

Kapitel 31
Die Bedeutung der Entwicklungspsychologie im Strafrechtssystem

Werner Greve

Das entwicklungspsychologische Interesse an delinquentem oder kriminellem Handeln richtet sich traditionellerweise auf die Frage nach seiner ontogenetischen Erklärung (Lösel, 2000). Fragen etwa nach der Erklärung von auf die Adoleszenz beschränkter Kriminalität oder nach der prognostischen Bedeutung früher Verhaltensauffälligkeiten sind offenkundig primär entwicklungspsychologische Fragen (z.B. Loeber & Farrington, 1998; Lösel & Bender, 1998; Moffitt, 1993; Thornberry, 1997; siehe auch Kapitel 18 und Kapitel 30). Die folgenden Argumente und Beispiele sollen demgegenüber die Bedeutung entwicklungspsychologischer Expertise im und für das (Straf-)Rechtssystem diskutieren.

Die Rolle der Entwicklungspsychologie im Strafprozess

Welche Rolle spielt entwicklungspsychologisches Wissen bei forensischen Fragen, insbesondere der Begutachtung der Glaubhaftigkeit von Zeugen und der Schuldfähigkeit von Tätern? Vor der Entscheidungsfindung und insbesondere der Verurteilung stellt sich, sofern der Täter zum Zeitpunkt der Tat unter 21 Jahren alt war, die Frage, ob das allgemeine Strafrecht („Strafgesetzbuch"; StGB) oder das Jugendstrafrecht („Jugendgerichtsgesetz"; JGG; unter 18 Jahren obligatorisch) oder ggf. keines von beiden angewendet werden soll. Auch dies hängt sachlich von einer entwicklungspsychologischen Beurteilung ab. Die Sanktion, die das Gericht dann gegebenenfalls verhängt, hat unter anderem den Charakter einer Entwicklungsintervention; insbesondere im Bereich des Jugendstrafrechts ist ihre erzieherische Wirkung sogar explizite Legitimationsgrundlage. Das wirft einerseits die Frage nach der Kriminalprognose und anderen Entwicklungsfolgen von Strafe, andererseits nach anderen Formen der Straftäterbehandlung auf. Darüber hinaus wirft auch die Untersuchung der Folgen krimineller Opfererfahrungen zahlreiche entwicklungspsychologische Fragen auf. Dies betrifft z.B. auch die entwicklungsbedingten Unterschiede in den Wirkungen von Viktimisierungserfahrungen auf indirekt Betroffene. Der Beitrag will insgesamt auch dafür werben, dass sich Entwicklungspsychologie mehr, stärker und engagierter für Delinquenz und Kriminalität interessiert, nicht nur dafür, wie sie entsteht, sondern auch dafür, wie man auf sie reagiert und welche Folgen das hat. Wenn Entwicklung aufgefasst werden kann als die Bewältigung von Entwicklungsproblemen und -aufgaben, dann ist die systematische Untersuchung dieser Art von Fehlentwicklung und Entwicklungsrisiken ganz sicher ein Kernbereich entwicklungspsychologischer Forschung, in dem sich Grundlageninteresse und Anwendungschancen fast zwanglos ergänzen.

1 Die Bedeutung der Entwicklungspsychologie für die forensische Begutachtung

Der Bereich der forensischen Psychologie im engeren Sinne, also der Frage nach der Rolle psychologischen Wissens vor Gericht (Steller, 2000; Steller & Volbert, 1997; zur Einführung Wegener,

1992) wird typischerweise kaum unter entwicklungspsychologischen Gesichtspunkten diskutiert, obwohl sie für die beiden zentralen Arbeitsbereiche der forensischen Psychologie – die Glaubhaftigkeits- und die Schuldfähigkeitsbeurteilung – von einschlägiger Bedeutung sind.

1.1 Glaubhaftigkeitsbeurteilung

Die Relevanz entwicklungspsychologischer Gesichtspunkte im wichtigsten Anwendungsfeld der Psychologie im Strafverfahren, der Beurteilung der Glaubhaftigkeit von Aussagen (Greuel et al., 1998), wird leicht unterschätzt, obwohl in der forensischen Praxis seltener die Untersuchung allgemeiner Probleme der Personenidentifizierung durch erwachsene Zeugen (Köhnken, 1997) als vor allem die Beurteilung der Glaubhaftigkeit kindlicher (Opfer-)Zeugenaussagen die Aufgabe psychologischer Gutachter ist. Natürlich ist neben der individuellen Aussagetüchtigkeit (z.B. Roebers & Schneider, 2001) auch hier zu prüfen, inwieweit Motivation und Fähigkeit zu absichtlicher Täuschung vorliegen; jedoch ist, da beides meist fehlt (Volbert & Steller, 1998), die entscheidende Frage in aller Regel die Erlebnisbasis der Aussage. Für die psychologische Begutachtung steht dabei ausdrücklich nicht die „Glaubwürdigkeit" des jeweiligen Kindes im Sinne einer Disposition zur Debatte, sondern die Glaubhaftigkeit konkreter Aussagen, d.h. die Frage, inwiefern diese Aussagen einem tatsächlich erlebten Geschehen entsprechen. Diese Frage muss differenziert und jeweils bezogen auf den fraglichen Aussagegegenstand diskutiert werden; beispielsweise können Vorschulkinder durchaus verwertbare Aussagen über Handlungsabläufe machen, aber in der Personenbeschreibung noch unzuverlässig sein (Köhnken, 2000b). Zu prüfen ist insbesondere, wie weit die Gedächtnisbildung und -differenzierung und die Fähigkeit zur Überwachung und Diskrimination der Informations- und Erinnerungsquellen entwickelt ist, und inwieweit die kognitive Entwicklung die Unterscheidung tatsächlicher Erfahrungen von Phantasien oder Gehörtem grundsätzlich bereits erlaubt (Volbert & Steller, 1998; siehe auch Kapitel 6, 10 und 14).

Kinder als Zeugen sind leicht zu beeinflussen. Weil häufig die so genannte „merkmalsorientierte Inhaltsanalyse" angewandt wird, die Aussagen auf das Vorliegen von so genannten „Realkennzeichen" prüft (wobei das Kriterium deren Vorliegen, nicht deren Fehlen ist), ist die bei kindlichen Zeugen hohe Suggestibilität in der Praxis von besonderer Bedeutung (Bruck & Ceci, 1999; Greuel et al., 1998; Köhnken, 2000a; Volbert, 1997; Volbert & Steller, 1998). Sofern Erinnerungen durch den Einfluss der Befragung selbst bereits substantiell kontaminiert sind (Roebers & Schneider, 2000), ist der Beweiswert der kindlichen Aussage oft unwiderruflich zerstört.

UNTER DER LUPE

Erzeugen Befragungstechniken „eigene" Erinnerungen?

In zwei Experimenten ($N_1 = 58$, $N_2 = 53$) haben Schreiber, Wentura und Bilsky (2001) die Auswirkungen einer speziellen Befragungstechnik („Einladung zur Spekulation") auf kindliche Zeugen im Vorschulalter untersucht. Hintergrund dieser Technik ist die Überlegung, dass es Kindern bei belastenden Erfahrungen (z.B. sexuellem Missbrauch) leichter fällt, auf indirekte Fragen („Was könnte er denn getan haben?") offen zu antworten, als direkte Beschuldigungen zu äußern. Die Frage ihrer Studie war nun, ob das Äußern von derartigen Spekulationen möglicherweise neue Erinnerungsspuren erzeugt, die Kinder bei späteren Befragungen nicht mehr von Erinnerungen an tatsächliche Erlebnisse unterscheiden können. In beiden Experimenten hantierte ein Clown in einer Show mit alltäglichen Gegenständen (Hammer, Messer, etc.) in einer ungewöhnlichen Weise (z.B. mit dem Messer trommeln). Eine Woche nach der Vorführung wurden die Kinder befragt, was der Clown mit diesen verschiedenen Gegenständen getan hatte. Dabei wurden die Kinder teilweise auch aufgefordert, darüber nachzudenken, was er damit denn noch getan haben könnte. Im ersten Experiment wurde ein Teil der Kinder zur Spekulation über alle Gegenstände eingeladen, der andere Teil nicht; im zweiten Experiment wurden alle Kinder bei manchen Gegenständen zur Spekulation eingeladen, bei anderen nicht. In späteren Befragungen (drei Wochen bzw. fünf bis sechs Monate später) zeigte sich, dass die Spekulation selbst Gedächtnisspuren erzeugt hatte, die von den Erinnerungen an die tatsächlich erlebten (gesehenen) Verhaltensweisen des Clowns nicht mehr unterschieden werden konnten. Insbesondere fand sich, dass die normalen Funktionen der Gegenstände (z.B. mit dem Messer schneiden), die fast alle Kinder in der Experimentalbedingung als mögliche Verhaltensweisen assoziiert hatten, später häufiger (fälschlich) als Erinnerungen wiedergegeben wurden. Auch wenn die materialspezifischen Effekte (Exp. 2) nicht sehr stabil waren, belegt diese Studie, dass die Befragungsmethode eigenständige Effekte auf spätere Befragungsreaktionen hat, insbesondere wenn die befragten Personen junge Kinder sind, deren Quellendiskrimination (auf welche Quelle geht diese Erinnerung zurück?) noch nicht vollständig entwickelt ist.

Befunde dieser Art (zum Überblick Volpert, 1997) sind auch deswegen von praktisch hoher Relevanz, weil in Missbrauchsprozessen die Beweislage häufig schwierig ist und wesentlich auf Zeugenaussagen sehr junger Kinder beruht (Bruck & Ceci, 1999). Umso wichtiger erscheint es, die Wirkungen (und Nebenwirkungen) von Befragungstechniken gerade auch unter einer Entwicklungsperspektive zu diskutieren (Elischberger & Roebers, 2001). Beispielsweise ist der Vergleich des Ideen- und Detailreichtums von kindlichen Zeugenaussagen mit anderen Aussagen (berichtenden und explizit erfundenen) derselben Person ein wichtiger Indikator (Greuel et al., 1998), der ihren individuellen Entwicklungsstand ebenso wie ihre spezifischen Kompetenzen berücksichtigt.

1.2 Strafrechtliche Verantwortlichkeit

Vor jeder Sanktionsentscheidung ist gerichtlich die Frage nach der strafrechtlichen Verantwortlichkeit des Täters zu beantworten. Im StGB (§19) ist hierzu festgelegt, dass Kinder unter 14 Jahren generell strafrechtlich nicht verantwortlich sind. Bei Jugendlichen (14 bis unter 18 Jahre) ist die strafrechtliche Verantwortlichkeit nur gegeben, wenn der Betreffende eine entsprechende Entwicklungsreife hat (§3 JGG; Ostendorf, 2000). Dieser Begriff ist jedoch inhaltlich völlig unbestimmt (Ostendorf, 1997). Obwohl die notwendige Reife des moralischen Urteils („Unrechtseinsicht") und der Intentions- und Handlungssteuerung gerade im Falle kriminell handelnder Jugendlicher häufig bezweifelt werden könnte, wird eine entwicklungspsychologische Begutachtung dieser Frage in der Praxis nur ausnahmsweise vorgenommen, auch wenn sie der Sache nach geboten (Masche, 1999) und grundsätzlich vorgesehen ist (Ostendorf, 2000).

Schuldfähigkeit: Ausschlusskriterien und Voraussetzungen. Von der Frage nach der entwicklungsabhängigen Verantwortlichkeit zu trennen ist die generelle Frage nach der Schuldfähigkeit des Täters zum Zeitpunkt der Tat (§20 StGB). Diese wird bei Vorliegen eines schuldausschließenden Merkmals verneint (Greuel, 1997).

Der Gesetzestext nennt in einer klinisch nicht präzisen und irreführenden Terminologie vier schuldausschließende Merkmale: „krankhafte seelische Störung", „tiefgreifende Bewusstseinsstörung", „Schwachsinn" oder „andere seelische Abartigkeit" (§20 StGB). Die grundsätzliche individuelle Verantwortungsfähigkeit wird vom Gesetzgeber im Regelfall unterstellt (vorausgesetzt), obwohl dieser Punkt empirisch, zumal psychologisch nicht geprüft werden kann (Greve, 1996; Wegener, 1992). Die beiden Schuldfähigkeitsvoraussetzungen, nämlich die Einsichts- und Steuerungsfähigkeit, können aber gerade bei jugendlichen und adoleszenten Tätern nicht selbstverständlich als gegeben unterstellt werden (Lempp et al., 2000). So ist etwa bei Entwicklungsstörungen wie hyperkinetischen und anderen psychoorganischen Syndromen von einer Steuerungslabilität auszugehen (Lempp, 2000). Leider liegt hierzu praktisch relevante entwicklungspsychologische Forschung bislang kaum vor (Greuel, 1997).

2 Entwicklungspsychologische Bedingungen der Sanktionierung

Bei allen institutionellen Reaktionen auf delinquentes und kriminelles Verhalten von Jugendlichen sind zunächst die einschlägigen Vorschriften des Kinder- und Jugendhilferechts (KJHG, im Buch VIII des SGB; vgl. Wiesner et al., 2000) zu beachten, das das Recht jedes jungen Menschen „auf Förderung seiner Entwicklung und auf Erziehung zu einer eigenverantwortlichen und gemeinschaftsfähigen Persönlichkeit" (SGB VIII, §1, Abs. 1) ausdrücklich feststellt. Darüber hinaus muss aber auf konkretes kriminelles Verhalten von Jugendlichen und Heranwachsenden in bestimmten Fällen strafrechtlich reagiert werden.

2.1 Jugendstrafrecht

Seit rund einem Jahrhundert besteht Konsens darüber, dass strafrechtlich relevante Handlungen Jugendlicher grundsätzlich anders zu behandeln sind als kriminelle Handlungen Erwachsener. Konsequenterweise werden Jugendliche anders (und: woanders) als Erwachsene sanktioniert (Eisenberg, 1995). Dabei stellt sich für die juristische Beurteilung bei „heranwachsenden" Tätern, die zum Tatzeitpunkt unter 21, aber mindestens 18 Jahre alt waren, die Frage, ob in bezug auf die Sanktionierung das allgemeine (StGB) oder das Jugendstrafrecht (JGG) angewendet werden sollen. Im §105 JGG ist dazu festgelegt, dass dann nach JGG sanktioniert werden soll, wenn die Täterpersönlichkeit zum Zeitpunkt der Tat „jugendlich" oder die Tat eine „Jugendverfehlung" war (vgl. dazu auch Ostendorf, 2000). In der Praxis wird von dieser Möglichkeit, vor allem bei gravierenderen Delikten und Verbrechen (Ostendorf, 1997), in der überwiegenden Zahl der Fälle Gebrauch gemacht (vgl. auch Diemer et al., 1999).

Dies ist aus zwei Gründen von erheblicher praktischer Bedeutung:

(1) Das Jugendstrafrecht lässt eine erheblich breitere Handlungspalette zu. Die Rechtsfolgen strafbarer Handlungen reichen hier von der Einstellung („Diversion") durch Jugendstaatsanwalt oder Jugendrichter über sogenannte „Erziehungsmaßregeln" (z.B. Betreuungsweisungen, Täter-Opfer-Ausgleich, Erziehungshilfen) und „Zuchtmittel" (Verwarnung, Auflagen, Arrest) bis zur Jugendstrafe (Freiheitsentzug in einer Jugendstrafanstalt).

(2) Die Strafe soll weiteren Straftaten vorbeugen. Bei allen Sanktionen einschließlich der Jugendstrafe ist schon der Strafzweck (und nicht nur der Vollzug, wie im allgemeinen Strafrecht) explizit spezialpräventiv (d.h. erzieherisch). Die Sanktion soll also primär unter Effektivitäts- statt unter Sühnegesichtspunkten bestimmt werden. So gelten auch für Jugendstrafen (die im Regelfall zwischen sechs Monaten und fünf Jahren variieren und unter besonderen Bedingungen bis zu zehn Jahren betragen können) die Strafrahmen des allgemeinen Strafrechts nicht; vielmehr sind sie ausdrücklich „so zu bemessen, dass die erforderliche erzieherische Einwirkung möglich ist" (§18 JGG; siehe auch § 91).

In diesem täterorientierten Strafrecht des Jugendstrafrechts (im Gegensatz zur tatorientierten Sanktionslogik des StGB) ist daher die entwicklungskritische Bedeutung der Sanktion das zentrale Kriterium der Entscheidung (Greve, 2001).

2.2 Kriminalprognose

Nicht nur im Jugendstrafrecht, sondern im deutschen Strafrecht allgemein haben Entwicklungsprognosen zum künftigen Verhalten von Straftätern eine erhebliche Bedeutung (Dahle, 1997a): Sie beeinflussen Auswahl und Höhe der zu verhängenden Strafe ebenso wie ihren Vollzug und ihre ggf. vorzeitige Beendigung. Dahle (2000) zeigt in seinem Überblick über die Grundlagen und Probleme der psychologischen Kriminalprognose, dass im Kern ein individualisiertes Entwicklungsmodell steht. Längsschnitt- und Verlaufsstudien (z.B. Dahle, 1998), die jedoch bislang nur ausnahmsweise vorliegen, bilden hierfür eine bedeutsame Referenzquelle. In der Praxis überwiegen daher entweder einzelfallbasierte („intuitive", Dahle, 2000) Fallprognosen, die sich gar nicht an festgelegten und überprüfbaren Regeln orientieren, oder klinische Prognosen, die sich an klinischen Diagnosen („Psychopathie") und der Vermutung der Stabilität einer unbehandelten Störung orientieren. Das Fehlen entwicklungspsychologischen Wissens zur Veränderung spezifischer Formen antisozialen Verhaltens im Erwachsenenalter und insbesondere zu den Risikobedingungen und Schutzfaktoren bei Rückfalldelinquenz wird hier angesichts spektakulär gescheiterter Prognosen besonders augenfällig.

3 Entwicklungsintervention: Strafe und Straftäterbehandlung

Wir wissen bis heute zu wenig über die psychosozialen Entwicklungseffekte staatlicher Strafsanktionen. Das Fehlen von prospektiven Längsschnittstudien in diesem Bereich ist häufig beklagt worden (Lösel & Bender, 1998), insbesondere in Bezug auf Jugendliche und Heranwachsende (Greve & Hosser, 1998). Dennoch werden Haftstrafen zunehmend häufiger verhängt, nicht zuletzt im Jugendbereich (Greve & Enzmann, 2001), wobei dies vor allem sozial benachteiligte junge Männer betrifft (Kerner et al., 1996). Auszugehen ist etwa von Schulversagen bei mehr als einem Drittel und einer fehlenden Berufsausbildung bei fast neunzig Prozent der Betroffenen. In rund der Hälfte der Fälle ist die Elternbeziehung problematisch, etwa ein Viertel berichtet von massiven Misshandlungserfahrungen in der Kindheit (Enzmann & Greve, 2001).

Kann Strafe erziehen? Tatsächlich gibt es erhebliche Zweifel, ob die Jugendstrafe ihrem Erziehungsauftrag gerecht werden kann; insbesondere die vorliegenden Daten zur Legalbewährung sprechen auf den ersten Blick dagegen. Zwar ist dramatischen Zahlen – von über 70 Prozent Rückfälligkeit ist die Rede – gegenüber Vorsicht geboten, aber auch bei vorsichtigeren Schätzungen muss davon ausgegangen werden, dass etwa die Hälfte der jugendlichen Inhaftierten wenigstens ein weiteres Mal in das Gefängnis zurückkehrt und bis zu einem Drittel der Verurteilten auch über einen längeren Zeitraum im Kreislauf von Verbrechen und Strafe verbleibt (Kerner et al., 1996). Dies zeigt mindestens, dass Entdeckung und Verfolgung einer Straftat nicht unmittelbare Dämpfungseffekte nach sich ziehen.

Negative Effekte sind nicht detailliert belegt. Andererseits ist die Interpretation von deskriptiven Rückfallstatistiken schwierig; die Qualität und die längerfristige Entwicklung der Delinquenz wird oft nicht berücksichtigt. Wissenschaftliche Studien zu den Entwicklungsfolgen jenseits der juristischen Bewährung gibt es wenig (Hosser & Greve, 2001); in Bezug auf besser untersuchte Bereiche, etwa die Folgen der Strafhaft für die Identität, ist die Befundlage heterogen (Greve, 2001). Erste Befunde aus einer aktuellen Längsschnittstudie deuten darauf hin, dass die unmittelbaren negativen Effekte einer Jugendstrafe weniger gravierend sind als populäre kriminologische Theorien (insbesondere der sog. „Labeling-Ansatz") dies erwarten lassen (Greve & Enzmann, 2001). So verändert sich das Selbstwertempfinden während der Haft bei inhaftierten Jugendlichen offenbar dann nur wenig, wenn adaptive Bewältigungsressourcen verfügbar sind (Greve et al., 2001). Dies verweist auf differentielle Wirkungen institutioneller Sanktionen (Dünkel & Drenkhahn, 2001).

Behandlung innerhalb von Strafanstalten. Problematischer noch als die Evaluation von allgemeinen Strafhafteffekten ist die Beurteilung der gezielten Straftäterbehandlung (Lösel & Bender, 1997; Steller et al., 1994). Offenkundig haben intramurale („innerhalb der Mauerwände" stattfindende) Behandlungsmaßnahmen mit zahlreichen Problemen zu kämpfen, etwa hinsichtlich der Motivation verurteilter Straftäter zur Teilnahme an therapeutischen Interventionen (Dahle, 1997b).[1] Freilich gibt es hier fast nie kontrollierte Effektstudien; eine Ausnahme stellt die Studie von Ortmann (2000) zur Wirksamkeit der sogenannten „Sozialtherapie" dar, die allerdings in Bezug auf die Wirksamkeit zu einem skeptischen Fazit kommt.

Behandlung außerhalb des Strafvollzugs. In Bezug auf alternative (extramurale; „außerhalb der Mauerwände" stattfindende) Interventionsmaßnahmen bei delinquenten Personen gibt es demgegenüber mehr Forschungsaktivitäten, vor allem international (McGuire, 1995). Dass ein einheitliches Fazit dennoch weiterhin schwer fällt, liegt nicht zuletzt an zahlreichen methodischen Schwierigkeiten (Lösel & Bender, 1997). Ein wichtiges Problem ist die Bestimmung der Evaluationskriterien: Soll beispielsweise jede oder nur einschlägige Delinquenz als „Rückfall" gelten, welcher Zeitraum soll betrachtet werden (je länger der gewählte Zeitraum, desto geringer der Prozentsatz der noch in justizieller „Behandlung" befindlicher Personen)? Unklar ist auch, gegen welche Kontrollgruppe der Effekt verglichen werden soll; wenn etwa das fragliche Training in einem auch ansonsten engagiert und differenziert arbeitenden Umfeld (Strafanstalt, Jugendhilfeeinrichtung etc.) stattfindet, werden die Effekte gegen eine Vergleichsgruppe relativ klein aussehen, weil auch sie positive Erfolge zeigt. Der Vergleich gegen eine andere Einrichtung aber (die beispielsweise nur relativ leichtere Fälle annimmt) kann von vornherein unfair sein.

Intervention kann Rückfälle verhindern. Dennoch ist Pessimismus offenbar unangebracht (Dünkel & Drenkhahn, 2001; Lösel, 1995); selbst im Mittel über alle Studien ergibt sich eine nachweisbare Verbesserung der Legalprognose in behandelten gegenüber unbehandelten Gruppen (durchschnittliche Effektstärke um .10; Lösel & Bender, 1998). Dabei zeigen vor allem solche Programme über den mittleren Wert hinausgehende Wirkungen, die auf empirisch bewährten Theorien über die Entwicklung und Aufrechterhaltung delinquenten Handelns basieren (Lösel & Bender, 1997, 1998) und die spezifische Prinzipien der Behandlung beachten. Dies sind insbesondere

- das „Bedürfnisprinzip" (Behandlung spezifischer problematischer Faktoren, z.B. Alkoholabusus vs. soziale Kompetenzdefizite),
- das „Ansprechbarkeitsprinzip" (Anpassung des Behandlungsstils an speziellen Denk- und Lernweisen der Klientel, z.B. handlungs- statt sprachorientierter Methode) und
- das „Risikoprinzip" (Anpassung der Intensität und Dosierung an das Ausmaß der Störung bzw. des Rückfallrisikos).

Die numerisch geringe Höhe des prädiktiven Wertes einzelner Faktoren verweist darüber hinaus auf die Notwendigkeit multimethodaler Ansätze.

Intervention bei Jugend- und persistent Delinquenten. Alle diskutierten Interventionsansätze haben freilich mit der Schwierigkeit zu kämpfen, sich als bestenfalls tertiäre Prävention erst sehr spät um Änderungen bemühen zu können. Die Frage nach der frühzeitigen Prävention delinquenten und kriminellen Verhaltens erscheint daher aus entwicklungspsychologischer Sicht besonders bedeutsam, wobei die Problematik unterschiedlicher Zielgruppen besonders virulent wird. Moffitt (1993) hatte vorgeschlagen, phänotypisch und ontogenetisch zwischen auf die Adoleszenz begrenzten Straftätern (deren Delinquenz als Aus-

1 Die besondere Gruppe der aufgrund ausgeschlossener Schuldfähigkeit nicht zu Strafhaft, sondern zum so genannten „Maßregelvollzug", d.h. zu geschlossener psychiatrischer Behandlung verurteilten Straftäter bleibt hier unberücksichtigt (vgl. einführend Leygraf, 1998).

druck eines Entwicklungsabschnittes anzusehen und dabei eben wegen ihrer Diskontituität erklärungsbedürftig sei) und persistenten Straftätern zu unterscheiden (deren kontinuierliche Delinquenz gerade das Problem darstelle; Lösel & Bender, 1998). Bereits aus dieser groben Taxonomie ergäbe sich etwa die Folgerung, bei persistenter Delinquenz eher personenorientierte, bei adoleszenter Delinquenz dagegen eher kontextorientierte Entwicklungsinterventionen vorzusehen. Für beide Gruppen erscheint darüber hinaus das Konzept der „Resilienz" gegen (allgemein) ungünstige (maligne) Entwicklungsbedingungen fruchtbar (Lösel & Bliesener, 1994; Masten, 2001): Detailliertere Kenntnisse über protektive Faktoren (z.B. familiäre Bindung, individuelle Bezugspersonen), die die Entwicklung delinquenten Verhaltens unter Risikobedingungen verringern oder puffern (Lösel, 2000), können Ansätze für die primäre Prävention bei spezifischen Risikopopulationen wirksam unterstützen.

4 Entwicklungsfolgen krimineller Bedrohungs- und Opfererfahrungen

Ein täter- und tatorientiertes Strafrecht, das Deutschland aus guten Gründen seit einem halben Jahrhundert verfolgt, birgt die Gefahr, die Perspektive der Opfer gelegentlich zu wenig zu berücksichtigen; beispielsweise müssen Entschädigungsansprüche in aller Regel eigens zivilrechtlich eingeklagt werden. Prozesse der „sekundären Viktimisierung" durch die direkten (z.B. Bezweifeln der Glaubhaftigkeit durch die Verteidigung) und mittelbaren Belastungen des Strafprozesses (z.B. Wiedererleben der Viktimisierung) sind seit längerem bekannt, aber in der Praxis kaum berücksichtigt und aus entwicklungspsychologischer Sicht nur ausnahmsweise untersucht worden (Greve & Bilsky, 1997). Gerade in bezug auf kindliche Zeugen und Opfer vor Gericht (Busse & Volbert, 1998; Köhnken, 2000c) könnten jedoch spezielle Zeugenbegleitprogramme oder die direkte Befragung (per Video) dazu beitragen, wenigstens einige Belastungen (z.B. die unmittelbare Konfrontation mit dem Angeklagten) zu vermeiden oder zu verringern.

Entwicklungspsychologische Opferforschung. Ebenfalls defizitär ist das Wissen zu den Entwicklungsfolgen krimineller Opfererfahrungen und den protektiven Faktoren bei ihrer Bewältigung. Längsschnittstudien beispielsweise zu den Folgen kindlicher Gewalt und Missbrauchserfahrungen sind trotz erheblicher Dringlichkeit selten, obwohl zahlreiche querschnittliche Befunde für die These eines intergenerationalen Zusammenhangs von Gewalt sprechen (Wetzels, 1997; siehe auch Kapitel 26). Aber auch die Verarbeitung krimineller Viktimisierungen im Jugend- und Erwachsenenalter sind, von einigen speziellen Deliktsbereichen abgesehen (z.B. Vergewaltigung; Krahé, 1992), bislang nur ausnahmsweise aus (entwicklungs-)psychologischer Perspektive untersucht worden; dies betrifft auch die Auswirkung von Kriminalität auf nicht unmittelbar Betroffene (Greve & Bilsky, 1997), deren Untersuchung von einer entwicklungspsychologischen Perspektive vielfach profitieren könnte.

UNTER DER LUPE

Die Bedrohung alter Menschen durch Kriminalität

Ältere Menschen werden deutlich seltener Opfer von öffentlicher Kriminalität als Jüngere. Dennoch haben sie einer Anzahl von Studien zufolge mehr Furcht vor Kriminalität. Diese Furcht schien daher erklärungsbedürftig (Greve, et al., 1996). Neuere Studien haben jedoch zeigen können, dass die gefundene „Furcht" infolge einer häufig verhaltensorientierten Operationalisierung vor allem auf ein mit dem Alter zunehmendes Vorsichtsverhalten zurückzuführen ist. Dadurch verringert sich offenbar das faktische Risiko. Es gehen damit aber weder ein erhöhtes subjektives Viktimisierungsrisiko noch ein intensiveres Furchterleben einher (Greve, 2000). Hinzu

Kapitel 31 Entwicklungspsychologie und Strafrecht

kommt, dass sich der Lebensstil, insbesondere die Qualität der sozialen Teilhabe, im höheren Alter auch unhängig von den kriminalitätsbezogenen Befürchtungen verändert (vgl. Kapitel 9). Allerdings wächst mit dem Rückzug aus dem öffentlichen Leben zugleich die Gefahr des Entstehens und der Eskalation von Konflikten im sozialen Nahraum, insbesondere bei zunehmendem Hilfe- und Pflegebedarf älterer Menschen (Greve & Niederfranke, 1998). In der Untersuchung der spezifischen Risikobedingung des Entstehens von Gewalt und ihrer Folgen im sozialen Nahraum liegt vielleicht eine der wichtigsten Herausforderungen angewandter entwicklungspsychologischer Forschung der Zukunft.

Weiterführende Literatur

Greuel, L., Offe, S., Fabian, A., Wetzels, P., Fabian, T., Offe, H. & Stadler, M. (1998). Glaubhaftigkeit der Zeugenaussage. Weinheim: Beltz/PVU.
Einschlägiges und sehr informatives Lehrbuch zu Theorie, Forschung und Praxis des derzeit wichtigsten Arbeitsbereiches psychologischer Begutachtung vor Gericht.

Kröber, H.-L. & Steller, M. (2000) (Hrsg.), Psychologische Begutachtung im Strafverfahren. Darmstadt: Steinkopff.
Diese aktuelle Edition gibt einen guten Überblick über derzeit diskutierte Forschungs- und Praxisprobleme forensischer Begutachtung.

Lempp, R., Schütze, G. & Köhnken, G. (Hrsg.) (2000). Forensische Psychiarie und Psychologie des Kindes- und Jugendalters. Darmstadt: Steinkopff.
Dieses umfangreiche Handbuch geht nicht nur auf zahlreiche praktische, rechtliche und Forschungsfragen in übersichtlicher, teilweise auch knapper Form ein, sondern behandelt in verschiedenen Kapiteln auch die Bedeutung entwicklungspsychologischer Argumente im Kontext zivilrechtlicher Fragen (z.B. zum Betreuungs-, Sorge- oder Umgangsrecht), auf die im Rahmen dieses Kapitels nicht eingegangen wurde.

Steller, M. & Volbert, R. (Hrsg.) (1997). Psychologie im Strafverfahren. Bern: Huber.
Die Edition stellt verschiedene einschlägige Themen in kompakter Form zusammen; ungeachtet einzelner Schwachpunkte eignet es sich insbesondere für einen ersten einführenden Überblick über das Thema.

Kapitel 32
Akkulturation und Entwicklung: Jugendliche Immigranten

Eva Schmitt-Rodermund & Rainer K. Silbereisen

Immigration in einen anderen politischen, sozialen und kulturellen Kontext ist für die Betroffenen mit einer Reihe von Risiken und Chancen verbunden. Je unähnlicher die neue Umgebung dem Herkunftsland, desto mehr verlangt sie den Einwanderern und potentiell auch den Ansässigen an Veränderungen ab. Diese Veränderungen, sowohl bezogen auf den Prozess als auch auf das Ergebnis, werden in der psychologischen Forschung als Akkulturation bezeichnet.

DEFINITION

„Der Begriff **Akkulturation** umfasst Phänomene, die sich aus dem direkten, dauerhaften Kontakt von Individuen verschiedener kultureller Gruppen ergeben und deren Folge ein allmählicher Wandel des ursprünglichen kulturellen Musters entweder einer oder beider Gruppen ist." (Redfield et al., 1936).

Dabei handelt es sich zunächst um ein Intergruppenphänomen. Mit psychologischer Akkulturation meint man Veränderungen hinsichtlich des Erlebens und Verhaltens der beteiligten Individuen. Zuweilen bezeichnet man freilich auch bloß das Ergebnis des Prozesses als Akkulturation. Forschung über Akkulturation erfolgte traditionell in der kulturvergleichenden Psychologie, aber auch in der Sozialpsychologie. Erst in jüngerer Zeit ist ein besonderes Interesse der Entwicklungspsychologie festzustellen.

Hinsichtlich der kulturellen Gruppen gibt es beträchtliche Unterschiede. Immigranten setzen sich einem Akkulturationsprozess freiwillig aus, Flüchtlinge sind dazu gezwungen. Manche Gruppen befinden sich nur temporär im Gastland, z.B. Gastarbeiter, Asylanten oder Besucher, die kurzfristig für Arbeit oder Ausbildung kommen. Schließlich gibt es auch Fälle von Akkulturation, bei denen die neue Kultur zu den Menschen kommt, oft entgegen ihren Wünschen, wie im Fall von Urbevölkerungen, die von Eroberern verdrängt werden.

1 Zahlen, Daten, Fakten: Immigranten in Deutschland

Ende des Jahres 1999 lebten in Deutschland insgesamt 7,4 Millionen Ausländer[1], was einem Anteil von neun Prozent an der Gesamtbevölkerung entspricht. Diese Zahl umfasst alle Personen ausländischer Herkunft und Staatsangehörigkeit, die mit Kenntnis der Behörden in der Bundesrepublik leben, also Asylanten und Flüchtlinge ebenso wie Studierende und Gastarbeiter mit befristeter oder dauerhafter Aufenthaltsgenehmigung. Nicht enthalten sind Ausländer, die mittels Antrag auf Einbürgerung zu deutschen Staatsangehörigen geworden sind, in Deutschland geborene Kinder mit einem deutschen Elternteil, die gleich die deutsche Staatsbürgerschaft erhalten, sowie die

1 Wenn nicht anders vermerkt, sind die Quellen der in diesem Abschnitt genannten Zahlen: Beauftragte der Bundesregierung für Ausländerfragen (2000) sowie Info-Dienst Deutsche Aussiedler (2001).

vier Millionen deutschstämmigen Aussiedler aus den Ländern des ehemaligen Ostblocks, die seit 1950 bis Ende des Jahres 1999 nach Deutschland gekommen sind.

Viele Immigranten sind Jugendliche. Sowohl unter den Ausländern wie insbesondere unter den Aussiedlern ist ein beträchtlicher Anteil jünger als 18 Jahre. Unter den Ausländern sind dies 22 Prozent, unter den Aussiedlern sogar durchschnittlich 32 Prozent. Von den 1,6 Millionen Ausländern bis 18 Jahre sind die meisten in Deutschland geboren, nämlich 68 Prozent. Der Anteil von derzeit in Deutschland lebenden Abkömmlingen deutschstämmiger Aussiedler, die erst nach der Umsiedlung nach Deutschland geboren wurden, ist unbekannt, dürfte aber beträchtlich sein, wenn man bedenkt, wie viele junge erwachsene Aussiedler inzwischen in Deutschland leben.

Viele Immigranten kommen aus Osteuropa. Die größte Gruppe der in Deutschland lebenden Zuwanderer sind Immigranten türkischer Herkunft. Ende des Jahres 1999 lebten etwas über zwei Millionen Türken in Deutschland. Diese werden dicht gefolgt von Aussiedlern aus den Ländern der ehemaligen Sowjetunion (1,88 Millionen) und aus Polen (1,44 Millionen). Aus dem ehemaligen Jugoslawien stammten 1999 737.000 Personen, aus Italien 616.000 und aus Rumänien 429.000 Aussiedler.

Viele Immigranten bleiben lange. Insgesamt nimmt die durchschnittliche Aufenthaltsdauer zu. Mehr als die Hälfte aller Ausländer leben mehr als zehn Jahre in Deutschland, ein Drittel lebt mehr als 20 Jahre hier. 40 Prozent aller Aussiedler leben länger als zehn Jahre in Deutschland.

2 Modelle psychologischer Akkulturation

2.1 Akkulturationsstile

DEFINITION

Unter **Akkulturationsorientierung** versteht man die Hoffnungen und Erwartungen von Immigranten hinsichtlich Verlauf und Ergebnis der Einwanderung.

Hoffnungen von Immigranten

Eindimensionale Modelle unterstellen einen Trend zu zunehmender Angleichung an die Aufnahmekultur. Zweidimensionale Modelle (Berry, 1997) unterscheiden vier Haupttypen von Akkulturation. Diese ergeben sich, wenn man aus Sicht der Immigranten die folgenden beiden Dimensionen in Art eines Vier-Felder-Schemas kombiniert. Die erste Dimension betrifft die Frage, ob es von den Immigranten für wertvoll erachtet wird, die eigene Kultur beizubehalten. Die zweite Dimension behandelt die Frage, ob die Immigranten es für wertvoll halten, sich die Kultur der Aufnahmegesellschaft anzueignen.

- Typ 1: Integration (wechselseitige Ergänzung im Sinne einer Bikulturalität)
- Typ 2: Assimilation (Aufgabe der eigenen kulturellen Identität)
- Typ 3: Separation (Kultur der Aufnahmegesellschaft wird ignoriert)
- Typ 4: Marginalisierung (Anomie oder hohe Individualität)

		Aneignung der Kultur der Aufnahmegesellschaft	
		wichtig	**nicht wichtig**
Beibehaltung der eigenen Kultur	**wichtig**	Integration	Separation
	nicht wichtig	Assimilation	Marginalisierung

Abbildung 32.1. Haupttypen der Akkulturation nach Berry, 1997

In der Literatur wird zumeist davon ausgegangen, dass die besten Ergebnisse hinsichtlich Wohlergehen und gelungener Entwicklung bei Integration zu erwarten sind (Bourhis et al., 1997).

Hoffnungen der Gastgeber

Nicht nur Immigranten hegen Akkulturationsorientierungen, sondern auch die Aufnahmegesellschaft bzw. deren Mitglieder – sie haben Erwartungen an das Verhalten der Immigranten. Die Immigranten werden diese Erwartungen wahrnehmen und bei ihrem Verhalten so oder so berücksichtigen. Man kann sich leicht vorstellen, dass aus der Kombination von Akkulturationsorientierungen unterschiedliche Passungsverhältnisse entstehen, die für psychologische Akkulturationsergebnisse ausschlaggebend sein können. Als besonders konfliktreich betrachten Bourhis et al. (1997) in ihrem so genannten Interactive Acculturation Model solche Konstellationen, bei denen die Immigranten selbst auf Separation setzen.

Politischer Einfluss. Die staatliche Integrationspolitik spiegelt die Akkulturationsorientierungen der Aufnahmegesellschaft. Hier gibt es eine große Streubreite. Am einen Ende stehen pluralistische Ideologien, wie etwa in Kanada, wo eine auf Integration bzw. Bi-Kulturalismus hinauslaufende Vorstellung gesetzlich verankert ist. Am anderen Ende stehen auf Assimilation setzende Modelle. Bei einer ethnistischen Akkulturationsorientierung der Aufnahmegesellschaft, einem Sonderfall des assimilativen Modells, erfolgt die Einbürgerung bevorzugt oder ausschließlich nach Merkmalen ethnischer oder religiöser Zugehörigkeit. Beispiele sind Länder wie Deutschland, Israel oder Japan, in denen die biologische Verwandtschaft mit einer Ursprungsgruppe entscheidend ist. Entsprechend kann es innerhalb des gleichen Landes bezogen auf Gruppen von Immigranten unterschiedliche Integrationsmodelle und damit auch absehbare Konflikte zwischen diesen Gruppen geben (Montreuil & Bourhis, im Druck).

2.2 Prozessmodelle

Psychologisch betrachtet kann es sich beim Prozess der Akkulturation um recht unterschiedliche Vorgänge handeln.

- Akkulturation als Erwerb von Fertigkeiten: Im Vordergrund stehen Herausforderungen; umgrenzte Anpassungen sind erforderlich.
- Akkulturation als Bewältigungsprozess: Die Erwartungen und neuen Anforderungen werden als herausfordernd und bedrohlich zugleich empfunden; sie verlangen eine umfassende Neuausrichtung. Solche Bewältigungsprozesse lassen sich mit der transaktionalen Stresstheorie von Lazarus (1999) beschreiben.

Das bekannteste Prozessmodell der Akkulturation wurde von Berry (1997) entwickelt. Im Mittelpunkt stehen herausfordernde und zugleich belastende Erfahrungen, die zu Bewältigungsversuchen und einem mehr oder weniger gelungenen Ergebnis der Akkulturation führen. Akkulturative Erfahrungen können in Diskriminierung oder Gefühlen der Ausgeschlossenheit, aber auch in einem besonderen Interesse anderer an den Erfahrungen im Herkunftsland bestehen. Das Modell von Berry ist in Abbildung 32.2 (S. 896) in einer Fassung wiedergegeben, die wir in eigener Forschung verwenden (Silbereisen et al., 1999).

Ergebnisse der Akkulturation sind die Anpassungsleistungen der Immigranten. Dazu gehören:

- Aspekte der psychischen Gesundheit,
- verschiedene soziale Verhaltensweisen und
- der Umgang mit bedeutsamen biographischen Rollen (etwa die Erfüllung altersgerechter Anforderungen in Schule und Beruf).

Wichtig am Modell von Berry sind die verschiedenen moderierenden Bedingungen. Einige sind bereits vor Beginn des Akkulturationsprozesses ausgebildet, wie z.B. Motive für die Immigration oder bestimmte Persönlichkeitsmerkmale. Andere entstehen erst während der Akkulturation, wie beispielsweise die Akkulturationsstrategien. Das

Ganze ist als ein sich über die Zeit entfaltender, rekursiver Prozess zu verstehen. Die Ergebnisse der Akkulturation wirken in komplexer Weise auf die akkulturativen Erfahrungen des Individuums, aber auch auf entsprechende Orientierungen auf der Gruppenebene zurück.

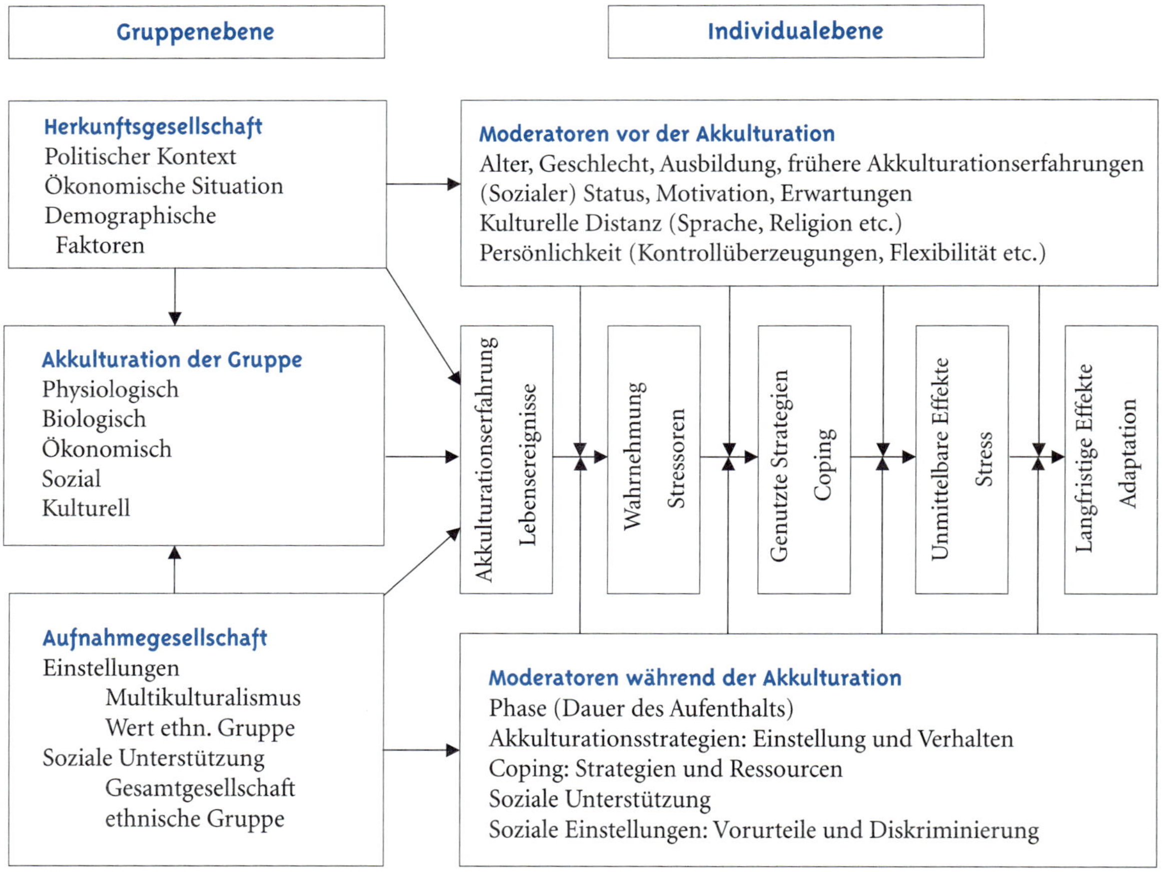

Abbildung 32.2. Ein Modell für Akkulturationsforschung, nach Berry (1997, S. 15)

UNTER DER LUPE

Trennung von Akkulturation und Entwicklung

Akkulturation und Entwicklung variieren über die Zeit und erfolgen parallel. Ullman und Tatar (2001) haben russisch-jüdische Immigranten in Israel im Jugendalter hinsichtlich Selbstzufriedenheit, Selbstkonzept und Selbstwert untersucht. Die Akkulturationserfahrungen wurden indirekt über die Aufenthaltsdauer in Israel erfasst. Die genannten Entwicklungsdimensionen wurden mit den Ausprägungen bei ortsansässigen Jugendlichen in Israel verglichen. Der Selbstwert der Immigranten unterschied sich von dem der jungen Israelis schon von Anfang an praktisch nicht. Dies ist verständlich, da es um die Gesamteinschätzung des eigenen Werts geht, wofür alle Jugendliche vielfältige positive Vergleichsmöglichkeiten haben. Die Lebenszufriedenheit zeigt dagegen die für die Neuankömmlinge schwierige Situation. Sie war bei letzteren deutlich niedriger als bei jenen, die schon länger in Israel lebten.

Aufschlussreich waren die Befunde zum Selbstkonzept. Dabei wurde erfasst, ob die Selbstbeschreibungen sich eher auf externale Attribute oder auf psychische Prozesse bezogen. Im Ergebnis zeigten sich bei den Israelis die erwarteten Alterstrends: Jüngere Jugendliche beschrieben sich eher im Sinne äußerer Attribute, während ältere eher auf innere Werte achteten. Bei den jungen Immigranten nach Israel fand sich hingegen keine Korrelation mit dem Alter, wohl aber mit der Länge des Aufenthalts. Je kürzer die Jugendlichen im Land waren, desto mehr selbstreflexive Bewertungen äußerten sie. Sie charakterisieren sich z.B. als jemanden, der mit vielen Dingen im Leben nicht glücklich ist oder sich vielen Herausforderungen stellen muss. Die schon länger im Land lebenden Immigranten hingegen charakterisierten sich selbst insbesondere durch Aktivitäten und Interessen. Beides sind Charakterisierungen, die man unter normalen Umständen eher von älteren Jugendlichen erwarten würde. Verglichen mit dem Entwicklungstrend unter ansässigen Jugendlichen könnte man also sagen, dass die Immigrationssituation mit einer Beschleunigung von Aspekten der Identitätsentwicklung gleichzusetzen ist.

2.3 Entwicklungssensitive Designs

DEFINITION

Als **Akkulturationsergebnis** bezeichnet man die Veränderungen in psychischer Gesundheit und sozialer Funktionstüchtigkeit, die als Reaktion auf akkulturative Erfahrungen und Herausforderungen entstehen.

Akkulturationserfahrungen werden selten konkret erfasst; statt dessen wird ihre zeitliche Variation indirekt über die Aufenthaltsdauer gemessen, z.B. über den Vergleich von Einwanderungsgenerationen. In solchen Querschnittstudien können aber interindividuelle Unterschiede im Verlauf der Anpassung unter Akkulturationsdruck nicht erkannt werden. Hierfür sind Längsschnittstudien, also intraindividuelle Vergleiche über die Zeit, erforderlich. Interpretationsprobleme ergeben sich auch, wenn Befunde aus Querschnittsstudien von Einwanderern mit solchen von Ansässigen in der Aufnahmegesellschaft verglichen werden. Zum einen müssen Unterschiede zwischen den beiden Gruppen nicht das Ergebnis von Akkulturation sein, zum anderen ist der Schlüssel zum Verständnis von Akkulturationsprozessen die Variation akkulturativer Erfahrungen. Neben dem Vergleich von Altersgruppen muss also auch der Vergleich von Gruppen nach Aufenthaltsdauer erfolgen. Häufig geschieht dies faktisch dadurch, dass die älteren Immigranten

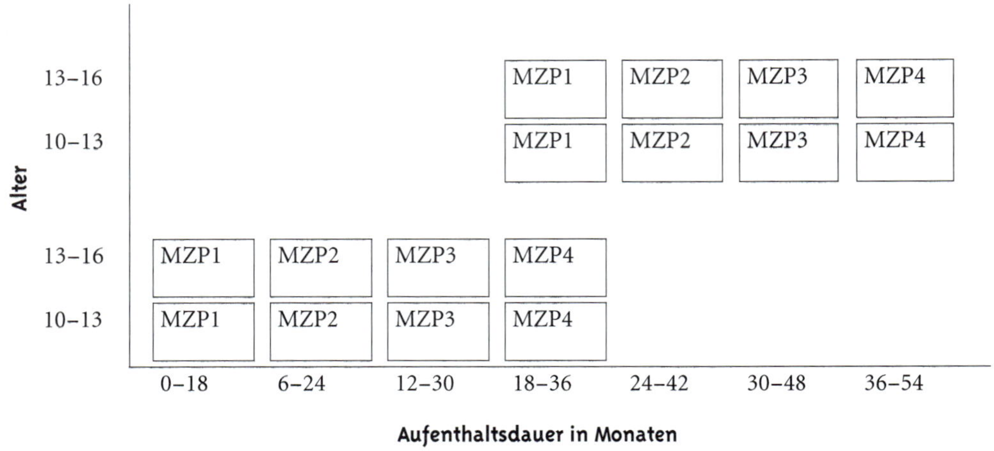

Abbildung 32.3. Design der Längsschnittstudie an Aussiedlern (Silbereisen et al., 1999)

auch schon entsprechend länger im Aufnahmeland anwesend sind. Ist dem aber so, besteht eine nicht mehr auflösbare Konfundierung von Alter als indirekte Erfassung von Entwicklungsstand und Aufenthaltsdauer als indirekte Erfassung von akkulturativen Erfahrungen.

Akkulturation jugendlicher Aussiedler

Um die Effekte von Alter (Entwicklungsstand) und Aufenthaltsdauer (akkulturative Erfahrung) valide zu trennen, haben wir im Rahmen unserer Forschung die obige Untersuchungsanordnung entworfen (Abb. 32.3).

Im Prinzip geht es um eine Kombination von Quer- und Längsschnitt, die man auch als akzelerierten Längsschnitt (ein Sonderfall des Kohorten-Sequenzdesigns, s. Kap. 38) bezeichnet. Wir haben Gruppen von jugendlichen Aussiedlern jeweils im Abstand von sechs Monaten insgesamt vier Mal untersucht. Zum Zeitpunkt der ersten Erhebung waren die Aussiedler entweder unter 18 Monaten in Deutschland oder aber zwischen 18 und 36 Monaten ansässig. Um eine Konfundierung mit dem Alter zu vermeiden, wurden nur Jugendliche zwischen zehn und 16 Jahren untersucht. Finden sich unter diesen Voraussetzungen für Neuankömmlinge und Erfahrene Veränderungen auf unterschiedlichem Niveau, kann man, ansonsten Gleichheit der Gruppen unterstellt, von einem akkulturativ angestoßenen Prozess ausgehen. Ergebnisse dieser Studie werden weiter unten berichtet.

3 Folgen von Migration und Minoritätenstatus

Die folgende Übersicht behandelt insbesondere solche Forschung, die sich mit den in Deutschland größten Gruppen von Immigranten befasst. Das Akkulturationsmodell von Berry dient dabei zur Einordnung und Strukturierung.

3.1 Befinden und Gesundheit

Traditionell wurde angenommen, jugendliche Immigranten müssten aufgrund ihrer schwierigen Situation im Aufnahmeland und der möglichen Erfahrung von Entwurzelung unter psychischen Einschränkungen leiden, ohne dass es systematische Studien dazu gegeben hätte (Steinhausen, 1984). Entgegen dieser pauschalen Hypothese zeigte sich bei Analysen in Einrichtungen der psychosozialen und psychotherapeutischen Versorgung, dass Ausländer ebenso wie Aussiedler dort im Vergleich zu ihrem Anteil an der Bevölkerung unterrepräsentiert sind (Storch & Poustka, 2000; Steinhausen, 1982; Schmidt & Dannhauer, 1989). Dies darf jedoch nicht unbesehen als Beleg für eine unter Einwanderern bessere Gesundheit gewertet werden. Vielmehr scheinen Bestrebungen der Zuwanderer, Probleme selbst zu lösen, ein grundsätzliches Misstrauen in deutsche Institutionen (Schulen, Behörden, Einrichtungen zur Krankenversorgung) sowie Sprachbarrieren ein Ratsuchen in psychosozialen Einrichtungen zu verhindern (Zimmermann, 1995).

UNTER DER LUPE

Psychische Auffälligkeiten bei Immigranten

Ein vollständigeres Bild über gesundheitliche Störungen bieten Untersuchungen an Alterskohorten oder zumindest größeren Gruppen von Immigranten. So wurden in der Zeit zwischen 1979 und 1981 alle acht- bis elfjährigen griechischen Kinder in West-Berlin hinsichtlich ihrer psychischen Auffälligkeiten überprüft, gefolgt von einer 1982 gezogenen Stichprobe aller türkischen Kinder einer Berliner Grundschule (Steinhausen & Remschmidt, 1982; Steinhausen, 1984). Anhand der ICD (Einordnung nach International Classification of Diseases, Injuries, and Causes of Death, Remschmidt et al., 2001) wurde für jedes Kind eine kinderpsychiatrische Diagnose erstellt. Im Vergleich mit gleichaltrigen Deutschen zeigte sich, dass die türkischen Kinder hinsichtlich ihrer psychischen Gesundheit am schlechtesten dastanden: mehr als 34 Prozent wurden als psychisch auffällig gewertet. Die deutsche Stichprobe, die aufgrund der notwendigen Parallelisierung mit den ausländischen Kindern überwiegend aus der Unterschicht stammte, zeigte zu 30 Prozent psychische Auffälligkeit (eine Mittelschichtstichprobe ebenfalls aus Berlin ergab einen Anteil Auffälliger von immerhin 24 Prozent). Griechische Kinder wurden dagegen in nur knapp 16 Prozent aller Fälle als psychisch auffällig gewertet. Bei der Untersuchung weiterer Aspekte von Gesundheit und Wohlbefinden zeigten sich ebenfalls keine großen Unterschiede zwischen Einheimischen und Jugendlichen türkischer Herkunft, zumindest dann nicht, wenn Angehörige ähnlicher sozialer Gruppen miteinander verglichen wurden. So ergab sich eine vergleichbare Belastung türkischer und deutscher Kinder und Jugendlicher mit Verhaltensproblemen in der Schule (Ayalan et al., 1993), hinsichtlich des selbsteingeschätzten Gesundheitsstatus (Klocke & Hurrelmann, 1996) oder in Richtung auf verschiedene internalisierende oder externalisierende Störungen (Freitag et al., 2000). Hinsichtlich psychosomatischer Störungen erwiesen sich Jugendliche türkischer Herkunft jedoch als auffälliger als Aussiedler und junge Griechen in Deutschland (Siefen et al., 1998; Siefen & Brähler, 1996; Siefen, Taneli et al., 1998).

Untersuchungen über allgemeinere Aspekte des Befindens unterhalb der Schwelle von Störungen zeigen eine stärkere Belastung ausländischer Jugendlicher. Ein höherer Anteil berichtete von Gefühlen der Hilflosigkeit und Einsamkeit (bei jedoch insgesamt niedrigem Niveau, unter den Einheimischen fühlten sich 5 Prozent hilflos und 4 Prozent einsam, bei den Ausländern waren dies 10 Prozent bzw. 8 Prozent; Klocke & Hurrelmann, 1996). Negative Emotionen, Ängstlichkeit sowie ein geringeres Selbstwertgefühl werden ebenfalls häufiger von Ausländern genannt, als dies bei gleichaltrigen Deutschen der Fall ist (Jerusalem, 1992; Mansel & Hurrelmann, 1993).

Das Heimweh lässt nach. Kossolapow (1987) untersuchte Aussiedler im Alter von 10 bis 25 Jahren vor allem aus Polen. Ein Drittel der Befragten berichtete davon, anfangs Heimweh gehabt und sich einsam gefühlt zu haben. Diese Zahl verringert sich zwar bei der Frage nach der aktuellen Situation, trotzdem gaben aber noch immer ein Viertel der jungen Leute Gefühle der Fremdheit an. Übereinstimmend mit diesen Befunden konnten wir für über zwei Jahre untersuchte jugendliche Aussiedler zeigen, dass deren Befinden kurz nach der Übersiedlung nach Deutschland im Durchschnitt schlecht ist, sich jedoch zügig mit der in Deutschland verbrachten Zeit verbessert. Zu gleichaltrigen, deutschstämmigen Polen sowie zu einheimischen Deutschen ergaben sich nach längerem Aufenthalt im Durchschnitt keine Differenzen mehr (Schmitt-Rodermund et al., 1996).

Spätere Generationen leiden mehr. In einer amerikanischen Studie zeigte sich, dass der Gesundheitsstatus dortiger Einwanderer der ersten Generation besser ist als der nachfolgender Generationen. Das galt sowohl für körperliche wie auch für psychische Störungen, und die Befunde gelten für Einwanderer jeder Herkunft, also auch solche aus Europa (Hernandez & Charney, 1998). Allerdings ist neben dem generellen Anstieg im Generationenvergleich zu berücksichtigen, dass sich zusätzlich beträchtliche Differenzen zwischen Einwanderergruppen in der Schnelligkeit des Anstiegs und dem absoluten Niveau der auftretenden Probleme in der dritten Generation ergeben.

FAZIT

Einwanderergruppen scheinen hinsichtlich ihrer Befindlichkeit und Gesundheit sehr verschieden zu sein. Die Palette reicht von einem besseren Befinden wie bei den jungen Griechen oder den Einwanderern erster Generation in die USA über gleiche Befindlichkeiten bei Aussiedlern bis hin zu verglichen mit Einheimischen schlechterem Befinden etwa bei den Türken in Deutschland. Bei den meisten Studien ist die Aufenthaltsdauer nicht berücksichtigt worden, obwohl diese bedeutsam zu sein scheint, wie sich im Vergleich verschiedener Einwanderergenerationen in den USA erwies. Darüber hinaus spricht jedoch auch einiges dafür, dass die Herkunft der Einwanderer bedeutsam ist. Differenzen im Gesundheitsstatus bei Jugendlichen griechischer und türkischer Herkunft etwa, die beide ungefähr gleich lange in Deutschland leben, dürften Unterschieden der Lebenslage oder der aus dem Herkunftsland mitgebrachten Ausstattung an sozialem und kulturellem Kapital geschuldet sein (Nauck, 1994).

Individuelle Voraussetzungen bestimmen das Wohlbefinden

Auf individueller Ebene gibt es eine Reihe von Moderatoren, die den empfundenen Stress verstärken oder verringern können. Hilfreich sind:

- Sprachkenntnisse oder allgemeines Wissen über das Aufnahmeland und die Gepflogenheiten (Scott & Scott, 1985),
- bereits im Aufnahmeland lebende Freunde und Verwandte (Schwarzer et al., 1993; Sluzki, 1992),
- realistische Erwartungen (Scott & Stumpf, 1984),
- eigener Wunsch nach Auswanderung (Cheung & Spears, 1992; Schmitt-Rodermund et al., 1996; Schmitt-Rodermund & Silbereisen, im Druck),
- hohe Selbstwirksamkeitserwartungen (Moyerman & Forman, 1992),
- geringe soziale Ängstlichkeit (Jerusalem & Kleine, 1991),
- Optimismus (Jerusalem, 1992),
- Flexibilität (Berry & Kim, 1988),
- gute Coping Strategien (Miranda & Matheny, 2000),
- eine gute Ausbildung und

- ein höherer sozioökonomischer Status (Berry et al., 1987).

Die neue Umgebung kann helfen
Andere Faktoren werden erst mit dem Leben in der neuen Umgebung bedeutsam. Das Befinden ist umso besser, je leichter der Spracherwerb fällt (Jerusalem, 1992; Liebkind & Jasinskaja-Lahti, 2000) und je zahlreicher und besser die Kontakte zur Aufnahmegesellschaft sind (Scott & Scott, 1985). Für Jugendliche gilt außerdem, dass sie ein besseres Befinden berichten, wenn sie ihre Familie als unterstützend wahrnehmen, wenig Diskriminierung empfinden und für sich die Kultur ihres Herkunftslandes und die Aufnahmekultur integrieren können (Liebkind & Jasinskaja-Lahti, 2000; Sam, 2000).

In unserer Längsschnittstudie (siehe Abschnitt 2.5) zeigte sich, dass junge Aussiedler sich umso wohler fühlten, je länger sie in Deutschland gelebt hatten. Ausschlaggebend für eine schnelle Verbesserung des Wohlbefindens waren ein hoher familiärer Zusammenhalt, eine eher individualistische Wertorientierung und liberale Erziehungsvorstellungen der Eltern. Außerdem war es hilfreich, erst einige Zeit nach der Einreise mit Einheimischen in engeren Kontakt zu kommen (Schmitt-Rodermund et al., 1996). Als Risikofaktoren erwiesen sich fehlende Deutschkenntnisse, die Immigration gegen den eigenen Willen, langfristig fehlende Kontakte, die Ablehnung durch Schulkameraden, Auseinandersetzungen in der Familie und elterliche Depressionen (Schmitt-Rodermund & Silbereisen, im Druck).

3.2 Schule und Beruf

Unter den ausländischen Schulentlassenen des Jahres 1998 finden sich nur neun Prozent mit Abitur, während es bei einheimischen Absolventen 25 Prozent sind. Dagegen gingen 19 Prozent der jungen Ausländer, aber nur acht Prozent der einheimischen Schüler ohne einen Abschluss von der Hauptschule ab (Beauftragte der Bundesregierung für Ausländerfragen, 2000). Überproportional viele ausländische Schüler gehen auf Schulen für Lernbehinderte (Kornmann, 1998). Unterschiede finden sich zwischen den einzelnen Migrantengruppen: Während der Anteil junger Griechen auf Gymnasien dem einheimischer Jugendlicher entspricht, ist der Anteil der Türken in allen Altersgruppen nur halb so groß (Nauck et al., 1998). Bei den Aussiedlern ergibt sich ein ähnliches Bild wie bei den jungen Türken. In Nordrhein-Westfalen waren z.B. von insgesamt 2,8 Millionen Schülern im Schuljahr 2000/01 13 Prozent Ausländer und fünf Prozent Aussiedler. Von allen Aussiedlern auf weiterführenden Schulen besuchten 40 Prozent eine Hauptschule, aber nur 12 Prozent ein Gymnasium. Aussiedler beenden ihre Schullaufbahn durchschnittlich bedeutend schlechter als Einheimische gleichen Alters. Sie werden deshalb mehr und mehr im Wettbewerb um Ausbildungsplätze von diesen verdrängt werden (Fochler, 1999; Kornmann, 1998).

Ausländer und Aussiedler sind häufiger arbeitslos. Unter Ausländern lag im Jahr 2000 die Arbeitslosenquote bei 17 Prozent (Einheimische 10 Prozent). Die Zahl der als arbeitslos gemeldeten Aussiedler (als Aussiedler gilt, wer nicht länger als 5 Jahre in Deutschland lebt) ergibt eine Arbeitslosenquote von knapp 18 Prozent. Sowohl von den Ausländern als auch von den Aussiedlern haben zwei Drittel keine berufliche Qualifikation (im Vergleich mit einem Drittel bei den Einheimischen); viele sind jünger als 25 Jahre (Bundesanstalt für Arbeit, 2001, Beauftragte der Bundesregierung für Ausländerfragen, 1999).

Auch Einwanderer können gute Schulleistungen haben. Nicht immer haben Einwanderer grundsätzlich schlechtere Schulleistungen (und ein entsprechend höheres Risiko für Arbeitslosigkeit) als Einheimische. So zeigten Studien in den USA, dass Einwanderer vor allem aus Ostasien weitaus bessere Noten haben. Auffällig sind zudem Unterschiede zwischen den einzelnen Einwanderergenerationen. Jugendliche, die bereits in den USA geboren sind, haben schlechtere Schulnoten als Jungen und Mädchen, die in anderen Ländern geboren sind (Fuligni, 1997, Steinberg et al., 1992; Hernandez & Charney, 1998).

Leistungsunterschiede sind nicht die Folge von Diskriminierung. Ausländische und deutschstämmige Jugendliche haben oft schlechtere Schulabschlüsse und eine unzureichende Ausbildung. Dafür wird häufig Diskriminierung als Moderator des Akkulturationsprozesses (Berry, 1997) von Seiten der Aufnahmegesellschaft verantwortlich gemacht. Nauck und Kolleginnen (Nauck et al., 1998) haben untersucht, ob institutionelle Diskriminierung dabei eine Rolle spielen könnte. Sie stellten fest, dass türkische Migranten deutlich häufiger auf Hauptschulen und seltener auf Gymnasien zu finden waren als griechische. Diese Unterschiede ließen sich aber hinreichend durch Differenzen der Herkunftsfamilien der Jugendlichen erklären. So zeigte sich, dass insbesondere solche Jungen und Mädchen Gymnasien besuchten, die wenige Geschwister hatten, in einem deutsch geprägten kulturellen Klima aufwuchsen (die Eltern mögen deutsche Küche, hören deutsche Musik und lesen deutsche Zeitungen), und deren Eltern selbst gut Deutsch sprachen. Außerdem waren ein höheres Lebensalter des Kindes bei der Einreise sowie eine niedrige elterliche Bildung ausschlaggebend dafür, „in einem Elternhaus mit geringen assimilativen Tendenzen aufzuwachsen“ (Nauck et al., 1998, S. 715). Darüber hinaus erwiesen sich bessere Deutschkenntnisse und höhere Bildungserwartungen für den Besuch eines höheren Schulzweigs als relevant (Nauck, 1994; Schönpflug & Alamdar-Niemann, 1993).

Auch Aussiedler schaffen es oftmals nur zu Haupt- und Regelschulen. Anders als die zumeist in Deutschland geborenen Ausländer, treffen viele junge Aussiedler erst gegen Ende ihrer Schullaufbahn in Deutschland ein und gehen dann zumeist auf Hauptschulen (was mit fehlenden Sprachkenntnissen und dem Gesamtschulsystem in den Herkunftsländern zusammenhängt). Jedoch gilt auch für Aussiedler, die in Deutschland die Grundschule besuchen, dass sie anschließend überdurchschnittlich häufig auf Hauptschulen und nicht auf Gymnasien geschickt werden (Roebers, 1997).

Schulerfolg hängt vom Elternhaus und den Freunden ab. Eine Längsschnittuntersuchung zeigt, dass sich die Schulleistungen jugendlicher Aussiedler im Durchschnitt über die Zeit deutlich verbesserten. Jugendliche, die über geringe Deutschkenntnisse, Streit mit den Eltern, elterliche Depressionen, Ablehnung durch Gleichaltrige oder fehlenden Kontakt berichteten und die nicht freiwillig nach Deutschland gekommen waren, verbesserten sich dagegen nicht (Schmitt-Rodermund & Silbereisen, im Druck). Ergänzend zeigte sich in Studien an Immigranten in die USA, dass neben familiären Faktoren vor allem die Haltung der Freunde entscheidend ist. Wer Freunde hat, die sich für Schulangelegenheiten interessieren, Anstrengung in der Schule gut finden und sich untereinander helfen, hat bessere Schulnoten (Fuligni, 1997, Steinberg et al., 1992).

3.3 Delinquenz

Zuwanderer werden in Deutschland überproportional häufig als Täter in Kriminalitätsstatistiken registriert: Obwohl nur neun Prozent der Wohnbevölkerung Ausländer sind, waren 1999 fast 27 Prozent aller Tatverdächtigen ausländischer Herkunft. Dabei gelten Angehörige der zweiten und dritten Generation (also die Kinder und Enkel der früheren Gastarbeiter) neben Asylbewerbern und politisch motivierten Gruppen als besonders kriminalitätsbelastet (Bundesministerium des Inneren und Bundesministerium der Justiz, 2001).

Die Kriminalität bei Aussiedlern ist (noch) gering. Aussiedler unterscheiden sich hinsichtlich ihrer Kriminalitätsbelastung nicht bedeutsam von in Deutschland geborenen Personen (Luff, 2000; Bundesministerium des Inneren & Bundesministerium der Justiz, 2001). Andererseits zeigt sich aber, dass in Strafvollzugsanstalten mehr und mehr Aussiedler zu finden sind. Eine Befragung der Jugendstrafanstalten im Jahr 1998 erbrachte einen Anteil von durchschnittlich knapp neun Prozent inhaftierten Aussiedlern, mit ansteigender Tendenz insbesondere bei jüngeren und erst kürzer in Deutschland lebenden männlichen Aussiedlern (Pfeiffer & Dworschak, 1999; Walter &

Grübl, 1999; Bundesministerium des Inneren & Bundesministerium der Justiz, 2001).

Mehr Gewalttaten bei Ausländern. Weitgehend übereinstimmend mit den Angaben aus der Kriminalitätsstatistik stellen sich Zahlen in so genannten Dunkelfeldstudien dar. In einer anonymen Befragung von nahezu 10.000 Schülern neunter Klassen verschiedener Bundesländer gab es bei harmloseren Vergehen keine Unterschiede zwischen einheimischen und ausländischen Jugendlichen. Im Bereich der Gewaltdelikte stachen jedoch Ausländer hervor (Bundesministerium des Inneren & Bundesministerium der Justiz, 2001). So gaben 28 Prozent der jungen Türken an, im vergangenen Jahr Gewalt gegen Personen ausgeübt zu haben. Bei Ausländern anderer Herkunft waren dies immerhin noch 17 Prozent. Bei den befragten Aussiedlern ebenso wie bei den Einheimischen gaben 14 Prozent zu, im vergangenen Jahr Gewalt gegen andere ausgeübt zu haben. Andere Delikte traten unter den Aussiedlern deutlich seltener auf (Pfeiffer & Wetzels, 1999; Strobl & Kühnel, 2000).

Werden Ausländer schneller und härter bestraft? Überlegungen, inwieweit Ausländer ebenso wie Aussiedler von vornherein mit „geringerer Toleranz bei Fehlverhaltensweisen" zu rechnen haben, relativieren sich angesichts der großen Ähnlichkeit der Ergebnisse der Dunkelfeldforschung mit den Zahlen der Kriminalitätsstatistik vor allem im Fall der Ausländer (Schwind, 2001; Ludwig-Meyerhöfer & Niemann, 1997; Mansel, 1989). Trotzdem besteht der Verdacht, dass nicht nur Ausländer, sondern auch Aussiedler für gleiche Vergehen häufiger mit Verfahren zu rechnen haben als Einheimische und dann auch härter abgeurteilt werden (Walter & Grübl, 1999; Mansel, 1989). Weiter ist zu beachten, dass ein nicht unbeträchtlicher Anteil der von Ausländern verübten Straftaten im Zusammenhang mit Ausländergesetzen (illegale Einreise, Übertretungen im Zusammenhang mit Auflagen der Aufenthaltsgenehmigung etc.) zu sehen ist. Schließlich sind viele Ausländer und Aussiedler Angehörige niedrigerer sozialer Schichten, leben in Großstädten und sind zu einem bedeutend höheren Anteil unter 25 Jahren alt (Schwind, 2001). Vergleicht man einheimische Gruppen ähnlichen Zuschnitts, so nivellieren sich die Unterschiede in der Anzahl der Strafverfahren weiter, wenn sie auch nicht ganz verschwinden.

Soziale Teilhabe ist wichtiger als die Herkunft. Jugendliche Zuwanderer (Strobl & Kühnel, 2000), die für sich subjektiv geringere Chancen an sozialer Teilhabe empfinden, missbrauchen häufiger Alkohol und Drogen, haben eine stärkere Devianzneigung und leiden öfter unter psychosomatischen Beschwerden. Dies gilt für Aussiedler, Ausländer und Deutsche gleichermaßen. Zusätzlich zeigen sich aber auch herkunftsabhängige Differenzen: Deutsche konsumieren mehr Alkohol und illegale Drogen als die anderen Gruppen, während die jugendlichen Ausländer eine vergleichsweise höhere Devianzneigung an den Tag legen. Die Autoren folgern, dass „Ähnlichkeiten in der Wahrnehmung der Teilhabechancen insbesondere für die Erklärung von Problemverhaltensweisen entscheidender [sind] als ethnische und rechtliche Unterschiede" (Strobl & Kühnel, 2000, S. 197).

FAZIT

Diskriminierung und geringe Chancen auf soziale und kulturelle Teilhabe einerseits und Gefühle (islamischer) Überlegenheit andererseits vermischen sich zu einer Ausgangslage, die zu einer geringen Bindung an Normen und Werte zumindest der Aufnahmekultur, möglicherweise aber auch der Ursprungskultur führt – schließlich werden die jungen, in Deutschland geborenen Türken auch dort nicht als vollwertige Mitglieder der Gesellschaft wahrgenommen, und die Eltern sind mit ihren traditionellen Werten und ihrem relativ gesehen geringen Erfolg in Deutschland keine Verhaltensmodelle. Die fehlende Bindung an kulturelle Werte und Normen ist Voraussetzung und Risikofaktor für delinquentes Verhalten (Elliott et al., 1989).

UNTER DER LUPE

„Da sprach der Fuchs: ‚Die Trauben sind mir zu sauer' …" – die Rolle von Diskriminierung

Heitmeyer und Kollegen untersuchten den Zusammenhang zwischen islamisch-fundamentalistischen Orientierungsmustern und der Desintegration in die deutsche Gesellschaft. Die Zugehörigkeit zum Islam hat für die meisten türkischen Jugendlichen einen hohen Stellenwert. Mehr als 66 Prozent der über 1.200 Befragten gaben an, der Islam stärke ihren Selbstwert, und 27 Prozent der Jugendlichen, vor allem Jungen, befürworteten eine Ausweitung und Durchsetzung des Islams notfalls mit Gewalt. Dieses Empfinden der Überlegenheit des Islam gegenüber anderen Religionen war umso höher, je niedriger die eigenen Bildungs- und Berufschancen eingeschätzt wurden. Zugleich berichteten viele türkische Jugendliche von Diskriminierungserfahrungen in Freizeit, Schule, Behörden oder am Arbeitsplatz. Auch Kontakte zu Einheimischen waren selten. Viele junge Türken fühlen sich deshalb von den Deutschen nicht akzeptiert (Heitmeyer et al., 1997; Heitmeyer & Dollase, 1996; Müller, 1998).

Auch Nauck und Kolleginnen zeigten, dass die ethnische Identifikation mit der Herkunftskultur umso stärker ausfiel, je mehr Diskriminierungserfahrungen die Jugendlichen machten. Eine höhere Bildung der Eltern, eigene Bildungschancen, gute Deutschkenntnisse sowie interethnische Kontakte dagegen gingen mit einer geringeren Identifikation mit der Kultur des Herkunftslandes einher (Nauck et al., 1997).

3.4 Familie, Einstellungen, Verhalten

Gesundheit, Schulleistungen und Delinquenz gelten als klassische Merkmale gelungener oder misslungener Anpassung im Aufnahmeland. Sie stellen also Endpunkte des akkulturativen Prozesses dar. Studien über das Zusammenspiel von Familienmerkmalen, Einstellungen und Verhaltensweisen der Immigranten stellen dagegen den akkulturativen Prozess selbst in den Mittelpunkt. Dazu gehört z.B. die immigrationsbedingte Veränderung von Wertorientierungen, die zwischen kulturellen Gruppen differenzieren (Hofstede, 1980; Kim et al., 1994). Während die Herkunftsländer vieler Immigranten mehr oder weniger kollektivistisch geprägt sind, ist Deutschland ebenso wie die USA oder Australien eher individualistisch orientiert. Bei Jugendlichen verändern sich Werthaltungen nach der Übersiedlung relativ schnell. Während die eingewanderten Eltern an den traditionelleren, auf die Gruppe gerichteten Wertorientierungen des Herkunftslandes festhalten, gleichen sich die Jugendlichen zügig den mehr auf persönliche Autonomie gerichteten Vorstellungen der Einheimischen an (Rosenthal et al., 1989; Feldman et al., 1992; Siefen et al., 1996). Parallel zu der Wertorientierung im Herkunftsland und dem Grad des Kollektivismus variieren auch so genannte Entwicklungsfahrpläne (Feldman & Rosenthal, 1991). Gemeint sind damit Vorstellungen darüber, mit welchem Alter die Jugendlichen glauben, Übergänge in Richtung auf Verhaltensweisen und Freiheiten des Erwachsenenalters zu vollziehen. Mit der Übersiedlung findet eine Angleichung in Richtung auf die mehr die individuelle Autonomie in den Vordergrund stellenden Entwicklungerwartungen der Einheimischen statt (Feldman & Quatman, 1988; Rosenthal & Bornholt, 1988).

Wer Kontakt hat, passt sich schneller an. Eine von uns selbst durchgeführte Längsschnittstudie an jugendlichen Aussiedlern zeigt, dass veränderte Entwicklungsfahrpläne tatsächlich ein Ergebnis der im Herkunftsland verbrachten Zeit und damit der akkulturativen Erfahrungen sind. Je länger die jungen Einwanderer in Deutschland gelebt hatten, desto eher erwarteten sie beispielsweise den Zeitpunkt der ersten Liebesbeziehung (Schmitt-Rodermund, 1997; Schmitt-Rodermund & Silbereisen, 1999; Schmitt-Rodermund & Roebers, 1999). Dabei veränderten sich jedoch nicht alle Jungen und Mädchen in derselben Weise. Im Verlauf von zwei Jahren erwarteten diejenigen Jugendlichen sehr viel früher Autonomie, die viel Gelegenheit hatten, die Verhaltensweisen der Einheimischen zu erfahren. Insbesondere für Neuankömmlinge galt, dass sie sich rasch veränderten, wenn sie sich mit den Eltern nicht verstanden und viel Zeit außerhalb des elterlichen Einflusses verbrachten. Bei den Erfahrenen war dies nicht mehr so bedeutsam, weil diese durch Schulbesuch und besseres Verständnis der Sprache reichlich andere Gelegenheiten hatten, sich über die in Deutschland gängigen Zeitpunkte für die erste Freundin, das Trinken von Alkohol oder nächtliches Heimkommen zu informieren (Schmitt-Rodermund, 1997, Schmitt-Rodermund & Silbereisen, 1999).

Die Folgen von Migration oder Minoritätenstatus für die Familie

Ein sehr großer Anteil von Einwanderern sowohl unter den Aussiedlern als auch unter den Ausländern ist als Familie nach Deutschland eingereist; häufig sind Angehörige nachgekommen. Man nimmt an, dass der Zusammenhalt eingewanderter Familien aufgrund der Abnahme sozialer Kontrolle und vermehrter Generationskonflikte nachlässt und die Kinder eingewanderter Eltern in der Folge in einen Konflikt der Aufnahme- mit der Herkunftskultur geraten, der seinerseits in Störungen der Identitätsbildung mündet (z.B. Abadan-Unat, 1985; Süss, 1995; Zimmermann, 1995; Schepker & Yannidakis-Hahne, 2000). Empirische Studien über Prozesse in Familien unter Immigrationsbedingungen ergeben jedoch ein anderes Bild. So zeigte sich in Arbeiten über türkische Familien in Deutschland, dass deren Zusammenhalt durchschnittlich höher ist als der in der Türkei verbliebener Familien (Nauck, 1994). Migration, so schließt Nauck aus den Ergebnissen, führe in erheblichem Umfang zu einer Konzentration auf die Kernfamilie (Nauck, 1997). Dies zeigt sich auch in einem Vergleich der Einstellungen von Eltern und Jugendlichen türkischer Migrantenfamilien. Die Antworten über elterlichen Erziehungsstil, religiöse Einstellungen, Leistungserwartungen oder von der Familie erwartete Hilfen sind sich weitaus ähnlicher als die Antworten von Eltern und Jugendlichen in der Türkei lebender Familien (Nauck, 1997). Daraus schließt Nauck, dass auch Konflikte zwischen Eltern und Kindern in Migrantenfamilien nicht häufiger vorkommen als bei Familien, die nicht ausgewandert sind. Im Hinblick auf jugendrelevante Fragen wie Fernsehen oder Rauchen haben Eltern und Kinder aus Migrantenfamilien jedoch durchaus verschiedene Auffassungen. Trotzdem sind Konflikte selten (Fuligni, 1998).

Eltern und Kinder leben in verschiedenen Welten

Wenn Konflikte trotz verschiedener Ansichten zwischen eingewanderten Jugendlichen und ihren Eltern selten sind, könnte das daran liegen, dass sich der Einfluss der Eltern verringert. Interethnische Beziehungen sind bei der Elterngeneration praktisch nicht vorhanden (selbst Verbindungen zu Personen außerhalb der eigenen Verwandtschaft sind selten). Unter türkischstämmigen Jugendlichen machen sie dagegen einen großen Anteil aller Freunde aus (Nauck & Kohlmann, 1998). Auch bei jungen Aussiedlern finden mit längerem Aufenthalt unabhängig vom Lebensalter zunehmend Aktivitäten außerhalb der Familie statt, an denen immer häufiger Einheimische beteiligt sind (Schmitt-Rodermund, 1997). Damit ist die Schnittmenge gemeinsam verbrachter Zeit und gemeinsamer Erfahrungsbereiche zwischen zugewanderten Eltern und Kindern sehr klein. Andererseits zeigten Befragungen zumindest an jungen Aussiedlern, dass diese die elterliche Autorität mehrheitlich als unumstößlich betrachten. So zeigten Dietz und Roll (1998), dass 59 Prozent der befragten Jugendlichen zwischen 15 und 25 Jahren meinten, die Eltern sollten über die Kinder bestimmen, solange diese noch nicht erwachsen sind. Nur 15 Prozent der Befragten stimmten der Aussage nicht zu. Trotzdem scheint zu gelten, dass der Einfluss vor allem des Vaters geringer wird und der der Jugendlichen ansteigt (Thielicke, 1988; Kaiser, 1988). Als Ursachen werden die weniger patriarchalischen Familienstrukturen in Deutschland, vorübergehende oder längerfristige Arbeitslosigkeit des Vaters sowie der schnellere Spracherwerb der Kinder genannt. Die Eltern können durch ihre unveränderten, althergebrachten Auffassungen, seltene Kontakte zu Einheimischen und durch fehlendes Wissen über Zusammenhänge im Aufnahmeland weder Ratschläge geben noch (bei entsprechendem Alter der Jugendlichen) Verbote erteilen (Heuer & Ortland, 1995; Reich et al., 1999). Auch eine empirische Untersuchung von Aussiedlerfamilien kann einen Zugewinn an Macht und Einfluss der Jugendlichen in ihren Familien bestätigen (Hehl & Ponge, 1997).

FAZIT

Jugendliche Immigranten passen sich in ihren Wertorientierungen und damit auch in ihren Entwicklungsfahrplänen mehr und mehr den Einheimischen an. Dies gilt für solche Immigranten, die dauerhaft in ein Land einreisen, also für Aussiedler ebenso wie für Immigranten nach Australien oder in die USA (Schmitt-Rodermund & Silbereisen, 1999; Feldman et al., 1992). Bei jugendlichen Immigranten dagegen, die durch ihren Status als Ausländer ohne deutschen Pass und teils diskriminierte Minorität im Aufnahmeland mehr an ihrer Herkunftskultur festhalten, ist ein geringerer Wandel von Einstellungen in Richtung auf die unter Einheimischen üblichen Auffassungen und Werte wahrscheinlich (Nauck, 1994, 1997). Für beide Gruppen könnte jedoch gleichermaßen gelten, dass Konflikte mit den Eltern selten sind, einerseits weil offene Auseinandersetzungen nicht in die eher kollektivistische Wertorientierung vieler Zuwanderer passen und andererseits, weil die Eltern unter den neuen Bedingungen zunehmend an Einfluss verlieren.

Ausblick

Die Untersuchung von Akkulturation ist ein Weg, um der Grundfrage von Entwicklung näher zu kommen, inwiefern nämlich Veränderungen des kulturellen Kontexts Richtung und Verlauf von Entwicklung verändern können. Betrachtet man die in diesem Kapitel berichteten Untersuchungen, so dürfte die Antwort wohl lauten, dass Veränderungen von Verhaltensweisen mit alltäglichen Bezügen, die nicht tiefer in der Persönlichkeit verankert sind, durchaus möglich sind, und zwar zum Teil sehr rasch, nach Monaten oder Jahren und sicherlich innerhalb einer Generation. Bei anderen Themen hingegen, wobei Wertorientierungen ein Beispiel sind, die in den Herkunftskulturen fest verankert sind und zu charakteristischen Zügen der Persönlichkeit führen, ist Akkulturation im Sinne einer Änderung solcher Persönlichkeitsstrukturen in überschaubaren Zeiträumen eher unwahrscheinlich. So weiß man beispielsweise, dass Erwachsene aus kollektivistischen Kulturen ihre Orientierung an den Bedürfnissen der Gruppe statt an individueller Verwirklichung nicht aufgeben. Akkulturation in diesem Sinne ist eine Angelegenheit von Generationen, nicht aber von individueller Entwicklung während der eigenen Lebensspanne.

Weiterführende Literatur

Berry, J.W. et al. (1997). Immigration, acculturation, and adaptation. Lead article and commentaries. Applied Psychology: An International Review, 46, 5–68.
In dieser Ausgabe der Applied Psychology: An International Review zeigen im Anschluss an den Leitartikel von John W. Berry, dem „Erfinder“ der Akkulturationspsychologie, verschiedene Autoren unterschiedliche Gesichtspunkte auf. Beispielweise wird die Frage diskutiert, inwieweit Akkulturation und Entwicklung sich überhaupt getrennt betrachten lassen (Schönpflug) oder welches überhaupt die Vorteile eines speziellen Modells der Akkulturation gegenüber einem generellen Stressmodell sein können (Lazarus).

Kapitel 33
Die Bedeutung der Medien für die Entwicklung von Kindern und Jugendlichen

Siegfried Hoppe-Graff & Hye-On Kim

Dieses Kapitel bietet dem Leser keine Gesamtübersicht über den Stand der psychologischen Forschung zum Thema „Heranwachsende und Medien“, und erst recht ist es keine Lehrbuchdarstellung der medien- und kommunikationswissenschaftlichen Überlegungen und Ergebnisse zu diesem Thema. Auf dem knapp bemessenen Raum wäre das auch gar nicht möglich. Ziel und Anspruch sind enger gefasst. Wir wollen einen Eindruck davon geben, wie die elektronischen Massenmedien in die Entwicklung von Kindern und Jugendlichen eingreifen. Den Begriff der elektronischen (Massen-)Medien verstehen wir in einem weiten Sinne. Dazu gehören die schon „traditionellen“ Hör- und Bildmedien (Radio, Kino, Fernsehen) genauso wie die neuen elektronischen Medien (Videorecorder, PC, Internetzugang).

Wie lässt sich feststellen, welche Rolle Radio, Fernsehen und Computer und die durch sie vermittelten Inhalte in der Entwicklung junger Menschen spielen? Ein naiv empiristisches Verständnis würde wohl die Bedeutung mit der Medienwirkung gleichsetzen. Die Wirkungsforschung würde wiederum zur experimentellen oder quasi-experimentellen Überprüfung von „Effekten“ verengt. Ob die durch das Fernsehen erfahrene Gewalt eine Auswirkung auf die Gewaltbereitschaft von Jugendlichen hat, ließe sich nach diesem Ansatz also dadurch prüfen, dass man – möglichst experimentell – Gruppen von Jugendlichen unterschiedlichen Dosierungen von Fernsehgewalt aussetzte und dann – möglichst in Längsschnittbeobachtungen – Einstellungen zur Gewalt oder deren Ausübung beobachtete. Die „Bedeutung“ der Medien würde weitgehend auf die „statistische Bedeutsamkeit“ reduziert.

Diese Art von Medienwirkungsforschung ist ein wichtiger, wenn nicht sogar unverzichtbarer Mosaikstein im Gesamtbild unserer Kenntnisse über die Rolle der Medien für die Entwicklung. Dennoch werden wir ihr in diesem Beitrag nur einen begrenzten Platz einräumen und immer wieder betonen, dass wir von einem anderen Menschenbild ausgehen, als es von der soeben skizzierten klassischen Wirkungsforschung suggeriert wird. Nach unserem Verständnis von Entwicklung, das an den strukturgenetischen Konstruktivismus Piagets und Seilers angelehnt ist (siehe Hoppe-Graff & Rümmele, 2000), sind Heranwachsende Medienerfahrungen nicht „ausgesetzt“ oder „ausgeliefert“, sondern Medienerfahrungen sind ein integrativer Teil der aktiven Aneignung der Welt im Laufe der Ontogenese. Wir werden zeigen, dass sich viele Resultate der Medienentwicklungspsychologie als Bestätigung dieser Sichtweise interpretieren lassen.

Wir werden die hier angedeutete Entwicklungsperspektive in Abschnitt 2 ausbauen und verdeutlichen, wie Medienerfahrungen und Entwicklungsprozesse miteinander verwoben sind. Zuvor aber werden wir in Abschnitt 1 Daten zur Mediennutzung präsentieren. Wir geben damit unserer These, dass die Lebenswelt von Kindern und Jugendlichen heute unausweichlich eine Medienwelt ist, eine empirische Basis. In Abschnitt 3 illustrieren wir an vier ausgewählten Themen, wie vielfältig Medienerfahrungen und Entwicklungsprozesse aufeinander einwirken. In Abschnitt 4 werden wir die Ergebnisse und Einsichten, die wir bei den Einzelthemen gewonnen haben, zu einem Gesamtbild zusammenfügen und Schlussfolgerungen ziehen.

1 Medien im Alltag von Kindern und Jugendlichen: Nutzungsdaten für Fernsehen, Computer und Radio

Soweit uns entsprechende Quellen zur Verfügung standen, haben wir neben deutschen auch US-amerikanische und südkoreanische Nutzungsdaten einbezogen. Durch den Vergleich wollen wir deutlich machen, dass die rapide Verfügbarkeit der elektronischen Medien für Kinder und Jugendliche ein weltweites Phänomen ist – ein Aspekt der Globalisierung. Die Verfügbarkeit sagt jedoch noch nichts über die Inhalte aus, welche durch die Medien kommuniziert werden. Die Medieninhalte sind ebenso wie die Bewertung dieser Inhalte in hohem Maße kulturabhängig.

Fernsehen

Tabelle 33.1 zeigt die durchschnittliche tägliche Sehdauer für verschiedene Altersgruppen von Heranwachsenden in Deutschland, den USA und Südkorea.

Tabelle 33.1. Fernsehnutzung in Deutschland, USA und Korea, aufgeschlüsselt für verschiedene Altersgruppen. Die Tabelle zeigt die durchschnittliche tägliche Sehdauer in Minuten

	BRD[1]	USA[2]	Korea[3]
Unter 5 J	76	132	103
6–9 J	91	120[4]	141
10–13 J	113	132[5]	181
Über 14 J	196		174

Quellen:
[1] GfK-Fernsehforschung, PC#TV; siehe Feierabend und Klingler (2000). Die Daten beziehen sich auf 1997.
[2] The Annenberg Public Policy Center of the University of Pennsylvania (1997)
[3] Park (1998)
Anmerkungen:
[4] Für USA-Daten: 6–10 J
[5] Für USA-Daten: 11–15 J

Ergänzende Nutzungsdaten können für Deutschland den Arbeiten von Lukesch (2000) und Feierabend und Klingler (2000) sowie für die USA dem Übersichtsartikel von Huston und Wright (1998) entnommen werden. Sie stützen in Verbindung mit Tabelle 33.1 die Feststellung, dass das Fernsehen heute in weiten Teilen des Westens und Ostasiens schon im Kindergartenalter für die meisten Kinder zur täglichen Erfahrung gehört. Kulturübergreifend ist Kindheit heutzutage Fernsehkindheit. Der Tendenz nach sehen amerikanische und koreanische Kinder und Jugendliche mehr fern als ihre deutschen Altersgenossen. (Die Daten für die koreanischen Jugendlichen weichen wohl deshalb vom allgemeinen Trend ab, weil sie ab dem 10. Schuljahr buchstäblich von morgens bis spätabends die Schule besuchen und deshalb wenig Gelegenheit haben, den Fernseher einzuschalten.) Dieser Unterschied mag seinen Grund darin haben, dass die Erwachsenen in den USA und Südkorea das Fernsehen im Allgemeinen als weniger „gefährlich“ ansehen als in Deutschland. Sind aber die Befürchtungen der Erwachsenen geringer, so ergeben sich möglicherweise mehr Fernsehgelegenheiten für Kinder. Für den Vergleich von Deutschland und Südkorea haben wir den erwarteten Unterschied in den Vorbehalten in einer eigenen Studie bestätigt gefunden (Hoppe-Graff & Kim, 1999).

Computer

Tab. 33.2 liefert Daten aus Deutschland, den USA und Südkorea zur wöchentlichen Computernutzung von Jugendlichen. Obwohl die Angaben aufgrund der verschiedenen Erhebungszeitpunkte und Altersgruppierungen nicht direkt vergleich-

Tabelle 33.2. Umfang der wöchentlichen Computernutzung bei Jugendlichen in Deutschland, den USA und Korea. Die Tabelle zeigt Prozentwerte für verschiedene Nutzungsgrade

	BRD[1] 12–17 J	**USA**[2] 10–17 J	**Korea**[3] 10–12 J
Nie	14	2	28.8
Seltener	20	11	7.1
Einmal in der Woche	19	30	18.6
2–3mal in der Woche	29		21.8
Jeden Tag	17	57	23.7

Quellen:
[1] Feierabend & Klingler (1997)
[2] National Public Radio (2000)
[3] Choi & Park (1998)

bar sind, lassen sie doch die Feststellung zu, dass der Computer bereits heute für die Mehrzahl der Jugendlichen zu den regelmäßig genutzten Medien gehört.

Radio und andere Hörmedien (CD/MC)

Während Hörmedien (Radio und Tonträger) gegenüber den audiovisuellen Medien (Fernsehen und Video) bei Kindern in Präferenz und Nutzungsdauer deutlich hintan stehen (vgl. Klingler & Groebel, 1994), sind sie bei Jugendlichen ein selbstverständlicher und äußerst beliebter Bestandteil des Alltags. Nach Six et al. (1995) stehen sie in dieser Altersgruppe bezüglich Verbreitung, Reichweiten und Nutzungsdauer sowie der Medienbindung an erster Stelle (siehe auch Tab. 33.3). Drei Viertel aller Jugendlichen im Alter von 14 bis 19 Jahren verbringen pro Tag fast zwei Stunden ihrer verfügbaren Zeit mit Radiohören (nach Keller & Klingler, 1996). Auch bei jenen Jugendlichen, die Musik-TV und Internet besonders häufig nutzen, ist das Radio das meistgenutzte Medium (Boehnke & Münch, im Druck). Zwar nehmen im Verlaufe des Jugendalters sowohl Fernseh- als auch Hörfunknutzung zu, aber die Zunahme fällt beim Hörfunk noch stärker aus. Das Radio wird ebenso wie die Tonträger CD und MC von Jugendlichen vor allem dazu genutzt, das speziell auf die Jugend ausgerichtete Musikprogramm zu hören. In Abschnitt 3.4 werden wir diese Präferenz entwicklungspsychologisch interpretieren.

Mediennutzung durch Jugendliche. Diese quantitativen Nutzungsdaten werden von Charlton und Neumann-Braun (1992, S. 20–21) in die folgende umfassendere qualitative Beschreibung der Mediennutzung durch Jugendliche eingefügt, welche der Tendenz nach auch schon für das Kindesalter Gültigkeit haben sollte:

- Medien sind unter Jugendlichen so verbreitet und so selbstverständlich, dass sie fast überall und fast zu allen Tageszeiten genutzt werden.
- Häufig werden mehrere Medien gleichzeitig genutzt, beispielsweise wird gelesen, während der Fernseher läuft, oder es wird im Internet gesurft, während der Radio angeschaltet ist.
- Im Vergleich zu den Erwachsenen sind Jugendliche gegenüber Innovationen bei den elektronischen Medien aufgeschlossener. Sie begegnen Neuerungen im Medienbereich offen und mit Neugier. Deshalb ist es nicht verwunderlich, wenn sich die Anbieter von Neuentwicklungen gezielt an das junge Publikum wenden.
- Medien haben eine wichtige soziale Funktion – entgegen der weit verbreiteten Meinung, dass Medien per se „einsam" machen und isolieren. Programmangebote werden nicht selten zusammen mit Freunden und Gleichaltrigen rezipiert und diskutiert.
- Diese soziale Funktion ist eingebunden in eine noch umfassendere und grundlegende Funktion der Medien: „Die eigene Lebensgeschichte wird zu einem nicht unerheblichen Teil von Mediengeschichten beeinflusst. Jugendliche nutzen Medien zur *sozialen Identitätssicherung* und zur *kulturellen Sinnvergewisserung* …" (S. 21; Hervorhebung im Original). Wir sagen voraus, dass sich dieser Trend verstärken wird, wenn einzelne Medien seitens der Anbieter noch stärker als heute in Form eines „Medienverbundes" gekoppelt werden (siehe auch

Huston & Wright, 1998). Beim „Medienverbund“ werden die Inhalte verschiedener Medien aufeinander bezogen, meistens mit kommerziellem Interesse als Werbeträger.

2 Theoretische Überlegungen: Die Bedeutung der Medien aus der Sicht der Entwicklungspsychologie

Entwicklung ist ein kontinuierlicher Konstruktionsprozess, welcher sich in der aktiven Auseinandersetzung (Interaktion) der Person mit ihrer Lebenswelt vollzieht. Dieser Gedanke ist von bedeutenden Fachvertretern (Piaget, Wygotski, Erikson, Kohlberg) formuliert worden und wird heute kaum noch in Frage gestellt. Beispielsweise hat Piaget die Konstruktion in die inneren Strukturen verlegt und theoretisch im Assimilations-Akkommodations-Prinzip sowie im Äquilibrationsmodell zum Ausdruck gebracht. Für Wygotski ist Entwicklung als aktiver Vorgang vor allem Ko-Konstruktion und schließt deshalb die Möglichkeit der Anleitung des Heranwachsenden durch andere Menschen (Eltern, Erzieher, Gleichaltrige) ein.

Entwicklung ist Konstruktion. Die genannten Theoretiker sind sich auch darin einig, dass das Ergebnis des Entwicklungsprozesses im strikten Sinne kein inneres Abbild der äußeren Welt oder der externen Entwicklungsbedingungen ist. Genau diese Differenz zwischen äußeren „objektiven“ Gegebenheiten und der inneren „subjektiven“ Repräsentation soll durch den Begriff der Konstruktion zum Ausdruck gebracht werden. Welche „objektiven“ Lebensbedingungen überhaupt wahrgenommen und wie sie assimiliert werden, hängt von vielem ab, und entsprechend unterschiedlich fällt das Ergebnis des Assimilationsprozesses (und der möglicherweise dadurch ausgelösten Akkommodationen) aus. Zu dieser Sichtweise steht das dominierende Alltagsverständnis von „der Macht der Medien“ und leider häufig auch die medienwissenschaftliche Fachdiskussion im krassen Gegensatz. Es wird so getan, als ginge im Sinne einer Verursachung die Wirkung vom Fernsehen, vom Internet, vom Radio selbst aus. „Gewalt im Fernsehen ist die Ursache für die wachsende Jugendkriminalität“ oder „Fernsehen verursacht Konzentrationsmängel“, wird formuliert. Von dieser ersten Vereinfachung ist es nicht weit zur nächsten: Individuelle Unterschiede in der Medienwirkung geraten aus dem Blickfeld.

Die Interpretation von Medienerfahrungen ist entwicklungsabhängig. Identische Medienerfahrungen werden je nach Entwicklungsstand ganz unterschiedlich interpretiert und „verarbeitet“. Das lässt sich am Beispiel kognitiver Entwicklungsvoraussetzungen gut illustrieren. Ein Kleinkind kann noch nicht den Realitätsstatus der Personen, die es auf dem Fernsehbildschirm sieht, verstehen. Es vermutet, dass die Personen in dem Gerät sind. Wird das Kind älter, so weiß es sehr wohl, dass die Personen nicht im Fernsehapparat stecken, aber es kann möglicherweise noch nicht unterscheiden, ob es sich bei dem Geschehen auf dem Bildschirm um Darstellungen von realen Gegebenheiten oder um Fiktion handelt. (Siehe ausführlicher Abschnitt 3.2 zur Frage, ob und wie Kinder die Medienrealität verstehen.) Einem Jugendlichen schließlich mit seinen Möglichkeiten zum rationalen Denken, also zur skeptischen Reflexion der Wirklichkeit und zur Selbstreflexion (s. Moshman, 1999), eröffnen sich neue Freiräume, um Medienerfahrungen zu bewerten, beispielsweise sich zu fragen, welches „Bild der Realität“ Medien entwerfen wollen.

Medienerfahrungen und Entwicklungsaufgaben. Medienerfahrungen kommt je nach Entwicklungsstand auch eine ganz unterschiedliche Funktion bei der Bewältigung von altersspezifischen Entwicklungsaufgaben zu. Entwicklungsaufgaben sind „gesellschaftlich-normativ und psychobiologisch determinierte Anforderungen, denen sich jeder Mensch (zumindest innerhalb eines bestimmten Kulturkreises) stellen muss“ (Boehnke & Münch, 1999, S. 38). Havighurst hat dieses Konzept 1948 in die Entwicklungspsychologie eingeführt und für verschiedene Lebensabschnitte spezifische Aufgaben formuliert (Havighurst, 1972). Für die mittlere Kindheit (6–12 Jahre) gehören das Erlernen eines angemessenen männlichen oder weiblichen Rollenverhaltens und die Entwicklung der grundlegenden Fertigkeiten im Lesen, Schreiben und Rechnen, also in den Kulturtechniken, dazu. Für das Jugendalter (Adoleszenz, 12–18 Jahre) nennt Havighurst neben weiteren Zielen die emotionale Unabhängigkeit (Autonomie) von den Eltern und anderen Erwachsenen und das Akzeptieren der eigenen körperlichen Erscheinung im Gefolge der Pubertät (siehe auch Abschnitt 3.4). Wir haben diese Beispiele mit Bedacht ausgewählt. Es sollte dem Leser schon aufgrund seiner alltäglichen Erfahrung einsichtig sein, dass Medienerfahrungen von der Sache her mit der Bearbeitung und Bewältigung von Entwicklungsaufgaben verbunden sein können – ob sie von den Jugendlichen als bedeutsam reflektiert und „befolgt“ werden und ob sie letztlich maßgebend sind, ist eine andere Frage. Wir kommen in Abschnitt 3.4 darauf zurück.

Medienkompetenz als Entwicklungsaufgabe. Wir ergänzen Havighursts Liste der Entwicklungsaufgaben und plädieren dafür, den Erwerb von Medienkompetenz, also die Entwicklung von Fähigkeiten und Fertigkeiten für den Umgang mit Medien, als eine eigenständige Entwicklungsaufgabe für Kinder und Jugendliche aufzufassen. Sie erwächst, wie die anderen Aufgaben auch, zum einen aus inneren Impulsen und Möglichkeiten, insbesondere der Neugierde auf neue Erfahrungen und der Erweiterung des Erfahrungsraumes durch kognitive Fortschritte. Sie entsteht zum anderen aber auch aus der gesellschaftlich-normativen Anforderung, die „Kulturtechnik“ der angemessenen Mediennutzung und -rezeption zu erwerben (vgl. oben Lesen, Schreiben und Rechnen als Entwicklungsaufgaben bei Havighurst). Beispielsweise erfordern schon heute viele Berufe den kompetenten Umgang mit neuen Medien, und alltägliche Aktivitäten wie der Zugang zu Informationen oder die Abwicklung von Finanzgeschäften sind zunehmend an Medienkompetenz gekoppelt.

Medienkompetenz kann als eigenständige Entwicklungsaufgabe angesehen werden

3 Die Bedeutung der Medien: Ausgewählte Themen

3.1 Gewalterfahrung durch Medien

Unsere kulturvergleichende Befragung (siehe Abschnitt 1) hatte zwar ergeben, dass deutsche Erzieherinnen von der negativen Wirkung des Fernsehens auf Konzentrationsfähigkeit und Phantasie noch überzeugter sind als von dessen aggressionsfördernder Wirkung; gleichwohl nehmen sie zwischen der Rezeption von Gewalt im Fernsehen und erhöhter Aggressions- oder Gewaltbereitschaft der jungen Fernsehrezipienten mehrheitlich einen gleichsinnigen Zusammenhang an. Generell dürften die negativen Auswirkungen von Gewaltdarstellungen die größte Befürchtung sein, welche die deutsche Öffentlichkeit mit den Inhalten von Fernsehsendungen und von Kino- und Videofilmen verbindet. Wir beschränken uns in diesem Abschnitt darauf, der Frage nachzugehen, ob und wie sich Gewaltdarstellungen im Fernsehen auf das Aggressionspotential junger Zuschauer auswirkt. Eine breit angelegte Übersicht zu den Folgen von Mediengewalt generell gibt Lukesch (1994). Ob aggressive Videospiele Auswirkungen auf das Verhalten von Kindern haben, hat Steckel (1998) in einer aufwendigen Studie untersucht.

Wie verbreitet ist Gewalt im Fernsehen? Das hängt davon ab, wie man Fernsehgewalt definiert und beobachtet. In den bekannten deskriptiven Inhaltsanalysen von Gerbner und Mitarbeitern, die seit 1967 in den USA durchgeführt werden, wird beispielsweise auch die hochgradig stilisierte und verfremdete Gewaltdarstellung in Zeichentrickfilmen (Cartoons) als Gewalt gezählt (Gunter, 1994). Bei Anlegung dieses weiten Begriffs registrierten die Autoren einen extrem hohen Grad von Gewaltdarstellungen. Beispielsweise enthalten die Sendungen, die sich am Wochenende ausdrücklich an Kinder richten, im Durchschnitt pro Stunde 18 Episoden mit Gewalt. Spitzenreiter sind dabei allerdings die Zeichentrickfilme. Mit einer strikteren Gewaltdefinition fand Krüger (1996; zit. nach Wilhelm et al., 1997) eine wesentlich geringere Gewaltrate im deutschen Fernsehen. Gewalt macht 3,7 Prozent des Programmangebotes aus, hauptsächlich konzentriert bei den Privatsendern.

Unrealistische Gewaltdarstellungen werden nicht als gewaltsam erlebt. Van der Voort (1986) ermittelte in einer umfangreichen Studie an 314 Kindern in den Niederlanden, dass Kinder Gewalt manchmal ganz anders wahrnehmen, als es die „objektive“ Medienanalyse im Sinne Gerbners nahelegt. Das gilt vor allem für Zeichentrickfilme, die nach Meinung der Kinder kaum Gewalt enthalten. Selbst wenn man Zweifel daran hat, dass die Einschätzung der Kinder maßgeblich dafür ist, wie sich die Rezeption gewalttätiger Szenen bei ihnen letztlich auswirkt, so bleibt doch festzuhalten, dass Gewaltdarstellungen in Abhängigkeit vom Genre, von spezifischen Darstellungsmerkmalen und von Faktoren wie der Involviertheit und der Lebenserfahrung der Zuschauer ganz unterschiedlich wahrgenommen werden. Kunczik und Zipfel (1996) vermuten, dass es einen Zusammenhang zwischen dem eingeschätzten Realitätsgrad der Darstellungen und dem erlebten Ausmaß von Gewaltsamkeit gibt: Gewaltdarstellungen werden dann als gewalttätig erlebt, wenn der Film als realistisch eingeschätzt wird. Das dürfte der Grund dafür sein, dass, wie oben erwähnt, Gewaltdarstellungen in Slapstick- und Zeichentrickfilmen von Kindern nicht als gewaltsam erlebt werden.

Hinterlassen gewaltsame Medienerfahrungen Spuren? Viele Kinder und Jugendliche haben Gelegenheit, im Fernsehen exzessiv und realistisch dargestellte Gewalt zu sehen. Und für manche Kinder (wie auch für viele Erwachsene) scheint Mediengewalt, welche auch als gewaltsam erlebt wird, eine hohe Attraktivität zu haben. Wie wirken sich diese Medienerlebnisse aus – hinterlassen sie langfristige Spuren?

Sammelreferate, beispielsweise von Huston und Wright (1998) und von Lukesch (1994), zeigen, dass zur Wirkung von Mediengewalt buchstäblich Hunderte von Untersuchungen durchgeführt worden sind. Die Forscher haben sich unterschiedlichster Methoden (Experiment, Feldexperiment, Längsschnittstudie) bedient und – ausgestattet mit beachtlichen finanziellen Ressourcen – ein hohes methodisches Niveau einhalten können. Huston und Wright (1998, S. 1030f.) führen für die Zeit von 1977 bis 1994 vier Metaanalysen an, in welchen die Ergebnisse eines großen Teils der Einzelstudien quantitativ resümiert worden sind. Die Resultate der Metaanalysen unterscheiden sich zwar in Details, aber nicht in der Kernaussage. Danach „gibt es wenig Zweifel daran, dass die Rezeption von Fernsehgewalt einen kausalen Einfluss auf das aggressive Verhalten ausübt" (S. 1043). Die Resultate aufwendiger Längsschnittstudien gehen in dieselbe Richtung. Die Gruppe um Huesman (z.B. Huesmann & Miller, 1994) hat den Zusammenhang zwischen der Präferenz für Fernsehgewalt und der Aggressionsneigung über einen Zeitraum von 22 Jahren verfolgt. Bei Jungen bzw. Männern ließ sich aufgrund der Vorliebe für Fernsehgewalt im Alter von acht Jahren sowohl die Aggressionsneigung mit 18 Jahren als auch kriminelles Verhalten im Alter von 30 Jahren vorhersagen. Bei Mädchen bzw. Frauen gab es keine signifikanten Zusammenhänge. Von derselben Forschergruppe angeregte Studien außerhalb der USA haben die längsschnittlichen Zusammenhänge bestätigt, wobei sich die Beobachtungen allerdings nur über einen sehr viel kürzeren Zeitraum erstreckten.

Vorlieben für Gewalt im Fernsehen und Aggressionsneigung hängen zusammen. Präferenzen für Fernsehgewalt und die Neigung zur Ausübung von aggressivem Verhalten scheinen in einem bidirektionalen Zusammenhang zu stehen: Neben der Vorhersage der Aggressionsbereitschaft aus den früheren Sehgewohnheiten ist auch umgekehrt die Vorhersage der späteren Präferenz für gewaltsame Fernsehsendungen aufgrund der Gewaltneigung möglich. Huston und Wright ziehen daraus folgenden theoretischen Schluss: "Overall, the longitudinal studies support theories predicting that violence contributes to children's learned patterns of behavior or scripts in ways that can be manifested in behavior well beyond childhood." (S. 1031). Kunczik und Zipfel (1996) sprechen von einem sich selbst verstärkenden Prozess in dem Sinne, dass der Konsum von Mediengewalt die Wahrscheinlichkeit des Auftretens von aggressivem Verhalten, Einstellungen und Phantasien erhöht. Das wiederum steigert die Wahrscheinlichkeit, dass Gewalt in den Medien attraktiv ist und präferiert wird, wodurch sich die Zuwendung zu diesen Inhalten verstärkt. Und so weiter. Kunczik und Zipfel (a.a.O., S. 19) ergänzen: „Zu den Faktoren, die einen derartigen Prozess begünstigen, können u.a. niedriges Selbstbewusstsein und soziale Isolation, die mit erhöhtem Fernsehkonsum verbunden ist, gehören. Von entscheidender Bedeutung hinsichtlich möglicher negativer Effekte von Mediengewalt auf Kinder und Jugendliche ist aber die familiäre Situation. Kinder aus intakten Familien sind im Grunde sehr viel weniger gefährdet."

3.2 Medienrealität

Gewalt kann in den Bildmedien sehr verschieden dargestellt werden, wie allein schon der Blick auf verschiedene Genres (zum Beispiel Zeichentrickfilm, Nachrichten, Brutalowestern, Psychothriller) zeigt. Insbesondere kann sie realitätsnah oder realitätsfern (unrealistisch) präsentiert werden. Die Realitätsnähe beeinflusst, wie wir im vorhergehenden Abschnitt 3.1 gesehen haben, die Wirkung der Mediengewalt bei Kindern. Offensichtlich können schon Kinder Medieninhalte – bewusst oder automatisch – nach dem Realitätsgrad differenzieren. Um die Entwicklung des Verständnisses der „Medienrealität" geht es in diesem Abschnitt.

Den Rahmen bildet Doelkers Modell der Medienkommunikation, das wir als Abb. 33.1 in der Darstellung von Süss (1993, S. 32) übernommen haben. Doelker (1989) unterscheidet bei der Medienkommunikation drei Wirklichkeiten.

Wirklichkeit 1: Direktrealität. Unter der Wirklichkeit W1 wird die faktische Realität verstanden. Von Böhme-Dürr (2000) übernehmen wir dafür den Begriff der Direktrealität. An dieser Stelle müssen wir die philosophisch und medientheore-

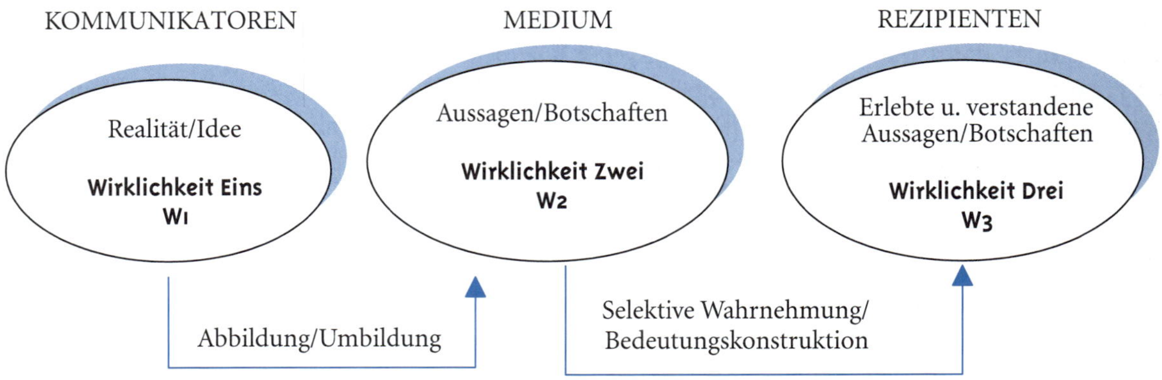

Abbildung 33.1. Medienkommunikationsmodell der „drei Wirklichkeiten" nach Doelker (übernommen aus Süss, 1993, S. 32)

tisch komplexe und kontroverse Frage ausklammern, ob es aus konstruktivistischer Sicht überhaupt eine Direktrealität „jenseits" der Medien gibt (s. hierzu aber Böhme-Dürr, 2000). Die Wirklichkeit W1 bildet den Bezugspunkt für die durch die Medien inszenierte Wirklichkeit W2, die wir als Medienrealität bezeichnen wollen.

Wirklichkeit 2: Medienrealität und Wirklichkeit 3: Rezipientenrealität. Wie die Medienrealität W2 beschaffen ist, hängt von vielen Faktoren ab, unter anderem von den spezifischen physikalisch-technischen Charakteristika des Mediums, aber auch von den Darbietungsabsichten der „Medienmacher". Beispiel: Selbst Nachrichten, als „objektive Informationen" über die „faktische Realität", können als sehr unterschiedliche Medienrealitäten präsentiert werden. In keinem Falle kann man sich „Medienrealität" als einfaches, veridikales oder „wahrheitsgetreues" Abbild der Direktrealität vorstellen. Die Medienrealität W2 wird vom Rezipienten wahrgenommen und interpretiert. Daraus entsteht die Wirklichkeit W3, von uns als Rezipientenrealität bezeichnet.

Differenzierung der Realitäten als Medienkompetenz. Abb. 33.1 zeigt fraglos eine vereinfachte Darstellung der Beziehung zwischen Direkt-, Medien- und Rezipientenrealität. Beispielsweise ließe sich zwischen W1 und W2 einfügen, dass die Wirklichkeit W1 zu Wirklichkeitsrepräsentationen in den Köpfen von Filme- und Programmmachern führt, welche in Medienwirklichkeiten umgesetzt werden. Dennoch eignet sich Doelkers Modell als Rahmen, um zu verdeutlichen, welche Aufgaben die Medien für die Heranwachsenden stellen: Sie müssen den Realitätsstatus von Medienprodukten ermitteln, indem sie zwischen der Direkt- und Medienrealität unterscheiden und die Relation zwischen beiden verstehen. Der Realitätsstatus erschließt sich ihnen im Prozess der Konstruktion der Rezipientenrealität. Das Verstehen der Beziehung zwischen Direkt- und Medienrealität ist aber nur ein Aspekt von Medienkompetenz im Zusammenhang mit dem „Realitätsproblem". Dazu gehören in einem weiteren Sinne etwa die Unterscheidung von genre- und medienspezifischen Eigenarten von Medienprodukten und die Einsicht in den eigenen Anteil bei der Realitätskonstruktion. Dieses Beispiel sollte genügen, um zu zeigen, dass ein differenziertes Verständnis des Realitätsstatus von Medienprodukten zum Kern der Entwicklungsaufgabe „Medienkompetenz erwerben" gehört.

Faktizität und sozialer Realismus. In Bezug auf das Fernsehen werden meistens zwei Aspekte des Realitätsverständnisses unterschieden: Faktizität und sozialer Realismus.

DEFINITION

Faktizität: Glaubt der Zuschauer, dass die Ereignisse auf dem Bildschirm in der Direktrealität tatsächlich passiert sind?

Faktizitätsverständnis. Kleine Kinder haben aufgrund ihrer begrenzten kognitiven Möglichkeiten und der mangelnden Welterfahrung nicht einmal eine rudimentäre Einsicht in die Beziehung zwischen Direkt- und Medienrealität. Erst im Alter von zwei bis vier Jahren entsteht ein Verständnis dafür, dass sich die Objekte und Ereignisse, welche auf dem Bildschirm zu sehen sind, nicht im Apparat befinden, und erst im Vorschulalter verschwinden allmählich die Überzeugungen, dass die Akteure im Fernsehen die Zuschauer sehen und hören können und dass in der realen Welt alles genau so existiert, wie es auf dem Bildschirm zu sehen ist. Die korrekte Beurteilung der Faktizität von Fernsehsendungen nimmt im weiteren Entwicklungsverlauf schnell und stetig zu. So konnte Hawkins (1977) zeigen, dass Siebenjährige wesentlich besser als Fünfjährige verstehen, dass Personen in Spielfilmen Schauspieler sind, die ihre Fernsehrollen im realen Leben nicht beibehalten. Sie verstehen auch, dass fiktionale Programme nach einem bestimmten Schema erstellt werden. Der Grad des korrekten Verständnisses der Faktizität von Fernsehsendungen lässt sich durch den Stand der kognitiven Entwicklung und das Lebensalter vorhersagen, hängt aber nicht vom Umfang der Fernseherfahrung ab.

Faktisches wird besser verarbeitet. Zahlreiche Untersuchungen aus der Gruppe um Huston und Wright belegen, dass Kinder hauptsächlich die Kenntnis von Fernsehgenres benutzen, um die Faktizität zu beurteilen. Das Genre (zum Beispiel Nachrichten, Dokumentarfilm, Zeichentrickfilm, Werbung) wird wiederum vor allem an formalen Programmmerkmalen erkannt. So weisen das Auftreten eines Sprechers und die Einblendung von Schaubildern auf das Genre der Nachrichten hin. Generell gilt: Wird der Inhalt einer Sendung für real (faktisch) gehalten, so wird diese gründlicher verarbeitet. Das könnte übrigens erklären, weshalb realistische Gewaltdarstellungen nachhaltigere Wirkungen haben als Gewalt in Zeichentrickdarstellungen (siehe Abschnitt 3.1).

> **DEFINITION**
>
> **Sozialer Realismus:** Wie sehr ähneln die im Fernsehen gezeigten Ereignisse dem realen Leben, auch wenn sie fiktional sind?

Vorstellungen von sozialer Realität. Im Gegensatz zur Faktizität spielen bei der Einschätzung des sozialen Realismus nicht das Alter und der kognitive Entwicklungsstand, wohl aber der Umfang der Fernseherfahrungen eine Rolle. Kinder mit umfangreichen Fernseherfahrungen halten Fernsehen für realistischer und glauben, dass auch Informationen aus Unterhaltungsprogrammen für die Direktrealität nützlich sind. Wright et al. (1995) untersuchten die Vorstellungen, welche Kinder über Berufe, wie sie im Fernsehen gezeigt werden, und über Berufe im realen Leben haben. Es zeigt sich ein Zusammenwirken der beiden Aspekte des Realitätsverständnisses: Bei jenen Kindern, die dazu neigten, das Fernsehen sowohl für faktisch als auch für „sozial realistisch" zu halten, glichen die Vorstellungen über Berufe im realen Leben am stärksten den Vorstellungen über Fernsehberufe.

Wirkung des Fernsehens auf die Wirklichkeitswahrnehmung. Mit der Entwicklung neuer Genres wie des Reality-TV und des Doku-Dramas bekommt die Auseinandersetzung mit der Medienrealität neues Gewicht. Eine Eigenheit des Reality-TV liegt darin, dass in diesen Sendungen immer wieder betont wird, alles habe sich genau so zugetragen, wie es im Fernsehen gezeigt wird. In zwei Studien verglichen Soh und Mitarbeiter (Soh et al., 1993 und Soh, 1995) ein und dasselbe Ereignis in verschiedenen Versionen. Das Resultat: Schulkinder halten die Reality-TV-Version nicht nur für „faktischer" und glaubwürdiger als die Spielfilm- und die Doku-Drama-Version, sondern sogar für nachrichtenähnlicher als die Nachrichten-Version selbst. Wenn ausdrückliche Beurteilungen des Realitätsstatus gefordert werden, kann im allgemeinen aber spätestens im Jugendalter zwischen Faktizität und Fiktion unterschieden werden. Jedoch betont Böhme-Dürr (2000) unter Bezugnahme auf Untersuchungen von Reeves und Nass (1997), dass der spontane Umgang mit den Medien eher dem Umgang mit der Direktrealität gleicht. Sie schlussfolgert: „Die Unterscheidung Direktrealität und Medienrealität ist nicht spontan, sondern offensichtlich selbst bei Erwachsenen eine Frage des Bewusstseins und der mentalen Anstrengung. Generell werden Fernsehinformationen trotz ihrer Medienspezifika automatisch nicht grundsätzlich anders wahrgenommen und erfahren als die Informationen aus der direkten Realität" (S. 146). Gleichwohl kommen drastische Verzerrungen der Wahrnehmung der Direktrealität in Folge von Fernseherfahrungen und die Flucht aus der Direktrealität in die imaginierte Ersatzwelt des Fernsehens bei Kindern und Jugendlichen recht selten vor. Und wenn sie auftreten, dann weisen sie eher auf defizitäre Sozialisationsbedingungen als auf die Wirkung des Fernsehens auf die Wirklichkeitswahrnehmung hin.

3.3 Fernsehen und Spielen: Eine komplexe Beziehung

Nicht nur die Benutzung der Massenmedien, auch die Tätigkeit des Spielens erfordert, sich zwischen verschiedenen Realitäten hin und her zu bewegen. Deshalb liegt es aus entwicklungspsychologischer Sicht nahe, nach der Beziehung zwischen Spielen und Medienbenutzung zu fragen (Hoppe-Graff & Oerter, 2000). Wir werden diese Analyse wiederum exemplarisch für das Medium Fernsehen durchführen. Viele Pädagogen und Eltern werden von der Sorge umgetrieben, das Fernsehen habe einen negativen Einfluss auf das Spiel, sei es, dass es den Kindern die Zeit für das Spielen raube, oder sei es, dass es ihnen die Phantasie nehme. Vereinzelt ist aber auch die Hoffnung zu hören, das Fernsehen könne das Spiel stimulieren.

Beim Spielen werden „Als-ob-Realitäten" erfunden. An dieser Stelle ist jedoch eine Präzisierung des Begriffs „Spiel" nötig: Je nach Spieltyp dürfte die Phantasie unterschiedliches Gewicht haben. Als Phantasiespiel bezeichnen wir jene Spielhandlungen, bei denen sich das Kind mittels seiner Phantasie in eine Spielwelt begibt, in welcher es Dingen und Ereignissen eine andere Bedeutung zusprechen kann, als sie „tatsächlich" (außerhalb des Spiels) haben. Aus dem Malstift wird eine Rakete, der Mitspieler, der sich plötzlich auf den Boden fallen lässt, wurde von einem imaginären Pfeil getroffen, die Spielecke ist das Behandlungszimmer des Arztes, in welcher der Patient (es ist der Teddy) behandelt wird, und so fort. Allgemein gesagt, das Kind erschafft beim Phantasiespiel durch Transformation der Alltagsrealität oder buchstäblich aus dem Nichts eine „Als-ob-Realität". Zwischen diesen beiden Realitäten kann es sich nach Belieben hin und her bewegen. Es tritt in den Spielrahmen ein und verlässt ihn bei Bedarf auch wieder. Diese Spielform hat unterschiedliche Bezeichnungen: Als-ob-Spiel, Symbolspiel, Rollenspiel, Fiktionsspiel, Imaginationsspiel und soziodramatisches Spiel werden mehr oder weniger synonym zu Phantasiespiel verwendet.

Fernsehen: Reduktion oder Stimulation der Phantasie?

Wir werden im Folgenden auf der Grundlage wissenschaftlicher Beobachtungen speziell für das Phantasiespiel die Frage beantworten, ob Fernsehen Spielaktivitäten reduziert (Reduktionshypothese), ob es ohne Einfluss ist oder ob es, im Gegenteil, sogar eine stimulierende Wirkung hat (Stimulationshypothese). Dabei orientieren wir uns an dem Sammelreferat von Valkenburg und van der Voort (2000).

Stimulationshypothese. Zur Begründung der Stimulationshypothese wird meistens angeführt, dass Fernsehsendungen erstens den Kindern Spielideen liefert, die zweitens wegen der Verbreitung der Fernsehsendungen vielen Kindern bekannt sind. Es erleichtere deshalb das gemeinsame Spiel oder rege dazu an. Eine Vielzahl von Beobachtungsstudien hat gezeigt, dass Kinder in der Tat beim Phantasiespiel Fernsehinhalte aufgreifen, und zwar sowohl während des Fernsehens als auch danach. Aber das besagt nicht, dass Fernsehen das Spiel phantasiereicher macht oder die Spielhäufigkeit erhöht. Der stimulierende Effekt des Fernsehens tritt nur unter ganz bestimmten Bedingungen auf: Er ist auf Kinder beschränkt, die ursprünglich wenig phantasiereich spielten, und er zeigt sich nur für Sendungen, die speziell zur Anregung des Phantasiespiels entworfen worden sind. Außerdem muss dasselbe Spielmaterial wie in den Sendungen verfügbar sein.

Reduktionshypothese. Die Reduktionshypothese wird sehr unterschiedlich begründet, und dementsprechend kann man fünf Varianten unterscheiden:

- Verlagerungshypothese: Kinder verlagern einen Teil ihrer freien Zeit, die sie sonst mit (Phantasie-)Spielen zubringen würden, auf das Fernsehen.
- Passivitätshypothese: Fernsehen verlangt wenig geistig Anstrengungen. Das führt auch in anderen Bereichen zu einer passiven Haltung, die dem Phantasiespiel, welches Aktivität erfordert, entgegensteht.
- Hypothese des hohen Tempos: Aufgrund des hohen Tempos der Reiz-/Informationsdarbietung beim Fernsehen kommt es zu kognitiver Überlastung, impulsivem Denken und verkürzter Aufmerksamkeitsspanne. Daher fehlt den Kindern die für das Phantasiespiel erforderliche konzentrierte Aufmerksamkeit.
- Erregungshypothese: Auch hier wird vermutet, dass das Fernsehen zu einer impulsiven Haltung, zu Ruhelosigkeit, verkürzter Aufmerksamkeitsspanne und einem Mangel an Durchhaltevermögen führt, was wiederum das Phantasiespiel behindert. Die Ursache für die kognitiven Defizite und Verhaltensprobleme werden jedoch nicht im Darbietungsformat des Fernsehens, sondern in der durch Sendungen mit Gewalt- und Actioninhalten ausgelösten allgemeinen Erregung (arousal) gesehen.
- Angsthypothese: Abermals wird Gewalt im Fernsehen für die Reduktion des Phantasiespiels verantwortlich gemacht. Jedoch wird der Zusammenhang hier durch die Angstreaktionen, welche durch die Fernsehgewalt ausgelöst werden, hergestellt. Angst führt im Sinne von Freuds psychoanalytischer Theorie zu regressivem Verhalten, und diese Regression drückt sich dann unter anderem in einer Verringerung des Phantasiespiels aus.

Stiehlt Fernsehen Spielzeit? Etliche Resultate sprechen für das Zutreffen der Verlagerungshypothese. So deuten etwa die meisten quasi-experimentellen Studien aus der Zeit, als das Fernsehen eingeführt wurde, darauf hin, dass es in der Tat einen Teil der Zeit in Anspruch nimmt, den die Kinder zuvor mit Spielen verbracht haben. Eindeutig geklärt ist der Zusammenhang aber nicht, weil aus Alltagsbeobachtungen bekannt ist, dass sich Spielen und Fernsehen häufig nicht ausschließen. Kinder sehen beim Spielen zwischendurch fern oder unterbrechen das Fernsehen durch Spielen. Die Verlagerungshypothese träfe aber nur dann zu, wenn der Anteil der mit Phantasiespiel während des Fernsehens zugebrachten Zeit geringer ist als die Spielzeit, welche durch das Fernsehen verlorengeht, was jedoch unseres Wissens bisher noch nicht überprüft worden ist.

Strukturelle Merkmale des Fernsehens wirken nicht negativ. Die von Valkenburg und van der Voort vorgenommene Durchsicht der Literatur ergab keine Stützung der beiden Hypothesen über die negative Wirkung der strukturellen Merkmale des Fernsehens auf das Phantasiespiel. Gegen die Passivitätshypothese und die Hypothese des hohen Tempos spricht auch, dass es wenig Anhaltspunkte für die jeweiligen Grundannahmen gibt: Weder ist Fernsehen ein passiver Vorgang (siehe auch Abschnitt 4), noch führt das hohe Darbietungstempo nachweislich zu einer Überlastung bei der kognitiven Verarbeitung.

Gewalt und Action reduzieren Phantasiespiele. Hingegen zeigen korrelative Studien, dass jene Kinder sich weniger am Phantasiespiel beteiligen, die in hohem Maße Action- und Abenteuersendungen und Programme mit realistischen Gewaltdarstellungen sehen. Man muss jedoch einschränken, dass diese Zusammenhangsuntersuchungen keine schlüssigen kausalen Interpretationen erlauben. Es kann beim jetzigen Stand der Forschung auch nicht entschieden werden, ob die durch die genannten Gewalt- und Actioninhalte ausgelöste Erregung oder die Angst die Verbindung zwischen Fernsehinhalten und reduziertem Phantasiespiel herstellt.

„Gute" Kindersendungen schaden nicht. Schließlich sprechen die vorliegenden Resultate dafür, dass „gute", gewaltfreie Kindersendungen das Phantasiespiel nicht beeinflussen. Marionettenfilme ohne Gewalt, Sesamstraße und Programme mit einem niedrigen Niveau an Action und Gewalt schränken weder das Phantasiespiel ein noch sind sie förderlich.

So aufschlussreich die Analyse der Wirkung des Fernsehens auf das Phantasiespiel auch sein mag, sie liefert kein erschöpfendes Bild der Zusammenhänge zwischen beiden kindlichen Aktivitäten. Hoppe-Graff (2000) hat die Gemeinsamkeiten und die Unterschiede von Fernsehen und Spielen unter dem Gesichtspunkt analysiert, dass in beiden Fällen die Phantasie des Kindes gefragt ist. William Stern (1952/1914) folgend versteht er unter Phantasie das grundlegende Vermögen des Menschen, nach eigenen Wünschen oder Bedürfnissen die unmittelbare Realität zu verlassen, zu verändern oder umzugestalten. Phantasie ermöglicht, anders gesagt, die uneingeschränkte Anpassung der (inneren) Realitätskonstruktion an die Bedürfnisse des Ich – sie ist, in Piagets Worten, „reine Assimilation". Diese Charakterisierung ist aber noch nicht hinreichend, um Phantasie beispielsweise gegen kreatives Problemlösen abzugrenzen. Im Unterschied zur kreativen Imagination stehen bei der Phantasietätigkeit jedoch die affektiven Bedeutungen der inneren Realitätskonstruktion im Vordergrund.

Im Phantasiespiel passt das Kind die Realität seinen Bedürfnissen an. Das Spiel ist für das Kind die wichtigste Ausdrucksform der Phantasie (siehe Fein, 1981; 1989). Weil beim Phantasiespiel die affektiven Symbolbedeutungen im Vordergrund stehen, bietet es eine hervorragende Möglichkeit, Affekte auszudrücken und zu regulieren. Auf diese Funktionen, die auch eingesetzt werden können, um „stellvertretende Wunscherfüllungen" zu erleben oder traumatische Ereignisse zu bewältigen, haben so unterschiedliche Theoretiker wie Piaget (1969/1945), Wygotski (1966), Waelder (1933) und jüngst auch Oerter (2000) hingewiesen. „Die Assimilation der Wirklichkeit an die Bedürfnisse des Ich in der Phantasiehandlung liefert eine symbolische Kompensation für emotionale Versagungen, befriedigt unerfüllte Wünsche, erlaubt die symbolische Beseitigung von Konflikten und Ängsten." (Hoppe-Graff, 2000, S. 184) Diese Spielhandlungen „gelingen" aber nur, weil es beim Phantasiespiel keine Bedingung außerhalb des Kindes selbst gibt, die zwingend darauf Einfluss nimmt, welche Spielsymbole es konstruiert und wie es sie konstruiert, ob es in die Phantasiewelt eintaucht und wann es sie wieder verlässt.

Grenzen der Phantasie beim Fernsehen. Um Fernsehsendungen mit fiktionalem Inhalt zu verstehen, muss das Kind in eine andere Realität als die Alltagsrealität hineintauchen: in die Realität der im Fernsehen erzählten „Geschichten". Fiktionale Geschichten – Zeichentrickfilme, Abenteuerfilme, Soap Operas – sind darauf angelegt, stark affektiv gefärbte Aussagen zu treffen, und sie können nur verstanden werden, wenn sich der Zuschauer auch affektiv in die Geschichten hineinbegibt. Anders gesagt: Auch um Fernsehgeschichten zu verstehen, greift das Kind vor dem Fernseher auf dasselbe affektive Symbolsystem zurück wie beim Phantasiespiel. Der grundlegende Unterschied besteht aber darin, wie von der Phantasie Gebrauch gemacht wird. Denn während das Kind beim Spielen alle Freiheiten hat, die Phantasiesymbole so oder so hervorzubringen, kann es beim Fernsehen seine Phantasie nur nutzen, um vorgegebene Handlungen und Charaktere im Rahmen einer Phantasiewelt zu interpretieren.

Phantasie beim Spielen und beim Fernsehen: Vergleich. Wir vermuten: Die angesprochene Ähnlichkeit zwischen Spiel und Fernsehen dürfte der Grund dafür sein, dass Zeichentrickfilme für Vorschulkinder so überaus beliebt sind. Sie sprechen die affektiven Phantasiesymbole der Kinder nachhaltig an. Eine ähnliche Hilfestellung wie das Phantasiespiel wird die Fernsehrezeption bei der kindlichen „Lebensbewältigung“ (stellvertretende Wunscherfüllung; Bearbeitung affektiv besetzter Erlebnisse) jedoch nicht leisten können, weil nur beim Spielen die Phantasieszenen so hervorgebracht werden können, wie es den Bedürfnissen des Kindes entspricht. Beim Fernsehen hingegen sind der eigenen Gestaltung der erlebten Szenen Grenzen gesetzt. Allerdings muss angesichts der rapiden Entwicklung interaktiver Nutzungen elektronischer Medien (Beispiel: Spiele mit Spielpartner via Internet, die weitgehende Gestaltungsfreiheit lassen) betont werden, dass diese Begrenztheit für das „traditionelle“ Fernsehen gilt.

Manchmal stellen Kinder aktiv die Verbindung zwischen Fernsehen und Spielen her, vielleicht aus dem Bedürfnis heraus, sich gestaltender mit Fernsehgestalten und -szenarien auseinanderzusetzen, als es im Rezeptionsprozess möglich ist. Barthelmes et al. (1991) und Charlton (2000) haben beobachtet, wie Themen und Inhalte aus Fernsehsendungen „nach Bedarf“ in das Phantasiespiel von Kindern eingehen.

3.4 Medien und die Bewältigung von Entwicklungsaufgaben im Jugendalter

Wie aus den Nutzungsdaten in Abschnitt 1 hervorgeht, ist Radiohören ein wesentlicher Bestandteil des Alltags Jugendlicher. Das ist nicht zufällig so. Neben den üblichen Nutzungsmotiven für den Rundfunk – allgemeine Informationssuche; musikspezifische Informationssuche; Unterhaltung/Entspannung und Affiliation (s. Ecke, 1991, zit. nach Hoffmann et al., 1998) – gibt es weitere jugendspezifische Nutzungsmotive, die letztlich aus den Entwicklungsaufgaben resultieren, die sich in diesem Lebensabschnitt stellen (s. Abschnitt 2 zum Konzept der Entwicklungsaufgabe). Entwicklungsaufgaben geben die Themen vor, mit denen sich die Jugendlichen auseinandersetzen müssen, sie bestimmen in hohem Maße ihr Alltagshandeln, auch wenn die konkret zu lösenden Probleme und Konflikte in ihrer Struktur und in ihrem Ablauf den Heranwachsenden selbst häufig nur schlaglichtartig bewusst sind. Der Kasten „Unter der Lupe“ (S. 920) liefert dafür ein beeindruckendes Beispiel.

Medien konstituieren Entwicklungsnormen. Die Medien können aber auch noch in anderer Weise in die Bearbeitung von Entwicklungsaufgaben eingreifen. Sie verbreiten Entwicklungsnormen, die wiederum auf den erlebten Entwicklungsbedarf zurückwirken können. Besonders bei der Entwicklungsaufgabe „Umgang mit der Sexualität lernen“ (Fend, 2000) wird diese Rolle der Medien offensichtlich. Ein Vergleich mit den vorliegenden Statistiken über den Beginn sexueller Erfahrungen zeigt unmissverständlich, „dass die Jugendmedien, etwa „Bravo“, von viel zu frühen faktischen Normen des ersten Geschlechtsverkehrs ausgehen“ (Fend, 2000, S. 263). Der dadurch ausgeübte Druck kann nachdrückliche Konsequenzen für die weitere Entwicklung haben, denn Sexualität kann in der frühen und mittleren Adoleszenz (bis etwa zum 16. Lebensjahr) eine ganz andere Lernerfahrung darstellen als in der späten Adoleszenz (Brooks-Gunn & Paikoff, 1997).

4 Integration und Schlussfolgerungen

Die modernen Medien sind ihrer Natur nach etwas Schlechtes für junge Menschen. Sie zerstören, wie Postman (1983) behauptet hat, die Kindheit, und sie wirken, um in Winns (1979) Worten zu reden, wie eine Droge im Wohnzimmer. Durch die Perspektive und Themenwahl dieses Kapitels wollten wir deutlich machen, wie irreführend und wie wenig hilfreich derart plakative und oberflächliche Charakterisierungen sind! Sie halten weder unserem Wissen über den Umgang der Kinder mit der Welt – und die Medien sind ein Teil der Welterfahrung – noch den empirischen Resultaten der Medienentwicklungspsychologie stand. Vielmehr erscheint uns das folgende Resü-

UNTER DER LUPE

Bestimmt der „Entwicklungsbedarf" die Mediennutzung?

Diskrepanzen zwischen dem „Entwicklungsfahrplan", der aus den als normativ empfundenen Aufgaben abgelesen wird, und dem bei sich selbst erlebten Entwicklungsstand führen zu Entwicklungsbedarf oder „Entwicklungsdruck" (Hoffmann et al., 1998). Um diese subjektiv erlebten Entwicklungsanforderungen zu bewältigen, wählen Jugendliche intuitiv oder bewusst solche Erfahrungen, von denen sie annehmen, dass sie ihnen Hilfestellung geben können. Boehnke et al. (1997, S. 56) haben nun die These aufgestellt, dass „Jugendliche, die Entwicklungsbedarf verspüren, . . . an das Medium Hörfunk ganz bestimmte, vermutlich eher unbewusste Ansprüche stellen. Hörfunk soll dazu dienen, Entwicklungsbedarf, wo er dringlich ist, chancenreich zu minimieren. Entwicklungsbedarf ist ein wesentliches, aber eher unbewusstes Motiv für diese Jugendlichen, Radio zu hören." Das bedeutet: Die Art, wie der Hörfunk genutzt wird, bestimmt sich aus dem individuellen Entwicklungsbedarf.

Die Autoren prüften diese Hypothese für die vier Entwicklungsaufgaben „Peergruppenintegration", „politische Orientierung", „physische Reifung" und „Autonomieentwicklung". Der Entwicklungsbedarf bei diesen Aufgaben wurde als Diskrepanz zwischen dem erlebten und dem in einem Jahr erwünschten Entwicklungsstand operationalisiert. Aufgrund der Eigenheiten der genannten Entwicklungsaufgaben war vermutet worden, dass Jugendlichen mit großem Entwicklungsbedarf das Radio insbesondere zur parasozialen Interaktion und zur Affektkontrolle nutzen würden. Bei der parasozialen Interaktion liegt zwar keine reale soziale Interaktion vor; es wird aber durch die Moderation im Radio eine Intimität hergestellt, die Nähe und Vertrautheit suggeriert. Dem Zuhörer wird durch die Vertrautheit und Verbindlichkeit der Radiosendungen eine Art von emotionaler Sicherheit und Gemeinsamkeit vermittelt. Affektkontrolle meint, dass das Radio benutzt werden kann, um die eigene Stimmung im erwünschten Sinne zu beeinflussen.

Befragt wurden 1.011 Schülerinnen und Schüler im Alter von 10 bis 18 Jahren. Zusammenhangsanalysen mittels LISREL-Modellen stützen die zentrale Hypothese über die Beziehung zwischen Entwicklungsbedarf und Hörfunknutzung: Jugendliche, die Entwicklungsbedarf äußern, nutzen Hörfunk im Sinne von parasozialem Kontakt und um ihre Stimmung zu heben. Aufgrund der Ergebnisse einer weiteren Studie präzisieren Münch & Boehnke (1996) zum Nutzen des Radiohörens bei der Bewältigung von Entwicklungsaufgaben: Erst wer das Radio außergewöhnlich intensiv nutzt, kann es als „Entwicklungsselbsthilfeinstrument" einsetzen.

mee angebracht, um die Bedeutung der Medien für die Entwicklung zu charakterisieren, wobei wir vorrangig an Fernsehen und Radio denken.

(1) Erwerb von Medienkompetenz ist eine bedeutsame Entwicklungsaufgabe. Junge Menschen sind den Medien nicht ausgesetzt, sondern sie eignen sich diese aktiv an. Bei der Alltäglichkeit, mit der uns Medien heute begegnen, und angesichts der Selbstverständlichkeit, mit der wir den kompetenten Umgang mit den Medien erwarten, kann man den Erwerb von Medienkompetenz mit Fug und Recht als eine bedeutende Entwicklungsaufgabe ansehen. Sie ist eingebunden in den Erwerb allgemeiner kommunikativer Kompetenzen oder verbunden mit dem Erwerb weiterer Kulturtechniken wie dem Schreiben und Lesen.

(2) Medieninhalte gewinnen Attraktivität aus der psychologischen Funktion. Medienerfahrungen greifen aber auch in die Bearbeitung anderer Entwicklungsaufgaben ein, wie wir das in Abschnitt 3.4 für das Hörmedium Radio bei der Bewältigung von jugendspezifischen Entwicklungsaufgaben gezeigt haben. Gerade dieses Beispiel verdeutlichte, dass junge Menschen den Medien nicht passiv ausgeliefert sind, sozusagen von ihnen überflutet werden, auch wenn das von außen so scheinen mag. Sie sind prinzipiell aktive Mediennutzer, wählen Programme nach ihren Bedürfnissen aus und wenden sich von ihnen wieder ab. Selbst ein Jugendlicher, der seine Freizeit ausschließlich Musiksendern widmet, wird von dem Medienangebot weder überrollt noch verführt, sondern hat sich aus bestimmten psychologischen Gründen und nicht zufällig dafür entschieden. Generell gilt: Medieninhalte gewinnen ihre Attraktivität aus der psychologischen Funktion, die sie für den Nutzer haben, im Guten wie im Bösen. Wie wir gesehen haben, werden auch Gewaltprogramme aktiv gesucht, etwa weil sie Gewaltphantasien befriedigen.

(3) Medieninhalte bestimmen die Medienwirkung. Unterscheidet man zwischen der Struktur von Medien und den durch die Medien kommunizierten Inhalten, so lässt sich beim jetzigen Stand der psychologischen Forschung resümieren: "Perhaps the most important message from all this research is that the medium is not the message; the content of the medium is more important than its audiovisual form" (Huston & Wright, 1998, S. 1043). Besonders deutlich konnte das am Beispiel der Wirkung des Fernsehens auf das Phantasiespiel demonstriert werden: Ob Fernsehen das Phantasiespiel einschränkt, hängt davon ab, was das Kind sieht. Daraus ergeben sich unmittelbar pädagogische Konsequenzen. Eltern und Pädagogen sollten Einfluss auf die Programmauswahl der Kinder nehmen. Das ist, wohlgemerkt, kein Plädoyer für strikte Fernsehverbote. Im Gegenteil! Angesichts der Allgegenwart und Verfügbarkeit von Fernsehen, Video und Internet können sich Kinder und Jugendliche wahrscheinlich die Inhalte verfügbar machen, die sie sehen wollen. Es kommt also vielmehr darauf an, Heranwachsende für die eigenständige Programmauswahl und Programmbewertung zu stärken. Das wiederum kann durchaus bedeuten, im konkreten Einzelfall Verbote auszusprechen, denn dadurch beziehen Eltern und Pädagogen zu Themen und Inhalten Stellung, was von den Heranwachsenden durchaus registriert wird.

(4) Junge Menschen sind aktive Mediennutzer. Dass Kinder und Jugendliche aktive Mediennutzer sind, zeigt sich daran, dass sie normalerweise die Relation zwischen Medienrealität und Direktrealität verstehen lernen, ohne Anleitung von Erwachsenen zu erhalten. Sie können dabei auf Kompetenzen und Ressourcen zurückgreifen, die sich auch ohne besondere Medienerfahrung entwickeln, wie die Phantasie und das Reflexionsvermögen. Lukesch (2000) hat darauf hingewiesen, dass man die Beziehung zwischen Mensch und Medium aus quasi evolutionsbiologischer Sicht auch umgekehrt betrachten kann: Neue Medien und ihre Angebote werden nur dann beibehalten und zum Erfolg, wenn sie den psychischen Möglichkeiten und Bedürfnissen des Menschen entsprechen.

(5) Die Bedeutung der Medien reicht wahrscheinlich über den empirischen Forschungsstand hinaus. Bei der dritten Schlussfolgerung haben wir hervorgehoben: „... beim jetzigen Stand der psychologischen Forschung". Das hat seinen Grund. Überlegungen von Medientheoretikern sprechen dafür, dass die Bedeutung der Medien viel weiter geht, als es durch die Ergebnisse der Psychologie nahegelegt wird. Mehr noch als für Erwachsene ist für Kinder und Jugendliche eine Welt ohne Medien nicht mehr denkbar. Es ist hochgradig plausibel, dass die Überwindung der räumlichen Distanz im Kommunikationsprozess das Koordinatensystem des Raumerlebens verändern wird. Auch ist Postmans (1983) Ausgangsbeobachtung für seine ansonsten irrige These vom Verschwinden der Kindheit zutreffend: Die Trennungslinie zwischen den Erfahrungswelten von Eltern und Kindern lässt sich angesichts der modernen Medien nicht mehr so scharf ziehen wie zuvor.

(6) Grenzen der Medienmacht. Der Schluss von der richtigen Beobachtung zu der zwar populären, aber völlig verfehlten These über den Verlust von Kindheit ist deshalb falsch, weil Postman zwei Gesichtspunkte außer Acht gelassen hat, die wir in diesem Kapitel in den Vordergrund gerückt haben. Sie seien abschließend noch einmal unterstrichen.

- Medien sind ein Teil der Kultur. Das gilt in besonderer Weise für die Medieninhalte. Ob sich über die Medien für die Kinder der Blick in die Abgründe von Brutalität und Horror oder in die Intimwelt und das Sexualleben Erwachsener öffnet, liegt nicht in der Natur der Medien, sondern wird durch kulturelle Normen und Werte und Vorstellungen von Kindheit und Erziehung festgelegt, wie etwa der Vergleich zwischen Deutschland und Korea zeigt.
- Kindheit könnte aus der Perspektive der Psychologie nur dann verschwinden, wenn die kindspezifische und vom Erwachsenen so grundverschiedene Qualität der Welterfahrung nicht mehr existieren würde – ein aus der Sicht der konstruktivistischen Entwicklungspsychologie undenkbarer Vorgang, weil die inneren Verstehensvoraussetzungen („das Weltbild des Kindes“) das Erleben ebenso bestimmen wie die Medienangebote.

Weiterführende Literatur

Charlton, M. & Neumann-Braun, K. (1992). Medienkindheit – Medienjugend: Einführung in die aktuelle kommunikationswissenschaftliche Forschung. München: Quintessenz.
Bei diesem schmalen Band handelt es sich um eine immer noch aktuelle Einführung in die Bedeutung der Medien für Kinder und Jugendliche. Seine Stärke liegt darin, dass die Perspektiven und die Forschungsstrategien verschiedener Disziplinen vorgestellt werden.

Hoppe-Graff, S. & Oerter, R. (Hrsg.). (2000). Spielen und Fernsehen: Über die Zusammenhänge von Spiel und Medien in der Welt des Kindes. Weinheim: Juventa.
Dieses Buch will zu einem realistischen Blick auf die Bedeutung des Fernsehens für die Entwicklung beitragen, indem es die neue Kindheitserfahrung des Fernsehens einer uralten Kindheitserfahrung gegenüberstellt: dem kindlichen Spiel. In verschiedenen Beiträgen wird dem Leser vor Augen geführt, wie die klischeehafte Alternative „Spiel *oder* Fernsehen“ den Blick dafür verstellt, dass Spielen und Fernsehen unter psychologischen Gesichtspunkten eine Vielzahl von Gemeinsamkeiten, Unterschieden und Interdependenzen aufweisen.

Huston, A.C. & Wright, J.C. (1998). Mass media and children’s development. In I.E. Sigel & K.A. Renninger (Eds.). Handbook of Child Psychology. Vol. 4: Child Psychology in Practice (pp. 999–1058). New York: Wiley.
Dieser Aufsatz ist ein umfassendes Sammelreferat, welches den internationalen Forschungsstand zur Bedeutung der Massenmedien für die Entwicklung von Kindern differenziert und reflektiert darstellt. Zwar liegt der Schwerpunkt auf dem Fernsehen, aber es werden auch andere Medien wie Videospiele, Computer und das Internet berücksichtigt.

Livingstone, S. & Bovill, M. (Eds.). (2001). Children and their changing media environment: A European comparative study. Mahwah, N.J.: Erlbaum.
Dieses neue Buch liefert im europäischen Maßstab eine Bestandsaufnahme der Medienumwelt von Kindern. Es unterstreicht die These, dass Kindheit heutzutage Medienkindheit bedeutet.

Lukesch, H. (1994). Sozialisation durch Massenmedien. In K.A. Schneewind (Hrsg.), Pädagogische Psychologie: Erziehung und Sozialisation (S. 553–582). (Reihe: Enzyklopädie der Psychologie). Göttingen: Hogrefe.
Dieses Sammelreferat beschränkt sich auf die traditionelle Medienwirkungsforschung und liefert in diesem Forschungsfeld einen Überblick über eine Vielzahl von experimentellen Untersuchungen und Feldstudien, die auch heute noch von Belang sind. Die Betonung liegt auf der negativen Wirkung der Medien auf jene Verhaltens- und Persönlichkeitsbereiche, die heute im öffentlichen Interesse stehen: Gewalt, Delinquenz, Sexualität. Daneben berücksichtigt Lukesch aber auch die Wirkung der Medien auf solche Merkmale wie Moralität und Prosozialität.

Kapitel 34
Individuelle Bedingungen lebensbegleitenden Lernens

Markus Reiserer & Heinz Mandl

1 Lebensbegleitendes Lernen aus Sicht der Psychologie

Lebensbegleitendes Lernen spielt in der aktuellen politischen Diskussion im Zusammenhang mit der Entwicklung zur Wissensgesellschaft eine wichtige Rolle. Während im alltäglichen Sprachgebrauch ein impliziter Konsens darüber zu bestehen scheint, was unter lebensbegleitendem Lernen zu verstehen ist, entpuppt sich das Konzept für die Psychologie, die diesen Begriff in ihr Repertoire übernahm, jedoch als äußerst vielschichtig und schwer umschreibbar. Diese Schwierigkeiten werden deutlich, wenn man die beiden Begriffskomponenten genauer betrachtet:

(1) Die Zeitangabe „lebenslang" bzw. „lebensbegleitend" gibt in ihrer globalen Form zunächst keine Hinweise darauf, welche Alters- bzw. Entwicklungsstufen gemeint sind, in denen Lernen stattfindet.
(2) Noch größere Probleme ergeben sich aus der Verwendung des Begriffs „Lernen". So bezieht sich in der Psychologie der Lernbegriff – abhängig vom zugrunde liegenden Paradigma – auf verschiedenartigste Prozesse und Mechanismen menschlichen Denkens und Verhaltens. Es bleibt somit zunächst unklar, welche Lernformen im Zusammenhang mit dem Attribut „lebensbegleitend" gemeint sind.

Ohne nähere Bestimmung des Konzepts des lebensbegleitenden Lernens lässt sich somit zunächst lediglich feststellen, dass es in Bezug auf die Lebensspanne nicht möglich ist, nicht zu lernen. „Egal, ob man Lernen behavioristisch als Veränderung im Verhalten bzw. Verhaltenspotential oder kognitivistisch als Veränderung kognitiver Strukturen versteht, Lernen findet nachweislich von der Geburt bis zum Tode statt" (Prenzel, 2000, S. 178). Es stellt sich somit die Frage, wie sich der Begriff des lebensbegleitenden Lernens theoretisch befriedigend fassen lässt. Im Folgenden sollen zentrale Facetten des Konzepts dargestellt werden.

Die Fokussierung auf das Erwachsenenalter. Lebensbegleitendes Lernen wird vorwiegend auf das Lernen im Erwachsenenalter bezogen. Die Fokussierung auf die Stufe des Erwachsenenalters bedeutet jedoch nicht, dass die schulische Bildung im Kindes- und Jugendalter in der Diskussion zum lebensbegleitenden Lernen ausgeklammert wird. So messen Achtenhagen und Lempert (2000) der schulischen Bildung einen hohen Stellenwert bei, da hier grundlegende Kompetenzen zum lebensbegleitenden Lernen erlernt werden müssen. Entsprechend der politischen Diskussion, die lebensbegleitendes Lernen mit dem Erwachsenenalter assoziiert, versucht die Pädagogische Psychologie im Kontext dieses Themas, Konzepte speziell für das Lernen Erwachsener zu entwickeln. Die Untersuchung von Lernprozessen im Erwachsenenalter ist hierbei ein relativ neues Forschungsfeld, das innerhalb der Pädagogischen Psychologie neue Forschungsperspektiven eröffnet (Prenzel et al., 1997).

Die Betonung selbstgesteuerten und kooperativen Lernens. Vielfach wird betont, dass sich das Lernen Erwachsener im Gegensatz zum schulischen Lernen durch einen hohen Grad an Selbstbestimmung (Deci & Ryan, 1993) und Selbststeuerung (Friedrich & Mandl, 1997) auszeichnet. Der Begriff des lebensbegleitenden Lernens impliziert somit, dass Lernen weitgehend vom Lernenden selbst geplant, durchgeführt, überwacht und bewertet wird. Die Betonung selbstgesteuerten Lernens hängt zum einen damit zusammen, dass institutionalisiertes Lernen im Erwachsenenalter eine immer geringere Rolle spielt, zum anderen werden Formen selbstgesteuerten Lernens im Kontext von Arbeit und Lebensbewältigung immer wichtiger (z.B. Dohmen, 1998). Selbstgesteuertes Lernen ist dabei keineswegs mit individualisiertem Lernen gleichzusetzen, da Lernen im Erwachsenenalter in einen sozialen Kontext eingebunden ist (Resnick, 1987). Kooperative Lernformen spielen daher im Rahmen pädagogisch-psychologischer Ansätze zum lebensbegleitenden Lernen eine wichtige Rolle (Baumert, 2000).

Die Berücksichtigung intentionaler und inzidentieller Lernprozesse. Es herrscht weitgehender Konsens darüber, dass im Zusammenhang mit lebensbegleitendem Lernen v.a. der Erwerb von Wissen oder Fertigkeiten verstanden wird. Eine gerade im Kontext lebensbegleitenden Lernens wichtige Unterscheidung betrifft hierbei den Grad an Intentionalität, der dem Lernprozess zugrunde liegt. So kann der Wissenserwerb explizit auf ein vorher gesetztes Ziel ausgerichtet sein (vgl. Bereiter & Scardamalia, 1989), aber auch beiläufig oder „en passant" ablaufen (Oerter, 2000).

> **DEFINITION**
>
> **Intentionales Lernen** ist typisch für institutionalisierte, geplante Lernsituationen, wie sie in Schule oder Weiterbildung zu finden sind. Der Lernprozess muss hierbei jedoch nicht notwendigerweise von den didaktischen Entscheidungen einer Lehrperson abhängen, sondern kann im Sinne selbstgesteuerten Lernens vom Lernenden selbst geplant und durchgeführt werden (externale vs. internale Kontrolle; Simons, 2000). Beiläufiges bzw. **inzidentielles Lernen** bezeichnet dagegen Wissenserwerbsprozesse, die ohne bewusst-reflexive Vergegenwärtigung ablaufen (Neuweg, 2000).

Inzidentielle Lernprozesse (ein Beispiel wäre die beiläufige Verarbeitung von Informationen beim Verfolgen der Abendnachrichten) haben für den Erwerb und die Verarbeitung alltäglicher Erfahrungen eine große Bedeutung und dominieren so in gewisser Weise unsere Lerngeschichte. Im Folgenden bezieht sich der Begriff des lebenslangen Lernens zwar auf Lernaktivitäten, die mehr oder weniger bewusst auf einen Zuwachs an Wissen abzielen. Dabei stattfindende inzidentielle Lernprozesse werden aber nicht ausgeklammert (vgl. auch Achtenhagen & Lempert, 2000).

2 Entwicklungspsychologische Grundlagen für lebensbegleitendes Lernen

2.1 Beiträge der „Entwicklungspsychologie der Lebensspanne"

In der Diskussion um Möglichkeiten und Grenzen lebensbegleitenden Lernens lassen sich prinzipiell zwei Positionen gegenüberstellen:

(1) Lernen wird mit dem Alter immer schwieriger, da altersbedingte Abbauprozesse auf (neuro-)physiologischer Ebene immer stärker in Erscheinung treten.

(2) Lernen ist über die gesamte Lebensspanne hinweg nicht nur möglich, sondern in gewisser Weise auch „natürlich", da erst mit dem Alter Einsichten gelingen, die auf wachsende (Lebens-)Erfahrung zurückzuführen sind.

Lebensspannenpsychologie. Es ist das Verdienst der Lebensspannenpsychologie, Entwicklungsmechanismen zu identifizieren, die zum Verständnis ontogenetischer Entwicklungsprozesse notwendig sind, um letztendlich die beiden eben genannten Positionen zu vereinigen. Staudinger (2000) verweist auf zwei große psychische Funktionsbereiche, die innerhalb der Lebensspannenpsychologie eingehend untersucht wurden und die für die Thematik des lebensbegleitenden Lernens von Bedeutung sind. Hierbei handelt es sich zum einen um das geistige Leistungspotential, zum anderen um strukturelle und prozessuale Merkmale der Persönlichkeit.

Das geistige Leistungspotential

Untersuchungen zum geistigen Leistungspotential über die Lebensspanne basieren häufig auf einem Zwei-Komponenten-Modell der Intelligenz (Baltes, 1990). Grundlegend ist hierbei die Unterscheidung von fluider Intelligenz und kristalliner Intelligenz, wie sie aus der psychometrischen Intelligenzforschung bekannt ist (Cattell, 1971; ausführlich s. Kap. 1 und 9 in diesem Band und folgende Definition).

> **DEFINITION**
>
> **Fluide Intelligenz** steht in engem Zusammenhang mit der Leistungsfähigkeit des neurophysiologischen Apparates. Diese Intelligenzkomponente äußert sich in grundlegenden Prozessen der Informationsverarbeitung, wie der Wahrnehmungsgeschwindigkeit oder elementaren Vergleichs-, Unterscheidungs- oder Klassifikationsprozessen.
> **Kristalline Intelligenz** erwirbt das Individuum dagegen in der Auseinandersetzung mit seiner Umwelt. Diese Komponente umfasst somit Kenntnisse, Fertigkeiten und Erfahrungen, die der Mensch im Laufe seines Lebens erwirbt. Hierzu zählen z.B. sprachliche Fähigkeiten, allgemeines Weltwissen und soziale Kompetenzen.

Multidirektionalität der Entwicklung. Auf Basis dieses Modells lässt sich zeigen, dass die geistige Entwicklung jenen Entwicklungsleitsätzen unterliegt, wie sie allgemein für die menschliche Entwicklung angenommen werden (vgl. Baltes, 1990). So verläuft die Entwicklung in beiden Intelligenzbereichen nicht gleichförmig: Während im Bereich der fluiden Intelligenz ab einem bestimmten Alter allmählich ein Abbau einsetzt, entwickelt sich die kristalline Intelligenz auch im Alter in positive Richtung (Multidirektionalität der Entwicklung).

Gewinn und Verlust. Entwicklung über die Lebensspanne ist somit von Gewinn und Verlust gekennzeichnet. Von Bedeutung ist hierbei, dass Verluste auf der einen Seite (hier im Bereich der fluiden Intelligenz) durch Gewinne in einem anderen Bereich (hier im Bereich der kristallinen Intelligenz) kompensiert werden können. Ein weiteres Entwicklungsprinzip betrifft die Plastizität psychologischer Merkmale. So sind individuelle Entwicklungsverläufe nicht von Geburt an determiniert. Im Rahmen seiner genetisch-biologischen Anlagen weist der Mensch ein großes Potential an Entfaltungsmöglichkeiten auf, das abhängig von Möglichkeiten und Grenzen der Umwelt realisiert werden kann. Trainingsstudien mit Erwachsenen liefern Belege dafür, dass Leistungssteigerungen im intellektuellen Bereich durch gezielte Fördermaßnahmen bis ins hohe Erwachsenenalter möglich sind, was für die Plastizität des Bereichs geistiger Fähigkeiten bis ins höhere Erwachsenenalter spricht (vgl. auch Lindenberger, 2000). Der letztgenannte Befund macht deutlich, dass die Entfaltung der eigenen Leistungsfähigkeit und Persönlichkeit stark davon abhängt, inwieweit die Umwelt bzw. der Kontext Entwicklung für das Individuum ermöglicht.

Strukturelle und prozessuale Entwicklungsmerkmale

Neben Befunden zur geistigen Leistungsfähigkeit gibt es wichtige Befunde zur Persönlichkeitsentwicklung über die Lebensspanne. Der Bereich der Persönlichkeit ist für die Begründung von Chancen lebensbegleitenden Lernens dabei wohl ebenso wichtig wie die bereits dargestellten kognitiven Voraussetzungen. Staudinger (2000) unterscheidet als relevante Untersuchungsgrößen strukturelle und prozessuale Merkmale der Persönlichkeit.

DEFINITION

Zu den **strukturellen Merkmalen** zählen Persönlichkeitsdispositionen wie z.B. die „Big Five" (Neurotizismus, Extraversion, Offenheit, Umgänglichkeit, Zuverlässigkeit) und Inhalte der Selbstdefinition.
Prozessuale Persönlichkeitsmerkmale beziehen sich dagegen auf Mechanismen wie Zielstrukturen, Emotionsmuster, Bewältigungsformen, Bewertungs- und Attributionsstile.

Die entsprechende Befundlage zeigt, dass die oben skizzierten Entwicklungsprinzipien auch für den Bereich der Persönlichkeitsentwicklung ihre Geltung haben. So weisen strukturelle Persönlichkeitsvariablen zwar einen hohen Stabilitätsgrad auf, sind gegenüber Entwicklungen jedoch nicht resistent, was für deren Plastizität spricht. Aber auch prozessuale Merkmale verändern sich im Lauf der Entwicklung. Untersuchungen zu Attributionsstilen zeigen z.B., dass diese im Alter den sich ändernden Umständen realitätsangemessen angepasst werden können (für einen ausführlichen Überblick vgl. Staudinger, 2000).

2.2 Beiträge der Expertiseforschung

Der Erwerb von Expertise in einem bestimmten Inhaltsbereich kann als quasi „natürliche" Form lebensbegleitenden Lernens aufgefasst werden. Entsprechend den Überlegungen in Abschnitt 1 beschränkt sich der Expertiseerwerb dabei keineswegs auf Formen intentionalen Lernens. Vielmehr ist davon auszugehen, dass erfahrungsbasiertes Lernen hohe Anteile inzidentiellen Lernens umfasst (vgl. Gruber, 1999, ausführlich s. Kap. 14 in diesem Band). Wie bereits angedeutet, kann die Expertiseforschung für das Thema des lebensbegleitenden Lernens fruchtbare Beiträge liefern, da sie Lernen bzw. Erfahrungserwerb als langfristigen, sich über Jahre erstreckenden Prozess auffasst. Die Expertiseforschung betont hierbei die Bedeutung von bereichsspezifischem Vorwissen und nicht kognitiven Faktoren, wenn es um die Erklärung von herausragenden Leistungen von Personen in bestimmten Inhaltsgebieten geht (vgl. Kap. 24).

Novizen-Experten-Vergleiche. Typische Untersuchungen im Rahmen der Expertiseforschung sind sog. Novizen-Experten-Vergleiche. Hierbei werden Personen, die in Bezug auf ein bestimmtes Wissensgebiet über kaum oder wenig Erfahrung verfügen, mit Personen verglichen, die sich in demselben Wissensgebiet als Experten charakterisieren lassen. Die innerhalb der Expertiseforschung erbrachten Befunde sprechen dafür, dass dem bereichsspezifischen (Vor-)Wissen bei der Erlangung von Expertentum in einer bestimmten Domäne eine herausragende Stellung zukommt (Schneider & Körkel, 1989).

Skilled Memory. Als Extremposition kann hierbei der Skilled Memory-Ansatz von Ericsson und Crutcher (1990) gelten. Darin wird der Erwerb von Expertise nahezu ausschließlich auf das bereichsspezifische Vorwissen zurückgeführt. Der moderierende Einfluss von allgemeinen Intelligenzfaktoren wird weitgehend ausgeschlossen. Weniger extreme Positionen widersprechen zwar nicht grundlegend den Annahmen des Skilled Memory-Ansatzes. Sie berücksichtigen jedoch zusätzlich den Einfluss allgemeiner Begabungsfaktoren. So geht Schneider (1992) davon aus, dass für den Erwerb von Expertise bei der allgemeinen Intelligenz ein bestimmter Schwellenwert überschritten werden muss, der allerdings „für bestimmte Leistungsbereiche erstaunlich niedrig anzusetzen ist" (S. 119). Das Überschreiten eines solchen Grenzwertes ist natürlich keine hinreichende Voraussetzung für den Erwerb von Expertise: Hinzukommen müssen nicht kognitive Bedingungen wie Motivation, Interesse, Ausdauer etc. Hier schließt sich der Kreis zur oben diskutierten Unterscheidung von allgemeiner fluider Intelligenz und wissensbasierter kristalliner Intelligenz.

Kognitive und motivationale Faktoren. Allgemeine Intelligenzfaktoren dürfen zwar bei der Erklärung des Kompetenzerwerbs nicht außer Acht gelassen werden, können aber durch andere kognitive und motivationale Variablen kompensiert werden. Diese Überlegung korrespondiert mit dem oben angesprochenen Gewinn-Verlust-Prinzip. Die Expertiseforschung verweist auf einen weiteren Punkt, der in Bezug auf das lebensbegleitende Lernen von Bedeutung ist. Das Erlangen von Kompetenz geht immer mit einer Spezialisierung auf ein bestimmtes Inhaltsgebiet einher. Anders als die breit angelegte schulische Grundbildung ist lebensbegleitendes Lernen somit mit inhaltlichen Schwerpunktsetzungen verbunden, die sich an individuellen Interessen orientieren.

2.3 Folgerungen für lebensbegleitendes Lernen

(1) Die referierten Annahmen und Befunde stimmen insgesamt hoffnungsvoll, was die individuellen Voraussetzungen und Chancen zum lebensbegleitenden Lernen betrifft. Es zeigt sich, dass der Mensch auch in der Phase des (höheren) Erwachsenenalters in der Lage ist, sich auf neue Situationen flexibel einzustellen.

(2) Darüber hinaus gibt es zahlreiche Belege dafür, dass die intellektuelle Ausstattung des Menschen gute Voraussetzungen für das Lernen über die Lebensspanne bietet (Baltes, 1990). So können z.B. altersbedingte Verluste auf neurophysiologischer Ebene im Bereich der allgemeinen Intelligenz durch wissensbasierte Intelligenzanteile kompensiert werden.

(3) Erkenntnisse aus dem Bereich der Expertiseforschung weisen darauf hin, dass die intensive und überdauernde Beschäftigung mit einem bestimmten Wissensbereich eine subjektive Wertschätzung für eine Domäne voraussetzt. Neben kognitiven Variablen spielen hierbei insbesondere individuelle Interessen und volitionale Komponenten eine bedeutende Rolle (vgl. auch Kap. 16).

(4) Annahmen und Befunde zur Plastizität zeigen, dass für die Entwicklung psychischer Merkmale ein breiter individueller Entwicklungsspielraum vorhanden ist. Innerhalb dieses Spielraums lassen sich psychische Merkmale wie die kognitive Leistungsfähigkeit bis ins höhere Erwachsenenalter trainieren (Lindenberger, 2000). Dieser Befund dient als wichtige Begründung für pädagogische Interventionen im Erwachsenenalter zur Förderung von Kompetenzen lebensbegleitenden Lernens.

(5) Lebensbegleitendes Lernen darf nicht ausschließlich aus der Perspektive des Individuums betrachtet werden. So bewegt sich der Einzelne stets in einer Umwelt, die Möglichkeiten bereitstellt, aber auch Grenzen setzt. Prozesse lebensbegleitenden Lernens können somit nur dann verstanden werden, wenn neben individuellen Bedingungen auch Kontexteinflüsse auf organisationaler und gesellschaftlicher Ebene berücksichtigt werden.

3 Individuelle Bedingungen lebensbegleitenden selbstgesteuerten Lernens

Weinert (1982) umschreibt selbstgesteuertes Lernen als Lernform, bei der der Lernende selbst entscheidet „ob, was, wann, wie und woraufhin er lernt" (S. 102). Der Erwerb von Wissen oder Fertigkeiten ist ohne ein Minimum an selbstgesteuerter Aktivität nicht denkbar (Reinmann-Rothmeier & Mandl, 1998). Insbesondere mit „zunehmendem Alter und Aufstieg in der Bildungspyramide" (Wild et al., 1992, S. 1) erfordern die Lernsituationen Entscheidungen hinsichtlich Zielsetzungen und Strategiewahl. Es stellt sich die Frage, welche lernerseitigen Voraussetzungen zum selbstgesteuerten Lernen mitgebracht werden müssen. Simons (1992) unterscheidet hierbei fünf Klassen von Lernfähigkeiten:

(1) Vorbereitung von Lernhandlungen (Auswahl von Lernzielen, die Aktivierung von Lernhandlungen und Aufmerksamkeitsprozessen etc.),

(2) Ausführung von Lernhandlungen (Verstehen, Behalten, Integration und Anwendung des Gelernten etc.),
(3) Regulation und Überwachung von Lernhandlungen,
(4) Bewertung von Lernhandlungen,
(5) Regulation von Motivation und Konzentration im Lernprozess.

Simons' Einteilung verweist auf die Bedeutung sowohl motivationaler als auch kognitiver Komponenten selbstgesteuerten Lernens. Für ein besseres Verständnis von Bedingungen selbstgesteuerten Lernens soll im Folgenden ein Überblick über wichtige motivationale und kognitive Bedingungsfaktoren gegeben werden (vgl. Friedrich & Mandl, 1997).

3.1 Motivationale Bedingungen selbstgesteuerten Lernens

3.1.1 Zielorientierungen

DEFINITION

Zielorientierungen lassen sich als mehr oder minder überdauernde motivationale Orientierungen beschreiben, die sich im pädagogischen Kontext als subjektive Wertvorstellungen in Bezug auf Lernen und Leistung charakterisieren lassen.

Zielorientierungen lassen sich somit als habituelle oder dispositionale Persönlichkeitsmerkmale auffassen (Köller, 1998). Die Literatur bietet mehrere Vorschläge zur Klassifikation motivationaler Zielorientierungen, die meist eine dichotome Unterscheidung vorsehen. Zu den bekanntesten Ansätzen zählen hierbei die Unterscheidung von intrinsischer und extrinsischer motivationaler Orientierung (Harter, 1981), Aufgaben-Orientierung und Ich-Orientierung (Nicholls, 1984) sowie der Lernzielorientierung und Leistungszielorientierung (Dweck & Leggett, 1988). Aufgaben- und Lernzielorientierung lassen sich hierbei der intrinsischen Motivation zuordnen. Ich-Orientierung und Leistungszielorientierung werden dagegen in Zusammenhang mit extrinsischer Motivation gesehen. Es wird angenommen, dass sich Lernende hinsichtlich der postulierten Zielorientierungen unterscheiden, was Auswirkungen auf Lernerfolg und Lernverhalten hat. So kommen Schiefele und Schreyer (1994) in einer Metaanalyse zu dem Ergebnis, dass intrinsische Lernmotivation nicht nur mit Leistungsmaßen (Schulnoten, Ergebnisse aus standardisierten Leistungstests), sondern auch mit tiefenverarbeitenden, verstehensorientierten Verarbeitungsstrategien korreliert. In einer Studie mit Schülern der gymnasialen Oberstufe und Schülern in der beruflichen Erstausbildung konnten Wild und Hofer (2000) den Einfluss des elterlichen Erziehungsverhaltens auf die motivationale Orientierung der Schüler zeigen. Eine intrinsisch motivationale Orientierung korrespondierte hierbei mit einem Elternverhalten, das die Kinder in ihrer Selbständigkeit unterstützte.

3.1.2 Interessen

Auch das Interessenskonzept verweist auf die Bedeutung intrinsischer Lernmotivation für Lernprozesse (vgl. Kap. 16). Im Gegensatz zu den dargestellten Ansätzen motivationaler Zielorientierungen berücksichtigt es dabei jedoch den Aspekt der inhaltlichen Bereichsspezifität (vgl. Krapp, 1999). Interesse wird in neueren Konzeptionen als „Person-Gegenstands-Beziehung" (Krapp, 1999; Lewalter et al., 2000)) aufgefasst, die sich folgendermaßen charakterisieren lässt:

(1) Das Interesse, das eine Person Ausschnitten seiner Umwelt entgegenbringt, kann sich sowohl auf spezifische Inhaltsbereiche als auch auf bestimmte Tätigkeiten beziehen.
(2) Die Beschäftigung mit Interessensgegenständen geht mit positiven emotionalen Begleitprozessen einher.
(3) Interessensgegenstände zeichnen sich darüber hinaus durch eine besonders positive Wertschätzung aus, die ihnen von der Person entgegengebracht wird.

(4) Interessenbezogenes Lernen benötigt keinen Druck von außen und erfolgt somit ohne Zwang.
(5) Interesse bezeichnet hierbei kein stabiles Persönlichkeitsmerkmal, sondern eine mehr oder weniger überdauernde intrinsisch motivationale Orientierung.

Zentral für die Genese individueller Interessen sind die unter Punkt 2 und 3 genannten emotionalen Prozesse und Wertschätzungen. In Anlehnung an die von Deci und Ryan (1993) formulierte Selbstbestimmungstheorie der Motivation geht Krapp (1999) davon aus, dass für ein positiv gefärbtes emotionales Erleben die Erfüllung der Grundbedürfnisse nach Kompetenz, Selbstbestimmung und sozialer Eingebundenheit entscheidend sind (vgl. auch Kap. 16). Im Kompetenzbedürfnis drückt sich das natürliche Bestreben des Individuums aus, sich als handlungsfähig und im Umgang mit seiner Umwelt als effektiv zu erleben (Krapp, 1999). Inwieweit sich das Individuum als kompetent erlebt, hängt hierbei stark von dessen Fähigkeitsniveau und den gestellten Anforderungen ab. Dagegen betont das Grundbedürfnis nach Selbstbestimmung die Bedeutung des Autonomieempfindens für die Interessensgenese. Eine Person erlebt sich als selbstbestimmt, wenn sie im Rahmen ihrer Fähigkeiten die Möglichkeiten erhält, eigene Entscheidungen über Zielsetzungen, Wahl von Lernstrategien etc. zu treffen. Das Selbstbestimmungsbedürfnis steht damit in engem Zusammenhang zu Selbstwirksamkeitsüberzeugungen (Bandura, 1997), wie sie weiter unten behandelt werden. Das dritte Grundbedürfnis verweist schließlich auf die Bedeutung, die der Kontakt zu wichtigen Bezugspersonen wie Lehrern, Kollegen oder Lernpartnern für die Erschließung eines Interessensgebietes hat. Neben dem emotionalen Erleben sind wie bereits angedeutet persönliche Wertzuschreibungen, die dem Interessensgegenstand entgegengebracht werden, von großer Bedeutung. Der Interessensgegenstand besitzt hierbei für das Individuum eine herausragende subjektive Bedeutung (Krapp, 1999).

Interesse und Lernen. Gegenstandsbezogene Interessen haben großen Einfluss auf künftige Lernhandlungen. So haben Interessen eine Bedeutung für die Auswahl von Lerngelegenheiten wie der Wahl von Studienfächern oder beruflicher Fort- und Weiterbildungsangebote (Krapp, 2000). Daneben finden sich substantielle Zusammenhänge zwischen Interesse und (schulischer) Lernleistung (z.B. Schiefele et al., 1993). Von Bedeutung ist hierbei, dass der positive Zusammenhang mit dem bewerteten Lernerfolg auch mit dem Lernverhalten und der Qualität der erworbenen Wissensstruktur einhergeht (vgl. Schiefele, 1996).

Selbstgesteuertes Lernen. In letzter Zeit wurde versucht, die theoretischen Annahmen, wie sie von Deci und Ryan (1993) formuliert wurden, empirisch zu belegen. Prenzel (1993) kommt hierbei für das Lernen im Erwachsenenalter zu dem Ergebnis, dass sich selbstgesteuertes Lernen gegenüber dem Lernen unter Lehre durch einen höheren Grad an Selbstbestimmungs- und Kompetenzerleben auszeichnet. Von Bedeutung ist zudem das Ergebnis, dass den beiden hier untersuchten Bedürfnissen durch geeignete instruktionale Gestaltung entsprochen werden kann.

3.1.3 Selbstwirksamkeitsüberzeugungen

Kognitive Motivationstheorien erklären motiviertes Verhalten als Folge kognitiver Bewertungsprozesse (Heckhausen, 1989). Hierbei spielen subjektive Einschätzungen darüber, ob auf Basis der wahrgenommenen eigenen Fähigkeiten bestimmte Handlungsziele erreicht werden können, eine zentrale Rolle (Handlungs-Ergebnis-Erwartungen; vgl. Krapp, 1993). Das auf Bandura (1997) zurückgehende Konzept der Selbstwirksamkeitsüberzeugungen baut auf diesen Überlegungen auf. Kognitionen, die sich auf die eigene Selbstwirksamkeit in (Lern-)Situationen beziehen, beeinflussen nicht nur die Aufgabenwahl und Anstrengungsbereitschaft, sondern wirken sich auch auf den Einsatz von tiefenverarbeitenden Lernstrategien aus (Pintrich & De Groot, 1990). In Bezug auf den Entwicklungsaspekt ist festzu-

Eine Möglichkeit, sich noch im Alter weiterzubilden, bietet das Seniorenstudium. Es erfreut sich zunehmender Beliebtheit

halten, dass sich Selbstwirksamkeitsüberzeugungen im Lauf der Entwicklung verändern. Die subjektive Wahrnehmung der eigenen Selbstwirksamkeit hängt dabei von Erfahrungen aus früheren Lernsituationen ab. Der Lernende zieht hierbei Schlussfolgerungen über seine eigenen Fähigkeiten und korrigiert bzw. stabilisiert seine Selbsteinschätzung (Krapp, 1993). Die Entwicklung von Selbstwirksamkeitsüberzeugungen wird darüber hinaus von Reaktionen wichtiger Bezugspersonen wie Eltern oder Lehrer beeinflusst (Schunk, 1994).

3.2 Kognitive Bedingungen selbstgesteuerten Lernens

Wie in Abschnitt 2.2 bereits dargestellt wurde, zählt bereichsspezifisches Vorwissen zu den wichtigsten Voraussetzungen des weiteren Wissenserwerbs (vgl. auch Glaser, 1984). Als grundlegende Voraussetzung zum lebensbegleitenden Lernen unterscheidet Baumert (2000) hierbei zum einen so genanntes Basiswissen (dieses umfasst die Beherrschung grundlegender Kulturtechniken wie Lesen, Schreiben, den Umgang mit mathematischen Symbolen, aber auch die Beherrschung wichtiger Fremdsprachen), zum anderen Orientierungswissen in zentralen Wissensdomänen unserer Kultur. Der Autor sieht es als eine der wichtigsten Aufgaben der Schule, die Lernenden durch Vermittlung dieser Basiskompetenzen auf das lebensbegleitende Lernen vorzubereiten.

Darüber hinaus wird Lernstrategien zur Unterstützung selbstgesteuerter Lernprozesse ein zentraler Stellenwert beigemessen (vgl. Friedrich & Mandl, 1997). Neuere, kognitionspsychologisch verankerte Konzepte differenzieren hierbei Lernstrategien nach ihrer Funktion im Informationsverarbeitungsprozess (Weinstein & Mayer, 1986). In Anlehnung an die Unterscheidung von Pintrich und Garcia (1994) sollen im Folgenden neben kognitiven Informationsverarbeitungsstrategien metakognitive Strategien und Ressourcenstrategien dargestellt werden (vgl. auch Wild & Schiefele, 1994).

3.2.1 Kognitive Lernstrategien

Weinstein und Mayer (1986) unterscheiden im Rahmen kognitiver Lernstrategien Elaborations-, Organisations- und Wiederholungsstrategien.

DEFINITION

Unter **Elaborationsstrategien** versteht man Lerntätigkeiten, die der Verknüpfung neu gelernten Wissens mit bereits vorhandenen Wissensstrukturen dienen. Hierzu zählen die Anreicherung des neu Gelernten mit persönlichen Erfahrungen oder die Umschreibung des Gelernten mit eigenen Worten.

Organisationsstrategien zielen dagegen auf die sinnvolle Strukturierung neu zu lernender Wissensinhalte. Typisch hierfür ist etwa das Identifizieren wichtiger Begriffe oder die visuelle Organisation in Form von Diagrammen oder Skizzen.

Wiederholungsstrategien dienen schließlich der dauerhaften Verankerung des Lernstoffs im Langzeitgedächtnis. Hierzu zählt das wiederholte Durcharbeiten von bereits erarbeiteten Lerninhalten.

3.2.2 Metakognitive Strategien

Auch wenn eine klare Trennung nicht möglich ist, werden in Abgrenzung zu den genannten kognitiven Lernstrategien metakognitive Kontrollstrategien unterschieden. Diese werden zur Planung von Lernaktivitäten, zur Überwachung eigener Lernprozesse sowie zur Kontrolle des eigenen Lernfortschritts benötigt (Brown, 1984; Gräsel, 1997). Metakognitionen laufen häufig unbewusst ab, treten dann ins Bewusstsein, wenn es beim Lernen zu Problemen kommt. Lernende können Kontrollstrategien jedoch auch geplant einsetzen, indem sie z.B. Lernziele formulieren bzw. den Verstehensprozess durch verstehensfördernde Fragen überwachen (Friedrich & Ballstaedt, 1997).

3.2.3 Ressourcenstrategien

Unter Ressourcenstrategien werden all jene Aktivitäten zusammengefasst, die der Heranziehung von Ressourcen zur Optimierung des Lernverhaltens dienen. Wild und Schiefele (1994) unterscheiden hierbei interne und externe Ressourcen. Interne Ressourcen beziehen sich hierbei auf die eigene Person. Sie betreffen das Management der Anstrengung, Zeit und Aufmerksamkeit. Externe Ressourcen sind dagegen in der Umgebung des Lernenden zu finden. Hierzu zählen Lernmaterialien, aber auch das soziale Umfeld des Lernenden, wie Kommilitonen oder Lernpartner in selbstorganisierten Arbeitsgruppen.

Strategien sind abhängig vom Vorwissen. Es ist wichtig zu erkennen, dass die Anwendung der dargestellten kognitiven und metakognitiven Lernstrategien stark von der Verfügbarkeit bereichsspezifischen Vorwissens abhängt. Die Anwendung und Funktionstüchtigkeit (meta-)kognitiver Strategien nimmt somit mit zunehmendem Wissenserwerb zu. Hasselhorn (1998) geht hierbei davon aus, dass die entsprechende Entwicklung mit dem Jugendalter noch nicht beendet ist.

Erfassung von Lernstrategien. Studien mit verschiedenen erwachsenen Lernergruppen belegen die Bedeutung der genannten Strategien für den Lernprozess. Eines der im deutschen Sprachraum zur Zeit bekanntesten Diagnoseverfahren zur Erfassung von Lernstrategien ist das LIST-Inventar von Wild et al. (1992; LIST steht hierbei für Lernstrategien im Studium). Wild und Schiefele (1994) konnten an einer Studierenden-Stichprobe die vorgenommene Unterteilung von kognitiven Lernstrategien, metakognitiven Strategien und Ressourcenstrategien empirisch bestätigen. Schreiber und Leutner (1996) untersuchten, ob sich die an einer studentischen Stichprobe gefundenen Ergebnisse auf die Gruppe der Berufstätigen übertragen lässt. Zur Klärung dieser Frage setzten sie den LIST-Fragebogen in einer Stichprobe von 122 Berufstätigen ein, die an Kursen in einem überbetrieblichen Weiterbildungszentrum teilnahmen. Die Ergebnisse zeigen, dass sich das LIST-Inventar auch für diese Untersuchungsgruppe als brauchbares Diagnoseverfahren erwies. Auffallenderweise gaben die untersuchten Berufstätigen in nahezu allen Subskalen eine höhere Einschätzung der eigenen Strategienutzung an als die Studenten.

3.3 Bedingungen für kooperativ selbstgesteuertes Lernen

Die bisherigen Ausführungen zum selbstgesteuerten Lernen klammerten den sozialen Lernkontext weitgehend aus. Selbstgesteuertes Lernen darf jedoch nicht mit individuellem Lernen „im stillen

Kämmerlein" verwechselt werden. Wie im Rahmen der Nutzbarmachung externaler Ressourcen bereits angedeutet wurde, kann dem sozialen Umfeld für das Lernen eine große Bedeutung zukommen. Inwieweit die Teilnahme an kooperativen Lernarrangements für den Einzelnen möglich bzw. sinnvoll ist, hängt nicht nur von Bedingungen auf Lernerebene ab, sondern auch von Kontextvariablen wie Aufgabenstellung, Anreizstrukturen und organisatorischen Rahmenbedingungen (Renkl & Mandl, 1995).

Kooperation fördert Motivation und Kognition. So kann sich kooperatives Lernen – eine entsprechende Gruppenzusammensetzung und Aufgabenstellung vorausgesetzt – günstig auf motivationale Variablen wie die Selbstwirksamkeit (s.o.) oder den Erwerb sozialer Kompetenzen auswirken (Johnson & Johnson, 1995). Kooperative Lernformen können aber auch auf die beschriebenen kognitiven Variablen wirken. So bietet die Gruppe für den Lernenden die Möglichkeit, eigenes Wissen zu explizieren und mit dem Wissen der Lernpartner in Beziehung zu setzen. Der Gruppe kommt hierbei eine metakognitive Kontrollfunktion zu, indem Lücken und Fehler im Wissen der beteiligten Lernenden erkannt und idealerweise durch gemeinsame Wissenskonstruktion behoben werden können (O'Donnell, 1999).

Kooperation erfordert Kompetenzen. Dem Förderungspotential kooperativen Lernens stehen jedoch Forderungen gegenüber, die diese Lernform an den Einzelnen stellt. So unterscheiden sich Menschen zum einen in ihrer subjektiven Präferenz, was das Arbeiten bzw. Lernen in Gruppen betrifft. Zum anderen erfordert kooperatives Lernen sozial-kognitive und kommunikative Kompetenzen.

3.3.1 Orientierungsstile beim kooperativen Lernen

Eine gut untersuchte, motivationale personale Bedingung ist der kognitive Orientierungsstil, den Lernende in Bezug auf das Lernen in Gruppen entwickeln. Wie die bereits oben angesprochenen motivationalen Orientierungen wird dieser als zeitlich relativ stabil angesehen. Als relevant erweist sich hierbei die Unterscheidung von gewissheits- und ungewissheitsorientierten Personen (Huber, 1996). Ungewissheitsorientierte sind daran interessiert, mehr über sich und ihre Umwelt zu erfahren. Situationen, die für sie Neuigkeiten bergen, wirken auf diese Personen motivierend, auch wenn diese mit Unsicherheiten verbunden sind. Genau umgekehrt verhält es sich bei gewissheitsorientierten Personen: Diese neigen eher dazu, ihre bisherigen Einschätzungen über sich und ihre Umwelt konstant zu halten. Situationen, die ein hohes Potential an Unsicherheit enthalten, werden von ihnen daher möglichst gemieden. Stark et al. (1997) konnten bei Schülerinnen und Schülern des zweiten und dritten Ausbildungsjahres einer beruflichen Schule den Effekt des dargestellten kognitiven Orientierungsstils auf das kooperative Lernen belegen: Es zeigte sich, dass sich insbesondere in komplexen Lernsituationen eine hohe Gewissheitsorientierung positiv auf den späteren Transfer des Gelernten auswirkt. Differenzierungsmaßnahmen für die Gestaltung von Lernumgebungen in Bezug auf die dargestellten Orientierungsstile finden sich bei Kempas (1994).

3.3.2 Kommunikative und strategische Kompetenzen zum kooperativen Lernen

Kooperatives Lernen kann nur dann zu den gewünschten lernwirksamen Effekten führen, wenn die Lernpartner in der Lage sind, angemessen zu kommunizieren und Wissen miteinander zu teilen. Das Lernen in Gruppen erfordert auf Seiten des Individuums zum einen allgemeine kommunikative Kompetenzen, zum anderen geeignete Strategien zur kooperativen Konstruktion von Wissen.

Die Analyse kommunikativer Kompetenzen beruht auf theoretischen Annahmen, wonach sich verschiedene Ebenen menschlicher Kommunikation unterscheiden lassen (z.B. Watzlawick et al., 1969). So ist menschliche Kommunikation keinesfalls auf die Mitteilung sachlicher Inhalte beschränkt, sondern enthält immer auch Anteile auf Beziehungs- und Appellebene (ausführlich s. hierzu Kap. 15). Frey (2000) fasst vor diesem Hintergrund grundlegende Kompetenzen „richtiger" Kommunikation zusammen. Als zentral erachtet er u.a. die Fähigkeiten zum aktiven Zuhören, Fragen stellen, Ausdrücken von Gefühlen, Perspektivenwechsel, Erkennen von Konfliktpotential oder Eingestehen eigener Fehler und Schwächen.

All diese Fertigkeiten, deren Verfügbarkeit natürlich ein hohes Maß an Erfahrung erfordert, können helfen, ungünstigen Phänomenen entgegenzuwirken, wie sie in der Arbeit von Kleingruppen häufig in Erscheinung treten. So identifizierte die sozialpsychologische Forschung verschiedene Mechanismen, die auch für das Lernen relevant sind, da sie einer erfolgreichen Wissenskommunikation im Wege stehen können (vgl. Frey, 2000; Reinmann-Rothmeier et al., 2001). Hierzu zählen

- Groupthink-Phänomene (Meinungsverschiedenheiten bzw. verschiedene Perspektiven bleiben zugunsten eines einheitlichen – häufig eingeschränkten – Gruppendenkens unberücksichtigt),
- Hidden-Profile-Phänomene (es werden hauptsächlich solche Informationen ausgetauscht, die den anderen Gruppenmitgliedern ohnehin schon bekannt sind) und
- das Bestätigungsstreben des Einzelnen (es werden hauptsächlich solche Interaktionspartner gewählt, die den eigenen Standpunkt unterstützen, was sich negativ auf einen fruchtbaren Informationsaustausch auswirkt).

Neben der Beherrschung grundlegender kommunikativer Fertigkeiten erfordern kooperative Lernformen zudem Kompetenzen, die speziell die Verarbeitung und Konstruktion von Wissen unterstützen können. Hierbei handelt es sich um kognitive und metakognitive Strategien (vgl. Abschnitt 3.2), die gezielt das Unterstützungspotential von Kleingruppen nutzbar machen. Ein Überblick über derartige Strategien findet sich in Abschnitt 4.3.

4 Förderung lebensbegleitenden selbstgesteuerten Lernens

Die bisherigen Ausführungen sollten deutlich machen, dass lebensbegleitendes Lernen nicht nur den sukzessiven Erwerb von domänenspezifischen Wissensinhalten bzw. Fertigkeiten beinhaltet, sondern auch die ständige Weiterentwicklung von individuellen Kompetenzen umfasst. Ziel pädagogischer Maßnahmen sollte es daher sein, neben der Vermittlung domänenspezifischen Wissens auch die Förderung von Kompetenzen selbstgesteuerten Lernens zu berücksichtigen.

In Bezug auf Maßnahmen zur Förderung selbstgesteuerten Lernens lassen sich prinzipiell zwei Formen unterscheiden. Eine Möglichkeit besteht darin, die beschriebenen Kompetenzbereiche innerhalb direkter Trainingsmaßnahmen explizit zum Thema zu machen und einzuüben. Darüber hinaus besteht die Möglichkeit, Lernumgebungen zu schaffen, die auf Seiten des Lernenden Kompetenzen selbstgesteuerten Lernens erfordern und deren Anwendung somit in quasi „natürlicher" Weise evozieren (indirekte Förderansätze). Beide Ansätze schließen einander nicht aus, sondern ergänzen sich vielmehr. So verfügen nicht alle Lernenden gleichermaßen über entsprechende Kompetenzen, wie sie im Rahmen von indirekten Fördermaßnahmen vorausgesetzt werden. In diesem Fall erscheinen direkte Maßnahmen zum Strategietraining günstig, um die entsprechenden Voraussetzungen zu schaffen. Andererseits können die in direkten Trainingsmaßnahmen erworbenen Kompetenzen „verkümmern", wenn anschließend nicht die Möglichkeit besteht, diese im Rahmen geeigneter Lernumgebungen zur Anwendung zu bringen (Friedrich & Mandl, 1997).

Auch wenn der Nutzen direkter Strategietrainings vielfach nachgewiesen werden konnte

(Klauer, 2001), konzentriert sich die Forschung der letzten Jahre auf die Untersuchung von komplexen Lernumgebungen, die eine indirekte Förderung von Kompetenzen selbstgesteuerten Lernens beinhalten. Diskutiert werden hierbei Ansätze, die den Fertigkeiten- und Wissenserwerb im Rahmen sog. problemorientierter Lernumgebungen zu unterstützen versuchen.

4.1 Prozessmerkmale des Wissenserwerbs

Die Gestaltung problemorientierter Lernumgebungen beruht auf einer gemäßigt-konstruktivistischen Grundauffassung (Gerstenmaier & Mandl, 1995). Wissen lässt sich nicht einfach vom Kopf des Lehrenden in die Köpfe der Lernenden übertragen, sondern wird stets vom Individuum aktiv verarbeitet und vor dem Hintergrund eigener Erfahrungen interpretiert und konstruiert. Reinmann-Rothmeier und Mandl (1998) nennen in diesem Zusammenhang fünf grundlegende Prozessmerkmale des Wissenserwerbs. Danach ist Lernen ein aktiver, selbstgesteuerter und konstruktiver Prozess, der stets situativ an bestimmte Kontexte gebunden ist und im sozialen Austausch mit der Umwelt erfolgt. Diese Beschreibung macht deutlich, dass der Wissenserwerb auf Seiten des Lernenden viele Kompetenzen voraussetzt, wie sie z. T. in Abschnitt 3 dargestellt wurden.

Richtlinien für problemorientierte Lernumgebungen

Lernumgebungen, die unter Berücksichtigung der beschriebenen Prozessmerkmale gestaltet werden, bergen zum einen ein großes Potential, laufen ohne entsprechende Unterstützung jedoch Gefahr, die Lernenden zu überfordern. Die folgenden Richtlinien zur Gestaltung problemorientierter Lernumgebungen, wie sie von Reinmann-Rothmeier und Mandl (2001) vorgeschlagen werden, umfassen daher sowohl konstruktivistische als auch instruktionale Elemente:

Situiert und anhand authentischer Probleme lernen. Lernprozesse sollten von authentischen realitätsnahen Problemen ausgehen, die für die Lernenden möglichst von hoher Relevanz sind. Dadurch sollen nicht nur Motivation und Interesse der Lernenden berücksichtigt, sondern auch eine spätere Anwendung des Gelernten gewährleistet werden.

In multiplen Kontexten lernen. Um zu verhindern, dass das Gelernte auf einen Problemkontext beschränkt bleibt, ist es notwendig, den Wissenserwerb in verschiedenen Problembereichen zu verankern. Dadurch kann eine Nutzung des Gelernten gesichert werden.

Unter multiplen Perspektiven lernen. Authentische Probleme legen je nach Blickwinkel unterschiedliche Herangehensweisen nahe. Es ist daher notwendig, Problemstellungen unter unterschiedlichen Perspektiven und Aspekten zu beleuchten. Dies kann die flexible Anwendung des Gelernten unterstützen.

In einem sozialen Kontext lernen. Das Bearbeiten alltagsnaher komplexer Probleme ist stets in einen sozialen Kontext integriert. Das gemeinsame Lernen von Lernenden und Experten sollte daher eine zentrale Arbeitsform darstellen. Durch dieses Vorgehen kann ein allmähliches Hineinwachsen in eine „Expertenkultur" möglich werden.

Mit instruktionaler Unterstützung lernen. Lernen ohne jegliche Unterstützung ist häufig ineffektiv und führt leicht zu Überforderung. Die Aufgabe der Lehrenden beschränkt sich daher keineswegs auf das Arrangieren geeigneter Lernumgebungen, sondern beinhaltet die Unterstützung der Lernenden in der Bearbeitung komplexer Probleme. Hierzu zählen die Bewusstmachung geeigneter Handlungsstrategien und die Bereitstellung inhaltlichen Wissens.

Der folgende Kasten zeigt beispielhaft die konkrete Umsetzung einer problemorientierten Lernumgebung, die auf den genannten Gestaltungsprinzipien basiert.

Die Ausbildung zum „Knowledge Master"

Die Ausbildung zum „Knowledge Master" (vgl. Erlach et al., 2001) wurde als Kooperationsprojekt zwischen „Siemens Qualifizierung und Training" und der Ludwig-Maximilians-Universität München angelegt. Zielgruppe sind hierbei Führungskräfte und Mitarbeiter, die in ihrem Unternehmen mit der Initiierung und Durchführung von Wissensmanagement-Maßnahmen betraut sind. Ziel der Weiterbildungsmaßnahme ist es, Basiswissen zum Thema Wissensmanagement aus den Bereichen Psychologie, Betriebswirtschaftslehre und Informatik zu vermitteln und dieses für den Einzelnen im jeweiligen organisationalen Kontext nutzbar zu machen. Darüber hinaus werden Kommunikations- und Kooperationsstrategien sowie Strategien zum Problemlösen thematisiert. Das Seminar wird aufgrund der spezifischen Zielgruppe berufsbegleitend durchgeführt und findet daher zum großen Teil virtuell statt. Die Teilnehmer kommunizieren in ihren Arbeitsgruppen per E-Mail oder Chat, wobei ihnen eine spezielle Kommunikationsplattform zur Verfügung steht. Das Seminarkonzept, das sich über einen Zeitraum von sechs Monaten erstreckt, sieht einen modularen Aufbau vor. Hierbei wechseln sich Phasen, in denen die Erarbeitung von Inhalten im Vordergrund steht, mit Transferphasen zur praktischen Anwendung des Gelernten auf eigene Projekte ab. Um einen Realitätsbezug herzustellen, erhalten die Teilnehmer authentische Fallgeschichten, die sie anhand relativ komplexer Aufgabenstellungen in den virtuellen Kleingruppen bearbeiten sollen. Mit seiner interdisziplinären Ausrichtung berücksichtigt das Seminarkonzept die Forderung nach multiplen Kontexten und Perspektiven. Der soziale Kontext wird über die gesamte Seminardauer hinweg durch die Zusammenarbeit in Kleingruppen betont. Die Teilnehmer erfahren dabei in vielfältiger Weise instruktionale Unterstützung. Diese beinhaltet nicht nur inhaltliche Vorgaben, sondern auch Hilfen in Hinblick auf die Kooperation, die Anwendung des Gelernten sowie das eigenverantwortliche Lernen.

4.2 Möglichkeiten der Motivationsförderung in Lehr-Lern-Arrangements

Die in Abschnitt 3.1.2 dargestellten Grundbedürfnisse nach Deci und Ryan (1993) liefern wichtige Ansatzpunkte zur Förderung von Interesse und Motivation im Rahmen von Lehr-Lern-Arrangements. So müssen bei der Gestaltung von Lernumgebungen die Bedürfnisse nach Kompetenzerleben, Autonomieerleben und sozialer Eingebundenheit berücksichtigt werden.

Kompetenzerleben. Das Kompetenzerleben lässt sich u.a. durch eine geeignete Aufgabenwahl, die für den Lernenden einen mittleren Schwierigkeitsgrad aufweist, unterstützen. Von Bedeutung ist in diesem Zusammenhang aber auch die Art der Leistungsrückmeldung. Als motivationsfördernd hat sich hierbei eine Form der Rückmeldung erwiesen, die weniger auf einen Vergleich mit anderen Lernenden zielt, als vielmehr die individuellen Entwicklungsschritte berücksichtigt (individuelle Bezugsnormorientierung; Rheinberg, 1998). Wie die Ausführungen zu Selbstwirksamkeitsüberzeugungen in Abschnitt 3.1.3 deutlich machen, ist bei derartigen Maßnahmen immer zu berücksichtigen, dass das subjektive Kompetenzerleben von individuellen Einschätzungen abhängt. Kompetenzunterstützung erfordert daher das Eingehen auf individuelle Bedürfnisse.

Autonomieerleben. Maßnahmen zur Förderung des Autonomieerlebens zielen darauf, den Lernenden Entscheidungsmöglichkeiten und Handlungsspielräume zu ermöglichen. So sollte z.B. versucht werden, den Lernenden innerhalb vorgegebener Strukturen die Möglichkeit zu geben, zwischen verschiedenen Aufgaben, Lernstrategien oder Sozialformen zu wählen, Probleme in einem eigenem Tempo zu erarbeiten oder selbständig Themen zu vertiefen. Wichtig ist, dass derartige Maßnahmen nicht zu einer Überforderung der Lernenden führen dürfen, was sich wiederum negativ auf das Kompetenzerleben auswirken würde. Die Förderung des Autonomieerlebens schließt eine instruktionale Unterstützung somit keineswegs aus (vgl. Prenzel et al., 2000).

Soziale Eingebundenheit. Das Bedürfnis nach sozialer Eingebundenheit verweist auf die Bedeutung der Lerngruppe für das Lernen des Einzelnen. Insbesondere geht es darum, sich in einer Lerngruppe akzeptiert und zugehörig zu fühlen. Für den Lehrenden bedeutet dies, alle Mitglieder einer Lerngruppe unabhängig von ihren erbrachten Leistungen als gleichwertige Mitglieder anzuerkennen sowie aktuelle emotionale Befindlichkeiten der Lernenden zu berücksichtigen. Lewalter et al. (2000) weisen darauf hin, dass das Erleben von Kompetenz und Autonomie maßgeblich davon abhängt, inwieweit die soziale Umwelt es ermöglicht, Lernerfahrung ohne erlebte Angst und Bedrohung zu machen.

Es ist davon auszugehen, dass die genannten Maßnahmen notwendige, jedoch nicht hinreichende Faktoren für die Gestaltung motivationsfördernder Lernumgebungen darstellen. So berücksichtigen Prenzel et al. (2000) als Bedingungen selbstbestimmten Lernens neben den genannten Ansatzpunkten die inhaltliche Relevanz des Lernstoffs, die Instruktionsqualität sowie das Interesse der Lehrenden an den Lerninhalten.

4.3 Möglichkeiten der Förderung kognitiver Variablen selbstgesteuerten Lernens

Die Förderung kognitiver Lernstrategien, wie sie in Abschnitt 3.2 dargestellt wurden, ist mit einer Schwierigkeit verbunden, die von Friedrich und Mandl (1992) als „Bandbreite-Genauigkeits-Dilemma" beschrieben wurde. So können relativ allgemeine, bereichsunspezifische Strategien zwar in vielen Bereichen eingesetzt werden, tragen zur Lösung eines Problems jedoch nur wenig bei. Umgekehrt können bereichsspezifische Strategien einen großen Beitrag zur Bewältigung einer Aufgabe leisten, ihr Nutzen bleibt jedoch auf einen bestimmten Inhalts- bzw. Problembereich beschränkt. Ein Beispiel soll diesen Gedankengang verdeutlichen. Das Training induktiven Denkens (einer sehr allgemeinen, bereichsunspezifischen Fertigkeit) kann sich zwar auf viele Inhaltsbereiche (z.B. Mathematik oder Textverstehen) positiv auswirken. Möchte man jedoch seine Kompetenzen z.B. speziell im Bereich des Textverstehens verbessern, so ist das Training induktiven Denkens im Gegensatz zu speziellen Strategien zum Textverstehen natürlich weniger erfolgversprechend.

Spezielle Aufgaben erfordern spezielles Training. Weinert (1994) weist darauf hin, dass der Transfer allgemeiner Strategien auf alltagsrelevante unterrichtliche oder berufliche Aufgaben grundsätzlich nur sehr gering ist. Diese Einschätzung bestätigen Trainingsstudien mit Teilnehmern im höheren Erwachsenenalter, die das Training fluider Intelligenzkomponenten beinhalteten und nur zu einem geringen Transfer auf trainingsfremde Inhaltsbereiche führten (vgl. Lindenberger, 2000).

Die genannten Überlegungen sprechen also dafür, dass es insbesondere in alltagsrelevanten Lernbereichen sinnvoll erscheint, Lernstrategien in gezielter Abstimmung auf bestimmte Inhaltsbereiche zu trainieren. Weinert und Schrader (1997) vertreten daher die Ansicht, dass die Förderung von Lernstrategien idealerweise im Zusammenhang mit dem Erwerb von bereichsspezifischem Wissen erfolgen sollte.

Cognitive Apprenticeship. Ein prominenter Instruktionsansatz, der den Erwerb von Lernstrategien mit dem Erwerb von inhaltlichem Wissen verbindet ist der Cognitive Apprenticeship-Ansatz (Collins et al., 1989). Der Ansatz beschreibt u.a. Instruktionsschritte, die wichtige Hinweise zur Vermittlung von Lernstrategien geben. Lernstrategien werden dabei zunächst von Seiten des Lehrenden anhand konkreter Lerninhalte demonstriert und offengelegt. Die Lernenden sollen anschließend Lernstrategien in der Erarbeitung konkreter Inhalte selbst anwenden. Hierbei erhalten sie von Seiten des Lehrenden Unterstützung, die mit zunehmender Erfahrung der Lernenden allmählich abgebaut wird. Schließlich werden die Lernenden dazu aufgefordert, die eigenen Erfahrungen mit den erworbenen Strategien zu artikulieren und zu reflektieren.

4.4 Möglichkeiten zur Förderung kooperativen selbstgesteuerten Lernens

Die Förderung von Kompetenzen zum kooperativen selbstgesteuerten Lernen bezieht sich entsprechend den Ausführungen in Abschnitt 3.3.2 auf zwei Bereiche: (1) die Förderung allgemeiner kommunikativer Kompetenzen und (2) die Förderung spezieller Kooperationsstrategien zur Unterstützung von Lernprozessen.

Förderung kommunikativer Kompetenzen. Maßnahmen zur Förderung kommunikativer Kompetenzen werden häufig als direkte Trainingsmaßnahmen konzipiert (z.B. Henninger et al., 2001). Derartige Kommunikationstrainings basieren dabei meist auf der in Abschnitt 3.3.2 skizzierten Unterscheidung verschiedener Kommunikationsebenen, die dazu dienen, das eigene Kommunikationsverhalten zu analysieren, zu reflektieren und gegebenenfalls zu verändern.

Förderung kooperativer Lernstrategien

Für den Kontext des Lernens relevanter und daher mit einer ausführlicheren Darstellung bedacht sind jedoch die bereits genannten Kooperationsstrategien, die zur Aktivierung von geeigneten Lernprozessen führen sollen. Die wichtigsten sollen im Folgenden kurz dargestellt werden.

Reciprocal Teaching. Der Ansatz des Reciprocal Teaching (Palincsar & Brown, 1984; Rosenshine & Meister, 1994) dient speziell der Erarbeitung von Textmaterial. Die Lernpartner, die in Kleingruppen zusammenarbeiten, nehmen hierbei abwechselnd die Rolle des „Lehrenden" bzw. „Lernenden" ein. Aufgabe des „Lehrers" ist hierbei, Textinhalte zusammenzufassen, textbezogene Fragen zu stellen sowie zusammen mit den Lernpartnern Unklarheiten zu klären und eigene Überlegungen zu den Textinhalten anzustellen.

Scripted Cooperation. Auch der Ansatz der Scripted Cooperation (O'Donnell, 1999) eignet sich insbesondere zur Erarbeitung von Textinhalten. Hierbei erarbeiten die Lernpartner in Dyaden den Lernstoff, indem sie einen Text abschnittsweise nach einer vorgegebenen Struktur durchgehen. Beide Lernpartner lesen zunächst einen Textabschnitt. Dieser wird anschließend von einer der beiden Personen zusammengefasst. Die Aufgabe des Lernpartners ist es, auf Fehler und Lücken in der Wiedergabe hinzuweisen. Danach sollen die Textinhalte mit geeigneten Strategien elaboriert werden. Zur Bearbeitung des nächsten Textabschnitts werden anschließend die Rollen getauscht.

Guided Reciprocal Peer Questioning. Wesentlich für dieses Verfahren, das auf King (1992, 1999) zurückgeht, ist ein Training zur Formulierung verstehensfördernder Fragen. Die Lernenden sollen sich nach einem entsprechenden Training den Lernstoff in Kleingruppen erarbeiten, indem sie sich gegenseitig entsprechende Fragen stellen und so nicht nur tiefenverarbeitende Lernprozesse anregen, sondern auch ihre Lernaktivitäten gegenseitig kontrollieren.

Auch wenn sich die konkrete Umsetzung im Detail unterscheidet, verbindet die genannten Ansätze, dass sie versuchen, die Interaktionen der Lernpartner zu strukturieren, um dadurch die Aktivierung kognitiver und metakognitiver Lernprozesse, wie sie im vorangegangen Abschnitt dargestellt wurden, zu initiieren. In zahlreichen Studien konnte die Wirksamkeit der genannten Ansätze auch für das Erwachsenenalter belegt werden (z.B. King, 1992; O'Donnell, 1999; Rosenshine & Meister, 1994).

5 Organisationale und gesellschaftlich-kulturelle Bedingungen

Aufgrund der engen Verbindung lebensbegleitenden Lernens mit beruflichen Kontexten ist als bedeutender organisationaler Rahmen das Unternehmen bzw. der Betrieb zu sehen. Eine in diesem Zusammenhang wichtige Unterscheidung betrifft den Ort, an dem gelernt wird. So können sich Lernmöglichkeiten unmittelbar am Arbeitsplatz ergeben (learning-on-the-job), oder aber räumlich und zeitlich getrennt vom Arbeitsprozess stattfinden (learning-off-the-job; vgl. Simons, 2000). Insbesondere arbeitsplatznahes Lernen ist für das hier behandelte Thema von Bedeutung, da diese Lernform dazu beiträgt, Lernen als „selbstverständliche Begleiterscheinung" in den Alltag zu integrieren. In diesem Zusammenhang kommt den neuen Informations- und Kommunikationstechnologien eine Schlüsselrolle zu. So machen es netzbasierte Anwendungen und Kommunikationstechniken möglich, am eigenen Arbeitsplatz selbstgesteuert Lernaktivitäten zu ergreifen und mit räumlich getrennten Lernpartnern zu kooperieren (vgl. hierzu das Beispiel im Kasten S. 935).

Die lernende Organisation. Über die Bereitstellung von konkreten Lernmöglichkeiten hinaus beinflusst der organisationale Kontext das Lernen des Einzelnen zudem durch lernrelevante Einstellungen, Werte etc., die über die sog. Organisationskultur vermittelt werden. In diesem Zusammenhang wird das Konzept der „lernenden Organisation" diskutiert. Lernende Organisationen machen das individuelle Wissen ihrer Mitarbeiter für sich nutzbar, indem sie systematisches Wissensmanagement (vgl. Mandl & Reinmann-Rothmeier, 2000; Reinmann-Rothmeier & Mandl, 2000) einsetzen (Dubs, 2000). Lebensbegleitendes Lernen wird dadurch zu einem den beruflichen Alltag durchdringenden Prozess. Von verschiedener Seite wird allerdings zu bedenken gegeben, dass diese Idee vom lebensbegleitenden Lernen in der lernenden Organisation mehr Vision als Wirklichkeit ist. So weist z.B. Kraft (2000) darauf hin, dass dem motivierten selbstgesteuerten bzw. kooperativen Lernen im Betrieb Grenzen gesetzt sind, die sich u.a. aus wirtschaftlichen Zwängen ergeben.

Einflüsse des Bildungssystems. Einflüsse, die für das lebenslange Lernen von Bedeutung sind, lassen sich über den organisationalen Kontext hinaus auf einer noch globaleren Ebene ausmachen. So stellt die Gesellschaft Rahmenbedingungen (z.B. in Form von Gesetzen) bereit, die die Entwicklung des Einzelnen beeinflussen. Eine maßgebliche Bedingung lebensbegleitenden Lernens auf gesellschaftlicher Ebene ist hierbei in der Organisation des Bildungssystems zu sehen. Insbesondere stellt sich die Frage, welche Lernmöglichkeiten dem Einzelnen von gesellschaftlich-politischer Seite zugestanden werden.

Kulturelle Einflüsse. Auch auf gesellschaftlich-kultureller Ebene lassen sich Einflüsse in Form von gesellschaftlich vermittelten Einstellungen und Werten identifizieren. Ein Beispiel hierfür wären die von Stevenson, Chen und Lee (1993) aufgedeckten Unterschiede in den Attributionsmustern in Bezug auf Leistungshandlungen zwischen asiatischen und nordamerikanischen Ländern. Einflüsse dieser Art bleiben für den Einzelnen meist im Verborgenen, da sie implizit in die eigenen Überzeugungen und Einstellungen eingehen. Konzeptionen zur Wissensgesellschaft (Stock et al., 1998) oder Lerngesellschaft (Dohmen, 1998) zielen entsprechend dieser Überlegungen darauf ab, Bedingungen zu identifizieren, die über die Schaffung einer gesellschaftlich verankerten Lernkultur (Mandl & Reinmann-Rothmeier, 1998) lebensbegleitendes Lernen für den Einzelnen ermöglichen. In den zum Teil noch visionär vorgetragenen Überlegungen kommt dem wissenden Individuum eine Schlüsselrolle zu, wenn es darum geht, mit neuen Herausforderungen wie der Informationsflut umzugehen. Kompetenzen und Bedingungen auf Seiten des Individuums, wie sie in diesem Beitrag behandelt wurden, sind zur Bewältigung dieser Aufgaben zentral. Die Ausführungen in diesem Abschnitt sollten jedoch deutlich machen, dass nicht nur der

Einzelne gefordert ist: Weiterentwicklungen sind auch auf organisationaler und gesellschaftlicher Ebene notwendig, damit die Vision der Wissens- bzw. Lerngesellschaft ein Stück näher rückt.

Weiterführende Literatur

Achtenhagen, F. & Lempert, W. (Hrsg.) (2000). Lebenslanges Lernen im Beruf. Seine Grundlegung im Kindes- und Jugendalter (Band 1–5). Opladen: Leske+Budrich.
Der von Achtenhagen und Lempert herausgegebene Sammelband mit zahlreichen Artikeln namhafter Autoren stellt die derzeit umfassendste Bestandsaufnahme zum Thema des lebensbegleitenden Lernens dar. Die einzelnen Bände nähern sich dem Thema hierbei aus der Perspektive verschiedener Disziplinen. Aus psychologischer Sicht besonders interessant ist Band 3: „Psychologische Theorie, Empirie und Therapie".

Weinert, F.E. & Mandl, H. (Hrsg.) (1997). Enzyklopädie der Psychologie: Themenbereich D Praxisgebiete, Serie 1 Pädagogische Psychologie, Band 4 Psychologie der Erwachsenenbildung. Göttingen: Hogrefe.
Dieser enzyklopädische Sammelband liefert einen fundierten Überblick zur Psychologie der Erwachsenenbildung und thematisiert dabei zentrale Themen im Zusammenhang des lebensbegleitenden Lernens. Der Artikel zur „Analyse und Förderung selbstgesteuerten Lernens" von H.F. Friedrich und H. Mandl geht hierbei gezielt auf wichtige individuelle Bedingungsfaktoren ein, wie sie in diesem Artikel dargestellt wurden.

Dillenbourg, P. (1999). Collaborative Learning. Cognitive and computational approaches. Amsterdam: Pergamon.
Einen aktuellen und umfassenden Überblick über den Forschungsstand zum kooperativen Lernen findet der Leser in diesem englischsprachigen Werk. Neben konzeptionellen Überlegungen werden hierbei insbesondere zentrale Prozesse kooperativen Lernens sowohl in Face-to-Face- als auch in netzbasierten Umgebungen thematisiert.

Schiefele, U. & Wild, K.-P. (Hrsg.) (2000). Interesse und Lernmotivation. Untersuchungen zu Entwicklung, Förderung und Wirkung. Münster: Waxmann.
In diesem Band werden aktuelle Konzeptionen und Befunde zum Thema Interesse und Lernmotivation vorgestellt. Es findet sich ein Überblick zum derzeitigen Forschungsstand, der durch die Beschreibung aktueller Studien abgerundet wird.

Kapitel 35
Religiosität, Religionen und Glaubens- und Wertegemeinschaften

Fritz Oser & Anton Bucher

1 Das Paradigma: Religiöse Entwicklung

Eine der provokantesten Prognosen der Moderne besagte, Religion, in der Menschheitsgeschichte das erste, „primitive“ Stadium, werde verschwinden. Denn sie sei das Werk von Menschen, die, nicht aufgeklärt und der Natur ausgeliefert, ihre Ängste und Sehnsüchte in göttliche Wesen projiziert hätten, die aber bloße Illusionen seien.

Doch Religion erwies sich als resistenter. Obschon die Kirchen in den letzten Jahrzehnten erodierten, praktiziert auch an der Schwelle des dritten Jahrtausends die Mehrheit der Menschen Religiosität. Religiöse Neuaufbrüche, oft fundamentalistische, mobilisieren Millionen von Gläubigen. Nach wie vor begegnen Kinder und Jugendliche Religiösem, sei es dem Kruzifix im Klassenzimmer, dem Tschador (Schleier) der muslimischen Mitschülerin oder den Kippas (Stoffkäppchen) frommer Juden.

Von daher verwundert nicht, dass sich die religionskritische Attitüde unter Psychologen abgeschwächt hat. Zwar seien sie nach wie vor “the least religious” (Argyle, 2000, S. 85); gleichwohl expandiert die Religionspsychologie (Moosbrugger et al., 1996), die sogar fragte: “Is religion in our genes?” (Hood et al., 1996, S. 44), gewiss nicht konkrete Religion, die stets soziokulturell geprägt ist, sondern eine grundlegende religiöse Disposition. Oerter (1980, S. 293) zufolge wird diese dann aktiviert, wenn sich Kinder mit fünf bis sechs Jahren ihrer „zeitlich abgegrenzten Existenz bewusst werden“ und es zu einer „naturnotwendigen Beschäftigung mit religiösen und metaphysischen Problemen“ kommt. Religionen, wie unterschiedlich sie auch sind, sind symbolische Sinnwelten, die in die großen Transzendenzen hineinreichen (Herkunft des Seins, Tod etc.) und dem Menschen bestenfalls plausible Deutungsmuster für die existenziellen Fragen nach dem Woher, dem Wohin und dem Wozu geben. Religiosität ist die Rückbindung des Menschen an eine letzte Instanz, die in unserem Kulturkreis zwar mehrheitlich mit der Chiffre „Gott“ versehen wird (Grom, 1992, S.368), aber auch als „Natur“, „Zufall“ etc. konkretisiert werden kann.

Schon die ersten Psychologen haben sich mit Religion beschäftigt. Dass religiöse Fragen unumgänglich sind, haben bereits die Gründerväter der wissenschaftlichen Psychologie, die zugleich Klassiker der Religionspsychologie sind, herausgearbeitet. James veröffentlichte 1902 die Arbeit “The Varieties of Religious Experience”, die in ihrer qualitativen Methodologie geradezu modern anmutet. Nahezu gleichzeitig publizierte Hall (1904) sein voluminöses Werk zur Adoleszenz, in dem er Konversionen (Übertritte zu einer anderen, meist einer christlichen Religion), damals im Jugendalter häufige und normative Lebensereignisse, umfangreich erörterte.

Danach war Religion lange Zeit kein Thema für Psychologen. Die spätere Entwicklungspsychologie verhielt sich bis in die achtziger Jahre der Religiosität gegenüber abstinent (anders Oerter, 1975). Bedingt war dies durch das gespannte Verhältnis zwischen Psychologie und Theologie. Die Theologie, die Moderne ablehnend, befürchtete die Auflösung des Glaubens in psychologischem Funktionalismus (Gottesbilder als bloße Projektionen). Die Psychologie entwickelte religionskritische Attitüden. Freud qualifizierte Religion als infantile Zwangsneurose und Illusion, die in Richtung des „Gott Logos“ überwunden werden müsse. Für den Behaviorismus waren religiöse Vorstellungen nur als positive oder aversive Reize relevant; in Dantes Höllenvision stoße man z.B. auf fast alle negativen Verstärker, „nur der Elektroschock des Psychologielabors fehlt“ (Skinner, 1973, S. 324).

Psychologen und Theologen kommen ins Gespräch. Solche Grabenkämpfe wichen dem Dialog. Auch Theologen erkennen an, dass sich religiöse Vorstellungen, Emotionen und Praktiken psychologisch beschreiben und erklären lassen, ohne dass dadurch ihr Wahrheitsgehalt verifiziert oder falsifiziert wird. Psychologen wie Meadow und Kahoe (1984, S. XIX) respektieren die bleibende Mannigfaltigkeit religiöser Phänomene und bestätigen, “questions about the truth or reality of religion are outside the limits of our science” (vgl. Wulff, 1991).

Der Glaube bietet Kontroll- und Bewältigungsmöglichkeiten. Sofern Religiosität als Beziehung des Menschen zu einem Letztgültigen, Göttlichen bestimmt wird, besteht religiöse Entwicklung darin, mit diesem dergestalt umgehen zu lernen, dass mit seiner Hilfe auch in den unvermeidbaren Kontingenzsituationen (Erleben von Hilflosigkeit) Kontrollüberzeugungen (Flammer, 1994) aufrecht erhalten werden können. Kontrolle und existentielles coping (Pargament, 1997) sind zwei psychologische Funktionen von Religiosität, die auch nach der Aufklärung relevant sind. Religiöse Entwicklung ist mehr als die bloße Übernahme eines Glaubensystems, mehr als die Imitation religiösen Verhaltens, etwa Betens, sondern vielmehr eine sinnstiftende Aktivität, die sich auf das Ganze der Existenz bezieht und an niemanden delegiert werden kann.

2 Religiöse Entwicklung: traditionelle Ansätze

„Phase“ und „Altersstufe“ sind zentrale Konzepte der bis in die sechziger Jahre vorherrschenden Reifungstheorien, die Kindheit und Jugend in chronologisch feststehende Abschnitte unterteilten (Kroh, 1935). Analog wurden „Altersstufen der Frömmigkeit“ (Gruehn, 1956) beschrieben:

(1) religionsloses Säuglingsalter,
(2) gottlose Mutterreligion (bis 3 Jahre),
(3) vormagische Stufe (4. Jahr),
(4) magische Stufe (5 bis 7),
(5) autoritativ-gesetzliche Frömmigkeit (8 bis 14),
(6) Sturm- und Drangphase in der Jugend,
(7) Wiederaufbauphase um das 18. Lebensjahr,
(8) Reifephase (ab 21).

Auch weitere Entwicklungsmodelle (Nobiling, 1929; Thun, 1959) zeichnen diesen Trend: Die Religiosität jüngerer Kinder sei magisch, märchenhaft und animistisch. Schulkinder pflegten mit Gott ein legalistisches Verhältnis: Braves wird belohnt, „Sünde“ bestraft. Die Jugendzeit führe in stürmische Zweifel und oft zur schroffen Absage an Gott und Kirche. Erst aufgrund eines Bekehrungserlebnisses trete religiöse Reifung ein. Diese Theorien unterstellen einen religiös „fertigen“ Erwachsenen. Zudem orientieren sie sich an kirchlicher Religiosität. So wurden Heranwachsende nach ihrem Verständnis von „Eucharistie“, „Abendmahl“ oder danach gefragt, was ein Kind tun solle, wenn seine Eltern die Messe nicht besuchen (Meiler, 1967). Solche Items setzen ein christliches Milieu voraus, das in den letzten Jahrzehnten massiv „erodiert“ wurde (Ebertz, 1998). Trotzdem sensibilisierten diese Studien für die Originalität religiöser Vorstellungen von Kindern.

Religiöse Kognitionen. Zu den traditionellen Ansätzen zählt auch Goldmans (1964) Klassiker „Religious Thinking from Childhood to Adolescence“. Er bezog sich maßgeblich auf Jean Piaget, und zwar weniger auf dessen frühe Weltbilduntersuchung (1926), die den kindlichen „Theorien“ zum Denken, der Herkunft der Gestirne etc.

Tabelle 35.1. Stufen religiösen Denkens

Piaget	Goldman
Präoperatorisch	Intuitives religiöses Denken Religiöse Inhalte werden unsystematisch, fragmentarisch, vielfach magisch verstanden, Gott anthropomorph repräsentiert; häufig transduktive Schlüsse: *„Warum Moses nicht zum Busch hintrat? – Weil da ein Schild war: Rasen betreten verboten.“*
Konkretoperatorisch	Konkretes religiöses Denken Magisch-animistische Elemente schwinden; religiöse Vorstellungen werden kohärenter und „objektiver“; ihre symbolisch-metaphorische Struktur wird aber noch nicht durchschaut: *„Der brennende Dornbusch, das Feuer war dahinter, es schaute nur so aus, als ob er brenne.“*
Formaloperatorisch	Abstraktes religiöses Denken Auch religiöse Inhalte können nun hypothetisch-deduktiv und zusammenhängend reflektiert und Symbole als Symbole erkannt werden: *„Der brennende Dornbusch, ein Symbol, dass Gott da ist.“*

nachspürte, sondern auf dessen Stufen der kognitiven Entwicklung. Gegenüber früheren Studien, die die religiösen Vorstellungen von Kindern bloß beschrieben oder Alterstrends festhielten, ohne sie zu erklären (Voß, 1926), hatte dies den Vorteil, die kindlichen Impressionen in eine theoretisch fundierte Entwicklungsfolge zu bringen. Goldman (1964) befragte 200 Kinder und Jugendliche zu Konzepten wie „Allmacht Gottes“ und zu ihrer Interpretation dreier Geschichten aus der Bibel. Die Daten ordnete er drei Stadien der religiösen Kognition zu, die Applikationen von Piagets Stufen auf religiös-biblische Semantik sind und zeitlich später gebildet werden (Tamminen & Nurmi, 1995).

Piagets kognitive Stufen in der Religionspsychologie. Auch andere Religionspsychologen wandten das von Piaget entwickelte semiklinische Interview sowie seine kognitiven Stufen auf religiöse Inhalte an. Elkind (1961) beschrieb, wie sich das Verständnis für Konfessionalität entwickelt: von fragmentarisch konkreten Vorstellungen, nach denen auch eine Hauskatze jüdisch oder katholisch sein kann, hin zum Abstrakten. Aber wie kein anderer inspirierte Goldman (1964) zu einer Fülle von Replikationsstudien (Überblick: Hyde, 1990; Slee, 1988) – umso mehr, als er provozierende religionspädagogische Konsequenzen zog, vor allem die, Kinder nicht mit der Bibel zu konfrontieren, weil sie deren Texte notorisch missverstünden. Diese Forderung stellte, mit einer anderen Begründung, auch Buggle (1992): Das Gottesbild der Bibel sei dermaßen primitiv und grausam, dass diese auf den Index der jugendgefährdenden Bücher gesetzt werden müsste.

Problematisch ist, dass Goldman (1964) nicht die Entwicklung von Religiosität an sich erfasste, sondern vielmehr die von kognitiven Strukturen, soweit sie auf religiöse Inhalte abfärben. Neuere religionspsychologische Ansätze bemühen sich, die Genese des genuin Religiösen – die Beziehung zu einem Göttlichen – in den Griff zu bekommen.

3 Die Stufen des religiösen Urteils nach Fritz Oser und Paul Gmünder: ein psychologisches Modell

1989 endete Flug 232 von Denver nach Chicago mit einer Bruchlandung, nachdem es der Crew eine Stunde lang gelungen war, die havarierte Maschine in der Luft zu halten. Nahezu alle Überlebenden, unmittelbar danach vom Magazin "Life" interviewt, attribuierten ihr Überleben auf

Gott und Gebet (Pargament, 1997). Diese Kontingenzsituation – hilflos in einem abstürzenden Flugzeug zu sitzen – operationalisierten Oser und Gmünder (1996) in ihren Studien zur Entwicklung des religiösen Urteils. Unter diesem verstehen sie, wie Menschen in Situationen der Kontingenz ihre Beziehung zu einem Göttlichen und Unbedingten strukturieren. Es bot sich an, unter anderem ein Dilemma einzusetzen, das von einem Arzt namens Paul handelt, der in einem abstürzenden Flugzeug betet und gelobt, fortan in der Dritten Welt zu arbeiten. Er überlebt und ringt um die Entscheidung.

Auf der Basis tausender Interviews zu religiösen Dilemmas entwickelten Oser und Gmünder (1996) eine fünf Stufen umfassende Theorie, die die gängigen strukturgenetischen Kriterien in Anspruch nimmt: invariante Sequenz und Regressionsresistenz, strukturierte Ganzheit, qualitative Verschiedenheit der Stufen, hierarchische Differenzierung und Integration. Die Entwicklungslogik besteht darin, dass das Ausmaß an Freiheit zunimmt. Religiös relevante Gegensätze wie Heiliges versus Profanes, Vertrauen versus Angst, Immanenz versus Transzendenz, Ewigkeit versus Vergänglichkeit, Zufall versus Bestimmung werden jeweils in ein komplexeres Gleichgewicht gebracht. Auf den unteren Stufen sind diese Pole kaum koordiniert: Entweder greift Gott direkt ein („macht, dass nichts passiert"), oder er ist nicht präsent. Auf den mittleren Stufen stehen sich die Pole als Antagonismen gegenüber, auf den höheren Stufen durchdringen sie sich: Das Transzendente scheint in der profanen Immanenz auf, etwa bei der Geburt eines Kindes.

Die fünf Stufen des religiösen Urteils nach Oser und Gmünder

Stufe 1: Orientierung an einem Letztgültigen, das direkt in die Welt eingreift, sei es belohnend und behütend oder sanktionierend und zerstörend. Der Mensch erfährt sich als reaktiv und genötigt, sich im Sinne des Letztgültigen zu verhalten. Typische Antwort: „Paul muss das Versprechen halten, sonst macht Gott, dass er Bauchweh kriegt."

Stufe 2: Orientierung an einem Letztgültigen, mit dem ein „Do–ut–des"-Verhältnis gepflegt wird („Ich gebe, damit Du gibst"). Der Mensch kann auf das Letztgültige einwirken, sei es, um sich gegen mögliche Sanktionen abzusichern, sei es zur Erreichung eigener Ziele: „Gott hat dem Paul geholfen, jetzt soll der auch etwas Gutes tun."

Stufe 3: Orientierung an der Selbstbestimmung und Eigenverantwortung des Menschen, die auch gegenüber dem Letztgültigen beansprucht wird. Dieses erhält – sofern nicht in seiner Existenz bestritten (Atheismus) – einen eigenen, vom Menschen getrennten Sektor. „Paul muss sich selber entscheiden. Wenn er das Versprechen nicht hält und es ihm schlecht geht, straft er sich selber; mit Gott hat das nichts zu tun."

Stufe 4: Orientierung an der Freiheit des Menschen, die an das Letztgültige zurückgekoppelt wird; dieses ist transzendenter Grund menschlichen Daseins und scheint in der Immanenz zeichenhaft auf. Zudem wird in den bisherigen Wirrnissen des Lebens ein Plan erkannt, gemäß dem sich der Mensch auf ein Vollkommeneres hin entwickelt. „Gott will, dass sich Paul nach bestem Wissen und Gewissen selber entscheidet."

Stufe 5: Orientierung an religiöser Autonomie durch unbedingte Intersubjektivität. Das Letztgültige wird im befreienden zwischenmenschlichen Handeln zum Ereignis. Einnahme einer universalen Perspektive, die andere Religionen und Kulturen einschließt; es bedarf keiner äußeren Organisation oder Sicherheit mehr, um religiös zu existieren.

Die Fortschritte sind deutlich sichtbar: Während auf Stufe 1 das Letztgültige unvermittelt ins Weltgeschehen eingreift und der Mensch kaum Möglichkeiten hat, es zu beeinflussen, wird er auf Stufe 2 fähig, dieses für seine Ziele zu nutzen und zumindest zum Teil zu kontrollieren. Problematisch wird diese Stufe dann, wenn sich Gott nicht umstimmen lässt. Zwei Möglichkeiten stehen offen: Entweder nimmt das Subjekt an, für Gott zu wenig getan zu haben, oder es transformiert seine religiösen Strukturen in Richtung auf mehr Selbstbestimmung und entwickelt ein Lebensgefühl, „als ob es Gott nicht gäbe“ (Stufe 3). Auf Stufe 4 wird diese Autonomie abgesichert, indem sie an ein Unbedingtes zurückgebunden wird. Auf Stufe 5, empirisch nur selten nachgewiesen, wird „Gott“, die absolute Freiheit, dann zum Ereignis, wenn Menschen einander befreien.

Nicht nur in Querschnittstudien wurden signifikante Alterstrends festgestellt; die Abfolge in Stufen wurde auch längsschnittlich verifiziert (Di Loreto & Oser, 1996). Die durchschnittliche Höhe des religiösen Urteils steigt mit dem Lebensalter signifikant an, allerdings mit einer bezeichnenden Ausnahme: Zwischen dem 18. und 22. Lebensjahr war keine Progression mehr zu verzeichnen, das religiöse Urteil hatte sich bei Stufe 3 eingependelt. Während das Alter auf allen Stufen 56 Prozent der Varianz erklärt, beeinflusst die Variable Stadt/Land die religiöse Urteilsentwicklung nur auf tieferen Stufen und erklärt dort 19 Prozent der Varianz.

Nur wenige Menschen erreichen eine höhere Religiosität. Gemäß zahlreichen Querschnittstudien bleibt die Mehrheit der Erwachsenen auf Stufe 3. Nur eine Minorität gelangt auf Stufe 4 (Oser, 1992). Im höheren Erwachsenenalter steigt der Anteil an Stufe 2 wieder an. Möglicherweise handelt es sich um einen Kohorteneffekt: Religiöse Erziehung, mit Drohungen (Hölle) und Verheißungen (Himmel) operierend, könnte dazu geführt haben, dass es diesen Personen versagt blieb, die religiöse Mündigkeit der Stufe 3 zu entwickeln; sie blieben „brave“ Kinder, woran fundamentalistische Kirchenkreise interessiert sind (Bucher, 1997).

Differenzierte Religiosität erhöht das Wohlbefinden. Freilich deckt die Entwicklung des religiösen Urteils nicht *die* Religiosität ab. Speziell in religionspädagogischen Handlungsfeldern sind auch die Dimensionen „religiöses Wissen“ und „religiöse Erfahrung“ zu berücksichtigen (Oser, 1988). Erwiesen ist auch, dass Personen, die sich traditionell als religiös verstehen, häufiger auf ‚niedrigeren‘ Stufen stehen und zugleich über weniger kognitive Komplexität im Sinne von Schroder et al. (1975) verfügen (Rollet & Kaminger, 1996). Beile (1998) untersuchte den Zusammenhang zwischen religiösem Urteil und Emotionen. Nur auf tieferen Stufen begegnet man religiöser Angst, die die Entwicklung hemmt. Bei den wenigen Jugendlichen, die über Stufe 3 hinausgelangt waren, herrschen religiöse Glücksgefühle vor, was die These nahe legt, „dass die Emotion die Rolle des ‚Entwicklungsmotors‘ übernimmt“ (ebd., S. 220). Auch Schenker belegte, dass religiöse Ängste auf Stufe 2 häufiger auftreten (Reich & Schenker, 2001).

Das Stufenmodell wurde auch in anderen Weltreligionen nachgewiesen. Dass es sich bei dieser Stufenhierarchie nicht um ein eurozentrisches Konstrukt handelt, belegte Dick (1981): Auch in Indien (Buddhisten und Hindus) und Ruanda (Ahnenreligion) folgt die religiöse Entwicklung der beschriebenen Abfolge.

Stufenübergänge erfordern Anstrengung. 1988 legte Oser die erste umfassende Interventionsstudie vor: Schüler, die mehrere Wochen religiöse Dilemmas diskutiert hatten, standen durchschnittlich eine halbe Stufe höher als zuvor bzw. als eine Kontrollgruppe.

Stufentransformationen sind ein langwieriger, oft krisenhafter Prozess: Bisher plausible Deutungsmuster (z.B. „Gott garantiert das Wohlergehen der Gerechten“) müssen aufgrund gegensätzlicher Erfahrungen (auch „Gute“ leiden) verabschiedet werden, worauf befristete atheistische Phasen folgen können (Oser et al., 1994). Dieser Übergangsatheismus ist aber nur ein Typ; empirisch nachweisen ließen sich auch ein durchgearbeiteter, philosophischer Atheismus sowie praktischer Atheismus, der in religiöser Gleichgültigkeit besteht. Achermann (1981) zeigte, dass auch selbsterklärte Atheisten hinsichtlich ihrer Kontingenzbewältigung eine Entwicklung von fatalistischer Heteronomie zu mehr Selbstbestimmung durchlaufen.

Das religiöse Urteil hängt von religiösen Selbstwirksamkeitsüberzeugungen ab. Personen auf Stufe 3 zeigen signifikant weniger religiöse Selbstwirksamkeitsüberzeugungen als jene auf den „tieferen" und „höheren" Stufen. Rollett und Kager (1999) erklären die hohen Selbstwirksamkeitsüberzeugungen auf Stufe 2 damit, dass Heranwachsende erfahren, dass sie mit eigenen Anstrengungen das Letztgültige beeinflussen können. Die Forscherinnen fanden außerdem eine negative Korrelation zwischen den Stufen der Religiosität und dem Konservativismus bei Erwachsenen. Dem entspricht, dass Erwachsene auf Stufe 1 und 2 religiöse Gemeinschaften präferieren, in denen sich die Mitglieder unterordnen müssen; Befragte auf höheren Stufen favorisieren liberalere Kommunitäten (Kager, 1995). Personen auf tieferen Stufen bevorzugen auch religiöse Bindungsschemata, die dem Mutter-Kind-Verhältnis ähnlich sind; auf höheren Stufen werden dagegen Schemata der freundschaftlichen Kooperation favorisiert. Zondag und Belzen (1999) fanden, dass Personen auf Stufe 2 stärker an religiöse Institutionen gebunden sind, Sakramente für wichtiger halten, von Religion mehr Unterstützung erwarten und dazu neigen, religiöse Sprache wortwörtlich und nicht metaphorisch zu verstehen.

Das religiöse Urteil bestimmt das Denken. Die religiösen Urteilsstufen beeinflussen auch die Interpretation religiöser Texte, etwa von Gleichnissen (Bucher, 1990). Gesprächspartner auf Stufe 2 lehnten z.B. die Parabel von den Arbeitern im Weinberg – auch jene Männer, die nur eine Stunde Trauben lasen, erhalten einen Tageslohn, was die Güte Gottes zeige (Mt 20,1–16) – ab; sie meinen, Gott würde einen Stundenlohn auszahlen. Personen auf Stufe 4 deuteten das selbe Gleichnis genau umgekehrt: Es zeige, dass Gott an den freien Entfaltungsmöglichkeiten aller Menschen gelegen sei und er sich nicht in die Kategorien von Leistung und Lohn einzwängen lasse. Auch Wundergeschichten werden gemäß der jeweiligen religiösen Urteilsstufe interpretiert (Bee-Schroedter, 1998): Ein Neunjähriger auf Stufe 2 erklärte sich die Heilung eines Blinden damit, dass dieser gut gewesen sei.

Die genderspezifischen Unterschiede in der religiösen Entwicklung (Reich, 1997; Schweitzer, 1993) sind gering. In der Adoleszenz verzeichnen Mädchen höhere Urteilsstufen, im jungen Erwachsenenalter verwischen sich die Unterschiede. – Insgesamt ist die Theorie des religiösen Urteils gut validiert; sie bewährte sich für unterschiedlichste Fragestellungen, trägt zum besseren Verständnis des religiösen Denkens bei und gibt der Religionspädagogik eine klare Zielvorstellung: Entwicklung zu unterstützen (Oser, 1988).

4 Die Stufen des Glaubens nach James W. Fowler: ein pastoralpsychologischer Ansatz

Die Entwicklung des Glaubens ("faith") steht im Kern des pastoraltheologisch akzentuierten Werkes von Fowler (1989, 1991). Er knüpft einerseits an Piaget, Erikson und Kohlberg an, andererseits an die Theologen Tillich und Niebuhr, von denen er ein breites Konzept des Glaubens übernahm. Dieser habe mit „Beziehung" zu tun, sei „ein allgemein menschliches Phänomen" (S. 23) und beinhalte die „Orientierung der ganzen Person" (S. 36). Glauben sei mehr als nur partikuläre Glaubensinhalte (beliefs), die in einer pluralistischen Lebenswelt massiv differieren können. Insofern spiegelt seine Theorie, die überkonfessionelle Geltung beansprucht, die religiöse Postmoderne.

Nach Fowler enthält das Konstrukt des Glaubens ("faith") sieben Entwicklungsdimensionen:

- Kognition,
- Rollenübernahme,
- Moral,

- soziale Perspektive,
- Kontrollüberzeugungen ("Locus of control"),
- Weltdeutung und
- Symbolfunktion.

Später fügte er auch das Selbst, wie von Kegan (1986) in seiner Genese beschrieben, hinzu (Fowler, 1989).

Die Stufen des Glaubens von J.W. Fowler

Stufe 0: Erster Glaube
Glaube ist vorsprachlich und besteht im Vertrauen, das dem Kleinkind geschenkt wird und das es ihm ermöglicht, seinerseits der Umwelt zu vertrauen.

Stufe 1: Intuitiv-projektiver Gaube
Die Glaubenswelt des Kindes wird von Intuitionen und Phantasievorstellungen dominiert; das Kind projiziert Wünsche und Emotionen vorzugsweise auf magische Symbolgestalten.

Stufe 2: Mythisch-wörtlicher Glaube
Der Realitätssinn des Kindes nimmt zu. Es versteht religiöse Sprache und Symbole wortwörtlich und neigt es zu Anthropomorphismen. Bedeutsam sind "stories", die dem Kind den Lebenssinn vergegenwärtigen.

Stufe 3: Synthetisch-konventioneller Glaube
Der Jugendliche orientiert sich an den Glaubensinhalten anderer, die er übernimmt und zusammenstellt (synthetisiert).

Stufe 4: Individuierend-reflektierender Glaube
Von seiner neu erreichten Individualität aus vermag der Heranwachsende den früheren Glauben kritisch zu durchdringen und mitunter als konventionell zurückzuweisen, um einen eigenständigen Standpunkt zu beziehen.

Stufe 5: Verbindender Glaube
Der Erwachsene relativiert seine glaubensmäßige Position und kann andere mögliche Standpunkte erkennen und anerkennen. Er verbindet diese zu einem umfassenderen Glaubenssystem, das durch Toleranz ebenso geprägt ist wie durch einen gewissen Relativismus.

Stufe 6: Universalisierender Glaube
Der Glaube umgreift das gesamte Sein und Dasein. Ein Symbol dafür ist das allumfassende „Reich Gottes". Als Repräsentanten dieser Stufe nennt Fowler herausragende Gestalten wie Martin Luther King und Mutter Theresa.

Power (1988) bezweifelt, dass es sich bei Fowlers Stufen um „harte" Stufen handelt. Seiner Ansicht nach bilden sie vielmehr ein Konglomerat verschiedener Entwicklungstheorien, das sich aber für die pastorale Praxis als nützlich erweisen kann (Fowler, 1989). Ähnlich urteilen Hood et al. (1996, S. 53): Fowlers Analyse der Glaubensstufen sei ideenreich und könne zu einem tieferen Verständnis dafür beitragen, was es bedeute, heute religiös zu sein; gleichwohl seien sie "abstruse and complexe" und empirisch nur wenig untermauert.

Fowlers Theorie ist zu wenig validiert. Nur ansatzweise gelang es, die Stufen von Fowler in einen Fragebogen zu transformieren (Green & Hoffmann, 1989). Auch müssten die Stufen vermehrt auf andere psychologische Variablen bezogen werden. Chiriban (1981) wies immerhin nach, dass auf Stufe 2 gehäuft extrinsische religiöse Motivation auftritt, auf den Stufen 3 und 4 intrinsische, wohingegen auf Stufe 5 die Quest-Orientierung ("religion as responsive dialogue with existential questions") überwiegt. Barnes et al. (1989) zeigten, dass Glaubensaussagen auf tieferen Stufen wortwörtlich verstanden werden, auf höheren symbolisch. Insgesamt ist die psychologische Validierung von Fowlers Theorie spärlich. Dies mag ein Grund dafür sein, dass sie in Theologenkreisen positiver rezipiert wird. So wandte sich Fowler (1994) in den letzten Jahren auch verstärkt pastoraltheologischem Engagement zu.

Unterschiede zwischen den Theoriemodellen

Die Ansätze von Oser und Gmünder (1996) und von Fowler (1991) stehen beide in der Tradition der Aufklärung und beschreiben eine Entwicklung, die vom Partikulären zum Universalen, von der Heteronomie zur Autonomie führt. Für beide Modelle wurden signifikante Alterstrends festgestellt, wobei die Vergleichsstudie von Tamminen (1994) zeigte, dass im Erwachsenenalter die meisten Probanden auf Stufe 3 nach Oser und Gmünder stehen, aber bereits die Stufe 4 nach Fowler erreicht haben.

Dennoch bestehen Differenzen (ausführlicher Nipkow et al., 1988):

(1) Fowler bezieht neben dem Religiösen auch Moralisches, Soziales, das Selbst etc. ins Stufenschema ein; Oser hingegen betrachtet das religiöse Schema als etwas Eigenes (Mutterstruktur).
(2) Fowler trennt nicht zwischen Urteil und Wissen; Oser hingegen bezieht religiöse Wissensbestände nur insoweit ein, als sie auch tatsächlich zur Kontingenzbewältigung angesichts eines Letztgültigen eingesetzt werden.
(3) Fowler spricht von einem Glauben, der eine allgemeine Form hat, was auch die Kritik auf sich zog, es handle sich um eine "everything and nothing view of faith" (Fernhout, 1986, S. 66); Oser hingegen geht es um die Herstellung von Kontrolle in einer Kontingenzsituation durch die Regelung der Beziehung des Menschen zu seinem Letztgültigen.
(4) Fowler füllt den Zielpunkt der religiösen Entwicklung mit der biblischen Metapher des Reichs Gottes; Oser hingegen ist es ein Anliegen, dass solche „Verheißungen", obschon auf den einzelnen Stufen verschieden verstanden, nicht die Stufenmerkmale bestimmen.
(5) Während Fowlers mehrperspektivischer Ansatz für die Öffnung auf die Lebensgeschichte und auf Lebensthemen hin geeigneter ist, fokussiert Oser mehr auf die „Transformationsdynamik der kognitiven Strukturen", denen aber z.B. Streib (1997, S. 60) den Status als Motor der religiösen Entwicklung ebenso abspricht wie Grom (1992).
(6) Fowler ist stärker pastoral interessiert und legt keinen großen Wert darauf, die Beziehung seiner Stufen zu anderen psychologischen Variablen empirisch zu testen; im Team von Oser ist externe Validierung dagegen ein wichtiger Teil der Forschung.

Beide Ansätze haben ihre Geschichte, ihre Vor- und Nachteile. Das Konstrukt von Oser erklärt zwar weniger, dafür ist es fokussierter – und das kann auch als Stärke gedeutet werden.

5 Die Entwicklung religiöser Konzepte: Gott, Bibel

Am häufigsten untersucht wurde die Entwicklung von Gottesvorstellungen (Hanisch, 1996), unter Berücksichtigung geschlechtstypischer Differenzen (Klein, 2000) ebenso wie longitudinal (Tamminen, 1993). Zumeist wurden die Kinder gebeten, ihre Vorstellung von Gott zu malen. Dabei ist allerdings aufgrund der zeichnerischen Entwicklung (Schuster, 1990) nicht gewährleistet, dass die Kinder ihre Vorstellungen auch tatsächlich gestalten (können). Jüngere Kinder verfügen zumeist über anthropomorphe Konzepte; mit dem Alter nehmen die symbolischen Konzepte zu: Gott als Licht, liebende Kraft etc. Zugleich verringert sich die subjektiv empfundene Nähe Gottes (Tamminen, 1993).

Ältere Kinder verstehen die „Botschaft der Bibel" anders als jüngere. Entwicklungspsychologisch untersucht wurde auch das Bibel-Konzept. Goldman (1964) und Tamminen (1993) stellten eine Entwicklung „von einer buchstäblichen zu einer mehr liberalen Auslegung" der Bibel fest. Jüngere Kinder verstehen vor allem die im Neuen Testament zahlreichen Gleichnisse (Bucher, 1990) und die Wundergeschichten (Bee-Schroedter, 1998) nicht als Metaphern, sondern als „wahre" Geschichten.

Religionen bestimmen das Weltbild. Religionen erfüllen auch die Funktion, einen Kosmos zu stiften, der Chaos ausgrenzt und Orientierung schafft. Wie sich kosmologische Weltbilder verändern, untersuchten Fetz et al. (1992), indem sie Kinder die „Welt" zeichnen ließen und sie fragten, ob diese schon immer da gewesen sei bzw. – wenn nein – wie sie entstanden sei. Sie fanden, dass Kinder über ein archaisches Weltbild verfügen, in dem der Himmel das konkrete „Oben" und noch nicht explizit „Symbol" ist. Darauf folgt ein hybrides Weltbild, in dem naturwissenschaftliche Elemente (z.B. Milchstraßen) problemlos neben „religiösen" stehen (anthropomorpher Astronauten-Gott). Nicht in jedem Fall wird ein ausdifferenziertes Weltbild formiert, in dem die religiöse und die naturwissenschaftliche Sicht aufeinander bezogen werden. Dazu muss zunächst der Übergang vom objektreflektierenden zum mittelreflektierenden Denken bewältigt werden: Den Heranwachsenden muss bewusst werden, womit und wie sie erkennen.

Beten – aus dem Ritual wird Selbstreflexion. Jüngere Kinder (bis ca. neun Jahre) fassen das Gebet als konkrete Sprachhandlung auf, die magisch wirkt. Ab dem zehnten Lebensjahr betrachten Kinder das Gebet als persönliche Zwiesprache mit Gott, und in der Adoleszenz, aufgrund des differenzierteren Selbstkonzeptes, als Dialog mit sich selbst (Scarlett & Perriello, 1991). Tamminen (1993) fand allerdings in einer Stichprobe von finnischen Kindern nur selten magische Sichtweisen. Ein Grund dafür könnte in der Liberalisierung der religiösen Erziehung liegen: Die meisten Eltern verzichten auf magische Angstinduktion (Stein, 1994), und auch darauf, mit der Strafe Gottes zu drohen. Um 1980 kannten nur noch 27 Prozent der Kinder diese Drohung (Nelsen & Kroliczak, 1984), vor 40 Jahren waren es noch 66 Prozent (Nunn, 1964). Religiöse Konzepte bei Kindern und Jugendlichen spiegeln damit auch die sozioreligiösen Kontexte.

Viele Fragen bleiben offen. An der religiösen Konzeptforschung ist problematisch, dass sie sich zumeist auf Kindheit und Adoleszenz beschränkt. Auch lässt sie offen, welche existentielle Relevanz diese Konzepte haben – wenn überhaupt. Damit stellt sich die Frage nach dem Zusammenhang religiöser Konzepte und dem religiösen Urteil, der noch kaum geklärt ist. Es ist denkbar, dass Personen zwar über hoch entwickeltes religiöses Wissen verfügen, aber auf tiefen Stufen stehen.

6 Religiöse Einstellungen in den Lebensphasen

Unter religiöser Einstellung verstehen wir ein Ensemble von Glaubensüberzeugungen, Gefühlen und Handlungsdispositionen, die auf Religion bezogen sind. Die traditionelle Religionspsychologie interessierte sich primär für die Einstellung gegenüber der Kirche, so Thurstone und Chave (1929), die die "Attitude Toward Church Scale" entwickelten. Erst in den siebziger Jahren überwand die religiöse Einstellungsmessung ihre Begrenzung auf Kirchlichkeit. Religiöse Einstellungen variieren in den verschiedenen Lebensphasen. Zwar mutet es in der Postmoderne anachronistisch an, sich an traditionellen Alterseinteilungen zu orientieren, seien doch die Lebensläufe entstrukturiert. Aber Standardwerke wie Hood et al. (1996) und Argyle (2000) liefern nützliche Idealtypen der religiösen Einstellung von Kindern, Jugendlichen, Erwachsenen und älteren Menschen.

Kindheit. Charakteristisch ist die oft nachgewiesene religiöse Unbefangenheit der Kinder; sie sind für die religiöse Bilderwelt (Coles, 1994) empfänglich. Der Psychoanalytikerin Rizzuto (1979) zufolge, die sich an Winnicots Theorie der Übergangsobjekte orientierte, gelangt jedes Kind durch

Imaginationskraft zu einer Gottesvorstellung. Obschon sich diese vom „offiziellen" Gottesbild oft unterscheide, schaffe sie für das Kind einen schützenden intermediären Raum. Die meisten Kinder sind von der Existenz Gottes überzeugt; von 1.454 in der Bundesrepublik befragten Grundschülern waren es 93 Prozent. Ebenso viele glauben, er könne Wunder wirken (Bucher, 2000). Aber zwei Drittel stimmten auch dem Item zu, jeder solle glauben, was er für richtig halte – ein Indiz für die religiöse Individualisierung bereits in der Kindheit. Strittig ist, ob die Religiosität der Kinder intrinsisch oder extrinsisch ist. Letzteres behauptete Allport (1950): Kinder würden für die Erfüllung egozentrischer Wünsche beten. Doch Spilka et al. (1985) zeigten, dass Kinder Items zur Erfassung intrinsischer Religiosität, die um ihrer selbst willen und aus Freude vollzogen wird, ebenso häufig zustimmen wie jenen zur extrinsischen. Den Gipfel kindlicher Religiosität datierten Hay und Nye (1998) zwischen das zehnte und zwölfte Lebensjahr; danach werde die Einstellung gegenüber der Religion kritischer.

Jugend. Das Jugendalter gilt traditionellerweise als Phase religiöser Erschütterung (Hunsberger et al., 1993). Die Zustimmung zu christlichen Glaubensinhalten sinkt dramatisch (Benson et al., 1989), beim Item: „Jesus ist wirklich der Sohn Gottes" von 80 Prozent der Zehnjährigen auf 45 Prozent der 18-Jährigen, und dies bei Schülern ($N = 5.222$) im Religionsunterricht (Bucher, 2000). Seltener wird auch religiöse Praxis, Kirchenbesuch noch markanter als das Beten (Fuchs-Heinritz, 2000). Gut die Hälfte der (Post-)Adoleszenten in der Bundesrepublik versteht sich als religiös; knapp ein Drittel beabsichtigt, eigene Kinder „wahrscheinlich" religiös zu erziehen, muslimische Jugendliche häufiger (70 Prozent). Eine positive Einstellung zur Religion bleibt dann wahrscheinlicher, wenn die Familie religiöse Praxis akzentuiert (Korrelationen von +.45) (Hood et al., 1996) und wenn es gelingt, eine komplementäre Sicht von religiösen und weltlichem Belief-Systemen zu entwickeln (Reich, 1996). Seltener sind religiöse Zweifel in traditionellen religiösen Milieus, speziell in fundamentalistischen (Hood et al., 1996).

Erwachsenenalter. Im Erwachsenenalter bleibt die Einstellung zur Religion weitgehend stabil (Shand, 1990). „Kritische" Lebensereignisse können zwar die Religiosität intensivieren, so, wie Ritzer (2001) in einer Studie zu Taufmotiven feststellte, die Geburt eines Kindes. Dennoch bestehe nur ein geringer „sozialer Druck", über die Stufe 3 des religiösen Urteils hinauszugelangen, die mit einem deistischen Lebensgefühl einhergeht (Oser, 1992). Religionssoziologisch begegnet Erwachsenen eine Vielfalt von Glaubenssystemen, die von der Esoterikszene über archaische Religiosität (Schamanismus) und Basischristentum bis hin zu fundamentalistischen Zirkeln reicht.

Alter. Zu extensiver religionspsychologischer Forschung inspirierte das Alter (Utsch & Fisseni, 1991). Viele Ergebnisse sind widersprüchlich: Einige Studien behaupten einen Rückgang religiöser Praxis und erklären ihn mit der Disengagement-Theorie, andere behaupten eine Intensivierung (Argyle, 2000; Koenig, 1992). Einige finden, dass Religiosität die Angst vor dem Sterben mindert (Wittkowski & Baumgärntner, 1977), andere, dass es religiösen Menschen nicht besser gelingt, die Endlichkeit hinzunehmen (Templer & Dotson, 1970). Gesichert ist aber, dass gemeinsame religiöse Praxis mit dem Wohlbefinden positiv zusammenhängt, so dass sich als wesentliche Funktion der Religion die soziale Unterstützung herausstellt (Witter et al., 1985). Intrinsische Religiosität korreliert negativ mit einer pessimistischen Sicht des Todes als "loneliness and pain" (Hood et al., 1996). Die Angst vor dem Tod mindert sich dann, wenn an die Unsterblichkeit und einen transzendenten Sinn geglaubt werden kann (Dittmann-Kohli, 1990; Utsch, 1992). Strittig ist hingegen, ob das oft berichtete höhere Ausmaß religiöser Praxis auf eine Intensivierung der Religiosität im Alter zurückzuführen ist. Es könnte sich auch um einen Kohorteneffekt handeln: Bei den heutigen Alten finden sich eine intensivere religiöse Erziehung und die Beibehaltung religiöser Praxis im Lebenslauf (Witter et al., 1985).

Altersunterschiede in der Religiosität. Markante Unterschiede in der religiösen Einstellung in verschiedenen Lebensabschnitten berichten Dieckmann und Maiello (1998a). Jüngere Menschen lehnen ein traditionelles Glaubenskonzept eher ab, pochen auf Autonomie, beten seltener, meditieren aber häufiger. Von der Glaubensgemeinschaft erwarten sie sich weniger als ältere Personen. Sie bevorzugen stärker konkurrenzbezogene soziale Eigenschaften als z.B. Opferbereitschaft, und sie halten wenig von religiöser Alltagsnormierung. Offen bleibt, ob es sich um wirkliche Alterskorrelationen oder Kohorteneffekte handelt. Ist letzteres der Fall, „kommt auf die Kirche eine immer „ungläubigere" junge Generation zu, die vollkommen andere Probleme und Erwartungen hat als die ältere Generation" (S. 76). Dieckmann und Maiello (1998b) belegen auch Geschlechtsunterschiede in vielen Bereichen der religiösen Einstellung. Bei Frauen ist die religiöse Einstellung intensiver, sie bejahen häufiger die Aussage, Gott sei in der Natur, und sie neigen stärker zu „neuen" religiösen Praktiken.

7 „Neue" religiöse Phänomene in entwicklungspsychologischer Sicht

Traditionelle psychologische Beschreibungen der religiösen Entwicklung sind in ihrer Semantik biblisch-christlich. Damit werden sie den veränderten soziореligiösen Kontexten nicht mehr gerecht. Zwar bilden in der Bundesrepublik die evangelischen und katholischen Christen mit je 27,4 Millionen noch immer die Mehrheit. Aber in den letzten Jahrzehnten waren die konfessionellen Milieus starken Erosionen ausgesetzt. Millionen von Menschen, die anderen Religionen angehören, kamen in die Bundesrepublik, am häufigsten Angehörige des Islam (3 Millionen). Gleichzeitig etablierten sich neue religiöse Gruppierungen, die in den siebziger Jahren als „Jugendsekten" etikettiert wurden, obschon das Präfix „Jugend" problematisch ist – beträgt doch das Durchschnittsalter der Mitglieder 25 bis 40 Jahre (Schmitz & Friebe, 1992). Angemessener ist der Terminus „religiöse Sondergruppe", denn nicht jede derselben pathologisiert.

Neue Forschungsaufgaben. Religions- und entwicklungspsychologische Forschung hat sich verstärkt diesen „neuen" Phänotypen von Religiosität zuzuwenden (Richardson, 1995). Nicht nur Sondergruppen wie Anhänger von Hare-Krishna (um 350 Anhänger) oder Scientology (ca. 6.000), die zwar Minderheiten sind, aber starkes öffentliches Interesse auf sich ziehen, sondern auch der New-Age-Religiosität bzw. Esoterik, die die traditionelle Erbauungsliteratur aus den Buchhandlungen verdrängte. Randständig ist im deutschen Sprachraum auch die psychologische Analyse anderer Weltreligionen. Die qualitative Studie von Sandt (1996) über religiöse Einstellungen muslimischer Jugendlicher ist eine Ausnahme; sie zeigte, dass der Glaube an Allah und die Orientierung am Koran einen weit höheren Stellenwert hat als Gott und die Bibel für christliche Jugendliche, was die jüngste Shell-Jugendstudie auch quantitativ belegte (Fuchs-Heinritz, 2000).

7.1 Religiöse Sondergruppen

Man meint bis heute, dass besonders Jugendliche gefährdet seien, der Faszination religiöser Gruppen zu erliegen (Klosinski, 1996). Begründet wird dies mit der Destabilisierung in der Adoleszenz, zu deren Entwicklungsaufgaben gehört, ein zukunftsfähiges Wertesystem aufzubauen. Religiöse Gruppen mit hohen Idealen und dem Versprechen von intensivem Gemeinschaftserleben bieten sich dafür umso eher an, je weniger attraktiv die Großkirchen sind. Mehrheitlich lebt die Bevölkerung religiösen Sondergruppen gegenüber „in einem Warnungsgefühl" (Schmidtchen, 1987, S. 64) und beurteilt diese pauschal als ‚gefährlich' (Pfeiffer, 1992). Es macht jedoch einen Unterschied, ob sich Jugendliche zu Kursen bei Scientology einschreiben und sich maßlos verschulden, oder ob sie in einer freien Christengemeinde

Bibelverse diskutieren, nachdem sie früher ihre Freizeit beim Bier verbracht haben.

Religiöse Sondergruppen gelten als umso „gefährlicher“:

- je autoritärer sie auf einen charismatischen Guru bezogen sind,
- je apokalyptischer ihre Botschaft ist („nahender Weltuntergang“),
- je resoluter sie bestehende Beziehungen (zu Eltern, Freunden etc.) auflösen wollen,
- je unverfrorener sie Doppelmoral einfordern (wahrhaftig zum Guru, aber bewusst täuschen beim Rekrutieren neuer Angehöriger),
- je weniger Privatsphäre sie zugestehen,
- je massiver sie die Außenstehenden und die übrige – verlorene oder „teuflische“ – Welt abwerten

(Singer & Lalich, 1997).

Krisen begünstigen den Einstieg. Der negativen Beurteilung des Eintritts in solche Gruppen entspricht die verbreitete (alltags-)psychologische Erklärung des Motivs. Die Konvertiten litten an psychischen Defiziten, seien es frühkindliche, etwa Abwesenheit des Vaters (Ullmann, 1982), seien es durch kritische Lebensereignisse ausgelöste Depressionen (Singer & Lalich, 1997). Klinische Studien, zumeist mit Aussteigern durchgeführt, stellten fest, dass Personen vor dem Eintritt oft schwerwiegende Probleme hatten, so 73 Prozent der von Klosinski (1996) befragten Anhänger Bhagwans. Doch die Probleme allein führen nicht zwingend zu einer Konversion: „die Bedeutung der persönlichen Beziehung zu bereits ‚Konvertierten‘ (ist) nicht hoch genug einzuschätzen“. Auch Rollett (1996) wies clusteranalytisch nach, dass Jugendliche mit hoher Krisengefährdung und jugendtypischer Extraversion stärker zu Sekten neigen, aber auch, wer an der Überkomplexität der Lebenswelt leide und Halt und Orientierung suche.

Folgen der „Sektenzugehörigkeit“. Unterschiedlich beurteilt werden die Folgen der „Sektenzugehörigkeit“. Schlimmstenfalls sind sie tödlich, so 1994 für 74 Angehörige des von Luc Jouret begründeten Sonnentemplerordens. Populärwissenschaftliche Literatur sagt religiösen Sondergruppen pauschal nach, ihre Mitglieder um Freiheit und Individualität, oft auch um ihr Vermögen zu bringen und Realitätsverlust, Gedankenstop und Regressionen zu bewirken (Lademann-Priemer, 1998). In der Tat entspricht die Doktrin vieler Gruppen niedrigen Entwicklungsstufen: Wer – so die Familie der Liebe – die Menschheit in die (kleine) Gruppe der geretteten Guten und in die große Menge der Verdorbenen und Verlorenen unterteilt, ist von postkonventioneller Moral weit entfernt.

Manche Mitglieder profitieren von der Sekte. Andererseits differenzierte bereits Salzman (1953) Konversionen danach, ob sie sich regressiv-pathologisch oder progressiv auswirken. Auch letzteres kommt vor, stellte doch Kuner (1981) an einer Stichprobe von 517 Mitgliedern der Vereinigungskirche und von Ananda Marga fest, die Langzeitmitgliedschaft habe sich „resozialisierend und ‚therapeutisch‘“ ausgewirkt (allerdings krankt diese Studie daran, dass die Stichprobenziehung den religiösen Gruppen überlassen werden musste). Dennoch können Beitritt und Zugehörigkeit zu einer religiösen Gruppe im Sinne des „Bewältigungsmodells“ (Schmitz & Friebe, 1992) aufgefasst werden, wenn Heranwachsende aufgrund ihrer neuen religiösen Überzeugungen Entwicklungsaufgaben meistern oder deviantes Verhalten (Drogenkonsum) einstellen. Oft gehören Personen religiösen Gruppen nur temporär an und erfahren diese als Schonraum und „Hafen“ (Hood et al., 1996).

Kinder entwickeln auch in Sekten eine eigene Moral. Wenig untersucht ist die Frage, ob sich Kinder, die in religiösen Sondergruppen aufwachsen, anders entwickeln. Dies wird oft behauptet (Eimuth, 1996) und mit teils erschütternden Kasuistiken untermauert, so jenen 21 Kindern der Branch-Davidian Sekte, die 1994 dem Flammeninferno in Waco/Texas entrannen. Obschon die Sekte nicht mehr bestand, fragten die jüngeren Kinder die älteren weiterhin, ob sie Erdnussbutter oder Marmelade aufs Brot streichen sollen (Singer & Lalich, 1997). Freilich sind nicht alle religiösen Sondergruppen dermaßen totalitär, so die Ahmischen und Reformcalvinisten, bei denen Nucci und Turiel (1993) eine Studie über die Relation von moralischen Überzeugungen und Glaubensinhalten durchführten. Obschon diese Gemeinschaften die Autorität Gottes und der wortwörtlich ausgelegten Bibel von früh an einschärfen, argumentierten die Kinder, stehlen wäre auch dann falsch, wenn Gott sagte, es sei richtig. Anders hingegen bei Konventionen wie der von den Frauen verlangten Verhüllung des Haares: Dieses wäre in der Sicht der meisten Kinder nicht notwendig, wenn Gott auch dagegen wäre. Auch Kinder in intensiv religiösen Milieus können Konventionen und moralische Regeln unterscheiden.

Autokratische Sekten verhindern Toleranz und kognitive Komplexität. Entwicklungshemmend ist ein stark autokratischer Erziehungsstil, wie er unter Berufung auf das biblische „Wer seinen Sohn liebt, der züchtigt ihn“ (Spr. 13,24) von Zeugen Jehovas propagiert wird (Wiehe, 1990). Werden Kinder stets darauf fixiert, die übrigen Menschen seien „schlecht“, erschwert dies den Aufbau einer differenzierten sozialen Perspektive ebenso wie die Bildung von Toleranz und kognitiver Komplexität (Hunsberger et al., 1994). Werden Kinder über Jahre indoktriniert, nur ihr Meister wisse, was für sie das Beste sei, wachsen sie kaum zu mündigen Subjekten heran. Wird dieser Guru zugleich als Gott verehrt, der alles bestimmen könne, ja müsse, verharren sie auf Stufe 1 des religiösen Urteils.

7.2 Esoterische Religiosität

Esoterische Religiosität, in ihrer Vielfalt kaum zu überschauen (Schamanismus, Druiden, Magie etc.), zielt Bewusstseinserweiterung und Ganzwerdung an, das Finden des Selbst, sei es qua Meditation, Trancetechniken, "Rebirthing" (Platta, 1994). Mit ihrer Popularität kontrastiert, dass über ihre Psychologie wenig bekannt ist, auch nicht über typische biographische Entwicklungsläufe. Breiter ist der Kenntnisstand über parareligiöse Phänomene, speziell Astrologie, die auch zur Esoterik gezählt wird und unter israelischen Jugendlichen verbreiteter ist als orthodoxer Glaube (Zeidner & Beit-Hallahmi, 1988). „Psychologie“ ging vielmehr selber in die New-Age-Szene ein, so als Transpersonale Psychologie mit Vertretern wie Wilber (1994), der ein spekulatives Modell der Bewusstseinsentwicklung präsentiert, das neun Stufen umfasst. Indem er die fünfte Stufe mit Piagets Stadium der formalen Operationen identifiziert, beansprucht er, eine höherführende Entwicklung des Bewusstseins entdeckt zu haben, die in der neunten Stufe kulminiert, „in formloser Göttlichkeit, im Unergründlichen, in Aurobindos Übergeist“ (S. 306). Mit traditionellen entwicklungspsychologischen Methoden sind solche Konstrukte kaum zu validieren.

Esoterik beeinträchtigt Kompetenz- und Kontrollerleben nicht. Eine empirische Studie zur Psychologie der „neuen“ Religiosität führten Zinser et al. (1997) durch. Sie legten 213 Personen, teils Esoteriker, teils Nicht-Religiöse und traditionell Religiöse, Items aus dem Freiburger Persönlichkeitsinventar sowie zu Kompetenz- und Kontrollüberzeugungen vor. Anschließend verglichen sie deren Ausprägungen in den drei Gruppen. Die Hypothese, Esoteriker verfügten über geringere Werte beim Selbstkonzept eigener Fähigkeiten und der Lebenszufriedenheit, bestätigte sich nicht. Esoterische Praktiken können Kontrollüberzeugungen verstärken, esoterische Überzeugungen (etwa Karma) in widrigen Lebensumständen Sinn stiften (Zinser et al., 1997). Allerdings gibt diese Pilotstudie keinen Aufschluss darüber, welche biographischen Faktoren Interesse an Esoterik fördern.

Esoterik zur Identitätsfindung. Antworten darauf gibt eine soziologische Studie zu New Age, die Mörth durchführte (aus Widl, 1994, S. 138–142). Interesse an Esoterik sei am häufigsten durch „Probleme mit der eigenen Identität/Psyche“ (45 Prozent) geweckt worden, sodann durch Schwierigkeiten „mit Körper und Gesundheit“ (40 Prozent) und „mit Partner/Familie“ (36 Prozent). Durchschnittlich erfolgte dies, bei Frauen häufiger, zwischen dem dreißigsten und vierzigsten Lebensjahr. Esoterische Religiosität ist somit weniger ein jugendkulturelles Phänomen als vielmehr eines der Lebensmitte (Hood et al., 1996).

7.3 Jugendokkultismus und -satanismus

Diese Religionsformen sorgten in den letzten Jahren für Schlagzeilen und warfen die Frage auf, ob sie zu den „neuen Jugendreligionen" avanciert seien (Helsper, 1992). Empirischen Studien zufolge (im Überblick bei Streib, 1996) ist der Bekanntheitsgrad spiritistischer Praktiken, die einen Zugang zu Geistern oder den Seelen Verstorbener ermöglichen sollen (Gläserrücken, Pendeln), unter den Adoleszenten zwar sehr hoch; regelmäßig ausgeübt werden sie aber, zumeist aus Neugierde und "sensation seeking" (Mischo, 1991), nur von einer Minderheit. Auch die 13. Shell Jugendstudie wies kein ausgedehntes „spirituell-okkultes Milieu" nach; nur wenig Jugendliche befassen sich mit mehreren Praktiken, katholische Mädchen und Jungen häufiger als bekenntnislose (Fuchs-Heinritz, 2000). Traditionell religiöse Überzeugungen und spiritistische Praktiken können kompatibel sein (Rollett, 1992), was gegen die These spricht, Okkultismus würde in dem Maße schwinden, in dem die Heranwachsenden in der Kirche blieben. Gerade die katholische Volksfrömmigkeit tradierte spiritistisch anmutende Praktiken (Kontakte mit Armen Seelen usw.).

Okkultismus und religiöses Urteil

Wie hängen diese „neuen" religiösen Phänomene mit den religiösen Urteilsstufen nach Oser und Gmünder (1996) zusammen? Ist eine esoterische Weltsicht, gemäß der jedes Staubkorn von spirituellem Fluidum durchdrungen ist, ein Indiz für ein hoch entwickeltes religiöses Bewusstsein? Eine eindeutige Korrelation dürfte insofern kaum nachweisbar sein, als „Esoterik" der Oberbegriff für eine Vielzahl unterschiedlichster Phänomene ist.

Empirisch nachgewiesen ist ein Zusammenhang zwischen religiösem Urteil und Spiritismus: Jugendliche auf Stufe 2 halten signifikant mehr Praktiken für plausibel als jene auf Stufe 3. Sie neigen eher zur spiritistischen Deutung, wonach unabhängig von uns existierende Geister z.B. das Rücken des Glases bewirken. Jugendliche auf Stufe 3 favorisieren die animistische Deutung: Gläserrücken als Gespräch mit dem eigenen Selbst oder Unbewussten (Bucher, 1994).

Jugendliche auf Stufe 3 weniger gläubig. Wiederholt wurde gezeigt, dass Heranwachsende auf Stufe 3 weniger gläubig und religiös eingestellt sind (Bucher, 2000), und dass die Zugehörigkeit zu religiösen Gemeinschaften geringer ist (Zondag & Belzen, 1999). Dies ist insofern verständlich, als auf dieser Stufe die Selbstbestimmung zentral wird, so dass die Abhängigkeit von Gott und religiösen Institutionen verringert werden muss. "In this context, people do not rely on religion" (Zondag & Belzen, 1999, S. 76). Dies weckt die Frage, ob Stufe 3 in jedem Fall eine religiöse Höherentwicklung bedeutet, zumal dann, wenn sich Personen nicht mehr als religiös identifizieren.

Niedrigentwickelte bevorzugen autoritäre Gruppen. Erwiesen ist zudem, dass autoritäre religiöse Gruppierungen von Personen auf tieferen Stufen präferiert werden. Auch entsprechen deren Doktrinen zumeist wenig komplexen Stufen: Stereotype Trennung von Gut und Böse, Unterwerfung unter einen Guru oder eine Gottheit, die stets besänftigt werden muss, damit sie die Menschheit nicht vernichte. Da der Eintritt in solche Gruppierungen oft erst im (jungen) Erwachsenenalter erfolgt, stellt sich die Frage, ob diese Personen bisher Stufe 3 noch nicht formiert hatten, oder ob sie – was nicht theoriekonform wäre – aufgrund der Konversion regredierten, oder ob Stufe 3 nicht in zwei Varianten existiert: Einer ersten, gemäß der die Selbstbestimmung des Menschen zentral wird, und eine zweite, gemäß der das Subjekt diese Kompetenzen ganz und gar von sich weg delegiert.

Wie immer dem sei: In einer Zeit, in der so viel an religiöser Tradition wegbricht und zugleich religiöse Neuaufbrüche erfolgen, wird die Erforschung religiöser Entwicklung weiterhin notwendig bleiben. Angesichts der Pluralität von Beliefsystemen kann sie am strukturgenetischen Paradigma, das inhaltstransparent ist, nicht vorbeigehen.

Weiterführende Literatur

Schmitz, E. (1992) (Hrsg.). Religionspsychologie. Göttingen: Hogrefe.
Dieser Sammelband beinhaltet Artikel zu neuen religiösen Sondergruppen, religiöser Entwicklung, methodischen Problemen, dem Verhältnis Religiosität und Wohlbefinden etc.

Oser, F. & Gmünder, P. (1996). Der Mensch – Stufen seiner religiösen Entwicklung. Ein strukturgenetischer Ansatz (3. Aufl.). Gütersloh: Gerd Mohn.
In dieser Monographie wird die Entwicklungstheorie des religiösen Urteils gründlich dargestellt, auch unter Einbezug früherer psychologischer Forschung zur religiösen Entwicklung, sowie in ihren weitreichenden Implikationen für Theologie, Religionswissenschaft und Religionspädagogik.

Oser, F. & Reich, K.H. (1996) (Hrsg.). Eingebettet ins Menschsein. Beispiel Religion. Aktuelle psychologische Studien zur Entwicklung von Religiosität. Lengerich: Pabst.
Der Sammelband präsentiert nicht nur grundsätzliche psychologische Analysen von Religiosität, sondern auch eine Längsschnittstudie zum religiösen Urteil, eine Untersuchung zur Sektenanfälligkeit, zur Weltbildentwicklung sowie eine Analyse der religiösen Einstellungen von 2700 Jugendlichen.

Schweitzer, F. (1999). Lebensgeschichte und Religion. Religiöse Entwicklung und Erziehung im Kindesalter und Jugendalter (4. Aufl.). München: Gütersloher Verlagshaus & Kaiser.
Flüssig lesbare Einführung in die verschiedenen Theorien der religiösen Entwicklung.

Kapitel 36
Produktives Leben im Alter I: Aufgaben, Funktionen und Kompetenzen

Ursula M. Staudinger & Ines Schindler

1 Produktives Leben im Alter: ein Widerspruch?

Produktives Leben im Alter ist ein Thema, das mit negativen Stereotypen, aber auch beschönigenden Wunschvorstellungen belastet ist. Für manche ist Alter Abbau und Verlust, Rückzug und Inaktivität. Produktivität als Inbegriff des jungen und vielleicht noch mittleren Erwachsenenalters passt dazu nicht. Für andere ist das Alter eine Lebensphase wie jede andere und von daher auch genauso produktiv oder unproduktiv wie andere Lebenssabschnitte.

Von besonderem Interesse ist, wie es alten Menschen gelingt, mit den zahlreichen Einbußen des Alters produktiv umzugehen.

2 Psychologische Produktivität: eine Begriffsbestimmung

2.1 Was ist Produktivität?

DEFINITION

Unter **psychologischer Produktivität** sind all jene materiellen, geistigen, emotionalen und motivationalen Wirkungen zu verstehen, die eine Person durch ihr Handeln, Denken, Fühlen und Wollen bei sich selbst oder in einem bestimmten gesellschaftlichen Umfeld intendiert oder nicht-intendiert hervorruft, und die ihr selbst, anderen oder der Gesellschaft nützlich sind. Die hierbei erzielten Gewinne können in Form von Geld, Erkenntnis, Wohlbefinden oder Sinn u.a.m. bewertet werden.

Abbildung 36.1 veranschaulicht anhand einiger wichtiger Dimensionen psychologischer Produktivität den Bedeutungsraum des Begriffs (Staudinger, 1996). Psychologische Produktivität kann sich in verschiedenen Ausdrucksformen äußern:

- manuell (Herstellung von Dingen oder der Verrichtung von manuellen Arbeiten),
- geistig (Ideen entwickeln, Bücher verfassen, Ratschläge geben, Probleme lösen),
- emotional (positive Ausstrahlung durch die eigene emotionale Verfassung, z.B. Zufriedenheit oder Glücklich-Sein, Anteil an der Entstehung positiver Emotionen bei anderen Menschen, positive Auswirkungen auf das eigene Denken und Wollen),
- motivational (Produktivität schon durch die eigenen Ziele und Werte, nicht nur durch Handlungsergebnisse, Vorbild sein für die Ziele und Werte anderer).

Was bedeutet es zum Beispiel für einen 40-jährigen Arbeitnehmer, einen 75-jährigen Rentner zu kennen, der sich trotz großer gesundheitlicher Einschränkungen mit dem Wohl seiner Enkel beschäftigt oder über das Studium der Zeitung immer noch sehr am Weltgeschehen interessiert ist? Könnte dies nicht eine Lebensperspektive aufzeigen, die auch auf die Lust am gegenwärtigen Leben und Arbeiten zurückstrahlt?

Ausdrucksformen	z.B. manuell geistig emotional motivational
Nutznießer	Individuum Individuum + andere Pesonen Individuum + Kollektiv
Intentionalität	ja nein
Bewertungsmaßstäbe	z.B. Geld Erkenntnis Wohlbefinden Sinn
Zeiteinheit	Leben Lebensabschnitte Dekade Jahr Monat . . .
Quelle	Individuum Individuum + materieller Kontext Individuum + sozial-interaktiver Kontext

Abbildung 36.1.
Dimensionen psychologischer Produktivität (nach Staudinger, 1996)

2.2 Wem nutzt Produktivität?

Eine weitere Dimension psychologischer Produktivität bezieht sich auf die Frage nach den Zielen oder Nutznießern von Produktivität. Der ökonomische Begriff von Produktivität hat primär den Beitrag des Einzelnen zum Brutto-Sozialprodukt im Auge. Der psychologische Begriff von Produktivität schließt dagegen auch die ausschließlich auf das Individuum selbst oder auf seine nähere Umgebung bezogenen Wirkungen mit ein. Beide Varianten von Produktivität können auf das Gemeinwohl zurückwirken. Dies wurde gerade mit dem Beispiel der motivierenden Wirkung, die ein Rentner auf einen im Arbeitsprozess Stehenden haben kann, illustriert.

2.3 Welches Ziel hat Produktivität?

Ebenso wie zwischen den Nutznießern von Produktivität kann man auch zwischen intentionaler und nicht intentionaler Produktivität unterscheiden. Mit anderen Worten: Man kann auch produktiv sein, ohne sich dessen bewusst zu sein oder es intendiert zu haben. Dies ist wahrscheinlich besonders im Alter nicht selten der Fall. Gerade alte Menschen leiden oft unter dem Gefühl der Nicht-Produktivität im ökonomischen Sinne. Durch die starke ökonomische Besetzung des Produktivitätsbegriffs wird der Blick für andere Formen der Produktivität verstellt. Die verstärkt in den letzten Jahren erfolgte Erschließung des Bereichs der ehrenamtlichen Tätigkeiten für alte Menschen erfüllt hier beispielsweise eine wichtige Funktion in Richtung auf eine Erweiterung des Produktivitätsbegriffs (hierauf wird unter 6.4 noch ausführlicher eingegangen; vgl. auch folgender Kasten).

Pressemitteilung – Di, 09.01.2001

„Was ich kann, ist unbezahlbar"
Bundesministerin Bergmann stellt Kampagne zum „Internationalen Jahr der Freiwilligen 2001" vor:
Über ehrenamtliches, bürgerschaftliches Engagement zu informieren und Menschen dafür zu begeistern, ist zentrales Ziel des von den Vereinten Nationen ausgerufenen „Internationalen Jahres der Freiwilligen 2001". Das Bundesministerium für Familie, Senioren, Frauen und Jugend, das für die Umsetzung des Internationalen Jahres der Freiwilligen in Deutschland innerhalb der Bundesregierung verantwortlich ist, startet zu diesem Aktionsjahr eine bundesweite Kampagne unter dem Motto „Was ich kann, ist unbezahlbar".
Anlässlich der Vorstellung der Kampagne zum „Internationalen Jahr der Freiwilligen 2001" erklärt die Bundesministerin für Familie, Senioren, Frauen und Jugend, Dr. Christine Bergmann:
„Ehrenamtliches Engagement ist unverzichtbar für unsere Gesellschaft und ein Stück gelebter Demokratie. Was Ehrenamtliche leisten, ist sehr wichtig, aber oft zu wenig sichtbar. Deshalb wollen wir im Internationalen Jahr der Freiwilligen die Bedeutung von Freiwilligenarbeit für das Gemeinwohl hervorheben und würdigen.
34 Prozent aller Bürgerinnen und Bürger ab 14 Jahren sind in Deutschland ehrenamtlich engagiert. Das sind etwa 22 Millionen Menschen, die durch ihre Arbeit unsere Gesellschaft mittragen. Das Spektrum, in dem sich Menschen ehrenamtlich engagieren, reicht von der aktiven Mitarbeit im Sportverein und in sozialen Einrichtungen, über den Einsatz bei der freiwilligen Feuerwehr, in Bürgerinitiativen und Naturschutzprojekten. Viele gesellschaftliche Aktivitäten wären ohne den Einsatz von Freiwilligen nicht denkbar. Das internationale Jahr der Freiwilligen eröffnet allen Beteiligten vielfältige Möglichkeiten, freiwilliges Engagement bekannt zu machen und zu fördern wie auch neue Partnerschaften zu entwickeln.
Das Interesse, sich zu engagieren, ist groß. Neben den bereits Engagierten wären weitere 20 Millionen Menschen in Deutschland zu freiwilligem Engagement bereit. Diese Menschen wollen wir im Rahmen des Internationalen Jahres der Freiwilligen mit unserer bundesweiten Kampagne erreichen. Die Kampagne soll über die Vielfalt des freiwilligen, bürgerschaftlichen Engagements informieren und Menschen motivieren, selbst eine freiwillige Aufgabe zu übernehmen."
Die Kampagne „Was ich kann, ist unbezahlbar" besteht aus unterschiedlichen Elementen. Eine Plakat- und Anzeigenserie zeigt die Vielfalt des bürgerschaftlichen Engagements. Informationen und Anregungen bieten die Internetseite www.freiwillige.de, die als Kontaktbörse für Freiwillige dient, und das regelmäßig erscheinende Magazin „freiwillig". Um regionale und lokale Aktivitäten zu unterstützen, wurde ein Aktionspaket mit unterschiedlichen Materialien zusammengestellt und an 800 Träger, Verbände und Vereine versandt. Ein Leitfaden für Kommunen informiert und gibt Hinweise über die Förderung von freiwilligem Engagement vor Ort.
Eine informative Datengrundlage für Aktivitäten und Planungen zum Internationalen Jahr der Freiwilligen stellt der Freiwilligensurvey 1999 „Freiwilliges Engagement in Deutschland" dar. Darin finden sich die Ergebnisse der ersten bundesweiten repräsentativen Erhebung zu Ehrenamt, Freiwilligenarbeit und bürgerschaftlichem Engagement. Der dreibändige Gesamtbericht, der auch thematische Auswertungen zum Vergleich Frauen/Männer, zu Jugend, Senioren, Sport und zur Situation in den neuen Bundesländern beinhaltet, ist im Rahmen der Schriftenreihe (Band 194.1–3) erschienen und kann über die Broschürenstelle bezogen werden.
Bezugsadresse: Bundesministerium für Familie, Senioren, Frauen und Jugend, Broschürenstelle, Postfach 20 15 51, 53145 Bonn,
Tel.: 0180/53 29 329.

Quelle: http://www.bmfsfj.de/top/sonstige/Presse/Pressemitteilungen/ix4751_27127.htm

2.4 Kann man Produktivität messen?

Produktivität ist mehr als Leistung, die mit Geld bezahlt wird. Andere „Währungen“ als nur die monetäre müssen zur Bewertung von Produktivität berücksichtigt werden. Psychologische Produktivität kann in vielen verschiedenen Maß- oder Bewertungseinheiten gemessen werden: als Erkenntnisgewinn, Anerkennung, emotionales Wohlbefinden, Zielgerichtetheit oder Lebenssinn. Diese Maßeinheiten scheinen zunächst volkswirtschaftlich wenig relevant zu sein. Sie sind aber in ihren indirekten Auswirkungen auf die volkswirtschaftliche Produktivität kaum zu überschätzen.

2.5 Zeiteinheiten von Produktivität

Die Erfassung psychologischer Produktivität bezieht sich nicht nur auf den Moment. Man kann die Produktivität eines Lebens oder eines Lebensabschnitts, von Dekaden, Jahren, Monaten, bis hin zu Tagen und Stunden betrachten. Im Alter wird die Betrachtungseinheit für Produktivität größer und kleiner zugleich: Zum einen ist sie auf das ganze Leben gerichtet (s.a. Abschnitt 6.3.2), zum anderen verdichtet sich die Zukunftsperspektive (z.B. Brandtstädter & Wentura 1994; Staudinger et al., 1996). Mehr und mehr rückt dann auch die Produktivität von gelungenen Augenblicken in den Vordergrund.

2.6 Woher kommt Produktivität?

Schließlich gilt es die Quellen, aus denen sich psychologische Produktivität speist, zu berücksichtigen und wie sich diese in ihrer Zusammensetzung über die Lebensspanne verändern. Produktivität ist nicht ausschließlich vom Individuum abhängig. Natürlich sind die physischen und psychischen Kompetenzen und Reserven des Individuums eine Quelle psychologischer Produktivität. Sie stehen aber fast immer in Interaktion mit dem materiellen und sozial-interaktiven Kontext der Person. Aufgrund der körperlichen und sozialen Veränderungen im Alter verändert sich der Anteil dieser beiden Quellen an der Interaktion über die Lebensspanne (z.B. Staudinger et al., 1995). Abbildung 36.2 veranschaulicht diese Entwicklung schematisch.

Der materielle und sozial-interaktive Kontext einer Person spielt über die gesamte Lebensspanne hinweg ein sehr wichtige Rolle für die Produktivität. Wie Abbildung 36.2 zeigt, wird er jedoch relativ gesehen – im Vergleich zum mittleren Erwachsenenalter – im höheren Alter mehr und mehr in Anspruch genommen, um Abbauerscheinungen zu kompensieren (z.B. Baltes & Baltes, 1990). Die Trichterform des Verlaufs soll dabei andeuten, dass die Inanspruchnahme des materiellen und sozial-interaktiven Kontexts stark von den sehr unterschiedlichen individuellen Alterns-

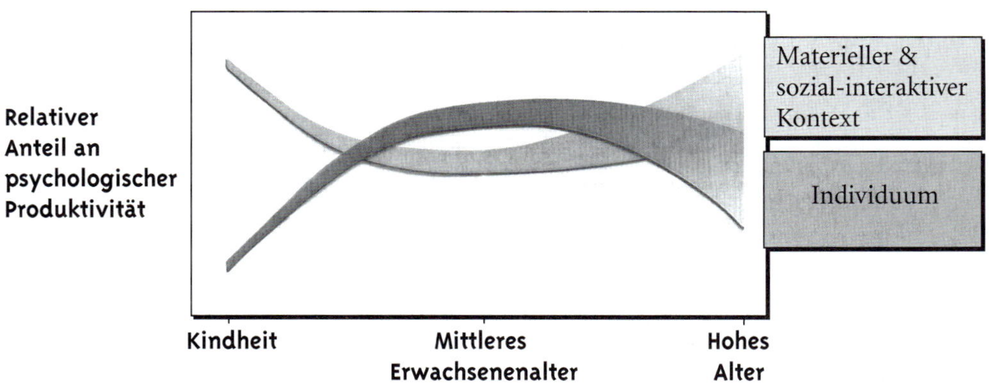

Abbildung 36.2. Eine Modellvorstellung zum lebenslangen Zusammenspiel von Quellen psychologischer Produktivität (nach Staudinger, 1996).

verläufen abhängig ist. Die Unterschiedlichkeit alter Menschen ist wohl einer der zentralen Befunde der Gerontologie. Alte Menschen unterscheiden sich interindividuell in ihrer körperlichen und auch sozialen Verfassung. Aber auch bei ein und derselben Person, nimmt mit dem Alter die Unterschiedlichkeit zwischen verschiedenen Funktionsbereichen zu (z.B. Baltes et al., 1998; Lehr & Thomae, 1987; Weinert, 1994). Unter günstigen Bedingungen führt das Zusammenspiel individuumsbezogener und kontextueller Produktivitätsquellen zum Erhalt psychologischer Produktivität bis ins hohe Alter. Hier liegt eine Verantwortung für die Gestaltung von gesellschaftlichen Kontexten, welche die Produktivität im Alter unterstützen und fördern und nicht unterbinden.

Ein schönes Beispiel für die Verschiebung des relativen Anteils der eher personeneigenen und der kontextuellen Quellen an der psychologischen Produktivität sind Untersuchungen im Bereich der geistigen Leistungsfähigkeit. Es konnte dort gezeigt werden, wie Abbauerscheinungen, beispielsweise des Gedächtnisses, im Alltag durch die Verwendung externer Hilfsmittel wie Gedächtnisstützen, Spickzettel oder Nachschlagewerke (z.B. Loewen et al., 1990), oder durch die Arbeitsteilung zwischen Ehepartnern beim Erinnern bestimmter Dinge (Dixon & Gould, 1996) kompensiert werden können. Diese Befunde verdeutlichen zugleich, welche Anpassungsleistungen Veränderungen in der sozialen und materiellen Umwelt von alten Menschen erfordern.

3 Produktivitätskonfigurationen des Alter(n)s: Hilft das Konzept der Entwicklungsaufgaben?

Produktivitätskonfigurationen

Aus den aufgezählten Dimensionen psychologischer Produktivität und ihren beispielhaft genannten Ausprägungen lassen sich zahlreiche Konfigurationen kombinieren. Diese Produktivitätskonfigurationen verändern sich parallel zu den altersgebundenen Veränderungen in den inneren (personenbezogenen) und äußeren (sozial-materiellen) Entwicklungskontexten. Im höheren und sehr hohen Alter treten die manuelle und schließlich auch die geistige Ausdrucksform in ihrer Bedeutung hinter der emotionalen und motivationalen zurück.

> **Denkaufgabe**
> Versuchen Sie selbst, konkrete Produktivitätskonfigurationen in Abhängigkeit vom Alter zusammenzustellen.

Produktivitätskonfigurationen in der philosophischen Anthropologie

Die philosophische Anthropologie hat für Produktivitätskonfigurationen den weniger technischen Begriff der altersspezifischen Erfüllungsgestalten geprägt. Produktivität wird beschrieben als die „tätige Hervorbringung unseres Lebens mittels praktischer Sinnentwürfe“ (Rentsch, 1994, S. 287). Mit anderen Worten: Produktivität wird verstanden als das Erzeugen des je individuellen, sinnerfüllten Lebens. Ein solcher Begriff von Produktivität macht deutlich, dass der biologische Abbau und die soziale Freistellung per se keinen Bedeutungs- oder Produktivitätsverlust mit sich bringen müssen. Es ist vielmehr das Leben, das die alte Person mit diesen Veränderungen führt – und man muss hinzufügen, aufgrund gesellschaftlicher Verhältnisse führen kann – das Sinn oder Nicht-Sinn hat, das produktiv oder nichtproduktiv ist.

Produktivitätskonfigurationen in der Entwicklungspsychologie

Auch die großen psychologischen Entwicklungstheorien haben Aussagen zu den Erfüllungsgestalten des Alters gemacht. C.G. Jung (1930/1971) spricht beispielsweise davon, dass man das Alter nicht als den Zerfall dessen betrachten darf, was sich in früheren Lebensabschnitten entwickelt hatte, sondern dass dieser Abschnitt des Lebens seine eigene Qualität und seinen eigenen Sinn hat, den es zu entdecken und anzunehmen gilt. Ähnlich argumentiert Erik Erikson (1987), wenn er von der letzten Entwicklungsaufgabe des Menschen als der Integration des gelebten und des ungelebten Lebens im Angesicht der Endlichkeit der eigenen Existenz spricht. Peck (1956) hat diese achte Entwicklungsaufgabe des Eriksonschen Entwicklungsschemas noch weiter differenziert. Er beschreibt drei spezifische Aufgaben des Alters. Die Überwindung der zu starken Beschäftigung mit dem eigenen Körper hin zu einer, was er die Transzendierung des Körpers nennt. Zweitens die Überwindung der Beschäftigung mit dem Beruf hin zu einer Diversifizierung der Interessen und schließlich die Überwindung einer übermäßigen Beschäftigung mit sich selbst und hin zu einer Transzendierung der eigenen Person. Eine Entwicklungsaufgabe des hohen Alters könnte also darin bestehen, eine Ars Moriendi zu entwickeln, die dadurch gekennzeichnet ist, dass man von sich selbst absehen kann und vor allem für andere offen ist (Gadamer, 1993).

Erikson (1988) beschreibt die Generativität als zweite Erfüllungsgestalt für das Alter. Generativität bedeutet die Weitergabe von Erfahrung an die nachfolgenden Generationen. Diese Kontinuität zwischen den Generationen zu erhalten, ist nicht nur eine Aufgabe des Einzelnen. Auch die Gesellschaft ist gefordert, analog zu sich verändernden Lebensformen, immer wieder neue Formen der Kontinuität zwischen den Generationen zu entwickeln, die beispielsweise nicht mehr räumlich und auch nicht familiär gebunden sein müssen. Die modernen Kommunikationsmedien könnten diesbezüglich neue Wege weisen (z.B. Kruse, 1994).

Produktivitätskonfigurationen können gelingen und misslingen

Nicht jeder Versuch, den Aufgaben des Alters gerecht zu werden, gelingt. Nach Erikson (1988) versinkt der alte Mensch dann in Verzweiflung über sein unerfülltes, aber vergangenes Leben oder er scheitert, nach Peck (1956), an seinem alternden und oft kranken Körper. Der Bilder des verbitterten, halsstarrigen und der Welt gegenüber verschlossenen alten Menschen sind viele in der Literatur und wohl auch in der Realität.

Gelingt die Bewältigung der Entwicklungsaufgaben des Alters, dann sind die psychologischen Produkte so große Tugenden wie Weisheit und Lebenserfahrung, Gelassenheit, Besonnenheit und Selbstvergessenheit. Solche Gelassenheit im Angesicht der nachlassenden körperlichen und sozialen Kräfte ist dabei nicht als unrealistisches Zudecken und als Schönfärberei zu verstehen; vielmehr ist es die Fähigkeit, sich auch angesichts von Verlusten weiterzuentwickeln.

4 Psychologische Produktivität im Alter

4.1 Interindividuelle Unterschiede

Aus verschiedenen empirischen Untersuchungen gibt es inzwischen Hinweise darauf, wie unterschiedlich die Auseinandersetzungen mit den Entwicklungsaufgaben des Alterns verlaufen. Hierbei wird auch deutlich, dass es nicht genügt, über das Alter als eine homogene Lebensphase nachzudenken. Vielmehr müssen wir aufgrund der erhöhten durchschnittlichen Lebenserwartung davon ausgehen, dass eine Person, die 60 Jahre geworden ist, im Durchschnitt noch fast 30 weitere Jahre Lebenszeit vor sich hat. Es erscheint wenig sinnvoll, 30 Lebensjahre mit einer einzigen Kategorie, nämlich „Alter“, zu belegen. Es gilt in Forschung und Politik die Heterogenität dieses letzten Lebensdrittels in Rechnung zu stellen. Man findet in der Literatur auch schon verschiedene Differenzierungen wie zum Beispiel die zwischen dem dritten und dem vierten Alter (Baltes, 1997) oder zwischen den jungen und den alten Alten. Neben dem chronologischen Alter, das immer eine unaufwendige und direkte Art der Kategorisierung erlaubt, sollte man jedoch auch Ausschau halten nach Alternstypen, die altersgebunden sein können, aber nicht sein müssen. In der Tat wurden empirisch verschiedene Typen des Alterns identifiziert, die in Abbildung 36.3 dargestellt sind. Hier wird deutlich, dass sich sowohl die Alternstypen als auch deren Auftretenshäufigkeiten zwischen den sog. jungen Alten, zwischen 55 und 70 Jahren und den alten Alten, zwischen 75 bis 105 Jahren, unterscheiden.

Bei den jüngeren Alten hat eine Umfrage von Infratest (1991) ergeben, dass die beiden größten Gruppen zufrieden leben. Bei den 75- bis 105-Jährigen wird anhand der Erhebungen der Berliner Altersstudie deutlich (Smith & Baltes, 1993; s. Abb. 36.3, rechte Hälfte), dass die Entwicklungsaufgabe aus vielerlei Gründen zunehmend schwieriger wird. So ist zwar nach wie vor die Gruppe, die das Leben genießt, umfangreich, doch von gleichem Umfang ist in diesem Alter auch die Gruppe, die sich als unzufrieden und gelangweilt beschreibt.

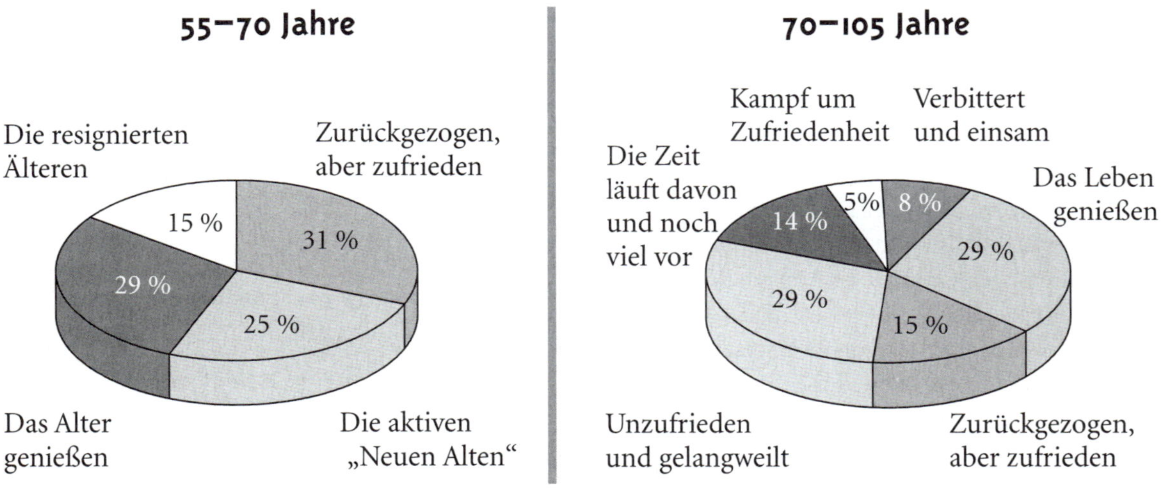

Abbildung 36.3. Die Vielfalt der Auseinandersetzung mit den Herausforderungen des Alterns (linke Seite: nach Institute Infratest, Sinus, H. Becker, 1991; rechte Seite: nach Smith & Baltes, 1993)

4.2 Das gesellschaftliche Altersbild beeinflusst Produktivitätspotentiale

In der öffentlichen Diskussion stehen nach wie vor die körperliche Gebrechlichkeit, die durch Pflegebedürftigkeit entstehenden Kosten oder die nachlassende ökonomische Produktivität älterer Arbeitnehmer im Vordergrund. In großen Wirtschaftsunternehmen wird beispielsweise als ein Indikator für die potentielle Produktivität eines Unternehmens das Durchschnittsalter der Belegschaft herangezogen. Je höher dieses Durchschnittsalter ist, um so mehr Sorgen macht sich das Management um die Produktivität des Unternehmens.

In der Gesellschaft überwiegt ein negatives Altersstereotyp. Dies zeigt sich auch eindrucksvoll an Untersuchungen mit dem so genannten Palmore-Fragebogen (siehe folgenden Kasten), der Fragen zur Natur und Beschaffenheit des Alters stellt und die Antworten der Befragten dann mit den letzten wissenschaftlichen Erkenntnissen kontrastiert (Palmore, 1977, 1988). In diesen Untersuchungen wird immer wieder die große Diskrepanz zwischen Alltagswissen oder öffentlicher Meinung und wissenschaftlichem Erkenntnisstand deutlich. Diese Diskrepanzen beeinflussen nicht nur ob und wie sich der Einzelne verhält, sondern auch die Gestaltung altersrelevanter gesellschaftlicher Strukturen (vgl. auch Filipp & Mayer, 1999).

Facts on Aging: A Short Quiz

Aufgrund empirischer Befunde über die physische, geistige und soziale Entwicklung im Alter (in den USA) stellte Palmore (1977) ein kurzes Quiz zusammen, das es erlaubt, diese Befunde mit den Meinungen und Vorurteilen zu kontrastieren, die Menschen über das Altern haben.

Beantworten Sie bitte, ob die folgenden 25 Aussagen richtig oder falsch sind:

1. Die Mehrzahl der alten Menschen (über 65 Jahre) sind senil (d.h. haben ein mangelhaftes Gedächtnis, sind geistig verwirrt oder dement). Richtig/Falsch
2. Alle fünf Sinne lassen im Alter nach. Richtig/Falsch
3. Die meisten alten Menschen wollen oder können keine sexuellen Beziehungen haben. Richtig/Falsch
4. Die Lungenkapazität nimmt im Alter ab. Richtig/Falsch
5. Die Mehrzahl der alten Menschen fühlt sich die meiste Zeit unglücklich. Richtig/Falsch
6. Die körperliche Stärke lässt im Alter nach. Richtig/Falsch
7. Mindestens ein Zehntel der Älteren lebt dauerhaft in einer Institution (z.B. Pflegeheim, Altersheim, Nervenklinik, usw.). Richtig/Falsch
8. Ältere Autofahrer haben pro Person weniger Unfälle als Fahrer unter 65 Jahren. Richtig/Falsch
9. Die meisten älteren Arbeiter können nicht so effizient arbeiten wie jüngere. Richtig/Falsch
10. Etwa 80 Prozent der Älteren sind gesund genug, um ihre normalen Aktivitäten auszuführen. Richtig/Falsch
11. Die meisten alten Menschen sind in ihrem Verhalten und ihren Einstellungen festgelegt und können sich kaum ändern. Richtig/Falsch
12. Alte Menschen brauchen für gewöhnlich länger, um etwas Neues zu lernen. Richtig/Falsch
13. Für die meisten älteren Menschen ist es fast unmöglich, neue Dinge zu lernen. Richtig/Falsch
14. Die Reaktionszeit der meisten alten Leute ist langsamer als die junger Leute. Richtig/Falsch
15. Im Allgemeinen sind sich alte Menschen ziemlich ähnlich. Richtig/Falsch
16. Die Mehrzahl der Älteren ist selten gelangweilt. Richtig/Falsch
17. Die Mehrzahl der alten Leute ist sozial isoliert und einsam. Richtig/Falsch
18. Ältere Arbeiter haben weniger Unfälle als jüngere. Richtig/Falsch
19. Über 15 Prozent der U.S. Bevölkerung sind heutzutage (d.h. 1977) 65 Jahre oder älter. Richtig/Falsch
20. Die meisten Ärzte behandeln Ältere nicht vordringlich. Richtig/Falsch
21. Das Einkommen der meisten alten Menschen liegt unterhalb der Armutsgrenze. Richtig/Falsch
22. Die Mehrheit der älteren Leute arbeitet oder würde sich irgendeine Art von Arbeit wünschen (inklusive Hausarbeit oder ehrenamtlicher Tätigkeiten). Richtig/Falsch
23. Mit dem Alter neigen die Menschen dazu, religiöser zu werden. Richtig/Falsch
24. Die Mehrheit der Älteren ist selten gereizt oder wütend. Richtig/Falsch
25. Die Gesundheit und der sozioökonomische Status der alten Menschen (im Vergleich zu den jüngeren) werden im Jahr 2000 vermutlich in etwa genauso sein wie heutzutage (1977). Richtig/Falsch

Auflösung: Alle Aussagen mit geraden Nummern sind richtig, alle mit ungeraden Nummern falsch.
Mehr zum wissenschaftlichen Hintergrund der Antworten finden Sie bei Palmore (1977). Ein an Palmore angelehntes Quiz mit Befunden aus der Berliner Altersstudie findet sich bei Mayer et al. (1996).

4.3 Psychologische Produktivität im Alter ist beeinflussbar

Die psychologische Produktivität des Alters ist nicht nur das, was wir heute an Personen, die alt sind, beobachten können. Psychologische Produktivität ist vielmehr auch das, wozu alte Menschen bei entsprechender Unterstützung und Anregung durch die Umwelt im Prinzip fähig sind (P. Baltes, 1997). So kann ein alter Mensch durch entsprechendes Training Verluste in geistigen Fähigkeiten kompensieren. Ausgenommen von dieser Plastizität kognitiver Fähigkeiten sind nur Personen mit pathologischen Störungen der Gehirnfunktion, wie etwa mit Alzheimerscher Demenz (M. Baltes et al., 1992).

Abbildung 36.4 zeigt das Ergebnis einer Trainingsstudie, in der alte und junge Erwachsene zunächst eine Erinnerungstechnik erlernten und diese dann trainierten (z.B. P. Baltes & Kliegl, 1992). Die Abbildung illustriert, dass alte Menschen eine erstaunliche Steigerung ihrer Gedächtnisleistungen erreichten, allerdings nicht das Niveau junger Erwachsener, die das gleiche Training durchlaufen hatten. Das Potential kognitiver Leistungsfähigkeit findet im Höchstleistungsbereich seine Grenzen, also wenn es um schnelles Lernen von komplexem Material, um das Kombinieren von Leistungen des Arbeitsgedächtnisses, der Vorstellungskraft und des Langzeitwissens geht (s.a. Lindenberger, 2000; Verhaegen et al., 1993). Aufgrund solcher Ergebnisse ist es vorstellbar, dass eine Umwelt, die kontinuierlich ein Profil geistiger Anforderungen an alte Menschen stellt und eventuell bei der Bewältigung zunächst Hilfestellungen gibt, schließlich zu Leistungssteigerungen führen oder zumindest weiteren geistigen Abbau verhindern könnte.

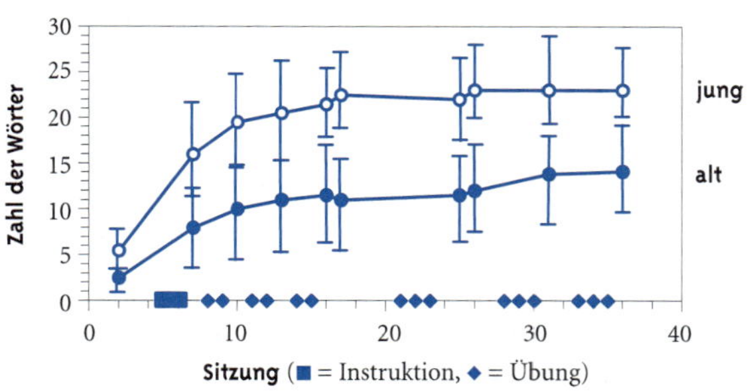

Abbildung 36.4. Potentiale und Grenzen geistiger Leistungsfähigkeit im Alter: Unterschiede beim Erinnern von Wortlisten (nach Baltes & Kliegl, 1992)

5 Der alte Mensch in seinem Kontext und als Kontext für andere

Die Bedeutung des Kontextes für die Bewältigung von Entwicklungsaufgaben und damit das Erlangen von psychologischer Produktivität wird sehr deutlich, wenn man sich nochmals die Vielfalt des Alterns vor Augen hält. Wenn man also nicht nur über die psychologische Produktivität von noch selbständig lebenden alten Menschen, sondern auch über die von Hilfs- und Pflegebedürftigen nachdenkt. Forschungen zum Thema „Selbständigkeit bei Selbstpflegetätigkeiten" zeigen eindrucksvoll, dass der Pflegekontext entscheidend für die Unterstützung oder Behinderung der Selbständigkeit von Heimbewohnern ist (z.B. M. Baltes et al., 1991).

Für den Erhalt von Produktivität im Alter ist man mit dem Eintreten von körperlicher Schwächung und Beeinträchtigung zunehmend auf kompensatorische Unterstützung durch Hilfsmittel und durch andere Personen angewiesen und die Art, in der diese Unterstützung gegeben wird, spielt eine zentrale Rolle. Natürlich muss man berücksichtigen, dass das Pflegepersonal in seinem Verhalten nicht frei und unabhängig ist. Vielmehr hat der strukturelle Kontext starken Einfluss darauf, welches Verhalten das Pflegepersonal zeigen kann und darf.

Ältere Menschen sind Lernmodelle. Die Verwirklichung psychologischer Produktivität gerade hilfs- und pflegebedürftiger Menschen sollte für eine Gesellschaft zentral sein. Genauso wie die Stärke, Schnelligkeit und Vitalität der früheren Jahre sind dies Erscheinungsformen des Lebens,

UNTER DER LUPE

Unselbständigkeit im Alter

In verschiedenen Studien gingen Margret Baltes und ihre Mitarbeiter der Frage nach, ob unselbständiges Verhalten im Alter lediglich auf den sich verschlechternden Gesundheitszustand der Älteren zurückzuführen ist oder ob auch ihre soziale Umwelt an der Entstehung dieser Verhaltensweisen Anteil hat. Die hierbei angewandte sequenzielle Beobachtungsstrategie richtet sich auf den natürlichen Ereignisstrom und verfolgt das Ziel, Ursachen und Wirkungen des Verhaltens der interagierenden Personen zu identifizieren: Welchem Verhalten von Person X folgt welches Verhalten von Person Y? Geschulte Beobachter registrierten dabei anhand eines Beobachtungsschemas die verschiedenen Verhaltensweisen, die auf selbständiges bzw. unselbständiges Verhalten der älteren Studienteilnehmer folgten. Das Verhalten beider Interaktionspartner wurde jeweils einer Verhaltenskategorie zugeordnet. Bei der hier betrachteten Untersuchung der Selbständigkeit von Altenheimbewohnern kamen folgende Kategorien zur Anwendung:

Verhaltensweisen der Heimbewohner

Unabhängigkeitsbezogene Verhaltensweisen der Studienteilnehmer:

- Unabhängige Selbstpflegeaktivitäten, z.B. Person wäscht sich allein, zieht sich an, isst oder bewegt sich fort.
- Konstruktiv engagiertes Verhalten, z.B. Briefe schreiben, sich unterhalten, fernsehen.
- Destruktiv engagiertes Verhalten, z.B. sich beschweren, schlagen, schreien.

Abhängigkeitsbezogene Verhaltensweisen der Studienteilnehmer:

- Abhängige Selbstpflegeaktivitäten, z.B. gewaschen, angezogen, gefüttert werden oder Bitte um Hilfe bei solchen Tätigkeiten.
- Unengagiertes Verhalten, z.B. die Wand anstarren.

Reaktionen der Interaktionspartner

- Unabhängigkeitsunterstützendes Verhalten des Personals, z.B. Ermutigung oder Aufforderung, etwas selbst zu machen, Lob für unabhängiges Verhalten.
- Abhängigkeitsunterstützendes Verhalten des Personals, z.B. Aufforderung, sich helfen zu lassen, Lob für abhängiges Verhalten.
- Unterstützendes Verhalten für Engagement, z.B. Aufforderung zu engagiertem Verhalten oder Lob für engagiertes Verhalten.
- Keine Reaktion des Personals, z.B. Person ist in Reichweite, sieht den Heimbewohner aber nicht an oder spricht nicht mit ihm.
- Weggehen des Interaktionspartners.

In der Untersuchung mit Bewohnern eines Altenheims konnte gezeigt werden, dass selbständiges Verhalten von Heiminsassen vom Pflegepersonal häufig mit Verhalten beantwortet wird, das deren Unselbständigkeit unterstützt und abhängiges Verhalten eher verstärkt als mit Selbständigkeit förderndem Verhalten beantwortet wird.

Eine Interaktion, bei der unselbständiges Verhalten gefördert wird, sieht etwa so aus: Eine ältere Heimbewohnerin sitzt vor dem Tablett mit ihrem Essen und starrt darauf (abhängiges Verhalten). Die Altenpflegerin sagt: „Wie schön, dass Sie auf mich warten, damit ich Sie füttern kann" und hilft ihr beim Essen. Eine andere Pflegerin könnte dagegen sagen: „Na, nun aber los, Sie können doch allein alles essen" – damit würde sie ein unabhängiges Verhalten der Heimbewohnerin fördern, die nun möglicherweise ohne Hilfe essen würde. Wie in Abbildung 36.5 zu erkennen ist, handelt es sich bei der zweiten Verhaltensweise jedoch eher um eine Ausnahme.

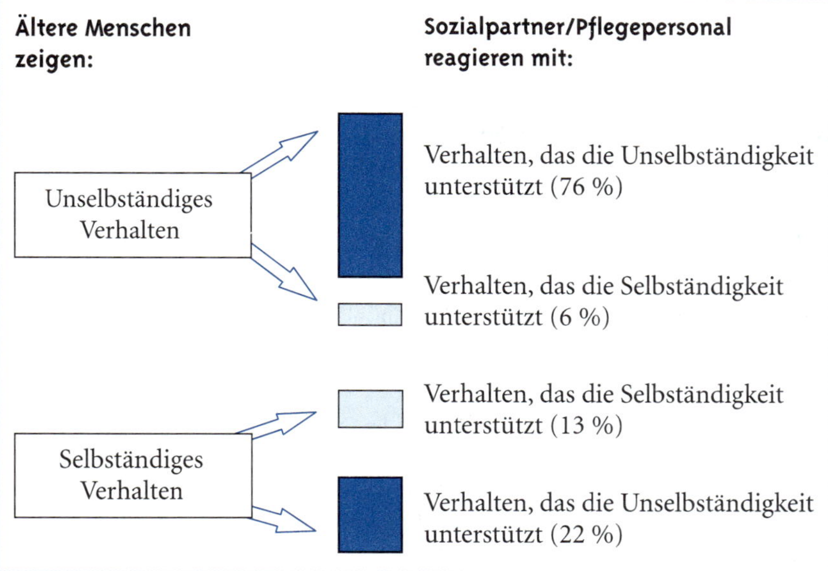

Abbildung 36.5.
Einfluss des Pflegekontexts auf die Selbständigkeit von hilfs- und pflegebedürftigen alten Menschen (nach M. Baltes et al., 1991)

Diese Stärkung von Unselbständigkeit und Missachtung von Selbständigkeit konnte jedoch nicht nur für Heimbewohner, sondern auch für noch in der eigenen Wohnung lebende ältere Menschen nachgewiesen werden. Im Gegensatz zu ebenfalls beobachteten Kindern, bei denen unterstützendes Verhalten an das Kompetenzniveau angepasst wurde, erhielten ältere Menschen selbst bei Verrichtungen, die sie auch alleine ausführen könnten (unangemessene) Unterstützung (einen Überblick über diese Studien gibt M. Baltes, 1995).

die eine nicht zu unterschätzende Funktion für eine menschliche Gemeinschaft erfüllen. Sie machen deutlich, wie bei entsprechender Unterstützung durch die Umwelt auch in einer Situation, die durch körperliche Einschränkungen gekennzeichnet ist, würdiges Leben möglich ist. In der Pflege und im Kontakt mit pflegebedürftigen Menschen können sich die nachfolgenden Generationen weiterentwickeln, ähnlich wie man das für die Ausübung der Elternschaft am Beginn des Lebens eines Menschen ganz selbstverständlich annimmt. Hier käme also aus den Produktivitätskonfigurationen (s. Abb. 36.1, S. 956) der Bewertungsmaßstab der Erkenntnis, des Lernens vom Modell zum Tragen. Unsere Gesellschaft hat noch wenig exploriert, was es für die emotionale und motivationale Verfassung der Jüngeren in einem Gemeinwesen bedeuten würde, wenn Pflegebedürftigkeit und Sterben nicht ausgegrenzt und als möglichst zu vermeidendes Übel konstruiert werden, sondern eher im Sinne einer Ars Moriendi selbstverständlicher Bestandteil gesellschaftlichen Lebens werden (z.B. Wagner, 1989).

Ein alter Mensch, dem es gelungen ist, Gelassenheit, Besonnenheit oder gar so etwas wie Weisheit zu erreichen, wird sich in Interaktionen mit anderen Menschen anders verhalten und andere Wirkungen erzielen als ein Mensch, der selbstsüchtig, verbittert und ohne Hoffnung ist. Entsprechend werden von der Umgebung auch andere Aufgaben und Anforderungen an diese alte Person herangetragen. Und entsprechend andere motivationale und emotionale Auswirkungen hat das auf die Jüngeren, die einen auf diese Weise alternden Menschen als Ausblick für ihr eigenes Alter haben. Diese Art der antizipatorischen Sozialisation, d.h. Lernen durch die Beobachtung von Personen, die uns einige Lebensphasen voraus sind, kann in diesem Zusammenhang sehr folgenschwer sein (vgl. folgender Kasten).

Gedankenexperiment: Was wäre die Welt ohne alte Menschen?

Wie würde eine Gesellschaft aussehen, in der alle Menschen mit dem Austritt aus der aktiven Erwerbsphase, also mit dem Rentenalter, „verschwinden" würden? Das wäre doch sehr preiswert für das Renten- und das Gesundheitssystem. Doch welche Auswirkung hätte das auf die arbeitende Bevölkerung? An diesen Auswirkungen könnte man einen Teil der psychologischen Produktivität der alten Menschen einer Gesellschaft erkennen.
Einen ähnlichen Gedanken hat George Tabori, selbst 86 Jahre, jüngst in einem Theaterstück umgesetzt.

Aus dem Spielplan des Berliner Ensemble
George Tabori
FRÜHZEITIGES ABLEBEN
Uraufführung, Premiere am 22. Januar 2001

Eine Gesellschaft im Jahr 2066: gleichgeschaltet zum Jugendwahn. Altwerden ist verboten, Jungsein Pflicht. Liebe und Schönheitskult als kollektiv verordneter Bio-Faschismus. Und dazwischen irren zwei zu alt Gewordene umher, auf der Flucht vor der Alterspolizei und dem Verrat in ihnen. Das neue Stück von George Tabori ist eine melancholisch-sarkastische Geschichte über jene Brutalität, mit der man auch heute schon dreißigjährige Menschen zum alten Eisen wirft. Die Geschichte zweier Liebender wird zur beharrlich-zarten Widerstandsbewegung gegen den seelischen Unverstand einer künftigen – und heutigen – Gesellschaft.

Das Konzept der filialen Reife. Die alte Person als Entwicklungskontext für die sie umgebenden Menschen wird auch in dem Konzept der filialen „Reife" diskutiert (z.B. Bruder 1988; Nydegger, 1991; s.a. Abschnitt 6.3). Mit dem von Blenker (1965) eingeführten Begriff ist ein Entwicklungsschritt gemeint, bei dem es zu einer Hinwendung zu den Eltern kommt, aber nicht mehr in der Rolle des Kindes, sondern der des reifen Erwachsenen. Die Eltern werden dann als Personen mit eigenen Rechten, Bedürfnissen und auch Grenzen und Unzulänglichkeiten gesehen. Diese Art der Identifikation mit den Eltern eröffnet nach dem Konzept der filialen Reife die Möglichkeit, sich auf das eigene Alter vorzubereiten, ebenso wie vorher die Kindheit auf das Erwachsensein vorbereitet hat. Erwachsene Kinder kommen bei diesem Entwicklungsschritt häufig in eine Situation, in der die Eltern meist aufgrund körperlicher Gebrechen von ihnen Unterstützung brauchen. Diese Anforderungssituation stellt für die erwachsenen Kinder die Möglichkeit zu einem Entwicklungsschritt dar, den die alten Eltern in ihrer eigenen Produktivitätsbilanz verbuchen können. Was auf den ersten Blick als unproduktiv erscheint, also beispielsweise Pflegebedürftigkeit, birgt auf den zweiten Blick psychologische Produktivität. Altersabhängige Veränderungen im intellektuellen Fähigkeitsprofil können also nicht nur als dysfunktional, sondern auch als adaptiv betrachtet werden.

6 Ausgewählte Forschungsbefunde zur Produktivität im Alter

6.1 Empirische Beispiele geistiger Produktivität im Alter

Ausdrucksformen geistiger Produktivität können die Weitergabe von Erfahrungen, das Anbieten von Ratschlägen, das Lösen von Problemen oder das Erzeugen geistiger Produkte (z.B. Bücher oder Theorien, aber auch Kunstwerke und Musikstücke) sein. Nicht immer ist es möglich, die verschiedenen Varianten von Produktivität eindeutig zu trennen: Wer seine Memoiren schreibt, ist gleichermaßen geistig und manuell produktiv – aber auch motivational und emotional, wenn z.B. der Leser beschließt, dem beschriebenen Vorbild nachzueifern.

Zwei Komponenten kognitiver Entwicklung im Alter. Die kognitive Entwicklung im Alter ist in Bereichen, die Schnelligkeit oder kurzfristiges Lernen und Behalten, aber auch sensorische Leistungen, also die Aufnahme von neuen Informationen von Außen erfordern, von Verlusten und Funktionseinbußen geprägt. Bereiche, die Erfahrungswissen erfordern, zeigen jedoch bis ins höhere Alter hinein eine Leistungsstabilität (ein Überblick über die kognitive Entwicklung im Alter findet sich z.B. bei Lindenberger, 2000 oder Wahl & Kruse, 1999 und in Kapitel 9 in diesem Band).

Kognitive Einbußen versus neue Stärken. Dieses im Alter veränderte kognitive Leistungsprofil muss nicht nur als Verlust von Produktivität interpretiert werden. Brent (1978) entwirft beispielsweise ein Szenario, in dem die Jungen einer Spezies die Funktion haben, Neues zu entdecken und sich flexibel an eine sich verändernde, aber auch eine zu verändernde Umwelt anzupassen und Ältere die Aufgabe haben, aufgrund ihrer reichen angesammelten Kenntnis und Erfahrung mit dem Gewesenen und Bestehenden eine stabile Basis für diese Explorationen der Jungen bereitzustellen. Für die Erfüllung dieser Aufgabe ist im Alter die Schnelligkeit der kognitiven Verarbeitung nicht mehr das wichtigste Merkmal und auch die verschlechterte Aufnahme von Informationen von außen ist dann weniger relevant. In der Kombination dieser beiden Fähigkeiten, also in der Kooperation der Generationen, liegt dabei die Chance für eine Gesellschaft. Die Alten einer Spezies können diese kollektive Funktion allerdings nur dann ausüben, wenn sie nicht psychologisch und soziologisch von den Jungen segregiert werden. Ist Letzteres der Fall, verhärtet sich das Alter und verbraucht nach Brent (1978) nur Energie, ohne etwas einzubringen. Umgekehrt ist allerdings auch die Aktivität der Jungen ohne den Rückhalt oder vielleicht auch die Kompensation durch die Alten der Gefahr der Form- und Ziellosigkeit ausgesetzt. Eine Aufgabe von Gesellschaftspolitik wäre es insofern, die Trennung zwischen jungen und alten Kohorten in der Gesellschaft möglichst gering zu halten, also beispielsweise Foren gemeinsamer Tätigkeiten und des Austausches zu etablieren und die öffentliche Meinung entsprechend zu bilden – ganz so wie es führende Gerontosoziologen seit Jahren fordern (z.B. Riley & Riley, 1994).

6.1.1 Erfahrungswissen älterer Menschen

Stellt das Erfahrungswissen alter Menschen ein Potential für geistige Produktivität dar? Schopenhauer beschreibt dieses Potential in seinen Aphorismen zur Lebensweisheit folgendermaßen: „Die größte Energie und höchste Spannung der Geisteskräfte findet ohne Zweifel in der Jugend statt spätestens bis ins 35ste Jahr: von dem an nimmt sie, wiewohl sehr langsam ab. Jedoch sind die späteren Jahre selbst das Alter nicht ohne geistige Kompensation dafür. Erfahrung und Gelehrsamkeit sind erst jetzt eigentlich reich geworden: man hat Zeit und Gelegenheit gehabt, die Dinge von allen Seiten zu betrachten und zu bedenken, hat jedes mit jedem zusammengehalten und ihre Berührungspunkte und Verbindungsglieder herausgefunden: wodurch man sie allererst jetzt so recht im Zusammenhang versteht … Nur wer alt wird, erhält eine vollständige und angemessene Vorstellung vom Leben, indem er es in seiner Ganzheit und seinem natürlichen Verlauf nicht nur von der Eingangs- sondern auch von der Ausgangsseite übersieht.“ (Schopenhauer, 1851/1980, S. 246).

Alte Menschen als Zeitzeugen. Das psychologische Potential alter Menschen kann auch wichtige gesellschaftliche Funktionen erfüllen. Es gibt zwar mehr und mehr hauptsächlich Selbsthilfeprojekte, die auf dieses Potential zugreifen, doch wird es insgesamt noch zu wenig genutzt (vgl. auch Lepenies, 1996). Ein Beispiel ist die Arbeit mit so genannten Zeitzeugen. Damit ist gemeint, dass alte Menschen von der Geschichtswissenschaft und auch der Pädagogik zur Mitarbeit gebeten werden, weil sie bestimmte geschichtliche Ereignisse selbst miterlebt haben und den nachfolgenden Generationen davon berichten können. Alte Menschen haben aber auch in verschiedenen Berufs- und Interessenbereichen Erfahrungen gesammelt, die sie an die junge Generation weitergeben könnten (vgl. Abschnitt 6.4).

Lebenseinsicht und Lebenserfahrung. Mergler und Goldstein (1983) beschreiben anhand soziobiologischer Überlegungen die Übermittlung von Informationen über die Vergangenheit als spezifische Aufgabe und Fähigkeit des Alters. Es wird aufgezeigt, wie es vielleicht gerade der spezifischen Altersveränderungen in den Sinnesorganen und der Lebensenergie bedarf, um die Reflexion des eigenen Wissens und das Interesse an der Weitergabe an andere, Jüngere zu ermöglichen. Den gesellschaftlichen Nutzen von Verlusten und Einschränkungen im Alter sehen die Autoren darin, dass der alte Mensch gezwungen ist, sich auf Aufgaben und Aktivitäten zu beschränken, die nicht von solchen Verlusten betroffen oder aufgrund seiner Lebenserfahrung nun erst wahrzunehmen sind: Er erzählt von einer Vergangenheit, die oftmals vor der Geburt seiner Zuhörer liegt, und gibt sein erworbenes Wissen weiter. Gleichzeitig werden auch die jüngeren Mitglieder einer Gesellschaft auf diese Rolle der Älteren vorbereitet: Wenn ältere Personen eine Erzählung vorlesen, die eine moralische Wertung enthält, sollten die Inhalte besser erinnert werden als bei einem jungen Vorleser (Mergler & Goldstein, 1983).

Kann Lebenseinsicht veralten? Man mag einwenden, dass in unserer schnelllebigen Zeit die alten Menschen höchstens noch Träger veralteter Erfahrung sind, die keinem mehr nutzt. Geht man von der These Margaret Meads (1971) aus, dass wir in einer „präfigurativen Kultur" leben, das heißt, dass das Alter aufgrund des rapiden gesellschaftlichen Wandels zum Beispiel im Bereich des Konsumverhaltens oder der Technologie, der Freizeitgestaltung, der Selbstdarstellung, des sexuellen Verhaltens und der Werthaltungen von den Jungen lernen muss und nicht umgekehrt: Wie ist dann in der Lebenserfahrung alter Menschen ein soziales Potential zu vermuten? Zum einen kann der Prozess des Lernens von der jungen Generation als eine der vielen möglichen Quellen von Lebenserfahrung für ältere Menschen verstanden werden. Solange ein alternder Mensch sich die Offenheit und Kritikfähigkeit bewahrt, neue Werte und Umgangsformen aufzunehmen, könnten diese dann vor dem Erfahrungshintergrund des alten Menschen im Idealfall zu umfassenderen und weitreichenderen Einsichten führen als bei dem „lehrenden" jungen Menschen selbst, dem dieser Schatz an Lebenserfahrung fehlt (vgl. Brent, 1978). Es ist gerade eines der Charakteristika von Lebenserfahrung in höchster Qualität, also von Weisheit, dass die Relativität von Werten und Zielen sowie deren gesellschaftliche und historische Bedingtheit erkannt werden (z.B. Staudinger & Baltes, 1996). Damit ist auch angesprochen, dass die Vermittlung der Lebenserfahrung der Alten im Idealfall *nicht* mit einer Perpetuierung bestehender Bedingungen gleichzusetzen ist (Staudinger & Dittmann-Kohli, 1994). Vielmehr könnte ein gesellschaftliches Potenzial der Alten gerade in der Integration historischer Erfahrungen und damit dem Hervorbringen von neuen, auch die Gegenwart einschließenden Einsichten liegen. Außerdem bezieht sich die von Mead postulierte Umkehrung der Sozialisationsrichtung nicht auf alle Lebensbereiche. Ein Kern des Lebenswissens, der die Grundbedingungen menschlicher Existenz wie zum Beispiel Tod, Krankheit, Verlust oder zwischenmenschlichen Kontakt betrifft, überdauert gesellschaftlichen Wandel (z.B. Rosenmayr, 1983).

Erfahrungstransfer auf der Makroebene. Neben diesem Erfahrungstransfer auf der Mikroebene, das heißt gebunden an einzelne Individuen und Interaktionen, sollte man auch den Transfer auf der Makroebene nicht unberücksichtigt lassen. Was hat man unter Lebenserfahrung auf der Makroebene zu verstehen? Es ist dies zum Beispiel die Kristallisation von Lebenserfahrung oder sogar Weisheit in Sprichwörtern, Epigrammen, Sagen,

Märchen und Mythen (z.B. Baltes, im Druck). Wissen, heißt es, tendiert zum Begriff und Weisheit zum Bild oder Spruch (Haug, 1991). Sprichwörter können z.B. im Umgang mit Problemsituationen genutzt werden (P. Baltes & Freund, 2000). Wissen ist in Systemen und Weisheit in Sammlungen organisiert. Die Form des Transfers von Lebenserfahrung auf der Makroebene unterliegt natürlich historisch-kulturellem Wandel. War es in früheren Zeiten der wandernde Geschichtenerzähler oder der Dorfälteste, so ist mit der Industrialisierung und dem Einzug des bürgerlichen Zeitalters immer mehr die Literatur, speziell die Biographik und Autobiographik, als Organisationsform von Lebenserfahrung in den Vordergrund gerückt (Sloterdijk, 1978). In lebensgeschichtlicher Literatur findet ein Verweben von individueller Geschichte und kollektiven Interessen, Werten und Phantasien statt. Mit der zunehmenden Pluralisierung unserer postmodernen Gesellschaft im Allgemeinen und von individuellen Lebensläufen im Besonderen gewinnen Biographien und Autobiographien eine wichtige Transfer- und vielleicht sogar Innovationsfunktion (Riley & Riley, 1994; Staudinger & Dittmann-Kohli, 1994).

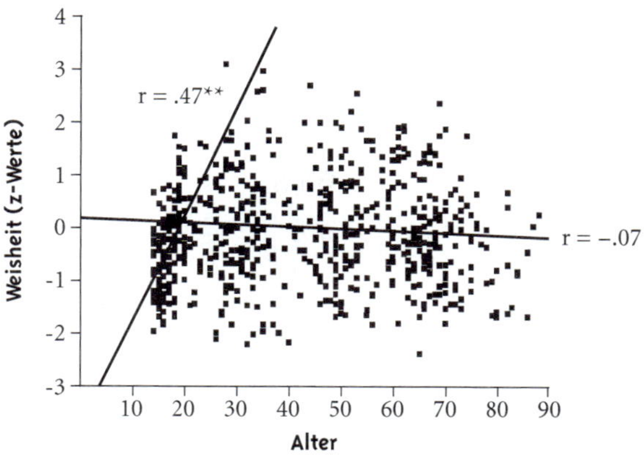

Abbildung 36.6. Alte Menschen zeigen genauso gute weisheitsbezogene Leistungen wie jüngere und bei entsprechender Persönlichkeitskonstellation und Erfahrungsgeschichte sogar mehr (basiert auf Staudinger & Baltes, 1996 und Pasupathi et. al., 2001).

6.1.2 Weisheit

Denkt man über die Frage der Halbwertszeit von Lebenswissen nach, so scheint es sinnvoll, sich mit Untersuchungen zum Wissen und den Fähigkeiten im Umgang mit schwierigen und grundlegenden Fragen des Lebens zu befassen. In diesem Erfahrungsbereich tauchen die ewig gleichen Grundprobleme auf, die eng an die conditio humana gebunden sind (z.B. P. Baltes et al., 1992; Staudinger & Dittmann-Kohli, 1994); auch wenn sich der Kontext gesellschaftlicher Strukturen jeweils leicht verändert.

Kriterien zur Erfassung von Weisheit. Das psychologische Weisheitsparadigma (z.B. P. Baltes et al., 1992) erfasst dieses Wissen und diese Fähigkeiten, indem Personen schwierige Lebensprobleme vorgelegt und die Antworten nach fünf Kriterien eingeschätzt werden:

Bei Untersuchungen im Rahmen dieses Paradigmas wurde festgestellt, dass alte Menschen ganz im Gegensatz zu klassischen Intelligenztestaufgaben keinen Altersabbau zeigen, sondern Stabilität und unter bestimmten Bedingungen sogar Leistungsüberlegenheit (z.B. Staudinger & P. Baltes, 1996). Dies verdeutlicht u.a. ein für die Entwicklungspsychologie wichtiges Argument, nämlich dass chronologisches Alter per se jenseits der Adoleszenz (etwa ab 25 Jahre) immer weniger Erklärungswert hat (s. Abbildung 36.6). Es sind vielmehr die mit bestimmten Wahrscheinlichkeiten an das Alter gebundenen Prozesse, die effektiv sind. Diese können sich jedoch zwischen Personen erheblich unterscheiden. In den Arbeiten zur Entwicklung weisheitsbezogenen Wissens und Könnens konnten bisher zum einen die individuellen Erfahrungsgeschichten von Personen (z.B. Berufsausbildung und -tätigkeit, Auseinandersetzung mit schwierigen Lebensereignissen) als zentral identifiziert werden. Daneben spielen aber auch bestimmte Charakteristiken der Person, wie etwa die Art des kognitiven Stils und Kreativität, aber auch bestimmte Persönlichkeitseigenschaften, wie Offenheit für neue Erfahrungen und persönliche Reife, eine wichtige Rolle (Staudinger, 1999).

UNTER DER LUPE

Fünf Kriterien zur Erfassung von Weisheit

Ein spezifisches Problem, das den Studienteilnehmern bei der Erforschung von Weisheit vorgelegt wird, ist etwa das Folgende: „Jemand erhält einen Telefonanruf von einem guten Freund. Dieser sagt, er könne nicht mehr weiter, er werde sich das Leben nehmen. Was sollte man in einer derartigen Situation bedenken oder tun?" (vgl. Baltes et al., 1995; Maercker et al., 1998). Die Antworten der befragten Personen werden anhand der folgenden fünf Kriterien beurteilt (vgl. P. Baltes et al., 1992).

Kriterium (Definition)	**Mögliche Konkretisierungen in Antworten**
Reiches Faktenwissen in grundlegenden Fragen des Lebens (Inwieweit zeigt die Antwort sowohl generelles (conditio humana) als auch spezifisches (z.B. Lebensereignisse, Institutionen) Wissen um Lebensprobleme und die menschliche Grundsituation sowie Breite und Tiefe in der Problembearbeitung?)	▶ Wer, wann, was? ▶ Spezifisches Wissen, Beispiele, Variationen (z.B. wie alt ist die Person, ist sie krank, befindet sie sich in einer schwierigen Lebenssituation) ▶ Allgemeines Wissen über Gefühle, menschliche Verwundbarkeit und mögliche Optionen (z.B. Freund vom Selbstmord abhalten, Grenzsituation menschlicher Existenz, gemeinsam über diese Absicht nachdenken, gewähren lassen)
Reiches Strategiewissen in grundlegenden Fragen des Lebens (Inwieweit werden in der Antwort Strategien der Entscheidungsfindung (Kosten-Nutzen-Erwägungen), der Selbstregulation, der Lebensbewertung, der Lebensplanung (Ziel-Mittel-Relationen) und des Ratgebens deutlich?)	▶ Strategien der Informationssuche, der Entscheidungsfindung und des Ratgebers ▶ Den richtigen Zeitpunkt für Ratschläge kennen (z.B. Freund zunächst seine Sicht der Dinge erzählen lassen, bevor man Ratschläge gibt) ▶ Auf emotionale Reaktionen achten ▶ Heuristiken der Kosten-Nutzen Analyse (z.B. Unter welchen Bedingungen ist das Leben lebenswert?)
Lifespan-Kontextualismus (Inwieweit berücksichtigt diese Antwort die zeitliche Einbettung von Lebensproblemen (Vergangenheit, Gegenwart, Zukunft) und die zahlreichen Umstände und Bereiche (kulturabhängig, altersabhängig und idiosynkratisch), in die ein Leben eingebunden ist und wie diese miteinander in Beziehung stehen?	▶ Zu erwartende Altersunterschiede ▶ Soziohistorischer und idiosynkratischer Kontext (z.B. können die persönlichen Probleme gelöst werden?) ▶ Koordination verschiedener Lebensbereiche (z.B. Familie, Gesundheit, Arbeit) und Veränderungen mit der Zeit (z.B. wird der Freund seine Meinung ändern?) ▶ Konflikte und Spannungen im Umfeld (z.B. Glaubt der Freund, keinen anderen Ausweg aus einer Krise zu finden)
Wert-Relativismus (Inwieweit berücksichtigt diese Antwort die Vielfalt von Werten und Lebenszielen und die Notwendigkeit, jede Person innerhalb ihres Wertesystems zu betrachten, ohne dabei eine kleine Anzahl universeller Werte, die auf das eigene Wohlergehen und das Wohlergehen anderer gerichtet sind, aus den Augen zu verlieren?)	▶ Religiöse und persönliche Überzeugungen (z.B. Ist die Person religiös? Wie wird Selbstmord in dieser Religion bewertet?) ▶ Gegenwärtige/zukünftige Werte, Ziele und Motive ▶ Kulturunterschiede (z.B. Selbstmord wird in verschiedenen Kulturen unterschiedlich bewertet) ▶ Wie ist eine Balance zwischen dem Wohl der suizidalen Person und dem Wohl anderer betroffener Personen zu finden?
Erkennen von und Umgehen mit Ungewissheit (Inwieweit berücksichtigt diese Antwort, die dem Leben inhärente Ungewissheit und lässt effektive Strategien im Umgehen mit dieser Ungewissheit deutlich werden?)	▶ Es gibt keine beste Lösung (z.B. man sollte nicht jeden grundsätzlich von einem Selbstmord abhalten) ▶ Optimierung des Verhältnisses von Gewinnen zu Verlusten ▶ Die Zukunft ist nicht vollständig vorhersagbar, aber auch die Geschehnisse der Vergangenheit nicht mit Sicherheit erklärbar (z.B. man kann nicht wissen, ob der Freund irgendwann froh sein wird, sich nicht umgebracht zu haben) ▶ Jeweils bestmögliche Einschätzung und Alternativpläne bei Fehlschlägen

6.1.3 Kreativität

Schließlich sollen noch kreative Formen geistiger Produktivität erwähnt werden; darunter versteht man Errungenschaften auf wissenschaftlichem, literarischem oder künstlerischem Gebiet, die als neuartig, originell oder einflussreich einzustufen sind. Tragen alte und sehr alte Menschen hier noch zu entscheidenden Neuerungen bei, das heißt sind sie in diesem Sinne produktiv?

Als ein berühmtes Beispiel könnte man Goethe nennen, der den „Faust II" im Alter von 83 Jahren beendete. Vergleicht man die Anzahl und Qualität kreativer Beiträge in verschiedenen Bereichen (Wissenschaft, Literatur, Musik, Kunst), so stellt man fest, dass Goethe hierbei kein Einzelfall ist. Interessiert man sich für die Produktivität älterer Wissenschaftler oder Künstler, so hat sich gezeigt, dass das chronologische Alter der Person für den Erfolg weniger entscheidend ist (vgl. Horner et al., 1986). Das kreative Potential einer Person und auch das Alter, in dem die Karriere begonnen wurde, sind hierbei weitaus wichtiger. Der Anteil der qualitativ hochwertigen Produkte an der Gesamtproduktion ist über die Lebensspanne hinweg recht stabil – die Gesamtproduktion lässt gegen Ende der Karriere jedoch nach (Simonton, 1997). Auch wenn die intellektuelle Leistungsfähigkeit also in manchen Bereichen (z.B. Wahrnehmungs- und Verarbeitungsgeschwindigkeit) im Alter zurückgeht, kann man nicht davon ausgehen, dass alte Menschen prinzipiell keine kreativen Höchstleistungen mehr vollbringen würden (vgl. auch Wagner-Döbler, 1996).

6.2 Empirische Befunde zur Produktivität von Selbst und Persönlichkeit im Alter

Selbst und Persönlichkeit werden hier als Oberbegriffe für Konstrukte verwendet, die sich mit überdauernden, aber auch situativen Erlebens- und Verhaltensweisen von Personen beschäftigen. Es zählen also sowohl klassische Persönlichkeitsdimensionen (z.B. die „Big Five"), als auch das Selbstkonzept und Mechanismen der Selbstregulation dazu (vgl. Kapitel 9 und 16). Im Folgenden werden beispielhaft zwei Befunde vorgestellt.

6.2.1 Realismus der Selbsteinschätzung

Menschen werden im Alter in ihren Selbsteinschätzungen realistischer. Wenn Personen verschiedenen Lebensalters danach befragt werden, wie sie sich gegenwärtig sehen, so findet man kaum Altersunterschiede. Fragt man jedoch zusätzlich, wie sie sich in der Zukunft, in der Vergangenheit und idealerweise sehen, so werden klare Altersunterschiede deutlich (s. Abb. 36.7; Ryff, 1991).

Je älter die Probanden sind, desto näher rücken die Bewertungen von Vergangenheit, Zukunft und Ideal zusammen. Mit zunehmendem Alter werden Idealvorstellungen und die Erwartungen an die Zukunft weniger positiv – man könnte auch sagen realistischer. Die relative Einschätzung der Vergangenheit hingegen verbessert sich und die der Gegenwart bleibt unverändert. Dieser Befund lässt sich mit vorgeschlagenen Entwicklungsmodellen von Lebenseinsichten und Weisheit und insofern auch mit Produktivität in Verbindung bringen (z.B. P. Baltes et al., 1992). In solchen Modellen wird das Erlangen einer selbstkritischen und realistischen Evaluierung von Erfahrungen als eine wesentliche Vorbedingung bei der Gewinnung von Lebenseinsichten angesehen (Staudinger & Dittmann-Kohli, 1994). Diese Verknüpfung macht auch deutlich, wie eng die hier analytisch getrennt

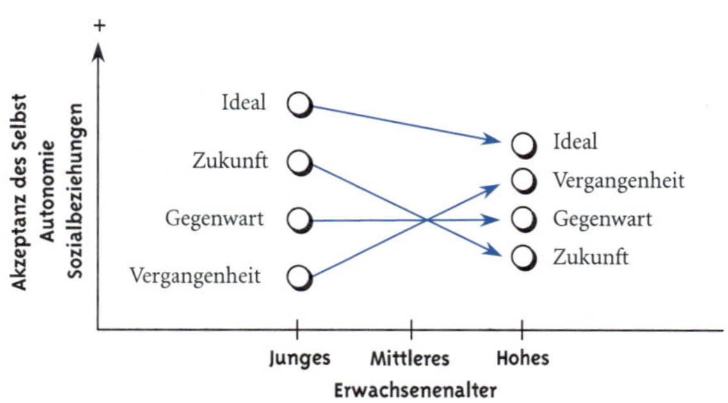

Abbildung 36.7. Mit zunehmendem Alter sehen wir Zukunft, Gegenwart und Vergangenheit ähnlicher (nach Ryff, 1991).

Kapitel 36 Aufgaben und Kompetenzen im Alter

dargestellten psychologischen Funktionsbereiche von Kognition, Selbst und Persönlichkeit und sozialen Beziehungen miteinander in Wechselwirkung stehen. Das Selbst bewertet und interpretiert Veränderungen in der eigenen Lebenssituation, aber auch in der eigenen Leistungsfähigkeit und dem eigenen Erleben und übt damit eine zentrale Funktion in der Bewältigung der Anforderungen des Alterns aus. Umgekehrt ist dieser Interpretationsprozess des Selbst aber auch angewiesen auf ein Mindestmaß an kognitiver Fähigkeit.

6.2.2 Psychologische Widerstandsfähigkeit im Alter

Produktivität von Selbst und Persönlichkeit lässt sich auch demonstrieren, wenn man den Altersverlauf körperlicher Grundfunktionen mit dem Altersgradienten subjektiven Wohlbefindens (SWB) vergleicht, wie dies in Abbildung 36.8 getan wird. Im Gruppenmittel wirken sich diese körperlichen Altersrisiken erstaunlicherweise nicht negativ auf das SWB aus – in der Literatur spricht man von einem Paradox des subjektiven Wohlbefindens (vgl. z.B. Diener & Suh, 1998; Staudinger, 2000).

Es ergibt sich daraus die Frage, wie es trotz der Zunahme körperlicher Beschwerden möglich ist, dass ältere Menschen ähnlich zufrieden sind wie jüngere. Die Beantwortung ist u.a. auch deshalb ganz zentral, weil man aus der fehlenden Abnahme der Lebenszufriedenheit mit dem Alter auch den fälschlichen Schluss ziehen könnte, dass dann die „objektive" Lebenslage ja wohl angemessen sein müsse und es keinen Handlungsbedarf gäbe. Dieser Schluss wäre zwar gesellschaftspolitisch durchaus erwünscht, da unaufwendig, doch wissenschaftlich ist er nicht begründet. Der Grund für die fehlende Abnahme des SWB liegt vielmehr in der besonderen Fähigkeit des Selbst, Realität zu konstruieren und damit auch zu transformieren, sich an veränderte Realitäten anzupassen und das eigene Selbstverständnis zu schützen (z.B. Baltes & Baltes, 1990; Brandtstädter & Greve, 1992; Freund & Baltes, 2000; Staudinger et al., 1995).

Aus zahlreichen anderen Untersuchungen zur sozialen Kognition ist bekannt, dass dies unter anderem mit einer Anpassung des Anspruchsniveaus oder einer Veränderung der Vergleichspopulation, aber auch mit einer Veränderung der Zielstruktur selbst zusammenhängt. Beispiels-

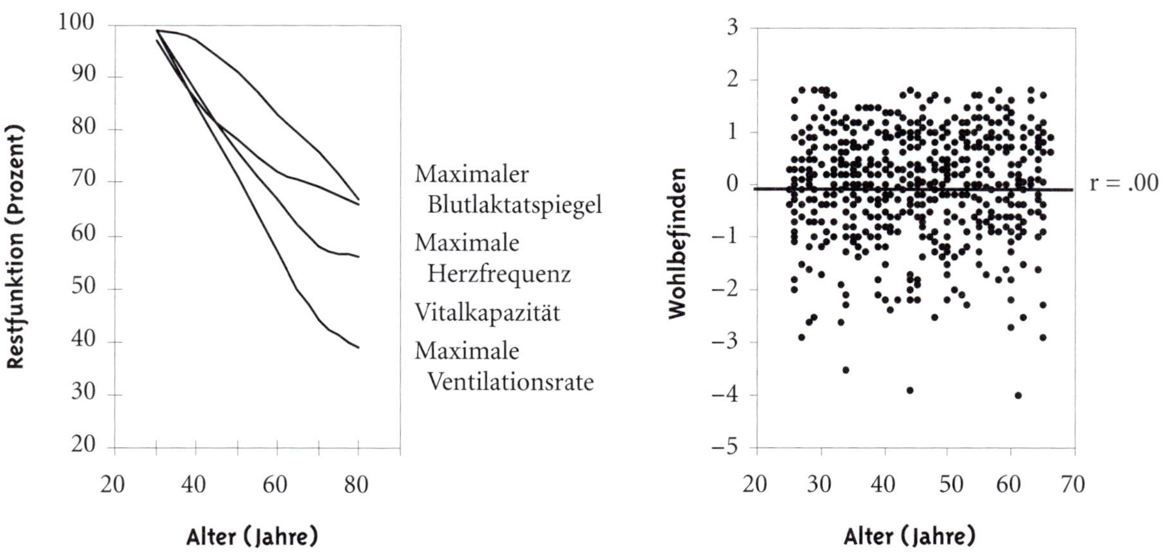

Abbildung 36.8. Das subjektive Wohlbefinden (Lebenszufriedenheit) bleibt trotz abnehmender körperlicher Leistungsfähigkeit unverändert gut. Im Lebensverlauf werden Beurteilungsmaßstäbe kontinuierlich angepasst (nach Staudinger, 1996).

weise passt man sich an den veränderten Gesundheitszustand, die veränderte geistige Leistungsfähigkeit nach und nach an, indem man „unmerklich“ das Anspruchsniveau verändert oder die Personen, mit denen man sich vergleicht, oder indem man sich überhaupt nur solche Ziele setzt und verfolgt, die durch die Altersveränderungen nicht oder weniger beeinträchtigt sind (vgl. auch Brandtstädter & Greve, 1992). Die Anwendung dieser Strategien ist mit großer Wahrscheinlichkeit ein quasi-automatischer Prozess. Wahrscheinlich erreicht er nur in besonders schwierigen und neuen Situationen einen höheren Grad an Bewusstheit.

Lebensziele verändern sich mit zunehmendem Alter. Die Muster des Lebensinvestments zeigen, dass im höheren und sehr hohen Alter die Bereiche Gesundheit, Familie, Nachdenken über das Leben und kognitive Leistungsfähigkeit an oberster Stelle des Investments stehen, wohingegen im frühen Erwachsenenalter Beruf, Freunde, Familie und Unabhängigkeit die Rangreihe anführen (Staudinger, 1996, s. Abb. 36.9). Verfügbare motivationale Energie wird also in Abhängigkeit von der jeweiligen Entwicklungssituation eingesetzt, das heißt entsprechend der Bedingungen, die durch die eigene Verfassung und durch den Lebenskontext und die Interaktion zwischen beiden definiert sind.

Coping. Bewältigungsmechanismen tragen natürlich auch zum Erhalt einer positiven Wohlbefindensbilanz bei. So hat sich gezeigt, dass etwa die Erinnerung an frühere Erfolge oder auch überstandene Schwierigkeiten sehr hilfreich ist bei der Bewältigung von Schwierigkeiten im Alter (z.B. Aldwin et al., 1996; Staudinger et al., 1996). Interessant sind die Befunde zu funktionalen Bewältigungsmechanismen unter stark einschränkenden gesundheitlichen Bedingungen. Hier zeigt sich, dass es auch förderlich sein kann, wenn man nicht mehr gegen die Krankheit kämpft oder nicht immer noch mehr Informationen über eine Situation erfahren will (vgl. Staudinger et al., 1996).

Das alternde Selbst versteht es mit Hilfe verschiedener sozial-kognitiver Mechanismen, aber auch der Umverteilung und Konzentration von Kräften, zu einer letztlich subjektiv positiven Bilanz zu kommen (z.B. Baltes & Baltes, 1990; Freund & Baltes, 2000; Staudinger et al., 1995). Eine solche positive Grundstimmung wirkt sich wiederum auf den alten Menschen selbst und die ihn umgebenden Personen aus.

6.3 Empirische Befunde zur Produktivität im Bereich sozialer Beziehungen im Alter

6.3.1 Leisten alte Menschen soziale Unterstützung?

Bis zum 75. Lebensjahr geben alte Menschen noch mehr Unterstützung, als sie bekommen. Zwischen 75 und 85 Jahren halten sich Geben und Nehmen

Junges Erwachsenenalter 25–34 Jahre	Mittleres Erwachsenenalter 35–54 Jahre	Höheres Erwachsenenalter 55–65 Jahre	Hohes Erwachsenenalter 70–84 Jahre	Sehr hohes Erwachsenenalter 85–105 Jahre
▶ Beruf ▶ Freunde ▶ Familie ▶ Unabhängigkeit	▶ Familie ▶ Beruf ▶ Freunde ▶ Kognitive Leistungsfähigkeit	▶ Familie ▶ Gesundheit ▶ Freunde ▶ Kognitive Leistungsfähigkeit	▶ Familie ▶ Gesundheit ▶ Kognitive Leistungsfähigkeit ▶ Freunde	▶ Gesundheit ▶ Familie ▶ Nachdenken über das Leben ▶ Kognitive Leistungsfähigkeit

Abbildung 36.9. Muster des Lebensinvestments zwischen 20 und 105 Jahren. Mit zunehmendem Alter rücken Gesundheit und Nachdenken über das eigene Leben zunehmend in den Vordergrund (nach Staudinger, 1996).

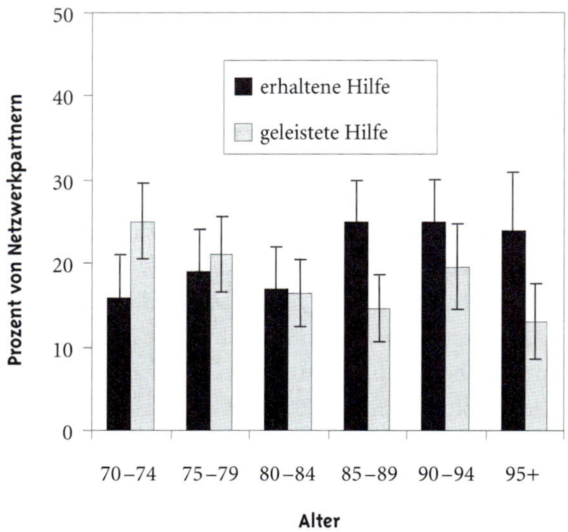

Abbildung 36.10. Bis zum 75. Lebensjahr leisten wir mehr Hilfe, als wir bekommen, ab dem 85. Lebensjahr dreht sich diese Verhältnis um (Wagner, Schütze & Lang, 1996)

die Waage; danach bekommen alte Menschen mehr Unterstützung als sie gewähren (s. Abb. 36.10). Hier zeigt sich, wie auch an anderen Indikatoren psychologischer Funktionen, dass zwischen 80 und 85 Jahren die körperlichen Einschränkungen eine Dimension erreichen, die es sinnvoll erscheinen lässt, das dritte vom vierten Alter zu unterscheiden (Baltes, 1997). Die absolute Höhe der geleisteten Hilfe bleibt allerdings relativ unverändert. Alte Menschen sind also auch noch, wenn sie mehr Hilfe bekommen als sie geben, Quellen der Unterstützung für Menschen in ihrer Umgebung. Über die Art dieser geleisteten und empfangenen Hilfe im Familienkontext ist bekannt, dass ältere Menschen Unterstützung vor allem in Form von Geld und Kinderbetreuung leisten und Kinder ihren Eltern vor allem gesundheitsbezogene Unterstützung geben (Staudinger et al., 1995). Der Austausch emotionaler Unterstützung zeigt dagegen keine nennenswerten Veränderungen über die Lebensspanne (Wagner et al., 1996).

6.3.2 Positive Auswirkungen der von alten Menschen geleisteten sozialen Unterstützung

Nutznießer der durch ältere Menschen geleisteten sozialen Unterstützung sind natürlich in erster Linie die Empfänger dieser Unterstützung. In zweiter Linie profitiert jedoch auch die Gesellschaft davon, wenn alte Menschen beispielsweise pflegebedürftige Angehörige betreuen, auf Kinder aufpassen oder die nachfolgenden Generationen finanziell unterstützen – denn gerade Personal für Pflege oder Kinderbetreuung ist relativ teuer.

Doch auch die Älteren selbst profitieren von diesen Anstrengungen. Das Geben von sozialer Unterstützung sichert die soziale Eingebundenheit und erfüllt damit das psychologische Bedürfnis nach Gemeinschaft und Zugehörigkeit (z.B. Carstensen, 1993). Dabei ist es für das Gefühl, sozial eingebunden zu sein, nicht ausreichend, mit Menschen in Kontakt zu kommen, die einem Hilfe und Unterstützung geben; der alte Mensch möchte auch etwas im Austausch dafür anbieten können (z.B. Lang, 1994). Man spricht hier von der Bedeutung der Reziprozität sozialer Beziehungen (z.B. Israel & Antonucci, 1987). Soziale Beziehungen sind eine wichtige Quelle für Wohlbefinden und Zufriedenheit; damit also eine wichtige Quelle für eine der Ausdrucksformen von psychologischer Produktivität (s. Abbildung 36.1). Deshalb ist es im Alter genauso wichtig wie in jungen Jahren, aktiv an deren Gestaltung, Erhalt und Ausgewogenheit zu arbeiten (z.B. Staudinger et al., 1995; siehe auch Kasten im Abschnitt 6.4.4).

Generativität als spezifische Form des sozialen Austausches. Für die Entwicklung alter Menschen ist es wichtig, sich um nachfolgende Generationen zu bemühen und etwas an diese weiterzugeben. Die Bewältigung dieser Entwicklungsaufgabe kann dem alten Menschen das Gefühl geben, dass seine Spuren über den eigenen Tod hinaus fortbestehen werden und dass er einen Beitrag zum Erhalt der kulturellen Identität leistet. Sie kann ihm aber auch dabei helfen, bescheiden zu werden und eigene Bedürfnisse weniger wichtig zu nehmen (Lang & M. Baltes, 1997). Die eigene Generativität leistet also einen Beitrag zu erfolgreichem Altern und zur Lebenszufriedenheit (siehe auch McAdams et al., 1993). Befragt man ältere Leute direkt nach ihrem Verständnis dieser beiden Begriffe, so kann man feststellen, dass auch in ihrer Vorstellung Generativität Bestandteil eines erfüllten und erfolgreichen Lebens ist (Fisher, 1995).

6.3.3 Spielen Großeltern eine besondere Rolle?

Wohl eine der typischsten Formen von Generativität ist die Großelternrolle. Man kann sich also fragen, ob ältere Menschen bei der Kinderbetreuung – meist geht es hier ja um die eigenen Enkel – Funktionen erfüllen, die von den Eltern nicht erfüllt werden? Bei der Beantwortung dieser Frage ist die so genannte „Brücken-Hypothese“ (vgl. Mannle & Tomasello, 1987) interessant: Es wird davon ausgegangen, dass es für die Entwicklung eines Kindes, beispielsweise beim Erlernen der Muttersprache, günstig ist, wenn Kontakt zu Personen besteht, die dem Kind vertraut sind, sich aber etwas anders als die primäre Bezugsperson verhalten (Krappmann, 1997). Als „Brückenpersonen“ wurden Väter oder Geschwister diskutiert (Mannle & Tomasello, 1987), aber natürlich sind auch besonders die Großeltern hier interessant. In der Interaktion mit solchen Personen kann das Kind lernen, bisher erworbene Fähigkeiten nicht nur auf die primäre Bezugsperson anzuwenden, was eine Erweiterung der Fähigkeiten nach sich zieht – die Großeltern können also eine Brücke vom Elternhaus in eine erweiterte soziale Umwelt bilden. Großeltern können darüber hinaus

- die kognitive Entwicklung der Enkel anregen und die Eltern bei der Betreuung entlasten (Aldous, 1995; Krappmann, 1997; Uhlendorff, 1995),
- aufgrund ihrer Biographie das lebende Beispiel für bewältigte und nicht bewältigte Schwierigkeiten sein (van Crombrugge, 1993), was sich im Sinne einer indirekten Mentorenfunktion auf das Lebenswissen der Enkel auswirken kann,
- wertvolle Ratschläge und Unterstützung im Jugendalter geben, weil sie selbst in den familiären Konflikten nicht zu stark involviert sind (vgl. Krappmann, 1997),
- selbst wenn sie alt oder gebrechlich sind, den Enkeln – vielleicht zum ersten Mal – das Gefühl vermitteln, gebraucht zu werden.

Es wird also deutlich, dass Großeltern für ihre Enkel weit mehr sein können als Geldgeber, die das Taschengeld aufbessern oder „unerlaubte“ Spielsachen und Süßigkeiten mitbringen, wenn es entsprechende Kontaktmöglichkeiten gibt.

6.4 Empirische Befunde zu Tätigkeitsformen im Alter

6.4.1 Welche Tätigkeitsformen gibt es im Alter?

Bei dem Stichwort „Tätigkeiten“, ist der erste Gedanke wohl der an die berufliche Erwerbstätigkeit. Im Alter spielt diese jedoch aufgrund der gegenwärtigen Rentengesetzgebung nur eine untergeordnete Rolle. Aufgrund der herrschenden Stereotype über die nachlassenden Kompetenzen älterer Arbeitnehmer haben diese auf dem Arbeitsmarkt auch eher schlechte Chancen – eine Form der Diskriminierung, die in Deutschland, im Gegensatz zu den USA, nicht gesetzlich verboten ist (siehe Kasten). Außerdem ist in Deutschland, aber auch international, noch ein Trend zum frühen Ruhestand zu verzeichnen, der Erwerbstätigkeit im klassischen Sinne in den Hintergrund drängt (vgl. Freter, 1993; Kohli, 1994, 1996). Bezieht man jedoch sämtliche Tätigkeitsformen ein – ob nun bezahlt oder unbezahlt – so wird schnell deutlich, dass alte Menschen hier einiges anzubieten haben. Die Tätigkeiten reichen von der Betreuung der Enkelkinder und der Pflege von Angehörigen über ehrenamtliche Tätigkeiten, alle Formen von Haus- und Gartenarbeit, Handarbeiten oder Heimwerkertätigkeiten, Hobbys (z.B. Mitwirken in einer Theater-

Alte Menschen üben unterschiedliche Tätigkeiten aus, z.B. Ehrenämter, Hobby- und Handarbeiten oder die Betreuung von Enkelkindern. Dieser hundertjährige Kleingärtner hat die Gartenarbeit gewählt

gruppe, Schriftstellerei) und Bereiche gelegentlicher (bezahlter und unbezahlter) Tätigkeiten, wie Reisegruppen führen oder Vorträge halten, bis zur selbständigen Versorgung des eigenen Haushalts (s. Kasten S. 977).

Pionierprojekte nachberuflicher Tätigkeit

Deutschland ist, was die Institutionalisierung nachberuflicher Tätigkeiten angeht, immer noch Entwicklungsland. Dennoch gibt es einige Pionierprojekte.

Wissensbörsen. Das Deutsche Zentrum für Altersfragen begann schon in den achtziger Jahren mit einem Projekt „Erfahrungswissen älterer Menschen nutzen", aus dem schließlich die so genannten Wissensbörsen hervorgingen (Knopf et al., 1989). Unter Wissensbörsen versteht man „Umschlagplätze" für Wissen und Können. Ältere Menschen können sich dort mit den Kenntnissen und Fähigkeiten, die sie anzubieten haben, in eine Kartei aufnehmen lassen; Hilfesuchende können sich an die Börse wenden, um dort preisgünstig oder gar umsonst Hilfeleistungen zu erhalten.

Seniorenbüros. Das Modellprojekt des Bundesministeriums für Familie, Senioren, Frauen und Jugend zur Einrichtung von Seniorenbüros aus dem Jahre 1992 (vgl. Claussen, 1994) soll die ehrenamtliche Tätigkeit älterer Menschen fördern. Seniorenbüros sollen Anlaufstellen für ältere Menschen sein, die Informationen zu Ehrenamt und Selbsthilfe geben und über die Möglichkeiten des Engagements beraten.

Senior Experten. Seit 1983 gibt es den Senior Experten Service, eine Initiative verschiedener Wirtschaftsverbände, der mit Erfolg die fachliche Qualifikation von (Früh-)Rentnern zum Nutzen der wirtschaftlichen Entwicklung in wirtschaftlich weniger entwickelten Gebieten einsetzt (Schuster, 1996).

6.4.2 Welche Tätigkeiten üben welche älteren Menschen aus?

In der Literatur werden hauptsächlich vier Bereiche von Aktivitäten unterschieden:

- die Erwerbstätigkeit,
- das Ehrenamt,
- geleistete Pflege,
- die Betreuung von Kindern.

Mit welcher Häufigkeit werden nun diese Tätigkeiten von der älteren Bevölkerung in Deutschland ausgeübt? Hinsichtlich der klassischen Erwerbstätigkeit lassen sich die Zahlen aus dem Statistischen Jahrbuch ermitteln. Ein für die gerontologische Forschung recht gravierendes Problem dieser Statistik ist jedoch, dass Menschen, die bereits im Ruhestand sind und wieder in die Erwerbsarbeit zurückkehren, genauso wie „Schwarzarbeiter" hier nicht erfasst sind. Die

Gerontopsychologie und Gesetzgebung: Age Discrimination Act in den USA

Chance und Gefahr – zwischen Entpflichtung und Belastung

Die Gleichberechtigung aller Erwerbswilligen auf dem Arbeitsmarkt ist in vielen Ländern ein angestrebtes Ziel. Jedoch ist es nicht einfach, die Chancengleichheit aller Menschen – unabhängig von ihrem Geschlecht, Aussehen, Alter oder ihrer Gesundheit – zu sichern, weshalb es entsprechende Gesetze, z.B. hinsichtlich der Beschäftigung von Frauen oder Behinderten gibt. Anders als in Deutschland gibt es in den USA auch ein Gesetz zum Schutz älterer Arbeitnehmer gegen Diskriminierung: Das "Age Discrimination in Employment Act" (ADEA) von 1967.
Dieses Gesetz gilt für alle Arbeitnehmer ab 40 Jahren und verbietet

- die Ablehnung einer Bewerbung oder eine Entlassung sowie jede andere Form der Diskriminierung (z.B. hinsichtlich des Gehaltes oder der Beschäftigungsdauer) einer Person aufgrund ihres Alters;
- die Berücksichtigung des Alters, wenn es um Versetzung, Beförderung, vorübergehende Entlassung oder Wiedereinstellung geht;
- Einschränkungen bei der Teilnahme an Trainingsprogrammen oder Fortbildungen oder bei der Nutzung von Einrichtungen oder Vergünstigungen in Abhängigkeit vom Alter;
- die Vorgabe eines bestimmten Altersbereiches oder Höchstalters in Stellenausschreibungen.

((Gesetzestext im Wortlaut: http://www.eeoc.gov/laws/adea.html (22.03.2001))

Diese Regelung gilt jedoch nur bei gleicher Qualifikation oder Befähigung. Ältere Beschäftigte können durchaus aufgrund mangelnder Arbeitsleistung oder des Verlustes an Fertigkeiten entlassen oder als Bewerber abgelehnt werden. Obschon also in Amerika die Interessen der Älteren, was das Recht auf Arbeit angeht, besser vertreten und geschützt sind als in Deutschland, bleibt auch hier noch viel für eine wirkliche Gleichberechtigung zu tun (vgl. Choi & Dinse, 1998). Außerdem darf man nicht aus dem Auge verlieren, dass in den USA dieses *Recht* auf Arbeit nicht selten leider zu einem *Muss* wird aufgrund der mangelnden finanziellen Absicherung vieler alter Menschen.

anderen drei Tätigkeitsbereiche sind allerdings noch schlechter dokumentiert. Hier ist man auf Daten aus Forschungsprojekten angewiesen, wie etwa eine internationale Studie aus dem Jahre 1991 (Kohli, 1996; Kohli & Künemund, 1997; vgl. Tab. 36.1, S. 978).

Es wird deutlich, dass die Erwerbstätigkeit im Alter tatsächlich ein Randphänomen darstellt – was auch durch aktuelle Daten des Statistischen Jahrbuches 2000 bestätigt wird (Statistisches Bundesamt, 2000). Im Statistischen Jahrbuch liegt der Anteil der Erwerbstätigen über 65 Jahren bei 4,5 Prozent der Männer und 1,7 Prozent der Frauen (im Vergleich sind es bei den 60- bis 65-Jährigen 31,3 Prozent bzw. 12,8 Prozent). Betrachtet man im Gegensatz dazu alle vier genannten Bereiche produktiver Tätigkeiten, so werden – wie den Daten von Kohli und Künemund (1997) zu entnehmen ist – entweder Erwerbstätigkeit, Ehrenamt, Pflegetätigkeiten oder Kinderbetreuung von immerhin 35,8 Prozent der 65- bis über 84-Jährigen wahrgenommen. Im internationalen Vergleich ist das Engagement der deutschen Rentner jedoch als vergleichsweise gering einzustufen: Spitzenwerte werden beispielsweise aus Japan berichtet, wo im Alter noch 27,7 Prozent der Befragten arbeiten, oder aus den USA, wo 30,7 Prozent der Älteren

Tabelle 36.1. Alters- und Geschlechtsabhängigkeit von Tätigkeiten (Daten aus Kohli & Künemund, 1997)

	Erwerbstätigkeit	Ehrenamt	Pflege	Kinderbetreuung
Gesamt (N = 948)				
65–69	6,3 %	16,2 %	13,4 %	29,7 %
70–74	3,7 %	15,1 %	13,7 %	26,7 %
75–79	0,5 %	8,0 %	13,4 %	11,2 %
80–84	1,8 %	9,8 %	13,2 %	10,2 %
>84	0,0 %	7,7 %	10,5 %	8,2 %
Gesamt	3,3 %	12,4 %	13,2 %	19,9 %
Männer (n = 325)				
65–69	11,8 %	20,3 %	11,2 %	25,5 %
70–74	4,4 %	14,4 %	11,0 %	16,9 %
75–79	0,0 %	7,3 %	8,9 %	8,9 %
80–84	3,4 %	14,3 %	14,3 %	3,6 %
>84	0,0 %	0,0 %	20,0 %	10,0 %
Gesamt	5,7 %	14,2 %	11,4 %	16,1 %
Frauen (n = 623)				
65–69	2,9 %	13,7 %	14,9 %	32,3 %
70–74	3,4 %	15,5 %	15,3 %	32,2 %
75–79	0,8 %	8,3 %	15,8 %	12,4 %
80–84	1,2 %	8,0 %	12,8 %	12,8 %
>84	0,0 %	10,0 %	7,7 %	7,7 %
Gesamt	2,0 %	11,4 %	14,2 %	22,0 %

sich ehrenamtlich engagieren (Kohli & Künemund, 1997).

Bedenkt man, dass dem dritten Altenbericht der Bundesregierung zufolge der Anteil der Pflegebedürftigen bei den 65- bis 69-Jährigen bei 2 bis 3 Prozent und bei den 75- bis 79-Jährigen bei 8 bis 9 Prozent liegt (BMFSFuJ, 2001), so wird deutlich, dass der weitaus überwiegende Teil der Alten zumindest im Rahmen der selbständigen Lebensführung produktiv ist. Starke Anstiege in der Bedürftigkeit sind erst ab etwa 80 Jahren zu verzeichnen – z.B. werden in der Gruppe der über 85-Jährigen ca. 40 Prozent als pflegebedürftig eingestuft (BMFSFuJ, 2001).

Fragt man nun nach den Eigenschaften der Personen, die im Alter die genannten Tätigkeiten ausüben, so lässt sich so etwas wie ein „Tätigenprofil" zusammenstellen. Die Tätigen sind eher Menschen, die noch unter 80 Jahre und gesundheitlich nicht zu stark eingeschränkt sind. Im Hinblick auf ehrenamtliches Engagement spielen zusätzlich das Bildungsniveau und in geringerem Maße auch das Einkommen eine begünstigende Rolle (Caro & Bass, 1995; Kincade et al., 1996; Kohli & Künemund, 1997). Oft wird beim Ehrenamt auch eine höhere Beteiligung von Frauen verzeichnet, was allerdings nur für Formen des sozialen Ehrenamtes zutrifft, da es hier um eher haushaltsnahe „typische Frauenarbeit" geht (Backes, 1993). Außerdem geht Religiosität mit einer Tendenz zu ehrenamtlichem Engagement für die eigene Kirche einher (Caro & Bass, 1995).

6.4.3 Der Nutzen solcher Tätigkeiten für Gesellschaft und Individuum

Die Vorteile, die der Gesellschaft durch die größtenteils unbezahlten Aktivitäten der Älteren erwachsen, liegen klar auf der Hand. Wie sieht es nun aber mit den Vorteilen aus, die der ältere

Mensch aus diesem Tätigsein im Hinblick auf ein sinnerfülltes Leben ziehen kann?

Zum einen erlauben produktive Aktivitäten – im Sinne von Übung – den Erhalt der eigenen Unabhängigkeit und der erworbenen Kompetenzen, die ansonsten durch Nichtnutzung verkümmern können. Zum anderen sind hier auch psychologische Funktionen zu nennen, die Produktivität im Alter hat. An erster Stelle steht die Erfüllung der psychologischen Bedürfnisse nach Kompetenz, Handlungskontrolle, Selbstwirksamkeit – kurz danach, Träger der eigenen Entscheidungen und Handlungen zu sein. Die tätige Erzeugung von Produkten oder Dienstleistungen ist dabei ein greifbarer Nachweis, dass man noch in der Lage ist, ein selbständiges und selbstverantwortliches Leben zu führen, was besonders im Alter wichtig ist (Kruse, 1996; Staudinger & Dittmann-Kohli, 1994). Auch der Zusammenhang zwischen Aktivität und Gesundheit sowie Wohlbefinden wird immer wieder thematisiert (z.B. Glass et al., 1995; Garfein & Herzog, 1995). Dabei ist es nicht nur so, dass gesunde Menschen aktiver sind, sondern es konnte – zumindest für den Bereich ehrenamtlicher Aktivitäten – längsschnittlich gezeigt werden, dass produktive Aktivitäten zum Erhalt der Gesundheit und des Wohlbefindens beitragen (van Willigen, 2000). Der Einfluss von Aktivität auf das Wohlbefinden ist wahrscheinlich zu einem wesentlichen Teil über die Stützung des Selbstbildes als kompetent und verantwortlich vermittelt: Manuelle Tätigkeiten führen zur Wahrnehmung von Handlungskompetenz und Kontrolle, was dann wiederum das eigene Wohlbefinden erhöht (Herzog et al., 1996).

6.4.4 Wollen ältere Menschen tätig sein?

Anhand dieser Ausführungen wurde deutlich, dass die stereotype Vorstellung, dass eine überwiegende Zahl alter Menschen unproduktiv zu Hause sitzt, so nicht haltbar ist. Allerdings bleibt die Frage, inwieweit diese Aktivität von den alten Menschen als erwünscht erlebt wird. Wollen die älteren Erwerbstätigen arbeiten oder müssen sie dies vielmehr tun, um ihre schmale Rente aufzubessern? Werden alte Menschen aus eigenem Antrieb tätig oder unterwerfen sie sich hier einer fortgesetzten „Ethik der Geschäftigkeit“ (vgl. Ekerdt, 1986), die sie sonst schnell als inaktiven, nutz- und wertlosen Alten abstempeln würde (vgl. Kasten)?

Erwerbstätigkeit im Alter ist in den meisten Fällen (in Deutschland) kein Muss, d.h. aufgrund einer zu geringen Rente nötig – auch wenn hier für die Zukunft zu befürchten ist, dass sich die Notwendigkeit zur Aufbesserung der Rente erhöhen wird (Mayer, 1994). Vielmehr geht es älteren Arbeitnehmern um die mit der Arbeit verbundenen sozialen Kontakte und vor allem um das Gefühl, gebraucht zu werden (Wachtler & Wagner, 1997; siehe dazu auch Choi & Dinse, 1998; Lazarus & Lauer, 1985). Es gibt in unserer Gesellschaft eine nicht geringe Anzahl junger Alter, die sich Möglichkeiten zur Erwerbstätigkeit wünschen, die jedoch gegenwärtig auf dem Arbeitsmarkt nur begrenzt eingeräumt werden und in wenig qualifizierten Tätigkeiten bestehen (vgl. Freter, 1993; Niederfranke, 1996). Es gibt jedoch hier einen Trend, die Potentiale alter Menschen zu erkennen und auch für anspruchsvollere Beschäftigungen zu nutzen (vgl. Wachtler & Wagner, 1997; Daten zu erfolgreichen Projekten mit älteren Arbeitnehmern in den USA finden sich bei McNaught, 1994). Die Auseinandersetzung mit der Nutzung der Potentiale alter Menschen wird dabei zukünftig eine noch bedeutendere Rolle spielen, da sich die Bevölkerung nicht nur zunehmend aus gesünderen und leistungsfähigen älteren Menschen zusammensetzen wird (die Chancen zu sinnvoller Beschäftigung fordern), sondern auch die geburtenschwachen Jahrgänge auf dem Arbeitsmarkt kompensiert werden müssen (Mayer, 1994; McNaught, 1994).

Die Frage nach der generellen Erwünschtheit des Tätigseins bei alten Menschen ist recht schwer zu beantworten. Aktivität im Alter stellt ein hoch angesehenes gesellschaftliches Ideal dar, während zuhause vor dem Fernseher sitzen oder ein Nickerchen am Nachmittag als Trägheit angese-

Entwicklungsvorstellungen junger Erwachsener

Aktivität oder Disengagement? – Je aktiver im Alter, desto besser?

Zur Frage danach, wie man mit dem näherrückenden Lebensende und dem Verlust sozialer Rollen im Alter umgehen sollte, haben sich in der Psychologie zwei gegensätzliche Theorien herausgebildet: die Disengagement Theorie und die Aktivitätstheorie.

Disengagement Theorie. Die Disengagement Theorie (Cumming & Henry, 1961) geht von einer Abnahme sozialer Aktivitäten im Zuge eines allgemeinen Rückzuges von der Umwelt und einer Wendung nach Innen aus. Dieses „Disengagement" soll dem alten Menschen dabei helfen, sich auf den nahenden Tod vorzubereiten und von der Welt Abschied zu nehmen – ein Prozess, der sowohl vom Individuum, wie seiner sozialen Umwelt, als erwünscht und positiv zu bewerten ist. Die gewollte Abkehr von früheren Rollen, Beziehungen und Aktivitäten sollte nach dieser Theorie den alternden Menschen mit Zufriedenheit erfüllen, während ein Festhalten an früheren Aktivitäten und Verpflichtungen die Vorbereitung auf den eigenen Tod behindert. Diese Annahmen haben zu einer Reihe empirischer Studien geführt, die im Gegensatz zu den Vorhersagen allerdings eher einen positiven Zusammenhang zwischen Aktivität und Zufriedenheit zeigten (z.B. Havighurst et al., 1969; Maddox, 1968).

Aktivitätstheorie. In Übereinstimmung mit diesen Ergebnissen befindet sich allerdings die Aktivitätstheorie (Tartler, 1961; Lemon et al., 1972), die als Gegenposition zur Disengagement Theorie gerade die positiven Auswirkungen der fortgesetzten Aktivität im Alter betont. Soziale Rollen als Berufstätiger oder Versorger der eigenen Kinder, die im Alter abgelegt werden, sollten hier durch neue Rollen und Verpflichtungen ersetzt werden, um weiterhin das Gefühl zu haben, gebraucht zu werden. Sich selbst als nützlich und leistungsfähig wahrzunehmen, wird als zentral für das eigene Wohlbefinden angesehen. Dass soziale Aktivitäten im Alter dennoch zurückgehen, wird auf den Verlust an gesellschaftlichen Rollen oder die nachlassende Gesundheit zurückgeführt, nicht auf den Wunsch des Individuums – man könnte sagen, der alte Mensch will zwar aktiv sein, kann dies aber nicht mehr. Allerdings kann es hier leicht zu einer Verwechslung zwischen Ursache und Wirkung kommen. Es gibt z.B. Studien, die zeigen konnten, dass durch die statistische Kontrolle von Gesundheit der Zusammenhang zwischen Aktivitätsniveau und subjektivem Wohlbefinden stark reduziert wird (Lee & Markides, 1990). Doch Längsschnittstudien konnten auch die umgekehrte Wirkrichtung bestätigen, das heißt höhere Aktivität zu T1 geht einher mit höherer Gesundheit zu T2 (z.B. Herzog et al., 1996).

Es lässt sich festhalten, dass weder Disengagement noch Aktivität per se günstige oder ungünstige Umgangsformen mit dem Altern sind, sondern dass es bei beiden Prozessen vielmehr um die Frage geht, ob sie von dem alten Menschen gewollt und im Sinne seiner Vorstellungen und Bedürfnisse sind.

hen werden – auch im Alter ist man demnach gesellschaftlich dazu angehalten, etwas Sinnvolles, Nützliches oder Bedeutsames zu tun (z.B. Furchtgott, 1999; siehe auch Barkholdt (1999) zur Frage, ob alte Menschen produktiv sein müssen). Auf der anderen Seite konnte aber auch immer wieder gezeigt werden, dass aktive ältere Menschen sich wohler fühlen und mit ihrem Leben zufriedener sind als inaktive (Glass et al., 1995; Garfein & Herzog, 1995). Diese Beziehung steht im Einklang mit psychologischen Theorien, die davon ausgehen, dass es ein psychologisches Bedürfnis nach Nützlichkeit oder „Wirksamkeit" gibt (Bandura, 1997). Allerdings gibt die Gesellschaft vor, welche

Formen von Produktivität gut angesehen sind und welche eher ausgeklammert oder gar nicht erst als Produktivität wahrgenommen werden – zu denken ist hierbei v.a. an die oben genannten Formen emotionaler und motivationaler Produktivität (vgl. Abb. 1). Von daher wird die bevorzugte Strategie, die eigene Nützlichkeit nachzuweisen, so lange in einer tätigen Produktivität bestehen, wie diese gesellschaftlichen Werthaltungen unverändert bleiben.

Die Bevorzugung von Tätigkeiten als Ausdrucksform von Produktivität gegenüber den anderen in Abbildung 36.1 genannten Produktivitätsformen führt zu einer Diskriminierung von nicht mehr gesunden älteren Menschen, da Gesundheit eine wichtige Voraussetzung für diese Art der Produktivität im Alter darstellt (Glass et al., 1995). Bei Personen ab 80 bis 90 Jahren, die stärker durch gesundheitliche Probleme beeinträchtigt sind (vgl. Steinhagen-Thiessen & Borchelt, 1996), ist auch dementsprechend ein genereller Rückgang der Aktivität zu verzeichnen (Horgas et al., 1998; Kincade et al., 1996). Gerade für sehr alte Menschen oder solche mit starken gesundheitlichen Einbußen ist es daher nicht mehr möglich, ihrem Leben durch Tätigkeit Sinn zu verleihen. Doch gerade hier stellt sich die Herausforderung, auch diesen Menschen einen Weg zu produktivem Leben im Alter zu ermöglichen. Wie ist es für gesundheitlich beeinträchtigte alte Menschen möglich, ein Gefühl für den eigenen Wert, die eigene Handlungskontrolle und Kompetenz zu behalten (Kruse, 1996)? Dies ist beispielsweise möglich, indem man die Wahrnehmung von Eigenverantwortung und Selbständigkeit bei sehr alten und gebrechlichen Menschen fördert und unterstützt (s. „Unter der Lupe" in Abschnitt 36.5, S. 964; siehe auch Kasser & Ryan, 1999) und eben auch durch einen erweiterten Produktivitätsbegriff.

7 Zusammenfassung und Ausblick

Diese Ausführungen über eine psychologische Konzeption von Produktivität im Alter sollten aufzeigen, wie vielfältig Produktivität im Alter verstanden werden kann. Zusammenfassend seien nochmals fünf Punkte hervorgehoben.

(1) Entgegen dem herrschenden Stereotyp sind die meisten älteren Menschen nicht unnütz und unproduktiv, sondern leisten selbst im Hinblick auf Tätigkeitsformen der Produktivität ihren Beitrag, z.B. durch ehrenamtliches Engagement, Kinderbetreuung, pflegerische Tätigkeiten, Führung des eigenen Haushalts oder im Rahmen ihrer Hobbys. Erst ab etwa 80 Jahren ist verstärkt mit einem Rückgang dieser Tätigkeitsform der Produktivität zu rechnen.

(2) Dennoch sollte Produktivität nicht mit Aktivität gleichgesetzt werden. Viele Menschen wünschen sich vielleicht, im Alter untätig zu sein. Bloch (1959) charakterisiert das, was er das eigentliche Leben im Alter nennt, als den Wunsch und das Vermögen, ohne gemeine Hast zu sein, das Wichtigste zu sehen, das Unwichtige zu vergessen. Geht man, wie in diesem Kapitel vorgeschlagen, von einem erweiterten Verständnis von Produktivität aus, lässt sich auch genau dieses „eigentliche Leben im Alter" als psychologisch produktiv beschreiben. Es stehen hier noch viele Formen geistiger, emotionaler und motivationaler Produktivität offen.

(3) Die interaktive Natur der Spezies Mensch ist auch für das Verständnis der psychologischen Produktivität des Alters zentral. Der alte Mensch ist ein nicht zu unterschätzender Entwicklungskontext für die nachfolgenden Generationen.

(4) Produktivität im Alter kann das ganze Spektrum alter Menschen umfassen, nicht nur die Gesunden und Aktiven, sondern auch die Pflege- und Hilfsbedürftigen. Die Produktivitätsdiskussion darf nicht in die Diskussion des werten und „unwerten" Lebens zurückführen (Guardini, 1963).

(5) Schließlich sei nochmals auf die Bedeutsamkeit gesellschaftlicher Strukturen und der so genannten Öffentlichkeit in ihren förderlichen oder – wie noch so häufig – auch hinderlichen Auswirkungen auf die Produktivität und Selbstentfaltung im Alter hingewiesen. Man sollte sich nicht von den relativ hohen Lebenszufriedenheitswerten im Alter täuschen und beruhigen lassen (vgl. auch Mayer et al., 1994). Diese müssen vielmehr schon als eine produktive Leistung des alternden Selbst verstanden werden. Die Sozialpolitik ist aufgefordert, Rollenmöglichkeiten zu schaffen, welche die psychologische Produktivität alter Menschen nutzen helfen. Sie ist auch aufgefordert, institutionelle Strukturen für die Versorgung und Unterstützung Pflegebedürftiger zu schaffen, die nicht jegliche Möglichkeit zur Äußerung von Produktivität ersticken, sondern Raum dafür lassen und schaffen.

Vielleicht hilft es bei den Bemühungen um die Entwicklung altersförderlicher gesellschaftlicher Strukturen, sich häufiger folgendes Bloch-Zitat ins Gedächtnis zu rufen: „Blühende Gesellschaften fürchten nicht, wie untergehende, im Altsein ihr Spiegelbild, sondern begrüßen darin ihre Türmer.“ (Bloch, 1959).

Weiterführende Literatur

Baltes, M. M. & Montada, L. (Hrsg.) (1996). Produktives Leben im Alter. Frankfurt/Main: Campus.
Eines der wenigen Bücher zum Thema Produktivität im Alter, das zudem die Blickwinkel verschiedener Disziplinen auf dieses Thema in sich vereinigt und interessante Einblicke in existierende Eigeninitiativen älterer Menschen gibt.

Baltes, P. B., Mittelstraß, J. & Staudinger, U. M. (Hrsg.) (1994). Alter und Altern: Ein interdisziplinärer Studientext zur Gerontologie. Berlin: Walter de Gruyter.
Ein klassisches Referenzwerk zum Thema Altern aus interdisziplinärer Perspektive. Verschiedene für das Verständnis des Alters relevante Diszipline kommen im O-Ton zu Wort.

Bundesministerin für Familie, Senioren, Frauen und Jugend (2001). Dritter Bericht zur Lage der älteren Generation in der Bundesrepublik Deutschland: Alter und Gesellschaft. Berlin: BMFSFuJ.
Der jüngste Alternbericht der Bundesregierung zeigt wie wissenschaftlicher Sachverstand eine Bestandaufnahme des Wissens über das Altern in Deutschland sieht und weist auf gesellschaftlichen und wissenschaftlichen Nachholbedarf hin.

Kruse, A. (1998). Psychosoziale Gerontologie (Jahrbuch für medizinische Psychologie, Bd. 15). Göttingen: Hogrefe.
Der Band beschäftigt sich mit der Lebenssituation älterer Menschen, vor allem mit der kognitiven Entwicklung, der Kompetenz, der Lebenszufriedenheit und der Verarbeitung von Belastungen.

Mayer, K. U. & Baltes, P. B. (Hrsg.) (1996). Die Berliner Altersstudie. Berlin: Akademie Verlag.
In dieser Monographie wird eine Übersicht über empirische Befunde zum Alter und hohen Alter aus internistischer, psychiatrischer, soziologischer, ökonomischer und psychologischer Sicht geboten.

Kapitel 37
Produktives Leben im Alter II: Der Umgang mit Verlusten und der Endlichkeit des Lebens

Andreas Kruse

1 Produktivität

Der Mensch kann produktiv sein in der Erfüllung seines Lebens, wobei zur Erfüllung des Lebens auch die reflektierte und verantwortliche Auseinandersetzung mit Verlusten sowie mit der eigenen Endlichkeit gehört. Diese Auseinandersetzung bestimmt nicht das Alter (oder muss es zumindest nicht bestimmen) und sie beschränkt sich auch nicht auf das Alter. Doch sie gewinnt im Alter zunehmend an Bedeutung. Sie kann eine weitere Differenzierung der Identität, der Erfahrungen und der Erkenntnisse eines Menschen anstoßen und damit zum „Werden zu sich selbst" (Rentsch, 1995) und zur Erfüllung des Lebens beitragen. Aussagen über ein erfülltes (dies heißt auch: sinnerfülltes) Leben beschränken sich nicht auf Leistungen und Erfolge, die Menschen im Lebenslauf erbringen bzw. erfahren, sondern schließen auch die Auseinandersetzung mit Verlusten und der eigenen Endlichkeit ein.

Für diese Form von Produktivität bildet unsere Gesellschaft, unsere Kultur einen möglichen und bedeutsamen Entwicklungskontext: Die gesellschaftlichen und kulturellen Leitbilder eines „guten" Lebens beeinflussen die Identität des Menschen, seine Interpretation der einzelnen Lebensalter und seine Orientierung in diesen Lebensaltern (Steinfath, 1998). Entscheidend sind hier zwei Fragenkomplexe:

(1) Inwieweit werden in einer Gesellschaft Grenzsituationen als natürlicher Teil unseres Lebens betrachtet? Inwieweit wird die reflektierte, verantwortliche Auseinandersetzung des Menschen mit Grenzsituationen als eine nicht nur individuell, sondern auch gesellschaftlich und kulturell bedeutsame Aufgabe interpretiert? Inwieweit sieht die Gesellschaft diese Auseinandersetzung als eine Form von Produktivität an, durch die auch ihr Humanvermögen erweitert wird?

(2) Inwieweit ist in den sozialen Repräsentationen des Alters eine differenzierte Abbildung sowohl der möglichen Verluste als auch der möglichen Stärken dieser Lebensphase erkennbar? Inwieweit ist auch in den sozialen Repräsentationen der Grenzen im Alter die potentielle Fähigkeit des Menschen zum selbständigen, selbstverantwortlichen und mitverantwortlichen Leben berücksichtigt?

Grenzerfahrungen sind auch Lebensmöglichkeiten. Soziale Repräsentationen sind für die Art der Auseinandersetzung mit den Grenzen des Lebens von großer Bedeutung. Sie können diese befruchten oder erschweren. Ein Beispiel für eine differenzierte soziale Repräsentation des Menschen in der letzten Grenzsituation seines Lebens ist die auf Cicely Saunders und das von ihr im Jahre 1967 gegründete St. Christopher Hospital zurückgehende Hospizhilfe, die sich von folgender Aussage leiten lässt: "We will do all we can, not only to die peacefully, but also to live until you die" (Saunders, 1993, S. 48). Damit soll zum

Ausdruck gebracht werden, dass eine zum Tode führende Krankheit Selbständigkeit, Selbstverantwortung und Mitverantwortung – als zentrale anthropologische Kategorien – nicht ausschließt, sondern dass das Sterben ein natürlicher, zu unserer Existenz gehörender Prozess ist, in dessen Verlauf Menschen zu einer neuen Erfüllungsgestalt des Lebens gelangen können – unter der Bedingung, dass ihnen die notwendige und von ihnen gewünschte medizinische, pflegerische, psychologische und seelsorgerische Betreuung bzw. Begleitung zukommt (Kruse, 1995a).

Die Auseinandersetzung mit Grenzsituationen wurde bislang aus der Perspektive der Person und der Erfüllung ihres Lebens betrachtet. Diese Perspektive ist um eine weitere zu ergänzen – nämlich um jene der Mitmenschen (Montada, 1996). Es geht hier um die Frage, inwieweit diese aus meiner Auseinandersetzung mit Grenzsituationen Gewinn ziehen, inwieweit sie davon profitieren, dass sie Zeuge meiner Auseinandersetzung werden. Dieser Gedanke findet schon in der antiken Philosophie Ausdruck, wie nachfolgender Ausschnitt aus der von L. Annaeus Seneca (etwa 4 v.Chr. bis 65 n.Chr.) verfassten Schrift „De tranquillitate animi" (Von der Seelenruhe) deutlich machen soll: „Die Mühen eines rechtschaffenen Bürgers sind nie ganz nutzlos. Er hilft schon dadurch, dass man von ihm hört und sieht, durch seine Blicke, seine Winke, seine wortlose Widersetzlichkeit und durch seine ganze Art des Auftretens. Wie gewisse Heilkräuter, die – ohne dass man sie kostet oder berührt – schon durch ihren bloßen Geruch Heilung bewirken, so entfaltet die Tugend ihre heilsame Wirkung auch aus der Ferne und im Verborgenen" (1980, S. 43). Ältere Menschen können für andere einen Entwicklungskontext darstellen. In intergenerationellen Gesprächsgruppen zu Fragen der Entwicklungsaufgaben im Lebenslauf oder zum Lebensrückblick können Erkenntnisse und Erfahrungen gewonnen werden. Jüngere Menschen können durch ihre Teilnahme an solchen Gruppen nicht nur zu einer differenzierteren Sicht des Alters und älterer Menschen gelangen, sondern auch subjektiv bedeutsame Anstöße durch kontinuierliche Gespräche mit älteren Menschen erhalten, die in diesen Gruppen über ihre Erfahrungen in Grenzsituationen sprechen (Birren & Deutchman, 1991).

2 Grenzsituationen und Ich-Du-Relation

Die Frage, wie Menschen mit Verlusten und der Endlichkeit des Lebens umgehen, berührt zum einen das existenzphilosophische Thema der Grenzsituationen (Jaspers, 1973), zum anderen das begegnungsphilosophische Thema des mitverantwortlichen Lebens (Arendt, 1960; Buber, 1971).

Die existenzphilosophische Perspektive

In seiner 1932 erschienenen Schrift „Philosophie" beschreibt der Existenzphilosoph und Arzt Karl Jaspers (1883–1969) Grenzsituationen als Grundsituationen der Existenz, die „mit dem Dasein selbst sind" (Jaspers, 1973, S. 203). Diese Situationen gehören zu unserer Existenz, konstituieren unsere Existenz. Grenzsituationen, wie jene des Leidens, des Verlusts, des Sterbens, haben den Charakter der Endgültigkeit: „Sie sind durch uns nicht zu verändern, sondern nur zur Klarheit zu bringen, ohne sie aus einem Anderen erklären und ableiten zu können" (S. 203). Aufgrund ihrer Endgültigkeit lassen sich Grenzsituationen selbst nicht verändern. Sie erfordern vielmehr die Veränderung des Menschen im Sinne weiterer Differenzierung seines Erlebens, seiner Erkenntnisse und seines Handelns. Dadurch gelangt er auch zu einer neuen Einstellung zu sich selbst und zu seiner Existenz: „Auf Grenzsituationen reagieren wir nicht sinnvoll durch Plan und Berechnung, um sie zu überwinden, sondern durch eine ganz andere Aktivität, das Werden der in uns möglichen Existenz; wir werden wir selbst, indem wir in die Grenzsituationen offenen Auges eintreten" (S. 204). Das „Eintreten offenen Auges" lässt sich psychologisch im Sinne des „reflektierten und verantwortlichen Umgangs“ interpretieren: Die Person orientiert sich an Werten, derer sie sich bewusst geworden ist (Selbstverantwortung), und nimmt Rücksicht auf die Werte anderer Menschen, die von ihrem Umgang mit der Grenzsituation unmittelbar berührt werden (Mitverantwortung). Die Anforderungen, die Grenzsituationen an den Menschen stellen, sowie die Verwirklichung des Menschen in Grenzsituationen „gehen auf das Ganze der Existenz“ (S. 206). Diese Verwirklichung wird auch im Sinne eines „Sprungs“ interpretiert: Das Individuum gelangt in der gelingenden Auseinandersetzung mit dieser Situation zu einem vertieften Verständnis seiner selbst: „Nach dem Sprung ist mein Leben für mich ein anderes als mein Sein, sofern ich nur da bin. Ich sage ‚ich selbst‘ in einem neuen Sinn“ (S. 207).

Die begegnungsphilosophische Perspektive

Das „Ganze der Existenz“ schließt die Erfahrung der Beziehung ein, die in den Worten des Religionsphilosophen und Soziologen Martin Buber (1878–1965) wie folgt umschrieben werden kann: „Drei sind die Sphären, in denen sich die Welt der Beziehung errichtet. Die erste: das Leben mit der Natur, die zweite: das Leben mit den Menschen, die dritte: das Leben mit den geistigen Wesenheiten“ (Buber, 1971, S. 10). In der Sphäre des Du „ist die Beziehung offenbar und sprachgestaltig. Wir können das Du geben und empfangen“ (S. 10). Dabei ist für das Werden des Menschen die Ich-Du-Relation zentral: „Ich werde am Du; Ich werdend spreche ich Du; alles wirkliche Leben ist Begegnung“ (S. 15). In Grenzsituationen kann meine Sensibilität für die Sphäre des Du, für die Begegnung zunehmen, weil ich spüre, dass mir die Ich-Du-Relation hilft, Grenzen zu überwinden. Diese Aussage lässt sich anhand eines Essays des Schriftstellers Siegfried Lenz (1998) über den Schmerz veranschaulichen: „Der Schmerz ist auch geeignet, unsere Wahrnehmung zu schärfen, und mitunter verdanken wir ihm einen Zuwachs an Erkenntnis. Wir stellen fest, dass Vorläufigkeit und Unsicherheit zu unserem Dasein gehören. Und nicht nur dies. Durch den Schmerz entdecken wir den anderen, den Mitleidenden, wir werden gewahr, dass wir nicht allein sind, jeder nur ein Fremder, der sich im Gegensatz zur Welt befindet“ (S. 27).

In der Beziehung entstehen schöpferische Prozesse. Die Ich-Du-Relation hat auch in Grenzsituationen ein schöpferisches Moment. Die Philosophin und Politikwissenschaftlerin Hannah Arendt (1906–1975) beschreibt in ihrer Schrift „Vita activa oder vom tätigen Leben“ (1960) Handeln (in Abgrenzung zum Arbeiten und Herstellen) als den Umgang von Menschen mit Menschen in Tat und Wort. Ein Handelnder stehe immer in einem Beziehungsgeflecht und könne deswegen nie etwas „ungestört“ anfangen oder zu Ende bringen. Im Handeln verwirkliche der Mensch seine höchste Fähigkeit: die Gabe, etwas völlig Neues zu beginnen. Diese Fähigkeit umschreibt Arendt mit dem Begriff der „Natalität“: „Wer ich bin, das kann ich nicht erfahren und festhalten in passiver und sprachloser Zurückgezogenheit. Erst wenn ich spreche und handle, gebe ich Aufschluss über mich, zeige mich und gebe mich auch aus der Hand“ (Arendt, 1960, S. 268). Erst dann könne in der Beziehung etwas „Neues“ begonnen werden. Der Mensch bewahre seine Unverwechselbarkeit und empfinde die Eigenart des anderen nicht als Einschränkung, sondern begreife diese vielmehr als Chance, die Frage nach dem gemeinsamen Leben immer wieder neu zu stellen. Diese Aussage gelte auch für das Handeln in Grenzsituationen. Die Vorstellung, dass Menschen auch in solchen Situationen etwas Neues beginnen können, dass auch in solchen Situationen die Beziehung zwischen den Menschen als schöpferischer Prozess verstanden werden kann, müsse sich in der Gesellschaft noch viel stärker durchsetzen, damit Solidarität zwischen Menschen entstehe.

Beziehungspartner gestalten die Räume für Entwicklung und Bewältigung. Nicht nur die familiären und freundschaftlichen Beziehungen, sondern auch die Beziehungen zu jenen Personen, die für Therapie, Pflege, Seelsorge und Krisenin-

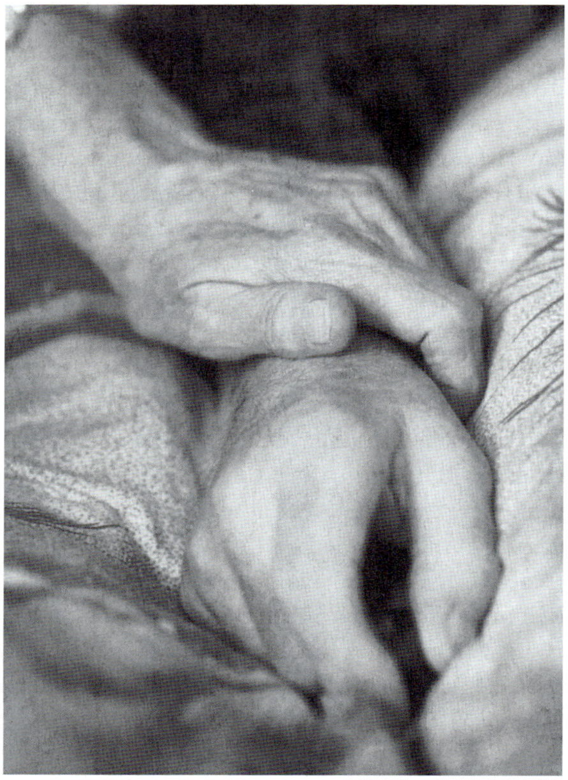

Die Auseinandersetzung mit Verlusten und der Endlichkeit des Lebens rückt im hohen Lebensalter zunehmend in den Vordergrund

tervention verantwortlich sind, entscheiden darüber, ob eine Grenzsituation schöpferisch bewältigt werden kann (Verres, 1998). Die Bezugspersonen beeinflussen durch ihre Offenheit gegenüber den Belangen des Menschen in Grenzsituationen dessen Fähigkeit, sich bewusst und reflektiert mit seiner Situation auseinander zu setzen, oder, wie es Chappuis (1999) mit Blick sowohl auf den chronisch erkrankten als auch auf den sterbenden Menschen ausgedrückt hat, „seinen Lebensweg zu sehen, zu gehen und zu gestalten" (S. 912). Eine derartige Beziehungsqualität kann sich jedoch nur entwickeln, wenn Selbstüberschätzung des Helfenden und geringschätzige Bewertung des Hilfsbedürftigen nach dem Modell „Vorgesetzter-Untergebener" oder „Lehrer-Lernender" vermieden werden (Balint, 1991).

3 Die Außen- und Innensicht auf das Alter

3.1 Die Notwendigkeit einer Differenzierung zwischen Außen- und Innensicht

Die Beschäftigung mit den Verlusten und der Endlichkeit im Alter erfordert sowohl eine Außen- als auch eine Innensicht des Alters, wobei diese beiden Perspektiven als komplementär anzusehen sind.

DEFINITION

Mit dem Begriff der **Außensicht** ist die möglichst differenzierte Erfassung der körperlichen und geistigen Leistungsfähigkeit, der physischen und psychischen Gesundheit, der Persönlichkeit, der Selbständigkeit im Alltag, der sozialen Integration sowie der finanziellen Ressourcen im Alter gemeint.
Der Begriff der **Innensicht** beschreibt das subjektive Erleben des eigenen Alters. Dabei muss sowohl die subjektive Wahrnehmung von Kontinuität und Veränderung im Alternsprozess als auch deren emotionale und kognitive Bewertung durch das Individuum berücksichtigt werden.

Beide Perspektiven sind für das Verständnis des Alters sowie für den Umgang älterer Menschen mit Verlusten und Endlichkeit notwendig.

Außensicht

Die objektive Beschreibung von Entwicklungsverläufen in den verschiedenen biologisch-physiologischen, psychologischen und soziologischen Parametern gibt uns Einblick in die Stärken wie auch die Verluste des Alters. Sie lässt uns außerdem – wie Baltes und Baltes (1990) in ihrer Theorie der Selektiven Optimierung mit Kompensation aufgezeigt haben – verstehen, inwieweit es älteren Menschen möglich ist, durch Stärken in spezifischen Lebensbereichen Verluste in anderen Lebensbereichen zu kompensieren.

- Selektion beschreibt die unwillkürlich einsetzende oder bewusst vorgenommene Verringerung der Anzahl von Lebenszielen und Lebensaktivitäten mit dem Ziel, die bestehenden Ressourcen zu bündeln.
- Optimierung bezeichnet das Bemühen, in den erhaltenen Lebensaktivitäten möglichst viele Reserven auszuschöpfen und die für die Erreichung der Ziele notwendigen Handlungsmittel zu pflegen und kontinuierlich zu verbessern.
- Kompensation beschreibt die adaptive Reaktion des Individuums auf den Verlust von Ressourcen, wobei alternative Handlungsmittel aktiviert oder Hilfsmittel verwendet werden, um den Funktionsstand möglichst weit und lange aufrecht zu erhalten.

Es wird angenommen, dass es ein „Lebensverlaufsskript in der Kombination von Selektion, Optimierung und Kompensation gibt" (Baltes, 1999, S. 440). Danach beinhaltet jeder Entwicklungsprozess eine spezifische Kombination dieser drei Prozesse. Im hohen und sehr hohen Alter gewinnen, aufgrund zunehmender Verluste, Selektion und Kompensation an Gewicht.

Kompensation als Bewältigungsstrategie. Menschen besitzen eine erhebliche physische, psychische und kognitive Plastizität: Funktionen und Fertigkeiten können durch Forderung und Förderung, die sich an der jeweiligen Leistungskapazität des Individuums orientiert, beeinflusst werden. Auch dieser Aspekt ist zu berücksichtigen, wenn vom Umgang des Menschen mit Verlusten und Endlichkeit gesprochen wird. Denn er legt die Frage nahe, inwieweit durch Intervention eine Linderung von Verlusten oder eine Förderung der Auseinandersetzung mit Verlusten und Endlichkeit erreicht werden kann (Weinert, 1992).

Innensicht

Die Analyse von subjektiven Perspektiven auf das eigene Alter ist aus drei Gründen wichtig:

(1) Sie gibt uns Hinweise auf Potentiale (Stärken) wie auch auf Probleme des Alters, die bei einer ausschließlich objektiven Analyse von Veränderungen möglicherweise unentdeckt bleiben würden.

(2) Sie kann als Korrektiv für unsere Projektionen auf ältere Menschen dienen, in denen sich vielfach negative Altersstereotype widerspiegeln.

(3) Die kognitive Repräsentation einer Situation stellt – wie es Thomae (1996) in seiner kognitiv-motivationalen Theorie der Anpassung an das Alter postuliert – die entscheidende vermittelnde Variable zwischen der objektiv gegebenen (äußeren) Situation und dem auf diese bezogenen Verhalten dar.

Die spezifischen Formen des Umgangs mit Verlusten und Endlichkeit lassen sich erst dann verstehen, wenn auch eine Antwort auf die Frage gegeben werden kann, wie Menschen diese Verluste und die Endlichkeit subjektiv erleben. Dabei müssen Motive, Werte, Einstellungen und Überzeugungen des Individuums in ihrem Einfluss auf die subjektive Bewertung der Verluste und der Endlichkeit erfasst werden (Thomae, 1983).

Wie kann man subjektives Erleben erfassen?

Die differenzierte Analyse der daseinsthematischen Struktur ist eine Möglichkeit zur Erfassung der kognitiven und motivationalen Prozesse des Individuums. Sie untersucht die über einzelne Situationen hinausgehenden Grundanliegen oder Grundthemen des Individuums (Lehr & Thomae, 1991, 2000).

Die Analyse der Zukunftsperspektive zeigt, inwieweit das Individuum Möglichkeiten zur selbstverantwortlichen Lebensführung wahrnimmt und umsetzt. Die inhaltliche Struktur der Zukunftsperspektive deutet auf Pläne, Vorhaben, Hoffnungen, Sorgen und Befürchtungen des Menschen hin (Brandtstädter & Wentura, 1994; Thomae, 1989). Tiefe und inhaltliche Struktur der Zukunftsperspektive zeigen, ob das Alter aus der Sicht des Individuums Möglichkeiten zur Selbstverwirklichung und Sinnerfahrung (Dittmann-Kohli, 1994; Filipp, 1999; Lapierre et al., 1997) sowie zu persönlichem Wachstum (Reker, 1997) bietet. Sie zeigen auch, welche Bedeutung Verluste und die Endlichkeit des Lebens für das Individuum haben – ob sie z.B. die Zukunftsperspektive bestimmen, neben den Möglichkeiten zur Selbstverwirklichung und Sinnerfahrung eine Komponente der Zukunftsperspektive bilden, oder vom Individuum als eine persönlich bedeutsame Aufgabe gedeutet werden, die auch Aspekte der Selbstverwirklichung und Sinnerfahrung einschließt (Kruse, 1995a; Olbrich, 1997; Staudinger & Dittmann-Kohli, 1992).

3.2 Empirische Befunde

Bislang galt unser Augenmerk der Begründung für die Differenzierung zwischen einer Außensicht und einer Innensicht. Nachfolgend sollen, beide Perspektiven berücksichtigend, einige empirische Befunde zu Veränderungen im Alter zusammenfassend dargestellt werden. Der Schwerpunkt liegt – entsprechend der Thematik dieses Kapitels – auf der Darstellung möglicher Verluste im Alter. Doch sollen bei der Explikation der Innensicht auch Potentiale (Stärken) des Alters genannt werden, da sich in diesen vielfach die erfolgreiche Anpassung des Individuums an Verluste im Alter widerspiegelt – ein Aspekt, der für das Verständnis des Umgangs mit Verlusten wichtig ist.

3.2.1 Die Außensicht

Empirische Studien deuten auf die Gleichzeitigkeit von Wachstumsprozessen und Verlusten im Alter hin. Wachstumsprozesse sind vor allem in der Entwicklung der Identität und des Selbstkonzepts, in der Art der Auseinandersetzung mit Belastungen, Krisen und Verlusten sowie in den Lebenserkenntnissen und Wissenssystemen zu sehen (Filipp, 1999; Staudinger, 1996). Verluste betreffen den physiologischen, neurobiologischen und neuropsychologischen Bereich (Bickel, 1997; Kruse et al., 2001).

Die physiologischen Verluste kommen vor allem in der abnehmenden körperlichen Leistungsfähigkeit des Menschen zum Ausdruck. Zugleich haben Menschen allerdings eine hohe physische Plastizität: Die allgemeine körperliche Leistungsfähigkeit, die Kapazität einzelner Organe und die psychomotorischen Funktionen können durch kontinuierliches Training beeinflusst werden.

Die physiologischen Verluste spiegeln sich außerdem in einer zunehmenden Anfälligkeit älterer Menschen für Erkrankungen (vor allem chronische Erkrankungen) sowie für sensorische und motorische Einbußen wider. Trotz dieser erhöhten körperlichen Verletzlichkeit (Vulnerabilität) sind aber die Rehabilitationspotentiale bei den meisten älteren Menschen so hoch, dass durch systematische Förderung im Prozess der Rehabilitation eine erkennbare Verbesserung der Gesundheit erzielt werden kann (Paeslack, 1998).

Neurobiologische und neuropsychologische Verluste. Die Verluste in den neurobiologischen und neuropsychologischen Merkmalen zeigen sich vor allem in der verringerten Kapazität zur Vernetzung von Neuronenverbänden sowie in der verringerten Geschwindigkeit und Präzision der Erregungsübertragung in bestehenden neuronalen Netzwerken (Kruse & Rudinger, 1997). Diese Verluste äußern sich in einer Abnahme der kognitiven Leistungsfähigkeit in neuartigen Problemsituationen sowie in einer verringerten Kapazität des Kurzzeitgedächtnisses. Im sehr hohen Alter ist zudem eine Abnahme der kognitiven Leistungsfähigkeit in vertrauten Problemsituationen erkennbar (Baltes, 1996, 1999). Für die Verluste im kognitiven Bereich gilt allerdings das Gleiche wie für die Verluste im physischen Bereich: Bis ins höchste Alter ist eine beträchtliche kognitive Plastizität erkennbar, durch die alterskorrelierte Verluste zumindest in Teilen kompensiert werden können (Lindenberger & Baltes, 1997). Schließlich ist das im sehr hohen Alter erkennbar erhöhte Risiko für das Auftreten hirnorganischer, vor allem dementieller Erkrankungen zu nennen: Während zwischen einem und vier Prozent der 65- bis 69-jährigen Bevölkerung an einer schweren oder mäßig schweren Demenz leiden, beläuft sich dieser Anteil in der 80- bis 84-jährigen Bevölkerung auf 15 Prozent und in der über 90-jährigen Bevölkerung auf über 30 Prozent (Bickel, 1997). Ab dem neunten Lebensjahrzehnt nimmt zudem das Risiko der Pflegebedürftigkeit erkennbar zu: Während Ende 1998 2,6 Prozent der 65- bis 70-jährigen, 4,5 Prozent der 70- bis 75-jährigen und 8,9 Prozent der 75- bis 80-jährigen Bevölkerung pflegebedürftig waren (nach Maßstäben des SGB XI), belief sich der Anteil pflegebedürftiger Menschen in der 80- bis 85-jährigen Bevölkerung auf 19,2 Prozent, in der 85- bis 90-jährigen Bevölkerung auf 34 Prozent und in der über 90-jährigen Bevölkerung auf 55,4 Prozent (Bundesministerium für Familie, Senioren, Frauen und Jugend, 2001).

Kumulation von Anforderungen. In der Berliner Altersstudie (Mayer & Baltes, 1996) wurden die Untersuchungsteilnehmer auf der Grundlage ihrer Ausprägung in 23 internistischen, psychiatrischen, psychologischen, sozialen und ökonomischen Indikatoren in vier Gruppen differenziert, welche durch einen guten, durchschnittlichen, schlechten oder sehr schlechten allgemeinen Funktionsstatus gekennzeichnet waren. Dabei fand sich im neunten und zehnten Lebensjahrzehnt eine kontinuierliche Zunahme jener Gruppen, deren Funktionsstatus als sehr schlecht oder als schlecht beschrieben wurde, und eine kontinuierliche Abnahme der durch einen guten Funktionsstatus gekennzeichneten Gruppe. Aus diesem Grunde ist im sehr hohen Alter von einer Kumulation der Anforderungen an den Menschen zu sprechen (Baltes, 1999).

3.2.2 Die Innensicht

Alte und sehr alte Menschen deuten ihr eigenes Alter sowohl im Sinne von Stärken als auch von Verlusten (Heuft et al., 2000; Kruse, 1990). Die subjektiv erlebten Verluste entsprechen meist den objektiv feststellbaren physiologischen, neurobiologischen und neuropsychologischen Verlusten. Im siebten Lebensjahrzehnt werden nur selten, im achten Lebensjahrzehnt schon häufiger und im neunten und zehnten Lebensjahrzehnt häufig Verluste genannt. Das hohe Alter ist also auch aus der Innensicht älterer Menschen ein Lebensabschnitt, in dem die Verletzlichkeit des Menschen erkennbar zunimmt.

Die häufigsten Verluste. Zu den im neunten und zehnten Lebensjahrzehnt am häufigsten genannten Verlusten zählen:

- die Zunahme an Erkrankungen sowie die Abnahme körperlicher Leistungsfähigkeit und Belastbarkeit,
- chronische Schmerzen, die vielfach als stark empfunden werden,
- die Abnahme der Leistungsfähigkeit des Gedächtnisses, vor allem des Kurzzeitgedächtnisses,
- eine bereits bestehende oder befürchtete Abhängigkeit von der Hilfe oder Betreuung anderer Menschen,
- Einbußen in sensorischen und motorischen Funktionen, die zu verringerter Mobilität führen,
- Unsicherheit in bezug auf die eigene Zukunft aufgrund eingetretener oder befürchteter Einbußen der Gesundheit, verbunden mit Sorgen vor einer auftretenden oder einer an Schwere zunehmenden Pflegebedürftigkeit,
- der erlittene oder drohende Verlust nahestehender Menschen,
- Gefühle der Einsamkeit,
- Unsicherheit in bezug auf die eigene Zukunft aufgrund des möglichen Verlusts des Partners,
- zunehmende Sorge vor einem schmerzhaften und einsamen Sterben.

Die häufige Nennung chronischer Schmerzen stimmt mit Ergebnissen epidemiologischer Studien überein, denen zufolge bei 36 bis 56 Prozent der über 65-Jährigen und bei 65 bis 70 Prozent der über 80-Jährigen chronische Schmerzen bestehen (Ferrel & Ferrel, 1996; Kruse et al., 2001). Muskuloskelatale, neuropathische und tumorbedingte Schmerzen bilden dabei die häufigsten Schmerzformen.

Das Selbstbild bleibt positiv. Aus der Analyse der Selbstdefinitionen in der Berliner Altersstudie

(Freund & Smith, 1997) geht hervor, dass auch bei über 85-jährigen Menschen die positiven Definitionen gegenüber den negativen überwiegen. Bei einem Vergleich dieser Gruppe mit jener der 70- bis 85-Jährigen wurde jedoch deutlich, dass

- mit zunehmendem Alter das Verhältnis zwischen positiv und negativ bewerteten Aussagen ungünstiger wird – ein Unterschied, der vor allem auf körperliche und sensorische Einbußen zurückzuführen ist,
- die Anzahl der Bereiche, durch die sich Personen selbst definieren, mit zunehmendem Alter zurückgeht, und
- auch bei einer hohen Reichhaltigkeit der Selbstdefinitionen (Bezugnahme auf eine Vielzahl unterschiedlicher Bereiche) die körperlichen und sensorischen Einschränkungen mehr und mehr an Gewicht gewinnen.

Auch in den Selbstdefinitionen hochbetagter Menschen werden – neben der Fähigkeit zur psychischen Anpassung an das Alter – die Grenzen der psychischen Widerstandsfähigkeit deutlich.

Persönliche Sinnsysteme und Zukunftsperspektive. Die persönliche Zukunft wird zwar von der deutlich größeren Anzahl älterer Menschen als offen und gestaltbar erlebt, doch wird gleichzeitig auf mögliche Gefährdungen Bezug genommen, die als dunkle Punkte hinter den Plänen und Vorhaben liegen (Dittmann-Kohli, 1994; Lapierre et al., 1997; Reker, 1997; Thomae, 1989). Der Hinweis auf Verluste findet sich vor allem bei jenen Menschen, die gesundheitlich oder in anderer Hinsicht hoch belastet sind: hier dominiert auch die erlebte Endlichkeit der eigenen Existenz das Erleben. Andererseits werden Verluste subjektiv nicht selten auch als Anforderung oder Lebensaufgabe interpretiert, deren Bewältigung die Möglichkeit zur Selbstverwirklichung einschließt.

Grenzerfahrungen geben Lebensanstöße. In einer Untersuchung zur psychischen Situation chronisch erkrankter Menschen nach einem Schlaganfall (Kruse, 1987) fand sich eine Gruppe von Patienten, die die Erkrankung nicht nur im Sinne des Verlusts, sondern auch im Sinne einer Grenzerfahrung deuteten, die für die positiven Momente der persönlichen Lebenssituation – zum Beispiel für die gute Ehe, den erfolgreichen Lebensweg der Kinder, den erhaltenen Freundeskreis – sensibilisiere und damit gleichzeitig zu einer veränderten Lebensgestaltung anstoße. Diese subjektive Deutung der persönlichen Situation lässt sich psychologisch im Sinne einer kognitiven Umstrukturierung, in der eine Neubewertung der Situation stattfindet, interpretieren (Diehl et al., 1996; Lehr, 1980; Thomae, 1996), aber auch im Sinne von akkommodativen Prozessen, in der persönliche Präferenzen an die situativen Gegebenheiten angepasst (Brandtstädter & Renner, 1990; Brandtstädter & Rothermund, 1998) sowie Vergleiche mit der Lebenssituation anderer Menschen und der eigenen Lebenssituation in der Vergangenheit vorgenommen werden (Filipp & Ferring, 1998). Hier ist bereits der Aspekt der Bewältigung von Belastungen angesprochen, der in Kapitel 4 ausführlicher thematisiert werden soll. An dieser Stelle ist vor allem die Tatsache hervorzuheben, dass bei der Frage nach subjektiv erlebten Verlusten im Kern auch die Frage nach dem Umgang mit diesen Verlusten gestellt wird, denn im subjektiven Erleben von Verlusten spiegelt sich eben nicht nur die objektiv gegebene Situation wider, sondern auch subjektive Bewertungsprozesse, die schon als Komponente des Prozesses der Bewältigung interpretiert werden können.

Zeitperspektive im Alter. Im Alter ist eine Abnahme der Fernorientierung und eine Zunahme der Nah- und Gegenwartsorientierung in der Zeitperspektive erkennbar. Zugleich erscheint die persönliche Zukunft in geringerem Maße als „kontrollierbar“. Andererseits verändern sich die Indikatoren psychischer Befindlichkeit aber nicht oder nur geringfügig negativ (Brandtstädter & Wentura, 1994). Thomae (1989) hebt hervor, dass sich in der Veränderung der Zeitperspektive grundsätzlich – also in allen Lebensaltern – eine kontinuierliche Anpassung des Menschen an Veränderungen seiner Lebenssituation widerspiegelt. Für das Alter bedeute dies, dass Pläne und Vorhaben aufgrund der Antizipation möglicher Risiken und Verluste in zunehmendem Maße in die nahe Zukunft verlegt werden, so dass die erlebte Offenheit der Zukunft erhalten bleibt. Kastenbaum (1982) sieht ein spezifisches Moment des Zeiterlebens im sehr hohen Alter in dem Wunsch, dass die gegenwärtige Situation möglichst lange erhalten bleibe ("Desire for a no-change future"). Die Endgültigkeit des Daseins dominiert – ebenso wie die Endgültigkeit der eigenen Existenz – in aller Regel erst dann das Zukunftserleben älterer Menschen, wenn die bestehende Situation von zahlreichen Grenzerfahrungen bestimmt ist.

Alte haben besondere Stärken. In den Aussagen zu den subjektiv erlebten Verlusten wurde bereits mehrfach auf die adaptiven Ressourcen älterer Menschen hingewiesen, die auch als ein mögliches Potential des Alters interpretiert werden können. In den bereits genannten Untersuchungen zu den subjektiv erlebten Stärken und Verlusten im Alter (Heuft et al., 2000; Kruse, 1990) wurden von älteren Menschen Stärken berichtet, die nach unserer Interpretation vor allem als Aspekte der kognitiven Umstrukturierung bzw. akkommodativer Prozesse zu verstehen sind.

Zu den im neunten und zehnten Lebensjahrzehnt am häufigsten berichteten Stärken zählen:

- Sich an Dingen freuen können, denen man in früheren Lebensjahren geringere Bedeutung beigemessen hat,
- Veränderung des Anspruchsniveaus in Bezug auf jene Bedingungen, die für ein zufriedenstellendes Leben erfüllt sein müssen,
- Aufrechterhaltung einer positiven und bejahenden Lebenseinstellung trotz erfahrener Einbußen und Verluste,
- zunehmende Fähigkeit, Pläne und Vorhaben an die begrenzte Zeit anzupassen und Unsicherheit in Bezug auf die persönliche Zukunft zu ertragen,
- realistischere Einschätzung der Grenzen eigenen Handelns, zunehmende Akzeptanz dieser Grenzen und Entdeckung neuer Handlungsmöglichkeiten,
- zunehmende Fähigkeit, die unerfüllt gebliebenen Wünsche und Erwartungen im Lebenslauf zu akzeptieren und Kompromisse zu schließen.

4 Die Bewältigung von Verlusten und Endlichkeit

Angesichts der Verluste, mit denen das hohe und sehr hohe Alter konfrontiert, stellt sich die Frage nach den Möglichkeiten und Grenzen der Bewältigung von Belastungen sowie nach jenen Faktoren, die die Bewältigung positiv oder negativ beeinflussen. Damit ist auch das Thema der Resilienz, d.h. der psychischen Widerstandsfähigkeit angesprochen.

DEFINITION

Resilienz bezeichnet die Aufrechterhaltung oder Wiederherstellung des früheren psychischen Anpassungs- und Funktionsniveaus nach einem eingetretenen Trauma oder bei bestehenden Einschränkungen und Verlusten.

Diese lässt sich im Sinne eines Beeinträchtigungs-Ressourcen-Systems interpretieren (Staudinger et al., 1995): Zum einen ist nach objektiv gegebenen und subjektiv erlebten Einschränkungen und Verlusten (Beeinträchtigungen) zu fragen, zum anderen nach Mitteln (Ressourcen), mit denen das Individuum die bestehenden Beeinträchtigungen zu bewältigen versucht. Diese Mittel lassen sich in psychologische (zu denen vor allem die Persönlichkeit, das Bewältigungsverhalten, Wissenssysteme, Erfahrungen sowie kognitive Fähigkeiten und Fertigkeiten gehören) und nichtpsychologische (zu denen vor allem der Bildungsstand, finanzielle Ressourcen sowie Merkmale der sozialen, infrastrukturellen und räumlichen Umwelt gehören) unterteilen.

Allgemeine und spezifische Bewältigungsstrategien. Empirische Arbeiten zeigen eine auch im hohen und sehr hohen Alter gegebene Resilienz: Trotz der Verluste in dieser Lebensphase ist die Lebenszufriedenheit der betreffenden Menschen nicht geringer; Belastungsstörungen und somatoforme Störungen treten nicht häufiger auf als bei jüngeren Menschen (Kruse et al., 2001).

Bei der Interpretation dieser empirischen Befunde ist aber zu berücksichtigen, ob sie in Studien gewonnen wurden, in denen allgemein nach dem Umgang mit Belastungen gefragt wurde, oder in solchen, in denen das Bewältigungsverhalten in spezifischen Situationen erfasst wurde, in denen die Begrenztheit und Verletzlichkeit der Existenz in besonderem Maße bewusst wird – zu nennen sind hier vor allem schwere, chronisch verlaufende Erkrankungen, Pflegebedürftigkeit sowie die Konfrontation mit der eigenen Endlichkeit.

Allgemeiner Umgang mit Belastungen. In Studien, in denen die Frage gestellt wurde, wie ältere Menschen allgemein mit Belastungen umgehen, fand sich übereinstimmend ein hohes psychisches Anpassungsniveau, das jenem im frühen oder mittleren Erwachsenenalter vergleichbar ist. Es zeigten sich jedoch Unterschiede zwischen jüngeren und älteren Menschen in der Art und Weise ihres Umgangs mit Belastungen. In einer Studie zum Umgang mit Problemen im Alltag (Folkman et al., 1987) fand sich bei den älteren Teilnehmern (Durchschnittsalter: 68 Jahre) eine stärkere Tendenz zur passiven, intrapersonal orientierten und emotionsregulierenden Bewältigung (dominante Techniken: Akzeptieren, Distanzieren, Neubewertung), bei den jüngeren (Durchschnittsalter: 40 Jahre) hingegen zur aktiven, interpersonal orientierten, handlungsorientierten Bewältigung (dominante Techniken: planvolle Problemlösung, Suche nach sozialer Unterstützung, Konfrontation). Diese Befunde legen eine Wachstumshypothese nahe, die postuliert, dass sich die kognitive und emotionale Differenzierung des Menschen im Lebenslauf auch in der Entwicklung von Bewältigungsstrategien widerspiegelt: Die Fähigkeit zur Neubewertung einer Situation, zu deren Akzeptanz sowie zur Impulskontrolle wird im Sinne von Wachstumsprozessen gedeutet (Labouvie-Vief, 1996).

UNTER DER LUPE

Wie alte Menschen mit Konflikten umgehen

In einer Studie zum Umgang mit Konfliktsituationen, an der Personen aus unterschiedlichen Altersgruppen teilnahmen (Altersspanne: 10 bis 87 Jahre), zeigte sich, dass ältere Menschen im Vergleich zu jüngeren auf Konfliktsituationen eher mit Techniken kognitiver Umstrukturierung (dominante Techniken: positive Bewertung, Orientierung an allgemeinen Leitbildern und Prinzipien) und vermehrter Impulskontrolle antworten (Diehl et al., 1996). Die Autoren interpretieren diesen Befund sowohl im Sinne der Wachstumshypothese als auch im Sinne der Situationshypothese, die besagt, dass Altersunterschiede in der Bewältigung von Belastungen vorwiegend auf Unterschiede in der Art der Belastungen zurückzuführen seien, mit denen Menschen konfrontiert werden. In Bezug auf unsere Thematik – Umgang mit Verlusten und Endlichkeit – ist hier eine von McCrae (1982, S. 455) vorgenommene Unterscheidung zwischen den in früheren und späteren Lebensaltern erfahrenen Anforderungen hilfreich: “Older people must deal with a disproportionate number of ‘exit events’, in contrast to the ‘entrance events’ of younger people”. “Entrance events” seien eher im Sinne von Herausforderungen, “exit events” eher im Sinne von Bedrohung und Verlust zu deuten.
Dem Zwei-Prozess-Modell der Bewältigung zufolge dominieren im Alter „akkomodative Prozesse“ (Anpassung persönlicher Präferenzen an situative Gegebenheiten) gegenüber „assimilativen Prozessen“ (Veränderung situativer Gegebenheiten entsprechend persönlicher Präferenzen), da in dieser Lebensphase unkontrollierbare Ereignisse und nicht veränderbare Entwicklungen an Bedeutung gewinnen. Es wird angenommen, dass diese Dominanz durch die veränderten Anforderungen im hohen Lebensalter bedingt ist. Zugleich

wird davon ausgegangen, dass die im Lebenslauf gewonnenen Erfahrungen und Erkenntnisse den Menschen in die Lage versetzen, in nicht veränderbaren Situationen seine persönlichen Ziele den gegebenen Bedingungen anzupassen (Brandtstädter & Renner, 1990).

Bewältigung von Grenzsituationen

Empirische Studien, die das Bewältigungsverhalten in Grenzsituationen erfassen, zeigen, dass es jeweils nur einem Teil der untersuchten Personen gelingt, in diesen Situationen zu einer tragfähigen Lebensperspektive zu finden. In diesen Studien finden sich keine signifikanten Altersunterschiede im Bewältigungsverhalten sowie in der emotionalen Anpassung. Dies ist darauf zurückzuführen, dass dem Menschen in einer Grenzsituation die Bedrohung der eigenen Existenz bewusst wird, wodurch mit höherer Wahrscheinlichkeit ein breites Spektrum von Bewältigungsstrategien angestoßen wird.

Bewältigung von Tumorerkrankungen. In einer Längsschnittstudie von Filipp (1992) zum Bewältigungsverhalten und zur emotionalen Anpassung bei Tumorpatienten (Altersbereich: 20 bis 74 Jahre) ließen sich fünf Bewältigungsstrategien differenzieren. In vier Bewältigungsstrategien fanden sich keine Altersunterschiede:

- „Rumination“ (Konzentration auf die Erkrankung, Rückzug von anderen Menschen),
- „Suche nach Anschluss an andere Menschen“,
- „Suche nach Informationen“,
- „Suche nach Halt in der Religion“.

Lediglich die Bewältigungsstrategie „Bedrohungsabwehr“ (Selbstinstruktionen zu positivem Denken und zu Vertrauen in die Therapie) wies eine positive lineare Beziehung zum Alter auf.

Es fanden sich zudem keine Altersunterschiede in den Indikatoren für emotionale Anpassung (Hoffnung, Selbstwertgefühl, subjektives Wohlbefinden), so dass sich nach Filipp (1992, S. 35) folgende Interpretation der Ergebnisse anbietet: "The diagnosis of cancer is a traumatic experience at all ages; thus, individual differences in coping with cancer should rather be due to psychological variables than to age per se".

Umgang mit körperlichen Erkrankungen. In einer Untersuchung zur emotionalen Anpassung körperlich erkrankter älterer Menschen (Erdal & Zautra, 1995) wurden die „additiven Wirkungen“ chronisch-progredienter Erkrankungen nachgewiesen: Die zunehmende Verschlechterung der Gesundheit geht mit sehr viel höheren Belastungen und einer stärkeren Abnahme des Wohlbefindens einher als eine erste gesundheitliche Krise.

In einer Studie zur psychischen Befindlichkeit bei Menschen mit unterschiedlichen Graden der Selbständigkeit (Kruse & Schmitt, 1995) fand sich die „nicht mehr gelungene Anpassung“ – als eine von vier Formen psychischer Befindlichkeit – bei selbständigen Menschen gar nicht, bei hilfsbedürftigen Menschen nur in einem Zehntel, bei pflegebedürftigen Menschen hingegen in zwei Dritteln aller Fälle. Diese Studie machte deutlich, dass Einbußen der Selbständigkeit und Selbstverantwortung die Bewältigung einer Erkrankung in besonderer Weise erschweren. Vor diesem Hintergrund werden auch die Zusammenhänge zwischen diesen spezifischen Verlusten – nämlich dem Verlust der Selbständigkeit und Selbstverantwortung – und einer Zunahme der Gedanken an die Endlichkeit des eigenen Daseins verständlich: Nur ein kleiner Anteil älterer Menschen äußert Todesfurcht (Thomae, 1989), ein deutlich größerer Anteil hingegen Furcht vor dem Verlust der Selbständigkeit und Selbstverantwortung im Prozess des Sterbens (s. „Unter der Lupe“, S. 994).

Die Studie zeigt die interindividuellen Unterschiede im Umgang mit Grenzsituationen und macht deutlich, dass auch in solchen Situationen die Wiederherstellung einer tragfähigen Lebensperspektive möglich ist – wenn die Lebensbedingungen des Menschen dies zulassen. Produktives Leben im Alter – verstanden als Verwirklichung persönlich bedeutsamer Werte (Montada, 1996) – findet sich auch in der Bewältigung von Grenzsituationen: Die Akzeptanz des Sterbens und Todes bei gleichzeitiger Suche nach jenen Möglichkei-

UNTER DER LUPE

Selbstverantwortung im Prozess des Sterbens

Eine Längsschnittstudie zur Auseinandersetzung mit Sterben und Tod bei Tumorpatienten (Altersbereich: 58 bis 81 Jahre) im Finalstadium der Erkrankung (Kruse, 1995b) zeigt die Bedeutung der Selbständigkeit – wie auch der Gegenseitigkeit in Beziehungen – für den Umgang mit der Endlichkeit des eigenen Daseins. Die Stichprobe ließ sich in fünf Gruppen untergliedern, die spezifische Formen der Auseinandersetzung repräsentieren:

(1) Akzeptanz des Sterbens und des Todes bei gleichzeitiger Suche nach jenen Möglichkeiten, die das Leben noch bietet;
(2) zunehmende Resignation und Verbitterung, die mit dazu beiträgt, dass das Leben nur noch als Last empfunden wird und die Endlichkeit des eigenen Daseins immer stärker in den Vordergrund des Erlebens tritt;
(3) Linderung der Todesängste durch die Erfahrung eines neuen Lebenssinns und durch die Überzeugung, im Leben noch eine wichtige Aufgabe wahrnehmen zu können;
(4) Bemühung, die Bedrohung der eigenen Existenz nicht in das Zentrum des Erlebens treten zu lassen;
(5) Durchschreiten von Phasen tiefer Depression bis zur Hinnahme des Todes.

Bei der Suche nach Faktoren, die zwischen diesen Gruppen differenzierten, erwiesen sich vor allem die Selbständigkeit sowie die Gegenseitigkeit in den Beziehungen zu nahestehenden Menschen als zentral: Jene Patienten, deren Selbständigkeit vergleichsweise hoch war und die eher eine Gegenseitigkeit in den Beziehungen wahrnahmen, waren eher in der Lage, sich mit der eigenen Endlichkeit reflektiert und verantwortlich auseinander zu setzen.
Aus dieser Studie wurden sechs Aspekte der Selbstverantwortung abgeleitet, die bei der Begleitung sterbender Menschen zu beachten sind (Kruse, 2000):

(1) Selbständigkeit bei der Ausführung der Aktivitäten des täglichen Lebens,
(2) Selbstbestimmung bei der Gestaltung des Alltags,
(3) Selbstbestimmung bei der Gestaltung von Beziehungen,
(4) Fähigkeit des Patienten, den Krankheitsprozess zu verstehen und Therapieschritte nachzuvollziehen,
(5) Einbeziehung des Patienten in die Therapie- und Pflegeplanung,
(6) Möglichkeit der Entscheidung des Patienten für den Ort des Sterbens, für bestimmte Therapie- und Pflegeschritte und für den Abbruch der Therapie, wenn sich diese eindeutig als Verlängerung des Sterbens erweist.

ten, die das Leben noch bietet, sowie die Linderung der Todesängste durch die Erfahrung eines neuen Lebenssinns und durch die Überzeugung, im Leben noch eine wichtige Aufgabe wahrnehmen zu können, lassen den Schluss zu, dass auch im Sterben die Möglichkeit zur Wertverwirklichung erfahren werden kann (Olbrich, 1997), die sich im Sinne der Hervorbringung einer spezifischen Erfüllungsgestalt (als einer Form produktiven Lebens) deuten lässt.

Weiterführende Literatur

Heuft, G., Kruse, A. & Radebold, H. (2000). Lehrbuch der Psychosomatik und Alterspsychotherapie. München. Ernst Reinhardt.

In diesem Buch werden verschiedene Subjektbegriffe in der Psychologie und Medizin sowie Fragen der Resilienz versus Vulnerabilität im Alter ebenso dargestellt wie die Mehrdimensionalität von Alternsprozessen oder Zusammenhänge zwischen Altersprozessen des Körpers und der psychischen Entwicklung. Des Weiteren werden anhand von Fallbeispielen psychische und psychosomatische Störungen im Alter sowie therapeutische Ansätze in der Gerontopsychiatrie und Psychosomatik ausführlich behandelt.

Baltes, M.M. & Montada, L. (Hrsg.) (1996). Produktives Leben im Alter. Frankfurt/Main: Campus.

In den Beiträgen zu diesem Buch wird der Begriff der Produktivität aus der Perspektive unterschiedlicher Disziplinen behandelt. In den einzelnen Beiträgen werden allgemeine Fragen nach den Möglichkeiten einer produktiven Lebensführung im Alter sowie der Bedeutung unterschiedlicher personaler und umweltbezogener Ressourcen für die Verwirklichung von Entwicklungspotentialen ebenso behandelt wie die Auseinandersetzung des Menschen mit Grenzsituationen (u.a. Pflegebedürftigkeit).

Teil V
Methoden der Entwicklungspsychologie

Kapitel 38
Quantitative und qualitative Methoden der Entwicklungspsychologie

Franz Petermann & Georg Rudinger

Die Entwicklungspsychologie beschäftigt sich im Wesentlichen damit, wie sich physische und psychische (kognitive, emotionale, behaviorale) Phänomene, Formen, Muster und Strukturen im menschlichen Leben verändern. Die Vielfalt der normalen und abweichenden Entwicklungsverläufe und Entwicklungsmuster, deren Darstellung, Klassifikation und Explikation machen dieses Gebiet zu einer Herausforderung auch für die Methodik. Entwicklungsverläufe zu identifizieren, zu beschreiben und vorherzusagen, erfordert differenzierte Methoden der Erfassung und Analyse des Entwicklungsgeschehens. So werden in der Entwicklungspsychologie Bedingungen für Veränderungen (Konditionalanalyse) beziehungsweise die Ursachen für Veränderungen (Kausalanalyse) gesucht und modelliert. „Veränderung" setzt konzeptuell voraus, dass die zu untersuchenden Ereignisse, die miteinander in funktionalen und/oder stochastischen Beziehungen stehen, im Bezugssystem „Zeit" zu ordnen sind. Unter methodologischen Gesichtspunkten unterscheidet man traditionell zwischen quantitativen und qualitativen Modellvorstellungen (s.a. Thomae, 1959).

Quantitative und qualitative Modellvorstellungen

Entwicklung erscheint als Reihe von miteinander zusammenhängenden Veränderungen, die bestimmten Orten des zeitlichen Kontinuums eines Lebenslaufs zuzuordnen sind.
Innerhalb der quantitativen Modellvorstellungen werden die beobachteten Veränderungen im Sinne einer mengenmäßigen Zunahme an Materie, Fähigkeit, Wissen, Anpassung usw. verstanden; Entwicklung ist Wachstum.
Bei einer qualitativen Betrachtung sind folgende Aspekte zu nennen:

- Entwicklung als Stufenfolge, Gestaltwandel, Metamorphose;
- Entwicklung als Wiederholung ähnlicher Verhaltensweisen, Einstellungen, Haltungen usw. in ähnlichen Intervallen;
- Entwicklung als Differenzierung und Strukturierung bzw. „Zentralisierung";
- Entwicklung als Schichtung;
- Entwicklung als Prägung oder Verfestigung;
- Entwicklung als aktive Gestaltung.

Beschreibung, Analyse und Erklärung von Stabilität, Variabilität und Veränderung basieren auf komplexen Vorannahmen. Hierbei werden biopsychosoziale Entstehungs- und Verlaufsmodelle vorausgesetzt. Solche Modelle gehen davon aus, dass einerseits neuronale und genetische Faktoren psychische Prozesse beeinflussen, andererseits dass psychische und soziale Erfahrungen die Struktur, Funktion und Organisation des Gehirns modifizieren (vgl. Kap. 2; s.a. Petermann et al., 1998). Durch solche wechselseitigen systemischen Beziehungen werden letztlich Ursachenzuschreibungen innerhalb eines Entwicklungsprozesses erschwert, möglicherweise sogar unmöglich (vgl. Morton & Frith, 1995).

Das Kapitel soll zeigen, dass die Entwicklungspsychologie zunehmend komplexere, den Annahmen und Theorien angemessenere Modelle zur Datenanalyse heranzieht. Die Entwicklungspsychologie braucht Erhebungs- und Auswertungsmethoden, die der Zeitgebundenheit ihres „Gegenstandes" und ihrer Theorien Rechnung tragen. Solche Methoden sollten in Zukunft stärker beachtet werden.

1 Methodologische Grundbegriffe

Unter methodischem Blickwinkel weist die Definition von Baltes, Reese und Nesselroade (1977, S. 4) auf wesentliche Grundbegriffe hin: „Entwicklungspsychologie befaßt sich mit der Beschreibung, Erklärung und Modifikation (Optimierung) intraindividueller Veränderung im Verhalten über den Lebenslauf hin und mit den interindividuellen Differenzen und Ähnlichkeiten in der intraindividuellen Veränderung". Diese Aufgabenbeschreibung beinhaltet einerseits die Forderung nach der Identifizierung von Formen, Sequenzen und Mustern des Entwicklungsgeschehens und andererseits die Forderung nach Aufdeckung zugrunde liegender Mechanismen, Ursachen und Gesetze, so dass interindividuelle Unterschiede und Gemeinsamkeiten in der Entwicklung angemessen beschrieben und erklärt werden können. Will man diese Ziele erreichen, so erscheint es nahe liegend, die interessierenden Untersuchungseinheiten wiederholt, das heißt längsschnittlich zu beobachten. Mit Längsschnitt allein ist es jedoch nicht getan, denn Beschreibung und Erklärung sind Forderungen, die man sinnvoll nur an entwicklungspsychologische Theorien, nicht aber an Methoden, Designs und Daten richten kann.

Veränderung, Variabilität und Stabilität

Messung von Fähigkeiten über die Zeit. Zur Veranschaulichung einiger dieser Begriffe werden in Abbildung 38.1 Längsschnittdaten von neun Down-Syndrom-Kindern (aus einer Stichprobe von über 700) über einen Zeitraum von zwei Jahren (1 bis 24 Monate) dargestellt. Es handelt sich um die jeweils individuell diagnostizierten „Entwicklungs-Alter" (EA), abgetragen gegen die Zeitachse (chronologisches Alter – CA) im Bayley-Test (Mental Scale). Auf den gesamten Datensatz kommen wir in Abschnitt 4 zurück (vgl. zu dieser Studie Rauh et al., 1991).

In der Abbildung 38.1 sind also neun individuelle Entwicklungsverläufe der mentalen Fähigkeiten und Fertigkeiten wiedergegeben. Intraindividuelle Veränderungen liegen bei allen Kindern vor: Das Entwicklungsalter (EA) steigt mit dem chronologischen Alter (CA); ähnlich sind diese intraindividuellen Veränderungen im Typ: monotones, möglicherweise lineares Anwachsen; interindividuelle Differenzen, das heißt Unterschiede zwischen den Kindern, zeigen sich allerdings im

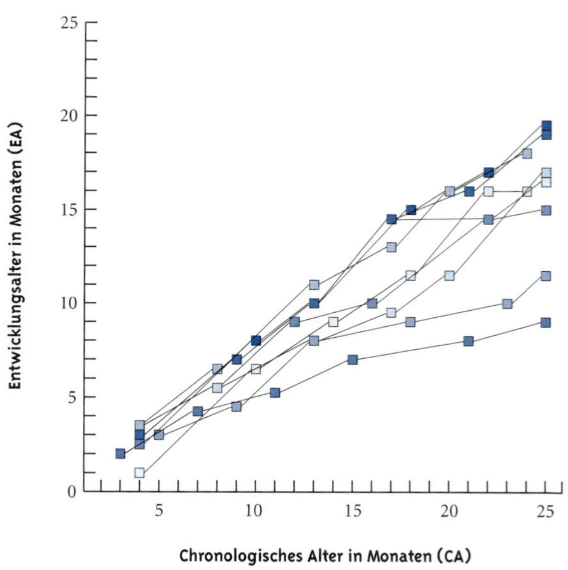

Abbildung 38.1. Längsschnittdaten von neun kanadischen Down-Syndrom-Kindern im Bayley-Test (Mental Scale) über 24 Monate. Das Entwicklungsalter steigt mit dem Lebensalter. Die Varianz wird mit der Zeit größer, die interindividuellen Unterschiede verfestigen sich

Tempo des Anwachsens – bei einigen moderate Steigungen, bei anderen steilerer Verlauf. Betrachtet man die neun Kinder „aggregiert" als Stichprobe, die man statistisch beschreiben möchte, so wächst das EA (auch) im Mittelwert über die Zeit, die interindividuellen Differenzen in den intraindividuellen Verläufen führen hin zu einer Fächerform. Das bedeutet, dass die Varianz (um die steigenden Mittelwerte) über die Zeit größer wird. Außerdem hat es den Anschein, dass nach zahlreichen Kreuzungen der Entwicklungslinien in der frühen Entwicklung diese sich in späterer Zeit in dem Sinne „stabilisieren", dass die Anzahl der Überschneidungen geringer wird, das heißt die interindividuell unterschiedlichen Positionen verfestigen sich. Auch hierzu wird eine systematische Betrachtung in Abschnitt 4 folgen.

Will man die intraindividuelle Veränderung unter dem Entwicklungsaspekt untersuchen, muss von einigen Voraussetzungen ausgegangen werden:

- die intraindividuelle Variabilität ist systematischer Natur;
- die intraindividuelle Variabilität fällt gegenüber der interindividuellen deutlich ins Gewicht;
- der menschliche Organismus zeigt kontinuierlichen intraindividuellen Wandel.

Formen der Stabilität. Die Vielfalt der Variabilitäts- und Veränderungsbegriffe, die wir hier nicht im Einzelnen aufführen, lässt sich anschaulich durch den schon angedeuteten „Gegenbegriff" der Stabilität illustrieren (vgl. Kasten; s.a. Wohlwill, 1977). Es sei den Leserinnen und Lesern überlassen, in der Abbildung 38.1 weitere Stabilitäts- und Variabilitätsfacetten aufzuspüren. Ein Hinweis: Auch wenn wir mit Abbildung 38.1 Veränderung, Variabilität und Differenzen illustriert haben, so lassen sich doch auch Stabilitätsformen von Typ B, C, D, E und F ausmachen!

Sechs Stabilitätsformen

Wohlwill (1977) unterscheidet sechs verschiedene Typen von Stabilität:

- Absolute Invarianz (Typ A)
- Regelhaftigkeit im Auftreten (Typ B)
- Regelhaftigkeit in der Form der Entwicklungsfunktion (Typ C)
- Übereinstimmung mit einer prototypischen Funktion (Typ D)
- Konstanz der relativen Position zu einem (ipsativen oder Gruppen-)Bezugswert (Typ E)
- Erhaltung individueller Unterschiede (Typ F)

Aufgabe der differenziellen Entwicklungspsychologie. Hasselhorn und Schneider (1998) diskutieren in diesem Zusammenhang vor allem die differenziellen Aspekte und definieren auf diesem Hintergrund vier Aufgaben der differenziellen Entwicklungspsychologie:

(1) Beschreibung und Erklärung der Altersabhängigkeit interindividueller Differenzen,
(2) Beschreibung und Erklärung interindividueller Differenzen in den intraindividuellen Veränderungen,
(3) Beschreibung und Erklärung interindividueller Differenzen in den zeitlichen Veränderungen der intraindividuellen Variabilität und
(4) Spezifikation der differenziellen Beeinflussbarkeit intraindividueller Veränderungen.

Durch Ausdehnung des Entwicklungsgedankens auf Jugend, Erwachsenenalter und hohes Alter muss die Suche nach „universalen Veränderungslinien" um gruppenspezifische (oder personenspezifische) Verlaufsformen (= differentielle Entwicklungspsychologie) ergänzt werden.

Entwicklungspfade. Ein Pfad beschreibt den Beginn und Verlauf einer Entwicklung (vgl. Petermann, 2000). Raudenbush (2001) unterscheidet verschiedene Zwecke und Ziele, deren Erreichen ausgehend von Entwicklungspfaden ermöglicht wird:

- Vorhersage eines Entwicklungsergebnisses (z.B. den Zeitpunkt des Auftretens der Menstruation oder einer Depression im Jugendalter);
- Kennzeichnung von Übergängen zwischen Entwicklungsstufen, zum Beispiel vom Rauchen mit elf Jahren zum Drogenmissbrauch mit 13 Jahren. Angaben über Übergänge werden als Wahrscheinlichkeitsaussagen angegeben;
- Identifikation (alters)typischer Entwicklungsabfolgen, zum Beispiel hyperkinetisches Verhalten im Vorschulalter, aggressives Verhalten im Schulalter – Delinquenz im Erwachsenenalter (vgl. Petermann & Petermann, 2001);
- Ermittlung von Wachstums- oder Anpassungsfunktionen, zum Beispiel der Sprachentwicklung eines Kindes oder veränderter Intelligenz über die Lebensspanne (vgl. auch Abbildung 38.1, in der individuelle „Wachstumskurven“ abgetragen sind).

Klassifikation von Entwicklungspfaden

Entwicklungspfade lassen sich nach ähnlichen Entwicklungsmustern einzelner Personen gruppieren, die sich von der Verhaltensentwicklung anderer Gruppen unterscheiden. Abbildung 38.1 veranschaulicht auch dies. Nach Sroufe (1997) können vier generelle Verläufe aus der Kombination von Kontinuität und Diskontinuität mit einem anfänglich günstigen beziehungsweise ungünstigen Entwicklungsverlauf unterschieden werden (vgl. Kasten).

Vier Verläufe von Entwicklungspfaden

(1) Kontinuierliche Fehlanpassung, die in eine Störung mündet
(2) Kontinuierliche positive Anpassung
(3) Anfängliche Fehlanpassung gefolgt von positiven Veränderungen
(4) Anfänglich positive Anpassung, gefolgt von negativen Veränderungen (nach Sroufe, 1997)

Entwicklungspfade bilden die Grundlage für Entwicklungsmodelle (vor allem im Bereich “developmental psychopathology”), mit denen günstige und ungünstige Verläufe beschrieben und erklärt werden können.

Wandel als Gegenstand der Beschreibung. Aufwendige Längsschnittstudien liegen zum Verlauf aggressiv-dissozialen Verhaltens im Kindes- und Jugendalter vor (vgl. Petermann, 2000). Aufgrund des massiven Abfalls aggressiv-dissozialen Verhaltens nach dem 18. Lebensjahr ging Moffitt (1993) von zwei Entwicklungspfaden aus: einem über den Lebenslauf stabilen (“life-course-persistant”) und einem auf das Jugendalter begrenzten (“adolescence-limited”) Pfad. Diese Klassifikation wurde um einen „späten Entwicklungspfad“ erweitert, der durch ein erstmaliges aggressiv-dissoziales Verhalten im Erwachsenenalter charakterisiert ist. Der Wandel, auch über längere Zeiträume, muss also zum Gegenstand der Beschreibung und Erklärung gemacht werden.

„Stufe“ und „Sequenz“. Die Pluralität zulässiger Modellvorstellungen über das Entwicklungsgeschehen bringt eine breite Palette von Erhebungsmethoden und statistischen Auswertungsmodellen mit sich. Als Prototyp ist hier Piagets Theorie zu nennen (vgl. Kap. 11). Piaget (1971) nimmt an, dass die Entwicklung in Stufen verläuft und dass diese Stufen in einer geordneten Sequenz aufeinander folgen, das heißt eine interindividuell einheitliche Entwicklungssequenz bilden. Die Stufen- und die Sequenzannahme sind nach Piaget sachlogisch so abhängig voneinander, dass die eine Annahme ohne die andere nicht denkbar ist. Die Konzepte der Stufe und der Sequenz verwendet Piaget sowohl, um den generellen kognitiven Entwicklungsverlauf zu kennzeichnen, als auch zur Charakterisierung der Entwicklung spezifischer Merkmale (Fähigkeiten, Funktionen). Die Entwicklung kognitiver Strukturen weist die folgenden fünf Merkmale auf:

(1) Hierarchisierung. Die Entwicklungsschritte folgen notwendig und in festgelegter Reihenfolge aufeinander.
(2) Integration. In Stufe S 2 sind die Strukturen der vorhergehenden Stufe S 1 integriert.
(3) Konsolidierung. Jede Entwicklungsstufe „enthält“ zugleich die „Ausführung“ und die

„Vervollständigung“ der auf dieser Stufe erworbenen Strukturen und Operationen und die „Vorbereitung“ der Entwicklungsprozesse der nächsten Stufe.

(4) Strukturierung. Die Einzelstrukturen und Strukturelemente einer gegebenen Stufe sind durch implikative und reziproke Beziehungen miteinander zu einer Gesamtstruktur verbunden, die Piaget als „structure d'ensemble“ bezeichnet.

(5) Äquilibration. Die Entwicklungsschritte bilden eine Abfolge zunehmender stabilerer Gleichgewichtszustände. Dieses Kriterium ist für die Bestimmung des Stufenbegriffs am zentralsten.

Die Abfolgen der Stufen müssen spezifische Bedingungen erfüllen, um als Entwicklungssequenz zu gelten. Die bekannteste dieser Bedingungen ist das Invariabilitätspostulat, andere Bedingungen die Forderungen, dass die Stufenfolge irreversibel ist, oder dass keine Entwicklungsstufen übersprungen werden dürfen.

Taxonomien. Schon seit längerem existieren verschiedene Taxonomien für Entwicklungssequenzen, die vor allem von van den Daele (1969, 1974) und Flavell (1972) entwickelt wurden, hier aber nicht im Einzelnen dargestellt werden können (vgl. dazu Rudinger et al., 1985; Schröder et al., 1994). Es wird von den Autoren verdeutlicht, dass auch bei Stufen und Sequenzen die eingangs genannten Aspekte abbildbar sind: Unterschiede zwischen Personen (bei multiplen Sequenzen möglich), Unterschiede innerhalb Personen (bei kumulativen Sequenzen möglich), Beziehungen von Komponenten der Entwicklung (disjunktiv, konjunktiv oder kompensatorisch).

Flavell (1972) ordnet Entwicklungssequenzen nach letztgenannter Facette, nämlich in welcher Relation die Stufen zueinander stehen. Er unterscheidet die Beziehungen der Addition, Substitution, Modifikation, Inklusion und Mediation. In Abschnitt 4 wird ein entsprechendes Beispiel gegeben.

System. Entwicklung impliziert immer die Interaktion zwischen Komponenten eines Systems (vgl. Kasten) – eine Auffassung, die im Widerspruch zur linearen und unidirektionalen Sichtweise steht.

Der Begriff System

Unter einem System versteht man mehrere Einzelvorgänge, die nach bestimmten Gesetzen wechselseitig aufeinander wirken, das heißt die dynamisch voneinander abhängen und einen gemeinsamen Effekt erzielen. Es lassen sich offene und geschlossene Systeme unterscheiden. Organismen können als offene Systeme angesehen werden.

In linearen Systemen erlaubt eine Kenntnis der Ausgangsbedingungen eine Vorhersage der Entwicklung. Nicht-lineare, offene Systeme reagieren hingegen sehr sensibel auf Anfangsbedingungen. Bei ihnen werden winzige Abweichungen durch Rückkoppelung verstärkt und gewinnen rasch an Bedeutung, das heißt, kleine Veränderungen der Situation können zu unvorhersehbaren Veränderungen führen (vgl. auch Chaostheorie).

Kausalzusammenhang. Die in einem System gegebene wechselseitige, dynamische Verbundenheit aller Einzelmomente kann als ein Kausalzusammenhang angesehen werden, der sich von der einfachen, mechanistischen Kausalauffassung (Stoß, Druck usw. als jeweilige Einzelursachen) dadurch wesentlich unterscheidet, dass die dynamische Konstellation des Gesamtverbandes mit allen Einzelvorgängen gewissermaßen im Sinne von Ursache – Wirkung gekoppelt ist.

Entwicklungsübergang. In der Systemtheorie wird der Wechsel in einen neuen Zustand als Phasenübergang bezeichnet (vgl. Bischof, 1995), in der Entwicklungspsychologie analog als Entwicklungsübergang. Moderne Entwicklungsvorstellungen gehen davon aus, dass Entwicklungsübergänge nach dem Prinzip der Selbstorganisation geregelt werden. Entwicklungsübergänge sind durch Instabilität zwischen zwei stabilen Systemzuständen gekennzeichnet. Ein Entwicklungsübergang kann als „Sprung" (als „Diskontinuität") im Entwicklungsverlauf definiert werden, der zu einer erkennbar neuen Qualität im Erscheinungsbild beiträgt (z.B. Wechsel im Sprachgebrauch von Zweiwortsätzen zum komplexeren Satzbau).

Multivariate Orientierung. Das Verhältnis von qualitativen und quantitativen Veränderungen muss simultan betrachtet werden. Denn hinter quantitativen Sprüngen (Diskontinuitäten), Varianzveränderungen, Beschleunigungen können sich qualitative Umstrukturierungen verbergen – ein Phänomen, das vor allem aus der Intelligenzforschung bekannt ist. Aus dem Systemcharakter entwicklungspsychologischer Modellvorstellungen ergibt sich als Konsequenz eine multivariate Orientierung sowohl für quantitative als auch qualitativ-statistische Analysen (s. Abschnitt 4).

2 Designs

Aussage über die Zeit. Jüngst formulierte Taris (2000) einen auf den ersten Blick einfachen, aber doch fruchtbaren Gedanken: Um Veränderung, Variabilität und Stabilität zu erfassen, benötigt man Daten, die im Hinblick auf die Untersuchungseinheit (= in der Regel Personen) eine Aussage über die Zeit gestatten. Solche Daten werden normalerweise in einem längsschnittlichen Design gesammelt. Dies allerdings ist nicht die einzige Möglichkeit, zu solchen Daten zu gelangen. In diesem Sinne argumentiert auch Campbell (1988, S. 47): „längsschnittlich und wiederholte Messungen als identisch zu betrachten, vermischt das Design einer Studie mit der Form der Datengewinnung". Trotz dieser wichtigen Differenzierung scheint das „natürliche Design" für den beschriebenen Zweck dasjenige zu sein, welches über verschiedene Messzeitpunkte prospektiv (in der physikalischen Zeit) Daten erhebt. Im Abschnitt 3 werden entsprechende Erhebungsverfahren vorgestellt.

Selektionseffekte. Die im Folgenden dargestellten Designs (Längsschnitt-, Querschnitt-, retrospektives und Einzelfalldesign) können am besten im Bezugsrahmen Personen × Zeit × Variablen systematisch dargestellt werden. Im Bezugsrahmen Personen × Zeit × Variablen wird ein Bereich definiert, aus dem Beobachtungen gewonnen werden können. Dabei kommt es unabhängig vom spezifischen Design zu multimodalen Selektionseffekten. Zunächst ist hier der Selektionseffekt der freiwilligen Teilnahme zu nennen. Bei Längsschnittstudien kommt unter anderem eine selektive Stichprobenminderung hinzu, die dann als systematischer Fehler zu werten ist, wenn sie kein Abbild des zugrunde liegenden Populationsprozesses ist.

Auch bei der Auswahl und Definition der Variablen sind Selektionsaspekte zu beachten: Ist Variable Y_1 oder Y_2 der validere Indikator für ein Konstrukt wie die fluide Intelligenz? Damit ist Konstruktvalidität unter den beiden Aspekten cause construct validity (Validität der unabhängigen Variablen, UV) und effect construct validity (Validität der abhängigen Variablen, AV) angesprochen. Mit diesen Überlegungen ist die Unterscheidung in manifeste (beobachtete) und latente (theoretische) Variablen verbunden. Validität bezieht sich auf die Angemessenheit der postulierten Verknüpfung zwischen manifesten und latenten Variablen, Reliabilität auf die Enge dieser Beziehung; je weniger eng diese Beziehung, desto größer der Messfehler.

2.1 Längsschnittuntersuchung

Längsschnittuntersuchungen gehen von einer Stichprobe aus und untersuchen diese zu den Zeitpunkten $T_1 \ldots T_n$ (i.d.R. über längere Zeiträume). Die Stichprobe altert über den Zeitraum $T_1 \ldots T_n$, so dass intraindividuelle (Alters-)Vergleiche möglich sind.

Begründungen für längsschnittliche Vorgehensweisen. Die vielfältigen Gründe für die Durchführung von längsschnittlichen Untersuchungen lassen sich mit Wohlwill (1977) in vier

Komplexe gruppieren (vgl. auch Raudenbush, 2001):

(1) Suche nach Entwicklungsfunktionen (z.B. Abnahme der Reaktionsgeschwindigkeit im Alter).
(2) Feststellung von Zusammenhängen zwischen biographisch früher und später auftretendem Verhalten (s. Variabilitäts- und Stabilitätsbegriff).
(3) Informationen über Ausmaß und Zusammenhang von Veränderungen in verschiedenen Bereichen, das heißt Ermittlung von Veränderungsstrukturen.
(4) Auffinden von Vorläufer-Phänomenen für später auftretendes Verhalten.

Zentrale Probleme von Längsschnittstudien. Es treten Probleme in der Stichprobenstruktur durch systematisches Ausscheiden von Personen über die Zeit (= Drop-out), bei der Entscheidung für die angemessene Entwicklungssequenz und bezüglich allgemeiner Testungsfaktoren auf. Wiederholte Erhebungen erfordern bei den Versuchspersonen ein relativ hohes Engagement, sich an der Untersuchung über einen relativ langen Zeitraum zu beteiligen. Neben schwindendem Interesse können auch äußere Gründe wie Wohnungs-, Schul- und Berufsortwechsel zum Ausscheiden führen. Wenn diese Ausfälle nun nicht zufällig stattfinden, sondern systematisch mit der abhängigen Variablen in Zusammenhang stehen, spricht man von einem selektiven Ausfall. Diese Selektivität ist expost zahlenmäßig zu erfassen, jedoch kann man ihr a priori im Rahmen der Versuchsplanung aufgrund konkreter Annahmen oder Kenntnisse über den Stichprobenschwund durch gezielte Stichprobenziehung entgegenwirken (Rudinger & Rietz, 1999).

Man kann eine Längsschnittstudie als ein spezielles Zeitreihendesign auffassen: Viele Personen werden in ausgewählten Variablen zu wenigen Zeitpunkten untersucht (= extensives Design). Beim klassischen Zeitreihendesign werden wenige Personen (oder nur eine Person) in wenigen Variablen zu vielen Zeitpunkten betrachtet (= intensives Design; vgl. Petermann, 1996). Eine wichtige Differenzierung kann schon für den Fall $N = 1$ über die Anzahl der Variablen vorgenommen werden ($V = 1$), structuring change (or differences) bei mehreren Variablen ($V > 1$; vgl. Abschnitt 4.2).

Intervention und Selektivität. Zeitreihendesigns sind gut geeignet, Interventionseffekte abzubilden. Zusätzlich zur Selektivität auf Stichprobenebene tritt bei Interventionsstudien unter Umständen aber auch Selektivität als Folge eben dieser Intervention auf; der Effekt der Intervention und Selektivität können sich ungünstig beeinflussen (vgl. Rudinger & Rietz, 2000; s.a. folgendes Beispiel in Abb. 38.2, S. 1006).

Abbildung 38.2 zeigt Effekte aufgrund des Ausfalls von Versuchspersonen: Im ersten Beispiel fallen im Rahmen einer Intelligenzförderung (vgl. Klauer, 2001) weniger Intelligente heraus, da sie die Lernvoraussetzungen für das Förderprogramm nicht erfüllen, von daher überfordert sind und deshalb frühzeitig aufgeben. Vergleicht man nun die Mittelwerte vor dem Training mit denen nach dem Training, ergeben sich große Verzerrungen dadurch, dass diejenigen Schüler, die sich überfordert fühlten, vorher aufgaben. Zwangsläufig weist der zweite Mittelwert eine Verbesserung der Intelligenz an. Bei Nichtbeachtung der Tatsache, dass die weniger Intelligenten herausgefallen sind, könnte unter Umständen ein völlig wertloses Intelligenzförderungsprogramm als geeignet angesehen werden. Dieser Stichprobenfehler würde also zu ungerechtfertigten Schlüssen führen.

Das zweite Beispiel in Abbildung 38.2 (S. 1006) zeigt einen ähnlichen Befund. Mit verhaltensauffälligen Kindern soll ein Training zum Abbau von Aggressionen durchgeführt werden (vgl. Petermann & Petermann, 2001). Bei einem solchen Training kann es leicht vorkommen, dass die massiv aggressiven Kinder ein längerfristiges Training verweigern, da sie keine Lust haben, sich konsequent mit ihren Problemen auseinanderzusetzen. Vergleicht man in diesem Fall die Mittelwerte vor und nach dem Training und bedenkt nicht den Stichprobenausfall, treten analoge Verzerrungen wie in Beispiel 1 auf.

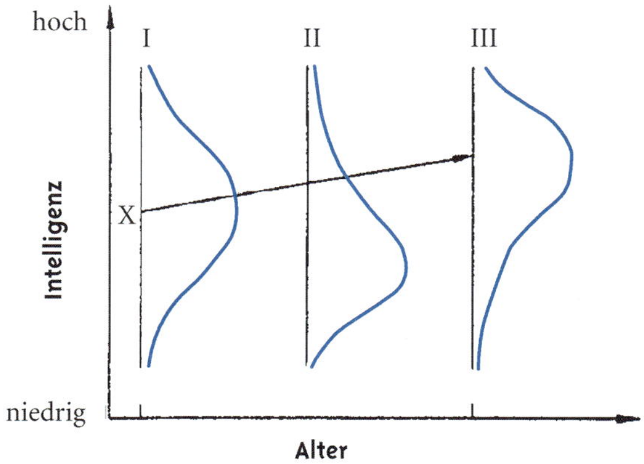

Beispiel 1: Programm zur Intelligenzförderung

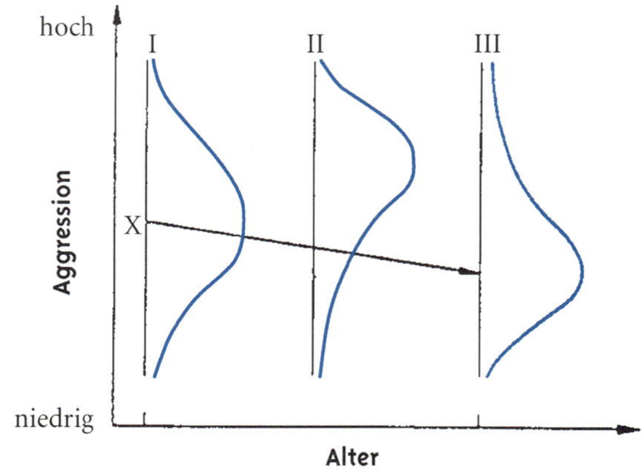

Beispiel 2: Programm zum Abbau von Aggression

Abbildung 38.2. Der Ausfall von Versuchspersonen verzerrt die Ergebnisse. Weil überforderte Kinder frühzeitig aufgegeben haben (links), zeigt der zweite Mittelwert eine verbesserte Intelligenz. Ausfall von Versuchspersonen bei Längsschnittstudien (I = Ausgangsverteilung, II = Verteilung der Ausfälle, III = Endverteilung) mit „positivem" und „negativem" Effekt

2.2 Querschnittuntersuchung

Bei einer einfachen Querschnittstudie werden mehrere Stichproben $S_1 \ldots S_n$ (Angehörige verschiedener Altersstufen; $A_1 \ldots A_n$) zu einem Zeitpunkt ($T = 1$) bezüglich einer oder mehrerer Variablen untersucht ($V = 1$ oder $V > 1$), natürlich auch, um eine Entwicklungsaussage zu treffen (z.B. bezüglich der Leistungsmotivation durch Vergleich von Schülern verschiedener Jahrgangsklassen). Die Stichproben $S_1 \ldots S_n$ entstammen jedoch zwangsläufig verschiedenen Generationen (Kohorten).

Aussagekraft. Geht man davon aus, dass den Stichproben zum Beispiel unterschiedliche „Startbedingungen" und Sozialisationsbedingungen zuteil wurden, sagen die in der Querschnittstudie erzielten Ergebnisse nichts über die Entwicklung (z.B. des Leistungsmotivs) aus. Zusätzlich zu diesem Problem der Vergleichbarkeit von Stichproben kann eine selektive Populationsveränderung vorliegen. Eine selektive Populationsveränderung ist dann gegeben, wenn zum Beispiel Hochleistungsmotivierte soziale Krisen eher „überleben" als Niedrigleistungsmotivierte, da sie einen stärker ausgeprägten „Lebenswillen" aufweisen. In dem gewählten Beispiel lassen sich somit keine zuverlässigen Angaben über die Genese des Leistungsmotivs machen, da Hochleistungsmotivierte in der Ausgangsstichprobe überrepräsentiert sind.

Konfundierung von Alter und Kohorte. Als sehr gewichtiges Problem ist die schon angedeutete Konfundierung von Alter und Kohorte (Generation) anzusehen. Bei einer Konfundierung können die Einflüsse mehrerer Variablen nicht eindeutig in für die einzelnen Variablen spezifische Komponenten zerlegt werden. Im vorliegenden Fall bedeutet dies, dass eine Angabe über das Alter auch Informationen über die Kohorte beinhaltet. So bereitet es bei der Erklärung der Unterschiede im Leistungsmotiv Schwierigkeiten, diese als altersabhängige Veränderung zu interpretieren. Mit derselben Berechtigung könnte man von Effekten der Kohorte (Generation) sprechen, da sowohl das Alter als auch die Kohortenzugehörigkeit der Stichprobe, an der die Ergebnisse gewonnen wurden, variiert. Durch die unterschiedlichen kulturellen und sozialen Einflüsse kann ein solcher Kohorteneffekt beachtlich sein und steht der Absicht entgegen, eine Entwicklungskurve aufgrund einer Querschnittstudie zu bestimmen.

Überlagerung durch Messzeitpunkt und Retest-Effekte. Das bedeutet, dass quer- wie längsschnittliche Designs beziehungsweise in ihrem Kontext gewonnene Daten keinen direkten Blick auf genuine Entwicklungsprozesse bieten können, da querschnittliche Daten von Kohorteneffekten und längsschnittliche von Messzeitpunkt- sowie Retest-Effekten überlagert sein können. Welchen Wert die verschiedenen Designs zur Prüfung von Entwicklungstheorien haben, richtet sich danach, inwieweit diese Störeinflüsse (theoriespezifisch) geschätzt werden können (s. Taris, 2000). Um dieses Argument (fast gegen unsere bisherige Position) auf die Spitze zu treiben: Unter Umständen kann sogar ein Design mit einmaliger Erhebung ($T = 1$) einer altershomogenen Stichprobe seine Berechtigung haben, wenn nämlich eine Entwicklungstheorie ein bestimmtes Ergebnismuster für Personen eines bestimmten Alters zu einem bestimmten Zeitpunkt impliziert, wie dies in Stufen- und Sequenztheorien möglich ist.

Dennoch waren bislang fast alle Untersuchungen über Entwicklungsstufen oder Entwicklungsskalen Querschnittuntersuchungen. Vor allem sind auch bis heute die Stufen kognitiver Entwicklung nach Piaget und die Stufen der Moralentwicklung nach Kohlberg vorwiegend durch Querschnittvergleiche gewonnen worden. Trotzdem haben sie sich als tragfähig erwiesen. Die Ergebnisse zu den Piaget-Aufgaben werden heute zwar anders interpretiert (s. Kap. 11, 12 und 14), dennoch wird man in Querschnittuntersuchungen immer wieder die gleiche Reihenfolge bei den Leistungen zu den gestellten Aufgaben finden. Das liegt daran, dass die Leistungsabstufung über alle Kohorteneffekte und situativen Bedingungen hinweg stabil bleibt, also nur vom Alter bzw. Entwicklungsstand abhängt. Unter dieser Perspektive ist die Querschnittuntersuchung an verschiedenen Kohortenstichproben und zu verschiedenen historischen Zeiten die anspruchsvollste Prüfung einer Entwicklungssequenz. Nur wenn diese den unterschiedlichsten epochalen, kulturellen und situativen Einflüssen standhält, kann man von nomothetischen (d.h. allgemeingültigen) Entwicklungsgesetzen ausgehen.

2.3 Einzelfallstudien

Unter einer Einzelfallstudie versteht man die zeitlich detaillierte Abbildung eines Merkmals einer Person im Entwicklungsverlauf (Campbell & Stanley, 1970; Petermann & Müller, 2001). Der Entwicklungsverlauf wird hierbei im Sinne einer (intensiven) Verlaufsanalyse bearbeitet. So kann man die Entwicklung der Motorik anhand wöchentlicher Verhaltensbeobachtungen vom 6. bis 18. Lebensmonat erfassen. Mit diesen über 50 Beobachtungen können solche detaillierten Verlaufsanalysen erfolgen. Einzelfallstudien geben auf diese Weise einen Hinweis auf einen kindspezifischen Entwicklungsverlauf. Wegen der hohen Spezifität einiger entwicklungspsychologischer Phänomene sind für viele Fragestellungen Einzelfallstudien geeignet. Man beginnt mit den „individuellen Wachstumskurven" und geht über Aggregation von der individuellen zur differentiellen und – wenn möglich – zur universellen Aussage (vgl. auch Einleitung; Raudenbush, 2001).

Vorbedingungen. Die Durchführung einer Einzelfallbetrachtung ist an einige Vorbedingungen geknüpft. Eine Einzelfallbetrachtung ist nur bei einer ausreichenden Anzahl von wiederholten Messungen und klar definierten Einflussfaktoren (umschriebenen Interventionsschritten, kritischen Lebenseinflüssen u.Ä.) sinnvoll. Für den Einsatz der meist aufwendigen Auswertungsverfahren, wie die Zeitreihenanalyse (s.u.), sind über 50 Messwiederholungen pro Person notwendig (vgl. Franklin et al., 1997; Petermann, 1996).

Untersuchungseinheit. Das Plädoyer für eine Einzelfallbetrachtung bedeutet nicht, dass die Datenerhebungsstrategie auf eine einzelne Person ausgerichtet ist. „Einzelfall" bezieht sich auf die Tatsache, dass man bei der Analyse von Veränderungen von einer einzigen Untersuchungseinheit ausgeht. Die Untersuchungseinheit ist damit noch nicht festgelegt, es kann auch eine Gruppe oder eine Familie sein, obwohl ca. 90 Prozent aller Einzelfallstudien sich mit der Analyse des Verhaltens einer einzelnen Person beschäftigen.

Es ist für einige Fragestellungen der Entwicklungspsychologie durchaus vorteilhaft, eine Gruppe (z.B. eine Schulklasse, die Familie u.Ä.) oder ein Setting (z.B. die Wohnung, den Spielplatz, den Arbeitsplatz u.Ä.) als Untersuchungseinheit zu wählen. Allgemeiner formuliert: Für die Einzelfallbetrachtung ist eine Untersuchungseinheit dadurch gegeben, dass ein nicht mehr teilbarer und in sich homogener Analyseaspekt vorliegt.

Auswertung. Eine statistische Auswertungsmöglichkeit von Einzelfallstudien bietet die so genannte Zeitreihenanalyse (vgl. zur Methodik Franklin et al., 1997; Petermann, 1996). Bei einer Zeitreihenanalyse wird jede Beobachtung im zeitlichen Verlauf in drei Komponenten zerlegt; diese Komponenten sind, vereinfacht formuliert:

(1) der Entwicklungstrend, das heißt eine eindeutige Änderung in eine Richtung (z.B. verbesserte Diskriminationsfähigkeit oder Problemlösefähigkeit),
(2) Entwicklungsschwankungen eines Entwicklungstrends (z.B. besonders gut oder schlecht gelungene Problemlösungen) und
(3) Messfehler aufgrund von Mängeln in der Datengewinnung.

Einzelfallstudie. Besonders bei der Einzelfallstudie ($N = 1$, $T \sim 50$) wird deutlich, dass Zeit die wesentliche Variable im Rahmen entwicklungspsychologischer Forschung bzw. jeglicher Forschung, die sich mit Veränderung beschäftigt, ist (vgl. Rudinger & Wood, 1990). Die Anzahl von und die Abstände zwischen Messzeitpunkten, die aus dem Universum möglicher Messzeitpunkte ausgewählt werden, sollten allerdings über eine causal lag theory theoretisch begründbar sein. Natürlich ist der Messzeitpunkt ebenso wie Alter und Kohorte eine Stellvertretervariable für eine Vielzahl von konkreten Einflüssen. Die Wahl gleicher Abstände zwischen den Messzeitpunkten erscheint auf diesem Hintergrund oft willkürlich. Mit dem Status der Zeit als „unabhängige“ Designvariable (Wie beeinflusst „Zeit“ die Entwicklungsprozesse?) ist die Spezifikation des Zeitbegriffes als diskret, ordinal oder metrisch eng verknüpft. Das Gleiche gilt für die Betrachtung von Zeit als AV (Wann tritt ein Entwicklungsphänomen auf? Wie lange ist die Zeitdauer eines Entwicklungsprozesses?).

2.4 Sequenzmodelle von Schaie

Grenzen von Quer- und Längsschnittdesigns. Interne und externe Gültigkeit der Quer- und Längsschnittdesigns in dieser einfachen Form sind also stark eingeschränkt. Quer- und Längsschnittdesigns werden den „prä-experimentellen designs“ zugeordnet. Finden sich in einer Querschnittstudie Altersgruppenunterschiede, so kann zunächst nicht entschieden werden, ob hierfür das Lebensalter oder die Kohortenzugehörigkeit (z.B. via kohortenspezifischer Schulbildung) verantwortlich ist. Analog kann man bei Längsschnittstudien nicht ohne weiteres entscheiden, ob beobachtete Veränderungen mit dem Lebensalter oder dem Messzeitpunkt zusammenhängen. Darüber hinaus können die Ergebnisse nicht auf andere Zeiten übertragen werden, solange Querschnittsuntersuchungen sich auf einen Messzeitpunkt beschränken; solange bei einer Längsschnittuntersuchung nur eine Kohorte wiederholt untersucht wird, lassen sich diese Ergebnisse nicht auf andere Kohorten übertragen.

Negativ auf die Gültigkeit wirken sich aus bei der Längsschnittstudie: Selektion bei der Zusammenstellung der Stichprobe, selektives Überleben, selektive Ausfälle, Testeffekte; bei der Querschnittsuntersuchung: Selektion bei der Zusammenstellung der Stichprobe, selektives Überleben, Generations- bzw. Kohorteneffekte.

Quer- und Längsschnittsequenzen. Schaie (1965) und Baltes (1968) haben Lösungsvorschläge für beide Problembereiche unterbreitet. Diese laufen darauf hinaus, Querschnittsequenzen (mehrere Querschnittuntersuchungen zu verschiedenen Messzeitpunkten) bzw. Längsschnittsequenzen (mehrere Längsschnittuntersuchungen mit Probanden verschiedener Kohorten) zu betrachten. Um entwicklungspsychologische Veränderungen optimal zu erfassen, kann man Quer- und Längsschnittdesign so kombinieren, dass die Fehlerquellen beider Ansätze minimal werden. Bei Querschnittsequenzen erhebt man mehrere Querschnitte über den gleichen Altersbereich, bei Längsschnittsequenzen mehrere Längsschnitte (für mehrere Kohorten) über denselben Altersbereich mit wiederholten Messungen entlang der Altersvariable. Ein Erhebungsplan, der mehrere Kohorten zu verschiedenen Lebensaltern (Kohorte × Alter-Design) untersucht, geht von einem zweifaktoriellen Schema aus, mit dem man die intraindividuellen (Alterns-)Änderungen direkt erfassen kann – separat für die einzelnen Kohorten.

Das von Schaie mit den drei Faktoren Alter, Kohorte, Messzeit verknüpfte Erklärungssystem ist im Kasten skizziert. Alter steht in diesem Erklärungssystem für reifungsbedingte/biologische Einflüsse, Kohorte für genetisch und/oder Umgebungsdeterminanten, (Mess-)Zeit für kulturelle Einflüsse.

Grundbegriffe des allgemeinen Entwicklungsmodells von Schaie

Schaies Modell berücksichtigte drei Faktoren:
$V = f(A, K, T)$
In Worten ausgedrückt: Entwicklung (Veränderung) ist eine Funktion von Alter, Kohorte (Generation) und Testzeit. Diese drei Komponenten erklärt Schaie wie folgt:

Alter (A). Diese Variable umfasst reifungsbedingte Einflüsse (neurophysiologische Prozesse), die sich zwischen dem Zeitpunkt der Geburt und dem Zeitpunkt der Messung ereignet haben.

Kohorte (K). Diese Variable bezieht sich auf alle Einflüsse, die auf die Mitglieder einer Kohorte (Generation) in gleicher Weise wirken. Dabei wird die Kohorte i.d.R. als Population angesehen, die in einem bestimmten Zeitintervall geboren ist.

Testzeit (T). Diese Variable subsumiert die Lebensbedingungen, das heißt die aktuellen, sozialen, historischen und kulturellen Einflüsse. Formal ist die Testzeit durch den Zeitpunkt der Datenerhebung gegeben.

Alter, Messzeitpunkt und Kohorte. Nicht nur bei den Sequenzmodellen ist problematisch, dass „Alter“ eine chronologische (nicht-psychologische) Variable darstellt, deren Bedeutung sich erst durch das Auffinden von altersbezogenen Bedingungen und Prozessen ergibt. Man kann zwar durch eine solche Analyse zu Normen kommen, die auf dem Alterskontinuum abgetragen werden. Ein ähnlicher Einwand fiel für „Kohorte“ als so genannte Proxy-Variable: Neben der Geburt sind es weitere lebensgeschichtliche Ereignisse (wie Kriege, wirtschaftliche Depressionen), biologische oder psychologische Kennzeichen (Familienkonstellationen), die kohortenspezifisch sein können. So betrachtet liegen bei Kohortenmitgliedern im gleichen Zeitintervall „dieselben“ Erfahrungen vor. Die Kohorten-Variable ist, wie die Alters-Variable, keine experimentell manipulierbare Variable, sondern ein Merkmal, das an die Person gebunden ist. Mit anderen Worten: Man kann eben nicht eine Versuchsperson das erste Mal im Alter von 25 Jahren und anschließend im Alter von 15 Jahren untersuchen.

Das System macht restriktive Annahmen über den Entwicklungsprozess und hat vor allem die Schwierigkeit, dass die Komponenten A, K und T linear abhängig sind, so dass das scheinbar naheliegende Modell der dreifaktoriellen Varianzanalyse mit den Haupteffekten Alter, Kohorte und Messzeitpunkt sowie deren Interaktionen nicht verwendet werden kann: Das Modell ist in dieser Form nicht identifizierbar.

Die von Schaie (1965) in Erwägung gezogene Auswertung über mehrere zweifaktorielle Varianzanalysen (Alter × Kohorte, Alter × Messzeitpunkte, Kohorte × Messzeitpunkte) ermöglicht keine unverfälschte Schätzung der Effekte (vgl. Schaie & Hertzog, 1982). Man muss daher entweder – was theoretisch unbefriedigend ist – jeweils eine der drei Effektquellen „ignorieren“ oder aber dreifaktorielle Varianzanalysen mit bestimmten Restriktionen berechnen, was erstmals von Mason et al. (1973) vorgeschlagen wurde (vgl. auch Erdfelder et al., 1996).

Das Vorgehen zur Separierung von Alters-, Messzeitpunkt- und Kohorteneffekten durch Analysen mit Restriktionen lässt sich auch auf kategoriale Variablen im Rahmen log-linearer Modelle übertragen (Fienberg & Mason, 1978). Auch auf Längsschnittsequenzen lässt sich ein analoges Verfahren anwenden, wobei allerdings die durch wiederholte Messungen erzeugte Abhängigkeit der Daten zu berücksichtigen ist.

2.5 Retrospektive Studien

Ein Nachteil der bisher behandelten prospektiven Längsschnittstudien besteht darin, dass nur auf der Basis von mindestens zwei in der physikalischen Zeit angesiedelten Messzeitpunkten längsschnittliche Aussagen getroffen werden können. Dieses Problem könnte man durch retrospektive Studien umgehen. Retrospektive Studien beziehen sich auf vergangene Entwicklungszustände. Die Retrospektion (Rückschau) ist für die Entwicklungspsychologie von großem Interesse, da mit ihrer Hilfe große Entwicklungsabschnitte erfasst werden, die bei prospektiven Studien nur durch eine lebenslange Begleitung abgedeckt werden könnten. Das retrospektive Vorgehen stellt kein bestimmtes Verfahren der Datenerhebung dar, sondern vielmehr einen allgemeinen Zugang zu empirischen Fragestellungen. Retrospektive Informationen können auf zweierlei Weise gewonnen werden:

- durch die Befragung einer Person über bereits vergangene Entwicklungszustände wie Kindheit, Krankheiten, Einschulung, Erinnerungen an die Familie usw. (vgl. Thomae & Petermann, 1983);
- durch die Verwertung von bereits vorliegendem Datenmaterial.

Das erste Vorgehen unterscheidet sich nicht allzu sehr von der Befragung (s.u.) und wird daher hier nicht besonders erläutert. Der zweite Ansatz prüft Aussagen über Entwicklungsverläufe mit (öffentlich) registrierten Daten einer Person aus der Vergangenheit. Als Dokumente eignen sich auch Informationen, die zu anderen Zwecken erhoben wurden. Dies können Informationen über das Körperwachstum, standardisierte Fähigkeitstests, IQ-Tests bei der Einschulung, der Einstellung im Betrieb usw. sein. Solche Informationen werden in Zukunft immer umfangreicher in Datenbanken gespeichert und können so Material für retrospektive Studien bieten.

Kessen et al. (zitiert nach Thomae & Petermann, 1983, S. 365) kombinierten beide Ansätze, indem sie Eltern nach der Entwicklung ihres Kindes befragten und Babybiographien durch Daten aus Tagebuchaufzeichnungen und Bildmaterial (Dia, Filme, Fotografien, Videoaufnahmen) ergänzten.

Mögliche Fehler der Retrospektion. Es darf allerdings nicht verschwiegen werden, dass Retrospektion durchaus fehleranfällig sein kann (z.B. durch Berichts- und Gedächtnisfehler, soziale Erwünschtheit). Ein grundlegendes Problem ergibt sich aus dem Bestreben der Befragten, ihre Vergangenheit aus der Sicht ihrer aktuellen Lage jeweils neu und konsistent zu bewerten (vgl. dazu im Einzelnen Taris, 2000).

3 Ausgewählte Erhebungsverfahren

Bei den bisherigen Überlegungen wurde nicht diskutiert, wie man zu den Informationen für die Beschreibung von Entwicklungsverläufen gelangt. Es gibt mehrere Zugänge:

- Registrierung von offen erkennbaren Phänomenen,
- Registrierung von Phänomenen unter kontrollierten Bedingungen und
- Bestimmung der Position einer Person auf einem Entwicklungskontinuum.

Zur Phänomenregistrierung verwendet man die bekannten Möglichkeiten (Beobachtung, Befragung, Experiment und Entwicklungstests). Die Identifikation einer Person auf einem Entwicklungskontinuum – also eine Aussage zu ihrem Entwicklungsstand – setzt die Erstellung einer Entwicklungsskala voraus (vgl. Unterabschnitt 3.5).

3.1 Beobachtung

Beobachtungsmethoden kann man zunächst in Verfahren der Selbst- und Fremdbeobachtung unterteilen. Allen Beobachtungsverfahren ist gemeinsam, dass aus der Sicht des Beurteilers (bei der Selbstbeobachtung durch die Person selbst; bei Fremdbeobachtung durch außen stehende Beobachter) wahrnehmbare Zustände und Abläufe registriert werden.

Für die Entwicklungspsychologie sind Verfahren der Fremdbeobachtung besonders wichtig. Beobachtung beinhaltet hierbei einerseits die detaillierte Phänomenregistrierung im natürlichen Umfeld (z.B. die Kleinkindbeobachtung bei Barker & Wright, 1951) und andererseits die systematische Verhaltensbeurteilung, die nach unterschiedlichen Aspekten erfolgen kann (s. Kasten).

Die Mehrzahl der systematischen Verhaltensbeurteilungen bezieht sich auf die Einschätzung von Kindverhaltensweisen. Viele Studien in der Klinischen Kinderpsychologie beschäftigen sich mit der Bewertung von Problemverhalten, vor allem von aggressivem oder hyperkinetischem Verhalten. Beschränkt man sich auf das direkt beobachtbare (aggressive) Verhalten, so muss man eine Vielzahl von Vorentscheidungen über die Modi der Verhaltensbeobachtung treffen. Einige davon sind im Kasten zusammengestellt.

Modi der Beobachtung aggressiven Verhaltens

Erfassung aggressiven Verhaltens nach den Kriterien:

- Häufigkeit des Verhaltens
- Intensität des gezeigten Verhaltens
- Reaktionsschnelligkeit (Latenz), in der körperliche Aggression gezeigt wird (nach Miller, 1998).

Molekulare und molare Beobachtungen. Eine Reihe von Autoren (z.B. Miller, 1998) untergliedern Beobachtungsmethoden danach, ob sie molekular oder molar orientiert sind. Die molekulare Beobachtung möchte dabei feingegliederte Details des Verhaltens erfassen; molare Beobachtungen arbeiten eher mit globalen Kategorien.

Eine Übersicht über Beobachtungsverfahren gibt Schaller (1999); danach kann man eine wissenschaftliche Beobachtung nach folgenden Kriterien untergliedern:

- Grad der Strukturierung der Beobachtung,
- Grad der Partizipation des Beobachters hinsichtlich des sozialen Feldes der Beobachtung und
- offene versus verdeckte Beobachtung.

Eine hohe Strukturierung des Vorgehens bedeutet Standardisierung der Beobachtung. Die Strukturierung geht mit einer Beschränkung der Beobachtungsbreite einher, wodurch im Regelfall aber kontrollier- und überprüfbare, das heißt „objektive" Ergebnisse möglich werden.

Beobachtungen zur Generierung von Hypothesen. Bei der Bearbeitung neuer Forschungsthemen setzt man eher unstrukturierte Beobachtungen zur Hypothesengenerierung ein, anschließend lassen sich die so gesammelten Informationen strukturieren und ein systematisches Kategoriensystem erarbeiten. Mit Hilfe eines solchen Kategoriensystems gelingt sodann eine strukturierte Beobachtung. Sehr häufig werden auf diese Weise soziale Interaktionsprozesse (z.B. Mutter-

Kind-Interaktionen) analysiert (vgl. Bakeman & Quwera, 1995).

Teilnehmende und nicht-teilnehmende Beobachtung. Eine strukturierte Beobachtung kann weiter dahingehend untergliedert werden, wie stark sich der Beobachter in das zu beobachtende soziale Feld begibt. Ist der Beobachter ein aktiver Teil des Feldes, so spricht man von teilnehmender Beobachtung, bei der er zwar Daten sammeln kann, jedoch zwangsläufig auf das Geschehen einwirkt. Bei der nicht-teilnehmenden Beobachtung wird dagegen jeder Versuch vermieden, auf das soziale Geschehen Einfluss auszuüben. Prinzipiell lässt sich jede Beobachtung offen oder verdeckt durchführen. Bei der offenen Beobachtung gibt der Forscher seine Identität im sozialen Feld der Beobachtung zu erkennen, bei der verdeckten nicht.

Bei der Durchführung von Verhaltensbeobachtungen ist es entscheidend, die bekannten Fehlerquellen zu minimieren (etwa Schaller, 1999), um die Ergebnisse einer Beobachtung korrekt zu interpretieren. Die Anwendung von Beobachtungsmethoden und die Interpretation der erzielten Ergebnisse stellen nun einen besonders aufwändigen Ansatz der Datengewinnung dar.

3.2 Befragung und Selbstauskunft

Befragungstechniken eröffnen einen direkten Zugang zu der subjektiv erlebten Entwicklung. Wie bei den Beobachtungsverfahren lassen sich verschiedene Methoden durch den Grad der Strukturierung unterscheiden. Für die Entwicklungspsychologie bieten sich standardisierte Fragebögen und das halbstrukturierte Interview besonders an. In einer Vielzahl von Studien in diesem Buch wurden standardisierte Fragebögen zur Erfassung von Erziehungseinstellungen, Erziehungs- und Familienproblemen etc. eingesetzt.

Eine wesentliche Quelle entwicklungspsychologischen Wissens bilden Tagebuchaufzeichnungen in der Form von Selbsteinschätzungen (Selbstauskünften) jeglicher Art (Biographien, Autobiographien, detaillierte Verhaltensbeschreibungen). Interessant sind hierbei vor allem biographische Daten. Solche Dokumente geben Aufschluss über die zeitliche Veränderung in bedeutsamen entwicklungspsychologischen Bereichen.

Halbstrukturierte Interviews. Befragungen werden besonders häufig als halbstrukturierte Interviews durchgeführt. Auf diese Weise kann man sehr detailliert und auf die individuelle Lage bezogen Informationen sammeln. So lassen sich mit Hilfe der Befragungsmethode Tagesabläufe von Kindern qualitativ herausarbeiten, um deren Sozialentwicklung oder Verhaltensauffälligkeiten zu erfassen (vgl. Petermann & Petermann, 2001). Als Bewertungsgrundlage soll ein „typischer“ Alltag und ein „typischer“ Sonntag in der Familie herangezogen werden. Die Eltern beschreiben aufgrund eines systematischen Explorationsbogens die jeweiligen Tagesverläufe. Das auf diese Weise gesammelte Material wird in einem zweiten Schritt hinsichtlich bestimmter Merkmale/Auffälligkeiten eingeschätzt.

3.3 Experimentelle Ansätze

In den letzten zwanzig Jahren hat das Experiment in der Entwicklungspsychologie wieder an Bedeutung gewonnen. Ein Experiment dient der Überprüfung einer Hypothese oder einer Theorie. Dabei wird kontrolliert, ob die Bedingungen, die man laut Hypothese als Ursache für einen Effekt (eine Reaktion, eine Leistung, generell: ein Antwortverhalten) ansieht, auch wirklich zutreffen. Dies geschieht gewöhnlich dadurch, dass man diese Bedingungen variiert und alle übrigen Bedingungen konstant hält. Meist stellt man eine Versuchs- und eine Kontrollbedingung her. In dem Experiment von Spelke (1994) zum Nachweis des frühen physikalischen Verständnisses von Kontinuität, Solidität und Dichte von Objekten besteht die Versuchsbedingung darin, die Kugel von oben fallen und sie dann oberhalb oder unterhalb der Auflagefläche auftreffen zu lassen, während die Kontrollbedingung nur die Endposition der Kugel ohne den Fallvorgang zeigt (s. Kap. 12, Abb. 12.1).

Generell verwendet man das Experiment in der Entwicklungspsychologie zur Bestätigung einer Entwicklungshypothese oder -theorie. Bei obigen Beispiel (Spelke, 1994) ging es um den Nachweis frühen physikalischen Wissens beim Säugling (Theorie: Neo-Nativismus).

Ein anderes Beispiel für eine Entwicklungshypothese ist die Annahme, dass die Überzeugung vom falschen Glauben erst mit ungefähr vier Jahren auftritt. Dies prüfte man mit der Geschichte von Maxi und der Schokolade (Wimmer & Perner, 1983; s. Kap. 12, Kasten: „Das Verständnis vom falschen Glauben“ in diesem Band). Inzwischen ist ein ganzen Gebäude von Hypothesen aus diesem ersten Versuch entstanden, die sich zur "theory of mind" vereinigen.

Als letztes Beispiel sei die Überprüfung des Rückgangs der Informationsverarbeitungsgeschwindigkeit im Alter genannt. In einer Serie von Experimenten konnte Salthouse (1985) zeigen, dass ein entscheidender Faktor der kognitiven Leistungsveränderungen im Alter die abnehmende Geschwindigkeit der Informationsverarbeitung ist. Mit seinen Experimenten sah Salthouse seine Theorie des kognitiven Alterns bestätigt, die zusammengefasst besagt, dass der kognitive Altersabbau hauptsächlich auf den Faktor Geschwindigkeit zurückzuführen ist. Das Experiment ist also auch in der Entwicklungspsychologie der wissenschaftlich tragfähigste Test für eine Hypothese. Es hat also hohe interne Validität. Sein Nachteil besteht aber darin, dass eine künstliche Situation, in der möglichst wenig fremde Einflüsse wirksam sind, herbeigeführt wird. Dies entspricht nur wenig dem komplexen Alltag, in dem sich Menschen entwickeln.

3.4 Ökologisches Experiment nach Bronfenbrenner

Da in vielen Bereichen der Entwicklungspsychologie vorwiegend komplexe Prozesse von Interesse sind, muss man sich entscheiden, ob man die Genauigkeit des experimentellen Vorgehens in den Hintergrund stellt und dafür etwas mehr an komplexer Realität abbilden kann. Sollte man sich dafür entscheiden, bietet sich die Konzeption des ökologischen Experiments von Bronfenbrenner (1978) an, in der naturalistische und experimentelle Vorgehensweisen unter besonderer Berücksichtigung des Einflusses von Umweltvariablen verbunden werden.

Die für Bronfenbrenner zentrale „Umwelt“ lässt sich in verschiedene Subsysteme aufgliedern, wie zum Beispiel das unmittelbar für das Zusammenleben relevante Mikrosystem (Heim, Schule, Arbeitsplatz u.a.), das Mesosystem, das umfassende Zusammenhänge integriert, die Mikro- und Mesosystem entscheidend bestimmen.

Ökologische Validität. Die naturalistische Vorgehensweise nach Bronfenbrenner geht von einem modifizierten Validitätskonzept aus, das die ökologische Validität in den Mittelpunkt stellt, das heißt, die Forschungsergebnisse sollen direkt auf andere vergleichbare Personen, Situationen und Orte übertragen werden können. Beim ökologischen Experiment braucht man im Gegensatz zum Laborexperiment – also die komplexen Wechselwirkungen zwischen dem menschlichen Organismus und einer sich ständig wandelnden Umwelt nicht zu simulieren, sondern sie sind ins Design integriert.

3.5 Entwicklungstests

Entwicklungstests machen eine Aussage über den Entwicklungsstand, das heißt darüber, an welcher Stelle des Entwicklungskontinuums das aktuelle Denken, Handeln und Fühlen eines Kindes einzuordnen ist. Solche Tests werden unter anderem in der Frühförderung, in der Kinder- und Jugendpsychiatrie, in Kinderkliniken oder in der Schule eingesetzt.

Normstichprobe. Um eine Aussage über den Entwicklungsstand eines Kindes machen zu können, muss man auf eine Normstichprobe Bezug nehmen. Die Normstichprobe gibt eine Richtlinie, welche Fähigkeiten bei einem Kind in einem bestimmten Alter vorliegen müssten. Entwicklungstests gestatten damit auch eine Aussage darüber, ob eine Abweichung im Entwicklungsstand vorliegt. In der Regel werden dabei Befragungen der Eltern vorgenommen, konkrete Anforderungen direkt an das Kind gestellt und dann das gezeigte Verhalten registriert und kategorisiert. Mit den Ergebnissen einer solchen „Testung“ sollen folgende Fragen zum Beispiel bezüglich der Psychomotorik, Wahrnehmungsentwicklung, Intelligenzentwicklung (kognitive Entwicklung), Entwicklung des Sozialverhaltens und Sprachentwicklung beantwortet werden:

- Wie ist die Entwicklung in der Vergangenheit verlaufen? (Retrognose)
- Warum befindet sich ein Kind gerade an einer bestimmten (u. U. nicht erwarteten) Stelle auf dem Entwicklungskontinuum? (Diagnose)
- Wie wird die Entwicklung in der Zukunft verlaufen? (Prognose)

Der Einsatz von Entwicklungstests kann durchaus mit Problemen behaftet sein, wenn kein eindimensionales Konzept von „Entwicklung“ vorliegt. So ist zu klären, ob Entwicklung eindimensional verläuft oder zu strukturellen Veränderungen führt, das heißt den Differenzierungs- und Komplexitätsgrad erhöht oder beibehält.

Heidelberger Sprachentwicklungstest. Als spezieller Entwicklungstest, der zumindest teilweise auf einer expliziten Entwicklungstheorie basiert, kann der Heidelberger Sprachentwicklungstest (HSET) von Grimm und Schöler (1998) gelten. Dieser Test umfasst 13 Untertests, mit denen Prinzipien des Spracherwerbs oder der Sprachentwicklung bei Drei- bis Neunjährigen erfasst werden sollen. Der HSET besteht aus 13 Untertests:

- Verstehen grammatikalischer Strukturen
- Singular-Plural-Bildung
- Imitation grammatischer Strukturformen
- Korrektur semantisch inkonsistenter Sätze (nur für Kinder über fünf Jahre)
- Bildung von Ableitungsmorphemen
- Benennungsflexibilität (nur für Kinder über fünf Jahre)
- Begriffsklassifikation
- Adjektive-Ableitung
- In-Beziehung-Setzung von verbaler und nonverbaler Information
- Enkodierung und Rekodierung gesetzter Intention (nur für Kinder über fünf Jahre)
- Satzbildung
- Wortfindung
- Textgedächtnis

Der HSET zeigt Unterschiede im Verstehen und Produzieren von Sprachäußerungen auf, wobei es im Testprofil definierte Differenzen zwischen normalen, lernbehinderten und lese-/rechtschreibschwachen Kindern gibt.

Allgemeiner Entwicklungstest. Der allgemeine Entwicklungstest von Holle (1993) testet bei unter ein- bis siebenjährigen Kindern die motorische und perzeptuelle (Wahrnehmungs-) Entwicklung. Neben Grob- und Feinmotorik, kinästhetischer und taktiler Wahrnehmung werden auch beobachtbare Aspekte der Selbstständigkeit (Essen, Anziehen, Sauberkeit, persönliche Hygiene) erfasst. Der Vorteil dieses Verfahrens ist es, dass man nicht nur Entwicklungsverzögerungen erkennt, sondern auch ein erprobtes Förderungsprogramm angeboten wird.

ET 6–6. Im Bereich der allgemeinen Entwicklungsdiagnostik legt der ET 6–6 (Petermann & Stein, 2000a) ein Konzept vor, bei dem über einen weiten Altersbereich ein breites Spektrum von Entwicklungsdimensionen Berücksichtigung findet. Für den ET 6–6 ist kennzeichnend, dass er ein differenziertes Entwicklungsprofil für die folgenden Bereiche liefern kann:

- Körpermotorik
- Handmotorik
- kognitive Entwicklung (Gedächtnis, Handlungsstrategien, Kategorisieren, Körperbewusstsein)
- Sprachentwicklung (rezeptive und expressive Sprache)
- Sozialentwicklung (Interaktion mit Erwachsenen und Gleichaltrigen, Verhalten in Gruppen, soziale Eigenständigkeit

- emotionale Entwicklung
- Subtest Nachzeichnen

Eine angemessene Repräsentation komplexer Annahmen zur Entwicklung gelingt hier über die Bereitstellung eines Inventars mit altersabhängigen (12 Altersgruppen umfassenden) Aufgabenzusammenstellungen (vgl. Wyly, 1997). Somit findet eine Vielzahl qualitativer Entwicklungsaspekte vor dem Prozess fortschreitender Differenzierung und Integration so weit Berücksichtigung, dass

- ein abschließender, normorientierter Vergleich in einem Entwicklungsprofil möglich und sinnvoll ist (vgl. Kasten) und
- über den gesamten Altersbereich vom Säuglingsalter bis zur Schulreife eine vergleichbare Struktur von Entwicklungsdimensionen erfasst wird.

Erstellung von Entwicklungsprofilen mit dem ET 6–6

Nur selten verläuft die Entwicklung eines Kindes in verschiedenen Entwicklungsbereichen synchron (normal, akzeleriert, retardiert). Viele Kinder weisen ein mehr oder minder unausgewogenes Profil ihrer Fertigkeiten auf, das differenziert beurteilt werden muss. Mit einem Entwicklungsprofil, das Kennwerte für alle Entwicklungsbereiche aufweist, kann man die intraindividuelle Variabilität von Entwicklung entsprechen. Der ET 6–6 von Petermann und Stein (2000b) liefert ein Profil, das folgende Aussagen zulässt:

- Es können damit Entwicklungsdefizite detailliert und frühzeitig erkannt und somit Hinweise zur Entwicklungsförderung abgeleitet werden.
- Es gelingt, individuelle Stärken herauszuarbeiten, um diese im Kontext einer Beratung einfließen zu lassen.
- Es soll damit eine differenzierte Entwicklungsprognose möglich werden.

4 Auswertung und Analyse

Erinnern wir uns nochmals an die Aufgaben der Entwicklungspsychologie, die im Wesentlichen in der Beschreibung, Erklärung und Modifikation intraindividueller Veränderungsprozesse gesehen werden können. Moderne Methodologie und Forschungsmethodik der Entwicklungspsychologie müssen sich deshalb in erster Linie mit der Abbildung intraindividueller Veränderungen beschäftigen (vgl. Collins & Sayer, 2001; Gottman, 1995). „Intraindividuelle Veränderungen" haben dabei in den verschiedenen Teilbereichen der Entwicklungspsychologie unterschiedliche Bedeutungen:

- Veränderung im Sinne von quantitativem Wachstum und allgemeinen quantitativen Veränderungen einer Variablen. Beispiel: Intelligenzwachstumskurve.
- Veränderung im Sinne qualitativer Veränderungen (z.B. Differenzierung, Integration). Beispiel: Strukturveränderung im Bereich grammatikalischer Leistungen oder der Intelligenz.
- Veränderungen im Sinne komplexer Aufbauprozesse. Beispiel: Leistungsmotivation („Vorläufermotive", etwa Selbstständigkeit, kognitive Voraussetzungen, etwa Leistungsbeurteilung auf Gütemaßstab, Vergleich mit einem dort festgelegten Anspruchsniveau, internale Leistungserklärungen).
- Veränderung im Sinne der Veränderung von Zusammenhängen. Beispiel: Sozialentwicklung bei Kleinkindern. Das Temperament eines Kindes im ersten Lebensjahr (z.B. exzessives Schreien, Nahrungsverweigerung, Ein- und Durchschlafprobleme) bewirkt erhebliche Interaktionsprobleme zwischen dem Kleinkind und seinen Eltern; in der Regel verstärkt die Elternproblematik das Problem des Kindes. Erlernen die Eltern neue Interaktionsformen, bilden sie die zentrale Ursache für eine positive Sozialentwicklung ihres Kindes.

4.1 Veränderung und Kausalität

Wirkungszusammenhänge. Neben der Beschreibung und dem Nachweis von intraindividuellen Veränderungen ist die Ermittlung von Wirkungszusammenhängen eine wichtige Problemstellung und vor allem eine bedeutsame methodische Fragestellung der Entwicklungspsychologie, da gerade hier nicht-experimentelle Arbeiten einen großen Anteil ausmachen und damit Kausalanalysen – wenn überhaupt möglich – einer gewissen „methodischen Raffinesse" bedürfen. Es sei nochmals darauf hingewiesen, dass nicht-experimentelle Arbeiten solche sind, deren „unabhängige" Einflussgrößen nicht willkürlich verändert werden können. Es bleibt nur die Möglichkeit, die gegebenen Effekte zu erfassen und zu analysieren. Eine einfache Kenngröße zur Beschreibung von Abhängigkeiten stellen Zusammenhangsmaße (z.B. Kovariation, Korrelationen, Übergangswahrscheinlichkeiten) dar.

Kausalität und Korrelation. Kausalität impliziert Korrelation, aber nicht vice versa. Die kausale Interpretation von Korrelationen ist unangemessen, um Wirkungszusammenhänge zu postulieren. Eine Korrelation zwischen zwei Merkmalen A und B lässt keine Aussage darüber zu, ob Variable A Variable B oder Variable B Variable A „verursacht". Die Korrelation oder Kovariation ist lediglich ein beschreibendes Maß für die Höhe eines Zusammenhangs. Außerdem kann eine Vielzahl von Variablen die Korrelation bedingen, Variablen, deren Einflüsse nicht kontrolliert werden können. Mit der Feststellung einer Kovariation ist also nur der erste Schritt bei der Suche nach kausalen Zusammenhängen getan (vgl. Nesselroade & Baltes, 1986). Eine kausale Verknüpfung setzt i.d.R. eine zeitliche Abfolge zwischen der vermeintlichen Ursache und dem angenommenen Effekt voraus (s. Kasten).

Schritte bei der Suche kausaler Zusammenhänge

(1) Analyse der Kovariation;
(2) Nachweis einer zeitlichen Abfolge zwischen der vermeintlichen Ursache und dem angenommenen Effekt;
(3) Variation des kausalen Faktors, um Wirkzusammenhänge besser interpretieren zu können;
(4) Replikationsstudien, um mit wiederholt bestätigten Ergebnissen kausale Aussagen zu stützen (nach Nesselroade & Baltes, 1986, S. 265).

Pfadanalyse. In der Entwicklungspsychologie nimmt die Frage nach dem möglichen Zusammenwirken von Bedingungen einen hohen Stellenwert ein; zum Beispiel, welche Voraussetzungen müssen gegeben sein, um von einem negativen Einfluss der sozialen Deprivation auf den weiteren Entwicklungsverlauf zu sprechen. Die Bestimmung eines solchen Wirkungszusammenhangs kann nicht laborexperimentell erfolgen, da Langzeiteffekte dadurch kaum zu erfassen sind. Als Analysemethode für solche nicht-experimentelle Fragestellungen eignet sich die Pfadanalyse, die als Sonderfall des allgemeinen linearen Strukturmodellansatzes betrachtet werden kann (s. Kasten).

Strukturgleichungsmodelle – ein erster Blick

Lineare Strukturgleichungsmodelle stellen eine Familie von Modellen dar, als deren Mitglieder unter anderem Regressionsanalyse, Pfadanalyse und Faktoranalyse angesehen werden können. Strukturgleichungsmodelle integrieren diverse Aspekte dieser Verfahren: Varianzerklärung, Hierarchisierung von Einflussgrößen, Unterscheidung zwischen beobachteten und latenten Variablen. Entscheidendes Charakteristikum ist jedoch, dass a priori formulierte Strukturhypothesen zur

„Erklärung“ von Zusammenhängen zwischen Merkmalen empirisch überprüft werden können. Die oft gebrauchten Begriffe „Kausalmodelle“ und „Kausalhypothesen“ sollten aus erkenntnis- und wissenschaftstheoretischen Gründen sparsam und mit Vorsicht verwendet werden. Unter wissenschaftstheoretischem Aspekt ist jedoch positiv zu werten, dass es bei diesen Verfahren auch im nicht-experimentellen Bereich möglich ist, Bedingungs- und Kausalhypothesen zu formulieren und zu überprüfen.

Klassische Regressions- und Pfadanalysen unterscheiden allerdings nicht zwischen latenten und beobachteten Variablen, sondern spezifizieren „Kausalbeziehungen“ zwischen den beobachteten Variablen und unterstellen damit eine perfekte Reliabilität der Beobachtung (wie weiter unten verdeutlicht wird). Diese Annahme ist häufig unrealistisch, und deshalb empfiehlt sich eine Behandlung der Problematik im allgemeineren Rahmen linearer Strukturgleichungsmodelle, die Pfadmodelle als Spezialfälle umfassen (s. Kasten).

In Abbildung 38.3 wird ein Pfadmodell vorgestellt. Es werden äußere (exogene) Bedingungen für die beobachtbaren interindividuellen Unterschiede in der Intelligenz im höheren Lebensalter berücksichtigt, wie zum Beispiel sozioökonomische Bedingungen des Elternhauses und Einflüsse aus der eigenen Biographie der Probanden der Bonner Längsschnittstudie des Alterns. Das angenommene „Wirkungsgefüge“ und die Bezeichnung der Variablen sind ohne Schwierigkeit aus Abbildung 38.3 zu entnehmen. Die beobachteten Korrelationen sollen zum einen mit dem Modell „rekonstruiert“ werden können, zum anderen wird es nach Vorgabe des Modells möglich, diese Korrelation in verschiedene Komponenten zu zerlegen (direkte und indirekte Effekte). So hat zum Beispiel der sozioökonomische Status des Elternhauses ($SöS_e$) der „alten Kinder“ einen direkten Effekt auf die Intelligenz der Probanden (INT_k; 0.31) sowie einen indirekten via Schulbildung

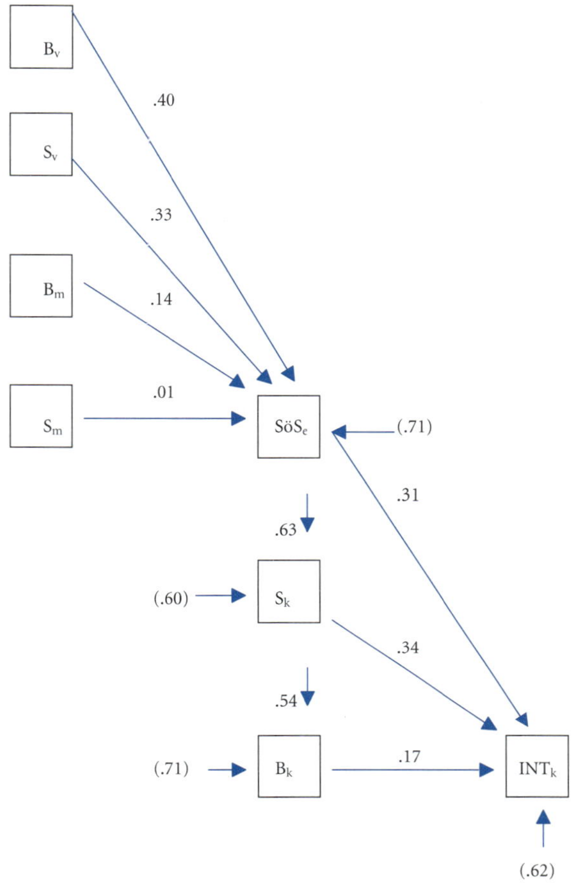

Legende: B_v = Beruf des Vaters, S_v = Schulbildung des Vaters, B_m = Beruf der Mutter, S_m = Schulbildung der Mutter, $SöS_e$ = Sozialökonomischer Status der Eltern, S_k = Schulbildung des „Kindes“, B_k = Beruf des „Kindes“, INT_k = Intelligenz des „Kindes“. An den Pfeilen stehen die „Pfadkoeffizienten“, in den Klammern die Residualvarianzen, d.h. z.B. bei INT_k: erklärte Varianz = 1 – (.62) = .38.

Abbildung 38.3. Ein Ergebnis der Bonner Gerontologischen Längsschnittstudie (Pfadanalyse): Zusammenhänge zwischen sozioökonomischen Bedingungen und Intelligenzleistungen älterer Probanden (zwischen 60 und 75 Jahre)

(S_K) und Beruf (B_K; $0.63 \cdot 0.54 \cdot 0.17 + 0.63 \cdot 0.34 = 0.27$). Von den 38% erklärter Varianz in der Intelligenz gehen somit $100 * (0.31^2 + 0.27^2)$ % = 17 % auf die sozioökonomische Situation des Elternhauses zurück.

4.2 Stabilität und Reliabilität

Test-Retest-Korrelation. Um einige weitere grundlegende Konzepte und Gedankengänge von Strukturgleichungsmodellen einzuführen, wollen wir uns einer einfachen Datensituation zuwenden: Ein und dieselbe Variable (z.B. Zahlensymboltest ZS) wird zu zwei Messzeitpunkten erhoben, sodann werden die beiden Messreihen korreliert: somit liegt eine so genannte Test-Retest-Korrelation (z.B. $r_{12} = 0.64$) vor. Solche Autokorrelationen von Variablen über die Zeit sind sehr oft das Kernstück längsschnittlicher Analysen in der Entwicklungspsychologie, denn diese Korrelation zwischen zwei Messzeitpunkten wird häufig als Indikator für Stabilität betrachtet. Da mit „Stabilität" aber im Regelfall bestimmte Eigenschaften eines Entwicklungsprozesses angesprochen werden, sollte man diesen Begriff besser auf Ebene der latenten bzw. „wahren" und *nicht* der beobachtbaren Werte ansiedeln. Stabilität wäre somit als Korrelation zwischen den latenten Variablen zu definieren, die den beobachtbaren Variablen zugrunde liegen. Diese Korrelation spiegelt das Ausmaß der Persistenz interindividueller Differenzen in den latenten Variablen wider, je höher sie ist, desto ausgeprägter die Stabilität (der interindividuellen Differenzen auf Konstruktebene).

Natürlich gibt es verschiedene Facetten der Stabilität (vgl. Einleitung). Für jedes Stabilitätskonzept existiert ein angemessener methodischer Ansatz. Konzentriert man sich auf die Stabilität der interindividuellen Differenzen über die Zeit, das heißt auf die Konsistenz der interindividuellen Differenzen in intraindividuellen Veränderungen, so ist es allerdings dieser Typ von Stabilität, der hohe Korrelationen über die Zeit impliziert.

Der Untertest des HAWIE (ZS) als beobachtete Variable ist unter diesem Aspekt von untergeordnetem Interesse, er soll das Konstrukt „fluide Intelligenz" erfassen. Die Qualität der Messung der „fluiden Intelligenz" (g_f) durch ZS wird durch den Reliabilitätsindex zum jeweiligen Messzeitpunkt erfasst (rel_1, rel_2).

Latente und beobachtete Variable. In der Terminologie der Strukturgleichungsmodelle bezieht sich Reliabilität auf das Messmodell, das heißt auf die Beziehung zwischen latenter (g_f) und beobachteter Variable (ZS), Stabilität auf das Strukturmodell, das heißt die Beziehung zwischen den latenten Variablen, also fluide Intelligenz zum Messzeitpunkt t_1 und Messzeitpunkt t_2.

Kombination aus Stabilität und Reliabilität. Bezüglich der Korrelation der beobachteten Variablen muss also gefragt werden, ob sie eine angemessene Abbildung des Entwicklungsprozesses ist oder ob die Schlussfolgerung auf diesen Prozess durch mangelnde Reliabilitäten verfälscht ist. Als eine Konsequenz dieser Überlegungen ergibt sich eine „Dekomposition" der Korrelation r_{12}:

$$r_{12} = \varrho_{12} \sqrt{rel_1 \cdot rel_2}$$

Die Test-Retest-Korrelation ist also eine Kombination aus Stabilität und Reliabilität. Für die Interpretation der Test-Retest-Korrelation (r_{12}) heißt dies:

(1) Nur wenn die Reliabilität beider Messungen als perfekt angenommen wird ($rel_1 = rel_2 = 1.00$), kann die Test-Retest-Korrelation (0.64) eindeutig als Stabilität interpretiert werden. Eine solche Interpretation ist in der Entwicklungspsychologie beliebt.

(2) Wenn die beobachtete Korrelation als Schätzung der Test-Retest-Reliabilität angesehen wird, dann impliziert diese Interpretation eine perfekte Stabilität, eine Annahme, die in der Differentiellen Psychologie und in der Diagnostik i.d.R. stillschweigend gemacht wird.

Eine niedrige Korrelation schließt weder perfekte Reliabilität noch perfekte Stabilität aus. $r_{12} = 0.20$ kann zum Beispiel über $1.0 \cdot \sqrt{0.2 \cdot 0.2}$ (perfekte Stabilität, niedrige Reliabilität) oder $0.2 \cdot \sqrt{1.0 \cdot 1.0}$ (niedrige Stabilität, perfekte Reliabilität) zustande kommen. Es sind alle Kombinationen von Reliabilität und Stabilität möglich, die zum gleichen Produkt führen. Mit anderen Worten liegt eine niedrige Test-Retest-Korrelation für die beobachtete Variable vor (r_{12}), ist nicht eindeutig erschließbar, ob diese Korrelation eine Funktion eines ausgeprägten Messfehlers (Unreliabilität), niedriger Stabilität interindividueller Differenzen über die Zeit ist oder eine Funktion beider Quellen.

Trennung von Stabilität und Reliabilität. Da das Interesse der Entwicklungspsychologie vor allem auf den zeitgebundenen Prozess des theoretischen Konzeptes zielt, aber andererseits die Genauigkeit der Messung des Konzeptes gesichert sein muss, ist eine Trennung der beiden Aspekte sinnvoll. Genau diese Trennung lässt sich unter bestimmten Bedingungen mit Strukturgleichungsmodellen bewerkstelligen. Diese Konfundierung ist für den Fall $T = 2$ und $V = 1$ nur dann auflösbar, wenn man a priori Informationen über Stabilität oder Reliabilität besitzt. Für $T > 2$ und $V = 1$ können Stabilität und Reliabilität allerdings aus den Daten geschätzt werden (vgl. dazu Rudinger, 1995; Rudinger & Rietz, 1993).

Die konzeptuelle Trennung von theoretischen Annahmen über latente Variablen einerseits und messfehlerbelasteten beobachtbaren Variablen andererseits ist nicht an quantitative Variablen gebunden: Bei kategorialen Variablen beispielsweise kann auch zwischen theoretischen Annahmen über den Entwicklungsprozess (z.B. Stabilität, Synchronizität) und Klassifikationsfehlern unterschieden werden (Erdfelder, 1990; Rudinger et al., 1985).

Abbildung 38.4 kann einige der bisherigen Argumente verdeutlichen, ergänzen und erweitern. Sie ist durch Rogosa, Brandt und Zimowski (1982) angeregt und zeigt drei (von vielen möglichen) Typen individueller Entwicklungsverläufe über zwei Messzeitpunkte (auf der Ebene von

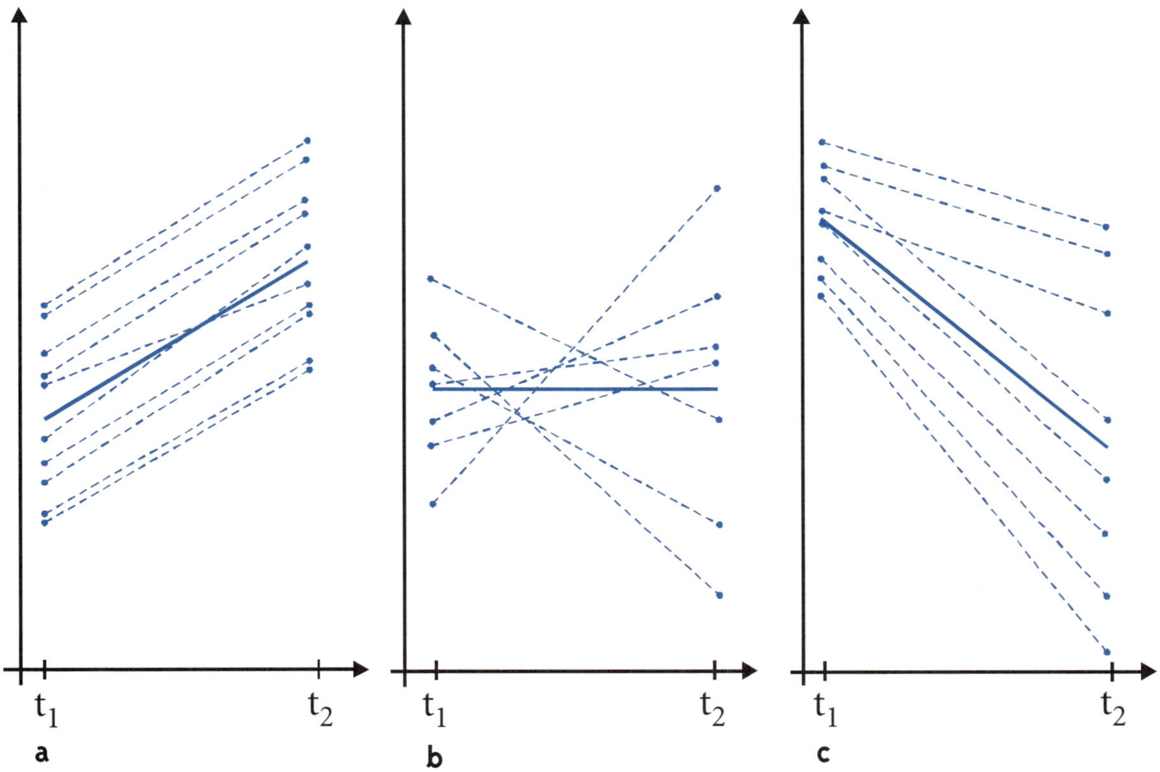

Abbildung 38.4. Jenseits von Korrelationen: Beispiele mit beobachteten Variablen über zwei Messzeitpunkte (nach Rogosa et al., 1982). Gezeigt werden Typen individueller Entwicklungsverläufe

beobachteten Variablen). Hier ist leider nicht der Raum, die seit diesem Artikel u.a. andauernde Diskussion über Ausgangsniveau und Veränderung (level × slope) wiederzugeben (vgl. Rudinger & Rietz, 1999). Die drei Typen sollen Folgendes veranschaulichen:

Prinzipiell können die Mittelwerte für die wiederholt untersuchte Stichprobe zu beiden Messzeitpunkten gleich oder unterschiedlich, die Varianzen homogen oder heterogen und die Korrelationen zwischen den beiden Messzeitpunkten (die Test-Retest-Korrelation) hoch oder niedrig sein. Behalten Personen ihre relative Position über die Zeit bei, so ist r_{12} positiv und hoch. Diese Korrelation spiegelt also das Ausmaß der Persistenz interindividueller Differenzen in der (beobachteten) Variablen wider (s. die vorausgehende Diskussion). Die drei Parameter (Mittelwert, Varianz und Korrelation) können unabhängig voneinander in ihren Werten variieren. Jede erdenkliche Kombination ist möglich.

Hohe Test-Retest-Korrelation. Typ a ist durch eine hohe Test-Retest-Korrelation charakterisiert (kaum interindividuelle Differenzen in intraindividuelle Veränderungen), durch stabile Varianzen und durch steigende Mittelwerte (z.B. Ergebnis eines generellen, alle Individuen gleichermaßen positiv betreffenden kognitiven Trainingsprogramms im Sinne eines „Haupteffektes" des treatments).

Niedrige Test-Retest-Korrelation. Typ b ist charakterisiert durch eine niedrige Test-Retest-Korrelation (d. h. wechselnde Positionen der Personen über die Zeit in ihrer Bezugsgruppe) und wachsende (= instabile) Varianzen auf Beobachtungsebene (d.h. wachsende interindividuelle Differenzen). Als Beispiel könnte die Ausprägung der Lebenszufriedenheit in zwei weit auseinanderliegenden Zeitpunkten dienen, zwischen denen es viele kritische personenspezifisch bewertete Lebensereignisse gegeben hat (Pensionierung, Veränderung der Wohnsituation, Verlust des Partners, neue Partnerschaft bei anderen ...).

Wachsende Varianzen und fallende Mittelwerte. Typ c ist charakterisiert durch wiederum eine hohe Test-Retest-Korrelation (wegen Beibehaltung der relativen Positionen der Personen), wachsende Varianzen und fallende Mittelwerte. Beispiel: Veränderung der Alltagskompetenz im hohen Alter, die in Abhängigkeit vom Ausgangsniveau nachlässt; je niedriger, desto rapidere Einbußen, das heißt, die interindividuellen Differenzen in den interindividuellen Veränderungen sind beträchtlich, wenn auch von anderem Typ als in b (vgl. dazu auch Tisak & Meredith, 1990a; 1990b).

Abbildung 38.4 (vgl. auch Abb. 38.1) kann auch veranschaulichen, was schon von Wohlwill (1977) vorgebracht wurde. Eine niedrige Korrelation zum Beispiel zwischen Intelligenz in der Kleinkindzeit und im Erwachsenenalter (z.B. Typ b) mag etwas über die mangelnde Kontinuität des Intelligenzmaßes aussagen, aber nichts Eindeutiges über die Intelligenzentwicklung des einzelnen Kindes. Es wird für das Aggregat „Stichprobe" nur die Frage beantwortet: Wie stabil sind individuelle Differenzen im Laufe der Entwicklung? Damit ist das Hauptaugenmerk vom Individuum auf die Dimension (z.B. Intelligenz) gelenkt, indem über die Stabilität des Merkmals oder einer Merkmalskombination in einer umschriebenen Gruppe eine Aussage getroffen wird, nicht aber über die Stabilität als Charakteristik der Entwicklung eines Individuums (vgl. dazu auch die Analysen in Abschnitt 4.3 und das Modell von Bryk & Raudenbush, 1987; s.a. Abschnitt 1, Raudenbush, 2001).

Beschreibung der Veränderungen. Geht man davon aus – und damit haben wir ja begonnen –, dass Ergebnismuster wie die gerade beschriebenen auf der Ebene beobachtbarer Variablen angesiedelt sind und es eine theoretisch „wahre Welt" (latente Variablen) hinter diesen beobachtbaren Mustern (manifeste Variablen) gibt, so wird schon in dem einfachen Fall zweier Messzeitpunkte die Situation dadurch komplex, dass vier Facetten zur Beschreibung der Veränderung dieses „Mini-Systems" über die Zeit berücksichtigt werden müssen:

(1) Die Unterscheidung in manifeste Variablen und ihnen zugrunde liegende latente Variablen,

(2) die Korrelation auf manifester Ebene einerseits und latenter Ebene andererseits,
(3) die Varianzen auf beiden Ebenen und
(4) die Mittelwerte auf beiden Ebenen.

Zur Verdeutlichung: Dass die beobachtete Varianz vom ersten zum zweiten Messzeitpunkt größer wird, kann durchaus auf eine fächerförmige Entwicklung auf der latenten Ebene zurückführbar sein und muss nicht einem Anwachsen des Messfehlers, das heißt sinkender Reliabilität, angelastet werden.

Varianzen als Indikator. Die Varianzen der beobachteten – vor allem aber der latenten Variablen – sind Indikatoren dafür, ob die interindividuellen Differenzen über die Zeit anwachsen, gleichbleiben oder kleiner werden. Ist man an diesen Informationen interessiert, so kann man es nicht bei der Analyse von Korrelationen belassen, sondern muss die in den Varianzen und Kovarianzen enthaltenen Informationen in die statistische Analyse einbringen (= Analyse von Kovarianzmatrizen).

Der hier zu Demonstrationszwecken herangezogene längsschnittliche Minimalfall zweier Messzeitpunkte verleitet zur personenspezifischen Differenzbildung der Messwertpaare, um Veränderungsmaße zu erhalten. Auf die damit verbundenen Probleme, die durch die Öffnung dieser Pandora-Büchse entstehen, kann hier nicht detailliert eingegangen werden (vgl. aber Hasselhorn & Schneider, 1998).

Varianzen der Messwerte. Praktisch alle der mit der Differenzbildung verbundenen und in der Vergangenheit so intensiv diskutierten Schwierigkeiten rühren daher, dass eine wesentliche Informationsquelle außer Acht gelassen wird, nämlich die Varianzen der eingehenden Messwerte. Berücksichtigt man diese und trägt die Unterscheidung zwischen manifesten und latenten Variablen Rechnung, so stellt sich heutzutage die Bewertung des Differenzenansatzes wie auch der Messfehlerproblematik generell (Ausgangswertproblem, Regressionseffekt) differenzierter dar (vgl. Rogosa, 1988).

4.3 Modellierung und Prognose

4.3.1 Entwicklungsverläufe

Analyse von Mittelwerten. Selbst in Fällen hoher Stabilität (z.B. .90 der individuellen wahren Werte) kann man keine Aussage über den Verlauf der Mittelwerte über die Zeit geschweige denn über individuelle Entwicklungsfunktionen treffen. Konstant hohe Stabilität über Messzeitpunkte hinweg, gleiche Varianzen und unveränderte Reliabilitäten sind keine Indikatoren für Stillstand, sondern lassen immer noch Raum dafür, dass sich quantitative Veränderungen in regelhaftig vorhersehbarer Weise, das heißt zum Beispiel im Bereich der Mittelwerte ereignen (das zeigen die bisherigen Abbildungen). Aus diesem Grund zielen neuere Überlegungen und Entwicklungen auf solche Modelle, die die Analyse von Mittelwerten simultan mit Varianzen und Kovarianzen ermöglichen. Das Basismodell zur Analyse von Mittelwertstrukturen im längsschnittlichen Kontext wurde von McArdle und Epstein (1987) präsentiert. Die Darstellung dieser Modelle im Pfaddiagramm ist zu komplex, deshalb ist in Tabelle 38.1 nur das Ergebnis einer entsprechenden Analyse der Intelligenzentwicklung von Down-Syndrom-Kindern wiedergegeben (Rauh et al., 1991).

In Abbildung 38.1 (S. 1022) sah man einige individuelle Entwicklungsverläufe auf Beobachtungsebene, ausgewählt aus den Daten der ca. 700 Kinder. In Tabelle 38.1 werden die aus den Parametern des Modells abgeleiteten Werte berichtet: linear ansteigende Mittelwerte (M) bei der kognitiven Skala (mental scale/ment), ebenso bei der motorischen Skala (motor scale/mot), monoton wachsende Standardabweichungen, wachsende Stabilitäten und (zugegebenermaßen) relativ niedrige Reliabilitäten. Am unteren Rand der Tabelle findet man die Transformationsgleichung für chronologisches Alter (CA) und Entwicklungsalter (EA), wobei die Koeffizienten .54 (mental) beziehungsweise .42 (motorisch) Aufschluss über die Verlangsamung sprich das „Hinterherhinken" des Entwicklungsalters (EA) hinter dem chrono-

Tabelle 38.1. Kognitive Entwicklung bei Down-Syndrom-Kindern. Kognitive und motorische Entwicklung gehen langsamer voran als bei normalen Kindern. Erläuterungen zur Tabelle: M = Mittelwerte im EA; SD = Standardabweichung; Rel = Reliabilität der Messung; ϱ = Stabilität; in der Zeile „Alter“ 9 Monate ist der Koeffizient für die Stabilität 6 → 9: .87 bzw. .63 usw. bis zur Stabilität 21 → 24 in Zeile „Alter“ 24 Monate: jeweils .91

Bayley-Test								
Chronolog. Alter (Monate)	**Motor Scale**				**Mental Scale**			
	Entwicklungsalter				**Entwicklungsalter**			
	M	**SD**	**Rel**	**ϱ**	**M**	**SD**	**Rel**	**ϱ**
3	(2.58)	–	–	–	(2.16)	–	–	–
6	3.82	1.51	.54	–	3.77	1.56	.53	–
9	5.06	2.03	.17	.87	5.38	2.31	.74	.63
12	6.31	2.63	50	.53	6.99	2.99	.35	.47
15	7.55	2.91	.49	.75	8.60	3.48	.34	.88
18	8.80	3.29	40	.96	10.21	4.00	.45	.90
21	10.04	3.76	46	.97	11.82	4.63	.46	.96
24	11.28	4.59	.78	.91	13.44	4.96	.46	.91

$EA_{mot}=0.42\ CA + 1.33$ $EA_{ment}=0.54\ CA + 0.55$

logischen Alter (CA) beziehungsweise dem „normalen“ Entwicklungsalter (EA = CA) geben.

Die Ergebnisse befinden sich im Einklang mit den entsprechenden theoretischen Erwartungen über die Entwicklung von Down-Syndrom-Kindern: Kognitive und die motorische Entwicklung gehen langsamer voran als diejenige normaler Kinder. Es findet eine frühere Stabilisierung statt, die Variabilität ist relativ groß und wächst darüber hinaus auch rasch an.

Diese Analyse wurde im Bereich der Strukturgleichungsmodelle mit einem so genannten latenten Wachstums-Kurven-Modell durchgeführt (vgl. Details in Rudinger & Rietz, 2001). Die zur Analyse von Korrelationen und Kovarianzen zusätzliche simultane Analyse latenter Mittelwertstrukturen macht es möglich, neben der Fertigstellung interindividueller Unterschiede allgemeine Entwicklungsfunktionen zu ermitteln, die für die Stichprobe mehr oder minder repräsentativ sind. Zur Klassifikation verschiedener Entwicklungspfade lassen sich auch Gruppenvergleiche (z.B. Mädchen/Junge; Kohorten) vornehmen. Damit ist man auf dem Übergang zu einer anderen interessanten Modellfamilie, dem Hierarchical Linear Modeling (Bryk & Raudenbush, 1987), mit dem die Erfassung individueller Wachstumskurven möglich ist als auch die „Erklärung“ der Variation in diese Wachstumskurven. Hasselhorn und Schneider (1998) stellen den HLM-Ansatz ausführlich mit Beispielen aus den Studien LOGIK und SCHOLASTIK dar, so dass von hier aus zur Lektüre darauf verwiesen wird.

Entwicklungsskalen. Analyse von Wachstumskurven – individuell oder aggregiert – setzt invariante „Bedeutung“, „dimensionale Identität“ der jeweils über die Zeit, Personen und Gruppen untersuchten Konzepte voraus. Die Sicherung der Bedeutungsinvarianz und der dimensionalen Identität können Skalierverfahren leisten.

Das Problem der Skalierung von Entwicklungsdimensionen stellt sich wohl deswegen immer wieder, weil der Skalierbarkeitswunsch des Entwicklungspsychologen ausgerichtet ist auf eindimensionale homogene Skalen innerhalb mehrdimensionaler oder multipler Variablengefüge, nachgewiesen auf probabilistischer Bewertungsbasis, zum Zwecke der weiteren Verarbeitung und/oder Messung von bestimmten Entwicklungskonzepten. Skalierbarkeit entwicklungspsychologisch interessanter Dimensionen und qualitative Analyse von Entwicklungsverläufen oder Entwicklungssequenzen gehen durch Einführen der Zeit-Dimension ineinander über (vgl. Wohlwill, Kap. IV). Die klassischen Modelle der Skalierbarkeit gehen auf das Ausgangsmodell von Guttman (1950) zurück. Neuere Übersichten finden sich in Rost (1996) und Wood (1990), die auch Mehrparametermodelle jenseits des Rasch-Modells behandeln. Als Beispiel sei im Kasten eine Skalogrammanalyse vorgestellt, die Wehren und DeLisi (1983) vorlegten.

Entwicklungsskala von Wehren und DeLisi

Untersucht wurde, in welcher Form Kinder im Alter von drei, fünf, sieben und neun Jahren die Konstanz des eigenen Geschlechts wahrnehmen. Bei 94 Prozent der Kinder fand sich eine eindeutig hierarchische Reihenfolge, in der in verschiedenen Altersstufen die Konstanz des eigenen Geschlechts definiert wird. Die Reihenfolge geht von Stabilität, psychischen Merkmalen, Aktivitäten bis zu physikalischen Merkmalen. Mit Hilfe der Skalogrammanalyse gelangt man zu einer eindimensional von fast allen Kindern benannte Abfolge, die dann als Entwicklungsskala vorgegeben werden kann, um die Position des Kindes auf dieser Identitätsdimension „Geschlecht" zu lokalisieren.

Das Problem „Invariante Bedeutung/Dimensionale Identität" von Entwicklungskonzepten im Kontext der Skaliermethoden zu beleuchten, bedürfte eines eigenen Kapitels. Es wird im nächsten Unterabschnitt (4.3.2.) wieder aufgegriffen im Zusammenhang mit Strukturfragen. Die bislang beschriebenen Verfahren (SEM) können nämlich auch als Skalierverfahren betrachtet werden.

(1) Wenn du ein Kleid trägst, bist du dann ein Junge oder ein Mädchen? (Physikalische Merkmale)

(2) Wenn du Fußball spielst, bis du dann ein Junge oder ein Mädchen? (Aktivität)

(3) Wenn du freundlich und lieb bist, bist du dann ein Junge oder ein Mädchen? (Psychische Merkmale)

(4) Als du geboren worden bist, warst du da ein Junge oder ein Mädchen? (Stabilität)

4.3.2 Strukturen und deren Veränderung

Faktorielle Invarianz. Häufig interessieren im Rahmen multivariater Längsschnittstudien Veränderungen von Strukturen und die Struktur von Veränderungen. Eine mögliche Frage betrifft die Invarianz der untersuchten Konstrukte beziehungsweise Entwicklungsdimensionen über die Zeit; eine andere Frage bezieht sich auf die Validität der Messinstrumente für verschiedene Kohorten und/oder Altersstufen beziehungsweise Zeitpunkte. Diese Fragen können unter dem Begriff der faktoriellen Invarianz zusammengefasst werden, was gleiche Faktoren pro Messzeitpunkt, „ähnliche" Ladungen pro Faktor und Messzeitpunkt und „ähnliche" Beziehungen zwischen den Konstrukten pro Messzeitpunkt (vgl. Horn, 1991; Rietz, 1995) beinhaltet.

In den genannten Aspekten können sich natürlich auch Veränderungen über die Zeit ergeben: Die Anzahl der Faktoren kann sich verändern (Differenzierung vs. Integration), die Ladungen können bei bedeutungsgleichen Konstrukten unterschiedlich hoch sein, ein Messfehlermodell kann sich verändern und auch die Beziehung zwischen den Konstrukten. Das eigentliche Strukturproblem wird über die Beziehung zwischen den Konstrukten beziehungsweise die Veränderung dieser Beziehung über die Zeit abgebildet. Invarianz der Konstrukte über die Messzeitpunkte ist nicht gleichbedeutend mit Stabilität: Invarianz und Stabilität sind genauso unabhängige Konzepte wie Stabilität und Reliabilität. Das Problem von Invarianz und Strukturveränderung stellt sich noch komplexer dar, wenn zum Beispiel im Rahmen von zahlreichen Entwicklungstests die gleiche Entwicklungsdimension durch altersspezifische Messprozeduren erfasst werden muss. Die meisten mit struktureller Veränderung beziehungsweise Invarianz zusammenhängenden Fragestellungen lassen sich mit linearen Strukturgleichungsmodellen behandeln (Hertzog & Schaie, 1986; 1988; Rudinger et al., 1994). Diese setzen eine explizite Theorie über den Entwicklungsprozess voraus, die festlegt, was als Invarianz, als Veränderung und als Fehler zu betrachten ist.

Strukturelle Veränderungen zwischen Intelligenz und sozialer Kognition in der Kindheit. Eines der Hauptziele der Münchner Studie LOGIK ist es bekanntermaßen, die Entwicklung kognitiver und sozialer Kompetenzen bei jungen Kindern zu beschreiben. Messungen der verbalen Intelligenz und der sozialen Kognition waren für die Untersuchungszeitpunkte 1, 2 und 4 dieser Längsschnittstudie verfügbar, zu denen die Kinder ungefähr 4, 5 und 7 Jahre alt waren. Die angewendeten Verfahren für die Intelligenzmessung waren Subtests des HAWIVA (Wortschatztest, Allgemeines Verständnis und Allgemeines Wissen). Die Fähigkeit zur Rollenübernahme als salienter Indikator der sozialen Kognition wurde durch experimentelle Prozeduren von Wimmer und Perner (1979) entwickelt und erfasst. Bei der zweiten Messung konnten die gleichen Verbaltests und sozialen Kognitionsmessungen durchgeführt werden. Bei der vierten Welle musste zu Parallelverfahren gegriffen werden: im Bereich der verbalen Intelligenz wurden die entsprechenden Subtests des HAWIK angewendet, für die Erfassung der sozialen Kognition eine schwierigere Version des Rollenübernahmeparadigmas.

Die in der Abbildung 38.5 auszugsweise wiedergegebene Längsschnittanalyse basiert auf einer Stichprobe von 135 Kindern. Hauptziel der Datenanalyse war die Untersuchung der struktu-

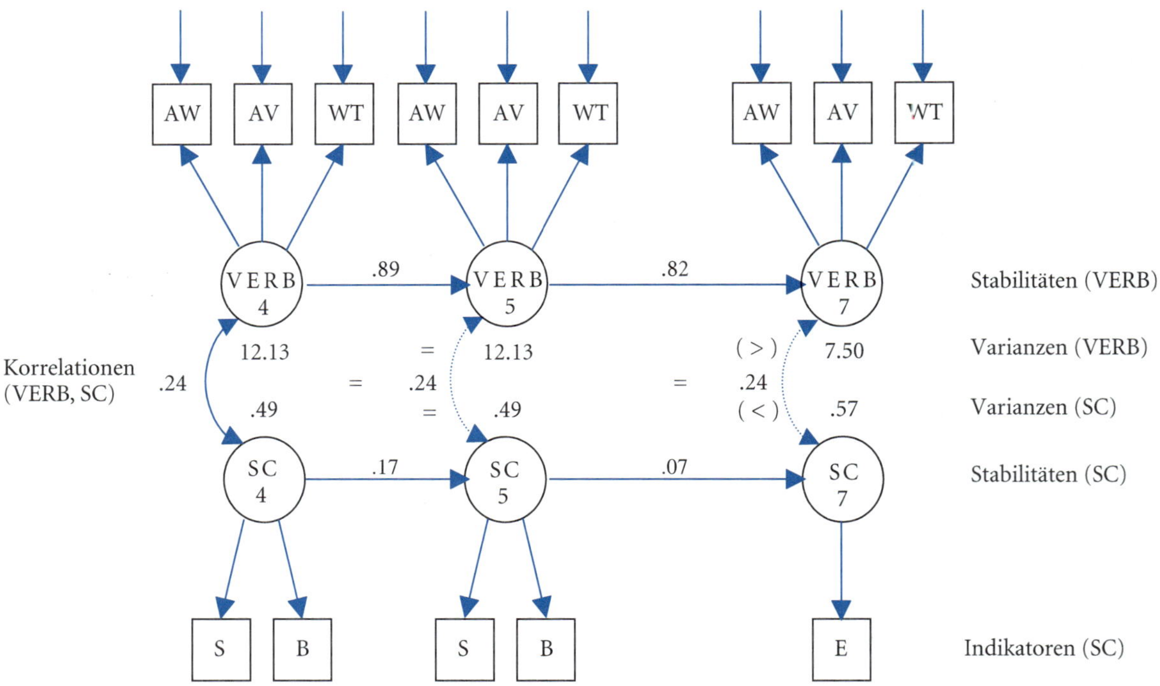

Abbildung 38.5. Ausgewählte Ergebnisse eines 3-Wellen autoregressiven Strukturmodells für Daten aus der Studie LOGIK. Erläuterungen: Allgemeines Wissen (AW), Allgemeines Verständnis (AV), Wortschatztest (WT) als Indikatoren des Intelligenzkonzeptes VERB. S, B, E als Indikatoren des Konzeptes Soziale Kognition. 4, 5, 7 Alter der LOGIK-Kinder (N = 135) zu den drei Messzeitpunkten. Ladungen und Residuen der Indikatoren werden hier nicht mitgeteilt, ebenso wenig die Residuen der latenten Variablen. Entscheidend ist hier die angenommene/getestete Gleichheit der strukturellen Korrelation (VERB, SC) über die Zeit (0.24) im Rahmen eines autoregressiven Modells.

rellen Relation zwischen verbalen Fähigkeiten und sozialer Kognition. Es wurde angenommen, dass diese Relation in der vierten Welle, nachdem die Kinder in die Grundschule eingetreten waren, enger wird. Das ist hier die Haupthypothese. Darüber hinaus wurde angenommen, dass die Varianzen der latenten Variablen (verbale Intelligenz, VERB und soziale Kognition, SC) über die beiden ersten Messungen (Alter 4 und Alter 5 Jahre) gleich bleiben, während sie sich von der Welle 2 zur Welle 4 (Alter 7 Jahre) ändern sollten; ändern im Sinne einer zweiseitigen Hypothese, das heißt, es war keine Vermutung vorhanden, ob sie größer oder kleiner werden sollten. In der auszugsweise vorgestellten Analyse wurden auch keine Hypothesen bzgl. der Äquivalenz der Messungen, der Reliabilität und der zeitlichen Stabilität formuliert. Es ging vor allem um die Hypothese enger werdender struktureller Relationen zwischen den Konzepten – also um eine Strukturveränderung.

Die Logik des Verfahrens

Strukturgleichungsmodelle für (augmentierte) Kovarianz oder Korrelationsmatrizen können dazu genutzt werden, um Hypothesen über Beziehungen zwischen den Konstrukten (über die Zeit) zu spezifizieren, die die empirisch beobachtete Korrelations- oder Kovarianzmatrix determinieren oder generieren. Es wird also angenommen, dass die Korrelations- oder Kovarianzstruktur der beobachteten Variablen eine Funktion nach Modellvorgabe zu schätzender Parameter ist. Strukturgleichungsmodelle sind nicht in jedem Fall invariant gegenüber der Skalierung der Daten (Korrelation vs. Kovarianz). Unter bestimmten Bedingungen (z.B. Restriktion von Parametern) führt die Analyse von Korrelationen und Kovarianzen zu unterschiedlichen Ergebnissen. Aus mathematisch-statistischer Perspektive ist das Verfahren nur für die Analyse von Kovarianzmatrizen fundiert.

Im Einzelnen sind folgende Schritte durchzuführen:

Formulierung von Hypothesen. Im Beispiel wurde eine autoregressive Struktur bei den latenten Variablen unterstellt, das heißt zum Beispiel, Intelligenz zur Zeit 2 hängt von dem Zustand zur Zeit 1 ab und entsprechend der Zustand zu Zeit 3 von dem Zustand zu Zeit 2. Der Wert für Intelligenz zur Zeit t sei eine Funktion der Messung zum vorhergehenden Zeitpunkt; analog für soziale Kognition. Die strukturelle Korrelation zwischen Intelligenz und sozialer Kognition sollte sich nicht über die Zeit ändern usw. (vgl. Text). Wenn diese angenommene Struktur korrekt ist, dann müssten die beobachteten Daten durch die geschätzten Parameter des Modells „rekonstruiert" werden können. Falls diese rekonstruierten Daten mit den beobachteten konsistent sind, so wird angenommen, dass diese theoretischen Annahmen als plausibel betrachtet werden können. Die Entwicklung eines Hypothesennetzes ist natürlich keine Angelegenheit der Datenanalyse, sondern ihr vorgeordnet.

Pfaddiagramm. Das Diagramm gibt die Hypothesen in übersichtlicher Weise wieder. Neueste Versionen der zur Schätzung der Parameter notwendigen Computerprogramme bieten Eingaben in graphischer Form an.

Lösbarkeit der Modellgleichungen. Reicht die empirische Information (Datenpunkte) für die Anzahl der zu schätzenden Parameter aus?

Parameterschätzung. Die Schätzung der Modellparameter nun und der Test über die Angemessenheit der „Rekonstruktion" kann durch entsprechende Computerprogramme geleistet werden (z.B. LISREL, EQS, AMOS). Die Schätzung geschieht iterativ, bis die „rekonstruierte" Datenmatrix der empirischen „möglichst nahe" kommt (General Least Square-Verfahren, Maximum-Likelihood-Schätzung).

Modelltest. Was bedeutet „möglichst nahe"? Der Vergleich der empirischen mit der rekonstruierten Kovarianz-(Korrelations-)Matrix geschieht zum Beispiel über eine approximativ χ^2-verteilte Größe. Die H_0 – welche beibehalten werden soll! – besagt, dass die empirische Kovarianz-Matrix der durch die Parameter rekonstruierten entspricht. Kann die H_0 nicht abgelehnt werden, so wird das Modell akzeptiert beziehungsweise kann als nicht widerlegt gelten. Voraussetzung für die Anwendung und vor allem Testung von Strukturvergleichsmodellen ist das Vorliegen von multivariat normalverteilten Daten auf Intervallskalenniveau. In den letzten Jahren sind jedoch auch Schätzer entwickelt worden, die auf schwächeren Voraussetzungen beruhen.
Es lassen sich zu einer Korrelations- beziehungsweise Kovarianzmatrix alternative „passende" Strukturmodelle finden. Auch die Entscheidung für das „richtige" und „wahre" Modell ist keine Frage der Datenanalyse, sondern der inhaltlichen Theorie und Logik. Die Entwicklungspsychologie ist dabei in einer günstigen Position, da bei Längsschnittuntersuchungen die zeitlichen Abläufe der Ereignisse die Wirkungsrichtungen im Variablennetz vorgeben.
Auffällig – wenn auch nicht zentral für diese Diskussion hier – sind die sehr unterschiedlichen Stabilitäten: 0.89, 0.82 für Verbale Intelligenz, 0.17, 0.07 für Soziale Kognition.

Das Modell, welches hier kurz vorgestellt wurde, kann natürlich nicht herausarbeiten, ob diese Differenzen (sinkende Varianzen in Intelligenz, ansteigende Varianzen in der sozialen Kognition) darauf zurückgehen, dass die Instrumente und experimentellen Prozeduren verändert wurden. Das Modell ist so gestaltet, dass die Schätzung der strukturellen Korrelationen nicht durch diese Heterogenität der Varianzen affiziert wird. Mehr Einzelheiten zu dieser Art der verschachtelten und mit nicht-linearen Restriktionen arbeitenden Modellbildung finden sich in Rudinger und Rietz (1999; 2001).

Fragen nach Struktur und Invarianz stellen sich auch im Rahmen „qualitativer" Entwicklungstheorien wie Stadien- und Stufentheorien, deren empirische Überprüfung in der Regel über (geordnete) kategoriale Variablen erfolgt. Analog zu quantitativen Veränderungen gibt es eine Reihe qualitativer Entwicklungsmodelle wie zum Beispiel synchrone, divergente oder konvergente Progression, horizontale oder vertikale Verschiebung (decalage, vgl. Abb. 38.6) oder reziproke Interaktion (van den Daele, 1969).

Quantitativ-strukturelle Veränderungen haben im qualitativen Paradigma ihre Entsprechung vor allem in der Art der Verknüpfung von Entwicklungssequenzen: Diese Beziehungen können zum Beispiel disjunktiv, konjunktiv oder kompensatorsich sein. Ansätze zur empirischen Überprüfung dieser Entwicklungsmodelle finden sich bei Erdfelder (1990), Formann (1994), Meiser et al. (1995) und Schröder et al. (1994).

5 Ausblick

Auf die Notwendigkeit zeitgebundener entwicklungspsychologischer Designs wurde hingewiesen. Sie ergibt sich aus den Forderungen „Entwicklungspsychologie statt Psychologie der Lebensalter" und „Analyse von Veränderungen statt Dokumentation von Altersunterschieden". Entwicklungspsychologie beschreibt intraindividuelle Verläufe und sucht nach Wirkfaktoren, die eine Veränderung in die eine oder andere Richtung lenken. Entwicklung verläuft nicht unbedingt kontinuierlich und nicht jeder Organismus kann

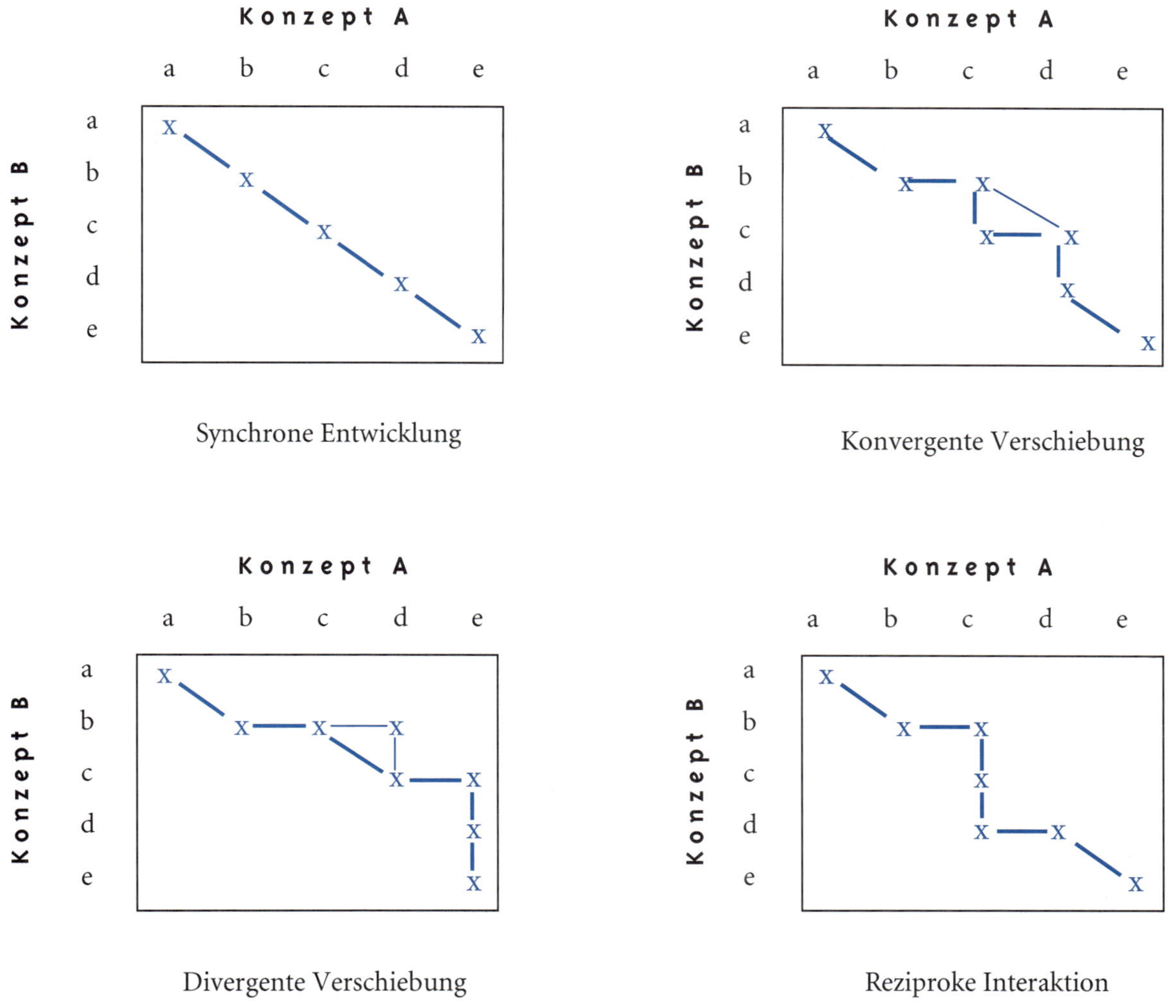

Abbildung 38.6. Reaktionsmatrizen zur Verknüpfung von Konzept A und B. Jede Matrix soll das „zulässige“ Pattern von Konzept A und B darstellen; die Verbindungslinien zwischen den kleinen Kreuzen markieren den Entwicklungsverlauf, den ein Kind zeigen würde, wenn man es längsschnittlich über eine gewisse Zeit hinweg beobachten würde (aus Wohlwill, 1977, S. 262)

zu jedem Zeitpunkt alles lernen und sein Handeln modifizieren. Wann und unter welchen Bedingungen Veränderungen erfolgen und welche Ursachen beziehungsweise Auswirkungen sie besitzen, bilden Kernfragen der modernen Entwicklungspsychologie. Die Methodik bietet zur Beantwortung dieser Fragen entsprechende Designs und Strategien zur Datenerhebung an.

Eine multivariate Forschungskonzeption ist konsequent, wenn man als Leitbegriffe akzeptiert: Mensch-Umwelt-System, Veränderungsstruktur/Zusammengangsstruktur, multiple Bedingungskonstellationen usw. Die Entwicklungen bei den multivariaten statistischen Auswertungstechniken machen es möglich, konfirmatorisch-hypothesenprüfend, das heißt theoriegeleitet, vorzugehen.

Die modernen Auswertungsverfahren zur Kausal- und Veränderungsanalyse (lineare Strukturgleichungsmodelle, Wachstumsmodelle, HLM) eröffnen die Möglichkeit, entwicklungspsychologische Fragen adäquat zu analysieren, vor allem auch deswegen, weil Daten aus Längsschnittstudien über längere Zeiträume von diesen Modellen durchaus behandelt werden können.

Weiterführende Literatur

Wohlwill, J.F. (1977). Strategien entwicklungspsychologischer Forschung. Stuttgart: Klett-Cotta.
Ein nach wie vor aktuelles und konzeptuell wegweisendes Buch zu den methodischen Grundlagen der Entwicklungspsychologie.

Petermann, F. & Stein, I.A. (2000a). Der ET 6–6. Frankfurt/M.: Swets & Zeitlinger; und Petermann, F. & Stein, I.A. (2000b). Entwicklungsdiagnostik mit dem ET 6–6. Lisse: Swets.
Das neueste Instrumentarium, Entwicklungsverläufe abzubilden. Mit dem ET 6–6 kann die Entwicklungsspanne von 6 Monaten bis 6 Jahren erfasst werden.

Miller, S.A. (1998). Developmental research methods (2nd ed.). New Jersey: Prentice Hall.
Ein englischsprachiges, leicht lesbares Kompendium zu „Methoden der Entwicklungspsychologie".

Literaturverzeichnis

Abadan-Unat, N. (1985). Identity crisis of Turkish migrants. In I. Basgöz & N. Furniss (Eds.), Turkish workers in Europe (pp. 74–86). Bloomington: Indiana University Press.

Achenbach, M., Phares, V., Howell, C.T., Rauh, V.A. & Nurcombe, B. (1990). Seven-year outcome of the Vermont Intervention Program for low-birthweight infants. Child Development, 61, 1672–1681.

Achenbach, T. (1991). Manual for the Child Behaviour Checklist/4–18 and 1991 Profile. Burlington: University of Vermont, Department of Psychiatry.

Achermann, M. (1981). Kognitive Argumentationsfiguren des religiösen Urteils bei Atheisten. Unveröffentlichte Lizentiatsarbeit. Fribourg/CH.

Achtenhagen, F. & Lempert, W. (Hrsg.) (2000). Lebenslanges Lernen im Beruf. Seine Grundlegung im Kindes- und Jugendalter. Band 1: Das Forschungs- und Reformprogramm. Opladen: Leske + Budrich.

Ackerman, B. (1980). Justice in the liberal state. New Haven, CT: Yale University Press.

Adelson, J., Green, B. & O'Neill, R. (1969). Growth of the idea of law in adolescence. Developmental Psychology, 1, 327–332.

Adolph, K.E., Eppler, M.A. & Gibson, E.J. (1993a). Crawling versus walking infants' perception of affordances for locomotion over sloping surfaces. Child Development, 64, 1158–1174.

Adolph, K.E., Eppler, M.A. & Gibson, E.J. (1993b). Development of perception affordances. In C. Rovee-Collier & L.P. Lipsitt (Eds.), Advances in infancy research Vol. 8 (pp. 51–98). Norwood NJ: Ablex.

Aebli, H. (1951). Didactique psychologique. Neuchâtel: Delachaux & Niestlé (dt.: Psychologische Didaktik. Stuttgart: Klett, 1963).

Aebli, H. (1963). Die geistige Entwicklung des Kindes. Stuttgart: Klett.

Aebli, H. (1970). Psychologische Didaktik: Didaktische Auswertung der Psychologie von Jean Piaget. Stuttgart: Klett. (Original erschienen 1951: Didactique psychologique).

Aebli, H. (1978). Von Piagets Entwicklungspsychologie zur Theorie der kognitiven Sozialisation. In G. Steiner (Hrsg.), Piaget und die Folgen. Zürich: Kindler.

Aebli, H. (1980). Denken: Das Ordnen des Tuns. (Bd. 1). Stuttgart: Klett-Cotta.

Aebli, H. (1981). Denken: Das Ordnen des Tuns. (Bd. 2). Stuttgart: Klett-Cotta.

Aebli, H., Montada, L. & Schneider, U. (1968). Über den Egozentrismus des Kindes. Stuttgart: Klett.

Aguiar, A. & Baillargeon, R. (1999). 2.5-month-old infants' reasoning about when objects should or should not be occluded. Cognitive Psychology, 639, 116–157.

Ahmed, A. & Ruffman, T. (1998). Why do infants make A not B errors in a search task, yet show memory for the location of hidden objects in a nonsearch task? Child Development, 34, 441–453.

Ahnert, L. & Lamb, M. E. (2001). East German Child care system: Associations with caretaking and caretaking beliefs, and children's early attachment and adjustment. American Behavioral Scientist, 44, 1843–1863.

Ahnert, L. & Rickert, H. (2000). Belastungsreaktionen bei beginnender Tagesbetreuung aus der Sicht früher Mutter-Kind-Bindung. Psychologie in Erziehung und Unterricht, 47, 189–202.

Ainsworth, M.D.S. & Wittig, B.A. (1969). Attachment and exploratory behavior of one-year-olds in a strange situation. In B.M. Foss (Ed.), Determinants of infant behavior (Vol. IV, pp. 111–136). London: Methuen.

Ainsworth, M.D.S., Blehar, M.C., Waters, E. & Wall, S. (1978). Patterns of attachment. A psychological study of the strange situation. Hillsdale: Erlbaum.

Aldous, J. (1978). Family careers. Developmental change in families. New York: John Wiley & Sons.

Aldous, J. (1995). New views of grandparents in intergenerational context. Journal of Family Issues, 16, 104–122.

Aldous, J. (1996). Family careers. Rethinking the developmental perspective. Thousand Oaks, CA: Sage.

Aldridge, M.A., Braga, E.S., Walton, G.E. & Bower, T.G.R. (1999). The intermodal representation of speech in the newborn. Developmental Science, 2, 42–46.

Aldridge, M.A., Stillman, R.D. & Bower, T.G.R. (2001). Newborn categorization of vowel-like sounds. Developmental Science, 4, 220–232.

Aldwin, C.M., Sutton, K.J., Chiara, G. & Spiro III, A. (1996). Age differences in stress, coping, and appraisal: Findings from the normative aging study. Journal of Gerontology: Psychological Sciences, 51B, P179-P188.

Alessandri, S.M. & Sullivan, M.W. & Lewis, M. (1990b). Violation of expectancy, loss of control and anger expressions in young infants. Developmental Psychology, 26, 745–751.

Alessandri, S.M., Sullivan, M.W. & Lewis, M. (1990a). Violation of expectancy and frustration in early infancy. Developmental Psychology, 26, 738–744.

Alfermann, D. (1990). Geschlechtstypische Erziehung in der Familie oder: Die Emanzipation findet nicht statt. In K. Berty, L. Fried, H. Gieseke & H. Herzfeld (Hrsg.), Emanzipation im Teufelskreis (S. 21–43).

Alfermann, D. (1996). Geschlechterrollen und geschlechtstypisches Verhalten. Stuttgart: Kohlhammer.

Allport, D.A., Styles, E. & Hsieh, S. (1994). Switching intentional set: Exploring the dynamic control of tasks. In C. Umiltà & M. Moscovitch (Eds.), Attention and performance XV: Conscious and nonconscious information processing (pp. 421–452). Cambridge, MA: MIT Press.
Allport, G.W. (1949). Persönlichkeit. Stuttgart: Klett.
Allport, G.W. (1950). The Individual and His Religion. New York: Macmillan.
Als, H. (1982). Towards a synactive theory of development: Promise for the assessment of infant individuality. Infant Mental Health Journal, 3, 228–243.
Als, H., Duffy, F.H., McAnulfy, G.B. & Badian, N. (1989). Continuity of neurobehavioral functioning in preterm and full-term newborns. In M.H. Bornstein & N.A. Krasnegor (Eds.), Stability and continuity in mental development (pp. 3–28). Hillsdale NJ: Erlbaum.
Altabe, M. & Thompson, J.K. (1993). Body image changes in early adulthood. International Journal of Eating Disorders, 13(3), 323–328.
Amann, G. & Wipplinger, R. (1998). Prävention von sexuellem Mißbrauch – ein Überblick. In G. Amann & R. Wipplinger (Hrsg.), Sexueller Mißbrauch (S. 655–678). Tübingen: DGVT.
Amato, P.R. & Gilbreth, J. (1999). Nonresident fathers and children's well-being: A meta-analysis. Journal of Marriage and the Family, 61, 557–573.
Amato, P.R. & Keith, B. (1991). Parental divorce and the well-being of children: a meta-analysis. Psychological Bulletin, 110, 26–46.
Amato, P.R. (1993). Children's adjustment to divorce: Theories, hypotheses, and empirical support. Journal of Marriage and the Family, 55, 23–38.
Amato, P.R. (1994). The implications of research findings on children in stepfamilies. In A. Booth & J. Dunn (Eds.), Stepfamilies: who benefits? who does not? (pp. 81–87). Hillsdale, NJ: Erlbaum.
Amato, P.R. (1999). Children of divorced parents as young adults. In E. M. Hetherington (Ed.), Coping with divorce, single parenting, and remarriage. A risk and resilience perspective (pp. 147–163). Mahwah: Lawrence Erlbaum Associates.
Amato, P.R. (2000). The consequences of divorce for adults and children. Journal of Marriage and the Family, 62, 1269–1287.
Ambert, A.M. (1997). Parents, children, and adolescents. New York: Haworth Press.
Amelang, M. & Bartussek, D. (1997). Differentielle Psychologie und Persönlichkeitsforschung (4. Aufl.). Stuttgart: Kohlhammer.
Amelang, M. (1986). Sozial abweichendes Verhalten. Heidelberg: Springer.
Amery, J. (1975). Hand an sich legen. Stuttgart: Klett.
Ames, C. (1992). Classroom goals, structures, and student motivation. Journal of Educational Psychology, 84, 261–271.
Anastasi, A. (1958). Heredity, environment, and the question „how"? Psychological Review, 65, 197–208.
Andersen, E. (1990). Learning to speak with style: A study of the psycholinguistic skills of children. London: Routledge.
Anderson, C.J. & Sawin, B.D. (1983). Enhancing responsiveness in mother-infant interaction. Infant Behavior and Development, 6, 361–368.
Anderson, E. (1990). Streetwise. Chicago: University of Chicago Press.
Anderson, G.C. (1991). Current knowledge about skin-to-skin (Kangaroo) care for preterms. Journal of Perinatology, 11, 216–227.
Anderson, J.R. (1983). The architecture of cognition. Cambridge, MA: Harvard University Press.
Anderson, N.H. & Wilkening, F. (1991). Adaptive thinking in intuitive physics. In N.H. Anderson (Ed.), Contributions to information integration theory (Vol. 3, pp. 1–42). Hillsdale, NJ: Erlbaum.
Anderson, N.H. (1981). Foundations of information integration theory. New York: Academic Press.
Andersson, B.-E. (1989). Effects of public day-care: A longitudinal study. Child Development, 60, 857–866.
Anisfeld, M. (1991). Neonatal imitation. Developmental Review, 11, 60–97.
Ans, B., Carbonnel, S. & Valdois, S. (1998). A connectionist multiple-trace memory model for polysyllabic word reading. Psychological Review, 105, 678–723.
Anstey, K.J., Stankov, L. & Lord, S.R. (1993). Primary aging, secondary aging, and intelligence. Psychology and Aging, 8, 562–570.
Apel, K.O. (1976). Transformation der Philosophie. Das Apriori der Kommunikationsgemeinschaft. Bd. 2. Frankfurt/M.: Suhrkamp.
Appel, E. & Hahn, A. (2001). Verbreitung legalen und illegalen Drogenkonsums bei Berliner Gymnasiasten und die Bedeutung der Gleichaltrigen für die Drogeneinnahme bei Berliner Gymnasiasten. Zeitschrift für Gesundheitspsychologie, 9, 13–25.
Apter, M.J. (1982). The experience of motivation: The theory of psychological reversals. New York/London: Academic Press.
Arbeitsgruppe Bildungsbericht am Max-Planck-Institut für Bildungsforschung (Hrsg.) (1994). Das Bildungswesen in der Bundesrepublik Deutschland. Strukturen und Entwicklungen im Überblick. Reinbek.
Archer, S.L. (1982). The lower age boundaries of identity development. Child Development, 53, 1551–1556.
Archibald, A.B., Graber, J.A. & Brooks-Gunn, J. (1999). Associations among parent-adolescent relationships, pubertal growth, dieting and body image in young adolescent girls: A short-term longitudinal study. Journal of Research on Adolescence, 9, 395–415.
Arendt, H. (1960). Vita activa oder vom tätigen Leben. Stuttgart: Kohlhammer.
Argyle, M. (2000). Psychology of Religion. An Introduction. London & New York: Routledge.
Ariès, P. (1975). Geschichte der Kindheit. München: Carl Hanser.
Aries, P. (1978). Geschichte der Kindheit. München: Deutscher Taschenbuch Verlag.
Arminstead, L., Wierson, M. & Forehand, R. (1990). Adolescents and maternal employment: Is it harmful for a young adolescent to have an employed mother? Journal of Early Adolescence, 10 (3), 260–278.

Armsden, G.C. & Greenberg, M.T. (1987). The inventory of parent and peer attachment: Individual differences and their relationship to psychological well-being in adolescence. Journal of Youth and Adolescence, 16, 427–454.
Arnett, J.J. (1997). Young people's conceptions of the transition to adulthood. Youth and Society, 29, 3–23.
Aro, H.M. & Palosaari, U.K. (1992). Parental divorce, adolescence, and transition to young adulthood. American Journal of Orthopsychiatry, 62, 421–429.
Aronfreed, J. (1968). Conduct and conscience. New York: Academic Press.
Arsenio, W. (1988). Children's conceptions of the situational affective consequences of sociomoral events. Child Development, 59, 1611–1622.
Asendorpf, J. (1999). Geschlechtsunterschiede. In J. Asendorpf (Hrsg.), Psychologie der Persönlichkeit (2. Aufl., S. 347–385). Berlin: Springer
Asendorpf, J.B. (1990). Byond social withdrawal: Shyness, unsociability, and peer avoidance. Human Development, 33, 250–259.
Asendorpf, J.B. (1993). Entwicklungsgenetik der Persönlichkeit im Kindesalter. In M. Markefka & B. Nauck (Hrsg.), Handbuch der Kindheitsforschung (S. 17–30). Neuwied: Luchterhand.
Asendorpf, J.B. (1999). Psychologie der Persönlichkeit (2. Aufl.). Berlin: Springer.
Asendorpf, J.B. & Baudonnière, P.M. (1993). Self-awareness and other-awareness: Mirror self-recognition and synchronic imitation among unfamiliar peers. Developmental Psychology, 29, 88–95.
Ashby Wills, T. & Cleary, S.D. (1999). Peer and adolescent substance use among 6th–9th graders: Latent growth analyses of influence vs. selection mechanisms. Health Psychology, 18, 453–463.
Ashcraft, M.H. (1990). Strategic processing in children's mental arithmetic: A review and proposal. In D. F. Bjorklund (Ed.), Children's strategies (pp. 185–212). Hillsdale, NJ: Lawrence Erlbaum.
Asher, St.R. & Coie, J.D. (1990). Peer rejection in childhood. Cambridge/Mass.: Cambridge University Press.
Ashmead, D.H., McCarty, M.E., Lucas, L.S. & Belvedere, M.C. (1993). Visual guidance in infants' reaching toward suddenly displaced targets. Child Development, 64, 1111–1127.
Ashmore, R.D. & Del Boca, F.K. (1986). Toward a social psychology of female-male relations: In R.D. Ashmore & F.K. Del Boca (Eds.), The social psychology of female-male relations: A critical analysis of central concepts (pp. 1–17). Orlando, FL: Academic Press.
Aslin, R.N. (1977). Development of binocular fixation in human infants. Journal of Experimental Child Psychology, 23, 133–150.
Aslin, R.N. (1987). Visual and auditory development in infancy. In J.D. Osofsky (Ed.), Handbook of infant development (2nd ed.). New York: Wiley.
Aslin, R.N., Jusczyk, P.W. & Pisoni, D.B. (1998). Speech and auditory processing during infancy: Constraints on and precursors to language. In W. Damon (Ed.), Handbook of child psychology (5th edition). Vol. 2: D. Kuhn & R.S. Siegler (Eds.), Cognition, perception, and language (pp. 147–198). New York: Wiley.
Aslin, R.N., Pisoni, D.B., Jusczyk, P.W. (1983). Auditory development and speech perception in infancy. In M.M. Haith & J.J. Campos (Eds.), Handbook of child psychology: Vol. 2. Infancy and developmental psychobiology. New York: Wiley.
Asperger, H. (1944). Die „Autistischen Psychopathen" im Kindesalter. Archiv für Psychiatrie und Nervenkrankheiten, 117, 76–136.
Astington, J. (1993). The developing child. Cambridge, MA: Harvard University Press.
Astington, J., Harris, P.L. & Olsen, D.R. (1988). Developing theories of mind. New York: Cambridge University Press.
Astington, J.W. (1993). The child's discovery of the mind. Cambridge, MA: Harvard University Press.
Astington, J.W. (2000). Wie Kinder das Denken entdecken. München: Reinhardt.
Atkinson, J. & Braddick, O. (1989). Development of basic visual functions. In A. Slater & G. Bremner (Eds.), Infant development (pp. 7–41). Hove and London, U.K.: Erlbaum.
Atkinson, J. (1994). A neurobiological approach to the development of vision in infancy. Unveröffentlichter Vortrag auf der European Research Conference: The development of sensory, motor and cognitive capabilities in early infancy. From sensation to cognition. Acquafredda di Maratea, Italien.
Atkinson, J. (1998). The "where and what" or "who and how" of visual development. In F. Simion & G. Butterworth (Eds.), The development of sensory, motor and cognitive capacities in early infancy: From perception to cognition (pp. 3–24). Hove, U.K.: Psychology Press.
Atkinson, J.W. (1957). Motivational determinants of risk-taking behavior. Psychological Review, 64, 359–372.
Atran, S. (1994). Core domains versus scientific theories. In L.A. Hirschfeld & S.A. Gelman (Eds.), Mapping the mind (pp. 316–340). New York: Cambridge.
Ausubel, D.P. (1968). Das Jugendalter. München: Juventa.
Autism Research Review International (2000). Evidence mounts for epidemic of autism (o.A.). Vol. 14, No. 2, pp. 1–2.
Ayalan, S., Fischer, P. & Naske, R. (1993). Verhaltensprobleme türkischer Gastarbeiterkinder in Wien. Zeitschrift für Kinder- und Jugendpsychiatrie, 21, 226–232.
Aylward, G., Gustafson, N. & Verhulst, S. (1989). Consistency in the diagnosis of cognitive, motor and neurologic function over the first three years. Journal of Pediatrics and Psychology, 12, 77–98.
Aylward, G., Pfeiffer, S., Wright, A. & Verhulst, S. (1989). Outcome studies of low birth weight infants published in the last decade: a meta-analysis. Journal of Pediatrics, 115, 515–520.
Baar, E. (1952). Schulreife – Entwicklungshilfe. Wien: Jugend und Volk.
Baar, E. & Tschinkel, I. (1969/73). Schulreife – Entwicklungshilfe (6. Aufl.). Wien: Jugend und Volk.

Backes, G.M. (1993). Zur Bedeutung des sozialen Ehrenamtes für ältere und alte Frauen. Zeitschrift für Gerontologie, 26, 349–354.
Backes, H., Faulhaber, J. & Stiksrud, A. (1985). „Jugendlicher" und „Erwachsener" als subjektive Kategorien. In A. Stiksrud & F. Wobit (Hrsg.), Adoleszenz und Postadoleszenz (S. 19–27). Eschborn: Fachbuchhandlung für Psychologie.
Backes, H. & Stiksrud, A. (1985). ‚Gestreckte' versus ‚verkürzte' Pubertät in Abhängigkeit vom Bildungsstatus: Normative Entwicklungsvorstellungen von Jugendlichen. In D. Liepmann & A. Stiksrud (Hrsg.), Entwicklungsaufgaben und Bewältigungsprobleme in der Adoleszenz (S. 190–200). Göttingen: Hogrefe.
Bäckman, L., Ginovart, N., Dixon, R.A., Robins Wahlin, T.-B., Wahlin, A., Halldin, C. & Farde, L. (2000). Age-related cognitive deficits mediated by changes in the striatal dopamine system. American Journal of Psychiatry, 157, 635–637.
Backscheider, A.G. (1994). Preschoolers' understanding of living kinds. Doctoral dissertation. University of Michigan. Ann Arbor.
Backscheider, A.G., Shatz, M. & Gelman, S.A. (1993). Preschoolers' ability to distinguish living kinds as a function of regrowth. Child Development, 64, 1242–1257.
Baddeley, A.D. (1990). Human Memory. Theory and practice. Boston: Allyn and Bacon.
Baddeley, A.D. & Hitch, G.J. (1974). Working memory. In G. Bower (Ed.), The psychology of learning and motivation: Advances in research and theory (Vol. 8, pp. 47–90). New York: Academic Press.
Badger, K., Craft, R.S. & Jensen, L. (1998). Age and gender differences in value orientation among American adolescents. Adolescence, 33, 591–596.
Badinter, E. (1986). Ich bin du: Die neue Beziehung zwischen Mann und Frau oder die androgyne Revolution. München: Piper.
Baer, J.S., MacLean, M.G. & Marlatt, G.A. (1998). Linking etiology and treatment for substance abuse. In R. Jessor (Ed.), New perspectives on adolescent risk behavior (pp. 182–220). New York: Guilford Press.
Bahrick, L.E. & Lickliter, R. (2000). Intersensory redundancy guides attentional selectivity and perceptual learning in infancy. Developmental Psychology, 36, 190–201.
Bailey, J.M. (1996). Gender identity. In R.C. Savin-Williams & K.M. Cohen (Eds.), The lives of lesbians, gays, and bisexuals (pp. 71–93). Forth Worth, TX: Harcourt Brace College.
Bailey, J.M., Kim, P.Y., Hills, A. & Linsenmeier, J.A.W. (1997). Butch, femme, or straight acting? Partner preferences of gay men and lesbians. Journal of Personality and Social Psychology, 73, 960–973.
Bailey, J.M. & Pillard, R.C. (1991). A genetic study of male sexual orientation. Archives of General Psychiatry, 48, 1089–1096.
Bailey, J.M., Pillard, R.C., Neale, M.C. & Agyei, Y. (1993). Heritable factors influence sexual orientation in women. Archives of General Psychiatry, 50, 217–223.
Bailey, J.M. & Zucker, K.J. (1995). Childhood sex-typed behavior and sexual orientation: A conceptual analysis and quantitative review. Developmental Psychology, 31, 43–55.
Baillargeon, R. (1981). Young childrens' understanding of causal mechanisms (Vol. 2, pp. 115–163). University of Pennsylvania. Unveröff. Diss.
Baillargeon, R. (1994). Physical reasoning in young infants: Seeking explanations for impossible events. British Journal of Developmental Psychology, 12, 9–33.
Baillargeon, R. (1999). Young infants' expectations about hidden objects: A reply to three challenges. Developmental Science, 2, 115–163.
Baillargeon, R. & de Vos, J. (1991). Object permanence in young infants: Further evidence. Child Development, 62, 1227–1246.
Baillargeon, R., Kotovsky, L. & Needham, A. (1995). The acquisition of physical knowledge in infancy. In D. Sperber, D. Premack & A. Premack (Eds.), Causal cognition: A multidisciplinary debate (pp. 79–116). New York: Oxford University Press.
Bakeman, R. & Quwera, V. (1995). Analyzing interaction. New York: Cambridge University Press.
Baker (1996). How bereaved children cope with loss: an overview. In C.A. Corr & D.M. Corr (Eds.), Handbook of childhood death and bereavement (pp. 109–129): Springer Publishing Company.
Baker-Ward, L., Ornstein, P.A. & Holden, D.J. (1984). The expression of memorization in early childhood. Journal of Experimental Child Psychology, 37, 555–575.
Baldwin, D.A. (1995). Understanding the link between joint attention and language. In C. Moore & P.J. Dunham (Eds.), Joint attention: Its origins and role in development (pp. 131–158). Hillsdale, NJ: Lawrence Erlbaum.
Baldwin, D.A. & Baird, J.A. (1999). Action analysis: A gateway to intentional inference. In P. Rochat et al. (Eds.), Early social cognition: Understanding others in the first months of life (pp. 215–240). Mahwah, NJ: Erlbaum.
Baldwin, D.A., Baird, J.A., Saylor, M.M. & Clark, M.A. (2001). Infants parse dynamic action. Child Development, 72, 708–717.
Baldwin, D.A., Markman, E.M. & Melartin, R.L. (1993). Infants' ability to draw inferences about nonobvious object properties: Evidence from exploratory play. Child Development, 64, 711–728.
Balint, M. (1991). Der Arzt, sein Patient und die Krankheit. Stuttgart: Klett-Cotta.
Baltes, M.M. (1995). Verlust der Selbständigkeit im Alter: Theoretische Überlegungen und empirische Befunde. Psychologische Rundschau, 64, 159–170.
Baltes, M.M. & Carstensen, L.L. (1996). The process of successful ageing. Ageing and Society, 16, 397–422.
Baltes, M.M., Kühl, K.-P. & Sowarka, D. (1992). Testing for limits of cognitive reserve capacity: A promising strategy for early diagnosis of dementia? Journals of Gerontology, 47, P165-P167.
Baltes, M.M., Kühl, K.-P., Gutzmann, H. & Sowarka, D. (1995a). Potential of cognitive plasticity as a diagnostic instument: A cross-validation and extension. Psychology and Aging, 10, 167–172.

Baltes, M.M., Maas, I., Wilms, H.-U., Borchelt, M. & Little, T.D. (1999a). Everyday competence in old and very old age: Theoretical considerations and empirical findings. In P.B. Baltes & K.U. Mayer (Eds.), The Berlin Aging Study: Aging from 70 to 100 (pp. 384–402). New York: Cambridge University Press.

Baltes, M.M., Wahl, H.-W. & Reichert, M. (1991). Successful aging in long-term care institutions. Annual Review of Gerontology and Geriatrics, 11, 311–337.

Baltes, M. M. & Zank, S. (1990). Gesundheit im Alter. In R. Schwarzer (Hrsg.), Gesundheitspsychologie. Ein Lehrbuch (S. 199–214). Göttingen: Hogrefe.

Baltes, P.B. (1968). Longitudinal and cross-sectional sequences in the study of age and generation effects. Human Development, 11, 145–171.

Baltes, P.B. (1979). Entwicklungspsychologie unter dem Aspekt der gesamten Lebensspanne: Einige Bemerkungen zu Geschichte und Theorie. In L. Montada (Hrsg.), Brennpunkte der Entwicklungspsychologie (S. 42–60). Stuttgart: Kohlhammer.

Baltes, P.B. (1987). Theoretical propositions of life-span developmental psychology: On the dynamics between growth and decline. Developmental Psychology, 23, 611–626.

Baltes, P.B. (1990). Entwicklungspsychologie der Lebensspanne: Theoretische Leitsätze. Psychologische Rundschau, 41, 1–24.

Baltes, P.B. (1996). Über die Zukunft des Alterns: Hoffnung mit Trauerflor. In M.M. Baltes. & L. Montada (Hrsg.), Produktives Leben im Alter (S. 29–68). Frankfurt: Campus.

Baltes, P.B. (1997). Die unvollendete Architektur der menschlichen Ontogenese: Implikationen für die Zukunft des vierten Lebensalters. Psychologische Rundschau, 48, 191–210.

Baltes, P.B. (1997). On the incomplete architecture of human ontogeny: Selection, optimization, and compensation as foundation of developmental theory. American Psychologist, 52, 366–380.

Baltes, P.B. (1997a). Die unvollendete Architektur der menschlichen Ontogenese: Implikationen für die Zukunft des vierten Lebensalters. Psychologische Rundschau, 48, 191–210.

Baltes, P.B. (1999). Alter und Altern als unvollendete Architektur der Humanontogenese. Zeitschrift für Gerontologie und Geriatrie 32, S. 443–448.

Baltes, P.B. (in Druck). Wisdom: The orchestration of mind and character. Boston: Blackwell.

Baltes, P.B. & Baltes, M.M. (1980). Plasticity and variability in psychological aging: Methodological and theoretical issues. In G.E. Gurski (Ed.), Determining the effects of aging on the central nervous system (pp. 41–66). Berlin: Schering.

Baltes, P.B. & Baltes, M.M. (1989). Optimierung durch Selektion und Kompensation: Ein psychologisches Modell erfolgreichen Alterns. Zeitschrift für Pädagogik, 35, 85–105.

Baltes, P.B. & Baltes, M.M. (1990). Psychological perspectives on successful aging: The model of selective optimization with compensation. In P.B. Baltes & M. Baltes (Eds.), Succcessful aging: Perspectives from the behavioral sciences (pp. 1–34). New York: Cambridge University Press.

Baltes, P.B., Baltes, M.M., Freund, A.M. & Lang, F. R. (1995b). Measurement of selective optimization with compensation by questionnaire. Max-Planck-Institut für Bildungsforschung, Berlin.

Baltes, P.B. & Brim, O.G. jr. (1978–1984). Life-span development and behavior (Vol. I–VI). New York: Academic Press.

Baltes, P.B., Dittmann-Kohli, F. & Dixon, R.A. (1984). New perspectives on the development of intelligence in adulthood. In P.B. Baltes & O.G. Brim jr. (Eds.), Life-span development and behavior (Vol. 6, pp. 33–76). New York: Academic Press.

Baltes, P.B. & Freund, A.M. (2000). SOC-related knowledge about lifespan development: It's in the proverbs. Unveröffentlichtes Manuskript.

Baltes, P.B. & Kliegl, R. (1992). Further testing of limits of cognitive plasticity: Negative age differences in a mnemonic skill are robust. Developmental Psychology, 28, 121–125.

Baltes, P.B. & Lindenberger, U. (1997). Emergence of a powerful connection between sensory and cognitive functions across the adult life span: A new window to the study of cognitive aging? Psychology and Aging, 12, 12–21.

Baltes, P.B., Lindenberger, U. & Staudinger, U.M. (1998). Lifespan theory in developmental psychology. In R.M. Lerner (Ed.), Handbook of child psychology (5th ed., Vol. 1: Theoretical models of human development, pp. 1029–1143). New York: Wiley.

Baltes, P.B., Reese, H.W. & Nesselroade, J.R. (1977). Life-span developmental psychology: Introduction to research methods. Monterey: Brocks/Cole.

Baltes, P.B., Reese, H.W. & Nesselroade, J.R. (1988). Life-span developmental psychology: Introduction to research methods (2nd ed.). Hillsdale, NJ: Lawrence Erlbaum Associates.

Baltes, P.B. & Schaie, K.W. (1973). Life-span developmental psychology. Personality and socialization. New York: Academic Press.

Baltes, P.B. & Smith, J. (1990). Weisheit und Weisheitsentwicklung: Prolegomena zu einer psychologischen Weisheitstheorie. Zeitschrift für Entwicklungspsychologie und Pädagogische Psychologie, 22, 95–135.

Baltes, P.B. & Smith, J. (1997). A systemic-wholistic view of psychological functioning in very old age: Introduction to a collection of articles from the Berlin Aging Study. Psychology and Aging, 12, 395–409.

Baltes, P.B., Smith, J. & Staudinger, U.M. (1992). Wisdom and successful aging. In T. Sonderegger (Ed.), Nebraska symposium on motivation (Vol. 39, pp. 123–167). Lincoln, NE: University of Nebraska Press.

Baltes, P.B., Sowarka, D. & Kliegl, R. (1989). Cognitive training research on fluid intelligence in old age: What can older adults achieve by themselves? Psychology and Aging, 4, 217–221.

Baltes, P.B. & Staudinger, U.M. (1993). The search for a psychology of wisdom. Current Directions in Psychological Science, 2, 75–80.

Baltes, P.B., Staudinger, U.M. & Lindenberger, U. (1999b). Lifespan Psychology: Theory and application to intellectual functioning. Annual Review of Psychology, 50, 471–507.

Baltes, P.B., Staudinger, U.M., Maercker, A. & Smith, J. (1995). People nominated as wise: A comparative study of wisdom-related knowledge. Psychology and Aging, 10, 155–166.

Baltes, P.B. & Willis, S.L. (1982). Plasticity and enhancement of intellectual functioning in old age: Penn State's Adult Development and Enrichment Program (ADEPT). In F.I.M. Craik & S.E. Trehub (Eds.), Aging and cognitive processes (pp. 353–389). New York: Plenum Press.

Band, E.B. & Weisz, J.R. (1988). How to feel better when it feels bad. Children's perspectives on coping with everyday stress. Developmental Psychology, 24, 247–253.

Bandura, A. (1969). Principles of behavior modification. New York: Holt, Rinehart & Winston.

Bandura, A. (1971). Psychological Modeling: Conflicting theories. Chicago: Aldine & Atherton.

Bandura, A. (1972). The stormy decade: Fact or ficition? In D. Rogers (Ed.), Issues in Adolescent Psychology (pp. 91–97). New York: Appleton-Century-Crofts.

Bandura, A. (1977). Self-efficacy: Toward a unifying theory of behavioral change. Psychological Review, 2, 191–215.

Bandura, A. (1986). Social foundations of thought and action: A social-cognitive theory. Englewood Cliffs, NJ: Prentice-Hall. In D. Grembowski, D. Patrick, P. Diehr, S. Durham Beresford, E. Kay & J. Hecht (1993). Self-efficacy and health behavior among older adults. Journal of Health and Social Behavior, 34, 89–104.

Bandura, A. (1994). Self-efficacy. The exercise of control. New York: Freeman.

Bandura, A. (1997). Self-efficacy: The exercise of control. New York: Freeman.

Bandura, A. (2001). Social cognitive theory: An agentic perspective. Annual Review of Psychology, 52, 1–26.

Bange, D. (1992). Die dunkle Seite der Kindheit. Sexueller Mißbrauch an Mädchen und Jungen. Ausmaß – Hintergründe – Folgen. Köln: Volksblatt Verlag.

Bange, D. (1993). Sexueller Mißbrauch an Mädchen und Jungen – Hintergründe und Motive der Täter. Psychosozial, 16, 49–65.

Bange, D. (1998). Sexueller Mißbrauch an Kindern – Zwischen Geheimnis und Sensation. In A. Spitznagel (Hrsg.), Geheimnis und Geheimhaltung. Erscheinungsformen – Funktionen – Konsequenzen (S. 307–318). Göttingen: Hogrefe.

Bange, D. & Deegener, G. (1996). Sexueller Mißbrauch an Kindern. Weinheim: Psychologie Verlags Union.

Banks, M.S. & Dannemiller, J.L. (1987). Infant visual psychophysics. In P. Salapatek & L. Cohen (Eds.), Handbook of infant perception: From sensation to perception (Vol. 1). Orlando, FL: Academic Press.

Banks, M.S. & Salapatek, P. (1983). Infant visual perception. In M.M. Haith & J.J. Campos (Vol. Eds.), Infancy and developmental psychobiology, Handbook of child psychology, Vol. 2 (P.H. Mussen, series ed., pp. 435–571). New York: Wiley.

Bansemir, G. & Gulbin, K. (1988). Zur gesundheitlichen Situation von älteren Bürgern – Ergebnisse einer Erhebung an Antragstellern auf Aufnahme in ein Feierabend- oder Pflegeheim. Zeitschrift für Alternsforschung, 443, 213–228.

Bar-Yam, H.A. & Bar-Yam, M. (1987). Interpersonal development across the life span: Communion and its interaction with agency in psychosocial development. In Contr. hum. Dev (Vol. 18, pp. 102–128). Basel: Karger.

Baranowski, T. (1997). Families and health actions. In D.S. Gochman (Ed.), Handbook of health behavior research I: Personal and social determinants. New York, Plenum Press.

Barenboim, C. (1977). Developmental changes in the interpersonal cognitive system from middle childhood to adolescence. Child Development, 48, 1467–1474.

Barker, R.G. & Wright, H.F. (1951). One boy's day. New York: Harper.

Barker, R.G. & Wright, H.F. (1954). Midwest and its children: the psychological ecology of an American town. Evanston, ILL: Peterson.

Barker, R.G. (1968). Ecological psychology. Concepts and methods for studying the environment of human behavior. Stanford, CA: Stanford University Press.

Barkholdt, C. (1999). Zum internationalen Jahr der Senioren (V). Muß Alter produktiv sein? – „Wiederverpflichtung" der Alten als Legitimation für ihre überproportionale Existenz? Theorie und Praxis der sozialen Arbeit, 7, 251–254.

Barkley, A., Ullman, G., Otto, L. & Brecht, M. (1977). The effects of sex-typing and sex-appropriateness of modeled behavior on children's imitation. Child Development, 48, 721–725.

Barnes, M. et al. (1989). The Formulation of a Fowler Scale: An Empirical Assessment Among Catholics. Review of Religious Research, 30, 412–420.

Barnett, R.C. (1975). Sex differences and age trends in occupational preference and occupational prestige. Journal of Counselling Psychology, 22, 35–38.

Barnett, W.S. & Escobar, C.M. (1990). Economic cost and benefits of early intervention. In S. Meisels & J. Shonkoff (Eds.), Handbook of early childhood intervention (pp. 560–582). Cambridge, UK: Cambridge University Press.

Barnett, W. S., Young, J. W. & Schweinhart, L. J. (1998). How preschool education influences long-term cognitive development and school success. A causal model. In W. S. Barnett & S. S. Boocock (Eds.), Early care and education for children in poverty. Promises, programs, and long-term results (pp. 167–184). Albany: University of New York Press.

Baron-Cohen, S. (2000). Theory of mind and autism: a fifteen year review. In S. Baron-Cohen, H. Tager-Flusberg & D.J. Cohen (Eds.), Understanding other minds. Perspectives from developmental cognitive neuroscience. Second Edition (pp. 3–20). Oxford: Oxford University Press.

Baron-Cohen, S., Allen, J. & Gillberg, C. (1992). Can autism be detected at 18 months? The needle, the haystack and the CHAT. The British Journal of Psychiatry, 61, 839–843.

Baron-Cohen, S., Leslie, A. & Frith, U. (1985). Does the autistic child have a "theory of mind"? Cognition, 21, 37–46.

Barr, R. & Hayne, H. (2000). Age-related changes in imitation: Implications for memory development. In C. Rovee-Collier, L.P. Lipsitt & H. Hayne (Eds.), Progress in infancy research, Vol. 1 (pp. 21–68) Mahwah NJ: Erlbaum

Barrera, M.E. & Maurer, D. (1981). The perception of facial expressions by the three-month-old. Child Development, 52, 203–206.

Barron, R.W. (1981). The development of visual word recognition: A review. In G.E. MacKinnon & T.G. Waller (Eds.), Reading research: Advances in theory and practice (Vol. 3). New York: Academic Press.

Barthelmes, J., Feil, Ch. & Furtner-Kallmünzer, M. (1991). Medienerfahrungen vom Kindern im Kindergarten. München: DJI-Verlag

Bartrip, J., Morton, J. & de Schonen, S. (2001). Responses to mother's face in 3-week to 5-month-old infants. British Journal of Developmental Psychology, 19, 219–232.

Bartsch, K. & Wellman, H.M. (1995). Children talk about the mind. New York: Oxford University Press.

Baruch, G.K., Bienet, L. & Barnett, R.C. (1987). Women and gender in research on work and family stress. American Psychologist, 42, 130–136.

Basow, S.A. (1986). Gender stereotypes. Traditions and alternatives (2nd ed.). Monterey, CA: Brooks/Cole.

Bastian, H.G. (1989). Leben für Musik. Eine biographische Studie über musikalische (Hoch-)Begabungen. Mainz: Schott.

Bastian, H.G. (1991). Musikalische Hochbegabung und Förderung. Mainz: Schott.

Bastian, H.G. (1994). From the every-day world and the musical way of life of highly talented young instrumentalists. In K.A. Heller & E.A. Hany (Eds.), Competence and responsibility. Göttingen: Hogrefe & Huber.

Bates, E., Bretherton, I. & Snyder, L. (1988). From first words to grammar: Individual differences and dissociable mechanisms. Cambridge: Cambridge Univ. Press.

Bates, E., O'Connell, B. & Shore, C. (1987). Language and communication in infancy. In J. Osofsky (Ed.), Handbook of infant development (pp. 149–203). New York: Wiley.

Batson, C.D. (1987). Differentiation of personal distress and sympathy in children and adults. Developmental Psychology, 24, 766–775.

Batson, C.D. (1996). Empathy, altruism, and justice: Another perspective on partiality. In L. Montada & M.J. Lerner (Eds.), Current societal concerns about justice (pp. 49–65). New York: Plenum Press.

Bauer, M. (1982). Identität und Lebensalter (unveröff. Diss.). Wien: Grund- und Integrativwissenschaftliche Fakultät der Universität Wien.

Bauer, P. (1993). Memory for gender-consistent and gender-inconsistent event sequences by twenty-five-month-old children. Child Development, 64, 285–297.

Bauer, P.J. & Mandler, J.M. (1989). Taxonomies and triads: conceptual organization in one-to two-year-olds. Cognitive Psychology, 21, 156–184.

Bauer, P.J., Wenner, J.A., Dropik, P.L. & Wewerka, S. S. (2000). Parameters of remembering and forgetting in the transition from infancy to early childhood. Monographs of the Society for Research in Child Development, 65 (4), Serial No. 263.

Baum, A. & Grunberg, N.E. (1991). Gender, stress, and health. Health Psychology, 10, 80–85.

Bauman, M. & Kemper T. (1985). Histoanatomic observations of the brain in early infantile autism. Neurology, 35, 866–874.

Baumann, R., Diener, K. & Retter, H. (1977). Auswirkungen vorschulischer Förderung im ersten Schuljahr. Bad Heilbrunn: Klinkhardt.

Baumeister, R.F. (1986). Identity: Cultural change and the struggle for self. New York: Oxford University Press.

Baumeister, R.F. (1990). Suicide as escape from self. Psychological Review, 97, 90–113.

Baumert, J. (1998). Interest research concerning secondary level I: overview. In L. Hoffmann, A. Krapp, A. Renninger & J. Baumert (Eds.), Interest and learning. Proceedings of the Second Converence on interest and gender. Kiel: IPN-Schriftenreihe.

Baumert, J. (2000). Lebenslanges Lernen und internationale Dauerbeobachtung der Ergebnisse von institutionalisierten Bildungsprozessen. In F. Achtenhagen & W. Lempert (Hrsg.), Lebenslanges Lernen im Beruf – seine Grundlegung im Kindes- und Jugendalter. Band 5: Erziehungstheorie und Bildungsforschung (S. 121–127). Opladen: Leske + Budrich.

Baumert, J., Artelt, C., Klieme, E. & Stanat, P. (2001). PISA – Programme for International Student Assessment. Zielsetzung, theoretische Konzeption und Entwicklung von Messverfahren. In F.E. Weinert (Hrsg.), Leistungsmessungen in Schulen (S. 285–310). Weinheim: Beltz.

Baumert, J., Bos, W. & Lehmann, R.H. (2000a) (Hrsg). Dritte Internationale Mathematik- und Naturwissenschaftsstudie: Mathematische und naturwissenschaftliche Bildung am Ende der Schullaufbahn, Bd. 1: Mathematische und naturwissenschaftliche Grundbildung am Ende der Pflichtschulzeit. Opladen: Leske + Budrich.

Baumert, J., Bos, W. & Lehmann, R.H. (2000b) (Hrsg). Dritte Internationale Mathematik- und Naturwissenschaftsstudie: Mathematische und naturwissenschaftliche Bildung am Ende der Schullaufbahn, Bd. 2: Mathematische und physikalische Kompetenzen am Ende der gymnasialen Oberstufe. Opladen: Leske + Budrich.

Baumert, J. & Köller, O. (1998). Nationale und internationale Schulleistungsstudien: Was können sie leisten, wo sind ihre Grenzen? Pädagogik, 50 (6), 12–18.

Baumert, J. & Köller, O. (2000). Motivation, Fachwahlen, selbstreguliertes Lernen und Fachleistungen im Mathematik- und Physikunterricht der gymnasialen Oberstufe. In J. Baumert, W. Bos & R. H. Lehmann (Hrsg), Dritte Internationale Mathematik- und Naturwissenschaftsstudie: Mathematische und naturwissenschaftliche Bildung am Ende der Schullaufbahn, Bd. 2: Mathematische und physikalische Kompetenzen am Ende der gymnasialen Oberstufe (S. 181–214). Opladen: Leske + Budrich.

Baumert, J., Köller, O., Lehrke, M. & Brockmann, J. (2000). Anlage und Durchführung der Dritten Internationalen Mathematik- und Naturwissenschaftsstudie zur Sekundarstufe II (TIMSS/III) – Technische Grundlagen. In J. Baumert, W. Bos & R.H. Lehmann (Hrsg), Dritte Internationale Mathematik- und Naturwissenschaftsstudie: Mathematische und naturwissenschaftliche Bildung am Ende der Schullaufbahn, Bd. 1: Mathematische und naturwissenschaftliche Grundbildung am Ende der Pflichtschulzeit (S. 31–84). Opladen: Leske + Budrich.

Baumert, J., Lehmann, R.H. et al. (1997). TIMSS: Mathematisch-Naturwissenschaftlicher Unterricht im internationalen Vergleich. Opladen: Leske + Budrich.

Baumert, J., Schnabel, K. & Lehrke, M. (1998). Learning math in school: Does interest really matter? In L. Hoffmann, A. Krapp, K.A. Renninger & J. Baumert (Eds.), Interest and learning (pp. 327–336). Kiel: Institut für die Pädagogik der Naturwissenschaften.

Baumgarten, F. (1932). Gesundheit und Krankheit im Vorstellungsleben der Kinder. Zeitschrift für Kinderforschung, 39, 116–133.

Baumrind, D. (1991). Effective parenting during early adolescent transition. In P.A. Cowan & M.E. Hetherington (Eds.), Family transitions (pp. 111–163). Hillsdale, NJ: Erlbaum.

Baumrind, D. (1991). The influence of parenting style on adolescent competence and substance use. Journal of Early Adolescence, 11, 56–95.

Bayley, N. (1969). Bayley Scales of Infant Development. New York: Psychological Corporation.

Beall, A.E. & Sternberg, R.J. (Eds.) (1993). The psychology of gender. New York: Guilford.

Beardslee, W.R., Schultz, L.H. & Selman, R.L. (1987). Level of social-cognitive development, adaptive functioning, and DSM-III diagnoses in adolescent offspring of parents with affective disorders: Implications of development of the capacity for mutuality. Developmental Psychology, 23, 807–815.

Beaton, A.E. & Allen, N. L. (1992). Interpreting scales through scale anchoring. Journal of Educational Statistics, 17, 191–204.

Beauftragte der Bundesregierung für Ausländerfragen (1999, 2000). Daten und Fakten zur Ausländersituation. Berlin: Beauftragte der Bundesregierung für Ausländerfragen.

Beck, M. (Hrsg.) (1998). Evaluation als Maßnahme der Qualitätssicherung. Pädagogisch-psychologische Intervention auf dem Prüfstand. Tübingen: Deutsche Gesellschaft für Verhaltenstherapie.

Beck-Gernsheim, E. (1994). Auf dem Weg in die postfamiliale Familie. Von der Notgemeinschaft zur Wahlverwandtschaft. Aus Politik und Zeitgeschichte. Beilage zur Wochenzeitung Das Parlament, 29–30 (94), 3–14.

Beckwith, L., Cohen, S.E. & Hamilton, C.E. (1999). Maternal sensitivity during infancy and subsequent life events relate to attachment representation at early adulthood. Developmental Psychology, 35, 693–700.

Becvar, D.S. (2000). Human development as a process of meaning making and reality construction. In W.C. Nichols, M.-A. Pace-Nichols & D.D. Becvar (Eds.), Handbook of family development and intervention. New York: Wiley.

Bee, H. (1999). Life-span development. New York: Longman.

Bee, H.L., Barnard, K.E., Eyres, S.J., Gray, C.A., Hammond, M.A. & Spietz, A.L. (1982). Prediction of IQ and language skill from perinatal status, child performance, family characteristics, and mother-infant interaction. Child Development, 53, 1134–1156.

Bee-Göttsche, P. H. (1992). Teufelsgeschichten und Teufelsspiele. Ein Gedächtnistraining für Kinder (Materialie Nr. 26 der DGVT). Tübingen: Deutsche Gesellschaft für Verhaltenstherapie.

Bee-Schroedter, H. (1998). Neutestamentliche Wundergeschichten im Spiegel vergangener und gegenwärtiger Rezeptionen. Stuttgart: Katholisches Bibelwerk.

Beelmann, W. & Schmidt-Denter, U. (1991). Kindliches Erleben sozial-emotionaler Beziehungen und Unterstützungssysteme in Ein-Elternteil-Familien. Psychologie in Erziehung und Unterricht, 38, 180–189.

Befu, H. (1986). Social and cultural background for child development in Japan and the United States. In H.W. Stevenson, H. Azuma & K. Hakuta (Eds.), Child development and education in Japan (pp. 13–27). San Francisco: Freeman.

Behl-Chadha, G. (1996). Basic-level and superordinate-like categorical representations in early infancy. Cognition, 60, 105–141.

Behrendt, R., Eckes, T. & Trautner, H.M. (2000). Wahrnehmung und Bewertung von Ingroup und Outgroup auf der Ebene globaler Geschlechterkategorien und auf der Ebene von Subgruppen. Poster auf dem 42. Kongreß der DGPs in Jena, September 2000.

Beile, H. (1998). Religiöse Emotionen und religiöses Urteil. Eine empirische Studie über Religiosität bei Jugendlichen. Ostfildern: Schwabenverlag.

Bélanger, N.D. & Desrochers, S. (2001). Can 6-month-old infants process causality in different types of causal events? British Journal of Developmental Psychology, 19, 11–21.

Bell, R.Q. (1971). Stimulus control of parent or caretaker behavior by offspring. Developmental Psychology, 4, 63–72.

Bell, S.M. (1970). The development of the concept of the object as related to infant-mother attachment. Child Development, 41, 291–311.

Beller, E.K. (1995). Die Krippe. In R. Oerter & L. Montada (Hrsg.), Entwicklungspsychologie (3. Aufl.). Weinheim: Psychologie Verlags Union.

Bellugi, U., Marks, S., Bihrle, A. & Sabo, H. (1988). Dissociation between language and cognitive functions in Williams syndrome. In D. Bishop & K. Mogford (Eds.), Language development in exceptional circumstances (pp. 177–189). Edinburgh: Churchill Livingstone.

Belsky, J. (1990). Parental and nonparental child care and children's socio-emotional development: A decade in review. Journal of Marriage and the Family, 52, 885–903.

Belsky, J. (1990). The 'effects' of day care reconsidered. In N. Fox & G.G. Fein (Eds.), Infant day care: The current debate (pp. 3–40). Norwood, NJ: Ablex.
Belsky, J., Friedman, S.L. & Hsieh, K.H. (2001). Testing the core emotion-regulation prediction: Does early attentional persistence moderate the effect of infant negative emotionality on later development. Child Development, 72, 123–133.
Belsky, J., Lerner, R. M. & Spanier, G. B. (1984). The child in the family. Reading/MAS: Addison-Wesley Publishing Company.
Belsky, J. & Rovine, M. (1990). Patterns of marital change across the transition to parenthood: Pregnancy to three years postpartum. Journal of Marriage and the Family, 52, 5–19.
Belsky, J., Woodworth, S. & Crnic, K. (1996). Trouble in the second year: Three questions about family interaction. Child Development, 67, 556–578.
Bem, D.J. (1967). Self perception: An alternative interpretation of cognitive dissonance phenomena. Psychological Review, 74, 183–200.
Bem, D.J. (1996). Exotic becomes erotic: A developmental theory of sexual orientation. Psychological Review, 103, 320–335.
Bem, S.L. (1974). The measurement of psychological androgyny. Journal of Consulting and Clinical Psychology, 42, 155–162.
Bem, S.L. (1981). Gender schema theory: A cognitive account of sex typing. Psychological Review, 88, 354–364.
Bem, S.L. (1983). Gender schema theory and its implications for child development: Raising gender-aschematic children in an gender-schematic society. Signs, 8, 598–616.
Bem, S.L. (1989). Genital knowledge and gender constancy in preschool children. Child Development, 60, 649–662.
Bender, D. & Lösel, F. (2000). Risiko- und Schutzfaktoren in der Genese und Bewältigung von Mißhandlung und Vernachlässigung. In U.T. Egle, O. Hoffmann & P. Joraschky (Hrsg.), Sexueller Mißbrauch, Mißhandlung, Vernachlässigung (S. 40–56). Stuttgart: Schattauer.
Bengel, J. & Belz-Merk, M. (1997). Subjektive Gesundheitsvorstellungen. In R. Schwarzer (Hrsg.), Gesundheitspsychologie: Ein Lehrbuch. 2. Aufl. Göttingen: Hogrefe.
Bengel, J., Bucherer, G., Strittmatter, R. & Buggle, F. (1995). Die Entwicklung von subjektiven Gesundheitskonzepten – Ein Überblick zur Forschungslage bei Kindern und Jugendlichen. Zeitschrift für Gesundheitsspsychologie, 3, 241–254.
Bengtson, V.L. & Troll, L. (1978). Youth and their parents: Feedback and intergenerational influence in socialization. In R.M. Lerner & G.B. Spanier (Eds.), Child influences on marital and family interaction: A life-span perspective (pp. 215–249). New York: Academic Press.
Benson, P.L. et al. (1989). Adolescence and religion: A review of the literature from 1970 to 1986. Research in the Social Scientific Study of Religion, 1, 153–181.
Bereiter, C. & Engelmann, S. (1966). Teaching disadvantaged children in the preschool. New York: Englewood Cliffs.
Bereiter, C. & Scardamalia, M. (1989). Intentional learning as a goal of instruction. In L.B. Resnick (Ed.), Knowing, learning, and instruction: Essays in honour of Robert Glaser (pp. 361–392). Hillsdale, NJ: Erlbaum.
Berg, C. & Sternberg, R.J. (1985). Response to novelty: Continuity versus discontinuity in the developmental course of intelligence. In H.W. Reese (Ed.), Advances in child development and behavior (Vol. 19, pp. 1–47). New York: Academic Press.
Berger, C. & Hatwell, Y. (1993). Dimensional and overall similarity classification in haptics: A developmental study. Cognitive Development, 8, 495–576.
Berger, M. (2000). Friedrich Fröbels Konzeption einer Pädagogik der frühen Kindheit. In W.E. Fthenakis & M.R. Textor (Hrsg.), Pädagogische Ansätze im Kindergarten (S. 10–22). Weinheim: Beltz Verlag.
Berger-Sallawitz, F. (1998). Enkopresis. In H.C. Steinhausen & M. von Aster (Hrsg.), Verhaltenstherapie und Verhaltensmedizin bei Kindern und Jugendlichen (S. 469–486). Weinheim: Beltz/PVU.
Berk, L.E. (2000). Child development, Fifth edition. Boston/London: Allyn & Bacon.
Berlyne, D.E. (1960). Conflict, arousal, and curiosity. New York: McGraw-Hill.
Berndt, T.J. & Heller, K.A. (1986). Gender stereotypes and social inferences: A developmental study. Journal of Personality and Social Psychology, 50, 889–898.
Bernfeld, S. (1923). Über eine typische Form der männlichen Pubertät. Imago, 167–188.
Bernfeld, S. (1925). Psychologie des Säuglings. Wien: Springer.
Bernicot, J. & Laval, V. (1996). Promises in French children: Comprehension and metapragmatic knowledge. Journal of Pragmatics, 25, 101–122.
Bernstein, B. (1964). Elaborated and restricted codes: Their social origins and some consequences. American Anthropologist, 66, 55–59.
Berrueta-Clement, J.R., Schweinhart, L.J., Barnett, W.S. & Weikart, D.P. (1987). The effects of early educational intervention on crime and delinquency in adolescence and early adulthood. In J.D. Burchard & S.N. Burchard (Eds.), Primary prevention of psychopathology: Vol. 10. Prevention of delinquent behavior (pp. 220–240). Newbury Park, CA: Sage.
Berry, J.W. (1997). Immigration, acculturation, and adaptation. Applied Psychology: An International Review, 46, 5–68.
Berry J.W. & Cavalli-Sforza, L. L. (1986). Culture and genetic influence on inuit art. Unpublished report.
Berry, J.W. & Kim, U. (1988). Acculturation and mental health. In P.R. Dasen, J.W. Berry & N. Sartorius (Eds.), Health and cross-cultural psychology. Newbury Park: Sage.
Berry, J.W., Kim, U. & Boski, P. (1987). Psychological acculturation of immigrants. In Y.Y. Kim & W.B. Gudykunst (Eds.), Cross-cultural adaptation. Current approaches. Newbury Park: Sage.
Berry, J.W., Poortinga, Y.H., Segall, M.H. & Dasen, P.R. (1992). Cross-cultural psychology: Theory, method and applications. Cambridge: Cambridge University Press.

Bertalanffy, L. (1968). General systems theory: Foundations, development, applications. New York: George Braziller.
Bertenthal, B.I. (1996). Origins and early development of perception, action, and representation. Annual Review of Psychology, 47, 431–459.
Bertenthal, B.I. & Campos, J.J. (1990). A systems approach to the organizing effects of self-produced locomotion during infancy. In C. Rovee-Collier & L.P. Lipsitt (Eds.), Advances in infancy research, Vol. 6 (pp. 175–210). Norwood NJ: Ablex.
Bertenthal, B.I., Campos, J.J. & Haith, M.M. (1980). Development of visual organization: The perception of subjective contours. Child Development, 51, 1072–1080.
Bertenthal, B.I. & Clifton, R.K. (1998). Perception and action. In W. Damon (Series Ed.), D. Kuhn & R.S. Siegler (Vol. Eds.), Handbook of child psychology: Vol 2. Cognition, perception, and language (5th ed., pp. 51–102). New York: Wiley.
Bertini, M. (1994). Behavioral states differentiation and cognitive-emotional development in early infancy. Unveröffentlichter Vortrag auf der European Research Conference: The development of sensory, motor and cognitive capabilities in early infancy. From sensation to cognition. Acquafredda di Maratea, Italien.
Bertoncini, J. (1998). Initial capacities for speech processing: Infants' attention to prosodic cues to segmentation. In F. Simion & G. Butterworth (Eds.), The development of sensory, motor and cognitive capacities in early infancy: From perception to cognition (pp. 161–170). Hove, UK: Psychology Press.
Besharov, D.J. (1993). Overreporting and underreporting are twin problems. In R.J. Gelles & D.R. Loseke (Eds.), Current controversies on family violence (pp. 257–272). London: Sage.
Bettelheim, B. (1967). The empty fortress. New York: Free Press.
Betz, N.E. & Fitzgerald, L.F. (1987). The career psychology of women. San Diego: Academic Press.
Bickel, H. (1997). Epidemiologie pychischer Erkrankungen im Alter. In H. Förstl (Hrsg.), Gerontopsychiatrie (S. 1–15). Stuttgart: Enke.
Bierhoff, H.W. (1980). Hilfreiches Verhalten. Darmstadt: UTB.
Bierhoff-Alfermann, D. (1989). Androgynie. Möglichkeiten und Grenzen der Geschlechterrollen. Opladen: Westdeutscher Verlag.
Biermann, G. (1967). Zum Lesen-Lernen der Dreijährigen. Unsere Jugend, 19, 259–264.
Bijou, S.W. & Baer, D.M. (1963). Some methodological contributions from a functional analysis of child development. Advances in Child Development and Behavior, 1, 197–321.
Bird, G.W. & Kemerait, L.N. (1990). Stress among early adolescents in two-earner families. Journal of Early Adolescence, 10 (3), 344–365.
Biringen, Z., Emde, R.N., Campos, J.J. & Appelbaum, M.I. (1995). Affective reorganization in the infant, the mother, and the dyad: The role of upright locomotion and its timing. Child Development, 66, 499–514.
Birren, J.E. & Deutchman, D.E. (Eds.) (1991). Guided autobiography groups for older adults. Baltimore: John Hopkins University Press.
Birren, J.E. & Schaie, K.W. (1977). Handbook of the psychology of aging. New York: Van Nostrand-Reinhold.
Bisanz, J. & LeFevre, J. (1990). Mathematical cognition: Strategic cognition: Strategic processing as interactions among sources of knowledge. In D. P. Bjorklund (Ed.), Children's strategies: Contemporary views of cognitive development. Hillsdale, NJ: Erlbaum.
Bischof, N. (1975). A systems approach toward the functional connections of attachment and fear. Child Development, 46 (4), 801–817.
Bischof, N. (1989). Emotionale Verwirrungen – Oder: Von den Schwierigkeiten im Umgang mit der Biologie. Psychologische Rundschau, 40, 188–205.
Bischof, N. (1993). Untersuchungen zur Systemanalyse der sozialen Motivation I: Die Regulation der sozialen Distanz – Von der Feldtheorie zur Systemtheorie. Zeitschrift für Psychologie, 201, 5–43.
Bischof, N. (1995). Struktur und Bedeutung. Eine Einführung in die Systemtheorie. Bern: Huber.
Bischof-Köhler, D. (1989). Spiegelbild und Empathie. Bern: Huber.
Bischof-Köhler, D. (1994). Selbstobjektivierung und fremdbezogene Emotionen. Identifikation des eigenen Spiegelbildes, Empathie und prosoziales Verhalten im 2. Lebensjahr. Zeitschrift für Psychologie, 202, 349–377.
Bischof-Köhler, D. (1998). Zusammenhänge zwischen kognitiver, motivationaler und emotionaler Entwicklung in der frühen Kindheit und im Vorschulalter. In H. Keller (Hrsg.), Lehrbuch Entwicklungspsychologie (S. 319–376). Bern: Huber.
Bischof-Köhler, D. (2000a). Kinder auf Zeitreise. Theory of Mind, Zeitverständnis und Handlungsorganisation. Bern: Huber.
Bischof-Köhler, D. (2000b). Entwicklungspsychologische Ansätze. In J.H. Otto, H.A. Euler & H. Mandl (Hrsg.), Emotionspsychologie. Ein Handbuch (S. 165–176). Weinheim: Beltz PVU.
Bivens, J.A. & Berk, L.E. (1990). A longitudinal study of the development of elementary school children's private speech. Merrill Palmer Quarterly, 36, 443–463.
Bjorklund, D.F. (1987). How age changes in knowledge base contribute to the development of children's memory: An interpretive review. Developmental Review, 7, 93–130.
Bjorklund, D.F., Muir-Broaddus, J.E. & Schneider, W. (1990). The role of knowledge in the development. In D.F. Bjorklund (Ed.), Children's strategies (pp. 93–128). Hillsdale, NJ: Lawrence Erlbaum Associates.
Bjorklund, D.F. & Schneider, W. (1996). The interaction of knowledge, aptitudes, and strategies in children's memory performance. In H. W. Reese (Ed.), Advances in child development and behavior, Vol. 26, (pp. 59–89). San Diego: Academic Press.
Black, M.M. & Rollins, H.A. (1982). The effects of instructional variables on young children's organization and free recall. Journal of Experimental Child Psychology, 33, 1–19.
Blackstock, E. (1978). Cerebral asymmetry and the development of early infantile autism. Journal of Autism and Childhood Schizophrenia, 8, 3, 339–353.

Blanken, G., Dittmann, J., Grimm H., Marshall, J.C. & Wallesch, C.-W. (Eds.) (1993). Linguistic disorders and pathologies. An international handbook. Berlin: de Gruyter.
Blasi, A. (1988). Identity and the development of the self. In K.D. Lapsley & F.C. Power (Eds.), Self, ego, and identity. Integrative approaches (pp. 226–242). New York: Springer.
Blass, E.M. (1997). Changing influences of sucrose and visual engagement in 2- to 12-week-old human infants: Implications for maternal face recognition. Infant Behavior and Development, 20, 423–434.
Blass, E.M. & Ciaramitaro, V. (1994). A new look at some old mechanisms in human newborns.Taste and tactile determinants of state, affect, and action. Monographs of the Society for Research in Child Development, 59 (1), Serial No. 239.
Blenker, M. (1965). Social work and family relationships in later life with some thoughts on filial maturity. In E. Shanas & G. Streib (Eds.), Social structure and the familiy: Generational relations (pp. 46–59). Englewood Cliffs, NJ: Prentice Hall.
Blenkin, G.M. & Kelly, A.V. (1996). Early childhood education: A developmental curriculum (2nd ed.). London: Chapman.
Bloch, E. (1959). Das Prinzip Hoffnung. Frankfurt/ Main: Suhrkamp.
Bloch, H.A. & Niederhoffer, A. (1958). The gang: A study in adolescent behavior. New York: Philosophical Library.
Block, J. & Robins, R.W. (1993). A longitudinal study of consistency and change in self-esteem from early adolescence to early adulthood. Child Development, 64, 909–923.
Block, J., Block, J.H. & Gjerde, P.F. (1988). Parental functioning and the home environment in families of divorce: Prospective and concurrent analyses. Journal of the American Academy of Child and Adolescent Psychiatry, 27, 207–213.
Block, J.H. (1973). Conceptions of sex roles: Some cross-cultural and longitudinal perspectives. American Psychologist, 28, 512–526.
Block, J.H. & Block, J. (1980). The role of ego-control and ego-resiliency in the organization of behavior. In W.A. Collins (Ed.), Minnesota Symposium on Child Psychology (Vol. 13, pp. 39–101). Hillsdale, NJ: Erlbaum.
Block, J.H., Block, J. & Gjerde, P.F. (1986). The personality of children prior to divorce: A prospective study. Child Development, 57, 827–840.
Bloom, B.S. (1964). Stability and change in human characteristics. New York: Wiley (dt.: Stabilität und Veränderung menschlicher Merkmale. Weinheim: Beltz, 1971).
Bloom, B.S. (1976). Human characteristics and school learning. New York: McGraw-Hill.
Bloom, B.S. (1985). Generalizing about talent development. In B.S. Bloom (Ed.), Developing talent in young people (pp. 507–549). New York: Ballantine Books.
Bloom, L. (1998). Language acquisition in its developmental context. In D. Kuhn & R.S. Siegler (Eds.), Handbook of child psychology (W. Damon, series editor), Vol. 2: Cognition, perception, and language (pp. 309–370). New York: Wiley.
Blumstein, A. (1978). Research on deterrent and incapacitative effects of criminal sanctions. Journal of Criminal Justice, 5, 1–10.
Bodenmann, G. (2000a). Stress und Coping bei Paaren. Göttingen: Hogrefe.
Bodenmann, G. (2000b). Kompetenzen für die Partnerschaft. Freiburger Stresspräventionstraining für Paare. Weinheim: Juventa.
Boehnke, K. & Münch, T. (in Druck). Radio, Musikfernsehen und Internet in der Entwicklung Jugendlicher. In K. Boehnke & N. Döring (Hrsg.). Neue Medien im Alltag: Die Vielfalt individueller Nutzungsmöglichkeiten. Lengerich: Pabst.
Boehnke, K., Hoffmann, D., Münch, T. & Güffens, F. (1997). Radiohören als Entwicklungschance? Zum Umgang ostdeutscher Jugendlicher mit einem alltäglichen Medium. Zeitschrift für Pädagogik, 37, 53–70.
Boesch, E.E. (1980). Kultur und Handlung. Einführung in die Kulturpsychologie. Bern: Huber.
Bohlin, G., Hagekull, B. & Rydell, A. (2000). Attachment and social functioning: a longitudinal study from infancy to middle childhood. Social Development, 9, 24–40.
Bolscho, D. (1978). Untersuchungen zur Wirksamkeit von Vorschulerziehung und ihre pädagogische Konsequenzen. Westermanns Pädagogische Beiträge, 30, 356–361.
Booth, A. & Amato, P.R. (2001). Parental predivorce relations and offspring postdivorce well-being. Journal of Marriage and Family, 63, 197–212.
Borba, M. (1999). Parents do a make difference. San Francisco, CA: Jossey-Bass.
Bornstein, M.H. & Ruddy, M.G. (1984). Infant attention and maternal stimulation: Prediction of cognitive and linguistic development in singletons and twins. In H. Bouma & D.G. Bouwhuis (Eds.), Attention and performance X: Control of language processes (pp. 433–445). Hillsdale, NJ: Erlbaum.
Bornstein, M.H., Slater, A., Brown, E., Roberts, E. & Barrett, J. (1997). Stability of mental development from infancy to later childhood: Three "waves" of research. In G. Bremner, A. Slater, & G. Butterworth (Eds.), Infant development: Recent advances (pp. 191–118). Hove, UK: Psychology Press.
Bornstein, M.H., Toda, S., Azuma, H., Tamis-LeMonda, C. & Ogino, M. (1990). Activity and interaction in Japan and in the United States: II. A comparative microanalysis of naturalistic exchanges focused on the organisation of infant attention. International Journal of Behavioral Development, 13 (3), 289–308.
Borstel, M. (1994). Visuelle Wahrnehmungsförderung sprachlich retardierter Kinder im Schulkindergarten. In A. Reinartz, E. Reinartz & H.R. Reiser (Hrsg.), Wahrnehmungsförderung behinderter Kinder und schulschwacher Kinder (4. Aufl., S. 69–82). Berlin: Marhold.
Bosinski, H.A.G. (1996). Nosologie der Geschlechtsidentitätsstörungen – Historischer Hintergrund und aktuelle Klassifikationssysteme. Sexuologie, 2, 92–105.
Bosinski, H.A.G. (2000). Determinanten der Geschlechtsidentität. Neue Befunde zu einem alten Streit. Sexuologie, 7, 96–140.

Bosma, H. & Jackson, S. (Eds.) (1990). Coping and self-concept in Adolescence. Berlin: Springer.
Bosma, H.A. (1985). Identity development in adolescence: Coping with commitments. Unpublished doctoral dissertation, State University, Groningen:
Bosman, E.A. & Charness, N. (1996). Age-related differences in skilled performance and skill acquisition. In F. Blanchard-Fields & T.M. Hess (Eds.), Perspectives on cognitive change in adulthood and aging (pp. 428–453). New York: McGraw-Hill.
Botting, N., Powls, A., Cook, R. & Marlow, N. (1998). Cognitive and educational outcome of very-low-birthweight children in early adolescence. Developmental Medicine & Child Neurology, 40, 652–660.
Bouchard, T.J. jr. & Segal, N. (1985). Environment and IQ. In B. Wolman (Ed.), Handbook of intelligence (pp. 391–464). New York: Wiley.
Bouchard, T.J. jr. (1983). Do environmental similarities explain the similarity in intelligence of identical twins reared apart? Intelligence, 7, 175–184.
Boulton, M.J. (1999). Concurrent and longitudinal relations between children's playground behavior and social preference, vicitimization, and bullying. Child Development, 70, 944–954.
Bourdieu, P. (1987). Die feinen Unterschiede. Frankfurt: Suhrkamp.
Bourhis, R.Y., Moise, L.C., Perreault, S. & Senécal, S. (1997). Towards an interactive acculturation model: A social psychological approach. International Journal of Psychology, 32, 369–386.
Bower, B. (1986). Inside the autistic brain. Science News, 130, 154–155.
Bower, T.G.R. (1979). Human Development. San Francisco: Freeman.
Bower, T.G.R. (1989). The perceptual world of the new-born child. In A. Slater & G. Bremner (Eds.), Infant development (pp. 85–96). Hove, UK: Erlbaum.
Bowerman, M. (1982). Reorganizational processes in lexical and syntactic development. In E. Wanner & L.R. Gleitman (Eds.), Language acquisition: The state of the art (pp. 319–346). Cambridge: Cambridge Univ. Press.
Bowerman, M. (1988). The 'no negative evidence' problem: How do children avoid constructing an overly general grammar? In I.A. Hawkins (Ed.), Explaining language universals (pp. 73–101). Oxford: Blackwell.
Bowlby, I. (1951). Maternal care and mental health. Monographs of the WHO (Vol. I, pp. 189–199). Geneva: WHO.
Bowlby, I. (1951). Maternal care and mental health. Monographs of the WHO (Vol. II). Geneva: WHO.
Bowlby, J. (1969). Attachment and loss: Vol. 1. Attachment. New York: Basic.
Bowlby, J. (1973). Attachment and loss. Vol 2. Separation: Anxiety, and anger. New York: Basic Books.
Bowlby, J. (1982). Attachment and loss: Vol. 1 Attachment (2nd). New York: Basic.
Bowlby, J. (1984, Orig. 1969). Bindung. Frankfurt/Main: Fischer.
Boykin, A.W. (1986). The triple quandary and the schooling of Afro-American children. In U. Neisser (Eds.), The school achievement of minority children: New perspectives (pp. 57–92). Hillsdale, NJ: Erlbaum.
Böhme-Dürr, K. (2000). Fernsehen als Ersatzwelt: Zur Realitätsorientierung von Kindern. In S. Hoppe-Graff & R. Oerter (Hrsg.), Spielen und Fernsehen (S. 133–151). Weinheim: Juventa.
Brack, U. (Hrsg.) (1999). Frühdiagnostik und Frühtherapie. Psychologische Behandlung entwicklungs- und verhaltensgestörter Kinder. Weinheim: Beltz/PVU.
Bracken, F. von (1933). Psychologische Untersuchungen an Zwillingen. Bericht über den XIII. Kongreß der Gesellschaft für Psychologie in Leipzig (S. 117–119). Leipzig: Fischer.
Bradley, C.L. & Marcia, J.E. (1998). Generativity-stagnation: A five-category model. Journal of Personality, 66, 39–64.
Bradley, S.J. & Zucker, K.J. (1997). Gender identity disorder: A review of the past 10 years. Journal of the American Academy of Child & Adolescent Psychiatry, 36, 872–880.
Brähler, E., Ernst, R., Hettich, W., Klein, H. & Otten, A. (1986). Körperbeschwerden von Kindern im Alter von 8–15 Jahren. In E. Brähler (Hrsg.), Körpererleben (S. 253–266). Berlin: Springer.
Braine, M.D. & Rumain B. (1983). Logical reasoning. In P.H. Mussen (Ed.), Handbook of child psychology (fourth ed., Vol. III: Cognitive development, pp. 263–340). New York: Wiley.
Braine, M.D.S. (1963). On learning the grammatical order of words. Psychological Review, 70, 323–348.
Brainerd, C.J. (1997). Children's forgetting, with implications for memory suggestibility. In N.L. Stein, P.A. Ornstein, B. Tversky & C.J. Brainerd (Eds.), Memory for everyday and emotional events. Hillsdale, NJ: Erlbaum.
Brainerd, C. J. (1995). Interference processes in memory development: The case of cognitive triage. In F. N. Dempster & C. J. Brainerd (Eds.), Interference an inhibition on cognition (pp. 105–139). San Diego, CA: Academic Press.
Brainerd, C.J. & Reyna, V.F. (1990). Gist is the grist: Fuzzy-trace theory and the new intuitionism. Developmental Review, 10, 3–47.
Brainerd, C.J., Reyna, V.F., Howe, M.L. & Kingma, J. (1990). The development of forgetting and reminiscence. Monographs of the Society for Research in Child Development, 55, (Serial No. 222).
Brambring, M., Rauh, H. & Beelmann, A. (Eds.) (1996). Early childhood intervention. Berlin: Walter de Gruyter Verlag.
Brandl, J. (1991). Die narzisstische Störung im Zusammenhang mit Ablösungskonflikten bei Studierenden und deren Eltern (unveröff. Diss.). München: Fakultät für Psychologie und Pädagogik der Universität München.
Brandtstädter, J. (1985a). Kontinuität, Wandel und Kontext: Zum Problem des Spielraums menschlicher Entwicklung. Bericht aus der Arbeitsgruppe „Entwicklung und Handeln“ 12/85. Trier: Universität Trier.

Brandtstädter, J. (1985b). Entwicklungsberatung unter dem Aspekt der Lebensspanne: Zum Aufbau eines entwicklungspsychologischen Anwendungskonzeptes. In J. Brandtstädter & H. Gräser (Hrsg.), Entwicklungsberatung unter dem Aspekt der Lebensspanne (S. 1–15). Göttingen: Hogrefe.
Brandtstädter, J. (1989). Personal self-regulation of development. Developmental Psychology, 25, 96–108.
Brandtstädter, J. (1990). Entwicklung im Lebenslauf. Ansätze und Probleme der Lebensspannen-Entwicklungspsychologie. In K.U. Mayer (Hrsg.), Lebensläufe und sozialer Wandel (S. 322–350). Opladen: Westdeutscher Verlag.
Brandtstädter, J. (1991). Psychologie zwischen Leib und Seele: Einige Aspekte des Bewußtseinsproblems. Psychologische Rundschau, 42, 66–75.
Brandtstädter, J. (1998). Action perspectives on human development. In R.M. Lerner (Ed.), Theoretical models of human development (5 ed., Vol. 1, pp. 807–863). New York: Wiley.
Brandtstädter, J. & Greve, W. (1992). Das Selbst im Alter: Adaptive und protektive Mechanismen. Zeitschrift für Entwicklungspsychologie und Pädagogische Psychologie, 24, 269–297.
Brandtstädter, J. & Greve, W. (1994). The aging self. Developmental Review, 14, 52–80.
Brandtstädter, J., Krampen, G. & Heil, F.E. (1986). Personal control and emotional evaluation of development in partnership relations during adulthood. In M.M. Baltes & P.B. Baltes (Eds.), The psychology of aging and control (pp. 265–296). Hillsdale, NJ: Erlbaum.
Brandtstädter, J. & Lerner, R.M. (Eds.) (1999). Action and self-development. Thousand Oaks, CA: Sage.
Brandtstädter, J. & Renner, G. (1990). Tenacious goal pursuit and flexible goal adjustment: Explication and age-related analysis of assimilative and accommodative models of coping. Psychology and Aging, 5, 58–67.
Brandtstädter, J. & Renner, G. (1992). Coping with discrepancies between aspirations and achievements in adult development. In L. Montada, S.-H. Filipp & M.J. Lerner (Eds.), Life crises and experiences of loss in adulthood (pp. 301–319). Hillsdale, NJ: Lawrence Erlbaum.
Brandtstädter, J. & Rothermund, K. (1998). Bewältigungpotentiale im höheren Alter: adaptive und protektive Prozesse. In A. Kruse (Hrsg.), Psychosoziale Gerontologie. Bd. I: Grundlagen (S. 223–237). Göttingen: Hogrefe.
Brandtstädter, J. & Rothermund, K. (2002). The life-course dynamics of goal pursuit and goal adjustment: A two-process framework. Developmental Review, 22, 117–150.
Brandtstädter, J. & Schneewind, K.A. (1977). Optimal human development: Some implications for psychology. Human Development, 20, 1–30.
Brandtstädter, J. & Wentura, D. (1994). Veränderungen der Zeit- und Zukunftsperspektive im Übergang zum höheren Erwachsenenalter: Entwicklungspsychologische und differentielle Aspekte. Zeitschrift für Entwicklungspsychologie und Pädagogische Psychologie, 26, 2–21.
Brandtstädter, J. & Wentura, D. (1995). Adjustment to shifting possibility frontiers in later life: Complementary adaptive modes. In R.A. Dixon & L. Bäckman (Eds.), Compensating for psychological deficits and declines: Managing losses and promoting gains (pp. 83–106). Hillsdale, NJ: Erlbaum.
Brandtstädter, J., Wentura, D. & Greve, W. (1993). Adaptive resources of the aging self. International Journal of Behavioral Development, 16, 323–349.
Brandtstädter, J., Wentura, D. & Rothermund, K. (1999). Intentional self-development through adulthood and later life. In J. Brandtstädter & R.M. Lerner (Eds.), Action and self-development (pp. 373–400). Thousand Oaks, CA: Sage.
Braun, S. (1998). Kulturelle und soziale Bedingungen für Hochleistungssport-Karrieren – ein Vergleich zwischen Frankreich und Deutschland. In R. Daugs, E. Emrich & Ch. Igel (Hrsg.), Kinder und Jugendliche im Leistungssport (S. 455–465). Schorndorf: Hofmann.
Brazelton, T.B. (1973). Neonatal Behavioral Assessment Scale. In Clinics in Developmental Medicine (Vol. 50). London: W. Heinemann.
Brazelton, T.B. (1989). Culture and newborn behavior: Uses of the NBAS in different cultural settings. In J.K. Nugent, B.M. Lester & T.B. Brazelton (Eds.), The cultural context of infancy (Vol. 1, pp. 367–382). Norwood, NJ: Ablex.
Brazelton, T.B. & Nugent, J.K. (1995). Neonatal Behavioral Assessment Scale (3rd ed.). London: Cambridge University Press.
Brazelton, T.B., Nugent, J.K. & Lester, B.M. (1987). Neonatal Behavioral Assessment Scale. In J. D. Osofsky (Ed.), Handbook of infant development (pp. 780–817). New York: Wiley.
Brazelton, T.B., Robey, J.S. & Collier, G.A. (1969). Infant development in the Zinacanteco Indians of Southern Mexico. Pediatrics, 44, 274–290.
Brehm, J.W. (1966). A theory of psychological reactance. New York: Academic Press.
Bremner, G. (1989). Development of spatial awareness in infancy. In A. Slater & G. Bremner (Eds.), Infant development (pp. 123–141). Hove and London, U.K.: Erlbaum. Lawrence Erlbaum Associates.
Brennan, K.A. & Shaver, P.R. (1998). Attachment styles and personality disorders: Their connections to each other and to parental divorce, parental death, and perceptions of parental caregiving. Journal of Personality, 66 (5), 835–878.
Brent, S.B. (1978). Individual specialization, collective adaption and rate of environmental change. Human Development, 21, 21–33.
Breslow, L. & Enstrom, J.E. (1980). Persistence of health habits and their relationship to mortality. Preventive Medicine, 9, 469–483.
Bretherton, I. (1984). Representing the social world in symbolic play. In I. Bretherton (Ed.), Symbolic play (pp. 3–41). London: Academic Press, Inc.
Brewer, W. & Samarapungavan, A. (1991). Children's theories vs. scientific theories: Differences in reasoning or differences in knowledge? In R. Hoffmann & D. Palermo (Eds.), Cognition and the symbolic processes (pp. 209–232). Hillsdale, NJ: Erlbaum.

Bridgeman, B., Peery, S. & Anand, S. (1997). Interaction of cognitive and sensorimotor maps of visual space. Perception & Psychophysics, 59, 456–469.
Bridges, L.J. und Grolnick, W.S. (1995). The development of emotional self-regulation in infancy and early childhood. In N. Eisenberg & D.B. Bugenthal (Eds.), Social development (pp. 185–211). Thousand Oaks: Sage Publications.
Briesmeister, J. & Schaefer, Ch. (Eds.) (1998). Handbook of Parent Training. New York: Wiley.
Bril, B. & Sabatier, L.F. (1986). The cultural context of motor development: Postural manipulations in the daily life of Bambara babies (Mali). International Journal of Behavioral Development, 9 (4), 439–454.
Brim, O.G.jr. (1966). Socialization through the life cycle. In O.G. Brim jr. & S. Wheeler (Eds.), Socialization after childhood (pp. 1–50). New York: Wiley.
Brim, O.G.jr. (1968). Socialization through the life cycle. In G. Gordon & K.J. Gergen (Eds.), The self in social interaction (pp. 227–240). New York: Wiley.
Bringle, R.G. & Buunk, B. (1985). Jealousy and social behavior. Review of Personality and Social Psychology, 6, 241–264.
Brisk, M.E. (1997). Bilingual education: From compensatory to quality schooling. Mahwah, NJ: Erlbaum.
Brittain, C.V. (1969). A comparison of rural and urban adolescents with respect to parent vs. peer compliance. Adolescence, 4, 59–68.
Broderick, C.B. (1993). Understanding family process. Newbury Park, CA: Sage.
Brody, N. (1997). Intelligence, schooling, and society. American Psychologist, 52, 1046–1050.
Bronfenbrenner, U. (1974). Wie wirksam ist kompensatorische Erziehung? Stuttgart: Klett.
Bronfenbrenner, U. (1976). Ökologische Sozialforschung. Stuttgart: Klett.
Bronfenbrenner, U. (1977). Toward an experimental ecology of human development. American Psychologist, 32, 513–531.
Bronfenbrenner, U. (1978). Ansätze zu einer experimentellen Ökologie menschlicher Entwicklung (Orig.: Toward an experimental ecology of human development. American Psychologist, 32 (1977), 513–531. In R. Oerter (Hrsg.), Entwicklung als lebenslanger Prozeß (S. 33–65). Hamburg: Hoffmann & Campe.
Bronfenbrenner, U. (1978). Ansätze zu einer experimentellen Ökologie menschlicher Entwicklung. In R. Oerter (Hrsg.), Entwicklung als lebenslanger Prozeß (S. 33–65). Hamburg: Hoffmann & Campe.
Bronfenbrenner, U. (1979). Context of child rearing: Problems and prospects. American Psychologist, 34, 844–850.
Bronfenbrenner, U. (1979). The ecology of human development. Cambridge, Mass: Harvard University Press.
Bronfenbrenner, U. (1985). Freedom and discipline across the decades. In G. Becker & L. Huber (Hrsg.), Ordnung und Unordnung: Hartmut von Hentig (S. 326–339). Weinheim/Basel: Beltz Verlag.
Bronfenbrenner, U. & Crouter, A.C. (1982). Work and family through time and space. In S. B. Kamerman & C.D. Hayes (Eds.), Families that work: Children in a changing world (pp. 39–83). Washington, DC: National Academy Press.
Brooks-Gunn, J. & Paikoff, R. (1997). Sexuality and developmental transitions during adolescence. In J. Schulenberg, J.L. Maggs & K. Hurrelmann (Eds.), Health risks and developmental transitions during adolescence (pp. 190–219). Cambridge: Cambridge University Press.
Brown, A.L. & DeLoache, J.S. (1978). Skills, plans and self regulation. In R.S. Siegler (Ed.), Children's thinking. What develops? (pp. 3–36). Hillsdale, NJ: Erlbaum.
Brown, A.L. (1984). Metakognition, Handlungskontrolle, Selbststeuerung und andere, noch geheimnisvollere Mechanismen. In F.E. Weinert & R.H. Kluwe (Hrsg.), Metakognition, Motivation und Lernen (S. 60–109). Stuttgart: Kohlhammer.
Brown, J.R. & Dunn, J. (1996). Continuities in emotion understanding from three to six years. Child Development, 67, 789–802.
Brown, P. (1991). Derek: The direct encoding routine for evoking knowledge. In D. Besner & G.W. Humphreys (Eds.), Basic processes in reading. Visual word recognition (pp. 104–147). Hillsdale, NJ: Lawrence Erlbaum.
Brown, R. (1965). Social psychology. New York: The Free Press.
Brown, R. (1973). A first language: The early stages. Cambridge, MA: Harvard Univ. Press.
Bruch, H. (1973). Eating disorders. New York: Basic Books.
Bruck, M. & Ceci, S.J. (1999). The suggestibility of children's memory. Annual Review of Psychology, 50, 419–439.
Bruder, J. (1988). Filiale Reife – ein wichtiges Konzept für die familiäre Versorgung kranker, insbesondere dementer alter Menschen. Zeitschrift für Gerontopsychologie und Gerontopsychiatrie, 1, 95–101.
Bruner, J. (1968). Processes of cognitive growth: Infancy. Worcester MA: Clark University Press.
Bruner, J. (1975). The ontogenesis of speech acts. Journal of Child Language, 2, 1–19.
Bruner, J. (1978). The role of dialogue in language acquisition. In A. Sinclair, J.M. Levelt & R.J. Sarvella (Eds.), The child's conception of language (pp. 241–256). Berlin: Springer.
Bruner, J. (1983). Child's talk: Learning to use language. New York: Norton.
Bruner, J. (1985). The role of interaction formats in language acquisition. In J.P. Forgas (Ed.), Language and social situations (pp. 31–43). New York: Springer.
Bruner, J. (1987, Orig. 1983). Wie das Kind sprechen lernte. Bern: Huber.
Bruner, J. (1997). Celebrating divergence: Piaget and Vygotsky. Human Development, 40, 63–73.
Bruner, J.S. (1963). The process of education. New York: Vintage (dt.: Der Prozeß der Erziehung. Sprache und Lernen. Düsseldorf: Schwann, 1971).
Bruner, J.S., Olver, R.R. & Greenfield, P.M. (1966). Studies in cognitive growth. New York: Wiley.

Bryk, A.S. & Raudenbush, S.W. (1987). Application of hierarchical linear models to assessing change. Psychological Bulletin, 101, 147–158.
Bryk, A.S. & Raudenbush, S.W. (1989). Toward a more appropriate conceptualization of research on school-effects: A three-level hierarchical linear model. In R.D. Bock (Ed.), Multilevel analysis of educational data (pp. 159–204). San Diego, CA: Academic Press.
Bryson, S. (1996). Epidemiology of autism. Journal of Autism and Development Disorders, 26, 165–168.
Buba, H.P. (1996). Entwicklungsverläufe in der Postadoleszenz und Ablösung vom Elternhaus. In R.K. Silbereisen, L.A. Vaskovics & J. Zinnecker (Hrsg.), Jungsein in Deutschland (S. 349–345). Opladen: Leske + Budrich.
Buber, M. (1971). Das dialogische Prinzip. Heidelberg: Lambert Schneider
Bucher, A. (1990). Gleichnisse verstehen lernen. Strukturgenetische Untersuchungen zur Rezeption synoptischer Parabeln. Fribourg: Universitätsverlag.
Bucher, A. (1994). Ist Okkultismus die neue Jugendreligion? Eine empirische Untersuchung an 650 Jugendlichen. Archiv für Religionspsychologie, 21, 248–266.
Bucher, A. (1997). Braucht Mutter Kirche brave Kinder? Religiöse Reifung contra kirchliche Infantilisierung. München: Kösel.
Bucher, A. (2000). Religionsunterricht zwischen Lernfach und Lebenshilfe. Eine empirische Untersuchung zum katholischen Religionsunterricht in der Bundesrepublik Deutschland. Stuttgart: Kohlhammer.
Bugental, J.F.T. (1976). The search of existential identity. San Francisco: Jossey Bass.
Buggle, F. (1992). Denn sie wissen nicht, was sie glauben. Oder warum man redlicherweise nicht mehr Christ sein kann. Reinbek: Rowohlt.
Bühler, C. (1933). Der menschliche Lebenslauf als psychologisches Problem. Leipzig: Hirzel.
Bühler, C. (1967, Orig. 1928). Kindheit und Jugend: Genese des Bewusstseins (4. Aufl.). Göttingen: Hogrefe.
Bühler, Ch. (1928). Kindheit und Jugend. Leipzig: Hirzel.
Bühler, Ch. (1991). Das Seelenleben des Jugendlichen. Versuch einer Analyse und Theorie der psychischen Pubertät (7. Aufl.). Stuttgart: G. Fischer UTB.
Bühler, K. (1918). Die geistige Entwicklung des Kindes. Jena: Fischer.
Bühler, K. (1922). Die geistige Entwicklung des Kindes (3. Aufl. Orig. 1918). Jena: Fischer.
Bulletin (1999). Die Kriminalität in der Bundesrepublik Deutschland. Presse- und Informationsdienst der Bundesregierung, Nr. 29, 273–320.
Bullinger, A. (1994). Postural and tonic components of movement in infancy. Unveröffentlichter Vortrag auf der European Research Conference: The development of sensory, motor and cognitive capabilities in early infancy. From sensation to cognition. Acquafredda di Maratea, Italien.
Bullock, M., Gelman, R. & Baillargeon, R. (1982). The development of causal reasoning. In W.J. Friedman (Ed.), The developmental psychology of time (pp. 209–254). New York: Academic Press.
Bullock, M. & Ziegler, A. (1999). Scientific reasoning: Developmental and individual differences. In F.E. Weinert & W. Schneider (Eds.), Individual development from 3 to 12. Findings from the Munich Longitudinal Study. Cambridge: Cambridge University Press.
Bundesanstalt für Arbeit (2001). Arbeitsmarkt 2000. Amtliche Nachrichten der Bundesanstalt für Arbeit. 49, Sondernummer, Nürnberg, 28.Juni 2000.
Bundesanstalt für Arbeit, Referat für Frauenbelange (Hrsg.) (2000). Arbeitsmarkt für Frauen. Aktuelle Entwicklungen und Tendenzen im Überblick. Sonderdruck aus den Amtliche Nachrichten der Bundesanstalt für Arbeit, 4/2000.
Bundesministerin für Familie, Senioren, Frauen und Jugend (2001). Dritter Bericht zur Lage der älteren Generation in der Bundesrepublik Deutschland: Alter und Gesellschaft. Berlin: BMFSFuJ.
Bundesministerium des Inneren & Bundesministerium der Justiz (2001). Zuwanderer ohne deutschen Pass, In BMI & BMJ, Erster periodischer Sicherheitsbericht (S. 306–322), Juli 2001, Langfassung.
Bundesministerium für Bildung und Forschung (2000). Grund- und Strukturdaten 1999/2000. Bonn: Bundesministerium für Bildung und Forschung, Referat Öffentlichkeitsarbeit.
Bundesministerium für Familie und Senioren & Statistisches Bundesamt (1994). Wo bleibt die Zeit? Die Zeitverwendung der Bevölkerung in Deutschland. Wiesbaden: Statistisches Bundesamt.
Bundesministerium für Familie und Senioren (Hrsg.). (1994). Familien und Familienpolitik im geeinten Deutschland – Zukunft des Humanvermögens. Fünfter Familienbericht. Bonn: Universitäts-Druckerei.
Bundesministerium für Familie, Senioren, Frauen und Jugend (2001). Dritter Altenbericht der Bundesregierung. Berlin: Drucksache des Deutschen Bundestages.
Bundeszentrale für gesundheitliche Aufklärung (1998). Die Drogenaffinität Jugendlicher in der Bundesrepublik Deutschland 1997. Köln: Eigenverlag.
Burns, R. (1982). Self-concept development and education. New York: Holt, Rinehart & Winston.
Burt, C. (1963). Is intelligence normally distributed? British Journal of Statistical Psychology, 16, 175–190.
Bus, A.G & Ijzendoorn, M.H. (1999). Phonological awareness and early reading: A metaanalysis of experimental training studies. Journal of Educational Psychologie, 91, 400–414.
Bushnell, E.W. (1985). The decline of visually guided reaching during infancy. Infant Behavior and Development, 8, 139–155.
Bushnell, E.W. & Boudreau, J.P. (1993). Motor development and the mind: The potential role of motor abilities as a determinant of aspects of perceptual development. Child Development, 64, 1005–1021.

Buss, D.M. (1995). Evolutionary psychology: A new paradigm for psychological science. Psychological Inquiry, 6, 1–30.

Buss, D.M. & Greiling, H. (1999). Adaptive individual differences. Journal of Personality, 67, 209–243.

Buss, D.M. & Schmitt, D.P. (1993). Sexual strategies theory: An evolutionary perspective on human mating. Psychological Review, 100, 204–232.

Busse, D. & Volbert, R. (1998). Was belastet Kinder im Strafverfahren? In H.-L. Kröber & K.-P. Dahle (Hrsg.), Sexualstraftaten und Gewaltdelinquenz (S. 211–223). Heidelberg: Kriminalistik.

Butler, S.C., Caron, A.J. & Brooks, R. (2000). Infant understanding of the referential nature of looking. Journal of Cognition and Development, 1, 359–377.

Butler, S.R., Marsh, H.W., Sheppard, M.J. & Sheppard, J.L. (1985). Seven-year longitudinal study of the early prediction of reading achievement. Journal of Educational Psychology, 77, 349–361.

Butterworth, G. & Morissette, P. (1996). Onset of pointing and the acquisition of language in infancy. Journal of Reproductive and Infant Psychology, 14, 219–231.

Butterworth, G., Verweij, E. & Hopkins, B. (1997). The development of prehension in infants: Halverson revisited. British Journal of Developmental Psychology, 15, 223–236.

Butterworth, G.E. & Jarrett, N. (1991). What minds have in common is space: Spatial mechanisms serving joint visual attention in infancy. British Journal of Developmental Psychology, 9, 55–72.

Butterworth, G.E. (1994). Sensorimotor development and perception from francophone perspectives: An appreciation. In A. Vyt, H. Bloch & M.H. Bornstein (Eds.), Early child development in the French tradition (pp. 91–95). Hillsdale NJ: Erlbaum.

Büttner, G. (2001). Ist Output-Interferenz eine bedeutsamere Determinante von Gedächtnisleistungen als Strategiegebrauch? Eine vergleichende empirische Überprüfung zweier Modellvorstellungen zur Gedächtnisentwicklung. Zeitschrift für Entwicklungspsychologie und Pädagogische Psychologie, 33, 50–61.

Butz, P. & Boehnke, K. (1999). Problemverhalten im Kontext familiärer Veränderungen durch Trennung und neue Partnerschaft der Eltern. In S. Walper & B. Schwarz (Hrsg.), Was wird aus den Kindern? Chancen und Risiken für die Entwicklung von Kindern aus Trennungs und Stieffamilien. Weinheim: Juventa.

Buytendijk, F.J.J. (1933). Das Spielen des Menschen und der Tiere als Erscheinungsform der Lebenstriebe. Berlin:

Buytendijk, F.J.J. (1958). Das Menschliche. Stuttgart: Koehler.

Byrd, M. & Breuss, T. (1992). Perceptions of sociological and psychological age norms by young, middle-aged, and elderly New Zealanders. International Journal of Aging and Human Development, 34, 145–163.

Byrne, B.M. (1996). Academic self-concept: Its structure, measurement, and relation to academic achievement. In B.A. Bracken (Ed.), Handbook of self-concept (p. 287–316). New York: Wiley.

Cabeza, R. (2001). Functional neuroimaging of cognitive aging. In R. Cabeza & A. Kingstone (Eds.), Handbook of functional neuroimaging of cognition (pp. 331–377). Cambridge, MA: MIT Press.

Cadoret, R.J., Cain, C.A. & Crowe, R.R. (1983). Evidence for gene-environment interaction in the development of adolescent antisocial behavior. Behavior Genetics, 13, 301–310.

Cahan, S. & Cohen, N. (1989). Age versus schooling effects on intelligence. Child Development, 60, 1239–1249.

Call, J. & Tomasello, M. (1999). A nonverbal false belief task: The performance of children and great apes. Child Development, 70, 381–395.

Camaioni, L., Caselli, M.C., Longobardi, E. & Volterra, V. (1991). A parent report instrument for early language assessment. First Language, 11, 345–359.

Camilleri, C. (1985). La psychologie culturelle. Psychologie francaise, 30, 147–151.

Camp, R.W. & Kozleski, E. (1993). Developmental Disorders. In W. E. Hathaway, W. W. Hay, J.R. Groothuis & J. W. Paisley (Eds.), Current: Pediatric Diagnosis & Treatment (pp. 139–163). East Norwalk, Connecticut: Appleton & Lange medical book

Campbell, D.T. & Erlebacher, A. (1970). How regression artifacts in quasi-experimental evaluations can mistakenly make compensatory education look harmful. In J. Hellmuth (Ed.), Disadvantaged child. Compensatory education. A national debate (Vol 3, pp. 185–210). New York: Bruner/Mazel.

Campbell, D.T. & Stanley, J.C. (1970). Experimentelle und quasi-experimentelle Anordnungen in der Unterrichtsforschung. In K.-H. Ingenkamp (Hrsg.), Handbuch der Unterrichtsforschung (S. 449–627). Weinheim: Beltz.

Campbell, F.A., Helms, R., Sparling, J.J. & Ramey, C.T. (1998). Early-childhood programs and success in school: The Abecedarian study. In W.S. Barnett & S.S. Boocock (Eds.), Early care and education for children in poverty. Promises, programs, and long-term results (pp. 145–166). Albany: University of New York Press.

Campbell, F.A. & Ramey, C.T. (1994). Effects of early intervention on intellectual and academic achievement: A follow-up study of children from low-income families. Child Development, 65, 684–698.

Campbell, R.T. (1988). Integrating conceptualization, design, and analysis in panel studies of the life course. In K.W. Schaie, R.T. Campbell, W. Meredith & S.C. Rawlings (Eds.), Methodological issues in aging research (pp. 43–69). New York: Springer.

Campbell, S.B., Cohn, J.F. & Meyers, T. (1995). Depression in first-time mothers: Mother-infant interaction and depression chronicity. Developmental Psychology, 31, 349–357.

Campos, J., Bertenthal, B.I. & Kermoian, R. (1992). Early experience and emotional development: The emergence of wariness of heights. Psychological Science, 3(1), 61–64.

Campos, J.J., Barrett, K.C., Lamb, M.E., Goldsmith, H.H. & Stenberg, C. (1983). Socioemotional development. In J.J. Capos & M.M. Haith (Eds.), Handbook of child psychology: Volume II. Infancy and developmental psychology (pp. 783–916). New York: Wiley.

Campos, J.J., Campos, R.G. & Barrett, K.C. (1989). Emergent themes in the study of emotional development and emotion regulation. Developmental Psychology, 25, 394–402.

Campos, J.J., Langer, A. & Krowitz, A. (1970). Cardiac responses on the visual cliff in prelocomotor human infants. Science, 170, 196–197.

Campos, J.J., Mumme, D.L., Kermoian, R. & Campos, R.G. (1994). A functionalist perspective on the nature of emotion. Monographs of the Society for Research in Child Development, 59, 284–303.

Caplan, G. (1964). Principles of preventive psychiatry. New York. Behavioral Publications.

Carew, J.V. (1980). Experience and the development of intelligence in young children at home and in day care. Society for Research in Child Development, 45, 6–7.

Carey, S. (1978). The child as a word learner. In M. Halle, J. Bresnan & A. Miller (Eds.), Linguistic theory and psychological reality (pp. 264–293). Cambridge, MA: MIT Press.

Carey, S. (1978). The child as word learner. In M. Halle, J. Bresnan & A. Miller (Eds.), Linguistic theory and psychological reality (pp. 264–293). Cambridge, MA: MIT Press.

Carey, S. (1985). Conceptual change in childhood. Cambridge, MA: MIT Press.

Carey, S. (1986). Cognitive science and science education. American Psychologist, 41,1123–1130.

Carey, S. (1990). Cognitive development. In D.N. Osherson & E.E. Smith (Eds.), An invitation to cognitive science (Vol. 3, pp. 147–172). Cambridge, MA: MIT Press.

Carey, S. (1991). Knowledge acquisition: Enrichment or condeptual change? In S. Carey & R. Gelman (Eds.), The epigenesis of mind: Essays on biology and cognition. (pp. 257–292). Hillsdale, NJ: Erlbaum.

Carey, S. (1995). Continuity and discontinuity in cognitive development. In E.E. Smith & D.N. Osherson (Eds.), Thinking: An invitation to cognitive science. Vol. 3 (2nd edition) (pp. 101–129). Cambridge, MA: MIT-Press.

Carey, S. & Bartlett, E. (1978). Acquiring a single new word. Papers and Reports on Child Language Development, 15, 17–29.

Carey, S. & Smith, C. (1993). On understanding the nature of scientific knowledge. Educational Psychologist, 28, 235–251.

Carey, S. & Spelke, E.S. (1994). Domain-specific knowledge and conceptual change. In L.A., Hirschfeld & S.A. Gelman (Eds.), Mapping the mind: Domain specificity in cognition and culture (pp.169–200). Cambridge: Cambridge University Press.

Carey, S., Evans, R., Honda, M., Jay, E., Unger, C. (1989). "An experiment is when you try it and see if it works". A study of junior high school students' understanding of the construction of scientific knowledge. International Journal of Science Education, 11. 514–529.

Carls, W. (1986). Intelligenz und Persönlichkeit suizidaler Jugendliche. In F. Specht & A. Schmidtke (Hrsg.), Selbstmordhandlungen bei Kindern und Jugendlichen. Proceedings der 3. Jahrestagung der Arbeitsgemeinschaft zur Erforschung suizidalen Verhaltens (S. 108–119). Regensburg: Roderer.

Carlson, E.A. (1998). A prospective longitudinal study of attachment disorganization/disorientation. Child Development, 69, 1107–1128.

Caro, F.G. & Bass, S.A. (1995). Increasing volunteering among older people. In S.A. Bass & et al. (Eds.), Older and active: How Americans over 55 are contributing to society (pp. 71–96). New Haven, CT: Yale University Press.

Caron, A.J., Caron, R.F. & Brooks, R. (1997). Infant sensitivity to deviations in dynamic facial-vocal displays: The role of eye regard. Developmental Psychology, 33, 802–813.

Carpenter, M., Nagell, K. & Tomasello, M. (1998). Social cognition, joint attention, and communicative competence from 9 to 15 months of age. Monographs of the Society for Research in Child Development, vol. 63, no. 4, serial no. 255.

Carroll, J.B. (1973). Ein Modell schulischen Lernens. In W. Edelstein & D. Hopf (Hrsg.), Bedingungen des Bildungsprozesses (S. 234–250). Stuttgart: Klett.

Carstensen, L.L. (1992). Social and emotional patterns in adulthood. Psychology and Aging, 7, 331–338.

Carstensen, L.L. (1993). Motivation for social contact across the life-span: A theory of socioemotional selectivity. In J. Jacobs (Ed.), Nebraska symposium on motivation (Vol. 40, pp. 205–254). Lincoln, NE: University of Nebraska Press.

Carter, B. & McGoldrick, M. (1988). Overview: The changing family life cycle: A framework for family therapy. In B. Carter & M. McGoldrick (Eds.), The changing family life cycle: A framework for family therapy (pp. 3–28). 2 New York: Gardner.

Carter, B. & McGoldrick, M. (Eds.) (1988). The changing family life cycle. A framework for family therapy. New York: Gardner.

Carver, R.P. (1985). How good are some of the world's best readers? Reading Research Quarterly, 20, 389–419.

Case, R. (1974). Structures and strictures: Some functional limitations on the course of cognitive growth. Cognitive Psychology, 6, 544–574.

Case, R. (1985). Intellectual development: A systematic reinterpretation. New York: Academic Press.

Case, R. (1985). Intellectual development: Birth to adulthood. New York: Academic Press.

Case, R. (1992). The mind's staircase. Exploring the conceptual underpinnings of children's thought and knowledge. Hillsdale NJ: Erlbaum.

Case, R. (1995). Capacity based explanations of working memory growth: A brief history and a reevaluation. In F.E. Weinert & W. Schneider (Eds.), Memory performance and competencies: Issues of growth and development (pp. 23–44). Hillsdale, NJ: Erlbaum.

Case, R. & Griffin, S. (1990). Child cognitive development: The role of central conceptual structures in the development of scientific and social thougth. In C.A. Hauert (Ed.), Developmental psychology: Cognitive, perceptuo-motor and neuropsychological perspectives (pp. 231–272). Amsterdam: North Holland.

Case, R., Kurland, D.M. & Goldberg, J. (1982). Operational efficiency and the growth of short-term memory span. Journal of Experimental Child Psychology, 33, 386–404.

Caselli, M.C. (1990). Communicative gestures and first words. In V. Volterra & C. Erting (Eds.), From gesture to language in hearing and deaf children (pp. 56–67). New York: Springer.

Caspi, A. (1998). Personality development across the life course. In N. Eisenberg (Ed.), Handbook of child psychology (Vol. 3, 5th ed., pp. 311–388). New York, NY. Wiley.

Caspi, A. & Bem, D.J. (1990). Personality continuity and change across the life course. In L.A. Pervin (Ed.), Handbook of personality. Theory and research (pp. 549–575). New York: The Guilford Press.

Caspi, A., Bem, D.J. & Elder, G.H. jr. (1989). Continuities and consequences of interactional styles across the life course. Journal of Personality, 57, 375–406.

Caspi, A. & Elder jr., G.H. (1988). Childhood precursors of the life course: Early personality and life organization. In E. M. Hetherington, R.M. Lerner & M. Perlmutter (Eds.), Child development in life-span perspective (pp. 115–142). Hillsdale NJ: Erlbaum.

Caspi, A., Moffitt, T.E., Newman, D.L. & Silva, E.A. (1996). Behavioral observations at age 3 predict adult psychiatric disorders: Longitudinal evidence from a birth cohort. Archives of General Psychiatry, 53, 1033–1039.

Cassell, W.S., Roebers, C. & Bjorklund, D.F. (1996). "Tell me about . . .
Don't you remember . . .? Isn't it true that . . .?": Developmental patterns of eyewitness response to increasingly suggestive questions. Journal of Experimental Child Psychology, 61, 116–133.

Cassia, V.M., Simion, F. & Umiltà, C. (2001). Face preference at birth: The role of an orienting mechanism. Developmental Science, 4, 101–108.

Cassidy, J. & Shaver, P.R. (Eds.) (1999). Handbook of attachment. Theory, research, and applications. New York: Guilford.

Cattell, R.B. (1957). Personality and motivation. New York, NY: World Books.

Cattell, R.B. (1971). Abilities: Their structure, growth, and action. Boston, MA: Houghton Mifflin.

Cattell, R.B. (1973). Personality and mood by questionnaire. San Francisco, CA: Jossey-Bass.

Cavanaugh, J.C. (1993). Adult development and aging. Pacific Grove, CA: Brooks/Cole.

Cavanaugh, J.C. & Borkowski, J.G. (1980). Searching for metamemory-memory connections: A developmental study. Developmental Psychology, 16, 441–453.

Ceci, S.J. (1990). On intelligence. more or less: A bio-ecological treatise on intellectual development. Englewood Cliffs, NJ: Prentice Hall.

Ceci, S. J. (1991). How much does schooling influence general intelligence and ist cognitive components) A reassessment of the evidence: Developmental Psychology, 27, 703–722.

Ceci, S.J. & Bruck, M. (1993). Suggestibility of the child witness: A historical review and synthesis. Psychological Bulletin, 113, 403–439.

Ceci, S.J. & Bruck, M. (1998). Children's testimony: Applied and basic issues. In W. Damon (Series Ed.), E. Sigel & K.A. Renninger (Vol. Eds.), Handbook of child psychology, Vol. 4: Child psychology in practice (5th ed., pp. 713–774). New York: Wiley.

Ceci, S.J., Crossman, A.M., Gilstrap, L.L. & Scullin, M.H. (1998). Social and cognitive factors in children's testimony. In C.P. Thompson & D.J. Herrmann (Eds.), Eyewitness memory: Theoretical and applied perspectives (pp. 15–30). Mahwah, NJ: Lawrence Erlbaum Associates.

Ceci, S.J. & Williams, W.M. (1997). Schooling, intelligence, and income. American Psychologist, 52, 1051–1058.

Cedar, B. & Levant, R.F. (1990). A meta-analysis of the effects of parent effectiveness training. American Journal of Family Therapy, 18, 373–384.

Cernoch, J.M. & Porter, R.H. (1985). Recognition of maternal axillary odors by infants. Child Development, 56, 1593–1598.

Chalmers, J.B. & Townsend, M.A.R. (1990). The effects of training in social perspective taking on socially maladjusted girls. Child Development, 61, 178–190.

Chamoux, M.N. (1986). Apprendre autrement: Aspects des pédagogies dites informelles chez les Indiens du Mexique. In P. Rossel (Ed.), Demain l'artisanat? (pp. 211–335). Paris: Presses Universitaires de France.

Chandler, M. (1978). Relativismus und das Problem der erkenntnistheoretischen Vereinzelung. In K.F. Riegel (Hrsg.), Zur Ontogenese dialektischer Operationen (S. 193–205). Frankfurt: Suhrkamp.

Chandler, M., Boyes, M. & Ball, L. (1990). Relativism and stations of epistemic doubt. Journal of Experimental Child Psychology, 50, 370–395.

Chandler, M.J. & Greenspan, S. (1972). Ersatz-egocentrism: A reply to H. Borke. Developmental Psychology, 7, 104–106.

Chandler, M.J. (1973). Egocentrism and antisocial behavior: The assessment and training of social perspective taking skills. Developmental Psychology, 9, 326–332.

Chapman, M. (1988). Constructive evolution: Origins and development of Piaget's thought. New York: Cambridge University Press.

Chapman, M. & Lindenberger, U. (1988). Functions, operations, and décalage in the development of transitivity. Developmental Psychology, 24, 242–251.

Chappuis, Ch. (1999). Rehabilitation: Aspekte am Lebensende. Schweizerische Ärztezeitung 80, 912–914.

Charlton, M. & Neumann, K. (1990). Rezeptionsforschung als Strukturanalyse. In M. Charlton & B. Bachmair (Hrsg.), Medienkommunikation im Alltag. Interpretative Studien zum Medienverhalten von Kindern und Jugendlichen (S. 25–56). München: Saur.

Charlton, M. & Neumann-Braun, K. (1992). Medienkindheit – Medienjugend: Eine Einführung in die aktuelle kommunikationswissenchaftliche Forschung. München: Quintessenz.

Charlton, M. (2000). Kindliche Medienrezeption im familialen Kontext. In S. Hoppe-Graff & R. Oerter (Hrsg.), Spielen und Fernsehen (S. 191–204). Weinheim: Juventa.

Charness, N. (1981). Search in chess: Age and skill differences. Journal of Experimental Psychology: Human Perception and Performance, 7, 467–476.

Charness, N. (1983). Age, skill, and bridge bidding: A chronometric analyses. Journal of Verbal Learning and Verbal Behavior, 22, 406–416.

Chase, W.G. & Simon, H.A. (1973). Perception in chess. Cognitive Psychology, 4, 55–81.

Chasiotis, A. & Voland, E. (1998). Geschlechtliche Selektion und Individualentwicklung. In H. Keller (Hrsg.), Lehrbuch Entwicklungspsychologie (S. 563–595). Bern: Huber.

Chavajay, P. & Rogoff, B. (1999). Cultural variation in management of attention by children and their caregivers. Developmental Psychology, 35, 1079–1090.

Chen, S. & Miyake, K. (1986). Japanese studies of infant development. In H. Stevenson, H. Azuma & K. Hakuta (Eds.), Child development and education in Japan (pp. 135–146). New York: Freeman.

Chen, Z. & Klahr, D. (1999). All other things being equal: Acquisition and transfer of the Control of Variables Strategy. Child Development, 70, 1098–1120.

Cherlin, A.J., Furstenberg, F.F., Jr., Chase-Lansdale, P.L., Kiernan, K.E., Robins, P.K., Morrison, D.R. & Teitler, J., O. (1991). Longitudinal studies of effects of divorce on children in Great Britain and the United States. Science, 252, 1386–1389.

Cheung, P. & Spears, G. (1992). Psychiatric morbidity among Chinese women. Australian and New Zealand Journal of Psychiatry, 26, 183–190.

Chi, M.T.H. (1977). Age differences in memory span. Journal of Experimental Child Psychology, 23, 266- 281.

Chi, M.T.H. (1978). Knowledge structure and memory development. In R.S. Siegler (Ed.), Children's thinking: What develops? (pp. 73–96). Hillsdale, NJ: Erlbaum.

Chi, M.T.H. & Ceci, S.J. (1987). Content knowledge: Its role, representation, and restructuring in memory development. In H.W. Reese (Ed.), Advances in child development and behavior (Vol. 20, pp. 91–142). Orlando: Academic Press.

Chi, M.T.H., Feltovich, P.J. & Glaser, R. (1981). Categorization and representation of physics problems by experts and novices. Cognitive Science, 5, 121–152.

Child, I.L. (1954). Socialization. In G. Lindzey (Ed.), Handbook of social psychology (Vol. 2, pp. 655–692). Cambridge, MA: Harvard University Press.

Chipuer, H.M., Rovine, M. & Plomin, R. (1990). LISREL modelling: Genetic and environmental influences on IQ revisited. Intelligence, 14, 11–29.

Chiriban, J.T. (1981). Human Growth and Faith: Intrinsic and Extrinsic Motivation in Human Development. Washington D.C.: University Press of America.

Choi, H.P. & Park, M. (1998). Media use by families: correlations with intelligence, problem behavior and family environments. Korean Journal of Child Studies, 19, 3–17.

Choi, N.G. & Dinse, S.-L. (1998). Challenges and opportunities of the aging population: Social work education and practice for productive aging. Educational Gerontology, 24, 159–173.

Chomsky, N. (1969). Aspekte der Syntaxtheorie. Frankfurt: Suhrkamp.

Chomsky, N. (1982). Some concepts and consequences of the theory of government and binding. Cambridge, MA: MIT Press.

Chomsky, N. (1988). Language and problems of knowledge. Cambridge, MA: MIT Press.

Christiansen, K. (1992). Zusammenhänge zwischen Androgenen und geschlechterdifferenten psychischen Merkmalen. In K.F. Wessel & H.A.G. Bosinski (Hrsg.), Interdisziplinäre Aspekte der Geschlechterverhältnisse in einer sich wandelnden Zeit. Berliner Studien zur Wissenschaftsphilosophie und Humanontogenetik, Band 1 (S. 83–95). Bielefeld: Kleine.

Cicchetti, D. & Sroufe, L.A. (2000). The past as prologue to the future: The times, they've been a-changin'. Development & Psychopathology, 12, 255–264

Circirelli, V.G., Evans, J.W. & Schulle, J. (1969). The impact of Head Start: An evaluation of the effects of Head Start on children's cognitive and affective development. Ohio: University Press.

Clancy, S.M. & Dollinger, S.J. (1993). Identity, self, and personality. Journal of Research on Adolescence, 3, 227–245.

Clark, E.V. (1983). Meanings and concepts. In J.H. Flavell & E.M. Markman (Eds.), Handbook of child psychology (Vol. 3, 4th ed., pp. 787–840). New York: Wiley.

Clark, S. & Kupka, P. (1994). Work, independence, and occupational identity. In K. Evans & W.R. Heinz (Eds.), Becoming adults in England and Germany (pp. 139–171). London: Anglo-German Foundation.

Clarke-Stewart, K.A. (1977). A review of research and some propositions for policy. Child care in the family. New York: Academic Press.

Clarke-Stewart, K.A. (1998). Qualität der Kinderbetreuung in den Vereinigten Staaten von Amerika. In W.E. Fthenakis & M.R. Textor (Hrsg.), Qualität von Kinderbetreuung. Konzepte, Forschungsergebnisse, internationaler Vergleich (S. 148–160). Weinheim: Beltz.

Claussen, F. (1994). Aufgaben der Seniorenbüros in der Engagementförderung. In S. Bundesministerium für Familie, Frauen und Jugend (Hrsg.), Praxishandbuch für Seniorenbüros, Teil 2 (S. 20–25). Köln: ISAB Verlag.

Clement, J. (1982). Students' preconceptions in introductory mechanics. American Journal of Physics, 50, 66–71.

Clement, U. (1986). Sexualität im sozialen Wandel. Stuttgart: Enke.

Clifton, R.K., Gwiazda, J., Bauer, J.A., Clarkson, M. G. & Held, R.M. (1988). Growth in head size during infancy: Implications for sound localization. Developmental Psychology, 24, 477–483.

Clifton, R.K., Muir, D.W., Ashmead, D.N. & Clarkson, M.G. (1993). Is visually guided reaching in early infancy a myth? Child Development, 64, 1099–1110.

Clifton, R.K., Perris, E.E. & McCall, D.D. (1999). Does reaching in the dark for unseen objects reflect representation in infants? Infant Behavior and Development, 22, 297–302.

Clifton, R.K., Rochat, P., Robin, D.J. & Berthier, N.E. (1994). Multimodal perception in human infants. Journal of Experimental Psychology: Human Perception and Performance, 20, 876–886.

Cohen, A.K. (1961). Kriminelle Jugend – Zur Soziologie jugendlichen Bandenwesens. Hamburg: Rowohlt.

Cohen, D. & Strayer, J. (1996). Empathy in conduct-disordered and comparison youth. Developmental Psychology, 32, 988–998.

Cohen, L.B. & Strauss, M.S. (1979). Concept acquisition in the human infant. Child Development, 50, 419–424.

Cohen, L.B. & Younger, B.A. (1983). Perceptual categorization in the infant. In E. Scholnick (Ed.), New trends in conceptual representation: Challenges to Piaget's theory? (pp. 197–220). Hillsdale, NJ: Erlbaum.

Cohen, L.B. & Younger, B.A. (1984). Infant perception of angular relations. Infant Behavior and Development, 7, 37–47.

Cohen, L.B. (1994). An information processing approach to infant perception and cognition. Unveröffentlichter Vortrag auf der European Research Conference: The development of sensory, motor and cognitive capabilities in early infancy. From sensation to cognition. Acquafredda di Maratea, Italien.

Cohen, R.Y., Brownell, K.D. & Felix, M.R.J. (1990). Age and sex differences in health habits and beliefs of schoolchildren. Health Psychology, 9(2), 208–224.

Cohen, S. & Wills, T. (1985). Stress, social support, and the buffering hypothesis. Psychological Bulletin, 98, 310–357.

Cohn, A.D., Silver, D.H., Cowan, C.P., Cowan, P.A. & Pearson, J. (1992a). Working models of childhood attachment and couple relationships. Journal of Family Issues, 13, 432–449.

Cohn, D.A., Cowan, P.A., Cowan, C.P. & Pearson, J. (1992b). Mothers' and fathers' working models of childhood attachment relationships, parenting styles, and child behavior. Development and Psychopathology, 4, 417–431.

Cohn-Bendit, D. (1987). Wir haben sie so geliebt, die Revolution. Frankfurt: Athenäum.

Coie, J.D., Dodge, K.A. & Kupersmidt J.B. (1990). Peer group behavior and social status. In St.R. Asher & J.D. Coie (Ed.), Peer rejection in childhood (pp. 17–59). Cambridge/Mass: Cambridge University Press.

Colder, C.R. & Chassin, L. (1999). The psychosocial characteristics of alcohol users versus problem drinkers: Data from a study of adolescents at risk. Development & Psychopathology, 11, 321–348.

Cole, D.A., Martin, J.M., Peeke, L.A., Seroczynski, A.D. & Fier, J. (1999). Children's over- and underestimation of academic competence: A longitudinal study of gender differences, depression, and anxiety. Child Development, 70, 459–473.

Cole, M. (1996). Cultural psychology: A once and future discipline. Cambridge, MA: Harvard University Press.

Cole, M. & Scribner, S. (1977). Cross-cultural studies of memory and cognition. In R.V. Kail & J.W. Hagen (Eds.), Perspectives on the development of memory and cognition (pp. 239–271). Hillsdale, NJ: Erlbaum.

Coleman, J.C. (1961). The adolescent society. New York: Free Press.

Coleman, J.C. (1980). The nature of adolescence. London: Methuen.

Coleman, J.S., Campbell, E.Q., Hobson, C.F., McPartland, J., Mood, A.M., Weifeld, F.D. & York, R.L. (1966). Equality of educational opportunity. Washington, DC: U.S. Government Printing Office.

Coleman, L.M. & Antonucci, T.C. (1982). Impact of work on women at midlife. Developmental Psychology, 19, 290–294.

Coleman, R.M. (1986). Wide awake at 3:00 a.m.: By choice or by chance?. New York: Freeman.

Coles, R. (1994). Wird Gott nass, wenn es regnet? Die religiöse Bilderwelt der Kinder. München: dtv.

Collaer, M.L. & Hines, M. (1995). Human behavioral sex differences: A role for gonadal hormones during early development? Psychological Bulletin, 118, 55–107

Collins, A., Brown, J.S. & Newman, S.E. (1989). Cognitive apprenticeship: Teaching the crafts of reading, writing, and mathematics. In L.B. Resnick (Ed.), Knowing, learning, and instruction (pp. 453–494). Hillsdale, NJ: Erlbaum.

Collins, L.M. & Sayer, A.G (Eds.) (2001). New methods for the analysis of change. Washington: American Psychological Association.

Colombo, J. (2001). The development of visual attention in infancy. Annual Review of Psychology, 52, 337–367.

Coltheart, M. (1978). Lexical access in simple reading tasks. In G. Underwood (Ed.), Strategies of information processing (pp. 45–83). London: Academic Press.

Coltheart, M., Curtis, B., Atkins, P. & Haller, M. (1993). Models of reading aloud: dual-route and parallel-distributed processing approaches. Psychological Review, 100, 589–608.

Commons, M., Richards, F. & Kuhn, D. (1982). Systematic and metasystematic reasoning: A case for levels of reasoning beyond Piaget's stage of formal operations. Child Development, 53, 1058–1069.

Compas, B.E., Grant, K.E. & Ey, S. (1993). Psychosocial stress and child/adolescent depression: Can we be more specific? In W.M. Reynolds & H. Johnston (Eds.), Handbook of depression in children and adolescents (pp. 121–137). New York: Plenum.

Connell, P.J., Franks, S.L. & Stone, C.A. (1993). Specific language impairment as a problem of accessing language knowledge. In H. Grimm & H. Skowronek (Eds.), Language acquisition problems and reading disorders: Aspects of diagnosis and intervention (pp. 139–157). Berlin: de Gruyter.
Connolly, K. (1968). Some mechanisms involved in the development of motor skills. Aspects of Education, 7, 82–100.
Connolly, K.J. & Elliott, J.M. (1972). The evolution and ontogeny of hand function. In N.B. Jones (Ed.), Ethological studies of child behavior (pp. 329–383). Cambridge, England: Cambridge University Press.
Constantinople, A. (1969). An Erikson measure of personality development in college students. Developmental Psychology, 1, 357–372.
Conte, J.R., Wolf, S. & Smith, T. (1989). What sexual offenders tell us about prevention strategies. Child Abuse and Neglect, 15, 293–301.
Cook, G.L. & Odom, R.D. (1992). Perception of multidimensional stimuli: A differential-sensitivity account of cognitive processing and development. Journal of Experimental Child Psychology, 54, 213–249.
Cook, M. & Mineka, S. (1989). Observational conditioning of fear to fear-relevant versus fear-irrelevant stimuli in rhesus monkeys. Journal of Abnormal Psychology, 98, 448–459.
Cooley, C.H. (1909). Social organization. New York: Charles Scribner's Sons.
Cooley, G.H. (1922). Human nature and the social order. New York: Scribner's.
Cooper, M.L., Frone, M.R., Russell, M. & Mudar, P. (1995). Drinking to regulate positive and negative emotions: A motivational model for alcohol use. Journal of Personality and Social Psychology, 69, 990–1005.
Cooper, R.P. & Aslin, R.N. (1989). The language environment of the young infant: Implications for early perceptual development. Canadian Journal of Psychology, 43, 247–265.
Cornwell, A.C., Feigenbaum, P. & Kim, A. (1998). SIDS, abnormal nighttime REM sleep and CNS immaturity. Neuropediatrics, 29, 72–79.
Corrigan, R. (1979). Cognitive correlates of language: Differential criteria yield differential results. Child Development, 50, 617–631.
Corrigan, R. & Denton, P. (1996). Causal understanding as a developmental primitive. Developmental Review, 16, 162–202.
Cosmides, L., Tooby, J. & Barkow, J. (1992). Introduction: Evolutionary psychology and conceptual integration. In J. Barkow, L. Cosmides & J. Tooby (Eds.), The adapted mind (pp. 19–136). New York: Oxford University Press.
Costa, P.T. & McCrae, R.R. (1992). Trait psychology comes off age. In T.B. Sonderegger (Ed.), Nebraska symposium on motivation 1991: Psychology and aging (Vol. 39, pp. 169–204). Lincoln: University of Nebraska Press.
Costa, P.T. & McCrae, R.R. (1993). Psychological research in the Baltimore Longitudinal Study of Aging. Zeitschrift für Gerontologie, 26, 138–141.
Costa, P.T. & McCrae, R.R. (1994). Set like plaster? Evidence for the stability of adult personality. In T.F. Heatherton & J.L. Weinberger (Eds.), Can personality change? (pp. 21–40). Washington, DC: American Psychological Association.
Costa, P.T. & McCrae, R.R. (1994). Stability and change in personality from adolescence through adulthood. In C.J. Halverson, G.A. Kohnstamm & R.P. Martin (Eds.), The developing structure of temperament and personality from infancy to adulthood (pp. 139–150). Hillsdale, NJ: Lawrence Erlbaum.
Costa, P.T. & McCrae, R.R. (1995). Longitudinal stability of adult personality. In R. Hogan & J.A. Johnson & S.R. Briggs (Eds.), Handbook of personality psychology. New York: Academic Press.
Costa, P.T. & McCrae, R.R. (1997). Longitudinal stability of adult personality. In R. Hogan, J.A. Johnson & S.R. Briggs (Eds.), Handbook of personality psychology (pp. 269–290). New York, NY: Academic Press.
Costa, P.T.J., McCrae, R.R. & Norris, A.-H. (1981). Personal adjustment to aging: Longitudinal prediction from neuroticism and extraversion. Journal of Gerontology, 36, 78–85.
Courchesne, E., Press, G.A. & Yeung-Courchesne, R. (1993). Parietal lobe abnormalities detected with MR in patients with infantile autism. AJR, 160, 387–393.
Covington, M.V. (1992). Making the grade: A self-worth perspective on motivation and school reform. Cambridge: University Press.
Cowan, C.P. & Cowan, P.A. (1994). Wenn Partner Eltern werden. Der grosse Umbruch im Leben des Paares. München: Piper.
Cowan, P. A. (1991). Individual and family life transitions: A proposal for a new definition. In P. A. Cowan & E. M. Hetherington (Eds.), Family transitions (pp. 3–30). Hillsdale: Erlbaum.
Cox, M.J. & Paley, B. (1997). Family as systems. Annual Review of Psychology, 48, 243–267.
Coyle, T.R. & Bjorklund, D.F. (1997). Age differences in, and consequences of, multiple- and variable-strategy use on a multitrial sort-recall task. Developmental Psychology, 33, 372–380.
Craik, F.I.M. & Salthouse, T.A. (2000). The handbook of aging and cognition. Mahwah, NJ: Lawrence Erlbaum Associates.
Cranach, M.V., Kalbermatten, U., Indermühle, K. & Gugler, B. (1980). Zielgerichtetes Handeln. Bern: Huber.
Crittenden, P.M. (1992). Quality of attachment in the preschool years. Development and Psychopathology, 4, 209–241.
Crittenden, P.M. (2000). A dynamic-maturational exploration of the meaning of security and adaptation. In P.M. Crittenden & A.H. Claussen (Eds.), The organization of attachment relationships. Maturation, culture, and context (pp. 358–383). New York: Cambridge University Press.
Crittenden, P.M. & Claussen, A.H. (2000). The organization of attachment relationships: Maturation, culture, and context. New York: Cambridge University Press.
Cromer, R.F. (1991). Language and thought in normal and handicapped children. Oxfort: Blackwell.
Cronbach, L.J. and Snow, R.E. (1977). Aptitudes and instructional methods. New York: Irvington.

Crook, C. (1987). Taste and olfaction. In P. Salapatek & L. Cohen (Eds.), Handbook of infant perception: From sensation to perception (Vol. 1). Orlando, FL: Academic Press.
Cross, S. & Markus, H. (1991). Possible selves across the life span. Human Development, 34, 230–255.
Crouter, A.C. & Crowley, M. (1990). School-age children's time done with fathers in single- and dual-earner families: implications for the father-child relationship. Journal of Early Adolescence, 10, 296–312.
Crowder, R.G. & Wagner, R.K. (1992). The psychology of reading. An introduction. New York, Oxford: Oxford University Press.
Csikszentmihalyi, M. (1985). Das Flow-Erlebnis. Stuttgart: Klett-Cotta.
Cumming, E. & Henry, W. (1961). Growing old: The process of disengagement. New York: Basic Books.
Cummings, E.M. & Davis, P.T. (1994). Children and marital conflict: The impact of family dispute and resolution. New York: Guilford Press.
Cunningham, Ch., Reuler, E., Blackwell, J. & Deck, J. (1981). Behavioral and linguistic developments in the interactions of normal and retarded children with their mothers. Child Development, 52, 62–70.
Curran, P.J., Stice, E. & Chassin, L. (1997). The relation between adolescent alcohol use and peer alcohol use: A longitudinal random coefficients model. Journal of Consulting and Clinical Psychology, 65, 130–140.
Curran, W., Braddick, O.J., Atkinson, J., Wattam-Bell, J. & Andrew, R. (1999). Development of illusory-contour perception in infants. Perception, 28, 527–538.
Curtiss, S. (1977). Genie: A psycholinguistic study of a modern-day "wild child". New York: Academic Press.
Cusinato, M. (1994). Parenting over the family life cycle. In L. L'Abate (Ed.), Handbook of family psychology and psychopathology. New York: Wiley.
Cutting, A.L. & Dunn, J. (1999). Theory of mind, emotion understanding, language, and family background: Interindividual differences and interrelations. Child Development, 70, 853–865.
D'Andrade, R. (1986). Three scientific world views and the covering law model. In D.W. Fiske & R.S. Shweder (Eds.), Metatheory in social science. Chicago, IL: University of Chicago Press.
D'Entremont, B. (2000). A perceptual-attentional explanation of gaze following in 3- and 6-month-olds. Developmental Science, 3, 302–311.
Dachs, M.L. (1994). Erprobung eines Computerspiels zur Frühtherapie von optischen Teilleistungsschwächen im Vorschulalter. Unveröffentlichte Diplomarbeit, Institut für Psychologie, Universität Wien.
Dahle, K.-P. (1997a). Kriminalprognosen im Strafrecht. Psychologische Aspekte individueller Verhaltensvorhersage. In M. Steller & R. Volbert (Hrsg.), Psychologie im Strafverfahren (S. 119–140). Bern: Huber.
Dahle, K.-P. (1997b). Therapie und Therapieindikation beu Straftätern. In M. Steller & R. Volbert (Hrsg.), Psychologie im Strafverfahren (S. 142–159). Bern: Huber.
Dahle, K.-P. (1998). Straffälligkeit im Lebenslängsschnitt. In H.-L. Kröber & K.-P. Dahle (Hrsg.), Sexualstraftaten und Gewaltdelinquenz (S. 47–55). Heidelberg: Kriminalistik.
Dahle, K.-P. (2000). Psychologische Begutachtung zur Kriminalprognose. In H.-L. Kröber & M. Steller (Hrsg.), Psychologische Begutachtung im Strafverfahren. Indikationen, Methoden und Qualitätsstandards (S. 77–111). Darmstadt: Steinkopff.
Dalbert, C. (2001). The justice motive as a prosocial resource. New York: Klawer Academic/Plenum.
Damon, W. (1980). Patterns of change in children's social reasoning: A two-year longitudinal study. Child Development, 51, 1010–1017.
Damon, W. (1981). Exploring children's social cognition on two fronts. In J.H. Flavell & L. Ross (Eds.), Social cognitive development. Frontiers and possible futures (pp. 154–175). Cambridge, MA: Cambridge University Press.
Damon, W. (1988). The moral child: Nurturing children's natural moral growth. New York: Free Press.
Damon, W. (1991). Self-concept, adolescent. In R. M. Lerner, A.C. Petersen & J. Brooks-Gunn (Eds.), Encyclopedia of adolescence (Vol. II, pp. 987–991). New York: Garland.
Danserau, D.F. (1985). Learning strategy research. In J.W. Segal, S.F. Chipman & R. Glaser (Eds.), Thinking and learning skills. Vol. 1: Relating instruction to research (pp. 209–239). Hillsdale, NJ: Erlbaum.
Danziger, R., Jeschek, P. & Egger, L. (1978). Der Weg ins Gefängnis. Weinheim: Beltz.
Dargassies, S.S.A. (1983). Developmental neurology from the fetus to the infant: Some French work. In W.W. Hartup (Ed.), Review of child development research (Vol. 6, pp. 45–72). Chicago: University Press.
Darling, N. & Steinberg, L. (1993). Parenting style as context: An integrative model. Psychological Bulletin, 113, 487–496.
Darwin, C. (1859). On the origin of species by means of natural selection, or the preservation of favored races in the struggle for life. London: Murray.
Darwin, C. (1871). The decent of man and selection in relation to sex. London. Murray.
Dasen, P.R. (1974). Cross-cultural Piagetian research: a summary. In J.W. Berry & P.R. Dasen (Eds.), Culture and cognition: Readings in cross-cultural psychology. London: Methuen.
Dasen, P.R. (1977). Are cognitive processes universal? A contribution to cross-cultural Piagetian psychology. In N. Warren (Ed.), Studies in cross-cultural psychology (Vol. 1). London: Academic Press.
Dasen, P.R. & Heron, A. (1981). Cross-cultural tests of Piaget's theory. In H. C. Trinadis & A. Heron (Eds.), Handbook of cross-cultural psychology (Vol. 4). Boston: Allyn & Bacon.
Dasen, P.R., Inhelder, B., Lavallée, M. & Reschitzki, J. (1978). Naissance de l'intelligence chez l'enfant baoulé de Cote d'Ivoire. Bern: Huber.

Datan, N. & Ginsburg, L.H. (Eds.) (1975). Life-span developmental psychology: Normative life crises. New York: Academic Press.

Dau, R. (1973). Projekt "Head Start" in Kritik und Gegenkritik. Modellfall eines kompensatorischen Vorschulprogramms? In D. Höltershinken (Hrgs.), Vorschulerziehung 2. Ausländische Erfahrungen und Tendenzen (S. 86–97). Freiburg: Herder.

Davies, J.C. (1963). Human nature in politics. New York: Wiley.

Davies, J.C. (1987). Politische Biologie: Sternengefunkel, Sonnenlicht, Mondenschimmer, aber Nebel auch. In H. Moser u. Mitarb. v. T. Leithäuser (Hrsg.), Bedrohung & Beschwichtigung. Die politische und die seelische Gestalt technischer, wirtschaftlicher und gesundheitlicher Gefährdungen (S. 130–154). Weinheim: Deutscher Studien Verlag.

Davies, L., Avison, W.R. & McAlpine, D.D. (1997). Significant lefe experiences and depression among single and married mothers. Journal of Marriage and the Family, 59, 294–308.

Davis, A. (1944). Socialization and the adolescent personality. In Forty-third year book of the National Society for the Study of Education. Chicago: University of Chicago Press.

Davis, E. & Furman, A. (1986). Body satisfaction in adolescent girls. British Journal of Medical Psychology, 59, 279–287.

Davis, J.A. (1966). The campus as a frog pond: An application of the theory of relative deprivation to career decisions of college men. American Journal of Sociology, 72, 17–31.

Davis, K. (1983). Differentiation of personal distress and sympathy in children and adults. Developmental Psychology, 24, 766–775.

Davis, M. & Emory, E. (1995). Sex differences in neonatal stress reactivity. Child Development, 66, 14–27.

Davis, T.L. (1995). Gender differences in masking negative emotions: Ability or motivation? Developmental Psychology, 31, 660–667.

Dawson, G., Finley, Ch., Phillips, Sh. & Galpert, L. (1986). Hemispheric specialization and the language abilities of autistic children. Child Development, 57, 1440–1453.

Day, S.X. & Rounds, J. (1998). Universality of vocational interest structure among racial and ethnic minorities. American Psychologist, 53, 728–736.

de Ahna, K. (1982). Wege zum Ausstieg. Fördernde und hemmende Bedingungen. In Bundesministerium des Innern (Hrsg.), Analysen zum Terrorismus, Bd. 3. Gruppenprozesse (S. 477–525). Opladen: Westdeutscher Verlag.

de Schonen, S. & Deruelle, C. (1994). Pattern and face recognition in infancy: Do both hemispheres perceive objects in the same way? In A. Vyt, H. Bloch & M.C. Bornstein (Eds.), Early child development in the French tradition (pp. 35–55). Hillsdale, NJ: Erlbaum.

de Villiers, P.A. & de Villiers, J.G. (1992). Language development. In M.H. Bornstein & M.E. Lamp (Eds.), Developmental psychology. An advanced textbook (3rd edition). Hillsdale, NJ: Erlbaum.

De Vries, R. & Kohlberg, L. (1987). Programs of early education: The constructivist view. New York: Longman.

De Vries, R. & Zan, B. (2000). Herstellen einer konstruktivistischen Atmosphäre im Klassenraum. In W.E. Fthenakis & M.R. Textor (Hrsg.), Pädagogische Ansätze im Kindergarten (S. 132–144). Weinheim: Beltz Verlag.

De Wolff, M.S. & van Ijzendoorn, M.H. (1997). Sensitivity and attachment: A meta-analysis on parental antecedents of infant attachment. Child Development, 68, 571–591.

Deary, I.J., Egan, V., Gibson, G. J., Austin, E.J., Brand, C.R. & Kellaghan, T. (1996). Intelligence and the differentiation hypothesis. Intelligence, 23, 105–132.

Deary, I.J. & Pagliari, C. (1991). The strength of g at different levels of ability: Have Detterman and Daniel rediscovered Spearmans law of diminishing returns? Intelligence, 15, 251–255.

Deaux, K. & Major, B. (1987). Putting gender into context: An interactive model of gender-related behavior. Psychological Review, 94, 369–389.

DeCasper, A.J. (1994). How prenatal auditory experience influences hemispheric specialization of speech in newborns. Unveröffentlichter Vortrag auf der European Research Conference: The development of sensory, motor and cognitive capabilities in early infancy. From sensation to cognition. Acquafredda di Maratea, Italien.

DeCasper, A.J. & Fifer, W.P. (1980). Of human bonding: Newborns prefer their mother's voices. Science, 208, 1174–1176.

DeCasper, A.J. & Prescott, P.A. (1984). Human newborns' perception of male voices: Preference, discrimination, and reinforcing value. Developmental Psychobiology, 17, 481–491.

DeCasper, A.J. & Spence, M. (1986). Newborns prefer a familiar story over an unfamiliar one. Infant Behavior and Development, 9, 133–150.

DeCasper, A.J. & Spence, M.J. (1986). Prenatal maternal speech influences newborns' perception of speech sounds. Infant Behavior and Development, 9, 133–150.

Deci, E.L. & Ryan, R.M. (1985). Instrinsic motivation and self-determination in human behavior. New York: Plenum.

Deci, E.L. & Ryan, R.M. (1990). A motivational approach to self: Integration in personality. In R.A. Dienstbier (Ed.), Nebraska Symposium on motivation (pp. 237–288). Lincoln: University of Nebraska Press.

Deci, E.L. & Ryan, R.M. (1993). Die Selbstbestimmungstheorie der Motivation und ihre Bedeutung für die Pädagogik. Zeitschrift für Pädagogik, 39, 223–238.

Deegener, G. (2000). Die Würde des Kindes. Ein Plädoyer für eine Erziehung ohne Gewalt. Weinheim: Beltz.

Degenhardt, A. & Michaelis, H. (1977). Primäres Geschlechtsverhältnis 125 % zu 100 %? – Analyse eines Artefakts. Zeitschrift für Bevölkerungswissenschaft, 4, 3–22.

Deimann, P. & Kastner-Koller, U. (1995). Zum aktuellen Stand der Entwicklungsdiagnostik im Kindergartenalter. Report Psychologie 20, 14–22.

DeLoache, J.S., Cassidy, D.J. & Brown, A.L. (1985). Precursors of mnemonic strategies in very young children's memory. Child Development, 56, 125–137.

DeLoache, J.S., Miller, K.F. & Pierroutsakos, S.L. (1998). Reasoning and Problem Solving. In D. Kuhn & R.S. Siegler (Eds.), Handbook of child psychology (Vol. 2: Cognition, Perception, and Language, pp. 801–850). New York: Wiley.

DeLoache, J.S., Sugarman, S. & Brown, A.L. (1985). The development of errorcorrection strategies in young children's manipulative play. Child Development, 56, 928–939.

Demetriou, A., Kazi, S. & Georgiou, S. (1999). The emerging self: the convergence of mind, personality and thinking styles. Developmental Science, 2, 387–422.

Dempster, F.N. (1981). Memory span: Sources of individual and developmental differences. Psychological Bulletin, 89, 63–100.

Dempster, F.N. (1985). Short-term memory development in childhood and adolescence. In C.J. Brainerd & M. Pressley (Eds.), Basic processes in memory development: Progress in cognitive development research (pp. 277–282). New York: Springer.

Denham, S.A. & Almeida, M.C. (1987). Children's social problem solving skills, behavioral adjustment, and interventions: A meta-analysis evaluating theory and practice. Journal of Applied Developmental Psychology, 8, 391–409.

Denney, N.W. (1984). A model of cognitive development across the life span. Developmental Review, 4, 171–191.

Dennis, M. & Whitaker, H.A. (1976). Language acquisition following hemidecortication: Linguistic superiority of the left over the right hemisphere. Brain and Language, 3, 404–433.

Deutsch, W. (1984). Language control processes in development. A tutorial review. In H. Bouma & D.G. Bouwhuis (Eds.), Attention and performance X: Control of language processes (pp. 395–416). Hillsdale, NJ: Erlbaum.

Deutsch, W. (2000). Die Fichte und der Palmenbaum: Über die Entwicklung des Geschlechts und der Sexualität beim Menschen. In W. Deutsch & H. Schneider (Hrsg.), Sexualität – Sexuelle Identität (S. 19–33). Heidelberg: Mattes.

Deutsch, W., Wagner, A. & Masche, G. (1994). Vom Nomen zum Pronomen: Eine experimentelle Untersuchung zur Entwicklung der Personreferenz bei deutschen Kindern während des zweiten bis vierten Lebensjahrs. Sprache & Kognition, 13, 41–51.

Deutsche Hauptstelle gegen die Suchtgefahren (2000)(Hrsg.). Jahrbuch Sucht 2001. Geesthacht: Neuland.

Deutscher Bildungsrat (1970). Empfehlungen der Bildungskommission. Strukturplan für das Bildungswesen. Stuttgart: Klett.

Devine, D., Long, P. & Forehand, R. (1993). A prospective study of adolescent sexual activity. Advances in Behaviour Research and Therapy, 15, 185–209.

DeVries, R. (1970). The development of role-taking as reflected by the behavior of bright, average, and retarded children in a social guessing game. Child Development, 41, 759–770.

DeWit, J. & Van der Veer, G. (1982). Psychologie des Jugendalters. Donauwörth: Auer.

Di Loreto, O. & Oser, F. (1996). Entwicklung des religiösen Urteils und religiöser Selbstwirksamkeitsüberzeugung – eine Längsschnittstudie. In F. Oser & K.H. Reich (Hrsg.), Eingebettet ins Menschsein: Beispiel Religion (S. 69–87). Lengerich: Papst.

Diamond, A. (1985). Development of the ability to use recall to guide action as indicated by infants' performance on AB. Child Development, 56, 868–883.

Diamond, A. (1988). Retrieval of an object from an open box: The development of visual-tactile control of reaching in the first year of life. Manuscript submitted for publication.

Diamond, A. (1991). Neuropsychological insights into the meaning of object concept development. In S. Carey & R. Gelman (Eds.), The epigenesis of mind. Essays on biology and cognition (pp. 67–110). Hillsdale NJ: Erlbaum.

Diamond, A. (2000). Close interrelation of motor development and cognitive development and the cerebellum and prefrontal cortex. Child Development, 71, 44–56.

Diaz, R.M. & Berk, L.E. (Eds.) (1992). Private speech: From social interaction to self-regulation. Hillsdale/NJ: Erlbaum.

Dick, A. (1981). Drei transkulturelle Erhebungen des religiösen Urteils. Eine Pilotstudie. Unveröffentlichte Lizentiatsarbeit. Freiburg/CH.

Dick, D.M., Rose, R.J., Viken, R.J. & Kaprio, J. (2000). Pubertal timing and substance use: Associations between and within families across late adolescence. Developmental Psychology, 36, 180–189.

Dieckmann, B. & Maiello, C. (1998a). Glaube und Lebensalter. Zusammenhänge religionssoziologischer Merkmale mit dem Lebensalter. In K.P. Jörns & C. Großeholz (Hrsg.), Was Menschen wirklich glauben (S. 53–80). Gütersloh: Kaiser & Gütersloh.

Dieckmann, B. & Maiello, C. (1998b). Glaube und Geschlecht. Zusammenhänge von religiösen Überzeugungen und theologischen Lehrmeinungen mit den Interessen und Einstellungen der Geschlechter. In K.P. Jörns & C. Großeholz (Hrsg.), Was Menschen wirklich glauben. Gütersloh: Kaiser & Gütersloh.

Diehl, M., Coyle, N. & Labouvie-Vief, G. (1996). Age and sex differences in strategies of coping and defense across the life span. Psychology and Aging, 11, 127–139.

Diekmann, A. & Engelhardt, H. (1995). Die soziale Vererbung des Scheidungsrisikos. Zeitschrift für Soziologie, 24, 215–228.

Diekstra, R. (1982). Epidemiology of attempted suicide in the EEC. In J. Wilmotte & J. Mendlewicz (Eds.), New trends in suicide prevention. Bibliotheca Psychiatrica, No. 162 (Vol. 1–16). Basel: Karger.

Diem, L. (1971). Körper- und Bewegungsbildung in der Vorschulerziehung. Die Grundschule, 3–4, 30–34.

Diemer, H., Schoreit, A. & Sonnen, B.-R. (1999). Jugendgerichtsgesetz (3.Aufl.). Heidelberg. Müller.

Diener, E. & Suh, E. (1998). Subjective well-being and age: An international analysis. Annual Review of Gerontology and Geriatrics, 17, 304–324.

Dietz, B. & Roll, H. (1998). Jugendliche Aussiedler – Portrait einer Zuwanderergeneration. Frankfurt: Campus.

DiLalla, L.F. & Gottesmann, I.I. (1989). Heterogeneity of causes for delinquency and criminality: Lifespan perspectives. Development and Psychopathology, 1, 339–349.
Dilling, H., Mombour, W. & Schmidt, M.H. (Hrsg.) (1993). ICD-10 – Internationale Klassifikation psychischer Störungen. Bern: Huber.
DiMatteo, M.R., (1991). The psychology of health, illness, and medical care: An individual perspective (pp. 285–343 371–400). California: Brooks/Cole Publishing Company.
Dion, K.K. & Dion, K.L. (1985). Personality, gender and the phenomenology of romantic love. Review of Personality and Social Psychology, 6, 209–239.
Dittman-Kohli, F. (1990). Sinngebung im Alter. In P. Mayring & W. Saup (Hrsg.), Entwicklungsprozesse im Alter (S. 145–183). Stuttgart: Kohlhammer.
Dittmann-Kohli, F. (1994). Das persönliche Sinnsystem. Göttingen: Hogrefe.
Dittmann-Kohli, F., Lachmann, M.E., Kliegl, R. & Baltes, P.B. (1991). Effects of cognitive training and testing on intellectual efficacy beliefs in elderly adults. Journal of Gerontology: Psychological Sciences, 46, 162–164.
Ditton, H. & Krecker, L. (1995). Qualität von Schule und Unterricht. Empirische Befunde zu Fragestellungen und Aufgaben der Forschung. Zeitschrift für Pädagogik, 41, 507–529.
Dixon, R.A. & Baltes, P.B. (1986). Toward life-span research on the functions and pragmatics of intelligence. In R.J. Sternberg & R.K. Wagner (Eds.), Practical intelligence: Origins of competence in the everyday world (pp. 203–235). New York: Cambridge University Press.
Dixon, R.A. & Gould, O.N. (1996). Adults telling and retelling stories collaboratively. In P.B. Baltes & U.M. Staudinger (Eds.), Interactive minds. Life-span perspectives on the social foundation of cognition (pp. 221–241). New York: Cambridge University Press.
Dobkin, P., Tremblay, R. E. & Sacchitelle, C. (1997). Predicting boys' early-onset substance abuse from fathers' alcoholism, sons' disruptiveness, and mothers' parenting behavior. Journal of Consulting & Clinical Psychology, 65, 86–92.
Dobson, V. & Teller, D.Y. (1978). Visual acuity in human infants: A review and comparison of behavioral and electrophysiological studies. Vision Research, 18, 1469–1483.
Dodge, K.A. (1993). Social-cognitive mechanisms in the development of conduct disorder and depression. Annual Review of Psychology, 44, 559–584.
Dodge, K.A., Bates, J.E., Pettit, G.S. & Valente, E. (1995). Social information-processing patterns partially mediate the effect of early physical abuse on later conduct problems. Journal of Abnormal Psychology, 104, 632–643.
Dodge, K.A. & Frame, C.L. (1982). Social cognitive biases and deficits in aggressive boys. Child Development, 53, 629–635.
Dodge, K.A., Murphy, R.R. & Buchsbaum, K. (1984). The assessment of intention-cue detection skills in children: Implications for developmental psychology. Child Development, 55, 163–173.
Dodge, K.A., Pettit, G.S., McClaskey, C.L. & Brown, M.M. (1986). Social competence in children. Monographs of the Society for Research in Child Development, 51 (2, Serial No. 213).
Doelker, C. (1989). Kulturtechnik Fernsehen: Analyse eines Mediums. Stuttgart: Klett-Cotta.
Doherty, W.J. & Needle, R.H. (1991). Psychological adjustment and substance use among adolescents before and after a parental divorce. Child Development, 62, 328–337.
Dohmen, G. (1998). Zur Zukunft der Weiterbildung in Europa. Lebenslanges Lernen für alle in veränderten Lernumwelten. Bonn.
Doi, T. (1977). The anatomy of dependence. Tokyo: Kodansha. (Original erschienen 1971: Amae no kozo)
Dolde, G. (1978). Sozialisation und kriminelle Karriere. Eine empirische Analyse der sozioökonomischen und familialen Sozialisationsbedingungen männlicher Strafgefangener im Vergleich zur „Normal"-Bevölkerung. München: Minerva.
Dollase, R. (1985). Entwicklung und Erziehung. Stuttgart: Klett.
Doman, G. & Lückert, H.R. (1967). Wie kleine Kinder Lesen lernen. Freiburg: Herder.
Domke, H. (1997). Gar nicht erzogen – und doch ausgezeichnet erzogen. Überlegungen zur Gestaltung familialer Bedingungen des Aufwachsens. In H. Macha & L. Mauermann (Hrsg.), Brennpunkte der Familienerziehung (S. 74–97). Weinheim: Deutscher Studienverlag.
Donaldson, M. (1982). Wie Kinder denken. Bern: Huber.
Dondi, M., Simion, F. & Caltran, G. (1999). Can newborns discriminate between their own cry and the cry of another newborn infant? Developmental Psychology, 35, 418–426.
Dornbusch, S.M., Ritter, P.L., Leiderman, P.H., Roberts, D.F. & Fraleigh, M.J. (1987). The relation of parenting style to adolescent performance. Child Development, 58, 1244–1257.
Douvan, E. & Adelson, J. (1966). The adolescent experience. New York: Wiley.
Döpfner, M., Schürmann, S. & Fröhlich, J. (2002). Therapieprogramm für Kinder mit hyperkinetischem und oppositionellem Problemverhalten (THOP). Weinheim: Beltz/PVU.
Dörner, G. (1995). Zur Bedeutung pränataler Sexualhormonspiegel für die Entwicklung der sexuellen Orientierung, Geschlechtsidentität und Gonadenfunktion. Sexuologie, 2, 18–31.
Dörner, G. (1998). Die Humanontogenese als umwelt- und genabhängiger Sebstorganisationsprozeß des Neuro-Endokrino-Immun-Systems unter Vermittlung von Hormonen und Neurotransmittern. Humanontogenetik, 1, 41–46.
Drajer, N. (1990). Die Rolle von sexuellem Mißbrauch und körperlicher Mißhandlung in der Ätiologie psychischer Störungen bei Frauen. System Familie, 3, 59–73.

Draper, P. & Harpending, H. (1982). Father absence and reproductive strategy: An evolutionary perspective. Journal of Anthropological Research, 38, 255–273.
Dreher, E. (1993). ‚Selbstregulation‘ im Fokus entwicklungsorientierter Intervention – ein Beitrag zur Angewandten Entwicklungspsychologie. München: Unveröff. Habilitationsschrift, Ludwig-Maximilians-Universität, München.
Dreher, E. & Dreher, M. (1985a). Wahrnehmung und Bewältigung von Entwicklungsaufgaben im Jugendalter: Fragen, Ergebnisse und Hypothesen zum Konzept einer Entwicklungs- und Pädagogischen Psychologie des Jugendalters. In R. Oerter (Hrsg.), Lebensbewältigung im Jugendalter (S. 30–61). Weinheim: Edition Psychologie, VCH.
Dreher, E. & Dreher, M. (1985b). Entwicklungsaufgaben im Jugendalter: Bedeutsamkeit und Bewältigungskonzepte. In D. Liepmann & A. Stiksrud (Hrsg.), Entwicklungsaufgaben und Bewältigungsprobleme in der Adoleszenz (S. 56–70). Göttingen: Hogrefe.
Dreher, E. & Dreher, M. (2002). Familienstatus und Ablösung. In B. Rollett & H. Wernek (Hrsg.), Klinische Entwicklungspsychologie der Familie (S. 137–157). Göttingen: Hogrefe.
Dreher, M. (1994). Entwicklungskonzepte von Jugendlichen und jungen Erwachsenen. Unterrichtswissenschaft. Zeitschrift für Lernforschung, 22 (2), 122–137.
Dreher, M. & Artmann, Th. (1998). Kohortenspezifische Positionen bei der Beurteilung von ‚Entwicklungsaufgaben im Jugendalter‘ – Posterbeitrag beim 41. Kongreß der DGfPs, TU Dresden. In K. Hacker (Hrsg.), Abstracts, im Abstract-Programm KONPro. Dresden: TU Dresden.
Dreher, M. & Dreher, E. (1993). Subjektive Theorien der Entwicklung. Positionsreferat beim 38. Kongreß der Deutschen Gesellschaft für Psychologie, Trier 1992. In L. Montada (Hrsg.), Bericht über den 38. Kongreß der DGfP in Trier (Bd. 2, S. 515–522). Göttingen: Hogrefe.
Dreher, M. & Dreher, E. (1997). Entwicklungsaufgaben im Jugendalter – Urteilstendenzen im Wandel eines Jahrzehnts. In J. Glück (Hrsg.), 13. Tagung Entwicklungspsychologie. Kurzfassungen (S. 37). Wien: Universität Wien.
Dreher, M. & Oerter, R. (1987). Action planning competencies during adolescence and early adulthood. In S.L. Friedman, E.K. Scholnick & R.R. Cocking (Eds.), Blueprints for thinking. The role of planning in cognitive development (pp. 321–355). Cambridge: Cambridge University Press.
Dreman, S.B. & Greenbaum, C.W. (1973). Altruism or reciprocity: Sharing behavior in Israeli Kindergarten children. Child Development, 44, 61–68.
Dubs, R. (2000). Selbstorganisation des Lernens. In C. Harteis, H. Heid & S. Kraft (Hrsg.), Kompendium Weiterbildung. Aspekte und Perspektiven betrieblicher Personal- und Organisationsentwicklung (S. 97–109). Opladen: Leske + Budrich.
Dufresne, A. & Kobasigawa, A. (1989). Children's spontaneous allocation of study time: Differential and sufficient aspects. Journal of Experimental Child Psychology, 47, 274–296.
Duncan, J., Emslie, H., Williams, P., Johnson, R. & Freer, C. (1996). Intelligence and the frontal lobe: The organization of goal-directed behavior. Cognitive Psychology, 30, 257–303.
Dünkel, F. (1996). Empirische Forschung zum Strafvollzug. Bestandsaufnahmen und Perspektiven. Bad Godesberg: Forum.
Dünkel, F. & Drenkhahn, K. (2001). Behandlung im Strafvollzug: Von "nothing works" zu "something works". In M. Bereswill & W. Greve (Hrsg.), Forschungsthema Strafvollzug. Baden-Baden: Nomos.
Dunn, J., Brown, J. & Beardsall, L. (1991). Family talk about feeling states and children's later understanding of others' emotions. Developmental Psychology, 27, 448–455.
Dunphy, D.C. (1963). The social structure of urban adolescent peer groups. Sociometry, 26, 230–246.
Durham, W.H. (1991). Coevolution: Genes, culture, and human diversity. Stanford, CA: Stanford University Press.
Durkheim, E. (1933). The division of labor. New York: Free Press.
Dweck, C.S. & Leggett, E.L. (1988). A social-cognitive approach to motivation and personality. Psychological Review, 95, 256–273.
Eagly, A.H. (1987). Sex differences in social behavior: A social-role interpretation. Hillsdale, NJ: Erlbaum.
Eaton, W. & Enns, L. (1986). Sex differences in human motor activity. Psychological Bulletin, 100, 19–28.
Ebata, A.T. & Moos, R.H. (1991). Coping and adjustment in distressed and healthy adolescents. Journal of Applied Psychology, 17, 33–54.
Ebertz, M. (1998). Erosion der Gnadenanstalt. Zum Wandel der Sozialgestalt von Kirche. Frankfurt/M.: Knecht.
Eccles, J.S., Freedman-Doan, C., Frome, P., Jacobs, J. & Yoon, K.S. (2000). Gender role socialization in the family: A longitudinal approach. In T. Eckes & H.M. Trautner (Eds.), The developmental social psychology of gender (pp. 333–360). Mahwah, NJ: Lawrence Erlbaum.
Eccles, J.S. & Midgley, C. (1989). Stage/environment fit: Developmentally appropriate classrooms for early adolescents. In R.E. Ames & C. Ames (Eds.), Research on motivation in education (Vol. 3, pp. 139–186). New York: Academic Press.
Eccles, J.S., Midgley, C., Wigfield, A., Buchanan, C.M., Reuman, D., Flanagan, C. & Mac Iver, D. (1993). Development during adolescence: The impact of stage environment fit on young adolescents' experiences in schools and in families. American Psychologist, 48, 90–101.
Ecke, J.-O. (1991). Motive der Hörfunknutzung. Eine empirische Untersuchung in der Tradition des „Uses-and-Gratification-Ansatzes". Nürnberg.
Eckensberger, L.H. (1990). From cross-cultural psychology to ncultural psychology. The Quarterly Newsletter of the Laboratory of Comparative Human Cognition, 12, 37–52.

Eckerman, C.O., Hsu, H.-Chin, Molitor, A., Leung, E.H.L. & Goldstein, R.F. (1999). Infant arousal in an en-face exchange with a new partner: Effects of prematurity and perinatal biological risk. Developmental Psychology, 35, 282–293.
Eckert, R., Hahn, A. & Wolf, M. (1989). Die ersten Jahre junger Ehen: Verständigung durch Illusionen? Frankfurt/Main: Campus.
Eckes, T. (1994). Explorations in gender cognition: Content and structure of female and male subtypes. Social Cognition, 12, 37–60.
Eckes, T. & Trautner, H.M. (2000b). Developmental social psychology of gender: An integrative framework. In T. Eckes & H.M. Trautner (Eds.), The developmental social psychology of gender (pp. 3–32). Mahwah, NJ: Lawrence Erlbaum.
Eckes, T. & Trautner, H.M. (Eds.) (2000a). The developmental social psychology of gender. Mahwah, NJ: Lawrence Erlbaum.
Edelbrock, C. & Sugawara, A.I. (1978). Acquisition of sex-typed preferences in preschool children. Developmental Psychology, 14, 614–623.
Edelstein, W. (1996). The social construction of cognitive development. In G.G. Noam & K.W. Fischer (Eds.), Development and vulnerability in close relationships (pp. 91–112). Mahwah, NJ: Erlbaum.
Edelstein, W. & Hoppe-Graff, S. (1993). Die Konstruktion kognitiver Strukturen. Bern: Huber.
Edelstein, W. & Noam, G. (1982). Regulatory structures of the self and postformal stages in adulthood. Human Development, 25, 407–422.
Edelstein, W., Nunner-Winkler, G. & Noam, G. (Hrsg.) (1993). Moral und Person. Frankfurt/M.: Suhrkamp.
Eder, R.A. (1989). The emergent personologist. The structure and content 3 1/2-, 5 1/2- and 7 1/2-year-olds concepts of themselves and of other persons. Child Development, 60, 1218–1228.
Edwards, D. & Potter, I. (1992). Discursive psychology. London: Sage.
Egeland, B. (1993). A history of abuse is a major risk factor for abusing the next generation. In R.J. Gelles & D. R. Loseke (Eds.), Current controversies on family violence (pp. 197–208). London: Sage.
Egeland, B. & Erickson, M. (1993). Implications of attachment theory for prevention and intervention. In H. Parens & S. Kramer (Eds.), Prevention in mental health (pp. 23–50). Northvale: Jason Aronson.
Egle, U.T., Hoffmann, S.O. & Joraschky, P. (Eds.) (1997). Sexueller Missbrauch, Misshandlung, Vernachlässigung. Stuttgart: Schattenauer.
Egle, U.T., Kisinger, D. & Schwab, R. (1991). Eltern-Kind-Beziehung als Prädisposition für ein psychogenes Schmerzsyndrom im Erwachsenenalter. Eine kontrollierte, retrospektive Studie zu G.L. Engels "pain-proneness". Psychotherapie, Psychosomatik, Medizinische Psychologie, 41, 247–256.
Eibl-Eibesfeldt. (1984). Die Biologie des menschlichen Verhaltens. Grundriß der Humanethologie. München/Zürich:
Eiden, R.D., Chavez, F. & Leonard, K.E. (1999). Parent-infant interactions among families with alcoholic fathers. Development & Psychopathology, 11, 745–762.
Eifermann, R.R. (1971). Social play in childhood. In R.E. Herron & B. Sutton-Smith (Eds.), Child's play (pp. 270–297). New York: Wiley.
Eimas, P.D. & Quinn, P.C. (1994). Development of exclusivity in perceptually based basic-level categories in young infants. Child Development, 65, 903–917.
Eimas, P.D., Siqueland, E.R., Jusczyk, P.W. & Vigorito, J. (1971). Speech perception in infants. Science, 171, 303–306.
Eimuth, K.H. (1996). Die Sekten-Kinder. Freiburg i.Br.: Herder.
Einsiedler, W. (1991). Das Spiel der Kinder: Zur Pädagogik und Psychologie des Kinderspiels. Bad Heilbrunn: Julius Klinkhardt.
Einsiedler, W. (in Druck). Unterricht in der Grundschule. In K. Schnabel, A. Leschinsky, J. Baumert & K.-U. Mayer (Hrsg.), Das Bildungswesen in der Bundesrepublik Deutschland. Reinbek: Rowohlt.
Eisele, S. (1999). Ausdruckskontrolle negativer Emotionen bei 4- bis 8-jährigen Kindern. Unveröff. Diplomarbeit, Universität Bielefeld.
Eisenberg, N. (1986). Altruistic cognition, emotion, and behavior. Hillsdale, NJ: Erlbaum.
Eisenberg, N. (1992). The Caring Child. Cambridge/Mass.: Harvard University Press.
Eisenberg, N. & Fabes, R.A. (1988). The development of prosocial behavior from a life-span perspective. In P.B. Baltes, D.I. Featherman & R.M. Lerner (Eds.), Life-span development and behavior (Vol. 9, pp. 173–203). Hillsdale, NJ: Erlbaum.
Eisenberg, N. & Fabes, R.A. (1992). Emotion, regulation, and the development of social competence. In M.S. Clark (Ed.), Review of personality and social psychology, Vol. 14 (pp. 119–150). Newbury Park, CA: Sage.
Eisenberg, N. & Fabes, R.A. (1998). Prosocial development. In N. Eisenberg (Ed.), Social, emotional, and personality development. Handbook of child psychology (W. Damon ed.), Vol. 3 (pp. 701–778). New York: Wiley.
Eisenberg, N., Fabes, R.A., Shepard, S.A., Murphy, B.C., Guthrie, I.K., Jones, S., Friedman, J., Poulin, R. & Maszk, P. (1997). Contemporaneous and longitudinal prediction of children's social functioning from regulation and emotionality. Child Development, 68, 642–664.
Eisenberg, N. & Miller, P.A. (1987). The relation of empathy to prosocial and related behaviors. Psychological Bulletin, 101, 91–119.
Eisenberg, N. & Mussen, P.H. (1989). The roots of prosocial behavior in children. Cambridge/Mass.: Cambridge University Press.
Eisenberg, N., Martin, C.L. & Fabes, R.A. (1996). Gender development and gender effects. In D.C. Berliner & R.C. Calfee (Eds.), The handbook of educational psychology (pp. 358–396). New York: Simon & Schuster.
Eisenberg, N., Schaller, M., Fabes, R.A., Bustamante, D., Mathy, R.M., Shell, R. & Rhodes, K. (1988). Differentiation of personal distress and sympathy in children and adults. Developmental Psychology, 24, 766–775.
Eisenberg, N., Shepard, S.A., Fabes, R.A., Murphy, B.C. & Guthrie I.K. (1998). Shyness and Children's emotionality, regulation, and coping: Contemporaneous, longitudinal, and across-context relations. Child Development, 69, 767–790.
Eisenberg, U. (1995). Jugendgerichtsgesetz (6. Aufl.). München: Beck.

Eisenstadt, M.J. (1966). Problem-solving ability of creative and non-creative college students. Journal of Counseling Psychology, 30, 81–83.
Eiser, C. (1985). The psychology of childhood illness. New York: Springer.
Eisert, H.G. (1999). Hyperkinetische Störungen. In H.-C. Steinhausen & M. von Aster (Hrsg.), Verhaltenstherapie und Verhaltensmedizin bei Kindern und Jugendlichen (S. 131–159). Weinheim: Beltz/PVU.
Ekerdt, D.J. (1986). The busy ethic: Moral continuity between work and retirement. The Gerontologist, 26, 239–244.
Ekman, P. (1988). Gesichtsausdruck und Gefühl. 20 Jahre Forschung. Paderborn: Junferman.
El-Giamal, M. (1999). Die Fribourger Zeitstichprobenstudie zum Übergang zur Elternschaft: Differentielle Veränderungen der Partnerschaftszufriedenheit. In B. Reichle & H. Werneck (Hrsg.), Übergang zur Elternschaft. Aktuelle Studien zur Bewältigung eines unterschätzten Lebensereignisses (S. 185–203). Stuttgart: Enke.
Elder, G. & Caspi, A. (1988). Human development and social change: An emerging perspective on the life course. In N. Bolger & A. Caspi (Eds.), Persons in context: Developmental processes. Human development in cultural and historical contexts (pp. 77–113). New York: Cambridge University Press.
Elder, G.H. (1974). Children of the Great Depression. Chicago: University of Chicago Press.
Elder, G.H. (1979). Historical change in life pattern and personality. In P. Baltes & O. Brim (Eds.), Life-span development and behavior (Vol. 2). New York: Academic Press.
Elder, G.H. jr. (1974). Children of the Great Depression. Chicago: University of Chicago Press.
Elder. G.H. , Liker, J.K. & Cross, E. (1984). Parent-child behavior in the great depression: Life course and intergenerational differences. In P.B. Baltes & O.G. Brim jr. (Eds.), Life-span development and behavior (Vol. 6, pp. 109–158). New York: Academic Press.
Elhardt, S. (1983). Tiefenpsychologie. Eine Einführung (Neunte, überarbeitete und ergänzte Aufl.). Stuttgart: Kohlhammer.
Elias, M.J., Gara M., Ubriaco M. & Rothbaum P.A., Clabby, J.F. & Schuyler, T. (1986). Impact of a preventive social problem solving intervention on children's coping with middle-school stressors. American Journal of Community Psychology, 14, 259–275.
Elischberger, H. & Roebers, C.M. (2001). Improving young children's free narratives about an observed event: The effects of nonspecific verbal prompts. International Journal of Behavioral Development, 25, 160–166.
Elkind, D. (1961). The child's conception of his religious denomination: I, The jewish child. Journal of Genetic Psychology, 99, 209–225.
Elkind, D. (1967). Egocentrism in adolescence. Child Development, 38, 1025–1034.
Elkind, D. (1990). Total verwirrt. Teenager in der Krise. Bergisch-Gladbach: Bastei Lübbe.
Elkonin, D.B. (1980). Psychologie des Spiels. Köln: Pahl-Rugenstein.
Elliger, T.J. & Schötensack, K. (1991). Sexueller Mißbrauch von Kindern – eine kritische Bestandsaufnahme. In G. Nissen (Hrsg.), Psychogene Psychosyndrome und ihre Therapie im Kindes- und Jugendalter (S. 143–154). Bern: Huber.
Elliott, D.S. & Huizinga, D. (1983). Social class and delinquent behavior in a national youth panel: 1976–1980. Criminology, 21, 149–177 (zit. nach Moffitt, T.E., 1993).
Elliott, D.S., Huizinga, D. & Menard, S. (1989). Multiple problem youth. Delinquency, substance use, and mental health problems. New York: Springer.
Ellis, B.J. & Garber, J. (2000). Psychosocial antecedents of variation in girls' pubertal timing: Maternal depression, stepfather presence, and marital and family stress. Child Development, 71, 485–501.
Ellis, B.J., McFadyen-Ketchum, S., Dodge, K.A., Pettit, G.S. & Bates, J.E. (1999). Quality of early family relationships and individual differences in the timing of pubertal maturation in girls: A longitudinal test of an evolutionary model. Journal of Personality and Social Psychology, 77, 387–401.
Ellis, L. & Ames, M.A. (1987). Neurohormonal functioning and sexual orientation: A theory of homosexuality – heterosexuality. Psychological Bulletin, 101, 233–258.
Ellsworth, C.P., Muir, D.W. & Hains, S.M.J. (1993). Social competence and person-object differentiation: An analysis of the still-face effect. Developmental Psychology, 29, 63–73.
Elman, J.L., Bates, E.A., Johnson, M.H., Karmiloff-Smith, A., Parisi, D. & Plunkett, K. (1996). Rethinking innateness: A connectionist perspective on development. Cambridge, MA: MIT Press.
Elsner, B. & Hager, W. (1995). Ist das Wahrnehmungstraining von M. Frostig effektiv oder nicht? Zur Evaluation des Programms zur Förderung der visuellen Wahrnehmung im deutschen Sprachraum. Praxis der Kinderpsychologie und Kinderpsychiatrie, 44, 48–61.
Emde, R. (1980). Levels of meaning for infant emotions: A biosocial view. In W.A. Collins (Ed.), Development of cognition, affect and social relations. Minnesota Symposia on Child Psychology (Vol. 13, pp. 1–37). Hillsdale NJ: Erlbaum.
Emery, R.E., Kitzmann, K.M. & Waldron, M. (1999). Psychological interventions for separated and divorced families. In E.M. Hetherington (Ed.), Coping with divorce, single parenting, and remarriage. A risk and resiliency perspective (pp. 323–344). Mahwah, N.J.: Lawrence Erlbaum.
Emler, N. P. & Hall, S. (1994). Economic roles in the household system. Young people's experiences and expectations. In M. J. Lerner & G. Mikula (Eds.), Entitlement and the affectional bond. Justice in close relationships (pp. 281–303). New York: Plenum Press.
Emmerich, W. & Shepard, K. (1982). Development of sex-differentiated preferences during late childhood and adolescence. Developmental Psychology, 18, 406–417.
Endler, N.S. (1975). The case for person-situation interactions. Canadian Psychological Review, 16, 12–21.
Engel, S.W. (1978). Ein System der Verlaufsforschung. In S.W. Engel & D. von Engelhardt (Hrsg), Kriminalität und Verlauf (S. 77–190). Heidelberg: Kriminalistik Verlag.

Engelbrech, G. (1991). Berufsausbildung, Berufseinstieg und Berufsverlauf von Frauen. Empirische Befunde zur Erklärung beruflicher Segregation. Mitteilungen aus der Arbeitsmarkt- und Berufsforschung, 24, 531–558.
Engelmayer, O. (1956). Pädagogische Entwicklungs- und Lebenshilfe. Die Psychologie in der Erziehungsarbeit von Schule, Heim und Haus. 3. Auflage. München: Ehrenwirth.
Engfer, A. (1986). Kindesmißhandlung. Ursachen, Auswirkungen, Hilfen. Stuttgart: Enke.
Engfer, A. (1991). Prospective identification of violent mother-child relationships. Child outcome at 6.3 years. In G. Kaiser, H. Kury & H.J. Albrecht (Eds.), Victims and criminal justice. Vol. III. Special victimological issues. Particular groups of victims (pp. 415–458). Freiburg: Max-Planck-Institut für Ausländisches und Internationales Strafrecht.
Engfer, A. (1997). Entwicklung punitiver Mutter-Kind-Interaktionen im sozioökologischen Kontext. Abschlußbericht für die Deutsche Forschungsgemeinschaft. Paderborn: Unveröffentlichte Broschüre.
Engl, J. (1997). Determinanten der Ehequalität. München: Institut für Forschung und Ausbildung in Kommunikationstherapie e.V.
Engl, J., Thurmaier, F. & Black, C. (1998). Konstruktive Ehe und Kommunikation (KEK). Ein Kurs zur Weiterentwicklung von Partnerschaft. Vorher-nachher-Ergebnisse: Entwicklung von Kommunikationsqualität, Ehequalität und individuellen Allgemeinbeschwerden. München: Institut für Forschung und Ausbildung in Kommunikationstherapie e.V.
Engl, J. & Thurmaier, F. (2001). Sich besser verstehen – die präventiven Programme EPL und KEK als neue Wege der Ehevorbereitung und Ehebegleitung. In S. Walper & R. Pekrun (Hrsg.), Familie und Entwicklung (S. 364–384). Göttingen: Hogrefe.
Ennouri, K. & Bloch, H. (1996). Visual control of hand approach movements in newborns. British Journal of Developmental Psychology, 14, 327–338.
Enzmann, D. & Greve, W. (2001). Jugend im Gefängnis: Soziale und individuelle Bedingungen der Strafhaft. In M. Bereswill & W. Greve (Hrsg.), Forschungsthema Strafvollzug (S. 109–145). Baden-Baden: Nomos.
Eppel, H. (1974). Förderung von Intelligenz und sprachlichem Ausdruck bei Vorschulkindern. Zeitschrift für Entwicklungspsychologie und Pädagogische Psychologie, 6, 109–123.
Eppright, E.S., Fox, H.M., Fryer, B.A., Lamkin, G.H. & Vivian, V.M. (1969). Eating behavior of preschool children. Journal of Nutritional Education, 6, 16–19.
Epstein, J.L. (1989). The selection of friends: Changes across the grades and in different school environments. In T.J. Berndt & G.W. Ladd (Eds.), Peer relationships in child development (pp. 158–187). New York: Wiley.
Epstein, S. (1973). The self-concept revisited, or a theory of a theory. American Psychologist, 28, 404–416.
Erdal, K.J. & Zautra, A.J. (1995). Psychological impact of illness downturns: a comparison of new and chronic conditions. Psychology and Aging, 10, 570–577.
Erdfelder, E. (1990). Deterministic developmental hypotheses, probabilistic rules of manifestation, and the analysis of finite mixture distributions. In A. von Eye (Ed.), Statistical methods in longitudinal research. Vol. II (pp. 471–510). New York: Academic Press.
Erdfelder, E., Rietz, C. & Rudinger, G. (1996). Methoden der Entwicklungspsychologie. In E. Erdfelder, R. Mausfeld, Th. Meiser & G. Rudinger. Handbuch quantitative Methoden (S. 539–550). Weinheim: Beltz/PVU.
Erel, O. & Burman, B. (1995). Interrelatedness of marital relations and parent-child relations: A metaanalytic review. Psychological Bulletin, 118, 108–132.
Erickson, F. (1984). School literacy, reasoning, and civility: An anthropologist's perspective. Review of Educational Research, 54, 525–546.
Erickson, M.F., Egeland, B. & Pianta, R. (1989). The effects of maltreatment on the development of young children. In D. Cicchetti & V. Carlson (Eds.), Child maltreatment. Theory and research on the causes and consequences of child abuse and neglect (pp. 647–684). Cambridge: Cambridge University Press.
Ericsson, K.A. (1985). Memory skill. Canadian Journal of Psychology, 39, 188–231.
Ericsson, K.A. & Crutcher, R.J. (1990). The nature of exceptional performance. In P.B. Baltes, D.L. Featherman & R.M. Lerner (Eds.), Life-span development and behavior (Vol. 10, pp. 187–217). Hillsdale, NJ: Erlbaum.
Ericsson, K.A., Krampe, R.Th. & Tesch-Römer, C. (1993). The role of deliberate practice in the acqusition ofexpert performance. Psychological Review, 100, 363–406.
Ericsson, K.A. & Lehmann, A.C. (1996). Expert and exceptional performance: Evidence of maximal adaption to task constraints. Annual Review of Psychology, 47, 273–305.
Erikson, E.H. (1959). Identity and the life cycle. New York: International University Press.
Erikson, E.H. (1959/1966). Identität und Lebenszyklus. Frankfurt/Main: Suhrkamp.
Erikson, E.H. (1968). Identity. Youth and crisis (dt.: Jugend und Krise. Stuttgart: Klett-Cotta, 1980, 3. Aufl.). New York: Norton.
Erikson, E.H. (1973). Identität und Lebenszyklus. Frankfurt: Suhrkamp.
Erikson, E.H. (1974). Jugend und Krise (2. Aufl.). Stuttgart: Klett.
Erikson, E.H. (1988). Der vollständige Lebenszyklus. Frankfurt: Suhrkamp.
Erikson, E.H. (1988). Jugend und Krise. Die Psychodynamik im sozialen Wandel (3. Auflage). Stuttgart: Klett-Cotta.
Erikson, E.M. (1978). Kinderspiel und politische Phantasie. Frankfurt: Suhrkamp.
Erlach, C., Reinmann-Rothmeier, G., Neubauer, A. & Mandl, H. (2001). Ein virtuelles Weiterbildungsseminar zur Ausbildung zum Knowledge Master. In G. Reinmann-Rothmeier & H. Mandl (Hrsg.), Virtuelle Seminare in Hochschule und Weiterbildung: Drei Beispiele aus der Praxis (S. 69–105). Bern: Huber.

Ernst, C. (1998). Zu den Problemen der epidemiologischen Erforschung des sexuellen Mißbrauchs. In G. Amann & R. Wipplinger (Hrsg.), Sexueller Missbrauch (S. 55–71). Tübingen: DGVT.

Escobar, G., Littenberg, B. & Petitti, D. (1991). Outcome among surviving very low birthweight infants: a meta-analysis. Archives of Disease in Childhood, 66, 204–211.

Essau, C. & Petermann, U. (2000). Depression. In F. Petermann (Hrsg.), Lehrbuch der Klinischen Kinderpsychologie und -psychotherapie (S. 292–322). Göttingen: Hogrefe.

Essau, C.A., Karpinski, N.A., Petermann, F. & Conradt, J. (1998). Häufigkeit, Komorbidität und psychosoziale Beeinträchtigung von depressiven Störungen bei Jugendlichen: Ergebnisse der Bremer Jugendstudie. Zeitschrift für Klinische Psychologie, Psychiatrie und Psychotherapie, 46, 316–329.

Esser, G. (1994). Ablehnung und Vernachlässigung im Säuglingsalter. In P. Kürner & R. Nafroth (Hrsg.), Die vergessenen Kinder. Vernachlässigung und Armut in Deutschland (S. 72–80). Köln: PapyRossa.

Esser, G. & Gerhold, M. (1998). Entwickungspsychopathologie. In H. Keller (Hrsg.), Lehrbuch Entwicklungspsychologie (S. 615–646). Bern, Göttingen: Huber.

Esser, G. & Wyschkon, A. (2000). Umschriebene Entwicklungsstörungen. In F. Petermann (Hrsg.), Lehrbuch der Klinischen Kinderpsychologie und -psychotherapie (S. 408–429). Göttingen: Hogrefe.

Esser, G., Schmidt, M.H., Fätkenheuer, B., Fritz, A., Koppe, T., Laucht, M., Rensch, B. & Rothenberger, W. (1992). Prävalenz und Verlauf psychischer Störungen im Kindes- und Jugendalter. Zeitschrift für Kinder- und Jugendpsychiatrie, 20, 232–242.

Estes, D., Wellman, H.M. & Woolley, J. (1989). Children's understanding of mental phenomena. Advances in Child Development and Behavior, 22, 41–87.

Ettrich, C. & Ettrich, K. U. (1995). Die Bedeutung sozialer Netzwerke und erlebter sozialer Unterstützung beim Übergang zur Elternschaft – Ergebnisse einer Längsschnittstudie. Psychologie in Erziehung und Unterricht, 42, 29–39.

Ettrich, Ch. (1998). Konzentrationstrainings-Programm für Kinder. I: Vorschulalter. Göttingen: Vandenhoeck & Ruprecht.

Ettrich, K.U. (1993). Untersuchungen zur Konzentrationsfähigkeit im Vorschulalter – Ergebnisse mit dem Konzentrations-Handlungs-Verfahren für Vorschulkinder. In H.P. Langfeldt & H.P. Trolldenier (Hrsg.), Pädagogisch-psychologische Diagnostik. Aktuelle Entwicklungen und Ergebnisse. Heidelberg: Asanger.

Evans, J.S.B.T. (1990). Bias in Human Reasoning: Causes ans Consequences. Hove: Erlbaum.

Evans, K. & Heinz, W.R. (Eds.) (1994). Becoming adults in England and Germany. London: Anglo-German Foundation.

Everson, M.D. & Boat, B. (1994). Putting the anatomical doll controversy in perspective. An examination of the major uses and criticisms of the dolls in child sexual abuse evaluations. Child Abuse and Neglect, 18, 113–129.

Ewert, O., Schumann-Hengsteler, R. & Thomas, J. (1993). Die Schätzung von Arbeitsgedächtniskapazität als entwicklungspsychologisches Problem. Zeitschrift für Entwicklungspsychologie und Pädagogische Psychologie, 25, 104–119.

Ewert, O.M. (1983). Entwicklungspsychologie des Jugendalters. Stuttgart: Kohlhammer.

Eysenck, H.J. (1947). Dimensions of personality. London: Routledge & Kegan Paul.

Eysenck, H.J. (1967). The biological basis of personality. Springfield, IL: Thomas.

Eysenck, H.J. & Rachman, S. (1967). Neurosen – Ursachen und Heilmethoden. Berlin: VEB Deutscher Verlag der Wissenschaften.

Fabes, R.A., Eisenberg, N. & Miller, P.A. (1990). Maternal correlates of children's vicarious emotional responsiveness. Developmental Psychology, 26, 639–648.

Fagan, J.F. & Detterman, D.K. (1992). The Fagan Test of Infant Intelligence: A technical summary. Journal of Applied Developmental Psychology, 16, 424–450.

Fagan, J.F. & Prigot, J.A. (1993). Negative affect and infant memory. In C. Rovee-Collier & L.P. Lipsitt (Eds.), Advances in infancy research, Vol. 8 (pp. 169–216). Norwood NJ: Ablex.

Fagan, J.F. & Shephard, P.A. (1987). The Fagan Test of infant intelligence. Cleveland, Ohio: Infantest.

Fagot, B.I. (1978). The influence of sex of child on parental reactions to toddler children. Child Development, 49, 459–465.

Fagot, B.I., Rodgers, C.S. & Leinbach, M.D. (2000). Theories of gender socialization. In T. Eckes & H.M. Trautner (Eds.), The developmental social psychology of gender (pp. 65–89). Mahwah, NJ: Lawrence Erlbaum.

Fantz, R.L. (1961). The origin of form perception. Scientific American, 204, 258–271.

Farran, D. (1990). Effects of intervention with disadvantaged and disabled children: A decade review. In S. Meisels & J. Shonkoff (Eds.), Handbook of early childhood intervention (pp. 501–539). New York: Cambridge University Press.

Farrington, D.P. (1986). Age and crime. In M. Tronry & N. Morris (Eds.), Crime and justice: An Annual Review of Research (Vol. 7, pp. 189–250). Chicago: University of Chicago Press.

Farrington, D.P. & West, D.J. (1990). The Cambridge study of delinquent development: A long-term follow-up of 411 London males. In H.J. Kerner & G. Kaiser (Hrsg.), Kriminalität: Persönlichkeit, Lebensgeschichte und Verhalten (S. 115–138). Berlin: Springer.

Faßbender, C. (1993). Auditory grouping and segregation processes in infancy. Norderstedt: Kaste.

Faust, M.S. (1977). Somatic development of adolescent girls. Monographs of the Society for Research in Child Development, 42, 169.

Fegert, J. M. (1993). Sexuell mißbrauchte Kinder und das Recht. Band 2. Ein Handbuch zu Fragen der kinder- und jugendpsychiatrischen und psychologischen Untersuchung und Begutachtung. Köln: Volksblatt Verlag.

Fegert, J.M. (1995). Kinderpsychiatrische Begutachtung und die Debatte um den Mißbrauch mit dem Mißbrauch. Zeitschrift für Kinder- und Jugendpsychiatrie, 23, 9–19.

Feierabend, S. & Klingler, W. (1997). Jugendliche und Multimedia: Ergebnisbericht. Medienpädagogischer Forschungsverbund Südwest. – (Internet-Informationen).

Feierabend, S. & Klingler, W. (2000). Fernsehnutzung von Kindern: Der aktuelle Forschungsstand. In S. Hoppe-Graff & R. Oerter (Hrsg.), Spielen und Fernsehen (S. 123–132). Weinheim: Juventa.

Fein, G.G. (1981). Pretend play in childhood: An integrative review. Child Development, 52, 1095–1118.

Fein, G. (1989). Mind, meaning and affect: proposals for a theory of pretense. Developmental Review, 9, 345–363.

Feingold, A. (1990). Gender differences in effects of physical attractiveness on romantic attraction. Journal of Personality and Social Psychology, 59, 981–993.

Feingold, A. (1992). Gender differences in mate selection preferences. Psychological Bulletin, 112, 125–139.

Feldman, E. & Dodge, K.A. (1987). Social information processing and sociometric status: Sex, age, and situational effects. Journal of Abnormal Child Psychology, 15, 211–227.

Feldman, R. (2000). Infant-mother and infant-father synchrony and the complexity of toddlers' symbolic play with father and mother. In International Conference on Infant Studies (ICIS), Brighton, UK. Unveröff. (abstract online).

Feldman, S.S. & Quatman, T. (1988). Factors influencing age expectations for adolescent autonomy: A study of early adolescents and parents. Journal of Early Adolescence, 8, 325–343.

Feldman, S.S., Mont-Reynaud, R. & Rosenthal, D.A. (1992). When East moves West: The accultuation of values of Chinese adolescents in the U.S. and Australia. Journal of Research on Adolescence, 2, 147–174.

Feldman, S.S. & Rosenthal, D.A. (1991). Age expectations of behavioral autonomy in Hong Kong, Australian and American youth: The influence of family variables and adolescents' values. International Journal of Psychology, 26, 1–23.

Felix, S.W. (1984). Maturational aspects of Universal Grammar. In A. Davis, C. Criper & A. Howatt (Eds.), Interlanguage (pp. 133–161). Edinburgh: Edinburgh University Press.

Felser, G. (1999). Bin ich so wie du mich siehst? Die Psychologie der Partnerwahrnehmung. München: C.H. Beck.

Fend, H. (1982). Gesamtschule im Vergleich. Bilanz der Ergebnisse des Gesamtschulversuchs. Weinheim: Beltz.

Fend, H. (1991). Identitätsentwicklung in der Adoleszenz. Lebensentwürfe, Selbstfindung und Weltaneignung in beruflichen, familiären und politisch-weltanschaulichen Bereichen (Bd. II). Bern, Stuttgart, Toronto: Huber.

Fend, H. (1991). Schule und Persönlichkeit: Eine Bilanz der Konstanzer Forschungen zur „Sozialisation in Bildungssystemen". In R. Pekrun & H. Fend (Hrsg.), Schule und Persönlichkeitsentwicklung (S. 9–32). Stuttgart: Enke.

Fend, H. (1998). Eltern und Freunde. Soziale Entwicklung im Jugendalter. Bern: Huber.

Fend, H. (2000). Entwicklungspsychologie des Jugendalters. Opladen: Leske + Budrich.

Fend, H. & Schröer, S. (1985). The formation of self-concept in the context of educational systems. Inernational Journal of Behavioral Development, 8, 423–444.

Fenson, L., Dale, P.S., Reznick, J.S., Thal, D., Bates, E., Hastung, J.P., Pethick, S. & Reilly, J.S. (1993). MacArthur Communicative Development Inventories. User's Guide and Technical Manual. San Diego: Singular Publishing Group, Inc.

Fergusson, D.M. & Mullen, P.E. (1999). Childhood Sexual Abuse. Thousand Oaks, Ca.: Sage.

Fernald, A. (1984). The perceptual and affective salience of mothers' speech to infants. In L. Feagans, C. Garvey & R. Golinkoff (Eds.), The origins and growth of communication (pp. 5–29). Norwood, NJ: Ablex.

Fernald, A. & Kuhl, P. (1987). Acoustic determinants of infant preference for motherese speech. Infant Behavior and Development, 10, 279–293.

Fernald, A., Taeschner, T., Dunn, J., Papousek, M., Boysson-Bardies, B. & Fukui, J. (1989). A cross-language study of prosodic modifications in mothers' and fathers' speech to preverbal infants. Journal of Child Language, 16, 977–1001.

Fernhout, J.W. (1986). Where is faith? Searching for the core of the cube. In C. Dykstra & S. Parks (Eds.), Faith development and Fowler (pp. 65–89). Birmingham, AL: Religious Education Press.

Ferrel, B.R. & Ferrel, B.A. (Eds.) (1996). Pain in the elderly. Seattle: IASP Press.

Ferri, E. (1976). Growing up in a one-parent family: A long-term study of child development. Windsor, Berks: NFER Publishing.

Festinger, L. (1954). A theory of social comparison processes. Human Relations, 7, 117–140.

Fetz, R.L. et al. (1992). Weltbildentwicklung und Gottesvorstellung. Eine strukturgenetische Untersuchung bei Kindern und Jugendlichen. In E. Schmitz (Hrsg.), Religionspsychologie (S. 101–130). Göttingen: Hogrefe.

Feuerlein, W., Küfner, H. & Soyka, M. (1998). Alkoholismus – Missbrauch und Abhängigkeit. Stuttgart: Thieme.

Field, T. (1995). Infants of depressed mothers. Infant Behavior and Development, 18, 1–13.

Field, T.M. (1985). Coping with seperationstress by infants and young children. In T.M. Field, P. McCabe & N. Schneidermann (Eds.), Stress and coping (pp. 197–219). Hillsdale, NJ: Lawrence Erlbaum Associates.

Fienberg, S.E. & Mason, W.M. (1978). Identification and estimation of age-period-cohort models in the analysis of discrete archival data. In K.F. Schuessler (Ed.), Sociological methodology 1979 (pp. 1–67). San Francisco: Jossey-Bass.

Filipp, S.-H. (1979). Selbstkonzept-Forschung: Probleme, Befunden, Perspektiven (3 Aufl.). Stuttgart: Klett-Cotta.

Filipp, S.-H. (1992). Could it be worse? The diagnosis of cancer as a prototype of traumatic life events. In L. Montada, S.-H. Filipp & M.J. Lerner (Eds.), Life crises and experiences of loss in adulthood (pp. 23–56). Hillsale, NJ: Lawrence Erlbaum.

Filipp, S.-H. (1999). Lebenserfahrung und Lebenssinn. In A. Niederfranke, G. Naegele & E. Frahm (Hrsg.), Die vielen Gesichter des Alterns (S. 101–136). Opladen: Westdeutscher Verlag.

Filipp, S.-H. (2000). Selbstkonzept-Forschung in der Retrospektive und Prospektive. In W. Greve (Hrsg.), Psychologie des Selbst (S. 7–14). Weinheim: Psychologie Verlags Union.
Filipp, S.-H. (Hrsg.) (1981). Kritische Lebensereignisse. München: Urban & Schwarzenberg.
Filipp, S.-H. (Hrsg.) (1990). Kritische Lebensereignisse (2. Aufl.). München: Psychologie Verlags Union.
Filipp, S.-H. & Brandtstädter, J. (1975). Beziehungen zwischen situationsspezifischer Selbstwahrnehmung und generellem Selbstbild. Psychologische Beiträge, 17, 460–471.
Filipp, S.-H. & Ferring, D. (1989). Zur Alters- und Bereichsspezifität subjektiven Alterserlebens. Zeitschrift für Entwicklungspsychologie und Pädagogische Psychologie 21, 279–293.
Filipp, S.-H., Klauer, T., Freudenberg, E. & Ferring, D. (1990). The regulation of subjective well-being in cancer patients. Psychology and Health, 4, 305–317.
Filipp, S.-H. & Mayer, A.-K. (1999). Bilder des Alters. Altersstereotype und die Beziehungen zwischen den Generationen. Stuttgart: Kohlhammer.
Fillmore, K.M. & Midanik, L. (1984). Chronicity of drinking problems among men: A longitudinal study. Journal of Studies of Alcohol, 45, 228–236.
Finkelhor, D. (1998). Zur internationalen Epidemiologie von sexuellem Mißbrauch an Kindern. In G. Amann & R. Wipplinger (Hrsg.), Sexueller Missbrauch (S. 72–85). Tübingen: DGVT.
Finkelhor, D., Hotaling, G., Lewis, I.A. & Smith, I.A. (1990). Sexual abuse in a national survey of adult men and women: Prevalence, characteristics, and risk factors. Child Abuse and Neglect, 14, 19–28.
Fisch, G., Cohen, I., Wolf, E., Brown W., Jenkins, E. & Gross, A. (1986). Autism and the fragile X Syndrome. American Journal of Psychiatry, 143, 1.
Fischer, A. (2000). Jugend und Politik. In Deutsche Shell (Hrsg.), Jugend 2000. 13. Shell Jugendstudie, Bd. 1 (S. 261–282). Opladen: Leske + Budrich.
Fischer, H.S., Hindemann, R. & Bruppacher, R. (1989). The Aarau study on pregnancy and the newborn: An epidemiological investigation of the course of pregnancy in 996 Swiss women, and its influence on newborn behavior using the Brazelton Scale. In J. K. Nugent, B.M. Lester & T.B. Brazelton (Eds.), The cultural context of infancy (Vol. 1, pp. 27–63). Norwood NJ: Ablex.
Fischer, K.W. (1980). A theory of cognitive development. The control and construction of hierarchies of skills.
Fisher, B.J. (1995). Successful aging, life satisfaction, and generativity in later life. Aging and Human Development, 41, 239–250.
Fisher, L. & Feldman, S.S. (1998). Familial antecedents of young adult health risk behavior: A longitudinal study. Journal of Family Psychology, 12, 66–80.
Fisher, S. & Reason, J. (1988). Handbook of life stress, cognition and health. Chichester: Wiley.
Fishkin, J., Keniston, K. & McKinnon, C. (1973). Moral reasoning and political ideology. Journal of Personality and Social Psychology, 27, 109–119.
Fiske, A.P. (1992). The four elementary forms of sociality: Framework for a unified theory of social relations. Psychological Review, 99, 689–723.
Fiske, S.T. (1993). Social cognition and social perception. Annual Review of Psychology, 44, 155–194.
Fitzpatrick, M.A. (1988). Between husbands and wives: Communication in marriage. Beverly Hills, CA: Sage Publications.
Fivush, R. & Hudson, J.A. (1990). Knowing and remembering in young children. Cambridge University Press.
Fivush, R. (1988). The functions of event memory: Some comments on Nelson and Barsalou. In U. Neisser & E. Winograd (Eds.), Remembering reconsidered: Ecological and traditional approaches to the study of memory. New York: Cambridge University Press.
Fivush, R. (1997). Event memory in early childhood. In N. Cowan (Ed.), The development of memory in childhood (pp. 139–161). Hove East Sussex, UK: Psychology Press.
Flammer, A. (1991). Entwicklungsaufgaben als Rituale? Entwicklungsaufgaben anstelle von Ritualen? In G. Klosinski (Hrsg.), Pubertätsriten. Äquivalente und Defizit in unserer Gesellschaft (S. 89–101). Bern: Huber.
Flammer, A. (1993). Entwicklungsaufgaben als gesellschaftliche Eintrittskarten. In H. Mandl, M. Dreher & H.-J. Kornadt (Hrsg.), Entwicklung und Denken im kulturellen Kontext (S. 119–128). Göttingen: Hogrefe.
Flammer, A. (1994). Mit Risiko und Ungewissheit leben. Zur psychologischen Funktionalität und Religiosität in der Entwicklung. In G. Klosinski (Hrsg.), Religion als Chance oder Risiko (S. 20–34). Bern: Huber.
Flapan, D. (1968). Children's understanding of social interaction. New York: Teachers College Press.
Flavell, J. (1977). Cognitive Development. Englewood Cliffs: Prentice Hall.
Flavell, J.H. (1972). An analysis of cognitive-developmental sequences. Genetic Psychology Monographs, 86, 279–350.
Flavell, J.H. (1977). Cognitive development. Englewood Cliffs: Prentice Hall.
Flavell, J.H. (1978). Metacognitive development. In J.M. Scandura & C.J. Brainerd (Eds.), Structural/process models of complex human behavior (pp. 213–245). Alphen a.d.Rijn: Sijthoff & Noordhoff.
Flavell, J.H. (2000). Development of children's knowledge about the mental world. International Journal of Behavioral Development, 24, 15–23.
Flavell, J.H., Beach, D.H. & Chinsky, J.M. (1966). Spontaneous verbal rehearsal in a memory task as a function of age. Child Development, 37, 283–299.
Flavell, J.H., Botkin, P.T., Fry, C.L., Wright, J.W. & Jarvis, P.E. (1968). The development of role-taking and communication skills in children. New York: Wiley.

Flavell, J.H., Everett, B.A., Croft, K. & Flavell, E.R (1981). Young children's knowledge about visual perception: Further evidence for the Level 1-Level 2 distinction. Developmental Psychology, 17, 99–103.
Flavell, J.H., Flavell, E.R., Green, F.L. & Moses, L.J. (1990). Young children's understanding of fact beliefs versus value beliefs. Child Development, 61, 915–928.
Flavell, J.H., Green, F.L. & Flavell, E.R. (1986). Development of knowledge about the appearance-reality distinction. Monographs of the Society for Research in Child Development, 51 (Serial No. 212).
Flavell, J.H., Green, F.L. & Flavell, E.R. (1995). The development of children's knowledge about attentional focus. Developmental Psychology, 31,706–712.
Flavell, J.H., Green, F.L. & Flavell, E.R. (1995). Young children's knowledge about thinking. Monographs of the Society for Research in Child Development. 60 (1, Serial No. 243).
Flavell, J.H., Green, F.L. & Flavell, E.R. (1997). The development of children's knowledge about inner speech. Child Development, 68, 39–47.
Flavell, J.H., Miller, P.H. & Miller, S.A. (1993). Cognitive development (3rd. ed.). Englewood Cliffs, NJ: Prentice-Hall.
Flavell, J.H., Miller, P.H. & Miller, S.A. (2001). Cognitive Development (4th. Ed.). Upper Saddle River, NJ: Prentice Hall.
Flavell, J.H., Mumme, D.L., Green, F.L. & Flavell, E.R. (1992). Young children's understanding of different types of beliefs. Child Development, 63, 960–977.
Flavell, J.H. & Wellman, H.M. (1977). Metamemory. In R.V. Kail & J.W. Hagen (Eds.), Perspectives on the development of memory and cognition (pp. 3–33). Hillsdale, NJ: Erlbaum.
Fleeson, W. & Heckhausen, J. (1997). More or less "me" in past, present and future. Psychology and Aging, 12, 125–136.
Flynn, J.R. (1984). The mean IQ of Americans: Massive gains 1932 to 1978. Psychological Bulletin, 95, 29–51.
Flynn, J.R. (1987). Massive IQ gains in 14 nations: What IQ tests really measure. Psychological Bulletin, 101, 171–191.
Flynn, J.R. (1999). Searching for justice. American Psychologist, 54, 5–20.
Fochler, E. (1999). Berufliche Integration junger Migranten in Zeiten von Konjunkturrückgang und technischem Wandel. Jugend, Beruf, Gesellschaft: Zeitschrift für Jugendsozialarbeit, Beratungs- und Betreuungsarbeit für junge AussiedlerInnen. 35. Sozialanalyse.
Fodor, J.A. (1975). The language of thought. New York: Thomas Y. Crowell.
Fodor, J.A. (1983). The modularity of the mind. Cambridge, MA: MIT Press.
Fodor, J.A. (1992). A theory of the child's theory of mind. Cognition, 44, 283–296.
Fogel, A. (1984). Infancy. Infant, family and society. St. Paul: West Publishing Company.
Fogel, A. (1993). Developing through relationships: Origins of communication, self, and culture. Chicago/IL: University of Chicago Press.
Fogel, A., Messinger, D.S., Dickson, K.L. & Hsu, H.-C. (1999). Posture and gaze in early mother-infant communication: Synchronization of developmental trajectories. Developmental Science, 2, 325–332.
Folkman, S., Lazarus, R., Pimley, S. & Novacek, J. (1987). Age differences in stress and coping processes. Psychology and Aging, 2, 171–184.
Fonzi, A., Schneider, B.H., Tani, F. & Tomada, G. (1997). Predicting childerns friendship status from their dyadic interaction in structured situations of potential conflict. Child Development, 68, 496–506.
Ford, D.H. & Lerner, R.M. (1992). Developmental systems theory. Newbury Park: Sage.
Ford, M.E. (1982). Social cognition and social competence in adolescence. Developmental Psychology, 18, 323–340.
Fordman, S. & Ogbu, J. (1986). Black students' school success: Coping with the "burden of 'acting white'". Urban Review, 18, 176–205.
Forgas, J.P. & Bond, M.H. (1985). Cultural influences on the perception of interaction episodes. Pers. Soc. Psychol. Bull, 11, 75–88.
Forgatch, M.S. & DeGarmo, D.S. (1998). Promoting boys' academic outcome: An effective parent trainign program for divorccing mothers. Eugene, OR.: Oregon Social Learning Center.
Formann, A.K. (1994). Measuring change using latent class analysis. In A. von Eye & C.C. Clogg (Eds.), Latent variables analysis. Applications for developmental research (pp. 294–312). Thousand oaks: Sage.
Fowler, J.W. (1989). Glaubensentwicklung. Perspektiven für Seelsorge und kirchliche Bildungsarbeit. München: Kaiser.
Fowler, J.W. (1991). Stufen des Glaubens. Die Psychologie der menschlichen Entwicklung und die Suche nach Sinn. Gütersloh: Gerd Mohn.
Fowler, J.W. (1994). Keeping Faith with God and our Children. A Practical Theological Perspective. Religious Education, 89, 543–560.
Fowler, W. (1962). Teaching a two-year-old to read: An experiment in early childhood learning. Genetic Psychology Monographs, 66, 181–283.
Fox, N.A., Henderson, H.A., Rubin, K.H., Calkins, S.D. & Schmidt, L.A. (2001). Continuity and discontinuity of behavioral inhibition and exuberance: Psychophysiological and behavioral influences across the first four years of life. Child Development, 72, 1–21.
Fox, R., Aslin, R.N., Shea, S.L. & Dumais, S.T. (1980). Stereopsis in human infants. Science, 207, 323–324.
Fozard, J.L., Thomas, J.C. & Waugh, N.C. (1990). Vision and hearing in aging. In J.E. Birren & K.W. Schaie (Eds.), Handbook of the psychology of aging (3 ed., pp. 150–170). San Diego, CA: Academic Press.
Frank, R., Walter, B. & Vaitl, D. (1989). Mehr Wohlbefinden und Genussfreude im Alter. Zeitschrift für Gerontopsychologie und -psychiatrie, 2, 351–364.
Franklin, R.D., Allison, D.B. & Gorman, B.S. (Eds.) (1997). Design and analysis of single-case research. Mahwah: Erlbaum.
Frary, R.B. (1985). Multiple-choice versus free-response: A simulation study. Journal of Educational Measurement, 22, 21–31

Frede, E.C. (1998). Preschool program quality in programs for children in poverty. In W.S. Barnett & S.S. Boocock (Eds.), Early care and education for children in poverty. Promises, programs, and long-term results (pp. 77–98). Albany: University of New York Press.
Freedman, D.G. & Freedman, N. (1969). Behavioral differences between Chinese-American and European-American newborn. Nature, 224, 1127.
Freitag, C.M., Lenz, K. & Lehmkuhl, U. (2000). Psychosoziale Belastung und ihre Bedeutung für Verhaltensauffälligkeiten bei Jugendlichen aus migrierten und deutschen Familien. Zeitschrift für Kinder- und Jugendpsychiatrie, 28, 93–103.
Fremmer-Bombik, E. (1997). Innere Arbeitsmodelle von Bindung. In G. Spangler & P. Zimmermann (Hrsg.), Die Bindungstheorie. Grundlagen, Forschung und Anwendung (S. 109–119). Stuttgart: Klett-Cotta.
Frensch, P.A., Lindenberger, U. & Kray, J. (1999). Imposing structure on an unstructured environment: Ontogenetic changes in the ability to form rules of behavior under conditions of low environmental predictability. In A.G. Friederici & R. Menzel (Eds.), Learning. Rule extraction and representation (pp. 139–162). Berlin: de Gruyter.
Freter, H.-J. (1993). Vergesellschaftung durch Teilzeitarbeit. In M. Kohli, H.-J. Freter, M. Langehennig, S. Roth, G. Simoneit & S. Tregel (Hrsg.), Engagement im Ruhestand. Rentner zwischen Erwerb, Ehrenamt und Hobby (S. 59–108). Opladen: Leske + Budrich.
Freud, A. (1958). Adolescence. In R.S. Eissler (Ed.), Psychoanalytic study of the child (Vol. 13, pp. 255–278). New York, NY: International Universities Press.
Freud, A. (1969). Adolescence as a developmental disturbance. In G. Caplan & S. Lebovici (Eds.), Adolescence. Psychosocial perspectives (pp. 5–10). New York: Basic Books.
Freud, A. (1975). Einführung in die Technik der Kinderanalyse. München: Reinhardt.
Freud, A. (1980). Das Ich und die Abwehrmechanismen. München: Kindler (Original erschienen 1936. Wien: Int. Psychoanalytischer Verlag).
Freud, A. & Bergmann, T. (1977). Kranke Kinder. Frankfurt: Fischer.
Freud, S. (1920). Jenseits des Lustprinzips. In Studienausgabe 1975 (Bd. 3). Frankfurt/M: Fischer.
Freud, S. (1920). Sammlung kleiner Schriften zur Neurosenlehre. Leipzig, Wien: Deuticke.
Freud, S. (1930). Vorlesungen zur Einführung in die Psychoanalyse. Wien: Internationaler Psychoanalytischer Verlag.
Freud, S. (1932). Concerning the sexuality of woman.
Freud, S. (1933). Neue Folge der Vorlesungen zur Einführung in die Psychoanalyse. Wien: Internationaler Psychoanalytischer Verlag.
Freud, S. (1938). Abriß der Psychoanalyse (= Studienausgabe, 1975, Ergänzungsband). Frankfurt/Main: Fischer.
Freud, S. (1942). Drei Abhandlungen zur Sexualtheorie. In Werke aus den Jahren 1904–1905. Ges. Werke (Bd. V, S. 27–145). London: Imago.
Freud, S. (1948). Einige psychische Folgen des anatomischen Geschlechtsunterschiedes. In Werke aus den Jahren 1925–1931. Ges. Werke (Bd. XIV, S. 19–30). London: Imago.
Freud, S. (1998). Gesammelte Werke. Bd.11: Vorlesungen zur Einführung in die Psychoanalyse (9. Aufl.). Frankfurt: Fischer (Original: 1917).
Freund, A. & Smith, J. (1997). Die Selbstdefinition im hohen Alter. Zeitschrift für Sozialpsychologie, 28, 44–59.
Freund, A. (1995). Wer bin ich? Die Selbstdefinition alter Menschen. Berlin: Sigma.
Freund, A.M. & Baltes, P.B. (2000). The orchestration of selection, optimization, and compensation: An action-theoretical conceptualization of a theory of developmental regulation. In W.J. Perrig & A. Grob (Eds.), Control of human behavior, mental processes and consciousness (pp. 35–58). Mahwah, NJ: Erlbaum.
Freund, A.M. & Baltes, P.B. (2000). The orchestration of selection, optimization, and compensation: An action-theoretical conceptualization of a theory of developmental regulation. In W.J. Perrig & A. Grob (Eds.), Control of human behavior, mental processes, and consciousness (pp. 35–58). Mahwah, NJ: Lawrence Erlbaum Associates.
Freund, A.M., Li, K.Z.H. & Baltes, P.B. (1999). Successful development and aging: The role of selection, optimzation, and compensation. In J. Brandtstädter & R. M. Lerner (Eds.), Action and self-development: Theory and research through the life span (pp. 401–434). Thousand Oaks, CA: Sage.
Freund, E.S. & McGuire, M.B. (1991). Health, illness, and the social body. Englewood Cliffs: Prentice Hall.
Frey, D. (2000). Kommunikations- und Kooperationskultur aus sozialpsychologischer Sicht. In H. Mandl & G. Reinmann-Rothmeier (Hrsg.), Wissensmanagement. Informationszuwachs – Wissensschwund? Die strategische Bedeutung des Wissensmanagements (S. 73–92). München: Oldenbourg.
Frey, K.S. & Ruble, D. N. (1992). Gender constancy and the "cost" of sex-typed behavior: A test of the conflict hypothesis. Developmental Psychology, 28, 714–721.
Frick, J.E., Colombo, J. & Saxon, T.F. (1999). Individual and developmental differences in disengagement of fixation in early infancy. Child Development, 70, 537–548.
Friederici, A.D. (1993). Development of language relevant processing systems: The emergence of a cognitive module. In B. de Boysson-Bardies, S. de Schonen, P. Jusczyk, P. McNeilage & J. Morton (Eds.), Developmental neurocognition: Speech and face processing in the first year of life (pp. 451–459). Dordrecht: Kluwer Academic Publishers.
Friedlmeier, W. (1999a). Emotionsregulation in der Kindheit. In W. Friedlmeier & M. Holodynski (Hrsg.), Emotionale Entwicklung. Funktion, Regulation und soziokultureller Kontext von Emotionen (S. 197–218). Heidelberg: Spektrum Akademischer Verlag.
Friedlmeier, W. (1999b). Sozialisation der Emotionsregulation. Zeitschrift für Soziologie der Erziehung und Sozialisation, 19 (1), 35–51.

Friedlmeier, W. & Holodynski, M. (Hrsg.) (1999). Emotionale Entwicklung. Funktion, Regulation und soziokultureller Kontext von Emotionen. Heidelberg: Spektrum Akademischer Verlag.

Friedlmeier, W. & Trommsdorff, G. (1992). Entwicklung von Empathie. In G. Finger & C. Steinebach (Hrsg.), Frühförderung. Zwischen passionierter Praxis und hilfloser Theorie (S. 138–150). Freiburg: Lambertus.

Friedman, S.L. & Sigman, M.D. (Eds.) (1992). The psychological development of low birthweight children. In Annual advances in applied developmental psychology, Vol. 6 (pp. 159–187). Norwood NJ: Ablex.

Friedrich, B. (1985). Zur Determinierung der konzeptionellen und sprachlichen Entwicklung der Kinder im jüngeren Schulalter durch den Unterrichtsstil des Lehrers. Vortrag auf dem Symposion „Wechselwirkung Individuum–Umwelt und psychische Entwicklung der Persönlichkeit in der Ontogenese" in Berlin (DDR):

Friedrich, H.F. & Ballstaedt, S.P. (1997). Modul 3: Strategien für das Lernen mit Medien. In H.F. Friedrich, G. Eigler, H. Mandl, W. Schnotz, F. Schott & N.M. Seel (Hrsg.), Multimediale Lernumgebungen in der betrieblichen Weiterbildung – Gestaltung, Lernstrategien und Qualitätssicherung (S. 165–265). Neuwied: Luchterhand.

Friedrich, H.F. & Mandl, H. (1992). Lern- und Denkstrategien – ein Problemaufriß. In H. Mandl & H.F. Friedrich (Hrsg.), Lern- und Denkstrategien – Analyse und Intervention (S. 1–54). Göttingen: Hogrefe.

Friedrich, H.F. & Mandl, H. (1997). Analyse und Förderung selbstgesteuerten Lernens. In F. E. Weinert & H. Mandl (Hrsg.), Enzyklopädie der Psychologie: Themenbereich D Praxisgebiete, Serie 1 Pädagogische Psychologie, Band 4 Psychologie der Erwachsenenbildung (S. 237–293). Göttingen: Hogrefe.

Fries, S., Lund, B. & Rheinberg, F. (1999). Läßt sich durch gleichzeitige Motivförderung das Training des induktiven Denkens optimieren? Zeitschrift für Pädagogische Psychologie, 13, 37–49.

Frijda, N. H. (1986). The emotions. New York/NY: Cambridge University Press.

Fristad, M., Weller, E., Weller, R. & Grosshans, B. (1989). Children's bereavement during the first year post-parental death. Proceedings of the Annual Meeting of the American Academy of child and Adolescent Psychiatry, 5, 62–63.

Frith, C.D. & Frith, U. (1999). Interacting minds – A biological Basis. Science, 286, 1692–1694.

Frith, U. (1985). Beneath the surface of developmental dyslexia. In K.E. Patterson, J.C. Marshall & M. Coldheart (Eds.), Surface Dyslexia. London: Erlbaum.

Frith, U. (1989). Autism: Explaining the enigma. Oxford, England: Oxford University Press.

Fritsch, G., Winkler, E. Flaneyek, A. & Muller, W. (1986). Neurological, psychological and olgopedic follow-up observations in 6- to 8-year-old premature infants with a birthweight below 1500 g. Monatsschrift für Kinderheilkunde, 134, 687–691.

Frogner, E. (1991). Sport im Lebenslauf: Eine Verhaltensanalyse zum Breiten- und Freizeitsport. Stuttgart: Enke.

Frydenberg, E. (1997). Stress and coping. London: Routledge.

Fthenakis, W.E. & Textor, M.R. (1998) (Hrsg.). Qualität von Kinderbetreuung. Konzepte, Forschungsergebnisse, internationaler Vergleich. Weinheim: Beltz Verlag.

Fthenakis, W.E., Niesel, R. & Griebel, W. (1993). Scheidung als Reorganisationsprozeß. In K. Menne, H. Schillling & M. Weber (Hrsg.), Kinder im Scheidungskonflikt. Beratung von Kindern und Eltern bei Trennung und Scheidung (S. 261–289). Weinheim: Juventa.

Fuchs-Heinritz, W. (2000). Religion. In Deutsche Shell (Hrsg.), Jugend 2000, Band 1 (S. 157–180). Opladen: Leske & Budrich.

Fuligni, A. (1997). The academic achievement of adolescents from immigrant families. Child Development, 68, 351–363.

Fuligni, A. (1998). Athority, autonomy, and parent-adolescent conflict and cohesion: A study of adolescents from Mexican, Chinese, Filipino, and European backgrounds. Developmental Psychology, 34, 782–792.

Fullinwider-Bush, N. & Jacobvitz, D.B. (1993). The transition to young adulthood. Family Process, 32, 87–103.

Furchtgott, E. (1999). Aging and human motivation. New York, NY: Kluwer Academic/Plenum Publishers.

Furstenberg, F.F., Jr. & Cherlin, A.J. (1993). Geteilte Familien. Stuttgart: Klett-Cotta.

Furstenberg, F.F., Jr. & Teitler, J.O. (1994). Reconsidering the effects of marital disruption: What happens to children of divorce in early adulthood. Journal of Family Issues, 15, 173–190.

Gabrielsson, A. (1999). The performance of music. In D. Deutsch (Ed.), The psychology of music (pp. 501–602). San Diego: Academic Press.

Gadamer, H.-G. (1993). Das Alter – Gewinn und Verlust. Der Bayerische Internist, 13, 39–42.

Gahagan, D.M. (1970). Talk reform. Explorations in language for infant school children. London: Routledge & Kegan Paul (dt.: Kompensatorische Spracherziehung in der Vor- und Grundschule. Düsseldorf: Schwann, 1971).

Gaiser, W., Gille, M., Krüger, W. & de Rijke, J. (2000). Politikverdrossenheit in Ost und West? Einstellungen von Jugendlichen und jungen Erwachsenen. Aus Politik und Zeitgeschichte. Beilage zur Wochenzeitung Das Parlament, B 19–20/2000, 12–23.

Galambos, N.L. & Maggs, J.L. (1990). Parenting mothers' work-related stress in perspective: mothers and adolescents in dual-earner families. Journal of Early Adolescence, 10, 313–328.

Gallimore, G. & Goldenberg, C.N. (1992). Tracking the Developmental Path of Teachers and Learners: A Vygotskian Perspektive. San Francisco: Jossey-Bass Publisher.

Garcia Coll, C.T. (1990). Developmental outcome of minority infants: A progress-oriented look into our beginnings. Child Development, 61, No. 2, 270–289.

Gardner, H. (1993). Multiple intelligences: The theory in practice. New York: Basic Books.

Gardner, J.M., Karmel, B.Z. & Magnano, C.L. (1992). Arousal/visual preference interactions in high-risk neonates. Developmental Psychology, 28, 821–830.

Garfein, A.J. & Herzog, A.R. (1995). Robust aging among the young-old, old-old, and oldest-old. Journal of Gerontology: Social Sciences, 50B, S77-S87.

Garner, R. (1990). Children's use of strategies in reading. In D.F. Bjorklund (Ed.), Children's strategies (pp. 245–268). Hillsdale, NJ: Lawrence Erlbaum.

Garner, W.R. (1974). The processing of information and structure. Hillsdale, NJ: Erlbaum

Gately, D. & Schwebel, A.I. (1992). Favorable outcomes in children after parental divorce. Journal of Divorce & Remarriage, 18, 57–78.

Gathercole, S. E. (1998). The development of memory. Journal of Child Psychology and Psychiatry, 39, 3–27.

Gathercole, S.E., Willis, C., Emslie, H. & Baddeley, A.D. (1992). Phonological memory and vocabulary development during the early school years: A longitudinal study. Developmental Psychology, 28, 887–898.

Geary, D.C. (1995). Reflections of evolution and culture in children's cognition. American Psychologist, 50, 24–37.

Geary, D.C. (1996). Sexual selection and sex differences in mathematical ability. Behavioral and Brain Sciences, 19, 229–284.

Geary, D.C. (2000). Evolution and proximate expression of human paternal investment. Psychological Bulletin, 126, 55–77.

Geary, D.C. & Bjorklund, D.F. (2000). Evolutionary developmental psychology. Child Development, 71, 57–65.

Geertz, C. (1963). Indonesian cultures and communities. In R.T. McVey (Ed.), Indonesia. New Haven: Yale University Press.

Geertz, C. (1975). On the nature of anthropological understanding. American Scientist, 63, 47–53.

Gehle (1998). Kinder im Netz. Internetnutzung zwischen 6 und 13 Jahren. Diplomarbeit am Institut für Journalistik der Universität Dortmund – (Internet-Informationen).

Gelman, R. & Baillargeon, R. (1983). A review of some Piagetian concepts. In J.H. Flavell & E.M. Markman (Eds.), Handbook of child psychology. (Vol. 3, pp. 167–230). New York: Wiley.

Gelman, S.A. (1994). Concepts and theories. In R. Gelman & T.K.F. Au (Eds.), Perceptual and cognitive development (pp. 117–150). San Diego: Academic Press.

Gelman, S.A. & Coley, D. (1990). The importance of knowing a dodo is a bird: Categories and inferences in 2-year-old children. Developmental Psychology, 26, 796–804.

Gelman, S.A. & Markman, E.M. (1986). Categories and induction in young children. Cognition, 23, 183–209.

Gelman, S.A. & Markman, E.M. (1987). Young children's inductions from natural kinds: The role of categories and appearances. Child Development, 58, 1532–1541.

Gelman, S.A. & Wellman, H.M. (1991). Insides and essences: Early understandings of the non-obvious. Cognition, 38, 213–244.

Gensicke, T. (2001). Freiwilliges Engagement in den neuen und alten Bundesländern. Ergebnisse des Freiwilligensurveys 1999. Aus Politik und Zeitgeschichte. Beilage zur Wochenzeitung Das Parlament, B 25–26/2001, 24–32.

Gentner, D. (1978). Der experimentelle Nachweis der psychologischen Realität semantischer Komponenten: Die Verben des Besitzes. In D. Norman & D.E. Rumelhardt (Hrsg.), Strukturen des Wissens (S. 213–247). Stuttgart: Klett.

George, C., Kaplan, M. & Main, M. (2001). Adult attachment interview. In G. Gloger-Tippelt (Hrsg.), Bindung im Erwachsenenalter (S. 364–387). Bern: Huber.

Geppert, U. & Heckhausen, H. (1990). Ontogenese der Emotionen. In K. Scherer (Hrsg.), Psychologie der Emotionen. Enzyklopädie der Psychologie C, IV, 3 (S. 115–214). Göttingen: Hogrefe.

Gerardi, G., Rothbart, M.K., Posner, M.I. & Kepler, S. (1996). The development of attentional control: Performance on a spatial Stroop-like task at 24, 30, and 36–38-month-of-age. Poster presented at the annual meeting of the International Society for Infant Studies. Providence, RI:

Gergely, G., Nadasdy, Z., Csibra, G. & Bíró, S. (1995). Taking the intentional stance at 12 months of age. Cognition, 56, 165–93.

Gergen, K.J. (1979). Selbstkonzept und Sozialisation des aleatorischen Menschen. In L. Montada (Hrsg.), Brennpunkte der Entwicklungspsychologie (S. 358–373). Stuttgart: Kohlhammer.

Gergen, K.J. (1985). Social constructionist inquiry: Context and implications. In K.J. Gergen & K.E. Davis (Eds.), The social construction of the person (pp. 3–18). New York: Springer.

Gerrard, M., Gibbons, F.X., Benthin, A.C. & Hessling, R.M. (1996). A longitudinal study of the reciprocal nature of risk behaviors and cognitions in adolescents: What you do shapes, what you think and vice versa. Health Psychology, 15, 344–354.

Gerstenmaier, J. & Mandl, H. (1995). Wissenserwerb unter konstruktivistischer Perspektive. Zeitschrift für Pädagogik, 41, 867–888.

Gert, E. (1983). Die moralischen Regeln. Frankfurt/M.: Suhrkamp.

Gesell, A. (1940). The first five years of life. New York: Harper.

Gesell, A. (1964). Jugend. Die Jahre von zehn bis sechzehn (2. Auflage). Bad Nauheim: Christian (Original erschienen 1957: Youth: The Years from Ten to Sixteen. New York: Harper and Brothers).

Gesell, A. & Ilg, F.L. (1946). The child from five to ten. New York: Harper.

Gesell, A., Ilg, F.L., Ames, L.B. (1956). The years from ten to sixteen. New York: Harper.

Gewirtz, J.L. (1969). Mechanismen of social learning: Some roles of stimulation and behavior in early human development. In D.A. Goslin (Ed.), Handbook of socialization theory and research (pp. 57–212). Chicago, ILL: Rand McNally.

Ghim, H.-R. (1990). Evidence for perceptual organization in infants: Perception of subjective contours by young infants. Infant Behavior and Development, 13, 221–248.

Ghisletta, P. & Lindenberger, U. (2001). Age-based structural dynamics between perceptual speed and knowledge in the Berlin Aging Study: Direct evidence for ability dedifferentiation in old age.Unveröffentlichtes Manuskript. [Wird aktualisiert oder ersetzt]

Gianino, A. & Tronick, E. (1988). The mutual regulation model: The infant's self and interactive regulation and coping and defensive capacities. In T.M. Field, P.M. McCabe & N. Schneidermann (Eds.), Stress and coping across development (pp. 47–68). Hillsdale, NJ Lawrence Erlbaum Associates.
Gibson, E.J. (1988). Exploratory behavior in the development of perceiving, acting and the acquiring of knowledge. Annual Review of Psychology, 39, 1–41.
Gibson, E.J. & Walk, R.D. (1960). The "visual cliff". Scientific American, 202, 64–71.
Gibson, E.J. & Walker, A.S. (1984). Development of knowledge of visual and tactual affordances of substance. Child Development, 55, 453–460.
Gick, M.L. & Holyoak, K.J. (1980). Analogical problem solving. Cognitive Psychology, 12, 306–355.
Gick, M.L. & Holyoak, K.J. (1983). Schema induction and analogical transfer. Cognitive Psychology, 15, 1–38.
Giesen, H. (2000). Geschlechtsunterschiede. In M. Amelang (Hrsg.), Enzyklopädie der Psychologie, Serie VIII Differentielle Psychologie und Persönlichkeitsforschung, Band 4: Determinanten individueller Unterschiede (S. 539–593). Göttingen: Hogrefe.
Gille, M., Krüger, W., de Rijke, J. & Willems, H. (1996). Das Verhältnis Jugendlicher und junger Erwachsener zur Politik: Normalisierung oder Krisenentwicklung? Aus Politik und Zeitgeschichte. Beilage zur Wochenzeitung Das Parlament, B 19/96, 3–17.
Gilligan, C. (1984). Die andere Stimme. Lebenskonflikte und Moral der Frau. München: Piper.
Gilligan, J. (1976). Beyond morality: Psychoanalytic reflections on shame, guilt, and love. In T. Lickona (Ed.), Moral development and behavior (pp. 144–158). New York: Holt, Rinehart & Winston.
Gillis, J.R. (1980). Geschichte der Jugend. Tradition und Wandel im Verhältnis der Altersgruppen und Generationen in Europa von der zweiten Hälfte des 18. Jahrhunderts bis zur Gegenwart (dt. Übersetzung: Herrmann, U. & Roth, L.). Weinheim: Beltz.
Ginzberg, E. (1952). Toward a theory of occupational choice. Occupations, 30, 491–494.
Gjerde, P.F. (1986). The interpersonal structure of family interaction settings: Parent-adolescent relations in dyads and triads. Developmental Psychology, 22, 297–304.
Glaser, R. (1984). Education and thinking the role of knowledge. American Psychologist, 39, 93–104.
Glass, T.A., Seeman, T.E., Herzog, A.R., Kahn, R. & Berkman, L.F. (1995). Change in productive activity in late adulthood: MacArthur Studies of Successful Aging. Journal of Gerontology: Social Sciences, 50B, S65-S76.
Gleaves, D.H., Lowe, M.R., Snow, A.C., Green, B.A. & Murphy-Eberenz, K.P. (2000). Continuity and discontinuity models of bulimia nervosa: A taxometric investigation. Journal of Abnormal Psychology, 109, 56–68.
Gleitman, L.R. (1986). Biological dispositions to learn language. In W. Demopoulus & A. Marras (Eds.), Language learning and concept acquisition: Foundational issues (pp. 3–28). Norwood NJ: Ablex.
Gleitman, L.R. (1990). The structural sources of verb meanings. Language Acquisition, 1, 3–55.
Glenn, N.C. & Kramer, K.B. (1987). The marriages and divorces of the children of divorce. Journal of Marriage and the Family, 49, 811–825.
Glick, P. & Fiske, S.T. (1996). The Ambivalent Sexism Inventory: Differentiating hostile and benevolent sexism. Journal of Personality and Social Psychology, 70, 491–512.
Gloger-Tippelt, G. (1988). Schwangerschaft und erste Geburt. Psychologische Veränderungen der Eltern. Stuttgart: Kohlhammer.
Gloger-Tippelt, G. (1991). Zusammenhänge zwischen dem Schema vom eigenen Kind vor der Geburt und dem Bindungsverhalten nach der Geburt bei erstmaligen Müttern. Zeitschrift für Entwicklungspsychologie und Pädagogische Psychologie, 23, 95–114.
Gloger-Tippelt, G. & Huerkamp, M. (1998). Relationship change at the transition to parenthood and security of infant-mother attachment. International Journal of Behavioral Development, 22, 633–656.
Gloger-Tippelt, G., Rapkowitz, I., Freudenberg, I. & Maier, S. (1995). Veränderungen der Partnerschaft nach der Geburt des ersten Kindes. Ein Vergleich von Eltern und kinderlosen Paaren. Psychologie in Erziehung und Unterricht, 42, 255–269.
Gloger-Tippelt, G., Vetter, J. & Rauh, H. (2000). Untersuchungen mit der „Fremden Situation" in deutschsprachigen Ländern: ein Überblick. Psychologie in Erziehung und Unterricht, 47, 87–98.
Glover, R. & Schluder, P. (1988). The new competitive runner's handbook. New York: Penguin Books.
Glueck, S. & Glueck, E. (1959). Predicting delinquency and crime. Cambridge, MA: Harvard University Press.
Glueck, S. & Glueck, E. (1968). Delinquents and nondelinquents in perspective. Cambridge, MA: Harvard University Press.
Gobet, F. & Simon, H.A. (1996). The roles of recognition processes and look-ahead search in time-constrained expert problem solving: Evidence from grand-master-level chess. Psychological Science, 7, 52–55.
Goffman, E. (1963). Stigma: Notes in the management of spoiled identity. Englewood Cliffs, NJ: Prentice-Hall (dt.: Stigma, Frankfurt: Suhrkamp, 1967).
Goffman, E. (1973). Wir alle spielen Theater. – Die Selbstdarstellung im Alltag. München: Piper.
Gogate, L.J., Bahrick, L.E. & Watson, J. D. (2000). A study of multimodal motherese: The role of temporal synchrony between verbal labels and gestures. Child Development, 71, 878–894.
Gold, A. & Kloft, C. (1991). Der Studienabbruch: Eine Analyse von Bedingungen und Begründungen. Zeitschrift für Entwicklungspsychologie und Pädagogische Psychologie, 23, 265–279.
Gold, D. & Andres, D. (1978). Developmental comparisons between 10-year-old children with employed and non-employed mothers. Child Development, 49, 75–84.
Goldfield, B.A. & Reznick, J.S. (1990). Early lexical acquisition: Rate, content, and the vocabulary spurt. Journal of Child Language, 17, 171–183.

Goldfield, E.C., Wolff, P.H. & Schmidt, R.C. (1999). Dynamics of oral-respiratory coordination in full-term and preterm infants: I. Comparison at 38–40 weeks postconceptual age. Developmental Science, 2, 363–373.

Goldin-Meadow, S. & Mylander, C. (1998). Spontaneous sign systems created by deaf children in two cultures. Nature, 391, 279–281.

Goldman, R. (1964). Religious Thinking from Childhood to Adolescence. London: Routledge & Kegan Paul.

Goldman-Rakic, P.S. (1985). Toward a neurobiology of cognitive development. In J. Mehler & R. Fox (Eds.), Neonate cognition (pp. 285–306). Hillsdale NJ: Erlbaum.

Goldsmith, H.H. (1983). Genetic influences of personality from infancy to adulthood. Child Development, 54, 331–355.

Goleman, D. (1997). Emotionale Intelligenz. München: dtv. (Original erschienen 1995: Emotional intelligence)

Golinkoff, R.M. & Hirsh-Pasek, K. (1990). Let the mute speak: What infants can tell us about language acquisition. Merrill-Palmer Quarterly, 36, 67–92.

Gollwitzer, P.M. (1987). The implementations of identity intensions: A motivational-volitional perspective on symbolic self-completion. In F. Halisch & J. Kuhl (Hrsg.), Motivation, Intention und Volition (S. 349–369). Berlin: Springer.

Gollwitzer, P.M. & Moskowitz, G.B. (1996). Goal effects on action and cognition. In E.T. Higgins & A.W. Kruglanski (Eds.), Social psychology. Handbook of basic principles (pp. 361–399). New York: Guilford Press.

Gollwitzer, P.M. & Wicklund R.A. (1985). The pursuit of self-defining goals. In J. Kuhl & J. Beckmann (Eds.), Action control (pp. 61–85). Berlin: Springer.

Gomes-Pedro, J.C. (1989). The effect of extended contact in the neonatal period on the behavior of mothers and infants. In J.K. Nugent, B.M. Lester & T.B. Brazelton (Eds.), The cultural context of infancy (Vol. 1: Biology, culture and infant development, pp. 209–235). Norwood NJ: Ablex.

Gondoli, D.M. & Silverberg, S.B. (1997). Maternal emotional distress and diminished responsiveness: The mediating role of parenting efficacy and parental perspective taking. Developmental Psychology, 33, 861–868.

Gondoli, D.M. (1999). Adolescent development and health. In T.L. Whitman, T.V. Merluzzi & R.D. White (Eds.), Life-span perspectives on health and illness (pp. 147–164). Mahwah, NJ: Erlbaum.

Goodman, K.S. (1970). Reading: A psycholinguistic guessing game. In H. Singer & R.B. Ruddell (Eds.), Theoretical models and processes of reading. Newark, DE: International Reading Association.

Goodson, B.D. & Hess, R.D. (1978). The effects of parent training programs on child performance and parent behavior. In B. Brown (Ed.), Found: Long-term gains from early intervention (pp. 37–78). Boulder: Westview Press.

Gopnik, A. (1988). Three types of early word: The emergence of social words, names and cognitive-relational words in the one-word stage and their relation to cognitive development. First Language, 8, 49–70.

Gopnik, A. & Astington, J.W. (1988). Children's understanding of representational change and its relation to the understanding of false belief and the appearance-reality distinction. Child Development, 59, 26–37.

Gopnik, A., Choi, S. & Baumberger, T. (1996). Cross linguistic differences in early semantic and cognitive development. Cognitive Development, 11, 197–227.

Gopnik, A. & Meltzoff, A.N. (1993). Words and thought in infancy: The specificity hypothesis and the development of categorization and naming. In C. Rovee-Collier & L.P. Lipsitt (Eds.), Advances in infancy research (pp. 217–249). Norwood, NJ: Ablex.

Gopnik, A. & Meltzoff, A.N. (1997). Words, thoughts, and theories. Cambridge, MA: MIT Press.

Gopnik, A. & Wellman, H.M. (1992). Why the child's theory of mind really is a theory. Mind and Language, 7, 145–171.

Gopnik, A. & Wellman, H.M. (1994). The theory theory. In L. Hirschfeld & S.A. Gelman (Eds.), Domain specificity in cognition and culture. New York: Cambridge University Press.

Gordon, C. (1968). Self-conceptions: Configurations of content. In C. Gordon & K.J. Gergen (eds.), The self in social interaction (vol. 1, pp. 115–136). New York, NY: Wiley.

Gordon, D. (2000). Parent training via CD-ROM: Using technology to disseminate effective prevention practices. Journal of Primary Prevention, 21, 227–251.

Gordon, E. (1986). Musikalische Begabung. Mainz: Schott.

Gordon, E.E. (1990). The anture and description of develpmental and stabilized musi aptitudes. In F.R. Wilson & F.L. Roehmann (Eds.), Music and child development (pp. 325–335). San Louis, Missouri: MMC Music.

Gordon, I.J. (1971). Early child stimulation through parent education. In I.J. Gordon (Ed.), Reading in research in developmental psychology (pp. 146–154). Glenview, Illinois: Scott, Foresman.

Gordon, T. (1989). Familienkonferenz in der Praxis. Wie Konflikte mit Kindern gelöst werden. München: Heyne.

Goswami, U. (1992). Analogical Reasoning in Children. Hove: Erlbaum.

Goswami, U. (1998). Cognition in children. London: Psychology Press.

Goswami, U. (2001). So denken Kinder. Einführung in die Psychologie der kognitiven Entwicklung. Bern: Huber.

Gottardo, A., Stanovich, K.E. & Siegel, L.S. (1996). The realtionships between phonological sensitivity, syntactic processing, and verbal working memory in the reading performance of third-grade-children. Journal of Experimental Child Psychology, 63, 563–582.

Gottfredson, L.S. (1981). Circumscription and compromise: A developmental theory of occupational aspirations. Journal of Counseling Psychology. Monograph. Nr 6, 28, 545–579.

Gottlieb, G. (1991). Experiential canalization of behavioral development: Theory. Developmental Psychology, 27, 4–13.

Gottman, J. (1995). The analysis of change. Hillsdale: Erlbaum.

Gottman, J.M. (1993). The roles of conflict engagement, escalation, or avoidance in marital interaction: A longitudinal view of five types of couples. Journal of Consulting and clinical Psychology, 61, 6–15.
Gottman, J.M. (1994) What predicts divorce? Hillsdale: Erlbaum.
Gottman, J.M. (1998). Laß uns einfach glücklich sein! München: Heyne.
Gottman, J.M., Katz, L.F. & Hooven, C. (1997). Meta-Emotion. How families communicate emotionally. Mahwah/NJ: Lawrence Erlbaum.
Gottman, J.M. & Parkhurst, J.T. (1980). A developmental theory of friedship and acquantanceship processes. In W.A. Collins (Ed.), Minnesota symposia on child psychology (pp. 197–253). Hillsdale, NJ: Lawrence Erlbaum.
Gough, P.B. (1972). One second of reading. In J. Kavanagh & I.G. Mattingly (Eds.), Language by ear and by eye. Cambridge, MA: MIT Press.
Goulet, L.R. & Baltes, P.B. (Eds.) (1970). Life-span developmental psychology: Research and theory. New York: Academic Press.
Gourley, N. (1979). Heredity versus environment: An integrative analysis. Psychological Bulletin, 86, 596–615.
Gowers, S.G., Crisp, A.H., Joughin, N. & Bhat, A. (1992). Premenarcheal anorexia nervosa. Journal of Child Psychology and Psychiatry, 32, 515–524.
Göppinger, H. (1985). Angewandte Kriminologie. Ein Leitfaden für die Praxis. Berlin: Springer.
Graber, J.A., Brooks-Gunn, J., Paikoff, R.L. & Warren, M.P. (1994). Prediction of eating problems: An 8-year study of adolescent girls. Developmental Psychology, 30, 823–824
Graber, J.A. & Dubas, J.S. (Eds.) (1996). Leaving home: Understanding the transition to adulthood. San Francisco, CA: Jossey-Bass.
Graber, J.A., Levinson, P.M., Seeley, J.R. & Brooks-Gunn, J. (1997). Is psychopathology associated with timing of pubertal development? Journal of the American Academy of Child and Adolescent Psychiatry, 36, 1768–1776.
Graham, P. & Rutter, M. (1977). Adolescent disorders. In M. Rutter & L. Herson (Eds.), Child psychiatry – Modern approaches (pp. 407–427). Oxford: Blackwell.
Grammer, K. & Eibl-Eibesfeldt, I. (1993). Emotionspsychologische Aspekte im Kulturenvergleich. In A. Thomas (Hrsg.), Kulturvergleichende Psychologie (S. 297–322). Göttingen: Hogrefe.
Granrud, C.E. & Yonas, A. (1984). Infants' perception of pictorially specified interposition. Journal of Experimental Child Psychology, 37, 500–511.
Granrud, C.E., Haake, R.J. & Yonas, A. (1985). Infants' sensitivity to familiar size: The effect of memory on spatial perception. Perception and Psychophysics, 37, 459–466.
Gräsel, C. (1997). Problemorientiertes Lernen. Strategieanwendung und Gestaltungsmöglichkeiten. Göttingen: Hogrefe.
Gray, S.H. (1990). Developmental issues in young adulthood: Psychoanalytic perspectives. In S.C. Feinstein & A.H. Esman (Eds.), Adolescent psychiatry: Developmental and clinical studies (Vol. 17, pp. 328–337). Chicago, IL: University of Chicago Press.
Gray, S.W., Ramsay, B.K. & Klaus, R.A. (1982). From 3 to 20. The early training project. Baltimore: University Park Press.
Graziano, W.G., Moore, J.S. & Collins J.E. (1988). Social cognition as segmentation of the stream of behavior. Developmental Psychology, 24, 568–573.
Green, C.W. & Hoffmann, C.K. (1989). Stages of Faith and Perceptions of Similar and Dissimilar Others. Review of Religious Research, 30, 246–254.
Green, G.P. & Epstein, R.K. (1988). Employment and earnings (Vol. 35 (2)). Washington, DC: U.S. Department of Labor, Bureau of Labor Statistics.
Greenbaum, J.L. & Graf, P. (1989). Preschool period development of implicit and explicit remembering. Bulletin of the Psychonomic Society, 27, 417–420.
Greenberg, M., Siegel, J. & Leitch, C. (1984). The nature and importance of attachment relationships to parents and peers during adolescence. Journal of Youth and Adolescence, 12, 373–386.
Greenfield, P.M. & Suzuki, L.K. (1998). Culture and human development: Implications for learning, education, pediadrics, and mental health. In I.E. Sigel & K.A. Renninger (Eds.), Handbook of child psychology (Vol. 4, pp. 1059–1109). New York: Wiley.
Greeno, J.G. (1989). Situations, mental models, and generative knowledge. In D. Klahr & K. Kotovsky (Eds.), Complex information processing. The impact of H.A. Simon (pp. 285–318). Hillsdale, NJ: Erlbaum.
Greenough, W.T., Black, J.E. & Wallace, C.S. (1987). Experience and brain development. Child Development, 58, 537–559.
Grembowski, D., Patrick, D., Diehr, P., Durham, Beresford, S., Kay, E. & Hecht, J. (1993). Self-efficacy and health behavior among older adults. Journal of Health and Social Behavior, 34, 89–104.
Gresko, R.B. (1997). About culture, body, and communication. Oslo: The Ministry of Health and Social Affairs. In R.B. Gresko & J.H. Rosenvinge (1999), Die Prävention von Essstörungen im Jugendalter: Erfahrungen aus Norwegen.
Greuel, L. (1997). Schuldfähigkeitsbegutachtung. In M. Steller & R. Volbert (Hrsg.), Psychologie im Strafverfahren (S. 105–118). Bern: Huber.
Greuel, L., Offe, S., Fabian, A., Wetzels, P., Fabian, T., Offe, H. & Stadler, M. (1998). Glaubhaftigkeit der Zeugenaussage. Weinheim: Beltz/PVU.
Greve, W. (1996). Schiedsrichter der Schuld? Die Grenzen einer Psychologie der Be- und Entschuldigung. Jahrbuch für Recht und Ethik, 4, 615–635.
Greve, W. (2000). Furcht vor Kriminalität im Alter. Zeitschrift für Entwicklungspsychologie und Pädagogische Psychologie, 32, 123–133.
Greve, W. (2000a). Das erwachsene Selbst. In W. Greve (Hrsg.), Psychologie des Selbst (S. 96–114). Weinheim: Beltz/PVU.

Greve, W. (2000a). Die Psychologie des Selbst: Konturen eines Forschungsthemas. In W. Greve (Hrsg.), Psychologie des Selbst (S. 15–36). Weinheim: Psychologie Verlags Union.
Greve, W. (2000b). Das erwachsene Selbst. In W. Greve (Hrsg.), Psychologie des Selbst (S. 96–114). Weinheim: Psychologie Verlags Union.
Greve, W. (2000b) (Hrsg.). Psychologie des Selbst. Weinheim: Beltz/PVU.
Greve, W. (2001). Imprisonment of juveniles and adolescents: Deficits and demands for developmental research. Applied Developmental Science, 5, 21–36.
Greve, W. & Bilsky, W. (1997). Viktimologie. Opfererfahrungen und Prozesse der Bewältigung. In M. Steller & R. Volbert (Hrsg.), Psychologie im Strafverfahren (S. 206–223). Bern: Huber.
Greve, W. & Enzmann, D. (2001). Etikettierungen durch Jugendstrafe? Wider einige Gewißheiten des Labeling-Ansatzes. In W. Bereswill & W. Greve (Hrsg.), Forschungsthema Strafvollzug (S. 207–250). Baden-Baden: Nomos.
Greve, W. & Hosser, D. (1998). Psychische und soziale Folgen einer Jugendstrafe: Forschungsstand und Desiderate. Monatsschrift für Kriminologie und Strafrechtsreform, 81, 83–103.
Greve, W. & Niederfranke, A. (1998). Bedrohung durch Gewalt und Kriminalität im Alter. Zeitschrift für Klinische Psychologie, 27, 130–135.
Greve, W. & Roos, J. (1996). Der Untergang des Ödipuskomplexes. Bern: Huber.
Greve, W., Enzmann, D. & Hosser, D. (2001). The stabilization of self-esteem among incarcerated adolescents: Processes of accommodation and immunization. International Journal of Offender Therapy and Comparative Criminology, 45, 749–768.
Greve, W., Hosser, D. & Wetzels, P. (1996). Bedrohung durch Kriminalität im Alter. Baden-Baden: Nomos.
Grewendorf, G., Hamm, F. & Sternefeld, W. (1989). Sprachliches Wissen. Eine Einführung in moderne Theorien der grammatischen Beschreibung. Frankfurt: Suhrkamp.
Griese, H.M. (1977). Sozialwissenschaftliche Jugendtheorien. Eine Einführung. Weinheim: Beltz.
Griffin, H. (1984). The coordination of meaning in the creation of a shared make-believe reality. In Bretherton, I. (Ed.), Symbolic play (pp. 73–100). London: Academic Press.
Griffith, C.R. (1925). Psychology and its relation to ahtletic competition. American Education Review, 30, 193–199.
Grimm, H. (1973). Strukturanalytische Untersuchung der Kindersprache. Bern: Huber.
Grimm, H. (1975). Verstehen, Imitation und Produktion von Passivsätzen. In H. Grimm, H. Schöler & M. Wintermantel (Hrsg.), Zur Entwicklung sprachlicher Strukturformen bei Kindern (S. 73–99). Weinheim: Beltz.
Grimm, H. (1983). Psycholinguistische Aspekte der frühen Sprachanbahnung bei Säuglingen. Sozialpädiatrie in Praxis und Klinik, 5 (12), 589–593.
Grimm, H. (1985). Der Spracherwerb als Lehr-Lern-Prozess. Unterrichtswissenschaft, 1, 6–16.
Grimm, H. (1986). Ontogenese der Sprache als Fortsetzung nicht-sprachlichen Handelns. In H.G. Bosshardt (Hrsg.), Perspektiven auf Sprache. Interdisziplinäre Beiträge zum Gedenken an Hans Hörmann (S. 166–184). Berlin: de Gruyter.
Grimm, H. (1987a). Biologische Grundlagen des Spracherwerbs. Der Kinderarzt, 12, 1699–1704.
Grimm, H. (1987b). Sprachentwicklung im und über den Dialog. Der Kinderarzt, 3, 346–353.
Grimm, H. (1987c). Developmental dysphasia: New theoretical perspectives and empirical results. The German Journal of Psychology, 11, 8–22.
Grimm, H. (1990). Über den Einfluss der Umweltsprache auf die kindliche Sprachentwicklung. In K. Neumann & M. Charlton, (Hrsg.), Spracherwerb und Mediengebrauch (S. 99–112). Tübingen: Narr.
Grimm, H. (1993). Syntax and morphological difficulties in German-speaking children with specific language impairment: Implications for diagnosis and intervention. In H. Grimm & H. Skowronek (Eds.), Language acquisition problems and reading disorders: Aspects of diagnosis and intervention (pp. 25–63). Berlin: de Gruyter.
Grimm, H. (1994). Sprachentwicklungsstörung: Diagnose und Konsequenzen für die Therapie. In H. Grimm & S. Weinert (Hrsg.), Intervention bei sprachgestörten Kindern: Voraussetzungen, Möglichkeiten und Grenzen (S. 3–32). Stuttgart: Gustav Fischer Verlag.
Grimm, H. (1995). Sprachentwicklung – allgemeintheoretisch und differentiell betrachtet. In R. Oerter & L. Montada (Hrsg.), Entwicklungspsychologie: Ein Lehrbuch (4. Auflage) (S. 705–757). Weinheim: Psychologe Verlags Union.
Grimm, H. (1999). Störungen der Sprachentwicklung. Göttingen: Hogrefe.
Grimm, H. & Schöler, H. (1978). Heidelberger Sprachentwicklungstest (H-S-E-T). Braunschweig: Westermann.
Grimm, H. & Schöler, H. (1998). Heidelberger Sprachentwicklungstest (2., verbesserte Auflage). Göttingen: Hogrefe.
Grimm, H. & Weinert, S. (2002). Sprachentwicklung. In R. Oerter & M. Montada (Hrsg.), Entwicklungspsychologie (5. Aufl.). Weinheim: Beltz/PVU.
Groeben, N. (1982). Leserpsychologie: Textverständnis – Textverständlichkeit. Münster Westfalen: Aschendorff.
Groeben, N. (1989). Das Konzept der Text-Leser-Interaktion in der Empirischen Literaturwissenschaft. SPIEL, 8 (2), 255–273.
Groeben, N. & Vorderer, P. (1988). Leserpsychologie: Lesemotivation – Lektürewirkung. Münster: Aschendorff.
Grom, B. (1992). Religionspsychologie. München: Kösel.
Groos, K. (1899). Die Spiele des Menschen. Jena:
Große, S. (1998). Enuresis. In H.C. Steinhausen & M. von Aster (Hrsg.), Verhaltenstherapie und Verhaltensmedizin bei Kindern und Jugendlichen. (S. 439–467). Weinheim: Beltz/PVU.

Grossmann, K., Grossmann, K.E., Spangler, G., Suess, G. & Unzner, L. (1985). Maternal sensitivity and newborns' orientation responses as related to quality of attachment in northern Germany. In I. Bretherton, & E. Waters (Eds.), Growing points in attachment theory and research. Monographs of the Society for Research in Child Development, 50 (1–2), Serial No. 209.

Grossmann, K.E. (1987). Die natürlichen Grundlagen zwischenmenschlicher Bindungen. In C. Niemitz (Hrsg.), Erbe und Umwelt. Zur Natur von Anlage und Selbstbestimmung des Menschen (S. 200–235). Frankfurt: Suhrkamp.

Grossmann, K.E. & Grossmann, K. (1991). Attachment quality as an organizer of emotional and behavioral responses in a longitudinal perspective. In C.M. Parkes, J. Stevenson-Hinde & P. Marris (Eds.), Attachment across the life cycle (pp. 93–114). London: Routledge.

Grossmann, K.E. & Grossmann, K. (2001). Bindungsqualität und Bindungsrepräsentation über den Lebenslauf. In G. Röper, C. von Hagen & G. Noam (Hrsg.), Entwicklung und Risiko. Perspektiven einer Klinischen Entwicklungspsychologie (S. 143–168). Stuttgart: Kohlhammer.

Grossmann, K.E., Grossmann, K., Huber, F. & Wartner, U. (1981a). German children's behavior towards their mothers at 12 months and their fathers at 18 months in Ainsworth's Strange Situation. International Journal of Behavioral Development, 4, 157–181.

Grossmann, K.E., Thane, K. Grossmann, K. (1981b). Maternal tactual contact of the newborn after various postpartum conditions of mother-infant contact. Developmental Psychology, 17, 159–169.

Grossmann, W. (1974). Vorschulerziehung. Historische Entwicklung und alternative Modelle. Köln: Kiepenheuer & Witsch.

Gruber, H. (1999). Erfahrung als Grundlage kompetenten Handelns. Bern: Huber.

Gruber, H., Law, L.-C., Mandl, H. & Renkl, A. (1995). Situated learning and transfer. In P. Reimann & H, Spada (Eds.), Learning in humans and machines: Towards an interdisciplinary learning science (pp. 168–188). Oxford: Pergamon.

Gruber, H., Renkl, A. & Schneider, W. (1994). Expertise und Gedächtnisentwicklung. Längsschnittliche Befunde aus der Domäne Schach. Zeitschrift für Entwicklungspsychologie und Pädagogische Psychologie, 26, 53–70.

Gruehn, W. (1956). Die Frömmigkeit der Gegenwart. Grundtatsachen der empirischen Psychologie. Münster: Aschaffendorf.

Gruneberg, M.M., Morris, P.E. & Sykes, R.N. (Eds.) (1988). Practical aspects of memory: Current research and issues. Vol. 1: Memory in everyday life. Chichester: Wiley.

Guardini, N. (1963). Die Lebensalter. Ihre ethische und pädagogische Bedeutung. Würzburg: Werkbund-Verlag.

Gunnar, M.R. (1987). Psychobiological studies of stress and coping: An introduction. Child Development, 58, 1403–1407.

Gunter, B. (1994). The question of media violence. In J. Bryant & D. Zillmann (Eds.), Media effects. Advances in theory and research (pp. 163–211). Hillsdale, NJ: Erlbaum.

Gunzelmann, T., Brähler, C., Hessel, A. & Brähler, E. (1999). Körpererleben im Alter. Zeitschrift für Gerontopsychologie und -psychiatrie, 12(1), 40–54.

Gutezeit, G. & Marake, J. (1984). Untersuchungen zur Wirksamkeit verschiedener Einflußgrößen auf die Selbstwahrnehmung bei Kindern und Jugendlichen. Praxis der Kinderpsychologie und Kinderpsychiatrie, 33, 133–141.

Gutezeit, G., Marake, J. & Wagner, J. (1986). Zum Einfluß des Körperidealbildes auf die Selbsteinschätzung des realen Körperbildes im Kindes- und Jugendalter. Praxis der Kinderpsychologie und Kinderpsychiatrie, 35, 207–214.

Guthke, J. & Wiedl, K.H. (Hrsg.). (1996). Dynamisches Testen. Göttingen: Hogrefe.

Guttman, L. (1950). The basis for scalogram analysis. In S.A. Stouffer, L. Guttman, E.A. Schuman, D. Lazarsfeld, A. Star & J.A. Clausen (Eds.), Measurement and prediction (pp. 60–90). Princeton: Princeton University Press.

Gyler, L., Dudley, M., Blinkhorn, S. & Barnett, B. (1993). The relationship between psychosocial factors and developmental outcome for very low and extremely low birthweight infants: a review. Australian and New Zealand Journal of Psychiatry, 27, 62–73.

Haan, N. (1977). Coping and defending. Process of self-environment organization. New York: Academic Press.

Haan, N., Smith, M. & Block, J. (1968).Moral reasoning of young adults: Political social behavior, family background, and personality correlates. Journal of Personality and Social Psychology, 10, 183–201.

Habermas, J. (1983). Moralentwicklung und kommunikatives Handeln. Frankfurt/M.: Suhrkamp.

Habermas, J. (1993). Justification and application. Cambridge, MA: MIT Press.

Habermas, T. (1990). Heißhunger. Frankfurt: Fischer.

Habermas, T. (1994). Zur Geschichte der Magersucht. Frankfurt: Fischer.

Habermas, T. (2000). Liegt's wirklich an der Werbung? Stand und Strategien der Erforschung soziokultureller Bedingungen moderner Essstörungen. In M. Gastpar, H. Remschmidt & W. Senf (Hrsg.), Essstörungen (S. 11–28). Sternenfels: Verlag Wissenschaft & Praxis.

Habermas, T. (2001). Die Entwicklung eines stabilen Selbstkonzepts als Beitrag zur Häufigkeitszunahme der Depression in Kindesalter und Jugendalter. Zeitschrift für Entwicklungs- und Pädagogische Psychologie, 33, 215–220.

Hadinger, B., Nitsche, H., Pferschy, I. & Winter, E. (1990). Suizid im Jugendalter. In P. Innerhofer, G. Steinhardt, C. Klicpera & G. Weber (Hrsg.), Psychische Auffälligkeiten im Jugendalter. Wien: WUV-Universitätsverlag.

Hadwin, J. & Perner, J. (1991). Pleased and surprised: Children's cognitive theory of emotion. British Journal of Developmental Psychology., 9, 215–234.

Haeckel, E. (1868). Natürliche Schöpfungsgeschichte. Berlin: Georg Reimer.

Haeckel, E. (1886). Generelle Morphologie der Organismen. Berlin: Reimer.

Haertel, G.D., Walberg, H.J. & Weinstein, T. (1983). Psychological models of educational performance: A theoretical synthesis of constructs. Review of Educational Research, 53, 75–91.

Haffke, B. (1978). Problemaufriß: Die Bedeutung der sozialpsychologischen Funktion von Schuld und Schuldfähigkeit für die strafrechtliche Schuldlehre. In W. Hassemer & K. Lüderssen (Hrsg.), Sozialwissenschaften im Studium des Rechts. Band III: Strafrecht (S. 153–180). München: Beck.
Hagen, B., Sommer, M., Oswald, W.D. & Rupprecht, R. (1999). Bedingungen der Erhaltung und Förderung von Selbständigkeit im höheren Lebensalter (SIMA) Teil XV: Verlaufsanalyse der Ernährungsqualität. Zeitschrift für Gerontopsychologie und Psychiatrie, 12(4), 245–262.
Hager, W. & Hasselhorn, M. (1995). Zuwendung als Faktor der Wirksamkeit kognitiver Trainings für Kinder. Zeitschrift für Pädagogische Psychologie, 9, 163–179.
Hager, W., Hasselhorn, M. & Elsner, B. (1995). Zur Re-Evaluation der Evaluationendes Denktrainings für Kinder I. Zeitschrift für Pädagogische Psychologie, 9, 1–11.
Hager, W., Hübner, S. & Hasselhorn, M. (2000). Zur Bedeutung der sozialen Interaktion bei der Evalution kognitiver Förderprogramme. Zeitschrift für Pädagogische Psychologie, 14, 106–115.
Hagestad, G.O. (1984). Multigenerational families: Socialization, support and strain. In V. Garms-Homolová (Ed.), Intergenerational relationship (pp. 105–114). Lewiston: Hogrefe.
Hahlweg, K. (1991). Störung und Auflösung von Beziehung: Determinanten der Ehequalität und -stabilität. In M. Amelang, H. J. Ahrens & H.-W. Bierhoff (Hrsg.), Partnerwahl und Partnerschaft. Formen und Grundlagen partnerschaftlicher Beziehungen (S. 152–171). Göttingen: Hogrefe.
Hahlweg, K., Kuschel, A., Miller, V., Lübcke, A., Köppe, E. & Sanders, M.R. (2001). Prävention kindlicher Verhaltensstörungen. Triple P – Ein mehrstufiges Programm zu positiver Erziehung. In S. Walper & R. Pekrun (Hrsg.), Familie und Entwicklung (S. 405–423). Göttingen: Hogrefe.
Hahlweg, K., Schröder, B. & Lübcke, A. (2000). Prävention von Paar- und Familienproblemen: Eine nationale Aufgabe. In K.A. Schneewind (Hrsg.), Familienpsychologie im Aufwind (S. 249–274). Göttingen: Hogrefe.
Haigis, E. (1941). Das Spiel als Begegnung. Zeitschrift für Psychologie, 150.
Hainline, L. (1998). The development of basic visual abilities. In A. Slater (Eds.), Visual, auditory, and speech perception in infancy (pp. 5–50). Hove, UK: Psychology press.
Haith, M.M. & Benson, J.B. (1998). Infant cognition. In W. Damon (Ed.), Handbook of child psychology (Fifth ed.) Vol. 2: Cognition, perception, and language (D. Kuhn & R.S. Siegler, vol. eds, pp. 199–255). New York: Wiley.
Haith, M.M., Wentworth, N. & Canfield, R.L. (1993). Formation of expectancies in early infancy. In C. Rovee-Collier & L.P. Lipsitt (Eds.), Advances in infancy research, Vol. 8. Norwood NJ: Ablex.
Hala, S., Chandler, M. & Fritz, A.S. (1991). Fledgling theories of mind: Deception as a marker of three-year-old's understanding of false belief. Child Development, 62, 83–97.
Hall, G.S. (1904). Adolescence. Its Psychology and Its Relations to Physiology, Anthropology, Sociology, Sex, Crime, Religion and Education (Vol. I and II). New York: Appleton.
Hall, G.S. (1906). Youth. New York:
Hall, W.G. & Oppenheim, R.W. (1987). Developmental psychobiology: Prenatal, perinatal, and early postnatal aspects of behavioral development. Annual Review of Psychology, 38, 91–128.
Hambleton, R.K. & Swaminathan, H. (1989). Item Response Theory. Principles and applications. Boston, MASS: Kluwer Nijhoff Publishing.
Hamilton, C.E. (2000). Continuity and discontinuity of attachment from infancy through adolescence. Child Development, 71, 689–694.
Hampel, P. & Petermann, F. (1998). Anti-Stress-Training für Kinder. Weinheim: Psychologie Verlags Union.
Hanisch, H. (1996). Die zeichnerische Entwicklung des Gottesbildes bei Kindern und Jugendlichen. Stuttgart: Calwer.
Hannover, B. (2000). Development of the self in gendered contexts. In T. Eckes & H.M. Trautner (Eds.), The developmental social psychology of gender (pp. 177–206). Mahwah, NJ: Lawrence Erlbaum.
Hans, L.S., Bernstein, V. & Sims, B.E. (2000). Change and continuity in ambivalent attachment relationships. In P.M. Crittenden & A.H. Claussen (Eds.), The organization of attachment relationships. Maturation, culture, and context (pp. 277–299). New York: Cambridge University Press.
Hansen Lemme, B. (1995). Development in adulthood. Boston: Allyn & Bacon.
Harlow, H.F. (1958). The nature of love. American Psychologist, 13, 673–685.
Harlow, H.F. (1962). The heterosexual affectional system in monkeys. American Psychologist, 17, 1–9.
Harlow, H.F., Harlow, M.K., Dodsworth, R.O. & Arling, G.L. (1966). Maternal behavior in Rhesus monkeys deprived of mothering and peer associations in infancy. Proceedings of the American Philosophical Society, 40, 58–66.
Harnishfeger, K. K. & Bjorklund, D. F. (1990). Children's strategies: A brief history. In D. F. Bjorklund (Ed.), Children's strategies: Contemporary views of cognitive development (pp. 1–22). Hillsdale, NJ: Erlbaum.
Harré, R. (1993). The second cognitive revolution. American Behavioral Scientist, 36, 5–7.
Harris, G. (1997). Development of taste perception and appetite regulation. In G. Bremner, A. Slater & G. Butterworth (Eds.), Infant development: Recent advances (pp. 9–30). Hove UK: Psychology Press.
Harris, G., Thomas, A. & Booth, D.A. (1990). Development of salt taste in infancy. Developmental Psychology, 26, 534–538.
Harris, J.R. (1995). Where is the child's environment? A group socialization theory of development. Psychological Review, 102, 458–489.

Harris, M. (1997). Language and its pathology. In G. Bremner, A. Slater & G. Butterworth (Eds.), Infant development: Recent advances (pp. 311–330). Hove UK: Psychology Press.
Harris, P.L. & Kavanaugh, R.D. (1993). Young children's understanding of pretense. Monographs of the Society for Research in Child Development, 58/1.
Harris, P.L. (1992). From simulation to folk psychology: The case for development. Mind and Language, 7, 120–144.
Harris, T., Borwn, G.W. & Bifulco, A. (1986). Loss of a parent in childhood and adult psychiatric disorder: The role of lack of adequate parental care. Psychological Medicine, 16, 641–659.
Hart, L.A. (1971). Recht und Moral. Göttingen: Vandenhoeck und Ruprecht.
Harter, S. (1981). A new self-report scale of intrinsic versus extrinsic orientation in the classroom: Motivational and informational components. Developmental Psychology, 17, 300–312.
Harter, S. (1998). The Development of self-representation. In N. Eisenberg (Ed.), Handbook of Child Psychology (Vol. 3, pp. 553–618). New York: Wiley.
Hartley, P. (1998). Eating disorders and health education. Psychology, Health and Medicine, 3(1), 133–140.
Hartup, W.W. (1996). The company they keep: Friendships and their developmental significance. Child Development, 67, 1–13.
Hartup, W.W., Brady, J.E. & Newcomb, A.F. (1983). Social cognition and social interaction in childhood. In E.T. Higgins, D.N. Ruble, W.W. Hartup (Eds.), Social cognition and social development (pp. 82–109). Cambridge/Mass.: Cambridge University Press.
Hasher, L. & Zacks, R.T. (1988). Working memory, comprehension, and aging: A review and a new view. The Psychology of Learning and Motivation, 22, 193–225.
Haskins, R. (1989). Beyond metaphor: The efficacy of early childhood education. American Psychologist, 44, 274–282.
Hasselhorn, M. & Grube, D. (1997). Entwicklung der Intelligenz und des Denkens. In F.E. Weinert & A. Helmke (Hrsg.), Entwicklung im Grundschulalter (S. 15–26). Weinheim: Beltz/PVU.
Hasselhorn, M. & Schneider, W. (1998). Aufgaben und Methoden der differentiellen Entwicklungspsychologie. In H. Keller (Hrsg.), Lehrbuch der Entwicklungspsychologie. Bern: Huber (S. 295–316).
Hasselhorn, M. & Werner, I. (2000). Zur Bedeutung des phonologischen Arbeitsgedächtnisses für die Sprachentwicklung. In H. Grimm (Hrsg.), Sprachentwicklung (S. 363–378). (Enzyklopädie der Psychologie). Göttingen: Hogrefe.
Hasselhorn, M. (1994). Zur Erfassung von Metagedächtnisaspekten bei Grundschulkindern. Zeitschrift für Entwicklungspsychologie und Pädagogische Psychologie, 26, 71–78.
Hasselhorn, M. (1995). Beyond production deficiency and utilization inefficiency: Mechanisms of the emergence of strategic categorization in episodic memory tasks. In F.E. Weinert & W. Schneider, W. (Eds.), Memory performance and competencies: Issues of growth and development. Hillsdale, NJ: Erlbaum.
Hasselhorn, M. (1995). Kognitive Trainings: Grundlagen, Begrifflichkeiten und Desiderate. In W. Hager (Hrsg.), Programme zur Förderung des Denkens bei Kindern: Konstruktion, Evaluation und Metaevaluation (S. 14–40). Göttingen: Hogrefe.
Hasselhorn, M. (1998). Metakognition. In D.H. Rost (Hrsg.), Handwörterbuch Pädagogische Psychologie (S. 348–351). Weinheim: Beltz PVU.
Hasselhorn, M., Lingelbach, H. & Gabert, A. (1991). Zur Entwicklung des Arbeitsgedächtnisses bei Schulkindern: Ist der phonetische Ähnlichkeitseffekt auf die Gedächtnisspanne wirklich altersabhängig? Zeitschrift für Entwicklungspsychologie und Pädagogische Psychologie, 23, 148–158.
Hassler, M. (1990). Androgynie. Göttingen: Hogrefe.
Hastings, P.D., Zahn-Waxler, C., Usher, B., Robinson, J. & Bridges, D. (2000). The development of concern for others in children with behavior problems. Developmental Psychology, 36, 531–546.
Hatano, G., Siegler, R.S., Richards, D.D. & Inagaki, K. (1993). The development of biological knowledge: A multi-national study. Cognitive Development, 8, 47–62.
Haug, W. (1991). Vom Glanz der Weisheit zur Verzweiflung des Wissens. In A. Assmann (Hrsg.), Weisheit (S. 387–406). München: Fink.
Häuser, D. & Schaarschmidt, U. (1991). Begabungsentwicklung: Erste Ergebnisse einer entwicklungspsychologischen Untersuchung an lesenden und rechnenden Vorschulkindern. In F.J. Mönks & G. Lehwald (Hrsg.), Neugier, Erkundung und Begabung bei Kleinkindern (S. 145–163). München: Ernst Reinhardt Verlag.
Haußer, K. (1995). Identitätspsychologie. Berlin: Springer.
Havelock, E. (1980). The coming of lterate communication. Journal of communication, 30, 90–98.
Havighurst, R.J. (1948). Developmental tasks and education. New York: David McKay.
Havighurst, R.J. (1972). Developmental tasks and education. New York: McKay (Original 1948).
Havighurst, R.J. (1973). History of developmental psychology: Socialization and personality development through the life span. In P.B. Baltes & K. W. Schaie (Eds.), Life-span developmental psychology (pp. 3–24). New York: Academic Press.
Havighurst, R.J. (1982). Developmental tasks and education (first ed. 1948). New York: Longman.
Havighurst, R.J.B., Munnichs, J.M.S., Neugarten, B.L. & Thomae, H. (1969). Adjustment to retirement: A crossnational study. Assen, Holland: van Gorcum.
Hawkins, R.P. (1977). The dimensional structure of children's perceptions of reality. Communications Research, 4, 299–320.
Hay, D. & Nye, R. (1998). The spirit of the child. London: Fount.
Hay, L. (1979). Spatial-temporal analysis of movements in children: Motor programs versus feedback in the development of reaching. Journal of Motor Behavior, 11, 189–200.

Hay, L., Bard, C., Fleury, M. & Teasdale, N. (1991). Kinematics of aiming in direction and amplitude: A developmental study. Acta Psychologica, 77, 203–215.
Hayne, H. & Rovee-Collier, C. (1995). The organization of reactivated memory in infancy. Child Development, 66, 893–906.
Haynes, H., White, B.L. & Held, R. (1965). Visual accommodation in human infants. Science, 148, 528–530.
Hays, R. (1985). An integrated value-expectancy theory of alcohol and other drug use. British Journal of Addiction, 80, 379–384.
Hazan, C. & Shaver, P.R. (1992). Broken attachments: Relatonship loss from the perspective of attachment theory. In T.L. Orbuch (Ed.), Close Relationship Loss. Theoretical Approaches (pp. 90–108). New York: Springer-Verlag.
Heaton, T.B. & Albrecht, S.L. (1991). Stable unhappy marriages. Journal of Marriage and Family, 53, 747–758.
Heckhausen, H. (1963/1964). Entwurf einer Psychologie des Spielens. Psychologische Forschung, 27, 225–243.
Heckhausen, H. (1970). Grundlagen des frühen und schulischen Lernens. In E. Schwartz (Hrsg.), Begabung und Lernen im Kindesalter, Grundschulkongreß 69, Bd. 1 (S. 73–100). Fankfurt/M.: Arbeitskreis Grundschule e.v.
Heckhausen, H. (1972). Die Interaktion der Sozialisationsvariablen in der Genese des Leistungsmotivs. In C. F. Graumann (Hrsg.), Handbuch der Psychologie (Bd. 7/2, S. 955–1019). Göttingen: Hogrefe.
Heckhausen, H. (1974). Motivationsanalysen. Berlin: Springer.
Heckhausen, H. (1980). Motivation und Handeln. Berlin: Springer.
Heckhausen, H. (1985). Emotionen im Leistungsverhalten aus ontogenetischer Sicht. In C. Eggers (Hrsg.), Emotionalität und Motivation im Kindes- und Jugendalter (S. 95–131). Frankfurt/M.: Fachbuchhandlung für Psychologie.
Heckhausen, H. (1987). Emotional components of action: Their ontogeny as reflected in achievement behavior. In D. Görlitz & J.F. Wohlwill (Eds.), Curiosity, Imagination, and Play. On the development of spontaneous cognitive and motivational processes (pp. 326–348). Hillsdale NJ: Erlbaum.
Heckhausen, H. (1987). Perspektiven einer Psychologie des Wollens. In H. Heckhausen, P. M. Gollwitzer & F.E. Weinert (Hrsg.), Jenseits des Rubikon: Der Wille in den Humanwissenschaften (S. 121–142). Berlin: Springer.
Heckhausen, H. (1989). Motivation und Handeln (2. Aufl.). Berlin: Springer.
Heckhausen, H. & Wagner, I. (1965). Anfänge und Entwicklung der Leistungsmotivation: (II) In der Zielsetzung des Kleinkindes. Psychologische Forschung, 28, 179–235.
Heckhausen, J. & Baltes, P.B. (1991). Perceived controllability of expected psychological change across adulthood and old age. Journal of Gerontology, 46, 165–173.
Heckhausen, J. & Schulz, R. (1993). Optimisation by selection and compensation. International Journal of Behavioral Development, 16, 287–303.
Heckhausen, J. & Schulz, R. (1995). A life-span theory of control. Psychological Review, 102, 284–304.
Heckhausen, J., Dixon, R.A. & Baltes, P.B. (1989). Gains and losses in development throughout adulthood as perceived by different adult age groups. Developmental Psychology, 25, 109–121.
Hehl, F.J. & Ponge, I. (1997). Der Prozess der Aussiedlung – Veränderung von familiären Strukturen. System Familie, 10, 10–20.
Heidegger, M. (1927). Sein und Zeit. Tübingen: Niemeyer.
Heidkamp (2000). Motivgefüge und Opferperzeption jugendlicher Raubtäter. Diplomarbeit Universität Trier, Fachbereich 1 – Psychologie.
Heim, G., Krafeld, F.J., Lutzebäck, E., Schaar, G., Storm, C. & Welp, W. (Hrsg.) (1992). Akzeptierende Jugendarbeit mit rechten Jugendcliquen. Bremen: Steintor.
Heinz, W.R., Kelle, U., Witzel, A. & Zinn, J. (1998). Vocational training and career development in Germany. International Journal of Behavioral Development, 22, 77- 101.
Heitmeyer, W. & Dollase, R. (Hrsg.) (1996). Die bedrängte Toleranz: ethnisch-kulturelle Konflikte, religiöse Differenzen und die Gefahren politischer Gewalt. Frankfurt: Suhrkamp.
Heitmeyer, W., Müller, J. & Schröder, H. (1997). Verlockender Fundamentalismus. Türkische Jugendliche in Deutschland. Frankfurt: Suhrkamp.
Heizmann, S. Krampe, R. Th. & Ericsson, K.A. (1993). Expertise development over the life-span: From the beginning of training to middle age. In Unpublished manuscript, Institute of Cognitive Science. Boulder: University of Colorado.
Heller, K.A. & Hany, E.A. (2001). Standardisierte Dchulleistungsmesungen. In F.E. Weinert (Hrsg.), Leistungsmessungen in Schulen (S. 87–102). Weinheim: Beltz.
Heller, K.A. & Perleth, C. (2000). Kognitiver Fähigkeitstest für 4. bis 12. Klassen, Revision. Göttingen: Beltz Test.
Heller, K.A. (1970). Aktivierung der Bildungsreserven. Bern: Huber/Klett.
Helmke, A. (1992). Selbstvertrauen und schulische Leistungen. Göttingen: Hogrefe.
Helmke, A. (1993). Die Entwicklung der Lernfreude vom Kindergarten bis zur 5. Klassenstufe. Zeitschrift für Pädagogische Psychologie, 7, 77–86.
Helmke, A. (1997). Individuelle Bedingungsfaktoren der Schulleistung: Ergebnisse aus dem SCHOLASTIK-Projekt. In F.E. Weinert & A. Helmke (Hrsg.), Entwicklung im Grundschulalter (S. 203–216). Weinheim: Beltz/PVU.
Helmke, A. (1997). Sackgassen und Perspektiven der empirischen Forschung zu den Wirkungen des Unterrichts. Pädagogisches Handeln, 1, 57–70.
Helmke, A. & Schrader, F.-W. (1998). Determinanten der Schulleistung. In D.H. Rost (Hrsg.), Handwörterbuch Pädagogische Psychologie (S. 60–67). Weinheim: Beltz/PVU.

Helmke, A. & van Aken, M.A.G. (1995). The causal ordering of academic achievement and self-concept of ability during elementary school: A longitudinal study. Journal of Educational Psychology, 87, 624–637.

Helmke, A. & Weinert, F.E. (1997). Bedingungsfaktoren schulischer Leistungen. In F. E. Weinert (Hrsg.), Psychologie des Unterrichts und der Schule. Enzyklopädie der Psychologie, Serie Pädagogische Psychologie (S. 71–176). Göttingen: Hogrefe.

Helmke, A. & Weinert, F.E. (1999). Schooling and the development of achievement differencens. In F.E. Weinert & W. Schneider (Eds.), Individual deleopment from 3 to 12. Findings from the Munich Longitudinal Study (pp. 176–192). Cambridge: University Press.

Helms, H. & Novak, J.D. (1983). Proceedings of the International Seminar on Misconceptions in Science and Mathematics. Ithaca, NY: Cornell University.

Helsing, K. (1981). Factors associated with mortality after widowhood. American Journal of Public Health, 71, 802–809.

Helson, R. & Wink, P. (1992). Personality change in women from the early 40s to the early 50s. Psychology and Aging, 7, 46–55.

Helsper, W. (1992). Okkultismus, die neue Jugendreligion? Die Symbolik des Todes und des Bösen in der Jugendkultur. Opladen: Leske & Budrich.

Helwig, C.C. (1995). Adolescents' and young adults' conceptions of civil liberties: Freedom of speech and religion. Child Development, 66, 152–166.

Helwig, C.C., Tisak, M. & Turiel, E. (1990). Children's social reasoning in context. Child Development, 61, 2068–2078.

Hendrick, S.S. (1988). A generic measure of relationship satisfaction. Journal of Marriage and the Family, 50, 93–98.

Henninger, M., Mandl, H. & Law, L.-C. (2001). Training der Reflexion. In K. J. Klauer (Hrsg.), Handbuch Kognitives Training (S. 235–260). Göttingen: Hogrefe.

Hepper, P.G. (1992). Fetal Psychology: An embryonic science. In J.G. Nijhius (Ed.), Fetal behavior. Developmental and perinatal aspects (pp. 129–156). Oxford/New York/Tokyo: Oxford University Press.

Hernandez, D.J. & Charney, E. (1998). From generation to generation. The health and well-being of children in immigrant families. Washington: National Academy Press.

Herrmann, T. (1972). Lehrbuch der empirischen Persönlichkeitsforschung (2. Aufl.). Göttingen: Hogrefe.

Herskovits, M.J. (1948). Man and his works: The science of cultural anthropology. New York: Alfred Knopf.

Hertzog, C. & Schaie, K.W. (1986). Stability and change in adult intelligence: 1. Analysis of longitudinal covariance structures. Psychology and Aging, 1, 159–171.

Hertzog, C. & Schaie, K.W. (1988). Stability and change in adult intelligence: II. simultaneous analysis of longitudinal means and covariance structures. Psychology and Aging, 3, 122–130.

Herzog, A.R., Franks, M.M., Markus, H.R. & Holmberg, D. (1996). Productive activities and agency in older age. In M.M. Baltes & L. Montada (Hrsg.), Produktives Leben im Alter (S. 323–343). Frankfurt/ Main: Campus Verlag.

Herzog, D.B., Greenwood, D.N., Dorer, D.J., Flores, A.T., Ekeblad, E.R., Richards, A., Blais, M.A. & Keller, M.B. (2000). Mortality in eating disorders: A descriptive study. International Journal of Eating Disorders, 28, 20–26.

Hess, T.M. (2000). Aging-related constraints and adaptations in social information processing. In U. von Hecker et al. (Eds.), Generative Mental Processes and Cognitive Resources (pp. 129–155). Dordrecht: Kluwer Academic Publishers.

Hess, T.M., Bolstad, C.A., Woodburn, S.M. & Auman, C. (1999). Trait diagnosticity versus behavioral consistency as determinants of impression change in adulthood. Psychology and Aging, 1, 77–89.

Hesse, F.W. (1991). Analoges Problemlösen. Eine Analyse kognitiver Prozesse beim analogen Problemlösen. Weinheim: Beltz/PVU.

Hetherington, E.M. (1965). A developmental study of the effects of sex of the dominant parent on sex-role preference, identification and imitation in children. Journal of Personality and Social Psychology, 2, 188–194.

Hetherington, E.M. (1972). Effects of father absense on personality development in adolescent daughters. Developmental Psychology, 7, 313–326.

Hetherington, E.M. (1988). Parents, children, and siblings six year after divorce. In R.A. Hinde & J. Stevenson-Hinde (Eds.), Relationships within families: Mutual influences (pp. 311–331). Oxford: Clarendon.

Hetherington, E.M. (1989). Coping with family transitions: Winners, losers, and survivors. Child Development, 60 (1), 1–14.

Hetherington, E.M. (1991). The role of individual differences and family relationships in children's coping with divorce and remarriage. In P.A. Cowan & E.M. Hetherington (Eds.), Family transitions (pp. 165–194). Hillsdale, New Jersey: Erlbaum.

Hetherington, E.M. (1993). An overview of the Virginia longitudinal study of divorce and remarriage with a focus an early adolescence. Journal of Family Psychology, 7, 39–56.

Hetherington, E.M., Cox, M. & Cox, R. (1982). Effects of divorce on parents and children. In M.E. Lamb (Ed.), Nontraditional families: Parenting and child development (pp. 233–288). Hillsdale, N.J.: Lawrence Earlbaum.

Heuer, K.H. & Ortland, G. (1995). Aussiedler – ein ganz neues Phänomen. Kriminalistik, 11, 711–714.

Heuft, G., Kruse, A. & Radebold, H. (2000). Gerontopsychosomatik und Alterspsychotherapie. München: UTB Reinhardt.

Heyman, G.D. & Gelman, S.A. (1998). Young children use motive information to make trait inferences. Developmental Psychology, 34, 310–321.

Hickling, A.K. & Gelman, S.A. (1995). How does your garden grow? Early conceptualization of seeds and their place in the plant growth cycle. Child Development, 66, 856–876.

Hickmann, M. (2000). Pragmatische Entwicklung. In H. Grimm (Hrsg.), Sprachentwicklung (S. 193–227). (Enzyklopädie der Psychologie). Göttingen: Hogrefe.

Hier, D.B., LeMay, M. & Rosenberger, P.B. (1979). Autism and unfavorable left-right asymmetries of the brain. Journal of Autism and Developmental Disorders, 2, 153–159.

Higgins, E.T. (1987). Self-discrepancy: A theory relating self and affect. Psychological Review, 94, 319–340.

Higgins, E.T. (1991). Development of self-regulatory and self-evaluative processes. Costs, benefits, and tradeoffs. In M.R. Gunnar & L.A. Sroufe (Eds.), Self processes and development: The Minnesota Symposium on Child Development (Vol. 23, pp. 125–166). Hillsdale, NJ: Erlbaum.

Higgins, E.T. & King, G. (1981). Accessibility of social constructs: Information-processing consequences of individual and contextual variability. In N. Cantor & J.F. Kihlstrom (Eds.), Personality, cognition and social interaction (pp. 69–121). Hillsdale, NJ: Erlbaum.

Hill, J.P. & Lynch, M.E. (1983). The intensification of gender-related role expectations during early adolescence. In J. Brooks-Gunn & A. C. Petersen (Eds.), Girls at puberty: Biological and psychosocial perspectives (pp. 201–228). New York: Plenum Press.

Hill, K.T. (1980). Motivation, evaluation, and educational test policy. In L. J. Fyans (Ed.), Achievement motivation: Recent trends in theory and research (pp. 34–95). New York: Plenum Press.

Hille, B. & Zierau, J. (1994). Perspektiven von Mädchen und jungen Frauen im Spannungsfeld von Berufs- und Familienorientierung. In P. Beckmann & G. Engelbrech (Hrsg.), Arbeitsmarkt für Frauen 2000 – Ein Schritt vor oder ein Schritt zurück? Kompendium zur Erwerbstätigkeit von Frauen (Beiträge zur Arbeitsmarkt- und Berufsforschung, 179, S.876–905). Nürnberg: Institut für Arbeitsmarkt- und Berufsforschung der Bundesanstalt für Arbeit.

Hille, E.T.M., Den Ouden, A.L., Bauer, L., Brand, R. & Verloove-Vanhorick, S.P. (1994). School performance at nine years of age in very premature and very low birth weight infants: Perinatal risk factors and predictors at five years of age. Journal of Pediatrics, 125, 426–434.

Hinde, R. (1997). Relationships. A dialectical perspective. London: Gove.

Hinnersmann, H. (1993). Training des deduktiven Denkens. In K.J. Klauer (Hrsg.), Kognitives Training (S. 165–188). Göttingen: Hogrefe.

Hinske, N. (1980). Kant als Herausforderung an die Gegenwart. Freiburg: Alber.

Hirschi, T. & Hindelang, M.J. (1977). Intelligence and delinquency: A revisionist review. American Sociological Review, 42, 571–587.

Hirsh-Pasek, K. & Golinkoff, R.M. (1993). Skeletal supports for grammatical learning: What infants bring to the language learning task. In C.K. Rovee-Collier (Ed.), Advances in infancy research. Vol 10. Norwood, NJ: Ablex.

Hirsh-Pasek, K., Kemler Nelson, D., Jusczyk, P., Cassidy, B. & Kennedy, L. (1987). Clauses are perceptual units to young infants. Cognition, 26, 269–286.

Hitch, G.J., Halliday, M.S. & Littler, J. (1989). Item identification time and rehearsal as predictors of memory span in children. Quarterly Journal of Experimental Psychology, 41A, 321–327.

Hofer, M., Klein-Allermann, E. & Noack, P. (1992). Familienbeziehungen. Eltern und Kinder in der Entwicklung. Göttingen: Hogrefe.

Hoff-Ginsberg, E. (1985). Some contributions of mothers' speech to their children's syntactic growth. Journal of Child Language, 12, 367–385.

Hoff-Ginsberg, E. (1986). Function and structure in maternal speech: Their relation to the child's development of syntax. Developmental Psychology, 22, 155–163.

Hoff-Ginsberg, E. (1993). Landmarks in children's language development. In G. Blanken, J. Dittmann, H. Grimm, J.C. Marshall & C.-W. Wallesch (Eds.), Linguistic disorders and pathologies. An international handbook (pp. 558–573). Berlin: de Gruyter.

Hoffman, M.L. (1963). Parent discipline and the child's consideration for others. Child Development, 34, 573–588.

Hoffman, M.L. (1970). Moral development. In P.H. Mussen (Ed.), Carmichaels handbook of child psychology (pp. 261–359). New York: Wiley.

Hoffman, M.L. (1976). Empathy, role-taking, guilt, and development of altruistic motives. In T. Licona (Ed.), Moral development and behavior (pp. 124–143). New York: Holt, Rinehart & Winston.

Hoffman, M.L. (1978). Empathy, its development and prosocial implications. In C.B. Keasey (Ed.), Nebraska Symposium on Motivation, Vol. 25. Lincoln: University of Nebraska Press.

Hoffman, M.L. (1981). Perspectives on the difference between understanding people and understanding things: The role of affects. In J.H. Flavell & L. Ross (Eds.), Social cognitive development: Frontiers and possible futures (pp. 67–81). Cambridge, MA: Cambridge University Press.

Hoffman, M.L. (1987). Development of concern for others. Developmental Psychology, 28, 126–136.

Hoffman, M.L. (1991). Empathy, social cognition, and moral action. In W.M. Kurtines & J.L. Gewirtz (Eds.), Morality, moral behavior, and moral development: Basic issues in theory and research (pp. 283–302). New York: Wiley.

Hoffman, M.L. & Saltzstein, H.D. (1967). Parent discipline and the child's moral development. Journal of Personality and Social Psychology, 5, 45–57.

Hoffmann, D., Boehnke, K., Münch, T. & Güffens, F. (1998). Radiohörertypen und Entwicklungsbedarf: Hörfunknutzung im Kontext jugendlicher Entwicklung. Medienpsychologie, 10, 131–148.

Hofstede, G. (1980). Culture's Consequences: International Differences in Work-Related Values. Beverly Hills, CA: Sage.

Hofsten, C. von (1980). Predictive reaching for moving objects by human infants. Journal of Experimental Child Psychology, 18, 450–461.

Hofsten, C. von (1982). Eye-hand coordination in the newborn. Developmental Psychology, 18, 450–461.

Hofsten, C. von (1983). Catching skills in infancy. Journal of Experimental Psychology: Human Perception and Performance, 9, 75–85.

Hofsten, C. von (1984). Developmental changes in the organization of prereaching movements. Developmental Psychology, 20, 378–388.
Hofsten, C. von (1986). The emergence of manual skill. In M.G. Wade & H.T.A. Whiting (Eds.), Motor development in children: Aspects of coordination and control (pp. 167–185). Dordrecht: Martinus Nijhoff Publ.
Hofsten, C. von (1989). Motor development as the development of systems: Comments on the special section. Developmental Psychology, 25, 950–953.
Hofsten, C. von (in press). On the development of perception and action. In J. Valsiner & K.J. Connolly (Eds.), Handbook of developmental psychology. London: Sage.
Hofsten, C. von, & Fazel-Zandy, S.(1984). Development of cisually guided hand orientation in reaching. Journal of Experimental Child Psychology, 38, 208–219.
Hofsten, C. von & Lindhagen, K. (1979). Observations on the development of reaching for moving objects. Journal of Experimental Child Psychology, 28, 158–173.
Hofsten, C. von & Rönnqvist, L. (1988). Preparation for grasping an object: A developmental study. Journal of Experimental Psychology: Human Perception and Performance, 14, 610–621.
Hofsten, C. von & Spelke, E.S. (1985). Object perception and object-directed reaching in infancy. Journal of Experimental Psychology: General, 114, 198–212.
Hogrefe, G.-J., Wimmer, H. & Perner, J. (1986). Ignorance versus false belief: A developmental lag in attribution of epistemic states. Child Development., 57, 567–582.
Hohmann, M., Banet, B. & Weikart, D.P. (1979). Young children in action: A manual for preschool educators. Ypsilanti: High/Scope Press.
Holden, G.W. (1997). Parents and the dynamics of child rearing. Boulder, CO: Westview-Press.
Holland, J. L. (1996). Exploring careers with a typology. American Psychologist, 51, 397–406.
Holle, B. (1993). Motorische und perzeptuale Entwicklung des Kindes (3. Auflage). Weinheim: Psychologie Verlags Union.
Hollinger, C.L. & Fleming, E.S. (1993). Project CHOICE: The emerging roles and careers of gifted women. Roeper Review, 15, 156–160.
Hollingworth, L.S. (1928). The psychology of the adolescent. Englewood Cliffs, NJ: Prentice Hall.
Holly, A., Türk, D., Nelson, C.B., Pfister, H. & Wittchen, H.U. (1997). Prävalenz von Alkoholkonsum, Alkoholmissbrauch und -abhängigkeit bei Jugendlichen und jungen Erwachsenen. Zeitschrift für Klinische Psychologie, 26, 171–178.
Holmes, T.H. & Rahe, R.H. (1967). The social readjustment rating scale. Journal of Psychosomatik Research, 11, 213–218.
Holmlund, U. (1991). Change and stability of needs from middle adolescence to young adulthood in Swedish females. European Journal of Personality, 5, 379–385.
Holodynski, M. (1992a). Leistungstätigkeit und soziale Interaktion. Ein tätigkeitstheoretisches Modell zur Entstehung der Leistungsmotivation. Heidelberg: Asanger.
Holodynski, M. (1992b). Die Entwicklung der Emotionen Stolz und Beschämung im Vor- und Grundschulalter. Eine Längsschnittstudie mit ausdrucksanalytischem Zugang. Vortragsmanuskript für den 33. Kongreß der Deutschen Gesellschaft für Psychologie in Trier, 1992, Bielefeld.
Holodynski, M. (1995). Das Interiorisationsmodell der Emotionen. In K. Pawlik (Hrsg.), Bericht über den 39. Kongreß der Deutschen Gesellschaft für Psychologie, Bd. 2 (S. 624–631). Göttingen: Hogrefe.
Holodynski, M. (1997). Ausdrucksminiaturisierung und die Entwicklung der Emotionsregulation (Unveröffentlichte Habilitation). Bielefeld, Universität Bielefeld, Abteilung für Psychologie.
Holodynski, M. (1999). Handlungsregulation und Emotionsdifferenzierung. In W. Friedlmeier & M. Holodynski (Hrsg.), Emotionale Entwicklung. Funktion, Regulation und soziokultureller Kontext von Emotionen (S. 29–51). Heidelberg: Spektrum Akademischer Verlag.
Holyoak, K.J. & Nisbett, R.E. (1988). Deduction. In R.S. Sternberg & E.E. Smith (Eds.), The psychology of human thaught (pp. 50–88). Cambridge, MA: Cambridge University Press.
Holzapfel, K. (1989). Dokumentation Sporterziehung im Elementarbereich 1985–1988. München: Bayerische Sportjugend.
Honzik, M.P. (1957). Developmental studies of parent-child resemblance in intelligence. Child Development, 28, 215–228.
Hood, B. & Willats, P. (1986). Reaching in the dark to an object's remembered position: Evidence for object permanence in 5-month-old infants. British Journal of Developmental Psychology, 4, 57–65.
Hood, R.W. jr. et al. (1996). The Psychology of Religion. An Empirical Approach (2nd ed.). New York & London: Guilford Press.
Hooker, K. (1992). Possible selves and perceived health in older adults and college students. Journals of Gerontology: Psychological Sciences, 47, P85-P95.
Hoon, A.H. Jr. & Reiss, A.L. (1992). The medial-temporal lobe and autism: Case report and review. Developmental Medicine and Child Neurology, 34, 252–265.
Hopkins, B. (1994). The development of lateralization. Unveröffentlichter Vortrag auf der European Research Conference: The development of sensory, motor and cognitive capabilities in early infancy. From sensation to cognition. Acquafredda di Maratea, Italien.
Hoppe, S., Schmid-Schönbein, C. & Seiler, B. (1977). Entwicklungssequenzen. Bern: Huber.
Hoppe-Graff, S. (2000). Spielen und Fernsehen: Phantasietätigkeiten des Kindes. In S. Hoppe-Graff & R. Oerter (Hrsg.), Spielen und Fernsehen (S. 179–189). Weinheim: Juventa.

Hoppe-Graff, S. & Kim, H.-O. (1999). Teachers' conceptions of the role of play and TV viewing in kindergarten children. Vortrag auf der 9th European Conference on Quality in Early Childhood Education (EECERA) in Helsinki (FIN), 1.–4. September, 1999.

Hoppe-Graff, S. & Oerter, R. (Hrsg.) (2000). Spielen und Fernsehen: Über die Zusammenhänge von Spiel und Medien in der Welt des Kindes. Weinheim: Juventa.

Hoppe-Graff, S. & Rümmele, A. (Hrsg.) (2001). Entwicklung als Strukturgenese. Hamburg: Verlag Dr. Kovac.

Horgas, A.L., Wilms, H.-U. & Baltes, M.M. (1998). Daily life in very old age: Everyday activities as expression of successful living. The Gerontologist, 38, 556–568.

Horn, J.L. (1970). Organization of data on life-span development of human abilities. In L.R. Goulet & P.B. Baltes (Eds.), Life-span developmental psychology: Research and theory (pp. 423–466). New York: Academic Press.

Horn, J.L. (1982). The theory of fluid and crystallized intelligence in relation to concepts of cognitive psychology and aging in adulthood. In F.I.M. Craik & G.E.Trehub (Eds.), Aging and cognitive processes: Advances in the study of communication and affect (Vol. 8, pp. 237–278). New York: Plenum Press Press.

Horn, J.L. (1989). Models of intelligence. In R.L. Linn (Ed.), Intelligence: Measurement, Theory, and Public Policy (pp. 29–73). Urbana, IL: University of Illinois Press.

Horn, J. L. (1991). Comments on "issues in factorial invarianc". In L.M. Collins & J.L. Horn (Eds.), Best methods for the analysis of change (pp. 114–125). Washington: American Psychological Association.

Horn, W. (1969). Prüfsystem für Schul- und Bildungsberatung. Göttingen: Hogrefe.

Horner, K.L., Rushton, J.P. & Vernon, P.A. (1986). Relation between aging and research productivity of academic psychologists. Psychology and Aging, 1, 319–324.

Horney, K. (1937). The neurotic personality of our time. New York, NY: Norton.

Hosser, D. & Greve, W. (2001). Jugend im Gefängnis – Strafhaft als Entwicklungsfolge und Entwicklungsbedingung. In P. Schlottke, R.K. Silbereisen, S. Schneider & G.W. Lauth (Hrsg.), Störungen im Kindes- und Jugendalter (Enzyklopädie der Psychologie, Serie II: Klinische Psychologie, Bd. 5). Göttingen: Hogrefe.

Howe, M.J.A. (1990). The origin of exceptional abilities. Oxford: Basil Blackwell.

Howe, M.L. & Brainerd, C.J. (1989). Development of long-term retention. Developmental Review, 9, 302- 340.

Howe, M.L. & Courage, M.L. (1993). On resolving the enigma of infantile amnesia. Psychological Bulletin, 113, 305–326.

Howe, M.L. & Courage, M.L. (1997). Independent paths in the development of infant learning and forgetting. Journal of Experimental Child Psychology, 67, 131–163.

Howe, M.L., Kelland, A., Bryant-Brown, L. & Clark, S.L. (1992). Measuring the development of children's amnesia and hypermnesia. In M.L. Howe, C.J. Brainerd & V.L. Reyna (Eds.), Development of long-term retention (pp. 56–102). New York: Springer-Verlag.

Howe, N. & Ross, H.S. (1990). Socialization, perspective-taking, and the sibling relationship. Developmental Psychology, 26, 160–165.

Howes, C. (1990). Can the age of entry and the quality of infant child care predict adjustment in the kindergarten? Developmental Psychology, 26, 292–303.

Howes, C. & Matheson, C.C. (1992). Sequences in the development of competent play with peers: Social and social pretend play. Developmental Psychology, 28, 961–974.

Hsu, H.-Chin & Fogel, A. (2000). Infant vocal development in a dynamic and changing mother-infant communication system. In International Conference on Infant Studies (ICIS), Brighton, UK, 2000. Unveröff. (abstract online).

Huber, G.L. (1996). Orientierungsstile und Lernverhalten von Studierenden. In J. Lompscher & H. Mandl (Hrsg.), Lehr- und Lernprobleme im Studium (S. 70–85). Bern: Huber.

Hübner-Funk, S. & Müller H.-U. (1981). Hauptschüler vor dem Eintritt in die Arbeitswelt. In H. Walter (Hrsg.), Region und Sozialisation. Beiträge zur sozialökologischen Präzisierung menschlicher Entwicklungsvoraussetzungen (Bd. II, S. 137–187). Stuttgart-Bad Cannstatt: Frommann-Holzboog.

Hudson, J. A. (1990). The emergence of autobiographical memory in mother-child conversation. In R. Fivush & J. A. Hudson (Eds.), Knowing and remembering in young children (pp. 166–196). Cambridge, UK: Cambridge University Press.

Hudson, J. A. & Fivush, R. (1991). As time goes by: Sixth graders remember a kindergarten experience. Applied Cognitive Psychology, 5, 347–360.

Hudson, J.A. & Sheffield, E.G. (1999). The role of reminders in young children's memory development. In L. Balter & C. S. Tamis-Leonida (Eds.), Child psychology: A handbook of contemporary issues. Philadelphia: Psychology Press.

Huesmann, L.R., Eron, L.D., Lefkowitz, M.M. & Walder, L.O (1984). Stability of aggression over time and generations. Developmental Psychology, 20, 1120–1134.

Huesmann, L.R. & Miller, L.S. (1994). Long-term effects of repeated exposure to media violence in childhood. In L.R. Huesmann (Ed.), Aggressive behavior: Current perspectives (pp. 153–186). New York: Plenum.

Huettel, S.A. & Needham, A. (2000). Effects of balance relations between objects on infants' object segregation. Developmental Science, 3, 415–427.

Hughes, C. & Dunn, J. (1998). Understanding mind and emotion: Longitudinal associations with mental-state talk between young friends. Developmental Psychology, 34, 1026–1037.

Hullen, G. (1995). Der Auszug aus dem Elternhaus im Vergleich von West- und Ostdeutschland. Zeitschrift für Bevölkerungswissenschaft, 20, 141–158.

Hülsken, C. (2001). Training in der Theory of Mind-Forschung. Die Rolle von Kohärenz und Feedback in der Entwicklung einer naiven Alltagspsychologie. Aachen: Shaker-Verlag.

Hummel, M., Brodbeck, K.H., Breitenacher, M. & Meyerhöfer, W. (1991). Struktur und Entwicklung der Musikwirtschaft. Musikforum: Referate und Informatioinen des Deutschen Musikrates, 74, 13–22.

Humphrey, L.L. (1989). Observed family interactions among subtypes of eating disorders using structural analysis of social behavior. Journal of Consulting and Clinical Psychology, 57, 206–214.

Humphreys, L.G. & Davey, T.C. (1988). Continuity in intellectual growth from 12 months to 9 years. Intelligence, 12, 183–197.

Hundertmark, J. & Heckhausen, J. (1994). Entwicklungsziele junger, mittelalter und alter Erwachsener. Zeitschrift für Entwicklungspsychologie und Pädagogische Psychologie, 26, 197–217.

Hunsberger, B. et al. (1993). Religious doubt: A social psychological analysis. In M.L. Lynn & D.O. Moberg (Eds.), Research in the Social Scientific Study of Religion, 5, 27–51.

Hunsberger, B. et al. (1994). Religious fundamentalism and integrative complexity of thought. Journal for the Scientific Study of Religion, 33, 335–346.

Hunt, D.E. (1975). Person-environment interaction: A challenge found wanting before it was tried. Review of Educational Research, 45, 209–230.

Hunt, J. McV. (1961). Intelligence and experience. New York: Ronald Press.

Hunt, J.R. (1946). Experimental psychoanalysis. In P.L. Harriman (Ed.), Encyclopedia of psychology. New York: Philosophical Library.

Hunt, J.R. (1961). Intelligence and experience. New York: Roland Press.

Hunter, M.H. & Ames, E.W. (1988). A multifactor model of infant preferences for novel and familiar stimuli. In C. Rovee-Collier & L.P. Lipsitt (Eds.), Advances in infancy research (Vol. 5, pp. 69–95). Norwood, NJ: Ablex.

Huon, G.F., Leim, J., Walton, C.J., Hayne, A.M. & Gunewardene, A. (2000). Pathways to serious dieting: Significant insights from discontinuity. International Journal of Eating Disorders, 28, 356–363.

Hurrelmann, K. (1995). Lebensphase Jugend. Eine Einführung in die sozialwissenschaftliche Jugendforschung (4. Aufl.). Weinheim/München: Juventa.

Hurrelmann, K. & Engel, U. (1991). Delinquency as a symptom of adolescents' orientation toward status and success. Journal of Youth and Adolescence, 21, 119–138.

Hurrelmann, K., Engel, U., Holler, B. & Nordlohne, E. (1987). Statusunsicherheit und psychosomatische Beschwerden im Jugendalter. Zeitschrift für Sozialisationsforschung und Erziehungssoziologie, 7, 44–59.

Hurrelmann, K. & Lösel, F. (1990). Basic issues and problems of health in adolescence. In K. Hurrelmann & F. Lösel (Eds.), Health hazards in adolescence (pp. 1–14). Berlin/New York: W. de Gruyter.

Huston, A.C. (1983). Sex-typing. In P.H. Mussen (Ed.), Handbook of child psychology (4th ed., Vol. IV, pp. 387–467). New York: Wiley.

Huston, A.C. & Wright, J.C. (1998). Mass media and children's development. In I.E. Sigel & K.A. Renninger (Eds.). Handbook of Child Psychology. Vol. 4: Child Psychology in Practice (pp. 999–1058). New York: Wiley.

Hutchings, B. & Mednick, S.A. (1974). Registered criminality in the adoptive and biological parents of registered male adoptees. In S.A. Mednick, F. Schulsinger, J. Higgins & B. Bell (Eds.), Genetics, environment, and psychopathology. Amsterdam: North-Holland.

Hutt, C. (1966). Exploration and play in children. In P.A. Jewell & C. Loizos (Eds.), Play, exploration, and territory in mannals (S. 61–79). London:

Huttunen, M.O. & Niskanen, P. (1999). Prenatal loss of father and psychiatric disorders (orig. 1978). In S.J. Ceci & W.M. Williams (Eds.), The nature – nurture debate. The essential readings (pp. 24–32). Oxford, UK: Blackwell.

Hyde, K.E. (1990). Religion in childhood and adolescence. A comprehensive review of the research. Birmingham, AL: Religious Education Press.

Hymel, S., Wagner, E. & Butler, L.J. (1990). Reputational bias: View from the peer group. In St.R. Asher & J.D. Coie (Eds.), Peer rejection in childhood (pp. 156–186). Cambridge/Mass.: Cambridge University Press.

Hymes, D. (1974). Ways of speaking. In R. Bauman & J. Sherzer (Eds.), Explorations in the ethnography of speaking. London: Temple Smith.

Igra, V. & Irwin, C. (1996). Theories of adolescent risk-taking behavior. In R.J. DiClemente, W.B. Hansen & L.E. Ponton (Eds.), Handbook of adolescent health risk behavior (pp. 35–52). New York: Plenum Press.

Ihm, H. (2000). Körperverletzung: Motivgefüge und Opferperzeption von jugendlichen Straftätern. Diplomarbeit Universität Trier, Fachbereich 1 – Psychologie.

Inagaki, K. & Hatano, G. (1993). Young children's understanding of the mind-body distinction. Child Development, 64, 1534–1549.

Inagaki, K. & Hatano, G. (1996). Young children's recognition of commonalities between animals and plants. Child Development, 67, 2823–2840.

Info-Dienst Deutsche Aussiedler (2001). Zahlen, Daten, Fakten. Bonn: Beauftragter der Bundesregierung für Aussiedlerfragen.

Inhelder, B. & Piaget, J. (1958). The growth of logical thinking from childhood to adolescence. New York: Basic Books.

Inhelder, B., Lezine, I., Sinclair, H. & Stambak, M. (1972). Les debouts de la fonction symbolique. Archives de Psychologie, 41, 187–243.

Institut für praxisorientierte Sozialforschung (IPOS) Mannheim (1992). Gleichberechtigung von Frauen und Männern – Wirklichkeit und Einstellungen in der Bevölkerung (Schriftenreihe des Bundesministers für Frauen und Jugend, Band 7). Stuttgart: Kohlhammer.

Institute Infratest, Sinus & H. Becker. (1991). Die Älteren. Zur Lebenssitation der 55- bis 70-jährigen. Bonn: J.H.W. Dietz.

Intons-Peterson, M. J. (1988). Children's concepts of gender. Norwood, NJ: ABLEX.

Isabella, R.A. (1993). Origins of attachment: Maternal interactive behavior across the first year. Child Development, 64, 605–621.

Israel, B.A. & Antonucci, T.C. (1987). Social network characteristics and psychological well-being: A replication and extension. Health Education Quarterly, 14, 461–481.

Istvan, J. (1986). Stress, anxiety, and birth outcomes: a critical review of the evidence. Psychological Bulletin, 100, 331–348.

Iwanaga, M. (1973). Development of interpersonal play structures in 3, 4, and 5 year old children. Journal of Research and Development in Education, 8, 71–82.

Izard, C.E. (1978). On the ontogenesis of emotions and emotion-cognition relationships in infancy. In M. Lewis & L. A. Rosenblum (Eds.), The origins of affect (pp. 389–413). New York: Plenum.

Izard, C.E. (1979). The maximally discriminative facial movement coding system. Newark DL: Delaware University Instructional Ressource Center.

Izard, C.E. (1981). Die Emotionen des Menschen. Eine Einführung in die Grundlagen der Emotionspsychologie. Weinheim: Beltz.

Izard, C.E. (1994). Innate and univessial facial expressions: Evidence from developmental and cross-cultural research. Psychological Bulletin, 115 (2), 288–299.

Izard, C.E. & Malatesta, C.Z. (1987). Perspectives on emotional development I: Differential emotions theory of early emotional development. In J.D. Osofsky (Ed.), Handbook of infant development (pp. 494–554). New York: Wiley.

Jäckel, U. (1980). Partnerwahl und Eheerfolg. Stuttgart: Enke.

Jacobsen, T. & Hofman, V. (1997). Children's attachment representations: Longitudinal relations to school behaviour and academic competency in middle childhood and adolescence. Developmental Psychology, 33, 703–710.

Jacobsen, T., Edelstein, W., & Hofmann, V. (1994). A longitudinal study of the relation between representations of attachment in childhood and cognitive functioning in childhood and adolescence. Developmental Psychology, 30, 112–124.

Jahoda, G. (1954). A note on Ashanti names and their relationship to personality. British Journal of Psychology, 45, 192–195.

Jakobs, E. (1998). Faces and feelings in social context. Enschede: Ipskamp.

James, W. (1902). Varieties of religious experience. London: Longmanns Grenn (dt.: Die Vielfalt religiöser Erfahrung. Olten: Walter).

James, W. (1950, Orig. 1890). The principle of psychology (Orig: New York: Holt). New York: Dover.

Janas, S. & Preiser, S. (1999). Politikverdrossenheit bei jungen Erwachsenen. In H. Moser (Hrsg.), Sozialisation und Identitäten – Politische Kultur im Umbruch? Sonderheft SH/99 der Zeitschrift für Politische Psychologie (S. 93–119). Bonn: Deutscher Psychologen Verlag.

Janke, B. (1999). Naive Psychologie und die Entwicklung des Emotionswissens. In W. Friedlmeier & M. Holodynski (Hrsg.), Emotionale Entwicklung. Funktion, Regulation und soziokultureller Kontext von Emotionen (S. 70–98). Heidelberg: Spektrum Akademischer Verlag.

Jaspers, K. (1973). Philosophie. Heidelberg: Springer.

Jaspers, M. & Mosebach, H.-J. (1990). Jugendsexualität heute im Verständnis der 16- bis 19-jährigen. In N. Kluge (Hrsg.), Jugendsexualität: ein Tagungsbericht (S. 91–93). Frankfurt/M.: Dipa-Verlag.

Jeannerod, M. (1997). The cognitive neuroscience of action. Oxford, UK: Blackwell Publishers.

Jencks, C., Smith, M., Acland, H., Bane, M.J., Cohen, D., Gintis, H., Heyns, B. & Michelson, S. (1972). Inequality: A reassessment of the effect of family and schooling in America. New York: Basic Books.

Jenkins, J.M. & Astington, J. (2000). Theory of mind and social behavior: Causal models tested in a longitudinal study. Merrill-Palmer Quarterly, 46, 203–220.

Jenkins, J.M. & Smith, M.A. (1993). A prospective study of behavioral disturbance in children who subsequently experience parental divorce: A research note. Journal of Divorce and Remarriage, 19 (1/2), 143–160.

Jensen, A.R. (1969). How much can we boost IQ and scholastic achievement? Harvard Educational Review, 39, 1–123 (dt.: Wie sehr können wir Intelligenzquotient und schulische Leistung steigern? In H. Skowronek (Hrsg.), Umwelt und Begabung (S. 63–155). Stuttgart: Klett, 1973).

Jensen, A.R. (1973). Wie sehr können wir Intelligenzquotient und schulische Leistung steigern? In H. Skowronek (Hrsg.), Umwelt und Begabung (S. 63–155). Stuttgart: Klett.

Jensen, T.S., Boggild-Andersen, B., Schmidt, J., Ankerhus, J. & Hansen, E. (1988). Perinatal risk factors and first-year vocalizations: Influence on preschool language and motor performance. Developmental Medicine and Child Neurology, 30, 153–161.

Jerusalem, M. (1984). Selbstbezogene Kognitionen in schulischen Bezugsgruppen. Eine Längsschnittstudie. Bd. I. Berlin: Institut für Psychologie der Freien Universität Berlin.

Jerusalem, M. (1992). Akkulturationsstress und psychosoziale Befindlichkeit jugendlicher Ausländer. Report Psychologie, 2, 16–25.

Jerusalem, M. (1992). Die Bedeutung des Selbstkonzepts für Bedrohungserleben und Attributionen in Leistungssituationen. Unterrichtswissenschaft, 20, 293–307.

Jerusalem, M. & Kleine, D. (1991). Anxiety effects of resources in a critical life transition. Anxiety Research, 4, 15–25.

Jessor, R. & Jessor, S.L. (1977). Problem behavior and psychosocial development. A longitudinal study of youth. New York: Academic Press.

Jessor, R. & Jessor, S.L. (1984). Adolescence to young adulthood: A twelve-year prospective study of problem behavior and psychosocial development. In S. Mednick, M. Harway & K.M. Finnelo (Hrsg.), Handbook of longitudinal research in the United States (Bd. II). New York: Praeger.

Jessor, R. (1987). Problem-behavior theory, psychosocial development, and adolescent problem-drinking. British Journal of Addiction, 82, 331–342.
Jessor, R., Donovan, J. E. & Costa, F.M. (1991). Beyond adolescence: Problem behavior and young adult development. Cambridge, UK: Cambridge University Press.
Jessor, R., van den Bos, J., Vanderryn, J., Costa, F.M. & Turbin, M.S. (1995). Protective factors in adolescent problem behavior. Developmental Psychology, 31, 923–933.
Joas, H. (1980). Problem und Interaktionstheorie in der Sozialisationsforschung. In K. Hurrelmann & D. Ulich (Hrsg.), Handbuch der Sozialisationsforschung (S. 147–160). Weinheim: Beltz.
Joebgen, A.M. & Richards, M.H. (1990). Maternal education and employment: Mediating maternal and adolescent emotional adjustment. Journal of Early Adolescence, 10 (3), 329–343.
John, O.P., Caaspi, A., Robins, R.W., Moffitt, T.E. & Stouthamer-Loeber, M. (1994). The "Little Five": Exploringt the five-factor model of personality in adolescent boys. Child Development, 65, 160–178.
Johnson, C.N. & Wellman, H.M. (1982). Children's developing conceptions of the mind and brain. Child Development, 53, 222–234.
Johnson, D.W. & Johnson, R.T. (1995). Cooperative learning and nonacademic outcomes of schooling. The other side of the report card. In J.E. Pedersen & A.D. Digby (Eds.), Secondary schools and cooperative learning (pp. 81–150). New York: Garland.
Johnson, M.H. (1994). Cortical development and the control and planning of eye movements in early infancy. Unveröffentlichter Vortrag auf der European Research Conference: The development of sensory, motor and cognitive capabilities in early infancy. Acquafredda di Maratea, Italien.
Johnson, M.H. (1998). The neural basis of cognitive development. In W. Damon (Ed.), Handbook of child psychology (Fifth ed.) Vol. 2: Cognition, perception, and language (D. Kuhn & R.S. Sielger, vol. eds, pp. 1–50). New York: Wiley.
Johnson, M.H. (1999). Developmental cognitive neuroscience. In M. Bennett (Ed.), Developmental psychology. Achievements and prospects (pp. 147–164). London, UK: Psychology press.
Johnson, M.H. (2000). Functional brain development in infants: Elements of an interactive specialization framework. Child Development, 71, 75–81.
Johnson, M.H. & Morton, J. (1991). Biology and cognitive development. Oxford: Blackwell.
Johnson, P.B. & Johnson, H.L. (1996). Children's beliefs about the social consequences of drinking and refusing to drink alcohol. Journal of Alcohol and Drug Education, 41, 34–43.
Johnson, S.P. (2000). The development of visual surface perception: Insights into the ontogeny of knowledge. In C. Rovee-Collier, L.P. Lipsitt & H. Hayne (Eds.), Progress in infancy research, Volume 1 (pp. 113–154), Mahaw NJ: Erlbaum
Johnson-Laird, P.N. & Byrne, R.M.J. (1991). Deduction. Hove: Erlbaum.
Johnston, J.R., Campbell, E.G. & Mayes, S.S. (1985). Latency children in postseparation and divorce disputes. Journal of the American Academy of Child Psychiatry, 24, 563–574.
Jones, H.E. & Conrad, H. (1933). The growth and decline of intelligence: A study of a homogeneous group between the ages of ten and sixty. Genetic Psychological Monographs, 13, 223–298.
Jones-Molfese, V.J. (1977). Responses of neonates to colored stimuli. Child Development, 48, 1092–1095.
Joseph, R. (2000). Fetal brain behavior and cognitive development. Developmental Review, 20, 81–98.
Joyner, M.H. & Kurtz-Costes, B. (1997). Metamemory development. In N. Cowan (Ed.), The development of memory in childhood (pp. 275–300). Hove East Sussex, UK: Psychology Press.
Juang, L.P., Silbereisen, R.K. & Wiesner, M. (1999). Prädiktoren für den Auszug aus dem Elternhaus im Jahr 1996. In R.K. Silbereisen & J. Zinnecker (Hrsg.), Entwicklung im sozialen Wandel (S. 119–130). Weinheim: Psychologie Verlags Union.
Julius, H. (2001). Die Bindungsorganisation von Kindern, die an Erziehungshilfeschulen unterrichtet werden. Sonderpädagogik, 2.
Jung, C.G. (1930/1971). The stages of life. In J. Campbell (Ed.), The portable Jung (pp. 2–22). New York: Viking.
Jung, C.G. (1931). Die Lebenswende. Zürich: Rascher.
Jung, C.G. (1938). Die Beziehung zwischem dem Ich und dem Unbewußten (3. Aufl.). Darmstadt: Reichel.
Jurgan, S., Gloger-Tippelt, G. & Ruge, K. (1999). Veränderungen der elterlichen Partnerschaft in den ersten 5 Jahren der Elternschaft. In B. Reichle & H. Werneck (Hrsg.), Übergang zur Elternschaft. Aktuelle Studien zur Bewältigung eines unterschätzten Lebensereignisses (S. 37–51). Stuttgart: Enke.
Jusczyk, P.W., Friederici, A.D., Wessels, J.M.I., Svenkerud, V.Y. & Jusczyk, A.M. (1993). Infants' sensitivity to the sound patterns of native language words. Journal of Memory and Language, 32, 402–420.
Kaffman, M. & Elizur, E. (1983). Bereavement responses of kibbutz and non-kibbutz children following the death of a father. Journal of Child Psychology and Psychiatry, 24, 189–197.
Kagan, J. (1975). Das Auftreten von Angst während der frühen Kindheit. In U. Lehr & F.E. Weinert (Hrsg.), Entwicklung und Persönlichkeit (S. 89–101). Stuttgart: Kohlhammer.
Kagan, J. (1980). Perspectives on continuity. In O.G. Brim jr. & J. Kagan (Eds.), Constancy and change in human development (pp. 26–74). Cambridge, MA: Harvard University Press.
Kagan, J. (1994). On the nature of emotion. In N. A. Fox (Ed.), Monographs of the Society for Research in Child Development, 59 (3), Serial No. 240 (pp. 7–24).
Kagan, J. (1997). Temperament and the reactions of unfamiliarity. Child Development, 68, 139–144.
Kagan, J. (1998). Die drei Grundirrtümer der Psychologie. Weinheim: Beltz.

Kagan, J. & Moss, H.A. (1962). Birth to maturity. New York: Wiley.
Kagan, J., Snidman, N. & Arcus, D. (1998). Childhood derivatives of high and low reactivity in infancy. Child Development, 69, 1483–1493.
Kagan, J., Snidman, N., Zentner, M.R. & Peterson, E. (1999). Infant temperament and anxious symptoms in school age children. Development and Psychopathology, 11, 209–224.
Kager, A. (1995). Die Stufen des religiösen Urteils in Ordensgemeinschaften. Eine Pilotstudie. Unveröffentlichte Magisterarbeit an der Universität Wien.
Kail, R.V. (1979). Use of strategies and individual differences in children's memory. Developmental Psychology, 15, 251–255.
Kail, R.V. (1991). Development of processing speed in childhood and adolescence. In H.W. Reese (Ed.), Advances in child development and behavior (Vol. 23, pp. 151–185). San Diego: Academic Press.
Kaiser, A. (1991). Pädagogische Probleme der Geschlechterdifferenz bei Aussiedlerkindern. Neue deutsche Schule, 43, 21–23.
Kaiser, M.K., Proffitt, D.R. & McCloskey, M. (1985). The development of beliefs about falling objects. Perception & Psychophysics,38, 533–539.
Kalmar, M. (1996). The course of intellectual development in preterm and fullterm children: An 8-year longitudinal study. International Journal of Behavioral Development, 19(3), 477–491.
Kamenz, P. & Klapproth, J. (1984). Wirkungen eines Intelligenztrainings mit leistungsschwachen Vorschulkindern. Psychologie in Erziehung und Unterricht, 31, 100–108.
Kamii, C. (1972). An application of Piaget's theory to the conceptualisation of a preschool curriculum. In R.K. Parker (Ed.), The preschool in action (pp. 91–134). Boston: Allyn & Bacon.
Kamii, C. & De Vries, R. (1980). Group games in early education. Washington: National Association for the Education of Young Children.
Kaminski, G., Mayer, R. & Ruoff, B.A. (1984). Kinder und Jugendliche im Leistungssport. Schorndorf: Hofmann.
Kamratowski, J. & Meißner, H. (Hrsg.) (1971). Begabungsförderung. Weinheim: Beltz.
Kamratowski, J., Meißner, H. & Robeck, A. (1972). Begabungsförderung. Arbeitsmappe für Vorschulkinder und Schulanfänger. Weinheim: Beltz.
Kanazawa, T., Shimizu, S., Kamada, J., Tanabe, H. & Itoigawa, N. (1997). Intelligence and learning disabilities in 6–8-year-old children weighing under 1000 grams at birth. International Journal of Behavioral Development, 20, 179–188.
Kandel, D.B. (1975). Stages in adolescent involvement in drug use. Science, 190, 912–914.
Kandel, F. & Mednick, S.A. (1991). Perinatal complications predict violent offending. Criminology, 29, 419–530.
Kanner, L. (1943). Autistic disturbance of affective contact. The Nerveous Child, 2, 217.
Kant, I. (1974). Kritik der praktischen Vernunft. Frankfurt/M.: Suhrkamp.
Kantner, J. & Zelnik, M. (1972). Sexual experience of young unmarried women in the United States. Family Planning Perspectives, 4.
Kaplan, P.S., Werner, J.S. & Rudy, J.W. (1990). Habituation, sensitization and infant visual attention. In C. Rovee-Collier & L.P. Lipsitt (Eds.), Advances in infancy research (pp. 61–109). Norwood NJ: Ablex.
Karmiloff-Smith, A. (1979). A functional approach to child language. (Cambridge studies in linguistics 24). Cambridge: Cambridge University Press.
Karmiloff-Smith, A. (1986). Some fundamental aspects of language development after age 5. In P. Fletcher & M. Garman (Eds.), Language acquisition, (2nd edition) (pp. 455–474). Cambridge, MA: Cambridge University Press.
Karmiloff-Smith, A. (1992). Beyond modularity. A developmental perspective on cognitive science. Cambridge, MA: MIT Press.
Karmiloff-Smith, A & Inhelder, B. (1974). If you want to get ahead, get a theory. Cognition, 3, 195–212.
Karmiloff-Smith, A., Klima, E., Bellugi, U., Grant, J. & Baron-Cohen, S. (1995). Is there a social module? Language, face processing, and theory of mind in individuals with Williams syndrome. Journal of Cognitive Neuroscience, 7, 196–208.
Karney, B.R. & Bradbury, T.N. (1995). The longitudinal course of marital quality and stability: A review of theory, method and research. Psychological Bulletin, 118, 3–34.
Karniol, R. (1978). Children's use of intention cues in evaluating behavior. Psychological Bulletin, 85, 76–85.
Karniol, R. & Ross, M. (1976). The development of causal attribution in social perception. Journal of Personality and Social Psychology, 34, 455–464.
Karpov, Y.V. & Haywood, H.C. (1998). Two ways to elaborate Vygotski's concept of mediation: Implications for instruction. American Psychologist, 53, 27–36.
Karraker & K.H., Lake, M.A. (1991). Normative stress and coping processes in infancy. In E.M. Cummings, A.L. Greene & K.H. Karraker (Eds.), Life-span developmental psychology: Perspectives on stress and coping (pp. 85–108). Hillsdale, New Jersey: Lawrence Erlbaum Associates, Publishers.
Kartodirdjo, S. (1988). Modern Indonesia. Tradition & transformation. A socio-historical perspective. Yogyakarta: Gadjah Mada University Press.
Kaslow, F.W. (1990). Divorce therapy and mediation for better custody. Japanese Journal of Family Psychology, 4, 19–37.
Kasser, V.G. & Ryan, R.M. (1999). The relation of psychological needs for autonomy and relatedness to vitality, well-being, and mortality in a nursing home. Journal of Applied Social Psychology, 29, 935–954.
Kassin, S.M. & Pryor, J.B. (1985). The development of attribution processes. In J.B. Pryor & J.D. Day (Eds.), The development of social cogniton (pp. 3–34). New York: Springer.

Kast-Zahn, A. & Morgenroth, H. (1995). Jedes Kind kann schlafen lernen. Ratingen-Lintorf: Oberstebrink.

Kasten, H. (1976). Die Entwicklung von Moralvorstellungen und Moralbegriffen beim Kind. Donauwörth: Auer.

Kastenbaum, R. (1982). Time course and time perspective in later life. Annual Review of Gerontology and Geriatrics, 3, 80–101.

Kastner-Koller, U. (1985). Zur Kritik der These von der Nichtaufholbarkeit deprivationsbedingter Entwicklungsrückstände im Jugendalter. Unveröffentlichte Dissertation, Institut für Psychologie, Universität Wien.

Kastner-Koller, U. & Deimann, P. (2000). Sprachentwicklung bei Kindern mit autistischem Syndrom. In H. Grimm (Hrsg.), Enzyklopädie der Psychologie, Bd. III, Sprachentwicklung (S. 641–661). Göttingen: Hogrefe.

Kastner-Koller, U. & Deimann, P. (1998). Der Wiener Entwicklungstest. Göttingen: Hogrefe.

Katz, P.A. (1979). The development of female identity. Sex Roles, 5, 155–178.

Katz, P.A. (1986). Gender identity: Development and consequences. In R. Ashmore & F.K. Del Boca (Eds.), The social psychology of female-male relations: A critical analysis of central concepts (pp. 21–67). Orlando, FL: Academic Press.

Katz, P.A. & Ksansnak, K.R. (1994). Developmental aspects of gender role flexibility and traditionality in middle childhood and adolescence. Developmental Psychology, 30, 272–282.

Kaufman, J. & Zigler, E. (1993). The intergenerational transmission of abuse is overstated. In R.J. Gelles & D.R. Loseke (Eds.), Current controversies on family violence (pp. 209–221). London: Sage.

Kaufmann-Hayoz, R. (1987). Tension regulation and perceptual activity. In H. Rauh & H.C. Steinhausen (Eds.), Psychobiology and early development (pp. 117–128). Amsterdam: North Holland.

Kaufmann-Hayoz, R. (1991). Perceptual development. In H. Keller & M. Lamb (Eds.), Infant development: Perspectives from German-speaking countries (pp. 219–243). Hillsdale, NJ: Erlbaum.

Kaufmann-Hayoz, R. (1991). Visuelles Erkundungsverhalten im Säuglingsalter. In F.J. Mönks & G. Lehwald (Hrsg.), Neugier, Erkundung und Begabung bei Kleinkindern (S. 11–21). München/Basel: Reinhardt.

Kavemann, B. & Lohstöter, I. (1984). Väter als Täter. Sexuelle Gewalt gegen Mädchen. Reinbek bei Hamburg: Rowohlt Taschenbuch.

Kavsek, M.J. (1999). Infants' responsiveness to line junctions in curved objects. Journal of Experimental Child Psychology, 72, 177–192.

Kavsek, M.J. & Yonas, A. (2001). The perception of moving subjective contours by 4-month-old infants. Manuscript submitted for publication.

Keating, D.P. (1990). Adolescent thinking. In S.S. Feldman & G.R. Elliot (Eds.), At the threshold: The developing adolescent (pp. 54–89). Cambridge, MA: Harvard University Press.

Keddi, B., Pfeil, P., Strehmel, P. & Wittmann, S. (1999). Lebensthemen junger Frauen: Die andere Vielfalt weiblicher Lebensentwürfe. Opladen: Leske + Budrich.

Kegan, R. (1986). Entwicklungsstufen des Selbst. Fortschritte und Krisen im menschlichen Leben. München: Kindt.

Keil, F. C. (1994). The birth and nurturance of concepts by domains: The origins of concepts of living things. In L.A. Hirschfeld & S.A. Gelman (Eds.), Mapping the mind: Domain specificity in cognition and culture (pp. 234–254). New York: Cambridge University Press.

Keil, F.C. & Batterman, N. (1984). A characteristic to defining shift in the development of word meaning. Journal of Verbal Learning and Verbal Behavior, 23, 221–236.

Keller, H. (1997) (Hrsg.). Handbuch der Kleinkindforschung. 2. Aufl. Göttingen: Huber.

Keller, H. (2000). Sozial-emotionale Grundlagen des Spracherwerbs. In H. Grimm (Hrsg.), Enzyklopädie der Psychologie C3: Sprache. Band Sprachentwicklung. Göttingen: Hogrefe.

Keller, H. & Boigs, R. (1989). Entwicklung des Explorationsverhaltens. In H. Keller (Hrsg.), Handbuch der Kleinkindforschung (S. 443–464). Berlin/Heidelberg: Springer-Verlag.

Keller, H. & Eckensberger L.H. (1998). Kultur und Entwicklung. In H. Keller (Hrsg.), Lehrbuch Entwicklungspsychologie (S. 57–96). Bern: Huber.

Keller, M. & Edelstein, W. (1993). Die Entwicklung eines moralischen Selbst von der Kindheit zur Adoleszenz. In W. Edelstein, G. Nunner-Winkler & G. Noam (Hrsg.), Moral und Person (S. 307–334). Frankfurt/M.: Suhrkamp.

Keller, M. & Klingler, W. (1996). Jugendwellen gewinnen neue Hörerschaften. Media Analyse 1996. Media Perspektiven, 8, 441–461.

Kelley, H. (1983). Love and commitment. In H. Kelley, E. Berscheid, A. Christensen, J. Harvey, T. Huston, A. Levinger, E. McClintuck, L. Peplau & D. Peterson (Eds.), Close relationships (pp.112–132). New York, NY: Freeman.

Kelley, H.H. (1973). The process of causal attribution. American Psychologist, 28, 107–128.

Kelley, H.H., Berscheid, E., Christensen, A., Harvey, J.H., Huston, T.L., Levinger, G., McClintock, E., Peplau, L.A. & Peterson, D.R. (1983). Close relationships: Perspectives on the meaning of intimacy. New York: Freeman.

Kellman, P.J. & Arterberry, M.E. (1998). The cradle of knowledge: Development of perception in infancy. Cambridge, MA: MIT Press.

Kellman, P.J. & Spelke, E.S. (1983). Perception of partly occluded objects in infancy. Cognitive Psychology, 15, 483–524.

Kemler, D.G. (1983). Holistic and analytic modes in perceptual and cognitive development. In: T.J. Tighe & B.E. Shepp (Eds.), Perception, cognition, and development: Interactional analyses (pp. 77–102). Hillsdale, NJ: Erlbaum.

Kemp, A.E. (1996). The musical temperament. Psychology and Personality of Musicians. Oxford: Oxford University Press.

Kempas, G. (1994). Lehren lernen. Auswirkungen interpersoneller Differenzen auf die Lernprozesse Lehrender. Unveröffentlichte Dissertation, Fakultät für Sozial- und Verhaltenswissenschaften an der Universität Tübingen.

Kempe, R.S. & Kempe, C. H. (1980). Kindesmißhandlung. Stuttgart: Klett-Cotta.

Kemper, H.C.G. (Ed.) (1995). The Amsterdam growth study: A longitudinal analysis of health, fitness, and lifestyle. Champaign, IL: Human Kinetics.

Kendall-Tackett, K.A., Meyer Williams, L. & Finkelhor, D. (1998). Die Folgen von sexuellem Mißbrauch bei Kindern: Review und Synthese neuerer empirischer Studien. In G. Amann & R. Wipplinger (Hrsg.), Sexueller Missbrauch (S. 151–186). Tübingen: DGVT.

Keniston, K. (1970). Student activism, moral development, and morality. American Journal of Orthopsychiatry, 40, 577–592.

Kennedy, B. & Sears, W. (1999). Attachment parenting: Instinctive care for your baby and young child. New York: Pocket Books.

Kenrick, D.T. & Luce, C.L. (2000). An evolutionary life-history model of gender differences and similarities. In T. Eckes & H.M. Trautner (Eds.), The developmental social psychology of gender (pp. 35–63). Mahwah, NJ: Lawrence Erlbaum.

Keogh, J. & Sugden, D. (1985). Movement skill development. New York: Macmillan.

Kermonian, R. & Campos, J.J. (1988). Locomotor experience: a facilitator of spatial cognitive development. Child Development, 59, 908–917.

Kerner, H.-J., Dolde, G. & Mey, H.-G. (Hrsg.) (1996). Jugendstrafvollzug und Bewährung. Bonn: Forum Verlag Godesberg.

Kestenbaum, R. & Nelson, C.A. (1990). The recognition and categorization of upright and inverted faces by 7 month old infants. Infant Behavior and Development, 13, 497–511.

Keupp, H. (1989). Auf der Suche nach der verlorenen Identität. In H. Keupp & H. Bilden (Hrsg.), Verunsicherungen: Das Subjekt im gesellschaftlichen Wandel (S. 47–69). Göttingen: Hogrefe.

Keupp, H. (1997). Von der (Un-)Möglichkeit, erwachsen zu werden. Jugend zwischen Multioptionalität und Identitätsdiffusion. In M. Beck, S. Chow & I. Köster-Goorkotte (Hrsg.), Kinder in Deutschland: Realitäten und Perspektiven (S. 145–168). Tübingen: DGVT.

Keupp, H. (2000). Eine Gesellschaft der Ichlinge. Zum bürgerschaftlichen Engagement von Heranwachsenden. München: Sozialpädagogisches Institut.

Kim, I.K. & Spelke, E.S. (1999). Perception and understanding of effects of gravity and inertia on object motion. Developmental Science, 2, 339–362.

Kim, U., Triandis, H.C., Kagitcibasi, C., Choi, S.C. & Yoon, G. (Eds.) (1994). Individualism and collectivism. Theory, method, and applications. Thousand Oaks: Sage.

Kimmel, D.C. & Weiner, I.B. (1985). Adolescence, a developmental transition. Hillsdale, NJ: Erlbaum.

Kincade, J.E., Rabiner, D.J., Bernard, S.L., Woomert, A., Konrad, T.R., DeFriese, G.H. & Ory, M.G. (1996). Older adults as a community resource: Results from the national survey of self-care and aging. The Gerontologist, 36, 474–482.

Kindermann, T. (1986). Entwicklungsbedingungen selbständigen und unselbständigen Verhaltens in der frühen Kindheit: Sozialökologische Analyse alltäglicher Mutter-Kind-Interaktionen. Freie Universität Berlin: Unveröff. Diss.

King, A. (1992). Comparison of self-questioning, summarizing, and notetaking – review as strategies for learning from lectures. American Educational Research Journal, 29, 303–323.

King, A. (1999). Discourse patterns for mediating peer learning. In A.M. O'Donnell & A. King (Eds.), Cognitive perspectives on peer learning (pp. 87–116). Mahwah, NJ: Erlbaum.

Kintsch, W. & Keenan, J. (1973). Reading rare and retention as a function of the number of propositions in the text base of sentences. Cognitive Psychology, 5, 257–274.

Kintsch, W. (1974). The representation of meaning in memory. New York:

Kintsch, W. (1986). Learning from text. Cognition and Instruction, 3, 87–108.

Kintsch, W. (1988). The use of knowledge in discourse processing: A construction-integration model. Psychological Review, 95, 163–182.

Kintsch, W. & Van Dijk, T.A. (1978). Towards a model of text comprehension and production. Psychological Review, 85 (5), 363–394.

Kisilevsky, B.S. & Low, J.A. (1998). Human fetal behavior: 100 years of study. Developmental Review, 18, 1–29.

Kitamura, C. & Burnham, D. (1998). The infant's response to maternal verbal affect. In C. Rovee-Collier & L.P. Lipsitt (Eds.), Advances of Infancy Research, Vol. 12 (pp. 221–238). Stanford CN: Ablex.

Kitayama, S. & Markus, H. (1990). Culture and emotion: The role of other-focused emotions. Paper presented at the 98th Annual Convention of the American Psychological Association, Boston:

Kitayama, S., Markus, H.R., Tummala, P., Kurokawa, M. & Kato, K. (1990). Culture and self-cognition. Unpublished Manuscript.

Kitchen, W. Ford, G., Rickards, A. Lissenden, S. & Ryan, M. (1987). Children of birth weight <1000 gs: changing outcome between ages 2 and 5 years. Journal of Pediatrics, 110, 283–288.

Klages, H. & Gensicke, Th. (1998). Bürgerschaftliches Engagement 1997. In H. Meulemann (Hrsg.), Werte und nationale Identität im vereinten Deutschland. Erklärungsansätze der Umfrageforschung (S. 177–193). Opladen: Leske + Budrich.

Klauer, K.J. (1964). Über den Effekt eines Schulreifetrainings für die Behandlung der Intelligenzschwäche. Zeitschrift für experimentelle und angewandte Psychologie, 11, 443–454.

Klauer, K.J. (1975). Intelligenztraining im Kindesalter (2. Aufl.). Weinheim: Beltz.

Klauer, K.J. (1978). Kognitive Förderung. In R. Dollase (Hrsg.), Handbuch der Früh- und Vorschulpädagogik (S. 315–334). Düsseldorf: Schwann.

Klauer, K.J. (1989). Allgemeine oder bereichsspezifische Transfereffekte eines Denktrainings. Ein Beitrag zur Prüfung der präskriptiven Theorie des induktiven Denkens. Zeitschrift für Entwicklungspsychologie u. Pädagogische Psychologie, XXI, 185–200.

Klauer, K.J. (1989). Denktraining für Kinder I. Ein Programm zur intellektuellen Förderung. Göttingen: Verlag für Psychologie.

Klauer, K.J. (1993). Training des induktiven Denkens. In K.J. Klauer (Hrsg.), Kognitives Training (S. 141–163). Göttingen: Hogrefe.

Klauer, K.J. (1995). Antworten und neue Befunde. Zeitschrift für Pädagogische Psychologie, 9, 13–24.

Klauer, K.J. (2000). Das Huckepack-Theorem asymmetrischen Strategietransfers. Ein Beitrag zur Trainings- und Transfertheorie. Zeitschrift für Entwicklungspsychologie und Pädagogische Psychologie, 32, 153–165.

Klauer, K.J. (2001). Wie misst man Schulleistungen. In F.E. Weinert (Hrsg.), Leistungsmessungen in Schulen (S. 103–116). Weinheim: Beltz.

Klauer, K.J. (2001) (Hrsg.). Handbuch Kognitives Training (2., überarb. Auflage). Göttingen: Hogrefe.

Klaus, M.H. & Kennell, J.H. (1987, orig. 1976). Mutter-Kind-Bindung. Über die Folgen einer frühen Trennung. München: Deutscher Taschenbuch Verlag.

Klawe, W. (1990). Die hilflose Suche nach einfachen Weltbildern. Rechtsextreme Orientierungen Jugendlicher und angemessene pädagogische Konzepte. Unsere Jugend, 42, 513–524.

Klein, S. (2000). Gottesbilder von Mädchen. Stuttgart: Kohlhammer.

Klein, W. (1992). Zweispracherwerb (3. Auflage). Frankfurt a.M.: Hain.

Kleinmann, M., Straka, G.A. & Hinz, I.M. (1998). Motivation und selbstgesteuertes Lernen im Beruf. In J. Abel & C. Tarnai (Hrsg.), Pädagogisch-psychologische Interessensforschung in Studium und Beruf (S. 95–109). Münster: Waxmann.

Klewes, J. (1983). Retroaktive Sozialisation: Einflüsse Jugendlicher auf ihre Eltern. Weinheim: Beltz.

Kliegl, R. & Baltes, P.B. (1987). Theory-guided analysis of mechanisms of development and aging mechanisms through testing-the-limits and research on expertise. In C. Schooler & K.W. Schaie (Eds.), Cognitive functioning and social structure over the life course (pp. 95–119). Norwood, NJ: Ablex.

Kliegl, R., Mayr, U. & Krampe, R.T. (1994). Time-accuracy functions for determining process and person differences: An application to cognitive aging. Cognitive Psychology, 26, 134–164.

Kliegl, R., Smith, J. & Baltes, P.B. (1989). Testing-the-limits and the study of adult age differences in cognitive plasticity of a mnemonic skill. Developmental Psychology, 25, 247–256.

Kliegl, R., Smith, J. & Baltes, P.B. (1990). On the locus and process of magnification of age differences during mnemonic training. Developmental Psychology, 26, 894–904.

Klieme E. (2000). Fachleistungen im voruniversitären Mathematik- und Physikunterricht: Theoretische Grundlagen, Kometenzstufen und Unterrichtsschwerpunkte. In J. Baumert, W. Bos & R. H. Lehmann (Hrsg.), Dritte Internationale Mathematik- und Naturwissenschaftsstudie: Mathematische und naturwissenschaftliche Bildung am Ende der Schullaufbahn, Bd. 2: Mathematische und physikalische Kompetenzen am Ende der gymnasialen Oberstufe (S. 57–128). Opladen: Leske + Budrich.

Klieme, E., Baumert, J., Köller, O. & Bos, W. (2000). Mathematische und naturwissenschaftliche Grundbildung: Konzeptuelle Grundlagen und die Erfassung und Skalierung von Kompetenzen. In J. Baumert, W. Bos. & R.H. Lehmann (Hrsg.), Dritte Internationale Mathematik- und Naturwissenschaftsstudie: Mathematische und naturwissenschaftliche Bildung am Ende der Schullaufbahn, Bd. 1: Mathematische und naturwissenschaftliche Grundbildung am Ende der Pflichtschulzeit (S. 85–134). Opladen: Leske + Budrich.

Klingler, W. & Groebel, J. (1994). Kinder und Medien 1990. Eine Studie der ARD/ZDF-Medienkommission. Baden-Baden: Nomos.

Klix, F. (1980). Erwachendes Denken. Berlin: VEB Deutscher Verlag der Wissenschaften.

Klocke, A. & Hurrelmann, K. (1996). Psychosoziales Wohlbefinden und Gesundheit der Jugendlichen nichtdeutscher Nationalität. In J. Mansel & A., Klocke (Hrsg.), Die Jugend von heute. Selbstanspruch, Stigma und Wirklichkeit. (S. 193–208). Weinheim: Juventa.

Klocke, A. & Hurrelmann, K. (1998). Einleitung: Kinder und Jugendliche in Armut. In A. Klocke & K. Hurrelmann (Hrsg.), Kinder und Jugendliche in Armut. Umfang, Auswirkungen und Konsequenzen (S. 7–24). Opladen: Westdeutscher Verlag.

Klosinski, G. (1996). Psychokulte. Was Sekten für Jugendliche so attraktiv macht. München: Beck.

Kluge, N. (1998). Sexualverhalten Jugendlicher heute. Ergebnisse einer repräsentativen Jugend- und Elternstudie über Verhalten und Einstellungen zur Sexualität. Weinheim: Juventa.

Knäuper, B. & Schwarzer, R. (1999). Gesundheit über die Lebensspanne. In R. Oerter, C. von Hagen, G. Röper & G. Noam (Hrsg.), Klinische Entwicklungspsychologie (S. 711–727). Weinheim: PVU.

Knoll, M. (1993). Sport und Gesundheit: Eine Meta-Analyse. Dissertation. Frankfurt. In A. Abele, W. Brehm & I. Pahmeier, Sportliche Aktivität als gesundheitsbezogenes Handeln. In Schwarzer, R. (1997), Gesundheitspsychologie: Ein Lehrbuch. (2. Aufl.). Göttingen: Hogrefe.

Knopf, D., Schäffter, O. & Schmidt, R. (Hrsg.) (1989). Produktivität des Alters (Deutsches Zentrum für Altersfragen, Bd. 5). Berlin: Deutsches Zentrum für Altersfragen.

Knopf, M. & Schneider, W. (1998). Die Entwicklung des kindlichen Denkens und die Verbesserung der Lern- und Gedächtniskompetenzen. In F.E. Weinert (Hrsg.), Entwicklung im Kindesalter (S. 75–94). Weinheim: Psychologie Verlags Union.

Knopf, M. & Waldmann, M.R. (1991). Die Rolle von Ereignisschemata beim Lernen im Vorschulalter. Zeitschrift für Entwicklungspsychologie und Pädagogische Psychologie, 23, 181–196.

Knopf, M., Körkel, J., Schneider, W. & Weinert, F.E. (1988). Human memory as a faculty versus human memory as a set of specific abilities: Evidence from a life-Span approach. In F.E. Weinert & M. Perlmutter (Eds.), Memory development. Universal changes and individual differences (pp. 331–352). Hillsdale, NJ: Erlbaum.

Knopf, M., Preußler, W. & Stefanek, J. (1995). „18, 20, . . . 2“ – Kann Expertise im Skatspiel Defizite des Arbeitsgedächtnisses älterer Menschen kompensieren? Swiss Journal of Psychology, 54, 225–236.

Knorr-Cetina, K. (1991). Die Fabrikation von Erkenntnis. Zur Anthropologie der Naturwissenschaft (Rev. u. erw. Fassung, 1. Auflage). Frankfurt am Main: Suhrkamp

Kobayashi, R., Murata T. & Yoshinaga, K. (1992). A follow-up study of 201 children with autism in Kyushu and Yamaguchi areas, Japan. Journal of Autism and Developmental Disorders, 22, 3, 395–411.

Koch, J. (1969). Der Einfluß der frühen Bewegungsstimulation auf die motorische und psychische Entwicklung des Säuglings. Bericht über den 26. Kongreß der Deutschen Gesellschaft für Psychologie. Göttingen: Hogrefe.

Kochanska, G. (1997). Multiple pathways to the conscience for children with different temperaments: From toddlerhood to age 5. Developmental Psychology, 33, 228–240.

Kochanska, G. & Murray, K.T. (2000). Mother-child mutually responsive orientation and conscience development: From toddler to early school age. Child Development, 71, 417–431.

Kochanska, G., Coy, K.C. & Murray, K.T. (2001). The development of self-regulation in the first four years of life. Child Development, 72, 1091–111.

Kochanska, G., Coy, K.C., Tjebkes, T.L. & Husarek, S.J. (1998). Individual differences in emotionality in infants. Child Development, 64, 375–390.

Kochanska, G., Murray, K. & Coy, K.C. (1997). Inhibitory control as a contributor to conscience in childhood: Froim toddler to erly school age. Child Development, 68, 263–277.

Kochanska, G., Murray, K.T. & Harlan, E.T. (2000). Effortful control in early childhood: Continuity and change, antecedents, and implications for social development. Developmental Psychology, 36, 220–232.

Koenig, H.G. (1992). Religion and mental health in later life. In J.F. Schuhmaker (Ed.), Religion and mental health (pp. 177–188). New York & Oxford: Oxford University Press.

Kogan, N. & Carter, A. (1996). Mother-infant reengagement following still-face: The role of maternal emotional availability in infant affect regulation. Infant Behavior and Development, 19, 359–370.

Kohlberg, L. (1964). Development of moral character and moral ideology. In M.L. Hoffman & L.W. Hoffman (Eds.), Review of child development research (Vol. 1, pp. 381–431). New York: Russel Sage.

Kohlberg, L. (1974). Zur kognitiven Entwicklung des Kindes. Frankfurt: Suhrkamp.

Kohlberg, L. & Candee, D. (1984). The relationship of moral judgment to moral action. In L. Kohlberg (Ed.), Essays on moral development, Vol. 2. The psychology of moral development (pp. 498–581). San Francisco: Harper & Row.

Kohlberg, L. & Gilligan, C. (1971). The adolescent as a philosopher. The discovery of the self in an postconventionbal world. Daedalus, 100, 1051–1086.

Kohlberg, L. A. (1966). A cognitive-developmental analysis of children's sex role concepts and attitudes. In E. E. Maccoby (Ed.), The development of sex differences (pp. 82–173). Stanford, CA: Stanford University Press.

Kohlendorfer, S. (1996). Ablösung im Jugendalter: Ein Problem der Psychopathologie (unveröff. Diss.). Salzburg: Naturwissenschaftliche Fakultät der Universität Salzburg.

Kohli, M. (1994). Altern in soziologischer Perspektive. In P.B. Baltes, J. Mittelstraß & U.M. Staudinger (Hrsg.), Alter und Altern: Ein interdisziplinärer Studientext zur Gerontologie (S. 231–259). Berlin: Walter de Gruyter.

Kohli, M. (1996). Erwerbsarbeit und ihre Alternativen. In M.M. Baltes & L. Montada (Hrsg.), Produktives Leben im Alter (S. 154–175). Frankfurt/Main: Campus Verlag.

Kohli, M. & Künemund, H. (1997). Nachberufliche Tätigkeitsfelder. Konzepte, Forschungslage, Empirie. (Schriftenreihe des Bundesministeriums für Familie, Senioren, Frauen und Jugend, Bd. 130.1). Stuttgart: Kohlhammer.

Kojima, H. (1986). Japanese concepts of child development from the mid-17th to mid-19th century. International Journal of Behavior Development, 9, 315–329.

Koletzko, B. (2000). Ernährung und Ernährungsstörungen. In B. Koletzko (Hrsg.), von Harnack Kinderheilkunde (S. 127–149). Berlin: Springer.

Kolip, P. (1994). Problembewältigung invulnerabler und auffälliger Jugendlicher. Zum Zusammenhang zwischen Coping-Stilen und subjektiven Situationsmerkmalen. Zeitschrift für Gesundheitspsychologie, 2, 122–134.

Kolip, P. (1995). Ernährung und Körperzufriedenheit: Der Einfluß von Alter und Geschlecht auf Körperzufriedenheit und Ernährungsverhalten im Jugendalter. Zeitschrift für Gesundheitspsychologie, 3, 97–113.

Kolip, P. (Hrsg.) (2000). Weiblichkeit ist keine Krankheit. Die Medikalisierung körperlicher Umbruchphasen im Leben von Frauen. Weinheim: Juventa.

Koops W., Hoeksma, J.B. & van den Boom, D.C. (Eds.) (1997). Development of interaction and attachment: Traditional and non-traditional approaches. Amsterdam: North-Holland.

Kooy, G.A. (1972). Jeugd en sexualiteit tegen de jaren zeventig. Wageningen: Veeman.

Koriat, A., Goldsmith, M., Schneider, W. & Nakash-Dura, M. (2001). The credibility of children's testimony: Can children control the accuracy of their memory reports? Journal of Experimental Child Psychology, 79, 405–437.

Kornadt, H.-J. (1993). Kulturvergleichende Motivationsforschung. In A. Thomas (Hrsg.), Kulturvergleichende Psychologie (S. 181–216). Göttingen: Hogrefe.

Kornadt, H.-J. & Trommsdorff, G. (1990). Naive Erziehungstheorien japanischer Mütter – deutsch-japanischer Kulturvergleich. Zeitschrift für Sozialisationsforschung und Erziehungssoziologie, 2, 357–376.

Kornhaber, M. & Marcos, H. (2000). Young children's communication with mothers and fathers: Functions and contents. British Journal of Developmental Psychology, 18, 187–210.
Kornmann, R. (1998). Wie ist das zunehmende Schulversagen bei Kindern von Migranten zu erklären und zu beheben? Vierteljahresschrift für Heilpädagogik und ihre Nachbargebiete, 67, 55–68.
Korteling, J.E. (1994). Effects of aging, skill modification, and demand alternation on multiple-task performance. Human Factors, 36, 27–43.
Koslowski, B. & Bruner, J.S. (1972). Learning to use a lever. Child Development, 43, 790–799.
Kossolapow, L. (1987). Aussiedler-Jugendliche. Ein Beitrag zur Integration Deutscher aus dem Osten. Weinheim: Deutscher Studien Verlag.
Kostanski, M. & Gullone, E. (1999). Dieting and body image in the child's world: Conceptualization and behavior. The Journal of Genetic Psychology, 100(4), 488–499.
Kotelchuk, M. (1973). The infant's relationship to the father. In M.E. Lamb (Ed.), The role of the father in child development (pp. 329–362). New York: Wiley.
Kotelchuk, M., Zelazo, P.R., Kagan, J. & Spelke, E. (1975). Infant reactions to parental separations when left with familiar adults. Journal of Genetic Psychology, 126, 255–262.
Köhnken, G. (1997). Personenidentifizierung. In M. Steller & R. Volbert (Hrsg.), Psychologie im Strafverfahren (S. 63–72). Bern: Huber.
Köhnken, G. (2000a). Suggestion und Suggestibilität. In R. Lempp, G. Schütze & G. Köhnken (Hrsg.), Forensische Psychiatrie und Psychologie des Kindes- und Jugendalters (S. 342–353). Darmstadt: Steinkopff.
Köhnken, G. (2000b). Die Aussagefähigkeit kindlicher Zeugen. In R. Lempp, G. Schütze & G. Köhnken (Hrsg.), Forensische Psychiarie und Psychologie des Kindes- und Jugendalters (S. 354–362). Darmstadt: Steinkopff.
Köhnken, G. (2000c). Der Schutz kindlicher Zeugen vor Gericht. In R. Lempp, G. Schütze & G. Köhnken (Hrsg.), Forensische Psychiatrie und Psychologie des Kindes- und Jugendalters (S. 363–372). Darmstadt: Steinkopff.
Köller, O. (1994). Psychometrische und psychologische Betrachtungen des Rateverhaltens in Schulleistungstests. Empirische Pädagogik, 8, 59–84.
Köller, O. (1998). Zielorientierungen und schulisches Lernen. Münster: Waxmann.
Köller, O. & Baumert, J. (2001). Leistungsgruppierungen in der Sekundarstufe I und ihre Konsequenzen für die Mathematikleistung und das mathematische Selbstkonzept der Begabung. Zeitschrift für Pädagogische Psychologie, 15, 99–110.
Köller, O., Baumert, J. & Schnabel, K. (1999). Wege zur Hochschulreife: Offenheit des Systems und Sicherung vergleichbarer Standards. Analysen am Beispiel der Mathematikleistungen von Oberstufenschülern an integrierten Gesamtschulen und Gymnasien in Nordrhein-Westfalen. Zeitschrift für Erziehungswissenschaft, 2, 370–405.
Köller, O., Baumert, J. & Schnabel K. (2000). Zum Zusammenspiel von schulischem Interesse und Lernen im Fach Mathematik: Längsschnittanalysen in den Sekundarstufen I und II. In U. Schiefele & K.P. Wild (Hrsg.), Interesse und Lernmotivation – Untersuchungen zu Entwicklung, Förderung und Wirkung (S. 163–182). Münster: Waxmann.
Köller, O., Baumert, J. & Schnabel, K. (in Druck). Development in adolescence under the restrictions of secondary school. In U.M. Staudinger & U. Lindenberger (Eds.), Understanding human development. Dodtrecht: Kluwer.
Köller, O., Daniels, Z., Schnabel, K. & Baumert, J. (2000). Kurswahlen von Mädchen und Jungen im Fach Mathematik: Zur Rolle von fachspezifischem Selbstkonzept und Interesse. Zeitschrift für Pädagogische Psychologie, 14, 26–37.
Köller, O. & Karim, A.A. (2001). Der Einfluss der Schule auf die Intelligenzentwicklung im Jugendalter. Vortrag auf der 15. Tagung der Fachgruppe Entwicklungspsychologie innerhalb der Deutschen Gesellschaft für Psychologie. Potsdam, 2.–5. September 2001.
Köller, O., Klemmert, H., Möller, J. & Baumert, J. (1999). Leistungsbeurteilungen und Fähigkeitsselbstkonzepte: Eine längsschnittliche Überprüfung des Internal/External Frame of Reference Modells. Zeitschrift für Pädagogische Psychologie, 13, 128–134.
Köller, O., Schnabel K. & Baumert, J. (2000). Der Einfluß der Leistungsstärke von Schulen auf das fachspezifische Selbstkonzept der Begabung und das Interesse. Zeitschrift für Entwicklungspsychologie und Pädagogische Psychologie, 32, 70–80.
Köller, O., Schnabel, K. & Baumert, J. (2001). Does interest matter? The relationship between academic interest and achievement in mathematics. Journal for Research in Mathematics Education, 32, 448–470.
Kraft, S. (2000). Lernen im Betrieb: selbstgesteuert, kooperativ, motiviert? Kritische Anmerkungen zur Idealisierung betrieblicher Weiterbildung. In C. Harteis, H. Heid & S. Kraft (Hrsg.), Kompendium Weiterbildung. Aspekte und Perspektiven betrieblicher Personal- und Organisationsentwicklung (S. 131–142). Opladen: Leske + Budrich.
Krahé, B. (1992). Coping with rape: A social psychological perspective. In L. Montada, S.-H. Filipp & M.R. Lerner (Eds.), Life crises and experiences of loss in adulthood (pp. 477–496). Hillsdale, NJ: Erlbaum.
Kramer, A.F., Larish, J.F. & Strayer, D.L. (1995). Training for attentional control in dual task settings: A comparison of young and old adults. Journal of Experimental Psychology: Applied, 1, 50–76.
Krampe, R.T. & Ericsson, K.A. (1996). Maintaining excellence: Deliberate practice and elite performance in young and old pianists. Journal of Experimental Psychology: General, 125, 331–359.
Krampen, G. (1982). Differentialpsychologie der Kontrollüberzeugungen. Göttingen: Hogrefe.
Krampen, G. (1986). Zum indikativen Wert handlungstheoretischer Persönlichkeitsvariablen für die Alkoholismusbehandlung. In D. Ladewig (Hrsg.), Drogen und Alkohol (S. 114–132). Lausanne: ISPA-Press.
Krampen, G. (1987). Entwicklung von Kontrollüberzeugungen. Zeitschrift für Entwicklungspsychologie und Pädagogische Psychologie, 19, 195–227.

Krampen, G. (1988). Entwicklungsbezogene Korrelate sozialen Engagements bei Männern im Ruhestand. Zeitschrift für Gerontopsychologie und -psychiatrie, 1, 285–295.

Krampen, G. (1991). Entwicklung politischer Handlungsorientierungen im Jugendalter. Göttingen: Hogrefe.

Krampen, G. (1993). Lern-, handlungs- und tätigkeitspsychologische Modelle in der Differentiellen Psychologie und Persönlichkeitspsychologie. Trierer Psychologische Berichte, 20, Heft 1.

Krampen, G. (1994). Kontrollüberzeugungen in der Erziehung und Sozialisation. In K.A. Schneewind (Hrsg.), Psychologie der Erziehung und Sozialisation (= Enzyklopädie der Psychologie, Serie Pädagogische Psychologie, Bs. D/I/1, S. 377–402). Göttingen: Hogrefe.

Krampen, G. (1997). Zur handlungs-, persönlichkeits- und entwicklungstheoretischen Einordnung des Konstrukts Vertrauen. In M.K.W. Schweer (Hrsg.), Vertrauen und soziales Handeln (S. 16–61). Neuwied: Luchterhand.

Krampen, G. (2000a). Handlungstheoretische Persönlichkeitspsychologie (2. Aufl.). Göttingen: Hogrefe.

Krampen, G. (2000b). Transition of adolescent political action orientations to voting behavior in early adulthood in view of a social-cognitive action theory model of personality. Political Psychology, 21, 277–297.

Krampen, G., Fähse, D. & Groß, S. (1993). Biographische Rekonstruktion und Wohlbefinden im höheren Lebensalter. Zeitschrift für Gerontopsychologie und -psychiatrie, 6, 229–240.

Krampen, M. (1982). Zur Einschätzung von Unabhängigkeit und Lerngewinn in Tätigkeiten des eigenen Lebens durch alternde Menschen. Zeitschrift für Gerontologie, 15, 46–49.

Kranzler, E.M. (1990). Parent death in childhood. In L.E. Arnold (Ed.), Childhoood stress (pp. 405–421). New York: Wiley.

Krapp, A. (1993). Die Psychologie der Lernmotivation. Zeitschrift für Pädagogik, 39, 187–206.

Krapp, A. (1998). Entwicklung und Förderung von Interessen im Unterricht. Psychologie in Erziehung und Unterricht, 44, 185–201.

Krapp, A. (1998). Interesse. In D.H. Rost (Hrsg.), Handwörterbuch Pädagogische Psychologie (S. 213–217). Weinheim: Beltz/PVU.

Krapp, A. (1999). Intrinsische Lernmotivation und Interesse: Forschungsansätze und konzeptuelle Überlegungen. Zeitschrift für Pädagogik, 45, 387–406.

Krapp, A. (2000). Individuelle Interessen als Bedingung lebenslangen Lernens. In F. Achtenhagen & W. Lempert (Hrsg.), Lebenslanges Lernen im Beruf – seine Grundlegung im Kindes- und Jugendalter. Band 3: Psychologische Theorie, Empirie und Therapie (S. 54–75). Opladen: Leske + Budrich.

Krapp, A. & Prenzel, M. (Hrsg.) (1992). Interesse, Lernen, Leistung. Neuere Ansätze einer pädagogisch-psychologischen Interessenforschung. Münster: Aschendorff.

Krappmann, L. (1973). Soziologische Dimensionen der Identität. Stuttgart: Klett.

Krappmann, L. (1997). Brauchen junge Menschen alte Menschen? In L. Krappmann & A. Lepenies (Hrsg.), Alt und Jung: Spannung und Solidarität zwischen den Generationen (S. 185–204). Frankfurt/Main: Campus.

Kratzmeier, N. (1970). Sprach- und Denktraining. Werkspielblätter für 4–7jährige. Weinheim: Beltz.

Kraus, W. & Mitzscherlich, B. (1995). Identitätsdiffusion als kulturelle Anpassungsleistung. Psychologie in Erziehung und Unterricht, 42, 65–72.

Kraus, W. & Straus, F. (1990). Das Konzept der Patchwork-Identität: Überlegungen zur Entwicklung eines forschungsmethodischen Baukastens. SFB-Mitteilungen (2), SFB 333, 5–20.

Krause, C. & Hippler, H.-J. (1984). Sozialisationsbedingungen und „Neue Werte" bei Studenten. In A. Stiksrud (Hrsg.), Jugend und Werte (S. 138–149). Weinheim: Beltz.

Kray, J. & Lindenberger, U. (2000). Adult age differences in task switching. Psychology and Aging, 15, 126–147.

Krebs, D.L. & VanHesteren, F. (1994). The development of altruism: Toward an integrative model. Developmental Review, 14, 103–158.

Kreppner, K. (1989). Linking infant development in-context research to the investigation of life-span family development. In K. Kreppner & R.M. Lerner (Eds.), Family systems and life-span development (pp. 33–64). Hillsdale NJ: Erlbaum.

Kreutzer, M.A., Leonard, C. & Flavell, J.H. (1975). An interview study of children's knowledge about memory. Monographs of the Society for Research in Child Development, 40, Serial No. 159.

Krieger, R. (1983). Politisches Lernen. In E. Lippert & R. Wakenhut (Hrsg.), Handwörterbuch der Politischen Psychologie (S. 255–267). Opladen: Westdeutscher Verlag.

Krishnakumar, A. & Buehler, C. (2000). Interparental conflict and parenting behavior: A meta-analytic review. Family Relations, 49, 25–44.

Krist, H. (1992). Entwicklung naiver Bewegungskonzepte: Je flacher, desto weiter? Zeitschrift für Entwicklungspsychologie und Pädagogische Psychologie, 24, 171–183.

Krist, H. (2000). Development of naive beliefs about moving objects. The straight-down belief in action. Cognitive Development, 15, 281–308.

Krist, H. (2001). Development of naive beliefs about moving objects: The straight-down belief in action. Cognitive Development, 15, 397–424.

Krist, H., Fieberg, E.F. & Wilkening, F. (1993). Intuitive physics in action and judgment: The development of knowledge about projectile motion. Journal of Experimental Psychology: Learning, Memory, and Cognition, 19, 1–15.

Krist, H., Loskill, J. & Schwarz, S. (1996). Intuitive Physik in der Handlung: Perzeptiv-motorisches Wissen über Flugbahnen bei 5–7jährigen Kindern. Zeitschrift für Psychologie, 204, 339–366.

Krist, H., Natour, N., Jäger, S. & Knopf, M. (1998). Kognitive Entwicklung im Säuglingsalter: Vom Neo-Nativismus zu einer entwicklungsorientierten Konzeption. Zeitschrift für Entwicklungspsychologie und Pädagogische Psychologie, 30, 153–173.
Kristiansen, C.M. (1987). Social learning theory and preventive health behavior. Social Behaviour, 2, 73–86.
Kroh, O. (1932). Psychologie der Oberstufe. Langensalza: Hermann Beyer.
Kroh, O. (1935). Entwicklungspsychologie des Grundschulkindes (12. Auf.). Manns Pädagogisches Magazin, 12. Aufl.
Kroh, O. (1951). Psychologie der Entwicklung. In H. Kleinert, H. Stucki u. Mitarb. (Hrsg.), Lexikon der Pädagogik (3 Bde., Bd. II, S. 438–447). Bern: Francke.
Kroh, O. (1958). Entwicklungspsychologie des Grundschulkindes. Teil 1: Die Phasen der Jugendentwicklung (1. Auflage des Neudrucks). Weinheim: Beltz.
Krueger, F. (1926). Zur Einführung – Über psychische Ganzheiten. Neue Psychologische Studien, 1, 5–122.
Krueger, J. & Heckhausen, J. (1993). Personality development across the adult life span: Subjective conceptions vs cross-sectional contrasts. Journal of Gerontology, 48, 100–108.
Krüger, R. & Dumke, D. (1973). Vorschulisches Lesenlernen und seine Auswirkungen auf das Lernen und Lehren in der Primarstufe. In H. Nickel & E. Langhorst (Hrsg.), Brennpunkte der Pädagogischen Psychologie (S. 186–202). Bern: Huber.
Krüger, U.M. (1996). Gewalt in von Kindern genutzten Fernsehsendungen. Quantitative und qualitative Unterschiede im öffentlich-rechtlichen und privaten Programmangebot. Media Perspektiven, 3, 114–133.
Kruse, A. (1987). Coping with chronic disease, dying and death. Comprehensive Gerontology, 21, 1–11.
Kruse, A. (1990). Potentiale im Alter. Zeitschrift für Gerontologie, 23, 235–245.
Kruse, A. (1994). Altersfreundliche Umwelten: Der Beitrag der Technik. In P.B. Baltes, J. Mittelstraß & U.M. Staudinger (Hrsg.), Alter und Altern: Ein interdisziplinärer Studientext zur Gerontologie (S. 668–693). Berlin: de Gruyter.
Kruse, A. (1995a). Entwicklungspotentialität im Alter. In P. Borscheid (Hrsg.), Alter und Gesellschaft (S. 63–86). Stuttgart: Wissenschaftliche Verlagsgesellschaft.
Kruse, A. (1995b). Menschen im Terminal-Stadium und ihre betreuenden Angehörigen als ‚Dyade': Wie erleben sie die Endlichkeit des Lebens, wie setzen sie sich mit dieser auseinander? Zeitschrift für Gerontologie & Geriatrie, 28, 264–272.
Kruse, A. (1996). Alltagspraktische und sozioemotionale Kompetenz. In M.M. Baltes & L. Montada (Hrsg.), Produktives Leben im Alter (S. 290–322). Frankfurt/Main: Campus.
Kruse, A. (2000). Komponenten und Rahmenbedingungen einer fachlich und ethisch fundierten Sterbebegleitung. In M. Mettner (Hrsg.), Wie menschenwürdig sterben? (S. 229–254) Zürich: Neue Zürcher Zeitung Verlag.
Kruse, A. & Rudinger, G. (1997). Lernen und Leistung im Erwachsenenalter. In F.E. Weinert & H. Mandl (Hrsg.), Enzyklopädie der Psychologie – Pädagogische Psychologie, Bd. IV: Psychologie der Erwachsenenbildung (S. 45–85). Göttingen: Hogrefe.
Kruse, A. & Schmitt, E. (1995). Die psychische Situation hilfs- und pflegebedürftiger älterer Menschen. Zeitschrift für Gerontopsychologie und -psychiatrie, 8, 273–287.
Kruse, A., Schmitt, E., Pfendtner, P. & Re, S. (2001). Gesundheit im Alter. Gesundheitsbericht für die Bundesrepublik Deutschland. Berlin: Verlag Robert Koch Institut.
Kruse, A., Schmitt, E. & Re, S. (1999). Belastungserleben hilfsbdürftiger älterer Menschen: Eine ressourcenorientierte Sicht. Zeitschrift für Psychosomatische Medizin und Psychotherapie, 45, 246–259.
Kruse, J., Meyer-Probst, B., Reis, O., Esser, G. & Ihle, W. (2001). Seelische Gesundheit junger Erwachsener in Mannheim und Rostock. Zeitschrift für Klinische Psychologie und Psychotherapie, 30(1), 55–64.
Kuhl, J. (1996). Wille und Freiheitserleben: Formen der Selbststeuerung. In J. Kuhl & H. Heckhausen (Hrsg.), Motivation, Volition und Handlung. Enzyklopädie der Psychologie (S. 665–765). Göttingen: Hogrefe.
Kuhl, P. (1985). Categorization of speech by infants. In J. Mehler & R. Fox (Eds.), Neonate cognition: beyond the blooming, buzzing confusion (pp. 231–262). Hillsdale, NJ: Erlbaum.
Kuhl, P. (1987). Perception of speech and sound in early infancy. In P. Salapatek & L. Cohen (Eds.), Handbook of infant perception. Vol. 2. From perception to cognition (pp. 275–382). Orlando: Academic Press.
Kuhl, P.K. & Meltzoff, A.N. (1982). The bimodal perception of speech in infancy. Science, 218, 1138–1141.
Kuhl, P.K. & Meltzoff, A.N. (1984). Minnesota symposia on child psychology, Vol. 20: The development of perception. Hillsdale, NJ: Erlbaum. The intermodal representation of speech in infants. Infant Behavior and Development, 7, 361–381.
Kuhl, U. (1986). Sicherheit und prosoziales Handeln. München: Profil Verlag.
Kuhlmann, W. (1981). Warum Normenethik? Funkkolleg Praktische Philosophie/Ethik. Studienbegleitbrief 7. Tübingen: Deutsches Institut für Fernstudien.
Kuhn, D. & Pearsall, S. (2000). Developmental origins of scientific thinking. Journal of Cognition and Development, 1, 113–129.
Kuhn, D. (1989). Children and adults as intuitive scientists. Psychological Review, 96, 674–689.
Kuhn, D., Amsel, E. & O'Laughlin, M. (1988). The development of scientific thinking skills. Orlando, FL: Academic Press.
Kuhn, M.H. (1964). Self. In J. Gould & W.L. Kolb (Eds.), A dictionary of the social sciences. London: Tavistock.
Kuhn, M.H. & McPartland, T. (1954). An empirical investigation of self-attitudes. American Psychological Review, 19, 68–76.
Kuhnke, R. (1997). Wertewandel bei Jugendlichen und jungen Erwachsenen in Ostdeutschland. In H. Sydow (Hrsg.), Entwicklung und Sozialisation von Jugendlichen vor und nach der Vereinigung Deutschlands (S. 115–157). Opladen: Leske + Budrich.
Kujawski, J.H. & Bower, T.G.R. (1993). Same-sex preferential looking during infancy as a function of abstract representation. British Journal of Developmental Psychology, 11, 201–209.

Kunczik, M. & Zipfel, A. (1996). Gewalt und Medien. Zum aktuellen Stand der Diskussion. In F. Haase & A. Kuteroff (Hrsg.), Anschlüsse. Begleitbuch zur medienpädagogischen Fernsehreihe „Kinder und Medien“ (S. 81–95). Baden-Baden: Nomos.

Kuner, W. (1981). Jugendsekten: Ein Sammelbecken für Verrückte? Psychologie Heute, 8, 53–61.

Kunz, T. (1986). Unfälle in Kindergärten. Forschungsbericht 459 der Bundesanstalt für Arbeitsschutz und Unfallforschung. Bremerhaven: NW-Wirtschaftsverlag.

Kunz, T., Prinz, G. & Frick, U. (1988). Spiele zur Sicherheitserziehung und Bewegungsfrühförderung. Spielkartei, Wehrheim: Verlag gruppenpädagogischer Literatur.

Künzler, J. (1995). Geschlechtsspezifische Arbeitsteilung: Die Beteiligung von Männern im Haushalt im internationalen Vergleich. Zeitschrift für Frauenforschung, 13, 115–132.

Kunzmann, U., Little, T.D. & Smith, J. (2000). Is age-related stability of subjective well-being a paradox? Cross-sectional and longitudinal evidence from the Berlin Aging Study. Psychology and Aging, 15, 511–526.

Kurdek, L.A., Blisk, D. & Siesky, A.E. (1981). Correlates of children's long-term adjustment to their parents' divorce. Developmental Psychology, 17, 565–579.

Kurtz-Costes, B.E., Schneider, W. & Rupp, S. (1995). Is there evidence for intraindividual consistency in performance across memory tasks? New evidence on an old question. In F.E. Weinert & W. Schneider, W. (Eds.), Memory performance and competencies: Issues of growth and development. Hillsdale, NJ: Erlbaum.

Laakso, M.L., Poikkeus, A.M., Katajamäki, J. & Lyytinen, P. (1999). Early intentional communication as a predictor of language development in young toddlers. First Language, 19, 207–231.

Labelle, J.L. (1973). Sentence comprehension in two age groups of children as related to pause position or the absence of pauses. Journal of Speech and Hearing Research, 16, 231–237.

Labouvie-Vief, G. (1982). Dynamic development and mature autonomy: A theoretical prologue. Human Development, 25, 161–191.

Labouvie-Vief, G. (1996). Emotions, thought, and gender. In C. Matalesta-Magai & S.M. McFadden (Eds.), Handbook of research on emotions (pp. 128–156). New York: Academic Press.

Labouvie-Vief, G., DeVoe, M. & Bulka, D. (1989). Speaking about feelings: Conceptions of emotion across the life span. Psychology and Aging, 4, 425–437.

Ladd, G.W. & Golter, B.S. (1988). Parents' management of preschoolers' peer relations. Is it related to children's social competence? Developmental Psychology, 28, 1179–1187.

Ladd, G.W. (1985). Documenting the effects of social skills training with children: Process and outcome assessment. In B.H. Schneider, K.H. Rubin & J.E. Ledingham (Eds.), Children's peer relations: Issues in assessment and intervention (pp. 243–269). New York: Springer-Verlag.

Lademann-Priemer, G. (1998). Warum faszinieren Sekten? Psychologische Aspekte des Religionsmissbrauchs. München: Claudius.

Lamb, M.E. (1997). Nonparental child care: Context, quality, correlates, and consequences. In W. Damon (Ed.), Handbook of child psychology, Vol. 4, Child psychology in practice (pp. 73–133). New York: Wiley.

Lamnek, S. (1985). Wider den Schulenzwang. München: Fink.

Landesärztekammer Brandenburg, Projektstelle Qualitätssicherung. (1999). Brandenburgische Perinatal- und Neonatalerhebung 1997. Cottbus: Projektgeschäftsstelle Qualitätssicherung bei der Landesärztekammer Brandenburg.

Landreville, Ph. (1992). A comparison between daily hassles and major life events as correlates of well-being in older adults. Canadian Journal on Aging, 11(2), 1992, 137–149.

Lang, F.R. (1994). Soziale Einbindung im hohen Alter – Eltern und Kinderlose gestalten Hilfebeziehungen. Berlin: Edition Sigma.

Lang, F.R. & Baltes, M.M. (1997). Brauchen alte Menschen junge Menschen? Überlegungen zu den Entwicklungsaufgaben im hohen Lebensalter. In L. Krappmann & A. Lepenies (Hrsg.), Alt und Jung: Spannung und Solidarität zwischen den Generationen (S. 161–184). Frankfurt/Main: Campus.

Lang, F.R., Görlitz, D. & Seiwert, M. (1992). Altersposition und Beurteilungsperspektive als Faktoren laienpsychologischer Urteile über Entwicklung. Zeitschrift für Entwicklungspsychologie und Pädagogische Psychologie, 24, 298–316.

Lang, S. (1991). Männer als Frauen – Frauen als Männer: Geschlechtsrollenwechsel bei den Indianern Nordamerikas. Hamburg: Wayasbah.

Lang, S. (1995). Two-spirit People. Geschlechterkonstruktionen und homosexuelle Identitäten in indigenen Kulturen Nordamerikas. Zeitschrift für Sexualforschung, 8, 295–328.

Lange, C. & Knopf, K. (1993). Beziehungen und Trennungen. In G. Schmid (Hrsg.), Jugendsexualität. Sozialer Wandel, Gruppenunterschiede, Konfliktfelder (S. 127–144). Stuttgart: Enke.

Langer, E.L. (1978). Rethinking the role of thought in social interaction. In J. Harvey, W. Ickes & R. Kidd (Eds.), New directions on attribution research, Vol. 2. Cambridge, MA: Harvard University Press.

Langer, J. (1969). Theories of development. New York: Holt, Rinehart & Winston.

Langlois, J.H. & Downs, A.C. (1980). Mothers, fathers, and peers as socialization agents of sex-typed play behavior in young children. Child Development, 51, 1237–1247.

Lantermann, E.D. (1980). Interaktionen. München: Urban & Schwarzenberg.

Lanthier, R. P. & Baltes, J. E. (1995). Infancy era predictors of the big five personality dimensions in adolescence. Paper presented at the 1995 Meetings of the Midwestern Psychological Association, Chicago, IL.

Lapierre, S., Boufford, L. & Bastin, E. (1997). Personal goals and subjective well-being in later life. International Journal of Aging and Human Development, 45, 287–304.

Largo, R.H. (1999). Kinderjahre. München, Zürich: Piper.

Largo, R.H., Kundu, S. & Thun-Hohenstein, L. (1993). Early motor development in term and preterm children. In A.F. Kalverboer, B. Hopkins & R. Geuze (Eds.), Motor development in early and later childhood: Longitudinal approaches (pp. 247–265). Cambridge: Cambridge University Press.

Largo, R.H., Weber, M., Comenale-Pinto, L. & Duc, G. (1985). Early development of locomotion. Significance of prematurity, cerebral palsy and sex. Developmental Medicine and Child Neurology, 27, 183–191.

Larisch, H. & Lohaus, A. (1992). Gesundheitsförderung im Kindes- und Jugendalter: Ansatzpunkte zu einer pädagogisch-psychologischen Intervention. Psychologie in Erziehung und Unterricht, 39, 196–203.

Lasky, R.E. (1977). The effect of visual feedback of the hand on the reaching and retrieval behavior of young infants. Child Development, 48, 112–117.

Lau, R.R., Quadrel, M.J. & Hartman, K.A. (1990). Development and change of young adults' preventive health beliefs and behavior: Influence from parents and peers. Journal of Health and Social Behavior, 31, 240–259.

Laucht, M., Esser, G. & Schmidt, M.H. (1999). Was wird aus Risikokindern? Ergebnisse der Mannheimer Längsschnittstudie im Überblick. In G. Opp, M. Fingerle & A. Freytag (Hrsg.), Was Kinder stärkt. Erziehung zwischen Risiko und Resilienz (S. 71–93). München: Ernst Reinhardt.

Laucht, M., Esser, G. & Schmidt, M.H. (2000). Entwicklung von Risikokindern im Schulalter: Die langfristigen Folgen frühkindlicher Belastungen. Zeitschrift für Entwicklungspsychologie und Pädagogische Psychologie, 32, 59–69.

Laucht, M., Schmidt, M.H. & Esser, G. (2000). Risiko- und Schutzfaktoren in der Entwicklung von Kindern und Jugendlichen. Frühförderung interdisziplinär, 19, 97–108.

Laufer, R.S. (1976). Institutionalization of radical movements and the maintenance of radical identity in the life cycle. Youth and Society, 7, 367–398.

Lauth, G. W. & Schlottke, P. F. (1997). Training mit aufmerksamkeitsgestörten Kindern. Weinheim: Beltz/PVU.

Lauth, G.W., Brack, U. & Linderkamp, F. (2001). Verhaltenstherapie bei Kindern und Jugendlichen. In G.W. Lauth, U. Brack & F. Linderkamp (Hrsg.), Verhaltenstherapie mit Kindern und Jugendlichen (S. 3–14). Weinheim: Beltz/PVU.

Lautmann, R. (1994). Die Lust am Kind. Portrait des Pädophilen. Hamburg: Klein.

Laux, L. & Weber, H. (1990). Bewältigung von Emotionen. In K. Scherer (Hrsg.), Psychologie der Emotionen, Enzyklopädie der Psychologie, Themenbereich C, Theorie und Forschung, Serie IV, Motivation und Emotion, Bd. 3 (S. 560–629). Göttingen: Hogrefe.

Laux, L. & Weber, H. (1993). Emotionsbewältigung und Selbstdarstellung. Stuttgart: Kohlhammer.

Lave, J. (1996). Teaching as learning in practice. Mind, Culture, and Activity, 3, 14–164.

LaVoie, J.C. (1974). Cognitive determinants of resistance to temptation in seven-, nine- and eleven-year-old children of low and high maturity of moral judgment. Developmental Psychology, 10, 393–403.

Lawton, J.T. (2000). Kommentar: Der Rahmen der High/Scope Curriculums. In W.E. Fthenakis & M.R. Textor (Hrsg.), Pädagogische Ansätze im Kindergarten (S. 170–180). Weinheim: Beltz.

Lawton-Hawley, T. & Disney, E.R. (1992). Crack's children. The consequences of maternal cocaine use. Social policy report. Society of Research in Child Development, VI (4).

Lazar, I. & Darlington, R.B. (1982). Lasting effects of early education: A report from the consortium for longitudinal studies. Monographs of the Society for Research in Child Development, 147, 1–151.

Lazar, L. & Darlington, R.B. (1982). Lasting effects of early education: A report from the consortium for longitudinal studies. Monographs of the Society for Research in Child Development, 147, 1–151.

Lazarsfeld, P.F. (1931). Jugend und Beruf. Jena: Fischer.

Lazarus, M. & Lauer, H. (1985). Working past retirement: Practical and motivational issues. In R.N. Butler & H.P. Gleason (Hrsg.), Productive aging. Enhancing vitality in later life (S. 47–75). New York: Springer.

Lazarus, M. (1883). Über die Reize des Spiels. Berlin:

Lazarus, R.S. (1986). Puzzles in the study of daily hassles. In R.K. Silbereisen, K. Eyferth & G. Rudinger (Eds.), Development as Action in Context (pp. 39–53). Berlin: Springer.

Lazarus, R.S. (1991). Emotion and adaptation. New York : Oxford University Press.

Lazarus, R.S. (1999). Stress and emotion: A new synthesis. New York: Springer.

Lazarus, R.S. & Folkman, S. (1984). Stress, appraisal, and coping. New York: Springer.

Lazarus, R.S. & Launier, R. (1978). Stress-related transaction between person and environment. In L.A. Pervin & M. Lewis (Eds.), Perspectives in interactional psychology (pp. 287–327). New York: Plenum Press.

Leach, P. (1993). Die ersten Jahre deines Kindes. München: dtv.

Leadbeater, B.J., Hellner, I., Aber, J.L. & Allen, J.P. (1989). Assessment of interpersonal negotiation strategies in youth engaged in problem behaviors. Developmental Psychology, 25, 465–472.

Lecanuet, J.-P. (1998). Foetal responses to auditory and speech stimuli. In A. Slater (Ed.), Perceptual development. Visual, auditory, and speech perception in infancy (pp. 317–356). Hove UK: Psychology Press.

Lederle von Eckardstein, O., Niesel, R., Salzgeber, J. & Schönfeld, U. (1999). Eltern bleiben Eltern. Detmold: Media-Print Merkur.

Lee, D.J. & Markides, K.S. (1990). Activity and mortality among aged persons over an eight-year period. Journal of Gerontology: Social Sciences, 45, 39–42.

Lee, J.A. (1977). A typology of styles of loving. Personality and Social Psychology Bulletin, 3, 173–182.

Lee, Y. (1987). Academic success of East Asian Americans: An ethnographic comparative study of East Asian American and Anglo American adademic achievement. Seoul: American Studies Institute, Seoul National University Press.

Lefebre, F., Bard, H., Veilleux, A. & Martel, C. (1988). Outcome at school age of children with birthweights of 1000 gs or less. Developmental Medicine and Child Neurology, 30, 170–180.

Leffert, N. & Petersen, A.C. (1996). Healthy adolescent development: Risks and opportunities. In P. M. Kato & T. Mann (Eds.), Handbook of diversity issues in health psychology. New York: Plenum Press.

Legerstee, M. (1994). The role of familiarity and sound in the development of person and object permanence. British Journal of Developmental Psychology, 12, 455–468.

Legerstee, M., Barna, J. & DiAdamo, C. (2000). Precursors to the development of intention at 6 months: Understanding people and their actions. Developmental Psychology, 36, 627–634.

Lehmkuhl, G., Döpfner, M., Plück, J., Berner W., Fegert, J.M., Huss, M., Lenz, K. Schmeck, K. Lehmkuhl, U. & Poustka, F. (1998). Häufigkeit psychischer Auffälligkeiten und somatischer Beschwerden bei vier- bis zehnjährigen Kindern in Deutschland im Urteil der Eltern – ein Vergleich normorientierter und kriterienorientierter Modelle. Zeitschrift für Kinder- und Jugendpsychiatrie, 26, 83–96.

Lehr, U. (1980). Alterszustand und Alternsprozesse – biographische Determinanten. Zeitschrift für Gerontologie, 13, 442–457.

Lehr, U. (1987). Subjektiver und objektiver Gesundheitszustand im Lichte von Längsschnittstudien. In U. Lehr & H. Thomae (Hrsg.), Formen seelischen Alterns (S. 153–159). Stuttgart: Enke.

Lehr, U. & Thomae, H. (1979). Altersstörungen. In U. Baumann, H. Berbalk & G. Seidenstücker (Hrsg.), Klinische Psychologie: Trends in Forschung und Praxis (Bd. 2, S. 227–266). Bern: Huber.

Lehr, U. & Thomae, H. (1987). Formen seelischen Alterns. Stuttgart: Enke.

Lehr, U. & Thomae, H. (1991). Alltagspsychologie. Aufgaben, Methoden, Ergebnisse. Darmstadt: Wissenschaftliche Buchgesellschaft.

Lehr, U. & Thomae, H. (2000). Psychologie des Alterns. Wiesbaden: UTB Quelle & Meyer.

Leichtman, M.D. & Ceci, S.J. (1993). The problem of infantile amnesia: Lessons from fuzzy-trace theory. In M.L. Howe & R. Pasnak (Eds.), Emerging themes in cognitive development. Volume I: Foundations (pp. 195–213). New York: Springer-Verlag.

Leinbach, M.D. (1993). Which one is the daddy? Children's use of conventionally and methphorically gendered attributes to assign gender to animal figures. Presented at the Biennial Meeting of the Society for Research in Child Development, New Orleans, LA.

Leinbach, M.D. & Fagot, B.I. (1993). Categorical habituation to male and female faces: Gender schematic processing in infancy. Infant Behavior and Development, 16, 317–332.

Leinbach, M.D., Hort, B. & Fagot, B.I. (1997). Bears are for boys: Metaphorical associations in young children's gender stereotypes. Cognitive Development, 12, 107–130.

Leirich, J., Gwizdek, I. & Schleupner, J. (1998). Untersuchungen zum Nachwuchstraining unter dem Blickwinkel der Koordination von Training, Schule und Ganztagsbetreuung. In R. Daugs, E. Emrich & Ch. Igel (Hrsg.), Kinder und Jugendliche im Leistungsport (S. 330–342). Schorndorf: Hofmann.

LeMare, L.J. & Rubin, K.H. (1985). Structure and content in perspective-taking. Waterloo, Ontario: University of Waterloo.

Lemon, B.W., Bengtson, V.L. & Peterson, J.A. (1972). An exploration of the activity theory of aging: Activity types and life satisfaction among inmovers to a retirement community. Journals of Gerontology, 27, 511–523.

Lempp, R. (2000). Steuerungslabilität. In R. Lempp, G. Schütze & G. Köhnken (Hrsg.), Forensische Psychiatrie und Psychologie des Kindes- und Jugendalters (S. 149–152). Darmstadt: Steinkopff.

Lempp, R., Schütze, G. & Köhnken, G. (Hrsg.) (2000). Forensische Psychiatrie und Psychologie des Kindes- und Jugendalters. Darmstadt: Steinkopff.

Lenneberg, E.H. (1967). Biological foundations of language. New York: Wiley. (Deutsche Übersetzung 1972: Biologische Grundlagen der Sprache. Frankfurt: Suhrkamp).

Lenz, S. (1998). Über den Schmerz. Hamburg: Hoffmann und Campe.

Leon, M. (1982). Rules in children's moral jugments: Integration of intent, damage and rationale information. Developmental Psychology, 18, 835–842.

Leonard, L.B. (1998). Children with specific language impairment. Cambridge, MA: MIT Press.

Leontjew, A.N. (1977). Tätigkeit, Bewußtsein, Persönlichkeit. Stuttgart: Klett-Cotta.

Leontjew, A.N. (1982). Tätigkeit, Bewußtsein, Persönlichkeit. Köln: Pahl-Rugenstein.

Lepenies, A. (1996). Produktives Helfen im Alter: Praktische Beispiele. In M.M. Baltes & L. Montada (Hrsg.), Produktives Leben im Alter (S. 374–381). Frankfurt/Main: Campus.

Lerner, J.V. & Galambos, N.L. (1988). The influences of maternal employment across life: The New York longitudinal study. In A.E. Gottfried & A.W. Gottfried (Eds.), Maternal employment and children's development: Longitudinal research (pp. 59–83). New York: Plenum.

Lerner, R.M. (1986). Concepts and theories of human development (2nd ed.) (pp. 69–85). New York: Random House.

Lerner, R.M. (1987). A life-span perspective for early adolescence. In R.M. Lerner & T.T. Foch (Eds.), Biological-psychosocial interactions in early adolescence: A life-span perspective (pp. 1–6). Hillsdale, NJ: Erlbaum.

Lerner, R.M. & Busch-Rossnagel, N.A. (1981). Individuals as producers of their own development: A life-span perspective. New York: Academic Press.
Lerner, R.M. & Kauffman, M.B. (1985). The concept of development in contextualism. Developmental Review, 5, 309–333.
Lerner, R.M. & Lerner, J.V. (1989). Organismic and social-contextual bases of development: The sample of early adolescence. In W. Damon (Ed.), Child development today and tomorrow (pp. 69–85). San Francisco: Jossey-Bass.
Lerner, R.M., Skinner, E.A. & Sorrell, G.T. (1980). Methodological implications of contextual dialectic theories of development. Human Development, 23, 225–235.
Lerner, R.M. & Spanier, G.B. (1980). Adolescent Development. New York: McGraw-Hill.
Lersch, Ph. (1967). Ist das Kind ein kleiner Erwachsener? Unsere Jugend, 19, 242–245.
Leslie, A.M. (1982). The perception of causality in infants. Perception, 11, 173–186.
Leslie, A.M. (1987). Pretense and representation in infancy: The origins of "theory of mind". Psychological Review, 94, 412–426.
Leslie, A.M. (1994). ToMM, ToBY, and agency: Core architecture and domain specificity. in cognition and culture. In L.A. Hirschfeld & S.A. Gelman (Eds.), Mapping the mind: Domain specificity in cognition and culture (pp. 119–148). New York: Cambridge University Press.
Leslie, A.M. & Keeble, S. (1987). Do six-month-old infants perceive causality? Cognition, 25, 265–288.
Lester, B.M. & Brazelton, T.B. (1982). Cross-cultural assessment of neonatal behavior. In D.A. Wagner & H.W. Stevenson (Eds.), Cultural perspectives on child development (pp. 20–53). San Francisco: Freeman.
Levenstein, P. (1970). Cognitive growth in preschoolers through verbal interaction with mothers. American Journal of Orthopsychiatry, 40, 426–432.
LeVine, R.A. (1989). Preschool experience in an African culture: Reflections on maternal behavior and normal development. Unterrichtswissenschaft, 2, 122–132.
LeVine, R.A. (1991). Influences of culture and schooling on mothers' models of infant care: A comparative perspective. Paper presented at the Biennial Meeting of the Society for Research in Child Development, Seattle, WA.
Levinger, G. & Snoeck, J.D. (1972). Attraction in relationships. Morristown: General Learning Press.
Levorato, M.C. & Traversa, M.T. (1994). Le concezioni infantili sulla funzione dell'alimentazione. Età evolutiva, 49, 15–33.
Levy, G.D, Taylor, M.G. & Gelman, S.A. (1995). Traditional and evaluative aspects of flexibility in gender roles, social conventions, moral rules, and physical laws. Child Development, 66, 515–531.
Lew, A. & Butterworth, G. (1995). The effects of hunger on hand-mouth coordination in the newborn infant. Developmental Psychology, 31, 456–463.
Lewalter, D., Krapp, A. & Wild, K.-P. (2000). Motivationsförderung in Lehr-Lern-Arrangements – eine interessentheoretische Perspektive. In C. Harteis, H. Heid & S. Kraft (Hrsg.), Kompendium Weiterbildung. Aspekte und Perspektiven betrieblicher Personal- und Organisationsentwicklung (S. 155–162). Opladen: Leske + Budrich.
Lewin, K. (1936). Principles of topological psychology. New York: Mc Graw-Hill.
Lewin, K. (1946). Behavior and development as a function of the total situation. In L. Carmichael (Ed.), Manual of child psychology (pp. 791–844). New York: Wiley.
Lewin, K. (1963). Feldtheorie in den Sozialwissenschaften. Stuttgart/Bern: Huber.
Lewis, C. & Mitchell, P. (1994) (Eds.). Children's early understanding of mind. Hillsdale, NJ: Erlbaum.
Lewis, M. (1993). The development of deception. In M. Lewis & C. Saarni (Eds.), Lying and deception in everyday life (pp. 90–105). New York/NY: Guilford Press.
Lewis, M. & Brooks, J. (1979). Auf der Suche nach den Ursprüngen des Selbst: Implikationen für das Sozialverhalten und für pädagogische Intervention. In L. Montada (Hrsg.), Brennpunkte der Entwicklungspsychologie (S. 157–172). Stuttgart: Kohlhammer.
Lewis, M., Feiring, C. & Rosenthal, S. (2000). Attachment over time. Child Development, 71, 707–720.
Lewis, M. & Michalson, L. (1983). Children's emotions and moods. Developmental theory and measurement. New York & London: Plenum Press.
Lewis, M., Sullivan, M.W. & Brooks-Gunn, J. (1985). Emotional behavior during a contingency experience in early infancy. British Journal of Developmental Psychology, 3, 307–316.
Lewis, M., Sullivan, M.W., Stanger, C. & Weiß, M. (1989). Self-development and self-conscious emotions. Child Development, 60, 146–156.
Lewis, M.D. & Ash, A.J. (1992). Evidence for a neo-Piagetian stage transition in early cognitive development. International Journal of Behavioral Development, 15, 337–358.
Lewis, R.A. (1973). A longitudinal test of a developmental framework for premarital dyadic formation. Journal of Marriage and the Family, 35, 16–25.
Lewkowicz, D.J. & Lickliter, R. (1994) (Eds.). The development of intersensory perception: Comparative perspectives. Hillsdale, NJ: Erlbaum.
Leyendecker, B. (1993). Einfluss der Stellung in der Geschwisterreihe auf Interaktionsgelegenheiten von 10 Wochen alten Säuglingen. Zeitschrift für Entwicklungspsychologie und Pädagogische Psychologie, 25, 164–180.
Leygraf, N. (1998). Wirksamkeit des Psychiatrischen Maßregelvollzuges. In H.-L. Kröber & K.-P. Dahle (Hrsg.), Sexualstraftaten und Gewaltdelinquenz (S. 175–184). Heidelberg: Kriminalistik.

Li, K.Z.H., Lindenberger, U., Freund, A.M. & Baltes, P.B. (2001). Walking while memorizing: Age-related differences in compensatory behavior. Psychological Science, 12, 230–237.

Li, S.-C. & Lindenberger, U. (1999). Cross-level unification: A computational exploration of the link between deterioration of neurotransmitter systems and dedifferentiation of cognitive abilities in old age. In L.-G. Nilsson & M. Markowitsch (Eds.), Cognitive neuroscience of memory (pp. 104–146). Toronto: Hogrefe & Huber.

Li, S.-C., Lindenberger, U. & Sikström, S. (2001). Aging cognition: From neuromodulation to representation to cognition. Trends in Cognitive Science, 5, 479–486.

Liben, L.S. & Signorella, M.L. (1987). Children's gender schemata. San Francisco: Jossey Bass.

Liebkind, K. & Jasinskaja-Lahti, I. (2000). Acculturation and psychological well-being among adolescent immigrants in Finland: A comparative study of adolescents from different cultural backgrounds. Journal of Adolescent Research, 15, 446–469.

Liegle, L. (1974). Familie und Kollektiv im Kibbuz (4. Aufl.). Weinheim: Beltz.

Lilenfeld. L.R., Kaye, W.H., Greeno, C.G., Merikangas, K.R., Plotnicov, K., Pollice, C., Rao, R., Strober, M. Bulik, C.M. & Nagy, L. (1998). A controlled family study of anorexia nervosa and bulimia nervosa. Archives of General Psychiatry, 55, 603–610.

Lindberg, M.A. (1980). Is knowledge base development a necessary and sufficient condition for memory development? Journal of Experimental Child Psychology, 30, 401–410.

Lindenberger, U. (2000a). Intellektuelle Entwicklung über die Lebensspanne: Überblick und ausgewählte Forschungsbrennpunkte. Psychologische Rundschau, 51, 135–145.

Lindenberger, U. (2000b). Anwendungsorientierte Interpretation zentraler Befunde kognitiver Forschung. In H.-W. Wahl & C. Tesch-Römer (Hrsg.), Angewandte Gerontologie in Schlüsselbegriffen (S. 83–89). Stuttgart: W. Kohlhammer.

Lindenberger, U. (2001). Lifespan theories of cognitive development. In N.J. Smelser & P.B. Baltes (Eds.), International encyclopedia of the social and behavioral sciences. Amsterdam, NL: Elsevier Science.

Lindenberger, U. & Baltes, P.B. (1994). Sensory functioning and intelligence in old age: A powerful connection. Psychology and Aging, 9, 339–355.

Lindenberger, U. & Baltes, P.B. (1995). Testing-the-limits and experimental simulation: Two methods to explicate the role of learning in development. Human Development, 38, 349–360.

Lindenberger, U. & Baltes, P.B. (1997). Intellectual functioning in old and very old age: cross-sectional results from the Berlin Aging Study. Psychology and Aging, 12, 410–432.

Lindenberger, U. & Baltes, P.B. (1999). Die Entwicklungspsychologie der Lebensspanne (Lifespan-Psychologie): Johann Nicolaus Tetens zu Ehren (1736–1807). Zeitschrift für Psychologie, 207, 299–323.

Lindenberger, U., Kliegl, R. & Baltes, P.B. (1992). Professional expertise does not eliminate age differences in imagery-based memory performance during adulthood. Psychology and Aging, 7, 585–593.

Lindenberger, U. & Kray, J. (in Druck). Kognitive Entwicklung. In S.-H. Filipp & U. M. Staudinger (Hrsg.), Entwicklungspsychologie des mittleren und höheren Erwachsenenalters. Göttingen: Hogrefe.

Lindenberger, U., Li, S.-C. & Brehmer, J (in Druck b). Variabilité dans le vieillisement comportemental: Résultat et agent des changements autogénétiques. In J. Lantrey, B. Mazoyer & P. van Geert (Eds.), Invariants et variabilités dans les science cognitives. Paris, France: Presses de la MSH.

Lindenberger, U., Marsiske, M. & Baltes, P.B. (2000). Memorizing while walking: Increase in dual-task costs from young adulthood to old age. Psychology and Aging, 15, 417–436.

Lindenberger, U., Mayr, U. & Kliegl, R. (1993). Speed and intelligence in old age. Psychology and Aging, 8, 207–220.

Lindenberger, U. & Pötter, U. (1998). The complex nature of unique and shared effects in hierarchical linear regression: Implications for developmental psychology. Psychological Methods, 3, 218–230.

Lindenberger, U. & Reischies, F. (1999). Limits and potentials of intellectual functioning in old age. In P.B. Baltes & K. U. Mayer (Eds.), The Berlin Aging Study. Aging from 70 to 100 (pp. 329–359). New York: Cambridge University Press.

Lindenberger, U., Singer, T. & Baltes, P.B. (in Druck). Longitudinal selectivity in aging populations: Separating mortality-associated versus experimental components in the Berlin Aging Study (BASE). Journals of Gerontology: Psychological Sciences.

Lindner, E. (1999). Evaluation der Kontaktstelle für Eltern mit Kleinkindern (KEKK). Universität Paderborn: Unveröffentlichte Diplomarbeit.

Lipsitt, L.P. (1977). Taste in human neonates: Its effect on sucking and heart rate. In J.M. Weiffenbach (Ed.), Taste and development: The genesis of sweet preference. Washington, DC: Government Printing Office.

Lipsitt, L.P. (1979a). Critical conditions in infancy: A psychological perspective. American Psychologist, 34, 973–980.

Lipsitt, L.P. (1979b). Infants at risk: Perinatal and neonatal factors. International Journal of Behavioral Development, 2, 23–42.

Lipsitt, L.P. (1990). Learning and memory in infancy. Merrill-Palmer-Quarterly, 36, 53–66.

Lipsitt, L.P. (1998). Foreword. Developmental Review, 18, 421–427.

Lipsitt, L.P., Engen, T. & Kaye, H. (1963). Developmental changes in the olfactory threshold of the neonate. Child Development, 34, 371–376.

Livesley, W.J. & Bromley, D.B. (1973). Person perception in childhood and adolescence. London: Wiley.

Lloyd, B., Wheldall, K. & Perks, D. (1988). Controlled study of intelligence and school performance of very low-birthweight children from a defined geographical area. Developmental Medicine and Child Neurology, 30, 36–42.

Lobel, T.E., Bempechat, J., Gewirtz, J., Shoken-Topaz, T. & Bashe, E. (1993). The role of gender-related information and self endorsement of traits in preadolescents' inferences and judgments. Child Development, 64, 1285–1294.
Lock, A.J. (2000). Phylogenetic time and symbol creation: Where do zopeds come from? Culture & Psychology, 6, 105–129.
Locke, J.L. (1994). Gradual emergence of developmental language disorders. Journal of Speech and Hearing Research, 37, 608–616.
Loeber, R. (1990). Development and risk factors of juvenile antisocial behavior and delinquency. Clinical Psychology Review, 10, 1–41.
Loeber, R. & Farrington, D.P. (Eds.) (1998). Serious and violent juvenile offenders. Risk factors and successful interventions. Thousand Oaks, CA: Sage.
Loehlin, J.C. (1992). Genes and environment in personality development. Newbury Park, CA: Sage.
Loehlin, J.C. (1993). What has behavioral genetics told us about the nature of personality? In T.J.J. Bouchard & P. Propping (Eds.), Twins as a tool of behavioral genetics (pp. 109–119). Chichester, England: Wiley.
Loehlin, J.C. & Nichols, R.C. (1976). Heredity, environment, and personality. Austin, TX: University of Texas Press.
Loesel, F. (1995). The efficacy of correctional treatment: A review and synthesis of meta-evaluations. In J. McGuire (Ed.), What works: Reducing re-offending (pp. 79–111). Chichester: Wiley.
Loevinger, J. (1976). Ego development. San Francisco, CA: Jossey-Bass.
Loevinger, J. (1997). Stages of personality development. In R. Hogan, J.A. Johnson & S.R. Briggs (Eds.), Handbook of personality psychology (pp. 199–208). New York, NY: Academic Press.
Loewen, E.R., Shaw, R.J. & Craik, F.I. (1990). Age differences in components of metamemory. Experimental Aging Research, 16, 43–48.
Logan, C.H. (1972). Evaluation research in crime and delinquency: A reappraisal. Journal of Criminal Law, Criminology, and Police Science, 63, 378–387.
Lohaus, A. (1990). Gesundheit und Krankheit aus der Sicht von Kindern. Göttingen: Hogrefe.
Lohaus, A. & Trautner, H.M. (1985). Geschlechtsrollenstereotype und Eigenschaftsattributionen zu realen Jungen und Mädchen. Archiv für Psychologie, 137, 39–49.
Lohaus, A. & Trautner, H.M. (2000). Präventionsprogramme und ihre Wirksamkeit zur Verhinderung sexuellen Mißbrauchs. In U.T. Egle, O. Hoffmann & P. Joraschky (Hrsg.), Sexueller Mißbrauch, Mißhandlung, Vernachlässigung (S. 456–469). Stuttgart: Schattauer.
Lombard, C. (1978). Les jouets des enfants baoulés. Paris: Editions Quatre Vents.
Lonigan, Ch.J., Burgess, St.R., Anthony, J.L. & Barker, Th.A. (1998). Development of phonological sensitivity in 2- to 5-year old children. Journal of Educational Psychology, 90, 294–311.
Lopez, F.G. (1991). Patterns of family conflict and their relation to college student adjustment. Journal of Counseling & Development, 69, 257–260.
Lord, C. & Schopler, E. (1987). Neurobiological implications of sex differences in autism. In E. Schopler & G.B. Mesibov (Eds.), Neurobiological issues in autism (pp. 191–211). New York: Plenum Press.
Lord, F.M. (1974). Estimation of latent ability and item parameters when there are omitted responses. Psychometrika, 39, 247–264.
Lorenz, J.M., Wooliever, D.E., Jetton, J.R. & Paneth, N. (1998). A quantitative review of mortality and developmental disability in extremely premature newborns. Archives of Pediatric & Adolescent Medicine, 152, 425–435.
Lorenz, K. (1935). Die Prägung des Objektes arteigener Triebhandlungen. Der Kumpan in der Umwelt des Vogels. Der Artgenosse als auslösendes Moment sozialer Verhaltensweisen. Journal für Ornithologie, 83, 137–213, 289–413.
Lourenço, O. & Machado, A. (1996). In defense of Piaget's theory: A reply to 10 common criticisms. Psychological Review, 103, 143–164.
Lovaas, I.O. (1987). Behavioral treatment and normal educational and intellectual functioning in young autistic children. Journal of Consulting and Clinical Psychology, 55, 1, 3–9.
Lösel, F. (1995). The efficacy of correctional treatment: A review and synthesis of meta-evaluations. In J. McGuire (Ed.), What works: Reducing reoffending (pp. 79–111). Chichester (UK): Wiley.
Lösel, F. (2000). Delinquenzentwicklung in der Kindheit und Jugend. In R. Lempp, G. Schütze & G. Köhnken (Hrsg.), Forensische Psychiatrie und Psychologie des Kindes- und Jugendalters (S. 221–234). Darmstadt: Steinkopff.
Lösel, F. & Bender, D. (1997). Straftäterbehandlung: Konzepte, Ergebnisse, Probleme. In M. Steller & R. Volbert (Hrsg.), Psychologie im Strafverfahren (S. 171–204). Bern: Huber.
Lösel, F. & Bender, D. (1998). Aggressives und delinquentes Verhalten von Kindern und Jugendlichen. In H.-L. Kröber & K.-P. Dahle (Hrsg.), Sexualstraftaten und Gewaltdelinquenz (S. 13–37). Heidelberg: Kriminalistik.
Lösel, F. & Bliesener, T. (1994). Some high-risk adolescents do not develop conduct problems: A study of protective factors. International Journal of Behavioral Development, 4, 753–777.
Lösel, F., Bliesener, T. & Köferl, P. (1991). Erlebens- und Verhaltensprobleme bei Jugendlichen: Deutsche Untersuchungen zur „Invulnerabilität“. In I. Seiffge-Krenke (Hrsg.), Jahrbuch der Medizinischen Psychologie, Bd. IV, Krankheitsverarbeitung von Kindern und Jugendlichen (S. 103–123). Berlin: Springer.
Lubinski, D. (1996). Applied individual differences research and its quantitative methods. Psychology, Public Policy, and Law, 2, 187–203.
Lückert, H.R. (1967 b). Der kleine Leselehrgang (2. Aufl.). Freiburg: Hyperion.
Lückert, H.R. (1967a). Begabungsforschung und basale Bildungsförderung. Schule und Psychologie, 14, 9–22.
Lückert, H.R. (1968/69). Lesen – ein Spiel mit Bildern und Wörtern. Ravensburg: Meier.

Ludwig-Meyerhöfer, W. & Niemann, H. (1997). Gleiches (Straf-)Recht für alle? Neue Ergebnisse zur Ungleichbehandlung ausländischer Jugendlicher im Straftrecht der Bundesrepublik. Zeitschrift für Soziologie, 26, 35–52.

Luff, J. (2000). Kriminalität von Aussiedlern. Polizeiliche Registrierungen als Hinweis auf misslungene Integration? München: Bayerisches Landeskriminalamt.

Lukesch, H. (1994). Sozialisation durch Massenmedien. In K.A. Schneewind (Hrsg.), Pädagogische Psychologie: Sozialisation und Erziehung (S. 553–582). (Reihe: Enzyklopädie der Psychologie). Göttingen: Hogrefe.

Lukesch, H. (2000). Veränderungen von Erfahrungen und Handlungsräumen durch Fernsehen. In S. Hoppe-Graff & R. Oerter (Hrsg.), Spielen und Fernsehen (S. 107–121). Weinheim: Juventa.

Lund, D.A., Caserta, M.S., Van Pelt, J. & Gass, K.A. (1990). Stability of social support networks after later-life spousal bereavement. Omega, 16, 213–224.

Lundberg, J., Frost, J. & Petersen, O.P. (1988). Effects of an extensive program for stimulating phonological awareness in preschool children. Reading Research Quarterly, 23, 261–284.

Luria, A.R. (1961). Experimentelle Analyse der Entwicklung willensmäßiger Handlungen bei Kindern. In J.C. Brengelman & H.P. David (Hrsg.), Perspektiven der Persönlichkeitsforschung (S. 107–115). Bern: Huber.

Luria, A.R. (1976). Cognitive development. Its cultural and social foundations. Cambridge, Mass.: Harvard University Press.

Lydon, J.E. & Zanna, M.P. (1992). The cost of social support following negative life events: Can adversity increase commitment to care in close relationships? In L. Montada, S.-H. Filipp & M.J. Lerner (Eds.), Life crises and experiences of loss in adulthood (pp. 461–476). Hillsdale, NJ: Erlbaum.

Lykken, D.T. & Bouchard, T.J. jr. (1984). Genetische Aspekte menschlicher Individualität. Untersuchungen an getrennt aufgewachsenen eineiigen Zwillingen. In H. von Dietfurth (Hrsg.), Mannheimer Forum (S. 79–117). Hamburg: Hoffmann & Campe.

Lyon, T.D. (1994). Young children's understanding of desire and knowledge. Unpublished doctoral dissertation, Stanford University, Stanford, CA.

Lyon, T.D. & Flavell, J.H. (1994). Young children's understanding of "remember" and "forget". Child Development, 65, 1357–1371.

Lytton, H. (1990). Child and parent effects in boys' conduct disorder: A reinterpretation. Developmental Psychology, 26, 683–697.

Lytton, H. & Romney, D.M. (1991). Parents' differential socialization of boys and girls: A meta-analysis. Psychological Bulletin, 109, 267–296.

Maccoby, E.E. (1988). Gender as a social category. Developmental Psychology, 24, 755–765.

Maccoby, E.E. (1990). Gender and relationships. A developmental account. American Psychologist, 45, 513–520.

Maccoby, E.E. (1998). The two sexes: Growing up apart, coming together. Cambridge, MA: Harvard University Press.

Maccoby, E.E., Depner, C.E. & Mnookin, R.H. (1990). Coparenting in the second year after divorce. Journal of Marriage and the Family, 52, 141–155.

Maccoby, E.E. & Jacklin, C. N. (1974). The psychology of sex differences. Stanford, CA: Standford University Press.

Maccoby, E.E. & Jacklin, C.N. (1987). Gender segregation in childhood. In H.W. Reese (Ed.), Advances in child development and behavior (Vol. 20, pp. 239–287). Orlando, FL: Academic Press.

Maccoby, E.E. & Martin, J.A. (1983). Socialization in the context of the family: Parent-child interaction. In P. H. Mussen (Ed.), Handbook of child psychology (Vol. 4, pp. 1–101). New York: Wiley.

MacDonald, K. (1992). Warmth as a developmental construct: A evolutionary analysis. Child Development, 63, 753–773.

MacDonald, K. (1999). Love and confidence in protection as two independent systems underlying intimate relationships. Journal of Family Psychology, 13, 492–495.

MacFarlane, A. (1975). Olfaction in the development of social preferences in the human neonate. In Parent-infant interaction (CIPA Foundation Symposium No. 33). Amsterdam: Elsevier.

MacFarlane, A. (1978). Die Geburt. Stuttgart: Klett-Cotta.

MacLeod, J. & Nelson, G. (2000). Programs for the promotion of family wellness and the prevention of child maltreatment: A meta-analytic review. Child Abuse and Neglect, 24, 1127–1149.

Maddox, G.L. (1968). Persistence of life style among the elderly: A longitudinal study of patterns of social activity in relation to life satisfaction. In B.L. Neugarten (Ed.), Middle age and aging: A reader in social psychology (pp. 181–183). Chicago: University of Chicago Press.

Maddox, G.L. (Ed.) (1987). The encyclopedia of aging. New York: Springer.

Madole, K.L. & Oakes, L.M. (1999). Making sense of infant categorization: Stable processes and changing representations. Developmental Review, 19, 263–296.

Maercker, A., Böhmig-Krumhaar, S.A. & Staudinger, U.M. (1998). Existentielle Konfrontation als Zugang zu weisheitsbezogenem Wissen und Urteilen: Eine Untersuchung von Weisheitsnominierten. Zeitschrift für Entwicklungspsychologie und Pädagogische Psychologie, 30, 2–12.

Maffesoli, M. (1988). Le temps des tribus. Le déclin de l'individualisme dans les sociétés de masse. Paris: Meridiens Klincksieck.

Magai, C. und McFadden, S.H. (1995). The role of emotions in social and personality development. New York: Plenum Press.

Magnus, K., Diener, E., Fujita, F. & Pavot, W. (1993). Extraversion and neuroticism as predictors for objective life events: A longitudinal analysis. Journal of Social and Personality Psychology, 65, 1046–1053.

Magnusson, D. (1974). The individual in the situation. Studia Psychologica, 16, 124–132.

Magnusson, D., Dunér, A. & Zetterblom, G. (1975). Adjustment – a longitudinal study. Stockholm: Almqvist and Wiksell.

Mahler, M.S. (1986). Studien über die ersten drei Lebensjahre. Stuttgart: Klett.
Maier, K., Ambühl-Caesar, G. & Schandry, R. (1994). Entwicklungspsychophysiologie. Körperliche Indikatoren psychischer Entwicklung. Weinheim: Beltz/PVU.
Main, M. (1990). Cross-cultural studies of attachment organization: Recent studies, changing methodologies, and the concept of conditional strategies. Human Development, 33, 48–61.
Main, M. (1991). Metacognitive knowledge, metacognitive monitoring and singular (coherent) versus multiple (incoherent) model of attachment: Findings and directions for future research. In C.M. Parkes, J. Stevenson-Hinde & P. Marris (Eds.) Attachment across the life cycle (pp. 127–159). London: Tavistock/Routledge.
Main, M. & Cassidy, J. (1988). Categories of responses to reunion with the parent at age six: Predictable from infant attachment classification as stable over a one-month period. Developmental Psychology, 24, 415–426.
Main, M. & Salomon, J. (1986). Discovery of an insecure disorganized/disoriented attachment pattern: procedures, findings and implications for the classification of behaviour. In M. Yogman & T. Brazelton (Eds.), Affective development in infancy (pp. 95–124). Norwood, NJ: Ablex.
Main, M. & Solomon, J. (1990). Procedures for identifying infants as disorganized/disoriented during the Ainsworth Strange Situation. In T.M. Greenberg, D. Cicchetti & E.M. Cummings (Eds.), Attachment in the preschool years (pp. 121–160). Chicago: University of Chicago Press.
Makin, J. W. & Porter, R.H. (1989). Attractiveness of lactating females' breast odors to neonates. Child Development, 60, 803–810.
Malatesta, C. (1981). Infant emotion and the vocal affect lexicon. Motivation and Emotion, 5 (1), 1–23.
Malatesta, C.Z. & Haviland, J.M. (1985). Signals, symbols and socialization: The modification of emotional expression in human development. In M. Lewis & C. Saarni (Eds.), The socialization of affect (pp. 89–116). New York: Plenum.
Malinosky-Rummell, R. & Hansen, D.J. (1993). Long-term consequences of childhood physical abuse. Psychological Bulletin, 114, 68–79.
Mandel, D.R., Jusczyk, P.W. & Kemler Nelson, D.G. (1994). Does sentential prosody help infants organize and remember speech information? Cognition, 53, 155–180.
Mandl, H. (1975). Kognitive Verläufe von Grundschülern. München: Oldenbourg.
Mandl, H. & Reinmann-Rothmeier, G. (1998). Auf dem Weg zu einer neuen Kultur des Lehrens und Lernens. In G. Dörr & K.-L. Jüngst (Hrsg.), Lernen mit Medien (S. 193–205). Weinheim: Juventa.
Mandl, H. & Reinmann-Rothmeier, G. (Hrsg.). (2000). Wissensmanagement. Informationszuwachs – Wissensschwund? Die strategische Bedeutung des Wissensmanagements. München: Oldenbourg.
Mandler, J.M. & McDonough, L. (1998). On developing a knowledge base in infancy. Developmental Psychology, 34, 1274–1288.
Mandler, J.M. (1992). How to build a baby II. Conceptual primitives. Psychological Review, 99, 587–604.
Mandler, J.M. (1992a). Prelinguistic primitives. In C. Johnson, R. Shields & L.A. Sutton (Eds.), Proceedings of the seventeenth Annual Meeting of the Berkeley Linguistics Society. Berkeley, CA: Berkeley Linguistics Society.
Mandler, J.M. (1992b). The foundations of conceptual thought in infancy. Unveröff. Manuskript. San Diego: University of California.
Mandler, J.M. (1992c). The precocious infant revisited. In SRCD Newsletter, Spring. Society for Research in Child Development.
Mandler, J.M. (1997). Development of categorisation: Perceptual and conceptual categories. In G. Bremner, A. Slater & G. Butterworth (Eds.), Infant development: Recent advances (pp. 163–190). Hove, UK: Psychology Press.
Mangelsdorf, S.C. & Frosch, C.A. (2000). Temperament and attachment: One construct or two? In H. Reese (Ed.), Advances in child development and behavior, Vol. 27 (pp. 181–220). New York: academic Press.
Mannle, S. & Tomasello, M. (1987). Fathers, siblings, and the bridge hypothesis. In K.E. Nelson & A. v. Kleek (Hrsg.), Children's language (Vol. 6, pp. 23–41). Hillsdale, NJ: Erlbaum.
Mansel, J. (1989). Die Selektierung innerhalb der Organe der Strafrechtspflege am Beispiel von jungen Deutschen, Türken und Italienern. Eine empirische Untersuchung zur Kriminalisierung durch formelle Kontrollorgane. Frankfurt: Lang.
Mansel, J. & Hurrelmann, K. (1993). Psychosoziale Befindlichkeit junger Ausländer in der Bundesrepublik Deutschland. Soziale Probleme, 4, 167–192.
Manstead, A.S.R. (1988). The role of facial movement in emotion. In H.L. Wegner (Ed.), Social psychophysiology and emotion: Theory and clinical applications (pp. 105–129). Chichester: Wiley.
Manturzewska, M. (1990). A biographical study of the life-span development of professional musicians. Psychology of Music, Vol. 18, 112–139.
Marche, T.A. & Howe, M.L. (1995). Preschoolers report misinformation despite accurate memory. Developmental Psychology, 31, 554–567.
Marcia, J.E. (1966). Development and validation of ego identity status. Journal of Personality and Social Psychology, 3, 551–558.
Marcia, J.E. (1980). Identity in adolescence. In J. Adelson (Ed.), Handbook of adolescent psychology (pp. 159–187). New York, NY: Wiley.
Marcia, J.E. (1989). Identity diffusion differentiated. In M.A. Luszcz & T. Netterbeck (Eds.), Psychological development across the life-span (pp. 289–295). North-Holland: Elsevier.
Markman, E.M. (1991). The whole-object, taxonomic, and mutual exclusivity assumptions as initial constraints on word meanings. In S.A. Gelman & J.P. Byrnes (Eds.), Perspectives on language and thought. Interrelations in development (pp. 72–106). Cambridge: Cambridge University Press.

Markman, E.M. & Hutchinson, J.E. (1984). Children's sensitivity to constraints on word meaning: Taxonomic versus thematic relations. Cognitive Psychology, 16, 1–27.
Markman, E.M. & Wachtel, G.F. (1988). Children's use of mutual exclusivity to constrain the meanings of words. Cognitive Psychology, 20, 121–157.
Markman, H.J., Renick, M.J., Floyd, F. J., Stanley, S.M. & Clements, M. (1993). Preventing marital stress through communication and conflict management training: A four- and five-year follow up. Journal of Consulting and Clinical Psychology, 61, 70–77.
Markus, H. & Nurius, P. (1986). Possible selves. American Psychologist, 41, 954–969.
Markus, H., Crane, M., Bernstein, S. & Siladi, M. (1982). Self-schemas and gender. Journal of Personality and Social Psychology, 42, 38–50.
Markus, H.R. & Kitayama, S. (1991). Culture and the self: Implications for cognition, emotion, and motivation. Psychological Review, 98, 224–253.
Markus, H.R. & Wurf, E. (1987). The dynamic self concept: A social psychological perspective. Annual Review of Psychology, 38, 299–337.
Marlier, L., Schaal, B. & Soussignan, R. (1998). Neonatal responsiveness to the odor of amniotic and lacteal fluids: a test of perinatal chemosensory continuity. Child Development, 69, 611–623.
Marschall, P. & Zenz, H. (1989). Psychophysiologische Befunde in der Schule und das Beschwerdebild von Kindern und Jugendlichen. Zeitschrift für Sozialisationsforschung und Erziehungssoziologie, 4, 305–320.
Marsh, G., Friedman, M., Welch, V. & Desberg, P. (1981). A cognitive-developmental approach to reading acquisition. In T.G. Waller & G.E. MacKinnon (Eds.), Reading research: Advances in theory and practice (Vol. 3). New York: Academic Press.
Marsh, H.W. (1986). Verbal and math self-concepts: An internal/external frame of reference model. American Educational Research Journal, 23, 129–149.
Marsh, H.W. (1987). The big-fish-little-pond effect on academic self-concept. Journal of Educational Psychology, 79, 280–295.
Marsh, H.W. (1989). Age and sex effects in multiple dimensions of self-concept: Preadolescence to early adulthood. Journal of Educational Psychology, 81, 417–430.
Marsh, H.W. (1990). A multidimensional hierarchical self-concept: Theoretical and empirical justification. Educational Psychology Review, 2, 77–171.
Marsh, H.W., Craven, R. & Debus, R. (1998). Structure, stability, and development of young children's self-concepts: A multicohort-multioccasion study. Child Development, 69, 1030–1053.
Marsh, H.W. & Hattie, J. (1996). Theoretical perspectives on the structure of self-concept. In B.A. Bracken (Ed.), Handbook of self-concept (pp. 38–90). New York: Wiley.
Marsh, H.W., Kong, C.-K. & Hau, K-T. (2000). Longitudinal multilevel models of the big-fish-little-pond effect on academic self-concept: Counterbalancing contrast and reflected-glory effects in Hong Kong schools. Journal of Personality and Social Psychology, 78, 337–349.
Marsh, H.W. & Parker, J. (1984). Determinants of student self-concept: Is it better to be a relatively large fish in a small pond even if you don't learn to swim as well? Journal of Personality and Social Psychology, 47, 213–231.
Marsh, H.W. & Yeung, A.S. (1997). Causal effects of academic self-concept on academic achievement: Structural equation models of longitudinal data. Journal of Educational Psychology, 89, 41–54.
Martin, C.L. (1989). Children's use of gender-related information in making social judgments. Developmental Psychology, 25, 80–88.
Martin, C.L. (2000). Cognitive theories of gender development. In T. Eckes & H.M. Trautner (Eds.), The developmental social psychology of gender (pp. 91–121). Mahwah, NJ: Lawrence Erlbaum.
Martin, C.L. & Halverson, C.F. (1981). A schematic processing model of sex typing and stereotyping in children. Child Development, 52, 1119–1134.
Martin, C.S., Kaczynski, N.A., Maisto, S.A., Bukstein, O.M. & Moss, H.B. (1995). Patterns of DSM-IV alcohol abuse and dependence symptoms among adolescent drinkers. Journal of Studies of Alcohol, 56, 672–680.
Martinius, J. (1974). Der neuropsychologische Ansatz zum Verständnis des frühkindlichen Autismus. Zeitschrift für Kinder- und Jugendpsychiatrie, 2, 187–199.
Marx, K. (1969–1970, Org.1864). Das Kapital (Band 1–3). Berlin: Dietz.
Masataka, N. (1999). Preference for infant-directed singing in two-day-old hearing infants of deaf parents. Developmental Psychology, 35, 1001–1005.
Masche, J.G. (1999). §105 JGG – Entwicklungspsychologische Überlegungen zu wesentlichen Stationen und Kompetenzen während des Jugendalters. DVJJ-Journal, 10, 30–36.
Masendorf, F. (1994). Förderung des induktiven Denkens und des räumlichen Vorstellens bei lernbeeinträchtigten Kindern: Eine metatypologische Mehrstichproben-KFA. Psychologie in Erziehung und Unterricht, 41, 14–21.
Maslow, A.H. (1956). Self-actualizing people: A study of psychological health. In C.E. Moustakas (Ed.), The self: Explorations in personal growth. New York: Harper & Row.
Mason, J.M. (1980). When do children begin to read? An exploration of four year old children's letter and word reading competencies. Reading Research Quarterly, 15, 203–227.
Mason, K.O., Mason, W.M., Winsborough, H.H. & Pool, W.K. (1973). Some methodological issues in cohort analysis of archival data. American Sociological Review, 38, 242–258.

Massaro, D.W. (1975). Understanding language: An information-processing analysis of speech perception, reading, and psycholingustics. New York: Academic Press.
Masson, M.E.J. (1991). A distributed memory model of context effects in word identification. In D. Besner & G.W. Humphreys (Eds.), Basic processes in reading. Visual word recognition (pp. 233–263). Hillsdale, NJ: Lawrence Erlbaum.
Masten, A. (2001). Ordinary magic. Resilience processes in development. American Psychologist, 56, 227–238.
Matsumoto, D. (1996). Culture and psychology. Pacific Groove: Brooks/Cole.
Matthys, W., Walterbos, W., Njio, L. & van Engeland, H. (1989). Person perception in children with conduct disorders. Journal Child Psychology Psychiatry, 30, 439–448.
Maturana, H.R. & Varela, F.J. (1975). Autopoietic systems. A characterization of the living organization (Bd (Report 9.4)). Urbana-Champaign, IL: University of Illinois.
Maxin, D. & Smith, B. (1990). Der Schmerz im Erleben von Kindern. In I. Seiffge-Krenke (Hrsg.), Krankheitsbewältigung bei Kindern und Jugendlichen (S. 39–58). Heidelberg: Springer.
Mayer, K.U. (1994). Bildung und Arbeit in einer alternden Bevölkerung. In P.B. Baltes, J. Mittelstraß & U.M. Staudinger (Hrsg.), Alter und Altern: Ein interdisziplinärer Studientext zur Gerontologie (S. 518–543). Berlin: de Gruyter.
Mayer, K. U. (1998). Lebensverlauf. In B. Schäfers & W. Zapf (Hrsg.), Handwörterbuch zur Gesellschaft Deutschlands (S. 438–451). Opladen: Leske + Budrich.
Mayer, K.-U. (2001). Lebenslauf. In B. Schäfers & W. Zapf (Hrsg.), Handwörterbuch zur Gesellschaft Deutschlands (2. Aufl., S. 446–460). Opladen: Leske + Budrich.
Mayer, K.U. & Baltes, P.B. (Hrsg.) (1996). Berliner Altersstudie. Berlin: Akademie-Verlag.
Mayer, K.U., Baltes, P.B., Baltes, M.M., Borchelt, M., Delius, J., Helmchen, H., Linden, M., Smith, J., Staudinger, U.M., Steinhagen-Thiessen, E. & Wagner, M. (1996). Wissen über das Alter(n): Eine Zwischenbilanz der Berliner Altersstudie. In K.U. Mayer & P.B. Baltes (Hrsg.), Die Berliner Altersstudie (S. 599–634). Berlin: Akademie Verlag.
Mayer, K.U., Baltes, P.B., Gerok, W., Häfner, H., Helmchen, H., Kruse, A., Mittelstraß, J., Staudinger, U.M., Steinhagen-Thiessen, E. & Wagner, G. (1994). Gesellschaft, Politik und Altern. In P.B. Baltes, J. Mittelstraß & U.M. Staudinger (Hrsg.), Alter und Altern: Ein interdisziplinärer Studientext zur Gerontologie (S. 721–757). Berlin: de Gruyter.
Mayr U. & Liebscher, T. (2001). Is there an age deficit in the selection of mental sets? European Journal of Cognitive Psychology, 13, 47–69.
Mayr, U. & Kliegl, R. (1993). Sequential and coordinative complexity: Age-based processing limitations in figural transformations. Journal of Experimantal Psychology: Learning, Memory, and Cognition, 19, 1297–1320.
McAdams, D.P., de St. Aubin, E. & Logan, R.L. (1993). Generativity among young, midlife, and older adults. Psychology and Aging, 8, 221–230.
McArdle, J.J. & Epstein, D. (1987). Latent growth curves with developmental structural equation models. Child Development, 58, 110–133.
McCall, R.B. (1979). Qualitative transitions in behavioral development in the first two years of life. In M.H. Bornstein & W. Kessen (Eds.), Psychological development from infancey: Image to intention (pp. 183–224). Hillsdale, NJ: Erlbaum.
McCall, R.B. (1990). Infancy research: Individual differences. Merril-Palmer Quarterly, 16, 141–157.
McCall, R.B. (1994). What process mediates predictions of childhood IQ from infant habituation and recognition memory? Speculations on the roles of inhibition and rate of information processing. Intelligence, 18, 107–125.
McCandless, B.R. (1970). Adolescents. Hinsdale, IL: Dryden Press.
McCartney, K., Harris, M.J. & Berniere, F. (1990). Growing up and growing apart: A developmental meta-analysis of twin studies. Psychological Bulletin, 107, 226–237.
McCarton, C., Wallace, I., Divon, M. & Vaughan, H. (1996). Cognitive and neurologic development of the premature, small for gestational age infant through age 6: Comparison by birth weight and gestational age. Pediatrics, 98, 6, 1167–1178.
McClearn, G.E., Johansson, B., Berg, S., Pedersen, N.L., Ahern, F., Petrill, S.A. & Plomin, R. (1997). Substantial genetic influence on cognitive abilities in twins 80 or more years old. Science, 276, 1560–1563.
McClelland, D.C., Atkinson, J.W., Clark, R.A. & Lowell, E.L. (1953). The achievement motive. New York: Appleton-Century-Crofts.
McCloskey, M. (1983). Naive theories of motion. In D. Gentner & A.L. Stevens (Eds.), Mental models. Hillsdale, NJ: Erlbaum.
McConaghy, M.J. (1979). Gender permanence and the genital basis of gender: Stages in the development of constancy of gender identity. Child Development, 50, 1223–1226.
McCord, J. (1979). Some child-rearing antecedents of criminal behavior in adult men. Journal of Personality and Social Psychology, 37, 1477–1486.
McCrae, R.R. (1982). Age differences in the use of coping mechanisms. Journal of Gerontology, 4, 454–460.
McCrae, R.R., Costa, P.T., de Lima, M.P., Simeos, A., Ostendorff, F., Angleitner, A., Marusic, I., Bratko, D., Caprara, G.V., Barbaranelli, C., Chae, J.H. & Piedmont, R.L. (1999). Age differences in personality across the adult life span. Developmental Psychology, 35, 466–477.
McCreary, D.R., Newcomb, M.D. & Sadava, S.W. (1999). The male role, alcohol use, and alcohol problems: A structural modeling examination in adult women and men. Journal of Counseling Psychology, 46, 109–124.
McCune-Nicolich, L. & Carroll, S. (1981). Development of symbolic play. Implications for the language specialist. Topics in Language Disorders, 1–15.

McCusker, L.X., Bias, R.G. & Hillinger, N.H. (1981). Phonological recording in reading. Psychological Bulletin, 89, 217–245.
McDonnell, P. (1975). The development of visually guided reaching. Perception and Psychophysics, 18, 181–185.
McDougall, W. (1928/1969). An outline of psychology. London: Methuen.
McElwain, N. & Vollding, B. (1999). Depressed mood and marital conflict: Relations to maternal and paternal intrusiveness with one-year-old infants. Journal of Applied Developmental Psychology 20(1), 63–83.
McGue, M. & Lykken, D.T. (1992). Genetic influence on risk of divorce. American Psychology Society, 3 (6), 368–373.
McGue, M., Bouchard, T.J., Jr., Iacono, W.G. & Lykken, D.T. (1993). Behavioral genetics of cognitive ability: A life-span perspective. In R. Plomin & G.E. McClearn (Eds.), Nature, nurture, and psychology (pp. 59–76). Washington, DC: American Psychological Association.
McGuire, J. (Ed.) (1995). What works: Reducing reoffending. Chichester: Wiley.
McLanahan, S. & Sandefur, G. (1994). Growing up with a single parent. Cambridge, MA: Harvard University Press.
McLoyd, V.C. (1983). The effects of the structure of play objects on the pretend play of low-income preschool children. Child Development, 54, No. 3, 626–635.
McLoyd, V.C. (1990). Minority children: Introduction to the special issue. Child Development, 61, No. 2, 263–266.
McNaught, W. (1994). Realizing the potential: Some examples. In M.W. Riley, R.C. Kahn & e. al. (Hrsg.), Age and structural lag: Society's failure to provide meaningful opportunities in work, family, and leisure (S. 219–236). New York, NY: John Wiley & Sons.
McRoberts, G.W. (2000). The role of infant age and age-of-addressee in ID speech preferences. In International Conference on Infant Studies (ICIS), Brighton, UK. Unveröff. (abstract online).
Mead, G.H. (1934). Mind, self, and society. From the standpoint of a social behaviorist. Chicago: University Press.
Mead, M. (1971). Der Konflikt der Generationen. Jugend ohne Vorbild. Olten / Freiburg im Breisgau: Walter.
Meadow, M.J. & Kahoe, R.D. (1984). Psychology of Religion. Religion in Individual Lives. New York: Harper & Row.
Measelle, J.R., Ablow, J.C., Cowan, P.A. & Cowan, C.P. (1998). Assessing young children's views of their academic, social, and emotional lives: An evaluation of the self-perception scale of the Berkeley Puppet Interview. Child Development, 69, 1556–1576.
Mechsner, F. (1992). Wissen ist ein Kinderspiel. GEO Wissen, 3, 44–51.
Mehler, J., Jusczyk, P., Lambertz, G., Halsted, N., Bertoncini, J. & Amiel-Tison, C. (1988). A precursor of language acquisition in young infants. Cognition, 29, 143–178.
Mehler, J. & Dupoux, E. (1994). What infants know. Oxford: Basil Blackwell.
Mehler, J., Bertoncini, J., Barriere, M. & Jassik-Gerschenfeld, D. (1978). Infant recognition of mother's voice. Perception, 7, 491–497.
Mehler, J., Jusczyk, P., Lambertz, G., Halsted, N., Bertoncini, J. & Amiel-Tison, C. (1988). A precursor of language acquisition in young infants. Cognition, 29, 143–178.
Meier-Baumgartner, H.P. (1994). Das Albertinen-Haus – ein Modell für geriatrische Patienten. In T. v. Uexküll (Hrsg.), Integrierte psychosomatische Medizin in Praxis und Klinik (S. 369–382). Stuttgart: Schattauer.
Meiler, W. (1967). Grundformen und Fehlformen der Religiosität und Gläubigkeit des Kindes. Würzburg: Echter.
Meilman, Ph.W. (1979). Cross-sectional age changes in ego identity status during adolescence. Developmental Psychology, 15, 230–231.
Meiser, T., Hein-Eggers, M., Rompe, P. & Rudinger, G. (1995). Analyzing homogeneity and heterogeneity of change using rasch and latent class models: a comparative and integrative approach. Applied Psychological Measurement, 19, 377–391.
Melchers, P. & Preuß, U. (1991). K-ABC – Kaufman-Assessment Battery for Children. Frankfurt: Swets & Zeitlinger.
Melhuish, E. (2001). The quest for quality in early day care and preschool experience continues. International Journal of Behavioral Development, 25(1), 1–6.
Melton, G. (1992). Children as partners for justice: Next steps for developmentalists. Monographs of the Society for Research in Child Development, 57, (5, Serial No. 229).
Meltzoff, A.N. (1990). Towards a developmental cognitive science: The implications of cross-modal matching and imitation for the development of representation and memory in infancy. In A. Diamond (Ed.), The development and neural bases of higher cognitive functions, (Vol. 608, pp. 1–37). Annals of the New York Academy of Sciences.
Meltzoff, A.N. (1995). Understanding the intentions of others: Re-enactment of intended acts by 18-month-old children. Developmental Psychology, 31, 838–850.
Meltzoff, A.N. (1995). What infant memory tells us about infantile amnesia: Long-term recall and deferred imitation. Journal of Experimental Child Psychology, 59, 497–515.
Meltzoff, A.N. & Borton, R.W. (1979). Intermodal matching by human neonates. Nature (London), 282, 403–404.
Meltzoff, A.N. & Moore, M.K. (1985). Cognitive foundations and social functions of imitation and intermodal representation in infancy. In J. Mehler & R. Fox (Eds.), Neonate cognition: Beyond the blooming buzzing confusion (pp. 139–183). Hillsdale NJ: Erlbaum.
Meltzoff, A.N. & Moore, M.K. (1989). Imitation in newborn infants: Exploring the range of gestures imitated and underlying mechanisms. Developmental Psychology, 25, 954–962.
Meltzoff, A.N. & Moore, M.K. (1998). Object representation, identity, and the paradox of early permanence: Steps toward a new framework. Infant Behavior and Development, 21, 201–235.
Menyuk, P. (1988). Language development. Knowledge and use. Glenview, Ill: Scott, Foresman and Co.
Merelman, R.M. (1977). Moral development and potential radicalism in adolescence: A reconnaissance. Youth and Society, 9, 29–54.
Mergler, N.L. & Goldstein, M.D. (1983). Why are there old people? Human Development, 26, 72–90.

Merluzzi, T.V. & Nairn, R.C. (1999). Adulthood and aging: Transitions in health and health cognition. In T.L. Whitman, T.V. Merluzzi & R.D. White (Eds.), Life-span perspectives on health and illness (pp.189–206). Mahwah, NJ: Erlbaum.
Merriam, S.B. & Clark, M.C. (1993). Work and love: Their relationship in adulthood. International Journal of Behavioral Development, 16, 609–627.
Merz, F. (1979). Geschlechterunterschiede und ihre Entwicklung. Göttingen: Hogrefe.
Merz, F., Remer, H. & Ehlers, T. (1984). Der Einfluß der Dauer des Schulbesuchs auf Intelligenztestleistungen. Marburg: Fachbereich Psychologie der Universität Marburg.
Meschke, L.L. & Silbereisen, R.K. (1997). The influence of puberty, family processes, and leisure activities on the timing of first sexual experience. Journal of Adolescence, 20, 403–418.
Meulemann, H. (1995). Die Geschichte einer Jugend: Lebenserfolg und Erfolgsdeutung ehemaliger Gymnasiasten zwischen dem 15. und 30. Lebensjahr. Opladen: Westdeutscher Verlag.
Meulenbroek, R.G.J. & van Galen, G.P. (1988). Temporal and spatial anticipation in twelve-year-old boys and girls. In A.M. Colley & J.R. Beech (Eds.), Cognition and action in skilled behavior. Amsterdam: North-Holland.
Meumann, E. (1911). Vorlesungen zur Einführung in die experimentelle Pädagogik (Bde. I–7. Vorlesung: Vorstellungsprozesse und Sprache. 2. Aufl (zitiert nach Ormian 1926)). Leipzig.
Mey, G. (1999). Adoleszenz, Identität, Erzählung. Theoretische, methodologische und empirische Erkundungen. Berlin: Dr. Köster.
Meyer-Probst, B. & Reis, O. (1999). Von der Geburt bis 25: Rostocker Längsschnittstudie (ROLS). Kindheit und Entwicklung, 8, 59–68.
Meyer-Probst, B. & Reis, O. (2000). Risikofaktoren und Risikobewältigung im Kontext – Schlußfolgerungen aus der Rostocker Längsschnittstudie nach 25 Jahren. Frühförderung interdisziplinär, 19, 109–118.
Meyer-Probst, B., Teichmann, H., Hayes, A., Rauh, H. (1991). Follow-up of a cohort of risk children from birth into adolescence – The Rostock Longitudinal Study. International Journal of Disability, Development and Education, 3, 225–246.
Michotte, A. (1963). The perception of causality. New York: Basis Books.
Mierke, K. (1958). Interesse und Bagabung. Schule und Psychologie, 5, 353–359.
Milgram, S. (1974). Das Milgram-Experiment: Zur Gehorsamkeitsbereitschaft gegenüber Autoritäten. Reinbek: Rowohlt.
Miller, C.L. (1983). Developemental changes in male/female voice classification by infants. Infant Behavior and Development, 6, 313–330.
Miller, G.A. (1993). Wörter: Streifzüge durch die Psycholinguistik. Heidelberg: Spektrum.
Miller, L. (1999). The transition from late adolescence to young adulthood: Oedipal themes. In D. Hindle & M.C. Smith (Eds.), Personality development: A psychoanalytic perspective (pp. 138–157). New York, NY: Routledge.
Miller, M. (1976). Zur Logik der frühkindlichen Sprachentwicklung. Empirische Untersuchungen und Theoriediskussion. Stuttgart: Klett.
Miller, P.H. & Aloise, P.A. (1990). Discounting in children: The role of social knowledge. Developmental Review, 10, 266–298.
Miller, P.H. & Seier, W.L. (1994). Strategy utilization deficiencies in children: When, where, and why. In H.W. Reese (Ed.), Advances in child development and behavior (Vol. 25, pp. 107–156). New York: Academic Press.
Miller, S.A. (1998). Developmental research methods (2nd ed.). New Jersey: Prentice-Hall.
Miller, W.B. (1979). Die Kultur der Unterschicht als ein Entstehungsmilieu für Bandendelinqluenz. In F. Sack & R. König (Hrsg.), Kriminalsoziologie (3. Auflage) (S. 339–359). Wiesbaden: Adademische Verlags-Gesellschaft.
Miller, Y. & Hahlweg, K. (2000). Prävention von emotionalen Sötrungen und Verhaltensauffälligkeiten bei Kindern. Newsletter Entwicklungspsychologie, 1, Fachgruppe Entwicklungspsychologie in der Deutschen Gesellschaft für Psychologie, 8–15.
Miller-Jones, D. (1988). The study of African-American children's development: Contributions to reformulating developmental paradigms. In D. Slaughter (Ed.), Black children and poverty: A developmental perspective (pp. 75–92). San Francisco: Jossey-Bass.
Mills, A.E. (1986). The acquisition of gender. Berlin: Springer.
Millstein, S.G. & Irwin, C.E. (1987). Concepts of health and illness: Different constructs or variations on a theme? Health Psychology, 6, 515–524.
Minister für Arbeit, Gesundheit und Soziales des Landes Nordreihn-Westfalen (Hrsg.) (1977). Modellversuch 1970–1975, Abschlußbericht. Information für jeden, Heft 12. Düsseldorf.
Miranda, A.O. & Matheny, K.B. (2000). Socio-psychological predictors of acculturative stress among Latino adults. Journal of Mental Health Counseling, 22, 306–317.
Mirande, A.M. (1968). Reference group theory and adolescent sexual behavior. Journal of Marriage and the Family, 39, 572–577.
Mischel, W. (1968). Personality and assessment. New York, NY: Wiley.
Mischel, W. (1970). Sex typing and socialization. In P.H. Mussen (Ed.), Carmichael's handbook of child psychology (Vol. 2, pp. 3–72). New York: Wiley
Mischel, W. (1971). Introduction to personality. New York: Holt, Rinehart & Winston.
Mischel, W. (1973). Toward a cognitive social learning reconceptualization of personality. Psychological Review, 80, 252–283.
Mischel, W. & Grusec, J. (1966). Determinants of the rehearsal and transmission of mental and aversive behaviors. Journal of Personality and Social Psychology, 21, 204–218.
Mischel, W. & Mischel, H. (1976). A cognitive social learning approach to morality and self-regulation. In T. Lickona (Ed.), Moral development and behavior (pp. 84–107). New York: Holt, Rinehart & Winston.
Mischo, J. (1991). Okkultismus bei Jugendlichen. Ergebnisse einer empirischen Untersuchung. Mainz: Grünewald.

Mitchell, P. & Riggs, K. (2000) (Eds.) Children's reasoning and the mind. Hove: Psychology Press.

Mittag, W. & Hager, W. (1998). Entwurf eines integrativen Konzeptes zur Evalution pädagogisch-psychologischer Interventionen. In M. Beck (Hrsg.), Evaluation als Maßnahme der Qualitätssicherung. Pädagogisch-psychologische Interventionen auf dem Prüfstand (S. 13–40).Tübingen: Deutsche Gesellschaft für Verhaltenstherapie.

Moely, B.E., Santulli, K.A. & Obach, M.S. (1995). Strategy instruction, metacognition, and motivation in the elementary school classroom. In F. E. Weinert & W. Schneider (Eds.), Memory performance and competencies. Issues in growth and development (pp. 301–321). Hiillsdale, NJ: Erlbaum.

Moerk, E.L. (1989) The LAD was a lady and the tasks were ill-defined. Developmental Review, 9, 21–57.

Moerk, E.L. (1991). Positive evidence for negative evidence. First Language, 11, 219–251.

Moffitt, T. (1993). Adolescence-limited and life-course perssitstant antisocial behavior: a development taxonomy. Psychological Review, 100, 674–701.

Moffitt, T.E. (1990). The neuropsychology of delinquency: A critical review of theory and research. In N. Morris & M. Tonry (Eds.), Crime and Justice (Vol. 12, pp. 99–169). Chicago: University of Chicago Press.

Moffitt, T.E. (1993). Adolescence-limited and life-course-persistent antisocial behavior: A developmental taxonomy. Psychological Review, 100, 674–701.

Moffitt, T.E. (1993). Taxonomy of antisocial behavior. Psychological Review, 100, 674–701.

Moffitt, T.E. & Henry, B. (1989). Neuropsychological assessment of executive functions in self-reported delinquents. Development and Psychopathology, 1, 105–118.

Mohr, G. (1990). Arbeit und Gesundheit. In R. Schwarzer (Hrsg.), Gesundheitspsychologie – ein Lehrbuch (S. 229–244). Göttingen: Hogrefe.

Molenaar, P.C. M., Boomsma, D.I. & Dolan, C.V. (1991). Genetic and environmental factors in a developmental perspective. In D. Magnusson, L.R. Bergman, G. Rudinger & B. Törestad (Eds.), Problems and methods in longitudinal research: Stability and change (pp. 250–273). Cambridge, UK: Cambridge University Press.

Molfese, D., Freeman, R. & Palermo, D. (1975). The ontogeny of brain lateralization for speech and nonspeech stimuli. Brain and Language, 2, 356–368.

Molfese, D.L. & Molfese, V.J. (2000). The continuum of language development during infancy and early childhood: Electrophysiological correlates. In C. Rovee-Collier, L.P. Lipsitt & H. Hayne (Eds.), Progress in infancy research, Vol. 1 (pp. 251–288). Mahaw NJ: Erlbaum.

Monoghan, J.H., Robinson, J.O. & Dodge, J.A. (1979). The children's life event inventory. Journal of Psychosomatic Research, 23.

Monsell, St. (1991). The nature and locus of word frequency effects in reading. In D. Besner & G.W. Humphreys (Eds.), Basic processes in reading. Visual word recognition (pp. 148–197). Hillsdale, NJ: Lawrence Erlbaum Ass.

Montada, L. (1970). Die Lernpsychologie Jean Piagets. Stuttgart: Klett.

Montada, L. (1980). Gerechtigkeit im Wandel der Entwicklung. In G. Mikula (Hrsg.), Gerechtigkeit und soziale Interaktion (S. 301–329). Bern: Huber.

Montada, L. (1991). Life stress, injustice, and the question "Who is responsible?" In H. Steensma & R. Vermunt (Eds.), Social justice in human relations (Vol. 2, pp. 9–30). New York: Plenum Press.

Montada, L. (1992). Attribution of respontibility for losses and perceived injustice. In L. Montada, S.-H. Filipp & M. J. Lerner (Eds.), Life crises and experience of loss in adalthood (pp. 133–161). Hillsbach, NJ: Erlbaum.

Montada, L. (1993). Moralische Gefühle. In W. Edelstein, G. Nunner-Winkler & G. Noam (Hrsg.), Moral und Person (S. 259–277). Frankfurt/M.: Suhrkamp.

Montada, L. (1994). Injustice in harm and loss. Social Justice Research, 7, 5–28.

Montada, L. (1995). Die geistige Entwicklung aus der Sicht Jean Piagets. In R. Oerter & L. Montada (Hrsg.), Entwicklungspsychologie. (3. Aufl. S. 518–560). Weinheim: Psychologie Verlags Union.

Montada, L. (1996). Machen Gebrechlichkeit und chronische Krankheit produktives Altern unmöglich? In M. Baltes & L. Montada (Hrsg.), Produktives Leben im Alter (S. 382–392). Frankfurt/Main: Campus.

Montada, L. (1996). Machen Gebrechlichkeit und chronische Krankheit produktives Altern unmöglich? In M.M. Baltes & L. Montada (Hrsg.), Produktives Leben im Alter (S. 382–392). Frankfurt: Campus.

Montada, L. (2001a). Solidarität mit der Dritten Welt. In H.W. Bierhoff & D. Fetchenhauer (Hrsg.), Solidarität, Konflikt, Umwelt und Dritte Welt (S. 65–92). Opladen: Leske & Budrich.

Montada, L. (2001b). Denial of responsibility. In A.E. Auhagen & H.W. Bierhoff (Eds.), The many faces of social phenomenon (pp. 79–92). London: Routledge.

Montada, L. Filipp, S.-H. & Lerner, M.J. (Eds.). (1992). Life crises and experiences of loss in adulthood. Hillsdale, NJ: Erlbaum.

Montada, L. & Kals, E. (2001). Mediation. Lehrbuch für Psychologen und Juristen. Weinheim: Psychologie Verlags Union.

Montada, L., Schneider, A. & Reichle, B. (1988). Emotionen und Hilfsbereitschaft. In H.W. Bierhoff & L. Montada (Hrsg.), Altruismus – Bedingungen der Hilfsbereitschaft (S. 130–153). Göttingen: Hogrefe.

Montada, L. & Setter to Bulte, U. (1974). Strafwirkung als Funktion der Strafbewertung. Zeitschrift für Entwicklungspsychologie und Pädagogische Psychologie, 6, 75–89.

Montemayor, R. & Clayton, M.D. (1983). Maternal employment and adolescent development. Theory into Practice, 22, 112–118.

Montgomery, D.E. (1993). Young children's understanding of interpretive diversity between different-age listeners. Developmental Psychology, 29, 337–345.

Montreuil, A. & Bourhis, R.Y. (in Druck). Majority acculturation orientations towards "Valued" and "Devalued" immigrants. Journal of Cross-Cultural Psychology.

Moore, C. (1999). Having intentions, understanding intentions, and understanding communicative intentions. In P.D. Zelazo, J.W. Astington & D.R. Olson (Eds.), Developing Theories of Intention. Mahwah, NJ: Erlbaum.

Moore, C. & Corkum, V. (1994). Social understanding at the end of the first year of life. Developmental Review, 14, 349–372.

Moore, C. & Corkum, V. (1998). Infant gaze following based on eye direction. British Journal of Developmental Psychology, 16, 495–503.

Moore, C. & Dunham, P.J. (Eds.) (1995). Joint attention: Its origin and role in development. Hillsdale/NJ: Erlbaum.

Moore, G.A., Cohn, J.F. & Campbell, S.B. (2001). Infant affective responses to mother's still face at 6 months differentially predict externalizing and internalizing behaviors at 18 months. Developmental Psychology, 37, 706–714.

Moosbrugger, H. et al. (Hrsg.) (1996). Religiosität, Persönlichkeit und Verhalten. Münster: Waxmann.

Mordkowitz, E.R. & Ginsburg, H.P. (1987). The academic socialization of successful Asian-American college students. Quaterly Newsletter of the Laboratory of Comparative Human Cognition, 9, 85–91.

Morgan, J.L. & Demuth, K. (1996) Signal to syntax: Bootstrapping from speech to grammar in early acquisition. Mahwah, NJ: Erlbaum.

Morringiello, B., & Rocca, P. (1986). Visual feedback and anticipatory hand orientation during infants' reaching. Perceptual and Motor Skills, 69, 787–802.

Morrison, D.R. & Cherlin, A.J. (1995). The divorce process and young children's well-being: A prospective analysis. Journal of Marriage and the Family, 57, 800–812.

Morrison, D.R. & Coiro, M.J. (1999). Parental conflicts and marital disruptions: do children benefit when high-conflict marriages are dissolved? Journal of Marriage and the Family, 61, 626–637.

Morrison, H. & Kuhn, D. (1983). Cognitive aspects of preschoolers' peer imitation in a play situation. Child Development, 54, 1054–1063.

Morrongiello, B.A., Fenwick, K.D. & Chance, G. (1990). Sound localization acuity in very young infants: An observer-based testing procedure. Developmental Psychology, 26, 75–84.

Morton, J. & Frith, U. (1995). Causal modeling: A structural approach to developmental psychopathology. In D. Cicchetti & D.J. Cohen (Eds.), Developmental psychopathology. Vol 1 (pp. 357–390). New York: Wiley.

Moscovici, S. (1973). Foreword. In C. Herzlich (Ed.), Health and Illness. London: Academic Press.

Moscovici, S. (1976). Social influence and social change. New York: Academic Press.

Moscovici, S. (1988). Notes toward a description of social representation. European Journal of Social Psdychology, 18, 211–250.

Moscovitch, M. (Ed.) (1984). Infant memory: Its relation to normal and pathological memory in humans and other animals. New York: Plenum.

Moses, L.J. & Flavell, J.H. (1990). Inferring false beliefs from actions and reactions. Child Development, 61, 929–945.

Moses, L.J., Baldwin, D.A., Rosicky, J.G. & Tidball, G. (2001). Evidence for referential understanding in the emotions domain at twelve and eighteen months. Child Development, 72, 717–735.

Moshman, D. (1999). Adolescent psychological development: Rationality, morality, and identity. Mahwah, NJ: Erlbaum.

Mosier, C.E. & Rogoff, B. (1994). Infants' instrumental use of their mothers to achieve their goals. Child Development, 63, 70–79.

Mounoud, P. (1986). Action and cognition: Cognitive and motor skills in a developmental perspective. In M.G. Wade & H.T.A. Whiting (Eds.), Motor development in children: Aspects of coordination and control (pp. 373–390). Dordrecht: Nijhoff.

Mounoud, P., Viviani, P., Hauert, C.A. & Guyon, J. (1985). Development of visuomanual tracking in 5- to 9-year-old boys. Journal of Experimental Child Psychology, 40, 115–132.

Mounoud, P., Zesiger, P. & Hauert, C.A. (1992). A developmental study of spatio-temporal invariance in handwriting. Paper presented at the Fifth European Conference on Developmental Psychology, Sevilla, Spain.

Moyerman, D.R. & Forman, B.D. (1992). Acculturation and adjustment. A meta-analytic study. Hispanic Journal of Behavioral Sciences, 14, 163–200.

Moynihan, D. (1965). The Negro family: The case for nationbal action. Washington, DC: Office of Policy Planning and Research, U.S. Department of Labor.

Möller, J. & Köller, O. (1997). Effekte von Leistungsgruppierungen und Ausgangsfähigkeit auf die Wirksamkeit des Denktraining für Kinder II. Zeitschrift für Entwicklungspsychologie und Pädagogische Psychologie, 29, 242–252.

Möller, J. & Köller, O. (2001). Frame of reference effects following the announcement of exam results. Contemporary Educational Psychology, 26, 277–287.

Mönnich, I. & Witzel, A. (1994). Arbeitsmarkt und Berufsverläufe junger Erwachsener. Zeitschrift für Sozialisationsforschung und Erziehungssoziologie, 14, 262–277.

Mrazek, J. (1983). Zufriedenheit mit dem eigenen Körper. Kölner Beiträge zur Sportwissenschaft, 12, 155–174.

Mrazek, J. (1987). Struktur und Entwicklung des Körperkonzeptes im Jugendalter. Zeitschrift für Emtwicklungspsychologie und Pädagogische Psychologie, 19, 1–13.

Muir, D. & Hains, S. (1999). Young infants' perception of adult intentionality: Adult contingency and eye direction. In P. Rochat (Ed.), Early social cognition. Understanding others in the first year of life (pp. 155–187). Mahaw, NJ: Erlbaum.

Muir, D.W. & Nadel, J. (1998). Infant social perception. In A. Slater (Ed.), Perceptual development. Visual, auditory, and speech perception in infancy (pp. 247–286). Hove, UK: Psychology Press.

Müller, J. (1998). Jugendliche türkischer Herkunft: Alltagserfahrungen und Orientierungen. Wissenschaft und Frieden, 16, 51–53.

Mullis, A.K., Mullis, R.L. & Normandin, D. (1992). Cross-sectional and longitudinal comparisons of adolescent self-esteem. Adolescence, 27, No. 105, 51–61.

Mullis, R.L., Mullis, A.K. & Gerwels, D. (1998). Stability of vocational interests among high school students. Adolescence, 33, 699–707.

Mulvey, E.P., Arthur, M.W. & Reppucci, N.D. (1993). The prevention and treatment of juvenile delinquency: A review of research. Clinical Psychology Review, 13, 133–167.

Münch, T. & Boehnke, K. (1996). Rundfunk sozialisationstheoretisch begreifen: Hörfunkaneignung als Entwicklungshilfe im Jugendalter: Überlegungen zu einem Forschungsprogramm. Rundfunk und Fernsehen, 44, 548–561.

Munsinger, H. (1975). The adopted child's IQ: A critical review. Psychological Bulletin, 82, 623–659.

Murken, J. (2000). Pädiatrische Genetik und teratogene Fruchtschädigung. In B. Koletzko (Hrsg.), von Harnack Kinderheilkunde (S. 27–52). Berlin: Springer.

Murray, C.A. & Cox, L.A. jr. (1979). Beyond probation: Juvenile corrections and chronic delinquents. Beverly Hills, CA: Sage.

Murstein, B.I. (1986). Paths to marriage. Beverly Hills, CA: Sage.

Mussen, P.H., Conger, J.J., Kagan, J. & Huston, A.C. (1993). Lehrbuch der Kinderpsychologie. Band 2. Stuttgart: Klett-Cotta.

Muter, V. & Taylor, S. (1997). Segmentation, not rhyming, predicts early progress in learning to read. Journal of Experimental Child Psychology, 65, 370–396.

Mutschler, E. (1991[6]). Arzneimittelwirkungen. Lehrbuch der Pharmakologie und Toxikologie. Stuttgart: Wissenschaftliche Verlagsgesellschaft mbH.

Nadel, J. & Tremblay-Leveau, H. (1999). Early perception of social contingencies and interpersonal intentionality: Dyadic and triadic paradigms In P. Rochat (Ed.), Early social cognition. Understanding others in the first year of life (pp. 189–212). Mahaw, NJ: Erlbaum.

Naigles, L. (1990). Children use syntax to learn verb meanings. Journal of Child Language, 17, 357–374.

Napp-Peters, A. (1995). Armut von Alleinerziehenden. In K.-J. Bieback & H. Milz (Eds.), Neue Armut (S. 107–121). Frankfurt/Main: Campus.

National Public Radio (2000). National Survey of American Kids on Technology, 2000. – (Internet Informationen).

Nauck, B. (1994). Erziehungsklima, intergenerative Transmission und Sozialisation von Jugendlichen in türkischen Migrantenfamilien. Zeitschrift für Pädagogik, 40, 43–62.

Nauck, B. (1997). Intergenerative Konflikte und gesundheitliches Wohlbefinden in türkischen Familien. Ein interkultureller und interkontextueller Vergleich. In B. Nauck & U. Schönpflug (Hrsg.), Familien in verschiedenen Kulturen (S. 324–354). Stuttgart: Enke.

Nauck, B., Diefenbach, H. & Petri, K. (1998). Intergenerationale Transmission von kulturellem Kapital unter Migrationsbedingungen. Zum Bildungserfolg von Kindern und Jugendlichen aus Migrantenfamilien. Zeitschrift für Pädagogik, 44, 701–722.

Nauck, B. & Kohlmann, A. (1998). Verwandtschaft als soziales Kapital: Netzwerkbeziehungen in türkischen Migrantenfamilien. In M. Wagner & Y. Schütze (Hrsg.), Verwandtschaft. Sozialwissenschaftliche Beiträge zu einem vernachlässigten Thema (S. 203–235). Stuttgart: Enke.

Nauck, B., Kohlmann, A. & Diefenbach, H. (1997). Familiäre Netzwerke, intergenerative Transmission und Assimilationsprozesse bei türkischen Migrantenfamilien. Kölner Zeitschrift für Soziologie und Sozialpsychologie, 49, 477–499.

Naus, M.J. & Ornstein, P.A. (1983). Development of memory strategies. Analysis, questions, and issues. In M.T.H. Chi (Ed.), Trends in memory development reasearch. New York: Karger.

Needham, A. (2000). Improvements in object exploration skills may facilitate the development of object segregation in early infancy. Journal of Cognition and Development, 1, 131–156.

Needham, A. & Baillargeon, R. (1997). Object segregation in 8-month-old infants. Cognition, 62, 121–149.

Needham, A., Baillargeon, R. & Kaufman, L. (1997). Object segregation in infancy. In C. Rovee-Collier & L. Lipsitt (Eds.), Advances in infancy research (Vol. 11, pp. 1–42). Norwood, NJ: Ablex.

Needham, A. & Modi, A. (1999). Infants' use of prior experience in object segregation: Implications for object recognition in infancy. In H. W. Reese (Ed.), Advances in child development and behavior (Vol. 27, pp. 99–135).

Neidhardt, F. (1970). Strukturbedingungen und Probleme familialer Sozialisation. In G. Lüschen & E. Lupri (Eds.), Soziologie der Familie (pp. 144–168). Opladen.

Neisser, U. (1967). Cognitive Psychology. New York: Appleton.

Nelles-Bächler, M. (1972). Frühleser in der Grundschule. Die Deutsche Schule, 64, 638–648.

Nelsen, H.M. & Kroliczak, A. (1984). Parental use of the threat "God will punish": Replication and extension. Journal for the Scientific Study of Religion, 23, 267–277.

Nelson, C.A. & Bloom, F.E. (1997). Child development and neuroscience: Early brain development. Child Development, 68, 970–987.

Nelson, E.A. & Dannefer, D. (1992). Aged heterogeneity: Fact or fiction? The fate of diversity in gerontological research. The Gerontologist, 32, 17–23.

Nelson, K. (1985). Making sense: The acquisition of shared meaning. New York: Academic Press.

Nelson, K. (1986). Event knowledge: Structure and function in development. Hillsdale, NJ: Erlbaum.
Nelson, K. (1993). The psychological and social origins of autobiographical memory. Psychological Science, 4, 7–14.
Nelson, K. (1996). Language in cognitive developmemt: The emergence of the mediated mind. Cambridge: Cambridge University Press.
Nelson, K. & Gruendel, W. (1979). At morning it's lunchtime: A scriptal view of children's dialogues. Discourse Processes, 2, 73–94.
Nelson, K.E. (1991). Varied domains of development: A tale of LAD, MAD, SAD, DAD, and RARE and surprising events in our RELMs. In F.S. Kessel, M.H. Bornstein & A.J. Sameroff (Eds.), Contemporary constructions of the child. Essays in honor of William Kessen (pp. 123–142). Hillsdale, NJ: Erlbaum.
Nelson, T. O. & Narens, L. (1994). Why investigate metacognition? In J. Metcalfe & A. P. Shimamura (Eds.), Metacognition – Knowing about knowing. Cambridge: MIT Press.
Nelson, T.O. & Narens, L. (1990). Metamemory: A theoretical framework and new findings. In G. Bower (Ed.), The psychology of learning and motivation: Advances in research and theory (Vol. 26, pp. 125–173). New York: Academic Press.
Nesselroade, J.R. (1989). Adult personality development: Issues in assessing constancy and change. In A.I. Rabin, R.A. Zucker, R.A. Emmons & S. Frank (Eds.), Studying persons and lives (pp. 41–85). New York: Springer Publishing Company.
Nesselroade, J.R. & Baltes, P.B. (1986). Von der traditionellen Faktorenanalyse zur strukturell-kausalen Modellierung in der entwicklungspsychologischen Forschung. In V. Sarris & A. Parducci (Hrsg.), Die Zukunft der experimentellen Psychologie (S. 259–278). Weinheim: Beltz.
Nesselroade, J.R. & Reese, H.W. (Eds.). (1973). Life-span developmental psychology: Methodological issues. New York: Academic Press.
Neubauer, R., Willinger, U., Eisenwort, B., Völkl-Kernstock, S. & Rollett, B. (1998). Sprach- und Lesefähigkeit bei sprachentwicklungsgestörten Kindern. In J. Glück, O. Vitouch, M. Jirasko, B. Rollett (Hrsg.), Perspektiven psychologischer Forschung in Österreich, Band 2 (S. 211–214). Wien: WUV Universitätsverlag.
Neuendorff, H. (1973). Der Begriff des Interesses – Eine Studie zu den Gesellschaftstheorien von Hobbes, Smith und Marx. Frankfurt:
Neuenschwander, M.P. (1996). Entwicklung und Identität im Jugendalter. Bern: Haupt.
Neugarten, B.L. (1977). Personality and aging. In J.E.B. Birren & K.W. Schaie (Eds.), Handbook of the psychology of aging (pp. 626–649). New York, NY: Van Nostrand.
Neuhäuser, G. & Heubrock, D. (2000). Neuropsychologische Störungen. In F. Petermann (Hrsg.), Lehrbuch der Klinischen Kinderpsychologie und -psychotherapie (S. 337–357). Göttingen: Hogrefe.
Neuman, S.B. & Roskos, K. (1989). Preschoolers' conception of literacy as reflected in their spontaneous play. In S. Mccormick, J. Zutell, P.L. Scharer & P.R. O'keefe (Eds.), Cognitive and social perspectives for literacy research and instruction (pp. 87–94). Chicago: The Natinal Reading Conference, Inc.
Neuweg, G.H. (2000). Mehr lernen, als man sagen kann: Konzepte und didaktische Perspektiven lebenslangen Lernens. Unterrichtswissenschaft, 28, 197–217.
Newell, A. & Rosenbloom, P. S. (1981). Mechanisms of skill acquisition and the law of practice. In J. R. Anderson (Ed.), Cognitive skills and their acquisition (pp. 1–56). Hillsdale, NJ: Lawrence Erlbaum Associates.
Newell, A. & Simon, H.A. (1972). Human problem solving. Englewood Cliffs, NJ: Prentice Hall.
Newland, L.A., Roggman, L.A. & Crook, C.A. (2000). Joint attention and coordinated interaction with toys in relation to language development. In International Conference on Infant Studies (ICIS), Brighton, UK. Unveröff. (abstract online).
Newman, B.M. & Newman, P.R. (1975). Development through life. Homewood, IL: Dorsey.
Newton, P., Reddy, V. & Bull, R. (2000). Children's everyday deception and performance on false-belief tasks. British Journal of Development Psychology, 18, 297–317.
Newton, R.R., Litrownik, A.J. & Landsverk, J.A. (2000). Children and youth in foster care: Disentangling the relationship between problem behaviors and number of placements. Child Abuse and Neglect, 24, 1363–1374.
NICHD Early Child Care Research Network. (1997). The effects of infant child care on infant-mother attachment security: Results of the NICHD Study of Early Child Care. Child Development, 68, 860–879.
NICHD Early Child Care Research Network. (1999a). Child care and mother-child interaction in the first 3 years of life. Developmental Psychology, 35, 1399–1413.
NICHD Early Child Care Research Network. (1999b). Chronicity of maternal depressive symptoms, maternal sensitivity, and child functioning at 36 months. Developmental Psychology, 35, 1297–1310.
NICHD Early Child Care Research Network. (2001). Child care and family predictors of preschool attachment and stability from infancy. Developmental Psychology, 37, 847–862.
Nicholls, J.G. (1978). The development of the concepts of effort and ability. Perception of academic attainment, and the understanding that difficult tasks require more ability. Child Development, 49, 800–814.
Nicholls, J.G. (1979). Development of perception of own attainment and causal attributions for success and failure in reading. Journal of Educational Psychology, 71, 94–99.
Nicholls, J.G. (1984). Achiemements motivation: Conceptions of ability, subjective experience, task choice, and performance. Psychological Review, 91, 328–346.
Nicholls, J.G. (1984). Achievements motivation: Conceptions of ability, subjective experience, task choice, and performance. Psychological Review, 91, 328–346.
Nicholls, J.G. & Miller, A.T. (1985). Differentiation of the concepts of luck and skill. Developmental Psychology, 21, 76–82.

Nicholls, J.G., Patashnik, M., Chung Cheung, P. Thorkildsen, T.A. & Lauer, J.M. (1988). Can achievement motivation theory succeed with only conception of success? In F. Halisch & J.H.L. von den Bercken (Eds.), International perspectives on achievement and task motivation. Lisse (Holland): Swets und Zeitlinger.

Nichols, W.C., Pace-Nichols, M.A. & Becvar, D.S. (Eds.). (2000). Handbook of family development and intervention. New York: Wiley.

Nickel, H. (1969). Die Bedeutung planmäßiger Übung für die Entwicklung einer differenzierenden visuellen Auffassung im Vorschulalter. Zeitschrift für Entwicklungspsychologie und Pädagogische Psychologie, 1, 102–118.

Nickel, H. (1975). Entwicklungspsychologie des Kindes- und Jugendalters (Bd. 1). Bern: Huber.

Nickel, H.& Schmidt-Denter, U. (1980). Sozialverhalten von Vorschulkindern. München: Reinhardt.

Niebank, K., Petermann, F. & Scheithauer, H. (2000). Grundzüge der Entwicklungspsychopathologie. In F. Petermann, K. Niebank & H. Scheithauer (Hrsg), Risiken in der frühkindlichen Entwicklung (S. 41–64). Göttingen: Hogrefe.

Niederfranke, A. (1996). Nachberufliche Tätigkeiten: Wunsch oder Wirklichkeit? Zeitschrift für Gerontologie und Geriatrie, 29, 362–366.

Niesel, R. (1995). Erleben und Bewältigung elterlicher Konflikte durch Kinder. Familiendynamik, 20, 155–170.

Ninio, A. & Bruner, J. (1978). The achievement and antecedents of labelling. Journal of Child Language, 5, 1–15.

Nipkow, K.E. et al. (Hrsg.) (1998). Glaubensentwicklung und Erziehung. Gütersloh: Gerd Mohn.

Nisan, M. & Koriat, A. (1977). Children's actual choices and their conception of the wise choice in a delay-of-gratification situation. Child Development, 48, 488–494.

Noack, P. (1990). Jugendentwicklung im Kontext. Zum aktiven Umgang mit sozialen Entwicklungsaufgaben in der Freizeit. München: Psychologie Verlags Union.

Nobiling, E. (1929). Der Gottesgedanke bei Kindern und Jugendlichen. Archiv für Religionspsychologie und Seelenführung, 4, 43–216.

Nolen-Hoeksema, S. (1990). Sex differences in depression. Stanford, CA: Stanford University Press.

Nolen-Hoeksema, S. (1991). Responses to depression and their effects on the duration of depressive episodes. Journal of Abnormal Psychology, 100, 569–582.

Noll, G. & Suder, A.L. (Hrsg.) (1974). Musik im Vorschulalter. Regensburg: Bosse.

Notz, J. (1967). Wenn Schulanfänger lesen können. Schule und Psychologie, 14, 223–231.

Nowlis, G.H. & Kessen, W. (1976). Human newborns differentiate differing concentrations of sucrose and glucose. Science, 191, 865–866.

Nucci, L.P. (1996). Morality and the personal sphere of action. In E. Reed, E. Turiel & T. Brown (Eds.), Values and knowledge (pp. 41–60). Hillsdale, NJ: Erlbaum.

Nucci, L. & Turiel, E. (1993). God's Word, Religious Rules, and Their Relation to Christian and Jewish Children's Concept of Morality. Child Development, 64, 1475–1491.

Nucci, L.P. & Weber, E. (1995). Social interactions in the home and the development of young children's conceptions of the personal. Child Development, 66, 1438–1452.

Nugent, J.K., Lester, B.M. & Brazelton, T.B. (1989). The cultural context of infancy. Norwood NJ: Ablex Publishing Corporation.

Nummer, G. & Seiffge-Krenke, I. (2001). Können Unterschiede in der Stresswahrnehmung und -bewältigung Geschlechtsunterschiede in der depressiven Symptombelastung bei Jugendlichen erklären? Zeitschrift für Kinder- und Jugendpsychiatrie und Psychotherapie, 29(2), 89–97.

Nunn, C.Z. (1964). Child control through a "coalition with God". Child Development, 35, 417–432.

Nunner-Winkler, G. (1993). Die Entwicklung moralischer Motivationen. In W. Edelstein, G. Nunner-Winkler & G. Noam (Hrsg.), Moral und Person (S. 278–303). Frankfurt/M.: Suhrkamp.

Nurmi, J.E. (1992). Age differences in adult life goals, concerns, and their temporal extension. International Journal of Behavioral Development, 15, 487–508.

Nydegger, C.N. (1991). The development of paternal and filial maturity. In K.A. Pillemer & K. McCartney (Hrsg.), Parent child relations throughout life (S. 93–112). Hillsdale, NJ: Lawrence Erlbaum.

O'Brien, M. & Huston, A.C. (1985). Development of sex-typed play behavior in toddlers. Developmental Psychology, 21, 866–871.

O'Donnell, A.M. (1999). Structuring dyadic interaction through scripted cooperation. In A.M. O'Donnell & A. King (Eds.), Cognitive perspectives on peer learning (pp. 179–196). Mahwah, NJ: Erlbaum.

O'Donnell, A.M. & Danserau, D.F. (1992). Scripted cooperation in student dyads: Method for analyzing and enhancing academic learning and performance. In R. Hertz-Lazarowitz & N. Miller (Eds.), Interaction in cooperative groups: Theoretical anatomy of group learning (pp. 120–141). Cambridge, MA: Cambridge University Press.

O'Neill, D.K. (1996). Two-year-olds' sensitivity to a parent's knowledge state when making requests. Child Development, 67, 659–677.

Oakes, L.M. & Cohen, L.B. (1995). Infant causal perception. In C. Rovee-Collier & L.P. Lipsitt (Eds.), Advances in Infancy Research, Vol. 9 (pp. 1–55). Stanford, NJ: ABLEX.

Oberndorfer, R. (1993). Aufgabenteilung in Partnerschaften. In B. Nauck (Hrsg.), Lebensgestaltung von Frauen: Eine Regionalanalyse zur Integration von Familien- und Erwerbstätigkeit im Familienverlauf (S. 145–175). Weinheim: Juventa.

Oerter, R. (1975). Sozialisation und religiöses Erleben. In W. Keilbach (Hrsg.), Archiv für Religionspsychologie, 11, 188–208.

Oerter, R. (1978). Zur Dynamik von Entwicklungsaufgaben im menschlichen Lebenslauf. In R. Oerter (Hrsg.), Entwicklung als lebenslanger Prozeß (S. 66–110). Hamburg: Hoffmann & Campe.

Oerter, R. (1980). Moderne Entwicklungspsychologie (18. Aufl.). Donauwörth: Auer.

Oerter, R. (1984). Die Anpassung von Jugendlichen an die Struktur von Arbeit und Beruf. Unterrichtswissenschaft, 12 (2), 127–147.
Oerter, R. (1986). Developmental task through the life-span: A new approach to an old concept. In P.B. Baltes, D.L. Featherman & R.M. Lerner (Eds.), Life-span development and behavior (Vol. 7, pp. 233–271). Hillsdale, NJ: Erlbaum.
Oerter, R. (1987). Moderne Entwicklungspsychologie (21. Auflage). Donauwörth: Auer.
Oerter, R. (1989). Structural, ecological, and psychosocial variables of schooling and their impact on the development of student's self-concept. International Journal of Educational Research, 13, 933–948.
Oerter, R. (1990). Subjects' implicit anthropology – A determinant of mental und physical health. In K. Hurrelmann & F. Lösel (Eds.), Health hazards in adolescence (pp. 91–113). Berlin–New York: Walter de Gruyter.
Oerter, R. (1992). The zone of proximal development for learning and teaching. In F. Oser, A. Dick & J. H. Patry (Eds.), Effective and responsible teaching (pp. 187–202). San Francisco: Jossey-Bass.
Oerter, R. (1993). Kultur, Erziehung, Sozialisation. In K.A. Schneewind (Hrsg.), Psychologie der Erziehung und Sozialisation. Bd. 1 Enzyklopädie der Psychologie (S. 135–165). Göttingen: Hogrefe.
Oerter, R. (1995). Persons' conception of human nature: A cross-cultural comparison. In J. Valsiner (Ed.), Child development within culturally structured environments (Vol. 3, pp. 210–242). Norwood, NJ: Ablex.
Oerter, R. (1995). Warum hören Kinder auf zu singen? Folgen einer einseitigen Enkulturation. ESTA-Nachrichten, 34, 22–46.
Oerter, R. (1998). Motivation und Handlungssteuerung. In R. Oerter & L. Montada (Hrsg.), Entwicklungspsychologie (Bd. 3. Aufl., S. 758–822). Weinheim: Beltz.
Oerter, R. (1999). Psychologie des Spiels. Weinheim: Beltz.
Oerter, R. (2000). Activity and motivation: A plea for a human frame motivation. In J. Heckhausen (Ed.), Motivational psychology of human development (pp. 57–80). Amsterdam: Elsevier.
Oerter, R. (2000). Einleitung zum Themenheft „Lernen en passant – implizites Lernen". Unterrichtswissenschaft, 28, 194–196.
Oerter, R. (2000). Spiel als Lebensbewältigung. In S. Hoppe-Graff & R. Oerter (Hrsg.), Spielen und Fernsehen (S. 47–58). Weinheim: Juventa.
Oerter, R. (Hrsg.) (1985). Lebensbewältigung im Jugendalter. Weinheim: VCH Verlagsgesellschaft.
Oerter, R., Dreher, E. & Dreher, M. (1977). Kognitive Sozialisation und subjektive Struktur. München: Oldenbourg.
Oerter, R. & Oerter, R.M. (1993). Zur Konzeption der Identität in östlichen und westlichen Kulturen. Ergebnisse von kulturvergleichenden Untersuchungen zum Menschenbild junger Erwachsener. Zeitschrift für Sozialisationsforschung und Erziehungssoziologie (ZSE), 13. Jg., Heft 4, 296–310.
Oerter, R., Schneewind, A. & Resch, F. (1999). Modelle der Klinischen Entwicklungpsychologie. In R. Oerter, C. von Hagen, G. Röper & G. Noam (Hrsg.), Klinische Entwicklungspsychologie (S. 79–118). Weinheim: Beltz/PVU.
Oerter, R., von Hagen, C., Röper, G. & Noam, G. (Hrsg.) (1999). Klinische Entwicklungspsychologie: Ein Lehrbuch. Weinheim: PVU.
Oesterreich, D. (1993). Autoritäre Persönlichkeit und Gesellschaftsordnung. Der Stellenwert psychischer Faktoren für politische Einstellungen – eine empirische Untersuchung von Jugendlichen in Ost und West. Weinheim: Juventa.
Offe, H., Offe S. & Wetzels, P. (1996). Zum Umgang mit dem Verdacht des sexuellen Mißbrauchs. In B. Marchewka (Hrsg.), Weißbuch sexueller Mißbrauch (S. 179–207). Bonn: Holos.
Offer, D. & Offer, J. (1975). From Teenage to Young Manhood: A Psychological Study. New York: Basic Books.
Offer, D., Ostrov, E., Howard, K.I. & Atkinson, R. (1988). The teenage world. New York: Plenum Medical Book Company.
Ogbu, J. (1983). Minority status and schooling in plural societies. Comparative Education Review, 27, 168–190.
Ogbu, J. (1988). Black education: A cultural-ecological perspective. In H.P. McAdoo (Ed.), Black families (pp. 169–186). Beverly Hills, CA: Sage.
Olbrich, E. (1990). Entwicklung der Persönlichkeit. In H. Hetzer, E. Todt, I. Seiffge-Krenke & R. Arbinger (Hrsg.), Angewandte Entwicklungspsychologie des Kindes- und Jugendalters (2. Aufl., S. 397–427). Heidelberg: Quelle & Meyer.
Olbrich, E. (1994). Konstanz oder Veränderung der Persönlichkeit im Alter? Zeitschrift für Gerontologie, 27, 83–95.
Olbrich, E. (1997). Die Grenzen des Coping. In C. Tesch-Römer, Ch. Salewski & G. Schwarz (Hrsg.), Psychologie der Bewältigung (S. 230–246). Weinheim: Beltz/PVU
Olbrich, E. & Brüderl, L. (1986). Frühes Erwachsenenalter: Partnerwahl, Partnerschaft und Übergang zur Elternschaft. Zeitschrift für Entwicklungspsychologie und Pädagogische Psychologie, 18, 189–213.
Olbrich, E. & Todt, E. (Hrsg.) (1984). Probleme des Jugendalters. Neuere Sichtweisen. Berlin: Springer.
Oldfather, P. & McLaughlin, J. (1993). Gaining and losing voice: A longitudinal study of student's continuing impulse to learn across elementary and middle school contexts. Research in Middle Level Education, 17, 1–25.
Oliveria, S.A., Ellison, R.C., Moore, L.L., Gillman, M.W., Garrahie, E.J. & Singer, M.R. (1992). Parent-child relationships in nutrition intake: The Framingham Children´s Study. American Journal of Clinical Nutrion, 56, 593–598.
Olsho, L.W., Koch, E.G., Halpin, C.F. & Carter, E.A. (1987). An observer based psychoacoustic procedure for use with young infants. Developmental Psychology, 23, 627–640.
Olson, D.R. (1966). On conceptual strategies. In Bruner, J.S. et al. (Eds.), Studies in cognitive growth (pp. 135–153). New York: Wiley.
Olson, D.R. (1986). Intelligence and literacy: The relationships between intelligence and the technologies of representation and communication. In R.J. Sternberg & R.K. Wagner (Eds.), Practical intelligence. Nature and origins of competence in the everyday world (pp. 338–360). Cambridge: Cambridge University Press.

Olson, D.R. (1995). Writing and the mind. In J.V. Wertsch, P. Del Rio, & A. Alvarez (Eds.), Sociocultural studies of mind (pp. 95–123). Cambridge, MA: University Press.

Olson, G.M. & Sherman, T. (1983). Attention, learning and memory in infants. In M.M. Haith & J.J. Campos (vol. eds.): Infancy and developmental psychobiology, P.H. Mussen (series ed.), Handbook of child psychology (Vol. 2, pp. 1001–1080). New York: Wiley.

Olweus, D. (1979). Stability of aggressive reaction patterns in males: A review. Psychological Bulletin, 86, 852–875.

Onoda, L. (1976). Personality characteristics and attitudes toward achievement among mainland high achieving and underachieving Japanese-American Sanseis. Journal of Educational Psychology, 68, 151–156.

Opdenakker, M.-C. & Van Damme, J. (2000). Effects of schools, teaching staff and classes on achievement and well-being in secondary education: Similarities and differences between school outcomes. School Effectiveness and School Improvement, 11, 165–196.

Opwis, K., Gold, A., Gruber, H. & Schneider, W. (1990). Zum Einfluss von Expertise auf Gedächtnisleistungen und ihre Selbsteinschätzung bei Kindern und Erwachsenen. Zeitschrift für Entwicklungspsychologie und Pädagogische Psychologie, 22, 207–224.

Orgill, A., Astbury, J., Bajuk, B. & Yu, V. (1982). Early development of infants 1000g or less at birth. Archives of Disease in Childhood, 57, 823–827.

Ormian, H. (1926). Das schlußfolgernde Denken des Kindes. Eine psychogenetische Untersuchung auf experimenteller Grundlage (Bd. 4. Wiener Arbeiten zur Pädagogischen Psychologie. Hrsg. v. Ch. Bühler & V. Fadrus). Wien: Deutscher Verlag für Jugend und Volk.

Ornstein, P.A., Baker-Ward, L. & Naus, M.J. (1988). The development of mnemonic skill. In F.E. Weinert & M. Perlmutter (Eds.), Memory development: Universal changes and individual differences (pp. 31–50). Hillsdale, NJ: Erlbaum.

Ornstein, P.A., Gordon, B.N. & Larus, D.M. (1992). Children's memory for a personally experienced event: Implications for testimony. Applied Developmental Psychology, 6, 49–60.

Orth, B. (1999). Die Entwicklung sehr früh geborener Kinder bis zum Alter von achteinhalb Jahren. Frühförderung interdisziplinär, 18, 3–10.

Orthner, D.K. (1990). Parental work and early adolescence: Issues for research and practice. Journal of Early Adolescence, 10 (3), 246–259.

Ortmann, R. (2000). The effectiveness of social therapy in prison – A randomized experiment. Crime & Delinquency, 46, 214–232.

Oser, F. (1988). Wie viel Religion braucht der Mensch? Erziehung und Entwicklung zur religiösen Autonomie. Gütersloh: Gerd Mohn.

Oser, F. (1992). Religiöse Entwicklung im Erwachsenenalter. In M. Böhnke et al. (Hrsg.), Erwachsen im Glauben (S. 67–88). Stuttgart: Kohlhammer.

Oser, F. & Althof, W. (1992). Moralische Selbstbestimmung. Modelle der Entwicklung und Erziehung im Wertebereich. Stuttgart: Klett-Cotta.

Oser, F. et al. (1994). Development of Belief and Unbelief in Childhood and Adolescence. In J. Corveleyn & D. Hutsebaut (Eds.), Belief and Unbelief. Psychological Perspectives (pp. 39–62). Amsterdam & Atlanta: Rodopi.

Oser, F. & Gmünder, P. (1996), Der Mensch – Stufen seiner religiösen Entwicklung. Ein strukturgenetischer Ansatz (3. Aufl.). Gütersloh: Gerd Mohn.

Oser, F.K. & Reich, H.K. (1987). The challenge of competing explanations. The development of thinking in terms of complementary of ‚theories'. Human Development, 30, 178–186.

Ostendorf, H. (1997). Jugendgerichtsgesetz (4. Aufl.). Köln: Heymanns.

Ostendorf, H. (2000). Rechtliche Grundlagen. In R. Lempp, G. Schütze & G. Köhnken (Hrsg.), Forensische Psychiatrie und Psychologie des Kindes- und Jugendalters (S. 115–126). Darmstadt: Steinkopff.

Otter, H.S. (1968). A functional language examination. The modern language association examinations project. London: Oxford University Press.

Ottersbach, G., Grabska, K. & Schwarze, E. (1990). Das verfehlte Studium? Wie Psychologiestudenten ihr Studium sehen, beurteilen und bewältigen. Alsbach: Leuchtturm-Verlag.

Oyama, S. (1989). Ontogeny and the central dogma: Do we need the concept of genetic programming in order to have an evolutionary perspective? In M.R. Gunnar & E. Thelen (Eds.), Minnesota Symposia on Child Psychology: Vol.22. Systems and development (pp. 1–34). Hillsdale, NJ: Erlbaum.

Paeslack, V. (1998). Rehabilitation älterer Menschen. In A. Kruse (Hrsg.), Psychosoziale Gerontologie, Bd. 2: Intervention (S. 85–93). Göttingen: Hogrefe.

PAG Institut für Psychologie. (2000). Positive Erziehung. Triple P Positives Erziehungsprogramm. Münster: Verlag für Psychotherapie.

Paget, K.F., Kritt, D. & Bergmann, L. (1984). Understanding strategic interactions in television commercials: A developmental study. Journal of Applied Developmental Psychology, 5, 145–161.

Palacios, J. (1990). Parents' ideas about the development and education of their children. Answers to some questions. International Journal of Behavioral Development, 13 (2), 137–155.

Palentien, Ch. & Hurrelmann, K. (Hrsg.). (1997). Jugend und Politik. Ein Handbuch für Forschung, Lehre und Praxis. Neuwied: Luchterhand.

Palincsar, A.S. & Brown, A.L. (1984). Reciprocal teaching of comprehension-fostering and comprehension-monitoring activities. Cognition and Instruction, 1, 117–175.

Palmer, F.H. (1978). The effects of early childhood intervention. In B. Brown (Ed.), Found: Long-term gains from early intervention (pp. 11–35). Boulder: Westview Press.

Palmore, E. (1977). Facts on aging: A short quiz. The Gerontologist, 17, 315–320.

Palmore, E. (1988). The facts on aging quiz: A handbook of uses and results. New York: Springer.
Panksepp, J. (1986). The anatomy of emotions. In R. Plutchik & H. Kellerman (Eds.), Emotion: Theory, research and experience. Vol. 3. Biological foundations of emotions (pp. 91–124). San Diego, CA: Academic Press.
Papastefanou, C. (1997). Auszug aus dem Elternhaus. Weinheim: Juventa.
Papini, D.R. & Sebby, R.A. (1987). Adolescent pubertal status and affective family relationships: A multivariate assessment. Journal of Youth and Adolescence, 16, 1–15.
Papini, D.R., Roggman, L.A. & Anderson, J. (1991). Early-adolescent perceptions of attachment to mother and father: A test of the emotional-distancing and buffering hypotheses. Journal of Early Adolescence, 11 (2), 258–275.
Papoušek, H. & Papoušek, M. (1984). Qualitative transitions in integrative processes during the first trimester of human postpartum life. In H.F.R. Prechtl (Ed.), Continuity of neural functions from pre- to postnatal life. Clinics in Developmental Medicine (pp. 220–244). Oxford: Blackwell Scientific Publ.
Papoušek, H. & Papoušek, M. (1987). Intuitive parenting: A dialectic counterpart to the infant's integrative competence. In J. D. Osofsky (Ed.), Handbook of infant development (2nd ed., pp. 669–720). New York: Wiley.
Papoušek, M. (1987). Melodies in motherese in tonal and nontonal languages: Mandarin Chinese, Caucasian American, and German. In ERIC Document ED 292555 PS 017229, Resources in Education. Urbana: Clearing House on Early Childhood Education.
Papoušek, M. (1991). Vorsprachliche Kommunikation zwischen Mutter und Kind als Wegbereiter der Sprachentwicklung. Habilitationsschrift an der Universität München:
Papoušek, M. (1992). Early ontogeny of vocal communication in parent-infant interactions. In H. Papoušek, U. Jürgens & M. Papousek (Eds.), Nonverbal vocal communication: Comparative and developmental approaches (pp. 230–261). New York/NY: Cambridge University Press.
Papoušek, M. (1994). Vom ersten Schrei zum ersten Wort: Anfänge der Sprachentwicklung in der vorsprachlichen Kommunikation. Bern: Huber.
Papoušek, M. (1999). Regulationsstörungen der frühen Kindheit: Entstehungsbedingungen im Kontext der Eltern-Kind-Beziehungen. In R. Oerter, H.C. von, G. Roeper & G. Noam (Hrsg.), Klinische Entwicklungspsychologie. Ein Lehrbuch (S. 148–169). Weinheim: Beltz/PVU.
Papoušek, M. (2000 (in Druck)). Persistent crying, parenting and infant mental health. In H.E. Fitzgerald & J. Osofsky (Eds.), WAIMH handbook of infant mental health, Vol. 4: Infant mental health in groups at high risk.
Papoušek, M. & Papoušek, H. (1991). Preverbal vocal communication from zero to one: Preparing the ground for language acquisition. In M.E. Lamb & H. Keller (Eds.), Infant development: Perspectives from German-speaking countries (pp. 299–328). Hillsdale, NJ: Erlbaum.
Papoušek, M. & Papoušek, H. (1997). Stimmliche Kommunikation im Säuglingsalter als Wegbereiter der Sprachentwicklung. In H. Keller (Hrsg.), Handbuch der Kleinkindforschung. 2. Aufl. (S. 535–585). Bern: Huber.
Pargament, K.I. (1997). The Psychology of Religion and Coping. Theory, Research, Practice. New York & London: Guilford Press.
Park, K.A. & Waters, E. (1989). Security of attachment and preschool friendship. Child Development, 60, 1076–1081.
Parke, R.D. (1974). Rules, roles, and resistance to deviation. Recent advances in punishment, discipline, and self-control. In: A.E. Pick (Ed.), Minnesota Symposia on Child Psychology, 8, 111–149.
Parke, R.D. & Buriel, R. (1997). Socialization in the family: Ethnic and ecological perspectives. In W. Damon & N. Eisenberg (Eds.), Handbook of child psychology. Social, emotional, and personality development (pp. 463–552). New York: Wiley.
Parke, R.D. & Buriel, R. (1998). Socialization in the family: Ethnic and ecological perspectives. In W. Damon & N. Eisenberg (Eds.), Handbook of child psychology (5th ed., Vol. 3, pp. 463–552). New York: Wiley.
Parker, J.G. & Gottman, J.M. (1989). Social and emotional development in a relational context: Friendship interaction from early childhood to adolescence. In T.J. Berndt & G.W. Ladd (Eds.), Peer relationships in child development (pp. 95–131). New York: Wiley.
Parker, R.G. & Parrott, R. (1995). Patterns of self-disclosure across social support networks: Elderly, middle-aged, and young adults. International Journal of Aging and Human Development, 41, 281–297.
Parkes, C. M. (1971). Psycho-social transitions: a field for study. Social Science and Medicine, 5, 101–115.
Parkin, A.J. (1993). Memory. Phenomena, experiment and theory. Oxford: Blackwell Publishers.
Parkin, A.J. & Streete, S. (1988). Implicit and explicit memory in young children and adults. British Journal of Psychology, 79, 361–369.
Parmelee, A.H. & Sigman, M.D. (1983). Perinatal brain development and behavior. In P.H. Mussen (Ed.), Handbook of child psychology, Fourth Ed. Vol. II: Infancy and developmental psychology (M.M. Haith & M.D. Sigman, Vol. eds, pp. 95–156). New York: Wiley.
Parsons, T. (1951). The social system. London: Routledge.
Partridge, S. & Kotler, T. (1987). Self-esteem and adjustment in adolescents from bereaved, divorced, and intact families: family type versus family enviroment. Australian Journal of Psychology, 39 (2), 223–234.
Pascual-Leone, J. (1983). Growing into human maturity: Toward a metasubjective theory of adulthood stages. In P.B. Baltes & O.G.J. Brim (Eds.), Life-span development and behavior (Vol. 5, pp. 117–156). New York: Academic Press.
Pasupathi, M., Staudinger, U.M. & Baltes, P.B. (2001). Seeds of wisdom: Adolescents' knowledge and judgment about difficult matters of life. Developmental Psychology, 37, 351–361.
Patterson, G.R. & Mischel, W. (1976). Effects of temptation and task fascilitating plans of self-control. Journal of Personality and Social Psychology, 32, 209–217.

Patton, G.C., Johnson-Sabine, E., Wood, K., Mann, A.H. & Wakeling, A. (1990). Abnormal eating attitudes in London schoolgirls – A prospective epidemiological study: Outcome at 12 months follow-up. Psychological Medicine, 20, 383–394.
Pauen, S. (2000). Early differentiation within the animate domain: Are humans something special? Journal of Experimental Child Psychology, 75, 134–151.
Pauen, S. (in Druck). Evidence for knowledge-based category discrimination in infancy. Child Development.
Pauls, H. & Johann, A. (1984). Wie steuern Kinder ihre Eltern? Psychologie in Erziehung und Unterricht, 31, 22–32.
Paulson, S.E., Koman, J.J. & Hill, J.P. (1990). Maternal employment and parent-child relations in families of seventh graders. Journal of Early Adolescence, 10 (3), 279–295.
Paxton, S.J., Wertheim, E.H., Gibbons, K., Szmukler, G.I., Hillier, L. & Petrovich, J.L. (1991). Body image satisfaction, dieting beliefs, and weight loss behaviors in adolescent girls and boys. Journal of Youth and Adolescence, 20, 361–379.
Peck, R. (1956). Psychological developments in the second half of life. In J.E. Anderson (Hrsg.), Psychological aspects of aging (S. 42–53). Washington, D.C.: American Psychological Association.
Pellegrini, A.D. & Galda, L. (1991). Spiel, Sprache und frühe Kompetenz im Lesen und Schreiben. Unterrichtswissenschaft, 3, 269–281.
Pellegrini, A.D., Galda, L., Flor, D, Bartini, M. & Charak, D. (1997). Close realtionships, individual differences, and early literacy learning. Journal of Experimental Child Psychology, 67, 409–422.
Pellegrino, J.W. & Hubert, J.L. (1982). The analysis of organization and structure in free recall. In C.R. Puff (Ed.), Handbook of research methods in human memory and cognition (pp. 129–172). New York : Academic Press.
Perkins, D.N. & Simmons, R. (1988). Patterns of misunderstanding: An integrative model of science, math, and programming. Review of Educational Research, 58, 303–326.
Perlmutter, M. (1984). Continuities and discontinuities in early human memory paradigms, processes, and performance. In R.V. Kail & N.E. Spear (Eds.), Comparative perspectives on the development of memory (pp. 253–284). Hillsdale, NJ: Erlbaum.
Perner, J. (1991). Understanding the representational mind. Cambridge, MA: MIT Press.
Perner, J., Leekam, S.R. & Wimmer, H. (1987). Three-year olds' difficulty with false belief: the case for a conceptual deficit. British Journal of Developmental Psychology, 5, 125–37.
Perner, J. & Ruffman, T. (1995). Episodic memory and autonoetic consciousness: Developmental evidence and a theory of infantile amnesia. Journal of Experimental Child Psychology, 59, 516–548.
Perner, J. & Wimmer, H. (1985). "John thinks that Mary thinks that . . .": Attribution of second-order beliefs by 5- to 10-year-old children. Journal of Experimental Child Psychology, 39, 437–471.
Perrez, M. (1994). Optimierung und Prävention im erzieherischen Bereich. In K.A. Schneewind (Hrsg.), Psychologie der Erziehung und Sozialisation. Enzyklopädie der Psychologie, Pädagogische Psychologie, Bd. 1 Psychologie der Erziehung und Sozialisation (S. 585–618). Göttingen: Hogrefe.
Perrez, M. (2000). Psychologie des Familien- und Paarstresses: Forschungsentwicklungen. In K.A. Schneewind (Hrsg.), Familienpsychologie im Aufwind (S. 69–88). Göttingen: Hogrefe.
Perrig, W.J. & Perrig, P. (1993). Implizites Gedächtnis: unwillkürlich, entwicklungsresistent und altersunabhängig? Zeitschrift für Entwicklungspsychologie und Pädagogische Psychologie, 25, 29–47.
Perry, W. (1970). Forms of intellectual and ethical development in the college years. A schema. New York: Holt, Rinehart and Winston.
Peskin, J. (1992). Ruse and representations: On children's ability to conceal information. Developmental Psychology, 28, 84–89.
Petermann, F. (1995). Aggressives Verhalten. In Oerter, R. & Montada, L. (Hrsg.), Entwicklungspsychologie. (S. 1016–1022). Weinheim: PVU.
Petermann, F. (Hrsg.) (1996). Einzelfallanalyse (3., korr. Auflage). München: Oldenbourg.
Petermann, F. (Hrsg.) (2000). Lehrbuch der Klinischen Kinderpsychologie und –psychotherapie (4., völlig veränd. Auflage). Göttingen: Hogrefe.
Petermann, F., Bode, U. & Schlacker, H.G. (1990). Chronische Krankheiten bei Kindern und Jugendlichen. Köln: Deutscher Ärzte Verlag.
Petermann, F., Kusch, M. & Niebank, K. (1998). Entwicklungspsychopathologie. Ein Lehrbuch. Weinheim: Beltz/PVU.
Petermann, F. & Müller, J.M. (2001). Clinical psychology and single-case evidence. New York: Wiley.
Petermann, F. & Petermann, U. (1995). Training mit aggressiven Kindern (7. Aufl.). Weinheim: Beltz/PVU.
Petermann, F. & Petermann, U. (2001). Training mit aggressiven Kindern (10. völlig veränd. Auflage). Weinheim: Beltz/PVU.
Petermann, F. & Stein, I.A. (2000a). Der ET 6–6. Frankfurt/M.: Swets & Zeitlinger.
Petermann, F. & Stein, I.A. (2000b). Entwicklungsdiagnostik mit dem ET 6–6. Lisse: Swets.
Petermann, U., Essau, C. & Petermann, F. (2000). Angststörungen. In F. Petermann (Hrsg.), Lehrbuch der Klinischen Kinderpsychologie und -psychotherapie (S. 227–270). Göttingen: Hogrefe.
Petermann, U., Menzel, S. & Petermann, F. (2001). Training mit sozial unsicheren Kindern – ein kognitiv-behavioraler Interventionsansatz. In K. J. Klauer (Hrsg.), Handbuch Kognitives Training (S. 375–404). Göttingen: Hogrefe.
Petermann, U. & Petermann, F. (1999). Entwicklungspsychopathologische Grundlagen zur Planung einer Kinderverhaltenstherapie. In R. Oerter, C. von Hagen, G. Röper & G. Noam (Hrsg.), Klinische Entwicklungspsychologie (S. 400–420). Weinheim: Beltz/PVU.
Petersen, A.C. (1988). Adolescent development. Annual Review of Psychology, 39, 583–607.
Petersen, A.C. & Taylor, B. (1980). The biological approach to adolescence. In J. Adelson (Ed.), Handbook of adolescent psychology (pp. 117–155). New York, NY: Wiley.

Petersen, A.C., & Crockett, L. (1985). Pubertal timing and grade effects on adjustment. Journal of Youth and Adolescence, 14, 191–206.
Peterson, B.E. & Stewart, A.J. (1993). Generativity and social motives in young adults. Journal of Personality and Social Psychology, 65, 186–198.
Peterson, J.L. & Zill, N. (1986). Marital disruption, parent-child relationships, and behavior problems in children. Journal of Marriage and the Family, 48, 295–307.
Petillon, H. (1993). Das Sozialleben des Schulanfängers. Weinheim: Beltz.
Petitto, L.A. (1983). From gesture to symbol: The relationship between form and meaning in the acquisition of personal pronouns in American Sign Language. Unpubl. Ph.D. dissertation. Cambridge, MA: Harvard University.
Petraitis, J., Flay, B.R. & Miller, T. Q. (1995). Reviewing theories of adolescent substance use: Organizing pieces in the puzzle. Psychological Bulletin, 117, 67–86.
Pettersen, L., Yonas, A. & Fisch, R.O. (1980). The development of blinking in response to impending collision in preterm, fullterm, and postterm infants. Infant Behavior and Development, 3, 155–165.
Petzelt, A. (1965). Kindheit – Jugend – Reifezeit. Grundriß der Phasen psychischer Entwicklung (5. Auflage). Freiburg im Breisgau: Lambertus.
Petzold, M. (1998). Paare werden Eltern. Eine familienentwicklungspsychologische Längsschnittstudie (2. Aufl.). St. Augustin: Gardez!.
Petzold, M. (1999). Entwicklung und Erziehung in der Familie. Baltmannsweiler: Schneider-Verlag Hohengehren.
Peuckert, R. (1991). Familienformen in Deutschland. Opladen: Leske + Budrich.
Pfahl-Traughber, A. (2000). Die Entwicklung des Rechtsextremismus in Ost- und Westdeutschland. Aus Politik und Zeitgeschichte. Beilage zur Wochenzeitung Das Parlament, B 39/2000, 3–14.
Pfeiffer, C. & Dworschak, B. (1999). Die ethnische Vielfalt in den Jugendstrafanstalten. Ergebnisse einer Umfrage aus dem Sommer 1998. DVJJ Journal, 10, 184–188,
Pfeiffer, C. & Wetzels, P. (1999). Zur Struktur und Entwicklung der Jugendgewalt in Deutschland. Aus Politik und Zeitgeschichte, B26, 3–22.
Pfeiffer, J.E. (1992). The psychological framing of cults: Schematic representations and cult evaluations. Journal of Applied Social Psychology, 22, 531–544.
Phelps, L., Johnston, L.S., Jimenez, D., Wilcyenski, F.L., Andrea, R. & Healy, R.W. (1993). Figure preference, body dissatisfaction, and body distortion in adolescence. Journal of Adolescent Research, 8(3) 297–310.
Philipps, L.H. & Della Sala, S. (1998). Aging, intelligence, and anatomical segregation in the frontal lobes. Learning and Individual Differences, 10, 217–243.
Phils, H & Kelly, M. (1974). Product and process in cognitive development. Some comparative data on the performance of school age children in different cultures. British Journal of Educational Psychology, 44, 248–265.
Piaget, J. (1926). La représentation du monde chez l'enfant. Paris: Alcan.
Piaget, J. (1929). The child's conception of the world. London: Routledge & Kegan Paul.
Piaget, J. (1932). Le jugement moral chez l'enfant. Paris: Alcan.
Piaget, J. (1936). La naissance de l'intelligence chez l'enfant. Neuchatel: Delachaux & Niestlé.
Piaget, J. (1937). La construction du réel chez l'enfant. Neuchatel: Delachaux & Niestlé.
Piaget, J. (1946). Les notions du mouvement et de vitesse chez l'enfant. Paris: Presses Universitaires de France.
Piaget, J. (1947). Psychologie der Intelligenz. Zürich: Rascher.
Piaget, J. (1951). Play, dreams, and imitation in childhood. New York: Norton.
Piaget, J. (1966). Psychologie der Intelligenz. Zürich: Rascher.
Piaget, J. (1969). Nachahmung, Spiel und Traum. Stuttgart: Klett (Original 1945).
Piaget, J. (1969a). Das Erwachen der Intelligenz beim Kinde. Stuttgart: Klett.
Piaget, J. (1969b). Nachahmung, Spiel und Traum. Stuttgart: Klett.
Piaget, J. (1971). Das Erwachen der Intelligenz beim Kinde. Stuttgart: Klett.
Piaget, J. (1972). Intellectual evolution from adolescence to adulthood. Human Development, 15, 1–12.
Piaget, J. (1972). Theorien und Methoden der modernen Erziehung. Wien: Molden.
Piaget, J. (1972). Urteil und Denkprozeß beim Kind. Düsseldorf: Schwann.
Piaget, J. (1972, orig. 1923). Sprechen und Denken des Kindes. Düsseldorf: Schwann.
Piaget, J. (1975a, Orig. 1936). Das Erwachen der Intelligenz beim Kinde. Stuttgart: Klett.
Piaget, J. (1975b, Orig. 1937). Der Aufbau der Wirklichkeit beim Kinde. Stuttgart: Klett.
Piaget, J. (1975c, Orig. 1945). Nachahmung, Spiel und Traum. Die Entwicklung der Symbolfuktion beim Kinde. Stuttgart: Klett.
Piaget, J. (1976). Die Äquilibration der kognitiven Strukturen. Stuttgart: Klett.
Piaget, J. (1983). Das moralische Urteil beim Kinde. Stuttgart: Klett-Cotta.
Piaget, J. (1983, Orig. 1932). Meine Theorie der geistigen Entwicklung. Frankfurt/M.: Fischer.
Piaget, J. & Inhelder, B. (1955). La genèse de la logique de l'enfant à la logique de l'adolescent. Paris: Presses Universitaires de France.
Piaget, J. & Inhelder, B. (1973). Die Psychologie des Kindes. Olten: Walter.
Piaget, J. & Inhelder, B. (1977). Von der Logik des Kindes zur Logik des Heranwachsenden. Essay über die Ausformung der formalen operativen Strukturen. Olten/Freiburg im Breisgau: Walter (Original erschienen 1955: De la logique de l'enfant à la logique de l'adolescent).

Piaget, J. & Inhelder, B. (1980). Von der Logik des Kindes zur Logik des Heranwachsenden. Essay über die Ausformung der formalen operativen Strukturen. Stuttgart: Klett-Cotta.

Piaget, J., Inhelder, B. & Szeminska, A. (1971). Die natürliche Geometrie des Kindes. Stuttgart: Klett.

Piaget, J., Montangero, J. & Billeter, J. (1977). Les correlats. In J. Piaget (Ed.), L'Abstraction Reflechissante. Paris: Presses Universitaires de France (zitiert nach Goswami 1992).

Pianta, R., Egeland, B. & Erickson, M.F. (1989). The antecedents of maltreatment: Results of the mother-child interaction research project. In D. Cicchetti & V. Carlson (Eds.), Child maltreatment. Theory and research on the causes and consequences of child abuse and neglect (pp. 203–253). Cambridge: Cambridge University Press.

Pickel, G. & Walz, D. (1996). Abnehmendes politisches Institutionenvertrauen in Deutschland: Sozialstruktur und jüngere Entwicklung. Zeitschrift für Politische Psychologie, 4, 353–363

Piéraut-Le Bonniec, G. (1985). Hand-eye coordination and infants' construction of convexity and concavity. British Journal of Developmental Psychology, 3, 273–280.

Pillow, B.H. (1991). Children's understanding of biased social cognition. Developmental Psychology, 27, 539–551.

Pillow, B.H. & Henrickson, A.J. (1996). There's more to the picture than meets the eye: young children's difficulty understanding biased interpretation. Child Development, 67, 803–819.

Pinker, S. (1994). The language instinct. New York: Penguin Books.

Pinquart, M. & Silbereisen, R.K. (2000). Das Selbst im Jugendalter. In W. Greve (Hrsg.), Psychologie des Selbst. Weinheim: Beltz/PVU.

Pintrich, P.R. & DeGroot, E.V. (1990). Motivational and self-regulated learning components of classroom academic performance. Journal of Educational Psychology, 82, 33–40.

Pintrich, P.R. & Garcia, T. (1994). Self-regulated learning in college students: Knowledge, strategies, and motivation. In P.R. Pintrich, D.R. Brown & C.E. Weinstein (Eds.), Student motivation, cognition, and learning (pp. 113–133). Hillsdale, NJ: Erlbaum.

Piotrkowski, C.S. (1979). Work and the family system. New York: Macmillan.

Pitzer, R. (2001). Positive Parenting Materialien zum Vortrag. In Bundesministerium für Familie, Senioren, Frauen und Jugend & Deutsches Jugendinstitut (Hrsg.), Gewaltfreies Erziehen in Familien – Schritte der Veränderung (S. 58–66). Materialien zur Familienpolitik Nr. 8. Bonn/München.

Platta, H. (1994). New-Age-Therapien. Pro und Contra. Weinheim: Beltz.

Plaut, D.C. & McClelland, J.L. (1993). Generalization with componential attractors: Word and nonword reading in an attractor network. In Proceedings of the 15th Annual Conference the Cognitive Science Society (pp. 824–829). Hillsdale, NJ: Erlbaum.

Plomin, R. (1986). Development, genetics, and psychology. Hillsdale, NJ: Erlbaum.

Plomin, R., Chipuer, H.M. & Loehlin, H. (1990). Behavioral genetics and personality. In L.A. Pervin (Ed.), Handbook of personality theory and research (pp. 225–243). New York: Guilford Press.

Plomin, R., DeFries, J.C. & Loehlin, J.C. (1977). Genotype-environment interaction and correlation in the analysis of human behavior. Psychological Bulletin, 84, 309–322.

Plomin, R., Pedersen, N.L., Lichtenstein, P. & McClearn, G.E. (1994). Variability and stability in cognitive abilities are largely genetic later in life. Behavior Genetics, 24, 207–215.

Plomin, R. & Thompson, L. (1988). Life-span developmental behavioral genetics. In P.B. Baltes, D.L. Featherman, & R.M. Lerner (Eds.), Life-span development and behavior (Vol. 8, pp. 1–31). Hillsdale, NJ: Erlbaum.

Plutchik, R. (1991). The emotions. Lanham/MD: University Press of America.

Pohlmeier, H. (1986). Suizid und Suizidversuch in der Adoleszenz. In I. Specht & A. Schmidtke (Hrsg.), Selbstmordhandlungen bei Kindern und Jugendlichen. Proceedings der 3. Jahrestagung der Arbeitsgemeinschaft zur Erforschung suizidalen Verhaltens (S. 13–26). Regensburg: Roderer.

Poole, D.A. & White, L.T. (1993). Two years later: Effects of question repetition and retention interval on the eyewitness testimony of children and adults. Developmental Psychology, 29, 844–853.

Portnoy, S., Callias, M., Wolke, D. & Gamsu, H. (1988). Five-year follow-up study of extremely low-birthweight infants. Developmental Medicine and Child Neurology, 30, 590–598.

Posner, R.A. (1987). Economic analysis of law (3rd ed.). Boston: Little, Brown & Co.

Postman, N. (1983). Das Verschwinden der Kindheit. Frankfurt: Fischer.

Postman, N. (1994). Das Verschwinden der Kindheit. Frankfurt: Fischer.

Pothmann, R. (1992). Dokumentation von Kopfschmerzen durch ein Migränetagebuch. Kindheit und Entwicklung, 1, 36–40.

Poulin-Dubois, D., Lepage, A. & Ferland, D. (1996). Infants' concept of animacy. Cognitive Development, 11, 19–36.

Poulin-Dubois, D., Serbin, L., Kenyon, B. & Derbyshire, A. (1994). Infants' intermodal knowledge about gender. Developmental Psychology, 30, 436–442.

Poulson, C.L., de Paula Nunes, L.R. & Warren, S. (1989). Imitation in infancy. In H.W. Reese (Ed.), Advances in Child Development and Behavior, Vol. 22 (pp. 271–298). San Diego, CA: Academic Press.

Power, C. (1988). Harte oder weiche Stufen der Entwicklung des Glaubens und des religiösen Urteils. Eine Piagetsche Kritik. In K.E. Nipkow et al. (Hrsg.), Glaubensentwicklung und Erziehung (S. 108–123). Gütersloh: Gerd Mohn.

Pöldinger, W. (1968). Abschätzung der Suizidalität. Bern: Huber.

Prechtl, H.F.R. (1982). Regressions and transformations during neurological development. In T.G. Bever (Eds.), Regressions in mental development (pp. 103–116). Hillsdale NJ: Erlbaum.

Prechtl, H.F.R. (1983). Kontinuität der neuralen Funktionen vom prä- zum postnatalen Leben. Frühförderung interdisziplinär, 3, 112–115.
Prechtl, H.F.R. (1987a). Prenatal development and postnatal behavior. In H. Rauh & H.D. Steinhausen (Eds.), Psychobiology and early development (pp. 231–238). Amsterdam: North Holland.
Prechtl, H.F.R. (1987b). Wie entwickelt sich das Verhalten vor der Geburt? In C. Niemitz (Hrsg.), Erbe und Umwelt (S. 141–155). Frankfurt: Suhrkamp.
Prechtl, H.F.R. (1993). Principles of early motor development in the human. In H.F. Kalverboer, B. Hopkins & R. Geuze (Eds.), Motor development in early and later childhood: Longitudinal approaches (pp. 35–50). Cambridge: Cambridge University Press.
Preiser, S. (1983). Soziales und politisches Engagement. Kognitive und sozioökologische Bedingungen. Weinheim: Beltz.
Preiser, S. (1990). Die Bedeutung von Kontroll- und Geborgenheitsmotiven für politik-orientierte Problembewältigungsstrategien. In H.-U. Kohr, M. Martini & A. Kohr (Hrsg.), Macht und Bewußtsein. Europäische Beiträge zur Politischen Psychologie (S. 151–159). Weinheim: Deutscher Studien Verlag.
Preiser, S. (1993). Kontrolle, Geborgenheit und Gewalt. Motivationale und gesellschaftliche Bedingungen von Gewaltbereitschaft und Gewaltakzeptanz. In W. Kempf, W. Frindte, G. Sommer & M. Spreiter (Hrsg.), Gewaltfreie Konfliktlösungen. Interdisziplinäre Beiträge zu Theorie und Praxis friedlicher Konfliktbearbeitung (S. 121–132). Heidelberg: Asanger.
Preiser, S. (1994). Überzeugungen und Einstellungen: Weltanschauliche, religiöse und politische Glaubenssysteme. In K.A. Schneewind (Hrsg.), Psychologie der Erziehung und Sozialisation. Pädagogische Psychologie. Enzyklopädie der Psychologie (S. 345–373). Göttingen: Hogrefe.
Premack, D. & Woodruff, G. (1978). Does the chimpanzee have a theory of mind? Behavioral and Brain Sciences, 1, 515–526.
Prenzel, M. (1993). Autonomie und Motivation im Lernen Erwachsener. Zeitschrift für Pädagogik, 39, 239–253.
Prenzel, M. (2000). Lernen über die Lebensspanne aus einer domänenspezifischen Perspektive. In F. Achtenhagen & W. Lempert (Hrsg.), Lebenslanges Lernen im Beruf – seine Grundlegung im Kindes- und Jugendalter. Band 4: Formen und Inhalte von Lernprozessen (S. 175–192). Opladen: Leske + Budrich.
Prenzel, M., Drechsel, B., Kliewe, A., Kramer, K. & Röber, N. (2000). Lernmotivation in der Aus- und Weiterbildung: Merkmale und Bedingungen. In C. Harteis, H. Heid & S. Kraft (Hrsg.), Kompendium Weiterbildung. Aspekte und Perspektiven betrieblicher Personal- und Organisationsentwicklung (S. 163–173). Opladen: Leske + Budrich.
Prenzel, M., Mandl, H. & Reinmann-Rothmeier, G. (1997). Ziele und Aufgaben der Erwachsenenbildung. In F.E. Weinert & H. Mandl (Hrsg.), Enzyklopädie der Psychologie: Themenbereich D Praxisgebiete, Serie 1 Pädagogische Psychologie, Band 4 Psychologie der Erwachsenenbildung (S. 1–44). Göttingen: Hogrefe.
Pressey, S.L., Kuhlen, R.G. (1939). Life: A psychological survey. New York: Harper & Bros.
Pressey, S.L., Kuhlen, R.G. (1957). Psychological development through the life span. New York: Harper & Row.
Pressley, M., Borkowski, J. G. & Schneider, W. (1989). Good information processing: What it is and what education can do to promote it. International Journal of Educational Research, 13, 857–867.
Preyer, W. (1882). Die Seele des Kindes. Leipzig: Barth.
Price, B.H., Daffner, K.R., Stowe, R.M., Mesulam, M.M. (1990). The compartmental learning disabilities of early frontal lobe damage. Brain, 113, 1383–1393.
Priester, J.-M. (1999). Das Ende des Züchtigungsrechts. Baden-Baden: Nomos.
Prince, J.R. (1968). The effect of Western education on science conceptualization in New Guinea. British Journal of Educational Psyhology, 38, 647–674.
Prull, M.W., Gabrieli, J.D.E. & Bunge, S.A. (2000). Age-related changes in memory: A cognitive neuroscience perspective. In F.I.M. Craik & T.A. Salthouse (Eds.), The handbook of aging and cognition (2 ed., pp. 91–153). Mahwah, NJ: Lawrence Erlbaum Associates.
Pudel, V. & Westenhöfer, J. (1998). Ernährungspsychologie: Eine Einführung. (2. Aufl.). Göttingen: Hogrefe.
Pudel, V. (1997). Ernährung. In R. Schwarzer (Hrsg.), Gesundheitspsychologie: Ein Lehrbuch. 2. Aufl. Göttingen: Hogrefe.
Quay, H.C. (1987). Patterns of delinquent behavior. In H.C. Quay (Ed.), Handbook of juvenile delinquency (pp. 118–138). New York: Wiley.
Quinn, P.C. & Eimas, P.D. (1996). Perceptual cues that permit categorical differentiation of animal species by infants. Journal of Experimental Child Psychology, 63, 189–211.
Radebold, H. (1981). Psychosomatische Probleme in der Geriatrie. In T. von Uexküll (Hrsg.), Lehrbuch der psychosomatischen Medizin (S. 731–747). München: Urban & Schwarzenberg.
Radebold, H. (Hrsg.) (1997). Altern und Psychoanalyse. Göttingen: Vandenhoeck & Ruprecht.
Rademakers, J. (1990). Die schrittweise Interaktionskarriere. Soziosexuelle Entwicklung bei Jungen und Mädchen aus handlungstheoretischer Sicht. In N. Kluge (Hrsg.), Jugendsexualität: ein Tagungsbericht (Bde. 59–63). Frankfurt/M.: Dipa-Verlag.
Radke-Yarrow, M., Cummings, M., Kuczynski, L. & Chapman, M. (1985). Patterns of attachment in two- and three-year-olds in normal families and families with parental depression. Child Development, 56, 884–893.
Ramey, C.T. & Ramey, S.L. (1999). Prevention of intellectual disabilities: Early intervention to improve cognitive development. In S.J. Ceci & W.M. Williams (Eds.), The nature-nurture debate: Essential readings (pp. 148–163). Oxford, UK: Blackwell.
Rank, O. (1924). Das Trauma der Geburt und seine Bedeutung für die Psychoanalyse. Leipzig: Internationaler Psychoanalytischer Verlag.
Ratner, C. (1996). Activity as a key concept for cultural psychology. Culture & Psychology, 2 (4), 407–434.

Raudenbush, S.W. (2001). Comparing personal trajectories and drawing causal inferences from longitudinal data. Annal Review of Psychology, 52, 501–525.
Rauh, H. (1984). Frühgeborene Kinder. In H.C. Steinhausen (Hrsg.), Risikokinder. Ergebnisse der Kinderpsychiatrie und -psychologie (S. 11–35). Stuttgart: Kohlhammer.
Rauh, H. (1987). Social development in infant peers. In H. Rauh & H.C. Steinhausen (Eds.), Psychobiology and early development (pp. 257–273). Amsterdam: North Holland.
Rauh, H. (1995). Frühe Kindheit. In R. Oerter & L. Montada (Hrsg.), Entwicklungspsychologie. Ein Lehrbuch, 4. Aufl. (S. 167–248). Weinheim: Beltz/PVU.
Rauh, H., Rudinger, G., Bowman, T.G., Berry, P., Gunn, P.V. & Hayes, A. (1991). The development of Down Syndrome children. In M. Lamb & M. Keller (Eds.), Infant development: Perspectives from German speaking countries (pp. 329–355). Hillsdale: Erlbaum.
Rauh, H., Ziegenhain, U., Müller, B. & Wijnroks, L. (2000). Stability and change in infant-mother attachment in the second year of life: Relations to parenting quality and varying degrees of daycare experience. In P.K. Crittenden & A.H. Claussen (Eds.), The organisation of attachment relationships: Maturation, culture and context (pp. 251–276). New York: Cambridge University Press.
Raupp, U. & Eggers, Ch. (1993). Sexueller Mißbrauch von Kindern. Eine regionale Studie über Prävalenz und Charakteristik. Monatszeitschrift für Kinderheilkunde, 141, 316–322.
Raz, N. (2000). Aging of the brain and its impact on cognitive performance: Integration of structural and functional findings. In F.I.M. Craik & T.A. Salthouse (Eds.), The handbook of aging and cognition (2 ed., pp. 1–90). Mahwah, NJ: Lawrence Erlbaum Associates.
Read, C. & Schreiber, P. (1982). Why short subjects are harder to find than long ones. In E. Wanner & L.R. Gleitman (Eds.), Language acquisition: The state of the art (pp. 78–102). Cambridge: Cambridge Univ. Press.
Recht, D.R. & Leslie, L. (1988). Effect of prior knowledge on good and poor readers' memory of text. Journal of Educational Psychology, 80, 16–20.
Reddy, V. (2000). Coyness in early infancy. Developmental Science, 3, 186–192.
Reddy, V., Hay, D., Murray, L. & Trevarthen, C. (1997). Communication in infancy: Mutual regulation of affect and attention. In G. Bremner, A. Slater & G. Butterworth (Eds.), Infant development: Recent advances (pp. 247–274). Hove, UK: Psychology Press.
Redfield, R., Linton, R. & Herskovits, M. (1936). Memorandum on the study of acculturation. American Anthropologist, 38, 149–152.
Rees, A.H. & Palmer, F.H. (1970). Factors related to change in mental test performance. Developmental Psychology Monographs, 3, 2,2.
Reese, A. & Silbereisen, R.K. (2001). Allgemeine versus spezifische Primärprävention von jugendlichem Risikoverhalten. In W. Lindner (Hrsg.), Prävention der Prävention? Opladen: Leske & Budrich.
Reeves, B. & Nass, C. (1997). The media equation. How people treat computers, television, and the new media like real people and places. Stanford, CA: Cambridge University Press.
Reich, K., Weitekamp, E. G. & Kerner, H. J. (1999). Jugendliche Aussiedler. Probleme und Chancen im Integrationsprozess. Bewährungshilfe, 46, 335–359.
Reich, K.H. & Schenker, D. (2001). Empirische Studien religiöser Entwicklung mittels verschiedener direkter und indirekter Interviewmethoden. In B. Rollett (Hrsg.), Aktuelle Studien zur religiösen Entwicklung. Lengerich: Pabst.
Reich, K.H. (1996). Koordination von religiösen und naturwissenschaftlichen Weltbildparadigmen im Entwicklungsverlauf. In F. Oser & K.H. Reich (Hrsg.), Eingebettet ins Menschsein: Beispiel Religion (S. 125–138). Lengerich: Pabst.
Reich, K.H. (1997). Do we need a theory for the religious development of women. International Journal for the Psychology of Religion, 7, 67–86.
Reichle, B. (1994). Die Geburt des ersten Kindes – eine Herausforderung für die Partnerschaft. Verarbeitung und Folgen einer einschneidenden Lebensveränderung. Bielefeld: Kleine.
Reichle, B. (1996). Der Traditionalisierungseffekt beim Übergang zur Elternschaft. Zeitschrift für Frauenforschung, 14, 70–89.
Reichle, B. & Montada, L. (1999). Übergang zur Elternschaft und Folgen: Der Umgang mit Veränderungen macht Unterschiede. In B. Reichle & H. Werneck (Hrsg.), Übergang zur Elternschaft. Aktuelle Studien zur Bewältigung eines unterschätzten Lebensereignisses (Der Mensch als soziales und personales Wesen, Bd. 16. S. 205–224). Stuttgart: Enke.
Reichle, B. & Werneck, H. (1999). Geburt des ersten Kindes und Partnerschaftsentwicklung: Ein Überblick. In B. Reichle & H. Werneck (Hrsg.), Übergang zur Elternschaft. Aktuelle Studien zur Bewältigung eines unterschätzten Lebensereignisses (Der Mensch als soziales und personales Wesen, Bd. 16, S. 1–16). Stuttgart: Enke.
Reinartz, A. & Reinartz, E. (Hrsg.) (1979). Visuelle Wahrnehmungsförderung. Übungs- und Beobachtungsfolge für den Elementar- und Primarbereich (2. Aufl.). Hannover: Schroedel.
Reinmann-Rothmeier, G. & Mandl, H. (1998). Wissensvermittlung: Ansätze zur Förderung des Wissenserwerbs. In F. Klix & H. Spada (Hrsg.), Enzyklopädie der Psychologie: Themenbereich C Theorie und Forschung, Serie 2 Kognition, Band 6 Wissen (S. 457–500). Göttingen: Hogrefe.
Reinmann-Rothmeier, G. & Mandl, H. (2000). Lebenslanges Lernen unter Berücksichtigung des Themas Wissensmanagement. In F. Achtenhagen & W. Lempert (Hrsg.), Lebenslanges Lernen im Beruf – seine Grundlegung im Kindes- und Jugendalter. Band 3: Psychologische Theorie, Empirie und Therapie (S. 25–40). Opladen: Leske + Budrich.
Reinmann-Rothmeier, G. & Mandl, H. (2001). Unterrichten und Lernumgebungen gestalten. In A. Krapp & B. Weidenmann (Hrsg.), Pädagogische Psychologie (S. 603–648). Weinheim: Beltz PVU.

Reinmann-Rothmeier, G., Mandl, H., Erlach, C. & Neubauer, A. (2001). Wissensmanagement lernen. Weinheim: Beltz.
Reis, O. (1997). Risiken und Ressourcen für die Persönlichkeitsentwicklung im Übergang zum Erwachsenenalter. Weinheim: Psychologie Verlags Union.
Reisel, B. (1991). Darstellung der Ergebnisse der Fragebogenerhebung. In Bundesministerium für Umwelt, Jugend und Familie (Hrsg.), Gewalt in der Familie. Teil 2: Gewalt gegen Kinder (S. 288–380). Wien: Broschüre.
Reissland, N. (1988). Neonatal imitation in the first hour of life: Observations in rural Nepal. Developmental Psychology, 24, 464–469.
Reitzle, M. & Silbereisen, R.K. (1999). Der Zeitpunkt materieller Unabhängigkeit und seine Folgen für das Erwachsenwerden. In R.K. Silbereisen & J. Zinnecker (Hrsg.), Entwicklung im sozialen Wandel (S. 131–152). Weinheim: Psychologie Verlags Union.
Reker, G.T. (1997). Personal meaning, optimism, and choice: existential predictors of depression in community and institutionalized eldery. The Gerontologist, 37, 709–716.
Remplein, H. (1957). Die seelische Entwicklung des Menschen im Kindes- und Jugendalter. München: Reinhardt.
Remschmidt, H. (1998). Kinder- und Jugendpsychiatrie. In D.H. Rost (Hrsg.), Handwörterbuch Pädagogische Psychologie (S. 226–232). Weinheim: Beltz/PVU.
Remschmidt, H. & Schmidt, M.H. (Hrsg.) (1994). Multiaxiales Klassifikationsschema für psychische Störungen des Kindes- und Jugendalters nach ICD-10 der WHO (3., revidierte Auflage). Bern: Huber.
Remschmidt, H., Schmidt, M-H. & Poustka, F. (Hrsg.) (2001). Multiaxiales Klassifikationsschema für psychische Störungen des Kindes- und Jugendalter nach ICD-10 der WHO. Bern: Huber.
Renick, M.J., Blumberg, S.L. & Markman, H.J. (1992). The prevention and relationship enhancement program (PREP). An empirically based preventive intervention program for couples. Family Relations, 41, 141–147.
Renkl, A. (1996). Vorwissen und Schulleistung. In J. Möller & O. Köller (Hrsg.), Emotionen, Kognitionen und Schulleistung (S. 175–190). Weinheim: Beltz/PVU.
Renkl, A. & Mandl, H. (1995). Kooperatives Lernen: Die Frage nach dem Notwendigen und dem Ersetzbaren. Unterrichtswissenschaft, 23, 292–300.
Rentsch, T. (1994). Philosophische Anthropologie und Ethik der späten Lebenszeit. In P.B. Baltes, J. Mittelstraß & U.M. Staudinger (Hrsg.), Alter und Altern: Ein interdisziplinärer Studientext zur Gerontologie (S. 283–304). Berlin: de Gruyter.
Rentsch, T. (1995). Altern als Werden zu sich selbst. Philosophische Ethik der späten Lebenszeit. In P. Borscheid (Hrsg.), Alter und Gesellschaft (S. 53–62). Stuttgart: Wissenschaftliche Verlagsgesellschaft.
Repacholi, B.M. & Gopnik, A. (1997). Early reasoning about desires: Evidence from 14- and 18-month-olds. Developmental Psychology, 33, 12–21.
Report Psychologie (2001). Erziehungsberatung. Bedarf nimmt weiter zu, 26, 2, 79.
Resnick, L.B. (1987). Instruction and the cultivation of thinking. In E. De Corte, H. Lodewijks, R. Parmentier & P. Span (Eds.), Learning and instruction: European research in an international context (Vol. 1, pp. 415–442). Oxford: Pergamon.
Resnick, L.B. (1987). Learning in school and out. Educational Researcher, 16 (9), 13–20.
Reuman, D.A. (1989). How social comparison mediates the relation between ability grouping practises and students' achievement expectancies in mathematics. Jorunal of Educational Psychology, 81, 178–189.
Reusser, K. (1997). Erwerb mathematischer Kompetenzen: Literaturüberblick. In F.E. Weinert & A. Helmke (Hrsg.), Entwicklung im Grundschulalter (S. 141–155). Weinheim: Beltz/PVU.
Reyna, V.F. & Brainerd, C.J. (1995). Fuzzy-trace theory: An interim synthesis. Learning and Individual Differences, 7, 1–75.
Rheinberg, F. (1980). Leistungsbewertung und Lernmotivation. Göttingen: Hofgrefe.
Rheinberg, F. (1989). Zweck und Tätigkeit. Motivationspsychologische Analysen zur Handlungsveranlassung. Göttingen, Toronto, Zürich: Dr. C.J. Hogrefe.
Rheinberg, F. (1991). Flow-Erleben beim Motorradfahren: Eine Erkundungsstudie zu einem besonderen Funktionszustand. Deutsche Fassung von: Flow-experience when motorcycling: A study of a special human condition. In R. Brendicke (Ed.), Proceedings of the 1991 International Motorcycle Conference (pp. 349–362). Bochum: Institut für Zweiradsicherheit.
Rheinberg, F. (1997). Motivation. Stuttgart: Kohlhammer.
Rheinberg, F. (1998). Bezugsnormorientierung. In D. H. Rost (Hrsg.), Handwörterbuch Pädagogische Psychologie (S. 39–43). Weinheim: Beltz PVU.
Rheinberg, F., Schmalt, H.-D. & Wasser, I. (1978). Ein Lehrerunterschied, der etwas ausmacht. Zeitschrift für Entwicklungspsychologie und Pädagogische Psychologie, 10, 3–7.
Rheingold, H.L. (1969). The social and socializing infant. In D.A. Goslin (Ed.), Handbook of socialization (pp. 770–790). Chicago: Rand McNally.
Ribot, T. (1882). Diseases of memory. New York: Appleton.
Rice, F.P. (1975). The adolescent. Development, relationships, and culture. Boston: Allyn & Bacon.
Rice, M. (1990). Preschooler's QUIL: Quick incidental learning of words. In G. Conti-Ramsden & C. Snow (Eds.), Children's language. Vol. 7. (pp. 171–194). Hillsdale, NJ: Erlbaum.
Richards, M. & Petersen, A.C. (1987). Biological theoretical models of adolescent development. In V. B. Van Hasselt & M. Hersen (Eds.), Handbook of Adolescent Psychology (pp. 34–52). New York: Pergamon Press.
Richardson, J.T. (1995). Clinical and Personality Assessment of Participants in New Religions. The International Journal for the Psychology of Religion, 5, 145–170.

Richman, A.L., LeVine, R.A., Staples New, R., Howrigan, G.A., Welles-Nystrom, B. & LeVine, S.E. (1988). Maternal behavior to infants in five cultures. In R.A. LeVine, P.M. Miller & M.M. West (Eds.), Parential behavior in diverse societies. New Directions for Child Development (Bd. 40). San Francisco: Jossey-Bass.

Richter-Appelt, H. (1998). Differentielle Folgen von sexuellem Mißbrauch und körperlicher Mißhandlung. In G. Amann & R. Wipplinger (Hrsg.), Sexueller Missbrauch (S. 201–216). Tübingen: DGVT.

Richter-Appelt, H. & Tiefensee, J. (1996a). Soziale und familiäre Gegebenheiten bei körperlichen Mißhandlungen und sexuellen Mißbrauchserfahrungen in der Kindheit aus der Sicht junger Erwachsener. Psychotherapie, Psychosomatik, Medizinische Psychologie, 46, 367–378.

Richter-Appelt, H. & Tiefensee, J. (1996b). Die Partnerbeziehung der Eltern und die Eltern-Kind-Beziehung bei körperlichen Mißhandlungen und sexuellen Mißbrauchserfahrungen in der Kindheit aus der Sicht junger Erwachsener. Psychotherapie, Psychosomatik, Medizinische Psychologie, 46, 405–418.

Richters, J. & Weintraub, S. (1990). Understanding high-risk environments. In J. Rolf, A.S. Masten, D. Cicchetti, K.H. Nuechterlein & S. Weintraum (Eds.), Risk and protective factors in the development of psychopathology (pp. 67–96). Cambridge: Cambridge University Press.

Rickards, A., Ford, G. Kitchen, W., Doyle, L., Lissenden, J. & Keith, C. (1987). Extremely low birhtweight infants: neurological, psychological, growth, and health status beyond 4 years of age. Medical Journal of Australia, 147, 476–481.

Riediger, M. (2001). On the dynamic relations among multiple goals: Intergoal conflict and intergoal facilitation in younger and older adulthood. Unveröffentlichte Dissertationsschrift, Freie Universität Berlin und Max-Planck-Institut für Bildungsforschung, Berlin.

Riegel, K. (1975). Toward a dialectic theory of human development. Human Development, 18, 50–64.

Riegel, K.F. (1976). The dialectics of human development. American Psychologist, 31, 689–700.

Riegel, K.F. (1980). Grundlagen der dialektischen Psychologie. Stuttgart: Klett-Cotta.

Rierdan, J., Koff, E. & Stubbs, M.L. (1989). A longitudinal analysis of body image as a predictor of the onset and persistence of adolescent girls' depression. Journal of Early Adolescence, 9, 454–466.

Ries, G., Schlossarczyk, A. & Fischer, M. (1988). Selbstdarstellungen von Jugendlichen im Generationsvergleich. Psychologie in Erziehung und Unterricht, 35, 34–47.

Rieser, J., Yonas, A. & Wikner, K. (1976). Radial Localization of odors by human newborns. Child Development, 47, 856–859.

Rieth, C. (1993). Die Entwicklung der Textursegmentierung bei Säuglingen. Regensburg: S. Roderer.

Rietz, C. (1995). Faktorielle Invarianz. Bonn: PACE.

Riksen-Walraven, M. (1978). Effects of caregiver behavior on habituation rate and self-efficacy in infants. International Journal of Behavioral Development, 1, 105–130.

Riley, M.W. (Ed.). (1979). Aging from birth to death: Interdisciplinary perspectives. Boulder, Col.: Westview Press.

Riley, M.W. & Riley, J.W. (1994). Individuelles und gesellschaftliches Potential des Alterns. In P.B. Baltes, J. Mittelstraß & U.M. Staudinger (Hrsg.), Alter und Altern: Ein interdisziplinärer Studientext zur Gerontologie (S. 437–460). Berlin: de Gruyter.

Rind, B., Tromovitch, P. & Bauserman, R. (1998). A meta-analytic examination of assumed properties of child sexual abuse using college samples. Psychological Bulletin, 124, 22–53.

Rink, L. & Seyfarth, M. (1997). Besonderheiten immunologischer Untersuchungsergebnisse im Alter. Zeitschrift für Gerontologie und Geriatrie, 30, 180–184.

Ritterfeld, U. (2000). Welchen und wie viel Input braucht das Kind? In H. Grimm (Hrsg.), Sprachentwicklung (S. 403–432). (Enzyklopädie der Psychologie). Göttingen: Hogrefe.

Ritvo, E., Freeman, B., Scheibel, A., Duong, T. Robinson, H. Guthrie, D. & Ritvo, A. (1986). Lower Purkinje Cell counts in the cerebella of four autistic subjects: Initial findings of the UCLA-NSAC autopsy research report. American Journal of Psychiatry, 143, 7.

Ritzer, G. (2001). Taufmotive: Zwischen Initiation und Konvention. Einblicke in die Motivation, ein Kind taufen zu lassen, in die Religiosität von Eltern und in die religiöse Primärsozialisation. Graz: Schnider.

Rizzuto, A.M. (1979). The birth of the living God. A psychoanalytic study. Chicago: University of Chicago Press.

Roberts, J.M., Arth, J. & Bush, R.R. (1959). Games in culture. American Anthropology, 61, 597–605.

Roberts, K. (1997). Linguistic and nonlinguistic factors influencing infant categorization: Studies of the relationship between cognition and language. In C. Rovee-Collier & L.P. Lipsitt (Eds.), Advances in infancy research, Vol. 11 (pp. 45–107). Stanford, CN: Ablex.

Roberts, W. & Strayer, J. (1996). Empathy, emotional experessiveness, and prosocial behavior. Child Development, 67, 449–470.

Robins, L.M. (1966). Deviant children grown up. Baltimore: Williams & Wilkins.

Robins, L.N. (1978). Sturdy childhood predictors of adult anti-social behaviour. Replications from longitudinal studies. Psychological Medicine, 8, 611–622.

Robinson, J.A., McKenzie, B.E. & Day, R.H. (1996). Anticipatory reaching by infants and adults: The effect of object features and apertures in opaque and transparent screens. Child Development, 67, 2641–2657.

Robinson, N.M. (1993). Identifiying and nurturing gifted, very young children. In K.A. Heller, F.J. Mönks & A.H. Passow (Eds.), International handbook of research and development of giftedness and talent (pp. 507–524). Oxford: Pergamon.

Robinson, N.M. & Weimer, L.J. (1991). Selection of candidates for early admission to kindergarten and first grade. In W.T. Southern & E.D. Jones (Eds.), The academic acceleration of gifted children (pp. 29–50). New York: Teachers College Press.

Rochat, P. (1987). Mouthing and grasping in neonates: Evidence for the early detection of what hard or soft substances afford for action. Infant Behavior and Development, 10, 435–449.

Rochat, P. (Ed.) (1999). Early social cognition. Understanding others in the first month of life. Mahaw NJ: Erlbaum.
Rochat, P. & Bullinger, A. (1994). Posture and functional action in infancy. In A. Vyt, H. Bloch & M.C. Bornstein (Eds.), Early child development in the French tradition (pp. 15–35). Hillsdale NJ: Erlbaum.
Rochat, P., Querido, J.G. & Striano, T. (1999). Emerging sensitivity to the timing and structure of protoconversation in early infancy. Developmental Psychology, 35, 950–957.
Rochat, P. & Striano, T. (1999). Social-cognitive development in the first year. In P. Rochat (Ed.), Early social cognition. Understanding others in the first month of life. (pp. 3–34). Mahaw NJ: Erlbaum.
Roderigo, B. (1994). Der Ausstieg aus einer Sekte – Strategien zur Problembewältigung: Beratung und Therapie. Report Psychologie, 19 (Heft 4), 42–47.
Rodgers, B., Power, C. & Hope, S. (1997). Parental divorce and adult psychological distress: Evidence from a national birth cohort: A research note. Journal of Child Pschology and Psychiatry and Allied Disciplines, 38 (7), 867–872.
Roebers, C., Rieber, F. & Schneider, W. (1995). Zeugenaussagen und Suggestibilität als Funktion der Erinnerungsgenauigkeit: Eine entwicklungspsychologische Studie. Zeitschrift für Entwicklungspsychologie und Pädagogische Psychologie, 27, 210–225.
Roebers, C.M. (1997). Migrantenkinder im vereinigten Deutschland. Eine Längsschnittstudie zu differentiellen Effekten von Persönlichkeitsmerkmalen auf den Akkulturationsprozess von Schülern. Münster: Waxmann.
Roebers, C.M. & Lockl, K. (1999). Der Einfluss von Metakognitionen und vorheriger Irreführung auf die Identifikationsleistung kindlicher Augenzeugen. Zeitschrift für Entwicklungspsychologie und Pädagogische Psychologie, 31, 116–126.
Roebers, C.M., Moga, N. & Schneider, W. (2001). The role of accuracy motivation on children's and adults' event recall. Journal of Experimental Child Psychology, 78, 313–329.
Roebers, C.M. & Schneider, W. (2000). The impact of mislkeading questions on eyewitness memory in children and adults. Applied Cognitive Psychology, 14, 509–526.
Roebers, C.M. & Schneider, W. (2001). Individual differences in children's eyewitness recall: The influence of intelligence and shyness. Applied Developmental Science, 5, 9–20.
Roeder, P.M. (1997). Entwicklung vor, während und nach der Grundschulzeit: Literaturüberblick über den Einfluss der Grundschulzeit auf die Entwicklung in der Sekundarstufe. In F.E. Weinert & A. Helmke (Hrsg), Entwicklung im Grundschulalter (S. 405–421). Weinheim: Beltz/PVU.
Roeder, P.M. & Sang, F. (1991). Über die institutionelle Verarbeitung von Leistungsunterschieden. Zeitschrift für Entwicklungspsychologie und Pädagogische Psychologie, 23, 159–170).
Roeder, P.M. & Treumann, K. (1974a). Dimensionen der Schulleistung: Teil 1, Modelle der Differenzierung in Abhängigkeit von Leistungsdimensionen einzelner Fächer. Stuttgart: Klett.
Roeder, P.M. & Treumann, K. (1974b). Dimensionen der Schulleistung: Teil 2, Leistungsdimensionen im Mathematikunterricht. Stuttgart: Klett.
Roeser, R.W. & Eccles, J.S. (1998). Adolescents' perception of middle school: Relation to longitudinal changes in academic and psychological adjustment. Journal of Research on Adolescence, 8, 123–158.
Rogers, C.R. (1959). A theory of therapy, personality, and interpersonal relationships. In S. Koch (Ed.), Psychology: A study of science. III. New York: McGraw-Hill.
Rogoff, B. (1986). Adult assistance of children's learning. In T.E. Raphael (Eds.), The contexts of school-based literacy (pp. 27–40). New York: Random House.
Rogoff, B. (1990). Apprenticeship in thinking: cognitive development in social context. New York and Oxford: Oxford University Press.
Rogoff, B. (1991). Social interaction as apprenticeship in thinking: Guidance and participation in spatial planning. In L.B. Resnick, J.J. Levine, S.D. Teasley (Eds.), Perspectives on socially shared cognition (pp. 349–364). Washington, D.C.: American Psychological Association.
Rogoff, B., Mistry, J., Göncü, A. & Mosier, C. (1993). Guided participation in cultural activity by toddlers and caregivers. Monographs of the Society for Research in Child Development, 58 (8), serial No.236.
Rogosa, D. (1988). A critique of cross-lagged correlation. Psychological Bulletin, 88, 245–258.
Rogosa, D., Brandt, D. & Zimowski, M. (1982). A growth curve approach to the measurement of change. Psychological Bulletin, 90, 726–748.
Rohde, P., Lewinsohn, P.M., Brown, R.A., Seeley, J.R. & Kahler, C.W. (2001). Natural course of alcohol use disorders from adolescence to young adulthood. Journal of the American Academy of Child & Adolescent Psychiatry, 40, 83–90.
Rohner, R.P. (1986). The warmth dimension. Beverly Hills: Sage.
Rollett, B. (1975). Lernen und Lehren. Eine Einführung in die Pädagogische Psychologie und ihre entwicklungspsychologischen Grundlagen. Wien: WUV Universitätsverlag.
Rollett, B. (1992). Religiöse Entwicklung und Interesse an Jugendsekten. Forschungsbericht, Universität Wien, Abteilung für Entwicklungspsychologie und Pädagogische Psychologie.
Rollett, B. (1996). Religiöse Entwicklung im Jugendalter. In R. Schumann-Hengstler & H.M. Trautner (Hrsg.), Entwicklung im Jugendalter (S. 205–215). Göttingen: Hogrefe.
Rollett, B., Felinger, M. & Lauscher, K. (2001). Die Förderung kommunktiver und sozialer Fähigkeiten und Fertigkeiten bei autistischen Jugendlichen und jungen Erwachsenen: Förder- und Lernprogramme. In B. Rollett & U. Kastner-Koller (Hrsg.), Autismus. (S. 187–212). Stuttgart: Fischer.

Rollet, B. & Kaminger, G. (1996). Religiöse Urteilsstufen, kognitive Komplexität und Sektenneigung bei Jugendlichen. In F. Oser & K.H. Reich (Hrsg.), Eingebettet ins Menschsein: Beispiel Religion (S. 88–106). Lengerich: Papst.

Rollett, B. & Kager, A. (1999). Post-Modern Religiousness: A Prerogative of the "New Religions"? Religious Emotions and religious Development. Findings of a Pilot Study. In K.H. Reich et al. (Eds.), Psychological Studies in Spiritual and Religious Development (pp. 142–154). Lengerich: Papst.

Rollett, B. & Kastner-Koller, U. (2001). Autismus. Stuttgart: Fischer.

Rollett, B. & Werneck, H. (1998). Difficult temperament – a risk factor? Results of a longitudinal study. Paper presented at the satellite meeting of the 8th International Child Neurology Congress (Ljubljana): "Longitudinal studies in children at-risk" (LSCR), Vienna, Austria. Vortragsmanuskript.

Rondal, J.A. (1995). Exceptional language development in down syndrome. Cambridge: Cambridge University Press.

Roodin, P.A., Rybach, J.M. & Hoyer, W.J. (1984). Affect in adult cognition: A constructivist view of moral thought and action. In C.Z. Malatesta & C.E. Izard (Eds.), Emotion in adult development (pp. 287–316). Beverly Hills, CA: Sage.

Roos, J. & Greve, W. (1996). Eine empirische Überprüfung des Ödipuskomplexes. Zeitschrift für Entwicklungspsychologie und Pädagogische Psychologie, 28, 295–315.

Rosch, E. & Mervis, C.B. (1975). Family resemblances: Studies in the internal structure of categories. Cognitive Psychology, 7, 573–605.

Rose, S.A. (1989). Measuring infant intelligence new perspectives. In M.H. Bornstein & N.A. Krasnegor (Eds.), Stability and continuity in mental development. Behavioral and biological perspectives (pp. 170–188). Hillsdale NJ: Erlbaum.

Rose, S.A., Futterweit, L.R. & Jankowski, J.J. (1999). The relation of affect to attention and learning in infancy. Child Development, 70, 549–559.

Rose, S.A. & Wallace, I.F. (1985). Visual recognition memory: A predictor of later cognitive functioning in preterms. Child Development, 56, 843–852.

Rosenmayr, L. (1983). Die späte Freiheit. Das Alter – ein Stück bewußt gelebten Lebens. Berlin: Servin & Siedler.

Rosenshine, B. & Meister, C. (1994). Reciprocal teaching: A review of research. Review of Educational Research, 64, 479–530.

Rosenstein, D. & Oster, H. (1988). Differential facial respones to four basic tastes in newborns. Child Development, 59, 1555–1568.

Rosenthal, D.A. & Bornholt, L. (1988). Expectations about development in Greek- and Anglo-australian families. Journal of Cross-Cultural Psychology, 19, 19–34.

Rosenthal, D.A., Demetriou, A. and Efklides, A. (1989). A cross cultural study of the influence of culture on conflict between parents and adolescents. International Journal of Behavioural Development, 12, 207–219.

Rossi, G. (1997). The nestlings: Why young adults stay at home longer. Journal of Family Issues, 18, 627–644.

Rost, D.H. (2001). Verhaltensanalyse. In D.H. Rost (Hrsg.), Handwörterbuch Pädagogische Psychologie (S. 760–767). Weinheim: Beltz/PVU.

Rost, J. (1996). Lehrbuch Testtheorie Testkonstruktion. Bern: Huber.

Roth, H. (Hrsg.). (1969). Begabung und Lernen. Stuttgart: Klett.

Roth, M. (1998). Das Körperbild im Jugendalter. Diagnostische, klinische und entwicklungspsychologische Perspektiven. Aachen: Verlag Mainz.

Roth, M. (2000). Körperliche Beschwerden als Indikator für psychische Auffälligkeiten bei 12- bis 16jährigen Schülerinnen und Schülern der Sekundarstufe I. Psychologie in Erziehung und Unterricht, 47, 18–28.

Rothbart, M.K. (1989). Temperament and development. In G. Kohnstamm, J.E. Bates & M.K. Rothbart (Eds.), Temperament in childhood (pp. 187–247). Chichester: Wiley.

Rothbart, M.K. & Ahadi, S. A. (1994). Temperament and the development of personality. Journal of Abnormal Psychology, 103, 55–66.

Rothbart, M.K., Ahadi, S.A. & Evans, D.E. (2000). Temperament and personality: Origins and outcomes. Journal of Personality and Social Psychology, 78, 122–135.

Rothbart, M.K. & Bates, J.E. (1998). Temperament. In N. Eisenberg (Hrsg.), Handbook of Child Psychology (Vol. 3, pp. 105–176). New York: Wiley & Sons.

Rothbaum, F., Weisz, J., Pott, M., Miyake, K. & Morelli, G. (2000). Attachment and culture: Security in the United States and Japan. American Psychologist, 55, 1093–1104.

Rothbaum, F., Weisz, J.R. & Snyder, S.S. (1982). Changing the world and changing the self. Journal of Personality and Social Psychology, 42, 5–37.

Rothermund, K. & Brandtstädter, J. (2001). Coping with deficits and losses in later life: From compensatory action to accommodation. Unveröffentlichtes Manuskript.

Rotter, J.B. (1954). Social learning and clinical psychology. New York, NY: Prentice-Hall.

Rotter, J.B. (1972). An introduction to social learning theory. In J.B. Rotter, J.E. Chance & E.J. Phares (Eds.), Applications of a social learning theory of personality (pp. 1–43). New York, NY: Holt, Rinehart & Winston.

Rotter, J.B. (1982). The development and application of social learning theory. New York, NY: Praeger.

Rotter, J.B. (1990). Internal versus external locus of control of reinforcement. American Psychologist, 45, 489–493.

Rotter, M. & Steinert, H. (1981). Stadtstruktur und Kriminalität. Zur Konstruktion von Jugenkriminalität am Beispiel eines Wiener Stadtgebietes. In H. Walter (Hrsg.), Region und Sozialisation. Beiträge zur sozioökologischen Präzisierung menschlicher Entwicklungsvoraussetzungen (Bd. I, S. 153–185). Stuttgart-Bad Cannstatt: Grommann-Holzboog.

Rousseau, J.J. (1762). Émile ou de l'éducation. Amsterdam: Néaulme.

Rovee-Collier, C. (1989). The joy of kicking: Memories, motives and mobiles. In P.R. Solomon, G.R. Goethals, C.M. Kelley & B.R. Stephens (Eds.), Memory: Interdisciplinary approaches (pp. 151–180). New York: Springer Verlag.
Rovee-Collier, C. (1995). Time windows in cognitive development. Developmental Psychology, 31, 147–169.
Rovee-Collier, C. (1997). The development of infant memory. In Cowan, N. (Ed.), The development of memory in childhood (pp. 5–40). Hove, UK: Psychology Press.
Rovee-Collier, C. & Gerhardstein, P. (1997). The development of infant memory. In N. Cowan (Ed.), The development of memory in childhood (pp. 5–39). Hove East Sussex, UK: Psychology Press.
Rovee-Collier, C. & Hayne, H. (1987). Reactivation of infant memory: Implications for cognitive development. In H.W. Reese (Ed.), Advances in child development and behavior (Vol. 20, pp. 185–238). New York: Academic Press.
Rovee-Collier, C., Schechter, A. Shyi, G. C.-W. & Shields, P. (1992). Perceptual identification of contextual attributed and infant memory retrieval. Developmental Psychology, 28, 307–318.
Rowe, D.W. (1989). Prechoolers' use of metacognitive knowledge and stategies in self-selected literacy events. In S. Mccormick, J. Zutell, P.L. Scharer & P.R. O'keefe (Eds.), Cognitive and social perspectives for literacy research and instruction (pp. 65–76). Chicago: The Natinal Reading Conference, Inc.
Rowe, J.W. & Kahn, R.L. (1998). Successful aging. New York: Pergamon.
Rubin, K.H., LeMare L.J. & Lollis, S. (1990). Sopcial withdrawal in childhood: Developmental pathway to peer rejection. In St.R. Asher & J.D. Coie (Eds.), Peer rejection in childhood (pp. 217–249). Cambridge/Mass: Cambridge University Press.
Rubin, K.H., Watson, K.S. & Jambor, T.W. (1978). Free-play behaviors in preschool and kindergarten children. Child Development, 49, 534–536.
Ruble, D.N. (1983). The development of social-comparison processes and their role in achievement-related self-socialization. In E.T. Higgins, D.N. Ruble & W.W. Hartup (Eds.), Social cognition and social development. A sociocultural perspective (pp. 134–157). Cambridge/Mass.: Cambridge University Press.
Ruble, D.N., Balaban, T. & Cooper, J. (1981). Gender constancy and the effects of sex-typed televised toy commercials. Child Development, 52, 667–673.
Ruble, D.N. & Dweck, C. (1995). Self-conception, person conception, and their development. In N. Eisenberg (Ed.), Review of personality and social psychology: Development and social psychology: The interface (Vol. 15, pp. 109–139). Thousand Oaks, CA: Sage.
Ruble, D.N. & Martin, C.L. (1998). Gender development. In W. Damon (Series Ed.) & N. Eisenberg (Vol. Ed.), Handbook of child psychology: Vol. 3 Social, emotional, and personality development (5th ed., pp. 933–1016). New York: Wiley.
Rüdiger, D. (1971). Institutionalisiertes „Frühlesen" und seine Entwicklungsauswirkungen. Zeitschrift für Entwicklungspsychologie und Pädagogische Psychologie, 3, 195–211.
Rudinger, G. (1995). Strukturgleichungsmodelle in der Entwicklungspsychologie. In R. Oerter & L. Montada (Hrsg.), Entwicklungspsychologie (3. Auflage, S. 1177–1190). Weinheim: Beltz/PVU.
Rudinger, G., Andres, J. & Rietz, C. (1994). Structural equation models for studying intellectual development. In D. Magnusson, L.R. Bergmann, G. Rudinger & B. Törestad (Eds.), Problems and methods in longitudinal research: Stability and change (pp. 274–307). Cambridge: Cambridge University Press.
Rudinger, G., Chaselon, F., Zimmermann, E.J. & Henning, H.J. (1985). Qualitative Daten. München: Urban & Schwarzenberg.
Rudinger, G. & Rietz, C. (1993). Und mal wieder: Reliabilität und Stabilität in Panelmodellen. ZUMA-Nachrichten, 17, 60–75.
Rudinger, G. & Rietz, C. (1999). Methodological issues in a cross-European study. In J.J.F. Schroots, R. Fernandez-Ballesteros & G. Rudinger (Eds.), Aging in Europe (pp. 157–167). Amsterdam: IOS.
Rudinger, G. & Rietz, C. (2000). Methoden der Interventionsforschung. In H.-W. Wahl & C. Tesch-Römer (Hrsg.), Angewandte Gerontologie in Schlüsselbegriffen (S. 60–67). Stuttgart: Kohlhammer.
Rudinger, G. & Rietz, C. (2001). Design and research methods in the psychology & ageing: Structural education modeling in longitudinal research on aging. In J.E. Birren & K.W. Schaie (Eds.), Handbook of the psychology of aging. San Diego: Academic Press.
Rudinger, G. & Wood, P.K. (1990). N"s, times, and number of variables in longitudinal research. In D. Magnusson & L.R. Bergman (Eds.), Data quality in longitudinal research (pp. 157–180). Cambridge: Cambridge Universitiy Press.
Ruffman, T., Perner, J., Olson, D. & Doherty, M. (1993). Reflecting on scientific thinking: Children's understanding of the hypothesis-evidence relation. Child Development, 64, 1617–1636.
Rüppel, H. (1983). Intelligenzförderung durch Spiele. In A. Garlichs, D. Knab & F.E. Weinert (Hrsg.), CIEL II. Fallstudie zu einem Förderungsprogramm der Stiftung Volkswagenwerk zur Elementarerziehung (S. 194–205). Göttingen: Vandenhoeck & Ruprecht.
Rushton, J.P. (1986). Differential K theory: The sociobiology of individual and group differences. Personality and Individual Differences, 6, 1192–1198.
Russell, D.E.H. (1986). The secret trauma. Incest in the lives of girls and women. New York: Basic Books.
Russell, J.A. (1990). The preschooler's understanding of the causes and consequences of emotion. Child Development, 61, 1872–1881.
Rutter, M. (1979). Protective factors in children's responses to stress and disadvantage. In M.W. Kent & J.E. Rolf (Eds.), Primary prevention of psychopathology. Vol. III: Social competence in children (pp. 49–74). Hanover, NH: University of New England.
Rutter, M. (1980). Changing youth in a changing society. Patterns of adolescent development and disorder. Cambridge, Mass: Harvard University Press.
Rutter, M. (1985). Resilience in the face of adversity. Protective factors and resistance to psychiatric disorder. British Journal of Psychiatry, 147, 598–611.

Rutter, M. (1989). Pathways from childhood to adult life. Journal of Child Psychology and Psychiatry, 30, 23–51.
Rutter, M. & Garmezy, N. (1983). Developmental Psychopathology. In P.H. Mussen (Ed.), Handbook of Child Development (Vol. IV, pp. 775–912). New York: Wiley.
Rutter, M., Graham, P., Chadwick, O.F.D. & Yule, W. (1976). Adolescent turmoil: fact or fiction? Journal of Child Psychology and Psychiatry, 17, 35–56.
Rutter, M., Maughan, B., Mortimore, P. & Ouston, J. (1979). Fifteen thousand hours: Secondary schools and their effects on children. London: Open Books.
Rutter, M., Quinton, D. & Yule, B. (1977). Family pathology and disorder in children. London: Wiley.
Ryan, R.M. (1993). Agency and organization: Intrinsic motivation, autonomy, and the self in psychological development. In R.A. Dienstbier (Ed.), Nebraska symposium on motivation (pp. 1–56). Lincoln: University of Nebraska Press.
Ryan, R.M. & Lynch, J.H. (1989). Emotional autonomy versus detachment: Revisiting the vicissitudes of adolescence and young adulthood. Child Development, 60, 340–356.
Ryff, C.D. (1991). Possible selves in adulthood and old age: A tale of shifting horizons. Psychology and Aging, 6, 286–295.
Saarni, C. (1984). An observational study of children's attempts to monitor their expressive behavior. Child Development, 55, 1504–1513.
Saarni, C. (1999). The development of emotional competence. New York/NY: Guilford Press.
Saarni, C., Mumme, D.L. & Campos, J.J. (1998). Emotional development: Action, communication, and understanding. In N. Eisenberg (Ed.), Handbook of child psychology (W. Damon Ed.), Vol. 3: Social, emotional, and personality development. New York: Wiley.
Saarni, C. & Salisch, M. v. (1993). The socialization of emotional dissemblance. In M. Lewis & C. Saarni (Eds.), Lying and deception in everyday life (pp. 106–125). New York/NY: Guilford Press.
Sachs, J., Bard, B. & Johnson, M.L. (1981). Language learning with restricted input: Case studies of two hearing children of deaf parents. Applied Psycholinguistics, 2, 1–22.
Sack, F. (1972). Definition von Kriminalität als politisches Handeln: Der labeling approach. Kriminologisches Journal, 4, 3–31.
Sack, H.G. (1987). Zum Verhältnis jugendkultureller Lebensstile und Sportengagement. Vortrag am 8. Sportwissenschaftlichen Hochschultag in Paderborn:
Sagi, A. (1990). Attachment theory and research from a cross-cultural perspective. Human Development, 33, 10–22.
Saigal, S., Szatmari, P., Rosenbaum, P., Campbell, D. & Kind, S. (1991). Cognitive abilities and school performance of extremely low birth weight children and matched control children at age 8 years a regional study. Journal of Pediatrics, 118, 751–760.
Saile, H. & Schmidt, L. R. (1990). Krankenhausaufenthalte bei Kindern. In I. Seiffge-Krenke (Hrsg.), Krankheitsverarbeitung bei Kindern und Jugendlichen (S. 225–242). Berlin: Springer.
Salisch, M. v. (1999). Wenn Kinder sich ärgern. Emotionsregulierung in der Entwicklung. Göttingen: Hogrefe.
Salisch, v. M. & Oswald, H. (1989). Jugendliche und Aids: Sexualverhalten und Umgang mit dem Ansteckungsrisiko. Zeitschrift für Sexualforschung, 2, 216–226.
Salovey, P. & Sluyter, D.J. (1997). Emotional development and emotional intelligence. Educational implications. New York: BasicBooks.
Salthouse, T.A. (1984). Effects of age and skill in typing. Journal of Experimental Psychology: General, 113, 345–371.
Salthouse, T.A. (1991a). Expertise as the circumvention of human processing limitations. In K.A. Ericsson & J. Smith (Eds.), Towards a general theory of expertise: Prospects and limits (pp. 286–300). New York: Cambridge University Press.
Salthouse, T.A. (1991b). Theoretical Perspectives on Cognitive Aging. Hilldale, NJ: Erlbaum.
Salthouse, T.A. & Meinz, E.J. (1995). Aging, inhibition, working memory, and speed. Journals of Gerontology: Psychological Sciences, 50B, P297-P306.
Saltzstein, H.D., Diamond, R.M. & Belenky, M. (1972). Moral judgment level and conformity behavior. Developmental Psychology, 7, 327–336.
Salzman, L. (1953). The Psychology of Religious and Ideological Conversion. Psychiatry, 16, 177–187.
Sam, D.L. (2000). Psychological adaptation of adolescents with immigrant backgrounds. Journal of Social Psychology, 140, 5–25.
Sameroff, A., Seifer, R. & Elias, P. (1987). Sociocultural variability in infant temperament ratings. Child Development, 53, 164–173.
Sameroff, A.J. (Ed.) (1978). Organization and stability of newborn behavior: A commentary on the Brazelton Neonatal Behavior Assessment Scale. Monographs of the Society for Research in Child Development, 43 (5–6), Serial No. 177.
Sameroff, A.J, Seifer, R. Baldwin, A. & Baldwin, C. (1993). Stability of intelligence from preschool to adolescence: The influence of social and family risk factors. Child Development, 64, 80–97.
Sampson, E.E. (1989). The challenge of social change for psychology: Globalization and psychology's theory of the person. American Psychologist, 44, 914–921.
Sander, E. (1978). Programme zur Förderung der Intelligenzentwicklung. In K. J. Klauer & A. Reinartz (Hrsg.), Handbuch der Sonderpädagogik. Sonderpädagogik in allgemeinen Schulen (S. 317–331). Berlin: Marhold.
Sander, F. (1932). Funktionale Struktur, Erlebnisganzheit und Gestalt. Archiv für die gesamte Psychologie, 85, 237–260.
Sander, F. & Volkelt, H. (1962). Ganzheitspsychologie. München: Beck.
Sanders, M.R. (1998). Verhaltenstherapeutische Familientherapie: Eine „Public Health" Perspektive. In K. Hahlweg, D.H. Baucom, R. Bastine & H.J. Markman (Hrsg.), Prävention von Trennung und Scheidung – Internationale Ansätze zur Prädiktion und Prävention von Beziehungsstörungen (S. 273–288). Stuttgart: Kohlhammer.

Sandler, I.N., Wolchik, S.A., Braver, S.L. & Forgas, B. (1991). Stability and quality of life events and psychological symptomatology of children of divorce. American Journal of Community Psychology, 19, 501–520.
Sandstrom, M.J. & Coie, J.D. (1999). A Developmental perspective on peer rejection: Mechanisms of stability and change. Child Development, 70, 955–966.
Sandt, F.O. (1996). Religiosität von Jugendlichen in der multikulturellen Gesellschaft. Eine qualitative Untersuchung zu atheistischen, christlichen, spiritualistischen und muslimischen Orientierungen. Münster: Waxmann.
Sang, F., Schmitz, B., Vollmer, H.J., Baumert, J. & Roeder, P. M. (1986). Models of second language competence: A structural equation approach. Language Testing, 3, 54–79.
Sarimski, K. (1993). Interaktive Frühförderung – Behinderte Kinder: Diagnostik und Beratung. Weinheim: Beltz/PVU.
Sarimski, K. & Papoušek, M. (2000). Eltern-Kind-Beziehung und die Entwicklung von Regulationsstörungen. In F. Petermann, K. Niebank & H. Scheithauer (Hrsg.), Risiken in der frühkindlichen Entwicklung (S. 199–222). Göttingen: Hogrefe.
Sartre, J.P. (1943). L'être et le néant. Paris: NRF Gallimard.
Saß, H., Wittchen, H.-U. & Zaudig, M. (Hrsg.) (1996). DSM-IV – Diagnostisches und Statistisches Manual Psychischer Störungen. Göttingen: Hogrefe.
Saunders, C. (1993). Hospiz und Begleitung im Schmerz. Freiburg: Herder.
Savin-Williams, R.C. (1987). Adolescence: An ethological perspective. New York: Springer-Verlag.
Sawyer, R.G. & Smith, N.G. (1996). A survey of situational factors at first intercourse among college students. American Journal of Health Behavior, 20, 208–217.
Saxon, T.F. (1997). A longitudinal study of early mother-infant interaction and later language competence. First Language, 17, 271–281.
Saywitz, K. Goodman, G., Nicholas, G. & Moan, S. (1991). Children's memory for genital exam: Implications for child sexual abuse. Journal of Consulting and Clinical Psychology, 59, 682–691.
Scabini, E. & Cigoli, V. (1997). Young adult families: An evolutionary slowdown or a breakdown in the generational transition? Journal of Family Issues, 18, 608–626.
Scarlett, W.G. & Perriello, L. (1991). The Development of Prayer in Adolescence. New Child Directions for Child Development, 52, 63–76.
Scarr, S. (1992). Developmental theories for the 1990s Development and individual differences. Child Development, 63, 1–19.
Scarr, S. (1993). On becoming species-normal and culturally-approved: The information case of transracial adoption. In L. Montada (Hrsg.), Bericht über den 38. Kongreß der DGfP in Trier 1992 (S. 92–115). Göttingen: Hogrefe.
Scarr, S. & McCartney, K. (1983). How people make their own environment: A theory of genotype environment effects. Child Development, 54, 424–435.
Scarr, S. & Weinberg, R.A. (1983). The Minnesota adoption studies: Genetic differences and mallability. Child Development, 54, 260–267.
Schachter, S. & Singer, JE. (1962). Cognitive, social, and physiological determinants of emotional state. Psychological Review, 69, 379–399.
Schaffer, H.R. (1984). The child's entry into a social world. London: Academic Press.
Schaffer, H.R. (2000). The early experience assumption: Past, present and future. International Journal of Behavioral Development, 24, 5–14.
Schaie, K.W. (1962). A field-theory approach to age changes in cognitive behavior. Vita Humana, 5, 129–141.
Schaie, K.W. (1965). A general model fo the study of developmental problems. Psychological Bulletin, 64, 92–107.
Schaie, K.W. (1965). A general model for the study of developmental problems. Psychological Bulletin, 64, 92–107.
Schaie, K.W. (1996). Intellectual development in adulthood: The Seattle Longitudinal Study. New York: Cambridge University Press.
Schaie, K.W., Dutta, R. & Willis, S.L. (1991). Relationship between rigidity-flexibility and cognitive abilities in adulthood. Psychology and Aging, 6, 371–383.
Schaie, K.W. & Hertzog, C. (1982). Longitudinal methods. In B.B. Wolman (Ed.), Handbook of developmental psychology (pp. 91–115). Englewood Cliffs: Prentice Hall.
Schaie, K.W. & Willis, S.L. (1986). Can decline in adult intellectual functioning be reversed? Developmental Psychology, 22, 223–232.
Schaller, F. (1861). Das Spiel und die Spiele. Wien.
Schaller, S. (1999). Daten aus Beobachtungen. In R.S. Jäger & F. Petermann (Hrsg.), Psychologische Diagnostik (4. Aufl. S. 439–448). Weinheim: Beltz/PVU.
Schauble, L. (1990). Belief revision in children: The role of prior knowledge and strategies for generating evidence. Journal of Experimental Child Psychology, 49, 31–57.
Schauer, H. (Hrsg.). (1987). Prima Klima – Wider den Zeitgeist: Erste gnadenlose Generaldebatte zur endgültigen Klärung aller unzeitgemäßen Fragen. Hamburg: VSA.
Scheerens, J. & Bosker, R. (1997). The foundations of educational effectiveness. Oxford: Elsevier.
Scheerer-Neumann, G. (1995). Wortspezifisch: ja – Wortbild: nein. Ein letztes Lebewohl an die Wortbildtheorie. Teil „Lesen". In H. Balhorn & H. Brügelmann (Hrsg.), Rätsel des Schriftspracherwerbs. Lengwil, CH: Libelle.
Scheithauer, H., Niebank, K. & Petermann, F. (2000). Biopsychosoziale Risiken in der frühkindlichen Entwicklung: Das Risiko- und Schutzfaktorenkonzept aus entwicklungspsychopathologischer Sicht. In F. Petermann, K. Niebank & H. Scheithauer (Hrsg.), Risiken in der frühkindlichen Entwicklung (S. 65–97). Göttingen: Hogrefe.

Scheithauer, H. & Petermann, F. (2000). Frühinterventionen und -präventionen im Säuglings-, Kleinkind- und frühen Kindesalter. In F. Petermann, K. Niebank & H. Scheithauer (Hrsg.), Risiken in der frühkindlichen Entwicklung (S. 331–356). Göttingen: Hogrefe.

Scheithauer, H., Petermann, F. & Niebank, K. (2002). Frühkindliche Risiko- und Schutzbedingungen: Der familiäre Kontext aus entwicklungspsychopathologischer Sicht. In B. Rollett & H. Werneck (Hrsg.), Klinische Entwicklungspsychologie der Familie. Göttingen: Hogrefe.

Schenk-Danzinger, L. (1969). Schuleintrittsalter, Schulfähigkeit – Lesereife. Stuttgart: Klett.

Schenk-Danzinger, L. (1980). Möglichkeiten und Grenzen kompensatorischer Erziehung. Wien: Jugend und Volk.

Schepker, R. & Yannidakis-Hahne, C. (2000). Identitätsbildung und Identitätsformen von Jugendlichen aus Zuwandererfamilien. Psychosozial, 23, 75–87.

Scher, A. & Mayseless, O. (2000). Mothers of anxious/ambivalent infants: Maternal charcteristics and child-care context. Child Development, 71, 1629–1639.

Scheuerl, H. (1991). Das Spiel. Weinheim: Beltz.

Schiefele, H. (1981). Interessen. In H. Schiefele & A. Krapp (Hrsg.), Handlexikon zur Pädagogischen Psychologie (S. 192–196). München: Ehrenwirth.

Schiefele, H. (1986). Interesse – Neue Antworten auf ein altes Problem. Zeitschrift für Pädagogik, 32, 153–162.

Schiefele, U. (1996). Motivation und Lernen mit Texten. Göttingen: Hogrefe.

Schiefele, U., Krapp, A. & Schreyer, I. (1993). Metaanalyse des Zusammenhangs von Interesse und schulischer Leistung. Zeitschrift für Entwicklungspsychologie und Pädagogische Psychologie, 25, 120–148.

Schiefele, U. & Schreyer, I. (1994). Intrinsische Lernmotivation und Lernen. Ein Überblick zu Ergebnissen der Forschung. Zeitschrift für Pädagogische Psychologie, 8, 1–13.

Schiefele, U. & Wild, K.-P. (Hrsg.) (2000). Interesse und Lernmotivation: Untersuchung zur Entwicklung, Förderung und Wirkung. Münster: Waxmann.

Schiller, F. (1907). Sämtliche Werke (Bd. 12, S. 5ff). Leipzig: Max Hesses Verlag.

Schläfli, A. (1986). Förderung der sozial-moralischen Kompetenz: Evaluation, Curriculum und Durchführung von Interventionsstudien. Frankfurt/M.: Lang.

Schlagmüller, M. & Schneider, W. (2002). The development of organizational strategies in children: Evidence from a microgenetic longitudinal study. Journal of Experimental Child psychology, 81, 298–319.

Schlagmüller, M., Visé, M. & Schneider, W. (2001). Zur Erfassung des Gedächtniswissens bei Grundschulkindern: Konstruktionsprinzipien und empirische Bewährung der Würzburger Testbatterie zum deklarativen Metagedächtnis. Zeitschrift für Entwicklungspsychologie und Pädagogische Psychologie, 33, 91–102.

Schleimer, K.(1983). Dieting in teenage schoolgirls. Acta paediatrica scandinavica, Supplement 312.

Schlesinger, I.M. (1971). Production of utterances and language acquisition. In D.I. Slobin (Ed.), The ontogenesis of grammar (pp. 63–102). New York: Academic Press.

Schlicht, W. (1993). Psychische Gesundheit durch Sport – Realität oder Wunsch: Eine Meta-Analyse. Zeitschrift für Gesundheitspsychologie, 1(1), 65–81.

Schmalohr, E. (1969). Psychologische Untersuchung zum Duisburger Frühleseversuch. Schule und Psychologie, 16, 145–159.

Schmalohr, E. (1973). Frühes Lesenlernen. Heidelberg: Quelle & Meyer.

Schmid, G. (Hrsg.) (1993). Jugendsexualität. Sozialer Wandel, Gruppenunterschiede, Konfliktfelder. Stuttgart: Enke.

Schmid, W. (2000). Schönes Leben? Einführung in die Lebenskunst. Frankfurt: Suhrkamp.

Schmidt, H.D. (1970). Allgemeine Entwicklungspsychologie. Berlin: Deutscher Verlag der Wissenschaften.

Schmidt, L.R. & Dlugosch, G.E. (1992). Entwicklungspsychologische Aspekte der Gesundheitspsychologie. Zeitschrift für Klinische Psychologie, XXI (1), 36–47.

Schmidt, N. & Dannhauer, H. (1989). Die erziehungspsychologische Problematik der Kinder von Spätaussiedlern aus osteuropäischen Ländern. Unsere Jugend, 41, 12–20.

Schmidt-Denter, U. (1999). Soziale Kompetenz. In Ch. Perleth & A. Ziegler (Hrsg.), Pädagogische Psychologie. Grundlagen und Anwendungsfelder (S. 123–132). Bern: Huber.

Schmidt-Denter, U. (2000). Entwicklung von Trennungs- und Scheidungsfamilien: Die Kölner Längsschnittstudie. In K.A. Schneewind (Hrsg.), Familienpsychologie im Aufwind. Brückenschläge zwischen Forschung und Praxis (S. 203–221). Göttingen: Hogrefe.

Schmidt-Kolmer, E. (1984). Frühe Kindheit. Beiträge zur Psychologie. Band 18. Berlin: Volk und Wissen.

Schmidt-Tannwald, I. & Kluge, N. (Hrsg.) (1998). Sexualität und Kontrazeption aus der Sicht der Jugendlichen und ihrer Eltern. Eine repräsentative Studie im Auftrag der BZgA. Köln: BZgA.

Schmidt-Tannwald, I. & Urdze, A. (1983). Sexualität und Kontrazeption aus der Sicht der Jugendlichen und ihrer Eltern. Stuttgart: Kohlhammer.

Schmidtchen, G. (1987). Sekten und Psychokultur. Reichweite und Attraktivität von Jugendreligionen in der Bundesrepublik Deutschland. Freiburg i.Br.: Herder.

Schmidtchen, S. (1999). Spieltherapie als entwicklungsorientierte Intervention. In R. Oerter, C. von Hagen, G. Röper & G. Noam (Hrsg.), Klinische Entwicklungspsychologie (S. 381–399). Weinheim: Beltz/PVU.

Schmidtchen, S. & Erb, A. (1976). Analyse des Kinderspiels. Köln: Kiepenheuer & Witsch.

Schmitt, M., Dalbert, C. & Montada, L. (1991). Struktur und Funktion der Verantwortlichkeitsabwehr. Zeitschrift für Differentielle und Diagnostische Psychologie, 11, 203–214.
Schmitt, M., Hoser, K. & Schwenkmezger, P. (1991). Schadensverantwortlichkeit und Ärger. Zeitschrift für experimentelle und angewandte Psychologie, 38, 634–647.
Schmitt-Rodermund, E. (1997). Akkulturation und Entwicklung. Eine Studie unter jungen Aussiedlern. Weinheim: Beltz-Psychologie Verlags Union.
Schmitt-Rodermund, E. & Roebers, C.M. (1999). Akkulturation oder Entwicklung? Veränderungen von Autonomieerwartungen bei Einheimischen und Kindern aus Aussiedlerfamilien. Psychologie in Erziehung und Unterricht, 46, 161–176.
Schmitt-Rodermund, E. & Silbereisen, R.K. (1999). Determinants of differential acculturation of developmental timetables among adolescent immigrants to Germany. International Journal of Psychology, 34, 219–233.
Schmitt-Rodermund, E. & Silbereisen, R.K. (in Druck). Psychosoziale Probleme bei jungen Aussiedlern – Eine Längsschnittstudie. Zeitschrift für Entwicklungspsychologie und Pädagogische Psychologie.
Schmitt-Rodermund, E., Silbereisen, R.K. & Wiesner, M. (1996). Junge Aussiedler in Deutschland: Prädiktoren emotionaler Befindlichkeit. Zeitschrift für Entwicklungspsychologie und Pädagogische Psychologie, 28, 357–379.
Schmitz, E. & Friebe, S. (1992). Die „Neuen Jugendreligionen" – öffentliche Akzeptanz und Konversionsmotive. In E. Schmitz (Hrsg.), Religionspsychologie (S. 235–262). Göttingen: Hogrefe.
Schnabel, K. (1998a). Schuleffekte. In D.H. Rost (Hrsg.), Handwörterbuch Pädagogische Psychologie (S. 431–435). Weinheim: Beltz/PVU.
Schnabel, K. U. (1998b). Prüfungsangst und Lernen: Münster/New York: Waxmann.
Schneewind, K. A. (Hrsg.) (1994). Enzyklopädie der Psychologie. Psychologie der Erziehung und Sozialisation. Göttingen: Hogrefe.
Schneewind, K. A. (1994). Persönlichkeitsentwicklung im Kontext von Erziehung und Sozialisation. In K.A. Schneewind (Hrsg.), Enzyklopädie der Psychologie: Themenbereich D Praxisgebiete Serie I Pädagogische Psychologie, Band 1 Psychologie der Erziehung und Sozialisation (S. 197–225). Göttingen: Hogrefe.
Schneewind, K. A. (1999). Familienpsychologie (2. Aufl.). Stuttgart: Kohlhammer.
Schneewind, K. A. (Hrsg.) (2000a). Familienpsychologie im Aufwind. Göttingen: Hogrefe.
Schneewind, K. A. (2000b). Kinder und elterliche Erziehung. In A. Lange & W. Lauterbach (Hrsg.), Kinder in Familie und Gesellschaft zu Beginn des 21sten Jahrhunderts (S. 187–208). Stuttgart: Lucius & Lucius.
Schneewind, K. A. (2001a). Familienpsychologie. In D.H. Rost (Hrsg.), Handwörterbuch Pädagogische Psychologie (2. Aufl., S. 179–190). Weinheim: Psychologie Verlags Union.
Schneewind, K. A. (2001b). Kompetente Partnerschaft: Der Weg zur kompetenten Elternschaft. In Bundesministerium für Familie, Senioren, Frauen und Jugend & Deutsches Jugendinstitut (Hrsg.), Gewaltfreies Erziehen in Familien – Schritte der Veränderung (47–57). Bonn/München.
Schneewind, K. A. (in Druck). Gewalt in der Familie. In R. Nave-Herz (Hrsg.), Wandel und Kontinuität der Familie in der Bundesrepublik Deutschland. Stuttgart: Lucius & Lucius.
Schneewind, K. A., Beckmann, M. & Engfer, A. (1983). Eltern und Kinder. Stuttgart: Kohlhammer.
Schneewind, K. A. & Braun, M. (1988). Jugendliche Ablösungsaktivitäten und Familienklima. System Familie, 1, 49–61.
Schneewind, K. A. & Gerhard, A.-K. (2002). Relationship personality, conflict resolution and marital satisfaction in the first five years of marriage. Family Relations, 51, 63–71.
Schneewind, K. A. & Graf, J. (2000). Beziehungstraining – Wissen und Handeln im Kontext von Partnerschaft und Familie. In H. Mandl & J. Gerstenmeier (Hrsg.), Die Kluft zwischen Wissen und Handeln: empirische und theoretische Lösungsansätze (S. 157–196). Göttingen: Hogrefe.
Schneewind, K. A., Graf, J. & Gerhard, K.-A. (2000a). Entwicklung von Paarbeziehungen. In P. Kaiser (Hrsg.), Partnerschaft und Paartherapie (S. 97–111). Göttingen: Hogrefe.
Schneewind, K. A. & Hermann, T. (Hrsg.) (1980). Erziehungsstilforschung. Stuttgart: Huber.
Schneewind, K. A., Knopp, V., Schmidt-Rinke, M., Sierwald, W. & Vierzigmann, G. (1989). Optionen der Lebensgestaltung junger Ehen und Kinderwunsch. Teil II: Psychologische Teilstudie. Materialband. München: Universität, Institut für Psychologie, Institutsbereich Persönlichkeitspsychologie und Psychodiagnostik.
Schneewind, K. A. & Pekrun, R. (1994). Theorien der Erziehungs- und Sozialisationspsychologie. In K.A. Schneewind (Hrsg.), Enzyklopädie der Psychologie. Psychologie der Erziehung und Sozialisation (S. 3–39). Göttingen: Hogrefe.
Schneewind, K. A. & Ruppert, S. (1995). Familien gestern und heute: Ein Generationenvergleich über 16 Jahre. München: Quintessenz.
Schneewind, K. A. & Sierwald, W. (1999). Frühe Paar- und Familienentwicklung: Befunde einer fünfjährigen prospektiven Längsschnittstudie. In B. Reichle & H. Werneck (Hrsg.), Übergang zur Elternschaft. Aktuelle Studien zur Bewältigung eines unterschätzten Lebensereignisses (S. 149–164). Stuttgart: Enke.
Schneewind, K. A., Vaskovics, L. A., Gotzler, P, Hofmann, B., Rost, H. Schlehlein, B., Sierwald, W. & Weiss, J. (1996). Optionen der Lebensgestaltung junger Ehen und Kinderwunsch. Verbundstudie-Endbericht (Schriftenreihe des Bundesministeriums für Familie, Senioren, Frauen und Jugend, Bd. 128.1, S. 165–265). Stuttgart: Kohlhammer.
Schneewind, K. A., Walper, S. & Graf, J. (2000b). Sozialisation in der Familie als Quelle individueller Unterschiede. In M. Amelang (Hrsg.), Enzyklopädie der Psychologie, Themenbereich C: Theorie und Forschung, Serie VIII: Differentielle Psychologie und Persönlichkeitsforschung, Bd. 4: Determinanten individueller Unterschiede (S. 249–343). Göttingen: Hogrefe.

Schneider, A. L. (1990). Deterrence and juvenile crime. New York: Springer.
Schneider, N. F. & Rost, H. (1999). Soziologische Aspekte des Übergangs zur Elternschaft. In B. Reichle & H. Werneck (Hrsg.), Übergang zur Elternschaft. Aktuelle Studien zur Bewältigung eines unterschätzten Lebensereignisses (Der Mensch als soziales und personales Wesen, Bd. 16, S. 19–35). Stuttgart: Enke.
Schneider, W. (1986). The role of conceptual knowledge and metamemory in the development of organizational processes in memory. Journal of Experimental Child Psychology, 42, 218–236.
Schneider, W. (1989). Zur frühen Vorhersage von Leseleistungen. Zeitschrift für Pädagogische Psychologie, 3, 157–168.
Schneider, W. (1992). Erwerb von Expertise: Zur Relevanz kognitiver und nichtkognitiver Voraussetzungen. In E.A. Hany & H. Nickel (Hrsg.), Begabung und Hochbegabung: Theoretische Konzepte – empirische Befunde – praktische Konsequenzen (S. 105–122). Bern: Huber.
Schneider, W. (1998). Performance prediction in young children: Effects of skill, metacognition and wishful thinking. Developmental Science, 1, 291–297.
Schneider, W. (2000). Memory development: Historical trends and current themes. International Journal of Behavioral Development, 24, 407–420.
Schneider, W. (2001). Giftedness, expertise and (exceptional) performance: A developmental perspective. In K.A. Heller, F.J. Mönks, R.J. Sternberg & R.F. Subotnik (Eds.), International handbook of research and development of giftednes and talent (2nd ed., pp. 165–177). London: Elsevier Science.
Schneider, W. (2001). Schulleistungen im Bereich der muttersprachlichen Bildung. In F.E. Weinert (Hrsg.), Leistungsmessungen in Schulen (S. 143–152). Weinheim: Beltz.
Schneider, W. (2001). Training der phonologischen Bewußtheit. In K. J. Klauer (Hrsg.), Handbuch Kognitives Training (S. 69–95). Göttingen: Hogrefe.
Schneider, W. & Bjorklund, D.F. (1992). Expertise, aptitude, and strategic remembering. Child Development, 63, 461–473.
Schneider, W., Bjorklund, D.F. & Maier-Brückner, W. (1996). The effects of expertise and IQ on children's memory: When knowledge is, and when it is not enough. International Journal of Behavioral Development, 19, 773–796.
Schneider, W., Borkowski, J. G., Kurtz, B. E. & Kerwin, K. (1986). Metamemory and motivation: A comparison of strategy use and performance in German and American children. Journal of Cross- Cultural Psychology, 17, 315–336.
Schneider, W. & Körkel, J. (1989). The knowledge base and text recall: Evidence from a short-term longitudinal study. Contemporary Educational Psychology, 14, 382–393.
Schneider, W. & Lockl, K. (in press). The development of metacognitive knowledge in children and adolescents. In T. Perfect & B. Schwartz (Eds.), Applied metacognition. Cambridge, UK: Cambridge University Press.
Schneider, W. & Pressley, M. (1997). Memory development between two and twenty (2nd ed.). Mahwah, NJ: Erlbaum.
Schneider, W. & Sodian, B. (1997). Memory strategy development: Lessons from longitudinal research. Developmental Review, 17, 442–446.
Schneider, W., Stefanek, J. & Dotzler, H. (1997). Erwerb des Lesens und des Rechtschreibens: Ergebnisse aus dem SCHOLASTIK-Projekt. In F. E. Weinert & A. Helmke (Hrsg.), Leistungsmessungen in Schulen (S. 113–129). Weinheim: Beltz.
Schneider, W., Visé, M., Lockl, K. & Nelson, T. O. (2000). Developmental trends in children's memory monitoring: Evidence from a judgement-of-learning task. Cognitive Development, 15, 115–134.
Schneider, W., Visé, M., Reimers, P. & Blaesser, B. (1994). Auswirkungen eines Trainings der sprachlichen Bewußtheit auf den Schriftspracherwerb in der Schule. Zeitschrift für Pädagogische Psychologie, 8, 177–188.
Schneider, W. & Weinert, F. E. (1995). Memory development during early and middle childhood: Findings from the Munich longitudinal study (LOGIC). In F. E. Weinert & W. Schneider (Eds.), Memory performance and competencies: Issues in growth and development (pp. 263–279). Hillsdale, NJ: Erlbaum.
Schopenhauer, A. (1851/1980). Aphorismen zur Lebensweisheit. Stuttgart: Reclam.
Schopler, E. (1987). Specific and nonspecific factors in the effectiveness of a treatment system. American Psychologist, 4, 376–383.
Schopler, E., Reichler, R.J., Lansing, M. & Waters, L. (1981, 1983, 1987). Förderung autistischer und entwicklungsbehinderter Kinder. Vol. I, II, III. Dortmund: Verlag Modernes Lernen.
Schore, A.N. (1994). Affect regulation and the origin of the self: The neurobiology of emotional development. Hillsdale/NJ: Lawrence Erlbaum.
Schöfthaler, T. & Goldschmidt, D. (1984). Soziale Struktur und Vernunft. Jean Piagets Modell entwickelten Denkens in der Diskussion kulturvergleichender Forschung. Frankfurt/M.: Suhrkamp.
Schönpflug, U. & Alamdar-Niemann, M. (1993). Erziehungsklima und Schulbiographie. Unterrichtswissenschaft, 21, 126–146.
Schönpflug, W. (1998). Improving efficiency of action control through technical and social resources. In Kofta, M. et al. (Ed.), Personal Control in Action. Plenum Press: Yew York.
Schönpflug, W. & Schönpflug, U. (1983). Psychologie. München: Urban & Schwarzenberg.
Schötensack, K., Elliger, T. , Gross, A. & Nissen, G. (1992). Prevalence of sexual abuse of children in Germany. Acta Paedopsychiatrica, 55, 211–216.
Schreiber, B. & Leutner, D. (1996). Diagnose von Lernstrategien bei Berufstätigen. Zeitschrift für Differentielle und Diagnostische Psychologie, 17 (4), 236–250.

Schreiber, N., Wentura, D. & Bilsky, W. (2001). "What else could he have done?" Creating false answers in child witnesses by 'inviting speculation'. Applied Psychology.

Schrempp, I. & Sodian, B. (1999). Wissenschaftliches Denken im Grundschulalter. Die Fähigkeit zur Hypothesenprüfung und Evidenzevaluation im Kontext der Attribution von Leistungsergebnissen. Zeitschrift für Entwicklungspsychologie und Pädagogische Psychologie, 31, 67–77.

Schröder, E., Edelstein, W. & Hoppe-Graf, S. (1994). Qualitative analyses of individual differences in intraindividual change: Examples from cognitive development. In D. Magnusson, L.R. Bergman, G. Rudinger & B. Törestad (Eds.), Problems and methods in longitudinal research: Stability and change (pp. 166–189). Cambridge University Press.

Schroder, H. et al. (1975). Menschliche Informationsverarbeitung. Die Strukturen der Informationsverarbeitung bei Einzelgruppen und in komplexen sozialen Situationen. Weinheim: Beltz.

Schuhler, P. (1984). Perspektivenübernahme im Handlungsvollzug: Konzeption und Evaluation eines Interventionsprogramms. Unveröffentlichte Dissertation, Technische Universität Berlin.

Schulenberg, J., Wadsworth, K.N., O'Malley, P.M., Bachman, J.G. & Johnston, L.D. (1996). Adolescent risk factors for binge drinking during the transition to young adulthood: Variable- and pattern-centered approaches to change. Developmental Psychology, 32, 659–674.

Schultze, C. & Welters, L. (1991). Geschlechts- und altersspezifisches Gesundheitsverständnis. In U. Flick (Hrsg.), Alltagswissen über Gesundheit und Krankheit. Heidelberg: Asanger.

Schulze Buschoff, K. (1996). Der Konflikt Familie und Erwerbsarbeit – die Situation in West- und Ostdeutschland. Zeitschrift für Frauenforschung, 14, 115–127.

Schumann-Hengsteler, R. (1995). Die Entwicklung des visuell-räumlichen Gedächtnisses. Göttingen: Hogrefe.

Schunk, D.H. (1994). Self-regulation and self-efficacy and attributions in academic settings. In D.H. Schunk & B.J. Zimmerman (Eds.), Self-regulation of learning and performance: Issues and educational applications (pp. 75–99). Hillsdale, NJ: Erlbaum.

Schuster, B., Ruble, D.N. & Weinert, F.E. (1998). Causal inferences and the positivity bias in children: The role of the covariation principle. Child Development, 69, 1577–1596.

Schuster, M. (1990). Die Psychologie der Kinderzeichnung. Berlin: Springer.

Schuster, R. (1996). Der Senior Experten Service (SES): Ein Modell aus der Praxis. In M.M. Baltes & L. Montada (Hrsg.), Produktives Leben im Alter (S. 176–183). Frankfurt/Main: Campus.

Schüttler, R. & Schulte, R.-M. (1990). Kriminalität im Alter. In H.J. Kerner & G. Kaiser (Hrsg.), Kriminalität: Persönlichkeit, Lebensgeschichte und Verhalten (S. 377–398). Berlin: Springer.

Schüttler-Janikulla, K. (1968). Arbeitsmappe zum Sprachtraining und zur Intelligenzförderung I–III. Oberursel: Finken.

Schüttler-Janikulla, K. (1969). Vorschulisches Leselernen und intellektuelle Leistungssteigerung. Schule und Psychologie, 16, 169–179.

Schüttler-Janikulla, K. (1972). Sprachbildungsarbeit in vorschulischen Institutionen der DDR und BRD. In E. Schmalohr & K. Schüttler-Janikulla, Bildungsförderung im Vorschulalter. Zur Reform der Vorschulerziehung (S. 238–260). Oberursel: Finken.

Schwab, D. (1995). Familienrecht. München: C.H. Beck.

Schwarz, B. (1999). Die Entwicklung Jugendlicher in Scheidungsfamilien. Weinheim: Beltz PVU.

Schwarz, G.M. (1990). Jugendsexualität in den USA. In N. Kluge (Hrsg.), Jugendsexualität: ein Tagungsbericht (S. 50–52). Frankfurt/Main: Dipa-Verlag.

Schwarz, K. (1995). In welchen Familien wachsen die Kinder und Jugendlichen in Deutschland auf? Zeitschrift für Bevölkerungswissenschaft, 20, 271–292.

Schwartz, D., Dogde, K.A., Pettit, G.S. & Bates, J.E. (1997). The early socialzation of aggressive victims of bullying. Child Development, 68, 665–675.

Schwartz, D. L. & Black, T. (1999). Inferences through imagined actions: Knowing by simulated doing. Journal of Experimental Psychology: Learning, Memory, and Cognition, 25, 116–136.

Schwartz, S.H. (1977). Normative influences on altruism. In L. Berkowitz (Ed.), Advances in experimental social psychology (Vol. 10, pp. 221–279). New York: Academic Press.

Schwartz, S.H. & Howard, J.A. (1981). A normative decision-making model of altruism. In J.P. Rushton & R.M. Sorrentino (Eds.), Altruism and helping behavior (pp. 189–211). Hillsdale, NJ: Erlbaum.

Schwarzer, G. (1993). Entwicklung der Melodiewahrnehmung: Analytische und holistische Prozesse. Heidelberg, Asanger.

Schwarzer, G. (1997). Analytic and holistic modes in the development of melody perception. Psychology of Music, 1, 10–21.

Schwarzer, G. (2000). Development of face processing: The effect of face inversion. Child Development, 71, 391–401.

Schwarzer, G., Küfer, I. & Wilkening, F. (1999). Learning haptic categories by touch: On the development of holistic and analytic processing. Memory & Cognition, 27, 868–877.

Schwarzer, G. & Massaro, D.W. (2001). Modeling face identification processing in children and adults. Journal of Experimental Child Psychology, 78.

Schwarzer, R. (1979). Bezugsgruppeneffekte in schulischen Umwelten. Zeitschrift für Empirische Pädagogik, 3, 153–166.

Schwarzer, R. (1993). Stress, Angst und Handlungsregulation. Stuttgart: Kohlhammer.

Schwarzer, R. (1996). Psychologie des Gesundheitsverhaltens (2. Aufl.) Göttingen: Hogrefe.

Schwarzer, R. (Hrsg.) (1997). Gesundheitspsychologie (2. Aufl.). Göttingen: Hogrefe.

Schwarzer, R., Hahn, A. & Jerusalem, M. (1993). Negative affect in East-German migrants: Longitudinal effects of unemployment and social support. Anxiety, Stress and Coping – An International Journal, 6, 57–69.

Schwarzer, R. & Jerusalem, M. (1982). Soziale Vergleichsprozesse im Bildungswesen. In F. Rheinberg (Hrsg.), Bezugsnormen zur Schulleistungsbewertung: Analyse und Intervention (S. 39–63). Düsseldorf: Schwann.

Schwarzer, R. & Jerusalem M. (1983). Selbstkonzeptentwicklung in schulischen Bezugsgruppen – eine dynamische Mehrebenenanalyse. Zeitschrift für personenzentrierte Psychologie und Psychotherapie, 2, 79–87.

Schwarzer, R., Lange, B. & Jerusalem, M. (1982). Die Bezugsnorm des Lehrers aus der Sicht des Schülers. In F. Rheinberg (Hrsg.), Jahrbuch für empirische Erziehungswissenschaft 1982 (S. 161–172). Düsseldorf: Schwann.

Schwarzer, R. & Renner, B. (1997). Risikoeinschätzung und Optimismus. In R. Schwarzer (Hrsg.), Gesundheitspsychologie (2.Aufl.) (S. 43–66). Göttingen: Hogrefe.

Schweinhart, I.J. (1987). Can preschool programs help prevent delinquency? In J.Q. Wilson & G.C. Loury (Eds.), From children to citizens: Vol. III. Families, schools, and delinquency prevention (pp. 135–153). New York: Springer.

Schweinhart, L., Barnes, H. & Weikart, D. (Eds.) (1993). Significant benefits: The High/Scope Perry pre-school study through age 27. Ypsilanti, MI: High/Scope Press.

Schweinhart, L. & Weikart, D. (1987). Evidence of problem prevention by early childhood education. In K. Hurrelmann, F.-X. Kaufmann & F. Lösel (Eds.), Social intervention: potential and constraints (pp. 87–101). Berlin: Walter de Gruyter.

Schweitzer, F. (1993). Religiöse Entwicklung und Sozialisation von Mädchen und Frauen. Der Evangelische Erzieher, 45, 411–421.

Schwind, H.D. (2001). Neue Tätergruppen (Zuwandererkriminalität). In H.D. Schwind, Kriminologie. Eine praxisorientierte Einführung mit Beispielen (S. 447–506). Heidelberg: Kriminalistik Verlag.

Scott, W.A. & Scott, R. (1985). Some predictors of migrant adaptation available at selection time. Australian Psychologist, 20, 313–343.

Scott, W.A. & Stumpf, J. (1984). Personal satisfaction and role performance: Subjective and social aspects of adaption. Journal of Personality and Social Psychology, 47, 812–827.

Scott-Jones, D. & Turner, S.L. (1988). Sex education, contraceptive and reproductive knowledge, and contraceptive use among black adolescent females. Journal of Adolescent Research, 3, 171–187.

Scribner, S. (1984). Denkweisen und Sprechweisen. In T. Schöfthaler & D. Goldmann (Hrsg.), Soziale Struktur und Vernunft (S. 311–338). Frankfurt: Suhrkamp.

Scupin, E. & Scupin, G. (1907). Bubis erste Kindheit: Ein Tagebuch über die geistige Entwicklung eines Knaben in den ersten drei Lebensjahren. Leipzig: Grieben.

Scupin, E. & Scupin, G. (1910). Bubi im vierten bis sechsten Jahr: Ein Tagebuch über die geistige Entwicklung eines Knaben während der ersten sechs Lebensjahre. Zweiter Teil: Das 4. bis 6. Lebensjahr umfassend. Leipzig: Grieben.

Sears, R. R., Maccoby, E. E. & Levin, H. (1957). Patterns of child rearing. Evanston, IL: Row Peterson & Co.

Segall, M. H., Dasen, P. R., Berry, J. W. & Poortinga, Y. H. (1990). Human behavior in global perspective. New York: Pergamon Press.

Segall, M. H., Lonner, W. J. & Berry, J. W. (1998). Cross-cultural psychology as a scholarly discipline. On the flowering of culture in behavioural research. American Psychologist, 53, 101–110.

Seidenberg, M. S. (1986). Evidence from great apes concerning the biological bases of language. In W. Demopoulos & A. Marras (Eds.), Language learning and concept acquisition: Foundational issues (pp. 29–53). Norwood, NJ: Ablex.

Seiffge-Krenke, I. (1994). Gesundheitspsychologie des Jugendalters. Göttingen: Hogrefe.

Seiffge-Krenke, I. (1995). Stress, coping, and relationships in adolescence. Mahwah, NJ: Lawrence Erlbaum Ass.

Seiffge-Krenke, I. (1998). Adolescents' health: A developmental perspective. Mahwah: Erlbaum.

Seiffge-Krenke, I. (2000). Causal links between stressful events, coping style, and adolescent symptomatology. Journal of Adolescence, 23, 675–691.

Seiffge-Krenke, I. (2001) Diabetic adolescents and their families: Stress, coping, and adaptation. New York: Cambridge University Press.

Seiffge-Krenke, I. & Brath, K. (1990). Krankheitsverarbeitung bei Kindern und Jugendlichen – Forschungstrends und Ergebnisse. In I. Seiffge-Krenke (Hrsg.), Krankheitsverarbeitung bei Kindern und Jugendlichen (Bd. 4, Jahrbuch der medizinischen Psychologie, S. 3–22). Berlin: Springer.

Seiffge-Krenke, I. & Klessinger, N. (2000). Long-term effects of avoidant coping on adolescents' depressive symptoms. Journal of Youth and Adolescence, 29, 617–630.

Seitz, V. (1990). Intervention programs for improvershed children: A comparison of educational and family support models. Annals of Child Development, 7, 73–103.

Seitz, W. (1983). Kriminalpsychologie und Forensische Psychologie. Ein Handbuch in Schlüsselbegriffen. München: Urban & Schwarzenberg.

Selbst, S., Alexander, D. & Ruddy, R. (1987). Bicycle related injuries. American Journal of Diseases of Children, 141, 140–144.

Selg, H., Mees, U. & Berg, D. (1997). Psychologie der Aggressivität. Göttingen: Hogrefe.

Selman, R.L. (1980). The growth of interpersonal understanding. New York: Academic Press.

Selvini Palazzoli, M. (1974). Magersucht. Stuttgart: Klett-Cotta, 1982.

Semin, G.R. & Manstead, A.S.R. (1983). The accountability of conduct. A social psychological analysis. New York: Academic Press.

Seneca, L.A. (1980). De tranquillitate animi. Leipzig: Dieterich.

Seppa, N. (1996a). Keeping young athletic fires burning. Monitor. American Psychological Association, 27, No. 7, 32.

Seppa, N. (1996b). Without rest, athletes suffer from 'staleness'. Monitor. American Psychological Association, 27, No 7, 33.

Serbin, L., Powlishta, K. & Gulko, J. (1993). The development of sex-typing in middle childhood. Monographs of the Society for Research in Child Development, 58 (Serial No. 232).

Serbin, L. A., Poulin-Dubois, D., Colburne, K. A., Sen, M. G. & Eichstedt, J. A. (2001). Gender stereotyping in infancy: visual preferences for and knowledge of gender-stereotyped toys in the second year. International Journal of Behavioral Development, 25, 7–15.

Sève, L. (1977). Marxismus und Theorie der Persönlichkeit (3. Aufl.). Frankfurt/Main: Verlag Marxistische Blätter.

Shand, J. D. (1990). A forty-year follow-up of the religious beliefs and attitudes of a sample of Amherst college grads. In M. L. Lynn & D.O. Moberg (Eds.), Research in the Social Scientific Study of Religion, Vol. 2 (pp. 117–136). Greenwich.

Shantz, C. U. (1982). Thinking about people about thinking about people. Contemporary Psychology, 27, 376–377.

Shatz, M. (1993). Commentary on Menyuk and Grimm: How well do we understand specific language impairment? In H. Grimm & H. Skowronek (Eds.), Language acquisition problems and reading disorders: Aspects of diagnosis and intervention (pp. 65–73). Berlin: de Gruyter.

Shaw, D.S., Emery, R.E. & Tuer, M.D. (1993). Parental functioning and children's adjustment in families of divorce: a prospective study. Journal of Abnormal Child Psychology, 21 (1), 119–134.

Shedler, J. & Block., J. (1990). Adolescent drug use and psychological health. American Psychologist, 45, 612–630.

Shell, D.F., Colvin, C. & Bruning, R.H. (1995). Self-efficacy, attribution, and outcome expectancy mechanism in reading amd writing achievement: Grae-level and achievement-level differences. Journal of Educational Psychology, 87, 386–398.

Shepp, B.E. (1978). From perceived similarity to dimensional structure: A new hypothesis about perceptual development. In E. Rosch & B.B. Lloyd (Eds.), Cognition and categorization (pp. 135–167). Hillsdale, NJ: Erlbaum.

Shi, R., Werker, J.F. & Morgan, J. (1999). Newborn infants' sensitivity to perceptual cues to lexical and grammatical words. Cognition, 93, B11–B21.

Shields, J. (1978). MZA twins: Their use and abuse. In E.W. Nance (Ed.), Twin research psychology and methodology (pp. 79–93). New York: Alan R. Liss.

Shoda, Y., Mischel, W. & Peake, P.K. (1990). Predicting adolescent cognitive and self-regulatory competencies from preschool delay of gratification. Developmental Psychology, 26, 978–986.

Shore, M. & Massimo, L. (1973). After ten years: A follow-up study of comprehensive vocationally oriented psychotherapy. American Journal of Orthopyschiatry, 43, 1218–1332.

Shulman, S., Elicker, J. & Sroufe, A. (1994). Stages of friendship growth in preadolescence as related to attachment history. Journal of Social and Personal Relationships, 11, 341–361.

Shultz, T. R., Wells, D. & Sarda, M. (1980). Development of the ability to distinguish intended actions from mistakes, reflexes, and passive movements. British Journal of Social and Clinical Psychology, 19, 301–310.

Shure, M.B. & Spivak, G. (1978). Problem-solving techniques in child rearing. San Francisco: Jossey Bass.

Shure, M.B. & Spivack, G. (1988). Interpersonal cognitive problem solving. In R.H. Price, E.L. Cowen, R.P. Lorion & J. Ramos-McKay (Eds.), Fourteen ounces of prevention: A casebook for practitioners (pp. 69–82). Washington, DC: American Psychological Association.

Shuttleworth, F.K. (1937). Sexual maturation and the physical growth of girls age six to nineteen. Monographs of the Society of Research in Child Development, 2.

Shweder, R.A., Mahapatra, M. & Miller, J.G. (1987). Culture and moral development. In J. Kagan & S. Lamb (Eds.), The emergence of morality in young children (pp. 1–83). Chicago: University of Chicago Press.

Sidanius, J. & Lau, R.R. (1989). Political sophistication and political deviance: A matter of context. Political Psychology, 10, 85–109.

Siefen, R.G. & Brähler, E. (1996). Körperbeschwerden bei griechischen Migranten und deutschen Aussiedlerkindern und -jugendlichen. Psychosozial, 19, 29–36.

Siefen, R.G., Kirkcaldy, B.D. & Athanasou, J.A. (1996). Parental attitudes: A study of German, Greek, and second generation Greek migrant adolescents. Human Relations, 49, 837–851.

Siefen, R.G., Peponis, M. & Loof, S. (1998). Zur Situation von Migrantenkindern in der BRD. Die psychosoziale Integration von griechischen und Aussiedlerkindern und -jugendlichen. In K. Lajios (Hrsg.), Die ausländische Familie. Ihre Situation und Zukunft in Deutschland (S. 63–70). Opladen: Leske & Budrich.

Siefen, R.G., Taneli, Y., Taneli, S., Mutla, G. & Brähler, E. (1998). Körperbeschwerden bei türkischen Migrantenkindern und -jugendlichen Migranten. In E. Koch, M. Özek, W.M. Pfeiffer & R. Schepker (Hrsg.), Chancen und Risiken der Migration. Deutsch-türkische Perspektiven (S. 134–139). Freiburg: Lambertus.

Siegal, M. & Peterson, C.C. (Eds.) (1999). Childrens's unterstanding of biology and health. Cambridge: University Press.

Siegal, M. (1987). Are sons and daughters treated more differently by fathers and by mothers? Developmental Review, 7, 183–209.

Siegler, R.S. (1976). Three aspects of cognitive development. Cognitive Psychology, 8, 481–520.

Siegler, R.S. (1987). The perils of averaging data over strategies: An example form children's addition. Journal of Experimental Psychology: General, 116, 250–264.

Siegler, R.S. (1991). Children's thinking (2nd.ed.). Englewood Cliffs, NJ: Prentice Hall.

Siegler, R.S. (1998). Children's thinking (3rd edition). New York: Prentice Hall.

Siegler, R.S. (2001). Das Denken von Kindern. München: Oldenbourg.

Siegler, R.S. & Crowley, K. (1994). Constrains on learning in nonprivileged domains. Cognitive Psychology, 27, 194–226.

Siegler, R.S. & Robinson, M. (1982). The development of numerical understandings. In H.W. Reese & L.P. Lipsitt (Eds.), Advances in child development and behavior. New York: Academic Press.

Sigel, I.E. (Ed.) (1985). Parental belief systems. The psychological consequences for children. Hillsdale, N.J.: Lawrence Erlbaum.

Sigel, I.E. (1994). Elterliche Überzeugungen und deren Rolle bei der kognitiven Entwicklung von Kindern. Unterrichtswissenschaft, 22. Jg., Heft 2, 160–181.

Signorella, M.L., Bigler, R.S. & Liben, L.S. (1993). Developmental differences in children's gender schemata about others: A meta-analytic review. Developmental Review, 13, 147–183.

Signorielli, N. & Lears, M. (1992). Television and children's conceptions of nutrition Unhealthy messages. Health Communication, 4, 245–257.

Silbereisen, R.K. (1976). Perzipierte mütterliche Erziehungseinstellungen und Rollenübernahme bei Kindern. Zeitschrift für Entwicklungspsychologie und Pädagogische Psychologie, 8, 288–297.

Silbereisen, R.K. (1985). Action-theory perspective in research on social cognition. In M. Frese & J. Sabini (Eds.), Goal directed behavior: The concept of action in psychology (pp. 215–227). Hillsdale NJ: Erlbaum.

Silbereisen, R.K. (1997). Konsum von Alkohol und Drogen über die Lebensspanne. In R. Schwarzer (Hrsg.), Gesundheitspsychologie (2., rev. Aufl.) (S. 189–208). Göttingen: Hogrefe.

Silbereisen, R.K. (2000). Sozialer Wandel in Deutschland und Übergänge zum Erwachsenenalter. Eröffnungsvortrag des 42. Kongresses der Deutschen Gesellschaft für Psychologie (DGPs) in Jena, 24.–29.09.2000.

Silbereisen, R.K., Eyferth, K. & Rudinger, G. (Hrsg.) (1986). Development as action in context. New York: Springer.

Silbereisen, R.K. & Kastner, P. (1986). Neue Orientierungen in der psychologischen Jugendforschung. In W. Heitmeyer (Hrsg.), Interdisziplinäre Jugendforschung. Fragestellungen, Problemlagen, Neuorientierungen (S. 63–75). Weinheim und München: Juventa.

Silbereisen, R.K. & Kracke, B. (1993). Variation in maturational timingand adjustment in adolescence. In S. Jackson & H. Rodriguez-Tomé (Eds.), Adolescence and its social worlds (pp. 67–94). East Sussex: Erlbaum.

Silbereisen, R.K., Lantermann, E.D. & Schmitt-Rodermund, E. (Hrsg.) (1999). Aussiedler in Deutschland: Akkulturation von Persönlichkeit und Verhalten. Opladen: Leske und Budrich.

Silbereisen, R.K. & Noack, P. (1990). Adolescents' orientations for development. In H. Bosma & S. Jackson (Eds.), Coping and self-concept in adolescence (pp. 111–127). New York: Springer.

Silbereisen, R.K., Petersen, A.C., Albrecht, H.T. & Kracke, B. (1989). Maturational timing in the development of problem behavior. Journal of Early Adolescence, 9, 247–268.

Silbereisen, R.K. & Schmitt-Rodermund, E. (1999). Prognistische Bedeutung von Unterschieden im Entwicklungstempo während der Pubertät. In R. Oerter, C. von Hagen, G. Röper & G. Noam (Hrsg.), Klinische Entwicklungspsychologie (S. 218–239). Weinheim: Beltz/PVU.

Silbereisen, R.K., Vaskovics, L.A. & Zinnecker, J. (Hrsg.) (1996). Jungsein in Deutschland: Jugendliche und junge Erwachsene 1991 und 1996. Opladen: Leske + Budrich.

Silbereisen, R.K. & von Eye, A. (Eds.). (1999). Growing up in times of social change. Berlin: de Gruyter.

Silbereisen, R.K. & Wiesner, M. (1999). Erste romantische Beziehungen bei Jugendlichen aus Ost- und Westdeutschland. In R.K. Silbereisen & J. Zinnecker (Hrsg.), Entwicklung im sozialen Wandel (S. 101–118). Weinheim: Psychologie Verlags Union.

Silbereisen, R.K. & Zinnecker, J. (Hrsg.) (1999). Entwicklung im sozialen Wandel. Weinheim: Psychologie Verlags Union.

Silven, M. (2000). Learning first words: The influence of mother-infant communication. Unveröff. (abstract online).

Silven, M. & Hsu, H.-C. (2000). Parent-infant communication: Dynamics, processes, and predictions.: unpublished conference presentation. Unveröff. (abstract online).

Simmons, R.G. & Blyth, D.A. (1987). Moving into adolescence: The impact of pubertal change and school context. Hawthorne, NY: Aldine de Gruyter.

Simo, S., Rauh, H. & Ziegenhain, U. (2000). Mutter-Kind-Interaktion im Verlauf der ersten 18 Lebensmonate und Bindungssicherheit am Ende des 2. Lebensjahres. Psychologie in Erziehung und Unterricht, 47, 118–141.

Simons, D.J. & Keil, F.C. (1995). An abstract to concrete shift in the development of biological thought: The insides story. Cognition, 56, 129–163.

Simons, P.R.J. (1992). Lernen, selbständig zu lernen – ein Rahmenmodell. In H. Mandl & H.F. Friedrich (Hrsg.), Lern- und Denkstrategien – Analyse und Intervention (S. 249–264). Göttingen: Hogrefe.

Simons, P.R.J. (2000). Various kinds of life long learning. In F. Achtenhagen & W. Lempert (Hrsg.), Lebenslanges Lernen im Beruf – seine Grundlegung im Kindes- und Jugendalter. Band 4: Formen und Inhalte von Lernprozessen (S. 23–38). Opladen: Leske + Budrich.

Simons, R.L. & Chao, W. (1996). Conduct problems. In R.L. Simons & Associates (Eds.), Understanding differences between divorced and intact families (pp. 125–143). Thousand Oaks: Sage.

Simonton, D.K. (1997). Creative productivity: A predictive and explanatory model of career trajectories and landmarks. Psychological Review, 104, 66–89.

Simonton, D.K. (1999). Talent and its development. Psychological Review, 106, 435–457.

Sinclair, H. (1967). Acquisition du language et développement de la pensée. Paris: Dumond.

Singer, M.G. (1975). Verallgemeinerung in der Ethik. Zur Logik des moralischen Argumentierens. Frankfurt/M.: Suhrkamp.

Singer, M.T. & Lalich, J. (1997). Sekten: Wie Menschen ihre Freiheit verlieren und wiedergewinnen können. Heidelberg: Carl-Auer-Systeme.
Singer, T. (2000). Testing-the-limits in einer mnemonischen Fähigkeit: Eine Studie zur kognitiven Plastizität im hohen Alter. Unpublished Dissertation, Freie Universität Berlin, Berlin.
Singer, T. & Lindenberger, U. (2000). Plastizität. In H.-W. Wahl & C. Tesch-Römer (Hrsg.), Angewandte Gerontologie in Schlüsselbegriffen (S. 39–43). Stuttgart: W. Kohlhammer.
Singer, W. (1998). „Früh übt sich." – Zur Neurobiologie des Lernens. In G. Mantel (Hrsg.), Ungenutzte Potentiale. Wege zu konstruktivem Üben (S. 43–53). Mainz: Schott.
Singh, D., Vidaurri, M., Zambarano, R.J. & Dabbs, J.M.,Jr. (1999). Lesbian erotic role identification: Behavioral, morphological, and hormonal correlates. Journal of Personality and Social Psychology, 76, 1035–1049.
Sinnot, J. (1984). Postformal reasoning: The relativistic stage. In M. Commons, F. Richards & C. Armon (Eds.), Beyond formal operations (pp. 298–325). New York: Praeger.
Siqueland, E.R. & DeLucia, C.A. (1969). Visual reinforcement of non-nutritive sucking in human infants. Science, 165, 1144–1146.
Six, U., Roters, G. & Gimmler, R. (1995). Hörmedien: Eine Analyse zur Hörkultur Jugendlicher. Landau: Knecht.
Skeels, H.M. (1966). Adult status of children with contrasting early life experiences. Monographs of the Society for Research in Child Development, 31, Nr. 3.
Skinner, B.F. (1973). Wissenschaft und menschliches Verhalten. München: Kindler (am. Orig.: Science and Human behaviour. New York: Mac Millan).
Skinner, E.A. (1995). Perceived control, motivation, and coping. Newbury Park, CA: Sage.
Skinner, E.A. (1996). A guide to constructs of control. Journal of Personality and Social Psychology, 71, 549–570.
Skinner, E.A., Zimmer-Gembeck, M.J. & Connell, J.P. (1998). Individual differences and the development of perceived control. Monographs of the Society for Research in Child Development, 63(2–3, Serial No. 254).
Skowronek, H. (1983). Lernen. In D. Lenzen & K. Mollenhauer (Hrsg.), Enzyklopädie Erziehungswissenschaft (Bd. 1: Theorien und Grundbegriffe, S. 498–501).
Skuse, D., Pickles, A., Wolke, D. & Reilley, S. (1994). Postnatal growth and mental development: Evidence for a "sensitive period". Journal of Child Psychology and Psychiatry, 35, 521–545.
Slaby, R.G. & Frey, K.S. (1975). Development of gender constancy and selective attention to same-sex models. Child Development, 52, 849–856.
Slater, A. (1989). Visual memory and perception in early infancy. In A. Slater & G. Bremner (Eds), Infant development (pp. 43–71). Hove & London, U.K.: Erlbaum.
Slater, A. (1995). Visual perception and memory at birth. In C. Rovee-Collier & L. P. Lipsitt (Eds.), Advances in infancy research, Vol. 9 (pp 107–162). Norwood, NJ: Ablex.
Slater, A. (1998). The competent infant: Innate organisation and early learning in infant visual perception. In A. Slater (Ed.), Perceptual development (pp. 105–130). Hove, UK: Psychology Press.
Slater, A. (Ed.). (1998). Perceptual development. Hove, UK: Psychology Press.
Slater, A. & Butterworth, G. (1997). Perception of social stimuli: Face perception and imitation. In G. Bremner, A. Salter & G. Butterworth (Eds.), Infant development. Recent advances (pp. 223–245). Hove, UK: Psychology Press.
Slater, A. Quinn, P., Brown, E. & Hayes, R. (1998). Intermodal perception at birth: intersensory redundancy guides newborn infants' learning of arbitrary auditory-visual pairings. Developmental Science, 2, 333–338.
Slaughter, V. & Gopnik, A. (1996). Conceptual coherence in the child's theory of mind: Training children to understand belief. Child Development, 67, 2967–2988.
Slaughter-Defoe, D.T., Nakagawa, K., Takanishi R. & Johnson, D.J. (1990). Toward cultural/ecological perspectives on schooling and achievement in African- and Asian-American children. Child Development, 61, No. 2, 363–383.
Slee, N. (1988). Kognitiv-strukturelle Untersuchungen zum religiösen Denken. In K.E. Nipkow et al. (Hrsg.), Glaubensentwicklung und Erziehung (S. 124–143). Gütersloh: Gerd Mohn.
Sloboda, J.A. (1990). Musical excellence – how does it develop? In Mowe, M.J.A. (Ed.), Encouraging the development of exceptional skills and talents (pp. 165–178). Leicester: British Psychological Society.
Sloboda, J. A. (1994). Music performance: Expression and the development of excellence. In R. Aiello & J.A. Sloboda (Eds.), Musical perceptions (pp. 152–169). New York: Oxford University Press.
Sloboda, J.A. (1993). Begabung und Hochbegabung. In H. Bruhn, R. Oerter & H. Rösing (Hrsg.), Musikpsychologie. Ein Handbuch (S. 565–578). Reinbek bei Hamburg: Rowohlt.
Sloboda, J.A. & Howe, M. (1992). Transitions in the early musical careers of able young musicians: Choosing instruments and teachers. Journal of Research in Music Education, 40, 283–294.
Sloterdijk, P. (1978). Literatur und Organisation von Lebenserfahrung. München: Hanser.
Sluzki, C.E. (1992). Disruption and reconstruction of networks following migration/relocation. Family Systems Medicine, 10, 359–363.
Small,S. & Luster, T. (1990). Youth at risk for parenthood. East Lansing, Michigan:
Smedslund, J. (1988). Psycho-Logic. Berlin: Springer,
Smetana, J.B. (1985). Preschool children's conceptions of transgressions: Effects of varying moral and conventional domain-related attributes. Developmental Psychology, 21, 18–29.

Smetana, J.B. (1995). Context, conflict, and constraint in adolescent-parent authority relationships. In M. Killen & D. Hart (Eds.), Morality in everyday life: Developmental perspectives (pp. 225–255). Cambridge, England: Cambridge University Press.
Smetana, J.B. & Asquith, P. (1994). Adolescents' and parents' conceptions of parental authority and adolescent autonomy. Child Development, 65, 1147–1162.
Smiley, S.S. & Brown. (1979). Conceptual preference for thematic or taxonomic relations: A nonmonotonic age trend from preschool to old age. Journal of Experimental Child Psychology, 28, 249–257.
Smith, A. & Knight-Jones, E. (1990). The abilities of very low-birthweight children and their classroom controls. Developmental Medicine and Child Neurology, 32, 590–601.
Smith, C., Carey, S. & Wiser, M. (1985). On differentiation: A case study of the development of size, weight, and density. Cognition, 21, 177–237.
Smith, C., Maclin, D., Houghton, C. & Hennessey, G.M. (2000) Sixth grade students' epistemologies of science: The impact of school science experiences on epistemological development. Cognition and Instruction, 18, 349–422.
Smith C., Snir, Y., Grosslight, L. & Unger, C. (1988). Using conceptual models to facilitate conceptual change: Weight and density (Technical Report). Cambridge, MA: Harvard University.
Smith, E.E. & Jonides, J. (1999). Storage and executive processes in the frontal lobes. Science, 283, 1657–1661.
Smith, J. & Baltes, P.B. (1990). Wisdom-related knowledge: Age-cohort differences in response to life-planning problems. Developmental Psychology, 26, 494–505.
Smith, J. & Baltes, P.B. (1993). Differential psychological aging: Profiles of the old and very old. Aging and Society, 13, 551–587.
Smith, J. & Baltes, P.B. (1999). Trends and profiles of psychological functioning in very old age. In P.B. Baltes & K.U. Mayer (Eds.), The Berlin Aging Study: Aging from 70 to 100 (pp. 197–226). New York: Cambridge University Press.
Smith, J., et al. (2001). The fate of self and personality in very old age (BASE): Six-year longitudinal findings. Unveröffentlichtes Manuskript.
Smith, L.B. (1989). A model of perceptual classification in children and adults. Psychological Review, 96, 125–144.
Smith, M.S. & Bissel, J.S. (1979). Report analysis: the impact of Head Start. Harvard Educational Review, 40, 51–104.
Smith, P.K. (1982). Does play matter? Functional and evolutionary aspects of animal and human play. The Behavioral and Brain Sciences, 5, 139–184.
Smolak, L. (1993). Adult development. Englewood Cliffs, NJ: Prentice Hall.
Smolak, L., Levine, M.P. & & Striegel-Moore, R. (1996) (Eds.). The developmental psychopathology of eating disorders. Hillsdale, NJ: Erlbaum.
Snow, C. & Ferguson, C.A. (Eds.) (1977). Talking to children. Language input and acquisition. Cambridge, MA: Cambridge University Press.
Snow, C.E. (1999). Social perspective on the emergence of language. In B. MacWhinney (Ed.), The emergence of language (pp. 257–276). Mahwah, NJ: Erlbaum.
Sodian, B. (1991). The development of deception in young children. British Journal of Developmental Psychology, 9, 173–188.
Sodian, B. (1992). Bereichsübergreifende Veränderungen in der kognitiven Entwicklung. Das kindliche Verständnis des wissenschaftlichen Denkens. Universität München: Habilitationsschrift.
Sodian, B. (1994). Early deception and the conceptual continuity claim. In C. Lewis & P. Mitchell (Eds.), Children's understanding of the mind: Origins and development (pp. 385–401). Hillsdale, NJ: Erlbaum.
Sodian, B. (1995). Entwicklung bereichsspezifischen Wissens. In R. Oerter & L. Montada (Hrsg.), Entwicklungspsychologie (3. Aufl.). (S. 622–653). München: Psychologie Verlags Union.
Sodian, B. (1998). Wissenschaftliches Denken. In D. Rost (Hrsg.), Handwörterbuch Pädagogische Psychologie. Weinheim: Beltz/PVU.
Sodian, B. (in Druck). Entwicklung des Denkens und der Theory of Mind. In F. Herpertz-Dahlmann, F. Resch, S. Schulte-Markwort & A. Warnke (Hrsg.), Entwicklungspsychiatrie. Stuttgart: Schattauer Verlag.
Sodian, B. & Schneider, W. (1990). Children's understanding of cognitive cuing: How to manipulate cues to fool a competitor. Child Development, 61, 679–704.
Sodian, B. & Schneider, W. (1999). Memory strategy development – Gradual increase, sudden insight, or roller coaster? In F.E. Weinert & W. Schneider (Eds.), Individual development from 3 to 12: Findings from the Munich Longitudinal Study (pp. 61–77). Cambridge, UK: Cambridge University Press.
Sodian, B., Taylor, C., Harris, P.L. & Perner, J. (1991). Early deception and the child's theory of mind: False trails and genuine markers. Child Development, 62, 468–483.
Sodian, B. & Thoermer, C. (2000). Infants' understanding of looking, pointing and reaching as cues to goal-directed action. (Unpublished manuscript: University of Würzburg).
Sodian, B., Thoermer, C., Schrempp, I. & Bullock, M. (1999). Understanding the nature of scientific knowledge – what develops from early adolescence to adulthood? Poster presented at the Biennial Meeting of the European Developmental Society. Spetses, Greece.
Sodian, B, & Wimmer, H. (1987). Children's understanding of inference as a source of knowledge. Child Development, 58, 424–433.
Sodian, B., Zaitchik, D. & Carey, S. (1991). Young children's differentiation of hypothetical beliefs from evidence. Child Development, 62, 753–766.
Soeffner, H.-G. (1986). Stil und Stilisierung. Punk und die Überhöhung des Alltags. In H.N. Gumbrecht/K.L. Pfeifer (Hrsg.), Stil, Geschichte und Funktion eines kulturwissenschaftlichen Diskurselements. Frankfurt:

Sokolowski, K. (1993). Emotion und Volition. Göttingen: Hogrefe.
Solomon, G.E.A., Johnson, S.C., Zaitchik, D. & Carey, S. (1996). Like father, like son: Young children's understanding of how and why offspring resemble their parents. Child Development, 67, 151–171.
Sommerfelt, K., Troland, K., Ellertsen, B. & Markestad, T. (1996). Behavioral problems in low-birthweight preschoolers. Developmental Medicine and Child Neurology, 38, 927–940.
Sonquist, H.D. & Kamii, C.K. (1967). Applying some Piagetian concepts in the classroom for the disadvantaged. In D.P. Weikart (Ed.), Preschool intervention: A preliminary report of the Perry Preschool Project (pp. 89–104). Ann Arbor, Mich.: Campus.
Sontag, L.W., Baker, C.T. & Nelson, V.L. (1958). Mental growth and personality development: A longitudinal study. Monographs of the Society for Research in Child Development, 23, Nr. 68.
Sophian, C. (1984). Developing search skills in infancy and early childhood. In C. Sophian (Ed.), Origins of cognitive skills (pp. 27–56). Hillsdale, NJ: Erlbaum.
Sosniak, L.A. (1990). From typo to virtuoso: A long-term commitment to learning. In F.R. Wilson & F.L. Roehmann (Eds.), Music and child development (pp. 274–290). San Louis, Missouri: MMC Music.
Souvignier, E. (2001). Training räumlicher Fähigkeiten. In K.J. Klauer (Hrsg.), Handbuch Kognitives Training (S. 294–319). Göttingen: Hogrefe.
Spangler, G. & Grossmann, K.E. (1993). Biobehavioral organization in securely and insecurely attached infants. Child Development, 64, 1439–1450.
Spangler, G. & Grossmann, K. (1999). Individual and physiological correlates of attachment disorganization in infancy. In J. Solomon & C. George (Eds.). Attachment disorganization (pp. 95–124). New York: Guilford.
Spangler, G., Grossmann, K., Grossmann, K.E. & Fremmer-Bombik, E. (2000). Individuelle und soziale Grundlagen von Bindungssicherheit und Bindungsdesorganisation. Psychologie in Erziehung und Unterricht, 47, 203–220.
Spangler, G., Grossmann, K.E. & Schieche, M. (2002). Psychobiologische Grundlagen der Organisation des Bindungsverhaltenssystems im Kleinkindalter. Psychologie in Erziehung und Unterricht, 49, 102–120.
Spangler, G. & Scheubeck, R. (1993). Behavioral organization in newborns and its relation to adrenocortical and cardiac activity. Child Development, 64, 622–633.
Spangler, G. & Zimmermann, P. (1999). Bindung und Anpassung im Lebenslauf: Erklärungsansätze und empirische Grundlagen für Entwicklungsprognosen. In R. Oerter, C. von Hagen, G. Röper & G. Noam (Hrsg.), Klinische Entwicklungspsychologie (S. 170–194). Weinheim: Beltz/PVU.
Spearman, C.E. (1927). The Abilities of man. New York: Macmillan.
Spearman, Ch. (1927). The abilities of man. New York: The Macmillan Company.
Speer, C.P. (2000). Neonatologie. In B. Koletzko (Hrsg.), von Harnack Kinderheilkunde (S. 53–125). Berlin: Springer.
Spelke, E.S. (1985). Perception of unity, persistence, and identity: Thoughts on infants' conception of objects. In J. Mehler & R. Fox (Eds.), Neonate cognition: Beyond the blooming buzzing confusion (pp. 89–113). Hillsdale, NJ: Erlbaum.
Spelke, E.S. (1990). Principles of object perception. Cognitive Science, 14, 29–56.
Spelke, E.S. (1991). Physical knowledge in infancy: Reflections on Piaget's theory. In S. Carey & R. Gelman (Eds.), The epigenesis of mind: Essays on biology and cognition (pp. 133–169). Hillsdale, NJ: Erlbaum.
Spelke, E.S. (2000). Core knowledge. American Psychologist, 55, 1233–1243.
Spelke, E.S., Breinlinger, K., Macomber, J. & Jacobson, K. (1992). Origins of knowledge. Psychological Review, 99, 605–632.
Spelke, E.S., Hofsten, C. von & Kestenbaum, R. (1989). Object perception in infancy: Interaction of spatial and kinetic information for object boundaries. Developmental Psychology, 25, 185–196.
Spelke, E.S., Katz, G., Purcell, S.E., Ehrlich, S.M. & Breinlinger, K. (1994). Early knowledge of object motion: Continuity and inertia. Cognition, 51, 131–176.
Spelke, E.S., Philips, A. & Woodward, A.L. (1995). Infants' knowledge of object motion and human action. In D. Sperber, A.J. Premack & D. Premack (Eds.), Causal cognition: A multidisciplinary debate (pp. 44–77). Oxford: Clarendon Press.
Spelke, E.S., Phillips, A. & Woodward, A.L. (1995). Infants' knowledge of object motion and human action. In A.J. Premack, D. Premack & D. Sperber (Eds.), Causal cognition: A multidisciplinary debate. Oxford: Clarendon Press.
Spence, J.T. & Helmreich, R.L. (1978). Masculinity and femininity: Their psychological dimensions, correlates, and antecedents. Austin: University of Texas Press.
Spencer, H. (1855). Principles of psychology. Bd. 2. New York.
Spencer, M.B. & Markstrom-Adams, C. (1990). Identity processes among racial and ethic minority children in America. Child Development, 61, No. 2, 290–310.
Sperling, E. (1980). Suizid und Familie. Zeitschrift für Gruppenpsychotherapie und Gruppendynamik, 16, Heft 1/2, 24–35.
Spiel, C., Wittich, E. & Spiel, G. (1999). Leistungsorientierung im Familienklima Jugendlicher im Zusammenhang mit leichter biologischer und sozialer Risikobelastung. psychomed 11/3, 159–162.
Spiel, G. & Gasser, A. (20012). Autismus in der Fachdiskussion. In Rollett, B. & Kastner-Koller, U., Autismus (S. 227–251). Stuttgart: Fischer.
Spilka, B. et al. (1985). The Psychology of Religion. An Empirical Approach. Englewood Cliffs: Prentice Hall.
Spitz, R. (1946). Hospitalism: a follow-up report on investigation described in volume 1. Psychoanalytic Study of the Child, 2, 113–117.

Spitz, R.A. (1945). Hospitalism: An inquiry into the genesis of psychiatric conditions in early childhood. Psychoanalytic Study of the Child, 1, 153–172.

Spitz, R.A. (1965). The first year of life. New York: International Universities Press.

Spranger, E. (1926). Psychologie des Jugendalters (6. Aufl.). Leipzig: Quelle & Meyer.

Sprey, J. (2000). Theorizing in family studies. Discovering process. Journal of Marriage and the Family, 62, 18–31.

Springer, K. (1992). Children's awareness of the biological implications of kinship. Child Development, 63, 950–959.

Springer, K. & Keil, F.C. (1991). Early differentiation of causal mechanisms appropriate to biological and nonbiological kinds. Child Development, 62, 767–781.

Sroufe, L.A. (1979). Socioemotional development. In J.D. Osofsky (Ed.), Handbook of infant development (pp. 462–516). New York: Wiley.

Sroufe, L.A. (1983). Infant-caregiver attachment and patterns of adaptation in preschool: The roots of maladaptation and competence. In M. Perlmutter (Ed.), Minnesota symposium in child psychology (Vol. 16, pp. 41–81). Hillsdale NJ: Erlbaum.

Sroufe, L.A. (1996). Emotional development: The organization of emotional life in the early years. New York/NY: Cambridge University Press.

Sroufe, L.A. (1997). Psychopathology as an outcome of development. Development and Psychopathology, 9, 251–268.

Sroufe, A., Egeland, B. & Kreutzer, T. (1990). The fate of early experience following developmental change: Longitudinal approaches to individual adaptation in childhood. Child Development, 61, 1363–1373.

Sroufe, L.A. & Waters, E. (1976). The ontogenesis of smiling and laughter: A perspective on the organization of development in infancy. Psychological Review, 83, 173–189.

Sroufe, L.A. & Wunsch, J.P. (1972). The development of laughter in the first year of life. Child Development, 43, 1326–1344.

Staab, M. A. (1999). Leitsymptom: Ängste und Hemmungen. In U. Brack (Hrsg.), Frühdiagnostik und Frühtherapie (S. 315–328). Weinheim: Beltz/PVU.

Stang, W. (1989). Lernen visueller Kontingenzen bei dreimonatigen Säuglingen. Diplomarbeit. Freie Universität Berlin.

Stapf, K.H., Hermann, T., Stapf, A. & Stäcker, K.H. (1972). Psychologie des elterlichen Erziehungsstils. Bern: Huber.

Stark, R., Gruber, H., Renkl, A. & Mandl, H. (1997). „Wenn um mich herum alles drunter und drüber geht, fühle ich mich so richtig wohl" – Ambiguitätstoleranz und Transfererfolg. Psychologie in Erziehung und Unterricht, 44, 204–215.

Statistisches Bundesamt (2001). Statistisches Jahrbuch 2001. Wiesbaden: Statistisches Bundesamt.

Statistisches Bundesamt (2000). Statistisches Jahrbuch 2000 für die Bundesrepublik Deutschland. Stuttgart: Metzler-Poeschel.

Stattin, H. & Magnusson, D. (1991). Stability and change in criminal behavior up to age 30. British Journal of Criminology, 31, 327–346.

Staub, E. (1982). Entwicklung prosozialen Verhaltens. Zur Psychologie der Mitmenschlichkeit. München: Urban & Schwarzenberg.

Staudinger, U.M. (1996). Psychologische Produktivität und Selbstentfaltung im Alter. In M.M. Baltes & L. Montada (Hrsg.), Produktives Leben im Alter (S. 344–373). Frankfurt/Main: Campus.

Staudinger, U.M. (1997). Cultural psychology and the art of life: Some thoughts on the work of Ernst Boesch. Culture and Psychology, 3, 299–314.

Staudinger, U.M. (1999). Older and wiser? Integrating results on the relationship between age and wisdom-related performance. International Journal of Behavioral Development, 23, 641–664.

Staudinger, U.M. (2000). Eine Expertise zum Thema „lebenslanges Lernen" aus der Sicht der Lebensspannen-Psychologie. In F. Achtenhagen & W. Lempert (Hrsg.), Lebenslanges Lernen im Beruf – seine Grundlegung im Kindes- und Jugendalter. Band 3: Psychologische Theorie, Empirie und Therapie (S. 90–110). Opladen: Leske + Budrich.

Staudinger, U.M. (2000). Viele Gründe sprechen dagegen, und trotzdem geht es vielen Menschen gut: Das Paradox des subjektiven Wohlempfindens. Psychologische Rundschau, 51, 185–197.

Staudinger, U.M. & Baltes, P.B. (1996). Weisheit als Gegenstand psychologischer Forschung. Psychologische Rundschau, 47, 57–77.

Staudinger, U.M. & Bluck, S. (in Druck). A view of midlife development from lifespan theory. In M. E. Lachmann (Ed.), Handbook of midlife development. New York: Wiley.

Staudinger, U. & Dittmann-Kohli, F. (1992). Lebenserfahrung und Lebenssinn. In P.B. Baltes & J. Mittelstraß (Hrsg.,) Zukunft des Alters und gesellschaftliche Entwicklung (S. 408–436). Berlin: deGruyter.

Staudinger, U.M. & Dittmann-Kohli, F. (1994). Lebenserfahrung und Lebenssinn. In P.B. Baltes, J. Mittelstraß & U.M. Staudinger (Hrsg.), Alter und Altern: Ein interdisziplinärer Studientext zur Gerontologie (S. 408–436). Berlin: de Gruyter.

Staudinger, U.M., Freund, A.M., Linden, M. & Maas, I. (1996). Selbst, Persönlichkeit und Lebensgestaltung im Alter: Psychologische Widerstandsfähigkeit und Vulnerabilität. In K.U. Mayer & P.B. Baltes (Hrsg.), Die Berliner Altersstudie (S. 321–350). Berlin: Akademie Verlag.

Staudinger, U.M., Lopez, D.F. & Baltes, P.B. (1997). The psychometric location of wisdom-related performance: Intelligence, personality, and more? Personality and Social Psychology Bulletin, 23, 1200–1214.

Staudinger, U.M., Marsiske, M. & Baltes, P.B. (1995). Resilience and levels of reserve capacity in later adulthood: Potentials and limits of development across the life span. In D. Chicchetti & D. Cohen (Eds.), Developmental psychopathology (Vol. 2: Risk, disorder, and adaptation) (pp. 801–847). New York: Wiley.

Staudinger, U.M. & Pasupathi, M. (2000). Life-span perspectives on self, personality, and social cognition. In F.I.M. Craik & T.A. Salthouse (Eds.), The handbook of aging and cognition (2 ed., pp. 633–688). Mahwah, NJ: Lawrence Erlbaum Associates.

Staudinger, U.M., Smith, J. & Baltes, P.B. (1994). Handbuch zur Erfassung von weisheitsbezogenem Wissen (Technischer Bericht No. 46). Berlin: Max-Planck-Institut für Bildungsforschung.
Stecher, L. (1996). Biographische Selbstwahrnehmung und Lebensübergänge. In R.K. Silbereisen, L.A. Vaskovics & J. Zinnecker (Hrsg.), Jungsein in Deutschland (S. 145–163). Opladen: Leske + Budrich.
Steckel, R. (1998). Aggression in Videospielen: Gibt es Auswirkungen auf das Verhalten von Kindern? Münster: Waxmann.
Steffensmeier, D.J., Allan, E.A., Harer, M.D. & Streifel, C. (1989). Age and the distribution of crime. American Journal of Sociology, 94, 803–831.
Steil, J. M. (1994) Equality and entitlement in marriage: Benefits and barriers. In M. J. Lerner & G. Mikula (Eds.), Entitlement and the affectional bond. Justice in close relationships (pp. 229–258). New York: Plenum Press.
Stein, A. (1994). Vermittlung religiöser Inhalte und religiös begründete Ängste. Eine empirische Untersuchung im Bereich katholischer religiöser Erziehung. Essen: Blaue Eule.
Stein, N.L. & Levine, L.J. (1989). The causal organization of emotional knowledge: A developmental study. Cognition and Emotion, 3, 343–378.
Steinberg, L. (1988). Reciprocal relation between parent-child distance and pubertal maturation. Developmental Psychology, 24, 122–128.
Steinberg, L. (1989). Pubertal maturation and parent-adolescent distance: An evolutionary perspective. In G.R. Adams, R. Montemayor & T. Gullotta (Eds.), Biology of adolescent behavior and development (pp. 71–97). Newbury Park, CA: Sage.
Steinberg, L. (1993). Adolescence (Third Edition). New York: McGraw-Hill.
Steinberg, L., Dornbusch, S.M. & Brown, B.B. (1992). Ethnic differences in adolescent achievement. An ecological perspective. American Psychologist, 47, 723–729.
Steinberg, L.D., Greenberger, E., Jacobi, M. & Garduque, L. (1981). Early work experience: A partial antidote for adolescent egocentrism. Journal of Youth and Adolescence, 10, 141–157.
Steinberg, L. & Silverberg, S. (1986). The vicissitudes of autonomy in adolescence. Child Development, 57, 841–851.
Steiner, G. (1973). Mathematik als Denkerziehung. Stuttgart: Klett.
Steiner, G. (1997). Lernverhalten, Lernleistung und Instruktionsmethoden. In F.E. Weinert (Hrsg.), Psychologie des Unterrichts und der Schule. Enzyklopädie der Psychologie, Serie Pädagogische Psychologie (S. 269–317). Göttingen: Hogrefe.
Steiner, J.E. (1979). Human facial expressions in response to taste and smell stimulation. In H.W. Reese & L.P. Lipsitt (Eds.), Advances in Child Behavior and Development (Vol. 13). New York: Academic Press.
Steinfath, H. (Hrsg.) (1998). Was ist gutes Leben? Frankfurt: Suhrkamp.
Steinhagen-Thiessen, E. & Borchelt, M. (1996). Morbidität, Medikation und Funktionalität im Alter. In K.U. Mayer & P.B. Baltes (Hrsg.), Die Berliner Altersstudie (S. 151–184). Berlin: Akademie Verlag.
Steinhausen, H.C. (1982). Psychische Störungen bei Gastarbeiterkindern im Rahmen einer kinder- und jugendpsychiatrischen Poliklinik. Zeitschrift für Kinder- und Jugendpsychiatrie, 10, 32–49.
Steinhausen, H.C. (1984). Migrantenkinder. In H.C. Steinhausen (Hrsg.), Risikokinder. Ergebnisse der Kinderpsychiatrie und -psychologie (S. 137–155). Stuttgart: Kohlhammer.
Steinhausen, H.C. (Hrsg.) (1995). Hyperkinetische Störungen im Kindes- und Jugendalter. Stuttgart: Kohlhammer.
Steinhausen, H.C. (1999). Schlafstörungen. In H.C. Steinhausen & M. von Aster (Hrsg.), Verhaltenstherapie und Verhaltensmedizin bei Kindern und Jugendlichen (S. 557–576). Weinheim: Beltz/PVU.
Steinhausen, H.C. (2000a). Seelische Störungen im Kindes- und Jugendalter. Stuttgart: Klett-Cotta.
Steinhausen, H.C. (2000b). Pränatale Entwicklungsgefährdungen – Ergebnisse der Verhaltensteratologie. In F. Petermann, K. Niebank & H. Scheithauer (Hrsg.), Risiken in der frühkindlichen Entwicklung (S. 102–111). Göttingen: Hogrefe.
Steinhausen, H.C. & Remschmidt, H. (1982). Migration und psychische Störungen. Ein Vergleich von Kindern griechischer Gastarbeiter und deutschen Kindern in West-Berlin. Zeitschrift für Kinder und Jugendpsychiatrie, 10, 344–364.
Steinhausen, H.-C. & Winkler Metzke, C. (2001). Die Zürcher Lebensereignis-Liste (ZLEL): Ergebnisse einer Schweizer epidemiologischen Untersuchung. Kindheit und Entwicklung, 10(1), 47–55.
Steller, M. (2000). Psychologische Diagnostik – Menschenkenntnis oder angewandte Wissenschaft? In H.-L. Kröber & M. Steller (Hrsg.), Psychologische Begutachtung im Strafverfahren. Indikationen, Methoden und Qualitätsstandards (S. 1–18). Darmstadt: Steinkopff.
Steller, M., Dahle, K.-P. & Basqué, M. (Hrsg.) (1994). Straftäterbehandlung. Pfaffenweiler: Centaurus.
Steller, M. & Volbert, R. (Hrsg.) (1997). Psychologie im Strafverfahren. Bern: Huber
Stenberg, C.R. & Campos, J.J. (1990). The development of anger expressions in infancy. In N.L. Stein, B. Leventhal & T. Trabasso (Eds.), Psychological and biological approaches to emotion (pp. 247–282). Hillsdale/NJ: Lawrence Erlbaum.
Stendler-Lavatelli, C. (1976). Früherziehung nach Piaget. München: Reinhardt.
Stern, C. & Stern, W. (1907). Die Kindersprache. Eine psychologische und sprachtheoretische Untersuchung. Leipzig. (5. Auflage, 1965, Darmstadt: Wissenschaftliche Buchgesellschaft).
Stern, C. & Stern, W. (1907/1965). Die Kindersprache. Eine psychologische und sprachtheoretische Untersuchung (5. Aufl.). Darmstadt: Wissenschaftliche Buchgesellschaft. (1. Auflage 1907).
Stern, C. & Stern, W. (1909). Erinnerung, Aussage und Lüge in der ersten Kindheit. Leipzig: Barth.
Stern, D. (1992). Die Lebenserfahrungen des Säuglings. Stuttgart: Klett-Kotta.
Stern, D.N. (1992). Die Lebenserfahrung des Säuglings. Stuttgart: Klett-Cotta.

Stern, E. (in Druck). Wie abstrakt lernt das Grundschulkind? Neuere Ergebnisse der entwicklungspsychologischen Forschung. In H. Petillon (Hrsg.), Handbuch Grundschulforschung Band 5: Individuelles und soziales Lernen – Kindperspektive und pädagogische Konzepte. Opladen: Leske + Budrich.
Stern, E., Hardy, I. & Koerber, S. (in Druck). Die Nutzung graphisch-visueller Repräsentationsformen im Sachunterricht. In K. Spreckelsen, A. Hartinger & K. Möller (Hrsg.), Ansätze und Methoden empirischer Forschung zum Sachunterricht. Bad Heilbrunn: Klinikhards.
Stern, W. (1914). Psychologie der frühen Kindheit. Leipzig: Barth.
Stern, W. (1952). Psychologie der frühesten Kindheit. Heidelberg: Quelle & Meyer (Original erschienen 1914).
Sternberg, R. (1986). A triangular theory of love. Psychological Review, 93, 119–135.
Sternberg, R.J. (1977). Component processes in analogical reasoning. Pschological Review, 84, 353–378.
Sternberg, R.J. (1985). Beyond IQ: A triarchic theory of human intelligence. New York: Cambridge University Press.
Sternberg, R.J. (1996). Successful intelligence. New York: Simon & Schuster.
Sternberg, R.J. (1997). The concept of intelligence and its role in lifelong learning and success. American Psychologist, 52, 1030–1037.
Stevenson, H.W., Chen, C. & Lee, S.-Y. (1993). Mathematics Achievement of Chinese, Japanese, and American children: Ten years later. Science, 259, 53–58.
Stevenson, H.W., Lee, S.-Y. & Stigler, J.W. (1986). Mathematics achievement of Chinese, Japanese, and American children. Science, 231, 693–699.
Stewart, A., Reynolds, E. & Lipscomb, A. (1982). Outcome for infants of very low birthweight: survey of world literature. Lancet, May 9, 1038–1041.
Stewart, A.J., Sokol, M., Healy, J.M., Chester, N.L. & Weinstock-Savoy, D. (1982). Adaptation to life changes in children and adults. Journal of Personality and Social Psychology, 43, 1270–1281.
Stewart, R.B. & Marvin, R.S. (1984). Sibling relations: The role of conceptual perspective-taking in the ontogeny of sibling caregiving. Child Development, 55, 1322–1332.
Stice, E., Killen, J.D., Hayward, C. & Taylor, C.B. (1998). Age of onset for binge eating and purging during late adolescence: A 4-year survival analysis. Journal of Abnormal Psychology, 107, 671–675.
Stierlin, H. (1980). Eltern und Kinder. Das Drama von Trennung und Versöhnung im Jugendalter. Frankfurt a. M.: Suhrkamp.
Stifter, C.A., Spinrad, T.L. & Braungart-Rieker, J.M. (1999). Toward a developmental model of child compliance: The role of emotion regulation in infancy. Child Development, 70, 21–32.
Stigsdotter Neely, A. & Bäckman, L. (1993). Long-term maintenance of gains from memory training in older adults: Two 3 1/2 years follow-up studies. Journals of Gerontology: Psychological Sciences, 48B, P233-P237.
Stipek, D.J. (1984). The development of achievement motivation. In R. Ames & C. Ames (Eds.), Research on motivation in education (Vol. 1, pp. 145–174). New York: Academic Press.
Stipek, D.J., Recchia, S. & McClintic, S. (1992). Self-evaluation in young children. Monographss of the Society for Research in Child Development, 57, 1/84, (Serial No. 226).
Stjernqvist, K. & Svenningsen, N.W. (1999). Ten-year follow-up of children born before 29 gestational weeks: health, cognitive development, behaviour and school achievement. Acta Paediatrica 88, 557–562.
Stock, J., Wolff, H., Mohr, H. & Thietke, J. (1998). Delphi-Befragung 1996/1998. Potentiale und Dimensionen der Wissensgesellschaft – Auswirkungen auf Bildungsprozesse und Bildungsstrukturen – Endbericht. Basel.
Stoddart, T. & Turiel, E. (1985). Children's concepts of cross-gender activities. Child Development, 56, 1241–1252.
Stolberg, A.L. & Mahler, J. (1994). Enhancing treatment gains in a school-based intervention for children of divorce through skill training, parental involvement, and transfer procedures. Journal of Consulting and Cinical Psychology, 62 (1), 147–156.
Storch, G. & Poustka, F. (2000). Psychische Störungen bei stationär behandelten Kindern mediterraner Migrantenfamilien. Praxis der Kinderpsychologie und Kinderpsychiatrie, 49, 199–208.
Straub, J. (2000). Identität als psychologisches Deutungskonzept. In W. Greve (Hrsg.), Psychologie des Selbst (S. 279–301). Weinheim: Beltz/PVU.
Streib, H. (1996). Entzauberung der Okkultfaszination. Magisches Denken und Handeln in der Adoleszenz als Herausforderung an die Praktische Theologie. Kampen: Kok Pharos.
Streib, H. (1997). Religion als Stilfrage. Zur Revision struktureller Differenzierung von Religion im Blick auf die Analyse der pluralistisch-religiösen Lage der Gegenwart. Archiv für Religionspsychologie, 22, 48–69.
Streng, F. (1995). Fremdenfeindliche Gewaltkriminalität als Herausforderung für kriminologische Erklärungsansätze. Jura, 17, 182–191.
Streri, A. & Spelke, E.S. (1988). Haptic perception of objects in infancy. Cognitive Psychology, 20, 1–23.
Streri, A. (1987). Tactile discrimination of shape and intermodal transfer in 2- to 3-month-old infants. British Journal of Developmental Psychology, 5, 213–220.
Streri, A. (1993). Seeing, reaching, touching: The relation between vision and touch in infancy. New York: Harvester Wheatsheaf.
Strobl, R. & Kühnel, W. (2000). Dazugehörig und ausgegrenzt. Analysen zu Integrationschancen junger Aussiedler. Weinheim: Juventa.
Strzoda, C. (1996). Freizeitverhalten und Freizeitmuster. In R.K. Silbereisen, L.A. Vaskovics & J. Zinnecker (Hrsg.), Jungsein in Deutschland (S. 261–279). Opladen: Leske + Budrich.

Strzoda, C. & Zinnecker, J. (1996). Das persönliche Zeitbudget zwischen 13 und 30. In R.K. Silbereisen, L.A. Vaskovics & J. Zinnecker (Hrsg.), Jungsein in Deutschland (S. 281–300). Opladen: Leske + Budrich.
Sturzbecher, D., Langner, W., Bredow, C. & Hinsch, R. (1996). Kindertagesbetreuung in Brandenburg. Erwartungen – Bedingungen – Chancen. Potsdam: Verlag für Berlin-Brandenburg.
Suda, W. & Fouts, G. (1980). Effects of peer presence on helping in introverted and extroverted children. Child Development, 51, 1272–75.
Suedfeld, R. & Landon, R.B. (1978). Approaches to treatment. In R. Hare & C. Schalling (Eds.), Psychopathic behavior (pp. 347–376). New York: Wiley.
Sullivan, K.T. & Bradbury, T.N. (1997). Are premarital prevention programs reaching couples at risk for marital discord? Journal of Consulting and Clinical Psychology, 65, 24–30.
Sullivan, M.W. (1982). Reactivation: priming forgotten memories in human infants. Child Development, 57, 100–104.
Sullivan, M.W. & Lewis, M. (1989). Emotion and contingency in infancy: Facial expression during contingency learning. International Journal of Behavioral Development, 12, 221–237.
Sullivan, P.M. & Knutson, J.F. (2000). Maltreatment and disabilities: A population-based epidemiological study. Child Abuse and Neglect, 24, 1257–1273.
Sullivan, S.A. & Birch, L.L. (1990). Pass the sugar, pass the salt: Experience dictates preference. Developmental Psychology, 26, 546–551.
Super, C. & Harkness, S. (1982). The development of affect in infancy and early childhood. In D. A. Wagner & H. W. Stevenson (Eds.), Cultural perspectives on child development (pp. 1–19). San Francisco: W.H. Freeman and Company.
Super, C. & Harkness, S. (1986). The developmental niche: A conceptualization at the interface of society and the individual. International Journal of Behavioral Development, 9 (4), 545–570.
Super, D. E. (1992). Toward a comprehensive theory of career development. In D. H. Montross & C. J. Shinkman (Eds.), Career development: Theory and practice (pp. 35–64). Springfield, IL: Charles C Thomas.
Supper, S. (1995). Postadoleszenz: Leben in zwei Welten. Dialog, 11(4), 4–7.
Surber, C.F. (1977). Developmental process in social inference: Averaging of intentions and consequences in moral judgment. Developmental Psychology, 13, 654–665.
Süßmuth, R. (1981). Familie. In H. Schiefele & A. Krapp (Hrsg.), Handlexikon zur Pädagogischen Psychologie (S. 124–128). München: Ehrenwirth.
Süss, D. (1993). Der Fernsehkrimi, sein Autor und die jugendlichen Zuschauer: Medienkommunikation aus drei Perspektiven, am Beispiel des Tatort-Krimis „Kameraden". Bern: Huber.
Süss, W. (1995). Zur psychosozialen Situation der Aussiedlerkinder und -jugendlichen. Sozialwissenschaften und Berufspraxis, 18, 131–146.
Sutton-Smith, B. (1986). The metaphor of games in social science research. In R. van der Kooij & J. Hellendoorn (Eds.), Play, Play Therapy, Play Research (pp. 35–65). Berwyn: Swets Northamerica.
Swarr, A.E. & Richards, M.H. (1996). Longitudinal effects of adolescent girls' pubertal development, perceptions of pubertal timing, and parental relations. Developmental Psychology, 32, 636–646.
Swientek, Ch. (1989). Trennung, Einsamkeit, Partnerverlust: Den Selbstmordversuch überwinden, mit der Ich-Katastrophe leben. In H.-W. Carlhoff & P. Wittemann (Hrsg.), Festhalten und Loslassen. Junge Menschen zwischen Bindung und Bindungslosigkeit (S. 83–92). Stuttgart: ajs, Landesarbeitsstelle Baden-Württemberg.
Sydow, H. v. (1993). Zum Training kognitiver Operationen im Vorschulalter. In K.J. Klauer (Hrsg.), Kognitives Training (S. 125–140). Göttingen: Hogrefe.
Sydow, H. v. & Meincke, J. (1994). DenkMit – Das Berliner Programm zur Förderung des Denkens und der Wahrnehmung von drei- bis sechsjährigen Kindern. Kirchdorf: ZAK.
Sydow, K. von (1991). Psychosexuelle Entwicklung im Lebenslauf. Eine biographische Studie bei Frauen der Geburtsjahrgänge 1895 bis 1936. Regensburg: S. Roderer.
Szagun, G. (2000). Sprachentwicklung beim Kind. Weinheim: Beltz.
Szatmari, P., Saigal, S. Rosenbaum, P., Campbell, D. & King, S. (1990). Psychiatric disorders at five years among children with birthweight 1000 gs: a regional perspective. Developmental Medicine and Child Neurology, 32, 954–962.
Tager-Flusberg, H. (Ed.)(1994). Constraints on language acquisition: Studies of atypical children. Hillsdale, NJ: Erlbaum.
Tajfel, H. (Ed.) (1978). Differentiation between social groups: Studies in the social psychology of intergroup relations. London: Academic Press.
Tajfel, H. (1981). Social identity and intergroup relations. London: Cambridge University Press.
Tajfel, H. & Turner, J. (1979). An integrative theory of intergroup conflict. In W. Austin & S. Wochel (Eds.), The social psychology of intergroup relations (pp. 33–47). Monterey, CA: Brooks/Cole.
Takahashi, K. (1990). Are the key assumptions of the 'strange situation' procedure universal? A view from Japanese research. Human Development, 33, 23–30.
Tamminen, K. (1993). Religiöse Entwicklung in Kindheit und Jugend. Frankfurt/M.: Peter Lang.
Tamminen, K. (1994). Comparing Oser's and Fowler's Developmental Stages. Journal of Empirical Theology, 7, 75–112.
Tamminen, K. & Nurmi, K.E (1995). Developmental Theories and Religious Experience. In R.W. Hood (Ed.), Handbook of Religious Experience (pp. 269–311). Birmingham, AL: Religious Education Press.

Tanner, J.M. (1962). Wachstum und Reifung des Menschen. Stuttgart: Thieme.
Tannock, R. (1998). Attention deficit hyperactivity disorder advances in cognitive, neurobiological, and genetic research. Journal of Child Psychology and Psychiatry, 39, 65–99.
Taris, T.W. (2000). A primer in longitudinal data analysis. London: Sage.
Tartler, R. (1961). Das Alter in der modernen Gesellschaft. Stuttgart: Enke.
Tauber, M.A. (1979a). Sex differences in parent-child interaction styles during a free-play session. Child Development, 50, 981–988.
Tauber, M.A. (1979b). Parental socialization techniques and sex differences in children's play. Child Development, 50, 225–234.
Taylor, H.G., Klein, N., Minich, N.M. & Hack, M. (2000). Early child care and self-control, compliance, and problem behavior at twenty-four and thirty-six months. Child Development, 71, 1495–1511.
Taylor, M., Cartwright, B.S. & Bowden, T. (1991). Perspective taking and theory of mind: Do children predict interpretive diversity as a function of differences in obeservers knowledge? Child Development, 62, 1334–1351.
Taylor, M., Esbensen, B.M. & Benett, R.T. (1994). Children's understanding of knowledge acquisition: The tendency for children to report they have always known what they have just learned. Child Development, 65, 1581–1604.
Taylor, R.D. & Oskay, G. (1995). Identity formation in Turkish and American late adolescents. Journal of Cross-Cultural Psychology, 26, 8–22.
Taylor, S.E. (1999). Health psychology (4.Aufl.). Singapur: McGraw Hill.
Taylor, S.E., Frackenpohl, H. & Pettee, J.L. (1960). Grade level norms for the components of the fundamental reading skill. In EDL Research and Information Bulletin. Huntington, NY: Educational Development Laboratories, 3.
Taylor, S.E. & Pham, L.B. (1996). Mental stimulation, motivation, and action. In P.M. Gollwitzer & J.A. Bargh (Eds.), The psychology of action: Linking cognition and motivation to behavior (pp. 219–235). New York: Guilford Press.
Teasdale, N., Bard, C., LaRue, J. & Fleury, M. (1993). On the cognitive penetrability of posture control. Experimental Aging Research, 19, 1–13.
Tedeschi, J.T. & Quigley, B.M. (1998). Frühere und zukünftige Methoden der Aggressionsforschung. In H.W. Bierhoff & U. Wagner (Hrsg.), Aggression und Gewalt. Phänomene, Ursachen und Interventionen (S. 88–106). Stuttgart: Kohlhammer.
Teegen, F. unter Mitarbeit von Beer, M., Parbst, B. & Timm, S. (1992). Sexueller Mißbrauch von Jungen und Mädchen: Psychodynamik und Bewältigungsstrategien. In M. Gegenfurtner & W. Keukens (Hrsg.), Sexueller Mißbrauch von Kindern und Jugendlichen. Diagnostik, Krisenintervention, Therapie (S. 11–25). Magdeburg: Westarp Wissenschaften.
Teller, D.Y. & Bornstein, M.H. (1987). Infant color vision and color perception. In P. Salapatek & L.B. Cohen (Eds.), Handbook of infant perception: From sensation to perception (pp. 185–236). New York: Academic Press.
Templer, D.I. & Dotson, E. (1970). Religious Correlates of Death Anxiety. Psychological Reports, 26, 895–897.
Tenbruck, F. (Hrsg.) (1965). Jugend und Gesellschaft. Soziologische Perspektiven. Freiburg/Br.: Rombach.
Teplin, S., Burchinal, M., Johnson-Martin, N., Humphry, R. & Kraybill, E. (1991). Neurodevelopmental, health, and growth status at age 6 years of children with birth weights less than 1001 gs. Journal of Pediatrics, 118, 768–777.
Terman, L.M. & Oden, H.M. (1959). The gifted groups at midlife: Thirty-five years' follow up of the superior child. Stanford, CA: University Press.
Tesser, A. (1981). Self-evaluation maintenance processes: Implications for relationships and development. Paper presented at the Nashville Conference on Boundary Areas in Psychology: Developmental and Social:
Tetens, J.N. (1777). Philosophische Versuche über die menschliche Natur und ihre Entwicklung. Leipzig, Germany: Weidmanns Erben und Reich.
Teti, D.M., Gelfand, D.M., Messinger, D.S. & Isabella, R. (1995). Maternal depression and the quality of early attachment: an examination of infants, preschoolers, and their mothers. Developmental Psychology, 31, 364–376.
Teuwsen, E. (1990). Autonomie- und Trennungsdynamik bei Studierenden. Psychotherapie, Psychosomatik, Medizinische Psychologie, 40, 432–440.
The Annenberg Public Policy Center of the University of Pennsylvania (1997). Television in the home: The 1997 Annenberg survey of parents and children. – (Internet-Informationen)
Thelen, E. (1984). Learning to walk: Ecological demands and phylogenetic constraints. In L.P. Lipsitt & C. Rovee-Collier (Eds.), Advances in infancy research (Vol. 3, pp. 175–210). Norwood: Ablex.
Thelen, E. (1995). Motor development: A new synthesis. American Psychologist, 50, 79–95.
Thelen, E. (2000). Motor development as foundation and future of developmental psychology. International Journal of Behavioral Development, 24, 385–397.
Thelen, E., Corbetta, D., Kamm, K., Spencer, J.P., Schneider, K. & Zernicke, R.F. (1993). The transition to reaching: Mapping intention and intrinsic dynamics. Child Development, 64, 1058–1098.
Thelen, E. & Ulrich, B.D. (1991). Hidden skills: A dynamic systems analysis of treadmill stepping during the first year. Monographs of the Society for Research in Chinese Development, 56 (1), Serial No. 223.
Thielicke, B. (1988). Aussiedler – Fremde in der alten und neuen Heimat. Unsere Jugend, 40, 4–9.
Thissen, D., Wainer, H. Wang & W.B. (1994). Are tests comprising both multiple-choice and free-response items necessarily less unidimensional than multiple-choice tests? An analysis of two tests. Journal of Educational Measurement, 31, 113–123
Thoma, S.J. (1986). Estimating gender differences in the comprehension and preference of moral issues. Developmental Review, 6, 165–180.

Thomae, H. (1959). Entwicklungsbegriff und Entwicklungstheorie. In H. Thomae (Hrsg.), Entwicklungspsychologie (S. 3–20). Göttingen: Hogrefe.
Thomae, H. (1979). The concept of development and life-span developmental psychology. In P.B. Baltes & O.G.B. Jr. (Eds.), Life-Span Development and Behavior (Vol. 2, pp. 282–312). New York: Academic.
Thomae, H. (1983). Alternsstile und Alternsschicksale: Ein Beitrag zur differentiellen Gerontologie. Bern: Huber.
Thomae, H. (1989). Veränderungen der Zeitperspektive im höheren Alter. Zeitschrift für Gerontologie, 22, 58–66.
Thomae, H. (1996). Das Individuum und seine Welt. Göttingen: Hogrefe.
Thomae, H. & Petermann, F. (1983). Biographische Methode und Einzelfallanalyse. In J. Bredenkamp & U. Feger (Hrsg.), Methodenlehre. Enzyklopädie der Psychologie (S. 362–400). Göttingen: Hogrefe.
Thomas, A. & Chess, S. (1991). Temperament and the concept of goodness of fit. In J. Strelau & A. Angleitner (Eds.), Explorations in temperament (pp. 15–28). New York: Plenum Press.
Thomas, W.I. (1918). The polish peasant. New York: Badger.
Thompson, L.A. (1994). Dimensional strategies dominate perceptual classification. Child Development, 65, 1627–1645.
Thompson, L.A. & Massaro, D.W. (1989). Before you see it, you see its parts: Evidence for feature encoding and integration in preschool children and adults. Cognitive Psychology, 21, 334–362.
Thompson, R.A. (1987). Empathy and emotional understanding: the early development of empathy. In N. Eisenberg & J. Strayer (Eds.), Empathy and its development (pp. 119–145). New York/NY: Cambridge University Press.
Thompson, R.A. (1990). Emotion and self-regulation. In R.A. Thompson (Ed.), Nebraska Symposium on Motivation (36) (pp. 367–467). Lincoln: University of Nebraska Press.
Thompson, R.A. (1994). Emotion regulation: A theme in search of definition. Monographs of the Society for Research in Child Development, 59 (2/3), 25–52.
Thompson, S.K. & Bentler, P.M. (1971). The priority of cues in sex discrimination by children and adults. Developmental Psychology, 5, 181–185.
Thornberry, T.P. (Ed.) (1997). Developmental theories of crime and delinquency. New Brunswick, NJ: Transaction.
Thorndike, E.L. (1906). Chapter XV: Formal discipline. In E.L. Thorndike (Ed.), The principles of teaching based on psychology (pp. 235–256). New York: Seiler.
Thorne, B. (1994). Gender Play: Girls and Boys in School. New Brunswick, N.J.: Rutgers University Press.
Thornton, A. & Camburn, D. (1987). Mother and daughter perceptions of their relationship: The influence of adolescent pregnancy status. Adolescence, 22, 487–496.
Thuen, F., Reime, M.H. & Skrautvoll, K. (1997). The effect of widowhood on psychological wellbeing and social support in the oldest group of the elderly. Journal of Mental Health, 6(3), 269–274.
Thun, T. (1959). Die Religion des Kindes. Stuttgart: Klett.
Thurmaier, F. (1997). Ehevorbereitung – Ein Partnerschaftliches Lernprogramm (EPL). Methodik, Inhalte und Effektivität eines präventiven Paarkommunikationstrainings. München: Verlag Institut für Forschung und Ausbildung in Kommunikationstherapie e.V.
Thurmaier, F., Engl, J. & Hahlweg, K. (1995). Ehevorbereitung – Ein partnerschaftliches Lernprogramm (EPL). Handbuch für ausgebildete Kursleiter. München: Verlag Institut für Forschung und Ausbildung in Kommunikationstherapie e.V.
Thurstone, L.L. (1938). Primary mental abilities. Psychometric monographs No. 1. Chicago: University of Chicago Press.
Thurstone, L.L. & Chave, E.J. (1929). The measurement of attitudes. Chicago: University of Chicago Press.
Tiedemann, D. (1787). Beobachtungen über die Entwicklung der Seelenfähigkeit der Kinder. Hessische Beiträge zur Gelehrsamkeit der Kunst (Bd. II, Stück 2 und 3, Gesamterzählung: Stück 6 und 7).
Tietze, W. (Hrsg.) (1998). Wie gut sind unsere Kindergärten? Eine Untersuchung zur pädagogischen Qualität in deutschen Kindergärten. Berlin: Luchterhand.
Tijhuis, M.A.R., Flap, H.D., Foets, M. & Groenewegen, P. P. (1995). Social support and stressful life events in two dimensions: Life events and illness as an event. Social Siences and Medicine, 40(11), 1513–1526.
Tinsley, B.R. & Parke, R.D. (1983). The person-environment relationship: Lessons from families with preterm infants. In D. Magnusson & V.L. Allen (Eds.), Human development: An interactional perspective (pp. 93–110). San Diego, CA: Academic Press.
Tisak, J. & Meredith, W. (1990a). Descriptive and associative developmental models. In A. von Eye (Ed.), Statistical methods in longitudinal research. Vol. II (pp. 387–406). San Diego: Academic Press.
Tisak, J. & Meredith, W. (1990b). Longitudinal factor analysis. In A. von Eye (Ed.), Statistical methods in longitudinal research. Vol. I (pp. 125–150). San Diego: Academic Press.
Tisak, M.G. & Turiel, E. (1988). Variations in seriousness of transgressions and children's moral and conventional concepts. Developmental Psychology, 24, 352–357.
Tizard, B. & Hodges. (1978). The effect of early institutional rearing on the development of eight-year-old children. Journal of Child Psychology and Psychiatry, 19, 99–118.
Tobey-Klass, E. (1978). Psychological effects of immoral actions: The experimental evidence. Psychological Bulletin, 85, 765–771.
Todt, E. (1978). Das Interesse. Bern: Huber.
Todt, E. (1979). Geschlechtsrolle und schulisches Lernen. Unterrichtswissenschaft, 7, 101–115.
Todt, E. (1984). Selbstkonzept und Selbstkonzeptänderung als Mittler bei der Bewältigung von Anforderungen in der Adoleszenz. In E. Olbrich & E. Todt (Hrsg.), Probleme des Jugendalters (S. 159–177). Berlin: Springer.

Todt, E. (1985). Theorie der Interessenentwicklung. Manuskript für Workshop „Interesse“, Gießen.

Todt, E. & Schreiber, S. (1998). Development of interests. In L. Hoffmann, A. Krapp, A. Renninger & J. Baumert (Eds.), Interest and learning. Proceedings of the Seeon-conference on interest and gender. Kiel: IPN-Schriftenreihe.

Tomasello, M. (1995). Joint attention as social cognition. In C. Moore & P.J. Dunham (Eds.), Joint attention: Its origins and role in development. Hillsdale, N.J.: Erlbaum.

Tomasello, M. (1999). Social cognition before the revolution. In P. Rochat (Ed.), Early social cognition (pp. 301–314). Mahwah NJ: Erlbaum.

Tomasello, M. & Camainoni, L. (1997). A comparison of the gestural communication of apes and human infants. Human Development, 40, 7–24.

Towen, B.C.L. (1993). Physische Entwicklung und motorische Fertigkeiten. In M. Markefka & B. Nauck (Hrsg.), Handbuch der Kindheitsforschung (S. 239–252). Neuwied: Luchterhand.

Towen, B.C.L. (1998). The brain and development of function. Developmental Review, 18, 504–526.

Tracy, R. (1990). Spracherwerb trotz Input. Linguistische Berichte, 3, 22–49.

Tracy, R. (1991). Sprachliche Strukturentwicklung. Linguistische und kognitionspsychologische Aspekte einer Theorie des Erstspracherwerbs. Tübingen: Narr.

Tracy, R. (2000). Sprache und Sprachentwicklung: Was wird erworben? In H. Grimm (Hrsg.), Sprachentwicklung (S. 3–39). (Enzyklopädie der Psychologie). Göttingen: Hogrefe.

Trautner, H.M. (1979). Psychologische Theorien der Geschlechtsrollenentwicklung. In A. Degenhardt & H.M. Trautner (Hrsg.), Geschlechtstypisches Verhalten (S. 50–84). München: C.H. Beck.

Trautner, H.M. (1985). The significance of the appearance-reality distinction for the development of gender constancy (Paper presented at the SRCD meeting, Toronto, April 1985.)

Trautner, H.M. (1987). Geschlecht, Sozialisation und Identität. In H.-P. Frey & K. Haußer (Hrsg.), Identität (S. 29–42).

Trautner, H.M. (1990). 1 + 1 = 0. Die Aufhebung der Geschlechtsunterschiede durch Androgynie. Zeitschrift für Sozialpsychologie, 21, 218–221.

Trautner, H.M. (1991). Lehrbuch der Entwicklungspsychologie. Bd. 2: Theorien und Befunde. Göttingen: Hogrefe.

Trautner, H.M. (1992). The development of sex-typing in children: A longitudinal analysis. German Journal of Psychology, 16, 183–199.

Trautner, H.M. (1993). Geschlechtszugehörigkeit als individuelles Merkmal oder als soziale Kategorie. In L. Montada (Hrsg.), Bericht über den 38. Kongreß der DGPs in Trier. Band 2 (S. 760–770). Göttingen: Hogrefe.

Trautner, H.M. (1994). Geschlechtsspezifische Erziehung und Sozialisation. In K.A. Schneewind (Hrsg.), Enzyklopädie der Psychologie. Serie Pädagogische Psychologie. Band 1: Erziehung und Sozialisation (S. 167–195). Göttingen: Hogrefe.

Trautner, H.M. (1995). Boys' and girls' play behavior in same-sex and opposite-sex pairs. Journal of Genetic Psychology, 156, 5–15.

Trautner, H.M. (1996). Die Bedeutung der Geschlechtskategorien im Jugendalter. In R. Schumann-Hengsteler & H.M. Trautner (Hrsg.), Entwicklung im Jugendalter (S. 165–187). Göttingen: Hogrefe.

Trautner, H.M. (1997). Entwicklung der Geschlechtstypisierung. In H.M. Trautner, Lehrbuch der Entwicklungspsychologie, Band 2: Theorien und Befunde (S. 322–410). Göttingen: Hogrefe.

Trautner, H.M. & Eckes, T. (2000). Putting gender development into context: Problems and prospects. In T. Eckes & H.M. Trautner (Eds.), The developmental social psychology of gender (pp. 419–435). Mahwah, NJ: Lawrence Erlbaum.

Trautner, H.M., Gervai, J. & Nemeth, R. (2002). Appearance-reality distinction and development of gender constancy understanding. (submitted for publication).

Trautner, H.M., Helbing, N., Sahm, W.B. & Lohaus, A. (1988). Unkenntnis – Rigidität – Flexibilität: Ein Entwicklungsmodell der Geschlechtsrollen-Stereotypisierung. Zeitschrift für Entwicklungspsychologie und Pädagogische Psychologie, 20, 105–120.

Trautner, H.M., Helbing, N., Sahm, W.B., Pennig, S. & Degenhardt, A. (1989). Schlußbericht zum DFG-Projekt „Längsschnittliche Analyse von Entwicklungsmerkmalen der Geschlechtstypisierung im Kindesalter“. Münster: Psychologisches Institut III der Universität Münster.

Trautner, H.M. & Lohaus, A. (1985). Entwicklung der Persönlichkeit. In T. Herrmann & E.D. Lantermann (Hrsg.), Persönlichkeitspsychologie. Ein Handbuch in Schlüsselbegriffen (S. 387–395). München: Urban und Schwarzenberg.

Travers, K.J. & Westbury, I. (1989). The IEA Study of Mathematics I: Analysis of mathematics curricula. Oxford: Pergamon.

Travers, R.M.W. (1978). Children's interests. Kalamazoo (Mich): Michigan Univeresity, College of Education.

Trehub, S.E., Schneider, B.A., Morrongiello, B.A. & Thorpe, L.A. (1988). Auditory sensitivity in school-age children. Journal of Experimental Child Psychology, 46, 273–285.

Trevarthen, C. (1979). Instincts for human understanding and for cultural cooperation: their development in infancy. In M. v. Cranach, K. Foppa, W. Leppenies, & D. Ploog (Eds.), Human ethology – claims and limits of a new discipline (pp. 530–594). Cambridge: University Press.

Trevarthen, C. (1980). Neurological development and the growth of psychological functions. In J. Sants (Ed.), Developmental psychology and society (pp. 64–94). London: Macmillan.

Trevarthen, C. (1982). Basic patterns of psychogenetic change in infancy. In Bever, T.G. (Ed.), Regressions in mental development (pp. 7–46). Hillsdale NJ: Erlbaum.

Triandis, H.C. (1989). The self and the social behavior in differing cultural contexts. Psychological Review, 96, 506–520.

Trivers, R. (1985). Social evolution. Menlo Park, CA: Benjamin/Cummings.

Trommsdorff, G. (1993). Development and empathy in early childhood. In T. Kindermann & J. Valsiner (Eds.), Construction of self and social relationships. Cambridge, Mass.: Cambridge University Press.

Tronick, E. (1989). Emotions and emotional communication in infants. American Psychologist, 44, 112–119.

Tronick, E.Z. & Gianino, A.F. (1986). The transmission of maternal depression to the infant. In E.Z. Tronick & T. Field (Eds.), Maternal depression and infancy disturbance. San Francisco: Jossey-Bass.

Trömel-Plötz, S. (Hrsg.) (1984). Gewalt durch Sprache. Die Vergewaltigung von Frauen in Gesprächen. Frankfurt/M.: Fischer.

Trudewind, C. (2000). Curiosity and anxiety as determinants of cognitive development. In J. Heckhausen (Ed.), Motivational psychology. Developing motivation and motivational development (pp. 15–38). Amsterdam: Elsevier.

Trudewind, C., Schubert, U. & Ballin, U. (1996). Die Rolle von Neugier und Angst als Basismotivation der frühkindlichen Erfahrungsbildung. In C. Spiel, U. Kastner-Koller & P. Deimann (Hrsg.), Motivation and Lernen aus der Perspektive lebenslanger Entwicklung (S. 15–30). Münster: Waxmann.

Tseng, W. & Hsu, J. (1991). Culture and family. Problems and therapy. Binghamton, NY: Haworth.

Tubman, J.G., Lerner, J.V. & Lerner, R.M. (1991). Developmental Contextualism and adolescent development. In R.M. Lerner, A.C. Petersen & J. Brooks-Gunn (Eds.), Encyclopedia of Adolescence (Vol. I, pp. 215–220). New York: Garland.

Tuddenham, J.D. und Snyder, M.M. (1954). The physical growth of Carlifornia boys and girls from birth to eighteen years. Child Development, 1, 183–367.

Tulkin, S.R. (1977). Social class differences in maternal and infant behavior. In P. H. Leidemann, A. Rosenfeld & S. R. Tulkin (Eds.), Culture and infancy (pp. 495–537). New York: Academic Press.

Tulkin, S.R. & Covitz, F.E. (1975). Mother-infant interaction and intellectual functioning at age six. Paper presented at the meeting of the Society for Research in Child Development, Denver:

Tulving, E. (1972). Episodic and semantic memory. In E. Tulving & W. Donaldson (Eds.), Organisation of memory (pp. 382–404). New York: Academic Press.

Tulving, E. (1985). Memory and consciousness. Canadian Psychology, 26, 1–12.

Tulviste, P. (1979). On the origins of theoretic syllogistic reasoning in culture and the child. Quarterly Newsletter of the Laboratory of Comparative Human Cognition, 1, 30–80.

Tumlirz, O. (1927). Einführung in die Jugendkunde (2., verbesserte Auflage) (Bd. 2: Die geistige Bildsamkeit der Jugendlichen). Leipzig: Klinkhardt.

Tumlirz, O. (1931). Einführung in die Jugendkunde (3., verbesserte Auflage) (Bd. 1: Die geistige Entwicklung der Jugendlichen). Leipzig: Klinkhardt. Universität Wien.

Turiel, E. (1998). The development of morality. In W. Damon (Series Ed.) & N. Eisenberg (Vol. Ed.), Handbook of child psychology: Vol.3. Social, emotional and personality development (5th ed., pp. 863–932). New York: Wiley.

Turkle, S. (1984). Die Wunschmaschine. Reinbek bei Hamburg: Rowohlt Verlag.

Turner, R.H. (1962). Role-taking: Processes vs. conformity. In A.M. Rose (Ed.), Human behavior and social processes (pp. 20–40). London: Routledge & Kegan Paul.

Tyrka, A.R, Graber, J.A, Brooks-Gunn, J. (2000). The development of disordered eating: Correlates and predictors of eating problems in the context of adolescence. In A.J. Sameroff & M. Lewis (Eds.), Handbook of developmental psychopathology (2nd ed.). (pp. 607–624). New York, Kluwer/Plenum.

U.S. Census Bureau (1997). Purpose of computer use at home by people 3 to 17 years. – (Internet-Informationen).

Ueda, K. (1974). Sixteen ways to avoid saying "no" in Japan. In J. Condon & M. Saito (Eds.), Intercultural encounters with Japan: Communication, contact, and conflict (pp. 51–65). Tokyo: Simul Press.

Uhlendorff, H. (1995). Familien in Ost- und West-Berlin: Einflüsse der Großeltern auf die Enkel und die Erziehungseinstellung der Eltern. In E. Witruk & G. Friedrich (Hrsg.), Pädagogische Psychologie im Streit um ein neues Selbstverständnis (S. 532–538). Landau: Verlag Empirische Pädagogik.

Uhlendorff, H. (1996). Elterliche Netzwerke und ihre Wirkung auf die Freundschaftsbeziehungen der Kinder. Psychologie in Erziehung und Unterricht, 43, S. 127–140.

Ulich, D. (1986). Kriterien psychologischer Entwicklungsbegriffe. Augsburger Berichte zur Entwicklungspsychologie und Pädagogischen Psychologie, I. Forschungsstelle für Pädagogische Psychologie und Entwicklungspsychologie, Universität Augsburg, Augsburg.

Ullman, C. & Tatar, M. (2001). Psychological adjustment among Israeli adolescent immigrants: A report on life satisfaction, self-concept, and self-esteem. Journal of Youth and Adolescence, 30, 449–463.

Ullman, C. (1982). Cognitive and Emotional Antecedents of Religious Conversion. Journal of Personality and Social psychology, 43, 183–192.

Underwood, G. & Batt, V. (1996). Reading and understanding. An introduction to the psychology of reading. Oxford, UK: Blackwell Publishers.

Urban, K.K. (1992). Begabungsförderung im Vorschulalter. In E.A. Hany & H. Nickel (Hrsg.), Begabung und Hochbegabung. Theoretische Konzepte – Empirische Befunde – Praktische Konsequenzen (S. 159–170). Bern: Verlag Hans Huber.

Utsch, M. (1992). Religiosität im Alter: Forschungsschwerpunkte und methodische Probleme. Zeitschrift für Gerontologie, 25, 25–31.

Utsch, M. & Fisseni, H.J. (1991). Religiosität. In W.D. Oswald et al. (Hrsg.), Gerontologie, 2. Aufl. (S. 480–493). Stuttgart: Kohlhammer.

Uzgiris, I.C. (1983). Organization of sensorimotor intelligence. In M. Lewis (Ed.), Origins of intelligence (pp. 135–189). New York: Plenum.

Uzigiris, I. (1979). Die Mannigfaltigkeit der Imitation in der frühen Kindheit. In L. Montada (Hrsg.), Brennpunkte der Entwicklungspsychologie (S. 173–194). Stuttgart: Kohlhammer.

Uzgiris, I.C. & Hunt, J. McV. (1975). Assessment in infancy: Ordinal Scales of Psychological Development. Urbana, IL: University of Illinois Press.

Vaillant, G.E. (1997). A long-term follow-up of male alcohol abuse. Archives of General Psychiatry, 53, 243–249.

Valkenburg, P. & van der Voort, T.H.A. (2000). Stimulation oder Reduktion? Theoretische Positionen und empirische Untersuchungen zur Auswirkung des Fernsehens auf das Phantasiespiel. In S. Hoppe-Graff & R. Oerter (Hrsg.), Spielen und Fernsehen (S. 155–178). Weinheim: Juventa.

Vallerand, R.J., Fortier, M.S. & Guay, F. (1997). Self-determination and persistence in a real-life setting: Toward a motivational model of high school dropout. Journal of Personality and Social Psychology 72, 1161–1176.

Valsiner, J. (1987). Culture and the development of children's action. New York: John Wiley & Sons.

Valsiner, J. (1989). Human development and culture. Lexington/Mass.: Lexington Books.

Valsiner, J. (2000). Culture and human development. London, Thousand Oakes, New Delhi: Sage Publications.

van Crombrugge, H. (1993). Großeltern sind einfach da. Neue Sammlung, 33, 295–301.

van den Boom, D.C. (1988). Neonatal irritability and the development of attachment: Observation and intervention. Unveröff. Diss., Universität Leiden, Niederlande.

van den Boom, D.C. (1990). Preventive intervention and the quality of mother-infant interaction and infant exploration in irritable infants. In W. Knoops, H.J.G. Soppe, J.L. van der Linden, P.C.M. Molenaar & J.J.F. Schroots (Eds.), Developmental psychology behind the dikes (pp. 249–268). Delft: Eburon.

van den Boom, D.C. (1994). The influence of temperament and mothering on attachment and exploration: An experimental manipulation of sensitive responsiveness among lower-class mothers with irritable infants. Child Development, 65, 1457–1477.

van den Boom, D.C. (1995). Do first-year intervention effects endure? Follow-up during toddlerhood of a sample of Dutch irritable infants. Child Development, 66, 1798–1816.

van den Boom, D.C. & Hoeksma, J.B. (1994). The effect of infant irritability on mother-infant interaction: A growth-curve analysis. Developmental Psychology, 30, 581–590.

van den Daele, L.D. (1969). Qualitative models in developmental analysis. Developmental Psychology, 4, 303–310.

van den Daele, L.D. (1974). Infrastructure and transition in developmental analysis. Human Development, 17, 1–23.

van der Meer, A.L.H., van der Weel, F.R. & Lee, D.N. (1995). The functional significance of arm movements in neonates. Science, 267, 693–695.

van der Voort, T.H.A. (1986). Television violence: A child's eye view. Amsterdam: Elsevier Science.

van Eerdewegh, M., Bieri, M., Parilla, R. & Clayton, P. (1982). The bereaved child. British Journal of Psychiatry, 140, 23–29.

van Griffen, K. & Haith, M.M. (1984). Infant visual response to gestalt geometric forms. Infant Behavior and Development, 7, 335–346.

van IJzendoorn, M.H. (Ed.) (1990). Special topic: Cross-cultural validity of attachment theory. Human Development, 33, 2–80.

van IJzendoorn, M. (1995). Adult attachment representations, parental responsiveness, and infant attachment: A meta-analysis on the predictive validity of adult attachment Interview. Psychological Bulletin, 117, 387–403.

van IJzendoorn, M.H., Juffer, F. & Duyvesteyn, M. g. C. (1995). Breaking the intergenerational cycle of insecure attachment: A review of the effects of attachment-based intervention on maternal sensitivity and infant security. Journal of Child Psychology and Psychiatry and Allied Disciplines, 36, 225–248.

van IJzendoorn, M.H. & Kroonenburg, P.M. (1988). Cross-cultural patterns of attachment: A meta-analysis of the Strange Situation. Child Development, 59, 147–156.

van Ijzendoorn, M.H. & Sagi, A. (1999). Cross-cultural patterns of attachment: Universal and contextual dimensions. In J. Cassidy & P.R. Shaver (Eds.), Handbook of attachment: Theory, research, and clinical application (pp. 713–734). New York: Guilford Press.

van Lieshout, C.F.M. & Haselager, G.J.T. (1993). The Big Five personality factors in the Nijmwegen California Child Q-set (NCCQ). Njimwegen, The Netherlands: University of Njimwegen.

van Willigen, M. (2000). Differential benefits of volunteering across the life course. Journal of Gerontology: Social Sciences, 55B, S308-S318.

van Wulfften-Palthe, T. (1986). Neural maturation and early social behavior. A longitudinal study of mother-infant interaction. Dissertation Universität Groningen. Groningen: Drukkerij van Denderen.

Vandenberg, B. (1986). Play, myth and hope. In R. van der Kooij & J. Hellendoorn (Eds.), Play, Play Therapy, Play Research (pp. 77–87). Berwyn: Swets North America: Lisse: Swets & Zeitlinger.

Vandenberg, S.G. (1972). Assertive mating, or who marries whom? Behavior Genetics, 2, 127–157.

Vandenberg, S.G. & Vogler, G.P. (1985). Genetic determinants of intelligence. In B.B. Wolman (Ed.), Handbook of intelligence (pp. 3–57). New York: Wiley.

VanGeert, P. (1986). Theory building in developmental psychology. Amsterdam: Elsevier.

Venter, A., Lord, C. & Schopler, E. (1992). A follow-up study of high-functioning autistic children. Journal of Child Psychology and Psychiatry, 3, 489–507.

Verhaeghen, P., Marcoen, A. & Goossens, L. (1992). Improving memory performance in the aged through mnemonic training: A meta-analytic study. Psychology and Aging, 7, 242–251.
Verhaeghen, P., Marcoen, A. & Goossens, L. (1993). Facts and fiction about memory aging: A quantitative integration of reserach findings. Journals of Gerontology, 48, P157-P171.
Verhaeghen, P. & Salthouse, T.A. (1997). Meta-analyses of age-cognition relations in adulthood: Estimates of linear and nonlinear age effects and structural models. Psychological Bulletin, 122, 231–249.
Verhofstadt-Deneve, L. & Schittekatte, M. (1993). Sexual standards and behavior during adolescence and psycho-social development in young adulthood. International Journal of Adolescent Medicine and Health, 6, 113–136.
Veroff, J. (1969). Social comparison and the development of achievement-related motives in children. New York: Russel Sage Foundation.
Verres, R. (1998). Vom Handlungsdruck zur inneren Ruhe. In R. Verres & D. Klusmann (Hrsg.), Strahlentherapie im Erleben der Patienten (S. 111–116). Heidelberg: Barth.
Victorian Infant Collaborative Study Group (o. A., 1991). Eight-year outcome in infants with birthweight of 500 to 999 grams: continuing regional study of 1979 and 1980 births. Journal of Pediatrics, 118, 761–767.
Vierzigmann, G. (1995). Entwicklung von Skalen zur Erfassung individueller Beziehungskompetenzen (SEBE). Zeitschrift für Differentelle und Diagnostische Psychologie, 16, 103–112.
Vietze, P.M., McCarthy, M., McQuiston, S., MacTurk, R. & Yarrow, L.J. (1983). Attention and exploratory behavior in infants with Down's syndrom. In T. Field & A. Sostek (Eds.), Infants born at risk: Physiological, perceptual, and cognitive processes. New York: Grune & Stratton.
Vinter, A. & Mounoud, P. (1991). Isochrony and accuracy of drawing movements in children: Effects of age and context. In J. Wann, A.M. Wing & N. Sovik (Eds.), Development of graphic skills (pp. 113–137). London: Academic Press.
Viviani, P. & Schneider, R. (1991). A developmental study of the relationship between geometry and kinematics in drawing movements. Journal of Experimental Psychology: Human Perception and Performance, 17, 198–218.
Vogl, M. (1993). Instrumentenpräferenz und Persönlichkeitsentwicklung. Eine musik- und entwicklungspsychologische Forschungsarbeit zum Phänomen der Instrumentenpräferenz bei Musikern und Musikerinnen. Frankfurt/M.: Lang.
Vohr, B. & Garcia Coll, C. (1985). Neurodevelopmental and school performance of very low birthweight infants: a seven year longitudinal study. Pediatrics, 76, 345–350.
Volbert, R. (1997). Suggestibilität kindlicher Zeugen. In M. Steller & R. Volbert (Hrsg.), Psychologie im Strafverfahren (S. 40–62). Bern: Huber.
Volbert, R.(1998). Sexuelles Verhalten von Kindern: Normale Entwicklung oder Indikator für sexuellen Mißbrauch? In G. Amann & R. Wipplinger (Hrsg.), Sexueller Missbrauch (S. 385–398). Tübingen: DGVT.
Volbert, R. & Steller, M. (1998). Aussagefähigkeit von Kindern. In H.-L. Kröber & K.-P. Dahle (Hrsg.), Sexualstraftaten und Gewaltdelinquenz (S. 235–257). Heidelberg: Kriminalistik.
Volkswagen AG, Deutscher Kinderschutzbund Bundesverband e.V. & Stiftung zur Förderung des Kinderschutzes (Hrsg.) (2000). Taschenbuch der Kinderpresse 2000. Remagen: Rommerskirchen.
von Eye, A. & Kreppner, K. (1989). Family systems and family development: The selection of analytical units. In K. Kreppner & R.M. Lerner (Eds.), Family systems and life span development (pp. 247–269). Hillsdale: Erlbaum.
von Hofacker, N., Papousek, M., Jacubeit, T. & Malinowski, M. (1999). Rätsel der Säuglingskoliken. Ergebnisse, Erfahrungen und therapeutische Interventionen aus der „Münchener Sprechstunde für Schreibabies“ Monatsschrift Kinderheilkunde, 147, 244–253.
von Hofsten, C. (1984). Developmental changes in the organizatiȯn of prereaching movements. Developmental Psychology, 20, 378–388.
von Hofsten, C. (1986). The emergence of manual skill. In M.G. Wade & H.T.A. Whiting (Eds.), Motor development in children: Aspects of coordination and control (pp. 167–185). Dordrecht: Martinus Nijhoff Publ.
von Hofsten, C. (1989). Motor development as the development of systems: Comments on the special section. Developmental Psychology, 25, 950–953.
von Humboldt, W. (1960, orig.1836). Über die Verschiedenheit des menschlichen Sprachbaues. Bonn: Dümmler.
von Salisch, M. (2000). Wenn Kinder sich ärgern. Göttingen: Hogrefe.
Vondracek, F.W., Lerner, R.M. & Schulenberg, J.E. (1986). Career development: A life-span developmental approach. Hillsdale, NJ: Lawrence Erlbaum.
Voß, T. (1926). Die Entwicklung der religiösen Vorstellungen. Archiv für die Gesamte Psychologie, 57, 1–86.
Vosniadou, S. (1989). Analogical reasoning as a mechanism in knowledge acquisition: A developmental perspective. In S. Vosniadou & A. Ortony (Eds.), Similarity and analogical reasoning (pp. 413–437). Cambridge: Cambridge University Press.
Vosniadou, S. (1991). Conceptual development in astronomy. In S. M. Glynn, R.H. Yeany & B.K. Britton (Eds.), The psychology of learning science (pp. 149–178). Hillsdale, NJ: Erlbaum.
Voss, H.-G. & Meyer, H.-J. (1987). Entwicklung explorativen Verhaltens in der frühen Kindheit (2.–4. Lebensjahr) und Genese des Neugiermotivs. Darmstadt: Bericht für die Stiftung Volkswagenwerk:
Völker, S., Keller, H., Lohaus, A., Cappenberg, M. & Chasiotis, A. (1999). Maternal interactive behavior in early infancy and later attachment. International Journal of Behavioral Development, 23, 921–936.
Vygotski, L.S. (1978). Mind in society: The development of higher psychological processes. Cambridge, MAS: Harvard University Press.

Wachtler, G. & Wagner, P.S. (1997). Arbeit im Ruhestand. Opladen: Leske + Budrich.
Waelder, R. (1933). The psychoanalytic theory of play. Psychoanalytic Quarterly, 2, 208–222.
Wagner, H. (Ed.) (1989). Ars moriendi. Erwägungen zur Kunst des Sterbens. Freiburg: Herder.
Wagner, I. (1976). Aufmerksamkeitstraining mit impulsiven Kindern. Stuttgart: Klett.
Wagner, M., Schütze, Y. & Lang, F. (1996). Soziale Beziehungen alter Menschen. In K.U. Mayer & P.B. Baltes (Hrsg.), Die Berliner Altersstudie (S. 301–319). Berlin: Akademie Verlag.
Wagner, R.K. (1988). Causal relations between the development of phonological processing abilities and the acquisition of reading skills: A meta-analysis. Merrill-Palmer Quarterly, 34, 261–279.
Wagner, S., Winner, E., Cicchetti, D. & Gardner, H. (1981). "Metaphorical" mapping in human infants. Child Development, 52, 728–731.
Wagner-Döbler, R. (1996). Alter und intellektuelle Produktivität: Das Beispiel von Mathematikern, Logikern und Schachmeistern. Zeitschrift für Gerontopsychologie und Gerontopsychiatrie, 9, 277–290.
Wahl, H.-W. (1992). Ökologische Perspektiven in der Gerontopsychologie: Ein Blick in die vergangenen drei Jahrzehnte und in die Zukunft. Psychologische Rundschau, 43, 232–248.
Wahl, H.-W. & Kruse, A. (1999). Psychologische Gerontologie im deutschsprachigen Raum 1988–1998: Einführung, kognitive Entwicklung im Alter (Teil I). Zeitschrift für Gerontologie und Geriatrie, 32, 179–192.
Wahl, H.-W. & Tesch-Römer, C. (1998). Interventionsgerontologie im deutschsprachigen Raum. Zeitschrift für Gerontologie & Geriatrie, 31, 76–88.
Walberg, H.J. (1981). A psychological theory of educational productivity. In F.H. Fairley & N. Gordon (Eds.), Psychology and education (pp. 81–110). Chicago: National Society for the Study of Education
Waldmann, S. (1991). „Es muß alles anders werden, wurscht was!" Entstehung und Entwicklung von politischem Bewußtsein eine empirische Untersuchung anhand der Lebensgeschichten von ehemaligen ApO-Studenten. München: Profil-Verlag.
Walk, R.D. (1981). Perceptionel development. Pacific Grove, CA: Brooks/Cole.
Walk, R.D. & Dodge, S.H. (1962). Visual depth perception of a 10-month-old monocular human infant. Science, 137, 529–530.
Walker, L.J. (1984). Sex differences in the development of moral reasoning: A critical review. Child Development, 55, 677–691.
Walker-Andrews, A.S. (1988). Infants' perceptions of the affordances of expressive behavior. In C. Rovee-Collier & L.P. Lipsitt (Eds.), Advances in infancy research (Vol. 5, pp. 173–221). Norwood, N. J.: Ablex.
Wallerstein, J. & Blakeslee, S. (1989). Gewinner und Verlierer. Frauen, Männer, Kinder nach der Scheidung. München: Drömer.
Walper, S. (1991). Trennung der Eltern und neue Partnerschaft: Auswirkungen auf das Selbstkonzept und die Sozialentwicklung. Schweizerische Zeitschrift für Psychologie, 50 (1), 34–47.
Walper, S. (1995). Familienbeziehungen und Sozialentwicklung Jugendlicher in Kern-, Eineltern und Stieffamilien. Zeitschrift für Entwicklungspsychologie und Pädagogische Psychologie, 27, 93–121.
Walper, S. (1998). Die Individuation in Beziehung zu beiden Eltern bei Kindern und Jugendlichen aus konfliktbelasteten Kernfamilien und Trennungsfamilien. Zeitschrift fuer Soziologie der Erziehung und Sozialisation, 18 (2), 134–151.
Walper, S. (1998). Individuation Jugendlicher in Konflikt-, Trennungs- und Stieffamilien. Habilitationsschrift an der Fakultät für Psychologie und Pädagogik der Universität München
Walper, S. (1999). Auswirkungen von Armut auf die Entwicklung von Kindern. In A. Lepenies, G. Nunner-Winkler, G.E. Schäfer & S. Walper (Hrsg.), Kindliche Entwicklungspotentiale. Normalität, Abweichung und ihre Ursachen (Materialien zum 10. Kinder und Jugendbericht, Band 1). München: DJI-Verlag.
Walper, S. & Gerhard, A.-K. (2001). Kinder und Jugendliche in Kern- und Trennungsfamilien: Zur Rolle elterlicher Konflikte als Belastungsfaktor. In K.A. Schneewind et al. (Hrsg.), 2. Münchner Tagung für Familienpsychologie. Abstractband (S. 22). Martinsried: ars una Verlagsgesellschaft.
Walper, S., Gerhard, A.-K., Schwarz, B. & Gödde, M. (in Druck). Wenn an den Kindern gespart werden muß: Einflüsse der Familienstruktur und finanzieller Knappheit auf die Befindlichkeit von Kindern und Jugendlichen. In S. Walper & R. Pekrun (Hrsg.), Familie und Entwicklung. Perspektiven der Familienpsychologie. Göttingen: Hogrefe.
Walper, S. & Pekrun, R. (Hrsg.) (2001). Familie und Entwicklung. Göttingen: Hogrefe.
Walper, S. & Schwarz, B. (1999). Risiken und Chancen für die Entwicklung von Kindern aus Trennungs- und Stieffamilien: Eine Einführung. In S. Walper & B. Schwarz (Hrsg.), Was wird aus den Kindern? Chancen und Risiken für die Entwicklung von Kindern aus Trennungs- und Stieffamilien (S. 7–22). Weinheim: Juventa.
Walper, S. & Schwarz, B. (2001). Adolescents' individuation in East and West Germany: Effects of family structure, financial hardship, and family processes. American Behavioral Scientist, 44, 1937–1954.
Walter, J. & Grübl, G. (1999). Junge Aussiedler im Jugendstrafvollzug. In K.J. Bade & J. Oltmer (Hrsg.), Aussiedler: Deutsche Einwanderer aus Osteuropa (S. 153–176). Osnabrück: Universitätsverlag Rasch.
Walter, K.-H. (1967). Sollen kleine Kinder lesen lernen? Für und wider das Frühlesen. Duisburg: Braun.
Walton, G.E., Armstrong, E.S. & Bower, T.G.R. (1997). Faces as forms in the world of the newborn. Infant Behavior and Development, 20, 537–543.
Wang, M.C., Haertel, G.D. & Walberg, H.J. (1990). What influences Learning? A content analysis of review literatur. Journal of Educational Research, 84, 30–43.
Warnke, A. & Roth, E. (2000). Umschriebene Lese-Rechtschreibstörung. In F. Petermann (Hrsg.), Lehrbuch der Klinischen Kinderpsychologie und -psychotherapie (S. 451–476). Göttingen: Hogrefe.

Washington, J., Minde, K. & Goldberg, S. (1986). Temperament in preterm infants: style and stability. Journal of the American Academy of Child Psychiatry, 25, 493–502.
Wasik, B.H., Ramey, C.T., Bryant, D.M. & Sparling, J.J. (1990). A longitudinal study of two early intervention strategies: Project CARE. Child Development, 61, 1682–1696.
Waterman, A.S. (1982). Identity development from adolescence to adulthood: An extension of theory and a review of research. Developmental Psychology, 18, 341–358.
Watermann, R. (2001). Die Erfassung fachlicher Kompetenz jenseits eindimensionaler Leistungsskalen: Latent-Class-Modelle für Kompetenzstufen in der voruniversitären Mathematik. Vortrag auf der 60. Tagung der Arbeitsgruppe empirische-pädagogische Forschung (AepF). Bamberg, 19.–21. März 2001.
Waters, E. & Sroufe, L.A. (1983). Social competences as a developmental construct. Developmental Review, 3, 79–97.
Waters, E. Merrick, S., Treboux, D., Crowell, J. & Albersheim, L. (2000). Attachment security in infancy and early adulthood: A twenty-year longituidnal study. Child Development, 71, 703–706.
Waters, H.S. (2000). Memory strategy development: Do we need yet another deficiency? Child Development, 71, 1004–1012.
Waters, H.S. & Andreassen, C. (1983). Children's use of memory strategies under instruction. In M. Pressley & J.R. Levin (Eds.), Cognitive strategy research: Psychological foundations (pp. 3–24). New York: Springer-Verlag.
Watkins, B. & Bentovim, A. (1992). The sexual abuse of male children and adolescents: A review of current research. Journal of Child Psychology and Psychiatry, 33, 197–248.
Watson, J.B. (1924/1968). Behaviorismus. Köln: Kiepenheuer & Witsch (Original erschienen: 1924).
Watzlawick, P., Beavin, J. M. & Jackson, D.D. (1969). Menschliche Kommunikation. Bern: Huber.
Webb, R.A., Massar, B. & Nadolny, T. (1972). Information and strategy in the young child's search for hidden objects. Child Development, 43, 91–104.
Weber, A. (1993). Autobiographische Erinnerung und Persönlichkeit. Frankfurt am Main: Peter Lang.
Weber, E. (1987). Generationskonflikte und Jugendprobleme aus (erwachsenen-)pädagogischer Sicht. München: Verlag Ernst Vögel.
Wegener, H. (1992). Einführung in die forensische Psychologie. Darmstadt: Wissenschaftliche Buchgesellschaft.
Wehren, A. & DeLisi, F. (1983). The development of gender understanding: Judgement and explanations. Child Development, 54, 1568–1578.
Weikart, D. (1975). Über die Wirksamkeit vorschulischer Erziehung. Zeitschrift für Pädagogik, 21, 489–509.
Weikart, D.P. & Schweinhart, L.J. (1997). High/Scope Perry Preschool Program. In G.W. Albee & T.P. Gullotta (Eds.), Primary prevention works (pp. 146–166). London: Sage Publications.
Weinberg, M.K. & Tronick, E.Z. (1994). Beyond the face: An empirical study of infant affective configurations of facial, vocal, gestural, and regulatory behaviors. Child Development, 65, 1503–1515.
Weinberg, M.K., Tronick, E.Z. & Cohn, J.F. & Olson, K.L. (1999). Gender differences in emotional expressivity and self-regulation during early infancy. Developmental Psychology, 35, 175–188.
Weiner, B. (1980). Human Motivation. New York: Holt, Rinehart & Winston.
Weiner, B. & Peters, B.-V. (1973). A cognitive-developmental analysis of achievement and moral judgments. Developmental Psychology, 9, 290–309.
Weinert, F.E. (1982). Selbstgesteuertes Lernen als Voraussetzung, Methode und Ziel des Unterrichts. Unterrichtswissenschaft, 2, 99–110.
Weinert, F.E. (1983). Gedächtnistraining – Übung von Lernstrategien. Universitas, 38, 157–164.
Weinert, F.E. (1992). Altern in psychologischer Perspektive. In P.B. Baltes & J. Mittelstraß (Hrsg.), Zukunft des Alters und gesellschaftliche Entwicklung (S. 180–203). Berlin: deGruyter.
Weinert, F.E. (1994). Altern in psychologischer Perspektive. In P.B. Baltes, J. Mittelstraß & U.M. Staudinger (Hrsg.), Alter und Altern: Ein interdisziplinärer Studientext zur Gerontologie (S. 180–203). Berlin: de Gruyter.
Weinert, F.E. (1994). Lernen lernen und das eigene Lernen verstehen. In K. Reusser & M. Reusser-Weyeneth (Hrsg.), Verstehen: psychologischer Prozess und didaktische Aufgabe (S. 183–205). Bern: Huber.
Weinert, F.E. (1998). Vermittlung von Schlüsselqualifikationen. In S. Matalik & D. Schade (Hrsg.), Entwicklungen in Aus- und Weiterbildung (S. 23–43). Baden-Baden: Nomos.
Weinert, F.E. (Hrsg.) (1998). Entwicklung im Kindesalter. Weinheim: Psychologie Verlags Union.
Weinert, F.E. (2001). Schulleistungen – Leistungen der Schule oder der Schüler? In F. E. Weinert (Hrsg.), Leistungsmessungen in Schulen (S. 73–86). Weinheim: Beltz.
Weinert, F.E. & Helmke, A. (Hrsg.) (1997). Entwicklung im Grundschulalter. Weinheim: Beltz/PVU
Weinert, F.E. & Schneider, W. (1996). Entwicklung des Gedächtnisses. In D. Albert & K.-H. Stapf (Hrsg), Enzyklopädie der Psychologie. Kognition, Bd 4: Gedächtnis. Göttingen: Hogrefe.
Weinert, F.E. & Schneider, W. (Eds.) (1999). Individual development from 3 to 12: Findings from the Munich Longitudinal Study. Cambridge, UK: Cambridge University Press.
Weinert, F.E., Schneider, W. & Knopf, M. (1988). Individual differences in memory development across the life-span. In P.B. Baltes, D.L. Featherman & R.M. Lerner (Eds.), Life-span development and behavior (Vo. 9, pp. 39–85). Hillsdale, NJ: Erlbaum.
Weinert, F.E. & Schrader, F.-W. (1997). Lernen lernen als psychologisches Problem. In F.E. Weinert & H. Mandl (Hrsg.), Enzyklopädie der Psychologie: Themenbereich D Praxisgebiete, Serie 1 Pädagogische Psychologie, Band 4 Psychologie der Erwachsenenbildung (S. 295–335). Göttingen: Hogrefe.

Weinert, S. (1991). Spracherwerb und implizites Lernen. Bern: Huber.
Weinert, S. (1993). Regelabstraktion ohne abstraktes Denken? – Diskussion einiger lernpsychologischer Thesen zum Erwerb der Muttersprache. In L. Montada (Hrsg.), Bericht über den 38. Kongress der Deutschen Gesellschaft für Psychologie in Trier (Bd. 2) (S. 779–790). Göttingen: Hogrefe.
Weinert, S. (1995). Spracherwerb: Wie Kinder lernen, worüber Erwachsene kaum Auskunft geben können. In H. Balhorn & H. Brügelmann (Hrsg.), Rätsel des Schriftspracherwerbs. Neue Sichtweisen aus der Forschung (S. 29–36). Lengwil am Bodensee: Libelle Verlag.
Weinert, S. (1996). Prosodie-Gedächtnis-Geschwindigkeit: Eine vergleichende Studie zu Sprachverarbeitungsdefiziten dysphasisch-sprachgestörter Kinder. Sprache & Kognition, 15, 46–69.
Weinert, S. (2000a). Beziehungen zwischen Sprach- und Denkentwicklung. In H. Grimm (Hrsg.), Sprachentwicklung (S. 311–361). (Enzyklopädie der Psychologie). Göttingen: Hogrefe.
Weinert, S. (2000b). Sprach- und Gedächtnisprobleme dysphasisch-sprachgestörter Kinder: Sind rhythmisch-prosodische Defizite eine Ursache? In K. Müller & G. Aschersleben (Hrsg.), Rhythmus. Ein interdisziplinäres Handbuch (S. 255–283). Bern: Huber.
Weinfield, N.S., Sroufe, S.A. & Egeland, B. (2000). Attachment from infancy to early adulthood in a high-risk sample: Continuity, discontinuity, and their correlates. Child Development, 71, 695–702.
Weinstein, C.E. & Mayer, R.E. (1986). The teaching of learning strategies. In M.C. Wittrock (Ed.), Handbook of research on teaching (pp. 292–316). New York: Plenum Press.
Wellman, H.M. (1983). Metamemory revisited. In M.T.H. Chi (Ed.), Trends in memory development research (pp. 31–51). Basel: Karger.
Wellman, H.M. (1988). The early development of memory strategies. In P. Weinert & M. Perlmutter (Eds.), Memory development: Universal changes and individual differences (pp. 3–29). Hillsdale, NJ: Lawrence Erlbaum.
Wellman, H.M. (1990). The child's theory of mind. Cambridge, MA: MIT/Bradford Books.
Wellman, H.M., Cross, D. & Watson, J. (2001). A meta-analysis of theory of mind development: The truth about false belief. Child Development, 72, 655–684.
Wellman, H.M. & Estes, D. (1986). Early understanding of mental entities: A reexaminiation of childhood realism. Child Development, 57, 910–923.
Wellman, H.M. & Gelman, S. A. (1998). Knowledge acquisition in foundational domains. In D. Kuhn & R.S. Siegler (Vol. Eds.), Handbook of child psychology (5th ed. Vol. 2) (pp. 523–573). New York: Wiley.
Wellman, H.M. & Gelman, S.A. (1992). Cognitive development: Foundational theories of core domains. Annual Reviews of Psychology, 43, 337–375.
Wellman, H.M. & Woolley, J. D. (1990). From simple desires to ordinary beliefs: the early development of everyday psychology. Cognition, 57, 245–275.
Wentura, D. (2000). Personale und subpersonale Aspekte des Selbst. In W. Greve (Hrsg.), Psychologie des Selbst (S. 255–276). Weinheim: Beltz/PVU.
Wentura, D., Dräger, D. & Brandtstädter, J. (1997). Alternsstereotype im frühen und höheren Erwachsenenalter: Analyse akkommodativer Veränderungen anhand einer Satzpriming-Technik. Zeitschrift für Sozialpsychologie, 28, 109–128.
Wenzel, S. (1990). Jungensexualität – Mädchensexualität. Gibt es das? In N. Kluge (Hrsg.), Jugendsexualität: ein Tagungsbericht (S. 79–87). Frankfurt/M.: Dipa-Verlag.
Werff, J.J. van der. (1990). The problem of self-conceiving. In H. Bosma & S. Jackson (Eds.), Coping and self-concept in adolescence (pp. 14–33). Berlin: Springer.
Werker, J. (1989). Becoming a native speaker. American Scientist, 77, 54–59.
Werker, J.F. (1989). Becoming a native listener. American Scientist, 77, 54–59.
Werker, J.F. & Tees, R.C. (1999). Influences on infant speech processing: toward a new synthesis. Annual Review of Psychology, 50, 509–535.
Werneck, H. (1997). Belastungsaspekte und Gratifikation beim Übergang zur Vaterschaft. Psychologie in Erziehung und Unterricht, 44, 276–288.
Werneck, H. (1998). Übergang zur Vaterschaft. Auf der Suche nach den „Neuen Vätern". Wien: Springer.
Werneck, H. & Werneck-Rohrer, S. (Hrsg.) (2000). Psychologie der Familie. Wien: WUV Universitätsverlag.
Werner, E.E. (1990). Antecedents and consequences of deviant behavior. In K. Hurrelmann & F. Lösel (Eds.), Health hazard in adolescence (pp. 219–231). Berlin: Walter de Gruyter.
Werner, E.E. (1993). Risk, resilience, and recovery: Perspectives from the Kauai Longitudinal Study. Development and Psychopathology, 5, 503–515.
Werner, E.E. & Smith, R.S. (1982). Vulnerable but invincible: A longitudinal study of resilient children and youth. New York: McGraw Hill.
Werner, E.E. & Smith, R.S. (1992). Overcoming the odds: High risk children from birth to adulthood. New York: Cornell University Press.
Werner, H. (1926). Einführung in die Entwicklungspsychologie. Leipzig: Barth.
Werner, L. & Kaplan, B. (1963). Symbol formation: An organismic-developmental approach to language and expression of thought. New York: Wiley.

West, D.J. (1977). Delinquency. In M. Rutter & L. Hersov (Eds.),Child psychiatry: Modern approaches (pp. 510–523). Oxford: Blackwell.
West, D.J. & Farrington, D.P. (1973). Who becomes delinquent? London: Heinemann.
West, D.J. & Farrington, D.P. (1977). The delinquent way of life. London: Heinemann.
Westermarck, E. (1891). The history of human marriage. London: Macmillan.
Wetzels, P. (1997). Gewalterfahrungen in der Kindheit. Baden Baden: Nomos.
Wetzels, P. (1997). Gewalterfahrungen in der Kindheit. Sexueller Mißbrauch, körperliche Mißhandlung und deren langfristige Konsequenzen. Baden-Baden: Nomos.
Wetzels, P., Enzmann, D., Mecklenburg, E. & Pfeiffer, C. (2001). Jugend und Gewalt: Eine repräsentative Dunkelfeldanalyse in München und acht anderen deutschen Städten. Baden-Baden: Nomos.
Whitaker, A., Davies, M., Shaffer, D., Johnson, J., Abrams, S., Walsh, B.T. & Kalikow, K. (1989). The struggle to be thin: A survey of anorexic and bulimic symptoms in a non-referred adolescent population. Psychological Medicine, 19, 143–163.
White, B.L., Castle, P. & Held, R. (1964). Observations on the development of visually directed reaching. Child Development, 35, 349–364.
White, R.W. (1959). Motivation reconsidered: The concept of competence. Psychological Review, 66, 297–333.
Whitehurst, G.J., Falco, F.L., Lonigan, C.J., Fischel, B.D., DeBaryshe, M.C., Valdez-Menchaca, M.C. & Caulfield, M. (1988). Accelerating language development through picture book reading. Developmental Psychology, 24, 525–559.
Whiten, A. (1998). Evolutionary and developmental origins of the mindreading system. In J. Langer & M. Killen (Eds.), Piaget, Evolution, and Development (pp. 73–99). Mahwah, New Jersey: Erlbaum Associates Publishers.
Whiten, A. & Byrne, R. W. (1991). The emergence of metarepresentation in human ontogeny and primate phylogeny. In A. Whiten (Ed.), Natural theories of mind: Evolution, development and simulation of everyday mindreading (pp. 267–281). Oxford, England: Basil Blackwell.
Whiting, B.B. & Whiting, W.M. (1975). Children of six cultures: A psychocultural analysis. Cambridge/Mass.: Harvard University Press.
Whiting, J.W.M. & Child, I.L. (1953). Child training and personality: A cross-cultural study. New Haven, CT: Yale University Press.
Wicki, W. (1997). Übergänge im Leben der Familie. Veränderungen bewältigen. Bern: Huber.
Wicki, W. (1999). Familiale Ressourcen in der Berner Studie zum Übergang zur Elternschaft: Explikation und Funktionen. In B. Reichle & H. Werneck (Hrsg.), Übergang zur Elternschaft. Aktuelle Studien zur Bewältigung eines unterschätzten Lebensereignisses (S. 225–237). Stuttgart: Enke.
Wicklund, R.A. (1975). Objective self-awareness. In L. Berkowitz (Ed.), Advances in experimental social psychology (Vol. 8, pp. 233–275). New York: Academic Press.
Wicklund, R.A. (1979). Selbstzentrierte Aufmerksamkeit, Selbstkonsistenz und Moralität. In L. Montada (Hrsg.), Brennpunkte der Entwicklungspsychologie (S. 399–407). Stuttgart: Kohlhammer.
Widl, M. (1994). Sehnsuchtsreligion. Neue Religiöse Kulturformen als Herausforderung für die Praxis der Kirchen. Frankfurt/M.: Peter Lang.
Wiehe, V. (1990). Religious influence on parental attitudes toward the use of corporal punishment. Journal of Family Violence, 5, 173–186.
Wiese, B.S. & Freund, A.M. (in Druck). Zum Einfluss persönlicher Prioritätensetzungen auf Maße der Stimuluspräferenz. Zeitschrift für Experimentelle Psychologie.
Wiesendahl, E. (2001). Keine Lust mehr auf Parteien. Zur Abwendung Jugendlicher von den Parteien. Aus Politik und Zeitgeschichte. Beilage zur Wochenzeitung Das Parlament, B 10/2001, 7–19.
Wiesner, R., Mörsberger, T., Oberloskamp, H. & Sruck, J. (2000). SGB VIII. Kinder- und Jugendhilfe (2. Aufl.). München: Beck.
Wigfield, A., Eccles, J.S. & Pintrich, P.R. (1996). Development between the ages of 11 and 25. In D.C. Berliner & R.C. Calfee (Eds.), Handbook of educational psychology (pp. 148–185). New York: MacMillan Library Reference USA.
Wijnroks, L. & Kalverboer, A.F. (1997). Early mother-infant interaction and quality of attachment in preterm infants. In W. Koops, J.B. Hoeksma & D.C. van den Boom (Eds.), Development of interaction and attachment: Traditional and non-traditional approaches (pp. 109–124). Amsterdam: North Holland.
Wilber, K. (1994). Esoterische Religion, Bewusstseinsentwicklung und Psychotherapie. In E. Zundel & P. Loomans (Hrsg.), Psychotherapie und religiöse Erfahrung (S. 291–318). Freiburg i.Br.: Herder.
Wild, E. & Hofer, M. (2000). Elterliche Erziehung und die Veränderung motivationaler Orientierungen in der gymnasialen Oberstufe und der Berufsschule. In U. Schiefele & K.-P. Wild (Hrsg.), Interesse und Lernmotivation. Untersuchungen zu Entwicklung, Förderung und Wirkung (S. 31–52). Münster: Waxmann.
Wild, K.-P. & Schiefele, U. (1994). Lernstrategien im Studium: Ergebnisse zur Faktorenstruktur und Reliabilität eines neuen Fragebogens. Zeitschrift für Differentielle und Diagnostische Psychologie, 15, 185–200.
Wild, K.-P., Schiefele, U. & Winteler, A. (1992). LIST. Ein Verfahren zur Erfassung von Lernstrategien im Studium. Gelbe Reihe: Arbeiten zur Empirischen Pädagogik und Pädagogischen Psychologie Nr. 20. München: Universität der Bundeswehr, Institut für Erziehungswissenschaft und Pädagogische Psychologie.
Wilhelm, P., Myrtek, M. & Brügner, G. (1997). Vorschulkinder vor dem Fernseher: Ein psychophysiologisches Feldexperiment. Bern: Huber.

Wilkening, F. (1980). Development of dimensional integration in children's perceptual judgements: Experiments with area, volume, and velocity. In F. Wilkening, J. Becker & T. Trabasso (Eds.), Information integration by children (pp. 47–69). Hillsdale, NJ: Erlbaum.

Wilkening, F. & Anderson, N.H. (1991). Representation and diagnosis of knowledge structures in developmental psychology. In N.H. Anderson (Ed.), Contributions to information integration theory: Vol. III: Developmental (pp. 45–80). Hillsdale, NJ: Erlbaum.

Wilkening, F. & Lange, K. (1989). When is children's perception holistic? Goals and styles in processing multidimensional stimuli. In T. Globerson & T. Zelniker (Eds.), Cognitive style and cognitive development (pp. 141–171). Norwood, NJ: Ablex.

Wilkening, F. (1981). Integration of velocity, time and distance information: A developmental study. Cognitive Psychology, 13, 231–247.

Willatts, P. (1990). Development of problem-solving strategies in infancy. In D.F. Bjorklund (Ed.), Children's strategies (pp. 23–66). Hillsdale, NJ: Lawrence Erlbaum.

Willatts, P. (1999). Development of means-end behavior in young infants: Pulling a support to retrieve a distant object. Developmental Psychology, 35, 651–667.

Willatts, P., Domminney, C. & Rosie, K. (1989). How two-year-olds use forward-search strategy to solve problems. Paper presented at the Biennial Meeting of the Society for Research in Child Development, Kansas City, MO.

Willems, H., Eckert, R., Würtz, S. & Steinmetz, L. (1982). Fremdenfeindliche Gewalt: Einstellungen, Täter, Konflikteskalation. Opladen: Leske & Budrich.

Williams, J.E. & Best, D.L. (1982). Measuring sex stereotypes: A thirty-nation study. Beverly Hills, CA: Sage,

Williams, W.L. (1986). The spirit and the flesh: Sexual diversity in American Indian culture. Boston: Beacon Press.

Willis, S.L. & Nesselroade, C.S. (1990). Long-term effects of fluid ability training in old-old age. Developmental Psychology, 26, 905–910.

Wills, T.A. (1981). Downward comparison principles in social psychology. Psychological Bullentin, 90, 245–271.

Wilson, E.O. (1975). Sociobiology: The new synthesis. Cambridge, MA: Harvard University Press.

Wilson, R.S. (1983). The Louisville twin study: Developmental synchronies in behavior. Child Development, 54, 298–316.

Wimmer, H. & Hartl, M. (1991). Against the Cartesian view on mind: Young children's difficulty with own false beliefs. British Journal of Developmental Psychology, 9, 125–138.

Wimmer, H. & Perner, J. (1979). Kognitionspsychologie. Stuttgart: Kohlhammer (Urban Taschenbuch 292).

Wimmer, H. & Perner, J. (1983). Beliefs about beliefs: Representation and constraining function of wrong beliefs in young children's understanding of deception. Cognition, 13, 103–128.

Wimmer, H., Hogrefe, A. & Perner, J. (1988). Children's understanding of informational access as source of knowledge. Child Development, 59, 386–396.

Wimmer, H., Zwicker, T. & Gugg, D. (1991). Schwierigkeiten beim Lesen und Schreiben in den ersten Schuljahren. Befund zur Peristenz und Verursachung. Zeitschrift für Entwicklungspsychologie und Pädagogische Psychologie, 23(4), 280–298.

Winefield, H.R. & Harvey, E.J. (1996). Psychological maturity in early adulthood. Journal of Genetic Psychology, 157, 93–103.

Wing, L. (1988). The continuum of autistic characteristics. In E. Schopler & G.B. Mesibov (Eds.), Diagnosis and assessment in autism (pp. 91–110). New York: Plenum Press.

Winkelmann, W., Holländer, A., Schmerkotte, H. & Schmalohr, E. (1977). Kognitive Entwicklung und Förderung von Kindergarten- und Vorklassen-Kindern (Bd. 1 und 2). Kronberg/Ts.: Scriptor.

Winn, L. (1979). Die Droge im Wohnzimmer. Reinbek: Rowohlt.

Winner, E. (1982). Invented worlds: The psychology of the arts. Cambridge (Mass): Harvard University Press.

Winnicott, D.W. (1973). Vom Spiel zur Kreativität. Stuttgart: Klett.

Winter, D.A. (1991). The biomechanics and motor control gait: Normal, elderly, and pathological (2 ed.). Waterloo, Ontario, Canada: University of Waterloo Press.

Winter, M.M. & McDonald, D.S. (1997). Parents as teachers: Investing in good beginnings for children. In G.W. Albee & T.P. Gullotta (Eds.), Primary prevention works (pp.119–145). London: Sage Publications.

Winter-Baums, K. (1991). Das Erleben des Elternverlusts: Ein explorative Untersuchung zum Thema und Erarbeitung von Bewältigungshilfen. München: Profil Verlag.

Wipplinger, R. & Amann, G. (1998). Zur Bedeutung der Bezeichnungen und Definitionen von sexuellem Mißbrauch. In G. Amann & R.Wipplinger (Hrsg.), Sexueller Mißbrauch (S. 13–38). Tübingen: DGVT.

Wirthensohn, M. (1987). Geschlechtsrollenorientierungen in der späten Adoleszenz (unveröff. Diss.). Zürich: Philosophische Fakultät I der Universität Zürich.

Wishart, J.G. & Bower, T.G.R. (1984). Spatial relations and the object concept: A normative study. In L.P. Lipsitt & C. Rovee-Collier (Eds.), Advances in infancy research (Vol. 3, pp. 57–123). Norwood, NJ: Ablex.

Wishart, J.G. & Bower, T.G.R. (1985). Longitudinal study of the development of the object concept. British Journal of Developmental Psychology, 3, 243–258.

Wittchen, H.-U., Lachner, G., Perkonigg, A. & Hoeltz, J. (1994). Sind psychische Störungen in den neuen Bundesländern häufiger? Verhaltenstherapie, 4, 96–103.

Witte, E. & Brasch, D. (1991). Wege und Umwege zum Studium der Psychologie II. Psychologische Rundschau, 42, 206–210.

Witter, R.A et al. (1985). Religion and subjective well-being in adulthood: A quantitative synthesis. Review of Religious Research, 26, 332–342.

Wittkowski, J. & Baumgärnter, I. (1977). Religiosität und Einstellung zu Tod und Sterben bei alten Menschen. Zeitschrift für Gerontologie, 10, 61–68.

Wohlwill, J.F. (1977). Strategien entwicklungspsychologischer Forschung. Stuttgart: Klett-Cotta.

Wohlwill, J.F. (1989). Cognitive development in childhood. In O.G. Brim jr. & J. Kagan (Eds.), Constancy and change in human development (pp. 359–444). Cambridge, MA: Harvard University Press.

Wolchik, S., Sandler, I.N., Braver, S.L. & Fogas, B.S. (1985). Events of parental divorce: Stressfulness ratings by children, parents, and clinicians. American Journal of Community Psychology, 14, 59–74.

Wolf, H.P. (1981). Jugend und Sexualität. Betrifft: Erziehung, 14, 27–32.

Wolf, M. (1984). Naming, reading, and the dyslexias: A longitudinal overview. Annals of Dyslexia, 34, 87–115.

Wolfe, W.L. & Maisto, S.A. (2000). The relationship between eating disorder and substance abuse: Moving beyond co-prevalence research. Clinical Psychology Review, 20, 617–631.

Wolff, R. (1994). Warum Kinder vernachlässigt werden. Zu Situation, Struktur und Dynamik von Vernachlässigungsfamilien. In P. Kürner & R. Nafroth (Hrsg.), Die vergessenen Kinder. Vernachlässigung und Armut in Deutschland (S. 81–93). Köln: PapyRossa.

Wolfgang, M.E., Figlio, R.M. & Sellin, T. (1972). Delinquency in a birth cohort. Chicago: University of Chicago Press.

Wolke, D. & Meyer, R. (2000). Ergebnisse der Bayerischen Entwicklungsstudie an neonatalen Risikokindern: Implikationen für Theorie und Praxis. In F. Petermann, K. Niebank & H. Scheithauer (Hrsg.), Risiken in der frühkindlichen Entwicklung (S. 113–138). Göttingen: Hogrefe.

Wolke, D. (1991). Failure-to-thrive children. Unveröffentlichter Beitrag zum Symposium "Development of handicapped children into adulthood". Biennal Meetings der International Society for the Study of Behavioral Development. Minneapolis, MI.

Wolke, D. (1994). Eating and sleeping across the life span. In M.L. Rutter & D.F. Hay (Eds.), Development through life. A handbook for clinicians (pp. 517–557). Oxford: Blackwell Scientific Publications.

Wolke, D. (1999). Interventionen bei Regulationsstörungen. In R. Oerter, C. von Hagen, G. Röper & G. Noam (Hrsg.), Klinische Entwicklungspsychologie (S. 351–380). Weinheim: Beltz/PVU.

Wolke, D., Ratschinski, G., Ohrt, B. & Riegel, K. (1994). The cognitive outcome of very pretermn infants may be poorer than often reported: an empirical investigation of how methodological issues make a big difference. European Journal of Pediatrics, 153, 906–915.

Wood, Ph. (1990). Applications of scaling to developmental research. In: A. von Eye (ED.), Statistical methods in longitudinal research. Vol.I (pp.225–256). New York: Academic Press.

Woodward, A.L. (1998). Infants selectively encode the goal object of an actor's reach. Cognition, 69, 1–34.

Woodward, A.L. & Markman, E.M. (1998). Early word learning. In D. Kuhn & R.S. Siegler (Eds.), Handbook of child psychology (W. Damon Ed.) Vol. 2: Cognition, perception, and language (pp. 371–420). New York: Wiley.

Woolley, J.D. (1995). The fictional mind: Young children's understanding of imagination, pretense, and dreams. Developmental Review, 15, 172–211.

Worell, J. (1981). Life-span sex-roles: Development, continuity, and change. In R.M. Lerner & N.A. Busch-Rossnagel (Eds.), Individuals as producers of their development: A life-span perspective (pp. 313–347). New York: Academic Press.

World Health Organisation (1986). The Ottawa Charter for health promotion. Health Promotion, 1, iii–v.

Wright, H., Young, S., Edwards, J., Abramson, R. & Duncan, J. (1986). Fragile X Syndrome in a population of autistic children. Journal of the American Academy of Child Psychiatry, 25, 5, 651–644.

Wright, J.C, Huston, A.C., Truglio, R., Fitch, M., Smith, E. & Piemyat, S. (1995). Occupational portrayals on television: children's role schemata, career aspirations, and perceptions of reality. Child Development, 66, 1706–1718.

Wright, L. & Coulianus, C. (1991). The Hollingworth Preschool at Teachers College, Columbia University: A model program for precocious children. Gifted Child Today, September-Oktober.

Wright, P. J., Henggeler, S. W. & Craig, L. (1986). Problems in paradise? A longitudinal examination of the transition to parenthood. Journal of Applied Developmental Psychology, 7, 277–291.

Wu, D.Y.H. (1985). Child rearing in Chinese culture. In D.Y.H. Wu & W.-S. Tseng (Eds.), Chinese culture and mental health (pp. 113–134). New York: Academic Press.

Wuketis, F. M. (1990). Gene, Kultur und Moral. Soziobiologie – Pro und Contra. Darmstadt: Wissenschaftliche Buchgesellschaft.

Wulff, D.M. (1991). Psychology of Religion. Classic and Contemporary Views. New York: Wiley.

Wurtele, S.K. (1995). Health promotion. In M.C. Roberts (Ed.). Handbook of pediatric psychology (2nd ed.). New York: Guilford Press.

Wurzbacher, G. (Hrsg.) (1977). Die Familie als Sozialisationsfaktor. Stuttgart: Enke.

Wyatt, G.E., Newcomb, M.D. & Riederle, M.H. (1993). Sexual abuse and consensual sex. Women's developmental patterns and outcomes. London: Sage.

Wygotski, L.S. (1934, dt. 1977). Denken und Sprechen. Frankfurt: Fischer.

Wygotski, L.S. (1934/1986). Denken und Sprechen. Frankfurt: Fischer.

Wygotski, L.S. (1962). Thought and language. Cambridge, MA: MIT Press.

Wygotski (Vygotsky), L.S. (1966). Play and its role in the mental development of the child. Soviet Psychology, 5, 6–18.

Wygotski, L.S. (1980, Orig. 1933). Das Spiel und seine Bedeutung in der psychischen Entwicklung des Kindes. In D. Elkonin (Hrsg.), Psychologie des Spiels (S. 430–465). Köln: Pahl-Rugenstein.

Wygotski, L.S. (1985). Ausgewählte Schriften. Arbeiten zu theoretischen und methodologischen Problemen der Psychologie (Band 1). Berlin: Volk und Wissen.
Wygotski, L.S. (1987). Ausgewählte Schriften. Arbeiten zur psychischen Entwicklung der Persönlichkeit. Band 2. Köln: Pahl-Rugenstein.
Wyly, M.V. (1997). Infant assessment. Boulder: Westview Press.
Wynne, L.C. (1985). Die Epigenese von Beziehungssystemen: Ein Modell zum Verständnis familiärer Entwicklung. Familiendynamik, 112–146.
Xu, F. & Carey, S. (1996). Infants' metaphysics: The case of numerical identity. Cognitive Psychology, 30, 111–153.
Yang, K.S. (1986). Chinese personality and its change. In M.H. Bond (Eds.), The psychology of the Chinese people (pp. 106–170). Hong Kong, China: Oxford University Press.
Yang, M., Goldstein, H., Rath, T. & Hill, N. (1999). The use of assessment data for school improvement purposes. Oxford Review of Education, 25, 469–483.
Yeates, K.O. & Selman, R.L. (1989). Social competence in the schools: Toward an integrative developmental model for intervention. Developmental Review, 9, 64–100.
Yee, M.D. & Brown, R. (1992). Self-evaluations and intergroup attitudes in children aged three to nine. Child Development, 63, 619–629.
Yendovitskaya, T.V. (1971). Development of memory. In A.V. Zaporozhets & D.B. Elkonin (Eds.), The psychology of preschool children (pp. 89–110). Cambridge, MA: MIT Press.
Yirmiya, N., Sigman, M.D., Kasari, C. & Mundy, P. (1992). Empathy and cognition in high-functioning children with autism. Child Development, 63, 150–160.
Yonas, A. & Arterberry, M.E. (1994). Infants perceive spatial structure specified by line junctions. Perception, 23, 1427–1435.
Young, R.A. (1991). Parental influence on the career decisions of the young. Bremer Beiträge zur Psychologie, 95.
Youniss, J. (1982). Die Entwicklung und Funktion von Freundschaftsbeziehungen. In W. Edelstein & M. Keller (Hrsg.), Perspektivität und Interpretation (S. 78–109). Frankfurt/M.: Suhrkamp.
Yu, V., Wong, P., Bajuk, B. Orgill, A. & Astbury, J. (1986). Outcome of extremely low birthweight infants. British Journal of Obstetrics and Gynaecology, 93, 162–170.
Zach, U. (2000). Bindungssicherheit im Kleinkindalter und Konfliktregulation während einer Geschichtenvervollständigungsaufgabe. Psychologie in Erziehung und Unterricht, 47, 161–175.
Zacks, R.T., Radavansky, G.A. & Hasher, L. (1996). Studies of directed forgetting in older adults. Journal of Experimental Psychology: Learning, Memory, and Cognition, 22, 143–156.
Zahn-Waxler, C., Radke-Yarrow, M. & Wagner, E. (1992). Development of concern for others. Developmental Psychology, 28, 126–136.
Zaslow, M.J., Dion, R.M., Morrison, D.R., Weinfield, N., Ogawa, J. & Tabors, P. (1999). Protective factors in the development of preschool-age children of young mothers receiving welfare. In E.M. Hetherington (Ed.), Coping with divorce, single parenting, and remarriage. A risk and resilience perspective (pp. 193–223). Mahwah: Lawrence Erlbaum Associates.
Zeidler, M. (1981). Lebensgeschichtliche Bedingungen für Straffälligkeit. Weinheim: Beltz.
Zeidner, M. & Beit-Hallahmi, B. (1988). Sex, Ethnic, and Social Class Differencies in Paranormal Beliefs Among Israeli Adolescents. Journal of Social Psychology, 128, 333–343.
Zeidner, M. & Endler, N.S. (1996). Handbook of coping. New York: Wiley.
Zeifman, D., Delaney, S. & Blass, E.M. (1996). Sweet taste, looking, and calming in 2- and 4-week-old infants: The eyes have it. Developmental Psychology, 32, 1090–1099.
Zelazo, P.R. (1982). The year-old infant: A period of major cognitive change. In T.G. Bever (Ed.), Regressions in mental development (pp. 47–79). Hillsdale NJ: Erlbaum.
Zentner, M. R. (2000). Das Temperament als Risikofaktor in der frühkindlichen Entwicklung. In F. Petermann, K. Niebank & H. Scheithauer (Hrsg.), Risiken in der frühkindlichen Entwicklung. Entwicklungspsychopathologie der ersten Lebensjahre (S. 257–281). Göttingen: Hogrefe.
Ziegenhain, U. & Wolff, U. (2000). Der Umgang mit Unvertrautem – Bindungsbeziehung und Krippeneintritt. Psychologie in Erziehung und Unterricht, 47, 176–189.
Ziegenhain, U., Dreisörner, R., & Derksen, B. (1999). Intervention bei jugendlichen Müttern und ihren Säuglingen. In G.J. Suess & W.K.P. Pfeifer (Hrsg.), Frühe Hilfen. Anwendung von Bindungs- und Kleinkindforschung in Erziehung, Beratung, Therapie und Vorbeugung (S. 222–245). Giessen: Psychosozial.
Ziegenhain, U., Rauh, H. & Müller, B. (1998). Emotionale Anpassung von Kleinkindern an die Krippenbetreuung. In L. Ahnert (Hrsg.), Tagesbetreuung für Kinder unter 3 – Theorien und Tatsachen (S. 82–98). Bern: Huber.
Ziegler, A. (1993). Die Entwicklung des schlußfolgernden Denkens. Frankfurt am Main: Peter Lang.
Zigler, E., Taussig, C. & Black, K. (1992). Early childhood intervention. A promising preventative for juvenile delinquency. American Psychologist, 47, 997–1006.
Zill, N., Morrison, D.R. & Coiro, M.J. (1993). Long-term effects of parental divorce and parent-child relationships, adjustment, and achievement in young adulthood. Journal of Family Psychology, 7 (1), 91–103.
Zimiles, H. (1993). The bank street approach. In J. L. Roopnarine & J. E. Johnson (Eds.), Approaches to early childhood education (pp. 163–178). New York: Macmillan.

Zimmermann, E. (1995). Gesundheitliche Lage und psychosoziale Probleme ausländischer Kinder in der Bundesrepublik Deutschland. In E. Koch, M. Özek & W.M. Pfeiffer (Hrsg.), Psychologie und Pathologie der Migration (S. 246–256). Freiburg: Lambertus.
Zimmermann, P., Becker-Stoll, F., Grossmann, K., Grossmann, K.E., Scheuer-Englisch, H. & Wartner, U. (2000). Längsschnittliche Bindungsentwicklung von der frühen Kindheit bis zum Jugendalter. Psychologie in Erziehung und Unterricht, 47, 99–117.
Zinnecker, J. & Silbereisen, R.K. (1996). Kindheit in Deutschland. Weinheim: Juventa.
Zinser, H. et al. (1997). Psychologische Aspekte neuer Formen der Religiosität. Tübingen: Verlag Köhler.
Zondag, H.J. & Belzen, J.A. (1999). Between Reduction of Uncertainty and Reflection: The Range and Dynamics of Religious Judgment. The International Journal for the Psychology of Religion, 9, 63–81.
Zucker, K.J. & Bradley, S.J. (1995). Gender identity disorder and psychosexual problems in children and adolescents. New York: Guilford Press.
Zucker, R.A, Chermack, S.T, Curran, G.M. (2000). Alcoholism: A life span perspective on etiology and course. In A.J. Sameroff & M. Lewis (Eds.), Handbook of developmental psychopathology (2nd ed.). (pp. 569–587). New York: Kluwer/Plenum.
Zulauf-Logoz, M. (1997). Die desorganisierte Mutterbindung bei einjährigen Kindern: die motivationspsychologische Bedeutung der D-Klassifikation im „Fremde-Situations-Test". Bern: Peter Lang.
Zumkley, (1993). Wie stabil sind individuelle Differenzen der Aggressivität? Eine Meta-Analyse. In L. Montada (Hrsg.), Bericht über den 38. Kongreß der Deutschen Gesellschaft für Psychologie in Trier 1992 (Bd.2, S. 466–471).
Zumkley, H. (1993). Wie stabil sind individuelle Differenzen der Aggressivität? Eine Meta-Analyse. In L. Montada (Hrsg.), Bericht über den 38. Kongreß der Deutschen Gesellschaft für Psychologie in Trier 1992 (Bd. 2, S. 466–471). Göttingen: Hogrefe.
Zurcher, L.A. (1977). The mutable self. Beverly Hills, CA: Sage.

Autorenverzeichnis

Lieselotte Ahnert, PD Dr., Institut für Psychologie, Universität Jena, Abt. Entwicklungspsychologie, Am Steiger 3, Haus 1, D-07743 Jena. E-mail: lieselotte.ahnert@rz.uni-jena.de

Jens Asendorpf, Prof. Dr., Institut für Psychologie, Humboldt-Universität Berlin, Oranienburger Str. 18, D-10178 Berlin. E-mail: jens.asendorpf@rz.hu-berlin.de

Jürgen Baumert, Prof. Dr., Max-Planck-Institut für Bildungsforschung, Psychologie und Humanentwicklung, Lentzeallee 94, D-14195 Berlin

Anton A. Bucher, Prof. Dr., Universität Salzburg, Institut für Religionspädagogik, Universitätsplatz 1, A-5020 Salzburg. E-mail: anton.bucher@sbg.ac.at

Gerhard Büttner, PD Dr., Madrider Ring 51, D-97084 Würzburg

Eva Dreher, PD Dr., Bruneckerstr. 36, D-86316 Friedberg

Michael Dreher, Dr., Institut für Psychologie, Universität München, Leopoldstr. 13, D-80802 München

Anette Engfer, Prof. Dr., Universität – GH Paderborn, Fachbereich II Psychologie, D-33095 Paderborn. E-mail: bengf1@hrz.uni-paderborn.de

Werner Greve, Prof. Dr., Universität Hildesheim, Institut für Psychologie, Fachbereich I, Postfach 10 13 63, D-31113 Hildesheim. E-mail: wgreve@rz.uni-hildesheim.de

Hannelore Grimm, Prof. Dr., Psychologisches Institut der Universität Bielefeld, Postfach 100131, D-33501 Bielefeld. E-mail: hgrimm@uni-bielefeld.de

Tilmann Habermas, Prof. Dr., Institut für Psychoanalyse, FB Psychologie und Sportwissenschaft, Johann Wolfgang Goethe Universität, Postfach 11 19 32, D-60054 Frankfurt. E-mail: tilmann.habermas@psych.uni-frankfurt.de

Manfred Holodynski, PD Dr., Wertherstr. 257, D-33619 Bielefeld. E-mail: manfred.holodynski@uni-bielefeld.de

Siegfried Hoppe-Graff, Prof. Dr., Erziehungswissenschaftliche Fakultät, Universität Leipzig, Karl-Heine-Str. 22b, D-04229 Leipzig. E-mail: hoppe@rz.uni-leipzig.de

Hye-On Kim, Dr., Erziehungswissenschaftliche Fakultät, Universität Leipzig, Karl-Heine-Str. 22b, D-04229 Leipzig. E-mail: kim@rz.uni-leipzig.de

Olaf Köller, Dr., Max-Planck-Institut für Bildungsforschung, Lentzeallee 94, D-14195 Berlin. E-mail: koeller@mpib-berlin.mpg.de

Günter Krampen, Prof. Dr., Universität Trier, FB 1 – Psychologie, D-54286 Trier. E-mail: krampen@uni-trier.de

Horst Krist, PD Dr., Lippestr. 7, D-65201 Wiesbaden

Andreas Kruse, Prof. Dr., Institut für Gerontologie, Universität Heidelberg, Bergheimer Str. 20, D-69115 Heidelberg. E-mail: gero@urz.uni-heidelberg.de

Ulman Lindenberger, Prof. Dr., AE Entwicklungspsychologie, Universität Saarbrücken, Stadtwald – Geb. 1.1, D-66123 Saarbrücken. E-mail: lindenberger@mx.uni-saarland.de

Heinz Mandl, Prof. Dr., Institut für Pädagogische Psychologie und Empirische Pädagogik, Universität München, Leopoldstr. 13, D-80802 München. E-mail: mandl@mip.paed.uni-muenchen.de

Leo Montada, Prof. Dr., Universität Trier, FB Psychologie, Tarforst, Gebäude D, D-54286 Trier. E-mail: montada@uni-trier.de

Rolf Oerter, Prof. Dr., Universität München, Fakultät für Psychologie und Pädagogik, Leopoldstr. 13, D-80802 München. E-mail: oerter@edupsy.uni-muenchen.de

Fritz Oser, Prof. Dr., Pädagogisches Institut der Universität Fribourg, Rue de Faucigny 2, CH-1700 Freiburg. E-mail: fritz.oser@unifr.ch

Franz Petermann, Prof. Dr., Zentrum für Klinische Psychologie und Rehabilitation, Universität Bremen, Grazer Str. 6, D-28359 Bremen. E-mail: fpeterm@uni-bremen.de

Siegfried Preiser, Prof. Dr., Institut für Pädagogische Psychologie, Universität Frankfurt, Postfach 11 19 32, D-60054 Frankfurt. E-mail: preiser@paed.psych.uni-frankfurt.de

Hellgard Rauh, Prof. Dr., Institut für Psychologie, Universität Potsdam, Entwicklungspsychologie, Postfach 60 15 53, D-14415 Potsdam. E-mail: rauh@rz.uni-potsdam.de

Barbara Reichle, Dr., Trimmelter Weg 13, D-54295 Trier. E-mail: reichle@uni-trier.de

Markus Reiserer, Lehrstuhl für Empirische Pädagogik und Pädagogische Psychologie, Universität München, Leopoldstr. 13, D-80802 München

Brigitte A. Rollett, Prof. Dr., Institut für Psychologie, Universität Wien, Liebiggasse 5, A-1010 Wien. E-mail: brigitte.rollett@univie.ac.at

Georg Rudinger, Prof. Dr., Psychologisches Institut der Universität Bonn, Römerstr. 164, D-53117 Bonn. E-mail: rudinger@uni-bonn.de

Ines Schindler, Erlenstr. 16, D-01097 Dresden

Ulrich Schmidt-Denter, Prof. Dr., Psychologisches Institut der Universität zu Köln, Bernhard-Feilchen-Str. 11, D-50969 Köln. E-mail: u.schmidt-denter@uni-koeln.de

Eva Schmitt-Rodermund, Dr., Institut für Psychologie, Universität Jena, Am Steiger 3, D-07743 Jena. E-mail: Eva.Schmitt-Rodermund@uni-jena.de

Klaus A. Schneewind, Prof. Dr., Institut für Psychologie, Universität München, Leopoldstr. 13, D-80802 München. E-mail: schneewind@psy.uni-muenchen.de

Wolfgang Schneider, Prof. Dr., Institut für Psychologie der Universität Würzburg, Wittelsbacherplatz 1, D-97074 Würzburg. E-mail: psy4020@mail.uni-wuerzburg.de

Inge Seiffge-Krenke, Prof. Dr., Psychologisches Institut, Johannes-Gutenberg-Universität Mainz, Staudingerweg 9, D-55099 Mainz. E-mail: seiffge@psych.uni-mainz.de

Rainer K. Silbereisen, Prof. Dr., Institut für Psychologie, Universität Jena, Am Steiger 3/1, D-07743 Jena. E-mail: Rainer.Silbereisen@rz.uni-jena.de

Beate Sodian, Prof. Dr., Institut für Pädagogische Psychologie, Universität München, Leopoldstr. 13, D-80802 München. E-mail: sodian@edupsy.uni-muenchen.de

Ursula M. Staudinger, Prof. Dr., Institut für pädagogische Psychologie und Entwicklungspsychologie, Fakultät für Mathematik und Naturwissenschaften, TU Dresden, D-01062 Dresden. E-mail: staudinger@psy1.psych.tu-dresden.de

Hanns Martin Trautner, Prof. Dr., Bergische Universität Wuppertal, Entwicklungspsychologie und Pädagogische Psychologie, Gaußstr. 20, D-42097 Wuppertal. E-mail: trautner@uni-wuppertal.de

Sabine Walper, Dr., Institut für Psychologie, Universität München, Leopoldstr. 13, D-80802 München. E-mail: walper@psy.uni-muenchen.de

Sabine Weinert, Prof. Dr., Institut für Psychologie, Pädagogische Hochschule Erfurt, Postfach 307, D-99006 Erfurt. E-mail: weinert@ipsych.ph-erfurt.de

Friedrich Wilkening, Prof. Dr., Psychologisches Institut, Universität Zürich, Allgemeine und Entwicklungspsychologie, Attenhoferstr. 9, CH-8032 Zürich. E-mail: wilk@genpsy.unizh.ch

Personenverzeichnis

C

D

G

M

Q

R

T

Sachwortverzeichnis

E

G

H

Q

R

S

T

U

V

W

Bildnachweis

S. 55: Comicman, S. 73: Cornell Universität, S. 80: Van der Veer, R. & Valsiner, J. (1991). Understanding Vygotsky. The quest for synthesis. Oxford: Blackwell., S. 112: Comicman, S. 226: Comicman, S. 364: © dpa – Sportreport, S. 417: Verlagsarchiv, S. 482: © dpa – Fotoreport, S. 568: Comicman, S. 635: Verlagsarchiv, S. 668: Comicman, S. 694: Comicman, S. 734: © dpa – Fotoreport, S. 750: Comicman, S. 791 links: © dpa – Fotoreport, S. 791 rechts: © dpa – Sportreport, S. 830: © dpa – Fotoreport, S. 845: © dpa – Fotoreport, S. 848: © dpa – Fotoreport, S. 875: Comicman, S. 911: © Siegfried Hoppe-Graff, S. 930: © dpa – Fotoreport, S. 976, © dpa – Fotoreport, S. 986: © dpa – Fotoreport